ANNETTE VON DROSTE-HÜLSHOFF

Sämtliche Werke

in zwei Bänden

Herausgegeben von
Bodo Plachta
und Winfried Woesler

Band 1

ANNETTE VON DROSTE-HÜLSHOFF

Gedichte

Herausgegeben von
Bodo Plachta
und Winfried Woesler

Insel Verlag

© dieser Ausgabe Insel Verlag Frankfurt am Main
und Leipzig 2004
Alle Rechte vorbehalten, insbesondere das des
öffentlichen Vortrags sowie der Übertragung durch
Rundfunk und Fernsehen, auch einzelner Teile.
Kein Teil des Werks darf in irgendeiner Form
(durch Fotografie, Mikrofilm oder andere Verfahren)
ohne schriftliche Genehmigung des Verlages
reproduziert oder unter Verwendung elektronischer
Systeme verarbeitet, vervielfältigt oder
verbreitet werden.
Druck: Nomos Verlagsgesellschaft, Baden-Baden
Printed in Germany
Erste Auflage 2004
ISBN 3-458-17185-1

1 2 3 4 5 6 – 09 08 07 06 05 04

GEDICHTE

INHALT

Gedichte der Ausgabe von 1844 9
Gedichte in Einzelveröffentlichungen 297
Geistliches Jahr in Liedern auf alle Sonn- und
    Festtage 353
    Anhang: Geistliche Lieder 509
Gedichte aus dem Nachlaß 529

Kommentar 685
Alphabetisches Verzeichnis der Gedichtanfänge
    und -überschriften 991
Inhaltsverzeichnis 1005

GEDICHTE
DER AUSGABE VON
1844

ZEITBILDER

UNGASTLICH ODER NICHT?
(In Westphalen)

Ungastlich hat man dich genannt,
Will deinen grünsten Kranz dir rauben,
Volk mit der immer offnen Hand,
Mit deinem argwohnlosen Glauben;
O rege dich, daß nicht die Schmach
Auf deinem frommen Haupte laste,
Und redlich, wie das Herz es sprach,
So sprich es nach zu deinem Gaste:

»Fremdling an meiner Marken Stein,
Mann mit der Stirne trüben Falten,
O, greif in deines Busens Schrein,
Und laß die eigne Stimme walten.
Nicht soll bestochner Zeugen Schar
Uns am bestochnen Worte rächen,
Nein, Zeug' und Richter sollst du klar
Dir selbst das freie Urteil sprechen.

Fühlst du das Herz in dir, nicht heiß
Doch ehrlich, uns entgegen schlagen,
Dein Wort kein falsch und trügend Gleis,
Befleckend was die Lippen tragen,
Fühlst du ein Gast dich wie er lieb
Dir an dem eignen Hausaltare,
Dann frisch heran – nicht wie ein Dieb,
Nein, frisch, mit fröhlicher Fanfare!

Wer unsres Landes Sitte ehrt,
Und auch dem seinen hält die Treue –
Hier ist der Sitz an unserm Herd!
Hier unsres Bruderkusses Weihe!
Wer fremden Volkes Herzen stellt
Gleich seinem in gerechter Waage –
Hier unsre Hand, daß er das Zelt
Sich auf bei unsern Zelten schlage!

Doch sagt ein glüh' Erröten dir,
Du gönntest lieber einer andern
Als deiner Schwelle gleiche Zier –
Brich auf, und mögest eilends wandern!
Wir sind ein friedlich still Geschlecht
Mit lichtem Blick und blonden Haaren,
Doch unsres Herdes heilig Recht
Das wissen kräftig wir zu wahren.

Die Luft die unsern Odem regt,
Der Grund wo unsre Gräber blühen,
Die Scholle die uns Nahrung trägt,
Der Tempel wo wir gläubig knieen,
Die soll kein frevler Spott entweihn,
Dem Feigen Schmach und Schamerröten,
Der an des Heiligtumes Schrein
Läßt eine falsche Sohle treten!

Doch einem Gruß aus treuem Mut
Dem nicken ehrlich wir entgegen,
Hat jeder doch sein eignes Blut,
Und seiner eignen Heimat Segen.
Wenn deine Ader kälter rinnt,
So müssen billig wir ermessen:
Wer könnte wohl das fremde Kind
Gleich eignem an den Busen pressen?

Drum, jede Treue sei geehrt,
Der Eichenkranz von jedem Stamme;
Heilig die Glut auf jedem Herd,
Ob hier sie oder drüben flamme;   60
Dreimal gesegnet jedes Band
Von der Natur zum Lehn getragen,
Und einzig nur verflucht die Hand,
Die nach der Mutter Haupt geschlagen!«

DIE STADT UND DER DOM
Eine Karikatur des Heiligsten

»Der Dom! der Dom! der deutsche Dom!
Wer hilft den Cölner Dom uns baun!«
So fern und nah der Zeitenstrom
Erdonnert durch die deutschen Gaun.
Es ist ein Zug, es ist ein Schall   5
Wie ein gewaltger Wogenschwall.
Wer zählt der Hände Legion
In denen Opferheller glänzt?
Die Liederklänge wer, die schon
Das Echo dieses Rufs ergänzt?   10

Und wieder schallt's vom Elbestrand:
»Die Stadt! die Stadt! der deutsche Port!«
Und wieder zieht von Land zu Land
Ein Gabespendend Klingeln fort;
Die Schiffe kommen Mast an Mast,   15
Goldregen schüttet der Palast,
Wem nie ein eignes Dach beschert,
Der wölbt es über fremde Not,
Wem nie geraucht der eigne Herd,
Der teilt sein schweißbenetztes Brod.   20

Wenn eines ganzen Volkes Kraft
Für seines Gottes Heiligtum

Die Lanze hebt so Schaft an Schaft,
Wer glühte nicht dem schönsten Ruhm?
Und wem, wem rollte nicht wie Brand
Das Blut an seiner Adern Wand,
Wenn eines ganzen Volkes Schweiß
Gleich edlem Regen niederträuft,
Bis in der Aschensteppe heiß
Viel Tausenden die Garbe reift?

Man meint, ein Volk von Heil'gen sei
Herabgestiegen über Nacht,
In ihrem Eichensarg aufs neu
Die alte deutsche Treu' erwacht.
O werte Einheit, bist du Eins –
Wer stände dann des Heilgenscheins,
Des Kranzes würdiger als du,
Gesegnete, auf deutschem Grund!
Du trügst den goldnen Schlüssel zu
Des Himmels Hort in deinem Bund.

Wohlan ihr Kämpen denn, wohlan
Du werte Kreuzesmassonei,
So gebt mir eure Zeichen dann
Und euer edles Feldgeschrei!
Da, horch! da stieß vom nächsten Schiff
Die Bootmannspfeife grellen Pfiff,
Da stiegen Flaggen ungezählt,
Kantate summte und Gedicht,
Der Demut Braun nur hat gefehlt,
Jehova's Namen hört ich nicht.

Wo deine Legion, o Herr,
Die knieend am Altare baut?
Wo, wo dein Samariter, der
In Wunden seine Träne taut?
Ach, was ich fragte und gelauscht,
Der deutsche Strom hat mir gerauscht,

Die deutsche Stadt, der deutsche Dom,
Ein Monument, ein Handelsstift,
Und drüber sah wie ein Phantom
Verlöschen ich Jehovas Schrift.

Und wer den Himmel angebellt,
Vor keiner Hölle je gebebt,
Der hat sich an den Kran gestellt
Der seines Babels Zinne hebt.
Wer nie ein menschlich Band geehrt,
Mit keinem Leid sich je beschwert,
Der flutet aus des Busens Schrein
Unsäglicher Gefühle Strom,
Am Elbestrand, am grünen Rhein,
Da holt sein Herz sich das Diplom.

Weh euch, die ihr den zorn'gen Gott
Gehöhnt an seiner Schwelle Rand,
Meineid'gen gleich in frevlem Spott
Hobt am Altare eure Hand!
Er ist der Herr, und was er will
Das schaffen Leu und Krokodill! –
So baut denn, baut den Tempel fort,
Mit ird'schem Sinn den heilgen Hag,
Daß euer beßrer Enkel dort
Für eure Seele beten mag!

Kennt ihr den Dom der unsichtbar
Mit tausend Säulen aufwärts strebt?
Er steigt wo eine gläubge Schar
In Demut ihre Arme hebt.
Kennt ihr die unsichtbare Stadt
Die tausend offne Häfen hat
Wo euer wertes Silber klingt?
Es ist der Samariter Bund,
Wenn Rechte sich in Rechte schlingt,
Und nichts davon der Linken kund.

O, er der Alles weiß, er kennt
Auch eurer Seele ödes Haus;
Baut Magazin und Monument,
Doch seinen Namen laßt daraus!
Er ist kein Sand der glitzernd stäubt,
Kein Dampfrad das die Schiffe treibt,
Ist keine falsche Flagge die
Sich stahl der See verlorner Sohn,
Parol' nicht die zur Felonie
Ins Lager schmuggelt den Spion!

Baut, baut, – um euer Denkmal ziehn
Doch Seufzer fromm und ungeschmückt,
Baut, – neben eurem Magazin
Wird doch der Darbende erquickt.
Ob eures Babels Zinnenhag
Zum Weltenvolk euch stempeln mag?
Schaut auf Palmyrens Steppenbrand,
Wo scheu die Antilope schwebt,
Die Stadt schaut an wo, ein Gigant,
Das Colosseum sich erhebt.

Den Wurm der im Geheimen schafft,
Den kalten nackten Grabeswurm,
Ihn tötet nicht des Armes Kraft,
Noch euer toller Liedersturm.
Ein frommes, keusches Volk ist stark,
Doch Sünde zehrt des Landes Mark;
Sie hat in deiner Glorie Bahn,
O Roma, langsam dich entleibt,
Noch steht die Säule des Trajan,
Und seine Kronen sind zerstäubt!

DIE VERBANNTEN

Ich lag an Bergeshang,
Der Tag war schon gesunken,
In meine Wimper drang
Des Westen letzter Funken.
Ich schlief und träumte auch vielleicht,
Doch hört ich noch der Amsel Pfeifen,
Wie Echo's letzte Hauche, feucht
Und halb verlöscht, am Schilfe streifen.

Mein äußres Auge sank,
Mein innres ward erschlossen:
Wie wild die Klippenbank!
Wie grau die Moose sprossen!
Der Öde Odem zog so schwer
Als ob er siecher Brust entgleite,
Wohin ich blickte, Rohres Speer,
Und Dorngestrüpp und Waldesweite.

Im Grase knistert' es,
Als ob die Grille hüpfte,
Im Strauche flüstert' es,
Als ob das Mäuslein schlüpfte;
Ein morscher halbverdorrter Stamm
Senkte die bräunliche Gardine,
Zu Füßen mir der feuchte Schwamm,
Und über'm Haupt die wilde Biene.

Da raschelt' es im Laub,
Und rieselte vom Hange,
Zertretnen Pilzes Staub
Flog über meine Wange.
Und neben mir ein Knabe stand,
Ein blondes Kind mit Taubenblicken,
Das eines blinden Greises Hand
Schien brünstig an den Mund zu drücken.

Von linder Tränen Lauf
Sein Auge glänzte trübe,
»Steh auf«, sprach es, »steh auf!
Ich bin die Kindesliebe,
Verbannt, zum wüsten Wald verbannt,
In's öde Dickicht ausgesetzt,
Wo an des sumpfgen Weihers Rand
Der Storch die kranken Eltern ätzet!«

Dann faltete es hoch
Die hagern Händchen beide,
Und sachte abwärts bog
Es des Geröhres Schneide.
Ich sah wie blutge Striemen leis
An seinen Ärmchen niederflossen,
Wie tappend ihm gefolgt der Greis,
Bis sich des Rohres Wand geschlossen.

Ich ballte meine Hand,
Versuchte mich zu schwingen,
Doch fester, fester wand
Der Taumel seine Schlingen.
Und wieder hörte ich den Schlag
Der Amsel und der Grille Hüpfen,
Und wieder durch den wilden Hag
Der Biene sterbend Sumsen schlüpfen.

Da schleift' es, schwer wie Blei,
Da flüstert' es aufs neue:
»O wache! steh mir bei!
Ich bin die Gattentreue.«
Das Auge hob ich, und ein Weib
Sah ich wie halbgebrochen bücken,
Das eines Mannes wunden Leib
Mühselig trug auf seinem Rücken.

Ein feuchter Schleier hing
Ihr Haar am Antlitz nieder,
Des Schweißes Perle fing
Sich in der Wimper wieder.
»Verbannt! verbannt zum wilden Wald,
Wo Nacht und Öde mich umschauern!
Verbannt wo in der Felsen Spalt
Die Tauben um den Tauber trauern!«

Sie sah mich lange an,
Im Auge Sterbeklagen,
Und langsam hat sie dann
Den Wunden fortgetragen.
Sie klomm den Klippensteig entlang,
Ihr Ächzen scholl vom Steine nieder,
Wo grade unterm Schieferhang
Sich regte bläuliches Gefieder.

Ich dehnte mich mit Macht
Und langte nach dem Wunden,
Doch als ich halb erwacht,
Da war auch er verschwunden,
Zerronnen wie ein Wellenschaum, –
Ich hörte nur der Wipfel Stöhnen,
Und unter mir, an Weihers Saum,
Der Unken zart Geläute tönen.

Die Glöckchen schliefen ein,
Es schwoll der Kronen Rauschen,
Ein Licht wie Mondenschein
Begann am Ast zu lauschen,
Und lauter raschelte der Wald,
Die Zweige schienen sich zu breiten,
Und eine dämmernde Gestalt
Sah ich durch seine Hallen gleiten.

Das Kreuz in ihrer Hand,
Um ihre Stirn die Binde,
Ihr langer Schleier wand
Und rollte sich im Winde.
Sie trat so sacht behutsam vor,
Als ob sie jedes Kräutlein schone,
O Gott, da sah ich unter'm Flor,
Sah eine blutge Dornenkrone!

Die Fraue weinte nicht
Und hat auch nicht gesprochen,
Allein ihr Angesicht
Hat mir das Herz gebrochen,
Es war wie einer Königin
Pilgernd für ihres Volkes Sünden,
Wo find ich Worte, wo den Sinn,
Um diesen Dulderblick zu künden!

Als sie vorüber schwand
Mit ihren blutgen Haaren,
Da riß des Schlummers Band,
Ich bin empor gefahren.
Der Amsel Stimme war verstummt,
Die Mondenscheibe stand am Hügel,
Und über mir im Aste summt'
Und raschelte des Windes Flügel.

Ob es ein Traumgesicht
Das meinen Geist umflossen?
Vielleicht ein Seherlicht
Das ihn geheim erschlossen?
O wer, dem eine Trän' im Aug',
Den fromme Liebe je getragen,
Wer wird nicht, mit dem letzten Hauch,
Die heiligen Verbannten klagen!

DER PREDIGER

Langsam und schwer vom Turme stieg die Klage,
Ein dumpf Gewimmer zwischen jedem Schlage,
Wie Memnons Säule weint im Morgenflor.
Am Glockenstuhle zitterte der Balke,
Die Dohlen flatterten vom Nest, ein Falke
Stieg pfeifend an der Fahne Schaft empor.

Wem dröhnt die Glocke? – Einem der entkettet,
Des müden Leib ein Fackelzug gebettet
In letzter Nacht bei seinem einzgen Kind.
Wer war der Mann? – Ein Christ im echten Gleise,
Kein Wucherer, kein Ehrendieb, und weise
Wie reiche Leute selten weise sind.

Darum so mancher Greis mit Stock und Brille,
So manches Regentuch und Handpostille,
Sich mühsam schiebend durch der Menge Drang.
Er war ein heitrer Wirt in seinem Schlosse, –
Darum am Tor so manche Staatskarosse,
So mancher Flor das Kirchenschiff entlang.

Die Glocken schwiegen, alle Kniee sanken,
Posaunenstoß! – Die Wölbung schien zu wanken.
O »Dies iræ, dies illa!« Glut
Auf Sünderschwielen, Tau in Büßermalen!
Mir war als säh ich des Gerichtes Schalen,
Als hört ich tröpfeln meines Heilands Blut.

Das Amen war verhallt. Ein zitternd Schweigen
Lag auf der Menge, nur des Odems Steigen
Durchsäuselte den weiten Hallenbau.
Nur an der Tumba schwarzer Flämmchen Knistern
Schien leise mit dem Grabe noch zu flüstern,
Der Weihrauchwirbel streute Aschengrau.

»Geliebte!« scholl es von der Wölbung nieder,
Die Wolke sank, und mählich stiegen Glieder,
Am Kanzelbord ein junger Priester stand.
Kein Schattenbild dem alle Lust verronnen,
Ein frischer saftger Stamm am Lebensbronnen,
Ein Adler ruhend auf Jehovah's Hand!

»Geliebte«, sprach er, »selig sind die Toten
So in dem Herrn entschliefen, treue Boten,
Von ihrer Sendung rastend.« Dann entstieg
Das Wort, gewaltig wie des Jordans Wallen,
Mild wie die Luft in Horebs Zederhallen,
Als er bezeugte des Gerechten Sieg.

Die Stimme sank, des Stromes Wellen schwollen,
Mir war als hört ich ferne Donner rollen:
»Weh über euch, die weder warm noch kalt!
O, wäret kalt ihr oder warm! die Werke
Von eurer Hand sind tot, und eure Stärke
Ist gleich dem Hornstoß der am Fels verhallt.«

Und tiefer griff er in der Zeiten Wunde,
Die Heller ließ er klingen, und vom Grunde
Hob er den seidnen Mottenfraß an's Licht.
Erröten ließ er die bescheidne Schande
In ihrem ehrbar schonenden Gewande,
Und zog der Lust den Schleier vom Gesicht.

Die Kerzen sind gelöscht, die Pforte dröhnte.
Ich hörte schluchzen, – am Gemäuer lehnte
Ein Weib im abgetragnen Regentuch.
Ich hörte säuseln – neben mir, im Chore,
Ein Fräulein gähnte leise hinterm Flore,
Ein Fahnenjunker blätterte im Buch.

Und alle die bescheidnen Menschenkinder,
Wie sich's geziemt für wohlerzogne Sünder,
Sie nahmen ruhig was der Text beschert.

Und Abends im Theater sprach der Knabe,
Der achtzehnjährge Fähndrich: »Heute habe
Ich einen guten Redner doch gehört!«

AN DIE SCHRIFTSTELLERINNEN
IN DEUTSCHLAND UND FRANKREICH

Ihr steht so nüchtern da gleich Kräuterbeeten –
Und *ihr* gleich Fichten die zerspellt von Wettern –
Haucht wie des Hauches Hauch in Syrinxflöten –
Laßt wie Dragoner die Trompeten schmettern;
Der kann ein Schattenbild die Wange röten –
Die wirft den Handschuh Zeus und allen Göttern;
Ward denn der Führer euch nicht angeboren
In eigner Brust, daß ihr den Pfad verloren?

Schaut auf! zur Rechten nicht – durch Tränengründe,
Mondscheinalleen und blasse Nebeldecken,
Wo einsam die veraltete Selinde
Zur Luna mag die Lilienarme strecken;
Glaubt, zur Genüge hauchten Seufzerwinde,
Längst überfloß der Sehnsucht Tränenbecken;
An eurem Hügel mag die Hirtin klagen,
Und seufzend drauf ein Gänseblümchen tragen.

Doch auch zur Linken nicht – durch Winkelgassen,
Wo tückisch nur die Diebslaternen blinken,
Mit wildem Druck euch rohe Hände fassen,
Und Smollis Wüstling euch und Schwelger trinken,
Der Sinne Bachanale, wo die blassen
Betäubten Opfer in die Rosen sinken,
Und endlich, eures Sarges letzte Ehre,
Man drüber legt die Kränze der Hetäre.

O dunkles Los! o Preis mit Schmach gewonnen,
Wenn Ruhmes Staffel wird der Ehre Bahre!
Grad', grade geht der Pfad, wie Strahl der Sonnen!

Grad', wie die Flamme lodert vom Altare!
Grad', wie Natur das Berberroß zum Bronnen
30 Treibt mitten durch die Wirbel der Sahare!
Ihr könnt nicht fehlen, er, so mild umlichtet,
Der Führer ward in euch nicht hingerichtet.

Treu schützte ihn der Länder fromme Sitte,
Die euch umgeben wie mit Heilgenscheine,
35 Sie hielt euch fern die freche Liebesbitte,
Und legte Anathem auf das Gemeine.
Euch nahte die Natur mit reinem Schritte,
Kein trunkner Schwelger über Stock und Steine,
Ihr mögt ihr willig jedes Opfer spenden,
40 Denn Alles nimmt sie, doch aus reinen Händen.

Die Zeit hat jede Schranke aufgeschlossen,
An allen Wegen hauchen Naphthablüten,
Ein reizend scharfer Duft hat sich ergossen,
Und Jeder mag die eignen Sinne hüten.
45 Das Leben stürmt auf abgehetzten Rossen,
Die noch zusammenbrechend haun und wüten.
Ich will den Griffel eurer Hand nicht rauben,
Singt, aber zitternd, wie vom Weih' die Tauben.

Ja, treibt der Geist euch, laßt Standarten ragen!
50 Ihr wart die Zeugen wild bewegter Zeiten,
Was ihr erlebt, das läßt sich nicht erschlagen,
Feldbind' und Helmzier mag ein Weib bereiten;
Doch seht euch vor wie hoch die Schwingen tragen,
Stellt nicht das Ziel in ungemeßne Weiten,
55 Der kecke Falk ist überall zu finden,
Doch einsam steigt der Aar aus Alpengründen.

Vor Allem aber pflegt das anvertraute,
Das heilge Gut, gelegt in eure Hände,
Weckt der Natur geheimnisreichste Laute,
60 Kniet vor des Blutes gnadenvoller Spende;

Des Tempels pflegt, den Menschenhand nicht baute,
Und schmückt mit Sprüchen die entweihten Wände,
Daß dort, aus dieser Wirren Staub und Mühen,
Die Gattin mag, das Kind, die Mutter knieen.

Ihr hörtet sie die unterdrückten Klagen
Der heiligen Natur, geprägt zur Dirne.
Wer hat sie nicht gehört in diesen Tagen,
Wo nur Ein Gott, der Gott im eignen Hirne?
Frischauf! – und will den Lorbeer man versagen,
O Glückliche mit unbekränzter Stirne!
O arm Gefühl, das sich nicht selbst kann lohnen!
Mehr ist ein Segen als zehntausend Kronen!

DIE GABEN

Nie fand, so oft auch scherzend ward gefragt,
Ich einen Mann, vom Grafen bis zum Schneider,
Der so bescheiden oder so betagt,
So hülflos, keinen so Gescheiten leider,

Der nicht gemeint, des Herrschertumes Bürde
Sei seinen Schultern grad das rechte Maß.
War Einer zweifelnd je an seiner Würde,
So schätzt er seine Kräfte desto baß,

Der hoffte auf der Rede Zauberbann;
Schlau aus dem Winkel wollte Jener zielen,
Kurz, daß er wisse *wie* und auch den Mann,
Ließ Jeder deutlich durch die Blume spielen.

Ihr Toren! glaubt ihr denn daß Gott im Zorne
Die Großen schuf, ungleich der Menschenschar,
Pecus inane, das sein Haupt zum Borne
Hinstreckt wie weiland Nebukadnezar?

Daß, weil zuweilen unter Zotten schlägt
Ein Herz wo große Elemente schlafen,
Deshalb wer eine feine Wolle trägt
Unfehlbar zählt zu den Merinoschafen?

Daß langes Schauen zweifellos erblinde,
Und wer den Fäden rastlos nachgespürt,
Daß dieser, gleich dem überreizten Kinde,
So dümmer wird je länger er studiert?

Wer zweifelt, daß ein Herz wie's Throne schmückt
Gar oft am Acker frönt und Forstgehege,
Daß manche Scheitel sich zur Furche bückt,
Hochwert daß eine Krone drauf man lege?

Doch ihr des Lebens abgehetzte Alten,
Ihr innerliche Greise, seid es nicht.
Bewahr' der Himmel uns vor eurem Walten,
Vor dem im Sumpfe angebrannten Licht!

Ihr würdet mahnen an des Fröners Sohn,
Der, woll' ihm Gott ein Königreich verschreiben,
Für's Leben wüßte keinen bessern Lohn,
Als seine Schweine dann zu Roß zu treiben. – –

VOR VIERZIG JAHREN

Da gab es doch ein Sehnen,
Ein Hoffen und ein Glühn,
Als noch der Mond »durch Tränen
In Fliederlauben« schien,
Als man dem »milden Sterne«
Gesellte was da lieb,
Und »Lieder in die Ferne«
Auf sieben Meilen schrieb!

Ob dürftig das Erkennen,
Der Dichtung Flamme schwach,
Nur tief und tiefer brennen
Verdeckte Gluten nach.
Da lachte nicht der leere,
Der übersatte Spott,
Man baute die Altäre
Dem unbekannten Gott.

Und drüber man den Brodem
Des liebsten Weihrauchs trug,
Lebend'gen Herzens Odem,
Das frisch und kräftig schlug,
Das schamhaft, wie im Tode,
In Traumes Wundersarg
Noch der Begeistrung Ode
Der Lieb' Ekloge barg.

Wir höhnen oft und lachen
Der kaum vergangnen Zeit,
Und in der Wüste machen
Wie Strauße wir uns breit.
Ist Wissen denn Besitzen?
Ist denn Genießen Glück?
Auch Eises Gletscher blitzen
Und Basiliskenblick.

Ihr Greise, die gesunken
Wie Kinder in die Gruft,
Im letzten Hauche trunken
Von Lieb' und Ätherduft,
Ihr habt am Lebensbaume
Die reinste Frucht gepflegt,
In karger Spannen Raume
Ein Eden euch gehegt.

Nun aber sind die Zeiten,
Die überwerten, da,
Wo offen alle Weiten,
Und jede Ferne nah.
Wir wühlen in den Schätzen,
Wir schmettern in den Kampf,
Windsbräuten gleich versetzen
Uns Geistesflug und Dampf.

Mit unsres Spottes Gerten
Zerhaun wir was nicht Stahl,
Und wie Morgana's Gärten
Zerrinnt das Ideal;
Was wir daheim gelassen
Das wird uns arm und klein,
Was Fremdes wir erfassen
Wird in der Hand zu Stein.

Es wogt von End' zu Ende,
Es grüßt im Fluge her,
Wir reichen unsre Hände,
– Sie bleiben kalt und leer. –
Nichts liebend, achtend Wen'ge
Wird Herz und Wange bleich,
Und bettelhafte Kön'ge
Stehn wir im Steppenreich.

AN DIE WELTVERBESSERER

Pochest du an – poch' nicht zu laut,
Eh du geprüft des Nachhalls Dauer.
Drückst du die Hand – drück nicht zu traut,
Eh du gefragt des Herzens Schauer.
Wirfst du den Stein – bedenke wohl,
Wie weit ihn deine Hand wird treiben.
Oft schreckt ein Echo, dumpf und hohl,

Reicht goldne Hand dir den Obol,
Oft trifft ein Wurf des Nachbars Scheiben.

Höhlen gibt es am Meeresstrand,
Gewalt'ge Stalaktitendome,
Wo bläulich zuckt der Fackeln Brand,
Und Kähne gleiten wie Phantome.
Das Ruder schläft, der Schiffer legt
Die Hand dir angstvoll auf die Lippe,
Ein Räuspern nur, ein Fuß geregt,
Und donnernd überm Haupte schlägt
Zusammen dir die Riesenklippe.

Und Hände gibts im Orient,
Wie Schwäne weiß, mit blauen Malen,
In denen zwiefach Feuer brennt,
Als gelt' es Liebesglut zu zahlen;
Ein leichter Tau hat sie genäßt,
Ein leises Zittern sie umflogen,
Sie fassen krampfhaft, drücken fest –
Hinweg, hinweg! du hast die Pest
In deine Poren eingesogen!

Auch hat ein Dämon einst gesandt
Den gift'gen Pfeil zum Himmelsbogen;
Dort rührt' ihn eines Gottes Hand,
Nun starrt er in den Ätherwogen.
Und läßt der Zauber nach, dann wird
Er niederprallen mit Geschmetter,
Daß das Gebirg' in Scherben klirrt,
Und durch der Erde Adern irrt
Fortan das Gift der Höllengötter.

Drum poche sacht, du weißt es nicht
Was dir mag überm Haupte schwanken;
Drum drücke sacht, der Augen Licht
Wohl siehst du, doch nicht der Gedanken.

Wirf nicht den Stein zu jener Höh'
Wo dir gestaltlos Form und Wege,
Und schnelltest du ihn einmal je,
So fall auf deine Knie und fleh',
Daß ihn ein Gott berühren möge.

ALTE UND NEUE KINDERZUCHT

I

In seiner Buchenhalle saß ein Greis auf grüner Bank,
Vor ihm, in grünlichem Pokal, der Rebe Feuertrank;
Zur Seite seiner Jugend Sproß, sich lehnend an den
           Zweigen,
Ein ernster Vierziger, vernahm des Alten Wort in
           Schweigen.

»Sohn«, sprach der Patriarch, es klang die Stimme schier
           bewegt:
»Das Kissen für mein Sterbebett du hast es weich gelegt;
Ich weiß es, eine Träne wird das Leichentuch mir netzen,
In meinen Sessel wird dereinst ein Ehrenmann sich setzen.

Zu Gottes Ehr' und deiner Pflicht, und nach der
           Vordern Art,
Zog ich in aller Treue dich, als schon dein Kinn behaart.
Nicht will die neue Weise mir zum alten Haupte gehen,
Ein Sohn hat seinen Herrn, so lang zwei Augen offen
           stehen.

Mein Vater, – tröst ihn Gott, er fiel in einem guten
           Strauß! –
War Diener seinem Fürsten und ein König seinem Haus,
Sein treues Auge wußte wohl der Kinder Heil zu wahren,
Den letzten Schlag von seiner Hand fühlt ich mit
           zwanzig Jahren.

So macht' er mich zum Mann, wie du, mein Sohn, zum
                                                frohen Greis,
Zum Mann der tragen kann und sich im Glück zu
                                                fassen weiß,
Wie mag, wer seiner Launen Knecht, ein Herrenamt
                                                bezwingen?
Wer seiner Knospe Kraft verpraßt, wie möcht er
                                                Früchte bringen?

Nur von der Pike dient sich's recht zum braven General.
Gesegnet sei die Hand die mir erspart der Torheit Wahl!
Mit tausend Tränen hab' ich sie in unsre Gruft getragen,
Denn eines Vaters heilge Hand hat nie zu hart geschlagen.

Mein Haar ist grau, mein blödes Aug' hat deinen Sproß
                                                gesehn,
Bald füllst du meinen Sitz, und er wird horchend vor
                                                dir stehn.
Gedenk der Rechenschaft, mein Sohn, lehr deinen Blick
                                                ihn lesen,
Gehorsam sei er dir, wie du gehorsam mir gewesen!«

So sprach der Patriarch, und schritt entlang die Buchenhall',
Ehrfürchtig folgte ihm der Sohn, wie Fürsten der Vasall,
Und seinen Knaben winkt er sacht herbei vom
                                                Blütenhagen,
Ließ küssen ihn des Alten Hand, und seinen Stab ihn
                                                tragen.

2

An blühender Akazie lehnt ein blonder bleicher Mann,
Sehr mangelt ihm der Sitz, allein die Kinder spielen dran,
So schreibt er stehend, immer Ball und Peitschenhieb
                                                gewärt'gend,
Schnellfingrig für die Druckerei den Lückenbüßer
                                                fert'gend.

»In Osten steigt das junge Licht, es rauscht im Eichenhain,
Schon schlang der alte Erebus die alten Schatten ein,
Des Geistes Siegel sind gelöst, der Äther aufgeschlossen,
40 Und aus vermorschter Dogmen Staub lebend'ge Zedern
                                                         sprossen.

O Geistesfessel, härter du als jemals ein Tyrann,
Geschlagen um des Sklaven Leib, du tausendjähr'ger Bann!
Geheim doch sicher hat der Rost genagt an deinem Ringe,
Nun wackelt er und fürchtet sich vor jedes Knaben Klinge!

45 Hin ist die Zeit wo ein Gespenst im Büßermantel schlich,
In seinen Bettelsack des Deutschen Gold und Ehre strich,
Wo Greise, Schulmonarchen gleich, die stumpfe Geißel
                                                          schwenkten,
Des Sonnenrosses Zaum dem Grab verfallne Hände
                                                          lenkten.

Nicht wird im zarten Kinde mehr des Mannes Keim
                                                          erstickt,
50 Frei schießt die Eichenlode, unbeengt und ungeknickt;
Was mehr als Wissen, wirkender als Gaben, die
                                                          zerstückelt –
Des kräftgen Wollens Einheit wird im jungen Mark
                                                          entwickelt.

Wir wuchsen unter Peitschenhieb an der Galeere auf,
Und dennoch riß das Dokument vom schnöden Seelenkauf
55 Durch deutsche Hand, durch unsre Hand, die, nach
                                                          Egyptens Plagen,
Noch immer stark genug den Brand an's Bagnotor zu
                                                          tragen!

Doch ihr, die ihr den ganzen Saft der Muttererde trinkt,
An deren Zweig das erste Blatt schon wie Smaragde blinkt,
Ihr!« – unser Dichter stutzt – er hört an den
                                                          Holundersträuchen
60 Sein Erstlingsreis, den Göttinger, wie eine Walze keuchen.

Und auf der Bank – sein Manuskript – o Pest! sein
                                    Dichterkranz –
Dort fliegt er, droben in der Luft, als langer
                                    Drachenschwanz!
Und – was? ein Guß? – bei Gott, da hängt der Bub', die
                                    wilde Katze,
Am Ast, und leert den Wasserkrug auf seines Vaters Glatze!

DIE SCHULEN

Kennst du den Saal? ich schleiche sacht vorbei,
»Der alte Teufel tot, die Götter neu« –
Und was man Großes sonst darin mag hören.
Wie üppig wogend drängt der Jugend Schwarm!
Wie reich und glänzend! – aber ich bin arm, 5
Da will ich lieber eure Lust nicht stören.

Dann das Gewölb' – mir wird darin nicht wohl,
Wo man der Gruft den modernden Obol
Entschaufelt, und sich drüber legt zum Streite;
Ergraute Häupter nicken rings herum, 10
Wie weis' und gründlich! – aber ich bin dumm,
Da schleich' ich lieber ungesehn bei Seite.

Doch die Katheder im Gebirge nah,
Der Meister unsichtbar, doch laut Hurra
Ihm Wälder, Strom und Sturmesflügel rauschen, 15
Matrikel ist des Herzens frischer Schlag,
Da will zeitlebens ich, bei Nacht und Tag,
Demüt'ger Schüler, seinen Worten lauschen.

HEIDEBILDER

DIE LERCHE

Hörst du der Nacht gespornten Wächter nicht?
Sein Schrei verzittert mit dem Dämmerlicht,
Und schlummertrunken hebt aus Purpurdecken
Ihr Haupt die Sonne; in das Ätherbecken
Taucht sie die Stirn, man sieht es nicht genau,
Ob Licht sie zünde, oder trink' im Blau.
Glührote Pfeile zucken auf und nieder,
Und wecken Taues Blitze, wenn im Flug
Sie streifen durch der Heide braunen Zug.
Da schüttelt auch die Lerche ihr Gefieder,
Des Tages Herold seine Liverei;
Ihr Köpfchen streckt sie aus dem Ginster scheu,
Blinzt nun mit diesem, nun mit jenem Aug';
Dann leise schwankt, es spaltet sich der Strauch,
Und wirbelnd des Mandates erste Note
Schießt in das feuchte Blau des Tages Bote.

»Auf! auf! die junge Fürstin ist erwacht!
Schlaftrunkne Kämm'rer, habt des Amtes Acht;
Du mit dem Saphirbecken Genziane,
Zwergweide du mit deiner Seidenfahne,
Das Amt, das Amt, ihr Blumen allzumal,
Die Fürstin wacht, bald tritt sie in den Saal!«

Da regen tausend Wimper sich zugleich,
Maßliebchen hält das klare Auge offen,
Die Wasserlilie sieht ein wenig bleich,
Erschrocken, daß im Bade sie betroffen;
Wie steht der Zitterhalm verschämt und zage!

Die kleine Weide pudert sich geschwind
Und reicht dem West ihr Seidentüchlein lind,
Daß zu der Hoheit Händen er es trage.
Ehrfürchtig beut den tauigen Pokal
Das Genzian, und nieder langt der Strahl;
Prinz von Geblüte hat die erste Stätte
Er immer dienend an der Fürstin Bette.
Der Purpur lischt gemach im Rosenlicht,
Am Horizont ein zuckend Leuchten bricht
Des Vorhangs Falten, und aufs neue singt
Die Lerche, daß es durch den Äther klingt:

»Die Fürstin kömmt, die Fürstin steht am Tor!
Frischauf ihr Musikanten in den Hallen,
Laßt euer zartes Saitenspiel erschallen,
Und, florbeflügelt Volk, heb' an den Chor,
Die Fürstin kömmt, die Fürstin steht am Tor!«

Da krimmelt, wimmelt es im Heidgezweige,
Die Grille dreht geschwind das Beinchen um,
Streicht an des Taues Kolophonium,
Und spielt so schäferlich die Liebesgeige.
Ein tüchtiger Hornist, der Käfer, schnurrt,
Die Mücke schleift behend die Silberschwingen,
Daß heller der Triangel möge klingen;
Diskant und auch Tenor die Fliege surrt;
Und, immer mehrend ihren werten Gurt,
Die reiche Katze um des Leibes Mitten,
Ist als Bassist die Biene eingeschritten:
Schwerfällig hockend in der Blüte rummeln
Das Kontraviolon die trägen Hummeln.
So tausendarmig ward noch nie gebaut
Des Münsters Halle, wie im Heidekraut
Gewölbe an Gewölben sich erschließen,
Gleich Labyrinthen in einander schießen;
So tausendstimmig stieg noch nie ein Chor,
Wie's musiziert aus grünem Heid hervor.

Jetzt sitzt die Königin auf ihrem Throne,
Die Silberwolke Teppich ihrem Fuß,
Am Haupte flammt und quillt die Strahlenkrone,
Und lauter, lauter schallt des Herolds Gruß:

»Bergleute auf, herauf aus eurem Schacht,
Bringt eure Schätze, und du Fabrikant,
Breit' vor der Fürstin des Gewandes Pracht,
Kaufherrn, enthüllt den Saphir, den Demant.«

Schau, wie es wimmelt aus der Erde Schoß,
Wie sich die schwarzen Knappen drängen, streifen,
Und mühsam stemmend aus den Stollen schleifen
Gewalt'ge Stufen, wie der Träger groß;
Ameisenvolk, du machst es dir zu schwer!
Dein roh Gestein lockt keiner Fürstin Gnaden.
Doch sieh die Spinne rutschend hin und her,
Schon zieht sie des Gewebes letzten Faden,
Wie Perlen klar, ein duftig Elfenkleid;
Viel edle Funken sind darin entglommen;
Da kömmt der Wind und häkelt es vom Heid,
Es steigt, es flattert, und es ist verschwommen. –

Die Wolke dehnte sich, scharf strich der Hauch,
Die Lerche schwieg, und sank zum Ginsterstrauch.

DIE JAGD

Die Luft hat schlafen sich gelegt,
Behaglich in das Moos gestreckt,
Kein Rispeln, das die Kräuter regt,
Kein Seufzer, der die Halme weckt.
Nur eine Wolke träumt mitunter
Am blassen Horizont hinunter,
Dort, wo das Tannicht über'm Wall
Die dunkeln Kandelabern streckt.

Da horch, ein Ruf, ein ferner Schall:
»Hallo! hoho!« so lang gezogen,
Man meint, die Klänge schlagen Wogen
Im Ginsterfeld, und wieder dort:
»Hallo! hoho!« – am Dickicht fort
Ein zögernd Echo, – alles still!
Man hört der Fliege Angstgeschrill
Im Mettennetz, den Fall der Beere,
Man hört im Kraut des Käfers Gang,
Und dann wie zieh'nder Kranichheere
Kling klang! von ihrer luft'gen Fähre,
Wie ferner Unkenruf: Kling! klang!
Ein Läuten das Gewäld entlang,
Hui schlüpft der Fuchs den Wall hinab –
Er gleitet durch die Binsenspeere,
Und zuckelt fürder seinen Trab:
Und aus dem Dickicht, weiß wie Flocken,
Nach stäuben die lebend'gen Glocken,
Radschlagend an des Dammes Hang;
Wie Aale schnellen sie vom Grund,
Und weiter, weiter, Fuchs und Hund.
Der schwankende Wacholder flüstert,
Die Binse rauscht, die Heide knistert,
Und stäubt Phalänen um die Meute.
Sie jappen, klaffen nach der Beute,
Schaumflocken sprühn aus Nas' und Mund;
Noch hat der Fuchs die rechte Weite,
Gelassen trabt er, schleppt den Schweif,
Zieht in dem Taue dunklen Streif,
Und zeigt verächtlich seine Socken.
Doch bald hebt er die Lunte frisch,
Und, wie im Weiher schnellt der Fisch,
Fort setzt er über Kraut und Schmelen,
Wirft mit den Läufen Kies und Staub;
Die Meute mit geschwoll'nen Kehlen
Ihm nach wie rasselnd Winterlaub.
Man höret ihre Kiefern knacken,

Wenn fletschend in die Luft sie hacken;
In weitem Kreise so zum Tann,
Und wieder aus dem Dickicht dann
Ertönt das Glockenspiel der Bracken.

50 Was bricht dort im Gestrippe am Revier?
Im holprichten Galopp stampft es den Grund;
Ha! brüllend Herdenvieh! voran der Stier,
Und ihnen nach klafft ein versprengter Hund.
Schwerfällig poltern sie das Feld entlang,
55 Das Horn gesenkt, waagrecht des Schweifes Strang,
Und taumeln noch ein paarmal in die Runde,
Eh Posto wird gefaßt im Heidegrunde.
Nun endlich stehn sie, murren noch zurück,
Das Dickicht messend mit verglas'tem Blick,
60 Dann sinkt das Haupt und unter ihrem Zahne
Ein leises Rupfen knirrt im Thymiane;
Unwillig schnauben sie den gelben Rauch,
Das Euter streifend am Wacholderstrauch,
Und peitschen mit dem Schweife in die Wolke
65 Von summendem Gewürm und Fliegenvolke.
So langsam schüttelnd den gefüllten Bauch
Fort grasen sie bis zu dem Heidekolke.

Ein Schuß: »Hallo!« ein zweiter Schuß: »Hoho!«
Die Herde stutzt, des Kolkes Spiegel kraust
70 Ihr Blasen, dann die Hälse streckend, so
Wie in des Dammes Mönch der Strudel saust,
Ziehn sie das Wasser in den Schlund, sie pusten,
Die kranke Sterke schaukelt träg herbei,
Sie schaudert, schüttelt sich in hohlem Husten,
75 Und dann – ein Schuß, und dann – ein Jubelschrei!

Das grüne Käppchen auf dem Ohr,
Den halben Mond am Lederband,
Trabt aus der Lichtung rasch hervor
Bis mitten in das Heideland

Ein Waidmann ohne Tasch und Büchse;
Er schwenkt das Horn, er ballt die Hand,
Dann setzt er an, und tausend Füchse
Sind nicht so kräftig totgeblasen,
Als heut es schmettert über'n Rasen.

»Der Schelm ist tot, der Schelm ist tot!
Laßt uns den Schelm begraben!
Kriegen ihn die Hunde nicht,
Dann fressen ihn die Raben,
Hoho hallo!«

Da stürmt von allen Seiten es heran,
Die Bracken brechen aus Genist und Tann;
Durch das Gelände sieht in wüsten Reifen
Man johlend sie um den Hornisten schweifen.
Sie ziehen ihr Geheul so hohl und lang,
Daß es verdunkelt der Fanfare Klang,
Doch lauter, lauter schallt die Gloria,
Braust durch den Ginster die Victoria:

»Hängt den Schelm, hängt den Schelm!
Hängt ihn an die Weide,
Mir den Balg und dir den Talg,
Dann lachen wir alle Beide;
Hängt ihn! Hängt ihn
Den Schelm, den Schelm! — —«

DIE VOGELHÜTTE

Regen, Regen, immer Regen! will nicht das Geplätscher
                                              enden,
Daß ich aus dem Sarge brechen kann, aus diesen
                                       Bretterwänden?

Sieben Schuhe ins Gevierte, das ist doch ein ärmlich
                                      Räumchen
Für ein Menschenkind, und wär' es schlank auch wie ein
                                    Rosenbäumchen!

5 O was ließ ich mich gelüsten, in den Vogelherd zu flüchten,
Als nur schwach die Wolke tropfte, als noch flüsterten
                                    die Fichten:

Und muß nun bestehn das Ganze, wie wenn zögernd
                                    man dem Schwätzer
Raum gegeben, dem langweilig Seile drehnden
                                    Phrasensetzer;

Und am Knopfe nun gehalten, oder schlimmer an den
                                    Händen,
10 Zappelnd wie der Halbgehängte langet nach des Strickes
                                    Enden!

Meine Unglücksstrick' sind dieser Wasserstriemen Läng'
                                    und Breite,
Die verkörperten Hyperbeln, denn Bindfäden regnet's
                                    heute.

Denk ich an die heitre Stube, an das weiche Kanapée,
Und wie mein Gedicht, das meine, dort zerlesen wird
                                    beim Tee:

15 Denk ich an die schwere Zunge, die statt meiner es
                                    zerdrischt,
Bohrend wie ein Schwertfisch möcht ich schießen in den
                                    Wassergischt.

Pah! was kümmern mich die Tropfen, ob ich naß ob
                                    säuberlich!
Aber besser stramm und trocken, als durchnäßt und
                                    lächerlich.

Da – ein Fleck, ein Loch am Himmel; bist du endlich
                      doch gebrochen,
Alte Wassertonne, hab ich endlich dich entzwei
                      gesprochen?

Aber wehe! wie's vom Fasse brodelt, wenn gesprengt
                      der Zapfen,
Hör ich's auf dem Dache rasseln, förmlich wie mit
                      Füßen stapfen.

Regen! unbarmherz'ger Regen! mögst du braten oder
                      sieden!
Wehe, diese alte Kufe ist das Faß der Danaiden!

Ich habe mich gesetzt in Gottes Namen;
Es hilft doch alles nicht, und mein Gedicht
Ist längst gelesen und im Schloß die Damen,
Sie saßen lange zu Gericht.

Statt einen neuen Lorbeerkranz zu drücken
In meine Phöboslocken, hat man sacht
Den alten losgezupft und hinter'm Rücken
Wohl Eselsohren mir gemacht.

Verkannte Seele, fasse dich im Leiden,
Sei stark, sei nobel, denk, der Ruhm ist leer,
Das Leben kurz, es wechseln Schmerz und Freuden,
Und was dergleichen Neugedachtes mehr!

Ich schau mich um in meiner kleinen Zelle:
Für einen Klausner wär's ein hübscher Ort;
Die Bank, der Tisch, das hölzerne Gestelle,
Und an der Wand die Tasche dort;

Ein Netz im Winkelchen, ein Rechen, Spaten –
Und Betten? nun, das macht sich einfach hier;

Der Thymian ist heuer gut geraten,
Und blüht mir grade vor der Tür.

Die Waldung drüben – und das Quellgewässer –
Hier möcht ich Heidebilder schreiben, zum Exempel:
»Die Vogelhütte«, nein – »der Herd«, nein besser:
»Der Knieende in Gottes weitem Tempel.«

's ist doch romantisch, wenn ein zart Geriesel
Durch Immortellen und Wacholderstrauch
Umzieht und gleitet, wie ein schlüpfend Wiesel,
Und drüber flirrt der Stöberrauch;

Wenn Schimmer wechseln, weiß und seladonen;
Die weite Eb'ne schaukelt wie ein Schiff,
Hindurch der Kiebitz schrillt, wie Halkyonen
Wehklagend ziehen um das Riff.

Am Horizont die kolossalen Brücken –
Sind's Wolken oder ist's ein ferner Wald?
Ich will den Schemel an die Luke rücken,
Da liegt mein Hut, mein Hammer, – halt:

Ein Teller am Gestell! – was mag er bieten?
Fundus! bei Gott, ein Fund das Backwerk drin!
Für einen armen Hund von Eremiten,
Wie ich es leider heute bin!

Ein seid'ner Beutel noch – am Bort zerrissen;
Ich greife, greife Rundes mit der Hand;
Weh! in die dürre Erbs' hab ich gebissen –
Ich dacht', es seie Zuckerkand.

Und nun die Tasche! he, wir müssen klopfen –
Vielleicht liegt ein Gefang'ner hier in Haft;
Da – eine Flasche! schnell herab den Pfropfen –
Ist's Wasser? Wasser? – edler Rebensaft!

Und Edlerer, der ihn dem Sack vertraute,
Splendid barmherziger Wildhüter du,
Für einen armen Schelm, der Erbsen kaute,
Den frommen Bruder Tuck im Ivanhoe!

Mit dem Gekörn will ich den Kiebitz letzen,
Es aus der Luke streun, wenn er im Flug
Herschwirrt, mir auf die Schulter sich zu setzen,
Wie man es lies't in manchem Buch.

Mir ist ganz wohl in meiner armen Zelle;
Wie mir das Klausnerleben so gefällt!
Ich bleibe hier, ich geh nicht von der Stelle,
Bevor der letzte Tropfen fällt.

    Es verrieselt, es verraucht,
    Mählich aus der Wolke taucht
    Neu hervor der Sonnenadel.
    In den feinen Dunst die Fichte
    Ihre grünen Dornen streckt,
    Wie ein schönes Weib die Nadel
    In den Spitzenschleier steckt;
    Und die Heide steht im Lichte
    Zahllos blanker Tropfen, die
    Am Wacholder zittern, wie
    Glasgehänge an dem Lüster.
    Überm Grund geht ein Geflüster,
    Jedes Kräutchen reckt sich auf,
    Und in langgestrecktem Lauf,
    Durch den Sand des Pfades eilend,
    Blitzt das gold'ne Panzerhemd
    Des Kurier's;* am Halme weilend
    Streicht die Grille sich das Naß

---

* Buprestis, ein in allen Farben schimmernder Prachtkäfer, der sich im Heidekraut aufhält.

Von der Flügel grünem Glas.
Grashalm glänzt wie eine Klinge,
Und die kleinen Schmetterlinge,
Blau, orange, gelb und weiß,
Jagen tummelnd sich im Kreis.
Alles Schimmer, alles Licht,
Bergwald mag und Welle nicht
Solche Farbentöne hegen,
Wie die Heide nach dem Regen.

Ein Schall – und wieder – wieder – was ist das? –
Bei Gott, das Schloß! Da schlägt es Acht im Turme –
Weh mein Gedicht! o weh mir armem Wurme,
Nun fällt mir alles ein, was ich vergaß!
Mein Hut, mein Hammer, hurtig fortgetrabt –
Vielleicht, vielleicht ist man diskret gewesen,
Und harrte meiner, der sein Federlesen
Indes mit Kraut und Würmern hat gehabt. –
Nun kommt der Steg und nun des Teiches Ried,
Nun steigen der Alleen schlanke Streifen;
Ich weiß es nicht, ich kann es nicht begreifen,
Wie ich so gänzlich mich vom Leben schied –
Doch freilich – damals war ich Eremit!

DER WEIHER

Er liegt so still im Morgenlicht,
So friedlich, wie ein fromm Gewissen;
Wenn Weste seinen Spiegel küssen,
Des Ufers Blume fühlt es nicht;
Libellen zittern über ihn,
Blaugoldne Stäbchen und Karmin,
Und auf des Sonnenbildes Glanz
Die Wasserspinne führt den Tanz;
Schwertlilienkranz am Ufer steht
Und horcht des Schilfes Schlummerliede;

Ein lindes Säuseln kommt und geht,
Als flüstr' es: Friede! Friede! Friede! –

Das Schilf

Stille, er schläft, stille! stille!
Libelle, reg' die Schwingen sacht,
Daß nicht das Goldgewebe schrille,
Und, Ufergrün, halt gute Wacht,
Kein Kieselchen laß niederfallen.
Er schläft auf seinem Wolkenflaum,
Und über ihn läßt säuselnd wallen
Das Laubgewölb der alte Baum;
Hoch oben, wo die Sonne glüht,
Wieget der Vogel seine Flügel,
Und wie ein schlüpfend Fischlein zieht
Sein Schatten durch des Teiches Spiegel.
Stille, stille! er hat sich geregt,
Ein fallend Reis hat ihn bewegt,
Das grad zum Nest der Hänfling trug;
Su, Su! breit', Ast, dein grünes Tuch –
Su, Su! nun schläft er fest genug.

Die Linde

Ich breite über ihn mein Blätterdach
So weit ich es vom Ufer strecken mag.
Schau her, wie langaus meine Arme reichen,
Ihm mit den Fächern das Gewürm zu scheuchen,
Das hundertfarbig zittert in der Luft.
Ich hauch' ihm meines Odems besten Duft,
Und auf sein Lager laß ich niederfallen
Die Lieblichste von meinen Blüten allen;
Und eine Bank lehnt sich an meinen Stamm,
Da schaut ein Dichter von dem Uferdamm,

Den hör' ich flüstern wunderliche Weise,
Von mir und dir und der Libell' so leise,
Daß er den frommen Schläfer nicht geweckt;
Sonst wahrlich hätt' die Raupe ihn erschreckt,
Die ich geschleudert aus dem Blätterhag.
Wie grell die Sonne blitzt; schwül wird der Tag.
O könnt' ich! könnt' ich meine Wurzeln strecken
Recht mitten in das tief kristall'ne Becken,
Den Fäden gleich, die, grünlicher Asbest,
Schaun so behaglich aus dem Wassernest,
Wie mir zum Hohne, der im Sonnenbrande
Hier einsam niederlechzt vom Uferrande.

Die Wasserfäden

Neid' uns! neid' uns! laß die Zweige hangen,
Nicht weil flüssigen Kristall wir trinken,
Neben uns des Himmels Sterne blinken,
Sonne sich in unserm Netz gefangen –
Nein, des Teiches Blutsverwandte, fest
Hält er all uns an die Brust gepreßt,
Und wir bohren uns're feinen Ranken
In das Herz ihm, wie ein liebend Weib,
Dringen Adern gleich durch seinen Leib,
Dämmern auf wie seines Traums Gedanken;
Wer uns kennt, der nennt uns lieb und treu,
Und die Schmerle birgt in uns'rer Hut
Und die Karpfenmutter ihre Brut;
Welle mag in unserm Schleier kosen;
Uns nur traut die holde Wasserfei,
Sie, die Schöne, lieblicher als Rosen.
Schleuß, Trifolium,* die Glocken auf,
Kurz dein Tag, doch königlich sein Lauf!

---

* Trifolium, Dreiblatt, Menianthes trifoliata L. Biberklee. Eine Wasserpflanze, die nur in sehr tiefem Wasser wächst, mit schöner aber sehr vergänglicher Blüte.

Kinder am Ufer

O sieh doch! siehst du nicht die Blumenwolke
Da drüben in dem tiefsten Weiherkolke?
O! das ist schön! hätt' ich nur einen Stecken,
Schmalzweiße Kelch' mit dunkelroten Flecken,
Und jede Glocke ist frisiert so fein
Wie unser wächsern Engelchen im Schrein.
Was meinst du, schneid' ich einen Haselstab,
Und wat' ein wenig in die Furt hinab?
Pah! Frösch' und Hechte können mich nicht schrecken. –
Allein, ob nicht vielleicht der Wassermann
Dort in den langen Kräutern hocken kann?
Ich geh, ich gehe schon – ich gehe nicht –
Mich dünkt, ich sah am Grunde ein Gesicht –
Komm laß uns lieber heim, die Sonne sticht!

DER HÜNENSTEIN

Zur Zeit der Scheide zwischen Nacht und Tag,
Als wie ein siecher Greis die Heide lag
Und ihr Gestöhn des Mooses Teppich regte,
Krankhafte Funken im verwirrten Haar
Elektrisch blitzten, und, ein dunkler Mahr,
Sich über sie die Wolkenschichte legte;

Zu dieser Dämmerstunde war's, als ich
Einsam hinaus mit meinen Sorgen schlich,
Und wenig dachte, was es draußen treibe.
Nachdenklich schritt ich, und bemerkte nicht
Des Krautes Wallen und des Wurmes Licht,
Ich sah auch nicht, als stieg die Mondesscheibe.

Grad war der Weg, ganz sonder Steg und Bruch;
So träumt ich fort und, wie ein schlechtes Buch,

Ein Pfennigs-Magazin uns auf der Reise
Von Station zu Stationen plagt,
Hab' zehnmal Weggeworf'nes ich benagt,
Und fortgeleiert überdrüß'ge Weise.

Entwürfe wurden aus Entwürfen reif,
Doch, wie die Schlange packt den eignen Schweif,
Fand ich mich immer auf derselben Stelle;
Da plötzlich fuhr ein plumper Schröter jach
An's Auge mir, ich schreckte auf und lag
Am Grund, um mich des Heidekrautes Welle.

Seltsames Lager, das ich mir erkor!
Zur Rechten, Linken schwoll Gestein empor,
Gewalt'ge Blöcke, rohe Porphyrbrode;
Mir überm Haupte reckte sich der Bau,
Langhaar'ge Flechten rührten meine Brau,
Und mir zu Füßen schwankt' die Ginsterlode.

Ich wußte gleich, es war ein Hünengrab,
Und fester drückt' ich meine Stirn hinab,
Wollüstig saugend an des Grauens Süße,
Bis es mit eis'gen Krallen mich gepackt,
Bis wie ein Gletscher-Bronn des Blutes Takt
Aufquoll und hämmert' unterm Mantelvliese.

Die Decke über mir, gesunken, schief,
An der so blaß gehärmt das Mondlicht schlief,
Wie eine Witwe an des Gatten Grabe;
Vom Hirtenfeuer Kohlenscheite sahn
So leichenbrandig durch den Thymian,
Daß ich sie abwärts schnellte mit dem Stabe.

Husch fuhr ein Kiebitz schreiend aus dem Moos;
Ich lachte auf; doch trug wie bügellos
Mich Phantasie weit über Spalt und Barren.
Dem Wind hab' ich gelauscht so scharf gespannt,

Als bring er Kunde aus dem Geisterland,
Und immer mußt ich an die Decke starren.

Ha! welche Sehnen wälzten diesen Stein?
Wer senkte diese wüsten Blöcke ein,
Als durch das Heid die Totenklage schallte?
Wer war die Drude, die im Abendstrahl
Mit Run' und Spruch umwandelte das Tal,
Indes ihr gold'nes Haar im Winde wallte?

Dort ist der Osten, dort, drei Schuh im Grund,
Dort steht die Urne und in ihrem Rund
Ein wildes Herz zerstäubt zu Aschenflocken;
Hier lagert sich der Traum vom Opferhain,
Und finster schütteln über diesen Stein
Die grimmen Götter ihre Wolkenlocken.

Wie, sprach ich Zauberformel? Dort am Damm –
Es steigt, es breitet sich wie Wellenkamm,
Ein Riesenleib, gewalt'ger, höher immer;
Nun greift es aus mit langgedehntem Schritt –
Schau, wie es durch der Eiche Wipfel glitt,
Durch seine Glieder zittern Mondenschimmer.

Komm her, komm nieder – um ist deine Zeit!
Ich harre dein, im heil'gen Bad geweiht;
Noch ist der Kirchenduft in meinem Kleide! –
Da fährt es auf, da ballt es sich ergrimmt,
Und langsam, eine dunkle Wolke, schwimmt
Es über meinem Haupt entlang die Heide.

Ein Ruf, ein hüpfend Licht – es schwankt herbei –
Und – »Herr, es regnet« – sagte mein Lakai,
Der ruhig über's Haupt den Schirm mir streckte.
Noch einmal sah ich zum Gestein hinab:
Ach Gott, es war doch nur ein rohes Grab,
Das armen ausgedorrten Staub bedeckte! –

DIE STEPPE

Standest du je am Strande,
Wenn Tag und Nacht sich gleichen,
Und sah'st aus Lehm und Sande
Die Regenrinnen schleichen –
Zahllose Schmugglerquellen,
Und dann, so weit das Auge
Nur reicht, des Meeres Wellen
Gefärbt mit gelber Lauge? –

Hier ist die Dün' und drunten
Das Meer; Kanonen gleichend
Stehn Schäferkarrn, die Lunten
Verlöscht am Boden streichend.
Gilt's etwa dem Korsaren
Im flatternden Kaftane,
Den dort ich kann gewahren
Im gelben Ozeane?

Er scheint das Tau zu schlagen,
Sein Schiff verdeckt die Düne,
Doch sieht den Mast man ragen, –
Ein dürrer Fichtenhüne;
Von seines Toppes Kunkel
Die Seile stramm wie Äste,
Der Mastkorb, rauh und dunkel,
Gleicht einem Weihenneste! –

DIE MERGELGRUBE

Stoß deinen Scheit drei Spannen in den Sand,
Gesteine siehst du aus dem Schnitte ragen,
Blau, gelb, zinnoberrot, als ob zur Gant
Natur die Trödelbude aufgeschlagen.

Kein Pardelfell war je so bunt gefleckt,
Kein Rebhuhn, keine Wachtel so gescheckt,
Als das Gerölle gleißend wie vom Schliff
Sich aus der Scholle bröckelt bei dem Griff
Der Hand, dem Scharren mit des Fußes Spitze.
Wie zürnend sturt dich an der schwarze Gneus,
Spatkugeln kollern nieder, milchig weiß,
Und um den Glimmer fahren Silberblitze;
Gesprenkelte Porphyre, groß und klein,
Die Ockerdruse und der Feuerstein –
Nur wenige hat dieser Grund gezeugt,
Der sah den Strand, und *der* des Berges Kuppe;
Die zorn'ge Welle hat sie hergescheucht,
Leviathan mit seiner Riesenschuppe,
Als schäumend übern Sinai er fuhr,
Des Himmels Schleusen dreißig Tage offen,
Gebirge schmolzen ein wie Zuckerkand,
Als dann am Ararat die Arche stand,
Und, eine fremde, üppige Natur,
Ein neues Leben quoll aus neuen Stoffen. –
Findlinge nennt man sie, weil von der Brust,
Der mütterlichen sie gerissen sind,
In fremde Wiege schlummernd unbewußt,
Die fremde Hand sie legt wie's Findelkind.
O welch' ein Waisenhaus ist diese Heide,
Die Mohren, Blaßgesicht, und rote Haut
Gleichförmig hüllet mit dem braunen Kleide!
Wie endlos ihre Zellenreihn gebaut!

Tief in's Gebröckel, in die Mergelgrube
War ich gestiegen, denn der Wind zog scharf;
Dort saß ich seitwärts in der Höhlenstube,
Und horchte träumend auf der Luft Geharf.
Es waren Klänge, wie wenn Geisterhall
Melodisch schwinde im zerstörten All;
Und dann ein Zischen, wie von Moores Klaffen,
Wenn brodelnd es in sich zusamm'gesunken;

Mir über'm Haupt ein Rispeln und ein Schaffen,
Als scharre in der Asche man den Funken.
Findlinge zog ich Stück auf Stück hervor,
Und lauschte, lauschte mit berauschtem Ohr.

45 Vor mir, um mich der graue Mergel nur,
Was drüber sah ich nicht; doch die Natur
Schien mir verödet, und ein Bild erstand
Von einer Erde, mürbe, ausgebrannt;
Ich selber schien ein Funken mir, der doch
50 Erzittert in der toten Asche noch,
Ein Findling im zerfall'nen Weltenbau.
Die Wolke teilte sich, der Wind ward lau;
Mein Haupt nicht wagt' ich aus dem Hohl zu strecken,
Um nicht zu schauen der Verödung Schrecken,
55 Wie Neues quoll und Altes sich zersetzte –
War ich der erste Mensch oder der letzte?

Ha, auf der Schieferplatte hier Medusen –
Noch schienen ihre Strahlen sie zu zücken,
Als sie geschleudert von des Meeres Busen,
60 Und das Gebirge sank, sie zu zerdrücken.
Es ist gewiß, die alte Welt ist hin,
Ich Petrefakt, ein Mammutsknochen drin!
Und müde, müde sank ich an den Rand
Der staub'gen Gruft; da rieselte der Grand
65 Auf Haar und Kleider mir, ich ward so grau
Wie eine Leich' im Katakomben-Bau,
Und mir zu Füßen hört ich leises Knirren,
Ein Rütteln, ein Gebröckel und ein Schwirren.
Es war der Totenkäfer, der im Sarg
70 So eben eine frische Leiche barg;
Ihr Fuß, ihr Flügelchen empor gestellt
Zeigt eine Wespe mir von dieser Welt.
Und anders ward mein Träumen nun gewandet,
Zu einer Mumie ward ich versandet,
75 Mein Linnen Staub, fahlgrau mein Angesicht,
Und auch der Skarabäus fehlte nicht.

Wie, Leichen über mir? – so eben gar
Rollt mir ein Byssusknäuel in den Schoß;
Nein, das ist Wolle, ehrlich Lämmerhaar –
Und plötzlich ließen mich die Träume los. 80
Ich gähnte, dehnte mich, fuhr aus dem Hohl,
Am Himmel stand der rote Sonnenball
Getrübt von Dunst, ein glüher Karniol,
Und Schafe weideten am Heidewall.
Dicht über mir sah ich den Hirten sitzen, 85
Er schlingt den Faden und die Nadeln blitzen,
Wie er bedächtig seinen Socken strickt.
Zu mir hinunter hat er nicht geblickt.
»Ave Maria« hebt er an zu pfeifen,
So sacht und schläfrig, wie die Lüfte streifen. 90
Er schaut so seelengleich die Herde an,
Daß man nicht weiß, ob Schaf er oder Mann.
Ein Räuspern dann, und langsam aus der Kehle
Schiebt den Gesang er in das Garngestrehle:

Es stehet ein Fischlein in einem tiefen See, 95
Danach tu ich wohl schauen, ob es kommt in die Höh;
Wandl' ich über Grunheide bis an den kühlen Rhein,
Alle meine Gedanken bei meinem Feinsliebchen sein.

Gleich wie der Mond ins Wasser schaut hinein,
Und gleich wie die Sonne im Wald gibt güldenen Schein, 100
Also sich verborgen bei mir die Liebe findt,
Alle meine Gedanken, sie sind bei dir, mein Kind.

Wer da hat gesagt, ich wollte wandern fort,
Der hat sein Feinsliebchen an einem andern Ort;
Trau nicht den falschen Zungen, was sie dir blasen ein, 105
Alle meine Gedanken, sie sind bei dir allein.

Ich war hinaufgeklommen, stand am Bord,
Dicht vor dem Schäfer, reichte ihm den Knäuel;
Er steckt' ihn an den Hut, und strickte fort,

Sein weißer Kittel zuckte wie ein Weihel.
Im Moose lag ein Buch; ich hob es auf –
»Bertuchs Naturgeschichte«; les't ihr das? –
Da zog ein Lächeln seine Lippen auf:
Der lügt mal, Herr! doch das ist just der Spaß!
Von Schlangen, Bären, die in Stein verwandelt,
Als, wie Genesis sagt, die Schleusen offen;
Wär's nicht zur Kurzweil, wär es schlecht gehandelt:
Man weiß ja doch, daß alles Vieh versoffen.
Ich reichte ihm die Schieferplatte: »schau,
Das war ein Tier.« Da zwinkert er die Brau,
Und hat mir lange pfiffig nachgelacht –
Daß ich verrückt sei, hätt' er nicht gedacht! –

DIE KRÄHEN

Heiß, heiß der Sonnenbrand
Drückt vom Zenit herunter,
Weit, weit der gelbe Sand
Zieht sein Gestäube drunter;
Nur wie ein grüner Strich
Am Horizont die Föhren;
Mich dünkt, man müßt' es hören,
Wenn nur ein Kanker schlich.

Der blasse Äther siecht,
Ein Ruhen rings, ein Schweigen,
Dem matt das Ohr erliegt;
Nur an der Düne steigen
Zwei Fichten, dürr, ergraut –
Wie Trauernde am Grabe –
Wo einsam sich ein Rabe
Die rupp'gen Federn kraut.

Da zieht's in Westen schwer
Wie eine Wetterwolke,

Kreis't um die Föhren her
Und fällt am Heidekolke;
Und wieder steigt es dann,
Es flattert und es ächzet,
Und immer näher krächzet
Das Galgenvolk heran.

Recht, wo der Sand sich dämmt,
Da lagert es am Hügel;
Es badet sich und schwemmt,
Stäubt Asche durch die Flügel
Bis jede Feder grau;
Dann rasten sie im Bade,
Und horchen der Suade
Der alten Krähenfrau,

Die sich im Sande reckt,
Das Bein lang ausgeschossen,
Ihr eines Aug' gefleckt,
Das andre ist geschlossen;
Zweihundert Jahr und mehr
Gehetzt mit allen Hunden,
Schnarrt sie nun ihre Kunden
Dem jungen Volke her:

»Ja, ritterlich und kühn all sein Gebar!
Wenn er so herstolzierte vor der Schar,
Und ließ sein bäumend Roß so drehn und schwenken,
Da mußt ich immer an Sankt Görgen denken,
Den Wettermann, der – als am Schlot ich saß,
Ließ mir die Sonne auf den Rücken brennen –
Vom Wind getrillt mich schlug so hart, daß baß
Ich es dem alten Raben möchte gönnen,
Der dort von seiner Hopfenstange schaut,
Als sei ein Baum er und wir andern Kraut! –

Kühn war der Halberstadt, das ist gewiß!
Wenn er die Braue zog, die Lippe biß,
Dann standen seine Landsknecht' auf den Füßen
Wie Speere, solche Blicke konnt er schießen.
Einst brach sein Schwert; er riß die Kuppel los,
Stieß mit der Scheide einen Mann vom Pferde.
Ich war nur immer froh, daß flügellos,
Ganz sonder Witz der Mensch geboren werde:
Denn nie hab' ich gesehn, daß aus der Schlacht
Er eine Leber nur bei Seit' gebracht.

An einem Sommertag, – heut sind es grad
Zweihundert fünfzehn Jahr, es lief die Schnat
Am Damme drüben damals bei den Föhren –
Da konnte man ein frisch Drometen hören,
Ein Schwerterklirren und ein Feldgeschrei,
Radschlagen sah man Reuter von den Rossen,
Und die Kanone fuhr ihr Hirn zu Brei;
Entlang die Gleise ist das Blut geflossen,
Granat' und Wachtel liefen kunterbunt
Wie junge Kiebitze am sand'gen Grund.

Ich saß auf einem Galgen, wo das Bruch
Man überschauen konnte recht mit Fug;
Dort an der Schnat hat Halberstadt gestanden,
Mit seinem Sehrohr streifend durch die Banden,
Hat seinen Stab geschwungen so und so;
Und wie er schwenkte, zogen die Soldaten –
Da plötzlich aus den Mörsern fuhr die Loh',
Es knallte, daß ich bin zu Fall geraten,
Und als Kopfüber ich vom Galgen schoß,
Da pfiff der Halberstadt davon zu Roß.

Mir stieg der Rauch in Ohr und Kehl', ich schwang
Mich auf, und nach der Qualm in Strömen drang;
Entlang die Heide fuhr ich mit Gekrächze.
Am Grunde, welch' Geschrei, Geschnaub', Geächze!

Die Rosse wälzten sich und zappelten,
Todwunde zuckten auf, Landsknecht' und Reuter
Knirschten den Sand, da näher trappelten
Schwadronen, manche krochen winselnd weiter,
Und mancher hat noch einen Stich versucht,
Als über ihn der Baier weggeflucht.

Noch lange haben sie getobt, geknallt,
Ich hatte mich geflüchtet in den Wald;
Doch als die Sonne färbt' der Föhren Spalten,
Ha welch ein köstlich Mahl ward da gehalten!
Kein Geier schmaust, kein Weihe je so reich!
In achtzehn Schwärmen fuhren wir herunter,
Das gab ein Hacken, Picken, Leich' auf Leich –
Allein der Halberstadt war nicht darunter:
Nicht kam er heut', noch sonst mir zu Gesicht,
Wer ihn gefressen hat, ich weiß es nicht.«

Sie zuckt die Klaue, krau't den Schopf,
Und streckt behaglich sich im Bade;
Da streckt ein grauer Herr den Kopf,
Weit älter, als die Scheh'razade.
»Ha,« krächzt er, »das war wüste Zeit, –
Da gab's nicht Frauen, wie vor Jahren,
Als Ritter mit dem Kreuz gefahren,
Und man die Münster hat geweiht!«
Er hustet, speit ein wenig Sand und Ton,
Dann hebt er an, ein grauer Seladon:

»Und wenn er kühn, so war sie schön,
Die heil'ge Frau im Ordenskleide!
Ihr mocht' der Weihel süßer stehn,
Als andern Güldenstück und Seide.
Kaum war sie holder an dem Tag,
Da ihr jungfräulich Haar man fällte,
Als ich an's Kirchenfenster schnellte,
Und schier Tobias Hündlein brach.

Da stand die alte Gräfin, stand
Der alte Graf, geduldig harrend;
Er auf's Barettlein in der Hand,
Sie fest aufs Paternoster starrend;
Ehrbar, wie bronzen sein Gesicht –
Und aus der Mutter Wimpern glitten
Zwei Tränen auf der Schaube Mitten,
Doch ihre Lippe zuckte nicht.

Und sie in ihrem Sammetkleid,
Von Perlen und Juwel' umfunkelt,
Bleich war sie, aber nicht von Leid,
Ihr Blick doch nicht von Gram umdunkelt.
So mild hat sie das Haupt gebeugt,
Als woll' auf den Altar sie legen
Des Haares königlichen Segen,
Vom Antlitz ging ein süß Geleucht.

Doch als nun, wie am Blutgerüst,
Ein Mann die Seidenstränge packte,
Da faßte mich ein wild Gelüst,
Ich schlug die Scheiben, daß es knackte,
Und flattert' fort, als ob der Stahl
Nach meinem Nacken wolle zücken.
Ja wahrlich, über Kopf und Rücken
Fühlt' ich den ganzen Tag mich kahl!

Und später sah ich manche Stund
Sie betend durch den Kreuzgang schreiten,
Ihr süßes Auge über'n Grund
Entlang die Totenlager gleiten;
In's Quadrum flog ich dann hinab,
Spazierte auf dem Leichensteine,
Sang, oder suchte auch zum Scheine
Nach einem Regenwurm am Grab.

Wie sie gestorben, weiß ich nicht;
Die Fenster hatte man verhangen,
Ich sah am Vorhang nur das Licht
Und hörte, wie die Schwestern sangen;
Auch hat man keinen Stein geschafft 155
In's Quadrum, doch ich hörte sagen,
Daß manchem Kranken Heil getragen
Der sel'gen Frauen Wunderkraft.

Ein Loch gibt es am Kirchenend',
Da kann man in's Gewölbe schauen, 160
Wo matt die ew'ge Lampe brennt,
Steinsärge ragen, fein gehauen;
Da streck ich oft im Dämmergrau
Den Kopf durch's Gitter, klage, klage
Die Schlafende im Sarkophage, 165
So hold, wie keine Krähenfrau!«

Er schließt die Augen, stößt ein lang »Krahah!«
Gestreckt die Zunge und den Schnabel offen;
Matt, flügelhängend, ein zertrümmert Hoffen,
Ein Bild gebroch'nen Herzens sitzt er da. – 170
Da schnarrt es über ihm: »ihr Narren all!«
Und nieder von der Fichte plumpt der Rabe:
»Ist einer hier, der hörte von Walhall,
Von Teut und Thor, und von dem Hünengrabe?
Saht' ihr den Opferstein« – da mit Gekrächz 175
Hebt sich die Schar und klatscht entlang den Hügel.
Der Rabe blinzt, er stößt ein kurz Geächz,
Die Federn sträubend wie ein zorn'ger Igel;
Dann duckt er nieder, kraut das kahle Ohr,
Noch immer schnarrend fort von Teut und Thor. – 180

DAS HIRTENFEUER

Dunkel, Dunkel im Moor,
Über der Heide Nacht,
Nur das rieselnde Rohr
Neben der Mühle wacht,
Und an des Rades Speichen
Schwellende Tropfen schleichen.

Unke kauert im Sumpf,
Igel im Grase duckt,
In dem modernden Stumpf
Schlafend die Kröte zuckt,
Und am sandigen Hange
Rollt sich fester die Schlange.

Was glimmt dort hinterm Ginster,
Und bildet lichte Scheiben?
Nun wirft es Funkenflinster,
Die löschend niederstäuben;
Nun wieder alles dunkel –
Ich hör des Stahles Picken,
Ein Knistern, ein Gefunkel –
Und auf die Flammen zücken.

Und Hirtenbuben hocken
Im Kreis' umher, sie strecken
Die Hände, Torfes Brocken
Seh ich die Lohe lecken;
Da bricht ein starker Knabe
Aus des Gestrippes Windel,
Und schleift nach im Trabe
Ein wüst Wacholderbündel.

Er läßt's am Feuer kippen –
Hei, wie die Buben johlen,

Und mit den Fingern schnippen
Die Funken-Girandolen!
Wie ihre Zipfelmützen
Am Ohre lustig flattern,
Und wie die Nadeln spritzen, 35
Und wie die Äste knattern!

Die Flamme sinkt, sie hocken
Auf's Neu' umher im Kreise,
Und wieder fliegen Brocken,
Und wieder schwelt es leise; 40
Glührote Lichter streichen
An Haarbusch und Gesichte,
Und schier Dämonen gleichen
Die kleinen Heidewichte.

Der da, der Unbeschuh'te, 45
Was streckt er in das Dunkel
Den Arm wie eine Rute,
Im Kreise welch' Gemunkel?
Sie spähn wie junge Geier
Von ihrer Ginsterschütte: 50
Ha, noch ein Hirtenfeuer,
Recht an des Dammes Mitte!

Man sieht es eben steigen
Und seine Schimmer breiten,
Den wirren Funkenreigen 55
Über'n Wacholder gleiten;
Die Buben flüstern leise,
Sie räuspern ihre Kehlen,
Und alte Heideweise
Verzittert durch die Schmelen. 60

»Helo, heloe!
Heloe, loe!
Komm du auf uns're Heide,

Wo ich meine Schäflein weide,
Komm, o komm in unser Bruch,
Da gibt's der Blümelein genug, –
Helo, heloe!«

Die Knaben schweigen, lauschen nach dem Tann,
Und leise durch den Ginster zieht's heran:

Gegenstrophe

»Helo, heloe!
Ich sitze auf dem Walle,
Meine Schäflein schlafen alle,
Komm, o komm in unsern Kamp,
Da wächst das Gras wie Brahm so lang! –
Helo, heloe!
Heloe, loe!«

DER HEIDEMANN*

»Geht, Kinder, nicht zu weit in's Bruch,
Die Sonne sinkt, schon surrt den Flug
Die Biene matter, schlafgehemmt,
Am Grunde schwimmt ein blasses Tuch,
Der Heidemann kömmt! –«

Die Knaben spielen fort am Raine,
Sie rupfen Gräser, schnellen Steine,
Sie plätschern in des Teiches Rinne,
Erhaschen die Phalän' am Ried,
Und freu'n sich, wenn die Wasserspinne
Langbeinig in die Binsen flieht.

---

* Hier nicht das bekannte Gespenst, sondern die Nebelschicht, die sich zur Herbst- und Frühlingszeit Abends über den Heidegrund legt.

»Ihr Kinder, legt euch nicht in's Gras, –
Seht, wo noch grad' die Biene saß,
Wie weißer Rauch die Glocken füllt.
Scheu aus dem Busche glotzt der Has,
Der Heidemann schwillt! –«

Kaum hebt ihr schweres Haupt die Schmele
Noch aus dem Dunst, in seine Höhle
Schiebt sich der Käfer und am Halme
Die träge Motte höher kreucht,
Sich flüchtend vor dem feuchten Qualme,
Der unter ihre Flügel steigt.

»Ihr Kinder, haltet euch bei Haus,
Lauft ja nicht in das Bruch hinaus;
Seht, wie bereits der Dorn ergraut,
Die Drossel ächzt zum Nest hinaus,
Der Heidemann braut! –«

Man sieht des Hirten Pfeife glimmen,
Und vor ihm her die Herde schwimmen,
Wie Proteus seine Robbenscharen
Heimschwemmt im grauen Ozean.
Am Dach die Schwalben zwitschernd fahren
Und melancholisch kräht der Hahn.

»Ihr Kinder, bleibt am Hofe dicht,
Seht, wie die feuchte Nebelschicht
Schon an des Pförtchens Klinke reicht;
Am Grunde schwimmt ein falsches Licht,
Der Heidemann steigt! –«

Nun strecken nur der Föhren Wipfel
Noch aus dem Dunste grüne Gipfel,
Wie über'n Schnee Wacholderbüsche;
Ein leises Brodeln quillt im Moor,
Ein schwaches Schrillen, ein Gezische
Dringt aus der Niederung hervor.

»Ihr Kinder, kommt, kommt schnell herein,
Das Irrlicht zündet seinen Schein,
Die Kröte schwillt, die Schlang im Ried;
Jetzt ist's unheimlich draußen sein,
Der Heidemann zieht! —«

Nun sinkt die letzte Nadel, rauchend
Zergeht die Fichte, langsam tauchend
Steigt Nebelschemen aus dem Moore,
Mit Hünenschritten gleitet's fort;
Ein irres Leuchten zuckt im Rohre,
Der Krötenchor beginnt am Bord.

Und plötzlich scheint ein schwaches Glühen
Des Hünen Glieder zu durchziehen;
Es siedet auf, es färbt die Wellen,
Der Nord, der Nord entzündet sich –
Glutpfeile, Feuerspeere schnellen,
Der Horizont ein Lavastrich!

»Gott gnad' uns! wie es zuckt und dräut,
Wie's schwelet an der Dünenscheid'! –
Ihr Kinder, faltet eure Händ',
Das bringt uns Pest und teure Zeit –
Der Heidemann brennt! —«

DAS HAUS IN DER HEIDE

Wie lauscht, vom Abendschein umzuckt,
Die strohgedeckte Hütte,
– Recht wie im Nest der Vogel duckt, –
Aus dunkler Föhren Mitte.

Am Fensterloche streckt das Haupt
Die weißgestirnte Sterke,
Bläst in den Abendduft und schnaubt
Und stößt an's Holzgewerke.

Seitab ein Gärtchen, dornumhegt,
Mit reinlichem Gelände,
Wo matt ihr Haupt die Glocke trägt,
Aufrecht die Sonnenwende.

Und drinnen kniet ein stilles Kind,
Das scheint den Grund zu jäten,
Nun pflückt sie eine Lilie lind
Und wandelt längs den Beeten.

Am Horizonte Hirten, die
Im Heidekraut sich strecken,
Und mit des Aves Melodie
Träumende Lüfte wecken.

Und von der Tenne ab und an
Schallt es wie Hammerschläge,
Der Hobel rauscht, es fällt der Span,
Und langsam knarrt die Säge.

Da hebt der Abendstern gemach
Sich aus den Föhrenzweigen,
Und grade ob der Hütte Dach
Scheint er sich mild zu neigen.

Es ist ein Bild, wie still und heiß
Es alte Meister hegten,
Kunstvolle Mönche, und mit Fleiß
Es auf den Goldgrund legten.

Der Zimmermann – die Hirten gleich
Mit ihrem frommen Liede –
Die Jungfrau mit dem Lilienzweig –
Und rings der Gottesfriede.

Des Sternes wunderlich Geleucht
Aus zarten Wolkenfloren –

Ist etwa hier im Stall vielleicht
Christkindlein heut geboren?

DER KNABE IM MOOR

O schaurig ist's über's Moor zu gehn,
Wenn es wimmelt vom Heiderauche,
Sich wie Phantome die Dünste drehn
Und die Ranke häkelt am Strauche,
Unter jedem Tritte ein Quellchen springt,
Wenn aus der Spalte es zischt und singt,
O schaurig ist's über's Moor zu gehn,
Wenn das Röhricht knistert im Hauche!

Fest hält die Fibel das zitternde Kind
Und rennt als ob man es jage;
Hohl über die Fläche sauset der Wind –
Was raschelt drüben am Hage?
Das ist der gespenstige Gräberknecht,
Der dem Meister die besten Torfe verzecht;
Hu, hu, es bricht wie ein irres Rind!
Hinducket das Knäblein zage.

Vom Ufer starret Gestumpf hervor,
Unheimlich nicket die Föhre,
Der Knabe rennt, gespannt das Ohr,
Durch Riesenhalme wie Speere;
Und wie es rieselt und knittert darin!
Das ist die unselige Spinnerin,
Das ist die gebannte Spinnlenor',
Die den Haspel dreht im Geröhre!

Voran, voran, nur immer im Lauf,
Voran als woll' es ihn holen;
Vor seinem Fuße brodelt es auf,
Es pfeift ihm unter den Sohlen

Wie eine gespenstige Melodei;
Das ist der Geigemann ungetreu,
Das ist der diebische Fiedler Knauf,
Der den Hochzeitheller gestohlen!

Da birst das Moor, ein Seufzer geht
Hervor aus der klaffenden Höhle;
Weh, weh, da ruft die verdammte Margreth:
»Ho, ho, meine arme Seele!«
Der Knabe springt wie ein wundes Reh,
Wär' nicht Schutzengel in seiner Näh',
Seine bleichenden Knöchelchen fände spät
Ein Gräber im Moorgeschwele.

Da mählich gründet der Boden sich,
Und drüben, neben der Weide,
Die Lampe flimmert so heimatlich,
Der Knabe steht an der Scheide.
Tief atmet er auf, zum Moor zurück
Noch immer wirft er den scheuen Blick:
Ja, im Geröhre war's fürchterlich,
O schaurig wars in der Heide!

FELS, WALD UND SEE

DIE ELEMENTE

Luft
Der Morgen, der Jäger

Wo die Felsenlager stehen,
Sich des Schnees Daunen blähen,
Auf des Chimborasso Höhen
Ist der junge Strahl erwacht;
Regt und dehnt die ros'gen Glieder,
Schüttelt dann sein Goldgefieder,
Mit dem Flimmerauge nieder
Blinzt er in des Tales Schacht.
Hörst du wie es fällt und steigt?
Fühlst du wie es um dich streicht?
Dringt zu dir im weichen Duft
Nicht der Himmelsodem – Luft?

In's frische Land der Jäger tritt:
»Gegrüßt du fröhlicher Morgen!
Gegrüßt du Sonn', mit dem leichten Schritt
Wir Beiden ziehn ohne Sorgen.
Und drei Mal gegrüßt mein Geselle Wind,
Der stets mir wandelt zur Seite,
Im Walde flüstert durch Blätter lind,
Zur Höh' gibt springend Geleite.
Und hat die Gems, das listige Tier,
Mich verlockt in ihr zackiges Felsrevier,
Wie sind wir Drei dann so ganz allein,
Du, Luft, und ich, und der uralte Stein!«

Wasser
Der Mittag, der Fischer

Alles still ringsum –
Die Zweige ruhen, die Vögel sind stumm.
Wie ein Schiff, das im vollen Gewässer brennt,
Und das die Windsbraut jagt,
So durch den Azur die Sonne rennt,
Und immer flammender tagt.
Natur schläft – ihr Odem steht,
Ihre grünen Locken hangen schwer,
Nur auf und nieder ihr Pulsschlag geht
Ungehemmt im heiligen Meer.
Jedes Räupchen sucht des Blattes Hülle,
Jeden Käfer nimmt sein Grübchen auf;
Nur das Meer liegt frei in seiner Fülle,
Und blinkt zum Firmament hinauf.

In der Bucht wiegt ein Kahn,
Ausgestreckt der Fischer drin,
Und die lange Wasserbahn
Schaut er träumend überhin.
Neben ihm die Zweige hängen,
Unter ihm die Wellchen drängen,
Plätschernd in der blauen Flut
Schaukelt seine heiße Hand:
»Wasser«, spricht er, »Welle gut,
Hauchst so kühlig an den Strand.
Du, der Erde köstlich Blut,
Meinem Blute nah verwandt,
Sendest deine blanken Wellen,
Die jetzt kosend um mich schwellen,
Durch der Mutter weites Reich,
Börnlein, Strom und glatter Teich,
Und an meiner Hütte gleich
Schlürf' ich dein geläutert Gut,

Und du wirst mein eignes Blut,
Liebe Welle! heil'ge Flut! —«
Leiser plätschernd schläft er ein,
Und das Meer wirft seinen Schein
Um Gebirg und Feld und Hain;
Und das Meer zieht seine Bahn
Um die Welt und um den Kahn.

Erde
Der Abend, der Gärtner

Rötliche Flöckchen ziehen
Über die Berge fort,
Und wie Purpurgewänder,
Und wie farbige Bänder
Flattert es hier und dort
In der steigenden Dämmrung Hort.

Gleich einem Königsgarten,
Den verlassen die Fürstin hoch —
Nur in der Kühle ergehen
Und um die Beete sich drehen
Flüsternd ein Paar Hoffräulein noch.

Da des Himmels Vorhang sinkt,
Öffnet sich der Erde Brust,
Leise, leise Kräutlein trinkt,
Und entschlummert unbewußt;
Und sein furchtsam Wächterlein,
Würmchen mit dem grünen Schein,
Zündet an dem Glühholz sein
Leuchtchen klein.

Der Gärtner, über die Blumen gebeugt,
Spürt an der Sohle den Tau,
Gleich vom nächsten Halme er streicht

Lächelnd die Tropfen lau;
Geht noch einmal entlang den Wall,
Prüft jede Knospe genau und gut:
»Schlaft denn«, spricht er, »ihr Kindlein all,
Schlafet! ich laß euch der Mutter Hut; 90
Liebe Erde! mir sind die Wimper schwer,
Hab' die letzte Nacht durchwacht,
Breit *wohl* deinen Taumantel um sie her,
Nimm *wohl* mir die Kleinen in Acht.«

Feuer
Die Nacht, der Hammerschmied

Dunkel! All Dunkel schwer! 95
Wie Riesen schreiten Wolken her –
Über Gras und Laub,
Wirbelt's wie schwarzer Staub;
Hier und dort ein grauer Stamm;
Am Horizont des Berges Kamm 100
Hält die gespenstige Wacht,
Sonst Alles Nacht – Nacht – nur Nacht.

Was blitzt dort auf? – ein roter Stern –
Nun scheint es nah, nun wieder fern;
Schau! wie es zuckt und zuckt und schweift, 105
Wie's ringelnd gleich der Schlange pfeift.
Nun am Gemäuer glimmt es auf,
Unwillig wirft's die Asch hinauf,
Und wirbelnd über'm Dach hervor
Die Funkensäule steigt empor. 110

Und dort der Mann im ruß'gen Kleid,
– Sein Angesicht ist bleich und kalt,
Ein Bild der listigen Gewalt –
Wie er die Flamme dämpft und facht,
Und hält den Eisenblock bereit! 115

Den soll ihm die gefang'ne Macht,
Die wilde hartbezähmte Glut
Zermalmen gleich in ihrer Wut.

Schau, wie das Feuer sich zersplittert!
Wie's tückisch an der Kohle knittert!
Lang aus die rote Kralle streckt
Und nach dem Kerkermeister reckt!
Wie's vor verhaltnem Grimme zittert:
»O, hätt' ich dich, o könnte ich
Mit meinen Klauen fassen dich!
Ich lehrte dich den Unterschied
Von dir zu Elementes Zier,
An deinem morschen, staub'gen Glied,
Du ruchlos Menschentier!«

DIE SCHENKE AM SEE
An Levin S.

Ist's nicht ein heit'rer Ort, mein junger Freund,
Das kleine Haus, das schier vom Hange gleitet,
Wo so possierlich uns der Wirt erscheint,
So übermächtig sich die Landschaft breitet;
Wo uns ergötzt im neckischen Kontrast
Das Wurzelmännchen mit verschmitzter Miene,
Das wie ein Aal sich schlingt und kugelt fast,
Im Angesicht der stolzen Alpenbühne?

Sitz nieder. – Trauben! – und behend erscheint
Zopfwedelnd der geschäftige Pygmäe;
O sieh, wie die verletzte Beere weint
Blutige Tränen um des Reifes Nähe;
Frisch greif in die kristallne Schale, frisch,
Die saftigen Rubine glühn und locken;
Schon fühl' ich an des Herbstes reichem Tisch
Den kargen Winter nahn auf leisen Socken.

Das sind dir Hieroglyphen, junges Blut,
Und ich, ich will an deiner lieben Seite
Froh schlürfen meiner Neige letztes Gut.
Schau her, schau drüben in die Näh' und Weite;
Wie uns zur Seite sich der Felsen bäumt,
Als könnten wir mit Händen ihn ergreifen,
Wie uns zu Füßen das Gewässer schäumt,
Als könnten wir im Schwunge drüber streifen!

Hörst du das Alphorn über'm blauen See?
So klar die Luft, mich dünkt ich seh' den Hirten
Heimzügeln von der duftbesäumten Höh' –
War's nicht als ob die Rinderglocken schwirrten?
Dort, wo die Schlucht in das Gestein sich drängt –
Mich dünkt ich seh den kecken Jäger schleichen;
Wenn eine Gemse an der Klippe hängt,
Gewiß, mein Auge müßte sie erreichen.

Trink aus! – die Alpen liegen Stundenweit,
Nur nah die Burg, uns heimisches Gemäuer,
Wo Träume lagern langverschollner Zeit,
Seltsame Mär und zorn'ge Abenteuer.
Wohl ziemt es mir, in Räumen schwer und grau
Zu grübeln über dunkler Taten Reste;
Doch du, Levin, schaust aus dem grimmen Bau
Wie eine Schwalbe aus dem Mauerneste.

Sieh' drunten auf dem See im Abendrot
Die Taucherente hin und wieder schlüpfend;
Nun sinkt sie nieder wie des Netzes Lot,
Nun wieder aufwärts mit den Wellen hüpfend;
Seltsames Spiel, recht wie ein Lebenslauf!
Wir beide schaun gespannten Blickes nieder;
Du flüsterst lächelnd: immer kömmt sie auf –
Und ich, ich denke, immer sinkt sie wieder!

Noch einen Blick dem segensreichen Land,
Den Hügeln, Auen, üpp'gem Wellen-Rauschen,
Und heimwärts dann, wo von der Zinne Rand
Freundliche Augen unserm Pfade lauschen;
Brich auf! – da haspelt in behendem Lauf
Das Wirtlein Abschied wedelnd uns entgegen:
»– Geruh'ge Nacht – stehn's nit zu zeitig auf! –«
Das ist der lust'gen Schwaben Abendsegen.

AM TURME

Ich steh' auf hohem Balkone am Turm,
Umstrichen vom schreienden Stare,
Und laß' gleich einer Mänade den Sturm
Mir wühlen im flatternden Haare;
O wilder Geselle, o toller Fant,
Ich möchte dich kräftig umschlingen,
Und, Sehne an Sehne, zwei Schritte vom Rand
Auf Tod und Leben dann ringen!

Und drunten seh' ich am Strand, so frisch
Wie spielende Doggen, die Wellen
Sich tummeln rings mit Geklaff und Gezisch,
Und glänzende Flocken schnellen.
O, springen möcht' ich hinein alsbald,
Recht in die tobende Meute,
Und jagen durch den korallenen Wald
Das Walroß, die lustige Beute!

Und drüben seh' ich ein Wimpel wehn
So keck wie eine Standarte,
Seh auf und nieder den Kiel sich drehn
Von meiner luftigen Warte;
O, sitzen möcht' ich im kämpfenden Schiff,
Das Steuerruder ergreifen,
Und zischend über das brandende Riff
Wie eine Seemöwe streifen.

Wär ich ein Jäger auf freier Flur,
Ein Stück nur von einem Soldaten,
Wär ich ein Mann doch mindestens nur,
So würde der Himmel mir raten;
Nun muß ich sitzen so fein und klar,
Gleich einem artigen Kinde,
Und darf nur heimlich lösen mein Haar,
Und lassen es flattern im Winde!

DAS ÖDE HAUS

Tiefab im Tobel liegt ein Haus,
Zerfallen nach des Försters Tode,
Dort ruh' ich manche Stunde aus,
Vergraben unter Rank' und Lode;
's ist eine Wildnis, wo der Tag
Nur halb die schweren Wimper lichtet;
Der Felsen tiefe Kluft verdichtet
Ergrauter Äste Schattenhag.

Ich horche träumend, wie im Spalt
Die schwarzen Fliegen taumelnd summen,
Wie Seufzer streifen durch den Wald,
Am Strauche irre Käfer brummen;
Wenn sich die Abendröte drängt
An sickernden Geschiefers Lauge,
Dann ist's als ob ein trübes Auge,
Ein rotgeweintes drüber hängt.

Wo an zerrißner Laube Joch
Die langen magern Schossen streichen,
An wildverwachs'ner Hecke noch
Im Moose Nelkensprossen schleichen,
Dort hat vom tröpfelnden Gestein
Das dunkle Naß sich durchgesogen,
Kreucht um den Buchs in trägen Bogen,
Und sinkt am Fenchelstrauche ein.

Das Dach, von Moose überschwellt,
Läßt wirre Schober niederragen,
Und eine Spinne hat ihr Zelt
Im Fensterloche aufgeschlagen;
Da hängt, ein Blatt von zartem Flor,
Der schillernden Libelle Flügel,
Und ihres Panzers goldner Spiegel
Ragt kopflos am Gesims hervor.

Zuweilen hat ein Schmetterling
Sich gaukelnd in der Schlucht gefangen,
Und bleibt sekundenlang am Ring
Der kränkelnden Narzisse hangen;
Streicht eine Taube durch den Hain,
So schweigt am Tobelrand ihr Girren,
Man höret nur die Flügel schwirren
Und sieht den Schatten am Gestein.

Und auf dem Herde, wo der Schnee
Seit Jahren durch den Schlot geflogen,
Liegt Aschenmoder feucht und zäh,
Von Pilzes Glocken überzogen;
Noch hängt am Mauerpflock ein Rest
Verwirrten Wergs, das Seil zu spinnen,
Wie halbvermorschtes Haar und drinnen
Der Schwalbe überjährig Nest.

Und von des Balkens Haken nickt
Ein Schellenband an Schnall' und Riemen,
Mit grober Wolle ist gestickt
»Diana« auf dem Lederstriemen;
Ein Pfeifchen auch vergaß man hier,
Als man den Tannensarg geschlossen;
Den Mann begrub man, tot geschossen
Hat man das alte treue Tier.

Sitz ich so einsam am Gesträuch
Und hör' die Maus im Laube schrillen,
Das Eichhorn blafft von Zweig zu Zweig,
Am Sumpfe läuten Unk' und Grillen – 60
Wie Schauer überläufts mich dann,
Als hör' ich klingeln noch die Schellen,
Im Walde die Diana bellen
Und pfeifen noch den toten Mann.

IM MOOSE

Als jüngst die Nacht dem sonnenmüden Land
Der Dämmrung leise Boten hat gesandt,
Da lag ich einsam noch in Waldes Moose.
Die dunklen Zweige nickten so vertraut,
An meiner Wange flüsterte das Kraut, 5
Unsichtbar duftete die Heiderose.

Und flimmern sah ich, durch der Linde Raum,
Ein mattes Licht, das im Gezweig der Baum
Gleich einem mächt'gen Glühwurm schien zu tragen.
Es sah so dämmernd wie ein Traumgesicht, 10
Doch wußte ich, es war der Heimat Licht,
In meiner eignen Kammer angeschlagen.

Ringsum so still, daß ich vernahm im Laub
Der Raupe Nagen, und wie grüner Staub
Mich leise wirbelnd Blätterflöckchen trafen. 15
Ich lag und dachte, ach so Manchem nach,
Ich hörte meines eignen Herzens Schlag,
Fast war es mir als sei ich schon entschlafen.

Gedanken tauchten aus Gedanken auf,
Das Kinderspiel, der frischen Jahre Lauf, 20
Gesichter, die mir lange fremd geworden;
Vergeßne Töne summten um mein Ohr,

Und endlich trat die Gegenwart hervor,
Da stand die Welle, wie an Ufers Borden.

25 Dann, gleich dem Bronnen, der verrinnt im Schlund,
Und drüben wieder sprudelt aus dem Grund,
So stand ich plötzlich in der Zukunft Lande;
Ich sah mich selber, gar gebückt und klein,
Geschwächten Auges, am ererbten Schrein
30 Sorgfältig ordnen staub'ge Liebespfande.

Die Bilder meiner Lieben sah ich klar,
In einer Tracht, die jetzt veraltet war,
Mich sorgsam lösen aus verblichnen Hüllen,
Löckchen, vermorscht, zu Staub zerfallen schier,
35 Sah über die gefurchte Wange mir
Langsam herab die karge Träne quillen.

Und wieder an des Friedhofs Monument,
Dran Namen standen die mein Lieben kennt,
Da lag ich betend, mit gebrochnen Knieen,
40 Und – horch, die Wachtel schlug! Kühl strich der Hauch –
Und noch zuletzt sah ich, gleich einem Rauch,
Mich leise in der Erde Poren ziehen.

Ich fuhr empor, und schüttelte mich dann,
Wie Einer, der dem Scheintod erst entrann,
45 Und taumelte entlang die dunklen Hage,
Noch immer zweifelnd, ob der Stern am Rain
Sei wirklich meiner Schlummerlampe Schein,
Oder das ew'ge Licht am Sarkophage.

AM BODENSEE

Über Gelände, matt gedehnt,
Hat Nebelhauch sich wimmelnd gelegt,
Müde, müde die Luft am Strande stöhnt,

Wie ein Roß, das den schlafenden Reiter trägt;
Im Fischerhause kein Lämpchen brennt,
Im öden Turme kein Heimchen schrillt,
Nur langsam rollend der Pulsschlag schwillt
In dem zitternden Element.

Ich hör' es wühlen am feuchten Strand,
Mir unter'm Fuße es wühlen fort,
Die Kiesel knistern, es rauscht der Sand,
Und Stein an Stein entbröckelt dem Bord.
An meiner Sohle zerfährt der Schaum,
Eine Stimme klaget im hohlen Grund,
Gedämpft, mit halbgeschlossenem Mund,
Wie des grollenden Wetters Traum.

Ich beuge mich lauschend am Turme her,
Sprühregenflitter fährt in die Höh',
Ha, meine Locke ist feucht und schwer!
Was treibst du denn, unruhiger See?
Kann dir der heilige Schlaf nicht nahn?
Doch nein, du schläfst, ich seh' es genau,
Dein Auge decket die Wimper grau,
Am Ufer schlummert der Kahn.

Hast du so Vieles, so Vieles erlebt,
Daß dir im Traume es kehren muß,
Daß deine gleißende Nerv' erbebt,
Naht ihr am Strand eines Menschen Fuß?
Dahin, dahin! die einst so gesund,
So reich und mächtig, so arm und klein,
Und nur ihr flüchtiger Spiegelschein
Liegt zerflossen auf deinem Grund.

Der Ritter, so aus der Burg hervor
Vom Hange trabte in aller Früh;
– Jetzt nickt die Esche vom grauen Tor,
Am Zwinger zeichnet die Mylady. –

Das arme Mütterlein, das gebleicht
Sein Leichenhemde den Strand entlang,
Der Kranke, der seinen letzten Gang
An deinem Borde gekeucht;

Das spielende Kind, das neckend hier
Sein Schneckenhäuschen geschleudert hat,
Die glühende Braut, die lächelnd dir
Von der Ringelblume gab Blatt um Blatt;
Der Sänger, der mit trunkenem Aug'
Das Metrum geplätschert in deiner Flut,
Der Pilger, so am Gesteine geruht,
Sie Alle dahin wie Rauch!

Bist du so fromm, alte Wasserfei,
Hältst nur umschlungen, läßt nimmer los?
Hat sich aus dem Gebirge die Treu'
Geflüchtet in deinen heiligen Schoß?
O, schau mich an! ich zergeh' wie Schaum,
Wenn aus dem Grabe die Distel quillt,
Dann zuckt mein längst zerfallenes Bild
Wohl einmal durch deinen Traum!

DAS ALTE SCHLOSS

Auf der Burg haus' ich am Berge,
Unter mir der blaue See,
Höre nächtlich Koboldzwerge,
Täglich Adler aus der Höh',
Und die grauen Ahnenbilder
Sind mir Stubenkameraden,
Wappentruh' und Eisenschilder
Sopha mir und Kleiderladen.

Schrei' ich über die Terrasse
Wie ein Geist am Runenstein,

Sehe unter mir die blasse
Alte Stadt im Mondenschein,
Und am Walle pfeift es weidlich,
– Sind es Käuze oder Knaben? –
Ist mir selber oft nicht deutlich,
Ob ich lebend, ob begraben.

Mir genüber gähnt die Halle,
Grauen Tores, hohl und lang,
Drin mit wunderlichem Schalle
Langsam dröhnt ein schwerer Gang;
Mir zur Seite Riegelzüge,
Ha, ich öffne, laß die Lampe
Scheinen auf der Wendelstiege
Lose modergrüne Rampe,

Die mich lockt wie ein Verhängnis,
Zu dem unbekannten Grund;
Ob ein Brunnen? ob Gefängnis?
Keinem Lebenden ist's kund;
Denn zerfallen sind die Stufen,
Und der Steinwurf hat nicht Bahn,
Doch als ich hinab gerufen,
Donnert's fort wie ein Orkan.

Ja, wird mir nicht baldigst fade
Dieses Schlosses Romantik,
In den Trümmern, ohne Gnade,
Brech' ich Glieder und Genick;
Denn, wie trotzig sich die Düne
Mag am flachen Strande heben,
Fühl' ich stark mich wie ein Hüne,
Von Zerfallendem umgeben.

DER SÄNTIS*

Frühling

Die Rebe blüht, ihr linder Hauch
Durchzieht das tauige Revier,
Und nah' und ferne wiegt die Luft
Vielfarb'ger Blumen bunte Zier.

Wie's um mich gaukelt, wie es summt
Von Vogel, Bien' und Schmetterling,
Wie seine seidnen Wimpel regt
Der Zweig, so jüngst voll Reifen hing.

Noch sucht man gern den Sonnenschein
Und nimmt die trocknen Plätzchen ein;
Denn Nachts schleicht an die Grenze doch
Der landesflücht'ge Winter noch.

O du mein ernst gewalt'ger Greis,
Mein Säntis mit der Locke weiß!
In Felsenblöcke eingemauert,
Von Schneegestöber überschauert,
In Eisespanzer eingeschnürt:
Hu! wie dich schaudert, wie dich friert!

Sommer

Du gute Linde, schüttle dich!
Ein wenig Luft, ein schwacher West!
Wo nicht, dann schließe dein Gezweig
So recht, daß Blatt an Blatt sich preßt.

---

* Die höchste Kuppe des Alpsteins, der sich durch die Kantone
St. Gallen und Appenzell streckt.

Kein Vogel zirpt, es bellt kein Hund;
Allein die bunte Fliegenbrut
Summt auf und nieder über'n Rain
Und läßt sich rösten in der Glut.

Sogar der Bäume dunkles Laub
Erscheint verdickt und atmet Staub.
Ich liege hier wie ausgedorrt
Und scheuche kaum die Mücken fort.

O Säntis, Säntis! läg' ich doch
Dort, – grad' an deinem Felsenjoch,
Wo sich die kalten, weißen Decken
So frisch und saftig drüben strecken,
Viel tausend blanker Tropfen Spiel;
Glücksel'ger Säntis, dir ist kühl!

Herbst

Wenn ich an einem schönen Tag
Der Mittagsstunde habe Acht,
Und lehne unter meinem Baum
So mitten in der Trauben Pracht:

Wenn die Zeitlose über's Tal
Den amethystnen Teppich webt,
Auf dem der letzte Schmetterling
So schillernd wie der frühste bebt:

Dann denk' ich wenig drüber nach,
Wie's nun verkümmert Tag für Tag,
Und kann mit halbverschloßnem Blick
Vom Lenze träumen und von Glück.

Du mit dem frischgefall'nen Schnee,
Du tust mir in den Augen weh!

Willst uns den Winter schon bereiten:
Von Schlucht zu Schlucht sieht man ihn gleiten,
Und bald, bald wälzt er sich herab
Von dir, o Säntis! ödes Grab!

Winter

Aus Schneegestäub' und Nebelqualm
Bricht endlich doch ein klarer Tag;
Da fliegen alle Fenster auf,
Ein Jeder späht, was er vermag.

Ob jene Blöcke Häuser sind?
Ein Weiher jener ebne Raum?
Fürwahr, in dieser Uniform
Den Glockenturm erkennt man kaum;

Und alles Leben liegt zerdrückt,
Wie unterm Leichentuch erstickt.
Doch schau! an Horizontes Rand
Begegnet mir lebend'ges Land.

Du starrer Wächter, laß ihn los
Den Föhn aus deiner Kerker Schoß!
Wo schwärzlich jene Riffe spalten,
Da muß er Quarantäne halten,
Der Fremdling aus der Lombardei;
O Säntis, gib den Tauwind frei!

AM WEIHER

Ein milder Wintertag

An jenes Waldes Enden,
Wo still der Weiher liegt
Und längs den Fichtenwänden
Sich lind Gemurmel wiegt:

Wo in der Sonnenhelle,
So matt und kalt sie ist,
Doch immerfort die Welle
Das Ufer flimmernd küßt:

Da weiß ich, schön zum Malen,
Noch eine schmale Schlucht,
Wo all' die kleinen Strahlen
Sich fangen in der Bucht;

Ein trocken, windstill Eckchen,
Und so an Grüne reich,
Daß auf dem ganzen Fleckchen
Mich kränkt kein dürrer Zweig.

Will ich den Mantel dichte
Nun legen über's Moos,
Mich lehnen an die Fichte,
Und dann auf meinen Schoß

Gezweig' und Kräuter breiten,
So gut ich's finden mag:
Wer will mir's übel deuten,
Spiel' ich den Sommertag?

Will nicht die Grille hallen,
So säuselt doch das Ried;

Sind stumm die Nachtigallen,
So sing' ich selbst ein Lied.

Und hat Natur zum Feste
Nur wenig dargebracht:
Die Lust ist stets die beste,
Die man sich selber macht.

Ein harter Wintertag

Daß ich dich so verkümmert seh',
Mein lieb' lebend'ges Wasserreich,
Daß ganz versteckt in Eis und Schnee
Du siehst der plumpen Erde gleich;

Auch daß voll Reif und Schollen hängt
Dein überglas'ter Fichtengang:
Das ist es nicht, was mich beengt,
Geh' ich an deinem Bord entlang.

Zwar in der immer grünen Zier
Erschienst, o freundlich Element,
Du ähnlich den Oasen mir,
Die des Arabers Sehnsucht kennt;

Wenn neben der verdorrten Flur
Erblühten deine Moose noch,
Wenn durch die schweigende Natur
Erklangen deine Wellen doch.

Allein auch heute wollt' ich gern
Mich des kristallnen Flimmers freun,
Belauschen jeden Farbenstern
Und keinen Sommertag bereun:

Wär' nicht dem Ufer längs, so breit,
Die glatte Schlittenbahn gefegt,
Worauf sich wohl zur Mittagszeit 55
Gar manche rüst'ge Ferse regt.

Bedenk' ich nun, wie manches Jahr
Ich nimmer eine Eisbahn sah:
Wohl wird mir's trüb' und wunderbar,
Und tausend Bilder treten nah. 60

Was blieb an Wünschen unerfüllt,
Das nähm' ich noch gelassen mit:
Doch ach, der Frost so manchen hüllt,
Der einst so fröhlich drüber glitt!

FRAGMENT

Savoyen, Land beschnei'ter Höh'n,
Wer hat dein kräftig Bild geseh'n,
Wer trat in deiner Wälder Nacht,
Sah auf zu deiner Wipfel Pracht,
Wer stand an deinem Wasserfall, 5
Wer lauschte deiner Ströme Hall,
Und nannte dich nicht schön?
Du Land des Volks, dem Reiche weihen
Ruhmvoll den Namen des getreuen,
Bist herrlich, wenn der Frühlingssturm 10
Die Berggewässer schäumend führt,
Und deiner Fichte schlanker Turm
Sich mit der jungen Nadel ziert;
Bist reizend, wenn die Sommerglut
Erzittert um den Mandelbaum; 15
Doch in des Herbstes goldner Flut
Du ruhst gleich dunkeln Auges Traum.
Dann treibt der Wind kein rasselnd Laub
Durch brauner Heiden Wirbelstaub;

20 Wie halb bezwungne Seufzer wallen,
    Nur leis' die zarten Nadeln fallen,
    Als wagten sie zu flüstern kaum.

    Der Tag bricht an; noch einsam steht
    Das Sonnenrund am Firmament;
25 Am Strahl, der auf und nieder streicht,
    Gemach der Erdbeerbaum entbrennt;
    Noch will das Genzian nicht wagen
    Die dunkeln Wimpern aufzuschlagen;
    Noch schläft die Luft im Nebel dicht.
30 Welch' greller Schrei die Stille bricht?
    Der Auerhahn begrüßt das Licht;
    Er schaukelt, wiegt sich, macht sich breit,
    Er putzt sein stattlich Federkleid,
    Und langsam streckt ihr stumpf Gesicht
35 Marmotte aus hohlen Baumes Nacht:
    Das Leben, Leben ist erwacht;
    Die Geier pfeifen, Birkhahn ruft,
    Schneehühner flattern aus der Kluft;
    Die Fichten selbst, daß keiner säume,
40 Erzählen flüsternd sich die Träume.
    Und durch Remi geht überall
    Ein dumpf Gemurr von Stall zu Stall.

GEDICHTE
VERMISCHTEN INHALTS

MEIN BERUF

»Was meinem Kreise mich enttrieb,
Der Kammer friedlichem Gelasse?«
Das fragt ihr mich als sei, ein Dieb,
Ich eingebrochen am Parnasse.
So hört denn, hört, weil ihr gefragt:
Bei der Geburt bin ich geladen,
Mein Recht soweit der Himmel tagt,
Und meine Macht von Gottes Gnaden.

Jetzt wo hervor der tote Schein
Sich drängt am modervollen Stumpfe,
Wo sich der schönste Blumenrain
Wiegt über dem erstorbnen Sumpfe,
Der Geist, ein blutlos Meteor,
Entflammt und lischt im Moorgeschwele,
Jetzt ruft die Stunde: »tritt hervor,
Mann oder Weib, lebend'ge Seele!

Tritt zu dem Träumer, den am Rand
Entschläfert der Datura Odem,
Der, langsam gleitend von der Wand,
Noch zucket gen den Zauberbrodem.
Und wo ein Mund zu lächeln weiß
Im Traum, ein Auge noch zu weinen,
Da schmettre laut, da flüstre leis,
Trompetenstoß und West in Hainen!

Tritt näher, wo die Sinnenlust
Als Liebe gibt ihr wüstes Ringen,
Und durch der eignen Mutter Brust
Den Pfeil zum Ziele möchte bringen,
Wo selbst die Schande flattert auf,
Ein lustiges Panier zum Siege,
Da rüttle hart: ›wach auf, wach auf,
Unsel'ger, denk an deine Wiege!‹

Denk an das Aug', das überwacht
Noch eine Freude dir bereitet,
Denk an die Hand, die manche Nacht
Dein Schmerzenslager dir gebreitet,
Des Herzens denk, das einzig wund
Und einzig selig deinetwegen,
Und dann knie nieder auf den Grund
Und fleh' um deiner Mutter Segen!

Und wo sich träumen wie in Haft
Zwei einst so glüh ersehnte Wesen,
Als hab' ein Priesterwort die Kraft
Der Banne seligsten zu lösen,
Da flüstre leise: ›wacht, o wacht!
Schaut in das Auge euch, das trübe,
Wo dämmernd sich Erinnrung facht,
Und dann: wach auf, o heil'ge Liebe!‹

Und wo im Schlafe zitternd noch
Vom Opiat die Pulse klopfen,
Das Auge dürr, und gäbe doch
Sein Sonnenlicht um einen Tropfen, –
O, rüttle sanft! ›Verarmter, senk'
Die Blicke in des Äthers Schöne,
Kos' einem blonden Kind und denk'
An der Begeistrung erste Träne.‹«

So rief die Zeit, so ward mein Amt
Von Gottes Gnaden mir gegeben,
So mein Beruf mir angestammt,
Im frischen Mut, im warmen Leben;
Ich frage nicht ob ihr mich nennt,
Nicht frönen mag ich kurzem Ruhme,
Doch wißt: wo die Sahara brennt,
Im Wüstensand, steht eine Blume,

Farblos und Duftes bar, nichts weiß
Sie als den frommen Tau zu hüten,
Und dem Verschmachtenden ihn leis
In ihrem Kelche anzubieten.
Vorüber schlüpft die Schlange scheu
Und Pfeile ihre Blicke regnen,
Vorüber rauscht der stolze Leu,
Allein der Pilger wird sie segnen.

MEINE TOTEN

Wer eine ernste Fahrt beginnt,
Die Mut bedarf und frischen Wind,
Er schaut verlangend in die Weite
Nach eines treuen Auges Brand,
Nach einem warmen Druck der Hand,
Nach einem Wort, das ihn geleite.

Ein ernstes Wagen heb' ich an,
So tret' ich denn zu euch hinan,
Ihr meine stillen strengen Toten;
Ich bin erwacht an eurer Gruft,
Aus Wasser, Feuer, Erde, Luft,
Hat eure Stimme mir geboten.

Wenn die Natur in Hader lag,
Und durch die Wolkenwirbel brach

15 Ein Funke jener tausend Sonnen, –
Spracht aus der Elemente Streit
Ihr nicht von einer Ewigkeit
Und unerschöpften Lichtes Bronnen?

Am Hange schlich ich, krank und matt,
20 Da habt ihr mir das welke Blatt
Mit Warnungsflüstern zugetragen,
Gelächelt aus der Welle Kreis,
Habt aus des Angers starrem Eis
Die Blumenaugen aufgeschlagen.

25 Was meine Adern muß durchziehn,
Sah ich's nicht flammen und verglühn,
An eurem Schreine nicht erkalten?
Vom Auge hauchtet ihr den Schein,
Ihr meine Richter, die allein
30 In treuer Hand die Waage halten.

Kalt ist der Druck von eurer Hand,
Erloschen eures Blickes Brand,
Und euer Laut der Öde Odem,
Doch keine andre Rechte drückt
35 So traut, so hat kein Aug' geblickt,
So spricht kein Wort, wie Grabesbrodem!

Ich fasse eures Kreuzes Stab,
Und beuge meine Stirn hinab
Zu eurem Gräserhauch, dem stillen,
40 Zumeist geliebt, zuerst gegrüßt,
Laßt, lauter wie der Äther fließt,
Mir Wahrheit in die Seele quillen.

KATHARINE SCHÜCKING

Du hast es nie geahndet, nie gewußt,
Wie groß mein Lieben ist zu dir gewesen,
Nie hat dein klares Aug' in meiner Brust
Die scheu verhüllte Runenschrift gelesen,
Wenn du mir freundlich reichtest deine Hand,
Und wir zusammen durch die Grüne wallten,
Nicht wußtest du, daß wie ein Götterpfand
Ich, wie ein köstlich Kleinod sie gehalten.

Du sahst mich nicht als ich, ein heftig Kind,
Vom ersten Kuß der jungen Muse trunken,
Im Garten kniete, wo die Quelle rinnt,
Und weinend in die Gräser bin gesunken;
Als zitternd ich gedreht der Türe Schloß,
Da ich zum ersten Mal dich sollte schauen,
Westphalens Dichterin, und wie da floß
Durch mein bewegtes Herz ein selig Grauen.

Sehr jung war ich und sehr an Liebe reich,
Begeisterung der Hauch von dem ich lebte;
Ach! Manches ist zerstäubt, der Asche gleich,
Was einst als Flamme durch die Adern bebte!
Mein Blick ward klar und mein Erkennen stark,
Von seinem Throne mußte Manches steigen,
Und was ich einst genannt des Lebens Mark,
Das fühlt' ich jetzt mit frischem Stolz mein eigen.

So scheut' ich es, als fromme Schülerin,
Dir wieder in das dunkle Aug' zu sehen,
Ich wollte nicht vor meiner Meisterin
Hochmütig, mit bedecktem Haupte, stehen.
Auch war ich krank, mein Sinnen sehr verwirrt,
Und keinen Namen mocht' ich sehnend nennen;
Doch hat dies deine Liebe nicht geirrt,
Du drangst zu mir nach langer Jahre Trennen.

Und als du vor mich tratest, fest und klar,
Und blicktest tief mir in der Seele Gründe,
Da ward ich meiner Schwäche wohl gewahr,
Was ich gedacht, das schien mir schwere Sünde.
Dein Bild, du Starke in der Läutrung Brand,
Stieg wie ein Phönix aus der Asche wieder,
Und tief im Herzen hab' ich es erkannt,
Wie zehnfach größer du als deine Lieder.

Du sahst, Bescheid'ne, nicht, daß damals hier
Aus deinem Blick Genesung ich getrunken,
Daß deines Mundes Laute damals mir
Wie Naphtha in die Seele sind gesunken.
Ein jedes Wort, durchsichtig wie Kristall
Und kräftig gleich dem edelsten der Weine,
Schien mir zu rufen: »Auf! der Launen Ball,
Steh auf! erhebe dich, du Schwach' und Kleine!«

Nun bist du hin! von Gottes reinstem Bild
Ist nur ein grüner Hügel uns geblieben,
Den heut' umziehn die Winterstürme wild
Und die Gedanken derer, die dich lieben.
Auch hör' ich, daß man einen Kranz gelegt
Von Lorbeer in des Grabes dunkle Moose,
Doch ich, Cathinka, widme dir bewegt
Den Efeu und die dornenvollste Rose.

NACH DEM ANGELUS SILESIUS

Des Menschen Seele du, vor Allem wunderbar,
Du Alles und auch Nichts, Gott, Priester und Altar,
Kein Pünktchen durch dich selbst, doch über alles Maß
Reich in geschenktem Gut, und als die Engel baß;
Denn höher steht dein Ziel, *Gott* ähnlich sollst du werden;
So, Seele, bist du's schon; denn was zu Glück und Ruhm
In dir verborgen liegt, es ist dein Eigentum,

Ob unentwickelt auch, wie's Keimlein in der Erden
Nicht minder als der Baum, und wie als Million
Nichts Andres ist die Eins, bist du *ihm* gleich, sein Sohn, 10
So wie dem Tropfen Blut, der aus der Wunde quillt
Ganz ähnlich ist das Rot, das noch die Adern füllt;
Nicht Kletten trägt die Ros', der Dornstrauch keine Reben,
Drum, Seele, stürbest du, Gott müßt den Geist aufgeben.

Ja, Alles ist in dir was nur das Weltall beut, 15
Der Himmel und die Höll', Gericht und Ewigkeit,
Gott ist dein Richter nicht, du mußt dir selbst verzeihn,
Sonst an des Höchsten Thron stehst du in ew'ger Pein;
Er, der dem Suchenden noch nie verlöscht die Spur,
Er hat selbst Satan nicht verdammt nach Zeit und Ort; 20
Des unergründlich Grab ist seine Ichheit nur:
Wär er des Himmels Herr, er brennte ewig fort,
Wie Gott im Höllenpfuhl wär selig für und für,
Und, Seele, bist du treu, so steht dies auch bei dir.

Also ist deine Macht auch heute schon dein eigen, 25
Du kannst, so oft du willst, die Himmelsleiter steigen;
Ort, Raum, sind Worte nur von Trägheit ausgedacht,
Die nicht Bedürfnis in dein Wörterbuch gebracht.
Dein Aug' ist Blitz und Nu, dein Flug bedarf nicht Zeit,
Und im Moment ergreifst du Gott und Ewigkeit; 30
Allein der Sinne Schrift, die mußt du dunkel nennen,
Da dir das Werkzeug fehlt die Lettern zu erkennen;
Nur Geist'ges faßt der Geist, ihm ist der Leib zu schwer,
Du schmeckst, du fühlst, du riechst, und weißt um gar
                                  nichts mehr;
Hat nicht vom Tröpfchen Tau die Eigenschaft zu messen 35
Jahrtausende der Mensch vergebens sich vermessen?
Drum, plagt dich Irdisches, du hast es selbst bestellt,
Viel näher als dein Kleid ist dir die Geisterwelt!

Faßt's nicht zuweilen dich, als müßtest in der Tat
Du über dich hinaus, das Ganze zu durchdringen, 40

Wie jener Philosoph um einen Punkt nur bat,
Um dann der Erde Ball aus seiner Bahn zu schwingen?
Fühlst du in Demut so, in Liebesflammen rein,
Dann ist's der Schöpfung Mark, laß dir nicht leide sein!
45 Dann fühlst du dich von Gott als Wesenheit begründet,
Wie Quelle an dem Strand, wo Ozean sich ründet.

So sei denn freudig, Geist, da Nichts mag größer sein,
So wirf dich in den Staub, da Nichts wie du so klein!
Du Würmchen in dir selbst, doch reich durch Gottes Hort,
50 So schlummre, schlummre nur, mein Seelchen,
          schlummre fort!
Was rennst, was mühst du dich zu mehren deine Tat?
Halt nur den Acker rein, dann sprießt von selbst die Saat;
In Ruhe wohnt die Kraft, du mußt nur ruhig sein,
Durch offne Tür und Tor die Gnade lassen ein;
55 Dann wird aus lockerm Grund dir Myrt' und Balsam
          steigen,
Er kömmt, er kömmt, dein Lieb, gibt sich der Braut zu
          eigen,
Mit sich der Krone Glanz, mit sich der Schlösser Pracht,
Um die sie nicht gefreit, an die sie nicht gedacht!

GRUSS AN WILHELM JUNKMANN

Mein Lämpchen zuckt, sein Docht verglimmt,
Die Funken knistern im Kamine,
Wie eine Nebeldecke schwimmt
Es an des Saales hoher Bühne;
5 Im Schneegestöber schläft die Luft,
Am Scheite ist das Harz entglommen,
Mich dünkt, als spür' ich einen Duft
Wie Weihrauch an der Gruft des Frommen.

Dies ist die Stunde, das Gemach,
10 Wo sich Gedanken mögen wiegen,

Verklungne Laute hallen nach,
Es dämmert in verloschnen Zügen;
Im Hirne summt es, wie ein Lied
Das mit den Flocken möchte steigen,
Und, flüsternd wie der Hauch im Ried, 15
An eines Freundes Locke neigen.

Schon seh ich ihn, im gelben Licht,
Das seines Ofens Flamme spielet,
Er selbst ein wunderlich Gedicht,
Begriffen schwer, doch leicht gefühlet. 20
Ich seh ihn, wie, die Stirn gestützt,
Er leise lächelt in Gedanken;
Wo weilen sie? wo blühen itzt
Und treiben diese zarten Ranken?

Baun sie im schlichten Heidekraut 25
Ihr Nestchen sich aus Immortellen?
Sind mit der Flocke sie getaut
Als Träne, wo die Gräber schwellen?
Vielleicht in fernes fernes Land
Wie Nachtigallen fortgezogen, 30
Oder am heil'gen Meeresstrand,
Gleich der Morgana auf den Wogen.

Ihm hat Begeistrung, ein Orkan,
Des Lebens Zedern nicht gebeuget,
Nicht sah er sie als Flamme nahn, 35
Die lodernd durch den Urwald steiget;
Nein, als entschlief der Morgenwind,
Am Strauche summten fromme Bienen,
Da ist der Herr im Säuseln lind
Gleich dem Elias ihm erschienen. 40

Und wie er sitzt, so vorgebeugt,
Die hohe Stirn vom Schein umflossen,
Das Ohr wie fremden Tönen neigt,

Und lächelt geistigen Genossen,
Ein lichter Blitz in seinem Aug',
Wie ein verirrter Strahl aus Eden, –
Da möcht' ich leise, leise auch
Als Äolsharfe zu ihm reden.

JUNGE LIEBE

Über dem Brünnlein nicket der Zweig,
Waldvögel zwitschern und flöten,
Wild Anemon' und Schlehdorn bleich
Im Abendstrahle sich röten,
Und ein Mädchen mit blondem Haar
Beugt über der glitzernden Welle,
Schlankes Mädchen, kaum fünfzehn Jahr,
Mit dem Auge der scheuen Gazelle.

Ringelblumen blättert sie ab:
»Liebt er, liebt er mich nimmer?«
Und wenn »liebt« das Orakel gab,
Um ihr Antlitz gleitet ein Schimmer:
»Liebt er nicht« – o Grimm und Graus!
Daß der Himmel den Blüten gnade!
Gras und Blumen, den ganzen Strauß,
Wirft sie zürnend in die Kaskade.

Gleitet dann in die Kräuter lind,
Ihr Auge wird ernst und sinnend;
Frommer Eltern heftiges Kind,
Nur Minne nehmend und minnend,
Kannte sie nie ein anderes Band
Als des Blutes, die schüchterne Hinde;
Und nun Einer, der nicht verwandt –
Ist das nicht eine schwere Sünde?

Mutlos seufzet sie niederwärts,
In argem Schämen und Grämen,
Will zuletzt ihr verstocktes Herz
Recht ernstlich in Frage nehmen.
Abenteuer sinnet sie aus:
Wenn das Haus nun stände in Flammen,
Und um Hülfe riefen heraus
Der Carl und die Mutter zusammen?

Plötzlich ein Perlenregen dicht
Stürzt ihr glänzend aus beiden Augen,
In die Kräuter gedrückt ihr Gesicht,
Wie das Blut der Erde zu saugen,
Ruft sie schluchzend: »ja, ja, ja!«
Ihre kleinen Hände sich ringen,
»Retten, retten würd' ich Mama,
Und zum Carl in die Flamme springen!«

DAS VIERZEHNJÄHRIGE HERZ

Er ist so schön! – sein lichtes Haar
Das möcht' ich mit Keinem vertauschen,
Wie seidene Fäden so weich und klar,
Wenn zarte Löckchen sich bauschen;
Oft streichl' ich es, dann lacht er traun,
Nennt mich »seine alberne Barbe«;
Es ist nicht schwarz, nicht blond, nicht braun,
Nun ratet, wie nennt sich die Farbe?

Und seine Gebärde ist königlich,
Geht majestätisch zu Herzen,
Zuckt er die Braue, dann fürcht' ich mich,
Und möchte auch weinen vor Schmerzen;
Und wieder seh' ich sein Lächeln blühn,
So klar wie das reine Gewissen,
Da möchte ich gleich auf den Schemel knien,
Und die guten Hände ihm küssen.

Heut' bin ich in aller Frühe erwacht,
Beim ersten Glitzern der Sonnen,
Und habe mich gleich auf die Sohlen gemacht,
Zum Hügel drüben am Bronnen;
Erdbeeren fand ich, glüh wie Rubin,
Schau, wie im Korbe sie lachen!
Die stell ich ihm nun an das Lager hin,
Da sieht er sie gleich beim Erwachen.

Ich weiß, er denkt mit dem ersten Blick,
»Das tat meine alberne Barbe!«
Und freundlich streicht er das Haar zurück
Von seiner rühmlichen Narbe,
Ruft mich bei Namen, und zieht mich nah,
Daß Tränen die Augen mir trüben;
Ach, er ist mein herrlicher Vater ja,
Soll ich ihn denn nicht lieben, nicht lieben!

BRENNENDE LIEBE*

Und willst du wissen, warum
So sinnend ich manche Zeit,
Mitunter so töricht und dumm,
So unverzeihlich zerstreut,
Willst wissen auch ohne Gnade,
Was denn so Liebes enthält
Die heimlich verschlossene Lade,
An die ich mich öfters gestellt?

Zwei Augen hab' ich gesehn,
Wie der Strahl im Gewässer sich bricht,
Und wo zwei Augen nur stehn,
Da denke ich an ihr Licht.

---

* Crategus pyracantha, auch sonst der »brennende Busch« genannt.

Ja, als du neulich entwandtest
Die Blume vom blühenden Rain,
Und »Oculus Christi« sie nanntest,
Da fielen die Augen mir ein.

Auch gibt's einer Stimme Ton,
Tief, zitternd, wie Hornes Hall,
Die tut's mir völlig zum Hohn,
Sie folget mir überall.
Als jüngst im flimmernden Saale
Mich quälte der Geigen Gegell,
Da hört ich mit einem Male
Die Stimme im Violoncell.

Auch weiß ich eine Gestalt,
So leicht und kräftig zugleich,
Die schreitet vor mir im Wald,
Und gleitet über den Teich;
Ja, als ich eben in Sinnen
Sah über des Mondes Aug'
Einen Wolkenstreifen zerrinnen,
Das war ihre Form, wie ein Rauch.

Und höre, höre zuletzt,
Dort liegt, da drinnen im Schrein,
Ein Tuch mit Blute genetzt,
Das legte ich heimlich hinein.
Er ritzte sich nur an der Schneide,
Als Beeren vom Strauch er mir hieb,
Nun hab' ich sie alle Beide,
Sein Blut und meine brennende Lieb'.

DER BRIEF AUS DER HEIMAT

Sie saß am Fensterrand im Morgenlicht,
Und starrte in das aufgeschlagne Buch,

Die Zeilen zählte sie und wußt es nicht,
Ach weithin, weithin der Gedanken Flug!
Was sind so ängstlich ihre nächt'gen Träume?
Was scheint die Sonne durch so öde Räume?
– Auch heute kam kein Brief, auch heute nicht.

Seit Wochen weckte sie der Lampe Schein,
Hat bebend an der Stiege sie gelauscht;
Wenn plötzlich am Gemäuer knackt der Schrein,
Ein Fensterladen auf im Winde rauscht, –
Es kömmt, es naht, die Sorgen sind geendet:
Sie hat gefragt, sie hat sich abgewendet,
Und schloß sich dann in ihre Kammer ein.

Kein Lebenszeichen von der liebsten Hand,
Von jener, die sie sorglich hat gelenkt,
Als sie zum ersten Mal zu festem Stand
Die zarten Kinderfüßchen hat gesenkt;
Versprengter Tropfen von der Quelle Rande,
Harrt sie vergebens in dem fremden Lande;
Die Tage schleichen hin, die Woche schwand.

Was ihre rege Phantasie geweckt?
Ach, Eine Leiche sah die Heimat schon,
Seit sie den unbedachten Fuß gestreckt
Auf fremden Grund und hörte fremden Ton;
Sie küßte scheidend jung' und frische Wangen,
Die jetzt von tiefer Grabesnacht umfangen;
Ist's Wunder, daß sie tödlich aufgeschreckt?

In Träumen steigt das Krankenbett empor,
Und Züge dämmern, wie in halber Nacht;
Wer ist's? – sie weiß es nicht und spannt das Ohr,
Sie horcht mit ihrer ganzen Seele Macht;
Dann fährt sie plötzlich auf beim Windesrauschen,
Und glaubt dem matten Stöhnen noch zu lauschen,
Und kann erst spät begreifen daß sie wacht.

Doch sieh, dort fliegt sie über'n glatten Flur,
Ihr aufgelöstes Haar umfließt sie rund,
Und zitternd ruft sie, mit des Weinens Spur:
»Ein Brief, ein Brief, die Mutter ist gesund!«
Und ihre Tränen stürzen wie zwei Quellen,
Die übervoll aus ihren Ufern schwellen;
Ach, eine Mutter hat man einmal nur!

EIN BRAVER MANN

Noch lag, ein Wetterbrodem, schwer
Die Tyrannei auf Deutschlands Gauen,
Die Wachen schlichen scheu umher,
Die Menge schlief in dumpfem Grauen;
Ein Seufzer schien der Morgenwind
Aus angstgepreßter Brust zu brechen;
Nur die Kanone durfte sprechen
Und lächeln durfte nur das Kind.

Da lebt' im Frankenland ein Mann,
Der bittre Stunden schon getragen,
In drängenden Geschickes Bann
Gar manche Täuschung sonder Klagen;
Ihm war von seiner Ahnen Flur
Der edle Name nur geblieben,
Von allen, allen Jugendtrieben
Des Herzens warm Gedenken nur.

Durch frühes Siechtum schwer gebeugt
Und jeglichem Beruf verdorben,
Hätt' oft er gern das Haupt geneigt
Und wär' in Frieden nur gestorben;
An seinen Schläfen lagen schon
Mit vierzig Jahren weiße Garben,
Und seiner Züge tiefe Narben
Verrieten steter Sorge Fron.

    Doch freundlich trug er jeden Dorn,
Der auf dem Pfade ihm begegnet,
Geschlagen von des Schicksals Zorn,
Doch von der Götter Hand gesegnet.
Und eine Kunst war ihm beschert,
So mild wie seiner Seele Hauchen,
Sein Pinsel ließ die Wiesen rauchen
Und flammen des Vulkanes Herd.

Es waren Bilder die mit Lust
Ein unverdorbnes Herz erfüllen,
Wie sie entsteigen warmer Brust
Und reiner Phantasie entquillen;
Doch Mäklern schienen sie zu zart,
Den Stempel hoher Kunst zu tragen;
So hat er schwer sich durchgeschlagen
Und täglich am Bedarf gespart.

Da ward in Winterabends Lauf
Ein Brief ihm von der Post gesendet;
Er riß bestürzt das Siegel auf:
O Gott, die Sorgen sind beendet!
Des fernen Vetters Totenschein
Hat als Agnaten ihn berufen,
Er darf nur treten an die Stufen,
Die reichen Lehne harren sein!

Wer denkt es nicht, daß ihm gepreßt
Aus heißer Wimper Tränen flossen!
Dann plötzlich steht sein Auge fest,
Der Zähren Quelle ist geschlossen.
Er liest, er tunkt die Feder ein,
Hat nur Sekunden sich beraten,
Und an den nächsten Lehnsagnaten
Schreibt mutig er beim Lampenschein:

»Wohl sagt man, daß Tyrannenmacht
Nicht Eides* Band vermag zu schlingen,
Doch wo in uns ein Zweifel wacht,
Da müssen wir zum Besten ringen.
Nimm hin der Väter liebes Schloß,
– O würd' ich einstens dort begraben! –
Ich bin gewöhnt nicht viel zu haben,
Und mein Bedürfnis ist nicht groß.«

Wer unter Euch von Opfern spricht,
Von edleren, und Märtrerzeichen,
Der sah gewiß noch Jahre nicht,
Nicht vierzig Jahr in Sorg' entschleichen!
Ihr die mit Stärke prunkt und gleich
Euch drängt zu stolzer Taten Weihe:
– Er war ein Mann wie Wachs so weich,
Nur stark in Gott und seiner Treue.

Und wie es ferner ihm erging?
Er hat gemalt bis er gestorben,
Zuletzt, in langer Jahre Ring,
Ein schmal Vermögen sich erworben;
Nie hat auf der Begeistrung Höh'
Sein schamhaft Schweigen er gebrochen,
Und keine Seele hat gesprochen
Von seinem schweren Opfer je.

Zweimal im Leben gab das Glück
Vor seinem Antlitz mir zu stehen,
In seinem mild bescheidnen Blick
Des Geistes reinen Blitz zu sehen.
Und im Dezember hat man dann
Des Sarges Deckel zugeschlagen
Und still ihn in die Gruft getragen.
– Das ist das Lied vom braven Mann.

---

* Der Huldigungseid, den er als Grundbesitzer hätte leisten müssen.

STAMMBUCHBLÄTTER

1
Mit Laura's Bilde
Im Namen eines Freundes

Um einen Myrtenzweig sich zu ersingen
Schickt seinen Schwan Petrarka Laure'n nach,
Mit Lorbeerreisern füllt er das Gemach,
Doch kann er in den Myrtenhain nicht dringen.

Da zieht er durch die Welt mit hellem Klingen,
Schlägt mit den Flügeln an das teure Haus,
Man reicht ihm den Zypressenkranz hinaus,
Allein die Myrte kann er nicht erringen.

Mein Freund, wohl ist der Lorbeer uns versagt,
Doch laß uns um den schnöden Preis nicht klagen,
Von Dornen und Zypressen rings umragt.

Will es in einer Laura Blick mir tagen,
Dann hab' ich gern dem schweren Kranz entsagt,
Die kleine Myrte läßt sich leichter tragen.

2
An Henriette von Hohenhausen

Wie lieb, o Nähe; Ferne, ach wie leid;
Wie bald wird Gegenwart Vergangenheit!
Warum hat Trauer denn so matten Schritt,
Da doch so leicht die frohe Stunde glitt?
Ach, wer mir liebe Stunden könnte bannen,
Viel werter sollt' er sein, als der vermöchte
Der trüben schlaffe Sehnen anzuspannen,
Denn Leid im Herzen wirbt sich teure Rechte,
Und wer es nimmt, der nimmt ein Kleinod mit.

Reich' mir die Hand! du hast mich froh gemacht.
In öder Fremde hab' ich dein gedacht,
Werd' oft noch sinnen deinem Blicke nach,
So mildes Auge hellt den trübsten Tag.
Laß Ferne denn zur Nähe sich gestalten
Durch Wechselwort und inniges Gedenken.
Reich' mir die Hand! – ich will sie treulich halten,
Und drüber her mag immergrün sich senken
Der Tannenzweig, ein schirmend Wetterdach.

NACHRUF AN HENRIETTE VON HOHENHAUSEN*

An deinem Sarge standen wir,
Du fromme milde Leidenspalme,
Wir legten in die Hände dir
Des Lenzes linde Blütenhalme;
An deiner Brust, wie eingenickt,
Die blauen Seidenschleifen lagen;
So, mit der Treue Bild geschmückt,
Hat man dich in die Gruft getragen.

Die Sonne sticht, der Regen rauscht –
Wir sitzen schweigend und beklommen;
Es knirrt im Flur, und Jeder lauscht,
Als dächten wir du könntest kommen;
In jedem Winkel suchen wir
Nach deinem Lächeln, deinem Blicke,
Wer lehnte je am Busen dir,
Und fühlt im Herzen keine Lücke?

---

* Henriette von Hohenhausen, in Herford geboren, starb im April des Jahres 1843 zu Münster. Sie ist Verfasserin verschiedener Erzählungen, Gedichte und Jugendschriften, die sich durch sittlich religiöse Richtung und große Gemütlichkeit auszeichnen.

Daß dein Erkennen stark und klar,
Auch Andre mögens mit dir teilen,
Doch daß du so gerecht und wahr,
Daß Segen jede deiner Zeilen,
Der Odem den dein Leben sog,
Der letzte noch, ein Liebeszeichen, –
Das, Henriette, stellt dich hoch
Ob Andre, die an Geist dir gleichen!

Du warst die Seltne, die gehorcht
Des Ruhmes lockender Sirene,
Und keine Tünche je geborgt,
Und keine süßen Taumeltöne;
Die jede Perl' aus ihrem Hort
Vor Gottes Auge erst getragen,
Um ernstes wie um heitres Wort,
Um keines durft' im Tode zagen.

Am Sarge fällt die Blüte ab,
Zerrinnt der Glorie Zauberschemen,
Dein Lorbeerreis, es bleibt am Grab,
Du kannst es nicht hinüber nehmen;
Doch vor dem Richter kannst du knien,
Die reinen Hände hoch gefaltet:
»Sieh, Herr, die Pfunde, mir verliehn,
Ich habe redlich sie verwaltet.«

Nicht möcht ich einen kalten Stein
Ob deinem warmen Herzen sehen,
Auch keiner glühen Rosen Schein,
Die üppig unter Dornen wehen;
Des Sinnlaubs immergrünen Stern
Möcht ich um deinen Hügel ranken,
Und über'm Grüne säh ich gern
Die segensreiche Ähre schwanken.

VANITAS VANITATUM!
R. i. p.

Ihr saht ihn nicht im Glücke,
Als Scharen ihm gefolgt,
Mit Einem seiner Blicke
Er jeden Haß erdolcht,
Das Blut an seinen Händen 5
Wie Königspurpur fast,
Und flammenden Geländen
Entstieg des Nimbus Glast;

Saht nicht, wie stolz getragen
Schulfreund und Kamerad 10
Die Stirn, mit welchem Zagen
Der Fremdling ihm genaht,
Wenn mit Kolosses Schreiten
Das Klippentor er stieß,
Die kleinen Segel gleiten 15
An seiner Sohle ließ.

Ihr habt ihn nicht gesehen,
Ihr Augen jugendklar,
Du Haupt wo Ringel wehen
Von süßem Lockenhaar; 20
Jünglinge, blühnde Frauen,
Ihr saht ihn nicht im Glanz,
Ihn, seines Landes Grauen
Und allergrünsten Kranz.

Vielleicht doch saht ihr streifen 25
Den alten kranken Leun,
Saht seine Mähne schleifen
Und zittern sein Gebein,
Saht wie die breiten Pranken
Er matt und stöhnend hob, 30

Wie taumelnd seine Flanken
Er längs der Mauer schob.

Und Scheitel saht ihr, weiße,
Am Fensterglase spähn,
Die dann mit scheuem Fleiße
Sich hinter'n Vorhang drehn;
Vernahmt der Knaben Lachen,
Der Greise schmerzlich Ach,
Wenn er im freien flachen
Geländ' zusammen brach.

Allein ihr horcht als rede
Ich von dem Tartarkhan,
Mit Augen weit und öde
Starrt ihr mich lange an,
Und Einer ruft: »O schauet,
Wie man ein Ehrenmal
Obskurem Burschen bauet!
Wer war der General?«

INSTINKT

Bin ich allein, verhallt des Tages Rauschen
Im frischen Wald, im braunen Heideland,
Um mein Gesicht die Gräser nickend bauschen,
Ein Vogel flattert an des Nestes Rand,
Und mir zu Füßen liegt mein treuer Hund,
Gleich Feuerwürmern seine Augen glimmen,
Dann kommen mir Gedanken, ob gesund,
Ob krank, das mag ich selber nicht bestimmen.

Ergründen möcht ich, ob das Blut, das grüne,
Kein Lebenspuls durch jene Kräuter trägt,
Ob Dionæa* um die kühne Biene

---
* Dionæa muscipula, auch »die Fliegenfalle« genannt.

Bewußtlos ihre rauhen Netze schlägt,
Was in dem weißen Sterne* zuckt und greift,
Wenn er, die Fäden streckend, leise schauert,
Und ob, vom Duft der Menschenhand gestreift,
Gefühllos ganz die Sensitive trauert?

Und wieder muß ich auf den Vogel sehen,
Der dort so zürnend seine Federn sträubt,
Mit kriegerischem Schrei mich aus den Nähen
Der nackten Brut, nach allen Kräften treibt.
Was ist Instinkt? – tiefsten Gefühles Herd;
Instinkt trieb auch die Mutter zu dem Kinde,
Als jene Fürstin, von der Glut verzehrt,
Als Heilge ward posaunt in alle Winde.

Und du, mein zottger Tremm, der schlafestrunken
Noch ob der Herrin wacht, und durch das Grün
Läßt blinzelnd streifen seiner Blicke Funken,
Sag an, was deine klugen Augen glühn?
Ich bin es nicht, die deine Schale füllt,
Nicht gab der Nahrung Trieb dich mir zu eigen,
Und mit der Sklavenpeitsche kann mein Bild
Noch minder dir im dumpfen Hirne steigen.

Wer kann mir sagen, ob des Hundes Seele
Hinaufwärts, oder ob nach unten steigt?
Und müde, müde drück' ich in die Schmele
Mein Haupt, wo siedend der Gedanke steigt.
Was ist es, das ein hungermattes Tier,
Mit dem gestohlnen Brode für das bleiche
Blutrünst'ge Antlitz, in das Waldrevier
Läßt flüchten und verschmachten bei der Leiche?

Das sind Gedanken, die uns könnten töten,
Den Geist betäuben, rauben jedes Glück,

---

* Sparrmannia.

Mit tausendfachem Mord die Hände röten,
Und leise schaudernd wend' ich meinen Blick.
O schlimme Zeit, die solche Gäste rief
In meines Sinnens harmlos lichte Bläue!
O schlechte Welt, die mich so lang' und tief
Ließ grübeln über eines Pudels Treue!

DIE RECHTE STUNDE

Im heitren Saal beim Kerzenlicht,
Wenn alle Lippen sprühen Funken,
Und gar vom Sonnenscheine trunken,
Wenn jeder Finger Blumen bricht,
Und vollends an geliebtem Munde,
Wenn die Natur in Flammen schwimmt, –
Das ist sie nicht die rechte Stunde,
Die dir der Genius bestimmt.

Doch wenn so Tag als Lust versank,
Dann wirst du schon ein Plätzchen wissen,
Vielleicht in deines Sofa's Kissen,
Vielleicht auf einer Gartenbank:
Dann klingt's wie halb verstandne Weise,
Wie halb verwischter Farben Guß
Verrinnt's um dich, und leise, leise
Berührt dich dann dein Genius.

DER ZU FRÜH GEBORENE DICHTER

Acht Tage zählt' er schon, eh ihn
Die Amme konnte stillen,
Ein Würmchen, saugend kümmerlich
An Zucker und Kamillen,
Statt Nägel nur ein Häutchen lind,
Däumlein wie Vogelsporen,

Und Jeder sagte: »armes Kind!
Es ist zu früh geboren!«

Doch wuchs er auf, und mit der Zeit
Hat Leben sich entwickelt,
Mehr als der Doktor prophezeit,
Und hätt' er ihn zerstückelt;
Im zähen Körper zeigte sich
Zäh wilder Seele Streben;
Einmal erfaßt – dann sicherlich
Hielt er, auf Tod und Leben.

In Büchern hat er sich studiert
Hohläugig und zu Schanden,
Und durch sein glühes Hirn geführt
Zahllose Liederbanden.
Ein steter Drang – hinauf! hinauf!
Und ringsum keine Palme;
So klomm er an der Weide auf
Und jauchzte in die Alme.

Zwar dünkt ihn oft, bei trübem Mut,
Sein Baldachin von Laube
So köstlich wie ein alter Hut,
Wie 'ne zerrißne Haube;
Allein dies schalt man »eitlen Drang,
Mit Würde abzutrumpfen!«
Und Alles was er sah, das sang
Herab vom Weidenstumpfen.

So ward denn eine werte Zeit
Vertrödelt und verstammelt,
Lichtblonde Liederlein juchheit,
Und Weidenduft gesammelt;
Wohl fielen Tränen in den Flaum
Und schimmerten am Raine,
Erfaßte ihn der glühe Traum
Von einem Palmenhaine.

Und als das Leben ausgebrannt
Und fühlte sich vergehen,
Da sollt' wie Moses er das Land
Der Gottverheißung sehen;
45 Er sah, er sah sie Schaft an Schaft
Die heil'gen Kronen tragen,
Und drunter all die frische Kraft
Der edlen Sprossen ragen.

Und Lieder hört' er, Melodien,
50 Wie ihm im Traum geklungen,
Wenn ein Kristall der Gletscher schien,
Und Adler sich geschwungen;
Durch das smaragdne Riesenlaub
Sah er die Lyra blinken,
55 Und über sie gleich goldnem Staub
Levante's Äther sinken.

O, wie zusammen da im Fall
Die alten Töne schwirrten,
Im Busen die Gefangnen all
60 Mit ihren Ketten klirrten!
»Ha, Leben, Jahre! und mein Sitz
Ist in den Säulenwänden,
Auch meine Lyra soll den Blitz
Durch die Smaragden senden!«

65 Ach, arme Frist, an solchem Schaft
Mit mattem Fuß zu klimmen,
Die Sehne seiner Jugendkraft,
Vermag er sie zu stimmen?
Und bald erseufzt er: »hin ist hin!
70 Vertrödelt ist verloren!
Die Scholle winkt, weh mir, ich bin
Zu früh, zu früh geboren!«

NOT

Was redet ihr so viel von Angst und Not,
In eurem tadellosen Treiben?
Ihr frommen Leute, schlagt die Sorge tot,
Sie will ja doch nicht bei euch bleiben!

Doch wo die Not, um die das Mitleid weint,
Nur wie der Tropfen an des Trinkers Hand,
Indes die dunkle Flut, die Keiner meint,
Verborgen steht bis an der Seele Rand –

Ihr frommen Leute wollt' die Sorge kennen,
Und habt doch nie die Schuld gesehn!
Doch sie, sie dürfen schon das Leben nennen
Und seine grauenvollen Höhn;

Hinauf schallt's wie Gesang und Loben,
Und um die Blumen spielt der Strahl,
Die Menschen wohnen still im Tal,
Die dunklen Geier horsten droben.

DIE BANK

Im Parke weiß ich eine Bank,
Die schattenreichste nicht von allen,
Nur Erlen lassen, dünn und schlank,
Darüber karge Streifen wallen;
Da sitz' ich manchen Sommertag
Und laß mich rösten von der Sonnen,
Rings keiner Quelle Plätschern wach,
Doch mir im Herzen springt der Bronnen.

Dies ist der Fleck, wo man den Weg
Nach allen Seiten kann bestreichen,

Das staub'ge Gleis, den grünen Steg,
Und dort die Lichtung in den Eichen:
Ach manche, manche liebe Spur
Ist unterm Rade aufgeflogen!
Was mich erfreut, bekümmert, nur
Von drüben kam es hergezogen.

Du frommer Greis im schlichten Kleid,
Getreuer Freund seit zwanzig Jahren,
Dem keine Wege schlimm und weit,
Galt es den heil'gen Dienst zu wahren,
Wie oft sah ich den schweren Schlag
Dich drehn mit ungeschickten Händen,
Und langsam steigend nach und nach
Dein Käppchen an des Dammes Wänden.

Und du in meines Herzens Grund,
Mein lieber schlanker blonder Junge,
Mit deiner Büchs und braunem Hund,
Du klares Aug' und muntre Zunge,
Wie oft hört' ich dein Pfeifen nah,
Wenn zu der Dogge du gesprochen;
Mein lieber Bruder warst du ja,
Wie sollte mir das Herz nicht pochen?

Und Manches was die Zeit verweht,
Und Manches was sie ließ erkalten,
Wie Banquo's Königsreihe geht
Und trabt es aus des Waldes Spalten.
Auch was mir noch geblieben und
Was neu erblüht im Lebensgarten,
Der werten Freunde heitrer Bund,
Von drüben muß ich ihn erwarten.

So sitz' ich Stunden wie gebannt,
Im Gestern halb und halb im Heute,
Mein gutes Fernrohr in der Hand

Und laß es streifen durch die Weite.
Am Damme steht ein wilder Strauch,
O, schmählich hat mich der betrogen!
Rührt ihn der Wind, so mein' ich auch
Was Liebes komme hergezogen!

Mit jedem Schritt weiß er zu gehn,
Sich anzuformen alle Züge;
So mag er denn am Hange stehn,
Ein wert Phantom, geliebte Lüge;
Ich aber hoffe für und für,
So fern ich mich des Lebens freue,
Zu rösten an der Sonne hier,
Geduld'ger Märtyrer der Treue.

CLEMENS VON DROSTE*

An seinem Denkmal saß ich, das Getreibe
Des Lebens schwoll und wogt' in den Alleen,
Ich aber mochte nur zum Himmel sehn,
Von dem ihr Silber goß die Mondenscheibe.
Und alle Schmerzenskeime fühlt' ich sprießen,
Im Herzen sich entfalten, Blatt um Blatt,
Und allen Segen fühlt' ich niederfließen
Um eines Christen heil'ge Schlummerstatt.

Da nahte durch die Gräser sich ein Rauschen,
Geflüster hallte an der Marmorwand,
Der mir so teure Name ward genannt,
Und leise Wechselrede hört' ich tauschen.

---

* Clemens August Freiherr von Droste, Professor an der juristischen Fakultät zu Bonn, wurde im Jahre 1832, während eines Aufenthalts zu Wiesbaden, seinen Freunden durch einen plötzlichen Tod entrissen. – Seine Hülle ruht auf dem dortigen Gottesacker.

Es waren tiefe achtungsvolle Worte,
Und dennoch war es mir, als dürfe hier
Kein anderer an dem geweihten Orte,
Kein Wesen ihn betrauern neben mir.

Wer könnte unter diesen Gräbern wandeln,
Der ihn gekannt wie ich, so manches Jahr,
Der seine Kindheit sah, so frisch und klar,
Des Jünglings Glut, des Mannes kräftig Handeln?
Welch fremdes Aug' hat in den ernsten Lettern,
Dem strengen Wort des Herzens Schlag erkannt?
Die Blitze saht ihr, aber aus den Wettern
Saht ihr auch segnen eines Engels Hand?

Sie standen da wie vor Pantheons Hallen,
Wie unter Bannern, unter Lorbeerlaub;
Ich saß an einem Hügel, wo zu Staub
Der Menschenherzen freundlichstes zerfallen.
Sie redeten von den zersprengten Kreisen,
Die all er wie ein mächt'ger Reif geeint;
Ich dachte an die Witwen und die Waisen,
Die seinem dunklen Sarge nachgeweint.

Sie redeten von seines Geistes Walten,
Von seinem starken ungebeugten Sinn,
Und wie er nun der Wissenschaft dahin,
Der Mann an dem sich mancher Arm gehalten;
Ich hörte ihres Lobes Wogen schießen,
Es waren Worte wohlgemeint und wahr,
Doch meine Tränen fühlt' ich heißer fließen,
Als ob man ihn verkenne ganz und gar.

Und endlich hört' ich ihre Stimmen schwinden,
Ihr letztes Wort war eine Klage noch:
Daß nicht so leicht ein gleiches Wissen doch,
Daß selten nur ein gleicher Geist zu finden.
Ich aber, beugend in des Denkmals Schatten,

Hab' seines Grabes feuchten Halm geküßt:
»Wo gibt es einen Vater, einen Gatten,
Und einen Freund wie du gewesen bist!«

GUTEN WILLENS UNGESCHICK

Du scheuchst den frommen Freund von mir,
Weil krank ich sei und sehr bewegt,
Mein hell und blühend Lustrevier
Hast du mit Dornen mir umhegt;
Wohl weiß ich, daß der Wille rein,
Daß eure Sorge immer wach,
Doch was ihn labt, was hindert, ach,
Ein Jeder weiß es nur allein.

Ich denke, wie ich einstens saß
An eines Hügels schroffem Rain,
Und sah ein schönes Kind, das las
Sich Schneckenhäuschen im Gestein;
Dann glitt es aus, ich sprang hinzu,
Es hatte sich am Strauch gedrückt;
Ich griff es an gar ungeschickt,
Und abwärts rollte es im Nu;

Auf hob ich es, das weinend lag,
Und grimmig weinend um sich fuhr,
Und freilich, was es stieß vom Hag,
Mein schlimmes Helfen war es nur. –
Und an der Klippe stand ich auch,
Bei Vogelbrut mit Flaumenhaar,
Und drüber pfiff wie ein Korsar
Eine Weihe hoch im Nebelrauch.

Nun blitzte wie ein Strahl heran
Und immer näher schoß der Weih,
Ich schwang das Tuch, den Mantel dann,

Die jungen Vögel duckten scheu;
Und aufwärts funkelnd, angstgepreßt,
Wie Marder pfiffen sie so klar;
Da ward mir endlich offenbar,
Dies sei des Weihen eignes Nest.

So hab' ich hundertmal gefühlt,
Und tausendmal hab' ich gesehn,
Daß Nichts so hart am Herzen wühlt
Wo seine tiefsten Adern gehn,
Als – zürne nicht, die Lippen drück'
Ich sühnend auf der Lippen Rand –
Als eine liebe rasche Hand
In guten Willens Ungeschick.

DER TRAUM
An Amalie H.

Jüngst hab' ich dich gesehn im Traum,
So lieblich saßest du behütet,
In einer Laube grünem Raum,
Von duftendem Jasmin umblütet,
Durch Zweige fiel das goldne Licht,
Aus Vogelkehlen ward gesungen,
Du saßest da, wie ein Gedicht
Von einem Blumenkranz umschlungen.

Und deine liebe Rechte trug
Das Antlitz mit so edlen Sitten,
Im Sand das aufgeschlagne Buch
Schien von dem Schoße dir geglitten;
Dich lehnend an den frischen Hag
Hauchtest du flüsternd leise Küsse,
Im Auge eine Träne lag
Wie Tau im Kelche der Narzisse.

Dich anzuschaun war meine Lust,
Zu lauschen deiner Züge Regen,
Und dennoch hätt' ich gern gewußt,
Was dich so innig mocht' bewegen?
Da bogst du sacht hinab den Zweig,
Strichst lächelnd an der Spitzenhaube,
An deine Schulter huscht' ich gleich,
Sah einen Baum in schlichtem Laube:

Und auf dem Baume saß ein Fink,
Der schleppte dürres Moos und Reisig,
»Schau her, schau wieder!« zirpt' er flink
Und förderte am Nestchen fleißig;
Er sah so keck und fröhlich aus,
Als trüg er des Flamingo Kleider,
So sorglich hüpft er um sein Haus,
Als fürcht' er bösen Blick und Neider.

Und wenn ein Reischen er gelegt,
Dann rief er alle Welt zu Zeugen,
Als müsse was der Garten hegt,
Blum' und Gesträuch sich vor ihm neigen;
Um deine Lippe flog ein Zug,
Wie ich ihn oft an ihr gesehen,
Und meinen Namen ließ im Flug
Sie über ihre Spalte gehen.

Schon hob ich meine Hand hinauf
Mit leisem Schlage dich zu strafen,
Allein da wacht ich plötzlich auf
Und bin nicht wieder eingeschlafen;
Nur deiner hab' ich fortgedacht,
Säh dich so gern am grünen Hage,
Mich dünkt, so lieb wie in der Nacht
Sah ich dich noch an keinem Tage.

Im Eise schlummern Blum' und Zweig,
Dezemberwinde schneidend wehen,
Der Garten steht im Wolkenreich,
Wo tausend schönre Gärten stehen;
So golden ist kein Sonnenschein,
Daß er wie der erträumte blinke;
Doch du, bist du nicht wirklich mein?
Und bin ich nicht dein dummer Finke?

LOCKE UND LIED

Meine Lieder sandte ich dir,
Meines Herzens strömende Quellen,
Deine Locke sandtest du mir,
Deines Hauptes ringelnde Wellen;
Hauptes Welle und Herzens Flut
Sie zogen einander vorüber,
Haben sie nicht im Kusse geruht?
Schoß nicht ein Leuchten darüber?

Und du klagest: verblichen sei
Die Farbe der wandernden Zeichen;
Scheiden tut weh, mein Liebchen, ei,
Die Scheidenden dürfen erbleichen;
Warst du blaß nicht, zitternd und kalt,
Als ich von dir mich gerissen?
Blicke sie an, du Milde, und bald,
Bald werden den Herrn sie nicht missen.

Auch deine Locke hat sich gestreckt,
Verdrossen, gleich schlafendem Kinde,
Doch ich hab' sie mit Küssen geweckt,
Hab' sie gestreichelt so linde,
Ihr geflüstert von unserer Treu',
Sie geschlungen um deine Kränze,
Und nun ringelt sie sich aufs neu,
Wie eine Rebe im Lenze.

Wenig Wochen, dann grünet der Stamm, 25
Hat Sonnenschein sich ergossen,
Und wir sitzen am rieselnden Damm,
Die Händ' in einander geschlossen,
Schaun in die Welle, und schaun in das Aug'
Uns wieder und wieder und lachen, 30
Und Bekanntschaft mögen dann auch
Die Lock' und der Liederstrom machen.

AN ***

Kein Wort, und wär' es scharf wie Stahles Klinge,
Soll trennen, was in tausend Fäden Eins,
So mächtig kein Gedanke, daß er dringe
Vergällend in den Becher reinen Weins;
Das Leben ist so kurz, das Glück so selten, 5
So großes Kleinod, einmal sein statt gelten!

Hat das Geschick uns, wie in frevlem Witze,
Auf feindlich starre Pole gleich erhöht,
So wisse, dort, dort auf der Scheidung Spitze
Herrscht, König über Alle, der Magnet, 10
Nicht frägt er ob ihn Fels und Strom gefährde,
Ein Strahl fährt mitten er durchs Herz der Erde.

Blick' in mein Auge – ist es nicht das deine,
Ist nicht mein Zürnen selber deinem gleich?
Du lächelst – und dein Lächeln ist das meine, 15
An gleicher Lust und gleichem Sinnen reich;
Worüber alle Lippen freundlich scherzen,
Wir fühlen heilger es im eignen Herzen.

Pollux und Castor, – wechselnd Glühn und Bleichen,
Des Einen Licht geraubt dem Andern nur, 20
Und doch der allerfrömmsten Treue Zeichen. –
So reiche mir die Hand, mein Dioskur!

Und mag erneuern sich die holde Mythe,
Wo überm Helm die Zwillingsflamme glühte.

POESIE

Frägst du mich im Rätselspiele,
Wer die zarte lichte Fei,
Die sich drei Kleinoden gleiche
Und ein Strahl doch selber sei?
Ob ichs rate? ob ich fehle?
Liebchen, pfiffig war ich nie,
Doch in meiner tiefsten Seele
Hallt es: das ist Poesie!

Jener Strahl der, Licht und Flamme,
Keiner Farbe zugetan,
Und doch, über Alles gleitend
Tausend Farben zündet an,
Jedes Recht und Keines Eigen. –
Die Kleinode nenn' ich dir:
Den Türkis, den Amethysten,
Und der Perle edle Zier.

Poesie gleicht dem Türkise,
Dessen frommes Auge bricht,
Wenn verborgner Säure Brodem
Nahte seinem reinen Licht;
Dessen Ursprung Keiner kündet,
Der wie Himmelsgabe kam,
Und des Himmels milde Bläue
Sich zum milden Zeichen nahm.

Und sie gleicht dem Amethysten,
Der sein veilchenblau Gewand
Läßt zu schnödem Grau erblassen
An des Ungetreuen Hand;

Der, gemeinen Götzen frönend,
Sinkt zu niedren Steines Art, 30
Und nur Einer Flamme dienend
Seinen edlen Glanz bewahrt;

Gleicht der Perle auch, der zarten,
Am Gesunden tauig klar,
Aber saugend, was da Krankes 35
In geheimsten Adern war;
Sahst du niemals ihre Schimmer
Grünlich, wie ein modernd Tuch?
Eine Perle bleibt es immer,
Aber die ein Siecher trug. 40

Und du lächelst meiner Lösung,
Flüsterst wie ein Widerhall:
Poesie gleicht dem Pokale
Aus venedischem Kristall;
Gift hinein – und schwirrend singt er 45
Schwanenliedes Melodie,
Dann in tausend Trümmer klirrend,
Und hin ist die Poesie!

AN ***

O frage nicht was mich so tief bewegt;
Seh ich dein junges Blut so freudig wallen,
Warum, an deine klare Stirn gelegt,
Mir schwere Tropfen aus den Wimpern fallen.

Mich träumte einst, ich sei ein albern Kind, 5
Sich emsig mühend an des Tisches Borden;
Wie übermächtig die Vokabeln sind,
Die wieder Hieroglyphen mir geworden!

Und als ich dann erwacht, da weint' ich heiß,
Daß mir so klar und nüchtern jetzt zu Mute,
Daß ich so schrankenlos und überweis',
So ohne Furcht vor Schelten und vor Rute.

So, wenn ich schaue in dein Antlitz mild,
Wo tausend frische Lebenskeime walten,
Da ist es mir, als ob Natur mein Bild
Mir aus dem Zauberspiegel vorgehalten;

Und all mein Hoffen, meiner Seele Brand,
Und meiner Liebessonne dämmernd Scheinen,
Was noch entschwinden wird und was entschwand,
Das muß ich Alles dann in dir beweinen.

AN ELISE
Am 19. November 1843

Du weißt es lange wohl wie wert du mir,
Was sollt' ich es nicht froh und offen tragen
Ein Lieben, das so frischer Ranken Zier
Um meinen kranken Lebensbaum geschlagen?
Und manchen Abend hab' ich nachgedacht,
In leiser Stunde träumerischem Sinnen,
Wie deinen Morgen, meine nahnde Nacht
Das Schicksal ließ aus Einer Urne rinnen.

Zu alt zur Zwillingsschwester, möchte ich
Mein Töchterchen dich nennen, meinen Sprossen,
Mir ist, als ob mein fliehend Leben sich,
Mein rinnend Blut in deine Brust ergossen.
Wo flammt im Herzen mir ein Opferherd,
Daß nicht der deine loderte daneben,
Von gleichen Landes lieber Luft genährt,
Von gleicher Freunde frommen Kreis umgeben?

Und heut', am Sankt Elisabethentag,
Vereinend uns mit gleichen Namens Banden,
Schlug ich bedächtig im Kalender nach,
Welch' Heilige am Taufborn uns gestanden; 20
Da fand ich eine königliche Frau,
Die ihre milde Segenshand gebreitet,
Und eine Patriarchin, ernst und grau,
Nur wert um Den, des Wege sie bereitet.

Fast war es mir, als ob dies Doppelbild 25
Mit strengem Mahnen strebe uns zu trennen,
Als woll' es dir die Fürstin zart und mild,
Mir nur die ernste Hüterin vergönnen;
Doch – lächle nicht – ich hab' mich abgekehrt,
Bin fast verschämt zur Seite dir getreten; 30
Nun wähle, Lieb, und die du dir beschert,
Zu der will ich als meiner Heilgen beten.

EIN SOMMERTAGSTRAUM

Im tiefen West der Schwaden grollte,
Es stand die Luft, ein siedend Meer,
An meines Fensters Vorhang rollte
Die Sonnenkugel, glüh und schwer,
Und wie ein Kranker, lang gestreckt, 5
Lag ich auf grünen Sofakissen,
Das Haupt von wüstem Schmerz zerrissen,
Die Stirne fieberhaft gefleckt.

Um mich Geschenke, die man heute
Zu meinem Wiegenfest gesandt, 10
Denare, Schriften, Meeres Beute,
Ich hab' mich schnöde abgewandt;
Zum Tode matt und schlafberaubt
Studiert ich der Gardine Bauschen,
Und horchte auf des Blutes Rauschen 15
Und Klingeln im betäubten Haupt.

Zuweilen dehnte sich ein Murren
Den Horizont entlang, es schlich
Am Hag' ein Rieseln und ein Surren,
Wie flatternder Libelle Strich;
Betäubend zog Resedaduft
Durch des Balkones offne Türen,
In jeder Nerve war zu spüren
Die schwefelnde Gewitterluft.

Da plötzlich schien sich aufzurichten
Am Fensterrahm ein Schattenwall,
Und mählich schob die dunklen Schichten
Er näher an den glühen Ball.
Durch der Gardine Spalten zog
Ein frischer Hauch, ich schloß die Augen,
Um tiefer, tiefer einzusaugen,
Was leise spielend mich umflog.

Genau vernahm ich noch das Rucken
Des flatternden Papiers, das Licht
Der Stufe sah ich schmerzend zucken;
Ob ich entschlief? mich dünkt es nicht.
Doch schneller schien am Autograph
Das dürre Züngelchen zu wehen,
Ein glitzernd Aug' der Stein zu drehen,
Die Muschel dehnte sich im Schlaf.

Und, nächt'ger Mücke zu vergleichen,
Umsäuselte mich halber Klang,
Am Teppich schien es sacht zu streichen,
Und lief des Polsters Saum entlang,
Wie wenn im zitternden Papier
Der Fliege zarte Füßchen irren;
Und heller feiner aus dem Schwirren
Drang es wie Wortes Hauch zu mir:

Das Autograph

Pst! – St! – ja, ja,
Das mocht' eine Pracht noch heißen,
Als ich am Ärmel sah
Die goldenen Tressen gleißen!
Wie waren die Hände weiß und weich,
Wie funkelten die Demanten!
Wie schwammen drüber, so duftig, reich,
Die breiten Brüsseler Kanten!

Das waren Bilder und Lockenpracht,
Wie mähnige Leu'n in Rahmen!
Das Vasen! wo in der Galatracht
Spazierten schäfernde Damen!
Und, o, das war eine Blumensee,
Ein farbiges Blütengewimmel!
Das eine berauschende Äthernäh'
Von heißem südlichen Himmel!

Pst! – St! – ich duckt' in meinem Fach,
Pst! – still – wie Vögel im Nest',
Und ward am Gitter die Brise wach,
Dann ruschelt' ich mit dem West'.
O, o! der war auch ein Vagabund:
Von Bogen flog er zu Bogen,
Hat aus der Siegel Granatenmund
Säuselnde Küsse gesogen.

Pst! – drunten, hart an meiner Klaus'
Ein Tisch auf güldenen Krallen;
Und wispelte ich zu weit hinaus,
Ich wär auf den Amor gefallen;
Der stand, einen Köcher in jeder Hand,
Wie sinnend auf lustige Finte,
Das Haupt gewendet vom stäubenden Sand,
Und spiegelte sich in der Dinte.

Sieh! drüben der Türen Paneele, breit,
Geschmückt mit schimmernden Leisten!
Wie hab' ich geflattert und mich gefreut,
Wenn leise knarrend sie gleißten!
Dann kam das Ding – ein Mann – ein Greis? –
Nie konnte ich satt mich schauen,
Daß seine Lockenkaskaden so weiß,
So glänzend schwarz seine Brauen!

Schrieb, schrieb, daß die Feder knirrt' und bog,
Lang lange schlängelnde Kette,
Und sachte über den Marmor zog
Und schleifte sich die Manschette.
Das summt und säuselte mir wie Traum,
Wie surrender Bienen Lesen,
Als sei ich einst ein seidener Schaum,
Eine Spitzenmanschette gewesen.

Pst! – stille, – sieh, ein Andrer! – sieh!
Wie schütteln des Schreibers Locken!
Er beugt und schlenkert sich bis an's Knie,
Schlürft und schleicht wie auf Socken.
Ha! es zupft mich, – ich falle, ich falle! –
Da liege ich hülflos gebreitet,
Und über mich die dintige Galle
Wie Würmer krimmelt und gleitet.

Licht! Leben! durch die Fasern gießt
Gleich Ichor sich der Menschengeist;
Wie's droben tönt, die Spalte fließt,
Gedankenwelle schwillt und kreißt.
»Viva!« – ein König wird gegrüßt, –
Es fault im Mark, die Rinde gleißt. –
Und Schiffe, schwer von Proviant,
Ziehn übers Meer vom Nordenstrand.

Ich zittre, zittre, jenes Fremden Auge,
Lichtblau und klar, ist über mich gebeugt;
Ob es den Geist mir aus den Fasern sauge?
Ich weiß es nicht, sein Blinzen sinkt und steigt,
Ein Auge scharf wie Scheidewassers Lauge! –
Er streicht die Brauen, faßt die Feder leicht, –
Nun schlängelt er, – nun drunten steht es da:
»Theodor' il primo, re di Corsica.«
Pst! still! – der König spricht, Denar, halt Ruh!
Was schaukelst dich, was klimperst du?

Der Denar

O! über deinen König! ganz dir gleich,
Du glattgeschlagner Lumpen, o, sein Reich
Das Inselchen, des kärglichen Tribut
Lucull in *eine* Silberschüssel lud,
Gebannt in *eine* Perle Cäsars Hand
In der Ägypterfürstin Locken wand.
Du, zitternd vor Satrapenblicke, fahl
Wärst du zerstäubt vor seiner Augen Strahl,
Wenn langsam über's Forum, im Triumpf
Das Viergespann ihn rollte; hörst du dumpf,
Wie halberwachten Donner oder Spülen
Der Brandung, Pöbelwoge ziehn und wühlen,
Um die Quadriga summend, wie im Nahn
Prüft seine Stimme murrend der Orkan?
»Heil, Cäsar, Heil!« um seine kahle Stirn
Ragt Lorbeer, wie die Ficht' um Klippenfirn;
Er lächelt, und aus seinem Lächeln fließet
Ein leise schläfernd Gift, o Roma, dir,
Sein halbgeschloßnes Auge Fäden schießet,
Ein unzerreißbar Netz. – Gebückt und stier,
Zerzausten Haares, vor den Rossen klirrt
Endloser Gallierzug, die Fesseln schleifen,
Und aus der Pöbelwelle gellt und schwirrt

> Gezisch, Gejubel, Zimbelklang und Pfeifen.
> Denare fliegen aus des Siegers Hand
> Ha, wie es krabbelt im Arenasand! –
> Der Imperator nickt und klingelt fort.
> Noch lieg' ich unberührt im Byssusbeutel, –
> Was steigt so schwarz am Kapitole dort?
> Es dunkelt, dunkelt; – über Cäsars Scheitel
> Ein Riesenaar mit Flügelrauschen steigt,
> Die Sonne schwindet, – doch ein Leuchten streicht
> Um der Liktoren Beile, – wieder itzt –
> Sie zucken, schwenken sich – es blitzt! – es blitzt!

Die Erzstufe

> Ja, Blitze, Blitze! der Schwaden drängt
> Giftiges Gas am Risse hinaus,
> Auf einem Blitze bin ich gesprengt
> Aus meinem funkelnden Kellerhaus.
> O, wie war ich zerbrochen und krank,
> Wie rieselt's mir über die blanke Haut,
> Wenn langsam schwellend der Tropfen sank,
> Des Zuges Schneide mich angegraut!

> Kennst du den Bergmönch, den braunen Schelm,
> Dem auf der Schulter das Antlitz kreist?
> Schwarz und rauh wie ein rostiger Helm,
> Wie die Grubenlampe sein Auge gleißt.
> O, er ist böse, tückisch und schlimm!
> Mit dem Gezähe* hackt er am Spalt,
> Bis das schwefelnde Wetter im Grimm
> Gegen die weichende Rinde schwallt.

> Steiger bete! du armer Knapp',
> Dem in der Hütte das Kindlein zart,

---

* »Gezähe« das Handwerkszeug der Bergknappen.

Betet! betet! eh ihr hinab,   175
Eh zum letzten Male vor Ort ihr fahrt.
Sieben Nächte hab' ich gesehn
Wie eine Walze rollen den Nacken,
Und die Augen funkeln und drehn,
Und das Gezähe schürfen und hacken.   180

Dort, dort hinter dem reichen Gang
Lauert der giftige Brodem; da
Wo der Kobold den Hammer schwang,
Wo ich am Bruche ihn schnuppern sah.
Gleich dem Molche von Dunste trunken   185
Schwoll und wackelt' der Gnom am Grund,
Und des Gases knisternde Funken
Zogen in seinen saugenden Schlund.

Bete, Steiger, den Morgenpsalm
Einmal noch, und dein »walt's Gott«,   190
Deinen Segen gen Wetters Qualm,
Gäh' Verscheiden und Teufelsrott'.
Schau noch einmal in's Angesicht
Deinem Töchterchen, deinem Weib,
Und dann zünde das Grubenlicht,   195
»Gott die Seele, dem Schacht der Leib!«

Sie sind vor Ort, die Lämpchen rund
Wie Irrwischflämmchen aufgestellt.
Die Winde keucht, es rollt der Hund,*
Der Hammer pickt, die Stufe fällt,   200
An Bleigewürfel, Glimmerspat
Zerrinnend, malt der kleine Strahl
In seiner Glorie schwimmend Rad
Sich Regenbogen und Opal.

---

* »Der Hund« der kleine kastenähnliche Karren, auf dem die Erzstufen aus dem Stollen zu Tage gefördert werden.

Die Winde keucht, es rollt der Hund. –
Hörst du des Schwadens Sausen nicht?
Wie Hagel bröckelt es zum Grund –
Der Hammer pickt, die Stufe bricht; –
Weh, weh! es zündet, flammt hinein!
Hinweg! es schmettert aus der Höh'!
Felsblöcke, zuckendes Gebein!
Wo bin ich? bin ich? – auf der See?
Und welch Geriesel – immer immerzu,
Wie Regentropfen, regnet's?

Die Muschel

Su, susu,
O, schlaf im schimmernden Bade,
Hörst du sie plätschern und rauschen,
Meine hüpfende blanke Najade?
Ihres Haares seidenen Tang
Über der Schultern Perlenschaum;
Horch! sie singt den Wellengesang,
Süß wie Vögelein, zart wie Traum:

»Webe, woge, Welle, wie
Westes Säuselmelodie,
Wie die Schwalbe über's Meer
Zwitschernd streicht von Süden her,
Wie des Himmels Wolken tauen
Segen auf des Eilands Auen,
Wie die Muschel knirrt am Strand,
Von der Düne rieselt Sand.

Woge, Welle, sachte, sacht,
Daß der Triton nicht erwacht.
In der Hand das plumpe Horn
Schlummert er, am Strudelborn.
In der Muschelhalle liegt er,

Seine grünen Zöpfe wiegt er;
Ries'le, Woge, Sand und Kies,
In des Bartes zottig' Vlies.

Leise, leise, Wellenkreis,
Wie des Liebsten Ruder leis' 240
Streift dein leuchtend Glas entlang
Zu dem nächtlich süßen Gang;
Wenn das Boot, im Strauch geborgen,
Tändelt, schaukelt, bis zum Morgen.
In der Kammer flimmert Licht; 245
Ruhig, Kiesel, knistert nicht!«

Das Lied verhaucht, wie Echo am Gestade,
Und leiser, leiser wiegt sich die Najade,
Beginnt ihr strömend Flockenhaar zu breiten,
Läßt vom Korallenkamm die Tropfen gleiten, 250
Und sachte strehlend schwimmt sie, wie ein Hauch,
Im Strahl der dämmert durch den Nebelrauch;
Wie glänzt ihr Regenbogenschleier! – o,
Die Sonne steigt, – das Meer beginnt zu zittern, –
Ein Silbernetz von Myriaden Flittern! 255
Mein Auge zündet sich – wo bin ich? – wo?

Tief atmend saß ich auf, aus Westen
Bohrte der schräge Sonnenstrahl,
Es tropft' und rieselt' von den Ästen,
Die Lerche stieg im Äthersaal; 260
Vom blanken Erzgewürfel traf
Mein Aug' ein Leuchten, schmerzlich flirrend,
Und in des Zuges Hauche schwirrend
Am Boden lag das Autograph.

So hab' ich Donner, Blitz und Regenschauer 265
Verträumt, in einer Sommerstunde Dauer.

DIE JUNGE MUTTER

Im grün verhangnen duftigen Gemach,
Auf weißen Kissen liegt die junge Mutter;
Wie brennt die Stirn! sie hebt das Auge schwach
Zum Bauer, wo die Nachtigall das Futter
Den nackten Jungen reicht: »mein armes Tier,«
So flüstert sie, »und bist du auch gefangen
Gleich mir, wenn draußen Lenz und Sonne prangen,
So hast du deine Kleinen doch bei dir.«

Den Vorhang hebt die graue Wärterin,
Und legt den Finger mahnend auf die Lippen;
Die Kranke dreht das schwere Auge hin,
Gefällig will sie von dem Tranke nippen;
Er mundet schon, und ihre bleiche Hand
Faßt fester den Kristall, – o milde Labe! –
»Elisabet, was macht mein kleiner Knabe?«
»Er schläft,« versetzt die Alte abgewandt.

Wie mag er zierlich liegen! – Kleines Ding! –
Und selig lächelnd sinkt sie in die Kissen;
Ob man den Schleier um die Wiege hing,
Den Schleier der am Erntefest zerrissen?
Man sieht es kaum, sie flickte ihn so nett,
Daß alle Frauen höchlich es gepriesen,
Und eine Ranke ließ sie drüber sprießen.
»Was läutet man im Dom, Elisabet?«

»Madame, wir haben heut Mariatag.«
So hoch im Mond? sie kann sich nicht besinnen. –
Wie war es nur? – doch ihr Gehirn ist schwach,
Und leise suchend zieht sie aus den Linnen
Ein Häubchen, in dem Strahle kümmerlich
Läßt sie den Faden in die Nadel gleiten;
So ganz verborgen will sie es bereiten,
Und leise, leise zieht sie Stich um Stich.

Da öffnet knarrend sich die Kammertür,
Vorsicht'ge Schritte über'n Teppich schleichen.
»Ich schlafe nicht, Rainer, komm her, komm hier! 35
Wann wird man endlich mir den Knaben reichen?«
Der Gatte blickt verstohlen himmelwärts,
Küßt wie ein Hauch die kleinen heißen Hände:
»Geduld, Geduld, mein Liebchen, bis zum Ende!
Du bist noch gar zu leidend, gutes Herz.« 40

»Du duftest Weihrauch, Mann.« – »Ich war im Dom;
Schlaf, Kind«; und wieder gleitet er von dannen.
Sie aber näht, und liebliches Phantom
Spielt um ihr Aug' von Auen, Blumen, Tannen. –
Ach, wenn du wieder siehst die grüne Au, 45
Siehst über einem kleinen Hügel schwanken
Den Tannenzweig und Blumen drüber ranken,
Dann tröste Gott dich, arme junge Frau!

MEINE STRÄUSSE

So oft mir ward eine liebe Stund'
Unterm blauen Himmel im Freien,
Da habe ich, zu des Gedenkens Bund,
Mir Zeichen geflochten mit Treuen,
Einen schlichten Kranz, einen wilden Strauß, 5
Ließ drüber die Seele wallen;
Nun stehe ich einsam im stillen Haus,
Und sehe die Blätter zerfallen.

Vergißmeinnicht mit dem Rosaband –
Das waren dämmrige Tage, 10
Als euch entwandte der Freundin Hand
Dem Weiher drüben am Hage;
Wir schwärmten in wirrer Gefühle Flut,
In sechzehnjährigen Schmerzen;
Nun schläft sie lange. – Sie war doch gut, 15
Ich liebte sie recht von Herzen!

Gar weite Wege hast du gemacht,
Camelia, staubige Schöne,
In deinem Kelche die Flöte wacht,
Trompeten und Zimbelgetöne;
Wie zitterten durch das grüne Revier
Buntfarbige Lampen und Schleier!
Da brach der zierliche Gärtner mir
Den Strauß beim bengalischen Feuer.

Dies Alpenröschen nährte mit Schnee
Ein eisgrau starrender Riese;
Und diese Tange entfischt' ich der See
Aus Muschelgescherbe und Kiese;
Es war ein volles, gesegnetes Jahr,
Die Trauben hingen gleich Pfunden,
Als aus der Rebe flatterndem Haar
Ich diesen Kranz mir gewunden.

Und ihr, meine Sträuße von wildem Heid',
Mit lockerm Halme geschlungen,
O süße Sonne, o Einsamkeit,
Die uns redet mit heimischen Zungen!
Ich hab' sie gepflückt an Tagen so lind,
Wenn die goldenen Käferchen spielen,
Dann fühlte ich mich meines Landes Kind,
Und die fremden Schlacken zerfielen.

Und wenn ich grüble an meinem Teich,
Im duftigen Moose gestrecket,
Wenn aus dem Spiegel mein Antlitz bleich
Mit rieselndem Schauer mich necket,
Dann lang' ich sachte, sachte hinab,
Und fische die träufelnden Schmelen;
Dort hängen sie, drüben am Fensterstab,
Wie arme vertrocknete Seelen.

So mochte ich still und heimlich mir
Eine Zauberhalle bereiten, 50
Wenn es dämmert dort, und drüben, und hier,
Von den Wänden seh ich es gleiten;
Eine Fei entschleicht der Camelia sich,
Liebesseufzer stöhnet die Rose,
Und wie Blutes Adern umschlingen mich 55
Meine Wasserfäden und Moose.

DAS LIEBHABERTHEATER

Meinst du, wir hätten jetzt Dezemberschnee?
Noch eben stand ich vor dem schönsten Hain,
So grün und kräftig sah ich keinen je.
Die Windsbraut fuhr, der Donner knallte drein,
Und seine Zweige trotzten wie gegossen, 5
Gleich an des Parkes Tor ein Häuschen stand,
Mit Kränzen war geschmückt die schlichte Wand,
Die haben nicht gezittert vor den Schlossen,
Das nenn' ich Kränze doch und einen Hain!

Und denkst du wohl, wir hätten finstre Nacht? 10
Des Morgens Gluten wallten eben noch,
Rotglühend, wie des Lavastromes Macht
Hernieder knistert von Vesuves Joch;
Nie sah so prächtig man Auroren ziehen!
An unsre Augen schlugen wir die Hand, 15
Und dachten schier, der Felsen steh' in Brand,
Die Hirten sahn wir wie Dämone glühen;
Das nenn' ich einen Sonnenaufgang doch!

Und sprichst du unsres Landes Nymphen Hohn?
Noch eben schlüpfte durch des Forstes Hau 20
Ein Mädchen, voll und sinnig wie der Mohn,
Gewiß, sie war die allerschönste Frau!
Ihr weißes Händchen hielt den blanken Spaten,

>   Der kleine Fuß, in Zwickelstrumpf und Schuh,
> 25 Hob sich so schwebend, trat so zierlich zu,
>   Und hör', ich will es dir nur gleich verraten,
>   Der schönen Clara glich sie ganz genau.
>
>   Und sagst du, diese habe mein gelacht?
>   O hättest du sie heute nur gesehn,
> 30 Wie schlau sie meine Blicke hat bewacht,
>   Wie zärtlich konnte ihre Augen drehn,
>   Und welche süße Worte ihr entquollen!
>   Recht wo ich stand, dorthin hat sie geweint:
>   »Mein teures Herz, mein Leben, einz'ger Freund!«
> 35 Das schien ihr von den Lippen nur zu rollen.
>   War das nicht richtig angebracht, und schön?
>
>   Doch Eins nur, Eines noch verhehlt' ich dir,
>   Und fürchte sehr, es trage wenig ein;
>   Der Wald war brettern und der Kranz Papier,
> 40 Das Morgenrot Bengalens Feuerschein,
>   Und als sie ließ so süße Worte wandern,
>   Ach, ob sie gleich dabei mich angeblickt,
>   Der dicht an das Orchester war gerückt,
>   Doch fürcht' ich fast, sie galten einem Andern!
> 45 Was meinst du, sollte das wohl möglich sein?

DIE TAXUSWAND

>   Ich stehe gern vor dir,
>   Du Fläche schwarz und rauh,
>   Du schartiges Visier
>   Vor meines Liebsten Brau',
> 5   Gern mag ich vor dir stehen,
>   Wie vor grundiertem Tuch,
>   Und drüber gleiten sehen
>   Den bleichen Krönungszug;

Als mein die Krone hier,
Von Händen die nun kalt;
Als man gesungen mir
In Weisen die nun alt;
Vorhang am Heiligtume,
Mein Paradiesestor,
Dahinter Alles Blume,
Und Alles Dorn davor.

Denn jenseits weiß ich sie,
Die grüne Gartenbank,
Wo ich das Leben früh
Mit glühen Lippen trank,
Als mich mein Haar umwallte
Noch golden wie ein Strahl,
Als noch mein Ruf erschallte,
Ein Hornstoß, durch das Tal.

Das zarte Efeureis,
So Liebe pflegte dort,
Sechs Schritte, – und ich weiß,
Ich weiß dann, daß es fort.
So will ich immer schleichen
Nur an dein dunkles Tuch,
Und achtzehn Jahre streichen
Aus meinem Lebensbuch.

Du starrtest damals schon
So düster treu wie heut',
Du, unsrer Liebe Thron
Und Wächter manche Zeit;
Man sagt daß Schlaf, ein schlimmer,
Dir aus den Nadeln raucht, –
Ach, wacher war ich nimmer,
Als rings von dir umhaucht!

Nun aber bin ich matt,
Und möcht an deinem Saum
Vergleiten, wie ein Blatt
Geweht vom nächsten Baum;
Du lockst mich wie ein Hafen,
Wo alle Stürme stumm,
O, schlafen möcht ich, schlafen,
Bis meine Zeit herum!

NACH FÜNFZEHN JAHREN

Wie hab' ich doch so manche Sommernacht,
Du düstrer Saal, in deinem Raum verwacht!
Und du, Balkon, auf dich bin ich getreten,
Um leise für ein teures Haupt zu beten,
Wenn hinter mir aus des Gemaches Tiefen
Wie Hülfewimmern bange Seufzer riefen,
Die Odemzüge aus geliebtem Mund;
Ja, bitter weint' ich – o Erinnerung! –
Doch trug ich mutig es, denn ich war jung,
War jung noch und gesund.

Du Bett mit seidnem Franzenhang geziert,
Wie hab' ich deine Falten oft berührt,
Mit leiser leiser Hand gehemmt ihr Rauschen,
Wenn ich mich beugte durch den Spalt zu lauschen,
Mein Haupt so müde daß es schwamm wie trunken,
So matt mein Knie daß es zum Grund gesunken!
Mechanisch löste ich der Zöpfe Bund
Und sucht im frischen Trunk Erleichterung;
Ach, Alles trägt man leicht, ist man nur jung,
Nur jung noch und gesund!

Und als die Rose, die am Stock erblich,
Sich wieder auf die kranke Wange schlich,
Wie hab' ich an dem Pfeilertische drüben

Dem Töchterchen geringelt seine lieben
Goldbraunen Löckchen! wie ich mich beflissen,
Eh ich es führte an der Mutter Kissen!
Und gute Sitte flüstert' ich ihm ein,
Gelobte ihm die Fabel von dem Schaf
Und sieben Zicklein, wenn es wolle brav,
Recht brav und sittig sein.

Und dort die Hütte in der Tannenschlucht,
Da naschten sie und ich der Rebe Frucht,
Da fühlten wir das Blut so keimend treiben,
Als müss' es immer frisch und schäumend bleiben;
Des Überstandnen lachten wir im Hafen:
Wie ich geschwankt, wie stehend ich geschlafen;
Und wandelten am Rasenstreifen fort,
Und musterten der Stämmchen schlanke Reihn,
Und schwärmten, wie es müsse reizend sein
Nach fünfzehn Jahren dort!

O fünfzehn Jahre, lang öde Zeit!
Wie sind die Bäume jetzt so starr und breit!
Der Hütte Tür vermocht ich kaum zu regen,
Da schoß mir Staub und wüst Geröll entgegen,
Und an dem blanken Gartensaale drüben
Da steht 'ne schlanke Maid mit ihrem Lieben,
Die schaun sich lächelnd in der Seele Grund,
In ihren braunen Locken rollt der Wind;
Gott segne dich, du bist geliebt, mein Kind,
Bist fröhlich und gesund!

Sie aber die vor Lustern dich gebar,
Wie du so schön, so frisch und jugendklar,
Sie steht mit Einer an des Parkes Ende
Und drückt zum Scheiden ihr die bleichen Hände,
Mit Einer, wie du nimmer möchtest denken,
So könne deiner Jugend Flut sich senken;
Sie schaun sich an, du nennst vielleicht es kalt,

Zwei starre Stämme, aber sonder Wank
   Und sonder Tränenquell, denn sie sind krank,
60 Ach, Beide krank und alt!

DER KRANKE AAR

Am dürren Baum, im fetten Wiesengras
Ein Stier behaglich wiederkäut' den Fraß;
Auf niederm Ast ein wunder Adler saß,
Ein kranker Aar mit gebrochnen Schwingen.

5 »Steig' auf, mein Vogel, in die blaue Luft,
Ich schau dir nach aus meinem Kräuterduft.« –
»Weh, weh, umsonst die Sonne ruft
Den kranken Aar mit gebrochnen Schwingen!« –

»O Vogel, warst so stolz und freventlich
10 Und wolltest keine Fessel ewiglich!« –
»Weh, weh, zu Viele über mich,
Und Adler all, – brachen mir die Schwingen!«

»So flattre in dein Nest, vom Aste fort,
Dein Ächzen schier die Kräuter mir verdorrt.«
15 »Weh, weh, kein Nest hab' ich hinfort,
Verbannter Aar mit gebrochnen Schwingen!«

»O Vogel, wärst du eine Henne doch,
Dein Nestchen hättest du, im Ofenloch.«
»Weh, weh, viel lieber ein Adler noch,
20 Viel lieber ein Aar mit gebrochnen Schwingen!«

SIT ILLI TERRA LEVIS!

So sonder Arg hast du in diesem Leben
Mich deinen allerbesten Freund genannt,
Hast mir so oft gereicht die hagre Hand, –
Hab' ich gelächelt, mag mir Gott vergeben.
Die Schlange wacht in jedes Menschen Brust,
Was ich dir bot, es war doch treue Gabe,
Und hier bekenn' ich es, an deinem Grabe,
Du warst mir lieber als ich es gewußt.

Ob ich auch nie zu jenen mich gesellte,
Die lachend deine Einfalt angeschaut;
Des Hauptes, das in Ehren war ergraut,
Verhöhnung immer mir die Adern schwellte;
Doch erst wo aller Menschen Witz versiegt,
Ein armer Tropfen in Egyptens Sande,
Hier erst erkenn' ich, an der Seelen Brande,
Wie schwer des Auges warme Träne wiegt.

Sah ich sie nicht an deine Wimper steigen,
Wenn du dem fremden Leide dich geeint?
Hast du nicht meinen Toten nachgeweint,
So heiß wie deines eignen Blutes Zweigen?
O! wenn ich in der Freude des vergaß,
Mit bitterm Herzen muß ich es beklagen,
Denn von des Schicksals harter Hand geschlagen,
Wie gern ich dann in deinem Auge las!

Noch seh ich dich im Hauch des Winterbrodems
Herstapfen, wie den irren Heidegeist,
Wenn Tropf' an Tropfen deiner Stirn entfleußt,
Hör noch das Keuchen deines armen Odems.
Es waren schlimme Wege, rauh und weit,
Die du gewandelt manche Winterwende,
Um des Altares heil'ge Gnadenspende
Zu tragen mir in meine Einsamkeit.

O manchem Spötter gabst du ernst Gedenken,
Wenn höhnend deine kleine Hab' er pries,
Für schlechtes Ding dir Tausende verhieß,
Und du nur glücklich warst ihn zu beschenken!
So wert war dir kein Gut, so ehrenreich,
Daß du es nicht mit Freuden hingegeben,
Dann sah man deine Lippen freundlich beben,
Und zucken wie das Dämmerlicht im Teich.

An deinem Kleide, schwarz und Fadenscheinend,
War jeder Fleck ein heimlich Ehrenmal,
Du frommer Dieb am Eignen! ohne Wahl
Das Schlechteste dir noch genugsam meinend.
Mann ohne Falsch und mit der offnen Hand,
Drin wie Demant der Witwe Heller blinken,
Sanft soll der Tau auf deinen Hügel sinken,
Und leicht, leicht sei dir das geweihte Land!

Schlaf sanft, schlaf still in deinem grünen Bette,
Dir überm Haupt des Glaubens fromm Symbol,
Die Welt vergißt, der Himmel kennt dich wohl,
Ein Engel wacht an dieser schlichten Stätte.
Auch eine Träne wird dir nachgeweint,
Und wahrlich keine falsche: »ach sie haben,
Sie haben einen guten Mann begraben,
Und mir, mir war er mehr« – mein wärmster Freund.

DIE UNBESUNGENEN

's gibt Gräber wo die Klage schweigt,
Und nur das Herz von innen blutet,
Kein Tropfen in die Wimper steigt,
Und doch die Lava drinnen flutet;
's gibt Gräber, die wie Wetternacht
An unserm Horizonte stehn
Und alles Leben niederhalten,

Und doch, wenn Abendrot erwacht,
Mit ihren goldnen Flügeln wehn
Wie milde Seraphimgestalten.

Zu heilig sind sie für das Lied,
Und mächtge Redner doch vor Allen,
Sie nennen dir was nimmer schied,
Was nie und nimmer kann zerfallen;
O, wenn dich Zweifel drückt herab,
Und möchtest atmen Ätherluft,
Und möchtest schauen Seraphsflügel,
Dann tritt an deines Vaters Grab!
Dann tritt an deines Bruders Gruft!
Dann tritt an deines Kindes Hügel!

DAS SPIEGELBILD

Schaust du mich an aus dem Kristall,
Mit deiner Augen Nebelball,
Kometen gleich die im Verbleichen;
Mit Zügen, worin wunderlich
Zwei Seelen wie Spione sich
Umschleichen, ja, dann flüstre ich:
Phantom, du bist nicht meines Gleichen!

Bist nur entschlüpft der Träume Hut,
Zu eisen mir das warme Blut,
Die dunkle Locke mir zu blassen;
Und dennoch, dämmerndes Gesicht,
Drin seltsam spielt ein Doppellicht,
Trätest du vor, ich weiß es nicht,
Würd' ich dich lieben oder hassen?

Zu deiner Stirne Herrscherthron,
Wo die Gedanken leisten Fron
Wie Knechte, würd ich schüchtern blicken;

Doch von des Auges kaltem Glast,
Voll toten Lichts, gebrochen fast,
Gespenstig, würd, ein scheuer Gast,
Weit, weit ich meinen Schemel rücken.

Und was den Mund umspielt so lind,
So weich und hülflos wie ein Kind,
Das möcht in treue Hut ich bergen;
Und wieder, wenn er höhnend spielt,
Wie von gespanntem Bogen zielt,
Wenn leis' es durch die Züge wühlt,
Dann möcht ich fliehen wie vor Schergen.

Es ist gewiß, du bist nicht Ich,
Ein fremdes Dasein, dem ich mich
Wie Moses nahe, unbeschuhet,
Voll Kräfte die mir nicht bewußt,
Voll fremden Leides, fremder Lust;
Gnade mir Gott, wenn in der Brust
Mir schlummernd deine Seele ruhet!

Und dennoch fühl ich, wie verwandt,
Zu deinen Schauern mich gebannt,
Und Liebe muß der Furcht sich einen.
Ja, trätest aus Kristalles Rund,
Phantom, du lebend auf den Grund,
Nur leise zittern würd ich, und
Mich dünkt – ich würde um dich weinen!

NEUJAHRSNACHT

Im grauen Schneegestöber blassen
Die Formen, es zerfließt der Raum,
Laternen schwimmen durch die Gassen,
Und leise knistert es im Flaum;
Schon naht des Jahres letzte Stunde,

Und drüben, wo der matte Schein
Haucht aus den Fenstern der Rotunde,
Dort ziehn die frommen Beter ein.

Wie zu dem Richter der Bedrängte,
Ob dessen Haupt die Waage neigt,
Noch einmal schleicht eh der verhängte,
Der schwere Tag im Osten steigt,
Noch einmal faltet seine Hände
Um milden Spruch, so knien sie dort,
Still gläubig, daß ihr Flehen wende
Des Jahres ernstes Losungswort.

Ich sehe unter meinem Fenster
Sie gleiten durch den Nebelrauch,
Verhüllt und lautlos wie Gespenster,
Vor ihrer Lippe flirrt der Hauch;
Ein blasser Kreis zu ihren Füßen
Zieht über den verschneiten Grund,
Lichtfunken blitzen auf und schießen
Um der Laterne dunstig Rund.

Was mögen sie im Herzen tragen,
Wie manche Hoffnung, still bewacht!
Wie mag es unterm Vliese schlagen
So heiß in dieser kalten Nacht!
Fort keuchen sie, als möge fallen
Der Hammer, eh sie sich gebeugt,
Bevor sie an des Thrones Hallen
Die letzte Bittschrift eingereicht.

Dort hör ich eine Angel rauschen,
Vernehmlich wird des Kindes Schrein,
Und die Gestalt – sie scheint zu lauschen,
Dann fürder schwimmt der Lampe Schein;
Noch einmal steigt sie, läßt die Schimmer
Verzittern an des Fensters Rand,

Gewiß, sie trägt ein Frauenzimmer,
Und einer Mutter fromme Hand!

Nun stampft es rüstig durch die Gasse,
Die Decke kracht vom schweren Tritt,
Der Krämer schleppt die Sündenmasse
Der bösen Zahler keuchend mit;
Und hinter ihm wie eine Docke
Ein armes Kind im Flitterstaat,
Mit seidnem Fähnchen, seidner Locke,
Huscht frierend durch den engen Pfad.

Ha, Schellenklingeln längs der Stiege!
Glutaugen richtend in die Höh',
'ne kolossale Feuerfliege,
Rauscht die Karosse durch den Schnee;
Und Dämpfe qualmen auf und schlagen
Zurück vom Wirbel des Gespanns;
Ja, schwere Bürde trägt der Wagen,
Die Wünsche eines reichen Manns!

Und hinter ihm ein Licht so schwankend,
Der Träger tritt so sachte auf,
Nun lehnt er an der Mauer, wankend,
Sein hohler Husten schallt hinauf;
Er öffnet der Laterne Reifen,
Es zupfen Finger lang und fahl
Am Dochte, Odemzüge pfeifen, –
Du, Armer, kniest zum letztenmal.

Dann Licht an Lichtern längs der Mauer,
Wie Meteore irr geschart,
Ein krankes Weib, in tiefer Trauer,
Husaren mit bereiftem Bart,
In Filz und Kittel stämmge Bauern,
Den Rosenkranz in starrer Faust,
Und Mädchen die wie Falken lauern,
Von Mantels Fittigen umsaust.

Wie oft hab' ich als Kind im Spiele
Gelauscht den Funken im Papier,
Der Sternchen zitterndem Gewühle, 75
Und: »Kirchengänger!« sagten wir;
So seh' ichs wimmeln um die Wette
Und löschen, wo der Pfad sich eint,
Nachzügler noch, dann grau die Stätte,
Nur einsam die Rotunde scheint. 80

Und mählich schwellen Orgelklänge
Wie Heroldsrufe an mein Ohr:
Knie nieder, Lässiger, und dränge
Auch deines Herzens Wunsch hervor!
»Du, dem Jahrtausende verrollen 85
Sekundengleich, erhalte mir
Ein mutig Herz, ein redlich Wollen,
Und Fassung an des Grabes Tür.«

Da, horch! – es summt durch Wind und Schlossen,
Gott gnade uns, hin ist das Jahr! 90
Im Schneegestäub' wie Schnee zerflossen,
Zukünftiges wird offenbar;
Von allen Türmen um die Wette
Der Hämmer Schläge, daß es schallt,
Und mit dem letzten ist die Stätte 95
Gelichtet für den neuen Wald.

DER TODESENGEL

's gibt eine Sage, daß wenn plötzlich matt'
Unheimlich Schaudern Einen übergleite,
Daß dann ob seiner künft'gen Grabesstatt
Der Todesengel schreite.

Ich hörte sie, und malte mir ein Bild 5
Mit Trauerlocken, mondbeglänzter Stirne,

So schaurig schön, wie's wohl zuweilen quillt
Im schwimmenden Gehirne.

In seiner Hand sah ich den Ebenstab
Mit leisem Strich des Bettes Lage messen,
– So weit das Haupt – so weit der Fuß – hinab!
Verschüttet und vergessen!

Mich graute, doch ich sprach dem Grauen Hohn,
Ich hielt das Bild in Reimes Netz gefangen,
Und frevelnd wagt' ich aus der Totenkron'
Ein Lorbeerblatt zu langen.

O, manche Stunde denk ich jetzt daran,
Fühl' ich mein Blut so matt und stockend schleichen,
Schaut aus dem Spiegel mich ein Antlitz an –
Ich mag es nicht vergleichen; –

Als ich zuerst dich auf dem Friedhof fand,
Tiefsinnig um die Monumente streifend,
Den schwarzen Ebenstab in deiner Hand
Entlang die Hügel schleifend;

Als du das Auge hobst, so scharf und nah,
Ein leises Schaudern plötzlich mich befangen,
O wohl, wohl ist der Todesengel da
Über mein Grab gegangen!

ABSCHIED VON DER JUGEND

Wie der zitternde Verbannte
Steht an seiner Heimat Grenzen,
Rückwärts er das Antlitz wendet,
Rückwärts seine Augen glänzen,
Winde die hinüber streichen,
Vögel in der Luft beneidet,

Schaudernd vor der kleinen Scholle,
Die das Land vom Lande scheidet;

Wie die Gräber seiner Toten,
Seine Lebenden, die süßen,
Alle stehn am Horizonte,
Und er muß sie weinend grüßen;
Alle kleinen Liebesschätze,
Unerkannt und unempfunden,
Alle ihn wie Sünden brennen
Und wie ewig offne Wunden;

So an seiner Jugend Scheide
Steht ein Herz voll stolzer Träume,
Blickt in ihre Paradiese
Und der Zukunft öde Räume,
Seine Neigungen, verkümmert,
Seine Hoffnungen, begraben,
Alle stehn am Horizonte,
Wollen ihre Träne haben.

Und die Jahre die sich langsam,
Tückisch reihten aus Minuten,
Alle brechen auf im Herzen,
Alle nun wie Wunden bluten;
Mit der armen kargen Habe,
Aus so reichem Schacht erbeutet,
Mutlos, ein gebrochner Wandrer,
In das fremde Land er schreitet.

Und doch ist des Sommers Garbe
Nicht geringer als die Blüten,
Und nur in der feuchten Scholle
Kann der frische Keim sich hüten;
Über Fels und öde Flächen
Muß der Strom, daß er sich breite,
Und es segnet Gottes Rechte
Übermorgen so wie heute.

WAS BLEIBT

Seh' ich ein Kind zur Weihnachtsfrist,
Ein rosig Kind mit Taubenaugen,
Die Kunde von dem kleinen Christ
Begierig aus den Lippen saugen,
Aufhorchen, wenn es rauscht im Tann,
Ob draußen schon sein Pferdchen schnaube:
»O Unschuld, Unschuld,« denk ich dann,
Du zarte, scheue, flüchtge Taube!

Und als die Wolke kaum verzog,
Studenten klirrten durch die Straßen,
Und: »Vivat Bona!« donnert's hoch,
So keck und fröhlich sonder Maßen;
Sie scharten sich wie eine Macht,
Die gegen den Koloß sich bäume:
»O Hoffnung«, hab' ich da gedacht,
»Wie bald zerrinnen Träum' und Schäume!«

Und ihnen nach ein Reiter stampft,
Geschmückt mit Kreuz und Epaulette,
Den Tzacko lüftet er, es dampft
Wie Öfen seines Scheitels Glätte;
Kühn war der Blick, der Arm noch stramm,
Doch droben schwebt' der Zeitenrabe:
Da schien mir Kraft ein Meeresdamm,
Den jeder Pulsschlag untergrabe.

Und wieder durch die Gasse zog
Studentenhauf, und vor dem Hause
Des Rektors dreimal »hurra hoch!«
Und wieder »hoch!« – aus seiner Klause,
In Zipfelmütze und Flanell,
Ein Schemen nickt am Fensterbogen.
»Ha«, dacht ich, »Ruhm, du Mordgesell,
Kömmst nur als Leichenhuhn geflogen!«

An meine Wange haucht' es dicht,
Und wie das Haupt ich seitwärts regte,
Da sah ich in das Angesicht
Der Frau, die meine Kindheit pflegte,
Dies Antlitz wo Erinnerung
Und werte Gegenwart sich paaren:
»O Liebe«, dacht ich, »ewig jung,
Und ewig frisch bei grauen Haaren!«

SCHERZ UND ERNST

DICHTERS NATURGEFÜHL

Es war an einem jener Tage,
Wo Lenz und Winter sind im Streit,
Wo naß das Veilchen klebt am Hage,
Kurz, um die erste Maienzeit;
Ich suchte keuchend mir den Weg
Durch sumpfge Wiesen, dürre Raine,
Wo matt die Kröte hockt' am Steine,
Die Eidechs schlüpfte über'n Steg.

Durch hundert kleine Wassertruhen,
Die wie verkühlter Spülicht stehn,
Zu stelzen mit den Gummischuhen,
Bei Gott, heißt das Spazierengehn?
Natur, wer auf dem Haberrohr
In Jamben, Stanzen, süßen Phrasen
So manches Loblied dir geblasen,
Dem stell dich auch manierlich vor!

Da ließ zurück den Schleier wehen
Die eitle vielbesungne Frau,
Als fürchte sie des Dichters Schmähen;
Im Sonnenlichte stand die Au,
Und bei dem ersten linden Strahl
Stieg eine Lerche aus den Schollen,
Und ließ ihr Tirilirum rollen
Recht wacker durch den Äthersaal.

Die Quellchen, glitzernd wie Kristallen, –
Die Zweige, glänzend emailliert –

Das kann dem Kenner schon gefallen,
Ich nickte lächelnd: »es passiert!«
Und stapfte fort in eine Schluft,
Es war ein still und sonnig Fleckchen, 30
Wo tausend Anemonenglöckchen
Umgaukelten des Veilchens Duft.

Das üpp'ge Moos – der Lerchen Lieder –
Der Blumen Flor – des Krautes Keim –
Auf meinen Mantel saß ich nieder 35
Und sann auf einen Frühlingsreim.
Da – alle Musen, welch ein Ton! –
Da kam den Rain entlang gesungen
So eine Art von dummen Jungen,
Der Friedrich, meines Schreibers Sohn. 40

Den Efeukranz im flächsnen Haare,
In seiner Hand den Veilchenstrauß,
So trug er seine achtzehn Jahre
Romantisch in den Lenz hinaus.
Nun schlüpft er durch des Hagens Loch, 45
Nun hing er an den Dornenzwecken
Wie Abrams Widder in den Hecken,
Und in den Dornen pfiff er noch.

Bald hatt' er beugend, gleitend, springend,
Den Blumenanger abgegrast, 50
Und rief nun, seine Mähnen schwingend:
»Viktoria, Trompeten blast!«
Dann flüstert er mit süßem Hall:
»O, wären es die schwed'schen Hörner!«
Und dann begann ein Lied von Körner; 55
Fürwahr du bist 'ne Nachtigall!

Ich sah ihn, wie er an dem Walle
Im feuchten Moose niedersaß,
Und nun die Veilchen, Glöckchen alle

Mit sel'gem Blick zu Sträußen las,
Auf seiner Stirn den Sonnenstrahl;
Mich faßt' ein heimlich Unbehagen,
Warum? Ich weiß es nicht zu sagen,
Der fade Bursch war mir fatal.

Noch war ich von dem blinden Hessen
Auf meinem Mantel nicht gesehn,
Und so begann ich zu ermessen,
Wie übel ihm von Gott geschehn;
O Himmel, welch' ein traurig Los,
Das Schicksal eines dummen Jungen,
Der zum Kopisten sich geschwungen
Und auf den Schreiber steuert los!

Der in den kargen Feierstunden
Romane von der Zofe borgt,
Beklagt des Löwenritters Wunden
Und seufzend um den Posa sorgt,
Der seine Zelle, kalt und klein,
Schmückt mit Aladdins Zaubergabe,
Und an dem Quell, wie Schillers Knabe,
Violen schlingt in Kränzelein!

In dessen wirbelndem Gehirne
Das Leben spukt gleich einer Fei,
Der – hastig fuhr ich an die Stirne:
»Wie, eine Mücke schon im Mai?«
Und trabte zu der Schlucht hinaus,
Hohl hustend, mit beklemmter Lunge,
Und drinnen blieb der dumme Junge,
Und pfiff zu seinem Veilchenstrauß!

DER TEETISCH

Leugnen willst du Zaubertränke,
Lachst mir höhnisch in die Zähne,
Wenn Isoldens ich gedenke,
Wenn Gudrunens ich erwähne?

Und was deine kluge Amme
In der Dämmrung dir vertraute,
Von Schneewittchen und der Flamme,
Die den Hexenschwaden braute;

Alles will dir nicht genügen,
Überweiser Mückensieber?
Nun, so laß die Feder liegen,
Schieb dich in den Zirkel, Lieber,

Wo des zopfigen Chinesen
Trank im Silberkessel zischet,
Sein Aroma auserlesen
Mit des Patschul's Düften mischet;

Wo ein schöner Geist, den Bogen
Feingefältelt in der Tasche,
Lauscht wie in den Redewogen
Er das Steuer sich erhasche;

Wo in zarten Händen hörbar
Blanke Nadelstäbe knittern,
Und die Herren stramm und ehrbar
Breiten ihrer Weisheit Flittern.

Alles scheint dir noch gewöhnlich,
Von der Sohle bis zum Scheitel,
Und du rufst, dem Weisen ähnlich:
»Alles unter'm Mond ist eitel!«

Dir genüber und zur Seite
Hier Christinos, dort Carlisten,
Lauter ordinäre Leute,
Deutsche Michel, gute Christen!

Aber sieh die weißen schmalen
Finger sich zum Griff bereiten,
Und die dampfumhüllten Schalen
Zierlich an die Lippen gleiten:

Noch Minuten – und die Stube
Ist zum Kiosk umgestaltet,
Wo der tränenreiche Bube,
Der Chinese zaubernd waltet;

Von der rosenfarbnen Rolle
Liest er seine Zauberreime,
Verse, zart wie Seidenwolle,
Süß wie Jungfernhonigseime;

»Ting, tang, tong« – das steigt und sinket,
Welch Gesäusel, welches Zischen!
Wie ein irres Hündlein hinket
Noch ein deutsches Wort dazwischen.

Und die süßen Damen lächeln,
Leise schaukelnde Pagoden;
Wie sie nicken, wie sie fächeln,
Wie der Knäuel hüpft am Boden!

Aber, weh, nun wird's gefährlich,
»Tschi, tsi, tsung.« – Die Töne schneiden,
Schnell hinweg die Messer! schwerlich
Übersteht er solche Leiden;

Denn er schaukelt und er dehnet
Ob der Zauberschale Rauche;

Weh, ich fürcht' am Boden stöhnet
Bald er mit geschlitztem Bauche!

Und die eingeschreckten Frauen
Sitzen stumm und abgetakelt,
Nur das schwanke Haupt vor Grauen
Noch im Pendelschwunge wackelt;

Tiefe Stille im Gemache –
Trän' im Auge – Kummermiene, –
Und wie Glöckchen an dem Dache
Spielt die siedende Maschine;

Alle die gesenkten Köpfe
Blinzelnd nach des Tisches Mitten,
Wo die Brezel stehn, wie Zöpfe
In Verzweiflung abgeschnitten;

Suche sacht nach deinem Hute,
Freund, entschleiche unterm Lesen,
Sonst, ich schwör's bei meinem Blute,
Zaubern sie dich zum Chinesen,

Löst sich deines Frackes Wedel,
Unwillkürlich mußt du zischen,
Und von deinem weißen Schädel
Fühlst du Haar um Haar entwischen,

Bis dir blieb nur Eine Locke
Von des dunklen Wulstes Drängen,
Dich damit, lebend'ge Glocke,
An dem Kiosk aufzuhängen.

DIE NADEL IM BAUME

Vor Zeiten, ich war schon groß genug,
Hatt' die Kinderschuhe vertreten,
Nicht alt war ich, doch eben im Zug'
Zu Sankt Andreas zu beten,
Da bin ich gewandelt, Tag für Tag,
Das Feld entlang mit der Kathi;
Ob etwas Liebes im Wege lag?
Tempi passati – passati!

Und in dem Heideland stand ein Baum,
Eine schlanke schmächtige Erle,
Da saßen wir oft in wachendem Traum,
Und horchten dem Schlage der Merle;
Die hatte ihr struppiges Nest gebaut,
Grad in der schwankenden Krone,
Und hat so keck hernieder geschaut
Wie ein Gräflein vom winzigen Throne.

Wir kosten so viel und gingen so lang',
Daß drüber der Sommer verflossen;
Dann hieß es: »Scheiden, o weh wie bang!«
Viel Tränen wurden vergossen;
Die Hände hielten wir stumm gepreßt,
Da zog ich aus flatternder Binde
Eine blanke Nadel, und drückte fest
Sie, fest in die saftige Rinde;

Und drunter merkte ich Tag und Stund',
Dann sind wir fürder gezogen,
So kläglich schluchzend aus Herzensgrund,
Daß schreiend die Merle entflogen;
O junge Seelen sind Königen gleich,
Sie können ein Peru vergeuden,
Im braunen Heid, unter'm grünen Zweig,
Ein Peru an Lieben und Leiden.

Die Jahre verglitten mit schleichendem Gang,
Verrannen gleich duftiger Wolke,
Und wieder zog ich das Feld entlang
Mit jungem lustigen Volke;
Die schleuderten Stäbe, und schrien »Hallo!«
Die sprudelten Witze wie Schlossen,
Mir ward's im Herzen gar keck und froh,
Mutwillig wie unter Genossen.

Da plötzlich rauscht' es im dichten Gezweig,
»Eine Merle«, rief's, »eine Merle!«
Ich fuhr empor – ward ich etwa bleich?
Ich stand an der alternden Erle;
Und rückwärts zog mir's den Schleier vom Haar,
Ach Gott, ich erglühte wie Flamme,
Als ich sah, daß die alte Nadel es war,
Meine rostige Nadel im Stamme!

Drauf hab' ich genommen ganz still in Schau
Die Inschrift, zu eigenem Frommen,
Und fühlte dann plötzlich, es steige der Tau,
Und werde mir schwerlich bekommen.
Ich will nicht klagen, mir blieb ein Hort,
Den rosten nicht Wetter und Wogen,
Allein für immer, für immer ist fort
Der Schleier vom Auge gezogen!

DIE BESCHRÄNKTE FRAU

Ein Krämer hatte eine Frau,
Die war ihm schier zu sanft und milde,
Ihr Haar zu licht, ihr Aug' zu blau,
Zu gleich ihr Blick dem Mondenschilde;
Wenn er sie sah so still und sacht
Im Hause gleiten wie ein Schemen,
Dann faßt es ihn wie böse Macht,
Er mußte sich zusammen nehmen.

Vor Allem macht ihm Überdruß
Ein Wort, das sie an Alles knüpfte,
Das freilich in der Rede Fluß
Gedankenlos dem Mund entschlüpfte:
»In Gottes Namen«, sprach sie dann,
Wenn schwere Prüfungsstunden kamen,
Und wenn zu Weine ging ihr Mann,
Dann sprach sie auch: »in Gottes Namen.«

Das schien ihm lächerlich und dumm,
Mitunter frevelhaft vermessen;
Oft schalt er und sie weinte drum,
Und hat es immer doch vergessen.
Gewöhnung war es früher Zeit
Und klösterlich verlebter Jugend;
So war es keine Sündlichkeit
Und war auch eben keine Tugend.

Ein Sprichwort sagt: wem gar nichts fehlt,
Den ärgert an der Wand die Fliege;
So hat dies Wort ihn mehr gequält,
Als Andre Hinterlist und Lüge.
Und sprach sie sanft: »es paßte schlecht!«
Durch Demut seinen Groll zu zähmen,
So schwur er, übel oder recht,
Werd' es ihn ärgern und beschämen.

Ein Blütenhag war seine Lust.
Einst sah die Frau ihn sinnend stehen,
Und ganz versunken, unbewußt,
So Zweig an Zweig vom Strauche drehen;
»In Gottes Namen!« rief sie, »Mann,
Du ruinierst den ganzen Hagen!«
Der Gatte sah sie grimmig an,
Fürwahr, fast hätt' er sie geschlagen.

Doch wer da Unglück sucht und Reu,
Dem werden sie entgegen eilen,
Der Handel ist ein zart Gebäu,
Und ruht gar sehr auf fremden Säulen.
Ein Freund falliert, ein Schuldner flieht,
Ein Gläub'ger will sich nicht gedulden,
Und eh ein halbes Jahr verzieht
Weiß unser Krämer sich in Schulden.

Die Gattin hat ihn oft gesehn
Gedankenvoll im Sande waten,
Am Kontobuche seufzend stehn,
Und hat ihn endlich auch erraten;
Sie öffnet heimlich ihren Schrein,
Langt aus verborgner Fächer Grube,
Dann, leise wie der Mondenschein,
Schlüpft sie in ihres Mannes Stube.

Der saß, die schwere Stirn gestützt,
Und rauchte fort am kalten Rohre:
»Carl!« drang ein scheues Flüstern itzt,
Und wieder »Carl!« zu seinem Ohre;
Sie stand vor ihm, wie Blut so rot,
Als gält' es eine Schuld gestehen.
»Carl« sprach sie, »wenn uns Unheil droht,
Ist's denn unmöglich, ihm entgehen?«

Drauf reicht sie aus der Schürze dar
Ein Säckchen, stramm und schwer zu tragen,
Drin Alles was sie achtzehn Jahr
Erspart am eigenen Behagen.
Er sah sie an mit raschem Blick,
Und zählte, zählte nun auf's Neue,
Dann sprach er seufzend: »mein Geschick
Ist zu verwirrt, – dies langt wie Spreue!«

Sie bot ein Blatt, und wandt' sich um,
Erzitternd, glüh gleich der Granate;
Es war ihr kleines Eigentum,
Das Erbteil einer frommen Pate.
»Nein« sprach der Mann, »das soll nicht sein!«
Und klopfte freundlich ihre Wangen.
Dann warf er einen Blick hinein
Und sagte dumpf: »schier möcht' es langen.«

Nun nahm sie, aus der Schürze Grund,
All ihre armen Herrlichkeiten,
Teelöffelchen, Dukaten rund,
Was ihr geschenkt von Kindeszeiten.
Sie gab es mit so freud'gem Zug!
Doch war's als ob ihr Mund sich regte,
Als sie zuletzt auf's Kontobuch
Der sel'gen Mutter Trauring legte.

»Fast langt es«, sprach gerührt der Mann,
»Und dennoch kann es schmählich enden;
Willst du dein Leben dann fortan,
Geplündert, fristen mit den Händen?«
Sie sah ihn an, – nur Liebe weiß
An liebem Blicke so zu hangen –
»In Gottes Namen!« sprach sie leis,
Und weinend hielt er sie umfangen.

DIE STUBENBURSCHEN

Sie waren Beide froh und gut,
Und mochten ungern scheiden;
Die Jahre fliehn, es lischt der Mut,
Der Tag bringt Freud' und Leiden,
Geschäft will Zeit und Zeit ist schnell,
So unterblieb das Schreiben,
Doch öfters sprach Emanuel:
»Was mag der Franzel treiben!«

Da trat einst Wintermorgens früh
Ein Mann in seine Stube,
Seltsam verschabt wie ein Genie,
Und hager wie Coeur Bube,
Sah ihn so glau und pfiffig an,
Und blinzelt vor Behagen:
»Emanuel, du Hampelmann!
Willst du mir denn nichts sagen?«

»Er ist es!« rief der Doktor aus,
Und reicht ihm beide Hände.
»Willkomm, Willkomm! wie siehst du aus?
Ei, munter und behende.«
»Ha« rief der Andre, »Sapperment,
Man sieht, du darfst nicht sorgen!
Wie rot du bist, wie korpulent!
Du hast dich wohl geborgen.«

Drauf saß man zu Kamin und Wein,
Ließ von der Glut sich rösten,
Und ätzte sich mit Schmeichelein,
Den Alternden zu trösten.
Ein Jeder warf den Hamen hin
Als wohlgeübter Fischer,
Und Jeder dachte still: »ich bin
Gewiß um zehn Jahr frischer.«

Man schüttelte die Hände derb,
Dann ging es an ein Fragen.
Reich war des Medikus Erwerb,
Und dennoch mocht' er klagen.
Er sah den Franz bedenklich an,
Und dacht', er steck' in Schulden,
Doch dieser prahlt': er sei ein Mann
Von »*täglich seinem Gulden.*«

Zwei Jahre hat er nur gespart,
Und dann, ein kecker Kämpfer,
Gerasselt mit der Eisenfahrt,
Gestrudelt mit dem Dämpfer!
O wie er die »Stadt Leyden« pries,
Und der Kajüte Gleißen!
Nach seiner Meinung dürfte sie
»Viktoria« nur heißen.

Das hat den Medikus gerührt,
Ihm den bescheidnen Schlucker
Lebendig vor das Aug' geführt,
Der Klöße aß wie Zucker.
Und gar als jener sprach: »denkst du
Noch an die halbe Flasche?«
Der Doktor kniff die Augen zu,
Und klimpert' in der Tasche.

Dann ging es weiter: »denkst du dort?
Und denkst du dies? und Jenes?«
Die Bilder wogten lustig fort,
Viel Herzliches und Schönes.
Wie Abendrot zog in's Gemach
Ein frischer Jugendodem,
Und überhauchte nach und nach
Der Pillenschachteln Brodem.

Am nächsten Morgen hat man kaum
Den Doktor mögen kennen,
Man sah ihn lächeln wie im Traum
Und seine Wangen brennen;
Im heiligen Studierklosett
Hört' man die Gläser klingen,
Und ein mißtöniges Duett
Aus Uhukehlen dringen.

Nicht litt am Blute mehr der Mann,
Am Podagra und Grieße;
Sah er den dürren Franzel an,
So schien er sich ein Riese;
Hat er den Franzel angesehn
Mit seinem Gulden täglich,
So mußt er selber sich gestehn,
Es geh' ihm ganz erträglich.

Doch als der dritte Tag entschwand,
Da sah man auch die Beiden
Betrübten Auges stehn am Strand,
Und wieder hieß es – Scheiden. –
»Leb' wohl, Emanuel, leb' wohl!« –
– »Leb' wohl, du alte Seele!«
Und die »Stadt Leyden« rauschte hohl
Durch Dunst und Wogenschwele.

Drei Monde hat das Jahr gebracht,
Seit Franzel ist geschieden,
Mit ihm des Hypochonders Macht;
Der Doktor lebt in Frieden.
Und will der Dämon hier und dort
Sich schleichend offenbaren,
So geht er an des Rheines Bord
Und sieht »Stadt Leyden« fahren.

DIE SCHMIEDE

Wie kann der alte Apfelbaum
So lockre Früchte tragen,
Wo Mistelbüsch' und Mooses Flaum
Aus jeder Ritze ragen?

Halb tot, halb lebend, wie ein Prinz
In einem Ammenmärchen,

Die eine Seite voll Gespinns,
Wurmfraß und Flockenhärchen,

Langt mit der andern, üppig rot,
Er in die Funkenreigen,
Die knatternd aus der Schmiede Schlot
Wie Sternraketen steigen;

Ein zweiter Scävola hält Jahr
Auf Jahr er seine Rechte
Der Glut entgegen, die kein Haar
Zu sengen sich erfrechte.

Und drunten geht es Pink und Pank,
Man hört die Flamme pfeifen,
Es keucht der Balg aus hohler Flank'
Und bildet Aschenstreifen;

Die Kohle knallt und drüber dicht,
Mit Augen wie Pyropen,
Beugt sich das grimmige Gesicht
Des rußigen Zyklopen.

Er hält das Eisen in die Glut
Wie eine arme Seele,
Es knackt und spritzt Funkenblut
Und dunstet blaue Schwele.

Dann auf dem Amboß, Schlag an Schlag,
Läßt es sein Weh erklingen,
Bis nun gekrümmt in Zorn und Schmach
Es kreucht zu Hufes Ringen.

DES ALTEN PFARRERS WOCHE

Sonntag

Das ist nun so ein schlimmer Tag,
Wie der April ihn bringen mag
Mit Schlacken, Schnee und Regen.
Zum drittenmal in das Gebraus
Streckt Jungfer Anne vor dem Haus
Ihr kupfern Blendlaternchen aus,
Und späht längs allen Wegen.

»Wo nur der Pfarrer bleiben kann?
Ach, sicher ist dem guten Mann
Was über'n Weg gefahren!
Ein Pfleger wohl, der Rechnung macht. —
Aus war der Gottesdienst um acht:
Soll man so streifen in der Nacht
Bei Gicht und grauen Haaren!«

Sie schließt die Türe, schüttelt baß
Ihr Haupt und wischt am Brillenglas;
So gut dünkt ihr die Stube;
Im Ofen kracht's, der Lampenschein
Hellt über'm Tisch den Sonntagswein,
Und lockend lädt der Sessel ein
Mit seiner Kissengrube.

Pantoffeln, — Schlafrock, — alles recht!
Sie horcht auf's neu; doch hört sie schlecht,
Es schwirrt ihr vor den Ohren.
»Wie? hat's geklingelt? ei der Daus,
Zum Zweitenmale! schnell hinaus!«
Da tritt der Pfarrer schon in's Haus,
Ganz blau und steif gefroren.

Die Jungfrau blickt ein wenig quer,
Begütigend der Pfarrer her,
Wie's recht in diesem Orden.
Dann hustet er. »Nicht Mond noch Stern!
Der lahme Friedrich hört doch gern
Ein christlich Wort am Tag des Herrn,
Es ist mir spät geworden!«

Nun sinkt er in die Kissen fest,
Wirft ab die Kleider ganz durchnäßt,
Und schlürft der Traube Segen.
Ach Gott! nur wer jahraus, jahrein
In And'rer Dienste lebt allein,
Weiß was es heißt, bei'm Sonntagswein
Sich auch ein wenig pflegen.

Montag

»Wenn ich Montags früh erwache,
Wird mir's ganz behaglich gleich;
Montag hat so eigne Sache
In dem kleinen Wochenreich.
Denn die Predigt liegt noch ferne,
Alle Sorgen scheinen leicht;
Keiner kömmt am Montag gerne,
Sei's zur Trauung, sei's zur Beicht.

Und man darf mir's nicht verdenken,
Will ich in des Amtes Frist
Dem ein freies Stündchen schenken,
Was doch auch zu loben ist.
So erwacht denn, ihr Gesellen
Meiner fleiß'gen Jugendzeit!
Wollt' in Reih' und Glied euch stellen,
Alte Bilder, eingeschneit!

Ilion will ich bekriegen,
Mit Horaz auf Reisen geh'n,
Will mit Alexander siegen
Und an Memnons Säule steh'n.
Oder auch vergnügt ergründen,
Was das Vaterland gebracht,
Mich mit Kant und Wolf verbünden,
Zieh'n mit Laudon in die Schlacht.«

Auf der Bücherleiter traben
Sieh den Pfarrer, lustentbrannt,
Sich verschanzen, sich vergraben
Unter Heft und Foliant.
Blättern sieh ihn – nicken – spüren –
Ganz versunken sitzen dann,
Daß mit einer Linie rühren
Du das Buch magst und den Mann.

Doch was kann ihn so bewegen?
Aufgeregt scheint sein Gehirn!
Und das Käppchen ganz verwegen
Drückt er hastig in die Stirn.
Nun beginnt er gar zu pfeifen,
Horch! das Lied vom Prinz Eugen;
Seinen weißen Busenstreifen
Seh' ich auf und niedergehn.

Ha, nun ist der Türk geschlagen!
Und der Pfarrer springt empor,
Höher seine Brauen ragen,
Senkrecht steht sein Pfeifenrohr.
Im Triumpf muß er sich denken
Mit dem Kaiser und dem Staat,
Sieht sich selbst den Säbel schwenken,
Fühlt sich selber als Soldat.

Aber draußen klappern Tritte,
Nach dem Pfarrer fragt es hell,
Der, aus des Gefechtes Mitte,
Huscht in seinen Sessel schnell.
»Ei! das wären saub're Kunden!
Beichtkind und Kommunikant!
Hättet ihr den Pfarr' gefunden
Mit dem Säbel in der Hand!«

Dienstag

Auf der breiten Tenne drehn
Paar an Paar so nett,
Wo die Musikanten stehn,
Geig und Klarinett, –
Auch der Brummbaß rumpelt drein, –
Sieht man noch den Bräut'gamsschrein
Und das Hochzeitbett.

Etwas eigen, etwas schlau,
Und ein wenig bleich,
Sittsam sieht die junge Frau,
Würdevoll zugleich;
Denn sie ist des Hauses Sproß,
Denn sie führt den Eh'genoß
In ihr Erb' und Reich.

Sippschaft ist ein weites Band,
Geht gar viel hinein;
Hundert Kappen goldentbrannt,
Kreuze funkeln drein;
Wie das drängt und wie das schiebt!
Was sich kennt und was sich liebt
Will beisammen sein.

Nun ein schallend Vivat bricht
In dem Schwarme aus,
Wo sogar die Tiere nicht
Weigern den Applaus.
Ja, wie an der Krippe fein
Brüllen Ochs und Eselein
Über'n Trog hinaus.

Ganz verdutzt der junge Mann
Kaum die Flasche hält,
Späße hageln drauf und dran,
Keiner neben fällt;
Doch er lacht und reicht die Hand.
Nun! er ist für seinen Stand
Schon ein Mann von Welt.

Alte Frauen schweißbedeckt,
Junge Mägd' im Lauf,
Spenden was der Korb verdeckt,
Reihen ab und auf.
Sieben Tische kann man sehn,
Sieben Kaffeekessel stehn
Breit und glänzend drauf.

Aber freundlich, wie er kam,
Sucht der Pfarrer gut
Drüben unter tausend Kram
Seinen Stab und Hut;
Dankt noch schön der Frau vom Haus;
In die Dämmerung hinaus
Trabt er wohlgemut;

Wandelt durch die Abendruh'
Sinnend allerlei:
»Ei, dort ging es löblich zu,
Munter, und nicht frei.
Aber – aber – aber doch –«

Und ein langes Aber noch
Fügt er seufzend bei.

»Wie das flimmert! wie das lacht!
Kanten Händebreit!«
Ach die schnöde Kleiderpracht
Macht ihm tausend Leid.
Und nun gar – er war nicht blind –
Eines armen Mannes Kind;
Nein, das ging zu weit.

Kurz, er nimmt sich's ernstlich vor,
Heut und hier am Steg, –
Ja, an der Gemeinde Ohr,
Wächter treu und reg,
Will er's tragen ungescheut;
O er findet schon die Zeit
Und den rechten Weg.

Mittwoch

Begleitest du sie gern
Des Pfarrers Lust und Plagen:
Sich gleich an allen Tagen
Triffst du den frommen Herrn.
Der gute Seelenhirt!
Tritt über seine Schwelle;
Da ist er schon zur Stelle
Als des Kollegen Wirt.

In wohlgemeinten Sorgen,
Wie er geschäftig tut!
Doch dämmert kaum der Morgen,
Dies eben dünkt ihm gut.
Am Abend kam der Freund
Erschöpft nach Art der Gäste;

Nun säubre man auf's Beste,
Daß alles nett erscheint.

Schon strahlt die große Kanne, 185
Die Teller blitzen auf;
Noch scheuert Jungfer Anne,
Und horcht mitunter auf.
Ach, sollte sie der Gast
Im alten Jäckchen finden: 190
Sie müßte ganz verschwinden
Vor dieser Schande Last.

Und was zur Hand tut stehen,
Das reizt den Pfarrer sehr,
Die Jungfer wird's nicht sehen, 195
Er macht sich drüber her;
Die Schlaguhr greift er an
Mit ungeschickten Händen,
Und sucht sie sacht zu wenden;
Der übermüt'ge Mann! 200

Schleppt Foliantenbürde,
Putzt Fensterglas und Tisch;
Fürwahr mit vieler Würde
Führt er den Flederwisch.
Am Paradiesesbaum 205
Die Blätter zart aus Knochen,
Eins hat er schon zerbrochen,
Jedoch man sieht es kaum.

Und als er just in Schatten
Die alte Klingel stellt – 210
Es kömmt ihm wohl zu statten –
Da rauscht es draußen, gelt!
Fidel schlägt an in Hast,
Die Jungfer ist geflüchtet,
Und stattlich aufgerichtet 215
Begrüßt der Pfarr' den Gast.

Wie dem so wohl gefallen
Die Aussicht und das Haus,
Wie der entzückt von allen,
Nicht Worte drücken's aus!
Ich sag' es ungeniert,
Sie kamen aus den Gleisen,
Sich Ehre zu erweisen,
Der Gast und auch der Wirt.

Und bei dem Mittagessen,
Das man vortrefflich fand,
Da ward auch nicht vergessen
Der Lehr- und Ehrenstand.
Ich habe viel gehört,
Doch nichts davon getragen,
Nur dieses mag ich sagen,
Sie sprachen sehr gelehrt.

Und sieh nur! drüben schreitet
Der gute Pfarrer just,
Er hat den Gast geleitet
Und spricht aus voller Brust:
»Es ist doch wahr! mein Haus,
So nett und blank da droben,
Ich muß es selber loben,
Es nimmt sich einzig aus.«

Donnerstag

Winde rauschen, Flocken tanzen,
Jede Schwalbe sucht das Haus,
Nur der Pfarrer unerschrocken
Segelt in den Sturm hinaus.
Nicht zum besten sind die Pfade,
Aber leidlich würd' es sein,
Trüg er unter seinem Mantel
Nicht die Äpfel und den Wein.

Ach, ihm ist so wohl zu Mute,
Daß dem kranken Zimmermann
Er die längst gegönnte Gabe
Endlich einmal bieten kann.
Immer muß er heimlich lachen,
Wie die Anne Äpfel las,
Und wie er den Wein stipitzte,
Während sie im Keller saß.

Längs des Teiches sieh ihn flattern,
Wie er rudert, wie er streicht,
Kann den Mantel nimmer zwingen
Mit den Fingern starr und feucht.
Öfters aus dem trüben Auge
Eine kalte Zähre bricht,
Wehn ihm seine grauen Haare
Spinnenwebig um's Gesicht.

Doch Gottlob! da ist die Hütte,
Und nun öffnet sich das Haus,
Und nun keuchend auf der Tenne
Schüttet er die Federn aus.
Ach wie freut der gute Pfarrer
Sich am blanken Feuerschein!
Wie geschäftig schenkt dem Kranken
Er das erste Gläschen ein.

Setzt sich an des Lagers Ende,
Stärkt ihm bestens die Geduld,
Und von seinen frommen Lippen
Einfach fließt das Wort der Huld.
Wenn die abgezehrten Hände
Er so fest in seine schließt,
Anders fühlt sich dann der Kranke,
Meint, daß gar nichts ihn verdrießt.

Mit der Einfalt, mit der Liebe
Schmeichelt er die Seele wach,
Kann an jedes Herz sich legen,
Sei es kraftvoll oder schwach.
Aber draußen will es dunkeln,
Draußen tröpfelt es vom Dach; –
Lange sehn ihm nach die Kinder,
Und der Kranke seufzt ihm nach.

Freitag

Zu denken in gestandnen Tagen
Der Sorge, die so treulich sann,
Der Liebe, die ihn einst getragen,
Wohl ziemt es jedem Ehrenmann.
Am Lehrer alt, am Schüler mild
Magst du nicht selten es gewahren;
Und sind sie beide grau von Haaren,
Um desto werter ist das Bild.

Zumeist dem Priester wird beschieden
Für frühe Treue dieser Lohn;
Nicht einsam ist des Alters Frieden,
Der Zögling bleibt sein lieber Sohn.
Ja was erstarrt im Lauf der Zeit,
Und wehrt dem Neuen einzudringen,
Des Herzens steife Flechsen schlingen
Sich fester um Vergangenheit.

So läßt ein wenig Putz gefallen
Sich heut der gute Pfarrer gern,
Das span'sche Rohr, die Silberschnallen,
Denn heute gehts zum *jungen Herrn*.
Der mag in reifen Jahren stehn,
Da ihn erwachsne Kinder ehren,
Allein das kann den Pfarr' nicht stören,
Der ihn vor Zeiten klein gesehn.

Still wandelnd durch des Parkes Linden,
In deren Schutz das Veilchen blüht,
Der Alte muß es freundlich finden, 315
Daß man so gern ihn Freitags sieht;
Er weiß, dem Junker sind noch frisch
Die lieben längst entschwundnen Zeiten,
Und seines Lehrers schwache Seiten,
Ein Gläschen Wein, ein guter Fisch. 320

Schon tritt er in des Tores Halle;
Da, wie aus reifem Erbsenbeet
Der Spatzen Schar, so hinterm Walle
Hervor es flattert, lacht und kräht;
Der kleinen Junker wilde Schar, 325
Die still gelauscht im Mauerbogen,
Und nun den Pfarrer so betrogen,
So überrumpelt ganz und gar.

Das stürmt auf ihn von allen Seiten,
Das klammert überall sich an; 330
Fürwahr mühselig muß er schreiten
Der müde und geduld'ge Mann.
Jedoch er hat sie allzugern,
Die ihn so unbarmherzig plagen,
Und fast zu viel läßt er sie wagen, 335
Die junge Brut des jungen Herrn.

Wie dann des Hauses Wirt sich freute,
Der Mann mit früh ergrautem Haar,
Nicht wich von seines Lehrers Seite,
Und rückwärts ging um dreißig Jahr; 340
Wie er in alter Zeiten Bann
Nur flüsternd sprach nach Schüler Weise,
Man sieht es an und lächelt leise,
Doch mit Vergnügen sieht man's an.

Und später beim Spazierengehen
Die Beiden hemmen oft den Schritt,
Nach jeder Blume muß man sehen,
Und manche Pflanze wandert mit.
Der Eine ist des Amtes bar,
Nichts hat der Andre zu regieren;
Sie gehn auf's Neu' botanisieren,
Der Theolog und sein Scholar.

Doch mit dem Abend naht das Scheiden,
Man schiebt es auf, doch kömmt's heran,
Die Kinder wollen's gar nicht leiden.
Am Fenster steht der Edelmann
Und spinnt noch lange, lange aus
Vielfarb'ger Bilder bunt Gezwirne;
Dann fährt er über seine Stirne,
Und atmet auf und ist zu Haus.

Samstag

Wie funkeln hell die Sterne,
Wie dunkel scheint der Grund,
Und aus des Teiches Spiegel
Steigt dort der Mond am Hügel
Grad um die elfte Stund'.

Da hebt vom Predigthefte
Der müde Pfarrer sich;
Wohl war er unverdrossen,
Und endlich ist's geschlossen,
Mit langem Federstrich.

Nun öffnet er das Fenster,
Er trinkt den milden Duft,
Und spricht: »Wer sollt es sagen,
Noch Schnee vor wenig Tagen,
Und dies ist Maienluft.«

Die strahlende Rotunde
Sein ernster Blick durchspäht,
Schon will der Himmelswagen
Die Deichsel abwärts tragen.
»Ja, ja es ist schon spät!«

Und als dies Wort gesprochen,
Es fällt dem Pfarrer auf,
Als müss' er eben deuten
Auf sich der ganz zerstreuten,
Arglosen Rede Lauf.

Nie schien er sich so hager,
Nie fühlt' er sich so alt,
Als seit er heut begraben
Den langen Moriz Raben,
Den Förster dort vom Wald.

Am gleichen Tag geboren,
Getauft am gleichen Tag!
Das ist ein seltsam Wesen,
Und läßt uns deutlich lesen,
Was wohl die Zeit vermag!

Der Nacht geheimes Funkeln,
Und daß sich eben muß,
Wie Mondesstrahlen steigen,
Der frische Hügel zeigen,
Das Kreuz an seinem Fuß:

Das macht ihn ganz beklommen,
Den sehr betagten Mann,
Er sieht den Flieder schwanken,
Und längs des Hügels wanken
Die Schatten ab und an.

Wie oft sprach nicht der Tote
Nach seiner Weise kühn:
»Herr Pfarr', wir alten Knaben,
Wir müssen sachte traben,
Die Kirchhofsblumen blühn.«

»So mögen sie denn blühen!«
Spricht sanft der fromme Mann,
Er hat sich aufgerichtet,
Sein Auge, mild umlichtet,
Schaut fest den Äther an.

»Hast Du gesandt ein Zeichen
Durch meinen eignen Mund,
Und willst mich gnädig mahnen
An unser Aller Ahnen,
Uralten ew'gen Bund;

Nicht lässig sollst Du finden
Den, der Dein Siegel trägt,
Doch nach dem letzten Sturme« –
Da eben summt's vom Turme,
Und Zwölf die Glocke schlägt. –

»Ja, wenn ich bin entladen
Der Woche Last und Pein,
Dann führe, Gott der Milde,
Das Werk nach Deinem Bilde
In Deinen Sonntag ein.«

DER STRANDWÄCHTER AM DEUTSCHEN MEERE
UND SEIN NEFFE VOM LANDE

»Sieben Nächte stand ich am Riff
Und hörte die Woge zerschellen,
Taucht kein Segel, kein irres Schiff?

Schon dunkelt's über den Wellen.
Nimm das Nachtrohr, Neffe vom Land'!
Ich will in die Matte mich strecken,
Dröhnt ein Schuß oder flackert ein Brand,
Dann zieh' an der Schnur, mich zu wecken.« –

»Schöner Platz, an der Luke hier,
Für einen unschuld'gen Privaten!
Drunten die See, das wüste Getier,
Das Haie speit und Piraten.
Von der Seeschlang' wütigem Kampf
Auch hat man Neues vernommen,
Weiß der Himmel, ob nicht per Dampf
In's deutsche Meer sie gekommen?«

»Ist's doch jetzt eine Wunderzeit,
Wo Gletscher brennen wie Essen,
Weiber turnieren im Männerkleid,
Und Knaben die Rute vergessen.
Jeder Wurm entfaltet sein Licht,
Und jeder Narr seine Kappe,
Also, Seele, wundre dich nicht,
Wenn heute du stehst an der Klappe.«

»Vetter! ein Segel, ein Segel fürwahr,
Ein Boot mit flatternden Streifen,
Lichterchen dann, eine schwimmende Schar,
Die unter den Flanken ihm schweifen!
Schau, nun schleichen sie alle seitab,
Nun wechseln sie hüben und drüben –«
»'s ist eine Fischerflotte, mein Knab',
Sind nur Leute die fischen im Trüben.« –

»Wie das Wasser kräuselt und rennt,
Und wie die Kämme ihm flittern!
Vetter, ob wohl die Düne brennt?
Ich höre das Seegras knittern.« –

»Dünste, mein Junge, nur Phosphorlicht,
Vermoderte Quallen und Schnecken,
Laß sie leuchten, sie zünden nicht,
Und morgen sind's grünliche Flecken.« –

»Dort kein Räuber? kein Feuer hier?
Ich hätt' es für Beides genommen.
Wetter! ist doch die Welle mir
Schier über den Tubus geschwommen.
Welch' ein Leben, so angerannt
Auf nackter Düne zu wohnen!
Und die schnarchenden Robben am Strand, –
Man meint es seien Kanonen!«

»Schläft der Alte in gutem Mut,
Und läßt mich allein mit dem Spuke,
Und mir ist als steige die Flut,
Und bäume sich gegen die Luke.
Wahrlich, Vetter, es schäumt und schwemmt,
Es brüllt um der Klippe Zinken!« –
»Ruhig, mein Junge, die Springflut kömmt,
Laß sie steigen, sie wird schon sinken.« –

»Gut dann, gut, ihr wißt es auf's Best',
Ihr müßt die Sache verstehen.
Hab' ich doch nie solch bedenkliches Nest
Wie diese Baracke gesehen.
Und die Wolken schleifen so schwer,
Als schleppten sie Stürme in Säcken,
Jene dort, mit dem fackelnden Speer,
Scheint gar 'ne Posaune zu strecken.«

»Was! sie dröhnt? welche greulicher Schall!
Die Welle bäumt sich entgegen,
Tosend und schwarz der ringelnde Wall
Will an den Trichter sich legen;
Ha, es knallt – es flattert und streut –

Wo war's? wo ist es gewesen?
Wind und Schaum! – was hab' ich doch heut
Von der Wasserhose gelesen?«

»Aber dort, – ein Segel in See,
Ist's aus der Welle gestiegen?
Grad entgegen der sausenden Bö
Scheint's über die Brandung zu fliegen.
Vetter, schnell von der Matte herab!
Ein Schiff gegen Winde und Wellen!« –
»Gib das Nachtrohr, Knabe, – seitab!
Ich will an die Luke mich stellen.«

»Gnad' uns Gott, am Deck zerstreut,
Umhuscht von gespenstigen Lichtern,
Welche Augen, so hohl und weit,
In den fahlen verlebten Gesichtern!
Hörtest vom Geisterschiffe du nicht,
Von den westlichen Todesladern?
Modernde Larve ihr Angesicht,
Und Schwefel statt Blut in den Adern.«

»Mag die ehrliche deutsche See
Vom Schleim der Molluske sich röten,
Springflut brausen, zischen die Bö,
Und die Wasserhose trompeten,
Drunten, drunten ist's klar und licht,
Wie droben die Wellen gebaren.
Mögen wir nur vor dem fremden Gezücht,
Vor dem Geisterjanhagel uns wahren!«

DAS ESELEIN

Auf einem Wiesengrund ging einmal
Ein muntres Rößlein weiden,
Ein Schimmelchen war's, doch etwas fahl,

Sein Äußeres nenn' ich bescheiden,
Das schlechtste und auch das beste nicht,
Wir wollen nicht drüber zanken,
Doch hatt' es ein klares Augenlicht
Und starke geschmeidige Flanken.

In selbem Grunde schritt oft und viel
Ein edler Jüngling spazieren,
Hinter jedem Ohre ein Federkiel,
Das tät ihn wunderbar zieren!
Am Rücken ein Gänseflügelpaar,
Die täten rauschen und wedeln,
Und wißt, seine göttliche Gabe war,
Die schlechte Natur zu veredeln.

Den Tropfen der seiner Stirne entrann,
Den soll wie Perle man fassen,
Ach, ohne ihn hätte die Sonne man
So simpelhin scheinen lassen,
Und ohne ihn wäre der Wiesengrund
Ein nüchterner Anger geblieben,
Ein Quellchen blank, ein Hügelchen rund,
Und eine Handvoll Maßlieben!

Er aber fing in Spiegel den Strahl,
Und ließ ihn zucken wie Flammen,
Die ruppigen Gräser strich er zumal
Und flocht sie sauber zusammen,
An Steinen schleppt er sich krank und matt,
Für ein Ruinchen am Hügel,
Dem Hasen kämmt' er die Wolle glatt
Und frisiert' den Mücken die Flügel.

So hat er mit saurem Schweiß und Müh'
Das ganz Gemeine verbessert,
Und klareres Wasser fand man nie,
Als wo er schaufelt' und wässert',

Und wie's nun aller Edlen Manier,
Sich mild und nobel zu zeigen,
So, seis Gestein, Mensch, oder Tier,
Er gab ihm von seinem Eigen. 40

Einst saß er mit seinem Werkgerät,
Mit Schere, Pinsel und Flasche,
In der eine schwärzliche Lymphe steht,
Mit Spiegel, Feder und Tasche;
Er saß und lauschte wie in der Näh 45
Mein Schimmelchen galoppieret;
Auf dem Finger pfiff er: »Pst, Pferdchen, he!«
Und wacker kam es trottieret.

Dann sprach der Edle: »du wärst schon gut,
'ne passable Rozinante, 50
Nähm ich dich ernstlich in meine Hut,
Daß ich den Koller dir bannte;
Ein leiser Traber – ein schmuckes Tier –
Ein unermüdeter Wandrer!
Kurz, wenig wüßt' ich zu rügen an dir, 55
Wärst du nur völlig ein Andrer.

Drum sei verständig, trab' heran,
Und laß mich ruhig gewähren,
Und sollt's dich kneipen, nicht zuck' mir dann,
Du weißt, oft zwicken die Scheren.« 60
Mein Schimmelchen stutzt, es setzt seitab,
Ein paarmal rennt es in Kreisen,
Dann sachte trabt es den Anger hinab,
Dann stand es still vor dem Weisen.

Der sprach: »dein Ohr – ein armer Stumpf! 65
Armselig bist du geboren!
Kommandowort und der Siegstriumpf,
Das geht dir Alles verloren.«
Drauf rüstig setzt er die Zangen an,

Und zerrt' und dehnte an Beiden;
Mein Schimmelchen ächzt, und dachte dann:
»O wehe, Hoffart muß leiden!«

»Auch deine Farbe – erbärmlich schlecht!
Nicht blank und dennoch zu lichte,
Nicht für die romantische Dämmrung recht
Und nicht für die klare Geschichte.«
Drauf emsig langt' er den Pinsel her,
Und mischte Schwarz zu dem Weißen;
Mein Schimmelchen zuckt, es juckt ihn sehr,
Doch dacht' es: »wie werd' ich gleißen!«

»Und gar dein Schweif – unseliges Vieh!
Der flattert und schlenkert wie Segel,
Ich wette, du meinst dich ein Kraftgenie,
Und scheinst doch Andern ein Flegel.«
Drauf mit der Schere, Gang an Gang,
Beginnt er hurtig zu zwicken,
Hinauf, hinunter die Wurzel entlang,
Von der Kuppe bis an den Rücken.

Dann spricht er freudig: »mein schmuckes Tier,
Mein Zelter edel wie Keiner!«
Und eilends langt er den Spiegel herfür:
»Nun sieh, und freue dich deiner!
Nun bist ein Paraderößlein, baß
Wie Eines von Münster bis Wesel.«
Der Schimmel blinzt, und schaut in's Glas, –
O Himmel, da war er ein Esel!

DIE BESTE POLITIK

Von Allem was zu Leid und Frommen
Bisher das Leben mir gebracht,
Ist Manches unverhofft gekommen,

Und Manches hatt' ich überdacht;
Doch seltsam! wo ich schlau und fein
Mich abgesorgt zu grauen Haaren,
Da bin ich meistens abgefahren,
Und Unverhofftes schlug mir ein.

Ein Jeder kömmt doch gern zu Brode,
Doch blieben mir die Gönner kalt,
Tat ich gleich klein wie eine Lode
Gen einen mächt'gen Eichenwald;
Und nur der ärmliche Student,
Bei dem ich manche Nacht verwachte,
Als Mangel ihn auf's Lager brachte,
Der dachte mein als Präsident.

Den Frauen will man auch gefallen,
– Zumal sieht man nicht übel aus, –
In die Salons sah man mich wallen,
Verschmitzt hinein, verdutzt heraus;
Und nur die täglich recht und schlicht
Mich wandeln sah im eignen Hause,
Die trug in meine kleine Klause
Des Lebens süßestes Gedicht.

Auch Ruhm ist gar ein scharfer Köder,
Ich habe manchen Tag verschwitzt,
Verschnitzelt hab' ich manche Feder,
Und bin doch schmählich abgeblitzt;
Und nur als ich, entmutigt ganz,
Gedanken flattern ließ wie Flocken,
Da plötzlich fiel auf meine Locken
Ein junger frischer Lorbeerkranz.

So hab' aus Allem ich gezogen
Das treue Fazit mir zuletzt,
Daß dem das Glück zumeist gewogen,
Der es am mindesten gehetzt;

Und daß, wo Wirken ein Geschick
Nach eigner Willkür kann bereiten,
Nur Offenheit zu allen Zeiten
40 Die allerbeste Politik.

BALLADEN

DER GRAF VON THAL

I

Das war der Graf von Thal,
So ritt an der Felsenwand;
Das war sein ehlich Gemahl,
Die hinter dem Steine stand.

Sie schaut' im Sonnenstrahl
Hinunter den linden Hang,
»Wo bleibt der Graf von Thal?
Ich hört' ihn doch reiten entlang!

Ob das ein Hufschlag ist?
Vielleicht ein Hufschlag fern?
Ich weiß doch wohl ohne List,
Ich hab' gehört meinen Herrn!«

Sie bog zurück den Zweig.
»Bin blind ich oder auch taub?«
Sie blinzelt' in das Gesträuch,
Und horcht' auf das rauschende Laub.

Öd' war's, im Hohlweg leer,
Einsam im rispelnden Wald;
Doch über'm Weiher, am Wehr,
Da fand sie den Grafen bald.

In seinen Schatten sie trat.
Er und seine Gesellen,

Die flüstern und halten Rat,
Viel lauter rieseln die Wellen.

Sie starrten über das Land,
Genau sie spähten, genau,
Sahn jedes Zweiglein am Strand,
Doch nicht am Wehre die Frau.

Zur Erde blickte der Graf,
So sprach der Graf von Thal:
»Seit dreizehn Jahren den Schlaf
Rachlose Schmach mir stahl.

War das ein Seufzer lind?
Gesellen, wer hat's gehört?«
Sprach Kurt: »Es ist nur der Wind,
Der über das Schilfblatt fährt.« –

»So schwör' ich bei'm höchsten Gut,
Und wär's mein ehlich Weib,
Und wär's meines Bruders Blut,
Viel minder mein eigner Leib:

Nichts soll mir wenden den Sinn,
Daß ich die Rache ihm spar';
Der Freche soll werden inn',
Zins tragen auch dreizehn Jahr'.

Bei Gott! das war ein Gestöhn!«
Sie schossen die Blicke in Hast.
Sprach Kurt: »Es ist der Föhn,
Der macht seufzen den Tannenast.« –

»Und ist sein Aug' auch blind,
Und ist sein Haar auch grau,
Und mein Weib seiner Schwester Kind –«
Hier tat einen Schrei die Frau.

Wie Wetterfahnen schnell
Die Dreie wendeten sich.
»Zurück, zurück, mein Gesell!
Dieses Weibes Richter bin ich.

Hast du gelauscht, Allgund?
Du schweigst, du blickst zur Erd'?
Das bringt dir bittre Stund'!
Allgund, was hast du gehört?« –

»Ich lausch' deines Rosses Klang,
Ich späh' deiner Augen Schein,
So kam ich hinab den Hang.
Nun tue was Not mag sein.« –

»O Frau!« sprach Jakob Port,
»Da habt ihr schlimmes Spiel!
Grad' sprach der Herr ein Wort,
Das sich vermaß gar viel.«

Sprach Kurt: »Ich sag' es rund,
Viel lieber den Wolf im Stall,
Als eines Weibes Mund
Zum Hüter in solchem Fall.«

Da sah der Graf sie an,
Zu Einem und zu Zwei'n;
Drauf sprach zur Fraue der Mann:
»Wohl weiß ich, du bist mein.

Als du gefangen lagst
Um mich ein ganzes Jahr,
Und keine Silbe sprachst:
Da ward deine Treu' mir klar.

So schwöre mir denn sogleich:
Sei's wenig oder auch viel,

Was du vernahmst am Teich,
Dir sei's wie Rauch und Spiel.

Als seie nichts gescheh'n,
So muß ich völlig meinen;
Darf dich nicht weinen seh'n,
Darfst mir nicht bleich erscheinen.

Denk' nach, denk' nach, Allgund!
Was zu verheißen Not.
Die Wahrheit spricht dein Mund,
Ich weiß, und brächt' es Tod.«

Und konnte sie sich besinnen,
Verheißen hätte sie's nie;
So war sie halb von Sinnen,
Sie schwur, und wußte nicht wie.

II

Und als das Morgengrau
In die Kemnate sich stahl:
Da hatte die werte Frau
Geseufzt schon manches Mal;

Manch Mal gerungen die Hand,
Ganz heimlich wie ein Dieb;
Rot war ihrer Augen Rand,
Todblaß ihr Antlitz lieb.

Drei Tage kredenzt' sie den Wein,
Und saß bei'm Mahle drei Tag',
Drei Nächte in steter Pein
In der Waldkapelle sie lag.

Wenn er die Wacht besorgt,
Der Torwart sieht sie gehn,
Im Walde steht und horcht
Der Wilddieb dem Gestöhn'.

Am vierten Abend sie saß
An ihres Herren Seit',
Sie dreht' die Spindel, er las,
Dann sahn sie auf, alle beid'.

»Allgund, bleich ist dein Mund!«
»Herr, 's macht der Lampe Schein.«
»Deine Augen sind rot, Allgund!«
»'s drang Rauch vom Herde hinein.

Auch macht mir's schlimmen Mut,
Daß heut vor fünfzehn Jahren
Ich sah meines Vaters Blut;
Gott mag die Seele wahren!

Lang ruht die Mutter im Dom,
Sind Wen'ge mir verwandt,
Ein' Muhm' noch und ein Ohm:
Sonst ist mir keins bekannt.«

Starr sah der Graf sie an:
»Es steht dem Weibe fest,
Daß um den ehlichen Mann
Sie Ohm und Vater läßt.«

»Ja, Herr! so muß es sein.
Ich gäb' um Euch die zwei,
Und mich noch obendrein,
Wenn's sein müßt', ohne Reue.

Doch daß nun dieser Tag
Nicht gleich den andern sei,

Les't, wenn ich bitten mag,
Ein Sprüchlein oder zwei.«

Und als die Fraue klar
Darauf das heil'ge Buch
Bot ihrem Gatten dar,
Es auf von selber schlug.

Mit Einem Blicke er maß
Der nächsten Sprüche einen;
»Mein ist die Rach'«, er las;
Das will ihm seltsam scheinen.

Doch wie so fest der Mann
Auf Frau und Bibel blickt,
Die saß so still und spann,
Dort war kein Blatt geknickt.

Um ihren schönen Leib
Den Arm er düster schlang:
»So nimm die Laute, Weib,
Sing' mir einen lust'gen Sang!«

»O Herr! mag's euch behagen,
Ich sing' ein Liedlein wert,
Das erst vor wenig Tagen
Mich ein Minstrel gelehrt.

Der kam so matt und bleich,
Wollt' nur ein wenig ruh'n,
Und sprach, im oberen Reich
Sing' man nichts Anderes nun.«

Drauf, wie ein Schrei verhallt,
Es durch die Kammer klingt,
Als ihre Finger kalt
Sie an die Saiten bringt.

»Johann! Johann! was dachtest du
An jenem Tag,
Als du erschlugst deine eigne Ruh'
Mit Einem Schlag?
Verderbtest auch mit dir zugleich
Deine drei Gesellen;
O, sieh nun ihre Glieder bleich
Am Monde schwellen!

Weh dir, was dachtest du Johann
Zu jener Stund'?
Nun läuft von dir verlornem Mann
Durch's Reich die Kund'!
Ob dich verbergen mag der Wald,
Dich wird's ereilen;
Horch nur, die Vögel singen's bald,
Die Wölf' es heulen!

O weh! das hast du nicht gedacht,
Johann! Johann!
Als du die Rache wahr gemacht
Am alten Mann.
Und wehe! nimmer wird der Fluch
Mit dir begraben,
Dir, der den Ohm und Herrn erschlug,
Johann von Schwaben!«

Aufrecht die Fraue bleich
Vor ihrem Gatten stand,
Der nimmt die Laute gleich,
Er schlägt sie an die Wand.

Und als der Schall verklang,
Da hört man noch zuletzt,
Wie er die Hall' entlang
Den zorn'gen Fußtritt setzt.

III

Von heut am siebenten Tag'
Das war eine schwere Stund',
Als am Balkone lag
Auf ihren Knien Allgund.

Laut waren des Herzens Schläge:
»O Herr! erbarme dich mein,
Und bracht' ich Böses zuwege,
Mein sei die Buß' allein.«

Dann beugt sie tief hinab,
Sie horcht und horcht und lauscht:
Vom Wehre tos't es herab,
Vom Forste drunten es rauscht.

War das ein Fußtritt? nein!
Der Hirsch setzt über die Kluft.
Sollt' ein Signal das sein?
Doch nein, der Auerhahn ruft.

»O mein Erlöser, mein Hort!
Ich bin mit Sünde beschwert,
Sei gnädig und nimm mich fort,
Eh' heim mein Gatte gekehrt.

Ach, wen der Böse umgarnt,
Dem alle Kraft er bricht!
Doch hab' ich ja nur gewarnt,
Verraten, verraten ja nicht!

Weh! das sind Rossestritte.«
Sie sah sie fliegen durch's Tal
Mit wildem grimmigen Ritte,
Sie sah auch ihren Gemahl.

Sie sah ihn dräuen, genau,
Sie sah ihn ballen die Hand:
Da sanken die Knie der Frau,
Da rollte sie über den Rand.

Und als zum Schlimmen entschlossen
Der Graf sprengt' in das Tor,
Kam Blut entgegen geflossen,
Drang unter'm Gitter hervor.

Und als er die Hände sah falten
Sein Weib in letzter Not,
Da konnt' er den Zorn nicht halten,
Bleich ward sein Gesicht so rot.

»Weib, das den Tod sich erkor!« –
»'s war nicht mein Wille« sie sprach,
Noch eben bracht' sie's hervor.
»Weib, das seine Schwüre brach!«

Wie Abendlüfte verwehen
Noch einmal haucht sie ihn an:
»Es mußt' eine Sünde geschehen –
Ich hab' sie für dich getan!«

DER TOD DES
ERZBISCHOFS ENGELBERT VON CÖLN

I

Der Anger dampft, es kocht die Ruhr,
Im scharfen Ost die Halme pfeifen,
Da trabt es sachte durch die Flur,
Da taucht es auf wie Nebelstreifen,
Da nieder rauscht es in den Fluß,
Und stemmend gen der Wellen Guß
Es fliegt der Bug, die Hufe greifen.

Ein Schnauben noch, ein Satz, und frei
Das Roß schwingt seine nassen Flanken,
Und wieder eins, und wieder zwei,
Bis fünf und zwanzig stehn wie Schranken:
Voran, voran durch Heid und Wald,
Und wo sich wüst das Dickicht ballt,
Da brechen knisternd sie die Ranken.

Am Eichenstamm, im Überwind,
Um einen Ast den Arm geschlungen,
Der Isenburger steht und sinnt
Und naget an Erinnerungen.
Ob er vernimmt, was durch's Gezweig
Ihm Rinkerad, der Ritter bleich,
Raunt leise wie mit Vögelzungen?

»Graf,« flüstert es, »Graf haltet dicht,
Mich dünkt, als woll' es euch betören;
Bei Christi Blute, laßt uns nicht
Heim wie gepeitschte Hunde kehren!
Wer hat gefesselt eure Hand,
Den freien Stegreif euch verrannt?« –
Der Isenburg scheint nicht zu hören.

»Graf,« flüstert es, »wer war der Mann,
Dem zu dem Kreuz die Rose* paßte?
Wer machte euren Schwäher dann
In seinem eignen Land zum Gaste?
Und, Graf, wer höhnte euer Recht,
Wer stempelt euch zum Pfaffenknecht?« –
Der Isenburg biegt an dem Aste.

---

* Zu (dem Kreuz) Cöln die Rose (das Wappen von) Berg, dessen
  Besitz Engelbert dem Bruder von Isenburgs Gemahlin vorent-
  hielt.

»Und wer, wer hat euch zuerkannt,
Im härnen Sünderhemd zu stehen,
Die Schandekerz' in eurer Hand,
Und alte Vetteln anzuflehen
Um Kyrie und Litanei!?« – 40
Da krachend bricht der Ast entzwei
Und wirbelt in des Sturmes Wehen.

Spricht Isenburg: »mein guter Fant,
Und meinst du denn ich sei begraben?
O laß mich nur in meiner Hand – 45
Doch ruhig, still, ich höre traben!«
Sie stehen lauschend, vorgebeugt;
Durch das Gezweig der Helmbusch steigt
Und flattert drüber gleich dem Raben.

II

Wie dämmerschaurig ist der Wald 50
An neblichten Novembertagen,
Wie wunderlich die Wildnis hallt
Von Astgestöhn und Windesklagen!
»Horch, Knabe, war das Waffenklang?« –
»Nein, gnäd'ger Herr! ein Vogel sang, 55
Von Sturmesflügeln hergetragen.« –

Fort trabt der mächtige Prälat,
Der kühne Erzbischof von Cöllen,
Er, den der Kaiser sich zum Rat
Und Reichsverweser mochte stellen, 60
Die ehrne Hand der Klerisei, –
Zwei Edelknaben, Reis'ger zwei,
Und noch drei Äbte als Gesellen.

Gelassen trabt er fort, im Traum
Von eines Wunderdomes Schöne, 65

Auf seines Rosses Hals den Zaum,
Er streicht ihm sanft die dichte Mähne,
Die Windesodem senkt und schwellt; –
Es schaudert, wenn ein Tropfen fällt
Von Ast und Laub, des Nebels Träne.

Schon schwindelnd steigt das Kirchenschiff,
Schon bilden sich die krausen Zacken –
Da, horch, ein Pfiff und hui, ein Griff,
Ein Helmbusch hier, ein Arm im Nacken!
Wie Schwarzwildrudel bricht's heran,
Die Äbte fliehn wie Spreu, und dann
Mit Reisigen sich Reis'ge packen.

Ha, schnöder Strauß! zwei gegen zehn!
Doch hat der Fürst sich losgerungen,
Er peitscht sein Tier und mit Gestöhn
Hat's über'n Hohlweg sich geschwungen;
Die Gerte pfeift – »Weh, Rinkerad!« –
Vom Rosse gleitet der Prälat
Und ist in's Dickicht dann gedrungen.

»Hussa, hussa, erschlagt den Hund,
Den stolzen Hund!« und eine Meute
Fährt's in den Wald, es schließt ein Rund,
Dann vor – und rückwärts und zur Seite;
Die Zweige krachen – ha es naht –
Am Buchenstamm steht der Prälat
Wie ein gestellter Eber heute.

Er blickt verzweifelnd auf sein Schwert,
Er löst die kurze breite Klinge,
Dann prüfend unter'n Mantel fährt
Die Linke nach dem Panzerringe;
Und nun wohlan, er ist bereit,
Ja männlich focht der Priester heut,
Sein Streich war eine Flammenschwinge.

Das schwirrt und klingelt durch den Wald,
Die Blätter stäuben von den Eichen,
Und über Arm und Schädel bald
Blutrote Rinnen tröpfeln, schleichen;
Entwaffnet der Prälat noch ringt,
Der starke Mann, da zischend dringt
Ein falscher Dolch ihm in die Weichen.

Ruft Isenburg: »es ist genug,
Es ist zuviel!« und greift die Zügel;
Noch sah er wie ein Knecht ihn schlug,
Und riß den Wicht am Haar vom Bügel.
»Es ist zuviel, hinweg, geschwind!«
Fort sind sie, und ein Wirbelwind
Fegt ihnen nach wie Eulenflügel. – –

Des Sturmes Odem ist verrauscht,
Die Tropfen glänzen an dem Laube,
Und über Blutes Lachen lauscht
Aus hohem Loch des Spechtes Haube;
Was knistert nieder von der Höh'
Und schleppt sich wie ein krankes Reh?
Ach armer Knabe, wunde Taube!

»Mein gnädiger, mein lieber Herr,
So mußten dich die Mörder packen?
Mein frommer, o mein Heiliger!«
Das Tüchlein zerrt er sich vom Nacken,
Er drückt es auf die Wunde dort,
Und hier und drüben, immerfort,
Ach, Wund' an Wund' und blut'ge Zacken!

»Ho, holla ho!« – dann beugt er sich
Und späht, ob noch der Odem rege;
War's nicht als wenn ein Seufzer schlich,
Als wenn ein Finger sich bewege? –
»Ho, holla ho!« – »Hallo, hoho!«

Schallt's wieder um, des war er froh:
»Sind unsre Reuter allewege!«

III

Zu Cöln am Rheine kniet ein Weib
Am Rabensteine unter'm Rade,
Und über'm Rade liegt ein Leib,
An dem sich weiden Kräh' und Made;
Zerbrochen ist sein Wappenschild,
Mit Trümmern seine Burg gefüllt,
Die Seele steht bei Gottes Gnade.

Den Leib des Fürsten hüllt der Rauch
Von Ampeln und von Weihrauchschwelen –
Um seinen qualmt der Moderhauch
Und Hagel peitscht der Rippen Höhlen;
Im Dome steigt ein Trauerchor,
Und ein Tedeum stieg empor
Bei seiner Qual aus tausend Kehlen.

Und wenn das Rad der Bürger sieht,
Dann läßt er rasch sein Rößlein traben,
Doch eine bleiche Frau die kniet,
Und scheucht mit ihrem Tuch die Raben:
Um sie mied er die Schlinge nicht,
Er war ihr Held, er war ihr Licht –
Und ach, der Vater ihrer Knaben!

DAS FEGEFEUER DES WESTPHÄLISCHEN ADELS

Wo der selige Himmel, das wissen wir nicht,
Und nicht, wo der greuliche Höllenschlund,
Ob auch die Wolke zittert im Licht,
Ob siedet und qualmet Vulkanes Mund;

Doch wo die westphälischen Edeln müssen
Sich sauber brennen ihr rostig Gewissen,
Das wissen wir alle, das ward uns kund.

Grau war die Nacht, nicht öde und schwer,
Ein Aschenschleier hing in der Luft;
Der Wanderbursche schritt flink einher,
Mit Wollust saugend den Heimatduft;
O bald, bald wird er schauen sein Eigen,
Schon sieht am Lutterberge er steigen
Sich leise schattend die schwarze Kluft.

Er richtet sich, wie Trompetenstoß
Ein Holla ho! seiner Brust entsteigt –
Was ihm im Nacken? ein schnaubend Roß,
An seiner Schulter es rasselt, keucht,
Ein Rappe – grünliche Funken irren
Über die Flanken, die knistern und knirren,
Wie wenn man den murrenden Kater streicht.

»Jesus Maria!« – er setzt seitab,
Da langt vom Sattel es überzwerg –
Ein eherner Griff, und in wüstem Trab
Wie Wind und Wirbel zum Lutterberg!
An seinem Ohre hört er es raunen
Dumpf und hohl, wie gedämpfte Posaunen,
So an ihm raunt der gespenstige Scherg':

»Johannes Deweth! ich kenne dich!
Johann! du bist uns verfallen heut!
Bei deinem Heile, nicht lach' noch sprich,
Und rühre nicht an was man dir beut;
Vom Brode nur magst du brechen in Frieden,
Ewiges Heil ward dem Brode beschieden,
Als Christus in froner Nacht es geweiht!« –

Ob mehr gesprochen, man weiß es nicht,
Da seine Sinne der Bursche verlor,
Und spät erst hebt er sein bleiches Gesicht
Vom Estrich einer Halle empor;
Um ihn Gesumme, Geschwirr, Gemunkel,
Von tausend Flämmchen ein mattes Gefunkel,
Und drüber schwimmend ein Nebelflor.

Er reibt die Augen, er schwankt voran,
An hundert Tischen, die Halle entlang,
All edle Geschlechter, so Mann an Mann;
Es rühren die Gläser sich sonder Klang,
Es regen die Messer sich sonder Klirren,
Wechselnde Reden summen und schwirren,
Wie Glockengeläut, ein wirrer Gesang.

Ob jedem Haupte des Wappens Glast,
Das langsam schwellende Tropfen speit,
Und wenn sie fallen, dann zuckt der Gast,
Und drängt sich einen Moment zur Seit';
Und lauter, lauter dann wird das Rauschen,
Wie Stürme die zornigen Seufzer tauschen,
Und wirrer summet das Glockengeläut.

Strack steht Johann wie ein Lanzenknecht,
Nicht möchte der gleißenden Wand er trau'n,
Noch wäre der glimmernde Sitz ihm recht,
Wo rutschen die Knappen mit zuckenden Brau'n.
Da muß, o Himmel, wer sollt' es denken!
Den frommen Herrn, den Friedrich von Brenken,
Den alten stattlichen Ritter er schaun.

»Mein Heiland, mach' ihn der Sünden bar!«
Der Jüngling seufzet in schwerem Leid;
Er hat ihm gedienet ein ganzes Jahr;
Doch ungern kredenzt er den Becher ihm heut!
Bei jedem Schlucke sieht er ihn schüttern,

Ein blaues Wölkchen dem Schlund entzittern,
Wie wenn auf Kohlen man Weihrauch streut.

O manche Gestalt noch dämmert ihm auf,
Dort sitzt sein Pate, der Metternich,
Und eben durch den wimmelnden Hauf
Johann von Spiegel, der Schenke, strich;
Prälaten auch, je viere und viere,
Sie blättern und rispeln im grauen Breviere,
Und zuckend krümmen die Finger sich.

Und unten im Saale, da knöcheln frisch
Schaumburger Grafen um Leut' und Land,
Graf Simon schüttelt den Becher risch,
Und reibt mitunter die knisternde Hand;
Ein Knappe nahet, er surret leise –
Ha, welches Gesumse im weiten Kreise,
Wie hundert Schwärme an Klippenrand!

»Geschwind den Sessel, den Humpen wert,
Den schleichenden Wolf* geschwinde herbei!«
Horch, wie es draußen rasselt und fährt!
Barhaupt stehet die Massonei,
Hundert Lanzen drängen nach binnen,
Hundert Lanzen und mitten darinnen
Der Asseburger, der blutige Weih!

Und als ihm alles entgegen zieht,
Da spricht Johannes ein Stoßgebet:
Dann risch hinein! sein Ärmel sprüht,
Ein Funken über die Finger ihm geht.
Voran – da »sieben« schwirren die Lüfte
»Sieben, sieben, sieben,« die Klüfte,
»In sieben Wochen, Johann Deweth!«

---

* Der schleichende Wolf ist das Wappen der Familie Asseburg.

Der sinkt auf schwellenden Rasen hin,
Und schüttelt gegen den Mond die Hand,
Drei Finger die bröckeln und stäuben hin,
Zu Asch' und Knöchelchen abgebrannt.
Er rafft sich auf, er rennt, er schießet,
Und ach, die Vaterklause begrüßet
Ein grauer Mann, von Keinem gekannt,

Der nimmer lächelt, nur des Gebets
Mag pflegen drüben im Klosterchor,
Denn »sieben, sieben,« flüstert es stets,
Und »sieben Wochen« ihm in das Ohr.
Und als die siebente Woche verronnen,
Da ist er versiegt wie ein dürrer Bronnen,
Gott hebe die arme Seele empor!

DIE STIFTUNG CAPPENBERGS

Der Mond mit seinem blassen Finger
Langt leise durch den Mauerspalt,
Und koset, streifend längs dem Zwinger,
Norbertus' Stirne feucht und kalt.
Der lehnt an bröckelndem Gestein,
Salpeterflocken seine Daunen,
An seinem Ohre Heimchen raunen,
Und wimmelnd rennt das Tausendbein.

Und über'm Haupte fühlt er's beben,
Da geht es hoch, da zecht es frisch,
In Pulsen schäumend pocht das Leben,
Die Humpen tanzen auf dem Tisch.
Der Graf von Arnsberg gibt ein Fest,
Dem Schwiegersohn der graue Schwäher;
So mehr er trinkt so wird er zäher,
So wirrer steht sein Lockennest.

Gern hat sein Kind er dem Dynasten,
Dem reichen Cappenberg vertraut,
Nun trägt sein Anker Doppellasten!
Und seinen Feinden hat's gegraut.   20
Da kömmt auf seinem Eselein
Norbert, und macht den Sohn zum Pfaffen;
Allein er wußte Rat zu schaffen,
Er pferchte den Apostel ein.

Wie, keine Enkel soll er wiegen?   25
Soll in des Eidams Hora gehn,
Und sehn sein Kind am Boden liegen
Und Paternosterkugeln drehn?
Nein, heute ist der Tag wo muß,
Wo wird die Sache sich erled'gen,   30
Und sollt' er mit dem Schwerte pred'gen,
Ein umgekehrter Carolus.

Und »Gottfried«, spricht er, »Junge, Ritter,
So sieh doch einmal in die Höh!
Du schaust ja in den Wein so bitter   35
Wie Requiem und Kyrie.
Was spinnst du an dem alten Werg?
Laß die Kapuze grauen Sündern,
Und deine Burg die laß den Kindern,
Dein schönes festes Cappenberg!«   40

Und drunten in dem feuchten Turme
Der Heil'ge flüstert: »Großer Gott,
Allgegenwärt'ger du im Wurme
Als in der Krone blankem Spott,
Wie größer deine Allmacht zeigt   45
Sein Füßchen, das lebendig zittert,
Als eine Mauer die verwittert,
Und ob ein Babel drüber steigt!«

»Ja« spricht der Graf, den Humpen schwenkend:
»Wär Norbert hier, dein Eselmann,
Ich ließ ihm füllen, dein gedenkend,
Und trinken möcht er was er kann;
Doch da ihm Pech und Schwefel glüht,
Was andern Schächern mild und süße,
So bleibt er besser im Verliese,
Ein wohlkasteiter Eremit.«

Und drunten spricht's mit mildem Tone:
»Du der, des Himmels höchste Zier,
Gezogen bist zur Dornenkrone
Auf einem still demüt'gen Tier,
Du, der des Mondes Lieblichkeit
In meinen Kerker ließest rinnen,
Gezähmt mir die vertrauten Spinnen,
Du, Milder, seist gebenedeit!«

Und Gottfried, kämpfend mit den Tränen,
Ergreift den Humpen, noch gefüllt,
Vor seinem Ohr ein leises Stöhnen,
Vor seinem Aug' ein bleiches Bild.
O, dringen möcht er durch den Stein,
Wo seine sünd'gen Füße stehen,
O, einmal, einmal möcht' er sehen
Durch Lichterglanz den Heil'genschein!

»Ha!« zürnt der Graf, »was ließ ich schenken
Dir meinen allerbesten Wein!
Eh möcht' ich einen Schädel tränken,
Ja, oder einen Leichenstein.
Gottfried, Gottfried, ich schwör es dir,
So wahr ich Friedrich« – seht ihn stocken,
Vor seinem Auge schwimmen Flocken,
Er hebt sich auf, er schwankt zur Tür,

Und plötzlich auf den Estrich nieder
Taumelt er wie ein wundes Roß,
Es zucken, strecken sich die Glieder.
Welch' ein Getümmel in dem Schloß!
»Krank« dieser, »tot« spricht jener Mund, 85
Ja wahrlich, das ist Todes Miene,
Und eine mächtige Ruine
Liegt Friedrich auf dem eignen Grund.

Die Humpen sind in Hast zertrümmert,
Burgunderblut fließt über'n Stein, 90
Die Lampen mählig sind verkümmert,
Wie Erdenlust sie qualmten ein.
Doch drüben, in des Klosters Hut,
Entflammte man die ew'ge Leuchte,
Und knieend alles Volk sich beugte 95
Dem reinen Wein, der Christi Blut.

DER FUNDATOR

Im Westen schwimmt ein falber Strich,
Der Abendstern entzündet sich
Grad' über'm Sankt Georg am Tore;
Schwer haucht der Dunst vom nahen Moore.
Schlaftrunkne Schwäne kreisen sacht 5
Um's Eiland, wo die graue Wacht
Sich hebt aus Wasserbins' und Rohre.

Auf ihrem Dach die Fledermaus,
Sie schaukelt sich, sie breitet aus
Den Rippenschirm des Schwingenflosses, 10
Und, mit dem Schwirren des Geschosses,
Entlang den Teich, hinauf, hinab,
Dann klammert sie am Fensterstab,
Und blinzt in das Gemach des Schlosses.

Ein weit Gelaß, im Sammetstaat!
Wo einst der mächtige Prälat
Des Hauses Chronik hat geschrieben.
Frisch ist der Baldachin geblieben,
Der güldne Tisch, an dem er saß,
Und seine Seelenmesse las
Man heut in der Kapelle drüben.

Heut sind es grade hundert Jahr,
Seit er gelegen auf der Bahr'
Mit seinem Kreuz und Silberstabe.
Die ewge Lamp' an seinem Grabe
Hat heute hundert Jahr gebrannt.
In seinem Sessel an der Wand
Sitzt heut ein schlichter alter Knabe.

Des Hauses Diener, Sigismund,
Harrt hier der Herrschaft, Stund' auf Stund:
Schon kam die Nacht mit ihren Flören,
Oft glaubt die Kutsche er zu hören,
Ihr Quitschern in des Weges Kies,
Er richtet sich – doch nein – es blies
Der Abendwind nur durch die Föhren.

's ist eine Dämmernacht, genau
Gemacht für Alp und weiße Frau.
Dem Junkerlein ward es zu lange,
Dort schläft es hinter'm Damasthange.
Die Chronik hält der Alte noch,
Und blättert fort im Finstern, doch
Im Ohre summt es gleich Gesange:

»So hab' ich dieses Schloß erbaut,
Ihm mein Erworbnes anvertraut,
Zu des Geschlechtes Nutz und Walten;
Ein neuer Stamm sprießt aus dem alten,
Gott segne ihn! Gott mach' ihn groß! –«

Der Alte horcht, das Buch vom Schoß
Schiebt sacht er in der Lade Spalten:

Nein – durch das Fenster ein und aus 50
Zog schrillend nur die Fledermaus;
Nun schießt sie fort. – Der Alte lehnet
Am Simse. Wie der Teich sich dehnet
Um's Eiland, wo der Warte Rund
Sich tief schattiert im matten Grund. 55
Das Röhricht knirrt, die Unke stöhnet.

Dort, denkt der Greis, dort hat gewacht
Der alte Kirchenfürst, wenn Nacht
Sich auf den Weiher hat ergossen.
Dort hat den Reiher er geschossen, 60
Und zugeschaut des Schlosses Bau,
Sein weiß Habit, sein Auge grau,
Lugt' drüben an den Fenstersprossen.

Wie scheint der Mond so kümmerlich!
– Er birgt wohl hinter'm Tanne sich – 65
Schaut nicht der Turm wie 'ne Laterne,
Verhauchend, dunstig, aus der Ferne!
Wie steigt der blaue Duft im Rohr,
Und rollt sich am Gesims empor!
Wie seltsam blinken heut' die Sterne! 70

Doch ha! – er blinzt, er spannt das Aug',
Denn dicht und dichter schwillt der Rauch,
Als ob ein Docht sich langsam fache,
Entzündet sich im Turmgemache
Wie Mondenschein ein graues Licht, 75
Und dennoch – dennoch – las er nicht,
Nicht Neumond heut im Almanache? –

Was ist das? deutlich, nur getrübt
Vom Dunst der hin und wieder schiebt,

Ein Tisch, ein Licht, in Turmes Mitten,
Und nun, – nun kömmt es hergeschritten,
Ganz wie ein Schatten an der Wand,
Es hebt den Arm, es regt die Hand, –
Nun ist es an den Tisch geglitten.

Und nieder sitzt es, langsam, steif,
Was in der Hand? – ein weißer Streif! –
Nun zieht es Etwas aus der Scheiden
Und fingert mit den Händen beiden,
Ein Ding, – ein Stäbchen ungefähr, –
Dran fährt es langsam hin und her,
Es scheint die Feder anzuschneiden.

Der Diener blinzt und blinzt hinaus:
Der Schemen schwankt und bleichet aus,
Noch sieht er es die Feder tunken,
Da drüber gleitet es wie Funken,
Und in demselbigen Moment
Ist Alles in das Element
Der spurlos finstern Nacht versunken.

Noch immer steht der Sigismund,
Noch starrt er nach der Warte Rund,
Ihn dünkt, des Weihers Flächen rauschen,
Weit beugt er über'n Sims, zu lauschen;
Ein Ruder! – nein, die Schwäne ziehn!
Grad hört er längs dem Ufergrün
Sie sacht ihr tiefes Schnarchen tauschen.

Er schließt das Fenster. – »Licht, o Licht!« –
Doch mag das Junkerlein er nicht
So plötzlich aus dem Schlafe fassen,
Noch minder es im Saale lassen.
Sacht schiebt er sich dem Sessel ein,
Zieht sein korallnes Nösterlein,
– Was klingelt drüben an den Tassen? –

Nein – eine Fliege schnurrt im Glas!
Dem Alten wird die Stirne naß;
Die Möbeln stehn wie Totenmale, 115
Es regt und rüttelt sich im Saale,
Allmählich weicht die Tür zurück,
Und in demselben Augenblick
Schlägt an die Dogge im Portale.

Der Alte drückt sich dicht zu Hauf, 120
Er lauscht mit Doppelsinnen auf,
– Ja! am Parkett ein leises Streichen,
Wie Wiesel nach der Stiege schleichen –
Und immer härter, Tapp an Tapp,
Wie mit Sandalen, auf und ab, 125
Es kömmt – es naht – er hört es keuchen; –

Sein Sessel knackt! – ihm schwimmt das Hirn –
Ein Odem, dicht an seiner Stirn!
Da fährt er auf und wild zurücke,
Errafft das Kind mit blindem Glücke 130
Und stürzt den Korridor entlang.
O, Gott sei Dank! ein Licht im Gang,
Die Kutsche rasselt auf die Brücke!

VORGESCHICHTE (SECOND SIGHT)

Kennst du die Blassen im Heideland,
Mit blonden flächsenen Haaren?
Mit Augen so klar wie an Weihers Rand
Die Blitze der Welle fahren?
O sprich ein Gebet, inbrünstig, echt, 5
Für die Seher der Nacht, das gequälte Geschlecht.

So klar die Lüfte, am Äther rein
Träumt nicht die zarteste Flocke,
Der Vollmond lagert den blauen Schein

Auf des schlafenden Freiherrn Locke,
Hernieder bohrend in kalter Kraft
Die Vampirzunge, des Strahles Schaft.

Der Schläfer stöhnt, ein Traum voll Not
Scheint seine Sinne zu quälen,
Es zuckt die Wimper, ein leises Rot
Will über die Wange sich stehlen;
Schau, wie er woget und rudert und fährt,
Wie Einer so gegen den Strom sich wehrt.

Nun zuckt er auf – ob ihn geträumt,
Nicht kann er sich dessen entsinnen –
Ihn fröstelt, fröstelt, ob's drinnen schäumt
Wie Fluten zum Strudel rinnen;
Was ihn geängstet, er weiß es auch:
Es war des Mondes giftiger Hauch.

O Fluch der Heide, gleich Ahasver
Unter'm Nachtgestirne zu kreisen!
Wenn seiner Strahlen züngelndes Meer
Aufbohret der Seele Schleusen,
Und der Prophet, ein verzweifelnd Wild,
Kämpft gegen das mählich steigende Bild.

Im Mantel schaudernd mißt das Parquet
Der Freiherr die Läng' und Breite,
Und wo am Boden ein Schimmer steht,
Weitaus er beuget zur Seite,
Er hat einen Willen und hat eine Kraft,
Die sollen nicht liegen in Blutes Haft.

Es will ihn krallen, es saugt ihn an,
Wo Glanz die Scheiben umgleitet,
Doch langsam weichend, Spann' um Spann',
Wie ein wunder Edelhirsch schreitet,
In immer engerem Kreis gehetzt,
Des Lagers Pfosten ergreift er zuletzt.

Da steht er keuchend, sinnt und sinnt,
Die müde Seele zu laben,
Denkt an sein liebes einziges Kind,
Seinen zarten, schwächlichen Knaben,
Ob dessen Leben des Vaters Gebet
Wie eine zitternde Flamme steht.

Hat er des Kleinen Stammbaum doch
Gestellt an des Lagers Ende,
Nach dem Abendkusse und Segen noch
Drüber brünstig zu falten die Hände;
Im Monde flimmernd das Pergament
Zeigt Schild an Schilder, schier ohne End'.

Rechtsab des eigenen Blutes Gezweig,
Die alten freiherrlichen Wappen,
Drei Rosen im Silberfelde bleich,
Zwei Wölfe schildhaltende Knappen,
Wo Ros' an Rose sich breitet und blüht,
Wie über'm Fürsten der Baldachin glüht.

Und links der milden Mutter Geschlecht,
Der Frommen in Grabeszellen,
Wo Pfeil' an Pfeile, wie im Gefecht,
Durch blaue Lüfte sich schnellen.
Der Freiherr seufzt, die Stirn gesenkt,
Und – steht am Fenster, bevor er's denkt.

Gefangen! gefangen im kalten Strahl!
In dem Nebelnetze gefangen!
Und fest gedrückt an der Scheib' Oval,
Wie Tropfen am Glase hangen,
Verfallen sein klares Nixenaug',
Der Heidequal in des Mondes Hauch.

Welch ein Gewimmel! – er muß es sehn,
Ein Gemurmel! – er muß es hören,

Wie eine Säule, so muß er stehn,
Kann sich nicht regen noch kehren.
Es summt im Hofe ein dunkler Hauf,
Und einzelne Laute dringen hinauf.

Hei! eine Fackel! sie tanzt umher,
Sich neigend, steigend in Bogen,
Und nickend, zündend, ein Flammenheer
Hat den weiten Estrich umzogen.
All' schwarze Gestalten im Trauerflor
Die Fackeln schwingen und halten empor.

Und Alle gereihet am Mauerrand,
Der Freiherr kennet sie Alle;
Der hat ihm so oft die Büchse gespannt,
Der pflegte die Ross' im Stalle,
Und der so lustig die Flasche leert,
Den hat er siebenzehn Jahre genährt.

Nun auch der würdige Kastellan,
Die breite Pleureuse am Hute,
Den sieht er langsam, schlurfend nahn,
Wie eine gebrochene Rute;
Noch deckt das Pflaster die dürre Hand,
Versengt erst gestern an Herdes Brand.

Ha, nun das Roß! aus des Stalles Tür,
In schwarzem Behang und Flore;
O, ist's Achill, das getreue Tier?
Oder ist's seines Knaben Medore?
Er starret, starrt und sieht nun auch,
Wie es hinkt, vernagelt nach altem Brauch.

Entlang der Mauer das Musikchor,
In Krepp gehüllt die Posaunen,
Haucht prüfend leise Kadenzen hervor,
Wie träumende Winde raunen;

Dann Alles still. O Angst! o Qual!
Es tritt der Sarg aus des Schlosses Portal.

Wie prahlen die Wappen, farbig grell
Am schwarzen Sammet der Decke.
Ha! Ros' an Rose, der Todesquell
Hat gespritzet blutige Flecke!
Der Freiherr klammert das Gitter an:
»Die andre Seite!« stöhnet er dann.

Da langsam wenden die Träger, blank
Mit dem Monde die Schilder kosen.
»O,« – seufzt der Freiherr – »Gott sei Dank!
Kein Pfeil, kein Pfeil, nur Rosen!«
Dann hat er die Lampe still entfacht,
Und schreibt sein Testament in der Nacht.

DER GRAUE

Im Walde steht die kleine Burg,
Aus rohem Quaderstein gefugt,
Mit Schart' und Fensterlein, wodurch
Der Doppelhaken einst gelugt;
Am Teiche rauscht des Rohres Speer,
Die Brücke wiegt und knarrt im Sturm,
Und in des Hofes Mitte, schwer,
Plump wie ein Mörser, steht der Turm.

Da siehst du jetzt umher gestellt
Manch' feuerrotes Ziegeldach,
Und wie der Stempel steigt und fällt,
So pfeift die Dampfmaschine nach;
Es knackt die Form, der Bogen schrillt,
Es dunstet Scheidewassers Näh',
Und über'm grauen Wappenschild
Liest man: Moulin a papier.

Doch wie der Kessel quillt und schäumt,
Den Brüss'ler Kaufherrn freut es kaum,
Der hatte einmal sich geträumt
Von Land und Luft den feinsten Traum;
Das war so recht ein Fleckchen, sich
Zu retten aus der Zahlen Haft!
Nicht groß, und doch ganz adelich,
Und brauchte wenig Dienerschaft.

Doch eine Nacht nur macht' er sich
Bequem es — oder unbequem —
In seinem Schlößchen, und er strich
Nur wie ein Vogel dran seitdem.
Sah dann er zu den Fenstern auf,
Verschlossen wie die Sakristei'n,
So zog er wohl die Schultern auf,
Mit einem Seufzer, oder zwei'n.

Es war um die Septemberzeit,
Als, schürend des Kamines Brand,
Gebückt, in regenfeuchtem Kleid,
Der Hausherr in der Halle stand,
Er und die Gäste, All' im Rauch;
Van Neelen, Redel, Verney, Dahm,
Und dann der blonde Waller auch,
Der eben erst aus Smyrna kam.

Im Schlote schnob der Wind, es goß
Der Regen sprudelnd sich vom Dach,
Und wenn am Brand ein Flämmchen schoß,
Schien doppelt öde das Gemach.
Die Gäste waren all' zur Hand,
Erleichternd ihres Wirtes Müh';
Van Neelen nur am Fenster stand,
Und schimpfte auf die Landpartie.

Doch nach und nach mag's besser gehn,
Schon hat der Wind die Glut gefacht,
Den Regen läßt man draußen stehn,
Champagnerflaschen sind gebracht.
Die Leuchter hatten wenig Wert,
Es ging wie beim Studentenfest:
Sobald die Flasche ist geleert,
Wird eine Kerze drauf gepreßt.

Je mehr es fehlt, so mehr man lacht,
Der Wein ist heiß, die Kost gewählt,
Manch' derbes Späßchen wird gemacht,
Und mancher feine Streich erzählt.
Zuletzt von Wein und Reden glüh,
Rückt seinen Stuhl der Herr vom Haus:
»Ich lud Euch zu 'ner Landpartie,
Es ward 'ne Wasserfahrt daraus.

Doch da die allerschönste Fracht
Am Ende nach dem Hafen schifft,
So, meine Herren, gute Nacht!
Und nehmt vorlieb, wie es sich trifft.«
Da lachend nach den Flaschen greift
Ein Jeder. – Türen auf und zu. –
Und Waller, noch im Gehen, streift
Aus seinem Frack den Ivanhoe.

Es war tief in die Nacht hinein,
Und draußen heulte noch der Sturm,
Schnob zischend an dem Fensterstein
Und drillt den Glockenstrang am Turm.
In seinem Bette Waller lag,
Und las so scharf im Ivanhoe,
Daß man gedacht, bevor es Tag
Sei Englands Königreich in Ruh.

Er sah nicht, daß die Kerze tief
Sich brannte in der Flasche Rand,
Der Talg in schweren Tropfen lief,
Und drunten eine Lache stand.
Wie träumend hört' er das Geknarr
Der Fenster, vom Rouleau gedämpft,
Und wie die Türe mit Geschnarr
In ihren Angeln zuckt und kämpft.

Sehr freut er sich am Bruder Tuck,
– Die Sehne schwirrt, es rauscht der Hain –
Da plötzlich ein gewalt'ger Ruck,
Und, hui! die Scheibe klirrt hinein.
Er fuhr empor, – weg war der Traum –
Und deckte mit der Hand das Licht,
Ha! wie so wüst des Zimmers Raum!
Selbst ein romantisches Gedicht!

Der Sessel feudalistisch Gold –
Am Marmortisch die Greifenklau' –
Und über'm Spiegel flatternd rollt,
Ein Banner, der Tapete Blau,
Im Zug der durch die Lücke schnaubt;
Die Ahnenbilder leben fast,
Und schütteln ihr behelmtes Haupt
Ergrimmt ob dem plebejen Gast.

Der blonde Waller machte gern
Sich selber einen kleinen Graus,
So nickt er spöttisch gen die Herrn,
Als fordert' er sie keck heraus.
Die Glocke summt – schon Eins fürwahr!
Wie eine Boa dehnt' er sich,
Und sah nach dem Pistolenpaar,
Dann rüstet er zum Schlafe sich.

Die Flasche hob er einmal noch
Und leuchtete die Wände an,
Ganz wie 'ne alte Halle doch
Aus einem Scottischen Roman!
Und – ist das Nebel oder Rauch,
Was durch der Türe Spalten quillt,
Und, wirbelnd in des Zuges Hauch,
Die dunstigen Paneele füllt?

Ein Ding – ein Ding – wie Grau in Grau,
Die Formen schwanken – sonderbar! –
Doch, ob der Blick sich schärft? den Bau
Von Gliedern nimmt er mählig wahr.
Wie über'm Eisenhammer, schwer
Und schwarz, des Rauches Säule wallt;
Ein Zucken flattert drüben her,
Doch – hat es menschliche Gestalt!

Er war ein hitziger Kumpan,
Wenn Wein die Lava hat geweckt.
»Qui vive!« – und leise knackt der Hahn,
Der Waller hat den Arm gestreckt:
»Qui vive!« – 'ne Pause, – »ou je tire!«
Und aus dem Lauf die Kugel knallt;
Er hört sie schlagen an die Tür,
Und abwärts prallen mit Gewalt.

Der Schuß dröhnt am Gewölbe nach,
Und, eine schwere Nebelschicht,
Füllt Pulverbrodem das Gemach;
Er teilt sich, schwindet, das Gesicht
Steht in des Zimmers Mitte jetzt,
Ganz wie ein graues Bild von Stein,
Die Formen scharf und unverletzt,
Die Züge edel, streng und rein.

Auf grauer Locke grau Barett,
Mit grauer Hahnenfeder drauf.
Der Waller hat so sacht und nett
Sich hergelangt den zweiten Lauf.
Noch zögert er – ist es ein Bild,
Wär's zu zerschießen lächerlich;
Und wär's ein Mensch – das Blut ihm quillt –
Ein Geck, der unterfinge sich –?!

Ein neuer Ruck, und wieder Knall
Und Pulverrauch – war das Gestöhn?
Er hörte keiner Kugel Prall –
Es ist vorüber! ist geschehn!
Der Waller zuckt: »verdammtes Hirn!«
Mit einmal ist er kalt wie Eis,
Der Angstschweiß tritt ihm auf die Stirn,
Er starret in den Nebelkreis.

Ein Ächzen! oder Windeshauch! –
Doch nein, der Scheibensplitter schwirrt.
O Gott, es zappelt! – nein – der Rauch
Gedrängt vom Zuge schwankt und irrt;
Es wirbelt aufwärts, woget, wallt,
Und, wie ein graues Bild von Stein,
Steht nun am Bette die Gestalt,
Da, wo der Vorhang sinkt hinein.

Und drüber knistert's, wie von Sand,
Wie Funke, der elektrisch lebt;
Nun zuckt ein Finger – nun die Hand –
Allmählich nun ein Fuß sich hebt, –
Hoch – immer höher – Waller winkt;
Dann macht er schnell gehörig Raum,
Und langsam in die Kissen sinkt
Es schwer, wie ein gefällter Baum.

»Ah, je te tiens!« er hat's gepackt,
Und schlingt die Arme wie 'nen Strick, –
Ein Leichnam! todessteif und nackt!
Mit einem Ruck fährt er zurück; 180
Da wälzt es langsam, schwer wie Blei,
Sich gleich dem Mühlstein über ihn;
Da tat der Waller einen Schrei,
Und seine Sinne waren hin.

Am nächsten Morgen fand man kalt 185
Ihn im Gemache ausgestreckt;
's war eine Ohnmacht nur, und bald
Ward zum Bewußtsein er geweckt.
Nicht irre war er, nur gepreßt,
Und fragt: »ob Keiner ward gestört?« 190
Doch Alle schliefen überfest,
Nicht einer hat den Schuß gehört.

So ward es denn für Traum sogleich,
Und Alles für den Alp erkannt;
Doch zog man sich aus dem Bereich, 195
Und trollte hurtig über Land.
Sie waren Alle viel zu klug,
Und vollends zu belesen gar;
Allein der blonde Waller trug
Seit dieser Nacht eisgraues Haar. 200

DIE VENDETTA

I

Ja, einen Feind hat der Kors', den Hund,
Luigi, den hagern Podesta,
Der den Ohm, so stark und gesund,
Ließ henken, den kühnen di Vesta.
Er und der rote Franzose Jocliffe, 5

Die Beiden machten ihn hangen,
Aber der ging zu dem Schmugglerschiff,
Und liegt seit Monden gefangen.

Steht im Walde Geronimo,
Und klirrend zieht aus der Scheide
Er das Messer, so und so
An der Sohle wetzt er die Schneide;
Gleitet dann in die Dämmerung,
Dem Feinde auf Tod und Leben
Mit des Tieres Verstümmelung
Ein korsisch Kartell zu geben.

Schau! wie Zweig an Zweige er streicht,
– Kaum flüsternd die Blätter schwanken, –
Gleich der gleißenden Boa leicht
Hinquillt durch Gelaub und Ranken;
Drüber träufelt das Mondenlicht,
Wie heimlicher Träne Klage
Durch eine dunkele Wimper bricht.
Nun kniet der Korse am Hage.

Dort der Anger, – und dort am Hang
Die einsam weidende Stute,
Langsam schnaubt sie den Rain entlang;
Aus andalusischem Blute,
Hoch, schneeschimmernd, zum Grund gebeugt
Den mähnumfluteten Nacken,
Nah sie, näher dem Hagen steigt.
Nun wird der Korse sie packen!

Schon erfaßt er der Schneide Griff,
Er reckt sich über dem Kraute,
Da – ein Geknister und – still! ein Pfiff,
Und wieder – summende Laute!
Und es schreitet dem Hage zu,
Grad wo Geronimo kniet,

Nieder gleitet der Kors' im Nu,
Ha, wie er keuchet und glühet!

Dicht an ihm, – der Mantel streift,
Die Ferse könnt' er ihm fassen, –
Steht der hagre Podest' und pfeift;
»Sorella!« ruft er gelassen,
Und »Sorella, mein kluges Tier!«
Der Lauscher höret es stampfen,
Über ihm, mit hellem Gewieh'r,
Zwei schnaubende Nüstern dampfen.

Freundlich klatscht Luigi den Bug,
Liebkosend streicht er die Mähnen,
Hat nicht zärtlicher Worte genug,
Er spricht wie zu seiner Schönen.
Einen Blitz aus glühendem Aug',
Und rückwärts taumelt die Stute.
»Ei, Sorella, was fehlt dir auch?
Mein Töchterchen, meine Gute.«

Kandiszucker langt er hervor;
Ha, wie ihre Nüstern blasen!
Wie sie naschet, gespitzt das Ohr,
Und immer glotzet zum Rasen!
Einen Blick der Podesta scheu
Schießt über die glitzernde Aue,
Rückt am Dolche, und dann aufs neu:
»Mein Schimmelchen, meine Graue!«

Wie er über den Hag sich biegt,
Am Nacken des Tieres gleitet,
Auf Geronimo's Auge liegt
Des Feindes Mantel gebreitet;
O, nie hat so heiß und schwer
Geronimo, nie gelegen,
Jede Muskel im Arm fühlt er
Wie eine Viper sich regen.

Doch er ist ein gläubiger Christ,
Geht jede Woche zur Beichte,
Hat voll Andacht noch heut geküßt
Christofero's heilige Leuchte.
Sünde wär's, das Messer im Schlund
Des Ungewarnten zu bergen,
Sonst – alleine, allein der Hund!
Bewaffnet, und ohne Schergen!

Eine Minute, die schnell vergeht,
Der Korse gen Himmel schaute,
Zum Patrone ein Stoßgebet,
Dann fährt er empor vom Kraute;
Blank die Waffe, den Bug geschlitzt,
Dann wie ein Vogel zum Walde –
Schreiend vom Hange die Stute blitzt,
Der Richter starrt an der Halde.

II

Mittagsstunde, – der Sonnenpfeil
Prallt an des Weihen Gefieder,
Der vom Gesteine grau und steil
Blinzt in die Pinien nieder.
Schwarz der Wald, eine Wetternacht,
Die aus dem Äther gesunken,
Drüber der Strahl in Siegespracht
Tanzt auf dem Feinde wie trunken.

Plötzlich zuckt, es flattert der Weih,
Und klatscht in taumelnden Ringen,
Über'm Riffe sein wilder Schrei,
Dann steigt er, wiegend die Schwingen;
Und am Grunde es stampft und surrt,
Hart unter dem Felsenmale,
Netz im Haare, Pistol im Gurt,
Zwölf Schergen reiten zu Tale.

Wo den Schatten verkürzt das Riff
Wirft über die zitternde Aue,
Starrt gefesselt der rote Jocliffe
Hinauf zum Vogel in's Blaue.
Dürr seine Zunge, – kein Tropfen labt –
Er lacht in grimmigem Hohne,
Neben ihm der Podesta trabt
Und pfeift sich eine Kanzone.

Rüstig stampfen die Rosse fort,
Dann »halt!« Es lagert die Bande;
Hier ein Scherge, ein anderer dort,
Gestreckt im knisternden Sande.
Die Zigarre läßt an den Grund
Ihr bläuliches Wölkchen schwelen,
Und der Schlauch, von Mund zu Mund,
Strömt in die durstigen Kehlen.

Wie so lockend die Taube lacht
Aus grünem duftigem Haine!
Von den Zwölfen heben sich acht,
Sie schlendern entlang das Gesteine,
Lässig, spielend, so sorgenbar
Wie junge Geier im Neste,
Dieser zupfet des Nachbars Haar,
Der schnitzelt am Zwiebelreste.

Einer so nach dem andern schwankt
In's Grün' aus der sengenden Hitze,
Halt! wie elektrisch Feuer rankt
Von Aug' zu Aug' ein Geblitze.
Horch, sie flüstern! Zwei und zwei
Die Pinien streifen sie leise,
Wie die Hinde witternd und scheu
Schlüpft über befahrene Gleise.

Zwei am Hange und zwei hinab
Und vier zur Rechten und Linken,
Sachte beugen den Ast sie ab,
Ihre Augen wie Vipern blinken,
Da – im Moose ein dürrer Baum
Mit wunderlich brauner Schale, –
Hui! ein Pfiff auf gekrümmtem Daum, –
Und dort – und drunten im Tale.

Fährt vom Moose Geronimo,
Und eh ihn die Schergen umschlingen,
Wie im Heid die knisternde Loh',
Ha! sieh ihn flattern und springen!
Knall auf Knall, eine Kugel pfeift
Ihm durch der Retilla Knoten,
Blutend er an dem Gesteine läuft
Bis zum Jocliffe, dem roten.

Hoch die Rechte – will er schnell
Sich rächen zu dieser Stunde?
Nein, am Rosse schreibt das Kartell
Er rasch mit klaffender Wunde.
Hoch die Linke – es knallt, es blitzt,
Und taumelnd sinkt der Podesta;
Ruft der Korse: »so hab' es itzt,
Du Hund, für den kühnen di Vesta!«

O Geronimo! hätten dich fort,
Fort, fort deine Sprünge getragen,
Als die Einen am Riffe dort,
Die Andern klommen am Hagen!
Schwerlich heute, so mein' ich klar,
Sie würden die Stadt erschrecken
Mit der Leiche auf grüner Bahr'
Und mit dir, gebunden am Schecken!

DAS FRÄULEIN VON RODENSCHILD

Sind denn sò schwül die Nächt' im April?
Oder ist so siedend jungfräulich' Blut?
Sie schließt die Wimper, sie liegt so still,
Und horcht des Herzens pochender Flut.
»O will es denn nimmer und nimmer tagen!
O will denn nicht endlich die Stunde schlagen!
Ich wache, und selbst der Seiger ruht!

Doch horch! es summt, eins, zwei und drei, –
Noch immer fort? – sechs, sieben und acht,
Elf, zwölf, – o Himmel, war das ein Schrei?
Doch nein, Gesang steigt über der Wacht,
Nun wird mir's klar, mit frommem Munde
Begrüßt das Hausgesinde die Stunde,*
Anbrach die hochheilige Osternacht.«

Seitab das Fräulein die Kissen stößt,
Und wie eine Hinde vom Lager setzt,
Sie hat des Mieders Schleifen gelöst,
In's Häubchen drängt sie die Locken jetzt,
Dann leise das Fenster öffnend, leise,
Horcht sie der mählich schwellenden Weise,
Vom wimmernden Schrei der Eule durchsetzt.

O dunkel die Nacht! und schaurig der Wind!
Die Fahnen wirbeln am knarrenden Tor, –
Da tritt aus der Halle das Hausgesind'
Mit Blendlaternen und einzeln vor.
Der Pförtner dehnt sich, halb schon träumend,

---

* Es bestand, und besteht hier und dort noch in katholischen Ländern die Sitte, am Vorabende des Oster- und Weihnachtstages den zwölften Glockenschlag abzuwarten, um den Eintritt des Festes mit einem frommen Liede zu begrüßen.

Am Dochte zupfet der Jäger säumend,
Und wie ein Oger gähnet der Mohr.

Was ist? – wie das auseinander schnellt!
In Reihen ordnen die Männer sich,
Und eine Wacht vor die Dirnen stellt
Die graue Zofe sich ehrbarlich,
»Ward ich gesehn an des Vorhangs Lücke?
Doch nein, zum Balkone starren die Blicke,
Nun langsam wenden die Häupter sich.

O weh meine Augen! bin ich verrückt?
Was gleitet entlang das Treppengeländ?
Hab' ich nicht so aus dem Spiegel geblickt?
Das sind meine Glieder, – welch ein Geblend'!
Nun hebt es die Hände, wie Zwirnes Flocken,
Das ist mein Strich über Stirn und Locken! –
Weh, bin ich toll, oder nahet mein End'!«

Das Fräulein erbleicht und wieder erglüht,
Das Fräulein wendet die Blicke nicht,
Und leise rührend die Stufen zieht
Am Steingeländer das Nebelgesicht,
In seiner Rechten trägt es die Lampe,
Ihr Flämmchen zittert über der Rampe,
Verdämmernd, blau, wie ein Elfenlicht.

Nun schwebt es unter dem Sternendom,
Nachtwandlern gleich in Traumes Geleit,
Nun durch die Reihen zieht das Phantom,
Und Jeder tritt einen Schritt zur Seit'. –
Nun lautlos gleitet's über die Schwelle, –
Nun wieder drinnen erscheint die Helle,
Hinauf sich windend die Stiegen breit.

Das Fräulein hört das Gemurmel nicht,
Sieht nicht die Blicke, stier und verscheucht,

Fest folgt ihr Auge dem bläulichen Licht,
Wie dunstig über die Scheiben es streicht. 60
– Nun ists im Saale – nun im Archive –
Nun steht es still an der Nische Tiefe –
Nun matter, matter, – ha! es erbleicht!

»Du sollst mir stehen! ich will dich fahn!«
Und wie ein Aal die beherzte Maid 65
Durch Nacht und Krümmen schlüpft ihre Bahn,
Hier droht ein Stoß, dort häkelt das Kleid,
Leis tritt sie, leise, o Geistersinne
Sind scharf! daß nicht das Gesicht entrinne!
Ja, mutig ist sie, bei meinem Eid! 70

Ein dunkler Rahmen, Archives Tor;
– Ha, Schloß und Riegel! – sie steht gebannt,
Sacht, sacht das Auge und dann das Ohr
Drückt zögernd sie an der Spalte Rand,
Tiefdunkel drinnen – doch einem Rauschen 75
Der Pergamente glaubt sie zu lauschen,
Und einem Streichen entlang der Wand.

So niederkämpfend des Herzens Schlag,
Hält sie den Odem, sie lauscht, sie neigt –
Was dämmert ihr zur Seite gemach? 80
Ein Glühwurmleuchten – es schwillt, es steigt,
Und Arm an Arme, auf Schrittes Weite,
Lehnt das Gespenst an der Pforte Breite,
Gleich ihr zur Nachbarspalte gebeugt.

Sie fährt zurück, – das Gebilde auch – 85
Dann tritt sie näher – so die Gestalt –
Nun stehen die Beiden, Auge in Aug',
Und bohren sich an mit Vampires Gewalt.
Das gleiche Häubchen decket die Locken,
Das gleiche Linnen, wie Schneees Flocken, 90
Gleich ordnungslos um die Glieder wallt.

Langsam das Fräulein die Rechte streckt,
Und langsam, wie aus der Spiegelwand,
Sich Linie um Linie entgegen reckt
Mit gleichem Rubine die gleiche Hand;
Nun rührt sich's – die Lebendige spüret
Als ob ein Luftzug schneidend sie rühret,
Der Schemen dämmert, – zerrinnt – entschwand.

Und wo im Saale der Reihen fliegt,
Da siehst ein Mädchen du, schön und wild,
– Vor Jahren hat's eine Weile gesiecht –
Das stets in den Handschuh die Rechte hüllt.
Man sagt, kalt sei sie wie Eises Flimmer,
Doch lustig die Maid, sie hieß ja immer:
»Das tolle Fräulein von Rodenschild.«

DER GEIERPFIFF

»Nun still! – Du an den Dohnenschlag!
Du links an den gespaltnen Baum!
Und hier der faule Fetzer mag
Sich lagern an der Klippe Saum:
Da seht fein offen über's Land
Die Kutsche ihr heran spazieren:
Und Rieder dort, der Höllenbrand,
Mag in den Steinbruch sich postieren!

Dann aufgepaßt mit Aug' und Ohr,
Und bei dem ersten Räderhall
Den Eulenschrei! und tritt hervor
Die Fracht, dann wiederholt den Schall:
Doch naht Gefahr – Patrouillen gehn, –
Seht ihr die Landdragoner streifen,
Dann dreimal, wie von Riffeshöhn,
Laßt ihr den *Lämmergeier pfeifen.*

Nun, Rieder, noch ein Wort zu dir:
Mit Recht heißt du der Höllenbrand;
Kein Stückchen – ich verbitt' es mir –
Wie neulich mit der kalten Hand!«
Der Hauptmann spricht es; durch den Kreis
Ein Rauschen geht und feines Schwirren,
Als sie die Büchsen schultern leis,
Und in den Gurt die Messer klirren.

Seltsamer Troß! hier Riesenbau
Und hiebgespaltnes Angesicht,
Und dort ein Bübchen wie 'ne Frau,
Ein zierliches Spelunkenlicht;
Der drüben an dem Scheitelhaar
So sachte streift den blanken Fänger,
Schaut aus den blauen Augen gar
Wie ein verarmter Minnesänger.

's ist lichter Tag! die Bande scheut
Vor keiner Stunde – Alles gleich; –
Es ist die rote Bande, weit
Verschrien, gefürchtet in dem Reich;
Das Knäbchen kauert unter'm Stier
Und betet, raschelt es im Walde,
Und manches Weib verschließt die Tür,
Schreit nur ein Kuckuck an der Halde.

Die Posten haben sich zerstreut,
Und in die Hütte schlüpft der Troß –
Wildhüters Obdach, zu der Zeit,
Als jene Trümmer war ein Schloß:
Wie Ritter vor der Ahnengruft,
Fühlt sich der Räuber stolz gehoben
Am Schutte, dran ein gleicher Schuft
Vor Jahren einst den Brand geschoben.

Und als der letzte Schritt verhallt,
Der letzte Zweig zurück gerauscht,
Da wird es einsam in dem Wald,
Wo über'm Ast die Sonne lauscht;
Und als es drinnen noch geklirrt,
Und noch ein Weilchen sich geschoben,
Da still es in der Hütte wird,
Vom wilden Weingerank umwoben.

Der scheue Vogel setzt sich kühn
Auf's Dach und wiegt sein glänzend Haupt,
Und summend durch der Reben Grün
Die wilde Biene Honig raubt;
Nur leise wie der Hauch im Tann,
Wie Weste durch die Halme streifen,
Hört drinnen leise, leise man,
Vorsichtig an den Messern schleifen. –

Ja, lieblich ist des Berges Maid
In ihrer festen Glieder Pracht,
In ihrer blanken Fröhlichkeit
Und ihrer Zöpfe Rabennacht;
Siehst du sie brechen durch's Genist
Der Brombeerranken, frisch, gedrungen,
Du denkst, die Zentifolie ist
Vor Übermut vom Stiel gesprungen.

Nun steht sie still und schaut sich um –
All überall nur Baum an Baum;
Ja, irre zieht im Walde um
Des Berges Maid und glaubt es kaum;
Noch zwei Minuten, wo sie sann,
Pulsieren ließ die heißen Glieder, –
Behende wie ein Marder dann
Schlüpft keck sie in den Steinbruch nieder.

Am Eingang steht ein Felsenblock,
Wo das Geschiebe überhängt;
Der Efeu schüttelt sein Gelock,
Zur grünen Laube vorgedrängt:
Da unter'm Dache lagert sie,
Behaglich lehnend an dem Steine,
Und denkt: ich sitze wahrlich wie
Ein Heil'genbildchen in dem Schreine!

Ihr ist so warm, der Zöpfe Paar
Sie löset mit der runden Hand,
Und nieder rauscht ihr schwarzes Haar
Wie Rabenfittiges Gewand.
Ei! denkt sie, bin ich doch allein!
Auf springt das Spangenpaar am Mieder;
Doch unbeweglich gleich dem Stein
Steht hinter'm Block der wilde Rieder:

Er sieht sie nicht, nur ihren Fuß,
Der tändelnd schaukelt wie ein Schiff,
Zuweilen treibt des Windes Gruß
Auch eine Locke um das Riff,
Doch ihres heißen Odems Zug,
Samumes Hauch, glaubt er zu fühlen,
Verlorne Laute, wie im Flug
Lockvögel, um das Ohr ihm spielen.

So weich die Luft und badewarm,
Berauschend Thymianes Duft,
Sie lehnt sich, dehnt sich, ihren Arm,
Den vollen, streckt sie aus der Kluft,
Schließt dann ihr glänzend Augenpaar –
Nicht schlafen, ruhn nur eine Stunde –
So dämmert sie und die Gefahr
Wächst von Sekunde zu Sekunde.

Nun Alles still – sie *hat* gewacht –
Doch hinter'm Steine wird's belebt
Und seine Büchse sachte, sacht,
Der Rieder von der Schulter hebt,
Lehnt an die Klippe ihren Lauf,
Dann lockert er der Messer Klingen,
Hebt nun den Fuß – was hält ihn auf?
Ein Schrei scheint aus der Luft zu dringen!

Ha, das Signal! – er ballt die Faust –
Und wiederum des Geiers Pfiff
Ihm schrillend in die Ohren saust –
Noch zögert knirschend er am Riff –
Zum dritten Mal – und sein Gewehr
Hat er gefaßt – hinan die Klippe!
Daß bröckelnd Kies und Sand umher
Nachkollern von dem Steingerippe.

Und auch das Mädchen fährt empor:
»Ei, ist so locker das Gestein?«
Und langsam, gähnend tritt hervor
Sie aus dem falschen Heil'genschrein,
Hebt ihrer Augen feuchtes Glühn,
Will nach dem Sonnenstande schauen,
Da sieht sie einen *Geier ziehn*
Mit einem Lamm in seinen Klauen.

Und schnell gefaßt, der Wildnis Kind,
Tritt sie entgegen seinem Flug:
Der kam daher, wo Menschen sind,
Das ist der Bergesmaid genug.
Doch still! war das nicht Stimmenton
Und Räderknarren? still! sie lauscht –
Und wirklich, durch die Nadeln schon
Die schwere Kutsche ächzt und rauscht.

»He, Mädchen!« ruft es aus dem Schlag,
Mit feinem Knicks tritt sie heran:
»Zeig uns zum Dorf die Wege nach,
Wir fuhren irre in dem Tann!« –
»Herr,« spricht sie lachend, »nehmt mich auf,
Auch ich bin irr' und führ' Euch doch.«
»Nun wohl, du schmuckes Kind, steig auf,
Nur frisch hinauf, du zögerst noch?«

»Herr, was ich weiß, ist nur gering,
Doch führt es Euch zu Menschen hin,
Und das ist schon ein köstlich Ding
Im Wald, mit Räuberhorden drin:
Seht, einen Weih am Bergeskamm
Sah steigen ich aus jenen Gründen,
Der in den Fängen trug ein Lamm;
Dort muß sich eine Herde finden.« –

Am Abend steht des Forstes Held
Und flucht die Steine warm und kalt:
Der Wechsler freut sich, daß sein Geld
Er klug gesteuert durch den Wald:
Und nur die gute, franke Maid
Nicht ahnet in der Träume Walten,
Daß über sie so gnädig heut
Der Himmel seinen Schild gehalten. –

DIE SCHWESTERN

I

Sacht pocht der Käfer im morschen Schrein,
Der Mond steht über den Fichten.
»Jesus Maria, wo mag sie sein!
Hin will meine Angst mich richten.
Helene, Helene, was ließ ich dich gehn

Allein zur Stadt mit den Hunden,
Du armes Kind, das sterbend mir
Auf die Seele die Mutter gebunden!«

Und wieder rennt Gertrude den Weg
Hinauf bis über die Steige.
Hier ist ein Tobel – sie lauscht am Steg,
Ein Strauch – sie rüttelt am Zweige.
Da drunten summet es Elf im Turm,
Gertrude kniet an der Halde:
»Du armes Blut, du verlassener Wurm!
Wo magst du irren im Walde!«

Und zitternd löst sie den Rosenkranz
Von ihres Gürtels Gehänge,
Ihr Auge starrt in trübem Glanz,
Ob es die Dämmerung sprenge.
»Ave Maria – ein Licht, ein Licht!
Sie kömmt, 's ist ihre Laterne!
– Ach Gott, es ist nur ein Hirtenfeur,
Jetzt wirft es flatternde Sterne.

Vater unser, der du im Himmel bist
Geheiliget werde dein Name« –
Es rauscht am Hange, »heiliger Christ!«
Es bricht und knistert im Brahme,
Und drüber streckt sich ein schlanker Hals,
Zwei glänzende Augen starren.
»Ach Gott, es ist eine Hinde nur,
Jetzt setzt sie über die Farren.«

Gertrude klimmt die Halde hinauf,
Sie steht an des Raines Mitte.
Da – täuscht ihr Ohr? – ein flüchtiger Lauf,
Behend galoppierende Tritte –
Und um sie springt es in wüstem Kreis,
Und funkelt mit freud'gem Gestöhne.

»Fidel, Fidel!« so flüstert sie leis,
Dann ruft sie schluchzend: »Helene!«

»Helene!« schallt es am Felsenhang,
»Helen'!« von des Waldes Kante,
Es war ein einsamer trauriger Klang,
Den heimwärts die Echo sandte.
Wo drunten im Tobel das Mühlrad wacht,
Die staubigen Knecht' an der Wanne
Die haben gehorcht die ganze Nacht
Auf das irre Gespenst im Tanne.

Sie hörten sein Rufen von Stund' zu Stund',
Sahn seiner Laterne Geflimmer,
Und schlugen ein Kreuz auf Brust und Mund,
Zog über den Tobel der Schimmer.
Und als die Müllerin Reisig las,
Frühmorgens an Waldes Saume,
Da fand sie die arme Gertrud im Gras,
Die ängstlich zuckte im Traume.

II

Wie rollt in den Gassen das Marktgebraus!
Welch ein Getümmel, Geblitze!
Hanswurst schaut über die Bude hinaus,
Und winkt mit der klingelnden Mütze;
Karossen rasseln, der Trinker jucht,
Und Mädchen schrein im Gedränge,
Drehorgeln pfeifen, der Kärrner flucht,
O Babels würdige Klänge!

Da tritt ein Weib aus der Ladentür,
Eine schlichte Frau von den Flühen,
Die stieß an den klingelnden Harlekin schier,
Und hat nicht gelacht noch geschrien.

Ihr mattes Auge sucht auf dem Grund,
Als habe sie Etwas verloren,
Und hinter ihr trabt ein zottiger Hund,
Verdutzt, mit hängenden Ohren.

»Zurück, Verwegne! siehst du denn nicht
Den Wagen, die schnaubenden Braunen?«
Schon dampfen die Nüstern ihr am Gesicht,
Da fährt sie zurück mit Staunen,
Und ist noch über die Rinne grad
Mit raschem Sprunge gewichen,
Als an die Schürze das klirrende Rad
In wirbelndem Schwunge gestrichen.

Noch ein Moment, – sie taumelt, erbleicht,
Und dann ein plötzlich Erglühen,
O schau, wie durch das Gewühl sie keucht,
Mit Armen und Händen und Knieen!
Sie rudert, sie windet sich, – Stoß auf Stoß,
Scheltworte und Flüche wie Schlossen –
Das Fürtuch reißt, dann flattert es los,
Und ist in die Rinne geflossen.

Nun steht sie vor einem stattlichen Haus,
Ohne Schuh, besudelt mit Kote;
Dort hält die Karosse, dort schnauben aus
Die Braunen und rauchen wie Schlote.
Der Schlag ist offen, und eben sieht
Sie im Portale verschwinden
Eines Kleides Falte, die purpurn glüht,
Und den Schleier, segelnd in Winden.

»Ach« flüstert Gertrude, »was hab ich gemacht,
Ich bin wohl verrückt geworden!
Kein Trost bei Tag, keine Ruh bei Nacht,
Das kann die Sinne schon morden.«
Da poltert es schreiend die Stiegen hinab,

Ein Fußtritt aus dem Portale,
Und wimmernd rollt von der Rampe herab
Ihr Hund, der zottige, fahle.

»Ja« seufzt Gertrude, »nun ist es klar, 105
Ich bin eine Irre leider!«
Erglühend streicht sie zurück ihr Haar,
Und ordnet die staubigen Kleider.
»Wie sah ich so deutlich ihr liebes Gesicht,
So deutlich am Schlage doch ragen! 110
Allein in Ewigkeit hätte *sie* nicht
Den armen Fidel geschlagen.«

III

Zehn Jahre! – und Mancher der keck umher
Die funkelnden Blicke geschossen,
Der schlägt sie heute zu Boden schwer, 115
Und Mancher hat sie geschlossen.
Am Hafendamme geht eine Frau,
– Mich dünkt, wir müssen sie kennen,
Ihr Haar einst schwarz, nun schillerndes Grau,
Und hohl die Wangen ihr brennen. 120

Im Topfe trägt sie den Honigwab,
Zergehend in Julius-Hitze;
Die Trägerin trocknet den Schweiß sich ab,
Und ruft dem hinkenden Spitze.
Der sie bestellte, den Schiffspatron, 125
Sieht über die Planke sie kommen;
Wird er ihr kümmern den kargen Lohn?
Gertrude denkt es beklommen.

Doch nein, – wo sich die Matrosen geschart,
Zum Strande sieht sie ihn schreiten, 130
Er schüttelt das Haupt, er streicht den Bart,

Und scheint auf die Welle zu deuten.
Und schau den Spitz! er schnuppert am Grund –
»Was suchst du denn in den Gleisen?
Fidel, Fidel!« fort strauchelt der Hund,
Und heulet wie Wölfe im Eisen.

Barmherziger Himmel! ihr wird so bang,
Sie watet im brennenden Sande,
Und wieder erhebt sich so hohl und lang
Des Hundes Geheul vom Strande.
O Gott, eine triefende Leich' im Kies,
Eine Leich' mit dem Auge des Stieres!
Und drüber kreucht das zottige Vlies
Des lahmen wimmernden Tieres.

Gertrude steht, sie starret herab,
Mit Blicken irrer und irrer,
Dann beugt sie über die Leiche hinab,
Mit Lächeln wirrer und wirrer,
Sie wiegt das Haupt bald so bald so,
Sie flüstert mit zuckendem Munde,
Und eh die zweite Minute entfloh,
Da liegt sie kniend am Grunde.

Sie faßt der Toten geschwollene Hand,
Ihr Haar voll Muscheln und Tange,
Sie faßt ihr triefend zerlumptes Gewand,
Und säubert von Kiese die Wange;
Dann sachte schiebt sie das Tuch zurück,
Recht wo die Schultern sich runden,
So stier und bohrend verweilt ihr Blick,
Als habe sie Etwas gefunden.

Nun zuckt sie auf, erhebt sich jach,
Und stößt ein wimmernd Gestöhne,
Grad eben als der Matrose sprach:
»Das ist die blonde Helene!

Noch jüngst juchheite sie dort vorbei 165
Mit trunknen Soldaten am Strande.«
Da tat Gertrud einen hohlen Schrei,
Und sank zusammen im Sande.

IV

Jüngst stand ich unter den Föhren am See,
Meinen Büchsenspanner zur Seite. 170
Vom Hange schmälte das brünstige Reh,
Und strich durch des Aufschlags Breite;
Ich hörte es knistern so nah und klar,
Grad' wo die Lichtung verdämmert,
Daß mich gestöret der Holzwurm gar, 175
Der unter'm Fuße mir hämmert.

Dann sprang es ab, es mochte die Luft
Ihm unsre Witterung tragen;
»Herr,« sprach der Bursche: »links über die Kluft!
Wir müssen zur Linken uns schlagen! 180
Hier naht kein Wild, wo sie eingescharrt
Die tolle Gertrud vom Gestade,
Ich höre genau wie der Holzwurm pocht
In ihrer zerfallenden Lade.«

Zur Seite sprang ich, eisig durchgraut, 185
Mir war als hab ich gesündigt,
Indes der Bursch mit flüsterndem Laut
Die schaurige Märe verkündigt:
»Wie Jene gesucht, bei Tag und Nacht,
Nach dem fremden ertrunkenen Weibe, 190
Das ihr der tückische See gebracht,
Verloren an Seele und Leibe.

Ob ihres Blutes? man wußte es nicht!
Kein Fragen löste das Schweigen.

Doch schlief die Welle, dann sah ihr Gesicht
Man über den Spiegel sich beugen,
Und zeigte er ihr das eigene Bild,
Dann flüsterte sie beklommen:
›Wie alt sie sieht, wie irre und wild,
Und wie entsetzlich verkommen!‹

Doch wenn der Sturm die Woge gerührt,
Dann war sie vom Bösen geschlagen,
Was sie für bedenkliche Reden geführt,
Das möge er lieber nicht sagen.
So war sie gerannt vor Jahresfrist,
– Man sah's vom lavierenden Schiffe –
Zur Brandung, wo sie am hohlsten ist,
Und kopfüber gefahren vom Riffe.

Drum scharrte man sie in's Dickicht dort,
Wie eine verlorene Seele.«
Ich schwieg, und sandte den Burschen fort,
Brach mir vom Grab' eine Schmele:
»Du armes gehetztes Wild der Pein,
Wie mögen die Menschen dich richten!«
– Sacht pochte der Käfer im morschen Schrein,
Der Mond stand über den Fichten. –

MEISTER GERHARD VON CÖLN
Ein Notturno

Wenn in den linden Vollmondnächten
Die Nebel lagern über'm Rhein,
Und graue Silberfäden flechten
Ein Florgewand dem Heilgenschrein:
Es träumt die Waldung, duftumsäumt,
Es träumt die dunkle Flutenschlange,
Wie eine Robbe liegt am Hange
Der Schürg' und träumt.

Tief zieht die Nacht den feuchten Odem,
Des Walles Gräser zucken matt,
Und ein zerhauchter Grabesbrodem
Liegt über der entschlafnen Stadt:
Sie hört das Schlummerlied der Well'n,
Das leise murmelnde Geschäume,
Und tiefer, tiefer sinkt in Träume
Das alte Cöln.

Dort wo die graue Kathedrale,
Ein riesenhafter Zeitentraum,
Entsteigt dem düstern Trümmermale
Der Macht, die auch zerrann wie Schaum –
Dort, in der Scheibe Purpurrund
Hat taumelnd sich der Strahl gegossen
Und sinkt, und sinkt, in Traum zerflossen,
Bis auf den Grund.

Wie ist es schauerlich im weiten
Versteinten öden Palmenwald,
Wo die Gedanken niedergleiten
Wie Anakonden schwer und kalt;
Und blutig sich der Schatten hebt
Am blut'gen Märtyrer der Scheibe,
Wie neben dem gebannten Leibe
Die Seele schwebt.*

Der Ampel Schein verlosch, im Schiffe
Schläft halbgeschlossen Blum' und Kraut;
Wie nackt gespülte Uferriffe
Die Streben lehnen, tief ergraut;
Anschwellend zum Altare dort,
Dann aufwärts dehnend, lang gezogen,
Schlingen die Häupter sie zu Bogen,
Und schlummern fort.

---

* Nach der Zaubersage.

Und immer schwerer will es rinnen
Von Quader, Säulenknauf und Schaft,
Und in dem Strahle will's gewinnen
Ein dunstig Leben, geisterhaft:
Da horch! es dröhnt im Turme – ha!
Die Glocke summt – da leise säuselt
Der Dunst, er zucket, wimmelt, kräuselt, –
Nun steht es da! –

Ein Nebelmäntlein umgeschlagen,
Ein graues Käppchen, grau Gewand,
Am grauen Halse grauer Kragen,
Das Richtmaß in der Aschenhand.
Durch seine Glieder zitternd geht
Der Strahl wie in verhaltner Trauer,
Doch an dem Estrich, an der Mauer
Kein Schatten steht.

Es wiegt das Haupt nach allen Seiten,
Unhörbar schwebt es durch den Raum,
Nun sieh es um die Säulen gleiten,
Nun fährt es an der Orgel Saum;
Und aller Orten legt es an
Sein Richtmaß, webert auf und nieder,
Und leise zuckt das Spiel der Glieder,
Wie Rauch im Tann. –

War das der Nacht gewalt'ger Odem? –
Ein weit zerfloßner Seufzerhall,
Ein Zitterlaut, ein Grabesbrodem
Durchquillt die öden Räume all:
Und an der Pforte, himmelan
Das Männlein ringt die Hand, die fahle,
Dann gleitet's aufwärts am Portale –
Es steht am Kran.

Und über die entschlafnen Wellen
Die Hand es mit dem Richtmaß streckt;
Ihr Schlangenleib beginnt zu schwellen,
Sie brodeln auf, wie halb geweckt;
Als drüber nun die Stimme dröhnt,
Ein dumpf, verhallend, fern Getose,
Wie träumend sich im Wolkenschoße
Der Donner dehnt.

»Ich habe diesen Bau gestellt,
Ich bin der Geist vergangner Jahre!
Weh! dieses dumpfe Schlummerfeld
Ist schlimmer viel als Totenbahre!
O wann, wann steigt die Stunde auf,
Wo ich soll lang Begrabnes schauen?
Mein starker Strom, ihr meine Gauen
Wann wacht ihr auf? –

Ich bin der Wächter an dem Turm,
Mein Ruf sind Felsenhieroglyphen,
Mein Hornesstoß der Zeitensturm,
Allein sie schliefen, schliefen, schliefen!
Und schlafen fort, ich höre nicht
Den Meißel klingen am Gesteine,
Wo tausend Hände sind wie eine,
Ich hör' es nicht! –

Und kann nicht ruhn, ich sehe dann
Zuvor den alten Kran sich regen,
Daß ich mein treues Richtmaß kann
In eine treue Rechte legen!
Wenn durch das Land *ein* Handschlag schallt,
Wie *einer* alle Pulse klopfen,
Ein Strom die Millionen Tropfen – «
Da silbern wallt

Im Osten auf des Morgens Fahne,
Und, ein zerfloßner Nebelstreif,
Der Meister fährt empor am Krane. –
Mit Räderknarren und Gepfeif,
Ein rauchend Ungeheuer, schäumt
Das Dampfboot durch den Rhein, den blauen –
O deutsche Männer! deutsche Frauen!
Hab' ich geträumt? –

DIE VERGELTUNG

I

Der Kapitän steht an der Spiere,
Das Fernrohr in gebräunter Hand,
Dem schwarzgelockten Passagiere
Hat er den Rücken zugewandt.
Nach einem Wolkenstreif in Sinnen
Die Beiden wie zwei Pfeiler sehn,
Der Fremde spricht: »was braut da drinnen?«
»Der Teufel«, brummt der Kapitän.

Da hebt von morschen Balkens Trümmer
Ein Kranker seine feuchte Stirn,
Des Äthers Blau, der See Geflimmer,
Ach, Alles quält sein fiebernd Hirn!
Er läßt die Blicke, schwer und düster,
Entlängs dem harten Pfühle gehn,
Die eingegrabnen Worte liest er:
»*Batavia. Fünfhundert Zehn.*«

Die Wolke steigt, zur Mittagsstunde
Das Schiff ächzt auf der Wellen Höhn,
Gezisch, Geheul aus wüstem Grunde,
Die Bohlen weichen mit Gestöhn.
»Jesus, Marie! wir sind verloren!«

Vom Mast geschleudert der Matros',
Ein dumpfer Krach in Aller Ohren,
Und langsam löst der Bau sich los.

Noch liegt der Kranke am Verdecke,
Um seinen Balken fest geklemmt,
Da kömmt die Flut, und eine Strecke
Wird er in's wüste Meer geschwemmt.
Was nicht geläng' der Kräfte Sporne,
Das leistet ihm der starre Krampf,
Und wie ein Narwal mit dem Horne
Schießt fort er durch der Wellen Dampf.

Wie lange so? er weiß es nimmer,
Dann trifft ein Strahl des Auges Ball,
Und langsam schwimmt er mit der Trümmer
Auf ödem glitzerndem Kristall.
Das Schiff! – die Mannschaft! – sie versanken.
Doch nein, dort auf der Wasserbahn,
Dort sieht den Passagier er schwanken
In einer Kiste morschem Kahn.

Armselge Lade! sie wird sinken,
Er strengt die heisre Stimme an:
»Nur grade! Freund, du drückst zur Linken!«
Und immer näher schwankt's heran,
Und immer näher treibt die Trümmer,
Wie ein verwehtes Möwennest;
»Courage!« ruft der kranke Schwimmer,
»Mich dünkt ich sehe Land im West!«

Nun rühren sich der Fähren Ende,
Er sieht des fremden Auges Blitz,
Da plötzlich fühlt er starke Hände,
Fühlt wütend sich gezerrt vom Sitz.
»Barmherzigkeit! ich kann nicht kämpfen.«
Er klammert dort, er klemmt sich hier;

Ein heisrer Schrei, den Wellen dämpfen,
Am Balken schwimmt der Passagier.

Dann hat er kräftig sich geschwungen,
Und schaukelt durch das öde Blau,
Er sieht das Land wie Dämmerungen
Enttauchen und zergehn in Grau.
Noch lange ist er so geschwommen,
Umflattert von der Möwe Schrei,
Dann hat ein Schiff ihn aufgenommen,
Viktoria! nun ist er frei!

II

Drei kurze Monde sind verronnen,
Und die Fregatte liegt am Strand,
Wo Mittags sich die Robben sonnen,
Und Bursche klettern über'n Rand,
Den Mädchen ist's ein Abenteuer
Es zu erschaun vom fernen Riff,
Denn noch zerstört ist nicht geheuer
Das greuliche Korsarenschiff.

Und vor der Stadt da ist ein Waten,
Ein Wühlen durch das Kiesgeschrill,
Da die verrufenen Piraten
Ein Jeder sterben sehen will.
Aus Strandgebälken, morsch, zertrümmert,
Hat man den Galgen, dicht am Meer,
In wüster Eile aufgezimmert.
Dort dräut er von der Düne her!

Welch ein Getümmel an den Schranken! –
»Da kömmt der Frei – der Hessel jetzt –
Da bringen sie den schwarzen Franken,
Der hat geleugnet bis zuletzt.«

»Schiffbrüchig sei er hergeschwommen«, 85
Höhnt eine Alte: »Ei, wie kühn!
Doch Keiner sprach zu seinem Frommen,
Die ganze Bande gegen ihn.«

Der Passagier, am Galgen stehend,
Hohläugig, mit zerbrochnem Mut, 90
Zu jedem Räuber flüstert flehend:
»Was tat dir mein unschuldig Blut!
Barmherzigkeit! – so muß ich sterben
Durch des Gesindels Lügenwort,
O mög' die Seele euch verderben!« 95
Da zieht ihn schon der Scherge fort.

Er sieht die Menge wogend spalten –
Er hört das Summen im Gewühl –
Nun weiß er, daß des Himmels Walten
Nur seiner Pfaffen Gaukelspiel! 100
Und als er in des Hohnes Stolze
Will starren nach den Ätherhöhn,
Da liest er an des Galgens Holze:
»Batavia. Fünfhundert Zehn.«

DER MUTTER WIEDERKEHR

»Du frägst mich immer von neuem, Marie,
Warum ich mein Heimatland
Die alten lieben Gebilde flieh
Dem Herzen doch eingebrannt?
Nichts soll das Weib dem Manne verhehlen, 5
Und nichts dem treuen Weibe der Mann,
Drum setz dich her, ich will erzählen,
Doch abwärts sitze – schau mich nicht an.

Bei meinen Eltern ich war, – ein Kind,
Ein Kind und dessen nicht froh, 10

Im Hause wehte ein drückender Wind,
Der ehliche Friede floh,
Nicht Zank noch Scheltwort durfte ich hören,
Doch wie ein Fels auf Allen es lag,
Sahn wir von Reisen den Vater kehren,
Das war uns Kindern ein trauriger Tag.

Ein Kaufmann, ernst, sein strenges Gemüt
Verbittert durch manchen Verlust,
Und meine Mutter die war so müd,
So keuchend ging ihre Brust!
Noch seh' ich wie sie, die Augen gerötet,
Ein Bild der still verhärmten Geduld,
An unserm Bettchen gekniet und gebetet.
Gewiß, meine Mutter war frei von Schuld!

Doch trieb der Vater sich um – vielleicht
In London oder in Wien –
Dann lebten wir auf und atmeten leicht,
Und schossen wie Kressen so grün.
Durch lustige Schwänke machte uns lachen
Der gute Mesner, dürr und ergraut,
Der dann uns Alle sollte bewachen,
Denn meiner Mutter ward Nichts vertraut.

Da schickte der Himmel ein schweres Leid,
Sie schlich so lange umher,
Und härmte sich sachte in's Sterbekleid,
Wir machten das Scheiden ihr schwer!
Wir waren wie irre Vögel im Haine,
Zu früh entflattert dem treuen Nest,
Bald tobten wir toll über Blöcke und Steine,
Und duckten bald, in den Winkel gepreßt.

Dem alten Manne ward kalt und heiß,
Dem würdigen Sakristan,
Sah er besudelt mit Staub und Schweiß

Und glühend wie Öfen uns nahn;
Doch traten wir in die verödete Kammer,
Und sahn das Schemelchen am Klavier,
Dann strömte der unbändige Jammer,
Und nach der Mutter wimmerten wir.

Am sechsten Abend nachdem sie fort
– Wir kauerten am Kamin,
Der Alte lehnte am Simse dort
Und sah die Kohlen verglühn,
Wir sprachen nicht, uns war beklommen –
Da leis' im Vorsaal dröhnte die Tür,
Und schlürfende Schritte hörten wir kommen.
Mein Brüderchen rief: »die Mutter ist hier!«

Still, stille nur! – wir horchten all,
Zusammen gedrängt und bang,
Wir hörten deutlich der Tritte Hall
Die knarrende Diel' entlang,
Genau wir hörten rücken die Stühle,
Am Schranke klirren den Schlüsselbund,
Und dann das schwere Krachen der Diele,
Als es vom Stuhle trat an den Grund.

Mein junges Blut in den Adern stand,
Ich sah den Alten wie Stein
Sich klammern an des Gesimses Rand,
Da langsam trat es herein.
O Gott, ich sah meine Mutter, Marie!
Marie, ich sah meine Mutter gehn,
Im schlichten Kleide, wie Morgens frühe
Sie kam nach ihren zwei Knaben zu sehn!

Fest war ihr Blick zum Grunde gewandt,
So schwankte sie durch den Saal,
Den Schlüsselbund in der bleichen Hand,
Die Augen trüb wie Opal;

Sie hob den Arm, wir hörtens pfeifen,
Ganz wie ein Schlüssel im Schlosse sich dreht,
Und in's Klosett dann sahn wir sie streifen,
Drin unser Geld und Silbergerät.

Du denkst wohl, daß keines Odems Hauch
Die schaurige Öde brach,
Und still war's in dem Klosette auch,
Noch lange lauschten wir nach.
Da sah ich zusammen den Alten fallen,
Und seine Schläfe schlug an den Stein,
Da ließen wir unser Geschrei erschallen,
Da stürzten unsere Diener herein.

Du sagst mir nichts, doch zweifl' ich nicht,
Du schüttelst dein Haupt, Marie,
Ein Greis – zwei Kinder – im Dämmerlicht –
Da waltet die Phantasie!
Was wollte ich nicht um dein Lächeln geben,
Um deine Zweifel, du gute Frau,
Doch wieder sag' ichs: bei meinem Leben!
Marie, wir sahen und hörten genau!

Am Morgen kehrte der Vater heim,
Verstimmt und müde gehetzt,
Und war er nimmer ein Honigseim,
So war er ein Wermut jetzt.
Auch waren es wohl bedenkliche Worte,
Die er gesprochen zum alten Mann,
Denn laut sie haderten an der Pforte,
Und schieden in tiefer Empörung dann.

Nun ward durchstöbert das ganze Haus,
Ein Jeder gefragt, gequält,
Die Beutel gewogen, geschüttet aus,
Die Silberbestecke gezählt,
Ob Alles richtig, versperrt die Zimmer,

Nichts konnte dem Manne genügen doch;
Bis Abends zählte und wog er immer,
Und meinte, der Schade finde sich noch.

Als nun die Dämmerung brach herein,
Ohne Mutter und Sakristan,
Wir kauerten auf dem staubigen Stein,
Und gähnten die Flamme an.
Verstimmt der Vater, am langen Tische,
Wühlt' in Papieren, schob und rückt',
Wir duckten an unserm Kamin, wie Fische,
Wenn drauf das Auge des Reihers drückt.

Da horch! – die Türe dröhnte am Gang,
Ein schlürfender Schritt darauf
Sich schleppte die knarrende Diel' entlang.
Der Vater horchte – stand auf –
Und wieder hörten wir rücken die Stühle,
Am Schranke klirren den Schlüsselbund,
Und wieder das schwere Krachen der Diele,
Als es vom Stuhle trat an den Grund.

Er stand, den Leib vorüber gebeugt,
Wie Jäger auf Wildes Spur,
Nicht Furcht noch Rührung sein Auge zeigt',
Man sah, er lauerte nur.
Und wieder sah ich die mich geboren,
Verbannt, verstoßen vom heiligen Grund,
O, nimmer hab' ich das Bild verloren,
Es folgt mir noch in der Todesstund!

Und Er? – hat keine Wimper geregt,
Und keine Muskel gezuckt,
Der Stuhl, auf den seine Hand gelegt,
Nur einmal leise gerückt.
Ihr folgend mit den stechenden Blicken
Wandt' er sich langsam wie sie schritt,

Doch als er sie an's Klosett sah drücken,
Da zuckte er auf, als wolle er mit.

145 Und »Arnold!« rief's aus dem Geldverlies,
— Er beugte vornüber, weit —
Und wieder »Arnold!« so klagend süß,
— Er legte die Feder bei Seit' —
Zum dritten Mal, wie die blutige Trauer,
150 »Arnold!« — den Meerschaumkopf im Nu
Erfaßt er, schleudert' ihn gegen die Mauer,
Schritt in's Klosett und riegelte zu.

Wir aber stürzten in wilder Hast
Hinaus an das Abendrot,
155 Wir hatten uns bei den Händen gefaßt,
Und weinten uns schier zu Tod.
Die ganze Nacht hat die Lampe geglommen,
Geknattert im Saal des Kamines Rost,
Und als der dritte Abend gekommen,
160 Da setzte der Vater sich auf die Post.

Ich habe ihm nicht Lebewohl gesagt,
Und nicht seine Hand geküßt,
Doch heißt es, daß er in dieser Nacht
Am Bettchen gestanden ist.
165 Und bei des nächsten Morgens Erglühen,
Das Erste was meine Augen sahn,
Das war an unserem Lager knieen
Den tief erschütterten Sakristan.

Dem ward in der Früh' ein Brief gebracht,
170 Und dann ein Schlüsselchen noch;
»Ich will nicht lesen,« hat er gedacht
Und zögerte, las dann doch
Den Brief, in letzter Stunde geschrieben
Von meines unglücklichen Vaters Hand,
175 Der fest im Herzen mir ist geblieben,
Obwohl mein Bruder ihn einst verbrannt.

›Was mich betroffen, das sag' ich nicht,
Eh dorre die Zunge aus!
Doch ist es ein bitter, ein schwer Gericht,
Und treibt mich von Hof und Haus. 180
In dem Klosette da sind gelegen
Papiere, Wechsel, Briefe dabei.
Dir will ich auf deine Seele legen
Meine zwei Buben, denn du bist treu.

Sorg' nicht um mich, was ich bedarf 185
Des hab ich genügend noch,
Und forsch auch nimmer, – ich warne scharf –
Nach mir, es tröge dich doch.
Sei ruhig, Mann, ich will nicht töten,
Den Leib, der Vieles noch muß bestehn, 190
Doch laß meine armen Kinderchen beten,
Denn sehr bedarf ich der Unschuld Flehn.‹

Und im Klosette gefunden ward
Ein richtiges Testament,
Und alle Papiere nach Kaufmannsart 195
Geordnet und wohl benennt.
Und wir? – in der Fremde ließ man uns pflegen,
Da waren wir eben wie Buben sind,
Doch mit den Jahren da muß sich's regen,
Bin ich doch jetzt sein einziges Kind! 200

Du weißt es, wie ich auch noch so früh,
So hart den Bruder verlor,
Und hätte ich dich nicht, meine Marie,
Dann wär ich ein armer Tor! –
Ach Gott, was hab' ich nicht All geschrieben, 205
Aufrufe, Briefe, in meiner Not!
Umsonst doch Alles, umsonst geblieben.
Ob er mag leben? – vermutlich tot!«

Nie brachte wieder auf sein Geschick
Die gute Marie den Mann,
Der seines Lebens einziges Glück
In ihrer Liebe gewann.
So mild und schonend bot sie die Hände,
Bracht' ihm so manches blühende Kind,
Daß von der ehrlichen Stirn am Ende
Die düstern Falten gewichen sind.

Wohl führt' nach Jahren einmal sein Weg
Ihn dicht zur Heimat hinan,
Da ließ er halten am Mühlensteg,
Und schaute die Türme sich an.
Die Händ' gefaltet, schien er zu beten,
Ein Wink – die Kutsche rasselte fort;
Doch nimmer hat er den Ort betreten,
Und keinen Trunk Wasser nahm er dort.

DER BARMEKIDEN UNTERGANG*

Reiche mir die Blutorange
Mit dem süßen Zauberdufte,
Sie die von den schönsten Lippen
Ihre Nahrung hat geraubt.

Sagt' ich es nicht, o Maimuna,
Flehend, händeringend, knieend,
Sagt' ich es zu sieben Malen,
Nicht zu tausend Malen dir?

---

* Das Geschlecht der Barmekiden gehörte, zur Zeit des Kalifats,
zu den edelsten, mächtigsten und zahlreichsten. Zuletzt war
»Dschafer der Barmekide« Großwesir des Kalifen Harun-al-
Reschid, und sein Liebling. – Die Schwester des Kalifen, Mai-
muna, faßte eine glühende Leidenschaft für den schönen und
edlen Mann, und da sie sich ihm auf keine andre Weise zu nähern

»Laß, o Fürstin, diese Liebe!
Laß von dieser dunklen Liebe,
Dir die ganze Brust versengend,
Unheil bringend und Gefahr!

Daß nicht merk' es der Kalife,
Er, der zornbereite Bruder,
Nicht den Dschafer dir verderbe,
Deinen hohen Barmekiden,
Nicht den Dschafer dir verderbe
Und dich selber, Fürstin, auch!«

Doch was ist die weise Rede
In dem liebentglühten Herzen?
Wie das Winseln eines Kindleins
In der wutentbrannten Schlacht,
Wie ein linder Nebeltropfen
In dem flammenden Gebäude,
Wie ein Licht, vom Borde taumelnd
In den dunklen Ozean!

In der Tänzerin Gewande
Schmiegen sich der Fürstin Glieder,
Um die Schultern Seide flattert,
In dem Arm die Zither liegt.

O, wie windet sie die Arme
Hoch das Tamburin erschwingend,

---

wußte, betrat sie seinen Palast in den Kleidern einer Tänzerin. –
Die Folge dieser Zusammenkunft war ein Verhältnis, das, eine
Reihe von Jahren verborgen geblieben, doch endlich zur
Kenntnis des Kalifen gelangte, und den Untergang des ganzen
Geschlechts nach sich zog. – Dschafer ward hingerichtet, sein
Kopf über eins der Stadttore Bagdads aufgesteckt, und sämt-
liche Barmekiden, in die Wüste getrieben, unterlagen dort dem
Hunger und Elende. – Siehe »Rosenöl«.

O, wie wogen ihre Schritte,
Ihre reizerblühten Glieder,
Daß der Barmekide glühend
Seine dunklen Augen birgt!

Sieben Jahre sind verschwunden,
Sieben wonnevolle Jahre,
Zu den sieben drei und fünfe,
Und in den Gebirgen irrend
Zieht der Barmekiden Schar.

Mütter auf den Dromedaren,
Blind geweint die schönen Augen,
In den Armen Kindlein wimmernd
In die lagerlose Nacht.

Über Bagdads Tor ein Geier,
Kreisend über Dschafers Schädel,
Rauscht hinan und rauscht vorüber,
Hat zur Nahrung nichts gefunden
Als in seiner Augen Höhlen
Nur zwei kleine Spinnlein noch.

BAJAZET

Der Löwe und der Leopard
Die singen Wettgesänge,
Glutsäulen heben Wettlauf an,
Und der Samum ihr Herold.
O Sonne, birg die Strahlen!

Was schleicht dort durch den gelben Sand,
Ist es ein wunder Schakal?
Ist es ein großer Vogel wohl,
Ein schwergetroffner Ibis?
O Sonne, birg die Strahlen!

Ein wunder Schakal ist es nicht,
Kein schwergetroffner Vogel,
Es ist der mächt'ge Bajazet,
Der Reichste in Cairo,
Er, der die dreizehn Segel hat,
Die reichbeladnen Schiffe,
Auf seiner Achsel liegt der Schlauch,
Der Stab in seiner Rechten.
O Sonne, birg die Strahlen!

»Weh dir, du unglücksel'ges Gold,
Verräterisches Silber!
Und weh dir, Hassan, falscher Freund,
Du ungetreuer Diener!
Nahmst in der Nacht die Zelte mir
Und nahmst mir die Kamele.«
O Sonne, birg die Strahlen!

»Wie einen Leichnam ließest mich,
Wie Mumien, verdorrte,
Wie ein verschmachtetes Kamel,
Wie ein Getier der Wüste!
Und gab dir doch das reiche Gut,
Die zwanzigtausend Kori.«
O Sonne, birg die Strahlen!

»So fluch' ich denn zu sieben Mal,
Und tausend Mal verfluch' ich:
Daß dich verschlingen mag das Meer,
Dein brennend Haus dich töten!
Daß breche dein Gebein der Leu,
Dein Blut der Tiger lecke!
Der Beduine plündre dich,
Preis gebe dich der Wüste,
Daß in dem Sande du versiechst,
Verschmachtend – hülflos – irrend!«
O Sonne, birg die Strahlen!

DER SCHLOSSELF

In monderhellten Weihers Glanz
Liegt brütend wie ein Wasserdrach'
Das Schloß mit seinem Zackenkranz,
Mit Zinnenmoos und Schuppendach.
Die alten Eichen stehn von fern,
Respektvoll flüsternd mit den Wellen,
Wie eine graue Garde gern
Sich mag um graue Herrscher stellen.

Am Tore schwenkt, ein Steinkoloß,
Der Pannerherr die Kreuzesfahn,
Und kurbettierend schnaubt sein Roß
Jahrhunderte schon himmelan;
Und neben ihm, ein Tantalus,
Lechzt seit Jahrhunderten sein Docke
Gesenkten Halses nach dem Fluß,
Im dürren Schlunde Mooses Flocke.

Ob längst die Mitternacht verklang,
Im Schlosse bleibt es immer wach;
Streiflichter gleiten rasch entlang
Den Korridor und das Gemach,
Zuweilen durch des Hofes Raum
Ein hüpfendes Laternchen ziehet;
Dann horcht der Wandrer, der am Saum
Des Weihers in den Binsen knieet.

»Ave, Maria! stärke sie!
Und hilf ihr über diese Nacht!«
Ein frommer Bauer ist's, der früh
Sich auf die Wallfahrt hat gemacht.
Wohl weiß er, was der Lichterglanz
Mag seiner gnäd'gen Frau bedeuten;
Und eifrig läßt den Rosenkranz
Er durch die schwiel'gen Finger gleiten.

Doch durch sein christliches Gebet
Manch Heidennebel schwankt und raucht;
Ob wirklich, wie die Sage geht, 35
Der Elf sich in den Weiher taucht,
So oft dem gräflichen Geschlecht
Der erste Sprosse wird geboren?
Der Bauer glaubt es nimmer recht,
Noch minder hätt' er es verschworen. 40

Scheu blickt er auf – die Nacht ist klar,
Und gänzlich nicht gespensterhaft,
Gleich drüben an dem Pappelpaar
Zählt man die Zweige längs dem Schaft;
Doch stille! In dem Eichenrund – 45
Sind das nicht Tritte? – Kindestritte?
Er hört wie an dem harten Grund
Sich wiegen, kurz und stramm, die Schritte.

Still! still! es raschelt über'n Rain,
Wie eine Hinde, die im Tau, 50
Beherzt gemacht vom Mondenschein,
Vorsichtig äset längs der Au.
Der Bauer stutzt – die Nacht ist licht,
Die Blätter glänzen an dem Hagen,
Und dennoch – dennoch sieht er nicht, 55
Wen auf ihn zu die Schritte tragen.

Da, langsam knarrend, tut sich auf
Das schwere Heck zur rechten Hand,
Und, wieder langsam knarrend, drauf
Versinkt es in die grüne Wand. 60
Der Bauer ist ein frommer Christ;
Er schlägt behend des Kreuzes Zeichen;
»Und wenn du auch der Teufel bist,
Du mußt mir auf der Wallfahrt weichen!«

Da hui! streift's ihn, federweich,
Da hui! raschelt's in dem Grün,
Da hui! zischt es in den Teich,
Daß bläulich Schilf und Binsen glühn,
Und wie ein knisterndes Geschoß
Fährt an den Grund ein bläulich Feuer;
Im Augenblicke wo vom Schloß
Ein Schrei verzittert über'm Weiher.

Der Alte hat sich vorgebeugt,
Ihm ist als schimmre, wie durch Glas,
Ein Kindesleib, phosphorisch, feucht,
Und dämmernd wie verlöschend Gas;
Ein Arm zerrinnt, ein Aug' verglimmt –
Lag denn ein Glühwurm in den Binsen?
Ein langes Fadenhaar verschwimmt,
– Am Ende scheinen's Wasserlinsen!

Der Bauer starrt, hinab, hinauf,
Bald in den Teich, bald in die Nacht;
Da klirrt ein Fenster drüben auf,
Und eine Stimme ruft mit Macht:
»Nur schnell gesattelt! schnell zur Stadt!
Gebt dem Polacken Gert' und Sporen!
Viktoria! so eben hat
Die Gräfin einen Sohn geboren!«

KURT VON SPIEGEL

O frommer Prälat, was ließest so hoch
Des Marschalks frevlen Mut du steigen!
War's seine Gestalt deren Adel dich trog,
Sein flatternder Witz unter Bechern und Reigen?
O frommer Bischof, wie war dir zu Mut,
Als rauchend am Anger unschuldiges Blut
Verklagte, verklagte dein zögerndes Schweigen!

Am Wewelsberge schallt Wald-Hurra,
Des Rosses Flanke schäumt über den Bügel,
Es keucht der Hirsch, und dem Edelwild nah,
Ein flüchtiger Dogge, keucht Kurt von Spiegel;
Von Turmes Fahne begierig horcht
Der arme Tüncher, und unbesorgt
Hält in der Hand er den bröckelnden Ziegel.

Da horch! Halali! das Treiben ist aus,
Des Hirsches einzige Träne vergossen,
Ein Hörnerstoß durch das waldige Haus
Vereint zum Geweide die zott'gen Genossen,
Und bald aus der nickenden Zweige Geleit
Die Treiber so stumm, die Ritter so breit,
Ziehn langsam daher mit den stöhnenden Rossen.

Der Spiegel spornt sein rauchendes Tier,
»Verfluchte Kanaille, du hast mich bestohlen!«
Da sieht er, hoch an des Turmes Zimier,
Den armen Tüncher auf schwankenden Bohlen.
»Ha,« murrt er, »heute nicht Beute noch Schuß,
Nie kam ich noch wieder mit solchem Verdruß,
Ich möchte mir drüben den Spatzen wohl holen!«

Der Tüncher sieht wie er blinzelt empor,
Und will nach dem ärmlichen Hütlein greifen,
Da sieht er drunten visieren das Rohr,
Da hört er den Knall, und die Kugel noch pfeifen;
Getroffen, getroffen! – er schaukelt, er dreht,
Mit Ziegel und Bohle und Handwerksgerät
Kollert er nieder zum rasigen Streifen.

Als träf ihn selber das Todesgeschoß
So zuckt der Prälat, seine Augen blitzen,
»Marschalk!« stöhnt er, die Stirne wird naß,
Am schwellenden Halse zittern die Spitzen,
Dann fährt auf die Wange ein glühendes Rot,

Und »Marschalk!« ruft er, »das bringt dir den Tod!
Greift ihn, greift ihn, meine Treiber und Schützen!«

Doch lächelnd der Spiegel vom Hengste schaut,
Er lächelt umher auf die bleichen Vasallen:
»Mein gnädigster Herr, nicht zu laut, nicht zu laut,
Eu'r Dräuen möchte im Winde verhallen!«
Dann wendet er rasch, im sausenden Lauf
Durchs Tor und die donnernde Brücke hinauf. –
Zu spät, zu spät sind die Gitter gefallen!

Im Dome zu Paderborn ist verhallt
Das Sterbegeläute des alten Prälaten,
Und wieder im Dom hat Kapitels Gewalt
Den neuen Beherrscher gewählt und beraten.
Stumm fährt das Gebirg und die Felder hinein
Der neue Bischof zur Wewelsburg ein,
Geleitet von summenden Volkskomitaten.

Und als nun über die Brücke er rollt,
Und sieht die massigen Türme sich strecken,
Wie ihm im Busen es zittert und grollt!
An seiner Inful – o brandiger Flecken!
Des Spiegels Blut in dem Ahnenbaum hell!
Leis seufzet er auf, dann murmelt er schnell:
»Herr Truchseß, laßt unsre Tafel nun decken.«

Es kreisen die Becher beim Böllergeknall,
Die stattlichen Ritter, die artigen Damen,
Sich schleudernd des Witzes anmutigen Ball,
Fast von der Stirne die Falten ihm nahmen;
Da horch! im Flure ein Schreiten in Eil;
Es knarren die Türen, es steht eine Säul',
Der Spiegel, der blutige Marschalk, im Rahmen!

Der Bischof schaut wie ein Laken so bleich, –
Im weiten Saal keines Odems Verhallen –
An's Auge schlägt er die Rechte sogleich,
Und langsam läßt er zur Seite sie fallen.
Dann seufzt er hohl und düster und schwer: 75
»Kurt! – Kurt von Spiegel, wie kömmst du daher! –
Greift ihn, ergreift ihn, ihr meine Vasallen!«

Kein Sünderglöckchen geläutet ward,
Kein Schandgerüst sah man zimmern und tragen,
Doch sieben Schüsse die knatterten hart, 80
Und eine Messe hörte man sagen.
Der Bischof schaut' auf den blutigen Stein,
Dann murmelt' er sacht in's Breve hinein:
»Es ist doch schwer eine Inful zu tragen!«

DER SPIRITUS FAMILIARIS
DES ROSSTÄUSCHERS

> Deutsche Sagen; herausgegeben von den
> Gebrüdern Grimm. Berlin. 1816. Nr. 84.

Spiritus familiaris

Er wird gemeiniglich in einem wohlverschlossenen Gläslein aufbewahrt, sieht aus nicht recht wie eine Spinne, nicht recht wie ein Skorpion, bewegt sich aber ohne Unterlaß. Wer diesen kauft, bei dem bleibt er, er mag das Fläschlein hinlegen wohin er will, immer kehrt er von selbst zu ihm zurück. Er bringt großes Glück, läßt verborgene Schätze sehen, macht bei Freunden geliebt, bei Feinden gefürchtet, im Kriege fest wie Stahl und Eisen, also daß sein Besitzer immer den Sieg hat, auch behütet er vor Haft und Gefängnis. Man braucht ihn nicht zu pflegen, zu baden und kleiden, wie ein Galgenmännlein. Wer ihn aber behält bis er stirbt, der muß mit ihm in die Hölle, darum sucht ihn der Besitzer wieder los zu werden. – –

Ein Soldat, der ihn für eine Krone gekauft und den gefährlichen Geist kennen lernte, warf ihn seinem vorigen Besitzer vor die Füße und eilte fort; als er zu Hause ankam, fand er ihn wieder in seiner Tasche. Nicht besser ging es ihm, als er ihn in die Donau warf.

Ein Augsburgischer Roßtäuscher und Fuhrmann zog in eine berühmte deutsche Stadt ein. Der Weg hatte seine Tiere sehr mitgenommen, im Tor fiel ihm ein Pferd, im Gasthaus das zweite und binnen wenigen Tagen die übrigen sechs. Er wußte sich nicht zu helfen, ging in der Stadt umher, und klagte den Leuten mit Tränen seine Not. Nun begab sich's, daß ein anderer Fuhrmann ihm begegnete, dem er sein Unglück erzählte. Dieser sprach: »seid ohne Sorgen, ich will euch ein Mittel vorschlagen, dessen ihr mir danken sollt.« Der Roßtäuscher meinte, dies wären leere Worte. »Nein, nein, Gesell, euch soll geholfen werden. Geht in jenes Haus und fragt nach der ›Gesellschaft,‹ der erzählt euren Unfall, und bittet um Hülfe.« Der Roßtäuscher folgte dem Rate, ging in das

Haus und fragte einen Knaben, der da war, nach der Gesellschaft. Er mußte auf Antwort warten, endlich kam der Knabe wieder und öffnete ihm ein Zimmer, in welchem etliche alte Männer an einer runden Tafel saßen. Sie redeten ihn mit Namen an, und sagten: »Dir sind acht Pferde gefallen, darüber bist du niedergeschlagen, und nun kömmst du, auf Anraten eines deiner Gesellen, zu uns, um Hülfe zu suchen: du sollst erlangen, was du begehrst.« Er mußte sich an einen Nebentisch setzen und nach wenigen Minuten überreichten sie ihm ein Schächtelein mit den Worten: »Dies trage bei dir, und du wirst von Stund an reich werden, aber hüte dich, daß du die Schachtel, wo du nicht wieder arm werden willst, niemals öffnest.« Der Roßtäuscher fragte, was er für dieses Schächtelein zu zahlen habe, aber die Männer wollten nichts dafür; nur mußte er seinen Namen in ein großes Buch schreiben, wobei ihm die Hand geführt ward. Der Roßtäuscher ging heim, kaum aber war er aus dem Haus getreten, so fand er einen ledernen Beutel mit dreihundert Dukaten, womit er sich neue Pferde kaufte. Ehe er die Stadt verließ, fand er in dem Stalle, wo die neuen Pferde standen, noch einen großen Topf mit alten Talern. Kam er sonst wohin und setzte das Schächtelein auf die Erde, so zeigte sich da, wo Geld verloren oder vorzeiten vergraben war, ein hervordringendes Licht, also daß er es leicht heben konnte. Auf diese Weise erhielt er ohne Diebstahl und Mord große Schätze zusammen. Als die Frau des Roßtäuschers von ihm vernahm, wie es zuging, erschrak sie, und sprach: »Du hast etwas Böses empfangen, Gott will nicht, daß der Mensch durch solche verbotene Dinge reich werde, sondern hat gesagt, im Schweiße deines Angesichts sollst du dein Brod essen. Ich bitte dich um deiner Seligkeit willen, daß du wieder nach der Stadt zurück reisest und der ›Gesellschaft‹ deine Schachtel zustellst.« Der Mann von diesen Worten bewogen, entschloß sich und schickte einen Knecht mit dem Schächtelein hin, um es zurück zu liefern, aber der Knecht brachte es wieder mit der Nachricht zurück, daß die Gesellschaft nicht mehr zu finden sei, und niemand wisse, wo sie sich aufhalte. Hierauf gab die Frau genau Acht, wo ihr Mann das Schächtelein hinsetze, und bemerkte, daß er es in einem besonders von ihm gemachten Täschchen in dem Bund seiner Beinkleider verwahre. In der Nacht stand sie auf, zog es hervor und öffnete es: da flog eine schwarze sumsende Fliege heraus und nahm ihren Weg durch das Fenster hin. Sie machte den Deckel wieder darauf und legte es an seinen Ort, unbesorgt wie es ablaufen würde. Allein von Stund an verwandelte sich all das vorige Glück in das empfindlichste Unglück. Die Pferde fielen oder wurden gestohlen. Das Korn verdarb auf dem Boden, das Haus brannte zu dreienmalen ab, und der gesammelte Reichtum verschwand zusehends. Der Mann geriet in Schulden und ward ganz arm, so daß er in Verzweiflung erst seine Frau mit einem Messer tötete, dann sich selbst eine Kugel durch den Kopf schoß.

> Trutz Simplex Leben der Landstörzerin Courage. Kap. 18 und 23
>
> Der Leipziger Avanturier. Frkft. u. Lpzg. 1756. T. 2. S. 38-42

Den hier angegebenen Kennzeichen des Spiritus familiaris fügt der Volksglaube an manchen Orten noch andere hinzu. Seine ununterbrochenen Bewegungen sollen von einem feinen knisternden Geräusch begleitet sein, was den Träger Andern unheimlich und dem Wissenden kenntlich mache. Über Tag sei er schwarz, gebe aber im Dunkeln ein starkes phosphorisches Licht von sich, und so oft der Besitzer eine Kirche betrete, bete, oder sich nur einem frommen Gedanken überlasse, bekomme einer seiner feinen zahllosen Füße oder Fühlhörner die Macht, das Glas zu durchdringen und demselben einen Stich zu geben, der jedesmal die Lebenskraft bedeutend schwäche. Auch sollen seine Gaben dies mit andern höllischen gemein haben, daß sie zwar nicht wie diese zu Kohlen, aber schon in der zweiten Hand verderblich werden, das Vieh falle, das Getreide verderbe, oder, bis zur Aussaat gebracht, nicht keime, so daß dem Käufer von dem scheinbar vorteilhaftesten Handel nur der schlimmste Schaden bleibe. – Als Orte, wo die Fläschlein zu erhalten sind, wird bald ein Kreuzweg, bald der Rabenstein, bald ein leerstehendes, durch darin begangene Verbrechen dem Bösen anheim gefallenes Haus bezeichnet.

I

So hat er sich umsonst gequält, umsonst verkauft die werte
                              Stätte,
Wo seiner Kindheit Linde steht und seiner Eltern
                              Sterbebette,
Umsonst hat er so manchen Tag den frostbeklemmten
                              Hauch gesogen,

In seiner starren Hand den Zaum, umknistert von des
                               Schnees Wogen,
Beim Morgenrot, beim Abendrot,
Nur um ein Stückchen ehrlich Brod!

Der Täuscher kniet am Pflastergrund, er streicht des
                               Rosses heiße Flanken,
Von des Gebälkes Sparren läßt die Leuchte irre Schatten
                               wanken;
Bei Gott, es lebt! – im Aug' ein Blitz! – es schaudert,
                               zittert, hüben, drüben,
Dann streckt es sich, die Nüstern stehn, vom wilden
                               Schreie aufgetrieben,
Und aus den Gliedern wirbelt Dampf,
Der Lebenswärme letzter Kampf.

Der Täuscher kniet und streichelt fort, nicht trauen will
                               er seinem Auge,
Und schwellend in die Wimper steigt der Mannesträne
                               bittre Lauge,
Sacht langt die Decke er herbei und schlägt sie um des
                               Tieres Weichen,
Dann läßt er der Laterne Schein ob den gespannten
                               Sehnen streichen;
Es ist vorbei, kein Odemhauch,
Und schon verschwimmt der Flanken Rauch.

Vom Boden hebt er sich, er steht, der schwergebeugte
                               Mann der Sorgen,
Und langsam hat er seine Stirn, hat sie in hohler Hand
                               geborgen;
Was heute war? was morgen wird? wie könnt' er dessen
                               sich entsinnen!
Und der Verzweiflung Schlange fühlt er kalt zum
                               Herzen niederrinnen;
Was war? was ist? – er fährt empor,
Ein Klirren, dicht an seinem Ohr!

25 Und an dem nächsten Ständer lehnt, des toten Rappen
Zaum und Zügel
Gelassen wägend in der Hand, ein Mann mit Hafermaß
und Striegel,
So stämmig wie durch Frost und Staub der Kärrner
treibt die derben Glieder,
In seinen breiten Nacken hängt der breite Schlapphut
tröpfelnd nieder,
Und ruhig auf den Täuscher itzt
30 Sein graubewimpert Auge blitzt.

»Herr!« hebt er an: »ihr dauert mich, ein feines Tier ist
euch gefallen,
Doch weiß ich eins, ihm gleich wie sich am Paternoster
zwei Korallen;
Ich nenne euch den Ort, das Haus, ihr habt es um
zweihundert Gulden,
Dann wüßt' ich einen Herrn, der drum sein halbes Erbe
würde schulden.«
35 Der Täuscher horcht, und stammelt dann:
»Ich bin ein ganz verarmter Mann!«

»Wie, eure prächt'ge Kuppel hin? wie, die ich in den
Ostertagen
So frisch das Pflaster stampfen sah? fürwahr, da seid Ihr
zu beklagen!
O, euer Brauner mit dem Stern, der zierlich vor den
Damen kniete!
40 O, euer Weißgeborner, dem's wie Funken aus den
Nüstern sprühte!«
Der Täuscher hat sich abgewandt,
Er zupft am Zaume, ballt die Hand;

Und sinnend steht der Schlapphut, mißt mit steifem
Blick der Kiste Bohlen,
»Herr!« flüstert er: »schließt eure Faust um
blankgerändete Pistolen!

Die Stunde zehrt, es schwillt der Mond, bald ist des Jahres Schluß gekommen, 45
Habt ihr auf euren Zügen denn von der *Gesellschaft* nichts vernommen?«
Der Täuscher blickt verwirrt umher,
Und: »die Gesellschaft?« murmelt er.

»Wie, die so manchen braven Mann aus seinen Nöten hat gezogen
Und keinen Heller Zinsen nimmt, zwei Worte nur auf weißem Bogen, 50
Die euch, und lebt ihr hundert Jahr, mit keiner Mahnung wird beschämen,
Die kennt ihr nicht? die kennt ihr nicht? fürwahr, das muß mich Wunder nehmen!«
Der Täuscher horcht, er spricht kein Wort,
Und flüsternd fährt der Andre fort:

»Hört an, wenn in Silvesternacht das Mondlicht steigt in volle Bahnen, 55
Kein Dach, kein Baum es schatten mag, wenn silbern stehn der Türme Fahnen,
Zum Schleusentor geht dann hinaus, den Strom zur Rechten, links die Föhren,
Wer euch begegnet – achtet's nicht; wer euch begrüßt – laßt euch nicht stören,
Und hinterm Friedhof liegt ein Haus,
Ein wenig öde sieht es aus. 60

Verstorbnen Wuchrers Erb' um das sich sieben Lumpe hitzig streiten,
Und drinnen flimmt ein schwaches Licht, ihr seht es freilich nicht von weiten,
Alljährlich nur in dieser Nacht, sonst stehen Tür und Tor verrammelt,
In einem Hinterbaue brennts, wo die *Gesellschaft* sich versammelt;

65 Ihr trefft sie bis der Hahn gekräht, –«
Der Täuscher wendet sich und geht.

Wie trunken schwankt er durch den Hof, schwankt in
    die buntgefüllte Halle;
Der Kannen Klappern, das Geschrei – ihm ist als ob die
    Decke falle;
Und seufzend löst vom Gürtel er die Lederkatze, und
    beklommen
70 Läßt er den ärmlichen Gehalt so Stück vor Stück zu
    Tage kommen;
Dann springt er auf, sein Sporenklang
Klirrt trotzig das Gehöft entlang.

Doch was er rufen, pfeifen mag, leer ist der Stall, nur
    aus den Raufen
Hängt wirres Heu wie sträubend Haar, und drunter
    dampfen Strohes Haufen,
75 Nur der Laterne feuchter Docht wirft Flämmchen auf
    mit leichtem Knallen,
Und läßt ein seltsam zuckend Licht um den gestreckten
    Rappen fallen,
Und in der Fensterscheibe steht
Des Mondes bleiche Majestät.

II

Das nenn' ich eine Winternacht! das eine Jahresleiche!
    Gnade
80 Der Himmel Jedem den die Not treibt über diese
    blanken Pfade!
Sie glitzern auf, der Schlange gleich im weißen
    Pyramidensande,
Und drüber hängt, ein Totenlicht, der Mond an
    unsichtbarem Bande,
Mit Fünkchen ist die Luft gefüllt,
Die Sterbeseufzer zieht und quillt.

Nie hat, seit Menschendenken, sich Silvesternacht so 85
                     scharf ergossen,
Der Tag hat Flocken ausgestreut, der Abend sie mit
                     Glas umschlossen;
In den Gehöften Taub' und Huhn auf ihrer Stange
                     ächzend ducken,
Der Hund in seinem Schober heult und fühlt den Wurm
                     im Hirne zucken;
Zwei Spannen hat in dieser Nacht
Das Eis dem Strome zugebracht. 90

Verklommen steht am Tor die Wach' und haucht in die
                     erstarrten Hände,
»Wer da!« »ein Freund!« und hastig stampft es längs der
                     Brücke Steingeländc;
Betroffen sieht ihn der Rekrut wie einen Mast am
                     Strome schwanken:
»Der ist betrunken oder irr!« er steht ein Weilchen in
                     Gedanken,
Bekreuzt sich, zieht die Uhr heraus, 95
Und lehnt sich an sein Schilderhaus.

In's offne Land der Täuscher tritt, er atmet auf und
                     schaut nach oben;
Kein Wölkchen hängt am Riesenbau der dunklen
                     Saphirkuppel droben,
Er wendet sich, und sieht die Stadt wie eine Nebelmasse
                     liegen,
Und drüber, auf Sankt Thomas Turm, das Wetterkreuz 100
                     sich schimmernd wiegen,
Den Mantel zieht er an's Gesicht
Und schreitet fort im Mondenlicht.

Was liegt dort über'm Weg? – ein Mensch, ein Mann in
                     dünnem Zwillichrocke, –
Der Täuscher zuckt, doch zaudert nicht; wohl sieht des
                     Greisen dünne Locke,

105 Die Glatze, leuchtend aus dem Schnee, er sieht sie im
                                      Vorüberschreiten,
   Und wie mit tausend Stricken zieht es nieder, nieder ihn,
                                            zur Seiten;
   An's Herz hat er die Faust geballt,
   Und weiter, weiter sonder Halt!

   Die Scholle unterm Fuße kracht, und scheint ihn
                                       wimmernd anzuklagen,
110 Die Luft mit ihrem leisern Hauch ihm Sterberöcheln
                                            zuzutragen,
   In dem verglas'ten Föhrenwald ein irres Leben surrt und
                                             klingelt,
   Und seiner eignen Kehle Hauch mit Funkenstaube ihn
                                           umzingelt,
   Voran, voran, der Würfel liegt,
   Verloren oder keck gesiegt!

115 Da wie ein Glöckchen tönt's von fern, und dann ein
                                     Lichtchen kömmt geschwommen
   Den blanken Schlangenpfad entlang, ist an des Hügels
                                           Bug geklommen,
   Das Glöckchen schwirrt, das Flämmchen schwankt,
                                  Gestalten dunkel sich bewegen,
   Ein Priester mit dem Sakrament zieht dem verstörten
                                           Mann entgegen,
   Und wie's an ihm vorüber schwebt
120 Der Mönch die Hostie segnend hebt.

   Der Täuscher schaudert, und ihn reißt's wie Blei-
                                         gewichte an den Knieen,
   Doch weiter, weiter! – und vorbei läßt er den Gnaden-
                                           engel ziehen;
   Noch einmal schaudert er – ein Knall – des Stromes
                                       Flächen spaltend zittern,
   Ein Windstoß durch der Föhren Haar, und die
                                    kristallnen Stäbchen klittern –

Da tritt zum Friedhof er hinaus 125
Und vor ihm liegt das öde Haus.

Er starrt es an – ein düst'rer Bau! mit Zackengiebel,
                                    Eisenstangen,
Vom offnen Tore Nägelreihn wie rostige Gebisse hangen;
Der Täuscher zaudert, dann umschleicht behutsam wie
                                    ein Fuchs im Winde
Die Mauern er; – ist's nicht als ob ein Licht im Innern 130
                                    sich entzünde?
Er schüttelt sich, er tritt hinein
Und steht im finstern Gang allein;

Tappt am Gemäuer, wendet sich; dort flimmt es durch
                                    der Türe Spalten,
Sacht beugt er zu der Ritze, lauscht, den schweren
                                    Odem angehalten;
Kein Ton, kein Räuspern, nur ein Laut wie scharf- 135
                                    geführter Feder Schrillen,
Und ein Geriesel wie wenn Sand auf Estrich stäubt
                                    durch schmale Rillen;
Sacht greift er an die Klinke, sacht
Hat er gepocht und aufgemacht.

III

Wie friedlich in der Erde Schoß die still geringen
                                    Leutchen schlafen!
Endlich ein Pfühl nach hartem Stroh, nach saurer Fahrt 140
                                    endlich ein Hafen!
Dem Flockenwulste, sichtbar kaum, entheben sich die
                                    niedern Hügel,
Doch Gottes Engel kennt sie wohl, und schirmend
                                    breitet er die Flügel
Den Kreuzlein zu, die Pflock an Pflock
Sich reihen um den Marmorblock.

145 Am Sockel kreucht der Drachenwurm, und scheint zum
                         Grund hinabzukrallen,
   Zum toten Wuchrer unter'm Stein, von eigner Frevel-
                         hand gefallen,
   Wohl hat ihm Gold ein ehrlich Grab geworben an der
                         Friedhofsmauer,
   Doch drüber zuckt sein Flammenschwert Sankt Michael
                         in Zorn und Trauer,
   So silbergrau, ein Nachtgesicht,
150 Steht das versteinerte Gericht.

   Vom öden Hause, seinem einst, wo blutge Tränen sind
                         geflossen,
   Hat sich ein seltsam dämmernd Licht bis an den
                         Marmelstein ergossen,
   Es ist als ob das Monument bei der Berührung zitternd
                         schwanke,
   Im Schnee wühlend eine Hand dem Schuldner sich
                         entgegen ranke;
155 Er kömmt, er naht, die Pforte dröhnt,
   Er hat sich an den Stein gelehnt;

   Bleich wie der Marmor über ihm, und finster wie das
                         Kreuz zur Seiten,
   Von Stirn und Wimper, Zähren gleich, geschmolznen
                         Reifes Tropfen gleiten;
   Was er in dieser schweren Nacht gelitten oder auch
                         gesündet,
160 Er hat es Keinem je geklagt und Keinem reuig es
                         verkündet;
   In's Dunkel starrt er, wie man wohl
   So starrt gedankenlos und hohl.

   Ihm ist, als fühl' er noch die Hand die seinen Federzug
                         geleitet,
   Als fühle er den Nadelstich, der seines Blutes Quell
                         bereitet,

Und leise zitternd tastet er zum Gurte, – hörst du nicht ein Knirren, 165
Viel schrillender als Uhrgetick, viel zarter als der Spange Klirren? –
O, seine Heimat, still umlaubt!
O, seines Vaters graues Haupt!

Bewußtlos an des Engels Knie drückt er die Stirn, klemmt er die Hände,
Der toten Gäule Klingeln hört er schleichen durch die Fichtenwände; 170
Genüber ihm am Horizonte schleifen schwarze Wolkenspalten,
Wie lässig eine träge Hand zum Sarge schleift des Bahrtuchs Falten;
Er streicht das Auge, reckt sich auf,
Und schaut zum Ätherdom hinauf.

Noch hängt die Mondesampel klar am goldgestickten Kuppelringe, 175
Noch leuchtet von Sankt Thomas Turm das Kreuz wie eine Doppelklinge,
Noch ist die Stunde nicht, wo sich der Hahn auf seiner Stange schüttelt,
O eilig, eilig, eh die Uhr das letzte Sandkorn hat gerüttelt!
Er wendet sich, da – horch, ein Klang,
Und wieder einer, schwer und bang! 180

Und mit dem zwölften Schlage hat der Wolkenmantel sich gebreitet,
Der immer höher, riesig hoch, sich um die Himmelskuppel weitet,
Und, horch! – ein langgedehnter Schrei, des Hahnes mitternächt'ge Klage;
Im selbigen Moment erbebt und lischt der Schein am Sarkophage,
Und Engel, Drache, Flammenschwert, 185
Sind in die wüste Nacht gekehrt.

IV

Ho! Gläserklang und Jubelsang und »Hurra hoch!«
                              fährt's durch die Scheiben,
Getroffen schwankt der goldne Leu, die Buben aus
                              einander stäuben,
Und drängen sich und balgen sich das fliegende Konfekt
                              zu fangen;
190 Ein Glas, 'ne Frucht, 'ne Börse gar, die blieb am Speer
                              des Schildes hangen,
Und schreiend nach der Stange sticht
Das kleine gierige Gezücht.

Da klirrt aus des Balkones Tür ein Mann mit Gert' und
                              Eisensporen,
Ihm nach ein Andrer, Flasch' im Arm, in Rausches
                              Seligkeit verloren,
195 »Gesindel!« ruft der Eine: »halt! ich will euch lehren
                              Börsen stechen!«
»Frisch, Jungens, frisch!« der Andre drauf: »die Birn ist
                              mein, wer kann sie brechen?
Ihn schlag' ich heut', ich, Hans von Spaa,
Zum Ritter von Lumpatia.«

»Besinnt euch,« spricht der Erste; »was, besinnen? hab'
                              ich mich besonnen
200 Als euer Falber wie'n gestochner Stier zusammenbrach
                              am Bronnen?
Besann ich mich zu zahlen, Herr? o euer Vieh!
                              dreihundert Kronen!«
Die Stimme bricht in trunknem Weh, er schluchzt: »mag
                              euch der Teufel lohnen!«
Und schraubt den Pfropfenzieher ein;
Der Täuscher murmelt finster drein,

Und wendet sich. »He, holla, halt!« schreit's hinter ihm, "nicht von der Stelle!
Hoch euer Galgenmännlein, hoch der kleine rauchige Geselle!
Und wieder hoch! und dreimal hoch! – Alräunchen, Hütchen meinetwegen,
Mag's ferner goldne Eier euch, und Andern tote Bälge legen!«
Der Täuscher lächelt, aschenfahl,
Und schlendert pfeifend in den Saal.

Noch zwei Minuten, und du siehst den Gassenpöbel vor ihm weichen,
Ihn scheu wie ein umstelltes Wild entlang die Häuserreihen streichen:
So schleicht kein Trinker schweren Hirns und freudesatt sich vom Gelage,
So grüßt kein freies Herz, nicht steht auf offner Stirn so trübe Frage;
Man meint, das Tor gewinne jetzt
Ein Schelm, von Gläubigern gehetzt.

Erst als die Fichte ihn umstarrt, an seiner Sohle Nadeln rauschen,
Hat er den Schritt gehemmt und steht, in sich gebeugt, zu lauschen – lauschen –
So lauscht kein Liebender dem Klang der Glocke, die zur Minne ladet,
Kein Kranker so des Priesters Schritt, der mit dem Heiltum ihn begnadet:
Ein Delinquent so lauschen mag
Der letzten Stunde Pendelschlag.

Am Sonnenbrande schlummernd liegt der Wald in des Aroma Wellen,
Und Harz entquillt den Nadeln wie aus Schläfers Wimpern Tränen quellen,

225 Die sonnentrunkne Klippe nickt, die Vögel träumen von
                                          Gesange,
   In sich gerollt das Eichhorn liegt, umflattert von dem
                                          Franzenhange,
   An jeder Nadel weißer Rauch
   Verdunstet Terpentines Hauch.

   Durch das Gezweig' ein Sonnenstrahl bohrt in des
                                          Horchers Scheitellocke,
230 Die aus dem dunklen Wulste glimmt wie Seegewürmes
                                          Feuerflocke;
   Er steht und lauscht, er lauscht und steht, vernimmst du
                                          nicht ein feines Schrillen,
   Ein Rieseln, wie wenn Sandgekörn auf Estrich stäubt
                                          durch schmale Rillen?
   So scharf es geht, so bohrend ein,
   Wie Sensenwetzen am Gestein.

235 Der Täuscher richtet sich, er seufzt, dann drängend nach
                                          des Forstes Mitte,
   An eklem Pilze klirrt der Sporn und Blasen schwellen
                                          unterm Tritte,
   Hier wuchern Kress' und Binsenwust, Gewürme klebt
                                          an jedem Halme,
   Insektenwirbel wimmelt auf und nieder in des Mooses
                                          Qualme,
   Und zischend, mit geschwelltem Kamm,
240 Die Eidechs sucht den hohlen Stamm.

   Der Wandrer bricht die Rank', er reißt und wütet in den
                                          Brombeerhecken,
   Da seitwärts durch Geröhres Speer erglänzt des Kolkes
                                          Dintenbecken,
   Ein wüster Kübel, wie getränkt mit schweflichen
                                          Asphaltes Jauche,
   Langbeinig füßelnd Larvenvolk regt sich in Faden-
                                          schlamm und Lauche,

Und faule Spiegel, blau und grün,
Wie Regenbogen drüber ziehn.

In Mitten starrt ein dunkler Fleck, vom Riesenauge die Pupille,
Dort steigt die Wasserlilg' empor, dem Fußtritt lauschend durch die Stille;
Wen sie verlockt mit ihrem Schein, der hat sein letztes Lied gesungen;
Drei Tage suchte man das Kind umsonst in Kraut und Wasserbungen,
Wo Egel sich und Kanker jetzt
An seinen bleichen Gliedchen letzt.

Der Täuscher steht, den Arm verschränkt, und sturt verdüstert in die Lache,
Sein Haar voll Laub und Kletten bauscht sich finster an der Krempe Dache,
Gleich einem Senkblei scheint der Blick des Kolkes tiefsten Grund zu messen,
Zur Seite schaut er, rückwärts dann, kein Strauch, kein Hälmchen wird vergessen,
Greift dann behend zum Gürtelband
Und hält ein Fläschlein in der Hand.

Kaum hat das Ohr sich überzeugt, im Glase klingle das Gerispel,
Ein Wimmeln kaum das Aug' erhascht, wie spinnefüßelndes Gewispel,
Da, hui! pfeifts im Schwung' und, hui! fährts an der Lilie Krone nieder,
Das Wasser zischt, es brodelt auf, es reckt die modergrünen Glieder,
Und rückwärts, rückwärts sonder Halt
Raschelt der Täuscher durch den Wald.

265 Erst im Verhaue, wo die Luft spielt mit der Beere
                                          Würzarome,
Und auf den goldnen Schwingen trägt das Festgeläut
                                          vom nahen Dome,
Dort sinkt er schluchzend auf die Knie, so fest, so fest
                                          die Händ' gefaltet,
O selten hat ein Seufzer so des Herzens tiefsten Grund
                                          gespaltet!
Was dieser Seufzer trägt, es muß
270 Sich nahen wie ein glüher Kuß.

Und Zähren Perl' an Perle sich entlang die braunen
                                          Wangen schmiegen,
So mochte der verlorne Sohn zu seines Vaters Füßen liegen;
Da plötzlich zuckt der Beter – greift zum Gurte – tastet
                                          dann auf's Neue –
Mit dumpfem Laute, klirrend fährt vom Grund er wie
                                          ein wunder Leue,
275 Und in den Fingern angstgekrampft
Die triefende Phiole dampft!!

V

Tief tiefe Nacht, am Schreine nur der Maus geheimes
                                          Nagen rüttelt,
Der Horizont ein rinnend Sieb, aus dem sich Kohlen-
                                          staub entschüttelt,
Die Träume ziehen, schwer wie Blei und leicht wie
                                          Dunst, um Flaum und Streue,
280 In Gold der hagere Poet, der dürre Klepper wühlt im Heue,
Vom Kranze träumt die Braut, vom Helm
Der Krieger, und vom Strick der Schelm.

In jener Kammer, wo sich matt der Fenster tiefes Grau
                                          schattieret,
Hörst du ein Rieseln, wie die Luft der Steppe zarten
                                          Staub entführet?

Und ein Gesäusel, wie im Glas gefangner Bremse Flügel
                                                  wispelt?
Vielleicht 'ne Sanduhr die verrinnt? ein Mäuschen das
                                        im Kalke rispelt?
So scharf es geht, so bohrend ein
Wie Sensenwetzen am Gestein.

Und dort am Hange – Phosphorlicht, wie's kranken
                                      Gliedern sich entwickelt?
Ein grünlich Leuchten, das wie Flaum mit hundert
                                      Fäden wirrt und prickelt,
Gestaltos, nur ein glüher Punkt in Mitten wo die Fasern
                                        quellen,
Mit klingelndem Gesäusel sich an der Phiole Wände
                                        schnellen,
Und drüber, wo der Schein zerfleußt,
Ein dunkler Augenspiegel gleißt.

Und immer krimmelts, wimmelts fort, die grüne Wand
                                      des Glases streifend,
Ein glüher gieriger Polyp, vergebens nach der Beute
                                        greifend,
Und immer starrt das Auge her, als ob kein Augenlid es
                                        schatte,
Ein dunkles Haar, ein Nacken hebt sich langsam an des
                                        Tisches Platte,
Dann plötzlich schließt sich eine Hand
Und im Moment der Schein verschwand.

Es tappt die Diel' entlang, es stampft wie Männertritt
                                        auf weichen Sohlen,
Behutsam tastend an der Wand will Jemand Rates sich
                                        erholen,
Dann leise klinkt der Türe Schloß, die losgezognen
                                        Riegel pfeifen,
Durch das Gemach, verzitternd, scheu, gießt sich ein
                                        matter Dämmerstreifen,

305 Und in dem Rahmen, duftumweht
Im Nachtgewand der Täuscher steht.

Wie ist die stämmige Gestalt zum sehnenharten Knorren
worden!
Wie manches, manches graue Haar schattiert sich an der
Schläfe Borden!
O, diese Falten um den Mund, wo leise Kummerzüge
lauern –
310 So mocht an Babels Strömen einst der grollende
Prophete trauern,
So der Verfemte sonder Rast,
Wie ihn Salvator* aufgefaßt.

Genüber, feingeschnitzelt, lehnt die Gnadenmutter mit
dem Kinde,
Das sein vergoldet Händchen streckt wie segnend aus
der Mauerspinde,
315 Und drunter, in Kristall gehegt, von funkelndem
Gestein umbunden,
Ein überköstlich Heiligtum, ein Nagel aus des Heilands
Wunden;
Zu seiner Ehre Nacht für Nacht
Das Lämpchen am Gestelle wacht.

Nie hat, in aller Schuld und Not, der Täuscher einen
Tag beschlossen,
320 Daß nicht an dieser Schwelle ihm ein glüher Seufzer
wär' entflossen,
Selbst auf der Fahrt, auf nächt'gem Ritt, dämmert sein
Auge in die Weite,
Von des Polacken Rücken hat er mühsam sich gebeugt
zur Seite,
Und sein beladnes Haupt geneigt
Woher das Kind die Händlein reicht.

---

* Salvator Rosa

Ein scheuer Bettler Tag für Tag so steht er an des 325
                      Himmels Pforte,
Er schlägt kein Kreuz, er beugt kein Knie, nicht kennt
                      sein Odem Gnadenworte,
Schlaftrunknes Murmeln nur und glüh fühlt er's durch
                      die Phiole ranken,
Die seinem Leibe angetraut wie nagend Krebsgeschwür
                      dem Kranken,
Und von dem kargen Lebensherd
Ein Jahresscheit ist weggezehrt. 330

Auch jetzt, in dieser Stunde, steht er lautlos, mit
                      gestreckten Knieen,
Nur leises Ächzen und voran! – schau, schau, wie seine
                      Muskeln ziehen!
Voran! – das Heiltum – der Kristall – er lehnt sich an
                      die Wand, er schwindelt,
Ein angstvoll Zupfen – ein Gestöhn – er hat den Nagel
                      losgewindelt,
Und stößt ihn dicht am Heil'genschrein 335
In der Phiole Siegel ein.

Hui! knallt der Pfropfen, hui, fährt das Glas in
                      Millionen Splitter!
Gewinsel hier, Gewinsel dort und spinnefüßelndes
                      Geflitter;
Es hackt und prickelt nach dem Mann, der unterm
                      Gnadenbilde wimmert,
Bis Faser sich an Faser lischt, des Zentrums letzter 340
                      Hauch verschimmert,
Und an der Gotteslampe steigt
Das Haupt des Täuschers, *schneegebleicht.*

VI

Weh, Glockensturm! Trompetenstoß! und Spritzen
                         rasseln durch die Gassen,
Der aufgeschreckte Pöbel drängt und kräuselt sich in
                         wüsten Massen,
345 Hoch schlägt die Brunst am Giebel auf, Gewieher
                         kreischt aus Stall und Scheunen,
Der Eimer fliegt hinab, hinauf, umhergestoßne Kinder
                         weinen,
Und zögernd steigt das Morgenrot
Dem doppelt Glut entgegen loht.

Es war beim ersten Hahnenschrei als alle Bürger
                         aufgeschüttert
350 Mit Schlossenpfeifen Knall auf Knall; so greulich hat es
                         nie gewittert!
Grad ob des reichen Böhmen Dach, des Täuschers,
                         ballte sich das Wetter,
Wo Blitz an Blitze niederzuckt, mit ohrbetäubendem
                         Geschmetter,
Nun überall an Scheun' und Haus
Prasselt der Flammenhag hinaus.

355 Im Hof die Knechte hin und her mit Axt und Beilen
                         fluchend rennen,
Wer schob die innern Riegel vor? die Türen weichen
                         nicht und brennen,
»Der Herr! der Herr!« ruft's hier und dort: »wo ist der
                         Herr!« daß Gott ihm gnade,
An seinem Kammerfenster leckt die Loh' aus der
                         geschloßnen Lade!
Und eben krachte in's Portal
360 Die Stiege zu dem obern Saal!

Entsetzt Gemurmel läuft umher und schwillt in des
                                               Gedränges Wogen,
Dann Alles totenstill, sie stehn, die Brauen finster
                                               eingezogen;
So um den Scheiterhaufen einst gruppierten sich des
                                               Südens Söhne:
»Da brennt der Schächer, dessen Vieh das Land verlockt
                                               mit fremder Schöne
Und kaum verkauft, am dritten Tag, 365
Ein totes Aas im Stalle lag!

Der Gaukler brennt, aus dessen Gurt ein wunderlich
                                               Geklingel surrte,
Daß man in rabenschwarzer Nacht ihn kennen mocht'
                                               an seinem Gurte,
Der keine Kirche je betrat, vor keinem Gnadenbild sich
                                               neigte,
Wenn ihm begegnet Christi Leib von Schwindel 370
                                               stammelt' und erbleichte,
Im gottgesandten Element
Der Täuscher, mit der Kuppel, brennt!«

VII

Am Wiesenhang 'ne Linde steht, so lieblich winkend mit
                                               den Zweigen,
Auf jedem Ast ein Vogelnest, um jede Blüt' ein
                                               Bienenreigen,
Sie scheint den düstern Föhrenwald aus ihren Kelchen 375
                                               anzulächeln,
Des nahen Städtleins Angelus ein säuselnd Ave
                                               zuzufächeln,
Und für den nahen Friedhof auch
Hat sie versüßt des Westes Hauch.

Und Blatt an Blatt vom Blütenzweig verstreut sie auf
                                    des Greises Stirne,
380 Der in dem Wurzelmoose lehnt sein Haupt mit
                                    siedendem Gehirne;
Zur Seite liegt der Stab, gefüllt mit Bettelbrode liegt der
                                    Ranzen,
Und Schemen hier und Schemen dort mit Elfenschritten
                                    drüber tanzen,
Wie sie der Brust geheimster Hut
Entschlüpfen in des Fiebers Glut.

385 Den Anger seiner Kindheit sieht er in den Linden-
                                    zweigen spielen,
Die süße Heimat, und das Haupt der Eltern auf den
                                    Sterbepfühlen;
Was er verloren und erstrebt, was er gesündet und
                                    getragen,
Wie Eine Nacht sein Haar gebleicht, die eignen Knechte
                                    ihn geschlagen.
O Nacht, die Ehre, Kräfte, Hab'
390 Zerbrach und ihm die Seele gab!

Er sieht sein faltiges Gesicht im Wasserspiegel
                                    widerscheinen
Wie er sich selber nicht erkannt, und kindisch dann
                                    begann zu weinen;
Ach, all die Tränen, so nachher aus tiefrer Quelle sind
                                    geflossen,
Ob sie ihn Christi Blut vereint? des Himmels Pforten
                                    aufgeschlossen?
395 Wohl Schweres trug er mit Geduld,
Doch willenlos, durch eigne Schuld!

Mit vierzig Jahren siecher Greis, ist er von Land zu
                                    Land geschlichen,
Hat seines Namens Fluch gehört und ist zur Seite scheu
                                    gewichen,

Aus mancher Hand, die ihm gedient, hat er das
                              Bettelbrod gebrochen,
Und ist, ein todeskranker Mann, an dieses Hügels Bug
                              gekrochen,
An diesen Hügel – ew'ge Macht!
Er schaudert auf; – Silvesternacht!

Der Föhrenwald – das öde Haus – dort stand der
                              Priester, dort am Hagen –
O, in der Sterbestunde hat sein irrer Fuß ihn hergetragen,
Das ist kein Schemen, dieses nicht; dort streckt Sankt
                              Michael die Flügel,
Dort kreucht am Fußgestell der Drach' und schlägt die
                              Kralle in den Hügel;
Des Greises Auge dunkelt, wild
Die Agonie zum Haupte quillt.

Das Buch – das Buch – er sieht das Buch – o Gottes-
                              mutter, Gnade! Gnade!
Er liebte dich, er liebte dich in Sünd' und Schmach! –
                              gleich einem Rade
Die Zeichen kreisen – Gott, o Gott, er sieht ein
                              Händchen niederreichen,
Mit leisem goldnen Fingerzug die blutgetränkten
                              Lettern streichen!
Und auf des Täuschers bleichen Mund
Ein Lächeln steigt in dieser Stund'.

Um Mittag hat der Mähder ihn am Lindenstamme
                              aufgehoben,
Und in des Karrens Futtergrün dem Leichenhause
                              zugeschoben,
Auf der Gemeinde Kosten ist ein grobes Sterbehemd
                              bereitet,
Ein kurzer träger Glockenschlag hat zu der Grube ihn
                              geleitet,
Wo sich der Engelsflügel neigt
Und nicht des Drachen Kralle reicht.

GEDICHTE
IN EINZELVERÖFFENTLICHUNGEN

GRUSS AN »DAS HERRLE«

Zwei Kinder spielen wie Mäuschen quick
In der hellen Stube, zwei Kindlein gut,
Mit feinen Löckchen und klarem Blick,
In ihren Armen ein Püppchen ruht;
Das ziert die Eine mit Muscheln rot,
Die Andre mit blauen Schleifchen licht,
Das ist ihnen lieber als Zuckerbrod,
Allein so lieb wie »das Herrle« nicht.

DAS ICH DER MITTELPUNKT DER WELT

Jüngst hast die Phrase scherzend du gestellt:
»Wer Reichtum, Liebe will und Glück erlangen,
Der mache sich zum Mittelpunkt der Welt,
Zum Kreise, drin sich alle Strahlen fangen.«
Dein Wort, mein Freund, war wie des Tempels Tür:
Die Inschrift draußen und das Volksgedränge,
Und durch die Spalten blinkt der Lampen Zier,
Ziehn Opferduft und heilige Gesänge.

Wie könnte jemals wohl des Glückes Born
Aus andrem als dem eignen Herzen fließen,
Aus welcher Schale wohl des Himmels Zorn
Als aus der selbstgebotnen sich ergießen!
O glücklich sein, geliebt und glücklich sein –
Möge ein Engel mir die Pfade deuten!
Da schwillt des Tempels Vorhang, zart und rein
Hör' ich's wie Echo durch die Falten gleiten.

Standest an einem Krankenbett du je
Nach wochenlangen selbstvergeßnen Sorgen,

Hobst deine schweren Wimper in die Höh
Zu einem Dankgebete nach dem Morgen,
Und sahst um des Genesenden Gesicht
Ein neuerwachtes Seelenschimmern schweben
Und einen Liebesblick auf dich, wie nicht
Ihn Freund und nicht Geliebte können geben?

Hieltest du je den Griffel in der Hand
Und rechnetest mit frohem Geiz zusammen
Die Groschen, die du selber dir entwandt,
Schien jeder Heller dir wie Gold zu flammen
Des Schatzes für den fremden Sorgenpfühl,
Um den du deine Freuden schlau betrogen,
Und hast in deines Reichtums Vollgefühl
Tief, tief den Odem in die Brust gezogen?

Und der Moment, wo eine Rechte schwimmt
Ob teurem Haupte mit bewegtem Segen,
Wo sie das Herz vom eignen Herzen nimmt,
Um freudig an das fremde es zu legen:
Hast du ihn je erlebt und standest dann,
Die Arme still und freundlich eingeschlagen,
Selig berechnend, welche Früchte kann,
Wie liebliche das neue Bündnis tragen?

Dann bist du glücklich, bist geliebt und reich,
Ein Fels, an dem sich alle Blitze spalten,
Dann mag dein Kranz verwelken, mögen bleich
Krankheit und Alter dir die Stirne falten;
Dann bist der Mittelpunkt du deiner Welt,
Der Kreis, aus dem die Freudenstrahlen quillen,
Und was so frisch der Bäche Ufer schwellt,
Wie sollte seinen Born es nicht erfüllen!

SPÄTES ERWACHEN

Wie war mein Dasein abgeschlossen,
Als ich im grünumhegten Haus
Durch Lerchenschlag und Fichtensprossen
Noch träumt' in den Azur hinaus!

Als keinen Blick ich noch erkannte,
Als den des Strahles durch's Gezweig,
Die Felsen meine Brüder nannte,
Schwester mein Spiegelbild im Teich!

Nicht rede ich von jenen Jahren,
Die dämmernd uns die Kindheit beut –
Nein, so verdämmert und zerfahren
War meine ganze Jugendzeit.

Wohl sah ich freundliche Gestalten
Am Horizont vorüberfliehn;
Ich konnte heiße Hände halten
Und heiße Lippen an mich ziehn.

Ich hörte ihres Grußes Pochen,
Ihr leises Wispern um mein Haus,
Und sandte schwimmend, halb gebrochen,
Nur einen Seufzer halb hinaus.

Ich fühlte ihres Hauches Fächeln,
Und war doch keine Blume süß;
Ich sah der Liebe Engel lächeln,
Und hatte doch kein Paradies.

Mir war, als habe in den Noten
Sich jeder Ton an mich verwirrt,
Sich jede Hand, die mir geboten,
Im Dunkel wunderlich verirrt.

Verschlossen blieb ich, eingeschlossen
In meiner Träume Zauberturm,
Die Blitze waren mir Genossen
Und Liebesstimme mir der Sturm.

Dem Wald ließ ich ein Lied erschallen,
Wie nie vor einem Menschenohr,
Und meine Träne ließ ich fallen,
Die heiße, in den Blumenflor.

Und alle Pfade mußt ich fragen:
Kennt Vögel ihr und Strahlen auch?
Doch keinen: wohin magst du tragen,
Von welchem Odem schwillt dein Hauch?

Wie ist das anders nun geworden,
Seit ich in's Auge dir geblickt,
Wie ist nun jeder Welle Borden
Ein Menschenbildnis eingedrückt!

Wie fühl' ich allen warmen Händen
Nun ihre leisen Pulse nach,
Und jedem Blick sein scheues Wenden
Und jeder schweren Brust ihr Ach.

Und alle Pfade möcht' ich fragen:
Wo zieht ihr hin, wo ist das Haus,
In dem lebend'ge Herzen schlagen,
Lebend'ger Odem schwillt hinaus?

Entzünden möcht' ich alle Kerzen
Und rufen jedem müden Sein:
Auf ist mein Paradies im Herzen,
Zieht alle, alle nun hinein!

DIE TOTE LERCHE

Ich stand an deines Landes Grenzen,
An deinem grünen Saatenwald,
Und auf des ersten Strahles Glänzen
Ist dein Gesang herabgewallt;
Der Sonne schwirrtest du entgegen,
Wie eine Mücke nach dem Licht,
Dein Lied war wie ein Blütenregen,
Dein Flügelschlag wie ein Gedicht.

Da war es mir, als müsse ringen
Ich selber nach dem jungen Tag,
Als horch' ich meinem eignen Singen,
Und meinem eignen Flügelschlag;
Die Sonne sprühte glühe Funken,
In Flammen brannte mein Gesicht,
Ich selber taumelte wie trunken,
Wie eine Mücke nach dem Licht!

Da plötzlich sank und sank es nieder,
Gleich toter Kohle in die Saat;
Noch zucken sah ich kleine Glieder,
Und bin erschrocken dann genaht.
Dein letztes Lied, es war verklungen,
Du lagst ein armer, kalter Rest,
Am Strahl verflattert und versungen,
Bei deinem halbgebauten Nest.

Ich möchte Tränen um dich weinen
Wie sie das Weh vom Herzen drängt;
Denn auch mein Leben wird verscheinen,
Ich fühl's, versungen und versengt.
Dann du mein Leib, ihr armen Reste,
Dann nur ein Grab auf grüner Flur
Und nah nur, nah bei meinem Neste,
In meiner stillen Heimat nur!

LEBT WOHL

Lebt wohl, es kann nicht anders sein!
Spannt flatternd eure Segel aus,
Laßt mich in meinem Schloß allein,
Im öden geisterhaften Haus.

Lebt wohl und nehmt mein Herz mit euch
Und meinen letzten Sonnenstrahl,
Er scheide, scheide nur sogleich,
Denn scheiden muß er doch einmal.

Laßt mich an meines Seees Bord
Mich schaukelnd mit der Wellen Strich,
Allein mit meinem Zauberwort
Dem Alpengeist und meinem Ich.

Verlassen, aber einsam nicht,
Erschüttert, aber nicht zerdrückt,
So lange noch das heil'ge Licht
Auf mich mit Liebesaugen blickt,

So lange mir der frische Wald
Aus jedem Blatt Gesänge rauscht,
Aus jeder Klippe, jedem Spalt
Befreundet mir der Elfe lauscht,

So lange noch der Arm sich frei
Und waltend mir zum Äther streckt,
Und jedes wilden Geiers Schrei
In mir die wilde Muse weckt.

GRÜSSE

Steigt mir in diesem fremden Lande
Die altbekannte Nacht empor,
Klatscht es wie Hufesschlag vom Strande,
Rollt sich die Dämmerung hervor
Gleich Staubeswolken mir entgegen
Von meinem lieben starken Nord,
Und fühl' ich meine Locken regen
Der Luft geheimnisvolles Wort:

Dann ist es mir, als hör' ich reiten
Und klirren und entgegenziehn
Mein Vaterland von allen Seiten,
Und seine Küsse fühl' ich glühn;
Dann wird des Windes leises Munkeln
Mir zu verworr'nen Stimmen bald,
Und jede schwache Form im Dunkeln
Zur tiefvertrautesten Gestalt.

Und meine Arme muß ich strecken,
Muß Küsse, Küsse hauchen aus,
Wie sie die Leiber könnten wecken,
Die modernden im grünen Haus;
Muß jeden Waldeswipfel grüßen
Und jede Heid' und jeden Bach,
Und alle Tropfen, die da fließen,
Und jedes Hälmchen, das noch wach.

Du Vaterhaus mit deinen Türmen,
Vom stillen Weiher eingewiegt,
Wo ich in meines Lebens Stürmen
So oft erlegen und gesiegt, –
Ihr breiten laubgewölbten Hallen,
Die jung und fröhlich mich gesehn,
Wo ewig meine Seufzer wallen
Und meines Fußes Spuren stehn!

Du feuchter Wind von meinen Heiden,
Der wie verschämte Klage weint, –
Du Sonnenstrahl, der so bescheiden
Auf ihre Kräuter niederscheint, –
Ihr Gleise, die mich fortgetragen,
Ihr Augen, die mir nachgeblinkt,
Ihr Herzen, die mir nachgeschlagen,
Ihr Hände, die mir nachgewinkt!

Und Grüße, Grüße, Dach, wo nimmer
Die treuste Seele mein vergißt
Und jetzt bei ihres Lämpchens Schimmer
Für mich den Abendsegen lies't,
Wo bei des Hahnes erstem Krähen
Sie matt die grauen Wimper streicht
Und einmal noch vor Schlafengehen
An mein verlaßnes Lager schleicht!

Ich möcht' euch alle an mich schließen,
Ich fühl' euch alle um mich her,
Ich möchte mich in euch ergießen
Gleich siechem Bache in das Meer;
O, wüßtet ihr, wie krankgerötet,
Wie fieberhaft ein Äther brennt,
Wo keine Seele für uns betet
Und Keiner unsre Toten kennt!

IM GRASE

Süße Ruh', süßer Taumel im Gras,
Von des Krautes Arom umhaucht,
Tiefe Flut, tief, tief trunkne Flut,
Wenn die Wolk' am Azure verraucht,
Wenn aufs müde schwimmende Haupt
Süßes Lachen gaukelt herab,
Liebe Stimme säuselt und träuft
Wie die Lindenblüt' auf ein Grab.

Wenn im Busen die Toten dann
Jede Leiche sich streckt und regt,
Leise, leise den Odem zieht,
Die geschloßne Wimper bewegt,
Tote Lieb', tote Lust, tote Zeit,
All die Schätze, im Schutt verwühlt,
Sich berühren mit schüchternem Klang
Gleich den Glöckchen, vom Winde umspielt.

Stunden, flücht'ger ihr als der Kuß
Eines Strahls auf den trauernden See,
Als des zieh'nden Vogels Lied,
Das mir niederperlt aus der Höh',
Als des schillernden Käfers Blitz
Wenn den Sonnenpfad er durcheilt,
Als der flücht'ge Druck einer Hand,
Die zum letzten Male verweilt.

Dennoch, Himmel, immer mir nur
Dieses Eine nur: für das Lied
Jedes freien Vogels im Blau
Eine Seele, die mit ihm zieht,
Nur für jeden kärglichen Strahl
Meinen farbig schillernden Saum,
Jeder warmen Hand meinen Druck
Und für jedes Glück meinen Traum.

DIE GOLEMS

Hätt' ich dich nicht als süßes Kind gekannt,
Mit deinem Seraph in den klaren Blicken,
Dich nicht geleitet in der Märchen Land,
Gefühlt der kleinen Hände zitternd Drücken:
Ich würde jetzt dich mit Behagen sehen,
Du wärst mir eine hübsche, brave Frau,
Doch, ach! nun muß ich unter deiner Brau',
Muß stets nach dem entflognen Engel spähen!

Und du, mit deinem Wort bedacht und breit,
Dem klugen Lächeln und der Stirne Falten,
Spricht dir kein armer Traum von jener Zeit,
Wo deine Glut die Felsen wollte spalten?
Ein braver Bürger bist du, hoch zu ehren,
Ein wahrer Heros auf der Mittelbahn,
Doch, o, mein Flammenwirbel, mein Vulkan –
Ach, daß die Berge Mäuse nur gebären!

Weh ihm, der lebt in des Vergangnen Schau,
Um bleiche Bilder wirbt, verschwommne Töne!
Nicht was gebrochen, macht das Haar ihm grau,
Was Tod geknickt in seiner süßen Schöne;
Doch sie, die Monumente ohne Toten,
Die wandernden Gebilde ohne Blut,
Sie, seine Tempel ohne Opferglut
Und seine Haine ohne Frühlingsboten!

's gibt eine Sage aus dem Orient
Von Weisen, toter Masse Formen gebend,
Geliebte Formen, die die Sehnsucht kennt,
Und mit dem Zauberworte sie belebend;
Der Golem wandelt mit bekanntem Schritte,
Er spricht, er lächelt mit bekanntem Hauch,
Allein es ist kein Strahl in seinem Aug',
Es schlägt kein Herz in seines Busens Mitte.

Und wie sich alte Lieb' ihm unterjocht,
Er haucht sie an mit der Verwesung Schrecken;
Wie angstvoll die Erinn'rung ruft und pocht,
Es ist in ihm kein Schlafender zu wecken;
Und tiefgebrochen sieht die Treue schwinden,
Was sie so lang' und heilig hat bewahrt,
Was nicht des Lebens, nicht des Todes Art,
Nicht hier und nicht im Himmel ist zu finden.

O, kniee still an deiner Toten Gruft,
Dort magst du milde, fromme Tränen weinen,
Mit ihrem Odem säuselt dir die Luft,
Mit ihrem Antlitz wird der Mond dir scheinen;
Dein sind sie, dein, wie mit gebrochnen Augen, 45
Wie dein sie waren mit dem letzten Blick;
Doch fliehe, vor den Golems flieh zurück,
Die deine Tränen kalt wie Gletscher saugen!

VOLKSGLAUBEN IN DEN PYRENÄEN

I
Silvesterfei

Der morsche Tag ist eingesunken,
Sein Auge, gläsern, kalt und leer,
Barg keines Taues linden Funken
Für den gebräunten Eppich mehr.
Wie's draußen schauert! – längs der Wand 5
Ruschelt das Mäuslein unterm Halme,
Und langsam sprießt des Eises Palme
Am Scheibenrand.

In tiefer Nacht wem soll noch frommen
Am Simse dort der Lampe Strahl? 10
Da schon des Herdes Scheit verglommen,
Welch späten Gastes harrt das Mahl?
Längst hat im Turme zu Escout
Die Glocke zwölfmal angeschlagen,
Und glitzernd sinkt der Himmelswagen 15
Dem Pole zu.

Durch jener Kammer dünne Barren
Ziehn Odemzüge, traumbeschwert,
Ein Ruck mitunter auch, ein Knarren,
Wenn sich im Bett der Schläfer kehrt; 20

Und nur ein leiser Husten wacht,
Kein Traum die Mutter hält befangen,
Sie kann nicht schlafen in der langen
Silvesternacht.

Jetzt ist die Zeit, wo, los' und schleichend,
Die Fei sich durch die Ritze schlingt,
Mit langer Schlepp' den Estrich streichend,
Das Schicksal in die Häuser bringt,
An ihrer Hand das Glück, Gewind'
Und Ros' im Lockenhaar, ein schlankes,
Das Mißgeschick ein fieberkrankes,
Ein weinend Kind.

Und trifft sie Alles recht zu Danke
Geordnet von der Frauen Hand,
Dann nippt vom Mahle wohl das schlanke,
Und läßt auch wohl ein heimlich Pfand;
Doch sollt' ein Frevler lauschen, risch
Im Hui, zerstoben ist die Szene,
Und scheidend fällt des Unglücks Träne
Auf Herd und Tisch.

O, keine Bearnerin wird's wagen,
Zu stehn am Astloch, lieber wird
Ein Tuch sie um die Augen schlagen,
Wenn durch den Spalt die Lampe flirrt;
Manon auch drückt die Wimper zu,
Und zupft an der Gardine Linnen,
Doch immer, immer läßt das Sinnen
Ihr keine Ruh'.

Ward glatt das Leilach auch gebreitet?
Hat hell der Becher auch geblinkt?
Ob jetzt das Glück zum Tische gleitet,
Ein Bröcklein nascht, ein Tröpflein trinkt?
Oft glaubt sie zarter Stimmen Hauch,

Verschämtes Trippeln oft zu hören,
Und dann am Brode leises Stören 55
Und Knuspern auch.

Sie horcht und horcht – das war ein Schlüpfen!
Doch nein – der Wind die Föhren schwellt.
Und das – am Flur ein schwaches Hüpfen,
Wie wenn zum Grund die Krume fällt! 60
»Eugene, was wirfst du dich umher,
Was soll denn dies Gedehn' und Ziehen?
Mein Gott, wie ihm die Händchen glühen!
Er träumt so schwer.«

Sie rückt das Kind an ihrer Seiten, 65
Den Knaben, dicht zu sich heran,
Läßt durch sein Haar die Finger gleiten,
Es hangen Schweißes Tropfen dran;
Erschrocken öffnet sie das Aug',
Will nach dem Fensterglase schauen, 70
Da eben steigt das Morgengrauen,
Ein trüber Rauch.

Vom Lager fährt die Mutter, bebend
Hat sie der Lampe Docht gehellt,
Als, sachte überm Leilach schwebend, 75
Ein Efeublatt zu Boden fällt.
Das Glück! das ist des Glückes Spur!
Doch nein, – sie pflückt' es ja dem Kinde,
Und dort – nascht' an der Semmelrinde
Die Ratte nur. 80

Und wieder aus der Kammer stehlen
Sich Seufzer, halbbewußt Gestöhn;
»O Christ, was mag dem Knaben fehlen!
Eugene, wach auf, wach auf, Eugene!
Du lieber Gott, ist so geschwind, 85
Eh' noch der Morgenstrahl entglommen,

Das Unglück mir ins Haus gekommen
Als krankes Kind!«

II
Münzkraut

Der Frühling naht, es streicht der Star
Am Söller um sein altes Nest;
Schon sind die Täler sonnenklar,
Doch noch die Scholle hart und fest;
Nur wo der Strahl vom Felsen prallt,
Will mählig sich der Grund erweichen,
Und schüchtern aus den Windeln schleichen
Der Gräser lichter dichter Wald.

Schau dort am Riff – man sieht es kaum –
So recht vom Sonnenbrand gekocht
Das kleine Beet, vier Schritte Raum,
Vom Schieferhange überjocht,
Nach Ost und Westen eingehegt,
Mit starken Planken abgeschlagen,
Als sollt' es Wunderblumen tragen,
Und sind nur Kräuter, was es trägt.

Und dort die Frau an Riffes Mitten,
Ach Gott, sie hat wohl viel gelitten!
Sie klimmt so schwer den Steig hinan,
Nun steht sie keuchend, lös't das Mieder,
Nun sinkt sie an dem Beete nieder,
Und faltet ihre Hände dann.

»Liebe Münze, du werter Stab,
Drauf meines Heilands Sohle stand,
Als ihm, drüben im Morgenland,
Sankt Battista die Taufe gab,
Heiliges Kraut, das aus seinem Leibe

Ward gesegnet mit Wunderkraft,
Hilf einer Witw', einem armen Weibe,
Das so sorglich um dich geschafft!

Hier ist Brod, und hier ist Salz und Wein,
Sieh, ich leg's in deine Blätter mitten;
Woll' nicht zürnen, daß das Stück so klein,
Hab's von meinem Teile abgeschnitten;
Etwas wahrt' ich, Münze gnadenreich,
Schaffens halber nur, sonst gäb' ich's gleich.

Mein Knab' ist krank, du weißt es wohl,
Ich kam ja schon zu sieben Malen,
Und gestern mußt' ich in Bregnoles
Den Trank für ihn so teuer zahlen.
Vier hab' ich, Vier, daß Gott erbarm'!
Mit diesen Händen zu ernähren,
Und, sieh, so kann's nicht länger währen,
Denn täglich schwächer wird mein Arm.

O Madonna, Madonna, meine gnädige Frau!
Ich hab' gefrevelt, nimm's nicht genau,
Ich hab' gesündigt wider Willen!
Nimm, o nimm mir nur kein Kind,
Will ihnen gerne den Hunger stillen,
Wär's mit Bettelbrod, nicht Eins
Kann ich missen, von allen keins!

Zweimal muß ich noch den Steig hinan,
Siebenmal bin ich nun hier gewesen.
Heil'ge Fraue von Embrun, wär' dann
Welk die Münze und mein Knab' genesen!
Gerne will ich dann an deinem Schrein
Meinen Treuring opfern, er ist klein,
Nur von Silber, aber fleckenrein;
Denn ich hab' mit Ehren ihn getragen,
Darf vor Gott und Menschen mich nicht schämen;

Milde Fraue, laß mich nicht verzagen,
Liebe Dame, woll' ihn gütig nehmen,
Denk, er sei von Golde und Rubin,
Süße, heil'ge, werte Himmelskönigin!«

III
Der Loup Garou

Brüderchen schläft, ihr Kinder, still!
Setzt euch ordentlich her zum Feuer!
Hört ihr der Eule wüst Geschrill?
Hu! im Walde ist's nicht geheuer.
Frommen Kindern geschieht kein Leid,
Drückt nur immer die Lippen zu,
Denn das böse, das lacht und schreit,
Holt die Eul' und der Loup Garou.

Wißt ihr, dort, wo das Naß vom Schiefer träuft
Und übern Weg 'ne andre Straße läuft,
Das nennt man Kreuzweg, und da geht er um,
Bald so, bald so, doch immer falsch und stumm,
Und immer schielend; vor dem Auge steht
Das Weiße ihm, so hat er es verdreht;
Dran ist er kenntlich, und am Kettenschleifen,
So trabt er, trabt, darf keinem Frommen nahn;
Die schlimmen Leute nur, die darf er greifen
Mit seinem langen, langen, langen Zahn.

Schiebt das Reisig der Flamme ein,
Puh! wie die Funken knistern und stäuben!
Pierrot, was soll das Wackeln sein?
Mußt ein Weilchen du ruhig bleiben,
Gleich wird die Zeit dir Jahre lang!
Laß doch den armen Hund in Ruh'!
Immer sind deine Händ' im Gang,
Denkst du denn nicht an den Loup Garou?

Vom reichen Kaufmann hab' ich euch erzählt,
Der seine dürft'gen Schuldner so gequält,
Und kam mit sieben Säcken von Bagneres,
Vier von Juwelen, drei von Golde schwer;
Wie er aus Geiz den schlimmen Führer nahm,
Und ihm das Untier auf den Nacken kam.
Am Halse sah man noch der Kralle Spuren,
Die sieben Säcke hat es weggezuckt,
Und seine Börse auch, und seine Uhren,
Die hat es all zerbissen und verschluckt.

Schließt die Tür, es brummt im Wald!
Als die Sonne sich heut verkrochen,
Lag das Wetter am Riff geballt,
Und nun hört man's sieden und kochen.
Ruhig, ruhig, du kleines Ding!
Hörst du? – drunten im Stalle – hu!
Hörst du? Hörst du's? kling, klang, kling,
Schüttelt die Kette der Loup Garou.

Doch von dem Trunkenbolde wißt ihr nicht,
Dem in der kalten Weihnacht am Gesicht
Das Tier gefressen, daß am heil'gen Tag
Er wund und scheußlich überm Schneee lag;
Zog von der Schenke aus, in jeder Hand
'ne Flasche, die man auch noch beide fand;
Doch wo die Wangen sonst, da waren Knochen,
Und wo die Augen, blut'ge Höhlen nur;
Und wo der Schädel hier und da zerbrochen,
Da sah man deutlich auch der Zähne Spur.

Wie am Giebel es knarrt und kracht!
Caton, schau auf die Bühne droben
– Aber nimm mir die Lamp' in Acht –,
Ob vor die Luke der Riegel geschoben.
Pierrot, Schlingel! das rutscht herab
Von der Bank, ohne Strümpf' und Schuh'!

Willst du bleiben! tapp, tipp, tapp,
Geht auf dem Söller der Loup Garou.

215 Und meine Mutter hat mir oft gesagt
Von einem tauben Manne, hochbetagt,
Fast hundertjährig, dem es noch geschehn,
Als Kind, daß er das Scheuel hat gesehn,
Recht wie 'nen Hund, nur weiß wie Schnee und ganz
220 Verkehrt die Augen, eingeklemmt den Schwanz,
Und spannenlang die Zunge aus dem Schlunde,
So mit der Kette weg an Waldes Bord,
Dann wieder sah er ihn im Tobelgrunde,
Und wieder sah er hin – da war es fort.

225 Hab' ich es nicht gedacht? es schneit!
Ho, wie fliegen die Flocken am Fenster!
Heilige Frau von Embrun! wer heut
Draußen wandelt, braucht keine Gespenster;
Irrlicht ist ihm die Nebelsäul',
230 Führt ihn schwankend dem Abgrund zu,
Sturmes Flügel die Toteneul',
Und der Tobel sein Loup Garou.

IV
Maisegen

Der Mai ist eingezogen,
Schon pflanzt er sein Panier
235 Am dunklen Himmelsbogen,
Mit blanker Sterne Zier.
Die wilden Wasser brausen
Und rütteln aus den Klausen
Rellmaus und Murmeltier.

240 »Ob wohl das Gletschereis den Strom gedämmt?
Von mancher Hütte geht's auf schlimmen Wegen,

Der Sturm hat alle Firnen kahl gekämmt,
Und gestern wie aus Röhren schoß der Regen.
Adieu, Jeannette, nicht länger mich gehemmt!
Adieu, ich muß, es gilt den Maiensegen; 245
Wenn Vier es schlägt im Turme zu Escout,
Muß jeder Senne stehn am Pointe de Droux.«

   Wie trunken schaun die Klippen,
   Wie taumelnd in die Schlucht!
   Als nickten sie, zu nippen 250
   Vom Sturzbach auf der Flucht.
   Da ist ein rasselnd Klingen,
   Man hört die Schollen springen
   Und brechen an der Bucht.

Auf allen Wegen ziehn Laternen um, 255
Und jedes Passes Echo wecken Schritte.
Habt Acht, habt Acht, die Nacht ist blind und stumm,
Die Schneeflut fraß an manches Blockes Kitte;
Habt Acht, hört ihr des Bären tief Gebrumm?
Dort ist sein Lager, an des Riffes Mitte; 260
Und dort die schiefe Klippenbank, fürwahr!
Sie hing schon los' am ersten Februar.

   Nun sprießen blasse Rosen
   Am Gletscherbord hervor,
   Und mit der Dämm'rung kosen 265
   Will schon das Klippentor;
   Schon schwimmen lichte Streifen,
   Es lockt der Gemse Pfeifen
   Den Blick zum Grat empor.

Verlöscht sind die Laternen, und im Kreis 270
Steht eine Hirtenschar auf breiter Platte,
Voran der Patriarch, wie Silber weiß
Hängt um sein tiefgebräunt Gesicht das glatte,
Gestrählte Haar, und Alle beten leis,

Nach Osten schauend, wo das farbensatte
Rubingewölk mit glitzerndem Geroll
Die stolze Sonnenkugel bringen soll.

> Da kömmt sie aufgefahren
> In strenger Majestät,
> Und von den Firnaltaren
> Die Opferflamme weht.
> Da sinken in der Runde
> So Knie an Knie, dem Munde
> Entströmt das Maigebet:

»Herr, Gott, der an des Maien erstem Tag
Den Strahl begabt mit sonderlichem Segen,
Den sich der sünd'ge Mensch gewinnen mag
In der geweihten Stunde, allerwegen,
Segne die Alm, segne das Vieh im Hag,
Mit Luft und Wasser, Sonnenschein und Regen,
Durch Sankt Anton den Siedel, Sankt Renée,
Martin von Tours und unsre Frau vom Schnee.

Segne das Haus, das Mahl auf unserm Tisch,
Am Berg den Weinstock und die Frucht im Tale,
Segne die Jagd am Gletscher, und den Fisch
Im See, und das Getiere allzumale,
So uns zur Nahrung dient, und das Gebüsch,
So uns erwärmt, mit Tau und Sonnenstrahle,
Durch Sankt Anton den Siedel, Saint Remy,
Sankt Paul und unsre Fraue von Clery.

Wir schwören,« alle Hände stehn zugleich
Empor, »wir schwören, keinen Gast zu lassen
Von unserm Herd, eh sicher Weg und Steig,
Das Vieh zu schonen, keinen Feind zu hassen,
Den Quell zu ehren, Recht an Arm und Reich
Zu tun, und mit der Treue nicht zu spaßen;
Das schwören wir beim Kreuze zu Autun
Und unser mächt'gen Fraue von Embrun.«

　　　　Da überm Kreise schweben,
　　　　Als wollten sie den Schwur
　　　　Zum Himmelstore heben,
　　　　Zwei Adler; auf die Flur
　　　　Senkt sich der Strahl vom Hange,
　　　　Und eine Demantschlange
　　　　Blitzt drunten der Adour.

Die Weiden sind verteilt, und wieder schallt
In jedem Passe schwerer Tritte Stampfen.
Voran, voran, die Firnenluft ist kalt,
Und scheint die Lunge eisig zu umkrampfen.
Nur frisch voran – schon sehn sie überm Wald
Den Vogel ziehn, die Nebelsäule dampfen,
Und wo das Riff durchbricht ein Klippengang,
Summt etwas auf, wie ferner Glockenklang.

　　　　Da liegt das schleierlose
　　　　Gewäld' in Sonnenruh'!
　　　　Und, wie mit Sturmgetose
　　　　Dem Äthermeere zu,
　　　　Erfüllt des Tales Breite
　　　　Das Angelusgeläute
　　　　Vom Turme zu Escout.

　　　　　　　　V
　　　　　　Höhlenfei

Siehst du drüben, am hohlen Baum,
Ins Geklüfte die Schatten steigen,
Überm Bord, ein blanker Saum,
Leises Quellengeriesel neigen?
Das ist die Eiche von Bagneres,
Das ist die Höhle Trou de fer,
Wo sie Tags in der Spalten Raum,
Nächtlich wohnt in den surrenden Zweigen.

O, sie ist überall, die Fei!
Laut Annalen, vor grauen Jahren,
Zwei Jahrhunderten oder drei,
Mußte sie seltsam sich gebaren:
Bald als Eule, mit Uhuhu!
Bald als Katze und schwarze Kuh,
Auch als Wiesel, mit feinem Schrei,
Ist sie über die Kluft gefahren.

Aber wenn jetzt im Mondenschein
Zarte Lichter den Grund betüpfen,
Sieht mitunter man am Gestein
Sie im schillernden Mantel hüpfen,
Hört ihr Stimmchen, Gesäusel gleich;
Aber nahst du, dann nickt der Zweig,
Und das Wasser wispert darein,
Und du siehst nur die Quelle schlüpfen.

Reich an Gold ist der Höhle Grund,
O, wie Guinea und wie Bengalen!
Und man spricht vom bewachenden Hund,
Doch des melden nichts die Annalen;
Aber Mancher, der wundersam,
Unbegreiflich zu Gelde kam,
Ließ, so kündet der Sage Mund,
Es am Baum von Bagneres sich zahlen,

Barg einen Beutel im Hohle breit,
Drin den neuen Liard, bedächtig,
Recht in der sengenden Mittagszeit,
Die den Geistern wie mitternächtig,
Fand ihn Abends mit Gold geschwellt, –
O, kein Christ komme so zu Geld!
Falsch war Feiengold jederzeit,
Kurz das Leben, und Gott ist mächtig.

Einmal nur, daß mich des gedenkt,
Ist ein Mann an den Baum gegangen,
Hat seinen Sack hinein gesenkt,
Groß, eines Königes Schatz zu fangen;
's war ein Wucherer, war ein Filz, 375
Ein von Tränen geschwellter Pilz;
Nun, er hat sich zuletzt gehenkt, –
Besser hätt' er schon da gehangen!

Hielt die Lippen so fest geklemmt,
– Denn Geflüster nur, mußt du wissen, 380
Das ist eben, was Alles hemmt,
Lieber hätt' er die Zunge zerbissen; –
Barfuß kam er, auf schlechten Rat,
Und als da in die Scherb' er trat,
Hat er sich nur an den Baum gestemmt 385
Und den Schart aus der Wunde gerissen;

Doch als aus dem Gemoder scheu
Schlüpft 'ne Schlange ihm längs den Haaren,
Da ist endlich ein kleiner Schrei,
Nur ein winziger, ihm entfahren; 390
Und am Abend? – verschwunden war
Großer Sack und neuer Liard.
O, verräterisch ist die Fei!
Und es wachen der Hölle Scharen.

VI
Johannistau

Es ist die Zeit nun, wo den blauen Tag 395
Schon leiser weckt der Nachtigallen Schlag,
Wo schon die Taube, in der Mittagsglut,
Sich trunkner, müder breitet ob der Brut,
Wo Abends, wenn das Sonnengold zergangen,
Verlorner Funke irrt des Wurmes Schein, 400

An allen Ranken Blütenbüschel hangen,
Und Düfte ziehn in alle Kammern ein.

»Weck mich zur rechten Zeit, mein Kamerad,
Versäumen möcht' ich Sankt Johannis Bad
Um Alles nicht; ich hab' das ganze Jahr
Darauf gehofft, wenn mir so elend war.
Jerome, du mochtest immer gut es meinen,
Bist auch, wie ich, nur armer Leute Kind,
Doch hast du klare Augen und die Deinen,
Und ich bin eine Waise und halb blind!

Hat schon der Hahn gekräht? Ich hab's verfehlt;
Oft schlaf' ich fest, wenn mich der Schmerz gequält.
Ob schon die Dämm'rung steigt? ich seh' es nicht,
Mir fährt's wie Spinneweben am Gesicht;
Doch dünkt mich, hör' im Stalle ich Gebimmel
Und Peitschenknall; was das für Fäden sind,
Die mir am Auge schwimmen? lieber Himmel,
Ich bin nicht halb, ich bin beinah schon blind!

Hier ist der Steg am Anger, weiter will
Ich mich nicht wagen, hier ist Alles still,
Und Tau genug für Kranke allzumal
Des ganzen Weilers, eh' der Sonnenstrahl
Mit seinem scharfen Finger ihn gestrichen
Und aufgesogen ihn der Morgenwind;
Doch ist kein Zweiter wohl hieher geschlichen,
Denn, Gott sei dank, nur Wenige sind blind.

Das ist ein Büschel – nein – doch *das* ist Gras,
Ich fühle meine Finger kalt und naß.
Johannes, heiliger Prophet, ich kam
In deinem werten Namen her, und nahm
Von jenem Taue, den im Wüstenbrande
Die Wolke dir geträufelt, lau und lind,
Daß nicht dein Auge in dem heißen Sande,
Nicht dein gesegnet Auge werde blind.

Gepredigt hast du in der Steppenglut – 435
So weißt du auch, wie harte Arbeit tut;
Doch arm und nicht der Arbeit fähig sein,
Das ist gewiß die allergrößte Pein.
Du hast ja kaum geruht in Mutterarmen,
Warst früh ein elternlos verwais'tes Kind, 440
Woll' eines armen Knaben dich erbarmen,
Der eine Waise ist, wie du, und blind!«

DAS BILD

I

Sie stehn vor deinem Bild und schauen
In dein verschleiert Augenlicht,
Sie prüfen Lippe, Kinn und Brauen,
Und sagen dann: »du seist es nicht,
Zu klar die Stirn, zu voll die Wange, 5
Zu üppig in der Locken Hange,
Ein lieblich fremdes Angesicht.«

O wüßten sie es, wie ein treues
Gemüt die kleinsten Züge hegt,
Ein Zucken nur, ein flüchtig scheues, 10
Als Kleinod in die Seele legt,
Wie nur ein Wort, mit gleichem Klange
Gehaucht, dem Feinde selbst, das bange,
Bewegte Herz entgegen trägt.

Sie würden besser mich begreifen, 15
Sehn, deiner Locken dunklen Hag,
Sie mich mit leisem Finger streifen,
Als lüft' ich sie dem jungen Tag;
Den Flor mich breiten, dicht und dichter,
Daß deiner Augen zarte Lichter 20
Kein Sonnenstaub verletzen mag.

Was fremd dahin will ich nicht schauen,
Ich will nicht wissen wo sie brennt,
Ob an der Lipp', ob in den Brauen,
Die Flamme, die dein Herz nicht kennt;
Ich will nur sehn in deine Augen,
Den einen reinen Blick nur saugen,
Der leise meinen Namen nennt.

Ihn, der wie Äther mich umflossen,
Als in der ernsten Abendzeit
Wir saßen, Hand in Hand geschlossen,
Und dachten Tod und Ewigkeit;
Ihn, der sich von der Sonne Schwinden
Heilig gewendet mich zu finden,
Und lächelnd sprach: »ich bin bereit.«

2

Und wär es wahr auch, daß der Jahre Pflug
Dir Furchen in die klare Stirn getrieben,
Nicht so elastisch deiner Lippen Zug
Bezeichne mehr dein Zürnen und dein Lieben,
Wenn dichter auch die Hülle dich umschlingt
Durch die der Strahl, der gottbeseelte, dringt,
Mir bist die immer Gleiche du geblieben.

Wenn minder stolz und edel die Gestalt,
Ich weiß in ihr die ungebeugte Seele,
Wenn es wie Nebel deinen Blick umwallt,
Ich weiß es, daß die Wolke Gluten hehle;
Und deiner weichen Stimme tiefrer Klang,
Verhallend, geisterhaft wie Wellensang,
Ich fühl' es daß kein Liebeswort ihm fehle.

O Fluch des Alters, wenn das beßre Teil
Mit ihm dem Gottesbilde müßte weichen!

Wenn minder liebewarm ein Lächeln, weil
Der Kummer ihm gelassen seine Zeichen,
Ein Auge gütig nur, so lange leicht
Und anmutsvoll die Träne ihm entschleicht,
Und ros'ge Wangen, zücht'ger als die bleichen!

Und dennoch hält sie Alle uns betört
Die Form, die staubgeborne, wandelbare,
Scheint willig uns ein Ohr das leise hört,
Kühn einer frischen Stimme Siegsfanfare,
Wir Alle sehen nur des Pharus Licht,
Die Glut im Erdenschoße sehn wir nicht,
Und Keiner denkt der Lampe am Altare.

3

Ich weiß ein beßres Bild zu finden
Als jenes, das dir ferner weicht,
Wie tiefer deine Wurzeln gründen
Und reifer sich die Ähre neigt;
Ein beßres als zu dessen Rahmen,
Wenn Jahre schwanden, Jahre kamen,
Man wie sein eigner Schatten schleicht.

Lausch' ich am Strande ob der lauen
Entschlafnen Flut, mit scheuer Lust,
Wird unterm Flore dann, dem blauen,
Lebendig mir die ernste Rust,
Ich seh am Grunde die Korallen,
Ich seh der Fischlein goldig Wallen,
Und schaue tief in deine Brust.

Und wieder, an der Grüfte Bogen,
Seh' ich der Mauerflechte Stab
Mit tausend Ranken eingesogen
In des Gesteines Herz hinab,

Von Taue schwer die grünen Locken,
Leuchtwürmer in der Wimper Flocken,
Das ist dein Lieben übers Grab.

Und wenn an der Genesung Bronnen
– Im Saale tafeln Stern und Band –
Sich Mittags kranke Bettler sonnen,
Begierig schlürfen über'm Rand
Und emsig ihre Schalen schwenken,
Dann muß ich an dein Geben denken,
An deine warme, offne Hand.

O jener Quell, der glüh' und leise,
Ein Sprudel, deiner Brust entquillt,
Der nichts von Flocken weiß und Eise,
Mit Segen seine Steppe füllt,
Ihm kann nur gleichen wessen Walten
Nie siechen kann und nie veralten,
Und die Natur nur ist dein Bild.

DAS ERSTE GEDICHT

Auf meiner Heimat Grunde
Da steht ein Zinnenbau,
Schaut finster in die Runde
Aus Wimpern schwer und grau,
An seiner Fenster Gittern
Wimmert des Kauzes Schrei,
Und drüber siehst du wittern
Den sonnentrunknen Weih.

Ein Wächter, fest wie Klippen,
Von keinem Sturm bewegt,
Der in den harten Rippen
Gar manche Kugel trägt,
Ein Mahner auch, ein strenger,

Des Giebel grün und feucht
Mit spitzem Hut und Fänger
Des Hauses Geist besteigt:

Und sieht ihn das Gesinde
Am Fahnenschafte stehn,
Sich, wirbelnd vor dem Winde,
Mit leisem Schreie drehn,
Dann pocht im Schloßgemäuer
Gewiß die Totenuhr,
Oder ein tückisch Feuer
Frißt glimmend unterm Flur.

Wie hab' ich ihn umstrichen
Als Kind oft stundenlang,
Bin heimlich dann geschlichen
Den schwer verpönten Gang,
Hinauf die Wendelstiege,
Die unterm Tritte bog,
Bis zu des Sturmes Wiege,
Zum Hahnenbalken hoch.

Und saß ich auf dem Balken
Im Dämmerstrahle falb,
Mich fühlend halb als Falken,
Als Mauereule halb,
Dann hab' ich aus dem Brodem
Den Geist zitiert mit Mut,
Ich, Hauch von seinem Odem
Und Blut von seinem Blut.

Doch als nun immer tiefer
Die Schlangenstiege sank,
Als schiefer stets und schiefer
Dräute die Stufenbank,
Da klomm ich sonder Harren
Hinan den Zinnenring,

Und in des Daches Sparren
Barg ich ein heimlich Ding.

Das sollten Enkel finden
Wenn einst der Turm zerbrach,
Es sollte Etwas künden
Das mir am Herzen lag,
Nun sinn' ich oft vergebens
Was mich so tief bewegt,
Was mit Gefahr des Lebens
Ich in den Spalt gelegt?

Mir sagt ein Ahnen leise,
Es sei, gepflegt und glatt,
Von meinem Lorbeerreise
Das arme, erste Blatt,
Auch daß es just gewittert,
Mir, wie im Traume scheint,
Und daß ich sehr gezittert
Und bitterlich geweint.

Zerfallen am Gewände
Ist längst der Stiege Rund,
Kaum liegt noch vom Geländer
Ein morsches Brett am Grund,
Und wenn die Balken knarren,
Im Sturm die Fahne kreist,
Dann gleitet an den Sparren
Nicht mehr des Ahnen Geist;

Er mag nicht ferner hausen
Wo aller Glaube schwand;
Ich aber stehe draußen
Und schau hinauf die Wand,
Späh' durch der Sonne Lodern
In welcher Ritze wohl
Es einsam mag vermodern
Mein schüchtern arm Idol!

Nie sorgt' ein Falke schlechter
Für seine erste Brut!
Doch du, mein grauer Wächter,
Nimm es in deine Hut;
Und ist des Daches Schiene 85
Hinfürder nicht zu traun,
So laß die fromme Biene
Dran ihre Zelle baun.

DURCHWACHTE NACHT

Wie sank die Sonne glüh und schwer!
Und aus versengter Welle dann
Wie wirbelte der Nebel Heer,
Die sternenlose Nacht heran!
– Ich höre ferne Schritte gehn, – 5
Die Uhr schlägt Zehn.

Noch ist nicht alles Leben eingenickt,
Der Schlafgemächer letzte Türen knarren,
Vorsichtig in der Rinne Bauch gedrückt
Schlüpft noch der Iltis an des Giebels Sparren, 10
Die schlummertrunkne Färse murrend nickt,
Und fern im Stalle dröhnt des Rosses Scharren,
Sein müdes Schnauben, bis, vom Mohn getränkt,
Es schlaff die regungslose Flanke senkt.

Betäubend gleitet Fliederhauch 15
Durch meines Fensters offnen Spalt,
Und an der Scheibe grauem Rauch
Der Zweige wimmelnd Neigen wallt.
Matt bin ich, matt wie die Natur! –
Elf schlägt die Uhr. 20

O wunderliches Schlummerwachen, bist
Der zartren Nerve Fluch du oder Segen? –

's ist eine Nacht vom Taue wach geküßt,
Das Dunkel fühl ich kühl wie feinen Regen
An meine Wange gleiten, das Gerüst
Des Vorhangs scheint sich schaukelnd zu bewegen,
Und dort das Wappen an der Decke Gips,
Schwimmt sachte mit dem Schlängeln des Polyps.

Wie mir das Blut im Hirne zuckt!
Am Söller geht Geknister um,
Im Pulte raschelt es und ruckt
Als drehe sich der Schlüssel um,
Und – horch! der Seiger hat gewacht,
's ist Mitternacht.

War das ein Geisterlaut? so schwach und leicht
Wie kaum berührten Glases schwirrend Klingen,
Und wieder, wie verhaltnes Weinen, steigt
Ein langer Klageton aus den Syringen,
Gedämpfter, süßer nun, wie tränenfeucht
Und selig kämpft verschämter Liebe Ringen;
O Nachtigall, das ist kein wacher Sang,
Ist nur im Traum gelös'ter Seele Drang.

Da kollerts nieder vom Gestein!
Des Turmes morsche Trümmer fällt,
Das Käuzlein knackt und hustet drein.
Ein jäher Windesodem schwellt
Gezweig und Kronenschmuck des Hains;
– Die Uhr schlägt Eins. –

Und drunten das Gewölke rollt und klimmt;
Gleich einer Lampe aus dem Hünenmale
Hervor des Mondes Silbergondel schwimmt,
Verzitternd auf der Gasse blauem Stahle,
An jedem Fliederblatt ein Fünkchen glimmt,
Und hell gezeichnet von dem blassen Strahle
Legt auf mein Lager sich des Fensters Bild,
Vom schwanken Laubgewimmel überhüllt.

Jetzt möcht ich schlafen, schlafen gleich,
Entschlafen unterm Mondeshauch,
Umspielt vom flüsternden Gezweig,
Im Blute Funken, Funk' im Strauch, 60
Und mir im Ohre Melodei;
– Die Uhr schlägt Zwei. –

Und immer heller wird der süße Klang,
Das liebe Lachen, es beginnt zu ziehen,
Gleich Bildern von Daguerre, die Deck' entlang, 65
Die aufwärts steigen mit des Pfeiles Fliehen;
Mir ist als seh' ich lichter Locken Hang,
Gleich Feuerwürmern seh ich Augen glühen,
Dann werden feucht sie, werden blau und lind,
Und mir zu Füßen sitzt ein schönes Kind. 70

Es sieht empor, so froh gespannt,
Die Seele strömend aus dem Blick,
Nun hebt es gaukelnd seine Hand,
Nun zieht es lachend sie zurück,
Und – horch! des Hahnes erster Schrei! 75
Die Uhr schlägt Drei.

Wie bin ich aufgeschreckt – o süßes Bild
Du bist dahin, zerflossen mit dem Dunkel!
Die unerfreulich graue Dämmrung quillt,
Verloschen ist des Flieders Taugefunkel, 80
Verrostet steht des Mondes Silberschild,
Im Walde gleitet ängstliches Gemunkel,
Und meine Schwalbe an des Frieses Saum
Zirpt leise, leise auf im schweren Traum.

Der Tauben Schwärme kreisen scheu, 85
Wie trunken, in des Hofes Rund,
Und wieder gellt des Hahnes Schrei,
Auf seiner Streue rückt der Hund,
Und langsam knarrt des Stalles Tür,
– Die Uhr schlägt Vier. – 90

Da flammts im Osten auf – o Morgenglut!
Sie steigt, sie steigt, und mit dem ersten Strahle
Strömt Wald und Heide vor Gesangesflut,
Das Leben quillt aus schäumendem Pokale,
Es klirrt die Sense, flattert Falkenbrut,
Im nahen Forste schmettern Jagdsignale,
Und wie ein Gletscher, sinkt der Träume Land
Zerrinnend in des Horizontes Brand.

MONDESAUFGANG

An des Balkones Gitter lehnte ich
Und wartete, du mildes Licht, auf dich;
Hoch über mir, gleich trübem Eiskristalle,
Zerschmolzen, schwamm des Firmamentes Halle,
Der See verschimmerte mit leisem Dehnen,
– Zerfloßne Perlen oder Wolkentränen? –
Es rieselte, es dämmerte um mich,
Ich wartete, du mildes Licht, auf dich!

Hoch stand ich, neben mir der Linden Kamm,
Tief unter mir Gezweige, Ast und Stamm,
Im Laube summte der Phalänen Reigen,
Die Feuerfliege sah ich glimmend steigen;
Und Blüten taumelten wie halb entschlafen;
Mir war, als treibe hier ein Herz zum Hafen,
Ein Herz, das übervoll von Glück und Leid,
Und Bildern seliger Vergangenheit.

Das Dunkel stieg, die Schatten drangen ein, –
Wo weilst du, weilst du denn, mein milder Schein! –
Sie drangen ein, wie sündige Gedanken,
Des Firmamentes Woge schien zu schwanken,
Verzittert war der Feuerfliege Funken,
Längst die Phaläne an den Grund gesunken,
Nur Bergeshäupter standen hart und nah,
Ein düstrer Richterkreis, im Düster da.

Und Zweige zischelten an meinem Fuß,
Wie Warnungsflüstern oder Todesgruß,
Ein Summen stieg im weiten Wassertale
Wie Volksgemurmel vor dem Tribunale;
Mir war, als müsse Etwas Rechnung geben,
Als stehe zagend ein verlornes Leben,
Als stehe ein verkümmert Herz allein,
Einsam mit seiner Schuld und seiner Pein.

Da auf die Wellen sank ein Silberflor,
Und langsam stiegst du, frommes Licht, empor;
Der Alpen finstre Stirnen strichst du leise,
Und aus den Richtern wurden sanfte Greise,
Der Wellen Zucken ward ein lächelnd Winken,
An jedem Zweige sah ich Tropfen blinken,
Und jeder Tropfen schien ein Kämmerlein,
Drin flimmerte der Heimatlampe Schein.

O Mond, du bist mir wie ein später Freund,
Der seine Jugend dem Verarmten eint,
Um seine sterbenden Erinnerungen
Des Lebens zarten Widerschein geschlungen,
Bist keine Sonne, die entzückt und blendet,
In Feuerströmen lebt, in Blute endet, –
Bist, was dem kranken Sänger sein Gedicht,
Ein fremdes, aber o ein mildes Licht!

GASTRECHT

Ich war in einem schönen Haus
Und schien darin ein werter Gast,
Die Damen sahn wie Musen fast,
Sogar die Hunde geistreich aus,
Die Luft, von Ambraduft bewegt,
Schwamm wie zerfloßne Phantasie,
Und wenn ein Vorhang sich geregt,
Dann war sein Säuseln Poesie.

Wohl trat mir oft ein Schwindel nah,
Ich bin an Naphtha nicht gewöhnt,
Doch hat der Zauber mich versöhnt,
Und reiche Stunden lebt' ich da,
All' was man sagte war so fein,
So aus der Menschenbrust seziert,
Der Schnitt, so scharf und spiegelrein,
Und so vortrefflich durchgeführt.

Da kam ein Tag an dem man oft
Und leis von einem Gaste sprach,
Der, längst geladen, hintennach,
Kam wie die Reue unverhofft.
Da ward am Fenster ausgeschaut,
Ein seltsam Lächeln im Gesicht,
Ich hätte Häuser drauf gebaut,
Der Fremde sei ein Musenlicht.

Und als er endlich angelangt,
Als Alles ihm entgegen flog,
In den Salon ihn jubelnd zog,
Da hat mir ordentlich gebangt.
Doch schien ein schlichter Bursche nur
Mein Bruder in hospitio;
Vom Idealen keine Spur!
Nur frank, gesund und lebensfroh.

Drei Tage lebten wir nun flott,
Ganz wie im weiland Paradies,
Wo man die Engel sorgen ließ
Und geistreich sein den lieben Gott.
Des Gastes Auge hat geglüht,
Hat freundlich wie ein Stern geblinkt,
Und als er endlich trauernd schied,
Da ward ihm lange nachgewinkt.

O, unsre Wirte waren fein,
Gar feine Leute allzumal,
Schon sank die Dämmerung in's Tal,
Eh ihre Schonung nickte ein,
Und hier und dort ein Nadelstich,
Und schärfer dann ein Messerschnitt,
Und dann die Sonde säuberlich
In des Geschiednen Schwächen glitt.

O sichre Hand! o fester Arm!
O Sonde, leuchtend wie der Blitz!
Ich lehnte an des Gastes Sitz,
Und fühlte sacht ob er noch warm?
Und an das Fenster trat ich dann,
Nahm mir ein altbekanntes Buch
Und las, die Blicke ab und an
Versenkend in der Wolken Zug!

»Einst vor dem Thron Mütassims, des Kalifen
Beschwert mit Fesseln ein Verbrecher stand,
Dem, als vom Trunk betäubt, die Wächter schliefen,
Des Herrschers eigne Hand den Dolch entwand,
Nur dunkel ward die Tat dem Volk bekannt.
Man flüsterte von nahen Blutes Sünden,
Von Freveln die der Fürst nicht mög' ergründen.
Schwer traf die läß'gen Söldner das Gericht,
Wie es sie traf, die Sage kündet's nicht,
Nur dieses sagt sie: daß an jenem Tag
Ein schaudernd Schweigen über Bagdad lag,
Und daß, als man zum Spruch den Sünder führte,
Im weiten Saal sich keine Wimper rührte,
Und daß Mütassims Blick, zum Grund gewandt,
Die Blumen aus dem Teppich schier gebrannt.

Am Throne stand ein Becher mit Scherbet,
Den Gaum des Fürsten dörrten düstre Gluten,
Er fühlte seine Menschlichkeit verbluten

75 Am Stahle der bedräuten Majestät.
Wer gibt ihm seiner Nächte Schlaf zurück?
Wer seinen Mut zum Schaffen und zum Lieben?
Wer das Vertrauen auf sein altes Glück? –
Dies Alles stand in seinem Blick geschrieben,
80 Weh! weh, wenn er die Wimper heben wird!
Der Frevler zittert, daß die Fessel klirrt.
Als noch der Lohn ihm wässerte den Mund,
Ein kecker Fuchs, und jetzt ein feiger Hund,
Würd er sich doppelten Verrats nicht schämen,
85 Doch sieht er deutlich Keiner will ihn nehmen,

Schaut zähneknirschend nur zum Fürsten auf;
Die Wimper zuckt! – da drängt ein Schrei sich auf, –
Und wie im Strauch die kranke Schlange pfeift,
An innerm Krampfe, will der Sklav ersticken.
90 O Allah! wird er sich dem Pfahl entrücken!
Und stürmisch der Kalif zum Becher greift,
Hält mit den eignen Händen den Scherbet
Ihm an die Lippen bis der Krampf vergeht.

Die Farbe kehrt, der Sklave atmet tief,
95 Sein Auge, irr zuerst, dann fest und kühn,
Läßt lang' er auf des Thrones Stufen glühn,
Dann spricht er ernst: »lang' lebe der Kalif!
Auf ihn hat sich Suleimans Geist gesenkt;
Ob er auch in gerechten Zornes Flamme,
100 Zum Marterpfahle einen Gast verdamme,
Den aus dem eignen Becher er getränkt.«

Da ward Mütassim bleich vor innrer Qual
Zittern sieht ihn sein Hof zum erstenmal,
Dann plötzlich ward sein Antlitz sonnenhell,
105 Und, hochgetragnen Hauptes rief er: »schnell
Die Fesseln ihm gelöst, ihr Sklaven! frei
Entwandl' er, nur von seiner Schuld gedrückt.«

Doch zu dem Thron tritt der Wesir, gebückt,
Spricht: »Fürst der Gläubigen, was soll geschehn,
Wenn er zum zweitenmal den Dolch gezückt?« 110
»Allah kerim! das was geschrieben ist
Im Buch des Lebens, drin nur Allah liest;
Allein auf keinem Blatte kann es stehn,
Daß der Verbrecher keine Gnade fand,
Den der Kalif getränkt mit eigner Hand!« 115

Ich schloß das Buch und dachte nach,
An Türken – Christen – Mancherlei,
Mir war ein wenig schwül und scheu,
Und sacht entschlüpft' ich dem Gemach.
Wie schien der Blumen wilde Zier, 120
Wie labend mir die schlichte Welt!
Und auf dem Rückweg hab' ich mir
Die Pferde an der Post bestellt.

AUCH EIN BERUF

Die Abendröte war zerflossen,
Wir standen an des Weihers Rand
Und ich hielt meine Hand geschlossen
Um ihre kleine kalte Hand;
»So müssen wir denn wirklich scheiden? 5
Das Schicksal würfelt mit uns Beiden,
Wir sind wie herrenloses Land.

Von keines Herdes Pflicht gebunden,
Meint Jeder nur, wir seien, grad
Für sein Bedürfnis nur erfunden, 10
Das hülfbereite fünfte Rad.
Was hilft es uns, daß frei wir stehen,
Auf keines Menschen Hände sehen?
Man zeichnet dennoch uns den Pfad.

Wo dicht die Bäume sich verzweigen,
Und um den schlanken Stamm hinab,
Sich tausend Nachbaräste neigen,
Da schreitet schnell der Wanderstab.
Doch drüben sieh die einzle Linde,
Ein Jeder schreibt in ihre Rinde,
Und Jeder bricht ein Zweiglein ab.

O hätten wir nur Mut, zu walten
Der Gaben die das Glück beschert!
Wer dürft uns hindern? wer uns halten?
Wer kümmern uns den eignen Herd?
Wir leiden nach dem alten Rechte:
Daß wer sich selber macht zum Knechte,
Nicht ist der goldnen Freiheit wert.

Zieh hin, wie du berufen worden,
Nach der Campagna Glut und Schweiß!
Und ich will ziehn nach meinem Norden,
Zu siechen unter Schnee und Eis.
Nicht würdig sind wir beßrer Tage,
Denn wer nicht kämpfen mag der trage!
Dulde wer nicht zu handeln weiß!«

So ward an Weihers Rand gesprochen,
In Zorne halb, und halb in Pein.
Wir hätten gern den Stab gebrochen,
Ob all den kleinen Tyrannein.
Und als die Regenwolken stiegen,
Da bahnten wir erst mit Vergnügen
Uns in den Ärger recht hinein.

So lang die Tropfen einzeln fielen,
War's Naphthaöl in unsern Trutz;
Auch Eins von des Geschickes Spielen,
Zum Schaden uns und keinem nutz!
Doch als der Himmel Schlossen streute,

Da machten wir's wie andre Leute,
Und suchten auch der Linde Schutz.

Dort stand ein Häuflein dicht beisammen,
Sich schauernd unterm Blätterdach;
Die Wolke zuckte Schwefelflammen,
Und jagte Regenstriemen nach.
Wir hörtens auf den Blättern springen,
Jedoch kein Tropfen konnte dringen
In unser laubiges Gemach.

Fürwahr ein armes Häuflein war es,
Was hier dem Wettersturm entrann;
Ein hagrer Jud' gebleichten Haares,
Mit seinem Hund ein blinder Mann,
Ein Schuladjunkt im magren Fracke,
Und dann, mit seinem Bettelsacke,
Der kleine hinkende Johann.

Und Alle sahn bei jedem Stoße
Behaglich an den Stamm hinauf
Rückten die Bündelchen im Schoße,
Und drängten lächelnd sich zuhauf,
Denn wie so hohler schlug der Regen,
So breiter warf dem Sturm entgegen
Der Baum die grünen Schirme auf.

Wie kämpfte er mit allen Gliedern
Zu schützen was sich ihm vertraut!
Wie freudig rauscht er, zu erwidern
Den Glauben, der auf ihn gebaut!
Ich fühlte seltsam mich befangen,
Beschämt, mit hocherglühten Wangen,
Hab' in die Krone ich geschaut.

Des Baums der, keines Menschen Eigen,
Verloren in der Heide stand,

Nicht Früchte trug in seinen Zweigen,
Nicht Nahrung für des Herdes Brand,
Der nur auf Gottes Wink entsprossen
Dem fremden Haupte zum Genossen,
Dem Wandrer in der Steppe Sand.

Zur Freundin sah ich, sie herüber,
Wir dachten Gleiches wohl vielleicht,
Denn ihre Mienen waren trüber
Und ihre lieben Augen feucht.
Doch haben wir kein Wort gesprochen,
Vom Baum ein Zweiglein nur gebrochen,
Und still die Hände uns gereicht.

GEMÜT

Grün ist die Flur, der Himmel blau,
Doch tausend Farben spielt der Tau,
Es hofft die Erde bis zum Grabe,
Gewährung fiel dem Himmel zu,
Und, sprich, was ist denn deine Gabe,
Gemüt, der Seele Iris Du?

Du Tropfen Wolkentau, der sich
In unsrer Scholle Poren schlich,
Daß er dem Himmel sie gewöhne
An seinem lieblichsten Gedicht,
Du, irdisch heilig wie die Träne,
Und himmlisch heilig wie das Licht!

Ein Tropfen nur, ein Widerschein,
Doch alle Wunder saugend ein,
Ob, Perle, dich am Blatte wiegend
Und spielend um der Biene Fuß,
Ob, süßer Traum, im Grase liegend,
Und lächelnd bei des Halmes Gruß:

O, Erd und Himmel lächeln auch,
Wenn du, geweckt vom Morgenhauch,
Gleich einem Kinde hebst den weichen
Verschämten Mondesblick zum Tag,
Erharrend was die Hand des Reichen,
Von Glanz und Duft dir geben mag.

Lächle nur, lächle für und für,
Des Kindes Reichtum wird auch dir:
Dir wird des Zweiges Blatt zur Halle,
Zum Sammet dir des Mooses Vlies,
Opale, funkelnde Metalle
Wäscht Muschelscherbe dir und Kies.

Des kranken Blattes rötlich Grün,
Drückt auf die Stirn dir den Rubin,
Mit Chrisolithes goldnem Flittern
Schmückt deinen Spiegel Kraut und Gras;
Und selbst des dürren Laubes Zittern,
Schenkt dir den bräunlichen Topas.

Und gar wenn losch das Sonnenlicht,
Und nun dein eigenstes Gedicht,
Morgana deines Sees, gaukelt,
Ein Traum von Licht, um deinen Ball,
Und zarte Schattenbilder schaukelt,
Gefangene Geister im Kristall:

Dann schläfst du, schläfst in eigner Haft,
Läßt walten die verborg'ne Kraft,
Was nicht dem Himmel, nicht der Erden,
Was deiner Schöpfung nur bewußt,
Was nie gewesen, nie wird werden,
Die Embryone deiner Brust.

O lächle, träume immer zu,
Iris der Seele, Tropfen du!

Den Wald laß rauschen, im Gewimmel
Entfunkeln laß der Sterne Reih'n,
Du hast die Erde, hast den Himmel,
Und deine Geister obendrein.

DER STERBENDE GENERAL

Er lag im dicht verhängten Saal,
Wo grau der Sonnenstrahl sich brach,
Auf seinem Schmerzensbette lag
Der alte kranke General;
Genüber ihm am Spiegel hing
Echarpe, Orden, Feldherrnstab,
Still war die Luft, am Fenster ging
Langsam die Schildwach' auf und ab.

Wie der verwitterte Soldat
So stumm die letzte Fehde kämpft!
Zwölf Stunden, seit zuletzt gedämpft
Um »Wasser« er um »Wasser« bat.
An seinem Kissen beugten Zwei,
Des Einen Auge rotgeweint,
Des Andern düster, fest und treu,
Ein Diener und ein alter Freund.

»Tritt seitwärts«, sprach der Eine: »laß
Ihn seines Standes Ehren sehn, –
Den Vorhang weg! daß flatternd wehn
Die Bänder an dem Spiegelglas!«
Der Kranke schlug die Augen auf,
Man sah wohl daß er ihn verstand,
Ein Blick, ein leuchtender, und drauf
Hat er sich düster abgewandt.

»Denkst du, mein alter Kamerad,
Der jubelnden Viktoria?

Wie flogen unsre Banner da
Durch der gemähten Feinde Saat!
Denkst du an unsers Prinzen Wort:
– ›Man sieht es gleich hier stand der Wart!‹ –
Schnell, Conrad, nehmt die Decke fort,
Sein Odem wird so kurz und hart.«

Der Obrist lauscht, er murmelt sacht:
»Verkümmert wie ein welkes Blatt!
Das Dutzend Friedensjahre hat
Zum Kapuziner ihn gemacht. –
Wart, Wart! du hast so frisch und licht
So oft dem Tode dich gestellt,
Die Furcht, ich weiß es, kennst du nicht,
So stirb auch freudig wie ein Held!

Stirb wie ein Leue, adelich,
In seiner Brust das Bleigeschoß,
O, stirb nicht wie ein zahnlos Roß
Das zappelt vor des Henkers Stich! –
– Ha, seinem Auge kehrt der Strahl –
Stirb, alter Freund, stirb wie ein Mann!«
Der Kranke zuckt, zuckt noch einmal,
Und »Wasser, Wasser!« stöhnt er dann.

Leer ist die Flasche. – »Wache dort,
He, Wache, du bist abgelöst!
Schau, wo ans Haus das Gitter stößt,
Lauf, Wache, lauf zum Borne fort! –
's ist auch ein grauer Knasterbart,
Und strauchelt wie ein Dromedar –
Nur schnell, die Sohlen nicht gespart!
Was, alter Bursche, Tränen gar?«

»Mein Kommandant«, spricht der Ulan
Grimmig verschämt: »ich dachte nach
Wie ich blessiert am Strauche lag,

Der General mir nebenan,
Und wie er mir die Flasche bot,
Selbst dürstend in dem Sonnenbrand,
Und sprach: ›du hast die schlimmste Not‹ –
Dran dacht' ich nur, mein Kommandant.«

Der Kranke horcht, durch sein Gesicht
Zieht ein verwittert Lächeln, dann
Schaut fest den Veteran er an. –
Die Seele, der Viktorie nicht
Nicht Fürstenwort gelös't den Fluch,
Auf einem Tropfen Menschlichkeit
Schwimmt mit dem letzten Atemzug
Sie lächelnd in die Ewigkeit.

SILVESTERABEND

Am letzten Tage des Jahres
Da dacht' ich wie Mancher tot,
Den ich bei seinem Beginne
Noch lustig gesehn und rot,
Wie Mancher am Sargesbaume
Gelacht unterm laubigen Zelt,
Und wie vielleicht auch der meine
Zur Stunde schon sei gefällt.

Wer wird dann meiner gedenken
Wenn ich nun gestorben bin?
Wohl wird man Tränen mir weihen,
Doch diese sind bald dahin!
Wohl wird man Lieder mir singen,
Doch diese verweht die Zeit!
Vielleicht einen Stein mir setzen,
Den bald der Winter verschneit!

Und wenn die Flocke zerronnen
Und kehrt der Nachtigall Schlag,
Dann blieb nur die heilige Messe
An meinem Gedächtnistag,
Nur auf zerrissenem Blatte
Ein Lied von flüchtigem Stift,
Und mir zu Häupten die Decke
Mit mooszerfressener Schrift.

Wohl hab' ich viele Bekannte
Die gern mir öffnen ihr Haus,
Doch wenn die Türe geschlossen,
Dann schaut man nimmer hinaus,
Dann haben sie einen Andern
An meiner Stelle erwählt,
Der ihnen singt meine Lieder
Und meine Geschichten erzählt.

Wohl hab' ich ehrliche Freunde,
Die geht es härter schon an;
Doch wenn die Kette zerrissen,
Man flickt sie so gut man kann;
Zwei Tage blieben sie düster,
– Sie meinten es ernst und treu –
Und gingen dann in die Oper
Am dritten Tage auf's neu.

Ich habe liebe Verwandte
Die trugen im Herzen das Leid,
Allein wie dürfte verkümmern
Ein Leben so Vielen geweiht?
Sie haben sich eben bezwungen,
Für andere Pflichten geschont,
Doch schweben meine Züge
Zuweilen noch über den Mond.

Ich habe Brüder und Schwestern,
Da ging in's Leben der Stich,
Da sind viel Tränen geflossen
Und viele Seufzer um mich;
O, hätten sie einsam gestanden,
Ich lebte in ewigem Licht!
Nun haben sie meines vergessen
Um ihres Kindes Gesicht.

Ich hab', ich hab' eine Mutter,
Der kehr' ich im Traum bei Nacht,
Die kann das Auge nicht schließen,
Bis mein sie betend gedacht;
Die sieht mich in jedem Grabe,
Die hört mich im Rauschen des Hains –
O, vergessen kann eine Mutter
Von zwanzig Kindern nicht eins!

ANHANG

SCHLOSS BERG
*Meinem väterlichen Freunde, dem Grafen Theodor,
und meinen Freundinnen, den Gräfinnen Emilie und Emma
von Thurn-Valsassina, gewidmet.*

Ein Nebelsee quillt rauchend aus der Aue,
Und duft'ge Wölkchen treiben durch den Raum,
Kaum graut ein Punkt im Osten noch, am Taue
Verlosch des Glühwurms kleine Leuchte kaum.
Horch! leises leises Zirpen unterm Dache 5
Verkündet daß bereits die Schwalbe wache,
Und um manch' Lager spielt ein später Traum.

Die Stirn gedrückt an meines Fensters Scheiben
Schau sinnend ich ins duft'ge Meer hinein,
Und wie die hellen Wölkchen drüber treiben, 10
Mein Blick hängt unverwendet an dem Schein.
Ja, dort, dort muß nun bald die Sonne steigen,
Mir ungekannte Herrlichkeit zu zeigen,
Dort ladet mich der Schweizermorgen ein!

So steh ich wirklich denn auf deinem Grunde, 15
Besung'nes Land, von dem die Fremde schwärmt,
Du meines Lebens allerfrühste Kunde,
Aus einer Zeit, die noch das Herz erwärmt,
Als *Eine**, nie vergessen doch entschwunden,
So manche liebe hingeträumte Stunden 20
An allzu teuren Bildern sich gehärmt.

---

* Auguste, Gräfin von Thurn-Valsassina, Stiftsdame in Freckenhorst, starb an den Folgen des Heimwehs.

Wenn sie gemalt, wie malet das Verlangen,
Die Felsenkuppen und den ewgen Schnee,
Wenn um mein Ohr die Alpenglocken klangen,
Vor meinem Auge blitzte auf der See.
Von Schlosses Turm, mit zitterndem Vergnügen,
Ich zahllos sah die blanken Dörfer liegen,
Der Königreiche vier von meiner Höh'.

Mich dünkt noch seh ich ihre blauen Augen,
Die aufwärts schaun mit heiliger Gewalt,
Noch will mein Ohr die weichen Töne saugen,
Wenn echogleich sie am Klavier verhallt;
Und drunten, wo die linden Pappeln wehen,
Noch glaub' ich ihrer Locken Wald zu sehen,
Und ihre zarte schwankende Gestalt.

Wohl war sie gut, wohl war sie klar und milde,
Wohl war sie Allen wert die sie gekannt!
Kein Schatten haftet an dem reinen Bilde,
Man tritt sich näher, wird sie nur genannt.
Und über Tal und Ströme schlingt aufs Neue
Um Alles was sie einst umfaßt mit Treue,
Aus ihrem Grabe sich ein festes Band.

Ihr, ruhend noch in dieser frühen Stunde,
Verehrter Freund, und meine teuren Zween,
Emilia und Emma, unserm Bunde
Gewiß wird lächelnd sie zur Seite stehn;
Ich weiß es, denkend an geliebte Toten
Habt ihr der Fremden eure Hand geboten,
Als hätte ihr seit Jahren sie gesehn.

So bin ich unter euer Dach getreten
Wie eines Bruders Schwelle man berührt,
Eu'r gastlich Dach, wo frommer Treu, im steten
Gefolge, aller Segen wohl gebührt.
Wo Friede wohnt; was kann man Liebres sagen?

Mag Maylands Krone* dann ein Andrer tragen,
Und seinen Szepter, den ihr einst geführt!

Schlaft sanft, schlaft wohl! – Ich aber steh' und lausche
Nach jedem Flöckchen das vergoldet weht,
Ists nicht, als ob der Morgenwind schon rausche?
Wie's drüben wogt, und rollt, und in sich dreht,
Nun breitet sichs, nun steht es überm Schaume.
Was steigt dort auf? – ein Bild aus kühnem Traume,
O Säntis, Säntis, deine Majestät!

Bist du es dem ringsum die Lüfte zittern,
Du weißes Haupt mit deinem Klippenkranz?
Ich fühle deinen Blick die Brust erschüttern
Wie überm Duft du riesig stehst im Glanz.
Ja, gleich der Arche über Wogengrimmen
Seh ich in weiter Wolkenflut dich schwimmen,
Im weiten weiten Meere, einsam ganz.

Nein, einsam nicht, – dort taucht es aus den Wellen,
Cæsapiana hebt die Stirne bleich,
Dort ragt der Glärnisch auf – dort seh' ichs schwellen,
Und Zack' an Zack' entsteigt der Flut zugleich,
O Säntis, wohl mit Recht trägst du die Krone,
Da sieben Fürsten stehn an deinem Throne,
Und unermeßlich ist dein luftig Reich!

Tyrol auch sendet der Verbündung Zeichen,
Es blitzt dir seine kalten Grüße zu;
Welch Hof ist wohl dem deinen zu vergleichen,
Mein grauer stolzer Alpenkönig du!
Die Sonne steigt, schon Strahl an Strahl sie sendet,
Wie's droben funkelt, wie's das Auge blendet!
Und drunten Alles Dämmrung, Alles Ruh.

---

* Die Grafen von Thurn-Valsassina sind ein ausgewanderter Zweig des lombardischen Geschlechts Della Torre.

So sah ich, unter Märchen eingeschlafen,
In Träumen einst des Winterfürsten Haus,
Den Eispalast, wo seinen goldnen Schafen
Er täglich streut das Silberfutter aus;
Ja, in der Tat, sie sind hinab gezogen,
Die goldnen Lämmer, und am Himmelsbogen
Noch sieht man schimmern ihre Wollen kraus!

Doch schau, ist Ebbe in dies Meer getreten?
Es sinkt, es sinkt, und schwärzlich in die Luft
Streckt das Gebirge nun, gleich Riesenbeeten,
Die waldbedeckten Kämme aus dem Duft;
Ha, Menschenwohnungen an allen Enden!
Fast glaub' ich Geiß zu sehn vor Fichtenwänden,
Versteckt nicht Weisbad jene Felsenkluft?

Und immer sinkt es, immer zahllos steigen
Ruinen, Schlösser, Städte an den Strand,
Schon will der Bodensee den Spiegel zeigen
Und wirft gedämpfte Strahlen über Land,
Und nun verrinnt die letzte Nebelwelle,
Da steht der Äther, glockenrein und helle,
Die Felsen möcht man greifen mit der Hand!

Wüßt' ich die tausend Punkte nur zu nennen,
Die drüben lauschen aus dem Waldrevier –
Mich dünkt, mit freiem Auge müßt ich kennen
Den Sennen, tretend an die Hüttentür;
Ob meilenweit, nicht seltsam würd' ichs finden
Säh' in die Schluchten ich den Jäger schwinden,
Und auf der Klippe das verfolgte Tier.

So klar, ein stählern Band, die Thur sich windet,
Und wie ich lauschend späh' von meiner Höh,
Ein einzger Blick mir zwölf Kantone bindet;
Wo drüben zitternd ruht der Bodensee,
Wo längs dem Strand die Wimpel lässig gleiten,

Vier Königreiche seh' ich dort sich breiten,
Erfüllt ist Alles, ohne Traum und Fee.

Mein stolzer edler Grund, dich möcht ich nennen
Mein königlich' mein kaiserliches Land!
Wer mag dein Bild von deinen Gletschern trennen,
Doch Liebes ich in deinen Tälern fand; –
Was klinkt an meine Tür, nach Geisterweise?
Horch! »guten Morgen, Nette« flüsterts leise,
Und meine Emma bietet mir die Hand.

GEISTLICHES JAHR

IN LIEDERN AUF ALLE SONN- UND FESTTAGE

AN MEINE LIEBE MUTTER

Du weißt, liebste Mutter, wie lange die Idee dieses Buchs in meinem Kopfe gelebt hat, bevor ich sie außer mir darzustellen vermochte, der betrübte Grund liegt sehr nahe, in dem Unsinne dem ich mich recht wissentlich hingab, da ich es unternahm, eine der reinsten Seelen die noch unter uns sind, zu allen Stunden in Freud und Leid vor Gott zu führen, da ich doch deutlich fühlte, wie ich nur von sehr wenigen Augenblicken ihres *frommen* Lebens eine Ahndung haben könne, und wohl eben nur von jenen, wo Sie selbst nachher nicht recht weiß, ob sie zu den guten oder bösen zu zählen, es würde somit fast freventlich gewesen sein, bei so heiligen Dingen mich in vergeblichen Versuchen, ich möchte sagen, herumzutummeln, wenn nicht der Gedanke, daß die liebe Großmutter ja grade in jenen Augenblicken nur allein eines äußeren Hülfsmittels etwa bedürfe, indes in ihren reineren Stunden alles hinzu Getane gewiß überflüssig oder störend, und wo Sie sich dessen etwa aus Demut bedient, auch das gelungenste Lied von mir, Ihr nicht jene alten rührenden Verse ersetzen könne, an denen das Andenken ihrer frommen verstorbenen Eltern und liebsten Verwandten hängt, wenn nicht, sage ich, dieser Gedanke mich zu den mehrmaligen Versuchen verleitet hätte, die so mißlungen sind, als sie gar nicht anders werden konnten.

Kein Schwachkopf, der plötzlich zum König wird, kann bedrängter sein, als ich im Gefühl der Ohnmacht, wenn ich Heiligtümer offenbaren sollte, die ich nur dem Namen nach kannte, und deren Kunde mir Gott dereinst geben wolle.

So habe ich geschrieben, immer im Gefühl der äußersten Schwäche, und oft wie des Unrechts, und erst seitdem ich mich von dem Gedanken, für die Großmutter zu schreiben völlig frei gemacht, habe ich rasch und mit mannigfachen, aber immer erleichternden Gefühlen gearbeitet, und, so Gott will, zum Segen. – Die wenigen zu jener mißlungenen Absicht verfertigten Lieder habe ich ganz verändert, oder wo dieses noch zu wenig war, vernichtet, und mein Werk ist jetzt ein betrübendes aber vollständiges Ganze, nur schwankend in sich selbst, wie mein Gemüt in seinen wechselnden Stimmungen.

So ist dies Buch in deiner Hand! – Für die Großmutter ist und bleibt es völlig unbrauchbar, so wie für alle sehr fromme Menschen, denn ich habe ihm die Spuren eines vielfach gepreßten und geteilten Gemütes mitgeben müssen, und ein kindlich in Einfalt Frommes würde es nicht einmal verstehn, auch möchte ich es auf keine Weise vor solche reine Augen bringen, denn es gibt viele Flecken, die eigentlich zerrissene Stellen sind, wo eben die mildesten Hände am härtesten hingreifen, und viele Herzen die keinen Richter haben, als Gott, der sie gemacht hat.

Daß mein Buch nicht für ganz schlechte, im Laster verhärtete Menschen paßt, brauchte ich eigentlich nicht zu sagen, wenn ich auch Eins für Dergleichen schreiben könnte, so würde ich es doch unterlassen.

Es ist für die geheime, aber gewiß sehr verbreitete Sekte Jener, bei denen die Liebe größer wie der Glaube, für jene unglücklichen aber törichten Menschen, die in einer Stunde mehr fragen, als sieben Weise in sieben Jahren beantworten können.

Ach! es ist so leicht eine Torheit zu rügen! aber Besserung ist überall so schwer, und hier kann es mir oft scheinen, als ob ein immer erneuertes Siegen in immer wieder auflebenden Kämpfen das einzig zu Erringende, und ein starres Hinblicken auf Gott, in Hoffnung der Zeit aller Aufschlüsse, das einzig übrige Ratsame sei; d. h. ohne eine besondere wunderbare Gnade Gottes, die auch das heißeste Gebet nicht immer herab ruft. – Ich darf hoffen, daß meine Lieder vielleicht manche verborgne kranke Ader treffen werden, denn ich habe keinen Gedanken geschont, auch den geheimsten nicht. – Ob sie Dir gefallen, muß ich dahin gestellt sein lassen, ich habe für *keinen* Einzelnen geschrieben, ich denke es indes, und wünsche es sehnlichst, da sie als das Werk deines Kindes dein natürliches Eigentum sind, sollte ich jedoch hierin meinen Zweck verfehlen, so muß mich das alte Sprichwort rechtfertigen: »Ein Schelm der mehr gibt als er hat.«

Hülshoff, den 9ten Oktober 1820*

⟨* Diese Vorrede stellte die 23jährige Droste dem Widmungsexemplar für ihre Mutter Therese von Droste-Hülshoff, das die ersten 25 Lieder des Jahreszyklus enthält, voran. Hätte die Autorin das »Geistliche Jahr« selbst zum Druck gegeben, wäre sie entfallen.⟩

AM NEUJAHRSTAGE

Das Auge sinkt, die Sinne wollen scheiden:
»Fahr wohl! du altes Jahr, mit Freud und Leiden,
Der Himmel schenkt ein Neues, wenn er will.«
So neigt der Mensch sein Haupt an Gottes Güte,
Die alte fällt, es keimt die neue Blüte
Aus Eis und Schnee, die Pflanze Gottes still.

Die Nacht entflieht, der Schlaf den Augenlidern:
»Willkommen junger Tag mit deinen Brüdern!
Wo bist du denn, du liebes neues Jahr?«
Da steht es in des Morgenlichtes Prangen,
Es hat die ganze Erde rings umfangen
Und schaut ihm in die Augen ernst und klar.

»Gegrüßt du Menschenherz mit deinen Schwächen,
Du Herz voll Kraft und Reue und Gebrechen,
Ich bringe neue Prüfungszeit vom Herrn.«
»Gegrüßt du neues Jahr mit deinen Freuden,
Das Leben ist so süß, und wären's Leiden,
Ach, Alles nimmt man mit dem Leben gern!«

»O Menschenherz, wie ist dein Haus zerfallen!
Wie magst du doch, du Erbe jener Hallen,
Wie magst du wohnen in so wüstem Graus!«
»O neues Jahr, ich bin ja nie daheime!
Ein Wandersmann durchzieh ich ferne Räume;
Es heißt wohl so, es ist doch nicht mein Haus.«

»O Menschenherz, was hast du denn zu treiben,
Daß du nicht kannst in deiner Heimat bleiben
Und halten sie bereit für deinen Herrn?«
»O neues Jahr, du mußt noch viel erfahren;

Kennst du nicht Krieg und Seuchen und Gefahren!
Und meine liebsten Sorgen wohnen fern.«

»O Menschenherz, kannst du denn Alles zwingen?
Muß dir der Himmel Tau und Regen bringen,
Und öffnet sich die Erde deinem Wort?«
»Ach nein, ich kann nur sehn und mich betrüben,
Es ist noch leider nach wie vor geblieben
Und geht die angewiesnen Wege fort.«

»O tückisch Herz, du willst es nur nicht sagen,
Die Welt hat ihre Zelte aufgeschlagen,
Drin labt sie dich mit ihrem Taumelwein.«
»*Der* bittre Becher mag mich nicht erfreuen,
Sein Schaum heißt Sünde, und sein Trank Gereuen,
Zudem läßt mich die Sorge nie allein.«

»Hör an, o Herz, ich will es dir verkünden,
Willst du den Pfeil in seinem Fluge binden?
Du siehst sein Ziel nicht, hat er darum keins?«
»Ich weiß es wohl, uns ist ein Tag bereitet,
Da wird es klar, wie Alles wohl geleitet,
Und all die tausend Ziele dennoch Eins.«

»O Herz, du bist von Torheit ganz befangen!
Dies alles weißt du, und dir kann noch bangen!
O böser Diener, treulos aller Pflicht!
Ein jeglich Ding füllt seinen Platz mit Ehren,
Geht seinen Weg und läßt sich nimmer stören,
Dein Gleichnis gibt es auf der Erde nicht!

Du hast den Frieden freventlich vertrieben!
Doch Gottes Gnad' ist grundlos wie sein Lieben,
O kehre heim in dein verödet Haus!
Kehr heim in deine dunkle wüste Zelle,
Und wasche sie mit deinen Tränen helle,
Und lüfte sie mit deinen Seufzern aus!

Und willst du treu die Blicke aufwärts wenden,
So wird der Herr sein heilig Bild dir senden,
Daß du es hegst, in Glauben und Vertraun,
Dann darf ich einst an deinem Kranze winden,
Und sollte dich das neue Jahr noch finden,
So mög es in ein Gotteshäuslein schaun!«

AM FESTE DER H. DREI KÖNIGE

Durch die Nacht drei Wandrer ziehn,
Um die Stirnen Purpurbinden,
Tiefgebräunt von heißen Winden
Und der langen Reise Mühn;
Durch der Palmen säuselnd Grün
Folgt der Diener Schar von Weiten;
Von der Dromedare Seiten
Goldene Kleinode glühn.
Wie sie klirrend vorwärts schreiten,
Süße Wohlgerüche fliehn.

Finsternis hüllt schwarz und dicht
Was die Gegend mag enthalten;
Riesig drohen die Gestalten:
Wandrer fürchtet ihr euch nicht?
Doch ob tausend Schleier flicht
Los' und leicht die Wolkenaue:
Siegreich durch das zarte Graue
Sich ein funkelnd Sternlein bricht,
Langsam wallt es durch das Blaue,
Und der Zug folgt seinem Licht.

Horch, die Diener flüstern leis:
Will noch nicht die Stadt erscheinen,
Mit den Tempeln und den Hainen,
Sie der schweren Mühe Preis?
Ob die Wüste brannte heiß,

Ob die Nattern uns umschlangen,
Uns die Tiger nachgegangen,
Ob der Glutwind dörrt den Schweiß:
Augen an den Gaben hangen
Für den König stark und weis.

Sonder Sorge, sonder Acht,
Wie drei stille Monde ziehen
Um des Sonnensternes Glühen,
Ziehn die Dreie durch die Nacht.
Wenn die Staublawine kracht,
Wenn mit grausig schönen Flecken
Sich der Wüste Blumen strecken:
Schaun sie still auf jene Macht,
Die sie sicher wird bedecken,
Die den Stern hat angefacht.

O ihr hohen heilgen Drei!
In der Finsternis geboren,
Hat euch kaum ein Strahl erkoren,
Und ihr folgt so fromm und treu!
Und du meine Seele, frei
Schwelgend in der Gnade Wogen,
Mit Gewalt ans Licht gezogen,
Suchst die Finsternis auf's Neu!
O wie hast du dich betrogen;
Tränen blieben dir und Reu!

Dennoch, Seele, fasse Mut!
Magst du nimmer gleich ergründen,
Wie du kannst Vergebung finden:
Gott ist über Alles gut!
Hast du in der Reue Flut
Dich gerettet aus der Menge,
Ob sie dir das Mark versenge
Siedend in geheimer Glut:
Läßt dich nimmer dem Gedränge
Der dich warb mit seinem Blut.

Einen Strahl bin ich nicht wert,
Nicht den kleinsten Schein von oben.
Herr, ich will dich freudig loben,
Was dein Wille mir beschert!
Sei es Gram, der mich verzehrt,
Soll mein Liebstes ich verlieren,
Soll ich keine Tröstung spüren,
Sei mir kein Gebet erhört:
Kann es nur zu dir mich führen,
Dann willkommen Flamm' und Schwert!

AM ERSTEN SONNTAGE NACH H. DREI KÖNIGE
Ev.: Jesus lehrt im Tempel.

Und sieh ich habe dich gesucht mit Schmerzen,
Mein Herr und Gott wo werde ich dich finden?
Ach nicht im eignen ausgestorbnen Herzen,
Wo längst dein Ebenbild erlosch in Sünden,
Da tönt aus allen Winkeln, ruf ich dich,
Mein eignes Echo wie ein Spott um mich.

Wer einmal hat dein göttlich Bild verloren,
Was ihm doch eigen war wie seine Seele,
Mit dem hat sich die ganze Welt verschworen,
Daß sie dein heilig Antlitz ihm verhehle.
Und wo der Fromme dich auf Tabor schaut,
Da hat er sich im Tal sein Haus gebaut.

So muß ich denn zu meinem Graun erfahren
Das Rätsel, das ich nimmer konnte lösen,
Als mir in meinen hellen Unschuldsjahren
Ganz unbegreiflich schien was da vom Bösen,
Daß eine Seele, wo dein Bild geglüht,
Dich gar nicht mehr erkennt wenn sie dich sieht.

Rings um mich tönt der klare Vogelreigen:
»Horch auf, die Vöglein singen seinem Ruhme!«
Und will ich mich zu einer Blume neigen:
»Sein mildes Auge schaut aus jeder Blume.«
Ich habe dich in der Natur gesucht,
Und weltlich Wissen war die eitle Frucht!

Und muß ich schauen in des Schicksals Gange,
Wie oft ein gutes Herz in diesem Leben
Vergebens zu dir schreit aus seinem Drange,
Bis es verzweifelnd sich der Sünd ergeben,
Dann scheint mir alle Liebe wie ein Spott,
Und keine Gnade fühl' ich, keinen Gott!

Und schlingen sich so wunderbar die Knoten,
Daß du in Licht erscheinst dem treuen Blicke,
Da hat der Böse seine Hand geboten
Und baut dem Zweifel eine Nebelbrücke,
Und mein Verstand, der nur sich selber traut,
Der meint gewiß sie sei von Gold gebaut!

Ich weiß es, daß du bist, ich muß es fühlen,
Wie eine schwere kalte Hand mich drücken,
Daß einst ein dunkles Ende diesen Spielen,
Daß jede Tat sich ihre Frucht muß pflücken;
Ich fühle der Vergeltung mich geweiht,
Ich fühle dich, doch nicht mit Freudigkeit.

Wo find ich dich in Hoffnung und in Lieben!
Denn jene ernste Macht, die ich erkoren,
Das ist der Schatten nur, der mir geblieben
Von deinem Bilde, da ich es verloren.
O Gott, du bist so mild, und bist so licht!
Ich suche dich in Schmerzen, birg dich nicht!

AM FESTE VOM SÜSSEN NAMEN JESUS

Was ist süß wie Honigseim,
Wenn er sich der Wab' entgießt?
Süßer ist des Lebens Keim,
Der durch unsre Adern fließt;
Doch dein Name, lieber Jesu mein,
Der ist über Alles mild und süß!
Daß der Tod vergißt die herbe Pein,
Wo ein frommer Mund ihn tönen ließ.

Was ist gleich des Löwen Kraft,
Wenn er durch die Wälder kreist?
Stärker ist die Leidenschaft,
Ist der widerspenstge Geist;
Doch dein Name, lieber Jesu mein,
Der ist über Alles voll der Macht!
Daß er zwängt zu milden Lichtes Schein
Was die Welt bedräut in Flammenpracht.

Was ist reich wie Meeresfahrt,
Gleich des Schachtes goldner Hut?
Reicher ist wer sich bewahrt
Seiner Ehre köstlich Gut;
Doch dein Name, lieber Jesu mein,
Der ist mehr und reicher als das All!
Ach, um ihn erträgt man ganz allein
Schmach, Verkennung, aller Ehre Fall.

Was ist schön wie Morgenlicht,
Gleich dem Sternendom der Nacht?
Ach! ein lieblich Angesicht,
Und im Aug' des Geistes Pracht;
Doch dein Name, lieber Jesu mein,
Der ist über Alles mild und schön!
Wer ihn trägt im stillen Antlitz sein,
Der ist hold, was auch Natur versehn.

Was ist freudig wie zu ziehn
In die reiche Welt hinaus?
Ach! viel freudger was wir fliehn,   35
Das verkannte Elternhaus;
Doch dein Name, lieber Jesu mein,
Der ist über Alles voll der Lust!
O, wer gäb nicht um die Freuden sein
Heimat, Freiheit, was ihm nur bewußt!   40

Ja, dein Name, Jesus Christ,
Der ist stark und reich und mild!
Wer den Namen nie vergißt,
Der kennt aller Leiden Schild.
Und ich soll, o liebster Jesu mein,   45
Ich, die Arme, treulos aller Pflicht,
Dennoch deines Namens Erbin sein:
Gott! du willst den Tod des Sünders nicht!

AM DRITTEN SONNTAGE NACH H. DREI KÖNIGE
Ev.: Vom Aussätzigen und Hauptmann.

Geh hin und dir gescheh', wie du geglaubt!
Ja, wer da glaubt, dem wird sein Heil geschehen;
Was aber ihm, dem in verborgnen Wehen
Das Leben hat sein Heiliges geraubt?

Herr, sprich ein Wort, so wird dein Knecht gesund!   5
Herr, sprich das Wort, ich kann ja Nichts als wollen;
Die Liebe kann das Herz dir freudig zollen,
Der Glaube wird ja nur als Gnade kund!

Wie kömmt es, da ich dich am Abend rief,
Da ich am Morgen ausging dich zu finden,   10
Daß du in Lauheit und des Zweifels Sünden
Mich sinken ließest, tiefer stets und tief.

Ist nicht mein Ruf in meiner höchsten Not
Zu dir empor geschollen aus der Tiefe?
Und war es nicht als ob ich Felsen riefe?
Indes mein Auge stets von Tränen rot!

Verzeih, o Herr, was die Bedrängnis spricht,
Ich habe dich doch oft und süß empfunden,
Ich war ja Eins mit dir zu ganzen Stunden,
Und in der Not gedacht ich dessen nicht!

Und ist mir nun, als sei ich ganz allein
Von deinem weiten Gnadenmahl verloren,
Der ausgesperrte Bettler vor den Toren,
O Gott! die Schuld ist doch gewißlich mein!

Fühlt ich in Demut wie ich nimmer wert,
Daß ich dein Wort in meinem Geist empfangen,
Daß meine Seufzer an dein Ohr gelangen,
Daß meine Seele dich erkennt und ehrt?

Mein Herr, gedenke meiner Sünden nicht,
Wie oft hab' ich auf selbstgewähltem Pfade
Geschrien im Dunkel, Gott, um deine Gnade,
Wie um ein Recht, und wie um eine Pflicht!

O hätt ich ihre Gaben nicht versäumt!
Hätt ich sie nicht zertreten, und verachtet!
Ich stände nicht so grauenvoll umnachtet,
Daß das entflohne Licht mir wie geträumt!

Wie oft ist nicht, noch eh die Tat geschah,
Die als Gedanke lüstern mich umflogen,
In milder Warnung still vorbei gezogen
Dein Name mir, dein Bild auf Golgatha!

Und wenn ich nun mich frevelnd abgewandt,
Die Sünde die ich klar erkannt begangen,

Wie hast du dann in reuigem Verlangen
Nicht oft in meiner Seele nachgebrannt!

Ach, viel und schwere Sünden übt ich schon, 45
Noch mehr der Fehle, klein in ihren Namen,
Doch groß in der Verderbnis tiefstem Samen,
Taub für des jammernden Gewissens Ton!

Nun ist mir endlich alles Licht dahin!
Und öfters deine Stimme ganz verschollen, 50
Doch wirf mich, o du siehst ich kann noch wollen,
Nicht zu den Toten weil ich lebend bin!

Mein Jesu, sieh, ich bin zu Tode wund,
Und kann in der Zerrüttung nicht gesunden,
Mein Jesu, denk an deine bittern Wunden, 55
Und sprich ein Wort, so wird dein Knecht gesund!

AM VIERTEN SONNTAGE NACH H. DREI KÖNIGE
Ev.: Von den Arbeitern im Weinberge.

Ich kann nicht sagen:
»Keiner hat mich gedingt.«
Wem soll ich klagen,
Wenn es mich niederzwingt
In meine schmählich selbstgeflochtnen Bande! 5
Vor Millionen hast du mich erwählt,
Mir unermeßnes Handgeld zugezählt
In deiner Taufe heilgem Unterpfande.

Ich kann nicht sagen:
»Siehe des Tages Last 10
Hab ich getragen!«
Wenn nun zu Duft erblaßt,
Mich meine matte Sonne will verlassen,
Mein Garten liegt ein übergrüntes Moor,

Und blendend steigt das Irrlicht draus empor,
Den Wandrer leitend in den Tod, den nassen!

Ich kann nicht sagen:
»Siehe wer stand mir bei?
Ich mußte zagen,
Um mich die Wüstenei,
Und das Getier, so nimmer dich erkennet.«
O Gott, du hast zur Arbeit mir gesellt,
Viel liebe Seelen rings um mich gestellt,
Worin dein Name unauslöschlich brennet!

Ich kann nicht sagen:
»Sieh deine Stimme sprach,
Ich mußte wagen,
Und meine Kraft zerbrach,
Was hast du meine Nahrung mir entzogen?«
Mein Gott, und liegt wohl tief es in der Brust,
Doch bin ich großer Kräfte mich bewußt,
Und in der Angst hab' ich mir selbst gelogen!

Ich muß verschwinden
Bis in die tiefste Kluft,
Zergehn in Winden
Wie einer Wolke Duft,
Wenn dein Gericht vor meinem Geist wird stehen;
Du hast mich über vieles eingesetzt,
Und ganz verarmt erschein' ich und zerfetzt,
Die Güter dein ließ ich zu Kot vergehen.

Nichts kann ich sagen,
Denn meine Hand ist leer.
Soll ich es wagen,
Gegen die Waagschal' schwer
Zu legen meiner Reue späte Triebe?
Und ist es nur wie des Ersatzes Spott,
Nichts hab' ich sonst, doch du, o milder Gott,
Du hast ein großes großes Wort der Liebe!

AM FESTE MARIÄ LICHTMESS

Durch die Gassen geht Maria,
In dem Arm den Sohn, den lieben,
Hält ihn fest, und hält ihn linde,
Und ihr Auge schaut auf ihn,
Wie die Englein ihn gesungen,
Ihn die Hirten angebetet,
Huldigten die grauen Weisen,
Läßt sie still vorüber ziehn.

Aber Joseph ihr zur Seiten
Ist in Sorgfalt ganz befangen,
Prüfend frägt er alle Steine,
Ob ihr Fuß zu kühn sich wagt;
Weiß nicht was er wird erleben,
Aber wunderbare Dinge
Haben aus des Kindleins Augen
Sich ihm heimlich angesagt.

O Maria, Mutter Christi,
Nicht zu dir will ich mich wagen,
Denn du bist mir viel zu helle,
Meine Seel' ergraut vor dir,
Bist mir fast wie zum Entsetzen
In der fleckenlosen Reine,
Die du siegreich hast bewahret,
Da du wandeltest gleich mir.

Will viel lieber vor dein Kindlein
Treten, weinend und zerschlagen.
Ist er wohl mein Herr und Richter,
Und du stehst mir minder weit,
Einer Torheit muß ich zollen,
Soll ich nicht in Furcht zerstäuben,
Hat er doch nicht überwunden,
Ist der Held von Ewigkeit!

Liebster Herr, du hast geschaffen
Meine arme kranke Seele,
Wie den Reiz, den vielgestalten,
Der auf breite Straßen führt;
Und du weißt, daß wie vor Andern
Frischer Hauch in meiner Seele,
So mich auch vor Andern glühend
Jede Erdenlust berührt!

Hast du mir zu reichen Kräften
Auch ein reiches Amt verliehen,
Reiche Güter zu verwalten
Und ein hohes reiches Schloß,
Und nun liegt es in Zerstörung,
Graunvoll in der öden Größe,
Wie ein knöchern Ungeheuer,
Wie ein toter Meerkoloß.

Und da ich nach vielen Tagen,
Sonder Glauben, voll der Liebe,
Angstvoll prüfte seine Mauern,
Siehe da sie standen fest!
O mein Herr willst du mich hören,
Auftun deine Gnadenschätze,
Sieh ich will getreulich bauen
Meines Lebens trüben Rest!

Muß mein Haus gleich stehen eine
Öde warnende Ruine,
Ach, nur dort mag sich gestalten
Was so rettungslos zerstört.
Kann ich nur ein Stübchen bauen,
Ausgeschmückt mit stillen Werken,
Wo ich, Herr, dich kann bewirten,
Wenn du bei mir eingekehrt.

Aus den Hallen tritt Maria, 65
In dem Arm den Sohn, den lieben,
Hält ihn fest und hält ihn linde,
Und auf ihm ihr Auge ruht.
O sie hat das Glück getragen
Durch neun wonnevolle Monde; 70
Was verkündet jene Frommen,
Trug sie längst im glühnden Mut.

Aber Joseph stillen Schrittes,
Tritt nicht mehr an ihre Seite,
Da das liebe liebe Kindlein 75
Nun der Herr der ganzen Welt,
Doch wie höher steigt die Sonne,
Schleicht er leis' an ihre Schulter,
Und er zupft an ihrem Mantel,
Daß der Schleier niederfällt. 80

AM FÜNFTEN SONNTAGE NACH H. DREI KÖNIGE
Ev.: Vom Samen, so unter die Dornen fiel.

In die Dornen ist dein Wort gefallen,
In die Dornen, die mein Herz zerrissen;
Du, mein Gott, nur du allein kannst wissen,
Wie sie schmerzlich sind vor Andern allen;
In die Dornen meiner bittern Reue, 5
Die noch keine Tröstung will empfangen.
So verbarg ich es in finstrer Scheue,
Und so ist es trübe aufgegangen,

Und so wächst es auf in bitterer Wonne,
Und die Dornen lassen es gedeihen; 10
Ach, mein Boden ist zu hart, im Freien
Leckt den Tau vom Felsen ihm die Sonne.
Kann es gleich nur langsam sich entfalten,
Schirmen sie es treulich doch vor Stürmen,

Und dem Hauch der Lust, dem todeskalten,
Und wenn sich des Zweifels Wolken türmen.

In die Dornen ist dein Wort gefallen,
Und sie werden blutge Rosen tragen;
Soll ich einst dir zu vertrauen wagen,
Darf ich nur in ihrem Kranze wallen.
Wenn er recht erstrahlt im Feuerglanze
Und das Haupt mir sengt mit tiefen Wunden,
Dann gedeiht die zarte Gottespflanze,
Muß an seinem Schmerzenstrahl gesunden.

In Entsagung schwinden muß mein Leben,
In Betrachtung meine Zeit ersterben,
So nur kann ich um das Höchste werben,
Meine Augen darf ich nicht erheben.
Ach, ich habe sie mißbraucht zu Sünden
Und verscherzt des Aufblicks reine Freude,
Dann nur kann ich noch den Himmel finden,
So ich ihn in Scham zu schauen meide.

Wenn ich blicke in die milden Mienen,
O, wie schmerzlich muß es mich betrüben,
Denen noch das teure Recht geblieben,
Ihrem Gott in Freudigkeit zu dienen!
Muß auch hier die trüben Augen lenken,
Muß erglühend sie zur Erde schlagen,
In ein reines Auge sie zu senken,
Kann ich nimmer sonder Frevel wagen.

Und wie tief neig' ich die Stirn, die trübe,
Wenn die Sünde rauscht an mir vorüber,
Meinen Manche, daß mich Abscheu triebe,
Und gewinnen lieber mich und lieber,
Ist es oft nur mein vergangnes Leben,
Grauenhaft zum zweitenmal geboren;
Ach, und oft empfind ich gar mit Beben,
Wie der Finstre noch kein Spiel verloren!

Aber, was er auch für Tücke hege,
Kämpfen will ich um des Himmels Grenzen,
Meine Augen sollen freudig glänzen,
Wenn ich mich in meine Dornen lege,
Daß die Welt nicht meinen Kampf darf rügen,
Oder gar mit eitelm Lob geleiten,
Wohl, ich kann durch Gottes Wunder siegen,
Aber nimmer mit zwei Feinden streiten.

Ob ein Tag mir steigen wird auf Erden,
Wo ich frei mich zu den Deinen zähle?
Wo kein Schwert mehr fährt durch meine Seele,
Wenn mir deine Hände sichtbar werden!
Herr, und soll der Tag mir nimmer scheinen,
Dürft' ich ihn in Ewigkeit nicht hoffen,
Dennoch muß ich meine Schulden weinen,
O, der Sünder hat sich selbst getroffen!

FASTNACHT
Ev.: Vom Blinden am Wege.

Herr, gib mir, daß ich sehe!
Ich weiß es, daß der Tag ist aufgegangen;
Im klaren Osten stehn fünf blutge Sonnen,
Und daß das Morgenrot mit stillem Prangen
Sich spiegelt in der Herzen hellen Bronnen;
Ich sehe nicht, ich fühle seine Nähe.
  Herr, gib mir, daß ich sehe!

  Und wie ich einsam stehe:
Sich um mich regt ein mannigfaches Klingen;
Ein Jeder will ein lichtes Plätzchen finden,
Und alle von der Lust der Sonnen singen.
Ich nimmer kann die Herrlichkeit ergründen,
Und wird mir nur ein unergründlich Wehe.
  Herr, gib mir, daß ich sehe!

Wie ich die Augen drehe,
Verlangend, durch der Lüfte weite Reiche,
Und meine doch ein Schimmer müsse fallen
In ihrer armen Kreise öde Bleiche,
Weil deine Strahlen mächtig doch vor Allen:
Doch fester schließt die Rinde sich, die zähe.
 Herr, gib mir, daß ich sehe!

Gleich dem getroffnen Rehe
Möcht ich um Hülfe rennen durch die Erde;
Doch kann ich nimmer deine Wege finden.
Ich weiß, daß ich im Moor versinken werde,
Wenn nicht der Wolf zuvor verschlang den Blinden;
Auch droht des Stolzes Klippe mir, die jähe.
 Herr, gib mir, daß ich sehe!

So bleib' ich auf der Höhe,
Wo du zum Schutz gezogen um die Deinen
Des frommen Glaubens zarte Ätherhalle,
Worin so klar die roten Sonnen scheinen,
Und harre, daß dein Tau vom Himmel falle,
Worin ich meine kranken Augen bähe.
 Herr, gib mir, daß ich sehe!

Wie sich die Nacht auch blähe,
Als sei ich ihrer schwarzen Macht verbündet,
Weil mir verschlossen deine Strahlenfluten:
Hat sich doch ihre Nähe mir verkündet,
Empfind ich doch, wie lieblich ihre Gluten!
So weiß ich, daß ich nicht vergeblich flehe.
 Herr, gib mir, daß ich sehe!

Und wie mich Mancher schmähe,
Als soll' ich nie zu deinem Strahl gelangen,
Dieweil ich meine Blindheit selbst verschuldet,
Da ich in meiner Kräfte üppgem Prangen
Ein furchtbar blendend Feuerlicht geduldet,

Mir sei schon recht, und wer gesät der mähe:
  Herr, gib mir, daß ich sehe!

  Herr, wie du willst, geschehe!
Doch nicht von deinem Antlitz will ich gehen;
In diesen Tagen wo die Nacht regieret,
Will ich allein in deinem Tempel stehen
Von ihrem kalten Zepter unberühret,
Ob ich den Funken deiner Huld erspähe.
  Herr, gib mir, daß ich sehe!

  Daß mich dein Glanz umwehe,
Das fühl' ich wohl durch alle meine Glieder,
Die sich in schauderndem Verlangen regen.
O milder Herr, sieh mit Erbarmen nieder!
Kann ein unendlich Flehn dich nicht bewegen?
Ob auch der Hahn zum drittenmale krähe,
  Herr, gib mir, daß ich sehe!

AM ASCHERMITTWOCH

  Auf meiner Stirn dies Kreuz
    Von Asche grau;
  O schnöder Lebensreiz,
    Wie bist du schlau,
    Uns zu betrügen!
  Mit Farben hell und bunt,
    Mit weiß und rot,
  Deckst du des Moders Grund,
    Dann kömmt der Tod
    Und straft dich Lügen!

  Und wer es nicht bedacht
    Und wohl gewußt,
  Sein Leben hingelacht
    In eitler Lust,

Der muß dann weinen,
Er achtet nicht was lieb,
 Und was ihm wert,
Das flieht ihn wie ein Dieb,
 Fällt ab zu Erd'
 Und zu Gebeinen.

Was schmückt sich denn so hold
 In bunter Seid'?
Was tritt einher in Gold
 Und Perlgeschmeid'?
 O Herr, ich hasche
Nach Allem was nicht gut,
 Nach Wahn und Traum,
Und hänge Erd und Blut
 Und Meeresschaum
 Um bunte Asche!

Was wird so heiß geliebt?
 Was legt in Band,
Ob's gleich nur Schmerzen gibt,
 Sinn und Verstand?
 O Herr verzeihe!
Die Seele minnt man nicht,
 Die edle Braut,
Und wagt um ein Gesicht,
 Aus Staub gebaut,
 Die ewge Reue!

Stellt ein Geripp' sich dar
 Vor meinem Blick,
So sträubt sich mir das Haar,
 Ich fahr' zurück
Vor dem was ich einst bleibe,
Und werd' es selber noch,
 Und weiß es schon,
Und trag' es selber doch

                Zu bitterm Hohn
                Im eignen Leibe!

            Fühl' ich des Pulses Schlag
                In meiner Hand,
            Worüber sinn' ich nach?
                O leerer Tand:
                    Ob ich gesunde!
            Und denke nicht betört,
                Daß für und für
            Ein jeder Pulsschlag zehrt
                Am Leben mir,
                    Schlägt Todeswunde!

            Du schnöder Körper, der
                Mich oft verführt,
            Mit Welt und Sünde schwer
                Mein Herz gerührt,
                    Noch hast du Leben!
            Bald liegst du starr wie Eis,
                Der Würmer Spott,
            Den Elementen preis;
                O, möge Gott
                    Die Seele heben!

AM ERSTEN SONNTAGE IN DER FASTEN
Ev.: Von der Versuchung Christi.

»Sprich, daß diese Steine Brode werden!
Laß dich deine Engel niedertragen!
Sieh die Reiche dieser ganzen Erden!
Willst du deinem Schöpfer nicht entsagen?«
Dunkler Geist, und warst du gleich befangen,
Da du deinen Gott und Herrn versucht,
Ach! in deinen Netzen zahllos hangen
Sie, verloren an die tückische Frucht.

Ehrgeiz, Hoffart, dieser Erde Freuden,
Götzen, denen teure Seelen sterben;
O, mein Gott, laß mich nicht ewig scheiden!
Laß mich selber nicht den Tod erwerben!
Ganz verwirrt, weiß ich mich nicht zu fassen,
Drohend schwankt um mich der falsche Grund;
Ach, der eignen schwachen Kraft gelassen,
Tret' ich sinnlos in den offnen Schlund!

Jesu mein, zu dir steigt auf mein Flehen,
Auf der Kreuzesleiter meine Stimme!
Du berührst die Meere, sie vergehen,
Und die Berge rauchen deinem Grimme,
Doch mit tausend Himmelszweigen blühet
Dein unendlich Gnadenwort empor:
»Du verlöschest nicht den Docht der glühet
Und zerbrichst nicht das geknickte Rohr.«

Herr, ich bin ein arm und kaum noch glühend
Döchtlein am Altare deiner Gnade,
Sieh, mich löscht ein mattes Lüftchen fliehend,
Mich ein Tropfen von der Welt Gestade!
Ach, wenn nicht in meinem Herzen bliebe
Nur ein einzig leuchtend Pünktlein noch,
Jener heiße Funken deiner Liebe,
Wie so ganz erstorben wär' ich doch!

Herr, du hast vielleicht noch viel beschlossen
Für dies kurze ruhelose Leben,
Ob ich soll in Qualen hingegossen,
Ob ich soll in allen Freuden weben;
Darf ich wählen, und will Lust mich trennen,
Brenne mich in Leidensflammen rein!
O, die Not lehrt deinen Namen nennen!
Doch die Ehre steht so gern allein.

Lauscht vielleicht verborgen eine Spitze
In dem Lob, das mir die Menschen bringen,
Daß ich noch die letzte Kraft besitze,
Dich zu rühmen, deinen Preis zu singen,
Sind auch hier die Netze aufgeschlagen, 45
Wo der Mund zu deiner Ehre schafft,
Und ich wär' zu schwach das Lob zu tragen,
Und es bräche meine letzte Kraft!

Herr du weißt wie trüb in meiner Seele,
Wie verloren die Gebete stehen, 50
Daß ich möchte wie um große Fehle
Büßen, daß ich es gewagt zu flehen,
Mein Gebet ist wie von einem Toten,
Ist ein kalter Dunst vor deinem Thron;
Herr, du hast es selber mir geboten! 55
Und du hörtest den verlornen Sohn.

Laß mich, Herr, es immerdar empfinden,
Wie ich tief gesunken unter Allen,
Laß mich nicht zu allen meinen Sünden
Noch in frevelhafte Torheit fallen! 60
Meine Pflichten stehen über Vielen,
Unter Allen meiner Tugend Kraft,
Ach, ich mußte wohl die Kraft verspielen
In dem Spiel mit Sünd' und Leidenschaft!

Willst du mehr der Erdengüter schenken, 65
Soll ich die Besessenen verlieren,
Laß in Lust und Jammer mich bedenken,
Was der fremden Armut mag gebühren!
Trag ich alles Erdenglück zu Grabe,
Es ersteht vielleicht unsterblich mir, 70
Wenn ich treulich meine arme Habe
In Entbehrung teile für und für.

Selber kann ich diesen Kampf nicht wagen,
Deine Gnaden hab' ich all' verloren,
Wenn du mich verläßt, ich darf nicht klagen,
Hab' ich doch die Finsternis erkoren,
Hoffart, Ehrgeiz, dieser Erde Freuden;
O mein Jesu, ziehe mich zurück!
Ach, was hab ich denn um sie zu meiden!
Als zu dir den angsterfüllten Blick.

AM ZWEITEN SONNTAGE IN DER FASTEN
Ev.: Vom kananäischen Weibe.

Liebster Jesu, nur Geduld!
Wie ein Hündlein will ich spüren
Nach den Brocken deiner Huld,
Will mich lagern an die Türen,
Ob von deinen Kindern Keines
Mir ein Krüstlein reichen will,
Hungerglühend, doch in meines
Tiefen Jammers Kunde still.

Um Geduld fleh' ich zu dir!
Denn ich muß in großen Peinen
Einsam liegen vor der Tür,
Wenn von deinen klaren Weinen,
Deinen lebensfrischen Gaben
Mir der Duft hinüber zieht.
Ach, ein Tropfen kann mich laben,
Meine Zunge ist verglüht!

Weil ich fast in meiner Pein
Schaue wie aus Kindesaugen,
Meinen oft die Diener dein,
Daß ich mag zum Gaste taugen;
In Erbarmen ganz vermessen,
Reichen sie die Schüsseln hin,

Doch ich will es nicht vergessen,
Daß ich wie ein Hündlein bin.

O, zum allergrößten Heil
Muß es mir bei dir gereichen,
Daß dir, o mein einzig Teil!
Nichts an Langmut zu vergleichen,
Denn es will mir öfters fahren
Durch die Glieder wie ein Blitz,
Deinen Kindern mich zu paaren,
Rasch erringend einen Sitz.

Kann ich dir, du Rächer groß,
Doch in Ewigkeit nicht lügen,
Und mir würd' ein schmählich Los,
So die Diener dein zu trügen;
Weil mir weich die Augen brennen
In der ungestillten Lust,
Ich mich will ein Kindlein nennen,
Mit der schuldgebrochnen Brust.

Wie ein Hündlein bin ich nur,
Und so will ich nimmer weichen,
Fest auf deiner Kinder Spur,
Ob sie mir den Bissen reichen,
Wenn die Sonne aufgegangen,
Wenn sie blutet in den Tod,
Will an ihrem Munde hangen,
So du reichst das Abendbrot.

Ist es deinen Kindern recht,
Nur ein Krüstlein mir zu spenden,
Wohl! es ist mir Nichts zu schlecht,
Kömmt von übermilden Händen,
Birgt sich reiche Nahrung drinnen,
Nur in ernster Glut erstarrt.
Ach, und meinen stumpfen Sinnen
Wär' ein Kiesel nicht zu hart!

O, es ist ein bittres Los,
Wer ein lieber Gast gewesen,
Um die eignen Sünden groß
Nun die Brocken aufzulesen!
Nicht um des Gerichtes Strenge,
Das mir noch dereinstens dräut,
Nein, im eigenen Gedränge
Inniger Versunkenheit.

Daß um meiner Sehnsucht Brand
Neu die Sinne mir gegeben,
Aber nicht so lang' ein Band
Leib und Seele hält umgeben,
Darauf ruht mein einzig Hoffen,
Und so leb' ich langsam hin,
Meine Sinne stehen offen,
Aber ihnen fehlt der Sinn.

Muß in Qual das Morgenrot,
Muß das Abendlicht mich sehen,
O wie lieblich ist der Tod!
Und um seinen Trost zu flehen
Darf mich dennoch nicht erkühnen,
Wie er winkt, so lockend mild,
Denn ich muß unendlich sühnen,
Und das Leben ist mein Schild.

AM DRITTEN SONNTAGE IN DER FASTEN
Ev.: Jesus treibt den Teufel aus.

»Mein Nam' ist Legion, denn Unserer sind Viele,«
　So spricht der finstre Geist:
Sein Nam' ist Legion, weh mir, daß ich es fühle!
　Daß es mich zittern heißt!

Wo kindlich dem Gemüt in Einfalt und Vertrauen
   Nichts als sein Jesu kund,
Da kann der Finstre nicht die wirren Höhlen bauen
   Im einfach lichten Grund.

Doch du, mein schuldvoll Herz, in deinem eitlen Wissen,
   In deinem irren Tun,
Wie sind dir tausend brand'ge Stellen aufgerissen!
   Worin die Nacht kann ruhn;

Und raff' ich mich empor, und will ich mich erkühnen
   Zu heilgen Namens Schall,
O, könnte nicht vielleicht mein guter Wille dienen
   Zu neuem schwerem Fall!

Denn daß die Welt mich nicht, die Menschen mich nicht
                                    kennen,
   Die gleißend wie das Meer,
Daß sie mich oft sogar noch hell und freudig nennen,
   Das senkt unendlich schwer!

Mich kennen muß die Welt, ich muß Verachtung tragen,
   Wie ich sie stets verdient,
Ich Wurm, der den, den Engel kaum zu nennen wagen,
   Zu preisen mich erkühnt!

Laß in Zerknirschung mich, laß mich in Furcht dich singen,
   Mein Heiland und mein Gott!
Daß nicht mein Lied entrauscht, ein kunstvoll sündlich
                                    Klingen,
   Ein Frevel und ein Spott.

Ach wer so leer wie ich in Worten und in Werken,
   An Sinnen so verwirrt,
Des Lied kann nur des Herrn barmherzig Wunder stärken,
   Daß es zum Segen wird.

Ist nicht mein ganzer Tag nur eine Reihe Sünden?
    Muß oft in Traumeswahn,
35 Oft wachend die Begier nicht zahllos Wege finden,
    Nur nie die Himmelsbahn!

Tönt nicht der Kampfgesang der Lust von allen Seiten?
    Und bringt er nicht den Sieg?
Ist nicht mein Leben nur ein flüchtig kraftlos Streiten?
40   Ein schmachbedeckter Krieg!

Und mein' ich eine Zeit, daß ich den Sieg errungen,
    Weil die Begierde schwand,
Da bin ich ausgeschlürft, wie von Empusenzungen,
    Wie eine tote Hand!

45 Und ist mir's eine Zeit, als will das Leben ziehen
    Ins Herze gar erstarrt,
Da muß mit ihm zugleich der Übermut entglühen,
    Der eines Hauch's geharrt.

Und wird mir's endlich klar, umsprüht von Leidensfunken,
50   Wie klein, wie Nichts ich bin,
Da bin ich ausgebrannt, zu Asche eingesunken,
    Verglüht an Geist und Sinn.

Das hast du selber dir, du schuldvoll Herz, zu danken,
    Mein Jesu lieb und traut!
55 Wärst du nur irgend treu, er würde nimmer wanken
    Von der geliebten Braut.

Doch, daß du schlummernd läßt durch alle Tore ziehen
    Den grausen Höllenbund,
Daß überall für ihn die Siegeskränze blühen
60   Aus deinem eignen Grund,

Daß du dich töricht wähnst in vollem hellem Laube,
    Du armer dürrer Zweig!

Daß du, indes der Feind frohlockt in deinem Raube,
 Dich herrlich wähnst, und reich:

Das ist warum du stirbst, daß du in Wahnes Gluten 65
 Nicht kennst den eignen Schmerz,
O, fühltest du dich selbst aus allen Adern bluten,
 Du töricht frevelnd Herz!

So schaue deine Not! noch fielen nicht die Schranken
 Der dunklen Ewigkeit. 70
»Sein Nam ist Legion«, o fasse den Gedanken!
 Es ist die letzte Zeit!

AM VIERTEN SONNTAGE IN DER FASTEN
JOSEPHSFEST

Gegrüßt in deinem Scheine,
Du Abendsonne reine,
Du alter Lilienzweig!
Der du noch hast getragen
In deinen grauen Tagen 5
So mildes Blütenreich!

Je mehr es sich entfaltet,
Zum Ehrenkranz gestaltet,
Der deine Stirn umlaubt:
Jemehr hast du geneiget, 10
In Ehrfurcht ganz gebeuget
Dein gnadenschweres Haupt.

Wie ist zu meinem Frommen
Dein freundlich Fest gekommen
In diese ernste Zeit? 15
Ich war fast wie begraben:
Da kömmst du mich zu laben
Mit seltner Freudigkeit.

Zu dir will ich mich flüchten,
Mein scheues Leben richten,
O Joseph, milder Hauch!
Du hast gekannt die Fehle
In deiner starken Seele,
Und die Vergebung auch!

Was hast du nicht geduldet,
Da in Geheim verschuldet
Maria dir erschien?
Und konntest ihr nicht trauen,
Worauf die Himmel bauen,
Und hast ihr doch verziehn!

Und da du mußtest scheiden
Mit deinen lieben Beiden:
Wie groß war deine Not!
Die Wüste schien dir lange;
Doch war vom Untergange
Dein liebes Kind bedroht.

Und da er glanzumkrönet:
Wie bist du nicht gehöhnet
Um seine Gotteskraft!
Wie mag, den Groll zu laben,
Dich nicht gelästert haben
Die arge Priesterschaft!

Und gar, wenn gottdurchdrungen
Dich grüßten fromme Zungen
Und priesen laut und weit:
Wie hast du nicht in Zagen
An deine Brust geschlagen
In deiner Sündlichkeit!

So hast du viel getragen,
Unendlich viele Plagen,

Mit freundlicher Geduld,
Und ist in all den Jahren
Manch' Seufzer dir entfahren
Und manche kleine Schuld.

Du frommer Held! im Glauben, 55
Den schrecklich dir zu rauben
Sich alle Welt verband:
Hast können nicht erhalten
Ein unbeflecktes Walten
An deines Jesu Hand. 60

Was soll ich denn nicht hoffen,
Da noch der Himmel offen,
Und meine Seele still?
Will sich die Gnade nahen:
Ich kann sie wohl emfahen, 65
So Gott mir helfen will.

Zerrissen in den Gründen
Bin ich um meine Sünden,
Und meine Reu ist groß.
O hätt' ich nur Vertrauen, 70
Die Hütte mein zu bauen
In meines Jesu Schoß!

AM FÜNFTEN SONNTAGE IN DER FASTEN
Ev.: Die Juden wollen Jesum steinigen.

Die Propheten sind begraben!
   Abraham ist tot!
Millionen, Greis und Knaben,
   Und der Mägdlein rot,
Viele, die mir Liebe gaben, 5
   Denen ich sie bot,
Alle, alle sind begraben!
   Alle sind sie tot!

Herr, du hast es mir verkündet,
  Und dein Wort steht fest,
Daß nur der das Leben findet,
  Der das Leben läßt.
Ach, in meiner Seele windet
  Es sich dumpf gepreßt;
Doch, du hast es mir verkündet,
  Und dein Wort steht fest!

Aber von mir selbst bereitet,
  Leb ich oft der Pein,
Alles scheint mir wohl geleitet,
  Und der Mensch allein,
Der dein Ebenbild bedeutet,
  Jammervoll zu sein;
Sieh, so hab' ich mir bereitet
  Namenlose Pein.

Hab ich grausend es empfunden,
  Wie in der Natur
An ein Fäserchen gebunden,
  Eine Nerve nur,
Oft dein Ebenbild verschwunden
  Auf die letzte Spur:
Hab' ich keinen Geist gefunden,
  Einen Körper nur!

Seh ich dann zu Staub zerfallen,
  Was so warm gelebt,
Ohne daß die Muskeln wallen,
  Eine Nerve bebt,
Da die Seele doch an Allen
  Innig fest geklebt,
Möcht ich selbst zu Staub zerfallen,
  Daß ich nie gelebt!

Schrecklich über alles Denken
  Ist die dumpfe Nacht,
Drin sich kann ein Geist versenken,
  Der allein gedacht,
Der sich nicht von dir ließ lenken, 45
  Helle Glaubensmacht!
Ach, was mag der Finstre denken
  Als die finstre Nacht!

Meine Lieder werden leben,
  Wenn ich längst entschwand, 50
Mancher wird vor ihnen beben,
  Der gleich mir empfand.
Ob ein Andrer sie gegeben,
  Oder meine Hand!
Sieh, die Lieder durften leben, 55
  Aber ich entschwand!

Bruder mein, so laß uns sehen
  Fest auf Gottes Wort,
Die Verwirrung wird vergehen,
  Dies lebt ewig fort. 60
Weißt du wie sie mag entstehen
  Im Gehirne dort?
Ob wir einst nicht lächelnd sehen
  Der Verstörung Wort,

Wie es hing an einem Faden, 65
  Der zu hart gespannt,
Mit entflammten Blut beladen
  Sich der Stirn entwand?
Flehen wir zu Gottes Gnaden!
  Flehn zu seiner Hand, 70
Die die Fädchen und die Faden
  Liebreich ausgespannt.

AM FESTE MARIÄ VERKÜNDIGUNG

Ja, seine Macht hat keine Grenzen,
Bei Gott unmöglich ist kein Ding!
Das soll mir wie mein Nordlicht glänzen,
Da meine Sonne unterging.
Und wie auf blauen Eises Küsten
Steh' ich zu starrer Winterzeit,
Wie soll ich noch das Leben fristen!
Ach, keine Flamme weit und breit!
Doch sieh, wer winkt dem milden Lenzen,
Daß er die tote Erd' umfing?
Ja seine Macht ist ohne Grenzen!
Bei Gott unmöglich ist kein Ding!

O sehet, wie von warmen Zähren
Der Erde hartes Herz zerquillt,
Wie sie, die Blumen sein zu nähren,
Mit Tau die grauen Wimper füllt!
Auch in die längsterstorbnen Äste
Gießt sich ein Leben wunderbar,
Und alle harren seiner Gäste,
Der Blätter lebensfroher Schar.
Was soll ich denn der Hoffnung wehren?
Daß meiner Zähren Flehn gestillt!
Da ja sogar von warmen Zähren
Der Erde hartes Herz zerquillt!

Kannst du die Millionen Blätter
Aus diesen toten Ästen ziehn,
Und aus dem ausgebrannten Wetter
Der Lavafelsen frisches Grün:
Was soll mein Herz zu hart dir scheinen?
Wo doch der gute Wille brennt,
Das sich dir glühend möchte einen!
Wenn es sich starrend von dir trennt.

Und soll nicht, mein allmächtger Retter,
Auch mir ein farblos Kraut erblühn!
Da du die Millionen Blätter 35
Kannst aus den toten Ästen ziehn.

O, möchte nur die Demut keimen!
Vertrocknet ist die Herrlichkeit,
Wohl durft' ich sonst mir Andres träumen,
Doch wie ein Blitz ist jene Zeit. 40
Zwar kann ich mich in Reue sehnen,
Ich kann verwerfen meine Tat,
Doch nicht erfrischen meine Tränen,
Sie fallen sengend auf die Saat,
Und Frost und Hitze muß sich reimen, 45
Daß keine Blume mir gedeiht:
O möchte nur die Demut keimen,
Vertrocknet ist die Herrlichkeit!

So ist doch von den Blumen allen
Marienblümlein milder Art; 50
Die Blätter erst, die Flocken fallen,
Doch freudig blüht es fort und zart.
Wenn sich des Winters Stürme brechen,
Gleich blickt es freundlich durch den Schnee,
Und naht der Lenz in Regenbächen, 55
Da steht es in dem kalten See.
O könnt' ich gläubig niederfallen!
Bis mir das Blümlein offenbart,
Es ist ja von den Blumen allen
Marienblümlein milder Art. 60

Doch wie das Volk einst vor den Schranken
Um Horeb's gottgeweihte Höhn,
So fliehen bebend die Gedanken,
Da sie dies reine Bild erspähn.
Was seh' ich nur die Feuersäule? 65
Und nicht die Gnade Gottes drin!

Daß unermeßlich scheint die Steile,
Und wie ein Abgrund wo ich bin.
O Jesus, laß aus diesem Schwanken
Nur nicht das goldne Kalb entstehn!
Wie jenem Volke vor den Schranken
Um Horeb's gottgeweihte Höhn.

Und kann ich denn kein Leben bluten,
So blut' ich Funken wie ein Stein!
Ich weiß es wo sie stille ruhten,
Ich scheuchte sie in Schlummer ein,
Da ich gesucht was Leben kündet.
Doch hast du Herr mich ausersehn,
Daß ich soll starr, doch festgegründet,
Wie deine Felsenmauern stehn:
So brenne mich in Tatengluten,
Wie den Asbest des Felsen, rein!
Und kann ich dann kein Leben bluten,
So blut' ich Funken wie ein Stein.

AM PALMSONNTAGE

Der Morgentau will steigen,
Sind denn die Palmen grün?
Auf, laßt mit hellen Zweigen
Uns ihm entgegen ziehn!
Er will in unser Haus,
In unsre Kammern kommen;
Schon ziehen rings die Frommen
Mit Lobgesang heraus.

Ich kann nicht mit euch gehen,
Mir ist der Odem schwer;
Die Kreuzesfahnen wehen,
Ich folge nimmermehr.
Wie wird so klar die Luft!

O Jesu, süße Helle,
Du kömmst in meine Zelle,
In meine Modergruft!

Was soll ich dir bereiten,
Du wunderlieber Gast?
Ich möchte dich verleiten
Zu langer Liebesrast.
Wohlan, ich schmücke dich,
Will dich mit Blumen binden;
Du sollst dich nicht entwinden,
Das weiß ich sicherlich.

Aus deiner Mutter Rechten
Will ich um deinen Fuß
Die reine Lilie flechten
Mit demutsvollem Gruß.
Daß ich dich feßle ganz
Mit Liebesblumenringen,
Will um dein Haupt ich schlingen
Den heilgen Rosenkranz.

Den Boden will ich streuen
Mit Palmen ganz und gar,
Mein Leiden dir zu weihen,
Was ich in diesem Jahr
Oft still, oft schwerer trug.
Es liegt zu deinen Füßen,
Es soll mich nicht verdrießen,
Dein Will' ist mir genug.

Wie soll ich mich doch finden
In deine Liebesmacht,
Daß du an meine Sünden
So gar nicht hast gedacht!
Ich lasse nicht von dir,
Mußt du gleich wieder scheiden;

Ich fühl' es wohl in Freuden,
Du kömmst noch oft zu mir.

AM MONTAGE IN DER KARWOCHE
Ev.: Vom verdorrten Feigenbaume.

Wie stehst du doch so dürr und kahl,
Die trocknen Adern leer,
 O Feigenbaum!
Ein Totenkranz von Blättern fahl
Hängt rasselnd um dich her,
 Wie Wellenschaum;
O Mensch! ich muß hier stehn, ich muß
Dich grüßen mit dem Todesgruß,
Daß du das Leben fassest,
Es nicht entlassest.

Wie halt ich denn das Leben fest,
Daß es mir nicht entrinnt,
 O Feigenbaum!
O Mensch! der Wille ist das Best',
Die wahre Treu' gewinnt.
 Hältst du im Zaum
Die Hoffart und die Zweifelsucht,
Die Lauheit auch in guter Zucht:
Muß dir in diesem Treiben
Das Leben bleiben.

Wie bist du denn so völlig tot,
So ganz und gar dahin,
 O Feigenbaum!
O Mensch! wie üppges Morgenrot
Ließ ich mein Leben ziehn
 Am Erdensaum,
Und weh! und dachte nicht der Frucht.
Da hat mich Gott der Herr verflucht,

Daß ich muß allem Leben
Ein Zeugnis geben.

Wer hat dir Solches zubereit
Durch heimlichen Verrat,
   O Feigenbaum!
O Mensch! des Herren Aug' sieht weit,
Es sieht des Würmleins Pfad
   In Blattes Flaum;
Ihm kannst du nichts entdecken, noch
Entziehn, er sieht und weiß es doch;
Es lag schon auf der Waage
Am ersten Tage.

Du starbest wohl vor langer Zeit,
Weil du so dürr und leer,
   O Feigenbaum!
O Mensch! des Herren Hand reicht weit,
Und ist so schnell und schwer,
   Du siehst es kaum.
Er nimmt dir seines Lebens Hauch:
Du mußt vergehn wie Dunst und Rauch;
Er braucht nicht Wort noch Stunden,
Du bist verschwunden.

Wo bleibt denn seine große Huld,
Was fruchtet denn die Reu,
   O Feigenbaum!
O Mensch! gedenk an deine Schuld,
Gedenk an seine Treu'.
   Schau, in den Raum
Hat er mich gnadenvoll gestellt,
Daß ich durch seine weite Welt
Aus meines Elends Tiefe
Dir warnend riefe.

Steht denn kein Hoffen mehr bei dir,
Kein Hoffen in der Not,
   O Feigenbaum!
O Mensch! kein Hoffen steht bei mir,
Denn ich bin tot, bin tot!
   O Lebenstraum!
Hätt' ich dein schweres Sein gefühlt,
Hätt' ich nicht frech mit dir gespielt:
Ich stände nicht gerichtet,
Weh mir, vernichtet!

AM DIENSTAGE IN DER KARWOCHE
Ev.: Von der Nächstenliebe.

»Gleich deiner eignen Seelen
Sollst du den Nächsten lieben!«
O Herr, was wird noch fehlen,
Bevor dein Wort erfüllt!
So muß denn all mein Denken
Mich rettungslos betrüben;
Wie sich die Augen lenken,
Steht nur der Torheit Bild.

Mein Herr, ich muß bekennen,
Daß wenn in tiefsten Gründen
Oft meine Sünden brennen,
Mich diese nie gequält.
So ist denn all den Flecken,
Die meine Brust entzünden,
Des Übermutes Schrecken
Noch tötend beigezählt!

Und hast du mich verlassen,
Mein rügendes Gewissen,
Weil ich dich wie zu hassen
In meinen Ängsten schien?

O schärfe deine Qualen!
Und laß mich ganz zerrissen,
Bedeckt mit blutgen Malen,
Vor Gottes Augen glühn!

Sprich! wolltest du mich trügen? 25
Und kann der Heller Klingen
Dein feiles Wort besiegen?
Die ich der Armut bot.
O Gold, o schnöde Gabe!
Die Alles soll erringen, 30
So trägst du mir zu Grabe
Mein Letztes in der Not!

Wie oft drang die Versteckte,
Die Sinnlichkeit, zu spenden,
Wenn mich ein Antlitz schreckte, 35
Vom Elend ganz verzerrt,
Und mußt es bald entrinnen
Den arbeitlosen Händen,
Den ratlos irren Sinnen,
In Jammer ausgedörrt. 40

O Gold, o schnöde Gabe!
Wie wenig magst du frommen!
Magst läuten nur zu Grabe
Das letzte Gnadenwehn.
So hast du sonder Gleichen 45
Die Liebe mir genommen,
Daß ich kann lächelnd reichen,
Wo Gottes Kinder sehn.

Ihr Sinne sprecht, ihr scheuen,
Was habt ihr euch entzogen? 50
Muß euch nicht alles freuen?
Was mich nur freuen mag!
In flatterndem Verlangen

            Habt ihr die Lust gesogen,
55   Indes die Not vergangen
            An eurem Jubeltag!

            So hab' ich deine Pfunde
            In Frevelmut vergeudet,
            Und für der Armut Wunde
60   War mir ein Heller gut!
            Das wird an mir noch zehren,
            Wenn Leib und Seele scheidet,
            Wird kämpfen, mir zu wehren
            Den letzten Todesmut.

65   Ich müßte wohl verzagen,
            Ich habe viel verbrochen,
            Doch da du mich getragen,
            Mein Gott, bis diesen Tag,
            Wo meiner Seele Grauen
70   In fremder Kraft gebrochen,
            Wie soll sie dem nicht trauen!
            Der ihre Bande brach.

AM MITTWOCHEN IN DER KARWOCHE
    Ev.: Von der Auferstehung der Toten.

        Wohl, so will ich vorwärts gehen
        Mit der schwergepreßten Brust,
        Wird doch Alles mir bewußt,
        Wenn die Toten auferstehen.
5   Und so lange muß ich tragen,
        Dies ist meine größte Not,
        All' die übermütgen Fragen,
        Die mich drücken in den Tod.

        Wie ein Leib, der längst entfaltet,
10   Durch der Pflanze mildem Saft,

In erneuter Lebenskraft
In den zweiten Leib gestaltet,
Wie er wieder mag erscheinen,
Von dem Andern unverwehrt,
Der ihn trug in den Gebeinen,
Und vom Dritten längst verzehrt?

Was vom Guten, was vom Bösen
In der Seele mannigfalt?
Wie die heiligste Gewalt
Sich in Erdenlust will lösen,
Daß in jenen zarten Stunden,
Wo wir wie mit Gott vereint,
Uns am schwächsten oft gefunden
Jener ewig rege Feind?

Und noch viele andre Dinge,
Die mir nicht zu wissen Not,
Und mich drücken in den Tod.
Ach, dem Frommen gar geringe!
Doch in meinem leeren Herzen,
Sonder Wahrheit, sonder Rast,
Lagern sie zu dumpfen Schmerzen
Eine spitze Felsenlast.

Herr, ich kann sie nicht verbannen,
Nur verschließen, fest und treu;
Und das Leben rauscht vorbei,
Und dein Tag treibt sie von dannen!
Sieh, so kann ich gläubig sagen,
Aber meine Seele steht,
Wenn der Tag von allen Tagen
Furchtbar mir vorüber geht.

Wie wenn in beklemmter Schwüle
Eine schwarze Wolkenmacht
Schwärzer dunkelt durch die Nacht,

Daß wir um des Wetters Kühle
Flehn mit allen seinen Schrecken,
Liegt in deiner Ewigkeit,
Wie ein heißer dunkler Flecken,
Jene namenlose Zeit.

Aber wie mit Eisenketten
Schließ ich meine Augen fest,
An die Felsenwand gepreßt,
Vor dem Schwindel mich zu retten,
Und so will ich vorwärts gehen
Mit der schwerbeladnen Brust,
Wenn die Toten auferstehen,
Wird doch Alles mir bewußt.

AM GRÜNENDONNERSTAGE
Ev.: Von der Fußwaschung.

O Wundernacht, ich grüße!
Herr Jesus wäscht die Füße,
Die Luft ganz stille stand,
Man hört den Atem hallen
Und wie die Tropfen fallen
Von seiner heilgen Hand.

Da Jesus sich tut beugen,
In's tiefe Meer sich neigen
Wohl Inseln diesem Gruß.
Ist er so tief gestiegen,
So muß ich ewig liegen
Vor meines Nächsten Fuß.

Herr, ob sich gleich betöret
Die Seele mein empöret
Vor aller Niedrigkeit,
Daß ich vielmehr mein Leben

In Qualen aufzugeben
Für deinen Ruhm bereit:

So gib, daß ich nicht klage,
Wenn du in meine Tage
Hast alle Schmach gebannt,
Laß brennen meine Wunden,
So du mich stark befunden
Zu solchem harten Stand!

O Gott, ich kann nicht bergen,
Wie angst mir vor den Schergen,
Die du vielleicht gesandt,
In Krankheit oder Grämen
Die Sinne mir zu nehmen,
Zu töten den Verstand!

Es ist mir oft zu Sinnen,
Als wolle schon beginnen
Dein schweres Strafgericht,
Als dämmre eine Wolke,
Doch unbewußt dem Volke,
Um meines Geistes Licht.

Doch wie die Schmerzen schwinden,
Die mein Gehirn entzünden,
So flieht der Nebelduft,
Und mit geheimem Glühen
Fühl' ich mich neu umziehen
Die frische starke Luft.

Mein Jesu, darf ich wählen,
Ich will mich lieber quälen
In aller Schmach und Leid,
Als daß mir so benommen,
Ob auch zu meinem Frommen,
Die Menschenherrlichkeit.

Doch ist er so vergiftet,
Daß es Vernichtung stiftet,
Wenn er mein Herz umfleußt,
So laß mich ihn verlieren,
Die Seele heimzuführen,
Den reichbegabten Geist.

Hast du es denn beschlossen,
Daß ich soll ausgegossen
Ein tot Gewässer stehn
Für dieses ganze Leben,
So will ich denn mit Beben
An deine Prüfung gehn.

AM KARFREITAGE

Weinet, weinet, meine Augen,
Rinnt nur lieber gar zu Tränen,
Ach, der Tag will euch nicht taugen,
Und die Sonne will euch höhnen!
Seine Augen sind geschlossen,
Seiner Augen süßes Scheinen.
Weinet, weinet unverdrossen,
Könnt doch nie genugsam weinen!

Als die Sonne das vernommen,
Hat sie eine Trauerhülle
Um ihr klares Aug' genommen,
Ihre Tränen fallen stille.
Und ich will noch Freude saugen
Aus der Welt, der hellen, schönen?
Weinet, weinet meine Augen,
Rinnt nur lieber gar zu Tränen!

Still, Gesang und alle Klänge,
Die das Herze fröhlich machen!

»Kreuzge, kreuzge!« brüllt die Menge,
Und die Pharisäer lachen.
Jesu mein, in deinen Schmerzen
Kränkt dich ihre Schuld vor Allen;
Ach, wie ging es dir zu Herzen,
Daß so viele mußten fallen!

Und die Vöglein arm, die kleinen,
Sind so ganz und gar erschrocken,
Daß sie lieber möchten weinen,
Wären nicht die Äuglein trocken;
Sitzen traurig in den Zweigen,
Und kein Laut will rings erklingen.
Herz, die armen Vöglein schweigen,
Und du mußt den Schmerz erzwingen!

Weg mit goldenen Pokalen,
Süßem Wein vom edlen Stamme!
Ach, ihn sengt in seinen Qualen
Noch des Durstes heiße Flamme!
Daß er laut vor Schmerz muß klagen,
Erd' und Himmel muß erbleichen,
Da die Henkersknecht es wagen,
Gall' und Essig ihm zu reichen!

Weiche Polster, seidne Kissen,
Kann mir noch nach euch verlangen,
Da mein Herr, so gar zerrissen,
Muß am harten Kreuze hangen?
O wie habt ihr ihn getroffen,
Dorn und Nagel, Rut und Spieße!
Doch das Schuldbuch liegt ja offen,
Daß sein heilig Blut es schließe.

In der Erde alle Toten
Fahren auf wie mit Entsetzen,
Da sie mit dem heilgen, roten

Blute sich beginnt zu netzen.
Können nicht mehr ruhn die Toten,
Wo sein köstlich Blut geflossen;
Viel zu heilig ist der Boden,
Der so teuren Trank genossen.

Er, der Herr in allen Dingen,
Muß die eigne Macht besiegen,
Daß er mit dem Tod kann ringen,
Und dem Tode unterliegen.
Gänzlich muß den Kelch er trinken,
Menschenkind, kannst du's ertragen?
Seine süßen Augen sinken,
Und sein Herz hört auf zu schlagen.

Als nun Jesu Herz tut brechen:
Bricht die Erd' in ihren Gründen,
Bricht das Meer in seinen Flächen,
Bricht die Höll' in ihren Schlünden,
Und der Felsen harte Herzen
Brechen all' mit lautem Knalle.
Ob in Wonne, ob in Schmerzen?
Bricht's der Rettung, bricht's dem Falle?

Und für Wen ist denn gerungen
In den qualenvollen Stunden,
Und der heilge Leib durchdrungen
Mit den gnadenvollen Wunden?
Herz, mein Herz, kannst du nicht springen
Mit den Felsen und der Erde,
Nur, daß ich mit blutgen Ringen
Neu an ihn gefesselt werde?

Hast du denn so viel gegeben,
Herr, für meine arme Seele?
Ist ihr ewig, ewig Leben
Dir so wert trotz Schuld und Fehle?

Ach, so laß sie nicht gefunden
Sein, um tiefer zu vergehen!
Laß sie deine heilgen Wunden
Nicht dereinst mit Schrecken sehen!

AM KARSAMSTAGE

Tiefes, ödes Schweigen,
Die ganze Erd' wie tot!
Die Lerchen ohne Lieder steigen,
Die Sonne ohne Morgenrot.
Auf die Welt sich legt
Der Himmel matt und schwer,
Starr und unbewegt,
Wie ein gefrornes Meer.
O Herr, erhalt' uns!

Meereswogen brechen,
Sie toben sonder Schall;
Nur die Menschenkinder sprechen,
Doch schaurig schweigt der Widerhall.
Wie versteinet steht
Der Äther um uns her;
Dringt wohl kein Gebet
Durch ihn zum Himmel mehr.
O Herr, erhalt' uns!

Sünden sind geschehen,
Für jedes Wort zu groß,
Daß die Erde müßt vergehen,
Trüg sie nicht Jesu Leib im Schoß.
Noch im Tod' voll Huld
Erhält sein Leib die Welt,
Daß in ihrer Schuld
Sie nicht zu Staub zerfällt.
O Herr, verschon' uns!

Jesus liegt im Grabe,
Im Grabe liegt mein Gott!
Was ich von Gedanken habe,
Ist doch dagegen nur ein Spott.
Kennt in Ewigkeit
Kein Jesus mehr die Welt?
Keiner der verzeiht,
Und Keiner der erhält?
O Herr, errett' uns!

Ach, auf jene Frommen,
Die seines Heils geharrt,
Ist die Glorie gekommen
Mit seiner süßen Gegenwart.
Harrten seiner Huld:
Vergangenheit die Zeit,
Gegenwart Geduld,
Zukunft die Ewigkeit.
O Herr, erlös' uns!

Lange, lange Zeiten
In Glauben und Vertraun,
Durch die unbekannten Weiten
Nach unbekanntem Heil' sie schaun.
Dachten sich so viel,
Viel Seligkeit und Pracht.
Ach, es war wie Spiel,
Von Kindern ausgedacht.
O Herr, befrei uns!

Herr, ich kann nicht sprechen
Vor deinem Angesicht!
Laß die ganze Schöpfung brechen,
Diesen Tag erträgt sie nicht.
Ach, was naht so schwer,
Ist es die ewge Nacht,
Ist's ein Sonnenmeer,

In tausend Strahlenpracht?
O Herr, erhalt' uns!

AM OSTERSONNTAGE

O, jauchze, Welt, du hast ihn wieder,
Sein Himmel hielt ihn nicht zurück!
O jauchzet! jauchzet! singet Lieder!
Was dunkelst du, mein seelger Blick?

Es ist zu viel, man kann nur weinen,
Die Freude steht wie Kummer da;
Wer kann so großer Lust sich einen,
Der all so große Trauer sah!

Unendlich Heil hab' ich erfahren
Durch ein Geheimnis voller Schmerz,
Wie es kein Menschensinn bewahren,
Empfinden kann kein Menschenherz.

Vom Grabe ist mein Herr erstanden,
Und grüßet alle die da sein,
Und wir sind frei von Tod und Banden,
Und von der Sünde Moder rein.

Den eignen Leib hat er zerrissen,
Zu waschen uns mit seinem Blut,
Wer kann um dies Geheimnis wissen,
Und schmelzen nicht in Liebesglut!

Ich soll mich freun an diesem Tage
Mit deiner ganzen Christenheit,
Und ist mir doch, als ob ich wage,
Da Unnennbares mich erfreut.

Mit Todesqualen hat gerungen
Die Seligkeit von Ewigkeit,
Gleich Sündern hat das Graun bezwungen
Die ewige Vollkommenheit.

Mein Gott, was konnte dich bewegen
Zu dieser grenzenlosen Huld!
Ich darf nicht die Gedanken regen
Auf unsre unermeßne Schuld.

Ach, sind denn aller Menschen Seelen
Wohl sonst ein überköstlich Gut,
Sind sie es wert, daß Gott sich quälen,
Ersterben muß in Angst und Glut!

Und sind nicht aller Menschen Seelen
Vor ihm nur eines Mundes Hauch?
Und ganz befleckt von Schmach und Fehlen,
Wie ein getrübter dunkler Rauch?

Mein Geist, o wolle nicht ergründen,
Was einmal unergründlich ist;
Der Stein des Falles harrt des Blinden,
Wenn er die Wege Gottes mißt.

Mein Jesus hat sie wert befunden
In Liebe und Gerechtigkeit;
Was will ich ferner noch erkunden?
Sein Wille bleibt in Ewigkeit!

So darf ich glauben und vertrauen
Auf meiner Seele Herrlichkeit!
So darf ich auf zum Himmel schauen,
In meines Gottes Ähnlichkeit!

Ich soll mich freun an diesem Tage;
Ich freue mich, mein Jesu Christ,

Und wenn im Aug' ich Tränen trage,
Du weißt doch, daß es Freude ist!

AM OSTERMONTAGE

Ev.: Von den Jüngern die nach Emmaus gingen.

Herr eröffne mir die Schrift,
Deiner Worte Liebesmorgen,
Daß er leis' im Herzen trifft,
Was gewißlich drin verborgen.
Weiß es selber nicht zu finden,
Bin doch aller Hoffnung voll,
O, die Wolken werden schwinden!
Wenn die Sonne scheinen soll.

Soll der Glaube ferne sein?
Da die Liebe nicht verloren!
Da in Nächten stiller Pein
Mir die Hoffnung neu geboren!
Du, mein Gott der Huld und Treue,
Den des Würmleins Krümmen rührt,
Hättest du umsonst die Reue
In dies starre Herz geführt!

Nein, mein Herr, das hast du nicht,
Deine Seelen sind dir teuer;
Wo nur noch ein Fünklein spricht,
Nahst du gern mit deinem Feuer.
O, ich fühl' es wohl, wie leise
Sich das neue Leben regt,
An der Gnade zarte Speise
Seine schwachen Lippen legt.

Manches ist mir wunderbar,
Manches muß mir dunkel scheinen,
Doch in deiner Liebe klar

Wird sich Alles freudig einen.
War der Nebel nur des Bösen,
Was als Nacht mich zagen ließ,
Wie sich meine Sünden lösen,
Tret' ich aus der Finsternis.

Herr, mit Tränen dank' ich dir
Für dein übergnädig Walten,
Daß du deinen Glauben mir
In der Sünde vorenthalten;
Ach, ich hätte wie im Grimme
Neue Frevel nur erspäht!
Bis mir des Gewissens Stimme
Von dem Sturme überweht.

Deine Gnad' ist weich und warm,
Mag der Sorgfalt nicht entbehren,
Und mein Herz war kalt und arm,
Solchen zarten Gast zu nähren,
Aber wie die Quellen springen,
Losgerissen von dem Weh,
Taucht sie sich mit milden Schwingen
In den heißen roten See.

Herr, ich habe viel geweint,
Daß ich oft wie zu zergehen,
In der Seelennot gemeint,
Und wie ist mir heut geschehen?
Daß ich gar so voll der Freuden,
Und mich keine Angst bezwingt,
Ob mir gleich das alte Leiden
Riesig an die Seele dringt.

Und bei deinem heilgen Buch,
Was mir heute fast wie offen,
Denk' ich keinen einzgen Fluch,
Kann nur lieben, kann nur hoffen,

Seh' dich nur als Kindlein neigen,
Alles lieblich, Alles lind,
Deine harten Worte schweigen,
Und ich weiß nicht wo sie sind.

Das ist nur für diesen Tag, 65
O, viel anders wird es kommen!
Denn zu groß ist meine Schmach,
Solche Lust kann ihr nicht frommen,
Hast nur deinen Blitz gesendet,
Daß nicht irr in meiner Pein 70
Ich mich wieder zugewendet
Dem verlaßnen Götzenhain.

Du unendlich süßes Glück!
Muß ich wieder dich verlieren,
Laß mir nur dein Bild zurück, 75
In dem Grolle mich zu rühren,
Oder, Herr, soll dieser Stunde
Überschwenglich Heil erstehn,
O! so laß des Grolles Wunde
Mir als Trauer offen gehn! 80

AM ERSTEN SONNTAGE NACH OSTERN
Jesus geht durch verschlossene Türen, und spricht:
»Der Friede sei mit euch!«

Und hast du deinen Frieden denn gegeben
An Alle, die sich sehnen um dein Heil,
So will ich meine Stimme auch erheben:
Hier bin ich Vater, gib auch mir mein Teil!
Warum sollt' ich, ein ausgeschloßnes Kind, 5
Allein verschmachtend um mein Erbe weinen?
Warum nicht sollte deine Sonne scheinen,
Wodoch im Boden gute Keime sind?

Oft mein ich, zum Gebete sei genommen
Mir alles Recht, da es so trüb und lau;
Mir könne nur geduldig Harren frommen,
Und starrer Aufblick zu des Himmels Blau;
Doch, Herr! der du dem Zöllner dich gesellt,
O laß nicht zu, daß ich in Nacht verschwimme,
Dem irren Lamme ruft ja deine Stimme,
Und um den Sünder kamst du in die Welt.

Wohl weiß ich, wie es steht in meiner Seelen,
Wie glaubensarm, wie trotzig und verwirrt,
Ach daß sich, daß sich Manches mochte hehlen;
Ich fühle, wie es durch die Nerven schwirrt,
Und kraftlos folg ich seiner trüben Spur.
Mein Helfer, was ich nimmer mag ergründen,
Du kennst es wohl, du weißt es wohl zu finden,
Du bist der Arzt, ich bin der Kranke nur.

Und hast du tief geschaut in meine Sünden,
Wie nicht ein Menschenauge schauen kann;
Hast du gesehn, wie in den tiefsten Gründen
Noch schlummert mancher schwere, dunkle Wahn:
Doch weiß ich auch, daß keine Trän' entschleicht,
Die deine treue Hand nicht hat gewogen,
Und daß kein Seufzer dieser Brust entflogen,
Der dein barmherzig Ohr nicht hat erreicht.

Du, der verschloßne Türen kann durchdringen,
Sieh, meine Brust ist ein verschloßnes Tor,
Zu matt bin ich die Riegel zu bezwingen;
Doch siehst du, wie ich angstvoll steh davor.
Brich ein! brich ein! o komm mit deiner Macht,
Leih mir die Kräfte, die du mir entzogen;
O laß mich schauen deinen Friedensbogen
Und deine Sonne leucht in meine Nacht!

Nicht weich ich, eh ich einen Schein gesehen,
Und wär er schwach wie Wurmes Flimmer auch;
Und nicht von dieser Schwelle will ich gehen,
Bis ich vernommen deiner Stimme Hauch,
So sprich, mein Vater, sprich denn auch zu mir 45
Mit jener Stimme, die Maria nannte,
Als sie verkennend weinend ab sich wandte,
O sprich: »Mein Kind, der Friede sei mit dir!«

AM ZWEITEN SONNTAGE NACH OSTERN
Ev.: Vom guten Hirten.

Ein guter Hirt läßt seine Schafe nimmer!
O wehe, Hirt! den ein verkümmert Lamm
Einst klagend nennen wird mit Angstgewimmer,
Ein blutend Wundes, Eins voll Wust und Schlamm.
Was willst du sagen? Schweig! 5
Dein Wort ist tot, der Stirne Zeichen Cains gleich.

Weh, Fürsten euch! die ihr des Volkes Seelen
Gen Vorteil wägt und irdisches Gedeihn.
Weh, Eltern! denen Kindes glänzend Fehlen
Weit lieber ist als Einfalt sonder Schein. 10
Ihr warbt euch das Gericht;
Sprecht nicht von Ehre! eure kennt man drüben nicht!

Hausväter, wehe! die ein dienend Wesen
Nur an sich nahmen wie gedingten Leib;
Unwürdig seid zu Hirten ihr erlesen 15
Freundlosem Manne, unberatnem Weib.
Habt ihr gewußt und schwiegt;
Seht, jeder Flecken brandig an der Hand euch liegt!

Und wehe, wehe Allen! deren Händen
Ward anvertraut ein überschwenglich Gut. 20
Weh, Lehrer euch! die Herzen, leicht zu wenden,

Vergiftet habt mit Hohn und Übermut.
Die Pfund euch vorgestreckt,
Nicht wohl vergrubt ihr sie, habt sie mit Rost befleckt.

25 Doch bist du frei? darfst du so kühn denn sprechen
Das Bannwort über tausend Menschen aus?
Wem Kron und Macht, wem Haus und Hof gebrechen,
Schließt ihn die Pflicht von ihren Schranken aus?
Denk nach! schwer ist die Frag;
30 Um dein und fremde Seele gilts, denk nach!

Wenn Kinderohr an deinen Lippen hänget,
Wenn Kinderblick in deinen Augen liest,
Wenn jedes kecke Wort, das vor sich dränget,
Wie glühend Blei in zarte Ohren fließt:
35 Bist du dann nicht der Hirt?
Ist dein die Schuld nicht, wenn das arme Lamm verirrt?

Und wenn ein schwach Gemüt, ein stumpfes Sinnen,
Neugierig horcht auf jedes Wort von dir,
Um Alles möchte Gleichheit sich gewinnen,
40 Aufzeichnet jede Miene mit Begier:
O, spricht nicht dies Gesicht:
Ich acht auf dich, bei Gott! verdirb mich nicht?

Hast du mir Herr an diesem Tag erschlossen,
Wem nie so ernst zuvor ich nachgedacht,
45 So knie ich denn, in Flehen hingegossen:
Hier ist der Wille, gib mir nun die Macht!
Der Sinn so rasch und leicht –
Leg deine schwere Hand auf ihn, bis er entweicht!

Gewitter kannst mit deinem Hauch du hemmen,
50 Aus dürrem Sande Palmeninseln ziehn;
O hilf auch mir den wilden Strom zu dämmen,
Laß nicht an meiner Stirn das Cainszeichen glühn!
Und steht vielleicht es dort,
Nimm meine Tränen Herr und lösch es fort!

AM DRITTEN SONNTAGE NACH OSTERN
»Über ein Kleines werdet ihr mich sehen.«

Ich seh dich nicht!
Wo bist du denn, o Hort, o Lebenshauch?
Kannst du nicht wehen, daß mein Ohr es hört?
Was nebelst, was verflatterst du wie Rauch,
Wenn sich mein Aug nach deinen Zeichen kehrt?
Mein Wüstenlicht,
Mein Aaronsstab, der lieblich könnte grünen,
Du tust es nicht;
So muß ich eigne Schuld und Torheit sühnen!

Heiß ist der Tag;
Die Sonne prallt von meiner Zelle Wand,
Ein traulich Vöglein flattert ein und aus;
Sein glänzend Auge fragt mich unverwandt:
Schaut nicht der Herr zu diesen Fenstern aus?
Was fragst du nach?
Die Stirne muß ich senken und erröten.
O bittre Schmach!
Mein Wissen mußte meinen Glauben töten.

Die Wolke steigt,
Und langsam über den azurnen Bau
Hat eine Schwefelhülle sich gelegt.
Die Lüfte wehn so seufzervoll und lau
Und Angstgestöhn sich in den Zweigen regt;
Die Herde keucht.
Was fühlt das stumpfe Tier, ists deine Schwüle?
Ich steh gebeugt;
Mein Herr berühre mich, daß ich dich fühle!

Ein Donnerschlag!
Entsetzen hat den kranken Wald gepackt.
Ich sehe, wie im Nest mein Vogel duckt,

Wie Ast an Ast sich ächzend reibt und knackt,
Wie Blitz an Blitz durch Schwefelgassen zuckt;
Ich schau ihm nach.
Ists deine Leuchte nicht, gewaltig Wesen?
Warum denn, ach!
Warum nur fällt mir ein was ich gelesen?

Das Dunkel weicht;
Und wie ein leises Weinen fällt herab
Der Wolkentau; Geflüster fern und nah.
Die Sonne senkt den goldnen Gnadenstab,
Und plötzlich steht der Friedensbogen da.
Wie? wird denn feucht
Mein Auge, ist nicht Dunstgebild der Regen?
Mir wird so leicht!
Wie? kann denn Halmes Reibung mich bewegen?

Auf Bergeshöhn
Stand ein Prophet und suchte dich wie ich:
Da brach ein Sturm der Riesenfichte Ast,
Da fraß ein Feuer durch die Wipfel sich;
Doch unerschüttert stand der Wüste Gast.
Da kam ein Wehn
Wie Gnadenhauch und zitternd überwunden
Sank der Prophet,
Und weinte laut und hatte dich gefunden.

Hat denn dein Hauch
Verkündet mir, was sich im Sturme barg,
Was nicht im Blitze sich enträtselt hat?
So will ich harren auch, schon wächst mein Sarg,
Der Regen fällt auf meine Schlummerstatt!
Dann wird wie Rauch
Entschwinden eitler Weisheit Nebelschemen,
Dann schau ich auch,
»Und meine Freude wird mir Niemand nehmen.«

AM VIERTEN SONNTAGE NACH OSTERN
»Ich gehe zu dem, der mich gesandt hat.«

Nicht eine Gnadenflamme hehr
Vor deinem Volke soll ich gehn;
Nein ein versteinert Leben schwer,
Wie Sodoms Säule muß ich stehn
Und um mich her
Die Irren träumend schwanken sehn.

Und ob auch Öde mich umgibt,
Und ob mich würgt der Nebel fast,
Mir Wirbelsand die Augen trübt,
Doch weiß ich, daß mein Herz dich faßt,
Daß es dich liebt,
Und daß du mich gesendet hast.

Den Lebenshauch halt ich von dir,
Unsterblich hast du mich gemacht;
Nicht Glut, nicht Dürre schadet mir.
Ich weiß, ich bin in deiner Wacht,
Und muß ich hier
Auch stehn wie ein Prophet der Nacht.

Ich hebe meine Stimme laut,
Ein Wüstenherold für die Not:
Wacht auf ihr Träumer, aufgeschaut!
Am Himmel steht das Morgenrot.
Nur aufgeschaut!
Nur nicht zurück, dort steht der Tod!

Nur aufgeschaut, nur nicht zurück!
Laßt Menschenweisheit hinter euch!
Sie ist der Tod, ihr schnödes Glück
Ist übertünchtem Grabe gleich.
O hebt den Blick!
Der Himmel ist so mild und reich.

Könnt ich mein Auge heben nur,
Mein steinern Auge zu dem Blau:
Wie sög' ich aus der Himmelsflur
So liebekrank den milden Tau!
Doch hat Natur
Und Schuld verschlossen mir die Brau.

Ob nimmer sich die Rinde hebt?
Ach einmal, einmal muß es sein!
Wenn Sodoms Säule sich belebt,
Dann bricht auch meine Stunde ein;
Wenn es durchbebt
Den armen blutberaubten Stein!

Dann soll ich wissen, was ich bin,
Warum so todesstarr und matt;
Dann weiß ich, was den klaren Sinn
Getrieben zu der öden Statt;
Dann knie ich hin
Vor dem, der mich gesendet hat.

AM FÜNFTEN SONNTAGE NACH OSTERN
»Ihr sollt in meinem Namen bitten.« –
»Jetzt wissen wir, daß du Alles weißt.«

In seinem Namen darf ich beten,
Er hat es selber mir gesagt,
Mit seinem Gnadenstempel treten
Vor ihren Schöpfer darf die Magd.
O süßes Anrecht mir gegeben!
O Zuversicht, die ihm entsprießt!
Wie weiß ich heut von keinem Beben,
Wo mich sein Sonnenschein umfließt!

So tret ich denn in Jesu Namen,
Mein Schöpfer, vor dein Angesicht;
Wo stehn die Blinden und die Lahmen,
Dort ist mein Platz und mein Gericht.
Und bin ich der Geringsten Eine,
Die knien unter seinem Schild:
Für Alle, Alle ist ja deine
So überreiche Hand gefüllt.

Vertrauend will ich zu dir nahen,
Und spräch auch Törichtes mein Mund,
Nur Gnädiges werd ich emfahen,
Du wirst mir geben was gesund.
Ob schwach und irrend die Gedanken,
Vertrauend bring ich sie dir dar;
Und ziehen wirst du selbst die Schranken,
Und treu mein Bestes nehmen wahr.

Ich bitte nicht um Glück der Erden,
Nur um ein Leuchten nun und dann,
Daß sichtbar deine Hände werden,
Ich deine Liebe ahnden kann;
Nur in des Lebens Kümmernissen
Um der Ergebung Gnadengruß:
Dann wirst du schon am Besten wissen,
Wie viel ich tragen kann und muß.

Auch nicht um Ruhm will ich dich bitten,
Dem meine Schultern viel zu schwach;
Nur in der Menschenstimmen Mitten
Mir bleibe das Bewußtsein wach,
Daß, wie die Meinung kreist und rennet,
Doch Einer ist, der nimmer irrt,
Und jedes Wort, das ihn nicht kennet,
Mich tausendfach gereuen wird.

Gesundheit! teures Erdenlehen,
Ach! schmerzlich hab ich dich entbehrt!
Doch nur um Dieses mag ich flehen:
Die Seele bleibe ungestört;
Daß nicht die wirbelnden Gedanken
Der kranke Dunst bezwingen mag,
Daß durch der bängsten Nebel Schranken
Ich immer ahnde deinen Tag.

Nicht arm bin ich an Freundesliebe;
Dem Leidenden ist Jeder gut.
Ob stärken, mindern sich die Triebe,
Das stell ich All in deine Hut.
O schütze mich vor jener Milde,
Die meinen Mängeln viel zu still;
Halt du den Spiegel mir zum Bilde,
Wenn Freundes Rechte zögern will!

Ich möchte noch um Vieles bitten,
Doch besser schweigend knie ich hier;
Er, der für mich am Kreuz gelitten,
Mein milder Anwalt, steht bei mir.
Ich wandle stets in Finsternissen,
Er war es stets, der Strahlen warf.
Der Alles weiß, sollt er nicht wissen
Was seine arme Magd bedarf?

AM CHRISTI HIMMELFAHRTSTAGE

Er war ihr eigen drei und dreißig Jahr,
Die Zeit ist hin, ist hin!
Wie ist sie doch nun alles Glanzes bar
Die öde Erd, auf der ich atm' und bin!
Warum durft ich nicht leben, als sein Hauch
Die Luft versüßte, als sein reines Aug'
Gesegnet jedes Kraut und jeden Stein?

Warum nicht mich? warum nicht mich allein?
O Herr! du hättest mich gesegnet auch!

Dir nachgeschlichen wär ich überall,
Und hätte ganz von fern,
Verborgen von Gebüsches grünem Wall
Geheim betrachtet meinen liebsten Herrn.
Zu Martha hätt ich bittend mich gewandt
Um einen kleinen Dienst für meine Hand:
Vielleicht den Herd zu schüren dir zum Mahl,
Zum Quell zu gehn, zu lüften dir den Saal –
Du hättest meine Liebe wohl erkannt.

Und draußen in des Volkes dichtem Schwarm
Hätt' ich versteckt gelauscht,
Und deine Worte, lebensreich und warm,
So gern um jede andre Lust getauscht;
Mit Magdalena hätt ich wollen knien,
Auch meine Träne hätte sollen glühn
Auf deinem Fuß, vielleicht dann, ach vielleicht
Wohl hätte mich dein selig Wort erreicht:
»Geh hin, auch deine Sünden sind verziehn!«

Umsonst! und zwei Jahrtausende nun fast
Sind ihrem Schlusse nah,
Seitdem die Erde ihren süßen Gast
Zuletzt getragen in Bethania.
Schon längst sind deine Martyrer erhöht,
Und lange Unkraut hat der Feind gesät,
Gespalten längst ist deiner Kirche Reich
Und trauernd hängt der mühbeladne Zweig
An deinem Baume, doch die Wurzel steht.

Geboren bin ich in bedrängter Zeit;
Nach langer Glaubensrast
Hat nun verschollner Frevel sich erneut;
Wir tragen wieder fast vergeßne Last,

Und wieder deine Opfer stehn geweiht.
Ach, ist nicht Lieben seliger im Leid?
Bist du nicht näher, wenn die Trauer weint,
Wo drei in deinem Namen sind vereint,
Als Tausenden im Schmuck und Feierkleid?

'S ist sichtbar, wie die Glaubensflamme reich
Empor im Sturme schlägt,
Wie Mancher, der zuvor Nachtwandlern gleich,
Jetzt frisch und kräftig seine Glieder regt.
Gesundet sind die Kranken, wer da lag
Und träumte, ward vom Stundenschlage wach;
Was sonst zerstreut, verflattert in der Welt
Das hat um deine Fahne sich gestellt
Und jeder alte, zähe Firnis brach.

Was will ich mehr? ist es vergönnt dem Knecht
Die Gabe seines Herrn
Zu meistern? was du tust, das sei ihm recht!
Und ist dein Lieben auch ein Flammenstern,
Willst läutern du durch Glut, wie den Asbest,
Dein Eigentum von fauler Flecken Pest:
Wir sehen deine Hand und sind getrost,
Ob über uns die Flammensäule tost,
Wir sehen deine Hand und stehen fest.

AM SECHSTEN SONNTAGE NACH OSTERN
»Aber solches habe ich zu euch geredet, damit
wenn die Stunde kömmt, ihr daran gedenket, daß
ich es euch gesagt habe.«

Erwacht! der Zeitenseiger hat
Auf die Minute sich gestellt;
Dem rostigen Getriebe matt
Ein neues Rad ist zugesellt;
Die Feder steigt, der Hammer fällt.

Wie den Soldaten auf der Wacht
Die Ronde schreckt aus dumpfer Ruh,
So durch Gewitter schwüle Nacht
Ruft uns die Glockenstimme zu:
Wie nennst du dich, wer bist denn du?

Und mancher der im langen Traum
Den eignen Namen fast verschlief,
Stieß nun von sich den schnöden Flaum
Und hastig die Parole rief,
So ernst die Glocke sprach und tief.

Wer möchte sich in solcher Zeit
Von deinem Heere schließen aus?
Was Lenz und Sonne hat zerstreut,
Das sucht im Sturme wohl sein Haus,
Nur Vagabunde bleiben draus.

Dem Kleinsten ward sein wichtig Teil,
Umsonst hatt' Keiner seinen Stand.
Mag was da hoch, zu Kraft und Heil
Uns leuchten von der Zinne Rand;
Doch nur die Masse schützt das Land.

Ist es ein schwacher Posten auch,
Auf den mich deine Hand gestellt:
So ward mir doch des Wortes Hauch,
Das furchtlos wandelt durch die Welt,
Gleich ob es dunkelt oder hellt.

Tu nur ein Jeder was er kann,
Daß hülfreich stehe Schaft an Schaft;
Der Niedre schließe treulich an,
Der Hohe zeige seine Kraft:
Dann weiß ich wohl wer Rettung schafft!

AM PFINGSTSONNTAGE

Still war der Tag, die Sonne stand
So klar an unbefleckten Tempelhallen;
Die Luft in Orientes Brand
Wie ausgedorrt, ließ matt die Flügel fallen.
5 Ein Häuflein sieh, so Mann als Greis,
Auch Frauen knieend, keine Worte hallen,
Sie beten leis.

Wo bleibt der Tröster, treuer Hort,
Den scheidend doch verheißen du den Deinen?
10 Nicht zagen sie; fest steht dein Wort,
Doch bang und trübe muß die Zeit wohl scheinen.
Die Stunde schleicht. Schon vierzig Tag
Und Nächte harrten sie in stillem Weinen,
Und sahn dir nach.

15 Wo bleibt er? wo nur? Stund an Stund,
Minute will sich reihen an Minuten.
Wo bleibt er denn? – und schweigt der Mund:
Die Seele spricht es unter leisem Bluten.
Der Wirbel stäubt, der Tiger ächzt
20 Und wälzt sich keuchend durch die sandgen Fluten,
Sein Rachen lechzt.

Da horch! ein Säuseln hebt sich leicht!
Es schwillt und schwillt, und steigt zu Sturmes Rauschen.
Die Gräser stehen ungebeugt;
25 Die Palme starr und staunend scheint zu lauschen.
Was zittert durch die fromme Schar,
Was läßt sie bang und glühe Blicke tauschen?
Schaut auf! nehmt wahr!

Er ists, er ists; die Flamme zuckt
30 Ob jedem Haupt; welch wunderbares Kreisen,

Was durch die Adern quillt und ruckt!
Die Zukunft bricht, es öffnen sich die Schleusen,
Und unaufhaltsam strömt das Wort
Bald Heroldsruf und bald im flehend leisen
Geflüster fort.

O Licht, o Tröster, bist du, ach!
Nur jener Zeit, nur jener Schar verkündet?
Nicht uns, nicht überall, wo wach
Und trostesbar sich eine Seele findet?
Ich schmachte in der schwülen Nacht;
O leuchte, eh das Auge ganz erblindet;
Es weint und wacht!

AM PFINGSTMONTAGE
»Also hat Gott die Welt geliebt, daß er ihr seinen
eingebornen Sohn gesandt hat, damit Keiner der
an ihn glaubt, verloren gehe. – wer aber nicht
glaubt, der ist schon gerichtet.«

Ist es der Glaube nur, dem du verheißen,
Dann bin ich tot.
O Glaube! wie lebendgen Blutes Kreisen,
Er tut mir Not;
Ich hab ihn nicht.
Ach, nimmst du statt des Glaubens nicht die Liebe
Und des Verlangens tränenschweren Zoll:
So weiß ich nicht, wie mir noch Hoffnung bliebe;
Gebrochen ist der Stab, das Maß ist voll
Mir zum Gericht.

Mein Heiland, der du liebst, wie Niemand liebet,
Fühlst du denn kein
Erbarmen, wenn so krank und tiefbetrübet
Auf hartem Stein
Dein Ebenbild

In seiner Angst vergehend kniet und flehet?
Ist denn der Glaube nur dein Gotteshauch,
Hast du nicht tief in unsre Brust gesäet
Mit deinem eignen Blut die Liebe auch?
O sei doch mild!

Ein hartes schweres Wort hast du gesprochen,
Daß »wer nicht glaubt,
Gerichtet ist« – so bin ich ganz gebrochen.
Doch so beraubt
Läßt er mich nicht,
Der hingab seinen Sohn, den eingebornen,
Für Sünder wie für Fromme allzugleich.
Zu ihm ich schau, die Ärmste der Verlornen,
Nur um ein Hoffnungswort, er ist so reich
Mein Gnadenlicht!

Du Milder, der die Taufe der Begierde
So gnädiglich
Besiegelt selbst mit Sakramentes Würde,
Nicht zweifle ich,
Du hast gewiß
Den Glauben des Verlangens, Sehnens Weihe
Gesegnet auch; sonst wärst du wahrlich nicht
So groß an Milde und so stark an Treue,
Brächst du ein Zweiglein, draus die Knospe bricht
Und Frucht verhieß.

Was durch Verstandes Irren ich verbrochen,
Ich hab es ja
Gebüßt so manchen Tag und manche Wochen;
So sei mir nah!
Nach meiner Kraft,
Die freilich ich geknickt durch eigne Schulden,
Doch einmal aufzurichten nicht vermag,
Will hoffen ich, will sehnen ich, will dulden;
Dann gibst du, Treuer, wohl den Glauben nach,
Der Hülfe schafft.

AM ERSTEN SONNTAGE NACH PFINGSTEN
(DREIFALTIGKEIT)

»Drum gehet hin und lehret alle Völker, und tau-
fet sie im Namen des Vaters und des Sohnes und
des heiligen Geistes, und lehret sie Alles halten
was ich euch gesagt habe, und sehet, ich bin bei
euch bis ans Ende der Welt.«

Bin ich getauft in deinem Zeichen,
Du heilige Dreifaltigkeit,
Nun bleibt es mir und kann nicht weichen
In dieser nicht und jener Zeit.
Ich fühle durch Verstandes Frost,
Durch Menschenwortes Nebelrennen
Es wie ein klares Funkeln brennen
Und nagen an dem alten Rost.

In deinem Tempel will sichs regen,
Wo ich als deine Magd erschien,
Und unter deines Priesters Segen
Fühl ich es leise Nahrung ziehn.
Wenn eine teure Mutterhand
Das Kreuz mir zeichnet auf die Stirne,
Dann zuckts lebendig im Gehirne
Und meine Sinne stehn in Brand.

Ja selbst zu Nacht, wenn Alle schlafen
Und über mich die Angst sich legt,
In der Gedanken öden Hafen
Der Zweifel seine Flagge trägt:
Wie eine Phosphorpflanze noch
Fühl ich es warm und leuchtend schwellen,
Und über die verstörten Wellen
Legt sich ein leiser Schimmer doch.

Und muß mir zum Gericht gereichen
Die Lebenspflanze mir gesellt,
Die ich versäumte sonder Gleichen,
Und dürrem Holze gleichgestellt:
So ist sie in der Sünden Bann,
Des Geistes schwindelnden Getrieben,
Mein heimlich Kleinod doch geblieben
Und angstvoll hangt mein Herz daran.

Ob ich vor deiner Geißel zage,
Nichts kömmt doch dem Bewußtsein gleich,
Daß dennoch ich dein Zeichen trage
Und blute unter deinem Streich.
Fluch Allem, was von dir mich stößt!
Dein will ich sein, von dir nur stammen;
Viel lieber sollst du mich verdammen,
Als daß ein Andrer mich erlöst.

AM FRONLEICHNAMSTAGE

»Mein Fleisch ist wahrhaftig eine Speise, und mein
Blut ist wahrhaftig ein Trank. – Wie mich der lebendige Vater gesendet hat, und ich um des Vaters
willen lebe, so wird der, welcher mich isset, um
meinetwillen leben.«

O fasse Mut, er ist dir nah!
Du hast sein Fleisch, sein heilig Blut
Genossen ja.
O meine arme Seele, fasse Mut;
Er ist ja dein, er ward dein Fleisch und Blut!

Nicht, wie ich sollte reich und warm,
Kam freilich ich zu seinem Mahl.
Ich war ein arm
Zerlumpter Gast, doch zitterte die Qual
In mir des Sehnens; Tränen sonder Zahl

Hab ich vergossen in der Angst,
Die dennoch Freudeschauer war.
Sprich, warum bangst
Du vor der Arzenei so süß und klar,
Die Leben dir und Frieden bietet dar?

Wohl ist es furchtbar, seinen Gott
Zu einen mit dem sündgen Leib;
Es klingt wie Spott!
O Herr, ich bin ein schwach und wirres Weib,
Und stärker als die Seele ist der Leib!

So hab ich schuldbeladen dir
In meinen Sünden mich vereint,
Doch riefst du mir
So laut wie Einem, der um Leben weint:
So ist es Gnade, was von oben scheint.

Und hast du des Verstandes Fluch
Zu meiner Prüfung mir gestellt:
Er ist ein Trug.
Doch hast du selber ja, du Herr der Welt,
Hast selber den Verführer mir gesellt.

Drum trau ich, daß du dessen nicht
Vergessen wirst an jenem Tag,
Daß dein Gericht
Mir sprechen wird: »den Irren seh ich nach;
Das Herz war willig, nur der Kopf war schwach.«

AM ZWEITEN SONNTAGE NACH PFINGSTEN

Der Eine sprach: »Ich habe ein Landhaus gekauft.« Der Andre sprach: »Ich habe ein Weib genommen, deshalb kann ich nicht kommen.« – »Geh auf die Straßen, und führe die Armen und Schwachen, die Blinden und Lahmen herein!«

Ein Haus hab ich gekauft, ein Weib hab ich genommen,
Drum Herr kann ich nicht kommen.
Das Haus mein Erdenleib,
Des ich in Ruh muß pflegen,
Die Poesie das Weib,
Dem ich zu Füßen legen
Will meiner Liebe Frommen
Zu süßem Zeitvertreib.

Gebrechlich ist mein Haus, bedarf gar sehr der Stützen,
Soll es mir ferner nützen.
So lieblich ist die Frau,
Sie zieht mich ohne Maßen
Zu ihrer Schönheit Schau.
Ach, ihr mag ich wohl lassen
Der lichten Stunden Blitzen,
Der Träume Himmelstau.

Was fühl ich denn so heiß in meinem Busen quellen,
Als möcht es ihn zerschellen?
Was flüstert an mein Ohr?
Mich dünkt es, eine Stimme
Dring aus dem Bau hervor
Wie in verhaltnem Grimme,
Wie zorngen Meeres Wellen
Und spricht: o Tor! du Tor!

Kein Haus hast du gekauft, es ward dir nur verpfändet
Bis jener Faden endet,

Des Dauer Keiner kennt,
Und Keiner mag verlängen,
Die Spindel rollt und rennt.
Ach! jener Schrecken Drängen 30
Hat Keiner noch gewendet
So tief die Angst ihn brennt!

Nicht lieblich ist die Frau, 's ist eine strenge Norne,
Erzittre ihrem Zorne;
Sie schlürft dein Leben auf. 35
Und muß es dann entrinnen,
So tu den besten Kauf:
Wohl magst du dir gewinnen
Was aller Leiden Dorne
Wiegt überschwenglich auf. 40

Drum sorge ferner nicht um deines Hauses Wände:
Des Eigentümers Hände
Sind schützend drauf gelegt,
Und wie ein Wucherer handle
Um was dein Herz bewegt; 45
Mit jener Frau verwandle
In Himmelshauch die Spende,
Der dich nach oben trägt!

AM DRITTEN SONNTAGE NACH PFINGSTEN
Ev.: Vom reichen Manne.
Als er nun in der Hölle und in der Qual war, hob er
seine Augen auf und sah Abraham von ferne, und
Lazarum in seinem Schoße. – Er sprach zu ihm:
»Hören sie Mosen und die Propheten nicht, so
werden sie auch nicht glauben, ob Jemand von
den Toten auferstände.«

Doch zu dem Reichen
Sprach Abraham: »Und hörten nie

Sie Mosen, noch Prophetenschar;
Dann wahrlich nimmer glauben sie,
Stellt sich ein Toter ihnen dar.«
So ward die Scheidewand gelegt,
Und auf den Grabstein hat geprägt
Die Ewigkeit ihr stummes Zeichen.

Wie brünstig flehend
Hab ich so oft in mancher Nacht
An meine Toten mich gewandt!
Wie manchen Stundenschlag bewacht,
Wenn grau und wirbelnd lag das Land!
Und nicht ein Zeichen ward mir je,
Kein Knistern in des Lagers Näh,
Kein Schimmer längs den Wänden gehend.

Hab ichs gefunden
Doch hart und lieblos manches Mal,
Daß das, dem ich so heiß geneigt,
Nicht einen Laut für meine Qual,
Kein Zeichen hatte noch so leicht.
An ihrer Statt, so dünkte mich,
Würd Alles, Alles wagen ich
Zu lindern des Geliebten Wunden.

Ihr konntets nimmer!
Ausfechten sollen wir den Kampf
Und bleiben dem Geschick die Macht.
Ich fühl es wohl, der Seele Krampf
Zerrinnen müßte mit der Nacht,
Ja mit dem letzten Nebeltraum
Zerfließen muß des Bösen Schaum.
Drum bleibt die Wahrheit nur ein Schimmer.

O mög uns bleiben
In diesem grau und trüben Stand,
Wo Schatten lagern überm Licht,

Nur reiner Liebesfackel Brand;
Dann sind wir auch verlassen nicht!
Und wie das Schiff in wüster See,
Vertrauend auf des Pharus Näh,
Mag unser Kahn zum Hafen treiben.

Dem reichen Manne
Sprach nicht ein Wort von Zweifels Not
Die schreckliche Verdammnis aus;
Nein nur das ungebrochne Brod,
Als ächzend lag vor seinem Haus
Der Arm und Sieche, dies allein
Hat lastend wie ein Mühlenstein
Ihn fortgewälzt zu Pein und Banne.

Hier steht die Stelle:
»Und als er in die Qualen kam,
Da hob die Augen er empor,
Sah in der Ferne Abraham,
Umgeben von der Heilgen Chor,
Und Lazarum in seinem Schoß
Der Schwären frei, der Leiden los.«
Er aber – er war in der Hölle!

AM VIERTEN SONNTAGE NACH PFINGSTEN
Ev.: Vom verlornen Schafe.
Die Pharisäer und Schriftgelehrten murrten und
sprachen: »Dieser nimmt Sünder und Zöllner auf,
und ißt mit ihnen.« – »Wahrlich sage ich euch, im
Himmel wird mehr Freude sein über Einen Sünder, der Buße tut, als über neun und neunzig
Gerechte.«

So ist aus deines heilgen Buches Schein
Gefallen denn ein Strahl in meine Nacht,
In meines Herzens modergrauen Schacht.

Du gabst ihn Herr, du hast mir selbst gebracht
Was ewig meiner Hoffnung Edelstein.

Es ist zuviel, zuviel; ich faß es kaum:
Um meine ganz versunkne Seele, weh,
So öd und aschig wie Gomorrhas See,
Um sie soll Freude sein in deiner Höh!
Es ist zuviel, weh mir, es ist ein Traum!

Kann wachsen denn, wie des Polypen Arm,
Aus Tränen die verlorne Eigenschaft?
Zieht mit der Reue wieder ein die Kraft?
Ist es genug, wenn tot die Leidenschaft
Zerfressen liegt wie von Insekten Schwarm?

Ist es genug vor deiner Gnad und Lieb,
Wenn über das Gebäude ausgebrannt
Sich sehnsuchtsvoll und betend streckt die Hand,
Die Hand, so alle Übel ausgesandt,
Die Hand, der, ach, das brandge Zeichen blieb?

Und doch hast du ein heilig Wort gesandt
Uns bindend mit gewaltger Gnadenpflicht,
Zu glauben gegen eigenes Gericht,
Was stöhnend aus des Herzens Kammern bricht
Und selber die Verwerfung sich erkannt.

Zu glauben ach wie süß und ach wie schwer!
Weh! nicht auf meine Sünden darf ich schaun,
Soll nicht in ihrem Schlamme das Vertraun
Ersticken, wie ein Wild in Sumpfes Graun,
Wie ein Gevögel ob dem toten Meer.

Was du gesprochen, Herr, wer meisterts kühn,
Bist gnädger du, als Menschensinn ermißt?
So bist du Herr der Heiland und der Christ;
Und ich, die nur ein armer Schatten ist,
Was darf ich anders tun als glaubend knien!

AM FÜNFTEN SONNTAGE NACH PFINGSTEN
Ev.: Vom Splitter und Balken.
»Seid barmherzig, wie euer Vater barmherzig ist,
richtet nicht, so werdet ihr nicht gerichtet werden!« – »Warum siehst du aber einen Splitter in
deines Bruders Auge? und des Balken, der in deinem Auge ist, wirst du nicht gewahr.«

Ein Abgrund hat sich aufgetan
Dem Auge meiner Seele;
Verdorrt steht meines Lebens Bahn,
Wie ich es mir verhehle.
Doch Wahrheit alle Schleier bricht,
Weh mir, die Liebe hab ich nicht!

Hat sich mein Herz so manches Mal
Verzweifelnd dran gehangen,
Wenn meine Sünden ohne Zahl
Beengend auf mich drangen:
Es ist doch wahr, und ist kein Traum,
Mein Lieben ist nur Dunst und Schaum.

Ja! soll noch Rettung dir geschehn,
Du mein unsterblich Wesen:
Mußt fest du in den Spiegel sehn,
Mußt ohne Zucken lesen
In deiner Brust die dunkle Schrift.
Viel besser Dolch als schleichend Gift!

Wem bist du reich? ist es nicht nur
Der Arme, so sich beuget?
Hast jemals freudiger Natur
Du milde dich geneiget?
Demütig nur und Kummer voll
Erpreßt man dir den schnöden Zoll.

Kalt wie der Tod kannst, wehe dir,
Die Hülfe du versagen,
Wo nur ein üppig Zweiglein dir
Scheint freudig aufzuragen;
Du, den der fremde Splitter sticht,
Und siehst den eignen Balken nicht!

Freiwillig kam es dir nicht ein,
Daß, ob die Lippe schweiget,
Ob unter süßer Demut Schein
Sich mild die Rechte zeiget,
Es gibt kein stolzer Hochmutsspiel
Als eigner Güte Selbstgefühl!

Freiwillig hast du nicht gefühlt
Wie dich die Nerven zwangen,
Wenn, wie elektrisch Feuer spielt,
Die fremden Schmerzen drangen
In deines Körpers schwachen Bau,
Zu schnöder irdscher Tränen Tau.

Greif an, es ist die höchste Zeit,
Greif an mit mutgen Händen;
Des Richters Waage liegt bereit,
Dein Lauf wird schleunig enden!
Zeigt jeder Atemzug nicht an,
Wie kurz gemessen deine Bahn?

Wie elend ich nur bin und schwach,
Nie hab' ich es empfunden,
Als da die letzte Stütze brach
In diesen schweren Stunden.
Doch Einen gibt es, Einen doch,
Der Eine kann mich retten noch.

So laß, du aller Sünden Damm,
Du treuster Freund von Allen,

Mich nicht als modermorschen Stamm
So unversehens fallen!
O flöße einen Tropfen Saft
In meine Adern, höchste Kraft!

Daß nur zu den Lebendgen ich
Darf ganz zuletzt mich stellen,
Nur eben zu den Toten mich
Verzweifelnd nicht gesellen,
Ein Tropfen für die Adern leer!
Du bist ja aller Gnaden Meer!

AM SECHSTEN SONNTAGE NACH PFINGSTEN
Ev.: Vom Fischfang Petri.
Und Simon antwortete: »Meister wir haben die
ganze Nacht gefischt und Nichts gefangen, auf
dein Wort aber will ich das Netz auswerfen.« – Da
fiel Simon Petrus ihm zu Füßen und sprach:
»Herr! gehe von mir, denn ich bin ein sündiger
Mensch!« – Jesus aber sprach: »Fürchte dich nicht,
von nun an sollst du Menschen fangen.« – Und
nachdem sie das Schiff ans Land geführt hatten,
verließen sie Alles, und folgten ihm nach!

Die ganze Nacht hab ich gefischt
Nach einer Perl in meines Herzens Grund
Und Nichts gefangen.
Wer hat mein Wesen so gemischt,
Daß Will gen Wille steht zu aller Stund
In meiner Brust wie Tauben gegen Schlangen?

Daß ich dir folgen möchte, ach!
Es ist doch wahr! ich darf es sonder Trug
Mir selber sagen!
Was schleicht mir denn gespenstig nach
Und hält wie an den Fittigen den Flug,
Der, ach, zu dir, zu dir mich sollte tragen?

Herr geh von mir, ich bin ein arm
Und gar zu sündig Wesen, laß mich los,
Ach, laß mich liegen!
Weiß ich wovon mein Busen warm?
Ob Sehnens Glut, ob nicht die Drangsal bloß
So heiß und zitternd läßt die Pulse fliegen?

Wenn sich die Sünde selber schlägt,
Wenn aus der Not nach Rettung Sehnen keimt:
Wer will es loben?
Hast du den Richter doch gelegt
Ins eigne Blut, das wie ein Strudel schäumt
Und werfen will den wüsten Schlamm nach oben.

Dies Winden Jedem zuerkannt,
Wo irgend noch ein Lebensodem steigt,
Wird es mir frommen?
Ja als verlöscht der Sonne Brand,
Da hat Egipten sich vor dir gebeugt,
Und seine Sünde ward ihm nicht genommen.

Und hast Gewissens Stachel du
Mir auch vielleicht geschärft als andern mehr:
Ich werd es büßen,
Dringt nicht der rechte Stich hinzu,
Der Freiheit gibt dem warmen, reinen Meer,
Daraus die echten Reuetränen fließen.

O Eine echte Perle nur
Aus meiner Augen übersteintem Quell,
Sie wär' ein Segen!
Du Meister jeglicher Natur
Brich ein, du Retter, lös die Ströme hell;
Ach kann ja ohne dich mich nimmer regen!

Du der gesprochen: »Fürcht dich nicht!«
So laß mich denn vertraun auf deine Hand

Und nicht ermüden! 45
Ja auf dein Wort, mein Hoffnungslicht,
Will werfen ich das Netz, dann steigt ans Land
Die Perle endlich wohl, und bringt mir Frieden?

AM SIEBENTEN SONNTAGE NACH PFINGSTEN
 Ev.: Von der Gerechtigkeit der Pharisäer.
 Zu derselben Zeit sprach Jesus zu seinen Jüngern:
»Wenn eure Gerechtigkeit nicht vollkommener
sein wird, als jene der Schriftgelehrten und Phari-
säer, so werdet ihr nicht in das Himmelreich
eingehen. – Darum wenn du deine Gabe zum Al-
tare bringst, und dich da erinnerst, daß dein Bru-
der Etwas wider dich hat, so laß deine Gabe vor
dem Altare, und gehe zuvor hin, und versöhne
dich mit deinem Bruder, und dann komm und
opfre deine Gabe.«

Wo bist du, der noch unversöhnt mit mir?
Gern will ich, freudig, meine Hand dir reichen.
Nicht weiß ich es, was ich verbrach an dir;
Verschwunden alte Zeiten, alte Zeichen.
Zerronnen sind mir Jahre wie ein Traum 5
Und rückwärts wend ich die Gedanken kaum
Zu Bildern, die wie Wolkenschatten bleichen.

Aus harter Not und manchem bittern Kampf
Ist mir ein neues Leben aufgegangen.
Kein freudiges; der heiße innre Krampf 10
Entzündet sich von außen nicht befangen;
Der Blick nach innen bohrend mit Gewalt
Kann tiefer tiefer in den dunkeln Spalt
Der lang verjährten Wunden nun gelangen.

Was mich bewegt, es ist dahin, verweht; 15
Geschieden längst, die einst zusammen trafen.
Und wie ein Schiff, das überm Meere steht,

Vergessend ganz den einst verlaßnen Hafen,
Laß ich das Senkblei zitternd auf den Grund
Zu forschen, wo die Seele krank und wund,
Wo, wehe, die verborgnen Klippen schlafen.

Ach, kann ich denn vollbrachte Dinge so
Gleich dem verbrauchten Mantel von mir streifen?
Wird Einer selbst nur seiner Trauer froh,
Wo tausend kleine Fasern nach ihm greifen
Der Wucherpflanze, so er ausgesät,
Wenn überall des Fluches Ernte steht,
All überall die irren Seufzer schweifen?

O rüttle dich, schlag deine Augen auf!
Noch einmal mußt du sie nach außen wenden,
Mußt sehn den Quell als wilden Stromes Lauf,
Den aufgegraben du mit deinen Händen.
Und wo er ward gedämmt durch Gottes Huld,
Da schlag an deine Brust in deiner Schuld
Und wähne nicht du könntest was vollenden.

Ja wend ich meine Blicke nur zurück,
Dann weiß ich, wo ich muß um Gnade flehen,
Wo schuldig ich das eigne Lebensglück
Zu tauschen gegen fremder Seele Wehen;
Dann weiß ich wohl, wer mir noch unversöhnt
Vielleicht die dargebotne Rechte höhnt,
Mich nach Verdienst läßt ungetröstet gehen.

Wo ich getäuscht in Leichtsinn, Übermut,
Dort mag man mir vielleicht zuerst vergeben;
Doch wo vergiftet ward ein reines Blut,
Ein fremdem Beispiel hingegebnes Leben:
Da liegt der Stein, den meine sündge Hand
In Schwung zu setzen, ach, nur zu gewandt,
Doch viel zu schwach, vom Grunde jetzt zu heben.

Barmherziger! O laß der Sünde Lauf 50
Nicht so gewaltig mehr zum Strudel treiben!
Sieh! meine Hände heb ich angstvoll auf,
Nicht ein so schrecklich Denkmal laß mir bleiben!
Nicht später Reue schäm ich mich fürwahr;
So send auch diesen deine Leuchte klar, 55
Daß schaudernd gen den Abgrund sie sich sträuben!

Mein Gott, nicht um Verzeihung fleh ich ja,
Daß unverdiente Liebe ich mir stehle;
Zu ihnen tritt, nur ihnen Herr sei nah!
Welch andre Pein auch hier und dort mich quäle, 60
Du Gnädiger, nur dieses Eine nicht:
Daß ich vor deinem ewigen Gericht
Durch mich verloren sehn muß eine Seele!

AM ACHTEN SONNTAGE NACH PFINGSTEN
Ev.: Jesus speist 4000 Menschen.
Und er sprach zu seinen Jüngern: »Ich habe Mitleiden mit dem Volke, denn seht, sie harren schon drei Tage bei mir, und haben nichts zu essen, und wenn ich sie ungespeiset von mir nach Hause gehen lasse, so werden sie auf dem Wege verschmachten, denn Einige aus ihnen sind von ferne gekommen.« Und seine Jünger antworteten: »Wie wird sie Jemand hier in der Wüste mit Brod sättigen können?« – Und sie aßen und wurden satt, und huben auf, was von den Brocken übrig geblieben war, sieben Körbe.

Wohl sehr erschöpft die Menge war
Und wohl der Hunger nagte sehr,
Da nahmst du treulich ihrer wahr.
Ach, für die Seele matt und leer,
Nach jahrelanger Dürr und Schwüle, 5

Hast du nicht einen Bissen auch,
Nicht einen Labetrunk für sie,
Nicht einen frischen Gnadenhauch,
Der in der Wüste Brand und Müh
Das siedende Gehirne kühle?

Denn sieh, von ferne kam ich ja,
Und ob ich selber mich verbannt:
Du stehst mir drum nicht minder nah.
Wer einmal sich zu dir gewandt
Mit neu erwachendem Gefühle,

Wer einmal aus des Treibers Joch
Sich flüchtete zu deinem Dach,
Und sei er so verkümmert noch,
Du bist so mild, trägst ihm nicht nach
Der Sklavenpeitsche harte Schwiele.

O rette mich, daß nicht der Trug
Des Hungers mich bezwingen kann,
Daß ich nicht unter Wahnsinns Fluch
Die Hände strecke, greife an
Die giftge Frucht am welken Stiele,

So aus dem Paradiese trieb
Und die Erkenntnis wird genannt!
Stiehlt sie das Leben wie ein Dieb:
So lockt sie doch des Gaumens Brand
Mit scheinbar frischen Saftes Spiele.

Ach, nicht die Wüste neben mir,
Die Wüste mir im Busen liegt!
Wo find ich denn, wo find ich hier
Was meinen Hunger nicht betrügt,
Was meine dürre Kehle spüle?

So sprachen deine Jünger auch;
Du Gnädger fandest doch ein Brod,
Wo sengenden Samumes Hauch
Dir keine fromme Ähre bot,
Nur Sand und stäubendes Gewühle. 40

»Da aßen sie und wurden satt,
Und sammelten was übrig blieb«,
War Keiner krank mehr, Keiner matt
Und der Genesne ward dir lieb,
So lieb als der Gesunden Viele. 45

AM NEUNTEN SONNTAGE NACH PFINGSTEN
Ev.: Vom falschen Propheten.
»Hütet euch vor den falschen Propheten! – An ihren Früchten werdet ihr sie erkennen, sammelt man denn Trauben von Dornen? oder Feigen von Disteln? – Nicht Jeder, der zu mir sagt ›Herr! Herr!‹ wird in das Himmelreich eingehen, sondern der, welcher den Willen meines Vaters tut, der im Himmel ist, wird in das Himmelreich eingehen.«

O hütet, hütet euch!
Die Luft hat sich umzogen
Und in den Wolken grell und reich
Hebt sich ein falscher Friedensbogen,
Von dem ein Dämon niederstieg, 5
Der mit dem Ölzweig bringt den Krieg.

Und aller Orten stehn
Posaunende Propheten,
So aus dem Staube Stricke drehn,
So flach die Berge wollen treten. 10
O hüte dich, ehrwürdger Art
Ist ihr Gesicht, und grau ihr Bart!

Der Eine zeigt den Riß,
Wo soll auf nackten Höhen
Die göttliche Akropolis
Der christlichen Minerva stehen:
Folgst du ihm nach, du bleibst gebannt
Wo noch kein Hälmchen Nahrung fand.

Da magst vor ödem Stein
Du betend niedersinken,
Und lange noch wird dein Gebein
Ein warnend Beispiel niederblinken,
Als Eines, der zu eigner Not
Verwandelte in Stein das Brod.

Der Andre deutet tief
Nach einer Höhle Gründen
Und horcht in seinem Wahn, als rief
Ihm eine Stimme aus den Schlünden:
Hieher! was klar das ist ein Schein,
Im Schachte wohnt der Edelstein!

O Diesem folge nicht,
Der Gottes Haus zum Schreine,
Und wehe, Jenem folge nicht,
Der Gottes Nahrung macht zum Steine!
Doch besser dumpf im Schachte stehn
Als droben frech gen Himmel sehn!

Und auf dem grünen Plan
Wo frisch die Kräuter schwellen,
Da liegt so hellbetaut die Bahn,
Da sprudeln die lebendgen Quellen,
Und aus der Demut grauem Stein
Hebt sich ein Tempel schlicht und klein.

Dort findest du ein Mahl
So ganz für dein Bedürfen,

> Dort darfst du aus dem heilgen Gral 45
> Des Glaubens milde Labung schlürfen,
> So wie sie einem Wesen recht,
> Das noch des irdschen Leibes Knecht.
>
> O hemme nur dein Ohr,
> Vom fremden Klang umzogen! 50
> O blicke lüstern nicht empor
> Zum bunten falschen Friedensbogen!
> An deinem Tempel sollst du knien,
> Das Wetter wird vorüber ziehn.

AM ZEHNTEN SONNTAGE NACH PFINGSTEN
Ev.: Vom ungerechten Haushalter.
»Darum sage ich euch, machet euch Freunde mit dem ungetreuen Mammon, damit, wenn ihr Mangel leidet, sie euch in die ewigen Wohnungen aufnehmen.«

> Warum den eitlen Mammon mir
> Hast du erteilt nach deinem Willen?
> Nicht daß er, eine blanke Zier,
> Soll eingefreßne Schäden hüllen;
> Auch nicht die flüchtgen Stunden hier 5
> Mit frischem Erdenreiz zu füllen:
> Nein, anders wohl;
> O was du gibst ist nicht so leer und hohl!
>
> Ich soll mit seinem bunten Strahl
> In deinem Segen Wucher treiben; 10
> Für meinen Hunger soll ein Mahl
> Ich in die ewge Rechnung schreiben;
> Und meiner Blöße, matt und fahl,
> Soll er ein warmer Mantel bleiben,
> Wenn bricht herein 15
> Die Zeit, wo stäubt und rostet, was nicht mein.

Dann bin ich krank und ganz verarmt,
Dann wird der bittre Mangel kommen,
Wo starrt, woran mein Herz erwarmt,
Zerstäubt, woher ich Trost genommen;
Wenn deine Hand sich nicht erbarmt
Und zeichnet noch zu meinem Frommen
In Mildigkeit
Den Heller heimgelegt für jene Zeit.

Laß, Herr, in jener Stunde Macht
Mich nicht so hülfeweinend fallen!
Die vor mir steht wie Chaos Nacht,
Wie Dunkel über Dunkel wallen.
Weh mir, ich hab es nicht bedacht!
So laß es mir fortan vor Allen
Gewärtig sein;
O rege mich durch Milde oder Pein!

Laß mich hinfort der Worte Gold
Ausgeben mit des Wuchrers Sorgen,
Daß, wenn das Heute nun entrollt,
Mir nicht verloren ist das Morgen;
Laß mich bedenken, daß der Sold,
Den eitlem Ruhm ich mußte borgen,
Genommen ward
Dem goldnen Schatz für einst und Gegenwart!

Und eine Feder laß mich nur
Betrachten mit geheimem Beben,
Bedenkend, daß der schwarzen Spur
Folgt leise schleichend Tod und Leben.
Den Pfunden, so mir gab Natur,
O Herr laß Zinsen mich entheben;
Ich bin so arm,
So nur in dem geborgten Pelze warm!

Ach Gott, wie wird mein Herz so schwer,
Gedrängt vom dämmernden Verstande! 50
Ob es gelingt die Gaben hehr
Zu legen mir auf edle Pfande?
O nur aus deiner Weisheit Meer
Ein einzig Tröpflein mir vom Rande!
Durch des Genuß 55
Die Galle selbst zu Honig werden muß!

AM ELFTEN SONNTAGE NACH PFINGSTEN
Ev.: Jesus weint über Jerusalem.
Zu derselben Zeit, da Jesus nahe an Jerusalem
kam, sah er die Stadt an, und weinte über sie, und
sprach: »Wenn du es erkenntest, was dir zur Rettung dient, und zwar an diesem deinem Tage, nun
aber ist es vor deinen Augen verborgen.«

Mein Jesus hat geweint um seine Stadt,
Ach auch gewiß um mich hat er geweinet;
Wußt er nicht damals schon, wie trüb und matt,
Wie hülflos meine Seele heut erscheinet?
Von Allem was die heilge Bibel trägt 5
Hat Nichts so tief, so rührend mich bewegt.

O könnt ich seine teuren Tränen nur
In einem Kelche, einem Tuche fassen,
Wie er Veroniken die heilge Spur
Von seinem blutgen Antlitz wollte lassen; 10
Sie war die Hochbegnadete vom Herrn,
Doch auch der ärmste Bettler träumt ja gern!

Zu solchem Kelche gäb' ich freudig her
Was ich an kleinen Schätzen mag besitzen;
Von meinem Golde würd er reich und schwer, 15
Und meine Edelsteine sollten blitzen.
O zürne, Herr, nicht meiner Albernheit,
Zum Kinde macht mich deine Güte heut!

»Weh wüßtest du, was dir zur Rettung ist!«
Ja wüßt ich es, wohl wär es mir zum Frommen!
Doch du, du weißt es ja mein Jesus Christ,
Und nur von dir kann mir die Kunde kommen.
So rede denn, du meines Herzens Hort!
Ich stehe hier und horche auf dein Wort.

Fürwahr ich muß in deinem heilgen Buch
Vielmehr nach deiner Liebe Zeichen suchen,
Als wo dein Eifer spricht und, weh! dein Fluch!
Ich knicke wie ein Halm, hör ich dich fluchen;
Nicht heilsam aufgerüttelt, todesmatt
Lieg ich am Grunde wie ein dürres Blatt.

Ein saftlos Erdreich bin ich, dem nicht mag
Des Kalkes Brand, der Asche Beize taugen;
Ein dürrer Sand treib ich dem Winde nach:
So will ich deine Himmelstropfen saugen,
Und in dem Tranke gibst du mir vielleicht
Was meinem irrenden Bewußtsein reicht.

Gibst mir ins Herz was ich beginnen soll,
Ob trauernd stehn, ob hoffend fürder schreiten.
Die Gnade ist ja nicht der Stärke Zoll,
Auch zu dem Siechen mag sie niedergleiten.
Du, der des Allerschwächsten Schöpfer bist,
Hast auch für ihn ein Heil, mein Jesu Christ!

Drum, wenn die Wolke wieder mich umgibt
Und fast verzweifelnd meine Arm ermatten,
Dann will ich denken, daß er hat geliebt,
Und meine Wimper heben durch die Schatten.
O meine Seele! sei nicht so versteint,
Du weißt es ja, er hat um dich geweint!

AM ZWÖLFTEN SONNTAGE NACH PFINGSTEN
    Ev.: Vom Pharisäer und Zöllner.
Der Zöllner aber stand von ferne, und wollte seine
   Augen nicht gen Himmel aufheben, sondern
   schlug an seine Brust und sprach: »Gott sei mir
   Sünder gnädig!« Ich sage euch, dieser ging ge-
   rechtfertigt vor Jenem in sein Haus hinab.

Ja, wenn ich schaue deine Opferflamme
In eines frommen Auges reiner Glut,
Dann schimmert es, als ob es mich verdamme;
Der scharfe Strahl fährt in mein schuldig Blut.
Wie blendet mich das Licht!   5
Die Augen darf ich nicht erheben;
Ich darf es nicht,
Und meine Wimper beben.

Und unter den geschloßnen Lidern fahren
Die Schatten alter Sünden hin und her.   10
Was dann sich muß dem Hirne offenbaren,
O meinem Feinde werd es nicht so schwer!
Aus Grund und Wänden auch
Sie dampfen, schweben durch die Zimmer,
Gebild aus Rauch;   15
So war und bleibt es immer.

Wenn eine milde Tat ich seh vollbringen,
So recht aus übervollen Herzens Grund,
So klar die warmen Liebesquellen springen,
Nur fragend was dem Bruder sei gesund,   20
Wenn ganz ein Gotteskind,
Sich unbewußt, am Gnadenkleide scheinet
Die Träne lind,
Nicht fragt, warum sie weinet,

Dann wühlt in meinem Busen das Gewissen,
Schutt und Geröll stellt sich mein Wirken dar;
Das Geben und das Streben mir zerrissen
Von Grübelns Dornen, wie der Einfalt bar,
Ja überall mein Fuß
An Gitter stößt, an Kerkerschragen,
Und zitternd muß
An meine Brust ich schlagen.

Vor Allem, ach! wenn eine fromme Stimme
Mir flüstert zu ein einfach heilig Wort,
So sicher daß mein Herz in Glauben schwimme,
So unbesorgt um meines Lebens Port,
Mir deiner Gnade Laut
Unschuldig beut als Losungszeichen,
Und ganz vertraut
An meine Brust will schleichen:

Dann müssen alle Worte sich empören,
Die frevelnd ich gesprochen einst und je,
Und Alles was noch jetzt mich kann verstören,
Das steigt und wirbelt um mich wie ein See,
Dann fühl ich in dem Schaum
Noch heut mich keiner Bande ledig,
Dann stöhn ich kaum:
Gott sei mir Sünder gnädig!

AM DREIZEHNTEN SONNTAGE NACH PFINGSTEN
Ev.: Vom Tauben und Stummen.
Und er legte seine Finger in die Ohren desselben,
und rührte seine Zunge an, sah gen Himmel,
seufzte, und sprach: »Ephephata«, das ist »tu dich
auf«, und alsbald waren seine Ohren geöffnet, und
das Band seiner Zunge gelöst, und er redete recht.

Rühr meine Zunge an,
Du kannst sie lösen;
Brich meines Ohres Bann,
Ich mag genesen!
Nein, nicht verloren bin ich, milder Gott,
Ob eingezwängt, ob meines Feindes Spott;
Dich ruf ich, Treuer, zwinge du den Bösen!

Gelähmet hat er mir
Der Nerven Fäden;
Nur durch der Augen Tür
Gehn ein die Reden,
Wenn fassend frommer Mienen Gotteslust
Das Herz sich wenden möchte in der Brust,
Aus bluten möchten die verborgnen Schäden.

So bin ich gänzlich doch
Nicht aufgegeben,
So lang mir irgend noch
Dringt ein das Leben,
Und wär es nur, wie in des Irren Stirn
Sich leise regt das schlummernde Gehirn:
Es lebt, und hoffen darf ich, ob mit Beben.

Nur Worte, Worte sind
Mir nicht Verwandte.
Wie abwärts prallt der Wind
Von Berges Kante:

So prallt, was Andre rührt und Andre schreckt,
Von jener Rinde, die mein Hirn bedeckt
Und die ich einstens Wacht und Mauer nannte.

Nicht immer ist es gleich;
Zuweilen schleichen
Sich aus der Töne Reich
Gewaltge Zeichen,
Wie eine Träne sich zum Herzen drängt,
Wie Bergeskluft den fernen Donner fängt:
O! dann vor Freude fühl ich mich erbleichen.

Nein, meine Lippe kann
Es aus nicht sprechen,
Wie aus der Tiefe dann
Die Tränen brechen.
Nein, was so fremd sich in die Seele flößt,
Das hat noch nicht der Zunge Band gelöst,
Rinnt halb verstanden nur in warmen Bächen.

O lege, starker Hort,
Die gnädgen Hände
An meines Ohres Port!
O aufwärts wende
Um mich auch deiner Blicke friedreich Flehn
Und sprich »Ephephata«, dann ists geschehn,
Dann bin ich frei, dann hat der Fluch ein Ende!

AM VIERZEHNTEN SONNTAGE NACH PFINGSTEN
Ev.: Vom Samaritaner.
»Welcher von diesen Dreien dünkt dich der Nächste Dessen der unter die Mörder fiel gewesen zu sein?« Jener sprach: »Der so ihm Barmherzigkeit erzeigte,« und Jesus sprach zu ihm: »Gehe hin und tue desgleichen.«

Wer ist es der mir nahe steht?
Wen muß ich meinen Bruder nennen?
Wem meine liebste Gabe gönnen?
Wem reichen eh er noch gefleht?
O, laß auf meine Stirne träufen,
Du Starker, deiner Weisheit Tau!
Laß mich den rechten Stein ergreifen
Zu deines Tempels ew'gem Bau!

Er den getragen gleicher Schoß,
Und der an gleicher Brust gesogen,
Ihm bin ich willenlos gewogen,
Nichts reißt des Blutes Bande los.
Auch wer die gleichen Lüfte zieht,
An gleichen Bodens Quell getrunken,
Für ihn auch hat Natur den Funken
In jedem Busen angeglüht.

So der in selben Glaubens Band
Am selben Hochaltare knieet,
Und wo mich gleiche Richtung ziehet,
Sei's an Gemüt, sei's an Verstand,
Sie Alle sind mir wie gegeben
In meines eignen Herdes Hut,
Sind Fasern All' von meinem Leben,
Sind Tropfen All' von meinem Blut.

Doch wenn in heimatferner Luft
Sucht ängstlich ein bekümmert Wesen
Der fremden Züge Schrift zu lesen,
Wo Niemand seinen Namen ruft;
Dann nahe dich, und woll' es nennen
Mit jedem Liebesworte nur,
Dann magst die Fackel du entbrennen
Die nicht entzündete Natur!

Und wenn an deines Tempels Tor
Steht Einer einsam, ausgeschlossen,
Des Tränen doch vor Gott geflossen,
Des Seufzer doch erreicht sein Ohr,
Dem magst du deine Rechte reichen
Und aufwärts deuten nach dem Blau,
Wo *Allen* glühn der Sterne Zeichen,
Für *Alle* sinkt der linde Tau.

Und gar wenn sich gen Einen regt
In dir ein heftig Widerstreben,
Weil andre Weise ihm gegeben
Als dir der Himmel zugelegt;
Wenn Fehl, mit Albernheit im Bunde,
Ersticken will der Liebe Saat;
Reich ihm die Hand! dies ist die Stunde
Wo das Gebot sich prüfend naht.

Ja, selbst an des Verruchten Blick,
Der Erd' und Himmel möchte höhnen,
Mußt du in Milde dich gewöhnen,
Darfst schaudern, – aber nicht zurück. –
O, kannst du ihn in Jesu Christ
Umschleichen, spähend seine Wunden,
Dann erst hast du den Stein gefunden,
Dann weißt du wer dein Nächster ist!

AM FÜNFZEHNTEN SONNTAGE NACH PFINGSTEN
Ev.: Von den zehn Aussätzigen.
Da er sie sah, sprach er: »Gehet hin und zeiget
euch den Priestern!« Und als sie hingingen, ge-
schahe es, daß sie rein wurden.

Da sprach er: »Gehet hin, den Priestern zeiget euch!«
Und als sie gingen, siehe da, sie wurden rein.
Du meine stolze Seele, nur an Elend reich,
An Fehlen groß, so sollte dir geholfen sein,
Dir, die noch stets verschmähte Menschenhand 5
Und wär sie gottgeweiht und wär sie gottgesandt.

Wohl sprichst du öfters zu dir selbst in argem Trug:
Er ist der Starke, so allein mich retten kann;
Hilft er mir nicht, dann ist auch Menschenrat ein Lug,
Unmittelbar zu ihm mein Flehen steig hinan! 10
Und fühlst es nicht, daß warm und reich gehegt
Der Hochmut Aussatz an dein töricht Herz gelegt.

Ist denn so fest dein Mut, in reichem Glauben stark,
Daß eines Freundes Hand er sich entschlagen darf?
So klar dein Hirn, so saftig und gesund dein Mark, 15
Daß die Erkenntnis dir vor andern Wesen scharf?
O sei demütig, sprich es offen aus,
Du lebst ein Bettler und in eines Bettlers Haus!

Wie arm und schwach du, Seele mein, das meinst du wohl
Zu fühlen, wenn die Lippe matt und klagend spricht; 20
Und doch nur Klang, und doch nur Rauschen,
                                  schwülstig hohl,
Wie umgestaltet aus dem Sprachrohr Flüstern bricht,
Ein Aufschrei nur, der willenlos entfährt,
Indes dein düstrer Blick sich stolz nach innen kehrt!

Was ist da drinnen denn so Herrliches zu schaun?
Ein krankes Blut, was ach! in eignem Druck erliegt,
Was jedes Reizes Sklav und jeder Stimmung, traun,
Bald steht wie ein Morast, bald wie ein Strudel fliegt;
Ein Hirn, von dem dir selber unbekannt,
Ob es dem Wahnsinn oder Frevel mehr verwandt.

Dies sind die Schätze, die dich stolz und stark gemacht,
Daß du entschlagen dich hast des Geschaffnen Rat;
Dies sind die Leuchten, die in dumpfen Zweifelns Nacht
Glorreich bestrahlen sollen den verborgnen Pfad;
Darum, darum baust du auf Gott allein,
Daß Menschentadels Dorn dir mög erlassen sein.

Hast anders jemals du des Priesters wohl gedacht,
Der losprach deine Schuld im heilgen Sakrament,
Als wie des Blattes, drauf der Schuldner Rechnung macht
Doch einzig Gläubgers Schrift als Lösung anerkennt?
Ward sichtbar jemals dir in seiner Hand
Die ernste Waage, drauf dein Tod und Leben stand?

Knie hin, knie hin, doch nicht an jener Gnadenstatt;
Nein, vor dem Hirten nur in seiner Würde Kraft!
Und deine Seele sei vor ihm ein offnes Blatt
In aller Eitelkeit und niedern Leidenschaft.
Und wenn du dich vor Menschenhand gebeugt:
Dann schau ob sich am Aussatz nicht ein heilend
                                              Fleckchen zeigt!

AM SECHZEHNTEN SONNTAGE NACH PFINGSTEN
   Ev.: Niemand kann zwei Herren dienen.
»Ihr könnet nicht Gott dienen und dem Mammon,
darum sage ich euch, sorget nicht für euer Leben,
was ihr essen, noch für euren Leib, was ihr anziehen werdet. – Suchet also zuerst das Reich Gottes
und seine Gerechtigkeit, und dies Alles wird euch
             zugeworfen werden.«

Wer nur vertraut auf Gottes Macht
In allen seinen Nöten,
Den hat kein Feind zum Fall gebracht,
Den kann kein Gegner töten;
Und wo die Angst ihn überfällt,   5
Da wird der allerstärkste Held,
Der Retter zu ihm treten.

Der wird mit seinem scharfen Speer
Die Gegner ihm zerstäuben,
Und von dem allergrößten Heer   10
Kein Huf wird übrig bleiben;
Seis äußrer oder innrer Feind,
Wenn nur der rechte Held erscheint,
Der kann ihm Grenzen schreiben.

Er ist der allerbeste Herr,   15
Den Einer mag erlangen;
Glückselig lebt der Fröner, der
In seinem Dienst gefangen.
So süß ist seine Sklaverei,
Daß Jeder, sei er noch so frei,   20
Mag tragen drum Verlangen.

Des Hungers Qual, der Blöße Schmach,
Die weiß er zu vergelten;
Es durft ihn noch bis diesen Tag

Nicht Einer treulos schelten.
Er zahlt mit wucherndem Gewinst
An Alle, die in seinen Dienst
Ihr Gut und Leben stellten.

Und aller Stärke Talisman,
Den hält er in der Rechten;
Selbst aus den schärfsten Dornen kann
Er Rosenkränze flechten.
Er zeigt im wilden Kampfrevier
Die echte Aaronsschlange dir,
Mußt du mit Vipern fechten.

Und rüttelt sich der grimmste Feind:
Da lehrt er dich ein Zeichen,
Vor dem, so schlimm er es auch meint,
Muß schnell der Drache weichen.
Nur sei es von bereiter Hand
Mit rechtem Glauben angewandt,
Sonst mag es nimmer reichen.

Wem schwach der Glaube und Vertraun,
Ob ihn die Sehnsucht treibe,
Der darf doch noch von ferne schaun,
Daß er im Nachtrab bleibe;
Auf dem erquickend in der Glut
Des Helden milder Schatten ruht
Wie mächtgen Schildes Scheibe.

Doch Wem der Glaube echt und klar,
Den kann kein Leid bezwingen,
Der mag wohl aller Güter bar
Noch wie ein Vogel singen:
»Schaut doch die Lilien in dem Feld
Wie sind sie frisch und wohlbestellt,
Wie grün und guter Dingen!

Sie haben nicht des Webens Acht
Und sind so reich gezieret,
Daß Salomo in seiner Pracht
Viel minder Lob gebühret.   60
Schaut doch die jungen Raben an
Wie sind sie satt und wohlgetan
Wie blank und glatt geschnüret!

Er, der die jungen Raben nährt,
Er wird auch meiner walten,   65
Und müßt er aus der Schlack am Herd
Die Brode mir gestalten.
O Heil, daß ich den Herrn erwarb,
Bei dem kein Diener noch verdarb,
An ihn will ich mich halten!«   70

AM SIEBENZEHNTEN SONNTAGE NACH PFINGSTEN
  Ev.: Von der Witwe Sohn zu Naim.
Da er aber nahe an das Stadttor kam, sieh, da trug
man einen Toten heraus, der ein einziger Sohn
seiner Mutter war, und sie war eine Witwe. – Er
sprach zu ihr: »Weine nicht!« – Und er trat hinzu
und rührte den Sarg an, aber die ihn trugen stan-
den still, und er sprach: »Jüngling! ich sage dir
steh auf!« Und der Tote richtete sich auf und fing
  an zu reden, und er gab ihn seiner Mutter.

Wenn deine Hand den Sarg berührt,
Dann muß der Tote sich beleben,
Dein Hauch die Wetterwolke führt,
Dann muß sie milden Manna geben.
Du der aus Felsen Labung zieht,   5
Dem Aarons dürrer Stab geblüht,
Des Niles Fluten sich erheben:

Der Mächtige bist du, um auch
Der Seele dumpfen Schlaf zu enden;

10 Zu dir darf seinen Sterbehauch
Der todeswunde Schächer senden;
Du nimmst den letzten Atemzug,
Ein Reuelaut ist dir genug,
Den Blitz in seinem Flug zu wenden.

15 Du hast dich an das Tor gestellt
Den Sohn der Witwe zu erwarten,
Und hast, ein Herr der ganzen Welt,
Beachtet ihren kleinen Garten.
Du der das kranke Rohr nicht knickt,
20 Am Docht das Fünkchen nicht zerdrückt,
Und nie gebrochen hat die Scharten,

Berühre mich; denn ich bin tot
Und meine Werke sind nur Leichen!
Hauch über mich; denn blutig rot
25 Die Sünde ließ mir ihre Zeichen!
O wende du den Donnerschlag,
Der über meinem Haupte brach,
Und laß die dumpfen Nebel weichen!

Dann will ich dir aus freier Brust
30 Ein überselig Loblied singen,
Und wieder soll in Gotteslust
Wie einstens meine Stimme klingen.
Ist sie gebrochen jetzt und matt,
Du bist es, der die Mittel hat,
35 So in die kränksten Adern dringen.

Fühl ich doch heut in mir erweckt
Ein lang entschwundenes Vertrauen,
Daß mich nicht Tod noch Sünde schreckt:
Wie sollt ich denn auf dich nicht bauen!
40 Ja, wenn du willst, so kann ich doch
Mit diesen meinen Augen noch
In diesem meinem Leib dich schauen.

Ich weiß es, daß von mir nicht stammt
Was mich so freudig muß durchzittern;
Ein Strahl ist es, den du entflammt, 45
Ein Traum, den Starren zu erschüttern.
O fahre fort, o rühr mich an,
O brich den Todesschlaf, und dann,
Dann werd ich Morgenlüfte wittern!

Hast du gesprochen: »Weine nicht!«, 50
Du weißt, daß nicht die Toten weinen,
Ob schier im Traum das Herze bricht,
Und wohl Gebet dir Seufzer scheinen,
Die flüstern möchten schwach und lind:
»Du hast geweckt der Witwe Kind, 55
Ich liege noch in Totenleinen!«

AM ACHTZEHNTEN SONNTAGE NACH PFINGSTEN
  Ev.: Vom Wassersüchtigen.
Und sieh! es war ein wassersüchtiger Mensch vor
ihm; da antwortete Jesus, und sagte zu den Gesetzkundigen und Pharisäern: »Ist es erlaubt am
Sabbat gesund zu machen?« Sie aber schwiegen; er
aber griff ihn an, machte ihn gesund, und ließ ihn
gehen. – Wer sich erhöhet, der wird erniedriget,
und wer sich erniedriget, der wird erhöhet werden.

  Sechs Tage sollst du tun
  Dein Werk mit aller Treue;
  Und sollst am siebten ruhn,
  Er trägt des Herren Weihe.
  So ward es uns gesetzet 5
  Und also folgen wir
  Recht wie den Schnabel wetzet
  Das lüstern stumpfe Tier.

Der feiert bei dem Spiel
Und Jener bei der Flasche;
Sinnt Jeder lang und viel
Wie er sich Lust erhasche.
Was nicht den Herrn mag loben
Und was den Sinn betört,
Wem wird es aufgehoben?
Dem heilgen Sonntag wert.

Ja, wenn man häufen mag
Der ganzen Woche Sünden
Gen was an diesem Tag
Muß seine Ernte finden,
So wird, oh Schmach! es zollen
Wie gen gehäuftes Maß,
Von dem die Körner rollen,
Zwei Ähren, so man las.

Stehn denn die Kirchen leer,
Flieht seinen Herrn der Sünder?
O wenn dem also wär!
Der Frevel drückte minder,
Doch aus dem Weihrauchwallen,
Das unsern Gott umfließt,
Zu des Verderbens Hallen
Man wie ein Geier schießt.

In alten Bundes Pflicht,
Als keimend noch die Gnade
Und dämmernd nur das Licht
Fiel auf der Menschen Pfade:
Da trug der Sünde Flecken
Noch nicht der Sabbat, doch
Mußt er den Gläubgen schrecken,
Ach, wie ein eisern Joch.

Wohl mag es töricht sein,
Dem höchsten Gott zu Ehren
Zu liegen wie ein Stein,
Und jeder Regung wehren;
Doch eitlen Lüsten fügen 45
Der Sinne kirren Bund –
O besser zehnfach liegen
Wie eine Scholl am Grund.

So hat der Heiland nicht
Den alten Bund gehoben; 50
Durch Taten wie das Licht
Sollst du den Höchsten loben.
Sei mit der milden Spende
Der Arme dir gegrüßt;
Nicht unrein sind die Hände, 55
Aus denen Segen fließt.

Und wer gering und klein
Im Schmerzenslager rücket,
Wo schlimmer als die Pein
Verlassenheit ihn drücket, 60
Verbinde dessen Wunden
Und lächle ihm dazu;
Dann hast du sie gefunden
Die echte Sabbatsruh!

AM NEUNZEHNTEN SONNTAGE NACH PFINGSTEN
Ev.: Vom vornehmsten Gebote.
»Du sollst den Herrn deinen Gott aus deinem ganzen Herzen, und aus deiner ganzen Seele, und aus deinem ganzen Gemüte lieben, dies ist das erste und vornehmste Gebot; das andre aber ist diesem gleich, du sollst deinen Nächsten lieben wie dich selbst, an diesen beiden Geboten hängt das ganze Gesetz und die Propheten.«

Ob ich dich liebe, Gott, es ist
Mir unbewußt.
Oft mein ich, daß nur du es bist,
Was diese Brust
In aller andrer Liebe Schein
Und dämmerndem Verlangen
Wie eine Sühnungsfackel rein
Hält gnadenvoll umfangen.

Wenn zu dem Edelsten der Geist
Sich frei erhebt,
Was als Gedanke ihn umkreist
Und dennoch lebt,
Unsichtbar, wesenlos doch nicht,
Fern, aber allerwegen,
Wes Spur im menschlichen Gesicht
Und in der Träne Segen:

Dann bin ich wohlgetröstet und
Gebet entsteigt
So zuversichtlich meinem Mund,
Als sei gereicht
In fremder oder deiner Lieb
– Wer hat es je ergründet? –
All was dem echten Sehnen lieb,
Und deinen Odem kündet.

Doch fühl ich dann zu andrer Zeit
Wie Haar dem Haupt
Der finstren Erde mich geweiht,
So machtberaubt;
Wenn in dem Freunde mich entzückt
Selbst wie ein Reiz das Fehlen,
Die Schwächen, an mein Herz gedrückt,
Mir Keiner dürfte stehlen:

Da wär es Gottes Zeichen nur
Was ich erkannt,
Und nicht die sündige Natur
Böt ihre Hand,
Wenn der Geliebten Tugend ich
In Ehrfurcht lasse gelten,
Doch ohn ein Quentchen Torheit sich
Mein Herze würd erkälten?

Gleich einer kalten Wolke fährt
Es über mich,
Wie dem Damokles unterm Schwert
Die Wange blich,
Wie Einem, der an Ufers Statt
Sich spiegelt, lächelt, trinket,
Wenn nun gebohrt die Woge hat
Und seine Stätte sinkt.

O Retter, Retter, der auch für
Die Toren litt,
Erscheine, eh die Welle mir
Zum Haupte glitt!
Greif aus mit deiner starken Hand,
Noch kämpf ich gen die Wogen;
So Manchen hast du ja ans Land
Aus tiefem Schlamm gezogen!

Hab ich dem Schlamme mich entwirrt,
So ganz und recht,
Dann erst zu deinem Bildnis wird
Die Sehnsucht echt;
Dann darf ich lieben stark, gesund,
Ohn alle Schmach und Hehle,
Aus meines ganzen Herzens Grund
Und meiner ganzen Seele.

AM ZWANZIGSTEN SONNTAGE NACH PFINGSTEN
Ev.: Vom Gichtbrüchigen.

Und da Jesus ihren Glauben sah, sprach er zu dem Gelähmten: »Sei getrost mein Sohn, deine Sünden werden dir vergeben!« Und da Jesus ihre Gedanken sah, sprach er: »Nun was denket ihr Arges in euren Herzen? was ist leichter zu sagen, deine Sünden werden dir vergeben, oder, steh auf und wandle? Damit ihr aber sehet, daß des Menschen Sohn Macht hat im Himmel und auf Erden, die Sünden zu vergeben« – so sprach er zu dem Gelähmten: »Steh auf, nimm dein Bett, und geh in dein Haus.«

Wenn Tau auf reifen Ähren glänzt,
Die satten Körner schwellen nicht;
Und wenn den Toten man bekränzt,
Die starren Pulse zucken nicht;
Wenn über Trümmer geht das Licht,
Nicht eine Säule wird ergänzt,
Und dennoch, schau!
Dünkt reiche Gabe Licht und Kranz und Tau!

So nimmer Reue mag erbaun
Was einmal Schuld gebrochen hat,
Und dennoch Gottes Engel schaun
Mitleidig auf die wüste Statt;
So ragt auch wohl ein grünes Blatt

Durch eines Kerkergitters Graun
Zu dem Gefangnen und
Er lächelt, seine Seele wird gesund.

O könnte alle Sünde nur
Wie überm Ast der Mistel stehn,
Der wurzellos durch die Natur
Sich selber blühn darf und vergehn!
Doch wie am dürren Baume sehn
Man wird des Schlinggewächses Spur,
So ein Vampir
Dorrt sie die Seele und den Körper dir.

Wer frischt dir deinen Glauben auf,
Versengt an ihrem Odem heiß?
Wer bringt dir der Gedanken Lauf
Zurück ins fromm beschränkte Gleis?
Und deiner Menschenkenntnis Eis,
Den starren Strom, wer löst ihn auf,
Den wahren Fluß,
Der Himmel stets und Hölle scheiden muß?

Und was dein Körper büßte ein
In nagender Gefühle Joch,
Das bleibt nun für dies Leben dein
Und nach dem Drüben greift es noch;
Und wie an einem Haare doch
Wirst immer du gehalten sein,
Wenn frischer Geist
In frischem Körper wie ein Adler kreist.

Sprach doch der allertreuste Mund:
»Vergeben leicht, und Heilen schwer.«
Das ist der Sünde alter Bund,
Die zehrend wie Gomorrhas Meer
Ertötet alle Frucht umher.
Und dennoch kann das Mark gesund

Und himmelwärts
Kann treiben seinen Zweig des Baumes Herz.

O, nur Ergebung, nur Geduld!
Zu tragen meiner Narben Schmach,
Um was gebrochen meine Schuld,
Zu trauern still und reuig nach:
Auch über mir steht ja das Dach
Des Himmels und der Sonne Huld
Und ach, der Tau,
Er fällt ja auch auf meine heiße Brau!

Nicht wirst du Herr mich wandeln gehn,
Nicht heißen heben mich die Hand,
Doch eine Säule darf ich stehn,
Ein Zeichen an dem öden Strand,
Und hoffen, daß wenn Sonnenbrand
Die morschen Trümmer ließ vergehn,
An jenem Tag
Dein Strahl die Stäubchen aufwärts ziehen mag.

AM EIN UND ZWANZIGSTEN SONNTAGE NACH PFINGSTEN
Ev.: Vom hochzeitlichen Kleide.
Und er sprach zu ihm: »Freund! wie bist du herein gekommen, und hast kein hochzeitliches Kleid an?«

An manchem Tag mein Hirn wie wüst und öde!
Wie eingesargt mein Herz zu manchen Zeiten!
Vor übergroßer Schwäche schein ich blöde,
Bewußtlos starrt mein Auge durch die Weiten,
O welch ein Bild verschuldeten Verfalles!
O welch ein kläglich Bild der Niedrigkeit!
Wie fühl ich es! doch nicht zu jener Zeit,
Wo neblich mir und unverständlich Alles.

Soll ich es Leichtsinn nennen? o mit Nichten!
Wie Zentner fühl ich es am Herzen liegen.
Soll ich versteckem Trotze gleich es richten?
Dann wahrlich müßt ich mich zum Meister lügen!
Des Trotzes Kraft, des Leichtsinns heiter Prangen,
Die sind gebrochen mit dem gleichen Streich;
Nein! einem morschen Stamme bin ich gleich,
An dem die Blätter halbverhungert hangen.

Wenn Nervenspiel mir einmal möchte hellen
Der dumpfen Stirne fieberisch Umgeben,
Aufsprudeln möchten alter Wunden Quellen
Und stoßen vor der Worte sengend Leben:
Wie zittert meine Hand! wie bricht zusammen
Die Körperkraft in solchem Augenblick!
Und eine harte Faust stößt mich zurück
Ein nutzlos Opfer in die eignen Flammen.

Weh mir! ist dies ein hochzeitliches Kleid,
Worin ich deinen Gästen mich geselle
Und meine arme Lampe lehrbereit
O Herr! an deinen heilgen Schrein darf stellen?
Ein halb Ertrunkner deut ich nach der Küste
Und aufwärts deut ich schwindelnd, wie verwirrt;
So Israel durch vierzig Jahre irrt
Und sucht und sucht, und fand ein Grab der Wüste.

Doch weißt du auch, mein Herr und milder Richter!
Es war nicht Eitelkeit, was mich geleitet.
Der zündet nicht dem eignen Moder Lichter,
Wer noch um irdscher Ehre Kränze streitet,
Der läßt des Sarges Deckel gern geschlossen.
Doch eben jetzt, all deiner Pfunde bar,
Jetzt brächt ich gerne noch ein Scherflein dar
Für alle meines eignen Leids Genossen.

Groß ist die Zahl, das hab ich erst erfahren,
Seit mich die Wellen unter Menschen trieben.
In meiner Heimat noch, der frommen, klaren,
Da mußte Einsamkeit mich sehr betrüben,
Doch als ich in die Fremde nun getreten,
Wie schauderte mir vor Genossenschaft!
Wie Pilze hingen sie am dürren Schaft,
Wie Nesseln schossen sie aus allen Beeten.

Da sah ich auch, wohin es konnte führen
Mutlos zu stehn auf unterhöhltem Grunde;
Noch durfte meine Hand das Kreuz berühren,
Doch Andre hört ich jubeln tief im Schlunde.
Da sah ich, Wem sich meine Augen wandten,
Da hörte ich, was ich vergessen will.
Noch sprach in mir ein Laut, o steh nicht still!
Schau jene an, sie sind nur still gestanden!

Seitdem auch weiß ich, Wem ich bin gesendet;
Dem der da steht, wo ich nicht durfte weilen.
Kein Licht hab ich was leuchtet oder blendet,
Nur eine Stimme! die da treibt zu eilen,
O eile! eile! nur die Schritte wende!
Und ob kein Schimmer durch die Wolke bricht,
So denk »Er herrscht im Dunkel wie im Licht,«
Und falte nur im Finstern deine Hände!

AM ZWEI UND ZWANZIGSTEN SONNTAGE NACH PFINGSTEN

Ev.: Vom kranken Sohn des Königleins.
Das Königlein sprach: »Herr! komm doch hinab,
ehe denn mein Sohn stirbt!« Jesus sprach: »Gehe
hin, dein Sohn lebt.« Und der Mensch glaubte dem
Worte, und ging hin.

Der Sonnenstrahl, ein goldner Spieß,
Prallt von des Sees kristallnen Flächen,
Und schwirrend um den Marmorflies
Palastes Mauern will durchstechen.
Auf seidnen Polstern windet sich,
Die magern Ärmchen ringt das Kind;
Und eine Träne bitterlich
Noch möchte aus dem Auge lind,
Dem halberstarrten, brechen.

Schon hat der Tod die Hand gelegt
Auf seine Beute ohn Erbarmen;
Doch ob er Eis zum Herzen trägt:
Noch schmilzt im Blutstrom es, dem warmen.
O Jugend! Jugend! wie so fest
Hast du verstrickt das Leben dir,
Wie sich das Schlinggewächse preßt
Mit Wurzeln dort und Fasern hier,
Als vielen tausend Armen.

O Anblick, stärker als ein Weib,
Wenn Wachen, Angst und Kummer nagen!
Betäubt und schwer, gleich totem Leib,
Hat man die Fürstin fortgetragen.
Noch weilt der Vater, wenn ein Sklav
Des Bornes frische Labung reicht,
Mit zitternd kalter Hand den Schlaf
Des Kindes streicht er sacht und feucht
Und flüstert leise Fragen.

Wer wagt sich an des Fürsten Ohr?
Menipp, der Jüngling aus Euboea.
»Herr,« keucht er, »hebt den Blick empor!
Herr, der Prophete aus Judaea,
Von dem das ganze Land erfüllt,
Er kömmt, er naht Capharnaum;
Und wie aus hundert Adern quillt
Entgegen ihm und nach und um
Ein Glutstrom Galiläa.«

»Sind denn die alten Götter tot,
So müssen wir die neuen wahren,
Es sei, es sei, und meine Not
Mag sich dem Volke offenbaren!«
Die Rosse stampfen, einmal schaut
Der Vater auf sein sterbend Kind,
Und nun voran! »Was rauscht so laut?
Was streicht am Berge wie ein Wind?«
»Herr! des Propheten Scharen!«

O wie die Angst den Stolz zerbricht!
Demütig, zitternd als zur Frone,
Er weiß es nicht, zu Wem er spricht,
Doch wie der Sklave vor dem Throne,
Gebrochen steht der reiche Mann.
Die bleiche Lippe zuckt vor Schmerz,
Und heißer, als das Wort es kann,
Viel heißer fleht das bange Herz:
»Hilf Rabbi meinem Sohne!«

Ein Murmeln durch die Masse geht,
Erwartend sich die Wangen färben.
»Wenn ihr nicht Wunderzeichen seht,
Dann muß der Zweifel euch verderben.«
So spricht der Heiland abgewandt;
Unwillig rauscht es in dem Kreis,
Doch angstvoll hebt sich eine Hand,

Und wie ein Seufzer quillt es leis:
»Rabbi! mein Sohn will sterben!«

Du hast geglaubt, und wärst du arm
Wie Irus, ach was dich nur quäle, 65
Du wahrhaft Reicher, liebewarm
Hast einen Schatz, den keiner zähle,
O der in dir, als Alles brach,
Es machen konnte froh und still!
Hat er gehört mich, als ich sprach: 70
Herr, meine Seele sterben will,
O Herr hilf meiner Seele!

AM DREI UND ZWANZIGSTEN SONNTAGE NACH PFINGSTEN

Ev.: Vom Könige, der rechnen wollte.
»Herr! habe Geduld mit mir, ich will dir Alles bezahlen!« – Da sprach der König: »Du schalkhafter Knecht, ich habe dir die ganze Schuld erlassen, weil du mich batest, solltest denn nicht auch du dich erbarmen über deinen Mitknecht!« – Und er überantwortete ihn den Peinigern, bis er die ganze Schuld bezahlte.

Wenn oft in kranken Stunden
Sich auf mein Schuldbuch schlägt,
Der Skorpion die Wunden
Hat nagend aufgeregt:
Weiß ich dann noch, 5
Was zu beginnen?
Der Leib ein modernd Joch,
Und ein Gespenst, was drinnen.

Hab ich so viel begangen
Denn in so kurzer Zeit, 10
Was wohl zur Schmach gelangen

Möcht einer Ewigkeit?
Ich bin zerstört,
Ich bin vernichtet,
Und langsam abgekehrt
Ins Nichts mein Blick sich richtet.

In solchen Augenblicken
Steht meine Seele still,
Darf nicht Gedanke rücken,
Gefesselt liegt der Will.
Und Schlafes Macht
Muß ich beschwören
Die angsterfüllte Nacht
In Träume zu verkehren.

Doch jetzt, wo klar die Sinnen,
Wo mein Gedanke frei,
Jetzt darf mein Flehn beginnen,
Allgnädger, steh mir bei!
Zu solcher Zeit
Ohn Trost und Beten,
O dann an meine Seit
Laß deinen Engel treten,

Daß ich im Kampf bestehen
Die dunkle Stunde kann,
Und nicht verloren gehen
In meiner Ängsten Bann.
Herr, nicht wirst du
Umsonst mich quälen,
Hast wohl ein Ziel der Ruh
Für mattgehetzte Seelen!

Wüßt ich aus mir zu tragen
Den Balsam in den Gift;
Wer hat mich so geschlagen
Wie deine heilge Schrift:

Dem, der vergibt, 45
Wird Heil und Leben!
Wie mich es, Herr, betrübt,
Daß Nichts ich zu vergeben:

Vielleicht ein Mißbehagen,
Ein armes Fünkchen Neid; 50
Es tat ja meinen Tagen
Noch keiner rechtes Leid,
Und unverdient
War nur das Lieben.
So ist was, ach, dich sühnt, 55
Kein Opfer mir geblieben.

Doch weil du es geboten,
Spricht aus des Herzens Grund
So Lebenden als Toten
Vergebung aus mein Mund. 60
Und was noch mag
Mir sein beschieden
An Kränkung oder Schmach,
Was noch vielleicht hinnieden

In meiner Zukunft Buch 65
Hast gnädig angeschrieben,
Ich kann es nicht genug
Ersehnen, schätzen, lieben,
Den Hoffnungsstern
In meinen Qualen. 70
Herr, hab Geduld, denn gern
Will Alles ich bezahlen!

AM ALLERHEILIGENTAGE

»Selig sind die Armen im Geiste, denn ihnen ist das Himmelreich. – Selig sind die Sanftmütigen, denn sie werden das Erdreich besitzen. – Selig sind die Trauernden, denn sie werden getröstet werden. – Selig sind die hungern und dürsten nach der Gerechtigkeit, denn sie werden ersättigt werden. – Selig sind die Barmherzigen, denn sie werden Barmherzigkeit erlangen. – Selig sind die reinen Herzens sind, denn sie werden Gott anschauen. – Selig sind die Friedfertigen, denn sie werden Gottes Kinder heißen. – Selig sind die Verfolgung leiden um der Gerechtigkeit willen, denn ihnen ist das Himmelreich.«

Selig sind im Geist die Armen,
Die zu ihres Nächsten Füßen
Gern an seinem Licht erwarmen
Und mit Dienerwort ihn grüßen,
Fremden Fehles sich erbarmen,
Fremden Glückes überfließen:
Ja, zu ihres Nächsten Füßen
Selig, selig sind die Armen!

Selig sind der Sanftmut Kinder,
Denen Zürnen wird zum Lächeln
Und der Milde Saat nicht minder
Sprießt aus Dorn und scharfen Hecheln,
Deren letztes Wort ein linder
Liebeshauch in Todesröcheln,
Wenn das Zucken wird zum Lächeln:
Selig sind der Sanftmut Kinder!

Selig sind die Trauer tragen
Und ihr Brod mit Tränen tränken,
Nur die eigne Sünde klagen
Und der Fremden nicht gedenken,

An den eignen Busen schlagen,
Fremder Schuld die Blicke senken:
Die ihr Brod mit Tränen tränken,
Selig sind die Trauer tragen!

Selig wen der Durst ergriffen
Nach dem Rechten, nach dem Guten,
Mutig, ob auf morschen Schiffen,
Mutig steuernd nach den Fluten,
Sollte unter Strand und Riffen
Auch das Leben sich verbluten:
Nach dem Rechten, nach dem Guten,
Selig, wen der Durst ergriffen!

Die Barmherzigen sind selig,
So nur nach der Wunde sehen,
Nicht erpressend kalt und wählig,
Wie der Schaden mocht entstehen,
Leise, schonend und allmählich
Lassen drin den Balsam gehen:
Die nur nach der Wunde sehen,
Die Barmherzigen sind selig!

Überselig reine Herzen,
Unbefleckter Jungfrau Sinnen!
Denen Kindeslust das Scherzen,
Denen Himmelshauch das Minnen,
Die wie an Altares Kerzen
Zündeten ihr klar Beginnen:
Unbefleckter Jungfrau Sinnen,
Überselig reine Herzen!

Und des Friedens fromme Wächter
Selig, an den Schranken waltend,
Und der Einigkeit Verfechter
Hoch die weiße Fahne haltend,
Mild und fest gen den Verächter,

Wie der Daun die Klinge spaltend:
55 Selig, an den Schranken waltend,
Selig sind des Friedens Wächter!

Die um dich Verfolgung leiden,
Höchster Feldherr, deine Scharen
60 Selig, wenn sie Alles meiden,
Um dein Banner sich zu wahren!
Mag es nie von ihnen scheiden,
Nicht in Lust, noch in Gefahren!
Selig, selig deine Scharen!
Selig, die Verfolgung leiden!

65 Und so muß ich selig nennen
Alle, denen fremd mein Treiben,
Muß, indes die Wunden brennen,
Fremden Glückes Herold bleiben.
Wird denn Nichts von dir mich trennen,
70 Wildes, saftlos morsches Treiben?
Muß ich selber mich zerreiben?
Wird mich Keiner selig nennen?

AM ALLERSEELENTAGE

»Es kömmt die Stunde, in welcher Alle, die in den
Gräbern sind, die Stimme des Sohnes Gottes hö-
ren werden, und es werden hervorgehen die Gutes
getan haben zur Auferstehung des Lebens, die
aber Böses getan haben zur Auferstehung des
Gerichts.«

Die Stunde kömmt, wo Tote gehn,
Wo längst vermorschte Augen sehn.
O Stunde! Stunde! größte aller Stunden,
Du bist bei mir und läßt mich nicht,
5 Ich bin bei dir in strenger Pflicht,
Dir atm ich auf, dir bluten meine Wunden!

Entsetzlich bist du, und doch wert;
Ja meine ganze Seele kehrt
Zu dir sich, in des Lebens Nacht und Irren
Mein fest Asyl, mein Herzgeblüt,
Zu dem die starre Hoffnung flieht,
Wenn Angst und Grübeln wie Gespenster irren.

Wüßt ich es nicht, daß du gewiß
In jener Räume Finsternis
Liegst schlummernd wie ein Embryo verborgen:
Dann möcht ich schaudernd mein Gesicht
Verbergen vor der Sonne Licht,
Vergehn wie Regenlache vor dem Morgen.

Verkennung nicht treibt mich zu dir,
Mild ist die strengste Stimme mir,
Nimmt meine Heller und gibt Millionen.
Nein, wo mir Unrecht je geschehn,
Da ward mir wohl, da fühlt ich wehn
Dein leises Atmen durch der Zeit Äonen.

Doch Liebe, Ehre treibt mich fort
Zu dir als meinem letzten Port,
Wo klar mein Grabesinnre wird erscheinen.
Dann auf der rechten Waage mag
Sich türmen meine Schuld und Schmach,
Und zitternd nahn mein Kämpfen und mein Weinen.

Vor dir ich sollte Trostes bar
Zergehen wie ein Schatten gar;
Doch anders ist es ohne mein Verschulden:
Zu dir, als zu dem höchsten Glück,
Wie unbeweglich starrt der Blick,
Und kaum, kaum mag die Zögerung ich dulden.

Doch da sich einmal Hoffnung regt,
So wird die Hand, die sie gelegt

In dieses Busens fabelgleichen Boden,
Sie wird den Keim, der willenlos
Und keinem Übermut entsproß,
Nicht wie ein Unkraut aus dem Grunde roden.

Wenn kömmt die Zeit, wenn nieder fällt
Der Flitter, den gelegt die Welt,
Talent und Glück, ums hagere Gerippe:
Da steht der Bettler, schaut ihn an!
Dann ist die Zeit, um Gnade dann
Darf zitternd flehen des Verarmten Lippe.

Dann macht nicht schamrot mich ein Tand,
Dann hat gestellt die rechte Hand
Mich tief und ärmlich, wie ich es verdienet,
Dann trifft mich wie ein Dolchstoß nicht
Hinfort ein Aug voll Liebeslicht:
Ich bin erniedriget und bin gesühnet.

AM VIER UND ZWANZIGSTEN SONNTAGE NACH PFINGSTEN

Ev.: Vom Zinsgroschen.
»Sage uns also, was deucht dich? ist es erlaubt dem
Kaiser Zins zu geben oder nicht?« – »Ihr Heuch-
ler! was versucht ihr mich? – Gebt dem Kaiser was
des Kaisers ist, und Gott was Gottes ist!«

Gebt Gott sein Recht und gebts dem Kaiser auch!
Sein Odem ists, der um den Obern schwebt;
Aus Hochmut nicht, in Eigenwillen hebet
Nicht eure Rechte gen den heilgen Brauch.
Doch Gott und Welt im Streit: da Brüder gebet
Nicht mehr auf Kaiserwort als Dunst und Rauch.
Er ist der Oberste, dem alle Macht
Zusammen bricht, wie dürres Reisig kracht.

Den Eltern gib, und gib auch Gott sein Recht!
O weh des tief Gesunknen, dem verloren
Der frommste Trieb, Jedwedem angeboren,
Den freisten stempelnd zum beglückten Knecht.
Doch stell den Wächter an der Ehrfurcht Toren
Und halte das Gewissen rein und echt;
Er ist der Vater, dem du Seel und Leib
Verschuldest mehr als irgend Mann' und Weib'.

Den Gatten lieb, und denk an Gott dabei!
Er gab den Segen dir, als am Altare
Den Eid du sprachst, gewaltig bis zur Bahre
In Fesseln legend deine Lieb und Treu.
Doch wird die Liebe Torheit, o dann wahre,
O halte deine tiefsten Gluten frei!
Er ist es, dem du einer Flamme Zoll
Mußt zahlen, die kein Mensch begehren soll.

An deine Kinder hänge nur dein Herz,
In deren Adern rollt dein eignes Leben;
Das Gottesbild, in deine Hand gegeben,
Es nicht zu lieben, wäre herber Schmerz.
Doch siehst du zwischen Glück und Schuld es schweben,
Wend deine Augen, stoß es niederwärts.
Er, über tausend Kinder lieb und hehr,
Er sieht dir nach, ist deine Seele schwer.

Und auch dem Freunde halte Treue fest,
Mit der die Ehre innig sich verbunden;
Ein irdisch Gut, was Gnade doch gefunden,
So lang es nicht die Hand der Tugend läßt.
Doch nahen glänzender Versuchung Stunden,
Dann aller Erdenrücksicht gib den Rest
Und klammre an den Einen dich, der dann
Dir mehr als Freund und Ehre geben kann.

So biete Jedem, was sein Recht begehrt,
Und nimm von Jedem, was du darfst empfangen;
Dein Herz es mag an zarten Banden hangen,
Die Gottes Huld so gnadenvoll gewährt;
Doch drüber, wie ein Glutstern, das Verlangen
Nach Einem leuchte, irdisch unversehrt,
Nach Einem, ohne den dein Herz, so warm,
Ewig verlassen bliebe doch und arm!

AM FÜNF UND ZWANZIGSTEN SONNTAGE NACH
PFINGSTEN

Ev.: Von des Obristen Töchterlein.
Er sprach: »Gehet hinweg, denn das Mägdlein ist
nicht tot, sondern es schläft.« – Er ging hinein,
ergriff ihre Hand, und das Mägdlein stand auf.

Weck auf was schläft, streck aus die Hand,
Du Retter Gott, Betäubung liegt
Auf meinem Geist ein bleiern Band.
Es ist nicht tot, nur schlafbesiegt,
Nur taumelnd trunken, ein Helot,
Der knirschend schlürft in Sklavennot
Den Wein, so der Tyrann ihm bot:
So nieder liegt in mir, was da vom Rechten.

Ja in den schwersten Stunden doch
Blieb ein Bewußtsein mir, daß tief
Wie in des Herzens Keller noch
Verborgen mir ein Erbteil schlief,
Gleich warmer Quelle, die hinab
Versickert in der Höhle Grab
Und droben läßt den Herrscherstab;
Frost, Sturm und Schnee um ihr Besitztum fechten.

Und der Tyrann, so niederhält
Mein bestes und mein einzges Gut,

Nicht Trägheit ists, noch Lust der Welt;
Es ist der kalt gebrochne Mut, 20
O, wie ich tausendmal gesagt,
Verstandes Fluch, der trotzig ragt
Und scharf an meinem Glauben nagt,
Weh schwer Geschenk, verfallen bösen Mächten.

Zu einer Zeit, schwarz wie die Nacht, 25
Zu einer Zeit, die ich erlebt,
Da war ich um mein Heil gebracht
Wie dürres Blatt am Zweige bebt.
Trostlos und ohne Hoffnung war
Unglaube wie die Sonne klar; 30
Mein Leben hing an Einem Haar:
O, solche Stunde gönn ich nicht den Schlechten!

Soll ich es sagen, daß die Not
Gesteigert ward durch Menschenmüh?
Nicht weiß ich, was dem Staub gebot; 35
Doch unglückselig sah ich sie,
Auflachend nur in Krampfes Spott,
Frech, doch vernichtet, ohne Gott,
Unselge, aber arme Rott,
Um das verzweifelnd, was sie möchten ächten. 40

Schwach hieß, wer ohne Zucken nicht
Ins Auge der Vernichtung sah;
Doch in dem Blicke lag Gericht,
Dem Lächeln Todesschauer nah.
Warum man nicht in Ruh mich ließ, 45
Im Freundschaftsmantel überdies,
Als ob der Arzt das Messer stieß?
Ich weiß es nicht, doch will ich drum nicht rechten.

So höret denn was mich geschützt
Vor gänzlichem Verlorengehn: 50
Daß ich Unglauben nicht benützt

Des Frevels Banner zu erhöhn;
Daß der Entschluß gewann den Raum,
Ob mir gefällt des Lebens Baum,
Zu lieben meines Gottes Traum
Und auch dem Toten Kränze noch zu flechten.

Unglaub' ist Sünde! aber mehr:
Sünd' ist Unglaube, sie allein
Mag aller Zweifel frostgem Heer
Der stärkste Bundsgenosse sein.
O wär ich tugendhaft: dann ließ
Nicht einsam mich die Finsternis;
Fällt doch ein Strahl in mein Verlies,
Weil ich nicht gänzlich zugesellt den Schlechten!

Ein Kleinod hab ich mir gehegt:
Da mein Gewissen, ob befleckt,
Doch nicht in Schnee und Eis gelegt
Und nicht in Lava sich gestreckt.
Ach, Odem noch die Liebe hat,
Die Hoffnung treibt ein grünes Blatt,
Und auch der Glaube todesmatt
Faltet die Hände, ob sie Segen brächten.

O reiche, Gnädger, deine Hand
Wie du dem Mägdlein sie gereicht!
Zerreiß der dumpfen Träume Band,
So mächtig mir und dir so leicht!
Ja mag dein Odem drüber wehn,
Ein Strahl aus deinem Auge gehn,
Dann ist wohl da, was auferstehn
Und was fortan in deiner Schar mag fechten!

AM SECHS UND ZWANZIGSTEN SONNTAGE NACH PFINGSTEN

Ev.: Vom Greuel der Verwüstung.
»Wenn ihr sehen werdet den Greuel der Verwüstung, von welchem gesagt ist durch den Propheten Daniel, daß er stehe an der heiligen Stätte – aber um der Auserwählten willen werden diese Tage abgekürzt werden.«

Steht nicht der Greuel der Verwüstung da
An heilger Stätte?
Was träumen wir von Dingen, die uns nah,
Als schliefen sie wie Feuerstoff im Bette
Des Kohlenschachts? Blickt auf und schaut umher,
O, die Verödung, wie sie dumpf und schwer
Traf Herz an Herz wie mit galvanscher Kette!

Gibts eine Stätte denn, die heiliger
Als Menschenherzen?
Gibt es Verwüstung, die entsetzlicher,
Als wenn das höchste stirbt an matten Scherzen?
O Glaube, Glaube, wem du kalt und schwach,
Der schleppt den Grabstein an der Ferse nach:
Und dennoch Heil ihm, schleppt er ihn mit Schmerzen!

Doch wer sein Kleinod als ein Spielgerät
Sieht lächelnd brechen,
Und wie aus Gnad und milder Majestät
Ein Mitleidswort will ob dem Toren sprechen,
Dem Toren, der beweint sein Steckenpferd:
Ja, dem erlosch die Flamm am heilgen Herd
Und seine Nahrung steht in Sumpf und Bächen.

Kannst du ertragen, daß die Augen schaun,
Wem sie sich kehren:
Dorthin dann wende deinen Blick mit Graun,

Wo wie im Moderschlamm die Massen gären!
Verlaß den kleinen grünen Fleck, der nur
Durch Gottes Huld ward zu des Lebens Flur,
Und sieh, wie sie von deinem Busen zehren!

O hätt' ich nimmer meinen Fuß gewandt
Von deiner Erde!
Wie segn' ich dich mein reiches kleines Land,
Du frische Weide einer treuen Herde!
In dir sah ich die Schande nicht vergnügt,
Nicht hohen Geist an alle Schmach geschmiegt,
Noch tiefsten Wahnsinns üppige Gebärde.

Ich bin enttäuscht, und manche Narbe trug
Ich aus dem Streite.
Als auch an meine Brust Verwüstung schlug
Und forderte die halbverfallne Beute,
Ward ich entrissen ihr durch Gottes Huld:
Sein ist die Gnade, mein allein die Schuld;
Und dennoch eine Trümmer steh ich heute!

Bin ich nicht ganz der öden Stätte gleich,
Verfluchtem Grunde,
Wo Salz gestreut auf Stein und Schädel bleich,
Gibt hier und dort noch eine Säule Kunde
Vergangner Herrlichkeit: Dank dir mein Land;
Du hast zu früh gelegt ein frommes Band
Um meine Seele in der Kindheit Stunde.

So will ich harren denn, und tiefbedrängt
Will ich es tragen,
Daß immer wie zum Sturz die Mauer hängt:
Noch mögen einst erneut die Zinnen ragen.
Es gibt ja eine stark und milde Hand,
So aus dem Nichts entflammt den Sonnenbrand;
Sie hat auch diesen morschen Bau getragen

Bis heute, wo aus dieser kranken Brust
Die Seufzer drangen.
O du, dem Wurmes Zucken selbst bewußt,
Hilf mir und Jenen auch, die todumfangen! 60
Sei gnädig, leg an ihr verknorpelt Herz
Des Leidens Moksa, daß es lebt in Schmerz;
Ach Herr, sie wußten nicht was sie begangen!

AM SIEBEN UND ZWANZIGSTEN SONNTAGE NACH
PFINGSTEN

Ev.: Vom Senfkörnlein und Sauerteig.
»Das Himmelreich ist gleich einem Senfkörnlein,
das ein Mensch nahm, und säte es auf seinen Ak-
ker; dasselbe ist zwar das Kleinste unter allen
Samen, wenn es aber gewachsen ist, so ist es grö-
ßer als alle Kräuter und wird ein Baum, so daß alle
Vögel des Himmels kommen, und unter seinen
Zweigen wohnen. – Das Himmelreich ist gleich
einem Sauerteige, den ein Weib nahm, und steckte
ihn unter drei Scheffel Mehls, bis es ganz durch-
säuert war.«

Tief, tief ein Körnlein schläft in mancher Brust,
Doch Herr, du siehst es und du magst es segnen.
O schau auf Jene die, sich unbewußt,
Nicht fühlen deiner Gnadenwolke Regnen,
Die um sich steigen lassen deinen Tau; 5
Nachtwandler, dumpf gebannt in Traumes Leben,
Umwandeln Turmes Zinne sonder Beben,
Nicht zuckend nur mit der geschloßnen Brau.

Ich bin erwacht, ob auch zu tiefer Schmach;
So will ich heut nicht an mein Elend denken, 10
Will ach, das Einzige, was ich vermag,
Ein zitterndes Gebet den Armen schenken;
Ob nur ein kraftlos halbgebrochner Hauch,
Der dennoch mag die rechten Wege finden,

Und muß er sich zu deinem Throne winden
Wie sich zum Äther wälzet Nebelrauch.

Du Milder, weißt aus allem Erdendunst
Den warmen Lebensodem wohl zu scheiden,
Gerechter du und doch die höchste Gunst,
Des Sonne lächelt über Moor und Heiden!
O kräftge deinen Strahl, daß er entglüht
Die langverjährte Rinde mag durchdringen;
Mach' des erstarrten Blutes Quellen springen,
Auftauen das erfrorne Augenlid.

Wie oft sah ich in schier vereistem Grund
Sich leise noch das Samenkörnlein dehnen,
Wie öfters brach aus längst entweihtem Mund
Ein Schmerzenslaut, der Alles kann versöhnen!
O, nur wer stand in glüher Wüstenei,
Der weiß des grünen Blattes Wert zu schätzen,
Und wessen Ohr kein Luftzug durfte letzen,
Nur der vernimmt den halberstickten Schrei.

Mit meinem Schaden hab ich es gelernt,
Daß nur der Himmel darf die Sünde wägen,
O Menschenhand, sie halte sich entfernt,
Die nur das Leben zählt nach Pulses Schlägen.
Lebt doch das Samenkorn und atmet nicht,
Und kann es dennoch einen Stamm enthalten,
Der herrlich einst die Zweige mag entfalten
Wo das Gevögel jubelt unterm Licht.

Sei Menschenurteil in Unwissenheit
Hart wie ein Stein, du Herr, erkennst das Winden
Der Seele, und wie unter Mördern schreit
Zu dir ein Seufzer, der sich selbst nicht finden
Und nennen kann. Kein Feuer brennt so heiß
Als was sich wühlen muß durch Grund und Steine,
Von allen Quellen rauschender rinnt Keine
Als die sich hülflos windet unterm Eis.

Im Fluch, dem Alle schaudern, hörst du noch
Den Klageruf an Kraft und Mut gebrochen;
In des Verbrechers Wahnsinn trägt sich doch
Entgegen dir zerfleischten Herzens Pochen.
Das ist das Samenkorn, was wie im Traum
Bohrt ängstlich mit den Würzelchen zum Grunde,
Und immer trägt es noch den Keim im Munde
Und immer schlummert noch in ihm der Baum.

Brich ein o Herr! du weißt den rechten Stoß
Und weißt, wo schwach vernarbt der Sünde Wunden;
Noch liegt in deiner Hand ihr ewig Los,
Noch lauert stumm die schrecklichste der Stunden,
Wo ihnen deine Hand die Waage reicht
Und die Verdammung steht im eignen Herzen.
O Jesu Christ gedenk an deine Schmerzen,
O rette die aus deinem Blut gezeugt!

AM ERSTEN SONNTAGE IM ADVENT
Ev.: Einritt Jesu in Jerusalem.
»Saget der Tochter Sions: Siehe, dein König
kommt zu dir sanftmütig.« – »Hosanna dem Sohne Davids, gelobt sei der da kömmt im Namen des
Herrn!«

Du bist so mild,
So reich an Duldung, liebster Hort,
Und mußt so wilde Streiter haben;
Dein heilig Bild
Ragt überm stolzen Banner fort,
Und deine Zeichen will man graben
In Speer und funkensprühnden Schild.

Mit Spott und Hohn
Gewaffnet hat Parteienwut,
Was deinen sanften Namen träget,

    Und klirrend schon
    Hat in des frommsten Lammes Blut
    Den Fehdehandschuh man geleget,
    Den Zepter an die Dornenkron.

15 So bleibt es wahr,
    Was wandelt durch des Volkes Mund,
    Daß wo man deinen Tempel schauet
    So mild und klar,
    Dicht neben den geweihten Grund
20 Der Teufel seine Zelle bauet,
    Sich wärmt die Schlange am Altar.

    Wenn Stirn an Stirn
    Sich drängen mit verwirrtem Schrei
    Die Kämpfer um geweihte Sache,
25 Wenn in dem Hirn
    Mehr schwindelt von der Welt Gebäu,
    Von Siegesjubel, Ehr und Rache
    Mehr zähe Mottenfäden schwirrn,

    Als stark und rein
30 Der Treue Nothemd weben sich
    Sollt, von des Herzens Schlag gerötet:
    Wer denkt der Pein,
    Durchzuckend wie mit Messern dich,
    Als für die Kreuzger du gebetet!
35 O Herr, sind dies die Diener dein?

    Wie liegt der Fluch
    Doch über Allen, deren Hand
    Noch rührt die Sündenmutter Erde!
    Ists nicht genug,
40 Daß sich der Flüchtling wärmt am Brand
    Der Hütte? muß auf deinem Herde
    Die Flamme schürn unselger Trug?

Wer um ein Gut
Der Welt die Sehnsucht sich verdarb,
Den muß der finstre Geist umfahren;
Doch was dein Blut,
Dein heilig Dulden uns erwarb:
Das sollten knieend wir bewahren
Mit starkem aber reinem Mut.

Allmächtger du!
In dieser Zeit, wo dringend Not
Daß rein dein Heiligtum sich zeige,
O laß nicht zu
Daß Lästerung, die lauernd droht,
Verschütten darf des Hefens Neige
Und ach den klaren Trank dazu!

Laß alle Treu
Und allen standhaft echten Mut
Aufflammen, immer licht und lichter;
Kein Opfer sei
Zu groß für ein unschätzbar Gut
Und deine Scharen mögen dichter
Und dichter treten Reih an Reih.

Doch ihr Gewand
Sei weiß, und auf der Stirne wert
Soll keine Falte düster ragen;
In ihrer Hand –
Und faßt die Linke auch das Schwert –
Die Rechte soll den Ölzweig tragen,
Und aufwärts sei der Blick gewandt.

So wirst du früh
Und spät, so wirst du einst und heut
Als deine Streiter sie erkennen,
Voll Schweiß und Müh,
Demütig, standhaft, friedbereit;

So wirst du deine Scharen nennen
Und Segen strömen über sie.

AM ZWEITEN SONNTAGE IM ADVENT
Ev.: Vom Zeichen an der Sonne.
»Und alsdann werden sie sehen des Menschen
Sohn kommen in einer Wolke mit großer Macht
und Herrlichkeit. – Himmel und Erde werden
vergehen, aber meine Worte werden nicht vergehen.«

Wo bleibst du, Wolke, die den Menschensohn
Soll tragen?
Seh ich das Morgenrot im Osten schon
Nicht leise ragen?
Die Dunkel steigen, die Zeit rollt matt und gleich;
Ich seh es flimmern, aber bleich ach, bleich!

Mein eignes Sinnen ist es was da quillt
Entzündet,
Wie aus dem Teiche grün und schlammerfüllt
Sich wohl entbindet
Ein Flämmchen und vom Schilfgestöhn umwankt
Unsicher in dem grauen Dunste schwankt.

So muß die allerkühnste Phantasie
Ermatten.
So in der Mondesscheibe sah ich nie
Des Berges Schatten
Gewiß ob ein Koloß die Formen zog,
Ob eine Träne mich im Auge trog.

So ragt und wälzt sich in der Zukunft Reich
Ein Schemen.
Mein Sinnen sonder Kraft, Gedanke bleich –
Wer will mir nehmen

Das Hoffen, was ich in des Herzens Grund
So sorgenvoll gehegt zu guter Stund?

Gib dich gefangen, törichter Verstand!
Steig nieder
Und zünde an des Glaubens reinem Brand
Dein Döchtlein wieder!
Die arme Lampe, deren matter Hauch
Verdumpft, erstickt in eignen Qualmes Rauch.

Du seltsam rätselhaft Geschöpf aus Ton
Mit Kräften,
Die leben, wühlen, zischen wie zum Hohn
In allen Säften,
O bade deinen wüsten Fiebertraum
Im einzgen Quell, der ohne Schlamm und Schaum!

Wehr ab, stoß fort, was gleich dem frechen Feind
Dir sendet
Die Macht, so wetterleuchtet und verneint;
Und starr gewendet
Wie zum Polarstern halt das Eine fest,
Sein Wort, sein heilig Wort – und Schach dem Rest!

Dann wirst du auf der Wolke deinen Herrn
Erkennen,
Dann sind Jahrtausende nicht kalt und fern,
Und zitternd nennen
Darfst du der Worte Wort, der Liebe Mark,
Wenn dem Geheimnis deine Seele stark.

Und heute schon, es steht in Gottes Hand,
Erschauen
Magst du den Heiland in der Seele Brand,
Glühndem Vertrauen.
Zerfallen mögen Erd und Himmels Höhn,
Doch seine Worte werden nicht vergehn.

AM DRITTEN SONNTAGE IM ADVENT

Ev.: Johannes sendet zu Christo.
»Bist du der kommen soll? oder sollen wir auf
einen Andern warten?« – »Siehe, ich sende meinen
Engel vor deinem Angesichte her, der deinen Weg
bereiten soll.«

Auf keinen Andern wart ich mehr,
Wer soll noch Liebes kommen mir?
Wer soll so mild und doch so hehr
Mir treten an des Herzens Tür?
Wer durch des Fiebers Qual und Brennen
So liebreich meinen Namen nennen,
Ein Balsamträufeln für und für?

Du wußtest es von Ewigkeit,
Daß der Gedanken Übermaß,
Dem Sinn entzogne Herrlichkeit,
Zersprengen müßt mein Hirn wie Glas;
So kamst du niedrig unsers Gleichen,
Wie zu der Armut Fromme schleichen,
Sich setzend wo der Bettler saß.

Wenn fast zum Schwindeln mich gebracht
Der wirbelnden Betrachtung Kreis,
Dann trittst du aus der Dünste Nacht
Und deine Stimme flüstert leis:
Hier bin ich, bin ich, woll mich fassen,
Dann magst du alles Andre lassen;
Auf meinem Kreuze liegt der Preis.

O Stimme, immer mir bekannt,
O Wort, das stets verständlich mir,
Du legst mir auf der Liebe Band
Und meine Schritte folgen dir!
In Liebe glaub' ich, liebewund

Schieb ich des Herzens Tür auf, und
Geschlossen ist des Sinnens Tür,

Gehemmt die Jagd, durch scharfen Stein
Und Dornen hetzend meinen Fuß;
Ich ruh' in deinem kühlen Hain
Und lausche deinem sanften Gruß.
Die Blinden sehn, die Kalten glühen
Und aus des Irren Haupte ziehen
Der dumpfen Schatten Menge muß.

Ich folge dir zu Berges Höhn,
Wo Leben von den Lippen fließt,
Und deine Tränen darf ich sehn,
O tausendmal mit Heil gegrüßt,
Muß in Gethsemane erzittern,
Daß Schrecken Gottes Leib erschüttern,
Blutschweiße Gottes Stirn vergießt.

Er hat gehorsam bis zum Tod,
Ja zu des Todes eitlem Graus,
Gekostet jede Menschennot
Und trank den vollen Becher aus.
So richte dich aus Dorn und Höhle,
Du meine angstgeknickte Seele,
Auch du nur trägst ein irdisch Haus.

Laß wanken denn die Trümmer grau
Und mische deine Tränen nur
Mit deines Heilands blutgem Tau,
Gequälter Sklave der Natur!
O, dessen Schweiß den Grund gerötet,
Er weiß es, wie ein Seufzer betet,
Mein Jesu, meine Hoffnungsau!

AM VIERTEN SONNTAGE IM ADVENT
Ev.: Vom Zeugnisse Johannes.
Sie fragten: »Wer bist du?« – und er bekannte und
leugnete nicht: »Ich bin eine Stimme des Rufenden
in der Wüste. – Ich taufe euch mit Wasser, aber er
steht mitten unter euch, den ihr nicht kennt.«

Fragst du mich, wer ich bin? Ich berg es nicht:
Ein Wesen bin ich sonder Farb' und Licht.
Schau mich nicht an; dann wendet sich dein Sinn;
Doch höre! höre! höre! denn ich bin
Des Rufers in der Wüste Stimme.

In Nächten voller Pein kam mir das Wort
Von ihm, der Balsam sät an Sumpfes Bord,
Im Skorpion der Heilung Öl gelegt,
Dem auch der wilde Dorn die Rose trägt,
Der tote Stamm entzündet sein Geglimme.

So senke deine Augen und vernimm
Von seinem Herold deines Herren Grimm,
Und seine Gnade sei dir auch bekannt,
Der Wunde Heil, so wie der schwarze Brand,
Wenn seiner Adern Bluten hemmt der Schlimme.

Merk auf! ich weiß es, daß in härtster Brust
Doch schlummert das Gewissen unbewußt;
Merk auf, wenn es erwacht, und seinen Schrei
Ersticke nicht, wie Mütter sonder Treu
Des Bastards Wimmern und sein matt Gekrümme!

Ich weiß es auch, daß in der ganzen Welt
Dem Teufel die Altäre sind gestellt,
Daß Mancher kniet, demütig nicht gebeugt,
Und überm Sumpfe, engelgleich und leicht
Der weiße Lotos wie ein Kindlein schwimme.

Es tobt des tollen Strudels Ungestüm
Und zitternd fliehen wir das Ungetüm;
Still liegt der Sumpf und lauert wie ein Dieb,
Wir pflücken Blumen und es ist uns lieb
Zu schaun des Irrlichts tanzendes Geflimme. 30

Drum nicht vor dem Verruchten sei gewarnt;
Doch wenn dich süßer Unschuld Schein umgarnt,
Dann fächelt der Vampir, dann fahr zurück
Und senke tief, o tief in dich den Blick,
Ob leise quellend die Verwesung klimme! 35

Ja wo dein Aug sich schaudernd wenden mag,
Da bist du sicher mindstens diesen Tag;
Doch giftger öfters ist ein Druck der Hand,
Die weiche Träne und der stille Brand,
Den Lorbeer treibend aus Vulkanes Grimme. 40

Ich bin ein Hauch nur, achtet nicht wie Tand
Mein schwaches Wehn, um des der mich gesandt.
Erwacht! erwacht! ihr steht in seinem Reich;
Denn sehet, er ist mitten unter euch,
Den ihr verkennt, und ich bin seine Stimme! 45

AM WEIHNACHTSTAGE

Durch alle Straßen wälzt sich das Getümmel,
Maultier', Kamele, Treiber; welch Gebimmel!
Als wolle wieder in die Steppe ziehn
Der Same Jakobs, und Judaeas Himmel,
Ein Saphirscheinen über dem Gewimmel, 5
Läßt blendend seine Funkenströme sprühn.

Verschleiert Frauen durch die Gassen schreiten,
Mühselig vom beladnen Tiere gleiten
Bejahrte Mütterchen; allüberall

Geschrei und Treiben, wie vor Jehus Wagen.
Läßt wieder Jetzabel ihr Antlitz ragen
Aus jener Säulen luftigem Portal?

's ist Rom, die üppge Priesterin der Götzen,
Die glänzendste und grausamste der Metzen,
Die ihre Sklaven zählt zu dieser Zeit.
Mit einem Griffel, noch vom Blute träufend,
Gräbt sie in Tafeln, Zahl auf Zahlen häufend,
Der Buhlen Namen, so ihr Schwert gefreit.

O Israel, wo ist dein Stolz geblieben,
Hast du die Hände blutig nicht gerieben,
Und deine Träne war sie siedend Blut?
Nein, als zum Marktplatz deine Scharen wallen
Verkaufend, feilschend unter Tempels Hallen,
Mit ihrem Gott zerronnen ist ihr Mut!

Zum trüben Irrwisch ward die Feuersäule,
Der grüne Aaronsstab zum Henkerbeile;
Und grausig übersteint das tote Wort
Liegt, eine Mumie, im heilgen Buche,
Drin sucht der Pharisäer nach dem Fluche,
Ihn donnernd über Freund und Fremdling fort.

So Israel bist du gereift zum Schnitte,
Wie reift die Distel in der Saaten Mitte,
Und wie du stehst in deinem grimmen Haß
Gen über der geschminkt und hohlen Buhle,
Seid gleich ihr vor gerechtem Richterstuhle,
Von Blute sie und du von Geifer naß.

O tauet Himmel, tauet den Gerechten,
Ihr Wolken regnet ihn den wahr und echten
Messias, den Judaea nicht erharrt,
Den Heiligen und Milden und Gerechten,
Den Friedenskönig unter Hassesknechten,
Gekommen zu erweichen was erstarrt!

Still ist die Nacht; in seinem Zelt geborgen
Der Schriftgelehrte späht mit finstren Sorgen,
Wann Judas mächtiger Tyrann erscheint;
Dann lüftet er den Vorhang, starrend lange
Dem Sterne nach, der streicht des Äthers Wange
Wie Freudenzähre, die der Himmel weint.

Und fern vom Zelte über einem Stalle
Da ists, als ob aufs niedre Dach er falle,
In tausend Radien sein Licht er gießt.
Ein Meteor, so dachte der Gelehrte,
Als langsam er zu seinen Büchern kehrte:
O weißt du, wen das niedre Dach umschließt?

In einer Krippe ruht ein neugeboren,
Ein schlummernd Kindlein; wie im Traum verloren
Die Mutter knieet, Weib und Jungfrau doch.
Ein ernster, schlichter Mann rückt tief erschüttert
Das Lager ihnen; seine Rechte zittert
Dem Schleier nahe um den Mantel noch.

Und an der Türe stehn geringe Leute,
Mühselge Hirten, doch die Ersten heute,
Und in den Lüften singt es süß und lind,
Verlorne Töne von der Engel Liede:
Dem Höchsten Ehr, und allen Menschen Friede,
Die eines guten Willens sind!

AM ZWEITEN WEIHNACHTSTAGE (STEPHANUS)

»Jerusalem! Jerusalem! die du tötest die Propheten, und steinigest die zu dir gesandt sind, wie oft habe ich dich versammeln wollen, wie eine Henne ihre Küchlein versammelt unter ihre Flügel, und du hast nicht gewollt! Siehe! euer Haus wird euch wüste gelassen werden, denn ich sage euch, ihr werdet mich von nun an nicht mehr sehen, bis ihr saget: ›Gebenedeit ist der da kömmt im Namen des Herrn!‹« – Und die Zeugen legten ihre Kleider ab, zu den Füßen eines Jünglings, der Saulus hieß.

Jerusalem! Jerusalem!
Wie oft erschollen ist sein Ruf;
Du spieltest sorglos unter dem
Verderben, unter Rosses Huf
Und Rades Wucht, schau! darum ist
Verödet auch dein Haus geworden.
Und du ein irres Küchlein bist,
Sich duckend unter Geierhorden.

Vorüber ist die heilge Zeit,
Wo deinen Sinnen er bekannt
Und seiner Wunder Herrlichkeit
Zieht nur als Sage durch das Land.
Der Weise wiegt sein schweres Haupt,
Der Tor will dessen sich entschlagen,
Und nur die fromme Einfalt glaubt
Und mag die Opfergabe tragen.

O bringt sie nur ein willig Tun,
Ein treues Kämpfen zum Altar,
Dann wird auf ihr die Gnade ruhn,
Ein innres Wunder, ewig klar.
Doch bleibt es wahr, der Gegenwart
Gebrochen sind gewaltge Stützen,

Seit unsren Sinnen trüb und hart
Verhüllt ward seiner Zeichen Blitzen.

War einst erhellt der schwanke Steg,
Und klaffte klar der Abgrund auf,
Wir müssen suchen unsern Weg
Im Heiderauch ein armer Hauf.
Des Glaubens köstlich teurer Preis
Ward wie gestellt auf Gletschers Höhen;
Wir müssen klimmen über Eis
Und schwindelnd uns am Schlunde drehen.

Was, Herr, du ließest fort und fort,
Hat uns die Seele wohl gebrannt;
Doch bleibt es ein geschriebnes Wort,
Unsichtbar die lebendge Hand.
Ach nur wo Grübeln nicht und Stolz
Am Stamme nagt seit Tag und Jahren,
Blieb frisch genug das markge Holz,
Frei durch Jahrtausende zu fahren.

So ist es, wehe, schrecklich wahr,
Daß Mancher, wie zum starken Mast
Geschaffen, in der Zeit Gefahr
Die weißen Segel hat gebraßt,
Nun, dürre Säule, nackt und schwer
Nur krachend kündet durch das Wehen,
Daß in des Zweifels wüstem Meer
Ein wuchtig Schiff am Untergehen!

O sende, Retter, deinen Blitz,
Der ihm den frommen Hafen hellt,
Wo einst der starke Mast als Sitz
Der Pharuslampe sei gestellt;
Es trägt Gebirge ja dein Land,
Wo Zedern sich zu Zedern einen;
Laß nicht ein Sturmlicht den Verstand
Und einen Fluch die Kraft erscheinen!

Als Stephanus mit seinem Blut
Besiegelte den Christussinn,
Da legten Mörder heiß vor Wut
Zu eines Jünglings Füßen hin,
Der stumm und grollend sich gesellt,
Die Kleider staubig, schweißbefeuchtet;
Und der ward Paulus, Christi Held,
Des Strahl die ganze Welt durchleuchtet.

AM SONNTAGE NACH WEIHNACHTEN

Seine Eltern wunderten sich. – Das Kind aber
wuchs heran und ward gestärket, voll der Weis-
heit, und Gottes Gnade war mit ihm. – »Siehe,
deine Seele wird ein Schwert durchdringen.« –
Und sie war eine Witwe, bei 84 Jahren, die nicht
vom Tempel kam, und sie dienete Gott Tag und
Nacht, mit Fasten und Beten.

An Jahren reif und an Geschicke
Blieb ich ein Kind vor Gottes Augen,
Ein schlimmes Kind, voll schwacher Tücke,
Die selber mir zu schaden taugen.
Nicht hat Erfahrung mich bereichert;
Wüst ist mein Kopf, der Busen leer;
Ach! keine Frucht hab ich gespeichert
Und schau auch keine Saaten mehr!

Ging so die teure Zeit verloren,
Die über Hoffen zugegeben
Dem Wesen, was noch kaum geboren
Schon schmerzlich kämpfte um sein Leben!
Ich, die den Tod seit Jahren fühle
Sich langsam nagend bis ans Herz,
Weh mir! ich treibe Kinderspiele
Als sei der Sarg ein Mummenscherz.

In siechen Kindes Haupte dämmert
Das unverstandne Mißbehagen;
So wenn der Grabwurm lauter hämmert
Fühl bänger ich die Pulse schlagen.
Dann bricht hervor das matte Stöhnen,
Der kranke, schmerzgedämpfte Schrei;
Ich lange mit des Wurmes Dehnen
Sehnsüchtig nach der Arzenei.

Doch wenn ein frischer Hauch die welke
Todsieche Nessel hat berühret:
Dann hält sie sich wie Ros' und Nelke
Und meint sich königlich gezieret.
O Leichtsinn, Leichtsinn sonder Gleichen
Als ob kein Seufzer ihn gestört!
Und doch muß ich vor Gram erbleichen,
Durch meine Seele ging ein Schwert.

Wer konnt so vieles Leid erfahren
An Körpernot und Seelenleiden,
Und dennoch in so langen Jahren
Sich von der Welt nicht mochte scheiden?
Ob er als Frevler sich dem Rade,
Als Tor geselle sich dem Spott:
O sei barmherzig ewge Gnade,
Richt ihn als Toren milder Gott!

Du hast sein siedend Hirn gebildet,
Der Nerven rastlos flatternd Spielen
Nicht von gesundem Blut geschildet;
Weißt seine dumpfe Angst zu fühlen,
Wenn er sich windet unter Schlingen,
Zu mächtig ihm, und doch verhaßt,
Er gern ein Opfer möchte bringen,
Wenn es nur seine Hand erfaßt.

Was Sünde war, du wirst es richten,
Und meine Strafe muß ich tragen;
Und was Verwirrung wirst du schlichten
Weit gnädger, als ich dürfte sagen.
Wenn klar das Haupt, die Fäden löser,
Was dann mein Teil, ich weiß es nicht;
Jetzt kann ich stammeln nur: Erlöser!
Ich gebe mich in dein Gericht!

AM LETZTEN TAGE DES JAHRES (SILVESTER)

Das Jahr geht um,
Der Faden rollt sich sausend ab.
Ein Stündchen noch, das letzte heut,
Und stäubend rieselt in sein Grab
Was einstens war lebendge Zeit.
Ich harre stumm.

's ist tiefe Nacht!
Ob wohl ein Auge offen noch?
In diesen Mauern rüttelt dein
Verrinnen, Zeit! Mir schaudert, doch
Es will die letzte Stunde sein
Einsam durchwacht.

Gesehen all,
Was ich begangen und gedacht,
Was mir aus Haupt und Herzen stieg,
Das steht nun eine ernste Wacht
Am Himmelstor. O halber Sieg,
O schwerer Fall!

Wie reißt der Wind
Am Fensterkreuze, ja es will
Auf Sturmesfittichen das Jahr
Zerstäuben, nicht ein Schatten still

Verhauchen unterm Sternenklar.
Du Sündenkind!

War nicht ein hohl
Und heimlich Sausen jeder Tag
In der vermorschten Brust Verlies,
Wo langsam Stein an Stein zerbrach,
Wenn es den kalten Odem stieß
Vom starren Pol?

Mein Lämpchen will
Verlöschen, und begierig saugt
Der Docht den letzten Tropfen Öl.
Ist so mein Leben auch verraucht,
Eröffnet sich des Grabes Höhl
Mir schwarz und still?

Wohl in dem Kreis,
Den dieses Jahres Lauf umzieht,
Mein Leben bricht: Ich wußt es lang!
Und dennoch hat dies Herz geglüht
In eitler Leidenschaften Drang.
Mir brüht der Schweiß

Der tiefsten Angst
Auf Stirn und Hand! – Wie, dämmert feucht
Ein Stern dort durch die Wolken nicht?
Wär es der Liebe Stern vielleicht,
Dich scheltend mit dem trüben Licht,
Daß du so bangst?

Horch, welch Gesumm?
Und wieder? Sterbemelodie!
Die Glocke regt den ehrnen Mund.
O Herr! ich falle auf das Knie:
Sei gnädig meiner letzten Stund!
Das Jahr ist um!

ANHANG

⟨ALS DER HERR IN SIDONS LAND GEKOMMEN⟩

Als der Herr in Sidons Land gekommen
Naht ein Kananäisch Weiblein sich
Herr spricht sie in Demut und in Frommen
Herr erbarme meiner Tochter dich
Sieh sie liegt daheim in großen Peinen
Denn es wohnt in ihr ein böser Geist
Und voll Trauer hebt sie an zu weinen
Als der Herr sie strenge von sich weist

Doch sie schaut in seiner Augen Prachten
Und ihr treues Herz bleibt ungeschreckt
Einem Hündlein gleich will sie sich achten
Das die Krümlein von der Erde leckt
Ihre Demut hat sich durchgerungen
Weib dein Glaub hat dir geholfen spricht
Jesu süße Stimme und bezwungen
Weicht der finstre Geist dem Gnadenlicht

Kann nur Demut uns den Segen bringen
Und ich schnöder Wurm der Sterblichkeit
Meine noch es müsse mir gelingen
Da ich von der Demut noch so weit
Hab ich nur ein kleines Leid getragen
Einen Heller meiner großen Schuld
Fühl ich schon ein leises Wohlbehagen
Über meine Stärke und Geduld

Seele mein hast du denn ganz vergessen
Deiner Sünden dunkel wie die Nacht

Hast den Quell im Sande stolz gemessen
Und der weiten Wüste nicht gedacht
Ach wie täuschte dich die Eigenliebe
Über dein Beginnen sonder Treu 30
Eine Mücke fängst du auf im Siebe
Das Kamel verschlingst du sonder Scheu

Denkst wohl gar Verdienste zu gewinnen
Wähnst um dich der Siegespalmen Grün
Ach was du auch immer magst beginnen 35
Deiner Kräfte äußerstes Bemühn
Könntest tausend Jahr dem Herrn du dienen
In Zerknirschung büßend fort und fort
Deine Frevel kannst du nimmer sühnen
Gnade bleibt dein einzges Hoffnungswort 40

Und wie wenig hast du nicht gelitten
In der Reue bittrer Läutrungsglut
Und wie lau und schwächlich nicht gestritten
Gegen deiner innern Feinde Wut
Kannst du eine Viertelstunde nennen 45
Wo du ganz und gar dem Herrn gehört
Keine Wünsche dich von Jesu trennen
Kein Gedanke dein Gebet gestört

Ach mit jedem meiner Seufzer treten
Neue Sünden vor dein Angesicht 50
Herr ich bin nicht wert zu dir zu beten
Schone mein du starker Gott im Licht
O mich faßt ein ungeheurer Schrecken
Daß ich so vermessen mich erkühnt
Weh mein ganzes Leben ist ein Flecken 55
Jede Stunde hat den Tod verdient

Dennoch dennoch darfst du nicht verzagen
Nicht in deines tiefsten Elends Drang
Mußt die Schmerzen grimm die in dir nagen

Fesseln mit der Hoffnung süßem Zwang
Jesus will es und du mußt vollbringen
Ob dich seine Milde fast zerdrückt
Darfst nicht trotzend in Verzweiflung ringen
Wie der eigne Wille dich berückt

Wie der Pharus an dem Seegestade
Frieden leuchtet durch der Stürme Wut
Strahlt so mildiglich das Kreuz der Gnade
Drum nur Mut, bedrängte Seele Mut
Halte fest in Demut und Vertrauen
Seele mein mit deiner ganzen Macht
Siehe wie fünf rote Sonnen schauen
Jesu Wunden durch die wüste Nacht.

Und wie einst die Arche trug das Leben
Durch der Sünde allgemeinen Tod,
Wird das süße Kreuz mich rettend heben,
Wenn entsetzlich das Verderben droht,
Ja, ich will auf Jesu Worte bauen,
Seh ich gleich nicht Ihn, und nur die Nacht,
Fest nur, fest in Demut und Vertrauen,
Seele mein, mit deiner ganzen Macht.

ANHANG
GEISTLICHE LIEDER

⟨DAS MORGENROT SCHWIMMT STILL ENTLANG⟩

Das Morgenrot schwimmt still entlang
Den Wolkenozean;
Den Gliedern zart mit Liebesdrang
Schmiegt sich die Welle an.
Ihm folgt die Sonn' im Sphärenklang,
Ein roter Flammenkahn;
Ein lindes Rauschen grüßt den Tag:
Ist es ihr Ruderschlag?

Und es erwachen mit Gezisch
Die bunten Vögelein;
Sie stecken keck aus dem Gebüsch
Die Köpflein rund und klein
Und tauchen in die Tauluft frisch
Die feinen Glieder ein;
Die Schnäblein üben sie zumal
In Liedern ohne Zahl.

Und auch die Blumen senden früh
Den leisen Duft ins Land;
Um ihre Stirnen winden sie
Ein hell Juwelenband.
Das Spinnlein selbst mit großer Müh
Braucht die geübte Hand;
Es hat sein Netzlein reich gestrickt,
Mit Perlenreihn geschmückt.

Ich sinne, wem solch heitres Fest
Mag zubereitet sein,
Und wem zu Liebe läßt sein Nest
Das treue Vögelein.
Da spricht zu mir der linde West

Mit seinem Stimmlein fein:
Bist du denn also hart und blind,
Du töricht Menschenkind?

Was gehst du doch so stumm einher,
Wo Alles Jubel singt?
Was wandelst du so arm und leer,
Wo Alles Gabe bringt,
Daß selbst zu Gottes Lob und Ehr'
Vom Aug' der Erde dringt
Gar manche Träne, daß sie ganz
Davon bedeckt mit Glanz?

Er ist es, den so minniglich
Das Lied der Vögel trägt,
Dem mit Gesang so inniglich
Der Baum die Zweige regt,
Für den die Sonne rings um sich
Die Strahlenwimpel schlägt.
All Herz tut sich dem Höchsten auf:
Wach auf, wach auf, wach auf!

MORGENLIED

Der Morgenstrahl
Steht auf dem Tal,
Die Nebel ziehen drunter her,
Und auf der Au
Liegt still der Tau
Wie Perlen in dem weißen Meer.
Wie ich nun alles recht beschaut,
Da wird mir's rege im Gemüte,
Daß alles nur ein Wort, ein Laut,
O Gott, von deiner Lieb und Güte!

Die Erd' in Pracht
Hast du gemacht
Für mich, dein ungetreues Kind,
Und den Azur
Der Wolkenflur,
Für mich den frischen Morgenwind.
Ach, alle Worte sind zu schwach,
Um deine Liebe zu verkünden,
Und dennoch läßt mein Streben nach,
Und jeder Tag sieht mich in Sünden.

Herr, steh mir bei,
Der du aufs neu
Mir einen jungen Tag verliehn;
Der Geist ist wach,
Das Fleisch ist schwach,
Und ohne Frucht ist mein Bemühn.
Doch deine Hand ist stark und fest,
Will ich nur willig sie umfassen;
Ach, wer nicht selber dich verläßt,
Den hast du nimmermehr verlassen.

O Herr, wenn oft
Und unverhofft
Mich kleine Kränkungen bedrohn,
Sei mein Gesicht
Zu dir gericht',
Und mein Gedanke sei: dein Lohn!
Ach, manches Leiden groß und schwer
Gabst du mir Gnade zu besiegen,
Und vor der kleinen Sorgen Heer
Sollt' meine Stärke unterliegen?

Herr, mich befrei
Von falscher Scheu,
Von Hoffart und von Ungeduld,
Und all mein Sinn

Sich wende hin
Zu deinem Kreuz und meiner Schuld.
Wer diesen Tag mich schmäht und kränkt,
Dem laß mich gern und treu verzeihen,
Und ihn laß, eh die Nacht sich senkt,
Vor dir sein Unrecht still bereuen.

Zu deinem Preis,
Auf dein Geheiß
Will ich an meine Pflichten gehn;
Wie auch die Welt
Sie rings umstellt,
Ich will nur deinen Willen sehn.
Mein Wirken über Haus und Kind,
Das ruht in deinen weisen Händen,
Was sich mit deinem Preis beginnt,
Das muß zu deinem Ruhme enden.

ABENDLIED

Der Tag ist eingenickt
Beim Wiegenlied der Glocken;
Zum Blumenkuß sich bückt
Der Tau auf leisen Socken;
Die Sterne sammeln sich,
Sie winken sich und drehen;
Fern hör' ich Tritte gehen,
Doch ruhig ist's um mich.

Und wie die dunkle Nacht
Deckt Land und Meeres Gründe,
Und was der Mensch vollbracht,
Sein Heil und seine Sünde:
Vor dir ist alles klar,
Wie Flammenschriften glühen;
Wer mag sich dir entziehen,
Den je dein Wort gebar?

In Demut will mein Herz
Vor deinen Thron sich wagen;
Es will dir seinen Schmerz,
Es will dir alles sagen.
Die Sünd ist seine Not;
Hülfst du sie, Herr, nicht tragen,
Sie müßte ja mich schlagen
Zum ew'gen Seelentod.

Wenn aus mir selbst ich bau,
So muß mein Werk vergehen;
Wenn in mich selbst ich schau,
Kann ich nur Schrecknis sehen.
Als Kläger schauerlich
Stehn meines Herzens Tücke;
Doch wenn zu dir ich blicke,
Dann wird es hell um mich.

Und gläubig hoff' ich noch,
Du werdest mir verzeihen;
Du sahst mich sünd'gen, doch
Du siehst mich auch bereuen.
So oft in Demut ich
Vor deinem Thron mich funden,
So fließt aus Jesu Wunden
Ein Tröpflein Blut auf mich.

Ich halte mich an dich,
Mein Richter und mein Retter,
So nun als ewiglich;
Vergebens ruft der Spötter:
»O spare deine Müh;
Zu groß sind deine Sünden!
Und willst du Ruhe finden,
So denke nicht an sie!«

Wohl unglücksel'ger Pfeil,
Er trifft des Schützen Leben:
Mein Herr ist stark im Heil,
Und mächtig im Vergeben.
Wenn mein Gewissen droht,
Will ich das Kreuz umfangen;
Ach, der daran gehangen,
Er kennt ja meine Not!

Ich weiß, du zürnest nicht,
Schließ ich die Augenlider,
Und Kraft zu meiner Pflicht
Gibst du im Schlaf mir wieder.
Scheuch böser Träume Nacht
Von denen, die dich ehren;
Sie können sie nicht wehren,
Sie stehn in Schlafes Macht.

Ich trau auf deine Hand,
Weil alle deine Güte
Und Liebe mir bekannt,
Daß sie mich wohl behüte,
Und daß ein sichrer Hort
Das Übel von mir wende.
»O Herr, in deine Hände!«
Dies sei mein letztes Wort.

FÜR DIE ARMEN SEELEN

Was Leben hat, das kennt die Zeit der Gnade;
Der Liebe Pforten sind ihm aufgetan.
Zum Himmel führen tausend lichte Pfade;
Ein jeder Stand hat seine eigne Bahn.

Doch wenn mit Trauer Leib und Seel' sich trennen,
Dann, Mensch, ergreif den letzten Augenblick.

Bald kannst du nicht mehr dein die Stunde nennen;
Aus deiner Hand entflohn ist dein Geschick.

Wohl dem, der reiches Gut voraus gesendet;
Was er gewirkt, das trägt er sich nach Haus.
Doch in dem Sturme, der dein Leben endet,
Löscht auch der Prüfung Gnadenfackel aus.

Wie mancher schied und kennt die Zeit der Reue,
Und die Erlösung ist ihm noch so fern!
Wohlan mein Herz, zeig deine Christentreue:
Ein gläubig Flehn dringt vor den Thron des Herrn!

O du, der sprach aus seines Dieners Munde:
»Es ist ein heiliger und frommer Brauch!«
Das Geisterreich kennt weder Zeit noch Stunde,
Doch *eine* Stunde kennt und hofft es auch.

Mein Vater, sieh auf deine ärmsten Kinder
Und denk an sie in ihrer großen Not;
Sie waren, was wir sind, sie waren Sünder,
Und ihre Gnadenpforte schloß der Tod!

Und haben sie auch deinen Weg verlassen
Und haben nicht auf deine Hand geschaut:
Ach, ihre Sehnsucht kann kein Leben fassen,
Und ihre Reue nennt kein Menschenlaut.

O Jesu, denk an deine bittern Schmerzen
Und an den harten Tod am Kreuzesstamm!
Ach, alle trugst du sie an deinem Herzen,
Für alle starb das unbefleckte Lamm!

Eröffne deine heiligen fünf Wunden,
Und auf fünf Strömen, glänzend, blutig rot,
Send' her dein Kreuz, des mögen sie gesunden,
Ein sichres Schiff in ihrer großen Not!

Maria, bitt' für sie bei deinem Sohne,
Als Himmelsleiter aus dem finstern Reich;
Beut ihnen seine blut'ge Dornenkrone,
Und nimm sie auf in deinen Mantel weich!

Ihr Heil'gen Gottes alle, helft uns flehen;
Sie sind ja eure armen Brüder auch!
Herr, laß sie bald dein göttlich Antlitz sehen,
Kühl ihre Glut mit deiner Milde Hauch!

Und wenn von denen, die mir teuer waren,
Als noch um sie die Erdenhülle lag,
Vielleicht noch mancher nicht dein Heil erfahren,
Noch fruchtlos harrt auf der Erlösung Tag:

O Gott, ich ruf' aus meiner tiefsten Seele,
Steh ihnen bei, mein Gott, verlaß sie nicht!
Auf ihren Schmerz sieh, nicht auf ihre Fehle;
Sieh auf mein einsam trauernd Angesicht!

Und ist es möglich, kann man Seelen retten
Durch Erdenleid, dem man sich willig beut,
Kann ich mein Schicksal an das ihre ketten:
Gib deinen Kelch, o Herr, ich bin bereit!

Was will doch alles Erdenleiden sagen,
Bedenk ich Leid und Freud der Ewigkeit!
Was ich vermag, ich will es gerne tragen;
Ich bin bereit, o Herr, ich bin bereit!

BEIM ERWACHEN IN DER NACHT

Mein Gott, mein erstes Wort, ich bin erwacht!
Fern ist der Tag mit seinem Flammenschilde,
Und wie ein schwarzer Rauch bedeckt die Nacht
Zwar leicht, doch dicht ein jegliches Gebilde.

BEIM ERWACHEN IN DER NACHT

Fern ist der Mond, der Wächter der Natur,
Und keine Sterne seh' ich freudig glühen;
Vielleicht bedeckt ein Nebelsee die Flur,
Vielleicht auch mögen dunkle Wolken ziehen.

Stumm ist die Nacht, doch ist sie tatenschwer,
Und Gottes Wunder wird von ihr geboren;
Sie sendet uns im Tau die Ernte her,
Sie ist das Füllhorn, das sich Gott erkoren.
Indes der Mensch dem Leibe zahlt die Schuld
Und nicht vermag an seinen Gott zu denken,
Will ihm der Herr, o übergroße Huld,
Mit milder Hand ein neues Leben schenken.

Doch wie als Friedensengel nicht allein,
Auch als der Tod das Heil uns kömmt hernieder,
So flammt in ihr des Blitzes roter Schein,
Und Stürme ziehn durch ihre schwarzen Glieder.
Der Hagel schlägt die Saat, die Welle steigt,
Und heimlich frißt ihr Zahn am sichern Damme;
Der Mehltau trifft die Frucht, daß sie erbleicht,
Und furchtbar wächst die unbemerkte Flamme.

Was du verhängt, es ist nur dir bekannt,
Ich weiß es nicht und sorg' es nicht zu wissen;
Um eins nur bitt' ich, daß in deiner Hand
Ich demutsvoll die Rute möge küssen.
Gib, daß ich nicht in Unmut sinken mag,
Ob auch des Körpers morsch Gebäude wanke,
Daß ich dich lobe bei dem harten Schlag
Und daß ich dir im tiefsten Elend danke.

Ich wünsche nichts; mein Gott, ich stell' es dir
Anheim in deine väterliche Güte:
Doch meine Kinder segne für und für;
Schick deinen Engel, daß er sie behüte.
Zwar such' ich mutig sie nach Menschenkraft,

So Geist als Leib, zu ihrem Heil zu führen;
Wohl nützt dem Körper, was der Körper schafft,
Doch ihre Seele kann nur Gott regieren.

Gib ihnen Licht, wo es noch finster ist,
Gib ihnen Kraft, wo schon ein Strahl entglommen,
Gib ihnen Trübsal, wenn ihr Herz vergißt,
Ihr eitles Herz, woher das Glück gekommen.
Doch wenn das Leiden sie zum Mißmut drückt,
Gib ihnen Freude, daß sie dich erkennen;
Gib ihnen Trost, wenn einst ihr Leben knickt,
Und laß sie sterbend deinen Namen nennen.

In Jesu Schutz, nach Jesu Will' und Wort,
In Jesu Namen schließ' ich meine Augen.
Die Nacht geht ihre stillen Wege fort;
Was kömmt, das muß zu Gottes Ratschluß taugen.
Erblick' ich lebend und gesund den Tag,
So will ich deinen heil'gen Namen preisen;
Doch ob der Tod sein Anteil fordern mag,
In Jesu Wunden läßt sich's sicher reisen.

GLAUBE

O Welt, wie soll ich dich ergründen
In aller deiner argen List?
Wo soll ich Treu und Glauben finden,
Da du so falsch und treulos bist?
Wo ich mich wende, hier und dort,
Da kömmt die Täuschung mir entgegen;
Die Lüge steht an allen Wegen
Und spricht ein trügerisches Wort.

Drum will ich nicht an Menschen glauben,
Und nur an dich, mein Gott, allein;
Daß nichts mir deine Treu kann rauben,

Des mag mein Herz sich wohl erfreun.
Was auch die Welt dagegen spricht
Mit hunderttausend Menschenzungen:
Wer von des Glaubens Kraft durchdrungen,
Der wanket nicht und weichet nicht.

Wohl weiß ich, daß ein sinnlos Heer
Dich, o mein Gott, will ganz verkennen,
Vielmehr ein nichtig Ungefähr
Als seinen Herrn und Schöpfer nennen;
Allein ich glaube, daß sie blind
Und ganz verwirrt das Heil verfehlen,
Und daß die arm verirrten Seelen
Aus deinem Wink entsprungen sind.

Ich weiß, daß Jesu heil'ge Wunden,
O du mein allbarmherz'ger Gott,
Schon manches Herz zu hart gefunden,
Schon oft geduldet Hohn und Spott;
Allein ich glaub', o Jesu gut,
Daß du getragen ihre Sünden;
Und können sie noch Gnade finden,
So ist es durch dein kostbar Blut.

Ich weiß, daß meinen trüben Augen
Die heiligste Dreifaltigkeit
In ihrem Glanz nicht möge taugen,
Dieweil wir wandeln in der Zeit;
Allein ich glaube, daß alsdann,
Wenn wir des Fleisches sind entbunden
Und uns vor Gottes Thron gefunden,
Mein Blick sie klar erkennen kann.

Ich weiß, daß deine Bahn auf Erden,
Maria, o du reine Magd,
Ein Anstoß mußte Manchem werden,
In dem die Gnade nicht getagt;

>   Allein ich glaub', o Gottesbraut,
>   Daß dich ihr Irrtum tief betrübe,
>   Und daß dein Auge noch mit Liebe
>   Und mit Erbarmen auf sie schaut.
>
>   Ich weiß, daß Gottes heil'ge Scharen
>   Und ihr gerechter Lebenslauf
>   Ein Spott schon manchem Frevler waren,
>   Ein Ärgernis dem schwachen Hauf;
>   Doch glaube ich, daß sie ihr Teil
>   Als Gottes Kämpfer treu gestritten,
>   Und daß sie unaufhörlich bitten
>   Für ihrer sünd'gen Brüder Heil.
>
>   Ich weiß, daß Viel' zur Erde sehen
>   Und hängen fest an diese Zeit,
>   Die ihre eigne Seele schmähen
>   Und leugnen die Unsterblichkeit;
>   Allein ich glaube, daß sie nicht
>   Vor deinem Zorne schützt ihr Beben,
>   Wenn sie nun zitternd Zeugnis geben
>   Vor deinem ewigen Gericht.
>
>   Ich weiß, o Herr, daß hier auf Erden
>   Mir Manches hart und bitter ist,
>   Und daß mein Herz in den Beschwerden
>   Oft deine Güte ganz vermißt;
>   Allein ich glaube, daß die Nacht
>   Dereinst vor deinem Strahl wird tagen,
>   Und meine Lippe preisend sagen:
>   Der Herr hat Alles wohl gemacht.
>
>   Ja, er hat Alles wohl beschlossen,
>   Und treu und wahrhaft ist sein Wort;
>   Darum, mein Herz, sei unverdrossen
>   Und trau auf deinen sichern Hort.
>   Ja nur an dich, mein Gott, allein,

Nicht an die Menschen will ich glauben;
Daß nichts mir deine Treu kann rauben,
Des mag mein Herz sich wohl erfreun!

HOFFNUNG

Laß das Leben wanken,
Laß es ganz vergehn,
Über seine stillen Schranken
Will ich ernst und mutig sehn.
Findet gleich Vernunft die Wege
In dem dunklen Lande nicht:
Hoffnung kennt die Stege,
Trägt ein sichres Licht.

Wenn mich alle lassen:
Meine Hoffnung bleibt,
Wird mich rettend dann umfassen,
Wenn mich Not und Sünde treibt.
Ob auch Tod und Trübsal wüte,
Ob Gewalt der Böse hat,
Herr, auf deine Güte
Bau ich meine Stadt!

Ihn muß ich beklagen,
Der die Hoffnung senkt;
Ach, wie konnte er verzagen,
Wo des Herren Wille lenkt!
All sein Trost in Schmerz und Leiden,
All sein Ruhm in Spott und Schmach
Mußte von ihm scheiden,
Da die Hoffnung brach.

Wer sie will umschmiegen
Und nicht läßt in Not,
Spricht: »O Grab, wo ist dein Siegen,

Und wo ist dein Stachel, Tod!«
Keine Macht ob seinem Herzen
Hat der Trug und eitle Schein,
Und aus bittern Schmerzen
Preßt er süßen Wein.

Jesu, mich behüte,
Stärke mein Bemühn;
Ach, es war ja deine Güte,
Die die Hoffnung mir verliehn!
Wolltest du von mir dich wenden,
Alles Gute wendet sich:
Sünden ohne Enden,
Schmach und Schuld um mich!

Hast du Leid beschlossen,
Ist die Prüfung da,
Herr, ich trag es unverdrossen,
Bleibt mir deine Hoffnung nah.
Alles magst du mir entziehen,
Was mein Leben heiter macht,
Hoffnung wird mir glühen,
Wie ein Stern zur Nacht.

Willst du Freuden schicken,
O du Herr so mild,
Willst du mir mein Leben schmücken
Mit des ird'schen Glückes Bild:
Laß mein schwaches Herz nicht offen
Sein für diese eitle Welt;
All mein stilles Hoffen
Sei auf dich gestellt!

Wenn dann meine Stunde
Nun geschlagen hat,
Und von meinem bleichen Munde
Kaum noch tönt dein Name matt:

Ach! dann werd' ich freudig schauen,
Wie mein Hoffen mag bestehn;
Denn ein fromm Vertrauen
Läßt nicht untergehn.

LIEBE

Das ist mein Trost in allen Leiden,
Daß nichts mich kann von Jesu scheiden,
Von seiner Liebe keine Macht,
Der größte aller Erdenschmerzen
Hat nicht Gewalt ob einem Herzen,
Worin die Liebe Jesu wacht.

Wenn er mir bleibt, was kann mir fehlen?
Wenn er mich labt, was kann mich quälen?
Wie hat er alles wohl bestellt!
Wenn ich nur seinen Namen nenne,
Dann ist's, als ob das Herz mir brenne;
Im Lichte steht die ganze Welt.

Sein Kreuz ist wie der Himmelsbogen
Um meinen Horizont gezogen;
Wohin ich schau, da steht es schon.
O süßes Kreuz, laß dich umfangen,
Woran mein liebstes Lieb gehangen
Für unsrer Sünden bittern Lohn!

Wenn meine Pflichten oft mich drücken,
Dann muß ich Liebesrosen pflücken
Aus seinem bittern Kreuzestod.
Wie kömmt mir wunderbare Stärke!
Wie sind so leicht die schweren Werke,
Dieweil mein Jesu sie gebot!

Mein Leid muß mir zu Freuden werden,
Denk' ich an Jesu Leid auf Erden
Und seinen blut'gen Kreuzespfad.
Mein Jesu ist vorangegangen;
Wie kann mir noch vor Dornen bangen
Auf Wegen, die mein Gott betrat?

Er hat den bittern Weg erkoren:
Was flieht ihr denn, ihr schwachen Toren,
So sehr die Bitterkeit und Pein?
Muß ich durch Dornenweg' mich schlagen,
So soll mein Mund frohlockend sagen:
»Mein Jesu kann nicht ferne sein.«

Er ist nicht fern, auf allen Wegen
Kömmt mir ein Strahl von ihm entgegen,
In himmlisch tröstender Gestalt;
Er ist nicht fern, im Sturmesgrimme
Da hör ich seine liebe Stimme,
Er ist nicht fern, ich find ihn bald.

Sein Bild steht überall geschrieben,
Ich kann nur ihn, nur ihn noch lieben,
Ich kann nur ihn allein noch sehn;
Ich weiß, er muß mir ewig bleiben,
Ach wollte er mich von sich treiben,
Ich müßte gleich in Schmerz vergeh'n.

Ach, könnt' ich diese Hülle meiden!
Doch still, mein Herz, verschließ bescheiden
Den heißen Wunsch in deine Brust;
Es ist ja meines Jesu Wille,
Und daß ich den getreu erfülle,
Das ist doch meine ganze Lust.

Geduld! sie wird doch endlich kommen,
Die Stunde, mir zum Heil und Frommen,

Gott hat sie keinem noch versagt.
Bis dahin denk' in allen Leiden,
Daß nichts dich kann von Jesu scheiden,
Von seiner Liebe keine Macht. 60

GEDICHTE
AUS DEM NACHLASS

DAS WORT

Das Wort gleicht dem beschwingten Pfeil,
Und ist es einmal deinem Bogen,
In Tändeln oder Ernst, entflogen,
Erschrecken muß dich seine Eil!

Dem Körnlein gleicht es, deiner Hand
Entschlüpft; wer mag es wieder finden?
Und dennoch wucherts in den Gründen
Und treibt die Wurzeln durch das Land.

Gleicht dem verlornen Funken, der
Vielleicht erlischt am feuchten Tage,
Vielleicht am milden glimmt im Hage,
Am dürren schwillt zum Flammenmeer.

Und Worte sind es doch die einst
So schwer in deine Schale fallen,
Ist Keins ein nichtiges von Allen,
Um jedes hoffst du oder weinst.

O einen Strahl der Himmelsau,
Mein Gott, dem Zagenden und Blinden!
Wie soll er Ziel und Acker finden?
Wie Lüfte messen und den Tau?

Allmächt'ger, der das Wort geschenkt,
Doch seine Zukunft uns verhalten,
Woll' selber deiner Gabe walten,
Durch deinen Hauch sei sie gelenkt!

Richte den Pfeil dem Ziele zu,
Nähre das Körnlein schlummertrunken,

Erstick' ihn oder fach' den Funken!
Denn was da frommt das weißt nur Du.

HALT FEST!

Halt fest den Freund, den einmal du erworben,
Er läßt Dir keine Gaben für das Neue
Läßt wie das Haus in dem ein Leib gestorben,
Unrein das Herz wo modert eine Treue
Meinst Du dein sei der Hände Druck der Strahl
Des eignen Auges dein, voll Glück und Liebe?
Drückst zu zum zweiten, blickst zum zweiten Mal
Die Frucht ist fleckig und der Spiegel trübe.

Halt fest dein Wort, o fest wie deine Seele,
So stolz und freudig mag kein Lorbeer ranken
Daß er das Mal auf einer Stirne hehle
Die unterm Druck des Wortes konnte wanken
Der ärmste Bettler dem ein ehrlich Herz
Wird wie ein König dir genüber treten
Und du? – du zupfst den Lorbeer niederwärts
Und heimlich mußt du dein peccavi beten

Halt deinen Glauben laß ihn dir genügen
Wer möchte Blut um fremden Ichor tauschen
Verstößest du den Cherub deiner Wiegen
Aus jedem Blatte wird sein Flügel rauschen
Und ist dein Geist zu stark, vielleicht zu blind,
In seiner Hand das Flammenschwert zu sehen
So zweifle nicht er wird, ein weinend Kind
An deinem öden letzten Lager stehen

Und dann die Gabe gnädig dir verliehen
Den köstlichen Moment, den gottgesandten
O feßle feßle seinen Quell im Fliehen
Halt jeden Tropfen höher als Demanten

Noch schläft die Stunde, doch sie wacht dareinst
Wo deinem Willen sich die Kraft entwunden
Wo du verlorne schwere Tränen weinst
In die Charibdys deiner toten Stunden

Vor Allem aber halt das Kind der Schmerzen
Dein angefochtnes Selbst, von Gott gegeben,
O sauge nicht das Blut aus deinem Herzen
Um einen Seelenbastard zu beleben
Daß, wenn dir einstens vor dem Golem graut
Es zu dir trete nicht mit leisen Klagen
»So war ich, und so ward ich dir vertraut
Unselger, warum hast du mich erschlagen!«

Drum fest, nur fest, nur keinen Schritt zur Seite
Der Himmel hat die Pfade wohl bezeichnet,
Ein reines Aug erkennet aus der Weite
Und nur der Wille hat den Pfad verleugnet,
Uns Allen ward der Kompaß eingedrückt
Noch keiner hat ihn aus der Brust gerissen,
Die Ehre nennt ihn, wer zur Erde blickt
Und wer zum Himmel nennt ihn das Gewissen.

CARPE DIEM!

Pflücke die Stunde, wär sie noch so blaß,
Ein falbes Moos, vom Dunst des Moores naß
Ein farblos Blümchen flatternd auf der Heide,
Ach einst von Allem träumt die Seele süß
Von Allem was, ihr eigen, sie verließ
Und mancher Seufzer gilt entflohnem Leide

In Alles senkt sie Blutes Tropfen ein
Legt Perlen aus dem heilig tiefsten Schrein,
Bewußtlos selbst in grauverhängte Stunden
Steigt oft ein unklar Sehnen dir empor

Du schaust vielleicht wie durch Gewölkes Flor,
Nach Tagen, längst vergessen doch empfunden,

Wer, der an seine Kinderzeit gedenkt
Als die Vokabeln ihn in Not versenkt
Wer möchte nicht ein Kind sein und sich grauen,
Ja der Gefangne, der die Wand beschrieb
Fühlt er nach Jahren Glückes nicht den Trieb
Die alten Sprüche einmal noch zu schauen?

Wohl gibt es Stunden die so ganz verhaßt
Daß dem Gedächtnis eine Zentnerlast,
Wir ihren Schatten abzuwälzen sorgen,
Doch selten schickt sie uns des Himmels Zorn
Und meistens ist darin ein giftger Dorn
Der Moderwurm geheimer Schuld verborgen.

Drum wer noch eines Blicks nach Oben wert
Der nehme was an Liebem ihm beschert,
Die stolze wie die Stund im schlichten Kleide
Der schlürfe jeden stillen Tropfen Tau
Und spiegelt drin sich nicht des Äthers Blau
So lispelt drüber wohl die fromme Weide.

Freu dich an deines Säuglings Lächeln freu
Dich an des Jauchzens ungewissem Schrei
Mit dem er streckt die lebensfrohen Glieder
Wär zehnmal stolzer auch was dich durchweht
Wenn er vor dir dareinst, ein Jüngling, steht
Dein lächelnd Kindlein gibt er dir nicht wieder.

Freu dich des Freundes eh zum Greis er reift
Erfahrung ihm die kühne Stirn gestreift
Von seiner Scheitel Grabesblumen wehen,
Freu dich des Greises, schau ihm lange nach
In Kurzem gäbst vielleicht du manchen Tag
Um einmal noch das graue Haupt zu sehen

O wer nur ernst und fest die Stunde greift
Den Kranz ihr auch von bleicher Locke streift
Dem kann sie nicht entgehn, die reichste Beute
Doch wir, wir Toren drängen sie zurück
Vor uns die Hoffnung – hinter uns das Glück
Und unsre Morgen morden unsre Heute.

DOPPELTGÄNGER

Kennst du die Stunden wo man selig ist
In Schlaf und Wachens wunderlichem Segen
's war eine Nacht vom Taue wachgeküßt
Das Dunkel fühlt ich kühl wie zarten Regen
An meine Wange gleiten, das Gerüst
Des Vorhangs schien sich schaukelnd zu bewegen
Rings tiefe Stille, der das Ohr erlag
Doch war im Haupt mir leises Summen wach

Mir war so wohl und federleicht zu Mut
So schwimmend und die Wimper halbgeschlossen
Verlorne Funken zündeten mein Blut
Von leisen Lauten wähnt ich mich umflossen
's war eine Stunde wo der Seiger ruht
Die Geisterstund verschollner Traumgenossen
's war eine Nacht wo man am Morgen fragt
Hat damals oder hat es jetzt getagt?

Und immer heller ward der süße Klang
Das liebe Lachen, es begann zu schwimmen
Wie Bilder von Daguerre die Deck entlang
Es wisperte – wie jugendliche Stimmen
Wie halb vergeßner ungewisser Sang
Gleich Feuerwürmern sah ich Augen glimmen
Dann wurden feucht sie, wurden blau und lind
Und mir zu Füßen saß ein schönes Kind

Das sah zu mir empor so ernst gespannt,
Als quelle ihm die Seele aus den Blicken
Bald schloß es schmerzlich zuckend seine Hand
Bald schüttelt es sie funkelnd vor Entzücken
Und horchend, horchend, klomm es sacht heran
Zu meiner Schulter und – wo blieb es dann?

O wärens Geisterstimmen aus der Luft
Die sich wie Vogelzwitschern um mich reihten
Wär Grabesbrodem nur der leise Duft
Der mich umseufzte aus verschollnen Zeiten
Doch nur mein Herz ist ihre stille Gruft
Und meine Heilgen, meine einst Geweihten
Sie leben Alle, wandeln Allzumal
Vielleicht zum Segen sich doch mir zur Qual

EINER WIE VIELE, UND VIELE WIE EINER

Ich klage nicht den Mann der fällt
Ein Markstein dem erkämpften Land,
Ihn, der des Schicksals Becher hält
Ihn mischend mit entschloßner Hand
Nicht der entgegen tritt dem Sturm
Und weiß daß er die Eiche bricht,
Wer war so reich wie Götz im Turm?
Wie Morus vor dem Blutgericht?

Ich klage nicht den Mann der stirbt
Von Welt und eigner Glut verzehrt,
Ihn, dem des Halmes Frucht verdirbt
Und den des Himmels Manna nährt,
Correggio nicht, der, siech und falb,
Die Kupferheller heim gebracht,
Cervantes, der, verhungert halb,
Ob seines Pansa noch gelacht.

Sie sind des Unglücks Fürsten, sind
Die Mächtigen im weiten Blau,
Sie wissen daß ihr Odem rinnt
Entzündend um der Erde Bau, 20
Daß aus der Grabesscholle gern
Und üppig schießt der Ernte Kraft
Und daß zerfallen muß der Kern
Soll strecken sich der Zeder Schaft.

Ihn klag' ich dessen Liebe groß 25
Und dessen Gabe arm und klein,
Den, wie die Glut das dürre Moos,
Zehrt jener Strahlen Widerschein,
Ihn, der des Funkens Irren fühlt
Verheerend in der Adern Bau 30
Und den die Welle dann verspült,
Ein Aschenhäuflein dünn und grau.

O, eure Zahl ist Legion,
Ihr Halbgesegneten, wo scheu
In's Herz der Genius geflohn 35
Und öde ließ die Phantasei,
Ihr die ihr möchtet flügellos
Euch schwingen mit des Sehnens Hauch,
Und wieder an der Erde Schoß
Sinkt wie ein kranker Nebelrauch. 40

Nicht klag' ich euch weil ihr gering,
Nicht weil ihr ärmlich und versiecht
Ich weiß es, daß der Zauberring
Euch unbewußt am Finger liegt,
O, reich seid ihr und wißt es nicht! 45
Denn reich ist nur der Träume Land.
O stark seid ihr und wißt es nicht!
Denn stark ist nur der Liebe Hand.

Wenn ihr an eurem Pulte neigt,
An eurer öden Staffelei,
Um euch des Himmels Odem steigt
Und in euch der Beklemmung Schrei
Wenn zitternd nach dem Ideal
Ihr eure heißen Arme streckt,
Und kaum für euer täglich Mahl
Den Halm der nächsten Furche weckt,

Dann seid ihr mehr als der Poet
Der seines Herzens Blut verkauft
Mehr als der Künstler, der zu spät
Zur Heilgen die Hetäre tauft,
Was ihr verschweigt ist lieblicher
Als je des Dichters Glut genährt,
Was ihr begrabt ist heiliger
Als Farb' und Pinsel je verklärt!

Mir gab Natur ein kühnes Herz,
Ich senke nicht so leicht den Blick,
Mich drückt nicht Größe niederwärts
Drängt keine fremde Hand zurück,
Nie hat des Ruhmes Strahlenkranz
An fremder Stirne mich gegrämt,
Doch vor so stiller Augen Glanz
Hab' ich mich hundertmal geschämt.

Weinende Quellen, wo sich rollt
Das Sonnenbild im Wellenbann,
Glühende Stufen, wo das Gold
Nicht aus der Schlacke brechen kann,
Ich klag' um euch weil ihr betrübt,
Weil euch das Herz von Tränen schwillt,
Unwissend Sel'ge, weil ihr liebt
Und zweifelt an der Gottheit Bild.

Wacht, wacht ob eurem stillen Schatz,
Laßt uns das sonnenöde Land,
Laßt uns den freien Bühnenplatz
Und sterbt im Winkel, unbekannt;
Einst wißt ihr was in euch gelebt,
Und was in Dem der euch gehöhnt,
Einst, wenn der Strahlengott sich hebt
Und nur die Memnonssäule tönt!

UNTER DER LINDE

Es war an einem Morgen
Die Vöglein sangen süß
Und überm Rasen wehte
Der schönste Blumenvlies
Das Börnlein mir zur Seite
Sprach leise leise fort
Mit halbgeschloßnen Augen
Saß ich und lauschte dort

Ich sah die Schmetterlinge
Sich jagen durch das Licht
Und der Libelle Flügel
Mir zittern am Gesicht
Still saß ich wie gestorben
Und ließ mirs wohlig sein
Und mich mit Blütenflocken
Vom Lindenzweig bestreun

Mein Sitz war dicht am Wege
Ich konnte ruhig spähn
Doch mich, verhüllt vom Strauche
Mich hat man nicht gesehn
Wenn knarrend Wagen rollten
Dann drang zu mir der Staub,
Und wenn die Vöglein hüpften
Dann zitterte das Laub.

Und nahe mir am Hange
Ne alte Buche stand
Um die der ernste Eppich
Sich hoch und höher wand,
Sein düstres Grün umrankte
Noch manchen kranken Zweig
Doch die gesunden spielten
Wie doppelt grün und reich.

Es war im Maienmonde
Die Blätter atlaszart,
Wie hast du, alte Dame
So frisches Herz bewahrt?
Auf einer Seite tränend
Und auf der andern licht
Zeigst du, auf grauer Säule
Ein Janusangesicht.

Da dacht ich eines Freundes
Des Haare grau und lind
Sein Leib ne arme Trümmer
Und ach sein Herz ein Kind,
Mich dünkt' ich sah ihn starren
Mit Tränen in ein Grab
Und seitwärts Blumen streuen
In eine Wieg' herab.

Da weckten Rinderglocken
Mich aus den Phantasein
Ein wüster Staubeswirbel
Drang durchs Gebüsch herein
Und mit Geschrei und Schelten
Riß einen Efeustab
Der Treiberknecht vom Baume
Und trieb sein Vieh bergab

Ich hörte lang sein Toben
Und seinen wüsten Schrei
Doch horch, was trabt so neckend
So drall und knapp herbei 60
Das Ränzel auf dem Rücken
Barett im blonden Haar
Kam ein Student gepfiffen
Ein lustiger Scholar

»O Pescator del onde« 65
Es gellte mir am Ohr
Nun stand er an der Buche
Er hob den Arm empor
Verbrämt sein schlichtes Käpplein
Mit linden Zweiges Zier 70
Und pfeifend trug er weiter
Sein flatterndes Zimier

Glück auf, mein frischer Junge,
Gott geb dir Luft und Raum
Wie gern die lustge Fahne 75
Dir gibt der heitre Baum
Er ist kein schlimmer Alter
Dem in vermorschter Brust
Das Herz vor Ärger zittert
Bei schmucker Jugend Lust 80

Doch still, was naht sich wieder?
Ein Husten, kurz und hohl.
Es schlurft den Anger nieder
Ach Gott! ich kenn' dich wohl
Es ist der Buche Zwilling 85
Mein alter lieber Freund
Auf dessen Haupt so flammend
Die Maiensonne scheint

Nun stand er an dem Baume
Lugt' unterm Zelt hinaus
Wie roch er so vergnüglich
An seinem Veilchenstrauß
Nun sucht' er an der Rinde
Er spähte um und um
Und lächelt wie verstohlen
Und sah verschüchtert um

Dort fand ich rauhe Risse
Und dachte Frostes Spalt,
Doch warens Namenszüge
Vermoost und Adamsalt
Nun schlug er einen Nagel
Er hängt sein Kränzchen auf
Mich dünkt ich seh erröten
Ihn an die Stirn hinauf.

Dann sachte hat er sachte
Den Pfad hinauf gespürt
Wie ein verwegner Knabe
Der kecken Streich vollführt
Wohl steht zu grauen Haaren
Die Myrtenkrone nicht
Doch in der Marmorurne
Gar schön das ewge Licht

O konntest Du mich ahnen
Mein grauer Lysias
In deinem ganzen Leben
Wärst du nicht wieder blaß
Doch wer dein spotten könnte
Du Herz voll Kindessinn
Das wär gewiß kein Mädchen
Und keine Dichterin!

MEIN STECKENPFERD ODER UHREN

O die Bevölkerung überall!
O unsre gesegneten Zeiten!
In Roßpalästen und Menschenstall
Wie Flocken sieht man es gleiten!
Von Bettlern wimmelt das ganze Land
Von Künstlergesindel die Erde
Doch keine Raçe nahm überhand
Wie jene der Steckenpferde.

Der Eine reitet den Zornebock
Der Andre, Himmel! den Goethe
Und Jener sprengt über Stein und Block
Auf einer alten Muskete
Ein Tonnenbacher rutscht Dieser mit
Auf hochgetriebnem Pokale
Und Jener macht den bedenklichen Ritt
Auf einem elektrischen Aale

Das war vor Zeiten ein anderes Ding
Kam mal ne Möwe geflogen
Fing Einer im Flore den Schmetterling
Schier hätt' man die Glocken gezogen;
Und wer vom Pegasus nur geträumt
Des staunten Freund und Verwandte
Jetzt steht im Narrenstalle gezäumt
Für Jeden die Rozinante.

Meine Steckenpferdchen sind glatt und rund
Sind blankgefütterte Schimmel
Ihr Trab wie Flüstern von Frauenmund
Ihr Wiehern ein zartes Gebimmel
Dort sprengen sie an der longe hinaus
Meine Silbergrauen und Fahlen
Sechs Kreuzer dem, der sie lobt zu Haus!
Und zwölf, der sie lobt in Journalen!
⟨nicht vollendet⟩

DER DICHTER — DICHTERS GLÜCK

I

Die ihr beim fetten Mahle lacht
Euch eure Blumen zieht in Scherben,
Und was an Gold Euch zugedacht
Euch wohlbehaglich laßt vererben
Ihr starrt dem Dichter ins Gesicht,
Verwundert, daß er Rosen bricht
Von Disteln, aus dem Quell der Augen
Korall und Perle weiß zu saugen

Daß er den Blitz hernieder langt
Um seine Lampe zu entzünden
Im Wettertoben wenn Euch bangt,
Den rechten Odem weiß zu finden
Ihr starrt ihn an mit halbem Neid,
Den Geisteskrösus seiner Zeit
Und wißt es nicht, mit welchen Qualen
Er seine Schätze muß bezahlen!

Wißt nicht, daß ihn, Verdammten gleich,
Nur rinnend Feuer kann ernähren,
Nur der durchstürmten Wolke Reich
Den Lebensodem kann gewähren
Daß, wo das Haupt ihr sinnend hängt
Sich blutig ihm die Träne drängt
Nur in des schärfsten Dornes Spalten
Sich seine Blume kann entfalten

Meint ihr das Wetter zünde nicht?
Meint ihr der Sturm erschüttre nicht?
Meint ihr die Träne brenne nicht?
Meint ihr die Dornen stechen nicht?
Ja, eine Lamp' hat er entfacht,

Die nur das Mark ihm sieden macht! 30
Ja Perlen fischt er und Juwele
Die kosten nichts als seine Seele!

II

Locke nicht, du Strahl aus der Höh
Denn noch lebt des Prometheus Geier
Stille still, du buhlender See 35
Denn noch wachen die Ungeheuer
Neben deines Hortes kristallnem Schrein,
Senk die Hand mein fürstlicher Zecher
Dort drunten bleicht das morsche Gebein
Des der getaucht nach dem Becher 40

Und du flatternder Lodenstrauß
Du der Distel mystische Rose
Strecke nicht deine Fäden aus
Mich umschlingend so lind und lose
Flüstern oft hör ich dein Würmlein klein 45
Das dir heilend im Schoß mag weilen
Ach soll ich denn die Rose sein
Die zernagte, um Andre zu heilen?

DER NACHTWANDLER

Siehst du das Ziegeldach am Hage dort?
Die Dämmrung sinkt, laß uns vorüber eilen,
Bald steigt der Vollmond an des Moores Bord,
Dann ist's nicht gut in dieser Nähe weilen,
Hier schwebt kein Spuk den Heideweg hinauf, 5
Kein Räuber paßt in jenem Schuppen auf,
Ein Bürgerhaus! – ein bürgerlich Beginnen!
Es wohnt ein Greis, es wohnen Diener drinnen.

Alt ist der Herr, wie alt, man weiß es kaum,
Er liebt es nicht im Kirchenbuch zu deuten,
Ihm starb ein Weib vor langer Jahre Raum,
Und auch ein Kind – das sind verschollne Zeiten! –
Es heißt er habe ihr den Arzt versagt,
Mit schlechter Kost sein krankes Kind geplagt;
Was sagt man nicht, um Leute zu verdammen
Wo sich das Gold in Haufen drängt zusammen!

Einst war er arm, hat kümmerlich gezehrt,
Wohl kümmerlicher noch als Andre eben,
Da, sagt man, hab um eines Talers Wert
Er einen Leib dem Galgen übergeben;
Jung sei der Dieb gewesen, hungerbleich,
Und seine Mutter krank, – wer glaubt es gleich!
Neid folgt dem Reichen sieh die Hüttenwände,
Dort wohnt die Armut, sein ist das Gelände.

Man kann ihn fleißig in der Kirche sehn,
Und seine Sitten durfte Keiner rügen,
Doch seit des Körpers Kräfte ihm vergehn
Muß übelem Gebrest der Greis erliegen,
So oft die Mondesscheibe füllt der Schein
Hüllt er sich schlafend in das Leilach ein
Und klimmt vom Bett, das Schwefelhölzchen fachend,
Ein Diener folgt ihm, seinen Schritt bewachend.

Aus jener Hütte sieht der Fröner ihn
Dann stundenlang am Fensterglase zählen,
Das Gold befeilen, Federstriche ziehn,
Und öfters greifen, wie nach Diebeskehlen,
Dann ist auch wohl ein Schrei hinaus geschallt,
Als tue seiner Seele man Gewalt,
Bis ihm die Arme sinken wie verwittert,
Und weiter er mit seinem Lämpchen zittert.

Nach jener Kammer ist sein nächster Gang,
Wo bei dem größrem Lager steht ein kleines
Dort wiegt er sich am Bettchen – stundenlang –
Als schüttl' er eine Flasche edlen Weines,
Und gießt und gießt, als würd es nie genug
Und stopft und stopft, wie Bissen gen das Tuch
Und tastend scheint er einen Puls zu greifen
Gebückt, als lausch' er schwachen Odems Pfeifen.

Und an dem andern Lager steht er dann,
Scheint tröpfelnd über Arzenein zu bücken,
Er breitet schweigend eine Decke an,
Und einen Schirm scheint er hinan zu rücken,
Im Hui hat er dann das Glas erreicht,
Das Fenster wo sich fern der Galgen zeigt,
Der Diener springt, man hört ein dumpf Gewimmer
Das Fenster klirrt, und dunkel ist das Zimmer.

Schreit schneller, schneller – an der Scheibe dort
Sieh wie es leise glimmt und Funken zittert,
Nun zuckt ein blaues Flämmchen – fort, nur fort!
Mir ist, wie wenn die ganze Luft gewittert;
Schau nicht zurück, Verwegner, fluch' ihm nicht,
Laß ihn allein mit Gott und dem Gericht,
Meinst du ein Fluch vergrößre seine Leiden?
O, laß den Dieb am Galgen ihn beneiden!

ZWEI LEGENDEN

I
Das verlorne Paradies

Als noch das Paradies erschlossen war
Dem ersten sündelosen Menschenpaar,
Kein Gift die Schlange kannte, keinen Dorn
Der Strauch, der Leu und Tiger keinen Zorn,

Noch fröhlich scholl der Nachtigallen Flöte,
Da schlief an jedem Abend Eva ein
An einem Rosenstrauche, und der Schein
Von ihrer unschuldsvollen Wangenröte
Floß lieblich um der Blume lichten Ball,
Denn damals waren weiß die Rosen all
Und dornenlos – umnickt vom duftgen Kranz,
Der überm Haupte führte lichten Tanz,
Ruhte das erste Weib, Gedanken sinnend,
Die Embryone schon der Gottheit Siegel
Am Haupte trugen, schon im Keime minnend
Bewegten halb erschloßne Seraphsflügel.
Sie lag, den Zweig an ihre Brust gedrückt
– Denn keine Blume wurde noch gepflückt –
Bis leise sich die Wimper niederließ
Und in ihr Träumen schlich das Paradies.
O, heilig war das Weib, wer sie gesehn,
Nicht denken hätt er können, daß sie schön,
Nur daß sie rein wie Tau und Gottes Spiegel.

Die Ros' auch lächelt selig, doch wie lange?
Hüte dich vor der Schlange!

Und nieder stieg ein Abend schwer und matt,
Kein Lüftchen bog der Palme Fächerblatt,
Am grauen Horizonte murrend stand
Die erste Donnerwolk, Erebus Rand,
Am Rosenstrauche fiel die erste Träne,
Und drüber weint' der Nachtigall Gestöhne.
War dies das Weib von gestern, dieser Leib
Verhüllt im Blätterschurz – ein reizend Weib,
Das Auge lodernd von verbotnem Wissen?
Wie scheinen heiß und hart des Mooses Kissen,
Wie Dunstes trunken ihr das Paradies,
Des Vogels Klage wie so schmerzlich süß!
Und wie so seltsam brennen ihr die Wangen! –
Fest hielt den vollen Rosenzweig sie, fest

Wie der Versinkende die Binse preßt 40
Oder den süßen Leib ein glüh Verlangen.
Ob sie entschlief? wohl endlich hat die Nacht
Ihr Ruhe, bleiern schweren Schlaf gebracht;
Nicht hat des Regens Rieseln sie erweckt,
Des Donners Rollen sie nicht aufgeschreckt, 45
Ihr Haar nur flatterte in Windes Tosen
Und ihr am Busen zitterten die Rosen;
Wie eine Leiche lag sie, schmerzlich mild,
Zum erstenmal im Schlaf des Todes Bild,
Und als am Morgen sie die Wimper hob, 50
Und zuckend von der Brust die Zweige schob,
Da war all ihrer Wangen lichter Schein
Gezogen in der Blumen Rund hinein,
In glüher Sehnsucht alle aufgegangen,
Zum Kusse öffnend all den üppgen Mund, 55
Und Eva kniete weinend, ihre Wangen
Entfärbt, und ihre Brust von Dornen wund.

II
Gethsemane

Als Christus lag im Hain Gethsemane
Auf seinem Antlitz, mit geschloßnen Augen,
– Die Lüfte schienen Seufzer nur zu saugen, 60
Und eine Quelle murmelte ihr Weh,
Des Mondes blasse Scheibe widerscheinend –
Da war die Stunde wo ein Engel, weinend,
Von Gottes Throne ward herab gesandt,
Den bittern Leidenskelch in seiner Hand. 65

Und vor dem Heiland stieg das Kreuz empor,
Daran sah seinen eignen Leib er hangen,
Zerrissen, ausgespannt, wie Stricke drangen
Die Sehnen an den Gliedern ihm hervor.
Die Nägel sah er ragen, und die Krone 70

Auf seinem Haupte, wo an jedem Dorn
Ein Blutestropfen hing, und wie im Zorn
Murrte der Donner, mit verhaltnem Tone;
Ein Tröpfeln hört' er, und am Stamme leis
Hernieder glitt ein Wimmern, qualverloren,
Da seufzte Christus, und aus allen Poren
Drang ihm der Schweiß.

Und dunkel ward die Luft, im grauen Meer
Schwamm eine tote Sonne, kaum zu schauen
War noch des dorngekrönten Hauptes Grauen,
Im Todeskampfe schwankend hin und her.
Am Kreuzesfuße lagen drei Gestalten,
Er sah sie, grau wie Nebelwolken, liegen,
Er hörte ihres schweren Odems Fliegen,
Von Zittern rauschen ihrer Kleider Falten,
O, welches Lieben war wie seines heiß!
Er kannte sie, er hat sie wohl erkannt,
Das Menschenherz in seiner Brust gebrannt,
Und stärker quoll der Schweiß.

Die Sonnenleiche schwand, – nur schwarzer Rauch,
Und drin versunken Kreuz und Seufzerhauch –
Ein Schweigen, grausiger als Sturmes Toben,
Schwamm durch des Raumes sternenleere Gassen,
Kein Lebenshauch auf weiter Erde mehr,
Ringsum ein Krater, ausgebrannt und leer,
Und eine hohle Stimme rief von oben:
»Mein Gott, mein Gott, wie hast du mich verlassen!«
Da faßten den Erlöser Todeswehn,
Da weinte Christus, mit gebrochnem Mut,
Da ward sein Schweiß zu Blut.
Und zitternd quoll es aus des Dulders Munde:
»Herr, ist es möglich, so laß diese Stunde
An mir vorüber gehn!«

Ein Blitz durchfuhr die Nacht! – im Lichte schwamm
Das Kreuz, erstrahlend mit den Marterzeichen, 105
Und Millionen Hände sah er reichen
Sich angstvoll klammernd an des Kreuzes Stamm.
O Händ' und Händchen aus den fernsten Zonen!
Und um die Krone schwebten Millionen
Noch ungeborner Seelen, Funken gleichend, 110
Ein leiser Nebelrauch dem Grund entschleichend,
Drang aus den Gräbern der Verstorbnen Flehn.
Da hob sich Christus in der Liebe Fülle,
Und: »Vater, Vater!« rief er, »nicht mein Wille
Der deine mag geschehn!« 115

Still schwamm der Mond im Blau, ein Lilienstengel
Stand vor dem Heiland im betauten Grün,
Und aus dem Lilienkelche trat der Engel
Und stärkte ihn.

AN PHILIPPA
Wartensee, den 24. Mai 44

Im Osten quillt das junge Licht
Sein goldner Duft spielt auf den Wellen,
Und wie ein zartes Traumgesicht
Seh ich ein fernes Segel schwellen,
O könnte ich der Möwe gleich 5
Umkreisen es in lustgen Ringen!
O, wäre mein der Lüfte Reich,
Mein junge lebensfrische Schwingen!

Um dich, Philippa, spielt das Licht,
Dich hat der Morgenhauch umgeben, 10
Du bist ein liebes Traumgesicht
Am Horizont von meinem Leben,
Seh deine Flagge ich so fern
Und träumerisch von Duft umflossen,

Vergessen möcht ich dann so gern
Daß sich mein Horizont geschlossen.

Vergessen daß mein Abend kam,
Mein Licht verzittert Funk, an Funken,
Daß Zeit mir längst die Flagge nahm,
Und meine Segel längst gesunken,
Doch können sie nicht jugendlich
Und frisch sich neben deinen breiten,
Philippa, lieben kann ich dich,
Und segnend deine Fahrt geleiten.

⟨AUF HOHEM FELSEN LIEG ICH HIER⟩

Auf hohem Felsen lieg ich hier
Der Krankheit Nebel über mir
Und unter mir der tiefe See
Mit seiner nächtgen Klage Weh
Mit seinem Jubel seiner Lust
Wenn buntgeschmückte Wimpel fliegen
Mit seinem Dräun aus hohler Brust
Wenn Sturm und Welle sich bekriegen

Mir ist er gar ein trauter Freund
Der mit mir lächelt mit mir weint
Ist wenn er grünlich golden ruht
Mir eine sanfte Zauberflut
Aus deren tiefen klaren Grund
Gestalten meines Lebens steigen
Geliebte Augen, süßer Mund
Sich lächelnd winkend zu mir neigen

Wie hab ich gar so manche Nacht
Des Mondes Widerschein bewacht
Die bleiche Bahn auf dunklem Grün
Wo meiner Toten Schatten ziehn

Wie manchen Tag den lichten Hang
Bewegt von hüpfend leichten Schritten
Auf dem mit leisem Geistergang
Meiner Lebendgen Bilder glitten

Und als *dein* Bild vorüber schwand
Da streckte ich nach Dir die Hand
Und weh ward's in der Seele mir
Daß du nicht weißt wie nah sie dir
So nimm denn meine Lieder hin
Sie sind aus tiefer Brust erklungen
Nimm sie mit alter Liebe Sinn
Und denk ich hab' sie Dir gesungen.

DAS EINZIGE KIND

O schau wie um ihre Wängelein
Ein träumendes Lächeln bebt
Sprich! Sieht sie nicht wie ein Engelein
Das über der Krippe schwebt?
Oft fürcht ich sie sei für die Welt zu gut
O Lieber sind wir wohl blind
Ein wenig blind für das eigene Blut
Unser liebes einziges Kind?

Der Gatte fühlt den Meister und Herrn
Gibt allen Mängeln ihr Recht
Wie spielt er den Philosophen so gern
Und ach! wie gelingt es ihm schlecht
Von Murmelchen spricht er anderen gleich
Dran gar nichts zu loben ist
Indes er streichelt die Löckchen weich
Die kleinen Fingerchen küßt

⟨*nicht vollendet*⟩

⟨SO GERN HÄTT' ICH EIN SCHÖNES LIED GEMACHT⟩

So gern hätt' ich ein schönes Lied gemacht,
Von deiner Liebe, deiner treuen Weise,
Die Gabe, die für Andre immer wacht,
Hätt' ich so gern geweckt zu deinem Preise.

Doch wie ich auch gesonnen, mehr und mehr,
Und wie ich auch die Reime mochte stellen,
Des Herzens Fluten rollten drüber her,
Zerstörten mir des Liedes zarte Wellen.

So nimm die einfach schlichte Gabe hin,
Vom einfach ungeschmückten Wort getragen,
Und meine ganze Seele nimm darin;
Wo man am meisten fühlt weiß man nicht viel zu sagen.

AN ELISE
Zum Geburtstage am 7. März 1845

Das war gewiß ein andrer März,
Ein Mond, den Blütenkränz umhegten,
Als Engel dich, geliebtes Herz,
In deine erste Wiege legten?
Das war gewiß ein Tag so frei,
So frisch vom Sonnenstrahl umglommen!
Doch auch im Wintermantel sei
Er wie der schönste mir willkommen.

Mir ward ein schlimmrer Mond zu teil,*
Um den kein Vogel je gesungen,
Nur Eises Zapfen, blank und steil,
Das kalte Diadem geschlungen;

---

* 12^t Jan.

Ach anders wirken Schnee und Eis
Und anders wohl der Sonnen Güte!
Ich steh', ein düstres Tannenreis
Du eine zarte Veilchenblüte.

Doch fest zusammen, fest im Raum,
Gehalten in des Winters Stürmen,
Du schmücke mich zum Weihnachtsbaum
Und ich will deine Blüte schirmen.
Dann muß uns, willig oder nicht,
Das Leben reiche Gaben zählen,
Und niemals wird das Himmelslicht,
Der Poesie Beleuchtung fehlen.

⟨ALS DIESE LIEDER ICH VEREINT⟩

Als diese Lieder ich vereint
Zum Kranz in ferner Heimat paarte,
Da, freilich, kannt' ich nicht den Freund,
Den mir die Zukunft aufbewahrte.
Da wußt' ich nicht wie manchem Wort
Das ich aus voller Brust gesungen,
Lag in der seinen der Accord
Der es harmonisch nachgeklungen.

Doch da in ernster Gegenwart,
In freundlicher doch fremder Zone,
Mir seines Beifalls Freude ward
Und seiner Freundschaft Ehrenkrone,
Nun reich' ich gern die Blätter dar,
Was Flüchtges drin, das sei vernichtet;
Was ritterlich, was gut und wahr –
Das sei als hab' ich's Dir gedichtet.

DIE MUTTER AM GRABE

Du warst so hold und gut, so sanft und stille,
Mein frommes Kind, und sterben mußtest du!
Dein Geist, zu rein für diese Erdenhülle,
Flog wie ein Lichtstrahl seiner Heimat zu.
Wenn weinend wir an deinem Grabe stehen,
Ich und dein Vater, deine Liebsten hier,
Dann sehn wir nur des Grabes dunkle Tür,
Und können deine Seligkeit nicht sehen.

O, könnten einmal einer Mutter Blicke
Nur dringen durch den unbekannten Raum,
Dich sehn in deinem unschuldsvollen Glücke,
Und wär es nur im Schlummer, nur im Traum,
Dann würd' ich ruhig auf die Stelle schauen,
Wo nun der Staub dem Staube sich gesellt,
Doch abgeschlossen bleibt die Geisterwelt,
Und nur der Glaube dringt in ihre Auen.

Wohl weiß ich es, daß über unsre Tränen
Du weit erhöht im lichten Glanze stehst,
Daß dir verständlich mein geheimstes Sehnen,
Du gern als Engel mir zur Seite gehst,
Wohl fühl' ich oft, wenn schaut mein Blick nach oben,
Mich aufgerichtet wie durch Gottes Hand,
Dann fühl' ich auch: es gibt ein geistig Band,
Und meines Kindes Hand hat mich erhoben.

Aus jenem Sterne, der so milde glühet,
Scheint wohl dein Blick in mein verweintes Aug'?
Und in der Luft die kosend mich umziehet,
Will trösten mich vielleicht dein frommer Hauch?
Befreit von Fesseln die uns drunten binden,
Begabt mit Kräften die uns nicht verliehn,
Wohl mag dein Odem öfters mich umziehn,
Constanze, kannst du mir es nicht verkünden?

Mich dünkt, in ihrem tiefen Gram zu sehen
Die Eltern woran hing dein zärtlich Herz,
Zu wissen sie verstehen nicht dein Wehen,
Mich dünkt, mein Kind, dies sei dir doch ein Schmerz;
Doch nein, vor deinen klaren Geisterblicken
Liegt hell und licht des Dornenpfades Ziel,
So scheint dir Menschenkummer wohl ein Spiel,
Und was uns läutert kann dich nur beglücken.

Wohl warst du fromm, dem Jenseits aufgeschlossen,
Dein Blick wie dringend durch des Grabes Tür;
Als, ach, so bitter meine Tränen flossen
An deinem Bettchen, sprachst du nicht zu mir:
»O Mutter, weine nicht, ich war ja immer
Gehorsam«? – schon vom Tode fast umhüllt:
»Ich komme in den Himmel« sprachst du mild,
Und Freude mischte sich in dein Gewimmer.

Von meinen heißen Tränen überregnet
Um meinen Segen batest du mich da:
»Du hast mich, Mutter, ja noch nie gesegnet,
Segne Constanzen, segne mich, Mama!«
Dann: »Alle sollt ihr in den Himmel kommen,
Ich bin bei euch wenn ich gestorben bin.«
Und wie ein Hauch schwand deine Seele hin,
Zum Heimatland der Reinen und der Frommen.

Ich habe dich gesegnet unter Schmerzen,
Mit einem Kuß auf deine kalte Stirn,
Ich segnete dich mit gebrochnem Herzen,
Mit Todesangst im siedenden Gehirn;
So segne mich denn auch, du reines Leben,
Du klarer Engel in der Himmelsau,
O segne mich mit deiner Liebe Tau,
O gib mir wieder was ich dir gegeben.

Bei allen Bürden, allen Erdenpflichten
Hauch' an mit deiner Milde und Geduld
Mein irdisch schwaches Herz, und laß sich richten
Mein irrend' Auge zu der höchsten Huld;
Hilf pflegen mir, in Lust wie Schmerzensbanden,
Das große Bild der ernsten Ewigkeit,
Dann starb mein Kind für diese Spanne Zeit,
Allein ein Schutzgeist ist es mir erstanden.

⟨WAS IST MEHR, DENN SCHMUCK UND KLEID?⟩

Was ist mehr, denn Schmuck und Kleid?
Ein g'sunder Leib, so's freudig treit,
Was ist mehr, denn Gold, so wert?
Ein frei Gemüt, so des nit embehrt,
Was ist mehr, denn Kron' und Grund?
Ein klug Gemüt, so des brauchen kunnt,
Was ist mehr, denn glückselig sein?
Ein fein Gemüt, so des wert allein.

Das merk dir echt, du junges Blut!
Es ist gemeint in Treuen gut,

Das war dein' Schwester, wohlbekannt,
Die dieses schrieb mit ihrer Hand,
Und, Bruder mein, ich bitt' dich sehr,
Denk nimmer mein, denn meiner Lehr.

⟨GRAD' HEUTE, WO ICH GAR ZU GERN⟩

Grad' heute, wo ich gar zu gern
Dir hätt' ein herzlich Wort gesagt,
Grad' heute hat mein böser Stern
Mit argem Husten mich geplagt;
Doch wär ich wohl hinauf geklommen,
Wär nicht mein Schwesterlein gekommen,
Und hätt' es ernst mir untersagt.

Was send' ich meinem Gruße nach?
Ein buntes Glöckchen, arm, und klein,
Wohl ist sein Stimmchen zart und schwach,
Doch ist es silberhell und rein,
Und wo du läßt es klingelnd rauschen
Da wird das Ohr der Liebe lauschen,
Und, glaub' es mir, das hört gar fein.

KLÄNGE AUS DEM ORIENT

DER BARMEKIDEN UNTERGANG*

Reiche mir die Blutorange,
Mit dem süßen Zauberdufte,
Sie die, von den schönsten Lippen,
Ihre Nahrung hat geraubt.

Sagt ich es nicht? o Maimuna!
Flehend! händeringend! kniend! –
Sagt ich es zu sieben Malen.
Nicht zu tausend Malen dir?

Laß, o Fürstin, diese Liebe!
Laß von dieser dunklen Liebe!
Dir die ganze Brust versengend,
Unheil bringend und Gefahr.

---

* Das Geschlecht der Barmekiden gehörte zu den edelsten, mächtigsten und zahlreichsten unter der Herrschaft der Kalifen, zuletzt war Dschafer der Barmekide Großwesir des Kalifen Harun-al-Raschid und sein Günstling, Maimuna, die Schwester Harun-al-Raschids, faßte eine glühende Neigung zu dem schönen und edeln Manne, und da sie sich ihm auf keine andre Weise zu nähern wußte, betrat sie seinen Palast in den Kleidern einer Tänzerin, die Folge dieser Zusammenkunft war ein Verhältnis, was, eine Reihe von Jahren verborgen geblieben, doch endlich zu der Kenntnis des Kalifen gelangte, Dschafer ward hingerichtet, und sein Kopf über einem der Tore von Bagdad aufgesteckt, und das ganze Geschlecht der Barmekiden, in die Wüste getrieben, unterlag dort dem Hunger und Elende!

Daß nicht merk' es der Kalife,
Er der zornbereite Bruder,
Nicht den Dschafer er verderbe,
Deinen hohen Barmekiden,
Nicht den Dschafer er verderbe,
Und dich selber Fürstin auch.

Doch was ist die weise Rede
In dem liebentbrannten Herzen?
Wie das Winseln eines Kindleins
In der wutentflammten Schlacht,
Wie ein linder Nebeltropfen
In dem brennenden Gebäude,
Wie ein Licht, vom Borde taumelnd,
In den dunklen Ozean.

Einer Tänzerin Gewande
Hüllen einer Fürstin Glieder,
Um die Schultern Seide flattert,
In dem Arm die Zitter liegt.

O wie windet sie die Arme!
Hoch das Tamburin erschwingend,
O wie wogen ihre Schritte!
Ihre reizerblühten Glieder!
Daß der Barmekide glühend
Seine dunklen Augen birgt.

Sieben Jahre sind verronnen,
Sieben wonnevolle Jahre,
Nach den sieben drei und fünfe,
Und in den Gebirgen irrend,
Zieht der Barmekiden Schar.

Mütter auf den dürren Mäulern,
Blind geweint die schönen Augen,
In den Armen Kindlein, wimmernd
In die lagerlose Nacht.

Über Bagdads Tor ein Geier,
Kreisend über Dschafers Scheitel,
Rauscht hinan, und rauscht vorüber,
Hat zur Nahrung nichts gefunden,
Als, in seiner Augen Höhlen,
Nur zwei kleine Spinnlein noch.

BAJAZETH

Der Löwe und der Leopard
Die singen Wettgesänge,
Glutsäulen heben Wettlauf an,
Und der Samum ihr Herold,
O Sonne birg die Strahlen!

Was schleicht dort durch den gelben Sand?
Ist es ein wunder Schakal?
Ist es ein großer Vogel wohl?
Ein schwergetroffner Ibis?
O Sonne birg die Strahlen!

Ein wunder Schakal ist es nicht,
Kein schwergetroffner Vogel,
Es ist der mächtge Bajazeth,
Der Reichste in Cairo,
Er der die dreizehn Segel hat,
Die reichbeladnen Schiffe,
Auf seiner Achsel liegt der Schlauch,
Der Stab in seiner Rechten,
O Sonne birg die Strahlen!

Weh Dir du unglückselges Gold!
Verräterisches Silber!
Und weh dir Hassan! falscher Freund!
Du ungetreuer Diener!
Nahmst in der Nacht die Zelte mir,

Und nahmst mir die Kamele!
O Sonne birg die Strahlen!

Wie einen Leichnam ließest mich,
Wie Mumien verdorrte,
Wie ein verschmachtetes Kamel,
Wie ein Getier der Wüste,
Und gab dir doch das reiche Gut!
Die zwanzigtausend Kori!
O Sonne birg die Strahlen!

So fluch' ich denn zu sieben Mal,
Und tausend Mal verfluch' ich:
Daß dich verschlingen mag das Meer,
Dein brennend Haus dich töten,
Daß breche dein Gebein der Leu,
Dein Blut der Tiger lecke,
Der Beduine plündre dich,
Preis gebe dich der Wüste,
Daß in dem Sande du versiegst,
Verschmachtend – hülflos – irrend –
O Sonne birg die Strahlen!

⟨O NACHT! DU GOLDGESTICKTES ZELT!⟩

O Nacht! du goldgesticktes Zelt!
O Mond! du Silberlampe!
Das du die ganze Welt umhüllst,
Und die du Allen leuchtest.

Wo birgt, in deinen Falten, sich
Die allerreinste Perle?
Wo widerstrahlt dein träumend Licht
Im allerklarsten Spiegel?

O, breite siebenfach um sie
Das schützende Gewinde,
Daß nicht der Jüngling sie erschau,
Auflodere in Flammen,
Daß kein verblühend Weib sie trifft,
Mit unheilvollem Auge.

Und milde Lampe, schauend tief
In ihres Spiegels Klarheit,
Erblicktest du ein Bild darin?
Und war es, ach! das Meine?

⟨WER BIST DU DOCH, O MÄDCHEN?⟩

Wer bist du doch, o Mädchen?
Du mit dem schwarzen Schleier?
Und mit dem schwarzen Sklaven,
Der weißen Sklavin du?

Wie Sterne deine Augen
Durch deines Schleiers Nächte
Dein Gang wie der Gazelle
Wie Palme die Gestalt

Gesegnet sind die Wellen
Des Bades die dich kühlen
Gesegnet die Gewänder
Umschließend deine Huld

Und siebenfach gesegnet
Der Sklave dem du winkest
Der deinen Tritten lauschet
Der deine Stimme hört

Und tausendfach gesegnet
Die Sklavin der du lächelst

An ihre Schulter lehnend
Dein unverschleiert Haupt

DER FISCHER

Wehe dem kleinen Fischerssohn!
Des Vater fischen gegangen.
An den Strand läuft er täglich hinaus,
Am Morgen, am Abend nicht minder,
Kehre Vater! kehre zurück!
Und bringe die guten Fische!
Kleider reiche! Sandalen auch!
Und rede freundliche Worte!
Denn die Mutter in Grämen ist stumm,
Und der Gläub'ger nahm die Gewande.

DER KAUFMANN

Unglückselig der Kaufmann ist,
Und ganz von Sorgen befangen.
An den Wolken hängt sein Blick,
Am Flaume mißt er die Winde.
Aber selig des Räubers Los!
Und herrlich lebt der Pirate!
Der die Meere Gespielen nennt,
Die Windsbraut seine Geliebte,
Lachend sieht er die Schiffe ziehn,
Die aller Güter beraubten,
»Fahret wohl! grüßt den Kaufmann mir!
Der am Flaume gemessen die Winde.«

DAS KIND

Wär ich ein Kind! ein Knäblein klein!
Ein armes, schwaches, geliebtes,
Daß die Mutter mich wiegte ein,
Und süße Lieder mir sänge,
Blumen brächten die Sklavinnen auch,
Mit dem Wedel wehrten die Fliegen,
Aber Zillah, mich küssend, spräch:
»Gesegnet! mein süßes Knäbchen!«

DER GREIS

Allah! laß des Greises Los
Mich nicht, des Greises, erleben!
Aus dem Haupte das Haar ihm fällt,
Und des Bartes köstliche Zierde,
Ach! und Zillahs liebe Gestalt,
Und Zillahs schwebende Stimme,
Kalt und fühllos stößt er's zurück,
Wie das Riff der Nachtigall Töne.

Sprachübungen*

GEPLAGT

Weh dem Knaben der zwei Herrinnen hat!
Verloren ist er! verloren!

---

* Das Nachdenken über den engsten und ursprünglichen Sinn mancher Adjektiven, und der Einfall ihn in kleinen Bildern darzustellen, veranlaßte diese flüchtigen Skizzen.

Ruft die Stimme, und ruft sie dort,
»Komm! binde mir die Sandalen!
Gib den Schleier! – nun eile fort,
Vom Markte Narde zu holen!«
Durch die Menge irrt er umher,
Wie ein armer verscheuchter Vogel,
Wie ein armes zerrißnes Gewand,
Geflickt von tausend Händen,
Wehe dem Knaben der zwei Herrinnen hat!
Verloren ist er! verloren!

GETREU

So du mir tätest auch Schmach und Hohn
Nicht wollt' ich es klagen den Kindern,
Und schlügst du mir ab die rechte Hand
Noch wollt' ich die Linke dir bieten,
So aber du nähmst das unselige Haupt,
Noch wollt' ich warnend dir rufen,
»Fernab! fernab stell', o Pascha, dich!
Daß nicht mein Blut dich besprenge,
Denn unschuldiges Blut wen es trifft
Der fällt in schnelles Verderben.«

FREUNDLICH

Und als ich nun gen Bassora kam,
Da rief die Stimme vom Gitter:
»Bist du es Hassan? geliebter Freund?
Komm herein! daß ich dich umfange,
Daß ich die Füße dir waschen mag,
Und mag die Stirne dir salben.«
Und als ich kam nach Mekka, der heiligen Stadt,
Da grüßten mich viele Stimmen.
Nicht bin ich Hassan, und Jener nicht,

    Doch halt' ich Allahs Gebote,
    Drum hat er gesegnet das Antlitz mir,
    Daß ich Jegliches Freund ihm erscheine.

VERLIEBT

Schilt mich nicht, du strenger Meister,
Daß im Diwan ich geträumet,
Und bei des Muezzins Rufen,
Ach, nach Mittag stand gewendet,
Wisse als ich kam vom Bade,
Als ich heimging aus den Gärten,
Schlüpfte Zillah mir vorüber,
Und den Schleier hob sie schalkhaft.

VERLIEBT

Mutter, löse die Spangen mir!
Mich hat ein Fieber befallen.
Denn das Fenster ließest du auf,
Das immer sorglich verhängte,
Und im Garten ich Mädchen sah,
Die warfen Ringe im Kreise,
Flatternd selber, ein Blütenschnee,
Vom leichten Winde getragen.
Immer flöten nun Stimmen mir,
Und immer Spiegel mir flirren,
Blind geworden bin ich schon ganz,
Taub werd' ich nächstens werden,
Mutter, löse die Spangen mir!
Mich hat ein Fieber befallen.

BEZAUBERND

Und wenn sie vorüber am Fenster geht,
Und fällt ihr Schatten auf die Gasse,
Da stehn die Jünglinge sinnberaubt,
Und wissen nicht was sie beginnen.
Doch in die Moschee die Derwische fliehn,
Rufend »Allah! errett' uns!
Denn dein Feuer vom Himmel fiel
Und mögen ihm nimmer entrinnen.«

VERHENKERT

Wie du gehst, und wie du stehst,
Und was du sprichst und beginnest,
Gift'ge Pfeile die Worte sind,
Wie Nattern deine Gebärden,
An dem Pfahle da ist dein Platz,
Und auf der luftigen Spindel,
Wo der Rabe dich grüßen mag!
Der ungesättigte Vogel!

VERTEUFELT

Naht o naht dem Gewande nicht,
Des toten Hundes, des Giauren,
Der erschlagen den Muselmann,
An Mekkas heiliger Pforte.
Nehmt auch die kleinen Kinder fort,
Daß sie es nimmer erschauen,
Denn die Dschinnen hauchten's an,
Und Iblis, der dreimal Verruchte!

VERFLUCHT

Was schäumt das Meer? was wälzt es sich?
Und bäumt an das Gestade?
Ist's Strömung was da drunten wühlt?
Ist's unterirdisch Feuer?
Nicht Strömung ist es was da wühlt;
Nicht unterirdisch Feuer,
Ein Leichnam fiel in seinen Schoß,
Ein siebenmal verfluchter,
Des Kaufmanns, der um schnödes Gold
Erschlug den eignen Bruder.

HERRLICH

Und wenn er aus der Pforte tritt,
Und weht sein Mantel über die Gasse,
Dann stehn die Männer, das Haupt geneigt,
Sprechend: »wo sind deine Vasallen?«
Und die Witwen und Waisen kniend schrein
»Hilf uns! du mächtger Gebieter!«

UNAUSSPRECHLICH

Die Nachtigall in den Kampf sich gab
Mit der Lerche, der schwebenden Stimme,
Daß ihre Reize besängen sie,
Und all ihre süße Gebärde,
Doch die Nachtigallen reihten sich
Und die Lerchen, wie Perlenschnüre,
All' lagen sie tot in Gras und Strauch,
Verhaucht im süßen Gesange.

UNBESCHREIBLICH

Dreitausend Schreiber auf Teppichen saßen
Und rührten den Bart mit der Feder,
Sie schrieben schrieben so manchen Tag,
Daß grau geworden die Bärte,
Daß trüb geworden die Augen längst,
Und längst erkrummet die Finger,
Wer aber was sie geschrieben liest,
Und liest das was sie geschrieben,
Der spricht: »ist es ein Schatten wohl?
Oder ist es der Schatten des Schattens?«

UNERHÖRT

Der Ossa sprach zum Pelion:
»Was ist für ein Klang in den Lüften?
Singt wohl die sterbende Nachtigall?
Oder eine verstoßene Huri?
Zehnmal fielen meine Zedern hin,
Und meine Felsen zerbröckeln,
Sechstausend Jahre machten mich grau,
Und sechzigtausend Stunden,
Doch nie drang solch ein Laut zu mir,
Vom Tal oder aus der Höhe«
Eine Mutter am Hange steht,
Die weint ihr einzig Söhnlein!

Anhang

DER GÄRTNER

Auf dem Markte der Gärtner rief,
Kauft Trauben! kaufet die Trauben!
Aber im Herzen die Furcht ihm wohnt
Sie möge keiner begehren
Sauer waren und trocken sie
Von Mehltau alle getötet,
Doch am Gitter Zillah lehnt,
Und fällt ihr Blick auf die Früchte,
Naht Hassan, mein Gärtner sprich,
Was willst du für deine Trauben?
Nimm Meister koste sie,
Und habe meiner Erbarmen,
»O wie köstlich, mein Gärtner nimm,
Und möge Allah dich segnen«
Abend naht und der andre Tag
Weh mir wie bin ich betrogen!

HERZLICH

All meine Rede und jegliches Wort
Und jeder Druck meiner Hände
Und meiner Augen kosender Blick
Und alles was ich geschrieben
Das ist kein Hauch und ist keine Luft
Und ist kein Zucken der Finger
Das ist meines Herzens flammendes Blut
Das dringt hervor durch tausend Tore

UNZÄHLBAR

Und rings die Weisen rief er herbei
Die hatten gezählet die Sterne
Auf roten Teppichen saßen sie
Und hielten die weiße Feder
Des Honigs auch tranken sie einen Teil
Daß munter werde die Kehle
Ringsum die weißen Gräber stehn
Drin schlafen die stillen Weisen
Der Speise eine Zahl verzehrten sie
Und eine Unzahl der Getränke
Doch was sie gezählt in all der Zeit
Von der Zahl die sie sollten zählen
Ist wie des ärmsten Bettlers Gemach
In Bizanz der großen der Städte

ENGLISCH

Auf seinem Throne Allah saß
Unter Asch dem strahlenden Zelte
Vor ihm stand Eloakim
Und schwang die mächtigen Flügel
Fernhin war der Engel Schar
Durch 30 000 Himmel
Sprach er einer von allen fehlt
Und sonst fehlt Keiner von allen
Doch der auf Erden wandelnd geht
In Medina der heiligen Stätte
In einer Jungfrau klarer Gestalt
Vom schwarzen Schleier umflattert

⟨DER MORGENSTRAHL BAHNT FLIMMERND
SICH DEN WEG⟩
Für Katharina Schlüter

Der Morgenstrahl bahnt flimmernd sich den Weg,
Durch meines Lagers dichtgeschloßne Falten,
Zuckt um die Wimper mir, und müht sich reg
Mein halb noch träumend Augenlid zu spalten,
Wach auf! wach auf! die Gnadenuhr schlug an,
Wach auf! die teure teure Zeit entrann!
Die Zeit mit keinen Tränen festzuhalten.

So ist die Sonne wirklich denn am Dom
Des Himmels wieder prangend aufgezogen!
Und wieder steh ich an der Liebe Strom!
Und darf auch wieder kosten seine Wogen!
Nicht nahm die Nacht mich hin, noch steh ich nicht
Vor jenem letzten schaurigen Gericht,
Ach Gott! noch einmal bin ich ihm entzogen!

Und wie mir mählich das Bewußtsein kehrt,
Wie aus dem Flore die Gedanken treten,
Da wird erst klar mir dieser Gnade Wert,
Mein Gott! am Abend meint ich wohl zu beten,
Doch wie Gesunde tun, ach Herre mein!
Sollt es mein letztes armes Zeugnis sein,
Wie schwach wie dürftig würd' es mich vertreten!

So sei denn auch mein erstes Flehen wach
Für Jene, die nicht gleiche Huld genossen,
Sie, Deren Stundenglas die Nacht zerbrach,
Und Deren letztes Sandkorn ausgeflossen,
Vor Allen innig Jenes sei gedacht,
Der sorglos einschlief zu der letzten Nacht,
In irdische Gedanken ausgegossen.

Wohl weiß ich, Herr! Du bist das höchste Recht,
Und wolltest Du die Warnung ihm versagen,
Doch wirst getreu Du sein gen Deinen Knecht,
Nicht Unverschuldetes ihn lassen tragen,
Ich aber, die ich schwach und sündig bin,
Und stumpf zu fassen Deinen heilgen Sinn,
Ich kann nur denken sein in Furcht und Zagen.

Und dann mein zweites Flehen sei geweiht,
Und zwar von Herzen sei's, und unbestritten,
Für sie, durch die in meiner Lebenszeit
Ich irgend bittre Stunden hab' erlitten,
Ach! Menschen-Einsicht ist ein trüber Hauch!
Doch wär' es anders, hätt' ich Feinde auch,
So will ich denn für meine Feinde bitten.

Laß ihr Gemüt mit sich in Frieden stehn,
Daß deiner Gnade Samenkorn gedeihe,
Und laß sie Deine starke Rechte sehn,
Wenn die Versuchung ihnen naht auf's neue,
Ja! kann es sein, vergönnt's ihr ewig Heil,
So werde ihnen Erdenglück zu Teil,
Als ihnen ich aus tiefstem Grund' verzeihe!

Und nun, woran mein Herze menschlich hängt,
Die Kinder mein, und alle meine Lieben,
Du weißt ja wie es mich im Innern drängt,
Wie ich um sie von Sorge bin getrieben,
Ist mein Gefühl für sie vor Allem stark,
Nicht zürnst Du des, es ist des Lebens Mark,
Du hast es selbst in die Natur geschrieben.

So fleh' ich denn aus aller Kraft in mir,
Mach' sie Dir eigen! mach' sie ganz Dir eigen!
Ob Glück ob Kummer, was sie führt zu Dir,
Ich will mich gerne Deinem Ratschluß neigen,
Doch da die frische Pflanze leichter bricht,

Nimm allen Mut den jungen Leben nicht!
Mich laß, an ihrer Statt das Schwerste beugen!

Doch, ist es töricht was mein Mund begehrt,
So will ich denn auch gar nichts Anders wollen,
Als daß sie immer Deiner Gnade wert,
Und immer Dir die echte Liebe zollen,
Die Liebe welche reift zu Frucht und Tat,
Und also schweig ich blutend Deinem Rat,
Wenn sie zu Dir durch harte Wege sollen.

Nun für mich selber fleh' ich noch zuletzt,
Die ich bedürftig bin vor Andern allen,
Du weißt am besten ja, wie leicht verletzt,
Mein Mut vor jedem Hauche mußte fallen,
Und wie es mir, von jedem Schein geirrt,
So schwer an Deinem Blick zu haften wird!
Auf Deinem Weg so mühsam fortzuwallen!

Drum bet' ich, wie Du selber uns gelehrt,
Herr! über meine Kraft mich nicht versuche!
Laß stehn mich wo man Deinen Namen ehrt,
In Ehrfurcht schweigt vor Deinem heilgen Buche,
Doch soll es sein, und trifft mich kalter Spott
Um Deinen Ruhm, so laß, o starker Gott!
Nicht furchtsam zucken meine Hand am Pfluge!

Gib daß ich duldend trage was mir scheint
Vielleicht an Andern übel und verdrossen,
Daß ich viel eh um Solche hab' geweint,
Als still gezürnt, wenn dieser Tag verflossen,
Ja! ist mir heute Kränkung zugedacht,
So laß mich fühlen, daß, beim Schluß der Nacht,
Ich heut in mein Gebet sie eingeschlossen.

Und auch die Freuden, milder Schöpfer mein!
Laß mich mit stiller Heiterkeit empfangen,

Es ist Dir recht wenn sich die Deinen freun,
Auch lächelnd dürfen wir zu Dir gelangen, 95
Den Sonnenschein, der Blumen klare Pracht,
Du hast es All' zu unsrer Lust gemacht,
Von Deiner Liebe sind wir ganz umfangen.

Nun einmal noch, wie's mir am Herzen liegt,
Maria Mutter, laß mich Dir es sagen, 100
Du hast ja selber einen Sohn gewiegt,
Und hast an Deinem Herzen ihn getragen,
Noch einmal, liebe Gnadenmutter lind,
Schau mild herab, denk an dein eignes Kind,
Ach! segne sie, die an der Brust mir lagen! 105

DER VENUSWAGEN

Ein Rosenblatt vom Busenstrauß,
Fällt vor der Gräfin Schuh,
Da lacht sie in die Nacht hinaus
»Glück zu! mein Blatt, Glück zu!
Das laß dich nicht verdrießen, 5
Du Blume Liebeslust,
Du liegst zu meinen Füßen,
Du liegst an meiner Brust.«

Sie spricht so wild, sie lacht voll Hohn,
Und doch so matt und weich, 10
Der Gatte schläft wohl lange schon!
Das Schloß steht öd und bleich,
Der Buhle ist gegangen,
Die Wang ist ihr so heiß,
Was will sie noch verlangen? 15
Ach! was sie selbst nicht weiß!

»In goldnem Käfig fing es sich
Das muntre Vögelein,

Jetzt stellt man Rosennetz um mich,
Ich trete kühn hinein,
Den Gatten muß ich hassen,
O Buhle! lieb ich dich?
Ich mag es nimmer fassen,
Es ist so schauerlich.«

Die Bäume schütteln still das Haupt,
Es regt sich das Gesträuch,
Ein Blütenschwarm, dem Beet geraubt,
Erfüllt die Lüfte gleich,
Sich in der Locken Prangen
Ein Venuswagen fängt
»Ach, armer Schelm, gefangen!
Schau, wies in Schlingen hängt!«

Mit ihren Fingern, goldbringt,
Löst sie das Taubenpaar,
Da schwirrt es, wie die Mücke singt,
Vernehmlich durch ihr Haar,
»Ich könnte dich verraten« –
– Mein Gott! wer ist der spricht? –
Da weht es, wie durch Saaten,
»Allein ich tu' es nicht.«

Ihr schaudert, und die Blume sinkt,
»Tritt ungestraft hervor!«
So ruft sie keck, ihr Auge blinkt,
Da zitterts hell empor,
»O, Herrin! wende! wende!
Die Todesnacht ist heiß!
So dunkel ist das Ende
Mein Jesu!« ächzt es leis'.

Die Gräfin regt den schönen Mund,
Doch keine Lache schallt,
Sie wandelt um des Gartens Rund,

Und durch des Parkes Wald,
Sie will das Haupt erheben,
– Die Stirn ist ihr so naß –
Sie steht und will nicht beben,
– Allein sie ist so blaß –.

Da zieht es, wie ein Feuerstrahl,
Durch die Gemächer dort,
»Was will das Licht in meinem Saal?«
Die Dame schreitet fort,
Da schlüpfts, mit scheuem Tritte,
Durchs blühende Revier,
Die Gräfin kennt die Schritte,
»Lenore! ich bin hier!«

»Mein Gott! wie habt ihr lang verweilt.«
Ruft die, vor Angst noch bleich,
»Da nahen Tritte!, eilt! o eilt!
So eben sucht man Euch.«
»Was hat man denn zu fragen?
Was gibts, zu Nacht, für Not?«
»O Herrin! laßt Euch sagen
Der alte Veit ist tot!«

Oft lag er still, im Todeskampf,
Oft sprach er gar nicht mehr,
Dann rief er, wie aus innrem Krampf,
So tief, und hohl, und schwer.
»Ich muß die Gräfin sprechen!
O ruft sie! weckt sie auf!
Eh kann mein Herz nicht brechen,
Mein Jesu!« ächzt er auf.

Man zauderte, man stand und stand,
Da griff, in Wahnes Hauch,
Des Alten dürre Knochenhand
Nach einem Blütenstrauch,

         Den jüngst der Sturm gebrochen,
         Und sprach, in irren Wehn,
         »Du hast noch nie gesprochen
         Und kannst mich doch verstehn.«

         Er sah ihn, mit dem tiefen Blick,
         So lang und schaurig an
         Er sprach so leis in sich zurück,
         Dann lag er still und sann,
         Er drückt ihn an die Wange,
         »Maria! Königin!
         Mein Gott! wie lange! lange!«
         Sein Leben war dahin.

         Was wollte doch der alte Mann?
         »Ihr habt ihm nie vertraut!«
         Die Gräfin blickt sie eisig an,
         Die Zofe schweigt, ihr graut.
         »Ich will den Alten sehen,
         Lenore! folge mir!«
         Und durch das Dunkel gehen
         Die Beiden für und für.

         Wie eine graue Aloe,
         Gebrochen von der Zeit,
         Die starren Augen in die Höh,
         Das war der alte Veit.
         An seinen Wangen fliehen
         Die Blütentauben hin,
         Und blaue Wäglein ziehen
         Auf weißem Grunde hin.

         Wer hat gestört den Blumenzug?
         Ein Taubenpaar entführt?
         Dort, wo die Blüte, wie im Flug,
         Den toten Mund berührt?
         Und hätt'st du nicht geschwiegen,

Vor sieben Monden, scheu,
Du hättest mögen siegen,
Nun aber ists vorbei.

Die Herrin schaut wohl unverwandt,
Doch spricht sie gar kein Wort,
Sie nimmt den Zweig aus seiner Hand,
Sie schreitet langsam fort.
»Ihr Zofen! löst den Schleier!
Das Haupt ist mir so schwer!«
Sie tändelt mit der Leier, –
Allein sie singt nicht mehr.

Willst du die Herrin sehn? o schau!
Sie liegt so schön und bleich,
In ihrer weißen Hand den blau
Geheimnisvollen Zweig.
Die Tauben schweigen stille,
Der Gatte kniet und weint,
Und durch der Schleier Hülle
Die Morgenröte scheint.

DAS BEFREITE DEUTSCHLAND

Aus der Wolke quoll der Tau herab
Und der Nachtwind säuselt linder
Sorglos ruhn der Erde Kinder
Doch mein Auge nicht der Schlaf umgab
Ungesehen rann die Trän herab
O Germanien du Felsen alt
Grauer Sohn des freien Norden
Dich beherrschet feindliche Gewalt
Bist dem fremden Manne worden

Ist der stolze Aar dem Nest entflohn
Ließ von scheuer Furcht bezwungen

Seinem Feind zum Raub die Jungen
Lang du arme Brut entfloh er schon
Und der Sohn der Fremde spricht dir Hohn
O des edlen Herrscherstammes Sproß
Flohst du feig in deine Hallen
Schaust voll Furcht vom hohen Kaiserschloß
Siehst dein Deutschland hülflos fallen

Sieh da ward es hell im Geiste mir
Und ich sah von Licht umfahen
Eine Huldgestalt sich nahen
Und wie Flötenlispel klang es mir
Jüngling Deutschlands Schutzgeist naht sich dir
Um des Frevlers Haupt die Donner ziehn
Werden treffen ihn im Rausche
Niederschmettern seine Stirne kühn
Darum fasse dich und lausche

Und da drang an mein begeistert Ohr
Durch der nächtgen Lüfte Stille
Wild verworrner Stimmen Fülle
Wie wenn sich aus wunder Brust empor
Ringt des Schmerzens banger Schrei hervor
Horch das sind die Völker die er schlug
Die verzweiflungsvoll in Ketten
Ihn belasten mit des Elends Fluch
Ach und können sich nicht retten

Und ein leises Ächzen schlich herbei
Wie das Ach des Tränenmüden
Horch das ist die Stimm aus Süden
Warst Helvetien so groß so frei
War dein Volk so edel und so treu
Weh sie sanken blutend in der Schlacht
Deine Söhne stolz und bieder
Und mit ihnen sank in grause Nacht
Deine Freiheitssonne nieder

Und wo Welschlands reiner Himmel glüht
Und aus voller Brust ergossen
Der Begeistrung Tränen flossen
Des Gesanges heilge Blum geblüht
Und der Geist im kühnen Bild geglüht 50
Ach da füllt der Eris Schwert mit Blut
Die Gefilde hell und golden
Und vor ihrer Fackel düstrer Glut
Fliehn die Grazien die holden

Und da klagte fern ein leiser Laut 55
Wie ein Seufzer stiller Sorgen
Horch das ist die Stimm aus Morgen
Über Oestreichs Haupt der Himmel graut
Und im Abend ein Gewitter braut
Und es naht der Sturm er naht mit Macht 60
Wird verderbend sich ergießen
Wenn nicht seines Schicksals grauser Nacht
Ihn sein alter Mut entrissen

Ach vom hohen Kaiserhaupte fiel
Deutschlands edle Herrscherkrone 65
Und sie nahm mit stolzem Hohne
Seiner wilden Ehrbegierde Spiel
Der Tyrann ein langersehntes Ziel
Deine Völker Franz die treu dir glühn
Gäbst du preis den bösen Gästen 70
Soll Germaniens Beherrscher fliehn
Vor dem schlechten Mann aus Westen

Und ein banges Wimmern füllt die Luft
Wie die Klag bei blassen Resten
Horch das ist die Stimm aus Westen 75
Schmeichelnd führt gehüllt in Nebelduft
Der Tyrann sie an des Abgrunds Kluft
Und sie beben wild entsetzt zurück
Sehn vor den enthüllten Sinnen

Ihres Freiheitstaumels kurzes Glück
Eine Duftgestalt entrinnen

Wo die Seine rauschend sich ergießt
Baut den Thron auf tausend Leichen
Sich der Mörder sonder Gleichen
Um ihn der Verzweiflung Träne fließt
Schrecklich hast du Gallien gebüßt
Deine Felder sind vom Blute rot
Ausgestorben deine Hallen
Donnernd ist des Bourboniden Tod
Auf dein sündig Haupt gefallen

Und da Jubelklänge mich umziehn
Wie das Jauchzen wilder Horden
Horch das ist die Stimm aus Norden
Und sie nahn sie nahn die Retter kühn
Her vor ihnen Glück und Freiheit ziehn
O Germanien mein Vaterland
Rief ich bebend vor Entzücken
Als gelöscht von unsichtbarer Hand
Schwand das Bild vor meinen Blicken

Gleich dem Nebel der das Tal durchzeucht
Wenn er dampfend sich gestaltet
Und manch Duftgebild entfaltet
Schnell zerrinnend die Gestalt erbleicht
So das Bild vor meinen Sinnen fleucht
Nächtge Stille wieder mich umgab
Und die Sternlein blickten helle
Freundlich leuchtend sah der Mond herab
Durch der Wölkchen Silberwelle

Doch mir losch das Bild im Busen nicht
Und wenn mit des Unheils Wüten
Der Erinnen Fackeln glühten
Strahlt es hell mir mit der Hoffnung Licht

Spottend sahs die Welt und faßt es nicht
Aber liebend hegt ich es und treu
Und es konnt den süßen Glauben
O mein Vaterland einst wirst du frei
Mir der Menge Hohn nicht rauben

Und sie nahn sie nahn die Retter kühn
Vor den Helden stark aus Norden
Fliehn entsetzt die Räuberhorden
Schnell vor ihnen die Erinnen fliehn
Und entgegen Deutschlands Herzen glühn
Naht der Brenn und von der Wolga fern
Rußlands Macht in ihrer Mitte
Oestreichs Herrscher seinem Volk ein Stern
Und der Wogensohn der Britte

O Germanien meine Heimat schön
Sieh der Tiger flieht vom Raube
Und mich täuschte nicht mein Glaube
Der Allmächtge hat erhört mein Flehn
Und dies Auge hat dich frei gesehn
Doch verzeih der Träne daß sie rinnt
Ist gleich frei der Arm von Ketten
O Germanien du Heldenkind
Konntest selber dich nicht retten

Doch im Herzen süße Dankbarkeit
Weih zum Preis der edlen Retter
Ich der Nachwelt diese Blätter
Daß vernehme es die ferne Zeit
Deutschland ward durch euren Arm befreit
Blutend sank vor euch das Räuberheer
Ruhe kehrt zum Vaterherde
Und kein Frankenfußtritt schändet mehr
Unsre heilge deutsche Erde

⟨KOMM LIEBES HÄHNCHEN KOMM HERAN⟩

Komm Liebes Hähnchen komm heran
und friß aus meinen Händen.
Nun komm du Lieber kleiner Mann
daß sie's dir nicht entwenden

⟨WIE BLINKT DER MOND SO SILBERHELL⟩

Wie blinkt der Mond so silberhell
wie blicket er hervor,
er leuchtet heller wie ein quell
o mond komm mehr empor.

⟨O LIEBE MAMA ICH WÜNSCHE DIR⟩

O Liebe mama ich wünsche dir
für deine guten Gaben
das jedes Jahr dir fließe hin
ohne eine einzige Plage,
bis endlich dich das Alter erreicht,
nur meine, nicht deine Freude weicht,
weil du dich nicht wie ich der jugend kannst erfreun
und nicht wie ich kannst fröhlich sein.

DER ABEND

Oft gepriesen ist zwar
Die Kühle des tauichten Abends
Doch gepriesen zu oft
Ist nie das Schöne und Gute

DER ABEND

In den Garten belauscht
Ich heute das friedliche Dunkel
Welches mit Ruhe erquickt
Das Meer der unendlichen Schöpfung
Einsam wandelt ich hier
Durchkreuzend die sandigen Wege
Zwischen den Zwiebeln die hoch
Da standen und strotzend von Blüte
Alle streckten sie sich
Als wollten gen Himmel sie wachsen
Eine vorzüglich erhob
Sich neben mir höhnend sich messend
Strecke dich immer du Ding
Du bist doch nicht größer als ich bin
Gnüglich mir lenkt' ich den Schritt
Und blickte zur anderen Seite
Sieh da erblickte ich jetzt
Des Blumenkohls gelbliche Blüte
Gelb und feige sich bückend
So stand er der Ekel der Zunge
Auch die zierlichen Bohnen
Die hohen am Stocke erwachsnen
Vitzebohnen so nennt
Man sie in der Sprache der Küche
Auch die niedrigen doch
Weit mehr enthaltenden dickern
Und der Blumen Gemisch
Der Kürbisse prangende Staude
Alle standen sie da
Beglänzt vom freundlichen Monde
Wenig kümmern indes
Mich Küchensachen und Blumen
Darum wandt ich mich weg
Und siehe die Fläche des Baches
Welcher den Garten umkreist
War sanft versilbert vom Monde
Staunend stand ich hier still

Versenkt im entzückenden Anschaun
Aus der Wonne Gefühl
Erweckte die Stimme der Glocke
Mich ich horchte und o
Es tönte der achte der Schläge
Jetzund eilt ich hinweg
Zum schaurigen Dunkel des Parkes
Freundlich schimmerte durch
Die Äste die trauliche Luna
Aber jetzt wag ich mich in
Die heimlichsten dunkelsten Gänge
Schaurig ist's hier fürwahr
Mich bangt bei jeglichem Laute
Und es bildet die Angst
Mir, trügend, schreckliche Bilder
Sehe ich moderndes Holz
Des Glühwurms kleine Laterne
Zaubert die Phantasie
Mir feurige Männer und Geister
Flinke Elfen die sich
Im Tanze durchkreuzen und Gnomen
Bange wird es mir drin
Und ich eile hinaus in das Freie
In das freundliche Feld
Wo schon der Weizen heranreift
Und es rauschet das Korn
Es zirpt die Grille im Grase
Und es liegen umher
In blauer Ferne die Berge
Sanft beschienen vom Glanz
Des allbeleuchtenden Mondes
Schweigend wandelte ich
Am silbern blinkenden Bache
Und es stimmte mein Herz
Sich still zur Freude voll Wehmut
Wehmutsvoll begann ich
Und sang voll innrer Empfindung

Sage wo wohnet das Glück
Wo wohnet die Ruhe des Herzens
Wohnt es im goldnen Palast
Und wohnt es im fürstlichen Saal
Ach da herrschet der Neid
Da herrschen der Eifersucht Schrecken
Dort kann nicht wohnen das Glück
Wo Bruder den Bruder nicht liebt

O so wohnt es vielleicht
An Indiens reichen Gestaden
Bei dem Wilden der frei
Freiheit und Gleichheit nur kennt
Aber die Musen sie sind
Die Trösterinnen im Leben
Sage besitzt der das Glück
Der nicht die Himmlischen kennt

Ach so wohnt es nicht hier
Es wohnt nicht bei Reichtum und Ehre
Sage wo wohnt denn das Glück
Wo wohnet die friedliche Ruh
Suche das Glück in dir selbst
Der Zufriedenheit such's bei den Musen
Dem der's im Busen nicht trägt
Gibt es das Irdische nicht

Als ich geendet das Lied
So ging ich voll innerer Schwermut
Still die Felder entlang
Betrachtend die Wahrheit des Liedes
Aber es löset Eol
Des Westes gebundene Flügel
Ha wie schütteln sich schon
Des Parks erhabene Gipfel
Ach wie weht es so kalt
Und mahnet nach Hause zu gehen

Und ich folge dem Ruf
Und eile geschwind durch die Felder
Und den Garten in's Haus
Wo lange das Essen schon wartet

⟨WIE SIND MEINE FINGER SO GRÜN⟩

Wie sind meine Finger so grün
Blumen hab ich zerrissen
Sie wollten für mich blühn
Und haben sterben müssen
Wie neigten sie um mein Angesicht
Wie fromme schüchterne Lieder
Ich war in Gedanken, Ich achtets nicht
Und bog sie zu mir nieder
Zerriß die lieben Glieder
In sorgenlosem Mut
Da floß ihr grünes Blut
Um meine Finger nieder
Sie weinten nicht, sie klagten nicht,
Sie starben sonder Laut
Nur dunkel ward ihr Angesicht
Wie wenn der Himmel graut
Sie konnten mirs nicht ersparen
Sonst hätten sie's wohl getan, –
Wohin bin ich gefahren!
In trüben Sinnens Wahn!
O töricht Kinderspiel!
O schuldlos Blutvergießen!
Und gleichts dem Leben viel,
Laßt mich die Augen schließen,
Denn was geschehn ist, ist geschehn
Und wer kann für die Zukunft stehn!

AN EINEN FREUND

Zum zweiten Male will ein Wort
Sich zwischen unsre Herzen drängen
Den felsbewachten Erzes Hort
Will eines Knaben Miene sprengen,
Sieh mir ins Auge, hefte nicht
Das Deine an des Fensters Borden
Ist denn so fremd dir mein Gesicht
Denn meine Sprache dir geworden?

Sieh deinem Freund ins Auge, schuf
Natur ihn auch im Eigensinne
Nach fremder Form, muß ihrem Ruf
Antworten er mit fremder Stimme
Der Vogel singt wie sie gebeut,
Libelle zieht die farbgen Ringe
Und keine Seele hat bis heut
Sie noch gezürnt zum Schmetterlinge

Still ließ an seiner Jahre Rand
Die Parze ihre Spindel schlüpfen,
Zu strecken meint er nur die Hand
Um alte Fäden anzuknüpfen
Allein den Deinen fand ich reich
Er fand sich vielbewegt verschlungen
Darf es dich wundern, wenn nicht gleich
Die neue Arbeit ihm gelungen?

Daß Manches in ihm schroff und steil
Wer könnte ach wie er es wissen
Es ward zu seiner Seele Heil
Sein zweites zarteres Gewissen
Und hat den Übermut gedämpft
Der ihn Gigantengleich bezwungen
Hat glühend wie die Reue kämpft
Mit dem Dämone stets gerungen

Doch du, das tiefversenkte Blut
In seinem Herzen, darfst du denken
Er wolle so sein eignes Gut
So seine reichste Würde kränken?
O sorglos war sein Wort und bunt
Er meinte daß es dich ergötze
Daß nicht geschaffen sei sein Mund
Zu einem Wort daß dich verletze

So reich er eine Hand nicht nur
Er reiche Beide dir entgegen
Zum Leiten auf verlorner Spur
Zum Liebespenden und zum Segen
Nur ehre den, der angefacht
Das Lebenslicht an seiner Wiege
Ertrag ihn wie ihn Gott gemacht
Und leih' ihm keine fremden Züge

DER DICHTER

Das All der Welten unendlich umkreist,
Im schwebenden Fluge mein unsteter Geist,
Wo führst du mich hin? du gewaltige Macht,
Durch Räume voll Dunkel durch Weiten voll Nacht.

Ich führe dich hin, daß du schauest das Licht
Wohl ahndets dein Busen, doch kennt er es nicht,
Ich führe dich hin, durch die Räume voll Nacht
Daß du schauest die Klarheit in leuchtender Pracht.

Von leuchtendem Glanz ist ihr Thron rings umhellt,
Doch fern nur ein Schimmer erreichet die Welt,
Dran labt sich das kleinliche Menschengeschlecht,
Es heißt die Vernunft ihm, es heißt ihm das Recht.

Drob freut es sich gnüglich, nicht ahndend daß hell
Dem Tropfen auch sprudle ein strahlender Quell,
Ein engendes Band hüllt die Sinnen ihm ein,
Und Sonnenlicht wähnt es den kärglichen Schein.

Doch regt sich zuweilen lichtdürstend ein Geist,
Die engenden Bande der Sinne zerreißt
Er mächtig, durchdringet im Fluge die Nacht,
Es schwindet der Nebel, er schauet die Pracht.

Begierig dann schlürft er den Strahlenduft ein,
Und reget die Schwingen, und senkt sich hinein,
Berauscht sich in Gluten, und badet voll Lust
Im Meere voll Lichtes die glühende Brust.

Doch darf er nicht weilen, die Erde, sie zieht
Ihn mächtig zurück in ihr kleinlich Gebiet
Und kehrt er nun wieder, im Busen so warm,
Wie scheint ihm dann alles so kärglich, so arm.

Ihm träufelt das Licht von den Fittgen, ihm glüht
Das Feuer vom Auge, verachtend er sieht
Wie stolz sich das Volk bläht beim ärmlichen Schein,
Und hüllt in errungene Klarheit sich ein.

Die Erde, sie hat ihn verloren, er lebt
In süßer Erinn'rung die hold ihn umschwebt,
Das Außen verwirrt und befremdet er schaut,
Doch drinnen da ist er so innig vertraut.

Drum nennet ihn seltsam und töricht die Welt
Und sieht nicht den Glanz der ihn freudig umhellt,
Er höret es lächelnd, kein Tadel ihn drückt,
Er ist ja im Innern so glühend beglückt.

Dem Tode schaut froh er ins blasse Gesicht,
Er ist ihm ein Bote, er führt ihn zum Licht,

Sein Geist schwingt sich frei in die Welten hinaus
Sie grüßt er bekannt wie sein heimisches Haus.

⟨DIE IHR SIE KENNET DES LEBENS FREUDEN⟩

Die ihr sie kennet des Lebens Freuden
Und froh genießt des Lebens Glück
Beherziget auch der Armen Leiden
Und werft auf sie des Mitleids Blick.

Seht hier ein Weib von sechzig Jahren
Einst war ich auch gesund und froh
Doch hab ich leider viel erfahren
Eh Freud und Glück mir ganz entfloh.

Mit kranken Manne tauben Kinde
Die nunmehr ich ernähren muß
Die Zähre weicht die harte Rinde
Oft unser einziger Genuß.

Das Maß des Unglücks ganz zu füllen
Fiel uns die Kuh – ein Schwein – ein Pferd
Ich füge mich des Schicksals Willen
Bleibt mir gleich nichts das mich ernährt.

Ich wollte dennoch nicht verzagen
Kauft auf Kredit noch eine Kuh
Doch legt auch die nach wenig Tagen
Gleichfalls auf immer sich zur Ruh.

Kein Tropfen Milch kein bißchen Butter
Für meinen armen kranken Mann
Ich acht es nicht doch meine Mutter
Die achtzig Jahr bald zählen kann.

Noch hatt ich früher eine Stütze
Sie fiel dies war mein größter Schmerz
Mir war, als wenn ein Strahl vom Blitze
Zerschmetternd träf mein Mutterherz.

Nicht sehen konnt ich uns verschmachten
Für uns floß mancher Tropfen Schweiß
Großherzig wollt ich gar nichts achten
Verdoppelt Arbeit Müh und Fleiß.

Mein Sohn fast wär das Herz gesprungen
Wie man ihn zwang von mir zu gehn
Doch konnte ohne meinen Jungen
Vielleicht nicht die Armee bestehn.

Ach dann und wann auch uns ein Tröpfchen
Voll Milch ihr Herren – reich begabt
Glaubt daß uns diene ein Tröpfchen
So gut wie euch Tokaier labt.

Helft mir zu tilgen meine Schulden
Für mich so groß für euch so klein
Dann will ich alles gern erdulden
Dann drückt mich nicht mein Leichenstein.

Dann blüht auch hier die schönste Rose
Und jeder Edle sehe sie
Was sie sich wünscht zum großen Lose
In dieses Lebens Lotterie.

Gott lohne es was ihr tut den Kranken
Und glücklich wird es um euch stehn
Und kann ich hier mich nicht bedanken
Kanns wohl im Himmel einst geschehn.

UNRUHE

Laß uns hier ein wenig ruhn am Strande
Foibos Strahlen spielen auf dem Meere
Siehst du dort der Wimpel weiße Heere
Reisge Schiffe ziehn zum fernen Lande

Ach! wie ists erhebend sich zu freuen
An des Ozeans Unendlichkeit
Kein Gedanke mehr an Maß und Räume
Ist, ein Ziel, gesteckt für unsre Träume
Ihn zu wähnen dürfen wir nicht scheuen
Unermeßlich wie die Ewigkeit.

Wer hat ergründet
Des Meeres Grenzen
Wie fern die schäumende Woge es treibt
Wer seine Tiefe
Wenn mutlos kehret
Des Senkblei's Schwere
Im wilden Meere
Des Ankers Rettung vergeblich bleibt.

Möchtest du nicht mit den wagenden Seglern
Kreisen auf dem unendlichen Plan?
O! ich möchte wie ein Vogel fliehen
Mit den hellen Wimpeln möcht ich ziehen
Weit, o weit wo noch kein Fußtritt schallte
Keines Menschen Stimme widerhallte
Noch kein Schiff durchschnitt die flüchtge Bahn.

Und noch weiter, endlos ewig neu
Mich durch fremde Schöpfungen, voll Lust
Hinzuschwingen fessellos und frei
O! das pocht das glüht in meiner Brust
Rastlos treibts mich um im engen Leben

Und zu Boden drücken Raum und Zeit
Freiheit heißt der Seele banges Streben
Und im Busen tönts Unendlichkeit!

Stille, stille, mein törichtes Herz
Willst du denn ewig vergebens dich sehnen?
Mit der Unmöglichkeit hadernde Tränen
Ewig vergießen in fruchtlosem Schmerz?

So manche Lust kann ja die Erde geben
So liebe Freuden jeder Augenblick
Dort stille Herz dein glühendheißes Beben
Es gibt des Holden ja so viel im Leben
So süße Lust und, ach! so seltnes Glück!

Denn selten nur genießt der Mensch die Freuden
Die ihn umblühn sie schwinden ungefühlt
Sei ruhig, Herz, und lerne dich bescheiden
Gibt Foibos heller Strahl dir keine Freuden
Der freundlich schimmernd auf der Welle spielt?

Laß uns heim vom feuchten Strande kehren
Hier zu weilen, Freund, es tut nicht wohl,
Meine Träume drücken schwer mich nieder
Aus der Ferne klingts wie Heimatslieder
Und die alte Unruh' kehret wieder
Laß uns heim vom feuchten Strande kehren
Wandrer auf den Wogen, fahret wohl!

Fesseln will man uns am eignen Herde!
Unsre Sehnsucht nennt man Wahn und Traum
Und das Herz, dies kleine Klümpchen Erde
Hat doch für die ganze Schöpfung Raum!

⟨FELITZ DIE WAR DIE GUTE⟩

Felitz die war die gute
die beste Freundin ihr.
Und als der Mutter Freundin
gefällt auch wohl sie mir

Sie haben in der Jugend
so oft gescherzt gelacht
und auch in diesem Jahre
hat ihrer sie gedacht

⟨DIE FREUDE DES LEBENS, IST FLÜCHTIG UND LEICHT⟩

Die Freude des Lebens, ist flüchtig und leicht,
Wie bald kommt der Augenblick, wo sie entweicht,
Zwar schön sind die Stunden, wo sie uns erreicht,
Doch baldig verschwunden, so leicht, o so leicht.

⟨ROSE, DU KÖNIGIN DER BLUMEN⟩

Rose, Du Königin der Blumen, bist in Manchem die schönste und in Manchem nicht An Pracht übersteigst Du alle, aber dennoch duftet das Veilchen mir schönern Geruch, ja, und das Vergißmeinnicht liebt mehr das Einfachschöne Nein Rose! statt dir nehm ich mir lieber das bescheidene Veilchen, oder ein einfaches Vergißmeinnicht, majestätisch stehst du da und neben dir die Amaryllis, oder die große blutrote Päonie, so stehst du, freundlich schlängln sich im Rasen die Feld-Hühnchen*, indem die blaue Winde auf dem Beete prangt. Das Landmädchen pflückt Kornblumen und schmückt ihren Hut damit, nun ist sie schöner, als wenn

---

* Feld-Hühnchen sind die kleinen weißen Winden im Korn

eine Dame, in der einen Hand einen Strauß von Tulpen und
Hyazinthen, in der andern einen Fächer einhertritt. Nun
Gartenblumen, gute Nacht, ich will zu meinen lieben Feldblümchen eilen.

DIE DREI TUGENDEN

1

Drei Tugenden stählen des Menschen Sinn,
Auf dieser gefährlichen Reise,
Sie führen zur Quelle des Lichtes hin,
Es verehret sie jeglicher Weise,
Sie stützen des Sterblichen wankendes Herz,
Versüßen des Lebens bittersten Schmerz.

2

Des hohen Glaubens erhabnes Gebot,
Führt aufwärts mit mächtigem Streben,
Die begeisterte Seele zum ewigen Gott,
Zu der Geister verborgenen Weben,
Hoch über des Mondes erleuchtenden Blinken,
Hoch über der Sterne hinziehenden Winken.

3

Und raubet der Neid noch das einzige Glück,
Dem Tiefgekränkten, die Ehre,
Dann zum Himmel schaut er mit hoffendem Blick,
Sein Geist eilt zur höheren Sphäre,
Er folget der Gottheit unendlicher Spur,
Und ein Pünktchen scheint ihm die Erde nur.

4

Doch hin zu der Gottheit inngem Verein,
Führt die Liebe die glaubende Seele,
Sie weihet die Erde zum Himmel uns ein,
Rein rinnt sie aus himmlischer Quelle,

Sie trügt nicht der Worte tönender Schall,
Die geheiligte Liebe umfasset das All.

5

Und siehe im ewigen Kreise sich dreht,
Die Zeit, und das wechselnde Leben,
Fest wie die unendliche Gottheit steht,
Der Tugenden ewiges Streben,
Mög zitternd das Weltall verrauchen, vergehn,
Fest werden die ewigen Tugenden stehn.

6

Drum wohl dem der Seele erhabener Schwung,
Die mächtigen Dreie gegeben,
Denn die Liebe führt zur Begeisterung,
Denn die Hoffnung gibt ihm das Leben,
Denn der Glaube zeigt hin, wo er Seligkeit trinkt,
Wo die Hoffnung ihn führt, wo die Liebe ihm winkt.

DER PHILOSOPH

Finster ziehn die Wolken am Himmel.
Lang' verhallt ist des Tages Getümmel
Grübelnd wacht er noch bei dem Schimmer
Seiner Lamp' im einsamen Zimmer,

Und er schaut mit forschenden Blicke,
In die grauen Zeiten zurücke,
Will erspähn viel dunkle Kunde
Aus der Alten belehrenden Munde.

Und wohin die Blicke sich wenden
Stehts geschrieben von tausend Händen,
Dich beseelt ein unsterbliches Leben,
Von gewaltger Hand dir gegeben,

Doch will forschend weiter er dringen,
Gleich den Alten nach Wahrheit ringen,
Da viel Lichtlein den Schriften entschlüpfen,
Und die Hand ihm tanzend umhüpfen.

Wo auch hin er sich grübelnd mag wenden,
Da die Lichtlein die Augen ihm blenden
Selbst die Worte der weisen Alten
Jetzt mit Trug und Lüge nur walten,

Und wohin auch spähen die Blicke,
Hallts aus eignem Busen zurücke,
Torheit wohnt auch im grauen Scheitel
Aller Menschen Wissen ist eitel.

Und er schreitet hinaus ins freie,
Da umwehn ihn Lichtlein auf's neue
Wollen irren die festen Schritte
Er durchwandelt ernst ihre Mitte.

Wo sich hebt das Gebirg in die Lüfte,
Steigt er sinnend hinab, hinab in die Klüfte,
Denn es ist, als ob es ihn riefe,
Mensch! die Wahrheit wohnt in der Tiefe.

In der Bergschlucht verschlungenen Wegen,
Strahlt ihm fern ein Schimmer entgegen,
Dahin lenkt den Schritt er, ohn' Grauen,
Voll Begier die Wahrheit zu schauen.

Und es glühn in bemooster Halle,
Ihm entgegen die Bergkristalle
In gar seltsame Formen sich windend,
Und viel heimliche Sprüch' ihm verkündend.

Und hervor im wogenden Dunkel,
Strahlt es leuchtend hell mit Karfunkel,

Dich beseelt ein unsterbliches Leben,
Von allmächtger Hand dir gegeben.

45 In verwundersam schlingenden Zügen,
Schaut viel Kunden er noch die nicht trügen,
Tief ergrübelnd die mystische Sprache,
In dem funkelnden Berggemache.

Ihrer Worte Deutung erwägend
50 Und in innrer Seele sich prägend,
Sucht der Erdensohn zu ergründen
Was die Erdkristalle verkünden.

Ernst und still mit innerer Wonne,
Kehrt er wieder zum Reiche der Sonne,
55 Doch im Busen trägt er die Sprache,
Aus dem unterirdschen Gemache.

Was im wallenden Zauberdunkel,
Ihm geleuchtet hell der Karfunkel,
Was die glühenden Bergkristalle
60 Ihm verkündet in moosiger Halle.

⟨NICHT WIE VERGANGNER TAGE HEITRES SINGEN⟩
Widmungsgedicht an Sibylle Mertens-Schaaffhausen

Nicht wie vergangner Tage heitres Singen
Der Ton den ich in frischer Jugend fand,
Nein anders muß das düstre Lied erklingen
Das schaudernd sich dem kranken Haupt entwand,
5 Doch wag ich's dir, du treues Herz zu bringen
Gelang es, oder mocht es nicht gelingen,
Vertrauend leg ich's in der Liebe Hand

Wohl war er schön, wohl muß ich ihn beklagen
Der frohe Blick, der ungetrübte Sinn,

Doch naht die Mittagssonne unsren Tagen
So reift die Frucht, und ist die Blume hin,
Was soll ich dir, mein zweites Selbst, noch sagen
So bin ich, und so muß mich Billchen tragen;
Nicht wahr, mein Kind, du nimmst mich wie ich bin.

⟨UND OB DER MAIEN STÜRMEN WILL⟩

Und ob der Maien stürmen will
Mit Regenguß und Hagelschlag,
Wie ein verspäteter April,
Er hat doch Einen schönen Tag.

Hat Einen Tag, der schlimme Mai,
Viel werter als das ganze Jahr,
Und wo es schier mir einerlei
Ob trüb der Himmel oder klar.

Es ist der Tag an dem der Born
Von Deines Lebens Quell entsprang,
Du, meine Freude ohne Dorn,
Und meiner Leier reinster Klang!

So stürm' er immerhin! ich fand
Mein Kränzchen doch in Wald und Ried,
Und darf doch küssen deine Hand,
Und singen Dir mein schlichtes Lied.

⟨DU, DER EIN BLATT VON DIESER SCHWACHEN HAND⟩

Du, der ein Blatt von dieser schwachen Hand
Gewünscht, von dieser, die nur guten Willen
Zu opfern hat in des Altares Brand,
Nur zitternd ihre Stelle weiß zu füllen,
Bete für sie, mein Bruder, daß wenn naht

Die letzte ihr und dunkelste der Stunden,
Kein Unkraut zeuge gegen ihre Saat,
Daß rein sie würde, wenn auch schwach, befunden.

⟨DU WANDERST FORT, UND MANCHE TEURE STUNDE⟩

Du wanderst fort, und manche teure Stunde
Zieht fort mit Dir, in jenes ferne Land,
Wohl weiß ich es, daß in getreuem Bunde,
Auch dort Dir Aller Herzen zugewandt
Doch weiß ich auch, Dir wird in fremder Runde
Nicht fremd die treue langgekannte Hand,
Und liebend, wie wir Dir die Arme breiten,
Wirst Du *zurück an unsre Herzen* gleiten.

AN SOPHIE

Wie ein Strom will Ferne scheiden
Unsers Lebens ernsten Weg
Aber stille Jugendfreuden
Bauen einen lichten Steg
Ach was uns die Stirn umkränzte
An der Kindheit Weihaltar
Dort das Leben uns durchglänzte
Dort geliebt und teuer war
Unsrer Jugend Liebeszeichen
Was auf Erden mag ihm gleichen.

AN LOUISE, AM 9TEN APRIL
Gasele

Mit Sonnenschein und Veilchenblüte
Kommt heut dein Wiegenfest,
Wie sich der Frühling hold bemühte
Wie er dich grüßen läßt!

Du selbst bist wie die Veilchenblüte,
Voll duftger Innigkeit,
Ruht dir verborgen im Gemüte
Des Frühlings Seligkeit

Die Poesie der Veilchenblüte
Des Frühlings Weh und Lust,
Was uns wie Sehnsuchtsschmerz durchglühte
Es löst sich unbewußt

Bei Wiederkehr der Veilchenblüte
Die keine Dornen scheut,
Die gleich wie deine Seelengüte
Das wunde Herz erfreut

Ein Opferduft ist Veilchenblüte
Für längst begrabnen Schmerz,
Ein Freudennachhall, o behüte
Ihn wehmutsvoll, mein Herz!

Luise, liebe Veilchenblüte,
Bleib unverwelklich mir
Verarmten eine Veilchenblüte
Mein Trost, mein Herzblatt hier!

⟨O LIEBLICHER MORGEN⟩

O lieblicher Morgen
Wie reizend bist du
Du scheuchest die Sorgen
Die Ruhe gibst du.

Wie rieselt jetzt die Quelle
Wie tanzt der Wasserfall
Wie tönt von Well' zu Welle
Sein brausend starker Schall.

Wie duften die Blumen,
Die Rose erhebt
Sich schüchtern, vom Summen
Der Bienen belebt,

Die Nachtigall hebt singend
Ihr schönes Haupt hervor,
Um den Preis mit ihr ringend
Schwingt sich die Lerch' empor.

⟨ICH KENNE DIE FREUDEN DES LÄNDLICHEN LEBENS⟩

ich kenne die Freuden des ländlichen Lebens
ich kenne die Freuden der lärmenden Stadt,
ich sehnte mich oft nach Gesundheit vergebens
ich seufzte nach Tugend, die Stadt macht nur glatt

doch ach ich verdanke mein ruhiges Leben
dem Freunde der hievon gerettet mich hat,
er sprach: willst du jetzund Gehör mir nur geben
verlasse das eitele Leben der Stadt.

wo findet man wohl die erfrischenden Lüfte?
wo sind wohl die Blumen auf grünender Flur?
wo sind die erquickenden heiteren Düfte?
wo? als bei den ländlichen Reiz der Natur

da ward ich erst glücklich, da lernt ich erst Tugend
da fand ich das frohe gesellige Glück,
nie sehn' ich mich zu der verflossenen Jugend
nie sehn' ich mich je zu den Städtern zurück.

DER SCHWERMÜTIGE

Wenn in den dunkeln Haine
Die sanfte Nachtigall
Wenn ich so traurig weine
Mir bringt der Schwermut Schall
So ist's als bräch' mir schier das Herz
Für lauter wehmuts-vollen Schmerz

Wenn auf der hellen Heide
Die frohe Lerche steigt
Ach diese Augen-weide
Macht auch mein Herz nicht leicht
Dann denk ich an's entflohne Glück,
Es wich' wie sie so schnell zurück.

Geh ich zur kleinen Quelle
Und folg' ihr überall
So sprech' ich murmle helle
Du Bach klar wie Kristall
Ich hol' dich schnelles Ding nicht ein,
So wird's auch mit dem Glücke sein.

So macht mir alles Kummer
Das Beste wird zur Qual
Und selbst im tiefsten Schlummer

Verfolgt's mich überall,
O böse Mördrin meiner Ruh!
Melancholie wenn weichest du?

⟨WENN ICH O FREUND HIER IM HAINE⟩

Wenn ich o Freund hier im Haine
Oft dem Spiele der Phantasie folge
So erzeugt sie mir Bilder in der Ferne
Welche mir so schön scheinen

Oftmals dacht ich hier im Walde
Baut ich mir ein stilles Hüttchen
Freundlich umschläng das kleine Geländer
Wilder Jasmin im Abendschimmer

Freundschaft wohnte in meiner Hütte
Und stille im Gärtchen
Sanft ruhte ich im Arme des Weibes
Und sanft bei den Kindern

O du die mit sanften Schwingen
Über die Seele der Menschen fleugt
Nichtige Phantasie zerstöre die Bilder
Die du mir erzeugt

ABENDGEFÜHL

Rötlich sinkt die Sonne schon hernieder,
Und es kehrt die Dämmerung zurück,
Ihren Strahlen, kürzer stets und trüber,
Folgt der lange, sehnsuchtsvolle Blick.

Und ermüdet von des Tages Lasten,
Wallt der Mensch der stillen Heimat zu,

ABENDGEFÜHL

Um im Arm der Liebe dort zu rasten,
Zu genießen einer süßen Ruh.

Horch! der Drosseln Töne hallen wider.
Aus den nahen Buchenhain hervor
Tönen Philomelens Klagelieder,
Und entzücken sanft des Horchers Ohr.

Doch, geendet sind die Abendlieder,
Alles eilt dem nahen Neste zu,
Schweigend steigt der Abend jetzt hernieder,
Und versenket die Natur in Ruh.

Langsam ziehn die Wolken nun vorüber,
In die Ferne mit bedächtgem Schritt,
Hätt ich jetzt der Vögelchen Gefieder,
Macht ich gern die große Reise mit.

Und ein Kranichheer zieht durch die Lüfte,
Stimmt zur Wehmut das erfüllte Herz,
Ihre Stimmen hallen durch die Klüfte,
Regen namelosen Wonneschmerz.

Führet mich fort, ihr gefiederten Wesen,
Von der Erde nichtigen Tand,
Wo Zypressen die Gräber umschatten,
Dorthin wo Freundschaft und Liebe sich gatten,
In das ewige Sonnenland.

Führt mich, ich sehne in ewiger Jugend,
Nie mich zum Wohnsitz des Lasters zurück,
Nie zu der Erde, dem Grabe der Tugend,
Diesseits ist Trauer, nur jenseits ist Glück.

Hier herrschen Intrigen,
Hier spielen Kabalen,
Hier herrschet ein schrecklicher König, das Gold,

Und von des Armen saurem Schweiße,
Und von der Witwen und Waisen Tränen,
Nehmen die Fürsten des Lasters Sold.

40 Und es steht der Mensch in der Blüte der Jugend,
Umkreist vom ewigen Wirbel der Zeit,
Ihn zieht das Laster, ihm winkt die Tugend,
Er wählt, und ist keinem zu folgen bereit.

Doch es zieht ihn das Laster mit kräftigem Arme,
45 Und warnend hält ihn die Tugend zurück,
Er sinkt, es verschlingt ihn der schreckliche Strudel,
Und ewig verscherzet ist sein Glück.

Drum führt mich, ich sehne in ewiger Jugend,
Mich nie zu den Wohnsitz des Lasters zurück,
50 Nie zu der Erde, dem Grabe der Tugend,
Diesseits ist Trauer, nur jenseits ist Glück.

Doch, sie ziehn vorüber, meine Tränen,
Rühren keines Tieres kaltes Herz,
Arme Vögelchen! ich konnte wähnen
55 Ihr verständet meinen stillen Schmerz?

Ja, sie ziehn, und lassen keine Spuren,
Als des Herzens süßen Schmerz, zurück,
Ziehen über Berg, und Tal, und Fluren,
Ihnen folgt der tränenvolle Blick.

60 Und es sinkt die schwarze Nacht hernieder,
Jedermann begibt sich nun zur Ruh,
Alle schließen gern die Augenlider,
Selbst Natur zog ja den Vorhang zu.

EMMA UND EDGAR

1

Wild brauste der Sturm durch die Wälder
Es rauschte der Regen herab
Durchnäßte die wogenden Felder
Und stürzt vom Gebirghang herab
Es flogen die Wolken, es wälzte der Nord
Durch der Burg hochwölbende Hallen sich fort
Und Emma in einsamer Kammer
Rang weinend die Hände voll Jammer

2

Des Lebens höchstes und Bestes
Dem reinen zärtlichen Sinn
Ihr einziges Gut und ihr Größtes
Das war auf immer dahin
Im Grausgewühle von Blut und Mord
Da fraß ihn die wütende Feldschlacht dort
Edgar dem ihr Herz sich ergeben
Ihr höchstes Kleinod, ihr Leben,

3

Hinsank der mutige Krieger
Im wilden Getümmel der Schlacht
Er fiel als Held und als Sieger
Ihn umschattet des Todes Nacht
Und hin nach der Heimat mit liebenden Blick
Da kehrte noch einmal sein Auge zurück
Und es flohen schnell in die Lüfte
Des Lebens schweratmende Düfte

4

Und es eilte die wartende Braut
Auf des Söllers weitschauender Spitze
Zu ersehen das Antlitz so traut

Von ihren erhabenen Sitze
Sonst umschwebte der Horen flüchtiger Tanz
Schnell die holde Jungfrau im bräutlichen Kranz
Jetzt wurden Minuten zu Stunden
Schwer schleppend die trägen Sekunden.

5
Von der Felsenburg nahen Ruinen
Zog sich lang der Schatten herab
Blutrot sank die Sonne es schienen
Rot des Meeres Wellen, ihr Grab,
Leise Dämmerung legte sich auf die Flur
Totenstille herrscht durch die ganze Natur
Nur der Uhu erhob sein Gewimmer
Aus der öden Felsenburg Trümmer

6
Und horch! wie Hufschlag es tönt
Vom Gebirg durch das Dunkel hernieder
Es bebt die Erde, es dröhnt
Des Gemäuers Feste es wider
Es wälzen sich wogende Wolken von Staub
Heim kehren die Freunde beladen mit Raub
Ach es fehlt der Tapferste, Größte,
Der mutigste Führer der Beste

7
Und sie bückt mit liebendem Blick
Sich hinab in das dampfende Tal
Donnernd kehren die Helden zurück
Freudig pocht ihr Herz bei dem Schall
Doch edle Wehmut im männlichen Blick
Bringen still die Krieger den Leichnam zurück
Übergeben ihn der Getreuen
Ihn den Schoß der Erde zu weihen

8
Emma eilt mit flüchtigen Schritte
In den Schwarm der Männer so wild
Ach da lag in der Krieger Mitte
Blaß, entseelt das teuere Bild
Und entsetzet ergreift sie unendlicher Schmerz
Tief verwundet seufzet das liebende Herz
Hochringend die Lilienhände
Erfleht sie des Lebens Ende

9
Jetzt seit sieben schrecklichen Tagen
Barg den Teuren des Grabes Nacht
Es wurden die Tage mit Klagen
Die Nächte mit Tränen verbracht
Es flogen die Wolken es wälzte der Nord
Durch der Burg hochwölbende Hallen sich fort
Und Emma in einsamer Kammer
Rang weinend die Hände voll Jammer

10
Und sie eilt mit wankenden Schritt
In das Grabgewölbe hinab
Dumpfhin hallet jeglicher Tritt
Durch die langen Hallen herab
Kalte Mitternacht taut hin auf die Flur
Tiefe Stille feiert die ganze Natur
Die Geister aus ihren Klüften
Ernst entsteigen des Moders Grüften

11
Des Gewölbes klirrende Riegel
Öffnet leis die zitternde Hand
Langsam knarrt sich öffnend die Türe
Flatternd rauscht ihr seidnes Gewand
Und da weht ihr kalter Leichengeruch
Durch des Tores weit geöffneten Zug

Doch sie eilt mit mutgem Schritte
In des weiten Gewölbes Mitte

12

An des Sarkophages Stufen
Sinkt sie hin im wildem Schmerz
Das geliebte Leben zu rufen
Zu erwärmen das kalte Herz
Es sauset der Wind durch der Felsen Spalt
Es knarret die Türe durch des Sturmes Gewalt
Leis klirret des Riegels Schwere
Umwoget vom luftigen Meere

13

Und sieh aus der Gräber Grüften
Da hebt sichs molkig und weiß
Eilends schwirrts in den dumpfen Lüften
Es naht sich schwebend und leis
Und es spielte um Emmas zitternde Hand
Die der Geister luftigen Kuß nicht empfand
Sie umfing den Marmor mit Sehnen
Netzte Edgars Asche mit Tränen

14

Da bebten des Sarges Stufen
Ein langer Schatten entsteigt
Durch der Treue Tränen gerufen
Und naht sich luftig und leicht
Nicht wie sonst umstrahlt von des Panzers Licht
Totenblässe deckte das schöne Gesicht
Und es gähnt mit weiten Munde
Unter seinem Herzen die Wunde

15

Er sprach die bedeutenden Worte
Emma, wo der Richter wohnt
An der ewgen Vergeltung Orte

Wird die treue Liebe belohnt,
Darum, dulde! – er zerfloß da er sprach
Dulde! – hallt ein dumpfes Echo ihm nach
Und es sank der Deckel wieder
Auf des Grabes Marmor nieder

16
Auf dem Grabe sank sie jetzt nieder
Und umfaßte den kalten Stein
Rief des Teuren Schatten wieder
Flehte des Geliebten Verein
Ängstlich klopft im Busen das liebende Herz
Durch die Adern goß sich tödlicher Schmerz
Kaum weilt noch mit ängstlichen Beben
Das geliebte fliehende Leben

17
Des Morgens rötlicher Schimmer
Durch das grause Dunkel sich brach
Da brauste der Sturmwind noch immer
Es rauschte der Regen herab
Es flogen die Wolken es wälzte der Nord,
Durch des Grabgewölbes Dunkel sich fort
Und spielte sanft um die bleiche
Geliebte heilige Leiche

DIE ENGEL

1
In des Abends leis sich senkenden Tau,
Schweben die Englein herab aus ätherischem Blau,
Um der Kindlein zarte Hülle sie schweben,
Und bewahren das leise zitternde Leben,
Senken ins Herz des Guten heilige Saat,
Daß es keime zur hohen kräftigen Tat.

2

Und der Träume banges Gewirre umfliegt,
Wild das Lager wo still das Kindlein liegt,
Doch vor der schützenden Engel ernsterem Blick,
Fliehet schnell das wilde Gewirre zurück,
Und in des sanften Traumes hinschwebenden Sein,
Fühlet das Kind der hohen Gottheit Verein.

3

Und wie ein Kindlein, sanft und mild von Gestalt,
Zeigt sich der zarten Seele die hehre Gewalt,
Lieblich lächelt des göttlichen Kindes Blick,
Freundlich lächelt das schlummernde Kindlein zurück,
Und in des ersten Erkennens freudigem Sinn,
Sinkt es vor seinen Erlöser liebend hin.

4

Stammelt der Unschuld erstes heiliges Flehn,
Freudig es die bewachenden Engelein sehn,
Wie die kindliche Seele, zur Tugend gezeugt,
Sich vor der Gottheit in Kindsgestalten neigt,
Und auf der schützenden Engel ernstem Gebot,
Tragen die Lüfte das heilige Flehen vor Gott.

5

Und es weichen dem Lichte die Nebel der Nacht,
Plötzlich nun das schlummernde Kindlein erwacht,
Späht nach des göttlichen Kindes liebenden Blick,
Aber es floh die holde Erscheinung zurück,
Doch was die Seele im bebenden Traum empfand,
Löschet nimmer der Wirklichkeit eisigte Hand.

6

Und es sinkt voll Andacht anbetend hin,
Vor dem Gotte der ihm im Traume erschien,
Aber die Engelein schweben leis empor,
Singen in der Geister ewigen Chor,

Wohl uns! die Seele die du uns Jehovah vertraut,
Haben wir rein dir bewahret die himmlische Braut.

DIE STERNE
Frage

1

Kennst du die Sprache der Sterne
Am blaulichten Himmelsrand
Sie winken so ferne so ferne
So heimlich und doch so bekannt
Sie heben
Mit leisem Beben
Die Gedanken
Aus ihren Schranken
In ein fremdes heiliges Land

2

Wie weilt so gerne die Seele
In eurem unendlichen Plan
Daß nichts die Wahrheit verhehle
Daß schwinde der täuschende Wahn
Doch schweigen
Die bleichen
Gestirn wie das Grab
O hinab hinab
Zu des Geheimnisses Urquell hinab

3

Es gibt eure Freuden kein König
Es gibt sie das tiefe Gefühl
Wie seid ihr dem Herzen so wenig
Und seid doch dem Herzen so viel
Hoch glänzt
Von Himmelsbläue umkränzt
Die flammende Bahn

O hinan hinan
Zu ihrem glänzenden Laufe hinan

4

Bei euch fühlt der Geist sich entbunden
Von des Lebens drückender Last
Hat endlich selbst sich gefunden
Sein tiefstes innre erfaßt
Er sieht
Von Lichtglanz umglüht
Euren mystischen Lauf
O hinauf hinauf
Aus der Wirklichkeit finstern Schranken hinauf

5

Da winkt die Sprache der Sterne
Am wölbenden Himmelsrund
O winket nicht mehr so ferne
O öffnet den ewigen Mund
Und hebt
Von Wonne durchbebt
Die Gedanken
Aus ihren Schranken
Und tut die Wahrheit mir kund.

ANTWORT
Vernunft und Begeistrung

In des Äthers freundlich lächelnder Bläue
Lacht ein Ziel uns, es winken die Sterne heran,
Tugend, nimmer begleitet von nagender Reue,
Zu ihr führet der Wahrheit ätherische Bahn,
Dorthin schreitet Vernunft, die gesucht und gefunden,
Mit ihr schwebet die Tochter der flüchtigen Stunden,
Holde Begeistrung die helle sternigte Bahn.

Fest und leis mit abgemeßnem Schritte
Wallt Vernunft zum hohen Ziele hin,
Vorsicht nur begleitet ihre Tritte,
Und der ernst unwandelbare Sinn,
Ewig bleibt sie in sich selbst gegründet,
Sie umstrahlt ein leuchtend helles Licht,
Wo der Erden Umlauf sich nicht ründet,
Sproßte sie, die Welt gebar sie nicht.

Gleich wie der Aar in die Lüfte sich schwinget,
Durch die duftigen Wolken wohl dringet,
Zu der mächtigen Sonne heran,
Schwebt bei der Sterne hinwinkenden Flimmer,
Hell die Begeistrung im rötlichen Schimmer
Hin durch der Phantasie hebende Lüfte,
Hin durch des Irrtums umnebelnde Düfte,
Zu dem bestirneten Wege heran.

Bei der Sonne majestätschen Schimmer,
Tritt Vernunft die große Reise an,
Ihre sichern Schritte fehlen nimmer,
Heller Glanz erleuchtet ihre Bahn,
Wenn des Irrtums finstre Schatten wallen,
So erhellt ihr eignes Licht sie dann,
Und so kömmt sie ohne je zu fallen,
Bei der Wahrheit hellen Wege an.

Doch bei der Sterne sanftblinkenden Flimmer,
Und bei des Mondes erleuchtenden Schimmer,
Schwebet Begeistrung allmächtig empor,
Sanft von den nächtlichen Lüften getragen,
Ohne im wallenden Dunkel zu zagen,
Kühn durch die sternigten Lüfte wohl schwirrend,
Oft sich im dumpfigten Nebel verirrend,
Hin zu dem Wege den Wahrheit erkor.

Und so wandeln die mächtigen Beiden vereinet,
Sie umschließt ein sanft beglückendes Band,
Wenn in den flüsternden Nachtduft Begeisterung weinet,
Reichet Vernunft ihr die mächtig haltende Hand,
Schauet sie selbst dann zu kalt auf die Menschheit
                                                           hernieder,
Gibt Begeistrung die heilige Tugend Träne ihr wieder,
Und so schweben vereint sie zum ewigen Land.

⟨ALS ICH EIN KNABE SORGLOS UNBEWUSST⟩

Als ich ein Knabe sorglos unbewußt
Nur kannte meiner Jugend reine Freuden
Da legte still in meine zarte Brust
Mein Vater früh die Stütze künftger Leiden
Mein Kind, was auch dein Leben schlägt
Gedenke stets in Lust und Schmerzen
Dein Gott und Herr der all' die Welten trägt
Er trägt auch dich an seinem Herzen

Und als die Seuch' in meine Herde kam
Und mit dem Schwinden meiner kleinen Habe
Auch immer mehr die Hoffnung Abschied nahm
Von meiner Liebe schmerzlich süßer Gabe
Da sann ich zweifelnd aufgeregt
Versenkt in trüber Ahndung Schmerzen
Mein Gott und Herr der all' die Welten trägt
Trägt er auch mich an seinem Herzen?

Doch zitternd heb' ich dankerfüllt den Blick
Denn wie die Sonne aus des Nebels Wiegen
Ist meines Lebens allerschönstes Glück
Mir aus der dunklen Zukunft aufgestiegen
Und jubelnd, sprech ich, tiefbewegt
Nur Wonne kennend keine Schmerzen
Mein Gott und Herr der all' die Welten trägt
Er trägt auch mich an seinem Herzen!

⟨ACH, MEINE GABEN SIND GAR GERINGE⟩

Ach, meine Gaben sind gar geringe,
Es hinkt um vierzehn Tage nach,
Und trägt gar lächerlich kleine Dinge,
Mein Namenstägelchen, dünn und schwach!

Ein homöopathisch Würstchen vor Allen,
Das ich am Munde mir abgespart,
Und auch die Kastanien sind fleißig gefallen,
Und fleißig haben wir sie bewahrt.

Nur Einmal sahn die Kinder mich sammeln,
Und hörten »es sei für die Großmama«
Da hättest Du sehn soll'n krimmeln und krammeln
Die kleinen Fingerchen, hier und da!

Die tauben haben sie nur gebraten,
Und alle die guten gelegt bei Seit',
Und konnten kaum der Lust entraten
»Zu sehn wie sich Großmütterchen freut.«

Gut sind die Kinder, ich sag's auf's Neue,
Dein immer in zärtlicher Liebe gedenk,
So mein' ich denn, dies Scherflein der Treue,
Sei Dir auch heute das liebste Geschenk.

⟨MIT GESCHENKEN. AN ***⟩

Die beiden Zwerge

Nimm's nicht so genau, geliebtes Kind,
Wenn die beiden grau geschmückten Knaben
Auch ein wenig scheel und bucklicht sind;
Diener sind sie von gar seltnen Gaben.

Ewig offne Augen wachen treu,
Und der Mund kann weise Sprüche singen
Sonst der ird'schen Nahrung frank und frei,
Denn es fehlt die Gurgel zum Verschlingen.
Edle Würfel in des Schicksals Hand
Werden sie nur stets zur Freude schallen.
Sie verlieren niemals den Verstand,
Sind sie zehnmal auf den Kopf gefallen;
Und besiegt im Kampf sieht man sie nie,
Jeder Fall muß mit Triumpfe schließen,
Keine Niederlage gibt's für sie;
Immer stehn sie tapfer auf den Füßen. –
Was sie sind, sie bringen's Jedermann,
Glück und schnellen Trost in flücht'gen Leiden,
Darum, Liebste, sieh sie freundlich an,
Nimm's nicht so genau mit diesen Beiden. –

Mütze und Kragen

Helle Bänder, ihr sollt die liebe Stirn umwehen,
Zarte Schleier ihr sollt hüllen die treueste Brust!
O, so mögen die Götter der Liebe und Treue euch
                                              segnen,
Mit der magischen Kraft stählen das schwache Geweb,
Daß die Schleier ein Schild des Lebens, so mir das
                                                Liebste,
Daß ihr Bänder im Wind immer nur flüstert von mir.

Der Ring mit dem Spiegel

Ich reiche Dir den Zauberring;
Wo sich die Hände trauen,
Schau festen Blickes auf das Ding –
Willst Du mein Liebstes schauen.

⟨MIT GESCHENKEN. AN ***⟩

Der Perlmutterring
(Mit einer eingeschnittenen Rose)

Die Muschel darf sich um die Perle schlingen,
Drum hat dies Bruderhand Dir still bestimmt.
Und eine Rose darf man *der* wohl bringen,
Die gern aus jeder Brust die Dornen nimmt.

Napoleon

Hier hast Du, Freundin, den Napoleon;
Es ist Dein Held, ich wußt' es immer schon,
Doch willst Du wissen, was ihn bête gemacht –
Er nahm sich mit dem Siegel nicht in Acht.

Der Fächer

Nimm mich, freundliche Hand, ich will getreulich Dir
                                          dienen.
Wenn der sarkastische Spott fein auf die Lippe sich stiehlt;
Wenn beim Dampfe des Tees, beim Gesumme nichtiger
                                          Rede
Morpheus' schaukelnder Arm zärtlich umschlungen
                                          Dich hält;
Aber vor Allem, wenn Stolz und Stolz im Kampfe sich
                                          nahen
Und der prahlende Wind nun zum Orkane erwächst.

Das Büchelchen

Dies Büchlein nimm mit mildem Sinn;
Zwar ist's im Grunde leer –
Und doch ist gar was Liebes drin,
Schau nur bedächtig her.

EDUARD

Eh am Himmel der Nachtstern blinkt,
Wenn in die schäumende Flut,
Hernieder die glühende Sonne sinkt,
Und auf den Gebirgen das Abendrot ruht.
Dann legt sich das Wirken der regen Natur,
Es schweigen die Vöglein, es feiert die Flur,
Die Dämmerung senkt ihr graues Gefieder,
Leis in die dampfenden Täler nieder.

Wenn am Himmel der Vollmond glüht,
Wenn durch die ruhige Au,
Der weiße wogende Nebel zieht,
Und duftig sinkt der nächtliche Tau,
Dann hallts aus der Ferne mit klagendem Laut,
Als weinte den Jüngling die liebende Braut,
Und tönt mit bangen mit heißen Gefühlen,
Und kann nur der Nacht seine Trauer enthüllen.

Was scheust du Vöglein des Tages Pracht?
Wo jeglicher fördert sein Tun,
Was klagt dein Liedlein in dumpfer Nacht?
Wenn alle die anderen Vögelein ruhn?
Ich töne den Sternen mein süßes Leiden,
Der Liebe Schmerzen, der Liebe Freuden,
Und bei der Nächte verborgenem Schweigen,
Vernehmen es traurend die stummen Zeugen.

Wenn die Sonne strahlenumkränzt,
Sich hebt aus dem brausenden Meer,
Schimmernd dann das Gebirg erglänzt,
Und der Wald und die Täler ringsumher,
Dann erwachen die Vöglein wieder,
Singen jubelnd die lieblichen Lieder,
Des heiteren Tages fröhliche Söhne,
Doch ach verhallt sind die süßen Töne.

Was sitzest so stumm du Vögelein?
Was verhallte dein süßer Gesang?
Mich scheuchet das muntre fröhliche Sein,
Und der Freude lauter jubelnder Klang,
Mag nicht mit den Sängern des Tages mich messen,
Ich möchte mein süßes Leid dann vergessen,
Mag nicht des Tages freudiges Rauschen,
Für meine teuren Leiden mir tauschen.

O Liebe! seliger Morgentraum!
In der Jugend rosigten Stunden,
Es fühlt die zitternde Seele dich kaum,
Und hegt schon die teuren Wunden,
Und bei dem Rauschen der mächtigen Freude,
Da flieht sie zu ihrem teuren Leide,
Denn nur was der Geist im Verborgenen schafft,
Das bewahrt seine heilige innere Kraft.

Drum bergen so tief wir das bange Glück,
In unsrer pochenden Brust,
Und hütens vor jeglichem fremden Blick,
Es pflegend mit süßer, mit trauriger Lust,
Und fühlen tief die glühenden Wunden,
Und Sehnsucht nach vergangenen Stunden,
Und doch so tief so heiß im Herzen,
Was wären wir ohne die süßen Schmerzen?

⟨DIR SCHEIN STETS WONNE⟩

dir schein stets Wonne
wie eine Sonne
Glück Heil und Segen
auf allen Wegen

das was ich wünsche ist
daß du in deinen Leben

durch deine Tugend kannst
uns stets ein Beispiel geben

⟨WIR FANGEN SCHON ZU SCHWITZEN AN⟩

wir fangen schon zu schwitzen an,
Komm wernergen du kleiner Mann
man kann dirs schon ansehen,
daß es den Winden nicht gefällt zu wehen.

HERR WITTE, NACH DEM TRAURIGEN ABSCHIED VON
MAMSELL WERNEKINK

Klagt ihr Enten, weint ihr Schruten
Euch die klaren Äuglein rot
Und zerschmilz in Tränenfluten
Du geliebtes Butterbrod
Weh! Sie hat sich mir entrissen
Ließ die Lippen Schmerz verwirrt
Ihre Spuren nur zu küssen
Wenn der Weg erst trocken wird

Seh nicht mehr das kalte Fieber
Auf der Wange zarten Grün
Nicht am Tisch mir gegenüber
Rosenfarbne Äuglein glühn
Wie sie sonst die Holde Gute
Weilte in der Gallarie
Steh ich nun in trüben Mute
Schruthuhn mir als Kompanie

Ists erlaubt sich tot zu kränken
Sollt ihr sehn was Liebe ist
Doch ich will mich noch bedenken
Denn ich bin ein guter Christ

Weh mich hält in starren Banden
Schon des Todes kalter Hauch
Meine Farbe wird zu schanden
Und von dannen flieht mein Bauch

Herze mein! kannst du's ertragen
Wie dich Pflicht und Leben ruft
Soll dich einst vor Gott verklagen
Deiner Seufzer dicke Luft
Darfst du dich ums Leben bringen
Durch selbst eigne Traurigkeit
Nein auch ich kann mich bezwingen
Wenn es meine Pflicht gebeut

Trotzen will ich nun dem Tode
Wo dem Schnitt der Braten sinkt
Grämen kommt doch aus der Mode
Was man ernstlich will gelingt
Vier mal dicker will ich schneiden
Schmieren sieben mal so nett
Will das Herz in Butter kleiben
Und den Geist in Schinkenfett

Klagt ihr Gänse weint ihr Schruten
Euch die klaren Äuglein rot
Und zerschmilz in Schmerzens Gluten
Du Geliebtes Butterbrod
Tröpfle in Zähen Tränen Bächen
In den Gram erfüllten Mund
Will mein armes Herze brechen
Schmier dies wiederum gesund

DAS SCHICKSAL

Weithin rauschen die brausenden Fluten
Und es tönet das krachende Meer
Wellen die selten so selten nur ruhten
Wälzen sich rauschend wohl hin und her

Fernhin toben die wütenden Wogen
Weit hinter des Horizonts wolkenden Rand
Mit mächtigem Arme hingezogen
Hallen sich brechend wieder am Strand.

Und um ein Schifflein, umschwebt von Gefahren
Wälzt sich die schrecklich drohende Flut
Die, seit des Werdens sich dehnenden Jahren
Wildhin stürmt und so selten nur ruht

Schleudernd hebt sie es hoch in die Lüfte
Über der Wolken wölbenden Rund,
Wirft es schmetternd hinab in die Klüfte
In des Abgrunds weit gähnenden Schlund,

Und des Schiffsvolks heulendes Zagen,
Tönt von der Wellen Wipfel hernieder
Und ihr banges verzweifelndes Klagen
Hallt in des Abgrunds Klüften wider

Und sie suchen mit schwachen Armen
Sich zu retten mit zweifelndem Herzen
Flehen vom Himmel errettend Erbarmen,
Oder geduldge Ertragung der Schmerzen

Aber verbraust mit schrecklichem Grimme
Schweiget nun still das besänftigte Meer
Und der Erretteten jauchzende Stimme
Schallet wohl dankend rings umher

DAS SCHICKSAL

Langsam ziehn die Wolken vorüber
Wartend schweigen Hain und Flur
Und des Meeres hellglänzender Spiegel
Denn es feirt die genesne Natur

Gleichwie die Seele des Menschen die bange
Sich an der Macht des Schicksals zerkämpft
Bis nach der Dinge natürlichem Gange
Sich die Wut des erbitterten dämpft

Dumpfhin rauschen des Schicksals Wogen
In der Ferne der Mensch will enteilen
Aber allmächtig hingezogen
Kann er nicht fliehn muß traurig verweilen

Und immer näher immer näher
Brausen die Fluten die mächtig ihn ziehen
Und er sieht verzweifelnd sie nahen
Sieht sie kommen und kann nicht entfliehen

Es umgeben die Schicksalsmächte
Dumpf hin rauschend jetzt den Armen
Und er schauet zum ewigen Vater
Fleht um Stärke und um Erbarmen

Und er sucht sich schwach zu retten
Doch sie schleudern ihn wild zurück
Und ihn flieht die goldene Ruhe
Und das treulos gewordene Glück

Aber versöhnt sind die Schicksalsmächte
Lächeln freundlich dem Dulder hernieder
Und mit der weit verscheuchten Ruhe
Kehrt das blühende Glück auch wieder

So wie zerschmettert am tönenden Riffe
Endlich die brausende Woge auch ruht

Seele des Menschen wie gleichst du dem Schiffe
60 Schicksal des Menschen wie gleichst du der Flut

⟨ICH LEGE DEN STEIN IN DIESEN GRUND⟩

Ich lege den Stein in diesen Grund
Und wie s im Land, und in meinem Haus
Liegt und steht zu dieser Stund
Das soll er alles sagen aus
5 Werner von Haxthausen Apenburg heiß ich
Und legen den Stein im kalten Jahr
1837
Wo der Maienmond nicht besser war
Als sonst ein milder Februar
10 Wo die Blumen erfroren und wurden zu Heu
So daß heut, an diesem zwanzigsten Mai
Ist der erste gut und linde Tag
An dem man diesen Grundstein legen mag
In der Welt auch weht ein scharfer Wind
15 Daß die wahre Treue man selten find
In Portugal sitzt eine Königin
Nennt sich Da Gloria in ihrem Sinn
Aber wie s mag mit der Glorie stehn,
Das werden die künftgen Zeiten sehn
20 Hat sich genommen den zweiten Mann
Daß sie Königin bleibt, ich glaube nicht dran
Auch in Spanien herrscht eine Frau
Christina, die ist gar stolz und schlau,
Hält den Zepter für ihr Töchterlein
25 Isabella das arme Waislein klein
Was es verbricht an Don Carlos seinem Ohm und Herrn
Das weiß das Kind wohl nicht von fern
So auch in Frankreich ein listig Geschlecht
Hat verdrängt das gut und alte Recht
30 Louis Philippe von Orleans
Und soll er sein kein böser Mann

⟨ICH LEGE DEN STEIN⟩

Aber nicht rein ist seine Hand
Da er läßt darben im fremden Land
Heinrich den wahren Erben echt
Gott helfe Jedem zu seinem Recht
So leb ich in einer schlimmen Zeit
Und seh viel Unheil weit und breit
Und sah noch vieles vor diesem Tag
Was ich nicht Alles künden mag
Außer daß ich sah den Napoleon
Der fand auf St Helena seinen Lohn –
Und daß ich den letzten Kaiser gesehn
Mit dem das deutsche Reich mußte untergehn
Gott geb ihm eine selige Urständ
Er war gar ein frommer Herr bis an sein End
Und wie es geht in den großen Reichen
In unsern Häusern so desgleichen
Die reich und edlen Pfründe alle
Die der Adel gestiftet in diesem Land
Muß ich sehn in Schutt und im Verfalle
Sie sind gekommen in fremde Hand
Drum denken eben mit Fleiß wir nach
Wie wir wollen treten zusammen
Und jeder soll tun was er vermag
Wieder aufzufrischen die edlen Flammen
Zu sorgen für unsre Geschlechter gut
Daß nicht knechtisch werde ein adlig Blut
Daß die Not nicht beuge einen guten Stamm
Wir wollen halten allzusamm
Ein Schelm der seine Sach verläßt
Wir wollen halten wie die Ringe an der Kette fest
Vorgestern las ich die Urkund
Gott gebe ihr Kraft zur rechten Stund
So will ich jetzt euch sagen aus
Wie es steht mit meinem Geschlecht und Haus
Meinen Namen den nannt ich schon genau
Elisabeth von Harff heißt meine Frau
Maria mein einzig Töchterlein

Das ist zehn Jahr alt und noch klein
70 Die stehn jetzt beid an diesem Stein
Und legt Jede ein Stücklein Geld hinein
Vier Brüder hab ich außerdem
Acht Schwestern, das ist mir gar genehm
Die Älteste, Therese zu dieser Frist
75 Des von Droste zu Hülshoff Witwe ist
Und steht auch nun an dieser Stätt
Mit ihrer Tochter Anna Elisabeth
Dorothea von Wollff Metternich wohnt nicht fern hiervon
Ferdinandine von Heeremann-Zuydtwick ist eine Witwe schon
80 Franziska den von Bocholz-Asseburg zum Manne hat
Anna von Arnswaldt wohnt in Hannover der guten Stadt
Auch noch drei Schwestern die Jungfraun sind
Sophie und Caroline und zuletzt
Ludowine Sie pflegt die armen Kind
85 Zur Brede im kleinen Klösterlein
Das ihr der Bocholz Asseburg räumte ein
Das sind meine lieben acht Schwestern jetzt
Meiner Brüder der sind vier
Moritz der ist fern von hier
90 Zu Bonn am Rhein der guten Stadt
Eine von Blumenthal zur Ehe hat
Der zog auf der Söhne zwein
Und die sind jetzo ganz allein
An unserm Stamm das junge Grün
95 Gott lasse sie gedeihn und erblühn
Und guter Sprossen werden froh
Werner sie heißen und Guido
Mein Bruder Fritz nun bei mir steht
Und Carl drüben in Hildesheim geht
100 Wo diese alle Beid vor Jahren
Des hohen Domstifts Glieder waren
Des gleichen ich in Paderborn
Eh dies auch brach des Schicksals Zorn
August der Jüngste, in Berlin

Gott erhalte ihn gerecht und kühn 105
Er steht auf einem guten Stand
Sein Kronprinz deckt ihn mit der Hand
Sein König hört auf seine Kund
Gott leg ihm das Rechte in den Mund
Zwei Brüder noch hatt ich die sind tot 110
Das bracht mir Kummer viel und Not
Wilhelm dem Kaiser diente treu
Den Fritzwilm nahm Napoleon fort
Nun sind begraben alle Zwei
Der Eine hier der Andre dort 115
An türkscher Grenze Wilhelm liegt
Fritzwilm in Spanien ist versiecht
Nun, wenn man auf diesen Grundstein bricht
Sind wir zusammen des zweifle ich nicht
So will ich denn legen diesen Stein 120
Und denken es kömmt noch mancher Tag
Wie Gott es lenkt so wird es sein
Und Jeder tue was er vermag

Wer dies geschrieben zu dieser Frist
Das die Anna Elisabeth ist
Der Witwe von Drosten meiner Schwester Kind 125
Die schrieb dies mit ihrer Hand geschwind
Das wissen sollen unsre Sprossen gut
Wie ihren Ahnen einst war zu Mut
Als sie standen an diesem Stein 130
Und legten die alte Zeit hinein

⟨AN EINEM TAG WO FEUCHT DER WIND⟩
Erste Fassung

An einem Tag wo feucht der Wind,
Wo grau verhängt der Sonnenstrahl
Saß Gottes hartgeprüftes Kind
Allein am kleinen Gartensaal,

Ihr war die Brust so voll und enge
Ihr war das Haupt so dumpf und schwer
Selbst um den Geist zog das Gedränge
Der Adern blutge Schleier her

Sie sah am fernen Sees Bord
Der Liebsten leichte Schemen gehn
Und konnte nicht ein grüßend Wort
Gedanken kaum hinüber wehn,
Gefährten Wind und Vogel nur
In selbstgewählter Einsamkeit
Ein großer Seufzer die Natur
Und schier zerflossen Raum und Zeit

Sie sann und saß, und saß und sann,
An ihrem Arm die Grille sang
Vom fernen Felde nun und dann
Ein schwach vernommner Sensenklang
Die kleine Mauerwespe flog
Ihr ängstlich am Gesicht bis fest
Zur Seite das Gewand sie zog
Und offen ward des Tierleins Nest.

Und am Gestein ein Käfer lief
So scheu und rasch wie auf der Flucht
Bald in das Moos sein Häuptlein tief
Bald bergend in der Ritze Bucht
Der Hänfling flatterte vorbei
Nach Futter spähend, das Insekt
Hat zuckend bei des Vogels Schrei
In ihre Kleider sich versteckt

Da ward ihr klar wie nicht allein
Das schwergefangne Gottesbild
Im Menschen, wies in dumpfer Pein
Im bangen Wurm, im scheuen Wild
Im durstgen Halme auf der Flur,

Das mit vergilbten Blättern lechzt
In aller aller Kreatur
Nach oben um Erlösung ächzt

Wie mit dem Fluch, so sich erwarb
Der Erde Fürst im Paradies
Er sein gesegnet Reich verdarb,
Und seine Diener büßen ließ,
Wie durch die reinen Adern trieb
Er Tod und Moder Mord und Zorn
Und nur die Schuld allein ihm blieb
Und des Gewissens roher Dorn

Der schläft mit uns und der erwacht
Mit uns an jedem jungen Tag
Ritzt unsre Träume in der Nacht
Und blutet über Tage nach
O schwere Pein, nie unterjocht
Von tollster Lust von keckstem Stolze
Wenn leise leis es nagt und pocht
Und bohrt wie Mad im kranken Holze

Wer ist so rein daß nicht bewußt
Ein Bild ihm in der Seele Grund,
Daß er muß schlagen an die Brust
Und fühlen sich verzagt und wund
So hart wer daß ihn nie erreicht
Ein Wort, daß er nicht mag vernehmen
Wo ihm das Blut zur Stirne steigt
In heißem bangem tiefem Schämen

Und dennoch gibt es eine Last
Die Keiner fühlt und Jeder trägt
So dunkel wie die Sünde fast
Und auch im gleichen Schoß gehegt
Er trägt sie wie den Druck der Luft

70 Gefühlt vom kranken Leibe nur
Bewußtlos wie den Fels die Kluft
Trägt er den Mord an der Natur

Das ist die Schuld des Mordes an
Der Erde Lieblichkeit und Huld,
75 An des Getieres dumpfem Bann
Ist es die tiefe, schwere Schuld,
Und an dem Grimm, der es beseelt,
Und an der List, die es befleckt
Und an dem Schmerze, der es quält
80 Und an dem Moder, der es deckt

DES ARZTES TOD

Im linden Luftzug schwimmt mit irrem Schein
Des Nachtlichts Fieberflamme, und kein Laut
Verbirgt des Röchelns leises Nah'n dem Ohr,
Das angstvoll ob dem bleichen Antlitz lauscht.
5 Still liegt der alte Berthold, tief gesenkt
Die heiße Wimper, und ein wirrer Schlummer
Hält ihm die halb erlosch'nen Sinne fest.
Doch nun ein tiefer Atemzug; er wälzt
Das trock'ne Aug' empor: »Bist Du's, mein Sohn?«
10 Und zitternd reicht der Jüngling ihm die Hand.
Ein wenig wendet mühsam noch der Greis
Das matte Haupt, dem schon die ersten Zeichen
Der kalten Perlen die Natur gesandt.
»Ist's denn so schwül?« haucht's durch den Vorhang auf,
15 Und dann: »Das ist die Todesangst, mein Sohn!«
Gebroch'nen Herzens hebt der Jüngling sich,
Und bei der Lampe ungewissem Licht
Gießt tröpfelnd er – ach, jeder Tropfen fällt
Versengend Feuer in die eig'ne Brust! –
20 Das Letzte, was der kämpfenden Natur
Furchtbar erfinderisch die Kunst erzeugte,

Von Todesangst der Todesangst geweiht,
Ein giftig Leben, ein belebend Gift,
Ein grausig Opfer, schaudernd dargebracht
Der schönsten aller Pflichten, so da heißt:
»Du sollst den Docht beleben, weil er glimmt!«
– »O Vater,« spricht er bebend, »was da lebt,
Das mag gesunden! Gottes Macht ist groß!
Wo Odem, da ist Hoffnung!« – Langsam schlürft
Der Greis die Tropfen, und ein Lächeln will
Sich bilden um den krampfbewegten Mund:
»Du reichst mir Naphtha und sprichst Hoffnung aus?
Mein Kind, der Schmerz hat Dein Gemüt verwirrt.
Du hast vergessen, was Dein Vater war.
Wer fünfzig Jahr' den Pulsschlag hat belauscht,
Wer fünfzig Jahr' hindurch den Tod gesehen,
In tausendfachen Bildern dennoch immer
Sein unverkennbar Siegel führend. . . . Sprich,
Schläft denn Dein Bruder? Wo ist Theobald?«
Und stumm aus des Gemaches tiefsten Schatten
Schleicht, heißen Jammer im gesenkten Blick,
Dem langsam rollend sich die Trän' entwindet,
Ein bleicher Knabe, nah' dem Jüngling schon,
Und hingesunken an des Lagers Rand,
In glühender Verzweiflung jeden Laut,
Den Todeslaut der Brust tief in sich saugend,
Sucht er vergebens in den teu'ren Mienen
Den langgewohnten lieben Ausdruck auf.
Doch mählich den erstorb'nen Gliedern kehrt
Ein fieberhaftes Sein; gefesselt liegt
Die Todesmacht, der Atmosphäre gleich,
Wenn hoch in ihr sich der Orkan erzeugt;
Der halbentfloh'ne Geist schaut noch einmal
Ein helles rotes Flämmchen durch der Augen
Gebroch'ne Nacht, und durch das Antlitz zieht
Zum langen, langen Abschied einmal noch
Des Lebens zarter Schein. Tief saugt der Greis
Der Luft unschätzbar teu'res Kleinod ein,

Und also spricht er, immer heller'n Lautes,
Wie ihm des Odems süße Wohltat kehrt:

»Ihr Kinder, laßt mich reden, und gedenke
Nicht Deiner Kunst, mein Sohn! Du weißt es nicht.
Und keiner, dem nicht also ist gescheh'n,
Wie furchtbar in dem schwirrenden Gehirn
Der schwindenden Besinnung letzte Kraft
Sich abquält um des Worts Erleichterung,
Wie siedend der Gedanken wirrer Schwarm
Bald, nur in dumpfer Ahnung, Namenloses
Der kämpfenden Erinnerung versagend,
Bald sonst Unwicht'ges immer riesenhafter
Und immer schwerer in die Seele senkend,
Vergebens die entfloh'ne Stunde sucht.
Was wähnt' ich nicht versäumt! Wo ist es nun?
Mein Karl, Dein Weg ist offen. Geh' mit Gott!
Ich sorge nicht um Dich, mein Sohn; sei treu
Ob Deinem Bruder! Theobald! Mein Kind!
Komm näher mir, mein Kind! Du bist noch jung,
Und alle Macht, so Gott in meine Hand
Gelegt ob Dich, ich übertrage sie
An Deinen Bruder; wie Du folgsam bist,
So hast Du mich geliebt. Ihr Kinder, seid
Ja zart und treu mit dem Gewissen, hütet
Es vor der Zeit versteinernder Gewalt!
Was leicht verharscht das Leben, reißt der Tod
Als fressend unheilbare Wunde auf.
Ein Engel mag ob Eu'ren Schritten walten!
Die letzte Stund' ist schwerer, als Ihr denkt.
O betet, betet, Kinder: Hin ist hin!
Und meine Kraft ist hin! 's ist schrecklich! Ewig!
's ist schrecklich! Ewig, ewig! Betet, Kinder!
Ich kann nicht . . . weiß nicht . . . helft mir sinnen . . . Karl,
Schreib' das Rezept« . . . .
. . . .

.... Die letzten Worte stößt
Der Greis nur mühsam aus der Brust; dann folgt
Ein dumpfes Murmeln, unaufhaltsam schnell,
Doch unverständlich. Seine dürren Arme
Schlingt er in Windungen ums bleiche Haupt.
Sein starrer Blick zeigt kein Bewußtsein des,
Was ihn umgibt. An seinem Lager sitzt
Sein Erstgebor'ner, auf den Sterbenden
Den trüben Blick geheftet: keine Muskel
Zeigt zuckend seinen Schmerz, die Träne nicht,
Doch weiß ist sein Gesicht wie Schnee, die Hand
Wie die des Kranken starr und kalt. Nicht fern,
Inmitten des Gemachs am Boden liegt
Der Knabe: unaufhaltsam strömt sein Weh
In glüh'nden Zähren; krampfhaft Schluchzen schüttelt
Die junge Brust; er windet sich, er stöhnt,
Dann springt er auf; ein fromm erzog'nes Kind,
Kniet er im Winkel, und sein wimmernd Fleh'n
Steigt Lavaströmen gleich empor, doch halb
Ist's Wahnsinn, halb ein kindlich treu Gebet.
Den Himmel möcht' er stürmen; alles will
Er, alles opfern: jede Jugendlust,
Will Jahre kranken, selbst das junge Dasein
Ist nichts um diesen Preis. O, hätt' er Macht,
Er wagt' es, Gott zu diesem Tausch zu zwingen!
So schwindet Stund' auf Stunde, Stern auf Stern
Schließt matt die Wimper, nur der Hesperus
Schaut nach der Dämm'rung mit dem gold'nen Auge
Verlangend aus. Da fährt ein scheuer Streif
Am Horizont empor, und höher steigt's
Und wirft die zarten Lichter ins Gemach
Des Jammers. Still ist's um des Kranken Bett:
Kein Röcheln, kein Geächz dringt durch die Spalten
Des weißen Vorhangs; und, das dunkle Haupt
Fest eingedrückt den beiden Händen, scheint
Von tiefem Schlaf der Jüngling übermannt.
Aus jenem Winkel nur bricht oft ein Ton

Des Wimmerns, ein hervorgeschluchzter Laut
Die stumme Luft: noch unermüdet kämpft
Der Knabe um sein Liebstes im Gebet.
Doch wie das Morgenlicht die Stirn ihm küßt,
135 Da wird's ihm leichter; hat er doch gerungen
Mit jenem Glauben, der die Berge hebt,
Nicht sind die Arme ihm ermattet, nicht
Gewankt hat sein Vertrauen. So muß der Himmel
Sich ja erbarmen. Stillen Schrittes schleicht
140 Er durchs Gemach: »Mein Bruder! Schläfst Du, Karl?
Du schläfst?« So flüstert er. Da hebt das Haupt
Der Jüngling, schaut aus den verstörten Zügen
Ihn eisig an. Entsetzen faßt das Kind.
Zum Lager fliegt er, reißt den Vorhang auf,
145 Des Vaters Hand ergreift er, dann ein Schrei,
Ein mattes Taumeln, und zu Boden, schwer
Wie eine Säule, stürzt er. Weh, weh!
Wer seinen Vater hat, der bete still!
Ach, einen Vater kann man einmal nur verlieren!

⟨ICH HAB EIN FROMMES RITTERKIND ERZOGEN⟩
Widmungsgedicht an Anna, Caroline, Ludowine und
Sophie von Haxthausen

Ich hab ein frommes Ritterkind erzogen,
Nach meinem besten Wissen und Bemühn,
Das hat nun auch die falsche Welt betrogen,
Daß es sich sehnt die Heimat sein zu fliehn,
5 Ich habe mir die Sache wohl erwogen,
Und scheint mir doch, ich lass' es immer ziehn!
Es mag die jungen frischen Glieder rühren!
Und seiner Brüder scheuen Reihen führen.

Doch kann ein gutes Wörtchen hier nicht schaden,
10 Ein freundlich' Wort trifft wohl den rechten Mann,
Es hat an Fehlern ziemlich stark geladen,

⟨ICH HAB EIN FROMMES RITTERKIND⟩

Die ich wohl sehn, doch nicht verbessern kann,
Und ängstlich hält, auf flachgetretnen Pfaden,
Ein karger Stoff es in gezwängtem Bann,
Und dennoch kann ich nicht dem Unfug wehren, 15
Will ich sein bestes Dasein nicht zerstören.

Auch Dieses noch sei ihm gesagt zum Frommen,
Bedenkt sein arm und ungepflegt Entstehn,
Es ist aus Rom und London nicht gekommen,
Auch hat es Weimar nimmermehr gesehn, 20
In stiller Kammer, klein und scheu entglommen,
Lernt es von selbst das Sprechen und das Gehn,
O armes Kind! wo willst du Menschen finden!
Die Alles dies bedenken und empfinden!

Auch ist es weich, und hart gefaßt vom Leben, 25
Entflieht es mir auf immerdar verscheucht,
Ich muß es wohl in zarte Hände geben!
In Hände die ihm freundlich dargereicht:
Ihr lieben Vier! was soll ich länger beben?
Ich weiß, ihr seid ihm heimlich schon geneigt, 30
Ihr habt es lieb mit allen seinen Flecken,
Und werdet's nicht durch harte Worte schrecken.

Und lacht ihr, daß mit Sorgfalt sonder Gleichen,
Ich also wohl, und vierfach es gestützt,
Die Vier ist mir ein segenbringend Zeichen, 35
Das Manchem schon in großer Not genützt,
Und wer ein vierfach Kleeblatt mag erreichen,
Der bleibt den Tag vor Zauberei geschützt,
Glückselig' Kind! auf deinen ersten Wegen,
Kömmt dir ein holder Talisman entgegen! 40

Und wollt ihr meinem Wort nicht Glauben gönnen,
Verachtet ihr der Sage treuen Mund,
Ich will euch einen bessern Zeugen nennen,
Der wohnt in meines Herzens tiefem Grund:

Ich kann ja Nichts von Glück und Freude trennen!
Was mir entblüht aus eurem lieben Bund,
O liebes Glücksblatt! vierfach liebe Blume!
Nur euer Herz, was frag' ich nach dem Ruhme!

⟨AM GRÜNEN HANG EIN PILGER STEHT⟩

Am grünen Hang ein Pilger steht,
Sein Blick wie Morgentraum
Er zieht entlang den breiten Weg
Er drängt sich in der Schlucht Geheg
Dann klimmt empor den Klippensteg
Und spricht am Wolkensaum

Du edles und begabtes Land
Mit deinem reichen Tal
Mit deinen adamantnen Höhn
Mit deinen tief schmaragdnen Seen
Wo linde Düfte drüber wehn
Wie bist du mir zur Qual

Du hast mir deinen Geist gesandt
Mein Dank ist ernst und rein
Ja was du All gespendet hast
Ich habe wie ein treuer Gast
Getragen deiner Gaben Last,
Jedoch ich bin allein

Und was ich auch beginnen mag
Das Rad nicht fürder will
Ich trete unbewußt zurück
Ich wende willenlos den Blick
Seit mir entfloh der Jugend Glück
Stand auch die Speiche still

Ach deine Laute weckten nicht
Ein tief entschlafnes Herz,
Ich legte eine kalte Hand
In mancher treuen Rechte Brand
Und knüpfte mir ein tändelnd Band
Für kurzer Tage Scherz

Dann durch der Katarakte Fall
Es flüstert für und für
Wo bist du meine Nachtigall
Mein Pappelgang am grünen Wall
Wann zeigt sich leichter Wellen Ball
Der gelbe Lotus mir

So lebe denn auf lange wohl
Du ungeliebtes Land
Mit deiner Donner Widerhall
Mit deinem starren Felsenwall
Land wo ich keine Nachtigall
Und keine Liebe fand

⟨SO MUSS ICH IN DIE FERNE RUFEN⟩

So muß ich in die Ferne rufen
Mein Lebewohl an diesem Tag?
Was uns die Stunden gütig schufen,
Zerrinnt es wie der Wellenschlag?
Bleibt mir, für wenig kurze Stunden,
Nur noch der Trost, vom Felsgestein
Zu spähn, ob ich dein Dach gefunden,
Am grauen Turm dein Fensterlein?

Ich kann und mag es nimmer denken,
Dies sei vielleicht zum letzten Mal,
Bleibst du, wenn meine Schritte lenken
Sich nieder in mein heimisch Tal?

Doch, mögen Berg' und fremde Fluren
Uns trennen, nord- und südenwärts,
Glaub' mir, ich folge deinen Spuren
Und bringe Dir ein treues Herz.

⟨FREUNDLICHER MORGEN DER JEDES DER HERZEN⟩

Freundlicher Morgen der jedes der Herzen
Mild mit Entzücken und Heiterkeit füllt
Soll ich der Einzige sein, der mit Schmerzen
Jetzt in der Stunde der Fröhlichkeit ringt?

Oftmalen such ich den Schmerz zu vergessen
Den mir die Trennung vom Vaterland gibt
Doch ach unmöglich dem liebenden Herzen
Das nur den Namen des Vaterlands liebt

Allzeit erblick ich das Bild meines Vaters
Wie er beim Abschied die Hände mir drückt
Möchte zur Heimat einst wirklich ich gehen
Vater! ach Vater! wie wär ich entzückt.

Aber verloren ist Hoffnung und Freude
Fern vom Vaterland hab ich nicht Rast
Schwermutsvoll leb' ich in Kummer und Schmerzen
Bis ein kühlendes Grab mich umfaßt.

⟨GEWISS ICH WERDE MICH BEMÜHN⟩

Gewiß ich werde mich bemühn
nach Gottes wort zu wandeln,
und so wie du und Gott befiehlst
stets fromm und gut zu handeln.

⟨EIN SCHÖNES KIND MIT ZART GEBEIN⟩

Ein schönes Kind mit zart Gebein
           das wird es sein,
was uns empfängt.

der Frühling ist's, die Bienen summen
           er kömmt mit Blumen
uns zu erfreun.

⟨EIN BLÜMCHEN IST SO WUNDERSCHÖN⟩

Ein blümchen ist so wunderschön,
gelobt von allen die es sehn,
es ist das blümchen welches spricht:
           Vergiß mein nicht.
dies blümchen hab ich oft gepflückt,   5
die Farbe hat mich stets entzückt
und jedesmal sie zu mir spricht:
           Vergiß mein nicht.

⟨FREUDE KOMM AUF ALLEN WEGEN⟩

Freude komm auf allen Wegen
           allen Schritten dir entgegen
Fröhligkeit empfind' dein Herz
           niemals trübe es ein Schmerz

⟨DEINEN WEG WILL ICH MIT ROSEN STREUEN⟩

Deinen Weg will ich mit Rosen streuen
und mich deines Wohlseins stets erfreuen.

⟨WIE DIE REINSTE SILBERQUELLE⟩

Wie die reinste Silberquelle
komm entgegen
Glück und segen Liebe Schwester dir.

⟨ES IST KEINE GRÖSSERE FREUDE⟩

es ist keine größere Freude
als mit dir in Freundschaft stehn
nichts o nichts tut mir zu Leide
wenn ich dich kann glücklich sehn

⟨SEHT DIE FREUDE, SEHT DIE SONNE⟩

Seht die Freude, seht die Sonne,
Terpsichore führt den Kranz,
Seht die Freude, seht die Wonne,
Seht den frohen Musentanz
der Freude süße Wonne
glänzt wie die Morgensonne
  o seht sie hier.

Wenn wir Musen uns besingen
o wie ist's uns dann ums Herz.
untern Singen, Tanzen, mischen
wir den schönen frohen Scherz.
o Freude deine Macht
wird von uns nicht verlacht
  So singen wir.

TRINKLIED

Lyram, larum ohne Sorgen,
Da ich wieder trinken mag!
Für sich sorget schon der Morgen
Und für sich der Nachmittag,
Und zu Nacht in stiller Ruh
Tut man dann die Augen zu.

Laßt so lang uns, Bruder, trinken,
Wie nur immer Wein ist da,
Bis die hellen Lichter blinken
In dem Tanzsaal, tralala!
Ihr, Zechbrüder allzumal,
In dem hochgewölbten Saal.

Freunde! – o bei diesem Worte
Ist es mir so warm um's Herz! –
In dem tanzgeschickten Orte
Lieben wir den frohen Scherz.
Drum willst du mein Freund gern sein,
Laß den Scherz nicht so allein.

Und nun sucht zum Tanzen Damen!
Denn nicht jede macht beglückt;
Die nichts liebt als nur den Rahmen
Ist auch nicht zum Tanz geschickt.
Nein, die sich nicht fleißig übt,
Zeigt, daß sie kein Tanzen liebt.

Nun! Du mein verlass'nes Fläschchen,
Das zu lang ich schon vergaß,
Dann und wann ein kleines Gläschen
Mach' mir noch die Kehle naß!
Erst nach meinem Lebenslauf
Hört mein frohes Trinken auf.

⟨JA WENN IM LENZE DIE SONNE⟩

Ja wenn im Lenze die Sonne
begrüßt der Vögel-Schar
denn tönt es um mich Wonne
dann wird mir die Flur zum Altar
dann dank' ich den Gott der mich erschuf
und folg der Natur, und ihren Ruf.

⟨FLORA GING FRÖHLICH MIT SCHERZEN⟩

Flora ging fröhlich mit Scherzen
Die blumigte Wiese hinab,
Freut' sich des Lenzes von Herzen,
Hüpft' auf des Winterschnees Grab.
Siehe, da kam mit veredelten Blicken
Freundlich Diana, die Göttin der Jagd,
Fort in dem Walde die Hunde zu schicken,
Die zum Geschenk ihr der Vater gemacht.

»Schwester, sprach Flora, beinah sollt' ich glauben,
Göttin der Jagd, du vergäßest mich schier;
Mir jetzt die niedlichen Tiere zu rauben,
Die doch nur dienen dem Frühling zur Zier!«
Lächelnd erwidert die Jägerin gehend:
»Hat es nicht Zeus, unser Vater, gesagt,
Mich zu der Göttin der Jäger ersehen,
Dich zu der Göttin des Lenzes gemacht?«

⟨ICH DENKE DEIN IM TRAUTEN KREIS
DER FREUNDE⟩

1

Ich denke dein im trauten Kreis der Freunde
Ich denke dein in den Gewühl der Schlacht
Ich denke dein beim Neid Gezisch der Feinde
Und wenn die Felsenkluft vom Donner kracht

2

Ich denke dein im finstern Stadt-Gewühle
Und in dem Tal wo nur der Hirte pfeift
Ich denke dein in Sehnsuchtsvoller Stille
Und auf dem Feld wo schon die Ähre reift

3

Ich denke dein ich sitze oder stehe
Du schwebst o Traute überall um mich
Und wenn in stiller Schwermut leis' ich gehe
Vergess' ich alles! alles! nur nicht dich

⟨WIE SANFT DAS BESCHEIDENE VEILCHEN⟩

Wie sanft das bescheidene Veilchen dem Beete mit stolzen Krokus übersäet gegenüber steht, aber die Stolzen umgeben keine Blätter der Verdienste vergessen ruhen sie nach dem Tode im Schoße der Erde. sie glänzen nur im Leben während das Veilchen die Blätter der Tugend übrig läßt, doch brüsten sich diese Blätter nicht sondern bescheidenes dunkles Grün umhüllt sie. Geliebter laß auch uns tugendhaft sein um nicht vergessen zu werden wie die Krokus – – –

AN LUDOWINE

Immer glücklich zu sein,
Das wünscht dir die liebende Freundin;
Aber wo wohnet das Glück,
Wo wohnet die friedliche Ruh?
Suche das Glück in dir selbst,
Der Zufriedenheit, such's im Gebete.
Dem, der's im Busen nicht trägt,
Gibt es das Irdische nicht.

Leben und Sterben: die beiden Grenzen des Lebens!
Eilend führt das Erst' durch der Jahre kreisenden Lauf,
Durch beblumte Wiesen, und durch des Abgrunds
                                      Gefahren,
Hin durch Freuden und Schmerz, wie beladen, im Laufe
                                      der Zeit.
Aber sieht ermüdet der Mensch das Ende des Leidens,
Führt ihn der tröstende Tod zum ewigen Lande der Ruh.

DIE DREI STUNDEN IM REICH DER TOTEN
Ballade

Der Sturm braust um die Mitternacht,
Durch dichtbelaubte Haine
Und nur Luise einsam wacht
Beim matten Lampenscheine
Sie rang die Hände himmelwärts
Und achtet nicht das Winden
Hab dich verloren süßes Herz
Kann dich nicht wieder finden

Die Wolken fliehn. Der Mond erscheint
In seinen lichten Glanze
Sie hebt das Auge trüb geweint

Zum hohen Sternenkranze
Ihr hellen Flammen saht so oft
Auf unsren Bund hernieder
O weh dies Glück schwand unverhofft
Und kehrt mir nimmer wieder

Die Sterne drehn, es nahet sich
Die finstre Geisterstunde
Wo die Gespenster schauerlich
Beginnen ihre Runde
Da zieht es sie mit wilder Macht
Sie kann nicht widerstehen
Trotz Geistertanz und finstrer Nacht
Hinaus in Sturmeswehen

Sie wankt hinaus das Ungefähr
Lenkt ihren Schritt es flimmet
So mild herab das Sternenheer
Im blauen Äther schwimmet
Der Vollmond, wolkenlos und rein
Versilbert die Gefilde
Und zeigt in seinem matten Schein
Manch wundersam Gebilde,

Sieh da Sieh da was wimmelt dort
Bald schwirrt es in die Lüfte
Schwingt mondwärts durch den Raum sich fort
Bald hüpft es in die Klüfte
Es hüllet sich in Nebel ein
Gehorchend seinem Meister
Halb sichtbarlich beim Mondenschein
Ein luftig Volk der Geister

Der Nachtwind spielet feucht und kalt
Um ihre blassen Wangen
Um ihre schwebende Gestalt
Mit zitterndem Verlangen

Und da umweht sie leis der Duft
Beblümter Kirchhofflinden
Hinan Hinan zu seiner Gruft
Da kann ich Ruhe finden

An seinem Grabstein Schmerz umhüllt
Sank sie im bittern Kummer
Hier ruhst du nun du teures Bild
Und schläfst den langen Schlummer
Ach Gott zu edel war dein Herz
Zu rein für diese Erde
Drum ruht es hier von jedem Schmerz
Und jeglicher Beschwerde

Doch All mein holdes Erdenglück
Mein einzges süßes Leben
Hat dieser Schmerzensaugenblick
Dem Grabe übergeben
O kehre aus der Gruft zurück
Dem Herzen du so teuer
O Gott nur einen einzgen Blick
Nur einen noch du Treuer

Da unter ihr es dröhnt und bebt
Und rauscht durch ihre Locken
Allmählich sich der Grabstein hebt
Sie bebt zurück erschrocken
Da leuchtet hell das teure Bild
Vor ihren trunknen Blicken
Das Engelantlitz lichtumhüllt
Voll himmlischen Entzücken

Die Freud umstrahlet ihr Gesicht
So seh ich dich nun wieder
Du meiner Augen süßes Licht
Du Engel sanft und bieder
O nimm mich mit du treuer Freund

In jene lichten Auen
Um ewig dort mit dir vereint
Dich ewig nur zu schauen 80

Nicht weiß des Menschen irrer Sinn
Luise was er flehet
Es drückt der Staub zur Erde ihn
Den Gotteshauch umwehet
Er kann nur durch des Todes Nacht 85
Die Lichtgefilde sehen
Nicht herrscht der Leidenschaften Macht
Wo Siegespalmen wehen

Doch lebt ein Gott der nicht verdammt
Den süßesten der Triebe 90
Der aus dem Wolkenschoße stammt
Die heilge reine Liebe
Drum harre! sieh es drängen sich
Die bangen Lebensstunden
Bis deine schöne Seele sich 95
Vom Staube losgewunden

So soll ich Jahre noch um dich,
Geliebter Adolf klagen
Mein freudenloses Sein soll ich
Mit mattem Herzen tragen 100
O nimm mich mit du treues Herz
In deines Grabes Kammer
Zu ruhen dort von meinem Schmerz
Und allen meinem Jammer

ZWEI SILBEN

Die erste Silbe ist des Menschen Zier
Ihm hat der Himmel gnädig sie verliehen
Daß er sich unterscheide von dem Tier

Doch kann auch großes Unheil draus entglühen
In ihr liegt ewge Freud' und ewger Schmerz
Zum Himmel führt sie die vom Himmel stammt
Doch sündigte mit ihr nicht unser Herz
So würden wir auch sicher nicht verdammt

Der Mönch entsagt ihr und die Nonne auch
Doch ganz entsagen kann ihr nicht was lebt
Das Urteil bindet man nach frommem Brauch
Indes der innre Sinn entgegen strebt
So muß es sein sonst wär kein Kämpfen da
Und wo kein Kampf da kann kein Opfer sein
Allein ich komm der Sache gar zu nah
Drum merke was ich dir nun sage fein

Die zweite Silbe ist ein Ding das man
Vor dreißig Jahren wenig hier gekannt
Eh dieser schwere blutge Krieg begann
Gab es vielleicht nicht zwanzig hier im Land
Seit Anno 8 sah man's nur gar zu viel
Und seiner Anzahl wurde täglich mehr
Halb eine Schutzwehr halb ein glänzend Spiel
Vorzüglich liebts die bunten Federn sehr

Allein vor allem wars den Alten wert
Der Griech' und Römer trug es im Gefecht
Dem Deutschen war es nötig wie sein Schwert
Und ohne es schien jede Rüstung schlecht.
Das ganze ist ein Mann den jeder ehrt
Ein guter Wirt und seinen Gästen wert
Und soll ein Wunsch mir in Erfüllung gehn
So sei es der recht baldig ihn zu sehn

Ein Mann durch Freundschaft herzlich uns vereint
Doch sinnst du nach »wo weilet dieser Freund?«
Merk auf ich nenne dir sogleich den Ort
Ein zweites Rätsel löse dir das Wort

BROCKENHAUS

Auf hohem Brocken steht das kleine Haus
Und scheint recht freundlich in die Welt zu schauen
Auf flachem Kiesel ruht der Wandrer aus,
Und sieht hinunter in die tiefen Auen
Die kleinen Städte sehn so mild heraus
Vom Nebelmeer umwogt dem duftgen blauen
Ein breites Lichtband zieht die Elbe fort
Wie gute Freunde stehn die Berge dort

Und heiter übersieht er seine Bahn
Die ihn hinauf zur süßen Rast geleitet
Ihn reut kein Schritt den er hinauf getan
Mein Freund verstehst du was das Bild bedeutet
Auch du trittst eine neue Bahn nun an,
Wo dir so manches Schmerz und Lust bereitet,
Was noch nicht ahnet auch dein schärfster Blick,
Doch gute treue Wünsche bringen Glück.

O Engelbert, wenn einst vom eig'nen Herd
Du sinnend schaust in fern' und nahe Zeiten,
Dann mag die Gegenwart sich lieb und wert
Und freudig mag sich dir die Zukunft breiten.
Und weilst du zur Vergangenheit gekehrt,
Mein Freund, dies will das Meiste noch bedeuten:
Von allen Schritten, die du noch getan,
Schau' keiner dann dich ernst und reuig an!

AN DIE UNGETREUE

Du siehst mich flehend an mit dunkeln Augen
Sei nicht so furchtsam sieh ich habe dir
Schon längst der Liebe schönen Traum verziehen
Du konntest nicht der süßen Schuld entfliehen
Dies fühl ich darum nah vertrauend mir

Wie sollt ich rügen deines Herzens Schwäche
Sie goß der Götter Glück in meine Brust
Wenn aufgelöst in glühendem Umfangen
An meinen Wink du hingst mit Glutverlangen
Der eignen Macht dir völlig unbewußt

O wähne nicht daß ich mit Undank hasse
Was mir so manche süße Stunde gab
Den Menschen treibt ein ewiges Verlangen
Und du du solltest nur an einem hangen
Nicht neue Wünsche hegen bis ins Grab

Wir folgten unsres Herzens lauter Stimme
Und eins in Liebe wurden du und ich
Wer kann die süßen Fesseln ewig wähnen
Es gibt auf Erden ach zu viel des Schönen
Zu manches holde Bild naht liebend sich

Drum nimm die willig dargebotne Rechte
Es trübt mir, sieh, kein kindscher Groll den Blick
Doch siehst du einst besiegt selbst im Besiegen
Auch mich der fremden Schönheit Macht erliegen
So denk an diesen Augenblick zurück

DIE NACHT. FRAGE

I

In der Nacht geheiligt stillen Stunden,
Hebt sich frei die Seele Himmelwärts,
Hat das arme Herz sich selbst gefunden,
Hauchet in die Lüfte seinen Schmerz,
Ruhe wohnt in den belaubten Zweigen,
Bei der Nacht allmächtig dunklen Schweigen,
Hin sank die Natur in tiefen Schlummer,
Sanfter fühlt das wunde Herz den Kummer.

2
Laß mich frei in deinem Dunkel träumen,
Holde Nacht so wert der Phantasie,
Irrend in der Wolkenhöhe säumen,
Denn dich weckt der Ton des Lebens nie,
Wenn der Bösewicht auf leisen Wege,
Sucht im Dunkel die verborgnen Stege
Groß und mächtig in den freien Lüften,
Braust das Unheil dann aus seinen Klüften,

3
Kolossalisch sich die Berge heben,
Sanft umsäuselt mich die leise Luft
Süße Nachtgerüche mich umschweben,
Von der nachtgeliebten Blumen Duft,
In den Bäumen wandelt leises Flüstern,
Wo die langen Schatten mich umdüstern,
Lispeln sanft des Waldes hohe Wipfel,
Und der Pappeln schnelldurchbebte Gipfel.

4
Ha! erblickst du dort nicht jenen Schimmer?
Nein es ist des Mondes stiller Schein
In den Fenstern zittert sanft sein Flimmer,
Malt sich in der Welle klar und rein,
Hörst du nicht des Uhus leis Gewimmer,
In dem sanften magisch hellen Schimmer
Kreist er durch den Nachtduft sonder Weilen,
Füllt die reine Luft mit bangen Heulen,

5
Siehe wie ein Geisterchor dort schwirret,
In des blassen Mondes matten ⟨Schein,⟩
Sie, die einst als Menschen sich verirret,
Kreisen dort der Geister luftgen ⟨Reihn,⟩
Stör sie nicht, sie fliehn das wilde Leben,
In der Mitternacht verborgnem Weben,

Spähn begierdevoll die luftgen Scharen,
Wo sie einst im Leben glücklich waren.

6

Und was winkt ihr blinkend hellen Sterne?
Mir so mild so freundlich zu?
Wohnt in jener hellen blauen Ferne?
Wohnet dort das stille Land der Ruh?
Könnte mich der Frühlingsodem heben,
Hin zu euch hinüber möcht ich schweben,
Möchte dort das Land der Freude sehn,
Und im wonnevollen Rausch vergehn.

7

Oder kennet ihr der Menschheit Kummer?
Taut ihr Lindrung in das wunde Herz?
Gebt dem müden Geist den milden Schlummer?
Löst in Sehnsucht auf den herben Schmerz?
Wehts mir zu in lauen Frühlingsdüften,
Was dort wohnet in den blauen Lüften,
Was mit sanften anmutsvollen Blinken,
Uns die hellen Silbersterne winken.

VIVAT! VIVAT! VIVAT CASPAR!
UND ABERMALS VIVAT!

Wir singen heut mit lautem Schall
Vivant die h. 3 Könge allzumal
Caspar Melchior und Balthasar
Sie sind brave Leute das ist wahr
Caspar der steht oben an
Und ist ohne Zweifel der vornehmste Mann
Der war seit manchen Jahren schon
Meines werten Specialis Namenspatron
Wer mir was auf den Caspar sagen will
Der bedenke sich lieber und schweige still

Sonst will ich ihn wohl lehren zu dieser Stund
Wie es Einem geht der sich verbrennt den Mund
König Caspar war ein frommer Mann
Er hatte alle Tage schwarze Strümpfe an
Die Geistlichkeit saß ihm so von binnen 15
Daß er konnte viel Zeit damit gewinnen
Wenn Andre bürsten den Rock mit Müh
Stieg er kohlschwarz aus dem Bette schon Morgens früh
Zudem da er kam vom Mohrenland her
So ward ihm der Weg gar lang und schwer 20
Er mußte sich tüchtig strapezieren
Eh die Andren brauchten ihr Bündel zu schnüren
Litt in der Wüste viel Hunger und Durst
Und hatte nicht mal ein Endchen Wurst
Wie die doch täglich auf unsrem Tische stehn 25
So muß es dem guten St Caspar gehn
Doch nicht alle Caspar sind gut in der Tat
Man spricht von Einem der lange Nägel hat
Und Einer kömmt im Freischütz vor
Den hat der mit den langen Nägeln schon bei seinem Ohr 30
Wenn der Vorhang wird aufgezogen
Und ist endlich gar mit ihm davon geflogen
Doch von Diesem sprech ich nicht heut
Sondern Vivat Caspar Wilmsen hoch und weit
Vivat Caspar Wilmsen früh und spät 35
Wir wollen leben so vergnügt und lange wie es geht
Den heiligen Caspar wollen wir verehren
Gegen den Klauen Kaspar wollen wir uns wehren
Ein christliches Leben wollen wir führen
Unsre Freundschaft die soll florieren 40
Über zwanzig Jahre noch wie heut
Und dann eine glückselige Ewigkeit.

Vivat! vivat! vivat Caspar!

DER SPEKULANT

Seit Sankt Crispinus, vor uralter Zeit,
Aus fremdem Gezeuge die Riemen geschnitten,
Seitdem sind gar Manche gefahren, geritten,
Gewandelt zumeist als bescheidene Leut'.
Die suchen, ein Jeder, den fertigen Riemen,
Verlorene Blitze aus fremder Latern,
Ihr Eselsornate mit farbigen Striemen
Zum Zebra zu adeln, gleich fürstlichen Herrn.

So einst ein Gewisser, – ich sage nicht wann –
Ein Haupt-Spekulant auf des Nebenmanns Bude,
Der rannte und lief wie der ewige Jude,
Und sog wie ein Egelgeziefer sich an.
In Schenken und Gärten erlauscht er die Fährte,
Bald hatt' er Maulaffen bald Pinsel zu Kauf,
Und räuspert' und hustete dann der Gelehrte,
So nahm er darüber die Tonika auf.

Ja, Mancher gedachte an Zauber und Fee,
Erblickt er die eignen geheimsten Gedanken,
Was kaum er geflüstert vor Blumen und Ranken,
Gedruckt, und darunter »Albin von der Höh'.«
Was selber dem Lügengenie* zu vermessen
Das wußte war eben Fortuna ihm hold,
Der fahrende Ritter, nicht Steine zu pressen
Aus Luft, nein, das echte und klingende Gold.

So sind denn auf seinem blaßgrauem Ornat
Mitunter auch glänzende Streifen erschienen,
Wie Muschelgeflimmer an sandigen Dünen,
In schmutzigem Kiesel der edle Achat.
Doch, ehrlich gesagt, mocht' er wenig gewinnen,

---

* siehe: Immermanns »Münchhausen.«

Und seufzte zu öfterm »geringer Ertrag!«
Die Herren Gelehrten sie halten nach binnen,
Wen je sie gelangweilt der sagt es mir nach.

Einst saß er an einem behaglichen Ort,
Ein Gartenrund wars, wo man lachte und zechte,
Das Kupfer vergoldete, Silber verblechte,
Kurz, was ihm beliebte trieb Jedermann dort.
Hier rauchte ein Junker die Zeitungen an,
Ein Anderer saß mit umwickelten Beinen,
Und ließ sich gemach von der Sonne bescheinen,
Dies war ein bejahrter rheumatischer Mann.

Um diesen nun hat es gesummt und verkehrt,
Denn wisset, er hatte viel Bücher geschrieben,
Das hatt' ihm die Gicht in die Beine getrieben,
Und ziemlich auch seine Gedanken verzehrt.
Doch war nicht von Jedem ermittelt der Schade,
Und Mancher noch kniete dem hölzernen Baal,
Wie nach dem erfrischenden Glas Limonade
Man lüstern noch riecht an der ledernen Schal'.

Heut war wie ein Kater der Edle gelaunt,
Bald schnitt er Gesichter, bald rieb er den Schenkel,
Indes um so baß sein langhaariger Enkel,
Ein hochgenialer Studente posaunt.
Der schwärmte für sich und zugleich für den Alten:
»O, seht auf der Landschaft blauduftiger Bahn
Des Herbstes vergoldete Segensfrucht walten!«
Und – »Pferdeäpfel!« so brummte der Ahn.

Ha, dachte der Lauscher, jetzt fangen sie an.
Er spitzte den Griffel und spitzte die Ohren,
Der Antikritik, die zur Hälfte geboren,
Schien dieser zum Paten der passende Mann.
Denn übel berufen als stachliche Zunge
War unser Rheumatischer, pfiffig und klug

Vor Zeiten, als Satan, ein greinender Junge,
Die ersten rotglühenden Höselchen trug.

65 Dem Blondigen schien seine Weise bekannt,
Als sei er ein Tauber so haspelt er weiter:
»Wie wunderlich wird auf der geistigen Leiter
Vom geistigen Pöbel bezeichnet der Stand!
Was nennet ihr Dichter? die Verselein drehten?
70 Doch die so in heiligem Schauer verstummt,
Beim Himmel, sind diese denn keine Poeten?«
»Sind keine!« hat hier der Berühmte gebrummt.

»O« rief der Belockte »es schläft wie ein Kind
Der Alles erstürmenden Flammenbrut Samen
75 Im Balle – im Ball mit dem blumigen Namen –
Im Balle – im – Teufel!« er räuspert, er sinnt.
»Granaten, Granaten!« so schnauzte der Alte,
Stieg grimmig vom Sitze und humpelte fort; –
Der Lauscher erseufzt durch des Hagedorns Spalte:
80 »Geringer Ertrag! aber goldene Wort'.«

»Doch ob es nun klappen mag? ob es nun paßt?«
Und säuberlich hat er unendlichen Bogen
Aus seiner unendlichen Tasche gezogen,
Mit Nadeln geklemmt an des Hagedorns Ast,
85 Dann hält er zur Seite, als schließende Schraube,
Das Taschenformat mit dem *»goldenen Wort«*,
Ha, welches Geräusper, Gehuste, Geschnaube,
Nun setzet er an, – und nun donnert er fort:

»Ihr Herren Kritiker habt lustige Bahn,
90 In saftige Körper da schlagt ihr die Zähne,
Und werdet bezahlt noch für euer Gehöhne,
Denn Jedermann fürchtet den giftigen Zahn.
Doch trifft euch ein Ballen in kräftigem Flug,
Dann keuchet und winselt ihr, übel beraten, –
95 Hui! – ›Pferdeäpfel – sind keine – Granaten‹« –
Hier schneuzt sich der Redner, und schließet das Buch.

Ich stand an der Hecke und hab' ihn belauscht,
Ich hörte ihn donnern so Herkulesmächtig,
Und: »macht sich nicht!« hört ich ihn murmeln bedächtig,
Dann trat ich zur Seite, das Laub hat gerauscht,
Und lange noch schaute ich lachend ihm nach,
Wie fürder er trabte so nüchtern und zage,
Verdrießlicher Fuchs aus dem leeren Verschlage,
Und wahrlich dies nenn' ich: »geringen Ertrag!«

Fleug' nur mit den eigenen Schwingen und glänz
Im eigenen Strahle, mein Pegasusritter,
Denn Wettergeleuchte sind keine Gewitter,
Noch macht Eine irrende Schwalbe den Lenz.
Und träfe dich Hohn, – nicht gelacht und gebellt!
Nur ruhig, und laß die Trompete verhallen,
Und knete mir ja keine kotigen Ballen,
Die selbst der Janhagel für Bomben nicht hält.

VERFEHLTER FRANZÖSISCHER ROMAN

An dem Fenster steht Mathilde,
Alfred schlendert durch die Gassen,
Und es donnert grad gefährlich
Als sie sich in's Auge fassen.

Bei des ersten Blitzes Leuchten
Sieht er ihren Ring am Finger,
Sieht er ihr verschämtes Häubchen,
Und des Gitters Eisenzwinger.

Bei des zweiten Strahles Zucken
Sieht sie seine braunen Wangen,
Sieht der Augen wildes Blinzeln,
Und die Lippe schwarz umhangen,

Und in Beider Herzen quillt es
Mächtig mit den Regentraufen:
»Mein nun, mein, weshalb ich lange
Mir die Sohlen abgelaufen!«

Alfred spannt am Regenschirme,
Und Mathild' in ihrer süßen
Not beginnt ein magres sieches
Rosenstöckchen zu begießen;

Alfred streicht den Henry quatre,
Funkelt keck in das Gewitter,
Und Mathilde pflückt ein Knöspchen,
Das per Zufall fällt durchs Gitter,

Wie der Alfred fährt zum Grunde
Läßt sich nicht genug beschreiben!
Kurz, fortan sehn wir die Beiden
Im bekannten Gleise treiben.

Wunderlich Zusammentreffen –
Kirchengänge – Maskeraden –
Alles was du um zwei Franken
Holst im nächsten Bücherladen,

Süße Worte sind erklungen,
Ros'ge Blätterchen beschrieben,
»Alfred!«, heißt er, sie »Mathilde!«,
Ist das nicht genug zum Lieben?

Bei Selenens Scheine wandelnd
Stöhnt er düster einst mit matten
Sterbelauten: »weh, ich könnte
Morden könnt ich deinen Gatten!«

»Gatte?« flötet die Geliebte:
»Wie? ein Andrer sollt' auf Erden,

Süßer Schwärmer, als du selber
Deiner Lilie Hüter werden?«

Alfred steht wie eine Lanze,
Alfred wendet sich betroffen,
Wandelt fort, verhülltem Auges,
Läßt die Gartenpforte offen;

Und wie zornge Seufzer hör ich
Es von seinen Lippen schießen:
»Straf mich Gott! die alte Schachtel
Geht noch auf den Jungfernfüßen!«

Weh, Mathilden seh ich heimwärts
Auf den Gummischuhen trotten!
Weh, die rosenfarbnen Zeichen
Wandeln sich in Papillotten!

Weh, der Schleier ist zerrissen,
Und doch waren, sonder Trug,
Alt genug sie zur Vermählten,
Er zum Gatten dumm genug!

AN ELISE IN DER FERNE
Mit meinem Daguerrotyp

Zum ersten Mal im fremden Land
Sucht Dich mein Gruß an diesem Tag,
Muß ängstlich spähen, scheu und zag
Eh er die liebe Schwelle fand.

Das stille Zimmer kennt er nicht,
In dem zu Dir mein Schatten tritt,
Mit leisem losem Geisterschritt,
Verdämmernd wie ein Elfenlicht

Du schaust ihn an, er schaut seitab,
Als such' in ungeborner Zeit
Für seiner Treue Seligkeit
Er sich den rechten Zauberstab

Der aus dem Keim die Blüte ringt,
Der weckt den Nachtigallenschlag
Und, ach, den lieben warmen Tag,
Der ihm sein Liebstes wiederbringt!

ENTZAUBERUNG

Pisang mit den breiten Blättern,
China-Rose, blutig rot,
Winden, die um Palmen klettern,
Kaktus, der mit Pfeilen droht;
Könnt ihr euch um mich vereinen,
Dann bin ich in Indiens Hainen!
Hat ein Zauber mich gebannt
In des Morgens Fabelland? –
Doch nicht lang soll Täuschung währen,
Regen läßt auf Glas sich hören,
Scharfer Wind fällt schneidend ein:
Ein Gewächshaus war mein Hain,
Und mein Indien liegt in Rüschhaus.

⟨HILDEL/GUNDEL⟩

Hildel
Blumen, Blumen immer nur!
Blumen liebst du ja zu warten,
Und wir sind zwei Knospen selbst,
Mütterchen, aus deinem Garten.

Gundel

Ich bin die rote, und sie ist die blaue,
Ich Federnelk', und sie Vergißmeinnicht – chen
Doch mehr ich zu behalten mir nicht traue
Drum schnell zu Ende nur mit dem Gedicht – chen

⟨HILDEL/GUNDEL⟩

Hildel

Bin noch ein kleines Kind
Und habe nichts zu geben,
Drum sag ich nur geschwind,
Mein Väterchen soll leben!

Gundel

Die kleine Gundel kommt auch daher,
Der kleinen Gundel ist Alles zu schwer,
Nichts behält die kleine Gundel noch,
Aber Väterchen behält sie im Herzen doch.

⟨AUCH ICH BIN MIT MEINER GABE HIER⟩

Auch ich bin mit meiner Gabe hier,
Gib mir ein Küßchen zum Lohn!
Das Täschlein gibt die Gundel dir,
Das Feuer hast du selber schon.

⟨WÄRM DIR, WÄRM DEINE LIEBE HAND!⟩

Wärm dir, wärm deine liebe Hand!
Mein Väterchen wärm sie dir gut!
All meinen Fleiß hab ich dran gewandt,
Und, o mit wie freudigem Mut!

Und viel noch Größeres möchte ich,
Und hab es auch schon getan;
Stechen ließ ich mich schon für dich:
Sieh nur meine Öhrlein an!

⟨GERN MÖCHT' ICH DIR WÜNSCHEN HEUT⟩

Gern möcht' ich Dir wünschen heut,
Lieber Bruder was dich freut,
Und so sag ichs denn dahin,
Wies mir eben kömmt im Sinn,
Frischen Mut in Freud und Schmerz,
Und für uns ein liebend Herz

⟨BIN ICH ZU SPÄT GEKOMMEN⟩

Bin ich zu spät gekommen,
So war mein Herz bei Dir,
Und dacht' in diesen Tagen
Nur deiner für und für.

Ich hab' gezählt, gerechnet,
Und dennoch nicht genug,
Da war die liebe Stunde,
Und ungesäumt mein Tuch.

Du trägst, du liebe Mutter,
So oft mit mir Geduld,
Hast Schlimmres mir vergeben
Als die Gedächtnis-Schuld.

So geht mir's leider immer,
Ich mach' es anfangs schlecht,
Und, wenn ich mich besonnen,
Erst hintennach wohl recht!

⟨NIMM, LIEBER BRUDER, WAS AN DIESEM TAG⟩

Nimm, lieber Bruder, was an diesem Tag
Die arme Schwesterhand Dir bieten mag.
Vergebens sann ich lange wie ich weihe
Dir einen Tropfen in dein volles Meer,
Du bist so reich an Allem was Dich freue
An deinen Schätzen bin ich, ach, so leer!

Da fiel des Mannes Bild mir in die Hand
Der, mein ich, Dir befreundet und verwandt,
Des Mannes der vor keinem Fürsten bebte,
Nie von dem graden Wege sich getrennt,
Des Mannes der genutzt so lang er lebte,
Und dessen Namen man mit Ehrfurcht nennt.

⟨FREUD UND SCHERZ!⟩

Freud und Scherz!
Himmelwärts
Dank ich dir
Gott dafür.

Freude ist!
Man vergißt
bei dem Spiel
Sorgen viel.

Es geziemt
daß man ihm
der es gibt
zärtlich liebt

Liebe Leut'
auch noch Heut,

15   gibt uns Gott
        sein Gebot

⟨STILL UND HERZLICH, FROH UND SCHMERZLICH⟩

    still und Herzlich, froh und schmerzlich,
    Kreis' ich hier herum,
    jene Lücke, hält zurücke,
    Liebe bleibt darum.

⟨SO VIEL ICH MICH BEDENKE⟩

    So viel ich mich bedenke
    so fällt es mir nicht ein
    ich nehme nicht Geschenke,
    nicht lose Schmeichelein

⟨DORT KÖMMT DER STURM AUF FLÜGELN
            HERGEFLOGEN⟩

Dort kömmt der Sturm auf Flügeln hergeflogen,
Es tobt der Fall, es rauschen die Wogen,
doch oh! die Sonne mit goldnen Strahl,
verbreitet Wärme überall.

⟨ES WAR EIN JÜNGLING WOHLGEBAUT⟩

Es war ein Jüngling Wohlgebaut
Der sehr nach Liebe ringet
Und dem ihr Jungfraun alle ihr
Ein Gloriosum singet
5   Doch ach der Neid der konnt' es nicht leiden
Er ließ den schönen Mann bekleiden
Mit einem häßlichen Geschwulst.

Er ging zum Geister Banner hin
Und fragt' ihn um ein Mittel
Der Geisterbanner sprach zu ihm
Zieh an den schwarzen Kittel
Er zog den Zauber Kittel an
Und sprach nun werde ich ein schöner Mann
Da ward noch der Häßlichkeit mehr.

Nun ward der Jüngling ganz erbost
Und sprach zu ihm voll Schrecken
Meint er Herr Geisterbanner er
Wir ließen uns so necken

DER ERSTE SELBSTMÖRDER

Phitias stand da, er weinte jetzt gerührt,
Da Damon ihm, der einz'ge Freund, entrissen ward;
Nie quälte ihn der Schmerz an seines Freundes Seite,
Nie nagte ihm der Gram an seines Damons Hand.
Jetzt greift er seinen Speer.
»Bald, Damon!« spricht er,
»Bald folg' ich dir.«
Nun stürzt er sich,
Schon sprützt das Blut.
»O Damon!« spricht er noch,
»O käm ich doch zu dir,
Wo Olymps Rosen blühn!«
Nun taumelt er, schon flieht der Geist
Und sieht im Fliehn sich selbst noch fröhlich nach.

⟨FREUND DU MEINES LEBENS LEITER⟩

1

Freund du meines Lebens Leiter,
nie ach nie laß' ich von dir,
schreit' ich in der Tugend weiter
ach so rate dennoch mir

2

⟨*nicht vollendet*⟩

LIED EINES SOLDATEN IN DER FERNE

Trautere Heimat des besten der Väter,
Jetzt so entfernt von dem liebenden Sohne.
Wo ich bei kindischen Spielen so froh war,
Seh ich! ach seh ich dich nimmermehr wieder?

Jahre auf Jahre sind ja schon verflossen,
Seit ich die Heimat der Eltern verlassen.
Doch zu vergessen unmöglich dem Herzen,
Das nur die stillere Einigkeit liebt.

Jetzt wo im wilden Zeitengetümmel,
Kriege auf Kriege und Schlachten sich häufen,
Gerne jetzt kehrt ich zur Heimat, der Trauten
Gerne jetzt kehrt ich zum Vater zurück.

Aber die Pflicht ist's des krieg'rischen Lebens,
Immer zu bleiben im offenen Felde,
Siegend zu leben in siegender Hoffnung,
Siegend zu leben und siegend zu sterben.

Drum nur ermuntert was hilft mir das Sorgen?
Nimmer gelang ich zum liebenden Ziele.
Immer im kriegrischen Stande zu bleiben
Ist meine Pflicht und ist mir Gebot

⟨ELISE SIEH, ES SCHIMMERT RINGS DIE LUFT⟩

Elise sieh, es schimmert rings die Luft
Von unsers Kirschbaums sanft bewegter Blüte
Die Maien Blümlein spenden süßen Duft
Wie gern erfreuet unsers Vaters Güte
Des großen Vaters Stimm ists, horch er ruft
Bewahre Heiterkeit stets im Gemüte
Nur Herzens Ruhe kann dem armen Leben
Die Kraft es mutig zu ertragen, geben

Im Sonnstrahl der in der Welle bebt
Da leuchtet freundlich nieder Gottes Milde,
Sie ists die in der Weltenschöpfung lebt
Es strahlt der Mond mit seinem Silberschilde
Und zur Betrachtung seiner Größe hebt
Uns seiner Allmacht hoher Pracht Gebilde
Und lieblich flüstert uns der Hain der Rosen
Im Abendstrahl es zu mit sanften Kosen

So klage seiner Güte nur dein Leid
Er wird es dir mit zarter Huld versüßen
In einer Seele die sich fromm ihm weiht
Weiß er des Trostes Labung ein zu gießen
Es floh schon manch Jahrtausend und das heut
Wird ihnen gleich ein Strom vorüber fließen
Mit ihnen deine Trauer und es hellen
Sich deine Blicke in der Freude Wellen

⟨DU HAST NICHT BEGRIFF VON ALLEN DEM JAMMER⟩

Du hast nicht Begriff von allen dem Jammer
So wütet in meiner Seelenkammer
Mein Herz springt wie ein Ziegenbock
Und blärrt gleich wie ein Lämmelein

Denk ich an deinen grünen Rock
Und fühl mich jämmerlich allein
Fährt mir der Schrecken in die Bein
Das ist das kleinste Leid allein
Jetzt kömmt die allergrößte Pein
Von meinen Tränen zu dieser Frist
In mir ein See entstanden ist
Worin ersäuft so groß als klein
Vernunft ist ganz und gar zu Grund
Die Phantasie sitzt auf einem Baum
Doch wird ihr Kleid von Elendsschaum
Und Kummerflecken gar zu bunt
Begeistrung schreit auf der Wellen Höh
L'esprit schwimmt oben auf dem See
Und kann nicht leben und sterben
Der Witz das ist ein schlauer Gesell
Er machte sich herbei ganz schnell
Und dachte noch was zu erben
Er ist ein Wassertreter von Haus
Auch hält ers zur Not im Feuer aus
Jetzt frißt er die Fische in dem See
Und säuft sich voll in ach und weh
Die Sinnigkeit setzte sich in ein Veilchen
So schwimmt sie und hält sich noch ein Weilchen
Doch wird es ihr am Ende nichts frommen
Sie wird noch elendig ums Leben kommen
Wie hat die Naivheit es angefangen
Daß sie nicht ganz und gar zergangen
Die Schlauheit wollte sich an ihr halten
Und hielt sie ergriffen an den Falten
Ich sang schon requiem dacht' s'ist aus
Bewahre Gott was ward daraus
Sie kamen vereint nach kurzen Lauf
Als eine phosphorische *Leucht*heit herauf
Bei allen diesem Toben und Walten
Hat sich das Herz am besten gehalten
Und möge nur der Himmel geben

Daß es nicht auch noch kömmt ums Leben
Sonst spült mich alles leer und hohl
Das kömmt davon was meinst du wohl
Wenn man nichts anders nimmt am Mund 45
Als Tränen Klag und Jammerstund?

Allein jetzt muß geschieden sein,
Schreit gleich das Herzenslämmlein
Und heult das Jammerwölflein
Und blafft das Treue Hündlein 50
Ich resolvier mich kurz und fein
Und schlage mit dem Prügel drein
Was knurrt und schreit ihr wie die Schwein?
Sie kriechen heulend auf drei Bein
In meinen Herzensstall hinein 55
Du siehst ich hab Courage doch
Die innre Größe hält mich noch
Drum sei nicht gar zu angst und weh
Hiemit leb wohl ade ade

AN MALCHEN

Aug' hatt' einen Strahl geschickt,
Zu erkennen meines Herzens Saaten,
Braune hat dazu genickt,
Und die Wimper hat dazu geraten.

⟨IM KEIM DES DASEINS, DEN DIE PHANTASIE⟩

Im Keim des Daseins, den die Phantasie
Zu schaffen nicht vermag, nur zu belauschen
Lagen zwei süßgeschwellte Knospen sie
Von Strahlen träumend und von Quellenrauschen
Und zuckend träumte in den Blättchen auch 5
Des Duftes Rausch, der Hoffnung zartes Grünen

Noch wesenloser Liebe Purpurhauch
Der erste Honigtropfen frommer Bienen
Im grünen Herzen zuckt es leis und scheu
In dumpfen Schlafe lag des Wurmes Ei

An solcher Blüte o warum der Wurm?
Frag ihn der Jedem gab die Morgenröte
Dem Leu gesellt die Beute und dem Turm
Des Blitzes Strahl, dem Zederwald den Sturm
Ihn der All in gerechter Waage hält
Und bei der Gnade die Versuchung stellt
Nein, frag nicht Sterblicher, doch zittr und bete! –

Wie lehnen sie die Häuptlein voll und schwer
Ans Fenstersims der schweigenden Kapelle
Sehn nicht der ewgen Lampe milde helle
Genüber die Arkade nicht wo hehr
Die Säule steigt, die Karyatide strebt
Und drunten ein Gespensterreigen schwebt
Im Schein der durch der Espe Blätter streift
Und gaukelnd um die Marmorbilder schweift

Doch sieh, es dehnt sich, es reißt der Hülle Schicht
Und langsam sich die lebendge Blüte bricht

Bettina

Ich bin erwacht, O Rund von Duft umsäumt
Bist du der Mond, von dem mich hat geträumt?
Das graue Meer in dem die Zweige rauschen
Am Horizont das matte bleiche Lauschen
Ist das die Nacht? Welch weiter öder Saal!
Und der dort wandelt? hab ich ihn gekannt?
Sein Schritt als ob ein Flügelroß ihn trage?
Die mächtge Saite rührte seine Hand
Mir war als ob an meine Brust sie schlage,

⟨IM KEIM DES DASEINS⟩ 677

Wer bist Du, sprich, mein Meister und mein Freund
Wo sind die Starken die dein Lied beweint
Die freudgen Götter die dein Spruch gebannt
In meiner Wiege Nebelsonnentage? 40
Du deutest aufwärts – welche Säulenpracht!
Triumpf die alten Götter sind erwacht!
Nun weiß ich was ich will und wer ich bin,
Licht, Leben, Liebe, Schönheit, nehmt mich hin!

O wunderliches Dasein als ich lag 45
In meiner grünen Kerkerhülle Hag
Wie Sturmes Rauschen hört ich Hymnen hallen
Von einem Tempel der in Schutt zerfallen
Von einem Götterstamm voll Kraft und Schöne
Der in der Zeiten Jammer unterging 50
Und drunter summten schauerliche Töne
Von einem Gotte der am Kreuze hing
Ich sah sein blutend Bildnis aufgestellt
Und zitternd knien eine zahme Welt
Ich bin nicht zahm und knien mag ich nicht, 55
Und zittern? – doch entgegen nur dem Licht.

Es naht es naht, sein Purpurmantel weht
O Helios glorreiche Majestät
Entgegen möcht ich mit dem Vogel singen
Dir mit der Zeder rauschen auf den Höhn 60
Entgegen mit der Quelle Perlen springen
Entgegen mit Orkanes Flügeln wehn,
Nun bin ich eine Rose vor der Zeit
Sei durch die milde Luft dein Geist bereit
Das war der Pfeil von Helios *x-x* 65
Das sind die Flammen die mein Sehnen *x-x*
Und eine süße Pein fast wie belebt
Sich tief und tiefer mir zum Herzen gräbt

Siry

Bin ich erwacht? bin ich erst jetzt entschlafen
Wo sind des Traumes wo des Lebens Grenzen?
Die Schimmer die mein schlummernd Auge trafen
Sah ich euch dort als Weiherspiegel glänzen?

⟨*nicht vollendet*⟩

⟨UND ER FÜHLT DIE RETTEND FROHE NÄHE⟩

Und er fühlt die rettend frohe Nähe,
Sieht die Englein leuchtend niedergleiten,
Fühlt daß Himmelsodem ihn umwehe,
Und im Tode blühn ihm Seligkeiten.
Mählich weicht die Dämmrung seinem Auge,
Strahlend sich vor ihm die Himmel breiten,
In Entzücken hebt sich nun die Seele,
Ringt sich kämpfend los vom Erdenstaube,
Schwebt empor zur glanzumhellten Höhe,
Und der helle glühnde Ätherfunken
Senkt umwallt von lichten Strahlenfluten,
Ewig frei sich in des Urlichts Gluten.

Schlummre sanft du Seele voll Einfalt,
Nicht den Schuldigen labt die Ruh,
Englein Gottes Dein Lager umschweben,
Wehen ambrosische Kühlung Dir zu.

AN EINEN FREUND

Umsäuselt von des Frühdufts süßen Lüften,
Schau ich an meines Fensters Rand gelehnt,
Vergeblich spähend durch die grünen Triften,
Und oft vom Schein getäuscht mein Auge wähnt,
Es hebe fern sich in den Morgendüften
Der Türme Heer das Münster stolz umkrönt,
Und flüsternd hallt zu dir durchs Taugeflimmer
Mein leiser Laut nahst du o Freund, denn nimmer?

Schon ist ein Mond entschwunden seit vergebens
Die Freundin dein mit stiller Sehnsucht harrt.
Sie fühlt nur halb den Lenz voll jungen Strebens,
Und halb noch scheint ihr die Natur erstarrt.
Dem Leben fehlt der schönre Teil des Lebens,
Des Freundes heitre holde Gegenwart;
Dem duftet nie der Freude schönste Blüte
Der sie verschließt im einsamen Gemüte.

Ein Chaos liegt die Welt vor seinem Blicken
In graue Dämmrung eingehüllt, er schaut,
Das Nächste nur, wohl kann es ihm beglücken,
Und wohl erreicht sein Ohr der nahe Laut.
Doch nimmer wird das Ganze ihm entzücken;
Nie wird ihm seine Harmonie vertraut;
Durch Blüten wandelt er und grüne Weiden,
Und achtlos tritt sein Fuß die kleinen Freuden.

Doch wenn der Freundschaft Morgensonne glühend
Mit hellem Strahl das Dämmertal durchbebt,
Dann ist's als wenn ein düstrer Dämon fliehend
Von seinem Busen Felsenlasten hebt.
Er sieht das Tal mit tausend Pflänzchen blühend
In jedem Blättchen eine Freude lebt.
Was er für tote Masse nur gehalten,
Sieht er mit tausend Reizen sich gestalten.

O nahe dich! daß freundlich mir und golden
Belebe sich die blühende Natur;
Es füllen Blumen rings und helle Dolden,
Mit süßen Wohlgeruch die Lüfte nur;
Der Äther schallt vom Festgesang der Holden
Gefiederten Bewohner dieser Flur,
Seit Monden schon entfloh des Winters Trauern
Was weilst du, Teurer, in den öden Mauern.

ROSAMUNDE

Flüsternd küssen sich die Zweige,
Über Rosamundens Haupt,
Die da ruht in Waldes Schatten,
Auf dem grünen Rasenbett,
Dreißig Mägdlein, um sie lagernd,
Singend in der Laute Ton,
Wie ein Kranz von frischen Rosen
Um ein Perlenangebind',

Und zur Klara spricht sie lächelnd,
Zügle deiner Rede Sinn!
Sieh, der Wald wirft ab die Blätter,
Und ihn lockt der Silberschmuck,
Fremd die Jungen schaut das Vöglein,
Treibt vom Nest was es gepflegt,
Neues Weibchen weckt die Lerche,
Neue Blüten treibt der Strauch,
Ewig wandeln Mond und Sterne,
Warum ich unwandelbar?

Und noch nahm die lose Rede,
Von dem Echo Abschied nicht,
Da ein Pfeil streift durch die Blätter,
Schauend rechts nicht schauend links,
In des schönsten Busens Mitte,
Wählt die liebste Lagerstatt,

Schreiend hoben sich die Mägdlein,
Daß der Wald voll Stimmen war,
Aber Furcht hat sie ergriffen,
Fliehen hier, und fliehen dort,
Klara nur und Ethelinde
Lösen ihrer Herrin Kleid,
Daß noch einmal zuckt die Rechte,
Die Beringte sonder Zahl.

Marienblümchen schaut aus Gründen,
Aus dem Wald das Meisterlein,
Eine Rose neigt sich schwebend,
Eine Rose glänzt im Wind,
Saugend stehen ihre Wurzeln
In der schönsten Augen Licht.

Aber an des Waldes Saume,
Wo das dunkle Münster steht,
Drinnen knien dreißig Jungfraun,
Wollen keine Männer frein,
Wollen keine Schleier weben,
Keine Kränze schlingen sie,
Nur in Seufzern steigt ihr Leben,
Um die schöne Rosamund.

⟨AUS DES HERZENS VOLLEM TRIEBE⟩

Aus des Herzens vollem Triebe
Aus der Seele freudgem Sinn,
Nimm den Dank für deine Liebe,
Für die treuen Sorgen hin

Deiner Horen leichtes Schweben
Trübe nicht der kleinste Schmerz,
Hell und rosicht sei dein Leben,
Sanft und fröhlich wie dein Herz.

ZWEIFELHAFTES

⟨WENN DICH DIE HOFFNUNG FLIEHT⟩

Wenn dich die Hoffnung flieht,
So laß dir den Mut nicht entsinken.
Hoffnung täuschet uns oft,
Mut ist der Odem der Kraft.

⟨GELIEBTE, WENN MEIN GEIST GESCHIEDEN⟩

Geliebte, wenn mein Geist geschieden,
So weint mir keine Träne nach,
Denn, wo ich weile, dort ist Frieden,
Dort leuchtet mir ein ew'ger Tag.

Wo aller Erdengram verschwunden,
Soll Euer Bild mir nicht vergehn,
Und Linderung für Eure Wunden,
Für Euren Schmerz will ich erflehn.

Weht nächtlich seine Seraphsflügel
Der Friede über's Weltenreich,
So denkt nicht mehr an meinen Hügel,
Denn von den Sternen grüß ich Euch!

⟨IM EW'GEN RAUME⟩

Im ew'gen Raume
Braust hin das Meer der Zeit. Mich trägt sie fern,
Wo sich mein Geist verliert im Weltentraume,
Wo weder Tag noch Nacht, wo nie ein Wiedersehen,
Die eis'gen Flügel ew'gen Todes wehen!

KOMMENTAR

ZU DIESER AUSGABE

Diese zweibändige Ausgabe legt das gesamte dichterische Werk der Annette von Droste-Hülshoff (1797-1848) vor. Der erste Band enthält die lyrische Produktion der Autorin, der zweite Band ihre Prosa, Versepen und dramatischen Versuche sowie Libretti und Übersetzungsübungen. Diese Präsentation des Droste-Werks entspricht nicht nur, was die Anordnung, sondern auch was die Modernisierung der historischen Orthographie angeht, den Prinzipien der Editionen in der Bibliothek deutscher Klassiker.

Es ist bekannt, daß mit dem Namen der Annette von Droste-Hülshoff in erster Linie *Die Judenbuche*, die *Heidebilder* – darunter besonders *Der Knabe im Moor* –, die um den Bodensee kreisenden Landschaftsgedichte und die Balladen verknüpft sind und nach wie vor die Rezeption beeinflussen, obwohl die Literaturwissenschaft gerade in den letzten Jahrzehnten neue, für die literarhistorische Einschätzung der Autorin wichtige Perspektiven eröffnet hat. Das Werk einer Autorin, die dem Literaturbetrieb ihrer Zeit denkbar fern stand und daher auch nur einen Bruchteil ihres Werkes selbst veröffentlicht hat, in einer Gesamtausgabe zu würdigen, in der Publiziertes neben Unveröffentlichtem, ja sogar Verworfenem oder Unvollendetem steht, verlangt gleichzeitig, einen heutigen Leser möglichst detailliert an das Werk der Droste heranzuführen und ihn mit den Arbeitsverfahren und mit den konstanten, aber auch mit den wechselnden dichterischen Auffassungen der Droste bekannt zu machen. Die Schaffung einer vollständigen Textbasis ist bei einer Autorin wie der Droste Voraussetzung, um ihren Rang als – wie nicht selten gesagt wurde – »größte deutsche Dichterin« literarhistorisch zu beschreiben und Werk und Dichterpersönlichkeit von den vielfältigen, äußerst hartnäckigen Verzeichnungen und sentimentalen Popularisierungen zu befreien.

Die meisten der überaus zahlreichen Droste-Editionen orientierten sich schon immer an einer Anordnung nach Gattungen und gleichzeitig an einer weiteren Gliederung nach zu Lebzeiten veröffentlichten bzw. im Nachlaß verbliebenen Texten. Versuche, das Werk der Droste – insbesondere die Lyrik – in chronologischer Reihenfolge zu präsentieren, um dadurch ein »Tagebuch ihres inneren Lebens« (*Sämtliche Werke*, hg. v. Clemens Heselhaus, München 1952, ⁶1970) zu dokumentieren, blieben auch aufgrund der immer wieder auftretenden Datierungsunsicherheiten unbefriedigend.

Der erste Band dieser Ausgabe wird mit den Gedichten der 1844 im Cotta-Verlag erschienenen Gedichtsammlung *(Gedichte 1844)* in der von der Droste gewählten Anordnung eröffnet, der zweiten und letzten eigenen Sammlung, die die Droste ihrer ersten 1838 in der Aschendorffschen Verlagsbuchhandlung in Münster vorgelegten Ausgabe *(Gedichte 1838)* folgen ließ. Die in den *Gedichte 1844* veröffentlichten Epen sind allerdings in die Abteilung Versepen des zweiten Bandes der vorliegenden Ausgabe verwiesen worden. An die Gedichte der Ausgabe von 1844 schließen sich zu Lebzeiten erfolgte Publikationen von einzelnen Gedichten in Zeitschriften, Zeitungen und Almanachen in der Reihenfolge ihres Erstdrucks an. Den großen Komplex der nachgelassenen Lyrik eröffnet der 1851 postum veröffentlichte Zyklus *Geistliches Jahr in Liedern auf alle Sonn- und Festtage* einschließlich der »Geistlichen Lieder«; ihm folgen die übrigen Nachlaßgedichte wiederum in der Reihe ihrer Erstpublikation (s. auch S. 882f.).

Die Gliederung des zweiten Bandes folgt ebenfalls dem Prinzip, in den Abteilungen Prosa und Versepen zunächst veröffentlichte Texte und dann die Nachlaßtexte zu gruppieren. Bei den dramatischen Versuchen, den Libretti sowie den Übersetzungsübungen handelt es sich sämtlich um zu Lebzeiten unveröffentlichte Arbeiten, die jeweils in der Reihenfolge ihrer Entstehung präsentiert werden.

Textüberlieferung

Die vorliegende Ausgabe kann sowohl für die Textherstellung als auch für den Kommentar auf den handschriftlichen Nachlaß der Autorin zurückgreifen. Der »Meersburger Nachlaß«, derjenige Teil des Nachlasses, der sich beim Tod der Droste 1848 auf der Meersburg befand, enthält das umfangreichste Material. Er wird heute als Depositum der Staatsbibliothek zu Berlin, Preußischer Kulturbesitz in der Universitätsbibliothek Münster verwahrt. Handschriften aus dem Meersburger Nachlaß werden mit der üblichen Signatur »MA« und einer folgenden römischen und arabischen Ordnungsziffer bezeichnet, ohne daß jeweils aufs neue die besitzende Institution genannt wird. Der weitaus größte Teil des übrigen Nachlaßmaterials befindet sich heute in öffentlichem Besitz. Wichtige Nachlaßteile werden in folgenden Archiven und Bibliotheken verwahrt: Universitätsbibliothek Bonn, Stadt- und Landesbibliothek Dortmund, Universitätsbibliothek Münster, Westfälisches Landesmuseum für Kunst und Kulturgeschichte Münster und Annette von Droste-Gesellschaft Münster. In den Familienarchiven von Haus Hülshoff und Haus Stapel (Havixbeck) sind weitere wichtige Handschriften verwahrt; einzelne Autographen befinden sich in Privatbesitz. Allen Institutionen und Privatpersonen gilt der besondere Dank der Herausgeber, daß sie großzügig und stets mit Verständnis für die Arbeiten an dieser Ausgabe ihre Handschriftenbestände zur Verfügung gestellt haben. Zum Droste-Nachlaß und seiner Geschichte im einzelnen vgl. Bodo Plachta, *Der handschriftliche Nachlaß der Annette von Droste-Hülshoff*, Bern, Frankfurt/Main, New York u. Paris 1988.

Textgrundlage und Textgestaltung

Zu Lebzeiten der Droste veröffentlichte Texte stützen sich auf den Erstdruck bzw. auf den Abdruck in den *Gedichten 1844*, bei Nachlaßtexten wird auf die Handschriften der Autorin zurückgegriffen. Im Fall von verlorenen Handschriften dienen Abschriften oder – wenn auch diese nicht vorliegen – wiederum der Erstdruck als Textgrundlage.

Seit 1978 erscheint im Max Niemeyer Verlag Tübingen die auf 25 Bände konzipierte *Historisch-kritische Ausgabe* der Werke und des Briefwechsels der Droste (HKA). Die vorliegende Ausgabe kann auf die in der HKA vorgenommene Textkonstitution zurückgreifen, wofür sowohl dem Niemeyer-Verlag als auch den einzelnen Bandbearbeitern (Bd. 1, *Gedichte zu Lebzeiten*: Winfried Theiß; Bd. 2, *Gedichte aus dem Nachlaß:* Bernd Kortländer; Bd. 3, *Epen*: Lothar Jordan; Bd. 4, *Geistliche Dichtung:* Winfried Woesler; Bd. 5, *Prosa:* Walter Huge; Bd. 6, *Dramatische Versuche:* Stephan Berning; Bd. 13, *Musikalien:* Armin Kansteiner) an dieser Stelle besonderer Dank abgestattet wird. Die Briefe und An-Briefe werden ebenfalls nach der HKA zitiert (Bearbeiter: Ilse-Marie Barth, Walter Gödden, Jochen Grywatsch, Bodo Plachta, Stefan Thürmer, Winfried Woesler).

Die Textgestaltung folgt den editorischen Prinzipien der HKA, ohne daß das im Einzelfall ausführlich begründet werden kann; es wird aber stets auf die entsprechenden Abschnitte in der HKA verwiesen. Grundsätzlich über Prinzipien und Fragestellungen einer kritischen Droste-Edition informiert Winfried Woesler, *Probleme der Editionstechnik*. Überlegungen anläßlich der neuen kritischen Ausgabe des »Geistlichen Jahrs« der Annette von Droste-Hülshoff, Münster 1967.

Auf den Abdruck von Varianten wird mit Ausnahme von ausgewählten Alternativvarianten bei Gedichten des *Geistlichen Jahrs* und bei einzelnen Nachlaßgedichten verzichtet. Die Dokumentation von Varianten bleibt der HKA vorbehalten ebenso wie der detaillierte Nachweis von beseitigten Druckfehlern oder sonstigen Eingriffen in die Texte. Einzelne Druckfehler, soweit sie die Textkonstitution berühren, werden im Rahmen des Stellenkommentars genannt.

Die Modernisierung der Orthographie folgt den Richtlinien der Bibliothek Deutscher Klassiker. Trotz der Beseitigung von reinen Schreibkonventionen (»Thal« zu »Tal«, »seyn« zu »sein«) wird in den historischen Lautstand jedoch nicht eingegriffen. Die Bedenken, die in den letzten Jahren gegen ein solches Verfahren bei Studienausgaben geäußert wurden, teilen die Herausgeber. Sie werden jedoch dadurch gemildert, daß noch in diesem Jahrzehnt die historisch-kritische Droste-Ausgabe vollständig vorliegen wird, in der sich der interessierte Leser informieren kann. Erhalten bleibt dagegen die Orthographie von Eigennamen und geographischen Bezeichnungen, die Groß- und Kleinschreibung sowie die Zusammen- und Getrenntschreibung. Die Interpunktion wurde nicht angetastet, allerdings wurde die Kennzeichnung der direkten Rede, die häufig in gedruckten wie ungedruckten Texten der Droste äußerst fehlerhaft ist, stillschweigend dem heutigen Gebrauch angepaßt. Auf eine drucktechnische Hervorhebung von Fremdwörtern, die die Droste in ihren Manuskripten durchgängig durch lateinische Schreibschrift markiert hat und auch in den Drucken zu Lebzeiten durch Antiqua-Druck innerhalb des Frakturzsatzes gekennzeichnet sind, wird entsprechend den Richtlinien der Bibliothek Deutscher Klassiker verzichtet.

Jann Weber hat die Herausgeber bei der Modernisierung der Orthographie für diese Ausgabe freundlicherweise unterstützt.

Übergreifende Erläuterungen und Stellenkommentar

Das Werk der Droste gilt als an vielen Stellen »dunkel«; darauf haben schon Rezensenten der *Gedichte 1838* hingewiesen. Die Erläuterungen verfolgen in erster Linie das Ziel, die Entstehung der Texte, ihre Quellen und, soweit möglich, ihr literarhistorisches Umfeld aufzuhellen. Darüber hinaus werden Hinweise auf die zeitgenössische Rezeption gegeben (vgl. hierzu Winfried Woesler, *Modellfall der Rezeptionsforschung. Droste-Rezeption im 19. Jahrhundert. Dokumentation, Analysen, Bibliographie. Erstellt in Zusammenarbeit mit Aloys Haverbusch und Lothar Jordan*, 3 Bde., Frankfurt/Main, Bern u. Cirencester/U. K. 1980). Der Einzelstellenkommentar konzentriert sich auf Wort- und Sacherläuterungen, wobei den sprachlichen Charakteristika der Droste ein besonderes Augenmerk galt. Hinweise für das Textverständnis bzw. zur Textanalyse werden nur in wenigen ausgewählten Fällen gegeben. Für die Kommentierung der Texte dankbar benutzt wurden insbesondere die bereits erschienenen Dokumentationsbände der HKA (Bd. 3; *Epen*, bearb. v. Lothar Jordan; Bd. 4: *Geistliche Dichtung*, bearb. v. Winfried Woesler; Bd. 5: *Prosa*, bearb. v. Walter Huge; Bd. 13: *Musikalien*, bearb. v. Armin Kansteiner) sowie der Kommentar der *Sämtlichen Werke* (hg. v. Günther Weydt und Winfried Woesler, 2 Bde., München ³1991). Benutzt werden konnte auch bisher noch unveröffentlichtes Kommentarmaterial, das im Zuge der Vorarbeiten für die entsprechenden Bände der HKA, insbesondere zu den nachgelassenen Gedichten (Bd. 2, Bearbeiter: Bernd Kortländer), in den Forschungsstellen der HKA in Osnabrück und Münster zusammengetragen wurde. Den Mitarbeitern dieser Forschungsstellen, Elisabeth Blakert, Susanne Freund, Jochen Grywatsch, Rüdiger Nutt und Stefan Thürmer, sei an dieser Stelle für ihre Unterstützung gedankt.

Auf Hinweise zur Forschungsliteratur bzw. auf Interpretationen wird, von einigen Ausnahmen abgesehen, verzichtet. Ein ausführliches Literaturverzeichnis, das die wichtigsten Ausgaben, Hilfsmittel der Droste-Forschung, Monographien zu Werk und Person der Autorin sowie unselbständig erschienene Einzelinterpretationen nennt, befindet sich am Schluß jedes Bandes.

GEDICHTE DER AUSGABE VON 1844

Die Ausgabe von 1844

Als Annette von Droste-Hülshoff 1838 im Münsterer Verlag Aschendorff halbanonym ihre erste Gedichtsammlung vorlegte, war dies die erste Publikation der 41jährigen Autorin. Zwar hatte sie schon vorher Absichten zu einer größeren, selbständigen Veröffentlichung, doch diese Pläne zerschlugen sich sämtlich. Wilhelm Junkmann (1811-1886) und insbesondere Christoph Bernhard Schlüter (1801 bis 1884), der gute Kontakte zur Aschendorffschen Verlagsbuchhandlung und deren Verlegerfamilie unterhielt, ebneten der Droste den Weg in die Öffentlichkeit, der sie nach wie vor skeptisch begegnete: »ich wünsche noch immer das Gedicht ⟨gemeint ist *Das Hospiz auf dem großen St. Bernhard*⟩ anderswo ⟨als in Münster⟩ heraus zu geben, denn ich möchte, daß sein Renommeé, *gut oder schlimm* bereits gemacht wäre, eh es in den Kreis meiner Bekannten käme, da ich nicht darauf rechne, daß es hier sehr gefallen wird, – für auswärts mache ich mir bessere Erwartungen, und möchte meiner lieben Mutter, die im Grunde, jedes öffentliche Auftreten scheut wie den Tod, und nur zu empfindlich ist für die Stimme des Publikums, gern zuerst die möglichst angenehmsten Eindrücke gönnen, dann schmerzen nachher einzelne Stimmen weniger, für mich selbst wäre es mir schon gleich, womit ich es zuerst aufnehmen müste« (Brief an Schlüter, 23. 3. 1837). Auch die Provinzialität des Münsterer Verlages bereitete ihr Sorge; sie vermutete, daß eine dort publizierte Sammlung »ein kurzes und obscures Leben zu erwarten« habe (Brief an Junkmann, 4. 8. 1837). Schlüter und Junkmann verstanden es jedoch, die Bedenken zu zerstreuen, so daß am 4. 8. 1838 die *Gedichte von Annette*

Elisabeth v. D. . . . H . . . . in einer Auflage von 400 Exemplaren zu einem Preis von 25 Silbergroschen erscheinen konnten.

Die Droste hatte Schlüter und Junkmann weitgehend die Auswahl und Anordnung der Gedichte überlassen; die Versepen machten etwa vier Fünftel des Bandes aus, hinzu kam eine Auswahl von acht Gedichten aus dem ersten Teil des *Geistlichen Jahres*, die Ballade *Der Graf von Thal*, die jahreszeitlichen Lieder *Der Säntis, Am Weiher* und die als *Fragment* betitelten Eingangsverse zum dritten Gesang des *Hospiz auf dem großen St. Bernhard*.

Obwohl zu den *Gedichten 1838* 13 Rezensionen ermittelt worden sind, blieb die Wirkung der Sammlung doch insgesamt unbedeutend, zumal nur drei der Rezensionen – außerdem die negativsten – als völlig unabhängig zu bezeichnen sind und die Verfasser der anderen im großen und ganzen zum Freundeskreis der Autorin zählten oder im weitesten Sinne Kontakt zum Droste-Kreis hatten (u. a. Levin Schücking, Elise von Hohenhausen, Karl Ferdinand Dräxler-Manfred, Gustav Kühne, Karl Gottlieb Theodor Winkler). So wurde z. B. die positive Rezension von Friedrich Engels unter dem Pseudonym Friedrich Oswald im ›Telegraph für Deutschland‹ durch Schücking vermittelt. Engels sah seine Aufgabe insbesondere darin, »einen Theil der Schuld abzutragen, die das deutsche Publikum sich gegen diese Poesieen aufgeladen hat« (Droste-Rezeption, Nr. 12, S. 27). Abgedruckt sind sämtliche Rezensionen in: Droste-Rezeption, Nr. 2-8, 10A, 11-13, 19, 27.

Doch es darf darüber nicht die Rückwirkung vergessen werden, die die Veröffentlichung für die Droste selbst hatte. Insbesondere hatte sie die Erfahrung gemacht, Werke abzuschließen und nach mehrfachem Überarbeiten eine endgültige Druckvorlage zu erstellen. Im Brief an Schlüter schreibt sie am 19. 7. 1838 darüber: »geschrieben sieht Alles so lang und breit aus, und die Schwierigkeit und Langsamkeit des Entzifferns dehnt es noch mehr, gedruckt steigen sich die Gedanken und Bilder wie einander auf die Schultern, und ich fühle daß ich manchen Situationen nicht die Zeit gegönnt habe in lebhafte Anschauung überzugehn: brevis esse volo, obscura fio«. Zur Druck- und Wirkungsgeschichte der *Gedichte 1838* vgl. im einzelnen Winfried Woesler, *Zu Geschichte, Wirkung und Wirkungslosigkeit einer Erstpublikation*, in: *Gedichte von Annette von Droste-Hülshoff*. Faksimile-Nachdruck der Ausgabe von 1838, Münster 1978, Nachwort S. 1-65 und HKA, Bd. 3, S. 243-282.

Den Plan einer zweiten Gedichtausgabe faßte die Droste kaum weniger vorsichtig und mit noch größeren Bedenken als bei den *Gedichten 1838*. Um die Erfahrungen der ersten Ausgabe nicht zu wiederholen, sollte ein Verlag gewonnen werden, dessen literarisches Renommee unbestritten war. Den durch Levin Schücking (1814-1883) vermittelten Verhandlungen mit dem Cotta-Verlag ging noch am 5. 4. 1842 eine Anfrage des Bielefelder Verlages Velhagen & Klasing voraus, die offensichtlich auf Anregung von O.L.B. Wolff (1799-1851) und Adele Schopenhauer (1797-1849) erfolgt war. Obwohl dieses Angebot nach Überlegungen der Droste gegenüber mehreren Briefpartnern nicht weiter gewürdigt wurde – eine Antwort von ihr an den Verlag ist weder bekannt noch zu vermuten –, war sie doch auf den Stellenwert von Gedichtausgaben innerhalb des literarischen Marktes hingewiesen worden, denn August Klasing hatte in seinem Brief auf das geschäftliche Risiko für die Inverlagnahme von Gedichten aufmerksam gemacht: »Vielleicht darf dieses Anerbieten mit einigem Rechte den Charakter der Uneigennützigkeit ansprechen, da Gedichtsammlungen wohl nur in den seltensten Fällen zu den gewinntragenden buchhändlerischen Unternehmen gezählt werden können.« Diese wirtschaftliche Seite sollte auch unmittelbar nach der Drucklegung der *Gedichte 1844* eine Rolle spielen. Noch am 20. 7. 1841 gab sich die Droste in einem Brief an August von Haxthausen (1792-1866) der trügerischen Hoffnung hin, »daß die Auflage ⟨der *Gedichte 1838*⟩ jetzt bald vergriffen« sei. Nach dem Erscheinen der *Gedichte*

1844 präsentierte ihr der Inhaber der Aschendorffschen Verlagsbuchhandlung, Johann Hermann Hüffer (1784-1855), aus Verärgerung darüber, daß in der von Cotta verlegten Sammlung ohne seine ausdrückliche Zustimmung fast alle Gedichte der Ausgabe von 1838 nachgedruckt worden waren, eine Rechnung von 64 Talern. Er schickte der Autorin 172 nicht verkaufte Exemplare zurück und forderte eine anteilige Erstattung der Herstellungskosten sowie des nicht realisierten Gewinns. Hüffer ließ auch keinen Zweifel daran, seine Ansprüche notfalls gerichtlich durchzusetzen, was die Droste im Brief an Schücking vom 31. 10. 1844 zu folgender verbitterten Bemerkung veranlaßte: »Es ist eine ekelhafte Geschichte, bey der Hüffern, wie mich dünkt, ein großer Mangel an Rücksicht zur Last bleiben muß, da er doch nicht zweifeln konnte, daß eine Anzeige der Sachlage und des vorhabenden Schrittes, gleichviel ob an mich oder meinen Bruder, ihm den letzteren erspart und die Geschichte weit anständiger beendigt haben würde.« Die Details dieser finanziellen Forderung Hüffers schildert die Droste im Brief an Schücking vom 5. 3. 1845.

Die Veröffentlichung der *Judenbuche* in Cottas ›Morgenblatt für gebildete Leser‹ hatte 1842 mittlerweile dazu beigetragen, die Droste einem überregionalen Publikum bekanntzumachen. Der gemeinsam mit Schücking verbrachte Winter 1841/42 auf der Meersburg ermöglichte der Droste zudem einen wichtigen Schub in ihrer poetischen Produktion, so daß auch der Plan für eine zweite Sammlung deutlichere Konturen annehmen konnte. Während dieser Zeit – Schücking ordnete auf der Meersburg die Bibliothek Joseph von Laßbergs – entstand das Kernstück der späteren *Gedichte 1844*, ein Korpus von etwa 60 Gedichten. Über die fieberhafte Tätigkeit der Droste berichtete Schücking am 9. 2. 1842 Ferdinand Freiligrath: »Die Droste unterbrach mich eben, indem sie in meinen Thurm kam, um mir ihr Gedicht vorzulesen: täglich wird ein's fabrizirt, jetzt sind's schon 53 und wenn die 100 voll sind, sollen sie als Sammlung herausgegeben werden; einige wirst Du wahrscheinlich nächstens im Morgenblatte lesen; sie werden übrigens von Tag zu Tag besser« (Goethe- und Schiller-Archiv, Weimar). Das gesteckte Ziel, 100 Gedichte zu vollenden, ist jedoch nicht erreicht worden. Dennoch stellte die Droste im Gegensatz zu den Vorbereitungen für die *Gedichte 1838* eigene, sehr detaillierte Überlegungen für die Anordnung ihrer Gedichte an, wie die in ihrem Nachlaß überlieferten Gedichtverzeichnisse belegen. Zu Beginn des Jahres 1843 unterzog sie sich selbst der Mühe des Abschreibens, erhielt aber auch letztendlich meist unbrauchbare Unterstützung von Abschreibern bei der Anfertigung der Reinschrift. Am 30. 6. 1843 schrieb sie Schücking: »die Abschrift meiner Gedichte ist fast fertig – Alles mit meiner eignen Pfote«. Doch der Abschluß der Druckvorlage verzögerte sich immer wieder; erst im Brief vom 5. 1. 1844 konnte sie Elise Rüdiger unter dem Datum des 2. 1. mitteilen, sie habe am letzten Tage des Vorjahres das Konvolut fertiggestellt. Diese reinschriftliche Druckvorlage wird heute im Westfälischen Landesmuseum für Kunst und Kulturgeschichte in Münster aufbewahrt.

Schücking war im November 1843 zum Redakteur der angesehenen, in Augsburg erscheinenden ›Allgemeinen Zeitung‹ Cottas avanciert und versuchte nun von dieser Position aus, sich weiter für die Droste zu verwenden, hatte aber wohl schon im Sommer parallel mit seinen Verhandlungen um die Redakteursstelle auch die geplante Gedichtsammlung der Droste ins Gespräch gebracht. Am 25. 12. 1843 bat Hermann Hauff (1800-1865), der Bruder des Dichters Wilhelm Hauff (1802-1827) und Cottas Verlagsleiter, die Autorin um weitere Mitarbeit an Cottas Zeitschriften. In ihre konkrete Phase traten die Verhandlungen jedoch erst, als Schücking dem Verleger am 23. 1. 1844 die inzwischen von der Droste erstellte Druckvorlage übersenden konnte: »Durch wenige Proben ist die allgemeine Aufmerksamkeit auf diese eben so tiefe als durchaus eigenthümliche und originale Poesie hingeleitet worden, in Beziehung auf Plastik ihrer Schilderungen, auf

Lebendigkeit ihrer Malerei möchte sie alle neueren Dichter weit übertreffen. Ich habe die Ueberzeugung, daß diese Gedichte Epoche machen werden; da sie in eine Zeit fallen, die für's Lyrische arm zu nennen ist: die politische Poesie ist zu Ende – etwas Neues seitdem nicht da! – Ein anderes, was den Verlag derselben allein schon garantirt ist die Verbindung der Verfasserin mit dem Westfälischen zahlreichen Adel, dessen Mitglieder insgesammt ⟨...⟩ auf die Erscheinung derselben gespannt sind.« (Droste-Rezeption, Nr. 312, S. 868.)

Ende Februar 1844 wurde ein für die Droste vorteilhafter Verlagsvertrag geschlossen, der ein Honorar von 875 Gulden bei einer Auflage von 1200 Exemplaren vorsah (Droste-Rezeption, Nr. 317, S. 871). Bereits im November 1843 hatte die Droste im Vorgriff auf das in Aussicht gestellte Honorar für 400 Taler das oberhalb von Meersburg gelegene Fürstenhäusle ersteigert.

Der Druck der *Gedichte 1844* begann unmittelbar nach der Ausfertigung des Verlagsvertrages. Anfang September 1844 war die Drucklegung abgeschlossen; Schücking erhielt die ersten Exemplare der *Gedichte 1844* Mitte September.

Erst 1861 wurde eine Neuauflage der *Gedichte 1844* nötig; weitere Auflagen folgten 1873 und 1877.

Wirkung

Zu Lebzeiten der Droste sind 13 Rezensionen der *Gedichte 1844* erschienen (abgedruckt in Droste-Rezeption, Nr. 34, 36-39, 41-44, 46, 50, 65, 67). Obwohl unter diesen Rezensionen verschiedene wohlwollende Würdigungen zu finden sind, konnten sie jedoch nicht zu einem breiten literarischen Durchbruch der Autorin beitragen, zumal die Texte der Droste kaum dem literarischen Erwartungshorizont der Zeit entsprachen. Zwei Argumentationsmuster sollen hier beispielhaft für die allgemeinen Rezeptionshindernisse stehen, denen die *Gedichte 1844* ausgesetzt waren.

Schückings Rezension in den ›Monatsblättern zur Ergänzung der Allgemeinen Zeitung‹ (Nr. 7, Juli 1845) sieht die literarische Entwicklung des Vormärz mit ihrer Neigung zur Tendenzpoesie als Hindernisse für eine breitere Rezeption der Droste: »Erziehung und Lebensstellung der Dichterin haben, scheint es, überdem eingewirkt sie vom Strom der lebendig bewegten Zeit fern zu halten und ihr das Verständniß des Geistes der Epoche zu verschließen. Um so mehr ist es anzuerkennen daß sie nur in liebenswürdig milder und weiblicher Weise für alte einfache und treue Sitte, für Pietät und Herzensreinheit, für einen frommen und sanften Glauben ihre Stimme erhebt und sich jeder politischen Absicht, jeder reactionären Richtung fern hält« (Droste-Rezeption, Nr. 46, S. 54).

Grundsätzliche Vorbehalte gegenüber weiblicher Schriftstellerei und den damit verbundenen ersten Emanzipationsversuchen hatte Joseph Christian von Zedlitz (1790-1862) in der »Beilage« zur ›Allgemeinen Zeitung‹ (Nr. 331, 26. 11. 1844) geäußert: »Wir gestehen offen daß wir im Allgemeinen keinen großen Geschmack an den lyrischen Ergüssen weiblicher Rhapsoden finden, und was sich von dergleichen in unserer Litteratur vorfindet, kaum für eine Bereicherung derselben halten möchten« (Droste-Rezeption, Nr. 36, S. 43). Trotzdem sieht Zedlitz die Droste als eine literarische Ausnahmeerscheinung, deren neuartige Individualität und Originalität er rühmt, gleichzeitig jedoch auch auf die Sprödigkeit ihrer Texte hinweist: »In Anette v. Droste besitzt Deutschland eine Dichterin, der kein Erforderniß wahrer poetischer Begabung fehlt – eine Dichterin der seltensten Weihe, die mit den Dichtern um jeden Preis zu ringen befugt ist, und der man, wenn sie ihn erringt, wird zugestehen müssen, es habe ihr denselben ebenso sehr ihr Verdienst als männliche Courtoisie zuerkannt« (Droste-Rezeption, Nr. 36, S. 43).

Textgrundlage

Als Textgrundlage der vorliegenden Ausgabe dient der Druck der *Gedichte 1844* (D²). Die Droste war nicht nur an der Erstellung der Druckvorlage (H²), sondern auch an der Überwachung der Drucklegung der *Gedichte 1844* beteiligt. An der Druckvorlage nahm die Droste in Abstimmung mit Schücking noch Veränderungen vor (vgl. Briefe an Schücking 17. 1. 1844, 6. 2. 1844).

Am 31. 3. 1844 (erschlossener Brief) hatte Schücking der Droste die ersten fünf Korrekturbogen geschickt, die die »Zeitbilder« und die »Heidebilder« umfaßten. Ihre Korrekturen teilte die Droste Schücking im Brief vom 17. 4. 1844 mit, sie fanden jedoch keine Berücksichtigung mehr, werden aber im Stellenkommentar der vorliegenden Ausgabe verzeichnet. Daß der ganze Text der *Gedichte 1844* jedoch von der Droste autorisiert ist, geht aus einem Brief Schückings vom 26. 4. 1844 hervor: »Ueber die Druckfehler hab' ich mich weidlich geärgert: die zweite Hälfte des Buches werden wir zusammen in Meersburg revidiren. Bekommen Sie Bogen zugeschickt, so laßen Sie dieselben nur liegen, bis ich komme, ich will sie an Sie addreßiren laßen.« Es ist also davon auszugehen, daß sämtliche im endgültigen Druck auftretenden Abweichungen von der Druckvorlage möglicherweise in der gemeinsamen Textrevision auf der Meersburg die Autorisation der Droste erfahren haben. In einigen wenigen Fällen wird man jedoch Versehen nicht ausschließen können. Das bedeutet auch, daß heute der Druck und nicht die Druckvorlage als Textgrundlage gewählt werden muß. Da einzelne Gedichte bereits vorab im ›Morgenblatt‹ erstveröffentlicht worden sind, werden evtl. auftretende Varianten ebenfalls im Stellenkommentar jeweils unter der Sigle D¹ aufgeführt. Im Einzelfall wird auch auf die jeweiligen Entwürfe zurückgegriffen, die mit der Sigle H¹ bezeichnet sind.

ZEITBILDER

Die »Zeitbilder« umfassen eine Gruppe von zehn Gedichten, in denen sich die Droste insbesondere mit den Ideen und dem Schrifttum des Jungen Deutschland und des Vormärz auseinandersetzt und damit auf ihre Weise Position in den ideologischen Richtungskämpfen der Restaurationsepoche bezieht (vgl. Kortländer 1979, S. 275-286). Ursprünglich hatte die Autorin geplant, die *Gedichte 1844* mit den Gedichten *Mein Beruf, Meine Toten* und *Katharine Schücking* einzuleiten. Die Verschiebung dieser Texte in die Gruppe »Gedichte vermischten Inhalts« geht auf einen Vorschlag Levin Schückings zurück, der sich von der Eröffnung des Gedichtbandes durch die »Zeitbilder« eine größere Aktualität versprach. Die Droste stimmte am 6. 2. 1844 diesem Vorschlag zu, nachdem sie im Brief vom 17. 1. 1844 noch befürchtete, eine Zusammenstellung der »Zeitbilder« könnte sich »zu grell ausnehmen«: »Gegen die Versetzung der Einleitungsgedichte habe ich Nichts«. Schückings Vorschlag wurde später durch die Beachtung bestätigt, die den »Zeitbildern« in den zeitgenössischen Rezensionen entgegengebracht wurde. Auch die Wahl des programmatischen Titels »Zeitbilder« entsprach einem Gedichttypus, der im Vormärz zu besonderer Blüte gelangte und sich durch einen aktuellen Gesellschaftsbezug, eine appellative Grundstruktur sowie durch den Einsatz rhetorischer Mittel auszeichnet.

Ungastlich oder nicht? (In Westphalen) (S. 11)
Entstehung: Winter 1841/42.

Die literarische Beschäftigung der Droste mit Westfalen hat – wie im vorliegenden Gedicht – verschiedentlich apologetischen Charakter. Die Westfalenthematik, die bereits im Versepos *Die Schlacht im Loener Bruch* (Bd. 2, S. 288) gestaltet wurde, führte die Autorin später u. a. in den *Westphälischen Schilderungen aus einer westphälischen Feder* (Bd. 2, S. 63) fort.

Zur großen Zahl derer, die Westfalen wegen seiner Rückständigkeit verunglimpften, gehörte auch Voltaire (1694-1778). Er verspottete in seinem Roman *Candide* (1759) die Bewohner Westfalens und deren Lebensgewohnheiten und begann einen Brief an den italienischen Schriftsteller Francesco Algarotti (1712-1764) vom 6. 12. 1740 mit den Worten »O détestable Vestphalie«. Ähnliches behauptete Gebhard Leberecht von Blücher (1742-1819) in einem Brief an Friedrich Wilhelm Christian von Zastrow (1752 bis 1830) vom 8. 6. 1796: »Die ganze Brut von Menschen in diesem Pfaffenlande taugt nicht.« Auch Heinrich Heine (1797-1856) dienten die Westfalen noch in seinem Versepos *Deutschland. Ein Wintermärchen* (1844) trotz allen Wohlwollens zum Spott. Zu einer neuen, Westfalen aufwertenden Auseinandersetzung war Karl Immermann (1796-1840) im »Oberhof«-Kapitel seines Romans *Münchhausen* (1838/39) bereits gelangt. (Zur Entstehung des »Westfalenbewußtseins« s. Renate von Heydebrand, *Literatur in der Provinz Westfalen 1815-1945*. Ein literarhistorischer Modell-Entwurf, Münster 1983, S. 5-8).

Der erläuternde Titelzusatz »In Westphalen« geht auf eine Anregung Schückings zurück, vgl. den Brief der Droste an Schücking vom 6. 2. 1844: »Bey ›*Ungastlich oder nicht?*‹ mag immerhin (in Westphalen) zugesetzt werden, aber, wie mich dünkt, eingeklammert, als eine Art Erläuterung, – als Stück des Titels scheints mir etwas albern zu lauten. – ich meine so: ›Ungastlich oder nicht? (in Westphalen)‹ – oder wie meinten Sie es eigentlich?«

11,2 *grünsten Kranz*] Vgl. *Vanitas Vanitatum!* (S. 109,24).

12,37f. *Wir ⟨...⟩ Haaren*] Offensichtlich hatte die Droste hier einen charakteristischen Münsterländer vor Augen, wie aus einer ähnlichen Beschreibung in den *Westphälischen Schilderungen* hervorgeht: »Der Münsterländer ist groß, fleischig, selten von starker Muskelkraft; ⟨...⟩ die helle Haarfarbe ist durchaus vorherrschend; man trifft alte Flachsköpfe, die vor Blondheit nicht haben ergrauen können. – Dieses und alles dazu Gehörige – die Hautfarbe – blendend weiß und rosig, und den Sonnenstrahlen bis in's überreife Alter widerstehend« (Bd. 2, S. 90,4-14).

Die Stadt und der Dom
Eine Karikatur des Heiligsten (S. 13)

Entstehung: Dezember 1842.

Das Gedicht ist vor dem Hintergrund des großen Hamburger Brandes vom 5.-10. 5. 1842 und der feierlichen Grundsteinlegung für den Kölner Dom am 4. 9. 1842 zu sehen. Das Dombauthema war in der zeitgenössischen Literatur, u. a. bei Friedrich Schlegel, Joseph Görres, Schücking und Heine, sehr beliebt (vgl. auch Anm. zu *Meister Gerhard von Cöln*, S. 248). In der Ballade *Meister Gerhard von Cöln* unterstützt die Autorin noch unkritisch die romantische Idee vom Weiterbau des Kölner Doms.

Im Brief an Schücking vom 17. 1. 1844 äußerte sich die Droste grundsätzlich über das Gedicht *Die Stadt und der Dom*: »Wird Ihnen vielleicht anstößig seyn, doch könnte ich mich nur sehr schwer entschließen es aufzugeben, da es nicht nur vollkommen wahr, sondern gewiß auch Eins der besten Gedichte ist.«

Der Entwurf im Meersburger Nachlaß (MA I 1) hat noch das Motto: »Unsrer sind Vier | Ich, Feder, Dinte, und Papier | Wir werden uns nicht verrathen | Um lumpichte hundert Dukaten«. Dieses Motto ist einer Anekdote um den Kaiser Joseph II. entnommen (s. Clemens Heselhaus, *Annette von Droste-Hülshoff*. Werk und Leben, Düsseldorf 1971, S. 18).

Im Cottaschen ›Morgenblatt‹ (Nr. 131, 2. 6. 1842) war ein Gedicht Friedrich Notters (1801-1884) mit dem Titel *Nach dem Brande in Hamburg* abgedruckt worden, das ebenfalls die beiden Ereignisse – allerdings mit anderer Zielsetzung – in Zusammenhang brachte; auch in Heines *Wintermärchen* (1844) spielen sowohl der Dom als auch der Brand eine wichtige Rolle. Den Untertitel entlehnte die Droste vermutlich der Schrift von Henrik Steffens (1773-1845) *Carikaturen des Heiligsten* (2 Bde., Leipzig 1819-21), ohne daß sich jedoch eine inhaltliche Beziehung zu diesem Werk herstellen ließe. Steffens Buch erregte bei seinem Erscheinen wegen der darin enthaltenen Angriffe auf die Dombaubewegung einiges Aufsehen.

13,6 *Wie* ⟨...⟩ *Wogenschwall]* Vgl. hierzu den Brief der Droste an Louise Schücking vom 4. 3. 1844: »dem Niagara hätte ich jetzt aber wohl einen andern Remplaçanten als ›wie ein gewaltger Wogenschwall‹ gegeben, – die Zeit ist so eben ein *Strom* genannt, und nun gleich darauf ›wie ein Wogenschwall‹ das ist eine matte Wiederholung, ein Pleonasmus und keine Vergleichung, (wie der Niagara doch seyn sollte) etwas als wenn man statt ›der Aafluß fließt einer Gassenrinne gleich‹ sagen wollte ›der Aafluß fließt einem trägen Flusse gleich‹ – ich würde, wäre ich zur Hand gewesen, entweder einen ganz andern Vergleich gesucht, oder vielleicht gesagt haben ›Es ist ein Zug, es ist ein Schall, Ein ungemeßner Wogenschwall!‹ so wäre es nur eine Erweiterung des alten Bildes gewesen, kein Anspruch auf ein neues, was nicht da ist. – doch macht es nicht viel aus, und wird dem ganzen Gedichte nicht schaden.«

13,12 *Die Stadt]* Gemeint ist Hamburg nach dem großen Brand vom Mai 1842.

13,15 *kommen]* Vgl. hierzu den Brief der Droste an Schücking vom 6. 2. 1844.

14,35-40 *O werte* ⟨...⟩ *Bund]* Vgl. den Brief der Droste an Schücking vom 6. 2. 1844: »»werthe Einheit, wenn du wirklich Eins bist, wer stände dann auf deutschem Grunde, würdiger der Lorberkron und des Heilgenscheins als du,‹ et cet.«

14,39 *trügst]* trugst (D²), Druckfehler; vgl. Brief der Droste an Schücking vom 17. 4. 1844.

14,42 *Kreuzesmassonei]* Kreuzritterschaft.

14,49 *Braun]* Braun galt als Farbe der Demut.

15,59 *Phantom]* Gespenst, Geistererscheinung, Trugbild.

15,61-64 *Und* ⟨...⟩ *hebt]* Vgl. Gen 11,1-9; vgl. auch *Die Stiftung Cappenbergs* (S. 211,48) und *Die Schwestern* (S. 243,64).

15,78 *Hag]* Eingegrenztes Garten-, Wiesen- oder Waldgrundstück, auch Hecke oder Wallhecke (Grimm, *Deutsches Wörterbuch*, Bd. 4,2, Sp. 137 f.).

16,99 *Felonie]* Verrat.

16,105 *Zinnenhag]* Vgl. hierzu den Brief der Droste an Schücking vom 17. 4. 1844.

16,107 *Palmyrens Steppenbrand]* Die in der syrischen Wüste gelegene Stadt Palmyra wurde 273 n. Chr. vom römischen Kaiser Aurelian zerstört. Die Droste kannte Palmyra z. B. durch eine Abbildung und Beschreibung in Friedrich Justin Bertuchs *Bilderbuch für Kinder* (Bd. 7, Tafel CLXVI, Nr. 84).

16,119 *Säule des Trajan]* Die Trajanssäule wurde 113 n. Chr. zur Erinnerung an die Eroberung Dakiens durch den Kaiser Trajan (Regierungszeit 98-117 n. Chr.) in Rom errichtet.

Die Verbannten (S. 17)
Entstehung: Frühjahr 1843.

17,27 *Pilzes Staub]* Gemeint ist die staubige Sporenmasse etwa eines Bovists.

18,40 *Der Storch ⟨...⟩ ätzet]* Emblematisches Bild für die Kindesliebe (Arthur Henkel, Albrecht Schöne, *Emblemata*. Handbuch zur Sinnbildkunst des 16. und 17. Jahrhunderts, Stuttgart 1967-76, Bd. 1, Sp. 827); möglicherweise kannte die Droste dieses Bild auch aus Friedrich Justin Bertuchs *Bilderbuch für Kinder* (Bd. 1, Tafel XIII, Nr. 98), das die Allegorie im gleichen Sinne auflöst.

19,72 *Die Tauben ⟨...⟩ trauern]* Emblematisches Bild für die Gattentreue (Henkel, Schöne, *Emblemata*, Bd. 1, Sp. 859f.).

19,88 *Der Unken ⟨...⟩ tönen]* Im Volksmund werden Unken auch als »Glockenfrösche« bezeichnet (Grimm, *Deutsches Wörterbuch*, Bd. 11,3, Sp. 1083); vgl. auch *Das öde Haus* (S. 77,60).

19,95-20,104 *Und ⟨...⟩ Dornenkrone]* Emblematisches Bild für die Caritas der Kirche, die mystische Gottesliebe.

Sie wird mit den christlichen Symbolen Kreuz, Schleier und Dornenkrone dargestellt.

20,103 *Flor]* Dünnes, zartes Gewebe.

Der Prediger (S. 21)

Entstehung: Frühjahr 1843.

Die Figur des Predigers ist durch die Erinnerung an den Kaplan Anton Ignaz Vohrmann (1810-18. 1. 1843) von St. Ägidii in Münster geprägt. Dessen rhetorische Künste bewunderte die Droste auch in Briefen an Schücking vom 16. 2. 1843 unter dem Datum des 15. 2., an Pauline von Droste-Hülshoff vom 23. 1. 1843 und an Jenny von Laßberg vom 23. 2. 1843 unter dem Datum des 17. 2.

21,3 *Memnons Säule]* Gemeint sind die Memnonskolosse in Theben, zwei Sitzfiguren, die den Pharao Amenophis III. darstellen und von den Griechen dem Memnon, Sohn der Eos, zugeordnet wurden. Sie sollen bei Sonnenaufgang – wohl aufgrund von Gesteinsrissen durch den Temperaturwechsel zwischen Tag und Nacht – singende Töne hervorgebracht haben. »Memnons Bildsäulen« waren in Friedrich Justin Bertuchs *Bilderbuch für Kinder* (Bd. 5, Tafel XLVII, Nr. 4) abgebildet und mit dieser Eigenschaft beschrieben. Vgl. auch *Des alten Pfarrers Woche* (S. 173,62).

21,3,18; 22,59 *Morgenflor | Flor | Flore]* Dünnes, zartes Gewebe.

21,10 *Christ]* Im Brief an Schücking vom 17. 4. 1844 bezeichnet die Droste die Version »Geist« in den Druckfahnen als »fatalen Druckfehler«.

21,14 *Handpostille]* Postille bedeutet ursprünglich die Erklärung eines biblischen Textes, seit dem 16. Jahrhundert ist es ein Erbauungsbuch, das neben Gesangbuch und Kalender bis ins 19. Jahrhundert hinein eine weitverbreitete Lektüre darstellte.

21,21 *»Dies iræ, dies illa!«]* Früher Sequenz in der Totenmesse, Bestandteil der katholischen Liturgie: »Tag des Zorns, jener Tag«.

21,28 *Tumba]* Sargattrappe, Katafalk.

21,28 *schwarzer Flämmchen]* Möglicherweise Anspielung auf den in Westfalen verbreiteten Brauch, bei Totenfeiern die Kerzen mit schwarzem Flor zu umwickeln.

22,35 *Lebensbronnen]* Bronnen: Brunnen.

22,37 *Geliebte* ⟨...⟩ *Toten]* Vgl. Offb 14,13.

21,41 *Horebs Zederhallen]* Horeb ist der Berg der Gottesoffenbarung, identisch mit dem Berg Sinai.

22,45 *Weh* ⟨...⟩ *kalt]* Vgl. Offb 3,15.

22,50 *Die Heller* ⟨...⟩ *klingen]* Anspielung auf die Gewohnheit, den Wert eines Geldstückes durch seinen Klang zu überprüfen.

22,60 *Fahnenjunker]* Offiziersanwärter im Unteroffiziersrang, die im 18. Jahrhundert die Fahnen trugen.

*An die Schriftstellerinnen
in Deutschland und Frankreich* (S. 23)

Entstehung: Winter 1841/42.

Im Brief an Elise Rüdiger vom 5. 9. 1843 äußert sich die Droste über französische und deutsche Schriftstellerinnen. Anlaß war die Lektüre der Novelle *Mouny Robin* von George Sand (1804-1876), die ihr Elise Rüdiger geliehen hatte: »*Mouny robin* ⟨...⟩ wäre als Thatsache höchst psychologisch merkwürdig, als Erfindung ists zu nüchtern, fast läppisch«. Dieses Urteil klingt wie eine Erläuterung von v. 1: »*Ihr* steht so nüchtern da gleich Kräuterbeeten –«. Die parodierende Verwendung von Stanzen als Strophenform wird auch durch den Titel unterstrichen, den das Gedicht im Entwurf (MA I 49) trug: »An die Blaustrümpfe«.

23,2 *zerspellt]* Zerspellen: zum Spalten bringen (Grimm, *Deutsches Wörterbuch*, Bd. 15, Sp. 772).

23,3 *Syrinxflöten]* Hirten-, Panflöten.

23,4 *Dragoner]* Kavallerist, leicht bewaffneter Reitersoldat.

23,11 *Selinde]* Selinde (Celinde) ist ein beliebter Name der Schäferdichtung.

23,12 *Luna]* Diese poetische Bezeichnung für den Mond

KOMMENTAR ZU S. 21-26 709

gehört ebenfalls zum Repertoire empfindsamer Schäfer- und Rokokolyrik des 18. Jahrhunderts.

23,20 *Smollis]* Schmollis, studentischer Zuruf beim Brüderschaft-Trinken.

23,21 *Bachanale]* Ursprünglich altrömisches Fest zu Ehren des Weingottes Bacchus.

23,24 *Hetäre]* Im antiken Griechenland Freudenmädchen und oftmals hochgebildete Freundin bedeutender Männer.

24,29 *Bronnen]* Brunnen.

24,36 *Anathem]* Fluch, Kirchenbann.

24,42 *Naphthablüten]* Naphta: »Naphtha und Bergnaphtha wird das reine, durch Destillation gereinigte *Steinöl* ⟨...⟩ genannt, welches hin und wieder aus den Spalten mancher Gebirgsarten und aus dem Boden mit Wasser gemengt hervorquillt; man nennt aber auch Naphtha gewisse dem *Äther* ⟨...⟩ ähnliche Erzeugnisse der Destillation von Säuren mit Alkohol« (*Bilder-Conversations-Lexikon für das deutsche Volk.* ⟨...⟩, Bd. 3, Leipzig 1839, S. 238).

24,48 *Weih']* Der oder die Weih(e) (Milvus): mittelgroßer Greifvogel, Falke, Habicht (Grimm, *Deutsches Wörterbuch*, Bd. 14,1,1, Sp. 648f.).

24,49 *Standarten]* Feldzeichen, Fahnen.

Die Gaben (S. 25)

Entstehung: Winter 1841/42.

25,8 *baß]* Hier zur Bezeichnung des Komparativs im Sinne von »stärker«, »mehr«.

25,15 *Pecus inane]* Seelenloses Vieh.

25,16 *Nebukadnezar]* König von Babylon (605-562 v. Chr.); Betonung hier: Nebukádnezar.

26,17 *Zotten]* Grobe Wolle, Flausch.

26,20 *Merinoschafen]* Schafe mit kraushaariger Wolle, die aus einer Kreuzung von nordafrikanischen und spanischen Rassen hervorgegangen sind.

26,26,33 *frönt/Fröners]* Frönen: Fronarbeit, d. h. Knechtsarbeit verrichten.

26,27 *manche Scheitel]* Grimm (*Deutsches Wörterbuch*, Bd. 8, Sp. 2476) belegt den fem. sing.

Vor vierzig Jahren (S. 26)

Entstehung: Winter 1841/42.

Wiederabdruck: Morgenblatt, Nr. 223, 16. 9. 1844.

Die Zitate am Gedichtanfang stellen eine Ironisierung romantischer Trivialliteratur dar.

27,17 *Brodem]* Qualm, Dampf, Dunst.

27,24 *Ekloge]* Idyllisches Hirtenlied.

27,32 *Basiliskenblick]* Der Basilisk ist ein aus einem Hahnei erbrütetes Fabeltier (halb Hahn, halb Drache) mit todbringendem Blick (vgl. Jes 11,8); vgl. auch *Die Schlacht im Loener Bruch* (1. Gesang, Bd. 2, S. 312, 868f., 2. Gesang, Bd. 2, S. 342, 876).

28,51 *Morgana's Gärten]* Die Fee (»Fata«) Morgana gab ursprünglich den Luftspiegelungen in der Straße von Messina ihren Namen. Die Bezeichnung wurde dann auf alle Erscheinungen dieser Art ausgedehnt. Vgl. auch *Gruß an Wilhelm Junkmann* (S. 97,32) und *Gemüt* (S. 341,39).

An die Weltverbesserer (S. 28)

Entstehung: Winter 1841/42.

Erstdruck: Morgenblatt, Nr. 73, 26. 3. 1842 unter dem Titel »Warnung an die Weltverbesserer«. Vier Nachdrucke zu Lebzeiten der Autorin belegen, daß es sich bei diesem Gedicht um ein von den Zeitgenossen stärker beachtetes handelt. Im Brief an Schücking vom 5. 5. 1842 fragt die Droste unter dem Datum des 4. 5. selbst unsicher: »das macht wohl die Tendenz – oder ist es so viel besser wie die Uebrigen?« Hermann Marggraff (1809-1864) nahm das Gedicht in seine 1843 in Leipzig erschienene Sammlung *Politische Gedichte aus Deutschlands Neuzeit* auf.

29,8 *Obol]* Kleine Münze, Scherflein, hier: Totenmünze.

29,11 *Stalaktitendome]* Tropfsteinhöhlen; die Droste kannte Tropfsteinhöhlen aus dem Sauerland, vgl. *Westphälische Schilderungen* (Bd. 2, S. 71,1-3; 72,1), vielleicht auch aus

Friedrich Justin Bertuchs *Bilderbuch für Kinder* (Bd. 3, Tafel XXV u. ö., Bd. 5, Tafel LIV u. ö.).

29,13 *Phantome]* Gespenster, Geistererscheinungen, Spukbilder.

29,20 *mit blauen Malen]* Erste Anzeichen der Beulenpest.

29,28-36 *Auch ⟨...⟩ Höllengötter]* In der Mythologie ist der Pfeil im Sternbild des Schützen von Götterhand an den Himmel gebannt, fällt er einst nieder, ist das Weltende gekommen.

Alte und neue Kinderzucht (S. 30).

Entstehung: Winter 1841/42.

30,5 *Patriarch]* Hier: ehrwürdiges Familienoberhaupt.

30,13 *Strauß]* Kampf.

31,21 *Pike]* Spieß der Landsknechte.

31,25 *blödes]* Blöd: kurzsichtig.

31,30 *Vasall]* Lehnsmann, Gefolgsmann.

31,31 *Blütenhagen]* Hag, vgl. Anm. 15,78.

32,38 *Erebus]* Die Finsternis der Unterwelt.

32,39 *Äther]* Himmel.

32,48 *Sonnenrosses]* In der griechischen Mythologie fährt der Sonnengott Helios mit einem von vier schnellen, feuerschnaubenden Flügelrossen gezogenen Wagen über den Himmel.

32,50 *Eichenlode]* Lode: Lang aufgewachsener Baum- oder Strauchschößling; vgl. auch *Der Hünenstein* (S. 48,30), *Das öde Haus* (S. 75,4), *Die beste Politik* (S. 191,11).

32,55 *Egyptens Plagen]* Weil Pharao das Volk der Israeliten nicht aus Ägypten ziehen lassen wollte, schickte Gott zehn Plagen (Ex 7-11).

32,56 *Bagnotor]* Bagno (ital.): eigentl. Bad, sonst Kerker.

32,60 *Göttinger]* Student in Göttingen.

Die Schulen (S. 33)

Entstehung: Winter 1841/42.

33,8 *Obol]* Vgl. Anm. 29,8.

33,16 *Matrikel]* Eigentl.: Verzeichnis; hier: Voraussetzung, in das Verzeichnis eingeschrieben zu werden.

HEIDEBILDER

Die zwölf Gedichte der Gruppe »Heidebilder« sind sämtlich während des ersten Aufenthaltes der Droste in Meersburg vom 30. 9. 1841-29. 7. 1842 entstanden. Im Brief an Schücking vom 17. 1. 1844 bemerkt die Droste, daß sie die »Heidebilder« in »Einem Anlauf gemacht« habe; so finden sich auf einem einzigen Doppelblatt (MA I 4) allein acht »Heidebilder«, von denen allerdings das Gedicht *Die Schmiede* später in die Gruppe »Scherz und Ernst« eingeordnet wurde.

Gedichtzyklen waren in der Literatur der Restaurationsepoche sehr beliebt. Auch die Gedichtgruppe der »Heidebilder« ist nach zyklischen Kriterien geordnet. Der Zyklus beginnt mit einem Gedicht am Morgen *(Die Lerche)* und schließt mit vier Texten, die in der Dämmerung bzw. in der Dunkelheit *(Das Hirtenfeuer, Der Heidemann, Das Haus in der Heide, Der Knabe im Moor)* spielen.

Bereits Nikolaus Lenau (1802-1850) hatte vier Texte in der ersten Ausgabe seiner *Gedichte* (1832) unter dem Obertitel »Heidebilder« zusammengefaßt, und es kann davon ausgegangen werden, daß die Droste den gleichen Titel für ihre berühmteste Gedichtgruppe in bewußter Anlehnung an Lenau wählte (Kortländer 1979, S. 247). Über den Titel hinaus ergeben sich aber keine Anknüpfungspunkte zu den »Heidebildern« Lenaus. Ein Anstoß, sich lyrisch mit der westfälischen Landschaft zu beschäftigen, ist sicherlich von Wilhelm Junkmanns Gedicht *Der Heidemann* und drei weiteren unter dem Obertitel *Münsterland* zusammengefaßten Texten (in: *Elegische Gedichte*, Münster 1836, S. 69-74) ausgegangen, zumal Schlüter in einem Brief an Junkmann vom 6. 7. 1834 dessen *Heidemann* als »Heidebild« bezeichnete (*Christoph Bernhard Schlüter an Wilhelm Junkmann.* Briefe aus dem deutschen Biedermeier 1834-1883, mit Erläuterungen hg. v. Josefine Nettesheim, Münster 1976, S. 11) und die Droste zu dieser Zeit mit Junkmann und Schlüter in intensivem literarischen Austausch stand. Später, nach der Rückkehr von der Meersburg, wo der größte Teil der »Heidebilder« entstanden war, berichtet die Droste am 10. 10. 1842 Schücking, Junkmann habe sie gebeten, ihm ihre »Haidebilder vorzulesen, von denen er fürchtete sie möchten auf seinem Acker schmarotzen, und sehr froh war sie durchaus auf eigenem Boden zu finden«. Doch sowohl in Junkmanns als auch in Lenaus Heidegedichten bleibt die Darstellung der Heide im Gegensatz zu den »Heidebildern« der Droste oftmals nur stimmungsvolle Kulisse, während die Droste der realistischen, detaillierten Naturbeschreibung ihre Aufmerksamkeit widmet.

Die Lerche (S. 34)

Entstehung: Frühjahr 1842.

34,4; 35,38 *Ätherbecken/Äther]* Äther: Himmel.

34,11 *Liverei]* Uniformähnliche Bekleidung eines Bediensteten.

34,19; 35,32 *Genziane/Genzian]* Enzian (lat.: Gentiana).

34,24 *Maßlieblichen]* Gänseblümchen.

35,29 *dem West]* Dem Westwind.

35,43 *kömmt]* kommt (D²), nach der Druckvorlage hier und im folgenden korrigiert.

35,44 *krimmelt]* Grimm (*Deutsches Wörterbuch*, Bd. 5, Sp. 2304) belegt »krimmeln« nur als Bindung von »krimmeln und wimmeln«, u. a. mit Verweis auf diesen Vers; vgl. auch *Des Arztes Vermächtnis* (Bd. 2, S. 282, 663).

35,46 *Kolophonium]* Harzprodukt, das als Geigenharz verwendet wird.

35,51 *Diskant]* Die einem cantus firmus hinzugefügte Gegenstimme, höchste Stimme (Sopran).

35,53 *Die reiche Katze]* Eine Geldkatze ist ein lederner Gurt, der als Geldbeutel dient. Hier gemeint als Bild für das Aufbewahrungsorgan des Blütenstaubs bei den Bienen.

35,55 *rummeln]* Lärmen, Getöse machen (Grimm, *Deutsches Wörterbuch*, Bd. 8, Sp. 1482).

35,56 *Kontraviolon]* Kontrabaß.

36,70 *Demant]* Poetisch für: Diamant.

36,74 *Stufen]* Stücke eines Erzes oder Minerals (Grimm, *Deutsches Wörterbuch*, Bd. 10,4, Sp. 307).

Die Jagd (S. 36)

Entstehung: Frühjahr 1842.

36,3 *Rispeln]* »ein leises, schnell vorübergehendes geräusch machen« (Grimm, *Deutsches Wörterbuch*, Bd. 8, Sp. 1043); vgl. auch *Die Mergelgrube* (S. 52,41), *Das Hospiz auf dem großen St. Bernhard* (1. Gesang, Bd. 2, S. 235, 650), *Des Arztes Vermächtnis* (Bd. 2, S. 279, 534).

36,8 *Kandelabern]* Standleuchte, Laternenträger.

37,16 *Mettennetz]* Spinnennetz.

37,26 *die lebend'gen Glocken]* Jagdhunde, die kleine Glocken tragen. Diese Form der Jagd, die »Brackenjagd« (v. 49), wird noch heute im Sauerland gepflegt.

37,32 *Phalänen]* Nachtfalter (Phalaena); vgl. *Der Heidemann* (S. 62,9), *Mondesaufgang* (S. 332,11,22), *Die Schlacht im Loener Bruch* (1. Gesang, Bd. 2, S. 292,159).

37,38 *Socken]* Läufe, Begriff der Jägersprache.

37,39 *Lunte]* In der Jägersprache wird damit der Schwanz des Fuchses bezeichnet.

37,41 *Schmelen]* Auch als »Schmielen« bezeichnet, Grasart mit schlanken Halmen (Aira). Vgl. auch *Das Hirtenfeuer* (S. 61,60), *Der Heidemann* (S. 63,17), *Instinkt* (S. 111,35), *Meine Sträuße* (S. 138,46), *Die Schwestern* (S. 248,212).

38,49 *Bracken]* Jagdhunde; vgl. Anm. 37,26.

38,62 *den gelben Rauch]* Staubige Sporenmasse des Bovist (Lycoperdon).

38,67,69 *Heidekolke/Kolkes]* Kolk: durch Erosion entstandene Vertiefung, häufig mit Wasser gefüllt (Grimm, *Deutsches Wörterbuch*, Bd. 5, Sp.1613). In der *Judenbuche* gibt die Droste selbst die Erläuterung »Teich« (Bd. 2, S. 19,3).

38,71 *Mönch]* Spund im Abfluß eines aufgestauten Teiches.

38,73 *Sterke]* Junges weibliches Rind.

38,77 *Den halben Mond*] Jagdhorn mit halbmondförmig gebogenem Klangkörper, das bei der »Brackenjagd« verwandt wird. Ein solches Instrument, das dem Bruder der Autorin, Ferdinand von Droste-Hülshoff (1800-1829), gehörte, wird noch heute im Haus Hülshoff aufbewahrt.

39,85-89; 39,98-103 *»Der Schelm ⟨...⟩ hallo!«|»Hängt ⟨...⟩ Schelm! −−«*] Diese beiden Strophen sind offenbar einer Volksweise nachgebildet, die als Text dem Hornsignal des »Fuchs-ist-Tot-Blasen« unterlegt wurde. Textbeispiele finden sich bei Gustav Eschmann, *Annette von Droste-Hülshoff. Ergänzungen und Berichtigungen zu den Ausgaben ihrer Werke*, Münster 1909, S. 95f.

39,91 *Genist*] Dichtes Strauchwerk, Rankengestrüpp.

39,92 *Reifen*] Hier im übertragenen Sinne von kreisförmiger Bewegung gemeint (Grimm, *Deutsches Wörterbuch*, Bd. 8, Sp. 621); vgl. *Das Hospiz auf dem großen St. Bernhard* (1. Gesang, Bd. 2, S. 239, 813).

Die Vogelhütte (S. 39)

Entstehung: Frühjahr 1842.

40,3 *Gevierte*] Viereck, Quadrat.

40,5; 42,47 *Vogelherd/Herd*] Fangvorrichtung für Vögel, die z. B. durch einen Lockvogel angelockt und dann mit einem Netz gefangen werden.

40,12 *Die verkörperten Hyperbeln*] Im Volksmund existiert die hyperbolische Bezeichnung: es regnet Bindfäden.

41,24 *Faß der Danaiden*] Die Danaiden sind in der griechischen Mythologie die fünfzig Töchter des Danaos, die als Strafe dafür, daß sie ihre Männer in der Hochzeitsnacht getötet hatten, in der Unterwelt ein durchlöchertes Faß mit Wasser füllen mußten.

41,30 *Phöboslocken*] Apollon (Phöbos), Gott der Dichter.

42,52 *Stöberrauch*] Stäubender Regen.

42,53 *seladonen*] Grün wie das Gewand, das Céladon, der Held im französischen Schäferroman *Astrée* (1607-27) von Honoré d'Urfé (1567-1625) trägt; vgl. auch *Die Krähen* (S. 57,110).

42,55 *Halkyonen]* Eisvögel.

42,62 *das Backwerk]* Vgl. Briefe der Droste an Schücking vom 7. 2. und 17. 4. 1844, in denen sie, besonders im jüngeren Brief zwischen den Formulierungen »das Backwerk« und »die Brezel« schwankt. Die Entscheidung für die Variante »Backwerk« hat wohl Schücking getroffen, obwohl die Droste die Variante »das Backwerk« zweimal als »holprig« bezeichnet.

43,76 *Den frommen ⟨...⟩ Ivanhoe]* Der lustige Waldbruder Tuck ist eine Gestalt aus dem Ritterroman *Ivanhoe* (1819) von Walter Scott (1771-1832), der die Droste nachweislich stark beeinflußt hat. Der Reim zeigt das End-u in der Aussprache des Namens »Ivanhoe«. Vgl. auch *Der Graue* (S. 224,89).

44,120 *Ried]* Schilf, Röhricht, Sumpf (Grimm, *Deutsches Wörterbuch*, Bd. 8, Sp. 915f. mit Verweis auf diesen Vers).

Der Weiher (S. 44)

Entstehung: Frühjahr 1842.

Ursprünglich sollte dieses Gedicht auf *Die Jagd* folgen. Die Droste billigte jedoch die heutige Reihenfolge im Brief an Schücking vom 17. 1. 1844. Die mit Untertiteln versehenen Teile des Gedichts sind kunstvoll miteinander verbunden.

In den *Westphälischen Schilderungen* beschreibt die Droste eine ähnliche Szenerie: »Fast jeder dieser Weidegründe enthält einen Wasserspiegel, von Schwertlilien umkränzt, an denen Tausende kleiner Libellen wie bunte Stäbchen hängen, während die der größeren Art bis auf die Mitte des Weihers schnurren, wo sie in die Blätter der gelben Nymphäen, wie goldene Schmucknadeln in emaillierte Schalen niederfallen, und dort auf die Wasserinsekten lauern, von denen sie sich nähren.« (Bd. 2, S. 65,37-66,7.)

44,3 *Weste]* Gemeint sind Westwinde.

44,6 *Blaugoldne ⟨...⟩ Karmin]* Verschiedene Libellenarten.

45,16 *halt]* hab' (D²); vgl. den Brief der Droste an Schücking vom 17. 4. 1844.

46,44 *Blätterhag*] Hag, vgl. Anm. 15,78.
46,48 *Den Fäden gleich*] Gemeint sind »Wasserfäden«, eine Wasserpflanze (Conferva reticulata).
46,48 *Asbest*] Faseriges, silikatisches, feuerfestes, doch schmelzbares Mineral.
46,63 *Schmerle*] Fisch aus der Familie der Karpfen.
46,66 *Wasserfei*] Fei: Fee − »Feen sind die schönen Geschöpfe der Phantasie, weibliche Wesen, welche mächtiger als Menschen und doch keine Götter und ebensowenig grauenerregende Gespenster sind. ⟨...⟩ Sie stehen dem Menschen näher als die Götter, denn wie die Menschen sind sie einem Schicksale unterthan, welches sie nicht zu überwinden vermögen; sie haben die Neigungen, ja Leidenschaften der Menschen, daher nehmen sie auch am Schicksale derselben den regsten Antheil« (*Bilder-Conversations-Lexikon für das deutsche Volk.* ⟨...⟩, Bd. 2, Leipzig 1838, S. 20).
47,71 *Weiherkolke*] Kolk, vgl. Anm. 38,67.

Der Hünenstein (S. 47)
Entstehung: Frühjahr 1842.
47,5 *Mahr*] Nächtliches Gespenst, Alp.
47,13 *Bruch*] Ein mit Bäumen und Gesträuch bestandenes Sumpfgelände. Im Gebrauch der Droste neutr.; vgl. *Der Heidemann* (S. 62,1; 63,24).
48,15 *Pfennigs-Magazin*] Das seit dem 4. 5. 1833 wöchentlich erscheinende ›Pfennig-Magazin der Gesellschaft zur Verbreitung gemeinnütziger Kenntnisse‹ gilt als erste deutsche Illustrierte mit enzyklopädischem Bildungsanspruch.
48,20 *Schweif*] Schwanz.
48,22 *Schröter*] Hirschkäfer.
48,27 *Porphyrbrode*] Porphyr: purpurfarbenes Gestein.
48,29 *Brau*] Augenbraue, bei der Droste häufig für Auge (vgl. Grimm, *Deutsches Wörterbuch*, Bd. 2, Sp. 321).
48,30 *Ginsterlode*] Lode, vgl. Anm. 32,50.
48,35 *Gletscher-Bronn*] Bronnen: Brunnen; gemeint ist hier der Gletschermund.

48,36 *Mantelvliese]* Vlies: Schaffell.
48,45 *Barren]* Schlagbaum.
49,52 *Drude]* Zauberin, Hexe.
49,68 *im 〈...〉 geweiht]* Gemeint ist die Taufe.

Die Steppe (S. 50)

Entstehung: Frühjahr 1842.

Im Entwurf (MA I 4) hatte das Gedicht verschiedene Titel »Die Rahe – im Sande | Die Haard | Im Sande«, worin das umfassende Bild, eine Sandheide mit einer Meerlandschaft zu vergleichen, noch erhalten war. Die Exotik des Vergleichs läßt an manchen Stellen den Einfluß Ferdinand Freiligraths (1810-1876) erkennen.

50,21 *Toppes Kunkel]* Hier wird die Mastspitze eines Schiffes mit dem Spinnrocken (»Kunkel«) verglichen, dessen Wollfäden wie die Seile der Takelage herabhängen.

50,24 *Weihenneste]* Der oder die Weih(e), vgl. Anm. 24,48.

Die Mergelgrube (S. 50)

Entstehung: Frühjahr 1842.

In einem Brief an Wilhelm Junkmann vom 26. 8. 1839 äußerte sich die Droste ausführlich zu ihren mineralogischen Exkursionen.

50, vor 1 *Mergelgrube]* Im Münsterland wurde der kalkhaltige Mergel (Gemenge von Lehm und kohlensaurem Kalk) ausgegraben und als Dünger auf die Äcker gestreut.

50,1 *Spannen]* Spanne: Maßeinheit; Abstand zwischen den Spitzen des Daumens und des Mittelfingers oder des kleinen Fingers der gespreizten Hand.

50,3 *Gant]* Versteigerung.

51,5 *Pardelfell]* Leopardenfell.

51,10 *sturt]* Niederdeutsche Form für »stiert«.

51,10 *Gneus]* Gneis, kristallines Gestein aus Feldspat, Quarz und Glimmer.

51,11 *Spatkugeln]* Spat: Mineral aus der Ordnung der Karbonate.

51,11 *kollern]* Rollen, kugeln (Grimm, *Deutsches Wörterbuch*, Bd. 5, Sp. 1619).

51,13 *Porphyre]* Porphyr: purpurfarbenes Gestein.

51,14 *Ockerdruse]* Im Mergel finden sich Kalkknollen, die einen gelblichen Brauneisenstein (Ocker) enthalten.

51,18 *Leviathan ⟨...⟩ Riesenschuppe]* Leviathan ist der aus der kanaanitisch-phönizischen Mythologie ›entliehene‹ Name eines Drachen im Meer, der die Chaosmacht verkörpert. Im Alten Testament dient er als Bild für die von Gott erschaffenen und beherrschten urweltlichen Kräfte und endzeitlich bösen Weltmächte. Ikonographisch erscheint er als Krokodil (vgl. Hiob 40 und 41), woher sich wohl seine panzerähnliche »Riesenschuppe« herleitet.

51,20-22 *Des Himmels ⟨...⟩ stand]* Vgl. die Schilderung der Sintflut in Gen 7-8.

52,41 *Rispeln]* Vgl. Anm. 36,3.

52,45-53, 77 *um mich ⟨...⟩ Leichen über mir]* Die Autorin thematisiert in ihrem Werk mehrfach Vorstellungen des Grauens und des Todes, die sie zweifellos liebte. Vgl. *Der Hünenstein* (S. 48,33): »Wollüstig saugend an des Grauens Süße« oder die Vision eines ausgestorbenen Weltalls in *Gethsemane (Zwei Legenden,* S. 550,78f., 93-95).

52,53; 53,81 *Hohl]* Höhle, Loch, Vertiefung (Grimm, *Deutsches Wörterbuch,* Bd. 4,2, Sp. 1714).

52,57 *Medusen]* Hydrozoen (Hohltiere), vielleicht auch Quallen.

52,62 *Petrefakt]* Versteinerung.

52,64 *Grand]* Kies.

52,76 *Skarabäus]* Im alten Ägypten heiliger Käfer, dessen in Stein geschnittene Nachbildung als Siegel oder Amulett häufig als Grabbeigabe gefunden wurde.

53,78 *Byssusknäuel]* Gewebe aus feinen Leinenfäden, das aus Grab- und Reliquienfunden bekannt ist. Mit den feinsten Byssusbinden wurden zur Zeit der Pharaonen in Ägypten die Häupter vornehmer Verstorbener umwickelt. Vgl. auch *Ein Sommertagstraum. Der Denar* (S. 132,150).

53,83 *Karniol]* Der Kaneol, ein Mineral.

53,94 *Garngestrehle]* Gesträhltes, gekämmtes Garn.

53,95-106 *Es stehet ⟨...⟩ dir allein]* Die Autorschaft dieses Liedes ist bis heute nicht geklärt. Das von der Droste vertonte Lied veröffentlichte Christoph Bernhard Schlüter unter dem Titel *Minnelied* in seiner Ausgabe *Lieder mit Pianoforte-Begleitung componirt von Annette von Droste-Hülshoff* (Münster 1877, S. 36). Außer einer Textabschrift von Levin Schücking (Deutsches Literaturarchiv/Schiller-Nationalmuseum, Marbach) ist kein Autograph der Droste überliefert (vgl. HKA, Bd. 13, S. 76,510).

53,107 *Bord]* Rand, Ufer.

54,110 *Weihel]* Schleier der Nonnen.

54,112 *»Bertuchs Naturgeschichte«]* Der Weimarer Kabinettssekretär und Legationsrat Friedrich Justin Bertuch (1747-1822) trat als Übersetzer und Kenner iberischer Literatur hervor. In seine umfangreiche schriftstellerische und verlegerische Tätigkeit fällt auch das von der Droste oft benutzte zehnbändige *Bilderbuch für Kinder* (1. Ausg., Weimar 1790-1825). Die zweite Ausgabe dieses Werks (1796-1834) befindet sich noch heute in der Bibliothek von Haus Hülshoff.

54,116 *Als ⟨...⟩ offen]* Anspielung auf die Schilderung der Sintflut in Gen 7 (bes. 7,10-12).

Die Krähen (S. 54)

Entstehung: Frühjahr 1842.

Wiederabdruck: Morgenblatt, Nr. 234 und 235, 28. und 30. 9. 1844.

Die greise Krähe gibt eine Schilderung der Schlacht bei Stadtlohn, in der Christian von Braunschweig am 6. 8. 1623 von Tilly geschlagen wurde. Die Droste hatte dieses Ereignis des Dreißigjährigen Krieges bereits zum Thema ihres Epos *Die Schlacht im Loener Bruch* gewählt (Bd. 2, S. 288). Die Idee zu diesem Gedicht stammt aus der Entstehungszeit des Epos; vgl. Anm. 56,62.

54,2 *Zenit]* Höchststand der Sonne am Mittag.

54,6; 55,19; 57,93 *Föhren]* Föhre: Kiefer.

54,8 *Kanker*] Kranker (D²); vgl. den Brief der Droste an Schücking vom 17. 4. 1844. – Der »Kanker«, eine langbeinige Spinne, wird auch Weberknecht genannt; vgl. *Der spiritus familiaris des Roßtäuschers* (S. 287,251).

54,9 *Äther*] Himmel.

54,16; 57,101 *kraut/krau't*] Krauen: kratzen (Grimm, *Deutsches Wörterbuch*, Bd. 5, Sp. 2085).

55,20 *Heidekolke*] Kolk, vgl. Anm. 38,67.

55,24 *Galgenvolk*] Die Raben gelten traditionell als Galgenvögel.

55,31 *Suade*] Rede, Beredsamkeit.

55,39 *Kunden*] Gemeint ist der Plural von Kunde: Erzählungen. Vgl. auch *Des alten Pfarrers Woche* (S. 174,95).

55,44f. *Da mußt ⟨...⟩ Wettermann*] Gemeint ist eine Darstellung des hl. Georg als Wetterfahne.

56,51 *der Halberstadt*] Christian d. J. (1599-1626) aus dem Hause Braunschweig-Wolfenbüttel wird der »tolle Christian« oder der »tolle Halberstädter« genannt, nicht nur weil er zum Bischof von Halberstadt ernannt worden war, sondern auch weil Zügellosigkeit und Übermut als Haupttriebfedern seiner Handlungen galten.

56,55 *Kuppel*] Koppel: Säbelgurt (Grimm, *Deutsches Wörterbuch*, Bd. 5, Sp. 2774).

56,62 *Zweihundert fünfzehn Jahr*] Diese Jahresangabe ist wohl nicht ausschließlich als Fiktion zu werten, denn so ist der Zeitpunkt der Erzählung in das Jahr 1838, dem Erscheinungsjahr der *Schlacht im Loener Bruch* in den *Gedichten 1838* zu datieren.

56,62 *Schnat*] Grenze, Flurmarke.

56,64 *Drometen*] Trompeten; Grimm (*Deutsches Wörterbuch*, Bd. 11,1,2, Sp. 830) weist darauf hin, daß die literarische Verwendung von »drommete« im 19. Jahrhundert ein bewußter Archaismus war.

56,68 *Gleise*] Wagenspuren.

56,69 *Granat' und Wachtel*] Im Dreißigjährigen Krieg gebräuchliche Geschoßarten; vgl. *Die Schlacht im Loener Bruch* (2. Gesang, Bd. 2, S. 342,885).

56,71 *Bruch]* Vgl. Anm. 47,13.

56,77 *Loh']* Lohe: lodernde Flamme (Grimm, *Deutsches Wörterbuch*, Bd. 6, Sp. 1129).

57,88 *Schwadronen]* Eine Schwadron (Escardon) umfaßte als Truppenteil der Kavallerie etwa hundert Reiter, vgl. *Die Schlacht im Loener Bruch* (2. Gesang, Bd. 2, S. 340,805).

57,90 *der Baier]* Johann Tscherklaes Graf von Tilly (1559-1632) war einer der bedeutendsten Heerführer der katholischen Liga, seit 1610 stand er als Feldherr in bayrischen Diensten.

57,95 *Weihe]* Der oder die Weih(e), vgl. Anm. 24,48.

57,104 *Scheh'razade]* Scheherezade ist die Erzählerin der Erzählungen aus *Tausendundeine Nacht*.

57,110 *Seladon]* Name (frz.: Céladon) des Helden in Honoré d'Urfés (1567-1625) Schäferroman *Astrée* (1607-27); daher die Bezeichnung eines sentimentalen und schmachtenden Liebhabers; vgl. auch *Die Vogelhütte* (S. 42,53).

57,113 *Weihel]* Vgl. Anm. 54,110.

57,118 *Tobias Hündlein]* Tobias wurde auf seiner Wanderschaft von einem kleinen Hund begleitet (Tob 6,1; 11,9). Hier ist die Darstellung des Tobias und seines Hündchens auf einem Kirchenfenster gemeint.

58,122 *Paternoster]* Rosenkranz.

58,125 *Schaube]* Langes Obergewand der Frauen.

58,147; 59,156 *Quadrum]* Ein vom Kreuzgang umgebener viereckiger Platz des Klosters.

58,147 *hinab]* Die Druckvorlage (H[1]) hat »herab«.

59,171 *ihr]* ihren (D[2]), Druckfehler.

59,173 *Walhall]* In der nordischen Mythologie ist die Walhalla der Götterhimmel, wo die toten Krieger ausruhen und mit Met bewirtet werden.

59,174,180 *Teut und Thor]* Teut: in der Klopstockzeit Phantasiebezeichnung für einen altgermanischen Gott in Anlehnung an den Götternamen Tuisto und den Namen der Teutonen. Thor: im germanischen Mythos neben Wodan der bedeutendste Gott (Donar: Donnergott).

Das Hirtenfeuer (S. 60)

Entstehung: Frühjahr 1842.

60,1 *Dunkel, Dunkel]* Dunkel, dunkel (H², D²) wurde als Versehen betrachtet und nach dem Konzept zu Dunkel, Dunkel (H¹: MA I 7) korrigiert.

60,15 *Funkenflinster]* Ein zitternd sich hinziehender Glanz von Funken oder wie von Funken (Grimm, *Deutsches Wörterbuch*, Bd. 4,1,1 Sp. 608f.). Die Wortbildung ist nur bei der Droste belegt.

60,24 *Lohe]* Vgl. Anm. 56,77.

60,26 *Windel]* Windung.

61,32 *Girandolen]* Feuergarben beim Feuerwerk.

61,50 *Ginsterschütte]* Ein mit Ginster bewachsener Schuttaufwurf oder Erdwall (Grimm, *Deutsches Wörterbuch*, Bd. 4,1,4, Sp. 7521). Hier: Aufschüttung von Ginsterzweigen, auf die sich die Hirtenknaben nachts setzen, damit es wärmer ist.

61,59 f. *Heideweise/Verzittert]* Der Entwurf (H¹: MA I 7) hat »Haideweise | Verzittert«, die Reinschrift (H²) »Heideweisen | Verzittert«, obwohl es dann auch »Heideweisen | Verzittern« hätte heißen müssen, wie es schließlich D² hat. Die Droste hatte jedoch anhand der Druckfahnen bemerkt, daß die Form »Heideweisen« nicht mehr mit »leise« (v. 57) korrespondierte, weshalb sie Schücking am 17. 4. 1844 noch (»sonst reimt s nicht«) um eine Änderung bat, die jedoch nicht mehr in D² ausgeführt wurde.

61,60 *Schmelen]* Vgl. Anm. 37,41.

61,61-67; 62,70-76 *»Helo ⟨...⟩ heloe!«/»Helo ⟨...⟩ loe!«]* Wahrscheinlich handelt es sich um die Nachgestaltung eines echten Volksliedes. Das »Heloe, heloe« wird in verschiedenen volkskundlichen Quellen als Hirtenruf bestätigt (vgl. Eduard Arens, *Studien zu Annette v. Droste.* I. Volkslieder in ihren Werken?, in: Literarischer Handweiser 50 [1912], Nr. 2, Sp. 49-54, hier Sp. 52f.).

62,65 *Bruch]* Vgl. Anm. 47,13.

62,73 *Kamp]* Eingefriedetes Stück Land, in Norddeutschland werden damit auch einzelne Ackerstücke bezeichnet. Vgl. *Westphälische Schilderungen* (Bd. 2, S. 66,22-27).

62,74 *Brahm]* Ginster; vgl. auch *Die Schwestern* (S. 242,28).

Der Heidemann (S. 62)

Entstehung: Frühjahr 1842.

62,1; 63,24 *Bruch]* Vgl. Anm. 47,13.

62,9 *Phalän']* Vgl. Anm. 37,32.

62,9; 64,47 *Ried]* Vgl. Anm. 44,120.

63,17 *Schmele]* Vgl. Anm. 37,41.

63,30 *Wie ⟨...⟩ Robbenscharen]* Der griechische Meeresgott Proteus galt als Gebieter über alles Meergetier.

63,39 *Föhren]* Föhre: Kiefer.

64,46 *Irrlicht]* Lichterscheinung, die im Volksglauben als Totengeister von ungetauften Kindern, auch von Selbstmördern oder Ertrunkenen diejenigen in die Irre führt, die ihnen nachgehen (*Handwörterbuch des deutschen Aberglaubens*, Bd. 4, Sp. 782f.).

64,55 *Bord]* Ufer, Rand.

64,59 *Der Nord ⟨...⟩ sich]* Die Schilderung eines Nordlichtes vom 7. 1. 1831 veranlaßte Ferdinand Freiligrath zu dem Gedicht *Das Nordlicht* (in: Mindener Sonntagsblatt, Nr. 48, 27. 11. 1831), zuvor hatte er eine ähnliche Erscheinung schon in dem Gedicht *Moos-Thee* (1826) geschildert. Im Volksglauben gelten Nordlichter als Vorzeichen für schwere Zeiten. Vgl. auch den Brief der Droste an ihre Mutter, Therese von Droste-Hülshoff, vom 7. 2. 1831: »Hier ⟨in Plittersdorf⟩ haben wir vor 14 Tagen, ein gewaltiges *Nordlicht* gehabt, es hat den ganzen Himmel fast eingenommen gehabt und in den schönsten bunten Farben gespielt« und *Am Feste Mariä Verkündigung* (S. 390,3).

Das Haus in der Heide (S. 64)

Entstehung: Frühjahr 1842.

Wiederabdruck: Morgenblatt, Nr. 222, 14. 9. 1844.

64,4; 65,26 *Föhren/Föhrenzweigen]* Föhre: Kiefer.

64,6 *Sterke]* Vgl. Anm. 38,73.

65,12 *Sonnenwende]* Heliotrop, Gartenstaude.

65,19 *Aves Melodie*] Das »Ave Maria« (lat.: Gegrüßt seist du, Maria!«) ist der Gruß des Engels Gabriel an Maria (Lk 1,28). Gleichzeitig ist es seit dem 6./7. Jahrhundert das katholische Gebet zur Verehrung der Jungfrau Maria und Bestandteil des hier gemeinten Angelusgebetes, zu dem insbesondere um 18 Uhr geläutet wird.

65,29-32 *Es ist ⟨...⟩ legten*] Diese Strophe bildete ursprünglich den Schluß des Gedichts. Später wurde das Idyll der ersten Strophen zum Bild der heiligen Familie in den beiden Schlußstrophen erhöht.

65,35 *Jungfrau ⟨...⟩ Lilienzweig*] Als Zeichen der Reinheit wird Maria ikonographisch häufig mit einer weißen Lilie dargestellt.

65,38 *Wolkenfloren*] Flor: dünnes, zartes Gewebe.

Der Knabe im Moor (S. 66)

Entstehung: Winter 1841/42.

Erstdruck: Morgenblatt, Nr. 40, 16. 2. 1842.

Wilhelm Junkmanns Gedicht *Der Heidemann* (in: *Elegische Gedichte*, Münster 1836, S. 3-5) enthält eine ähnliche Thematik wie das Gedicht der Droste. Eine unmittelbare Anregung für die Droste lieferte möglicherweise das Gedicht *Der Haidemesser* im »Unterhaltungsblatt« des ›Westfälischen Merkur‹ (Nr. 51) vom 18. 12. 1837 (mit »B.H.« unterzeichnet):

> Der Süd durchfleucht
> Die Haide feucht,
> In himmlischer Ferne
> Erblassen die Sterne,
> Es eilet der Knabe: »O wär ich zu Haus! 5
> Da ist es warm, da wird mir nicht graus!«
>
> Dem Knaben graut
> Im Haidekraut,
> Da glühet es helle
> Von Stelle zu Stelle, 10

>Da zittert das Kraut, da risselt der Schilf.
Der Knabe rufet: »Mein Vater, o hilf!«

Der Knabe flieht
Durch Kraut und Riet,
Und stürzt in die Hütte
Mit bebendem Schritte,
Da athmet er frei, da wehet es warm.
»Was bist du so blaß? Komm, ruh' mir im Arm!«

»Ach, ach, mir graut'
Im Haidekraut,
Da glüht es so helle
Von Stelle zu Stelle,
Da zittert das Kraut, da risselt der Schilf.
Ich rief vor Schrecken: Mein Vater, o hilf!«

»Mein Kind, das ist
Der böse Christ,
Durchwandelt die Haide
In Trauer und Leide
Mit dürrem Fuße bei nächtlichem Graun.
Und öfter noch wirst du im Sturm ihn schaun.

Der Mann war schlecht,
Er maß nicht recht,
D'rum mißt er die Stätte
Mit glühender Kette
Von Alters her bis zum Ende der Welt.
Thu' immer, mein Söhnchen, was Gott gefällt!«

Auch im Gedicht der Droste flieht der Knabe vor den grauenerregenden Gestalten des Volksaberglaubens, der »Sonntagsspinnerin«, dem »diebische⟨n⟩ Torfgräber« und dem »kopflose⟨n⟩ Geiger«, die auch in den *Westphälischen Schilderungen* als für das Münsterland typische Gespensterphänomene geschildert werden (Bd. 2, S. 97,22-26). Der

Einfluß des *Haidemesser* auf das Gedicht der Droste zeigt sich mehrfach, z. B. kehrt die Lautmalerei des raschelnden Schilfes in v. 23 im Gedicht der Droste wieder in v. 21, der Reaktion des Knaben nach überstandener Gefahr »Da athmet er frei« (v. 17) entspricht v. 45 »Tief atmet er auf« im *Knaben im Moor*.

Da dieses, im 20. Jahrhundert bekannteste Droste-Gedicht, das auch zum Kanon der Schullektüre zählt, metrisch-rhythmisch schwierig ist, sei folgende kurze Analyse gegeben: Die sechs Gedichtstrophen haben jeweils acht Verse, die nach dem Schema ababccab gereimt sind; die Reime a und c sind männlich, b klingt weiblich aus. Die durch den Reim b verbundenen Verse zeichnen sich durch Dreihebigkeit aus, im Gegensatz zu den Versen mit a- und c-Reimen, die vierhebig sind. Die Senkungen können ein- oder zweisilbig gefüllt werden, alle Verse haben Auftakt, dieser kann ein- oder zweisilbig sein. Ist er einsilbig, kann er eine schwebende Betonung haben. Die Hebungen in Vers 1 und 2 verteilen sich z. B. wie folgt: »O schaúrig íst's über's Móor zu géhn, | Wenn es wímmelt vom Heíderaúche«. Vgl. auch Winfried Woesler, *Annette von Droste-Hülshoff: Der Knabe im Moor*, in: Wirkendes Wort 31 (1981), S. 241-252.

66,3 *Phantome*] Gespenst, Geistererscheinung, Trugbild.

66,9 *Fibel*] ABC-Buch, Leselernbuch.

66,12 *Hage*] Hag, vgl. Anm. 15,78.

66,18 *Föhre*] Kiefer.

66,24 *Haspel*] Vorrichtung zum Garnwickeln.

67,40 *Moorgeschwele*] Schwelen: langsam flammenlos (ver)brennen, glimmen, vgl. auch *Mein Beruf* (S. 89,14), *Die Stubenburschen* (S. 169,88: »Wogenschwele«) und *Der Tod des Erzbischofs Engelbert von Cöln* (S. 206,142: »Weihrauchschwelen«).

67,44 *Scheide*] Grenze zwischen Moor und festem Boden (vgl. auch v. 41).

FELS, WALD UND SEE

Ebenso wie in den »Heidebildern« hat die Droste auch in der Gruppe »Fels, Wald und See« landschaftsbeschreibende Gedichte zusammengestellt. Zu ihnen gehören insbesondere Gedichte, die während ihrer Aufenthalte in der Schweiz (1835) und am Bodensee (1841/42) entstanden sind und daher überwiegend die Schweizer- und Bodenseelandschaft poetisch gestalten. Aber im Vergleich mit den »Heidebildern« ist in der Gruppe »Fels, Wald und See« eine durchgängige Zyklusstruktur nicht zu erkennen. Nur die Kleinzyklen *Die Elemente, Der Säntis* und *Am Weiher* bilden in gewisser Weise einen ›Rahmen‹ innerhalb der gesamten Gedichtgruppe.

Die Elemente (S. 68)

Entstehung: vor dem 20. 6. 1834.

Erstdruck: Frauen-Spiegel. Vierteljahrschrift für Frauen, hg. v. Louise Marezoll, Bd. 2, Leipzig 1841, S. 300-304.

Im Meersburger Nachlaß (MA II 32) findet sich folgende Notiz der Droste: »NB ich muß ein Gedicht auf die 4 Elemente machen, wie sie dem Gärtner ⟨korrigiert aus »Bergmann«⟩, Fischer, Jäger und Schmiedt erscheinen.« Als Anregung für dieses Gedicht wird entweder auf die allegorischen Putti der vier Elemente als Jäger, Krieger, Fischer und Gärtner im Garten von Haus Rüschhaus (Clemens Heselhaus, *Annette von Droste-Hülshoff*. Werk und Leben, Düsseldorf 1971, S. 99; Weydt 1978-82 s. u.) oder auf ein ähnliches Gedicht Georg Philipp Harsdörffers (1607-1658) im *Poetischen Trichter* verwiesen (Günter Häntzschel, *Tradition und Originalität*. Allegorische Darstellung im Werk Annette von Droste-Hülshoffs, Stuttgart 1968, S. 99-108). Auf eine Kupferstichfolge von Claes Jansz Clock (um 1576 bis tätig bis 1602) als Vorlage für den Gedichtzyklus weist Günther Weydt hin (*Annette von Drostes Zyklus »Die Elemente« und sein barocker Ursprung*, in: Beiträge zur Droste-Forschung 5 [1978-82], S. 55-61, Abb. S. 182-184).

68,3 *Chimborasso*] Erloschener Vulkan in Ecuador (6310 m).

69,28 *Windsbraut*] Starker, tobender Wind; vgl. auch *Die Judenbuche*: »Sie hatten sich kaum niedergelegt, so erhob sich eine Windsbraut, als ob sie das Haus mitnehmen wollte.« (Bd. 2, S. 16,9f.).

70,81 *Glühholz*] Phosphoreszierendes Holz (Grimm, *Deutsches Wörterbuch*, Bd. 4,1,5, Sp. 461 mit Verweis auf diesen Vers); vgl. auch *Am vierten Sonntage im Advent* (S. 496,10).

71,91 *Wimper*] Wimpern (D²), nach der Druckvorlage (H²) hier und im folgenden verändert, da die Droste nur diese Form im Nom. und Akk. Pl. kennt.

71,107 *glimmt*] »klimmt« in allen Handschriften (H¹, H²), »glimmt« (D²); Änderung in D² vielleicht autorisiert?

Die Schenke am See. An Levin S. (S. 72)

Entstehung: Herbst 1841.

Erstdruck: Morgenblatt, Nr. 48, 25. 2. 1843.

Das Gedicht knüpft wohl an ein Erlebnis mit Schücking während des gemeinsamen Meersburger Aufenthaltes 1841/42 an und war ihm gewidmet. Der Untertitel des Erstdrucks war jedoch auf Veranlassung der Droste in »An Eugen M.« verändert worden. Im Entwurf (MA I 104) trägt das Gedicht noch den Titel »Das Glaserhäuschen«. Bei dem »Glaserhäuschen« handelt es sich um ein beliebtes Lokal in der Nähe von Meersburg, das über dem Bodensee höher als die nahe Burg gelegen ist. Das Gebäude existiert noch heute.

72,9 *Trauben*] Traube (D²), Druckfehler.

72,10 *der geschäftige Pygmäe*] Gemeint ist der kleinwüchsige Wirt des Glaserhäuschens, Johann Baptist Figel (1776 bis 1859), der tatsächlich einen Zopf trug (vgl. den Brief der Droste an Therese von Droste-Hülshoff, 29. 9. 1841).

73,27 *duftbesäumten*] Duft: häufig Dunst, Nebel.

73,35f. *Wo Träume* ⟨...⟩ *Abenteuer*] Anspielung auf die

Sammlung von Handschriften und Büchern des Schwagers der Droste, Joseph von Laßberg (1770-1855), auf der Meersburg. Laßberg besaß u. a. die Handschrift C des *Nibelungenliedes*.

73,38 *dunkler Taten Reste*] Offensichtlich Anspielung auf Schückings Erzählung *Eine dunkle That* (als Buch 1846 erschienen), von der bereits 1842 im ›Morgenblatt‹ (Nr. 40 bis 42, 16.-18. 2. 1842) unter dem Titel *Der Jagdstreit* ein Vorabdruck des ersten Kapitels erschienen war. 1843 erfolgte in den *Dombausteinen* der erste vollständige Abdruck der Erzählung unter dem Titel *Das Stiftsfräulein*. Die Droste hat an dieser Erzählung Schückings mitgearbeitet.

Am Turme (S. 74)

Entstehung: Winter 1841/42.

Erstdruck: Morgenblatt, Nr. 203, 25. 8. 1842.

74,3 *Mänade*] Verzücktes Weib im Gefolge des Dionysos, Bacchantin.

74,5 *Fant*] Unreifer, leichtfertiger Bursche.

74,17 *ein Wimpel*] Fahne, häufig in »seemännischer sonderanwendung ›eine lange, schmale, schwalbenschwanzartig gespaltene flagge, die auf der obersten spitze des groszen mastes befestigt ist, und nur von kriegsschiffen als dauernder schmuck geführt, von anderen schiffen aber zu signalzwecken benützt wird‹« (Grimm, *Deutsches Wörterbuch*, Bd. 14,2, Sp. 226).

74,20 *Warte*] Wartturm.

Das öde Haus (S. 75)

Entstehung: 1843.

75,1; 76,38 *Tobel/Tobelrand*] Tobel: Talähnliche Vertiefung eines Berges, enge Waldschlucht (Grimm, *Deutsches Wörterbuch*, Bd. 11,1,1 Sp. 528). Östlich von Meersburg verläuft das sog. »Tobele«.

75,4 *Lode*] Vgl. Anm. 32,50.

75,8 *Schattenhag*] Hag, vgl. Anm. 15,78.

75,17-76,32 *Wo ⟨...⟩ hervor*] Zur Reihenfolge der Strophen III und IV bemerkte die Droste im Brief an Schücking vom 6. 2. 1844: »wär es nicht vielleicht besser, wenn die 4 Str⟨ophe⟩ zur Dritten würde? – man weiß nicht, wie man auf einmahl aus der Schlucht an den Heerd kömmt, nach dem Fensterloche wär dies natürlicher – oder meinen Sie nicht?« Vermutlich hat sich die Droste aber selbst im Gedichtablauf geirrt.

75,17 *Joch*] Firstbalken des Daches.

76,26 *wirre*] einzle (H²), an der Lesart »einzle« scheint die Droste – entgegen Schückings Vorschlag – festhalten zu wollen (vgl. Brief an Schücking, 6. 2. 1844).

76,26 *Schober*] Aufgeschichteter Heu- oder Getreidehaufen (Grimm, *Deutsches Wörterbuch*, Bd. 9, Sp. 1426).

76,29 *Flor*] Dünnes, zartes Gewebe.

76,34 *Schlucht*] Schluft (H²), die Droste schrieb dazu am 6. 2. 1844 an Schücking: »›Schluft‹ ist vielleicht ein Provinzialismus, aber kein westphälischer, da es schon in der alten bekannten Romanze ›Zu Steffen sprach im Traume‹ heißt ›Gespenster quiekten aus Schluften‹ – aber setzen Sie statt dessen ›Schlucht‹«. Vgl. auch *Dichters Naturgefühl* (S. 157,29), *Walther* (6. Gesang, Bd. 2, S. 421,317).

76,46 *Wergs*] Werg: Hanf-, Flachsabfall.

76,52 *»Diana«*] Göttin der Jagd, hier der Name des Hundes.

77,60 *läuten Unk'*] Vgl. Anm. 19,88.

Im Moose (S. 77)

Entstehung: Winter 1841/42.
Erstdruck: Morgenblatt, Nr. 54, 4. 3. 1842.

78,24 *Borden*] Bord: Ufer, Rand.

78,25 *Bronnen*] Brunnen.

78,45 *Hage*] Hag, vgl. Anm. 15,78.

Am Bodensee (S. 78)

Entstehung: Winter 1841/42.

79,6 *Heimchen*] Grille.

79,12; 80,40 *Bord/Borde*] Rand, Ufer.

79,17 *beuge mich lauschend]* beuge lauschend (H²), das »mich« in D² stammt von Schücking, der es vermutlich eigenmächtig in die Druckvorlage (H²) eingefügt hatte. Zum Weglassen des Reflexivpronomens vgl. auch *Junge Liebe* (S. 98,6).

79,27 *Nerv']* Nerve: fem. sing.

79,36 *Zwinger]* Umschlossener Raum, Kerker.

80,43f. *Die glühende Braut ⟨...⟩ Blatt]* Vgl. *Junge Liebe* (S. 98,9-16).

80,49 *Wasserfei]* Fei: Fee, vgl. Anm. 46,66.

Das alte Schloß (S. 80)

Entstehung: Winter 1841/42.

80,10 *Runenstein]* Stein oder Felsplatte mit eingeritzten Runen (Grimm, *Deutsches Wörterbuch*, Bd. 8, Sp. 1519 mit Verweis auf diesen Vers).

81,21 *Riegelzüge]* Vorrichtung, um Türriegel zu bewegen (Grimm, *Deutsches Wörterbuch*, Bd. 8, Sp. 922, Bd. 16, Sp. 386).

81,34 *Romantik]* Lies entsprechend dem frz. »romantique« Rómantík.

Der Säntis (S. 82)

Entstehung: 1835/36.

Erstdruck: *Gedichte 1838*, S. 181-184; Nachdruck: Morgenblatt, Nr. 230, 24. 9. 1844.

82,8 *Reifen]* Rauhreif.

82,20 *West]* Westwind.

83,41 *Zeitlose]* Herbstzeitlose.

84,69 *Riffe]* »felsenklippen im hochgebirge« (Grimm, *Deutsches Wörterbuch*, Bd. 8, Sp. 955); vgl. auch *Das Hospiz auf dem großen St. Bernhard* (2. Gesang, Bd. 2, S. 249, 324).

Am Weiher (S. 85)

Entstehung: Herbst 1835.

Erstdruck: *Gedichte 1838*, S. 185-187; Nachdruck des zweiten Gedichts *Ein harter Wintertag:* Morgenblatt, Nr. 244, 10. 10. 1844.

85,14 *Grüne]* Traditionelle Konkretisation »für den pflanzenwuchs in seinen verschiedenen erscheinungsformen; allgemein ›pflanzliches grün‹« (Grimm, *Deutsches Wörterbuch*, Bd. 4,1,6, Sp. 935 mit Verweis auf diesen Vers); vgl. auch *Katharine Schücking* (S. 93,6).

85,26 *Ried]* Vgl. Anm. 44,120.

85,40 *Bord]* Rand, Ufer.

Fragment (S. 87)

Entstehung: Winter 1832/33.

Erstdruck: *Gedichte 1838*, S. 197f.

Dieses Gedicht ist mit den ersten 42 Versen des nicht zur Veröffentlichung ausgearbeiteten dritten Gesangs des *Hospiz auf dem großen St. Bernhard* (Bd. 2, S. 423f.) identisch. Eine Teilabschrift dieses Gesangs sandte die Droste am 19. 7. 1838 an Schlüter, als der Druck der *Gedichte 1838* bereits begonnen hatte und bemerkte: »Hierbey kömmt ›Savoyen‹ machen Sie damit was Sie wollen, lassen Sie es drucken, oder behalten Sie es zu Ihrer eignen Ergötzung, und, im ersten Falle, verkürzen Sie es, wie es Ihnen beliebt«.

87,1 *Savoyen]* Historische Landschaft in den französischen Alpen zwischen Genfer See, Rhône und der Mont-Cenis-Gruppe.

88,26 *Erdbeerbaum]* Bot.: Arbutus unedo, immergrüner, im Mittelmeerraum beheimateter Baum mit maiglöckchenähnlichen Blüten und erdbeerartigen Früchten.

88,27 *Genzian]* Enzian (lat.: Gentiana).

88,29 *Nebel dicht]* Nebeldicht (D[1], D[2]), nach den »Berichtigungen« zu *Gedichte 1838* in »Nebel dicht« korrigiert.

88,35 *Marmotte]* Frz.: Murmeltier.

88,41 *Remi]* Eigentl. Saint-Remi, schweizerisches Dorf im westlichen Teil Savoyens.

GEDICHTE VERMISCHTEN INHALTS

Den größten Teil dieser Gedichtgruppe bilden Texte, die während des Meersburger Aufenthalts im Winter 1841/42 entstanden sind. Allerdings nahm die Droste auch frühe Gedichte, z. B. das aus dem Jahr 1820 stammende *Not* auf und ergänzte die Gruppe kontinuierlich bis zum Anfang des Jahres 1844. Den »Gedichten vermischten Inhalts«, in denen sich Themenbereiche wie Freundeslyrik, Dichtergedichte, Gelegenheitsgedichte und reflexive Gedankenlyrik vereinen, galt die besondere Aufmerksamkeit der Droste. Sie stellte genaue Überlegungen an, wie diese Gedichtgruppe anzuordnen sei, und vermied es, Gleichartiges nebeneinanderzustellen. Im Brief an Schücking vom 17. 1. 1844 hatte sie von diesen Anordnungsproblemen geschrieben: »Wollen Sie die Gedichte anders ordnen, so steht dies bey Ihnen, Sie werden es aber schwieriger finden als Sie denken – ich habe sie auf 100ley Weise durcheinander probirt, und immer wurden die Nachbarn zu ungleich oder zu ähnlich, oder es trafen zwey gleiche Versmaaße zusammen, – wie es jetzt ist geschieht, wie mich dünkt, Jedem noch am Ersten sein Recht. – Zuerst hatte ich die Gedichte an und über Verstorbene zusammen rangirt, es nahm sich aber gräulich monoton und trübselig aus, ⟨...⟩ wenigstens nehmen sich die ›vermischten Gedichte‹ unendlich besser aus, und sind doch an sich nicht schöner, aber ich merke leider selbst, daß ich über ähnliche Gegenstände auch immer in ähnlichem Tone schreibe, und deshalb kein Zusammenstellen vertragen kann.«

Mein Beruf (S. 89)

Entstehung: Winter 1841/42.

Wiederabdruck: Morgenblatt, Nr. 222, 14. 9. 1844.

Mein Beruf gehört in die Reihe der ›Dichtergedichte‹ (z. B. *Am zweiten Sonntage nach Pfingsten, Poesie, Der Dichter, Der Dichter – Dichters Glück*), in denen die Droste eine

Standortbestimmung ihrer dichterischen Existenz zu geben versucht. Für die Autorin steht die ethische Verantwortung, »Und meine Macht von Gottes Gnaden« (v. 8), im Vordergrund, verbunden mit der Überzeugung, daß der Dichter stellvertretend für die Mitmenschen leiden müsse. Diese Überzeugung teilt die Droste zur selben Zeit u. a. auch mit Heine.

89,2 *Gelasse*] Gelaß: bequemer Raum (Grimm, *Deutsches Wörterbuch*, Bd. 4,1,2, Sp. 2870).

89,4 *Parnasse*] Parnaß: Berg des Apoll und der Musen. In übertragenem Sinne: das Reich der Dichtung.

89,13 *Meteor*] Gemeint ist hier: Lichterscheinung.

89,14 *Moorgeschwele*] Schwelen, vgl. Anm. 67,40.

89,18 *Datura*] Stechapfel (Datura stramonium) oder ein anderes Gewächs aus dieser Familie, starkduftende Pflanze (vgl. Friedrich Justin Bertuch, *Bilderbuch für Kinder*, Bd. 2, Tafel LXXIV, XII und Bd. 4, Nr. 295).

89,20 *Zauberbrodem*] Brodem: Qualm, Dampf, Dunst.

90,30 *Panier*] Banner, Fahne, Wahlspruch (Grimm, *Deutsches Wörterbuch*, Bd. 7, Sp. 1421f.).

90,41-56 *Und wo ⟨...⟩ Träne*] Im Brief an Schücking vom 6. 2. 1844 erläutert die Droste zu diesen beiden Strophen: »die eine schildert ein Ehepaar das die Liebe, die andere einen innerlich früh Gealterten der die Empfänglichkeit theilweise, aber nicht das Gefühl seiner Lage verloren hat«.

90,54 *Äthers*] Himmel.

90,54 *Schöne*] Die Schöne, hier im Sinne von »Klarheit« des Himmels (Grimm, *Deutsches Wörterbuch*, Bd. 9, Sp. 1490).

Meine Toten (S. 91)

Entstehung: Mai 1843.

Wiederabdruck: Morgenblatt, Nr. 223, 16. 9. 1844.

91,2 *Die Mut bedarf*] Im Entwurf zu diesem Gedicht (MA I 2) hieß es: (1) [Der Segen Noth] (2) Die Muth bedarf. In einer ergänzenden Notiz im Brief an Schücking vom

17. 1. 1844 bemerkt die Droste, daß ihr die erste, gestrichene Fassung »wohlklingender und poetischer« erschien; sie ließ sie jedoch fallen, »weil das vorige Gedicht ⟨*Mein Beruf*⟩ mit segnen schließt und überhaupt viel von Segnen in sämtlichen Gedichten vorkömmt«.

92,16 *Spracht*] Sprecht (D²), Druckfehler.

92,18 *Bronnen*] Brunnen.

92,21 *Warnungsflüstern*] Vgl. *Mondesaufgang* (S. 333,26).

92,23 *Angers*] Anger: »grasbewachsenes land«, Weide (Grimm, *Deutsches Wörterbuch*, Bd. 1, Sp. 348).

92,36 *Grabesbrodem*] Brodem: Qualm, Dampf, Dunst.

92,39 *Gräserhauch*] Der Hauch der Gräser gilt als Medium, durch das sich die Toten der Nachwelt mitteilen.

92,41 *Äther*] Himmel.

Katharine Schücking (S. 93)

Entstehung: November 1841.

Katharine Schücking (1791-1831) war die Mutter Levin Schückings und eine Kusine von Anton Mathias Sprickmann (1749-1833). Durch dessen Vermittlung lernte die Droste 1813 die damals unter ihrem Mädchennamen Kathinka Busch publizierende Schriftstellerin kennen, deren literarische Wirkung jedoch über Münster und Westfalen nicht hinausreichte. Eine zweite Begegnung fiel in das Jahr 1829.

93,6 *die Grüne*] Vgl. Anm. 85,14.

93,15 *Westphalens Dichterin*] Kortländer (1979, S. 289) bemerkt zu dieser Charakterisierung: »Worauf sich dieser Ruf gründete, ist nicht leicht einzusehen. Die Schücking erregte durch ihr spärliches öffentliches Auftreten als Autorin in der ›Mimigardia‹ und im ›Münsterischen Anzeiger‹ eher negatives Aufsehen. In Münster zirkulierten zeitweise Karikaturen vor ihr, und in ihrem Wohnort Dülmen, wo sie, freilich vergeblich, einen literarischen Zirkel zu gründen versuchte, stießen ihre literarischen Interessen durchweg auf Unverständnis und Abneigung.«

93,21 *ward*] war (D²), Druckfehler.

93,23 *des Lebens Mark*] Vgl. *Nach dem Angelus Silesius* (S. 96,44), ⟨*Der Morgenstrahl bahnt flimmernd sich den Weg*⟩ (S. 575,55), *Bertha oder die Alpen* (Bd. 2, S. 497,1579; 545,2906).

94,38 *Phönix aus der Asche*] Dem antiken Mythos zufolge stürzt sich der Phönix, ein den Sonnengott verkörpernder Vogel, in gewissen Abständen ins Feuer, um danach aus der Asche neu aufzusteigen. Seit dem 2. Jahrhundert n. Chr. wird das Bild des Phönix auch auf Christus übertragen.

94,44 *Naphtha*] Vgl. Anm. 24,42.

94,56 *die dornenvollste Rose*] Traditionell und zahlreich sind die symbolischen Bedeutungen, die sich an die Verbindung von Rose und Dornen knüpfen, z. B. als Freud und Leid oder Schönes in unschöner Umgebung.

Nach dem Angelus Silesius (S. 94)

Entstehung: um den 4. und 5. Juni 1835; vgl. den Brief der Droste an Schlüter vom 4. 6. 1835: »dieser Brief ist nicht viel werth, doch soll ihm ein Beßerer auf dem Fuße folgen, den ich schon Morgen beginnen ⟨werde,⟩ dann will ich Ihnen ihren mir so sehr lieben und angenehmen letzten Brief ordentlich beantworten, – dann sollen Sie ihre Bücher zurück erhalten; ⟨und⟩ sogar das Gedicht auf den Angelus Silesius, was, im Vertrauen gesagt, noch nicht gemacht ist«.

Dieses Gedicht geht auf eine Anregung von Christoph Bernhard Schlüter (1801-1884) zurück. Er hatte der Droste am 29. 3. 1835 mit den *Perlenschnüren* des Angelus Silesius (hg. von Ludwig Auerbacher, 1823, ²1831) ein Exemplar von dessen *Cherubinischen Wandersmanns* (1674) übersandt, das in der ersten Auflage noch den Titel *Geistreiche Sinn- und Schlußreime* (1657) getragen hatte. Inhalt und Form (gereimte Alexandriner) wurden von der Droste nachempfunden. Der Name »Angelus Silesius« (»Schlesischer Bote/Engel«) war das Pseudonym Johannes Schefflers (1624-1677), eines der bedeutendsten Epigrammatiker des Barock. Zur Entstehung des Gedichts und zur Auseinandersetzung der

Droste mit der Gedankenwelt Schefflers s. Bernd Kortländer, Axel Marquardt, *Poetische Kontaktstellen*. Die Anregungen Ch. B. Schlüters zu den Gedichten der Droste, in: Beiträge zur Droste-Forschung 4 [1976/77], S. 22-52, bes. S. 23-30.

94,4 *baß*] Vgl. Anm. 25,8.
95,15 *beut*] Bietet.
95,25 *deine*] deine (H², D²). Im Entwurf (MA I 60) und einer weiteren Reinschrift (MA I 62) heißt es jeweils »seine«.
95,26 *Himmelsleiter*] Vgl. Gen 28,12.
96,44 *der Schöpfung Mark*] Vgl. Anm. 93,23.
96,55 *Myrt' und Balsam*] Myrte: Sinnbild der Jungfräulichkeit; ein Myrtenkranz gehört z. B. zum traditionellen Brautschmuck (vgl. Grimm, *Deutsches Wörterbuch*, Bd. 6, Sp. 2845). Balsam: dickflüssiger, wohlriechender Saft aus bestimmten Holzpflanzen (Terebinthales), auch als Heilmittel verwandt.

Gruß an Wilhelm Junkmann (S. 96)
Entstehung: Winter 1841/42.
Erstdruck: Morgenblatt, Nr. 94, 20. 4. 1842, unter dem Titel »Gruß an ***«.
Wilhelm Junkmann (1811-1886), Historiker, Politiker, Schriftsteller, zur Entstehungszeit dieses Gedichts noch Theologiestudent. Später wurde Junkmann Schwager von Christoph Bernhard Schlüter und besorgte zusammen mit diesem die Herausgabe der *Gedichte 1838*. Junkmann gehörte auch der »Hecken-Schriftstellergesellschaft«, einem literarischen Zirkel Elise Rüdigers in Münster an. Er publizierte zwei Gedichtbände: *Elegische Gedichte* (Münster 1836) und *Gedichte* (2. sehr vermehrte Aufl., Münster 1844). Auch Levin Schücking widmete Junkmann ein Gedicht: *An J. Auf dem Mondsee* (in: *Gedichte*, Stuttgart u. Tübingen 1846, S. 144). Nach der Lektüre dieses Gedichts charakterisierte die Droste im Brief an Schücking vom 11. 2. 1846 unter dem Datum des 7. 2. den gemeinsamen Freund noch einmal

als »ein zwar abnormes, und deshalb nur von Wenigen goutirtes, aber sonst doch unbestreitbares Talent«.

97,15 *Ried*] Vgl. Anm. 44,120.

97,31 *heil'gen*] heiligen (D²), Druckfehler.

97,32 *Morgana*] Vgl. Anm. 28,51.

97,34 *Zedern*] Dieser Nadelholzbaum wird in der Bibel häufig genannt und in der Literatur wegen »seines stolzen und hohen wuchses« oft gerühmt (Grimm, *Deutsches Wörterbuch*, Bd. 15, Sp. 439).

97,38 *fromme*] Auch: fleißige, nützliche.

97,39f. *Da ist* ⟨...⟩ *erschienen*] Vgl. 1 Kön 19,11-13.

98,48 *Als Äolsharfe* ⟨...⟩ *reden*] Die Identifikation des Dichters mit der Harfe hat eine lange Tradition. In der Bibel gelten der harfespielende David vor Saul oder der Psalmist, in der griechischen Mythologie Orpheus und Apoll als entsprechende Muster.

Junge Liebe (S. 98)

Entstehung: Herbst 1841.

Erstdruck: Morgenblatt, Nr. 213, 6. 9. 1842.

98,6 *Beugt*] Vgl. *Am Bodensee* (S. 79,17).

98,9-11 *Ringelblumen* ⟨...⟩ *gab*] Vgl. *Am Bodensee* (S. 80,43f.).

98,16 *Kaskade*] Wasserfall.

98,22 *Hinde*] Hirschkuh.

Das vierzehnjährige Herz (S. 99)

Entstehung: Winter 1841/42.

Der Titel des Gedichts lautete ursprünglich im Entwurf (MA I 31) »Böckchens Liebe«. Dieser Kosename scheint ebenso wie der in v. 6 und 26 genannte »Barbe« ohne biographischen Bezug zu sein.

99,11 *Braue*] Vgl. Anm. 48,29.

100,19 *Sohlen*] Im Brief an Schücking vom 17. 1. 1844 bemerkte die Droste zu dieser Stelle: »Gefallen Ihnen die Strümpfe besser wie die Sohlen, so mögen Sie es zurückkorrigieren?! – Sohlen ist wohlklingender, ›sich auf die

Strümpfe machen‹ aber der gebräuchliche naive Ausdruck«.

100,20 *Bronnen]* Brunnen.

Brennende Liebe (S. 100)

Entstehung: Winter 1841/42.

Der Titel des Gedichts lautete ursprünglich im Entwurf (MA I 52) »Die Vertraute«.

101,15 *»Oculus Christi«]* »Christusauge«: Der Name bezeichnet im 19. Jahrhundert verschiedene Pflanzen, vornehmlich Kompositen.

101,22 *Gegell]* Gell, gellen: hell bzw. schrill tönen.

Der Brief aus der Heimat (S. 101)

Entstehung: Winter 1841/42.

Das Gedicht bezieht sich auf den Tod der Nichte der Droste, Anna von Droste-Hülshoff (verst. 5. 11. 1841); vgl. den Brief der Droste an Elise Rüdiger vom 14. 12. 1841.

Ein braver Mann (S. 103)

Entstehung: 1. 1. 1844, so die entsprechende Angabe unter dem Gedichttext im Entwurf (MA I 106).

Der Titel des Gedichts lautete ursprünglich im Entwurf »Das neue Lied vom braven Mann« (vgl. auch den Brief der Droste an Schücking, 17. 1. 1844). Nach eigener Aussage handelt es sich bei der Schilderung des »braven Mannes« um Karl Heinrich von Imhoff (27. 9. 1773-24. 12. 1843), einen Bekannten Joseph von Laßbergs. Auf dessen Bitte hin ist das Gedicht vermutlich entstanden: »Dieser brave Mann ist Herr von Imhof, den wir leider am Tage vor Weihnachten verloren haben. Glauben Sie, daß zur Steigerung des Interesses durchaus eine kleine Anmerkung, die die Wahrheit bezeugt, nötig ist, so will ich versuchen, sie mit möglichster Diskretion, ohne seinen Namen zu nennen, zu machen. – Nur fürchte ich, hierdurch seine Verwandten (die Familie von Gonzenbach im Thurgau, bei denen er die letzten zehn Jahre verlebte) zu kränken, da sie selbst in etwas bedrängten Umständen und folglich gewiß doppelt empfindlich gegen eine zu handgreifliche Bezeichnung seiner bedrängten Lage sind.« (Brief an Schücking, 17. 1. 1844.) Das Gedicht erzählt von einer Begebenheit, die ein weiterer Freund und Mitarbeiter Laßbergs, Johann Adam Pupikofer (1797-1882) folgendermaßen schildert (gedruckt in: Thurgauische Beiträge zur Vaterländischen Geschichte 41 [1901], S. 62f.): »Bei Auflösung des Deutschen Reiches (1806) weigerte er sich, dem Könige von Württemberg zu huldigen; er sei, meinte er, reichsfrei und kein Untertan. Da ließ der König auf ihn fahnden, und Imhoff fand für gut, sich aus dem Staube zu machen. Er suchte überall Hilfe bei seinen Standesgenossen; da er sie aber nicht fand, verzichtete er endlich auf sein Familienerbe und gab sich, um sein Brot zu verdienen, der Miniaturmalerei hin« (zitiert nach Otmar Scheiwiller, *Annette von Droste-Hülshoff in der Schweiz*, Einsiedeln ⟨1926⟩, S. 178). Zwei Miniaturen von Imhoff aus dem Nachlaß der Droste befinden sich noch heute in Haus Stapel (Havixbeck).

103,1 *Wetterbrodem*] Brodem: Qualm, Dampf, Dunst.

103,2 *Tyrannei*] Gemeint ist die napoleonische Fremdherrschaft in Deutschland (1806-13).

103,24 *Fron*] Frondienst, Herrendienst.

104,46,55 *Agnaten/Lehnsagnaten*] Agnat: Blutsverwandter väterlicherseits.

104,48 *Lehne*] Lehen, Lehnsgut.

104,52 *Zähren*] Tränen.

105,57-64 »*Wohl* ⟨...⟩ *groß.*«] Im Gegensatz zu der Aussage von Pupikofer über die Verweigerung des Huldigungseides auf den König von Württemberg (s. o.) ist hier wohl Napoleon I. gemeint.

105,71 *wie Wachs so weich*] Vgl. die sprichwörtliche Redewendung »Er ist weich wie Wachs« (Wander, *Deutsches Sprichwörter-Lexikon*, Bd. 5, Sp. 77).

105,81-88 *Zweimal* ⟨...⟩ *Mann*] Diese Strophe ist nachträglich hinzugefügt worden: »Die quergeschriebene

Strophe (Str⟨ophe⟩ 11 ⟨= 10. Str.⟩) ist nachträglich, auf Laßbergs Wunsch, zugesetzt und obschon die letzten Zeilen hübsch sind und ich sie ungern aufgäbe, scheint mir doch das Ganze edler gehalten, besonders der Schluß nobler, wenn sie fortbleibt – ist sein Tod schon erwähnt, so machen die Schlußzeilen keinen Effekt mehr. Was meinen Sie?« (Brief an Schücking, 17. 1. 1844).

Stammbuchblätter

1. Mit Laura's Bilde. Im Namen eines Freundes (S. 106)
Entstehung: Unsicher.
In einem Sonett, der von Francesco Petrarca (1304-1374) bevorzugten Gedichtform, verwendet die Droste die petrakistische Metaphorik in umgekehrtem Sinne: der Lorbeer der Dichtkunst ist nicht so erstrebenswert wie die Myrte als Sinnbild für Liebe und Reinheit. In Petrarcas *Canzoniere* wird die Zypresse nicht als symbolischer Baum wie im Gedicht der Droste verwandt.
106,2 *seinen Schwan]* Der einzige Schwan, der in Petrarcas Lyrik zu finden ist, beklagt nicht die Unerreichbarkeit der Myrte, sondern die Übermacht eines Feindes, die ihn in ein Tier verwandelt hat:

> Ne' meno ancor m'agghiaccia
> L'esser coverto poi di bianche piume
> ⟨...⟩
> Ond'io presi col suon color d'un cigno.

> Cosi' lungo l'amate rive andai,
> che volendo parlar cantava sempre
> Merce' chiamando conestrania voce.

> Bald, zu nicht minderm Schrecken,
> Sah ich mit weißen Federn mich umzogen,
> ⟨...⟩
> Drum ward mir Schwanes Farb' und Stimm' erkoren.

So hab' ich längs dem theuren Strand gesungen,
Und wollt' ich reden, sang ich dennoch immer,
Erflehend Gnade mir mit fremdem Munde; ⟨...⟩

(*Francesco Petrarca's sämmtliche Canzonen, Sonette, Ballaten* ⟨!⟩ *und Triumphe*, übersetzt und mit erläuternden Anmerkungen begleitet v. Karl Förster, Leipzig ²1833, S. 4f.).

2. *An Henriette von Hohenhausen* (S. 106)

Entstehung: 31. 5. 1839; an diesem Tag trug die Droste das Gedicht in das Stammbuch der Henriette von Hohenhausen ein und versah es mit folgender Widmung: »Bewahren Sie, geliebte Freundinn, mein Andenken | so treu als ich das Ihrige bewahren werde. | Annette Elisabeth von Droste-Hülshoff«. Für den Druck in den *Gedichten 1844* überarbeitete sie den Text.

Henriette von Hohenhausen (1781-1843) war die Tante Elise Rüdigers und Schwägerin der Elise von Hohenhausen geb. von Ochs (1789-1857). Sie war Mitglied des Münsterer literarischen Kränzchens.

107,29 *Wechselwort*] Im Gespräch oder im Streitgespräch verwendetes Wort, »der sing. jetzt in der bedeutung ›das sich unterreden‹« (Grimm, *Deutsches Wörterbuch*, Bd. 13, Sp. 2778 mit Verweis auf diesen Vers), vgl. auch *Clemens von Droste* (S. 117,12).

Nachruf an Henriette von Hohenhausen (S. 107)

Entstehung: Mai 1843.

Erstdruck: Kölnische Zeitung, Nr. 141, 21. 5. 1843; Nachdrucke: Westfälischer Merkur, Nr. 123, 24. 5. 1843, und Wesphalia, Nr. 33, 19. 8. 1843.

Henriette von Hohenhausen war am 20. 4. 1843 gestorben. Dieser poetische Nachruf entstand auch auf Bitten ihrer Nichte, Elise Rüdigers (vgl. den Brief der Droste an Elise Rüdiger, 9. 5. 1843).

107,11 *knirrt*] Feines Knarren (Grimm, *Deutsches Wörterbuch*, Bd. 5, Sp. 1440).

108,26 *Sirene]* Dämonische Totenseelen in der griechischen Mythologie, die im übertragenen Sinne für Verführerinnen stehen. Die Droste kannte die Sirenen wohl aus der berühmten Szene in Homers *Odyssee* (12,39ff.): Odysseus läßt sich am Mast seines Schiffes festbinden und hört so den betörenden Sirenengesang, ohne ihrem verderblichen Ruf folgen zu können.

108,29 *Perl' aus ihrem Hort]* Die Perle entsteht durch einen Fremdkörper, der zwischen Mantel und Schale einer Muschel eingedrungen ist (vgl. *Poesie*, S. 125,33-40). Hier ist die der Muschel entnommene Perle gemeint, die als Symbol dichterischer Inspiration erst den Segen Gottes erlangen muß. Vgl. auch *Der Dichter – Dichters Glück:* »Ja Perlen fischt er und Juwele« (S. 545,31).

108,39 *Pfunde]* Vgl. das Gleichnis von den Talenten (Lk 19,11-28). Die Droste verwendet in mehreren Gedichten den Topos, die Poesie sei ein von Gott verliehenes Pfand, mit dem es sorgsam umzugehen gilt. Vgl. *Am zehnten Sonntage nach Pfingsten* (S. 446,33f.; 446,45f.) und den Brief an Wilhelm Tangermann, 22. 12. 1840.

108,45 *Sinnlaubs]* Immergrün (Grimm, *Deutsches Wörterbuch*, Bd. 10,1, Sp. 1184 mit Verweis auf diesen Vers).

108,47 *Grüne]* Vgl. Anm. 85,14.

Vanitas Vanitatum! R.i.p. (S. 109)
Entstehung: Jahreswende 1841/42.

109, vor 1 *Vanitas Vanitatum! R.i.p.]* »Eitelkeit der Eitelkeiten« (vgl. Pred 1,2; 12,8); *R.i.p.:* Resquiescat in pace (lat.): »Er ruhe in Frieden«. Das Gedicht, das bewußt keinen Namen nennt, ist angeregt durch die Nachricht vom Tod des Generals Hans Georg von Hammerstein (1771 bis 1841), der unter König Jérôme von Westfalen in Spanien gekämpft hatte und der – wie Schücking ausführt – »eines nicht eben beneidenswerthen Ruhmes wegen seiner Tapferkeit, seiner wilden, dämonischen Natur und der tollen Excesse seines Corps genoß« (Schücking, *Droste-Werkausgabe* [1878/79], Bd. 1, S. 18). Schücking behauptet, die

Droste habe Hammerstein in ihrer Jugend kennengelernt; als sie 1838 in Hildesheim war, lebte der General dort verarmt und verbittert. Vgl. auch ⟨*Ich lege den Stein in diesen Grund*⟩ (S. 633,113,117) und ⟨*Freundlicher Morgen der jedes der Herzen*⟩ (S. 644).

109,8 *des Nimbus Glast*] Der Glanz des Ruhmes.

109,13 *mit Kolosses Schreiten*] Vgl. die Äußerung von Cassius in Shakespeares *Julius Cäsar* (I,2): »Ja, er beschreitet, Freund, die enge Welt wie ein Kolossus.«

109,24 *allergrünsten Kranz*] Vgl. *Ungastlich oder nicht?* (S. 11,2).

109,26 *Leun*] Leu: Löwe.

110,42 *Tartarkhan*] Khan: mongolisch-türkischer Herrschertitel.

110,44 *mich*] euch (D²), »mich« im Entwurf (MA I 7) und in der Druckvorlage (H²).

Instinkt (S. 110)

Entstehung: Winter 1841/42.

111,16 *Sensitive*] Die Mimosa pudica klappt die Fiederchen ihrer Blätter bei der geringsten Erschütterung nach oben (vgl. Friedrich Justin Bertuch, *Bilderbuch für Kinder*, Bd. 4, Nr. 2, Tafel LXXV: »die verschämte Sinnpflanze«); ähnlich reagiert die in v. 13 erwähnte »Sparrmannia africana«.

111,23 *jene Fürstin*] Gemeint ist wohl die Fürstin von Schwarzenberg, die auf einer Feier zu Ehren der Hochzeit Napoleons I. mit Marie-Luise aus dem Hause Habsburg-Lothringen am 1. 7. 1810 versucht haben soll, bei einem Brand im Ballsaal ihr Kind zu retten, und dabei selber umkam. Karl August Varnhagen von Ense (1785-1858) als Augenzeuge des Festes bestätigt diesen Vorfall allerdings nicht (vgl. Schwering, *Droste-Werkausgabe*, Bd. 6, S. 111).

111,35 *Schmele*] Vgl. Anm. 37,41.

112,48 *Pudels Treue*] Vgl. Johann Heinrich Voß (1751 bis 1826); »Und als Versuch, ob ich nicht treuer | Als der treueste Pudel bin«.

Die rechte Stunde (S. 112)
Entstehung: 17. 11. 1835. Das Entstehungsdatum geht aus dem Brief der Droste an Schlüter vom 19. 11. 1835 (unter dem Datum des 18. 11.) hervor. Ihm teilt sie das Gedicht vollständig mit, schließt aber das selbstkritische Urteil an: »mich dünkt es ist weder schön noch häßlich, aber was man so *untadelich* nennt, und deshalb ein besserer Füllstein, als einige Andre, nur ungern von mir Ausgemerzte, deren einzelne Schönheiten zu Vieles Crasse oder Schwache nicht aufwiegen konnten –«. Ursprünglich war dieses Gedicht für die *Gedichte 1838* vorgesehen.

112,4 *Wenn* ⟨...⟩ *bricht*] Vgl. *Der Dichter – Dichters Glück* (S. 544,6).

Der zu früh geborene Dichter (S. 112)
Entstehung: Winter 1841/42.

Ursprünglich war das Gedicht in der Ich-Form gehalten.

112,4 *An* ⟨...⟩ *Kamillen*] Gemeint ist Zuckerwasser und Kamillentee.

113,24 *die Alme*] Gemeint ist eine Alm, die sich inhaltlich mit Alpe (Weideplatz) deckt. Vgl. den unten zitierten Brief an Schücking vom 6. 2. 1844.

113,31f. *Und Alles* ⟨...⟩ *Weidenstumpfen*] In der Druckvorlage (H²) lauteten diese beiden Verse: »Und alles was er sah das sang | Von einem Weidenstumpfen.« Zu diesen Versen bemerkte die Droste im Brief an Schücking vom 6. 2. 1844 auf dessen Kritik an dieser Stelle hin:

hier fällt mir das Unverständliche nicht auf – Laßberg und Jenny auch nicht. – der im Zeitalter des schlechten Geschmacks geborne Dichter findet nirgends Anleitung zu Höherem, – er sieht »ringsum keine Palme« (deshalb klimmt er an der Weide auf und jauchzt in die Alme (singt Idyllen et cet) – und wenn ihm dies kläglich scheint (zuweilen) – so nennt man es Hochmuth, Schwulst, Schwärmerey – und Alles was er ringsum von Dichtervolke sieht, sitzt auch nur auf Weidenstümpfen, und singt von dort herab – wirds vielleicht deutlicher wenn es heißt

»Und Alles was er sah (oder hörte) das | sang herab vom Weidenstumpfen«? – mich dünkt nicht.
Dennoch erschien diese Fassung in D².

114,43f. *Da ⟨...⟩ sehen*] Vgl. Deut 32,48-52.

114,45 *Schaft an Schaft*] Vgl. *Am sechsten Sonntage nach Ostern* (S. 423,32).

114,56 *Levante's Äther*] Levante: Mittelmeerländer östlich von Italien. Äther: Himmel.

Not (S. 115)

Entstehung: Frühjahr/Sommer 1820; im Umkreis des *Geistlichen Jahrs*.

Die Bank (S. 115)

Entstehung: Frühjahr 1842.

115,1 *Im Parke*] Den biographischen Hintergrund bilden sowohl die Meersburger Erinnerung an den Garten und Wald von Haus Rüschhaus als auch die beiden erwähnten Verstorbenen.

115,8 *Bronnen*] Brunnen.

116,11 *Gleis*] Wagenspuren.

116,17 *Du frommer Greis*] Gemeint ist der Hülshoffer Hauskaplan Kaspar Wilmsen (1769-5. 2. 1841); vgl. auch Anm. zu *Sit illi terra levis!* (S. 145).

116,26 *Mein ⟨...⟩ Junge*] Gemeint ist der Bruder der Autorin Ferdinand von Droste-Hülshoff (1800-1829).

116,35 *Banquo's Königsreihe*] In Shakespeares *Macbeth* (IV, 1) prophezeien die Hexen Banquo, daß er Könige zeugen werde. Sie lassen daraufhin eine Reihe von acht Königen erscheinen, denen der ermordete Banquo folgt. Vgl. auch *Die Taxuswand* (S. 140,8).

117,52 *Phantom*] Gespenst, Geistererscheinung, Trugbild.

Clemens von Droste (S. 117)

Entstehung: Mai 1843.
Clemens von Droste-Hülshoff (1793-1832) wurde als

zweiter Sohn des Komponisten Maximilian Friedrich von Droste-Hülshoff (1764-1840) geboren und war ein Vetter der Autorin. Seit 1825 war er Professor für Kirchenrecht in Bonn und seit 1823 mit Pauline geb. von und zur Mühlen (1797-1873) verheiratet. Während ihrer Aufenthalte im Rheinland war die Droste oft Gast in seinem Bonner Haus, z. B. im Herbst 1830.

117,12 *Wechselrede]* »hin und her gehende rede, gespräch, unterhaltung, mit der betonung der meinungsverschiedenheit« (Grimm, *Deutsches Wörterbuch*, Bd. 13, Sp. 2756); vgl. auch *Stammbuchblätter. 2. An Henriette von Hohenhausen* (S. 107,29: »Wechselwort«).

118,25 *Pantheons Hallen]* Tempel für alle Götter, Ehrentempel.

118,45 *Denkmals]* Ein Grabmal zu Ehren Clemens von Drostes wurde auf dem Bonner Friedhof errichtet, nur dieses, nicht das Grab in Wiesbaden, kann die Droste besucht haben.

Guten Willens Ungeschick (S. 119)
Entstehung: Winter 1841/42.

119,19 *Hag]* Vgl. Anm. 15,78.

119,24,26; 120,32 *Weihe/Weih/Weihen]* Der oder die Weih(e), vgl. Anm. 24,48.

Der Traum. An Amalie H. (S. 120)
Entstehung: Winter 1841/42.

Dieses Gedicht ist ebenso wie *Locke und Lied*, *Das Bild* und *Spätes Erwachen* Amalie Hassenpflug (1800-1871), einer Freundin der Droste aus der Bökendorfer Zeit, gewidmet. Ihr Bruder, Daniel Ludwig Hassenpflug (1794-1862) war kurhessischer Minister. Ihn bat die Droste am 1. 7. 1839 um eine Privatsekretärstelle für Levin Schücking. Amalie Hassenpflug lebte von 1866 bis zu ihrem Tode bei den beiden Nichten der Droste, Hildegard und Hildegunde von Laßberg in Meersburg. Auf ihren Wunsch hin wurde sie auf dem Meersburger Friedhof neben der Autorin begraben.

120,13; 121,46 *Hag/Hage]* Vgl. Anm. 15,78.

Locke und Lied (S. 122)

Entstehung: Winter 1841/42.

Vgl. Kommentar zu *Der Traum. An Amalie H.* Das Gedicht trug im Entwurf (MA I 43) den Titel »An A. H.«.

122,11 *Scheiden ⟨...⟩ weh]* Vgl. die sprichwörtliche Redewendung »Scheiden thut wehe« (Wander, *Deutsches Sprichwörter-Lexikon*, Bd. 4, Sp. 119) und *Die Nadel im Baume* (S. 162,19).

123,25-28 *Wenig Wochen ⟨...⟩ geschlossen]* Die Autorin plante gegen Ende des Meersburger Aufenthaltes 1842 eine Reise nach Bökendorf, dort hätte sie Amalie Hassenpflug getroffen. Diese Reise kam jedoch nicht zustande.

An *** (S. 123)

Entstehung: Winter 1841/42.

Levin Schücking hat dieses Gedicht zuerst in seiner *Droste-Werkausgabe* (1878/79) als an ihn selbst gerichtet ausgewiesen.

123,4 *Vergällend]* Vergällen: verbittern, ungenießbar machen.

123,19 *Pollux und Castor]* In der griechischen Mythologie galten die beiden Halbbrüder als Sinnbild der Treue, da Pollux, als Sohn der Leda und des Zeus unsterblich, dem sterblichen Kastor nach dessen Tod in die Unterwelt gefolgt war. Zeus erlaubte daraufhin beiden, abwechselnd je einen Tag im Olymp und einen im Hades zu verbringen.

123,19 *wechselnd ⟨...⟩ Bleichen]* In emblematischen Darstellungen finden sich Kastor und Pollux jeweils als heller und schwarzer Stern (vgl. Arthur Henkel, Albrecht Schöne, *Emblemata*. Handbuch zur Sinnbildkunst des 16. und 17. Jahrhunderts, 2 Bde., Stuttgart 1967-76, Bd. 1, Sp. 1675).

123,22 *Dioskur]* Wörtlich »Zeussohn«; so wurden Kastor und Pollux als Sohn der Leda und des Zeus bezeichnet.

124,23 *die holde Mythe]* Gemeint ist die volkstümliche

Deutung des St. Elmsfeuers; schon Plinius d. Ä. sah in der in v. 24 erwähnten »Zwillingsflamme« ein gutes Omen.

Poesie (S. 124)

Entstehung: Winter 1841/42.

Wiederabdruck: Morgenblatt, Nr. 244, 10. 10. 1844.

124,2 *Fei*] Fee, vgl. Anm. 46,66.

124,9 *Jener Strahl*] Der in die Spektralfarben zerlegbare Lichtstrahl; vgl. *Das Hospiz auf dem großen St. Bernhard* (3. Gesang, Bd. 2, S. 443,750-752): »Der Tau die Schimmer wirft zurück, | Und tausend Farben zeigt der Schein, | Doch einen Strahl sie hüllen ein.«

124,19 *Brodem*] Qualm, Dampf, Dunst.

125,33-40 *Gleicht ⟨...⟩ trug*] Vgl. Anm. 108,29 und *Der Dichter – Dichters Glück* (S. 544).

125,44 *venedischem*] Venezianischem.

125,46 *Schwanenliedes Melodie*] Schwanenlied, -gesang: »meist übertragen von dem letzten gesange eines sterbenden oder dem tode nahen sängers, ausgehend von dem glauben, dasz der schwan nur vor seinem tode singe« (Grimm, *Deutsches Wörterbuch*, Bd. 9, Sp. 2214).

An *** (S. 125)

Entstehung: Winter 1841/42.

Im Entwurf (MA I 9) hat das Gedicht den Titel »An L.«, in der Reinschrift (H²) »An Elise« und in D² »An ***«. Schücking betitelt es in seiner *Droste-Werkausgabe* (1878/79) »Spiegelung. An Levin Schücking«. Die Veränderung des Gedichttitels durch die Droste, besonders die Widmung des Textes an Elise Rüdiger in H², hat eine Vielzahl von Spekulationen hervorgerufen. Immer wieder wurde ein Zerwürfnis zwischen der Droste und Schücking oder eine Rücksichtnahme auf Schückings Ehefrau Louise (geb. von Gall, 1815-1855) als Grund für diese Änderungen angeführt.

125,6 *Borden*] Bord: Rand, Ufer.

126,16 *Zauberspiegel*] Ein in der Zauberei verwandter

Spiegel, mit dem man »geister bannen und zukünftiges oder verborgenes schauen kann« (Grimm, *Deutsches Wörterbuch*, Bd. 15, Sp. 365).

An Elise. Am 19. November 1843 (S. 126)
Entstehung: Das Gedicht entstand zum Namenstag (»Sankt Elisabethentag«, v. 17) Elise Rüdigers am 19. 11. 1843.

Elise Rüdiger (1812-1899), Tochter der Elise von Hohenhausen und Ehefrau des Oberregierungsrates Karl Ferdinand Rüdiger (1800-1862), war seit 1837 mit der Droste bekannt und nach dem Bruch mit Schücking in den letzten Lebensjahren eine ihrer engsten Vertrauten. Das Haus der Rüdigers auf der Rothenburg in Münster war Treffpunkt der »Hecken-Schriftstellergesellschaft«.

126,15 *gleichen Landes]* Elise Rüdiger war in Minden geboren worden, das zu Westfalen gehört.

127,17 *Sankt Elisabethentag]* Annette (eigentl. Anna Elisabeth) von Droste und Elise Rüdiger feierten ihren Namenstag am 19. November, obwohl E. Rüdiger Protestantin war.

127,21 *eine königliche Frau]* Elisabeth von Thüringen (1207-1231).

127,23 *eine Patriarchin]* Elisabeth, die Mutter von Johannes dem Täufer.

Ein Sommertagstraum (S. 127)
Entstehung: Frühjahr/Sommer 1842.

Die Droste selbst war eine begeisterte Sammlerin von Autographen, Münzen, Mineralien und Versteinerungen. Vier Gegenstände, ein Autograph, ein Denar, eine Erzstufe und eine Muschel, werden in fieberhafter Phantasie während eines Gewitters belebt. Charakteristisch für das poetische Verfahren der Droste ist auch hier die geschickte Zuordnung der realen Gegenstände zu den Details des Traumzustandes (Explosion – Donner, Erzstufe und Denar – Blitz, tropfendes Haar der Najade – Regen). Das nahtlose

Ineinandergreifen dieser beiden Zustände ist ebenfalls in den Gedichten *Im Moose* (S. 77) und *Die Mergelgrube* (S. 50) zu beobachten.

127,1 *der Schwaden*] Dunst, Dampf, Nebel, Gewitterdunst (Grimm, *Deutsches Wörterbuch*, Bd. 9, Sp. 2168 mit Verweis auf diesen Vers).

127,10 *Zu meinem Wiegenfest*] Das lyrische Ich ist nicht mit dem biographischen Ich des Autors identisch; der Geburtstag der Droste im Januar paßt nicht zum Bild dieses »Sommertagstraums«.

127,11 *Denare*] Altrömische Silbermünzen.

128,19 *Hag'*] Vgl. Anm. 15,78.

128,21 *Resedaduft*] Reseda odorata, Pflanze mit grünlichen, wohlriechenden Blüten.

128,35 *Stufe*] Vgl. Anm. 35,74.

128,38 *Das dürre Züngelchen*] Ein Knick im Papier.

Das Autograph (S. 129)

Bei diesem Autograph handelt es sich um einen Brief Theodor von Neuhoffs (zu ihm s. Anm. 131,120) an seinen Cousin vom 12. 3. 1736 (Textabdruck: Kreiten, *Droste-Werkausgabe* [1884-87], Bd. 3, S. 462f.).

129,54 *Demanten*] Diamanten.

129,56 *Brüsseler Kanten*] Gemeint sind »Brüsseler Spitzen« als Sammelbezeichnung für die in Brabant aus Leinenfäden kunstvoll hergestellten Klöppel- oder Nadelspitzen.

129,58 *Leu'n*] Löwen.

129,68 *ruschelt'*] Rascheln (Grimm, *Deutsches Wörterbuch*, Bd. 8, Sp. 1537 mit Verweis auf diesen Vers).

129,71 *Granatenmund*] Gemeint ist hier die runde Form und die granatrote Farbe des Siegels.

129,80 *Dinte*] Tinte.

130,81 *Paneele*] Holztäfelung.

130,84,110 *gleißten|gleißt*] Gleißen: glänzen, leuchten (Grimm, *Deutsches Wörterbuch*, Bd. 4,1,4, Sp. 8296).

130,87 *Lockenkaskaden*] Kaskade: Wasserfall.

130,88; 131,118 *Brauen*] Vgl. Anm. 48,29.

130,89 *knirrt'*] Vgl. Anm. 107,11.

130,103 *dintige Galle*] Seit dem 3. Jahrhundert v. Chr. wurde Tinte aus dem Gallapfel der Eiche gewonnen. Durch Abkochen dieser Eichengallen mit Eisenvitriol entsteht die sog. Eisengallus-Tinte.

130,104 *krimmelt*] Vgl. Anm. 35,44.

130,106 *Ichor*] Götterblut, Lebenselexier.

131,117 *Scheidewassers*] Säure (Salpetersäure), die zur Scheidung von Metallverbindungen dient; vgl. *Der Graue* (S. 221,14).

131,120 *»Theodor'* ⟨...⟩ *Corsica.«*] Ital.: »Theodor I., König von Korsika«. Theodor von Neuhoff (1694-1756) stammte aus einem westfälischen Adelsgeschlecht, dessen Stammhaus in Pungelscheidt bei Werdohl im Sauerland liegt. Nach einem abenteuerlichen Leben ließ er sich 1736 zum König von Korsika proklamieren, das zu dieser Zeit unter genuesischem Embargo stand. Seine Regentschaft war aber nur von kurzer Dauer; er starb verarmt in London. Vgl. auch Ferdinand Freiligrath, Levin Schücking, *Das malerische und romantische Westphalen*, Barmen 1842 ⟨1841⟩, S. 207. Die Geschichte des Abenteurers könnte die Droste dem ›Taschenbuch für vaterländische Geschichte‹ (1. Jg., Münster 1833, S. 45-77) entnommen haben, das ihr auch als Quelle für *Die Schlacht im Loener Bruch* (vgl. Bd. 2, S. 886) gedient hatte.

Der Denar (S. 131)

131, vor 1 *Denar*] Altrömische Silbermünze.

131,124 *Du glattgeschlagner Lumpen*] Metonymisch für Papier.

131,126 *Lucull*] Lucius Licinius Lukullus (117-57 v. Chr.), ein reicher Grundbesitzer und Feldherr im antiken Rom, war bekannt für seine üppigen und kostspieligen Mahlzeiten.

131,127 *Cäsars*] Gaius Julius Caesar (100-44 v. Chr.), römischer Feldherr und Staatsmann.

131,128 *Ägypterfürstin*] Kleopatra (51-30 v. Chr.), letzte Königin des alten Ägypten.

131,129 *Satrapenblicke*] Satrap: altpersischer Statthalter.

131,129 *fahl*] Blaß, bleich (Grimm, *Deutsches Wörterbuch*, Bd. 3, Sp. 1240).

131,131 *Forum*] Das Forum Romanum war der Markt sowie der gesellschaftliche und politische Mittelpunkt des antiken Rom.

131,135 *Quadriga*] Im antiken Rom Streit- oder Siegeswagen, der von vier nebeneinander gespannten Pferden gezogen wurde.

131,138 *Klippenfirn*] Firn: vorjähriger Schnee, Altschnee.

131,144 *Gallierzug*] Gemeint ist wohl der Triumphzug Caesars nach der endgültigen Niederwerfung Galliens im Jahre 51 v. Chr.

132,146 *Zimbelklang*] Zimbel: kleines Beckeninstrument.

132,150 *Byssusbeutel*] Vgl. Anm. 53,78.

132,151 *Kapitole*] Das Kapitol war die Burg im antiken Rom und Sitz des Senats.

132,155 *der Liktoren Beile*] Liktoren waren im antiken Rom hohe Staatsbeamte, die als Zeichen ihrer Gewalt ein Rutenbündel trugen, aus dem in der Mitte ein Henkersbeil herausragte.

Die Erzstufe (S. 132)

Das Gedicht schildert das Ereignis eines »schlagenden Wetters«, das nach dem Volksglauben durch einen bösen Kobold, den »Bergmönch« (v. 165), verursacht wird.

132, vor 157; 133,200; 134,208 *Erzstufe/Stufe*] Vgl. Anm. 35,74.

132,168 *gleißt*] Gleißen, vgl. Anm. 130,84.

133,180 *Gezähe*] Gezähn (D²), Druckfehler. – Sammelbezeichnung für Geräte, die Bergleute zum Graben von Stollen benötigen (Grimm, *Deutsches Wörterbuch*, Bd. 4,1,4, Sp. 6883f.).

133,182 *Brodem*] Qualm, Dampf, Dunst.

133,192 *Gäh'*] Gähe, jäh: rasch, schnell (Grimm, *Deutsches Wörterbuch*, Bd. 4,1,1, Sp. 1144f.).

133,192 *Teufelsrott'*] Rotte: pejorativ für Aufrührer, Verschwörer, Rebellen (Grimm, *Deutsches Wörterbuch*, Bd. 8, Sp. 1318).

133,198 *Irrwischflämmchen*] Irrwisch: Irrlicht (Grimm, *Deutsches Wörterbuch*, Bd. 4,2, Sp. 2180); vgl. *Am Weihnachtstage* (S. 498,25) und Anm. 64,46.

133,201 *Glimmerspat*] Spat: Mineral aus der Ordnung der Karbonate.

Die Muschel (S. 134)

134,218; 135,248 *Najade*] Wassernymphe.

134,224 *Westes*] West: Westwind.

134,229 *knirrt*] Vgl. Anm. 107,11.

134,232 *Triton*] Meeresgott, der immer wieder auf einer Muschel (»das plumpe Horn«, v. 233) blasend dargestellt wird.

135,238 *Vlies*] Schaffell.

135,251 *strehlend*] Strählen: kämmen (Grimm, *Deutsches Wörterbuch*, Bd. 10,3, Sp. 805).

135,255 *Myriaden*] Anzahl von 10.000, in übertragenem Sinne für: Unzahl, unzählig große Menge.

135,260 *Äthersaal*] Äther: Himmel.

Die junge Mutter (S. 136)

Entstehung: Winter 1841/42.

Im 19. Jahrhundert war *Die junge Mutter* das beliebteste Droste-Gedicht. Die Anregung ging von einem konkreten Ereignis aus, von dem die Droste während ihres Aufenthaltes in Meersburg erfuhr. Sie hat jedoch Mühe darauf verwandt, diesen Bezug im Gedicht zu kaschieren. Das Kind von Emma (geb. von Thurn-Valsassina, 1809-1871) und Karl von Gaugreben (1803-1881), Thekla Louise Karoline Olga (4. 9. 1841-14. 10. 1841), starb wenige Wochen nach der Geburt auf Schloß Berg im Thurgau. Mit Rücksicht auf ihre angegriffene Gesundheit verheimlichte man der Mutter längere Zeit den Tod des Kindes. Die Droste schildert diese Umstände im Brief an Therese von Droste-Hülshoff vom 29. 10. 1841.

136,25 *Mariatag*] Es ist vielleicht Mariä Namensfest am 12. September gemeint.

136,26 *So hoch im Mond*] So spät im Monat.

137,43 *Phantom*] Gespenst, Geistererscheinung, Trugbild.

Meine Sträuße (S. 137)

Entstehung: Winter 1841/42.

137,12 *Hage*] Hag, vgl. Anm. 15,78.

138,20 *Zimbelgetöne*] Zimbel: kleines Beckeninstrument.

138,24 *bengalischen Feuer*] Feuerwerk gab es ursprünglich zu kriegerischen Zwecken. Durch die Eroberungen der Engländer in Ostindien wurden weiße und bunte, in Bengalen zu Signalzwecken verwendete Feuerwerke bekannt. Vgl. auch *Das Liebhabertheater* (S. 140,40).

138,40 *Schlacken*] Eigentl. »geschmolzene, glasartige masse, ⟨...⟩ die während des schmelzens nach oben von selbst abfliesz oder abgezogen wird«, im übertragenen Sinne aber für verschiedene Vergleiche verwandt (Grimm, *Deutsches Wörterbuch*, Bd. 9, Sp. 255,257 mit Verweis auf diesen Vers).

138,46 *Schmelen*] Vgl. Anm. 37,41.

138,48 *arme vertrocknete Seelen*] Bildlich für getrocknete Kräuter, so auch in Heinrich Heines Epos *Atta Troll* (Cap. 21): »getrocknet armen Seelen«.

139,53 *Fei*] Fee, vgl. Anm. 46,66.

139,56 *Wasserfäden*] Gemeint ist eine Wasserpflanze (Conferva reticulata); vgl. *Der Weiher* (S. 46,48).

Das Liebhabertheater (S. 139)

Entstehung: Dezember 1841.

Ein Liebhabertheater im Meersburger Rathaussaal erwähnt die Droste in Briefen an Elise Rüdiger (18. 12. 1841 unter dem Datum des 14. 12.) und an Therese von Droste-Hülshoff (28. 1. 1842 unter dem Datum des 26. 1.). Im ersten Brief berichtet sie, daß eine Aufführung des Stückes *Der Wildfang* bereits »neulich« erfolgt sei, im Brief an die Mutter nennt sie als Anführungsdatum »um Neujahr«.

139,4 *Windsbraut*] Vgl. Anm. 69,28.

139,13 *Vesuves*] Vesuv: erloschener Vulkan in der Nähe von Neapel, unter dessen Lavamassen 79 n. Chr. Pompeji und Herkulaneum verschüttet wurden.

139,14 *Auroren*] Aurora: Göttin der Morgenröte.

139,20 *Hau*] Im Forstwesen Platz, wo Holz geschlagen wird (Grimm, *Deutsches Wörterbuch*, Bd. 4,2, Sp. 562).

140,24 *Zwickelstrumpf*] Zwickel: keilförmiger Einsatz zur besseren Bewegungsmöglichkeit in Kleidungsstücken, hier in Strümpfen. Vgl. auch *Perdu!* (Bd. 2, S. 625,5f., 12).

140,40 *Bengalens Feuerschein*] Vgl. Anm. 138,24.

Die Taxuswand (S. 140)

Entstehung: Winter 1841/42.

Erstdruck: Morgenblatt, Nr. 192, 12. 8. 1842.

Die Droste besuchte 1837 (April-Juni) nach achtzehnjähriger Abwesenheit wieder Bökendorf, den Ort ihrer Begegnung mit Heinrich Straube (s. *Geistliches Jahr*, Entstehung, S. 826f.). Das Gedicht vergegenwärtigt eine Szene dieses neuerlichen Aufenthaltes. Die Niederschrift des Gedichts stammt aus dem Jahr 1841, wobei nicht auszuschließen ist, daß die Idee für das Gedicht älter ist.

140, vor 1 *Taxuswand*] Taxus: Eibe.

140,3 *schartiges Visier*] Teil des vom 14. bis ins frühe 17. Jahrhundert getragenen Helms zum Schutz des Gesichts. Schartig, Adjektiv zu Scharte: »durch schneiden, hauen, brechen entstandene verletzung, lücke, vertiefung, öffnung« (Grimm, *Deutsches Wörterbuch*, Bd. 8, Sp. 2222, 2227 mit Verweis auf diesen Vers).

140,4 *Brau'*] Vgl. Anm. 48,29.

140,8 *Den bleichen Krönungszug*] Es ist unentschieden, ob sich das lyrische Ich das jugendliche Traumbild der eigenen Hochzeit vergegenwärtigt, oder ob es sich hier – wie in dem Gedicht *Die Bank* (S. 116,35) – erneut um eine Reminiszenz an Shakespeares *Macbeth* handelt.

141,37f. *Man ⟨...⟩ raucht*] »Es soll dieser Baum ⟨Taxus⟩ an etlichen Orten, vornehmlich in Arcadien und in der Landschafft Narbona, so gifftig seyn, daß auch diejenigen, so darunter schlafen, oder unter seinem Schatten nur ruhen, erkrancken, und zuweilen gar sterben, sonderlich wenn er blühet« (Zedler, *Grosses vollständiges Universal-Lexicon* ⟨...⟩, Bd. 42, Leipzig u. Halle 1744, Sp. 466).

142,47 *O* ⟨...⟩ *schlafen]* Möglicherweise Anspielung auf den berühmten Monolog Hamlets in Shakespeares gleichnamigen Trauerspiel (III, 1): »Sterben – schlafen – | Nichts weiter! – und zu wissen, daß ein Schlaf | Das Herzweh und die tausend Stöße endet, | ⟨...⟩.«

Nach fünfzehn Jahren (S. 142)

Entstehung: August 1842.

Im Frühjahr 1831 (2. 2.-20. 3. und einige Tage im April) lebte die Droste auf dem Auerhof in Plittersdorf bei Bonn, um die erkrankte Freundin Sibylle Mertens-Schaaffhausen (1797-1857) zu pflegen. Ihr ist dieses Gedicht gewidmet, ebenso wie das Widmungsgedicht zu dem Epos *Des Arztes Vermächtnis*: ⟨*Nicht wie vergangner Tage heitres Singen*⟩ (S. 602) aus dem Herbst 1834. Der mit der Zeitangabe »nach fünfzehn Jahren« (Titel, v. 40) poetisierte Abschied fiel tatsächlich in den August 1842; Sibylle Mertens-Schaaffhausen verließ Bonn für eine längere Italienreise.

142,11 *Franzenhang]* Ältere Form für Fransenbehang; vgl. auch *Der spiriritus familiaris des Roßtäuschers* (S. 286,226).

143,24 *Töchterchen]* Sibylle Mertens-Schaaffhausen hatte vier Töchter: Marie (1817-1893), Therese (1818-1891), Elisabeth (1822-1905) und Auguste (1827-1887).

143,44 *Gerüll]* Eigentl. Geröll, hier alter Hausrat oder unbrauchbares Mobiliar (Grimm, *Deutsches Wörterbuch*, Bd. 4,1,2, Sp. 3770).

143,51 *Lustern]* Lustrum (lat.): Zeitraum von fünf Jahren; vgl. auch *Perdu!* (Bd. 2, S. 629,2).

Der kranke Aar (S. 144)

Entstehung: Herbst 1838.

Bei diesem Gedicht handelt es sich um ein allegorisches Dialoggedicht in der Fabeltradition zur Rechtfertigung der eigenen dichterischen Existenz. Die Droste hat diesen Text unter dem Titel *Der weiße Aar* selbst vertont (HKA, Bd. 13, S. 33f.). Möglicherweise deutet dieser Titel auf das Wappentier Polens. Im Herbst 1838 hatte die Droste den *Polnischen Parnaß* von Adam Mickiewicz (1798-1855) gelesen (vgl. den Brief an Schlüter, 15. 11. 1838?): »Ob Sie, lieber Schlüter, den polnischen Parnaß absichtlich oder zufällig hier gelassen, weiß ich nicht, jedenfalls habe ich den Vortheil daraus gezogen, ihn zu lesen und es ist mir angenehm gewesen, obgleich der Voivode mir um Vieles bedeutender erschien; doch liegt dies zum Theil an der Form, die dem Uebersetzer zur Last fällt, der nicht nöthig hatte, in der Vorrede mit seinem Abändern der Versmaße so dicke zu thun; sie scheinen mir mitunter sehr unglücklich gewählt.« Schlüter hatte die Droste bereits am 13. 11. 1834 erstmals auf Mickiewicz aufmerksam gemacht. Der Freiheitskampf und die politische Unterdrückung der Polen waren ein häufig gestaltetes Thema der Zeit (z. B. August von Platen, Nikolaus Lenau, Ludwig Uhland). Das Wappentier Polens allegorisieren auch die Gedichte *Der verwundete Adler* von Felicia Hemans (1793-1835) im ›Morgenblatt‹ (Nr. 288, 2. 12. 1843) und *Der gefangene Adler* von Otto Prechtler (1813-1881), ebenfalls im ›Morgenblatt‹ (Nr. 280, 23. 11. 1842).

Sit illi terra levis! (S. 145)

Entstehung: Februar 1842.

Das Gedicht ist dem Hauskaplan in Hülshoff, Kaspar Wilmsen (1769-1841), gewidmet, dessen Tod am 5. 2. 1841 die Droste im Brief an Schlüter vom 23. 3. 1841 erwähnt. Es entstand wohl in der Rückbesinnung auf die dritte Strophe des Gedichts *Die Bank* (S. 115). Beide Gedichte stehen im Arbeitsmanuskript auf demselben Blatt (MA I 50); hier lautet der Titel »Heilige Einfalt«.

145, vor 1 *Sit illi terra levis!*] »Ihm sei die Erde leicht«, vgl. Tibull, *Elegien* (II, 5,52). In v. 48 »leicht sei dir das geweihte Land« wird dieser Gedanke noch einmal aufgegriffen.

145,25-32 *Noch ⟨...⟩ Einsamkeit*] Schilderung des Weges von Hülshoff nach Rüschhaus.

145,25 *Winterbrodems*] Brodem: Qualm, Dampf, Dunst.

145,31 *Altares ⟨...⟩ Gnadenspende*] Gemeint ist die hl. Kommunion.

146,46 *Demant*] Diamant.

146,46 *der Witwe Heller*] Mk 12,41-44; Lk 21,1-4.

146,54-56 *»ach ⟨...⟩ mehr«*] Vgl. Matthias Claudius (1740-1815), *Bei dem Grabe meines Vaters* (IV, 2-4): »ach, sie haben | Einen guten Mann begraben, | Und mir war er mehr.« (*Wandsbecker Bote*, Teil 1,2, Hamburg 1774).

Die Unbesungenen (S. 146)
Entstehung: Mai 1843.

Dieses epigrammatische Gedicht gehört thematisch in die Reihe der ›Totengedichte‹ wie *Nachruf an Henriette von Hohenhausen, Clemens von Droste, Sit illi terra levis!, Meine Toten*.

147,10,17 *Seraphimgestalten/Seraphsflügel*] Seraphim: sechsflügeliger Engel des Alten Testaments.

147,16 *Ätherluft*] Äther: Himmel.

Das Spiegelbild (S. 147)
Entstehung: Winter 1841/42.

Die Droste erhielt besonders durch die ersten drei Strophen aus Ferdinand Freiligraths im März 1840 entstandenem Gedicht *Die Rose* (später veröffentlicht in: *Zwischen den Garben. Eine Nachlese älterer Gedichte*, Stuttgart u. Tübingen 1849, S. 64-68) Anregungen für *Das Spiegelbild*. Hierzu schreibt Schücking an Freiligrath am 30. 3. 1840, nachdem er der Droste *Die Rose* vorgelesen hatte: sie »meint, es sei eines Deiner allerschönsten Producte« (Goethe- und Schiller-Archiv, Weimar).

147,7; 148,40 *Phantom*] Gespenst, Geistererscheinung, Trugbild.

147,16 *Fron*] Dem Lehnsherrn zu leistende Arbeit, Herrendienst.

148,18 *Glast*] Widerschein (Grimm, *Deutsches Wörterbuch*, Bd. 4,1, Sp. 7696-7699).

148,28 *Schergen*] Gerichtsbeamte und Henkersknechte, die oftmals als unehrenhafte Personen galten.

148,31 *Wie Moses ⟨...⟩ unbeschuhet*] Ex 3,5.

Neujahrsnacht (S. 148)

Entstehung: Jahreswechsel 1841/42.

Im Unterschied zu den übrigen Jahreswechselgedichten der Droste dient hier Meersburg als Kulisse und Hintergrund. Die vv. 85-88 des Gedichts trug die Droste am 1. 1. 1848 in ein Gebetbüchlein der Rosa Gerwig aus Meersburg ein.

149,7; 151,80 *Rotunde*] Hier: Kirche.

149,33 *Angel*] Türangel.

150,42 *Decke*] Schneedecke.

150,45 *Docke*] Puppe.

150,49 *Stiege*] Die Steig(straße) verbindet den Bodensee und die Oberstadt von Meersburg und führt unmittelbar an der Burg vorbei.

150,66 *Meteore*] Hier: Lichterscheinung.

151,74 *den Funken im Papier*] Diesem Bild liegt ein beliebtes Kinderspiel der Zeit zugrunde: Ein Papierknäuel wird angezündet und man sieht dem Verlöschen der Funken zu, deren letzte man als »Kirchengänger« (v. 76) bezeichnet (vgl. Eduard Arens, *Volkstümliches und Sagenhaftes bei A. von Droste*, in: Zeitschrift des Vereins für rheinische und westfälische Volkskunde 14 [1917], H. 3/4, S. 150-156, hier S. 150).

Der Todesengel (S. 151)

Entstehung: Winter 1841/42.

151,1 *Sage*] Vgl. *Handwörterbuch des deutschen Aberglaubens*, Bd. 8, Sp. 978.

152,15 *Totenkron'*] Totenkranz zum Schmuck von Leichen, Särgen und Gräbern (Grimm, *Deutsches Wörterbuch*, Bd. 11,1,1, Sp. 612).

Abschied von der Jugend (S. 152)
Entstehung: Winter 1841/42.

Was bleibt (S. 154)
Entstehung: Winter 1841/42.

154,1 *Weihnachtsfrist*] Weihnachtszeit (Grimm, *Deutsches Wörterbuch*, Bd. 14,1,1, Sp. 722 mit Verweis auf diesen Vers).

154,11 »*Vivat Bona!*«] »Es lebe Bonn«. Die Form »Bona« neben »Bonna« ist im 19. Jahrhundert üblich.

154,18 *Kreuz*] Gemeint ist hier wohl ein kreuzförmiger Orden, der als Eisernes Kreuz 1813 vom preußischen König gestiftet wurde.

154,18 *Epaulette*] Schulterstück der Uniform.

154,19 *Tzacko*] Kopfbedeckung ungarischen Ursprungs.

154,32 *Leichenhuhn*] Steinkauz, auch als »Toteneule« bezeichnet.

155,36 *Der Frau* ⟨...⟩ *pflegte*] Gemeint ist die Amme Maria Katharina Plettendorf geb. Wortködter (1765-1845); vgl. auch *Grüße* (S. 306,42) und *Bertha oder die Alpen* (Bd. 2, S. 506, 1842f.).

SCHERZ UND ERNST

Diese Gedichtgruppe ist erst bei der Konzeption der *Gedichte 1844* zusammengestellt worden. In den Gedichtverzeichnissen, die die Droste für die geplante Ausgabe angelegt hatte, waren die Gedichte dieser Gruppe noch mit Bezeichnungen wie »Genre« oder »Landschaftsbild« versehen. Vielleicht hat bei der Einrichtung einer Gruppe »Scherz und Ernst« die Überlegung eine Rolle gespielt, die hier versammelten, überwiegend humorvollen Texte nicht neben die ernsten und den Tod reflektierenden Gedichte innerhalb der Gruppe »Gedichte vermischten Inhalts« zu stellen. Wahrscheinlich hat auch der ursprünglich große Umfang der »Gedichte vermischten Inhalts« die Droste bewogen, diese Gruppe zu teilen.

Im Zusammenhang mit der Entstehung des Lustspiels *Perdu!* (vgl. Bd. 2, S. 930f.) hat die Droste in einem Brief an Christoph Bernhard Schlüter vom 28. 4. 1840 unter dem Datum des 26. 4. grundsätzlich über ihre Fähigkeit, humoristische Texte zu verfassen, nachgedacht: »es fehlt mir allerdings nicht an einer humoristischen Ader, aber sie ist meiner gewöhnlichen und natürlichsten Stimmung nicht angemessen, sondern wird nur hervor gerufen durch den lustigen Halbrausch, der Uns in zahlreicher und lebhafter Gesellschaft überfällt, wenn die ganze Atmosphäre von Witzfunken sprüht, und Alles sich in Erzählung ähnlicher Stückchen überbietet – bin ich allein, so fühle ich, wie dieses meiner eigentlichen Natur fremd ist, und nur als reines Product der Beobachtung, unter besonders aufregenden Umständen, in mir aufsteigen kann«.

Dichters Naturgefühl (S. 156)
Entstehung: Winter 1841/42.

156,3; 157,45 *Hage/Hagens*] Hag, vgl. Anm. 15,78.
156,10 *Spülicht*] Spülwasser.
156,13 *Haberrohr*] Hirtenflöte.
156,24 *Äthersaal*] Äther: Himmel.
157,29 *Schluft*] Schlucht, vgl. Anm. 76,34.
157,34 *Flor*] Dünnes, zartes Gewebe.
157,47 *Abrams Widder*] Abraham (Abram) opferte an Stelle seines Sohnes Isaak einen Widder, der sich mit seinen Hörnern in einem Dornbusch verfangen hatte (Gen 22,1 bis 14).
157,50 *Blumenanger*] Anger, vgl. Anm. 93,23.
157,54 *schwed'schen Hörner*] Vgl. Friedrich Schiller, *Wallensteins Tod* (III,23,45).
157,55 *Körner*] Theodor Körner (1791-1813) war Mit-

glied der Lützowschen Freischar (»Lützows wilde Jagd«) und ein bedeutender Dichter der Befreiungskriege (*Leier und Schwert*, Berlin 1814).

158,65 *blinden Hessen*] Schimpfwort, das sich auch in dem Sprichwort »Es ist ein blinder Hesse« erhalten hat (Wander, *Deutsches Sprichwörter-Lexikon*, Bd. 2, S. 625).

158,75 *Löwenritters Wunden*] Anspielung auf den Roman *Der Löwenritter* (Leipzig 1794-96) von Christian Heinrich Spieß (1755-1799), vielleicht auch auf Walter Scotts Roman *The Talisman*.

158,76 *Posa*] Gemeint ist der Marquis Posa in Schillers Trauerspiel *Don Carlos*.

158,78 *Aladdins Zaubergabe*] Gemeint ist die Wunderlampe des Aladin in den Erzählungen aus *Tausendundeine Nacht*.

158,79 *Schillers Knabe*] Anspielung auf Schillers Gedicht *Der Jüngling am Bache*.

158,82 *Fei*] Fee, vgl. Anm. 46,66.

Der Teetisch (S. 159)

Entstehung: zwischen 1839 und Juli 1842.

Schilderungen der Münsterer Teezirkel finden sich in den Briefen der Droste an Sophie von Haxthausen vom 27. 1. 1839 und an Jenny von Laßberg vom 29. 1. 1839.

159,3 *Isoldens*] In der Tristansage ist Isolde die Geliebte des Tristan.

159,4 *Gudrunens*] Gudrun, Heldin eines mittelhochdeutschen Epos aus dem 13. Jahrhundert.

159,7 *Schneewittchen*] Gestalt des Märchens *Schneewittchen und die sieben Zwerge* in den *Kinder- und Hausmärchen* der Brüder Jacob und Wilhelm Grimm. Die Droste und ihre Schwester Jenny hatten sich an der Märchensammlung der Grimms beteiligt.

159,10 *Mückensieber*] Nach der biblischen Formel (Mt 23,24) Bezeichnung eines übelwollenden Kleinigkeitskrämers (vgl. Grimm, *Deutsches Wörterbuch*, Bd. 6, Sp. 2613).

159,16 *Patschul's Düften*] Gemeint ist hier das Parfum

der anwesenden Damen. Patschuliöl: durchdringender Duftstoff, der aus einer südostasiatischen Blüte gewonnen wird.

159,22 *Nadelstäbe*] Stricknadeln.

159,27 *dem Weisen ähnlich*] Salomo (vgl. Pred 1 und 2).

160,30 *Hier ⟨...⟩ Carlisten*] Die Anhänger der liberalen spanischen Regentin Maria Christina (1806-1878) bzw. der klerikalen Partei des Kronprätendenten Don Carlos (Karl V., 1788-1855), die sich zwischen 1832 und 1874 im Bürgerkriegen bekämpften. Der erste Karlistenkrieg endete 1839 mit der Flucht des Don Carlos nach Frankreich. Vgl. auch ⟨*Ich lege den Stein in diesen Grund*⟩ (S. 630,22-26).

160,32 *Deutsche Michel*] Darstellung des Deutschen in der Karikatur, meist als einfältiger Bauernbursche mit Zipfelmütze und Kniehosen. Vgl. die zahlreichen »Michellieder« von Autoren des Jungen Deutschland und des Vormärz.

160,44 *Jungfernhonigseime*] Honigseim: Ungeläuterter Honig in der Wabe; hier Bild für Liebliches, Anmutiges (vgl. Grimm, *Deutsches Wörterbuch*, Bd. 4,2, Sp. 1792). Vgl. *Der Mutter Wiederkehr* (S. 258,99).

160,50 *Pagoden*] Pagoden bezeichnen ostasiatische Tempelbauten oder, wie hier, kleine Porzellanfiguren mit nikkendem Kopf, vgl. auch *Joseph* (Bd. 2, S. 197,22).

161,68 *siedende Maschine*] Samowar, Teemaschine.

Die Nadel im Baume (S. 162)

Entstehung: Winter 1841/42.

162,4 *Zu ⟨...⟩ beten*] Der hl. Andreas gilt als Heiratsvermittler und wird daher am Andreasabend (29.11.) von den Mädchen um einen Mann angefleht (*Handwörterbuch des deutschen Aberglaubens*, Bd. 1, Sp. 402).

162,8 *Tempi passati*] Ital.: »vergangene Zeiten«.

162,12,28; 163,42 *Merle*] Amsel.

162,19 *»Scheiden ⟨...⟩ bang!«*] Vgl. zahlreiche sprichwörtliche Redewendungen (Wander, *Deutsches Sprichwörter-Lexikon*, Bd. 4, Sp. 118f.) und *Locke und Lied* (S. 122,11).

162,22 *Binde]* Halstuch, Krawatte.

162,23f. *Eine ⟨...⟩ Rinde]* Junge Liebende pflegten eine Nadel in einen Felsen zu stecken oder in eine Quelle zu werfen (*Handwörterbuch des deutschen Aberglaubens*, Bd. 6, Sp. 921f., 923). Eine ähnliche Bedeutung hat hier wohl die in einen Baum gesteckte Nadel.

162,30 *ein Peru vergeuden]* Im 17. Jahrhundert war das Vizekönigtum Peru wegen seines Reichtums an Edelmetallen die wertvollste Besitzung der spanischen Krone.

163,37 *Die schleuderten Stäbe]* Eine Form der Loswahrsagung mit Stäbchen, hier wohl als Liebesorakel gemeint. Mancherorts war es am Andreasabend üblich, einen Holzspan auf einen Baum zu werfen, um Auskunft über den zukünftigen Liebhaber zu erhalten (*Handwörterbuch des deutschen Aberglaubens*, Bd. 1, Sp. 400).

163,38 *Schlossen]* Hagel, Hagelkörner (Grimm, *Deutsches Wörterbuch*, Bd. 9, Sp. 775).

Die beschränkte Frau (S. 163)

Entstehung: Winter 1841/42.

Der Titel lautet im Entwurf (MA I 38) zunächst »Das alte Wort ⟨verändert zu »Das schlaue Wort«⟩ an der rechten Stelle« und schließlich »Die bornirte Frau«.

Kreiten (*Droste-Werkausgabe* [1884-87], Bd. 1, S. 214) meint, der »thatsächliche Hintergrund« dieses Gedichts sei der Droste anläßlich ihres Besuchs bei der Familie von Wymar auf Schloß Aerssen in der Nähe von Venlo im Herbst 1834 »zur Kenntnis gekommen«.

164,25f. *Ein Sprichwort ⟨...⟩ Fliege]* Vgl. die sprichwörtliche Redewendung »Er kann die Fliege an der Wand nicht leiden« (Wander, *Deutsches Sprichwörter-Lexikon*, Bd. 1, Sp. 1068).

164,33,38 *Blütenhag/Hagen]* Hag, vgl. Anm. 15,78.

165,45 *falliert]* Fallieren: zahlungsunfähig werden.

KOMMENTAR ZU S. 162-170 767

Die Stubenburschen (S. 166)

Entstehung: Winter 1841/42.

167,13 *glau*] Klug, schlau.
167,29 *Hamen*] Netz, Angelhaken.
168,44 *Dämpfer*] Dampfer.
168,46 *Gleißen*] Vgl. Anm. 130,84.
168,64 *Brodem*] Qualm, Dampf, Dunst.
168,69 *Studierklosett*] Studierzimmer.
169,74 *Podagra*] Fußgicht.
169,74 *Grieße*] Feinkörnige Ablagerung in Niere und Harnblase.
169,88 *Wogenschwele*] Vgl. Anm. 67,40. Die Zusammensetzung »Wogenschwele« ist nur bei der Droste belegt.
169,95 *Bord*] Ufer, Rand.

Die Schmiede (S. 169)

Entstehung: Frühjahr 1842.

Der Titel lautet in der Druckvorlage (H²): »Die Schmiede. Ein gefühlvolles Idyll« mit dem »Motto | O Natur! Natur! Natur! | (locus communis)«. Das Gedicht war zunächst für die Gruppe der »Heidebilder« vorgesehen.

169,1 *Apfelbaum*] Aepfelbaum (D²), hierbei handelt es sich nicht um eine Drostesche Form, vgl. auch v. 15 »Apfelbaume« in den gestrichenen Schlußstrophen des Gedichts.
169,6 *Ammenmärchen*] Alberne Erfindung überkommener Art.
170,8 *Wurmfraß*] Bei Menschen und Säugetieren durch Parasiten hervorgerufene Erkrankung.
170,13 *Scävola*] C. Mucius Scaevola (lat. »Linkshand«) ließ zum Beweis seiner Furchtlosigkeit in etruskischer Gefangenschaft seine rechte Hand im Feuer verbrennen (vgl. Livius 2,12).
170,22 *Pyropen*] Das Mineral Granat.
170,24 *Zyklopen*] In der griechischen Mythologie einäugige Schmiedegesellen, die in den Tiefen feuerspeiender Berge für den Gott Hephaistos arbeiten. Vgl. auch Odys-

seus' Zusammentreffen mit den Zyklopen in Homers *Odyssee*.

170,28 *Schwele*] Vgl. Anm. 67,40.

170,32 In der Druckvorlage (H²) schließen sich an v. 32 noch weitere 10 Strophen an:

> Verdrossen in der Thüre lehnt
> Ein langer blonder Knabe
> Stiert in den Funkenwirbel gähnt
> Und schnitzt am Weidenstabe
> Ein faules Stündchen dann und wann
> Das kann er schon ertragen
> Doch wirds ihm schier zu lang bis man
> Den alten Hies beschlagen
>
> Er streicht das Thier, sein Auge gleicht
> Genau dem Wasserglase
> So hell so nüchtern und so feucht
> Nun zupft er aus dem Grase
> Ein Hälmchen, drückts die Lippen an
> Und zetert durch die Fistel
> Zum Apfelbaume tritt er dann
> Betrachtet sich den Mistel
>
> Hui wie das lange Bein er stemmt
> Und wie sein Kittel flattert
> Er hat sich in den Ast geklemmt
> Drey Mistelzweig ergattert
> Man sagt es bringt ihr Duft den Traum
> Ich muß die Sage loben
> Schau wie der Bursch hojahnt im Baum
> Als schney es Manna droben
>
> Was ficht ihn an, im Hui schnurrt
> Er nieder, fährt zur Weste
> Und lieblich das Brummeisen schnurrt
> Wie Katerchen im Neste

Ey wie das Instrument so hold
Der Arme Spiel begleitet 30
Wie anmuthsvoll in sich gerollt
Er auf dem Zaune reitet.

Und besser besser setzt er an
Und läßt die Feder schnarren
Denn näher kömmt die Maid heran 35
Sie hustet – schmäht den Farren
Man hört wie sie die Gelte rückt
Ein Schelmenliedchen dudelt
Indeß von ihrer Hand gedrückt
Die Milch im Eimer strudelt 40

Es kam in diesen Tagen
Einem edlen Jäger in Sinn
Daß er wollt gehn aus jagen
Ob er deß hätte Gewinn
Wohl über eine Grünhaide 45
Ein Jäger wohlgemuth
Mit seinem grünen Kleide
Und seinem Hunde gut

Hier rückt Apoll mit Grußes Laut
Die Mütze von den Ohren 50
Vielleicht auch hat er sich gekraut
Ich hätt es nicht beschworen,
Doch sicher ist das unerhört
Kunstvoll vibrirt das Eisen
Indeß das Mädchen ungestört 55
Fortdudelt ihre Weisen

Ein Rehlein wollt er jagen
Nach dem Rehlein stand sein Sinn
Er thät die Büchse tragen
Ob er des hätte Gewinn 60
Wohl von dem frühen Morgen

> Zog er dem Rehlein nach
> Das hätt sich wohl verborgen
> Damit verging der Tag
>
> Und überm Zaune sieht man flink
> Ihr derbes Antlitz ragen
> Indeß ist auch mit Pank und Pink
> Der alte Hies beschlagen
> Ich sah dem Buben nach wie er
> Anmuthig fortgezuckelt
> So zierlich wie ein Bündel der
> Dem Schimmel aufgebuckelt
>
> Die Schmiedin steht am Bodenloch
> Und fehlet gleich das Gitter
> So ist sie eine Dame doch,
> Und er er ist ein Ritter,
> Drum stößt galant er einen Fluch
> Und tritt des Rosses Seiten –
> S war ein Idyll doch gut genug
> Für unsre schlechten Zeiten?

Schücking hatte in einem nicht mehr erhaltenen Brief offenbar Bedenken gegen diese Strophen geäußert, worauf die Droste ihm am 6. 2. 1844 antwortete:

> Was wir mit *der Schmiede* machen weiß ich selbst noch nicht, – soll sie nicht *ganz* bleiben (was mir selbst bedenklich scheint) so muß auch Alles Plumpe daraus fort, – Ob dann die ersten Strophen bleiben können? (ich meine bis zum »langen blonden Knaben«) – *so* ist kein Schluß daran, – ich will sehn ob mir noch eine oder ein paar Strophen einfallen, die dies Fragment abrunden – in diesem Augenblicke fehlt mir die Zeit dazu, – schicke ich sie mit dem nächsten Briefe nicht ein, oder gefallen sie Ihnen nicht (da es bekanntlich schwerer ist einen alten Rock aufzustutzen wie einen neuen zu machen) so mag das Schmiedefeuer total ausgehn.

Allerdings hatte sie im gleichen Brief später ergänzt:
> So eben fallen mir ein Paar Schlußstrophen für die *Schmiede* ein, sie sind nicht besonders, aber ich glaube nicht, daß sie mir ein anderes Mahl besser gelingen – Also – das Ende war – »Gekrümmt zu Hufes Ringen« – »Am Pförtchen scharrt der Rappe, schnaubt | Dem Schlackenstaub entgegen, | Wo hinterm Hagen dichtbelaubt | Sich Liederklänge regen« | – *Nun kann das Lied folgen, oder auch wegbleiben –* | »S'ist eine Stimme fest und klar | Wie Morgenfrische heiter« – oder »Morgenluft so heiter | Nun durch die Spalten (Zweige) fliegen gar | Maaslieben, Dold' und Kräuter | – Da wilder scharrt der Rappe schwallt | Am Dach der Funkenreigen | Und eine dunkle Nachtgestalt | Scheint aus dem Schlot zu steigen | – Und lockend (zitternd) schwankt (sucht) der Aepfel Schein | Den Hagen zu berühren | Will Pluto hier am Blüthenrain | Proserpina (oder, Ceres Kind) entführen? | oder – Will etwa Dis vom Blüthenrain | Persephone entführen | « – Besser weiß ichs nicht zu machen – gefällts Ihnen nicht, so mag die Schmiede springen, denn die ersten Strophen allein, werden Ihnen doch auch wohl gar zu fragmentarisch vorkommen? –

Schücking entschied sich gegen die Aufnahme dieser Schlußstrophen in die *Gedichte 1844*.

Des alten Pfarrers Woche (S. 171)

Entstehung: Dezember 1835, vgl. den Eintrag im Tagebuch Jenny von Laßbergs unter dem Datum des 16. 12. 1835: »Nette, Gedicht, des Pfarrers Woche.«

Erstdruck: Cölestina. Eine Festgabe für Frauen und Jungfrauen, hg. v. Johann Baptist von Pfeilschifter, 3. Jg., Aschaffenburg 1839, S. 205-221. – Der Erstdruck in der ›Cölestina‹ (D[1]) geht auf Veranlassung Schlüters zurück, dem die Droste das Gedicht zur freien Verfügung überlassen hatte (vgl. Brief der Droste an Schlüter, 23. 3. 1837). Für die *Gedichte 1844* (D[2]) ist keine Reinschrift des Gedichts angefertigt worden; die Droste hatte lediglich in die Druckvorlage ein Blatt mit der Bemerkung eingelegt: »Hier müßte ›*des alten Pfarrers Woche*‹ aus der Coelestine kommen« und die ›Coelestine‹ beigefügt. Bis auf die Verbesserung von Druckfehlern ist D¹ mit D² identisch.

Als Vorbild für den dargestellten Idealtypus eines Geistlichen könnte der Roxeler Pfarrer Karl Benedikt Jürgens (gest. 8. 6. 1834) gedient haben. Ein biedermeierliches Idyll vom Leben eines Landpfarrers zeichnete auch Eduard Mörike (1804-1875) in seinem Gedicht *Der alte Turmhahn* (1840-52).

171,3 *Schlacken*] Vgl. Anm. 138,40.

171,15 *baß*] Vgl. Anm. 25,8.

172,49 *Keiner* ⟨...⟩ *gerne*] Dem Volksglauben zufolge darf man am Montag keine wichtigen Angelegenheiten beginnen lassen.

173,59 *Ilion*] Troja.

173,60 *Mit Horaz* ⟨...⟩ *geh'n*] Quintus Horatius Flaccus (65-8 v. Chr.) hielt sich seit etwa 45 v. Chr. zum Studium in Athen auf, folgte während des Bürgerkrieges Marcus Junius Brutus (85-42 v. Chr.) bis nach Asien und nahm als Militärtribun an der Schlacht von Philippi (42 v. Chr.) teil. Danach kehrte er nach Rom zurück. Vielleicht handelt es sich hier um eine Anspielung auf diese Lebensabschnitte des Horaz.

173,61 *Alexander*] Alexander der Große (356-323 v. Chr.).

173,62 *Memnons Säule*] Vgl. Anm. 21,3.

173,65 *Kant*] Immanuel Kant (1724-1804), Philosoph und Begründer eines »kritischen Idealismus«.

173,65 *Wolf*] Christian A. Wolff (1679-1754), Philosoph und Vertreter der Leibnizschen Lehre.

173,66 *Laudon*] Gideon Ernst Freiherr von Laudon (1717-1790), österreichischer Feldmarschall. Als österreichischer Oberbefehlshaber eroberte er im Türkenkrieg 1789 Belgrad.

173,73 *Linie*] Kleines Längenmaß (ca. 2 mm).

173,80 *das Lied vom Prinz Eugen*] Prinz Eugen (1663 bis

KOMMENTAR ZU S. 171-187 773

1736) befreite Österreich-Ungarn von den Türken. An seinen Sieg bei Belgrad (1717) erinnert das Lied »Prinz Eugen, der edle Ritter«.

173,81 *Busenstreifen]* Busenkrause, Jabot (Grimm, *Deutsches Wörterbuch*, Bd. 2, Sp. 569).

173,83 *Türk geschlagen]* Gemeint ist wohl die Eroberung Belgrads 1789 durch österreichische Truppen, vgl. auch Anm. 173,66.

173,85 *Brauen]* Vgl. Anm. 48,29.

174,95 *Kunden]* Ebenso wie in *Die Krähen* (S. 55,39) Plural von Kunde: Erzählung.

174,115 *Kappen goldentbrannt]* Die mit Gold bestickten Frauenkappen.

177,204 *Flederwisch]* Gänseflügel zum Abstauben, Federwisch (Grimm, *Deutsches Wörterbuch*, Bd. 3, Sp. 1747).

179,262 *Zähre]* Träne.

180,303 *Flechsen]* Sehnen, Nerven (Grimm, *Deutsches Wörterbuch*, Bd. 3, Sp. 1738).

180,307 *span'sche Rohr]* Spazierstock.

183,376 *Rotunde]* Hier: Himmelsgewölbe.

184,415 *Äther]* Himmel.

*Der Strandwächter am deutschen Meere
und sein Neffe vom Lande* (S. 184)

Entstehung: Winter 1842/43.

Das Gedicht übt in humorvoller und komischer Art Kritik am literarischen Treiben der Zeit. Dies geht auch aus dem ursprünglichen Titel »Der Strandwächter am deutschen Dichtermeere, und sein Neffe vom Lande« im Entwurf (MA I 2) hervor.

185,5; 187,79 *Nachtrohr]* Rohr: hier im Sinne von Fernrohr (vgl. Grimm, *Deutsches Wörterbuch*, Bd. 8, Sp. 1125).

186,44 *Tubus]* Fernrohr.

187,72,92 *Wasserhose]* Heftiger lokaler Wirbelwind (Trombe), der als rüsselartiger Wolkenschlauch sichtbar ist.

187,84 *fahlen]* Fahl, vgl. Anm. 131,129.

187,86 *Todesladern]* Lader: eigentl. Einlader, besonders

zu einer Hochzeit oder zum Hochzeitstanz (Grimm, *Deutsches Wörterbuch*, Bd. 6, Sp. 51).

187,90 *Molluske*] Weichtier, z. B. Muschel.

187,96 *Geisterjanhagel*] Janhagel: Pöbel, hergelaufenes Volk (Grimm, *Deutsches Wörterbuch*, Bd. 4,2, Sp. 2263); vgl. auch *Der Spekulant* (S. 633,112). Im Seemannsaberglauben ein unglückbringendes Gespenst.

Das Eselein (S. 187)

Entstehung: 1840/41.

Aus dem Pegasus des Dichters wird durch angebrachte »Verbesserungen« der graue Esel der Alltagspoesie. Die Sentenz des Gedichtes richtet sich wie *Der Strandwächter am deutschen Meere und sein Neffe vom Lande* (S. 184) parabolisch gegen falsche Tendenzen der zeitgenössischen Literatur. Sicherlich verbirgt sich hinter diesem Gedicht auch ein Wink an Schücking.

187,3 *fahl*] Vgl. Anm. 131,129.

188,22; 189,63 *Anger*] Vgl. Anm. 92,23.

188,24 *Maßlieben*] Gänseblümchen.

189,43 *Lymphe*] Lat.: »Quellwasser«, Gewebe- oder Gewebsflüssigkeit.

189,50 *Rozinante*] Rosinante heißt das dürre Kriegsroß des Don Quichotte.

189,52 *Koller*] Ausbrechende oder stille Wut (Grimm, *Deutsches Wörterbuch*, Bd. 5, Sp. 1616).

190,72 *Hoffart* ⟨...⟩ *leiden*] Sprichwörtliche Redensart, vgl. auch *Bei uns zu Lande auf dem Lande* (Bd. 2, S. 182,19f.).

190,80 *gleißen*] Vgl. Anm. 130,84.

190,88 *Kuppe*] Hier im Sinne von »Kopf«, »Scheitel« (vgl. Grimm, *Deutsches Wörterbuch*, Bd. 5, Sp. 1784,2773).

190,90 *Zelter*] Damenreitpferd im Mittelalter, das auf Paßgang dressiert war.

190,93 *baß*] Vgl. Anm. 25,8.

Die beste Politik (S. 190)
Entstehung: Winter 1841/42.
191,11 *Lode*] Vgl. Anm. 32,50.

BALLADEN

Die Balladen zählen zu den bekanntesten Texten der Droste. Mehrere Nachdrucke in Anthologien (etwa in O. L. B. Wolff, *Poetischer Hausschatz des deutschen Volkes*, Leipzig 1839 und Ignaz Hub, *Deutschland's Balladen- und Romanzen-Dichter*, Karlsruhe 1846) zu Lebzeiten der Autorin und die Erwähnung in zahlreichen zeitgenössischen Rezensionen betonen die Bedeutung der Balladen für das Werk und die Rezeption.

In den *Gedichten 1844* sind in der Gruppe »Balladen« achtzehn Texte zusammengefaßt. Balladeske Züge enthalten aber auch viele andere Gedichte, so etwa *Der Knabe im Moor* oder *Der Nachtwandler*. *Der Knabe im Moor* wird noch heute in vielen Lesebüchern oder Anthologien als Ballade bezeichnet, von der Droste wurde er aber in die Gruppe der »Heidebilder« eingeordnet.

Die beiden orientalisierenden Texte *Bajazet* und *Der Barmekiden Untergang* sind die frühesten Balladen der Droste in dieser Gruppe; sie stammen aus den dreißiger Jahren und sind im Zusammenhang mit dem Zyklus *Klänge aus dem Orient* entstanden. Auch *Der Graf von Thal* gehört in diese Zeit. Die Reaktion auf diese, erstmals in den *Gedichten 1838* veröffentlichte Ballade zeigt, daß die Droste hier den Zeitgeschmack getroffen hatte. Elise Rüdiger, Karl Gutzkow, Levin Schücking und Ferdinand Freiligrath lobten den *Graf von Thal*. Die Droste allerdings zweifelte daran, ob sie in dieser Art jemals Besseres schreiben könnte.

Bis zum August 1841 entstanden nach den frühen Balladen elf weitere, die sogenannten »Rüschhauser Balladen«: *Der Geierpfiff, Das Fräulein von Rodenschild, Der Mutter Wiederkehr, Der Graue, Der Schloßelf, Vorgeschichte (Second sight)*,

Kurt von Spiegel, Die Stiftung Cappenbergs, Das Fegefeuer des westphälischen Adels, Der Tod des Erzbischofs Engelbert von Cöln und *Meister Gerhard von Cöln.* Die restlichen vier Balladen, *Die Vergeltung, Die Vendetta, Der Fundator* und *Die Schwestern* gehören zu der reichen Gedichtproduktion des ersten Meersburger Aufenthaltes im Winter 1841/42.

Die Entstehung von sechs Rüschhauser Balladen mit Themen aus der westfälischen Geschichte ist eng mit dem von Freiligrath und Schücking erarbeiteten *Das malerische und romantische Westphalen* (Barmen u. Leipzig 1842 ⟨1841⟩) verknüpft. Die Droste steuerte auf Bitten Schückings neben diesen Balladen auch Prosaschilderungen bei, die sich heute allerdings nicht immer mehr exakt bestimmen lassen. Mit der dritten Lieferung des *Malerischen und romantischen Westphalen* erschienen die Balladen der Droste in folgender Reihenfolge: *Das Fräulein von Rodenschild, Die Geschichte vom blonden Waller* (d. i. *Der Graue*), *Vorgeschichte, Kurt von Spiegel, Das Fegefeuer des westphälischen Adels* und schließlich ohne Titelangabe *Der Tod des Erzbischofs Engelbert von Cöln.*

Der Graf von Thal (S. 193)
Entstehung: November/Dezember 1835.

Erstdruck: *Gedichte 1838,* S. 188-196.

Das historische Ereignis, das in dieser Ballade exemplarisch aufgegriffen wird, ist das Attentat Johanns von Schwaben (1290-1313), genannt Parricida (»Verwandtenmörder«), auf Kaiser Albrecht I. (1255-1308). Johann war ein Enkel des Habsburger Königs Rudolf I. und ermordete am 1. 5. 1308 bei Rheinfelden im Schweizer Kanton Aargau seinen Onkel und Vormund, Kaiser Albrecht I., weil dieser ihm sein Erbteil vorenthalten hatte. Der Parricida taucht auch als Gestalt in Schillers *Wilhelm Tell* (1804) (V, 2) auf. Zum historischen Hintergrund des Gedichts vgl. B. Meyer, *Studien zum habsburgischen Hausrecht I.* Die Ermordung Albrechts in Windisch, in: Zeitschrift für Schweizerische Geschichte 25 (1945), S. 153-176.

193,18 *im rispelnden Wald]* Rispeln, vgl. Anm. 36,3.

196,90 *zu*] du (D²), Druckfehler.

196,98 *Kemnate*] Kemenate: Frauengemach einer Burg.

197,130-132 »*Es* ⟨...⟩ *läßt.*«] Vgl. Gen 2,24: »Darum verläßt der Mann Vater und Mutter und bindet sich an seine Frau, und sie werden *ein* Fleisch.«

198,147 »*Mein* ⟨...⟩ *Rach'*«] Vgl. Röm 12,19: »Rächt euch nicht selber, liebe Brüder, sondern laßt Raum für den Zorn (Gottes); denn in der Schrift steht: *Mein ist die Rache, ich werde vergelten,* spricht der Herr.«

198,160 *Minstrel*] Mittelalterlicher Sänger, Spieler oder Gaukler im Dienst eines adligen Herrn.

198,163 *im oberen Reich*] Österreich.

199,174 *drei Gesellen*] Die historischen Namen der drei Mitverschwörer Johanns von Schwaben lauten: Rudolf von Wart, Walter von Eschenbach und Rudolf von Balm. Ein vierter, Konrad von Tegerfeld, wird in den erzählenden Quellen nicht erwähnt, erscheint aber in den Ächtungsurkunden.

201,247 *Sünde*] Gemeint ist der Bruch des Schwurs, um ihren Gatten nicht zum Mörder werden zu lassen.

Der Tod des Erzbischofs Engelbert von Cöln (S. 201)
Entstehung: April/Mai 1841.

Erstdruck: Ferdinand Freiligrath, Levin Schücking, *Das malerische und romantische Westphalen*, Barmen u. Leipzig 1842 ⟨1841⟩, S. 226-230. Die Droste wird als Verfasserin nicht genannt.

Engelbert I. (1185-1225) war seit 1216 Erzbischof von Köln und wurde 1618 heiliggesprochen. Unter dem Stauferkaiser Friedrich II. war er Reichsverweser (s. v. 60) und Vormund von dessen Sohn Heinrich (VII.), den er 1222 selbst zum König krönte. Am 7. 11. 1225 ließ ihn ein entfernter Verwandter, Friedrich von Isenburg (gest. 1226), in einem Hohlweg nahe Gevelsberg an der Ruhr ermorden. Die Droste hat folgende Quellen benutzt: Montanus (d. i. Vincenz Jacob von Zuccalmaglio), *Die Vorzeit der Länder Cleve-Mark, Jülich-Berg und Westphalen*, Bd. 1, Solingen u.

Gummersbach ²1837, S. 39-49, 406-423. – J. F. Knapp, *Regenten- und Volks-Geschichte der Länder Cleve, Mark, Jülich, Berg und Ravensburg.* ⟨...⟩, Erster Theil, Elberfeld 1831, S. 450-461. – Friedrich Rautert, *Die Ruhrfahrt. Ein historisches Gemälde*, Essen 1827, S. 69-91. – Heinrich Manz, *Die Isenburg, oder Friedrich von Isenburg und Engelbert der Heilige. Eine historische Skizze*, Dortmund 1836, S. 43-50, 60-62. Gekannt hat die Droste auch die lyrische Bearbeitung des Stoffes durch Wilhelm Langewiesche unter dem Pseudonym L. Wiese in *Sagen- und Mährchenwald im Blüthenschmuck* (Barmen 1841, S. 137-141: *Ermordung des Erzbischofs Engelbert von Cöln*). Langewiesche hatte Schücking diese Ballade, wie auch seine Bearbeitung des Fegefeuer-Stoffes offenbar für das *Malerische und romantische Westphalen* angeboten. Schücking hatte wohl abgelehnt und vielmehr die Droste um einen Text zu eben diesem Stoff gebeten (vgl. auch *Das Fegefeuer des westphälischen Adels*).

201,1 *Anger*] Vgl. Anm. 93,23.

201,7 *Bug*] Schulter des Pferdes.

202,24f. *läßt* ⟨...⟩ *kehren*] Engelbert hatte wegen verschiedener Verfehlungen den Grafen Friedrich nach Soest zitiert, um ihn dort vor dem Synodaltag zu maßregeln.

202,27 *Den freien* ⟨...⟩ *verrannt*] Gemeint ist: am Raubrittertum gehindert.

202,31f. *Wer* ⟨...⟩ *Gaste*] Der »Schwäher« (Schwager) Friedrichs, Heinrich, durfte die Regierung des Bergischen Landes, die ihm eigentlich zustand, auf Betreiben Engelberts vorläufig nicht antreten.

203,38 *Schandekerz'*] Von Schandel(kerze) (aus frz. »chandelle«, mhd. »schandel«), auch Schande (vgl. Grimm, *Deutsches Wörterbuch*, Bd. 8, Sp. 2137).

203,39 *Und* ⟨...⟩ *anzuflehen*] Die Unterdrückung von Nonnenklöstern in Essen zählte zu den Verfehlungen Friedrichs. Der Vers nimmt auf den Spruch Engelberts Bezug, Friedrich habe im »härnen Sünderhemd« (v. 37) Buße bei den Nonnen (den »alte⟨n⟩ Vetteln«, v. 39) zu tun.

203,43 *Fant*] Unreifer, leichtfertiger Bursche.

203,60 *Reichsverweser*] Im Deutschen Reich führten diejenigen Kurfürsten, die bei einer Thronerledigung oder in anderen festgelegten Fällen Teile der kaiserlichen Gewalt ausübten, den Titel Reichsverweser.

203,61 *Klerisei*] Abschätzig für Klerus, Gesamtheit der Geistlichen.

203,63 *Und ⟨...⟩ Gesellen*] Kreiten (*Droste-Werkausgabe* [1884-87], Bd. 2, S. 440) überliefert zu dieser Stelle folgende Aufzeichnungen der Droste: »Conrad von Dortmund machte Engelbert aufmerksam, daß Isenburg sich so oft vom Gefolge entferne; Engelbert indeß hält den Neffen keiner versteckten Tat fähig. ⟨...⟩ Engelbert athmet trotz seiner guten Meinung von Friedrich's ritterlichem Charakter, doch erst wieder freier auf, als er auf eigenes Gebiet bei Gevelsberg kommt. Dort entläßt er Konrad von Dortmund und behält außer einigen Prälaten nur zwei Edelleute und zwei Knappen bei sich.«

204,78 *Strauß*] Kampf.

204,95 *Panzerringe*] Von der Frühantike bis ins frühe Mittelalter wurden Ring- oder Kettenpanzer aus feinen ineinandervernieteten oder geflochtenen Ringen gefertigt.

204,98 *Flammenschwinge*] Anspielung auf den Erzengel Michael, den Anführer der Engel im Kampf gegen Luzifer.

205,109 *Bügel*] Steigbügel.

206,142 *Weihrauchschwelen*] Schwelen, vgl. Anm. 67,40.

206,146 *Tedeum*] Liturgischer, sog. ambrosianischer Lobgesang (»Te deum laudamus« – »Dich, Gott, loben wir«).

206,151 *Und ⟨...⟩ Raben*] Die Raben sind hier nicht nur Requisit der Richtstätte, sondern deuten auf eine Sage hin, der zufolge die Mutter Friedrichs während ihrer Schwangerschaft träumte, Raben wollten ihren Leib aufhacken. Rautert *(Die Ruhrfahrt)* berichtet von der Inschrift an der Säule, die Friedrichs Leichnam trug: »Haec sunt intestina mea a corvis devoranda« (»Diese meine Eingeweide sollen von Raben verschlungen werden«). Nach der Überlieferung kniete nicht Friedrichs Frau Margaretha von Limburg, sondern seine Mutter unter dem Rad.

Das Fegefeuer des westphälischen Adels (S. 206)
Entstehung: Frühjahr 1841.

Erstdruck: Ferdinand Freiligrath, Levin Schücking, *Das malerische und romantische Westphalen*, Barmen u. Leipzig 1842 ⟨1841⟩, S. 185-188. Die Droste wird als Verfasserin nicht genannt.

Anregung, vielleicht sogar unmittelbarer Anlaß für diese Ballade war die lyrische Bearbeitung dieses Stoffes durch Wilhelm Langewiesche unter dem Pseudonym L. Wiese in *Sagen- und Mährchenwald im Blüthenschmuck* (Barmen 1841, S. 142-148: *Das Fegefeuer des Westphälischen Adels*). Langewiesche hatte Schücking diese Ballade wie auch seine Bearbeitung des Engelbert-Stoffes offenbar für das *Malerische und romantische Westphalen* angeboten. Schücking hatte wohl abgelehnt und vielmehr die Droste um einen Text zu diesem Stoff gebeten (vgl. auch *Der Tod des Erzbischofs Engelbert von Cöln*).

Als ›historischer‹ Ort des westfälischen Fegefeuers gilt ein Berg (heute: Löwenberg, überliefert als Lutter- oder Butterberg) in der Nähe des Augustinerklosters Böddeken im Paderborner Land. Die Klosterchronik von Böddeken wertete der Mönch Bernhard Witte für die Mitteilung dieser Sage aus. Sein bereits im 16. Jahrhundert verfaßtes, allerdings erst 1788 gedrucktes Werk, das als erste umfassende Geschichte Westfalens gilt, war eine Quelle der Droste: *Historiae Antiquae Occidentalis Saxoniae seu nunc Westphaliae*, Münster 1788, S. 613-616: »Purgatorium Nobilium Westphalorum«. Als weitere Quelle benutzte die Autorin: H. Stahl (d. i. J. D. H. Temme), *Westphälische Sagen und Geschichten*, Elberfeld 1831, 1. Bdchen., S. 46-62: »Das Fegfeuer des westphälischen Adels. Eine Sage«. Beide Bände finden sich in der Bibliothek von Haus Hülshoff.

207,23 *überzwerg*] Zwerch: quer.
207,32 *beut*] Bietet.
207,35 *in froner Nacht*] Fron: dem Herrn gehörig. Gemeint ist hier der Abend der Eucharistie am Gründonnerstag.

208,50 *Glast*] Widerschein (Grimm, *Deutsches Wörterbuch*, Bd. 4,1,4 Sp. 7699).

208,57 *Strack*] Gestreckt, gerade.

209,74 *der Schenke*] Diener, Wirt. In der Familie von Spiegel war die Schenkenwürde des Fürstentums Paderborn bis zum Ende des 19. Jahrhunderts erblich.

209,76 *rispeln*] Vgl. Anm. 36,3.

209,76 *Breviere*] Pflichtgebet der Kleriker.

209,88 *Massonei*] Ritterschaft; eigentl. Massenie: Verhältnis des Ritters zu seinem Fürsten.

209,91 *Weih*] Der oder die Weih(e), vgl. Anm. 24,48.

Die Stiftung Cappenbergs (S. 210)

Entstehung: Februar 1841.

Cappenberg in der Nähe von Lüdinghausen (Westfalen) ist die erste Prämonstratenserpropstei in Deutschland (Diözese Münster). Gegründet wurde sie 1122 von Gottfried (1097-1127) und seinem Bruder Otto (1072-nach 1156) von Cappenberg sowie dem hl. Norbert von Xanten. Die Ballade der Droste spielt auf Gottfrieds Schwiegervater (»Schwäher«, v. 14) Friedrich (den Streitbaren) von Arnsberg an, der voll Zorn erfahren hatte, daß die beiden Brüder ihre Burgen unter dem Einfluß Norberts in Klöster umwandeln wollten. Als Quelle diente der Droste: Jacob Vinzenz Cirkel, *Cappenberg. Eine historische Skizze*, in: Taschenbuch für Vaterländische Geschichte, 1. Jg., Münster 1833, S. 271-298. Der Bruder der Dichterin, Werner von Droste-Hülshoff, hatte das ›Taschenbuch‹ subskribiert.

Die Ballade war ursprünglich für das *Malerische und romantische Westphalen* vorgesehen, in dem der Stoff auf S. 180 erwähnt wird. Die Droste wollte sie anstelle der Ballade *Kurt von Spiegel* einsetzen, weil sie befürchtete, noch lebende Mitglieder der Familie von Spiegel könnten sich durch die Ballade verletzt fühlen. Schücking trieb der Droste jedoch diese Bedenken, verbunden mit einer scharfen Kritik an der *Stiftung Cappenbergs*, im Brief vom März 1841 aus.

210,3 *Zwinger*] Umschlossener Raum, Kerker.

210,7 *Heimchen]* Grille.

211,26 *Eidams]* Schwiegersohn.

211,26 *Hora]* Vorgeschriebene Gebetsstunde.

211,28 *Paternosterkugeln]* Rosenkranzkugeln.

211,32 *Ein umgekehrter Carolus]* Anspielung auf die Tötung von 4500 – die Zahl wird heute in Frage gestellt – sächsischen Geiseln durch Karl den Großen (768-814) in Verden an der Aller (782).

211,37 *Werg]* Flachs- bzw. Hanfabfall.

211,48 *Babel]* Anspielung auf Gen 11,1-9; vgl. auch *Die Stadt und der Dom* (S. 15,61-64), *Die Schwestern* (S. 243,64).

212,54 *Schächern]* Schächer: Räuber, Mörder, auch erbärmlicher und jämmerlicher Mensch (Grimm, *Deutsches Wörterbuch*, Bd. 8, Sp. 1959f.).

212,58-60 *Du ⟨...⟩ Tier]* Anspielung auf den Einzug Jesu in Jerusalem (Mt 21,1-11).

213,90 *Burgunderblut]* Gemeint ist Burgunderwein; vgl. im Gegensatz dazu v. 96 »Dem reinen Wein, der Christi Blut«.

Der Fundator (S. 213)

Entstehung: Sommer 1842.

Nach einer Familiensage ist der Fundator (Stifter, Gründer) der Stammherr auf Schloß Wehrden an der Weser, Freiherr Hermann Werner von Wolff-Metternich zur Gracht, Fürstbischof von Paderborn (1683-1704). Im *Malerischen und romantischen Westphalen* (1842 ⟨1841⟩, S. 85) wird berichtet: »Im Dorfe Wehren ⟨Nebenform zu Wehrden⟩ erzählt euch jedes Kind, dass der alte Bischof nächtlich dort bei seiner Studierlampe sitze: dann sind die Fenster des Thurmes alles mit einem blaulichten Lichte umgossen, dass das Gebäude aussieht wie ein grosser Leuchtwurm, und je finstrer die Nacht ist, desto heller leuchtet der Thurm auf.«

Die Droste hielt sich zum Jahreswechsel 1819/20 selbst in Wehrden auf.

213,1 *falber]* Falb: fahl, gelblich.

213,14; 215,71; 216,92 *blinzt]* 3. Pers. sing. Präsens von blinzeln (vgl. Grimm, *Deutsches Wörterbuch*, Bd. 2, Sp. 128).

214,15 *Gelaß*] Bequemer Raum (Grimm, *Deutsches Wörterbuch*, Bd. 4,1,2, Sp. 2870).

214,31 *Flören*] Flor: dünnes, zartes Gewebe, die Pluralform »Flören« ist selten.

214,33 *Quitschern*] Quietschen, knirschen (Grimm, *Deutsches Wörterbuch*, Bd. 7, Sp. 2371, 2378).

214,35 *Föhren*] Kiefern.

214,37 *weiße Frau*] Die Sage von der weißen Frau ist in zahlreichen Versionen bekannt, die jedoch immer zum Gegenstand hat, »daß an einigen Höfen zu gewissen Zeiten sich eine lange weibliche Gestalt sehen lasse, die man der langen weißen Kleider und Schleier wegen, mit denen sie umhüllet ist, die weiße Frau zu nennen pflegt. Der Aberglauben setzt hinzu, ihre Erscheinung sei allemal ein untrügliches Zeichen, daß irgend ein hohes Haupt an dem Hofe, wo sie sich sehen läßt, mit Tode abgehen werde.« (Johann August Eberhard, *Ueber den Ursprung der Fabel von der weißen Frau*, in: Berlinische Monatsschrift 1 [1783], S. 3-22, hier S. 5).

215,54; 216,100 *Warte*] Wartturm.

215,62 *Habit*] Ordenstracht.

215,77 *Almanache*] Annotierter Kalender oder auch oftmals mit Abbildungen versehenes Jahrbuch.

216,110 *Nösterlein*] Diminutiv zu Paternoster, Rosenkranz.

Vorgeschichte (Second sight) (S. 217)
Entstehung: Winter 1840/41.
Erstdruck: Ferdinand Freiligrath, Levin Schücking, *Das malerische und romantische Westphalen*, Barmen u. Leipzig 1842 ⟨1841⟩, S. 125-128. Die Droste wird als Verfasserin nicht genannt.

In der Volkskunde wird eine Unterscheidung zwischen Vorgesichten (Vorschau einzelner Ereignisse) und Vorgeschichten (Vorschau größerer zusammenhängender Ereignisse) vorgenommen. Zum Phänomen des »Second Sight« (»Zweites Gesicht«) vgl. auch *Westphälische Schilderungen*

(Bd. 2, S. 98,20-100,24). Der Vater der Droste hat in seinem »Liber mirabilis« solche – angebliche – Phänomene aufgezeichnet.

Das Gedicht schildert vermutlich ein Gesicht des Freiherrn Caspar Nicolaus Mauritz von Kerkering zur Borg (1713-1746), wie im *Malerischen und romantischen Westphalen* (1842 ⟨1841⟩, S. 125) ausgeführt wird: »Zur Erläuterung des Gedichts muss ich nur die Bemerkung voraussenden, dass den Sarg eines Kindes nach adlichem Gebrauch die Wappen von Vater und Mutter schmücken, Rosen und Pfeile also hier dem schauenden Freiherr seines Sohnes Sarg, Rosen allein den eignen bezeichnen müssen.«

217,7 *Äther]* Himmel.

218,25 *Ahasver]* Der Ewige Jude.

218,39 *Spann']* Vgl. Anm. 50,1.

220,92 *Pleureuse]* Trauerbesatz.

220,102 *Wie ⟨...⟩ Brauch]* Kreiten (*Droste-Werkausgabe* [1884-87], Bd. 2, S. 465) bemerkt: »Ein alter Brauch war, das Leibpferd des verstorbenen Herrn *absichtlich* zu vernageln, damit es beim Leichenzuge durch sein Hinken auch seinerseits gleichsam Trauer äußere.«

220,104 *Krepp]* Kreppflor: ein krauser Stoff, der vornehmlich in Bologna hergestellt und für Trauerkappen verwendet wurde (Grimm, *Deutsches Wörterbuch*, Bd. 5, Sp. 2169).

Der Graue (S. 221)

Entstehung: Frühjahr 1840.

Erstdruck: Der Erstdruck dieser Ballade ist nur schwer zu ermitteln. Der Druck der Ballade im ›Frauen-Spiegel. Vierteljahrschrift für Frauen‹ (hg. v. Louise Marezoll, Bd. 1, Leipzig 1841, S. 210-215) muß vor dem 7. 3. 1841 erschienen sein (vgl. den Brief von Louise Marezoll an die Droste, 7. 3. 1841); etwa zur gleichen Zeit muß aber auch die 4./5. Lieferung des *Malerischen und romantischen Westphalen* veröffentlicht worden sein, in der die Ballade auf S. 114 bis 118 zu finden ist.

Adele Schopenhauer hatte die Droste im September 1840 um Beiträge für den ›Frauen-Spiegel‹ der Louise Marezoll gebeten. Außer der Ballade stellte die Droste noch den *Schloßelf* sowie den Zyklus *Die Elemente* zur Verfügung, die dann im zweiten Band ebenfalls 1841 erschienen. Kurz darauf ging die Vierteljahrschrift ein. Für das *Malerische und romantische Westphalen* strich Schücking, um die westfälische Thematik der Ballade erhalten zu können und wohl auch aus Platzgründen, sieben Strophen (III-IX) und hatte im Brief vom 21. 12. 1840 für diesen Eingriff die notgedrungene Zustimmung der Droste eingeholt, was die Autorin bei der Vorbereitung der *Gedichte 1844* mehrfach anmerkte.

221,4 *Doppelhaken*] Geschütz.

221,11 *Stempel*] Teil der Dampfmaschine.

221,13 *Es ⟨...⟩ schrillt*] Gemeint ist der Vorgang des Papierschöpfens und des späteren Glättens der trocknen Papierbögen.

221,14 *Scheidwassers*] Scheidewasser: Säure (Salpetersäure), die zur Scheidung von Metallverbindungen dient; vgl. *Ein Sommertagstraum. Das Autograph* (S. 131,117).

221,16 *Moulin a papier*] Frz.: »Papiermühle«.

222,38 *Van Neelen*] Im Entwurf (MA I 74) und im Abdruck des ›Frauen-Spiegels‹ hieß der Name noch »Girtanner«.

222,40 *Smyrna*] Heute: Izmir.

223,72 *Ivanhoe*] Ritterroman von Walter Scott (1819).

223,76 *drillt*] Drillen: drehen (Grimm, *Deutsches Wörterbuch*, Bd. 2, Sp. 1410).

224,86 *Rouleau*] Rollo: aufrollbarer Vorhang.

224,89 *Bruder Tuck*] Der lustige Waldbruder Tuck ist eine Figur des *Ivanhoe* von Walter Scott, vgl. Anm. 43,76.

225,120 *Paneele*] Holztäfelung.

225,131,133 *»Qui vive!«*] Frz. etwa: »Wer da?«

225,133 *»ou je tire!«*] Frz.: »oder ich schieße«.

225,139 *Pulverbrodem*] Brodem: Qualm, Dampf, Dunst.

227,177 *»Ah, je te tiens«*] Frz.: »Jetzt hab' ich dich«.

Die Vendetta (S. 227)

Entstehung: Winter 1841/42.

Die Ballade vom Korsen Geronimo, der für den Tod seines Onkels di Vesta Blutrache (»Vendetta) an dem Richter (»Podesta«) Luigi und dem roten Jocliffe nehmen muß, könnte von Prosper Merimées (1803-1870) Novelle *Colomba* (1840) angeregt sein. Diese Novelle erschien in deutscher Übersetzung von Ferdinand Freiligrath in August Lewalds ›Europa. Chronik der gebildeten Welt‹ (Bd. 3, 1840) in 12 Fortsetzungen. Die Verstümmelung des Pferdes ist in dieser Novelle eine der zentralen Stellen. Das Thema Korsika oder die Verwendung korsischer Motive finden sich häufig in der zeitgenössischen Literatur (vgl. Kortländer 1979, S. 177f., Anm. 176).

Über Schücking hatte die Droste diese Ballade – noch unter dem Titel »Der Corse« – 1842 dem ›Morgenblatt‹ eingereicht, ohne daß sie jedoch dort veröffentlicht wurde.

227, vor 1 *Die Vendetta]* In den *Westphälischen Schilderungen* dient die »Vendetta« als Vergleich bei der Darstellung von Jagd- und Forstfreveln im Paderborner Land (Bd. 2, S. 77,15).

228,16 *ein korsisch Kartell]* Die Verstümmelung des Pferdes war eine korsische Art der Herausforderung zum Duell.

228,24,37; 229,65; 232,164 *Hage/Hag/Hagen]* Vgl. Anm. 15,78.

228,25 *Anger]* Vgl. Anm. 93,23.

229,44,45,55 *Sorella]* Ital.: Schwester.

229,49; 230,85 *Bug]* Schulter des Pferdes.

230,76 *Christofero's]* Der hl. Christophorus wird insbesondere bei gefahrvollen Unternehmungen und gegen unvorhergesehenen Tod angerufen.

230,80,104; 231,115; 232,146 *Schergen]* Vgl. Anm. 148,28.

230,90,97 *Weihen/Weih]* Der oder die Weih(e), vgl. Anm. 24,48.

230,94 *Äther]* Himmel.

230,103 *Netz im Haare]* Dieses Netz ist die in v. 150 erwähnte »Retilla«.

231,112 *Kanzone*] Hier: Heiteres, empfindungsvolles Lied.
231,135 *Hinde*] Hirschkuh.
231,136 *Gleise*] Wagenspuren.
232,147 *Loh'*] Lohe, vgl. Anm. 56,77.
232,150 *Retilla*] Dieses Haarnetz ist die für die Korsen im 19. Jahrhundert typische Kopfbedeckung, vgl. auch Anm. 230,103.

Das Fräulein von Rodenschild (S. 233)
Entstehung: November 1840.
Erstdruck: Ferdinand Freiligrath, Levin Schücking, *Das malerische und romantische Westphalen*, Barmen u. Leipzig 1842 ⟨1841⟩, S. 58-60. Die Droste wird als Verfasserin nicht genannt.

Im *Malerischen und romantischen Westphalen* wird bemerkt, diese Ballade sei die Bearbeitung einer Sage, die mit dem Schloß der Grafen von Rietberg am Rande der Senne verknüpft sei (S. 57f.). Später teilt Schücking in *Annette von Droste. Ein Lebensbild* (Hannover 1862, S. 115f.) mit, diese Ballade habe als »erstes Motiv ein Ereigniß, welches Annette von Droste selbst erlebt zu haben glaubte, das sie mit vollster Ueberzeugung von seiner Wahrheit mittheilte«.

Die Beliebtheit solcher Spukgestalten zeigt auch ein Brief der Droste aus Meersburg an Therese von Droste-Hülshoff vom 28. 1. 1842, in dem sie von einem ähnlichen Erlebnis der Familie Kessel berichtet.

Adele Schopenhauer gibt in ihrem Brief an die Droste vom 27. 6. 1841 folgendes Urteil über *Das Fräulein von Rodenschild* ab: »Sie irren, Annette, die Ballade des ›Fräuleins‹ hat mir sehr gut gefallen, ich war aber mit dem Juden nicht einverstanden. Es nahm mir aber auch den Effekt, daß das Fräulein nachher forttanzt, und fortlebt – und doch wußte ich selbst kein Ende – überhaupt ist prächtig praktisch, wenn das Ende sich so verliert ins Ungewisse – nur sollte mir's nicht so massiv grauerlich sein, daß die Geisterwelt uns schabernakt – daß die Aufklärung einer solchen Rückspiegelung ganz verweht in Nebel und Nichts, kurz, darüber hinauskommen dürfte das Fräulein mein Tage nicht.«

233,7 *Seiger]* Landschaftlich für Uhr.

233,16 *Hinde]* Hirschkuh.

234,28 *Oger]* Das menschenfressende Ungeheuer im französischen Märchen, das durch sein Schnarchen bekannt ist.

234,49 *Elfenlicht]* In der germanischen Sage und im Märchen sind Elfen Lichtgestalten, die als Totenseelen, Fruchtbarkeitsmächte oder Haus- und Wassergeister erscheinen.

234,52 *Phantom]* Gespenst, Geistererscheinung, Trugbild.

235,59 *bläulichen Licht]* Ein blaues Licht verweist auf ein gespenstisches Phänomen; vgl. auch v. 48f. sowie *Der Schloßelf* (S. 268,70) und *Der Nachtwandler* (S. 547,58).

235,88 *Vampires Gewalt]* Vampire sind nach dem Volksglauben Verstorbene, die nachts aus ihrem Grab steigen, um Lebenden des Blut auszusaugen.

236,102 *Das ⟨...⟩ hüllt]* Das Entsetzen vor der eigenen Hand hat als literarisches Motiv seit Goethes *Die Leiden des jungen Werther* (Brief vom 20. Januar) Bedeutung für die deutsche Literatur bekommen und wurde z. B. von Ludwig Tieck in *Ryno* (1792) und *William Lovell* (1795) aufgegriffen.

Der Geierpfiff (S. 236)

Entstehung: 1840.

Erstdruck: Deutscher Musenalmanach für 1841, hg. v. Th⟨eodor⟩ Echtermeyer und Arnold Ruge, Berlin 1841, S. 72-80. Der Erstdruck ist auf Anregung Freiligraths und durch Vermittlung Schückings zustande gekommen.

Der Titel der Ballade hieß im Entwurf (MA I 6) ursprünglich: »Ueber die Unschuld hält der Himmel seinen Schild«.

Der ›Musenalmanach‹ – und damit auch die Ballade der Droste – wurde vielfach rezensiert. In einer Sammelbesprechung im ›Telegraph für Deutschland‹ (Nr. 13, Januar 1841, S. 51) urteilt etwa Karl Gutzkow (1811-1878): »Ein herrliches episches Talent. Die Pinselführung keck, die Farben wahr, Licht und Schatten mit einer Meisterschaft vertheilt, die sich nur an einem größern und würdigeren Stoffe, als einer Räuberscene, offenbaren sollte« (Droste-Rezeption, Nr. 14, S. 28). Die starke Resonanz dieser Ballade zeigt sich auch darin, daß sie zu Lebzeiten der Droste viermal in Anthologien nachgedruckt worden ist.

236,1 *Dohnenschlag*] Dohnen: Schlingen aus gedrehtem Pferdehaar zum Vogelfang; vgl. auch *Bei uns zu Lande auf dem Lande* (Bd. 2, S. 182,32).

236,7 *Höllenbrand*] »einer der in der hölle brennen wird«, »groszer bösewicht« (Grimm, *Deutsches Wörterbuch*, Bd. 4,2, Sp. 1749).

237,44 *Trümmer*] Fem. sing.; vgl. auch *Die Vergeltung* (S. 253,35 u. 45).

238,62 *Weste*] Westwinde.

238,71 *Zentifolie*] Rosa centifolia: rotblühende, stark duftende Rosenart.

239,82 *Geschiebe*] Festlagerndes Geröll (Grimm, *Deutsches Wörterbuch*, Bd. 4,1,2 Sp. 3884); vgl. auch *Das Hospiz auf dem großen St. Bernhard* (1. Gesang, Bd. 2, S. 222,173).

239,102 *Samumes Hauch*] Samum: heißer, trockener Wind in Arabien und Persien; vgl. *Bajazet* (S. 264,4), *Am achten Sonntage nach Pfingsten* (S. 443,38).

241,157 *Weih*] Der oder die Weih(e); vgl. Anm. 24,48.

Die Schwestern (S. 241)

Entstehung: Winter 1841/42 (letzte Meersburger Ballade).

242,11; 243,45,52 *Tobel*] Vgl. Anm. 75,1.

242,21 *Ave Maria*] Das »Ave Maria« (lat.: »Gegrüßt seist du, Maria!«) ist der Gruß des Engels Gabriel an Maria (Lk 1,28). Gleichzeitig ist es seit dem 6./7. Jahrhundert das katholische Gebet zur Verehrung der Jungfrau Maria und Bestandteil von Gebeten.

242,25f. *Vater ⟨...⟩ Name*] Mt 6, 9.

242,28 *Brahme]* Ginster, vgl. auch *Das Hirtenfeuer* (S. 62,74).

242,31 *Hinde]* Hirschkuh.

242,32 *Farren]* Farnkraut.

243,61 *jucht]* Juchen: vor Freude schreien, jauchzen.

243,63 *Kärrner]* Ein Mann, der einen Karren schiebt.

243,64 *O ⟨...⟩ Klänge]* Anspielung auf die Sprachverwirrung beim Turmbau zu Babel (Gen 11,1-9); vgl. auch *Die Stadt und der Dom* (S. 15,61-64), *Die Stiftung Cappenbergs* (S. 211,48).

243,66 *Frau von den Flühen]* Flüh, Fluh (schweizerisch): steile Felswand; gemeint ist hier eine Frau aus den Bergen.

244,86 *Schlossen]* Vgl. Anm. 163,38.

244,87 *Fürtuch]* Ein vorgebundenes Tuch, Schürze (vgl. Grimm, *Deutsches Wörterbuch*, Bd. 4,1, Sp. 920-923).

246,134 *Gleisen]* Wagenspuren.

246,136 *Eisen]* Fangeisen, Falle.

246,161 *jach]* Schnell, rasch (vgl. Grimm, *Deutsches Wörterbuch*, Bd. 4,2, Sp. 2198f.).

247,169 *Föhren]* Kiefern.

247,170 *Büchsenspanner]* Bediensteter eines Adligen, der nach dem Abfeuern das Gewehr nachlädt und spannt.

247,171 *schmälte]* Schmälen: Ausdruck der Jägersprache für den kurzen bellenden Laut des Rehwildes.

248,206 *vom lavierenden Schiffe]* Lavieren: im Zickzack segeln, gegen den Wind kreuzen.

248,212 *Schmele]* Vgl. Anm. 37,41.

Meister Gerhard von Cöln. Ein Notturno (S. 248)
Entstehung: August 1841.

Erstdruck: Levin Schücking, *Der Dom zu Köln und seine Vollendung*, Köln 1842, S. 41-45. Titel hier: *Der Meister des Dombau's. Ein Notturno*.

Der Ballade liegt die Volkssage vom Dombaumeister zugrunde, die die Droste in der Bearbeitung von Friedrich Wilhelm Carvoé *Herr Gerhard* aus dem ›Taschenbuch für Freunde altdeutscher Zeit und Kunst auf das Jahr 1816‹

(hg. v. Friedrich Wilhelm Carvoé und Eberhard Rudolf Grote, Köln 1816, S. 255-257) kannte. Die Sage war im Zusammenhang mit der zeitgenössischen Dombaubewegung (vgl. *Die Stadt und der Dom*, S. 13) mehrfach dichterisch behandelt worden. Im Brief an Schücking vom 17. 1. 1844 äußert sich die Droste noch einmal grundsätzlich zur Dombaubewegung und zur Funktion ihrer beiden entsprechenden Gedichte, von denen *Meister Gerhard von Cöln* noch von der Mittelalterbegeisterung der Spätromantik, das »Zeitbild« *Die Stadt und der Dom* von der Kritik an der politischen Massenbewegung geprägt ist: »Ich habe mich zwar durchaus nicht gegen den Dombau selbst, sondern nur gegen überhandnehmende, rein profane Richtung dabei äußern wollen; doch möchte dies nicht jeder einsehen und mir dadurch ein fatales Ansehen von Inconsequenz und Zu-Geld-Schlagerei aller meiner Gedichte angeheftet werden. – Jedenfalls möchte ich den Meister Gerhard, der doch nur mittelmäßig geraten und vielleicht der überfließende Tropfen in meinem Übermaß von Gespenstergeschichten und Traumhaften ist, eher aufgeben als seinen Nebenbuhler ⟨gemeint ist *Die Stadt und der Dom*⟩.«

248, vor 1 *Notturno*] Nachtstück. Der Untertitel ist von Schücking hinzugefügt worden; im Brief vom 17. 8. 1841 schreibt er der Droste: »Ich habe die Vision ›Notturno‹ genannt und den armen Organisten sie allen denen who have music in themselves vorspielen lassen: Sie ist in der That unvergleichlich schön. Uebrigens ist sie schon fort – das ›schwirbelt‹ hab' ich stehen lassen, bekomm' ich aber die Correktur, so will ich die beste Lesart aussuchen. Salve usque ad diem martis. –«

248,4 *Florgewand*] Flor: dünnes, zartes Gewebe.

248,8 *Schürg'*] Ein (Kölner) Packträger (vgl. Grimm, *Deutsches Wörterbuch*, Bd. 9, Sp. 2044).

249,11; 250,67 *Grabesbrodem*] Brodem: Qualm, Dampf, Dunst.

249,28 *Anakonden*] Riesige Boaschlangen.

250,62 *webert auf und nieder*] Webern: schweben, geisterhaft hin und her bewegen (Grimm, *Deutsches Wörterbuch*, Bd. 13, Sp. 2665-2667).

250,70 *fahle]* Fahl, vgl. Anm. 131,129.

250,72; 251,98 *Kran]* Der zum Bau des Kölner Doms verwandte Kran galt als technische Meisterleistung und war weithin bekannt.

252,110 *Dampfboot]* Die Droste schildert im Brief vom 18. 10. 1825 an Therese von Droste-Hülshoff den großen Eindruck, den das in Köln anlegende Dampfboot auf sie gemacht hat.

Die Vergeltung (S. 252)

Entstehung: 1841/42.

Der Titel lautete im Entwurf (MA I 104) ursprünglich: »Gottes Hand – die Vergeltung«.

Die juristische und ethische Problemstellung der Ballade geht auf einen Vortrag des griechischen Philosophen Karneades (214-129 v. Chr.) in Rom zurück. Die Darstellung dieses ›Falls‹ als das sogenannte »Brett des Karneades« ist bei Cicero (*De re publica*, III, 20 und *De officiis*, III, 23) überliefert.

252,1 *Spiere]* Eigentl. der Rahenbalken eines Schiffes, hier wohl fälschlicherweise für den Mastbaum gebraucht.

252,14 *Pfühle]* Großes, mit Federn gefülltes Ruhekissen, auch Bett (Grimm, *Deutsches Wörterbuch*, Bd. 7, Sp. 1806).

252,16; 255,104 *Batavia]* Name für das Land der Bataver (Holland), dann übertragen als Name eines berühmten untergegangenen Handelsschiffs, aber auch bis 1950 Name für Jakarta.

253,31 *Narwal ⟨...⟩ Horne]* Der Narwal besitzt einen 2-3 m langen zu einem Horn entwickelten Stoßzahn.

253,35.45 *Trümmer]* Fem. sing.; vgl. auch *Der Geierpfiff* (S. 237,44).

254,82 *der Frei – der Hessel]* Stanus Frei und Damian Hessel sind historisch belegte Räuber (vgl. Herbert Kraft, *»Mein Indien liegt in Rüschhaus«*, Münster 1987, S. 342f.).

255,91-95 *Zu ⟨...⟩ verderben*] Vgl. Friedrich Schiller, *Die Kraniche des Ibycus* (v. 37-40):
»So muß ich hier verlassen sterben,
Auf fremdem Boden, unbeweint,
Durch böser Buben Hand verderben,
Wo auch kein Rächer mir erscheint!«
(*Schillers Werke*. Nationalausgabe, Bd. 1, Weimar 1992, S. 385-390, hier S. 386).

255,96 *Scherge*] Vgl. Anm. 148,28.

255,102 *Ätherhöhn*] Äther: Himmel.

Der Mutter Wiederkehr (S. 255)

Entstehung: In den erhaltenen Entwürfen zu *Bei uns zu Lande auf dem Lande*, die zwischen dem 22. 7. 1840 und dem 23. 3. 1841 niedergeschrieben sein müssen, wird der Titel der Ballade erwähnt. Mit großer Wahrscheinlichkeit ist sie eine der beiden im Brief an Schlüter vom 28. 4. 1840 erwähnten, zwischen Februar und April entstandenen »zwey Balladen« (die andere ist *Der Graue*).

Das in dieser Ballade verwendete Motiv des Wiedergängers ist typisch für die Schauerliteratur des 18. und frühen 19. Jahrhunderts.

256,42; 259,114; 260,168 *Sakristan*] Meßner, Küster, der für die im Gottesdienst benötigten Gegenstände Sorge trägt.

257,76 *Opal*] In vielen Farben schimmernder, aber milchiger Halbedelstein.

258,79,83; 260,143,152; 261,181,193 *Klosett/Klosette*] Kleines verschließbares Zimmer, Geheimzimmer.

258,99 *Honigseim*] Vgl. Anm. 160,44.

258,100 *Wermut*] Gewürzkraut, das einen Bitterstoff enthält, den man zum Würzen von Wein (Wermutwein) oder für Tee gebraucht.

260,150 *Meerschaumkopf*] Meerschaum: Mineral aus Magnesium und Kieselsäure. Er ist so leicht, daß er auf Wasser schwimmt, woher sein Name rührt. Verwendung z. B. für Pfeifenköpfe und Zigarrenspitzen.

Der Barmekiden Untergang (S. 262)
Entstehung: 1835/36.
Die Anmerkung der Droste »Siehe ›Rosenöl‹« (S. 263) bezieht sich auf die dieser Ballade zugrundeliegende Quelle: *Rosenöl. Zweytes Fläschchen, oder Sagen und Kunden des Morgenlandes aus arabischen, persischen und türkischen Quellen gesammelt.* Zweytes Bändchen, hg. v. Joseph von Hammer-Purgstall, Stuttgart u. Tübingen 1813, S. 157-168. Im Brief an Schücking vom 6. 2. 1844 berichtet die Droste, dieses Buch habe vor 20 Jahren »Aufsehen« erregt und ihre Onkel von Haxthausen hätten es besessen. Ursprünglich hatte die Droste die Ballade als Teil des Zyklus *Klänge aus dem Orient* für die *Gedichte 1838* vorgesehen, wie sie Schlüter am 19. 7. 1838 schreibt: »ich habe, vor einiger Zeit, eine Anzahl morgenländischer Gedichte, zur Auswahl an Jungmann geschickt«. Schlüter und Junkmann berücksichtigten diese vermutlich aufgrund konzeptioneller Bedenken nicht für die Ausgabe. Schlüter schlägt vielmehr am 2. 8. 1838 vor, sie dem Herausgeber des ›Rheinischen Odeon‹, Ignaz Hub (1810-1880), zur Verfügung zu stellen.

Bajazet (S. 264)
Entstehung: 1835/36.
264, vor 1 *Bajazet*] Osmanischer Sultan.
264,4 *Samum*] Vgl. Anm. 239,102.
264,9 *Ibis*] Mittelgroßer, storchartiger Vogel, im alten Ägypten als »Heiliger Ibis« eine Gottheit.
265,32 *Kori*] Persische Münze.

Der Schloßelf (S. 266)
Entstehung: Winter 1840.
Erstdruck: Frauen-Spiegel. Vierteljahrschrift für Frauen, hg. v. Louise Marezoll, Bd. 2, Leipzig 1841, S. 292-295.
266, vor 1; 267,36 *Schloßelf/Elf*] »Elfen nennt die alte nordische Götterlehre zwergartige Geister, von denen die glänzenden und zugleich guten und schönen in dem Himmel, die bösen und häßlichen in der Erde hausen sollen.

⟨...⟩ Den Menschen fügen sie ungereizt kein Leid zu, treiben aber oft Scherz und Neckerei mit ihnen und suchen gern neugeborene Kinder zu vertauschen« (*Bilder-Conversations-Lexikon für das deutsche Volk*. ⟨...⟩, Bd. 1, Leipzig 1837, S. 652).

266,9-16 *Am* ⟨...⟩ *Flocke*] Diese Darstellung erinnert an das Relief an der Außenmauer des Turms von Hülshoff, das Heinrich I. von Droste-Hülshoff (1500-1570) darstellt und auch in *Bei uns zu Lande auf dem Lande* erwähnt wird: »Eques vexillum crucis sublevans cum molosso ad aquam hiante« (»Ein Reiter, die Kreuzesfahne aufnehmend, mit einem nach Wasser lechzenden Jagdhund«, Bd. 2, S. 174,7f.).

266,10 *Pannerherr*] Besitzer eines Lehens, der ein eigenes Banner (»Panner«) führen darf.

266,11 *kurbettierend*] Kurbettieren: Vollführen von Bogensprüngen des Pferdes in der Hohen Schule der Dressur.

266,13 *Tantalus*] Figur der griechischen Mythologie, die durch Mißachtung der Götter furchtbar bestraft wurde (sog. Tantalusqualen). Tantalus stand hungrig und durstig in der Unterwelt im Wasser, konnte aber weder das Wasser noch die über ihm hängenden Früchte erreichen.

266,14 *sein Docke*] Im maskulinen Artikel klingt noch die englische Herkunft des Wortes nach (vgl. Grimm, *Deutsches Wörterbuch*, Bd. 2, Sp. 1219); vgl. *Kurt von Spiegel* (S. 269,11), *Das Hospiz auf dem großen St. Bernhard* (2. Gesang, Bd. 2, S. 244,166).

266,25 *Ave, Maria*] Vgl. Anm. 242,21.

267,50 *Hinde*] Hirschkuh.

267,54 *Hagen*] Hag, vgl. Anm. 15,78.

267,58 *Heck*] Gartentor oder Schlagbaum einer Weideneinfriedung.

268,70 *bläulich Feuer*] Vgl. Anm. 235,59.

268,80 *Wasserlinsen*] Auch Entengrütze genannt.

268,86 *Polacken*] Polnisches Reitpferd.

Kurt von Spiegel (S. 268)
Entstehung: Frühjahr 1841.

Erstdruck: Ferdinand Freiligrath, Levin Schücking, *Das malerische und romantische Westphalen*, Barmen u. Leipzig 1842 ⟨1841⟩, S. 180-182. Die Droste wird als Verfasserin nicht genannt.

Es ist davon auszugehen, daß Schücking die Droste auf den Stoff zu dieser Ballade aufmerksam machte und sie daraufhin nach der genauen Quelle fragte. In einem Brief von März 1841 antwortet ihr Schücking: »Die Geschichte vom Kurt habe ich in Bessen gefunden, der Bischof ist Ferd⟨inand⟩ v. Fürstenberg.« Damit ist folgende Quelle gemeint: Georg Joseph Bessen, *Geschichte des Bisthums Paderborn*, 2. Bdch., Paderborn 1820. Dort heißt es: »Wie wenig Einfluß Gunst und Ansehen der Personen auf sein ⟨Ferdinand von Fürstenberg, 1626-1683, seit 1661 Fürstbischof von Paderborn⟩ Urtheil hatten, bewies er unter andern dadurch, daß er einen nahen Anverwandten hinrichten ließ, der zu Neuhaus muthwillig einen Menschen vom Dache geschossen hatte, und erst einige Jahre nach seiner Flucht sich wieder sehen ließ; denn sobald ihn Ferdinand erblickte, ließ er ihn einziehen, und nach dem Urtheile der Gerechtigkeit zu Wewelsburg bestrafen, ohne sich zu dessen Begnadigung durch die Zudringlichkeit seines Hofes verleiten zu lassen. Sein Grundsatz war: Gerechtigkeit geht über Verwandtschaft«. (2. Bdch., S. 236f.)

268,2; 269,38; 270,41,70 *Marschalks*] Das Erzamt des Marschalls war im Fürstbistum Paderborn Senioratslehen derer von Spiegel, der Herren auf der Wewelsburg.

268,6 *Anger*] Vgl. Anm. 93,23.

269,9 *Bügel*] Steigbügel.

269,11 *Dogge*] Mask., vgl. Anm. 266,14.

269,13,25,29 *Tüncher*] Weißer, Weißbinder, der die Wände verputzt.

269,16 *Des* ⟨...⟩ *Träne*] Der Hirsch soll angeblich nur im Tod eine Träne vergießen.

269,18 *Geweide*] Innereien des erlegten Wildes, das die Jagdhunde bekommen.

269,24 *Zimier]* Turmverzierung, First (von frz. »cimier«), »Helmverzierung« (vgl. Grimm, *Deutsches Wörterbuch*, Bd. 15, Sp. 1282-1284).

269,34 *Bohle]* Starkes Brett.

270,56 *Volkskomitaten]* Komitat: feierliche Begleitung eines ausstudierten, ›in patriam‹ ziehenden Burschen. Hier: Begleitung eines Bischofs.

270,60; 271,84 *Inful]* Ursprünglich eine Stirnbinde als Zeichen religiöser Weihe. Seit dem 11. Jahrhundert gleichbedeutend mit Priesterornat, Mitra.

270,63 *Truchseß]* Höfisches Amt, das für die Hofhaltung und die Bedienung des Speisenden Sorge zu tragen hat.

271,83 *Breve]* Kurzes, einfaches päpstliches Schreiben.

Der spiritus familiaris des Roßtäuschers (S. 272)
Entstehung: 1842. – Am 29. 12. 1842 schreibt die Droste an Schücking unter dem Datum des 27. 12.: »ich habe so eben ein größeres Gedicht beendigt, (von ohngefähr 600-700 Versen) ›der Spiritus familiaris des Roßtäuschers‹ – sieben Abtheilungen – eine Grimmsche Sage zum Grunde – sie gefällt sehr.« Der Text des *Spiritus familiaris* ist in einem Entwurf (Einleitung: MA I 36, 106; Text: MA III 24) und in einer Reinschrift als Druckvorlage überliefert.

Die im *Spiritus familiaris* dargestellte Thematik des Paktes zwischen Mensch und Teufel erinnert an den Faust-Stoff. Doch die literarische Wiederaufnahme des Motivkomplexes der Alraunen, Spiritus familiares, Galgenmännchen und Mandragoren erfolgte eigentlich erst in der Romantik, z. B. in der *Geschichte vom Galgenmännlein* (1810) Friedrich de la Motte-Fouqués oder in *Peter Schlehmils wundersame Geschichte* (1814) von Adelbert von Chamisso. Schließlich finden sich im 19. Jahrhundert zahllose Adaptionen gleicher und ähnlicher Themen etwa bei Heinrich Daniel Zschokke, Achim von Arnim, *Isabella von Ägypten* (1812), oder Robert Louis Stevenson, *The Bottle Imp* (1819).

In den Gedichtverzeichnissen der Droste, die sie während der Vorbereitungen der *Gedichte 1844* angelegt hat, wird dieses »größere Gedicht« entweder als »Ballade« bezeichnet, oder es findet sich unter die Balladen eingereiht. Das Inhaltsverzeichnis der *Gedichte 1844* setzt es dann aber wieder deutlich von ihnen ab; außerdem erhält der *Spiritus familiaris* ebenso wie die folgenden Versepen ein eigenes Vorsatzblatt. Die Frage der Gattungszugehörigkeit wird wohl offenbleiben müssen, auch die meisten Interpreten betonen die Mischform des *Spiritus familiaris* und umschreiben sie häufig mit Wendungen wie »balladenhaftes Versepos« o. ä.

Die ungewöhnliche Strophenform (vier achthebige, zwei vierhebige Jamben) des *Spiritus familiaris* hat keine Vorbilder. Die Angabe der Droste im Brief an Schücking vom 29. 12. 1842, das Gedicht umfasse 600-700 Verse, läßt erkennen, daß sie die vier Langzeilen zumindest zunächst als jeweils acht Verse zählte.

272,1 *spiritus familiaris*] Lat. »dienstbarer Geist«, s. auch den Vorspann der Droste.

272,2 *Roßtäuschers*] Roßkamm, Pferdehändler; das Gedicht trug im Entwurf (MA III 24) noch den Titel »Das Galgenmännlein des Roßkamms«.

273,38 *sumsende*] Diese Form im Entwurf und in der Druckvorlage, »sausende« (D²) wohl Lesefehler beim Druck.

275,8 *Sparren*] Holz, auf dem die Dachlatten befestigt werden (Grimm, *Deutsches Wörterbuch*, Bd. 10,1, Sp. 1947).

276,27 *Kärrner*] Fuhrmann, Karrenzieher.

276,32 *Paternoster*] Rosenkranz.

276,37; 293,372 *Kuppel*] Koppel, Gespann; gemeint sind hier zusammengebundene Pferde.

276,44 *Pistolen*] Alte Münzen.

277,57; 280,111,124; 293,375; 295,403 *Föhren/Föhrenwald*] Föhre: Kiefer.

277,61 *Lumpe*] Bei der Droste übliche Pluralbildung.

278,68 *Klappern*] Diese Form im Entwurf und in der Druckvorlage, »Klappen« (D²).

278,69 *Lederkatze*] Geldbörse.

279,88 *Schober*] Aufgeschichteter Heu- oder Getreidehaufen (Grimm, *Deutsches Wörterbuch*, Bd. 9, Sp. 1426).

279,88 *den Wurm ⟨...⟩ zucken*] Exakte zoologische Beschreibung eines parasitischen Befalls.

279,100; 283,176 *Sankt Thomas Turm*] Möglicherweise handelt es sich hier um einen Hinweis auf den von der Autorin imaginierten Schauplatz der Handlung, denn in Prag gibt es eine St. Thomas-Kirche.

280,116; 295,400 *Hügels Bug*] Bug bezeichnet »auch an andern sinnlichen wie übersinnlichen gegenständen krümmung und fuge« (Grimm, *Deutsches Wörterbuch*, Bd. 2, Sp. 495 mit Hinweis auf diesen Vers).

281,135f. *Kein ⟨...⟩ Rillen*] Vgl. S. 286,231f.: »Er steht und lauscht, er lauscht und steht, vernimmst du nicht ein feines Schrillen, | Ein Rieseln, wie wenn Sandgekörn auf Estrich stäubt durch schmale Rillen?«

281,140; 294,386 *Pfühl/Sterbepfühlen*] Pfühl, vgl. Anm. 252,14.

282,148 *Flammenschwert*] Der Erzengel Michael, der Bekämpfer von Teufel und Höllendrachen, wird seit dem frühen Mittelalter mit Schwert oder Lanze dargestellt.

282,152 *Marmelstein*] Marmor (Grimm, *Deutsches Wörterbuch*, Bd. 6, Sp. 1660).

282,158; 288,271 *Zähren*] Tränen.

283,165 *Knirren*] Vgl. Anm. 107,11.

283,172 *Bahrtuchs*] Bahrtuch: Leichentuch, das über eine Bahre oder einen Sarg gedeckt wird (Grimm, *Deutsches Wörterbuch*, Bd. 1, Sp. 1080).

284,198 *Lumpatia*] Lumpacius ist die scherzhafte Veränderung des Wortes Lump durch eine lateinische Endung (Grimm, *Deutsches Wörterbuch*, Bd. 6, Sp. 1292); hier ist wohl das Land der Lumpen gemeint.

284,200 *Falber*] Gelbliches Pferd.

284,200 *Bronnen*] Brunnen.

285,207 *Alräunchen*] Menschenähnlicher Wurzelstock der Mandragora officinarum, galt als Talisman, z. B. für die Erlangung von Geld.

286,226 *Franzenhange*] Ältere Form von Fransenbehang, gemeint ist hier der buschige Schwanz des Eichhörnchens.

286,231f. *Er* ⟨...⟩ *Rillen*] Vgl. S. 281,135f.: »Kein Ton, kein Räuspern, nur ein Laut wie scharfgeführter Feder Schrillen, | Und ein Geriesel wie wenn Sand auf Estrich stäubt durch schmale Rillen«.

286,242; 287,255 *Kolkes*] Kolk, vgl. Anm. 38,67.

287,250 *Wasserbungen*] Wasserpflanzen mit Bungen (Knollen); vgl. Bachbunge (Veronica beccabunga).

287,251 *Kanker*] Der »Kanker«, eine langbeinige Spinne, wird auch Weberknecht genannt; vgl. auch *Die Krähen* (S. 54,8).

288,272 *So* ⟨...⟩ *liegen*] Vgl. das Gleichnis vom verlorenen Sohn (Lk 15,11-32).

288,276; 289,292; 291,327,336 *Phiole*] Kugelförmige Glasflasche mit langem Hals (Grimm, *Deutsches Wörterbuch*, Bd. 7, Sp. 1833).

288,280 *Klepper*] Eigentl. ein Reitpferd, das einen bestimmten Gang geht, seit dem 18. Jahrhundert jedoch abschätzig für ein schlechtes Pferd (Grimm, *Deutsches Wörterbuch*, Bd. 5, Sp. 1148f.).

289,286 *rispelt*] Rispeln, vgl. Anm. 36,3.

289,295 *krimmelts*] Krimmeln, vgl. Anm. 35,44.

289,296 *Polyp*] Aus griech. »Vielfuß« abgeleitete Bezeichnung besonders für Quallen und andere Hohltiere.

290,308 *Borden*] Bord: Ufer, Rand.

290,310 *Prophete*] Gemeint ist der Prophet Jesaja, der die Eroberung Babels (Babylons) weissagte (Jes 46f.).

290,312 *Salvator*] Salvator Rosa (1615-1673), italienischer Maler und Radierer.

290,314 *Mauerspinde*] Mauernische.

290,322 *Polacken*] Polnisches Pferd (Grimm, *Deutsches Wörterbuch*, Bd. 7, Sp. 1975).

291,328 *nagend*] ragend (D²), Druckfehler.

292,350 *Schlossenpfeifen*] Schlossen, vgl. Anm. 163,38.

292,352 *niederzuckt*] »niederzackt« in der Druckvorlage, möglicherweise Eingriff Schückings?

292,358 *Loh'*] Lohe, vgl. Anm. 56,77.

293,362 *Brauen*] Vgl. Anm. 48,29.

293,363 *Scheiterhaufen*] Die Droste spielt hier wohl auf die Hinrichtungen der Inquisition an.

293,364 *Schächer*] Räuber, Verbrecher, Mörder (Grimm, *Deutsches Wörterbuch*, Bd. 8, Sp. 1959).

293,376 *Angelus* 〈...〉 *Ave*] Vgl. Anm. 65,19.

293,378 *des Westes*] Des Westwindes.

294,382 *Elfenschritten*] »Isländische Sagen 〈...〉 schildern sie 〈die Elfen〉 als zierliche, fröhliche Wesen, die des Nachts auf den Wiesen Ringeltänze halten, wovon man die Spuren am Morgen im Grase sieht, und die Denen sichtbar werden, welche zufällig in einen solchen Elfenring gerathen« (*Bilder-Conversations-Lexikon für das deutsche Volk.* 〈...〉, Bd. 1, Leipzig 1837, S. 652. Zum Phänomen der Elfen vgl. Anm. 266, vor 1).

294,385 *Anger*] Vgl. Anm. 93,23.

295,403 *Hagen*] Hag, vgl. Anm. 15,78.

295,415 *Mähder*] Jemand, der mäht (Grimm, *Deutsches Wörterbuch*, Bd. 6, Sp. 1450).

GEDICHTE
IN EINZELVERÖFFENTLICHUNGEN

Achtzehn Gedichte, die sie nicht in die *Gedichte 1844* aufgenommen hatte oder die während der Druckvorbereitungen bzw. nach der Veröffentlichung der Sammlung entstanden sind, veröffentlichte die Droste zwischen 1844 und 1847 in acht verschiedenen Publikationsorganen. Unter diesen Gedichten lassen sich verschiedene Gruppen erkennen.

Diejenigen dieser Gedichte, die 1844 im ›Morgenblatt‹ erschienen sind *(Das Ich der Mittelpunkt der Welt, Spätes Erwachen, Die tote Lerche, Lebt wohl)*, sollten zum einen als Dank für Schückings Engagement beim Zustandekommen der *Gedichte 1844*, zum anderen als Gegenleistung für das von Cotta erhöhte Honorar gelten (vgl. Brief der Droste an Louise Schücking, 4. 3. 1844 unter dem Datum des 29. 2.). Zu dieser Zeit hatte Schücking die Droste auch um Gedichte für einen gemeinsam mit Emanuel Geibel geplanten, später nicht realisierten ›Musenalmanach‹ gebeten (vgl. Brief Schückings an die Droste, 4. 3. 1844). In der Folgezeit unterschied die Droste vielleicht nicht mehr genau zwischen den Gedichten, die für das ›Morgenblatt‹ bzw. für den ›Musenalmanach‹ vorgesehen waren; am 24. 3. 1844 schickte sie Schücking »ein halbes Dutzend Gedichte« *(Der sterbende General, Mondesaufgang, Gemüt, Silvesterabend, Der Nachtwandler, Einer wie Viele, und Viele wie Einer)* und bemerkte am 17. 4. 1844: »Von den *Gedichten* nehmen Sie was Ihnen ansteht, Sie sehn an Varianten habe ich's nicht fehlen lassen, bald darüber, bald daneben geschrieben, wie es der Raum mit sich brachte«. Über diese, zunächst für den ›Musenalmanach‹ vorgesehenen Gedichte hinaus kündigt die Droste Schücking im selben Brief weitere Gedichte an, die ihrer Ansicht nach aus terminlichen Gründen nicht mehr für den ›Musenalmanach‹ in Frage kämen, aber sie wolle das »Dutzend« voll machen. Zu diesen bereits oben als ›Morgenblatt‹-Gedichte erwähnten Texten sind noch *Halt fest!*, *Doppeltgänger* und *Der Dichter – Dichters Glück* hinzuzuzählen, die die Droste dem Ehepaar Schücking bei seiner Abreise am 30. 5. 1842 von der Meersburg mitgegeben hat (außerdem noch *An einen Freund, An Philippa. Wartensee, den 24. Mai 44*).

Eine geschlossene Veröffentlichung dieser Gedichte kam nicht zustande, zumal Schückings und Geibels ›Musenalmanach‹-Projekt scheiterte. Das Gedicht *Gemüt* überließ Schücking Eduard Boas für sein gemeinsam mit M. Solitar (d. i. Woldemar Nürnberger) herausgegebenes Jahrbuch ›Charitinnen‹, Carl Ferdinand Dräxler-Manfred erhielt *Mondesaufgang* für das ›Rheinische Taschenbuch auf das Jahr 1846‹ und *Der sterbende General* sowie *Silvesterabend* erschienen 1847 in Gottfried Kinkels Jahrbuch ›Vom Rhein‹. Erst in Schückings postumer Ausgabe *Letzte Gaben* (Hannover 1860) gelangten *Der Nachtwandler, Einer wie Viele, und Viele wie Einer, Halt fest!, Der Dichter – Dichters Glück* und *An Philippa* zum ersten Abdruck; *An einen Freund* (»Zum zweiten Male will ein Wort«) erscheint erst vollständig in Schückings *Droste-Werkausgabe* (1878/79).

An das »Feuilleton« der ›Kölnischen Zeitung‹ schickte die Droste wohl auf eigene Initiative die Gedichte *Grüße, Im Grase, Die Golems* und den Zyklus *Volksglauben in den Pyrenäen*, um auf diese Weise das Erscheinen einer Erzählung der Elise von Hohenhausen in der ›Kölnischen Zeitung‹ zu protegieren (vgl. Brief an Schücking, 31. 10. 1844).

Im Herbst 1845 trat Schücking als Redakteur des »Feuilletons« in die ›Kölnische Zeitung‹ ein und bat die Droste vorab am 21. 7. 1845 um Gedichte, die er dort und im von ihm übernommenen ›Rheinischen Jahrbuch‹ veröffentlichen könne. Wiederum sandte ihm die Droste am 25. 8. 1845 von Abbenburg aus sechs Gedichte: *Gastrecht, Auch ein Beruf, Zwei Legenden (Gethsemane, Das verlorne Para-*

dies), Carpe Diem! und *Unter der Linde.* Im ›Rheinischen Jahrbuch‹ erschienen 1845 *Gastrecht* und *Auch ein Beruf.* Zur Veröffentlichung der übrigen Gedichte in der ›Kölnischen Zeitung‹ kam es nicht mehr, da der Bruder der Droste, Werner von Droste-Hülshoff, im November 1845 intervenierte und seiner Schwester von einer Publikation abriet, weil diese Zeitung »die katholische Religion schlecht« mache (s. S. 880). Die übrigen Gedichte erschienen nach dem Tod der Autorin wiederum in Schückings *Letzte Gaben* (1860).

Die Gedichte *Das Bild, Das erste Gedicht* und *Durchwachte Nacht* hatte die Droste im März 1845 Mathilde Franziska von Tabouillot (1817-1884) für deren *Producte der Rothen Erde* (1846) überlassen.

Das Gedicht *Schloß Berg* hatte dagegen ein kurioses Schicksal. In die *Gedichte 1844* nahm die Droste das Gedicht nicht auf, weil es ihr »mordschlecht« erschien (Brief an Schücking, 6. 2. 1844). Allerdings hatte sie schon 1836 eine frühere Fassung Otmar Schönhuth für dessen ›Alpina‹ überlassen. Schönhuth veröffentlichte den Text jedoch erst elf Jahre später, vermutlich ohne Wissen und erneute Zustimmung der Droste, in den ›Monat-Rosen‹.

Eine Außenseiterrolle unter den Gedichten in Einzelveröffentlichungen nimmt das Gedicht *Gruß an »das Herrle«* ein, das am 21. 8. 1841 im Anzeigenteil des ›Westfälischen Merkur‹ als Gruß für Joseph von Laßberg, erschien.

Gruß an »das Herrle« (S. 299)

Entstehung: August 1841.

Erstdruck: Westfälischer Merkur, Beilage zu Nr. 201, 22. 8. 1841.

Etwa ab Anfang August 1841 hielt sich die Schwester der Droste, Jenny von Laßberg, mit ihren beiden Töchtern, den Zwillingen Hildegard und Hildegunde, zu Besuch im Rüschhaus auf. Das Tagebuch Jenny von Laßbergs belegt, daß die Korrespondenz mit dem auf der Meersburg zurückgebliebenen Joseph von Laßberg äußerst rege war. Aus

dieser Zeit existiert auch ein gereimter vierstrophiger Gruß
Laßbergs an seine in Westfalen weilende Frau und seine
Töchter (*Ungedrucktes von Annette von Droste-Hülshoff*, hg. v.
Karl Schulte Kemminghausen, Münster 1925, S. 53). In
diesem Zusammenhang, vielleicht als Antwort, entstand
das Grußgedicht, das man wohl als Überraschung in der
Beilage des ›Westfälischen Merkurs‹ vom 22. 8. 1841 zwi-
schen Bekanntmachungen und Anzeigen einrücken ließ.
Laßberg hielt den ›Merkur‹ auf der Meersburg. Vielleicht
ließ man aus Sparsamkeitsgründen eine Strophe des in der
Handschrift (MA I 87) zweistrophigen Gedichts fort. Bis
auf eine Ausnahme (v. 3 »klarem« statt »hellem«) ist sie mit
dem hier abgedruckten Text identisch. Die zweite Strophe
lautete:
> Und wenn sie lachen aus Herzensgrund
> Wie Kätzchen springt, das neckische Thier
> Und täppisch hascht nach des Knäuels Rund
> Und wenn sie lauschen der Avantür
> Mit einmahl dann ihrer Augen Stern
> Sie heben verständig und wohlbedacht,
> Und sprechen sinnend »jetzt wüßt ich gern
> Was wohl doch eben das Herrle macht.«

Aus einem Brief Joseph von Laßbergs an seine Frau Jenny
vom 26. 8. 1841 geht hervor, daß die Überraschung gelun-
gen war: »ja sogar der Wesph. ⟨!⟩ Merkur war diesmal so
galant & brachte dem Herrle einen schönen & lieben Gruß
von Nette. Das ist viel Glück auf einmal. Das kleine Ge-
dichtchen ist wirklich allerliebst« (Universitätsbibliothek
Münster, Nachlaß Schulte Kemminghausen).

299,1 *Zwei Kinder]* Hildegard (1836-1909) und Hilde-
gunde (1836-1914) von Laßberg.

299,5f. *rot/blauen]* Vgl. ⟨*Gundel*⟩: »Ich bin die rote, und
sie ist die blaue« (S. 667,1).

Das Ich der Mittelpunkt der Welt (S. 299)
Entstehung: Mai 1844.
Erstdruck: Morgenblatt, Nr. 192, 10. 8. 1844.

Schücking berichtet in *Annette von Droste. Ein Lebensbild* (Hannover 1862, S. 28), er sei als der im Gedicht genannte »Freund« anzusehen. Außerdem habe er die Droste aufgefordert »ganz ihrem eigenen Drange zu folgen und mit etwas mehr Egoismus sich selbst als Mittelpunct der Welt zu betrachten«. Der Gedichttitel wird später in Schückings Roman *Die Heiligen und die Ritter* (Hannover 1873, Bd. 2, S. 64) in einem Gespräch der Figuren Gerwin und Ludmilla zitiert: »Sie sollten einmal, statt immer Andere als den Mittelpunkt Ihrer Existenz zu betrachten, sich selbst als einen Mittelpunkt, das Ich als Mittelpunkt der Welt betrachten.«

299,1 *die Phrase*] Redensart.

299,2-4 *»Wer ⟨...⟩ fangen.«*] Alwin Binder (*Vormärz als Kontext*. Zu Annette von Droste-Hülshoffs Gedicht »Das Ich der Mittelpunkt der Welt«, in: Beiträge zur Droste-Forschung 5 [1978-82], S. 62-83, hier S. 66) erwägt, daß diese Verse auf eine Diskussion zwischen der Droste und Schücking über eine These von Max Stirner (1806-1856) in seinem Werk *Der Einzige und sein Eigentum* (1844) zurückgehen könnten.

299,9-12 *Wie könnte ⟨...⟩ ergießen!*] Vgl. Offb 16,1: »Dann hörte ich, wie eine laute Stimme aus dem Tempel den sieben Engeln zurief: Geht und gießt die sieben Schalen *mit dem Zorn Gottes über die Erde!*«

299,9; 300,48 *Born*] Poetisch für Wasserquelle, Brunnen.

300,28 *Heller*] Kleinste Kupfermünze in Deutschland bis zur Einführung von Mark und Pfennig (1873).

Spätes Erwachen (S. 301)

Entstehung: Mai 1844.

Erstdruck: Morgenblatt, Nr. 197, 16. 8. 1844.

Der Titel im Entwurf (MA I 99) lautete »Spätes Erwachen | an Amalie H.« Zur Person von Amalie Hassenpflug vgl. Anm. zu *Der Traum. An Amalie H.* (S. 120).

301,10 *beut*] Bietet.

302,36 *Blumenflor*] Flor: dünnes, zartes Gewebe.

302,43 *Borden*] Bord: Ufer, Rand.

Die tote Lerche (S. 303)
Entstehung: Mai 1844.
Erstdruck: Morgenblatt, Nr. 207, 28. 8. 1844.
303,6,16 *Wie ⟨...⟩ Licht]* Vgl. die sprichwörtliche Redeweise »Die mücke fliegen so lang umbs liecht, biss sie versengt sein (die Flügel verbrannt haben)« (Wander, *Deutsches Sprichwörter-Lexikon*, Bd. 3, Sp. 739), auch das emblematische Bild als Sinnbild der Liebe bzw. der Aufopferung (Henkel, Schöne, *Emblemata*, Bd. 1, S. 910).

Lebt wohl (S. 304)
Entstehung: Mai 1844. Das Gedicht entstand zum 30. 5. 1844, als Levin Schücking und seine Frau Louise ihren Aufenthalt auf der Meersburg beendeten.
Erstdruck: Morgenblatt, Nr. 207, 28. 8. 1844.
Der Titel lautete im Entwurf (MA I 96) noch »An L und L«. Der spätere Titel *Lebt wohl* ist offenbar ein Anklang an Byrons *Farewell! If Ever Fondest Prayer* (1813), das die Droste gekannt hat (vgl. John Guthrie: »[...] Kein weiblicher Byron«. Zur Byron-Rezeption der Droste am Beispiel von »Lebt wohl«, in: Droste-Jahrbuch 2 [1988-90], S. 36-50, hier S. 42f.). Winfried Woesler (*»Lebt wohl« – Die Wiederbegegnung der Droste mit Schücking auf der Meersburg im Mai 1844*, in: Droste-Jahrbuch 1 [1986/87], S. 53-72, hier S. 71f.) weist aber noch auf zwei andere bekannte Abschiedsszenen hin: In Goethes *Iphigenie* entläßt Thoas Iphigenie und Orest mit den Worten »Lebt wohl«. Im antiken Ariadne-Mythos verläßt Theseus die ihn liebende Ariadne auf Naxos in einem Segelschiff, obwohl Ariadne ihm mit Hilfe eines Wollknäuels den lebensrettenden Weg aus dem Labyrinth des Minotaurus gewiesen hatte.
304,9 *Bord]* Ufer, Rand.
304,14 *Erschüttert, aber nicht zerdrückt,]* Erschüttert aber nicht zerdrückt (D).
304,22 *Äther]* Himmel.

Grüße (S. 305)
Entstehung: Juni-Oktober 1844, sicherlich noch in Meersburg konzipiert.
Erstdruck: Kölnische Zeitung, Nr. 319, 14. 11. 1844.
305,25 *Du Vaterhaus]* Hülshoff.
306,37 *Gleise]* Wagenspuren.
306,41 *Dach]* Gemeint ist das Rüschhaus.
306,42 *Die treuste Seele]* Gemeint ist wohl die Amme Maria Katharina Plettendorf geb. Wortködter (1765-1845); vgl. Anm. 155,36.
306,54 *Äther]* Himmel.

Im Grase (S. 306)
Entstehung: Juni-Oktober 1844.
Erstdruck: Kölnische Zeitung, Nr. 329, 24. 11. 1844.

Die Golems (S. 307)
Entstehung: Oktober/November 1844.
Erstdruck: Kölnische Zeitung, Nr. 350, 15. 12. 1844.
Ein Golem ist eigentlich ein kabbalistisch erschaffener Homunculus, hergestellt durch die geordnete Rezitation der denkbaren schöpferischen Buchstabenkombinationen. Dieser Vorstellung liegt eine magische Auffassung von der Wunderkraft der Buchstaben und Worte zugrunde. Literarische Bearbeitungen der jüdischen Golem-Legende finden sich bei Achim von Arnim, E. T. A. Hoffmann und Berthold Auerbach. Die Vorstellung der Droste geht auf die hebräische Sage zurück, nach der den zu Menschen geformten Lehmklößen durch Magier Leben eingehaucht werden konnte, ohne daß diese erschaffenen Wesen menschliche Empfindungen annahmen. Auch im Gedicht *Halt fest!* thematisiert die Droste die Golem-Legende in der fünften Strophe. Zum Motivkomplex vgl. Clemens Heselhaus, *Die Golem-Gespenster der Droste-Hülshoff*, in: Droste-Jahrbuch 1 (1986/87), S. 129-156.
307,2 *Seraph]* Sechsflügeliger Engel des Alten Testaments.

307,7 *Brau'*] Vgl. Anm. 48,29.

308,16 *Ach* ⟨...⟩ *gebären*] Vgl. die sprichwörtliche Redewendung »Die Berge kreissen, um ein Mäuslein zu gebären« (Wander, *Deutsches Sprichwörter-Lexikon*, Bd. 1, Sp. 313).

Volksglauben in den Pyrenäen (S. 309)

Entstehung: 21. 3.-9. 4. 1845.

Erstdruck: Kölnische Zeitung − *Silvesterfei:* Nr. 106, 16. 4. 1845; *Münzkraut:* Nr. 107, 17. 4. 1845; *Der Loup Garou:* Nr. 108, 18. 4. 1845; *Maisegen:* Nr. 110, 20. 4. 1845; *Höhlenfei:* Nr. 111, 21. 4. 1845; *Johannistau:* Nr. 112, 22. 4. 1845.

Als Quelle dürfte der Droste wohl der Aufsatz *Aberglaube in den Pyrenäen* im ›Pfennig-Magazin der Gesellschaft zur Verbreitung gemeinnütziger Kenntnisse‹ (Bd. 8, Nr. 401, 5. 12. 1840, S. 386f.) gedient haben. Hier werden alle Gebräuche so geschildert, wie sie die Droste in eine poetische Form übertragen hat. Als bislang stets vermutete Quellen kommen vermutlich ferner die Artikelserie *Aus den Hochpyrenäen* von W. v. R. (d. i. W. von Rhez) im ›Morgenblatt‹ (Nr. 138-142, 8. 6.-13. 6. 1844; Nr. 167-170, 12. 7.-16. 7. 1844; Nr. 174-178, 20. 7.-25. 7. 1845) sowie das Werk *Voyages pittoresques dans l'ancienne France* von Charles Nodier (Paris 1820-29) weniger in Frage. Der Gedichtzyklus der Droste ist von der Pyrenäenbegeisterung der Zeit geprägt, wie sie sich auch z. B. in Heinrich Heines Versepos *Atta Troll* (1847) zeigt.

I. *Silvesterfei* (S. 309)

309, vor 1; 310,26 *Silvesterfei/Fei*] Fei: Fee, vgl. Anm. 46,66. – Vgl. auch den oben erwähnten Artikel im ›Pfennig-Magazin‹: »In dem Thale von Barousse, das unter allen Pyrenäenthälern wol das am wenigsten bekannte ist, kommen die Feen in der Sylvesternacht in die Häuser ihrer Verehrer und bringen in ihrer rechten Hand das Glück in Gestalt eines blumenbekränzten, in ihrer linken Hand das

Unglück in Gestalt eines weinenden Kindes. In einem reinlichen Zimmer richtet man ein Mahl für sie her; ein weißes Tuch bedeckt den Tisch, auf welchem ein Laib Brot, ein Messer, ein Krug Wasser oder Wein, ein Becher und ein Licht sich befinden. Derjenige, welcher diesen geisterhaften Wesen die beste Nahrung bietet, darf hoffen, seine Heerde vermehrt, seine Ernten gesegnet und seine theuersten Wünsche durch eine Heirath gekrönt zu sehen« (S. 386).

309,4 *Eppich]* Efeu.

309,13 *Escout]* Nach Schwering (*Droste-Werkausgabe*, Bd. 6, S. 132) gibt es »drei Dörfer dieses Namens in der Nähe von Oloron«. Die Droste hat Escout in die Nähe des Ortes Bagnères-di-Bigorre verlegt.

309,17 *Barren]* Weidebegrenzung, Schlagbaum.

310,37 *risch]* Nebenform zu rasch (Grimm, *Deutsches Wörterbuch*, Bd. 8, Sp. 1039).

310,41 *Bearnerin]* Bewohnerin der südwestlichen Grenzlandschaft Béarn.

310,49; 311,75 *Leilach]* Laken, Tuch.

311,58 *Föhren]* Kiefern.

II. *Münzkraut* (S. 312)

312,95 *Windeln]* Windel: Windung.

312,97,105 *Riff/Riffes]* »felsenklippen im hochgebirge« (Grimm, *Deutsches Wörterbuch*, Bd. 8, Sp. 955). Ähnliche Verwendung des Wortes auch in *Das Hospiz auf dem großen St. Bernhard* (2. Gesang, Bd. 2, S. 249, 324).

312,111-314,152 *»Liebe 〈...〉 Himmelskönigin!«]* Vgl. den oben erwähnten Artikel im ›Pfennig-Magazin‹: »Auch scheinen sie hinsichtlich gewisser Pflanzen mit den alten Gebräuchen der Druiden bekannt zu sein; erkrankt ein Kind, so ruft die Amme den Stengel einer Münzpflanze als die Gottheit an, welche Hülfe gewähren kann, bringt ihm ein Opfer von Brot und Salz, redet ihn in Person an und wiederholt die Ceremonie neun Mal. Die Pflanze stirbt, das Kind wird geheilt« (S. 386).

312,114 *Sankt Battista*] Johannes der Täufer.
313,127 *Bregnoles*] Nicht nachgewiesen.
313,142 *Heil'ge Fraue von Embrun*] Embrun: Stadt im französischen Departement Hautes-Alpes. Die romanische Kathedrale Notre Dame d'Embrun war auch für zahlreiche französische Könige Wallfahrtsstätte.
313,145 *Treuring*] Trauring.

III. *Der Loup Garou* (S. 314)

In dem oben genannten Artikel im ›Pfennig-Magazin‹ heißt es zum »Loup Garou«: »Sie geben den Namen Loup-Garou (Währwolf) ⟨Werwolf⟩ einem höchst wandelbaren Geiste, der in verschiedenen Gestalten, zuweilen als blendendweißer Hund, auf Kreuzwegen erscheint und Ketten schleppt, deren Gerassel schon von weitem hörbar ist« (S. 386).

315,181 *Bagneres*] Bagnères-di-Bigorre am Fuß des Pic du Midi.
315,191 *Riff*] Vgl. Anm. 312,97,105.
315,208 *die Bühne*] Hier: Dachboden, Speicher (Grimm, *Deutsches Wörterbuch*, Bd. 2, Sp. 509).
316,218 *das Scheuel*] Scheusal.
316,222 *Bord*] Ufer, Rand.
316,223,232 *Tobelgrunde/Tobel*] Tobel, vgl. Anm. 75,1.
316,227 *Heilige Frau von Embrun!*] Vgl. Anm. 313,142.
316,229 *Irrlicht*] Vgl. Anm. 64,46.
316,231 *Toteneul'*] Das Erscheinen der Toteneule wird von abergläubigen Menschen für ein böses Zeichen oder als Hinweis auf einen bevorstehenden Todesfall gehalten (Grimm, *Deutsches Wörterbuch*, Bd. 11,1,1 Sp. 600).

IV. *Maisegen* (S. 316)

Vgl. den oben erwähnten Artikel im ›Pfennig-Magazin‹: »Als das Merkwürdigste verdient zuletzt noch ein Überrest des alten Sonnendienstes erwähnt zu werden. In einigen Districten versammelt sich, wenn der Schnee geschmolzen ist, das Volk vor Sonnenaufgang, ersteigt einen Berg, stellt sich im Kreise auf und harrt schweigend des Aufgangs der Sonne; bei ihrem Erscheinen fängt der Älteste in der Versammlung an zu beten, wobei die übrigen still zuhören. Hierauf theilen die Hirten die Weiden und Sennhütten unter sich aus und bilden, ehe sie sich trennen, ihre Genossenschaften ⟨...⟩. Nach der Wahl treten diese Anführer zusammen und schwören, Gott zu lieben, Reisenden und Wanderern Beistand zu leisten, ihnen Milch und Feuer, sowie ihre Mäntel und Hütten anzubieten, die Quellen zu ehren und über ihre Heerden mit Sorgfalt zu wachen« (S. 387).

316,234 *Panier*] Vgl. Anm. 90,30.

316,239 *Rellmaus*] Siebenschläfer.

317,242; 318,280; 319,318 *Firnen/Firnaltaren/Firnenluft*] Firn: vorjähriger Schnee, Altschnee.

317,247 *Pointe de Droux*] Eine Felsspitze in den Pyrenäen.

317,260 *Riffes*] Vgl. Anm. 312,97,105.

317,264 *Gletscherbord*] Bord: Rand.

317,274 *Gestrählte*] Strählen, vgl. Anm. 135,251.

318,289 *Hag*] Vgl. Anm. 15,78.

318,291,299 *Sankt Anton den Siedel*] Der hl. Antonius (251/52-356) wurde »der Einsiedler« genannt, im Unterschied zum hl. Antonius von Padua (1195-1231). Vgl. *Die Schlacht im Loener Bruch* (Bd. 2, S. 316, 1016).

318,291 *Renée*] Renate.

318,292 *Martin von Tours*] Der hl. Martin war Bischof in Tours.

318,307 *Autun*] Stadt im französischen Departement Saône-et-Loire.

318,308 *Fraue von Embrun*] Vgl. Anm. 313,142.

319,315 *Adour*] Fluß im Südwesten Frankreichs, Hauptsammelrinne für die aus den westlichen Pyrenäen kommenden Gewässer.

319,327 *Äthermeere*] Äther: Himmel.

319,329 *Angelusgeläute*] Der »Angelus Domini« (»Engel des Herrn«) bezeichnet ein dreimal täglich zu betendes katholisches Gebet, das jeweils durch Glockenzeichen angekündigt wird. Vgl. auch Anm. 65,19.

319,330 *Escout*] Vgl. Anm. 309,13.

V. *Höhlenfei* (S. 319)

319, vor 1; 320,339; 321,393 *Höhlenfei/Fei*] Fei: Fee, vgl. Anm. 46,66.

319,333 *Bord*] Ufer, Rand.

320,355 *Reich* ⟨...⟩ *Grund*] Vgl. den oben erwähnten Artikel im ›Pfennig-Magazin‹: »Verlangst Du nach Reichthümern dieser Welt – sagt der Bearner – so verehre die Fee, welche in der Höhle unter der Eiche von Escout wohnt, lege hier einen Beutel nieder, rufe den Lenker des Schicksals an und entferne Dich wieder. Kehrst Du dann nach einigen Stunden zurück, so findest Du den Beutel mit Gold und Silber gefüllt« (S. 386).

320,364; 321,392 *Liard*] Alte französische Silber-, später Kupfermünze.

321,386 *Schart*] Ausgebrochenes, abgeschlagenes Stück (Grimm, *Deutsches Wörterbuch*, Bd. 8, Sp. 2222,2224 mit Verweis auf diesen Vers).

VI. *Johannistau* (S. 321)

322,404 *Sankt Johannis Bad*] Vgl. den oben erwähnten Artikel im ›Pfennig-Magazin‹: »Die Bewohner der Pyrenäen verehren noch heute in gewissem Grade Quellen, Seen und Flüsse, weshalb sie Münzen, Lebensmittel oder Kleidungsstücke hineinwerfen. Am Abend vor St. Johannis ⟨24. Juni⟩ waschen sie ihre Augen oder andere durch Krankheiten geschwächte Theile ihres Körpers mit Thau, und wer eine Hautkrankheit hat, wälzt sich in thaunassen Kornhaufen« (S. 386).

322,419 *Anger*] Vgl. Anm. 93,23.

Das Bild (S. 323)

Entstehung: März 1845.
Erstdruck: Producte der Rothen Erde, gesammelt von

Mathilde Franziska von Tabouillot, Münster 1846, S. 515
bis 518.

323,3; 324,24 *Brauen*] Vgl. Anm. 48,29.

323,16 *Hag*] Vgl. Anm. 15,78.

323,19; 325,73 *Flor/Flore*] Dünnes, Zartes Gewebe.

324,29 *Äther*] Himmel.

325,61 *Pharus Licht*] Der von Ptolemaios II. Philadelphos erbaute, 280/279 v. Chr. vollendete Leuchtturm auf der Halbinsel Pharos vor Alexandria galt in der Antike als eines der Sieben Weltwunder. Vgl. auch *Am dritten Sonntage nach Pfingsten* (S. 433,39).

325,74 *Rust*] Ruhe, Rast.

326,85 *Bronnen*] Brunnen.

Das erste Gedicht (S. 326)

Entstehung: März 1845.

Erstdruck: Producte der Rothen Erde, gesammelt von Mathilde Franziska von Tabouillot, Münster 1846, S. 519 bis 521.

In einer Reinschrift des Meersburger Nachlasses (MA I 28) weist die folgende Strophe:

> Mit einmahl will mir's tagen,!
> Es war – ich irre nicht, –
> In Goldpapier geschlagen
> Mein allererst Gedicht;
> Mein Lied vom Hühnchen, was ich
> So still gemacht, bey Seit',
> Mich so geschämt, und das ich
> Der Ewigkeit geweiht.

noch deutlicher als die Fassung des Erstdrucks auf die kindlichen Verse ⟨*Komm Liebes Hähnchen komm heran*⟩ (S. 586) aus dem August 1804 zurück.

326,8 *Weih*] Der oder die Weih(e), vgl. Anm. 24,48.

327,32 *Hahnenbalken*] Häufig der oberste Querbalken unter dem Dachfirst, auf dem der Hahn schläft (Grimm, *Deutsches Wörterbuch*, Bd. 4,2, Sp. 165).

327,34 *falb*] Von gelber Farbe (Grimm, *Deutsches Wörterbuch*, Bd. 3, Sp. 1267).

327,37 *Brodem]* Qualm, Dampf, Dunst.
328,47,71 *Sparren]* Vgl. Anm. 275,8.
328,80 *Idol]* Griech. »Götzenbild, Abgott, (falsches) Ideal.«

Durchwachte Nacht (S. 329)
Entstehung: März 1845.
Erstdruck: Producte der Rothen Erde, gesammelt von Mathilde Franziska von Tabouillot, Münster 1846, S. 522 bis 525. (D)
Folgende Verse sind teils wörtlich, teils leicht variiert dem zu Lebzeiten nicht veröffentlichten Gedicht *Doppeltgänger* (S. 535) entnommen: *Durchwachte Nacht*, v. 23-26 entsprechen *Doppeltgänger*, v. 3-6; v. 63-65 = v. 17-19; v. 68-70 = v. 22-24.
329,10 *Sparren]* Vgl. Anm. 275,8.
329,11 *Färse]* Weibliches Rind, das zum ersten Mal trägt.
330,33 *Seiger]* Landschaftlich für Uhr.
330,38 *Syringen]* Bot.: Syringa vulgaris, Flieder.
330,43 *kollerts]* Kollern, vgl. Anm. 51,11.
331,65 *Daguerre]* Louis Jacques M. Daguerre (1787 bis 1851) erfand 1837 das älteste photographische Verfahren (Daguerreotypie). Es existieren auch drei Daguerreotypien der Droste aus dem Jahr 1845. Vgl. auch Anm. 665,6).
332,96 *schmettern]* schmetten (D), Druckfehler.

Mondesaufgang (S. 332)
Entstehung: März 1844.
Erstdruck: Rheinisches Taschenbuch auf das Jahr 1846, hg. v. C⟨arl Ferdinand⟩ Dräxler-Manfred, Frankfurt/Main 1845, S. 231-232. (D)
332,5 *Dehnen]* (1) Stöhnen (2) Dehnen, Alternativvarianten der Reinschrift (Bibliotheca Bodmeriana, Cologny-Genève). Schücking entschied sich in der Vorlage für den Erstdruck für die zweite Variante; im Entwurf (MA I 27) existiert nur »Stöhnen«.

332,11,22 *Phalänen]* Vgl. Anm. 37,32.

332,12,21 *Feuerfliege]* Musca aestuans.

333,26 *Warnungsflüstern]* Vgl. *Meine Toten* (S. 92,21).

333,29 *müsse]* müßte (D), korrigiert nach der Reinschrift.

333,33 *Silberfor]* Flor: dünnes, zartes Gewebe.

Gastrecht (S. 333)

Entstehung: August 1845.

Erstdruck: Rheinisches Jahrbuch, hg. v. Levin Schücking. 1. Jg., Köln 1846, S. 244-247. (D)

Dieses Gedicht gehört zu den sogenannten »Abbenburger Gedichten« (neben *Gastrecht* noch *Gethsemane, Das verlorne Paradies, Auch ein Beruf, Carpe Diem!* und *Unter der Linde*), die auf Schückings Bitte hin entstanden sind. Zu den Arbeitsumständen sowie zu deren Bewertung äußert sich die Droste im Brief an Schücking vom 25. 8. 1845: »Ich habe die Gedichte Abends im Bette machen müssen, wenn ich todtmüde war, es ist deshalb auch nicht viel Warmes daran, und ich schicke sie eigentlich nur um zu zeigen daß ich für Sie, liebster Levin, gern thue was ich irgend kann; – Zum Durchfeilen ist mir nun vollends weder Zeit noch Geistesklarheit geblieben, doch sind mir, wie Sie sehen, unter dem Schreiben allerley Varianten eingefallen, unter denen Sie (falls Sie die Gedichte aufnehmen, was ich aber, aufrichtig gesagt, nicht erwarte) wählen mögen«. Im Druck ließ Schücking zwei Alternativvarianten stehen: v. 4: »nobel«/»geistreich« und v. 22: »feines«/»seltsam«. In den vorliegenden Text sind die Varianten »geistreich« und »seltsam« aufgenommen worden, die als einzige auch im Entwurf (MA I 14) stehen.

333,3 *fast,]* fast. (D), Druckfehler.

333,5 *Ambraduft]* Ambra: Wachsartige, duftende Darmausscheidung der Pottwale, die zur Parfümherstellung verwandt wird.

334,10 *Naphta]* Stark duftendes Bergöl, vgl. Anm. 24,42.

335,47.50 *Sonde*] Ärztliches Instrument zur Untersuchung einer Wunde oder einer Stelle, die mit der Hand nicht zu erreichen ist (Grimm, *Deutsches Wörterbuch*, Bd. 10,1, Sp. 1570).

335,54 *altbekanntes Buch*] allbekanntes (D). Es dürften wohl die Erzählungen aus *Tausendundeine Nacht* gemeint sein. Im Entwurf heißt es »altbekanntes Buch«, möglicherweise liegt in D ein Lesefehler vor.

335,64 *läß'gen*] läst'gen (D), im Entwurf auch »läß'gen«.

335,64 *Gericht*] Gerücht (D), im Entwurf auch »Gericht«.

335,72; 336,92 *Scherbet*] Eisgekühltes Getränk aus Fruchtsaft oder -sirup, Halbgefrorenes.

336,79 *in seinem Blick*] in seinem Blut (D), vermutlich Lesefehler, im Entwurf ist nur »auf seiner Stirn« zu entziffern.

336,84 *Verrats*] Verrat (D), Druckfehler, im Entwurf auch »Verrats«.

336,90 *Pfahl*] Marterpfahl, an den zum Feuertod Verurteilte gebunden oder worauf Verbrecher gespießt werden (Grimm, *Deutsches Wörterbuch*, Bd. 7, Sp. 1597).

336,98 *Suleimans Geist*] Wohl Suleiman der Prächtige oder der Große (auch der Gesetzgeber, 1494?-1566), der das osmanische Reich nach Westen erweiterte und 1529 vergeblich Wien belagern ließ.

337,108 *Wesir*] Ehemals höchster Würdenträger im türkischen Kaiserreich, auch Minister in islamischen Staaten.

337,111 *Allah kerim!*] Arab.: Gott ist großmütig.

Auch ein Beruf (S. 337)

Entstehung: August 1845.

Erstdruck: Rheinisches Jahrbuch, hg. v. Levin Schücking. 1. Jg., Köln 1846, S. 248-250.

Siehe Anm. zu *Gastrecht*. Im Entwurf (MA I 69) hieß das Gedicht noch »Der Abschied«, wahrscheinlich wurde der Titel für den Erstdruck von Schücking geändert. Das Gedicht ist vermutlich an Amalie Hassenpflug gerichtet (vgl.

Schulte Kemminghausen, *Droste-Werkausgabe* [1925-30], Bd. 1, S. 498).

338,30 *Campagna*] Fruchtbare Landschaft um Rom mit gewaltigen Resten antiker Kultur.

338,38 *den Stab gebrochen*] Traditionelle Rechtssitte, wonach der Richter seinen Gerichtsstab über dem Haupt eines zum Tode Verurteilten als Zeichen für die Unwiderruflichkeit des Urteils zerbrach. Vgl. auch *Die Schlacht im Loener Bruch* (1. Gesang, Bd. 2, S. 310,813).

338,44 *Naphthaöl*] Stark duftendes Bergöl, vgl. Anm. 24,42.

338,47 *Schlossen*] Vgl. Anm. 163,38.

339,61 *Schuladjunkt*] Adjunkt: einem Beamten Beigeordneter.

Gemüt (S. 340)

Entstehung: März 1844.

Erstdruck: Charitinnen. Phantasiestücke und Humoresken, nebst einem lyrischen Album: im Sinne der Milde hg. v. Woldemar Nürnberger ⟨M. Solitar⟩, Landsberg a. d. Warthe 1847, S. 214-216. (D)

Der Titel hieß im Entwurf (MA I 12) »Gemüt – de omnibus rebus, et aliquot aliis« (»Von allen Dingen und einigen anderen«). Gemüt hat im Verständnis der Droste die Bedeutung von empfindsamer Begeisterung im Gegensatz etwa zur Leidenschaft.

341,33 *Chrisolithes*] Griech.: »Goldstein«, blaßgrüner Schmuckstein.

341,33 *goldnem*] goldnen (D), korrigiert nach der Reinschrift (Bibliotheca Bodmeriana, Cologny-Genève).

341,37f. *Und gar ⟨...⟩ Gedicht*] Der Entwurf bietet folgende Alternativen an:

(1) Und gar dein eigenstes Gedicht
    Dies fremde nebelhafte Licht
(2) Und gar wenn losch das Sonnenlicht
    Und nun dein eigenstes Gedicht

341,39 *Morgana*] Vgl. Anm. 28,51.

Der sterbende General (S. 342)
Entstehung: März 1844.
Erstdruck: Vom Rhein. Leben, Kunst und Dichtung, hg. v. Gottfried Kinkel. 1. Jg., Essen 1847, S. 335-337. (D)
342,6 *Echarpe]* Schärpe, Schal.
343,36 *Zum Kapuziner ihn gemacht]* Zum Bettelmönch bzw. hier: zu einem demütig-religiösen Menschen gemacht.
343,41 *ein]* ein (D), fehlt in der Reinschrift (Bibliotheca Bodmeriana, Cologny-Genève).
343,53f. *'s ist ⟨...⟩ Dromedar –]* Dem Erstdruck folgend wurden diese beiden Verse in der direkten Rede belassen.

Silvesterabend (S. 344)
Entstehung: März 1844.
Erstdruck: Vom Rhein. Leben, Kunst und Dichtung, hg. v. Gottfried Kinkel. 1. Jg., Essen 1847, S. 337-338.
344,5 *Sargesbaume]* Gemeint ist der Baum, aus dem der Sarg gefertigt wird und der schon zu Lebzeiten wächst, vgl. *Am dritten Sonntage nach Ostern* (S. 416,58).
345,39 *dann]* Reinschrift (Bibliotheca Bodmeriana, Cologny-Genève): (1) doch (2) dann Der Entwurf (MA I 12) hat nur »doch«.
345,43f. *Allein ⟨...⟩ geweiht]* Die Reinschrift zeigt für diese Verse folgende Alternativvariante: »In seinem bescheidenen Winkel | Und schien doch Allen zu breit!«

ANHANG

Schloß Berg (S. 347)
Entstehung: November 1835.
Erstdruck: Monat-Rosen, Blätter aus Franken zu Unterhaltung und Belehrung, hg. v. Ottmar F. H. Schönhuth. 5. Jg., Mergentheim 1847, S. 92-96. Hier trägt das Gedicht den Titel »Der Schweizermorgen«.
Der fehlerhafte und textentstellende Druck des Gedichts in den ›Monat-Rosen‹ ist von der Droste nicht

autorisiert worden (vgl. auch S. 804); die Abweichungen gehen vermutlich auf Eigenmächtigkeiten des Herausgebers zurück. Es existiert jedoch eine Reinschrift (MA I 54) von der Hand der Droste, die hier als Textgrundlage gewählt worden ist.

347, vor 1 *Meinem ⟨...⟩ gewidmet*] Johann Theodor von Thurn-Valsassina (1768-1836); Maria Emilia Wilhelmine von Thurn-Valsassina (gest. 1843), Schwester von Johann Theodor von Thurn-Valsassina; Maria Emilia (Emma) von Thurn-Valsassina (1809-1871), Tochter von Johann Theodor von Thurn-Valsassina, heiratete 1836 Karl von Gaugreben.

347, Anm. *Auguste*] Auguste von Thurn-Valsassina (1773-1816), Schwester von Johann Theodor von Thurn-Valsassina.

348,26 *Schlosses Turm*] Gemeint ist Schloß Berg in der Nähe von Eppishausen, das von der Familie von Thurn-Valsassina bewohnt wurde. Während ihres Aufenthaltes in Eppishausen (1835/36) besuchte die Droste Schloß Berg mehrfach.

348,28; 351,118 *Der Königreiche vier/Vier Königreiche*] Österreich, Bayern, Württemberg und Baden grenzen an das nördliche Ufer des Bodensees.

349,63 *Säntis*] Bergstock im Nordosten der Schweiz (2502 m), vgl. auch das Gedicht *Der Säntis* (S. 82).

349,72 *Cæsapiana*] Schesaplana, höchste Erhebung des Rätikons (2965 m), die zwischen Vorarlberg und Graubünden verläuft.

349,73 *Glärnisch*] Bergstock in den Glarner Alpen.

349,76 *Da sieben Fürsten ⟨...⟩ Throne*] Der Säntis als höchster Berg bildet mit sieben Parallelketten aus Kalkstein eine Gruppe der Appenzeller Alpen.

350,113 *die Thur*] Linker Nebenfluß des Hochrheins, entspringt im St. Gallner Oberland.

350,115 *zwölf Kantone*] Den Kern der alten Schweizer Eidgenossenschaft bildeten 13 Kantone. Durch die »Mediationsakte« Napoleons vom 19. 2. 1803 erhielt die

Schweiz eine neue Verfassung, die den im Gefolge der Französischen Revolution aufgelösten Staatenbund der Kantone wiederherstellte. Zu den 13 alten kamen sechs neue Kantone hinzu; 1814 erweiterte sich die Zahl der Kantone auf 22.

351,125 *Nette]* Im Familien- und Bekanntenkreis der Droste gebräuchliche Abkürzung für ihren Vornamen Annette.

GEISTLICHES JAHR
IN LIEDERN AUF ALLE SONN- UND FESTTAGE

Im Zuge der allgemeinen Restauration kam es in der ersten Hälfte des 19. Jahrhunderts zu einer Rückbesinnung auf religiöse Literatur, aber auch zu zahlreichen religionsphilosophischen Auseinandersetzungen zwischen Autoren des Jungen Deutschland, des Vormärz und ihrer christlich-konservativen Gegner. Wenn sich die Droste auch an diesen Debatten nicht beteiligte, war ihr doch die religionskritische Position der Jungdeutschen bekannt. Luise von Bornstedt gegenüber resümiert sie am 2./3. 2. 1839 ihre Eindrücke bei der Lektüre von Heinrich Laubes *Reisenovellen* (6 Bde., 1835-37) folgendermaßen:

> das Buch könnte man eher Alles Andre, auch Schlimmere, nennen, als unbedeutend – und ich würde es nicht gelesen zu haben für einen Verlust halten, – es regt eine Masse von Gedanken an, wär es auch mitunter nur als Gegensatz – ⟨...⟩ er hat wenigstens ⟨...⟩ Geist, Witz, Grimm gegen alle bestehende Formen, sonderlich die christlichen und bürgerlichen, – Haschen nach Effect, – Aufgeblasenheit und eine Stentorische Manier das Wort in der litterarischen Welt an sich zu reißen, – Einseitigkeit, die aber nicht aus dem Verstande, sondern aus reinem Dünkel hervorgeht, ⟨...⟩.

Im Brief vom 1. 7. 1839 an Amalie Hassenpflug schreibt sie ähnlich drastisch in bezug auf Levin Schücking, daß er als »offner Gegner des religieusen und politischen Liberalismus, gegen Gutzkow und Consorten, zu Felde gezogen« sei.

Der familiäre Hintergrund Annette von Droste-Hülshoffs und ihre Religionsauffassung und -praxis sowie die grundsätzlichen Auseinandersetzungen zwischen Kirche und Staat, die in Westfalen in einer konsequent durchgesetzten Säkularisation und 1837/38 in den Auseinandersetzungen zwischen der katholischen Kirche und dem preußischen Staat im sog. Kölner Ereignis ihren Niederschlag fanden, prägten die Autorin und damit das *Geistliche Jahr*. Der Konflikt zwischen dem preußischen Staat und dem katholischen Klerus kulminierte schließlich in der Frage, welcher Konfession die Kinder aus Mischehen angehören sollten, und führte zur Verhaftung des Kölner Erzbischofs Clemens-August von Droste-Vischering (1773-1845) am 20. 11. 1837. In verschiedenen Städten Westfalens, so auch in Münster am 11. 12. 1837, kam es daraufhin zu antipreußischen Unruhen, über die die Droste ausführlich im Brief an Therese von Droste-Hülshoff vom 11. 2. 1838 berichtet.

Wichtige Anregungen für die religiöse Lyrik der Droste gingen von Christoph Bernhard Schlüter (1801-1884) aus, der seit 1827 als Philosophiedozent an der Akademie in Münster lehrte und ein wichtiger Repräsentant der restaurativen Literatur des ›geistlichen Biedermeier‹ war. Schlüter, der in Münster auch einen Kreis von literarisch und religiös interessierten Schülern um sich versammelte, regte die Droste seit dem Frühjahr 1834 mit Lektüreempfehlungen zu einem Dialog über literarische und allgemein menschliche Fragen an. Obwohl die Droste sich immer wieder kritisch zu Schlüters religiös-philosophischen Gedanken äußerte, hat sie doch letztlich seine nachdrücklichen Ermunterungen und Anregungen zur religiösen Lyrik aufgegriffen. Schlüter nahm acht Gedichte des *Geistlichen Jahrs* in die *Gedichte 1838* auf, bewog die Droste, das *Geistliche Jahr* zu vollenden, und gab schließlich gemeinsam mit Wilhelm Junkmann nach dem Tode der Autorin 1851 das *Geistliche Jahr* erstmals als geschlossenen Zyklus heraus. Auch das letzte große Gedicht der Droste, ⟨*An einem Tag wo feucht der Wind*⟩, behandelt ein von Schlüter gestelltes neutestamentliches Thema.

Die religiöse Grundhaltung äußert sich nicht nur im *Geistlichen Jahr* und in den geistlichen Liedern, die religiöse

Thematik und Metaphorik ziehen sich von den frühesten Gedichtversuchen bis zum Spätwerk durch das gesamte literarische Schaffen der Autorin. In der »*moralischen Richtung*« (Brief an Junkmann, 4. 8. 1837) sah sie eine Hauptaufgabe ihrer literarischen Arbeit, und im Brief an Wilhelm Tangermann vom 22. 12. 1840 heißt es, daß »bey Weitem die größere Hälfte dessen«, was sie bisher geschrieben habe, der Verpflichtung folge, »die von Gott empfangenen Talente auch unmittelbar zu seiner Ehre anzuwenden«. Diese Verantwortung des Dichters thematisiert die Droste in verschiedenen Gedichten, z. B. in *Am zweiten Sonntage nach Pfingsten* (S. 431,33-48), *Mein Beruf* (S. 89) oder *Das Wort* (S. 531).

Textüberlieferung und Textgrundlage

Der erste Teil des *Geistlichen Jahrs*, der die Gedichte *Neujahr* bis *Ostermontag* umfaßt, ist in einer Reinschrift (H²) überliefert, die sich im Besitz der Annette von Droste-Gesellschaft, Münster, befindet. Diese Reinschrift dient als Textgrundlage für den ersten Teil des *Geistlichen Jahrs*. Im Meersburger Nachlaß (Staatsbibliothek zu Berlin, Preußischer Kulturbesitz, MA I 17-20, 23-26) der Droste haben sich zu zehn Gedichten dieses ersten Teils Entwürfe (H¹) erhalten. Von dem heute verschollenen ›Wewaralbum‹ (H'), in das die Droste zahlreiche geistliche Gedichte eingetragen hat, haben wir Kenntnis durch Wilhelm Kreiten (*Droste-Werkausgabe* [1884-87], Bd. 1,2, S. 27), der dieses Album noch eingesehen hat. Darüber hinaus ist das Gedicht *Am Grünendonnerstage* als von der Autorin vertontes Vokalquartett (K) unter den Musikalien überliefert (MA V ⟨33⟩). Acht Gedichte des ersten Teils des *Geistlichen Jahrs* sind erstmals in den *Gedichten 1838* im Münsterer Verlag Aschendorff erschienen.

Der zweite Teil des *Geistlichen Jahrs* ist in einem äußerst schwer lesbaren Manuskript (H) überliefert (Westfälisches

Landesmuseum für Kunst- und Kulturgeschichte, Münster, Ms 426). Die Handschrift besteht aus einem Doppelfolioblatt, vier einfachen Folioblättern und einem Oktavblatt und ist Textgrundlage jeder Ausgabe. Zahllose Varianten, die häufig erst späteren Überarbeitungen entstammen, sind über das gesamte Manuskript verstreut. Da die Droste eine Publikation zu Lebzeiten nicht vorgesehen hatte, konnte sie immer wieder korrigieren oder Alternativvarianten erwägen, ohne den früheren Text zu streichen. Nur das Gedicht *Am vierzehnten Sonntage nach Pfingsten* ist als Reinschrift im Stammbuch Heinrich von Droste-Hülshoffs (R) überliefert (Privatbesitz).

In der vorliegenden Ausgabe werden für den zweiten Teil des *Geistlichen Jahrs* nur die Alternativvarianten (in Auswahl) verzeichnet. Die vollständige Wiedergabe der Lesarten findet sich in der Historisch-kritischen Ausgabe (HKA, Bd. 4,2: Dokumentation).

Zu Einzelheiten der Textüberlieferung und der Textkonstitution s. HKA, Bd. 4, S. 293-304 und S. 307-311.

Entstehung

Das *Geistliche Jahr* ist in zwei weit auseinanderliegenden Lebensabschnitten der Droste entstanden. 1818 und 1819 waren bereits die frühen geistlichen Lieder ⟨*Das Morgenrot schwimmt still entlang*⟩, *Morgenlied, Abendlied, Für die armen Seelen, Beim Erwachen in der Nacht* und *Glaube, Liebe, Hoffnung* für die Stiefgroßmutter der Dichterin, Maria Anna von Haxthausen (1755-1829), in Bökendorf entstanden. Im Brief an Anton Mathias Sprickmann schreibt die Droste am 8. 2. 1819: »außerdem habe ich in dieser Zeit nichts Bedeutendes aufzuweisen, außer einer Anzahl Gedichte, wovon verschiedene geistliche Lieder, die ich für meine Grosmutter geschrieben habe, vielleicht die besten sind«. Einige dieser Gedichte sind wohl in das heute verschollene ›Weweralbum‹ eingetragen und der Großmutter als Geschenk für das Weihnachtsfest 1819 überreicht worden: »ich möchte ihr ⟨der Großmutter⟩ so gern zum Weihnachten einige geistliche Lieder machen, wenn ich nur kann« (Brief an Therese von Droste-Hülshoff, 20. 12. 1819). Mit diesem Geschenk war offenbar das Versprechen verbunden, im kommenden Jahr (1820) auf jeden Festtag ein weiteres religiöses Gedicht für die Großmutter zu verfassen. Von diesem Plan eines Zyklus von geistlichen Liedern spricht die Droste im Brief vom 28. oder 29. 1. 1820 gegenüber Ludowine von Haxthausen:

so werde ich auch zugleich an die Mutter ⟨gemeint ist die Großmutter⟩ schreiben, und ihr ein Lied für Lichtmeß schicken, sie muß es aber nicht gleich in ihr Buch ⟨gemeint ist wahrscheinlich das ›Wewealbum‹⟩ schreiben, denn ich habe für die drey vorhergehenden Feste in diesem Jahr als, Neujahr, heil. drey Königen, und süßen Namen Jesus auch für jeden Tag ein Lied gemacht, die ich aber morgen nicht werde schicken können, weil das Abschreiben zu lange aufhält, ich bin nun wieder bey mit den Liedern, und hoffe in Zukunft der Mutter auf jedes Fest eins schicken zu können. ⟨...⟩ Abens 9 Uhr, Jetzt habe ich ⟨...⟩ das Lied für Mutter ⟨...⟩ fertig und beydes kömt hiebey, ⟨...⟩.

In der folgenden Zeit hat die Droste kontinuierlich an diesem Vorhaben gearbeitet, zeitgleich mit den kirchlichen Festtagen Gedichte zu schreiben. Doch erst im Frühjahr 1820 scheint sie auch den Plan gefaßt zu haben, nicht nur auf die Festtage, sondern auch auf die Sonntage des Kirchenjahres einen Text zu verfassen. Damit erhielt der Zyklus einerseits einen deutlich stärkeren theologischen Zuschnitt, andererseits reihte er sich ein in die lange literarische Tradition religiöser Jahreszyklen, die sich an den Sonntagen des liturgischen Festkreises orientieren.

Das Zusammentreffen mit dem Göttinger Studenten Heinrich Straube (1794-1847) und der spätere Bruch dieser Freundschaft bestätigten die Droste darin, den auf die Adressatin ausgerichteten anfänglich naiv-frommen Ton ihrer geistlichen Gedichte aufzugeben. Mit Straube und dessen Studienfreund August von Arnswaldt (1798-1855) dürfte es insbesondere im Frühjahr 1820 in Bökendorf zu zahlreichen Gesprächen über religiöse Fragen gekommen sein. Ein von Straube seit 1819 geführtes »Büchlein« (Universitätsbibliothek Münster, Nachlaß Schulte Kemminghausen) mit Bibelsprüchen und Gedichten legt den Schluß nahe, daß es sich hier um eine Parallelarbeit zum *Geistlichen Jahr* handeln könnte, denn wohl erst nach dem Eintreffen Straubes in Bökendorf am 10. 3. 1819 traf die Droste die Entscheidung, Gedichte zu den Texten der Sonntagsevangelien zu schreiben. Als erstes Gedicht weist der Text *Am Montage in der Karwoche* eine Evangelienangabe auf. Die Droste orientierte sich am Kalendarium von 1820; das Osterfest fiel in diesem Jahr auf den 2. April.

Mitte Juli 1820 geschah dann jenes biographische Ereignis, das als ›Arnswaldt-Straube-Erlebnis‹ in die Literatur eingegangen ist und nicht nur die Entstehung des *Geistlichen Jahrs*, sondern auch die gesamte literarische Arbeit der Droste erheblich beeinflußt hat. Die Droste und Straube hatten offenbar gegenseitig Zuneigung gefaßt. Aus Sorge um seinen Freund Straube kam August von Arnswaldt nach Bökendorf, um – offenbar im Einverständnis mit dem Freund – die Liebe der Droste auf die Probe zu stellen. Arnswaldt gelang es für kurze Zeit, ebenfalls die Neigung der Droste zu gewinnen, die ihm ihrerseits jedoch bald erklärte, daß ihr Straube mehr bedeute. Die Einzelheiten der daraus entstandenen Mißverständnisse oder Verdrehungen sind nicht mehr zu rekonstruieren. Ergebnis dieser Intrige war jedoch ein gemeinsam von Straube und Arnswaldt verfaßter Brief von Anfang August 1820, in dem sie der Droste die Freundschaft aufkündigten. Dieser Bruch führte bei der Droste zu einer ernsten physischen und psychischen Krise, von der sie sich monate-, ja wohl jahrelang nicht erholte (vgl. Brief an Anna von Haxthausen, Dezember 1820).

In dieser Krisenzeit tritt die Mutter der Autorin, Therese

von Droste-Hülshoff, als neue Adressatin des *Geistlichen Jahrs* in den Vordergrund. Zu deren Namenstag am 15. 10. 1820 (Theresientag) wollte die Droste den Zyklus vorerst beenden und ihr eine Reinschrift als Geschenk überreichen. In diese Reinschrift (H²) trug die Droste 25 Gedichte ein und versah diese mit dem Widmungsbrief *An meine liebe Mutter*. Demnach scheint sie damals den Plan, den Zyklus zu einem späteren Zeitpunkt zu vollenden, noch nicht aufgegeben zu haben. Die Vorrede bringt auch zum Ausdruck, warum sie von dem ursprünglichen Plan, fromme und rührende Gedichte für die Stiefgroßmutter zu verfassen, abgerückt ist; die gegenwärtigen Texte enthielten nun vielmehr die »Spuren eines vielfach gepreßten und geteilten Gemütes«. Dem Brief der Droste an Anna von Haxthausen von etwa März 1821 zufolge las Therese von Droste-Hülshoff im Oktober 1820 die Vorrede »sehr aufmerksam und bewegt« durch und legte das Buch danach in den Schrank, ohne es je wieder anzurühren. Nach acht Tagen habe die Droste es an sich genommen. Später habe die Mutter »nie wieder danach gefragt«, und die Autorin verwahrte die Reinschrift nun als ihr »geheimes Eigenthum«. Außerdem äußerte die Droste in diesem Brief: »Daß ich es meiner Mutter gab, war unrecht, ich habe kein Recht, die Meinigen zu betrüben, um mir einen Druck zu ersparen.«

Nach diesen Ereignissen ruhte die Arbeit am *Geistlichen Jahr* 19 Jahre lang. Entscheidend für die Wiederaufnahme der Arbeit an dem Zyklus war der Kontakt zu Christoph Bernhard Schlüter. Im Mittelpunkt der Gespräche stand seit dem Frühjahr 1834 auch die geistliche Dichtung der Droste. Schlüter spricht im Brief vom 13. 11. 1834 erstmals von einem »köstlichen Depositum«, dem ersten Teil des *Geistlichen Jahrs*, aus dem die Droste ihm vorlas und dessen Reinschrift sie ihm schließlich zum Geschenk machte. Schlüter ermunterte sie, ihre »Muse die der Himmel segnen wolle auf eine Ihres Genius würdige Weise« zu nutzen (Brief von Schlüter, 13. 11. 1834). Am 11. 1. 1835 lobte Schlüter unter dem Datum des 10. 1. die religiöse Intensität der Gedichte und räumte ein, ein neues Persönlichkeitsbild der Droste gewonnen zu haben:

> Jetzt aber schreibe ich Ihnen trotz meines Mangels an Zeit, solcher nämlich worin ich beaugt bin weil ich gestern Abend lang und viel in dem mir von Ihnen geschenktem Buche las, das ich als einen köstlichen Schatz für immer betrachte, welche Lesung mich mächtig aufregte. Ich begann nochmals von vorne und hörte mit großem und innigem Antheil; und ich muß gestehen daß mir nun die Zweifel etc. gewisser Leute im Vergleich mit meinem Glauben wie Frömmigkeit zur Heuchelei, wie starke Demuth zur schwachen und gemeinen Selbstzufriedenheit sich zu verhalten schienen, um nicht noch mehr zu sagen. Und gern hätte ich auf der Stelle bei Ihnen selbst demüthige Abbitte gethan wegen mancher vielleicht zu harten Worte, welches ich gegen Sie auszusprechen, ja Gedankens den ich über Sie zu denken mir erlaubte.

Mit verschiedenen Hinweisen auf religiöse Lektüre versuchte Schlüter die Droste in der Folgezeit offenbar zu einer Weiterarbeit am *Geistlichen Jahr* zu motivieren. Er machte sie zum Beispiel auf den Angelus Silesius (d. i. Johannes Scheffler) und dessen *Cherubinischen Wandersmann* (1674) oder auf die von Ludwig Auerbacher herausgegebenen *Perlenschnüre. Sprüche nach Angelus Silesius* (1823, ²1831) aufmerksam. Gleichzeitig erwähnt er in seinem Freundeskreis das *Geistliche Jahr*, und im Februar 1837 unterbreitet er der Autorin den Vorschlag, die Erstveröffentlichung ihrer Gedichte in die Hand zu nehmen und auch Texte aus dem *Geistlichen Jahr* in die projektierte Sammlung aufzunehmen. Darauf antwortet die Droste am 23. 3. 1837:

> wegen der geistlichen Lieder kann ich Ihnen durchaus noch keinen Bescheid geben, da meine Mutter, die sie seit Jahren nicht in Händen und fast vergessen hat, darüber bestimmen muß, sie will dieselben, zu diesem Zweck, durchlesen, was *vor* unsrer Abreise ⟨nach Bökendorf und Abbenburg⟩ schwerlich geschehn wird, – kann ich sie

indessen noch dazu bewegen, so sende ich Ihnen, vor dem Mittwochen, noch einige Zeilen, sonst nehme ich das Buch mit. –

Doch erst in einem Brief an Wilhelm Junkmann vom Sommer 1837 berichtet die Droste, daß sie eine Weiterarbeit am *Geistlichen Jahr* plane, und sie zählt diese Gedichte zu »den guten Sachen«, die noch unausgearbeitet seien. Im Herbst 1837 setzen dann die Vorbereitungen für den Druck der ersten Gedichtsammlung der Droste ein, für die Schlüter und Junkmann die Verantwortung übernommen hatten. Erst am 11. 2. 1838 unterrichtet die Droste ihre Mutter von dem Publikationsvorhaben. Allerdings läßt sie das *Geistliche Jahr* bei der Aufzählung der zu druckenden Texte unerwähnt, möglicherweise hatte Therese von Droste-Hülshoff schon im Sommer 1837, als ihr die Droste erstmals das Publikationsvorhaben vorstellt, reserviert auf einen möglichen Druck der religiösen Texte reagiert. Doch schließlich wird der Druck doch realisiert, am 19. 7. 1838 dankte die Droste Schlüter für die Übersendung der ersten Druckfahnen. Sie selbst nahm noch eine Korrektur am Lied *Am Feste vom süßen Namen Jesus* aus familiärer Rücksicht vor, und Schlüter strich aus Umfangsgründen aus den ursprünglich elf für den Druck vorgesehenen Texten *Am Neujahrstage*, *Am Aschermittwochen* und *Am zweiten Sonntage in der Fasten* (vgl. den Brief Schlüters an die Droste, 2. 8. 1838), so daß folgende Texte in den *Gedichten 1838* erschienen: *Am Feste der h. drei Könige*, *Am Feste vom süßen Namen Jesus*, *Fastnacht*, *Am vierten Sonntage in der Fasten*, *Josephsfest*, *Am Palmsonntage*, *Am Montage in der Karwoche*, *Am Karfreitage* und *Am Karsamstage*.

Nach dem Erscheinen der *Gedichte 1838* dürfte Schlüter die Droste weiter gedrängt haben, das *Geistliche Jahr* zu vollenden. Doch erst Anfang Juli 1839 lassen sich für eine Weiterarbeit konkrete Belege finden; in Abbenburg, unweit von Bökendorf, wo die Droste die ersten Gedichte des *Geistlichen Jahrs* verfaßt hatte, nahm sie die Arbeit in offenbar gelöster Stimmung wieder auf. An Schlüter schreibt sie im Brief vom 24. 8. 1839 unter dem Datum des 22. 8.: »Seit 14 Tagen jedoch bin ich fleißig, und wie gesagt recht im Zuge, so daß das ›geistliche Jahr‹ sich hoffentlich früher schließen wird, als das Jahr neun und dreißig, – an der nöthigen Stimmung fehlt es mir nicht«. Schlüter antwortet am 30. 8. 1839: »Eine große Freude hat es mir gemacht, daß Sie fleißig fortarbeiten; Sie sollen es auf Rüschaus mir und Kreuzhage vorlesen, das soll ein Fest sein.«

Die Droste konnte 1839 leicht an das Kirchenjahr von 1820 anknüpfen, da die Festtage ungefähr auf dieselben Daten fielen. Ostern fiel 1820 auf den 2. April, 1839 auf den 31. März. Beide Jahre hatten fünf Fastensonntage.

Während des Aufenthaltes in Bökendorf war es der Autorin gelungen, zwischen Zyklus und der laufenden Zeit wieder eine Parallelität herzustellen. Bei ihrer Abreise etwa am 18. 9. 1839 war sie wahrscheinlich bis zu dem Gedicht auf den 17. Sonntag nach Pfingsten gekommen und war deshalb zuversichtlich, bis zum Jahresende den Zyklus abzuschließen. Programmatisch dachte die Autorin auch zu dieser Zeit über die literarische Bedeutung des Zyklus nach:

es ist ein größeres Unternehmen als ich gedacht, da Alles was Schlüter bisher hatte, nur von Neujahr bis Ostern reichte, – dennoch meinte ich, Gott weiß nach welcher duseligen Ansicht, das Meiste bereits gethan, und hätte schwerlich den Muth zum Anlaufe gewonnen, wenn ich die Höhe des Berges erkannt der vor mir lag. – Für spätere Arbeiten habe ich noch keine Plane, und will auch nicht daran denken bevor diese beendigt, da es sich immer fester in mir gestellt hat, daß sie nur zu einer Zeit erscheinen darf, wo mein ganzes irrdisches Streben mir wohl thöricht erscheinen wird, und dieses Buch vielleicht das Einzige ist dessen ich mich dann freue, – darum will ich auch bis ans Ende meinen ganzen Ernst darauf wenden, und es kümmert mich wenig, daß manche der Lieder weniger wohlklingend sind als die früheren, diese ist eine Gelegenheit wo ich der Form nicht den geringsten nützlichen Gedanken aufopfern darf – dennoch weiß ich wohl daß eine schöne Form das Gemüth aufregt und empfänglich macht, und nehme soviel Rücksicht darauf als ohne Beeinträchtigung des Gegenstandes möglich ist, aber nicht mehr. – (Brief an Junkmann, 17. 11. 1839).

Gesundheitliche Probleme vereitelten nur unwesentlich die Absicht, den Zyklus bis zum Jahresende zu vollenden. Im Januar 1840 kam die Arbeit am *Geistlichen Jahr* zu einem vorläufigen Ende. Am 14. 1. 1840 teilte die Droste den Abschluß des Zyklus Henriette von Hohenhausen mit, und auch Schlüter notierte unter dem Datum des 30. 1. 1840 die Vollendung des *Geistlichen Jahrs* in sein Tagebuch. Im Februar scheint die Droste noch einmal zahlreiche Überarbeitungen vorgenommen zu haben. Danach wandte sie sich verstärkt der Arbeit an der *Judenbuche* zu und bemühte sich um neue literarische Stoffe. Während des Aufenthalts auf der Meersburg erwog sie, an den Gedichten des *Geistlichen Jahrs* »zu feilen« und sie noch einmal »abzuschreiben« (Brief an Schlüter, 19. 9. 1841), doch dazu kam sie nicht, weil ihr Interesse nun von der reichen lyrischen Produktion des Meersburger Winters 1841/42 bestimmt war. Eine endgültige Reinschrift des zweiten Teils des *Geistlichen Jahrs* wurde nicht mehr erstellt. In die zweite Gedichtausgabe von 1844 hat sie keine religiösen Gedichte aufgenommen, obwohl sonst alle in der Sammlung von 1838 enthaltenen Texte 1844 erneut abgedruckt wurden.

1846 hat sich die Droste noch einmal mit dem *Geistlichen Jahr* beschäftigt, auch hat sie Schlüter in dieser Zeit noch einmal aus dem Zyklus vorgelesen, wie dieser in der Vorbemerkung der Erstausgabe von 1851 berichtet. Mitte September 1846 trat die gesundheitlich geschwächte Autorin ihre letzte Reise nach Meersburg an; Schlüter gegenüber erwähnte sie bei einem Abschiedsbesuch, sie wolle das *Geistliche Jahr* in Meersburg zu einem endgültigen Abschluß bringen. Dieses Gespräch hielt Schlüter in seinem Tagebuch fest: »Frl. Droste, die auf ihrer Durchreise mich zu sich beschied ⟨...⟩ fand ich sehr leidend; sie lag zu Bette, war aber sehr gesprächig ⟨...⟩ sie will ihre Meditationen für mich fertig schreiben; erst nach ihrem Tod sollen sie erscheinen.« (Franziskanerkloster Münster). Später hat sie sich von Schlüter noch die Reinschrift des ersten Teils des *Geistlichen Jahrs* nach Meersburg schicken lassen. Auch eine Stelle im Brief von Philippa Pearsall an die Droste (Frühjahr 1847) belegt, daß die Droste nach wie vor den Plan einer Reinschrift des zweiten Teils erwog: »Als Andenken von Ihnen möchte ich nichts so gerne besitzen als einige der Lieder, die mich so rührten, dessen Wahrheit und Ernst mich so erfreuten, dessen Inhalt das eigentliche Feld ist, auf welchem ich haben möchte, daß Sie immer arbeiteten – ich meine Ihre geistlichen Lieder. Wie gerne, wenn ich bei Ihnen wäre, wollte ich helfen abschreiben für Ihnen – aber nicht, wahr? dann auch für mich. Vielleicht geht dieser Wunsch in Erfüllung.« Der Gesundheitszustand der Droste war wohl auch dafür verantwortlich, daß es zu einer Reinschrift nicht mehr gekommen ist. Nur ein einziges Gedicht aus dem zweiten Teil des *Geistlichen Jahrs* liegt in einer Reinschrift vor. Zwischen 1845 und 1847 hatte sie das Gedicht *Am vierzehnten Sonntage nach Pfingsten* in das Stammbuch ihres Neffen Heinrich von Droste-Hülshoff eingetragen.

Nach dem Tod der Dichterin betrieb Schlüter eine Veröffentlichung des *Geistlichen Jahrs* und fühlte sich hierin durch den Wunsch der Autorin ermächtigt. Eine Publikation des *Geistlichen Jahrs* lag auch im Interesse der Familie Droste-Hülshoff, die sich davon eine Betonung der Frömmigkeit der verstorbenen Autorin versprach. Schlüter und Junkmann machten sich, nachdem ihnen die Familie die Handschriften übergeben hatte, an die langwierige Entzifferungsarbeit, insbesondere des zweiten Teils des *Geistlichen Jahrs*. Gleichzeitig traten sie in Verhandlungen mit dem Cotta-Verlag, in die sich zeitweise auch Schücking einschaltete. Am 10. 11. 1849 wurde der Verlagsvertrag zwischen dem Cotta-Verlag einerseits und Werner von Droste-Hülshoff, dem Bruder der Autorin, andererseits geschlossen (Droste-Rezeption, Nr. 350). Ende Dezember 1851 lag das

Geistliche Jahr als Oktavbändchen mit Goldschnitt vor. Der Widmungsbrief an die Mutter war – sicherlich im Sinne der Autorin – nicht abgedruckt worden, im Anhang wurden die acht frühen geistlichen Lieder *Morgenlied, Abendlied, Beim Erwachen in der Nacht, Liebe,* ⟨*Das Morgenrot schwimmt still entlang*⟩, *Für die armen Seelen, Glaube, Hoffnung* veröffentlicht.

Wirkung

In den *Gedichten 1838* waren die religiösen Gedichte als »Proben aus einem größeren Ganzen« angezeigt worden. Vielleicht ist auch darin der Grund zu sehen, warum diese Texte in den 15 Rezensionen nur eine untergeordnete Rolle spielten. Über die Hälfte der Rezensionen stammte von Bekannten oder waren von diesen lanciert worden, so daß die Reaktion auf die Gedichtausgabe insgesamt positiv ausfiel (vgl. Droste-Rezeption, Nr. 2-8, 10A, 11-13, 19, 27); die Droste selbst bezeichnete die Besprechungen sogar als »brillant« (Brief an Jenny von Laßberg, 7. 7. 1839). Nur zwei Verrisse waren darunter, einer in ›Die Eisenbahn‹ (Beilage »Literatur- und Kunstblatt«, Nr. 3, S. 13), die eine »bigott-pfäffische Zerknirschung und Abgeschmacktheit« erkennen wollte, der andere – ebenfalls anonym – in den ›Blättern für literarische Unterhaltung‹ (Nr. 272, 28. 9. 1840) fand, in den »geistlichen Liedern ⟨...⟩ steigert sich die Mystik in Gedank' und Ausdruck manchmal bis zum Nonsens«. Dagegen lobte Elise von Hohenhausen die »feste klare Weltanschauung« im ›Mindener Sonntagsblatt‹ (St. 37, 16. 9. 1838, S. 289f.), eine Kurzrezension im ›Repertorium der gesammten deutschen Literatur‹ (Bd. 18, 12. 10. 1838) charakterisierte die Verfasserin als »schwärmerisch-fromme Katholikin« und vermutlich Karl Ferdinand Dräxler-Manfred fühlte sich an Novalis und Schenkendorf erinnert (›Kölnische Zeitung‹, Nr. 302, 29. 10. 1839). Gustav Kühne, den Adele Schopenhauer auf die Gedichte der

Droste aufmerksam gemacht hatte, schrieb in den »Literarischen Blättern« (Beilage zum ›Gesellschafter‹, Nr. 26, 19. 8. 1840, S. 666): »Hier herrscht größtenteils ein recht flüssiger Liederton, in welchem sich religiöse Innigkeit und Andacht frei von dogmatischen Schranken Befriedigung und Ausdruck giebt, so daß es wünschenswerth erscheint, das Ganze zu veröffentlichen.« Wohl am interessantesten unter diesen Rezensionen ist das Urteil Friedrich Engels, das er unter dem Pseudonym Friedrich Oswald im ›Telegraph für Deutschland‹ (Nr. 123, August 1840, S. 490f.) abgab:

> Dazu ist die Dichterin eine gläubige Katholikin, und wie kann sich ein Protestant dafür interessiren! Aber wenn der Pietismus den Mann, den Magister, den Oberhelfer Albert Knapp lächerlich macht, so steht der kindliche Glaube dem Fräulein von Droste gut. Es ist eine mißliche Sache um die religiöse Freisinnigkeit der Frauen. Die George Sand's, die Mistreß Shelley's sind selten; nur zu leicht zernagt der Zweifel das weibliche Gemüth und erhebt den Verstand zu einer Macht, die er bei keinem Weibe haben darf. Wenn aber die Ideen, mit denen wir Kinder des Neuen stehen und fallen, Wahrheit sind, dann ist auch die Zeit nicht mehr fern, wo das weibliche Herz ebenso warm für die Gedankenblüthen des modernen Geistes schlägt, wie jetzt für den frommen Glauben der Väter – und erst dann wird der Sieg des Neuen vor der Thür seyn, wenn die junge Generation es mit der Muttermilch in sich aufnimmt.

Die postume Erstausgabe des *Geistlichen Jahrs* 1851 fand nur bei der konservativen Literaturkritik Beachtung, z. B. bei Wolfgang Menzel, Joseph von Eichendorff und Hyacinth Holland (vgl. den Wiederabdruck der entsprechenden Rezensionen in Droste-Rezeption, Nr. 89, 90, 92-96, 98, 100). Die Ausgabe des *Geistlichen Jahrs* wurde dabei als Gegengewicht zur liberalen Literatur des Vormärz betrachtet. Allerdings wurden diese Rezensionen dem Zyklus oft deshalb nicht gerecht, weil der häufig hervorgehobene erbauliche Charakter der Texte gerade jene Spannung immer dann ausblendete, wenn sich die artikulierten Glaubenszweifel einer dogmatischen Frömmigkeitsvorstellung der Zeit entschieden widersetzten.

353 *Geistliches Jahr*] Der Liederzyklus folgt in seinem Ablauf nicht dem kirchlichen, sondern dem bürgerlichen Jahr. Die den meisten Gedichten vorangestellten Evangelientexte entsprechen von wenigen Ausnahmen abgesehen dem damals im Bistum Münster gebräuchlichen Perikopenbuch.

An meine liebe Mutter (S. 355)
Dieser Widmungsbrief steht in einer festen literarischen Tradition. Häufig sind Jahreszyklen religiöser Dichtung mit einer Vorrede des Autors versehen worden.

355,15 *Großmutter*] Maria Anna von Haxthausen (1755 bis 1829), die Stiefgroßmutter der Droste mütterlicherseits.

356,8-17 *Für* ⟨...⟩ *hat*] Im Gebetbuch des Münsterer Gymnasialprofessors und Domkapitulars H. L. Nadermann *Opfer vor Gott in Gesängen und Gebeten* (Münster 1817), das sich in der Nachlaßbibliothek der Droste in Haus Stapel (Havixbeck) befindet, heißt es ähnlich in der Vorrede: »Ob *viele* in diesem Buche Nahrung finden werden, weiß ich nicht. Ich scheine mir selbst nur für eine gewisse, vielleicht nicht sehr zahlreiche, Klasse von Lesern geschrieben zu haben« (S. IX).

356,11 *gepreßten* ⟨...⟩ *Gemütes*] Vgl. den Brief der Droste an Anna von Haxthausen von etwa März 1821, in dem sie mit Blick auf das ›Arnswaldt-Straube-Erlebnis‹ über das *Geistliche Jahr* schreibt: »Der Zustand meines ganzen Gemüthes, mein zerrissenes schuldbeladenes Bewußtsein liegt offen darin dargelegt, doch ohne ihre Gründe«.

356,25 *sieben Weise* ⟨...⟩ *Jahren*] Redensart, die auf die sieben griechischen Staatsmänner und Philosophen anspielt, deren Kernsprüche als Weisheit schlechthin galten.

Am Neujahrstage (S. 358)

Die Droste beginnt das *Geistliche Jahr* mit einem religiösen Gedicht auf das Fest zum Beginn des bürgerlichen Jahres und nicht mit einem Text auf das kirchliche »Fest der Beschneidung des Herrn«. Neben dem Gedicht *Am Montage in der Karwoche* verwendet sie auch hier die Form eines Wechselgedichts, in dem das Ich und eine Allegorie in einen Dialog miteinander treten. Diese Form hat in der geistlichen Dichtung, besonders der Biedermeierzeit, Tradition.

358,6 *Pflanze Gottes*] Vgl. auch *Am fünften Sonntage nach h. drei Könige:* »Dann gedeiht die zarte Gottespflanze« (S. 372,23).

359,30 *Und* ⟨...⟩ *fern*] »meine sorgenden Gedanken beschäftigen sich mit fernliegenden Gegenständen, nur nicht mit mir selbst« (Schwering, *Droste-Werkausgabe*, T. 6, S. 134).

359,39 *Taumelwein*] Berauschender, die Sinne verwirrender Wein.

359,54 *Gleichnis*] Ebenbild.

Am Feste der h. drei Könige (S. 360)

Evangelium: vgl. Mt 2,1-12.

361,30 *weis*] Die Droste schreibt »weiß«. Es kann hier nur »sapiens« gemeint sein, denn Weisheit und Stärke, die dem zukünftigen Messias als Eigenschaften zugesprochen werden, sind biblische Topoi.

361,31 *Sonder Sorge*] Ein sorgloses Vertrauen in Gott gilt als vorbildliche Glaubenshaltung.

361,36 *Flecken*] Flecken der Schlange bedeuten Sünden, wobei die Schlange als Ursymbol der Verführung steht.

361,37 *der Wüste Blumen*] Schlangen, vgl. *Ledwina:* »›⟨...⟩ statt der grünen Bäume die furchtbaren Naturkräfte der Löwen und Tiger, die durch die rauschenden Sandwogen schießen, wie der Delphin durch die schäumenden Fluten, überhaupt muß es dem Ozean gleichen,‹ Carl war vor Verwunderung still gestanden, dann sagte er mit einem närrischen Gesichte ›und wenn nun die wandelnden Glutsäulen uns Visite machen, oder die Blumen der Wüste uns umkränzen, oder die furchtbaren Naturkräfte sich an uns probieren wollen,‹« (Bd. 2, S. 120,19-27).

361,57 *sie]* Die Reue.

Am ersten Sonntage nach h. drei Könige (S. 362)
Evangelium: Lk 2,42-52.

362,11 *Tabor]* Berg der Verklärung Christi, vgl. Mt 17, 1-9 par.

362,12 *Da ⟨...⟩ gebaut]* Siehe v. 11; Petrus will dort auf dem Berg drei Hütten bauen.

363,19-24 *Rings ⟨...⟩ Frucht]* Widerspiegelung der Naturfrömmigkeit, wie sie die Droste aus Liedern, besonders aus der Sammlung *Trutz Nachtigall ein geistlich poetisches Lustwäldlein* (Berlin 1817), des Jesuiten Friedrich Spee von Langenfeld (1591-1635) kannte.

Am Feste vom süßen Namen Jesus (S. 364)
Evangelium: Lk 2,21.

364,15 *zwängt]* Zwingt (Grimm, *Deutsches Wörterbuch*, Bd. 16, Sp. 939).

364,16 *Was ⟨...⟩ Flammenpracht]* Gemeint sind die »Leidenschaft« (v. 11) und der »widerspenstge Geist« (v. 12).

364,16 *bedräut]* Bedräuen: bedrohen (Grimm, *Deutsches Wörterbuch*, Bd. 1, Sp. 1236).

364,22 *das All]* Das alles.

365,46 *Ich, die Arme]* Vgl. den Brief der Droste an Schlüter vom 19. 7. 1838: »wegen der geistlichen Lieder ist mir ein kleiner Scrupel gekommen, – d. h. wegen Einer Stelle – wenn ich mich nicht irre ist das Lied vom Feste des *süßen Namen Jesu* mit unter den ⟨elf⟩ zum Druck bezeichneten, und jetzt fällt mir hintennach ein, daß in der letzten Strophe Ein Ausdruck immer großen Scandal gegeben hat, und zwar unter meinen nächsten Angehörigen, die ich am wenigsten kränken möchte, – es heißt dort ›und ich soll, o liebster Jesu mein, | Die Gesunkne, treulos aller Pflicht | Dennoch deines Namens Erbinn seyn‹ | et cet – den Ausdruck ›*Gesunkne*‹ wollten nun Alle unpassend und doppelsinnig finden, und nach dem Sinne, den ich, beym Schreiben, allerdings nicht geahndet habe, sie aber als sehr nahe liegend erklärten, kann es Ihnen freylich keineswegs angenehm seyn, ihn der beliebigen Auslegung eines ganzen Publikums anheim zu stellen – ist der Druck also noch nicht so weit vorgerückt, so verändern Sie, ich bitte dringend, die Zeile dahin: ›ich, die Arme, treulos aller Pflicht‹ oder, wenn Ihnen das nicht gefällt, auf andere beliebige Weise«. – Vgl. auch den Brief an Anna von Haxthausen von Mitte Dezember 1820: »ich muß viel gestehen, ich bin sehr gesunken, tiefer wie du denkst«.

Am dritten Sonntage nach h. drei Könige (S. 365)
Evangelium: Mt 8,1-13.
365,7 *zollen*] Eigentl. »Zoll geben«, hier im Sinne von »Tribut zollen«; vgl. auch *Am Feste Mariä Lichtmeß* (S. 369,29).
366,13f.,27 *Ist ⟨...⟩ Tiefe/Daß ⟨...⟩ gelangen*] Vgl. Ps 130, in dem häufig vom bereuenden Sünder gesprochen wird. Ähnlich auch in Martin Luthers Kirchenlied *Aus tiefer Noth schrei ich zu dir* oder auch Clemens Brentanos Gedicht *Frühlingsschrei eines Knechtes aus der Tiefe*.
366,19 *Eins mit dir*] Zentraler Gedanke der unio mystica, die sich in einem absoluten Verhältnis zwischen Gott und Gläubigen äußert.
367,46 *Fehle*] Fehle in der moralischen Bedeutung von Fehler wird häufig im *Geistlichen Jahr* verwandt.

Am vierten Sonntage nach h. drei Könige (S. 367)
Die Zählung der Sonntage des *Geistlichen Jahrs* weicht hier von der kirchlichen ab. Das *Geistliche Jahr* zählt die Sonntage zwischen dem Dreikönigsfest (Erscheinung) und Aschermittwoch – 1820 waren es sechs Sonntage – als fünf Sonntage »nach hl. drei Könige« und »Fastnacht«. Das Kir-

chenjahr, das je nach dem Wechsel des Ostertermins bis zu sechs Sonntage »nach Erscheinung« und drei Vorfastensonntage (Septuagesima, Sexagesima, Quinquagesima) hat, zählte 1820 drei Sonntage »nach Erscheinung« und die drei Vorfastensonntage. Es ist also der vierte Sonntage »nach hl. drei Könige«, wie der Evangelientext zeigt, nicht der vierte Sonntag »nach Erscheinung«, den es 1820 nicht gab, sondern der erste Vorfastensonntag. Entsprechendes gilt vom fünften Sonntag »nach h. drei Könige«. Evangelium: Mt 20,1-16.

367,12 *Duft*] Nebel, Dunst.

368,37-42,47 *Wenn* ⟨...⟩ *leer*/*Nichts* ⟨...⟩ *Gott*] Vgl. das Gleichnis von den Talenten, Mt 25,14-30. Dieses Gleichnis ist für die Dichtungsauffassung der Droste von Bedeutung, denn sie sieht Dichtung als eine von Gott geschenkte Gabe an, für die der Dichter Verantwortung zu tragen habe.

Am Feste Mariä Lichtmeß (S. 369)

Evangelium: vgl. Lk 2,21-40.

Am Feste Mariä Lichtmeß wird an den Gang Marias mit dem Kind in den Tempel zum vorgeschriebenen Reinigungsopfer und damit zusammenhängend an die Darstellung Jesu im Tempel erinnert. Das Fest, das in der bäuerlichen Bevölkerung eine wichtige jahreszeitliche Bedeutung hatte, beendete den Weihnachtsfestkreis des Kirchenjahres.

369,17-32 *O Maria* ⟨...⟩ *Ewigkeit*] Das heute verschollene ›Weweralbum‹ (s. S. 824) enthielt an dieser Stelle einen anderen Droste-Text (Kreiten, *Droste-Werkausgabe* [1884 bis 87], Bd. 1,2, S. 75f.):

> O Maria, Mutter Christi
> Soll ich denn zu dir mich wagen
> Mit dem schuldgepreßten Herzen,
> Mit dem trüben Sünderblick! –
> Die du hast gleich mir gewandelt,
> Hast gesiegt, wo ich gesunken,

> Weh, vor deiner lichten Krone
> Bebt mein scheues Fleh'n zurück.
>
> Doch du neigst dein liebes Kindlein
> Und es reicht die linden Hände
> O mein lieber Herr und Richter
> Bist du mein Erlöser nur?
> Ach wie hab' ich mich gefürchtet
> Und nun bist du lauter Liebe!
> Alle harten Worte schweigen
> Und dahin ist ihre Spur.

369,27-32 *Ist ⟨...⟩ Ewigkeit*] Zum Satzbau: »wohl« (v. 27) und »doch« (v. 31) korrespondieren miteinander.

369,29 *zollen*] Eigentl. »Zoll geben«, hier im Sinne von »Tribut zollen«.

370,41-44 *Hast du ⟨...⟩ Schloß*] Das heute verschollene ›Weweralbum‹ enthielt an dieser Stelle einen anderen Droste-Text (Kreiten, *Droste-Werkausgabe* [1884-87], Bd. 1,2, S. 76):

> Hast du mir in Macht und Güte
> Meine Seele rein gegeben,
> Herrlich, groß und wohlgerüstet
> Wie ein königliches Schloß:

370,41-48 *Hast ⟨...⟩ Meerkoloß*] Vgl. das Gleichnis von den Talenten, Mt 25,14-30. Die Verse 45-48 beziehen sich auf denjenigen, der nicht in der Lage ist, seine Talente zu nutzen.

Am fünften Sonntage nach h. drei Könige (S. 371)
Evangelium: Lk 8,4-15.

371,11 *im Freien*] Ungeschützt vor den Dornen.

372,15 *dem Hauch der Lust*] Verschiedene Editoren konjizieren an dieser Stelle häufig »Luft«. Sie übersahen dabei allerdings, daß gegen ein Schreibversehen der Droste die metaphorische Wendung »des Zweifels Wolken« (v. 16) spricht.

Fastnacht (S. 373)

Evangelium: Lk 18,31-43.

Fastnacht war im Gegensatz zur heutigen Bezeichnung der Name des letzten Vorfastensonntages, also des Sonntags vor Aschermittwoch.

373,3 *fünf blutge Sonnen*] Die fünf Wundmale Christi waren zur Zeit der Autorin ein beliebter Meditationsgegenstand; vgl. ⟨*Als der Herr in Sidons Land gekommen*⟩ (S. 508,71f.): »Siehe wie fünf rote Sonnen schauen | Jesu Wunden durch die wüste Nacht.«

374,34 *Augen bähe*] Mit feuchten Tüchern oder warmen Dünsten von Kräuterabsuden behandeln.

375,62 *Ob* ⟨...⟩ *krähe*] Das Krähen des Hahns ist für Petrus das Zeichen, daß er Jesus, wie vorausgesagt, verraten hat (Mk 14,29f.,66-72).

Am Aschermittwochen (S. 375)

Evangelium: vgl. Mt 6,16-21.

376,16 *Er*] Der Tod.

376,28f. *Erd und Blut/Und Meeresschaum*] Irdische Güter wie Gold, Edelsteine, Purpur und Perlen.

Am ersten Sonntage in der Fasten (S. 377)

Evangelium: Mt 4,1-11.

377,8 *tücksche Frucht*] Die verbotene Frucht vom Baum der Erkenntnis, die zum Sündenfall führte.

378,18 *Kreuzesleiter*] In der Volksfrömmigkeit werden das Kreuz, an dem Jesus starb, als christliches Heilssymbol und die alttestamentliche Erzählung von der Jakobsleiter, die Himmel und Erde verbindet (Gen 28,12f.), miteinander verknüpft.

378,39 *O, die Not* ⟨...⟩ *nennen*] Vgl. die sprichwörtliche Redensart »Noth lernet betten« (Wander, *Deutsches Sprichwörter-Lexikon*, Bd. 3, Sp. 1050).

379,56 *den verlornen Sohn*] Vgl. das Gleichnis vom verlorenen Sohn (Lk 15,11-32).

Am zweiten Sonntage in der Fasten (S. 380)
Evangelium: Mt 15,21-28.
Auch der früheren Fassung dieses Gedichts ⟨*Als der Herr in Sidons Land gekommen*⟩ (s. S. 874) liegt dasselbe Sonntagsevangelium zugrunde. Die vorliegende Fassung, die die frühere an das Evangelium eng angelehnte ersetzt, hat nur in den Versen 2-6 einen Bezug zum Sonntagsevangelium.

380,4,10-16 *Will* ⟨...⟩ *Türen/Denn* ⟨...⟩ *verglüht*] Vgl. die Einleitung zu der Beispielerzählung vom reichen Mann und vom armen Lazarus (Lk 16,19-24).

380,8 *Kunde*] Kenntnis.

381,48 *So*] Für »denen« (Relativpronomen).

Am dritten Sonntage in der Fasten (S. 382)
Evangelium: Mk 5,1-10. Hier weicht die Dichterin vom Münsterer Perikopenbuch ab, das an diesem Sonntag Lk 11 (Jesus vertreibt den Teufel aus dem Tempel) vorsah. Sie wählte wohl versehentlich die Stelle aus dem Markusevangelium, die ebenfalls eine Teufelsaustreibung schildert.

382,1; 385,71 *Legion*] Größte römische Heereseinheit (6000 Mann), im biblischen Sinne Bezeichnung für eine überaus große Zahl. Vgl. auch *Einer wie Viele, und Viele wie Einer* (S. 537,33).

383,18 *Die*] Bezieht sich auf »mich« (v. 17).

384,43 *Empusenzungen*] Empusen: Weibliche Schreckgestalten in der griechischen Mythologie, die Menschenfleisch – besonders von Jünglingen – lieben und das Blut aus den Leibern saugen.

Am vierten Sonntage in der Fasten. Josephsfest (S. 385)
Evangelium: vgl. Mt 1,18-21.
Im Bistum Münster wurde das Josephsfest (19. März) nicht am fünften, sondern am vierten Fastensonntag gefeiert und entsprechend das Matthäus-Evangelium gelesen.

385,3 *Lilienzweig*] Im Alten Testament Metapher für die menschliche Schönheit und Herrlichkeit, aber auch Hinweis auf die Verheißung des messianischen Heils. In der christlichen Ikonographie symbolisiert die Lilie Reinheit, Unschuld und Jungfräulichkeit.

385,6 *Blütenreich*] Kreiten erläutert (*Droste-Werkausgabe* [1884-87], Bd. 1,2, S. 97): »Bezieht sich auf die bekannte Legende von dem Stabe des hl. Joseph, welcher allein unter den Stäben der Brautwerber erblüht war und somit seinen Besitzer als Bräutigam der hl. Jungfrau bezeichnete. Unter dem ›Blüthenreich‹ ist daher der Beruf des hl. Joseph als jungfräulicher Bräutigam Marias und Nährvater des Erlösers zu verstehen.«

385,15 *diese ernste Zeit*] Fastenzeit.

386,22 *Fehle*] Fehle anstelle von Fehler wird in der Bibel häufig in moralischem Sinne verwandt; vgl. auch *Am dritten Sonntage nach h. drei Könige* (S. 367,46).

386,31-36 *Und* ⟨...⟩ *bedroht*] Vgl. Flucht Marias und Josephs mit dem Jesuskind nach Ägypten (Mt 2,13-15).

387,65 *emfahen*] Mhd., entspricht nhd. empfangen (Grimm, *Deutsches Wörterbuch*, Bd. 3, Sp. 420f.).

Am fünften Sonntage in der Fasten (S. 387)
Evangelium: Joh 8,46-59.

389,49-56 *Meine* ⟨...⟩ *entschwand*] Diese Verse sind immer wieder als Dichtertestament der Droste verstanden worden, wie es seit Horaz' *Exegi monumentum aere perennius* Tradition geworden ist. Eine Entsprechung findet sich auch in Friedrich Spees Lied *Entschluß und Schluß* (v. 17-24): »Nach mir will ich verlassen | In meinem Testament | Ein Liedlein, schön ohn' Maßen, | Zu Gottes Lob verwend't. || Das wird noch wohl erklingen, | Wenn ich gestorben bin; | Es werden's Andre singen, | Wenn ich längst bin dahin« (*Fromme Lieder von Friedrich Spee*, hg. v. Wilhelm Smets, Bonn 1849, S. 167). Vgl. auch den Hinweis von Herbert Kraft (»*Mein Indien liegt in Rüschhaus*«, Münster 1987, S. 188) auf Schillers *Stanzen an den Leser*, in denen es in dem Gedicht *Sängers Abschied* (v. 9-24) heißt: »Nicht länger wollen diese Lieder leben, | ⟨...⟩ || Der Lenz entflieht! Die Blume schießt in Saamen, | Und keine bleibt von allen, welche kamen.« (*Schillers Werke*. Nationalausgabe, Bd. 2,1, S. 417).

Am Feste Mariä Verkündung (S. 390)
Evangelium: Lk 1,26-38.
390,2,12 *Bei* ⟨...⟩ *Ding*] Zitat aus dem Evangelientext Lk 1,37.
390,13,22f. *Zähren*] Tränen.
390,15 *sein*] Des Lenzes.
390,25 *Millionen*] Viersilbig.
391,61-392,72 *Doch wie* ⟨...⟩ *Höhn*] Während Moses von Gott das Gesetz empfing, durfte das Volk der Israeliten, das am Berge Horeb lagerte, die Absperrungen nicht übertreten. Als Moses jedoch lange fortblieb, fertigte Aaron aus dem Schmuck der Israeliten das Götzenbild des Goldenen Kalbes (vgl. Ex 32).
391,65 *Feuersäule*] Beim Zug der Israeliten in das Gelobte Land ging Gott vor ihnen her, am Tage in einer Wolkensäule, nachts in einer Feuersäule (vgl. Ex 13,21f.).
392,82 *Asbest*] Faseriges, silikatisches, feuerfestes, doch schmelzbares Mineral.

Am Palmsonntage (S. 392)
Evangelium: Mt 21,1-9.
392,11 *Kreuzesfahnen*] Vgl. den lateinischen Hymnus für die Passions- und Karwoche *Vexilla regis prodeunt*, der seit dem 12. Jahrhundert in deutschen Übersetzungen vorliegt. Das Passionslied ist bis heute unter dem Titel *Des Königs Fähnlein gehn hervor* gebräuchlich.

Am Montage in der Karwoche (S. 394)
Evangelium: Mt 21,18; Lk 11,12-14.20-25. Der Evangelientext, das Gleichnis vom verdorrten Feigenbaum, stimmt weder mit dem Münsterer Perikopenbuch noch mit dem Missale Romanum überein, die Joh 12,1-9, die Salbung Jesu in Bethanien vorsehen. Dies trifft auch für die von der Droste angegebenen Evangelien zu Dienstag und Mittwoch in der Karwoche zu.

Eduard Arens (*Literarische und volkstümliche Anklänge im »Geistlichen Jahr« der Annette von Droste*, in: Germanisch-romanische Monatsschrift 13 [1925], H. 1/2, 3/4, 5/6, S. 69 bis 73, 145-149, 229-232, hier S. 230) verweist bezüglich der Dialogform des Gedichtes auf das Volkslied *Das Mädchen und die Hasel* (vgl. Erk/Böhme, *Deutscher Liederhort*, Bd. 1, S. 536).

Am Dienstage in der Karwoche (S. 396)

Evangelium: Mt 22,34-40; Mk 12,28-31; Lk 10,25-28. Diese Evangelienangabe stimmt weder mit dem münsterischen Perikopenbuch noch mit dem Missale Romanum überein.

396,13 *Flecken*] Vgl. Anm. 361,36.

397,25 *trügen*] Betrügen.

398,57f. *So* ⟨...⟩ *vergeudet*] Zum Gleichnis von den Talenten vgl. Anm. 368,37-42.

398,63 *wehren*] Im Sinne von: verwehren (Grimm, *Deutsches Wörterbuch*, Bd. 14,1,1, Sp. 240).

Am Mittwochen in der Karwoche (S. 398)

Evangelium: Mt 22,23-33; Mk 12,18-27; Lk 20,27-38. Diese Evangelienangabe stimmt weder mit dem münsterischen Perikopenbuch noch mit dem Missale Romanum überein.

398,9-399,16 *Wie* ⟨...⟩ *verzehrt*] Angesprochen wird hier der Kreislauf der Materie. Die Pflanzen, die sich die Urstoffe eines verwesenden Leibes assimiliert haben, dienen wiederum dem »Leib« als Nahrung.

399,36.39 *dein Tag/der Tag* ⟨...⟩ *Tagen*] Der Tag des Jüngsten Gerichts.

399,38 *steht*] Steht starr.

400,44 *Wetters*] Hier wohl »Unwetter, Gewitter« (Grimm, *Deutsches Wörterbuch*, Bd. 14,1,2, Sp. 698ff.).

Am Grünendonnerstage (S. 400)

Evangelium: Joh 13,1-15.

In einem nur fragmentarisch überlieferten Brief aus dem Herbst 1821 schreibt die Droste an Anna von Haxthausen:

»Nach der Stimmung der geistlichen Lieder darfst du meine jetzige nicht beurtheilen, die Gottlob viel anders und heller ist; vorzüglich ist das Lied am Gründonnerstage zu einer Zeit, wo sehr heftige Kopfschmerzen mir zuweilen eine solche Dumpfheit zuzogen, daß ich meine Geisteskräfte der Zerrüttung nahe glaubte, unter den schrecklichsten Gefühlen geschrieben; jetzt bin ich überzeugt, daß ich nichts Dergleichen zu befürchten habe.«

Diesen Text wählte die Droste als Grundlage für die Komposition eines Vokalquartetts (HKA, Bd. 13, S. 194). Das Lied zum Gründonnerstag gehört zu den wenigen Eigenvertonungen der Autorin.

400,1 *Wundernacht*] Sonst wird nur die Osternacht in dieser Art gepriesen. Vgl. das Osterlob »Exultet« (»Es juble«) zu Beginn der Osterliturgie: »O vere beata nox« (»O wahrhaft selige Nacht«) bzw. den wiederkehrenden Vers »Haec nox est« (»Dies ist die Nacht«) mit den nachfolgenden Beschreibungen dieser Nacht.

401,26 *Schergen*] Vgl. Anm. 148,28.

Am Karfreitage (S. 402)

Evangelium: vgl. Joh 18-19.

402,9-12; 403,38 *Als ⟨...⟩ stille/Erd' ⟨...⟩ erbleichen*] Nach Mt 27,45 par trat vor dem Tode Jesu eine Sonnenfinsternis ein. In manchen Darstellungen der Kreuzigung verbirgt die Sonne ihr Angesicht mit einer »Trauerhülle«. Ein entsprechendes Gemälde befindet sich auf Burg Hülshoff.

403,46 *Dorn ⟨...⟩ Spieße*] Die Marterwerkzeuge der Passionsgeschichte (Dornenkrone, Rohr als Zepter, Ruten zum Geißeln, Nägel für die Kreuzigung, Lanze; vgl. Mt 22,27-31).

403,49f.; 404,65-70 *In ⟨...⟩ Entsetzen/Als ⟨...⟩ Knalle*] Den Hintergrund dieser Verse bildet die Darstellung des Todes Jesu (Mt 27,51-53).

404,75f.; 405,87f. *Und ⟨...⟩ Wunden/Laß ⟨...⟩ sehen*] Die Jünger erkennen Jesus bei seiner Erscheinung nach Ostern an seinen Wundmalen, und es erfüllt sie mit großer Freude (Lk 24,38-40, Joh 20,19f., 25-28).

404,84 *Fehle]* Vgl. Anm. 367,46.

Am Karsamstage (S. 405)

405,9,18,27; 406,36,45,54; 407,63 *O Herr, erhalt'/erhalt'/verschon'/errett'/erlös'/befrei/erhalt']* Der Schlußvers jeder Strophe erinnert an die Litaneien in der Liturgie. Die Gemeinde antwortet dem Vorbeter mit einer in der Regel gleichbleibenden oder geringfügig abgewandelten Bittformel.

406,42-44 *Vergangenheit ⟨...⟩ Ewigkeit]* Diese Verse sind aus der Perspektive der Vorhölle gesprochen.

Am Ostersonntage (S. 407)

Evangelium: vgl. Mk 16,1-7.

407,14 *sein]* Sind.

407,15 *Tod ⟨...⟩ Banden]* Vgl. Ps 18,6: »Die Bande der Unterwelt umstricken mich, | über mich fielen die Schlingen des Todes.« »Bande« in der Bedeutung »Fesseln« wird in österlichen Kirchenliedern gebraucht.

408,39 *befleckt]* Vgl. Anm. 361,36.

408,39 *Fehlen]* Vgl. Anm. 367,46.

Am Ostermontage (S. 409)

Evangelium: Lk 24,13-35.

410,44 *zarten Gast]* Der Glaube.

410,48 *heißen roten See]* Metaphorisch für Blut und Herz.

410,57 *heilgen Buch]* Die Bibel.

Am ersten Sonntage nach Ostern (S. 411)

Evangelium: Joh 20,19-31; Zitat: Joh 20,19.

Mit diesem Gedicht setzt der wegen seiner weit auseinanderliegenden Entstehungszeiten sogenannte zweite Teil des *Geistlichen Jahrs* ein.

411,4 *Hier ⟨...⟩ Teil]* Vgl. das Gleichnis vom verlorenen Sohn, in dem der Sohn von seinem Vater das ihm zustehende Erbteil verlangt (Lk 15,12).

412,9 *zum Gebete*] (1) zum Gebete (2) zwar zum Beten (H).

412,13 *Doch ⟨...⟩ gesellt*] Gemeint ist die Einkehr Jesu im Hause des Zöllners, die zu dessen Bekehrung führt (Lk 19,5 f.; Mk 2,13-17).

412,15 *Dem ⟨...⟩ Stimme*] Hinweis auf das Gleichnis vom verlorenen Schaf (Lk 15,4). Dieses Gleichnis erläutert bildhaft die Sorge Gottes um den einzelnen Menschen.

412,33 *verschloßne ⟨...⟩ durchdringen*] »Die metaphorische Übertragung der verschlossenen Tür, hinter der die wartenden Jünger versammelt sind, auf die verschlossene ›Tür des Herzens‹ hat als Topos in den Geistlichen Jahreszyklen eine feste Tradition« (Stephan Berning, *Sinnbildsprache*. Zur Bildstruktur des Geistlichen Jahrs der Annette von Droste-Hülshoff, Tübingen 1975, S. 56, Anm. 21).

412,39 *Friedensbogen*] Regenbogen. Der Regenbogen symbolisiert in der Noah-Geschichte den Bund, den Noah stellvertretend für alle lebendigen Wesen mit Gott geschlossen hat (Gen 9,12-17).

Am zweiten Sonntage nach Ostern (S. 413)
Evangelium: Joh 10,11-16.

Für einige Gedichte des zweiten Teils des *Geistlichen Jahrs* charakteristisch ist die Rolle des mahnenden Sprechers.

413,2-4; 414,35 f. *O wehe ⟨...⟩ Schlamm/Bist ⟨...⟩ verirrt*] Vgl. das Gleichnis vom verlorenen Schaf (Lk 15,4).

413,12 *drüben*] Im jenseitigen Leben.

413,18 *Flecken*] Vgl. Anm. 361,36.

413,18 *brandig*] Mit »Brand« wird der örtliche Tod von Zellen und Geweben bezeichnet (Nekrose).

414,46 *Macht*] Kraft, im Sinne Gottes zu wirken.

414,49 *Gewitter ⟨...⟩ hemmen*] Vgl. Mt 8,26: Jesus stillt den Seesturm mit einer Drohgebärde.

Am dritten Sonntage nach Ostern (S. 415)
Evangelium: Joh 16,16-22; Zitat: Joh 16,16.

Dieses Gedicht wurde in verschiedenen Interpretationen mit Klopstocks *Frühlingsfeier* und insbesondere mit der dort formulierten Naturauffassung in Verbindung gebracht (vgl. zusammenfassend Kortländer 1979, S. 88, und HKA, Bd. 4, S. 422f.).

415,5 *mein]* (1) mein (2) das (H).

415,6 *Wüstenlicht]* Anspielung auf die Feuersäule, mit der Gott nachts den Isareliten auf ihrem Weg in das Gelobte Land voranging (Ex 13,21f., Num 9,15-23).

415,7 *Aaronsstab]* Mose legte auf Geheiß Gottes die Stäbe der zwölf israelitischen Stammesfürsten vor der Bundeslade nieder. Am nächsten Morgen hatte der Stab Aarons ausgeschlagen, grünte, blühte und trug reife Mandeln (Num 17,16-26).

415,19 *Die Wolke steigt]* Vgl. auch die Einleitung zur Schilderung des Unwetters in der Ballade *Die Vergeltung* (S. 252,17).

416,41 *Friedensbogen]* Vgl. Anm. 412,39.

416,46-57 *Auf ⟨...⟩ hat]* Gott offenbarte sich dem Propheten Elija nicht in Sturm, Erdbeben oder Blitz, sondern im sanften Säuseln des Windes (1 Kön 19,11f.).

416,58 *schon ⟨...⟩ Sarg]* Gemeint ist der Baum, aus dem der Sarg gefertigt wird; vgl. auch *Silvesterabend* (S. 344,1-8).

Am vierten Sonntage nach Ostern (S. 417)
Evangelium: Joh 16,5-14; Zitat: Joh 16,5.

417,4 *Sodoms Säule]* Lots Weib blickt trotz Gottes Verbot auf die zerstörte Stadt Sodom zurück und erstarrt zur Salzsäule (Gen 19,17-26).

417,20 *Wüstenherold]* Herold: Verkünder, Ausrufer; hier: Johannes der Täufer.

417,22 *steht]* (1) steht (2) brennt (3) steigt (H).

417,28 *übertünchtem Grabe]* Vgl. Mt 23,27, wo sich Jesus an die Pharisäer wendet: »Weh euch, ihr Schriftgelehrten und Pharisäer, ihr Heuchler! Ihr seid wie die Gräber, die außen weiß angestrichen sind und schön aussehen; innen aber sind sie voll Knochen, Schmutz und Verwesung. So erscheint auch ihr von außen den Menschen gerecht, innen aber seid ihr voll Heuchelei und Ungehorsam gegen Gottes Gesetz.«

418,36 *Brau*] Vgl. Anm. 48,29.

Am fünften Sonntage nach Ostern (S. 418)

Evangelium: Joh 16,23-30; Zitat: Joh 16,24.30.

419,11 *Blinden ⟨...⟩ Lahmen*] Blindheit und Lahmheit stehen im Neuen Testament für Krankheit und Bedürftigkeit.

419,19 *emfahen*] Empfangen (Grimm, *Deutsches Wörterbuch*, Bd. 3, Sp. 420f.).

419,28 *Liebe ahnden*] (1) Liebe ahnden (2) Liebe fühlen (3) Nähe fühlen (H).

419,30 *Gnadengruß*] (1) Gnadengruß (2) Gnadenzoll (H).

419,32 *muß*] (1) muß (2) soll (H).

420,43 *Dieses*] (1) Eines (2) Dieses (H).

420,44 *ungestört*] (1) unversehrt (2) ungestört (H).

Am Christi Himmelfahrtstage (S. 420)

Evangelium: vgl. Mk 16,14-20.

Dieses zeitbezogene Gedicht ist immer wieder in Verbindung mit dem sog. Kölner Kirchenstreit gebracht worden. Dieser Streit war zwischen der preußischen Regierung und dem Kölner Erzbischof Clemens August von Droste-Vischering entbrannt, weil beide Parteien z. B. in der Frage, welcher Konfession Kinder aus Mischehen angehören sollten, kein Einverständnis erzielen konnten. Die Auseinandersetzung eskalierte und führte in zahlreichen Städten Westfalens zu Unruhen, als die preußische Regierung den Erzbischof am 20. 11. 1837 verhaftete und in Minden festsetzte.

420,1 *drei und dreißig Jahr*] Gemeint ist das Lebensalter von Jesus.

421,14-22 *Zu ⟨...⟩ getauscht*] Jesus besuchte die Schwestern Martha und Maria. Martha sorgte für sein leibliches Wohl, während Maria seinen Worten zuhörte (Lk 10,38-42).

421,23-27 *Mit ⟨...⟩ verziehn*] Lk 7,36-50 berichtet von einer reuigen Sünderin, die mit ihren Tränen Jesu Füße netzt und diese mit ihren Haaren trocknet, als Dank dafür, daß Jesus ihre Sünden vergab. Sie wird von der Droste dem Volksglauben entsprechend mit Maria Magdalena gleichgesetzt.

421,26 *Wohl*] (1) Auch (2) Wohl (H).

421,31 *Bethania*] In der Nähe von Bethanien, einem kleinen Ort östlich von Jerusalem, wurde Jesus vor den Augen seiner Jünger in den Himmel erhoben (Lk 24,50f.).

421,33 *Unkraut ⟨...⟩ gesät*] Vgl. das Gleichnis vom Unkraut (Mt 13,24-30, 36-43).

421,34 *Gespalten ⟨...⟩ Reich*] Anspielung auf die Kirchenspaltung seit der Reformation.

421,39 *nun*] (1) nun (2) schier *(auf unleserlichem Wort)* (H).

421,40 *wieder*] (1) wieder (2) eine (H).

422,59 *Asbest*] Vgl. Anm. 392,82.

422,62 *Flammensäule*] (1) Flammensäule (2) Wetterwolke (H); vgl. Anm. 415,6.

Am sechsten Sonntage nach Ostern (S. 422)
Evangelium: Joh 15,26-16,4; Zitat: Joh 16,4a.
Die Zeitbezogenheit dieses Gedichts wird durch eine Stelle im Brief der Droste an Wilhelm Junkmann vom 26. 8. 1839 deutlich: »Zwischen meinen geistlichen Liedern ist mir Eines, ohne meinen Willen, ganz demagogisch geworden, der Onkel nennt es ›einen geistlichen Marsch‹ – der Evangelientext war Schuld daran, – da sehn Sie wie man noch jeden Augenblick die Bibel verkehrt auslegen kann! – ich werde wohl ein Anderes dafür machen müssen.«

422,1 *Zeitenseiger*] Landschaftlich für Uhr.

422,5 *Feder steigt*] (1) Feder steigt (2) Glocke bebt (H).

423,7 *Ronde*] Nächtliche Streifenwache, Posten.

423,9 *Glockenstimme]* (1) Glockenstimme (2) Zeitenstimme (3) Zeitenlosung (H).

423,15 Hier hatte die Droste ursprünglich folgende, dann jedoch gestrichene Verse vorgesehen:
> [Auf seinem Posten Jeder steht
> Und stehen stehn ist unsre[1] Pflicht
> Wie über uns[2] es braußt und weht
> Wir[3] wanken nicht Wir zagen nicht
> Wer hier nicht bricht, darnach nicht bricht]
>
> [1] (1) [seine] (2) unsre
> [2] uns] *korrigiert aus* ihm
> [3] (1) Er wanke nicht er zage nicht (2) Wir (*korrigiert aus* Er) wanken nicht Wir (*korrigiert aus* er) zagen nicht (H)

423,35 *Rettung]* (1) Hülfe (2) Rettung (H).

Am Pfingstsonntage (S. 424)

Epistel: Apg 2,1-11; Evangelium: vgl. Joh 14,23-31.

424,2 *Tempelhallen]* (1) Tempelhallen (2) Domeshallen (H); Himmel.

424,5 *so ... als]* Sowohl ... als auch.

424,12f. *vierzig Tag/Und Nächte]* Der Autorin ist ein Irrtum unterlaufen; seit Christi Himmelfahrt sind nur zehn, seit Ostern fünfzig Tage vergangen.

424,21 *Sein Rachen]* (1) Sein Rachen (2) Die Schlange (H).

424,29f. *die Flamme ⟨...⟩ Haupt]* Vgl. die Beschreibung des Pfingstereignisses in Apg 2,3.

Am Pfingstmontage (S. 425)

Evangelium: Joh 3,16-21; Zitat: Joh 3,16.18.

425,7 *Zoll]* »was die höhere gewalt, z. B. als gottheit, schicksal, zeit, auch teufel, von uns fordert« (Grimm, *Deutsches Wörterbuch*, Bd. 16, Sp. 46).

425,9 *Gebrochen ist der Stab]* Symbolischer Gerichtsakt, mit dem Brechen des Stabes konnte das Todesurteil verbunden sein.

426,21 *gesprochen,*] (1) gesagt, (2) gesprochen (H).

426,23 *so bin* ⟨...⟩ *gebrochen*] (1) ich seh' nicht wo es tagt, (2) so bin ich ganz gebrochen (H).

426,31-33 *Taufe der Begierde* ⟨...⟩ *Würde*] Die »Begierdetaufe« wird von der Theologie u. a. in der Weise gedeutet, daß im Notfall bereits der Glaube an Christus dem Verlangen nach der Taufe (v. 36f.) dem Taufsakrament gleichkomme.

426,33 *mit Sakramentes Würde*] (1) an Sakramentes Statt (2) mit Sakramentes Würde (H).

426,37 *wahrlich nicht*] (1) wahrlich nicht (2) nimmermehr (H).

426,39f. *Brächst* ⟨...⟩ *verhieß*]
  (1) Brächst Du ein Zweiglein, draus die Knospe bricht
      Und Frucht verhieß
  (2) Schlügst Du den Kranken, der sich leidensschwer
      Auf dich verließ (H)

426,48 *sehnen ich*] (1) tragen d (2) sehnen ich (H).

Am ersten Sonntage nach Pfingsten (Dreifaltigkeit) (S. 427)
Evangelium: Mt 28,18-20; Zitat: Mt 28,19-20.

427,3f. *Nun* ⟨...⟩ *Zeit*] Nach christlicher Lehre ist das Siegel der Taufe unauslöschlich.

427,21 *Phosphorpflanze*] Eine Reihe von Lebewesen und pflanzlichen Leuchtorganismen, besonders Leuchtpilze erzeugen Lichtenergie. Dieses Phänomen ist häufig literarisch aufgegriffen worden.

Am Fronleichnamstage (S. 428)
Evangelium: Joh 6,55-58; Zitat: Joh 6,55.57.

428,6-9 *Nicht* ⟨...⟩ *Gast*] Vgl. den Schluß des Gleichnisses vom königlichen Hochzeitsmahl (Mt 22,1-14).

428,8 *Ich war*] (1) Ich war (2) Du (*auf* Ich) warst (3) Ich war (H).

428,10 *mir*] (1) mir (2) Dir (*auf* mir) (3) mir (H).

429,14 *Arzenei*] Die Eucharistie.

429,24 *weint*] (1) weint (2) bat (H).

429,35 *Das* ⟨...⟩ *schwach*] Vgl. Mt 26,41 bzw. Mk 14,38: »Der Geist ist willig, aber das Fleisch ist schwach.«

Am zweiten Sonntage nach Pfingsten (S. 430)
Evangelium: Lk 14,16-24; Zitat: Lk 14,18b.20.21b.

430,18 *möcht*] (1) möcht (2) wollt (H).

430,20 *Mich dünkt es*] (1) Ich meine (2) Mich dünkt es (H).

430,23 *zorngen*] (1) zorngen (2) fernen (H).

431,33 *Norne*] Nordische Schicksalsgöttin.

431,37-43 *So* ⟨...⟩ *gelegt*] An mehreren Stellen des Neuen Testaments wird geraten, himmlische statt irdische Güter zu erwerben und sich nicht auf vergängliche Güter zu verlassen (Mt 5,3 par).

431,39 *Leiden Dorne*] (1) Leiden Dorne (2) Freuden Borne (H).

431,40 *überschwenglich*] (1) überschwenglich (2) überselig (H).

Am dritten Sonntage nach Pfingsten (S. 431)
Evangelium: Lk 16,19-31; Zitat: Lk 16,23.31.

432,34 *Stand*] Hier: das Leben auf Erden.

433,39 *Pharus*] Vgl. Anm. 325,61.

433,47 *Mühlenstein*] Vgl. die Worte Jesus (Mt 18,6 par): »Wer einen von diesen Kleinen, die an mich glauben, zum Bösen verführt, für den wäre es besser, wenn er mit einem Mühlstein um den Hals im tiefen Meer versenkt würde.«

433,47f. *Hat* ⟨...⟩ *Banne*] Diese Strafe erinnert an das Märchen *Von dem Machandelboom* aus den *Kinder- und Hausmärchen* der Brüder Grimm.

433,55 *Schwären*] Furunkeln.

433,55 *Leiden*] (1) Leiden (2) Plagen (H).

Am vierten Sonntage nach Pfingsten (S. 433)
Evangelium: Lk 15,1-7; Zitat: Lk 15,2.7.

434,8,30 *Gomorrhas See/toten Meer*] Gomorrha gehörte zu den fünf Städten, die wegen der Gottlosigkeit ihrer Einwohner durch Feuer und Schwefel vernichtet wurden (Gen 19,24ff.). Die biblische Erzählung will die trostlose Landschaft am Toten Meer erklären und zugleich die Folgen der Sünde bildhaft zeigen.

434,11 *Kann ⟨...⟩ Arm]* Der Arm des Polypen ergänzt sich von selbst.

434,24 *stöhnend]* (1) stöhnend (2) weinend (H).

434,27-29 *Weh ⟨...⟩ Ersticken]* Die Vorstellung vom »Schlamm der Sünden« (vgl. Ps 40,3.13) geht zurück auf die bildliche Anwendung des Wortes Schlamm »für das schmutzige, niedrige, gemeine, sündige, lasterhafte« (Grimm, *Deutsches Wörterbuch*, Bd. 9, Sp. 429).

Am fünften Sonntage nach Pfingsten (S. 435)
Evangelium: Lk 6,36-42; Zitat: Lk 6,36-37a.41.

435,4 *Wie]* Wie sehr auch.

435,10 *Beengend]* (1) Beengend (2) Gespenstig (H).

435,24 *Zoll]* Vgl. Anm. 425,7.

436,29f. *Du ⟨...⟩ nicht]* Siehe Lk 6,41.

436,29 *fremde]* (1) Nächsten (2) fremde (H).

436,40 *Schmerzen]* (1) Schmerzen (2) Schauer (H).

Am sechsten Sonntage nach Pfingsten (S. 437)
Evangelium: Lk 5,1-11; Zitat: Lk 5,5.8.10b.11.

437,1f. *Die ⟨...⟩ Grund]* Vgl. den ersten Teil des Gedichts *Der Dichter – Dichters Glück:* »Ja Perlen fischt er und Juwele | Die kosten nichts als seine Seele!« (S. 545,31f.)

437,2; 438,37; 439,48 *Perl/Perle]* In der Bibel steht der Erwerb und Besitz einer kostbaren Perle für das Erstrebenswerte und Vorbildliche schlechthin; das Himmelreich wird auch gleichnishaft mit einer Perle verglichen (Mt 13,45).

437,6 *Tauben gegen Schlangen]* Tauben und Schlangen stehen sich als Tiersymbole gegenüber, wobei Tauben »als sinnbilder aller denkbaren guten eigenschaften« (Grimm, *Deutsches Wörterbuch*, Bd. 11,1,1, Sp. 167) und Schlangen als »ein bild tückischer oder verderblicher gabe« (Grimm,

Deutsches Wörterbuch, Bd. 9, Sp. 444) betrachtet werden. Vgl. auch Mt 10,16: »seid daher klug wie die Schlangen und arglos wie die Tauben!«

438,28-30 *Ja* ⟨...⟩ *genommen*] Da der Pharao die Israeliten nicht ziehen lassen will, wird Ägypten von Gott mit zehn Plagen belegt. Die neunte Plage, nach der die Israeliten das Land verlassen dürfen, ist eine dreitägige Finsternis über Ägypten (Ex 10,21-29).

438,44 *So laß mich denn*] (1) So will ich denn (2) So laß mich denn (H).

439,46 *Hoffnungslicht*] (1) Hoffnungslicht (2) Rettungslicht (H).

Am siebenten Sonntage nach Pfingsten (S. 439)
Evangelium: Mt 5,20-24; Zitat: Mt 5,20.23f.

440,26 *Wucherpflanze*] »Wucherblume ist der deutsche Name für die Pflanzengattung Chrysanthemum« (*Bilder Conversations-Lexikon für das deutsche Volk.* ⟨...⟩, Bd. 4, Leipzig 1837-41, S. 756).

440,33 *gedämmt*] (1) gedämmt (2) gehemmt (H).

440,35 *wähne*] (1) meine (2) wähne (H).

440,47-49 *Da* ⟨...⟩ *heben*] Die sprichwörtliche Redensart »den ⟨ersten⟩ Stein auf jemanden werfen« geht zurück auf Joh 8,7. Vgl. auch den Prolog der *Judenbuche* »Laß ruhn den Stein – er trifft dein eignes Haupt!« (Bd. 2, S. 11,14) oder das Gedicht *An die Weltverbesserer* (S. 28,5f.; 30,41-45).

Am achten Sonntage nach Pfingsten (S. 441)
Evangelium: Mk 8,1-9; Zitat: Mk 8,1b-4.8.

442,17 *Dach*] (1) Dach (2) Ohr (H).

442,19 *trägst* ⟨...⟩ *nach*] (1) trägt ihm nicht nach (2) hälst ihm nicht vor (H).

442,21-30 *O rette* ⟨...⟩ *Spiele*] Anspielung auf die Erzählung vom Sündenfall (Gen 3,1-24).

443,38 *Samumes*] Samum: trockener heißer Wind in Arabien und Persien. Vgl. *Der Geierpfiff* (S. 239,102), *Bajazet* (S. 264,4).

443,39 *fromme*] »Fromm« hat hier die ältere Bedeutung von »nützlich«.

Am neunten Sonntage nach Pfingsten (S. 443)
Evangelium: Mt 7,15-21; Zitat: Mt 7,15a.16.21.

443,9 *aus ⟨...⟩ drehn*] Sagemotiv, vgl. auch die sprichwörtlichen Redensarten »Aus Sand dreht (kann) man keinen Strick (drehen)« und »Einen Strick aus Sand drehen« (Wander, *Deutsches Sprichwörter-Lexikon*, Bd. 3, Sp. 1861, und Bd. 4, Sp. 912).

444,13 *Riß*] Grundriß.

444,15f. *Die göttliche Akropolis/Der christlichen Minerva*] Minerva (Athene), deren Heiligtum auf der Akropolis in Athen steht, ist in der antiken Mythologie die Göttin des Verstandes und der Wissenschaft. Das Bild der »christlichen Minerva« steht für die Bevorzugung rationalistischer Kräfte durch den Menschen.

444,23 *Eines*] Eines Menschen.

444,23 *eigner*] (1) Vieler (2) eigner (H).

444,24,34 *Verwandelte ⟨...⟩ Brot/Der ⟨...⟩ Steine*] Jesus wurde vom Teufel versucht, Steine in Brot zu verwandeln (Mt 4,3). Im Gedicht wird der biblische Zusammenhang umgedreht, Brot wird in Steine verwandelt.

444,37 *Plan*] Ebene, Fläche; mhd. auch »Wiese, Aue« (Grimm, *Deutsches Wörterbuch*, Bd. 7, Sp. 1883).

445,45 *heilgen Gral*] »Der Hl. G⟨ral⟩ ist nach ma. Auffassung ein segenspendender Stein od. Schale, deren sich Christus beim letzten Abendmahl bediente u. in der Joseph von Arimathaia das Blut des Herrn am Kreuz auffing.« (*Lexikon für Theologie und Kirche*, Bd. 4, Freiburg 1960, Sp. 1160f.)

Am zehnten Sonntage nach Pfingsten (S. 445)
Evangelium: Lk 16,1-9; Zitat: Lk 16,9.

445,1 *Mammon*] Abschätzig für Reichtum, Geld.

445,3 *Zier*] (1) Zier (2) Last (H).

445,5 *hier*] (1) hier (2) Rast (H).

446,20 *Trost*] (1) Trost (2) Lust (H).

446,21 *deine Hand*] (1) deine Hand (2) dann mein Gott (H).

446,31 *Gewärtig*] Gewärtig sein: seine Aufmerksamkeit auf etwas richten (Grimm, *Deutsches Wörterbuch*, Bd. 4,1,3, Sp. 5349).

446,45f. *Den Pfunden ⟨...⟩ entheben*] Vgl. das Gleichnis von den Talenten und Anm. 368,37-42,47.

Am elften Sonntage nach Pfingsten (S. 447)
Evangelium: Lk 19,41-47; Zitat: Lk 19,41f.

447,9f. *Wie ⟨...⟩ lassen*] Der Legende nach hat Jesus auf dem Weg nach Golgatha sein Gesicht mit dem Tuch der Veronika getrocknet und darin den Abdruck seines Gesichts hinterlassen.

448,32 *Des Kalkes ⟨...⟩ Beize*] Gebrannter Kalk und Asche wurden als Düngemittel verwandt; Beize diente als Schutz des Saatgutes gegen Schädlinge.

448,46 *Wimper*] Akk. Plur. Die Droste bildet den Plural »Wimper«, vgl. z. B. *Am zwölften Sonntage nach Pfingsten* (S. 449,8).

Am zwölften Sonntage nach Pfingsten (S. 449)
Evangelium: Lk 18,9-14; Zitat: Lk 18,13-14a.

449,4 *fährt*] (1) fährt (2) dringt (H).

449,6-8 *Die ⟨...⟩ beben*] Vgl. Anm. 448,46.

449,19 *warmen*] (1) warmen (2) heißen (H).

450,30 *Kerkerschragen*] Schragen: schräg oder kreuzweise zueinander stehende Holzstangen oder Pfähle (Grimm, *Deutsches Wörterbuch*, Bd. 9, Sp. 1620).

Am dreizehnten Sonntage nach Pfingsten (S. 451)
Evangelium: Mk 7,31-37; Zitat: Mk 7,33b-35.

451, Ev.; 452,48 *Ephephata*] Die Form, die hier im Evangelientext und in v. 48 erscheint, ist falsch; sie müßte »Ephphata« (griech.: ἐφφαθά) heißen. Eine Korrektur würde jedoch in v. 48 das Metrum verletzen. Nach Mk 7,34 blickte Jesus »zum Himmel auf, seufzte und sagte zu dem Taubstummen: Effata!, das heißt: Öffne dich!«

451,7 *Treuer, zwinge]* (1) Treuer, zwinge (2) Herr bekämpfe (H).

451,8 *Gelähmet]* (1) Gelahmet (2) Gebrochen (H).

451,18 *Dringt ein]* (1) Dringt ein (2) Sich regt (H).

451,19 *des Irren Stirn]* Im 19. Jahrhundert galt der Taubstumme in der volkstümlichen Vorstellung häufig als schwachsinnig.

451,20 *Sich leise regt]* (1) Sich leise regt (2) Zuckt leise auf (H).

451,21 *und ⟨...⟩ Beben]* (1) und hoffen darf ich, ob mit Beben (2) es wacht es möchte sich erheben (3) es athmet, möchte sich erheben (H).

451,23 *nicht Verwandte]* (1) nicht Verwandte (2) Unbekannte (H).

452,42 *halb verstanden]* (1) halb verstanden (2) unverstanden (H).

452,47 *friedreich]* (1) liebreich (2) friedreich (H).

452,48 *Und]* (1) Und (2) O (H).

Am vierzehnten Sonntage nach Pfingsten (S. 453)
Evangelium: Lk 10,23-37; Zitat: Lk 10,36f.

Dieses Gedicht liegt als einziges Gedicht des zweiten Teils des *Geistlichen Jahrs* in einer Reinschrift vor. Die Droste schrieb es in das Stammbuch (R) ihres Neffen Heinrich von Droste-Hülshoff (1827-1887) und versah es mit dem Postscriptum »Oremus pro invicem ut salvemur. | A. D.« (»Beten wir für einander, damit wir gerettet werden«; vgl. Jak 5,16.)

453,7f.; 434,55 *Laß ⟨...⟩ Bau/Stein]* Vgl. 1 Petr 2,5: »Laßt euch als lebendige Steine zu einem geistigen Haus aufbauen.« Dieses Bild führt den Gedanken weiter, daß Christus der Eckstein sei, den die Erbauer des Hauses verworfen haben.

453,13 *die gleichen Lüfte]* (1) die gleichen Lüfte (2) den gleichen Odem (H).

KOMMENTAR ZU S. 451-457 861

453,15 *auch]* (1) auch (2) schon (H).
454,25 *heimatferner]* (1) Heimathferner (2) Heimathfremder (H).
454,27 *fremden]* (1) fremden (2) kalten (H).
454,37 *Rechte]* (1) Rechte (2) Hände (H).
454,45 *Fehl]* Vgl. Anm. 367,46.
454,45 *Albernheit]* (1) Albernheit (2) dumpfem Sinn (H).
454,54 *Umschleichen]* (1) Umschleichen (2) umschweben (H).

Am fünfzehnten Sonntage nach Pfingsten (S. 455)
Evangelium: Lk 17,11-19; Zitat: Lk 17,14.
455,9 *Lug]* Lüge (Grimm, *Deutsches Wörterbuch*, Bd. 6, Sp. 1267).
455,10 *Unmittelbar]* (1) Unmittelbar (2) Auf gradem Pfad (H).
455,21 *schwülstig]* (1) schwülstig (2) leer und (H).
456,36 *dir ⟨...⟩ sein]* (1) ich mög enthoben seyn (2) du mögst enthoben seyn (3) dir mög erlassen seyn (H).
456,38 *Sakrament]* Hier: Bußsakrament, Beichte.
456,44 *Hirten]* (1) Leiter *(vielleicht gestrichen)* (2) Hirten (H); Hirt (lat. »pastor«): Geistlicher, Seelsorger; hier der Priester, der die Beichte abnimmt.

Am sechzehnten Sonntage nach Pfingsten (S. 457)
Evangelium: Mt 6,24-33; Zitat: 6,24c.25a.33.
457,1-7 *Wer ⟨...⟩ treten]* Anklänge an das protestantische Kirchenlied *Wer nur den lieben Gott läßt walten* (1657) von Georg Neumark (1621-1681). Die erste Strophe lautet: »Wer nur den lieben Gott läßt walten, | Und hoffet auf ihn allezeit, | Den wird er wunderbar erhalten | In aller Noth und Traurigkeit: | Wer Gott, dem Allerhöchsten, traut, | Der hat auf festen Grund gebaut!«
457,4 *Gegner]* (1) Gegner (2) Uebel (H).
457,12 *äußrer oder innrer]* (1) äußrer oder innrer (2) grimmer oder tückscher ((a) tückscher (b) sanfter) (H).

457,17 *lebt*] (1) ist (2) lebt (H).

457,17 *Fröner*] Arbeiter. Das Wort ist abgeleitet von ahd. »fro« (»Herr«) und hat sich in »Fronleichnam« erhalten.

457,17-21 *Glückselig* ⟨...⟩ *Verlangen*] Vgl. Mt 11,28-30: Jesus beschreibt den Jüngern das leichte Joch seiner Nachfolge.

458,26-28 *Er* ⟨...⟩ *stellten*] Auf Petrus' Hinweis, er habe mit den Jüngern alles verlassen, um Jesus nachzufolgen, stellt Jesus das Hundertfache als Lohn der Nachfolge in Aussicht (Mk 10,30).

458,33-35 *Er* ⟨...⟩ *fechten*] Die aus Aarons Stab entstandene Schlange verschluckte die Schlangen der ägyptischen Zauberer (Ex 7,10-12).

459,59 *Salomo* ⟨...⟩ *Pracht*] Der wegen seiner Weisheit, Schönheit und seines Reichtums, der sich auch in seiner Kleidung zeigte, berühmte König Salomo (etwa 965-926 v. Chr.) erbaute in Jerusalem einen prachtvollen Tempel.

Am siebenzehnten Sonntage nach Pfingsten (S. 459)
Evangelium: Lk 7,11-16; Zitat: Lk 7,12ab.13b.14f.

459,2 *Tote*] (1) Todte (2) Moder (H).

459,4 *Manna*] Neutr. und fem.; die von der Dichterin verwendete mask. Form ist unüblich.

459,5 *Du* ⟨...⟩ *zieht*] Vgl. Ex 17,6: Moses schlägt mit seinem Stab an den Felsen, um daraus Wasser für das dürstende Volk der Israeliten zu erhalten.

459,6 *Aarons dürrer Stab*] Vgl. Anm. 415,7.

460,10-13 *Zu* ⟨...⟩ *genug*] Jesus wurde neben zwei Verbrechern gekreuzigt, von denen der eine bereut. Jesus verspricht ihm dafür das Paradies (Lk 23,39-43).

460,11 *Schächer*] Veraltet für »Räuber«, »Verbrecher«, »Mörder« (Grimm, *Deutsches Wörterbuch*, Bd. 8, Sp. 1959f.).

460,15f. *Du* ⟨...⟩ *erwarten*] Vgl. den biblischen Bericht über die Auferweckung des Jünglings von Nain (Lk 7,12).

460,24 *Hauch über mich*] (1) Hauch über mich (2) O wasche mich (H).

460,32 *einstens]* (1) einstens (2) früher (H).
460,37-39 *Ein ⟨...⟩ bauen]* Vgl. Georg Neumarks Lied *Wer nur den lieben Gott läßt walten* und Anm. 457,1-7.
461,43 *weiß es]* (1) weiß es (2) fühl es (H).
461,48 *Todesschlaf]* Vgl. die Wundergeschichte von der Auferweckung der Tochter des Jairus (Mk 5,39-42, hier 39).
461,54 *Die flüstern]* (1) Die flüstern (2) So hauchen (H).

Am achtzehnten Sonntage nach Pfingsten (S. 461)
Evangelium: Lk 14,1-11; Zitat: 14,2-4.11.
461,1-4 *Sechs ⟨...⟩ Weihe]* Gebot der Sabbatruhe (vgl. Ex 20,8-11).
462,33 *alten Bundes]* Der »Alte Bund« bezeichnet im Gegensatz zu dem von Christus gestifteten »Neuen Bund« die Gemeinschaft Gottes mit dem Volk Israel.
462,37 *Flecken]* Vgl. Anm. 361,36.
463,46 *kirren]* Zahm, zutraulich.
463,50 *gehoben]* Im Sinne von »aufgehoben«.

Am neunzehnten Sonntage nach Pfingsten (S. 464)
Evangelium: Mt 22,35-46; Zitat: Mt 22,37-40.
464,14 *aber]* (1) aber (2) dennoch (H).
464,14 *allerwegen]* Veraltet für »überall«, »immer«.
465,30 *Selbst ⟨...⟩ Fehlen]* (1) Selbst wie ein Reiz das Fehlen (2) ein reicher Reiz das Fehlen (H).
465,30 *Fehlen]* Vgl. Anm. 367,46.
465,43 *Damokles]* Damokles war ein Höfling des älteren Dionysos von Syrakus. Als er das Glück des Tyrannen pries, ließ Dionysos ihn unter einem Schwert, das an einem Pferdehaar hing, alle Genüsse einer fürstlichen Tafel kosten. Daher steht das Damoklesschwert sprichwörtlich für die im Glück stets drohende Gefahr. – Die griechische Betonung Dámokles hatte sich in der ersten Hälfte des 19. Jahrhunderts noch nicht überall durchgesetzt. Daher ist hier Damókles zu betonen.
466,59 *Bildnis]* Der Nächste als Ebenbild Gottes.

Am zwanzigsten Sonntage nach Pfingsten (S. 466)
Evangelium: Mt 9,1-8; Zitat: Mt 9,2b.4-6.

466,8 *reiche]* (1) reiche (2) süße (H).

467,17-24 *O ⟨...⟩ dir]* Günter Häntzschel (*Tradition und Originalität. Allegorische Darstellung im Werk Annette von Droste-Hülshoffs*, Stuttgart 1968, S. 36f.) weist auf die Unstimmigkeit dieses Bildes hin: »Erschwert ist der Zugang zu diesen Versen zunächst durch die Naturbilder in den Vergleichen, da der von Annette eingeführte Gegensatz zwischen ›Mistel‹ und ›Schlinggewächs‹ tatsächlich nur halb richtig ist. Zwar ist die Mistel, die eigenes Blattgrün bildet und den Wuchs des Baumes nicht beeinträchtigt, nicht eine Schmarotzerpflanze in der Art eines Schlinggewächses, das einen Baum zum Absterben bringen kann, dennoch blüht sie keineswegs ›wurzellos‹, sondern entzieht als Halbschmarotzer dem Baum, auf dem sie sich ausbreitet, ebenfalls Nährstoffe und fügt ihm damit Schaden zu, wenn dieser auch für den Baum nicht tödlich ist.«

467,18 *der Mistel]* Im 19. Jahrhundert auch mask. (Grimm, *Deutsches Wörterbuch*, Bd. 6, Sp. 2268).

467,23f. *So ⟨...⟩ dir]* Dem Volksglauben zufolge saugen Vampire Lebenden das Blut aus und sollen wiederkehrende Tote sein (*Handwörterbuch des deutschen Aberglaubens*, Bd. 6, S. 812-823).

467,37 *an einem Haare]* Möglicherweise Anspielung auf das Schwert des Damokles, vgl. Anm. 465,43.

467,39f. *frischer Geist/In frischem Körper]* Lat. Sprichwort: »mens sana in corpore sano«.

467,41f. *Sprach ⟨...⟩ schwer]* Siehe Mt 9,5.

467,44 *Gomorrhas Meer]* Totes Meer, vgl. Anm. 434,8,30.

468,51 *Um was]* Um das, was.

Am ein und zwanzigsten Sonntage nach Pfingsten (S. 468)
Evangelium: Mt 22,1-14; Zitat: Mt 22,12a.

468,1 *Hirn]* (1) Hirn (2) Haupt (H).

469,16 *Blätter halbverhungert]* Vgl. das Gleichnis von der

KOMMENTAR ZU S. 466-473

Verfluchung des Feigenbaumes (Mt 21,18-22) und Anm. zu *Am Montage in der Karwoche* (S. 394).

469,27 *arme Lampe lehrbereit*] Die Poesie.

469,31f. *So* ⟨...⟩ *Wüste*] Gott strafte die Israeliten, indem er außer Josua und Kaleb keinen der Männer, die aus Ägypten ausgezogen waren, das Gelobte Land erreichen ließ (Num 14,20-38).

469,38 *Pfunde*] Im Sinne von »Talente«, vgl. das Gleichnis von den Talenten und Anm. 368,37-42,47.

470,53 *sich* ⟨...⟩ *wandten*] Im Sinne von »sich abwandten«.

Am zwei und zwanzigsten Sonntage nach Pfingsten (S. 471)
Evangelium: Joh 4,46-53; Zitat: Joh 4,49f.

471,3 *Marmorflies*] Es ist wohl der Glanz des Marmors gemeint (Grimm, *Deutsches Wörterbuch*, Bd. 12,2, Sp. 389).

471,5 *Polstern*] (1) Polstern (2) Decken (H).

471,20 *Wenn*] (1) Wenn (2) Dann (H).

472,29 *Menipp* ⟨...⟩ *Euboea*] Menipp: griechischer Eigenname; Euboea: griechische Insel am Westrand des Ägäischen Meeres. Es handelt sich bei der Gestalt wohl um eine Eigenschöpfung der Autorin, allerdings wird bei Demosthenes (*Politische Reden* IX, 59) ein Menippos von Oreos auf Euboea erwähnt.

472,31-36 *Prophete* ⟨...⟩ *Galiläa*] Jesus wurde in Bethlehem im Lande Juda geboren, wuchs aber im Galiläa zugehörigen Nazareth auf (Lk 2). In Joh 4,47 heißt es, daß Jesus bei seiner Wanderung »von Judäa nach Galiläa gekommen war«.

472,33 *Capharnaum*] Ort in Galiläa am See Genezareth (heute: Tell Hum), Wirkungsstätte Jesu.

472,36 *Ein Glutstrom*] Wie ein Lavastrom.

473,65 *Irus*] Bettlergestalt aus der *Odyssee* des Homer.

Am drei und zwanzigsten Sonntage nach Pfingsten (S. 473)
Evangelium: Mt 18,23-35; Zitat: Mt 18,26b.32-33a.34b.

473,3f. *Der* ⟨...⟩ *aufgeregt*] Bild für das quälende Gewissen.

474,31-36 *O ⟨...⟩ Bann]* Vgl. Ps 91,11: »Denn er befiehlt seinen Engeln; | dich zu behüten auf all deinen Wegen.«

474,42 *Gift]* Früher auch mask.

475,59 *So ... als]* Sowohl ... als auch.

Am Allerheiligentage (S. 476)

Evangelium: Mt 5,1-12a; Zitat: Mt 5,3.5.4.6.7.8.9.10.

Die sechste Seligpreisung schrieb die Droste 1845 in das Stammbuch ihres Neffen Heinrich von Droste-Hülshoff: »Selig die eines reinen Herzens sind, denn sie werden | Gott anschauen. Ev. Matth. Kap. 5. V. 8. | Zur Erinnerung an deine treue Tante. | Annette Elisabeth von Droste-Hülshoff. | Hülshoff. den 11ten October. | 1845.«

476,5 *Fehles]* Vgl. Anm. 367,46.

476,11f. *Und ⟨...⟩ Dorn]* Möglicherweise Anspielung auf das Gleichnis vom Sämann (Mt 13,3-9.18-23).

476,12 *Hecheln]* Hauhechel (bot.: Onionis spinosa).

476,18; 477,23 *Und ⟨...⟩ tränken/Die ⟨...⟩ tränken]* Vgl. das Lied aus Goethes *Wilhelm Meisters Lehrjahre* (1795/96): »Wer nie sein Brot mit Tränen aß«, das von der Droste auch vertont wurde (HKA, Bd. 13, S. 4f.).

477,34 *nach]* (1) nach (2) auf (H).

477,35 *wählig]* Wählerisch (Grimm, *Deutsches Wörterbuch*, Bd. 13, Sp. 574).

477,48 *Überselig]* (1) Ueberselig (2) Selig selig (H).

478,54 *Wie ⟨...⟩ spaltend]* Dieses Bild dürfte aus Walter Scotts Roman *The Talisman* stammen. Dort wird Richard Löwenherz von Sultan gefragt, ob sein Schwert ein Federkissen zerteilen könne, was jener verneint: »kein Schwert in der Welt und wäre es der Excalibar ⟨!⟩ von König Arthur, kann das, was dem Streich keinen Widerstand entgegensetzt, zertheilen« (*Der Talisman*, neu übers. v. Wilhelm Sauerwein, Stuttgart 1862, S. 401).

478,68 *Herold]* Vgl. Anm. 417,20.

Am Allerseelentage (S. 478)
Evangelium: Joh 5,25-29; Zitat: Joh 5,28b-29, s. auch Joh 5,25.

478,1-3 *Die Stunde ⟨...⟩ Stunden*] Stunde des Endgerichts, »in der alle, die in den Gräbern sind, seine ⟨Gottes⟩ Stimme hören und herauskommen werden: Die das Gute getan haben, werden zum Leben auferstehen, die das Böse getan haben, zum Gericht.« (Joh 5,28f.)

478,6 *Dir ⟨...⟩ Wunden*] Anspielung auf die Wundmale Christi.

479,11 *starre*] (1) starre (2) zähe (H).

479,21 *Nimmt ⟨...⟩ Millionen*] Vgl. Mt 19,29 par und Anm. 457,17-21.

479,26 *letzten Port*] Besonders in der Barocklyrik metaphorisch für Hafen gebraucht, in den das Schiff des Lebens schließlich einkehrt.

480,45 *Talent*] Vgl. das Gleichnis von den Talenten und Anm. 368,37-42,47.

Am vier und zwanzigsten Sonntage nach Pfingsten (S. 480)
Evangelium: Mt 22,15-21; Zitat: Mt 22,17.18b.21b.

480,4 *den heilgen*] (1) den heilgen (2) geweihten (H).

480,5f. *Doch ⟨...⟩ Rauch*] Möglicherweise Anspielung auf den Kölner Kirchenstreit; vgl. Anm. zu *Am Christi Himmelfahrtstage* (S. 420).

480,6 *Dunst/Rauch*] Die Verbindung von »Rauch und Dunst« ist häufig in dichterischen Werken anzutreffen (Grimm, *Deutsches Wörterbuch*, Bd. 8, Sp. 238).

481,23 *Zoll*] Vgl. Anm. 425,7.

481,24 *begehren*] (1) begehren (2) empfangen (H).

481,39f. *Und ⟨...⟩ kann*]
Und klammre an den Einen dich der (1) dann
Dir mehr als Freund und Ehre geben kann (2) jetzt
Dir Freund und Ehre 1000fach ersetzt (H)

Am fünf und zwanzigsten Sonntage nach Pfingsten (S. 482)
Evangelium: Mt 9,18-26; Zitat: Mt 9,24a.25b.

482,5 *Helot]* Heloten waren im antiken Sparta Leibeigene, an ihr Land gebundene Bauern; häufig in übertragenem Sinne gebraucht.

483,23 *meinem Glauben]* (1) meiner Hoffnung (2) meinem Glauben (H).

483,24 *Weh schwer]* (1) [O] ein (2) Weh schwer (H).

483,31 *an Einem Haar]* Vgl. Anm. 467,37.

484,55 *meines Gottes]* Genitivus objectivus: mein Traum von Gott.

484,56 *dem Toten]* Dem toten Gott.

484,66 *Gewissen]* (1) Gewissen (2) Bewußtsein (H).

Am sechs und zwanzigsten Sonntage nach Pfingsten (S. 485)
Evangelium: Mt 24,15-35; Zitat: Mt 24,15a.22b.

485,4 *Feuerstoff]* Kohle.

485,7 *galvanscher Kette]* Die galvanische Kette ist eine Stromquelle, der eine chemische Umsetzung zugrunde liegt.

485,13 *Der ⟨...⟩ nach]* Eduard Arens (*Literarische und volkstümliche Anklänge im »Geistlichen Jahre« der Annette von Droste*, in: Germanisch-romanische Monatsschrift 13 [1925], H. 1/2, 3/4, 5/6, S. 69-73,145-149,229-232, hier S. 147) verweist auf J. G. Ch. Grässe (*Sagenbuch des preußischen Staates*, Glogau 1894-95, Bd. 1, S. 727): »Grenzstein-Versetzer müssen oft nach Volksglauben umgehen auf ihrem Acker, bis sie erlöst sind; so trägt ⟨...⟩ ein Mann den glühenden Grenzstein. Eine ähnliche Strafe hat hier A. v. Droste ersonnen für den Schwach-Gläubigen.«

485,15 *Kleinod]* Der Glaube.

485,22f. *schaun/Wem]* Das schaun, wovon.

486,43-47 *öden Stätte ⟨...⟩ Herrlichkeit]* Gemeint ist die Landschaft am Toten Meer; vgl. Anm. 434,8,30.

486,43 *Bin]* (1) [Ward] (2) Bin (3) Ward (H).

487,57 *dieser]* (1) [dieser] (2) [meiner] (H).

487,62 *Moksa]* Medizinisch: Brennzylinder, der zur Reizung der Haut (etwa bei Rheumatismus) verwendet wurde.

Am sieben und zwanzigsten Sonntage nach Pfingsten (S. 487)
Evangelium: Mt 13,31-35; Zitat: Mt 13,31bf.33b. Der Bezug auf dieses Evangelium ist eigentlich falsch. Am letzten Sonntage des Kirchenjahres wurde im Bistum Münster nicht das Evangelium des 27. Sonntags nach Pfingsten gelesen, sondern stets Joh 6,5-15, das Evangelium des vierten Fastensonntags. Die römische Leseordnung sah für den letzten Sonntag nach Pfingsten Mt 24,15-35 vor.

487,8 *Nicht zuckend nur*] Noch nicht einmal zuckend.

488,28 *kann*] (1) kann (2) muß (H).

489,60 *die schrecklichste der Stunden*] Die des Jüngsten Gerichts.

Am ersten Sonntage im Advent (S. 489)
Evangelium: Mt 21,1-9; Zitat: Mt 21,5a.9b.

489,3 *Streiter*] (1) Streiter (2) Scharen (H).

489,5 *überm ⟨...⟩ fort*] (1) überm stolzen Banner fort (2) als Panier im Schlachtenfeld (H).

489,8 *Spott*] (1) Spott (2) Stolz (H).

490,26 *der Welt Gebäu*] »Weltgebäu(de)« ist vom 17.-19. Jahrhundert ein gebräuchliches Kompositum, dem die in der Reformationszeit geprägte Auffassung zugrunde liegt, der Kosmos sei ein künstliches Gebäude (Grimm, *Deutsches Wörterbuch*, Bd. 14,1,1, Sp. 1576-1578).

490,28 *Mottenfäden*] (1) Mottenfäden (2) Spinngewebe (H).

490,30 *Nothemd*] Wunderbares Hemd, das der Sage nach von einer Jungfrau in der Christnacht gewebt sein muß und seinen Träger vor Verwundung schützt.

490,38 *Sündenmutter Erde*] Aufgrund der Sündenfallgeschichte Bezeichnung für die biblische Eva. Die biblische Vorstellung verbindet sich mit einer anderen aus der griechischen Mythologie. Als »Mutter Erde« gilt dort die Göttin Ge/Gaia, die Himmel, Berge, das Meer und schließlich auch die Titanen und Kyklopen geboren hat.

491,44 *Sehnsucht*] (1) Sehnsucht (2) Mühe (H).

491,55 *des Hefens Neige*] Hefe ist hier mask., wie früher

vielfach und im ahd. ausschließlich. Als Hefe wird auch der Bodensatz des jungen Weines bezeichnet, in der Bedeutung von »auf die hefen kommen, gehen, ›zur neige gehen‹« (Grimm, *Deutsches Wörterbuch*, Bd. 4,2, Sp. 763f.).

Am zweiten Sonntage im Advent (S. 492)

Evangelium: Lk 21,25-33; Zitat: Lk 21,27.33.

492,1f.; 493,43f. *Wo ⟨...⟩ tragen/Dann ⟨...⟩ Erkennen]* Dan 7,13f. kündigte die Errichtung des Reiches Gottes durch ein Wesen »wie ein Menschensohn« an, der auf den Wolken komme. Die Wolke begleitet im Alten Testament häufig Gotteserscheinungen.

493,23 *Grund]* (1) Grund (2) Schrein (H).

493,37 *fort]* (1) fort (2) ab (H).

493,39 *verneint]* Die Verneinung ist kennzeichnend für den Teufel; vgl. Goethes *Faust I*: »Von allen Geistern, die verneinen« (v. 338) und die Worte Mephistos: »Ich bin der Geist, der stets verneint« (v. 1338).

493,47 *der Liebe]* (1) der Liebe (2) des Lebens (H).

Am dritten Sonntage im Advent (S. 494)

Evangelium: Mt 11,2-10; Zitat: Mt 11,3.10b.

495,28 *Sinnens Tür]* (1) Sinnens Tür (2) Grübelns Tür (3) Jagd Revier (H).

495,38-46 *Und ⟨...⟩ Becher aus]* Die Ölbergszene ist auch Hauptgegenstand des Gedichts *Gethsemane* (S. 549).

495,42 *Blutschweiße]* Lk 22,42: »und sein Schweiß war wie Blut, das auf die Erde tropfte.«

495,46 *Und ⟨...⟩ aus]* Lk 22,42: »Vater, wenn du willst, nimm diesen Kelch von mir! Aber nicht mein, sondern dein Wille soll geschehen.«

495,52 *Heilands blutgem Tau]* (1) Jesu Liebesthau (2) Heilands [...] blutgem Thau (H).

Am vierten Sonntage im Advent (S. 496)

Evangelium: Joh 1,19-28; Zitat: Joh 1,19b.20a.23a.26b.

496,7 *der ⟨...⟩ Bord]* Die Balsampflanze (Terebinthales)

steht häufig für »wolgeruch und linderndes heilmittel überhaupt« (Grimm, *Deutsches Wörterbuch*, Bd. 1, Sp. 1093) und wächst ausschließlich in den Tropen und Subtropen, daher wohl die Assoziation »an Sumpfes Bord«.

496,8 *Im* ⟨...⟩ *gelegt*] Zum Ausdruck kommt die damals verbreitete homöopathische Ansicht, daß der Stich des Skorpions mit dem Öl, worin ein Skorpion aufbewahrt wird, nach dem Prinzip »similia similibus«, d. h. Gleiches heilt man mit Gleichem, zu behandeln sei.

496,9 *Dem* ⟨...⟩ *trägt*] Vgl. das religiöse Volkslied *Maria durch den Dornwald ging*, in dem es im ersten Vers der dritten Strophe heißt: »Da haben die Dornen Rosen getragen«.

496,10 *Der tote Stamm*] (1) der tote Stamm (2) das faule Holz (H).

496,10 *Der* ⟨...⟩ *Geglimme*] Zugrunde liegt das Phänomen des Leuchtholzes oder des phosphoreszierenden Holzes; vgl. Anm. 427,21; vgl. auch *Die Elemente* (S. 70, 81).

496,12 *Herold*] Vgl. Anm. 417,20.

496,14 *der schwarze Brand*] Vgl. Anm. 413,18.

496,15 *Adern*] (1) [Narben] (2) Wunden (3) Adern (H).

496,22 *Teufel*] (1) Teufel (2) Feinde (H).

497,33 *Vampir*] Vgl. Anm. 467,23f.

Am Weihnachtstage (S. 497)

Evangelium: vgl. Lk 2,1-20.

497,3f. *Als* ⟨...⟩ *Himmel*] Anspielung auf die Wüstenwanderung des Volkes Israel nach dem Auszug aus Ägypten (Ex 15,22-18,27).

497,5; 499,47-52 *Saphirscheinen/Dem* ⟨...⟩ *Gelehrte*] Der in Mt 2,2 erwähnte Stern zu Bethlehem.

497,8 *Mühselig*] (1) mühselig (2) Schweißtriefend (H).

498,25 *Irrwisch*] Irrlicht, vgl. Anm. 133,198.

498,25 *Feuersäule*] Vgl. Anm. 415,6.

498,26 *Aaronsstab*] Vgl. Anm. 415,7.

498,32 *Saaten*] (1) Saaten (2) Steppe (H).

498,37-39 *O* ⟨...⟩ *erharrt*] Vgl. die Eingangsverse des

Adventsliedes »Thauet, Himmel, den Gerechten, | Wolken regnet ihn herab«.

498,41 *Friedenskönig*] Vgl. Jes 9,5: dort ist bei der Verheißung der Geburt des göttlichen Kindes vom zukünftigen »Fürst des Friedens« die Rede.

498,42 *erweichen*] (1) [beleben] (2) erweichen (3) erwärmen *(Reihenfolge von Textstufen (2) und (3) unsicher)* (H).

499,44f. *Der* ⟨...⟩ *erscheint*] Vgl. Mt 2,4-6: Herodes »ließ alle Hohenpriester und Schriftgelehrten des Volkes zusammenkommen und erkundigte sich bei ihnen, wo der Messias geboren werden solle. Sie antworteten ihm: In Bethlehem in Judäa; denn so steht es bei dem Propheten: ›Du, Bethlehem im Gebiet von Juda, | bist keineswegs die unbedeutendste | unter den führenden Städten von Juda; | denn aus dir wird ein Fürst hervorgehen, | der Hirt meines Volkes Israel.‹«

499,48 *Wie* ⟨...⟩ *weint*] Sternschnuppe. Grimm, *Deutsches Wörterbuch*, Bd. 10,2,2, Sp. 2518: »wenn am 10. august ⟨...⟩ sternschnuppen fallen, so ›weint der heilige Laurentius feurige thränen‹«.

499,63-66 *Und* ⟨...⟩ *sind*] Bezugnahme auf den Lobgesang der Engel (Lk 2,13f.).

499,63 *singt*] (1) singt (2) klingt (H).

Am zweiten Weihnachtstage (S. 500)
Epistel: Apg 6,8-10; 7,54-60; Evangelium: Mt 23,34-39; Zitat: Mt 23,37; Apg 7,58b.

500,6 *auch* ⟨...⟩ *geworden*] (1) auch dein Haus geworden (2) deine Stätte worden (H).

500,11 *Und*] (1) Und (2) Noch (H).

500,14 *sich entschlagen*] »entäuszern, überheben, es meiden« (Grimm, *Deutsches Wörterbuch*, Bd. 3, Sp. 602).

500,20 *innres* ⟨...⟩ *klar*] (1) innres Wunder ewig klar (2) hohes Wunder immerdar (H).

500,21 *bleibt es wahr*] (1) bleibt es wahr (2) ist es so (H).

501,43 *Geschaffen*] (1) Geschaffen (2) Gepflanzt schien (H).

501,43 *der Zeit*] (1) des Meers (2) des Sturms (3) der Zeit (H).

501,44 *weißen Segel*] (1) weißen Segel (2) Glaubenssegel (H).

501,44 *gebraßt*] Brassen: die Segel (mit den Brassen-Seilen) wenden, aufziehen.

501,51 *als*] (1) ein (2) als (H).

501,52 *Pharuslampe*] Zu Pharus vgl. Anm. 325,61 und *Am dritten Sonntage nach Pfingsten* (S. 433,39).

502,57-60 *Als* ⟨...⟩ *hin*] Vgl. Apg 7,57f.

502,61 *grollend*] (1) grollend (2) finster (H).

Am Sonntage nach Weihnachten (S. 502)
Evangelium: Lk 2,33-40; Zitat: Lk 2,33a.40.35b.37.

502,3 *Tücke*] Gen. Plur. mask. (mhd. »tuc«, »duc«) »hinterhältige sinnesart, heimliche arglist« (Grimm, *Deutsches Wörterbuch*, Bd. 11,1,2, Sp. 1526).

502,16 *Mummenscherz*] Mummenschanz: Maskerade (Grimm, *Deutsches Wörterbuch*, Bd. 6, Sp. 2664).

503,19 *Grabwurm*] »umschreibend für den tod: ›welchen (den tod) auch die wilden thiere und giftigste schlangen zu scheuen pflegen, und die menschliche natur vor ihren grösten feind erkennet, wider den sie bey allen ärtzten entsatz, und diesen abscheulichen grabeswurm möglichst abzuhalten sucht‹« (Grimm, *Deutsches Wörterbuch*, Bd. 4,1,5, Sp. 1656).

503,33 *konnt*] (1) konnt (2) mußt (H).

503,37 *Rade*] »marterwerkzeug, mit dem der leib eines armen sünders zerstoszen wird«, »bildlich, für eine grosze marter« (Grimm, *Deutsches Wörterbuch*, Bd. 8, Sp. 40).

Am letzten Tage des Jahres (Silvester) (S. 504)
504,2 *Der* ⟨...⟩ *ab*] Das antike Bild des Lebensfadens findet sich auch in *Am zweiten Sonntage nach Pfingsten* (S. 430,26-431,29).

504,11f.; 505,42-44 *Es* ⟨...⟩ *durchwacht/Mir* ⟨...⟩ *Hand*] Im biblischen Zusammenhang Anklang an den inneren Kampf Jesu im Garten Gethsemane.

505,27 *der vermorschten]* (1) der vermorschten (2) deiner [morschen] (3) deiner wüsten (H).

505,44 *feucht]* (1) [nicht] (2) [feucht] (H).

505,47 *Dich scheltend]* (1) Dich scheltend (2) Dir zürnend (H).

ANHANG

⟨*Als der Herr in Sidons Land gekommen*⟩ (S. 506)
Der Text stellt die erste, später verworfene Fassung des Gedichtes *Am zweiten Sonntage in der Fasten* (S. 380) dar. Es ist in zwei Entwürfen (H¹: Staatsbibliothek zu Berlin, Preußischer Kulturbesitz, MA I 24; H²: Universitätsbibliothek Bonn, Hüffer-Nachlaß, S 1973a) überliefert. Erstmals gedruckt wurde diese Fassung von Hermann Hüffer, *Annette von Droste-Hülshoff*, in: Deutsche Rundschau 24 (1898), H. 5, S. 175-177.

Für v. 1-72 ist H¹, für v. 73-80 ist H² Textgrundlage (vgl. im einzelnen HKA, Bd. 4, S. 625, 629; Varianten: S. 628f.).

506,1 *Sidons Land]* Gebiet nördlich von Galiläa im Bereich des nichtjudäischen Phönizien, heute Hafenstadt im Libanon.

506,22 *Heller* ⟨...⟩ *Schuld]* Vgl. Lk 12,59.

507,31f. *Eine* ⟨...⟩ *Scheu]* Jesus wirft den Schriftgelehrten und Pharisäern vor: »Blinde Führer seid ihr: Ihr siebt Mücken aus und verschluckt Kamele.« (Mt 23,24.)

ANHANG
GEISTLICHE LIEDER

Textüberlieferung und Textgrundlage

Für die nachfolgenden acht geistlichen Lieder existieren mit Ausnahme von *Für die armen Seelen* (Privatbesitz) und *Liebe* (v. 13-18; Privatbesitz) keine Reinschriften. Von fünf

Liedern *(Morgenlied, Abendlied, Für die armen Seelen, Beim Erwachen in der Nacht, Liebe)* haben sich Zwischenreinschriften im Meersburger Nachlaß (Staatsbibliothek zu Berlin, Preußischer Kulturbesitz, MA I 21, MA I 22, MA I 73) erhalten. Wichtigster Überlieferungsträger ist das verschollene ›Weweralbum‹ (H', s. S. 824), auf das sich der Druck von Kreiten *(Droste-Werkausgabe* [1884-87], Bd. 1,2, S. 29-53) stützt. Mit Ausnahme von *Abendlied* ist Kreitens Wiedergabe des ›Weweralbums‹ in allen Fällen Textgrundlage. Erstmals gedruckt wurden diese acht geistlichen Lieder im Anhang der von Schlüter besorgten postumen Ausgabe des *Geistlichen Jahr* (Stuttgart u. Tübingen 1851, S. 253-283).

Entstehung

Am 8. 2. 1819 schreibt die Droste an Anton Mathias Sprickmann: »außerdem habe ich in dieser Zeit ⟨gemeint ist der Zeitraum seit dem letzten Brief der Droste an Sprickmann vom 26.? 10. 1818⟩ nicht Bedeutendes aufzuweisen, außer einer Anzahl Gedichte, wovon verschiedene geistliche Lieder, die ich für meine Grosmutter geschrieben habe, vielleicht die besten sind«. Bei den genannten Gedichten handelt es sich zumindest um einige, vielleicht auch um alle folgenden Titel: ⟨*Das Morgenrot schwimmt still entlang*⟩, *Morgenlied, Abendlied, Für die armen Seelen, Beim Erwachen in der Nacht*. Die Texte *Glaube, Hoffnung, Liebe* sind wohl erst zum Weihnachtsfest 1819 entstanden. Alle Texte wurden in das heute verschollene ›Weweralbum‹ eingetragen, das die Droste ihrer Stiefgroßmutter Maria Anna von Haxthausen Weihnachten 1819 schenkte.

⟨*Das Morgenrot schwimmt still entlang*⟩ (S. 511)
511,5 *Sphärenklang]* Gemeint ist nach den Lehren der Pythagoräer die Sphärenharmonie der sich mit- und gegeneinander bewegenden Himmelskörper.

Morgenlied (S. 512)

513,29f. *wer ⟨...⟩ verlassen*] Vgl. Ps 9,11: »denn du, Herr, verläßt keinen, der dich sucht.«

Abendlied (S. 514)

514,14 *Flammenschriften*] Anklang an Nacherzählungen der Belsazargeschichte im Buch Daniel, obwohl der Begriff dort nicht verwendet wird (Dan 5,5.25-28).

514,15f. *Wer ⟨...⟩ gebar*] Vgl. Ps 139,7: »Wohin könnte ich fliehen vor deinem Geist, | wohin mich vor deinem Angesicht flüchten?«

514,16 *dein Wort gebar*] Vgl. den biblischen Schöpfungsbericht (Gen 1,1-2,4a), wonach Gott die Welt durch das Aussprechen des »Wortes« erschaffen hat, ebenso den Prolog des Johannesevangeliums (Joh 1,1-4).

515,25f. *Wenn ⟨...⟩ vergehen*] Ps 127,1a: »Wenn nicht der Herr das Haus baut, müht sich jeder umsonst, der daran baut.«

Für die armen Seelen (S. 516)

517,13 *Zeit der Reue*] Die Zeit im Fegefeuer.

517,18 *Es ⟨...⟩ Brauch*] Zitat aus 2 Makk 12,45.

517,23 *Sie ⟨...⟩ sind*] Anlehnung an antike Grabsprüche: »Ich war, was du bist, du wirst sein, was ich bin.«

517,29-32 *O ⟨...⟩ Lamm*] Anklänge an das Kirchenlied *Das Heil der Welt, Herr Jesus Christ*, 2. Strophe: »Hier ist das wahre Osterlamm, | geschlachtet an dem Kreuzesstamm; | das nimmt hinweg der Sünde Schuld | und bringt uns wieder Gottes Huld.«

517,32 *das unbefleckte Lamm*] Bereits im vierten ›Gottesknechtlied‹ (Jes 53) wird der Knecht Jahwes mit einem Lamm oder Schaf, der Verkörperung von Unschuld und Reinheit, verglichen, weil er wie ein Opfertier die Sünden vieler trägt und sein Leben als Schuldopfer hingibt.

518,38 *Himmelsleiter*] Vgl. Gen 28,12.

518,40 *Mantel*] Maria wird in der Kunst häufig als Schutzmadonna dargestellt, unter deren weitgeöffnetem

Mantel die Gläubigen Zuflucht suchen. Vgl. auch das Lied »Maria breit den Mantel aus«.

518,49 *O ⟨...⟩ Seele*] Vgl. Bußpsalm 130,1-2a: »Aus der Tiefe rufe ich, Herr, zu dir: | Herr, höre meine Stimme!«

Beim Erwachen in der Nacht (S. 518)

519,21 *Der ⟨...⟩ Saat*] Vgl. Ex 9,18-25.

519,35f. *Doch ⟨...⟩ behüte*] Kinder werden dem »Schutzengel« anvertraut; vgl. auch Ex 23,20.

Glaube (S. 520)

520,9f.; 522f., 77f. *Drum ⟨...⟩ allein|Ja ⟨...⟩ glauben*] Vgl. Ps 118,8f.: »Besser, sich zu bergen beim Herrn, | als auf Menschen zu bauen. || Besser, sich zu bergen beim Herrn, | als auf Fürsten zu bauen.«

521,14 *Menschenzungen*] Die dritte Strophe des Kirchenliedes *Wachet auf, ruft uns die Stimme* (Philipp Nicolai, 1599) beginnt im Original: »Gloria sei dir gesungen | Mit Menschen- und englischen Zungen«.

521,21 *blind*] Blindheit steht in der Bibel für das Nichterkennen Gottes (z. B. Jes 43,8; Mt 15,14; 23,16).

521,23 *verirrten Seelen*] Anspielung auf das Gleichnis vom verlorenen Schaf (Mt 18,12f.).

521,25-28 *Ich ⟨...⟩ Spott*] Vgl. das Kirchenlied von Paul Gerhard: »O Haupt voll Blut und Wunden, | voll Schmerz, bedeckt mit Hohn, | o göttlich Haupt, umwunden | mit einer Dornenkron'«.

521,27 *Schon ⟨...⟩ gefunden*] Vgl. Mk 16,14: »Später erschien Jesus auch den Elf, als sie bei Tisch waren; er tadelte ihren Unglauben und ihre Verstocktheit, weil sie denen nicht glaubten, die ihn nach seiner Auferstehung gesehen hatten.«

521,41-522,45 *Ich ⟨...⟩ Gottesbraut*] In Lk 1,38 sagt Maria: »Ich bin die Magd des Herrn, mir geschehe wie du es gesagt hast.«

Hoffnung (S. 523)

523,5-8 *Findet ⟨...⟩ Licht]* Anklänge an die sechste Strophe des Kirchenliedes des Angelus Silesius *Ich will dich lieben, meine Stärke* (1657): »Erhalte mich auf deinen Stegen | und laß mich nicht mehr irre gehn; | laß meinen Fuß auf deinen Wegen | nicht straucheln oder stille stehn«.

523,5 *gleich]* Gleichwohl.

523f.,27f. *O ⟨...⟩ Tod]* Vgl. 1 Kor 15,55: »Tod, wo ist dein Sieg? | Tod, wo ist dein Stachel?«

524,31f. *Und ⟨...⟩ Wein]* Vgl. Jes 63,3. Auch ikonographisch gibt es die Darstellung des leidenden Jesus in der Kelter.

Liebe (S. 525)

525,1-3; 527,59f. *Das ⟨...⟩ Macht]* Röm. 8,38f. »Denn ich bin gewiß: Weder Tod noch Leben, weder Engel noch Mächte, weder Gegenwärtiges noch Zukünftiges, weder Gewalten der Höhe oder Tiefe noch irgendeine andere Kreatur können uns scheiden von der Liebe Gottes, die in Christus Jesus ist, unserem Herrn.«

525,7f. *Wenn ⟨...⟩ quälen]* Anklang an das geistliche Lied von Novalis *Wenn ich ihn nur habe*, besonders an dessen erste Strophe: »Wenn ich ihn nur habe, | Wenn er mein nur ist, | Wenn mein Herz bis hin zum Grabe | Seine Treue nie vergißt: | Weiß ich nichts von Leide, | Fühle nichts, als Andacht, Lieb' und Freude.«

525,11 *das ⟨...⟩ brenne]* Lk 24,32: »Brannte uns nicht das Herz in der Brust, als er unterwegs mit uns redete und uns den Sinn der Schrift erschloß?«

525,20f. *Liebesrosen ⟨...⟩ Kreuzestod]* Auf mittelalterlichen Vesperbildern, auf denen Maria den Leichnam Jesu auf dem Schoß hält, nimmt das geronnene Blut häufig die Form von Rosenblüten an. Die Rose gilt hier als Todessymbol. Das Pflücken von »Liebesrosen« steht für die Stärkung, die das Ich aus dem »Kreuzestod« Jesu erfährt.

GEDICHTE AUS DEM NACHLASS

Nur ein Teil der Gedichte Annette von Droste-Hülshoffs ist zu ihren Lebzeiten veröffentlicht worden. Im Nachlaß befinden sich nicht nur Gedichte, für die sie eine Veröffentlichung erwogen und dann aus unterschiedlichen Gründen nicht realisiert hat, sondern auch zahlreiche, von der reifen Autorin nie für eine Veröffentlichung vorgesehene kindliche und jugendliche Gedichtversuche oder Gelegenheitsgedichte sowie Texte, deren Vollendung ihr aus anderen Gründen nicht gelungen war. Wie in jeder Nachlaßedition stehen damit im folgenden Gedichte aus unterschiedlichen Lebens- und Produktionsphasen nebeneinander und bilden einen krassen Gegensatz zu den veröffentlichten Texten hinsichtlich ihres Anspruches, ihres Bezugs zu Traditionen, Themen und Gattungen sowie überhaupt in bezug auf ihre literarische Qualität.

Unterschiedliche Motive haben die Droste bewogen, Texte von der Publikation auszuschließen oder sie nicht zu vollenden. Einige Gedichte fand sie wie *Verfehlter französischer Roman* oder *Der Spekulant* einfach »mordschlecht«, als daß sie in die *Gedichte 1844* hätten aufgenommen werden können (Brief an Schücking, 6. 2. 1844). Wieder andere Motive bestimmten sie bei Texten mit religiösem Inhalt, für die sie wie im Falle des *Geistlichen Jahrs* ohnehin bestimmt hatte, daß sie »erst dann herauskommen« dürfen, wenn ihre »irrdische Laufbahn beendigt« wäre (Brief an Wilhelm Tangermann, 22. 12. 1840). Gedichte wie ⟨*An einem Tag wo feucht der Wind*⟩ oder ⟨*Im Keim des Daseins, den die Phantasie*⟩, die auf Anregungen Christoph Bernhard Schlüters zurückgingen, blieben wohl auch deshalb unvollendet, weil die Autorin Schlüters Ansprüche nicht mit den eigenen poetologischen Vorstellungen in Einklang bringen konnte. Auch haben die immer wiederkehrenden, schließlich zum Tod führenden Krankheitsphasen die Vollendung oder Überarbeitung von zahlreichen Gedichten verhindert.

Unterschätzt werden darf aber auch nicht der Einfluß, den die Familie auf die Veröffentlichung bzw. Nichtveröffentlichung von Texten ausübte. Entsprechend ihrer Rechtsstellung als unverheiratete adlige Tochter holte die Droste etwa für die *Gedichte 1838* die Druckerlaubnis bei ihrer Mutter ein (Brief an Therese von Droste-Hülshoff, 11. 2. 1838): »Bitte, liebe Mama antworte mir doch gleich, ob du nichts gegen die Herausgabe hast, denn Hüffer hätte es gern gleich zur Ostermesse.« So drängte Werner von Droste-Hülshoff als Stammherr seine 48jährige Schwester noch im November 1845, keine Beiträge mehr für das »Feuilleton« der ›Kölnischen Zeitung‹ einzusenden, da »sich in neuerer Zeit die Tendenz der Cöllner Zeitung so verschlechtert daß alle gutgesinnten Katoliken öffentlich vor einigen Tagen durch die Historisch Politischen Blätter aufgefordert worden sind und es ihnen als Pflicht ans Herz gelegt worden ist ihre Mitwirkung einem Blatte zu versagen welches nur darauf abgehe die katolische Religion schlecht zu machen.« Die Droste fügte sich diesem Verdikt des Bruders und versicherte ihm in ihrer Antwort vom 25. 11. 1845: »es ist aber auch ganz hinlänglich, wenn ich *nichts mehr einsende,* was um so weniger auffallen wird, da ich mich fortan mit einer größeren Arbeit zu beschäftigen und aus *allen* Zeitschriften heraus zu ziehen gedenke, da die meisten eine so schlimme Richtung entweder schon genommen haben, oder bereits Miene machen sie zu nehmen, daß in Zukunft die Verbindung mit ihnen wenig ehrenvoll bleiben dürfte, und die übrigen, noch guten, sowohl eine Gelehrsamkeit und Rednergabe verlangen, die weit über meinen Horizont hinaus liegt, als auch größeren Anfeindungen und oft plumpen Sticheleyen aussetzen, als ein Frauenzimmer sich deren zuziehn darf«. Neben dem Druck, den die Familie erfolgreich auf die Autorin ausübte, dokumentiert dieser Brief aber auch das gestörte Verhältnis, in dem sich die Droste inzwischen zur literarischen Öffentlichkeit des Vormärz befand. Schon am 24. 7. 1843 hatte sie in einem Brief an Elise Rüdiger die vielzitierte Standortbestimmung formuliert: »so steht mein Entschluß fester als je, nie auf den Effect zu arbeiten, keiner beliebten Manier, keinem andern Führer als der ewig wahren Natur durch die Windungen des Menschenherzens zu folgen, und unsre blasirte Zeit und ihre Zustände gänzlich mit dem Rücken anzusehn, – ich mag und will *jetzt* nicht berühmt werden, aber nach hundert Jahren möcht ich gelesen werden, und vielleicht gelingts mir, da es im Grunde ⟨...⟩ nur das entschlossene Opfer der Gegenwart verlangt«. Sicherlich lassen sich hinter dieser Position auch die Gründe ausmachen, warum so viele Gedichte der letzten Lebensjahre im Nachlaß verblieben sind.

Textüberlieferung und Textgestaltung

Die Textkonstitution sämtlicher Nachlaßgedichte stützt sich auf die Überlieferung im Nachlaß der Droste, sei es auf der Grundlage von eigenhändigen Handschriften, sei es auf der Grundlage von Abschriften, die Verwandte, Freunde oder nicht zu identifizierende Hände angefertigt haben. Nur wenige Texte müssen sich auf den Erstdruck stützen, wenn keinerlei autographe Überlieferung vorhanden ist. In vielen Fällen sind – wie bei Nachlaßtexten kaum anders zu erwarten – keine Reinschriften vorhanden, der überwiegende Teil des handschriftlichen Materials besteht aus Entwürfen. Bei der Existenz mehrerer relevanter Überlieferungsträger ist die jeweilige Textgrundlage ausgewiesen.

Als nicht von der Droste stammende Texte wurden *An die alte Meersburg* und ⟨*Farben sind genug beisammen*⟩ ausgeschieden und in diese Ausgabe nicht mehr aufgenommen. Eine Autorschaft der Droste bleibt bei den Texten ⟨*Wenn dich die Hoffnung flieht*⟩, ⟨*Geliebte, wenn mein Geist geschieden*⟩ und ⟨*Im ew'gen Raume*⟩ zweifelhaft.

Die Entzifferung von Entwurf-Handschriften der Droste ist äußerst schwierig; in vielen Fällen konnte schon jetzt auf den noch nicht erschienenen zweiten Band der Historisch-kritischen Ausgabe (Bearbeiter: Bernd Kortländer) zurückgegriffen werden. Eine endgültige gesicherte Textgrundlage sowie die detaillierte Dokumentation bzw. Rekonstruktion der Überlieferung für jedes einzelne Gedicht muß aber dieser Edition vorbehalten bleiben. Verzichtet wurde für die nachgelassenen Gedichte aus ähnlichen Gründen auf die Verzeichnung von Varianten, auch in diesem Fall muß auf die Historisch-kritische Ausgabe verwiesen werden.

Eine zusätzliche Schwierigkeit ergibt sich bei der Kinder- und Jugendlyrik der Droste, die in vielen Fällen nicht frei von Fehlern ist. Besonders auffällig sind Unsicherheiten in der Kasusbildung. Diese ›Fehler‹ sind in der vorliegenden Ausgabe nicht korrigiert worden.

Frühere Droste-Ausgaben sind häufig sorglos mit den Titeln umgegangen. Viele von den Herausgebern erfundene, nicht von der Droste stammende Titel haben die Interpretation verschiedener Gedichte beeinflußt. Solche von den Editoren gefundene Titel wurden rückgängig gemacht. In diesen Fällen dient die Wiederholung des ersten Gedichtverses oder einer entsprechenden Sinneinheit als Ersatz. In Fällen, wo ein Gedicht nur im Druck überliefert ist und Zweifel an der Echtheit des Titels bestanden, wurden diese Titel in spitze Klammern gesetzt.

Anordnung

Die Anordnung nachgelassener Gedichte ist immer problematisch. Für diese Ausgabe wurde eine Anordnung in der Reihenfolge des Erstdrucks gewählt. Auf diese Weise werden auch die Schwerpunkte der Rezeption, besonders aber die Bildung eines literarischen Kanons für das Droste-Werk deutlich (vgl. hierzu zusammenfassend Winfried Woesler,

Droste-Rezeption im 19. Jahrhundert. Übersicht, in: Droste-Rezeption, Bd. 2, S. 993-1005). Im Rahmen der postumen Veröffentlichung von Droste-Texten lassen sich folgende zentrale Publikationen erkennen, um die sich jeweils einzelne, zumeist unselbständige Veröffentlichungen mit Erstdrucken gruppieren: 1. Levin Schückings *Letzte Gaben* (1860), 2. Levin Schückings *Droste-Werkausgabe* (1878/79), 3. Wilhelm Kreitens *Droste-Werkausgabe* (1884-87), 4. Hermann Hüffers Droste-Biographie (1887) und 5. Karl Schulte Kemminghausens *Droste-Werkausgabe* (1925/30). Durch diese hier genannten Titel sind die Publikationsorte von etwa 95% der Nachlaßgedichte abgedeckt. Aus der Entscheidung für eine Anordnung nach der Chronologie des Erstdrucks resultiert gleichzeitig auch eine kleine Geschichte der Droste-Editionen.

Das Wort (S. 531)

Überlieferung: Berlin-Brandenburgische Akademie der Wissenschaften, Berlin, Archiv (H^2: Reinschrift, Textgrundlage); MA I 56 (H^1: Entwurf); MA I 29 (H^3: Reinschrift); Fürstenhäusle, Meersburg (H^4: Reinschrift).

Das Wort erweist sich als ein Gedicht mit einer reichen Überlieferung. Neben den erhaltenen Handschriften H^1-H^4 können noch drei weitere, heute verlorene Autographen erschlossen werden, von denen zumindest eines für einen weltlichen Adressaten vorgesehen war.

Für diese Ausgabe ist H^2 Textgrundlage. Interessant ist, daß es offensichtlich zwei Stränge der Überlieferung gibt, die sich jeweils durch ihre Strophenzahl unterscheiden. Hier wurde die ursprünglich siebenstrophige Fassung (H^2, vgl. auch H^1) gewählt. Später hatte die Droste wohl nicht mehr an Melchior von Diepenbrock als Empfänger gedacht und die Gebetsstrophe VI weggelassen (H^3, H^4).

Erstdruck: *Letzte Gaben* (1860), S. 1f.

Entstehung: Mai 1845. – Die Entstehung von *Das Wort* hängt eng zusammen mit einer dichterischen Neuorientierung der Droste nach dem Erscheinen der *Gedichte 1844*, wie sie dies im Briefentwurf an Melchior von Diepenbrock (1798-1853) vom Mai 1845 formuliert hat. Dort hatte sie geschrieben, daß »jedes auch zehnmal gewogene Wort, nur im Vertrauen auf Gottes Schutz mit einigem Muth der Oeffentlichkeit übergeben werden kann« und »man vor jedem vernachlässigten Worte zittern sollte«. Obwohl sich die Entstehung nur annähernd rekonstruieren läßt, ist gesichert, daß dieses Gedicht im Zusammenhang mit einem Autographenwunsch des österreichischen Grafen Heinrich Lamoral O'Donnell von Tyrconnel (1802-1872) steht. Dessen Wunsch hatte ihr Diepenbrock im Brief vom 26. 4. 1845 übermittelt. Die Droste hat wohl geschwankt, ob sie *Das Wort* oder ⟨*Du, der ein Blatt von dieser schwachen Hand*⟩ für O'Donnell zur Verfügung stellen sollte; vielleicht hat sie auch beide Texte übersandt. Es ist aber sicher, daß sie *Das Wort* an O'Donnell geschickt hat. Aus den Dankbriefen von Diepenbrock und O'Donnell (beide vom 24. 8. 1845) geht ein Gedichttitel zwar nicht hervor, O'Donnell betont aber die »zarten sinnigen Worte« des Gedichts und will das Autograph fern »von der Schaar profaner Celebritäten ⟨...⟩ neben den Briefen v. Sailer, Stollberg, Overbeck und andrer Edler« aufbewahren und erkennt den frommen Ton des Gedichts als bestimmend an.

531,1 *Wort* ⟨...⟩ *Pfeil*] Auch sprichwörtliche Redensarten kennen die Verbindung von Wort und Pfeil, z. B.: »Ein gesprochenes Wort ist ein verschossener Pfeil« (Wander, *Deutsches Sprichwörter-Lexikon*, Bd. 5, Sp. 401).

531,1 *beschwingten*] Gefiederten.

531,5 *Körnlein*] Vgl. das Gleichnis von Sämann (Lk 8,8). Im *Geistlichen Jahr* wird diese Thematik z. B. im Gedicht *Am fünften Sonntage nach h. drei Könige* (S. 371) ebenfalls aufgegriffen.

531,11 *Hage*] Hag, vgl. Anm. 15,78.

531,14 *Schale*] Vgl. zum Bild der Waagschale das Gedicht *Am sieben und zwanzigsten Sonntage nach Pfingsten* (S. 489,61) und den Vorspruch zur *Judenbuche* (Bd. 2, S. 11,13).

Halt fest! (S. 532)

Überlieferung: MA I 107 (Entwurf).

Erstdruck: *Letzte Gaben* (1860), S. 2-4.

Entstehung: Mai 1844. – Das Gedicht entstand vermutlich während des Besuchs von Levin und Louise Schücking auf der Meersburg (6.-30. 5. 1844). Als die Schückings am 30. 5. die Meersburg verließen, gab die Droste ihnen zehn Gedichte für den Abdruck im ›Morgenblatt‹ mit, darunter *Halt fest!* (vgl. hierzu S. 802f.). Im ›Morgenblatt‹ erschienen jedoch nur *Das Ich der Mittelpunkt der Welt, Spätes Erwachen, Die tote Lerche* und *Lebt wohl*.

Als der Verleger Eduard Boas (1815-1853) sich am 9. 2. 1845 an die Droste um die Abdruckerlaubnis von bislang unveröffentlichten Gedichten für sein geplantes Album ›Die Stammverwandten‹ bemühte, die sich noch im Besitz Schückings befanden, zog die Droste bei diesem am 5. 3. 1845 Erkundigungen über das Projekt ein. Grundsätzlich überließ sie Schücking die Entscheidung, äußerte jedoch auch Bedenken, ob bei einer möglichen Neuauflage der *Gedichte 1844* und einer eventuellen Verzögerung von Boas' Projekt nicht Probleme entstehen könnten. In diesem Zusammenhang erwähnt sie die Gedichte *Halt fest!* und *Der Nachtwandler*, die sie in einer Neuauflage »ungern vermissen« würde. Schücking hat dann die beiden in diesem Brief erwähnten Gedichte zurückgehalten und erst nach dem Tode der Droste in den *Letzten Gaben* (1860) veröffentlicht.

532,8 *Die Frucht ⟨...⟩ fleckig]* Vgl. Anm. 361,36.

532,11 *Mal ⟨...⟩ Stirne]* Anspielung auf das Kainszeichen.

532,16 *peccavi]* Lat. »ich habe gesündigt«, Formel des christlichen Sündenbekenntnisses.

532,18 *Ichor]* In der griechischen Mythologie der Lebenssaft, der Homer zufolge statt des Blutes in den Adern der Götter fließt. Vgl. auch *Ein Sommertagstraum* (S. 130,106).

532,19-22 *Verstößest ⟨...⟩ sehen]* Nach Gen 3,24 ist der

»Cherub« mit dem »Flammenschwert« (v. 22) von Gott zum Wächter des Paradieses bestellt worden. Ebenso wacht der Schutzengel (»Cherub deiner Wiegen«, v. 19) über die ihm anvertraute Seele.

533,32 *Charibdys]* Galt in der antiken Literatur als gefährlicher Meeresstrudel in der Straße von Messina, vor dem sich Odysseus nur mit Mühe retten konnte.

533,37 *Golem]* In der jüdischen Mystik die Bezeichnung eines künstlich geschaffenen Menschen aus Lehm, vgl. Anm. zu *Die Golems* (S. 307).

Carpe Diem! (S. 533)

Überlieferung: MA I 14 (Entwurf).

Erstdruck: *Letzte Gaben* (1860), S. 5-7.

Entstehung: August 1845. – Die Droste hielt sich vom 20. 5. bis Anfang Oktober 1845 in Abbenburg auf. Dort erhielt sie mit Schückings Brief vom 21. 7. 1845 die Bitte um Gedichte. *Carpe Diem!* gehört zu den damals entstandenen sechs Gedichten *(Gastrecht, Auch ein Beruf, Unter der Linde, Zwei Legenden, Carpe Diem!)*, die dann dem Brief der Droste an Schücking vom 25. 8. 1845 beigelegen haben und für einen Abdruck im ›Rheinischen Jahrbuch‹ auf das Jahr 1846 bzw. im »Feuilleton« der ›Kölnischen Zeitung‹ vorgesehen waren (vgl. Brief von Schücking an die Droste, 2. 10. 1845 und S. 803f.). Über die Umstände der Entstehung, die Droste hielt sich zur Pflege ihres erkrankten Onkels Fritz von Haxthausen in Abbenburg auf, schreibt sie Schücking am 25. 8. 1845: »Ich habe die Gedichte Abends im Bette machen müssen, wenn ich todtmüde war, es ist deshalb auch nicht viel Warmes daran, und ich schicke sie eigentlich nur um zu zeigen, daß ich für Sie, liebster Levin, gern thue was ich irgend kann«. Qualitative Vorbehalte, aber auch Bedenken ihres Bruders Werner von Droste-Hülshoff gegenüber der politischen »Tendenz« der ›Kölnischen Zeitung‹ bestimmten die Droste, die Gedichte *Carpe Diem!*, *Unter der Linde* und *Zwei Legenden* zurückzuziehen (vgl. den Brief der Droste an Werner von Droste-Hülshoff, 25. 11. 1845).

533, vor 1 *Carpe Diem!*] Der Gedichttitel ist ein bekannter Spruch aus den *Oden* (1, XI, v. 8) des Horaz: »Pflücke ⟨d. h. genieße⟩ den Tag.«

534,11 *Flor*] Dünnes, zartes Gewebe.

534,13-15 *Wer* ⟨...⟩ *grauen*] Vgl. *An* *** (»O frage nicht«, S. 125,5-8).

534,16-18 *Ja* ⟨...⟩ *schauen*] Vgl. den Brief der Droste an Schlüter vom 5. 12. 1834: »Oder wenn wir Jahrelang in einem Kerker gesteckt, Uns jeden Zollbreit Raum, jede an die Wand gekritzelte Zeile dort zu eigen gemacht hätten, würden wir, nach einer Reihe von Jahren, für einen kurzen Aufenthalt darin nicht gern ein größeres Trinkgeld zahlen, als das beste Opernbillet kostet?«

534,39 *Scheitel*] Vgl. Anm. 26,27.

Doppeltgänger (S. 535)

Überlieferung: MA I 107 (Entwurf).

Erstdruck: *Letzte Gaben* (1860), S. 18f.

Entstehung: Februar-Mai 1844. – Das Gedicht gehört zu den zehn Gedichten, die die Droste Schücking bei dessen Abreise von der Meersburg am 30. 5. 1844 für einen Abdruck im ›Morgenblatt‹ mitgegeben hatte. Im März 1845 hat die Droste für *Durchwachte Nacht* eine Reihe von Versen aus dem Gedicht *Doppeltgänger* teils wörtlich, teils leicht variiert übernommen: *Doppeltgänger* v. 3-6 entspricht *Durchwachte Nacht* v. 23-26; v. 17-19 entspricht v. 63-65; v. 22-24 entspricht v. 68-74 (vgl. S. 815). Möglicherweise hatte sie zunächst erwogen, an dem Gedicht *Doppeltgänger* weiterzuarbeiten, dieses Vorhaben dann jedoch zugunsten einer Vollendung von *Durchwachte Nacht* aufgegeben.

535,10 *schwimmend*] Vgl. *Im Grase:* »Wenn aufs müde schwimmende Haupt« (S. 306,5).

535,13 *Seiger*] Landschaftlich für Uhr.

535,18 *Das liebe Lachen*] Vgl. *Im Grase:* »Süßes Lachen gaukelt herab« (S. 306,6).

535,19 *Bilder von Daguerre*] Louis Daguerre (1787-1851), Erfinder eines frühen photographischen Verfahrens. Vgl. auch Anm. 331,65.

536,33 *Grabesbrodem*] Brodem: Qualm, Dampf, Dunst.
536,35-38 *Doch* ⟨...⟩ *Qual*] Vgl. dieses Motiv auch im Gedicht *Im Moose* (S. 77).

Einer wie Viele, und Viele wie Einer (S. 536)
Überlieferung: Im Brief der Droste an Schücking vom 17. 4. 1844, Privatbesitz, Deposit im Westf. Landesmuseum, Münster (Reinschrift).
Erstdruck: *Letzte Gaben* (1860), S. 27-31; hier mit dem Titel »Stille Größe«.
Entstehung: Februar-April 1844. – Das Gedicht gehört zu den sechs Gedichten (*Der sterbende General, Gemüt, Silvesterabend, Mondesaufgang, Einer wie Viele, und Viele wie Einer, Der Nachtwandler*), die die Droste Schücking mit dem Brief vom 17. 4. 1844 zum Abdruck in dem von ihm geplanten ›Musenalmanach‹ für das Jahr 1845 übersandte. In diesem Brief macht sie sich auch Gedanken über eine mögliche Anordnung der Gedichte im Druck, überläßt allerdings Schücking eine endgültige Entscheidung:
NB. die überschickten müssen Sie in dieser Reihenfolge lassen, ich habe sie oft genug anders probirt, wo sie dann immer zu heterogen oder zu ähnlich zusammen kamen, – Der »*sterbende General*« z. B. nimmt sich nach jedem der andern (durchgängig etwas sentimentalen) plump aus, steht vornan aber recht gut, – der *Nachtwandler* macht sich auch nirgends als am Ende, am wenigsten neben »dem General« wohin er sonst seiner Balladennatur nach gehörte, – und, *Gemüth* und *Einer aus Vielen*, haben zu große Aehnlichkeit, sogar in einzelnen Ausdrücken, um neben einander zu stehn, – auch macht sich, wie ich es geordnet, die Abwechslung des Versmaaßes bey Weitem am Besten, – sollten Sie aber das eine oder andere Gedicht ganz ausmustern, so entstehen freylich wieder verbothene Annäherungen, und ich muß mich dann auf Ihren Geschmack verlassen, da ich nicht weiß, wen die schwarze Kugel trifft. – ⟨...⟩
NB. – *Mondesaufgang* und *Gemüth* haben auch etwas zu

viel Aehnliches, – was meinen Sie, wenn das Letzte (*Gemüth*) und (*Einer aus Vielen*) die Plätze wechselten? – sehn Sie mahl Selbst nach.

536,1 *klage*] Beklage.

536,3 *Schicksals Becher*] Giftbecher; möglicherweise auch Anspielung auf die Haltung, mit der Sokrates den Schierlingsbecher trank.

536,7 *Götz im Turm*] Anspielung auf die unbeugsame Haltung des eingekerkerten Götz von Berlichingen.

536,8 *Morus ⟨...⟩ Blutgericht*] Der englische Staatsmann und Humanist Thomas Moore (1578-1635) verteidigte die päpstliche Oberhoheit über die Kirche Englands, wurde verurteilt und enthauptet.

536,12 *des Himmels Manna*] Himmelsbrot, mit dem Gott die Israeliten beim Auszug aus Ägypten vor dem Hungertod bewahrte (Ex 16,14-16).

536,13 *Corregio*] Antonio Corregio (um 1494-1534), italienischer Maler.

536,13 *falb*] Von gelber Farbe (Grimm, *Deutsches Wörterbuch*, Bd. 3, Sp. 1267).

536,15 *Cervantes*] Miguel Cervantes de Saavedra (1547 bis 1616) verfaßte u. a. den Roman *Don Quijote* (1605-15), dessen zweite komische Hauptfigur der Diener Sancho Pansa (v. 16) ist. Cervantes lebte tatsächlich in bitterer Armut.

537,33 *eure Zahl ist Legion*] In Mk 5,9 antwortet der »unreine Geist« auf die Frage nach seinem Namen: »Mein Name ist Legion; denn wir sind viele.« Vgl. *Am dritten Sonntage in der Fasten* (S. 382,1,71).

537,43 *Zauberring*] Einem Zauberring werden verschiedene Eigenschaften zugewiesen, u. a. macht er unsichtbar, jung, vertreibt Dämonen und bietet Schutz vor Zauber (Grimm, *Deutsches Wörterbuch*, Bd. 15, Sp. 356). Vgl. auch *Mit Geschenken. Der Ring mit dem Spiegel* (S. 622,1).

538,57f. *Dann ⟨...⟩ verkauft*] Vgl. *Der Dichter – Dichters Glück* (S. 545,31f.).

538,60 *Hetäre*] Vgl. Anm. 23,24.

539,87 *Strahlengott*] Gemeint ist der Sonnengott Phöbos.

539,88 *Die Memnonssäule tönt*] Vgl. Anm. 21,3.

Unter der Linde (S. 539)

Überlieferung: MA I 14 (Entwurf); der Gedichttitel lautete ursprünglich »Im Strauche«.

Erstdruck: *Letzte Gaben* (1860), S. 36-40.

Entstehung: August 1845. – Siehe Anm. zu *Carpe Diem! Unter der Linde* gehört zu den sechs Abbenburger Gedichten, die dem Brief der Droste an Schücking vom 25. 8. 1845 beigelegen haben und für einen Abdruck im ›Rheinischen Jahrbuch‹ bzw. im »Feuilleton« der ›Kölnischen Zeitung‹ vorgesehen waren (vgl. Brief von Schücking an die Droste, 2. 10. 1845 und S. 803f.).

539, vor 1 *Unter* ⟨...⟩ *Linde*] Vgl. den Eingangsvers von Walther von der Vogelweides Gedicht »Unter den linden | an der heide ⟨...⟩ (*Gedichte*, hg. v. Karl Lachmann, Berlin [13]1965, S. 52).

540,27 *Eppich*] Efeu.

540,34 *atlaszart*] Atlas: sehr glatter, feiner Seidenstoff.

540,40 *Janusangesicht*] Altrömische Gottheit mit Doppelgesicht.

540,41 *eines Freundes*] Diese in den folgenden Versen weiter charakterisierte Figur trägt Züge des schwer kranken Onkels Friedrich von Haxthausen (1777-8. 12. 1845), zu dessen Pflege sich die Droste während der Abfassung dieses Gedichts in Abbenburg aufhielt.

540,43 *Trümmer*] Hier singularisch gebraucht.

541,64 *Scholar*] Schüler.

541,65 *»O Pescator del onde«*] Es handelt sich um ein bekanntes, damals häufig gesungenes Gondellied: »Ein Schiff streicht durch die Wellen.« Im Meersburger Nachlaß der Droste (MA V 27) befindet sich eine eigenhändige Abschrift.

541,72 *Zimier*] Helmschmuck, vgl. Anm. 269,24.

541,83 *Anger*] Vgl. Anm. 92,23.

542,110 *Myrtenkrone]* Brautkranz, auch Zeichen des Beginns und der Jugend.

542,114 *Lysias]* Gemeint ist wohl nicht der attische Redner (um 445-380 v. Chr.); der Name ist in der Hirtendichtung des 18. Jahrhunderts, auf die hier Bezug genommen wird, weit verbreitet.

Mein Steckenpferd oder Uhren (S. 543)

Überlieferung: MA I 12 (Entwurf).

Erstdruck: *Letzte Gaben* (1860), S. 41f.

Entstehung: Februar-April 1844. – Da das Gedicht auf demselben Blatt wie die für Schückings geplanten ›Musenalmanach‹ vorgesehenen Gedichte (*Gemüt, Silvesterabend, Einer wie Viele, und Viele wie Einer, Der Nachtwandler*) steht, wird angenommen, daß es wie diese in der Zeit von Februar bis April 1844 (vgl. den Brief an Schücking, 17. 4. 1844) entstanden ist.

Es ist bekannt, daß die Droste eine leidenschaftliche Sammlerin von verschiedensten Dingen wie Steinen, Münzen, Stichen, Autographen usw. war. Über die Uhrensammlung ihres Onkels Fritz von Haxthausen in Abbenburg schreibt sie z. B. am 26. 8. 1839 an Wilhelm Junkmann: »das Haus ist angenehm, angefüllt mit alterthümlichen Gegenständen, wunderschönen geschnitzten Schränken und Meubles, alten Kunstuhren«.

Möglicherweise diente das Gedicht als Einleitung zu einem geplanten, allerdings nicht ausgeführten Zyklus, der sich mit einem »Steckenpferd«, dem Sammeln von Uhren, beschäftigen sollte. So findet sich unter der Gedichtniederschrift im Manuskript noch der Titel zu einem weiteren, nicht ausgeführten Gedicht: »Die Taschenuhr«. Mit einer »Taschenuhr« beginnt auch eine Aufzählung von zehn Uhren aus dem Januar 1844, die sich auf dem Blatt MA I 27 befindet: »1 Die Taschenuhr 2 Schwarzwälder Kukuksuhr – 3 Miniaturührchen unter Glasglocke 4 Blumenuhr 5 Jagduhr 6 Wasseruhr 7 die Uhr im Amsterdamer Stadthuis 8 die Todtenuhr 9 die Uhr des Antichambre im Schloß zu Versailles 10 meine selbstschlagende Uhr von Gatzmüller«.

543,9 *Zorneboch]* Czernebog: »schwarzer Gott«, oberster Gott der Wenden; vgl. Theodor Fontane, *Vor dem Sturm* (1878), Bd. 1, Kapitel 8.

543,12 *Muskete]* Schwere Handfeuerwaffe.

543,13 *Tonnenbacher]* Kreiten (*Droste-Werkausgabe* [1884 bis 87], Bd. 1, S. 355) vermutet hinter diesem Namen einen bekannten, bislang jedoch nicht nachweisbaren Goldschmiedemeister.

543,16 *elektrischen Aale]* Zitteraal (Electrophorus electricus).

543,19 *Flore]* Flor: dünnes, zartes Gewebe.

543,24 *Rozinante]* Pferd des Don Quijote in Cervantes' gleichnamigem Roman; vgl. auch Anm. 189,50.

543,29 *longe]* Frz. »Laufleine für Pferde«.

Der Dichter – Dichters Glück (S. 544)
Überlieferung: MA I 95 (Entwurf).

Entstehung: Mai 1844. – Das Gedicht gehört zu den zehn Gedichten (s. S. 802f.), die die Droste Schücking bei dessen Abreise von der Meersburg am 30. 5. 1844 für einen Abdruck im ›Morgenblatt‹ mitgegeben hat.

Erstdruck: *Der Dichter: Letzte Gaben* (1860), S. 43f.; *Dichters Glück:* Schulte Kemminghausen, *Droste-Werkausgabe* (1925-30), Bd. 4, S. 353.

Die Wahl des Titels für dieses Gedicht war stets ein Problem der Droste-Forschung, weil sich daran auch die Frage anknüpfte, ob beide Gedichtteile getrennt oder als eine Einheit zu verstehen sind. Aus inhaltlichen Überlegungen (etwa die Wiederholung der Motive »Rose«/»Distel« in v. 6f. und 42 sowie »Prometheus« in v. 9f. und 33f.) und aus Gründen, die sich aus einer eingehenden Analyse des handschriftlichen Befundes ergeben, wird hier entsprechend der in der Historisch-kritischen Ausgabe gefällten Entscheidung für die Zusammengehörigkeit beider Gedichtteile plädiert und der immer wieder in Frage gestellte Titel *Dichters Glück* für den zweiten Gedichtteil als von der Droste gewählter Titel angesehen.

Das Gedicht *Der Dichter – Dichters Glück* gehört zu den sog. ›Dichtergedichten‹ der Droste, zu denen noch Gedichte wie *Mein Beruf, An die Schriftstellerinnen in Deutschland und Frankreich, Poesie* u. a. zu zählen sind. Die Autorin weiß um die pathetischen Aussprüche und Metaphern, die sich traditionell auf den Beruf des Dichters beziehen, z. B. den Prometheusmythos. Sie selbst wählt in biedermeierlicher Bescheidenheit für sich das Bild der Distelblüte.

544,2 *Blumen* ⟨...⟩ *Scherben*] Gemeint sind hier Topfblumen als Zeichen der Bürgerlichkeit.

544,6f. *Rosen bricht/Von Disteln*] Auch im Sprichwort werden Rose und Distel als Gegensatzpaar verwandt: »Es gibt mehr Disteln als Rosen« (Wander, *Deutsches Sprichwörter-Lexikon*, Bd. 1, Sp. 666).

544,7f. *Quell* ⟨...⟩ *Perle*] Die Perle als Sinnbild der Träne oder des Schmerzes findet sich auch im Gedicht *Mondesaufgang* (S. 332,6). Die Koralle, eine ebenfalls aus dem Meer gewonnene Kostbarkeit, ergänzt das Bild (vgl. auch v. 31).

544,9f. *Daß* ⟨...⟩ *entzünden*] Prometheus holte sich das Feuer, das er den Menschen zurückbrachte, vom Blitz des Zeus (vgl. auch v. 33). Die Vorstellung vom Dichter als einem neuen Prometheus war verbreitet und könnte u. a. durch Goethes Gedicht *Prometheus* beeinflußt sein.

544,14 *Geisteskrösus*] In der Antike war der Reichtum des lydischen Königs Krösus legendär.

544,23 *Dornes Spalten*] Gemeint sind wohl die Zwischenräume in einer Dornenhecke, wo andere Pflanzen wachsen können.

545,33f. *Strahl* ⟨...⟩ *Geier*] Anspielung auf den Blitz, den Prometheus verbotenerweise benutzte, um den Menschen das Feuer wiederzubringen (vgl. auch v. 9f.). Er wurde daraufhin zur Strafe an einen Felsen geschmiedet, wo ihm ein Adler die immer wieder nachwachsende Leber wegfrißt.

545,36f. *Denn* ⟨...⟩ *Schrein*] Anspielung auf den Hort der Nibelungen, der im Wasser des Rheins verborgen wurde.

545,38 *Senk* ⟨...⟩ *Zecher*] Vgl. Goethes Ballade *Der König in Thule*.

545,39f. *Dort* ⟨...⟩ *Becher*] Vgl. Schillers Ballade *Der Taucher*.

545,41-48 *Und* ⟨...⟩ *heilen*] Diesem Bild liegt die Kratzdistel (Cirsium-eriophorum) zugrunde. Josefine Nettesheim (*Annette Droste zu Hülshoff. Naturwissenschaftliches Lexikon. Lyrik und Epik*, Münster 1973, S. 19) führt dazu aus: »Aus den purpurnen Röhren ragen lange Staubfäden heraus, und strömen einen betörend süßen Duft aus. In dem Fruchtboden haust die Larve der Trypeta-Fliege als Schmarotzer, ein Mittel der Volksmedizin.« Zur Vorstellung vom Wurm in der Knospe, dort allerdings ohne den Hinweis auf die heilende Wirkung, vgl. ⟨*Im Keim des Daseins, den die Phantasie*⟩ (S. 676,9-11).

545,41 *Lodenstrauß*] Lode, vgl. Anm. 32,50; als Bezeichnung von der Distel ungewöhnlich. Zunächst hatte die Droste hier »Fadenstrauß« geschrieben.

Der Nachtwandler (S. 545)

Überlieferung: Im Brief der Droste an Schücking vom 17. 4. 1844, Privatbesitz, Deposit im Westf. Landesmuseum, Münster (Reinschrift); MA I 12 (Entwurf).

Erstdruck: *Letzte Gaben* (1860), S. 72-74.

Entstehung: Februar-April 1844. – Das Gedicht gehört zu den sechs Gedichten (*Der sterbende General, Gemüt, Silvesterabend, Mondesaufgang, Einer wie Viele, und Viele wie einer, Der Nachtwandler*), die die Droste Schücking mit dem Brief vom 17. 4. 1844 zum Abdruck in dem von ihm mit E. Geibel geplanten ›Musenalmanach‹ für das Jahr 1845 übersandte.

545,1 *Hage*] Hag, vgl. Anm. 15,78.

545,3 *Bord*] Ufer, Rand.

545,7 *Beginnen*] »mehr thätigkeit ausdrückend als beginn« (Grimm, *Deutsches Wörterbuch*, Bd. 1, Sp. 1297).

546,10 *Kirchenbuch*] Taufbuch, Geburts- und Sterberegister.

546,28 *Gebrest]* Nebenform von Gebrechen (Grimm, *Deutsches Wörterbuch*, Bd. 4,1,1, Sp. 1860).

546,29 *Mondesscheibe]* Vgl. *Am zweiten Sonntage im Advent* (S. 492,15) u. ö.

546,30 *Leilach]* Laken, Tuch.

546,33 *Fröner]* Arbeiter im Frondienst, Tagelöhner.

546,35 *befeilen]* Mit einer Feile bearbeiten (Grimm, *Deutsches Wörterbuch*, Bd. 1, Sp. 1256).

547,59 *blaues Flämmchen]* Vgl. Anm. 235,59.

Zwei Legenden (S. 547)

Überlieferung: *Das verlorne Paradies*, v. 1-36: MA I 69 (Entwurf); *Das verlorne Paradies*, v. 37-57, und *Gethsemane*: Im Brief der Droste an Schücking vom 25. 8. 1845, Privatbesitz, Deposit im Westf. Landesmuseum, Münster (Reinschrift).

Erstdruck: *Das verlorne Paradies: Letzte Gaben* (1860), S. 75-77; *Gethsemane: Das geistliche Jahr. Nebst einem Anhang religiöser Gedichte von Annette von Droste-Hülshoff*, hg. v. Christoph Bernhard Schlüter in Zusammenarbeit mit Wilhelm Junkmann, Stuttgart u. Tübingen 1851, S. 284-286.

Entstehung: Juli/August 1845. – Siehe Anm. zu *Carpe Diem!* Die Droste sandte den Text von *Zwei Legenden* am 25. 8. 1845 zugleich mit den Gedichten *Gastrecht, Auch ein Beruf, Unter der Linde* und *Carpe Diem!* an Schücking, der sie zuvor am 21. 7. 1845 um Beiträge für das ›Rheinische Jahrbuch‹ auf das Jahr 1846 gebeten hatte.

Clemens Heselhaus (*Melchior Diepenbrock und der Geist der nazarenischen Literatur*, in: Westfalen 31 [1953], S. 75-88) sieht die Entstehung von *Zwei Legenden* durch den Kontakt der Droste mit Melchior von Diepenbrock und seine in nazarenischem Geist herausgegebene und mit eigenen Übersetzungen versehene Anthologie *Geistlicher Blumenstrauß aus spanischen und deutschen Dichter-Gärten, den Freunden der christlichen Poesie dargeboten* (1829) beeinflußt. Diepenbrock hatte der Droste am 26. 4. 1845, kurz vor ihrer

Abreise nach Abbenburg, wo die *Zwei Legenden* entstanden sind, diese Anthologie als Geschenk zugesandt. Für *Das verlorne Paradies* sieht Heselhaus (*Annette von Droste-Hülshoff. Werk und Leben*, Düsseldorf 1971, S. 323f.) insbesondere Anregungen durch das Fronleichnamsspiel *La vida es sueño* (1634/35; »Das Leben ein Traum«) von Pedro Calderón de la Barca (1600-1681).

Beide Gedichte bilden insofern eine Einheit, als der Legende nach zwischen den Stammeltern Adam und Eva und dem Garten Gethsemane eine Verbindung besteht. Die Droste hat kontrastiv in dem einen Text einen Mann, den Erlöser, und in dem anderen eine Frau, die Stammutter, in den Mittelpunkt gestellt; beide bluten.

I. *Das verlorne Paradies*

Hintergrund des Gedichts ist die alttestamentliche Geschichte von der Schöpfung und vom Sündenfall des Menschen (Gen 1-3). Das verlorene Paradies als literarischer Topos ist geprägt worden durch John Miltons (1608-1674) 1667 erschienenes religiöses Epos *Paradise lost*.

548,14 *Embryone*] Die Droste sagt »Embryone« statt »Embryonen« oder »Embryos«.

548,16 *Seraphsflügel*] Die Seraphim sind sechsflügelige Wesen, die vor Gottes Thron stehen und ihn preisen (Jes 6,2).

548,29 *Erebus Rand*] In der griechischen Mythologie der Rand der Finsternis, Unterwelt.

II. *Gethsemane*

Das Gedicht gestaltet das Gebet Jesu im Garten Gethsemane am Ölberg (Mt 26,36-46; Mk 14,32-42; Lk 22,39-46). Vgl. auch *Am dritten Sonntage im Advent* (S. 495,38-56) und *Für die armen Seelen* (S. 518,56).

549,62; 551,116 *Mondes blasse Scheibe/Mond*] Da Ostern am ersten Sonntage nach Frühlingsvollmond gefeiert wird, zeigen Schilderungen der Ölbergszene häufig die volle Scheibe des Mondes.

549,63-65; 551,118f. *Da ⟨...⟩ Hand/Und ⟨...⟩ ihn]* Lk 22,43 berichtet von einem Engel, der dem betenden Jesus erscheint und ihm neue Kraft gibt.

550,76f., 89,100 *aus ⟨...⟩ Schweiß/Schweiß]* Lk 22,44: »Und er betete in seiner Angst noch inständiger, und sein Schweiß war wie Blut, das auf die Erde tropfte.«

550,78f., 90 *Und ⟨...⟩ schauen/Sonnenleiche]* Lk 23,44 par: »Es war etwa um die sechste Stunde, als eine Finsternis über das ganze Land hereinbrach.«

550,82 *drei Gestalten]* Die Droste meinte wohl Maria, den Jünger Johannes und Maria Magdalena.

550,97 *Mein ⟨...⟩ verlassen]* Zitiert wird Ps 22,2, der bei Mt 27,46 bzw. mit 15,34 wieder aufgegriffen wird.

550,102f.; 551,114f. *Herr ⟨...⟩ gehn/Vater ⟨...⟩ geschehn]* Vgl. Mt 26, 39 par.

551,112 *aus ⟨...⟩ Flehn]* Mit 27,52: »Die Gräber öffneten sich, die Leiber vieler Heiligen, die entschlafen waren, wurden auferweckt.«

An Philippa. Wartensee, den 24. Mai 44 (S. 551)
Überlieferung: MA I 107 (Entwurf).
Erstdruck: *Letzte Gaben* (1860), S. 105f.
Entstehung: Mai 1844. – Die Droste besuchte Philippa Swinnnerton Pearsall (1824-1917) vom 22.-24. 5. 1844 auf Schloß Wartensee bei Rorschach am Bodensee. Während dieses Aufenthaltes, möglicherweise am Abreisetag selbst, ist das Gedicht entstanden; dies legt auch der Gedichtinhalt nahe. Im Entwurf ist für die genaue Datumsangabe noch ein Leerraum ausgespart. Eine heute verschollene Reinschrift des Gedichts im Besitz von Lady Frances Stanhope, einer Nichte Philippa Pearsalls, hatte Otmar Scheiwiller zufolge (*Annette von Droste-Hülshoff in der Schweiz*, Einsiedeln ⟨1926⟩, S. 253) den Titel: »An Philippa. Wartensee, den 24. May 44«.

Die Droste lernte Philippa Pearsall kennen, als sich diese mit ihrem Vater, Robert Lucas Pearsall of Willsbridge (1795-1856), vom 18.-25. 2. 1844 auf der Meersburg aufhielt. Vater und Tochter Pearsall hatten England 1825 aus Gesundheitsgründen verlassen und 1842 Schloß Wartensee käuflich erworben. Die Droste charakterisiert die künstlerisch und musikalisch sehr interessierte Philippa Pearsall in einem Brief an Louise Schücking vom 4. 3. 1844 unter dem Datum des 29. 2. folgendermaßen: »ein höchst geniales liebenswürdiges Mädchen von 20 Jahren, in der eine tüchtige Mahlerin und Gesangscomponistin steckt, – sie entwirft ganz reizende Skizzen, sowohl im Genre als nach der heiligen Geschichte, ist von ihrem Vater, einem originellen Musick-Enthusiasten, in alle Geheimnisse des Contrapuncts eingeweiht, und singt ihre einfachen aber rührenden Compositionen mit einer wunderbar tiefen erschütternden Stimme«. Die Droste übersendet Philippa Pearsall am 25. 8. 1844 noch ein weiteres, der Freundin gewidmetes Gedicht: ⟨*So muß ich in die Ferne rufen*⟩.

551,1 *Im Osten* ⟨. . .⟩ *Licht*] Vgl. *Alte und neue Kinderzucht* (S. 32,37).

551,5-8 *O könnte* ⟨. . .⟩ *Schwingen*] Vgl. *Am Turme* (S. 74,1-8).

551,11f. *Du* ⟨. . .⟩ *Leben*] Vgl. hierzu den Brief der Droste an Elise Rüdiger vom 3. 4. 1844: »sie ⟨Philippa Pearsall⟩ ist also an mir vorüber geschwebt wie die Heldin eines Romans, die lebt solange man liest, und dann ins Blaue zerrinnt«.

552,15-24 *Vergessen* ⟨. . .⟩ *geleiten*] Vgl. hierzu den Brief der Droste an Philippa Pearsall vom 27. 8. 1844 unter dem Datum des 25. 8.: »Ihre Liebe ist mir ein frischer, wohlthätiger Strahl in meinem abnehmenden Leben; bewahren Sie mir dieselbe so getreulich, wie ich Ihnen die meinige bewahren werde«.

⟨*Auf hohem Felsen lieg ich hier*⟩ (S. 552)

Überlieferung: MA I 34 (Entwurf).

Erstdruck: *Letzte Gaben* (1860), S. 106f. Titel hier: »An ***«.

Entstehung: Nach Oktober 1846. – Einer Angabe von

Eduard Arens zufolge ist dieses Gedicht »Frau Prof. Arndts« gewidmet (*Annette Freiin von Droste-Hülshoffs sämtliche Werke in sechs Bänden*, hg. v. Eduard Arens, Leipzig ⟨1904⟩, Bd. 4, S. 61). In Frage kommen zwei Personen, Bertha Arndts (1809-1859), die erste Frau Ludwig Arndts, die zum Bonner Bekanntenkreis Clemens von Droste-Hülshoffs (1793-1832), eines Vetters der Autorin, gehörte, und Marie Görres (geb. Vespermann), die Witwe Guido Görres' (1805-1852) und seit 1860, nach dem Tode Bertha Arndts (1859) zweite Ehefrau von Ludwig Arndts. Wenn die Droste das Gedicht also tatsächlich einer »Frau Prof. Arndts« gewidmet hat, dann kommt nur Bertha Arndts in Frage, zumal die Hochzeit zwischen Marie Görres und Ludwig Arndts erst lange nach dem Tode der Autorin stattfand. Marie und Guido Görres hatten die Droste vom 4. bis 17. 9. 1844 in Meersburg besucht.

Die Droste könnte Bertha Arndts während ihres Aufenthaltes in Bonn im Winter 1830/31 kennengelernt haben. Der Gedichttext ist während des letzten Meersburger Aufenthaltes der Droste entstanden und begleitete ein Exemplar der *Gedichte 1844* (vgl. v. 29).

552,1-3 *Auf* ⟨...⟩ *See*] Diese Verse verdeutlichen die von Krankheit geprägte biographische Situation der Droste während ihres letzten Aufenthaltes auf der Meersburg seit November 1846.

552,3 *unter* ⟨...⟩ *See*] Vgl. *Das alte Schloß* (S. 80,2).

552,5-8 *Mit* ⟨...⟩ *bekriegen*] Vgl. *Am Turme* (S. 74,9-17).

552,14-553,24 *Gestalten* ⟨...⟩ *glitten*] Vgl. *Am Bodensee* (S. 78), in dem ebenfalls aus dem See aufsteigende Gestalten der Vergangenheit beschrieben werden; ähnlich auch *Im Moose* (S. 78,31-34).

553,32 *Und* ⟨...⟩ *gesungen*] Vgl. auch v. 17 des in zeitlicher Nähe entstanden, Ludwig von Madroux gewidmeten Gedichts ⟨*Als diese Lieder ich vereint*⟩: »Das sei als hab' ich's Dir gedichtet« (S. 555,16).

Das einzige Kind (S. 553)
Überlieferung: Privatbesitz (Reinschrift). Das Gedicht ist mit Ausnahme von zwei Strophen nicht mehr vollständig überliefert. Im Meersburger Nachlaß (MA II 37) findet sich aber eine Notiz, die einen Anhaltspunkt gibt, wie das Gedicht fortgesetzt werden sollte: »*Das einzige Kind* | 1 gehätschelt 2 Eltern todt und verlassen | 3 selber todt auf dem Marmorgrabe der Eltern«. Die beiden überlieferten Gedichtstrophen haben die unter Punkt 1 der Notiz gemachte Angabe zum Thema.
Erstdruck: *Letzte Gaben* (1860), S. 108.
Entstehung: unsicher, 1830er/40er Jahre.
553,9 *fühlt*] Fühlt in sich.
553,13 *Murmelchen*] Murmeltierchen.

⟨*So gern hätt' ich ein schönes Lied gemacht*⟩ (S. 554)
Überlieferung: Stadt- und Landesbibliothek Dortmund, Atg. Nr. 10813 (Reinschrift).
Erstdruck: *Letzte Gaben* (1860), S. 115. Titel hier: »An meine Mutter«.
Entstehung: Einer Angabe im Album der Anna von Arnswaldt (Universitätsbibliothek Münster, Nachlaß Schulte Kemminghausen) zufolge ist das Gedicht in Meersburg zum Geburtstag der Mutter, Therese von Droste-Hülshoff, am 7. 5. 1844 entstanden.

An Elise. Zum Geburtstage am 7. März 1845 (S. 554)
Überlieferung: Keine Handschrift. Im Meersburger Nachlaß finden sich von diesem Gedicht eine Abschrift von Jenny von Laßberg (MA X 1, 14) und eine Abschrift von Elise Rüdiger (MA X 1, 20). Da die Abschrift der Rüdiger offenbar von der Reinschrift des Gedichts genommen ist, wird sie hier als Textgrundlage gewählt.
Erstdruck: *Letzte Gaben* (1860), S. 116f.
Entstehung: zum Geburtstag Elise Rüdigers am 7. 3. 1845.
Das Gedicht ist Elise Rüdiger (1812-1899), der Frau des

Oberregierungsrates Karl Ferdinand Rüdiger (1800-1862), gewidmet. Nach dem Vorbild ihrer Mutter Elise von Hohenhausen (1789-1857) unterhielt sie in Münster ein literarisches Kränzchen in ihrem Haus auf der Rothenburg, das scherzhaft als »Hecken-Schriftstellergesellschaft« bezeichnet wurde. Die Droste besuchte Elise Rüdiger zum ersten Mal am 11. 12. 1837. Elise Rüdiger wurde in den späteren Jahren zu einer der engsten Vertrauten der Droste, die sich auch nach deren Tod in zahlreichen Aufsätzen für die Dichterin eingesetzt hat.

554, Anm. *12ᵗ Jan.]* Das Geburtsdatum der Droste hat verschiedentlich für Irritationen gesorgt, da sich im Taufbuch der Pfarrei in Roxel als Geburtsdatum die korrigierte Eintragung »14. Januar« 1797 findet. Zahlreiche Nachschlagwerke geben den 10. Januar als Geburtstag an, richtig ist jedoch – wie auch die Anmerkung zu diesem Gedicht bestätigt – der 12. Januar 1797.

555,16 *Veilchenblüte]* Vgl. *An Louise, am 9ten April* (S. 605,1,5,9,13,17,21,23).

555,23f. *Und ⟨...⟩ fehlen]* Vgl. das Gedicht *Poesie*, in dem die »Poesie« als »Himmelsgabe« (S. 124,22) und »Strahl« (S. 124,4,9) bezeichnet wird.

⟨*Als diese Lieder ich vereint*⟩ (S. 555)
Überlieferung: Reinschrift in einem Exemplar der *Gedichte 1844*, Universitätsbibliothek Münster. Faksimile in: *Annette von Droste-Hülshoff und ihr Kreis. Aus Beständen der Universitätsbibliothek Münster*, hg. und kommentiert v. Anneliese Raub. Mit einer Einführung von Wolfhard Raub, Münster 1991, S. 63.

Erstdruck: *Letzte Gaben* (1860), S. 119.

Entstehung: 15. 1. 1848. – Das Widmungsgedicht, das in ein besonders ausgestattetes Exemplar der *Gedichte 1844* (grüner Ganzledereinband mit reicher Prägung und dreiseitigem Goldschnitt) eingetragen ist, datiert vom 15. 1. 1848. Die Droste antwortet damit auf eine Sendung von Ludwig von Madroux von Ende November 1847.

Der Adressat dieses Widmungsgedichtes, Generalmajor Ludwig von Madroux (1788-1865), war ein enger Freund ihres Schwagers Joseph von Laßberg. Die Droste lernte ihn im Oktober 1847 kennen, als er sich einige Wochen auf der Meersburg aufhielt. Die Verbindung des in bayerischen Diensten stehenden Generals, der zuletzt Kommandant der Festung Rosenberg bei Kronach (Oberfranken) war, zu Laßberg geht bis in den Anfang des 19. Jahrhunderts zurück. Der erste Schub einer Korrespondenz zwischen Madroux und Laßberg fällt in die Jahre 1816-19, der zweite beginnt wieder 1837 und währt bis 1852.

Im Kondolenzschreiben, das Madroux auf die Nachricht vom Tode der Droste am 3. 6. 1848 an Joseph von Laßberg richtet, schreibt er: »Den lieben, so höchst originellen und doch so gemüthlichen Brief womit sie mich erfreute, die so einzig schöne Widmung welche sie dem mir übersendeten Bande ihrer Gedichte vorsetzte, hast Du gelesen. Dieses, dann der Geist der aus ihren Gedichten athmete, das Bewußtsein, mir die Achtung und Freundschaft eines so edeln, reinen Wesens erworben zu haben, hatte mir das Andenken der lieblichen Sängerin, welchem sich die nie erlöschende Erinnerung an Eure Freundschaft und Güte, an die mir, in solchem Maße so selten zu Theil gewordenen, so glücklichen Tage in Meersburg beygesellten, unendlich werth gemacht, und so nannte ich sie gerne ›meine poetische Liebe‹ wie ich auch Dir scherzweise in meinem letzten Brief schrieb.« (Stadt- und Landesbibliothek Dortmund, Atg. Nr. 4907.)

555,16 *Das sei ⟨...⟩ gedichtet*] Vgl. ⟨*Auf hohem Felsen lieg ich hier*⟩ (S. 553,32).

Die Mutter am Grabe (S. 556)

Überlieferung: Annette von Droste-Gesellschaft, Münster (Reinschrift, Str. 1-6), MA X 6 (Abschrift von Jenny von Laßberg).

Erstdruck: Strophe 1-5, 7-9: *Letzte Gaben* (1860), S. 120 bis 122; Strophe 6: Gustav Eschmann: *Annette von Droste-*

Hülshoff. Ergänzungen und Berichtigungen zu den Ausgaben ihrer Werke. Münster 1909, S. 80.

Entstehung: April-Juni 1840. − Dieses Gedicht ist als Trostgedicht für Julie von Droste-Hülshoff (geb. Kock, 1810-1881), die Frau Joseph von Droste-Hülshoffs (1795 bis 1850), eines Vetters der Autorin, konzipiert worden. Anlaß war der Tod ihrer Tochter Constanze am 26. 4. 1840 (geb. 22. 10. 1833). Über diesen Entstehungshintergrund berichtet die Droste auch im Brief an ihre Schwester Jenny von Laßberg am 23. 9. 1840: »seine Frau ⟨Julie von Droste-Hülshoff⟩ noch sehr betrübt über den Tod ihres Constanzchens, und wieder gesegnet, worüber sie sich dieses Mahl sehr freut, als über einen Ersatz, und Lust hat das Kind, wenn es ein Mädchen ist, Deodata zu nennen, weil sie es als eine ganz besondre Gabe Gottes zu ihrem Troste ansieht. − sie hat einen reichen Onkel (Vaters Bruder) in Bremen, dessen Tochter ein wirklich sehr hübsches Gedicht auf das selige Stanzchen gemacht hat, − auch ich habe, auf ihre Bitte, Eins gemacht, und sie findet wirklich Trost darin, wie sie denn überhaupt äußerst schwärmerisch ist, und doch dabey eine tüchtige practische Frau, so daß Joseph Gott täglich auf seinen Knieen danken kann, daß er sie hat.«

Bei den Überlegungen zur Konzeption der *Gedichte 1844* erwägt die Droste zunächst, das Gedicht in die Sammlung aufzunehmen, später äußert sie sich jedoch im Brief an Schücking vom 17. 1. 1844 distanziert: »*Schloß Berg* und *Die Mutter am Grabe.* Würde ich beide gern weglassen, es geht aber ohne Beleidigung nicht. Auch finden sie ihre großen Liebhaber ⟨...⟩ ›Schloß Berg‹ und ›Die Mutter am Grabe‹ sind reine Gelegenheitsgedichte und dem Geschmack der Betheiligten angepaßt.« Endgültig entscheidet sie sich gegen eine Aufnahme in die *Gedichte 1844* im Brief an Schücking vom 6. 2. 1844: »»*Schloß Berg* lassen Sie ganz fort, es ist doch mordsschlecht. − ⟨...⟩ auch allenfalls ›*die Mutter am Grabe*‹, obwohl diese ihre großen Liebhaber hat (sogar Adele Schopenhauer) besonders die letzten Strophen Manchem sehr gefallen, − aber ich habe doch so viele trübselige Gedichte, daß diese, wie mich dünkt, die Trübsal nur auf eine unangnehme brühige Weise verlängert, – ich habe es schon hin und her geschoben, und überall schlossen die Gedichte besser an einander, wenn ich es wieder heraus nahm – doch bleibt dies Ihrem Gutdünken überlassen.« Schücking entschied sich, das Gedicht nicht in die Sammlung aufzunehmen.

556,10 *unbekannten Raum*] Vgl. *Am Karsamstage* (S. 406,48).

556,14 *Wo* ⟨...⟩ *gesellt*] Vgl. Gen 3,19: »Denn Staub bist du, zum Staub mußt du zurück.«

556,20 *Du* ⟨...⟩ *gehst*] »Stirbt ein Kind, so herrscht in der Regel, oder soll doch herrschen, mehr Freude als Jammer in dem Trauerhause, denn der Engel ist direkt in den Himmel geflogen.« (*Handwörterbuch des deutschen Aberglaubens*, Bd. 2, Sp. 830f.)

556,28 *frommer Hauch*] Vgl. z. B. *Am dritten Sonntage nach Ostern* (S. 415,2) und öfter im *Geistlichen Jahr*.

⟨*Was ist mehr, denn Schmuck und Kleid?*⟩ (S. 558)
Überlieferung: Familienarchiv Haus Hülshoff, Havixbeck (Reinschrift).

Erstdruck: *Letzte Gaben* (1860), S. 123.

Entstehung: 10. 4. 1819 (Datumsangabe in der Reinschrift). – Möglicherweise handelt es sich um ein Gedicht zum Geburtstag des Bruders der Autorin, Ferdinand von Droste-Hülshoff (1800-1829), am 12. April. Das Gedicht kann jedoch auch als Abschied für den Bruder Werner von Droste-Hülshoff konzipiert worden sein. Dieser verließ um den 10. 4. 1819 herum Hülshoff, um nach Köln zu einem Ökonomie-Studium abzureisen.

558,2 *treit*] 3. Pers. Ind. Praes. von mhd. »tragen«.

⟨*Grad' heute, wo ich gar zu gern*⟩ (S. 559)
Überlieferung: MA X 6 (Abschrift von Jenny von Laßberg).

Erstdruck: *Letzte Gaben* (1860), S. 124.

Entstehung: 10. 4. 1848 (Datumsangabe in der Abschrift).

Bei diesem Text handelt es sich um ein Geburtstagsgedicht für Joseph von Laßberg (1770-1855); es sind vermutlich die letzten Verse der Droste. Jenny von Laßberg hatte dem Gedicht die wohl nicht von der Droste stammende Überschrift »Gruß an meinen lieben Schwager Joseph von Laßberg bei Übersendung eines Glöckchens, zum Geburtstag den 10ten April 1848« gegeben.

Es ist schwierig, das Verhältnis zwischen der Droste und Laßberg zu charakterisieren. Einerseits schätzte sie seine Güte und Freundlichkeit, andererseits brachte sie nur wenig Verständnis für seine altertümelnden Neigungen und Verhaltensweisen auf. Auch in literarischen Fragen herrschte selten Übereinstimmung. Während ihres Aufenthaltes in Eppishausen 1835/36 beklagt sie sich Schlüter gegenüber im Brief vom 19. 11. 1835, wenn auch das hier abgegebene strenge Urteil sich im Laufe der Jahre milderte:

außer den *Thurnschen* Damen betritt kein Frauenzimmer dies Haus, nur *Männer* von *Einem* Schlage, Alterthümler, die in meines Schwagers muffigen Manuskripten wühlen möchten, sehr gelehrte, sehr geachtete, ja sehr berühmte Leute in ihrem Fach – aber langweilig wie der bittre Tod, – schimmlich, rostig, prosaisch wie eine Pferde-Bürste, – verhärtete Verächter aller neueren Kunst und Litteratur, – mir ist zuweilen als wandle ich zwischen trocknen Bohnen-Hülsen, und höre Nichts als das dürre Rappeln und Knistern um mich her, und solche Patrone können nicht enden, *vier* Stunden muß man mit ihnen zu Tisch sitzen, und unaufhörlich wird das leere Stroh gedroschen! – nein, Schlüter, ich bin gewiß nicht unbillig, und verachte keine Wissenschaft, weil sie mir fremd ist, aber dieses Feld ist zu beschränkt und abgegrast, das Distel-Fressen kann nicht ausbleiben, was, zum Henker, ist daran gelegen, ob vor drey hundert Jahren, der unbedeutende Prior eines Klosters was nie in der Geschichte vorkommt, Ottwin oder Godwin geheißen, und doch sehe ich, daß dergleichen Dinge viel graue Haare und bittre Herzen machen.

KLÄNGE AUS DEM ORIENT

Überlieferung: MA I 35 (H¹: Entwurf; Textgrundlage für die Gedichte *herzlich, unzählbar, englisch*); MA I 57 (H²: Reinschrift; Textgrundlage für das Gedicht *Der Gärtner*); MA I 71 (H³: Reinschrift, die die Droste als Druckvorlage für die *Gedichte 1838* an Junkmann geschickt hat; Textgrundlage für alle übrigen Gedichte des Zyklus).

Erstdruck: Alle Gedichte des Zyklus in: *Letzte Gaben* (1860), S. 127-141, mit Ausnahme von *herzlich*: Bertha Badt, *Das verschleierte Bild der Dichterin*. Bemerkungen zu einer neuen Ausgabe der Werke Annette von Droste-Hülshoffs, in: Berliner Tagblatt, Nr. 23, 8. 6. 1914, Beil. »Der Zeitgeist«; *unzählbar, englisch:* Schulte Kemminghausen, *Droste-Werkausgabe* (1925-30), Bd. 1, S. 375f.

Entstehung: März/April 1838. – Den einzigen Hinweis auf die Entstehung des Gedichtzyklus gibt die Droste im Brief an Schlüter vom 19. 7. 1838, als sie sich schon während der Drucklegung der *Gedichte 1838* nach dem Verbleib dieser Gedichte erkundigt: »ich habe, vor einiger Zeit, eine Anzahl morgenländischer Gedichte, zur Auswahl an Jungmann geschickt, weder in Ihrem Briefe ⟨vom 16. 6. 1838⟩ noch in dem Seinigen wird Deren erwähnt, sie werden doch nicht verloren gegangen seyn?« Schlüter antwortet ihr erst nach Abschluß des Drucks am 2. 8. 1838 und stellt sie vor die vollendete Tatsache, daß sich unter den nicht zum Druck gelangten Gedichten auch *Die Klänge aus dem Orient* befänden: »Nur der reine harmonische Totaleindruck eben der ersten Ausgabe Ihrer Poesien, worin alles streng *einen* Character athmen und zugleich gleichmäßig originelles Eigenthum der Dichterin sein sollte, nichts aber Nachahmung oder irgend fremdartig und störend, war es was uns vorzüglich bestimmte ⟨. . .⟩.« Er schlug der Droste vor, die

Klänge aus dem Orient und den ebenfalls nicht berücksichtigten Zyklus *Die Elemente* Ignaz Hub (1810-1880) für das ›Rheinische Odeon‹ zur Verfügung zu stellen. Offenbar hat die Droste dazu nicht ihre Zustimmung gegeben. Zu beachten bleibt, daß die Autorin diese Texte nicht in die *Gedichte 1844* aufgenommen hat.

Die Beschäftigung mit orientalischen Stoffen reicht schon in die 20er Jahre zurück. Im Brief an Schücking vom 6. 2. 1844 erläutert sie, daß ihre Onkel Werner und August von Haxthausen sie auf die von Josef von Hammer-Purgstall herausgegebene Sammlung *Rosenöl ⟨...⟩ oder Sagen und Kunden des Morgenlandes aus arabischen, persischen und türkischen Quellen gesammelt* (Stuttgart u. Tübingen 1813) aufmerksam gemacht hätten, das ihr als Quelle für die beiden Eingangsgedichte *Der Barmekiden Untergang* und *Bajazeth* gedient habe. 1834/35 beschäftigte sich die Droste im Zusammenhang mit Thomas Moores Epos *Lalla Rookh* (1817, deutsche Übersetzung 1822) erneut mit orientalischen Stoffen. Die zunächst als »Sprachübungen« (H[1]) konzipierten Gedichte wurden aber schon bald in die Form eines Zyklus mit überlegten Anordnungsprinzipien überführt (so bildeten in der Reinschrift H[2] die später in die *Gedichte 1844* übernommenen Balladen *Der Barmekiden Untergang* und *Bajazet* die Einleitung des Zyklus). Vermutlich sollten *Die Klänge aus dem Orient* für die geplanten *Gedichte 1838* die Dominanz der Epen ausgleichen und insgesamt eine auflockernde Funktion übernehmen. Der Zyklus verdankt diesem Zusammenhang seine endgültige Konzeption und ist frühestens in eine Zeit nach der Beendigung der *Schlacht im Loener Bruch* im März 1838 zu datieren (es finden sich Hinweise in H[3] auf fehlerhafte Stellen in der Druckvorlage der *Schlacht im Loener Bruch*).

Anordnung: Die Gedichte werden entsprechend der Reihenfolge in H[3] angeordnet, die von der Autorin gewünschten Umstellungen wurden vorgenommen und die Anmerkungen zu *Der Barmekiden Untergang* dem Gedichttext beigefügt. Die nur in H[1] und H[2] überlieferten Gedichte

(*Der Gärtner, herzlich, unzählbar, englisch*) folgen auf das letzte Gedicht in H³ *unerhört*.

Der *Barmekiden Untergang* und *Bajazeth*, die einzigen Gedichte des Zyklus, die in *Gedichte 1844* veröffentlicht wurden, werden hier erneut abgedruckt, um die Geschlossenheit des Zyklus zu wahren. Vgl. auch S. 794.

⟨*O Nacht! du goldgesticktes Zelt!*⟩ (S. 563)
Das Bild von »Zelt« (v. 1, 5f., 9-14) und »Lampe« (v. 2,7f.,15-18) findet sich auch als metaphorische Darstellung eines Gesprächs zwischen Lampe und Spiegel in *Rosenöl*, Erstes Fläschchen, S. 194-197.

563,2 *O Mond* ⟨...⟩ *Silberlampe*] Vgl. *Rosenöl*, Erstes Fläschchen, S. 196: »Und sind nicht Sonne und Mond die *Lampen,* welche die Allmacht des Herrn aufhieng ⟨...⟩?«
564,13f. *Daß* ⟨...⟩ *Auge*] Anspielung auf die abergläubische Vorstellung vom »bösen Blick«.
564,15 *milde Lampe*] Vgl. *Mondesaufgang* (S. 332, 2 u. ö.).

Der Kaufmann (S. 565)
565,8 *Windsbraut*] Vgl. Anm. 69,28.

Das Kind (S. 566)
566,7 *Zillah*] Eine der beiden Frauen des Lamech (Gen 4,19), die der Überlieferung zufolge gegenüber ihrer mütterlichen Konkurrentin Ada Schönheit und Anmut vertritt. Vgl. auch *Der Greis* (S. 566,5,6), *verliebt* (S. 568,7), *Der Gärtner* (S. 572,7).

Der Greis (S. 566)
566,5,6 *Zillahs*] Vgl. Anm. 566,7.
566,8 *Das Riff*] Vgl. Anm. 312,97.

geplagt (S. 566)
566,1 *Weh* ⟨...⟩ *hat*] Mt 6,24 par: »Niemand kann zwei Herren dienen«, diese Evangeliumstelle liegt auch dem Gedicht *Am sechzehnten Sonntage nach Pfingsten* (S. 457) zugrunde.

KOMMENTAR ZU S. 563-569 909

567,6 *Narde*] Wohlriechende Pflanzen oder -teile, die für Salböle verwendet werden.

getreu (S. 567)

567,3f. *Und* ⟨...⟩ *bieten*] Vgl. Mt 5,38-40.
567,7 *Pascha*] Persisch: Stütze des Königs, hoher Befehlshaber türkischer Kriegsvölker.

freundlich (S. 567)

567,1 *Bassora*] Basra, Stadt im heutigen Irak.
567,2 *Gitter*] Gemeint ist das Gitter des Harems, demnach spricht hier eine Frau. Vgl. auch *Der Gärtner* (S. 572,7).

verliebt (Schilt mich nicht, du strenger Meister) (S. 568)

568,2 *Diwan*] Hier: türkische Verwaltungsbehörde, Kanzlei.
568,3 *Muezzins Rufen*] Gebetsrufe zu den islamischen Gebetszeiten.
568,4 *nach Mittag*] Gemeint ist nach Süden und nicht nach Mekka, wie es der Islam vorschreibt. Die Droste bedenkt hier wohl nicht, daß Mekka südöstlich des Irak liegt.
568,7 *Zillah*] Vgl. Anm. 566,7.

verliebt (Mutter, löse die Spangen mir!) (S. 568)

568,7 *Blütenschnee*] Vgl. *Walther* (2. Gesang, Bd. 2, S. 370,102).

bezaubernd (S. 569)

569,5 *Derwische*] Mitglieder eines islamischen Ordens.
569,6-8 »*Allah* ⟨...⟩ *entrinnen.*«] Im Koran straft Allah mit dem (Höllen-)Feuer (z. B. Sure 3,177).

verhenkert (S. 569)

569,6 *Spindel*] Bild für einen gespitzten Pfahl, auf dem die Häupter von Hingerichteten zur Abschreckung aufgespießt wurden, vgl. auch *Der Barmekiden Untergang* (S. 560, Anm.).

verteufel (S. 569)

569,2 *Giauren]* Bezeichnung für Nichtmuslime, Ungläubige.

569,7 *Dschinnen]* Orientalische Dämonen.

569,8 *Iblis]* Der Teufel des Islam.

unaussprechlich (S. 570)

570,1.2 *Nachtigall/Lerche]* Metaphern für die orientalische (»Nachtigall«) und die abendländische (»Lerche«) Poesie.

570,7f. *All' ⟨...⟩ Gesange]* Vgl. *Die Lerche* (S. 34,17-22).

unbeschreiblich (S. 571)

571,6 *erkrummet]* Erkrummen: lähmen (Grimm, *Deutsches Wörterbuch*, Bd. 3, Sp. 881).

unerhört (S. 571)

571,1 *Ossa ⟨...⟩ Pelion]* Berg (neugriech.: Kissavos) bzw. Gebirgszug (neugriech.: Pilion) in Griechenland. In der antiken Mythologie türmen die Giganten den Ossa auf den Pelion, um die Burg der Götter zu stürmen.

571,4 *Huri]* Schönes Mädchen im Paradies des Islam.

Der Gärtner (S. 572)

572,6 *Mehltau]* Durch Pilzbefall hervorgerufene Pflanzenkrankheit.

572,7 *Gitter]* Vgl. Anm. 567,2.

572,7 *Zillah]* Vgl. Anm. 566,7.

unzählbar (S. 573)

573,14 *Bizanz]* Antiker Name für das heutige Istanbul.

englisch (S. 573)

573,2 *Asch]* Vgl. *Rosenöl*, Erstes Fläschchen, S. 1: »*Arsch*, das Gezelt Gottes, aus funkelndem Rubine, umspannt die ganze Welt ⟨...⟩.«

573,3 *Eloakim]* Name eines Seraphims, eines sechsflügeligen Wesens am Thron Gottes, das Gott preist.

573,11f. *In ⟨...⟩ umflattert]* Im Koran wird die Geschichte von Maria, der Mutter Jesu, ähnlich wie im Neuen Testament erzählt.

⟨*Der Morgenstrahl bahnt flimmernd sich den Weg*⟩
Für Katharina Schlüter (S. 574)

Überlieferung: Im Brief der Droste an Katharina Schlüter vom 8.(?) 9. 1837 (Reinschrift), Annette von Droste-Gesellschaft, Münster.

Erstdruck: *Briefe der Freiin Annette von Droste-Hülshoff*, ⟨hg. v. Christoph Bernhard Schlüter⟩, Münster 1877, S. 82 bis 85.

Entstehung: September 1837. – Von dem Plan, ein »Morgenlied« für Katharina Schlüter (1777-1846) zu verfassen, berichtet die Droste erstmals im Brief an deren Sohn, Christoph Bernhard Schlüter, vom 23. 3. 1837. An diese Absicht knüpft sie im Brief vom 8.(?) September 1837 an Katharina Schlüter an: »Dies, liebes Mütterchen, ist das Ihnen versprochene Lied, nicht das längst angefangene, das war gar nichts werth, Kopf- und Zahn-weh machen die Gedanken wirr, und die Gefühle stumpf, und der gute Wille allein will, wie man zu sagen pflegt, die Thür nicht zumachen; seit zwey Tagen haben mich diese fast vier monatlichen Leiden verlassen, so habe ich gestern diese Strophen geschrieben, und heute schicke ich sie Ihnen, Sie sehen daß das *Wollen*! bey mir nicht säumig ist, wenn es nur nicht am *Können* fehlt. möge das Ueberschickte Sie so freuen, wie es mich freut es Ihnen senden zu können, es ist kein Gedicht für einen Kritiker, es sind keine Sätze für eine Philosophen, es ist ein rein menschliches Gebet für eine christliche Mutter, und etwas Anderes glaubte ich Ihnen auch nicht bieten zu dürfen«. Christoph Bernhard Schlüter antwortet am 9. 9. 1837 im Namen seiner Mutter: »Ihr Morgengebet ist schön und wie bei all Ihren Sachen oder vielmehr Geisteserzeugnissen, und etc schöner wenn man es wiederliest und näher und im Einzelnen kennen lernt und betrachtet; was aber die Hauptsache, es gnügt und gefällt Mutter sehr, die Ihnen für dasselbe wie für Ihren lieben Brief, vorläufig durch mich, tausendmal aufs herzlichste dankt.«

574,15 *mählich*] Allmählich (Grimm, *Deutsches Wörterbuch*, Bd. 6, Sp. 1456f.).

574,16 *Flore*] Flor: dünnes, zartes Gewebe.

574,24 *Stundenglas*] Sanduhr (Grimm, *Deutsches Wörterbuch*, Bd. 10,4, Sp. 527f.).

575,42 *So ⟨...⟩ bitten*] Vgl. die Forderung der Bergpredigt (Mt 5,44): »Ich aber sage euch: Liebt eure Feinde und betet für die, die euch verfolgen.«

575,55 *des Lebens Mark*] Vgl. Anm. 93,23.

576,84 *Hand am Pfluge*] Lk 9, 62: »Keiner, der die Hand an den Pflug gelegt hat und nochmals zurückblickt, taugt für das Reich Gottes.«

577,99-105 *Nun ⟨...⟩ lagen*] Die letzte Strophe lautete zunächst:

> Nun noch zuletzt, was mir am tiefsten liegt,
> Maria, Mutter, Dir darf ich es sagen,
> Du hast ja selber einen Sohn gewiegt,
> Und unter deinem Herzen ihn getragen,
> Noch einmahl, liebe Gnadenmutter lind,
> Sieh meine Kinder! denk dein eignes Kind,
> Und segne sie die mir am Busen lagen!

Katharina Schlüter hatte der Droste das *Marienbüchlein* (1836) von Johann Baptist Rousseau geliehen, das diese mit ihrem Brief vom 8.(?) 9. 1837 zurückschickte.

577,105 *Ach! ⟨...⟩ lagen*] Diesem Vers liegt ein Hinweis auf die Biographie Katharina Schlüters zugrunde, die acht Kinder hatte, von denen fünf im Kindesalter starben.

Der Venuswagen (S. 577)

Überlieferung: MA V 1 und 16 (Reinschriften unter den Musikalien), MA I 92 (Entwurf).

Erstdruck: *Lieder mit Pianoforte-Begleitung* componirt von Annette von Droste-Hülshoff, Münster ⟨1877⟩, S. 22f.

Entstehung: Unsicher, möglicherweise Anfang der 1830er Jahre.

Der Venuswagen gehört neben *Der kranke Aar* und *Am Grünendonnerstage* zu den drei Gedichten, die die Droste selbst vertont hat (HKA, Bd. 13, S. 19,33,194).

Das Gedicht war ursprünglich für die *Gedichte 1838* vorgesehen, wie aus dem Brief der Droste an Schlüter vom 19. 7. 1838 hervorgeht: »daß *die Gräfin* ebenfalls ausgemerzt ist, steht mir ganz wohl an, Sie werden Sich erinnern, daß ich immer behauptet habe, sie stehe dem, durchgängig ernsten und einfachen Sinne der ganzen Sammlung zu fern, und wahrscheinlich ist dieses der Grund der auch Sie jetzt bestimmt hat –«.

577, vor 1; 578,30 *Venuswagen*] »Venuswagen« ist eine der volkstümlichen Bezeichnung für den Eisenhut (Aconitum napellus). Diese Bezeichnung bezieht sich auf den optischen Eindruck, wonach die Blüte aussieht wie ein von zwei Vögeln gezogener Wagen und damit der traditionellen ikonographischen Vorstellung vom Wagen der Venus entspricht. Das in v. 34 und 114 erwähnte »Taubenpaar« spielt auf diese Vorstellung an. Die Droste hatte den weißblau blühenden Eisenhut (Aconitum variegatum) vor Augen (vgl. v. 111f. und 131).

577,13; 578,22 *Buhle*] Veraltet für Geliebter.

580,105 *Aloe*] Aloe: Pflanze mit harten und stacheligen Blättern.

Das befreite Deutschland (S. 581)

Überlieferung: Fotografie einer verschollenen Reinschrift im Nachlaß von Karl Schulte Kemminghausen, Annette von Droste-Gesellschaft, Münster.

Erstdruck: Jos⟨eph⟩ Wormstall, *Ein Jugendgedicht Annettens von Droste*, in: Monatsschrift für rheinisch-westfälische Geschichtsforschung und Alterthumskunde 3 (1877), S. 465-469, Gedichttext S. 466-469.

Entstehung: November/Dezember 1813. – Das Gedicht ist eine unmittelbare Reaktion auf die Niederlage Napoleons in der Völkerschlacht bei Leipzig (16.-19. 10. 1813) und die sich daran anschließenden Schlachten. Im November 1813 zogen sich die französischen Truppen aus Münster zurück. Hermann Hüffer (*Annette von Droste-Hülshoff und ihre Werke*. Vornehmlich nach dem literarischen Nachlaß und ungedruckten Briefen der Dichterin, 3. Ausgabe, bearbeitet von Hermann Cardauns, Gotha 1911, S. 18) zufolge hat Anton Mathias Sprickmann bereits im Januar 1814 eine heute verschollene Abschrift angefertigt, was auch eine Datierung des Gedichts auf November/Dezember 1813 bestätigt.

581,1 *Aus* ⟨...⟩ *herab*] Vgl. *Am sieben und zwanzigsten Sonntage nach Pfingsten* (S. 487,4).

582,15-18 *O* ⟨...⟩ *fallen*] Gemeint ist Kaiser Franz II. (seit 1804 Kaiser Franz I. von Österreich), der am 6. 8. 1806 auf ein Ultimatum Napoleons hin die römisch-deutsche Kaiserkrone niederlegte. Damit endete das Heilige Römische Reich Deutscher Nation. Vgl. auch v. 64f.

582,40-45 *Warst* ⟨...⟩ *nieder*] Am 5. 3. 1798 wurden die alten schweizerischen Eidgenossenschaften zerschlagen und am 12. 4. 1798 eine neue Helvetische Republik gegründet.

583,46-54 *Und wo* ⟨...⟩ *holden*] Nach dem Ende des zweiten Koalitionskrieges (1799-1802) nahm Napoleon 1802 eine umfassende Neuordnung des eroberten Italien vor.

583,51 *Eris*] Göttin des Streites in der griechischen Mythologie.

583,54 *Grazien*] Göttinnen der Anmut.

583,55-72 *Und da* ⟨...⟩ *Westen*] Im Frieden von Schönbrunn (14. 10. 1809) wurde die endgültige Niederlage Österreichs besiegelt. Österreich mußte erhebliche territoriale Verluste hinnehmen und wurde dadurch zu einem Binnenstaat.

583,64f. *Ach* ⟨...⟩ *Herrscherkrone*] Niederlegung der Kaiserkrone durch Franz II., vgl. Anm. 582,15-18. Vgl. auch ⟨*Ich lege den Stein in diesen Grund*⟩ (S. 631,42).

583,69 *Franz*] Franz II. (1768-1835) regierte von 1792 bis 1806 als deutscher, von 1804-35 als österreichischer Kaiser (Franz I.), vgl. auch v. 15-18,64f.

584,89 *des Bourboniden Tod]* Der Bourbone Ludwig XVI. wurde am 21. 1. 1793 auf Beschluß des Nationalkonvents durch die Guillotine hingerichtet. Der Antinapoleonismus in Deutschland rührte auch daher, daß man Napoleon als Verbreiter der Botschaft der Französischen Revolution für den Tod Ludwigs XVI. verantwortlich machte.

584,111; 585,121 *Erinnen]* Fehlerhafte Form für Erinnynen, Rachegöttinnen in der griechischen Mythologie. In Schillers Ballade *Die Kraniche des Ibycus*, die die Droste für dieses Gedicht mehrfach herangezogen hat, wird in v. 97 bis 144 der Tanz der Erinnyen ausführlich geschildert, wobei die Dämonen wie in der Darstellung der Droste in v. 53 mit »Fackeln« auftreten (vgl. Kortländer 1979, S. 133).

585,115,117 *Und ⟨...⟩ Glauben | Mir ⟨...⟩ rauben]* Anspielung auf Schillers Ballade *Die Bürgschaft* (v. 111f.): »Ihm konnte den muthigen Glauben | Der Hohn des Tirannen nicht rauben.« (*Schillers Werke*. Nationalausgabe, Bd. 1, Weimar 1992, S. 421-425, hier S. 424; vgl. Kortländer 1979, S. 133).

585,118-126 *Und sie ⟨...⟩ Britte]* Der militärischen Koalition aus Schweden (»Helden stark aus Norden«, v. 119), Preußen (»Brenn«, v. 123; vgl. »Brennaburg«, heute Brandenburg), Rußland, Österreich und Großbritannien (»Wogensohn der Britte«, v. 126) gelang es in der Völkerschlacht bei Leipzig (16.-19. 10. 1813) und in nachfolgenden Schlachten, Napoleon zu besiegen.

⟨*Komm Liebes Hähnchen komm heran*⟩ (S. 586)
Überlieferung: MA X 2 (Abschrift von Therese von Droste-Hülshoff).

Erstdruck: Schücking, *Droste-Werkausgabe* (1878/79), Bd. 1, S. 6f. (Einleitung).

Entstehung: August 1804 (Datumsangabe in der Abschrift).

Eine Reminiszenz an dieses frühe Gedicht der jungen Annette von Droste-Hülshoff enthält *Das erste Gedicht*: »Von meinem Lorbeerreise | Das arme, erste Blatt« (S. 328,59f.). In einer Reinschrift (MA I 28) hieß es im Gegensatz zum Erstdruck noch deutlicher:

> In Goldpapier geschlagen
> Mein allererst Gedicht;
> Mein Lied vom Hühnchen, was ich
> So still gemacht, bey Seit',
> Mich so geschämt, und das ich
> Der Ewigkeit geweiht.

⟨*Wie blinkt der Mond so silberhell*⟩ (S. 586)
Überlieferung: MA X 1 (Abschrift von Therese von Droste-Hülshoff).
Erstdruck: Schücking, *Droste-Werkausgabe* (1878/79), Bd. 1, S. 7f. (Einleitung), dort fälschlicherweise als zweite Strophe von ⟨*Komm Liebes Hähnchen komm heran*⟩ ausgewiesen.
Entstehung: Vermutlich August 1804.

⟨*O Liebe mama ich wünsche dir*⟩ (S. 586)
Überlieferung: MA X 12 (Abschrift von Therese von Droste-Hülshoff).
Erstdruck: Schücking, *Droste-Werkausgabe* (1878/79), Bd. 1, S. 7 (Einleitung).
Entstehung: Oktober 1804 (Datumsangabe in der Abschrift).
Der Namenstag der Mutter Therese Luise von Droste-Hülshoff (geb. von Haxthausen, 1772-1853) war der 15. Oktober.

Der Abend (S. 586)
Überlieferung: MA I 13 (Reinschrift).
Erstdruck: Schücking, *Droste-Werkausgabe* (1878/79), Bd. 1, S. 8f. (mit Ausnahme von v. 10-15); vollständig: Kreiten, *Droste-Werkausgabe* (1884-87), Bd. 4, S. 360-362.
Entstehung: Ende September 1809 (Datumsangabe in der Reinschrift durch die Droste selbst und durch Jenny von Droste-Hülshoff).

Die Verwendung von Hexametern und die Einbeziehung von Gegenständen aus Küche und Garten läßt auf die Kenntnis der Hexameter-Idyllen *Luise* und *Der Abendschmaus* von Johann Heinrich Voß (1751-1826) schließen (Kortländer 1979, S. 110). Eine Begegnung der jungen Droste mit der Lyrik Schillers zeigt sich in sentenzhaften Wendungen und in der Liedeinlage (v. 79-102).

587,19 *Gnüglich*] Vgl. *Der Dichter* (S. 593,13). Zur Form vgl. Grimm, *Deutsches Wörterbuch*, Bd. 4,1,2, Sp. 3487.

587,27 *Vitzebohnen*] Eigentl. Veitsbohnen, »weil sie spät im Frühjahr, bis Viti Tag ⟨15. 6.⟩, noch können gepflanzet werden« (*Versuch eines bremisch-niedersächsischen Wörterbuchs*, Bd. 1, Bremen 1767, S. 399). Die Droste meint hier jedoch die Stangenbohne (Phaseolus vulgaris communis) im Gegensatz zu den in v. 29f. erwähnten »niedrigen doch | Weit mehr enthaltenden dickern«, bei denen sie wohl an Puff- oder Saubohnen (Vicia faba maior) gedacht hatte.

588,50 *Luna*] Römische Mondgöttin.

589,90 *Freiheit und Gleichheit*] Bei den Gegnern der Französischen Revolution wurden diese Begriffe in negativer Bedeutung verwendet.

589,91 *Musen*] Töchter des Zeus und der Mnemosyne, Göttinnen der Künste und Wissenschaften.

589,97-102 *Sage* ⟨...⟩ *nicht*] Vgl. *An Ludowine* (S. 650,3-8).

589,98 *Wo* ⟨...⟩ *Ruh*] Vgl. *Die Nacht. Frage* (S. 658,44).

589,107 *Eol*] Eigentl. Äol(us), Beherrscher der Winde in der griechischen Mythologie.

⟨*Wie sind meine Finger so grün*⟩ (S. 590).

Überlieferung: MA I 51 (Entwurf).

Erstdruck: Schücking, *Droste-Werkausgabe* (1878/79), Bd. 1, S. 155.

Entstehung: Juni 1820. – Die Datierung erfolgt aufgrund einer Bemerkung im Stammbuch von Sophie (?) von Haxthausen (Universitätsbibliothek Münster), in das das Gedicht von fremder Hand eingetragen worden ist: »Im Juny 1820 als Nette auf dem Hof in Bökendorf mit Anna unter der Akazie saß und einen Blumenstrauß, den ihr Anna gebracht, zerrissen.«

Das Gedicht ist immer wieder im Zusammenhang mit dem ›Arnswaldt-Straube-Erlebnis‹ (Mitte Juli 1820) gesehen worden (vgl. S. 827), obwohl es vor dem Bruch mit Heinrich Straube entstanden sein dürfte. Trotzdem ist dieser biographische Kontext nicht ganz auszuschließen, zumal auch Anna von Haxthausen, die Vertraute der Droste zur Zeit dieser Affäre, eine Abschrift des Gedichts in ihrem Stammbuch mit der Bemerkung versehen hat: »Wir ⟨Anna von Haxthausen und die Droste⟩ saßen auf einer Bank, auf dem Hof unter der Linde die Ludowine ⟨von Haxthausen⟩ gepflanzt, und sie zerpflückte einen Blumenstrauß, den ich ihr gebracht; nach einem ernsten Gespräch, das wir führten, diktierte sie mir das Gedicht, was ich in eine Brieftasche schrieb.« (Zitiert von Karl Schulte Kemminghausen, *Heinrich Straube. Ein Freund der Droste*, Münster 1958, S. 70).

590, vor 1 *Wie* ⟨...⟩ *grün*] Im Entwurf (MA I 51) hat die Schwester der Droste, Jenny von Droste-Hülshoff, den Titel »Blumentod« hinzugefügt.

590,25 *Denn* ⟨...⟩ *geschehn*] Vgl. die sprichwörtliche Redensart »Was geschehen ist, ist geschehen« (Wander, *Deutsches Sprichwörter-Lexikon*, Bd. 1, Sp. 1585).

An einen Freund (S. 591)

Überlieferung: v. 23-56: MA I 95 (H¹: Entwurf, Textgrundlage); v. 1-22: MA I 103 (H²: Reinschrift).

Erstdruck: v. 9-16, 25-32: Levin Schücking, *Annette von Droste. Ein Lebensbild*, Münster 1862, S. 147 f.; vollständig: Schücking, *Droste-Werkausgabe* (1878/79), Bd. 1, S. 181-183, hier mit dem Titel »An denselben« ⟨d. i. Levin Schücking⟩.

Entstehung: Mai 1844. – Das Gedicht entstand während des Besuchs von Levin und Louise Schücking auf der Meersburg (6.-30. 5. 1844). Als die Schückings am 30. 5. die Meersburg verließen, gab die Droste ihnen zehn Gedichte für den Abdruck im ›Morgenblatt‹ mit, darunter wohl auch *An einen Freund* (vgl. hierzu S. 803). Im ›Morgenblatt‹ erschienen jedoch nur *Das Ich der Mittelpunkt der Welt*, *Spätes Erwachen*, *Die tote Lerche* und *Lebt wohl*.

Ein Vergleich des in H¹ bzw. H² niedergeschriebenen Textes zeigt, daß die Droste zwei unterschiedliche Fassungen dieses Gedichts – offenbar eine ›private‹ und eine ›öffentliche‹, zur Publikation vorgesehene – konzipiert hat. In H¹ wird ab v. 40 das bis dahin durchgehaltene anonyme »Er« (3. Pers. Sing.) in ein unverhülltes »Ich« (1. Pers. Sing.) überführt, wobei sich allerdings nun ein nur mühsam zu entwirrendes Nebeneinander von beiden Fassungen (v. 41-48) bzw. die konsequent durchgeführte Korrektur von 1. zu 3. Pers. Sing. (v. 49-56) ergeben hat. Der in H² überlieferte Text bewahrt die »Ich«-Fassung. Der Abbruch der Niederschrift in H², die wohl als Grundlage für eine mögliche Publikation gedacht war, hängt vermutlich mit der Einsicht zusammen, daß persönliche Bezüge nicht genug verdeckt worden waren. Aufgrund der jeweiligen Selbständigkeit beider Fassungen wird ergänzend zu dem im Textteil dieser Ausgabe veröffentlichten »Er«-Fassung hier noch die »Ich«-Fassung (Schücking, *Droste-Werkausgabe*) des Gedichtes selbständig abgedruckt.

An denselben

Zum zweiten Male will ein Wort
Sich zwischen unsre Herzen drängen,
Den felsbewachten Erzeshort
Will eines Knaben Mine sprengen.
Sieh mir in's Auge, wende nicht
Das deine nach des Fensters Borden,
Ist denn so fremd dir mein Gesicht,
Denn meine Sprache dir geworden?

Sieh freundlich mir in's Auge, schuf
Natur es gleich im Eigensinne
Nach harter Form, muß ihrem Ruf

Antworten ich mit scharfer Stimme,
Der Vogel singt wie sie gebeut,
Libelle zieht die farb'gen Ringe,
Und keine Seele hat bis heut
Sie noch gezürnt zum Schmetterlinge.

Still ließ an meiner Jahre Rand
Die Parze ihre Spindel schlüpfen,
Zu strecken meint' ich nur die Hand
Um alte Fäden anzuknüpfen,
Da fand den deinen ich so reich,
Fand ihn so vielbewegt verschlungen,
Darf es dich wundern, wenn nicht gleich
So Ungewohntes mir gelungen?

Daß Manches schroff in mir und steil,
Wer könnte, ach, wie ich es wissen!
Es ward, zu meiner Seele Heil
Mein zweites zarteres Gewissen,
Es hat den Uebermuth gedämpft,
Der mich Giganten gleich bezwungen,
Hat glühend, wie die Reue kämpft,
Mit dem Dämone oft gerungen.

Doch du, das tiefversenkte Blut
In meinem Herzen, durftest denken,
So wolle ich mein eignes Gut,
So meine eigne Krone kränken?
O sorglos floß mein Wort und bunt
Im Glauben, daß es dich ergötze,
Daß nicht geschaffen dieser Mund
Zu einem Hauch, der dich verletze.

Sieh her, nicht Eine Hand dir nur,
Ich reiche beide dir entgegen,
Zum Leiter auf verlorne Spur,
Zum Liebespenden und zum Segen,

> Nur ehre ihn, der angefacht 45
> Das Lebenslicht an meiner Wiege,
> Nimm mich wie Gott mich hat gemacht,
> Und leih' mir keine fremden Züge!

591,1 *Zum ⟨...⟩ Wort]* Vgl. die direkte Anknüpfung an den Eingangsvers des Gedichts *An ****: »Kein Wort, und wär' es scharf wie Stahles Klinge« (S. 123,1).

591,6 *Fensters Borden]* Fensterbank.

591,16 *gezürnt]* »Zürnen« als Bezeichnung »des vorgangs, selbst der wirksamen handlung« geht auf Klopstock zurück (Grimm, *Deutsches Wörterbuch*, Bd. 10,1 Sp. 673).

591,18 *Parze ihre Spindel]* In der griechischen Mythologie gilt die Parze Klotho als Spinnerin des Lebensfadens.

591,20 *alte Fäden]* Vgl. *An **** (»Kein Wort«): »Kein Wort ⟨...⟩ | Soll trennen, was in tausend Fäden Eins« (S. 123,1f.).

591,30 *Gigantengleich]* In der griechischen Mythologie Geschlecht erdgeborener Riesen.

592,37 *sorglos ⟨...⟩ bunt]* Vgl. *Am zehnten Sonntage nach Pfingsten* (S. 445,9f.): »Ich soll mit seinem bunten Strahl | In deinem Segen Wucher treiben« und: »Laß mich hinfort der Worte Gold | Ausgeben mit des Wuchrers Sorgen« (S. 446,33f.).

Der Dichter (S. 592)

Überlieferung: Westf. Landesmuseum, Münster, »Deckenalbum« (Abschrift oder Niederschrift nach Diktat von fremder Hand); Annette von Droste-Gesellschaft, Münster, Schumacher-Nachlaß (Abschrift von fremder Hand); Hessisches Staatsarchiv, Marburg, Arnswaldt-Nachlaß (Abschrift von fremder Hand, Textgrundlage).

Erstdruck: ⟨Johannes Claassen⟩, *Anna Elisabeth v. Droste-Hülshoff. Ein Denkmal ihres Lebens und Dichtens und eine Auswahl ihrer Dichtungen*, Gütersloh 1879, S. 365f.

Entstehung: Der Eintrag im »Deckenalbum« stammt

vom 16. 6. 1816, für ein genaues Datum gibt es keinen Anhaltspunkt; vielleicht 1814/15.

593,13 *gnüglich*] Vgl. Anm. 587,19.

⟨*Die ihr sie kennet des Lebens Freuden*⟩ (S. 594)
Überlieferung: MA X 6 (Abschrift vermutlich von Jenny von Droste-Hülshoff).

Erstdruck: v. 1-8, 41-48: ⟨Johannes Claassen⟩, *Anna Elisabeth v. Droste-Hülshoff. Ein Denkmal ihres Lebens und Dichtens und eine Auswahl ihrer Dichtungen*, Gütersloh 1879, S. 82f.; v. 1-48: *Briefe der Freiin Annette von Droste-Hülshoff*, ⟨hg. v. Christoph Bernhard Schlüter⟩, 2. vermehrte Aufl., Münster 1880, S. 225-227.

Entstehung: Sommer 1819, vor dem 29. 8. – Schlüter (*Briefe der Freiin Annette von Droste-Hülshoff*, 1880, S. 225) teilt folgende für die Entstehung des Gedichts relevante Anekdote mit: »Als einst Annette mit ihrer Stiefgroßmutter, der Freifrau Maria Anna von Haxthausen, geb. von Wendt im Bade zu Driburg war, wandte sich eine Frau aus der Umgegend um Unterstützung an diese, und schilderte in lebhaften Farben ihre Noth. ›Kind‹, sagte die Großmutter, ›kannst du nicht ein kleines Gedicht darüber machen, das auf einen Teller gelegt, bei den Badegästen die Runde macht?‹ Annette that es sofort und die Sammlung hatte den gewünschten Erfolg.« Das Abfassungsdatum ergibt sich daraus, daß die Droste sich von Juni/Juli bis etwa zum 6. 9. 1819 in Driburg zur Kur aufhielt und in ihrem Brief an Anna Maria von Haxthausen vom 29. 8. 1819 schreibt, »daß die Lotterie für die Schneebergsche so gut ausgefallen ist« (vgl. die Parallele zu v. 48; »In dieses Lebens Lotterie«).

Der Titel »Bettellied« stammt von Wilhelm Kreiten (*Droste-Werkausgabe* [1884/-87], Bd. 1,1, S. 365).

594,11 *Zähre*] Träne.
595,40 *Tokaier*] Ungarischer Süßwein.

Unruhe (S. 596)
Überlieferung: Universitätsbibliothek Bonn, Hüffer-Nachlaß, S 1973 (korrigierte Reinschrift); im Brief der Droste an Anton Mathias Sprickmann von Ende Februar 1816, Stadt- und Landesbibliothek Dortmund, Atg. Nr. 4357 (Reinschrift, Textgrundlage).

Erstdruck: Hermann Hüffer, *Annette von Droste-Hülshoff*, in: Deutsche Rundschau 7 (Februar, März 1881), Bd. 26, H. 5 u. 6, S. 208-228, 421-446; Gedichttext S. 217.

Entstehung: Januar/Februar 1816. – Im Brief an Sprickmann von Ende Februar 1816 schreibt die Droste: »Ich schicke ihnen hierbey ein kleines Gedicht was ich vor einigen Wochen verfertigt habe, nehmen sie es gütig auf, es mahlt den damaligen, und eigentlich auch den jetzigen Zustand meiner Seele vollkommen, obschon diese fast fieberhafte Unruhe, mit Verschwinden meines Uebelbefindens einigermaßen sich gelegt hat«. Erst nach mehr als einem Jahr dankt Sprickmann der Droste im Brief vom 2. 4. 1817: »Ueber die ›*Unruhe*‹, mit der Sie mir ein so theures Geschenk gemacht haben, kann ich Ihnen in diesem Augenblick nichts sagen, weil sie schon unter meinen übrigen Heiligthümern tief im Koffer liegt. Aber das kann ich Ihnen doch von dem Eindruck, den auch dieses Gedicht von Ihnen auf mich gemacht hat, sagen, daß ich es dem Besten, was ich von Ihnen kenne, völlig gleich setze.«

596,2; 597,46 *Foibos*] Phoibos ist ein Beiname Apollons, häufig synonym für Sonne gebraucht.

596,4 *Reisge Schiffe*] Zum Aufbruch bereite Schiffe.

596,19-22 *Möchtest 〈...〉 ziehen*] Vgl. *Am Turme* (S. 74,17-24).

⟨*Felitz die war die gute*⟩ (S. 598)
Überlieferung: MA X 12 (Abschrift von Therese von Droste-Hülshoff).

Erstdruck: Wilhelm Kreiten, *Annette von Droste-Hülshoff's literarischer Entwicklungsgang. (Unter Benutzung des handschriftlichen Nachlasses)*, in: Stimmen aus Maria-Laach

24 (1883), H. 3 u. 4, S. 270-288, 401-415; Gedichttext S. 276.

Entstehung: März 1805 (Datumsangabe in der Abschrift).

Das Gedicht ist an Felicitas von Böselager zu Eggermühlen (bei Bersenbrück, 1773-1840) gerichtet. Sie war eine Freundin Therese von Droste-Hülshoffs während der gemeinsam verbrachten Zeit im Damenstift Freckenhorst (bei Warendorf). Die Mutter der Droste hielt sich von 1785 bis zu ihrer Hochzeit am 20. 8. 1793 in Freckenhorst auf; Felicitas von Böselager blieb unverheiratet und lebte noch lange Jahre in dem 1811 säkularisierten und dadurch allmählich verödeten Stift.

⟨*Die Freude des Lebens, ist flüchtig und leicht*⟩ (S. 598)
Überlieferung: MA X 12 (Abschrift von Therese von Droste-Hülshoff).

Erstdruck: Wilhelm Kreiten, *Annette von Droste-Hülshoff's literarischer Entwicklungsgang. (Unter Benutzung des handschriftlichen Nachlasses)*, in: Stimmen aus Maria-Laach 24 (1883), H. 3 u. 4, S. 270-288, 401-415; Gedichttext S. 276.

Entstehung: 28. 7. 1806 (Datumsangabe in der Abschrift).

⟨*Rose, Du Königin der Blumen*⟩ (S. 598)
Überlieferung: Keine Handschrift, Text folgt dem Erstdruck. Schulte Kemminghausen (*Droste-Werkausgabe* [1925-30], Bd. 4, S. 9) weist eine heute verschollene Abschrift von Therese von Droste-Hülshoff nach.

Erstdruck: Wilhelm Kreiten, *Annette von Droste-Hülshoff's literarischer Entwicklungsgang. (Unter Benutzung des handschriftlichen Nachlasses)*, in: Stimmen aus Maria-Laach 24 (1883), H. 3 u. 4, S. 270-288, 401-415; Gedichttext S. 276.

Entstehung: 28. 7. 1806. – Sowohl Kreiten als auch Schulte Kemminghausen geben auf der Grundlage ihrer Quellen dieses Datum als authentisches Entstehungsdatum an.

598,8 *Päonie]* Pfingstrose.

598,9 *Feld-Hühnchen]* Gemeint ist die Ackerwinde (Convolvulus arvensis).

598,9 *blaue Winde]* Die blau, weiß und gelb blühende dreifarbige Winde (Convolvulus tricolor) ist eine Zierpflanze.

Die drei Tugenden (S. 599)

Überlieferung: Berlin-Brandenburgische Akademie der Wissenschaften, Berlin, Archiv, Sammlung Weinhold (Reinschrift).

Erstdruck: Wilhelm Kreiten, *Annette von Droste-Hülshoff's literarischer Entwicklungsgang. (Unter Benutzung des handschriftlichen Nachlasses)*, in: Stimmen aus Maria-Laach 24 (1883), H. 3 u. 4, S. 270-288, 401-415; Gedichttext S. 408f.

Entstehung: 1812/13. – Das Gedicht ist auf einem Blatt überliefert, auf dessen Rückseite auch *Die Nacht. Frage* niedergeschrieben ist. Gemeinsam mit einem heute abgetrennten Blatt mit der Niederschrift von *Vernunft und Begeistrung. Antwort* bildete es ursprünglich ein Doppelblatt. Diese Gedichte gehören zusammen mit *Die Sterne. Frage* und *Die Engel* zu einer Gruppe von Texten, die der Begegnung der Droste mit Anton Mathias Sprickmann seit dem 26. 11. 1812 ihre Entstehung verdanken.

Das Gedicht zeigt eine deutliche Abhängigkeit von Schillers Gedicht *Die Worte des Glaubens*, mit dem die Droste der von Schiller thematisierten Bindung des Glaubens an Freiheit, Tugend und ein »unendlich Wesen« aus christlichem Verständnis heraus die drei »göttlichen« Tugenden Glaube, Liebe und Hoffnung entgegensetzt (Kortländer 1979, S. 133). Vgl. auch die »Geistlichen Lieder« *Glaube, Liebe, Hoffnung*.

599,1 *Drei ⟨...⟩ Sinn]* Vgl. den Eingangsvers von Schillers Gedicht *Die Worte des Glaubens*: »Drey Worte nenn ich euch, innhaltsschwer« (*Schillers Werke*. Nationalausgabe, Bd. 1, Weimar 1992, S. 379).

Der Philosoph (S. 600)
Überlieferung: Westf. Landesmuseum, Münster, »Deckenalbum« (Abschrift oder Niederschrift nach Diktat von fremder Hand); Annette von Droste-Gesellschaft, Münster, Schumacher-Nachlaß (Abschrift von fremder Hand); Hessisches Staatsarchiv, Marburg, Arnswaldt-Nachlaß (Abschrift von fremder Hand, Textgrundlage).

Erstdruck: Wilhelm Kreiten, *Annette von Droste-Hülshoff's literarischer Entwicklungsgang. (Unter Benutzung des handschriftlichen Nachlasses)*, in: Stimmen aus Maria-Laach 24 (1883), H. 3 u. 4, S. 270-288, 401-415; Gedichttext S. 410-412.

Entstehung: Der Eintrag im »Deckenalbum« stammt vom 16. 6. 1816, für ein genaues Entstehungsdatum gibt es keinen Anhaltspunkt; vielleicht 1814/15.

Das Motiv des Bergbaus als Sinnbild der Wahrheitssuche findet sich in ähnlicher Form in Novalis' (d. i. Friedrich von Hardenberg, 1772-1801) fragmentarischem Roman *Heinrich von Ofterdingen* (1812). In dem Gedicht *Am neunten Sonntage nach Pfingsten* (S. 444,25-36) nimmt die Droste diese Vorstellung von der Wahrheit, die in der Tiefe zu finden sei, in anderem Kontext wieder auf.

601,42; 602,58 *Karfunkel]* Roter Granat oder Rubin, Sinnbild für strahlende Helle.

⟨*Nicht wie vergangner Tage heitres Singen*⟩
Widmungsgedicht an Sibylle Mertens-Schaaffhausen (S. 602)
Überlieferung: Familienarchiv Haus Stapel, Havixbeck, MA VIII 6 (Entwurf).

Erstdruck: Kreiten, *Droste-Werkausgabe* (1884-87), Bd. 2, S. 227.

Entstehung: wahrscheinlich Herbst 1834. – Die Entstehung dieses Sibylle Mertens-Schaaffhausen (1797-1857) gewidmeten Gedichts zu dem Epos *Des Arztes Vermächtnis* steht offenbar im Zusammenhang mit der heute verschollenen Reinschrift der beiden Epen *Das Hospiz auf dem großen Sankt Bernhard* und *Des Arztes Vermächtnis*, die die Droste der Freundin im Herbst 1834 geschickt hatte.

602,4 *kranken Haupt]* Der schlechte gesundheitliche Zustand und sich daraus ergebende psychische Probleme in den Jahren 1827-30 bilden hier den autobiographischen Hintergrund, der auch in das Epos *Des Arztes Vermächtnis* eingegangen ist.

603,13 *Billchen]* Im Freundeskreis übliche Anrede für Sibylle Mertens-Schaaffhausen, die die Droste auch in ihren Briefen an die Freundin verwendet.

⟨*Und ob der Maien stürmen will*⟩ (S. 603)
Überlieferung: MA I 42 (Entwurf); Faksimile einer verlorenen Reinschrift im Nachlaß von Eduard Arens, Annette von Droste-Gesellschaft, Münster (Textgrundlage).
Erstdruck: v. 1-12: Kreiten, *Droste-Werkausgabe* (1884 bis 87), Bd. 3, S. 429, Titel hier: »An dieselbe (die Mutter)«; vollständig: Eduard Arens, *Annette von Droste-Hülshoff und ihre Mutter*, in: Auf Roter Erde 9 (31. 10. 1933), Nr. 1, S. 5-8, Gedichttext S. 6, Titel hier: »Zum Geburtstag 7. Mai«.
Entstehung: zum 7. 5. 1845. – Die Entstehung des Gedichts steht in engem Zusammenhang mit dem Gedicht ⟨*Du, der ein Blatt von dieser schwachen Hand*⟩, die beide auf demselben Manuskript (MA I 42) niedergeschrieben sind. Da ⟨*Du, der ein Blatt von dieser schwachen Hand*⟩ zweifelsfrei im Mai 1845 entstanden ist, muß es sich bei ⟨*Und ob der Maien stürmen will*⟩ um ein Gedicht zum Geburtstag von Therese von Droste-Hülshoff am 7. 5. 1845 handeln.

603,14 *Ried]* Vgl. Anm. 44,120.

⟨*Du, der ein Blatt von dieser schwachen Hand*⟩ (S. 603)
Überlieferung: MA I 42 (Entwurf); Faksimile einer verschollenen Reinschrift in *Annette von Droste-Hülshoff. Ausgewählte Werke*, hg. v. Fritz Droop, Berlin 1923, zwischen S. 32 und 33 (Textgrundlage).
Erstdruck: Kreiten, *Droste-Werkausgabe* (1884-87), Bd. 3, S. 431, Titel hier: »Meinem Bruder Werner, 9. Mai 1845«.
Entstehung: zum 9. 5. 1845. – Das Gedicht entstand als

Antwort auf die Bitte Melchior von Diepenbrocks im Brief vom 26. 4. 1845, die Droste möge ihm für seinen Freund Heinrich O'Donnell von Tyrconnel ein Autograph senden (vgl. Anm. zu *Das Wort*, S. 884). Die aus diesem Grund angefertigte Gedichtreinschrift trägt das Datum »Rüschhaus, den 9ten May. | 1845.« Die Droste schwankte aber, ob sie nicht anstelle von ⟨*Du, der ein Blatt von dieser schwachen Hand*⟩ das Gedicht *Das Wort* als Geschenk übersenden sollte. Möglicherweise hat sie auch beide Texte abgesandt. Im Entwurf schließt sich unmittelbar an dieses Gedicht der Text zu ⟨*Und ob der Maien stürmen will*⟩ an.

⟨*Du wanderst fort, und manche teure Stunde*⟩ (S. 604)
Überlieferung: Fürstenhäusle, Meersburg (Reinschrift).
Erstdruck: Kreiten, *Droste-Werkausgabe* (1884-87), Bd. 3, S. 433.
Entstehung: September 1813 oder September 1814. – Die Entstehung des Gedichts ⟨*Du wanderst fort, und manche teure Stunde*⟩ und des folgenden Gedichts ⟨*An Sophie*⟩ steht im Zusammenhang mit der Abreise von Cornelie und Sophie von Wintgen nach Frankreich. Es läßt sich aber nicht genau ermitteln, ob eine oder zwei Abreisen (September 1813 und/oder September 1814) gemeint sind, da die Quelle, das Tagebuch Jenny von Droste-Hülshoffs, nur ungenaue Angaben macht (vgl. Walter Gödden, *Datierung und biographischer Hintergrund der Gedichte »An Sophie« und »An Cornelie«*, in: Droste-Jahrbuch 1 [1986/87], S. 207-212).
Die Lebensdaten von Cornelie von Wintgen waren ebensowenig wie die ihrer Schwester Sophie zu ermitteln, im Erstdruck findet sich folgende Anmerkung: »Cornelia ⟨...⟩ heirathete einen Herrn von Chertemps und zog nach Versailles.« Cornelie und Sophie von Wintgen, deren Familie das Gut Ermilinghof(f) bei Heeßen besaß, waren Jugendbekanntschaften der Droste. Beide Schwestern waren Stiftsdamen im Stift Hohenholte und wohl dort mit der Droste und ihrer Schwester Jenny zusammengetroffen. Nach ihrer Verheiratung nach Frankreich sah die Droste

Cornelie offenbar ein- oder mehrmals in Münster wieder, ein solches Wiedersehen beschreibt sie im Brief vom 1. 7. 1841 an Jenny von Laßberg: »Cornelie würdest du nicht wieder kennen, sie ist ein complett altes Weibchen, rund wie eine Nudel, und hat alle Zähne oben im Munde verloren«.

Die Gedichtreinschrift versah die Droste neben der Beifügung einer Haarlocke mit folgender Widmung: »Sey und bleibe mir so gut wie ich Dir, beste Cornelie, so weiß ich, daß ich damit zufrieden seyn, leb wohl, ich werde die Tage bis zu Deiner Zurückkunft zählen. Deine *Annette* von Droste-Hülshoff.« Das Gedicht wurde nicht übergeben und verblieb im Nachlaß der Droste.

An Sophie (S. 604)

Überlieferung: Keine Handschrift, Text folgt Gustav Eschmann, *Annette von Droste-Hülshoff*. Ergänzungen und Berichtigungen zu den Ausgaben ihrer Werke, Münster 1909, S. 87 (geht zurück auf eine heute verschollene Handschrift im Meersburger Nachlaß).

Erstdruck: Kreiten, *Droste-Werkausgabe* (1884-87), Bd. 3, S. 433, Titel hier: »An Sophie, Frau von Laserre«.

Entstehung: September 1813 oder September 1814, vgl. Anm. zu ⟨*Du wanderst fort, und manche teure Stunde*⟩.

Die Lebensdaten von Sophie von Wintgen waren nicht zu ermitteln. Im Erstdruck findet sich folgende Anmerkung zu diesem Gedicht: »Schwester des Herrn von Wintgen zu Ermlinghoff bei Hamm. ⟨...⟩ Später heirathete Sophie einen Herrn von Laserre. Das Gedicht entstand wahrscheinlich, als Sophie ihrem Gatten nach Belgien ⟨richtiger wohl nach Frankreich⟩ folgte.« Das Gedicht wurde aber nicht übergeben. Vgl. auch Anm. zu ⟨*Du wanderst fort, und manche teure Stunde*⟩.

An Louise, am 9ten April. Gasele (S. 605)

Überlieferung: MA I 108 (Entwurf).

Erstdruck: Kreiten, *Droste-Werkausgabe* (1884-87), Bd. 3, S. 438.

Entstehung: zum 9. 4. 1846. – Das Gedicht ist Louise Delius (1808-1862) zum Geburtstag am 9. April gewidmet. Das Jahr 1846 ergibt sich daraus, daß Louise Delius erst nach dem Wegzug Elise Rüdigers im Oktober 1845 nach Minden zu einer neuen, wichtigen Kontaktperson für die Droste wurde.

In ihren Briefen beschreibt die Droste Louise Delius als ein »gutes und auch gescheutes Persönchen« (an Schücking, 17. 11. 1842 unter dem Datum des 15. 11.), als »unbeschreiblich sanft« und »gemüthsfrisch« (an Johanna Hassenpflug, 27. 4. 1845), außerdem sei sie »le bois dont on fait les anges« (an Schücking, 17. 11. 1842 unter dem Datum des 15. 12.).

Die Gasele (von arab. »gazal«: »Gespinst«) ist eine orientalische Gedichtform, deren Reiz im wiederkehrenden Reim besteht. In die deutsche Literatur eingeführt wurde diese Gedichtform von August Wilhelm Schlegel und durch Goethe, Friedrich Rückert sowie August von Platen populär gemacht. Die Droste variiert diese Form insofern, als sie nicht nur wiederkehrende Reime einsetzt, sondern auch die Verse reimt, die in der klassischen Form als Waisen erscheinen.

605,1,5,9,13,17,21,23 *Veilchenblüte*] Vgl. *An Elise. Zum Geburtstage am 7. März 1845* (S. 555,16).

⟨*O lieblicher Morgen*⟩ (S. 606)

Überlieferung: Abschrift von fremder Hand, Archiv der Norddeutschen Provinz SJ, Köln, Kreiten-Nachlaß.

Erstdruck: Kreiten, *Droste-Werkausgabe* (1884-87), Bd. 4, S. 359.

Entstehung: April 1807 (Datumsangabe in der Abschrift).

⟨*ich kenne die Freuden des ländlichen Lebens*⟩ (S. 606)

Überlieferung: MA X 12 (Abschrift von Therese von Droste-Hülshoff, Textgrundlage); Universitätsbibliothek Bonn, S 1973a (Abschrift von fremder Hand).

Erstdruck: Kreiten, *Droste-Werkausgabe* (1884-87), Bd. 4, S. 359.
Entstehung: 2. 8. 1807 (Datumsangabe in der Abschrift von Therese von Droste-Hülshoff).

Der Schwermütige (S. 607)
Überlieferung: MA X 12 (Abschrift von Therese von Droste-Hülshoff, Textgrundlage); Universitätsbibliothek Bonn, S 1973a (Abschrift von fremder Hand).
Erstdruck: Kreiten, *Droste-Werkausgabe* (1884-87), Bd. 4, S. 359f.
Entstehung: August/September 1807. – Die Abschrift von Therese von Droste-Hülshoff datiert das Gedicht auf den 3. 8. 1807, die Abschrift von fremder Hand hingegen auf September 1807.
Das Gedicht steht ebenso wie das folgende ⟨*Wenn ich o Freund hier im Haine*⟩ oder *Abendgefühl* in der Tradition empfindsamer Melancholie-Lyrik. Es zeigen sich deutlich die Vorbilder von Ludwig Christoph Hölty (1748-1776), Johann Gaudenz von Salis-Seewis (1762-1834) und Friedrich Matthisson (1761-1831).

⟨*Wenn ich o Freund hier im Haine*⟩ (S. 608)
Überlieferung: MA X 12 (Abschrift von Therese von Droste-Hülshoff, Textgrundlage); Universitätsbibliothek Bonn, S 1973a (Abschrift von fremder Hand).
Erstdruck: Kreiten, *Droste-Werkausgabe* (1884-87), Bd. 4, S. 360.
Entstehung: 16. 4. 1808 (Datumsangabe in der Abschrift von Therese von Droste-Hülshoff).

Abendgefühl (S. 608)
Überlieferung: Universitätsbibliothek Bonn, S 1973a (Abschrift von fremder Hand).
Erstdruck: Kreiten, *Droste-Werkausgabe* (1884-87), Bd.4, S. 360.
Entstehung: November 1809 (Datumsangabe in der Abschrift).

Das Gedicht steht ebenso wie ⟨*Wenn ich o Freund hier im Haine*⟩ oder *Der Schwermütige* in der Tradition empfindsamer Melancholie-Lyrik. Es zeigen sich deutlich die Vorbilder von Ludwig Christoph Hölty, Johann Gaudenz von Salis-Seewis und Friedrich Matthisson.

609,11 *Philomelens Klagelieder]* Philomele ist eine Figur der griechischen Mythologie, die von den Göttern zum Schutz vor Verfolgung in eine Nachtigall verwandelt wurde; danach auch die poetische Bezeichnung für: Nachtigall.

609,21 *Kranichheer]* Hier und in den Ansprachen an die Kraniche (v. 25, 30, 48) Anlehnung an Schillers Ballade *Die Kraniche des Ibycus*.

609,27 *Zypressen]* Die Zypresse gilt als Totenbaum.

609,35 *Kabalen]* Kabale: geheimer Anschlag, Intrige.

Emma und Edgar (S. 611)

Überlieferung: Annette von Droste-Gesellschaft, Münster (Entwurf, Textgrundlage); MA I 72 (korrigierte Reinschrift).

Erstdruck: Kreiten, *Droste-Werkausgabe* (1884-87), Bd. 4, S. 363-365, Titel hier: »Edgar und Edda«.

Entstehung: 1810 (Angabe nach einer Marginalie von fremder Hand in der Reinschrift MA I 72).

611,5f. *Es* ⟨...⟩ *fort]* Diese Verse werden zweimal wiederholt (S. 613,69f.; 615,133f.).

612,29 *Horen]* Hier in der Bedeutung von »Stunden« verwendet, vgl. auch ⟨*Aus des Herzens vollem Triebe*⟩ (S. 681,5).

613,86 *Zug]* Teil großer Tore, die sich zum Eintreten öffnen lassen.

615,117 *Darum, dulde!]* Vgl. Gottfried August Bürgers (1747-1794) Ballade *Lenore*: »›Geduld! Geduld! Wenn's Herz auch bricht!‹« (v. 253).

615,129-136 *Des Morgens* ⟨...⟩ *Leiche]* Im Eingang der sechsten Szene von *Perdu!* (Bd. 2, S. 604,15f., 19f., 23f., 26-28) rezitiert Claudine Briesen, der »naiv-gefühlvolle Blaustrumpf«, pathetisch und von ihrer eigenen Kunst beeindruckt, die letzte Strophe dieses Gedichts.

Die Engel (S. 615)
Überlieferung: MA I 15 (Reinschrift).
Erstdruck: Kreiten, *Droste-Werkausgabe* (1884-87), Bd. 4, S. 367f.
Entstehung: 1812/13. – Dieses Gedicht gehört zusammen mit *Die drei Tugenden, Die Nacht. Frage, Antwort. Vernunft und Begeistrung* und *Die Sterne. Frage* zu einer Gruppe von Texten, die der Begegnung der Droste mit Anton Mathias Sprickmann seit dem 26. 11. 1812 ihre Entstehung verdanken.

Die Sterne. Frage (S. 617)
Überlieferung: MA I 15 (Reinschrift).
Erstdruck: v. 1-9: *Briefe der Freiin Annette von Droste-Hülshoff*, ⟨hg. v. Christoph Bernhard Schlüter⟩, Münster 1877, S. 210; vollständig: Kreiten, *Droste-Werkausgabe* (1884-87), Bd. 4, S. 368-370.
Entstehung: 1812/13. – Dieses Gedicht gehört zusammen mit *Die drei Tugenden, Die Nacht. Frage, Antwort. Vernunft und Begeistrung* und *Die Engel* zu einer Gruppe von Texten, die der Begegnung der Droste mit Anton Mathias Sprickmann seit dem 26. 11. 1812 ihre Entstehung verdanken.
Schlüter muß offenbar einige Zeit mit dem Gedanken gespielt haben, *Die Sterne. Frage* in die *Gedichte 1838* aufzunehmen, wogegen die Droste schließlich protestiert hat, wie aus ihrem Brief vom 19. 7. 1838 an Schlüter hervorgeht: »daß *die Sterne* nicht aufgenommen sind, danke Ihnen der Henker, ich habe ja noch in der letzten Stunde unsers Beysammenseyns erklärt, daß ich das Lumpending nicht gedruckt haben wollte, aber Sie machen mit mir was Ihnen beliebt, Sie kecker übermüthiger Patron! hätte ich Sie nicht so lieb, so wollte ich Ihnen jetzt tüchtig die Haare scheeren, die Meinigen standen mir zu Berge bey dem Gedanken wie wenig daran fehlte, daß mich dieses verhaßte Geisteskind, dessen ich mich gänzlich glaubte abgethan zu haben, auf eine so schmähliche Weise wieder an sein Daseyn erinnert hätte –«.

Antwort. Vernunft und Begeistrung (S. 618)
Überlieferung: Annette von Droste-Gesellschaft, Münster (Entwurf).
Erstdruck: Kreiten, *Droste-Werkausgabe* (1884-87), Bd. 4, S. 369f.
Entstehung: 1812/13: – Dieses Gedicht gehört zusammen mit *Die Engel, Die drei Tugenden, Die Nacht. Frage* und *Die Sterne. Frage* zu einer Gruppe von Texten, die der Begegnung der Droste mit Anton Mathias Sprickmann seit dem 26. 11. 1812 ihre Entstehung verdanken.
Der Entwurf gehörte ursprünglich zu einem Doppelblatt, dessen abgetrenntes Blatt die Niederschrift der Gedichte *Die drei Tugenden* und *Die Nacht. Frage* enthält.
618,1 *Äthers*] Hier im Sinne von Himmelsraum.
618,4 *ätherische Bahn*] Die im Himmelsraum zurückgelegte Bahn.
619,8 *Fest* ⟨...⟩ *Schritte*] Vgl. Schillers Ballade *Die Kraniche des Ibycus* (v. 97f.): »Der streng und ernst, nach alter Sitte, | Mit langsam abgemeßnem Schritte« (*Schillers Werke*. Nationalausgabe, Bd. 1, Weimar 1992, S. 385-390, hier S. 387).
619,19,32 *hinwinkenden Flimmer*/*sanftblinkenden Flimmer*] Vgl. *Die Nacht. Frage* (S. 657,27; 658,41f.).

⟨*Als ich ein Knabe sorglos unbewußt*⟩ (S. 620)
Überlieferung: MA I 33 (Entwurf).
Erstdruck: Kreiten, *Droste-Werkausgabe* (1884-87), Bd. 4, S. 378, Titel hier: »Lied«.
Entstehung: unsicher, um 1820.
Bei diesem Gedicht handelt es sich um die Arie des Eli aus dem zweiten Auftritt des ersten Aufzuges des Librettos *Babilon* (Bd. 2, S. 677,108-131), dessen erste Strophe in der Vertonung der Droste vorliegt (HKA, Bd. 13, S. 268-272).

⟨*Ach, meine Gaben sind gar geringe*⟩ (S. 621)
Überlieferung: MA I 40 (Reinschrift).
Erstdruck: Kreiten, *Droste-Werkausgabe* (1884-87), Bd. 4, S. 378f., Titel hier: »An die Mutter«.

Entstehung: Das Gedicht ist zum Namenstag von Therese von Droste-Hülshoff am 15. 10. 1845 entstanden.

621,9 *Kinder]* Hildegard und Hildegunde von Laßberg.
621,11 *krimmeln und krammeln]* Vgl. zu »krimmeln« Anm. 35,44.
621,19 *Scherflein]* Mittelalterlicher halber Pfennig.

⟨ *Mit Geschenken. An **** ⟩ (S. 621)

Überlieferung: Keine Handschrift, Text folgt dem Erstdruck.

Erstdruck: Kreiten, *Droste-Werkausgabe* (1884-87), Bd. 4, S. 379f.

Entstehung: unsicher. – Möglicherweise sind diese scherzhaften Gedichte für Sibylle Mertens-Schaaffhausen (die »Freundin« in v. 1 des Gedichts *Napoleon*) bestimmt gewesen, wie Kreiten im Erstdruck annimmt: »Die folgenden kleinen Begleitgedichte finden sich auf einem ganz und gar zerknitterten Blatt, dessen Rückseite eine Einladung zu einer ›Matinée musicale‹ bei Frau Mertens enthält. Vielleicht sind auch die Geschenke für diese Freundin bestimmt gewesen.« (S. 379.) Die Droste hielt sich im Winter 1825/26 zum ersten Mal im Rheinland als Gast ihres Onkels Werner von Haxthausen (1780-1842) in Köln auf. In dieser Zeit lernte sie Sibylle Mertens-Schaaffhausen (1797-1857), die Tochter eines Kölner Bankiers, kennen. Zwischen den beiden Frauen entstand eine nicht unproblematische Freundschaft, die aber bis in die vierziger Jahre dauerte. Die von Kreiten angestellte Vermutung legt nahe, daß das Gedicht entweder schon 1825/26 oder im Sommer 1828 bzw. im Winter 1830/31 entstanden sein könnte.

Die beiden Zwerge

Das hinter diesen Versen verborgene Rätsel läßt sich ohne die Kenntnis der Gegenstände, auf die hier Bezug genommen wird, nicht lösen.

621,3 *scheel]* Schielend.

Der Ring mit dem Spiegel
622,1 *Zauberring]* Vgl. Anm. 537,43.

Napoleon
623, vor 1 *Napoleon]* Gemeint ist wohl ein Siegel (v. 4) mit dem Porträt Napoleons.
623,3 *bête]* Frz. »dumm«, »blöde«.

Der Fächer
623,4 *Morpheus']* Gott des Schlafes.

Eduard (S. 624)
Überlieferung: Annette von Droste-Gesellschaft, Münster (Reinschrift).
Erstdruck: Kreiten, *Droste-Werkausgabe* (1884-87), Bd. 4, S. 467f. (im Rahmen des Erstdrucks von *Bertha oder die Alpen*).
Entstehung: 1813/14.
Bei diesem Gedicht handelt es sich um die separate Abschrift des Liedes, das Edward Felsberg in der vierten Szene des zweiten Aktes von *Bertha* singt (Bd. 2, S. 555f., 3152 bis 3207).

⟨*dir schein stets Wonne*⟩ (S. 625)
Überlieferung: MA I 85 (Reinschrift).
Erstdruck: Hermann Hüffer, *Annette v. Droste-Hülshoff und ihre Werke*. Vornehmlich nach dem litterarischen Nachlaß und ungedruckten Briefen der Dichterin, Gotha 1887, S. 9.
Entstehung: vermutlich 1804/05.
Das kindliche Gedicht trägt die Unterschrift »von deiner Nette« und war als Glückwunsch gedacht.

⟨*wir fangen schon zu schwitzen an*⟩ (S. 626)
Überlieferung: MA X 12 (Abschrift von Therese von Droste-Hülshoff).
Erstdruck: Hermann Hüffer, *Annette v. Droste-Hülshoff*

und ihre Werke. Vornehmlich nach dem litterarischen Nachlaß und ungedruckten Briefen der Dichterin, Gotha 1887, S. 10.

Entstehung: vermutlich zwischen August und Oktober 1804.

626,2 *wernergen*] Gemeint ist Werner Konstantin von Droste-Hülshoff (1798-1867), ein Bruder der Droste.

*Herr Witte, nach dem traurigen Abschied
von Mamsell Wernekink* (S. 626)

Überlieferung: Universitätsbibliothek Münster, Nachlaß Schulte Kemminghausen, Abschrift von Anna von Arnswaldt (Textgrundlage für v. 1-45) und Abschrift von Ludowine von Haxthausen (Textgrundlage für v. 45-48).

Erstdruck: v. 1-8, 17-20: Hermann Hüffer, *Annette v. Droste-Hülshoff und ihre Werke*. Vornehmlich nach dem litterarischen Nachlaß und ungedruckten Briefen der Dichterin, Gotha 1887, S. 11f.; v. 9-12: Schulte Kemminghausen, *Droste-Werkausgabe* (1925-30), Bd. 4, S. 14; v. 1-45: *Annette von Droste-Hülshoff. Sämtliche Werke (in zwei Bänden)*. Nach dem Text der Originaldrucke und der Handschriften, hg. v. Günther Weydt und Winfried Woesler, München 1978, Bd. 2, S. 97-99.

Entstehung: unsicher, 1819/20. – Vermutlich ist das Gedicht während des zweiten Aufenthaltes der Droste in Bökendorf von Mai 1819 bis Ende Juli 1820 entstanden.

Bei Herrn Witte handelt es sich um den Gutsverwalter in Bökendorf, der sich seit 1818 in den Rechnungsbüchern nachweisen läßt, und bei Mamsell Werneking vermutlich um eine Haushälterin auf dem Bökerhof. Eine Familie Werneking war mit den Drostes und Haxthausens bekannt und wird im Brief der Droste an Jenny von Laßberg vom 30. 9. 1844 erwähnt.

626,1; 627,41 *Schruten*] Truthennen.

626,4 *Du ⟨...⟩ Butterbrod*] Ein Blatt von der Hand Ludwig Emil Grimms (Universitätsbibliothek Münster) trägt über einer Karikatur von Heinrich Straube die Notiz »geliebtes Butterbrod. 1. Theil«. Die Karikatur ist abgebildet in Ingrid Koszinowski, Vera Leuschner, *Ludwig Emil Grimm. Zeichnungen und Gemälde. Werkverzeichnis,* Bd. 2, Marburg 1990, S. 287.

627,32 *gebeut*] Gebietet.

Das Schicksal (S. 628)

Überlieferung: Privatbesitz (Reinschrift, Textgrundlage).

Erstdruck: Franz Happe, *Nachträge zur Annette von Droste-Biographie,* in: Deutscher Hausschatz in Wort und Bild 17 (1891), Nr. 16, S. 251-254, Gedichttext S. 251f. (es fehlt v. 7).

Entstehung: 1810 (Datumsangabe von fremder Hand in der Reinschrift).

629,51f., 55f. *Und ⟨...⟩ Glück|Und ⟨...⟩ wieder*] Vgl. *Der Abend* (S. 589, 97-102) und *An Ludowine* (S. 650, 3-8).

630,59f. *Seele ⟨...⟩ Flut*] Beinahe wörtliches Zitat aus Goethes Gedicht *Gesang der Geister über den Wassern:* »Seele des Menschen, | Wie gleichst du dem Wasser! | Schicksal des Menschen, | Wie gleichst du dem Wind!«

⟨*Ich lege den Stein in diesen Grund*⟩ (S. 630)

Überlieferung: MA I 94 (Entwurf).

Erstdruck: ⟨Hubert⟩ S⟨chumacher⟩, *Aus dem Nachlasse der Annette von Droste-Hülshoff,* in: Münsterischer Anzeiger, Nr. 74 (18. 3. 1894), Titel hier: »Für den Grundstein des Vorwerkes Hellesen im Paderbörnischen. 20. Mai 1837«.

Entstehung: zum 20. 5. 1837 (Datumsangabe nach v. 7 und 11).

Die Droste hielt sich mit ihrer Mutter, Therese von Droste-Hülshoff, vom 6. bis 22. 5. 1837 in Bökendorf auf (vgl. Brief der Droste an Jenny von Laßberg, 22. 5. 1837). Während dieser Zeit ist das Gedicht für Werner von Haxthausen entstanden, der das Gut Abbenburg bewirtschaftete. Zu diesem Gut gehörte eine Feldscheune in Hellesen, deren Grundsteinlegung den Anlaß für dieses Gedicht lieferte. In einem Brief an Wilhelm Junkmann vom 26. 8. 1839 schildert die Droste ebenfalls diesen Schauplatz:

Eine halbe Stunde von hier liegt Hellesen, ein sogenanntes *Vorwerk* von Apenburg, was ich oft zum Ziel meiner Spatziergänge mache, weil es grade die rechte Entfernung hat, um eine tour daran abzulaufen, – so ein Vorwerk ist ein trauriges und doch romantisches Ding. – mitten im endlosen Felde, nichts als lange Scheuern und Stallungen, und dran gebaut zwey kleine Kämmerchen, wo zwey Knechte, jahraus jahrein, Winter und Sommer verbringen, ohne Monate lang Etwas zu sehn, außer dem Eseljungen und seinen Thieren, die ihnen, zweymahl im Tage, das oft hartgefrorne Essen bringen, was sie dann auf ihrem Oefchen aufwärmen, – das Vorwerk verlassen dürfen sie niemahls, nur eben Sonntags, abwechselnd, zum Gottesdienst, denn sie haben große Oeconomieschätze zu bewachen. – Wie schläfrig und langweilig mögen sie über die Schneefläche ausschauen nach ihrem Eliasraben! da hätte Einer Zeit heilig oder gelehrt zu werden! – jetzt ist's ganz hübsch dort, – das Feld voll Leben, – auf der einen Seite blöckt das Vieh, auf der andern schwirren die Sensen, und eine halbgefüllte Scheuer giebt mir ein Ruheplätzchen auf Heubündeln und Garben, grade wie ich es mag. –

Die Schilderung hat Schücking so beeindruckt, daß er die Droste noch drei Jahre später um diesen Brief bat, um ihn in dem Sammelwerk *Deutschland im 19. Jahrhundert* abzudrukken, für das er den Westfalen-Teil übernommen hatte (vgl. seinen Brief an die Droste, 29. 8. 1842). Das Vorhaben wurde aber nicht ausgeführt (vgl. Anm. zu *Westphälische Schilderungen*, Bd. 2, S. 818).

630,1 *Ich*] Bei dem Gedicht handelt es sich um ein Rollengedicht, in dem das »Ich« Werner von Haxthausen ist.

630,5 *Werner ⟨...⟩ Apenburg*] Werner von Haxthausen (1780-1842), Stiefonkel der Droste, bewirtschaftete seit 1826 die Familiengüter Bökendorf und Abbenburg.

630,17 *Da Gloria*] Maria II. da Gloria regierte von 1826 bzw. 1834 bis 1853 als Königin von Portugal.

630,20 *den zweiten Mann*] Maria II. heiratete 1836 Prinz Ferdinand von Sachsen-Coburg-Koháný.

630,23-26 *Christina ⟨...⟩ Herrn]* Maria Christina, die Witwe des 1834 gestorbenen Königs Ferdinand VII., erhob nach altkastilischem Recht für ihre noch unmündige Tochter Isabella (v. 25) Anspruch auf die spanische Regentschaft, der Bruder Ferdinands, Don Carlos (v. 26) erhob denselben Anspruch nach bourbonischem Recht. Dieser Streit löste den spanischen Bürgerkrieg zwischen Karlisten und Christinos aus (1833-1839).

630,30 *Louis ⟨...⟩ Orleans]* Der Herzog von Orléans war als »Bürgerkönig« durch die Julirevolution 1830 an die Macht gekommen.

631,34 *Heinrich ⟨...⟩ Erben]* Henri-Charles de Bourbon (1820-1883) war der legitime Erbe der Bourbonen und galt den Legitimisten als Henri V. als rechtmäßiger französischer König.

631,40 *ich ⟨...⟩ Napoleon]* Werner von Haxthausen dürfte während seiner Aufenthalte in Paris zwischen 1804 und 1808 Napoleon gesehen haben.

631,41 *St Helena]* Britische Insel im Südatlantik, auf die Napoleon 1815 verbannt wurde und wo er 1821 starb.

631,42 *letzten Kaiser]* Franz II. legte nach einem Ultimatum Napoleons am 6. 8. 1806 die deutsche Kaiserkrone nieder. Vgl. *Das befreite Deutschland* (S. 583,64f.).

631,48-51 *Die ⟨...⟩ Hand]* Möglicherweise Anspielung auf die Überführung Westfalens in eine preußische Provinz.

631,67 *Elisabeth von Harff]* (1787-1862) stammte aus einer begüterten Kölner Familie, seit 1825 mit Werner von Haxthausen verheiratet.

631,68 *Maria]* (1826-1880).

632,71 *Stücklein Geld]* Die Beigabe von Münzen bei der Grundsteinlegung gehört noch heute zu den traditionellen Bräuchen.

632,74 *Therese]* (1772-1853), seit 1796 mit Klemens August II. von Droste-Hülshoff (1760-1826) verheiratet, Mutter der Droste.

632,78 *Dorothea]* (1778-1854), seit 1800 mit Philipp von Wolff-Metternich (1770-1852) verheiratet, Besitzer des Gutes in Wehrden.

632,79 *Ferdinandine]* (1781-1851), seit 1805 mit Engelbert Antonius von Heeremann-Zuydtwyck (1769-1810) verheiratet.

632,80 *Franziska]* (1793-1879), seit 1810 mit Hermann Werner von Bochholtz-Asseburg (1770-1849) verheiratet.

632,81 *Anna]* (1801-1877), seit 1830 mit dem hannoverschen Legationsrat August von Arnswaldt (1798-1855) verheiratet.

632,83 *Sophie]* (1788-1862).

632,83 *Caroline]* (1790-1863).

632,84f. *Ludowine* ⟨...⟩ *Klösterlein]* (1795-1872), gründete 1832 das Kloster »St. Anna« auf der Brede bei Brakel.

632,89 *Moritz]* Moritz Elmerhaus (1776-1841), lebte seit 1817 als pensionierter Landrat in Bonn.

632,91 *Eine von Blumenthal]* Sophie von Blumenthal war protestantisch, was für Moritz von Haxthausen den Verlust des Familienerbes bedeutete.

632,92, 97 *der Söhne zwein/Werner* ⟨...⟩ *Guido]* Werner (1808-1856) und Guido (1811-1874) von Haxthausen.

632,98 *Fritz]* Friedrich Maximilian (1777-1845), bis zur Säkularisation Domherr in Hildesheim und Corvey.

632,99 *Carl]* (1779-1845), war ebenso wie sein Bruder Fritz Domherr in Hildesheim.

632,102 *Des gleichen* ⟨...⟩ *Paderborn]* Werner von Haxthausen war 1804 Domherr in Paderborn geworden.

632,104-633,109 *August* ⟨...⟩ *Mund]* August von Haxthausen (1792-1866) unternahm 1829-34 in preußischem Auftrag ausgedehnte agrarhistorische Forschungsreisen nach Rußland und war seit 1837 Berater der preußischen Regierung für die Agrarreform.

633,107 *Sein Kronprinz]* Der spätere König Friedrich Wilhelm IV. (1795-1861).

633,108 *Sein König]* Friedrich Wilhelm III. (1770-1840).

633,112 *Wilhelm]* Damian Wilhelm (1787-1834), Oberstleutnant in der österreichischen Armee.

633,113, 117 *Fritzwilm]* Friedrich Wilhelm (1786-1809), starb als Oberst in der Armee des österreichischen Generals

Hans Georg von Hammerstein (1771-1841) in Diensten des Napoleonbruders Jérôme Bonaparte während eines Spanienfeldzuges; vgl. ⟨*Freundlicher Morgen der jedes der Herzen*⟩ (S. 644) und *Vanitas Vanitatum!* (S. 109).

⟨*An einem Tag wo feucht der Wind*⟩ (S. 633)
Überlieferung: Universitätsbibliothek Bonn, S 1505 (Entwurf).
Erstdruck: Hermann Hüffer, *Annette von Droste-Hülshoff*, in: Deutsche Rundschau 24 (Januar und Februar 1898), Bd. 94, H. 4 und 5, S. 56-85, 175-188, Gedichttext S. 178 bis 180.
Entstehung: August 1846. – Die Entstehung dieses Gedichts steht in engem Zusammenhang mit der Entstehung von ⟨*Im Keim des Daseins, den die Phantasie*⟩, zu dem die Droste durch Schlüters Brief vom 2. 4. 1846 angeregt worden war. Am 15. 4. 1846 erläutert sie ihm ausführlich die Gründe für das Scheitern, worauf Schlüter am 18. 4. 1846 antwortet: »Meine Aufgabe an Sie haben Sie zu komplicirt, künstlich und wahrhaftig schwierig genug aufgefaßt«, und präzisiert im folgenden seine Vorstellungen. Es habe sich nur darum gehandelt, die theologische Essenz aus der Erzählung *In Dalekarlien* (deutsche Übersetzung 1846) der schwedischen Schriftstellerin Fredrika Bremer (1801 bis 1865) zu ziehen. Seinem Brief legt er die Zeitschrift ›Christoterpe. Ein Taschenbuch für christliche Leser auf das Jahr 1843‹ bei, in der ihr Herausgeber Albert Knapp unter dem Titel *Das ängstliche Harren der Kreatur* (S. 59-122) eine Exegese der Bibelstelle Röm 8,18-23 gibt. Nun wird deutlich, was Schlüter von der Droste erwartete:

Liebes Fräulein, ich meinte bloß den einfachen Text in St. Pauli Episteln, wonach alle Creatur, die durch den Abfall des Menschen von Gott und sein Mißverhältniß zu ihm gleichfalls vom Menschen abfiel und zu ihm in Mißverhältniß trat, und sich ihm widersetzte, wonach sag ich, dieselbe unterworfen ward, jedoch auf Hoffnung hin, so heißt es denn, daß sie ringe, schmachte und großen

Sehnens sich sehne nach der Offenbarung der Kinder Gottes, woran auch ihre Befreiung, Erlösung und Verklärung geknüpft ist, sowie die unsere; »und siehe ich schaffe einen neuen Himmel und eine neue Erde und Jerusalem – die Menschheit – zur Wonne«. Gott hat die Welt geschaffen, er hat sie erlöst, nachdem sie um unseretwillen herabgesetzt, verstellt, entstellt, getrübt und gleichsam ihr der Wittwenschleier übergeworfen ward; durch uns in Verbindung mit Christo und dem hl. Geist muß sie wieder erhoben, in ihre ursprüngliche Herrlichkeit als Offenbarung der göttlichen Idea wieder eingesetzt, erlöst und befreit werden, von ihren Banden, von der Trauer und dem Tode. Eine leise Paradieses-Erinnrung und Himmels-Ahnung kündet dem Gefühl und der Vorstellung, wie sie dereinst war und wie sie dereinst sein wird, aber nicht ist; jedoch in seltenen Momenten und gleichsam Lichtblicken uns andeutet, wieder werden zu können, wenn die Schläferin sich regt, im Traum aufredet und himmlische Züge über ihr Antlitz flüchtig dahin ziehn. So sieht sie der Religiöse und der Dichter, der in dieser Weise sie weit übertrifft, und weit hinter ihr zurück bleibt, sie besingt, dann wieder sie nicht einmal durch eine ferne Copie zu erreichen im Stande ist. Alle Wunder Christi und der Heiligen sind Anticipationen der Lüftung jener Naturbande; die Sakramente, die Lehre vom Geistleib, von der Auferstehung und Glorifizirung des Leibes, die Würde, welche das Christenthum dem Leibe, dem Weibe, dem Kinde verleiht gehören hieher, vor allem aber der Satz, daß wir mit der Natur stehn, wie mit dem Himmel, daß sie uns das ist, was wir ihrem und unsrem Schöpfer und den Geschöpfen zumal; daß wir sie durch unser sittlich religiöses Verhalten zum Himmel oder zur Hölle uns zur Lust, oder zur Last machen könne; daß wir ihre Bande lockern oder noch enger und grausamer anziehen können.

Die Droste unternahm daraufhin einen neuen Anlauf und es entstand das Gedicht ⟨*An einem Tag wo feucht der Wind*⟩.

Verschiedene äußere Gründe (Krankheit, die Veröffentlichung von Schückings Roman *Die Ritterbürtigen* und seiner *Charakteristik* in Gottfried Kinkels Jahrbuch ›Vom Rhein‹) erschwerten ihr jedoch eine Vollendung des Gedichts. Einer undatierten Tagebucheintragung Schlüters zufolge hat die Droste ihm das Gedicht bei einem Besuch im Rüschhaus vorgelesen und mit ihm erwogen, noch eine Strophe hinzuzudichten. Am 21. 8. 1846 kommt Schlüter ein letztes Mal auf das Gedicht zu sprechen: »nicht nur erwartet ⟨...⟩ eine seufzende Creatur die andere, ich meine nämlich unter letzterer die auf dem Papier in Ihrem Zimmer zu Rüschhaus«.

Die erste Fassung des Gedichts scheint in einem Arbeitsgang niedergeschrieben zu sein. Sie bildet die Textgrundlage dieser Ausgabe. Danach unterzog die Droste den Text einer grundlegenden Umarbeitung, die jedoch nicht zum Abschluß gekommen ist, so daß die Korrekturen bzw. die Abfolge der Textstufen nicht immer eingehend geklärt werden kann (zu den Varianten und zur Textgestaltung vgl. im einzelnen HKA, Bd. 4, S. 662-667).

633,4 *Gartensaal*] Repräsentativer Raum im Rüschhaus.
634,9 *am fernen Sees Bord*] Gemeint ist der Bodensee.
635,41,47 *Fluch/Schuld*] Vgl. die Vertreibung aus dem Paradies (Gen 3, 14-19).
635,42 *Der Erde Fürst*] Adam.

Des Arztes Tod (S. 636)

Überlieferung: Keine Handschrift, Text folgt dem Erstdruck.

Erstdruck: Pierre Masclaux, *Ein unbekanntes Gedicht der Annette v. Droste-Hülshoff*, in: Berliner Tageblatt, Beiblatt »Der Zeitgeist«, Nr. 28 (10. 7. 1905).

Entstehung: vielleicht Ende 1826. – Den prononcierten Schlußversen zufolge »Wer seinen Vater hat, der bete still! | Ach, einen Vater kann man einmal nur verlieren!« gibt zu der Vermutung Anlaß, daß dieses Gedicht vielleicht einen Bezug zum Tode des Vaters der Droste am 25. 7. 1826 hat. Das Gedicht ist im Zusammenhang mit der Entstehung des Epos *Des Arztes Vermächtnis* zu sehen.

637,32 *Naphtha*] Äther, vgl. Anm. 24, 42.
639,108 *Zähren*] Tränen.
639,120 *Hesperus*] In der griechischen Mythologie der Abendstern; vgl. auch *Die Schlacht im Loener Bruch* (2. Gesang, Bd. 2, S. 336, 676).

⟨*Ich hab ein frommes Ritterkind erzogen*⟩
Widmungsgedicht an Anna, Caroline, Ludowine und
Sophie von Haxthausen (S. 640)

Überlieferung: Eigenhändige Reinschrift der Droste in der von Therese von Droste-Hülshoff besorgten Abschrift des Versepos *Walther* für Anna, Caroline, Ludowine und Sophie von Haxthausen (Stadt- und Landesbibliothek Dortmund, Atg. Nr. 4401-4403, s. auch Textüberlieferung zu *Walther*, Bd. 2, S. 901).

Erstdruck: Max Perl, *Bibliothek seltener und wertvoller Werke*. ⟨...⟩ Stammbücher und Autographen, teilweise aus dem Nachlasse der bekannten Dichterin Annette Freiin v. Droste-Hülshoff. Katalog der Versteigerung am 4.-6. Oktober 1909, Berlin 1909, S. 168.

Entstehung: Die Abschrift war wohl als Geschenk zum Weihnachtsfest 1818 gedacht.

Das Widmungsgedicht ist an die Tanten der Droste, Anna, Caroline, Ludowine und Sophie von Haxthausen gerichtet.

640,8 *Reihen*] In der gehobenen Sprache »allgemein für tanz oder tanzartige bewegungen verwendet; im engeren sinne für die kindliche, volksmäszige art des tanzes, bei welcher die tanzenden sich die hand reichen und einen kreis bilden (›ringelreihen‹)« (Grimm, *Deutsches Wörterbuch*, Bd. 8, Sp. 644f.).

⟨*Am grünen Hang ein Pilger steht*⟩ (S. 642)
Überlieferung: Universitätsbilbiothek Bonn, S 1505 (Entwurf).

Erstdruck: v. 37-42: Hermann Hüffer, *Annette v. Droste-Hülshoff und ihre Werke*. Vornehmlich nach dem litterarischen Nachlaß und ungedruckten Briefen der Dichterin, Gotha 1887, S. 149; v. 1-42: Otmar Scheiwiller, *Annette von Droste-Hülshoff in ihren Beziehungen zur Schweiz*, Teil 2, Einsiedeln 1923 (= Beigabe zum Jahresbericht der Stiftsschule Maria Einsiedeln im Studienjahre 1922/23), S. 77f.; vollständig: Otmar Scheiwiller, *Annette von Droste-Hülshoff in der Schweiz*, Einsiedeln ⟨1926⟩, S. 227-229.

Entstehung: wahrscheinlich September/Oktober 1836. – Das Gedicht ist am Ende des ersten Aufenthaltes der Droste in Eppishausen 1835/36 entstanden. Im Brief an Schlüter vom 19. 11. 1835 erwähnt die Droste das Thema des Gedichts: »Der Menschenschlag gefällt mir hier, im Ganzen, gar nicht, indessen gestehe ich kein freyes Urtheil zu haben, denn mich verlangt nach Haus, – Ein liebes befreundetes Menschen-Antlitz ist doch werther als tausend Gebirge«.

643,31 *Katarakte*] Wasserfälle.

643,36 *gelbe Lotus*] Gemeint sind die auf westfälischen Teichen und Gräften verbreiteten gelben Teichrosen.

⟨*So muß ich in die Ferne rufen*⟩ (S. 643)

Überlieferung: Keine Handschrift, Text folgt dem Erstdruck.

Erstdruck: Otmar Scheiwiller, *Annette von Droste-Hülshoff in ihren Beziehungen zur Schweiz*, Teil 2, Einsiedeln 1923 (= Beigabe zum Jahresbericht der Stiftsschule Maria Eindieseln im Studienjahre 1922/23), S. 100.

Entstehung: 26. 8. 1844. – Dem Brief der Droste vom 27. 8. 1844 an Philippa Pearsall lag dieses Gedicht bei, das der Angabe der Droste zufolge am 26. 8. 1844 entstanden war: »und zur guten Nacht noch einige Zeilen, die mir heute früh in den Sinn kamen«.

Das Gedicht ist an Philippa Swinnerton Pearsall gerichtet, vgl. die Anm. zu *An Philippa, Wartensee, den 24. Mai 44* (S. 897f.).

643,6-8 *Nur* ⟨...⟩ *Fensterlein]* Vgl. den Brief der Droste an Philippa Pearsall vom 27. 8. 1844 unter dem Datum des 25. 8.: »muß mich begnügen, zu versuchen, ob ich wenigstens Wartensee von meinem Rebhäuschen aus sehen kann, – ich habe dies nie für möglich gehalten, aber da Sie mein kleines Dach von dort aus gefunden haben, so wird mir ja wohl Ihr großer Thurm nicht entgehen«.

643,9-12 *Ich kann* ⟨...⟩ *Tal]* Vgl. den Brief der Droste an Philippa Pearsall vom 27. 8. 1844 unter dem Datum des 25. 8.: »ich fürchte immer, Sie verlassen Wartensee, und ich werde im nächsten Jahre nur leere Wände finden oder, was noch schlimmer ist, fremde Gesichter«.

643,10 *zum letzten Mal]* Als die Droste am 1. 10. 1846 zu ihrem letzten Aufenthalt in Meersburg eintrifft, trifft sie dort Robert und Philippa Pearsall, die bis zum 6. 10. zu Besuch bleiben. Es ist das letzte Zusammentreffen mit der Freundin.

⟨*Freundlicher Morgen der jedes der Herzen*⟩ (S. 644)
Überlieferung: Universitätsbibliothek Münster, Nachlaß Schulte Kemminghausen (Abschrift im Album Sophie von Haxthausens).

Erstdruck: Eduard Arens, *Werner von Haxthausen und sein Verwandtenkreis als Romantiker*, Aichach 1927, S. 57.

Entstehung: Oktober 1809. – Im Album Sophie von Haxthausens erfolgt der Eintrag des Gedichts unter dem Datum des 9. 10. 1809. Auch das Tagebuch Jenny von Droste-Hülshoffs vermerkt im Oktober 1809 die Nachricht vom Tod Friedrich Wilhelm von Haxthausens (1786 bis 23. 8. 1809), auf den sich das Gedicht bezieht (vgl. v. 16).

Sophie von Haxthausen versah das Gedicht mit folgender Überschrift: »Meinem Geliebten Bruder F W: H einige Tage nach seiner Abreise nach Spanien gedichtet von Antonie D.«

Friedrich Wilhelm von Haxthausen stand als Oberst in der Armee des österreichischen Generals Hans Georg von Hammerstein (1771-1841) in Diensten des Napoleonbruders Jérôme Bonaparte und fiel am 22. 8. 1809 während eines Spanienfeldzuges. Vgl. auch *Vanitas Vanitatum!* (S. 109) und ⟨*Ich lege den Stein in diesen Grund*⟩ (S. 633,113, 117).

⟨*Gewiß ich werde mich bemühn*⟩ (S. 644)
Überlieferung: MA X 12 (Abschrift von Therese von Droste-Hülshoff).
Erstdruck: *Ungedrucktes von Annette von Droste-Hülshoff*, hg. v. Karl Schulte Kemminghausen, Münster 1925, S. 3.
Entstehung: Oktober-Februar 1804/05.

⟨*Ein schönes Kind mit zart Gebein*⟩ (S. 645)
Überlieferung: MA X 12 (Abschrift von Therese von Droste-Hülshoff).
Erstdruck: *Ungedrucktes von Annette von Droste-Hülshoff*, hg. v. Karl Schulte Kemminghausen, Münster 1925, S. 3.
Entstehung: Februar 1805 (Datumsangabe in der Abschrift).

⟨*Ein blümchen ist so wunderschön*⟩ (S. 645)
Überlieferung: MA X 12 (Abschrift von Therese von Droste-Hülshoff).
Erstdruck: *Ungedrucktes von Annette von Droste-Hülshoff*, hg. v. Karl Schulte Kemminghausen, Münster 1925, S. 4.
Entstehung: März-Oktober 1805.

⟨*Freude komm auf allen Wegen*⟩ (S. 645)
⟨*Deinen Weg will ich mit Rosen streuen*⟩ (S. 645)
⟨*Wie die reinste Silberquelle*⟩ (S. 646)
⟨*es ist keine größere Freude*⟩ (S. 646)
Überlieferung: MA I 89 (Reinschrift).
Erstdruck: *Ungedrucktes von Annette von Droste-Hülshoff*, hg. v. Karl Schulte Kemminghausen, Münster 1925, S. 5.
Entstehung: September 1805. – Der terminus post quem wird dadurch bestimmt, daß diese vier Gedichte auf der Rückseite eines Briefes der Frau von Sierstorpff an die

Großmutter der Droste, Anna Maria von Haxthausen, vom 29. 8. 1805 stehen.

Das Gedicht ⟨*Freude komm auf allen Wegen*⟩ hat den Zusatz: »dies wünscht dir deine dich ewig liebende Nette von Hülshoff«.

⟨*Seht die Freude, seht die Sonne*⟩ (S. 646)
Überlieferung: MA X 12 (Abschrift von Therese von Droste-Hülshoff).
Erstdruck: *Ungedrucktes von Annette von Droste-Hülshoff*, hg. v. Karl Schulte Kemminghausen, Münster 1925, S. 6.
Entstehung: 30. 5. 1806 (Datumsangabe in der Abschrift).
646,2 *Terpsichore*] In der griechischen Mythologie Muse der chorischen Lyrik und des Tanzes.

Trinklied (S. 647)
Überlieferung: Keine Handschrift, Text folgt dem Erstdruck.
Erstdruck: *Ungedrucktes von Annette von Droste-Hülshoff*, hg. v. Karl Schulte Kemminghausen, Münster 1925, S. 7.
Entstehung: zwischen dem 12. 7. und 26. 9. 1807. – Angabe nach Schulte Kemminghausen (*Droste-Werkausgabe* [1925-30], Bd. 4, S. 372), dem offenbar eine heute verschollene Abschrift des Gedichts von Therese von Droste-Hülshoff zur Verfügung stand.
647,1 *Lyrum, larum*] Interjektion zur Bezeichnung des Tones der Bauernleier.

⟨*Ja wenn im Lenze die Sonne*⟩ (S. 648)
Überlieferung: MA X 12 (Abschrift von Therese von Droste-Hülshoff).
Erstdruck: *Ungedrucktes von Annette von Droste-Hülshoff*, hg. v. Karl Schulte Kemminghausen, Münster 1925, S. 8.
Entstehung: April 1807 (Datumsangabe in der Abschrift).

⟨*Flora ging fröhlich mit Scherzen*⟩ (S. 648)
Überlieferung: Keine Handschrift, Text folgt dem Erstdruck.
Erstdruck: *Ungedrucktes von Annette von Droste-Hülshoff*, hg. v. Karl Schulte Kemminghausen, Münster 1925, S. 9.
Entstehung: 26. 9. 1807. – Angabe nach Schulte Kemminghausen (*Droste-Werkausgabe* [1925-30], Bd. 4, S. 373), dem offenbar eine heute verschollene Abschrift des Gedichts von Therese von Droste-Hülshoff zur Verfügung stand.

648,1 *Flora*] Römische Göttin der Blüten, Blumen und des Frühlings.

⟨*Ich denke dein im trauten Kreis der Freunde*⟩ (S. 649)
Überlieferung: MA X 12 (Abschrift von fremder Hand, Textgrundlage); Universitätsbibliothek Bonn, S 1973a (Abschrift von fremder Hand).
Erstdruck: *Ungedrucktes von Annette von Droste-Hülshoff*, hg. v. Karl Schulte Kemminghausen, Münster 1925, S. 10.
Entstehung: 17. 4. 1808 (Datumsangabe in beiden Abschriften).
Dieser Liedtyp ist seit seinem ersten Auftreten, vermutlich Ewald von Kleists (1715-1759) *Lied eines Lappländers* (1757), bis zu seiner bekanntesten Gestaltung durch Goethe (*Nähe des Geliebten*, 1796 in Schillers ›Musenalmanach‹; Vertonung durch Johann Friedrich Reichardt, 1752-1814) durch zahllose Beispiele belegt, z. B. Ludwig Christoph Heinrich Höltys (1748-1776) *Traumbild* (1772), vor allem Friedrich von Matthissons (1761-1831) *Andenken* (1787-93) und die darauf bezogenen verschiedenen Antworten Friederike Bruns (1765-1835) im Vossischen ›Musenalmanach für das Jahr 1795‹ und in Schillers ›Horen‹ (1796). Allen diesen Texten ist das jeweils am Strophenanfang wiederholte »Ich denke dein« gemeinsam. Nahezu 100 Vertonungen gibt es von Goethes Text, u. a. von Ludwig van Beethoven, Karl Loewe, Franz Schubert, Robert Schumann und Richard Strauß.

Auch die von der Droste verwendete metrische Form ist vorgeprägt, z. B. in dem Gedicht Christian Gottfried Heinrich Burdachs (1775-1823) *An Sie*, das in Vermehrens ›Musen-Almanach‹ für das Jahr 1802 veröffentlicht wurde.

⟨*Wie sanft das bescheidene Veilchen*⟩ (S. 649)
Überlieferung: MA X 12 (Abschrift von fremder Hand, Textgrundlage); Universitätsbibliothek Bonn, S 1973a (Abschrift von fremder Hand).

Erstdruck: *Ungedrucktes von Annette von Droste-Hülshoff*, hg. v. Karl Schulte Kemminghausen, Münster 1925, S. 11.

Entstehung: am oder nach dem 17. 4. 1808. – Dies Gedicht entstand als letzter Text der Sammelhandschrift MA X 12 nach dem auf den 17. 4. 1808 datierten Gedicht ⟨*Ich denke dein im trauten Kreis der Freunde*⟩.

An Ludowine (S. 650)
Überlieferung: Keine Handschrift, Text folgt dem Erstdruck.

Erstdruck: *Ungedrucktes von Annette von Droste-Hülshoff*, hg. v. Karl Schulte Kemminghausen, Münster 1925, S. 15.

Entstehung: 1810. – Schulte Kemminghausen (*Droste-Werkausgabe* [1925-30], Bd. 4, S. 377) gibt an, daß in einem heute verschollenen Stammbuch der Ludowine von Haxthausen unter der Gedichtniederschrift die Jahreszahl 1810 stand.

Das Gedicht ist Ludowine von Haxthausen (1795-1872), einer Stieftante der Droste, gewidmet. Sie hielt sich von März bis August 1810 in Hülshoff auf und freundete sich mit der Droste an.

650,3-8 *Aber wo* ⟨...⟩ *nicht*] Vgl. *Der Abend* (S. 589,97 bis 102) und *Das Schicksal* (S. 629,51f., 55f.).

650,9 *Leben* ⟨...⟩ *Lebens*] Vgl. den ersten Teil des Epigramms *Die Welt* von Adolf von Vagedes (1777-1842) in ›Mimigardia. Poetisches Taschenbuch für 1810‹ (hg. v. Friedrich Raßmann, Münster 1809, S. 108): »Werden und sterben, die beiden Pole des menschlichen Lebens; | Zwischen beiden ist nur albern Gekräusel; – die Welt.«

Die drei Stunden im Reich der Toten. Ballade (S. 650)
Überlieferung: MA I 76 (Entwurf).
Erstdruck: *Ungedrucktes von Annette von Droste-Hülshoff*, hg. v. Karl Schulte Kemminghausen, Münster 1925, S. 16-19.
Entstehung: vielleicht 1813/14.
651,28 *Äther*] Himmel.
651,36 *Klüfte*] Vgl. *Emma und Edgar* (S. 613,79).
652,46 *Beblümter Kirchhofflinden*] Die Verbindung von Leben und Tod mit blühenden Linden auf dem Friedhof ist ein typisches Element der zeitgenössischen Schauerliteratur.
652,53-56 *Ach Gott ⟨...⟩ Beschwerde*] Zu diesen Versen hat die Droste folgende Alternativen im Entwurf notiert:

> *I.* Ach Gott zu edel war dein Herz
> Zu rein für diese Erde
> Drum ruht es hier von jedem Schmerz
> Und jeglicher Beschwerde
>
> *II.* Zu rein zu edel war dies Herz
> Zu groß dem Erdentande
> Dein Geist er kehrte himmelwarts
> Zu seinem Vaterlande
>
> *III.* Es drückt der Welt verkehrter Brauch
> Den hohen Geist dir nieder
> Es kehrt der reine Gotteshauch
> Zu seinem Urquell wieder
>
> *IV.* Zu rein war seines Geistes Werth
> Es drückt die Welt ihn nieder
> Der reine Gotteshauch er kehrt
> Zu seinem Urquell wieder

653,89-93 *Doch lebt ⟨...⟩ drängen sich*] Vgl. *Emma und Edgar* (S. 614, 114-615, 117).

Zwei Silben (S. 653)

Überlieferung: MA I 92 (Entwurf).

Erstdruck: *Ungedrucktes von Annette von Droste-Hülshoff*, hg. v. Karl Schulte Kemminghausen, Münster 1925, S. 23f.

Entstehung: unsicher, 1819 (?).

Im Erstdruck (S. 50) wird als mögliche Lösung der Scharade der Name »Wil-helm« vorgeschlagen.

654,21 *Anno 8]* Anspielung auf die napoleonische Besatzung Westfalens.

Brockenhaus (S. 655)

Überlieferung: v. 1-12: MA I 59 (Entwurf); v. 13-24: verschollene Handschrift im Familienarchiv Haus Stapel, die Karl Schulte Kemminghausen (*Droste-Werkausgabe* [1925 bis 30], Bd. 4, S. 67f.) noch als Textgrundlage zur Verfügung stand.

Erstdruck: *Ungedrucktes von Annette von Droste-Hülshoff*, hg. v. Karl Schulte Kemminghausen, Münster 1925, S. 25.

Entstehung: unsicher, vielleicht zum 25. 1. 1825 oder zum 20. 1. 1829. – Vgl. die Bemerkung im Erstdruck (S. 51): »Entweder ist der Angeredete ⟨in v. 17⟩ der mehrfach in den Briefen der Dichterin erwähnte Freiherr Engelbert von Landsberg ⟨1796-1878⟩, der am 20. Januar 1829 die Gräfin Hermine von Hatzfeld heiratete oder der Freiherr Engelbert von Kerckerinck zu⟨r⟩ Borg ⟨1796-1870⟩, der sich am 25. Januar 1825 mit ⟨Maria⟩ Franziska von Ascheberg vermählte.«

Dieses Gelegenheitsgedicht begleitete vermutlich einen Stich mit einer Ansicht von Brocken und Brockenhaus (vgl. v. 1).

An die Ungetreue (S. 655)

Überlieferung: Universitätsbibliothek Bonn, S 1973a (Reinschrift).

Erstdruck: *Ungedrucktes von Annette von Droste-Hülshoff*, hg. v. Karl Schulte Kemminghausen, Münster 1925, S. 26f.

Entstehung: Januar/Februar 1816. – Da das Gedicht gemeinsam mit *Unruhe* auf einem Blatt niedergeschrieben ist, wird es in denselben Entstehungszusammenhang wie *Unruhe* (S. 596) gestellt.

Die Nacht. Frage (S. 656)

Überlieferung: Berlin-Brandenburgische Akademie der Wissenschaften, Berlin, Archiv, Sammlung Weinhold (Reinschrift). Die Handschrift ist am rechten Rand stark beschädigt, verschiedene, dadurch verlorene Wörter und Buchstaben wurden – wie schon im Erstdruck – ergänzt.

Erstdruck: *Ungedrucktes von Annette von Droste-Hülshoff,* hg. v. Karl Schulte Kemminghausen, Münster 1925, S. 28 bis 30.

Entstehung: 1812-14. – Das Gedicht ist auf einem Blatt überliefert, auf dessen Rückseite auch *Die drei Tugenden* niedergeschrieben ist. Gemeinsam mit einem heute abgetrennten Blatt mit der Niederschrift von *Antwort. Vernunft und Begeistrung* bildete es ursprünglich ein Doppelblatt. Diese Gedichte gehören zusammen mit *Die Sterne. Frage* und *Die Engel* zu einer Gruppe von Texten, die der Begegnung der Droste mit Anton Mathias Sprickmann seit dem 26. 11. 1812 ihre Entstehung verdanken.

657,16 *Klüften*] Vgl. *Emma und Edgar* (S. 613,79).

657,29 *des Uhus leis Gewimmer*] Vgl. *Emma und Edgar* (S. 612,39).

657,33 *schwirret*] Vgl. *Emma und Edgar* (S. 614,99).

Vivat! vivat! vivat Caspar!
und abermals vivat! (S. 658)

Überlieferung: Annette von Droste-Gesellschaft, Münster (eingelegte Reinschrift im Album der Anna von Haxthausen).

Erstdruck: *Ungedrucktes von Annette von Droste-Hülshoff,* hg. v. Karl Schulte Kemminghausen, Münster 1925, S. 33f.

Entstehung: zum 6. 1. 1838.

Das Gedicht entstand zum Namenstag des Hülshoffer Hausgeistlichen Caspar Wilmsen (1769-1841), wie aus dem

Brief der Droste an Jenny von Laßberg vom 15. 2. 1838 hervorgeht: »auf h. 3. Könige haben wir Wilmsen schön gratulirt, was seit vielen Jahren ins Vergessen gekomen war, ich hatte ein schönes Carmen in Knittelversen gemacht, er war so gerührt, daß er Thränen vergoß«. Zum Tod des Hauskaplans entstand das Gedicht *Sit illi terra levis!*

659,21 *strapezieren*] Westfälisch mundartliche Verballhornung des Fremdwortes.

659,28 *von* ⟨...⟩ *hat*] In Westfalen heißt der Teufel u. a. »de swarte Kaspar«, er wird auch »Kratzkäpp« genannt, worauf sich die Anspielung auf die Nägel (v. 30) bezieht (*Handwörterbuch des deutschen Aberglaubens*, Bd. 4, Sp. 1066).

659,29 *Und einer* ⟨...⟩ *vor*] In der romantischen Oper *Der Freischütz* (1831) von Carl Maria von Weber (1786 bis 1826) verpfändet der Jägerbursche Kaspar seine Seele dem dämonischen Samiel.

Der Spekulant (S. 660)
Überlieferung: MA I 58 (Entwurf); MA I 64 (Reinschrift, Textgrundlage).

Erstdruck: *Ungedrucktes von Annette von Droste-Hülshoff*, hg. v. Karl Schulte Kemminghausen, Münster 1925, S. 35 bis 39.

Entstehung: Winter 1841/42. – Das Gedicht entstand während des ersten Meersburger Winters.

Der Spekulant sollte ursprünglich ebenso wie das folgende Gedicht *Verfehlter französischer Roman* in die *Gedichte 1844* aufgenommen werden. Im Brief an Schücking vom 6. 2. 1844 zieht die Droste jedoch diese beiden Gedichte sowie *Schloß Berg* und *Die Mutter am Grabe* zurück, weil sie ihren Ansprüchen nicht mehr genügten: »*Der Spekulant* – muß auch fort, ⟨...⟩ Uebersehn Sie doch nichts beym Lesen, es ist so durcheinander geschrieben, z. B. überschlug ich eben selbst, beym Ueberlesen die Worte *Der Spekulant muß fort.* – was doch grade sehr gelesen werden muß«.

In einem weiteren Brief vom 7. 2. 1844 (begonnen am 6. 2. 1844) kommt sie noch einmal auf das Gedicht zurück, denn inzwischen hatte sie Schückings Nachricht mit dem Cottaschen Verlagsvertrag erhalten: »Aber jetzt dürfen wohl, ohne Cottas bestimmte Einwilligung keine Gedichte aus der Sammlung genommen werden? – will er z. B. den Speculanten, als sein Portrait, nicht umkommen lassen, – meinetwegen! – aber es ist sein eigner Schade, wenn das schlechte Zeug drinnen bleibt.«

Das Gedicht ist inspiriert von Karl Immermanns (1796 bis 1840) Roman *Münchhausen* (Düsseldorf 1838/39), wie aus der Anmerkung im Text hervorgeht. Im Entwurf (MA I 58), wo das Gedicht noch den Titel »Der Gedankendieb« trug, hat die Droste sogar erwogen, den Namen des Romanhelden in den Text zu setzen (v. 22-24, Textstufe 1): »Und was Münchhausen selbst zu vermessen | Nicht Steine wußt er aus Luft zu pressen | Nein klares ächtes gereinigtes Gold«. Diese Anspielung bezieht sich auf eine Szene des Romans (Buch III, Kap. 6), wo Münchhausen seinem Diener und seinem Gastgeber, dem Baron Schnuck, von einem neuen Verfahren vorschwindelt, »Luft körperlich zu machen, sie in fester Gestalt darzustellen«. Er will außerdem eine »Luftverdichtungsaktienkompagnie« gründen, und es gelingt ihm, mit dieser Ankündigung und dem Versprechen, sie an seinem Unternehmen zu beteiligen, die beiden Gutgläubigen weiter an sich zu binden (Kortländer 1979, S. 217).

660,1 *Sankt Crispinus*] Schutzheiliger der Schuster, Gerber und Sattler; Crispinus erlernte das Schusterhandwerk, um den Armen zu helfen.

660,2 *Gezeuge*] Hier: Material, Zeug (vgl. Grimm, *Deutsches Wörterbuch*, Bd. 4,1,4, Sp. 6990).

660,14 *Maulaffen ⟨...⟩ Pinsel zu Kauf*] In der Bedeutung von »auf törichte Weise seine Neugier bekunden« (Lutz Röhrich, *Das große Lexikon der sprichwörtlichen Redensarten*, Freiburg, Basel, Wien 1992, Bd. 2, S. 1011). Die Redensart »Maulaffen verkaufen, feilhalten« wird hier analog auf »Pinsel« übertragen.

660,16 *Tonika*] Grundton einer Tonart.

660,20 *Albin von der Höh'*] Der Name ergibt im Anagramm den Namen der Dichterin: AvDH.
661,46 *Baal*] Gott der Westsemiten, im Alten Testament in der Bedeutung von Abgott.
662,77 *Granaten*] Gemeint sind hier die Sprengkörper.
662,79,84 *Hagedorns*] Volkstümlicher Name für den Weißdorn (Crataegus).
662,83 *unendlichen Tasche*] Vgl. Adelbert von Chamissos (1781-1838) Erzählung *Peter Schlemihls wundersame Geschichte* (1814), in der zu Beginn von der unergründlichen Tasche des »grauen Mannes« berichtet wird.
663,106 *Pegasusritter*] In der griechischen Mythologie fing Bellerophon das dem Rumpf der Medusa entsprungene Flügelroß Pegasus ein und zähmte es. Als er sich jedoch auf dem Pegasus zum Himmel schwingen wollte, wurde er abgeworfen. Vgl. auch *Perdu!* (Bd. 2, S. 591,19).
663,108 *Noch ⟨...⟩ Lenz*] Vgl. die sprichwörtliche Redensart »Eine Schwalbe macht keinen Sommer« (Wander, *Deutsches Sprichwörter-Lexikon*, Bd. 4, Sp. 412f.).
663,112 *Janhagel*] Vgl. Anm. 187,96.

Verfehlter französischer Roman (S. 663)
Überlieferung: MA I 65 (Reinschrift, Textgrundlage); MA I 66 und 101 (Entwurf).
Erstdruck: *Ungedrucktes von Annette von Droste-Hülshoff*, hg. v. Karl Schulte Kemminghausen, Münster 1925, S. 40 bis 42.
Entstehung: Oktober/November 1842.
Verfehlter französischer Roman sollte ursprünglich ebenso wie *Der Spekulant* in die *Gedichte 1844* aufgenommen werden. Im Brief an Schücking vom 6. 2. 1844 zieht die Droste jedoch diese beiden Gedichte sowie *Schloß Berg* und *Die Mutter am Grabe* zurück, weil sie ihren Ansprüchen nicht mehr genügten. Später hat Schücking wohl erwogen, *Verfehlter französischer Roman* in der ›Kölnischen Zeitung‹ abzudrucken, denn auf der Reinschrift findet sich folgende Notiz von seiner Hand: »Kann unverändert mit den schö-

nen Gedichten ⟨gemeint sind die sog. Abbenburger Gedichte, s. S. 803f.⟩ in die Kölner aber nicht allein.« Zu dieser Veröffentlichung ist es allerdings nicht gekommen.

664,14 *Regentraufen]* Dachrinne.

664,21 *Henry quatre]* Nach dem französischen König Heinrich IV. benannter Spitzbart (vgl. v. 12).

664,37 *Selenens]* Selene: Mondgöttin, hier: Mond.

665,54 *Gummischuhen]* Überziehschuhe zum Schutz vor Nässe; vgl. auch *Dichters Naturgefühl* (S. 156,11).

665,56 *Papillotten]* Papilotte (frz.): Haarwickel aus Papier.

An Elise in der Ferne. Mit meinem Daguerrotyp (S. 665)
Überlieferung: MA I 69 (Entwurf); MA I 110 (abgebrochene Reinschrift); MA X 10b (Abschrift von Elise Rüdiger, Textgrundlage).

Erstdruck: v. 1-4: Hermann Hüffer, *Annette v. Droste-Hülshoff und ihre Werke*. Vornehmlich nach dem litterarischen Nachlaß und ungedruckten Briefen der Dichterin, Gotha 1887, S. 297; vollständig: Gustav Eschmann, *Annette von Droste-Hülshoff*. Ergänzungen und Berichtigungen zu den Ausgaben ihrer Werke, Münster 1909, S. 54f.

Entstehung: zum 19. 11. 1845.

Das Gedicht ist Elise Rüdiger zum Namenstag am 19. 11. (Elisabeth) gewidmet. Erstmals konnte die Droste nach dem Umzug der Rüdigers nach Minden den Namenstaggruß nicht persönlich überreichen (vgl. den Brief an Schücking, 25. 8. 1845) wie im Fall des Gedichts *An Elise. Am 19. November 1843*.

665,1-5 *Zum ersten* ⟨...⟩ *nicht]* Vgl. den Brief der Droste an Elise Rüdiger vom 14. 11. 1845 unter dem Datum des 11. 11., dem dieses Widmungsgedicht beilag: »Ach, Lies, wie wunderlich kömmt es mich an, daß ich mein kleines Geschenk nach Minden addressiren muß! wo ich nichts kenne, – weder Zimmer noch Aussicht, noch irgend Eine von den Menschenseelen die Ihnen heute mit mir Glück wünschen!«

665,6 *Schatten*] Dem Gedicht lag eine Daguerreotypie bei. Vgl. auch den Brief an Elise Rüdiger vom 14. 11. 1845 unter dem Datum des 11. 11.: »Vor uns mein brauner Tisch, blank von Daguerrotips; drey von *Ihnen*, eins von *Nanny* ⟨Scheibler⟩, und zwey von *mir*, (Eins en profil das andre en face) – Beyde Freundinnen stimmten für das Erste, und so schicke ich es Ihnen denn, damit ich an unserm Namensfeste doch auch bey *Ihnen* bin, wie Sie bey *mir*.«

665,8 *Elfenlicht*] Vgl. Anm. 234,49.

666,9 *er schaut seitab*] Anspielung auf die Daguerreotypie, die die Droste im Profil zeigt.

Entzauberung (S. 666)

Überlieferung: MA X 8 (Abschrift von Jenny von Laßberg).

Erstdruck: *Ungedrucktes von Annette von Droste-Hülshoff,* hg. v. Karl Schulte Kemminghausen, Münster 1925, S. 43.

Entstehung: Winter 1834/Frühjahr 1835.

666,1 *Pisang*] Bananenpflanze.

666,12 *Ein Gewächshaus*] Gemeint ist das noch heute erhaltene kleine Gewächshaus im Garten des Rüschhauses, vgl. auch den Brief der Droste an Therese von Droste-Hülshoff vom 10. 9. 1828.

⟨*Hildel/Gundel*⟩ (S. 666)

Überlieferung: MA I 86 (Entwurf); MA I 84 (Entwurf, Textgrundlage).

Erstdruck: *Ungedrucktes von Annette von Droste-Hülshoff,* hg. v. Karl Schulte Kemminghausen, Münster 1925, S. 45.

Entstehung: zum 2. 6. oder 26. 7. 1844 (Angabe nach dem Tagebuch Jenny von Laßbergs).

Offenbar handelt es sich um Verse zum Geburtstag am 2. 6. 1844 oder zum Namenstag am 26. 7. 1844 (Anna) von Jenny von Laßberg im Jahre 1844, die die Droste für ihre Töchter, die Zwillinge Hildegard (1836-1909) und Hildegunde (1836-1914) von Laßberg, zum Aufsagen verfaßt hat.

⟨*Hildel/Gundel*⟩ (S. 667)
Überlieferung: MA I 83 (Entwurf).
Erstdruck: *Ungedrucktes von Annette von Droste-Hülshoff*, hg. v. Karl Schulte Kemminghausen, Münster 1925, S. 45.
Entstehung: zum 19. 3. 1842 (Angabe nach dem Tagebuch Jenny von Laßbergs).
Offenbar handelt es sich um Verse zum Namenstag von Joseph von Laßberg am 19. 3. 1842, die die Droste für seine Töchter, die Zwillinge Hildegard und Hildegunde von Laßberg, zum Aufsagen verfaßt hat.

⟨*Auch ich bin mit meiner Gabe hier*⟩ (S. 667)
Überlieferung: MA I 88 (Reinschrift).
Erstdruck: *Ungedrucktes von Annette von Droste-Hülshoff*, hg. v. Karl Schulte Kemminghausen, Münster 1925, S. 44.
Entstehung: zum 19. 3. 1844 (Angabe nach dem Tagebuch Jenny von Laßbergs).
Es handelt sich um Verse zum Namenstag von Joseph von Laßberg am 19. 3. 1844, die die Droste für seine Tochter Hildegunde von Laßberg zum Aufsagen verfaßt hat.

⟨*Wärm dir, wärm deine liebe Hand!*⟩ (S. 667)
Überlieferung: MA I 81 (Entwurf); MA I 82 (Reinschrift, Textgrundlage).
Erstdruck: *Ungedrucktes von Annette von Droste-Hülshoff*, hg. v. Karl Schulte Kemminghausen, Münster 1925, S. 45.
Entstehung: zum 19. 3. 1844 (Angabe nach dem Tagebuch Jenny von Laßbergs).
Es handelt sich um Verse zum Namenstag von Joseph von Laßberg am 19. 3. 1844, die die Droste für seine Tochter Hildegard von Laßberg zum Aufsagen verfaßt hat.

⟨*Gern möcht' ich Dir wünschen heut*⟩ (S. 668)
Überlieferung: MA I 80 (Entwurf).
Erstdruck: *Ungedrucktes von Annette von Droste-Hülshoff*, hg. v. Karl Schulte Kemminghausen, Münster 1925, S. 45.
Entstehung: unsicher, vielleicht 1820er Jahre.

668,2 *Bruder]* Gemeint ist vielleicht Werner von Droste-Hülshoff (1798-1867).

⟨*Bin ich zu spät gekommen*⟩ (S. 668)
Überlieferung: MA I 91 (Reinschrift).
Erstdruck: *Ungedrucktes von Annette von Droste-Hülshoff*, hg. v. Karl Schulte Kemminghausen, Münster 1925, S. 46f.
Entstehung: unsicher, vielleicht 1930er/40er Jahre.

⟨*Nimm, lieber Bruder, was an diesem Tag*⟩ (S. 669)
Überlieferung: MA I 90 (Reinschrift).
Erstdruck: *Ungedrucktes von Annette von Droste-Hülshoff*, hg. v. Karl Schulte Kemminghausen, Münster 1925, S. 47.
Entstehung: unsicher, vielleicht 1820er Jahre.
669,1 *Bruder]* Gemeint ist Werner von Droste-Hülshoff (1798-1867).
669,7 *des Mannes Bild]* Nicht nachgewiesen. Vielleicht übersandte die Droste ihrem Bruder ein entsprechendes Porträt, vielleicht einen Stich.

⟨*Freud und Scherz!*⟩ (S. 669)
Überlieferung: MA X 12 (Abschrift von Therese von Droste-Hülshoff).
Erstdruck: Schulte Kemminghausen, *Droste-Werkausgabe* (1925-30), Bd. 4, S. 5.
Entstehung: 1805.

⟨*still und Herzlich, froh und schmerzlich*⟩ (S. 670)
Überlieferung: MA X 12 (Abschrift von Therese von Droste-Hülshoff).
Erstdruck: Schulte Kemminghausen, *Droste-Werkausgabe* (1925-30), Bd. 4, S. 6.
Entstehung: 1805.

⟨*So viel ich mich bedenke*⟩ (S. 670)
Überlieferung: MA X 12 (Abschrift von Therese von Droste-Hülshoff).

Erstdruck: Schulte Kemminghausen, *Droste-Werkausgabe* (1925-30), Bd. 4, S. 6.
Entstehung: 1805.

⟨*Dort kömmt der Sturm auf Flügeln hergeflogen*⟩ (S. 670)
Überlieferung: MA X 12 (Abschrift von Therese von Droste-Hülshoff).
Erstdruck: Schulte Kemminghausen, *Droste-Werkausgabe* (1925-30), Bd. 4, S. 4.
Entstehung: 1805.

⟨*Es war ein Jüngling Wohlgebaut*⟩ (S. 670)
Überlieferung: MA X 12 (Abschrift von Therese von Droste-Hülshoff).
Erstdruck: Schulte Kemminghausen, *Droste-Werkausgabe* (1925-30), Bd. 4, S. 6.
Entstehung: Oktober 1805 (Datumsangabe in der Abschrift).
670,4 *Gloriosum*] Von dem lat. Adjektiv »gloriosus«: ruhmvoll, prahlerisch.

Der erste Selbstmörder (S. 671)
Überlieferung: Keine Handschrift, Text folgt dem Erstdruck.
Erstdruck: Schulte Kemminghausen, *Droste-Werkausgabe* (1925-30), Bd. 4, S. 9f.
Entstehung: 10. oder 12. 6. 1807. – Angabe nach Schulte Kemminghausen (*Droste-Werkausgabe* [1925-30], Bd. 4, S. 372), dem noch eine heute verschollene Abschrift von Therese von Droste-Hülshoff mit dieser Datumsangabe zur Verfügung stand.
671,1, 2 *Phitias/Damon*] Phintias (Therese von Droste-Hülshoff schreibt irrtümlich »Phitias«) und Damon waren zwei Pythagoreer, die zur Zeit des Dionysius von Syrakus (Herrschaftszeit: 367-344 v. Chr.) ein Beispiel von Freundestreue gaben. Damon hatte sein Leben für das des Phintias zum Pfand ausgesetzt, was dieser nicht rechtzeitig

auslösen konnte. Vgl. auch Schillers Ballade *Die Bürgschaft,* der diese Geschichte ebenfalls zugrunde liegt.

671,12 *Olymps]* In der griechischen Mythologie Sitz der Götter.

⟨*Freund du meines Lebens Leiter*⟩ (S. 672)
Überlieferung: MA X 12 (unvollständige Abschrift von Therese von Droste-Hülshoff).
Erstdruck: Schulte Kemminghausen, *Droste-Werkausgabe* (1925-30), Bd. 4, S. 13.
Entstehung: 5. 8. 1807 (Datumsangabe in der Abschrift).

Lied eines Soldaten in der Ferne (S. 672)
Überlieferung: Familienarchiv Haus Stapel, Havixbeck (Abschrift von fremder Hand); Westf. Landesmuseum, Münster, »Deckenalbum« (Abschrift oder Niederschrift nach Diktat von fremder Hand).
Erstdruck: Schulte Kemminghausen, *Droste-Werkausgabe* (1925-30), Bd. 4, S. 15f.
Entstehung: 10. 10. 1808 (Datumsangabe in der Stapeler Abschrift).
Dieses Gedicht ist dem *Lied eines Landmannes in der Fremde* von Johann Gaudenz von Salis-Seewis (1762-1834) nachempfunden, das mit den Worten »Traute Heimat meiner Lieben« beginnt und dessen letzte Strophe mit »Traute Heimat meiner Väter« einsetzt. Kortländer (1979, S. 103f.) hat darauf hingewiesen, daß dieses Gedicht vor allem in der Vertonung des von der Droste mehrfach abgeschriebenen Komponisten, Hofkapellmeisters und Leiters der italienischen Oper in Berlin Vincenzo Righini (1756-1812) verbreitet war.

⟨*Elise sieh, es schimmert rings die Luft*⟩ (S. 673)
Überlieferung: MA VII 2 (Entwurf).
Erstdruck: Karl Schulte Kemminghausen, *Neues von Annette v. Droste-Hülshoff,* in: Rheinisch-Westfälische Zeitung Nr. 437 (4. 6. 1924).

Entstehung: etwa 15. 5. 1815.

Bei diesem Gedicht handelt es sich um sog. »bouts rimés«, bei denen einem vorgegebenen Endreim dann ein Text hinzugeschrieben wurde. Die Droste hatte zunächst diese Endreime untereinander geschrieben. Die Verse der ersten Strophen sind möglicherweise von Jenny von Droste-Hülshoff aufgezeichnet worden, die übrigen Strophen stammen von der Hand der Droste.

673,22, 23 *ihnen*] Bezieht sich auf »manch Jahrtausend« in v. 21.

⟨*Du hast nicht Begriff von allen dem Jammer*⟩ (S. 673)
Überlieferung: MA I 93 (Entwurf).
Erstdruck: Schulte Kemminghausen, *Droste-Werkausgabe* (1925-30), Bd. 4, S. 81f.
Entstehung: 15. 5. 1815.

Der Schluß des Gedichts (v. 47-59) spielt auf die Abreise Moritz von Haxthausens (1776-1841) und seiner Frau Sophie von Hülshoff an.

673,4 *blärrt*] Blärren: schreien (Grimm, *Deutsches Wörterbuch*, Bd. 2, Sp. 66).

674,27 *Sinnigkeit*] Verständigkeit (Grimm, *Deutsches Wörterbuch*, Bd. 10, 1, Sp. 1183f.).

An Malchen (S. 675)
Überlieferung: Keine Handschrift, Text folgt dem Erstdruck.
Erstdruck: Schulte Kemminghausen, *Droste-Werkausgabe* (1925-30), Bd. 4, S. 353.
Entstehung: unsicher.

Der Vierzeiler ist an Amalie Hassenpflug (1800-1871) gerichtet, mit der die Droste 1818 und dann wieder in der Zeit von 1838 bis 1840 in engerer Beziehung stand.

675,3 *Braune*] Vgl. Anm. 48, 29.

⟨*Im Keim des Daseins, den die Phantasie*⟩ (S. 675)
Überlieferung: Universitätsbibliothek Bonn, S 1505 (Entwurf).
Erstdruck: Schulte Kemminghausen, *Droste-Werkausgabe* (1925-30), Bd. 4, S. 354f.
Entstehung: April 1846.
Christoph Bernhard Schlüter regte die Droste zu diesem Gedicht an (vgl. hierzu insgesamt Bernd Kortländer und Axel Marquardt, *Poetische Kontaktstellen*. Die Anregungen Ch. B. Schlüters zu Gedichten der Droste, in: Beiträge zur Droste-Forschung 4 [1976/77], S. 22-52, besonders S. 30 bis 40). Am 2. 4. 1846 übersandte er ihr ein Bändchen mit Erzählungen (*In Dalekarlien*. Aus dem Schwedischen von Gottlob Fink, Stuttgart 1845) der schwedischen Schriftstellerin Fredrika Bremer (1801-1865):

> Indem ich von Nanny Scheibler vernehme, daß Sie einen Roman zu lesen wünschen, bin ich so frei, Ihnen Fr. Bremers »Darlekarlien« zu übersenden, wovon ich glaube, daß er Ihnen gefallen wird, hoffe, daß Sie ihn noch nicht gelesen haben und es lieben und loben würde, wenn Sie Anlaß nehmen wollten, über das überaus interessante Hauptthema des ganzen Buchs, das sich Ihnen bald klar genug kund geben wird, sich einmal in Ihrer Weise gleichfalls poetisch vernehmen zu lassen. Sie haben einmal auf mein Begehren über Silesius sich ausgesprochen, thun Sie es auch dieses Mal über den vorgeschlagenen Text; ich weiß, es wird eigenthümlich schön werden. Syry scheint mir eine idealisirte Bettine sein zu sollen, wenigstens durch die Lektüre der letzten veranlaßt zu sein.

Die Droste hat den knappen Hinweis auf Bettina von Arnim (1785-1859) so verstanden, als gehe es Schlüter um eine poetische Darstellung des Verhältnisses zwischen Syry und Bettina als Zuspitzung des Gegensatzes von heidnischem und christlichem Prinzip. Schlüter, der ein ambivalentes Verhältnis zu Bettina von Arnim hatte (vgl. seinen Brief an die Droste, 31. 5. 1835, hier im Zusammenhang mit Bettinas *Goethes Briefwechsel mit einem Kinde*), lockte die Droste mit seinem Vergleich auf eine falsche Fährte. Die Droste erläuterte in ihrem Antwortbrief vom 15. 4. 1846 unter dem Datum des 13. 4. ausführlich ihre Konzeption für das Gedicht:

> ich lasse Syry und Bettina als zwey Feuerrosenknospen im Garten der Poesie träumen, erwachen, die sie umgebenden Eindrücke von Kunst und Natur, heidnischer und religiöser Begeisterung in sich aufnehmen oder zurück stoßen, die bestimmendsten Erscheinungen ihres Lebens bildlich an ihnen vorüber schreiten, endlich die Eine den Altar schmücken, zuerst als Blüthenzweig, – nach vergangner Blüthe als Dornenkrone am Fuße des Cruzifixes niedergelegt, – Die Andre ihre Brust dem heidnischen Helios so weit öffnen, daß seine Strahlen das WurmEy darin ausbrüten, was ihr nachher am Herzen nagt, – und sie zuletzt, nachdem ihr Helios untergegangen, als nackten Dornstrauch erscheinen, der in seinem Grimm die Kleider der Pilger zerreißt, die dem nie verlöschenden und in der Nacht doppelt glänzendem ewigem Lichte der Kapelle zuwallen, von der sie sich ausgeschlossen fühlt.

Der Droste wurde klar, daß sie mit dieser Konzeption den wesentlich einfacheren Vorstellungen Schlüters wohl nicht entsprach, und erkannte die Gefahr, daß sie sich in eine komplizierte Gedichtstruktur verstiegen hatte:

Ich habe mich in dermaßige Weitläufigkeiten verhaspelt, daß die circa hundert Verse, zu denen ich es bis jetzt gebracht habe, nur wie ein kleines Hügelchen sind, eben hoch genug mir den Umfang des Berges zu zeigen den ich übersteigen soll, – Zudem habe ich ein falsches Bild gewählt, unpassend an sich und noch mehr hemmend als falsch ⟨...⟩ aber zwey Rosen, ob auch Feuerrosen, sind ein viel zu mildes, und vor Allem durch ihr Gefesseltseyn am Strauche viel zu hemmendes Bild für zwey Feuerseelen, – sie können weder fliegen, noch jubeln, noch rauschen, – nur duften, ein wenig im Winde flattern, und die, auch nothwendig in einen sehr engen Umkreis gebannten, Erscheinungen in sich aufnehmen; – und welches Blumenbild könnte z. B. Syry's rührendes, rein menschliches Verhältniß zu ihrem Vater wiedergeben? – kurz, meine 100 Verse kann ich in den Kamin schreiben, und nur von vorn in ganz veränderter Form anfangen; – Das Gedicht blieb unvollendet. Die Handschrift ist außerordentlich schwer zu entziffern, erschwerend kommt hinzu, daß der Text nicht vollständig durchkorrigiert ist und neben einer ersten Arbeitsschicht ein oder mehrere Überarbeitungsansätze zu erkennen sind. Eine endgültige Lösung der mit der Textgestaltung zusammenhängenden Fragen muß der Historisch-kritischen Ausgabe (HKA, Bd. 2) vorbehalten bleiben.

676,8 *frommer*] Fleißige.

676,22 *Karyatide*] Tragende Säule in Form einer Frauengestalt.

677,46 *Hag*] Vgl. Anm. 15, 78.

677,65 *Helios*] Sonnengott in der griechischen Mythologie.

⟨Und er fühlt die rettend frohe Nähe⟩ (S. 678)
Überlieferung: Universitätsbibliothek Bonn, Hüffer-Nachlaß, S 1973a (Abschrift von fremder Hand).

Erstdruck: Karl Schulte Kemminghausen, *Heinrich Straube. Ein Freund der Droste*, Münster 1958, S. 57f.

Entstehung: 1812/13. Das Gedicht ist offenbar im Umkreis der anderen Gedichte entstanden, in denen sich die Klassik-Rezeption (besonders Schiller) niedergeschlagen hat.

678,5 *Mählich*] Allmählich (Grimm, *Deutsches Wörterbuch*, Bd. 6, Sp. 1456f.).

678,10 *Ätherfunken*] Äther: Himmel.

678,16 *ambrosische*] Nektar und Ambrosia waren die Nahrung der Götter in der griechischen Mythologie.

An einen Freund (S. 679)

Überlieferung: Westf. Landesmuseum, Münster, »Deckenalbum« (Abschrift oder Niederschrift nach Diktat von fremder Hand).

Erstdruck: ⟨Paul Pieper⟩, *Unbekanntes Gedicht der Droste*, in: Die Welt, Nr. 5 (7. 1. 1969).

Entstehung: Der Eintrag im »Deckenalbum« stammt vom 16. 6. 1816, für ein genaues Datum gibt es keinen Anhaltspunkt; wahrscheinlich ist das Gedicht vor der Abreise von Anton Mathias Sprickmann am 11. 9. 1814 nach Breslau entstanden. Die Beherrschung der schwierigen Stanzenform des Gedichts läßt auf kein früheres Datum (etwa 1813) schließen.

Das Gedicht spricht Anton Mathias Sprickmann (1749-1833), den Mentor der Droste, an.

679,1 *Frühdufts*] Gemeint ist morgendlicher Dunst oder Nebel.

679,3 *Triften*] Wiesenflächen.

680,37 *Äther*] Himmel.

Rosamunde (S. 680)

Überlieferung: Stadt- und Landesbibliothek Dortmund, Atg. Nr. 12755 (Reinschrift).

Erstdruck: *Annette von Droste-Hülshoff. Sämtliche Werke (in zwei Bänden)*. Nach dem Text der Originaldrucke und der Handschriften, hg. von Günther Weydt und Winfried Woesler, München 1978, Bd. 2, S. 151-153.

Entstehung: unsicher, 1818 (?). – Das Gedicht ist möglicherweise im Umkreis des Epos *Walther* (Bd. 2, S. 361 bis 422) entstanden.

Den Hintergrund zu diesem Gedicht, dessen Stoff seit dem 18. Jahrhundert zahlreiche Literarisierungen erfahren hat, bildet eine Sage aus der englischen Geschichte, die sich um König Heinrich II. (1133-1189) und seine Geliebte Rosamunde de Clifford rankt. Die königliche Geliebte stirbt überraschend, wenige Jahre nachdem sich der König zu ihr bekannt hat. An diesen Tod knüpften sich eine Reihe von

Spekulationen, die insbesondere Heinrichs Ehefrau Eleonore als Initiatorin eines Mordkomplotts gegen die Rivalin erkennen wollten. In der deutschen Literatur ist Christoph Martin Wielands Singspiel *Rosamunde* (1778, 1779 uraufgeführt mit der Musik Anton Schweitzers) besonders wichtig (vgl. zum Kontext und zur Verarbeitung des Stoffes durch die Droste Bodo Plachta, *Die Sage von der schönen Rosamunde und das literarische Umfeld des Droste-Gedichts »Rosamunde«*, in: Michigan Germanic Studies 11 [1985], No. 1, S. 34-49).

680,7f. *Rosen ⟨...⟩ Perlenangebind'*] Beide Bildkomplexe (Rosen/Perlen) stehen für Tod, Schmerzen und Tränen.

681,33 *Marienblümchen*] Maßliebchen oder Gänseblümchen (Bellis perennis), die der Legende zufolge aus den Tränen der hl. Maria entstanden sind (vgl. *Handwörterbuch des deutschen Aberglaubens,* Bd. 5, Sp. 1861).

681,34 *Meisterlein*] Gemeint ist der Waldmeister (Asperula odorata).

681,43, 44 *Schleier/Kränze*] Gemeint ist der Verzicht auf Brautschleier und -kranz.

⟨*Aus des Herzens vollem Triebe*⟩ (S. 681)

Überlieferung: Familienarchiv Haus Stapel, Havixbeck (Abschrift im Tagebuch Jenny von Droste-Hülshoffs unter dem Datum des 15. 10. 1811).

Erstdruck: Kortländer 1979, S. 103.

Entstehung: zum 15. 10. 1811 (Datumsangabe nach dem Tagebuch der Jenny von Droste-Hülshoff).

Bei diesem Gedicht handelt es sich offenbar um einen Gruß zum Namenstag von Therese von Droste-Hülshoff am 15. 10. 1811.

681,5 *Horen*] Hier in der Bedeutung von »Stunden« verwendet, vgl. *Emma und Edgar* (S. 612,29).

ZWEIFELHAFTES

⟨*Wenn dich die Hoffnung flieht*⟩ (S. 682)
Diese Verse trug die Droste am 4. 12. 1810 in das Stammbuch Wilhelm von Haxthausens ein (Familienarchiv Haus Hülshoff, Havixbeck). Im Nachlaß von Anna von Arnswaldt (geb. Haxthausen) wird die Distichen-Sammlung ihres Bruders Werner von Haxthausen aufbewahrt (Hessisches Staatsarchiv, Marburg). In dieser Sammlung ist der Vierzeiler ebenfalls mit drei leichten Varianten überliefert. Es ist denkbar, daß die Droste oder Werner von Haxthausen als Verfasser dieses Textes anzusehen sind, es ist auch möglich, daß sie die Verse gemeinsam verfaßt haben.
Erstdruck: Schulte Kemminghausen, *Droste-Werkausgabe* (1925-30), Bd. 4, S. 28.

⟨*Geliebte, wenn mein Geist geschieden*⟩ (S. 682)
⟨*Im ew'gen Raume*⟩ (S. 683)
Diese beiden Gedichte sind erstmals von Elisabeth von Droste-Hülshoff (1845-1912), einer Nichte der Droste, veröffentlicht worden (*Eine katholische Dichterin*, in: Alte und Neue Welt 6 [1872], S. 164-167). Der gesamte Kontext der Publikation dieser Gedichte lassen es äußerst zweifelhaft erscheinen, ob es sich bei ihnen um Droste-Texte handelt, möglicherweise sind es eigene Schöpfungen der literarisch durchaus ambitionierten Elisabeth von Droste-Hülshoff. Für beide Gedichte gibt es sonst keinerlei handschriftliche Belege, auch in Kreitens Droste-Ausgabe, an der Elisabeth von Droste-Hülshoff maßgeblich mitgearbeitet hat, sind diese Gedichte nicht aufgenommen worden (im einzelnen s. HKA, Bd. 2).

SIGLEN UND ABKÜRZUNGEN

[ ]   In der Handschrift Getilgtes erscheint stets in eckigen Klammern, z. B. [Leben].
⟨ ⟩   Spitze Klammern kennzeichnen Ergänzungen oder Auslassungen des Herausgebers.
(1) (2) Eingeklammerte Ziffern kennzeichnen verschiedene Ansätze und Stufen der Textentwicklung, z. B.
    (1) überm stolzen Banner fort
    (2) als Panier im Schlachtenfeld
(a) (b) Eingeklammerte Buchstaben kennzeichnen innerhalb einer Textstufe die weitere Aufgabelung, die der Übersichtlichkeit halber in Fußnoten angegeben wird, z. B.
    (1) Wenn nun gebohrt die Woge hat
    (2) Wenn sacht entschlüpft der falsche Sand[1]
    [1](a) Sand (b) Strand
Beachtet werden muß, daß (2) nur (1), (b) nur (a) aufhebt, wenn [ ] erscheinen.
x-x   Unleserliches.

D   Druck.
H   Eigenhändige Handschrift oder autorisierte Abschrift.
h   Nicht autorisierte Abschrift einer – zumeist verlorenen – Handschrift.
MA   Meersburger Nachlaß. Staatsbibliothek zu Berlin, Preußischer Kulturbesitz, Depositum in der Universitätsbibliothek Münster.

Droste-Rezeption   Winfried Woesler, *Modellfall der Rezeptionsforschung.* Droste-Rezeption im 19. Jahrhundert. Do-

	kumentation, Analysen, Bibliographie. Erstellt in Zusammenarbeit mit Aloys Haverbusch und Lothar Jordan, Bd. 1-2 in 3, Frankfurt/Main, Bern u. Cirencester/U.K. 1980.
Gedichte 1838	*Gedichte von Annette Elisabeth v. D.... H....*, Münster 1838 (Faksimile-Nachdruck, Münster 1978).
Gedichte 1844	*Gedichte von Annette Freiin von Droste-Hülshof*, Stuttgart u. Tübingen 1844.
Grimm, *Deutsches Wörterbuch*	Jacob und Wilhelm Grimm, *Deutsches Wörterbuch*, hg. v. der Deutschen Akademie der Wissenschaften zu Berlin, Bd. 1-16, Leipzig 1854-1956 (Unveränderter Nachdruck 1952-70).
Handwörterbuch des deutschen Aberglaubens	*Handwörterbuch des deutschen Aberglaubens*, hg. v. Hanns Bächtold-Stäubli, Bd. 1-10, Berlin 1927-42.
HKA	*Annette von Droste-Hülshoff. Historisch-kritische Ausgabe.* Werke, Briefwechsel, hg. v. Winfried Woesler, Tübingen 1978ff.
Kortländer 1979	Bernd Kortländer, *Annette von Droste-Hülshoff und die deutsche Literatur*. Kenntnis – Beurteilung – Beeinflussung, Münster 1979.
Kreiten, *Droste-Werkausgabe*	*Der Freiin Annette von Droste-Hülshoff Gesammelte Werke*, hg. v. Elisabeth Freiin von Droste-Hülshoff. Nach dem handschriftlichen Nachlaß verglichen und ergänzt, mit Biographie, Einleitungen und Anmerkungen verse-

	hen von Wilhelm Kreiten, Bd. 1-4 in 5, Münster u. Paderborn ⟨Bd. 1, 2 und 2: Münster⟩ 1884-87. 2. (veränderte) Aufl. ⟨Bd. 1,1, 1,2 und 2⟩, Paderborn 1900-06.
Letzte Gaben	*Letzte Gaben.* Nachgelassene Blätter von Annette Freiin von Droste-Hülshoff, ⟨hg. v. Levin Schücking⟩, Hannover 1860, ²1871.
Schücking, *Droste-Werkausgabe*	*Gesammelte Schriften von Annette Freiin von Droste-Hülshoff*, hg. v. Levin Schücking, Bd. 1-3, Stuttgart 1878-79.
Schulte Kemminghausen, *Droste-Werkausgabe*	*Annette von Droste-Hülshoff. Sämtliche Werke.* In Verbindung mit Bertha Badt und Kurt Pinthus hg. v. Karl Schulte Kemminghausen, Bd. 1-4 in 6, München 1925-30.
Schwering, *Droste-Werkausgabe*	*Annette von Droste-Hülshoff. Sämtliche Werke*, T. 1-6 in 2 Bänden, hg., mit Einleitungen und Anmerkungen versehen von Julius Schwering. Mit dem Bildnis der Dichterin in Gravüre und einer Faksimilebeilage, Berlin, Leipzig u. Stuttgart ⟨1912⟩.
Wander, *Deutsches Sprichwörter-Lexikon*	Karl Friedrich Wilhelm Wander, *Deutsches Sprichwörter-Lexikon.* Ein Hausschatz für das deutsche Volk, Bd. 1-5, Leipzig 1867-80.

LITERATURVERZEICHNIS

Das nachfolgende Literaturverzeichnis enthält eine Auswahl von Primär- und Sekundärliteratur. Innerhalb des Kommentars wird auf mehrfach zitierte Titel der Sekundärliteratur mit Verfassernamen und Jahreszahl Bezug genommen (z. B.: Kortländer 1979), vgl. hierzu auch das Verzeichnis von Siglen und Abkürzungen. Grundsätzlich sei auf die *Droste-Bibliographie* von Aloys Haverbusch innerhalb der *Historisch-kritischen Droste-Ausgabe* verwiesen (HKA, Bd. 14).

WERK- UND BRIEFAUSGABEN

Gedichte von Annette Elisabeth v. D .... H ...., Münster: Aschendorff'sche Buchhandlung 1838. (Faksimile-Nachdruck, Münster: Aschendorff 1978.)
Gedichte von Annette Freiin von Droste-Hülshof, Stuttgart u. Tübingen: J. G. Cotta'scher Verlag 1844.
Ferdinand Freiligrath und Levin Schücking, *Das malerische und romantische Westphalen,* Barmen: W. Langewiesche, u. Leipzig: Friedr. Volckmar 1841.
Das geistliche Jahr. Nebst einem Anhang religiöser Gedichte von Annette von Droste-Hülshoff, ⟨hg. v. Christoph Bernhard Schlüter in Zusammenarbeit mit Wilhelm Junkmann⟩, Stuttgart u. Tübingen: J. G. Cotta'scher Verlag 1851. – 2., verb. Aufl. 1857 (Textfeststellung von Gustav Eschmann). – ³1876.
Letzte Gaben. Nachgelassene Blätter von Annette Freiin von Droste-Hülshoff, ⟨hg. v. Levin Schücking⟩, Hannover: Carl Rümpler 1860. – ²1871.
Lieder mit Pianoforte-Begleitung componirt von Annette von Dro-

ste-Hülshoff, ⟨hg. v. Christoph Bernhard Schlüter⟩, Münster: Adolph Russell's Verlag ⟨1877⟩.
Gesammelte Schriften von Annette Freiin von Droste-Hülshoff, hg. v. Levin Schücking, Bd. 1-3, Stuttgart: Verlag der J. G. Cotta'schen Buchhandlung 1878-79.
Der Freiin Annette Elisabeth von Droste-Hülshoff Gesammelte Werke, hg. v. Elisabeth Freiin von Droste-Hülshoff. Nach dem handschriftlichen Nachlaß verglichen und ergänzt, mit Biographie, Einleitungen und Anmerkungen versehen von Wilhelm Kreiten, Bd. 1-4 in 5, Münster u. Paderborn: Ferdinand Schöningh ⟨Bd. 1,2 und 2, Münster: Nasse'sche Verlagshandlung (Ferdinand Schöningh Sohn)⟩ 1884-87. – 2. ⟨veränd.⟩ Aufl. ⟨Bd. 1,1, 1,2 und 2⟩, Paderborn 1900-06.
Annette von Droste-Hülshoff. *Sämtliche Werke.* In Verbindung mit Bertha Badt und Kurt Pinthus hg. v. Karl Schulte Kemminghausen, Bd. 1-4 in 6, München: Georg Müller 1925-30.
Ungedrucktes von Annette von Droste-Hülshoff, hg. v. Karl Schulte Kemminghausen, Münster: Regensberg 1925.
Nachlese. Ungedruckte Verse und Briefe der Droste nebst einem Beitrag zur Drosteforschung. In Gemeinschaft mit Ed⟨uard⟩ Arens und Erich Schulz hg. v. K⟨arl⟩ Schulte Kemminghausen, Bochum: Kamp 1934.
Annette von Droste-Hülshoff. *Sämtliche Werke,* hg., in zeitlicher Folge geordnet und mit Nachwort und Erläuterungen versehen v. Clemens Heselhaus, München: Hanser 1952. – [7]1974.
Annette von Droste-Hülshoff. *Sämtliche Werke.* Nach dem Text der Originaldrucke und der Handschriften, hg. v. Günther Weydt und Winfried Woesler, Bd. 1-2, München: Winkler 1973-78. – Bd. 1: 3. rev. Aufl. 1989; Bd. 2: 2. rev. und erw. Aufl. 1989.
Annette von Droste-Hülshoff. *Werke in einem Band,* hg. v. Clemens Heselhaus, München: Hanser 1984. – [3]1986.
Annette von Droste-Hülshoff. *Historisch-kritische Ausgabe.* Werke, Briefwechsel, hg. v. Winfried Woesler, Tübin-

gen: Niemeyer 1978ff. – Bisher sind folgende Bände erschienen:

Bd. 1,1: *Gedichte zu Lebzeiten,* Text. Bearb. v. Winfried Theiß. 1985.

Bd. 2,1: *Gedichte aus dem Nachlaß,* Text. Bearb. v. Bernd Kortländer. 1994.

Bd. 3,1/2: *Epen,* Text/Dokumentation. Bearb. v. Lothar Jordan. 1980/91.

Bd. 4,1/2: *Geistliche Dichtung,* Text/Dokumentation. Bearb. v. Winfried Woesler. 1980/92.

Bd. 5,1/2: *Prosa,* Text/Dokumentation. Bearb. v. Walter Huge. 1978/84.

Bd. 6,1: *Dramatische Versuche,* Text. Bearb. v. Stephan Berning. 1982.

Bd. 7: *Verschiedenes.* Bearb. v. Ortrun Niethammer. 1995.

Bd. 8,1: *Briefe 1805-1838,* Text. Bearb. v. Walter Gödden. 1987.

Bd. 9,1: *Briefe 1839-1842,* Text. Bearb. v. Ilse-Marie Barth und Walter Gödden. 1993.

Bd. 10,1: *Briefe 1843-1848,* Text. Bearb. v. Winfried Woesler. 1992.

Bd. 11,1: *Briefe an die Droste, 1809-1840,* Text. Bearb. v. Bodo Plachta. 1994.

Bd. 13,1/2: *Musikalien,* Text/Dokumentation. Bearb. v. Armin Kansteiner. 1986/88.

Bd. 14,1/2: *Bibliographie.* Bearb. v. Aloys Haverbusch. 1983/85.

*

Briefe der Freiin Annette von Droste-Hülshoff, ⟨hg. v. Christoph Bernhard Schlüter⟩, Münster: Adolph Russell's Verlag 1877. – 2., verm. Aufl. 1880.

Briefe von Annette von Droste-Hülshoff und Levin Schücking, hg. v. Reinhold Conrad Muschler, Leipzig: Fr. Wilh. Grunow ³1928.

Die Briefe der Annette von Droste-Hülshoff. Gesamtausgabe, hg. v. Karl Schulte Kemminghausen. Bd. 1-2, Jena: Eugen Diederichs 1944. (Reprografischer Nachdruck, Darmstadt: Wissenschaftliche Buchgesellschaft 1968.)

PERIODIKA

Jahrbuch der Droste-Gesellschaft, hg. v. Clemens Heselhaus. Bd. 1: 1947, Bd. 2: 1948/50 (1950), Bd. 3: 1959, Bd. 4: 1962, Bd. 5: 1972. Münster 1947-72.
Kleine Beiträge zur Droste-Forschung ⟨ab Nr. 4: Beiträge zur Droste-Forschung⟩, hg. v. Winfried Woesler. Nr. 1: 1971 (Münster 1970), Nr. 2: 1972/73 (Dülmen 1973), Nr. 3: 1974/75 (Dülmen 1974), Nr. 4: 1976/77 (Dülmen 1977), Nr. 5: 1978-82 (Osnabrück 1982).
Droste-Jahrbuch. Bd. 1: 1986/87, hg. v. Clemens Heselhaus und Winfried Woesler. Münster 1987. Bd. 2: 1988-90, hg. v. Winfried Woesler. Paderborn 1990.

HANDSCHRIFTENVERZEICHNIS

Bodo Plachta, *Der handschriftliche Nachlaß der Annette von Droste-Hülshoff,* Bern, Frankfurt/Main, New York u. Paris 1988.

FORSCHUNGSBERICHTE

Günter Häntzschel, *Annette von Droste-Hülshoff,* in: *Zur Literatur der Restaurationsepoche 1815-1848.* Forschungsreferate und Aufsätze, hg. v. Jost Hermand und Manfred Windfuhr, Stuttgart 1970, S. 151-201.
Bernd Kortländer und Winfried Woesler, *Der Briefwechsel der Droste.* Forschungsbericht 1944-1976, in: Beiträge zur Droste-Forschung 4 (1976/77), S. 176-188.
Walter Gödden, *Ergänzungen des Forschungsberichtes von Kort-*

länder/Woesler zum Briefwechsel der Droste (1976/77), in: Beiträge zur Droste-Forschung 5 (1978-82), S. 105-111.

WIRKUNGSGESCHICHTE

Clemens Heselhaus, *Statt einer Wirkungsgeschichte.* Die Aufnahme der postumen Werke der Droste, in: Jb. der Droste-Gesellschaft 5 (1972), S. 123-140.
Walter Huge, *Die Prosa der Droste im Urteil des 19. Jahrhunderts,* in: Kleine Beiträge zur Droste-Forschung 3 (1974/75), S. 50-71.
Lothar Jordan, *Droste-Rezeption und Katholizismus im Kulturkampf,* in: Beiträge zur Droste-Forschung 4 (1976/77), S. 79-108.
Gerd Oberembt, *Schülerlektüre und frühe Droste-Rezeption.* Ein Beitrag zur literarischen Sozialisation im 19. Jahrhundert, in: Beiträge zur Droste-Forschung 4 (1976/77), S. 109-128.
Winfried Woesler, *Droste-Rezeption im 19. Jahrhundert,* in: *Akten des V. Internationalen Germanisten-Kongresses Cambridge 1975,* hg. v. Leonard Forster und Hans-Gert Roloff, Bern u. Frankfurt/Main 1976, S. 94-103.
Winfried Woesler, *Modellfall der Rezeptionsforschung.* Droste-Rezeption im 19. Jahrhundert. Dokumentation, Analysen, Bibliographie. Erstellt in Zusammenarbeit mit Aloys Haverbusch und Lothar Jordan, Bd. 1-2 in 3, Frankfurt/Main, Bern u. Cirencester/U. K. 1980.

GESAMTDARSTELLUNGEN UND EINZELTHEMEN

Bruna Bianchi, *Annette Droste-Hülshoff: Il testo poetico,* Udine 1990.
Artur Brall, *Vergangenheit und Vergänglichkeit.* Zur Zeiterfahrung und Zeitdeutung im Werk Annettes von Droste-Hülshoff, Marburg 1975.

Gustav Eschmann, *Annette von Droste-Hülshoff*. Ergänzungen und Berichtigungen zu den Ausgaben ihrer Werke, Münster 1909.

Walter Gödden, *Annette von Droste-Hülshoff. Leben und Werk*. Eine Dichterchronik, Bern, Berlin, Frankfurt/Main, New York, Paris u. Wien 1994.

Wilhelm Gössmann, *Annette von Droste-Hülshoff. Ich und Spiegelbild*. Zum Verständnis der Dichterin und ihres Werkes, Düsseldorf 1985.

John Guthrie, *Annette von Droste-Hülshoff*. A German Poet between Romanticism and Realism, Oxford, New York, Munich 1989.

Clemens Heselhaus, *Annette von Droste-Hülshoff*. Werk und Leben, Düsseldorf 1971.

Hermann Hüffer, *Annette v. Droste-Hülshoff und ihre Werke*. Vornehmlich nach dem litterarischen Nachlaß und ungedruckten Briefen der Dichterin, Gotha 1887. – 3. Ausgabe, bearb. von Hermann Cardauns, 1911.

Bernd Kortländer, *Annette von Droste-Hülshoff und die deutsche Literatur*. Kenntnis – Beurteilung – Beeinflussung, Münster 1979.

Bernd Kortländer, *Annette von Droste-Hülshoff,* in: *Deutsche Dichter*. Leben und Werk deutschsprachiger Autoren, hg. v. Gunter E. Grimm und Frank Rainer Max, Bd. 5: *Romantik, Biedermeier und Vormärz,* Stuttgart 1989, S. 378-389.

Herbert Kraft, *»Mein Indien liegt in Rüschhaus«*, Münster 1987.

Doris Maurer, *Annette von Droste-Hülshoff*. Ein Leben zwischen Auflehnung und Gehorsam. Biographie, Bonn 1982.

Mary E. Morgan, *Annette von Droste-Hülshoff*. A Biography, Bern usw. 1984.

Monika Salmen, *Das Autorbewußtsein Annette von Droste-Hülshoffs*. Eine Voraussetzung für Verständnis und Vermittlung ihres literarischen Werks, Frankfurt/Main, Bern u. New York 1985.

Otmar Scheiwiller, *Annette von Droste-Hülshoff in ihren Beziehungen zur Schweiz,* Teil 1 und 2, Einsiedeln 1922/23.
Otmar Scheiwiller, *Annette von Droste-Hülshoff in der Schweiz,* Einsiedeln ⟨1926⟩.
Ronald Schneider, *Realismus und Restauration.* Untersuchungen zu Poetik und epischem Werk der Annette von Droste-Hülshoff, Kronberg/Ts. 1976.
Ronald Schneider, *Annette von Droste-Hülshoff,* Stuttgart 1977.
Levin Schücking, *Annette von Droste.* Ein Lebensbild, Hannover 1862. − ²1871.
Karl Schulte Kemminghausen und Winfried Woesler, *Annette von Droste-Hülshoff.* 4., in Text und Bild völlig veränd. Aufl., München 1981.
Friedrich Sengle, *Biedermeierzeit.* Deutsche Literatur im Spannungsfeld zwischen Restauration und Revolution 1815-1848, Bd. 1-3, Stuttgart 1971-80.

*

Renate Böschenstein-Schäfer, *Die Struktur des Idyllischen im Werk der Annette von Droste-Hülshoff,* in: Kleine Beiträge zur Droste-Forschung 3 (1974/75), S. 25-49.
Beate Frakele, *»Deine gehorsame Tochter Nette«.* Leben und Lyrik der Annette Droste, in: *Über Frauenleben, Männerwelt und Wissenschaft.* Österreichische Texte zur Frauenforschung, hg. v. Beate Frakele, Elisabeth List, Gertrude Pauritsch, Wien 1987, S. 143-153.
Walter Gödden, *Stationen der Droste-Biographik,* in: Droste-Jahrbuch 2 (1988-90), S. 118-152.
Wilhelm Gössmann, *Trunkenheit und Desillusion.* Das poetische Ich der Droste, in: ZfdPh 101 (1982), H. 4, S. 506 bis 527.
W⟨ilhelm⟩ Kreiten, *Annette von Droste-Hülshoff's literarischer Entwicklungsgang.* (Unter Benutzung des handschriftlichen Nachlasses.), in: Stimmen aus Maria Laach 24 (1883), S. 270-288, 401-415; 25 (1883), S. 54-74, 169 bis 185, 423-438.

Gertrud Bauer Pickar, *Annette von Droste-Hülshoff's »Reich der goldnen Phantasie«*, in: *Gestaltet und Gestaltend. Frauen in der deutschen Literatur*, hg. v. Marianne Burkhard, Amsterdam 1980, S. 109-123.

Bodo Plachta, *»Besser rein altadlig Blut als alles Geld und Gut«. Zu den Einkünften der Annette von Droste-Hülshoff*, in: Beiträge zur Droste-Forschung 5 (1978-82), S. 129 bis 143.

Bodo Plachta, *Der Vorabend der Revolution von 1848 aus der Sicht der Droste,* in: Droste-Jahrbuch 1 (1986/87), S. 173 bis 185.

Wolfgang Preisendanz, *». . . und jede Lust, so Schauer nur gewähren mag«. Die Poesie der Wahrnehmung in der Dichtung Annette von Droste-Hülshoff*, in: Beiträge zur Droste-Forschung 4 (1976/77), S. 9-21.

Lewin⟨!⟩ Schücking, *Annette von Droste. Ein Lebensbild*, in: Illustrirtes Familienbuch zur Unterhaltung und Belehrung häuslicher Kreise 10 (1860), S. 192-201, 223-237.

Friedrich Franz von Unruh, *Annette von Droste-Hülshoff,* in: Ders., *Wie Adler den Gewittern voraus. Deutsche Dichter als Mahner und Helfer*, Berg/Starnberger See 1985, S. 171-207.

Ludwig Völker, *Dichtung aus Melancholie. Spiegelungen eines literarischen Topos' im Werk der Droste*, in: Beiträge zur Droste-Forschung 5 (1978-82), S. 9-30.

Winfried Woesler, *Zu Geschichte, Wirkung und Wirkungslosigkeit einer Erstpublikation,* in: *Gedichte von Annette von D. . . . H. . . .* 2. Faksimile-Nachdruck der Ausgabe von 1838. Zum 50jährigen Bestehen der Annette von Droste-Gesellschaft und zur Erinnerung an den 130. Todestag der Dichterin, Münster 1978, Nachwort: S. 1-65.

ZUR LYRIK

Bernd Kortländer und Axel Marquardt, *Poetische Kontaktstellen*. Die Anregungen Ch. B. Schlüters zu Gedichten

der Droste, in: Beiträge zur Droste-Forschung 4 (1976/ 77), S. 22-52.
Bernd Kortländer, *». . . nehmen Sie, was Ihnen ansteht«*. Zum Problem »Edition und Interpretation« am Beispiel von Gedichten der Annette von Droste-Hülshoff, in: *Germanistik – Forschungsstand und Perspektiven*. Vorträge des Deutschen Germanistentages 1984, hg. v. Georg Stötzel, Teil 2, Berlin u. New York 1985, S. 355-368.
Axel Marquardt, *Studien zur nachgelassenen Lyrik der Annette von Droste-Hülshoff*. Magisterarbeit masch., Münster 1976.
Heinz Schlaffer, *Lyrik im Realismus*. Studien über Raum und Zeit in den Gedichten Mörikes, der Droste und Liliencrons. 3., um ein zusätzl. Nachwort erw. Aufl., Bonn 1984.
Hartwig Schultz, *Form als Inhalt*. Vers- und Sinnstrukturen bei Joseph von Eichendorff und Annette von Droste-Hülshoff, Bonn 1981.

Zu »Zeitbilder«

Wilhelm Gössmann, *Das politische Zeitbewußtsein der Droste*, in: Jb. der Droste-Gesellschaft 5 (1972), S. 102-122.
Clemens Heselhaus, *Die Zeitbilder der Droste*, in: Jb. der Droste-Gesellschaft 4 (1962), S. 79-104.
Winfried Theiß, *Lyrik im Jahre 1844*. Zeitgedichte von Freiligrath, Heine und der Droste, in: Droste-Jahrbuch 2 (1988-90), S. 17-35.
Manfred Weiß-Dasio, *»Ein zerstörtes All«*. Zu den historischen Signaturen im Werk der Annette von Droste-Hülshoff, in: Literatur für Leser (1988), H. 1, S. 15-32.

Zu »Heidebilder«

Angelika Arend, *Humor and Irony in Annette von Droste-Hülshoff's »Heidebilder«-Cycle*, in: The German Quaterly 63 (1990), Nr. 1, S. 50-58.
Clemens Heselhaus, *Die Heidebilder der Droste*, in: Jb. der Droste-Gesellschaft 3 (1959), S. 145-172.

Wolfgang Kayser, *Sprachform und Redeform in den ›Heidebildern‹ der Annette von Droste-Hülshoff*, in: *Interpretationen I. Deutsche Lyrik von Weckherlin bis Benn*, hg. v. Jost Schillemeit, Frankfurt/Main 1965, S. 212-244.
Günter Niggl, *Die »Heidebilder« der Droste als Gedichtzyklus*, in: Droste-Jahrbuch 1 (1986/87), S. 94-106.
Irmgard Roebling, *Weibliches Schreiben im 19. Jahrhundert. Untersuchungen zur Naturmetaphorik der Droste*, in: Der Deutschunterricht (Stuttgart) 38 (1986), H. 3, S. 36 bis 56.

Zu »Die Lerche«

Hartmut Kircher, *Naturlyrik als politische Lyrik – politische Lyrik als Naturlyrik. Anmerkungen zu Gedichten zwischen Spätromantik und 48er Revolution*, in: *Naturlyrik und Gesellschaft*, hg. v. Norbert Mecklenburg, Stuttgart 1977, S. 102-125.

Zu »Die Steppe«

Wolfgang Koeppen, *Annette von Droste-Hülshoff: »Die Steppe«*, in: Ders., *Die elenden Skribenten. Aufsätze*, Frankfurt/Main 1981, S. 255-257.
Herbert Kraft, *»Aus der Ferne klingts wie Heymathslieder«. Anmerkungen zu Gedichten von Annette von Droste-Hülshoff mit einer Interpretation des Heidebilds ›Die Steppe‹*, in: *Akten des VIII. Internationalen Germanisten-Kongresses Tokyo 1990*, hg. v. Eijiro Iwasaki, München 1991, Bd. 9, S. 406-413.

Zu »Das Hirtenfeuer«

Rudolf Rösener, *Annette von Droste-Hülshoff: »Das Hirtenfeuer«*, in: *Gedichte sprechen und interpretieren. Konzepte und Beispiele für den Deutschunterricht ab 5. Schuljahr*, hg. v. Siegwart Berthold, Bonn-Bad Godesberg 1985, S. 47-55.

Zu »Der Knabe im Moor«

Winfried Freund, *Das Problem der sozialen Integration bei Annette von Droste-Hülshoff*. Aspektanalyse der Ballade »Der Knabe im Moor«, in: Diskussion Deutsch 4 (1973), S. 226-234.

Winfried Freund, *Die deutsche Ballade*. Theorie, Analysen, Didaktik, Paderborn 1978, S. 81-87, 177.

Gerolf Fritsch, *Die deutsche Ballade zwischen Herders naturaler Theorie und später Industriegesellschaft*. Ein literaturdidaktischer Kurs, Stuttgart 1976, S. 66-70.

Hermann Kunisch, *Annette von Droste-Hülshoff. Der Knabe im Moor*, in: *Wege zum Gedicht*, Bd. 2, München u. Zürich 1963, S. 309-345.

Ernst Stein, *Aberglaube in der Literatur – Wissenschaftliches Weltbild*. Gedanken zu einer Ballade, in: Der Deutschunterricht (Berlin/DDR) 12 (1959), S. 328-332.

Konrad Weber, ›*Der Knabe im Moor‹ – von Annette von Droste-Hülshoff*, in: Der katholische Erzieher 14 (1961), S. 575-580.

Winfried Woesler, *Annette von Droste-Hülshoff: Der Knabe im Moor*, in: Wirkendes Wort 31 (1981), S. 241-252.

Zu »Fels, Wald und See«

Wilhelm Gössmann, *Der Bodensee in den Briefen und Gedichten der Droste*, in: Droste-Jahrbuch 1 (1986/87), S. 73-93.

Zu »Die Elemente«

Günther Weydt, *Annette von Drostes Zyklus »Die Elemente« und sein barocker Ursprung*, in: Beiträge zur Droste-Forschung 5 (1978-82), S. 55-61.

Zu »Am Turme«

Georges Favier, *La Tour d' Annette von Droste*, in: Études Germaniques 22 (1967), S. 216-241.

Marita Fischer, *Annette von Droste-Hülshoff. Am Turme*, in: *Wege zum Gedicht*, hg. v. Rupert Hirschenauer und Albrecht Weber, München 1956, S. 216-220.

Zu »Das öde Haus«

Winfried Woesler, *Das öde Haus*. Anmerkungen zur Textgestaltung, in: Jb. der Droste-Gesellschaft 5 (1972), S. 68-71.

Zu »Gedichte vermischten Inhalts«

Bodo Plachta, *Widmungsgedichte der Droste an schreibende Frauen,* in: Sprachkunst 18 (1987), S. 169-180.

Bodo Plachta, *Das Manuskript und seine Legende.* Die Widmungsgedichte Annette von Droste-Hülshoffs an Levin Schücking, in: Colloquia Germanica 23 (1990), H. 2, S. 134-145.

Zu »Das Spiegelbild«

Lars Ingesman, *Annette von Droste-Hülshoff und ihr »Spiegelbild«.* Versuch einer Interpretation, in: Germanisch-Romanische Monatsschrift N. F. 35 (1985), S. 382-394.

Zu »Des alten Pfarrers Woche«

Paul Gerhard Klußmann, *Ambivalenzen der Pfarrhausidylle.* Bemerkungen zu Annette von Droste-Hülshoffs Gedichtzyklus »Des alten Pfarrers Woche«, in: *Literatur und Theologie.* Vier Vorträge und eine Laudatio für Friedrich Kienecker, hg. v. Eckhardt Meyer-Krentler, Paderborn 1990, S. 33-54.

Zu »Balladen«

Jane K. Brown, *Stimme und Stimmung in den Balladen der Droste,* in: Beiträge zur Droste-Forschung 5 (1978-82), S. 41 bis 54.

John Guthrie, *Tradition and Innovation in Droste's Ballads,* in: Forum for Modern Language Studies 23 (1987), S. 325 bis 340.

Hartmut Laufhütte, *Die deutsche Kunstballade.* Grundlegung einer Gattungsgeschichte, Heidelberg 1979, S. 220-266.

Karl Moritz, *Deutsche Balladen.* Analysen für den Deutschunterricht, Paderborn 1972, S. 110-121.

Ronald Schneider, »*Wollüstig saugend an des Grauens Süße . . .*«. Schauerliterarische Züge im Werk der Droste, in: Beiträge zur Droste-Forschung 5 (1978-82), S. 31-40.

Zu »Der Tod des Erzbischofs Engelbert von Cöln«

Heinrich Eversberg, *Annette von Droste-Hülshoff und die Ballade »Der Tod des Erzbischofs Engelbert von Köln«*, in: Ders., *Das Schicksal des Grafen Friedrich von Isenberg und seines Burgberges im Spiegel der Dichtung*, Hattingen/Ruhr 1972, S. 38-49.

Ulrich Klein, *Zu Annette von Droste-Hülshoffs »Der Tod des Erzbischofs Engelbert von Köln«*, in: *Gedichte und Interpretationen. Deutsche Balladen*, hg. v. Gunter E. Grimm, Stuttgart 1988, S. 244-263.

Ulrich Klein, *Ein romantisierter Märtyrertod.* Annette von Droste-Hülshoffs: »Der Tod des Erzbischofs Engelbert von Cöln«, in: Droste-Jahrbuch 2 (1988-90), S. 51-64.

Zu »Das Fräulein von Rodenschild«

Winfried Freund, *Annette von Droste-Hülshoff: Das Fräulein von Rodenschild.* Die phantastische Spiegelung einer Bewußtseinskrise, in: Wirkendes Wort 31 (1981), S. 11-17.

Zu »Die Vergeltung«

Heinz Rölleke, *Literarische Anregungen zur Droste-Ballade »Die Vergeltung«.* Hinweise zu einer vergleichenden Interpretation, in: Wirkenes Wort 31 (1981), S. 6-10.

Zu »Der Mutter Wiederkehr«

Bodo Plachta, *Das Manuskript als Experimentierfeld.* Überlieferung und Entstehung der Droste-Ballade »Der Mutter Wiederkehr«, in: Droste-Jahrbuch 2 (1988-90), S. 65 bis 73.

Zu »Das Ich der Mittelpunkt der Welt«

Alwin Binder, *Vormärz als Kontext.* Zu Annette von Droste-Hülshoffs Gedicht »Das Ich der Mittelpunkt der

Welt«, in: Beiträge zur Droste-Forschung 5 (1978-82), S. 62-83.

Zu »Lebt wohl«

John Guthrie, »⟨...⟩ kein weiblicher Byron«. Zur Byron-Rezeption der Droste am Beispiel von »Lebt wohl«, in: Droste-Jahrbuch 2 (1988-90), S. 36-50.

Winfried Woesler, »Lebt wohl« – Die Wiederbegegnung der Droste mit Schücking auf der Meersburg im Mai 1844, in: Droste-Jahrbuch 1 (1986/87), S. 53-72.

Zu »Im Grase«

Günther Blöcker, Liebe, Lust und Zeit, in: Frankfurter Anthologie. Gedichte und Interpretationen, hg. und mit einer Nachbemerkung v. Marcel Reich-Ranicki, Bd. 4, Frankfurt/Main 1979, S. 59-62.

Winfried Freund, Annette von Droste-Hülshoff: »Im Grase«, in: Ders., Deutsche Lyrik. Interpretationen vom Barock bis zur Gegenwart, München 1990, S. 90-97.

Ulrich Klein, »Dennoch, Himmel, immer mir nur....«. Marginalie zu einer Droste-Zeile aus »Im Grase«, in: Beiträge zur Droste-Forschung 5 (1978-82), S. 84-94.

Heinz Rölleke, »Dennoch, Himmel...«. Zu Annette von Droste-Hülshoffs Gedicht »Im Grase«, in: Gedichte und Interpretationen, Bd. 4. Vom Biedermeier zum Bürgerlichen Realismus, hg. v. Günter Häntzschel, Stuttgart 1983, S. 158-167.

Peter Schäublin, Annette von Droste-Hülshoffs Gedicht »Im Grase«, in: Sprachkunst 4 (1973), S. 29-52.

ZUM »GEISTLICHEN JAHR«

Ursula Arese Isselstein, Individuelle Problematik und öffentliche Sendung im »Geistlichen Jahr« der Annette von Droste-Hülshoff, in: Studi di letteratura religiosa tedesca. In memoria di Sergio Lupi, Firenze 1972, S. 501-531.

Stephan Berning, *Sinnbildsprache*. Zur Bildstruktur des Geistlichen Jahrs der Annette von Droste-Hülshoff, Tübingen 1975.

Heide Heinz, *Die schuldverscheuchte Unterwelt*. Zu Annette von Droste-Hülshoffs »Geistlichem Jahr I«, Essen 1986.

Winfried Woesler, *Probleme der Editionstechnik*. Überlegungen anläßlich der neuen kritischen Ausgabe des »Geistlichen Jahres« der Annette von Droste-Hülshoff, Münster 1967.

Winfried Woesler, *Religiöses und dichterisches Selbstverständnis im »Geistlichen Jahr« der Annette von Droste-Hülshoff*, in: Westfalen 49 (1971), S. 165-181.

Zu »Am letzten Tage des Jahres (Sylvester)«

Winfried Woesler, *Religiöses Sprechen und subjektive Erfahrung*. Annette von Droste-Hülshoffs »Am letzten Tage des Jahres (Sylvester)«, in: *Gedichte und Interpretationen*. Bd. 4. Vom Biedermeier zum Bürgerlichen Realismus, hg. v. Günter Häntzschel, Stuttgart 1983, S. 147-156.

ZU GEDICHTE AUS DEM NACHLASS

Zu »Das Wort«

Clemens Heselhaus, *Melchior Diepenbrock und der Geist der nazarenischen Literatur,* in: Westfalen 31 (1953), S. 75 bis 88.

Dominique Iehl, *Das Wort bei Annette von Droste-Hülshoff und Ingeborg Bachmann*. Überlegungen zu zwei Gedichten, in: *Frauenliteratur in Österreich von 1945 bis heute*. Beiträge des Internationalen Kolloquiums, 21.-23. Februar 1985 in Mulhouse, hg. v. Carine Kleiber und Erika Tunner, Bern u. Frankfurt/Main 1986, S. 63-77.

Axel Marquardt, *»Das Wort« und der Brief der Droste an Melchior von Diepenbrock (Mai 1845),* in: Beiträge zur Droste-Forschung 4 (1976/77), S. 53-66.

Karl Schulte Kemminghausen, *Kardinal Fürstbischof Mel-*

chior von Diepenbrock und Annette von Droste-Hülshoff, in: *Melchior Kardinal von Diepenbrock, Fürstbischof von Breslau.* Gedenkschrift, anläßlich der 100. Wiederkehr seines Todestages hg. v. seiner Vaterstadt Bocholt, bearb. v. Elisabeth Bröker, Bocholt 1953, S. 60-68, 128.

Zu »Der Dichter – Dichters Glück«

Clemens Heselhaus, *Der Distel mystische Rose,* in: Jb. der Droste-Gesellschaft 2 (1948-50), S. 38-47.

Wolfgang Schlegelmilch, *Entsagung.* Zu einem späten Gedicht der Droste, in: German Life and Letters 11 (1957/58), Nr. 2, S. 112-116.

Zu »⟨So gern hätt' ich ein schönes Lied gemacht⟩«

Rolf Schneider, *Traurig-böses Entgelt,* in: *Frankfurter Anthologie.* Gedichte und Interpretationen, hg. v. Marcel Reich-Ranicki. Bd. 6, Frankfurt/Main 1982, S. 79-82.

Zu »An einen Freund«

Clemens Heselhaus, *Die Schücking Gedichte der Droste.* Das Bekenntnis einer Dichterliebe, in: *Annette und Levin.* Zur Jahrhundertfeier der Droste, Meersburg 14. Mai 1948, hg. v. Clemens Heselhaus, Münster 1948, S. 5-23.

Josefine Nettesheim, *Amor amicitiae.* Spiegelung und Einssein der Freunde in den Gedichten der Droste an Levin Schücking, in: Jb. der Droste-Gesellschaft 4 (1962), S. 31-52.

Bodo Plachta, »... *was ich werde, werde ich durch Dich«.* Annette von Droste-Hülshoff und Levin Schücking, in: *Levin Schücking.* Zum hundertsten Todestag, Sassenberg 1983, S. 12-21.

Zu »⟨Im Keim des Dasein, den die Phantasie⟩«

Wolfgang Schlegelmilch, *Bettina von Arnim und Annette von Droste-Hülshoff,* in: Westfalen 34 (1956), S. 209-216.

Hartwig Schultz, »*Ich bin nicht zahm und knien mag ich nicht«.* Das Bettine-Verständnis von Joseph von Eichendorff und Annette von Droste-Hülshoff, in: Internationales Jahrbuch der Bettina-von-Arnim-Gesellschaft 3 (1989), S. 291-307.

Zu »Rosamunde«

Bodo Plachta, *Die Sage von der schönen Rosamunde und das literarische Umfeld des Droste-Gedichts »Rosamunde«*, in: Michigan Germanic Studies 11 (1985), S. 34-49.

ALPHABETISCHES VERZEICHNIS DER GEDICHTANFÄNGE UND -ÜBERSCHRIFTEN

Abendgefühl 608
Abendlied 514
Abschied von der Jugend 152
Ach, meine Gaben sind gar geringe 621
Acht Tage zählt' er schon, eh ihn 112
Allah! laß des Greises Los 566
Alles still ringsum 69
All meine Rede und jegliches Wort 572
Als Christus lag im Hain Gethsemane 549
Als der Herr in Sidons Land gekommen 506
Als diese Lieder ich vereint 555
Als ich ein Knabe sorglos unbewußt 620
Als jüngst die Nacht dem sonnenmüden Land 77
Als noch das Paradies erschlossen war 547
Alte und neue Kinderzucht 30
Am achten Sonntage nach Pfingsten 441
Am achtzehnten Sonntage nach Pfingsten 461
Am Allerheiligentage 476
Am Allerseelentage 478
Am Aschermittwochen 375
Am Bodensee 78
Am Christi Himmelfahrtstage 420

Am Dienstage in der Karwoche 396
Am drei und zwanzigsten Sonntage nach Pfingsten 473
Am dreizehnten Sonntage nach Pfingsten 451
Am dritten Sonntage im Advent 494
Am dritten Sonntage in der Fasten 382
Am dritten Sonntage nach h. drei Könige 365
Am dritten Sonntage nach Ostern 415
Am dritten Sonntage nach Pfingsten 431
Am dürren Baum, im fetten Wiesengras 144
Am ein und zwanzigsten Sonntage nach Pfingsten 468
Am elften Sonntage nach Pfingsten 447
Am ersten Sonntage im Advent 489
Am ersten Sonntage in der Fasten 377
Am ersten Sonntage nach h. drei Könige 362
Am ersten Sonntage nach Ostern 411
Am ersten Sonntage nach Pfingsten (Dreifaltigkeit) 427
Am Feste der h. drei Könige 360

ALPHABETISCHES VERZEICHNIS

Am Feste Mariä Lichtmeß 369
Am Feste Mariä Verkündigung 390
Am Feste vom süßen Namen Jesus 364
Am Fronleichnamstage 428
Am fünften Sonntage in der Fasten 387
Am fünften Sonntage nach h. drei Könige 371
Am fünften Sonntage nach Ostern 418
Am fünften Sonntage nach Pfingsten 435
Am fünf und zwanzigsten Sonntage nach Pfingsten 482
Am fünfzehnten Sonntage nach Pfingsten 455
Am Grünendonnerstage 400
Am grünen Hang ein Pilger steht 642
Am Karfreitage 402
Am Karsamstage 405
Am letzten Tage des Jahres 344
Am letzten Tage des Jahres (Silvester) 504
Am Montage in der Karwoche 394
Am Mittwochen in der Karwoche 398
Am Neujahrstage 358
Am neunten Sonntage nach Pfingsten 443
Am neunzehnten Sonntage nach Pfingsten 464
Am Ostermontage 409
Am Ostersonntage 407
Am Palmsonntage 392
Am Pfingstmontage 425
Am Pfingstsonntage 424
Am sechsten Sonntage nach Ostern 422
Am sechsten Sonntage nach Pfingsten 437
Am sechs und zwanzigsten Sonntage nach Pfingsten 485
Am sechzehnten Sonntage nach Pfingsten 457
Am siebenten Sonntage nach Pfingsten 439
Am sieben und zwanzigsten Sonntage nach Pfingsten 487
Am siebenzehnten Sonntage nach Pfingsten 459
Am Sonntage nach Weihnachten 502
Am Turme 74
Am vierten Sonntage im Advent 496
Am vierten Sonntage in der Fasten. Josephsfest 385
Am vierten Sonntage nach h. drei Könige 367
Am vierten Sonntage nach Ostern 417
Am vierten Sonntage nach Pfingsten 433
Am vier und zwanzigsten Sonntage nach Pfingsten 480
Am vierzehnten Sonntage nach Pfingsten 453
Am Weiher 85
Am Weihnachtstage 497
Am zehnten Sonntage nach Pfingsten 445
Am zwanzigsten Sonntage nach Pfingsten 466
Am zweiten Sonntage im Advent 492
Am zweiten Sonntage in der Fasten 380
Am zweiten Sonntage nach Ostern 413

Am zweiten Sonntage nach
  Pfingsten 430
Am zweiten Weihnachtstage
  (Stephanus) 500
Am zwei und zwanzigsten
  Sonntage nach Pfingsten 471
Am zwölften Sonntage nach
  Pfingsten 449
An *** (Kein Wort, und wär'
  es scharf wie Stahles Klinge)
  123
An *** (O frage nicht was
  mich so tief bewegt) 125
An deinem Sarge standen wir
  107
An dem Fenster steht
  Mathilde 663
An des Balkones Gitter lehnte
  ich 332
An die Schriftstellerinnen in
  Deutschland und Frankreich
  23
An die Ungetreue 655
An die Weltverbesserer 28
An einem Tag wo feucht der
  Wind 633
An einen Freund (Umsäuselt
  von des Frühdufts süßen
  Lüften) 679
An einen Freund (Zum zweiten Male will ein Wort) 591
An Elise, 19ten November
  1845 665
An Elise. Am 19. November
  1843 126
An Elise. Zum Geburtstage
  am 7. März 1845 554
An Henriette von Hohenhausen 106
An Jahren reif und an
  Geschicke 502
An jenes Waldes Enden 85
An Louise, am 9ten April.
  Gasele 605
An Ludowine 650
An Malchen 675
An manchem Tag mein Hirn
  wie wüst und öde! 468
An Philippa. Wartensee, den
  24. Mai 44 551
An seinem Denkmal saß ich,
  das Getreibe 117
An Sophie 604
Antwort. Vernunft und
  Begeistrung 618
Auch ein Beruf 337
Auch ich bin mit meiner Gabe
  hier 667
Auf dem Markte der Gärtner
  rief 572
Auf der breiten Tenne drehn 174
Auf der Burg haus' ich am
  Berge 80
Auf einem Wiesengrund ging
  einmal 187
Auf hohem Brocken steht das
  kleine Haus 655
Auf hohem Felsen lieg ich hier
  552
Auf keinen Andern wart ich
  mehr 494
Auf meiner Heimat Grunde 326
Auf meiner Stirn dies Kreuz 375
Auf seinem Throne Allah saß
  573
Aug' hatt' einen Strahl
  geschickt 675
Aus der Wolke quoll der Tau
  herab 581
Aus des Herzens vollem Triebe
  681
Aus Schneegestäub' und
  Nebelqualm 84

Bajazet 264
Bajazeth 562
Begleitest du sie gern 176
Beim Erwachen in der Nacht 518
bezaubernd 569
Bin ich allein, verhallt des Tages Rauschen 110
Bin ich getauft in deinem Zeichen 427
Bin ich zu spät gekommen 668
Bin noch ein kleines Kind 667
Blumen, Blumen immer nur! 666
Brennende Liebe 100
Brockenhaus 655
Brüderchen schläft, ihr Kinder, still! 314

Carpe Diem! 533
Clemens von Droste 117

Da gab es doch ein Sehnen 26
Das All der Welten unendlich umkreist 592
Das alte Schloß 80
Das Auge sinkt, die Sinne wollen scheiden 358
Das Autograph 129
Das befreite Deutschland 581
Das Bild 323
Das Büchelchen 623
Das einzige Kind 553
Das erste Gedicht 326
Das Eselein 187
Das Fegefeuer des westphälischen Adels 206
Das Fräulein von Rodenschild 233
Das Haus in der Heide 64
Das Hirtenfeuer 60

Das Ich der Mittelpunkt der Welt 299
Das ist mein Trost in allen Leiden 525
Das ist nun so ein schlimmer Tag 171
Das Jahr geht um 504
Das Kind 566
Das Liebhabertheater 139
Das Morgenrot schwimmt still entlang 511
Das öde Haus 75
Das Schicksal 628
Das Schilf 45
Das Spiegelbild 147
Da sprach er: «Gehet hin, den Priestern zeiget euch!» 455
Das verlorne Paradies 547
Das vierzehnjährige Herz 99
Das war der Graf von Thal 193
Das war gewiß ein andrer März 554
Das Wort 531
Das Wort gleicht dem beschwingten Pfeil 531
Daß ich dich so verkümmert seh' 86
Deinen Weg will ich mit Rosen streuen 645
Der Abend 586
Der Anger dampft, es kocht die Ruhr 201
Der Barmekiden Untergang 262, 560
Der Brief aus der Heimat 101
Der Denar 131
Der Dichter 592
Der Dichter – Dichters Glück 544
Der Dom! der Dom! der deutsche Dom! 13

Der erste Selbstmörder 671
Der Fächer 623
Der Fischer 565
Der Frühling naht, es streicht der Star 312
Der Fundator 213
Der Gärtner 572
Der Geierpfiff 236
Der Graf von Thal 193
Der Graue 221
Der Greis 566
Der Heidemann 62
Der Hünenstein 47
Der Kapitän steht an der Spiere 252
Der Kaufmann 565
Der Knabe im Moor 66
Der kranke Aar 144
Der Löwe und der Leopard 264, 562
Der Loup Garou 314
Der Mai ist eingezogen 316
Der Mond mit seinem blassen Finger 210
Der Morgenstrahl 512
Der Morgenstrahl bahnt flimmernd sich den Weg 574
Der Morgentau will steigen 392
Der morsche Tag ist eingesunken 309
Der Mutter Wiederkehr 255
Der Nachtwandler 545
Der Ossa sprach zum Pelion 571
Der Perlmuttering (Mit einer eingeschnittenen Rose) 623
Der Philosoph 600
Der Prediger 21
Der Ring mit dem Spiegel 622
Der Säntis 82
Der Schloßelf 266
Der Schwermütige 607

Der Sonnenstrahl, ein goldner Spieß 471
Der Spekulant 660
Der spiritus familiaris des Roßtäuschers 272
Der sterbende General 342
Der Strandwächter am deutschen Meere und sein Neffe vom Lande 184
Der Sturm braust um die Mitternacht 650
Der Tag ist eingenickt 514
Der Teetisch 159
Der Tod des Erzbischofs Engelbert von Cöln 201
Der Todesengel 151
Der Traum. An Amalie H. 120
Der Venuswagen 577
Der Weiher 44
Der zu früh geborene Dichter 112
Des alten Pfarrers Woche 171
Des Arztes Tod 636
Des Menschen Seele du, vor Allem wunderbar 94
Dichters Naturgefühl 156
Die Abendröte war zerflossen 337
Die Bank 115
Die beiden Zwerge 621
Die beschränkte Frau 163
Die beste Politik 190
Die drei Stunden im Reich der Toten. Ballade 650
Die drei Tugenden 599
Die Elemente 68
Die Engel 615
Die erste Silbe ist des Menschen Zier 653
Die Erzstufe 132
Die Freude des Lebens, ist flüchtig und leicht 598

Die Gaben 25
Die ganze Nacht hab ich gefischt 437
Die Golems 307
Die ihr beim fetten Male lacht 544
Die ihr sie kennet des Lebens Freuden 594
Die Jagd 36
Die junge Mutter 136
Die kleine Gundel kommt auch daher 667
Die Krähen 54
Die Lerche 34
Die Linde 45
Die Luft hat schlafen sich gelegt 36
Die Mergelgrube 50
Die Muschel 134
Die Muschel darf sich um die Perle schlingen 623
Die Mutter am Grabe 556
Die Nacht. Frage 656
Die Nachtigall in den Kampf sich gab 570
Die Nadel im Baume 162
Dienstag 174
Die Propheten sind begraben! 387
Die rechte Stunde 112
Die Rebe blüht, ihr linder Hauch 82
Dies Büchlein nimm mit mildem Sinn 623
Die Schenke am See. An Levin S. 72
Die Schmiede 169
Die Schulen 33
Die Schwestern 241
Die Stadt und der Dom. Eine Karikatur des Heiligsten 13
Die Steppe 50
Die Sterne. Frage 617
Die Stiftung Cappenbergs 210
Die Stubenburschen 166
Die Stunde kömmt, wo Tote gehn 478
Die Taxuswand 140
Die tote Lerche 303
Die Unbesungenen 146
Die Vendetta 227
Die Verbannten 17
Die Vergeltung 252
Die Vogelhütte 39
Die Wasserfäden 46
dir schein stets Wonne 625
Doch zu dem Reichen 431
Donnerstag 178
Doppeltgänger 535
Dort kömmt der Sturm auf Flügeln hergeflogen 670
Dreitausend Schreiber auf Teppichen saßen 571
Drei Tugenden stählen des Menschen Sinn 599
Du bist so mild 489
Du, der ein Blatt von dieser schwachen Hand 603
Du frägst mich immer von neuem, Marie 255
Du gute Linde, schüttle dich! 82
Du hast es nie geahndet, nie gewußt 93
Du hast nicht Begriff von allem dem Jammer 673
Dunkel! All Dunkel schwer! 71
Dunkel, Dunkel im Moor 60
Durch alle Straßen wälzt sich das Getümmel 497
Durch die Gassen geht Maria 369
Durch die Nacht drei Wandrer ziehn 360

Durchwachte Nacht 329
Du scheuchst den frommen Freund von mir 119
Du siehst mich flehend an mit dunkeln Augen 655
Du wanderst fort, und manche teure Stunde 604
Du warst so hold und gut, so sanft und stille 556
Du weißt es lange wohl wie wert du mir 126

Eduard 624
Eh am Himmel der Nachtstern blinkt 624
Ein Abgrund hat sich aufgetan 435
Ein blümchen ist so wunderschön 645
Ein braver Mann 103
Einer wie Viele, und Viele wie Einer 536
Ein guter Hirt läßt seine Schafe nimmer! 413
Ein harter Wintertag 86
Ein Haus hab ich gekauft, ein Weib hab ich genommen 430
Ein Krämer hatte eine Frau 163
Ein milder Wintertag 85
Ein Nebelsee quillt rauchend aus der Aue 347
Ein Rosenblatt vom Busenstrauß 577
Ein schönes Kind mit zart Gebein 645
Ein Sommertagstraum 127
Elise sieh, es schimmert rings die Luft 673
Emma und Edgar 611
englisch 573
Entzauberung 666

Erde. Der Abend, der Gärtner 70
Er ist so schön! – sein lichtes Haar 99
Er lag im dicht verhängten Saal 342
Er liegt so still im Morgenlicht 44
Erwacht! der Zeitenseiger hat 422
Er war ihr eigen drei und dreißig Jahr 420
Es ist die Zeit nun, wo den blauen Tag 321
es ist keine größere Freude 646
Es war an einem jener Tage 156
Es war an einem Morgen 539
Es war ein Jüngling Wohlgebaut 670

Fastnacht 373
Felitz die war die gute 598
Feuer. Die Nacht, der Hammerschmied 71
Finster ziehn die Wolken am Himmel 600
Flora ging fröhlich mit Scherzen 648
Flüsternd küssen sich die Zweige 680
Frägst du mich im Rätselspiele 124
Fragment 87
Fragst du mich, wer ich bin? Ich berg es nicht 496
Freitag 180
Freude komm auf allen Wegen 645
Freund du meines Lebens Leiter 672
freundlich 567

Freundlicher Morgen der jedes der Herzen 644
Freud und Scherz! 669
Frühling 82
Für die armen Seelen 516

Gastrecht 333
Gebt Gott sein Recht und gebts dem Kaiser auch! 480
Gegrüßt in deinem Scheine 385
Geh hin und dir gescheh', wie du geglaubt! 365
Geht, Kinder, nicht zu weit in's Bruch 62
Geliebte, wenn mein Geist geschieden 682
Gemüt 340
geplagt 566
Gern möcht' ich Dir wünschen heut 668
Gethsemane 549
getreu 567
Gewiß ich werde mich bemühn 644
Glaube 520
Gleich deiner eignen Seelen 396
Grad' heute, wo ich gar zu gern 559
Grün ist die Flur, der Himmel blau 340
Gruß an »das Herrle« 299
Gruß an Wilhelm Junkmann 96
Grüße 305
Gundel (Die kleine Gundel kommt auch daher) 667
Gundel (Ich bin die rote, und sie ist die blaue) 667
Guten Willens Ungeschick 119

Hätt' ich dich nicht als süßes Kind gekannt 307

Halt fest! 532
Halt fest den Freund, den einmal du erworben 532
Heiß, heiß der Sonnenbrand 54
Helle Bänder, ihr sollt die liebe Stirn umwehen 622
Herbst 83
Herr eröffne mir die Schrift 409
Herr, gib mir, daß ich sehe! 373
herrlich 570
Herr Witte, nach dem traurigen Abschied von Mamsell Wernekink 626
herzlich 572
Hier hast Du, Freundin, den Napoleon 623
Hildel (Bin noch ein kleines Kind) 667
Hildel (Blumen, Blumen immer nur!) 666
Höhlenfei 319
Hörst du der Nacht gespornten Wächter nicht? 34
Hoffnung 523

Ich bin die rote, und sie ist die blaue 667
Ich breite über ihn mein Blätterdach 45
Ich denke dein im trauten Kreis der Freunde 649
Ich hab ein frommes Ritterkind erzogen 640
Ich kann nicht sagen 367
ich kenne die Freuden des ländlichen Lebens 606
Ich klage nicht den Mann der fällt 536
Ich lag an Bergeshang 17
Ich lege den Stein in diesen Grund 630

Ich reiche Dir den Zauberring 622
Ich seh dich nicht! 415
Ich stand an deines Landes Grenzen 303
Ich steh' auf hohem Balkone am Turm 74
Ich stehe gern vor dir 140
Ich war in einem schönen Haus 333
Ihr saht ihn nicht im Glücke 109
Ihr steht so nüchtern da gleich Kräuterbeeten 23
Im ew'gen Raume 683
Im Grase 306
Im grauen Schneegestöber blassen 148
Im grün verhangnen duftigen Gemach 136
Im heitren Saal beim Kerzenlicht 112
Im Keim des Daseins, den die Phantasie 675
Im linden Luftzug schwimmt mit irrem Schein 636
Immer glücklich zu sein 650
Im Moose 77
Im Osten quillt das junge Licht 551
Im Parke weiß ich eine Bank 115
Im tiefen West der Schwaden grollte 127
Im Walde steht die kleine Burg 221
Im Westen schwimmt ein falber Strich 213
In der Nacht geheiligt stillen Stunden 656
In des Abends leis sich senkenden Tau 615
In des Äthers freundlich lächelnder Bläue 618

In die Dornen ist dein Wort gefallen 371
In monderhellten Weihers Glanz 266
In seinem Namen darf ich beten 418
In seiner Buchenhalle saß ein Greis auf grüner Bank 30
Instinkt 110
Ist es der Glaube nur, dem du verheißen 425
Ist's nicht ein heit'rer Ort, mein junger Freund 72

Ja, Blitze, Blitze! der Schwaden drängt 132
Ja, einen Feind hat der Kors', den Hund 227
Ja, seine Macht hat keine Grenzen 390
Ja, wenn ich schaue deine Opferflamme 449
Ja wenn im Lenze die Sonne 648
Jerusalem! Jerusalem! 500
Johannistau 321
Jüngst hab' ich dich gesehn im Traum 120
Jüngst hast die Phrase scherzend du gestellt 299
Junge Liebe 98

Katharine Schücking 93
Kein Wort, und wär' es scharf wie Stahles Klinge 123
Kennst du den Saal? ich schleiche sacht vorbei 33
Kennst du die Blassen im Heideland 217
Kennst du die Sprache der Sterne 617
Kennst du die Stunden wo man selig ist 535

ALPHABETISCHES VERZEICHNIS

Kinder am Ufer 47
Klänge aus dem Orient 560
Klagt ihr Enten, weint ihr Schruten 626
Komm Liebes Hähnchen komm heran 586
Kurt von Spiegel 268

Langsam und schwer vom Turme stieg die Klage 21
Laß das Leben wanken 523
Laß uns hier ein wenig ruhn am Strande 596
Lebt wohl 304
Lebt wohl, es kann nicht anders sein! 304
Leugnen willst du Zaubertränke 159
Liebe 525
Liebster Jesu, nur Geduld! 380
Lied eines Soldaten in der Ferne 672
Locke und Lied 122
Luft. Der Morgen, der Jäger 68
Lyrum, larum ohne Sorgen 647

Maisegen 316
Mein Beruf 89
Mein Gott, mein erstes Wort, ich bin erwacht! 518
Mein Jesus hat geweint um seine Stadt 447
Mein Lämpchen zuckt, sein Dolch verglimmt 96
Mein Nam' ist Legion, denn Unserer sind Viele 382
Meine Lieder sandte ich dir 122
Meine Sträuße 137
Meine Toten 91
Meinst du, wir hätten jetzt Dezemberschnee? 139

Mein Steckenpferd oder Uhren 543
Meister Gerhard von Cöln. Ein Notturno 248
Mit Geschenken. An *** 621
Mit Laura's Bilde. Im Namen eines Freundes 106
Mit Sonnenschein und Veilchenblüte 605
Mittwoch 176
Mondesaufgang 332
Montag 172
Morgenlied 512
Münzkraut 312
Mütze und Kragen 622
Mutter, löse die Spangen mir! 568

Nach dem Angelus Silesius 94
Nach fünfzehn Jahren 142
Nachruf an Henriette von Hohenhausen 107
Naht o naht dem Gewande nicht 569
Napoleon 623
Neid' uns! neid' uns! laß die Zweige hangen 46
Neujahrsnacht 148
Nicht eine Gnadenflamme hehr 417
Nicht wie vergangner Tage heitres Singen 602
Nie fand, so oft auch scherzend ward gefragt 25
Nimm, lieber Bruder, was an diesem Tag 669
Nimm mich, freundliche Hand, ich will getreulich Dir dienen 623
Nimm's nicht so genau, geliebtes Kind 621

Noch lag, ein Wetterbrodem,
schwer 103
Not 115
Nun still! – Du an den
Dohnenschlag! 236

Ob ich dich liebe, Gott, es ist
464
O die Bevölkerung überall! 543
O fasse Mut, er ist dir nah! 428
O frage nicht was mich so tief
bewegt 125
O frommer Prälat, was ließest
so hoch 268
Oft gepriesen ist zwar 586
O hütet, hütet euch! 443
O, jauchze, Welt, du hast ihn
wieder 407
O Liebe mama ich wünsche
dir 586
O lieblicher Morgen 606
O Nacht! du goldgesticktes
Zelt! 563
O schau wie um ihre Wänge-
lein 553
O schaurig ist's über's Moor
zu gehn 66
O sieh doch! siehst du nicht
die Blumenwolke 47
O! über deinen König! ganz
dir gleich 131
O Welt, wie soll ich dich
ergründen 520
O Wundernacht, ich grüße! 400

Pflücke die Stunde, wär sie
noch so blaß 533
Phitias stand da, er weinte
jetzt gerührt 671
Pisang mit den breiten
Blättern 666

Pochest du an – poch' nicht zu
laut 28
Poesie 124
Pst! – St! – ja, ja 129

Regen, Regen, immer Regen!
will nicht das Geplätscher
enden 39
Reiche mir die Blutorange
262, 560
Rötliche Flöckchen ziehen 70
Rötlich sinkt die Sonne schon
hernieder 608
Rosamunde 680
Rose, Du Königin der Blumen
598
Rühr meine Zunge an 451

Sacht pochet der Käfer im
morschen Schrein 241
Samstag 182
Savoyen, Land beschnei'ter
Höh'n 87
Schaust du mich an aus dem
Kristall 147
Schilt mich nicht, du strenger
Meister 568
Schloß Berg 347
Sechs Tage sollst du tun 461
Seh' ich ein Kind zur
Weihnachtsfrist 154
Seht die Freude, seht die
Sonne 646
Seit Sankt Crispinus, vor
uralter Zeit 660
Selig sind im Geist die Armen
476
's gibt eine Sage, daß wenn
plötzlich matt' 151
's gibt Gräber wo die Klage
schweigt 146

Sieben Nächte stand ich am Riff 184
Siehst du das Ziegeldach am Hage dort? 545
Siehst du drüben, am hohlen Baum 319
Sie saß am Fensterrand im Morgenlicht 101
Sie stehn vor deinem Bild und schauen 323
Sie waren Beide froh und gut 166
Silvesterabend 344
Silvesterfei 309
Sind denn so schwül die Nächt' im April? 233
Sit illi terra levis! 145
So du mir tätest auch Schmach und Hohn 567
So gern hätt' ich ein schönes Lied gemacht 554
So hat er sich umsonst gequält, umsonst verkauft die werte Stätte 274
So ist aus deines heilgen Buches Schein 433
Sommer 82
So muß ich in die Ferne rufen 643
Sonntag 171
So oft mir ward eine liebe Stund' 137
So sonder Arg hast du in diesem Leben 145
So viel ich mich bedenke 670
Spätes Erwachen 301
Sprich, daß diese Steine Brode werden! 377
Stammbuchblätter 106
Standest du je am Strande 50
Steht nicht der Greuel der Verwüstung da 485

Steigt mir in diesem fremden Lande 305
Stille, er schläft, stille! stille! 45
still und Herzlich, froh und schmerzlich 670
Still war der Tag, die Sonne stand 424
Stoß deinen Scheit drei Spannen in den Sand 50
Su, susu 134
Süße Ruh', süßer Taumel im Gras 306

Tiefab im Tobel liegt ein Haus 75
Tiefes, ödes Schweigen 405
Tief, tief ein Körnlein schläft in mancher Brust 487
Trautere Heimat des besten der Väter 672
Trinklind 647

Über dem Brünnlein nicket der Zweig 98
Über Gelände, matt gedehnt 78
Um einen Myrtenzweig sich zu ersingen 106
Umsäuselt von des Frühdufts süßen Lüften 679
unaussprechlich 570
unbeschreiblich 571
Und als ich nun gen Bassora kam 567
Und er fühlt die rettend frohe Nähe 678
Und hast du deinen Frieden denn gegeben 411
Und ob der Maien stürmen will 603
Und rings die Weisen rief er herbei 573

Und sieh ich habe dich
  gesucht mit Schmerzen 362
Und wenn er aus der Pforte
  tritt 570
Und wenn sie vorüber am
  Fenster geht 569
Und willst du wissen, warum
  100
unerhört 571
Ungastlich hat man dich
  genannt 11
Ungastlich oder nicht?
  (In Westphalen) 11
Unglückselig der Kaufmann
  ist 565
Unruhe 596
Unter der Linde 539
unzählbar 573

Vanitas Vanitatum! R.i.p. 109
Verfehlter französischer
  Roman 663
verflucht 570
verhenkert 569
verliebt (Mutter, löse die
  Spangen mir!) 568
verliebt (Schilt mich nicht, du
  strenger Meister) 568
verteufelt 569
Vivat! vivat! vivat Caspar! und
  abermals vivat! 658
Volksglauben in den Pyrenäen
  309
Von Allem was zu Leid und
  Frommen 190
Vorgeschichte (Second sight)
  217
Vor vierzig Jahren 26
Vor Zeiten, ich war schon
  groß genug 162

Wär ich ein Kind! ein Knäblein klein! 566
Wärm dir, wärm deine liebe
  Hand! 667
Warum den eitlen Mammon
  mir 445
Was bleibt 154
Was ist mehr, denn Schmuck
  und Kleid? 558
Was ist süß wie Honigseim
  364
Was Leben hat, das kennt die
  Zeit der Gnade 516
Was meinem Kreise mich
  enttrieb 89
Was redet ihr so viel von
  Angst und Not 115
Was schäumt das Meer? was
  wälzt es sich? 570
Wasser. Der Mittag, der
  Fischer 69
Weck auf was schläft, streck
  aus die Hand 482
Weh dem Knaben der zwei
  Herrinnen hat! 566
Wehe dem kleinen Fischerssohn! 565
Weinet, weinet, meine Augen
  402
Weithin rauschen die brausenden Fluten 628
Wenn deine Hand den Sarg
  berührt 459
Wenn dich die Hoffnung flieht
  682
Wenn ich an einem schönen
  Tag 83
Wenn ich Montags früh
  erwache 172
Wenn ich o Freund hier im
  Haine 608

Wenn in den dunkeln Haine 607
Wenn in den linden Vollmondnächten 248
Wenn oft in kranken Stunden 473
Wenn Tau auf reifen Ähren glänzt 466
Wer bist du doch, o Mädchen? 564
Wer eine ernste Fahrt beginnt 91
Wer ist es der mir nahe steht? 453
Wer nur vertraut auf Gottes Macht 457
Wie blinkt der Mond so silberhell 586
Wie der zitternde Verbannte 152
Wie die reinste Silberquelle 646
Wie du gehst, und wie du stehst 569
Wie ein Strom will Ferne scheiden 604
Wie funkeln hell die Sterne 182
Wie hab' ich doch so manche Sommernacht 142
Wie kann der alte Apfelbaum 169
Wie lauscht, vom Abendschein umzuckt 64
Wie lieb, o Nähe; Ferne, ach wie leid 106
Wie sanft das bescheidene Veilchen 649
Wie sank die Sonne glüh und schwer! 329
Wie sind meine Finger so grün 590
Wie stehst du doch so dürr und kahl 394
Wie war mein Dasein abgeschlossen 301
Wild brauste der Sturm durch die Wälder 611
Winde rauschen, Flocken tanzen 178
Winter 84
wir fangen schon zu schwitzen an 626
Wir singen heut mit lautem Schall 658
Wo bist du, der noch unversöhnt mit mir? 439
Wo bleibst du, Wolke, die den Menschensohn 492
Wo der selige Himmel, das wissen wir nicht 206
Wo die Felsenlager stehen 68
Wohl sehr erschöpft die Menge war 441
Wohl, so will ich vorwärts gehen 398

Zu denken in gestandnen Tagen 180
Zum ersten Mal im fremden Land 665
Zum zweiten Male will ein Wort 591
Zur Zeit der Scheide zwischen Nacht und Tag 47
Zwei Kinder spielen wie Mäuschen quick 299
Zwei Legenden 547
Zwei Silben 653

INHALTSVERZEICHNIS

Gedichte der Ausgabe von 1844 9
   Zeitbilder 11
   Heidebilder 34
   Fels, Wald und See 68
   Gedichte vermischten Inhalts 89
   Scherz und Ernst 156
   Balladen 193
   Der spiritus familiaris des Roßtäuschers 272
Gedichte in Einzelveröffentlichungen 297
Geistliches Jahr in Liedern auf alle Sonn- und
   Festtage 353
   Anhang: Geistliche Lieder 509
Gedichte aus dem Nachlaß 529

Kommentar 685
   Zu dieser Ausgabe 687
     Textüberlieferung 689
     Textgrundlage und Textgestaltung 690
     Übergreifende Erläuterungen und
     Stellenkommentar 692
   Gedichte der Ausgabe von 1844 694
     Die Ausgabe von 1844 694
     Wirkung 699
     Textgrundlage 701
       Zeitbilder 702
       Heidebilder 712
       Fels, Wald und See 728
       Gedichte vermischten Inhalts 734
       Scherz und Ernst 762
       Balladen 775
       Der spiritus familiaris des Roßtäuschers 797

Gedichte in Einzelveröffentlichungen 802
Geistliches Jahr in Liedern auf alle Sonn- und
    Festtage 822
    Textüberlieferung und Textgrundlage 824
    Entstehung 825
    Wirkung 834
Anhang: Geistliche Lieder 874
    Textüberlieferung und Textgrundlage 874
    Entstehung 875
Gedichte aus dem Nachlaß 879
    Textüberlieferung und Textgestaltung 881
    Anordnung 882
Siglen und Abkürzungen 971
Literaturverzeichnis 974
Alphabetisches Verzeichnis der Gedichtanfänge
und -überschriften 991

ANNETTE VON DROSTE-HÜLSHOFF
SÄMTLICHE WERKE

Band 1
Gedichte

Band 2
Prosa / Versepen / Dramatische Versuche / Übersetzungen

Zu dieser Ausgabe

Diese Ausgabe folgt der im Deutschen Klassiker Verlag erschienenen Ausgabe Annette von Droste-Hülshoff, *Sämtliche Werke in zwei Bänden*. Herausgegeben von Bodo Plachta und Winfried Woesler, Frankfurt am Main 1994.

ANNETTE VON DROSTE-HÜLSHOFF

Sämtliche Werke

in zwei Bänden

Herausgegeben von
Bodo Plachta
und Winfried Woesler

Band 2

ANNETTE VON DROSTE-HÜLSHOFF

Prosa, Versepen, Dramatische Versuche, Übersetzungen

Herausgegeben von
Bodo Plachta
und Winfried Woesler

Insel Verlag

© dieser Ausgabe Insel Verlag Frankfurt am Main
und Leipzig 2004
Alle Rechte vorbehalten, insbesondere das des
öffentlichen Vortrags sowie der Übertragung durch
Rundfunk und Fernsehen, auch einzelner Teile.
Kein Teil des Werks darf in irgendeiner Form
(durch Fotografie, Mikrofilm oder andere Verfahren)
ohne schriftliche Genehmigung des Verlages
reproduziert oder unter Verwendung elektronischer
Systeme verarbeitet, vervielfältigt oder
verbreitet werden.
Druck: Nomos Verlagsgesellschaft, Baden-Baden
Printed in Germany
Erste Auflage 2004
ISBN 3-458-17185-1

1 2 3 4 5 6 – 09 08 07 06 05 04

PROSA,
VERSEPEN, DRAMATISCHE VERSUCHE,
ÜBERSETZUNGEN

INHALT

Prosa 9
Versepen 215
Dramatische Versuche 445
Libretti 669
Übersetzungen, Übertragungen 739

Kommentar 773
Inhaltsverzeichnis 1001

PROSA

DIE JUDENBUCHE

Ein Sittengemälde aus dem gebirgichten Westphalen

> Wo ist die Hand so zart, daß ohne Irren
> Sie sondern mag beschränkten Hirnes Wirren,
> So fest, daß ohne Zittern sie den Stein
> Mag schleudern auf ein arm verkümmert Sein?
> Wer wagt es, eitlen Blutes Drang zu messen,
> Zu wägen jedes Wort, das unvergessen
> In junge Brust die zähen Wurzeln trieb,
> Des Vorurteils geheimen Seelendieb?
> Du Glücklicher, geboren und gehegt
> Im lichten Raum, von frommer Hand gepflegt,
> Leg hin die Waagschal', nimmer dir erlaubt!
> Laß ruhn den Stein – er trifft dein eignes Haupt! –

Friedrich Mergel, geboren 1738, war der einzige Sohn eines sogenannten Halbmeiers oder Grundeigentümers geringerer Klasse im Dorfe B., das, so schlecht gebaut und rauchig es sein mag, doch das Auge jedes Reisenden fesselt durch die überaus malerische Schönheit seiner Lage in der grünen Waldschlucht eines bedeutenden und geschichtlich merkwürdigen Gebirges. Das Ländchen, dem es angehörte, war damals einer jener abgeschlossenen Erdwinkel ohne Fabriken und Handel, ohne Heerstraßen, wo noch ein fremdes Gesicht Aufsehen erregte, und eine Reise von dreißig Meilen selbst den Vornehmeren zum Ulysses seiner Gegend machte – kurz, ein Fleck, wie es deren sonst so viele in Deutschland gab, mit all den Mängeln und Tugenden, all der Originalität und Beschränktheit, wie sie nur in solchen Zuständen gedeihen. Unter höchst einfachen und häufig unzulänglichen Gesetzen waren die Begriffe der Einwohner von Recht und Unrecht einigermaßen in Verwirrung geraten, oder vielmehr, es hatte sich neben dem gesetzlichen ein zweites Recht gebildet, ein Recht der öffentlichen Meinung, der Gewohnheit und der durch Vernachlässigung entstandenen Verjährung. Die Gutsbesitzer, denen die niedere Gerichtsbarkeit zustand, straften und belohnten nach ihrer in den meisten Fällen redlichen Einsicht; der Untergebene tat, was ihm ausführbar und mit einem etwas weiten Gewissen verträglich schien, und nur dem Verlierenden fiel es zuweilen ein, in alten staubichten Urkunden nachzuschlagen. – Es ist schwer, jene Zeit unparteiisch in's Auge zu fassen; sie ist seit ihrem Verschwinden entweder hochmütig getadelt oder albern gelobt worden, da den, der sie erlebte, zu viel teure Erinnerungen blenden und der Spätergeborene sie nicht begreift. So viel darf man indessen behaupten, daß die Form schwächer, der Kern fester, Vergehen häufiger, Gewissenlosigkeit seltener waren. Denn wer nach seiner Überzeugung handelt, und sei sie noch so mangelhaft, kann nie ganz zu Grunde gehen, wogegen nichts seelentötender wirkt, als gegen das innere Rechtsgefühl das äußere Recht in Anspruch nehmen.

Ein Menschenschlag, unruhiger und unternehmender als alle seine Nachbarn, ließ in dem kleinen Staate, von dem wir reden, manches weit greller hervortreten als anderswo unter gleichen Umständen. Holz- und Jagdfrevel waren an der Tagesordnung, und bei den häufig vorfallenden Schlägereien hatte sich jeder selbst seines zerschlagenen Kopfes zu trösten. Da jedoch große und ergiebige Waldungen den Hauptreichtum des Landes ausmachten, ward allerdings scharf über die Forsten gewacht, aber weniger auf gesetzlichem Wege, als in stets erneuten Versuchen, Gewalt und List mit gleichen Waffen zu überbieten.

Das Dorf B. galt für die hochmütigste, schlauste und kühnste Gemeinde des ganzen Fürstentums. Seine Lage inmitten tiefer und stolzer Waldeinsamkeit mochte schon früh den angeborenen Starrsinn der Gemüter nähren; die Nähe eines Flusses, der in die See mündete und bedeckte

Fahrzeuge trug, groß genug, um Schiffbauholz bequem und sicher außer Land zu führen, trug sehr dazu bei, die natürliche Kühnheit der Holzfrevler zu ermutigen, und der Umstand, daß Alles umher von Förstern wimmelte, konnte hier nur aufregend wirken, da bei den häufig vorkommenden Scharmützeln der Vorteil meist auf Seiten der Bauern blieb. Dreißig, vierzig Wagen zogen zugleich aus in den schönen Mondnächten, mit ungefähr doppelt so viel Mannschaft jedes Alters, vom halbwüchsigen Knaben bis zum siebzigjährigen Ortsvorsteher, der als erfahrener Leitbock den Zug mit gleich stolzem Bewußtsein anführte, als er seinen Sitz in der Gerichtsstube einnahm. Die Zurückgebliebenen horchten sorglos dem allmählichen Verhallen des Knarrens und Stoßens der Räder in den Hohlwegen und schliefen sacht weiter. Ein gelegentlicher Schuß, ein schwacher Schrei ließen wohl einmal eine junge Frau oder Braut auffahren; kein anderer achtete darauf. Beim ersten Morgengrau kehrte der Zug eben so schweigend heim, die Gesichter glühend wie Erz, hier und dort einer mit verbundenem Kopf, was weiter nicht in Betracht kam, und nach ein paar Stunden war die Umgegend voll von dem Mißgeschick eines oder mehrerer Forstbeamten, die aus dem Walde getragen wurden, zerschlagen, mit Schnupftabak geblendet und für einige Zeit unfähig, ihrem Berufe nachzukommen.

In diesen Umgebungen ward Friedrich Mergel geboren, in einem Hause, das durch die stolze Zugabe eines Rauchfangs und minder kleiner Glasscheiben die Ansprüche seines Erbauers, so wie durch seine gegenwärtige Verkommenheit die kümmerlichen Umstände des jetzigen Besitzers bezeugte. Das frühere Geländer um Hof und Garten war einem vernachlässigten Zaune gewichen, das Dach schadhaft, fremdes Vieh weidete auf den Triften, fremdes Korn wuchs auf dem Acker zunächst am Hofe, und der Garten enthielt, außer ein paar holzichten Rosenstöcken aus besserer Zeit, mehr Unkraut als Kraut. Freilich hatten Unglücksfälle manches hiervon herbeigeführt; doch war auch viel Unordnung und böse Wirtschaft im Spiel. Friedrichs Vater, der alte Hermann Mergel, war in seinem Junggesellenstande ein sogenannter ordentlicher Säufer, d. h. einer, der nur an Sonn- und Festtagen in der Rinne lag und die Woche hindurch so manierlich war wie ein Anderer. So war denn auch seine Bewerbung um ein recht hübsches und wohlhabendes Mädchen ihm nicht erschwert. Auf der Hochzeit ging's lustig zu. Mergel war gar nicht zu arg betrunken, und die Eltern der Braut gingen Abends vergnügt heim; aber am nächsten Sonntage sah man die junge Frau schreiend und blutrünstig durch's Dorf zu den Ihrigen rennen, alle ihre guten Kleider und neues Hausgerät im Stich lassend. Das war freilich ein großer Skandal und Ärger für Mergel, der allerdings Trostes bedurfte. So war denn auch am Nachmittage keine Scheibe an seinem Hause mehr ganz, und man sah ihn noch bis spät in die Nacht vor der Türschwelle liegen, einen abgebrochenen Flaschenhals von Zeit zu Zeit zum Munde führend und sich Gesicht und Hände jämmerlich zerschneidend. Die junge Frau blieb bei ihren Eltern, wo sie bald verkümmerte und starb. Ob nun den Mergel Reue quälte oder Scham, genug, er schien der Trostmittel immer bedürftiger und fing bald an, den gänzlich verkommenen Subjekten zugezählt zu werden.

Die Wirtschaft verfiel; fremde Mägde brachten Schimpf und Schaden; so verging Jahr auf Jahr. Mergel war und blieb ein verlegener und zuletzt ziemlich armseliger Witwer, bis er mit einemmale wieder als Bräutigam auftrat. War die Sache an und für sich unerwartet, so trug die Persönlichkeit der Braut noch dazu bei, die Verwunderung zu erhöhen. Margareth Semmler war eine brave, anständige Person, so in den Vierzigen, in ihrer Jugend eine Dorfschönheit und noch jetzt als sehr klug und wirtlich geachtet, dabei nicht unvermögend; und so mußte es Jedem unbegreiflich sein, was sie zu diesem Schritte getrieben. Wir glauben den Grund eben in dieser ihrer selbstbewußten Vollkommenheit zu finden. Am Abend vor der Hochzeit soll sie gesagt haben: »Eine Frau, die von ihrem Manne übel behandelt wird, ist dumm oder taugt nicht: wenn's mir schlecht geht, so sagt, es liege an mir.« Der Erfolg zeigte leider, daß sie ihre Kräfte überschätzt hatte. Anfangs imponierte sie ihrem Manne; er kam nicht nach Haus oder kroch in die Scheune, wenn er sich übernommen hatte; aber das Joch war zu drückend, um lange getragen zu werden, und bald sah man ihn oft genug quer über die Gasse in's Haus taumeln, hörte drinnen sein wüstes Lärmen und sah Margreth eilends Tür und Fenster schließen. An einem solchen Tage – keinem Sonntage mehr – sah man sie Abends aus dem Hause stürzen, ohne Haube und Halstuch, das Haar wild um den Kopf hängend, sich im Garten neben ein Krautbeet niederwerfen und die Erde mit den Händen aufwühlen, dann ängstlich um sich schauen, rasch ein Bündel Kräuter brechen und damit langsam wieder dem Hause zugehen, aber nicht hinein, sondern in die Scheune. Es hieß, an diesem Tage habe Mergel zuerst Hand an sie gelegt, obwohl das Bekenntnis nie über ihre Lippen kam.

Das zweite Jahr dieser unglücklichen Ehe ward mit einem Sohne, man kann nicht sagen erfreut, denn Margreth soll sehr geweint haben, als man ihr das Kind reichte. Dennoch, obwohl unter einem Herzen voll Gram getragen, war Friedrich ein gesundes, hübsches Kind, das in der frischen Luft kräftig gedieh. Der Vater hatte ihn sehr lieb, kam nie nach Hause, ohne ihm ein Stückchen Wecken oder dergleichen mitzubringen, und man meinte sogar, er sei seit der Geburt des Knaben ordentlicher geworden; wenigstens ward der Lärmen im Hause geringer.

Friedrich stand in seinem neunten Jahre. Es war um das Fest der heiligen drei Könige, eine harte, stürmische Winternacht. Hermann war zu einer Hochzeit gegangen und hatte sich schon bei Zeiten auf den Weg gemacht, da das Brauthaus Dreiviertelmeilen entfernt lag. Obgleich er versprochen hatte, Abends wiederzukommen, rechnete Frau Mergel doch um so weniger darauf, da sich nach Sonnenuntergang dichtes Schneegestöber eingestellt hatte. Gegen zehn Uhr schürte sie die Asche am Herde zusammen und machte sich zum Schlafengehen bereit. Friedrich stand neben ihr, schon halb entkleidet und horchte auf das Geheul des Windes und das Klappen der Bodenfenster.

»Mutter, kommt der Vater heute nicht?« fragte er. – »Nein, Kind, morgen.« – »Aber warum nicht, Mutter? er hat's doch versprochen.« – »Ach Gott, wenn der Alles hielte, was er verspricht! Mach, mach voran, daß du fertig wirst.«

Sie hatten sich kaum niedergelegt, so erhob sich eine Windsbraut, als ob sie das Haus mitnehmen wollte. Die Bettstatt bebte und im Schornstein rasselte es wie ein Kobold. – »Mutter – es pocht draußen!« – »Still, Fritzchen, das ist das lockere Brett im Giebel, das der Wind jagt.« – »Nein, Mutter, an der Tür!« – »Sie schließt nicht; die Klinke ist zerbrochen. Gott, schlaf doch! bring mich nicht um das armselige Bißchen Nachtruhe.« – »Aber wenn nun der Vater kommt?« – Die Mutter drehte sich heftig im Bett um. – »Den hält der Teufel fest genug!« – »Wo ist der Teufel, Mutter?« – »Wart du Unrast! er steht vor der Tür und will dich holen, wenn du nicht ruhig bist!«

Friedrich ward still; er horchte noch ein Weilchen und schlief dann ein. Nach einigen Stunden erwachte er. Der Wind hatte sich gewendet und zischte jetzt wie eine Schlange durch die Fensterritze an seinem Ohr. Seine Schulter war erstarrt; er kroch tief unter's Deckbett und lag aus Furcht ganz still. Nach einer Weile bemerkte er, daß die Mutter auch nicht schlief. Er hörte sie weinen und mitunter: »Gegrüßt seist du, Maria!« und: »bitte für uns arme Sünder!« Die Kügelchen des Rosenkranzes glitten an seinem Gesicht hin. – Ein unwillkürlicher Seufzer entfuhr ihm. – »Friedrich, bist du wach?« – »Ja, Mutter.« – »Kind, bete ein wenig – du kannst ja schon das halbe Vaterunser – daß Gott uns bewahre vor Wasser- und Feuersnot.«

Friedrich dachte an den Teufel, wie der wohl aussehen möge. Das mannigfache Geräusch und Getöse im Hause kam ihm wunderlich vor. Er meinte, es müsse etwas Lebendiges drinnen sein und draußen auch. »Hör', Mutter, gewiß, da sind Leute, die pochen.« – »Ach nein, Kind; aber es ist kein altes Brett im Hause, das nicht klappert.« – »Hör'! hörst du nicht? es ruft! hör' doch!«

Die Mutter richtete sich auf; das Toben des Sturms ließ einen Augenblick nach. Man hörte deutlich an den Fensterladen pochen und mehrere Stimmen: »Margreth! Frau Margreth, heda, aufgemacht!« – Margreth stieß einen heftigen Laut aus: »Da bringen sie mir das Schwein wieder!«

Der Rosenkranz flog klappernd auf den Brettstuhl, die Kleider wurden herbeigerissen. Sie fuhr zum Herde und bald darauf hörte Friedrich sie mit trotzigen Schritten über die Tenne gehen. Margreth kam gar nicht wieder; aber in der Küche war viel Gemurmel und fremde Stimmen. Zweimal kam ein fremder Mann in die Kammer und schien ängstlich etwas zu suchen. Mit einemmale ward eine Lampe hereingebracht. Zwei Männer führten die Mutter. Sie war weiß wie Kreide und hatte die Augen geschlossen. Friedrich meinte, sie sei tot; er erhob ein fürchterliches Geschrei, worauf ihm Jemand eine Ohrfeige gab, was ihn zur Ruhe brachte, und nun begriff er nach und nach aus den Reden der Umstehenden, daß der Vater vom Ohm Franz Semmler und dem Hülsmeyer tot im Holze gefunden sei und jetzt in der Küche liege.

Sobald Margreth wieder zur Besinnung kam, suchte sie die fremden Leute los zu werden. Der Bruder blieb bei ihr und Friedrich, dem bei strenger Strafe im Bett zu bleiben geboten war, hörte die ganze Nacht hindurch das Feuer in der Küche knistern und ein Geräusch wie von Hin- und Herrutschen und Bürsten. Gesprochen ward wenig und leise, aber zuweilen drangen Seufzer herüber, die dem Knaben, so jung er war, durch Mark und Bein gingen. Einmal verstand er, daß der Oheim sagte: »Margreth, zieh dir das nicht zu Gemüt; wir wollen Jeder drei Messen lesen lassen, und um Ostern gehen wir zusammen eine Bittfahrt zur Muttergottes von Werl.«

Als nach zwei Tagen die Leiche fortgetragen wurde, saß Margreth am Herde, das Gesicht mit der Schürze verhüllend. Nach einigen Minuten, als alles still geworden war, sagte sie in sich hinein: »Zehn Jahre, zehn Kreuze. Wir haben sie doch zusammen getragen, und jetzt bin ich allein!« dann lauter: »Fritzchen, komm her!« – Friedrich kam scheu heran; die Mutter war ihm ganz unheimlich geworden mit den schwarzen Bändern und den verstörten Zügen. »Fritzchen,« sagte sie, »willst du jetzt auch fromm sein, daß ich Freude an dir habe, oder willst du unartig sein und lügen, oder saufen und stehlen?« – »Mutter, Hülsmeyer stiehlt.« – »Hülsmeyer? Gott bewahre! Soll ich dir auf den Rücken kommen? wer sagt dir so schlechtes Zeug?« – »Er hat neulich den Aaron geprügelt und ihm sechs Groschen genommen.« – »Hat er dem Aaron Geld genommen, so hat ihn der verfluchte Jude gewiß zuvor darum betrogen. Hülsmeyer ist ein ordentlicher, angesessener Mann, und die Juden sind alle Schelme.« – »Aber, Mutter, Brandis sagt auch, daß er Holz und Rehe stiehlt.« – »Kind, Brandis ist ein Förster.« – »Mutter, lügen die Förster?«

Margreth schwieg eine Weile; dann sagte sie: »Höre, Fritz, das Holz läßt unser Herrgott frei wachsen und das Wild wechselt aus eines Herren Lande in das andere; die können Niemand angehören. Doch das verstehst du noch nicht; jetzt geh in den Schoppen und hole mir Reisig.«

Friedrich hatte seinen Vater auf dem Stroh gesehen, wo er, wie man sagt, blau und fürchterlich ausgesehen haben soll. Aber davon erzählte er nie und schien ungern daran zu denken. Überhaupt hatte die Erinnerung an seinen Vater eine mit Grausen gemischte Zärtlichkeit in ihm zurückgelassen, wie denn nichts so fesselt, wie die Liebe und Sorgfalt eines Wesens, das gegen alles Übrige verhärtet scheint, und bei Friedrich wuchs dieses Gefühl mit den Jahren, durch das Gefühl mancher Zurücksetzung von Seiten Anderer. Es war ihm äußerst empfindlich, wenn, so lange er Kind war, Jemand des Verstorbenen nicht allzu löblich gedachte; ein Kummer, den ihm das Zartgefühl der Nachbarn nicht ersparte. Es ist gewöhnlich in jenen Gegenden, den Verunglückten die Ruhe im Grabe abzusprechen. Der alte Mergel war das Gespenst des Brederholzes geworden; einen Betrunkenen führte er als Irrlicht bei einem Haar in den Zellerkolk (Teich); die Hirtenknaben, wenn sie Nachts bei ihren Feuern kauerten und die Eulen in den Gründen schrien, hörten zuweilen in abgebrochenen Tönen ganz deutlich dazwischen sein: »Hör mal an, fein's Lieseken,« und ein unprivilegirter Holzhauer, der unter der breiten Eiche eingeschlafen und dem es darüber Nacht geworden war, hatte beim Erwachen sein geschwollenes blaues Gesicht durch die Zweige lauschen sehen. Friedrich mußte von andern Knaben Vieles darüber hören; dann heulte er, schlug um sich, stach auch einmal mit seinem Messerchen und wurde bei dieser Gelegenheit jämmerlich geprügelt. Seitdem trieb er seiner Mutter Kühe allein an das andere Ende des Tales, wo man ihn oft Stunden lang in derselben Stellung im Grase liegen und den Thymian aus dem Boden rupfen sah.

Er war zwölf Jahre alt, als seine Mutter einen Besuch von ihrem jüngern Bruder erhielt, der in Brede wohnte und seit der törichten Heirat seiner Schwester ihre Schwelle nicht betreten hatte. Simon Semmler war ein kleiner, unruhiger, magerer Mann mit vor dem Kopf liegenden Fischaugen und überhaupt einem Gesicht wie ein Hecht, ein unheimlicher Geselle, bei dem dicktuende Verschlossenheit oft mit ebenso gesuchter Treuherzigkeit wechselte, der gern einen aufgeklärten Kopf vorgestellt hätte und statt dessen für einen fatalen, Händel suchenden Kerl galt, dem Jeder um so lieber aus dem Wege ging, je mehr er in das Alter trat, wo ohnehin beschränkte Menschen leicht an Ansprüchen gewinnen, was sie an Brauchbarkeit verlieren. Dennoch freute sich die arme Margreth, die sonst keinen der Ihrigen mehr am Leben hatte.

»Simon, bist du da?« sagte sie, und zitterte, daß sie sich am Stuhle halten mußte. »Willst du sehen, wie es mir geht und meinem schmutzigen Jungen?« – Simon betrachtete sie ernst und reichte ihr die Hand: »Du bist alt geworden, Margreth!« – Margreth seufzte: »Es ist mir derweil oft bitterlich gegangen mit allerlei Schicksalen.« – »Ja, Mädchen, zu spät gefreit, hat immer gereut! Jetzt bist du alt und das Kind ist klein. Jedes Ding hat seine Zeit. Aber wenn ein altes Haus brennt, dann hilft kein Löschen.« – Über Margreths vergrämtes Gesicht flog eine Flamme so rot wie Blut.

»Aber ich höre, dein Junge ist schlau und gewichst,« fuhr Simon fort. – »Ei nun so ziemlich, und dabei fromm.« – »Hum, 's hat mal Einer eine Kuh gestohlen, der hieß auch Fromm. Aber er ist still und nachdenklich, nicht wahr? er läuft nicht mit den andern Buben?« – »Er ist ein eigenes Kind,« sagte Margreth wie für sich; »es ist nicht gut.« – Simon lachte hell auf: »Dein Junge ist scheu, weil ihn die andern ein paarmal gut durchgedroschen haben. Das wird ihnen der Bursche schon wieder bezahlen. Hülsmeyer war neulich bei mir; der sagte, es ist ein Junge wie 'n Reh.«

Welcher Mutter geht das Herz nicht auf, wenn sie ihr Kind loben hört? Der armen Margreth ward selten so wohl, Jedermann nannte ihren Jungen tückisch und verschlossen. Die Tränen traten ihr in die Augen. »Ja, Gottlob, er hat gerade Glieder.« – »Wie sieht er aus?« fuhr Simon fort. – »Er hat viel von dir, Simon, viel.«

Simon lachte: »Ei, das muß ein rarer Kerl sein, ich werde alle Tage schöner. An der Schule soll er sich wohl nicht verbrennen. Du läßt ihn die Kühe hüten? Eben so gut. Es ist doch nicht halb wahr, was der Magister sagt. Aber wo hütet er? Im Telgengrund? im Roderholze? im Teutoburger Wald? auch des Nachts und früh?« – »Die ganzen Nächte durch; aber wie meinst du das?«

Simon schien dies zu überhören; er reckte den Hals zur Türe hinaus. »Ei, da kommt der Gesell! Vaterssohn! er schlenkert gerade so mit den Armen wie dein seliger Mann. Und schau mal an! wahrhaftig, der Junge hat meine blonden Haare!«

In der Mutter Züge kam ein heimliches, stolzes Lächeln; ihres Friedrichs blonde Locken und Simons rötliche Bürsten! Ohne zu antworten, brach sie einen Zweig von der nächsten Hecke und ging ihrem Sohne entgegen, scheinbar, eine träge Kuh anzutreiben, im Grunde aber, ihm einige rasche, halbdrohende Worte zuzuraunen; denn sie kannte seine störrische Natur, und Simons Weise war ihr heute einschüchternder vorgekommen als je. Doch ging Alles über Erwarten gut; Friedrich zeigte sich weder verstockt, noch frech, vielmehr etwas blöde und sehr bemüht, dem Ohm zu gefallen. So kam es denn dahin, daß nach einer halbstündigen Unterredung Simon eine Art Adoption des Knaben in Vorschlag brachte, vermöge deren er denselben zwar nicht gänzlich seiner Mutter entziehen, aber doch über den größten Teil seiner Zeit verfügen wollte, wofür ihm dann am Ende des alten Junggesellen Erbe zufallen solle, das ihm freilich ohnedies nicht entgehen konnte. Margreth ließ sich geduldig auseinandersetzen, wie groß der Vorteil, wie gering die Entbehrung ihrerseits bei dem Handel sei. Sie wußte am besten, was eine kränkliche Witwe an der Hülfe eines zwölfjährigen Knaben entbehrt, den sie bereits gewöhnt hat, die Stelle einer Tochter zu ersetzen. Doch sie schwieg und gab sich in Alles. Nur bat sie den Bruder, streng, doch nicht hart gegen den Knaben zu sein.

»Er ist gut,« sagte sie, »aber ich bin eine einsame Frau; mein Kind ist nicht, wie einer, über den Vaterhand regiert hat.« Simon nickte schlau mit dem Kopf: »Laß mich nur gewähren, wir wollen uns schon vertragen, und weißt du was? gib mir den Jungen gleich mit, ich habe zwei Säcke aus der Mühle zu holen; der kleinste ist ihm grad' recht, und so lernt er mir zur Hand gehen. Komm, Fritzchen, zieh deine Holzschuh an!« – Und bald sah Margreth den Beiden nach, wie sie fortschritten, Simon voran, mit seinem Gesicht die Luft durchschneidend, während ihm die Schöße des roten Rocks wie Feuerflammen nachzogen. So hatte er ziemlich das Ansehen eines feurigen Mannes, der unter dem gestohlenen Sacke büßt; Friedrich ihm nach, fein und schlank für sein Alter, mit zarten, fast edlen Zügen und langen blonden Locken, die besser gepflegt waren, als sein übriges Äußere erwarten ließ; übrigens zerlumpt, sonneverbrannt und mit dem Ausdruck der Vernachlässigung und einer gewissen rohen Melancholie in den Zügen. Dennoch war eine große Familienähnlichkeit Beider nicht zu verkennen, und wie Friedrich so langsam seinem Führer nachtrat, die Blicke fest auf denselben geheftet, der ihn gerade durch das Seltsame seiner Erscheinung anzog, erinnerte er unwillkürlich an Jemand, der in einem Zauberspiegel das Bild seiner Zukunft mit verstörter Aufmerksamkeit betrachtet.

Jetzt nahten die beiden sich der Stelle des Teutoburger Waldes, wo das Brederholz den Abhang des Gebirges niedersteigt und einen sehr dunkeln Grund ausfüllt. Bis jetzt war wenig gesprochen worden. Simon schien nachdenkend, der Knabe zerstreut, und Beide keuchten unter ihren Säcken. Plötzlich fragte Simon: »Trinkst du gern Branntwein?« – Der Knabe antwortete nicht. »Ich frage, trinkst du gern Branntwein? gibt dir die Mutter zuweilen welchen?« – »Die Mutter hat selbst keinen,« sagte Friedrich. – »So, so, desto besser! – kennst du das Holz da vor uns?« – »Das ist das Brederholz.« – »Weißt du auch, was darin vorgefallen ist?« – Friedrich schwieg. Indessen kamen sie der düstern Schlucht immer näher. »Betet die Mutter noch so viel?« hob Simon wieder an. – »Ja, jeden Abend zwei Rosenkränze.« – »So? und du betest mit?« – Der Knabe lachte halb verlegen mit einem durchtriebenen Seitenblick. – »Die Mutter betet in der Dämmerung vor dem Essen den einen Rosenkranz, dann bin ich meist noch nicht wieder da mit den Kühen, und den andern im Bette, dann schlaf ich gewöhnlich ein.« – »So, so, Geselle!«

Diese letzten Worte wurden unter dem Schirme einer weiten Buche gesprochen, die den Eingang der Schlucht überwölbte. Es war jetzt ganz finster; das erste Mondviertel stand am Himmel, aber seine schwachen Schimmer dienten nur dazu, den Gegenständen, die sie zuweilen durch eine Lücke der Zweige berührten, ein fremdartiges Ansehen zu geben. Friedrich hielt sich dicht hinter seinem Ohm; sein Odem ging schnell, und wer seine Züge hätte unterscheiden können, würde den Ausdruck einer ungeheuren, doch mehr phantastischen als furchtsamen Spannung darin wahrgenommen haben. So schritten Beide rüstig voran, Simon mit dem festen Schritt des abgehärteten Wanderers, Friedrich schwankend und wie im Traum. Es kam ihm vor, als ob Alles sich bewegte und die Bäume in den einzelnen Mondstrahlen bald zusammen, bald von einander schwankten. Baumwurzeln und schlüpfrige Stellen, wo sich das Wegwasser gesammelt, machten seinen Schritt unsicher; er war einigemale nahe daran, zu fallen. Jetzt schien sich in einiger Entfernung das Dunkel zu brechen, und bald traten Beide in eine ziemlich große Lichtung. Der Mond schien klar hinein und zeigte, daß hier noch vor Kurzem die Axt unbarmherzig gewütet hatte. Überall ragten Baumstümpfe hervor, manche mehrere Fuß über der Erde, wie sie gerade in der Eile am bequemsten zu durchschneiden gewesen waren; die verpönte Arbeit mußte unversehens unterbrochen worden sein, denn eine Buche lag quer über dem Pfad, in vollem Laube, ihre Zweige hoch über sich streckend und im Nachtwinde mit den noch frischen Blättern zitternd. Simon blieb einen Augenblick stehen und betrachtete den gefällten Stamm mit Aufmerksamkeit. In der Mitte der Lichtung stand eine alte Eiche, mehr breit als hoch; ein blasser Strahl, der durch die Zweige auf ihren Stamm fiel, zeigte, daß er hohl sei, was ihn wahrscheinlich vor der allgemeinen Zerstörung geschützt hatte. Hier ergriff Simon plötzlich des Knaben Arm.

»Friedrich, kennst du den Baum? Das ist die breite Eiche.« – Friedrich fuhr zusammen und klammerte sich mit kalten Händen an seinen Ohm. – »Sieh,« fuhr Simon fort, »hier haben Ohm Franz und der Hülsmeyer deinen Vater gefunden, als er in der Betrunkenheit ohne Buße und Ölung zum Teufel gefahren war.« – »Ohm, Ohm!« keuchte Friedrich. – »Was fällt dir ein? Du wirst dich doch nicht fürchten? Satan von einem Jungen, du kneipst mir den Arm! laß los, los!« – Er suchte den Knaben abzuschütteln. – »Dein Vater war übrigens eine gute Seele; Gott wird's nicht so genau mit ihm nehmen. Ich hatt' ihn so lieb wie meinen eigenen Bruder.« – Friedrich ließ den Arm seines Ohms los; Beide legten schweigend den übrigen Teil des Waldes zurück und das Dorf Brede lag vor ihnen, mit seinen Lehmhütten und den einzelnen bessern Wohnungen von Ziegelsteinen, zu denen auch Simons Haus gehörte.

Am nächsten Abend saß Margreth schon seit einer Stunde mit ihrem Rocken vor der Tür und wartete auf ihren Knaben. Es war die erste Nacht, die sie zugebracht hatte, ohne den Atem ihres Kindes neben sich zu hören, und Friedrich kam noch immer nicht. Sie war ärgerlich und ängstlich und wußte, daß sie beides ohne Grund war. Die Uhr im Turm schlug sieben, das Vieh kehrte heim; er war noch immer nicht da und sie mußte aufstehen, um nach den Kühen zu schauen. Als sie wieder in die dunkle Küche trat, stand Friedrich am Herde; er hatte sich vorn übergebeugt und wärmte die Hände an den Kohlen. Der Schein spielte auf seinen Zügen und gab ihnen ein widriges Ansehen von Magerkeit und ängstlichem Zucken. Margreth blieb in der Tennentür stehen, so seltsam verändert kam ihr das Kind vor.

»Friedrich, wie geht's dem Ohm?« – Der Knabe murmelte einige unverständliche Worte und drängte sich dicht an die Feuermauer. – »Friedrich, hast du das Reden verlernt? Junge, tu' das Maul auf! du weißt ja doch, daß ich auf dem rechten Ohr nicht gut höre.« – Das Kind erhob seine Stimme und geriet dermaßen in's Stammeln, daß Margreth es um nichts mehr begriff. – »Was sagst du? einen Gruß von Meister Semmler? wieder fort? wohin? die Kühe sind schon zu Hause. Verfluchter Junge, ich kann dich nicht verstehen. Wart', ich muß einmal sehen, ob du keine Zunge im Munde hast!« – Sie trat heftig einige Schritte vor. Das Kind sah zu ihr auf, mit dem Jammerblick eines armen, halbwüchsigen Hundes, der Schildwacht stehen lernt, und begann in der Angst mit den Füßen zu stampfen und den Rücken an der Feuermauer zu reiben.

Margreth stand still; ihre Blicke wurden ängstlich. Der Knabe erschien ihr wie zusammengeschrumpft, auch seine

Kleider waren nicht dieselben, nein, das war ihr Kind nicht! und dennoch – »Friedrich, Friedrich!« rief sie.

In der Schlafkammer klappte eine Schranktür und der Gerufene trat hervor, in der einen Hand eine sogenannte Holzschenvioline, d. h. einen alten Holzschuh, mit drei bis vier zerschabten Geigensaiten überspannt, in der andern einen Bogen, ganz des Instruments würdig. So ging er gerade auf sein verkümmertes Spiegelbild zu, seinerseits mit einer Haltung bewußter Würde und Selbständigkeit, die in diesem Augenblicke den Unterschied zwischen beiden sonst merkwürdig ähnlichen Knaben stark hervortreten ließ.

»Da, Johannes!« sagte er und reichte ihm mit einer Gönnermiene das Kunstwerk; »da ist die Violine, die ich dir versprochen habe. Mein Spielen ist vorbei, ich muß jetzt Geld verdienen.« – Johannes warf noch einmal einen scheuen Blick auf Margreth, streckte dann langsam seine Hand aus, bis er das Dargebotene fest ergriffen hatte, und brachte es wie verstohlen unter die Flügel seines armseligen Jäckchens.

Margreth stand ganz still und ließ die Kinder gewähren. Ihre Gedanken hatten eine andere, sehr ernste Richtung genommen, und sie blickte mit unruhigem Auge von Einem auf den Andern. Der fremde Knabe hatte sich wieder über die Kohlen gebeugt mit einem Ausdruck augenblicklichen Wohlbehagens, der an Albernheit grenzte, während in Friedrichs Zügen der Wechsel eines offenbar mehr selbstischen als gutmütigen Mitgefühls spielte und sein Auge in fast glasartiger Klarheit zum erstenmale bestimmt den Ausdruck jenes ungebändigten Ehrgeizes und Hanges zum Großtun zeigte, der nachher als so starkes Motiv seiner meisten Handlungen hervortrat. Der Ruf seiner Mutter störte ihn aus Gedanken, die ihm eben so neu als angenehm waren. Sie saß wieder am Spinnrade.

»Friedrich,« sagte sie zögernd, »sag einmal –« und schwieg dann. Friedrich sah auf und wandte sich, da er nichts weiter vernahm, wieder zu seinem Schützling.

»Nein, höre —« und dann leiser: »was ist das für ein Junge? wie heißt er?« – Friedrich antwortete eben so leise: »Das ist des Ohms Simon Schweinehirt, der eine Botschaft an den Hülsmeyer hat. Der Ohm hat mir ein paar Schuhe und eine Weste von Drillich gegeben; die hat mir der Junge unterwegs getragen; dafür hab' ich ihm meine Violine versprochen; er ist ja doch ein armes Kind; Johannes heißt er.« – »Nun –?« sagte Margreth. – »Was willst du, Mutter?« – »Wie heißt er weiter?« – »Ja – weiter nicht – oder, warte – doch: Niemand, Johannes Niemand heißt er. – Er hat keinen Vater,« fügte er leiser hinzu.

Margreth stand auf und ging in die Kammer. Nach einer Weile kam sie heraus, mit einem harten, finstern Ausdruck in den Mienen. – »So, Friedrich,« sagte sie, »laß den Jungen gehen, daß er seine Bestellung machen kann. – Junge, was liegst du da in der Asche? hast du zu Hause nichts zu tun?« – Der Knabe raffte sich mit der Miene eines Verfolgten so eilfertig auf, daß ihm alle Glieder im Wege standen und die Holschenvioline bei einem Haar in's Feuer gefallen wäre.

»Warte, Johannes,« sagte Friedrich stolz, »ich will dir mein halbes Butterbrod geben, es ist mir doch zu groß, die Mutter schneidet allemal über's ganze Brod.« – »Laß doch,« sagte Margreth, »er geht ja nach Hause.« – »Ja, aber er bekommt nichts mehr; Ohm Simon ißt um sieben Uhr.« Margreth wandte sich zu dem Knaben: »Hebt man dir nichts auf? Sprich, wer sorgt für dich?« – »Niemand,« stotterte das Kind. – »Niemand?« wiederholte sie; »da nimm, nimm!« fügte sie heftig hinzu; »du heißt Niemand und Niemand sorgt für dich! Das sei Gott geklagt! Und nun mach dich fort! Friedrich, geh nicht mit ihm, hörst du, geht nicht zusammen durch's Dorf.« – »Ich will ja nur Holz holen aus dem Schuppen,« antwortete Friedrich. – Als beide Knaben fort waren, warf sich Margreth auf einen Stuhl und schlug die Hände mit dem Ausdruck des tiefsten Jammers zusammen. Ihr Gesicht war bleich wie ein Tuch. »Ein falscher Eid, ein falscher Eid!« stöhnte sie. »Simon, Simon, wie willst du vor Gott bestehen!«

So saß sie eine Weile, starr' mit geklemmten Lippen, wie in völliger Geistesabwesenheit. Friedrich stand vor ihr und hatte sie schon zweimal angeredet. »Was ist's? was willst du?« rief sie auffahrend. – »Ich bringe Euch Geld,« sagte er, mehr erstaunt als erschreckt. – »Geld? wo?« Sie regte sich und die kleine Münze fiel klingend auf den Boden. Friedrich hob sie auf. »Geld vom Ohm Simon, weil ich ihm habe arbeiten helfen. Ich kann mir nun selber was verdienen.« – »Geld vom Simon? wirf's fort, fort! – nein, gib's den Armen. Doch, nein, behalt's,« flüsterte sie kaum hörbar; »wir sind selber arm. Wer weiß, ob wir bei dem Betteln vorbeikommen!« – »Ich soll Montag wieder zum Ohm und ihm bei der Einsaat helfen.« – »Du wieder zu ihm? nein, nein, nimmermehr!« – Sie umfaßte ihr Kind mit Heftigkeit. – »Doch,« fügte sie hinzu, und ein Tränenstrom stürzte ihr plötzlich über die eingefallenen Wangen; »geh, er ist mein einziger Bruder, und die Verleumdung ist groß! Aber halt Gott vor Augen und vergiß das tägliche Gebet nicht!«

Margreth legte das Gesicht an die Mauer und weinte laut. Sie hatte manche harte Last getragen, ihres Mannes üble Behandlung, noch schwerer seinen Tod, und es war eine bittere Stunde, als die Witwe das letzte Stück Ackerland einem Gläubiger zur Nutznießung überlassen mußte und der Pflug vor ihrem Hause stille stand. Aber so war ihr nie zu Mute gewesen; dennoch, nachdem sie einen Abend durchgeweint, eine Nacht durchwacht hatte, war sie dahin gekommen, zu denken, ihr Bruder Simon könne so gottlos nicht sein, der Knabe gehöre gewiß nicht ihm, Ähnlichkeiten wollen nichts beweisen. Hatte sie doch selbst vor vierzig Jahren ein Schwesterchen verloren, das genau dem fremden Hechelkrämer glich. Was glaubt man nicht gern, wenn man so wenig hat und durch Unglauben dies wenige verlieren soll!

Von dieser Zeit an war Friedrich selten mehr zu Hause. Simon schien alle wärmern Gefühle, deren er fähig war, dem Schwestersohn zugewendet zu haben; wenigstens vermißte er ihn sehr und ließ nicht nach mit Botschaften, wenn ein häusliches Geschäft ihn auf einige Zeit bei der Mutter hielt. Der Knabe war seitdem wie verwandelt, das träumerische Wesen gänzlich von ihm gewichen, er trat fest auf, fing an, sein Äußeres zu beachten und bald in den Ruf eines hübschen, gewandten Burschen zu kommen. Sein Ohm, der nicht wohl ohne Projekte leben konnte, unternahm mitunter ziemlich bedeutende öffentliche Arbeiten, z. B. beim Wegbau, wobei Friedrich für einen seiner besten Arbeiter und überall als seine rechte Hand galt; denn obgleich dessen Körperkräfte noch nicht ihr volles Maß erreicht hatten, kam ihm doch nicht leicht Jemand an Ausdauer gleich. Margreth hatte bisher ihren Sohn nur geliebt, jetzt fing sie an, stolz auf ihn zu werden und sogar eine Art Hochachtung vor ihm zu fühlen, da sie den jungen Menschen so ganz ohne ihr Zutun sich entwickeln sah, sogar ohne ihren Rat, den sie, wie die meisten Menschen, für unschätzbar hielt und deshalb die Fähigkeiten nicht hoch genug anzuschlagen wußte, die eines so kostbaren Förderungsmittels entbehren konnten.

In seinem achtzehnten Jahre hatte Friedrich sich bereits einen bedeutenden Ruf in der jungen Dorfwelt gesichert, durch den Ausgang einer Wette, in Folge deren er einen erlegten Eber über zwei Meilen weit auf seinem Rücken trug, ohne abzusetzen. Indessen war der Mitgenuß des Ruhms auch so ziemlich der einzige Vorteil, den Margreth aus diesen günstigen Umständen zog, da Friedrich immer mehr auf sein Äußeres verwandte und allmählich anfing, es schwer zu verdauen, wenn Geldmangel ihn zwang, irgend Jemand im Dorf darin nachzustehen. Zudem waren alle seine Kräfte auf den auswärtigen Erwerb gerichtet; zu Hause schien ihm, ganz im Widerspiel mit seinem sonstigen Rufe, jede anhaltende Beschäftigung lästig, und er unterzog sich lieber einer harten, aber kurzen Anstrengung, die ihm bald erlaubte, seinem frühern Hirtenamte wieder nachzugehen, was bereits begann, seinem Alter unpassend zu werden, und ihm gelegentlichen Spott zuzog, vor dem er sich aber durch ein paar derbe Zurechtweisungen mit der

Faust Ruhe verschaffte. So gewöhnte man sich daran, ihn bald geputzt und fröhlich als anerkannten Dorfelegant an der Spitze des jungen Volks zu sehen, bald wieder als zerlumpten Hirtenbuben einsam und träumerisch hinter den Kühen herschleichend, oder in einer Waldlichtung liegend, scheinbar gedankenlos und das Moos von den Bäumen rupfend.

Um diese Zeit wurden die schlummernden Gesetze doch einigermaßen aufgerüttelt durch eine Bande von Holzfrevlern, die unter dem Namen der Blaukittel alle ihre Vorgänger so weit an List und Frechheit übertraf, daß es dem Langmütigsten zu viel werden mußte. Ganz gegen den gewöhnlichen Stand der Dinge, wo man die stärksten Böcke der Herde mit dem Finger bezeichnen konnte, war es hier trotz aller Wachsamkeit bisher nicht möglich gewesen, auch nur ein Individuum namhaft zu machen. Ihre Benennung erhielten sie von der ganz gleichförmigen Tracht, durch die sie das Erkennen erschwerten, wenn etwa ein Förster noch einzelne Nachzügler im Dickicht verschwinden sah. Sie verheerten Alles wie die Wanderraupe, ganze Waldstrecken wurden in einer Nacht gefällt und auf der Stelle fortgeschafft, so daß man am andern Morgen nichts fand, als Späne und wüste Haufen von Topholz, und der Umstand, daß nie Wagenspuren einem Dorfe zuführten, sondern immer vom Flusse her und dorthin zurück, bewies, daß man unter dem Schutz und vielleicht mit dem Beistande der Schiffeigentümer handelte. In der Bande mußten sehr gewandte Spione sein, denn die Förster konnten Wochen lang umsonst wachen; in der ersten Nacht, gleichviel, ob stürmisch oder mondhell, wo sie vor Übermüdung nachließen, brach die Zerstörung ein. Seltsam war es, daß das Landvolk umher eben so unwissend und gespannt schien, als die Förster selber. Von einigen Dörfern ward mit Bestimmtheit gesagt, daß sie nicht zu den Blaukitteln gehörten, aber keines konnte als dringend verdächtig bezeichnet werden, seit man das verdächtigste von allen, das Dorf B., freisprechen mußte. Ein Zufall hatte dies bewirkt, eine Hochzeit, auf der fast alle Bewohner dieses Dorfes notorisch die Nacht zugebracht hatten, während zu eben dieser Zeit die Blaukittel eine ihrer stärksten Expeditionen ausführten.

Der Schaden in den Forsten war indes allzu groß, deshalb wurden die Maßregeln dagegen auf eine bisher unerhörte Weise gesteigert; Tag und Nacht wurde patrolliert, Ackerknechte, Hausbediente mit Gewehren versehen und den Forstbeamten zugesellt. Dennoch war der Erfolg nur gering und die Wächter hatten oft kaum das eine Ende des Forstes verlassen, wenn die Blaukittel schon zum andern einzogen. Das währte länger als ein volles Jahr, Wächter und Blaukittel, Blaukittel und Wächter, wie Sonne und Mond, immer abwechselnd im Besitz des Terrains und nie zusammentreffend.

Es war im Juli 1756 früh um drei; der Mond stand klar am Himmel, aber sein Glanz fing an zu ermatten und im Osten zeigte sich bereits ein schmaler gelber Streif, der den Horizont besäumte und den Eingang einer engen Talschlucht wie mit einem Goldbande schloß. Friedrich lag im Grase, nach seiner gewohnten Weise, und schnitzelte an einem Weidenstabe, dessen knotigem Ende er die Gestalt eines ungeschlachten Tieres zu geben versuchte. Er sah übermüdet aus, gähnte, ließ mitunter seinen Kopf an einem verwitterten Stammknorren ruhen und Blicke, dämmeriger als der Horizont, über den mit Gestrüpp und Aufschlag fast verwachsenen Eingang des Grundes streifen. Ein paarmal belebten sich seine Augen und nahmen den ihnen eigentümlichen glasartigen Glanz an, aber gleich nachher schloß er sie wieder halb und gähnte und dehnte sich, wie es nur faulen Hirten erlaubt ist. Sein Hund lag in einiger Entfernung nah bei den Kühen, die unbekümmert um die Forstgesetze eben so oft den jungen Baumspitzen als dem Grase zusprachen und in die frische Morgenluft schnaubten. Aus dem Walde drang von Zeit zu Zeit ein dumpfer, krachender Schall; der Ton hielt nur einige Sekunden an, begleitet von einem langen Echo an den Bergwänden und wiederholte sich etwa alle fünf bis acht Minuten. Friedrich achtete nicht darauf; nur zuweilen, wenn das Getöse ungewöhnlich stark oder anhaltend war, hob er den Kopf und ließ seine Blicke langsam über die verschiedenen Pfade gleiten, die ihren Ausgang in dem Talgrunde fanden.

Es fing bereits stark zu dämmern an; die Vögel begannen leise zu zwitschern und der Tau stieg fühlbar aus dem Grunde. Friedrich war an dem Stamm hinabgeglitten und starrte, die Arme über den Kopf verschlungen in das leise einschleichende Morgenrot. Plötzlich fuhr er auf: über sein Gesicht fuhr ein Blitz, er horchte einige Sekunden mit vorgebeugtem Oberleib wie ein Jagdhund, dem die Luft Witterung zuträgt. Dann schob er schnell zwei Finger in den Mund und pfiff gellend und anhaltend. – »Fidel, du verfluchtes Tier!« – Ein Steinwurf traf die Seite des unbesorgten Hundes, der, vom Schlafe aufgeschreckt, zuerst um sich biß und dann heulend auf drei Beinen dort Trost suchte, von wo das Übel ausgegangen war. In demselben Augenblicke wurden die Zweige eines nahen Gebüsches fast ohne Geräusch zurückgeschoben und ein Mann trat heraus, im grünen Jagdrock, den silbernen Wappenschild am Arm, die gespannte Büchse in der Hand. Er ließ schnell seine Blicke über die Schlucht fahren und sie dann mit besonderer Schärfe auf dem Knaben verweilen, trat dann vor, winkte nach dem Gebüsch, und allmählich wurden sieben bis acht Männer sichtbar, alle in ähnlicher Kleidung, Weidmesser im Gürtel und die gespannten Gewehre in der Hand.

»Friedrich, was war das?« fragte der zuerst Erschienene. – »Ich wollte, daß der Racker auf der Stelle krepierte. Seinetwegen können die Kühe mir die Ohren vom Kopf fressen.« – »Die Canaille hat uns gesehen,« sagte ein Anderer. – »Morgen sollst du auf die Reise mit einem Stein am Halse,« fuhr Friedrich fort und stieß nach dem Hunde. – »Friedrich, stell dich nicht an wie ein Narr! Du kennst mich und du verstehst mich auch!« – Ein Blick begleitete diese Worte, der schnell wirkte. – »Herr Brandis, denkt an meine Mutter!« – »Das tu' ich. Hast du nichts im Walde gehört?« – »Im Walde?« – Der Knabe warf einen raschen Blick auf des

Försters Gesicht. – »Eure Holzfäller, sonst nichts.« – »Meine Holzfäller!«

Die ohnehin dunkle Gesichtsfarbe des Försters ging in tiefes Braunrot über. »Wie viele sind ihrer, und wo treiben sie ihr Wesen?« – »Wohin Ihr sie geschickt habt; ich weiß es nicht.« – Brandis wandte sich zu seinen Gefährten: »Geht voran; ich komme gleich nach.«

Als einer nach dem andern im Dickicht verschwunden war, trat Brandis dicht vor den Knaben: »Friedrich,« sagte er mit dem Ton unterdrückter Wut, »meine Geduld ist zu Ende; ich möchte dich prügeln wie einen Hund, und mehr seid ihr auch nicht wert. Ihr Lumpenpack, dem kein Ziegel auf dem Dach gehört! Bis zum Betteln habt ihr es, Gottlob, bald gebracht, und an meiner Tür soll deine Mutter, die alte Hexe, keine verschimmelte Brodrinde bekommen. Aber vorher sollt ihr mir noch Beide in's Hundeloch!«

Friedrich griff krampfhaft nach einem Aste. Er war totenbleich und seine Augen schienen wie Kristallkugeln aus dem Kopfe schießen zu wollen. Doch nur einen Augenblick. Dann kehrte die größte, an Erschlaffung grenzende Ruhe zurück. – »Herr,« sagte er fest, mit fast sanfter Stimme; »Ihr habt gesagt, was Ihr nicht verantworten könnt, und ich vielleicht auch. Wir wollen es gegen einander aufgehen lassen, und nun will ich Euch sagen, was Ihr verlangt. Wenn Ihr die Holzfäller nicht selbst bestellt habt, so müssen es die Blaukittel sein; denn aus dem Dorfe ist kein Wagen gekommen; ich habe den Weg ja vor mir, und vier Wagen sind es. Ich habe sie nicht gesehen, aber den Hohlweg hinauffahren hören.« – Er stockte einen Augenblick. – »Könnt Ihr sagen, daß ich je einen Baum in Eurem Revier gefällt habe? überhaupt, daß ich je anderwärts gehauen habe, als auf Bestellung? Denkt nach, ob Ihr das sagen könnt?«

Ein verlegenes Murmeln war die ganze Antwort des Försters, der nach Art der meisten rauhen Menschen leicht bereute. Er wandte sich unwirsch und schritt dem Gebüsche zu. – »Nein, Herr,« rief Friedrich, »wenn Ihr zu den andern Förstern wollt, die sind dort an der Buche hinaufgegangen.« – »An der Buche?« sagte Brandis zweifelhaft, »nein, dort hinüber, nach dem Mastergrunde.« – »Ich sage Euch, an der Buche; des langen Heinrich Flintenriemen blieb noch am krummen Ast dort hängen; ich hab's ja gesehen!«

Der Förster schlug den bezeichneten Weg ein. Friedrich hatte die ganze Zeit hindurch seine Stellung nicht verlassen, halb liegend, den Arm um einen dürren Ast geschlungen, sah er dem Fortgehenden unverrückt nach, wie er durch den halbverwachsenen Steig glitt, mit den vorsichtigen weiten Schritten seines Metiers, so geräuschlos wie ein Fuchs die Hühnerstiege erklimmt. Hier sank ein Zweig hinter ihm, dort einer; die Umrisse seiner Gestalt schwanden immer mehr. Da blitzte es noch einmal durch's Laub. Es war ein Stahlknopf seines Jagdrocks; nun war er fort. Friedrichs Gesicht hatte während dieses allmähligen Verschwindens den Ausdruck seiner Kälte verloren und seine Züge schienen zuletzt unruhig bewegt. Gereute es ihn vielleicht, den Förster nicht um Verschweigung seiner Angaben gebeten zu haben? Er ging einige Schritte voran, blieb dann stehen. »Es ist zu spät,« sagte er vor sich hin und griff nach seinem Hute. Ein leises Picken im Gebüsche, nicht zwanzig Schritte von ihm. Es war der Förster, der den Flintenstein schärfte. Friedrich horchte. – »Nein!« sagte er dann mit entschlossenem Tone, raffte seine Siebensachen zusammen und trieb das Vieh eilfertig die Schlucht entlang.

Um Mittag saß Frau Margreth am Herd und kochte Tee. – Friedrich war krank heimgekommen, er klagte über heftige Kopfschmerzen und hatte auf ihre besorgte Nachfrage erzählt, wie er sich schwer geärgert über den Förster; kurz den ganzen eben beschriebenen Vorgang, mit Ausnahme einiger Kleinigkeiten, die er besser fand, für sich zu behalten. Margreth sah schweigend und trübe in das siedende Wasser. Sie war es wohl gewohnt, ihren Sohn mitunter klagen zu hören, aber heute kam er ihr so angegriffen vor, wie sonst nie. Sollte wohl eine Krankheit im Anzuge sein?

sie seufzte tief und ließ einen eben ergriffenen Holzblock fallen.

»Mutter!« rief Friedrich aus der Kammer. – »Was willst du?« – »War das ein Schuß?« – »Ach nein, ich weiß nicht, was du meinst.« – »Es pocht mir wohl nur so im Kopfe,« versetzte er.

Die Nachbarin trat herein und erzählte mit leisem Flüstern irgend eine unbedeutende Klatscherei, die Margreth ohne Teilnahme anhörte. Dann ging sie. – »Mutter!« rief Friedrich. Margreth ging zu ihm hinein. »Was erzählte die Hülsmeyer?« – »Ach gar nichts, Lügen, Wind!« – Friedrich richtete sich auf. – »Von der Gretchen Siemers; du weißt ja wohl die alte Geschichte; und ist doch nichts Wahres dran.« – Friedrich legte sich wieder hin. »Ich will sehen, ob ich schlafen kann,« sagte er.

Margreth saß am Herde; sie spann und dachte wenig Erfreuliches. Im Dorfe schlug es halb zwölf; die Türe klinkte und der Gerichtsschreiber Kapp trat herein. – »Guten Tag, Frau Mergel,« sagte er; »könnt Ihr mir einen Trunk Milch geben? ich komme von M.« – Als Frau Mergel das Verlangte brachte, fragte er: »Wo ist Friedrich?« Sie war gerade beschäftigt, einen Teller hervorzulangen und überhörte die Frage. Er trank zögernd und in kurzen Absätzen. »Wißt Ihr wohl,« sagte er dann, »daß die Blaukittel in dieser Nacht wieder im Masterholze eine ganze Strecke so kahl gefegt haben, wie meine Hand?« – »Ei, du frommer Gott!« versetzte sie gleichgültig. »Die Schandbuben,« fuhr der Schreiber fort, »ruinieren Alles; wenn sie noch Rücksicht nähmen auf das junge Holz, aber Eichenstämmchen wie mein Arm dick, wo nicht einmal eine Ruderstange drin steckt! Es ist, als ob ihnen andrer Leute Schaden eben so lieb wäre wie ihr Profit!« – »Es ist Schade!« sagte Margreth.

Der Amtsschreiber hatte getrunken und ging noch immer nicht. Er schien etwas auf dem Herzen zu haben. »Habt Ihr nichts von Brandis gehört?« fragte er plötzlich. – »Nichts; er kommt niemals hier in's Haus.« – »So wißt Ihr nicht, was ihm begegnet ist?« – »Was denn?« fragte Margreth gespannt. – »Er ist tot!« – »Tot!« rief sie, »was, tot? Um Gotteswillen! er ging ja noch heute morgen ganz gesund hier vorüber mit der Flinte auf dem Rücken!« – »Er ist tot,« wiederholte der Schreiber, sie scharf fixierend; »von den Blaukitteln erschlagen. Vor einer Viertelstunde wurde die Leiche in's Dorf gebracht.«

Margreth schlug die Hände zusammen. – »Gott im Himmel, geh' nicht mit ihm in's Gericht! er wußte nicht, was er tat!« – »Mit ihm!« rief der Amtsschreiber, »mit dem verfluchten Mörder, meint Ihr?« Aus der Kammer drang ein schweres Stöhnen. Margreth eilte hin und der Schreiber folgte ihr. Friedrich saß aufrecht im Bette, das Gesicht in die Hände gedrückt und ächzte wie ein Sterbender. – »Friedrich, wie ist dir?« sagte die Mutter. – »Wie ist dir?« wiederholte der Amtsschreiber. – »O mein Leib, mein Kopf!« jammerte er. – »Was fehlt ihm?« – »Ach, Gott weiß es,« versetzte sie; »er ist schon um vier mit den Kühen heimgekommen, weil ihm so übel war. – Friedrich – Friedrich, antworte doch, soll ich zum Doktor?« – »Nein, nein,« ächzte er, »es ist nur Kolik, es wird schon besser.«

Er legte sich zurück; sein Gesicht zuckte krampfhaft vor Schmerz; dann kehrte die Farbe wieder. – »Geht,« sagte er matt; »ich muß schlafen, dann geht's vorüber.« – »Frau Mergel,« sagte der Amtsschreiber ernst, »ist es gewiß, daß Friedrich um vier zu Hause kam und nicht wieder fortging?« – Sie sah ihn starr an. – »Fragt jedes Kind auf der Straße. Und Fortgehen? – wollte Gott, er könnt' es!« – »Hat er Euch nichts von Brandis erzählt?« – »In Gottes Namen, ja, daß er ihn im Walde geschimpft und unsere Armut vorgeworfen hat, der Lump! – Doch Gott verzeih mir, er ist tot! – Geht!« fuhr sie heftig fort; »seid Ihr gekommen, um ehrliche Leute zu beschimpfen? Geht!« – Sie wandte sich wieder zu ihrem Sohne; der Schreiber ging. – »Friedrich, wie ist dir?« sagte die Mutter; »hast du wohl gehört? schrecklich, schrecklich! ohne Beichte und Absolution!« – »Mutter, Mutter, um Gotteswillen laß mich schlafen; ich kann nicht mehr!«

In diesem Augenblick trat Johannes Niemand in die Kammer; dünn und lang wie eine Hopfenstange, aber zerlumpt und scheu wie wir ihn vor fünf Jahren gesehen. Sein Gesicht war noch bleicher als gewöhnlich. »Friedrich,« stotterte er, »du sollst sogleich zum Ohm kommen; er hat Arbeit für dich; aber sogleich.« – Friedrich drehte sich gegen die Wand. – »Ich komme nicht,« sagte er barsch, »ich bin krank.« – »Du mußt aber kommen,« keuchte Johannes; »er hat gesagt, ich müßte dich mitbringen.« – Friedrich lachte höhnisch auf: »das will ich doch sehen!« – »Laß ihn in Ruhe, er kann nicht,« seufzte Margreth, »du siehst ja, wie es steht.« – Sie ging auf einige Minuten hinaus; als sie zurückkam, war Friedrich bereits angekleidet. – »Was fällt dir ein?« rief sie, »du kannst, du sollst nicht gehen!« – »Was sein muß, schickt sich wohl,« versetzte er und war schon zur Türe hinaus mit Johannes. – »Ach Gott,« seufzte die Mutter, »wenn die Kinder klein sind, treten sie uns in den Schoß, und wenn sie groß sind, in's Herz!«

Die gerichtliche Untersuchung hatte ihren Anfang genommen, die Tat lag klar am Tage; über den Täter aber waren die Anzeigen so schwach, daß, obschon alle Umstände die Blaukittel dringend verdächtigten, man doch nicht mehr als Mutmaßungen wagen konnte. *Eine* Spur schien Licht geben zu wollen: doch rechnete man aus Gründen wenig darauf. Die Abwesenheit des Gutsherrn hatte den Gerichtschreiber genötigt, auf eigene Hand die Sache einzuleiten. Er saß am Tische; die Stube war gedrängt voll von Bauern, teils neugierigen, teils solchen, von denen man in Ermangelung eigentlicher Zeugen einigen Aufschluß zu erhalten hoffte. Hirten, die in derselben Nacht gehütet, Knechte, die den Acker in der Nähe bestellt, Alle standen stramm und fest, die Hände in den Taschen, gleichsam als stillschweigende Erklärung, daß sie nicht einzuschreiten gesonnen seien. Acht Forstbeamte wurden vernommen. Ihre Aussagen waren völlig gleichlautend: Brandis habe sie am zehnten Abends zur Runde bestellt, da ihm von einem Vorhaben der Blaukittel müsse Kunde zugekommen sein;

doch habe er sich nur unbestimmt darüber geäußert. Um zwei Uhr in der Nacht seien sie ausgezogen und auf manche Spuren der Zerstörung gestoßen, die den Oberförster sehr übel gestimmt; sonst sei Alles still gewesen. Gegen vier Uhr habe Brandis gesagt: »wir sind angeführt, laßt uns heim gehen.« – Als sie nun um den Bremerberg gewendet und zugleich der Wind umgeschlagen, habe man deutlich im Masterholz fällen gehört und aus der schnellen Folge der Schläge geschlossen, daß die Blaukittel am Werk seien. Man habe nun eine Weile beratschlagt, ob es tunlich sei, mit so geringer Macht die kühne Bande anzugreifen, und sich dann ohne bestimmten Entschluß dem Schalle langsam genähert. Nun folgte der Auftritt mit Friedrich. Ferner: nachdem Brandis sie ohne Weisung fortgeschickt, seien sie eine Weile vorangeschritten und dann, als sie bemerkt, daß das Getöse im noch ziemlich weit entfernten Walde gänzlich aufgehört, stille gestanden, um den Oberförster zu erwarten. Die Zögerung habe sie verdrossen, und nach etwa zehn Minuten seien sie weiter gegangen und so bis an den Ort der Verwüstung. Alles sei vorüber gewesen, kein Laut mehr im Walde, von zwanzig gefällten Stämmen noch acht vorhanden, die übrigen bereits fortgeschafft. Es sei ihnen unbegreiflich, wie man dieses in's Werk gestellt, da keine Wagenspuren zu finden gewesen. Auch habe die Dürre der Jahreszeit und der mit Fichtennadeln bestreute Boden keine Fußstapfen unterscheiden lassen, obgleich der Grund ringsumher wie festgestampft war. Da man nun überlegt, daß es zu nichts nützen könne, den Oberförster zu erwarten, sei man rasch der andern Seite des Waldes zugeschritten, in der Hoffnung, vielleicht noch einen Blick von den Frevlern zu erhaschen. Hier habe sich einem von ihnen beim Ausgange des Waldes die Flaschenschnur in Brombeerranken verstrickt, und als er umgeschaut, habe er etwas im Gestrüpp blitzen sehen; es war die Gurtschnalle des Oberförsters, den man nun hinter den Ranken liegend fand, grad ausgestreckt, die rechte Hand um den Flintenlauf geklemmt, die andere geballt und die Stirn von einer Axt gespalten.

Dies waren die Aussagen der Förster; nun kamen die Bauern an die Reihe, aus denen jedoch nichts zu bringen war. Manche behaupteten, um vier Uhr noch zu Hause oder anderswo beschäftigt gewesen zu sein, und keiner wollte etwas bemerkt haben. Was war zu machen? sie waren sämtlich angesessene, unverdächtige Leute. Man mußte sich mit ihren negativen Zeugnissen begnügen.

Friedrich ward herein gerufen. Er trat ein mit einem Wesen, das sich durchaus nicht von seinem gewöhnlichen unterschied, weder gespannt noch keck. Das Verhör währte ziemlich lange und die Fragen waren mitunter ziemlich schlau gestellt; er beantwortete sie jedoch alle offen und bestimmt und erzählte den Vorgang zwischen ihm und dem Oberförster ziemlich der Wahrheit gemäß, bis auf das Ende, das er geratener fand, für sich zu behalten. Sein Alibi zur Zeit des Mordes war leicht erwiesen. Der Förster lag am Ausgange des Masterholzes; über Dreiviertel Stunden Weges von der Schlucht, in der er Friedrich um vier Uhr angeredet und aus der dieser seine Herde schon zehn Minuten später in's Dorf getrieben. Jedermann hatte dies gesehen; alle anwesenden Bauern beeiferten sich, es zu bezeugen; mit diesem hatte er geredet, jenem zugenickt.

Der Gerichtsschreiber saß unmutig und verlegen da. Plötzlich fuhr er mit der Hand hinter sich und brachte etwas Blinkendes vor Friedrichs Auge. »Wem gehört dies?« – Friedrich sprang drei Schritt zurück. »Herr Jesus! ich dachte Ihr wolltet mir den Schädel einschlagen.« Seine Augen waren rasch über das tödliche Werkzeug gefahren und schienen momentan auf einem ausgebrochenen Splitter am Stiele zu haften. »Ich weiß es nicht,« sagte er fest. – Es war die Axt, die man in dem Schädel des Oberförsters eingeklammert gefunden hatte. – »Sieh sie genau an,« fuhr der Gerichtschreiber fort. Friedrich faßte sie mit der Hand, besah sie oben, unten, wandte sie um. »Es ist eine Axt wie andere,« sagte er dann und legte sie gleichgültig auf den Tisch. Ein Blutfleck ward sichtbar; er schien zu schaudern, aber er wiederholte noch einmal sehr bestimmt: »Ich kenne sie nicht.« Der Gerichtschreiber seufzte vor Unmut. Er selbst wußte um nichts mehr, und hatte nur einen Versuch zu möglicher Entdeckung durch Überraschung machen wollen. Es blieb nichts übrig, als das Verhör zu schließen.

Denjenigen, die vielleicht auf den Ausgang dieser Begebenheit gespannt sind, muß ich sagen, daß diese Geschichte nie aufgeklärt wurde, obwohl noch viel dafür geschah und diesem Verhöre mehrere folgten. Den Blaukitteln schien durch das Aufsehen, das der Vorgang gemacht und die darauf folgenden geschärften Maßregeln der Mut genommen; sie waren von nun an wie verschwunden, und obgleich späterhin noch mancher Holzfrevler erwischt wurde, fand man doch nie Anlaß, ihn der berüchtigten Bande zuzuschreiben. Die Axt lag zwanzig Jahre nachher als unnützes Corpus delicti im Gerichtsarchiv, wo sie wohl noch jetzt ruhen mag mit ihren Rostflecken. Es würde in einer erdichteten Geschichte Unrecht sein, die Neugier des Lesers so zu täuschen. Aber dies Alles hat sich wirklich zugetragen; ich kann nichts davon oder dazu tun.

Am nächsten Sonntage stand Friedrich sehr früh auf, um zur Beichte zu gehen. Es war Mariä Himmelfahrt und die Pfarrgeistlichen schon vor Tagesanbruch im Beichtstuhle. Nachdem er sich im Finstern angekleidet, verließ er so geräuschlos wie möglich den engen Verschlag, der ihm in Simons Hause eingeräumt war. In der Küche mußte sein Gebetbuch auf dem Sims liegen und er hoffte, es mit Hülfe des schwachen Mondlichts zu finden; es war nicht da. Er warf die Augen suchend umher und fuhr zusammen; in der Kammertür stand Simon, fast unbekleidet, seine dürre Gestalt, sein ungekämmtes, wirres Haar und die vom Mondschein verursachte Blässe des Gesichts gaben ihm ein schauerlich verändertes Ansehen. »Sollte er nachtwandeln?« dachte Friedrich, und verhielt sich ganz still. – »Friedrich, wohin?« flüsterte der Alte. – »Ohm, seid Ihr's? ich will beichten gehen.« – »Das dacht' ich mir; geh' in Gottes Namen, aber beichte wie ein guter Christ.« – »Das will ich,« sagte Friedrich. – »Denk an die zehn Gebote: du sollst kein Zeugnis ablegen gegen deinen Nächsten.« – »Kein falsches!« – »Nein, gar keines; du bist schlecht unterrichtet; wer einen andern in der Beichte anklagt, der empfängt das Sakrament unwürdig.«

Beide schwiegen. – »Ohm, wie kommt Ihr darauf?« sagte Friedrich dann; »Eu'r Gewissen ist nicht rein; Ihr habt mich belogen.« – »Ich? so?« – »Wo ist Eure Axt?« – »Meine Axt? auf der Tenne.« – »Habt Ihr einen neuen Stiel hinein gemacht? wo ist der alte?« – »Den kannst du heute bei Tag im Holzschuppen finden. Geh',« fuhr er verächtlich fort, »ich dachte du seist ein Mann; aber du bist ein altes Weib, das gleich meint, das Haus brennt, wenn ihr Feuertopf raucht. Sieh,« fuhr er fort, »wenn ich mehr von der Geschichte weiß, als der Türpfosten da, so will ich ewig nicht selig werden. – Längst war ich zu Haus,« fügte er hinzu. – Friedrich stand beklemmt und zweifelnd. Er hätte viel darum gegeben, seines Ohms Gesicht sehen zu können. Aber während sie flüsterten, hatte der Himmel sich bewölkt.

»Ich habe schwere Schuld,« seufzte Friedrich, »daß ich ihn den unrechten Weg geschickt – obgleich – doch, dies hab' ich nicht gedacht, nein, gewiß nicht. Ohm, ich habe Euch ein schweres Gewissen zu danken.« – »So geh, beicht!« flüsterte Simon mit bebender Stimme; »verunehre das Sakrament durch Angeberei und setze armen Leuten einen Spion auf den Hals, der schon Wege finden wird, ihnen das Stückchen Brod aus den Zähnen zu reißen, wenn er gleich nicht reden darf – geh!« – Friedrich stand unschlüssig; er hörte ein leises Geräusch; die Wolken verzogen sich, das Mondlicht fiel wieder auf die Kammertür: sie war geschlossen. Friedrich ging an diesem Morgen nicht zur Beichte. –

Der Eindruck, den dieser Vorfall auf Friedrich gemacht, erlosch leider nur zu bald. Wer zweifelt daran, daß Simon Alles tat, seinen Adoptivsohn dieselben Wege zu leiten, die er selber ging? Und in Friedrich lagen Eigenschaften, die dies nur zu sehr erleichterten: Leichtsinn, Erregbarkeit, und vor Allem ein grenzenloser Hochmut, der nicht immer den Schein verschmähte, und dann Alles daran setzte, durch Wahrmachung des Usurpierten möglicher Beschämung zu entgehen. Seine Natur war nicht unedel, aber er gewöhnte sich, die innere Schande der äußern vorzuziehen. Man darf nur sagen, er gewöhnte sich zu prunken, während seine Mutter darbte.

Diese unglückliche Wendung seines Charakters war indessen das Werk mehrerer Jahre, in denen man bemerkte, daß Margreth immer stiller über ihren Sohn ward und allmählich in einen Zustand der Verkommenheit versank, den man früher bei ihr für unmöglich gehalten hätte. Sie wurde scheu, saumselig, sogar unordentlich, und Manche meinten, ihr Kopf habe gelitten. Friedrich ward desto lauter; er versäumte keine Kirchweih oder Hochzeit, und da ein sehr empfindliches Ehrgefühl ihn die geheime Mißbilligung Mancher nicht übersehen ließ, war er gleichsam immer unter Waffen, der öffentlichen Meinung nicht sowohl Trotz zu bieten, als sie den Weg zu leiten, der ihm gefiel. Er war äußerlich ordentlich, nüchtern, anscheinend treuherzig, aber listig, prahlerisch und oft roh, ein Mensch, an dem Niemand Freude haben konnte, am wenigsten seine Mutter, und der dennoch durch seine gefürchtete Kühnheit und noch mehr gefürchtete Tücke ein gewisses Übergewicht im Dorfe erlangt hatte, das um so mehr anerkannt wurde, je mehr man sich bewußt war, ihn nicht zu kennen und nicht berechnen zu können, wessen er am Ende fähig sei. Nur ein Bursch im Dorfe, Wilm Hülsmeyer, wagte im Bewußtsein seiner Kraft und guter Verhältnisse ihm die Spitze zu bieten; und da er gewandter in Worten war, als Friedrich, und immer, wenn der Stachel saß, einen Scherz daraus zu machen wußte, so war dies der Einzige, mit dem Friedrich ungern zusammentraf.

―――

Vier Jahre waren verflossen; es war im Oktober; der milde Herbst von 1760, der alle Scheunen mit Korn und alle Keller mit Wein füllte, hatte seinen Reichtum auch über diesen Erdwinkel strömen lassen, und man sah mehr Betrunkene, hörte von mehr Schlägereien und dummen Streichen, als je. Überall gab's Lustbarkeiten; der blaue Montag kam in Aufnahme, und wer ein paar Taler erübrigt hatte, wollte gleich eine Frau dazu, die ihm heute essen und morgen hungern helfen könne. Da gab es im Dorfe eine tüchtige, solide Hochzeit, und die Gäste durften mehr erwarten, als eine verstimmte Geige, ein Glas Branntwein und was sie an guter Laune selber mitbrachten. Seit früh war Alles auf den Beinen; vor jeder Tür wurden Kleider gelüftet, und B. glich den ganzen Tag einer Trödelbude. Da viele Auswärtige erwartet wurden, wollte Jeder gern die Ehre des Dorfes oben halten.

Es war sieben Uhr Abends und Alles in vollem Gange; Jubel und Gelächter an allen Enden, die niedern Stuben zum Ersticken angefüllt mit blauen, roten und gelben Gestalten, gleich Pfandställen, in denen eine zu große Herde eingepfercht ist. Auf der Tenne ward getanzt, das heißt, wer zwei Fuß Raum erobert hatte, drehte sich darauf immer rund um und suchte durch Jauchzen zu ersetzen, was an Bewegung fehlte. Das Orchester war glänzend, die erste Geige als anerkannte Künstlerin prädominierend, die zweite und eine große Baßviole mit drei Saiten von Dilettanten ad libitum gestrichen; Branntwein und Kaffee im Überfluß, alle Gäste von Schweiß triefend; kurz, es war ein köstliches Fest. Friedrich stolzierte umher wie ein Hahn, im neuen himmelblauen Rock, und machte sein Recht als erster Elegant geltend. Als auch die Gutsherrschaft anlangte, saß er gerade hinter der Baßgeige und strich die tiefste Saite mit großer Kraft und vielem Anstand.

»Johannes!« rief er gebieterisch, und heran trat sein Schützling von dem Tanzplatze, wo er auch seine ungelenken Beine zu schlenkern und eins zu jauchzen versucht hatte. Friedrich reichte ihm den Bogen, gab durch eine stolze Kopfbewegung seinen Willen zu erkennen und trat zu den Tanzenden. »Nun lustig, Musikanten: den Papen van Istrup!« – Der beliebte Tanz ward gespielt und Friedrich machte Sätze vor den Augen seiner Herrschaft, daß die Kühe an der Tenne die Hörner zurückzogen und Kettengeklirr und Gebrumm an ihren Ständern herlief. Fußhoch über die Andern tauchte sein blonder Kopf auf und nieder, wie ein Hecht, der sich im Wasser überschlägt; an allen Enden schrien Mädchen auf, denen er zum Zeichen der Huldigung mit einer raschen Kopfbewegung sein langes Flachshaar in's Gesicht schleuderte.

»Jetzt ist es gut!« sagte er endlich und trat schweißtriefend an den Kredenztisch; »die gnädigen Herrschaften sollen leben und alle die hochadeligen Prinzen und Prinzessinnen, und wer's nicht mittrinkt, den will ich an die Ohren schlagen, daß er die Engel singen hört!« – Ein lautes Vivat beantwortete den galanten Toast. – Friedrich machte seinen Bückling. – »Nichts für ungut, gnädige Herrschaften; wir sind nur ungelehrte Bauersleute!« In diesem Augenblick erhob sich ein Getümmel am Ende der Tenne, Geschrei, Schelten, Gelächter, alles durcheinander. »Butterdieb, Butterdieb!« riefen ein paar Kinder, und heran drängte sich, oder vielmehr ward geschoben, Johannes Niemand, den Kopf zwischen die Schultern ziehend und mit aller Macht nach dem Ausgange strebend. – »Was ist's? was habt ihr mit unserem Johannes?« rief Friedrich gebieterisch.

»Das sollt Ihr früh genug gewahr werden,« keuchte ein altes Weib mit der Küchenschürze und einem Wischhader in der Hand. – Schande! Johannes, der arme Teufel, dem zu Hause das Schlechteste gut genug sein mußte, hatte versucht, sich ein halbes Pfündchen Butter für die kommende Dürre zu sichern, und ohne daran zu denken, daß er es, sauber in sein Schnupftuch gewickelt, in der Tasche geborgen, war er an's Küchenfeuer getreten und nun rann das Fett schmählich die Rockschöße entlang. Allgemeiner Aufruhr; die Mädchen sprangen zurück, aus Furcht, sich zu beschmutzen, oder stießen den Delinquenten vorwärts. Andere machten Platz, sowohl aus Mitleid als Vorsicht. Aber Friedrich trat vor: »Lumpenhund!« rief er; ein paar derbe Maulschellen trafen den geduldigen Schützling; dann stieß er ihn an die Tür und gab ihm einen tüchtigen Fußtritt mit auf den Weg.

Er kehrte niedergeschlagen zurück; seine Würde war verletzt, das allgemeine Gelächter schnitt ihm durch die Seele, ob er sich gleich durch einen tapfern Juchheschrei wieder in den Gang zu bringen suchte – es wollte nicht mehr recht gehen. Er war im Begriff, sich wieder hinter die Baßviole zu flüchten; doch zuvor noch ein Knalleffekt: er zog seine silberne Taschenuhr hervor, zu jener Zeit ein seltener und kostbarer Schmuck. »Es ist bald zehn,« sagte er. »Jetzt den Brautmenuet! ich will Musik machen.«

»Eine prächtige Uhr!« sagte der Schweinehirt und schob sein Gesicht in ehrfurchtsvoller Neugier vor. – »Was hat sie gekostet?« rief Wilm Hülsmeyer, Friedrichs Nebenbuhler. – »Willst du sie bezahlen?« fragte Friedrich. – »Hast *du* sie bezahlt?« antwortete Wilm. Friedrich warf einen stolzen Blick auf ihn und griff in schweigender Majestät zum Fidelbogen. – »Nun, nun,« sagte Hülsmeyer, »dergleichen hat man schon erlebt. Du weißt wohl, der Franz Ebel hatte auch eine schöne Uhr, bis der Jude Aaron sie ihm wieder abnahm.« Friedrich antwortete nicht, sondern winkte stolz der ersten Violine, und sie begannen aus Leibeskräften zu streichen.

Die Gutsherrschaft war indessen in die Kammer getreten, wo der Braut von den Nachbarfrauen das Zeichen ihres neuen Standes, die weiße Stirnbinde, umgelegt wurde. Das junge Blut weinte sehr, teils weil es die Sitte so wollte, teils aus wahrer Beklemmung. Sie sollte einem verworrenen Haushalt vorstehen, unter den Augen eines mürrischen alten Mannes, den sie noch obendrein lieben sollte. Er stand neben ihr, durchaus nicht wie der Bräutigam des hohen Liedes, der »in die Kammer tritt wie die Morgensonne.« – »Du hast nun genug geweint,« sagte er verdrießlich; »bedenk, du bist es nicht, die mich glücklich macht, ich mache dich glücklich!« – Sie sah demütig zu ihm auf und schien zu fühlen, daß er Recht habe. – Das Geschäft war beendigt; die junge Frau hatte ihrem Manne zugetrunken, junge Spaßvögel hatten durch den Dreifuß geschaut, ob die Binde gerade sitze, und man drängte sich wieder der Tenne zu, von wo unauslöschliches Gelächter und Lärm herüberschallte. Friedrich war nicht mehr dort. Eine große, unerträgliche Schmach hatte ihn getroffen, da der Jude Aaron, ein Schlächter und gelegentlicher Althändler aus dem nächsten Städtchen, plötzlich erschienen war, und nach einem kurzen, unbefriedigenden Zwiegespräch ihn laut vor allen Leuten um den Betrag von zehn Talern für eine schon um Ostern gelieferte Uhr gemahnt hatte. Friedrich war wie vernichtet fortgegangen und der Jude ihm gefolgt, immer schreiend: »O weh mir! warum hab' ich nicht gehört auf vernünftige Leute! Haben sie mir nicht hundertmal gesagt, Ihr hättet all Eu'r Gut am Leibe und kein Brod im Schranke!« – Die Tenne tobte von Gelächter; manche hatten sich auf den Hof nachgedrängt. – »Packt den Juden! wiegt ihn gegen ein Schwein!« riefen Einige; andere waren ernst geworden. – »Der Friedrich sah so blaß aus wie ein Tuch,« sagte eine alte Frau, und die Menge teilte sich, wie der Wagen des Gutsherrn in den Hof lenkte.

Herr von S. war auf dem Heimwege verstimmt, die jedesmalige Folge, wenn der Wunsch, seine Popularität aufrecht zu erhalten, ihn bewog, solchen Festen beizuwohnen. Er sah schweigend aus dem Wagen. »Was sind denn das für ein paar Figuren?« – Er deutete auf zwei dunkle Gestalten, die vor dem Wagen rannten wie Strauße. Nun schlüpften sie in's Schloß. – »Auch ein paar selige Schweine aus unserm eigenen Stall!« seufzte Herr von S. Zu Hause angekommen, fand er die Hausflur vom ganzen Dienstpersonal eingenommen, das zwei Kleinknechte umstand, welche sich blaß und atemlos auf der Stiege niedergelassen hatten. Sie behaupteten, von des alten Mergels Geist verfolgt worden zu sein, als sie durch's Brederholz heimkehrten. Zuerst hatte es über ihnen an der Höhe gerauscht und geknistert; darauf hoch in der Luft ein Geklapper wie von aneinander geschlagenen Stöcken; plötzlich ein gellender Schrei und ganz deutlich die Worte: »O weh, meine arme Seele!« hoch von oben herab. Der Eine wollte auch glühende Augen durch die Zweige funkeln gesehen haben, und Beide waren gelaufen, was ihre Beine vermochten.

»Dummes Zeug!« sagte der Gutsherr verdrießlich und trat in die Kammer, sich umzukleiden. Am andern Morgen wollte die Fontäne im Garten nicht springen, und es fand sich, daß Jemand eine Röhre verrückt hatte, augenscheinlich um nach dem Kopfe eines vor vielen Jahren hier verscharrten Pferdegerippes zu suchen, der für ein bewährtes Mittel wider allen Hexen- und Geisterspuk gilt. »Hm,« sagte der Gutsherr, »was die Schelme nicht stehlen, das verderben die Narren.«

Drei Tage später tobte ein furchtbarer Sturm. Es war Mitternacht, aber Alles im Schlosse außer dem Bett. Der Gutsherr stand am Fenster und sah besorgt in's Dunkle, nach seinen Feldern hinüber. An den Scheiben flogen Blätter und Zweige her; mitunter fuhr ein Ziegel hinab und schmetterte auf das Pflaster des Hofes. – »Furchtbares Wetter!« sagte Herr von S. Seine Frau sah ängstlich aus. »Ist das Feuer auch gewiß gut verwahrt?« sagte sie; »Gretchen, sieh noch einmal nach, gieß es lieber ganz aus! – Kommt, wir wollen das Evangelium Johannis beten.« Alles kniete nieder und die Hausfrau begann: »Im Anfang war das Wort und das Wort war bei Gott und Gott war das Wort.« Ein furchtbarer Donnerschlag. Alle fuhren zusammen; dann furchtbares Geschrei und Getümmel die Treppe heran. – »Um Gotteswillen! brennt es?« rief Frau von S. und sank mit dem Gesichte auf den Stuhl. Die Türe ward aufgerissen und herein stürzte die Frau des Juden Aaron, bleich wie der Tod, das Haar wild um den Kopf, von Regen triefend. Sie warf sich vor dem Gutsherrn auf die Knie. »Gerechtigkeit!« rief sie, »Gerechtigkeit! mein Mann ist erschlagen!« und sank ohnmächtig zusammen.

Es war nur zu wahr, und die nachfolgende Untersuchung bewies, daß der Jude Aaron durch einen Schlag an die Schläfe mit einem stumpfen Instrumente, wahrscheinlich einem Stabe, sein Leben verloren hatte, durch einen einzigen Schlag. An der linken Schläfe war der blaue Fleck, sonst keine Verletzung zu finden. Die Aussagen der Jüdin und ihres Knechtes Samuel lauteten so: Aaron war vor drei Tagen am Nachmittage ausgegangen, um Vieh zu kaufen, und hatte dabei gesagt, er werde wohl über Nacht ausbleiben, da noch einige böse Schuldner in B. und S. zu mahnen seien. In diesem Falle werde er in B. beim Schlächter Salomon übernachten. Als er am folgenden Tage nicht heimkehrte, war seine Frau sehr besorgt geworden und hatte sich endlich heute um drei Nachmittags in Begleitung ihres Knechtes und des großen Schlächterhundes auf den Weg gemacht. Beim Juden Salomon wußte man nichts von Aaron; er war gar nicht da gewesen. Nun waren sie zu allen Bauern gegangen, von denen sie wußten, daß Aaron einen Handel mit ihnen im Auge hatte. Nur zwei hatten ihn gesehen, und zwar an demselben Tage, an welchem er ausgegangen. Es war darüber sehr spät geworden. Die große Angst trieb das Weib nach Haus, wo sie ihren Mann wiederzufinden eine schwache Hoffnung nährte. So waren sie im Brederholz vom Gewitter überfallen worden und hatten unter einer großen, am Berghange stehenden Buche Schutz gesucht; der Hund hatte unterdessen auf eine auffallende Weise umhergestöbert und sich endlich, trotz allem Locken, im Walde verlaufen. Mit einemmale sieht die Frau beim Leuchten des Blitzes etwas weißes neben sich im Moose. Es ist der Stab ihres Mannes, und fast im selben Augenblicke bricht der Hund durch's Gebüsch und trägt etwas im Maule: es ist der Schuh ihres Mannes. Nicht lange, so ist in einem mit dürrem Laube gefüllten Graben der Leichnam des Juden gefunden. – Dies war die Angabe des Knechtes, von der Frau nur im Allgemeinen unterstützt; ihre übergroße Spannung hatte nachgelassen und sie schien jetzt halb verwirrt oder vielmehr stumpfsinnig. – »Aug um Auge, Zahn um Zahn!« dies waren die einzigen Worte, die sie zuweilen hervorstieß.

In derselben Nacht noch wurden die Schützen aufgeboten, um Friedrich zu verhaften. Der Anklage bedurfte es nicht, da Herr von S. selbst Zeuge eines Auftritts gewesen war, der den dringendsten Verdacht auf ihn werfen mußte; zudem die Gespenstergeschichte von jenem Abende, das Aneinanderschlagen der Stäbe im Brederholz, der Schrei aus der Höhe. Da der Amtsschreiber gerade abwesend war, so betrieb Herr von S. selbst alles rascher, als sonst geschehen wäre. Dennoch begann die Dämmerung bereits anzubrechen, bevor die Schützen so geräuschlos wie möglich das Haus der armen Margreth umstellt hatten. Der Gutsherr selber pochte an; es währte kaum eine Minute, bis geöffnet ward und Margreth völlig gekleidet in der Türe erschien. Herr von S. fuhr zurück; er hätte sie fast nicht erkannt, so blaß und steinern sah sie aus.

»Wo ist Friedrich?« fragte er mit unsicherer Stimme. – »Sucht ihn,« antwortete sie und setzte sich auf einen Stuhl. Der Gutsherr zögerte noch einen Augenblick. »Herein, herein!« sagte er dann barsch; »worauf warten wir?« Man trat in Friedrichs Kammer. Er war nicht da, aber das Bett noch warm. Man stieg auf den Söller, in den Keller, stieß in's Stroh, schaute hinter jedes Faß, sogar in den Backofen; er war nicht da. Einige gingen in den Garten, sahen hinter den Zaun und in die Apfelbäume hinauf; er war nicht zu finden. – »Entwischt!« sagte der Gutsherr mit sehr gemischten Gefühlen: der Anblick der alten Frau wirkte gewaltig auf ihn. »Gebt den Schlüssel zu jenem Koffer.« – Margreth antwortete nicht. – »Gebt den Schlüssel!« wiederholte der Gutsherr, und merkte jetzt erst, daß der Schlüssel steckte. Der Inhalt des Koffers kam zum Vorschein: des Entflohenen gute Sonntagskleider und seiner Mutter ärmlicher Staat; dann zwei Leichenhemden mit schwarzen Bändern, das eine für einen Mann, das andere für eine Frau gemacht. Herr von S. war tief erschüttert. Ganz zu unterst auf dem Boden des Koffers lag die silberne Uhr und einige Schriften von sehr leserlicher Hand, eine derselben von einem Manne unterzeichnet, den man in starkem Verdacht der Verbindung mit den Holzfrevlern hatte. Herr von S. nahm sie mit zur Durchsicht, und man verließ das

Haus, ohne daß Margreth ein anderes Lebenszeichen von sich gegeben hätte, als daß sie unaufhörlich die Lippen nagte und mit den Augen zwinkerte.

Im Schlosse angelangt, fand der Gutsherr den Amtsschreiber, der schon am vorigen Abend heimgekommen war und behauptete, die ganze Geschichte verschlafen zu haben, da der gnädige Herr nicht nach ihm geschickt. – »Sie kommen immer zu spät,« sagte Herr von S. verdrießlich. »War denn nicht irgend ein altes Weib im Dorfe, das Ihrer Magd die Sache erzählte? und warum weckte man Sie dann nicht?« – »Gnädiger Herr,« versetzte Kapp, »allerdings hat meine Anne Marie den Handel um eine Stunde früher erfahren als ich; aber sie wußte, daß Ihre Gnaden die Sache selbst leiteten, und dann,« fügte er mit klagender Miene hinzu, »daß ich so todmüde war.« – »Schöne Polizei!« murmelte der Gutsherr, »jede alte Schachtel im Dorf weiß Bescheid, wenn es recht geheim zugehen soll.« Dann fuhr er heftig fort: »Das müßte wahrhaftig ein dummer Teufel von Delinquenten sein, der sich packen ließe!«

Beide schwiegen eine Weile. – »Mein Fuhrmann hatte sich in der Nacht verirrt,« hob der Amtsschreiber wieder an; »über eine Stunde lang hielten wir im Walde; es war ein Mordwetter; ich dachte, der Wind werde den Wagen umreißen. Endlich, als der Regen nachließ, fuhren wir in Gottes Namen darauf los, immer in das Zellerfeld hinein, ohne eine Hand vor den Augen zu sehen. Da sagte der Kutscher: wenn wir nur nicht den Steinbrüchen zu nahe kommen! Mir war selbst bange; ich ließ halten und schlug Feuer, um wenigstens etwas Unterhaltung an meiner Pfeife zu haben. Mit einemmale hörten wir ganz nah, perpendikulär unter uns die Glocke schlagen. Ew. Gnaden mögen glauben, daß mir fatal zu Mut wurde. Ich sprang aus dem Wagen, denn seinen eigenen Beinen kann man trauen, aber denen der Pferde nicht. So stand ich, in Kot und Regen, ohne mich zu rühren, bis es Gottlob sehr bald anfing zu dämmern. Und wo hielten wir? dicht an der Heerser Tiefe und den Turm von Heerse gerade unter uns. Wären wir noch zwanzig Schritt weiter gefahren, wir wären alle Kinder des Todes gewesen.« – »Das war in der Tat kein Spaß,« versetzte der Gutsherr, halb versöhnt.

Er hatte unterdessen die mitgenommenen Papiere durchgesehen. Es waren Mahnbriefe um geliehene Gelder, die meisten von Wucherern. – »Ich hätte nicht gedacht,« murmelte er, »daß die Mergels so tief drin stecken.« – »Ja, und daß es so an den Tag kommen muß,« versetzte Kapp; »das wird kein kleiner Ärger für Frau Margreth sein.« – »Ach Gott, die denkt jetzt daran nicht!« – Mit diesen Worten stand der Gutsherr auf und verließ das Zimmer, um mit Herrn Kapp die gerichtliche Leichenschau vorzunehmen. – Die Untersuchung war kurz, gewaltsamer Tod erwiesen, der vermutliche Täter entflohen, die Anzeigen gegen ihn zwar gravierend, doch ohne persönliches Geständnis nicht beweisend, seine Flucht allerdings sehr verdächtig. So mußte die gerichtliche Verhandlung ohne genügenden Erfolg geschlossen werden.

Die Juden der Umgegend hatten großen Anteil gezeigt. Das Haus der Witwe ward nie leer von Jammernden und Ratenden. Seit Menschengedenken waren nicht so viel Juden beisammen in L. gesehen worden. Durch den Mord ihres Glaubensgenossen aufs Äußerste erbittert, hatten sie weder Mühe noch Geld gespart, dem Täter auf die Spur zu kommen. Man weiß sogar, daß einer derselben, gemeinhin der Wucherjoel genannt, einem seiner Kunden, der ihm mehrere Hunderte schuldete und den er für einen besonders listigen Kerl hielt, Erlaß der ganzen Summe angeboten hatte, falls er ihm zur Verhaftung des Mergel verhelfen wolle; denn der Glaube war allgemein unter den Juden, daß der Täter nur mit guter Beihülfe entwischt und wahrscheinlich noch in der Umgegend sei. Als dennoch Alles nichts half und die gerichtliche Verhandlung für beendet erklärt worden war, erschien am nächsten Morgen eine Anzahl der angesehensten Israeliten im Schlosse, um dem gnädigen Herrn einen Handel anzutragen. Der Gegenstand war die Buche, unter der Aarons Stab gefunden und wo der Mord wahrscheinlich verübt worden war. – »Wollt ihr sie fällen? so mitten im vollen Laube?« fragte der Gutsherr. – »Nein, Ihro Gnaden, sie muß stehen bleiben im Winter und Sommer, so lange ein Span daran ist.« – »Aber wenn ich nun den Wald hauen lasse, so schadet es dem jungen Aufschlag.« – »Wollen wir sie doch nicht um gewöhnlichen Preis.« – Sie boten 200 Taler. Der Handel ward geschlossen und allen Förstern streng eingeschärft, die Judenbuche auf keine Weise zu schädigen. Darauf sah man an einem Abende wohl gegen sechzig Juden, ihren Rabbiner an der Spitze, in das Brederholz ziehen, alle schweigend und mit gesenkten Augen. Sie blieben über eine Stunde im Walde und kehrten dann eben so ernst und feierlich zurück, durch das Dorf B. bis in das Zellerfeld, wo sie sich zerstreuten und jeder seines Weges ging. Am nächsten Morgen stand an der Buche mit dem Beil eingehauen:

אִם תַּעֲבוֹר בַּמָּקוֹם הַזֶּה יִפְגַּע בְּךָ כַּאֲשֶׁר אַתָּה עָשִׂיתָ לִי׃

Und wo war Friedrich? Ohne Zweifel fort, weit genug, um die kurzen Arme einer so schwachen Polizei nicht mehr fürchten zu dürfen. Er war bald verschollen, vergessen. Ohm Simon redete selten von ihm, und dann schlecht; die Judenfrau tröstete sich am Ende und nahm einen andern Mann. Nur die arme Margreth blieb ungetröstet.

Etwa ein halbes Jahr nachher las der Gutsherr einige eben erhaltene Briefe in Gegenwart des Amtsschreibers. – »Sonderbar, sonderbar!« sagte er. »Denken Sie sich, Kapp, der Mergel ist vielleicht unschuldig an dem Morde. So eben schreibt mir der Präsident des Gerichtes zu P.: ›Le vrai n'est pas toujours vraisemblable; das erfahre ich oft in meinem Berufe und jetzt neuerdings. Wissen Sie wohl, daß Ihr lieber Getreuer, Friedrich Mergel, den Juden mag eben so wenig erschlagen haben, als ich oder Sie? Leider fehlen die Beweise, aber die Wahrscheinlichkeit ist groß. Ein Mitglied der Schlemmingschen Bande (die wir jetzt, nebenbei gesagt, größtenteils unter Schloß und Riegel haben), Lumpenmoises genannt, hat im letzten Verhöre ausgesagt, daß ihn nichts so sehr gereue, als der Mord eines Glaubensgenossen, Aaron, den er im Walde erschlagen und doch nur sechs Groschen bei ihm gefunden habe. Leider ward das Verhör durch die Mittagsstunde unterbrochen, und während wir tafelten, hat sich der Hund von einem Juden an seinem Strumpfband erhängt. Was sagen Sie dazu? Aaron ist zwar ein verbreiteter Name u.s.w.‹« – »Was sagen Sie dazu?« wiederholte der Gutsherr; »und weshalb wäre der Esel von einem Burschen denn gelaufen?« – Der Amtsschreiber dachte nach. – »Nun, vielleicht der Holzfrevel wegen, mit denen wir ja gerade in Untersuchung waren. Heißt es nicht: der Böse läuft vor seinem eigenen Schatten? Mergels Gewissen war schmutzig genug auch ohne diesen Flecken.«

Dabei beruhigte man sich. Friedrich war hin, verschwunden und – Johannes Niemand, der arme, unbeachtete Johannes, am gleichen Tage mit ihm.

Eine schöne, lange Zeit war verflossen, acht-und-zwanzig Jahre, fast die Hälfte eines Menschenlebens; der Gutsherr war sehr alt und grau geworden, sein gutmütiger Gehülfe Kapp längst begraben. Menschen, Tiere und Pflanzen waren entstanden, gereift, vergangen, nur Schloß B. sah immer gleich grau und vornehm auf die Hütten herab, die wie alte hektische Leute immer fallen zu wollen schienen und immer standen. Es war am Vorabende des Weihnachtsfestes, den 24sten Dezember 1788. Tiefer Schnee lag in den Hohlwegen, wohl an zwölf Fuß hoch, und eine durchdringende Frostluft machte die Fensterscheiben in der geheizten Stube frieren. Mitternacht war nahe, dennoch flimmerten überall matte Lichtchen aus den Schneehügeln, und in jedem Hause lagen die Einwohner auf den Knien, um den Eintritt des heiligen Christfestes mit Gebet zu erwarten, wie dies in katholischen Ländern Sitte ist, oder wenigstens damals allgemein war. Da bewegte sich von der Breder Höhe herab eine Gestalt langsam gegen das Dorf; der Wanderer schien sehr matt oder krank; er stöhnte schwer und schleppte sich äußerst mühsam durch den Schnee.

An der Mitte des Hanges stand er still, lehnte sich auf seinen Krückenstab und starrte unverwandt auf die Lichtpunkte. Es war so still überall, so tot und kalt; man mußte an Irrlichter auf Kirchhöfen denken. Nun schlug es zwölf im Turm; der letzte Schlag verdröhnte langsam und im nächsten Hause erhob sich ein leiser Gesang, der, von Hause zu Hause schwellend, sich über das ganze Dorf zog:

> Ein Kindelein so löbelich
> Ist uns geboren heute,
> Von einer Jungfrau säuberlich,
> Des freu'n sich alle Leute;
> Und wär das Kindelein nicht gebor'n,
> So wären wir alle zusammen verlor'n:
> Das Heil ist unser Aller.
> O du mein liebster Jesu Christ,
> Der du als Mensch geboren bist,
> Erlös uns von der Hölle!

Der Mann am Hange war in die Knie gesunken und versuchte mit zitternder Stimme einzufallen; es ward nur ein lautes Schluchzen daraus, und schwere, heiße Tropfen fielen in den Schnee. Die zweite Strophe begann; er betete leise mit; dann die dritte und vierte. Das Lied war geendigt und die Lichter in den Häusern begannen sich zu bewegen. Da richtete der Mann sich mühselig auf und schlich langsam hinab in das Dorf. An mehreren Häusern keuchte er vorüber, dann stand er vor einem still und pochte leise an.

»Was ist denn das?« sagte drinnen eine Frauenstimme; »die Türe klappert und der Wind geht doch nicht.« – Er pochte stärker: »Um Gotteswillen, laßt einen halberfrorenen Menschen ein, der aus der türkischen Sklaverei kommt!« – Geflüster in der Küche. »Geht in's Wirtshaus,« antwortete eine andere Stimme, »das fünfte Haus von hier!« – »Um Gottes Barmherzigkeit willen, laßt mich ein! ich habe kein Geld.« – Nach einigem Zögern ward die Tür geöffnet und ein Mann leuchtete mit der Lampe hinaus. –

»Kommt nur herein!« sagte er dann, »Ihr werdet uns den Hals nicht abschneiden.«

In der Küche befanden sich außer dem Manne eine Frau in den mittlern Jahren, eine alte Mutter und fünf Kinder. Alle drängten sich um den Eintretenden her und musterten ihn mit scheuer Neugier. Eine armselige Figur! mit schiefem Halse, gekrümmtem Rücken, die ganze Gestalt gebrochen und kraftlos; langes, schneeweißes Haar hing um sein Gesicht, das den verzogenen Ausdruck langen Leidens trug. Die Frau ging schweigend an den Herd und legte frisches Reisig zu. – »Ein Bett können wir Euch nicht geben,« sagte sie; »aber ich will hier eine gute Streu machen; Ihr müßt Euch schon so behelfen.« – »Gott's Lohn!« versetzte der Fremde; »ich bin's wohl schlechter gewohnt.« – Der Heimgekehrte ward als Johannes Niemand erkannt, und er selbt bestätigte, daß er derselbe sei, der einst mit Friedrich Mergel entflohen.

Das Dorf war am folgenden Tage voll von den Abenteuern des so lange Verschollenen. Jeder wollte den Mann aus der Türkei sehen, und man wunderte sich beinahe, daß er noch aussehe wie andere Menschen. Das junge Volk hatte zwar keine Erinnerungen von ihm, aber die Alten fanden seine Züge noch ganz wohl heraus, so erbärmlich entstellt er auch war. »Johannes, Johannes, was seid Ihr grau geworden!« sagte eine alte Frau. »Und woher habt Ihr den schiefen Hals?« – »Vom Holz- und Wassertragen in der Sklaverei,« versetzte er. – »Und was ist aus Mergel geworden? Ihr seid doch zusammen fortgelaufen?« – »Freilich wohl; aber ich weiß nicht, wo er ist, wir sind von einander gekommen. Wenn Ihr an ihn denkt, betet für ihn,« fügte er hinzu, »er wird es wohl nötig haben.«

Man fragte ihn, warum Friedrich sich denn aus dem Staube gemacht, da er den Juden doch nicht erschlagen? – »Nicht?« sagte Johannes und horchte gespannt auf, als man ihm erzählte, was der Gutsherr geflissentlich verbreitet hatte, um den Fleck von Mergels Namen zu löschen. »Also ganz umsonst,« sagte er nachdenklich, »ganz umsonst so viel ausgestanden!« Er seufzte tief und fragte nun seinerseits nach Manchem. Simon war lange tot, aber zuvor noch ganz verarmt, durch Prozesse und böse Schuldner, die er nicht gerichtlich belangen durfte, weil es, wie man sagte, zwischen ihnen keine reine Sache war. Er hatte zuletzt Bettelbrod gegessen und war in einem fremden Schuppen auf dem Stroh gestorben. Margreth hatte länger gelebt, aber in völliger Geistesdumpfheit. Die Leute im Dorf waren es bald müde geworden, ihr beizustehen, da sie alles verkommen ließ, was man ihr gab, wie es denn die Art der Menschen ist, gerade die Hülflosesten zu verlassen, solche, bei denen der Beistand nicht nachhaltig wirkt und die der Hülfe immer gleich bedürftig bleiben. Dennoch hatte sie nicht eigentlich Not gelitten; die Gutsherrschaft sorgte sehr für sie, schickte ihr täglich das Essen und ließ ihr auch ärztliche Behandlung zukommen, als ihr kümmerlicher Zustand in völlige Abzehrung übergegangen war. In ihrem Hause wohnte jetzt der Sohn des ehemaligen Schweinehirten, der an jenem unglücklichen Abende Friedrichs Uhr so sehr bewundert hatte. – »Alles hin, Alles tot!« seufzte Johannes.

Am Abend, als es dunkel geworden war und der Mond schien, sah man ihn im Schnee auf dem Kirchhofe umherhumpeln; er betete bei keinem Grabe, ging auch an keines dicht hinan, aber auf einige schien er aus der Ferne starre Blicke zu heften. So fand ihn der Förster Brandis, der Sohn des Erschlagenen, den die Gutsherrschaft abgeschickt hatte, ihn in's Schloß zu holen.

Beim Eintritt in das Wohnzimmer sah er scheu umher, wie vom Licht geblendet, und dann auf den Baron, der sehr zusammengefallen in seinem Lehnstuhl saß, aber noch immer mit den hellen Augen und dem roten Käppchen auf dem Kopfe wie vor acht-und-zwanzig Jahren; neben ihm die gnädige Frau, auch alt, sehr alt geworden.

»Nun, Johannes,« sagte der Gutsherr, »erzähl mir einmal recht ordentlich von deinen Abenteuern. Aber,« er musterte ihn durch die Brille, »du bist ja erbärmlich mitgenommen in der Türkei!« – Johannes begann: wie Mergel ihn Nachts von der Herde abgerufen und gesagt, er müsse mit ihm fort. – »Aber warum lief der dumme Junge denn? du weißt doch, daß er unschuldig war?« – Johannes sah vor sich nieder: »Ich weiß nicht recht, mich dünkt, es war wegen Holzgeschichten. Simon hatte so allerlei Geschäfte; mir sagte man nichts davon, aber ich glaube nicht, daß Alles war, wie es sein sollte.« – »Was hat denn Friedrich dir gesagt?« – »Nichts, als daß wir laufen müßten, sie wären hinter uns her. So liefen wir bis Heerse; da war es noch dunkel und wir versteckten uns hinter das große Kreuz am Kirchhofe, bis es etwas heller würde, weil wir uns vor den Steinbrüchen am Zellerfelde fürchteten; und wie wir eine Weile gesessen hatten, hörten wir mit einemmale über uns schnauben und stampfen und sahen lange Feuerstrahlen in der Luft gerade über dem Heerser Kirchturm. Wir sprangen auf und liefen, was wir konnten in Gottes Namen gerade aus, und wie es dämmerte, waren wir wirklich auf dem rechten Wege nach P.«

Johannes schien noch vor der Erinnerung zu schaudern, und der Gutsherr dachte an seinen seligen Kapp und dessen Abenteuer am Heerser Hange. – »Sonderbar!« lachte er, »so nah wart ihr einander! aber fahr fort.« – Johannes erzählte nun, wie sie glücklich durch P. und über die Grenze gekommen. Von da an hatten sie sich als wandernde Handwerksbursche durchgebettelt bis Freiburg im Breisgau. »Ich hatte meinen Brodsack bei mir,« sagte er, »und Friedrich ein Bündelchen; so glaubte man uns.« – In Freiburg hatten sie sich von den Österreichern anwerben lassen: ihn hatte man nicht gewollt, aber Friedrich bestand darauf. So kam er unter den Train. »Den Winter über blieben wir in Freiburg,« fuhr er fort, »und es ging uns ziemlich gut; mir auch, weil Friedrich mich oft erinnerte und mir half, wenn ich etwas verkehrt machte. Im Frühling mußten wir marschieren, nach Ungarn, und im Herbst ging der Krieg mit den Türken los. Ich kann nicht viel davon nachsagen, denn ich wurde gleich in der ersten Affaire gefangen und bin seitdem sechs-und-zwanzig Jahre in der türkischen Sklaverei gewesen!« – »Gott im Himmel! das ist doch schrecklich!« sagte Frau von S. – »Schlimm genug; die Türken halten uns Christen nicht besser als Hunde; das Schlimmste war, daß meine Kräfte unter der harten Arbeit vergingen; ich ward auch älter und sollte noch immer tun wie vor Jahren.«

Er schwieg eine Weile. »Ja,« sagte er dann, »es ging über Menschenkräfte und Menschengeduld; ich hielt es auch nicht aus. – Von da kam ich auf ein holländisches Schiff.« – »Wie kamst du denn dahin?« fragte der Gutsherr. – »Sie fischten mich auf, aus dem Bosporus,« versetzte Johannes. Der Baron sah ihn befremdet an und hob den Finger warnend auf; aber Johannes erzählte weiter. Auf dem Schiffe war es ihm nicht viel besser gegangen. »Der Skorbut riß ein; wer nicht ganz elend war, mußte über Macht arbeiten, und das Schiffstau regierte eben so streng wie die türkische Peitsche. Endlich,« schloß er, »als wir nach Holland kamen, nach Amsterdam, ließ man mich frei, weil ich unbrauchbar war, und der Kaufmann, dem das Schiff gehörte, hatte auch Mitleiden mit mir und wollte mich zu seinem Pförtner machen. Aber –« er schüttelte den Kopf – »ich bettelte mich lieber durch bis hieher.« – »Das war dumm genug,« sagte der Gutsherr. – Johannes seufzte tief: »O Herr, ich habe mein Leben zwischen Türken und Ketzern zubringen müssen, soll ich nicht wenigstens auf einem katholischen Kirchhofe liegen?« Der Gutsherr hatte seine Börse gezogen: »Da, Johannes, nun geh und komm bald wieder. Du mußt mir das Alles noch ausführlicher erzählen; heute ging es etwas konfus durcheinander. Du bist wohl noch sehr müde?« – »Sehr müde,« versetzte Johannes; »und,« er deutete auf seine Stirn, »meine Gedanken sind zuweilen so kurios, ich kann nicht recht sagen, wie es so ist.« – »Ich weiß schon,« sagte der Baron, »von alter Zeit her. Jetzt geh. Hülsmeyers behalten dich wohl noch die Nacht über, morgen komm wieder.«

Herr von S. hatte das innigste Mitleiden mit dem armen

Schelm; bis zum folgenden Tage war überlegt worden, wo man ihn einmieten könne; essen sollte er täglich im Schlosse, und für Kleidung fand sich auch wohl Rat. »Herr,« sagte Johannes, »ich kann auch noch wohl etwas tun; ich kann hölzerne Löffel machen, und Ihr könnt mich auch als Boten schicken.« Herr von S. schüttelte mitleidig den Kopf: »Das würde doch nicht sonderlich ausfallen.« – »O doch Herr, wenn ich erst im Gange bin – es geht nicht schnell, aber hin komme ich doch, und es wird mir auch nicht so sauer, wie man denken sollte.« – »Nun,« sagte der Baron zweifelnd, »willst du's versuchen? hier ist ein Brief nach P. Es hat keine sonderliche Eile.«

Am folgenden Tage bezog Johannes sein Kämmerchen bei einer Witwe im Dorfe. Er schnitzelte Löffel, aß auf dem Schlosse und machte Botengänge für den gnädigen Herrn. Im Ganzen ging's ihm leidlich; die Herrschaft war sehr gütig, und Herr von S. unterhielt sich oft lange mit ihm über die Türkei, den österreichischen Dienst und die See. – »Der Johannes könnte viel erzählen,« sagte er zu seiner Frau, »wenn er nicht so grundeinfältig wäre.« – »Mehr tiefsinnig als einfältig,« versetzte sie; »ich fürchte immer, er schnappt noch über.« – »Ei bewahre!« antwortete der Baron, »er war sein Lebenlang ein Simpel; simple Leute werden nie verrückt.«

Nach einiger Zeit blieb Johannes auf einem Botengange über Gebühr lange aus. Die gute Frau von S. war sehr besorgt um ihn und wollte schon Leute aussenden, als man ihn die Treppe heraufstelzen hörte. – »Du bist lange ausgeblieben, Johannes,« sagte sie; »ich dachte schon, du hättest dich im Brederholz verirrt.« – »Ich bin durch den Föhrengrund gegangen.« – »Das ist ja ein weiter Umweg; warum gingst du nicht durch's Brederholz?« – Er sah trübe zu ihr auf: »Die Leute sagten mir, der Wald sei gefällt, und jetzt seien so viele Kreuz- und Querwege darin, da fürchtete ich, nicht wieder hinauszukommen. Ich werde alt und duselig,« fügte er langsam hinzu. – »Sahst du wohl,« sagte Frau von S. nachher zu ihrem Manne, »wie wunderlich und quer er aus den Augen sah? Ich sage dir, Ernst, das nimmt noch ein schlimmes Ende.«

Indessen nahte der September heran. Die Felder waren leer, das Laub begann abzufallen und mancher Hektische fühlte die Schere an seinem Lebensfaden. Auch Johannes schien unter dem Einflusse des nahen Äquinoktiums zu leiden; die ihn in diesen Tagen sahen, sagen, er habe auffallend verstört ausgesehen und unaufhörlich leise mit sich selber geredet, was er auch sonst mitunter tat, aber selten. Endlich kam er eines Abends nicht nach Hause. Man dachte, die Herrschaft habe ihn verschickt, am zweiten auch nicht, am dritten Tage ward seine Hausfrau ängstlich. Sie ging in's Schloß und fragte nach. – »Gott bewahre,« sagte der Gutsherr, »ich weiß nichts von ihm; aber geschwind den Jäger gerufen und Försters Wilhelm! Wenn der armselige Krüppel,« setzte er bewegt hinzu, »auch nur in einen trockenen Graben gefallen ist, so kann er nicht wieder heraus. Wer weiß, ob er nicht gar eines von seinen schiefen Beinen gebrochen hat! – Nehmt die Hunde mit,« rief er den abziehenden Jägern nach, »und sucht vor Allem in den Gräben; seht in die Steinbrüche!« rief er lauter.

Die Jäger kehrten nach einigen Stunden heim; sie hatten keine Spur gefunden. Herr von S. war in großer Unruhe: »Wenn ich mir denke, daß einer so liegen muß wie ein Stein, und kann sich nicht helfen! Aber er kann noch leben; drei Tage hält's ein Mensch wohl ohne Nahrung aus.« – Er machte sich selbst auf den Weg; in allen Häusern wurde nachgefragt, überall in die Hörner geblasen, gerufen, die Hunde zum Suchen angehetzt – umsonst! – Ein Kind hatte ihn gesehen, wie er am Rande des Brederholzes saß und an einem Löffel schnitzelte; »er schnitt ihn aber ganz entzwei,« sagte das kleine Mädchen. Das war vor zwei Tagen gewesen. Nachmittags fand sich wieder eine Spur: abermals ein Kind, das ihn an der andern Seite des Waldes bemerkt hatte, wo er im Gebüsch gesessen, das Gesicht auf den Knien, als ob er schliefe. Das war noch am vorigen Tage. Es schien, er hatte sich immer um das Brederholz herumgetrieben.

»Wenn nur das verdammte Buschwerk nicht so dicht wäre! da kann keine Seele hindurch,« sagte der Gutsherr. Man trieb die Hunde in den jungen Schlag; man blies und hallote und kehrte endlich mißvergnügt heim, als man sich überzeugt, daß die Tiere den ganzen Wald abgesucht hatten. – »Laßt nicht nach! laßt nicht nach!« bat Frau von S.; »besser ein paar Schritte umsonst, als daß etwas versäumt wird.« – Der Baron war fast ebenso beängstigt wie sie. Seine Unruhe trieb ihn sogar nach Johannes Wohnung, obwohl er sicher war, ihn dort nicht zu finden. Er ließ sich die Kammer des Verschollenen aufschließen. Da stand sein Bett noch ungemacht, wie er es verlassen hatte; dort hing sein guter Rock, den ihm die gnädige Frau aus dem alten Jagdkleide des Herrn hatte machen lassen; auf dem Tische ein Napf, sechs neue hölzerne Löffel und eine Schachtel. Der Gutsherr öffnete sie; fünf Groschen lagen darin, sauber in Papier gewickelt, und vier silberne Westenknöpfe; der Gutsherr betrachtete sie aufmerksam. »Ein Andenken von Mergel,« murmelte er und trat hinaus, denn ihm ward ganz beengt in dem dumpfen, engen Kämmerchen. Die Nachsuchungen wurden fortgesetzt, bis man sich überzeugt hatte, Johannes sei nicht mehr in der Gegend, wenigstens nicht lebendig. So war er denn zum zweitenmal verschwunden; ob man ihn wiederfinden würde – vielleicht einmal nach Jahren seine Knochen in einem trockenen Graben? ihn lebend wieder zu sehen, dazu war wenig Hoffnung, und jedenfalls nach acht-und-zwanzig Jahren gewiß nicht.

Vierzehn Tage später kehrte der junge Brandis Morgens von einer Besichtigung seines Reviers durch das Brederholz heim. Es war ein für die Jahreszeit ungewöhnlich heißer Tag; die Luft zitterte, kein Vogel sang, nur die Raben krächzten langweilig aus den Ästen und hielten ihre offenen Schnäbel der Luft entgegen. Brandis war sehr ermüdet. Bald nahm er seine von der Sonne durchglühte Kappe ab, bald setzte er sie wieder auf. Es war Alles gleich unerträglich, das Arbeiten durch den kniehohen Schlag sehr beschwerlich. Rings umher kein Baum außer der Judenbuche.

Dahin strebte er denn auch aus allen Kräften und ließ sich todmatt auf das beschattete Moos darunter nieder. Die Kühle zog so angenehm durch seine Glieder, daß er die Augen schloß. »Schändliche Pilze!« murmelte er halb im Schlaf. Es gibt nämlich in jener Gegend eine Art sehr saftiger Pilze, die nur ein paar Tage stehen, dann einfallen und einen unerträglichen Geruch verbreiten. Brandis glaubte solche unangenehmen Nachbarn zu spüren, er wandte sich ein paarmal hin und her, mochte aber doch nicht aufstehen; sein Hund sprang unterdessen umher, kratzte am Stamm der Buche und bellte hinauf. – »Was hast du da, Bello? eine Katze?« murmelte Brandis. Er öffnete die Wimper halb und die Judenschrift fiel ihm in's Auge, sehr ausgewachsen, aber doch noch ganz kenntlich. Er schloß die Augen wieder; der Hund fuhr fort zu bellen und legte endlich seinem Herrn die kalte Schnauze an's Gesicht. – »Laß mich in Ruh! was hast du denn?« Hiebei sah Brandis, wie er so auf dem Rücken lag, in die Höhe, sprang dann mit einem Satze auf und wie besessen in's Gestrüpp hinein. Totenbleich kam er auf dem Schlosse an: in der Judenbuche hänge ein Mensch; er habe die Beine gerade über seinem Gesicht hängen sehen. – »Und du hast ihn nicht abgeschnitten, Esel?« rief der Baron. – »Herr,« keuchte Brandis, »wenn Ew. Gnaden da gewesen wären, so wüßten Sie wohl, daß der Mensch nicht mehr lebt. Ich glaubte Anfangs, es seien die Pilze.« Dennoch trieb der Gutsherr zur größten Eile und zog selbst mit hinaus.

Sie waren unter der Buche angelangt. »Ich sehe nichts,« sagte Herr von S. – »Hierher müssen Sie treten, hierher, an diese Stelle!« – Wirklich, dem war so: der Gutsherr erkannte seine eigenen abgetragenen Schuhe. – »Gott, es ist Johannes! – Setzt die Leiter an! – so – nun herunter! – sacht, sacht! laßt ihn nicht fallen! – Lieber Himmel, die Würmer sind schon daran! Macht dennoch die Schlinge auf und die Halsbinde.« – Eine breite Narbe ward sichtbar; der Gutsherr fuhr zurück. – »Mein Gott!« sagte er; er beugte sich wieder über die Leiche, betrachtete die Narbe mit großer

Aufmerksamkeit und schwieg eine Weile in tiefer Erschütterung. Dann wandte er sich zu den Förstern: »Es ist nicht recht, daß der Unschuldige für den Schuldigen leide; sagt es nur allen Leuten: der da« – er deutete auf den Toten – »war Friedrich Mergel.« – Die Leiche ward auf dem Schindanger verscharrt.

Dies hat sich nach allen Hauptumständen wirklich so begeben im September des Jahrs 1788. – Die hebräische Schrift an dem Baume heißt:

»Wenn du dich diesem Orte nahest, so wird es dir ergehen, wie du mir getan hast.«

WESTPHÄLISCHE SCHILDERUNGEN AUS EINER WESTPHÄLISCHEN FEDER

I.

Wenn wir von Westphalen reden, so begreifen wir darunter einen großen, sehr verschiedenen Landstrich, verschieden nicht nur den weit auseinander liegenden Stammwurzeln seiner Bevölkerung nach, sondern auch in Allem, was die Physiognomie des Landes bildet, oder wesentlich darauf zurückwirkt, in Klima, Naturform, Erwerbsquellen, und, als Folge dessen, in Kultur, Sitten, Charakter, und selbst Körperbildung seiner Bewohner: daher möchten wohl wenige Teile unsers Deutschlands einer so vielseitigen Beleuchtung bedürfen.

Zwar gibt es ein Element, das dem Ganzen, mit Ausnahme einiger kleinen Grenzprovinzen, für den oberflächlichen Beobachter einen Anhauch von Gleichförmigkeit verleiht, ich meine das des gleichen (katholischen) Religionskultus, und des gleichen früheren Lebens unter den Krummstäben, was, in seiner festen Form und gänzlicher Beschränkung auf die nächsten Zustände, immer dem Volkscharakter und selbst der Natur einen Charakter von bald beschaulicher, bald in sich selbst arbeitender Abgeschlossenheit gibt, den wohl erst eine lange Reihe von Jahren, und die Folge mehrerer, unter fremden Einflüssen herangebildeter Generationen völlig verwischen dürften. Das schärfere Auge wird indessen sehr bald von Abstufungen angezogen, die in ihren Endpunkten sich fast zum Kontraste steigern, und, bei der noch großenteils erhaltenen Volkstümlichkeit, dem Lande ein Interesse zuwenden, was ein vielleicht besserer, aber zerflossener Zustand nicht erregen könnte. – Gebirg und Fläche scheinen auch hier, wie überall, die schärferen Grenzlinien bezeichnen zu wollen; doch haben, was das Volk betrifft, Umstände die gewöhnliche Folgenreihe gestört, und statt aus dem flachen, heidigen Münsterlande, durch die hügelige Grafschaft Mark und das Bistum Paderborn, bis in die, dem Hochgebirge nahe stehenden Bergkegel des Sauerlandes (Herzogtum Westphalen) sich der Natur nachzumetamorphosieren, bildet hier vielmehr der Sauerländer den Übergang vom friedlichen Heidebewohner zum wilden, fast südlich durchglühten, Insassen des Teutoburger Waldes. – Doch lassen wir dieses beiläufig bei Seite, und fassen die Landschaft in's Auge, unabhängig von ihren Bewohnern, in sofern die Einwirkung derselben (durch Kultur etc.) auf deren äußere Form dieses erlaubt.

Wir haben bei Wesel die Ufer des Niederrheins verlassen, und nähern uns durch das, auf der Karte mit Unrecht Westphalen zugezählte, noch echt rheinische Herzogtum Cleve, den Grenzen jenes Landes. Das allmählige Verlöschen des Grüns und der Betriebsamkeit; das Zunehmen der glänzenden Sanddünen und einer gewissen lauen, träumerischen Atmosphäre, so wie die aus den seltenen Hütten immer blonder und weicher hervorschauenden Kindergesichter sagen uns, daß wir sie überschritten haben, – wir sind in den Grenzstrichen des Bistums Münster. – Eine trostlose Gegend! unabsehbare Sandflächen, nur am Horizonte hier und dort von kleinen Waldungen und einzelnen Baumgruppen unterbrochen. – Die von Seewinden geschwängerte Luft scheint nur im Schlafe aufzuzucken. – Bei jedem Hauche geht ein zartes, dem Rauschen der Fichten ähnliches Geriesel über die Fläche, und säet den Sandkies in glühenden Streifen bis an die nächste Düne, wo der Hirt in halb somnambüler Beschaulichkeit seine Socken strickt, und sich so wenig um uns kümmert, als sein gleichfalls somnambüler Hund und seine Heidschnucken. – Schwärme badender Krähen liegen quer über den Pfad, und flattern erst auf, wenn wir sie fast greifen könnten, um einige Schritte seitwärts wieder niederzufallen, und uns im Vorübergehen mit einem weissagenden Auge, »oculo torvo sinistroque« zu betrachten. – Aus den einzelnen Wacholderbüschen dringt das klagende, möwenartige Geschrill der jungen Kiebitze, die wie Tauchervögel im Schilf in ihrem stachligen Asyle umschlüpfen, und bald hier bald drüben ihre Federbüschel hervorstrecken. – Dann noch etwa jede Meile eine Hütte, vor deren Tür ein paar Kinder sich im Sande wälzen und Käfer fangen, und allenfalls ein wandernder Naturforscher, der neben seinem überfüllten Tornister kniet, und lächelnd die zierlich versteinerten Muscheln und Seeigel betrachtet, die wie Modelle einer frühern Schöpfung hier überall verstreut liegen, – und wir haben Alles genannt, was eine lange Tagereise hindurch eine Gegend belebt, die keine andere Poesie aufzuweisen hat, als die einer fast jungfräulichen Einsamkeit, und einer weichen, traumhaften Beleuchtung, in der sich die Flügel der Phantasie unwillkürlich entfalten. – Allmählich bereiten sich indessen freundlichere Bilder vor, – zerstreute Grasflächen in den Niederungen, häufigere und frischere Baumgruppen begrüßen uns als Vorposten nahender Fruchtbarkeit, und bald befinden wir uns in dem Herzen des Münsterlandes, in einer Gegend, die so anmutig ist, wie der gänzliche Mangel an Gebirgen, Felsen und belebten Strömen dieses nur immer gestattet, und die wie eine große Oase, in dem sie von allen Seiten, nach Holland, Oldenburg, Cleve zu, umstäubenden Sandmeer liegt. – In hohem Grade friedlich, hat sie doch nichts von dem Charakter der Einöde, vielmehr mögen wenige Landschaften so voll Grün, Nachtigallenschlag und Blumenflor angetroffen werden, und der aus minder feuchten Gegenden Einwandernde wird fast betäubt vom Geschmetter der zahllosen Singvögel, die ihre Nahrung in dem weichen Kleiboden finden. – Die wüsten Steppen haben sich in mäßige, mit einer Heidenblumendecke farbig überhauchte Weidestrecken zusammengezogen, aus denen jeder Schritt Schwärme blauer, gelber und milchweißer Schmetterlinge aufstäuben läßt. – Fast jeder dieser Weidegründe enthält

einen Wasserspiegel, von Schwertlilien umkränzt, an denen
Tausende kleiner Libellen wie bunte Stäbchen hängen,
während die der größeren Art bis auf die Mitte des Weihers
schnurren, wo sie in die Blätter der gelben Nymphäen, wie
goldene Schmucknadeln in emaillierte Schalen niederfallen,
und dort auf die Wasserinsekten lauern, von denen sie sich
nähren. – Das Ganze umgrenzen kleine, aber zahlreiche
Waldungen. – Alles Laubholz, und namentlich ein Eichen-
bestand von tadelloser Schönheit, der die holländische
Marine mit Masten versieht – in jedem Baume ein Nest, auf
jedem Aste ein lustiger Vogel, und überall eine Frische des
Grüns und ein Blätterduft, wie dieses anderwärts nur nach
einem Frühlingsregen der Fall ist. – Unter den Zweigen
lauschen die Wohnungen hervor, die lang gestreckt, mit tief
niederragendem Dache, im Schatten Mittagsruhe zu halten
und mit halbgeschlossenem Auge nach den Rindern zu
schauen scheinen, welche hellfarbig und gescheckt wie eine
Damwildherde sich gegen das Grün des Waldbodens oder
den blassen Horizont abzeichnen, und in wechselnden
Gruppen durcheinander schieben, da diese Heiden immer
Almenden sind, und jede wenigstens sechzig Stück Horn-
vieh und darüber enthält. – Was nicht Wald und Heide ist,
ist *Kamp*, d. h. Privateigentum, zu Acker und Wiesengrund
benützt, und, um die Beschwerde des Hütens zu vermeiden,
je nach dem Umfange des Besitzes oder der Bestimmung,
mit einem hohen, von Laubholz überflatterten Erdwalle
umhegt. – Dieses begreift die fruchtbarsten Grundstrecken
der Gemeinde, und man trifft gewöhnlich lange Reihen
solcher Kämpe nach- und nebeneinander, durch Stege und
Pförtchen verbunden, die man mit jener angenehmen Neu-
gier betritt, mit der man die Zimmer eines dachlosen
Hauses durchwandelt. Wirklich geben auch vorzüglich die
Wiesen einen äußerst heitern Anblick durch die Fülle und
Mannigfaltigkeit der Blumen und Kräuter, in denen die
Elite der Viehzucht, schwerer ostfriesischer Race, übersät-
tigt wiederkaut, und den Vorübergehenden so träge und
hochmütig anschnaubt, wie es nur der Wohlhäbigkeit auf

vier Beinen erlaubt ist. Gräben und Teiche durchschneiden auch hier, wie überall, das Terrain, und würden, wie alles stehende Gewässer, widrig sein, wenn nicht eine weiße, von Vergißmeinnicht umwucherte Blütendecke und der aromatische Duft des Münzkrautes dem überwiegend entgegenwirkten; auch die Ufer der träg schleichenden Flüsse sind mit dieser Zierde versehen, und mildern so das Unbehagen, das ein schläfriger Fluß immer erzeugt. – Kurz diese Gegend bietet eine lebhafte Einsamkeit, ein fröhliches Alleinsein mit der Natur, wie wir es anderwärts noch nicht angetroffen. – Dörfer trifft man alle Stunde Weges höchstens eines, und die zerstreuten Pachthöfe liegen so versteckt hinter Wallhecken und Bäumen, daß nur ein ferner Hahnenschrei, oder ein aus seiner Laubperücke winkender Heiligenschein sie dir andeutet, und du dich allein glaubst mit Gras und Vögeln, wie am vierten Tage der Schöpfung, bis ein langsames »Hott« oder »Haar« hinter der nächsten Hecke dich aus dem Traume weckt, oder ein grellanschlagender Hofhund dich auf den Dachstreifen aufmerksam macht, der sich gerade neben dir, wie ein liegender Balken durch das Gestripp des Erdwalls zeichnet. – So war die Physiognomie des Landes bis heute, und so wird es nach vierzig Jahren nimmer sein. – Bevölkerung und Luxus wachsen sichtlich, mit ihnen Bedürfnisse und Industrie. Die kleinern malerischen Heiden werden geteilt; die Kultur des langsam wachsenden Laubwaldes wird vernachlässigt, um sich im Nadelholze einen schnellern Ertrag zu sichern, und bald werden auch hier Fichtenwälder und endlose Getreidseen den Charakter der Landschaft teilweise umgestaltet haben, wie auch ihre Bewohner von den uralten Sitten und Gebräuchen mehr und mehr ablassen; fassen wir deshalb das Vorhandene noch zuletzt in seiner Eigentümlichkeit auf, ehe die schlüpferige Decke, die allmählich Europa überfließt, auch diesen stillen Erdwinkel überleimt hat.

Wir haben diesen Raum des Münsterlandes eine Oase genannt, so sind es auch wieder Steppen, Sand- und Fichtenöden, die uns durch Paderborn, die ehemalige Residenz-

und Grenzstadt, in das Bistum gleichen Namens führen, wo die Ebene allmählich zu Hügeln anschwillt, von denen jedoch die höchsten – der jenseitigen Grenze zu – die Höhe eines mäßigen Berges nicht übersteigen. – Hier ist die Physiognomie des Landes bei weitem nicht so anziehend, wie die seiner Bewohner, sondern ein ziemlich reizloser Übergang von der Fläche zum Gebirge, ohne die Milde der ersten oder die Großartigkeit des letzteren, – unabsehbare Getreidefelder, sich über Tal und Höhe ziehend, welche die Fruchtbarkeit des Bodens bezeugen, aber das Auge ermüden, – Quellen und kleine Flüsse, die recht munter laufen, aber gänzlich ohne Geräusch und die phantastischen Sprünge der Bergwässer, – steinigter Grund, der, wo man nur den Spaden einstößt, treffliches Baumaterial liefert, aber nirgends eine Klippenwand vorstreckt, außer der künstlichen des Steinbruchs, – niedere Berge von gewöhnlicher Form, unter denen nur die bewaldeten auf einige Anmut Anspruch machen können, bilden zusammen ein wenig hervorstechendes Ganze. – Selbst der klassische Teutoburger Wald, das einzige zwar nicht durch Höhe, aber durch seine Ausdehnung und mitunter malerischen Formen imposante Waldgebirge, ist in neueren Zeiten so durchlichtet, und nach der Schnur beforstet worden, daß wir nur mit Hülfe der roten (eisenhaltigen) Erde, die fortwährend unter unsern Tritten knistert, so wie der unzähligen fliegenden Leuchtwürmchen, die hier in Sommernächten an jeden Zweig ihr Laternchen hängen, und einer regen Phantasie von »Stein, Gras und Grein« träumen können. – Doch fehlt es dem Lande nicht an einzelnen Punkten, wo das Zusammentreffen vieler kleinen Schönheiten wirklich reizende Partien hervorbringt, an hübschen grünen Talschluchten, z. B. von Quellen durchrieselt, wo es sich recht anmutig, und sogar ein wenig schwindelnd, durch die schlanken Stämme bergauf schauen läßt; liegt nun etwa noch ein Schlößchen droben, und gegenüber ein Steinbruch, der für's Auge so ziemlich die Klippen ersetzt, so wird der wandernde Maler gewiß sein Album hervor langen, und der benachbarte Flachländer kehrt von seiner Ferienreise mit Stoff zu langen Erzählungen und Nachentzückungen heim; – ein Dorf am Fuße des Berges kann übrigens das Bild nur verderben, da das Bistum Paderborn hiervon ausgemacht die elendesten und rauchigsten Exemplare Westphalens aufzuweisen hat, ein Umstand, zu dem Übervölkerung und Leichtsinn der Einwohner zu gleichen Teilen beitragen.

Haben wir die paderbornsche Grenze – gleichviel ob zur Rechten oder zur Linken – überschritten, so beginnt der hochromantische Teil Westphalens, rechts das geistliche Fürstentum Corvey, links die Grafschaft Mark; Ersteres die mit Recht berühmten Weserlandschaften, das Andere die gleich schönen Ruhr- und Lenne-Ufer umschließend. – Diese beiden Provinzen zeigen, obwohl der Lage nach getrennt, eine große Verwandtschaft der Natur, nur daß die eine durch segelnde Fahrzeuge, die andere durch das Pochen der Hämmer und Gewerke belebt wird; beide sind gleich lachend und fruchtbar, mit gleich wellenförmigen, üppig belaubten Bergrücken geschmückt, in die sich nach und nach kühnere Formen und Klippenwände drängen, bis die Weserlandschaft wie eine Schönheit, die ihren Scheitelpunkt erreicht hat, allmählich wieder einsinkt und gleichsam abwelkt, während von der Ruhr aus immer kühnere Gebirgsformen in das Herz des Sauerlandes dringen, und sich durch die höchste romantische Wildheit bis zur Öde steigern. Daß die viel besprochene Porta Westphalica nur einen geringen Beitrag zu jener Bilderreihe steuert, und nur den letzten, zweifelhaften beau jour der bereits verblichenen Weserschönheit ausmacht, ist schon öfters gesagt worden; desto reizender ist der Strombord in seinem Knospen, Erblühen und Reifen das Corveyer Ländchen und die anschließenden Striche entlang bis zur kurhessischen Grenze: so sanfte Berghänge und verschwimmende Gründe, wo Wasser und Land sich zu haschen und einander mit ihrer Frische anzuhauchen scheinen; so angenehme Kornfluren im Wechsel mit Wiese und Wald; so kokette Windungen des

Stroms, daß wir in einem Garten zu wandeln glauben. – Immer mannigfaltiger wird die Landschaft, immer reicher schattiert von Laub- und Nadelholz, scharfen und wellenschlagenden Linien. – Hinter dem alten Schlosse Wehren und der Türkenruine hebt der Wildberg aus lustigen Hügeln, die ihn wie vom Spiel ermüdete Kinder umlagern, seinen stachligen Sargrücken, und scheint nur den Cathagenberg gegenüber, der ihn wie das Knochengebäude eines vorweltlichen Ungeheuers aus roten Augenhöhlen anstarrt, seiner Beachtung wert zu halten. – Von hier an beginnen die Ufer steil zu werden, mit jeder Viertelstunde steiler, hohler und felsiger, und bald sehen wir von einer stundenlangen, mit Mauern und Geländern eingehegten Klippe die Schiffe unter uns gleiten, klein wie Kinderspielzeug, und hören den Ruf der Schiffer, dünn wie Möwenschrei, während hoch über uns von der Felsterrasse junge Laubzweige niederwinken, wie die Hände schöner Frauen von Burgzinnen. – Bei dem neuantiken Schlosse Herstelle hat die Landschaft ihren Höhepunkt erreicht, und geht, nach einer reichen Aussicht, die Weser entlang, und einem schwindelnden Niederblicke auf das hessische Grenzstädtchen Carlshafen, der Verflachung und überall dem Verfall entgegen.

Diesen ähnliche Bilder bietet die Grafschaft Mark, von gleicher teils sanften, teils kräftiger auftretenden Romantik, und durch die gleichen Mittel. – Doch ist die Landschaft hier belebter, reicher an Quellengeräusch und Echo, die Flüsse kleiner und rascher, und statt Segel bei uns vorbei gleiten zu lassen, schreiten wir selbst an schäumenden Wehren und Mühlradern vorüber, und hören schon weither das Pochen der Gewerke, denn wir sind in einem Fabriklande. – Auch ist die Gegend anfangs, von der Nähe des Münsterlandes angehaucht, noch milder, die Täler träumerischer, und tritt dagegen, wo sie sich dem eigentlichen Sauerlande nähert, schon kühner auf als die der Weser. – Das »*Felsenmeer*« unweit Menden z. B. – ein Tal, wo Riesen mit wüsten Felswürfeln gespielt zu haben scheinen – und die Bergschlucht unter der Schloßruine und der bekannten Tropfsteinhöhle Klusenstein dürfen ungezweifelt einen ehrenvollen Platz im Gebiete des Wildromantischen ansprechen, sonderlich das Letzte, und eben diese starr gegen einander rückenden Felswände, an denen sich der kaum fußbreite Ziegenpfad windet – oben das alte Gemäuer, in der Mitte der schwarze Höllenschlund, unten im Kessel das Getöse und Geschäum der Mühle, zu der man nur vermittelst Planken und Stege gelangt, und wo es immer dämmert – sollen dem weiland vielgelesenen Spies den Rahmen zu einem seiner schlimmsten Schauerromane (ich glaube die Teufelsmühle im Höllental) geliefert haben. – Doch sind dieses Ausnahmen, die Landschaften durchgängig sanft, und würden, ohne die industrielle Regsamkeit ihrer Bewohner, entschieden träumerisch sein. – Sobald wir die Fläche überschritten, verliert sich indessen das Milde mehr und mehr, und bald begegnet es uns nur noch in einzelnen, gleichsam verirrten Partien, die uns jetzt durch ihre Seltenheit so überraschend anregen, wie früher die kühneren Formen, von denen wir fortan, durch tagelange Wanderungen, fast übersättigt werden. – Der Sauerländer rühmt sich eines glorreichen Ursprungs seiner Benennung – »dieses ist mir ein saures Land geworden«, soll Karl der Große gesagt haben – und wirklich, wenn wir uns durch die, mit Felsblöcken halb verrammelten Schluchten des Binnenlandes winden, unter Wänden her, deren Unersteiglichkeit wir mit schwindelndem Auge messen, und aus denen sich kolossale Balkone strecken, breit und fest genug, eine wilde Berghorde zu tragen, so zweifeln wir nicht an der Wahrheit dieses Worts, mag es nun gesagt sein oder nicht. – Das Gebirge ist wasserreich, und in den Talschlünden das Getöse der niederrauschenden und brodelnden Quellen fast betäubend, wogegen der Vogelgesang in den überhandnehmenden Fichtenwaldungen mehr und mehr erstirbt, bis wir zuletzt nur Geier und Habichte die Felszacken umkreisen sehen, und ihre grellen Diebspfeifen sich hoch in der Luft antworten hören. – Überall starren uns die schwarzen Eingänge der Stollen, Spalten und Stalaktitenhöhlen entgegen, deren Senkungen noch zum Teil nicht ergründet sind, und an die sich Sagen von Wegelagerern, Berggeistern und verhungerten Verirrten knüpfen. – Das Ganze steht den wildesten Gegenden des Schwarzwaldes nicht nach – sonderlich wenn es zu dunkeln beginnt, gehört viel kaltes Blut dazu, um sich eines mindestens poetischen Schauers zu erwehren, wenn das Volk der Eulen und Schuhue in den Spalten lebendig wird, und das Echo ihr Gewimmer von Wand zu Wand laufen läßt, und wenn die hohen Öfen wie glühende Rachen aus den Schluchten gähnen, wirre Funkensäulen über sich aufblasen, und Baum und Gestein umher mit rotem Brandscheine überzittern. – In diesem Stile nimmt die Landschaft immer an Wildheit zu, zuletzt Klippen bietend, auf denen man schon verirrte Ziegen hat tagelang umherschwanken sehen, bis die Zackenform der Berge allmählich kahlen Kegeln weicht, an denen noch wohl im hohen Mai Schneeflecke lagern, der Baumwuchs fast gänzlich eingeht, und endlich bei »Winterberge« die Gegend nur noch das Bild trostloser Öde beut, – kahle Zuckerhutformen, an denen hier und dort ein Fleckchen magerer Hafersaat mehr gilbt als grünt.

II.

Wir haben im Vorhergehenden den Charakter der Eingebornen bereits flüchtig angedeutet, und gesagt, daß dem gewöhnlichen Einflusse der Natur auf ihre Zöglinge entgegen, am, verhaltnismäßig in einem zahmen Lande aufgenährten, Paderbörner der Stempel des Bergbewohners, sowohl moralisch als körperlich, weit entschiedener hervortritt, als an dem, durch seine Umgebungen weit mehr dazu berechtigten Sauerländer. – Der Grund liegt nahe; in den Handelsverhältnissen des Letzteren, die seine Heimat den Fremden öffnen, und ihn selbst der Fremde zutreiben, wo unter kaufmännischer Kultur die Sitten, durch auswärtige Heiraten das Blut seines Stammes sich täglich mehr verdünnen, und wir müssen uns eher über die Kraft einer Ader wundern, die, von so vielen Quellen verwässert, doch noch durchgängig einen scharfen, festen Strich zeichnet, wie der Rhein durch den Bodensee. – Der Sauerländer ist ungemein groß und wohlgebaut, vielleicht der größte Menschenschlag in Deutschland, aber von wenig geschmeidigen Formen; kolossale Körperkraft ist bei ihm gewöhnlicher, als Behendigkeit anzutreffen. Seine Züge, obwohl etwas breit und verflacht, sind sehr angenehm, und bei vorherrschend lichtbraunem oder blonden Haare haben doch seine langbewimperten blauen Augen alle den Glanz und den dunkeln Blick der schwarzen. – Seine Physiognomie ist kühn und offen, sein Anstand ungezwungen, so daß man geneigt ist, ihn für ein argloseres Naturkind zu halten, als irgend einen seiner Mitwestphalen; dennoch ist nicht leicht ein Sauerländer ohne einen starken Zusatz von Schlauheit, Verschlossenheit und praktischer Verstandesschärfe, und selbst der sonst Beschränkteste unter ihnen wird gegen den gescheutesten Münsterländer fast immer praktisch im Vorteil stehen. – Er ist sehr entschlossen, stößt sich dann nicht an Kleinigkeiten, und scheint eher zum Handel und guten Fortkommen geboren, als dadurch und dazu herangebildet. – Seine Neigungen sind heftig aber wechselnd, und so wenig er sie Jemands Wunsch zu Liebe aufgibt, so leicht entschließt er sich, aus eigener Einsicht oder Grille hierzu. – Er ist ein rastloser und zumeist glücklicher Spekulant, vom reichen Fabrikherrn, der mit Vieren fährt, bis zum abgerissenen Herumstreifer, der »Kirschen für Lumpen« ausbietet; und hier findet sich der einzige Adel Westphalens, der sich durch Eisenhämmer, Papiermühlen und Salzwerke dem Kaufmannsstande anschließt. – Obwohl der Konfession nach katholisch, ist das Fabrikvolk doch an vielen Orten bis zur Gleichgültigkeit lau, und lacht nur zu oft über die Scharen frommer Wallfahrter, die vor seinen Gnadenbildern bestäubt und keuchend ihre Litaneien absingen, und an denen ihm der Klang des Geldes, das sie einführen, bei weitem die verdienstvollste Musik scheint. – Übrigens besitzt der Sauerländer manche anziehende Seite; er ist mutig, besonnen, von scharfem aber kühlen Verstande, obwohl im Allgemeinen berechnend, doch aus Ehrgefühl bedeutender Aufopferungen fähig; und selbst der Geringste besitzt einen Anflug ritterlicher Galanterie und einen naiven Humor, der seine Unterhaltung äußerst angenehm für denjenigen macht, dessen Ohren nicht allzu zart sind. – Daß in einem Lande, wo drei Viertel der Bevölkerung, Mann, Weib und Kind, ihren Tag unter fremdem Dache (in den Fabrikstuben) zubringen, oder auf Handelsfüßen das Land durchziehen, die häuslichen Verhältnisse sehr locker, gewissermaßen unbedeutend sind, begreift sich wohl; so wie aus dem Gesagten hervorgeht, daß nicht hier der Hort der Träume und Märchen, der charakteristischen Sitten und Gebräuche zu suchen ist; denn obwohl die Sage manche Kluft und unheimliche Höhle mit Berggeistern, und den Gespenstern Ermordeter, oder in den Irrgängen Verschmachteter bevölkert hat, so lacht doch jedes Kind darüber, und nur der minderbeherzte oder phantasiereichere Reisende fährt zusammen, wenn ihm in dem schwarzen Schlunde etwa eine Eule entgegenwimmert, oder ein kalter Tropfen von den Steinzapfen in seinen Nacken rieselt. – Kurz, der Sohn der Industrie besitzt vom Bergbewohner nur die eiserne Gesundheit, Körperkraft und Entschlossenheit, aber ohne den romantischen Anflug und die Phantasie, welche sich an großartigen Umgebungen zu entwickeln pflegen, – er liebt sein Land, ohne dessen Charakter heraus zu fühlen; er liebt seine Berge, weil sie Eisen und freien Atemzug; seine Felsen, weil sie vortreffliches Material und Fernsichten; seine rauschenden Wasserfälle, weil sie den Fabrikrädern rascheren Umschwung geben, und das Ganze endlich, weil es eben seine Heimat und in dessen Luft ihm am wohlsten ist. – Seine Festlichkeiten sind, nach den Umständen des Gastgebers, den städtischen möglichst nachgebildet; seine Trachten desgleichen. – Alles wie anderwärts, – staubende Chausseen mit Frachtwagen und Einspännern bedeckt, – Wirtshäuser mit Kellnern und gedruckten Speisezetteln, – einzelne Dörfer im tiefsten Gebirge sind noch strohdachig und verfallen genug, die meisten jedoch, nett wie alle Fabrikorte, erhalten allein durch die schwarze Schieferbekleidung und die mit Steinplatten beschwerten Dächer, die man hier der Rauhigkeit des Klimas entgegensetzen muß, einen schwachen Anstrich von Ländlichkeit, und nur die Kohlenbrenner in den Waldungen, die bleichen Hammerschmiede vor ihren Höllenfeuern, und die an den Stollen, mit Lederschurz und blitzendem Bleierz auf ihrem Kärrchen aus- und einfahrenden Bergknappen geben der Landschaft hier und dort eine passende Staffage.

Anders ist's im Hochstifte Paderborn, wo der Mensch eine Art wilder Poesie in die sonst ziemlich nüchterne Umgebung bringt, und uns in die Abruzzen versetzen würde, wenn wir Phantasie genug hätten, jene Gewitterwolke für ein mächtiges Gebirge, jenen Steinbruch für eine Klippe zu halten. – Nicht groß von Gestalt, hager und sehnig, mit scharfen, schlauen, tiefgebräunten, und vor der Zeit von Mühsal und Leidenschaft durchfurchten Zügen fehlt dem Paderbörner nur das brandschwarze Haar zu einem entschieden südlichen Aussehen. – Die Männer sind oft hübsch und immer malerisch, die Frauen haben das Schicksal der Südländerinnen, eine frühe, üppige Blüte und ein frühes, zigeunerhaftes Alter. – Nirgends gibt es so rauchige Dörfer, so dachlückige Hüttchen, als hier, wo ein ungestümes Temperament einen starken Teil der Bevölkerung übereilten Heiraten zuführt, ohne ein anderes Kapital, als vier Arme und ein Dutzend zusammengebettelter und zusammengesuchter Balken, aus denen dann eine Art von Koben zusammengesetzt wird, eben groß genug für die Herdstelle, das Ehebett, und allenfalls einen Verschlag, der den stolzen Namen Stube führt, in der Tat aber nur ein ungewöhnlich breiter und hoher Kasten mit einem oder zwei Fensterlöchern ist. – Besitzt das junge Paar Fleiß und Ausdauer, so mögen nach und nach einige Verschläge angezimmert werden; hat es ungewöhnlichen Fleiß und Glück zugleich, so dürfte endlich eine bescheidene Menschenwohnung entstehen, häufig aber lassen Armut und Nachlässigkeit es nicht hierzu kommen, und wir selbst sahen einen bejahrten Mann, dessen Palast zu kurz war, um ausgestreckt darin zu schlafen, seine Beine ein gutes Ende weit in die Straße recken. – Selbst der Roheste ist schlau und zu allen Dingen geschickt, weiß jedoch selten nachhaltigen Vorteil daraus zu ziehen, da er sein Talent gar oft in kleinen Pfiffigkeiten, deren Ertrag er sofort vergeudet, erschöpft, und sich dem Einflusse von Winkeladvokaten hingibt, die ihm über jeden Zaunpfahl einen Prozeß einfädeln, der ihn völlig aussaugt, fast immer zur Auspfändung, und häufig von Hof und Haus bringt. – Große Not treibt ihn zu großen Anstrengungen, aber nur bis das dringendste Bedürfnis gestillt ist, – jeder erübrigte Groschen, den der Münsterländer sorglich zurücklegen, der Sauerländer in irgend ein Geschäft stecken würde, wird hier am liebsten von dem Kind der Armut sofort dem Wirte und Kleinhändler zugetragen, und die Schenken sind meist gefüllt mit Glückseligen, die sich einen oder ein paar blaue Montage machen, um nachher wieder auf die alte Weise fort zu hungern und taglöhnern. – So verleben leider Viele, obwohl in einem fruchtbaren Lande, und mit allen Naturgaben ausgerüstet, die sonst in der Welt voran bringen, ihre Jugend in Armut, und gehen einem elenden Alter am Bettelstabe entgegen. – In ihrer Verwahrlosung dem Aberglauben zugeneigt, glaubt der Unglückliche sehr fromm zu sein, während er seinem Gewissen die ungebührlichsten Ausdehnungen zumutet. – Wirklich stehen auch manche Pflichten seinen mit der Muttermilch eingesogenen Ansichten vom eigenen Rechte zu sehr entgegen, als daß er sie je begreifen sollte, – jene gegen den Gutsherrn zum Beispiel, den er nach seinem Naturrecht gern als einen Erbfeind oder Usurpator des eigentlich *ihm* zuständigen Bodens betrachtet, dem ein echtes Landeskind nur aus List, um der guten Sache willen, schmeichle, und übrigens Abbruch tun müsse, wo es immer könne. – Noch empörender scheinen ihm die Forst- und Jagdgesetze, da ja »unser Herrgott das Holz von selbst wachsen läßt, und das Wild aus einem Lande in das andere wechselt.« – Mit diesem Spruche im Munde glaubt der Frierende sich völlig berechtigt, jeden Förster, der ihn in flagranti überrascht, mit Schnupftabak zu blenden, und wie er kann, mit ihm fertig zu werden. – Die Gutsbesitzer sind deshalb zu einem erschöpfenden Aufwande an Forstbeamten gezwungen, die den ganzen Tag und manche Nacht durchpatrouillieren, und doch die massivsten Forstfrevel, z. B. das Niederschlagen ganzer Waldstrecken in einer Nacht, nicht immer verhindern können. – Hier scheitern alle Anstrengungen der sehr ehrenwerten Geistlichkeit, und selbst die Versagung der Absolution im Beichtstuhle verliert ihre Kraft, wie bei dem Korsen, wenn es eine Vendetta gilt. – Noch vor dreißig Jahren war es etwas sehr Gewöhnliches, beim Mondscheine langen Wagenreihen zu begegnen, neben denen dreißig bis vierzig Männer hertrabten, das Beil auf der Schulter, den Ausdruck lauernder Entschlossenheit in den gebräunten Zügen, und der nächste Morgen brachte dann gewiß – je nachdem sie mit den Förstern zusammen getroffen, oder ihnen glücklich ausgewichen waren – die Geschichte eines blutigen Kampfs, oder eines grandiosen Waldfrevels. – Die Überwachung der preußischen Regierung hat allerdings dieser Öffentlichkeit ein Ziel gesetzt, jedoch ohne bedeutende Resultate in der Sache selbst, da die Frevler jetzt durch List ersetzen, was sie an Macht einbüßen, und es ist leider eine Tatsache, daß die Holzbedürftigen, sogar Beamte, von Leuten, denen doch, wie sie ganz wohl wissen, kein rechtlicher Splitter eigen ist, ihren Bedarf so ruhig nehmen, wie aller Orts Strandbewohner ihren Kaffee und Zucker von den Schmugglern zu nehmen pflegen. – Daß auch dieser letztere Erwerbszweig hier dem Charakter des Besitzlosen zu sehr zusagt, als daß er ihn vernachlässigen sollte, selbst wenn die mehrstündige Entfernung der Grenze ihn mühsam, gefahrvoll und wenig einträglich zugleich machen, läßt sich wohl voraussetzen, und fast bis im

Herzen des Landes sehen wir bei abendlichen Spaziergängen kleine Truppen von Fünfen oder Sechsen, hastig und ohne Gruß, an uns vorüber der Wesergegend zustapfen, und können sie in der Morgendämmerung mit kleinen Bündeln, schweißtriefend und nicht selten mit verbundenem Kopfe oder Arme wieder in ihre Baracken schlüpfen sehen. Zuweilen folgen die Zollbeamten ihnen stundenweit; die Dörfer des Binnenlandes werden durch nächtliche Schüsse und wüstes Geschrei aufgeschreckt, – am nächsten Morgen zeigen Gänge durchs Kornfeld, in welcher Richtung die Schmuggler geflohen; zerstampfte Flächen, wo sie sich mit den Zöllnern gepackt haben, und ein halbes Dutzend Taglöhner läßt sich bei seinem Dienstherren krank melden. – Ihre Ehen meist aus Leidenschaft, und mit gänzlicher Rücksichtslosigkeit auf äußere Vorteile, geschlossen, würden anderwärts für höchst unglücklich gelten, da kaum eine Barackenbewohnerin ihr Leben beschließt, ohne Bekanntschaft mit dem sogenannten »braunen Heinrich«, dem Stocke nämlich, gemacht zu haben. Sie aber finden es ländlich, sittlich, und leben der Überzeugung, daß eine gute Ehe, wie ein gutes Gewebe, zuerst des *Einschlags* bedarf, um nachher ein tüchtiges Hausleinen zu liefern. Wollten wir eine Zusammenstellung der untern Volksklassen nach den drei Hauptfarben Westphalens wagen, so würden wir sagen: Der Sauerländer freit, wie ein Kaufmann, nämlich nach Geld oder Geschicklichkeit, und führt auch seine Ehe so, – kühl und auf gemeinschaftlichen Erwerb gerichtet. – Der Münsterländer freit wie ein Herrnhuter, gutem Rufe und dem Willen seiner Eltern gemäß, und liebt und trägt seine Ehe, wie ein aus Gottes Hand gefallenes Los, in friedlicher Pflichterfüllung. – Der Paderbörner Wildling aber, hat Erziehung und Zucht nichts an ihm getan, wirbt wie ein derbes Naturkind mit allem Ungestüm seines heftigen Blutes. Mit seinen und den Eltern seiner Frau muß es daher auch oft zu heftigen Auftritten kommen. Er geht unter die Soldaten, oder er läuft Gefahr, zu verkommen, wenn seine Neigung unerwidert bleibt. Die Ehe wird in diesen dürftigen Hütten den Frauen zum wahren Fegfeuer, bis sie sich zurechtgefunden; Fluch- und Schimpfreden haben, wie bei den Matrosen, einen großen Teil ihrer Bedeutung verloren, und lassen eine rohe Art aufopfernder Liebe wohl neben sich bestehen. Über das Verderbnis der dienenden Klassen wird sehr geklagt; jedes noch so flüchtige Verhältnis zwischen den zwei Geschlechtern müsse streng überwacht werden von denen, die ihr Haus rein von Skandal, und ihre weiblichen Dienstboten in dienstfähigem Zustande zu erhalten wünschen; selbst die Unteraufseher, Leute von gesetzten Jahren und sonst streng genug, schienen taub und blind, sobald nicht ein Verlöbnis, sondern nur der Glaube an eine ernstliche Absicht vorhanden sei – »die Beiden freien sich« – und damit seien alle Schranken gefallen, obwohl aus zwanzig solcher Freiereien kaum eine Ehe hervorgehe und die Folgen davon den Gemeinden zur Last fielen. Auch die Branntweinpest fordert hier nicht wenige Opfer, und bei diesem heftigen Blut wirkt das Übermaß um so wilder und gefährlicher. Diese Verwahrlosung ist um so mehr zu beklagen, da es auch dem Letzten nicht leicht an Talenten und geistigen Mitteln gebricht, und seine schlaue Gewandtheit, sein Mut, seine tiefen, einbohrenden Leidenschaften, und vor Allem seine reine Nationalität, verbunden mit dem markierten Äußern, ihn zu einem allerdings würdigen Gegenstande der Aufmerksamkeit machen. – Alter Gebräuche bei Festlichkeiten gibt es wenige, und in seltner Anwendung, da der Paderborner jedem Zwange zu abgeneigt ist, als daß er sich eine Lust durch etwas, das nach Zeremoniell schmeckt, verderben sollte. – Bei den Hochzeiten z. B. fällt wenig Besonderes vor, das allwärts bekannte Schlüssel- und Brod-Überreichen findet auch hier statt, d. h. wo es, außer einer alten Truhe, etwas gibt, was des Schlüssels bedürfte, – nachher geht Jeder seinem Jubel bei Tanz und Flasche nach, bis sich Alles zum »Papen von Istrup« stellt, einem beliebten Nationaltanz, einem Durcheinanderwirbeln und Verschlingen, was erst nach dem Lichtanzünden beginnt, und dem »Reisenden für Völker- und Länderkunde« den Zeitpunkt angibt, wo es für ihn geratener sein möchte, sich zu entfernen, da fortan die Aufregung der Gäste bis zu einer Höhe steigt, deren Kulminationspunkt nicht voraus zu berechnen ist. – Ist die Braut eine echte »Flüggebraut«, eine Braut in Kranz und fliegenden Haaren, so tritt sie gewiß stolz, wie eine Fürstin, auf, und dieses glorreiche Familienereignis wird noch der Ruhm ihrer Nachkommen, die sich dessen wohl zu rühmen wissen, wie stattlich sie mit Spiegeln und Flittergold in den Haaren einhergestrehlt sei. – Lieber als eine Hochzeit ist dem Paderbörner noch die Fastnacht, an derem ersten Tage (Sonntag, esto mihi) der Bursche dahersteigt, in der Hand, auf goldenem Apfel, einen befiederten Hahn aus Brodteig, den er seiner Liebsten verehrt, oder auch der Edelfrau, nämlich, wenn es ihm an Geld für die kommenden nassen Tage fehlt. – Am Montag ist der Jubel im tollsten Gange, selbst Bettler, die nichts Anderes haben, hängen ihr geflicktes Betttuch über den Kopf, und binden einen durchlöcherten Papierbogen vors Gesicht, und diese machen, wie sie mit ihren, aus der weißen Umrändung blitzenden Augen und langen Nasenschnäbeln die Mauern entlang taumeln, einen noch grausigeren Eindruck, wie die eigentlichen Maskenzüge, die in scheußlichen Verkleidungen mit Geheul und Hurra auf Ackergäulen durch die Felder galoppieren, alle hundert Schritte einen Sandreuter zurücklassend, der ihnen wüst nachjohlt, oder als ein hinkendes Ungetüm ins Dorf zurückächzt. Sehr beliebt ist auch das Schützenfest, zum Teil der Ironie wegen, da an diesem Tage der »Wildschütz« vor dem Auge der sein Gewerb ignorierenden Herrschaft mit seinem sichern Blicke und seiner festen Hand paradieren darf, und oft der schlimmste Schelm, dem die Förster schon wochenlang nachstellten, dem gnädigen Fräulein Strauß und Ehrenschärpe als seiner Königin überreicht, und mit ihr die Zeremonie des ersten Tanzes durchmacht. – Ihm folgt am nächsten Tage das Frauenschießen, eine galante Sitte, die man hier am wenigsten suchen sollte, und die sich anmutig genug ausnimmt. Morgens in aller Frühe ziehen alle Ehefrauen der Gemeinde, unter ihnen manche blutjunge und hübsche, von dem Edelhofe aus, in ihren goldenen Häubchen und Stirnbinden, bebändert und bestraußt, Jede mit dem Gewehr ihres Mannes über die Schultern. – Voran die Frau des Schützenkönigs mit den Abzeichen ihrer Würde, den Säbel an der Seite, wie weiland Maria Theresia auf den Kremnitzer Dukaten; ihr zunächst die Fähnderichin mit der weißen Schützenfahne; – auf dem Hofe wird Halt gemacht, die Königin zieht den Säbel, kommandiert – rechts – links – kurz alle militärischen Evolutionen; dann wird die Fahne geschwenkt, und das blanke Regiment zieht mit einem feinen Hurra dem Schießplatze zu, wo Jede – Manche mit der zierlichsten Koketterie – ihr Gewehr ein paarmal abfeuert, und unter klingendem Spiele der Schenke zu marschieren, wo es heute keinen König gibt, sondern nur eine Königin und ihren Hof, die Alles anordnen, und von denen sich die Männer heute Alles gefallen lassen. – Einen gleich starken Gegensatz zu den derben Sitten des Landes gibt der Beginn des Erntefestes. – Dieses wird nur auf Edelhöfen und großen Pachtungen im altherkömmlichen Stile gefeiert. – Der voranschreitenden Musik folgt der Erntewagen mit dem letzten Fuder, auf dessen Garben die Großmagd thront, über sich auf einer Stange den funkelnden Erntekranz, – dann folgen sämtliche Dienstleute, paarweise, mit gefalteten Händen, die Männer barhaupt, so ziehen sie langsam über das Feld dem Edelhofe zu, das Te Deum nach der schönen, alten Melodie des katholischen Ritus absingend, ohne Begleitung, aber bei jedem dritten Verse von den Blasinstrumenten abgelöst, was sich überaus feierlich macht, und gerade bei diesen Menschen, und unter freiem Himmel etwas wahrhaft Ergreifendes hat. – Im Hofe angelangt, steigt die Großmagd ab, und trägt ihren Kranz mit einem artigen Spruche zu jedem Mitgliede der Familie, vom Hausherrn an bis zum kleinsten Jünkerchen auf dem Schaukelpferde, dann wird er über das Scheuertor an die Stelle des vorigjährigen gehenkt, und die Lustbarkeit beginnt. – Obwohl sich keiner ausgezeichneten Singorgane erfreuend, sind die Paderbörner doch überaus gesangliebend; überall – in den Spinnstuben – auf dem Felde – hört man sie quinkelieren und pfeifen, – sie haben ihre eigenen Spinn-, ihre Acker-, Flachsbrech- und Rauflieder, – das letzte ist ein schlimmes Spottlied, was sie, nach dem Takte des Raufens, jedem Vorübergehenden aus dem Stegreif zusingen. – Sonderlich junge Herren, die sich, dem Verhältnisse nach, zu Freiern ihrer Fräulein qualifizieren, können darauf rechnen, nicht ungeneckt vorbei zu kommen, und sich von zwanzig bis dreißig Stimmen nachkrähen zu hören: »He! he! he! er ist ihr zu dick, er hat kein Geschick,« – oder: »er ist ihr zu arm, daß Gott erbarm! Den Kuinkel den kuank, der Vogel der sang, das Jahr ist lang, oh! oh! oh! laßt ihn gehn!« – Überhaupt rühmen sie sich gern, wo es ihnen Anlaß zum Streit verspricht, ihrer Herrschaft, als ob sie aus Gold wäre; stehen auch in ernsteren Fällen, aus demselben Grunde, bisweilen zu ihr gleich dem Besten, und es ist hier, wie bei der Pariser Polizei, nichts Ungewöhnliches, die schlimmsten »Wildschützen« nach einigen Jahren als Forstgehilfen wieder zu finden, denen es alsdann ein Herzensgaudium ist, sich mit ihren alten Kameraden zu raufen, und den bekannten Listen neue entgegen zu setzen; und noch vor Kurzem packten ein Dutzend solcher Praktiker ihren Herzensfreund, den Dorfschulmeister, der sie früher in der Taktik des »Holzsuchens« unterrichtet hatte, wie er eben daran war, die dritte oder vierte Auflage der Rekruten einzuüben, etwa achtzig barfüßige Schlingel nämlich, die, wie junge Wölfe, zuerst mit dem Blutaussaugen anfangen, mit ihren krummen Messern kunstfertig in dem jungen Schlag wuteten, während der Pädagog, von einer breiten Buche herab, das Kommando führte. – Wir haben bereits den Volksaberglauben erwähnt; dieser äußert sich, neben der Gespensterfurcht und dem Hexenglauben, vorzugsweise in sympathetischen Mitteln und dem sogenannten Besprechen, einem Akt, der Manches zu denken gibt, und dessen wirklich seltsame Erfolge sich durch bloßes Hinwegleugnen keineswegs beseitigen lassen. Wir selbst müssen gestehen, Zeugen unerwarteter Resultate gewesen zu sein. – Auf die Felder, die der Besprecher mit seinem weißen Stäbchen umschritten, und die Scholle eines verpfändeten Ackers darauf geworfen hat, wagt sich in der Tat kein Sperling, kein Wurm, fällt kein Mehltau, und es ist überraschend, diese Strecken mit schweren, niederhangenden Ähren zwischen weiten Flächen leeren Strohes zu sehen. Ferner, ein prächtiger Schimmel, arabischer Race, und überaus feurig, war, zu einem übermäßigen Sprunge gespornt, gestürzt, und hatte sich die Zunge dicht an der Wurzel durchgebissen. – Da das Schlagen des wütenden Tieres es in den ersten Tagen unmöglich machte, der Wunde beizukommen, war der Brand hinzugetreten, und ein sehr geschickter Arzt erklärte das schöne Pferd für rettungslos verloren. – Jetzt ward zur »Waffensalbe« geschritten, – keinem Arzneimittel, wie man wahrscheinlich glauben wird, sondern einem geheimnisvollen, mir unbekannt gebliebenen Gebrauch, zu dessen Behuf dem mehrere Stunden entfernten Besprecher nur ein von dem Blut des Tieres beflecktes Tuch gesandt wurde. – Man kann sich denken, welches Vertrauen ich in dieses Mittel setzte! – Am nächsten Tage wurde das Tier jedoch so ruhig, daß ich dieses als ein Zeichen seiner nahenden Auflösung ansah, – am folgenden richtete es sich auf, zerbiß und verschluckte, obwohl etwas mühsam, einige Brodscheiben ohne Rinde, – am dritten Morgen sahen wir, zu unserm Erstaunen, daß es sich über das in der Raufe befindliche Futter hergemacht, und einen Teil desselben bereits verzehrt hatte, während nur ein behutsames Auswählen der weicheren Halme, und ein leises Zucken um Lippen und Nüstern die Empfindlichkeit der, wie wir uns durch den Augenschein überzeugen mußten, völlig geschlossenen Wundstelle andeuteten; und seitdem habe ich den schönen Araber manchesmal, frisch und feurig, wie zuvor, mit seinem Reiter durchs Feld stolzieren sehen. – Dergleichen und Ähnliches fällt täglich vor, und hiebei ist die Annäherung des Besprechers oder seines Mittels an den zu besprechenden Gegenstand immer so gering (in manchen Fällen, wie dem eben genannten, fällt sie gänzlich fort), daß eine Erklärung durch natürlich wirkende Essenzen hier keine Statt haben kann, so wie die vielbesprochene Macht der Phantasie bei Tieren, Kräutern und selbst Gestein wegfallen muß, und dem Erklärer wohl nur die Kraft des menschlichen Glaubens, die magnetische Gewalt eines festen Willens über die Natur als letztes Auskunftsmittel bleiben dürfte. – Folgenden Vorfall haben wir aus dem Munde eines glaubwürdigen Augenzeugen: In dem Garten eines Edelhofes hatte die grüne Kohlraupe dermaßen überhand genommen, daß der Besitzer, obwohl Protestant, in seinem Überdrusse endlich zum Besprecher schickte. – Dieser fand sich alsbald ein, umschritt die Gemüsefelder, leise vor sich hinmurmelnd, wobei er mit seinem Stäbchen hier und dort einen Kohlkopf berührte. Nun stand unmittelbar am Garten ein Stallgebäude, an dessen schadhaftem Dache einige Arbeiter flickten, die sich den Spaß machten, den Zauberer durch Spottreden, hinabgeworfene Kalkstückchen etc. zu stören. – Nachdem dieser sie wiederholt gebeten hatte, ihn nicht zu irren, sagte er endlich: »wenn ihr nicht Ruhe haltet, so treibe ich euch die Raupen auf das Dach«, und als die Neckereien dennoch nicht aufhörten, ging er an die nächste Hecke, schnitt eine Menge fingerlanger Stäbchen, stellte sie horizontal an die Stallmauer und entfernte sich. – Alsbald verließen sämtliche Raupen ihre Pflanzen, krochen in breiten, grünen Kolonnen über die Sandwege, an den Stäbchen die Mauer aufwärts, und nach einer halben Stunde hatten die Arbeiter das Feld geräumt, und standen im Hofe, mit Ungeziefer besäet, und nach dem Dache deutend, was wie mit einer grünen, wimmelnden Decke überzogen war. – Wir geben das eben Erzählte übrigens keineswegs als etwas Besonderes, da die oben berührte Erklärung, durch auf den Geruch wirkende Essenzen, hier am ersten Statt finden dürfte, sondern nur als ein kleines Genrebild aus dem Tun und Treiben eines phantasiereichen und eben besprochenen Volkes. – Ehe wir von diesem zu andern übergehen, erlauben wir uns noch zum Schlusse die Mitteilung einer vor etwa vierzig Jahren vorgefallenen Szene, die allerdings unter der jetzigen Regierung nicht mehr Statt finden könnte, jedoch den Charakter des Volks zu anschaulich darstellt, als daß wir sie am ungeeigneten Orte glauben sollten. – Zu jener Zeit stand den Gutsbesitzern die niedere Gerichtsbarkeit zu, und wurde mitunter streng gehandhabt, wobei sich, wie es zu gehen pflegt, der Untergebene mit der Härte des Herrn, der Herr mit der Böswilligkeit des Untergebenen entschuldigte, und in dieser Wechselwirkung das Übel sich fortwährend steigerte. Nun sollte der Vorsteher (Meyer) eines Dorfes, allzu grober Betrügereien und Diebstähle halber, seines Amts entsetzt werden. – Er hatte sich Manchen verpflichtet, Manchen bedrückt, und die Gemeinde war in zwei bittere Parteien gespalten. – Schon seit mehreren Tagen war eine tückische Stille im Dorfe bemerkt worden, und als am Gerichtstage der Gutsherr, aus Veranlassung des Unwohlseins, seinen Geschäftsführer bevollmächtigte, in Verein mit dem eigentlichen Justitiar, die Sache abzumachen, war den beiden Herren diese Abänderung keineswegs angenehm, da ihnen wohl bewußt war, daß der Bauer seine Herrschaft zwar haßt, jeden Städter aber, und namentlich »das Schreibervolk« aus tiefster Seele verachtet. Ihre Besorgnis ward nicht gemindert, als einige Stunden vor der Sitzung ein Schwarm barfüßiger Weiber in den Schloßhof zog, wahre Poissarden, mit fliegenden Haaren und Kindern auf dem Arm, sich vor dem Hauptgebäude zusammendrängte, und wie ein Nest junger Teufel zu krähen anfing: »Wir revoltieren! wir protestieren! wir wollen den Meyer behalten! unsere Kerle sind auf dem Felde und mähen, und haben uns geschickt, wir revoltieren!« – Der Gutsherr trat ans Fenster und rief hinaus: »Weiber! macht euch fort, der Amtmann (Justitiar) ist noch nicht da«, worauf der Schwarm sich allmählich, unter Geschrei und Fluchen, verlor. – Als nach einigen Stunden die Sitzung begonnen hatte, und die bereits abgehaltenen Verhöre verlesen wurden, erhob sich unter den Fenstern des Gerichtslokals ein dumpfes, vielstimmiges Gemurmel, was immer zunahm, – dann drängten sich ein paar starkknochige Männer in die Stube, – wieder andere, in Kurzem war sie zum Ersticken überfüllt. – Der Justitiar, an solche Auftritte gewöhnt, befahl ihnen mit ernster Stimme hinauszugehen; – sie gehorchten wirklich, stellten sich aber, wie er ganz wohl sah, an der Türe auf; zugleich bemerkte er, daß Einige, mit grimmigem Blicke auf die Gegenpartei, ihre Kittel lüfteten, und kurze, schwere Knittel sichtbar werden ließen, was von der andern Seite mit einer ähnlichen Pantomime erwidert wurde. – Dennoch las er das Urteil mit ziemlicher Fassung ab, und schritt dann, seinen Gefährten am Kleide zupfend, hastig der Türe zu. – Dort aber drängten sich die Außenstehenden hinein, und ließen ihre Knittel spielen, und – daß wir es kurz machen – die heilige Justiz mußte froh sein, die Nähe eines Fensters zu einem etwas unregelmäßigen Rückzuge benutzen zu können. – Dem Gutsherrn war indessen durch den sich allmählich nach außen ziehenden Tumult die Lage der Dinge bereits klar geworden, und er hatte die Schützengilde aufbieten lassen, lauter Angehörige der Beteiligten, die sich freuten, bei dieser schönen Gelegenheit auch einmal darauf loswaschen zu können. – Sie waren eben aufmarschiert, als die Sturmglocke erschallte. – Einige Schützen rannten nun spornstreichs in den Turm, wo sie ein altes Weib fanden, das aus Leibeskräften den Strang zog, sofort aber gepackt und auf Umwege in's Hundeloch spediert wurde. Indessen stand der Gutsherr am Fenster, und überwachte mit seinem Tubus die Wege, welche zu den berüchtigtsten Dörfern führten, und nicht lange, so sah er es von allen Bergen herunter wimmeln, wie die Beduinenschwärme, er konnte deutlich die Knitteln in ihren Händen unterscheiden, und an ihren Gebärden sehen, wie sie sich einander riefen und zuwinkten. Schnell besonnen, warf er einen Blick auf die Windfahne des Schloßturms, und nachdem er sich überzeugt hatte, daß die Luft den Lärm nicht bis zu der Stelle führe, wo die Kommenden etwa in einer

Viertelstunde angelangt sein konnten, wurden eilends einige zuverlässige Leute abgefertigt, die in Hemdärmeln, mit Sense und Rechen, wie Arbeiter, die auf's Feld ziehen, den verschiedenen Trupps entgegen schlendern und ihnen erzählen mußten, das Geläute im Dorfe habe einem brennenden Schlote gegolten, der aber bereits gelöscht sei. – Die List gelang, alle trollten sich fluchend heim, während drinnen die Schützengilde auch ihr Bestes mit Faust und Kolben tat, und so der ganze Skandal mit einigen ernstlich Verwundeten und einem Dutzend ins Loch Gesteckten endigte, zwei Drittel der Gemeinde aber eine Woche lang wie mit Pestbeulen behaftet aussahen, und eine besondere Schwerfälligkeit in ihren Bewegungen zeigten. – Ähnliche Auftritte waren früher so gewöhnlich, wie das tägliche Brod; noch heute, trotz des langjährigen Zwanges, ist der gemeine Mann innerlich nicht um ein Haar breit von seinen Gelüsten und Ansichten abgewichen, er kann wohl niedergehalten werden, die Glut wird aber unter der Asche immer fortglimmen. – Erhöhter Wohlstand würde Einiges mildern, wären nicht Leichtsinn und die Leidenschaft, welche zuerst eine dürftige Bevölkerung zu Wege bringen, deren geringes Eigentum Schenkwirten und Winkeladvokaten zur Beute wird. – Dennoch kann man sich des Bedauerns mit einem Volke nicht enthalten, das mit Kraft, Scharfsinn und Ausdauer begabt, und im Besitze eines gesegneten Bodens, in so vielen seiner Glieder den traurigsten Verhältnissen anheimgefallen ist.

III.

Selten mögen wenige Meilen einen so raschen Übergang hervorbringen, als jene, welche die Grenzstriche Paderborns und seines frommen Nachbarlandes, des Bistums Münster, bilden. – Noch vor einer Stunde, hinter dem nächsten Hügel, haben kleine, schwarzbraune Schlingel, die, im halben Naturzustande, ihre paar mageren Ziegen weniger hüteten, als bei ihnen Diebs wegen Wache standen, auf deine Frage nach dem Wege, Dich zuerst durch verstelltes Mißverstehen und Witzeleien gehöhnt, und Dir dann unfehlbar einen Pfad angegeben, wo Du wie eine Unke im Sumpfe, oder ein Abrahams-Widder in den Dornen gesteckt hast, – d. h. wenn Du nicht mit Geld klimpertest, denn in diesem Falle haben nicht einer, sondern sämtliche Buben ihre Ziegen, um sie desto sicherer wieder zu finden, ins Kornfeld getrieben, und mindestens ein Dutzend Zäune zerbrochen und Pfähle ausgerissen, um Dir den nächsten Weg zu bahnen, und Du hast Dich, übel und böse, zu einer vierfachen Abfindung entschließen müssen, – und jetzt stehst Du, wie ein Amerikaner, der so eben den Wigwams der Irokesen entschlüpft ist, und die ersten Einfriedigungen einer Herrnhuterkolonie betritt, vor ein paar runden Flachsköpfen, in mindestens vier Kamisölern, Zipfelmützen, Wollstrümpfen und den landesüblichen Holzschuhen, die ihre Kuh ängstlich am Stricke halten, und vor Schrecken aufschreien, wenn sie nach einer Ähre schnappt. – Ihre Züge, deren Milchhaut die Sonne kaum hat etwas anhaben können, tragen so offen den Ausdruck der gutmütigsten Einfalt, daß Du Dich zu einer nochmaligen Nachfrage entschließest. »Herr!« sagt der Knabe, und reicht Dir eine Kußhand, »das Ort weiß ich nicht;« – Du wendest Dich an seinen Nachbarn, der gar nicht antwortet, sondern Dich nur anblinzt, als dächte er, Du wolltest ihn schlagen. – »Herr!« nimmt der Erstere wieder das Wort, »*der* weiß es auch nicht«; verdrießlich trabst Du fort, aber die Knaben haben zusammengeflüstert, und der große Redner kömmt Dir nachgeklappert. »Meint der Herr vielleicht –?« (hier nennt er den Namen des Orts im Volksdialekt) – auf Deine Bejahung stampft er herzhaft vor Dir her, immer nach seinen Kameraden umschauend, die ihm mit ihren Augen den Rücken decken, bis zum nächsten Kreuzweg, dann hastig mit der Hand eine Richtung bezeichnend, springt er fort, so schnell es sich in Holzschuhen galoppieren läßt, und Du steckst deinen Dreier wieder ein, oder wirfst ihn in den Sand, wo die kleinen Heidläufer, die Dich aus der Ferne beobachten, ihn schon nicht werden umkommen lassen. – In diesem Zuge hast Du den Charakter des Landvolks in Nuce, – Gutmütigkeit, Furchtsamkeit, tiefes Rechtsgefühl, und eine stille Ordnung und Wirtlichkeit, die, trotz seiner geringen Anlage zu Spekulationen und glücklichen Gedanken, ihm doch einen Wohlstand zu Wege gebracht hat, der selbst den seines gewerbtreibenden Nachbars, des Sauerländers, weit übertrifft. – Der Münsterländer heiratet selten, ohne ein sicheres Auskommen in der Hand zu haben, und verläßt sich, wenn ihm dieses nicht beschieden ist, lieber auf die Milde seiner Verwandten, oder seines Brodherrn, der einen alten Diener nicht verstoßen wird; und wirklich gibt es keine, einigermaßen bemittelte Wirtschaft, ohne ein paar solcher Segenbringer, die ihre müden Knochen auf dem besten Platze, am Herde, auswärmen. – Die illegitime Bevölkerung ist gar nicht in Anschlag zu bringen, obwohl jetzt eher, als wie vor dreißig Jahren, wo wir in einer Pfarre von fünftausend Seelen ein einziges uneheliches Kind antrafen, einen Burschen von 25 Jahren, den, zur Zeit der Demarkationslinie, ein fremder Feldwebel einem armen Dienstmädchen als trauriges Andenken hinterlassen hatte. – Bettler gibt es unter dem Landvolke nicht, weder dem Namen, noch der Tat nach, sondern nur in jeder Gemeinde einige »arme Männer, arme Frauen«, denen in bemittelten Häusern nach der Reihe die Kost gereicht wird, wo dann die nachlässigste Mutter ihr Kind strafen würde, wenn es an dem »armen Manne« vorüberginge, ohne ihn zu grüßen. – So ist Raum, Nahrung und Frieden für Alle da, und die Regierung möchte gern zu einer stärkern Bevölkerung anregen, die aber gewiß traurige Folgen haben würde, bei einem Volke, was wohl ein Eigentum verständig zu bewirtschaften weiß, dem es aber zum Erwerbe mit leerer Hand gänzlich an Geschick und Energie fehlt, und das Sprichwort: »Not lehrt beten« (resp. arbeiten), würde sich schwerlich hinlänglich hier bewähren, wo schon die laue, feuchte Luft den Menschen träumerisch macht, und seine

Schüchternheit zum Teil körperlich ist, so daß man ihn nur anzusehen braucht, um das langsame Rollen seines Blutes gleichsam mitzufühlen.

Der Münsterländer ist groß, fleischig, selten von starker Muskelkraft; – seine Züge sind weich, oft äußerst lieblich, und immer durch einen Ausdruck von Güte gewinnend, aber nicht leicht interessant, da sie immer etwas Weibliches haben, und selbst ein *alter* Mann oft frauenhafter aussieht, als eine Paderbörnerin in den mittleren Jahren, – die helle Haarfarbe ist durchaus vorherrschend; man trifft alte Flachsköpfe, die vor Blondheit nicht haben ergrauen können. – Dieses und alles dazu Gehörige – die Hautfarbe – blendend weiß und rosig, und den Sonnenstrahlen bis in's überreife Alter widerstehend. Die lichtblauen Augen, ohne kräftigen Ausdruck – das feine Gesicht mit fast lächerlich kleinem Munde, hierzu ein oft sehr anmutiges und immer wohlwollendes Lächeln, und schnelles Erröten stellen die Schönheit beider Geschlechter auf sehr ungleiche Waage, – es gibt nämlich fast keinen Mann, den man als solchen wirklich schön nennen könnte, während unter zwanzig Mädchen wenigstens fünfzehn als hübsch auffallen, und zwar in dem etwas faden, aber doch lieblichen Geschmacke der englischen Kupferstiche. – Die weibliche Landestracht ist mehr wohlhäbig, als wohlstehend, recht viele Tuchröcke mit dicken Falten, recht schwere Goldhauben und Silberkreuze an schwarzem Sammetbande, und bei den Ehefrauen Stirnbinden von möglichst breiter Spitze, bezeichnen hier den Grad des Wohlstandes; da selten Jemand in den Laden geht, ohne die nötigen blanken Taler in der Hand, und noch seltner durch Putzsucht das richtige Verhältnis zwischen der Kleidung und dem ungeschnittenen Leinen und andern häuslichen Schätzen gestört wird. – Der Hausstand in den, zumeist vereinzelt liegenden Bauernhöfen ist groß, und in jedem Betracht reichlich, aber durchaus bäurisch. – Das lange Gebäude von Ziegelsteinen, mit tief niederragendem Dache, und von der Tenne durchschnitten, an der zu beiden Seiten eine lange Reihe Hornvieh, ostfriesischer Race, mit ihren Ketten klirrt, – die große Küche, hell und sauber, mit gewaltigem Kamine, unter dem sich das ganze Hauspersonale bergen kann; – das viele, zur Schau gestellte blanke Geschirr, und die absichtlich an den Wänden der Fremdenstube aufgetürmten Flachsvorräte erinnern ebenfalls an Holland, dem sich überhaupt diese Provinz, was Wohlstand und Lebensweise betrifft, bedeutend nähert, obwohl Abgeschlossenheit und gänzlich auf den innern Verkehr beschränktes Wirken ihre Bevölkerung von all den sittlichen Einflüssen, denen handelnde Nationen nicht entgehen können, so frei gehalten haben, wie kaum einen andern Landstrich. Ob starke Reibungen mit der Außenwelt dem Münsterländer den Mut und die Betriebsamkeit des Batavers, – ein patriarchalisches Leben diesem die Sitteneinfalt und Milde des Münsterländers geben könnten, müssen wir dahingestellt sein lassen, bezweifeln es aber, – jetzt mindestens sind sie sich in den Zügen, die man als die nationellsten Beider anzuführen pflegt, fast feindlich entgegengesetzt, und verachten sich auch gegenseitig, wie es Nachbarn zukömmt. Wir haben schon früher von dem überaus friedlichen Eindrucke eines münsterischen Gehöftes gesprochen. – In den Sommermonaten, wo das Vieh im Felde ist, vernimmst Du keinen Laut außer dem Bellen des sich an seiner Kette abzappelnden Hofhundes, und wenn Du dicht an der offenen Haustüre herschreitest, das leise Zirpen der in den Mauernesseln aus- und einschlüpfenden Küchlein, und den gemessenen Pendelschwung der Uhr, mit dessen Gewichten ein paar junge Kätzchen spielen; – die im Garten jätenden Frauen sitzen so still gekauert, daß Du sie nicht ahndest, wenn ein zufälliger Blick über den Hagen sie Dir nicht verrät, und die schönen, schwermütigen Volksballaden, an denen diese Gegend überreich ist, hörst Du etwa nur auf einer nächtlichen Wanderung durch das Schnurren der Spinnräder, wenn die blöden Mädchen sich vor jedem Ohre gesichert glauben. – Auch auf dem Felde kannst Du im Gefühl der tiefsten Einsamkeit gelassen fortträumen, bis ein zufälliges Räuspern, oder das Schnauben eines Pferdes Dir verrät, daß der Schatten, in den Du so eben trittst, von einem halbbeladenen Erntewagen geworfen wird, und Du mitten durch zwanzig Arbeiter geschritten bist, die sich weiter nicht wundern, daß der »nachdenkende Herr« ihr Hutabnehmen nicht beobachtet hat, da er, nach ihrer Meinung, »andächtig ist«, d. h. den Rosenkranz aus dem Gedächtnisse hersagt. – Diese Ruhe und Einförmigkeit, die aus dem Innern hervorgehen, verbreiten sich auch über alle Lebensverhältnisse. – Die Toten werden mäßig betrauert, aber nie vergessen, und alten Leuten treten noch Tränen in die Augen, wenn sie von ihren verstorbenen Eltern reden. – An den Eheschlüssen hat frühere Neigung nur selten Teil, Verwandte und achtbare Freunde empfehlen ihre Lieblinge einander, und das Fürwort des Geachtetsten gibt in der Regel den Ausschlag, – so kömmt es, daß manches Ehepaar sich vor der Kopulation kaum einmal gesehen hat, und unter der französischen Regierung kam nicht selten der lächerliche Fall vor, daß Sponsen, die meilenweit hergetrabt waren, um für ihre Bräute die nötigen Scheine bei der Behörde zu lösen, weder Vor- noch Zunamen derjenigen anzugeben wußten, die sie in der nächsten Woche zu heiraten gedachten, und sich höchlich wunderten, daß die Bezeichnung als Magd oder Nichte irgend eines angesehenen Gemeindegliedes nicht hinreichend gefunden wurde. – Daß unter diesen Umständen die möglichst große Anzahl der Anträge noch ehrenvoller und für den Ruf entscheidender ist, als anderwärts, begreift sich, und wir selbst wohnten der Trauung eines wahren Kleinodes von Brautpaaren bei, wo der Bräutigam unter acht und zwanzigen, die Braut unter zwei und dreißigen gewählt hatte. Trotz der vorläufigen Verhandlungen ist jedoch selbst der Glänzendste hier seines Erfolgs nicht sicher, da die Ehrbarkeit ein bestimmtes Eingehen auf die Anträge des Brautwerbers verbietet, und jetzt beginnt die Aufgabe des Freiers. – Er tritt an einem Nachmittage in das Haus der Gesuchten, und zwar jedesmal unter dem Vorwande, seine Pfeife anzuzünden, – die Hausfrau setzt ihm einen Stuhl, und scharrt schweigend die Glut auf, dann knüpft sie ein gleichgültiges Gespräch an vom Wetter, den Kornfrüchten etc., und nimmt unterdessen eine Pfanne vom Gesimse, die sie sorgfältig scheuert und über die Kohlen hängt. – Jetzt ist der entscheidende Augenblick gekommen. – Sieht der Freier die Vorbereitungen zu einem Pfannenkuchen, so zieht er seine dicke silberne Uhr hervor, und behauptet, sich nicht länger aufhalten zu können, werden aber Speckschnitzel und Eier in die Pfanne gelegt, so rückt er kühnlich mit seinem Antrage heraus, die jungen Leute wechseln »die Treue«, nämlich ein Paar alter Schaumünzen, und der Handel ist geschlossen.

Einige Tage vor der Hochzeit macht der Gastbitter mit ellenlangem Spruche seine Runde, oft meilenweit, da hier, wie bei den Schotten, das verwandte Blut bis in das entfernteste Glied, und bis zum Ärmsten hinab, geachtet wird. – Nächst diesem dürfen vor Allem die sogenannten Nachbarn nicht übergangen werden, drei oder vier Familien nämlich, die vielleicht eine halbe Meile entfernt wohnen, aber in uralten Gemeinderegistern, aus den Zeiten einer noch viel sparsameren Bevölkerung, als »Nachbarn« verzeichnet stehen, und gleich Prinzen vom Geblüte vor den näheren Seitenverbindungen, so auch ihre Rechte und Verpflichtungen vor den, vielleicht erst seit ein paar hundert Jahren Näherwohnenden wahren. – Am Tage vor der Hochzeit findet der »Gabenabend« statt, – eine freundliche Sitte, um den jungen Anfängern über die schwerste Zeit weg zu helfen. – Abends, wenn es bereits stark dämmert, tritt eine Magd nach der andern in's Haus, setzt mit den Worten: »Gruß von unserer Frau«, einen mit weißem Tuche verdeckten Korb auf den Tisch, und entfernt sich sofort; dieser enthält die Gabe: Eier, Butter, Geflügel, Schinken – je nach den Kräften eines Jeden – und die Geschenke fallen oft, wenn das Brautpaar unbemittelt ist, so reichlich aus, daß dieses um den nächsten Wintervorrat nicht sorgen darf. – Eine liebenswürdige, das Volk bezeichnende Höflichkeit des Herzens verbietet die Überbringung der Gabe durch ein

Familienmitglied; wer keine Magd hat, schickt ein fremdes Kind. – Am Hochzeitmorgen, etwa um acht, besteigt die Braut den mit einer weißen goldflunkernden Fahne geschmückten Wagen, der ihre Ausstattung enthält; – sie sitzt allein zwischen ihren Schätzen, im besten Staate aber ohne besonderes Abzeichen, und weint auf's jämmerlichste; auch die auf dem folgenden Wagen gruppierten Brautjungfern und Nachbarinnen beobachten eine ernste, verschämte Haltung, während die, auf dicken Ackergäulen neben her trollenden Bursche durch Hutschwenken und hier und dort ein schwerfälliges Juchhei ihre Lustigkeit auszudrücken suchen, und zuweilen eine alte, blindgeladene Flinte knallen lassen. – Erst vor der Pfarrkirche findet sich der Bräutigam mit seinem Gefolge ein, besteigt aber nach der Trauung nicht den Wagen der Braut, sondern trabt als einziger Fußgänger neben her, bis zur Türe seines Hauses, wo die junge Frau von der Schwiegermutter empfangen, und mit einem »Gott segne deinen Aus- und Eingang« feierlich über die Schwelle geleitet wird. – Lebt die Mutter nicht mehr, so vertritt der Pfarrer ihre Stelle, oder, wenn er zufällig gegenwärtig ist, der Gutsherr, was für eine sehr glückliche Vorbedeutung gehalten wird, die den Neuvermählten und ihren Nachkommen den ungestörten Genuß des Hofes sichert, nach dem Spruche: »Wen die Herrschaft einleitet, den leitet sie nicht wieder heraus«. – Während dieser Zeremonie schlüpft der Bräutigam in seine Kammer, und erscheint alsbald im Kamisol, Zipfelmütze und Küchenschürze. In diesem Aufzuge muß er an seinem Ehrentage den Gästen aufwarten, nimmt auch keinen Teil am Hochzeitmahle, sondern steht, mit dem Teller unterm Arme, hinter der Braut, die ihrerseits keinen Finger rührt, und sich wie eine Prinzessin bedienen läßt. – Nach Tische beginnen auf der Tenne die alt hergebrachten Tänze: »der halbe Mond«, »der Schustertanz«, »hinten im Garten« – manche mit den anmutigsten Verschlingungen. – Das Orchester besteht aus einer oder zwei Geigen und einer invaliden Baßgeige, die der Schweinehirt, oder Pferdeknecht aus dem Stegreif streicht.

– Ist das Publikum sehr musikliebend, so kommen noch wohl ein Paar Topfdeckel hinzu, und eine Kornschwinge, die abwechselnd von den Gästen mit einem Spane aus Leibeskräften wider den Strich gekratzt wird. – Nimmt man hiezu das Gebrüll und Kettengeklirr des Viehes, das erschrocken an seinen Ständen stampft, so wird man zugeben, daß die unerschütterliche Gravität der Tänzer mindestens nicht dem Mangel an aufregendem Geräusche zuzuschreiben ist. – Hier und dort läßt wohl ein Bursche ein Juchhei los, was aber so einsam klingt, wie ein Eulenschrei in einer Sturmnacht. – Bier wird mäßig getrunken, Branntwein noch mäßiger, aber siedender Kaffee »zur Abkühlung« in ganzen Strömen, und mindestens sieben blanke Zinnkessel sind in steter Bewegung. – Zwischen den Tänzen verschwindet die Braut von Zeit zu Zeit, und kehrt allemal in einem andern Anzuge zurück, so viel ihr derer zu Gebote stehen, vom Traustaate an, bis zum gewöhnlichen Sonntagsputze, in dem sie sich noch stattlich genug ausnimmt, in der damastenen Kappe mit breiter Goldtresse, dem schweren Seidenhalstuche, und einem so imposanten Körperumfange, als ihn mindestens vier Tuchröcke über einander hervorbringen können. – Sobald die Hängeuhr in der Küche Mitternacht geschlagen hat, sieht man die Frauen sich von ihren Bänken erheben und miteinander flüstern; gleichzeitig drängt sich das junge Volk zusammen, nimmt die Braut in seine Mitte, und beginnt einen äußerst künstlichen Schneckentanz, dessen Zweck ist, in raschem Durcheinanderwimmeln immer eine vierfache Mauer um die Braut zu erhalten, denn jetzt gilts den Kampf zwischen Ehe und Jungfrauschaft. – So wie die Frauen anrücken, wird der Tanz lebhafter, die Verschlingungen bunter, die Frauen suchen von allen Seiten in den Kreis zu dringen, die Junggesellen durch vorgeschobene Paare sie wegzudrängen; die Parteien erhitzen sich, immer rascher wirbelt die Musik, immer enger zieht sich die Spirallinie, Arme und Knie werden zu Hülfe genommen, die Bursche glühen wie Öfen, die ehrwürdigen Matronen triefen von Schweiß, und man hat Beispiele, daß die Sonne über dem unentschiedenen Kampfe aufgegangen ist; endlich hat eine Veteranin, die schon einige und zwanzig Bräute in den Ehestand gezerrt hat, ihre Beute gepackt; plötzlich verstummt die Musik, der Kreis stäubt auseinander, und Alles strömt den Siegerinnen und der weinenden Braut nach, die jetzt zum letzten Male umgekleidet und mit Anlegung der fraulichen Stirnbinde symbolisch von ihrem Mädchentum geschieden wird, – ein Ehrendienst, was den (sogenannten) Nachbarinnen zusteht, dem sich aber jede anwesende Ehefrau, die Gattin des Gutsherrn nicht ausgenommen, durch irgend eine kleine Dienstleistung, Darreichung einer Nadel oder eines Bandes, anschließt. – Dann erscheint die Braut noch einmal in reinlicher Hauskleidung und Hemdärmeln, gleichsam eine bezwungene und fortan zum Dienen willige Brynhildis, greift aber dennoch nach ihres Mannes bereitliegendem Hute, und setzt ihn auf; die Frauen tun desgleichen, und zwar jede den Hut ihres eigenen Mannes, den er ihr selbst ehrerbietig reicht, und eine stattliche Frauenmenuett beschließt die Feier und gibt zugleich die Vorbedeutung eines ehrenhaften, fleißigen, friedlichen Ehestandes, in dem die Frau aber nie vergißt, daß sie am Hochzeittage ihres Mannes Hut getragen. Noch bleibt den Gästen, bevor sie sich zerstreuen, eine seltsame Aufgabe, – der Bräutigam ist nämlich während der Menuette unsichtbar geworden, – er hat sich versteckt, offenbar aus Furcht vor der behuteten Braut, und das ganze Haus wird umgekehrt, ihn zu suchen; man schaut in und unter die Betten, raschelt im Stroh und Heu umher, durchstöbert sogar den Garten, bis endlich Jemand in einem Winkel voll alten Gerümpels den Quast seiner Zipfelmütze oder ein Endchen der Küchenschürze entdeckt, wo er dann sofort gefaßt, und mit gleicher Gewalt und viel weniger Anstand als seine schöne Hälfte der Brautkammer zugeschleppt wird. – Bei Begräbnissen fällt wenig Ungewöhnliches vor, außer daß der Tod eines Hausvaters seinen Bienen angesagt werden muß, wenn nicht binnen Jahresfrist alle Stöcke abzehren und versiechen sollen, weshalb, sobald der Verscheidende den letzten Odemzug getan, sofort der Gefaßteste unter den Anwesenden an den Stand geht, an jeden Korb pocht und vernehmlich spricht: »einen Gruß von der Frau, der Herr ist tot«, worauf die Bienen sich christlich in ihr Leid finden, und ihren Geschäften nach wie vor obliegen. Die Leichenwacht, die in Stille und Gebet abgehalten wird, ist eine Pflicht jener entfernten Nachbarn, so wie das Leichenmahl ihr Recht, und sie sorgen mit dafür, daß der Tote ein feines Hemd erhält, recht viele schwarze Schleifen, und einen recht flimmernden Kranz und Strauß von Spiegeln, Rauschgold und künstlichen Blumen, da er unfehlbar am jüngsten Tage in demselben Aufzuge erscheinen wird, wo sie dann Lob und Tadel mit den Hinterlassenen zu teilen haben. – Der Münsterländer ist überhaupt sehr abergläubisch, sein Aberglaube aber so harmlos, wie er selber. Von Zauberkünsten weiß er nichts, von Hexen und bösen Geistern wenig, obwohl er sich sehr vor dem Teufel fürchtet, jedoch meint, daß dieser wenig Veranlassung finde, im Münsterlande umzugehen. – Die häufigen Gespenster in Moor, Heide und Wald sind arme Seelen aus dem Fegfeuer, deren täglich in vielen tausend Rosenkränzen gedacht wird, und ohne Zweifel mit Nutzen, da man zu bemerken glaubt, daß die »Sonntagsspinnerin« ihre blutigen Arme immer seltener aus dem Gebüsche streckt, der »diebische Torfgräber« nicht halb so kläglich mehr im Moore ächzt und vollends der »kopflose Geiger« seinen Sitz auf dem Waldstege gänzlich verlassen zu haben scheint. – Von den ebenfalls häufigen Hausgeistern in Schlössern und großen Bauernhöfen denkt man etwas unklar, aber auch nicht schlimm, und glaubt, daß mit ihrem völligen Verschwinden die Familie des Besitzers aussterben oder verarmen werde. – Diese besitzen weder die häuslichen Geschicklichkeiten, noch die Tücke anderer Kobolde, sondern sind einsamer, träumerischer Natur, schreiten, wenn es dämmert, wie in tiefen Gedanken, langsam und schweigend, an irgend einer verspäteten Milchmagd oder einem Kinde vorüber, und sind ohne Zweifel echte Münsterländer, da man kein Beispiel hat, daß sie Jemanden beschädigt oder absichtlich erschreckt hätten. Man unterscheidet sie in »Timphüte« und »Langhüte«. Die Ersteren kleine, runzliche Männchen, in altmodischer Tracht, mit eisgrauem Barte und dreieckigen Hütchen; die Andern übernatürlich lang und hager, mit langem Schlapphut, aber beide gleich wohlwollend, nur daß der Timphut bestimmten Segen bringt, der Langhut dagegen nur Unglück zu verhüten sucht. Zuweilen halten sie nur in den Umgebungen, den Alleen des Schlosses, dem Wald- und Wiesengrunde des Hofes, ihre philosophischen Spaziergänge; gewöhnlich haben sie jedoch außerdem einen Speicher oder eine wüste Bodenkammer inne, wo man sie zuweilen Nachts auf- und abgehen, oder einen knarrenden Haspel langsam umdrehen hört. – Bei Feuerbrünsten hat man den Hausgeist schon ernsthaft aus den Flammen schreiten und einen Feldweg einschlagen sehen, um nie wieder zu kehren, und es waren dann Hundert gegen Eins zu wetten, daß die Familie bei dem Neubau in einige Verlegenheit und Schulden geraten werde.

Größere Aufmerksamkeit als dieses verdient das sogenannte »Vorgesicht«, ein bis zum Schauen oder mindestens deutlichem Hören gesteigertes Ahndungsvermögen, ganz dem Secondsight der Hochschotten ähnlich, und hier so gewöhnlich, daß, obwohl die Gabe als eine höchst unglückliche eher geheim gehalten wird, man doch überall auf notorisch damit Behaftete trifft, und im Grunde fast kein Eingeborner sich gänzlich davon freisprechen dürfte. – Der Vorschauer (Vorgucker) im höheren Grade ist auch äußerlich kenntlich an seinem hellblonden Haare, dem geisterhaften Blitze der wasserblauen Augen, und einer blassen oder überzarten Gesichtsfarbe; übrigens ist er meistens gesund, und im gewöhnlichen Leben häufig beschränkt und ohne eine Spur von Überspannung. – Seine Gabe überkömmt ihn zu jeder Tageszeit, am häufigsten jedoch in Mondnächten, wo er plötzlich erwacht, und von fieberischer Unruhe ins Freie oder ans Fenster getrieben wird; dieser Drang ist so stark, daß ihm kaum Jemand widersteht, obwohl Jeder weiß, daß das Übel durch Nachgeben bis zum Unerträglichen, zum völligen Entbehren der Nachtruhe gesteigert wird, wogegen fortgesetzter Widerstand es allmählich abnehmen, und endlich gänzlich verschwinden läßt. – Der Vorschauer sieht Leichenzüge – lange Heereskolonnen und Kämpfe, – er sieht deutlich den Pulverrauch und die Bewegungen der Fechtenden, beschreibt genau ihre fremden Uniformen und Waffen, hört sogar Worte in fremder Sprache, die er verstümmelt wiedergibt, und die vielleicht erst lange nach seinem Tode auf demselben Flecke wirklich gesprochen werden. – Auch unbedeutende Begebenheiten muß der Vorschauer unter gleicher Beängstigung sehen: z. B. einen Erntewagen, der nach vielleicht zwanzig Jahren auf diesem Hofe umfallen wird; er beschreibt genau die Gestalt und Kleidung der jetzt noch ungebornen Dienstboten, die ihn aufzurichten suchen; die Abzeichen des Fohlens oder Kalbes, das erschreckt zur Seite springt, und in eine, jetzt noch nicht vorhandene Lehmgrube fällt etc. – Napoleon grollte noch in der Kriegsschule zu Brienne mit seinem beengten Geschicke, als das Volk schon von »silbernen Reitern« sprach, mit »silbernen Kugeln auf den Köpfen, von denen ein langer, schwarzer Pferdeschweif« flattere, so wie von wunderlich aufgeputztem Gesindel, was auf »Pferden wie Katzen« (ein üblicher Ausdruck für kleine, knollige Rosse) über Hecken und Zäune fliegen, in der Hand eine lange Stange, mit eisernem Stachel daran. – Ein längst verstorbener Gutsbesitzer hat viele dieser Gesichte verzeichnet, und es ist höchst anziehend, sie mit manchem späteren entsprechenden Begebnisse zu vergleichen. – Der minder Begabte und nicht bis zum Schauen Gesteigerte »hört« – er hört den dumpfen Hammerschlag auf dem Sargdeckel und das Rollen des Leichenwagens, hört den Waffenlärm, das Wirbeln der Trommeln, das Trappeln der Rosse, und den gleichförmigen Tritt der marschierenden Kolonnen. – Er hört das Geschrei der Verunglückten, und an Tür oder Fensterladen das Anpochen Desjenigen, der ihn oder seinen Nachfolger zur Hülfe auffordern wird. – Der Nichtbegabte steht neben dem Vorschauer und ahndet Nichts, während die Pferde im Stalle ängstlich schnauben und schlagen, und der Hund, jämmerlich heulend, mit eingeklemmtem Schweife seinem Herrn zwischen die Beine kriecht. – Die Gabe soll sich jedoch übertragen, wenn ein Nebenstehender dem Vorgucker über die linke Schulter sieht, wo er zwar für dieses Mal nichts bemerkt, fortan aber für den Andern die nächtliche Schau halten muß. – Wir sagen dieses fast ungern, da dieser Zusatz einem unleugbaren und höchst merkwürdigen Phänomen den Stempel des Lächerlichen aufdrückt. – Wir haben den Münsterländer früher furchtsam genannt, dennoch erträgt er den eben berührten Verkehr mit der übersinnlichen Welt mit vieler Ruhe, wie überall seine Furchtsamkeit sich nicht auf passive Zustände erstreckt. – Gänzlich abgeneigt, sich ungesetzlichen Handlungen anzuschließen, kömmt ihm doch an Mut, ja Hartnäckigkeit, des Duldens für das, was ihm recht scheint, Keiner gleich, und ein geistreicher Mann verglich dieses Volk einmal mit den Hindus, die, als man ihnen ihre religiösen und bürgerlichen Rechte schmälern wollte, sich zu vielen Tausenden versammelten, und auf den Grund gehockt, mit verhüllten Häuptern, standhaft den Hungertod erwarteten. – Dieser Vergleich hat sich mitunter als sehr treffend erwiesen.

Unter der französischen Regierung, wo Eltern und, nachdem diese ausgeplündert waren, auch Geschwister mit ihren Habseligkeiten für diejenigen einstehen mußten, die sich der Militärpflicht entzogen hatten, haben sich zuweilen alle Zweige eines Stammes, ohne Rücksicht auf ihre unmündigen Kinder, zuerst bis zum letzten Heller exequieren, und dann bis auf's Hemde auspfänden lassen, ohne daß es Einem eingefallen wäre, dem Versteckten nur mit einem Worte den Wunsch zu äußern, daß er aus seinem Bretterverschlage oder Heuschober hervorkriechen möge, und so verhaßt, ja entsetzlich Jedem damals der Kriegsdienst war, dem manche sogar durch freiwillige Verstümmelung, z. B. Abhacken eines Fingers, zu entgehen suchten, so häufig trat doch der Fall ein, daß ein Bruder sich für den Andern stellte, wenn er dachte, dieser werde den Strapazen erliegen, er aber möge noch mit dem Leben davon kommen. – Kurz, der Münsterländer besitzt den Mut der Liebe, und einer, unter dem Schein des Phlegmas versteckten, schwärmerischen Religiösität, so wie er überhaupt durch Eigenschaften des Herzens ersetzt, was ihm an Geistesschärfe abgeht, und der Fremde verläßt mit Teilnahme ein Volk, was ihn zwar vielleicht mitunter langweilte, dessen häusliche Tugenden ihm aber immer Achtung einflößt, und zuweilen ihn tief gerührt haben. – Müssen wir noch hinzufügen, daß alles bisher Gesagte nur das Landvolk angeht? – ich glaube »nein«, Städter sind sich ja überall gleich, Kleinstädter wie Großstädter. – Oder daß alle diese Zustände am Verlöschen sind, und nach vierzig Jahren vielleicht wenig mehr davon anzutreffen sein möchte? – Auch leider »nein«, es geht ja überall so!

PROSA
AUS DEM NACHLASS

LEDWINA

Der Strom zog still seinen Weg, und konnte keine der Blumen und Zweige aus seinem Spiegel mitnehmen, nur eine Gestalt, wie die einer jungen Silberlinde, schwamm langsam seine Fluten hinauf, es war das schöne bleiche Bild Ledwinens, die von einem weiten Spaziergange an seinen Ufern heim kehrte, wenn sie zuweilen halb ermüdet halb sinnend still stand, dann konnte er keine Strahlen stehlen, auch keine hellen oder mildern Farbenspiele von ihrer jungen Gestalt, denn sie war so farblos wie eine Schneeblume, und selbst ihre lieben Augen waren wie ein paar verblichne Vergißmeinnicht, denen nur Treue geblieben, aber kein Glanz. »Müde, müde« sagte sie leise, und ließ sich langsam nieder in das hohe frischgrüne Ufergras, daß es sie umstand wie die grüne Einfassung ein Lilienbeet, eine angenehme Frische zog durch alle ihre Glieder, daß sie die Augen vor Lust schloß, als ein krampfhafter Schmerz sie auftrieb, im Nu stand sie aufrecht, die eine Hand fest auf die kranke Brust gepreßt, und schüttelte unwillig, ob ihrer Schwäche, das blonde Haupt, wandte sich rasch, wie zum fortgehn, und kehrte dann fast wie trotzend zurück, trat dicht an das Ufer und schaute anfangs hell dann träumend in den Strom, ein großer aus dem Flusse ragender Stein, sprühte bunte Tropfen um sich, und die Wellchen strömten und brachen sich so zierlich, daß das Wasser hier wie mit einem Netze überzogen schien, und die Blätter der am Ufer neigenden Zweige, im Spiegel wie grüne Schmetterlinge davon flatterten, Ledwinens Augen aber ruhten aus auf ihrer eignen Gestalt, wie die Locken von ihrem Haupte fielen und forttrieben, ihr Gewand zerriß und die weißen Finger sich ablösten und verschwammen und wie der Krampf wieder sich leise zu regen begann, da wurde es ihr, als ob sie wie tot sei und wie die Verwesung lösend durch ihre Glieder fresse, und jedes Element das Seinige mit sich fortreiße. »Dummes Zeug,« sagte sie, sich schnell besinnend, und bog mit einem scharfen Zug in den milden Mienen auf die dicht am Flusse hinlaufende Heerstraße, indem sie das Auge durch das weite leere Feld nach heitern Gegenständen aussandte, ein wiederholtes Pfeifen, vom Strome her blieb ihr unbemerkt, und als daher bald darauf ein großer schwarzer Hund mit vorgestreckte ⟨*Lücke im Manuskript*⟩ quer über den Anger grade auf sie einrannte, flüchtete sie von u ⟨*Lücke im Manuskript*⟩ Schrecken ergriffen, mit einem Schrei auf den Strom zu, und da das Tier ihr auf der Ferse folgte mit ebnen Füßen hinein. »Pst. Sultan,« rief es neben ihr, und zugleich fühlte sie sich von zwei unzarten Händen gefaßt und ans Ufer gesetzt, sie wandte sich noch ganz betäubt und ver ⟨*Lücke im Manuskript*⟩ stand ein großer vierschrötiger Mann, den sie an einem Hammel, der ihm wie ein Palatin um den Hals hing als einen Fleischer erkannte, Beide betrachteten sich eine Weile, indem das Gesicht des Mannes in die offenbarste mit Verdruß gemischte Ironie überging. »Was springt sie denn so,« stieß er endlich heraus. »Ach Gott,« sagte Ledwina ganz beschämt, »ich dachte das Tier wäre toll.« »Wer? mein Hund?« sagte der Kerl beleidigt, »der ist ja nicht mal bös, der hat Niemals Keinen gebissen,« Ledwina sah auf den Hund, der nun ganz verständig wie ein Sphinx neben seinem Herrn saß und zuhörte. »Ist sie nun recht naß,« fing der Fleischer an, »nicht sehr« erwiderte Ledwina indes der Mann mit seinem Stabe die Tiefe des Wassers neben dem großen Steine maß, auf den Ledwina bei ihrer Wasserreise geraten, »aber ganz miserabel ist ihr, das sehe ich wohl,« sagte er dann, »ich will nur sehen daß ich sie in das Haus dort bringe.« In der Tat hatte Ledwina seines Beistandes sehr nötig, und sie erreichte nur mühsam das etwa hundert Schritte vom Flusse entlegene Bauernhaus, indes ihr Führer sie beständig von den Kennzeichen der tollen Hunde unterhielt, die alte Bäurin schob schnell ihren Rocken zurück als Ledwina mit den Worten »Macht

Feuer, Lisbeth, ich habe mich erkältet und erschreckt« in die Tür trat, der Fleischer hob sogleich die Geschichte des Abenteuers an. »Macht Feuer,« wiederholte Ledwina »ich habe mir im Sandloche nasse Füße geholt« der Retter wollte die Sache mit der Mamsell gefährlicher machen, »es ist x-x gnädiges Fräulein,« sagte die Alte beruhigt, legte Holz zum Feuer, stellte einen Stuhl daneben, rückte ein Küssen darauf zurecht, und ging in den Keller um ein Glas frischer Milch zu holen, der Fleischer in seiner besten Rede verlassen, rief ihr verdrießlich nach, »einen Schnaps Wirtin,« »wir verschenken keinen Schnaps,« sagte die Frau in der Kellertür, »ein Glas Milch könnt ihr für einmal umsonst kriegen,« »Mamsell,« hub der Fleischer von Neuem an, »ich sage aber sie hätte wohl vertrinken können,« Ledwina mußte doch lächeln, »wenn ich mich auf den Mund gelegt hätte,« antwortete sie vor sich hin, und suchte in ihrem Körbchen, nach der Börse, »sie ist auch nicht besonders bei Kräften,« erwiderte er, und über Ledwines Gesicht flog ein bittrer Zug, indem sie ihm ein Trinkgeld reichte, »Gott bewahre,« erhub er seine Stimme, »einem Menschen das Leben retten, das ist nicht zu bezahlen« wobei er beinah tat als wollte er das gebotene etwas weniges abwehren, »ihr habt mich ja auch hieher geleitet,« sprach Ledwina fast verdrießlich, »ja, wenn sie das meint,« sagte der Retter, und faßte geschwind zu, denn da Ledwina sich nach ihrem Körbchen neigte, meinte er, sie gedächte das Gebotne wieder einzustecken. Die Bäurin brachte indes die Milch. Der Fleischer brummte, »wenn es noch ein gut Glas Bier wäre,« nahm jedoch vorlieb, sprach gegen die Wirtin noch allerlei von Bezahlen und gut Bezahlen können, und zog endlich ab, »so geht es oft den ganzen Tag,« sprach die Bäurin zu Ledwina, der es ganz behaglich am Feuer wurde, »wenn wir allerhand Leute im Hause leiden wollten, der Zulauf wäre groß genug für das beste Wirtshaus, die Leute denken Geld regiert die Welt, unser Clemens muß oft des Nachts aus dem Bette, und führen die Reisenden beim Grafenloche vorbei, das ist ihm auch nicht zu gut, aber man mag die Leute doch nicht so ins

Wasser stürzen lassen,« »ja wohl,« sagte Ledwina, schon halb im Schlummer, »die gnädige Fräulein ist schläfrig,« sprach die Alte lächelnd, »ich will noch ein Küssen holen.« »Bewahre,« rief Ledwina, schnell, aus ihrem Stuhle auffahrend, aber schon war die alte Lisbeth wieder da, mit zwei Küssen, deren eines sie auf den Sims neben den Herd legte, das andre auf die Stuhllehne, Ledwine, die sich aus einer Art Krankentrotzes selten etwas zu Gute tat, lachte ordentlich vor Vergnügen da es ihr so bequem wurde, »erzählt mir etwas von vorigen Zeiten, da ihr auf dem Schlosse wohntet,« sagte sie freundlich, und die Frau hub an zu erzählen. Von dem seligen Großpapa, und wie der Turm noch gestanden, der vor vielen Jahren niedergebrannt, und immer tiefer neigte sich Ledwines Haupt, und immer deutlicher gestaltete sich, was sie noch jezuweilen von den Worten der Erzählenden vernahm, daß sie den Großvater sah, wie ein kleins graues Männchen, gar freundlich, tot war er freilich, aber er schoß doch noch mit seiner Vogelflinte nach den Raben im alten Turme, es knallte gar nicht, aber sie fielen recht gut, und immer leiser und leiser wurden die Laute der Alten, die von Zeit zu Zeit ihr Fräulein hinter dem Rocken hervor betrachtete, bis sie endlich auch ganz einschliefen, dann stand sie sachte auf, trippelte auf den Zehen zu Ledwina, und beugte sich langsam über sie, ihren Schlummer prüfend, es war rührend zu sehn, wie das ernste alte Gesicht der Bäurin über dem jungen bleichen der Herrin stand, das eine in stiller Traumeswehmut, das Andre, in den Tiefen des unabwendbaren nahen Vergehens für Beide, die reife lebenssatte Ähre über der zarten sonnenversengten Blüte, dann hob sie sich holte Flachs aus einem Wandschranke und begann ihn sehr leise zu bürsten. Aber ihre Züge waren ernster wie vorhin und doch sehr weich, so dauerte es eine Weile, als die Tür ziemlich unsanft geöffnet ward und mit den Worten, »Mutter hier bring ich euch einen neuen Stuhl« ihr Sohn, mit eingem polternden Anstande einen im Geheimen für sie verfertigten Spinnstuhl hereinbrachte, »der andre ist euch ja doch zu hoch,« fuhr er fort, die Mutter winkte unwillig mit der Hand, indem sie auf Ledwina deutete, aber diese war schon erwacht, und sah ganz hell und erquickt um sich. »Ja so wollt ich dich,« fuhr die Alte heraus, »ich habe sehr sanft geschlafen bei eurem Feure,« sagte das Fräulein sehr freundlich, »es ist aber doch gut, daß ich geweckt bin, sonst hätt ich nachtwandeln müssen, ich meine,« fuhr sie lächelnd fort, da die Beiden sie fragend anblickten, »wenn ich bei Tage ruhe, so habe ich in der Nacht kaum Schlaf, da stehe ich denn wohl zuweilen auf, und gehe in meiner Stube umher, es ist nicht zum Besten, aber was soll man mit der langen Nacht machen, es wird bald fünf sein, nun wirds meine Zeit zu gehn,« und wie sie durch die Tür ging »den Stuhl hat wohl euer Sohn gemacht, der ist recht geschickt« »auch bisweilen recht ungeschickt,« sprach die Alte, der der Ärger noch nicht aus den Gliedern wollte, aber schon war Ledwina wie eine Gazelle den Fluß hinauf, denn sie dachte nur dann ihrer armen kranken Brust, wenn heftige Schmerzen sie daran erinnerten, dann war ihr dieses traurige Hüten, dieses erbärmliche sorgfältige Leben, wo der Körper den Geist regiert, bis er siech und armselig wird, wie er selber, so verhaßt, daß sie gern diese ganze in Funken zu verglimmende Lebenskraft, in einem einzigen recht lohhellen Tage hätte aus flammen lassen, ihr frommes Gemüt behielt auch hier die Oberhand, über den furchtbar durchbrennenden Geist, aber noch nie hat wohl ein Martyrer, Gott sein Leben reiner und schmerzlicher geopfert, wie Ledwina den schöneren Tod in der eignen Geistesflamme.

Im hellen Wohnzimmer mußte es etwas anders sein wie immer, da Ledwina eintrat denn sie ward gar nicht gescholten, die gewöhnliche bittre Frucht der ihr so süßen aber zerrüttenden Streifereien, Schwester Therese hatte freilich genug nach einer entfallenen Nähnadel zu suchen, aber auch die Mutter sagte nichts strickte still fort und winkte stark mit den Auglidern, das war immer ein besonderes Zeichen, dann war sie erzürnt oder gerührt oder gar verlegen, denn diese kluge Frau, der ein allgemein beachtetes und oft verwickeltes Leben, eine völlige Herrschaft über alle unpassende Ausbrüche innerer Bewegungen in Handlungen und Worten gesichert hatte, wußte selbst nicht, wie dünn der Schleier ihres Antlitzes über die Seele hing, und es bedurfte für gesunde ob auch ungeübte Augen nur sehr geringer Bekanntschaft um sie oft besser zu verstehen, als sie sich selbst in ihrer vielfachen Zerstreuung durch Haus und Kinder, Ledwina hätte sich gern ganz still der Gesellschaft eingeflickt, aber ihre Arbeit lag in der Schieblade des Tisches vor dem die Mutter saß, das war schlimm, sie setzte sich indes ganz sachte in den Sopha der an der Schattenseite des Zimmers stand, und sagte kein Wort, die kleine Marie lief hinein und mit einem lauten etwas albernen Gelächter auf Ledwine los, »Ledwine weißt du schon die ganz berühmte Neuigkeit,« Ledwine verfärbte sich, wie erschreckt in unnatürlich gespannter Erwartung, und die Mutter sagte rasch, »Marie, hol mir mein Schnupftuch, ich habe es im Garten bei den Tannen liegen lassen.« Marie drehte sich auf dem Fuße um, sagte aber noch, »wenn ich wiederkomme, weißt du es längst, denn Theresen springt das Herz, wenn sie es nicht sagt« sie lachte laut auf und rannte etwas tölpisch hinaus. »Ihr müßt euch mit dem Kinde in Acht nehmen« sagte die Mutter ernst, »Kinderohren sind bekanntlich die schärfsten, und wir Erwachsnen oft wahrhaft ruchlos in dieser Hinsicht, bei Marien ist es zum Glück nur Impertinenz kein erwachendes vorlautes Gefühl, was im besten Falle die Seele leer brennt, Carl,« sie wandte sich zu Ledwinen, »hat heute Briefe erhalten, woraus unter andern erhellt daß einer seiner Universitätsbekannten ihn vielleicht durchreisend besuchen wird, du hast ihn wohl nennen hören, Römfeld, der sogenannte schöne Graf, Carl hat zuweilen allerhand von ihm erzählt was ganz romantisch lautete, und ihr seid unvorsichtig genug gewesen, euch mit ihm zu necken, ich lasse so etwas passieren, obgleich es überall nicht viel heißt, ich denke, wenn das Böse nur ausbleibt, so muß man sich zuweilen in das Unnütze in Gottes Namen schicken, ich muß gestehn, daß ich alsdann so wenig an Marien gedacht habe wie ihr, aber vorausgesetzt daß dergleichen Dinge ihrem noch höchst kindlichen Gemüte keinen weiteren Eindruck hinterlassen, wie soll man ihr beibringen, daß sie derlei Gespräche nicht wiederholen darf ohne eben diese Eindrücke fast gewaltsam zu befördern, denn ihr wißt, sie wäre kindisch und lebhaft genug, den Grafen, mit seiner eignen Biographie zu regalieren,« »man muß ihr sagen,« versetzte Karl, der immer die Stube auf und ab maß, »daß sie überhaupt nichts weiter bringt, das Klatschen ist an und für sich garstig genug,« »weißt du das einem so lebhaften Kinde ohne Arg beizubringen,« erwiderte die Mutter scharf, »wir haben doch nicht geklatscht wie wir klein waren,« sagte Karl, die Mutter stockte einen Augenblick, und sagte dann mit schonender Stimme, wie ungern »sie ist vielleicht auch lebhafter wie ihr Alle,« Karl ward rot und sagte halb vor sich hin, »auch ziemlich unartig bisweilen,« »etwas unartig sind alle Kinder in dem Alter« versetzte die Mutter streng, »und zudem gehorcht sie *mir* aufs Wort, ist es mit Andren nicht so, so mag die Schuld auf beiden Seiten stehn,« Beide schwiegen verstimmt, und eine drückende Pause entstand. »Von wem hast du Briefe,« hub Ledwina leise und ängstlich an, »es ist nur einer,« sagte Carl, »von Steinheim, er hat eine gute Anstellung bekommen zu Dresden, und wird bei seiner Hinreise hier vorsprechen, da er über Göttingen reist, um dem Studentenleben noch einmal ein ewiges lustiges Valet zu bringen, und Römfeld, der aus Dresden ist, eben von dort abgeht so reisen sie zusammen, Steinheim scheint der ungebetene Gast schon auf dem Herzen zu liegen,« dies letztere sagte er halb zu der Mutter gewandt, die mit der möglichsten und angenehmsten Gastfreiheit sich jedoch das Recht der Einladung immer völlig vorbehielt, »wir kennen ihn ja schon,« sagte diese und dann schnell, ehe Carl seine Antwort, daß diese Angst nicht Steinheim selbst sondern Römfelden meine, anbringen konnte, »Ledwina wo bist du diesen Nachmittag gewesen,« »am Flusse hinunter« entgegnete Ledwina, »du bist lange geblieben,« versetzte die Mutter, »ich habe lange« erwiderte Ledwina, »bei der alten Lisbeth zugebracht, ich bin sehr gern dort,« »es sind auch gute Leute,« sagte die Mutter »etwas stolz aber das schadet nicht in ihrem Stande, es erhält sie ehrlich in jeder Hinsicht,« »es hat mich recht geschmerzt,« sprach Carl, »unser altes Domestikeninventarium fast ganz zerstört zu finden,« »mich auch,« sagte die Mutter lebhaft, »ich wollte sie gern aus dem Grabe heben, und wenn ich statt dessen ihren Sarg mit Gelde füllen müßte, wir haben sie so oft in freilich harmlosen Spotte, das Fideikommiß genannt, aber wahrlich, solche Leute sind nicht sowohl unserer Treue von Gott vertraut, wie wir der Ihrigen und nächst dem Schutzengel, gibt es keine frömmeren Hüter und nächst der Elternliebe keine reinere Neigung, als die stille und innige Glut solcher alten Getreuen gegen den Stamm, auf den sie einmal geimpft worin alle andern Wünsche und Neigungen, selbst die für und zu den eignen Angehörigen haben zerschmelzen müssen.« Die Frau von Brenkfeld war gegen das Ende ihrer Worte sehr gerührt, ihre Stimme war fest aber das leise Spiel der schönsten Gefühle in ihren ernsten Zügen, gab ihnen eine unbeschreibliche Anmut, Ledwina hatte währenddem ihre Mutter unablässig betrachtet, und war bleich geworden, als Zeichen, daß ein Gedanke sie ergriff, »ja,« sagte sie nun sehr langsam, als würden ihr die Sinne erst allmählich unter dem Reden geboren, »das ist wahr, wir sind doch Geschwister aber ich bin leider gewiß, daß wir uns nicht mit den raschen unerschütterlichen Entschlusse der keine Wahl kennt für einander aufzuopfern vermöchten, wie das Leben getreuer Diener uns so unzählige Beispiele gibt,« Carl sah etwas quer nach ihr hinüber, und die liebe Therese reichte ihr versichernd die Hand, und beider Augen blickten feucht in einander, Ledwina sagte fest, »ja Therese, es ist doch so, aber wir sind darum nicht schlechter, die Alten sind nur besser,« »dafür ist es auch Dienertreue,« hub Carl an, »und eine ganze besondere Sorte, ohngefähr, wie die Liebe gegen das Königshaus, dem sich auch jede freudig opfert, ob auch die Äste gegen den schönen alten Stamme zuweilen recht dürr oder siech abstehen, mir sind indes alte Leute immer merkwürdig, und ich rede vor allen gern mit ihnen, es ist nur seltsam, eine ganze in ihren Handlungen meistens unbedeutende Generation, lange nach ihrem schon vergeßnen Tode, in ihrer oft so bedeutenden Persönlichkeit noch in diesen paar grauen verfallenden Denkmalen fortleben zu sehn, nicht zu gedenken, wenn man so glücklich ist, das lebende Monument irgend eines großen Geistes vergangener Zeit anzutreffen, mir sind solche kleine Gemälde aus freier Hand immer lieber, wie die schönsten Galerien berühmter Biographien,« »mir scheint auch« sagte Therese, »als ob die Lieblingsfehler alter Leute fast wie die der Kinder zwar oft belästigend aber doch im Grunde milder oder gleichsam oberflächlicher wären wie die der Jugend, Mangel an Rücksicht auf die Bequemlichkeit Anderer, ist das Erste und Hervorstechendste, was Alte durch allgemeine Sorgfalt und die bittre Vergleichung eigner Schwäche mit der Jugendkraft der Umgebung verleitet, annehmen, die Wurzel alles Fatalen, eine kleine Sünde aber ein großes Leid für Andere.« »Das letztere ist wahr« erwiderte Carl, »ohne das Erstere zu begründen, ich hingegen habe oft manche Jugendfehler im Alter in einer Steigerung und vorzüglich wahrhaft unförmlichen Versteinerung wiedergefunden, die für mich, bei dieser Nähe des Grabes eine der greulichsten Erscheinungen bleibt,« die Frau von Brenkfeld, noch aus der guten Zeit, wo man nicht nur die Eltern sondern auch das Alter ehrte eine Zeit, jetzt von dieser Ansicht fast so spurlos verschwunden, wie die antediluvianische, rückte mit dem Stuhle, Carl fuhr arglos deklamierend fort, während das Pfeifenrohr die Diktion übernahm »bei den Vornehmen Ehrgeiz, dem man so leicht, um des Großen willen das etwa nicht Gute vergibt, als die empörendste ruchloseste Ehrsucht, bei dem Mittelstande die halb belachte halb belobte Sparsamkeit, als der greuliche Geiz, über dem man nicht weiß, ob man mit Demokrit lachen, oder mit Heraklit weinen soll, bei den Geringen der oft angenehme Leichtsinn, als die entsetzlichste Gefühllosigkeit und Nichtachtung des sonst Nächsten und Liebsten, und oft alles zusammen in allen Ständen und wie sie überhaupt selten kindlich, und gewöhnlich nur kindisch reden, so sind sie zuweilen kindisch und gemein vor lauter Malitiösität« – er fing wieder an heftiger auf und ab zu gehen. »Alte Leute sind gut,« sagte Marie, die wieder neben der Mutter saß und ganz ordentlich strickte, und die Frau von Brenkfeld mußte mitten aus ihrem gereizten Gefühle beinahe lachen da, nach der vorzeitigen Berechnungsart der Kinder, diese Verteidigung ihr galt, »ihr könnt euch freuen« sagte sie, »nicht vor dreißig Jahren jung gewesen zu sein, da wurden die Leute in Verhältnis zu ihren Eltern nie groß, Widerspruch von der einen Seite gab es in der Ordnung garnicht, und nur selten dargelegte Gründe von der Andern,« »es ist schlimm genug« sagte Carl mit weicher Stimme, »daß es nun im Durchschnitt anders ist, der Gehorsam gegen die Eltern ist ein Naturgesetz, und beinah so kostbar als das Gewissen, ich bin überzeugt daß die Wurzel fast aller jetzt grassierenden moralischen Übel in der Vernachlässigung desselben steht, der Mensch ist zu Vielem fähig und geneigt, sobald er es auch noch so anständig mit Füßen tritt, es ist etwas Seltsames und Rührendes um ein Naturgesetz,« »und zudem,« sagte Therese »gehorchen muß der Mensch noch irgend jemanden außer Gott, geistlich oder weltlich, das erhält ihn weich und christlich,« »ich glaube« fügte Ledwina hinzu, »daß, wenn das, was Carl vorhin über die Alten sagte einigen Grund hat, er gewiß in dem gänzlichen Mangel an einem Gegenstande des Gehorsams zu suchen ist, den gegen den Regenten üben sie, aber ohne ihn zu fühlen, da man ihnen gewöhnlich alle Geschäfte abnimmt.« »Großenteils wahr,« versetzte Carl, »doch ist hier die Ehrsucht auszunehmen,« und dann schnell »nota bene, der alte Franz ist ja tot, wie ist der zu Tode gekommen,« »an einem Brustfieber,« entgegnete Therese, und Ledwina, deren Gesicht wieder ein weißer Flor überzog, setzte mit leiser Stimme hinzu, »er hat sich erkältet da er mir im vorigen Winter eine Bahn durch den Schnee fegen wollte,« sie stand auf, und trat an eine im Schatten stehende Kommode, als ob sie etwas suche, denn sie fühlte, daß die Tropfen die so leicht in ihre Augen traten, ihnen diesmal zu schwer würden, »da wolltest du hundert Jahr alt werden,« lachte Marie, »denk mal Carl, Ledwina meinte sie wollte hundert Jahr alt werden, wenn sie alle Tage spazieren ging, das hat der alte Nobst aus dem Kinderfreunde auch getan.« Die Mutter sagte, als habe sie Ledwinens Worte nicht bemerkt, »er war durch den Schnee nach Emdorf gewesen,« »er ist alt genug geworden,« sagte Carl, »ich glaube er war schon über achtzig, so alt werd ich nicht,« Ledwina beugte indes tief verletzt über eine geöffnete Lade, es war, als wolle man ihr das herzzerreißende aber teure Geschenk dieses geopferten Lebens entreißen und sie hielt es fest an sich gepreßt, in Wahrheit ließ die tödliche Krankheit dieses treuen Mannes des Gatten der alten Lisbeth viele Gründe zu, wie dies bei dem Ableben sehr alter Leute fast immer der Fall, und deshalb suchte die Frau von Brenkfeld mit jener beliebten aber falschen Schonung, die das Herz verletzt statt es zu heilen und empört statt es zu rühren, jenem wahrscheinlichsten Grunde seine eigentliche Heiligkeit zu stehlen und ihm nur die Glorie des letzten Zeichens der Anhänglichkeit zu lassen, Marie war indes zu Ledwinen hingelaufen, und quälte sie durch die unter Lachen immer wiederholte Frage, »Ledwina, du bist wohl recht bange vor dem Tode, wie alt möchtest du wohl werden Ledwina,« Ledwina die sich in ihrer Rührung noch beachteter glaubte wie sie war, wollte gern antworten, aber sie fürchtete den zitternden Laut ihrer Stimme, sie beugte sich von einer Seite zur andern, indes das unter ihren Armen durchgeschlüpfte und nun vor ihr an die Lade gepreßte Kind, unter ewiger Wiederholung seiner Fragen und lauten Kichern, ihr immer in die Augen sah, endlich sagte sie ziemlich gefaßt, und in der Anstrengung lauter wie gewöhnlich, »ich fürchte mich etwas vor dem Tode, wie ich glaube, daß fast alle Menschen es tun, denn das Gegenteil ist gegen oder über die Natur, im ersten Falle möcht ich es mir nicht wünschen, und im zweiten ist es nur in einem sehr langen oder sehr frommen Leben zu erreichen,« die Kleine kroch wieder durch und sprang lachend zu ihrem Stuhle, auch Ledwina hatte sich unter dem Reden ermutigt, und kehrte ziemlich frei zu ihrem Sopha, Karl, für den, sobald er seine verlangte Auskunft hatte, das übrige Gespräch meistens tot war, indem er für sich fortspann, stand nun still und sagte »der alte Kerl war ordentlich ein Philosoph, er hätte unsren Gelehrten können zu schaffen machen, ich habe nun drei Jahre studiert, und unsere Professoren laufen doch den ganzen Tag wie Diogenes mit der Laterne nach unnützen Fragen, aber so spitzfindige sind mir noch selten vorgekommen, wie das alte Genie aus den Ecken zu bringen wußte, er hatte auch von sich selbst die Klarinette spielen gelernt,« »die hat er geblasen, da er noch jung war,« fiel Marie ein, Carl drehte die Pfeife ungeduldig in den Händen, und fuhr dann schnell fort, »was aber lächerlich war, so wußte er auch auf alles Antworten, und die waren ihm immer gut genug, obgleich der Scharfsinn der Antwort nie im Verhältnis zu dem der Frage stand, der Hochmut legt doch seine Eier in alle Nester.« »Der alte Franz war deinem seligen Vater sehr lieb,« sagte Frau von Brenkfeld sanft aber ernst, Carl antwortete ganz arglos, »Ja, er ist ja, den Unterricht abgerechnet, fast mit ihm erzogen, das hat ihm auch den Schwung gegeben,« dann fuhr er von selbst erwacht, und mit einem seltnen zarten Ausdrucke in den Mienen, fort, »wenn er so erzählte, wie sie zusammen heimlich das Rauchen trieben, aus gehöhlten Kastanien, und sich treulich beistanden in Schuld und Strafe, dann ist mir immer ganz wunderlich gewesen, wahrhaftig, es ist mir manche liebe Stunde in dem Manne gestorben.« »Mir auch,« sagte die Mutter, und winkte die Tränen heftig zurück, »die alte Lisbeth ist auch seitdem ganz kümmerlich geworden.« »Es ist überhaupt etwas Kurioses und meist Unangenehmes um die Witwen,« versetzte Karl, wieder abgeleitet, »besonders so lange die Kinder minorenn sind,« »was ist das, minorenn,« fiel Marie ein, »meistens fehlt ihnen die Kraft, und auf allen Fall nehmen ihnen die Augen der Welt, denen sie immer ein Splitter sind, die Macht und die Herrlichkeit, man sieht sie die an Verbrechen grenzendsten Härten gegen Schuldner ausüben, alles per Pflicht, das geht nun mal nicht anders, aber es läßt gewöhnlich einige Verhärtungen zurück, das Regieren tut überall keinem Weibe gut,« »Witwen sind gut,« sagte Marie beleidigt, und Karl der die Beziehung nicht faßte, fuhr auf, »Kinder auch, wenn sie das Maul halten,« und fuhr dann mit einem Blick auf seine Mutter im doppelten Schrecken zusammen, Frau von Brenkfeld kämpfte gewaltsam gegen eine mehr wehmütige als erzürnte Empfindung, die sie für Unrecht hielt, da Karl im Ganzen Recht und gewiß arglos geredet hatte, aber daß sie das Grelle jenes Verhältnisses, dem sie bei den durch die Gutmütigkeit ihres verstorbenen Gatten verwirrten Vermögensumständen unter den härtesten äußern und innern Kämpfen acht Jahre ihres Lebens ihre ganze Gesundheit und oft ihre heiligste Empfindung hatte opfern müssen, eben von jenem so scharf und wie verurteilend mußte auffassen hören, für den sie vor allen freudig geopfert hatte, das warf eine Wolke von Trauer und Verlassenheit in ihre Seele, die sie durch alle Strahlen des Gehorsams und der Liebe ihrer Kinder nicht zu zerstreuen vermochte, eben ihr, war der Witwenschleier aus einem Trauerflore zu einem Bleimantel geworden, der fast sogar die Ehre niedergebeugt hätte, da ihr Gatte, durch unverhältnismäßige Schuldbeträge die Leute nach seinem Tode zu Grunde richtete, denen er bei seinem Leben gern helfen wollte, er hatte den Segen mit sich genommen, und ließ der Vormundschaft und seiner bedrängten Witwe den Fluch, zudem hing ihr sonst starkes Herz seit einiger Zeit mit großer Schwäche an Marien, dem einzigen ihrer Kinder, dem sie Alles in Allen war, indes die Herzen der Übrigen sich stark an die fremden Götzen zu hängen begannen, im Verhältnis zu ihren Töchtern war dies Gefühl minder stechend gewesen, da eine vielseitige und gewandte Weltkenntnis von Seiten der Mutter und ein unbedingter Gehorsam von Seiten der Kinder ausglichen, was Ledwina an Tiefsinn und Zartheit und Therese an klarer und besonnener Auffassung voraus haben mochte, aber die Zurückkunft Karls, den ihr die Universität nach seiner persönlichen Empfänglichkeit völlig ausgebildet aber außerdem oder vielleicht deshalb etwas überreif und überfrei wiedergab, war ihr aus einem Jubiläum der Witwenherrschaft zu der beklemmten Leichenfeier derselben geworden, obschon nur in der innren Überzeugung, da Karl jetzt aus Pflicht und Vorsatz das zu sein strebte, wozu ihn früher die scheuste Ehrfurcht gemacht hatte, aber eben, dieses immer durchscheinende Streben, dies öftere Mißlingen durch Mißverstehn, weil die scharfe angstvolle Beachtung des Kindes fehlte, dies seitdem offenbare Zusammenhalten und einander Aushelfen der Geschwister sagte ihr deutlich wie locker die Krone auf ihrem Haupte stehe, nur gehalten durch ein einsicht- aber pflichtvolles Ministerium, Karln hatte sie als eine üppige aber zarte Treibhauspflanze unter Tränen Sorgen und Segen in die freie Luft gesendet, und sie konnte sich nicht bergen, daß so sie ihn jetzt ohne eins von Allen entließ er nur den Letzteren vermissen würde, und auch dies nur in Überlegung und Religiosität nicht in jenem scheuen frommen Gefühle, was sich in der Welt ohne den mütterlichen Segen wie zwischen reißenden Tieren dünkt, Marien duldete er offenbar nur in Rücksicht ihrer, und sein gereiztes Gemüt mußte grade bei einer Veranlassung hervorbrechen, wo sie ihr fast wie das einzige ihrige Kind erschien, und doch konnte sie eben hier ohne die äußerste Taktlosigkeit nichts sagen, Karl begriff ihre Gefühle auch jetzt nur so im Groben in der ersten Entstehung und folgte ihnen gar nicht, er ging auf und ab, rauchte, und war noch etwas verdutzt aber völlig ruhig, Ledwina hätte wohl alles dieses am empfindlichsten aufgefaßt aber eine früherhin schmerzlich berührte Saite klang so hell nach, daß sie noch jeden andern Laut übertönte, sie konnte überhaupt sehr lange an einem Gedanken zehren, und nahm noch oft das Frühstück ein, wenn die Andern schon ein wichtiges Mittagsmahl einen unbedeutenden Tee, nebst einer Menge amusanter Konditorwaren verzehrt hatten, und sich nun zur Abendtafel setzten. Nur Therese die immer wie der Engel mit dem flammenden Schwerte *vor* und mit dem Ölzweige über die Ihrigen stand, mußte die ganze Last dieses Augenblicks tragen, und suchte angstvoll nach unmerklich beschwichtigenden Reden. »Warum wählst du immer den verdrießlichen Weg am Flusse Ledwina« begann die Frau von Brenkfeld gesammelt, da die Stille kein Ende nahm. »Ich habe den Weg einmal sehr lieb,« versetzte Ledwine, »ich glaube das Wasser tut viel dazu.« »Den Fluß hast du ja auch unter deinem Fenster,« sagte die Mutter, »aber es ist so ein bequemer Gedankenschlender, deshalb geht man auch leicht weiter wie man sollte,« »ich muß gestehn« sprach Carl, »daß mir die Gegend hier besonders jetzt recht erbärmlich vorkömmt, man spaziert wie auf dem Tische, die Gegend vor uns wie hinter uns, oder vielmehr gar keine, der Himmel über uns und der Sand unter uns,« »die Gegend könnte noch viel malerisch schlechter sein wie sie ist,« sagte Ledwina, »und mir bliebe sie doch lieb, von den Erinnerungen die in jedem Baum wohnen, will ich gar nicht reden denn so kann nichts mit ihr verglichen werden, aber so wie sie da steht, und überall, wär sie mir höchst ansprechend und wert,« »chacun a son gout,« versetzte Carl, »nach deinen eben gemachten Ausnahmen, weiß ich nicht was dich reizt, das stachlichte Heidekraut, oder die langweiligen Weidenbäume oder die goldnen Berge die uns in einer Stunde ein zauberischer Wind schenkt,« »die Weiden z. b.« versetzte Ledwine und in ihr Gesicht goß sich ein trübes aber bewegliches Leben, »haben für mich etwas Rührendes, eine sonderbare Verwechslung in der Natur, die Zweige farbicht, die Blätter grau, sie kommen mir vor wie schöne aber schwächliche Kinder, denen der Schrecken in einer Nacht das Haar gebleicht, und überhaupt, die tiefe Ruhe auf manchen Flächen dieser Landschaft, keine Arbeit kein Hirt, nur allerhand größre Vögel und das einsam weidende Vieh, daß man nicht weiß, ist man in einer Wildnis oder in einem Lande ohne Trug, wo die Güter keine Hüter kennen als Gott und das allgemeine Gewissen,« »es ist nicht schwer,« versetzte Karl lächelnd, »einer Sache die so viel liebe Seiten hat auch eine schöne abzugewinnen, aber ich versichere dich, man darf keine zwanzig Meilen reisen, sonst fallen die schönen romantischen Läppchen ab und was nackt übrig bleibt, ist eine halbe Wüste,« »die Wüste« versetzte Ledwina, gleichfalls lächelnd und wie träumend, »die Wüste mag vielleicht große und furchtbare Reize haben,« »Kind du rappelst« sagte Carl, und lachte laut auf, Ledwina fuhr langsam fort, »so plötzlich hinein versetzt, ohne ähnliche und doch völlig ungleiche Umgebungen zu kennen, und hauptsächlich, ohne früher von ihnen gelitten zu haben, und nun weithin nichts als die gelbe glimmernde Sandfläche keine Begrenzung als den Himmel der niedersteigen muß, um die Unendlichkeit zu hemmen, und nun flammend über ihr steht, statt der Wolken die himmelhohen wandelnden Glutsäulen, statt der Blumen die farbicht brennenden Schlangen, statt der grünen Bäume die furchtbaren Naturkräfte der Löwen und Tiger, die durch die rauschenden Sandwogen schießen, wie der Delphin durch die schäumenden Fluten, überhaupt muß es dem Ozean gleichen,« Carl war vor Verwundrung still gestanden, dann sagte er mit einem närrischen Gesichte »und wenn nun die wandelnden Glutsäulen uns Visite machen, oder die Blumen der Wüste uns umkränzen, oder die furchtbaren Naturkräfte sich an uns probieren wollen,« Ledwina fühlte sich widrig erkältet, sie beugte ohne zu antworten nieder um ein Garnknäul vom Boden aufzuheben, »aber mein Gott,« rief Frau von Brenkfeld, der durch diese rasche Bewegung ihre noch nicht völlig getrockneten Schuhe sichtbar geworden waren, »du bist ja ganz naß,« »ich bin etwas naß,« versetzte Ledwina, ganz herunter von widrigen Empfindungen, »und das schon die ganze Zeit,« versetzte die Mutter verweisend »leg dich augenblicklich nieder, du weißt es ja in Gottes Namen auch selbst wohl, wie wenig du vertragen kannst,« »ja« sagte Ledwina kurz und stand auf, um in ihrer Empfindlichkeit allen weitern Reden zu entgehn, »daß du dich aber ja niederlegst, und trinke Tee,« rief ihr die Mutter nach, sie wendete sich in der Tür um, und sagte mit gewaltsamer Freundlichkeit »Ja, gewiß,« Therese folgte ihr.

»Du hast noch nicht getrunken,« sprach Therese sanft verweisend, da sie nach einer Viertelstunde mit einem Glase Wasser, von Neuem in die Kammer trat, und die weislich vor dem Fortgehn eingeschenkte Tasse noch unberührt sah, »wenn nun die Mutter käm,« fuhr sie fort, »du weißt, wie sie auf ihr Wort hält.« »Ach Gott ich habe noch nicht getrunken, wenn nun die Mutter käm,« wiederholte Ledwina aus tiefem Sinnen auffahrend, und im Nu reichte sie Theresen die geleerte Tasse. »Mir ist so heiß,« sagte sie dann, warf unruhig die weißen Gardinen weit zurück, und legte die brennenden Hände in der Schwester Schoß, »du trinkst zu schnell« sagte diese, »ich wollte ich dürfte das Glas Wasser trinken,« versetzte Ledwina, »trink du deinen Tee, der bekömmt dir viel besser« antwortete Therese mitleidig, »das kannst du deiner Gesundheit wohl opfern,« »es ist ja nur ein kleiner Wunsch, o er kömmt auch nur oben vom Herzen« lächelte Ledwina, und dann »setz dich doch recht zu mir, und sprich mir etwas vor, das Bettliegen ist so fatal, es ist noch lange nicht dunkel, und dann die lange Nacht,« Therese setzte sich auf den Rand des Bettes und seufzte unwillkürlich recht tief, Ledwina lächelte von Neuem und sehr freundlich fast freudig, »der heutige Tag,« sagte Therese dann tiefsinnig, »ist äußerlich so unbedeutend gewesen, und doch innerlich so reich, es ist so viel durchgedacht und auch wohl ausgesprochen worden, was in Jahren nicht hat zu der Klarheit kommen können, wie der Brennpunkt einer langen Zeit,« »ja wohl allerhand,« versetzte Ledwina erwartend, der in diesem Augenblicke nur Eins still bewegend im Sinn lag, »ich wollte« sprach Therese weiter, »der Karl säh etwas weniger imposant aus, damit er etwas minder geehrt würde, alles wendet sich an ihn, und die Mutter wird jedesmal rot, wenn er mit der gefälligen Miene sagt, tragt das meiner Mutter vor,« Ledwina hatte, wie vorhin gesagt, den Teil des vorigen Gesprächs auf den sich dieses bezog, völlig überhört, und auch jetzt hielt ihr Geist eine andere Richtung fest, so faßte sie es gar nicht in seinem tiefen Schmerze, »ja,« sagte sie, noch immer still träumend, »es wurde so vielerlei gesprochen, daß man das Erste über dem Letzten vergaß, mich soll wundern, ob Steinheim sich auch verändert hat,« Therese ward feuerrot, »ich möchte es gar nicht,« fuhr sie fort, »mir scheint immer er könnte dabei nur verlieren,« Therese schenkte etwas mühsam eine neue Tasse ein, »mich dünkt ich sehe ihn,« hub Ledwina wieder an, »wie er gefragt wird, und wie das liebe treue Gesicht so freundlich eine Antwort weiß, es wird Einem ganz ruhig wenn man eine Zeit lang darauf weilt,« »das geht wohl,« sagte Therese in der Angst, Ledwina sah hoch auf, »meinst du nicht?« fragte sie ernst. »O nein –« sagte Therese verwirrter, und brach sehr unpassend ab, aber Ledwina hatte sich aufgerichtet und ihre Hände krampfhaft gefaßt, »bitte bitte,« sagte sie in strenger Angst, »schweig, aber lüg nicht,« und mit einem leisen Ton der tiefsten Wehmut lag Therese an ihrer Brust, und weinte und zitterte, daß die Gardinen bebten, Ledwina hielt sie fest an sich und ihr Gesicht war aufgegangen wie ein Mond der leuchtend über die Schwester wachte, Beide ließen sich nach einer langen lebensreichen Pause, und suchten ihre verlorene Fassung, die eine auf der seidenen Bettdecke, die andere an dem Bande des Teetopfes, was sie losknüpfte, statt es fester zu heften, denn es ist eben den besten und herrlichsten Menschen eigen, daß sie sich schamen, wenn ein unbewachter Augenblick verraten hat, wie weich sie sind, indes die Armen im Geiste, von jener Art, der nicht der Himmel verheißen ist, es in Ewigkeit nicht vergessen können, wenn sie einmal einen rührenden Gedanken gefunden haben, wie das blinde Huhn die Erbse, »ich bin mir oft recht lächerlich und eitel vorgekommen,« fing Therese endlich an, »dir auch?« Ledwina mußte lachen, und sah sie fragend an, Therese fuhr fort, »Allen dunkel und mir allein hell, es ist betrübt, Ledwina, so etwas ganz allein zu merken, man wird ganz irr, ich habe immer innerlich glühn müssen, wenn ich diese oder jene unsrer Bekanntinnen mit geträumten Eroberungen prunken sah, es ist so häßlich und so allgemein, die Bescheidenheit schützt heutzutage gar nicht mehr, und für mich wär' es so traurig, ach Ledwina, soll ich es mir wohl nur einbilden, ich kann ja auf nichts bauen, als auf meinen innigsten Glauben,« »baue du dein Haus nur,« sagte Ledwina bewegt, »du hast einen guten Grund, einen verborgnen aber festen, der nicht unter dir einsinken wird.« »Er hat mir nie etwas derartiges gesagt,« versetzte Therese, indes ihre Augen wie in den Boden brennen wollten, Ledwina sagte nachsinnend und lieblich, »für einen andern nichts für ihn Alles, wär's ein Andrer, so hättest du auch den Glauben nicht. Ach Therese du wirst sehr glücklich sein, das sage ich frei, und schäme mich nicht, wir suchen doch alle einmal, wenn schon meistens incognito, aber ich habe aufgehört, denn ich weiß, daß ich nicht finde,« Therese entgegnete demütig »ich darf auch nicht so viel verlangen wie du,« »das heißt nun nichts,« versetzte Ledwina sanft vorwerfend, »das kannst du selbst nicht glauben, du bist Gott und Menschen angenehmer, das weiß ich wohl,« Therese erschrak ordentlich, und wollte einfallen, aber Ledwina winkte ernst mit der schmalen weißen Hand und fuhr fort, »doch mein loses törichtes Gemüt hat so viele scharfe Spitzen und dunkle Winkel, das müßte eine wunderlich gestaltete Seele sein, die da so ganz hinein paßte,« Therese faßte erschüttert ihre beiden Hände und sagte, indem sie das Gesicht, wie suchend umher wandte, um die Zeichen der höchsten Bewegung zu verbergen, »Ach Ledwina, ich mag jetzt gar nicht davon reden, wie lieb dich viele Menschen haben, aber auch du wirst finden, was dir einzig lieb bleibt, Gott wird ein so reines und leises Flehn nicht überhören,« Ledwina der das Gespräch zu angreifend wurde sagte wie leichtsinnig, »ja wohl, man sagt ja, es gibt keinen so schlechten Topf, daß sich nicht ein Deckel dazu fände, aber Gott weiß, wo mein Erwählter lebt, vielleicht ist er in diesem Augenblick auf der Tigerjagd, es ist doch grade die Zeit, und dann, du meinst, Steinheims Liebe sei unbemerkt geblieben, glaub das ja nicht, hab ich dir je früherhin ein Wort gesagt, und doch ist mir Alles seit einem Jahr die höchste Gewißheit, und ich kann euch gar nicht mehr in Gedanken trennen, aber wie kannst du glauben, daß unsre Mutter auf einen bloßen auch noch so getreuen Schein sich über eine so zarte Sache äußern sollte, oder Carl, dem die Ehre und der Anstand fast zu viel sind, ich habe oft, und heimlich lachend, den Kampf Beider gesehn, wenn sie weder absichtlich störend noch nachlässig erscheinen wollten, glaub mir, könnte Steinheim dich vergessen oder übergehn, so würden beide schweigen und sich fassen, aber ihr Glaube an die Menschen wär dahin so gut wie der Deinige,« »aber auch heute, wo die Entscheidung so ganz nahe gestellt ist,« versetzte Therese beklemmt »nicht das kleinste Zeichen in Miene oder Worten.« »O Therese,« sagte Ledwina lächelnd, »ich sehe wohl die Liebe macht die Leute dumm, ist dir dies Vermeiden seines Namens dies behutsame verräterische Umgehen des ganzen Besuches der doch bei weiten das Hauptsächlichste im Briefe war, nichts, ich sage dir, Therese, ich wußte von Nichts da ich in die Stube trat, aber ich bin zusammengefahren, und habe in der höchsten Spannung geharrt und geglaubt, jeder Laut werde das Geheimnis gebären, besonders im Gesichte unsrer Mutter wogte ja die ganze offene See der Empfindungen,« Therese hatte nach und nach das Haupt erhoben, und sah nun peinlich hoffend auf Ledwina, wie ein Kind auf den Vater, wenn es merkt, daß er ihm etwas schenken will, »nun, ich will es so denken und ich kann auch nicht gut anderst,« sagte sie verschämt, »aber bitte bitte, nun nicht mehr davon reden,« nach eingen Augenblicken fuhr sie wieder trübe fort »man muß sich nicht so in eine Hoffnung eingraben, das Glück ist gar zu kugelrund,« dann schwieg sie und faßte Schale und Teetopf, als wolle sie einschenken, sagte dann, »ich komme gleich wieder,« und ging hinaus, denn sie zitterte so sehr, daß sie den Topf nicht hatte heben können.

Nach einer langen Weile trat sie wieder mit leisen Schritten herein, und blickte weit vorgebeugt mit angestrengter Sehkraft nach der Schwester hinüber weil sie gedachte, sie mochte schlummern, und es nicht wagte, ihr zu nahen, um der frischen Abendluft willen, die aus ihren Kleidern duftete, denn sie war im Freien gewesen, tief tief im Gebüsche, und hatte sich einmal recht satt geweint und gestöhnt, und nun war sie wieder still und sorgsam wie vorher, denn diese süße übeteuere Seele lebte ein doppeltes Leben, eins für sich, eins für andre, wovon das Erstere immer zum Kampf für das Letztere vortrat, nur daß es statt des Schwertes die Leidenspalme führte, so stand sie eine Weile, kein Vorhang rauschte, aber ein tiefer schwerer Atem zog hinüber, und gab ihr mit der Gewißheit des Schlummers zugleich eine wehmütige Sorge, sie setzte sich ganz still in ein Fenster. Die Sonne ging unter und ihre letzten Strahlen standen auf einem Weidenbaum am jenseitigen Ufer, der Abendwind regte seine Zweige, und so traten sie aus dem Glanz, und erschienen in ihrer natürlichen Farbe, dann bogen sie sich wieder in die Goldglut zurück. Für Ledwinens krankes überreiztes Gemüt, hätte dies flimmernde Naturspiel leicht zu einem finstern Bilde des gefesselt seins in der sengenden Flamme, der man immer vergeblich zu entrinnen strebt, da der Fuß in den qualvollen Boden wurzelt, ausarten können, aber Therese war es unbeschreiblich wohl geworden, in Betrachtung des reinen wallenden Himmelsgoldes und überhaupt der lieblichen gefärbten Landschaft, ihre Gedanken waren ein leise und brünstiges Gebet geworden, und ihre Augen waren scharf auf den Abendglanz gerichtet als sei hier die Scheidewand zwischen Himmel und Erde dünner, es war ihr auch als zögen die Strahlen ihre Seufzer mit hinauf, und sie legte das glühende Antlitz dicht an die Scheiben, aber wie die Sonne nun ganz dahin war, und auch der Abendhimmel begann ihre Farbe zu verleugnen, da sanken auch ihre Flügel und sie ward wieder trüber und wußte nicht warum, das Vieh zog langsam und brummend in den Hofraum, und zugleich stieg das Abendrot höher,

und ein frischer Wind trieb die rosenfarbne Herde auch
nach dem Schlosse hinüber, »nun wird es gut,« sagte sie
ziemlich laut, das Wetter meinend und erschrak, daß sie der
Schlummernden vergessen hatte, aber eine unbeschreibli-
che Zuversicht umfing sie plötzlich und diese unwillkürlich
ausgesprochnen Worte, waren ihr wie durch Gottes Einge-
bung, sie war von nun an völlig ruhig, und blieb es bis zu
der Stunde, die ihr Schicksal entschied. So haben auch die
klarsten sichersten Seelen ihre Augenblicke wo der Glaube
an eine verborgene geistige Abspiegelung aller Dinge in
einander, an das vielgeleugnete Orakel der Natur sie mäch-
tig berührt, und wer dem widerspricht, dessen Stunde ist
noch nicht gekommen aber sie wird nicht ausbleiben, und
wäre es die letzte. – Therese stand wie aus einem schweren
Traum auf, und schlich zum Lager Ledwinens, unbeweg-
lich ja fast starr lag die Schlafende, und ihr Antlitz war
bleich wie Marmor, aber in ihrer Brust arbeitete ein schwe-
res unruhiges Leben in tiefen Zügen, Therese sah sorgsam
auf die Gegend des Herzens, und legte dann sachte die
Hand darauf die sich von den heftigen Schlägen hob, hätte
sie nicht gewußt daß plötzliches Erwecken bei der Schwe-
ster immer mit einem erschütternden Schrecken verbunden
sei, sie hätte sie nicht dieser angstvollen betäubenden Ruhe
überlassen, aber nun blickte sie noch einmal sorgenvoll auf
die Schlafende, segnete sie zum ersten Male in ihrem Leben,
zog die Vorhänge des Bettes weit los, schloß die der Fenster,
und ging dann sachte und wehmütig zurückblickend hin-
aus, mit dem Vorsatz, späterhin noch einmal nachzusehn.

Es war tief in der Nacht, als Ledwina aus ihrem langen
Schlummer erwachte, sie hatte äußerlich tief geruht, und
Therese war unbemerkt vor eingen Stunden noch einmal an
ihrem Lager gewesen, wo sie die Schwester, die ihr nun
erleichtert schien, beruhigt verlassen hatte, aber in Ledwi-
nens Innren hatte sich eine grauenvolle Traumwelt aufge-
schlossen, und es war ihr als gehe sie zu Fuße mit einer
großen Gesellschaft, worunter alle die Ihrigen und eine

Menge Bekannter waren, um einer theatralischen Vorstellung beizuwohnen, es war sehr finster, und die ganze Gesellschaft trug Fackeln, was einen gelben Brandschein auf alles warf, besonders erschienen die Gesichter übel verändert, Ledwinens Führer ein alter aber unbedeutender Bekannter, war sehr sorgsam und warnte sie vor jedem Stein, »jetzt sind wir auf dem Kirchhof« sagte er, »nehmen sie sich in Acht, es sind einge frische Gräber,« zugleich flammten alle Fackeln hoch auf, und Ledwina wurde ein großer Kirchhoff mit einer zahllosen Menge weißer Leichensteine und schwarzer Grabhügel sichtbar, die immer regelmäßig eins ums andre wechselten, daß ihr das ganze wie ein Schachbrett vorkam, und sie laut lachte, als ihr plötzlich einfiel, daß hier ja ihr Liebstes auf der Welt begraben liege, sie wußte keine Namen, und hatte keine genauere Form dafür, als überhaupt die menschliche, aber es war gewiß ihr Liebstes, und sie riß sich mit einem furchtbar zerrissenen Angstgewimmer los, und begann zwischen den Gräbern zu suchen, und mit einem kleinen Spaden, die Erde hier und dort aufzugraben, nun war sie plötzlich die Zuschauende, und sah ihre eigne Gestalt totenbleich mit wild im Winde flatternden Haaren, an den Gräbern wühlen, mit einem Ausdrucke in den verstörten Zügen, der sie mit Entsetzen füllte, nun war sie wieder die Suchende selber, sie legte sich über die Leichensteine, um die Inschriften zu lesen, und konnte keine heraus bringen, aber das sah sie, keiner war der rechte, vor den Erdhügeln fing sie an sich zu hüten, denn der Gedanke des Einsinkens begann sich zu erzeugen, dennoch ward sie im Zwang des Traumes zu einem wie hingestoßen, und kaum betrat sie ihn so stürzte er zusammen, sie fühlte ordentlich den Schwung im Fallen und hörte die Bretter des Sarges krachend brechen, in dem sie jetzt neben einem Gerippe lag. Ach es war ja ihr Liebstes, das wußte sie sogleich, sie umfaßte es fester wie wir Gedanken fassen können, dann richtete sie sich auf, und suchte in dem grinsenden Totenkopfe nach Zügen, für die sie selbst keine Norm hatte, es war aber nichts, und zudem konnte sie nicht recht sehen, denn es fielen Schneeflocken, obschon die Luft schwül war, übrigens war es jetzt am Tage, sie faßte eine der noch frischen Totenhände, die vom Gerippe los ließ, das schreckte sie gar nicht, sie preßte die Hand glühend an ihre Lippen, legte sie dann an die vorige Stelle, und drückte das Gesicht fest ein in den modrichten Staub, nach einer Weile sah sie auf, es war wieder Nacht, und ihr voriger Begleiter stand sehr hoch am Grabe mit einer Laterne, und bat sie mit zugehn, sie antwortete, sie werde immer hier liegen bleiben, bis sie tot sei, er möge gehn, und die Laterne dalassen, was er auch sogleich tat, und sie sah wieder eine Weile nichts als das Gerippe, dem sie mit einer herzzerreißenden Zärtlichkeit liebkoste, plötzlich stand ein Kind neben dem Grabe, mit einem Korbe voll Blumen und Früchten, und sie besann sich, daß es Eins Derer sei die im Theater Erfrischungen umherbieten, sie kaufte ihm seine Blumen ab, um den Toten damit zu schmücken wobei sie ganz ordentlich und ruhig die Früchte aus las und zurück gab, da sie den Korb umschüttete, wurden der Blumen so viele, daß sie das ganze Grab füllten, des freute sie sich sehr, und wie ihr Blut milder floß, formte sich die Idee, als könne sie den verwesten Leib wieder aus Blumen zusammen setzen, daß er lebe und mit ihr gehe, über dem Aussuchen und Ordnen der Blumen erwachte sie, und wie bei Träumen immer nur der aller letzte Eindruck in das wache Leben übergeht, ziemlich frei, aber ihr war unerträglich heiß, sie richtete sich auf, und sah noch etwas verstört im Zimmer umher. Das Mondlicht stand auf den Vorhängen Eins der Fenster, und da der Fluß unter ihm zog, schienen sie zu wallen, wie das Gewässer, der Schatten fiel auf ihr Bett und teilte der weißen Decke die selbe Eigenschaft mit, daß sie sich wie unter Wasser vorkam, sie betrachtete dies eine Weile, und es wurde ihr je länger je grauenhafter, die Idee einer Ondine ward zu der einer im Fluß versunknen Leiche, die das Wasser langsam zerfrißt, während die trostlosen Eltern vergebens ihre Netze in das unzugängliche Reich des Elementes senden, ihr ward so schauerlich, daß sie sich nach eingen Skrupeln, wegen der Glut in ihrem Körper entschloß, aufzustehn, und die Vorhänge los zu ziehn. Die Nacht war überaus schön, der Mond stand klar im tiefen Blau, die Wolken lagerten dunkel am Horizont in einer schweren getürmten Masse und der Donner hallte leise und doch mächtig herüber, wie das Gebrüll des Löwen, Ledwina blickte lüstern durch die Scheiben, das graue Silberlicht lag wie ein feenhaftes Geheimnis auf der Landschaft, und dünne matte Schimmer wogten über die Gräser und Kräuter wie feine Fäden, als bleichten die Elfen ihre duftigen Schleier, am Flusse war die Luft ganz still, denn die Weiden standen wie versteint und kein Hauch bog die gesträubten Haare, aber in der Ferne schüttelten sich die Pappeln, und hielten dem Mondlicht die weißen Flächen entgegen, daß sie schimmerten wie die silbernen Alleen in Träumen und Märchen, Ledwina sah und sah, und ihr Fuß wurzelte immer fester an der lockenden Stelle, und bald stand sie halb unwillkürlich halb mit leisen Vorwürfen in ein dichtes Tuch gehüllt am offnen Fenster, sie schauderte linde zusammen, von der frischen Luft, und der geisterhaften Szene, ihre Blicke fielen auf das klare Licht über sich und das sanfte Licht unter sich im Strom, dann auf den finstern lauernden Hintergrund und das ganze kam ihr vor, wie der stolze und milde Seegruß zwei erleuchteter Fürstengondeln indes das Volk gepreßt und wogend in der Ferne steht, und sein dumpfes Gemurmel über das Wasser hallt da erschien fern am Strome noch ein drittes Licht, ein hüpfendes trübes Flämmchen, wie ein dunstiges Meteor, und sie wußte nicht, war es wirklich ein Irrlicht, oder ward es von Menschenhänden getragen, mehr zur Gesellschaft als zum Führer in der täuschenden Nachthelle, sie richtete die Blicke fest darauf, wie es langsam herantanzte, und sein unausgesetztes Nähern bürgte für die letztere Meinung, sie war so verloren in fremde Reiche, daß sie sich den Wandrer nun als einen grauen Zaubermeister bildete, der in der Mondnacht die geheimnisvollen Kräuter in den feuchten Heidgründen sucht, wirklich gab es viele

Beschwörer sogenannte Besprecher in jener Gegend, wie
überhaupt in allen flachen Ländern, wo Menschen mit der
schweren neblichten Luft die Schwermut und eine gewisse
krankhafte Tiefe, den Geisterglauben einatmen, diese Zau-
berer, meistens angeseßne geachtete alte Leute, sind mit
seltnen Ausnahmen so truglos wie ihre Kinder, so wie sie
auch das unheimliche Werk fast nie als Erwerb sondern
meistens als ein zufällig erobertes aber teures Arcanum in
nachbarlichen Liebesdiensten ausüben, sie halten sonach
auch vor sich selber streng auf alle die kleinen Umstände,
die dergleichen Dingen selbst für völlig Ungläubige etwas
Schauderhaftes leihen, als, das starre Stillschweigen, das
Pflücken der Kräuter oder Zweige im Vollmond oder in
einer bestimmten Nacht des Jahres u.s.w., und so wär es
nichts so unmögliches gewesen, auf einer nächtlichen Wan-
derung dergleichen unheimlichen Gefährten zu finden,
aber das Flämmchen hüpfte näher, und bald ward es Led-
winen kenntlich als der brennende Docht einer Laterne, die
ein Mann trug indes eine Gestalt zu Pferde ihm folgte, sie
besann sich, daß es wohl ein nächtlich Reisender sei, den ein
Wegeskundiger an den trügerischen Buchten des Stromes
vorüber leite, das Feenreich war zerstört, aber ein mensch-
liches Gefühl der tiefsten Wehmut ergriff sie, um den
Unbekannten, mit dem sie eine schöne x-x und der doch
achtlos an ihr vorüberzog wie an den Steinen des Weges,
und wußte nichts von ihr, wenn er einst ihren Tod las in den
Blättern der Zeitungen, jetzt war er dem Schlosse gegen-
über, wo der Fußsteig mit Steinen gepflastert war, ein
langsamer Hufschlag schallte zu ihr hinauf, und sie strengte
ihre Sehkraft an um eine leichte Form festzuhalten von der
flüchtigen Erscheinung, plötzlich zog eine Wolke die die
Verschwörung am Horizont als Herold aussandte über den
Mond, es ward ganz finster, und zugleich schlug ein schwe-
rer klatschender Fall an ihr Ohr, ihm folgte ein heftiges
Plätschern und der laute Angstruf einer männlichen Stim-
me, Ledwina sprang eiskalt in fürchterlichem Schrecken
vom Fenster zurück, und wollte nach Hülfe eilen, aber ihre

Knie trugen sie nur bis in die Mitte des Zimmers, wo sie zusammen brach, doch ohne die Besinnung zu verlieren, sie schrie wie im höchsten Entsetzen anhaltend fast über ihrer Stimme, und nach einer Minute war ihre Mutter, ihre Schwester und fast das ganze weibliche Personale um sie versammelt, man hob sie auf trug sie ins Bett und meinte sie rede irr, da sie beständig und angstvoll rief, »macht das Fenster auf, im Flusse – er liegt im Flusse« – und sich loszureißen strebte, Marie, die vor Schrecken hell weinte, war jedoch die Erste, die den Ruf vom Flusse her durch das laute Gewirr unterschied, man riß das Fenster auf, und bald zogen die Domestiken des Schlosses noch ganz betäubt und mit Stangen und Haken an das Ufer, den Reisenden hatte sein rasches Pferd aus den Wellen getragen, in die er dem Irrlichte in der Hand seines Führers gefolgt war, da er sehr dicht hinter ihm trabte, er stand triefend neben seinem schnaubenden Tiere und wollte eben in der Angst von Neuem in den Strom, das fortschwemmende Menschenleben zu retten, da ihm die fremde Landschaft keine Hülfe andrer Art wußte. Therese stand händeringend am Fenster, und horchte auf Laute der Suchenden durch den Sturm, der nun mit einer fürchterlichen Heftigkeit losgebrochen war, der Donner rollte sonder Aufhören, und das Wasser tanzte in greulicher Lust über der gefallnen Beute und warf sprühenden Schaum in die Augen derer, die sie ihm zu entreißen suchten, der Fremde stand am Ufer, bebend vor Frost er wollte nicht ins Schloß, aber mit einem Kahn in die empörten Wogen, »wollen sie sich selbst ums Leben helfen,« sagte der alte Verwalter, »mich dünkt an einem ist es genug;« »o Gott,« rief der Fremde schmerzlich, »ich habe ihn so beredet, er wollte nicht von seiner alten Mutter, die sich vor dem Gewitter fürchtet, um Gotteswillen einen Kahn, einen Kahn,« »einen Kahn können sie nicht kriegen, wir haben keinen,« sagte der Verwalter, der Fremde hielt ihm eine Laterne hoch vors Gesicht, und wie er ihm in dem falschen Scheine zu lachen schien, faßte er ihn wie wütend an die Brust, und rief, »einen Kahn, oder ich werfe dich noch ins Wasser.« Der Verwalter blickte ihn fest an, und sagte, »wir haben keinen,« der Fremde sprach zweifelnd und verwirrt, »wie seid ihr denn hier gekommen?« »über die Brücke dort, –« versetzte der Verwalter, »eine Brücke,« sagte der Fremde, wie gelähmt, ließ ihn los, und gesellte sich in höchster Angst zu den Suchenden, »hier habe ich etwas,« rief Einer, und warf ein weißes Ding ans Ufer, was man als die Mütze des Verlornen erkannte, man suchte hier emsiger, aber die Haken fuhren vergebens durch das schäumende Wasser, »wir finden ihn nicht,« rief ein andrer ermattet in der frucht- und fast zwecklosen Arbeit, »das Wetter ist zu toll,« »das Wasser gibt ihn auch nicht her,« rief wieder Einer, »es hat in diesem Jahr noch kein Menschenfleisch gehabt.« »Nicht,« versetzte ein Andrer, und der Fremde sah mit Schrecken wie nach dieser Bemerkung aller Eifer sichtbar erlosch, er bot Geld über Geld, und man fuhr ihm zu gefallen fort zu Suchen, aber so mutlos, daß man bald nur noch zum Anschein mit den Stangen und Haken ins Wasser klatschte, Therese hatte indessen das Fenster nicht verlassen, »ich höre nichts,« sagte sie jammernd zu Ledwina gewendet, die sie zum Schrecken halb angekleidet und im Begriff aus dem Bette zu steigen sah, sie schloß das Fenster schnell, und drängte die zitternde Schwester in das Bett zurück, worin sich diese jedoch bald ergab, mit dem Beding der schnellsten Mitteilung aller Nachrichten, Therese versprach alles, und meinte mit ihrem Gewissen wohl auszukommen, sie hatte sich mit großer Kraft gefaßt, und redete jetzt viel Tröstliches geistlich und irdisch zu Ledwina, daß diese endlich ganz stille ward, und in der höchsten Ermattung wieder einschlief, dann ging sie um ein warmes Zimmer und Bette für den Fremden zu besorgen, der endlich nach mehren Stunden durch und durch erfroren und innerlich bebend einzog, dann legte sie sich selbst nieder, ob der Morgen ihr vielleicht noch einge Erholung schenken wolle, da der Tag sie wieder in ihrer ganzen Kraft forderte, nachdem sie eine Zofe neben Ledwinas Gemach gebettet hatte.

Es hatte sieben geschlagen als Minchen auf den Zehen in
die Kammer schlich, und das Fräulein ihr schon völlig ge-
kleidet entgegen trat, »was gibt's Minchen,« fragte sie
bewegt und heftete die letzte Nadel, »der fremde Herr ist
ganz munter,« entgegnete das Mädchen, »aber der Bote,«
fragte Ledwina, »das weiß Gott,« versetzte Minchen, und
beide schwiegen, »man brauch sich nicht viel Gutes zu
denken« sagte Minchen dann, und fing bitterlich an zu
weinen, Ledwina sah starr vor sich nieder, und fragte,
»weiß man nicht, wer es gewesen ist?« »Freilich wohl,«
versetzte das schluchzende Mädchen, »es ist ja der Clemens
von der alten Lisbeth, o mein Gott, was soll sich das arme
alte Mensch haben?« und weinte ganz laut, Ledwina setzte
sich auf das Bett und legte das Gesicht fest in die weißen
Kissen, dann erhob sie sich, schneeweiß, und sagte »ja Gott
muß es wissen« nahm ihr Schnupftuch vom Tische und
ging langsam hinaus, im Wohnzimmer war alles um das
Frühstück versammelt, da Ledwina hereintrat, der fast zu
blendend schöne Fremde stand auf und verbeugte sich, Carl
sagte vornehm und höflich, »das ist meine älteste Schwe-
ster,« und zu Ledwinen, »der Graf Hollberg,« man saß
wieder um den spendenden Tisch, und das Gespräch ging
etwas gedrückt fort, über allerhand Göttinger Vorfälle, als
einzig bekanntem Berührungspunkt der Beiden, »Fräulein
Marie, nehmen sie sich in Acht,« sagte der Fremde, aus dem
Gespräche zu Marien gewandt, die ein geöffnetes Feder-
messer wiederholt an den Mund hielt, um den Stahl zu
prüfen, Marie ward rot, und legte das Messer hin, »ganz
recht, Marie heißt sie,« sagte die Frau von Brenkfeld, höf-
lich lächelnd, »ich glaube, ich werde sie alle zu nennen
wissen,« versetzte der Graf lebhaft und sandte die leuch-
tenden Augen durch den Kreis, »Steinheim ist ein getreuer
Maler glauben sie wohl, daß ich sie sämtlich sogleich wie-
dererkannte,« »sie haben Steinheim viel gesehn,« sagte
Carl. »O sehr,« versetzte Hollberg rasch, »in dem letzten
Jahre täglich, oder vielmehr fast den ganzen Tag, ich habe
sogar ihm zu Gefallen ein mir sonst ganz unnötiges Colle-

gium mitgehört,« Carl lachte ganz trocken, »so lange sie dort waren,« fuhr der Graf fort, »konnte man freilich nicht so recht an ihn kommen, denn sein Herz ist wohl für mehrere Abwesende aber immer nur für einen Gegenwärtigen offen, ich hatte nie Vorwand ihn zu besuchen, und auf unsern Kommerzen erschien er gar nicht, aber jetzt«, fuhr er mit einem blitzenden, raschen Blicke fort, »jetzt glaube ich weder mich noch Andre zu täuschen, wenn ich sage, wir haben uns Beide sehr lieb, ich habe ihn gleich so lieb gewonnen, seit ich ihn zuerst in der Bibliothek traf, er saß am Fenster las im Kaufmann von Venedig von Shakspeare, ein Stück was mich damals verkehrter Weise nicht so ansprach, wie die übrigen Werke dieses Riesen, denn,« fuhr er kindlich lachend fort, »ich muß leider immer eine kurze Weile die Livree der Zeit tragen, und so glänzte ich damals in der wildromantischen, donnergrau mit Schlangen und Dämonen gestickt, ich mag mich herrlich ausgenommen haben,« er blickte vergnügt umher, und in das verlegne Gesicht der Frau von Brenkfeld, die durchaus keine Antwort hierauf wußte, er nickte freundlich und sagte »ja gewiß, meine gnädige Frau, in N. ist einmal eine Staatslivree gewesen, da legten die Leute den Kopf bei Seite zogen herdenweis in die Wälder, und suchten statt der Pilze Offenbarungen aus der Geisterwelt, da bin ich mit bei gewesen und deshalb stand mir auch der Kaufmann von Venedig nicht an, da gibt's nicht den mindesten Schauer ich machte mich also an den Lesenden, und wollte recht mit meinem Urteile glänzen, aber ein spanisches Sprichwort sagt, mancher geht aus zu scheren und kömmt selber kahl wieder, nun sagen sie mir meine beste gnädige Frau, wie kann man bei sonst unbestechlichem Verstand von Zeit zu Zeit so komplett irrsinnig sein,« Carl suchte sich mit Lachen auszuhelfen, und sagte, »Steinheim schreibt recht fleißig von Ihnen,« »wissen sie denn auch wie ich heiße,« sagte die Frau von Brenkfeld vor Verlegenheit, das Ungehörige ihrer Frage nicht bedenkend, der Fremde ward rot und sagte, »Sie meinen gnädige Frau,« dann sah er nieder und sagte mit bescheidener Stimme,

»feiern sie nicht ihr Namensfest am neunzehnten November,« »ganz recht« versetzte Frau von Brenkfeld, »ich heiße Elisabeth,« »die drei Fräulein« fuhr der Graf fort »werden sich, Fräulein Therese und Marie nennen, der Name der Dritten ist nur schwer zu behalten, und ich fürchte ihn zu verfehlen, es muß beinah wie Lidwina oder Ledwina klingen,« »völlig wie das Letztere« sagte die Mutter, und blickte auf Ledwina, und der Graf neigte lächelnd und freundlich gegen sie, die es jedoch nicht bemerkte, da sie eben an die Freude Theresens dachte, der sie so gern diesen milden Öl in die wie sie meinte, noch wogende See gegönnt hätte. »Können Sie mir nicht sagen,« sagte Carl, »wann Steinheim hieher kommen wird.« »Gewiß sobald wie möglich,« versetzte der Graf, mit einem langen sprechenden Blicke, Carl zog die Lippen, und sagte, »ich habe eine kleine Reise vor, so möchten wir uns verfehlen, aber ich schiebe oder gebe sie auf nachdem es fällt,« »eine Reise? wohin,« fragte Ledwina verwundert, und Karl versetzte kurz und verdrießlich, »auf den Harz, vielleicht,« und dann zum Grafen, »wir hofften sie zugleich hier zu sehn,« der Graf sagte freundlich, indem er die schwarzen Locken aus der breiten Stirne schüttelte, »Sehn sie wie gut Steinheim es mit mir meint, aber ich muß selbst wissen was ich wagen darf, wenn sie mir nun den Stuhl vor die Tür gesetzt hätten.« Die Frau von Brenkfeld wollte höflich einfallen, aber der Graf fuhr fort, »mir ist eine liebe Freude verdorben, ich wollte meine Schwester zu ihrem Geburtstage überraschen, daher der unglückliche Gedanke die schöne Nacht zu Hülfe zu nehmen,« dann wurde er plötzlich finster, stand auf und ging hinaus, »wie gefällt dir der,« sagte die Frau von Brenkfeld wie aus tiefer Beklemmung aufschauend zu Ledwina, diese schüttelte seltsam lächelnd das Haupt und sagte »ich weiß noch nicht, aber ganz eigen,« »er hat etwas Kindisches,« fiel Karl ein, »aber das bringt seine Krankheit mit sich,« »ist er krank,« sprach Ledwina, gespannt, »er sieht ja ganz frisch aus, beinah zu frisch.« »Ach Gott, was wollte er frisch aussehn,« versetzte Karl, »es hat mich recht erschreckt wie ich ihn sah, bei meinem Aufenthalt zu Göttingen war er immer leichenblaß, er hat deshalb lange Pallidus geheißen, bis die Sache sich endlich nicht mehr für den Scherz eignete, aber jetzt« Karl schwieg ernst, und fuhr dann fort, »ich denke wie wir einmal einen guten Kommerze in Ulrichs Garten hatten, und da Mehrere aus Uns Sträuße wilder Blumen im Gehn pflückten, einer endlich die Frage auf warf, was eigentlich die sogenannte Totenblume sei, da viele die dunkelrote Klatschrose andre den kleinen hellroten Widerstoß und noch andre nur gelbe hohe Blumen so nennen, wie er da so wehmütig sagte, ›Mir scheint die hellrote diesen Namen vor allen zu verdienen, das Hellrot ist doch die rechte Totenfarbe, lieber Gott wie schön können die Totenblumen blühen, so kurz vor dem Abfallen,‹ dann blieb er zurück, und war den ganzen Abend still, denn sein Vater hat mit der schönen geistreichen Mutter gegen den Willen aller Verwandten, die Auszehrung in die Familie geschleppt, das finde ich wahrhaft schlecht,« »du wählst harte Ausdrücke Carl,« sagte Therese, die seit den letzten Minuten wieder gegenwärtig war, »es ist wahrhaft genug schlechtes in der Welt, man braucht mit dem Worte nicht so zu wuchern,« Karl sagte beleidigt und deshalb kalt, »vielleicht kann ich es nach seiner Persönlichkeit auch verrückt nennen, ich müßte dann annehmen, daß er in einer fixen Idee sie für gesund hielt, mich mindestens würde die heftigste Leidenschaft nicht verleiten, mein ganzes Geschlecht wissentlich zu vergiften,« Therese, die Hollberg aus begreiflichen Gründen sehr wohl wollte, sagte dies mal rasch und ganz unüberlegt, »wenn er aber nun außerdem gar nicht lieben und deshalb auch nicht heiraten kann,« Karl blieb stehen sah sie spöttisch an, klopfte dann mit dem Finger sacht an ihre Stirn, und sagte mit Nachdruck, »o du blinde Welt, wie stolperst du im Dunkeln,« Therese bog die Stirn unwillig zurück aber sie sagte nichts, denn es ärgerte sie unglaublich grade jetzt etwas Albernes gesagt zu haben, noch mehr Ledwina, die im Grunde die Schwester nicht allein für Herz und Gemüt reicher, sondern auch in ihrer klaren Umsicht im

Ganzen für klüger hielt, als den kenntnisreichen kräftigen, aber in seinem oft übertriebenen Selbstgefühl beschränkten Bruder, »dem sei wie ihm wolle,« fuhr Karl ernst fort, »genug die ganze Familie ist vor lauter Geist und Schwächlichkeit aufgebrannt wie ein Meteor, bis auf ihn und eine Schwester, denen die Totenblumen auch bereits auf den Wangen stehn, der arme Junge hat feine Bemerkungen genug machen können, ihm ist der Tod schon oft recht hart ans Herz gefallen, und jetzt sitzt er ihm gar mitten drin,« es pochte an die Tür, und ein Ackerknecht trat auf den Socken herein, »Ihr Gnaden,« hub er an, »der fremde Herr frägt nach Leuten im Dorfe, die ihm für Geld und gute Worte den Clemens suchen sollen, wenn das so sein soll, dann muß das geschehn, aber finden tun sie ihn nicht, das Wasser ist zu lang, der mag schon wohl zehn Stunden weit sein.« »Ich will mit dem fremden Herrn sprechen,« sagte die Frau von Brenkfeld, »geht nur,« und wie der Knecht hinaus war, sah sie ihre Kinder schweigend an, und sagte dann, »die entsetzliche Unruhe, ich glaube wir vertragen uns nicht lange,« dann ging sie hinaus, dem Grafen Vorstellungen zu machen, Carl sah ihr nach und sagte dann peinlich lachend, »es freut mich nur, daß dieser Aufenthalt nicht mir gilt, ich habe das alles gefürchtet, Hollberg ist durch sein ganzes Leben verwöhnt worden, es waren wohl unsrer viere, denen er gefiel, wir hatten uns vorgenommen, einen ordentlichen flotten Suitier aus ihm zu machen, er gab sich auch recht gut zu Allem, aber mitten im besten Kommerze konnte ihn plötzlich etwas meistens ganz Unbedeutendes so tief und seltsam ergreifen, daß er uns die ganze Lust verdarb mit seiner wunderlichen Stimmung, das ist zuweilen interessant aber immer ungeheuer unbequem zudem konnte er nie einen rechten Begriff vom Studentenleben fassen, blieb bei Zusammenkünften fein wie unter Philistern, bei Ehrenpunkten arglos und zutraulich wie unter Brüdern, und hätte können die argsten Händel haben, aber jeder kannte und schonte ihn,« »so war er wohl sehr geliebt,« fragte Therese, »o doch« versetzte Carl, indem er seinen verlegten Tabaksbeutel in der Stube umher suchte »zudem ist zugleich arglos und nobel sein, wohl der sicherste Weg zu allgemeiner Berücksichtigung, es gibt so etwas prinzenhaftes,« Therese wandte sich zu Ledwina »es ist doch etwas eigenes um das angeborene Vornehme,« »es darf viel wagen« versetzte Ledwina, »so lange es nur äußere Formen, die das innere Ehrgefühl gar nicht nennt, und auch die nur arglos verletzt.« – »Ja wohl,« sagte Therese, »dann ist es mir aber auch lieber als Schönheit, nicht allein beim Manne,« fuhr sie freundlich sinnend fort, »auch für mich selber würde es meine Wahl treffen.« »O freilich« versetzte Ledwina, und Carl der wieder zu ihnen trat sagte, »ich möchte mich indessen nicht so berücksichtigt sehen, es erinnert doch immer etwas an die Achtung für die Frauen,« Therese sah unwillig auf, dann begann sie erst leise dann immer herzlicher zu lachen, »es ist doch häßlich« sagte sie, sich vergebens zu bezwingen suchend »daß man so albern lachen muß.« Die Mutter trat mit dem Grafen herein, »sie sehn das wohl ein,« sagte sie eben. »Ganz gewiß,« versetzte derselbe, und sah glühend um sich, »die gnädige Frau haben zu befehlen, es ist mir nur um der Mutter willen,« »die Mutter,« sagte Frau von Brenkfeld »wird den Anblick der Leiche nach einigen Tagen vielleicht besser ertragen wie jetzt, wenigstens hoffe ich es,« »ich glaube es nicht,« erwiderte der Graf bewegt, »sie kann sich nicht trösten, sie hat ja nichts gehabt wie den Sohn,« Frau von Brenkfeld sprach ernst, »Sie irren, wir alle dürfen nicht bestimmen, wie viel ein wahrhaft christliches und starkes Gemüt aus den niedern Ständen vor allen eine Frau zu tragen vermag, so wenig wir die ununterbrochne Kette von Sorgen und Entsagungen ahnden, aus denen ihr Leben fast immer besteht, glauben sie mir, was man so sieht, ist nichts,« der Graf hob das brennende Antlitz, und sagte, »wie? meine Gnädige Frau? ach verzeihn Sie,« er schwieg einge Sekunden wie betäubt, dann fuhr er fort, »denken Sie, wie ihn das Wasser zurichten wird, die alte Frau geht gewiß immer an den Strom, bis er ihn ausgespien hat, und dann kennt sie ihn nicht,« er stand hastig auf, sagte nochmals »verzeihn sie,« und ging hinaus. Die Frau von Brenkfeld sah ihm verwundert nach, und sagte dann, »ist das Krankheit oder Eigensinn?« »Beides« entgegnete Carl phlegmatisch und so ging das Gespräch fort zwischen Menschen die man gut nennen mußte in scharfen Strichen, oft ungerecht, immer verfehlt über ein Gemüt, das man nicht leise genug hätte berühren können, und das bei der durchsichtigsten Klarheit, dennoch an ewig mißverstandenen Gefühlen verglühen mußte, Frau von Brenkfeld sagte eben, »ich sehe täglich mehr ein, wie dankbar ich Gott dafür sein muß, daß ich zwischen sieben Schwestern geborn bin, und zwar so recht mitten in, weder die Älteste noch die Jüngste,« als Marie angstvoll hereineilend rief, »o Mutter der Graf sitzt auf dem Altan und ist schneeweiß.« »Mein Gott« sagte Frau von Brenkfeld »sollte ihm unwohl werden.« »Ja wohl,« versetzte Marie, »er hat den Kopf auf den steinernen Tisch gelegt, und sah mich gar nicht,« man eilte hinaus, der Graf wollte noch mit einigen mühsamen verwirrten Worten seine offenbare Schwäche verleugnen, aber die Sinne schienen ihn immer mehr zu verlassen, und bald ließ er sich geduldig und unter Anstrengung seiner letzten Besinnung noch etwas beruhigendes zu sagen, zu seiner Stube mehr tragen als führen, nach einer halben Stunde zeigte sich entschieden ein heftiges Fieber, und der Vormittag verging unter angstvoller Erwartung des Hausarztes, nach dem man sofort geschickt hatte.

»Was sagen sie zu dem Kranken,« fragte Frau von Brenkfeld den wieder herein Tretenden. Der Doktor Toppmann langte langsam seinen Hut vom Spiegeltische neben den Blumentöpfen und putzte bedächtlich ein wenig Blütenstaub mit dem Ärmel herab, dazu sagte er, »Nicht viel, ich kenne seine Konstitution zu wenig, und man kann nicht mit ihm reden, da er ganz irre ist.« »Mein Gott seit wann,« rief Frau von Brenkfeld »davon weiß ich ja nichts.« »Es soll auch früher nicht gewesen sein,« entgegnete der Doktor, »erst seit er jetzt erwacht ist.« »Das ist ja höchst traurig,«

versetzte Frau von Brenkfeld heftig, »er wird doch um Gottes willen nicht gar sterben können.« Der Doktor Toppmann schnitt seine seltsamsten Gesichter und sagte, »wir können alle sterben, übrigens muß man so etwas nicht eher denken, bis das Gegenteil unmöglich ist.« »Keineswegs,« fiel Therese ein, »ich bitte sehr, täuschen sie uns hierin nicht,« Toppmann kniff das linke Auge zu, und fragte »warum denn das?« »man ist doch sorgsamer« versetzte Therese, »man weiß doch auf jeden Fall was man zu tun hat,« »was hat man denn zu tun« fragte Toppmann. »Ach Gott« entgegnete Therese »wir haben noch tausend andre Gründe, bleiben sie doch bei der Sache,« Toppmann schwieg ein Weilchen, dann sagte er ernst und zu allen Anwesenden gewandt, »ich weiß sie werden nichts versäumen, was in ihren Kräften, und Wissen steht, deshalb halten sie die Stube kühl aber vor allen ohne Zugwind und sorgen sie ja, daß die Arznei ordentlich genommen wird, auch darf der Patient vorerst nicht allein gelassen werden, – morgen früh komme ich wieder, wenn nichts Besonderes früherhin vorfällt,« er machte eine Verbeugung und wollte fort gehn, dann wandte er sich um, und sagte, »Notabene, nähern sie sich ihm nicht mehr, als unumgänglich nötig, die Sache könnte leicht nervös sein,« er verbeugte sich nochmals und ging hinaus, Karl sagte, »ich glaube ich kann mich gelegentlich noch jedes Worts erinnern, was ich den Toppmann mein Lebelang habe reden hören, das macht das unvergeßliche Mienenspiel, dem die Worte wie angegossen sind, oder vielmehr umgekehrt.« »Er spricht auch überall sehr wenig« versetzte die Mutter, »heute war er nach seiner Art recht los,« »Therese hat ihn auch ehrlich geschraubt« entgegnete Karl, und sah nach Theresen die eben mit den Zeichen der äußersten Unruhe das Zimmer verließ, Karl fuhr fort, »ich habe mir mal eine Sammlung von den verschiedenen Abarten seines Grundgesichts machen wollen, vorzeiten, eh ich nach Göttingen ging, und machte deshalb einen Strich auf ein dazu bestimmtes Papier, so oft ich etwas Neues zu entdecken glaubte, verwirrte mich jedoch dermaßen, daß ich es nur bis auf etwa vierzig bringen konnte, und ich muß gestehn, daß dies scharfe Merken auf allerhand Verzerrungen in Phantasie und Wirklichkeit, dem ich mich hiedurch nach und nach mit wahrer Leidenschaft ergab, mir endlich anfing eine Schwäche und solche dumpfe Zerstreutheit zuzuziehn, daß ich dies für eine der gefährlichsten Beschäftigungen halte, ich begreife nur nicht wie die Karikaturmaler vor dem Tollhause vorbei kommen.« »Es ist eine alte Erfahrung,« versetzte Frau von Brenkfeld »daß dergleichen Künstler, die Satiriker in Literatur und Leben und die berühmtesten Buffonen der Theater mit eingerechnet gewöhnlich mindestens sehr hypochondrisch sind« – Ledwina hatte sich unter diesen Gesprächen leise hinaus und ins Freie geschlichen, um einen sie überwältigenden so körperlichen als geistigen Druck zu verhehlen, vielleicht zu lindern, es zog sie gewaltsam zu dem Ufer des Flusses, als sei noch etwas zu retten, und tausend wunderbare Möglichkeiten, die nur für sie so heißen konnten tanzten in greulichen Bildern um ihr brennendes Haupt, – bald sah sie den Verlornen, wie ein Dornstrauch das blasse zitternde Gesicht noch an einem Teile seines Haars über dem Wasser erhielt während der Andere vom Haupte gerissen an den schwankenden Zweigen des Strauchs wehte, seine blutenden Glieder wurden in grausamem Takte von den Wellen an das steinigte Ufer geschleudert, er lebte noch, aber seine Kräfte waren hin, und er mußte harren in gräßlicher Todesangst bis der Wellenstoß das letzte Haar zerrissen, bald ein anderes gleich gräßliches und angstvolles Gesicht, sie schmiegte sich leise an der Mauer her, unter dem Fenster wo ihre Mutter saß, aber die sah weder auf noch um sich, sondern redete rasch und angelegentlich mit Carln über allerhand Dinge die ihr durchaus gleichgültig waren, um die Verstimmung zu verbergen, die sich ihrer seit der Ankunft des Grafen unwiderstehlich bemächtigt hatte, und durch den Bericht des Arztes auf ein Grad gestiegen war, den sie selber als Unrecht fühlen mußte, der arme Clemens war gewiß der Grund dessen was in dieser Stimmung von wahrem Kummer lag, außerdem gehörte zu der festen Ordnung des Hauses eine übertriebne Angst und fast kindisches Hüten vor aller Ansteckung und in der Frau von Brenkfeld nahm demnach eine leise Abneigung und feststehende Ungerechtigkeit gegen den Grafen Platz, der ihr zu aller Sorge und Not ihr reines Haus zu verpesten drohte, und auf den sein freilich schuldloser Anteil am Tode des guten Burschen, schon gleich einen leisen Schatten geworfen hatte, den sie damals nicht in seinem Grunde oder überhaupt nicht genug fühlte um ihn zu verwischen, sie war jedoch auch jetzt billig genug etwas Ungerechtes in sich zu beachten, und hätte nach ihrer tiefen verborgnen Güte jetzt um keinen Preis über ihn urteilen oder auch nur von ihm reden mögen. Mit Carln stand es eben so, nur aus andern Gründen, und es hätte für einen Beobachter höchst unterhaltend sein müssen, ein beiden Teilen so völlig langweiliges Zweigespräch, dennoch mit so großer Lebhaftigkeit und oft so anziehenden Bemerkungen sich bewegen zu hören. –

Eine Kutsche rasselte über die Zugbrücke, und sechs langgespannte Goldfüchse trabten auf den Vorhof, »Bendraets,« sagte Carl. – »Ich desertiere«, versetzte seine Mutter, über und über rot vor Unmut, und ging diese jederzeit unwillkommenen Gäste zu empfangen. – Die beiden kleinen geschminkten Fräulein waren schon am Arme des langen Referendarius, wie der junge semper freundliche Herr von Türk überall in der Gegend genannt wurde, ins Haus gestrichen, um, wie sie sich ausdrückten Ledwinchen und Thereschen ein bißchen mobil zu machen, als ihre Mutter langsam aus dem Wagen steigend den Gruß der Frau von Brenkfeld erwiderte. – Die Frauen nahmen den Sopha ein, und das Auge der Hausfrau ruhte immer gemilderter auf den welken wehmütigen Zügen der Nachbarin, die auf ihre Nachfrage mit verlegner Leichtigkeit erzählte, daß ihr Mann und ihre Söhne zu einer kleinen Jagdpartie nebst dem jungen Warneck ausgezogen, jedoch gegen Mittag in diese

Gegend kommen und alsdann vorsprechen würden, Mitleiden mit der immer Gedrückten, ließ die Frau von Brenkfeld sehr gütig antworten, und ein sanftes leises Gespräch begann zwischen den beiden Frauen, die sich so gern gegenseitig getraut hätten, und es doch nie konnten, da vielfach drückende Familienverhältnisse eine gute arglose Seele zwangen, ihr Heil in der Intrigue zu suchen, die Rede fiel auf den Baron Warneck, den seit einigen Monden von mehrjährigen Reisen zurückgekehrten Besitzer der benachbarten Güter – »Es ist ein Mann von vielem Verstande,« sagte die Frau von Brenkfeld. »Gewiß, von ganz vorzüglichen Gaben,« versetzte die Bendraet, »und sehr brav.« – »Meinst du damit, mutig oder rechtlich.« – »Eigentlich das Letztere,« lächelte die Bendraet, »doch glaube ich es in beiden Sinnen.« – »Wir kennen ihn wenig« versetzte die Brenkfeld »doch denke ich gern alles Gute von ihm, mein Carl ist neulich herübergeritten, wegen kleiner Jagdverstöße, und rühmt seine Billigkeit, und nachbarlichen Sinn, die Besitzer von Schnellenfort, sind immer sehr interessant für uns, unsre beiderseitigen Besitzungen und Rechte durchkreuzen sich auf eine unangenehme Weise, – Gott gebe ihm eine gute friedliche Frau,« fügte sie bedeutend hinzu. – »Was meinst du,« sagte die Bendraet, fixierend, »man spricht von der Claudine Triest« – »So?« versetzte Frau von Brenkfeld lächelnd, »ich denke, man spricht von der Julie Bendraet.« – »Er hat uns doch keinen Grund gegeben, das zu glauben,« versetzte die Bendraet errötend, »im Gegenteile scheint er eher eine kleine Vorliebe für Elisen zu verraten, aber auf jeden Fall,« – sie stockte, und faßte die Hand der Freundin. – »Es ist eigentlich lächerlich, in solchen Dingen abzusprechen, eh man um seine Meinung gefragt wird, aber in jedem Falle, würde sich Elise auch schwerlich für Warneck bestimmen. – Der Baron hat sich zu gern und viel herumgetrieben, um je ruhig zu werden, er muß eine lebhafte und lebenslustige Frau haben, die die Mühe und die Begeisterung seiner Liebhabereien mit ihm teilt. – Das wär nichts für mein Hausmütterchen, der gebe

Gott,« fügte sie weich hinzu, »ein stilles häusliches Los, wo sie es nicht empfindet, daß sie weniger hübsch und lebhaft ist als Julie.« – Frau von Brenkfeld drückte sanft die Hand der Redenden, und diese fuhr lebhafter fort, »aber, daß ich dir mit gleicher Münze bezahle, den guten Türk habe ich wohl recht glücklich mit der kleinen tour hieher gemacht, sein volles Herz ergießt sich täglich in den schönsten Gedichten zu Ehren Ledwinens.« – »So? dichtet der,« lachte die Brenkfeld. – »O doch,« versetzte Frau von Bendraet, »sehr artig, und ich glaube wirklich, er zieht jetzt auf der Freite umher, aber für Ledwinen paßt er nicht, die ist zu sanft für ihn.« »Sie ist ja auch nicht gesund,« sagte die Frau von Brenkfeld mit kämpfendem Tone, »o doch,« versetzte die Bendraet, rasch und ängstlich, »ich denke, sie bessert sich sehr, und sieht viel wohler aus,« – Beide schwiegen eine kleine Weile, dann sagte die Frau von Brenkfeld »Du hast sie ja kürzlich nicht gesehn,« »ich habe es aber gehört,« versetzte die Bendraet, »von dem schwarzen Musikmeister zu Erlenburg, der sagte neulich, sie sehe schöner und wohler aus wie je.« – »So, der Wildmeister,« sagte die Frau von Brenkfeld und ward noch trüber, dann fuhr sie rasch und gefaßt fort, »So lange Türk nicht besser zu leben hat, paßt er für Keine seines Gleichen.« – »Er hat doch ein Gut,« sagte Frau von Bendraet. – »Ach liebes Kind, nenne es doch lieber einen Baurenhof, die kleinen ritterlichen Freiheiten werden es nicht sehr verbessern.« – »Er wird gut angestellt werden,« sagte die Nachbarin. – »Wir wollen es hoffen, aber er hat noch Zeit bis dahin, der Referendariusposten ist noch nicht bedeutend.« – Die Bendraet errötete sehr und sprach, »er ist munter und artig, er kann gefallen, soll denn eine Mutter ihrer Kinder Glück und Fortkommen verhindern, und der Familie ein Haus voll unversorgter Töchter hinterlassen. – Zwar,« unterbrach sie sich, »deine Töchter sind präbendiert, allein den Vorteil hat nicht jede Familie,« – »auch in dem entgegengesetzten Falle,« versetzte die Brenkfeld, »ist der Entschluß eine Tochter zu unterhalten, besser, als die Wahrscheinlichkeit dereinst auf mehrere Generationen, an den trostlosen Umständen ihrer Nachkommen vergebens zu flicken.« – Der lange Referendarius und Julie unterbrachen dieses Gespräch. – Der Lange erzählte, Fräulein Therese sei so eifrig am Kochen und Braten für den glücklich Unglücklichen, daß ihr keine Rede abzugewinnen gewesen sei, und Fräulein Elise, habe der Freundin ihre schönen Pflichten erleichtern wollen, und sei deshalb bei ihr zurückgeblieben. – Die Frau von Brenkfeld erzählte jetzt die Geschichte der vorigen Nacht; die Bendraet, wunderte sich daß sie ihrer noch nicht erwähnt. – »Ich unterhalte meine Gäste nicht gern mit unangenehmen Dingen« versetzte die Hausfrau, – »Herr von Türk,« rief Julie von Theresens Stickrahmen, bei den sie sich gesetzt, »sie müssen der Frau von Brenkfeld Fehde ankündigen, sie nennt einen jungen schönen Mann ein unangenehmes Ding,« – Frau von Brenkfeld sah ernst aus, und Türk wußte sich nicht zu nehmen. – »Verdirb nur Nichts liebes Kind,« rief die Mutter, »Gott bewahre« versetzte Julie, »ich werde mich nicht daran wagen,« – nun stand sie auf, und begann den armen Türk mit oft faden oft treffenden Witze aufs unbarmherzigste zu schrauben, wobei sie öfters auf leichtsinnig unehrerbietige Art die beiden Frauen hineinzog, und dadurch den Langen, der Es gern mit der ganzen Welt gut stehn hatte, sehr ängstigte – Therese stand indes wie auf Kohlen, vor der Tür des Kranken dem sie eben ein Glas Limonade hinein gesandt, und suchte leise mit den besten Worten Elisen fort zu bringen, die von einer Türritze zur Andern trat, um eine Ansicht des Fremden zu erlauschen, »Elise,« sagte Therese, »der Bediente wird heraustreten und dir die Tür vor die Stirn stoßen.« – »Ich bitte dich,« flüsterte Elise, »suche einen Vorwand mich hereinzubringen.« – »Mein Gott, wie kann es dergleichen Vorwand geben,« versetzte Therese, und vertröstete sie auf Carln der drinnen sei, und ihr Alles erzählen solle. – Nun wollte Elise aufpassen, wenn Karl heraus komme, Therese ward ungeduldig, und ließ Carln durch einen Bedienten heraus rufen, er erschien verstimmt und eilig, grüßte Elisen flüchtig, gab schnellen kurzen Bericht, und trat in das Krankenzimmer zurück, – Elise schien beleidigt oder verlegen, verließ die Tür mit Theresen, und sie gingen zur Gesellschaft. – Elise setzte sich sogleich an Theresens Stickrahmen, und arbeitete eifrig, Türk machte ihr die schuldigen Komplimente über ihren Fleiß, und mußte für jedes eine Spötterei von Julien einstecken, so verging der Morgen, – man vermißte plötzlich Ledwinen, und tröstete sich, da man wußte, sie sei spazieren. – »Unsre Herren bleiben aus,« sagte die Frau von Bendraet eben, da rief Marie, »sieh Mutter, ein Reuter,« »das ist mein Mann,« sagte die Bendraet, »und noch einer« rief Marie, »und *noch einer*« rief sie mit Nachdruck. – »Es wird noch einer kommen liebes Kind,« sagte die Bendraet, und wandte sich entschuldigend zur Hausfrau. – Die Ankommenden stiegen von den Pferden, Herr von Bendraet, küßte der Hausdame mit vielen höflichen Reden die Hand, Baron Warneck, brachte noch auf dem Hofe etwas an seinen Stiefeln in Ordnung, wobei Junker Clemens Bendraet nicht unterließ ihm die Sporen unter die Sohlen zu drehen, – »mach kein dummes Zeug,« sagte sein Bruder, aber Warneck lachte, brachte Alles in Ordnung und man trat ein, Jagdgeschichten und Politik kamen zur Sprache, und der Mittag war da, ersehnt, und doch unerwartet. –

Therese hatte schon die Tür des Speisesaals, in dem die Gesellschaft bereits die englischen Kupferstiche an den Wänden musterte, geöffnet, als sie umschaute, weil sie Ledwinens Tritte auf der Treppe vernahm, sie wollte hastig umkehren, denn glühend und erschöpft ließ sich so eben die Schwester auf Eine der Stufen nieder, aber jene winkte rasch bittend mit der Hand, und Therese trat in die geöffnete Tür, nicht lange so erschien auch Ledwina und man setzte sich zu Tisch, Elise wollte sich durchaus neben Ledwinchen setzen, aber Therese zog sie zu sich hinüber. – »Du sollst mir vorlegen helfen,« sagte sie, und dies war Elisen auch sehr recht, Tischgespräche begannen und stockten wieder, Herr von Bendraet sprach von einer Reise die er vorhabe. – »Wenn ich einmal das große Los gewinne« rief Julie, »so will ich immer reisen, ich kann mir kein größeres Glück denken.« – »Ich glaube,« versetzte Elise, »daß das gar zu viele Reisen Frauenzimmern nicht gut tut, und sie unstet und unzufrieden im Hause macht, ich will lieber zu Hause bleiben, und lassen mir andrer Leute Reisen erzählen, ach wie schön hat uns Baron Warneck nicht gestern unterhalten, sie müssen auch Vieles erzählen können, Herr von Brenkfeld.« – »Hat ihnen Warneck öfters erzählt,« fragte Carl. – »Ich mag nicht daran denken, wie oft wir oder eigentlich, ich, den Herrn von Warneck, schon belästigt haben, wirklich, je weniger ich selbst zu sehn hoffe und wünsche, je weniger kann ich mir den Ersatz einer lebhaften Beschreibung versagen.« – »Der Warneck ist ein gequälter Mann,« lachte Julie, »ich fürchte immer er bleibt noch ganz fort, denn was der für Anfechtungen von der Elise zu erleiden hat!« – Elise sah scharf aus, – und Karl sagte »Wenn ihnen Warneck viel erzählt hat, so sind meine kleinen Erfahrungen brodlos, denn er hat dieselben Gegenden beachtet und durchsucht, die nur an mir vorüber geflogen sind, wie in der Laterna magica.« – Er neigte sich zu Warneck, der aus dem Gespräche mit Louis Bendraet auflauschte, da er seinen Namen nennen hörte, – »ich sage, Sie haben nicht nur viel mehreres, sondern auch Alles jene gesehn, wovon ich erzählen könnte.« – »Auf die Weise,« versetzte Warneck, »würden uns die vielen Reisebeschreibungen *eben* von jenen Gegenden gewiß Nichts übrig gelassen haben, es sind die verschiedenartigen Ansichten und Empfindungen, die kleinen Unfälle und Begebenheiten der Reise, die eine Reiseerzählung aus dem hundertsten Munde so merkwürdig machen, wie aus dem Zweiten. – Und zudem in der Schweiz, wo die ergreifendsten Naturbilder so gemein wie das tägliche Brod sind, wer kann da glauben alles gesehn zu haben, – gesetzt, ich habe den Schaffhauser Wasserfall in der Sonne schimmern gesehn, sie aber sahn ihn beim Sturm oder im Nebel, welches verschiedenartige und doch gleich wunderbare Schauspiel, und von all den herrlichen Schluchten und Höhlen hab ich nur wenig gesehn da ich sehr zum Schwindel geneigt bin.« – »In den Höhlen bin ich tüchtig umhergestiegen,« sagte Carl, – »es muß ein seltsam angenehmes Gefühl sein,« fiel Louis Bendraet ein, »so in voller Lebenskraft unter der Erde zu wandeln, wie begraben, in dem feuchten modrigten Gestein, ich möchte es mitmachen.« – »Du bist mir der rechte Held,« rief sein Bruder, »willst halsbrechende Klettereien unternehmen und bist so schwindlicht wie eine Eule, hör Louis, wenn du reisen willst so mußt du Warneck mitnehmen, der müßte dich wie eine Kuh am Stricke führen und nötigenfalls über die Schulter hängen,« – »was meinst du Louis,« lachte Warneck, »das würde doch unpoetisch aussehn, und zudem bedenk einmal die Höhlenfrauen, und Bergmännchen und Erdmännchen, und die Gnomen, die den Leuten einen Buckel anzaubern, ich fürchte das würde keinen guten Effekt in deiner Figur machen,« – man lachte, Türk und Louis mit. – »Einmal« sagte Carl, »hätte ich doch beinahe geglaubt ein Höhlengespenst zu sehn, wir waren zu sechsen, in eine Kluft am xxx – gestiegen. Die beiden Briehls, die beiden Herdrings, Rolling und ich, die übrigen hatten sich müde gelaufen, und lagen in einer schäbichten Bergkneipe, der Eingang war niedrig und schmal und sehr hoher Schwarzwald machte ihn noch dunkler, wir waren kaum einige Schritte gegangen, als wir in dichter Finsternis standen, – unser Führer wollte also die mitgebrachten Fakkeln anzünden, das zögerte etwas.« – Das war eine korrupte Idee von dem guten Mann,« rief Clemens Bendraet dazwischen, »das hätte er vor der Höhle tun sollen« – seine Mutter winkte ihm unwillig, – und Carl fuhr fort, »ich habe zu sagen vergessen, daß es etwas regnete, also – indem der Mann sich mit Feuerschlagen quält, höre ich durch das Rufen meiner Begleiter die den Schall versuchten, etwas über den Boden rutschen, und plötzlich schlingt es sich um die Knie und grunzt, und zupft mir an den Kleidern, und sucht mich niederzureißen, – ich gesteh, daß ich zusammenschauderte, ›Guter Freund‹ rief ich, ›macht daß ihr

Licht bekommt, hier ist Etwas, aber ich will es halten,‹ dabei griff ich nach nieder, in einen struppichten Haarbusch oder Pelz, ich wußte nicht was. – Da fing es an zu grunzen, und um sich zu schlagen, und brummte, ›ich rufe den Apostel Petrus.‹ ›Wie bist du da,‹ rief unser Führer, ›sein sie nicht furchtsam, meine Herren, das ist nur so ein armes Blut, der tut ihnen nichts,‹ – indem brannte die Fackel an, und ich erblickte einen zerlumpten abgezehrten Kerl von etwa 40 Jahren, der vor mir auf den Knien lag, und mich fest umklammert hatte, ich hielt sein Haupt am Haar zurückgebogen, und das ockergelbe entstellte Gesicht starrte mich grunzend an. – Der Führer sagte, ›sei doch ruhig Seppi, das sind ja die lieben Apostel,‹ – dann zeigte er auf den jüngsten Herdring mit den langen Locken, und sagte ›sieh das ist Marie Magdalene.‹ – Der arme Kerl ließ mich gleich los, und kroch bis in einen Winkel der Höhle, wo wie wir nun sahn etwas Stroh lag. – Der Führer entschuldigte sich nachher, daß er uns nicht von diesem Wahnsinnigen gesagt, er hielt sich für den Engel Gabriel, und diese Höhle für das Grab Christi das er bewache, ließ Niemand hinein, als die Apostel und heiligen Frauen, dafür konnte sich aber jeder ausgeben, er war krank gewesen, und unser Wirt hatte ihn noch nicht wieder in der Höhle geglaubt.« – »Der arme Kerl hatte eine höllisch langweilige Arbeit,« sagte Clemens. – »Dabei,« sagte Carl, »glaubte er als Engel Nichts genießen zu dürfen als Kräuter und Früchte, – anfangs roh, und was er im Gebirge fand, nachher hatte man ihn unter dieser Rubrik an alle Arten von Gemüse und Obst gewöhnt, außer Äpfel, die er für die Frucht vom Baum der Erkenntnis hielt, und Erbsen, warum diese nicht, kann ich nicht sagen.« – »Wahrscheinlich« rief Clemens, »um der unschuldigen Erbsenläuse willen, die sich zuweilen drin finden.« – »Gingen sie auch noch weiter in die Höhle,« sagte Julie. »Ja, Fräulein,« versetzte Carl, »wir schämten uns umzukehrn, was im Grunde wohl jeder von uns lieber getan hätte, denn wir waren alle erschüttert, von dem Anblick des Schrecklichsten was die Natur hat, – aber wie denn, ich weiß nicht soll ich gottlob oder leider sagen, wie sich denn solche traurige Eindrücke, die unser eignes Schicksal nicht berühren, so leicht verwischen, so dachten wir in ein paar Tagen nicht ferner daran, als um den Fritz Herdring Marie Magdalene zu nennen, und so blieb von der ganzen greulichen Geschichte nichts übrig, als ein fader Scherz.« – Eine kurze Stille entstand. – Dann begann Warneck, »der Wahnsinn ist eine Sache, worüber geistliche und weltliche Gesetze verbieten sollten, nicht gar zu scharf zu grübeln und untersuchen ich glaube, daß nichts leichter zur Freigeisterei führt.« – »Ich sollte eher meinen,« fiel Türk ein, »ins Tollhaus,« Warneck versetzte, – »Eins von beiden, und sehr leicht beides zugleich.« – Wieder eine Stille, dann sagte Warneck, »ich habe in dieser Art auch manche greuliche Erfahrung gemacht, aber nichts ist mir lebhafter als das Bild einer alten Frau in Westphalen, die ich in Begleitung eines düstern grämlichen schon nicht mehr jungen Mädchens an der Tür des Gasthofs, in dem ich wohnte, fand, die verkümmerte Physiognomie der Alten irr, aber ohne eine Spur von Wildheit, machte mein Mitleid rege, und ich hielt mich einen Augenblick bei ihr auf, – sie benagte langsam eine harte trockne Brodkruste, dann hielt sie wie erschrocken inne, steckte die Finger in den Mund, und hielt die Trümmer eines ihr eben ausgefallenes Zahns in ihrer Hand, nun zog sie ein schmutziges Papier aus der Tasche, wickelte es auf, und legte den Zahn zu eingen andern alten Stücken von Zähnen. Das Mädchen sagte auf meine Nachfrage, die Base hebe alle ihre Zähne auf, wie sie ihr von nach und nach ausfielen, um – hier zog die Kreatur das Gesicht zum Lachen, mir wurde ganz schlimm dabei – nun also, um wenn sie dereinst hinkäme wo Heulen und Zähneklappern sei, sie doch auch nicht immer zu heulen brauche, sondern zuweilen Zähnklappern könne. – Mein Wirt sagte mir späterhin, sie sei immer eine sehr brave Frau gewesen, aber da ihr Mann, ein kleiner Krämer, einen einigermaßen verschuldeten banquerout gemacht, und da einige dabei zu Schaden gekommene Familien, sie in der ersten Wut mit Verwünschungen überhäuft, sei sie wahnsinnig geworden, und meine nun für den banquerout verdammt zu sein, nur im Frühling, wenn die Himmelsschlüssel blühn sei sie fröhlich, und trage Tag und Nacht große Sträuße davon bei sich, weil sie meint, wenn sie in dieser Zeit stürbe, könne sie damit den Himmel aufschließen, wenn die Blumen anfangen abzunehmen, werde sie immer ängstlicher, und suche zuletzt mit der größten Anstrengung nach den letzten Blumen, auch wenn die Blütenzeit schon vorüber, nachher müsse sie immer lange liegen, so habe sie sich abgequält.« – Warneck schwieg, und ein allgemeines Gespräch über Wahnsinn, menschliche Geisteskräfte u.s.w. entstand, und verlor sich bald in andre Gegenstände. –

Der Nachmittag verging unter Spaziergängen, Ballschlagen, Schaukeln und überhaupt den unruhigstem Umhertreiben. Herr von Bendraet spielte Piket mit Warneck, und Julie hetzte sich mit Türk der bald verliebt, bald gänzlich ermattet schien, und in den kurzen Zwischenpausen vergebens mit Ledwinen anzuknüpfen suchte – Elise saß am Rahmen und zeigte ihr einen neuen Stich, den Ledwine sogleich versuchte, – »Fräulein Ledwine,« sagte Türk, »können doch Alles nachmachen.« »Und Herr von Türk,« versetzte Julie »über Alles etwas sagen, aber es steht ihm nicht so gut.« – Carl und Louis traten herein und fragten nach Clemens. – »Ich dachte er sei bei Ihnen« sagte Elise, »nicht doch,« entgegnete Carl, »wir sprachen von den Kunstwerken Italiens. Da sagte er, wenn wir die schönen Künste vorreiten wollten, so gehe er zum Henker, nachher kam er noch einmal wieder, brachte ein paar ausgefallne Gänsefedern und etwas Birkenrinde, und bat unsren schönen Gedanken die Ewigkeit zu schenken, gleich werde eine Hirtin vorüberwandeln, noch obendrein mit den Attributen der Künste und Weisheit wir möchten nur gut aufpassen, er wolle indessen mit den Schnitterinnen dort auf dem Felde idyllisieren, darauf lief er fort.« – »Und ein altes schmutziges Baurenweib schleppte ihren Milcheimer vorüber,« sagte Louis lachend, »der Henker weiß, wie sie aussah, sie hatte ihren Rock wohl mit zwanzig Lappen von verschiednen Farben dekoriert, unter den Attributen verstand er wahrscheinlich einen alten verdorrten Gänseflügel, den sie draußen irgendwo aufgelesen hatte.« – »So ist er wohl jetzt auf dem Felde,« sagte Therese. – »Ich habe von der Mauer das ganze Feld übersehn, und kann ihn nicht bemerken.« – Das Piketspiel war geendigt, Bendraet hatte verloren, und stand mißmutig auf, da trat Clemens herein, die blonden Locken verwirrt um das glühende Gesicht. – »Marie Magdalene,« rief Julie. »Wo bist du so lange gewesen,« fragte Elise, »in meinem Rocke« antwortete er, »aber mein Gott was ist dir, hast du Lust zu Lachen oder zu Weinen.« »Ich habe Lust dir die Haut über die Ohren zu ziehn,« versetzte er noch halb unwirsch und brach nun je mehr und mehr in ein unaufhaltsames Gelächter aus, er rettete sich in das Fenster zu den übrigen jungen Leuten, redete leise und lebhaft zu ihnen, die lustige Stimmung nahm auch dort überhand, und man sah, daß er geneckt wurde, die Schloßuhr schlug fünf. – Warneck wollte Abschied nehmen und nach Schnellenfort kehren, aber Frau von Bendraet bat ihn zuvor mit Ihnen zu Abend zu essen. »Wenn sie nicht zu Nacht bleiben können« sagte sie »so ist es doch nur ein halbes Stündchen von Lünden bis Schnellenfort, und der Mond scheint ja hell.« – »Sie müssen uns auch noch allerlei erzählen von ihren Reisen,« fiel Elise ein. – »Ach, das Meiste wissen sie,« versetzte Warneck, – »doch,« setzte er lachend hinzu, »die merkwürdigste mir auf meinen Reisen vorgekommene Erscheinung habe ich noch nicht erwähnt, ich habe sie in den südlichsten Gegenden Frankreichs beobachtet, wo sie sich noch seltsamer ausnahm, wie wenn es sich hier fände.« – »Nun« sagte Julie. – Warneck stockte lächelnd ein Weilchen, dann sagte er, »eine Frau die ihrem Manne nie widersprochen hat.« – »Führen Sie die Leute nicht an,« sagte Julie getäuscht lachend, und Türk rief, »Hören Sie wohl, Warneck, Fräulein Julie hält ihre Seltenheit für erdichtet.« – »Ich glaube es auch nicht,« sagte Clemens, »oder hatte ihr der Mann einen Maulkorb angehängt.« – »Nicht viel besser« sagte Warneck, »sie war taubstumm, und zwar von ihrer Geburt an.« – »Und doch verheiratet« sprach Therese. – »Das, mein Fräulein,« versetzte Warneck »ist eigentlich das Merkwürdige und zugleich Abscheuliche an der Sache. Sie war nicht viel besser als ein Tier, aber sie hatte ein paar hundert Gulden.« – »Das ist ganz Recht,« rief Clemens »es ist unmöglich sich eine bequemere Frau zu denken.« – »Clemens Clemens,« sagte Frau von Bendraet, »wie redest du wieder in den Tag hinein.« – »Er hat sich nur verredet, gnädige Frau,« entgegnete Warneck, »sehn sie nur wie rot er wird,« dabei legte er seine Hand an die Wange des jungen Bendraet, Clemens schlug ihn halb verlegen halb scherzend auf die Finger. – »Übrigens,« hub Carl an, »gibt es in hiesiger Gegend in allem Ernste eine Bäurin, die aus Vorsatz, um mit ihrem Manne in Frieden zu leben, vierzehn Jahre lang keine Silbe geredet hat.« – »Das ist richtig« sprach Frau von Brenkfeld, »wir kennen diese Frau sehr wohl, sie hatte lange und viel durch den zänkischen Geist ihres Mannes gelitten, auf einmal hört sie auf zu reden, man hält sie erst für aufgebracht, dann für wahnsinnig, dann für stumm, so währt es vierzehn Jahre, der Mann stirbt, auf seinem Begräbnistage fängt sie wieder an zu reden, und versichert, es werde sie noch in ihrer Todesstunde trösten ihren Vorsatz durchgehalten zu haben, sie könne nun ohne Unruhe und Reue an ihren seligen Mann denken, denn seit vierzehn Jahren sei keine Uneinigkeit zwischen Ihnen gewesen.« – »Das ist viel« sagte Warneck. – »Lebt die Frau noch,« fragte Louis. – »Ja wohl« entgegenete Frau von Brenkfeld, »nahe bei Endorf in dem kleinen roten Häuschen an der Heerstraße.« – »Die Frau kenne ich wohl« sagte Clemens. – »Ich nicht,« versetzte Louis, »aber ich möchte sie wohl kennen,« Clemens beugte zu ihm, und sagte halbleise, »Strapazier dich nicht, mein Söhnchen, es ist eine alte Hexe, und an hübsche Töchter ist auch gar nicht zu denken.« – »Geh,« sagte Louis, Warneck lachte, und drohte ihm mit dem Finger. – »Nun was ist es denn weiter,« sagte Clemens laut, »ich sagte eben die Frau hat keine Kinder, aber so ein Dutzend Schreihälse würden ihr die Worte schon von der Zunge gebracht haben.« – Warneck versetzte neckend, »Es kam mir beinahe vor, als hätte was du sagtest anderst geklungen, aber ich will dich nicht noch röter machen; du blühst doch schon wie eine Rose.« »Beinahe als wenn man ihn zu Claudinens Füßen ertappte« rief Julie. – »Hm,« brummte Clemens halbleise vor sich hin, »die Blankenau gefällt mir in Kurzem vielleicht besser als die Triest, man wird des ewigen Silbenstechens doch endlich hundemüde,« »vorzüglich,« versetzte Julie, »wenn ein Bißchen Handwerksneid dazu kömmt.« – »Ich merke wohl,« rief Clemens, »du arbeitest darauf, daß ich wieder necken soll, aber ich wüßte wahrhaftig nicht womit, ich müßte denn deine unglückliche Liebe zu dem Wohlgeflickten ans Licht ziehn.« – »Darüber brauchst du Nichts zu sagen,« – entgegnete Julie lachend, »hätte der arme Schelm besser zu leben, – so würde er gewiß die alten Röcke nicht so lange flicken lassen.« – »Es ist Schande genug, daß die Kunst so nach Brod gehn muß,« rief Louis dazwischen, »und eigentlich« sagte Julie, »ist er Louis Ideal und nicht das Meinige.« – »Ideal will viel sagen,« antwortete Louis, »ich kann gottlob noch höher hinauf denken, aber daß ich Anteil an dem Rengenberg nehme, das finde ich sehr natürlich, und nur wunderbar, daß ich der Einzige in unserm Hause bin, die Musik ist doch sonst eine Sprache die sogar Kinder und Wilde verstehn.« – »Für welches von Beiden hältst du mich denn?« fragte Julie – Louis neigte zu ihr, und sagte leise »Für ein Kind und wild dazu,« Julie sprang rasch auf, und griff ihn mit großer Schnelligkeit an, Louis wollte sich verteidigen, aber die Schläge fielen wie Schneeflocken, auf Wangen, und Schultern und Rücken, daß Louis den Kopf zwischen die Schultern gedrückt, bald diesen bald Jenen der Gesellschaft vergebens vorschob, und nur endlich am Sopha neben den Frauen Ruhe fand, – dabei rief sie, »nach Erlenburg solltest du ziehn, dahin gehörst du, Du troubadour, du Mondhase.« – Der kleine Krieg war geendigt, Louis schöpfte Atem, Julie sah auf ihre

rotgewordnen Händchen und trat vor den Baron Warneck.
– »Sein sie nicht böse, ich habe sie tüchtig gestoßen, warum machen sie sich zur Mauer, die muß nieder, wenn der Feind dahinter steckt.« – Warneck sah in das zarte glühende Antlitz, und eine leise Bewegung zuckte über sein Gesicht. – Er senkte seine scharfen Blicke in ihre Augen, und sagte, – »Sollte Fräulein Julie sich selbst so wenig kennen,« dann wandte er sich rasch zu den Übrigen. – Der Wagen fuhr vor, und die schönen reichgezäumten Reitpferde, scharrten ungeduldig auf das Pflaster. Die Reuter ließen sie die schönsten Fensterparaden machen, und der Besuch war zu Ende. »Der Clemens kann doch seine eigne Schande nicht verschweigen,« hub Carl an zu seinen Schwestern, indem sie dem Zuge durch die Scheiben nachblickten, »wißt ihr, was das Necken mit seiner Röte bedeutet? Er hat sich auf dem Felde von einem hübschen Bauernmädchen eine tüchtige Maulschelle geholt, und wie er es recht betrachtet, da wird es ihm so lächerlich, daß er es nicht verschweigen kann, – so macht ers immer, – er ist eigentlich nicht schlimmer als andre Leute, aber er sagt immer alles Üble, was er von sich selber weiß, und noch Einges Andre dazu, woran er nicht denkt.« – »Mir ist er sehr fatal,« versetzte Therese. – Die Mutter saß indes an dem andern Fenster, und dachte an die arme gedrückte Nachbarin Mutter und Gattin, und doch verwaist, und sah sie im Geiste schleichen, alt und verkümmert, in dem dürren rasselnden Laube ihrer liebsten letzten Hoffnungen. – Sie dachte an ihre eignen Kinder, an ihre Zucht, ihren Gehorsam, ihre kindliche Sorgfalt, und ihr Herz ward im Vergleichen durch und durch weich vor Wehmut und Reue, sie nahm ein Gebetbuch aus der Lade des Tisches, und ging hinaus in ihre Kammer. –

Carl unterhielt indessen Therese von dem Zustande des Patienten, der ihm sehr beruhigend schien, der Kranke war völlig bei Sinnen, und hatte mehrere Stunden sehr ruhig geschlummert. – »Ich bitte dich,« sagte Therese, »nimm dich seiner doch recht an, wir können es nicht.« – Carl entgegnete noch Manches, und Therese wurde zerstreut, denn sie hatte Ledwinen, so eben über den Vorhof in den Garten wandeln sehn, und ihr langsamer matter Gang, die feine sanftgebeugte Gestalt, der wie dem blühenden Schneeballe, das farblose reichumflochtne Haupt, zu schwer zu werden schien, hatte sich mit wehmütiger Angst auf ihr Herz gelegt. – Carl sagte eben, »ich will wieder hinauf zu dem Kranken gehn,« »das tu,« versetzte sie rasch, und schritt dann gedankenvoll und unruhig hinaus in den weiten, schönangelegten Garten des Schlosses. – Sie sah Ledwinen von fern, wie sie am Rande des Parks unter der alten Linde saß, die Arme übereinander auf den steinernen Tisch gelegt, und das Gesicht fest darauf gedrückt, da fiel ihr ein, wie sie den Grafen Hollberg am Morgen in ähnlicher Lage gesehn, bleich in der Ohnmacht, und alles was Carl über seine Krankheit gesagt, und sie erschrak vor der Ähnlichkeit, denn wie hätte sie sich je bei Ledwina das eingestehn sollen, was sie bei dem Grafen sogleich als unleugbar anerkannte, es ist ja ein schönes Wahrzeichen liebender Herzen, so, wie ohne Not für das Geliebte zu sorgen, so auch mit glühender herzzerreißender Blindheit die Hoffnung zu umklammern, wenn sie für einen jeden Andern längst dahin ist. – Eine Stimmung der Angst überfiel sie, in der sie nicht vor Ledwina treten mochte, sie wollte sich eben umwenden, als die Schwester aufsah, und nach ihr hinüber, sie suchte sich nun zu ermannen, nahte sich der Linde und saß nieder neben ihr. – Ledwina sah auf, und sagte ganz matt, – »Mein Gott, wenn Lünden so nah wäre wie Erlenburg.« – »Es ist aber gottlob,« versetzte Therese, »mehr als noch einmal so weit bis dahin, wir haben doch jetzt gewiß für ein paar Monate Ruh.« – »Z. B. der Clemens,« sagte Ledwina, »und ich glaube wahrlich die Adolphine Dobronn könnte ihn nehmen.« – »O ungezweifelt,« entgegnete Therese, Ledwina versetzte »und die Linchen Blankenau vielleicht auch, mein Gott, wenn ich des Menschen Frau werden müßte, ich könnte unmöglich lange leben.« – Sie lehnte das Haupt wie ermüdet von dem Gedanken an Theresens Schulter, und fuhr fort, »nein, sterben würde ich wohl vielleicht nicht, aber verkrüppeln an jeder Kraft des Geistes, alle Gedanken verlieren, die mir lieb sind, halb wahnsinnig, eigentlich stumpfsinnig würde ich werden,« sie sann ein Weilchen, dann sagte sie, »überhaupt Therese, ich bin so ungenügsam, und habe so wenig Sinn für fremde Ansichten, das ist einer meiner größten Fehler, Gott weiß, welche Schule mir vielleicht noch vorbehalten ist; – ich gestehe, daß ich mich sehr vor einer Schwägerin fürchte. – Vielleicht wird sie kein Herz für mich haben,« – dann sagte sie mit einem raschen Blitze in den matten Augen, – »nein, so ist es nicht, aber ich fürchte, ich habe Keins für sie, es wird wie eine Mauer zwischen uns stehn, daß sie mir die Mutter und dich ersetzen soll, und nicht kann, – denn du bist dann längst fort und glücklich.« – Therese legte sanft ihren Arm um die seltsam Bewegte und ward selbst trüber. – »Liebe Ledwina verkümmere dir doch dein Leben nicht mit der Zukunft; sie kömmt von selbst, ohne daß wir sie in Angst und Sorgen herbei schleppen.« – »Eben darum,« antwortete Ledwina lebhaft, »müssen wir uns in Voraus mit dem Gedanken vertrauen, damit es nachher nicht zu schwer fällt, weißt du wohl, daß es sündlich ist, aus eigener Schuld einem Geschicke unterliegen, das so allgemein getragen wird. – Aber,« fuhr sie dann langsamer fort, »wenn ich mir das so denke, daß eine andre hier regiert an der Mutter Stelle, und in dem Bette schläft, vor dem wir so oft gestanden, und ihr eine gute Nacht gewünscht.« – Sie wandte sich unruhig nach allen Seiten umher. – »So wird es aber gar nicht kommen,« sagte Therese, »die Mutter wird wahrscheinlich hier bleiben, Carl ist ja so vernünftig, seine Wahl wird nicht leicht so schlimm ausfallen, daß die Mutter fortziehn müßte.« – »Aber wenn die Mutter nun tot ist,« versetzte Ledwina. – »Die Mutter,« sagte Therese wehmütig, »kann gottlob wohl länger leben wie wir.« – »Aber die Zeit kommt doch endlich,« unterbrach sie Ledwina. – Dann legte sie sacht ihren Arm um Theresens Nacken und fuhr nah an ihre Schulter gelehnt leise und beklemmt fort, –

»Sieh, Therese, auf unserm Boden stehn so viele alte Bilder, aus der Familie, aber wir wissen doch fast von Keinem recht wen es vorstellt, und es sind doch Alles unsre Voreltern, und haben hier gewohnt, Gott weiß in welchen Zimmern, und haben Geschwister und Kinder gehabt, diese Bilder mit Freude und Verehrung betrachtet und bewahrt, und vielleicht späterhin mit der teuersten rührendsten Erinnerung, und nun. – Wie sehn sie aus, der alten Frau du weißt wohl, mit der schwarzen Kappe ist jetzt auch, die Nase und die Augen ausgestoßen, das ist gewiß absichtlich geschehn, weil sie eigentlich so häßlich aussieht,« – sie fuhr tiefatmend fort, – »die Vergangenheit, die liebsten teuersten Überbleibsel werden endlich mit Füßen getreten. – Denk wenn Mutter ihr Bild.« – Sie fing heftig an zu weinen, und klammerte sich fest um ihre Schwester. – Therese mußte sich gewaltsam inne halten, denn alle Fasern ihres Herzens schmerzten, aber sie hielt sich fest, und sagte – »Ledwine, sei ruhig, schade dir nicht selber, warum suchst du gewaltsam Gegenstände auf, die dich erschüttern und krank machen müssen, nun bitte ich dich, wenn du mich lieb hast, so nimm dich zusammen, und sprich und denk etwas Andres« – Beide schwiegen, Ledwine stand auf, und wandelte ein paarmal den Garten auf und nieder, dann setzte sie sich wieder zu Theresen, die über allerlei Dinge zu reden begann, sie antwortete so, daß Therese sowohl ihren guten Willen, als seine gänzliche Schwäche sehn mußte, die Sonne begann sich zu neigen, und ihre milden Lichter tanzten durch die Zweige der Linde auf den Gewändern der Mädchen, und Ledwinens leise bebendem Antlitz. – »Wie schön der Abend wird,« sagte Therese. – »Gestern um diese Stunde lebte der arme Clemens noch,« seufzte Ledwine. »Suchst du wieder das Trübe?« sagte Therese sanft. »Ist denn,« versetzte Ledwine, beklemmt, »ein Tag Andenken zu viel für seiner Mutter einzigsten Trost? – Hör mich an« – nun erzählte sie, wie sie an dem Flusse gewandelt, immer hinauf, kämpfend mit greulichen sinnlosen Bildern, – wie sie sich fast besiegt, und umkehren wollen, nur noch diese eine

Bucht vorüber, und ein matter flimmernder Schein sah durch dichte Brombeerranken aus dem Gewässer zu ihr herüber, heimlich schaudernd nannte sie es den Widerschein der Sonne, da wehten leichte Wolken herauf, das Sonnengold schwand vom Strome, und heller flammte das heimliche Licht durch die dunklen Blätter. – »Begreifst du wohl Therese,« sagte sie, »daß ich an die Sagen dachte von Lichtern, die über den Versunknen wachen, indes ergab ich mich nicht, und schritt rasch darauf zu, da flammte es hoch auf und schwand, und wie ich an das Gestrippe trat, da war es die Laterne des armen Clemens die ausgebrannt und in die Ranken verschlungen auf dem Wasser schwankte ich kniete an das Ufer und löste sie aus den Dornen, aber wie ich sie so kalt und naß und erloschen in der Hand hielt, da war es mir, als sei sie ein toter erstarrter Teil des Verlornen, – ich habe sie am Ufer stehn lassen,« – sie drückte sich leise schaudernd an Theresen, »aber was ist denn das?« sagte sie, und deutete auf den Boden, – »was meinst du?« versetzte Therese. – »Mich dünkt ich sehe mehr als die Schatten der Bäume.« – »Auch die unsrigen« sagte Therese. – »Es wird nichts sein. Hör zu, und wie ich zurück gehe, und an das Sandloch komme, da seh ich von weitem die alte Lisbeth aus ihrem Hause gehn, o Therese sie ist so klein geworden, ich hätte sie fast nicht erkannt, sie ging lange vor mir, ohne mich zu sehn, sondern immer starr in das Wasser, – du weißt, sie ist immer so ordentlich, o Gott sie sah so verstört aus, die Hälfte ihrer grauen Haare hing unter der Mütze hervor, – ich konnte es nicht mehr aushalten und ging vorüber, da schlug es Mittag im Dorfe, und die Betglocke begann zu läuten, ich sagte, im Vorübergehn, ›gelobt sei Jesus Christus‹ sie sah nicht auf, sondern preßte die Hände zusammen und sagte ›in alle Ewigkeit, in alle Ewigkeit Amen‹, laut und oft nacheinander, ich hörte es noch, wie ich schon eine Strecke vor ihr war,« – »Gott wird sie trösten,« sagte Therese, und sah bewegt vor sich nieder, da war es ihr selber, als sehe sie durch den Schlagschatten der Bäume, noch eine andre Gestalt lauschen, sie sah rasch um sich, aber es war Nichts, »es wird zu kühl für dich, Ledwine,« sagte sie aufstehend, und die von heimlichen Fieberschauern durchbebte folgte ihr willig, auf dem Hofe begegnete ihnen Carl, Therese ließ die Schwester vorangehn, und teilte ihm ihre Bemerkung mit, und er schritt sogleich in den Garten, dann eilte sie der trauernd wandelnden nach. –

⟨*nicht vollendet*⟩

BEI UNS ZU LANDE AUF DEM LANDE

nach der Handschrift eines Edelmannes aus der Lausitz

Erster Band

EINLEITUNG DES HERAUSGEBERS

Ich bin ein Westphale und zwar ein Stockwestphale, nämlich ein Münsterländer, – Gott sei Dank! füge ich hinzu und denke gut genug von jedem Fremden, wer er auch sei, um ihm zuzutrauen, daß er gleich mir den Boden, wo »seine Lebenden wandeln und seine Toten ruhen« mit keinem andern auf Erden vertauschen würde, obwohl seit etwa zwei Jahrzehenden, d. h. seit der Dampf sein Bestes tut das Landeskind in einen Weltbürger umzublasen, die Furcht beschränkt und eingerostet zu erscheinen es fast zur Sitte gemacht hat, die Schwächen der alma mater, welche man sonst Vaterland nannte und bald nur als den zufälligen Ort der Geburt bezeichnen wird mit möglichst schonungsloser Hand aufzudecken, und so einen glänzenden Beweis seiner Vielseitigkeit zu geben – es ist bekanntlich ja unendlich trostloser für albern, als für schlimm zu gelten – möge die zivilisierte Welt also getröstet sein, denn ihre Fortschritte zu der Alles nivellierenden Unbefangenheit der wandernden Schauspieler, Scherenschleifer und vazierenden Musikanten sind schnell und unwidersprechlich. – Dennoch bleiben Erbübel immer schwer auszurotten und ich glaube bemerkt zu haben, daß sobald man auf die Redeweisen dieser grandiosen Parteilosen fein kräftig eingeht und etwa hier und dort noch den rechten Drücker aufsetzt, sie gerade so vergnügt lächeln, als ein Bauer der Zahnweh hat.

Gott besser's, sage ich und überlasse die beliebige Auslegung Jedem. – Was mich anbelangt, so bin ich, wie gesagt, ein Mensch nullius judicii, nämlich ein Münsterländer, sonst guter Leute Kind, habe studiert in Bonn, in Heidelberg, auch auf einer Ferienreise vom Rigi geschaut und die Welt nicht nur weitläufig, sondern sogar überaus schön gefunden, – ein in der Tat wunderbar köstlicher Moment und für den armen Studenten, der um jeden zu diesem Zwecke heimgelegten Taler irgend eine andere Freude hat totschlagen müssen, ein tief fast heilig bewegender, – dennoch nichts gegen das erste Knistern des Heidekrauts unter den Rädern, nichts gegen das mutwillige Andringen der ersten Blütenstaubwolke, die die erste Nußhecke uns in den Wagen wirbelte, nach drei langen auswärts verlebten Jahren. Da habe ich mich mal weit aus dem Schlage gelehnt und mich gelb einpudern lassen, wie ein Römer aus den Zeiten Augusts und so wie berauscht die erstickenden Küsse meiner Heimat eingesogen – dann kamen meine klaren, stillen Weiher mit den gelben Wasserlilien, meine Schwärme von Libellen, die wie glänzende Zäpfchen sich überall anhangen, meine blauen, goldenen, getigerten Schmetterlinge, welche bei jedem Hufschlag ein flatterndes Menuett veranstalteten. Wie gern wäre ich ausgestiegen und ein Weilchen neben her getrabt, aber es kam mir vor als müßte ich mich schämen vor den Leuten im Schnellwagen und vor Allen machte mir ein bleicher, winddürrer Herr Not, der ganz aussah wie ein Genie, was auf Menschenkenntnis reist, denn ich bin ehrlicher Leute Kind und möchte nicht gern als empfindsame Heidschnucke in einem Journale figurieren – deshalb will ich denn auch hier abbrechen und nur noch sagen, daß ich seit zwölf Jahren wieder bei uns zu Lande bin und mein friedliches Brod habe, als Rentmeister meines guten, gnädigen Herrn, der keine Schwalbe an seinem Dache belästigen mag, wie viel weniger seine Leute überladet, so daß ich meine Arbeit in der Tat ganz wohl zwingen kann und um vieles an gutem – ich meine gesundem Aussehen gewonnen habe, sonderlich in den letzten fünf Jahren, seit ich das obere Turmzimmer bewohne, was das gesundeste im Hause ist und mir noch allerlei kleine Ergötzlichkeiten als aus dem Fenster zu angeln und die Reiher über dem Schloßweiher wegzuschießen, bietet. – Die Zeitungen werden mir auch gebracht, wenn der Herr sie gelesen und die Bücher aus der Leihbibliothek; so füllt sich mein Überschuß an Zeit ganz behaglich aus und ich bleibe hinlänglich in Rapport mit der politischen und belletristischen Außenwelt. – Sehr wunderlich war mir zu Mute, als ich vor etwa zehn Jahren zum ersten Mal mein gutes Ländchen in van der Veldes Roman unverhofft begegnete, es war mir fast als sei ich nun ein lion geworden und könne fortan nicht mehr in meinem ordinären Rocke ausgehen, – in den letzten Jahren habe ich mich indessen dagegen verhärtet, seit wir Westphalen in der Literatur wie Ameisen umherwimmeln, – ich will nichts gegen diese Schriften sagen, da ich wohl weiß wie es mir ergehen würde, wenn ich z. B. einen Russen oder Kalmucken in die Szene setzen sollte, aber soviel ist gewiß, daß ich in den Figuren, die dort unsere Straßen durchwandern höchstens meine Nebenmenschen erkannt habe. Mir fiel dabei ein, wie ich in den Gymnasialjahren bei einer stillen honetten Familie wohnte, wo jeden Abend Walter Scotts Romane, einer nach dem andern, andächtig vorgenommen wurden; mein Wirt war Forstmann, sein Bruder Militär und seiner Frauen Bruder, der sich pünktlich um sieben mit der langen Pfeife und einem starken Salbenduft einstellte, Wundarzt – Gott, wie haben wir uns an dem Schottländer ergötzt, aber nur ich ganz rein, weil ich von Allem, was er verhandelte eben kaum oberflächliche Kenntnisse hatte, die Andern hingegen fanden Alles unübertrefflich bis auf die greulichen Schnitzer in Jedes eignem Fach und lagen sich oft in den Haaren, daß sie im Eifer das Licht ausdampften und mir in Rauch und Angst der Atem ausging, denn mein Held lag derweil hart verwundet am Boden und mir war, als müsse er sich verbluten oder er hing über einem schaudernden Abgrund und mir war, als sähe ich ein Steinchen nach dem andern unter seinen Füßen wegbröckeln, daraus habe ich mir denn den Schluß gezogen, nicht damals, sondern nachträglich, daß man sowohl aus Billigkeit, als um sich nicht unnötig zu verstimmen zuweilen eine Krähe für einen Raben muß gelten lassen und es ist nicht zu genau zu nehmen mit Leuten, die vielleicht aus Not als gute Familienväter sich mit Gegenständen befaßt haben, zu deren Durchdringung ihnen nun einmal die Gelegenheit nicht ist gegeben worden, – dennoch war es mir so oft ich las, als rufe alles Totgeschlagene um Hülfe und fordere sein Leben von mir – ich hatte seitdem keine Ruhe weniger vor dem, was besteht, als vor dem, was für immer hin ist – alte nebelhafte Erinnerungen aus meinen frühsten Jahren tauchten auf, glitten mir Tages über die Rechnungen und kamen Nachts in einer lebendigen Verkörperung wieder, die ich gar nicht mehr in meinem Gedächtnisse geborgen glaubte, ich war wieder ein Kind und knieete neugierig und andächtig auf dem grünen Stiftsanger, während die Prozession an mir vorüberzog, die Kirchenfahnen, die breite Sodalitätsfahne, ich sah genau die, seit dreißig Jahren vergessenen Zieraten des Reliquienkastens und Fräulein, die ich schon so lange als alt und verkümmert kannte, daß es mir war, als könnten sie nie jung und selbständig gewesen sein, traten, in ihrer weißen Ordenstracht so stattlich und sittsam hinter dem hochwürdigen Gute her, wie es christlichen Herrschaften geziemt. Seltsam genug war in diesen Träumen auch alle Scheu und Beschränktheit eines Kindes wieder über mich gekommen, ich fürchtete mich etwas Weniges vor den Bärten der Kapuziner, nahm nur zögernd und doch begierig das Heiligenbild, was sie mir mit resolutem Nicken aus ihrem Ärmel hervorsuchten, sah verstört hinter mich, wenn meine Tritte in den Kreuzgängen widerhallten und horchte mit offenem Munde auf die eintönigen responsorien der Domherren, die aus dem geschlossenen Chore mir wie eine Wirkung ohne Ursache hervor zu dröhnen schien – wachte ich dann auf, so war mir zu Mute wie einem Geplünderten verarmt und tief betrübt, daß Alles dieses, und auch soviel anderes Landesgetreue, was so reich und wahrhaftig gelebt, fortan kein anderes Dasein haben sollte, als in dem Gedächtnisse weniger Alternder, die auch nach und nach abfallen, wie das Laub vom Baume, bis der kalte Zugwind der Ereignisse auch kein Blatt mehr zu verwehen findet. Träumen macht närrisch pflegt man zu sagen, mich hat es närrisch genug gemacht (soll ich's gestehen und warum nicht, irren ist kein Schade und non omnia possumus omnes). An einem schönen Tage, wo blöder Sonnenschein mir gute Courage machte, schnitt ich entschlossen ein dutzend Federn, nahm mich gewissermaßen selber bei den Ohren und dachte: Schreib auf, was du weißt, wäre es auch nur für die Kinder des Herrn, Carl und Klärchen, – besser ein halbes Ei als eine leere Schale; angefangen habe ich denn auch, aber wenn ich sagte es sei gut geworden, so hätte ich mich selber zum Narren, – so lange ich schrieb, kam es mir schon leidlich vor und ich hatte mitunter Freude an einem netten Einfalle und wie mich dünkte ganz poetischen Gedanken, aber wenn ich es mir nun vor Anderer Augen oder gar gedruckt dachte, dann schoß es mit einem Male zum Herzen, als sei ich doch ganz und gar kein Genie und obwohl gleichsam mit der Feder hinterm Ohre geboren, doch wohl nur um Register zu führen und Rechnungen auszuschreiben. In meinem Leben habe ich mich nicht so geschämt, als wenn ich dann, wie dies ein paar Mal geschah, die Tischglocke überhörte und der Bediente mich überraschte der, Gottlob, kein Geschriebenes lesen kann, – Aller Augen sahen auf mich, ich schluckte meine Suppe nachträglich hinunter wie ein Reiher und es war mir, als ob Alle mit dem Finger auf mich wiesen, die doch nichts von meiner Heimlichkeit wußten, sonderlich die beiden Kinder. Bei Gott! es muß ein angstvolles métier sein das Schriftstellern und ich gönne es keinem Hunde. – Darum bin ich auch so herzlich froh, daß ich dieses Manuskript gefunden, was Alles und weit mehr enthält als ich zu sagen gewußt hätte, dabei in einem netten Stile, wie er mir schwerlich würde gelungen sein, – das Heft lag im Archive unter dem Lagerbuche und ich habe dies wohl hundert Mal daran hinein und hinaus geschoben, ohne es je zu beachten, aber an jenem Tage, – morgen werden es drei Wochen her sein – polterte es einem Bündel Papiere nach auf den Boden und eine glückliche Neugier trieb mich an hinein zu sehen. Der Verfasser ist ein Edelmann aus der Lausitz, Lehnsvetter einer angesehenen seit zwanzig Jahren erloschenen Familie, deren Güter meinem Herrn zugekommen sind, – das Hauptgut als Allodium durch Erbschaft da des Herrn Mutter eine Tochter jenes Hauses war, die geringern Besitzungen durch Kauf, vom Bruder dieses Lausitzers im Zeitpunkt der Aufhebung des Lehnsrechts durch Napoleon. Wie das Manuskript hierher gekommen weiß ich nicht und der Herr, dem ich's vorgelegt, wußte ebenfalls nichts darüber, vielleicht hat es mein Vorgänger im Amte, der aufgeweckten, wißbegierigen Geistes gewesen sein soll, von einer seiner Inspektionsreisen mitgebracht – es lagen noch zwei vergilbte Briefe darin, woraus erhellt, daß jener Edelmann unerwartet abreisen mußte, weil sein Bruder am Nervenfieber schwer erkrankt war, daß er in der Heimat angekommen über der Pflege desselben gleichfalls erkrankte und starb, während der Andere aufkam, so mag er wohl sein Manuskript in der Angst und Eil vergessen haben; er scheint ein munterer und wohlmeinender Mann gewesen zu sein, billig genug für einen Ausländer, mit der so seltenen Gabe eine fremde Nationalität rein aufzufassen, freilich nur halb fremd, denn das westphälische Blut dringt noch bis in's hundertste Glied und ich würde bedauern, daß er so früh sterben mußte, wenn ich nicht bedächte, daß er jetzt doch schwerlich noch im Leben sein könnte – sechs und fünfzig Jahre sind eine lange Zeit, wenn man schon vorher in den Dreißigen war. – Die angesehene und fromme Familie bei der er den einen Sommer zugebracht, hat auch, man möchte sagen, unzeitig verlöschen müssen: zuerst der alte Herr, der sich beim Botanisieren erkältete und, so glatt und wohlerhalten für seine Jahre er aussah, sich doch als sehr schwach erwies, denn er schwand hin an der leichten Erkältung wie ein Hauch; dann der junge Herr Everwin, den man bis zu seiner Majorennität auf Reisen schickte, und der in Wien ein trauriges, vorzeitiges Ende fand, im Duell, um einer eingebildeten Beleidigung willen, die das freundliche Gemüt des jungen Mannes nicht beabsichtigte; – Fräulein Sophie starb ihnen bald nach, sie war nie recht gesund gewesen und diese beiden Stöße zu hart für sie – meines Herrn Mutter mußte die Geburt ihres Kindes mit dem Leben bezahlen, – aber wer sie Alle überlebte war die Frau Großmutter, die nach dem Verluste der Ihrigen hierherzog und sich mit großer Elastizität an dem Gedeihen ihres Enkels wieder aufrichtete, – ich habe sie noch gekannt als eine steinalte Frau, aber lebendig, heftig und aller ihrer Geisteskräfte mächtig bis zum letzten Atemzuge; man hätte fast denken sollen, sie werde nimmer sterben und doch war es am Ende ein leichtes Magenübel, was sie hinnahm – ihr Andenken ist in Ehren und Segen und der gnädige Herr noch immer still und nachdenklich an ihrem Todestage. Als ich ihm das Manuskript gab war er sehr bewegt und ich glaubte nicht, daß er dessen Veröffentlichung zugeben werde; – nachdem es aber vierzehn Tage auf seinem Nachttische gelegen und er in dieser Zeit kein Wort zu mir darüber geredet hatte, gab er es mir am verwichenen Sonnabend den 29sten Mai zurück mit dem Zusatze »von einem Westphalen geschrieben würde es weniger bedeutend sein, aus dem Munde eines Fremden sei es ein klares und starkes Zeugnis, was im Familienarchive nicht unterdrückt werden dürfe« – so mag es denn sein! Und ich gebe es dem Publikum zum Gefallen oder Mißfallen, – es ist kein Roman, es ist unser Land, unser Glaube und was diesen trifft an Lob oder Tadel, was die Lebenden tragen müssen, das möge auch über diese toten Blätter kommen.

ERSTES KAPITEL

Der Edelmann aus der Lausitz und das Land seiner Vorfahren

So eben hat die Schloßglocke halb zehn geschlagen – es ist eigentlich noch garnicht Nacht – ein schmaler Luftstreifen steht im Westen und zuweilen fährt noch ein Vogel im Gebüsche drüben aus seinem Halbschlafe auf und träumt halbe Kadenzen seines Gesanges nach – dennoch ist's hier fast schon Nacht – so eben hat man mir eine schöne neue Talgkerze gebracht – Holz an's Kamin gelegt, um einen Ochsen zu braten und nun soll ich ohne Gnade in die Daunen. – Unmöglich, ich emanzipiere mich, heimlich aber desto sicherer und Niemand sieht es mir Morgens an, daß ich allnächtlich den stillen Wohltäter des Hauses mache und auf Wasser und Feuer zwar nicht achte, aber doch achten würde, wenn dergleichen Dinge hier zu Lande nicht unschädlich wären, wie ich wohl schließen muß, wenn ich jeden Abend Knecht und Magd mit flackernden Lampen in Heuböden und Ställen umher wirtschaften sehe. Diese alten Mauern, die doch wenigstens ihre drei Jahrhunderte auf dem Rücken zu tragen scheinen! seltsames, schlummerndes Land! so sachte Elemente! so leiser seufzender Strichwind, so träumende Gewässer! so kleine friedliche Donnerwetterchen ohne Widerhall! und so stille, blonde Leutchen, die niemals fluchen, selten singen oder pfeifen, aber denen der Mund immer zu einem behaglichen Lächeln steht, wenn sie unter der Arbeit nach jeder fünften Minute die Wolken studieren und aus ihrem kurzen Stummelchen gen Himmel schmöken mit dem sie sich im besten Einverständnisse fühlen. Vor einer Viertelstunde hörte ich die Zugbrücke aufknarren; ein Zeichen, daß Alles ab und tot ist und das Haus fortan unter dem Schutze Gottes und des breiten Schloßteiches steht, der nebenbei gesagt, an einigen Stellen nur knietiefe Furten hat, das macht aber nichts, es ist doch blankes Wasser, was darüber steht und man könnte nicht durchwaten, ohne bedeutend naß zu werden: Schutz genug gegen Diebe und Gespenster! – Die Nacht wird sehr sternhell werden, ich sehe zahllose milchigte Punkte allmählich hervordämmern, – drei Hühnerhunde und zwei Dachse lagern auf dem Estrich unter meinem Fenster und schnappen nach den Mücken, die die dekretierte Nacht noch nicht wollen gelten lassen, – aus den Ställen dröhnt zuweilen das leise Murren einer schlaftrunkenen Kuh oder der Hufschlag eines Pferdes, das mit Fliegen kämpft – im Zimmer meines guten Vetters von Noahs Arche her brennt das einzige Nachtlicht; was soll ein ehrlicher Lausitzer machen, der um elf seine letzte Piquetpartie anzufangen gewöhnt ist? um mich liegen zwar die Schätze der Bibliothek: Hochbergs adliges Landleben, Kerssenbroks Geschichte der Wiedertäufer, Werner Rolewinks De moribus Westphalorum und meines Wirtes nicht genug zu preisendes Liber mirabilis – aber mir geht es wie den Israeliten, die sich bei dem blanken Manna nach den Fleischtöpfen Egyptis sehnten, o Dresdener Staatszeitung, o Frankfurter Postreiter, die ihr mich so manches Mal in den Schlaf gewiegt habt, wann werden meine Augen euch wieder sehen? können die Heringe und Schellfische des Münsterschen Intelligenzblattes meine politischen Stockfische ersetzen? aber warum schreibe ich nicht oder vielmehr warum habe ich nicht geschrieben diese zwei Monate lang? bin ich nicht im Lande meiner Vorfahren? das Land, was mein Ahn Hans Everwin so betrübten Herzens verließ und in sauberm Mönchslatein besang wie eine Nachtigall in der Perücke? O angulus ridens! o prata fontesque susurro etc. etc. – Ich weiß es wie mich einst freuen wird diese Blätter zu lesen, wenn dieses fremdartige Intermezzo meines Lebens weit hinter mir liegt, vielleicht mehr, als ich jetzt noch glaube, denn es ist mir zuweilen, als wolle das zwanzigfach verdünnte westphälische Blut sich noch geltend in mir machen. Gott bewahre! ich bin ein echter Lausitzer – vive la Lusace! und nun! das hat Mühe gekostet bis ich an diesen Kamin gelangt bin – schlechte, schlechte Wege habe ich durchackert und Gefahren ausgestanden zu Wasser und Lande – dreimal habe ich den Wagen zerbrochen und einmal dabei auf dem Kopfe gestanden, was weder angenehm noch malerisch war. Mit einem Spitzspann (so nennt man hier ein Dreigespann) von langhaarigen Bauernpferden habe ich mich durch den Sand gewühlt und mit einem Male den vordern Renner in einer sogenannten Welle versinken sehen, einer tückischen wandernden Race von Quellen, die ich sonst nirgends angetroffen und die hier manchen Fahrwegen annex ist, sich das ganze Jahr stille hält, um im Frühlinge irgend eine gute münsterische Seele zu packen, zur Strafe der Sünde, die sie nicht begangen hat. Ich bin aus dem Wagen gesprungen wie ein Pfeil, denn – bei Gott – mir war so konfus, daß ich an die Nordsee und Unterspülen dachte – von meinem Pferdchen war nur noch ein Stück Nase und die Ohren sichtbar, mit denen es erbärmlich zwinkerte – zum Glück waren Bauern in der Nähe die Heidrasen stachen und geschickt genug Hand anlegten, – »He! Hans! up! up!« ja Hans konnte nicht auf und spartelte sich immer tiefer hinein; endlich ward er doch herausgegabelt und zog niedergeschlagen und kläglich triefend weiter voran, wie der bei der Serenade übel begossene Philister. – Ich fand vorläufig den Boden unter meinen Füßen sicherer und stapfte neben her durch das feuchte Heidekraut immer an unsern Ahn denkend und sein horazisches: o angulus ridens! und was denn hier wohl lachen möge? der Sand? oder das kotige Pferd? oder mein Fuhrmann in seinem besprizten Kittel, der das Ave Maria pfiff, daß die Heidschnucken davon melancholisch werden sollten? oder vollends ich, der wie ein Storch von einem Maulwurfshügel zum andern stelzte? – doch – ich war es, der am Ende lachend in den Wagen stieg, dreimal selig schon vor Jahrhunderten im kleinsten Keime diesem glückseligen Arabien entflohen zu sein; was sich mir in diesem Augenblicke von dem klassischen durch nichts zu unterscheiden schien, als nur durch den Mangel an Sträußen und Überfluß an Pfützen. O Gott! dachte ich, wie mag die Halle deiner Väter beschaffen sein du guter Everwin! – eine halbe

Tagereise weiter und die Gegend klärte sich allmählich auf; die Heiden wurden kleiner, blumicht und beinahe frisch und fingen an sich mit ihren auffallend bunten Viehherden und unter Baumgruppen zerstreuten Wohnungen fast idyllisch auszunehmen; rechts und links Gehölz und soweit ich es unterscheiden konnte frischer, kräftiger Baumschlag, aber überall traten dem Blick mannshohe Erdwälle entgegen die von Gebüsch und Stauden überschattet jeden Fahrweg unerläßlich einengten – wozu? wahrscheinlich um den Kot desto länger zu konservieren; ich befragte meinen Fuhrmann, einen gereisten Mann, der sogar einmal Düsseldorf gesehen hatte und mich mindestens immer um mein drittes Wort verstand: »oh Herr,« sagte er, »wenn wir keine Wallhecken hätten, was würden wir dann für schelmhaftige Wege haben?« Vivat Westphalia dachte ich! – Wir ackerten voran – aus allen Häusern belferten uns Kläffer an, die ich allemal die langhaarigen »Rüden«, die glatten ohne Ausnahme »Teckel« locken hörte; vor den Eingängen einzelner größerer Höfe zerwüteten sich greuliche Cerberusse an ihrer Kette und es schien mir unmöglich unzerrissen hinein oder hinaus zu kommen. – Was man nicht Alles bemerkt auf einer Tagfahrt zwischen Wallhecken, der Himmel über, die Pfütze unter sich! Der Wagen hielt einen Augenblick an, vier kleine Buben sämtlich in Troddelmützen und drei Kamisöler übereinander, rot wie Äpfelchen stolperten eilig herzu und langten mit der Hand nach dem Schlage; ich suchte nach ein paar Stübern und Matieren, die man mir auf der letzten Station zugewechselt und rief, indem ich sie aus dem Schlage warf: »Habt Acht, Ihr Buben,« da aber nahmen sie Reißaus und wie verscheuchte Hasen krabbelten sie den Erdwall hinan. »Gotts Wunder, was mochte das für ein Krabat oder Slowak sein, der kein Deutsch konnte und sein Geld in den Dreck warf?« ich sah sie noch lange aus ihrem Hafen meinem Wagen nachstarren, wie, sans comparaison, einem abziehenden Kamele. Einem war beim Ansatz zur Flucht sein Holzschuh abhanden gekommen und ich hörte ihn unter dem Rade ein unzeitiges Ende nehmen; mein

Trost waren die herrenlosen Stüber und Matiere mit denen sich das dicke Henrichjännchen oder Jannberndchen (so heißt hier nämlich immer der dritte Mann) bezahlt machen konnte, wenn dieses nicht außer seinem Gedankenkreise lag. Jetzt weiß ich, daß die armen Dinger mir nur eine Kußhand geben und schon damals begriff ich, daß sie mindestens nicht betteln wollten. Überhaupt sah ich keine Straßenbettler am Wege und das Land meiner Vorfahren fing an mir mindestens ganz nährend und behaglich vorzukommen, obwohl meine Augen noch immer vergeblich nach dem »Fette der Erde« ausschauten, bei dem die Leute so vollständige runde Köpfe und stämmige Schultern ansetzen konnten, bis ich durch die Lücken der Wallhecken über die schweren Schlagbäume weg in das Geheimnis der Kämpe und Wiesengründe drang, wo ich die eigentliche Elite der Ställe erblickte: schönes schweres Vieh, ostfriesischer Race, was übersatt und schnaubend in dem, wie von einem Goldregen überzitterten, Grasewalde lag. – Schau mir Einer die pfiffigen Münsterländer, die ihr eure dicken Taler auf vier Beinen, hinter Erdhaufen und Dornen versteckt, damit kein reisender Diplomat in der Seele seines gnädigsten Herrn etwa Appetit dazu bekomme! Ich bin zu sehr Landwirt, als daß dieser Anblick mich unbewegt gelassen hätte; ich dachte an mein liebes Dobbritz und meine krauslockigen Lämmerchen und fühlte das Blut meines Ahns den Urenkeln seiner Ställe entgegenrollen – seltsam! ich kann dies niederschreiben, als dächte ich noch heute so und doch ist mir so gar anders zu Mute – nun weiter – zum Ziele! wenn die Lehmchausseen meiner so müde sind, als ich ihrer, so werden sie sich freuen, daß wir auseinander kommen und ich fühle mich noch innerlich zerschlagen von der Erinnerung und schmachte dem Ziele entgegen. Doch zuvor noch ein Reiseabenteuer – kein kleines für meinen Fuhrmann – und was mir den ersten dämmernden Begriff von dem Charakter dieses Volkes gab. Wir hatten einen derben Choc überstanden – unsere Pferde verschnauften in der Heide – und dampften aus Nüstern und Flanken; mein

Bauer schlug Feuer an einer Art Lunte in messingener Scheide, die er seinen »perfekt guten Tüntelpott« nannte, – in der Ferne bewegte sich etwas grell Rotes zwischen den Kühen – es kam näher – es war ein Mensch in Scharlachlivree von grauschwarzer Gesichtsfarbe – ich sagte nichts und beobachtete meinen Bauern; der nahm langsam die Pfeife aus dem Munde, zog langsam einen Rosenkranz aus seiner Tasche, griff nach seinem Hute zwei Mal, ohne ihn zu lüften und sah noch nicht auf, als das Unding ihm fast parallel war – es stand – es redete ihn an in fremdartigem Dialekt: »Wo führt der Weg nach Lasbeck?« mein Bauer winkte mit der Hand einen breidünnen Fahrweg entlang, der Schwarze schüttelte den Kopf und sah auf seine Stiefeln, die schon Schlimmeres überstanden hatten – »kann ich denn nicht dort herunter?« auf einen Fußweg deutend – der dieselbe Richtung direkter nahm; »das möchte nicht gut sein,« sagte der Fuhrmann bedächtig – »warum nicht?« mein Schwarzer kurz angebundenen cholerischen Temperaments; – nie werde ich den Ausdruck von ich möchte sagen ruhigem Schauder und tiefem Mitleid vergessen mit dem mein Bauer erwiderte: »O Herr, das soll der Herr wohl nicht wagen, da steht ein Kruzifix« – der Mohr stieß ein Paar: sacredieus und coquins hervor und forttrabte er mit seinem Briefbündel unterm Arm. Ist das nun lächerlich oder rührend? es kommt darauf an, wie man es auffaßt – ich gestehe, daß ich meinem Weißkittel gern irgend eine Güte angetan hätte in diesem Augenblick und seine religiöse Scheu ohne Furcht und Haß, seine tiefe, überschwängliche Gutmütigkeit, die selbst den Teufel nicht in's Labyrinth führen mochte, lag so rührend vor mir, daß ich seinem breiten Rücken, wie er so langsam den Rosenkranz abzählend neben den Pferden herschritt die ersten Liebesblicke in diesem Lande zugewendet habe. Möge Gott dich behüten du gutes, patriarchalisches Ländchen, Land meiner Vorfahren, wie ich dich gern nenne, wenn man mir mein Anteil Lausitzer Blut ungekränkt läßt, – mit der Ironie ist's ab und tot – ich fahre durch die lange weite Eichenhalle, wo die

Stämme schlank wie aufgerichtete Anakonden ihre noch schwachbelaubten Wipfel über mich breiten; ich sah zwischen den Lücken der Bäume einen weiten Wasserspiegel, graue Türme vortreten, – bei Gott! es war mir doch seltsam zu Mut, als ich über die Zugbrücke rollte und über dem Tore den steinernen Kreuzritter mit seinem Hunde sah; dessen der alte Everwin so wohlredend gedenkt: »Eques vexillum crucis sublevans cum molosso ad aquam hiante« – alter Hans Heinrich! schwenkst du deine Fahne auch schützend über deinen verarteten Zweig, dem dein Glaube und Land fremd geworden sind? Im Schlosse war ich so halbwege erwartet, d. h., so in Bausch und Bogen, wo es auf eine Handvoll Wochen nicht ankommt; ein schlau aussehender, schwärzlicher Bursche in himmelblau und gelber Livree, streng nach dem Wappenbuch, öffnete den Schlag und erkannte mich sofort für den fremden Vetter, als ich vom »Schlosse« redete und nach dem »Baron« fragte. »Der Herr sind auf dem Vogelfang aber die gnädige Frau sind zu Hause« – zugleich hörte ich drinnen: »Ihro Gnaden, he is do, he is do de Herr ut de Lauswick« und sah beim Eintritt noch zwei dicke passablement schiefe himmelblaue Beine. – Das war also der Eintritt in die Hallen meiner Väter; ja, hört, wie es erging, ihr Wände, meine ich und du jammernder Scheit im Kamin – denn auf die drei Spione und zwei Dachse kann ich nicht rechnen, da das Fenster geschlossen ist, – die gnädige Frau empfing mich stattlich, aber verlegen, das Bäschen stumm verlegen, der junge Vetter neugierig verlegen, der eigentliche Herr, der fast mit mir zugleich eintrat und bei unserer ersten Bewillkommnung einen piependen und flatternden Vogel in der Hand hielt, war auch verlegen, aber auf eine überaus teilnehmende Weise. Verlegen waren Alle und so blieb mir nichts übrig als es am Ende mit zu werden; man sah wie in Allen eine unterdrückte Herzlichkeit kämpfte mit einem Etwas, das ich nicht ergründen konnte und mich verstohlen vom Kopfe bis zu den Füßen musterte – war ich denn nicht ein galant homme? eine Blume des Adels, und die zwei Damen am

Dresdener Hofe seufzten? meine Augen hatten den rechten Weg eingeschlagen – der galonierte Rock – die Ringe an den Fingern, so tragen sich hier zu Lande die Windbeutel und womit ich, unter uns gesagt, diesen Leuten an der Welt Ende zu imponieren glaubte und auf der letzten Station wenigstens eine gute Stunde verwendet hatte, das gab mir hier das Ansehen Eines, der nächstens zum Bankerott umkippen will und Kredit auf seine Tressen sucht – hier ist Alles so feststehend, man weiß so genau, was Jeder gilt, daß dergleichen Nachhülfe und Augenverblendung immer nur wie Notschüsse herauskommen und ich bin jetzt überzeugt, daß mein guter Vetter unter seinen Grüßen und Verbeugungen, alle seine Gefälle und Zehnten überzählte und wie viel davon wohl zur Aushülfe eines verlorenen Sohnes im 20sten Gliede möchte ritterlich, christlich und doch ohne Unverstand zu verwenden sein. Jetzt weiß ich dieses und es demütigt mich nicht – hätte ich es damals gewußt, so würde es mich allerdings in einen kläglichen, innern Zustand von Scham und Zorn versetzt haben, – dennoch ging der erste Tag mühsam hin, obwohl der Vetter mich in alle seine Freuden und Schätze einweihte: seine niegesehenen Blumenarten eigener Fabrik, seine Rüstkammer, seine landwirtschaftlichen Reichtümer, sogar den Augapfel seines Geistes, sein unschätzbares Liber mirabilis – ich dachte zu meiner Unterhaltung – jetzt weiß ich aber, daß es ein schlauer Streich vom alten Herrn war, der mir so heimlich auf den Zahn fühlte, wie es mit adligen Künsten bei mir beschaffen sei – nämlich mit Latein, Öconomia und Ritterschaftsverhältnissen – mir ging's wie dem Nachtwandler und ich trat um so blinder, desto sicherer auf; – acht Tage kann ich auf mein Noviziat rechnen, wo täglich eine neue Schleuse des Wohlwollens sich zögernd öffnete, das ganz eigentümliche milde Lächeln des Herrn täglich milder, die scharfen Augen seiner Frau täglich strahlender und offener wurden und als mich am achten Tage der junge Herr Everwin auf seine Stube geführt und Fräulein Sophie Abends aus freien Stücken ein schönes, etwas altmodiges Lied zum

Klaviere gesungen hatte, da war ich absolviert und fortan ein Kind und Bruder des Hauses. – Ich fühlte dieses, als ich am nächsten Morgen von Abreise sprach, um meinem Bleiben einen festen Boden zu geben, der auch sogleich unter mir aufstieg; »mich dünkt,« sagte der alte Herr (der Herr sagt man hier kurzweg »Baron« ist ausländisch und windbeutelig) mit einem triumphierenden Lächeln, »mich dünkt Sie blieben nett hier in Numero Sicher, bis Sie Ihr Recht in der Tasche haben. Der Hund des alten Hans Heinrich hat uns so manchen Prozeß weggebellt, der wird Ihnen auch keinen durch's Tor lassen,« – ich dachte an meine Gedanken, als ich unter dem Steinbilde einfuhr und der alte Herr mußte mir etwas dergleichen ansehen, denn er schüttelte meine Hand und sagte: »Lieber Herr Vetter!« so bin ich denn nun seit zwei Monaten hier – Boten gehen und kommen und meine Geschäfte ziehen sich in die Länge; ich helfe dem Herrn botanisieren, Vögel fangen und sein Liber mirabilis auslegen, wobei ich schlecht genug bestehe und manche Eselsbrücke schlage, die der Vetter gütig unbemerkt läßt; besser komme ich fort in den gelegentlichen Gesprächen über ernste Gegenstände und klassische Wissenschaften, in denen der alte Herr vortrefflich beschlagen ist und ich eben auch kein Hund bin – was mich aber zumeist ergötzt ist die lebendige, frische Teilnahme, die kräftige Phantasie mit der Alles meinen Erzählungen von Städten, Ländern und vor allem den Wundern des grünen Gewölbes horcht, – diese stillen Leute sitzen unbewußt auf dem Pegasus, ich will sagen, sie leben in einer innern Poesie, die ihnen im Traume mehr an dem gibt, was ihre leiblichen Augen nie sehen werden, als wir andern übersättigten Menschen mit unsern Händen davon ergreifen können. Ich bin gern hier, es wäre Fadheit es zu leugnen und Undank zugleich; auch langweile ich mich keineswegs, man treibt hier allerlei Gutes, etwas altfränkisch und beengt, aber gründlich. Auch gibt es hier von den seltsamsten Originalen und zwar rein naturwüchsigen sich völlig unbewußten; wenn ich bedenke, was ich noch Alles nachzuholen und zu erläutern habe, ehe ich wieder bis zu diesem Abende, diesem Kamin und diesen Mücken gelange, die mich unbarmherzig molestieren, so scheinen mir alle Gänseflügel auf dem Hofe in Gefahr, – aber jetzt ist's spät – meine Kerze hat sich mehr schön als dauerhaft bewiesen; sie ist mehr verlaufen als verbrannt und auf dem Tische schwimmt's von Talge, den ich noch vor Schlafengehen mit eigenen Händen reinigen muß, um nicht morgen von meinem Freunde Dirk, als der schmierige Herr aus der Lauswick bezeichnet zu werden. – Das Licht im Zimmer des Vetters brennt dämmerig wie ein Traum – die Sterne sind desto klarer, welch schöne Nacht! –

ZWEITES KAPITEL

Der Herr und seine Familie

Honneur aux dames! Ich fange an mit der gnädigen Frau, einem fremden Gewächs auf diesem Boden, wo sie sich mit ihrer südlichen Färbung, dunkeln Haaren, dunkeln Augen ausnimmt wie eine Burgundertraube, die in einen Pfirsichkorb geraten ist, – sie stammt aus einer der wenigen rheinländischen Familien, die man hier für ebenbürtig gelten läßt und der Vetter, der vor zwanzig Jahren nach Düsseldorf landtagen ging und von einer plötzlichen Lust die Welt zu sehen befallen wurde, lernte sie in Cölln vor dem Schreine der heiligen drei Könige kennen und fühlte dort zuerst den vorläufig noch äußerst embryonischen Wunsch sie zur Königin seines Hauses zu machen. Das ist sie denn auch im vollen Sinn des Wortes: eine kluge, rasche, tüchtige Hausregentin, die dem Kühnsten wohl zu imponieren versteht und was ihr zur Ehre gereicht eine so warme, bis zur Begeisterung anerkennende Freundin des Mannes, der eigentlich keinen Willen hat als den ihrigen, daß alle Frauen, die Hosen tragen sich wohl daran spiegeln möchten, – es ist höchst angenehm dieses Verhältnis zu beobachten; ohne

Frage steht diese Frau geistig höher, als ihr Mann, aber selten ist das Gemüt so vom Verstande hochgeachtet worden; sie verbirgt ihre Obergewalt nicht wie schlaue Frauen wohl tun, sondern sie ehrt den Herrn wirklich aus Herzensgrunde, weiß jede klarere Seite seines Verstandes, jede festere seines Charakters mit dem Scharfsinn der Liebe aufzufassen und hält die Zügel nur, weil der Herr eben zu gut sei, um mit der schlimmen Welt auszukommen. Nie habe ich bemerkt, daß ein Mangel an Welterfahrung seinerseits sie verlegen gemacht hätte, dagegen strahlten ihre schwarzen Augen wie Sterne, wenn er seine guten Kenntnisse entwickelt, Latein spricht wie Deutsch, und sich in alten Tröstern bewandert zeigt, wie ein Cicerone – die gnädige Frau hat Blut wie ihre Reben, sie ist heftig, ich habe sie sogar schon sehr heftig gesehen, wenn sie bösen Willen voraussetzt, aber sie faßt sich schnell und trägt nie nach. Sehr stattlich und vornehm sieht sie aus, muß sehr schön gewesen sein und wäre dies vielleicht noch, wenn ihre bewegten Gefühle sie etwas mehr embonpoint ansetzen ließen, denn das innere Feuer verzehrt alles sonst Überfließende, so sieht sie aus wie ein edles, arabisches Pferd; ihr neues Vaterland hat sie liebgewonnen und macht gern dessen Vorzüge geltend, nur mit der Art Überschätzung, die oft gescheiten Leuten von starker Phantasie eigen ist, die von dem ihrer eigenen Natur Fremden zumeist am lebhaftesten ergriffen reden, so hat sie alle alten mitunter verwunderlichen Gewohnheiten und Rechte des Hauses bestehen lassen und wacht nur über Ordnung und ein billiges Gleichgewicht; ich werde noch auf die respektablen Müßiggänger kommen, über die man hier bei jedem Schritte fällt und die ich bei mir zu Hause würde mit dem Ochsenziemer bedienen lassen; hier möchte ich sie selbst nicht gekränkt sehen. Bettler in dem Sinne wie anderwärts gibt es hier keine, aber arme Leute, alte oder schwache Personen, denen wöchentlich und öfter eine Kost so gut wie den Dienstboten gereicht wird; ich sehe sie täglich zu dreien oder mehren auf der Stufe der steinernen Flurtreppe gelagert, ärmlich aber ehrbar und Keinen vorübergehen, ohne sie zu grüßen. Die gnädige Frau tut mehr, sie geht hinunter und macht die schönste Konversation mit ihnen über Welthändel, Witterung, die ehrbare Verwandtschaft und wovon man sich sonst nachbarlich unterhält, darum gilt sie denn auch für eine brave, gemeine Frau, was so viel gilt als populär und sie ist immer mit gutem Rat zur Hand, wo sie denn auch, wie billig, der Ausführung nachhilft; sehr habe ich ihre Geduld bewundern müssen mit einem Verrückten, dem Sohn des Müllerhauses, dessen Licht ich eben durch die Mauerluke herüberscheinen sehe – der arme Mensch ist irre geworden über eine Heiratsgeschichte, obwohl nicht eben aus Liebe. Er war einziger Sohn, sie einzige Tochter und beide Eltern am Leben, so zog die Aussicht sich in's Blaue, da Jedes die seinigen mitbringen mußte und für vier alte Leute in keinem der Häuser Raum war; dennoch hatten die Eltern sie unter der Hand verlobt mit dem ruhigen Zusatze, daß wenn Zweie von ihnen gestorben seien, was bei ihrem Alter wohl nicht lange ausbleiben werde, die Heirat vor sich gehen könne – so lebten Alle friedlich und ohne Ungeduld voran – bis der Brautvater, ein Tischler, einen Schlaganfall bekam, und dadurch schwach im Kopf wurde, dabei x-x und anfing, sich lebhaft nach einem Gehülfen zu sehnen. Zum Unglück war sein Geselle ein durchtriebener, schlimmer Bursch aus dem Sauerlande, der sich dies alles zu Nutzen machte, bei jeder kleinen Bestellung, die ihm entfiel, soviel von Verfall der Kundschaft und dem übermäßigen Wohlbefinden des Müllerpaares zu reden wußte, denen er wenigstens Methusalems Alter prophezeite, und bald hier bald dort in x-x wollte begegnet sein. Dabei ließ er zugleich schlau die Verpflichtung gegen Kind und Gutsherrn auf das geängstigte Gemüt des alten Mannes wirken, bis er diesen ganz konfus über Recht und Unrecht gemacht hatte – die Folge war eine zweite und dieses Mal rechtskräftige Verlobung mit Stempelpapier und Siegel zwischen dem betrübten und eingeschüchterten Mädchen und dem Sauerländer. Zwei Tage später und der alte Mann lag tot am Schlagflusse und fast mit ihm zugleich starb der Vater des Bräutigams an einer leichten Erkältung, was wahrlich kein zähes Leben bewies. Die erste Trauerzeit hielt Jedes sich still zu Hause, dann aber trieb die Müllerin ihren Sohn an mit der Braut jetzt das Nähere zu bereden; als er hinkam, stand sie im Garten und er sah sie schon von Weitem die Schürze vor's Gesicht schlagen und in's Haus gehen; darauf kam die Mutter heraus und erzählte ihm mit vielem Klagen und Stottern die ganze Bescherung, worauf er stille wieder nach Hause ging. Seitdem konnte er aber den Schimpf nicht verwinden; zugleich drängte die Mutter, deren Kräfte nach des Mannes Tode schnell abnahmen, Franz sachte wieder zum Heiraten – zwei neue Pläne, die übereilt angelegt waren schlugen fehl – Franz hatte einen tiefen, heimlichen Hochmut auf seine ehrenwerte Familie, die seit vielen Generationen des Herrn Mühle mit Lob versehen hatte und noch mehr, weil er als älterer Spielkamerad und halber Aufseher der Herrschaft aufgewachsen war und noch jetzt zu den Auserwählten gehörte, die auf Hochzeiten mit den Fräuleins einen Tanz machten. Die Scham quälte ihn, das Drängen seiner Mutter und die Furcht eine schlimme Wahl zu treffen oder gar mit einem neuen Korbe aufzuziehen ließen ihm Tag und Nacht keine Ruhe; seine Augen bekamen nach und nach etwas Stieres im Blick und mit einem Male fing er an, über dem Behauen der Mühlsteine allerlei wirres Zeug zu reden: »Alle Splitter, die sie abpickten, seien lauter Heiratensteine, die sie gut aufbewahren müßten,« und von denen er auch wirklich ein Versteck anlegte – jetzt ist er ganz irre, obwohl voll Höflichkeit und wenn man ihn auf ganz fremde Gegenstände lenkt von recht verständigem Urteile; aber dazu kommt es selten, seine fixen Ideen halten ihn wie mit eisernen Klammern und fahren in jedes beruhigende Gespräch, wie Sporenstiche, hinein – jetzt ist seine größte Not eine Prinzessin von England, die man ihm zufreien will, was ihn als guten Katholiken ängstigt, er hält sich ihr ganz ebenbürtig, doch hat er ein halbes Bewußtsein von ihrer hohen Stellung und daß sie ihn, wenn er sich sperrt könnte wohl einstecken oder auf die Tortur bringen lassen und er bereitet sich durch Lesen in der Bibel auf sein einstiges Martyrtum vor, dem er doch wo möglich noch entschlüpfen möchte und täglich mit der gnädigen Frau lange Beratungen darüber hält, die mit himmlischer Geduld ihm schlaue Ausflüchte erfinden hilft und wirklich, wie ich glaube allein bis dahin ihn vor völliger Raserei gerettet hat. Mich durchrieselt jedes Mal ein Schauder, wenn ich dieses Angstbild sehe; hier erregt es nur tiefe, ruhige Teilnahme. Wenn man die Geduld und Höflichkeit des Herzens sieht, mit denen diese Frau auf die endlosesten Langweiligkeiten eingeht, so kann man nicht umhin, ihre tiefe Güte zu bewundern, die so hoch über bloßem Almosengeben steht, wie Ehre über Bequemlichkeit. Darum heißt sie denn auch eine brave gemeine Frau (will sagen populär). Ich begegne häufig im Korridor reinlichen Armen, mit frischgewaschenem Fürtuch und blanken Zinnschnallen, die so frei und mit honetter Haltung zu ihr aus und eingehen, wie anständige und geehrte Besucher, und in der Tat gilt's auch öfter einer zutraulichen Bitte um Rat, als um Hilfe. Unangenehm ist's mir aber allemal, wenn ich dem Clemens begegne. – Aber ich bin von meinem Thema abgekommen, also der junge Herr: Everwin heißt er, in getreuer Reihenfolge wie die Heinriche von Reuß steckt noch ein wenig in der Schale. Neunzehn Jahr ist er alt und lang aufgeschossen wie eine Erle, blond mit hellblauen Augen, durch die man glaubt bis in's Gehirn sehen zu können. Ich höre ihn oft im Nebenzimmer gefährlich stöhnen und räuspern über den Klassikern und alten Geschichtswerken, an denen er eine Mühe hat, daß ihm Mittags zuweilen die Haare davon zu Berge stehen. Ich höre ihn mir als Everwin den Fleißigen bezeichnen, d. h. fleißig, so hübsch mit Zeit vor Hand, wie ein Roß den Kahn stromauf zieht. Ich will auch die kleinen schlichten Ausbrüche von Mutwillen, mit denen sich zuweilen seine jungen Jahre Luft machen, z. B. wenn er seiner Schwester die Handschuhe versteckt, nicht gerade hoch anschlagen.

Auch die edle Musik, eine Hauptlust und ein wirklich schönes Talent der ganzen Familie, treibt er mit schuldigem Eifer. Ich profitiere auch zur vollen Genüge von seinem Geigenspiel, zuweilen, wenn ich gerade gut gelaunt und recht im dolce far niente bin, nicht ohne Vergnügen: er streicht seinen Viotti so sanft und reinlich ab und an manchen Stellen mit so kindlich mildem Ausdruck, daß ich oft denke: er ist doch der Papa en herbe, der nur noch nicht zum Durchbruch kommen kann – dieses geringe, leider täglich an Wert verlierende Vergnügen wird mir aber reichlich versalzen durch die Übungsstunden, wo absichtlich zu Schwieriges vorgenommen wird; von all dem Wasser was mir diese Doppelpassagen, bei denen immer ein falscher Ton nebenher läuft, schon um die Zähne getrieben haben könnten wenigstens zwei Mühlen gehen; zuweilen gibt Caro des Vetters sehr geliebter Spion noch die dritte Stimme dazu und dann ist der Moment da, wo ein spleeniger Engländer sich ohne Gnade erhängen würde. Mein Zimmer ist indessen der Ehrenplatz im Hause und Hoffart will Not leiden, zudem kann mir nicht entgehen, daß Everwin wo es ohrengefährlich wird den Bogen so leise ansetzt, wie ein menschlicher Wundarzt die Sonde und sogar zuweilen mir zu Liebe seinem Caro einen Fußtritt gibt, der ihm gewiß selber wie ein Pfahl durch's Herz geht; er ist überhaupt ein bescheidener, jüngferlicher Nachbar, der Morgens auf den Zehen umherschleicht und sich Abends gleichsam in's Bette stiehlt, daß ich kaum die Decken rispeln höre. Sein Freund und Gefährte in Allem ist der Neffe des Rentmeisters – Wilhelm Friese, ein wunderlich begabter, junger Mann, an den Everwin sich fest gesogen hat wie die Auster an die Koralle; ich sehe sie Beide oft Morgens um sechs nach dem Dohnenstrich ziehen in knappen Jagdröckchen und Lederkäppchen, fröhlich und mädchenhaft wie ein Paar Klosternovizen in den Freistunden. – Vor Frauen hat er noch eine wahre Josephsscheu und würde einen unchristlichen Haß auf die Unglückliche werfen, mit der man ihn neckte; zwei Münstersche Schilling gebe ich drum ihn dereinst auf Freiersfüßen zu sehen; ohne Zweifel muß da sein Wilhelm voran und der wird sich ebenfalls alle zehn Nägel abkauen vor Angst, obgleich er gegen ihn gerechnet für einen Schalk gelten kann. Neulich frühe saß ich am Ausgange der neuen Anlagen, die diesen Landsitz umgeben wie Nester mit jungen Vögeln eine graue Warte. Everwin kam über Feld, Wilhelm hinterdrein, ich hörte, daß sie sprachen, aber Everwin sah nicht zurück – »ich sage es dir nochmals,« rief Wilhelm, »wenn du dir keinen bessern Rock anschaffst, so bekömmst du dein Lebtag keine Frau.« – »Ach, bah!« brummte Everwin, und rannte wie ein Kurier und war bereits dicht neben mir, ohne mich zu sehen. »Lauf doch nicht so, Herr, laß uns das Ding überlegen, du kömmst doch nicht vorbei, was scheint dir blau mit Tressen, das steht gut zu blonden Haaren.« »Wilhelm!« drohte Everwin zurück und trat bis über die Knöchel in eine Lache. – »Guten Morgen Vetter« sagte ich – »sieh, sind Sie da? ich habe in's Wasser getreten« – »das sehe ich« und fort trabten beide wie begossene Hunde, Wilhelm am betroffensten; er hatte aber auch gottlose Reden geführt! Fräulein Sophie gleicht ihrem Bruder auf's Haar, ist aber mit ihren achtzehn Jahren bedeutend ausgebildeter und könnte interessant sein, wenn sie den Entschluß dazu faßte – ob ich sie hübsch nenne? sie ist es zwanzig Mal im Tage und eben so oft wieder fast das Gegenteil, ihre schlanke, immer etwas gebückte Gestalt gleicht einer überschossenen Pflanze, die im Winde schwankt, ihre nicht regelmäßigen aber scharf geschnittenen Züge haben allerdings etwas höchst Adliges und können sich, wenn sie meinen Erzählungen von blauen Wundern lauscht bis zum Ausdruck einer Seherin steigern, aber das geht vorüber und dann bleibt nur etwas Gutmütiges und fast peinlich Sittsames zurück; einen eignen Reiz und gelegentlichen Nichtreiz gibt ihr die Art ihres teints, was für gewöhnlich bleich bis zur Entfärbung der Lippen, ganz vergessen macht, daß man ein junges Mädchen vor sich hat – aber bei der kleinsten Erregung geistiger, sowie körperlicher, fliegt eine leichte Röte über ihr ganzes Gesicht, die unglaublich schnell kömmt, geht und wiederkehrt wie das Aufzucken eines Nordlichts über den Winterhimmel; dies ist vorzüglich der Fall, wenn sie singt, was jeden Nachmittag während des Verdauungspfeifchens zur Ergötzung des Papas geschieht. Ich bin kein natürlicher Verehrer der Musik, sondern ein künstlicher – mein Geschmack ist, ich gestehe es, ein im Opernhause mühsam eingelernter, dennoch meine ich, das Fräulein singt schön – über ihre Stimme bin ich sicher, daß sie voll, biegsam aber von geringem Umfange ist, da läßt sich ein Maßstab anlegen, – aber dieses seltsame Modulieren, diese kleinen, nach der Schule verbotenen, Vorschläge, dieser tief traurige Ton, der eher heiser als klar, eher matt als kräftig, schwerlich Gnade auswärts fände, können vielleicht nur einem geborenen Laien wie mir den Eindruck von gewaltsam Bewegenden machen; die Stimme ist schwach, aber schwach wie ein fernes Gewitter, dessen verhaltene Kraft man fühlt – tief, zitternd wie eine sterbende Löwin: es liegt etwas Außernatürliches in diesem Ton, sonderlich im Verhältnis zu dem zarten Körper – ich bin kein Arzt, aber wäre ich der Vetter, ich ließe das Fräulein nicht singen; unter jeder Pause stößt ein leiser Husten sie an und ihre Farbe wechselt, bis sie sich in roten, kleinen Fleckchen festsetzt, die bis in die Halskrause laufen – mir wird todangst dabei und ich suche dem Gesange oft vorzubeugen.

Fräulein Anna, in die man mich etwas verliebt glaubt, darf sich wohl sehen lassen; sie ist ein schönes, braunes Rheinkind mit brennenden Augen, blitzenden Zähnen, Elfenfüßchen, zitternd von verhaltenem Mutwillen wie eine Granate über der die Lunte brennt; sie möchte gern immer reden und schweigt doch zumeist, weil sie den rechten Ton auf der hiesigen Skala nicht finden kann, wenn wir Abends unsere stillen, ehrbaren Gespräche führen, sitzt sie gewöhnlich am Fenster und seufzt ungeduldig Wolken und Winde an, die nach den Rebhügeln ziehen, wo ihre jungen Gefährten sich's wohl und lustig sein lassen, während sie hier bei der Tante die Klosterjungfer spielen muß, wozu? sie begreift es nicht und klagt den Himmel und das Geschick an; ich denke man hat einen Dämpfer für diese üppige Wasserorgel nötig gefunden; den Onkel ehrt sie, weiß ihn aber nicht zu schätzen, der Tante wendet sie eine zornige Liebe zu, da sie das verwandte Element fühlt und vor Ungeduld überschäumt, es so beengt zu sehen; dabei hat sie eine Regung von Empfindsamkeit, liebt den Wald und schält alle Bäume um ihre Klagen darauf auszuhauchen – mir ist eine dergleichen formlose Ergießung neulich zu Händen gekommen, wo in sechzehn Zeilen dreimal Sehnsucht, zweimal unverstanden und viermal der Friede vorkam – Sophie ist ihr fast fatal und Everwin, den sie unsre Mamsell oder Lappemann (lab – lap = schmal, schmächtig) nennt, der ewige unfreiwillige Tröster ihrer Langeweile, sie gibt ihm Salz mit auf die Jagd, macht, daß seine Leintücher eingeschlagen werden, so daß er Nachts wie in einem kurzen Sacke steckt oder nimmt seine Dohnen aus und hängt Maulwürfe oder schwarze Hadern hinein, was ihm allemal wirklich nah geht und empfindlicher ist als die schlaflose Nacht; da ihm zur revange Geschick und Kühnheit fehlen ist's ein einseitiger Spaß, der in Everwins Herzen allmählich einen Sauerteig von verkniffener Schadenfreude ansetzt; ich sehe allemal etwas wie einen falschen Sonnenstrahl über sein Gesicht zucken, wenn sie mit ihrer halbbewußten Koketterie bei einem Kameraden abfährt oder Caro, nach einem Wasserbade, sich zunächst bei ihr abschüttelt und ich habe ihn in Verdacht ihn vorzugsweise auf ihrer Seite apportieren zu lassen. Dem Wilhelm scheint sie gewogener, nennt ihn einen gebildeten, jungen Mann und es kommt mir vor, als ob sie seinetwegen zuweilen ein Schleifchen mehr ansteckte, was er leider nicht zu bemerken scheint, ich glaube überhaupt, daß zwei Drittel ihrer Seufzer dem Verkanntsein gelten, ist's z. B. nicht hart, daß sie, die französisch spricht wie deutsch und den Gellert zitieren kann, hier noch Rechnenstunde nehmen muß bei einem invaliden Unteroffizier, der am Ausgange des Parks wohnt? – wäre seine fuchsige Perücke nicht und sein schönes Französisch, in dem er sich nach ihrem »ton père« erkundigt, sie führe aus ihrer Sammethaut – nun aber hat sie an ihm wenigstens einen Souffredouleur, ein schlechtes Äpfelchen gegen den Durst und mag ihm Zeug sagen und tun, daß der Onkel den Kopf schüttelt und doch lachen muß. – Fräulein Anna ist pikant wie x-x, aber es ist unerquicklich hier Jemanden zu sehen, der die Landesweise nicht aufzufassen versteht, der Spott ärgert Einen und doch wird man sich dadurch des Entbehrten bewußt und fühlt die Einförmigkeit wie einen schläfernden Hauch an sich streifen.

Ich bemerke eben, daß ich den Fehler habe, mich in Stimmungen hinein und hinaus zu schreiben, so hat mich der Paragraph Anna fast rebellisch gemacht gegen das Haus meines guten Vetters den ich mir als einen Bissen pour la bonne bouche, in diesem Abschnitt zuletzt aufgehoben habe. – Gott segne ihn alle Stunden seines Lebens – ein Unglück kann ihn nur zur Läuterung treffen, verdient hat er es nie und nimmer – ich halte es für unmöglich diesen Mann nicht lieb zu haben – seine Schwächen selbst sind liebenswürdig. – Schon sein Äußeres. Denkt Euch einen großen stattlichen Mann, gegen dessen breite Schultern und Brust fast weibliche Hände und der kleinste Fuß seltsam abstechen, ferner eine sehr hohe, freie Stirn, überaus lichte Augen, eine starke Adlernase und darunter Mund und Kinn eines Kindes, die weißeste Haut, die je ein Männergesicht entstellte und der ganze Kopf voll Kinderlöckchen, aber grauen, und das Ganze von einem Strome von Milde und gutem Glauben überwallt, daß es schon einen Viertelschelm reizen müßte ihn zu betrügen und doch einem doppelten es fast unmöglich macht; gar adlig sieht der Herr dabei aus, gnädig und lehnsherrlich, trotz seines grauen Landrocks, von dem er sich selten trennt und hat Mut für drei: ich habe ihn bei einem Spaziergange, wo man auf verbotene Wege geraten war, fast fünf Minuten lang einen wütenden Stier mit seinem Bambusrohr parieren sehen bis Alle sich hinter Wall und Graben gesichert hatten und da

sah, wie Wilhelm sagt, der mit seinem Spazierstöckchen zur
Hülfe herbeirannte, was er vermochte, der Herr aus wie ein
Leonidas bei Thermopilae; er ist ein leidenschaftlicher Zeitungsleser
und Geschichtsfreund und liebt das gedruckte
Blutvergießen – Eugen und Marlborough sind Namen, die
seine Augen wie Laternen leuchten lassen, dennoch bin ich
zweifelhaft, ob im vorkommenden Falle der Herr den Feind
tapferlich erschlagen oder sich lieber selbst gefangen geben
würde, um keinen Mord auf seine Seele zu laden. Von Räubern
und Mordbrennern träumt er gern und wenn die
Hofhunde Nachts ungewöhnlich anschlagen und gegen irgend
einen dunkeln Winkel vor und rückwärts fahren, hat
man ihn wohl schon unbegleitet im Schlafrock mit blankem
Degen in das verdächtige Verlies dringen sehen mit wahrhaft
acharnierter Wut den Schelm zu packen und einzuspunden,
den er dann freilich am andern Morgen hätte
laufen lassen. Den Verstand des Herrn habe ich anfangs zu
gering angeschlagen, er hat sein reichliches Anteil an der
stillnährenden Poesie dieses Landes, der den Mangel an
eigentlichem Geiste fast ersetzt, dabei ein klares Judizium
und jenes haarfeine Ahnen des Verdächtigen, was aus eigner
Reinheit entspringt: sein erstes Urteil ist immer überraschend
richtig, sein zweites schon bedeutend vom Mantel
der christlichen Liebe verdunkelt und wer ihn heute als
erklärter filou anschauert ist morgen vielleicht ein gewandter
Mann, den man etwas weniger schlau wünschen möchte.
Der Herr liest viel, täglich mehre Stunden und immer
Belehrendes, Sprachliches, Geschichtliches, zur Abwechselung
Reisebeschreibungen, wo seine naive Phantasie immer
den Autor überflügelt und er heimlich auf jedem Blatte ein
neues Eldorado oder die Entdeckung des Paradiesgartens
erwartet – überhaupt kommt mir diese Familie vor wie die
Scholastiker des Mittelalters mit ihrem rastlosen, gründlichen
Fleiße und bodenlosen Dämmerungen – Alles bildet
an sich und lernt zu bis in die grauen Haare hinein und Alles
glaubt an Hexen, Gespenster und den ewigen Juden – ich
habe schon gesagt, wie stark die Musik hier getrieben wird,

– die Anregung geht zumeist von der gnädigen Frau aus, die gern aus den Leuten Alles holen möchte, was irgend darin steckt – das Talent aber vom Herrn und es ist nichts lieblicher, als ihn Abends in der Dämmerung auf dem Klaviere phantasieren zu hören: ein wahres adliges Idyll, denn eine gewisse Grandezza fährt immer in diese unschuldige, reizende Musik hinein und Stöße ritterlicher courage in Marschtempo – es wird mir nie zu lang zuzuhören und allerlei Bilder steigen in mir auf aus Thomsons Jahreszeiten, aus den Kreuzzügen. Sonst hat der Herr noch viele Liebhabereien alle von der kindlichsten Originalität, zuerst eine lebende Ornithologie (denn der Herr greift Alles wissenschaftlich an) neben seiner Studierstube ist ein Zimmer mit fußhohem Sand und grünen Tannenbäumchen, die von Zeit zu Zeit erneuert werden. Die immer offenen Fenster sind mit Draht verwahrt und darin piept und schwirrt das ganze Sängervolk des Landes von jeder Art ein Exemplar von der Nachtigall bis zur Meise; es ist dem Herrn eine Sache von Wichtigkeit die Reihe vollständig zu erhalten: der Tod eines Hänflings ist ihm wie der Verlust eines Blattes aus einem naturhistorischen Werke. Er hat ein wahres Spionieren nach jedem seltenen Durchzügler: früh um fünf sehe ich ihn schon über die Brücken schreiten nach seinen Weidenklippen und Leimstangen und wieder in der brennenden Mittagshitze sieben bis acht Mal in einem Tage; möchte ich ihm zuweilen die Mühe abnehmen und verspreche die Klippe wohlgeschlossen zu lassen oder den Vogel mitsamt der Leimstange in mein Schnupftuch gewickelt fein sauber herzutragen, so gibt er mir wohl nach, um mir keine Schmach anzutun, aber er trabt nebenher und es ist, als ob er meinte meine profane Gegenwart allein könne schon den erwischten Vogel echappieren machen. Dann ist der Herr ein gründlicher Botanikus und hat manche schöne Tulpe und Schwertlilie in seinem Garten; das ist ihm aber nicht genug, seine reiche, innere Poesie verlangt nach dem Wunderbaren, Unerhörten – er möchte gern eine Art unschuldigen Hexenmeister spielen und ist auf die seltsamsten Einfälle

geraten, die sich mitunter glücklich genug bewähren und
für die Wissenschaft nicht ohne Wert sein möchten: so trägt
er mit einem feinen Sammetbürstchen den Blumenstaub
sauber von der blauen Lilie zu der gelben, von der braunen
zur rötlichen und die hieraus entspringenden Spielarten
sind sein höchster Stolz, die er mit einem wahren Prome-
theusansehen zeigt; die wilden Blumen, seine geliebten
Landsleute, deren Verkanntsein er bejammert, pflegt er
nach allen Verschiedenheiten in netten Beetchen, wie Rei-
hen kleiner Grenadiere. Manchen Schweißtropfen hat der
gute Herr vergossen, wenn er mit seinem kleinen Spaten
halbe Tage lang nach einer seltenen Orchis suchte und Man-
ches in seiner Domäne ist ihm dabei sichtbar geworden,
was er sonst nie weder gesucht noch gefunden hätte; darum
lieben die Bauern auch nichts weniger, als des Herrn bota-
nische Exkursionen bei denen er immer heimlich auf Un-
erhörtes hofft z. B. ein scharlachrotes Vergißmeinnicht
oder blaues Maßliebchen, obwohl er als ein verständiger
Mann dies nicht eigentlich glaubt, aber man kann nicht
wissen! Die Natur ist wunderbar! Nichts zeigt die reiche,
kindlich frische Phantasie des Herrn deutlicher als sein
schon oft genanntes Liber mirabilis, eine mühsam zusam-
men getragene Sammlung alter prophetischer Träume und
Gesichte, von denen dieses Land wie mit einem Flor über-
zogen ist: fast der zehnte Mann ist hier ein Prophet – ein
Vorkieker (Vorschauer wie man es nennt) wie ich fürchte
Einer oder der Andre dem Herrn zu Lieb – seltsam ist's,
daß diese Menschen alle eine körperliche Ähnlichkeit ha-
ben: ein lichtblaues, geisterhaftes Auge, was fast ängstlich
zu ertragen ist, ich meine, so müsse Swedenborg ausgese-
hen haben; sonst sind sie einfach, häufig beschränkt, des
Betrugs unfähig, in keiner Weise von andern Bauern un-
terschieden; ich habe mit Manchen von ihnen geredet und
sie gaben mir verständigen Bescheid über Wirtschaft und
Witterung, aber sobald meine Fragen über's Alltägliche
hinausgingen, waren sie ihnen unverständlich und doch
verraten manche dieser sogenannten Prophezeiungen und

Gesichte eine großartige Einbildungskraft, streifen an die
Allegorie und gehen überall weit über das Gewöhnliche, so
daß ich gezwungen bin eine momentane geistige Steigerung anzunehmen – wie Meßmer sie jetzt in seiner neuen
Theorie aufstellt. Der Vetter nun hat alle diese in der Tat
merkwürdigen Träumereien gesammelt und teils aus scholastischem Triebe, teils um sie für alle Zeiten verständlich zu
erhalten in sehr fließendes Latein übersetzt und sauber in
einer buchförmigen Kapsel verwahrt und Liber mirabilis
steht breit auf dem Rücken mit goldenen Lettern; dies ist
sein Schatz und Orakel, bei dem er anfrägt, wenn es in den
Welthändeln konfus aussieht und was nicht damit übereinstimmt wird vorläufig mit Kopfschütteln abgefertigt. Guter Vetter, du hast mir deinen Schatz anvertraut, obwohl ich
weiß, daß du lieber ein Mal auf deinem Gesicht als einen
Flecken auf den Blättern erträgst; da liegt er rot, golden und
stattlich wie ein englischer Stabsoffizier und ich sitze hier
wie ein schlechter Spion und nehme eine geheime Karte
von deiner Person. – Gute Nacht würde ich sagen, aber du
hast immer gute Nächte, denn du bist gesund und reinen
Herzens, ich muß morgen früh auf – wir haben sieben
Meisenkasten abzusuchen.

DRITTES KAPITEL

Der Morgen war so schön! Nachtigallen rechts und links
antworteten sich so schmetternd aus dem blühenden Gesträuch und Hagen, daß ich um fünf Uhr im engsten Sinne
des Wortes davon geweckt worden bin und es mir unmöglich war wieder einzuschlafen, so habe ich denn bis zum
Frühstück mich in den Anlagen umhergetrieben und die
erste Blüte an des Herrn neuster Iris mit meinem profanen
Auge eher erblickt, als der gute Prometheus selbst. Es war
in diesen Tagen viel Rede und Erwartung wegen dieser
Blume aus des Herrn Fabrik, die mir nur etwas tiefer blau
scheint als die gewöhnliche Schwertlilie – ich denke aber er

wird sie atropurpurea oder mirabilissima taufen; jedenfalls sah die Blume in ihrem Tauperlenschleier reizend genug aus und überall hatten die Anlagen in ihrem jungen von der Sonne vergoldeten Grün, ihrem Tau und Blütenstaat eine solche beauté du diable, daß ich glaubte nie etwas Lieblicheres gesehen zu haben. Der feuchte Boden ist dem Blumenwuchs und den Singvögeln so zuträglich, daß man in der schönen Jahreszeit von Düften, Farbe und Gesang berauscht vergißt, daß Alles fehlt, was man sonst von schöner Gegend zu fordern pflegt – Gebirg, Strom, Felsen. Ich muß der Seltsamkeit wegen anmerken, daß mir ganz poetisch zu Mute ward und ich mich beinah auf den nassen Rasen gesetzt hätte; wirklich mich auf eine Bank hingoß und sehr dazu gestimmt ein Paar Gedichte von Wilhelm hervorzog, die Fräulein Anna mir gestern Abend mit verschmitztem Lächeln und ein wenig Erröten zugesteckt hatte, – irre ich nicht, so ruhen ihre dunkeln Augen zuweilen mit einer Teilnahme auf dem jungen Dichter, wie Langeweile und etwas Empfindsamkeit sie leicht auf dem Lande erzeugen. Das schüchterne Huhn scheint indessen davon kein Körnchen zu ahnen und ich bin ungewiß, ob eine etwaige Entdeckung dem Fräulein zum Schaden oder Vorteil gereichen würde, da seine blauen, jungfräulichen Augen ganz anderes zu suchen scheinen, als so rheinisches Blut. Also ein Dichter ist der Wilhelm! ich hätte es mir denken können nach seinen verklärten Blicken, wenn wir am Weiher stehen und die Schwäne durch den glitzernden Sonnenspiegel segeln, wo er dann wirklich schön aussieht, die übrige Zeit aber unbehülflich und verschüchtert, wie es einem jungen Schreiber zukömmt, den die Güte des Herrn höchst überflüssig seinem Onkel zugesellt hat, nur um das arme Blut in freie Kost und Wohnung zu bringen. Die Verse sind auf schlechtes Konzeptpapier geschrieben, häufig durchstrichen und gewiß nicht für das Auge des Fräuleins bestimmt; das Eine schien sie mir mit einiger Ziererei vorenthalten zu wollen – dieses wird zuerst gelesen
(hier folgt das Mädchen am Bache.)

Ei, ei, Wilhelmus, was sind das für gefährliche Gedanken, paßt sich dergleichen für einen armen Studenten, der erst in zehn Jahren *vielleicht* lieben darf? nun zum zweiten
(der Knabe im Rohr.)
Der junge Mensch hat wirklich Talent und in einer günstigern Umgebung – doch nein – bleib in deiner Heide, laß deine Phantasie ihre Fasern tief in deine Weiher senken und wie eine geheimnisvolle Wasserlilie darüber schaukeln, – sei ein Ganzes, ob nur ein Traum, ein halbverstandenes Märchen, es ist immer mehr wert, als die nüchterne Frucht vom Baum der Erkenntnis. – Beim Heimzuge fand ich seinen Onkel den Rentmeister Friese in Hemdärmeln am Brunnen vor dem Nebengebäude, eifrig bemüht seine Stubenfenster mit Hülfe eines Strohwisches und endloser Wassergüsse zu säubern; seine Glatze glänzte wie frischer Speck und ich hörte ihn schon auf dreißig Schritt stöhnen, wie ein dampfiges Pferd. Er sah mich nicht und so konnte ich den wunderlichen Mann mit Muße in seinem Negligée betrachten, das an allen Stellen, die der Rock sonst in Verborgenheit bringt, mit den vielfarbigsten Lappen verziert war und ihm das Ansehen einer wandernden Musterkarte gab; es ist mir selten ein Harpagonähnlicheres Gesicht vorgekommen! spitz wie ein Schermesser, mit Lippen wie Zwirnfaden die fast immer geschlossen sind, als fürchteten sie etwas Brauchbares entwischen zu lassen und nur wenn er gereizt wird, Witzfunken sprühen wie ein Kater, den man gegen den Strich streichelt, – dennoch ist Friese ein redlicher Mann, dem jeder Groschen aus seines Herrn Tasche wie ein Blutstropfen vom Herzen fällt, aber ein Spekulant sonder Gleichen, der mit Allem, was als unbrauchbar verdammt ist: Lumpen, Knochen, verlöschten Kohlen, rostigen Nägeln, den weißen Blättern an verworfenen Briefen Handel treibt und sich im Verlauf von dreißig Jahren ein hübsches, rundes Sümmchen aus dem Kehricht gewühlt haben soll. Seine Kammer ist Niemanden zugänglich, als seinen Handelsfreunden und dem Wilhelm; er fegt sie selber, macht sein Bett selber, die reine Wäsche muß ihm an's Türschloß

gehängt werden; – nitimur in vetitum, ich wagte einen Sturm, nahte mich höflich und bat um ein Paar geschnittene Federn, – er wurde doch blutrot und zog sich wie ein Krebs der Tür zu, um seine Hinterseite zu verbergen, – ich ihm nach und ließ ihm nur so weit den Vortritt, daß ihm gelingen konnte in seinen grauen Flaus zu fahren, dann stand ich vor ihm, er sah mich an mit einem Blick des Entsetzens, wie weiland der Hohepriester ihn auf den Tempelschänder, der in's Allerheiligste drang mag geschleudert haben, deckte hastig eine baumwollene Schlafmütze über ein Etwas in der babylonischen Verwirrung seines Tisches, suchte nach einem Federbunde, dann in verdrießlicher Eile, nach einem Federmesser – es war nicht da – er mußte sich entschließen in einen Alkoven zu treten, ich warf schnell meine Augen umher – das ganze, weite Zimmer war wie mit Maulwurfshügeln bedeckt, durch die ein Labyrinth von Pfaden führte, – saubere Knöchelchen für die Drechsler, Lumpen für die Papiermühle, altes Eisen, auf dem Tische leere Nadelbriefe schon zur Hälfte wieder gefüllt mit Stecknadeln, denen man es ansah, daß sie grade gebogen und neu angeschliffen wurden; ich hörte ihn einen Schrank öffnen und hob leise den Zipfel der blauen Mütze, – beschriebene Hefte in den verschiedensten Formaten, offenbar Memoiren »heute hat der lutherische Herr wieder eine ganze Flasche Franzwein getrunken, das Faß à 48 Taler ist fast leer« ich stand steif wie eine Schildwacht, denn Herr Friese trat herein und machte mich dann bald davon, so triumphierend wie ein begossener Hund, – guter Vetter, wird dir deine Freundlichkeit so schändlich kontrolliert! ich habe den Friese nie leiden können, obendrein ist er ein alter Narr, der sich von der Zofe Katharina, einem schlauen, lustigen Mädchen und der gnädigen Frauen Liebling auf's Albernste hänseln läßt; diese junge Rheinländerin stiftet überhaupt einen greulichen Brand im Schlosse: drei westphälische Herzen seufzen ihretwegen wie Öfen, zuerst des Herrn geliebter Johann (von ihr nur Jan Fiedel genannt) der mit ihm, eigends zu seinem Kammerdiener erzogen worden ist – recht artig die Geige mit dem Herrn Everwin streicht und in seinen graumelierten mit Talg glatt gestrichenen Haarresten, die in einem ausgemergelten Zöpfchen enden – einem geschundenen Hasen gleicht; dann ein paderbornischer Schlingel derselbe, der mich zuerst am Wagen begrüßte, ein schlauer, nichtsnutziger Bursch, der sich durch tausend Foppereien an seinen Gesellen, für die Langeweile, die sie ihm machen, schadlos hält, – den Herrn beschwätzt er zu Allem, wie er will und ist ihm erst vor Kurzem etwas fatal geworden, seit er der Köchin, einer armen, gichtischen Person drei bunte Seidenfaden als sympathetisches Mittel gab mit dem Zusatze, es wirke nur, wenn sie täglich einen Korb voll Holz vor des Herrn Zimmer trage (bis dahin sein Amt). Der Spaß kam aus und der Herr war sehr ungehalten über diese Grausamkeit seines Johanns; doch meine ich, daß er ihn seitdem auch sonst mit mißtrauischen Blicken betrachtet »denn,« wie der Herr sagt, »dergleichen Dinge sind nicht ganz zu leugnen, man trifft im Paderbornischen seltsame Beispiele an«

⟨*nicht vollendet*⟩

JOSEPH

Eine Kriminalgeschichte

⟨Nach den Erinnerungen einer alten Frau mitgeteilt von einem alten Moortopf, der auf seinem eigenen Herd sitzt und sich selbst kocht.⟩

Die Zeit schreitet fort. Das ist gut, wenigstens in den meisten Beziehungen. Aber wir müssen mitrennen, ohne Rücksicht auf Alter, Kränklichkeit und angeborene Apathie. Das ist mitunter sehr unbequem.

In meiner Kindheit, wo das Sprichwort: »Bleib im Lande und nähre Dich redlich« seine strenge Anwendung fand; wo die Familien aller Stände ihre Sprossen wie Bananenbäume nur in den nächsten Grund steckten und die Verwandtschaften so verwickelt wurden, daß man auf sechs Meilen Weges jeden Standesgenossen frischweg: »Herr Vetter« nannte und sicher unter hundert mal kaum einmal fehlte; in jener Zeit kannte ein ordinärer Mensch mit zehn Jahren jeden Ort, den seine leiblichen Augen zu sehn bestimmt waren und er konnte achtzig Jahre nach einander sich ganz bequem seinen Pfad austreten.

Jetzt ist es anders. Die kleinen Staaten haben aufgehört; die großen werfen ihre Mitglieder umher wie Federbälle, und das ruhigste Subjekt muß sich entweder von allen Banden menschlicher Liebe lossagen oder sein Leben auf Reisen zubringen, je nach den Verhältnissen umherfahrend wie ein Luftballon, oder noch schlimmer immer denselben Weg angähnend wie ein Schirrmeister; kurz, nur die Todkranken und die Bewohner der Narrenspitäler dürfen zu Hause bleiben, und Sterben und Reisen sind zwei unabwendbare Lebensbedingungen geworden. Ich habe mich nicht eben allzuweit umgesehen, doch immer weiter, als mir lieb ist. Es gibt keine Nationen mehr, sondern nur Kosmopoliten und sowohl Marqueurs als Bauernmädchen in fremdländischen Kleidern. Französische und englische Trachten kann ich auch zu Hause sehen, ohne daß es mir einen Heller kostet. Es macht mir wenig Spaß einer Schweizerin mit großen Hornkämmen in den Haaren fünf Batzen zu geben, damit sie sich in ihre eigene Nationaltracht maskiert oder mir für die nächste Bergtour Tags vorher einen Eremiten in die Klause zu bestellen. Wäre nicht die ewig große, unwandelbare Natur in Fels, Wald und Gebirg (den Strömen hat man auch bunte Jacken angezogen), ich würde zehnmal lieber immer bei den ewigen alten guten Gesichtern bleiben, die mit mir gelebt, gelitten und meine Toten begraben haben.

Nur zwei Gegenden, – ich sage nur, was ich gesehen habe; wo ich nicht war, mögen meinetwegen die Leute Fischschwänze haben, ich bin es ganz zufrieden – mir selbst sind nur zwei Landstriche bekannt geworden, wo ich den Odem einer frischen Volkstümlichkeit eingesogen hatte, ich meine den Schwarzwald und die Niederlande. Dem Erstern kommt wohl die Nähe der Schweiz zu statten. Wer vor dem Gebirge steht, will nichts, als hinüber ins Land der Freiheit und des Alpglühens, der Gems- und Steinböcke, und wer von drüben kommt, nun, der will nichts, als nach Hause oder wenigstens recht weit weg. So rollt das Verderben wie eine Quecksilberkugel spurlos über den schönen, reinen Grund des stolzen Waldes, um erst jenseits zu oxydieren. (Wenn nämlich Quecksilber Oxyd niederschlägt, was ich nicht bestimmt behaupten mag, da ich es nur bis zu Salomon's Weisheit, d. h. zum Bewußtsein schmählicher Unwissenheit in vielen Dingen zwischen Himmel ⟨und Erde⟩ gebracht habe.)

Die Niederlande hingegen, dieser von Land- und Wasserstraßen durchzogene und von fremden Elementen überschwemmte Landstrich, bewahrt dennoch in der Natur seines Volksschlages einen Hort Alles abwehrender Eigentümlichkeit, der besser schützt als Gebirge, die erstiegen und Talschluchten, die durchstöbert werden können, und den man, nachdem er die neuern Ereignisse überstanden, wohl für unzerstörbar halten darf. Ich war sehr gern in Belgien und hatte alle Ursache dazu, freundliche Aufnahme, noch freundlichere Bewirtung, gänzliche Zwanglosigkeit hinsichtlich meiner Zeitanwendung; es versteht sich, daß ich auf dem Lande und in einer Privatwohnung war. – In Städten und Gasthöfen ist mir immer elend; frische stärkende Spaziergänge durch die Wiesen am Ufer der Maas und vor jedem Hause, jeder Mühle Szenen Wynants und Wouvermanns, Bilder so treu, als wären sie eben von der Leinwand einer niederländischen Meisterschule gestiegen. Das ist es eben, was ich mag. Ob mein alter Tuinbaas vom Kasteel (Gärtner vom Edelhof) noch wohl lebt? Jetzt müssen seine Tulpen im Flore stehen; aber zehn Jahre sind ein bedenkliches Stück Menschenleben, wenn man sie mit weißen Haaren anfängt – ich fürchte sehr, er hat längst seine Gartenschürze ab- und seine letzte Zipfelmütze angelegt; oder meine gute Nachbarin auf ihrem kleinen Landsitze, dem sie genau das Aussehn eines saubern Wandschränkchens mit Pagodenaufsatz gegeben hatte? Sie war vielleicht nur um sieben bis acht Jahre älter als ich, trug Sommers und Winters Pelzschuhe, und ich konnte barfuß durch den Schnee traben, d. h. ich konnte es vor zehn Jahren, ehe ich mich in einer schwachen Stunde vom faselhänsigen Volk verführen und bereden ließ, auf den Schnepfenstrich zu gehn und ich die Gicht bekam, und wenn ich vollends bedenke, daß ich mich vor einigen Jahren noch verheiraten wollte und zwar an ein blutjunges Mädchen! Doch das sind Torheiten, korrupte Ideen.

Mevrouw van Ginkels Andenken ist mir wert; sie hatte viel und früh gelitten, und auch von ihrer spätern glücklichern Lage an der Hand eines geachteten und wohlhabenden Gatten, von Brüdern und Schwestern, war ihr nur in einem anständigen Auskommen die Möglichkeit geblieben, ungestört des Vergangenen zu gedenken und jedem

Lieblinge unter ihren zahllosen Aurikeln den Namen eines geliebten teuren Verstorbenen geben zu können. Sie war gewiß schön gewesen, – so fromme, traurige Augen müssen ja jedes Gesicht schön machen, und gewiß sehr anmutig, hätte sie auch nichts gehabt, als den bezaubernden Wohlklang ihrer Stimme, die das Alter wahrscheinlich um einige Töne tiefer gestimmt, aber ihr nichts von der jungfräulichen Zartheit genommen hatte, und die jeden Gedanken ihrer Seele zugleich umschleierte und enthüllte und einem Blinden das beweglichste Mienenspiel ersetzen konnte. Welch ein Unterschied, wenn sie bei einer dunklen Aurikel verweilte und in jugendlichem Entzücken sagte: »Das ist meine gute Frau Gaudart,« und bei einer der blondesten mit großen lichtblauen Augensternen: »Julchen,« und schnell weiter ging, als fürchte sie, ein fremdes kaltes Auge möge in das Tote ihres Lebens niedersinken.

In meinem Leben bin ich nicht so in Gefahr gewesen, ein sentimentaler Narr zu werden, als bei dieser alten, pünktlichen Mevrouw, die nie klagte, nicht einmal über Migräne oder schlechtes Wetter, deren ganze Unterhaltung sich um Blumenflor, Milchwirtschaft und sonstige kleine Vorfälle ihrer Häuslichkeit bewegte, so z. B. um einige Nachbarskinder, die sie mit Butterbrod und Milch an sich gewöhnt hatte.

Ich glaube wahrhaftig, ich war nahe daran, mich in die alte Person zu verlieben oder wenigstens in eine unbegreifliche Überfülle von Verehrung zu geraten, weshalb ich denn am liebsten Abends zu ihr ging, wo sie steif hinter der Teemaschine saß, sich mit den Schnörkeln eines Stickmusters abmühend, das die größte Ähnlichkeit mit einem holländischen Garten voll Ziegelbeeten und Taxuspfauen hatte; vor ihr die kleine, goldene tabatière, rechts und links Etageren voll Pagoden und Muschelhündchen und alles überträufelt von dem feinen Aroma des Kaisertees.

O vivant die Niederlande! das war ein echter Gerhard Dow, ohne Beimischung, die einen ruhigen Philister hätte stören können – dann wand sich auch das Gespräch fließend ab, und Mevrouw gab sogar mitunter Einiges aus ihren Erlebnissen zum Besten, offenbar mehr in dem Bestreben, einen Gast nach seinem Geschmacke zu unterhalten, als aus eigentlichem Vertrauen, das sie im weiteren Sinne gegen Jedermann im Übermaß hatte, im engeren Sinne aber Niemand schenkte. Es waren meistens kleine Züge, aber sehr wahre.

Wäre ich ein romantischer Hasenfuß gewesen und hätte ich die Gewohnheit gehabt, meine guten Augen (NB. Wenn mich Jemand sollte zufällig mit Brillen gesehen haben, ich trage nur Konservationsbrillen.) Nachts mit Tagebuchschreiben zu verderben, es stände doch jetzt wohl Manches darin, was ich gerne nochmals läse und was in seiner einfachen Unscheinbarkeit mehr Aufschlüsse über Volk, Zeit und das Menschenherz gäbe, als Manches zehnmal besser Geschriebene. Eine Begebenheit jedoch, vielleicht die einzig wirklich auffallende in Mevrouws Leben habe ich mir später vor und nach notiert und, da meine gute Frau van Ginkel ohne Zweifel längst in ihren Pelzschuhen verstorben ist, mir ferner kein Umstand einfällt, der ihr die Veröffentlichung unangenehm machen könnte, und mein jüngster Neffe, der, Gott sei's geklagt, sich auf die Literatur geworfen hat, jedoch ein artiges Geld damit verdient, gerade sehr um einen Beitrag in gemütlichem Stile verlegen ist, so mag er denn den Aufsatz nehmen, wobei ich jedoch bestimmt erkläre, daß ich nur wörtlich der würdigen Frau nachgeschrieben habe und mich sowohl gegen alle poetischen Ausdrücke als überhaupt gegen den Verdacht der Schriftstellerei, als welcher mich bei meiner übrigen Lebensweise und Persönlichkeit nur lächerlich machen könnte, auf's kräftigste verwahre.

        Caspar Bernjen, Rentier.

NB. Den Nachbarn, zu dem Mevrouw redet, und der natürlich Niemand ist, als ich, Caspar Bernjen, Rentier und Besitzer eines artigen Landgutes in Nieder⟨?⟩schen, müssen der Neffe und der Leser sich als einen ansehnlichen, korpulenten Mann mit gesunden Gesichtsfarben in den besten Jahren mit blauem Rock mit Stahlknöpfen und einer irdenen Pfeife im Munde, an der linken Seite des Teetisches denken. Es geht Nichts über Deutlichkeit und Ordnung in allen Dingen.

Sie erwähnten gestern eines Umstandes, lieber Herr Nachbar, der sich in Ihrem vierzigsten Jahre ereignet, und über den Sie damals an Ihre Eltern geschrieben. Da hat Ihnen der Himmel ein großes Glück gegeben.

Ich weiß, was es heißt, keine Mutter haben und den Vater im fünfzehnten Jahre verlieren. Von meiner Mutter habe ich nur ihr lebensgroßes Porträt gekannt, das im Speisesaale hing: eine schöne Frau in weißem Atlas, einen Blumenstrauß in der Hand und auf dem Schoß ein allerliebstes Löwenhündchen. Ich weiß nicht, ob es daher kommt, daß es meine Mutter war, aber mich dünkt, ich habe nie ein so schönes Gesicht gesehen und nie so sprechende Augen. Ich mag noch nicht daran denken, wie einfältig ich um das Bild gekommen bin, und wie es jetzt vielleicht für Nichts geachtet wird. Warum mein Vater nicht wieder heiratete, begreife ich eigentlich nicht; seine Lage hätte es wohl mit sich gebracht; ein Kaufmann, der den ganzen Tag im Comptoir und auf der Börse zubringt und der Handelsverbindungen wegen fast täglich Gäste zu Tische hat, ist ohne Hausfrau ein geschlagener Mann, allen Arten von Veruntreuungen und Verschleuderungen ausgesetzt, die er unmöglich selbst kontrollieren kann, und sogar seine Kommis scheuen sich weniger vor ihm, als vor der Madame, die sie aus- und eingehen sieht, ihre Kleidung und ihr Benehmen gegen die Dienstboten beobachtet und überall in der Stadt Dinge gewahr wird, die dem Herrn sein Lebtage nicht zu Ohren kommen.

Indessen war freilich meine Mutter schon des Vaters zweite Frau gewesen. Die erste hatte ihm ein schönes Vermögen eingebracht und eine erwachsene, damals bereits verlobte Tochter, auf deren Hochzeit sie sich bald nachher ihre tödliche Krankheit holte durch dünne Kleidung, – man sagt, weil sie als sogenannte junge Frau nicht gar zu matronenhaft neben der Braut hatte aussehen wollen, was sich denn auch in Rücksicht auf ihren Mann wohl begreift; kurz, sie lag acht Tage nachher völlig kontrakt im Bette und hat so sechs Jahre gelegen, zuletzt so elend, daß ihre besten Freunde ihr nur den Tod wünschen mußten.

Nachdem mein Vater anderthalb Jahre Witwer geblieben, heiratete er ein junges Mädchen von guter Herkunft, aber gänzlich ohne Vermögen. Dies war meine Mutter, und ich mag, Gottlob, fragen, wen ich will, ich höre nur Gutes und Liebes von ihr; aber den Keim zur Schwindsucht soll sie schon in die Ehe mitgebracht haben. Man sieht es auch dem Bilde an, das doch gleich nach der Hochzeit gemalt ist.

Ein Jahr lang bis zu meiner Geburt hielt sie sich noch so leidlich, obwohl das unruhige Leben und die Unmöglichkeit, sich zu schonen, ihr Übel soll sehr beschleunigt haben. Ich wollte, sie hätte nicht geheiratet; Gott hätte mich ja doch anderwärts erschaffen können; denn, Mynheer, man kommt doch nie ganz darüber weg, seiner Mutter den Tod gebracht zu haben. Man hat mir viel von dem Kummer meines Vaters erzählt und wie er ferner eine Menge Heiratsanträge von der Hand gewiesen. Ich glaube es wohl, denn ich habe nie gesehen, daß er für irgend ein Frauenzimmer das geringste Interesse gezeigt hätte, außer was ihm von der Höflichkeit geradezu auferlegt wurde, und da waren es immer die Mamas und Großmamas, deren Unterhaltung er vorzog; sonst lebte er nur in seinem Geschäfte. Morgens um fünf auf und in seiner Stube gearbeitet, um sechs in's Comptoir, um elf auf die Börse, von eins bis zwei zu Tische, was vielleicht die schwierigsten Stunden waren, wo er, den Kopf voll Gedanken, den angenehmen Wirt machen mußte.

Nachmittags wieder gearbeitet, Spekulationen nachgegangen und zuletzt noch bis Mitternacht in seinem Zimmer geschrieben. Er hat ein saures Leben gehabt.

Ich wuchs indessen in ein paar hübschen Mansardenzimmern bei einer Gouvernante, Madame Dubois, heran und sah mancherlei im Hause, was mir nach und nach anfing wunderlich vorzukommen, so z. B. fast Jeder hatte irgend einen Nachschlüssel, dessen er sich vor mir nicht gerade sehr vorsichtig, aber doch mit einer Art Behutsamkeit bediente, die mich endlich aufmerksam machen mußte. Selbst Madame Dubois hatte einen zur Bibliothek, denn sie brachte ihr Leben mit Romanlesen zu, weshalb ich denn auch nichts gelernt habe.

Man nimmt sich vor Kindern nicht in Acht, bis es zu spät ist. Hier war es aber leider nicht zu spät; denn als Madame Dubois, die NB. von meiner Kenntnis ihres Schlüssels nichts wußte und nur in Bezug auf Andere sprach, mir auseinandersetzte, daß Schweigen besser sei, als Verdruß machen, war ich noch viel zu jung, um einzusehn, wie höchst nötig Sprechen hier gewesen wäre. Ich fühlte mich durch ihr Vertrauen noch sehr geehrt, und habe nachher leider Manches noch mit vertuschen helfen. Kinder tun, wie sie weise sind.

Ich sah, so oft mein Vater auf die Börse ging, die Kommis wie Hasen am Fenster spähen, bis er um die Gassenecke war, und dann forthuschen, Gott weiß, wohin. Ich sah den Bedienten in meines Vaters seidenen Strümpfen und Schuhen zum Hinterpförtchen hinausschleichen; ich hörte Nachts den Kutscher an meiner Tür vorbeistapfen in den Weinkeller hinunter und wälzte mich vor Ärger im Bette, aber wiedersagen – um Alles in der Welt nicht. Dazu war ich viel zu verständig.

Ich hörte sogar, wie Jemand der Madame Dubois erzählte, unser Kassierer, Herr Steenwick spiele jeden Abend und habe in der vorigen Nacht zwei tausend Gulden verloren und wie die Dubois antwortete:

»Um Gotteswillen, woher nimmt der Mensch das Geld? Da sollte Einem hier im Hause doch schwarz vor den Augen werden!«

Dies war kurz nach meinem vierzehnten Geburtstag und

das erste mal, daß sich mir der Gedanke aufdrängte, Schweigen könne doch auch am Ende seine bedenkliche Seite bekommen.

Das Ding lag mir den ganzen Abend im Kopfe woher H. Steenwick das Geld nehme, ich wußte daß er arm war, er bekam nur 1000 Gulden Gehalt und ich hatte oft gehört daß seine Eltern arme Fischersleute bei Saardam wären. – Ich hatte bei van Gehlens mal von einem Kommis gehört, der aus seines Herrn Kasse gespielt hatte, und obwohl ich mir das nicht mit einem alten bekannten Gesichte zusammen stellen konnte, was ich im Hause kannte soweit meine Erinnerung reichte, und auch Madame so besonders viel hielt, und noch neulich ein Paar Tragbänder für ihn gestickt hatte, so überfiel mich doch eine instinktartige Angst, die nicht ganz frei von Mißtrauen war, und doch immer wieder mit der Erzählung von jenem Kommis verschmolz. Madame war still und noch zerstreuter als gewöhnlich, sie zog zehnmal einen Roman unter der Näharbeit hervor, las ein paar Zeilen, steckte ihn wieder zurück und warf endlich fast die Lampe um, und trieb dann hastig zu Bette. Als wir ungefähr eine Stunde zu Bette gewesen waren, Madame und ich, hörten wir uns gegenüber H. Steenwicks Türe gehn, und dann rasch Tritte über den Gang weg, die Stiege hinunter – es war nicht das erstemal daß er so spät sein Zimmer verließ, und ich eingeschlafen war ohne ihn zurück kommen zu hören, aber zum ersten Mal bemerkte ich daß er viel schneller ging und seine Stiefel viel weniger knarrten als bei Tage, ich drückte die Kissen von meinem Ohre weg und horchte, im selben Augenblick hörte ich auch Madame ihre Gardine zurück schieben und sich halb im Bette aufrichten, unten im Hausflure schlich ein leises behutsames Knistern, dann ward die Haustüre erst halb leise dann mit einem raschen Ruck vollends geöffnet, und dann fiel jenseits auf der Gasse ein Schlüssel aufs Pflaster, – Madame seufzte tief, und murmelte »Schweigen schweigen – nur schweigen« – Ich fühlte einen plötzlichen Mut in mir, und rief, »nein, Madame, Alles an den Papa sagen!« Sie können sich den

Schrecken der armen Frau nicht vorstellen. »Stanzchen!« rief sie »Stanzchen, schläfst du nicht?« – und gleich darauf hörte ich sie bitterlich schluchzen, – mir wurde todangst, ich wußte x-x nicht, daß die arme Person, die in der Tat eine sehr schlechte Gesundheit und mit ihren 48 Jahren betrübte Aussichten in die Zukunft hatte, ihre ganze Hoffnung auf H. Steenwick setzte, der ihr so lange Bücher voll zarter Liebe die sich nur durch Blicke und feine Aufmerksamkeiten, Blümchen et cet verriet, zugeschleppt hatte, bis sie sich um so mehr als halb verlobt ansah, da sie mal in einem der Bücher an einer sehr bedeutsamen Stelle ein zufälliges Eselsohr fand. –

Sie war sonst eine gute ehrbare Person, aber Mynheer wissen wohl, der Ertrinkende hält sich an einem Strohhalm! – Als Madame sich ein wenig gefaßt bat sie mich vom Himmel zur Erde zu schweigen und log mir sogar etwas vor von einer reichen Tante die dem Kassier oft große Geldgeschenke mache, aber mit so unsicherer Stimme, daß es selbst mir auffiel, endlich versprach sie genau Acht zu geben, sie werde ihr Gewissen sicher nicht mit einer so wichtigen Sache beschweren, obwohl Schweigen sonst immer am Geratensten sei, wo bei der Untersuchung doch unfehlbar nichts als Verdruß ohne Nutzen herauskommen und aller Schaden und Aufwand auf den Ankläger zurückfallen würde. – »Hat der Herr denn Zeit zu untersuchen?« sagte sie »frägt er je Jemanden Andren als den Kassier und die Haushälterin? und wenn diese sprechen wollten, haben sie nicht hundertmal die Gelegenheit und die Macht obendrein? – auf Kleinigkeiten, ein paar Steinkohlen mehr oder weniger verbrannt, ein paar Flaschen mehr oder weniger getrunken, kömmt es in einem solchen Hause auch gar nicht an, – aber dies ist zu arg! – Schweig nur, Kind, ich will aufpassen, und wenn es mir vom Himmel auferlegt ist, daß ich mich daran wagen soll, dann in Gottes Namen in Gottes Namen!« Wenn ich bedenke, in welchem betrübten herzzerreißenden Tone sie dies sagte, so muß ich der armen Frau alle ihre Schwächen vergeben, und bin überzeugt daß sie entschlossen war ihrer Pflicht ein ganzes Lebensglück zu opfern, was freilich nur in der Einbildung bestand, aber Mynheer, der Wille ist doch so gut wie die Tat. – Wirklich ging Madame am andern Morgen, gegen ihre Gewohnheit, sehr früh aus, sie kam blaß und niedergeschlagen zurück, packte sogleich ihre Romane und ließ sie H. Steenwick bringen, mit der Bitte ihr keine andern zu schicken, da es ihr vorläufig an Zeit zum Lesen fehle. Von jetzt an horchte ich jeden Abend im Bette, und bemerkte auch daß Madame jeden Abend horchte, aber verstohlen, erst nachdem sie durch die Gardine geschielt hatte ob ich schlafe, und jeden Abend hörte ich H. Steenwick vorbei schleichen und Madames verhaltenes betrübtes Weinen, oft die halbe Nacht durch, den Tag über war Madame wie zerschlagen, griff Alles verkehrt an, hielt die Unterrichtsstunden noch nachlässiger als gewöhnlich, sie saß beständig am Fenster, nähte wie ums Brod, und so oft die Comptoirtüre ging fiel eine zerbrochene Nähnadel auf den Boden, auch halb verstohlene Ausgänge wurden mitunter gewagt. – Nach etwa acht Tagen sagte Madame Abends »Stanzchen Morgen spreche ich mit dem Papa« sie sah hierbei überaus blaß aus, und hatte etwas Edles im Gesicht das mir mehr imponierte als würde ich gescholten. – Ich legte mich so leise und rücksichtsvoll zu Bette wie in Gegenwart einer Prinzessin, Madame ließ das Licht brennen und las lange und eifrig im Thomas a Kempis; plötzlich fuhren wir Beide auf, H. Steenwicks Türe wurde mit Geräusch auf und zu gemacht, und er stampfte einen Gassenhauer pfeifend über den Gang, dann stand er mit einem Male still und schien sich zu besinnen oder zu horchen, und dann gings leise leise mit Katzenschritten die Treppe herunter. Der Sand im Flur knirrte, die Haustür ging, Alles leiser als je, ich sah Madame an, und begegnete einem Ausdrucke des Schreckens der mich betäubte, sie saß aufrecht im Bette, die Hände gefaltet »Jesus Maria!« war Alles was sie sagte, dann stand sie auf, öffnete das Fenster und lauschte eine Weile hinaus, kam dann schnell zurück, legte sich, und löschte das Licht. – Ich hörte Madame in dieser Nacht nicht weinen, aber so oft ich wach wurde, heftig atmen und sich im Bette bewegen, und ich hörte es oft, denn obwohl ich mir von meinen Gefühlen eigentlich nicht Rechenschaft zu geben wußte hatten doch dieser polternde Gang, dies wilde abgebrochne Pfeifen durch die Stille, und das darauf folgende Katzenschleichen mich mit einem Grausen überrieselt, daß ich mich fast vor den Schnörkeln am Betthimmel und der Gardine fürchtete.

– Als es kaum Tag geworden war saß Madame schon wieder aufrecht und sah nach ihrer Taschenuhr, – so mehrere Male – um halb sieben klingelte sie und gab der Magd einen konfusen Auftrag an H. Steenwick – das Mädchen kam zurück – er war noch nicht im Comptoir, – »so geh auf sein Zimmer« – die Tür war verschlossen. – Wir standen auf – von Unterrichtsstunden war keine Rede – ich saß mit meinem Strickzeuge in einem Winkel – und Madame saß mit ihrem Nähzeug am Fenster – drei oder viermal stand sie auf ging in's Haus hinunter und kam immer blasser wieder. Gesprochen wurde nicht.

Als wir um zwei ins Speisezimmer traten, war mein Vater anfangs nicht da und ließ sagen, wir möchten nur anfangen zu essen. Wir fragten nach dem Buchhalter; er sei bei dem Herrn. Wir aßen um der Domestiken willen einige Löffel Suppe, so sauer es uns wurde.

Da kam der Vater herein, sehr rot und aufgeregt. Er legte sich, gegen seine Gewohnheit, selbst vor, spielte mit dem Löffel und fragte dann, als der Bediente gerade herausging, wie hingeworfen:

»Madame, Sie wohnen doch dem Kassierer gegenüber; wissen Sie nicht, wann er diesen Morgen ausgegangen ist?«

Über Madames Gesicht flog eine glühende Röte, die einem wahrhaft edlen Ausdrucke Platz machte. Sie stand auf und sagte mit fester Stimme:

»Mynheer, Herr Steenwick ist diese Nacht nicht im Hause gewesen.«

Mein Vater sah sie an mit einem Gesichte, das mehr Angst als Bestürzung verriet. Er stand auf, gab draußen einige Befehle und setzte dann sein Verhör fort.

»Haben Sie gestern bemerkt, wann er fortging?«

»Ja, Mynheer, um halb zwölf,« und nach einigem Zögern setzte sie hinzu, »haben wir, Stanzchen und ich, ihn fortschleichen hören.«

»Fortschleichen?« rief mein Vater und wurde fast eben so blaß als Madame. »Also doch wahr! Seien Sie aufrichtig, Madame, war es zum ersten Male?« Es war, als sinke die arme Frau in sich zusammen, als sie stammelnd antwortete:

»Nein, Mynheer, nein, schon seit acht Tagen jeden Abend.«

Mein Vater sah sie starr an.

»O Mynheer, fragen Sie Stanzchen. Stanzchen weiß, daß ich es Ihnen heute sagen wollte.«

Mein Vater antwortete nicht. Er ging hastig an einen Wandschrank, der Feile, Kneifzangen und allerlei Schlüssel enthielt. Dann rief er an der Tür heftig nach dem Buchhalter. Türen gingen und als eben ein Bedienter Speisen hereintrug, hörten wir an einem Krach, daß im Kabinett neben dem Comptoir die Kasse erbrochen wurde.

Wir saßen wie Bildsäulen am Tische, ließen eine Speise nach der andern abtragen und hatten weder den Mut, das Zimmer zu verlassen, noch darin zu bleiben.

Der Vater kam nicht wieder, auch zum Abendessen nicht, auch zum nächsten Mittagessen nicht, der Buchhalter eben so wenig.

Die jungen Kommis schlenderten im Hause umher, und wir merkten aus einzelnen Worten, daß Herr Steenwick für in wichtigen Geschäften verschickt galt; denn zum Nachfragen hatte Keines von uns Mut.

Am zweiten Abend stürzte der Buchhalter aus dem Kabinett und rief: »Wasser! Um Gottes Willen, Wasser! Und geschwind zum Doktor Velten; der Herr hat einen Blutsturz bekommen.«

Madame und ich hörten das Geschrei auf unserm Zimmer, und ich weiß nicht, wie wir die Treppen hinuntergekommen sind, ich weiß nur, daß mein lieber Vater in seinem ledernen Arbeitssessel saß, bleich wie der Tod, die Augen halb gebrochen, ängstlich umherfahrend und daß er mich noch mit einem langen, traurigen Blicke ansah, daß mich schauderte, als ich in einen Blutstrom trat, der uns schon auf dem Entree entgegen floß.

Als Doktor Velten kam, war ich eine arme, verlassene Waise.

Von dem, was zunächst geschah, kann ich nur wenig sagen. Ich verstand das Meiste nur halb, und es schien mir Alles wie Nichts nach dem, was geschehen.

Das Gesinde mußte wohl wissen, wie mir zu Mute war; denn wenn ich einmal zufällig mein Zimmer verließ, sah ich sie ziemlich offen silberne Bestecke, Becher und dergleichen auf ihre Kammern tragen. Ich sah es und sah es auch nicht; hätte ich nachher darüber aussagen sollen, ich hätte die Täter nicht zu nennen gewußt.

Es war mir, als müßte ich ersticken, wenn der Weihrauchdampf bis oben in's Haus zog. Ich hörte unter unsern Fenstern die Trauermusik, sah die Fackeln widerscheinen und verkroch mich hinter's Bett mit dem glühendsten Wunsch zu sterben.

Dann zog man mir schwarze Kleider an, und mein Vormund, der Bankier van Gehlen, holte mich vorläufig in sein Haus.

Madame Dubois mußte zurückbleiben. Unser Abschied war sehr schmerzlich, und es vergingen mir fast die Sinne, als diese Frau, der ich so lange gehorcht hatte, auf den Knien zu mir hinrutschte, meine Hand küßte und rief:

»Stanzchen, Stanzchen vergib mir! Ich bin an Allem Schuld! O Gott, ich bin eine alte Törin gewesen!«

Es war mir, als sollte ich ihr um den Hals fallen, aber ich blieb steif stehen mit vor Scham geschlossenen Augen und als ich sie aufmachte war Madame fort, und statt ihrer hielt Herr van Gehlen mich bei der Hand.

Unsere Vermögensumstände stellten sich dann, wie Sie wohl erwartet haben, sehr traurig heraus. Mein Vater hatte eine Staatsanleihe übernommen und sich sehr um dies Geschäft beworben, da wir keineswegs zu den ersten Häusern in Gent gehörten. Ob schon Gelder eingegangen und versendet waren, weiß ich nicht, aber 600,000 Gulden waren aus der Kasse verschwunden. Das war gerade unser eigenes Vermögen, den Brautschatz meiner Schwester, den sie im Geschäft gelassen hatte, eingerechnet; so blieb mir nicht das Salz auf dem Brode.

In van Gehlens Hause wollte man gütig gegen mich sein; aber es war dort nichts wie Glanz und Pracht. Man ließ mir Freiheit auf meinem Zimmer, aber das Lachen, Klavierspielen und Wagenrollen schallte von unten herauf und, wenn ich mich sehen ließ, gab es eine plötzliche Stille, wie wenn ein Gespenst erschien, und Aller Augen waren auf mich gerichtet, als gäbe es außer mir keine verarmte Waise in Gent.

Mevrouw van Gehlen tat zwar ihr Möglichstes, mir über solche Augenblicke weg zu helfen; aber selbst ihr Bestreben tat mir weh und ließ es mich erst recht fühlen, wie viel hier zu verbergen war.

Täglich hoffte ich auf die Ankunft meiner Stiefschwester; sie kam nicht, auch mein Schwager nicht, sondern nur ihr Geschäftsmann, Herr Pell, der mich so quer ansah, als hätte ich seinen Patron bestohlen, – schon gleich anfangs und noch schlimmer, nachdem er sich einige Stunden mit Mynheer van Gehlen eingeschlossen.

Dennoch hatte er den Auftrag, mich mitzubringen, wenn sich nämlich kein anderes Unterkommen fände.

Ich stand bei dieser Verhandlung zitternd wie Espenlaub und nahm jeden lieblosen Ausdruck des kleinen, hagern Mannes für direkt aus dem Munde meiner Schwester; woran ich doch gewiß sehr Unrecht hatte. Denn ich bin später, nach meiner Verheiratung, öfters mit ihr zusammen gewesen in ihrem Hause und auch in dem meinigen, und sie war zwar eine etwas förmliche Frau, aber immer voll Anstand und verwandtschaftlicher Rücksicht, und sie hat es mir sogar viel zu hoch angerechnet, als ich ihr nach meines Mannes Tode ihre durch unser Unglück erlittenen Verluste zu ersetzen suchte, was doch nicht mehr als meine allerstrengste Pflicht war.

Die Konferenz im Fenster war noch im besten Gange, als Herrn van Gehlen ein Besuch gemeldet wurde. Den Namen verstand ich nicht und benutzte diesen Augenblick, mich unbemerkt fortzuschleichen.

Im Vorzimmer traf ich den Fremden, einen kleinen, geistlich gekleideten, hagern Mann, der beschäftigt war, sich mit einem bunten Schnupftuche den Staub von den Ärmeln zu putzen. Er sah scharf auf und seine Augen verfolgten mich bis in die Tür mit lebhafter Neugierde.

Hast Du auch noch keine verarmte Waise gesehen? dachte ich.

Nach einer halben Stunde, die mir unter großer Gemütsbewegung und unter Nachdenken über meine Schwester verging, ward ich heruntergerufen.

Ich fand die drei Herrn zusammen. Mynheer van Gehlen und Herr Pell saßen vor dem Tisch und blätterten in dicken Papierstößen. Sie sahen rot und angegriffen aus. Herr Pell schlug die Augen nicht vom Papier auf. Van Gehlen lächelte verlegen und schien mir etwas sagen zu wollen, als der Fremde aus der Fensternische trat, meine beiden Hände ergriff und mit bewegter Stimme sagte:

»Stanzchen, Stanzchen, ich bin Dein Ohm. Hat Dir denn Papa niemals von dem alten Herrn Ohm Pastor erzählt, dem alten Pastor in G.?«

Ich war ganz verwirrt; doch kamen mir einige dunkle Erinnerungen, obwohl mein Vater selten frühere Verhältnisse berührte.

So küßte ich dem Onkel die Hand und sah ihn auf eine Weise an, die ohne Zweifel etwas kümmerlich gewesen sein muß, denn er sagte:

»Sei zufrieden, Kind; Du sollst nicht nach Roeremonde. Du gehst mit mir;« und dann mit erhöhter Stimme halb zu den Andern gewendet:

»Wenn ich gleich keine feine Juffrouw erziehen kann, so sollst Du doch rote Backen kriegen und auch nicht wild aufwachsen, wie eine Nessel im Hagen.«

Mynheer van Gehlen nickte zustimmend. Pell schlug seine Aktenstöße zu und sagte:

»Wenn Ewr. Ehrwürden das so wollen – vorläufig wenigstens. Ich will es an meinen Patron berichten; vielleicht – sonst steht der Juffrouw Roeremonde alle Tage offen.«

Mein Ohm machte eine feierliche Verbeugung: »Gewiß, ja, wir lassen Mevrouw danken. Roeremonde steht alle Tage offen – aber Mevrouw muß mir das Kind lassen. Es ist meiner Schwester Kind, die ich sehr lieb gehabt habe, wenn sie auch nur meine Stiefschwester war.«

Niemand antwortete. Ich fühlte, daß hier irgend ein drückendes Mißverständnis herrschte, und war froh, als mein Onkel gütig fortfuhr:

»Nun, Stanzchen, ich kann aber nicht lange von Hause bleiben; pack Deine Siebensachen und dann danke Mynheer und Mevrouw van Gehlen, daß sie Dich armes, verlassenes Kind so treulich aufgenommen haben.«

Zwei Stunden darauf saßen wir im Wagen. So bin ich von Gent gekommen. Noch muß ich Ihnen sagen, daß Herr Steenwick nicht, nachdem er des Vaters Kasse zum Teil verspielt, mit dem Überreste durchgegangen war, wie Sie ohne Zweifel glauben und auch Jedermann damals glaubte.

Nach drei Wochen kam sein Leichnam auf in der Schelde. Er hatte nichts in der Tasche, als seine gewöhnliche grüne Börse mit 6 Stuyvern darin und einen kleinen leeren Geldsack, den er aus angewöhnter Pünktlichkeit mußte mechanisch wieder eingesteckt haben. Man hätte eigentlich zuerst hierauf verfallen sollen, da von seinen Habseligkeiten nicht das Geringste vermißt wurde, nichts als die Kleider, die er am Leibe trug und seine alte silberne Uhr.

Aber die Leute denken gern immer das Schlimmste. Lieber Gott, es ist freilich schlimm genug, Anderer Leute Geld zu verspielen und dann – ein solches Ende! Aber Mynheer wissen wohl, es kommt einem doch nicht so schimpflich vor, als ein anderer Diebstahl.

Ein Spieler ist wie ein Betrunkener, wie ein Besessener, aus dem der Böse handelt wie eine zweite fremde Seele. Habe ich nicht Recht? Herr Steenwick hatte unserm Hause zwanzig Jahre lang gedient, hatte so manche Nächte durchgearbeitet und auch nicht ein Endchen Bindfaden verkommen lassen; er war wahrhaftig noch grimmiger auf's Geschäft verpicht, als der Herr selbst, und nun ein solches Ende!

Indessen hat er, Gottlob, doch noch ein ehrliches Grab bekommen, weil sich mehrere Leute fanden, die ihn in der Morgendämmerung hatten taumeln sehen, wie einen Betrunkenen, und zwar in der Richtung nach Hause zu. So wurde denn angenommen, er habe, wie unglückliche Spieler häufig, sich zu viel Courage getrunken und sei so ohne Absicht dem Scheldeufer zu nahe gekommen.

Madame Dubois soll nachher auch noch heimlich auf sein Grab ihren Balsaminenstock gepflanzt haben, ist aber doch dabei belauscht worden – die arme Seele! Sie war wirklich gut von Natur, nur durch Romanenlesen etwas konfus geworden; und wußte nicht recht mehr, ob sie alt oder jung war, und auch zu furchtsam geworden durch das Gefühl ihrer abhängigen Lage und noch mehr ihrer täglich abnehmenden Fähigkeit, sich selbst zu ernähren. Aber ihr Wille war immer der beste, und sie suchte mich vor jedem schädlichen Eindruck mit einer Treue zu hüten, für die ich ihr im Grabe noch dankbar bin.

Jetzt ist sie lange, lange tot; sie starb schon das Jahr darauf, als ich zu meinem Ohm kam, und ihre Ersparnisse in unserm Dienste haben übrig ausgereicht bis an ihr Ende.

So quälen wir uns oft umsonst, und unser Herrgott lacht dazu. –

―――――

Hier schien Mevrouw van Ginkel ihre Mitteilungen endigen zu wollen. Sie schüttete frischen Tee auf, nahm eine Prise aus ihrem goldenen Döschen und sah mich mit jenem wohlwollenden Blicke an, der bei höflichen Leuten den Wunsch, auch den Andern zu hören, ausdrückt. Ihr Gesicht war völlig ruhig, sogar lächelnd; doch hing etwas Glänzendes in ihren Augwimpern, das aber nicht weiter kam.

Ich hingegen war in eine Stimmung geraten, worauf ich

eigentlich gar nicht für diese Stunde gerechnet hatte, und hätte für mein Leben gern Mevrouw in ihrer Dorfwirtschaft gesehen, um so mehr, da unschuldige Kinder sowohl wie alte Junggesellen mir ein gleich starkes Interesse erregen und man beide selten, wie hier, vereinigt findet.

So tat ich einige blinde Fragen nach der Lage des Dorfes und wie viel Dienstboten und wie viel Kühe u.s.w. Mevrouw erriet meine Absicht und sagte sehr freundlich:

»Ich sehe wohl, Mynheer interessieren sich für meinen guten Ohm und gewiß hat es auch nie einen bessern Mann gegeben – und keinen ehrwürdigern,« fügte sie hinzu mit einem Ausdruck kindlicher Scheu, der ihr fast wieder das Ansehn einer kleinen, wohlerzogenen Jungfer von vierzehn Jahren gab.

»Indessen läßt sich wenig von unserm Leben sagen. Es war sehr einfach und so einförmig, daß, wenn nicht die Kirchenfeste und die Jahreszeiten gewesen wären, unsere Tage einander so gleich gewesen wären wie Wassertropfen.«

Hier schüttete sie Wasser auf den Tee, und ich betrachtete einen am Kessel hängenden Tropfen, der allerdings wenig Unterhaltung zu versprechen schien.

»Aber,« fuhr sie fort, »so sollte es nicht bleiben, und ich möchte dem Herrn Nachbar wohl die Katastrophe von meines Ohms, ich kann wohl sagen, von meinem Schicksal erzählen, damit Sie sehen, was der, dem ich am meisten in der Welt zu danken habe, für ein Mann war. Aber da ist eine andere kuriose Geschichte hinein verflochten, die Mynheer gewiß interessieren würde, aber etwas lang ist. Haben Mynheer sich auch gut gegen die Abendluft verwahrt?«

Ich versicherte, daß ich alle nötigen Maßregeln getroffen, obwohl ich, ehrlich gesagt, heute zum ersten Mal meine dritte Weste ausgelassen hatte und mit einiger Sorge an den Tau dachte.

Jedoch hatte ich Mevrouw noch nie in so mitteilender Stimmung gesehn und war entschlossen, diese zur Erweiterung meiner Menschenkenntnis um jeden Preis zu benutzen. So beteuerte ich, daß ich nie nach dem Tee noch zu Abend esse, – was auch wahr ist – und mir längst eine gelegentliche Mondscheinpromenade am Maasufer vorgenommen hätte, was allerdings nicht ganz mit meinem sonstigen Geschmacke und meinen sonstigen Gewohnheiten übereinstimmte.

Mevrouw sah mich auch so verwundert an, als mache vor ihren Augen eine Schildkröte Vorbereitungen auf den Hinterbeinen zu spazieren; jedoch fuhr sie ohne weitere Bemerkungen in ihren Mitteilungen fort, nur zuweilen kleine Pausen machend, um mir einzuschenken oder ihrem goldenen Döschen zuzusprechen, wobei sie mich in so wohlwollender Weise zum Mitgenuß einlud, daß ich bei mir an die Friedenspfeife der Indianer denken mußte; welche Unterbrechungen ich durch Absätze bezeichne und dem Leser die Ausmalung der kleinen Zwischenspiele überlassen werde. Also Mevrouw fuhr fort:

⟨*nicht vollendet*⟩

VERSEPEN

DAS HOSPIZ AUF DEM GROSSEN ST. BERNHARD

ERSTER GESANG

Die Sonne hat den Lauf vollbracht,
Schon spannt sie aus ihr Wolkenzelt;
So manche Trän' hat sie bewacht,
So manchem Lächeln sich gesellt;
Um Sel'ge hat ihr Strahl gekräuselt, 5
Wo süß versteckt die Laube säuselt,
Und hat die Totenbahre auch
Gesegnet mit dem frommen Hauch;
Nun einmal ihres Schleiers Saum
Noch gleitet um der Alpen Schaum, 10
Und in des Schneegestäubes Flaum,
Das an Sankt Bernhards Klippe hängt,
Der matte Hauch sich flimmernd fängt.

Dort, wo es, aus des Passes Schlunde,
Um's Pain de Sucre macht die Runde,* 15
Berührt ein menschlich Angesicht,
Fürwahr zum letzten Mal, das Licht.
Wie hat der Greis die dürre Hand
So fest um seinen Stab gespannt!
Und wie er so verkümmert steht, 20
So ganz verlassen um sich späht,
Da ist's als ob, erstaunt zumal,
Noch zögern will der letzte Strahl.
Schon zog der Aar dem Horste zu,

---

* Pain de Sucre, eins der Alpenhörner des großen St. Bernhard, beträchtlich vom Wege abwärts.

Und nur die Gems vom Tour des foux*
Noch einmal pfeift, und schwindet dann.
Am Riffe lehnt der alte Mann,
Wie auf dem Meere, jüngst ergrimmt,
Einsam noch eine Planke schwimmt.

O, du bist immer schön, Natur!
Doch dem, der Hertha's Bild gegrüßt,
Die Woge bald die Lippe schließt.
Bist Königin vernichtend nur!
Der Blitz, der Seesturm, der Vulkan,
Sie stehn als Zeugen oben an.
Und jener Greis am Felsenrand?
Dem Strahl, der widerprallt im Schnee,
Will schützend die besennte Hand
Sich vorbaun, an der Braue Höh'.
Zum Montblanc hat er lang gesehn,
Und wendet abendwärts den Fuß,
Da ihm die Augen übergehn,
Daß er vor Kälte weinen muß.
Ihm ist wie taub, ihm ist wie blind,
Er spricht gepreßt, und tut's nicht gern:
»Mein Knabe! Henry! liebes Kind!
Schau mal hervor, sind wir noch fern?«

Dann aus des Mantels Falten dicht
Ein Bübchen windet sein Gesicht;
Die kleinen Züge schwillt der Hauch,
Die roten Händchen birgt es auch
Sogleich, und zieht des Vlieses Saum
Sorgfältig um der Stirne Raum,
Daß nur der Augen rötlich Licht
Durch des Gewandes Spalten bricht.
Nun mit den Wimpern zuckt er schnell;
»Großvater, schau! wie blitzt es hell!«

---

* Eine mächtige freistehende Felszacke auf dem Gipfel des St. Bernhard.

Der Alte seufzt: »es blitzt, mein Sohn,
Am Himmel nicht um diese Zeit;
Es ist die Sonne wohl, die schon
Sich um die letzten Zacken reiht.«
Doch wiederum der Knabe spricht:
»Großvater! 's ist die Alpe nicht,
Es springt und zittert in die Höh',
Wie wenn die Sonne tanzt im See
Und spielt in unserm Fensterglas.«
»Wo, Henry? Kind, wo siehst du das?«
Ein Ärmchen aus der Wolle steigt.
Der Alte senkt das Haupt und schweigt.
Nein, nein, das ist kein Hospital!
In tausend Funken sprengt den Strahl,
Gleich nachtentbranntem Meeres-Drange,
Nur Roche polie* von jenem Hange.

Und zögernd schiebt des Greises Hand
Den kleinen kalten Arm zurück,
Zieht fester um ihn das Gewand.
Er wirft den kummervollen Blick
Noch einmal durch die dünne Luft,
Auf jeden Fels, in jede Kluft;
Dann folgt ein Seufzer, unbewußt,
So schwer wie je aus Mannes Brust,
Und langsam abwärts, mit Gefahr,
Beginnt er Pfade unwirtbar.
– Schmal ist der Raum, die Klippe jäh; –
Zuweilen bietet das Gestein,
Ein altergrauer Felsenspalt,
Für Augenblicke schwachen Halt.
Die Ferse drückt er in den Schnee,
Und stößt des Stabes Stachel ein;

---

* Eine von der Natur aufs glänzendste polierte Felsenwand. Man schreibt diese Erscheinung der gewaltsamen Reibung mit andern Felsenmassen bei einer früheren Erdumwälzung zu.

Denn eine Zeit gab's, wo im Gau
Von Saint Pierre kein Schütz sich fand,
Der auf der Jagd, am Alphorn blau,
Dem Benoit gegenüber stand.
Kein Aug' so scharf, kein Ohr so fein,
So sicher keine Kugel ging.
Von all den Kühnen er allein
So sorglos an der Klippe hing!
Zum letzten Mal dem Meister alt
Sich dankbar seine Kunst erzeigt.
Gottlob! nun ist die Schlucht erreicht.
Er blickt empor, durch's graue Haupt,
Fast von der Kälte sinnberaubt,
Noch einmal durch die öde Brust
Zieht sich das Bild vergangner Lust,
An der sein ganzes Herz gehangen,
Und doppelt fühlt er sich gefangen.

In Quarzes Schichten eingezwängt,
Durch die der schmale Pfad sich drängt,
Streckt, überbaut von Felsenwucht,
Sich lang des Pain de Sucre Schlucht.
Kein Laut die tote Luft durchirrt,
Kein Lebenshauch ist zu entdecken;
Und, wenn es unversehens schwirrt,
Das Schneehuhn kann den Wandrer schrecken.
Wo droben schwimmt das Felsendach,
An dem der Wintersturm sich brach
Jahrtausende; – doch die Gedanken
Verlassen ihn, – er sieht es wanken –
Er fördert keuchend seinen Schritt –
Und immerfort, in tollem Schwanken,
Ziehn rechts und links die Klippen mit;
Daß jener harrt, – sogleich – sogleich –
Wie, aus der Lüfte Schwindelreich,
Die ungeheure Masse klirrt,
Und er sich schon zerschmettert glaubt,
So sehr ihm Furcht die Sinne raubt.

In diese wüste Bahn hat jetzt
Der müde Mann den Fuß gesetzt,
So schnell es gehn will, fort und fort.
Noch immer glühn die Firsten dort,
Und abwärts gleiten sieht den Strahl
Mit Lust er und mit Graun zumal.
Sobald der Abendsonne Schein
Nicht mehr die letzte Zacke badet,
In's Hospital ein Glöckchen rein
Den Wandrer aus der Steppe ladet.
Und schon am Pointe de Drone das Licht
Kaum merklich noch den Schatten bricht.
»O Sonne,« seufzt der müde Greis,
»Bald bist du hin! der Himmel weiß,
Vielleicht hör' ich die Glocke nicht! –«
Blickt zweifelnd nach den Felsenwällen,
An denen mag der Klang zerschellen.
Das Kind, das Kind ist seine Not!
Schon fühlt er, wie, vom Froste laß,
Der steife Arm zu gleiten droht;
Und ohne Ende scheint der Paß!
Ein Turm ragt an dem andern her,
Es ist, als würden's immer mehr.
Dem Himmel Dank, die letzte Klippe!
Und als, mit angestrengtem Fleiß,
Sich immer näher treibt der Greis,
Was knistert über'm Steingerippe?
Am Rande schiebt sich's, zittert, blinkt,
Langsam ein weißer Klumpen sinkt;
Dann schneller, dann mit jähem Fall,
Entlang die Klüfte tos't der Schall.
Und zu des Alten Füßen rollen
Schneetrümmer und gesprengte Schollen.

Und dieser einen Augenblick
Steht regungslos, mit Schwindel ringt; –
So scharf vorüber zog der Tod!

Gefaßt er dann zusammenrafft,
Was ihm von Wollen bleibt und Kraft.
Und vorwärts nun, mit harter Not,
Er in den Trümmerhaufen dringt.
Doch neben, vor und um ihn stemmt
Die Masse sich, zum Wall gedämmt.
Mitunter eine Scholle auch
In schwachem Gleichgewichte steht,
Nur wartend auf den nächsten Hauch,
Und aufwärts ihre Kante dreht.
Wenn das Geschiebe sich belebt,
Ein Sarkophag, der ihn begräbt!
Horch! wie er durch die Zacken irrt,
Zuweilen eine Scheibe klirrt;
Ein feines Schwirren – schwaches Rucken –
Vor seinen Augen Blitze zucken;
Doch immer wieder fügt sich's ein,
Und starr die Mauer steht wie Stein.
So muß er, fast in Todesbanden,
Wie durch ein Labyrinth sich schmiegen.
Es ist vorüber, ist bestanden,
Und hinter ihm die Trümmer liegen.

    Indes des Tages matte Zeichen
Allmählich von den Kuppen bleichen,
Und, nach und nach, am Firmament
Des Mondes Lampe still entbrennt;
Verschwimmend, scheu, ihr zartes Licht
Malt noch der Dinge Formen nicht.
Doch allgemach aus Wolkenschleier
Ersteht die klare Scheibe freier.
Die Felsen scheinen sich zu regen,
Geflimmer zittert über'n Schnee,
Und langsam steigend aus der Höh'
Die Schatten auf den Grund sich legen.

Gebeugt, mit angestrengtem Schritt,
Aus seiner Schlucht der Wandrer tritt
In eine öde Fläche vor.
Er steht – er lauscht – er trägt das Ohr
Zur Erde bald und bald empor,
Und alle Sinne lauschen mit.
Er wendet sich, ob nichts vom Schalle
Aus einer andern Richtung falle. –
Nur hohl und zischend sich die Luft
In des Gesteines Spalten fängt,
Und, mit Geknister, durch den Duft
Zu Nacht gefall'ner Flocken drängt.
Der Kälte, die den Stamm zerschellt,
Kein Schirm sich hier entgegenstellt.
Ach Gott, wohin! ringsum kein Steg,
Sich überall die Ebne gleicht.
Doch vorwärts, vorwärts, immer reg',
Eh dich im Schlummer Tod beschleicht,
Nur immer in die Nacht hinein.
Da, durch die Steppe fällt ein Schein,
Wie wenn sich Kerzenschimmer brechen
In angehauchten Spiegels Flächen.
Und über dieses Meteor
Ragt eine Masse dunkel vor.
Gegrüßt, o Stern im Mißgeschicke!
Es ist die Drance, es ist die Brücke.

Kaum die bekannten Pfade schaut
Der Greis, ihm ist wie aufgetaut;
Halb kehrt der Jugend Mut zurück,
Er wähnt sich einen Augenblick
Für dies und Schlimmres noch genug.
Die Brücke naht sich wie im Flug.
Schon hat er rüstig sie beschritten,
Schon steht er in der Ebne Mitten,
Schon keucht er um des Stromes Bogen:
Und vor ihm her die glas'gen Wogen

Durchrollt des Mondes Silbertuch.
Vergebens! diese Kraft ist Schein;
Mit jedem Hauche sinkt sie ein,
Mit jedem Schritte weicht das Blut.
Ach keine Wunder wirkt der Mut!
Schon matter wird des Greises Tritt.
Das Licht im Strome fliegt nicht mehr,
Es wandert zögernd vor ihm her.
Aus den gelähmten Fingern glitt
Der Stab und eine weite Strecke
In Sätzen prallend von der Decke,
Dann lagert er an Stromes Rand.
Hin schleppt der müde Mann den Schritt;
Er bückt sich mühsam, welche Qual!
Ergreift ihn, der zum dritten Mal
Ihm immer gleitet aus der Hand.
Und schwindelnd, bei dem sauren Beugen,
Fühlt er das Blut zum Haupte steigen,
Sein Aug', von kalten Tränen schwer,
Sieht kaum das Allernächste mehr.
Noch tappt er, wo aus dunklem Schaft
Die glatte Eisenspitze blinkt.
Da weicht des Armes letzte Kraft,
Und auf den Schnee das Knäbchen sinkt;
Es rafft sich auf, ergreift den Stab,
Gehorsam, leichtem Dienst gewöhnt.
»Mein Kind! mein Kind!« der Alte stöhnt,
Und nimmt die kleine Last ihm ab,
»Was willst du noch zuletzt dich plagen!«
Späht mit der Augen trübem Stern
Beklommen durch den nächt'gen Schein; –
»Du kannst nicht gehn, ich dich nicht tragen,
Und ach! das Hospital ist fern.
So müssen wir das Letzte wagen,
Und kehren bei den Toten ein.«
Er lenkt die Schritte von dem Strand,
Sein Knäbchen hält er an der Hand.

Das Mondlicht, das mit kaltem Kusse
Liebkoset dem versteinten Flusse,
Gleich links, auf ein Gewölbe klein,
Streut alle seine Schimmer rein,
Die, wie sie Wolkenflor umwebt,
Bald auf dem Dache, wie belebt,
Sich kräuseln, in den Fenstern drehn,
Und bald wie eine Lampe stehn,
Die halb der Grüfte Dunkel bricht.
So leisten sie die fromme Pflicht
Dem, so der Fremde ward zum Raube,
Und bei dem unbeweinten Staube
Entzünden sie das Trauerlicht.
Ja, diese Mauern, wohl erbaut
Mit Christensinn, sie bergen doch,
Wovor des Menschen Seele graut,
Wem Blut rollt in den Adern noch.
Sie alle, die zum Todesschlaf
Sankt Bernhards leiser Odem traf,
Wenn sie nicht Freundes Wort genannt,
Nicht Eidgenossen Blick erkannt,
An diesen Ort sind sie gebannt.
Der Bettler, dem kein Heimatland,
Der Jude, so auf Geld bedacht
Gefahrenvollen Weg betrat,
Der arme wandernde Soldat,
Der Flüchtling vor Gesetzes Macht:
Sie alle liegen hier, wie Tod
Aus dieser Wildnis sie entbot.
Im Pelze der, im Mantel weit,
Und jener im Studentenkleid.
Das tiefe Auge, trüb und offen,
Auf liebe Züge scheint zu hoffen;
So Zeit auf Zeiten, keine Träne
Rann auf die bleiche Wange noch;
Und ließen treue Kinder doch,
Und sind geliebter Eltern Söhne.

Die Schwelle kennt der Greis genau,
Hier führt ein Steg nach Wallis Gau,
Sein alter Pfad, wenn von der Jagd
Er heimwärts manchen Gang gemacht,
Ans Fenster pflegt' er dann zu treten,
Nachdenklich in die Gruft zu sehn,
Und sinnend auch, im Weitergehn,
Ein Vaterunser wohl zu beten.
Doch vor dem Tode auf der Flucht
Erfaßt ihn ungeheures Grauen,
Als tret' er in das eigne Grab
Und soll die eigne Leiche schauen.
Kaum wehrt er den Gedanken ab.
»Hinweg! hinweg! so weit der Fuß
Dich trägt«; und unwillkürlich muß
Er wenden. Doch da weint das Kind:
»Großvater! weiter sollen wir?
Wir sind ja hier an einer Tür.
Ich kann nicht mehr.« Verschwunden sind
Die Zweifel; mühsam öffnet jetzt
Der Greis das Tor, mit Rost versetzt,
Tritt in die Wölbung, kauert sich
Dann auf den Boden kümmerlich,
Und nimmt an seine Brust den Kleinen.
So eine Weile sitzen sie,
Der Knabe auf des Mannes Knie
In stummen Schauern an ihn biegend,
Der Alte, sich nach innen schmiegend,
Das Haupt am feuchten Mauerstein,
Und übermüdet, überwacht,
Hat minder der Umgebung Acht;
Minuten noch, so schläft er ein. –
Schon summt es um ihn wie ein Schwarm,
Der Mantel gleitet mit dem Arm;
Und als das Haupt zur Seite sinkt, –
»Großvater! ist das Glas? es blinkt!«
Der Alte fährt empor, er blickt

Verschüchtert seitwärts, unverrückt
Zu Boden dann: »sei still, sei still,
Mein Kind, es sei auch was es will.«
Und seufzend fügt er noch hinzu:
»Es ist so spät! gib dich zur Ruh.«
Doch wie ein Strahl es ihn durchfliegt,
Daß Schlaf den Willen fast besiegt.
Schon greift der Krampf die Glieder an:
Zu reiben gleich beginnt der Mann.
Und als das Blut nun schneller rinnt,
Er immer heller sich besinnt,
Auch der Gedanke Kraft gewinnt.
Was war es, das, vom Schlaf erwacht
So in Verwirrung ihn gebracht?
Es war ein Blitz, es war ein Licht!
Und dennoch war es beides nicht.

   Indessen hat das Knäbchen leis'
Die beiden Ärmchen ausgestreckt,
Und aus des Mantels Hut mit Fleiß
Den kleinen Kopf hervorgesteckt.
Das Schlummern will ihm nicht gelingen;
Die Langeweile zu bezwingen
Am Mantel nestelt's immerfort,
Schaut unverrückt nach einem Ort,
Bald gähnend, bald mit halbem Wort.
»Ja!« flüstert's, vor Ermattung rot,
Die Händchen in des Mantels Tasche,
»Dort steht das Glas, und dort die Flasche,
Und auf dem Tische liegt das Brod.«
Dann zieht es sacht den Mantel los;
Es gleitet von des Alten Schoß,
Es taucht in's Dunkel. Auf sich rüttelnd
Aus wüster Träumereien Graus,
»Henry! mein Kind!« ruft jener aus,
Das graue Haupt verdrossen schüttelnd,
»Wo bist du nur? komm wieder, Sohn!«

Dort glänzen seine Löckchen schon!
Was reicht und streicht es an der Wand?
An's Auge hebt der Greis die Hand:
Fürwahr! nach einem Brode sucht
Der kleine Arm hinauf zu langen;
Und nebenan sich Schimmer reihn,
Bald rot, bald grün, wie sie gefangen
Im Glase dort, und dort im Wein.
O unverhoffter Segen! Schon
Vom Boden taumeln sieh den Alten.
»Laß, du vermagst es nicht zu halten,
Laß ab!« Es zittert jeder Ton,
Der aus bewegter Brust sich windet,
Und kaum im Odem Nahrung findet.
Die Glieder, so in Frost und Qual
Ihn treulich trugen durch die Steppen,
Kaum vorwärts weiß er sie zu schleppen
Bis hin, wo harrt das karge Mahl.
Er faßt das Brod und kann's nicht teilen,
Und stöbert, sucht mit wirrem Eilen
In allen Taschen, allen Falten,
Selbst in der Stiefel engen Spalten.
»Hab' ich mein Messer denn verloren?«
Die Rinde bricht, sie ist noch warm.
»Nun iß, nun trink, mein Würmchen arm!
O, kam ich eher um zwei Stunden!
Um eine einz'ge Stunde nur!«
Die Mönche hätt' er noch gefunden;
Dies ist des Hospitales Spur.

Denn was die kühnste Flamme bricht,
So wild sie durch die Adern tobt:
Es löscht die fromme Liebe nicht,
Die Leib und Leben hat verlobt.
Wenn Windsbraut an den Klippen rüttelt,
Wenn sich das Schneegestöber schüttelt,
Wenn durch die öde Winternacht,

Nur wie ein fernes Mordgeschütz,
Die zitternde Lawine kracht,
Wenn um die Gipfel spielt der Blitz:
Das sind die Boten, die er kennt;
Vom Betstuhl, wo die Lampe brennt, 420
Der Mönch sich hebt, den Weg beginnt
Zum Tobel, wo der Sturzbach rinnt,
Zum Passe, wo der Schnee am höchsten,
Zum Steg, wo die Gefahr am nächsten,
Hinauf, hinab Sankt Bernhards Rund; 425
Voran ihm spürt sein kluger Hund.
Dann, kehrend zu des Klosters Pforte,
Die Nahrung, so er bei sich trägt,
Mit milder Sorgfalt wird gelegt
An sichre sturmgeschützte Orte. 430
Und oft, im letzten Augenblick,
Trat die gebrochne Kraft zurück
Durch sie in die versiegten Adern.
Wer mag mit solchen Mönchen hadern!
Welch' seelerstorbner Atheist 435
So frevler Torheit sich vermißt,
Daß er auf sie die Pfeile richte?
Schau! wie, gleich neuentflammtem Lichte,
Das Kind des Glases volle Last
Mit beiden roten Händchen faßt. 440
Nun setzt es an, und trinkt, und trinkt,
Durch alle Adern strömt das Heil,
Und läßt nicht ab, und stöhnt vor Eil,
Fast wird der Atem ihm versetzt.
Des Alten Auge freudig blinkt: 445
»Mein Junge, sprich, wie ist dir jetzt?«
Doch kaum und unverständlich nur
Des Kindes Antwort ihn erreicht,
Das auf sein Stückchen Brod gebeugt,
Natur, nach deinem weisen Walten, 450
Das schwache Leben zu erhalten,
Gefahr zu fliehn, die es nicht sieht,
Aus allen Kräften ist bemüht.

Indes hat draußen durch die Nacht
Ein Murmeln, Rauschen sich verbreitet,
Wie wenn erzürnte Woge schreitet;
Des Sturmes Stimme ist erwacht.
Noch fern und hohl im Klippenschacht,
Von Fels zu Felsen hört man's klagen.
Der Alte sinnt: soll er es wagen,
Sich und sein Liebstes fortzutragen?
Bald ist das Hospital erreicht! –
Ein Stoß um das Gewölbe streicht,
Und heulend singt er über'm Dache
Das Totenlied dem Grabgemache.
Am Boden leises Knistern irrt,
Die Tür in ihren Angeln klirrt;
Umsonst! umsonst! es ist zu spät,
Der Wirbel durch die Steppe geht.
Und nun? Des Greises Blicke fragen,
Ob nirgends hier ein Plätzchen sei
Noch unbesetzt, vom Zuge frei.
Durch des Gewölbes Mitte stehn
Drei lange Bahren, sind sie leer?
Das Dunkel wirbelt drüber her.
Doch rechts und links und gegenüber,
Wohin der scheue Blick sich richtet,
Wenn flieht ein Mondenstrahl vorüber,
Der die zerrißnen Wolken lichtet,
Der bleichen Schläfer Reihn er streift,
Die rings in Nischen aufgeschichtet.
Ein Antlitz halb dir zugewandt,
Hier braunes Haar, und dort gebleicht,
Aus jenem Winkel wie versteckt
Sich eines Fußes Spitze streckt,
Und dort sich wächsern eine Hand
Wie abgetrennt vom Körper zeigt.
Wer ist der Mann so unverzagt,
Den solch ein Anblick nicht erschüttert?
Wenn über ihm, wie schmerzdurchzittert,

Die mitternächt'ge Stimme klagt,
Gleich Geistern durch der Nacht Revier.
Ein heimlich Flüstern zischt und kocht,
Und an die schlecht verschloßne Tür
Der Wind mit leisem Finger pocht.
Dem alten Manne wird's zu viel,
Die Phantasie beginnt ihr Spiel;
Auf seinem Haupt in jedes Haar
Scheint Leben und Gefühl zu kommen.
Mehr ist der Atem ihm benommen
Als je vor Zeiten in Gefahr.
Den Steinbock hat er oft gehetzt,
Dem Lämmergeier sich gesellt,
Und fröhlich pfeifend in die Welt
Dann über'n Klippenspalt gesetzt.
Ein Andres, dem Geschick sich stellen
In frischer Luft, auf freien Wellen,
Ein Andres ist's, am Grabe stehn
Und ruhig dem verzerrten Ich
In's eingesunkne Auge sehn.
Sieh! wie schon wieder schauerlich
Der Strahl durch das Gewölbe streicht,
Und dem betäubten Manne sich
Am Winkel dort ein Bänkchen zeigt
In das Gemäuer eingefugt.
Das ist ja eben, was er sucht!
Und muß nun seufzend sich bereiten,
Die ganze Wölbung zu durchschreiten.
Wie er die Schritte zögernd lenkt,
Die Augen bleiben scharf gesenkt,
Beinah' geschlossen, als er quer
Um eine Bahre wendet her,
Zu eilig; mit dem Fuße schwer
Trifft er an des Gerüstes Stützen,
Durch das Gewölbe dröhnt der Schall.
Die Bahre schwankt, er will sich schützen,
Er gleitet; modriges Gewand,

Verwirrtes Haar streift seine Hand.
Der Alte taumelt und erbleicht.
Wie jener Winkel noch erreicht,
Das weiß er nicht, hält immer fest
An seine Brust das Kind gepreßt,
Und sucht vergebens zu bezwingen
Der Phantasie verstörtes Ringen.
Die Wölbung dreht, die Mauern singen,
Ihm ist, als hätte seine Hand
Des Toten Züge all ergründet;
Er sieht das gelbe Augenband,
Das sinkend die Verwesung kündet,
Und drüber her, zu treu! zu treu! –
So tragend eigner Schwäche Joch
Doch bleibt ihm das Bewußtsein noch
Und eben noch die Willenskraft,
Zu kämpfen gegen schnöde Haft.
Er sinnt und grübelt allerlei,
Wie wohl zum Hospital der Weg?
Wie zu beschreiten jener Steg?
Wie fern die Morgenstunde sei?
Sucht heitre Bilder aufzuwecken,
Als in der Scheibe Herzen stecken
Ein Jeder Benoits Kugel sah. –

Indessen lehnt der Knabe da,
Des späten Wachens ungewöhnt,
Und schaukelt sich und seufzt und gähnt,
Ahmt leis' des Sturmes Stimme nach,
Verfolgend mit den schweren Blicken
Die Strahlen, so durch das Gemach
Zuweilen lichte Streifen schicken,
Ergötzlich, im beschränkten Meinen,
Ihm an der Wand die Bilder scheinen;
Der klare Blitz, wenn sich das Licht
In den metallnen Knöpfen bricht
Die Reih' entlang, so Funk' an Funken

Aufsprühn und sich in's Dunkel tunken. –
Die Szene wechselt, langsam streicht
Ein Wolkenvorhang sich zurück,
Und in die ganze Wölbung steigt
Der Mond mit seinem Geisterblick.
Was noch verborgen war in Nacht
Wird an ein mattes Licht gebracht;
Aus allen Winkeln sieht man's rücken,
Was niedrig lag scheint aufzustehn,
Und was erhaben sich zu bücken.
Vorüber nun. In starrer Rast,
Wie Grabmal sich an Grabmal fast
In königlichen Grüften zeigt,
Am Boden schlummert das Gebein,
Und drüber her der Mann von Stein.
Um manchen Busen spielt der Schein,
Mich dünkt ich seh' ihn sinken, heben,
Und lange Atemzüge schweben.
Der arme Kleine wie betört
An seines Vaters Busen fährt.
»Großvater, schau! die Bilder leben,
Sie atmen All und wollen gehn!«
Den Greis durchzuckt ein leises Beben:
»Sei still, es wird dir nichts geschehn.«
Wohl denkt er an den nächt'gen Schein,
(Es fällt ihm manches Blendwerk ein,)
Und zögert dennoch aufzusehn.

Und wieder hebt der Knabe an:
»Dort auf dem Tische sitzt ein Mann;
Er sitzt nicht, nein – er liegt schon wieder –
Und stand doch erst so eben auf.«
Dann hebt die Ärmchen er hinauf
Und zieht des Greises Stirne nieder,
Ihm flüsternd, mit verstecktem Ton:
»Es ist der Pfarr, ich kenn' ihn schon!
Er hat den Mantel umgeschlagen

Und seinen großen weißen Kragen.«
Nun wieder fröstelnd schaut das Kind
Mit offnem Munde, vorgebückt,
Dann an des Vaters Arm gedrückt:
»Wie weiß ihm seine Finger sind!«
Der Alte sucht mit allem Fleiß
Sich der Gedanken zu entschlagen,
Die fast wie Irrwahn ihn bedräun.
»Henry! du solltest ruhig sein,
Allein du weißt mich nur zu plagen.
Schlaf ein, schlaf ein, mein kleiner Sohn!«
Der Knabe bei dem harten Ton
Verschüchtert sich zur Seite schiebt,
Die müden Äuglein reibt betrübt.
Sein Köpfchen ruht so los' und schlecht,
Auch ist der Sitz ihm gar nicht recht,
Zu dick der Mantel hängt und schwer;
So lange rutscht er hin und her
Bis, von dem harten Schoße gleitend,
Er auf den Grund die Sohlen setzt,
Und, wie ein Häschen matt gehetzt,
In's dürre Laub sein Häuptlein reckt,
So aus die zarten Arme streckt
Das Kind, um Vaters Leib sie breitend,
Und bricht vor unverstandnem Graus
In ganz geheime Tränen aus.

Doch jener, in sich selbst gekehrt,
Des Kleinen Stimme nicht beachtet,
Mit angestrengter Sorge trachtet
Die innern Feinde abzuwehren,
So pochend durch die Adern gären.
Er birgt die Augen, sinnt und sinnt:
Zu Saint Remi, im Stübchen klein,
Was seine Tochter wohl beginnt?
Die Wände hell, die Schemel rein
Sucht er den Sinnen vorzuführen.

Vergebens! wunderlich berühren
Auch hier sich Wirklichkeit und Schein;
Die tote Schwester fällt ihm ein.
Gleich Träumen die Gedanken irren,
Im Ohre hallt ein feines Schwirren, 640
Ein Klingeln, seltsam zu belauschen;
Es ist des eignen Blutes Rauschen,
Das, murrend ob der Adern Band,
Zum Haupt die Klagen hat gesandt.
So geht es nicht, so darf's nicht bleiben! 645
Der Greis, in seiner Seelenqual,
Beginnt die Glieder allzumal
Mit angestrengtem Fleiß zu reiben.
Des Mantels Rauschen an der Wand,
Das Rispeln seiner eignen Hand, 650
Des Haares Knistern, wenn er schwer
Streicht mit den Fingern drüber her:
Ein Laut des Lebens scheint dem schwachen
Bedrängten Busen Luft zu machen.
Und dann – ein Schrei! woher und wie? 655
Des Alten Blut zu Eis gerinnt.
Er tappt umher: »Henry! Henry!
Wo bist du nur? wo bist du, Kind?«
Da wieder das Gestöhn beginnt,
Und »Vater! Vater!« und auf's neu' 660
»Mein Vater!« wimmert's im Geschrei.
Der Alte, nach dem Laut gerichtet,
Hat jenen Winkel bald erreicht,
Wo, schwach vom nächt'gen Strahl umlichtet,
Sich dunkel eine Nische zeigt, 665
Drin sichtbar halb ein Leichnam ruht,
Auf breiter Stirn den Schweizerhut.
Und um des Toten Hand geklemmt
Der Knabe wimmert und sich stemmt
Den lieben Vater aufzuwecken. 670
»Was machst du, Henry? Kind, komm her!
Er ist's ja nicht, er kehrt nicht mehr,

Du arme Waise!« und im Schrecken
Hat er des Knaben Arm geschüttelt,
Bis, von dem Totenhaupt gerüttelt,
Der Hut sich in die Kante stellt,
Und dicht an seine Ferse fällt.
Mit Einem Ruck des Kindes Hand
Befreiend, stürzt in tollem Graus
Der Alte in die Nacht hinaus.
Die Türe hat er eingerannt,
Und klirrend sprengt sich hinter ihm
Die Feder ein mit Ungestüm.

Nur fern erst an der Drance Rand
Gewinnen die Gedanken Stand.
Der Arm des Sturmes halb gesenkt
Nicht mehr so wild die Flagge schwenkt;
Doch auch das Mondlicht halb erbleicht
Ihm dämmernd nur die Richtung zeigt.
Getrost, getrost! kurz ist der Weg,
Bekannt, betreten jeder Steg!
Nur immer vorwärts, immer reg',
Eh' dich im Schlummer Tod beschleicht.
Ein Weilchen geht's mit hartem Mut,
Wie Not ihn und Verzweiflung leiht.
Die Schatten dehnen sich so breit,
Die Luft verrauscht, entschlummert, ruht;
Ein grauliches Gewölke steigt
Allmählich an den Mond hinauf,
Der einmal noch die Scheibe zeigt.
Dann dicht und dichter zieht es auf,
Ein Nebelsee, in hoher Luft;
So wallt und wogt und rollt der Duft,
Bis, durch den Horizont verbreitet,
Sich formlos eine Decke spreitet.
Nun fällt ein Flöckchen, unbemerkt,
Nun wieder, auf des Greises Hand,
Trifft hier und dort des Hutes Rand.

Nun das Gestöber sich verstärkt,
Bis wimmelnd, in verwirrten Kriegen,   710
Die Flocken durch einander fliegen.
Dann, einer Staublawine gleich,
Entlastet sich der Lüfte Reich.
So ganz entschlafen ist die Luft,
Daß sich vernehmlich reibt der Duft   715
Und durch die eingewiegten Flächen
Der Glocke Stimme hörbar wird,
Die mild und lockend scheint zu sprechen:
Kommt Alle her, die ihr verirrt!
Der Alte stutzt und bei dem Klingen   720
Gewaltsam sich zusammen rafft.
»O! könntest du mir junge Kraft
In meine alten Adern singen!«
Doch enger stets in Frostes Haft,
Wie kleine spitze Dornen wühlen,   725
Muß er's in allen Muskeln fühlen.
Gleich einer Trümmer, überschneit,
Er schleppt sich durch die Einsamkeit;
Sein Mantel, seine grauen Locken
Sie starren unter Eis und Flocken.   730
Oft von dem schlecht gebahnten Pfad
Der Fuß, getäuscht durch falsches Licht,
Auf eine lockre Masse trat
Und stampfend ihre Decke bricht.
»O namenlose Todesqual!   735
So nah, so nah dem Hospital!
Nur noch ein Steg, nur noch ein Paß,
O spannt euch an ihr Sehnen laß!
Mein armes Kind! allein um dich,
Nicht um mein Leben kämpfe ich.«   740
So tappt er fort. Die Bahn sich neigt:
Der Alte hat den Steg erreicht,
Den durch des Wirbels stäubend Rennen
Er eben, eben mag erkennen.

⁷⁴⁵   Die Drance in ihrem engen Bette
Sich windet um das Felsenriff,
Und drüber her, ein luftig Schiff,
Der Fichte Stamm vereint die Kette.
Am Tag', bei hellem Sonnenschein,
⁷⁵⁰ Wer schaute ohne Schwindel drein!
Zudem der Steg, jüngst überschwemmt
Von aufgelös'ten Schnees Wogen,
Mit Eises Rinde ist umzogen,
Die sich zu glatten Hügeln dämmt.
⁷⁵⁵ Hier steht der Greis in seinen Nöten,
Der nichts mehr kann und nichts mehr weiß
Und sachte noch versucht zu beten;
Schiebt dann voran die Sohle leis'.
Schau! wie auf dem beglas'ten Bogen
⁷⁶⁰ Um einen Tritt er vorwärts schreitet;
Er steht nicht fest, er schwankt, er gleitet,
Er ist verloren – nein – er steht.
Mit blindem Glück zurück gezogen
Sein Fuß auf festem Grund sich dreht.
⁷⁶⁵ Zuerst der Alte ganz betäubt
Am Rand der Kluft gefesselt bleibt:
Dann, wie aus plötzlichem Entschlusse,
Den Mantel schiebt er von der Brust
Und herzt mit langem, langem Kusse,
⁷⁷⁰ Dem letzten irdischen Genusse,
Das Kind in Scheidens bittrer Lust.
Und nun: »Wohlan! es sei gewagt!
Uns hier der Morgen nimmer tagt.«

    Doch horch! ein Klang die Luft durchweht.
⁷⁷⁵ Der Alte steht und lauscht und steht –
Ein Zittern durch die Züge geht.
Auf's neu' der Ton herüber treibt,
Doch schwach nur unter'm Winde bleibt.
»Henry! Henry! leih mir dein Ohr!
⁷⁸⁰ Mein guter Junge, lausch hervor!«

Das Kind nur zögernd und betrübt
Sein fröstelnd Häuptlein aufwärts schiebt,
Ein Tränchen flirrt um Wang' und Mund:
»Großvater! 's ist ja nur ein Hund!«
»Ist's auch gewiß ein Hund, der bellt?
Mein Gott! du sahst die bittre Qual!
Dann sei's in deine Hand gestellt,
Dann wag' ich's nicht zum zweiten Mal.«
Er steht und horcht: und horcht und steht,
Auf's neu' der Wind den Klang verweht.
Nun wieder heller – ha! sie nah'n;
Schon räumt der greise Mann die Bahn.
Ganz nah – sie drehn um jene Bucht; –
Ein Weilchen still – dann, wie zum Spott,
Ganz aus der Ferne – heil'ger Gott!
Sie ziehn vorüber an der Schlucht.
Des Alten morscher Körper nicht
Erträgt die Last des Schreckens mehr.
Es flirrt, es wirbelt um ihn her,
Noch hält er sich, noch sinkt er nicht.
Doch höher schon die Schauer steigen,
Allmählich sich die Knie neigen,
Noch einmal seufzt er auf in Weh
Und fällt dann taumelnd in den Schnee.

   Die Luft, so auf und niedergeht,
Jetzt frischen Klang herüber weht,
Nicht klaffend, wie zu Jagd und Lust,
Nein, gleich dem Ruf aus Menschenbrust,
Mit kurzen wiederholten Stößen,
Wie Wächter die Signale lösen,
Verhallend oft in Windes Rauschen
Der Ton auf Antwort scheint zu lauschen.
Nun wiederum in weiten Reifen
Sie spürend durch die Gegend schweifen
Bald fern, bald näher; wie im Traum
Der Greis vernimmt die Laute kaum.

Nur einmal zuckend seine Hand
Dem Knaben klemmt sich in's Gewand.
Kein Schmerz mehr durch die Nerven wühlt,
Kein Glied er mehr als eignes fühlt.
Nur wie von tausend Ketten spielt
Im Haupt ein wunderliches Klirren;
Die Töne wechseln – sich verwirren –
Nun wird's zum Klingeln – nun zum Schwirren –
Nun wie ein linder Hauch vergeht's –
Und leiser – leiser – leiser stets,
Er schläft – –

ZWEITER GESANG

Wo auf Sankt Bernhards Mitte recht
Die Zinnen streckt der Felsenbau,
In seiner Trümmer Irrgeflecht
Ein Tal sich lagert, eng und rauh.
Da harrt es nun in ew'gem Lauschen,
Nicht Vogelsang, nicht Blätterrauschen,
Nein, wie die Stürme Seufzer tauschen.
Inmitten schwärzlich ruht der See,
Der des verlornen Strahles Weh
Gefesselt hält in seinen Flächen,
So dort gleich dem Gefangnen liegt,
Sich angstvoll an die Decke schmiegt,
Den glas'gen Kerker zu durchbrechen.
Und nah dem unwirtbaren Strand
Das Hospital steigt in die Höh'
So schlicht wie eine Klippenwand,
Der Wandrer unterscheidet's nicht.
Nur wenn ein Klang die Stille bricht,
Vom Hochaltar das ew'ge Licht
Wenn's durch die Nacht den blassen Schein
Wirft in das Schneegefild' hinein,
Lenkt er zur Schwelle seinen Schritt,

Der wahrlich sonst vorüber glitt.
Denn in der Dämmrung ungestalt
Erscheint es wie ein Felsengrat 25
Rings eingekerbt von weitem Spalt.

  Doch jetzt ein Flockennebel kraus
Löscht duftig alle Formen aus.
Die Schneenacht dieser ew'gen Wüste,
Als ob sie nimmer enden müßte, 30
So dicht die Mauern hält umrungen,
In jede Zelle ist gedrungen.
Auf allen Wimpern liegt der Mohn,
Und nur des Schlafes tiefer Ton,
Wie er bejahrter Brust entsteigt, 35
Gespenstig durch die Gänge schleicht.
Ein Augenpaar noch offen steht.
Nachlässig, in verklommten Händen,
Der Mönch des Glockenstranges Enden,
Sich auf und nieder windend, dreht. 40
Ermüdung kämpft in seinen Zügen,
Die Nacht ist streng, der Dienst ist schwer.
Wie die Gedanken abwärts fliegen,
Er wirft den düstern Blick umher,
Zumeist sein Auge ist gericht't 45
Doch immer auf den Estrichgrund,
Wo ew'ger Lampe schlummernd Licht
Geträumet hat ein mattes Rund.
In dieser toten Einsamkeit
Der Bruder sich des Schimmers freut. 50
Er weiß es selbst nicht wie ihm ist,
So öd', so öd' zu dieser Frist.
Das Dunkel, das im Bethaus waltet,
Der leeren Bänke Reih'n, ein Bild,
Das scheinbar aus der Nische quillt, 55
Und von der Decke hochgestaltet,
Manch' grauer Heil'ger zürnend schaut.
Zudem – das Eis an Wänden hängt,

Vom Glockenstuhl ein Luftzug drängt,
Wie endlos Bimmeln über'm Haupt
Schier die Geduld dem Bruder raubt.
Ob denn die Stunde nimmer endet?
Doch still! die Klosteruhr sich wendet:
Eins – zwei – und drei – das Echo dröhnt,
Und auch der Mönch die Glieder dehnt.
Er läßt den Strang, im Spähn verloren,
Ihm summt's noch immer vor den Ohren.
Nun knarren Türen, schlurfen Tritte,
Ein Lichtstrahl durch die Ritze gleitet;
Dann, haltend vor des Auges Mitte
Sein Lämpchen in gebräunter Hand,
Hervor Denis der Alte schreitet.
Längst vom Gesetz dem Dienst entbunden
Hat er sich nimmer drein gefunden,
Ein eifervoller Gottesknecht,
Behauptend seiner Pflichten Recht.
Grau ist sein Haar wie sein Gewand,
Und da er bleibt am Pförtchen stehn
Den Finger mahnend aufgehoben,
Du meinst den Alpengeist zu sehn.
»O Eleuthère! soll man dich loben?
Mein junger rüstiger Gesell,
Ermattest du im Dienst so schnell?«
Der Bruder lässig faßt den Strang
Und läßt sogleich ihn wieder fallen;
»Dem Vater wird die Zeit wohl lang;
Ihr seid der Rüstigste von Allen.«
Dann steht er, streicht mit flacher Hand
Die Falten von der Stirne Rand:
»Nehmt's, Vater, heut nicht so genau,
Die Nacht war gar zu wüst und rauh,
Mir friert das Hirn am Schädel an.«
»Schlaf wohl!« versetzt der alte Mann.
Sein Lämpchen zündet Eleuthère,
Zupft an dem Dochte mit Bedacht,

Und nickt und murmelt drüber her:
»Hab' ich mich je dem Dienst entzogen,
Wenn Schnee die Pässe gleich gemacht,
Und jede alte Spur getrogen?
Allein, was in der Jahre Lauf,
Uns reibt am allermeisten auf,
Dies Läuten, Läuten durch die Nacht,
Wo nicht das Schneehuhn kommt hervor,
Wo nicht der Uhu selber wacht,
Wo auf dem Bernhard klimmt kein Tor;
Und wir!« Er hebt die Lamp' empor.
An dem Gemäuer, überall,
Steigt glitzernd auf der Eiskristall,
Daß klar, wie in poliertem Stahl,
Steht geisterhaft der kleine Strahl.
»'s ist eben eine hies'ge Nacht,«
Versetzt Denis, »doch kannst du sagen,
Dich habe Trug hieher gebracht
Zu Ruhe und bequemen Tagen?
Und, Eleuthère, wie magst du wissen,
Daß Niemand in der Steppe wacht?
Ich selbst hab' in Dezembernacht
Vor Zeiten diesen Weg gemacht.
Ich macht' ihn, hab' ihn machen müssen,
Und, ratlos am Montmort gebettet,
Hat unser Glöckchen mich gerettet.
So treibt die Not« – der Alte schweigt,
Doch nieder auf den Strang sich beugt,
Und angeschlagen mit Gewalt
Das Glöckchen durch die Steppe schallt.
Dann – »still! rief's meinen Namen nicht?«
»Nein, Vater.« »Hast du nichts vernommen?«
»Ein Schnauben, Scharren?« Jener spricht:
»Ist's möglich! unsre Hunde kommen.«
»Still! Bruder, still!« – Man horcht auf's neu;
Ein leises Winseln schleicht herbei
Vom Klostertor, ein Stoßen, Kratzen,

Ein Rütteln wie mit schweren Tatzen.
»Schnell, Eleuthère! schnell aufgemacht!
Schau, was der Barry uns gebracht!«
Denis, gebannt am Glockenstrang,
Doch immer schaut den Weg entlang.
Nun nahen Tritte, ja gewiß –
Die Gänge tappt's hinauf – allein
Ein Hund scheint's und ein Mensch zu sein.
Das Pförtchen öffnet sich. »Denis!«
Ruft Eleuthère, »o seht doch hier
Das gute kluge treue Tier!«

Und nach ihm, schwer ermüdet, wankt
Der große Hund in die Kapelle;
Er dreht die Augen rings, er schwankt,
Ihm hängt das Eis vom zott'gen Felle,
Auf seinem Rücken liegt ein Kind,
Ein armes Knäbchen, schier erfroren:
Voll Reifen seine Löckchen sind;
Die Hände hat es eingeklemmt
In seines Trägers rauhe Ohren,
Mit schwachen Beinchen sich gestemmt
Um Barry's Leib: in Angst verloren
Wagt's nicht zu schrein, nur allgemach
Ein Tränchen rinnt dem andern nach.
»O Barry, brav!« der Bruder hebt
Das Kind empor, das schaudert, bebt,
Sich immer noch nicht fassen kann,
Die kalten Händchen nun und dann
An sein geblendet Auge hebt,
Und von dem wunderlichen Mann,
Der, fort es tragend kos't und schilt,
Sich angstvoll loszuwinden strebt.
Hart nebenher, das Ebenbild
Des Mönches schier, der Dogge trabt,
Mit gleicher Einsicht fast begabt,
Der auch den Kaben will ergötzen,

Glutäugig, mit gehobnem Haupt
Gar liebreich in die Höhe schnaubt, 170
Und tummelt sich in wüsten Sätzen;
Peitscht mit dem Schweif, steigt gähnend auf,
Streckt seine breite Tatze auf
Bis an das Kind, das vor Entsetzen
Beginnt zu schrei'n, der Hund zu bellen: 175
Die Fenster klirren, alle Zellen
Beleben sich, und vorgeduckt
Aus jeder Tür ein Mönchlein guckt.

    Und wie das Knäbchen sie erschau'n,
Das Kindchen unter ihrem Dache, 180
Da ist's, als ob die Sonne, traun!
Auf jedem Angesicht erwache.
Und alle eilen, wie betört,
Ihm irgend Gutes zuzufügen;
Auf die Geschichte keiner hört. 185
Das ist das heilige Vergnügen,
Das ist die unverstandne Macht,
So über Kindes Leben wacht!
Der Infirmier* mit leiser Hand
Die Glieder rührt, ob sie auch schwellen, 190
Die Schuh ihm von den Füßchen zieht,
Und heimlich, an der Zellenwand,
Ein alterschwacher Mönch sich müht
Den kleinen Korb herabzustellen,
Darin nach seiner tör'gen Art 195
Er gute Bissen aufgespart.
Dem Pater Koch nicht schnell genug
Das Reisig will die Flamme zollen.
Dort Einer bringt ein warmes Tuch;
Doch – horch! die Gitterpforten rollen. – 200
»Der Prior!« läuft's von Mund zu Mund.
Mit freud'gem Funkeln lauscht der Hund,

---

* Infirmier, Krankenwärter.

Die Mönche mit den Brüdern schelten
Und lassen sie den Lärm entgelten;
Zur Zelle ein Noviz sich schleicht.
Der Prior naht, gesetzt, doch leicht.
Die Schritte, schon vor manchen Jahren,
Der schlanken Gemse tödlich waren,
Als auf dem Montblanc diese Hand
Vergebens nie den Schuß entsandt.
Und der Gewohnheit zähes Band
Verrät sich noch bei grauen Haaren;
Ja, dieser blauen Augen Blitz
Scheint noch zu spähn des Geiers Sitz;
Den Stab er in der Mitte faßt,
Wie einst der Doppelbüchse Last.
Fürwahr! als einst, gedankenschwer,
Beratend in der Brüder Kreis
Er zum Brevier griff ungefähr,
Sah man das heil'ge Buch ihn schütteln,
Wie's Pulverhorn die Jäger rütteln.
So leis' und fest die Schritte greifen.
Nun, redend, an des Gurtes Strang
Die Sehne scheint er noch zu streifen.
»Was, Brüder, zaudert ihr so lang?
Der Barry hat das Kind gebracht,
Allein wer nahm das Kind in Acht?
Wo ist der Mann, wo ist die Frau,
So auf den Bernhard es getragen?
Seid Väter ihr umsonst so grau?
Muß euch des Hundes Witz verklagen?
Seht, wie das arme Tier sich müht,
Euch eure Pflichten anzusagen,
Wie's den Eugene am Kleide zieht!
Ja, Barry, solche Lässigkeit
Erfährst zum ersten Mal du heut!«

Hier wirft er einen Blick umher,
Der trifft nur wen'ge, aber schwer;

Zwei Brüder nur, von Schüchternheit
An ihren Plätzen festgehalten.   240
Schon in den Zellen sind die Alten,
Schon zur gefahrumgebnen Fahrt
An dieses Schneemeers falschen Küsten
In Eile sich die Jungen rüsten.
Bereit nun alles. Aus dem Tor   245
Sechs Brüder treten hastig vor
Im Schneelicht wie ein Geisterchor.
Die grauen Mäntel, Kappen rauh,
An ihrem Fuß der Filzschuh grau,
Gewirkte Gürtel um die Lenden,   250
Der Eisenstachel in den Händen.
Und ihrer zwei an Stangen auch,
Die arme Leiche einzuschlagen,
Ein festgerolltes Leilach tragen.
Voran, in der Laterne Schein,   255
Die Funken sendend über'n See,
Tritt festen Schritts der Marronier;*
Den Alpstock trägt er in die Höh',
So kühn wie den Kommandostab
Der Feldherr über Schlachtfelds Grab.   260
Er kennt die Stege, jeden Stein:
Ein Felsgeäder sichtbar kaum,
Des Schneehuhns überjährig Nest,
Geborgen in der Spalte Raum,
Das Strombett sich nur wenig dehnend,   265
Ein Block sich an den andern lehnend
Stellt ihm sogleich die Richtung fest.
Denn täglich in des Hunds Geleite
Grüßt er die toddurchhauchte Weite –
Ja, jeden Tag und ganz allein!   270
Drum man zu diesem Amte schafft
Den Besten stets an Mut und Kraft.

---

* Marronier, derjenige Bruder, dessen eigentliches Amt es ist,
täglich ohne Ausnahme nach Verunglückten zu suchen.

Doch seht, wer mischt sich in den Zug?
Gebeugt, mit angestrengtem Schritte
Denis ist in der Brüder Mitte.
Du Alter, hast du nicht genug
Durch dreißig saure Jahr' getragen?
Nein, heute muß er es schon wagen.
Ihm Eleuthère, des Trägen, Wort
Bohrt wie ein Dorn im Herzen fort.
Da hilft kein Mahnen, kein Versagen:
Sie sollen sehn, die Leute jung,
Der Alte tut auch noch genung.
Schau, wie voran in weiten Sprüngen
Den starken Leib die Hunde schwingen,
Dickmaulig, scheckig, lang von Haar,
Fest in den Gliedern ganz und gar,
Nicht Wachtelhund, nicht Dogge ganz,
Halb Spaniens, halb Englands Raçe
Ist's eine eigne edle Klasse.
Die Augen drehn in klugem Glanz,
Bei jedem Sprunge Schellchen klingen
An ihrer Nacken Lederringen.
Barry voran, obgleich in Scheiben
Und Schollen sich die Zotten reiben,
Der Barry mag zu Haus nicht bleiben.

 Bald geht es abwärts; näher schon
Die ungeheuren Massen drohn.
Den Totenschädel reckt Montmort
Und scheint den Wanderern zu nicken.
Der Weg, beengt von Felsenstücken,
Die längs der Mutterklippe Rand
Entrafft des Wintersturmes Hand,
Muß oft an das Gestein sich drücken;
Dann schlingt er mühsam sich heran,
Springt über eingeschneite Zacken;
Die Brüder wandeln Mann für Mann,
Und ziehn die Kappen in den Nacken.

Zuerst manch abgebrochnes Wort
Fliegt durch die Reihe hier und dort, 310
Vom letzten Zuge, jener Frau,
Die halb erstarrt man heimgetragen;
Was in den jüngsten zwanzig Jahren
Das Hospital an Leid erfahren,
Gezählt an Kranken und an Bahren: 315
Der Marronier weiß ganz genau
Dir jeden Umstand herzusagen.
Doch steiler sinkt der Pfad; vom Schaft
Gestützt, eindrängend mit Gewalt
Den Stachel in des Eises Spalt, 320
Die Brüder nur mit ganzer Kraft
Der strammen Sohle Gleiten hemmen.
Und immer, immer näher sich
Die glimmerblanken Riffe klemmen:
Steil, zackenreich, ein Riesenschloß, 325
Wo aus gespaltner Scharten Hort
Sich niederdrängt des Winters Zeichen,
Als wollten Riesenjungfrau'n dort
Im Nebeltau die Schleier bleichen.
Und oben drauf an Zinnenwand 330
Die wunderlichsten Steingestalten,
Um einen Zoll breit nur vom Rand
Im Gleichgewichte scharf gehalten,
Noch aufrecht, zu getreuer Wacht.
Doch weiter – und in Schlummers Macht 335
Die Häupter immer schwerer neigen,
So schwindelnd an einander beugen,
Daß kaum in seinem höchsten Stand
Läßt einen Strahl der Sonnenbrand
Auf Augenblicke niedersteigen. 340
Oft Einer an des Andern Hand
Die frommen Brüder, keuchend nur,
Ein Jeder in des Vormanns Spur,
Verstummt auf ihre Tritte achten,
Als noch des Himmels karger Schein 345

Verlischt, und nur die Leuchte klein
Flammt heller auf bei tiefrem Nachten.
Sieh an des Glimmers reinen Scheiben
Den Strahl sich mit Geflatter reiben,
Ein Silbernetz auf Felsen webend,
Und an der Brüder Kutte bebend,
Die reiferglänzend ganz und gar
Nachziehn wie des Kometen Haar.

Wie lang die Schlucht, die Nacht wie kalt!
Des Nordes schneidende Gewalt
Strömt langsam durch die schmale Gasse,
Sich öffnend nur nach Mitternacht.
Die Brüder mit der Sohle Rand,
Und wechselnd dieser, jener Hand
Den Schaft der Eisenstange schlagen,
Daß nicht der Frost die Glieder fasse.
Nur kaum vermögen sie's zu tragen;
Und Einen hört man heimlich klagen,
Der noch in keiner solchen Nacht
Den Klosterzug hat mitgemacht.
Frei wird die Bahn, doch milder nicht;
Der Wind sich an den Klippen bricht,
Und wirft ihm Flocken in's Gesicht.
»Hätt' er's gewußt, hätt' er's gedacht!
Es ist zu arg! und« – horch! sie lauschen,
Nicht fern seitab Gewässer rauschen,
Doch kollernd, dumpf, wie überdacht
Von einer Röhre hohlen Gängen.
Die Hunde schnaubend näher drängen,
Und Barry plötzlich wie gehetzt
Zur Seite in den Flugschnee setzt;
Steht still dann, winselt, schaut sich um,
Dann fort er watet, mühvoll stöhnend,
Versinkend oft, nun auf sich dehnend,
In kurzen Sprüngen weiter jetzt:
Und immer mit gestoßnem Laut

Er rückwärts nach den Brüdern schaut.
Voran der Marronier, geschürzt,
Sein Mantel unter'm Arm sich kürzt;
Die Brüder nach mit weiten Schritten, 385
Versenkt bis an des Leibes Mitten;
Und rechts und links die Hunde klimmen,
Im aufgerührten Schneemeer schwimmen.
So vorwärts; »halt! der Führer ruft:
Hier steh'n wir an der Drance Kluft! 390
Nicht weiter!« Aber Barry leicht
Mit Einem Satz den Stamm erreicht,
Der zweier Felsen Rücken bindet;
Tief drunter sich die Drance windet,
Wo aus gesprengten Eises Spalt 395
Das Wasser brodelt mit Gewalt.
Nur einmal sich der Barry schüttelt,
Die Flocken aus dem Pelze rüttelt,
Im Hui schwindet: längs der Kluft
Hört man ihn rauschen über'n Duft. 400

   Der Marronier die Leuchte jetzt
Dicht an den Rand der Tiefe setzt.
Auf steigt die alte Fichte weiß,
Ein ungeheurer Zapfen Eis,
Wo überall gleich Bergkristallen 405
Die blanken Stengel abwärts fallen,
Wie sich der Tropfstein bildet leis'
In feuchter Grottenwölbung Hallen.
Und drunten das Gewässer schäumt,
Sich sprühend an der Scholle bäumt, 410
Wirft Perlen auf, in Bogen springt
Und tiefe heis're Weisen singt,
Bis, nicht zu fern, des Winters Macht
Auf's neu' in Fesseln es gebracht,
Wo pfeilgeschwinder Wellen Zug 415
Des Strudels Macht verrät genug.

Die Brüder stehn und sehn sich an. –
Der Marronier der feste Mann
Streicht mit den Fingern bald die Sohlen,
Bald prüfend auf den Steg sie reibt
Und in die Tiefe blickt verstohlen.
Kopfschüttelnd spricht er: »Brüder, bleibt!
Hier ist nur sichrer Tod zu holen;
Der Wildbach hat den Steg beschwemmt,
Seht, wie das blanke Eis sich dämmt:
So sei die Leiche Gott befohlen!
Was für den Lebenden uns Pflicht,
Das bleibt es für den Toten nicht.
He, Barry! Barry!« Aber dicht
Von drüben Wind und Stromes Rauschen
Ein wohlbekannter Ruf durchbricht,
Erst kurz, gestoßen – Alles still –
Dann folgt ein ungeduldig Heulen,
Man hört ihn hin und wieder eilen;
Nun scheint er an der Kluft zu lauschen,
Wo über'm Rande, weiß umhegt,
Ein matter dunkler Fleck sich regt. –
Und plötzlich in des Steges Mitte
Erscheint die zottige Gestalt:
Ein Sprung – sich vor den Brüdern schmiegt
Das fromme Tier; es winselt, keucht,
Am Marronier sich angstvoll streicht,
Zupft an den Kleidern mit Gewalt.
»Ich fürcht' – ich hoffe – ja, ich glaube –«
Haucht ein Noviz, der Angst zum Raube,
»Was drüben liegt, tot ist es nicht.«
Und »Barry! alter Barry!« spricht
Der Führer, streichelt sanft das Tier,
Vielleicht zum ersten Mal verlegen
In seines Amtes schwerem Segen.
Da stöhnend durch den Schnee sich bricht
Denis, die morschen Knie schüttern,
Vor Zorn mehr als Erschöpfung zittern.

»Zurück!« ruft er, »ich will voran!«
Trifft mit dem Arm und grimmen Blicken, 455
Was schnell nicht aus dem Pfad kann rücken,
Und vorwärts bricht der rauhe Mann.
Betäubt, fast willenlos die Brüder
Gestalten einer Kette Glieder;
Nun vorwärts, mit verschränkten Händen; 460
Der Himmel mag ein Unglück wenden!
Er hat's gewandt: tief atmend setzt
Jenseits den Fuß der Letzte jetzt.

    Nur einen Blick, der war nicht süß,
Schenkt den Genossen noch Denis, 465
Brummt etwas noch von »trägen Hunden;«
Dann hat er schon den Ort gefunden,
Wo an die Felsenwand geschmiegt
Benoit der alte Senne liegt,
Und neben ihm der Barry gut, 470
Der Wanderstab, der breite Hut,
Sein Mantel, oben festgehalten
Durch der erstorbnen Finger Band,
Scheint, unten offen, aus den Falten
Gezerrt von ungeschickter Hand, 475
Wo in dem Schnee steckt tief genug
Die Flasche, so der Barry trug.
Zu Nacht gefallne Flocken haben
Den Körper mehr als halb begraben.
Wenn nicht ein Knie sich aufwärts streckt, 480
Man hätt' ihn nicht so bald entdeckt.
Herbei, Elias' fromme Raben!
Stemmt euch, hebt, hebt, das Leilach breitet!
Die steifen Glieder, drein geschlagen,
Ein Bruderpaar sich stumm bereitet 485
Auf seinen Schultern heimzutragen.
Derselbe Paß, erhöhte Not!
Bräch' jetzt hervor des Mondes Licht!
Auf allen Zügen steht der Tod,

Doch keine Lippe widerspricht.
Zuerst der Marronier gebeugt
Dicht an den Steg die Leuchte streicht,
Daß jeder sieht zu jeder Seite
Der überglas'ten Wölbung Breite.
Schwieg jetzt des Strudels Rauschen auch,
Man hörte keines Atems Hauch,
Und Mancher schlöss' die Augen gar,
Doch reißt sie offen die Gefahr.
Nur langsam – flach den Fuß gesetzt –
Des Vormanns Stange Jeder fasse –
Und seid auf einen Ruck bereitet,
Wenn Einer schwankt, wenn Einer gleitet;
Nur immer langsam – Schritt vor Schritt. –
Ha! auf den Grund der Erste tritt
Und zieht mit seiner festen Hand
Die ganze Kette an den Strand.
Und Jeder, wie er fühlt das Land,
Den Atem stößt mit voller Kraft
Aus der befreiten Kehle Haft.
Dem Himmel Dank! das war ein Wagen!
Hat Niemand es zu künden Lust?
Doch war sich Keiner in der Brust
Nur Eines sichern Schritts bewußt,
Und Keinem blieb, so kühn er sei,
Das Auge klar, Bewußtsein frei,
Als sie, wo drunten Wogen spülten,
Der Sohle leises Gleiten fühlten,
Und in der Hand verklommen, zitternd
Die Stange hin und her sich schütternd.
Ja, Gottes Huld hat sie getragen,
Des Herrn, so sprach: »Ich bin dein Reich,«
Und: »Meinen Engel send' ich euch.«

Erst späterhin und fern vom Stege
Löst mählich sich der Zungen Band,
Und wenn auch auf demselben Wege,

Den früher man so übel fand,
Scheint doch, nach dem was man befuhr,
Ein Kinderspiel die Heimfahrt nur.
Entschlossen wird der Fuß gesetzt,
Was schlüpfrig sonst, scheint sicher jetzt; 530
Auch klimmt sich's leichter wohl hinan
Als abwärts auf beeister Bahn.
Nah ist der Tag, der Frost gewaltsam;
Allein die Luft, da man gekehrt,
Den Wandernden so unaufhaltsam 535
Nicht ferner in die Augen fährt.
Und wer sie hört, nicht sollt er sagen,
Daß diese einen Leichnam tragen;
So überstandne Fährlichkeit
Die Herzen stimmt zur Heiterkeit. 540
Man lockt die Hunde, lobt und streichelt,
Geplauder wechselt durch die Reihe,
Zumeist bei der Gefahr es bleibt;
Und, wie's der Phantasie nun schmeichelt,
Wenn Dieser spricht mit Heldenweihe, 545
Die Schrecken Jener übertreibt.
Der Marronier auch redet drein,
Die Träger selber stimmen ein;
Sogar das Lachen überrascht
Den Jüngsten, als ein Bruder gleitet, 550
Nach der entfallnen Kappe hascht
Und stolpernd auf dem Alpstock reitet.
Doch wen dort, als von ungefähr
Der Lampe Schimmer sich verbreiten,
Sieht hinter'm Zuge man von weiten? 555
Denis! Wird ihm der Weg so schwer?
Man ruft und harrt, er schreitet an.
»Reicht mir die Hand!« Ein Bruder spricht:
»Stützt euch auf mich!« Der alte Mann
Erwidert: »Müde bin ich nicht.« 560
Dann setzt er an mit festem Schritt
Und rüstig in die Reihe tritt.

Was wohl den Mann betroffen hat?
Nicht kraftlos scheint er, in der Tat!
Und doch ihm in so kurzer Frist
Die Stimme klein geworden ist.
Wie das Gespräch sich wieder rege,
Er wandelt stumm und träumend fort,
Und fällt auch wohl ein schlimmes Wort,
Daß allzuviel in dieser Nacht
Um eine Leiche sei gewagt,
Nur tiefer sich der Alte bückt,
Nur in den Schnee die Ferse drückt,
Und der, so geht zunächst im Wege,
Meint, täusch' ihn nicht des Frostes Knistern,
Er höre schwere Seufzer flüstern.
Was wohl das gute Mönchlein quält?
Dem alten treuen Männchen fehlt?

  Indessen, nun zum zweiten Mal,
Hat man die Klippenschlucht betreten;
Hier sind die Sinne all vonnöten.
Hu, wie der Wirbel streicht durch's Tal!
Die Luft gleich Äther scharf und fein!
Sogar die Worte frieren ein.
Und wieder hört man durch die Stille
Der Mäntel Reiben an den Kappen,
Des Tritt's Geknarr, des Alpstocks Klappen;
Ein Jeder schmiegt sich in die Hülle,
Und treibt den Fuß, so sehr er kann,
Voran, und immer nur voran.
Das Lampenlicht, was hier zuvor
Um Vliese duftbestreut geflogen,
Trifft sie mit Eise jetzt umzogen,
Und ganz von Glas erscheint der Chor.
Voran, voran! zieht sacht den Hauch,
Und streicht die Kappe dicht an's Aug'!
Voran! – Schaut nicht die Klippe hier
Fast wie ein formlos wüstes Tier?

Hier ein verstümmelt Riesenhaupt,
Das rechte Aug' ist ihm geraubt.
Voran, voran! – Was flattert dort?
Ein Lämmergeier, aufgeweckt
Aus seinem Lager, flieht erschreckt,
Gefangen in des Passes Enge.
Seht, wie er angstvoll krallt die Fänge!
Zurück! zurück! er naht dem Licht.
Und nun er über'm Leilach schwebt,
Mit ausgespanntem Fittig bebt.
Die Lampe bergt! Da steigt er auf,
Um's Riesenhaupt noch einmal kreisend
Und pfeifend, daß die Gasse schallt;
Und nun verschwimmt er in die Nacht.
Noch einmal, sein Gekreisch verhallt.
Gottlob! jetzt hebt die Leuchte auf!
Leicht wird des Weges Rest vollbracht,
Ein Schimmer, nach dem Ausgang weisend,
Des Tages erster Bote scheint.
Ganz recht! hier öffnet sich das Tal!
Die Brüder schau'n empor zumal:
Montmort steht schwarz, die Jungfrau grau:
Doch südlich im versenkten Blau
Die mächt'ge Rosenkuppel schwebt,
Bewegungslos am Äther hängt,
Und unter ihr Gewölke webt.
Es ist die Stirn, so stets empfängt
Den ersten Strahl der niedersank,
Es ist der Alpenfürst Montblanc.

Allein des Dunkels Überrest
Verdoppelt auf die Fläche preßt;
Formlose Massen noch, die Höh'n
Im Horizont verschwimmend stehn.
Nur links am breiten Felsenturm
Erscheint, ein mächt'ger Feuerwurm,
Die ew'ge Lampe, deren Strahl

So milde winkt in's Hospital.
Noch tausend Schritt – die Wandrer keuchen,
Noch hundert Schritt – sie stehn am Tor.
Und eben bricht, ein glühend Zeichen,
Verschämt der Jungfrau Stirn hervor.
Was zaudert Bruder Pförtner noch?
Vielleicht vom Schlummer aufgestört!
Du alter Benoit, hat dich doch
Dein Wunsch in's Hospital gebracht!
Ach, anders gar wie du gedacht.
Da klinkt das Schloß, und eben hört,
Als grade sie ins Tor ihn tragen,
Man sechs die Klosterglocke schlagen.

Der Infirmier indes zu Nacht
Durch Schmeicheln und geduld'ges Fragen
Vom Knäbchen hat herausgebracht:
Wie Mutter schon vor vielen Tagen
Geschlafen, Vater auch nachher,
Der wenig Stunden krank gewesen,
Und beide gar nicht wachten mehr.
Wie anders dann Großvaters Wesen,
Wie sein Gesicht geworden schmal;
Und wie er gestern erst vom Tal
Bei argem Frost und harter Müh'
Getragen ihn auf üblen Wegen
Und viel verzählt von St. Remi,
Wo Tante Rose ganz genau
Ihn wie die Mutter werde pflegen,
Etienne la Borte des Sennen Frau.
O wohl mein armer Henry dir,
Daß du entschlummert unter Klagen,
Da sie vorbei an deiner Tür
Jetzt deinen guten Ätti tragen!
Sähst du so blau das Antlitz treu,
Zu stillen nicht wär' dein Geschrei.
Im Krankenzimmer schon die Glieder

Man hüllt in Schnee, man bürstet, reibt,
Sucht den entfloh'nen Atem wieder
Ihm einzuhauchen; alle Brüder
Verstummt und lauschend stehn dabei.
Kein Regen – und der Kerze Licht 675
Kein Zucken zeigt im Angesicht; –
Am vorgehaltnen Flaume nicht
Ein schwaches Fäserchen sich beugt,
Und mählich schon das Morgenrot
Bis an den Rand des Tales steigt. 680
»Ihr Brüder!« nun der Prior spricht,
»Es scheint, der arme Greis sei tot.
Doch tut noch ferner eure Pflicht;
Ihr seid zur eignen Seele Frommen
Bis jetzt ihr treulich nachgekommen: 685
Allein zumeist, das ist gewiß,
Am allermeisten tat Denis.
Wo ist er? nun er ruht wohl aus!
Und sicher war's ein harter Strauß
Für seine Jahre.« Ach Denis 690
An keinen Schlummer denkt gewiß,
Vor dem Altare, wo im Bild
Die Gottesmutter rauchgeschwärzt
Ihr eingeräuchert Kindlein herzt,
Verzeichnet, bunt, doch gut genug, 695
Da es dem Manne sonder Trug
Mit Andacht so die Seele füllt,
Denn ganz besonders hat er sich
Geweiht der Jungfrau minniglich.
Was mag ihm so zu Herzen gehn? 700
Die Falte um den Mund, dies Stöhnen –
So hat man sonst ihn nicht gesehn.
Wie, schmolz der Mauerduft? Sind's Tränen,
Die niederfallen auf den Stein?
Dies feste Auge scheint mir nicht 705
Gewöhnt zu solcher Tropfen Pflicht.
Der Alte ist ja ganz allein!

Stets weiß die Jungfrau was er denkt:
Wär' zehnfach herber auch sein Grämen,
Vor ihr braucht er sich nicht zu schämen.

Indes das Dämmergrau zergeht;
Nur einzeln in die Mauerlücken
Sich kleine schwarze Schatten drücken.
Schon in der Fenster Mittelscheiben
Die rote Sonnenkugel schwebt;
Viel goldbestreute Wölkchen treiben,
Die ganze Luft ist glanzdurchbebt.
Im Morgenlichte doppelt mild
Dem Beter scheint das Mutterbild;
Selbst Märtyrer aus Gitterschrein
Nicht all so kläglich schauen drein.
Und nun das Diadem, das klare,
Am Haupt der Tagesfürstin ragt,
Da aus dem Winkel am Altare
Den letzten Schatten sie verjagt.
Sich von den Knieen hebt Denis,
Ein andrer Mann; die Finger leis'
Streicht er durch seine Löckchen weiß,
Er ordnet sorglich sein Gewand,
Dem eingedrückt des Estrichs Sand,
Und zu den Brüdern, die noch immer
Versammelt sind im Krankenzimmer,
Begibt entschlossen sich der Greis.
Doch als er nun die Türe lichtet,
Auf ihn sich jedes Auge richtet;
Da, deut' ich recht der Finger Zucken,
Am Gurt' das unbewußte Rucken,
So sinkt ein wenig ihm der Mut,
Auch in die Wange tritt das Blut.
»Wie, alter Vater! schlaft ihr nicht?«
Ruft ihm der Prior schon entgegen,
»Nein, Maß muß sein in allen Wegen,
Auch ihre Schranken hat die Pflicht.

Ihr scheint's Euch heute vorzunehmen
Uns alle gründlich zu beschämen,
Und Ihr seid matt, man sieht's Euch an.
Zu Bett, zu Bett!« Der alte Mann
Steht lautlos, und in seiner Not
Auf's neu beginnt das Kleid zu reiben,
Als sollte nicht ein Stäubchen bleiben:
Bis an die Stirne steigt das Rot.
Dann holt er tief und tiefer aus,
Und zitternd bricht die Stimm' heraus:
»Nein, lobt mich nicht, ich bin's nicht wert!
Ich will den schlimmsten Vorwurf dulden
Und daß ihr mir den Rücken kehrt;
Allein vergebt mir meine Schulden,
Der alte Feind hat mich betört.
Der alte eingefreßne Zorn,
Im Herzen mir ein steter Dorn,
Seit ich in meinen jungen Tagen
Den Sennen blutig einst geschlagen.«
Hier stockt er, seufzt so tief betrübt,
Daß jede Brust ihm Antwort gibt.
»Als ich nach einem Ausweg sah
Am Drance-Rand die Brüder suchen,
Da fühlt' ich seine Kralle nah,
Und innerlich begann zu fluchen.
Und als nun sprach der Marronier:
›Hier ist nur sichrer Tod zu holen,‹
Und: ›sei die Leiche Gott befohlen!‹
Es kribbelt mir durch alle Glieder:
Den Alpstock hob ich in die Höh',
Dem Himmel Dank, ich senkt' ihn wieder.
Und als nun endlich, als am Strand
Barry, das unerschrockne Tier,
Ich treu auf seinem Posten fand:
Da hab' ich, hab' in Zornes Brand
Den Bruder einen Hund genannt.«
Er atmet auf: »Es ist heraus!

Ihr Brüder, ach vergebt dem alten
Verstockten Mann, was ich verbrach;
Kein böses Beispiel bleibe nach.
Vergib mir Bruder!« Ganz gebeugt
Zum Marronier er langsam schleicht
Und küßt voll Demut ihm die Hand.
Dann, eh noch Einer spricht ein Wort
Vor Rührung, Staunen, tiefer Scham,
Schon stapft er durch das Zimmer fort,
Nicht ganz so trübe als er kam,
Um sich in seine Zelle klein
Drei Tage, frierend und allein
Bei Brod und Wasser einzuschließen.
Noch immer stehn die Brüder stumm
Und Jeder heimlich schilt sich dumm,
Daß sie den Alten ziehen ließen.
Die Stirn soldatisch in die Höh'
Am steifsten steht der Marronier.

Zuerst das lange Schweigen bricht
Der Prior: »Was wir alle denken,
Ihr Brüder, brauch' ich nicht zu sagen.
Denis will uns in diesen Tagen
Nicht nur von wandelloser Pflicht,
Von Reue auch ein Vorbild schenken,
So demutsvoll ein Christ nur handelt:
Deshalb« – Er stockt und wendet sich,
Denn eine Regung wunderlich
In Zittern ihm die Rede wandelt.

Der Prior sich zur Seite kehrt,
Und, dem Erstarrten zugewandt,
Die steifen Glieder abwärts fährt.
Den Flaum noch einmal mit der Hand
Bringt langsam an des Mundes Rand,
Erst quer, dann senkrecht aus der Höh'.
Nun hebt er sich, vom Bücken rot:

»Eugene und Louis! nehmt ihn fort!
Jetzt gleich! Und, Bruder Clavendier,*
Zum Sennen Etienne la Borte
Schickt nach Remi! Der Mann ist tot.«

---

* Clavendier, der Bruder, dem die Besorgung der Hausgeschäfte
  obliegt.

DES ARZTES VERMÄCHTNIS

So mild die Landschaft und so kühn,
Aus Felsenritzen Ranken blühn;
So wild das Wasser stürmt und rauscht,
Und drüber Soldanella* lauscht!
Nichts was ein wundes Herz so kühlt
Als Bergesluft die einsam spielt,
Wenn Maienmorgens frische Rosen
Mit Fichtendunkel flüsternd kosen.
Wo über'm Wipfelmeer das Riff
Im Äther steht, ein flaggend Schiff,
Um seinen Mast der Geier schweift:
Tief im Gebüsch das Berghuhn läuft,
Es stutzt – es kauert sich – es pfeift
Und flattert auf; – ein Blättchen streift
Die Rolle in des Jünglings Hand.
Der schaut, versunken, über Land,
Wie Einer, so in Stromes Rauschen
Will längst verklungner Stimme lauschen.
Er ruht am feuchten Uferrand. –
In seinem Auge Einklang liegt
Mit dem, was über ihm sich wiegt,
Mit Windgestöhn' und linden Zweigen:
Was ist ihm fremd, und was sein eigen?
Gedankenvoll dem Boden ein
Gräbt Zeichen er mit spitzem Stein,
Und löst gedankenvoll das Band
Am Blatt, wo, regelloser Spur,
Ach! eine Hand, zu teuer nur,
Vertraut gestörter Seele Leiden,

---

* Soldanella alpina, Alpendrottelblume.

Die Wahr und Falsch nicht konnte scheiden.
Und will er – soll er – dringen ein
In ein Geheimnis das nicht sein?
Es sei! es sei! die Hand ist Staub,
Und ein Vermächtnis ja kein Raub!
Dann – Wasser, Felsen, Alles schwand.

»Ich war noch jung; o Zeit, entfloh'ne Zeit!
Wohl vierzig Jahre hin, mir ist's wie heut.
Ein frisches Wasserreis war ich, im Traume
Von Blüte, Frucht und tausendjähr'gem Baume.
Ein Flämmchen war ich, lustig angebrannt,
Mein Sohn, nicht Schlacke wie du mich gekannt.
Ach! damals hatte fremde Sünde nicht
Gelegt auf meinen Nacken ihr Gewicht.
Klar war mein Hirn, die Seufzer durften ruhn:
So war's, so war's, und anders ist es nun.
Der dunkle Mann – das Bild das mich umkreist –
Ich sage nichts, mein Sohn, was du nicht weißt.
Zu Nacht mein Auge fand das deine offen,
Dein sorglich Ohr mein Ächzen hat getroffen,
Wenn Mißgeschick in Sünde mir zerfleußt,
Zur Gegenwart wird die Erinnerung.
Alt bin ich, krank, umdunkelt oft mein Geist,
Das kennst du nicht, du bist gesund und jung.

Am zwölften Mai, bei einsam tiefer Nacht,
Nach einem Tag, ich hatt' ihn froh verbracht
Auf Waldeshöh'n, die wimmelnd von Gesindel
Zum Äther strecken ihrer Fichten Spindel,
An Böhmens Grenze eine starre Wacht:
Dort nahm, der Wissenschaft und Armut Sohn,
Ein kleines Haus mich auf seit Wochen schon,
Wo Kräuter suchend zwischen Fels und Gründen
Die Einsamkeit ich traulich konnte finden.
Am zwölften Mai, wo das Geschick mich traf –
Auf meinen Wimpern lag der Jugend Schlaf,

65 Doch ruhig nicht, mein Traum war wie im Fieber –
Auf Felsen stand ich, Adler kreisten drüber;
Mir näher, näher aus dem tiefen Grau,
Der Flügel Schlag ich hört' ihn ganz genau,
Und hört' es immer, als der Traum zerrann.
70 Vernahm ich's wirklich? Und was war es dann?
Den Atem haltend lausch' ich vorgebeugt,
Und wahrlich – zweimal – dreimal – nah der Wand
Pocht es vernehmlich an des Fensters Rand.
Dann Schatten seh' ich vor der Scheibe schwanken,
75 Ein langer Arm, ein dunkler Finger steigt;
Ich war noch jung, wie Pulver die Gedanken,
Wenn aufgeregt, erkannten keine Schranken.
Man weckt den Arzt um Mitternacht so leicht:
Gewöhnlich fänd' ich's jetzt, dort wunderbar;
80 Doch Jugend schäumt entgegen der Gefahr
Und ohne Sprudel ist kein Trank ihr klar.

So war's nur Neugier und verwegne Glut,
Was durch die Adern trieb das üpp'ge Blut,
Als ich verlassen jener Hütte Frieden
85 Um einen Wunden, wie man mich beschieden,
In jener Nacht so schwarz und schauerlich,
Daß nicht ein Glühwurm durch die Kräuter schlich;
Des Grases Knistern nur, der schwache Hauch
Des eignen Atems brach die Stille auch.
90 *Vor* ging ein Mann, und Einer *nach* mir schritt.
Ich sah nur Grau in Grau und tappte mit,
Als wir dem Bergwald zogen stumm entgegen,
Gleich Kohlenstämmen unter Aschenregen.
Zuerst ein Weiher kam, und dann ein Steg,
95 Dann ging es aufwärts halb verwachsnen Weg;
Im tiefern Grau verschwammen die Gestalten;
Nur selten zeigten mir des Waldes Spalten
Noch meines Vormanns untersetzten Bau.
An einer Klippe meine Führer halten,
100 Und ich mich wende zu verstohlner Schau.

Nur dunkle Massen rings – wo mag ich sein?
Da über mir hört' ich die Eule schrei'n
Und dachte noch, ihr Nest liegt im Gestein.
Doch dort und dort und dorten überall,
Entlang die Waldung, gellt's im Widerhall, 105
Ringsum die Zweige knistern wie im Brand,
Vor mir ein Mantel, drüben eine Hand,
Dann über meine Schulter es sich stemmt,
Und eine Binde hat den Blick gehemmt.
Der Boden schwindet; eh ich mich gefaßt, 110
Ein Roß trägt schnaubend fürder seine Last.

   Mir war doch schwül, als ich zum Zügel griff;
Seekranken war mir's gleich auf leckem Schiff.
Verwirrung hatte mich betäubt, zum Heil,
Sonst hätt' ich mich gefürchtet, als so steil 115
Pfadlosen Weg betrat des Tieres Fuß,
Wo ich nur klammernd mich erhalten muß
An seine Mähne mein Gesicht gelegt,
Daß mir des Tieres Schweiß vom Kinne rann.
Ich hörte wie, von seinem Huf geregt, 120
Des Weges Steine langsam rollten, dann
Von Klipp' zu Klippe sprangen, bis zuletzt
Der Schall im Nachhall schwand. Ich hörte jetzt
Ob meinem Haupt die Wasser niederrauschen,
Daß zarter Regen mein Gesicht benetzt. 125
Oft warnte eine Stimme mich in Hast:
»Dich vorgebückt!« und über meinen Nacken
Strich sich ein breiter Ast mit trägem Knacken.
Entferntem Knalle glaubt' ich oft zu lauschen,
Der Boden einmal klang wie Estrich fast; 130
Was weiß ich, meine Phantasie war reg'; –
Doch immer seltsam blieb und schlimm der Weg.
So öde war mein Hirn, gedankenleer,
Die Zügel ließ ich, oft dem Falle nah,
Dann wieder kehrte das Bewußtsein schwer. 135
Mit angeklemmten Gliedern saß ich da

Und log, von Sorge überschlau gemacht,
Ein heitres Angesicht der finstern Nacht.
Wie lange so, vermag ich nicht zu sagen.
Mir ist wie dem der aus dem Schlaf erwacht:
Ihm scheint's vom Abend ein Moment zum Tagen,
Doch blieb ihm das Gefühl entschwundner Zeit,
Und öfters über's Ziel ihn führend weit,
Daß er die Sonne sucht um Mitternacht.
Ja! sinn' ich was noch all sich zugetragen
Bevor es tagte, hat die Fahrt wohl kaum
Gefüllt auf's längste einer Stunde Raum.
Dann stand das Tier, und Arme fühlt' ich wieder;
Nun schwebt' ich in der Luft, nun ließ mich's nieder;
Und tiefer in die Brust der Atem glitt,
Als Grund, als festen Grund mein Fuß beschritt.

Voll Schwindel war ich, halb bewußtlos noch,
So griff ich nach der Binde; hastig doch
Mich faßte eine Hand, die war so stark,
Der leichte Druck mir rieselte in's Mark.
Und weiter, weiter durch betautes Kraut;
Man wandte rechts und links und sucht' zu meiden,
Was, weiß ich nicht; doch konnt' ich unterscheiden
Im Gras verstreuten Schutt, hier ward gebaut.
Dann Stufen ging's hinunter, seltsam hallend,
Und immer tiefer, ein lange Reih'.
Ich stütze mich auf Mauern, morsch, zerfallend,
Hier klang der Atemzug, ein halber Schrei;
Zur Seite hör' ich's tröpfeln, wie vom Regen –
Ich räuspre – und es schmettert mir entgegen –
Des Kleides Reibung flüstert am Gestein –
Dies mußt' ein lang und tief Gewölbe sein.
Vor Allem seltsam war's, als, unterm Grund
Auftauchend, Schritte rechts sich gaben kund.
Wie Schmiedehämmer pocht es um und neben;
Die eingepreßte Luft, es trog mich nicht,
Ich fühlte um Gesicht und Brust sie beben.

Doch ferner, schwächer schon der Schall sich bricht.
Nur immer weiter, wie die Wege drehn,
Und bald verschwimmt das Klirren, Rufen, Gehn
In ein Geschwirr, dem Hall des Wassers gleich,
Wenn's niederrauscht in einer Grotte Reich.

  Oft sinn' ich wie mir alles noch so klar;
Ich war betäubt, drum scheint mir's sonderbar.
Ja, Angst ist fein, und schier bewußtlos doch,
Mechanisch sammeln ein die Sinne noch.
Nun stand mein Führer: schwere Riegel klirrten,
Schnell schwand das Tuch, und schneller vor's Gesicht
Schlug ich die Hand, mich blendete das Licht,
Man sprach zu mir, ich sah und hörte nicht;
Von allen Seiten bunte Flügel flirrten:
Es tat der Binde Druck, denn da's zerging,
Ein einsam Lämpchen nur im Winkel hing,
Wo einer Scheibe vieldurchlöchert Ziel
Das Erste war was mir in's Auge fiel.
Und, als ich noch dem Schwindel kaum entrann,
Zu einer Wölbung zieht man mich hinan,
Bis dicht vor meinen Füßen liegt ein Mann.
Und Dieser ist's? vom groben Pelz bedeckt?
So ausgespannt wie sich die Leiche streckt?
Und Diesem soll ich helfen? Wenn ich kann.
Ich sah den halbentblößten Fuß, die Hand,
Kalt, totenfahl, erschlafft der Muskeln Band;
Ich sah recht um der Lunge Sitz das Tuch,
Wodurch ein Streif sich naß und dunkel wand;
Ich sah das schwarze Blut am Boden hier,
Und weiß nicht wo ich die Gedanken trug.
Gleich einer fremden Stimme sprach's aus mir:
»Bei Gott! bei Gott! bei Gott! der hat genug.«
Ob man's vernommen hat? ich glaub' es kaum;
Mich dünkt, gemurmelt hab' ich wie im Traum.

Ein Schimmer jetzt auf den Enthüllten fällt,
Auf Züge, edel doch gefällig nicht.
Dies Auge kalt und unbezwungen bricht
Da sich dem Tod' zum Kampf die Seele stellt.
Vor Grimm dies Antlitz schien mir zu erbleichen
Um einen Gegner dem es jetzt muß weichen.
Kraftsammlung, tiefes Brüten, sollt' man glauben,
Bewegung ihm und Sprache müsse rauben;
Und drüber, wahrlich, noch ein Hauch sich rührt
Von dem was Herzen anlockt und verführt.
Ich sah wohl wie es mit uns zweien stand,
Mit mir und ihm, wir beid' an Grabes Rand,
Da hab' ich auch gefühlt zu diesem Mal,
Wie Todesangst in vollem Laube tut.
Man meint, am besten sei's so kurz und gut,
Bevor uns Krankheit Zoll um Zoll verzehrt;
Glaub mir, es ist 'ne wunderliche Wahl,
So um sich, neben sich kein Fußbreit Raum,
Und über'm Haupt an Einem Haar das Schwert,
Fürwahr die Zunge klebte mir am Gaum!
Vielleicht dem Fischer mag ich mich vergleichen,
Der sonder Nahrung im verschlag'nen Boot
Die Möwe streifen sieht und an dem bleichen
Gewölk aufzucken ferner Blitze Rot,
Gleich nah dem Abgrund und dem Hungertod.

Doch die Besinnung kehrte mir zum Heil,
Auch etwas Mut und eben List genug;
Ich konnte fragen in geschäft'ger Eil'
Nach jener Waffe so die Wunde schlug.
Der Führer sprach – fürwahr, ich weiß nicht was.
Mein Blick hing an des Kranken Muskelspiel:
Die Lippe bebt, das Auge hat kein Ziel.
Auf seinen Busen legt' ich meine Hand,
Und fühlte wie der Herzschlag kam und schwand,
In Stößen bald, dann wieder träg und laß;
Da grade ward das Eisen mir gereicht,

Ein Messer aus dem Küchenschrank vielleicht,
Mit einer Schling', es an die Wand zu hängen;
Das Ansehn einer Waffe hat's zumal, 245
Die man ergreift in Angst und Todesqual.
Ich fühlte wohl wie mein Gesicht erblich.
Und als der Klinge blutgefärbte Längen
Am Ärmel auf und ab der Führer strich,
Und recht als ob ihn wilde Lust beschlich, 250
Nun spielend zuckt und ausholt gegen mich:
Es war mir doch als dringe ein der Stich.
Verbergen wollt' ich meiner Knie Schwanken,
Und suchte nach des nächsten Schemels Halt,
Man sollte wähnen, sorglos, in Gedanken: 255
Da traf ich eine Hand, so feucht und kalt;
Doch jene nicht der kämpfenden Gestalt,
Nein, neben mir, daß Arm an Arm sich drücken,
Sitzt eine Frau, das Auge wie von Stein,
Auf Den gewendet, der dem öden Sein, 260
Es scheint, mit sich zugleich sie wird entrücken.
Im Antlitz lag so tiefer Seelenschlaf
Wie nie bei Kranken ich noch Irren traf;
Die Stirn – ein Gletscher klar im Alpental,
Durchkältend uns mit dem gefrornen Strahl; 265
Dies Auge, seltsam regungslos und doch,
Erloschen gleich, voll toten Lichtes noch.
Nicht Wahnsinn war's, doch Schlimm'res was ich sah;
Und mich bezwang's, daß ich vergaß was nah.
Zudem da dämmernd, dämmernd, halb gefühlt, 270
Wie Wetterleuchten die Erinn'rung spielt.
Dies Antlitz ist's – und doch ein Andres ganz,
Ich hab's gesehn, es war im höchsten Glanz.
Und wo? Und wo? Halt an! Wie fuhr ich auf!
Mein Führer zupfte an der Binde Knoten. 275
Ward der gelös't und frei des Blutes Lauf,
Gewiß nichts Gutes ward mir dann geboten!
Was wär' ich jetzt? Ein Schattenbild des dann
Gedenkt noch hier und dort ein alter Mann.

280 Und du mein Sohn? Was die Atome sind;
Sonst andrer Mann, und andren Mannes Kind. –
Ach, alles Leben ist wie Schaum und Duft!
Und doch hat jede Stunde ihre Pein.
Die Enkel treten meiner Freunde Gruft;
285 Wo bist du, Eduard? ich bin allein –
Ach Gott! mich quälen meine Träumerei'n.«

Hier folgt ein Blatt, bekritzelt und zerpflückt,
Quer über'n Raum die wilden Schnörkel fahren,
Mitunter Striche, durch's Papier gedrückt,
290 Gepreßter Finger Zucken offenbaren.
Der Jüngling seufzt, und wendet rasch das Blatt.

Hier steht's: »Mir war nicht wohl, nun bin ich matt;
Fürwahr, fürwahr, und auch des Lebens satt.
Doch weiter – da du's wissen mußt, mein Sohn –
295 Naphta bekam der Kranke, sagt' ich schon;
Was soll man sonst in solcher Not verschreiben?
Noch einmal wollt' ich künstlich Feuer treiben
Durch seine Adern, ob sich mir vielleicht
Indes der Himmel weiß welch' Ausweg zeigt:
300 So jung noch sollt' ich in der Schlinge bleiben?
Ein junges Blut ist hoffnungsreich und leicht;
Ich gab ihm Naphta; bis die Wirkung kömmt
Laß ich verstohlen meine Blicke streifen;
Die Dämm'rung ferner nicht das Auge hemmt,
305 Es möchte jeden Gegenstand ergreifen.
Ich war in einem dunstigen Gemach,
Langsame Tropfen glitten von den Wänden;
Aufrecht gestellt träf' ich der Wölbung Dach;
Ob dies die Werke sind von Menschenhänden?
310 Zu schlecht zum Keller, und zu gut zum Stollen:
Was mögen diese langen Zapfen sollen?
Ich meinte Stalaktiten; in der Tat,
Die erste Höhle war's so ich betrat.
Und ring's, wie zu gemeiner Maskerade,

Hing's überall in schmutziger Parade: 315
Ein Bauernkittel und ein Mönchsgewand,
Soldatenkleider, Roßkamms langer Rock,
Beim Judenbart des Älplers Hakenstock,
Und gleich am Lager mir zur rechten Hand
Hier ein Gewehr von Damaszierung falb, 320
Ein andres dort, beschmutzt, zertrümmert halb.
Auch nicht zu fern auf rohbehau'nen Stein
Die Lampe warf den halbentschlafnen Schein
Aus einer Schale wie mich dünkte reich
Mit Wappen oder Bildern ausgeziert. 325
O, daß man mich an diesen Ort geführt,
Von übler Vorbedeutung schien mir's gleich!
Denn wie man die Umgebung so vergaß,
Nachlässig war es über alles Maß!

So irrend trifft mein Aug' auf jene Frau; 330
Sie ist verwandelt, in den schönen Bau
Kam Leben, aber erst wie Dämmerlicht
Sich mählich, mählich durch die Nebel bricht.
Sie sitzt nicht mehr, sie hat sich aufgerichtet,
Hält mit der Hand des Kranken Haupt gelichtet, 335
Sie blickt wie ein vom Schlaf erwachtes Reh.
Auf ihre Wange zog ein zarter Schein,
Wie Morgenhimmel wogend über'n Schnee
Ihm seine lichte Spuren drückte ein.
Nun hebt den Arm sie, rückt die Locken, ja! 340
Da plötzlich tritt mir die Erinn'rung nah,
Wien, Karneval, der Maskenball sind da.
Um diesen Nacken Perlenschnüre spielten,
In diesen dunklen Locken lag ein Kranz,
Es war als ob auf sie die Fackeln zielten, 345
Wenn sie vorüberglitt, ein Lichtstrom ganz.
Noch seh ich wie der milde Kerzenschein
In Atlasfalten schlüpfte aus und ein,
Wie eine Rose sich, gelös't vom Band,
Ob ihrer Augen Bronnen schien zu bücken. 350

Sie war das schönste Grafenkind im Land:
Dennoch ein Etwas lag in ihren Blicken,
Als ob sie Alle dulde, achte Keinen,
Der schöne Mund geformt schien zum Verneinen:
Nicht Härte hab' ich's und nicht Hohn genannt,
Jedoch zu allernächst es beidem stand.
Man sagte mir, dies wunderschöne Bild,
– Vertraute Stimmen wurden drüber laut,
Für Herzensschwächen ist die Menge mild –
Man nannt' es eine unglücksel'ge Braut.
Der Mann, dem Elternwille sie versprach,
Er legte selbst den Grundstein seiner Schmach,
Als er mit ungestümer Grille Hang,
Wie Schwache gerne keck und seltsam scheinen,
Dem Fremdling auf sich zum Genossen drang,
Der sich am mindesten ihm mochte einen,
Der zehnfach schöner, tausendfach so kühn,
Mit Sitten die beleid'gen und verführen,
Genau gemacht ein starkes Herz zu rühren,
Geheim, man wußt' es, ließ die Braut erglühn;
Der folgt sein Blick, wie dem Kometen klar
Die Seuche und das segenlose Jahr.
Von beiden Männern dort ich keinen sah,
Gefährlich war der Fremde, oder nah,
Von ihm man flüsterte; mit offnem Hohne
Den Grafen macht' zum albernen Patrone.
Parteiisch man des Weibes Fehl vergaß,
Nur Männer wurden laut dort wo ich saß.
Mir schien sie stolz, weit über Ziel und Maß,
Und minder trauernd auch als still entbrannt,
Dem Himmel zürnend, Andern, ihm und sich
Daß er's gewagt, daß er den Schlüssel fand,
Zum mindesten so wirkte sie auf mich.
Doch all mein Sinnen hielt sie so gebannt,
Um sie das Fest vor meinem Auge schwand;
Und als sie zeitig ging, da ging auch ich.
Drei Jahre waren hin seit dies geschah,

Und jetzt an sie mich mahnte was ich sah,
Wie Steingebilde über's Grab gestellt
An jenes mahnt was unter ihm zerfällt, 390
Wenn Seele fordernd stehn die Formen da.
– Es pickt der Fink am Auge regungslos,
Und ruhig wächst auf ihrem Haupt das Moos –
Nur wenig minder Totes war mir nah.
Im dunklen Blick, so überreich gewesen, 395
Doch Eins noch war aus jener Zeit zu lesen:
Verhärtet Dulden – ob von Haß getrennt?
Zu tief versenkt lag's in dem tiefen Blau.
Ich sann, und daß ich's tat in *dem* Moment,
Bezeugt wie seltsam fesselnd diese Frau. 400

Des Kranken Muskeln totenbleich erschlafft
Indes hat aufgespannt des Äthers Kraft;
Nicht all so stier das Auge glänzte mehr,
Den Arm sah ich ihn heben minder fahl,
Das Haupt verrücken auch nach eigner Wahl, 405
Und Zeichen geben wie ihn dürste sehr.
»Wird's besser?« sprach mein Führer, »kömmt er auf?«
Ich nickt'. Er gähnte, dehnte sich, stand auf
Und stapfte fort; die Freude schien nur klein,
Und locker hier der Schlimmen Band zu sein. 410
Mir war's wie ein Gewitter das verzog,
Als er so langsam um die Ecke bog
Und träge schob die langen Glieder vor.
Ich hört' ihn rauschen durch Geröll und Sand,
Dann seitwärts, ferner dann, dann ging ein Tor; 415
Ich lauschte, lauschte, lauschte – Alles schwand.

Und Mut nun, Mut! der Augenblick ist mein:
Ich muß ihn halten oder gehn verloren;
Noch einmal flammt, dann lischt das Meteor!
Ich war allein, mit jener Frau allein. 420
Sprach ich zu ihr? Sie blickte nicht empor,
Ihr Auge will sich in den Estrich bohren,

Kaum atmet sie; mir Alles deuten muß,
Auf Schweigens tief verhärteten Entschluß.
Ob sie mich sieht? Sie scheint betäubt zu sein,
Und »Hört mich schöne Frau!« Sie regt sich – nein.
Und wieder »Hört mich schöne Frau!« Sie schweigt.
Ganz sacht erheb' ich mich – was rauscht, was steigt
Im Winkel dort? Ein Fleck, ein Schatten, ha!
Nun rückt es vor – und nun, nun steht es da!

Ungern gedenk' ich des, den du wohl weißt,
Des Dunklen, der allnächtlich mich umkreis't,
Auf meine Scheitel legt die heiße Hand,
Ungern gedenk' ich des, der vor mir stand.
Ihn zu beschreiben, unnütz wär's und kühn.
Du willst mir's hehlen, Sohn! doch sahst du ihn,
Als lang und bleich zu deinem Bett er trat;
Er rührte dich, du zucktest wie gebrannt,
Du zucktest, ja du zucktest in der Tat,
Und seufzen hört' ich dich in jener Nacht;
Mich schlafend meintest du? Ich hab' gewacht!
Ob nicht ein Sternbild seine Augen scheinen,
Das über Klippen steht und dürren Hainen?
Die Wimper schattet seiner Züge Bau,
Wie über's Leichenfeld sich senkt der Tau:
Was er verbrach, Gott mög' ihm gnädig sein!
Und *Eine* Tat, der mög' er ledig sein!
In dieser Brust wohl keimte gute Saat,
Ob mir's verborgen blieb was sie zertrat.
Ich sprach zu ihm, nicht nur was ich beschloß,
Geheimes selbst mir von den Lippen floß:
Ein Pilger, der, in Räuberhand gefallen,
Hört plötzlich nahe Wanderlieder schallen,
Dünkt minder sich des Nahenden Genoß.
Seltsam gewiß, wie ich so ganz vergaß
Daß er im blut'gen Rat mit jenen saß.
Ich ward gehört, und ob kein Wort er sprach,
Nur tiefer legte seiner Wimper Hag:
Sein Schweigen selber meine Zweifel brach.

Was dann dem Kranken er geflüstert hat, 460
Erwidert dieser auch mit Zeichen matt:
Nur wenig Laute kamen an mein Ohr;
Einmal der Wunde zuckte doch empor.
Die wilde Fassung, so sein Antlitz sprach,
Doch unwillkürlich sich in Schauder brach, 465
Und noch zu bergen sah ich ihn bedacht,
Was selbst den Wurm im Staub sich krümmen macht:
Ich wußte daß der Tod ihm angesagt.
Den Namen jener Frau dann hört' ich nennen,
Und einen Laut sich von der Kehle trennen, 470
Gewaltsam zwar, so hohl und heiser doch,
Wie ihn die Woge ächzt im Klippenloch.
Mit raschem Flüstern ein der Andre fällt,
Was Wildes seiner Stimme war gesellt;
»Sie folgt dir!« Ein dann eine Pause trat, 475
Und dann, und dann – hält um den Arzt man Rat.
Alsbald der Jüngre hatte sich gewandt,
Daß beider Antlitz mir in Schatten stand.

Was meinst du was durch meine Adern bebte,
Als über'm Haupt des Richters Stäbchen schwebte? 480
Nur Lispeln hört' ich, wie die Pappel rauscht,
Doch Angst dem Lispeln selber Deutung gab;
So feinen Ohres hab' ich nie gelauscht.
Es stieg und sank, mit einem Mal brach's ab,
Und plötzlich eine Hand sich aufwärts ruckt, 485
Die winkt und winkt und nach der Pforte zuckt.
Dann fiel sie schlaff hinab – es war vorbei –
Gott lösche ihm die Schuld! er gab mich frei!

Der Jüngling blickte auf den toten Mann,
Wie sehr er ihn geliebt, man sah's ihm an. 490
Doch Etwas lag im Auge offenbar,
Was dämpfen mochte allzu herbe Glut;
Mich dünkt so blickt man auf verwandtes Blut,
Des Schmach uns bittrer als die eigne war,

495 Wenn's endlich ruht im Sarge, schandebar.
Nur ein Moment noch wo er stand und sann,
Und einen Eid ließ er mich schwören dann,
Des Räubers Fluch, daß, sinne ich Verrat,
Geschick mich treiben soll' zu gleicher Tat,
500 Und diese Höhle sei mein letzter Rat;
Ich soll' den Wald mich drin zu bergen suchen,
Den Menschen nahn, damit sie mich verfluchen,
Am schrecklichsten mir sei der Heimat Licht,
Und tötend meiner Mutter Angesicht. –
505 Matt war sein Ton, das Ende hört' ich nicht.

Und fort nun, fort! Was ward aus jener Frau?
Sie ruhte jetzt, gleich Schlummernden genau,
Das Haupt im Schoß, mehr ist mir nicht bewußt,
Die Eil den Atem schnürte in der Brust;
510 Und fort nun, fort! Geblendet wie zuvor,
Durch manche Krümmung ging's und manch ein Tor;
Voran der Jüngling zog in Hast mich nach,
Einmal nur Bretterwand uns schien zu scheiden,
Von Gläserklang und ausgelaß'nen Freuden.
515 War etwas minder tobend das Gelag,
Ich hätte wohl verstanden was man sprach.
Hier war von einem Quell der Weg durchschnitten,
Geräusch zu meiden wir behutsam schritten;
Und nun hinauf, die Hand dort angeklemmt,
520 Den Kopf gebückt, und hier den Fuß gestemmt.
Die Mauern bröckeln, rieseln uns entgegen;
Wir rutschen lang', oft an den Grund uns legen,
Mein letzter Griff in Kräuter war und Gras.
Nun noch ein Schwung: ich stand in freier Luft.
525 Noch wenig Schritt', hier wehte Fliederduft:
Auf meines Führers Ruck ich niedersaß,
Zwei Worte sprach er, die ich nicht verstand.
Dann plötzlich schwand aus meiner seine Hand,
Mir war nicht wohl zu Mut, ich war allein!

Vor Einer Stunde hätt' ich nicht gedacht, 530
Als jedes Auge schien 'ne grimme Wacht,
Daß Einsamkeit mir peinlich könnte sein.
Ich saß am Grund wie ein verspätet Kind,
Das rispeln hört den Wolf, die böse Fee
In jedem Strauch. Wenn reger strich der Wind, 535
Ein Halm mich rührte, wenn in meiner Näh'
Ein Vogel rückt' im Nest, die Brut zu decken:
Zusammen fuhr ich in geheimen Schrecken.
Doch Alles ruhig, nur die Fichten rauschen,
Und eine nahe Quelle murmelt drein. 540
Die Zeit verrinnt, es wächst, es wächst die Pein.
Was knistert dort? Ein Hirsch vielleicht, ein Reh,
Das nächtlich Nahrung sucht, so mußt es sein.
Am Zweige hört' ich's nagen, schnauben, lauschen,
Dann sprang es fort; – gekauert saß ich da, 545
Denn plötzlich waren Männertritte nah.
Und vor mir im Gesträuch es knackt und bricht,
Die Zweige schlagen feucht an mein Gesicht.
»Ist's hier? Nein dort, es ist die Stelle nicht.«
Kaum hielt ich mich, daß nicht ein Schrei entfuhr, 550
Ja mühsam ich des Atems Keuchen zwang.
Sie stöbern, wie der Hund auf Wildes Spur,
Um manchen Baum und das Gebüsch entlang;
Dann endlich gehn sie, schleifen etwas nach,
Das dicht vor mir im Strauch verborgen lag. 555
Dem Himmel Dank! mir ward die Seele wach;
Es war gewiß, sie wußten nichts von mir.
Was sie gesucht, nie hab' ich dran gedacht;
Vielleicht ein Raub hier ins Versteck gebracht.
Ich dacht' und wünschte Eins, den Jüngling hier 560
Der mich geleitet, und er war mir nah;
Kaum sind die Andern fort, so steht er da.

»Zu Pferd'! zu Pferd'! es ist die höchste Zeit!«
An mir gewiß nicht lag's, ich war bereit,
Saß auf; und über Stock und Stein wir traben 565

Wie solche, die den Feind im Nacken haben;
Nie macht' ich gleichen Ritt. So Nebel fliehn,
Wenn Stürme über braune Heiden ziehn,
So Schwalben, wenn die Wolke murrt und droht;
570 Am Sattel mich zu halten tat wohl Not,
Da wahrlich schlimmer als zuvor der Weg,
Wenn ich so nennen soll, wo weder Steg,
Noch Hag uns Hemmung schien: dies Wege waren,
Die heute wohl und nimmermehr befahren.
575 Bald rechts, bald links; bald offen schien das Land,
Bald peitschten Zweige mir Gesicht und Hand.
Den Führer nur verriet des Hufes Ton;
Zuweilen doch, wenn stutzt das Roß im Trab,
Macht Sätze gleich dem Hirsch, und wenn's bergab
580 Sich kunstreich stemmend gleitet auf den Eisen,
Ist ihm ein kurzer Warnungsruf entflohn.
Der Lärm bringt alle Vögel aus den Gleisen:
Das flattert, zirpt, mich Äste blutig färben,
Fürwahr! ich dachte auf dem Tier zu sterben!
585 Es war ein Hexenritt. Doch lange nicht,
So stand das Roß: mein Führer sprach: »Steig ab,
Der Mond ist auf, wir müssen Bahn uns brechen.«
Die Binde fiel, ich sah ein sanftes Licht;
Doch Jener trieb: »Voran! voran! voran!«
590 Und drängte in's Gebüsch so schwarz und dicht,
Wo Dorn und Ginster uns die Fersen stechen.
Doch endlich dämmert's, und nun kam heran
Zuerst ein Strahl, und dann durch Waldeslücke
Der ganze Mond auf seiner Wolkenbrücke.
595 Dann standen wir am Hange, wo ein Tal
Tief unten breitet seinen grünen Saal.
Der Jüngling sprach: »Halt dich am Waldessaum'
Und spute dich, wir beide haben Eil.
Leb' wohl! An deinen Schwur ich mahne kaum,
600 Du wirst verschwiegen sein zu eignem Heil.«
Und auf mein Haupt legt' er die Hände heiß
Und blickte tief mir in die Augen ein;

Noch einmal sah ich in des Mondes Schein
Sein Angesicht, die Züge blaß und rein,
Ich sah noch zucken seine Wimper leis'; 605
Dann schnell gewendet, eh' ich mich verwahrt,
Behend umfaßt er, wirbelt mich im Kreis.
Fort war er, hin. Vollendet war die Fahrt!

Ich streckte mich auf grünen Teppich nieder
Zum Tod erschöpft, es schütterten die Glieder, 610
Und kann nicht sagen, wie so wohl mir war.
Der wüste Ritt, entschwundene Gefahr,
Ließ doppelt noch den Augenblick empfinden,
Nachdenken konnte keine Stelle finden,
Da sich in Taumel herbe Spannung brach. 615
Halbschlummernd sah ich in den grünen Hag:
Die Nacht war jetzt so milde, lichtbewegt
Als sie begonnen schwarz und schauerlich.
Ein jedes Kräutchen Taugeflitter trägt,
Es schläft der Klee, die Blumen bücken sich, 620
Im Traume lächelnd scheint der Mond zu beben,
Wenn linde Nebelstreifen drüber schweben.
So ruhig wohl am dritten Schöpfungstag
In ihrem ersten Schlaf die Erde lag,
Wo Leben nur in Kräutern noch und Gras. 625
Ganz heimisch war die Scholle wo ich saß;
Denn tausend Schritt von dieser Stelle noch
Barg meine Klause jenes Klippenjoch:
Dies Wasser rauscht' an ihren Bretterwänden,
Ihr Gärtchen lag an jenes Waldes Enden, 630
Dies ist der Baum, wo ich im Schatten lag,
Und dies die Höhe, wo ich Kräuter brach.
Ob wohl die Quelle drunten wacht im Tal?
Ein Glitzern nur verrät das klare Naß.
So sinnend wär' entschlummert ich zumal, 635
Wenn nicht der Tau sich durch den Mantel stahl.
Die Kälte weckte mich, es war im Mai,
Es war wohl schön, doch frisch die Nacht dabei.

Nicht fern mehr schien der Tag: so stand ich auf
640 Und dämmerte gemach den Wald hinauf,
Durchaus nicht, wie du denken magst, erschüttert,
Nein, gleich dem Kranken, wenn nach Fiebers Wut
Ihm schlafend durch die Adern schleicht das Blut,
Nur vor Ermattung jede Muskel zittert.
645 So träumte und so schlief ich halb voran,
Folgt' einem Pfade, einem andern dann,
Sah endlich auf und stand in Waldes Bann.

Ob schon so weit ich mich bereits verirrt,
So stumpf mein Sinn in diesem Augenblick?
650 Genug, ich ging und ging, und immer wirrt
Der Pfad sich tiefer in den Hain zurück.
Wie lang' ich so getappt die Kreuz und Quer,
Durch Dornen mich und durch Gestrippe schlug,
Bald Pfaden folgte, bald dem Ungefähr,
655 Und jeder Schritt mir üble Früchte trug:
Nicht meld' ich's lang, der Weg war schlimm genug,
Von oben dunkel und am Grunde wüst.
Manch' Vogel strich vom Lager mit Geschwirr,
Unsichtbar aus der Luft die Eule grüßt,
660 Doch ließ mich träg' und dämmrig das Gewirr,
Ich ging ja ungefährdet, ob auch irr.
Mich dünkt in dieser Stunde litt mein Hirn,
Brand und Gekrimmel fühlt' ich in der Stirn.
Gesumme hört' ich wie von fernen Glocken,
665 Und mir am Auge schossen Feuerflocken;
Einmal gefallen, blieb ich liegen gar,
Ließ mich geduldig von den Ranken tragen
Und mein Gesicht Gezweig' und Blätter schlagen
Und nahm von allem dem nur wenig wahr.
670 Die Ranken lös'ten sich, ich rutschte nach,
Geblieben wär' ich sonst bis an den Tag.
Als ich zuletzt der Wildnis doch entkam,
Nichts mehr um mich den Sinn in Anspruch nahm;
Daß frei die Luft, daß moosbedeckt der Grund,

Daß süß die Ruh', dies war allein mir kund. 675
So lag ich nieder unter Kraut und Steinen,
Und ließ den Mond mir in den Nacken scheinen;
Noch zuckten Funken, Sterne rot und grün,
Und dann – und dann – das Auge langsam bricht.
Die Glocken läuten – bimmeln – weiter ziehn – 680
Wie hoch es an der Zeit, ich weiß es nicht.

  In Tönen kehrte das Bewußtsein mir;
So lieblich aus der Luft die Wirbel dringen,
Gewiß ich hörte eine Lerche singen,
Und dachte noch, sie muß den Morgen bringen: 685
Ob Traum, ob Wirklichkeit, das fragt sich hier.
War's Traum, dann trag' ich manches graue Haar
Umsonst und manche tiefe Furche gar.
Allein ich wußte wie das Haupt mir schwer,
Auch daß ich mich gewendet, rückwärts lag, 690
Auch daß mir dürres Laub den Nacken stach. –
Nein, nein! Nicht schlief ich, doch so fest gekettet
War jede Muskel, wie im Tod gebettet;
Der kleinste Ruck versagt, so lag ich fort
Und horchte immer dem Gewirbel dort. 695
Mit einem Male hör' ich's seitwärts knistern,
Mir immer näher tappen, klirren, flüstern;
Ich konnte zählen, ihrer waren drei:
Sie strichen mir so dicht am Haar vorbei,
Daß jedes Mantel meine Schläfe rührt. 700
Dann still, wie Wild das nach dem Winde spürt,
Und dann, aus Weibes Brust ein schwacher Schrei:
»Ich mag nicht leben; doch von eurer Hand!
Nein, nicht von eurer Hand!« Man flüstert, steht,
Und dann, ein Laut der mir die Seele bannt; 705
Du ahnest wohl, mein Sohn, wen ich erkannt.
»Bet', Theodora, sammle dich und bet'!« –
»Ich kann nicht beten!« – »Deine Hand ist rein,
Versuch' es nur; Gott mag dir gnädig sein!«
Angstvoll Gemurmel glaubt' ich jetzt zu hören 710

Und Seufzer die das Blut im Herzen stören;
Nie wünsch' ich meinem Feinde solche Pein,
Als mir aus diesen Tönen schien zu klagen.
»Ich kann nicht sterben, schmachvoll und allein:
O bringt mich fort, nur fort, wohin es sei!«
Und hastig flüsternd fallen ein die Drei.
Was man gedroht, gefleht, ich nicht vernahm,
Doch ruhig ward's und eine Pause kam.
Gott gebe, daß sie sich zu ihm gewandt,
In dessen Huld ihr einzig Hoffen stand.
Mit einmal hört' ich's an die Klippen schlagen,
Und einen Schrei noch aus der Tiefe ragen; –
Vorüber war's, so totenstill umher,
Der Nadel Fall mir nicht entgangen wär'.
Wo blieben jene Drei? Ich kann's nicht sagen,
Sie waren fort; kein Läubchen rauschte mehr!
Nun kommt in holprigem Galopp ein Hund:
Er will vorüber, nein, er stellt sich, knurrt;
Da kriecht er in's Gebüsch, legt an den Mund
Mir seine Schnauze, schnuppert mir am Gurt;
Doch auf ein fernes Pfeifen trabt er fort,
Läßt mich in kaltem Schweiß gebadet dort
Noch immer an der Erde wie gebannt.
Du magst ermessen was ich wohl empfand,
Da all mein Trost in Traumes Hoffnung stand.
Denn wenn ich träumte, war ich mir's bewußt,
Und daß ich träume, dacht' ich halb mit Lust,
Versuchte auch zu regen meine Hand;
Vergebens anfangs: doch ein Finger ruckt,
Und plötzlich bin ich in die Höh' gezuckt.
Da saß ich aufrecht, aber wüst und schwer.
Der Wald war stumm, die Fichten starrten her,
Die Dämm'rung um mich wogte wie ein Meer,
Und Alles schien dem Traume zu gehören.

Da saß ich, schweißbedeckt, vor Kälte zitternd,
Ein scharfer Ost an Strauch und Halmen knitternd

Verkündete des Tages Wiederkehr.
Noch kämpfte Dämm'rung, doch das Morgenrot
Aus halbgeschloßner Wolkenpforte droht'
Und spülte kleine Feuerwellchen her. 750
Es streckt sich, dehnt sich, gleitet in den Raum,
Die rote Welle schlägt der Berge Saum,
Allmählich zündet's, geht in Flammen auf:
Der Tag, der Tag beginnt den frischen Lauf!
Zum hohlen Stamme Nachtgevögel kehren, 755
Hoch oben läßt der Geier Ruf sich hören
Und tausend Kehlen stimmen jubelnd ein.
So maienhold kein andrer Tag mag sein
Wie dieser, und so mild in Waldes Hag
Noch nie ein Tal am Morgenstrahle lag; 760
Wie war das neugeschenkte Leben reizend!
Ich schlürfte Licht und Luft, nach Allem geizend.
Und als ich sah die Herde drunten grasen,
Am Quellenrande sich die Weiden neigen,
Ein einfach Lied den Hirten hörte blasen, 765
Und durfte wenig Schritt nur abwärts steigen:
Da schien mir Alles, alles dies mein eigen.
Doch weiß ich auch, daß Schauer mich beschlich,
Da allgemach der Morgenstern erblich,
Als scheide Etwas das mir teuer war; 770
Nie hab' ich später diesen Stern gesehn,
Daß jene Nacht nicht muß vorüber gehn.

 Der Rausch verschwand, und mählich ward mir klar,
Vom Traume sei doch wohl die Hälfte wahr.
Ja, deutlich wird mir's wie ich nachgedacht; 775
Den Ruf, das Höhlennest, den Ritt bei Nacht
Muß ich mit Schauder doch dem Leben lassen.
Das Letzte nur, gewiß, das blieb ein Traum!
Wo war die Kluft, der sich der Schrei entrang?
Wo Kampfes Spuren hier am linden Hang, 780
Da abwärts alle Hälmchen aufrecht standen,
Da frisch wie je sich Zweig' und Ranke wanden?

Des ward ich froh. Ach Gott! ich ward es kaum,
So fiel mein Blick in einer Kuppe Raum,
785 Gespalten grade einen Leib zu fassen.
Nicht sieben Schritt von mir die Klippe stand;
Zuvor erschien sie ungeteilte Wand,
Doch eben traf ein Strahl den scharfen Rand.
So unversehens fällt kein Schlag im Spiel,
790 Als mir's wie Hammerschlag zum Herzen fiel.
Die Angst, die Angst mir schnürte alle Sinnen,
Hinan zu treten konnt' ich kaum gewinnen.
Und – höre Sohn! – das Ufer hing hinein,
Wie wenn man rutscht und nach die Scholle bricht,
795 Vielleicht doch, möglich, konnt' es Zufall sein:
Der Rand war schroff, und bröcklig das Gestein.
Und – höre mich! – ob Rötel in der Schicht?
Rot war die Wand, unmöglich wär' es nicht.
Und hör'! – Am Grunde sah ich Etwas ragen,
800 Das weiß und zuckend an der Scholle hing.
Mir schien's ein Tuch vom Wellenschlag getragen,
Der Himmel wolle, daß ich falsch gesehn!
Vielleicht im Spalt sich eine Taube fing:
Doch damals meint' ich in's Gericht zu gehn.
805 Es war ein bitter, o ein hart Geschick,
Was mich betraf in Jugendmut und Glück
Und lange, lange mußt ich heimlich tragen.
Doch Zeit ist kräftig und die Heimat lind.
Um meine Scheitel wehte mancher Wind.
810 Ich nahm ein Weib, ich sah mein eignes Kind.
Nicht wahr, mein Sohn? Du weißt noch, als du klein,
Daß ich gelacht und öfters fröhlich war.
Ich sah mich frisch an deinen Augen klar:
Ja, Kinder müssen unsre Engel sein!
815 Wenn ich mit dir getändelt, ward mir's helle,
Ich fühlte nicht am Kopf die heiße Stelle.
Das Alter kam, das Alter stellt sich ein; –
Nun vor den Augen schwebt es mir zumal,
Nun vor dem Ohre hallt es ohne Zahl:

»O bete! ringe! hilf ihm aus der Qual!« 820
Ach Gott! du weißt nicht, wie voll Brand mein Hirn,
Wenn mir der Dunkle nächtlich rührt die Stirn,
Genau wie scheidend er gestreckt die Hände:
Auch jetzt! – ich fühle wie das Blut sich dämmt.
Geduld, Geduld! Da kömmt er – kömmt er – kömmt!« 825

Das Blatt ist leer; hier hat die Schrift ein Ende.

  So mild die Landschaft und so kühn!
Aus Felsenritzen Ranken blühn,
Der wilde Dorn die Rose hegt.
In sich versenkt des Arztes Sohn 830
Schwand in des Waldes Spalten schon,
An seine Stirn die Hand gelegt.
Und wieder einsam tos't der Fall,
Und einsam klagt die Nachtigall.
Mich dünkt es flüst're durch den Raum: 835
O Leben, Leben! bist du nur ein Traum?

DIE SCHLACHT IM LOENER BRUCH
1623

ERSTER GESANG

'sist Abend, und des Himmels Schein
Spielt um Westphalens Eichenhain,
Gibt jeder Blume Abschiedskuß,
Und auch dem Weiher linden Gruß,
Der ihm mit seinen blanken Wellen
Will tausendfach entgegen schwellen.
Am Ufer Wasserlilien stehn,
Und durch das Schilf Gesäusel gehn,
Wie Kinder, wenn sie, eingewiegt,
Verfallen halb des Schlafes Macht,
Noch einmal flüstern: »Gute Nacht!«
Es ist so still; die Ebne liegt
So fromm, in Abendduft gehüllt,
Der Witwe gleich in Trauer mild,
Die um sich zieht den Schleier fein,
So doch nicht birgt der Tränen Schein.
Am Horizont das Wolkenbild,
Ganz, wie ihr Sinnen, zuckend Licht,
Das bald sich birgt, bald aufwärts bricht,
Phantastisch, fremd, ein Traumgesicht.
Seh ich dich so, mein kleines Land,
In deinem Abendfestgewand:
Ich meine, auch der Fremdling muß
Dir traulich bieten Freundesgruß.
Du bist nicht mächtig, bist nicht wild,
Bist deines stillen Kindes Bild,
Das, ach, mit allen seinen Trieben
Gelernt vor Allem dich zu lieben!

So daß auch keines Menschen Hohn,
Der an des Herzens Fäden reißt,
Und keine Pracht, wie sie auch gleißt,
Dir mag entfremden deinen Sohn.
Wenn neben ihm der Gletscher glüht,
Des Berges Aar sein Haupt umzieht,
Was grübelt er? Er schaut nach Norden!
Und wo ein Schiff die Segel bläht
An würzereichen Meeresborden,
Er träumerisch am Ufer steht.
Ich meine, was so heiß geliebt,
Es darf des Stolzes sich erkühnen.
Ich liebe dich, ich sag' es laut!
Mein Kleinod ist dein Name traut.
Und oft mein Auge ward getrübt,
Sah ich in Südens reichen Zonen,
Erdrückt von tausend Blumenkronen,
Ein schüchtern Heidekräutchen grünen.
Es wär' mir eine werte Saat,
Blieb ich so treu der guten Tat,
Als ich mit allen tiefsten Trieben,
Mein kleines Land, dir treu geblieben!
So sei dir alles zugewandt,
Mein Geist, mein Sinnen, meine Hand,
Zu brechen die Vergessenheit,
Der rechtlos dein Geschick geweiht.
Wacht auf ihr Geister früher Zeit!
Und mögt an jenen Himmelsstreifen
Ihr Schatten gleich vorüber schweifen.
Wacht auf, wacht auf, der Sänger ruft!
Und sieh, es steigt am Wolkensaum,
Noch scheu und neblig wie ein Traum,
Es schwillt und wirbelt in der Luft,
Und nun wie Bienenschwarm gescheucht
Es stäubend aus einander fleucht:
Ich sehe Arme, Speeres Wucht,
Ich sehe Nahen, sehe Flucht,

Und gleich entfernten Donners Grollen
Hör' ich es leise zitternd rollen.
Ihr seid's, ihr bracht den langen Schlaf!
Der tolle Herzog![1] Anholts Graf![2]

70 Es war im Erntemond, ein Tag
Gleich diesem auf der Landschaft lag,
Wo Windes Odem, süß und reg',
Hielt mit den Zweigen Zwiegespräch,
Der letzte einer langen Reihe,
75 Voll Glaubenswut und Todesweihe,
Da, ach! um Lehren, liebereich,
Gefochten ward den Wölfen gleich.
's war eine tränenschwere Zeit
Voll bittrer Lust und stolzem Leid,
80 Wo schwach es schien den Toten klagen,
Wo so verwirrt Gesetz und Recht,
So ganz verwechselt Herr und Knecht,
Daß selbst in diesen milden Tagen,
Da klar und friedlich jeder Blick,
85 Nicht Einer ist, so möchte sagen:
Der ward allein um Schuld geschlagen,
Und der allein durch Mißgeschick.
Das Recht, es stand bei jedem Hauf,
Und schweres Unrecht auch vollauf,
90 Wie sie sich wild entgegen ziehn,
Hier für den alten Glauben kühn,
Und dort für Luther und Calvin.

Fast dreißig Jahre sind entschwunden,
Und noch kein Ende ist gefunden:
95 Es rollt der Rhein die dunklen Wogen,
Durch brandgeschwärzter Trümmer Graus;
Da ist kein Schloß, kein niedres Haus,
Das nicht, vom Wetter schwer umzogen,
Von Freund und Feinde gleich geplagt,
100 Dem Wurf der nächsten Stunde zagt.

O Tilly,³ deine blut'ge Hand
Hat guter Sache Schmach gespendet!
Wohin dein buschig Aug' sich wendet,
Ein Kirchhof wird das weite Land.
Ständ' nicht so mild in deiner Näh', 105
Ein Pharus an ergrimmter See,
Der fromme Anholt, dessen Wort
So gern den Irren ruft zum Port
Und mag den Strandenden geleiten,
Du wärst ein Fluch für alle Zeiten! 110
Doch wo der tolle Braunschweig sengt,
Da ist die Gnade gar verdrängt,
Wenn, des Korsaren Flagge gleich,
Sein Banner weht im Flammenreich,
Sein Banner, roten Blutes helle, 115
Mit »Tout pour Dieu et tout pour Elle!«
Die Kirchen ihres Schmuckes bar,
Die Priester am Altar erschlagen,
Sie können ohne Worte sagen,
Daß hier der tolle Herzog war. 120
So diese stille Gegend auch
In ihrem Abendfriedenhauch;
Sie ruht, doch wie in Schreck erstarrt,
Und todbereit des Schlages harrt.
Noch hat die Flur kein Feind betreten, 125
Noch zittert nur die fromme Luft
Vom Klang der Glocke, welche ruft
Die Klosterfrauen zu Gebeten,
Wo dort aus dichter Buchen Kranz
Sich Meteln⁴ hebt im Abendglanz. 130
Ach, mancher Seufzer quillt hinauf!
Und stöhnend manche Stimme bricht
Der schonungslosen Hora Pflicht.
Bei jeder Pause horcht man auf:
Und dann die Melodie sich hebt, 135
So angstvoll wie die Taube bebt,
Wenn über ihr der Falke schwebt.

Ein Landmann, heimgekehrt vom Pfluge,
Hat alle Sinne aufgestört;
Er glaubte in des Windes Zuge
Zu horchen wüster Stimmen Schall,
Und war es Furcht was ihn betört,
Doch hatte jedes Ohr gehört
Des donnernden Geschützes Hall.
Es ist gewiß, sie sind bedroht,
Die Hülfe fern und groß die Not.

    Und hier an diesem Weiher klar
Saß damals kleiner Mädchen Schar;
Nichts wußten die von Furcht und Scheu,
Und spielten an dem Borde frei.
Sie warfen flacher Steinchen Scheiben,
Die tanzend blanke Tropfen sprühn;
Dann pflückten Blumen sie und Grün,
Und sah'n sie mit den Wellen treiben,
Und schauten in den Spiegel ein,
Und ordneten die Mützchen fein;
Denn sei ein Mädchen noch so klein,
Es mag sich gerne zierlich wähnen.
Auch haschten sie nach den Phalänen,
Die summend kreisen über'n Teich.
Es war ein holdes Friedensreich,
Der grüne Bord, die leisen Wellen
Und diese tändelnden Gesellen.
Doch still! – Die Mädchen schauern auf. –
Was steigt dort hinterm Dickicht auf?
Es stampft und knackt, es schnaubt und klirrt,
Dazwischen es wie Sensen schwirrt.
Schau, in das Ufer dichtumbuscht,
Ist schnell die kleine Schar gehuscht.
Und immer näher trabt es an,
Und immer heller schwirrt's heran.
Nun sind sie da, ein starker Troß,
In Eisen starrend Mann und Roß;

Die Rüstung wohl des Glanzes bar,
Und manche Klinge schartig war, 175
Bevor sie kamen hier zur Stell'.
Sie sprengen an den Weiher schnell,
Dann mühsam beugend über'n Rand
Das Wasser schöpfen mit der Hand.
Und tief die heißen Nüstern tauchen, 180
Die Rosse, Gras und Binsen rauchen,
Man hört des Odems schweren Drang,
Und Worte fallen sonder Klang,
Als wollten sie in heis'ren Tönen
Hervor die müde Seele stöhnen. 185
Dort einer klirrt den Rain entlang
Zur Seite abgewendet schier,
Ein Andrer hält sein schnaubend Tier,
An seinem Hut ein Handschuh steckt
Vom Reiherbusche halb verdeckt; 190
Die Federn hangen drüber her,
Geknickt, von roten Tropfen schwer.
Nun barhaupt einen Augenblick,
Die Locken schiebt er wild zurück:
Nie sah man in so jungen Zügen 195
So tiefen Grolles Spuren liegen;
Ja, als er ob der Welle beugt,
Wo ihm sein Bild entgegen steigt,
Man meinte diese Zweie gleich,
Sie müßten fassen sich am Teich. 200
Lang schlürft er, gierig, tief geneigt,
Nun faßt den Zaum die Eisenfaust,
Und nun voran! Die Heide saus't,
Das Laub von dem Gezweige stäubt
Wie sich der Zug vorüber treibt, 205
Und aufgejagten Sandes Wellen
Sich lagern erst an fernen Stellen.
Sie sind dahin – des Hufes Spur
Blieb am zerstampften Weiher nur.
Doch in der Heide Nebelweiten 210

Wie Vögelschwärme sieht man's gleiten;
Es wimmelt längs der Wolkenbahn,
Und wie die Eisenmänner nahn,
Ein summend Jauchzen, hörbar kaum,
Verzittert in der Ebne Raum.
Und nun verschwimmt's im Nebeltau,
Und wieder ist der Himmel blau,
Und wieder friedlich liegt das Land.
Doch schon an Horizontes Rand
Steigt hier und dort ein wallend Rot:
O wehe! das Panier der Not!
O wehe! wehe! Mord und Brand!
Und durch die Ebne, halb wie Zagen
Und halb wie Jauchzen, geht ein Schrei:
»Der tolle Braunschweig ist geschlagen!
Der tolle Herzog floh vorbei!«

Wohl ist er toll, wohl ist er schlimm,
Ein Tigertier in seinem Grimm;
Und doch so mancher edle Keim,
War einst in dieser Brust daheim,
Als noch an Vaters Hof den Knaben
Sein heimlich Sinnen durfte laben,
Wenn er, dem Zwange schlau entzogen,
In seinem Mark die junge Glut,
Von der Gefährten Schar umflogen
Die höchsten Zweige klimmend bog,
Des Sturmes Odem gierig sog,
Und dann ertappt, o schnöde Pein!
Die Strafe willig trug allein.
Für einen Freund gäb' er sein Blut!
Es war ein stolzer, frischer Stamm,
Der siechte in des Hofes Schlamm;
Denn damals man wie heute tat,
Und zog nicht die Natur zu Rat:
Man heischte von der Zeder Wein.
Fest stand der Schluß, und schon genannt

Das Bistum ward, das zuerkannt
Dem Knaben, wenn der Jahre Lauf
Die reife Stunde trüg' herauf.
So konnt' es wohl nicht anders sein,
Die edlen Säfte mußten gären,
Zum Mark die Träne siedend kehren,
Und Keinem trauend, Keinem hold,
Der junge Prinz des Herzens Gold
Zu schnöden Schlacken ließ verglimmen.
Doch weiß die Sitte er zu stimmen,
Wie es gebeut des Hofes Ton,
Und Keiner sah den bittern Hohn;
Die Mutter lobt den klugen Sohn,
Ob von der Wespe Stiche gleich
Galläpfel trägt der bunte Zweig.
Was will man mehr? So wächst er auf,
Und nach dem wohlbeschloßnen Lauf,
Fürwahr! die Inful nimmt er auch.
Und Keiner sah sein blitzend Aug',
Und sah, wie krampfhaft seine Hand
Des Hirtenamts Symbol umspannt'.
Gemacht zum Priester, meinte man,
Hab' ihn nicht eben die Natur,
Doch Tugend setze Alter an
Dem Geist, wie Rost dem blanken Stahl:
Kurz Jeder war vergnügt der Wahl.
Und Vaters Augen bald nachher
In Frieden auch geschlossen sind,
Sein letzter Seufzer war nicht schwer,
Er klagte kein verlornes Kind;
Sind ewig denn die Fürsten blind? –

   Indessen dringt das Kriegsgeschrei,
Und immer näher dringt's herbei;
Wie schlummert noch der junge Leu?
Träumt er die edlen Stunden hin?
O Böhmens schöne Königin![5]

Aus deinen Augen fällt ein Strahl,
Da zucken seine Brau'n zumal.
Er springt empor, die Mähne schüttelnd,
An seiner Kette grimmig rüttelnd;
Sie bricht, und aus der langen Haft
Verdoppelt stürmt die wilde Kraft.
O Frau! betört von Stolzes Trug,[6]
Der nicht ein Fürstenhut genug,
Du hast geweckt den schlimmsten Leu'n,
Der Himmel mag es dir verzeihn!
Sie sah so sanft, man sollte wähnen,
Dies Auge, um des Tieres Not,
Vergießen müss' es fromme Tränen,
Und ihrer lichten Wangen Rot
Schien so verschämt, als könne sie
Dem Manne seh'n in's Auge nie.
Wohl öfters wie ein Blitz es zog
Durch ihr Gesicht, dann war sie hoch,
Und aller Frauen Kaiserin:
Doch nichts verriet den harten Sinn,
Der sich durch tausend Leichenhaufen
Ein schnödes Zepter will erkaufen.
Doch war es so; seit den Gemahl
Von Böhmens Ständen traf die Wahl,
Tat sie sich heimlich diesen Schwur,
Als Königin zu sterben nur;
Und Keiner in der Zeiten Drang
Gleich ihr des Aufruhrs Fahne schwang.
Sie fand die tief versteckte Spur,
Die Herzens Beben mochte kunden,
Das, ach! an ihrem Odem hing.
Sie war gemacht, es zu ergründen,
Und nie umsonst sah sie ein Ding.
Daß sie ihn liebte sag' ich nicht,
Sie wahrte treu der Gattin Pflicht.
Zwar durft' er ihren Handschuh tragen,
Das war nicht viel in jenen Tagen,

Ein Spiel, nicht von Bedeutung gar. 320
Doch edel war er, das ist wahr!
Und jung, und da er liebte, auch
Verklärt von süßer Flamme Hauch.
Sein Gang war adelig, gewandt,
Vor Allem zierlich Fuß und Hand: 325
Vom Antlitz wich der bittre Hohn
Jetzt träumerischer Schwermut Thron;
Und zuckt unheimlich es zusammen,
Sie wußte ja, es war um sie;
Wird eine Frau ihn drum verdammen? 330
Ich weiß es nicht und glaub' es nie.
Kurzum, er wirft die Infel fort
Und greift zum Schwert; ein Panzer hüllt
Die Brust von trüber Glut erfüllt,
So harrend auf der Herrin Wort; 335
Denn dienen kann ein Fürstensohn
Nur Frauen, Keinem sonst um Lohn. –

    Was soll von diesem Zug' ich künden?
Das Schiff nur segelt mit den Winden,
Und ohne Nahrung stirbt die Glut, 340
Nichts ohne Glück vermag der Mut.
Das war für ihn ein schwerer Tag,
Als nieder Böhmens Banner lag!
Er gab es nicht, es ward entwandt
Der noch zum Kampf bereiten Hand, 345
Durch jener Wort, die ihn gesendet;
Sie schrieb: »Fahrt wohl! Wir müssen fliehn,
Als Heimatlose fürder ziehn;
Legt hin das Schwert! Es war zu kühn,
Das Königsspiel es ist geendet.« 350
Ja, Böhmens Banner ist verloren,
Doch nicht sein Schwert! Er hat geschworen,
Nicht rasten will er Nacht und Tag,
Bis es die Schmach der Herrin brach.
Soll reuig an die Brust er schlagen? 355

Soll wieder seine Inful tragen?
Noch weiß er, weiß noch einen Mann,
Den auch Geschick nicht beugen kann,
Obwohl er tief und grimmig fühlt.
Für einen Abenteurer hielt
Er ihn bis jetzt; doch mag es sein!
Auch ihn verließ der Sonne Schein.
Ein Fürst, ein Feldherr war er schon,
Und jetzt? Fortunens kecker Sohn!
So geh' es denn auf eigne Hand!
Und bald um seinen Führer stand
Ein Heer, vom Reiche ausgestoßen,
Landstreicher, flüchtige Matrosen,
Manch' Räuber auch, entfloh'n dem Rad,
Und wen geächtet sonst der Staat.
»So recht! so recht!« der Braunschweig lacht,
Denn ihn auch traf des Reiches Acht.
Und vor dem Mansfeld[7] tritt er auf,
Die Hand ihm bietend: »Nun wohlauf!
Gesell, wir müssen uns vereinen,
So mag die Sonne wieder scheinen.
Mein Heer, ein wenig bunt und klein,
Allein geächtet: also mein.«
Und schallend schlug der Mansfeld ein.

Seit diesem Tage war es ganz
Als lösche jener trübe Glanz,
Der zwischen Braunschweigs hohen Brauen
Ließ seiner Brust Geheimnis schauen,
Der Liebe nicht, nein, jene Schrift,
Die Mischung kündend, draus bestand
Sein seltsam Wesen: Frost und Brand,
Heilkräftig Gold, Oxides Gift.
Das war nun hin, dafür entstand
Ein zuckend Fältchen an der Stelle,
Schwach im Gefechte, tief beim Brand,
Wie eingeätzt, wenn Mönches Zelle

In schwarzen Wolken qualmt empor.
Schlimm war er, dennoch schwer zu sagen,
Wie viel von seiner Taten Last
Muß argen Heeres Willkür tragen; 395
Er hatte sich so tief gefaßt
In Stolz und Schlauheit, daß es schien,
Kein Hälmchen falle ohne ihn.
So meint gehorsam sich der Knecht,
Wenn was geschehn zumeist ist recht; 400
Und anders nicht zu lenken war
Ein Heer wie dieses, das ist klar.
Nicht soll man zweifeln, daß zu Zeiten
Es schlimmer ward, als er gedacht,
Daß öfters die verschwiegne Nacht 405
Manch schweren Seufzer sah entgleiten,
Wenn zuckend hellt der Lampe Strahl
Auf seiner Stirn das Runenmal,
Obschon es ihm wie Labsal war,
Sah er aus einem Kloster klar 410
Die Funken wie Raketen ziehen.
Und »Gottes Freund, der Pfaffen Feind!«[8]
Von Herzen war der Spruch gemeint.
Auf seinen Münzen liest man dies.
Ja, seine Brust war ein Verlies, 415
Drin tief wie ein Gefangner lag
Der Groll um längst vergangnen Tag.
Und ach! das wüste Leben brach
Zuletzt auch jeder Tugend Blühen,
Daß nur die Treue blieb allein 420
Wie weinenden Gestirnes Schein,
Wie Palmeninsel in der Wüste,
Korallenglanz an öder Küste.
Und nicht die Amnestie er nahm,
So ihm von Kaisers Hulden kam, 425
– Zu Regensburg am Fürstentag, –
Doch seinem Heere ließ die Schmach:
Laut war das »Nein,« so er da sprach:

Und um die Seinen ist es nur,
Daß sich die fürstliche Natur
Zu neuem Dienste kann bequemen
Und Sachsens Fahne wieder nehmen;
Viel lieber würd' er fallen kühn,
Sein blutig Banner über ihn;
Doch Treue läßt ihm keine Wahl.
Und so, des Bundes General,
Sah ihn der Rhein, sah ihn Westphalen
Mit scharfer Münze klingend zahlen,
Auf seinem Weg' die Flamme prahlen.
Der Platow, seine rechte Hand,
Brandmeister ward im Heer genannt,[9]
Er selbst der tolle Herzog nur.
Ihm war es recht, er sagt' es offen,
Der Titel schien ihm wohl getroffen.
Wild war er wenn Fortuna lacht,
Ihr Zürnen ihn zum Tollen macht;
Der Himmel mag sich des erbarmen,
Den heut er trifft! Wir sah'n ihn fliehn,
Und schwarz ihm nach wie Flüche ziehn
Rauchsäulen aus dem Dach des Armen.

In einem Schloß, vom Wald geschützt
Man scherzt und kos't beim heitern Mahl.
Stieg denn das Wetter auf? Es blitzt,
Entlang die Zweige zuckt der Strahl,
Und alle Fenster klirren auf.
Ha! dort und dorten steigt es auf!
Und alle trifft des Wortes Wucht:
»Der tolle Herzog auf der Flucht!«
So stürmt er fort, ein Meteor
Mit Flammenspur am Himmelstor,
Bis nun auf Ahaus[10] Heidegrund
Sein Heer sich lagert wirr und bunt.

Ach, armes kleines Städtchen du,
Wie steht's um deine nächt'ge Ruh!
All deine Bürger blieben wach
Und zittern vor dem jungen Tag,
Wie Jener, dem der Sonne Licht
Nur leuchten soll zum Hochgericht.
Man hat gehemmt der Glocke Schlag,
Kein Lämpchen in der Kammer glimmt;
Der Blendlaterne trüber Schein
Nur wohlverdeckt im Keller schwimmt,
Wo zitternd birgt, so gut er kann,
Sein bißchen Hab der ärmste Mann.
Auch in den Kammern Manche sind,
Die betend an den Fenstern stehn,
Und sehen gleich Dämonen gehn
Die Wache längs der Feuer Schein.
Im Bett der Kranke bleibt allein,
Und langsam in des Mondes Glanz
Regt klappernd sich der Rosenkranz:
Daß Gott, der einst in seiner Huld
Für Israel bedeckt mit Schuld
Die Sonne ließ am Himmel weilen,
Ach heute nur, dies Eine Mal,
Den Sternen Dauer mög' erteilen!
Umsonst! die Stunde rollt heran.
Im Lager drüben Roß und Mann, –
O ein Geräusch! den Tod zu bringen, –
Vom Lager hört man klirrend springen,
Doch zögert noch der Morgenstrahl. –

Dort, wo gelehnt am Lanzenstab,
Ein dunkler Fleck, die Wache steht,
In seinem Zelte auf und ab
Der Christian von Braunschweig geht.
Er ist alleine; was er denkt,
Sein Auge kündet tief gesenkt,
Das nur zum Grund die Blicke führt.

Zuweilen seine Rechte rührt
Des Hutes Rand, wo blutbefleckt
Am Reiherbusch der Handschuh steckt,
Als zweifle er, ob nicht dies Zeichen
Mit seinem Glücke müsse weichen.
Und soll sein Antlitz ich vergleichen:
Des Griechen Feuer müßt' es sein,
Das heimlich frißt mit kaltem Schein.
Ja! wessen Auge jetzt ihn trifft,
Der läse schnell die Runenschrift:
»Ein Held! ein Schwärmer! ein Soldat!
Und seines Glaubens Renegat!«
Schau, ein Papier am Boden dort!
Er schleudert's mit dem Fuße fort.
Der Mansfeld hat ihm aufgesagt;[11]
»Ein Narr, der es mit Schelmen wagt!« —
Im Lager bleibt es immer still,
Noch schlummert rauchend der Vulkan,
Was hemmte seiner Lava Bahn?
Die Vorsicht, so nicht gönnen will,
Der Beute Lust sich zu ergeben,
Wo Schwerter über'm Haupte schweben,
Nur Rosses Wiehern, Wächters Gang,
Vom Hammerschlag ein ferner Klang
Durch des Gezeltes Spalten drang.
Sie öffnen sich, und langsam tritt
Vor seinen Feldherrn Obrist Spar.[12]
Ein Mann so aller Milde bar,
Daß ihn der Herzog oft verglich
Der Roßkastanie, deren Stich
Nur trotzig zu verbergen sucht,
Daß ungenießbar ist die Frucht.
Im Zelt sie wandeln Schritt bei Schritt,
Was sie gesprochen war nicht lang;
Doch weiß man, in den Herzog drang
Er wiederholt: nach solchem Streite
Zumeist dem Krieger zieme Beute,

Daß Eine Lust noch rüttle wach
Den Mut, der im Gefechte brach. –
O stolzer Feldherr, gibt nicht nach!

   Wie endlos ist der Kirche Bogen,
Wie geisterhaft der Ampel Strahl,
Wenn Furcht und Seelenglut zumal
In Stößen treiben Blutes Wogen.
Die Decke schwimmt, der Leichenstein
Scheint aus den Fugen sich zu heben,
Und ein unheimlich, blutlos Leben
Regt flimmernd sich im Heil'genschrein.
Auf leerer Kanzel knackt ein Tritt,
Wie Nachtwind an den Fenstern wühlt;
Von unsichtbarer Hand gespielt
Die Orgel summend scheint zu beben,
Sein Schwert Sankt Michael zu heben
Und Zugluft, die dem Spalt entglitt,
Regt nun und dann des Greises Haar,
Der dort am Hochaltare liegt,
So regungslos in sich geschmiegt,
Als sei er schon des Lebens bar.
Und wie es flatternd ihn umfliegt,
Er meint, es sei des Vorfahrs Odem,
Ins Ohr ihm flüsternd immer neu:
Halt aus, halt aus! auf schwankem Boden
Bleib deinem Heiligtume treu!
Nicht rühme sich die blut'ge Schar,
Verlassen traf sie den Altar!
Was war das? Stimmen, und ganz dicht!
»Jesus, Maria, steh uns bei!«
Nun ist es still. Und nun auf's neu'! –
»O heil'ge Jungfrau, laß mich nicht,
Wenn nun mein Stündlein kommt herbei!«
Es klopft und drängt, es dreht am Schloß,
Die Flügel schwanken. Ha! da bricht
Es splitternd mit gewalt'gem Stoß:

Sturmhaube, Federbusch und Hut,
Von Lanzenspitzen eine Flut; –
Mit gelben Kollern angefüllt
Die Kirche dröhnt von Flüchen wild.
Und, o mein armer Sakristan!
Zum Hochaltar die grade Bahn
Treibt wie ein Strom den Troß hinan.
»Wo blieb der Kelch? wo die Monstranz?
Das beste Paar im ganzen Tanz!
Der graue Schelm hat sie versteckt!«
Und zwanzig Fäuste krallen an
Den Greis, der gen der Waffen Glanz
Die unbewehrten Hände streckt.
»Bekenne, Hund!« und hochgepflanzt
Die Partisane zuckend tanzt:
So hängt der Boa Haupt vom Ast
Und züngelt, eh den Raub sie faßt.
»Bekenne, Hund!« – Kein Sterbenswort,
Der Greis die Wimper hat geschlossen.
Nun flüstert er. – Da kniet sofort
Ein grauer Leitbock der Genossen;
Er bückt sich, lauscht, dann springt er auf,
Und grimmig seine Lache schallt.
»Ave Maria, Jesu mein!«
Ist zitternd in sein Ohr gehallt.
Risch steigt die Partisane auf
Noch einmal kreisend mit Gewalt,
Dann krachend in der Rippen Spalt.
Ein Zucken längs den Gliedern, dann –
Es ist vorbei! – Das Blut entrann.
»Mein Jesu!« war sein letztes Wort.
Und »Hussa Braunschweig! nun voran!« –
Ach, soll ich künden, wie entehrt
Ward meines Glaubens teurer Herd!
Wie man die Heiligtümer fand,
Und kirchenschänderische Hand
Mit Branntwein füllt bis oben an

Den Kelch, so faßte Christi Blut!
Wie man Gewänder, gottgeweiht, 610
Sah wehn um Kriegerschultern breit!
Was schonte jemals Schwärmerwut?
Was mehr noch ein Verbrecher, der
Soldat nur ist von ungefähr?
Die Fenster klirren, vom Gestell 615
Apostel schmettern, schwankend zischt
Die ew'ge Lampe und erlischt.
Vom Lanzenstich der Märtyrer
Zum zweitenmal wird todeswund.
Reliquien bestreu'n den Grund, 620
Von Hammerschlägen, Speeres Stoß
Reißt der Altar sich krachend los,
Und »Hussa Braunschweig!« bricht es ein.
Zieraten splittern auf den Stein,
Und heulend muß die Glocke gellen, 625
Jetzt ein Signal den Raubgesellen.
Schau, dort ein bärtiger Bandit
Selb einem Andern stampft und glüht.
»Ha, dort ein Kruzifixchen noch
Im Winkel; Silber muß es sein!« 630
Er schiebt sich hin, so schlau und scheu,
Vermeidend des Gefährten Blick.
Nun faßt er es – ein lauter Schrei!
Und wie ein Block er stürzt zurück;
War nicht schon nah sein Kamerad, 635
Leicht kam es, daß man ihn zertrat.
Doch nun, im Winkel hingestreckt,
Die Stirn er mit den Händen deckt,
Nur leise ächzend, nun und dann:
»Der Teufel – Teufel – sah mich an!« 640
Dann auf sich rafft er, taumelt weg,
Wie Blinde wanken über'n Steg.
Sein Kamerad vergaß ihn schon,
Das Kruzifix nimmt er zum Lohn.
»Ha, Spiegelglas!« und klirrend bricht 645
Es an der Jungfrau Angesicht.

Von Ulmenschatten halb versteckt
Ein Häuschen liegt mit Stroh gedeckt,
Wohin nur schwach der wilde Klang
Gleich Kranichheeres Schrillen drang,
Da dem Soldaten nicht vergönnt
Zu streifen längs der Mauer Kreis:
Die Kirche gab der Herzog preis,
Kein Hälmchen sonst; nach einer Stunde
Macht er im Lager selbst die Runde,
Ob Alles in der Ordnung sei,
Vollzählig jedes Regiment.
Und diese Hütte liegt allein.
Was kauert dort im Mondenschein,
Undeutlich, wie ein Klumpen grau
Und ächzt gleich Sterbenden genau?
Gertrude lauscht am Fensterrand:
Sacht, sachte schiebt sie mit der Hand
Den Riegel auf, wohl schaudert ihr;
Sie ist so fromm, das junge Blut.
O nenne nicht gering den Mut
Von diesem schlichten Waisenkind!
Der Koller, Speer – sie ist nicht blind.
Doch, wär' es nur ein armes Tier!
Und, geh, es ist ein Mensch in Not!
Da steht sie zitternd, feuerrot.
Und wenn er, wie ein wirrer Geist,
Die Kräuter aus dem Rasen reißt,
Ein wenig rückwärts tritt sie dann;
Doch wenn er seine Hände ringt,
Aus tiefem Auge Jammer dringt,
Sie näher, näher rückt heran.
Und: »Armer Mann, ihr armer Mann!«
Ob er es nicht vernahm? Er schweigt.
Da zögernd sie die Hand ihm reicht,
Er hebt sich auf, er folgt, so lind,
So ganz unmündig wie ein Kind.
Und nun ihr jungfräuliches Bett

Bereitet sie geschwind und nett;
Und Labung auch vom Besten reicht, 685
Und steht so sorgenvoll gebeugt,
Verwundert daß sich nirgends Blut
Und nirgends eine Wunde zeigt.
Nun schlummert er, das ist wohl gut;
Er sieht doch gar entsetzlich grimm, 690
Man sollte denken, er sei schlimm.
Und fort sie huscht wie Wirbelwind,
Dreht auch den Schlüssel um geschwind.

   Kaum ist sie fort: vom Lager hebt
Der Gast sich, seine Wimper bebt, 695
Er grübelt, an den Fingern dreht
Und murmelt was man nicht versteht.
Nun heller: »Ja ich hab's gesehn,
Ich sah den Teufel vor mir stehn,
Ich sah ihn seine Krallen strecken. 700
Johannes May, verruchter Hund![13]
Mit Blute mußtest dich beflecken
Von Jenen, die der Taufe Bund
Mit dir geweiht am gleichen Becken,
Die Kirche, die dir Tröstung gab, 705
Die einschließt deiner Eltern Grab,
Die dich gelabt mit Christi Leib,
Dir am Altare gab dein Weib,
Wo deine Kinder alle drei
Steh'n im Register nach der Reih'; 710
O wehe, wehe! Mord und Brand!«
Und wieder schlägt er seine Hand
An das Gesicht, man meinet sprengen
Die Adern muß des Blutes Drängen,
Und nun im Ton der Leidenschaft: 715
»Genugtun will ich, wie nur kann
Ein einzelner und niedrer Mann;
Doch meine Reu' sei meine Kraft!
Vergoß so oft ich Freundes Blut –

Mein Arm ist fest, die Büchse gut.«
Nach einer kleinen Pause dann:
»Herzog, du bist ein toter Mann!«
Nun steht er rüttelnd an der Schwelle,
Nun durch das Fenster huscht er schnelle!
Nun schreitet er den Rain entlang.
O arme Taube, mild und bang!
Wie ward dir da du dies gehört?
Das Blut sich ihr im Herzen kehrt,
Und Mord und Brand, und Brand und Mord
Im Ohre hallt es immerfort;
Wie fühlt sich ihr Gemüt beschwert!
Stellt sie die Sache Gott anheim?
Läßt sprießen des Verbrechens Keim?
Sucht sie zu hindern, wie's vermag
Ein machtlos Weib von ihrem Schlag?
So fallen, reulos, unbewehrt,
Von seines Untergebnen Hand!
Und schaudernd sie am Herde stand
So jammervoll in ihrer Schöne,
Wie unterm Kreuze Magdalene.
Vielleicht gibt ihr die Kirche ein,
Was mag des Himmels Wille sein.
Schon weicht dem Morgenrot die Nacht,
Laut wird das Vogelnest am Ast;
Sie kann schon gehn, der Bürger wacht;
Und ach! ihr dünkt, mit dieser Last
Wie Kain gemarkt von Gottes Hand,
Sie könne wandern durch das Land.
Fremd scheint es ihr, daß alles stumm,
Gesperrt die Läden rings herum.
Gottlob, die Kirche! Aber wie!
Weit auf die Pforten, schon so früh?
Und – ist sie blind? – der Ampel Licht,
Der Hochaltar – sie sieht ihn nicht!
Es ist zu viel: ihr Auge schattet,
Und auf ein Grab sinkt sie ermattet.

Da über ihr Gezisch, Geknarr,
Die Uhr im Turme mit Geschnarr
Setzt aus und dröhnend, Schlag auf Schlag,
Wie Wetterkrachen donnert's nach;   760
Sie meint, es sei der jüngste Tag.
Gespenster schau'n aus Fensterluken,
Im Turm beginnt ein wildes Spuken,
Hinab die Stiegen mit Gescharr.
Nein, wehe! das ist Menschenhand,   765
Die jetzt sie zerrt am Gürtelband.
O, schlimmer als Gespenster weit,
Soldaten sind's in Trunkenheit!
Sie schreit nicht, wehrt sich nicht, nur sacht
Sie wimmert wie ein Vogel klein,   770
Dem man das schwache Hirn drückt ein;
Vor ihren Augen wird es Nacht.
Da rückwärts taumelt der Geselle,
»Der Herzog!« ruft's, und plötzlich nah
Ein Dritter stand, unbärtig noch,   775
Doch über Manneslänge hoch.
Ja, wie ein Schatten stand er da,
Kalt, tödlich bohrt sein Blick sich ein:
Die beiden Männer sind wie Stein.
Und als den Strahl er tiefer trug,   780
Blaß ihr Gesicht ward wie ein Tuch.
Er winkt, sie weichen auf der Stelle.
Auch sie noch schaut er seitwärts an,
Sich, seltsam lächelnd, wendet dann
Und geht, ist fort. O Jesus Christ!   785
Ihr Retter selbst der Herzog ist, –
Und dieser liegt im Kirchenbann.

   So freundlich war das Himmelblau,
So klar im Grase lag der Tau;
Man dachte nur, zu Lust und Frieden   790
Ein solcher Morgen sei beschieden.
Im Sonnenlichte stand das Heer,

Glanzwellen brachen sich am Speer,
Und leise wallend an den Stäben
Die Fahnen hob der Lüfte Weben.
Ein leerer Kreis, ein Haufen Sand,
Und seitwärts an der Lanzenwand
Zwei Krieger ihrer Wehr beraubt,
Tief auf die Brust das bleiche Haupt.
Die sahen nicht nach Sonnenlicht,
Sie hörten Rosses Wiehern nicht;
Vor ihrem Ohre summt es nur,
Ein Spinngewebe schien die Flur.
O anders, frischen Tod erwerben,
Als schmählich vor dem Standrecht sterben!
Zur Seite, mit den Offizieren,
Die flüsternd rasche Reden führen,
Der General verdüstert stand.
Kopfschüttelnd redet Obrist Spar,
Der Styrum nickt und lächelt gar,
Und der Sergent und Reiter auch
Sich wahren ihrer Rechte Brauch:
Es ist vorbei, das Stäbchen brach,
Den beiden stieg der letzte Tag.

Wer diese bleichen Sünder sah,
War er kein Stein, es ging ihm nah.
Sie hatten lustig fortgelebt,
Vertrauend auf ihr gutes Schwert,
Das manche Wunde abgewehrt;
So manche Kugel pfiff vorbei,
Und nun – am Sande stehn die zwei;
Und eh das Tuch die Augen deckt,
Noch sehn sie wie der Arm sich streckt,
Sehn zwölf der bravsten Kameraden
Maschinen gleich die Büchsen laden.
Ade, o Strahl! nun ist es Nacht.
Geblendet schon der Lunte Rauch,
Zu ihnen trägt des Windes Hauch.

Stieg himmelan ein Seufzer auch?
Ich weiß es nicht; es blitzt, – es kracht! –

   Geendet ist das Kriegsgericht,
Verlöscht des Himmels Gnadenlicht.
Zwei liegen dort im kalten Grund,
In ihrer Brust ein Stückchen Blei;
Die feuchte Scholle deckt den Mund:
Daß Gott der Seele gnädig sei!
Die Schützen putzen ihr Gewehr,
Ein Wald von Lanzen steht das Heer,
Die Züge starr, den Blick gesenkt,
Man kann nicht sehn was Einer denkt.
Geschlagen sind sie, dennoch kühn,
Und ganz verhaßt die Disziplin.
Entlang der Herzog geht die Reih'n,
Und Manchen schaut er an mit Fleiß;
Ward Einem bang? Es mag wohl sein;
Doch Vielen ward es siedend heiß.
War nicht sein Schlangenauge da,
Man kann nicht wissen was geschah.
Nun, stauend wie ein Mühlenbach,
Zum Lager schiebt es drängend nach,
Es ist ein fürchterlicher Troß,
Dem Führer ein unbändig Roß.
Ungern der Herzog drum, wie heut,
Zum Fehlen gibt Gelegenheit.
Als in den Zelten sie zumal,
Am Sande weilt der General;
Er bohrt den Degen sinnend ein,
Stößt mit dem Fuß des Weges Stein;
Und neben ihm der Obrist Brand,
Graf Styrum auch, sein Adjutant,
Ein kühnes Blut und lockrer Fant:
Die Zunge läuft mit ihm davon,
Und halb Gedachtes gibt sie schon.
So jetzt, zum Obristen gewandt:

»Die Pferde knirschen in's Gebiß,
Des Tilly Silber hat gewiß
Noch, als sein Eisen, schärfern Zahn.
Was meint ihr? Ist der alte Hahn
Ein Basiliskenei zu legen
Nicht eben recht? Ich sage dies.
Und ferner noch: Herr Herzog nehmt
Nicht allzu leicht, was heut beim Tagen
Das schmucke Ding euch vorgetragen,
Was sich so bürgerlich geschämt.
Man sah, von Herzen ward's ihr schwer,
Drum glaub' ich es um desto mehr,
Vielleicht – Was trabt denn dort heran?
Ein Weihquast? Was, zum letzten Segen?
Und steckt doch seinen kahlen Kopf
Grad' in die Fall', armsel'ger Tropf!«
Gelassen tritt der Mönch heran.
Man spricht so viel aus jener Zeit
Von Klerus Ausgelassenheit;
Dies war ein still gelehrter Mann,
Und einzig seiner Bücher froh
Im Gotteshause zu Burloh.[14]
Von seinem Obern ausgesandt
Und kehrend heut durch Ahaus Tor,
Des Glaubens Feinde er davor
Und jammervoll die Bürger fand.
Daß nicht der Kelch, nicht die Monstranz
So wie der Leuchter Silberglanz
Zu retten, scheint ihm selber doch;
Allein die Kreuzreliquie noch,
So nur in schlechtes Holz gefaßt –
Drum gönnt er sich denn keine Rast,
Und tritt den Herzog mutig an.
Er bittet um geneigtes Ohr,
Trägt ruhig sein Gesuch ihm vor;
Hat nun geredet, blickt empor,
Doch hastig wieder auf den Grund:

Dies Muskelspiel um Wang' und Mund,
Und dieser Augen tote Glut –
Fürwahr die Sache steht nicht gut!
»Herr!« fährt er fort, »was nützt es Euch? 905
Wir werden arm, und ihr nicht reich.
Zum ersten Mal im Leben ich
Schau einen Fürsten, sicherlich;
Und ihr seht ganz so adelig
Wie Fürsten sollen.« O Geduld! 910
Fast blendet ihn das Muskelspiel.
»Gebt mir dies Zeichen Eurer Huld,
Was Euch so wenig, mir so viel.
Gedenkt wie Cyrus alter Zeit
Hat den Zorobabel erfreut, 915
Dem er die Heiligtümer gab
Zu beten an der Väter Grab;
Wie Julian der Apostat« –
Spricht Styrum lachend: »Schmucke Wahl,
Mit Apostaten uns zumal, 920
Mit Juden deine Schar vergleichen:
Mein Alter das sind schlimme Zeichen!
War Julian ein Apostat,
Du scheinst mir halber Renegat.«
Was nun den Herzog hat gerührt, 925
War es das Wort so schlicht geführt,
War es das Zutraun unverdeckt,
Ein Zug der ihm Erinn'rung weckt:
Genug er winkt, er spricht ein Wort,
Und lachend wandert Styrum fort. 930
Wie war doch unser Mönch so froh,
Als er die Kreuzreliquie sah;
Er faßt sie an dem Rande, so,
Dem heil'gen Splitter nicht zu nah;
Und vor dem Herzog bückt er sich, 935
Und abermals und wiederum,
Er meint es sei noch nicht genug;
Der steht und lächelt wunderlich:

»Ihr spracht ja eben wie ein Buch,
Und seid mit Einem Male stumm.
So sagt uns denn gleich klar und schön,
Was Ihr auf eurer Fahrt gesehn.«
Der Mönch den Seufzer drängt zurück,
Er zögert einen Augenblick:
»Zuerst traf ich am Küchenherd
Den Mann mit Frau und Kindern wert,
Die nahmen ihr geringes Mahl.
Demnächst ich sie im Felde fand
Nach Abend schauend unverwandt,
Die trieben seufzend und mit Müh'
Dem Dickicht zu der Rinder Zahl;
Dann eine Hütte unbewacht,
Und dann – nicht finster war die Nacht,
Die Flamme« – O welch dunkles Rot
Von Braunschweigs hoher Stirne droht!
»Ich frage nicht nach Mann und Weib! –
Saht ihr die Baiern?« »O bei Leib!
Des war nicht meine Furcht gering;
Der Baier bleibt auch nur Soldat.
Doch sagt man, daß der Tilly naht.
Herr! seht Euch vor, das ist mein Rat.«
Zeit war es, daß der Pater ging.

's ist schaurig, wenn im Felsental
Die Kuppen bleicht des Mondes Strahl,
Wenn Windeszug entlang der Kluft
Mit Seufzern füllt die graue Luft,
Und Uhu's Auge auf der Wacht
Vom Riffe leuchtet: doch bei Nacht
Wohl standest du am Meere je,
Und hörtest wie der Wellenschlag
Sich wühlend am Gestade brach?
Ein wüstes Untier ist die See,
Wenn schwärzer als die Dunkelheit
Hascht Wog' auf Woge nach dem Strand.

Doch schauriger die Heide weit, 975
Wo Lichter flattern über's Moor,
Die Kröte unter'm Rasen schrillt.
Bei jedem Tritt es schwankt und quillt,
Und dampfend aus dem Grund empor
Sich Nebelchaos wirbelnd streckt, 980
Wie Geisterhüllen halb geweckt,
Als wollten die Atome ringen
Sich los aus Gras und Krautes Schlingen,
Die vor der grauen Sündflut Zeit
Lebend'gen Odems sich gefreut. 985
Auf Gräbern glaubst du nur zu schreiten,
Durch halbgeformten Leib zu gleiten;
Die Märchen deiner Kinderzeiten
Sich unabwendbar drängen an:
Fast glaubst du an den Heidemann. 990
Es ist kein Trug, dort rückt er an!
Nein! Menschenstimmen, männlich Eine,
Die andre Vögeln gleich an Feine.
»Gertrude, war das wohlgetan?
Was ließest du dem Himmel nicht 995
Sein freies Walten und Gericht?«
Und nun die klare Stimme spricht:
»So war es nicht des Himmels Wille,
Daß ich vernahm was jederzeit
Wohl hätte Menschenohr gescheut? 1000
Wenn es nicht Gottes Finger tat,
Was führte dann den Reiter grad'
An meine ganz entleg'ne Tür?
O Eberhard! sei stille, stille,
So Hartes rede nicht zu mir, 1005
Bei Gott! ich bin genug gequält!«
– »Nun wohl! noch hast du nicht erzählt.
Doch horch, Gemurmel! – 's ist der Wind,
Und das Gewitter steigt geschwind.«
– »Ich wählte einen Blumenstrauß 1010
Und meine blankste Schüssel aus;

So ging ich langsam aus dem Haus,
Gewiß! es war ein saurer Gang!
Ich betete den Weg entlang
Zu den Nothelfern allesamt,
Antonius, dem Schutzpatron;
Und sieh! da stand der Herzog schon!
War das nicht seltsam?« – »Still, was flammt
Dort auf!« – »Du siehst ja, daß es blitzt;
Wir müssen eilen. – Als ich itzt
So vor ihm stand ganz nah am Tor:
Kein einzig Wort bracht' ich hervor,
Ich hielt ihm nur die Schüssel hin
Und weinte wie 'ne Sünderin;
Die bei ihm standen, lachten helle,
Zu sterben meint' ich auf der Stelle,
Und bracht' es endlich doch heraus,
Wie Jener kam zu meinem Haus',
Ganz wirrig, schaudernd und betört,
Und wie ich sagen ihn gehört,
Was ich bei Gott beschwören kann:
Herzog, du bist ein toter Mann!
Mußt' ich das nicht? Dann fragt' er mich,
Ob ich ihn kenne, sicherlich
Ich sagte nein; recht war es nicht.
Ich sah wohl deutlich sein Gesicht.
Was trug er? – Wie ein Landesknecht
Den Koller, Lederstrümpfe schlecht.
– Schon gut! Und Dank für den Bericht, –
Und denk', er bot mir Geld und Wein,
Doch wie ein Has lief ich feldein.
Gott gab mir eine schwere Last,
Nun Kummer mir das Herze bricht,
Daß ich verraten meinen Gast,
Vielleicht – fürwahr! da klirrt es gleich.
Doch nein! der Fisch sprang auf im Teich.
Die Nacht ist schwül.« – »Gertrude komm!
Du bist ein töricht Ding, zu fromm.

Kam jene Kunde in mein Ohr,
Dem Ofen sagt' ich's lieber vor, 1050
Könnt' ich nicht schweigen. Komm geschwind,
Schau, wie das Wetter treibt der Wind;
Wir haben weit bis Ottenstein,[15]
Ich weiß, der Oheim wartet dein.
Und, wahrlich! das ist Waffenklang, 1055
Gewiß, den Liesner[16] ganz entlang –
Fort! fort!« – Wie Schatten schwinden sie. –

   Und Zug auf Zug, aus Waldeshagen
Sieht man die schwarzen Säulen ragen,
Sich endlos die Kolonne zeigt, 1060
Wie drüben Wetterwolke steigt,
Als wollten Heere jener Welt
Sich nächtlich treffen über'm Feld,
Das ihre Gräber mußte tragen.
Nun breitet sich's, wie Stromes Fall, 1065
Nun windet sich's, ein wüster Ball;
Im Hui schlägt die Flamme auf,
Und dort und drüben wie im Lauf
Steifstiefeln, Koller rings umher:
Es ist der Tilly und sein Heer; 1070
Ganz deutlich wie am Tage schier
Sieht man des Rautenschilds Panier.
Die Reiter von den Rossen steigen,
Den Hals die Tiere dampfend neigen;
Und Wiehern, Hämmern, Stimmenschall 1075
Verschwimmen in des Donners Knall,
Da grade über Mann und Zelt
Sich das Gewitter hat gestellt.
Oft rötlich zuckend hellt ein Strahl
Die ganze Masse auf einmal. 1080
Schon zischen Tropfen in der Glut,
Nun schwenkt schon der Soldat den Hut,
Am Federbusche flirrt es fein:
Und nun mit grenzenloser Wut

Die Elemente brechen ein,
Und niederstürzend eine Flut
Wie über's Wrack sich schäumend legt.
Der Donner schwieg, doch Sturmes Macht
Und Hagelschlag die Heide fegt –
Ich sehe nichts mehr, es ist Nacht!

ZWEITER GESANG

Wie tiefberauschend ist dein Odem,
O Phantasie! was kommt ihm gleich,
Wenn über Mauerzinnen bleich
Du gleiten läßt den Grabesbrodem!
An einem Tage muß es sein,
Wo bläulich steigt der Höhenrauch,
Vielleicht auch wenn der Dämmerhauch
Mit grauem Staube füllt die Luft,
Des Meteores falber Schein,
Ein fallend Sternlein, teilt den Duft.
Wes Seele würde nicht bewegt,
Gedenkt er dann der warmen Hand,
Die diesen kalten Stein gelegt,
Des Geistes, der die Formen fand,
Die, Greise selber, gliedermatt,
Wie von dem Baume Blatt um Blatt,
Langsam nachrollen in die Gruft.
Am Turme lieb' ich dann zu stehn,
Zu lauschen Wetterhahnes Drehn,
Mag wandeln um des Städtchens Kreis,
Und aus der Mauerscharte weiß
Des Grases Finger winken sehn,
Die alten Gräben, halb verschüttet,
Die Warte bröckelnd, grau, zerrüttet,
Und über'm Tor das Fensterlein,
Draus öfters trat der Fackel Schein
Bevor das Gitter steigend klang.

Mich dünkt, ich höre Geistersang:
Wie kurz o Leben, Zeit wie lang!
Siehst drüben du den stolzen Bau?[1]
Bald wird an jenes Schlosses Pforte,
Das kein Jahrhundert noch gesehn,
An meiner Statt ein Andrer stehn,
Entziffernd halb verlöschte Worte,
Wird Bischofstab und Mitra nur
Erraten aus entstellter Spur.
Dann wird er Ahaus Bürger fragen,
Und dieser weiß nur dunkle Sagen,
Daß in verjährter Zeiten Grau
Ein Baierfürst geführt den Bau.
Noch kurze Zeit, so sinkt er ein.

   Wie heute schon kein Mauerstein
Verkündet wo die Feste lag,
Darin des Tilly starrer Mut
Sich barg vor Elementes Wut,
Ingrimmig harrend auf den Tag.
Und nur der Dichter kennt allein
Den Fleck wo einst die Halle stand,
Gebilde schauten von der Wand,
Wo des Kamins geschweiften Bogen
Hinauf die Funken knisternd zogen,
Und manche kühne blut'ge Hand
Sich friedlich streckte über'n Brand.
Am Herde, abwärts von der Glut,
Der Feldherr steht und streicht den Bart;
Das war nun einmal seine Art,
Gekannt von Allen, Keinem gut;
Gewaltsam aufgeregtes Blut
So will er dämpfen: diesen Strich
Sieht der Soldat und richtet sich.
Sein Auge klar, doch grau wie Blei,
– So durch die Welle blitzt der Hai, –
Gespannt auf der Tapete ruht,

Wo schaumbedeckt, mit Todesmühen,
In's Dickicht scheint der Hirsch zu fliehen.
Auf Tilly's Stirn die Ader steigt,
Denkt seines Wildes er vielleicht,
Und meint, schier sei der Forst erreicht,
Da Hollands Grenze schützen kann
Vor'm Schlage den verfemten Mann?
O alle Teufel, welch ein Streich! –
Zunächst ihm, lust'gem Strauche gleich,
Der über'n Krater streckt den Zweig,
Der junge Albrecht Tilly kniet,
Dreht auch am Zwickelbärtchen fein
Und um das Feuer ist bemüht;
Sein Antlitz blüht im Widerschein.
Wär' nicht dies Auge, stolz und kühn,
Man dächte, nicht so frisches Grün
Kann sprossen aus verbranntem Stein.
Dann Schönberg, wie ein Reutersknecht,
Im Lederkoller schlicht und recht,
Die Glatze kahl, behaart die Hand,
Und Holsteins Herzog, schlau, gewandt,
Manierlich wie ein Wiesenbach:
Die beiden zogen schweigend Schach.
Graf Fürstenberg, bedacht und kalt,
Erwitte's hagere Gestalt,
Und Obrist Lindler noch dabei.
Am Tische standen diese drei
Und sahen mit gespannten Blicken
Der Karte längs die Feder rücken,
Die, flüchtig deutend Moor und Wall,
Graf Anholt führt, der Feldmarschall.
Im Saale war es still genug:
Man hörte wie der Regen schlug,
Wie Ströme von den Dächern rinnen,
Die Fahnen kreischen auf den Zinnen,
Und – Schach dem König! à la Reine!
Spricht Tilly plötzlich: »Wenn er doch

Entwischt. Fürwahr, es kann gescheh'n!
Allein bis Prag bleibt immer noch
Ein Stückchen Weg, und Gabor[2] mag
Sein harren bis zum jüngsten Tag.«
Nach einer kleinen Pause schnell: 105
»Verdammt hartnäckiger Gesell!«
Drauf Albrecht: »Daß er heute gar
Vor seiner abgehetzten Schar
Das Feldspiel ließ so lustig rühren,
Als gelt' es sie zum Tanz zu führen: 110
Ein furchtlos übermüt'ger Gast,
Und mir gefallen könnt' er fast.
Bei Höchst,[3] als er im Kahne floh,
Und an der Brücke Groß und Klein
Wie Lachse zappelten im Rhein, 115
Ich sag' es frei: wir waren froh.
Fast übel ward es unsern Leuten:
So gegen einen Mann zu streiten,
Der die Kanonenkugeln mehr
Nicht achtet als ein Nudelheer.« 120
Er blickt umher: »Ihr Herren seid
Nicht ungehalten; jederzeit
Hab' ich gehört, mehr als der Freund
Den Braven ziert ein tapfrer Feind.«
Des Tilly Auge gleitet, schier 125
Mit Huld, auf seinen jungen Geier,
Doch immer unwirsch, doppelt heuer:
»Ein Renegat, ein räud'ger Hund!«
Er murmelt, fährt hinab den Mund,
Und tritt in die Tapetentür, 130
Wo tiefgebückt bei'm Lampenschein
Man emsig sieht das Schreiberlein;
Der Riegel klingt. »Mein junger Graf!«
Erwitte spricht: »Ich bin kein Schaf,
Mag gern an keckem Feind mich üben; 135
Doch sprech' ich frei mich, ihn zu lieben.«
Er schweigt, bewußt daß Wittich's[4] Au

Ihm Braunschweigs Rücken gab zur Schau,
Wo er den Erben ließ im Feld,
Seitdem auf Sühne nur gestellt,
Und mehr nun Rächer, minder Held.
Um Albrechts Lippe zuckt es auf,
Das Zwickelbärtchen steigt hinauf.
Doch Anholt spricht: »Ihr Kameraden,
Wollt nicht so scharf die Zunge laden;
So leicht entglitten ist ein Hauch,
So schwer gesühnt. Doch mein' ich auch,
Frei anerkennen Feindes Mut
Steht immer dem Soldaten gut,
Und zeigt zum Grolle keine Spur.«
Drauf Fürstenberg: »Das ist gewiß,
Mein General! doch sag' ich dies:
Wer so die menschliche Natur
Im eignen Bruder kann zerstören,
Daß der, mit Knittel, Sens' und Beil
Den Bauern waffnend, schmählich Teil!
Sich gen das eigne Blut muß kehren,[5]
Um den in hundert Kirchen heut
Beängstet fleht die Christenheit:
Erlös' uns, Herr! vom Halberstadt![6]
Gewiß, der ist im Marke matt;
Und mehr noch jener, schlangenglatt,
Der Winterkönig,[7] den man noch
Bei Zabern[8] sah, nachdem er doch
Die Fürsten bat mit frommen Mienen
Des Kaisers Majestät zu sühnen,
Der so viel Martyrer in Prag,
Als gleich der Pest er drüber lag,
Ließ bluten, daß so edle Spur
Es trägt als Cöln, der Christen Ruhm,
Und seine Öfen heizte nur
Mit Kruzifix und Heiligtum:[9]
Fürwahr, ein Stern der Braunschweig ist,
Sofern man ihn mit Jenem mißt;

Der kommt doch seinem Worte nach,
Ein treuer Diener schlechtem Herrn.«
Hier murmelt Schönberg über'm Schach:
»Heißt Lucifer nicht auch ein Stern?«
»Au roi!« versetzt der Holstein drauf.
Das Spiel ist aus, sie stehen auf.
Doch Schönberg noch bedächtig sprach:
»Ihr Herr'n, es naht der jüngste Tag!«

    Auf Schemel, Polster, wie sich's traf,
Die Führer hatten sich gestreckt;
So leicht und wachsam war ihr Schlaf,
Ein Rispeln hätte sie geweckt.
Noch hielt Graf Fürstenberg das Schwert,
Die Flasche Lindler fest genug,
Und Holstein zierlich lag am Herd,
Um seine Stirn ein seidnes Tuch.
An Beten dachte Keiner heut;
Sie ritten scharf und ritten weit
Durch Regenguß und Sonnenglut:
Ein Kreuz sie schlugen, damit gut.
Nur Anholt mochte nie sich legen
Ohn' Rosenkranz und Abendsegen;
So eine Weile kniet' er jetzt;
Und wie das Wort auch war gesetzt,
Die Seele, die hinein er trug,
Tat ihrem Schöpfer wohl genug.
Nicht Viele gab's zu jener Zeit,
So mochten ohne Bitterkeit
In ihr Gebet die Feinde schließen,
Die Formel müßte sie verdrießen.
Doch als ein wahrhaft frommer Mann
Der Anholt stets sie zweimal sprach,
Und einen Vers um Frieden dann
Aufricht'gen Herzens sandte nach.
Dann »Amen« und sein Augenlid
Sich schloß. Doch Albrecht Tilly mied

Den Schlaf, er mochte viel vertragen
An Stürmen, Traben, Tanz und Jagen.
Wenn todesmatt, nach heißen Tagen,
Auf seine Streu der Reiter fiel:
Trieb er noch Neckerei und Spiel.
Klar ist die Nacht, von Sturmesbraus
Die Sterne ruhen friedlich aus
Im Äther, wolkenlos und rein,
Und also fällt ihm eben ein,
Rekognoszieren möcht' er reiten!
Was ihm gestellt Fortunens Hand,
Das Ziel, beschau'n von allen Seiten.
Und sieh, dort trabt er über Land!

    Vom Glockenturme dröhnte just
Die Mitternacht, und jede Lust,
So Schauer nur gewähren mag,
Schwerhauchend auf der Landschaft lag.
Die Sterne standen kalt und klar,
Kein Lüftchen hob des Mooses Haar,
Das Taugeperl' am Flechtenring
Wie Feilstaub am Magneten hing.
Weit, weit das Feld, ein graues Tuch,
Johanniswürmchen hier und dort
Das matte Silberfunken trug,
Wie Schlangenauge über'm Hort;
Ein Knistern durch die Heide fort,
Ein leises Brodeln unterm Moos,
Ein Quitschern in der Kräuter Schoß;
Mit Hügelchen der Grund belegt,
Wo's d'runter gärt und Dämpfe regt,
Wie Elfenkirchhof, Geisterherd;
Und d'rüber her das schwarze Pferd
Mit grauem Reiter, dessen Schritt
Treibt Brodem auf bei jedem Tritt:
So durch die Heide zieht der Tod.
Doch Albrecht dachte nicht daran,

Er schien sich wie ein andrer Mann;
Ihm war die Stunde ganz genehm,
Da noch so fern das Morgenrot,
Das Dunkel recht, der Weg bequem, 250
Und nicht im kleinsten schauerlich.
So vorwärts längs der Heide Strich
Durch manche Lache sprengt' er frisch,
Daß d'rin das Sternenlicht erlosch,
Behend zum Grunde fuhr der Fisch, 255
Und plätschernd der erschreckte Frosch
Kopfüber in den Ginster schnellt.
Ein wenig fluchte unser Held,
Da immer länger schien das Feld;
Und endlich zeigte doch ein Pfad 260
Des Waldes rechten Eingang grad.

Als in den Liesner[10] kam der Graf,
Die Zügel zog er straffer an.
Ringsum die Äste wie im Schlaf
Streckt schwarz und wüst der weite Tann, 265
Ein Riesenheer in Zaubermacht
Für tausend Jahr und Eine Nacht.
Schwer war ihr Traum, da überall
Wie Schweiß sich aus den Poren stiehlt,
Man rauschen hört der Tropfen Fall, 270
Wenn nur ein Lüftchen, kaum gefühlt,
Um die beladnen Nadeln spielt.
Stickdunkel rings; war nicht so breit
Der Weg, mein Fant kam nimmer weit.
Doch nun er lustig trabt voran; 275
Zuweilen einer Lichtung Rund
Die kargen Schimmer läßt heran,
Vom goldbestreuten Himmelsgrund
Ein Stamm auch, nadellos und hohl,
Durchblitzen läßt ein Sternlein wohl. 280
Viel nutzt es nicht, und manchen Streich
Vorlieb muß unser Ritter nehmen

Von manchem derben Tannenzweig,
Und brauchte des sich nicht zu schämen;
Die Ehre blieb, nur Wasser floß,
Daß es entlang den Koller goß;
Und ohne manchen guten Fluch,
Der echt und kräftig mußte sein,
Mein Tilly kam nicht aus dem Hain,
Er war erhitzt und grimm genug.
Denn sah er einmal einen Schein,
So war es wohl der Funke bloß,
Der öfters ihm vom Auge schoß
Wenn drein die Fichtennadel schlug.
Doch auch die schlimmste Stunde rennt,
Und lange Schnur hat auch ein End'.

Als sich des Waldes Ausgang zeigt,
Von seinem Rosse Albrecht steigt,
Zieht es ins Dickicht, und in Hast
Die Zügel schlingt am Tannenast;
Dann leise, wie die Welle schreitet,
– So zu dem Liebchen los' und leicht
Ein lockrer Vogelsteller schleicht, –
Er über Moos und Nadeln gleitet,
Tritt aus dem Forst und stutzt beinah,
Als auf Kartaunenweite nah
Vor ihm sich Feindes Lager breitet.
Er faßt sein Sehrohr, tritt zurück,
Und lauscht nun mit gespanntem Blick,
Wie über'n Ast der Falke neigt,
Bevor, ein Pfeil, er pfeifend steigt.
So viele Feuer sind gezündet,
Da Tau dem Regenguß verbündet,
Daß sich dem Lauscher ganz genau
Die volle Masse gibt zur Schau.
Nicht manches Zelt war aufgespannt,
Zumeist der Reiter bei dem Roß
Im Mantel ruhte, Schwert zur Hand,

Wo Funken sprüht der Fichtenschoß.
Tief tiefer Schlaf die Krieger deckt, 320
Am Boden rücksichtslos gestreckt,
Man meint, es sei ein Feld voll Leichen;
Und wie sie hin und wieder geht,
Die Wache, noch Nachzügler spät
Auf Beute laurend, scheint zu schleichen. 325
So deutlich Alles zeigt das Rohr,
Daß wenn ein Schläfer rückt das Haupt,
Ein Roß, die Mähne schüttelnd, schnaubt,
Am Glase steigt es dicht empor.
Und sehr vermindert war die Zahl 330
Der Männer seit dem letzten Tag;
Man sah, daß in des Dunkels Hag
Feldein sich mancher Reiter stahl;
Die Fahnen trennt nur schwacher Raum.
Allein zur Rechten, wo der Leu 335
Ergrimmt am sturmgebeugten Baum,
»Ventus Altissimi!« sich frei
Von Zeichen eine Fläche zeigt;
Mit tausend Mann und mehr vielleicht,
Wilhelm von Weimar führt die Schar, 340
Im Felde streng und kraus von Haar.

    Sein Rohr der Albrecht schiebt zurück,
Wirft noch umher den Falkenblick;
Dann leise, leise schleicht er fort,
Bald tief gebückt und bald gestreckt, 345
Wie sich die Fläche breitet dort,
Und hier ein Baum den Lauscher deckt,
So nah und frei oft, daß ein Schuß
Ihn unvermeidlich treffen muß,
Wenn Schwerteskuppel Blitzen nur 350
Dem Wächter gab die kleinste Spur.
Doch keine Kugel ward gesandt,
Kein Wacheruf den Späher schreckt;
Oft ruckt das Schwert in seiner Hand,

Wenn der Soldat sich gähnend streckt;
Wenn Funken sprühend knackt der Brand.
Der Graf wie eine Säule stand,
Dann leise, leise fürder schreitet –
So um den Teich der Weihe gleitet,
So Wölfe um der Hürde Reif, –
Ein Dunstgebild, ein Nebelstreif!
Dort, wo nicht fern im Heidegrund
Der Linden Dunkel sich verzweigt,
Dort, meint er, gebe Lagers Rund
Die rechte Schau. Sie sind erreicht,
Und Albrecht steht, und atmet leicht.
Was war das? Räuspern, und so nah?
Husch duckt der Lauscher in das Kraut,
Wie eine Boa lag er da. –
Nun Husten – naher Stimmen Laut! –
Und – weh! vom Baum nicht Spannen lang,
Ein Posten just beginnt den Gang.
Unglaublich daß er ihn nicht sah!
Sein Tritt, so nah an Albrechts Ohr,
Lockt Schweißestropfen kalt hervor.
Geschieden durch die Stämme bloß,
Der Landsknecht schreitet über's Moos,
Nach schwerem Tage feuchte Nacht
Blutsauer ihm das Stehen macht.
Nun, tauchend aus der Zweige Schoß,
Des Hutes Feder schwankt hinauf,
Am Karabiner blitzt es auf,
Er hebt ihn auf, er legt ihn an; –
Nein, eine Lunte steckt er an.
Dann wieder wandelnd auf und ab,
Gesang versüßt den sauern Trab:
»Unser Feldherr das vernahm,
Der Grave von Mansfelde,
Sprach zu dem Kriegsvolk lobesan:
Ihr lieben Auserwählte!
Nun seid ganz frisch und wohlgemut,

Ritterlich wollen wir fechten,
Gewinnen wollen wir Ehr' und Gut,
Gott wird helfen dem Rechten.«
Ein wenig beugend um das Rund 395
Dicht der Soldat am Tilly stund,
Gleichlinig mit der Linde Stamm;
Doch schauend nach der Zelte Kamm,
Zieht Brod, ein Würstchen er hervor,
Gar streng verboten auf der Wacht, 400
Doch Niemand sieht ihn, es ist Nacht,
So kecklich speisend unter'm Tor.
Ein Bröselchen den Tilly traf:
O, wie so ruhig lag mein Graf!
Er fühlt' wie über sein Gesicht 405
Die Schnecke zog den zähen Schlamm:
Still lag er, wie ein Heidedamm,
Und fürchtete sich wahrlich nicht,
Doch war zum Äußersten gefaßt.
Da vorwärts tritt der Linde Gast, 410
Und neu erfrischt den Rain entlang
Mit hellerm Laut der Landsknecht sang:
»Die Reiter die seind lobenswert,
Ob sie die besten wären.
Der Graf von Mansfeld wird geehrt, 415
Sein Lob das tut sich mehren;
Im Felde er der Beste war,
Adelig tät sich stellen,
Die Landesknecht' auch ganz und gar
Ihre Spieß' täten fällen.« 420
Was hält ihn auf? Er hebt die Hand
An's Auge, starrend über Land,
Dann wieder längs der Blätterwand.
»Und der gesungen dieses Lied
Wohl auf der grünen Heide, 425
Dabei ist er gewesen mit;
In dem Kampf und Streite
Ward' ihm geschlagen manche Wund';

Der Püffe tät er warten,
Als er uff der Mauern stund
Hinter der Münche Garten.
Wer da!« – Und Totenstille drauf.
»Wer da!« – Am Zweige steigt der Lauf.
Noch einmal »Wer da!« und es knallt,
Tiefdröhnend Antwort gibt der Wald.
Ha, Wächterruf! Und den Soldaten
Gedehnten Halses Tilly sieht
Hinstarren in das Heideblüt;
Dann ruhig die Muskete laden,
Und langsam wieder schreiten an.
Der Rauch verfliegt, im Heidekraut
Man formlos eine Masse schaut.

Bald standen Krieger um den Wunden;
Die Fackel, tiefgesenkt zur Schau,
Sich flimmernd brach im blut'gen Tau.
Was nicht gesucht, das ward gefunden,
Denn deutlich sah man nun, es war
Ein Mann vom Regimente Spar,
Der zuckend lag im gelben Sand,
Die Lederflasche in der Hand.
»Wer kennt ihn?« Eine Stimme sprach.
Die Antwort drauf: »Ich sah ihn oft
Im Kugelregen, wenn es galt
Die Schanze nehmen mit Gewalt,
Und wie ein Sturmbock drängt' er nach.
Hm, Zufall! seltsam, unverhofft!«
Ein Dritter dann: »Bei meiner Treu!
Soldatenherz vom echten Schrot,
Das nach dem Teufel nichts gefragt,
Doch öfters trunken, wie man sagt;
Sein Name war Johannes May.«
Allein der Landsknecht war nicht tot;
Ob nahe an der Scheidewand
Des Jenseits, furchtbar, ungekannt.

Den Arm beginnt er matt zu regen,
Das stiere Auge zu bewegen,
Ein Atemzug, gehemmt im Lauf,
»Wo ist der Herzog?« röchelt's auf.
»Hier Kamerad!« Und tief geneigt
Sich Reiherbusch und Handschuh zeigt.
Ein Wort heißt die Begleiter geh'n,
Und wie der Mond das klare Rad
Läßt steigen über'm Liesner grad',
Den tollen Herzog kann man seh'n
Im Moose knieen, – wahrlich nie
Tat er so fromm, als nur vielleicht
Den Sporn zu schnallen Morgens früh; –
Um seinen Arm der Mantel bauscht.
So ruhig wie ein Felsenriff,
An dem sich ächzend reibt das Schiff,
Dem Wort des Sterbenden er lauscht.
Matt war der Hauch, die Stimme wund,
Verschwiegen blieb der Lüfte Mund,
Was er vernahm, es ward nicht kund.
Nur einmal als die kalte Hand
Der Wunde hob, des Mondes Schein
Drang durch die blassen Finger ein,
Es heller ächzt: »An Grabes Rand
Ich warne dich, o Halberstadt!
Laß ab, laß ab; auch Petrus hat
Dreimal verleugnet seinen Herrn
Bevor der Hahn gekräht.« Und fern
So lang und klagend durch die Nacht
Hebt just den hellen Schrei der Hahn;
Der Wunde zuckt dann: »Christian
Von Halberstadt! gedenk der Stunde,
Wenn so du liegen wirst am Grunde,
Dann denken nicht an Sieg und Feind,
Ein Fetzen dir die Fahne scheint,
Doch deine Eltern aus der Gruft,
Zerhau'ne Rümpfe ohne Haupt,

Und hier und dort« – Er schnappt nach Luft,
Dann still – »Wer hätte das geglaubt!«
Die Worte sprach der Herzog bloß,
Als er sich langsam hob vom Moos.

   Nicht mehr am Baume Tilly lag;
Bevor der Pulverdampf verflog,
Feldein er wie ein Reiher zog,
Geborgen von des Qualmes Hag.
Doch öfters noch mußt' er sich stellen,
Wenn grad' der Mond die klaren Wellen
Zog über eine Fläche nah;
Und dicht am Herzog stand er da,
Auf dreißig Schritte sah er ihn
So schußgerecht und ruhig knien,
Sah ganz genau die Liebeslocke[11]
Sich streichen an der Binsenflocke.
Brav war der Albrecht, aber wild,
Schier Blut ihm aus den Augen quillt;
Und war ihm ein Pistol zur Hand,
Ich fürcht', er hätt' es abgebrannt,
Obwohl es ewig ihn gereut.
Doch nun die Strecke war zu weit,
Das Schwert zu kurz; er duckt am Strauch:
Und wenn ein wandernd Wölkchen leicht
Sich über Himmelsauge streicht,
Er fürder gleitet wie ein Hauch.
Und war der Herzog in Gefahr,
Weit mehr noch Tilly, offenbar;
Daß keiner ihn der Späher sah,
Fast wie ein Wunder steht es da.
Doch in den Liesner glitt er schon
So leicht und freudig, als sein Roß
Ihn wiehernd grüßt vom Fichtenschoß,
Als sei er dem Schafott entflohn.
Das Dunkel wich, des Mondes Schein
Drang flimmernd durch die Zweige ein,

Und, eine weiße Schlange, sich
Im Walde zog des Weges Strich.
»Frisch auf, Alerte, tummle dich!« 540
Und durch den Liesner flog der Graf,
Die Vögel zirpten auf im Schlaf;
So reiten drei und zwanzig Jahr.
Um seine Finger strich der Wind,
Er meint es sei des Rosses Haar, 545
Nie flog ein Reuter so geschwind,
Als der sich selber Urlaub nahm.
Und als er an die Feste kam,
Ein wenig schwül ward ihm zu Mut,
Doch Alles still in rechter Hut; 550
Nur leise knisternd im Kamin
Die Scheite noch zerfallend glühn.
Glück auf, mein ritterliches Blut!
Dem Kühnen ist Fortuna gut.

   Und Braunschweigs Herzog? Christian? 555
Ei nun, der schlief in seinem Zelt.
O hege nicht den frommen Wahn,
Daß ihm Minuten nur vergällt,
Der drüben starr im Moose lag!
Nicht einen Deut gab er darum 560
Was irgend eine Lippe sprach.
Und sahst du ihn, gespannt und stumm,
Sein Ohr dem trüben Warner leih'n,
So sog es andre Kunde ein,
Als die des Herzens Rinde bricht; 565
Ihm ward ein ungenügend Licht.
»Armsel'ger Narr! verrückter Wicht!«
Das war die ganze Litanei,
Das Requiem für Johannes May.
Und auf sein Feldbett streckte sich 570
Der Braunschweig so gelassen schier
Als ging es morgen zum Turnier;
Nur einmal seine Rechte strich

Die Locken aufwärts, dies allein
Mocht' Zeichen tiefrer Regung sein,
Und dann – die Wimpern schlossen sich.
So groß war seine Willenskraft,
Daß sie dem Schlummer selbst gebot,
Die Sinne hielt in steter Haft;
Er konnte, wie es eben Not,
Die Ruhe scheuchen Wochen lang,
Und schlafen unter Schwertes Hang.
Jetzt, wo Geschick die Würfel hält
Zum letzten Satz um Land und Ehr',
Sähst du ihn schlummern unter'm Zelt:
Du dächtest, nur von Sehnen schwer
Verträum' ein achtzehnjährig Kind
In süßem Wahn die Nächte lind.
Wie edel seine Formen sind!
Die Stirne, hochgewölbt und rein,
Die Farbe klar, die Lippe fein;
Ja, ja! so war er, eh der Wurm
Am Marke nagte, eh der Sturm
Die Blätter schüttelte vom Ast,
Ein zärtlich stolzer Page fast:
So hätt' er seiner Königin
Gedient, schien Anmut ihr Gewinn,
Und drum nicht minder ruhmeswert
Gezückt sein tadelfreies Schwert.
Ich sag' es noch: ein edler Stamm
Versiechte in des Hofes Schlamm;
An eine Zeder Frauenhand
Zerstörend hat gelegt den Brand,
Die, wehe! jetzt in Traumes Hag
Nur Sodomsäpfel treiben mag!
Um sein Gesicht ein Lächeln flog,
So sonnig als am Tage nie,
Und nach ihm glühe Röte zog;
Vielleicht im Traume sah er sie
Die Laute rühren, und vielleicht

Ein Wort ihr von den Lippen fleugt,
Wie arglos schwimmend in den Tönen,
Dem jeder Herzschlag mußte frönen.
So ward es ihm zum letzten Mal,
Es war ein Maientag in Prag, 615
Als flimmernd stieg der Wasserstrahl,
Die Nachtigall den süßen Schlag
Ertönen ließ aus Busch und Hag,
Und achtlos hingesummte Weise,
Oft unterbrochen, klagend, leise, 620
Wie Echo von den Lippen flog,
Indes der Schwan die Kreise zog,
Und mancher Silbertropfen traf
Der Herrin Blütenstirn und Schlaf.
Träumt ihm so Süßes? Nun, es mag! 625
Nur Herbes bietet ihm der Tag.
Und in demselben Zelte lag
Der junge Schlick, und Styrum auch,
So war des Herzogs steter Brauch:
Bei Tag und Nacht der Adjutant 630
Sei immer fertig und zur Hand.
Drum nahe an der Leinenwand
Das brüderliche Feldbett stand.
Und Styrum mochte fester schlafen,
Als alle deutsche Herr'n und Grafen; 635
Doch also nicht der finstre Schlick,
Den seltsam paarte das Geschick
Mit Jenem der so leicht und klar,
Als schwer und trübe Otto war.
Graf Otto Schlick – horch, wie er stöhnt! 640
Schau, wie er ruhelos sich dehnt!
Nicht Luft und Lampe sollen wissen,
Was heut er hat erleben müssen;
Drum hält er seine Hand so fest
An die geschwollne Stirn gepreßt, 645
Und weiß nicht, daß an Fingerspitzen
Verräterische Tropfen blitzen.

In dieser Nacht, vor Einem Jahr –
Es war ein ehrenwertes Haupt,
Ein teures Haupt mit grauem Haar –
Und jetzt – wer hätte das geglaubt!
Es ist ein Sohn, dem grimmig wacht
Der Wunde Qual in dieser Nacht;
Es ist ein Sohn, des Phantasieen
Um augenlose Schädel ziehen,
Um tapfre Rechten, fleischesbar.[12]
Und wahrlich, wer in diesem Jahr
Die Moldaubrücke ging entlang,
Wenn einsam nur die Welle klang,
Der Mond durch Regenwolken drang,
Der sagte: schaurig sei zu sehen
Im feuchten Wind der Bärte Wehen.
An Otto's Brust wie ein Vampir
Die Rache lag so grimm und gier,
Und keinem Andern war so lieb
In Feindes Leib der blanke Hieb.
O, könnt' er deine Türme, Prag,
Zerschmettern nur mit Einem Schlag:
Gleich wär' es, ob der Hammer brach! –
Vom Lager sprang der junge Schlick,
Trat vor das Zelt und sah hinauf,
Wo in das Dämmergrau zurück
Verrauchend wich des Mondes Lauf.
Nur einsam ließ die Schimmer fallen
Der Morgenstern aus Domes Hallen.
»O Sonnenbote, Hesperus!
Führ' ihn herauf den heißen Tag,
Der manche Scharte zahlen mag!«
Die Lüfte kalt wie Sterbekuß
Erseufzten, als er dieses sprach.
Es war am siebenten August,
Als so die Sonne ward ersehnt;
's war eine kühne treue Brust,
Um die der Morgenwind gestöhnt.

Hell schmetterte Trompetenton; 685
Frisch auf zu Roß, der Feind ist wach!
Entlang den Liesner hörten schon
Die Posten dumpfen Trommelschlag.
Und wimmelnd über'm Heidegrunde
Das Heer sich ordnete zur Stunde; 690
Die Ordonnanzen flogen, laut
Signale dröhnten über's Kraut,
Ein langer Skolopender zog
Des Fußvolks Linie, Speere hoch;
Und klare Schlangenblitze floh'n, 695
Wenn stäubend schwenkte die Schwadron.
Es war ein heiß und klarer Tag,
Wie der August ihn bringen mag;
Vom Himmelsbogen glüh und steil
Die Sonne schoß den goldnen Pfeil, 700
Die Lüfte kochten, Mann und Roß
Im Dampfe standen, das Geschoß
Ward heiß dem Schützen in der Hand.
Von Käfern wimmelte der Sand,
Wenn langsam knarrend über'm Pfad 705
Sich wälzte der Kanone Rad.
Trompeten schweigen, Schar an Schar,
Ein Säulenwall die Linie steht.
Vor seinem Regimente Spar
Mit langen Schritten musternd geht. 710
Geprüfte Krieger, Feder weht
Vom Eisenhute, Gürtel blitzt,
Der Lederkoller aufgeschlitzt,
Und Lederstrümpfe, derbe Schuh,
Pumphosen, Taschen noch dazu, 715
Ein Troß vor Allen kühn und schlecht;
Die Partisane und das Schwert
Sind seine Waffen, oft bewährt
Beim Marodieren und Gefecht.
Dicht hinter ihm der Obrist Schricken 720
Ließ seine Karabiner rücken,

Daß kräuselnd schwacher Windeshauch
Trieb durch die Bärte blauen Rauch.
Zur Linken Herzog Friederich
Von Altenburg, dünn wie ein Strich,
Mit rotem Haare, scharfen Zügen,
Gewandt in Schwert- und Federkriegen,
Hat seine Reiter aufgestellt.
Ihm Thurn und Tolle sind gesellt;
Graf Bernhard Thurn, ein schmucker Held,
Ein Sprosse jenes dessen Witz
So schlecht behagt dem Martinitz.
Und diese Truppen allzumal
Geworben sind mit größrer Wahl;
Die Sitte nahm man nicht genau,
War nur der Bursche keck und schlau.
Filzhüte, Mäntel trugen sie,
Stulpstiefel, steigend über's Knie;
Der Mantel war ein seltsam Ding,
Dem flügelgleich der Ärmel hing,
Und dieses Eine mocht' allein
Die Engelspur am Träger sein.
Beim Schwerte sie Pistolen führten,
Und trafen wenn sie galoppierten.
Sie plünderten mit Höflichkeit
Und kamen drum nicht minder weit.
Wilhelm von Weimar hatte sich
Gepflanzt zur Rechten ritterlich,
Kraushaarig, stark, ein zorn'ger Mann;
Die Eisenmänner führt' er an,
Und seine Reiter schmolzen fast
In ihrer heißen Kerkerlast.
Der tolle Herzog nannte nie
Sie anders als den »Turm im Schach«.
Wie Felsenblöcke saßen sie
Und gaben grad' so wenig nach,
Wenn, ungelenk wie Elefanten,
Sie über Stock und Steine rannten,

Auf Rossen von der schwersten Art;
Brabants Gestüte gab die Zucht,
Hochbeinig, knochig, lang behaart,
Und selber eine wüste Wucht.
Dennoch die Disziplin traf man
Allein bei diesem Haufen an,
Das heißt, was damals so genannt,
Doch nicht verwehrte Raub und Brand;
Und ganz allein auch diese Schar
Vollzählig noch seit gestern war.
Auch Hakenschützen sah man stehn
An ihren Gabeln, grad' wie Rohr;
Aus Linienlücken grollend sehn
Kartaunenschlünde schwarz hervor.
Und Grenadiere, starke Leute,
Die schweren Beutel an der Seite,
– Der starke Arm, der feste Fuß
Den Grenadier bezeichnen muß, –
Sah man mit Zündstrick und mit Beilen
Längs den Plotonen sich verteilen.
Dann Alles still, es stand das Heer
So ruhig wie ein schlafend Meer,
Die Blicke nach dem Forst gewandt,
Man sah auch rucken keine Hand.
Nur sacht der Fahne Welle rauscht,
Ein Jeder horcht, ein Jeder lauscht.
Und leiser als des Odems Fall,
Viel leiser als der Fahne Wallen,
Zog von des Feindes Feldmusik
Heran ein ungewisser Hall;
War's Windeszug? War es ein Schall?
Und in demselben Augenblick
Ein Rabenschwarm, so schwarz und dicht,
Daß er gehemmt der Sonne Licht,
Stieg krächzend aus dem Liesner auf,
Dann langsam streichend über's Heer;
Die Flügelschläge klatschten schwer,

Und tausend Augen hoben sich.
Ward Einem schauerlich zu Mut?
Ich weiß es nicht, zu jener Zeit
Viel anders fühlte man als heut,
Wo kalt der Glaube, matt das Blut.
Nun wieder mit des Windes Strich
Der Bayern Marsch – ganz deutlich schon –
Und um den Liesner, Zug auf Zug
Der Rautenschildes Fahne trug,
Sich schwenkte Fußvolk und Schwadron.
Nun sind sie da, auf Schusses Weit',
Es wimmelt, ordnet, dehnt sich breit:
Die Heere steh'n zum Schlag bereit.

Wer kann viel tausend Menschen seh'n
In ihrer Vollkraft mutig steh'n,
Und denken nun, wie Mancher fand
Den jähen Tod, eh Sonne schwand,
Daß ihn dann Schauer nicht beschlich!
So glänzend unter'm Sonnenstich
Die Waffe prahlt; der Loener Bruch,[13]
Mit Hirtenbuben nur bekannt,
Barfüßig, lagernd in dem Sand,
Noch nie so Blank- und Schönes trug.
Schau! brechend aus der Linie Zug,
Ein leichter Trupp stolzierend sprengt:
Er teilt sich, fliegt, den Zaum verhängt;
Auf steigt der Arm, es knattert frisch,
Lichtblaue Wölkchen; im Gemisch
Sieht, lustig plänkelnd über's Grün,
Man Bayer, Sachs, gewandt und kühn
Abblitzen und wie Pfeile fliehn.
Man dächt', es sei ein zierlich Spiel,
Säh' man nicht schwanken dort und hier
Den Reiter, das verletzte Tier
Im Felde schnauben herrenlos.
Kommandowort – Trompetenstoß –

Und Holsteins leichte Reiterei
Trabt wie ein Sturmgewölk herbei.
Standarte hoch: da hui! in's Knie,
Den Speer gefällt, die Infanterie 835
Lag wie ein Wall, und drüber her
Es knatterte wie Wetterschlag;
Der nahen Eiche Wipfel brach.
Dann Pulverdämpfe schwarz und schwer
Verhüllen Alles, einmal noch 840
Den Qualm durchflog ein matter Schein,
Als nun die Reiter hieben ein.

  Heiß ward gekämpft an diesem Tag;
In beiden Heeren Keiner war,
Der weichen mochte um ein Haar. 845
Und nicht am weißen Berge mag
So wilder Strauß gefochten sein,
Wo es um eine Krone galt.
Mit den Zentauren Weimar brach
Die Linie ohne Widerhalt; 850
Wohl Mancher stürzte wie ein Stein;
O schwerer Tod! zerbrochen sein,
Zerschmettert von des Panzers Last!
Was übrig blieb drang frisch voran,
Und auch vom Regimente Spar, 855
Da kein Pardon zu hoffen war,
Da Ächter jeder einzle Mann.
Die Landsknecht taten Wunder fast,
An Wittich dachten sie mit Wut;
Bei'm Himmel! sie bezahlten gut. 860
Und heut Erwitte ward gewahr,
Daß Glück und Mut nicht stets ein Paar;
Obgleich vorauf an seiner Schar
Der Obrist wie ein Fleischer hieb,
Mehr mußt' er räumen als ihm lieb. 865
Schmid und Mortaigny taten brav,
Scharf der Kroaten Klinge traf,

Des Holstein zierlich Rößchen flog
Und tanzte wie ein Elfentier,
So fest den Hahn der Reiter zog,
Gelassen, kalt wie im Revier,
Und wer ihn zielen sah vom Roß,
Denkt daß er nach der Scheibe schoß.
Kühn waren Styrum auch und Reck;
Doch Keiner wie der junge Schlick,
Im Auge Basiliskenblick,
Hieb zweimal stets auf Einen Fleck.
Doch tapfer waren All' zumal,
Nicht Einer der sich mochte schonen.
Sechs Stunden brüllten die Kanonen,
Sechs Stunden lang der helle Stahl
Auf Pickelhaub' und Harnisch klang,
Und über'n Grund sechs Stunden lang
Sah man wie Hühnerschwärm' in Haufen
Granat und Wachtel pfeifend laufen,
Daß noch die Waage um kein Haar
Zu Eines Heil gesunken war.
Bei'm Braunschweig stand die Minderzahl,
Doch Alles Männer hart wie Stahl,
Den Tod nicht scheuend im Gefecht;
Sie schlugen drein wie Henkersknecht'.
So glühend wurde ihr Geschütz,
Daß drüber fuhr der Funken Blitz
Und mancher Kanonier die Hand
An diesem Tage hat verbrannt.
Viel spricht man von der Alten Tat;
Doch kuhner nicht Leonidas
Focht zu Thermopylä am Paß,
Als heut der tolle Halberstadt.
Die Kugeln schienen ihn zu meiden,
Das Schwert zu stumpfen seine Schneiden,
Die brennende Granate lief
Um Rosses Huf und schnurrte fort.
Man sah ihn hier, man sah ihn dort:

Wo das Gewühl am meisten tief, 905
Da flog der Reiherbusch umher.
Fürwahr, den Bayern ward es schwer
Im dichten Staub und Pulverrauch,
Wo glüh und aschig jeder Hauch,
Da Windes Odem, umgestellt, 910
Zu ihren Feinden ward gesellt,
Und öfters nicht gesehn die Hand,
Bevor gefühlt der Wunde Brand.
Es fuhr der Speer wie eine Schlange,
Die Erde dröhnt' vom Trommelklange, 915
Gespenst'ge Waffen schienen sich
Zu kreuzen wild und mörderlich.
Doch ob es keinen Zollbreit wich,
Allmählich schmolz des Herzogs Heer,
Wie Schneeball unter'm Sonnenstich; 920
Viel tausend lagen kalt umher.
Und als für Augenblicke sich
Der Dampf zerteilte, sah man klar,
Wie schwer bedrängt der Haufen war.
Ein Tropfen hing an jedem Haar, 925
Aus den zerfetzten Kollern rann
Das warme Blut den Grund hinan,
Und Mancher mit der linken Hand
Hat die Muskete abgebrannt.
Noch standen sie wie eine Wand; 930
Doch bald dem Bayer es gelang,
Daß er ein wenig fürder drang;
Und langsam weichend, Schritt für Schritt,
Die matten Landsknecht' drängten mit,
Dem Moore zu, das binsenreich 935
Sich dehnte wie ein grüner Teich.

    O Christian! was frommt dein Mut,
Dein fester Arm, dein fürstlich Blut!
Als seine Krieger mußten weichen,
Ha, welch ein Wüten sonder Gleichen! 940

Hätt' er den Hut des Fortunat,
Sie sollten büßen auf der Tat!
Doch die Besinnung kehrte schnell,
Man sah ihn wenden auf der Stell',
Und durch das Heer nach allen Seiten
Mit abgezognem Hute reiten;
Man sah ihn winken mit der Hand,
Inständig flehend: »Haltet Stand!«
Nicht Einer war, der ihn verstand.
So todesmüde der Soldat,
So stumpf an Sinnen, ohne Rat,
Kaum hörte des Signales Klang;
Und schwer dem Herzog es gelang
Mit wenig Treuen für Minuten
Zu hemmen noch den letzten Schlag.
Sie taten was ein Mensch vermag,
Vom Rosse sinkend, im Verbluten,
Die Finger, steif in Todesnahn,
Noch suchten des Pistoles Hahn,
Sie stießen mit der Partisan,
Am Grund auf blut'gen Stümpfen liegend,
Und wimmernd sich im Moose schmiegend,
Des Schwertes Spitze suchten sie
Zu bohren in der Rosse Knie.
Da plötzlich wie ein Ebertroß,
Der knirschend vor dem Jäger rennt,
Heran der Spar'sche Landsknecht schoß;
Und hinterdrein auf flücht'gem Roß
Das Herberstorfsche Regiment,[14]
Die Säbel hoch im Sonnenblitze,
Den Albrecht Tilly an der Spitze.
Und ein Gemetzel nun begann,
So trieb es nie ein braver Mann
Gen Feinde unbewehrt und wund;
Man sah sie knien auf den Grund,
Die Hände faltend um Pardon:
Ein Klingenhieb, geschärft durch Hohn,

Die Antwort drauf, und Kolbenschlag
Half Partisan und Schwerte nach.
Kroatenmesser, scharf gewetzt, 980
Auch hielten ihre Ernte jetzt;
Wie Reisebündel, Kopf an Kopf
Sah schwanken man vom Sattelknopf
An Lederriemen oder Strick;
Und glücklich wen der Tod beschlich, 985
Eh' über'n Hals die Schneide strich.
Wohl Einigen die Flucht gelang;
Doch seitwärts nach dem Moore drang
Des Feindes Nah'n; und wem das Glück
Die feste Stelle gab im Moor, 990
Der kam am Ende wohl hervor,
Ein hülflos Wrack für Lebenstag,
Das betteln oder stehlen mag.
Doch Mancher an des Schlundes Rand
Noch hat zum Kampfe sich gewandt, 995
Und zog mit letzter Kraftgewalt
Den blut'gen Feind vom sichern Halt;
Dann wütig kämpfend in dem Schlamm,
Sie rangen wie zwei Wasserschlangen,
Die sich in grimmer Lieb' umfangen. 1000
Zuletzt nur noch des Helmes Kamm
Sah aus den Binsen, und der Schlund
Schloß zuckend seinen schwarzen Mund.

Nicht Albrecht Tilly ist der Mann,
Den solch' ein Schauspiel freuen kann; 1005
Ob noch so heiß sein Blut gewallt,
Als er geflucht im Hinterhalt,
Ob ihm der erste Säbelhieb,
Die erste Kugel so er schoß,
Sogar die erste Wunde lieb, 1010
Gleich fürstlichem Araberroß,
Das, wenn zu wild das Feuer kreis't,
Sich auf die heißen Adern beißt:

Doch sah man überall im Troß
Ihn steuern, wie es möglich war;
Zurück er Manchen riß am Haar;
Vor Partisan und Kolbenschlag
Er schützte Viel' an diesem Tag.
Und selbst der wilde Obrist Spar,
Dem des Kroaten blanker Schnitt
Schon prüfend um die Gurgel glitt,
Muß ihm Erhaltung danken. Doch,
Ist Leben eine Gabe noch,
Gefangen, wund, in Schmaches Joch?
Und Christian? O bittrer Hohn!
Er mußte fliehn, er ist entflohn!
Kein kluger Rückzug, wie zuvor:
Nein, scharf gehetzt durch Ruhmes Tor,
Das krachend hinter ihm sich schloß.
Als er die Sporen gab dem Roß,
Sein Antlitz war so weiß wie Schnee,
Und, schwärzlich steigend in die Höh',
Auf seiner Stirn das Runenmal
Schien wie geätzt vom Wetterstrahl.
Auch zuckt' er, und die Sage scholl,
Es traf ihn eine Kugel dort;
Doch sagt' er nichts und sprengte fort,
Vielleicht nur zuckte inn'rer Groll.
Vier Kompagnie'n, zerfetzt genug,
Das war der ganze Heereszug
Des Christian vom Loener Bruch.

Auf Wiesenfluren, nett und fein,
Zeigt sich der Flecken Ottenstein:[15]
Recht wie ein Fräulein, das sich jetzt
Zur Blumenlese hat gesetzt,
Wenn Bürger, stattlich, Mann und Frau,
Lustwandeln durch die grüne Au.
Am Schattenbaum die heitre Bank,
Manch' Wiesenquellchen, klar und schlank,

Den müden Wandrer weiß zu locken, 1050
Und gerne mag der Fuß hier stocken.
Doch damals eine Feste lag,
Wo jetzt des Gärtchens Blumenhag.
Und über'm Tore, schwarz und hoch,
Das zwitschernd Schwalbenbrut umflog, 1055
Auf hohem Stuhl der Wächter saß,
Bedächtlich in der Chronik las,
Nur wenig achtend auf das Paar,
Das in der Fensterbrüstung stand,
So leise flüsternd immerdar, 1060
Daß er die Hälfte nicht verstand.
Gertrude ist's und Eberhard,
Scheu vor des Ohmes Gegenwart,
Ein Brautpaar seit der letzten Stunde,
Mit allem Himmelsglück im Bunde. 1065
Was ward gesprochen? Allerlei,
Wie immer reden solche zwei,
Vom ersten Strahle überglänzt;
Ist Einer dem es nicht ergänzt
Nicht Gegenwart, Erinnerung: 1070
Gar arm ist er! wo nicht, gar jung!
Sie hörten des Geschützes Schall;
Doch brach es sich wie Widerhall
An ihres Glückes heil'gem Dom.
Und immer fürder las der Ohm 1075
Von Wechselbälgen, Wunderzeichen,
Von Helden, mächtig ohne Gleichen;
Es dünkt ihn seltsam, daß Ein Mann
So viele Tausend zwingen kann.
War er doch auch zu seiner Zeit 1080
Kein schlechter Kämp' im ernsten Streit,
Der manche gute Lanze brach,
Und weiß wohl was ein Mann vermag.
Ständ's nicht mit klarer Schrift gedruckt,
Er zweifelte; unwillig zuckt 1085
Die Braue, daß er, mit Verdruß,

Sich so gering erscheinen muß.
Zuweilen fährt ein halber Blick
Auf seine Rüstung, Stück vor Stück,
Wo an den Eisenpanzer just
Gertrude hat die Stirn gelegt,
Wie Balsam saugend in die Brust
Des Liebsten Worte, tiefbewegt.
Du ahnest Liebeständelei?
Ach Nichts von diesem war dabei!
Ein Gärtchen vor dem Tor hinaus,
Ein kleines wohlbestelltes Haus
Am Moore, wo man Feurung gräbt:
Aus diesem Stoff ward es gewebt;
Doch war es ihre Häuslichkeit,
Ein Paradies zukünft'ger Zeit,
Und um die Worte wiegten sich
Viel tausend Engel minniglich.
Und immer fürder las der Ohm
Vom Papste, vom Konzil zu Rom,
Von Fasten, Skapulier und Sack,
Das war nicht eben sein Geschmack.
Allmählich tiefer sinkt das Haupt,
Die Lettern tanzen, sinnberaubt,
Gleich einer Lampe im Verglimmen;
Schon fühlt er die Gedanken schwimmen.
Ein heller Ruf! Er fährt empor.
Ha! Reiterscharen dicht am Tor!
Sie fliegen, daß der Anger pfeift.
Von Mann und Tiere tröpfelnd läuft
Das klare Blut, und Flockenschaum
Fährt flatternd an Gesträuch und Baum.
Wie ward der Torwart grimm und wach!
Wie griff er nach der Partisan!
Rief laut: »Der tolle Christian!«
Und war der Herzog nicht so jach,
Er sandt' ihm seine Waffe nach.
Doch durch die Wiesen langgestreckt

Das Roß die wunden Hufe reckt.
Nun noch an Horizontes Grund – 1125
Nun sind sie fort. Des Wächters Mund
Gab ihnen manchen guten Fluch,
Daß, wen er trifft, der hat genug.
So triumphierend schaut er nach,
Wie Simson der Philister Schmach. 1130
Und wieder durch den grünen Raum
Vereinzelt trabt ein armer Troß,
Todmüde Reiter ohne Roß,
Die steife Ferse trägt sie kaum;
Wie Hirsche keuchend vor dem Hunde, 1135
Nicht achtend Blutverlust und Wunde,
Sie stolpern längs dem weichen Grunde;
Der Eine fällt und rafft sich auf,
Der Andre reckt den Arm hinauf,
Und gichtrisch Zucken deutet an, 1140
Daß nun der Todeskampf begann.
Dort hinkend ein erschöpfter Mann
Steht an der Linde Stamm gelehnt,
Man glaubt zu hören wie er stöhnt;
Das Haupt er zweimal beugt zurück, 1145
Man glaubt zu sehn den stieren Blick.
Dann stemmend an der Linde Zweigen,
Die schattig über'n Anger neigen,
Er müht sich mit der letzten Kraft
Zu klimmen an des Baumes Schaft. 1150
Dreimal fiel er zurück in's Gras,
Und schmerzbetäubt am Grunde saß,
Und wieder dreimal setzt er an,
Bis er den ersten Ast gewann.
Dann schwindend in der Blätter Dach, 1155
Wo ihn der Himmel schützen mag.
Und schon der Bayern Feldgeschrei
Wie Rabenkrächzen dringt herbei,
Schon Staubeswolken dicht und schwer
Vom Horizonte rollen her: 1160

Da durch den Anger matt heran
Trabt einzeln noch ein wunder Mann;
Die Haltung edel, ob gebeugt,
Von stolzem Blut genugsam zeugt.
Man kann nicht wissen ob er floh,
Krank war die Haltung, furchtsam nicht;
Er wandte öfters sein Gesicht,
Und eine Weile hielt er so.
Dann langsam steigend von dem Tier
Er schleppt sich mühsam für und für,
Am Erlenstamme sah man ihn
Im blutgetränkten Grase knien;
Zum Fliehen fühlt' er keine Lust,
Die Kugel lag in seiner Brust;
Doch sterben unter Feindes Spott!
Kroatenmesser! großer Gott!
Zum Himmel blickt' er fest hinauf,
Dann lös't er sacht den Koller auf,
Und lang' sich streckend über's Grün,
Noch einmal zucken sah man ihn.
Mein junger Held, mein Otto Schlick!
War dein der jammervolle Blick?
Ob ungekannt dein stilles Grab,
Das Morgens dir der Bauer gab,
Nicht Marmorträne drüber weint:
Doch ewig bleiben wird dein Recht,
Ein treuer Sohn, ein tapfrer Feind,
Und heut der Letzte im Gefecht.

Wie über'n Förster der durchwacht
Auf Frevlers Spur die Sommernacht,
Wenn halb die Wimpern sanken schwer,
In Ästen braus't das wüt'ge Heer,
Fuhr nun heran die wilde Jagd.
Sie sprengten über Tot' und Wunde,
Die hülflos wimmerten am Grunde,
Und im Vorüberfliegen bloß

Schoß einzeln wohl ein Lanzenstoß.
Als Einer längs der Linde strich,
Ein Blutestropfen fiel herab,
Da rasch im Fluge wandt' er sich, 1200
Und brannte die Muskete ab,
– Nur Blätter wirbelten herab.
Und weiter, weiter, nur voran,
Sie saus'ten durch den Wiesenplan
Dem tollen Herzog stets im Nacken, 1205
Wie Rüden nach dem Wilde packen.
Sie sah'n ihn streifen über'n Raum,
Oft nur auf Schusses Weite kaum
Und jener moosbedeckte Stein
Fürwahr, muß Holland's Grenze sein: 1210
O hurtig setzt die Sporen ein! –
Es ist umsonst, der letzte Mann
Grad' über'm Scheidestrich entrann.
Dort mag, von Schaum und Dampf umhüllt,
Verschnaufen das gehetzte Wild. 1215
Und grimmig schmetternd über'n Rasen
Zum Rückzug die Trompeten blasen.

Zweihundert Jahre sind dahin:
Und alle, die der Sang umfaßt,
Sie gingen längst zur tiefen Rast. 1220
Der Tilly schläft so fest und schwer,
Als gäb' es keinen Lorbeer mehr;
Und Christians verstörter Sinn
Ging endlich wohl in Klarheit auf.
Wie trüb die Zeit der Kunde Lauf! 1225
An seiner Krieger moos'gem Grab
Beugt weidend sich das Rind herab,
Und schreiend fliegt der Kiebitz auf.
Willst du nach diesen Hügeln fragen:
Nichts weiß der Landmann dir zu sagen; 1230
»Multhäufe« nennt er sie und meint
Stets sei Wacholderbusch ihr Freund.

Am Moore nur trifft wohl einmal
Der Gräber noch auf rost'gen Stahl,
Auf einen Schädel; und mit Graus
Ihn seitwärts rollend, ruft er aus:
»Ein Heidenknochen! Schau, hier schlug
Der Türke sich im Loener Bruch!«[16]

Anmerkungen zum ersten Gesange

1) Christian Herzog von Braunschweig, gewöhnlich der tolle Herzog, der tolle Braunschweig, auch Halberstadt genannt, als ernannter Bischof von Halberstadt, ging in den ersten Jahren des dreißigjährigen Krieges zur protestantischen Religion über und trat als General in die Dienste des Pfalzgrafen Friedrich des Fünften, den die aufrührerischen Böhmen sich aus eigner Macht zum König gesetzt hatten, auch der Winterkönig genannt, nach der kurzen Dauer seiner Herrschaft. Christian, noch sehr jung, wurde zu diesem Schritte nicht sowohl durch Überzeugung geleitet, als durch seinen glühenden Haß gegen den Stand, den man ihm so ganz gegen seine Wünsche und die natürliche Neigung seines kriegerischen Geistes gegeben hatte, zugleich durch ein tiefes leidenschaftliches Interesse für die Gemahlin des Winterkönigs, Elisabeth, Tochter Jakobs des Ersten von England, eine der schönsten und vielleicht die ehrgeizigste Frau ihrer Zeit. Nach dem Verfall ihrer kurzen Herrschermacht konnte Christian sich nicht zur Ruhe geben. Ohne eigne Mittel dennoch ein bedeutendes Heer meistens von Ratlosen und Geächteten, von denen es damals wimmelte, zusammenbringend und sich mit einem kühnen Abenteurer, dem Grafen Ernst von Mansfeld verbindend, wagte er es den Krieg auf eigne Hand fortzusetzen. Dann von der protestantischen Union in Dienste genommen, unternahm er, mit abwechselndem Glück, die kühnsten Wagstücke, jedoch an der Übermacht sich nach und nach verblutend. – Seit Monaten bereits vom Feldmarschall der katholischen Ligue, Johann Tscherklas, Grafen von Tilly, hart gedrängt, erhielt seine Macht am siebenten August 1623 bei dem Städtchen Stadtloen im Bistum Münster den letzten Schlag, von dem er sich nicht wieder erholte. Nur mit Wenigen gelang es ihm die holländische Grenze zu erreichen, und als er bald nachher sowohl vor Kummer als an den Folgen seiner Wunden starb, ward sein Tod kaum bemerkt. Er war ein gewaltiger Krieger, die Geißel der Rheinlande und Westfalens. Da im Verlauf der Erzählung selbst sowohl der Charakter als das Schicksal des Christian von Braunschweig sich genugsam und durchaus geschichtlich treu entwickelt, so mag es mit diesen Andeutungen genügen. Er starb mit 25 Jahren.

2) Graf von Anholt, General der katholischen Ligue, hat dem Braunschweig überall die meisten Niederlagen bereitet. Bei der

Schlacht im Loener Bruch (eine weite Heide unweit Stadtloen) wird der Sieg zum größten Teile ihm zugeschrieben. Die Geschichte schildert ihn als einen wahrhaft frommen und milden Mann.

3) Johann Tscherklas, Graf von Tilly, Oberbefehlshaber der katholischen Ligue, doch unter dem Kurfürsten Maximilian von Bayern, der aber in den letzten Kriegsjahren nicht mehr persönlich bei der Armee war. – Sein kühner, grausamer Charakter ist hinlänglich bekannt.

4) Ein adeliges Frauenstift auf dem Wege von Steinfurt nach Ahaus.

5) Eben jene Pfalzgräfin Elisabeth, siehe Anm. 1.

6) Als ihr Gemahl, der Pfalzgraf Friedrich, Bedenken trug, sich in eine so gefährliche Sache, als die Annahme der böhmischen Krone, einzulassen, machte sie ihm die heftigsten Vorwürfe: Wie? Ihr habt es gewagt, eine Königstochter zu ehlichen, und habt nicht den Mut, nach einer Euch dargebotenen Krone zu greifen? Lieber will ich trocknes Brod an Eurem königlichen Tische essen, als Leckerbissen am pfalzgräflichen.

7) Ernst Graf von Mansfeld, gewöhnlich »der Bastard« genannt, um ihn von seinem Vater Ernst von Mansfeld zu unterscheiden, der ihn in nicht ebenbürtiger Ehe zeugte, war einer der schlausten und zugleich kühnsten Abenteurer. Nachdem er vorher unter dem Erzherzoge Leopold gegen die Protestanten gefochten, ging er späterhin zu ihnen über, und richtete überall, bald im Dienste irgend eines protestantischen Fürsten, bald auf eigne Hand, mordend und raubend Alles zu Grunde, was ihm in den Weg kam. Sein Ende war traurig. Keinem recht treu, hatte er sich auch Niemandes Liebe und Beistand erworben. Als die allmähliche Annäherung beider Parteien zum Frieden kriegerischen Freibeutern seiner Art keinen Spielraum mehr vergönnte, verlassen von denen, die ihn früher benutzt, zwang die Not ihn, sein Heer in Böhmen zu entlassen, und nach so vielen Räubereien arm wie ein Bettler, brachte er durch den übereilten Verkauf seines Kriegsgerätes eine kleine Summe zusammen, womit er zuerst nach Venedig, und, ging es fehl, weiter zu pilgern gedachte bis er ein Unterkommen gefunden. Bei Zara übereilte ihn der Tod.

8) Wahlspruch des Christian, den er sowohl in seinen Fahnen, als auch auf den Münzen anbrachte, die sämtlich oder doch größtenteils aus geraubtem Kirchensilber geschlagen sind. Beim ersten Schlage bekam der Stempel einen Riß, den man deutlich auf den Münzen sieht. Als man den Braunschweig aufmerksam machte,

daß dieses als ein übles Omen könne gedeutet werden, ließ er einen neuen Stempel mit gleichem Spruche verfertigen. Alle Münzen von ihm sind selten, die mit dem Stempelriß vor allen andern. Er führte übrigens in den Fahnen außer dem genannten Spruche noch mancherlei Sinnbilder und Devisen, z. B. tout pour Dieu et pour elle, dann einen Löwen an einem vom Sturm bewegten Baume: Ventus Altissimi, auch zwei Löwen, die nach der kaiserlichen Krone greifen, mit: Leo septentrionalis etc.

9) Die Lieutenant Platow hieß nicht nur, sondern war wirklich bestellter Brandmeister im Heere.

10) Ahaus, eine kleine Stadt, fast am Eingange eines bedeutenden Fichtenwaldes, des *Liesner*, der sich bis an das Schlachtfeld, Loener Bruch, eine starke Stunde weit erstreckt. Sie war früher befestigt, doch zu jener Zeit waren die Werke bereits zerfallen; nur stand noch eine Feste in der Stadt, die ihrem Namen aber wenig entsprach.

11) In den letzten Tagen vor der entscheidenden Schlacht erhielt Braunschweig drei Briefe von Mansfeld; der erste: »er werde ihm unfehlbar zu Hülfe kommen«; der zweite schon in zweifelnden und ausweichenden Ausdrücken; endlich am Abend vor dem Treffen: »er möge sich durchhelfen so gut es gehe, und auf ihn nicht ferner rechnen.«

12) Spar, Obrist eines Regiments Landsknechte. Die übrigen bedeutenden Anführer in Christians Heere waren: Herzog Friedrich von Sachsen-Altenburg, Herzog Wilhelm von Sachsen-Weimar, Obrist Schniken, die Obristen Tolle, Thurn und noch einige Andere, die in der Schlacht eine weniger bedeutende Rolle spielten.

13) Johannes May, eine fingierte Person, und nicht zu verwechseln mit dem Obristen May, einem der unbedeutenderen Anführer Christians. Die Sage, daß in der letzten Zeit sich mancherlei Anschläge und Verschwörungen gegen den Braunschweig angesponnen, die aber alle, mitunter durch die seltsamsten Zufälle, gescheitert, hat mich veranlaßt diese Episode einzuschieben.

14) Groß Burloh, ein Zisterzienser Kloster, etwa eine Meile von Ahaus gelegen.

15) Ottenstein, ein hübscher damals befestigter Flecken in einer anmutigen Wiesengegend, etwa eine Meile von Stadtloen, und der holländischen Grenze nah.

16) Liesner, Name jenes Fichtenwaldes, wovon Anm. 10 Rede ist.

Anmerkungen zum zweiten Gesange

1) »Siehst drüben du den stolzen Bau?« Einer der letzten gefürsteten Bischöfe von Münster, Clemens August von Bayern, baute ein schönes und großes Lustschloß in der Stadt Ahaus, vor etwa hundert Jahren.

2) Bethlem Gabor, Fürst von Siebenbürgen, versuchte zugleich mit Friedrich von der Pfalz seinen Fürstenhut mit einer Königskrone zu vertauschen und mit Hülfe der Pforte das Zepter von Ungarn an sich zu reißen. Die Geschichte dieses Unternehmens ist lang, allgemein bekannt, und gehört nicht hieher. Jetzt war er geschlagen und hatte sich nach Prag gewendet, doch noch mit einer bedeutenden Macht und großen Hoffnungen im Vertrauen auf den Beistand der Pforte. Christians Plan war, sich wo möglich mit ihm zu vereinigen.

3) Christian ward bei Höchst von dem vereinten Heere der Ligue geschlagen, eigentlich nur durch einen Mißverstand, da er seine Position unvorteilhaft findend sich über die Rheinbrücke zurückzuziehen versuchte, was sein Heer als den Beginn der Flucht ansah. Das Gedränge auf der Brücke ward so groß, daß Viele in den Rhein stürzten und darin umkamen. Christian suchte Ordnung zu halten, so lange es möglich war; endlich daran verzweifelnd, ließ er sich im Kahne übersetzen, seinen Leuten zurufend: »Sauve qui peut!« Er hielt sich übrigens auch dieses Mal unbegreiflich lange gegen die Übermacht.

4) Erwitte hatte das Glück dem Christian beim Flecken Wittich eine kleine Schlappe anzuhängen, und erinnerte sich dessen zuweilen wohl etwas zu übermütig. Er sowohl, wie die übrigen Hauptführer im Heere des Tilly, sind im Verlaufe des Gedichts genugsam charakterisiert und es bedarf keiner weitern Erläuterungen.

5) Geschichtlich.
6) Geschichtlich.
7) Friedrich von der Pfalz.
8) Es wird dem Friedrich zur Last gelegt, daß er noch heimlich bei der Belagerung des erwähnten Platzes zugegen gewesen sei, während die Fürsten für ihn beim Kaiser unterhandelten und er selbst sich zu den demütigsten Bitten herabließ.
9) Geschichtlich.
10) Siehe Anm. 10 des ersten Gesangs.

11) Liebeslocke wurde eine lange Locke genannt, die am linken Ohre bis auf die Schulter herabhing, während das übrige Haar bedeutend kürzer gehalten wurde. Christian von Braunschweig erscheint auf allen Bildern mit dieser damals sehr beliebten Zierde.

12) Johann Andreas, Graf von Schlick, ward von den böhmischen Edlen abgesandt den Winterkönig an der Grenze zu empfangen; späterhin ward er nebst 11 andern der vornehmsten Rädelsführer enthauptet, und von jedem der Kopf und die rechte Hand an der Moldaubrücke zu Prag aufgesteckt, sechs auf jeder Seite; die gleichzeitigen Schriftsteller erwähnen mit Grausen: wie schaurig es an trüben Abenden gewesen sei, das Wehen der greisen Bärte im Winde zu sehen. Johann Andreas starb sehr gefaßt; als man ihm stark zusetzte seinen Glauben zu verlassen, antwortete er: »Laß mich zufrieden, ich gehe zum Tode.« Auf dem Schafotte zog er noch seinen Siegelring vom Finger und übergab ihn seiner Tochter, mit dem Auftrage ihn baldmöglichst seinem abwesenden Sohne zukommen zu lassen. Ob es nun gleich nicht geschichtlich fest steht, daß dieser Sohn derselbe mit dem Schlick in Christians Heere sei, der bei Stadtloen so mutig kämpfte und tödlich verwundet ward, in der Geschichte immer der *junge Schlick* genannt, so steht doch dieser Voraussetzung auch nichts entgegen.

13) Loener Bruch: Name des Schlachtfeldes, einer weiten Heide zwischen Stadtloen und Ahaus, an der Einen Seite vom Liesner begrenzt. Nicht fern, nach der Seite von Holland zu, liegt ein Moor; jetzt ist das Feld geteilt und beackert.

14) Das Herberstorfsche Kavallerie-Regiment ward an diesem Tage, in Abwesenheit seines Obristen, vom jungen Tilly kommandiert.

15) Ottenstein, siehe Anm. 15 zum ersten Gesange.

16) »Der Türke« – unter dem Landvolk finden sich nur noch schwache Spuren einer Sage vom 30jährigen Kriege, unter dem Namen des Türkenkrieges.

VERSEPEN
AUS DEM NACHLASS

WALTHER

ein Gedicht in sechs Gesängen

AN MEINE LIEBE MUTTER

Als ich des Liedes Blütenkranz geschlungen
Da wollt' ich manche schöne Blume pflücken,
Die freundlich dir, und heiter, sollte nicken,
Vom bunten Garten der Erinnerungen.

Nur einen Namen hab' ich dir gesungen
Vielleicht aus dunkler Vorzeit hell dich grüßend,
Doch in den Strom, durch ferne Reiche fließend,
Hat manche fremde Welle sich gedrungen.

Nur eine Quelle hat mich nicht betrogen,
Und ungemischt teilt sie des Liedes Wellen,
Stark, wie der Rhein des Bodensees Wogen.

Die Augen sind des Börnleins klare Quellen,
Das Börnlein Liebe heißt, ein stilles, lindes,
Und fließt im Herzen deines treuen Kindes.

ERSTER GESANG

Der Klausner

Das Mondenlicht durchwogt den Fichtenhain,
Und einer Felsengrotte kleine Zelle,
Um einen Schädel spielt der matte Schein,
Ein Kruzifix, und eine Feuerstelle,

Ein Lager, noch von Laub, auf hartem Sand,
Und eine Rüstung an bemooster Wand,
Erscheinen in der trügerischen Helle.

Wo weilt der fromme Siedler dieser Kluft?
Mißgönnt er sich des Schlummers kurze Labe?
Wenn sich das Irrlicht zündet an der Gruft,
Der Himmel alle seine goldne Habe
Entfaltet, nur die Fichten stehn um ihn,
Und aufwärts wehn sie mit den Flügeln grün,
Des kindlichen Gebetes reine Gabe.

Der Andacht Blume liebt die leise Nacht,
Und ihre Blüten öffnen sich der Stille,
Die irdsche Hoheit sucht des Tages Pracht,
Der innern Größe frommt des Dunkels Hülle,
Dann kehrt der Herr, sie liebreich zu erfreun,
Ein teurer Gast, bei seinen Treuen ein,
Und spendet seiner Tröstung Himmelsfülle.

Sieh her! da bebt's aus dunklem Hain hervor,
Blaß wie ein Traum, mit ungewissem Tritte,
Undeutlich wallt's in nächt'ger Nebel Flor,
Wie eine Duftgestalt in Wolkenmitte,
Doch nun aus weißem Meere, kalt und schwer,
Wankt ein verblichnes Jünglingsbild daher,
Und langsam naht's der Kluft mit ernstem Schritte.

Am kleinen Born der aus dem Felsen quillt,
Netzt er den Gaum im lichten Flimmerspiele,
Denn der Begeistrung Glut, die ihn erfüllt,
Vereint sich mit des Heumonds banger Schwüle,
Ein frommer Seufzer ringt sich himmelan!
Sein Auge sucht gerührt den Sternenplan,
Die Grotte nimmt ihn auf in ihre Kühle.

Ich les' die Frage im erstaunten Blick,
»Wie schon so früh entflohst du den Gefahren?
Ließ keinen Stachel dir die Welt zurück?
Kann junges Blut mit solcher Ruh sich paaren?
Und darfst du's wagen, trauend deiner Kraft,   40
In Feierstunden stiller Rechenschaft,
Dein innres Herz dir selbst zu offenbaren?«

Wohl eine trübe Wahrheit! seltner trifft
Die Mutterperle in des Meeres Gründen
Der Taucher nicht, als unbefleckt vom Gift   45
Der Welt ein jugendlich Gemüt zu finden,
Wo willig folgend der geliebten Haft,
Der ach zu teuren, süßen Leidenschaft,
Das Herz vergöttert seine schwersten Sünden.

Auch diese bleiche wankende Gestalt,   50
Dies Schattenbild vergangner Erdenschöne,
Wohl schaut der Blick zur Erde ernst und kalt,
Daß er des Herzens bange Stimme höhne,
Doch dieses matte welkende Gesicht,
Voll Zügen tiefes Schmerzens, ach! es spricht,   55
Daß es noch einem teuren Bilde fröne.

Zwar oft bestand er schon im harten Kampf,
Und seines Götzen Tempel sanken nieder,
Doch stürmisch treibt's ihn, wie ein innrer Krampf,
Und ungeweihte Opfer lodern wieder,   60
Denn in die Öde folgte ihm ein Pfand
Der seligen Erinnrung, und dies Band
Knüpft ewig neu ihn an die Erde wieder.

Und sinnend steht er wie zu langer Wahl,
Dann irrt sein Aug' als wollt es etwas meiden,   65
Da schimmert ihm der Rüstung blankes Stahl,
Und durch sein Antlitz zuckt ein Strahl von Leiden,
Ein dunkler Purpur färbt die Wange schnell,

»O!« ruft er »blinkst du noch so freudig hell?
Du stummes Denkmal abgeschiedner Freuden!«

Doch schnell gefaßt, fährt er voll Demut fort,
Und mählich zieht die Glut ihm von den Wangen,
»Jetzt ist des Ave's Gruß mein Losungswort,
Des Höchsten Preis mein Ruhm und mein Verlangen,
Es hüllt den Leib die Kutte rauh und weit,
Die Rüstung Gottes, den vor kurzer Zeit
Mit stolzem Licht der Panzer hielt umfangen.

Wer deine Lust begehrt, du Herrscher groß!
Den darf kein sinnlich Freudenbild mehr rühren,
Dem Herrn vertrau er seiner Seele Los,
Er wird ihn wohl beraten, wird ihn führen,
Sein heißes Leiden send' er himmelwärts,
Und bald, ja bald, wird sein geängstet Herz
Der heilgen Tröstung Himmelswonne spüren!«

So spricht er leise, doch im Herzen kocht
Ihm stille Glut, er möcht es gern verhehlen
Dem eignen Selbst, indes sein Busen pocht,
Auf's neu den Wangen Rosen sich vermählen,
Spricht lächelnd er, doch seine Stimme bebt,
»Laßt sehn! ob noch die Hand den Panzer hebt,
Jetzt nur gewöhnt den Rosenkranz zu zählen!«

Und schnell reißt er die Rüstung von der Wand,
Doch der entwöhnte Arm kann sie nicht tragen,
Und furchtbar klirrend stürzt sie in den Sand,
Da steht er stumm, ihn faßt ein tiefes Zagen,
Und fieberhaft durchfährt es ihn und warm,
»Gott!« ruft er schmerzlich, »Gott! ist dies der Arm
Einst so gewohnt den schweren Schild zu tragen!«

Doch kaum entfloh das Wort, als schnell gerügt
Sich seiner Augen Flammenblitze dämpfen,

Ein rascher, immer neuer, Wechsel fliegt
Durch sein Gesicht, es zuckt in leisen Krämpfen,
Die kühne Klage wird zurück gepreßt,
»Ihr alten Wurzeln, noch so tief! so fest!«
Erseufzt er, »nach so langen schweren Kämpfen!«

Bald hebt er mühsam, doch mit fester Hand,
Vom Boden die bestäubte Rüstung wieder,
Schon prangt aufs neu sie schimmernd an der Wand,
Doch sie zu meiden, schlägt den Blick er nieder,
Auf hartem Lager ruhend siehst du ihn,
Von seinen Lippen fromme Seufzer fliehn,
Es schließen betend sich die Augenlider.

Den Seinen gibts der Herr im Schlafe, spricht
Ein altes Wort, doch mögen's Wen'ge deuten,
Denn nur auf irdschen Glückes falsches Licht
Vermögen sie den tiefen Spruch zu leiten,
Sie wissen's nicht, und können's nicht verstehn,
Was er, der reiche Herr in Himmelshöhn,
Den Seinen mag im Schlafe zubereiten.

Der hehren Ahndung Wunderlicht, wenn sich
Den Sterblichen enthüllen Geistermächte,
Des Friedens heilge Lust, wenn wonniglich
Der Mensch empfindet seine Kindesrechte,
Dies sind die Güter, die die Welt nicht kennt.
Die er, der Hehre, den kein Name nennt,
Im Traume spendet seinem treuen Knechte.

Sieh da! dort regt's auf braunem Moose sich,
Von bleichen Lippen zarte Laute fließen,
Zwar unverständlich, fremd, doch schauerlich,
Wie wenn in hoher Luft sich Schwäne grüßen,
Was ist's? das schmerzlich sanft dich lächeln hieß?
Was rührt dein Herz so minniglich? so süß?
Daß all so weich die Töne sich ergießen?

Nun wieder! »weile! weile! teures« still!
Schau her! wie aus geschloßner Wimper drängen
Sich die zurückgehaltne Zähre will,
Nun spricht's aufs neu, mit ungewohnten Klängen,
»O nein! o nein! nur ewig, einzig, dich«
In schweren Zügen hebt sein Busen sich,
Den ungestüme Wallungen bedrängen.

Da schauert er empor! sein Blick durchirrt
In wilden Schweifungen die dunkle Zelle,
Wie unbekannt, voll Gluten, und verwirrt,
Doch bald erkennt er, wie es scheint, die Stelle,
»O so!« erseufzt er tief, dann schluchzt er laut,
»Getrennt auf ewig, süße, süße, Braut«
Und unaufhaltsam strömt der Zähren Helle.

Zum Busen wo die Kutt' ihn weit umwallt,
Greift rasch die Hand, und an verborgnem Bande
Schwebt aufwärts eines Bildes Huldgestalt,
Ist sie's? die Jungfrau mit dem Himmelspfande?
Maria, mit dem Jesuskindlein mild?
Ach nein, es ist wohl gar ein andres Bild,
Ein Mägdlein hold, im ländlichen Gewande,

Er preßts an seine Brust mit heißer Wut,
Es bebt die Hand, und seine Knie wanken,
Sein Auge fliegt umher, mit wildem Mut,
Als fodert er das Weltall in die Schranken,
Doch senkt er es zum Bilde niederwärts,
Löst auf sich Wut in unnennbarem Schmerz,
»Dein bis zum Tode! dein nur sonder Wanken!«

O Jüngling! einer heillos finstern Macht
Ist dein zerstörtes Leben hingegeben,
Der kleinste Augenblick, zu schlecht bewacht,
Zerstört die Frucht von jahrelangem Streben,
Ein Traum, wenn Schlummer löst den strengen Hort,

Ein flücht'ges, achtlos hingesprochnes Wort,
Vermag die alte Flamme zu beleben.

»Wer ist der Jüngling?« fragst du mich gepreßt,
Und deine Stimme deutet Leid und Grauen, 170
Willst du's erfragen, dort, auf Burnecks Vest'!
So wird es dir die Kunde wohl vertrauen,
Doch setze dich, denn mich auch sieh bereit,
Mit dir die Szenen der Vergangenheit
In ihrem schwarzen Trauerflor zu schauen. 175

ZWEITER GESANG

Theatilde

Im jungen Taue flimmt der Morgenstrahl,
Und reich in Farben prangen rings die Auen,
Ein düstrer Wald umschließt das enge Tal,
Ein seltsam dämmernd Licht erhöht sein Grauen.
Glüht Flamme dort vom Felsen? nein, es bricht 5
In glatter Scheibe sich der Sonne Licht,
Drum ist allda so heller Glanz zu schauen,

Ein freundlich Schloß sieht still ins Tal herab,
Und, Roßheim, hörst du seinen Namen schallen,
Statt Waffenklang hört lauschend oft hinab 10
Der Landmann ferne Harmonien wallen,
So, ungefürchtet, nicht vom Raube reich,
Am Felsen hängts dem Adlerhorste gleich,
Doch Tauben nur bewohnen seine Hallen.

Wohl war sonst andres Leben dort im Schloß, 15
Als Ritter Hugo noch ein Jüngling blühte,
Es rauscht' der Speer, es stampfte wild das Roß,
Und Kriegeslust im jungen Herzen glühte,
Doch seit ein liebend Weib ihm angetraut,

Ersetzte Waffenruhm und Schlachtenlaut,
Ihm seiner Sophie holde Jugendblüte.

Und als der Liebe erste süße Frucht,
Die zarte Blume brach in Todesschmerzen,
Da schwand ihm jede Lust in schneller Flucht,
Und stummer Gram entkeimte seinem Herzen,
Kein andres Labsal war ihm fürder mehr,
Als wenn am Himmel blinkt der Sterne Heer,
Hinaufzustarren zu den lichten Kerzen.

Und will er flüchten sich zur Kindeshuld,
Daß er im Liebes-Sonnenschein gesunde,
Da mahnt es ihn wie eine teure Schuld,
Zypressen keimen von des Mägdleins Munde,
Für ihn zum schauerlichen Kranz gepflückt,
Je inniger er's an die Brust gedrückt,
Je heißer quoll ihm Herzblut aus der Wunde.

Drum floh er diesen hellen Liebesschein,
Ein düster tief Gemach hielt ihn verschlossen,
Hier brütet er ob starren Träumerein,
Bis Tageslicht in Dämmerung verflossen,
Und bis die Nacht, mit ihrem Sternenzelt,
Der Phantasie zum Reich der Geisterwelt
Die duftgen Schranken magisch aufgeschlossen.

Indes in dumpfem Harm der Ritter graut,
Erblüht sein Schloß in immer süßrer Helle,
Am Felsen steht's, wie eine junge Braut,
Errötend vor der ernsten Kirchenschwelle,
So blüht das Blümchen, das Erinnrung winkt,
Am sumpfgen Moore wo dein Fuß versinkt,
Und Veilchen an geliebter Grabesstelle.

Hörst du von Harmonien erfüllt die Luft?
Mein Haupt umzieht's mit zauberischen Klängen!

Wie grüner Nixen Lied aus Meeres Kluft,
Erschallt's vom Walde her in Chorgesängen,
Obschon mein Auge nicht's erspähen kann,
Hör' immer näher zu dem grünen Plan, 55
Ich sich die süßen Harmonien drängen.

Und plötzlich hüpft aus Waldes-Nacht hervor,
Im Schneegewand, ein muntrer Mädchenreigen,
Den frischen Lippen, im beseelten Chor,
Gleich Perlenreihn die Melodien entsteigen, 60
Auf klarem Antlitz Jugendrosen stehn,
Doch wären alle dreimal noch so schön,
Vor Einer müssen doch sich alle neigen.

Wie eine Lilie, wo Maßliebchen blühn,
Hold wie ein Engel, wie ein Engel milde, 65
Ein schlankes Myrtenreis auf jungem Grün,
Hebt sich in Schöne, Fräulein Theatilde,
Dort wallet sinnend sie das Tal entlang,
Und mit ihr wogt der schwebende Gesang,
Der rosgen Mägdlein durch das Taugefilde. 70

Ein dünner Schleier deckt ihr Angesicht,
Doch wehe dem! der dem Verräter traute,
Wie leuchtender der Strahl durch Wolken bricht,
So geist'ger, zarter, durch die Hülle schaute
Die hehre Lilie, faltenreich umwand 75
Den schlanken Leib das seidene Gewand,
Und in den Armen ruht die blanke Laute.

Jetzt schweigt der Chor, die raschen Füße ruhn,
Das junge Grün empfängt die blühnden Glieder,
Auf Moos-geschwelltem Sitze läßt sich nun 80
In süßen Träumen Theatilde nieder,
Sie lächelt leise, höher pocht die Brust,
Und noch umziehn mit wundersamer Lust,
Ihr lauschend Ohr die kaum verklungnen Lieder.

85 Mit ungewissem schwachem Laute irrt
Ihr schöner Finger durch die blanken Saiten,
Wie wenn ein Bienenschwarm um Blumen schwirrt,
Wenn Kran'che sich zum fernen Land geleiten,
Doch bald in Harmonien rauscht's herab,
90 Gleich Geisterstimmen an geweihtem Grab,
Die Zaubertöne ihrem Mund entgleiten.

»In der schweren Wetternacht
Löschen sich des Himmels Kerzen,
Nur in Theudelindens Herzen
95 Ist ein klarer Stern erwacht,
Vor der Sonne Flammenpracht
Muß das Nebelkind entfliehen,
Aber wenn die Träume ziehen,
Übt es keck die alte Macht,
100 Farblos ist der Tage Blühen,
Sang sie in die schwüle Nacht

›Perlenkleinod, Blütenschnee,
Des Geschmeides bunte Funken,
Alles, alles, ist versunken,
105 In mein namenloses Weh,
Aber aus dem tiefen See,
Hob sich, gleich der Alkyone,
Eine lichte Myrtenkrone,
Doch sie schwand in blauer Höh',
110 Nahm verräterisch, zum Lohne,
Meiner Jugendfreuden Schnee.

Lebst du? Sohn der Phantasie?
Wohl dein Umriß wallt im Leben,
Einst sah die Gestalt ich schweben,
115 Herrlich, und voll Harmonie,
Deine Züge sah ich nie,
Denn du bist mir fern geblieben,
Aber sie sind eingeschrieben,

Unauslöschlich, voll Magie,
Halb der Wahrheit ist mein Lieben, 120
Halb gehört's der Phantasie.‹

Durch die Zweige rauscht ein Tritt,
Und das Haupt ihr sittig beugend,
Naht ein Ritter, den bezeugend,
Nennt des Blutes raschrer Schritt, 125
Als das Bild vorüber glitt,
An der Mauer grauen Gründen,
Mußten, ach! die Wolken schwinden,
Und die teure Täuschung mit,
Schlaffe, tücksche, Züge künden, 130
Was verbarg der stolze Tritt.

Er ist hin, sie ist allein,
Still! mein Lied, du sollst's nicht nennen!
Nicht des Lebens Jammer kennen,
Wenn erlischt der Liebe Schein, 135
Doch von Tränenperlen rein,
Magst du ihr ein Opfer geben,
Siehst du dort sich schaurig heben
Jenen kalten bleichen Stein?
Weine nicht um's junge Leben! 140
Ach sie war ja ganz allein!«

Der Laut verklingt, doch träumend vor sich hin,
Blickt Jede noch mit tiefgerührtem Mute,
Indes das Haupt der süßen Sängerin
Gestützt auf leichtumhülltem Arme ruhte, 145
Ihr feuchtes Auge strahlte minniglich,
Wie hoher Abendpurpur färbte sich
Die zarte Wange vom bewegten Blute.

Ihr dunkler Blick umzieht des Tales Rand,
»Was seh' ich dort im Morgenlichte blitzen!« 150
So ruft sie schnell, und ihre kleine Hand

Zeigt deutend nach des Waldes dunkeln Spitzen,
»Mir ist's, als ob des Sonnenstrahls Gewalt
Zurück von blanker Schildeswölbung prallt,
Vom Panzer, oder vom Gewehr des Schützen.«

Jetzt ist es fort, auf's neue scheint sie nun
In stilles Sinnen träumerisch versunken,
Doch läßt ein seltsam Regen sie nicht ruhn,
Die Stirne brennt von fremder Ahndung trunken,
Der Bilder alte Ordnung ist verrückt,
So sehr die weiße Hand die Stirne drückt,
Bis ihr des Schleiers Duftgewölk entsunken.

Der Dienerinnen Eine reicht ihn dar,
Sie läßt ihn flatternd um die Schläfe wallen,
Dann ordnet sie mit leichter Hand ihr Haar,
Und läßt es dunkel um den Busen fallen,
Nun hebt sie sich, ein stolzes Jugendlicht,
Sie lauscht empor, »Jukunde, hörst du's nicht
Vom Forste dort wie Hufschlag widerhallen?«

Und kaum gesagt da sprengt aus dunklem Wald
Ein wiehernd Roß, auf seinem starken Rücken
Trägt's eine hohe männliche Gestalt,
In blauer Rüstung herrlich anzublicken,
Vom goldnen Helme weiße Federn wehn,
Drei Löwen und ein schwarzer Drache stehn
Auf seines Schildes hochgewölbtem Rücken.

Zusammen drängt der Jungfraun furchtsam Heer,
Doch schnell von dannen flieht er, sonder Weilen,
Noch senkt mit starker Hand den mächtgen Speer
Nachlässig stolz er im Vorübereilen,
Schon nah dem heitren Schlosse siehst du ihn,
Kaum rührt sein schäumend' Roß den Boden, kühn
Wie Pfeil und Falke scheints die Luft zu teilen.

Wie eingewurzelt steht der Mägdlein Chor,
Vom fremden Anblick dieser wilden Schöne, 185
Doch bald hebt Theatilde sich empor
Daß sie mit ihrer Würde sich versöhne,
Tut nicht das Wort den hehren Fremdling kund,
Doch zittert sie, dem holdbewegten Mund
Entfliehen ungewisse weiche Töne. 190

Zum Schlosse lenkt das Fräulein jetzt den Schritt,
Nachdem sie lange sich zuvor beraten,
Bedächtlich, zögernd, durch zu raschen Tritt,
Die frohe Eil befürchtend zu verraten,
O! fruchtlos, Jungfrau stolz, ist dein Bemühn, 195
In jedem Busen gleiche Flammen glühn,
Drum kann dich Jede, ach, so leicht, erraten.

Auf weichem Polster ruhend, siehst du sie,
Und bald zerstreut die zierliche Begleitung,
Den engen Zügel löst die Phantasie, 200
Und folgt der neuen Regung sonder Leitung,
»Da heute früh ihr wandeltet in's Tal,
Umschlang mit linkem Saume euch der Schal,
Kennt, edles Fräulein, ihr die Vorbedeutung?«

Begann ein Mägdlein, ihr vor Andern lieb, 205
Und dann aus arglos freundlichem Gemüte,
»Ach! wär der fremde hohe Herzensdieb
Ein Ritter doch, vom adlichsten Geblüte,
Hochherzig, reichbegabt mit Gold und Land,
Bald sähn wir wohl geknüpft ein freudig Band 210
Denn solcher Kraft gebühret solche Blüte!«

Das Fräulein glüht, doch unmutsvoll sie rügt
Das kühne Wort »Was red'st du da? Jukunde!
Wähnst du dies stolze Herz so leicht besiegt
Von Glanz und Übermut, in keckem Bunde?« 215
So tönt die ernste Rede, Strenge spricht,

Ein seltner Anblick, ihrer Augen Licht,
Zu höhnen die geheime Herzenswunde.

Indessen färbt das schöne Antlitz sich
Mit holder Scham, denn wenig vorbereitet,
Hat ihr der Dirne Wort, so wonniglich,
Des Busens dunkle Wünsche angedeutet,
Die Mittagsglocke schlägt, ihr Klang verhallt,
Da naht ein Diener, ernst, und stumm, und alt,
Der die Verwirrte still zum Mahl geleitet.

Sich gegenüber stehn die hohen Zwei,
Wie eine Lilie, mit dem Silberschilde,
Den hehren Reiz erhöht durch sanfte Scheu,
In unnennbarer Huld glüht Theatilde,
Verwirrung hält der Stimme Laut zurück,
Am glatten Estrich klebt der feuchte Blick,
So gleicht sie einem reinen Marmorbilde.

Und wie sich furchtbar schön, aus dunklem Wald
Die schlanke Zeder hebt in jungem Grüne,
Steht Ritter Alhards herrliche Gestalt,
Ein stolzer Kämpe, zubenamt, der Kühne,
Ein ungewöhnlich sanftes Lächeln zieht
Um seinen Mund, sein dunkles Auge glüht,
Und Überraschung deutet seine Miene.

Was soll ich singen, wie die holden Zwei
Mit immer heiß'ren Blicken sich betrachten,
Und wie mit immer festrer Lieb' und Treu',
Sie reine Minne sich zum Opfer brachten,
Und willig, Liebe, folgten deiner Spur,
Das schönste Fräulein sie auf deutscher Flur,
Der kühnste Ritter er in deutschen Schlachten.

Der Gott, dem jeder Busen Opfer brennt,
Mit dem oft schmerzlich arme Herzen ringen,

Wie soll ich kund tun, was ein Jeder kennt?
»Nicht alle« sprichst du »große Geister zwingen
Gar leicht den Funken, daß er nie erglüht«
Vor solcher Größe schweigt mein armes Lied!
Was ist dem Phönix wohl der Lerche Singen!

Die Sterne fliehn, der Hochzeitmorgen graut,
Das frohe Landvolk füllt die weiten Hallen,
In stiller Kammer sitzt die süße Braut,
Und Perlen aus den dunklen Wimpern wallen,
Ist Liebe gleich so innig ihr vertraut,
Kann doch nicht sonder Trän' und Klagelaut
Die Myrtenkrone aus den Locken fallen.

Der Teure naht, zum finsteren Gemach
Des Vaters wandeln nun die trauten Beiden,
Hier saß der alte Ritter, Tag für Tag,
Der Sonne heitre Freuden zu vermeiden,
Die schlichten Wände deckte schwarzes Tuch,
Der Lichtstrahl floh, doch düstre Fackeln trug
Ein grauer Mitgefährte seiner Leiden.

Und vor dem Alten sinken sie aufs Knie,
Der seelenlos und starrend auf sie schaute,
Nun legt er seine kalte Hand auf sie,
»Gott segne dich, und deine Angetraute,
O Jungfrau zart, er segne deinen Leib,
Und dir erhalte Gott dein junges Weib,«
Fügt er hinzu, mit dumpfem Sterbelaute.

Zum alten Sitze kehrt er, wie zuvor
Scheint seelenlos die Wand er anzuschauen,
Vom Boden heben Beide sich empor,
Enteilen dem Gemach, mit stillem Grauen,
Schon harrt der Priester, ernst und feierlich,
Und in die Kirche drängt es wimmelnd sich,
Des schönsten Paares schönen Bund zu schauen.

Der Segen ist gesprochen, es erschallt
Der Mannen Jauchzen, als vom Schloß gesendet,
Sich, irren Blicks, und bebender Gestalt,
Ein Diener zu den Neuvermählten wendet,
Indes die junge Braut am Traualtar
Des neuen Lebens Lauf begonnen, war
Des Vaters jammervoller schon geendet.

Mein eilt hinzu, doch von des Lebens Qual
Ist längst der unglückselge Geist entbunden,
Man lärmt, und rennt nach Hülfe sonder Zahl,
Doch jede muß des Todes Macht bekunden,
Nur allzu leicht hat der Erschütterung,
Der Freude Last, und der Erinnerung,
Des morschen Busens letzte Kraft gefunden.

Fahr wohl, du alter frommer Rittersmann!
Der Liebe Träne fällt auf deine Leiche,
Allein du schweigst, und siehst dein Kind nicht an,
Gebrochen ist dein Herz, das starke, reiche,
In Liebe war dein Leben aufgeblüht,
In Liebe ist es still und fest verglüht,
Fahr wohl, du alte treue Helden-Eiche!

Um Mitternacht schwebt Grabgesang empor,
Und falb erglühn der Fackeln düstre Brände,
Der Priester murmelt dumpfe Sprüch' hervor,
Daß Gott sein Heil der armen Seele spende,
Und als aufs neu der junge Morgen graut,
Zieht Alhard heim mit der entsetzten Braut,
Erschüttert ob des Alten schnellem Ende.

Im Trommelschlag dröhnt der Trompete Schall,
Ein Zwillingsstern auf Burnecks grauer Veste
Blinkt Alhard mit der süßen Nachtigall,
Der Mannen Jubel hallt dem frohen Feste,
Mit blödem Neigen dankt die junge Frau,

Die Ritter ziehn herbei aus fernem Gau, 315
Die hohen Säle füllen blanke Gäste.

Noch schwand kein Jahr, als ihr am Busen warm
Zwei blaue fromme Kinderaugen lachten,
Durch's Land indes zog Alhards starker Arm,
Und reiche Beute heim die Mannen brachten, 320
In Städten scholl ihr Ruhm, und auf der Au,
Auf deutscher Flur hieß sie die schönste Frau,
Der kühnste Ritter er in deutschen Schlachten.

Indes glückselig das Gerücht sie nennt,
Verzehrt in Kummer sich die stille Seele, 325
Ein heimlich Leid ihr tief im Herzen brennt,
Ihr Anblick klagt's ob's auch der Mund verhehle,
Du fragst noch lange, wem sie Tränen zollt?
Hat je dem Weih' die Taube wohl gewollt?
Ist wohl der Hinde in des Löwen Höhle? 330

Vom hellen Blute rot den blanken Spieß,
Kehrt Alhard heim auf dem beschäumten Tiere,
Die Unschuld ächzt aus dumpfem Burgverlies,
Sie jammert im zerstampften Jagdreviere,
Von Hunger und Verzweiflung ausgedorrt, 335
Sucht des verarmten Krämers zitternd Wort
Das Bettelbrod vor seines Räubers Türe.

»Da nehmet hin, o, seid barmherzig! fleht
Zum Rächer nicht, daß er die Untat rüge!«
Und vor den Gatten sinkt sie, doch er steht 340
Ein harter Fels, »was kümmern dich die Siege?
Die lustgen? schmücke deine Huldgestalt!«
Sie schleicht hinweg, und ihre Klage hallt,
Ein heißes Schmerzenslied, an Walthers Wiege.

»Schlaf, Knäblein süß, und schließ die Äuglein hehr, 345
Daß sie nicht schaun den Schwerterglanz, den roten,

Um deinen Vater schwebt kein Engel mehr,
Nur, Rachegeister, um ihn stehn die Toten,
Es werde Gnade ihm, statt Recht, zu Teil,
Dich segne Gott, dir sende er sein Heil,
Und mir, mir send' er seinen Todesboten.«

Bald weht ein schwarzes Banner hoch vom Tor,
Und aus den Hallen schleichen schmerzensbleiche
Beträndte Dirnen trüben Blicks hervor,
Denn still im Sarge ruht die engelgleiche
Geliebte Herrin, grauer Mönche Chor
Kniet betend, Kerzen flammen hoch empor
Um Theatildens schöngeschmückte Leiche.

Der Ritter trauert, bald muß neue Lust
Ihm Schwerterklang und Schlachtgeschrei erbeuten,
Indes die Frommen, in gerührter Brust,
Verborgen einen Tempel ihr bereiten,
Und wie das Abendrot am Himmel fleußt,
Wallt, segenbringend, Theatildens Geist
In frommen Sprüchen durch entfernte Zeiten.

DRITTER GESANG

Walther

In leuchtend Gold zerfließt das Morgenrot,
Der Estrich bebt vom Hufschlag mut'ger Rosse,
Versammelt hält das fröhliche Gebot
Die rüstgen Schützen, vor dem düstren Schlosse,
Vom kargen Dämmerlichte matt erhellt,
Und von der Rüden Lustgeheul umbellt,
Herrscht lauter Jubel in dem wilden Trosse.

Ein mutig Knappenpaar hält mühsam nur
Das dunkle Roß, es knirscht im weißen Schaume,

Ein Andres leitet auf dem glatten Flur
Den edlen Schimmel, an geschmücktem Zaume,
Die Sonne steigt, von Morgenduft umwebt,
Ein dumpfes ungeduldges Murmeln hebt
Sich mählich, in des Hofes weitem Raume.

Doch schnell verstummt's, von breiter Stufe nahn
Zwei Heldgestalten, hell im Jagdgeschmeide,
Die flinken Knappen ziehn behend heran,
Und hoch zu Rosse prangen siehst du Beide,
Jetzt wallt der Zug, die Hörner klingen hell,
Und in der Rüden heulendem Gebell
Schallt lauter Hufschlag durch die braune Heide.

Voran dem Zug sprengt Alhard's stolzer Mut,
Auf glänzend schwarzem Tiere hoch zu schauen,
Sein Auge sendet Blitze, in der Glut
Des Aufgangs rötlich glänzt der Locken Grauen,
Um's braune Antlitz wehn im Morgenwind
Ihm weiße Federn, in den Zügen sind
Die Spuren vorger Schönheit noch zu schauen.

Und nach ihm zeigt auf leichtem Schimmel sich
Ein schlanker Jüngling, hold im Jugendprangen,
Noch ungebräunt die Stirn vom Sonnenstich,
Durch weißen Flaum erglühn die zarten Wangen,
Des Falken Kühnheit tut das Auge kund,
Doch um den süßen, sanftgeschwellten Mund
Zieht sich ein weiches dämmerndes Verlangen.

Ihm nach im Troß der kühne Haufen saust,
Es pfeift das Haar, die scharfen Speere blitzen,
Ein Jägerlied aus rauhen Kehlen braust,
Mit roher Lust die Herzen zu erhitzen,
Bei jeder Zeile hallt, wie Donnerklang,
Ein hohl, »Hallo!« die ganze Heid' entlang,
So durch die Forsten ziehn die wilden Schützen!

In seine Dunkel faßt sie nun der Wald,
Der laute Lärm verhallt in Todesschweigen,
Sie stehn zerstreut, doch sieht man hier sie bald,
Bald dort, in Eil vom matten Tiere steigen,
In's Dickicht ziehn das dampfumhüllte Roß,
Den hellen Speer, das blinkende Geschoß,
Verbergen, in den dichten Buchenzweigen.

Gelöst sind jetzt die Rüden, es erdröhnt
Der ganze Forst vom schrecklichen Geheule,
Am grauen Eichenstamme, stumm gelehnt,
Steht Ritter Alhard, eine starre Säule,
Im lauten Kliff klaff tönt der Docken Mund,
Ihr nahes Bellen tut dem Weidmann kund,
Daß dicht die Jagd an ihm vorüber eile.

Zum engen Paß, wo lauschend Walther lehnt,
Zieht sich die Jagd mit tobendem Gebrause,
In stiller Freude sich sein Busen dehnt,
Da immer näher wälzt sich das Gesause,
In's Lustgeheul der wilden Docken rauscht
Ein greulich Schnauben, wer es nie belauscht
Würd' leicht betört, daß hier der Böse hause.

Erwartungsvoll steht Walther, sieh! da bricht
Aus schwarzem Dickicht, dicht an seiner Seite,
Ein grimmer Eber wuterfüllt ans Licht,
Gleich roten Fackeln glüht der Augen Weite,
Wie Stacheln stehn die Borsten rings empor,
Aus grausem Rachen dringt der Schaum hervor,
Und nach ihm stürzt das wütende Geleite.

Behend ergreift des Jünglings Hand den Speer,
Erstaunt doch furchtlos ob der Grausgebärde
Des Ungetümes beugt er lauschend her,
Ob ein gelegner Zielpunkt bald ihm werde,
Der Eber rauscht vorbei, das Eisen hallt,

Zusammen bricht das Untier mit Gewalt,
Und wälzt sich schäumend auf der blutgen Erde.

Er fliegt hinzu, sein froh, »Hallo!« erschallt,
In seinem Blute, gräßlich anzuschauen
Zuckt matt des Tieres greuliche Gestalt, 80
Die heisre Stimme bricht in Todesgrauen,
Ob tötend auch durch's Herz der Speer ihm fuhr,
Doch kämpft noch furchtbar kräftig die Natur,
Mit krummen Zähnen sucht's den Grund zu hauen.

Doch wie der Tauben Volk, im Korngefild, 85
Wie dunkler Raben Schar, an Hochgerichten,
Stürmt her der Rüden Menge, wütig, wild,
Des Lebens schwachen Funken zu zernichten,
Der faßt die Kehle, jener zerrt empor
Das ungeheure Haupt am schlaffen Ohr, 90
So nachzuholen die versäumten Pflichten.

Der Eber schreit vor Schmerz, das grause Spiel
Kann Walthers sanfter Sinn nicht länger tragen,
Er lockt der Hunde Schwarm, und ihr Gewühl
Läßt ab das heißgequälte Tier zu plagen, 95
Nun tritt er hin, sich seiner Kraft bewußt,
Und stößt ihm krachend in die breite Brust
Das scharfgeschliffne Messer, sonder Zagen.

Das glühn'de Auge bricht, der Atem stockt,
Da naht's von allen Seiten, im Gedränge, 100
Durch Walthers hellen Ruf herbeigelockt
Versammelt sich die rings zerstreute Menge,
Und jeder staunet ob der grimmen Pracht,
Das Haupt rühmt dieser, der der Hauer Macht,
Und der des Leibes ungeheure Länge. 105

Doch Jeder preist des Jünglings Heldenmut
Mit grassen Flüchen, und die Erstlingsprobe,

In Walthers Wangen steigt das helle Blut
Jungfräulich schamhaft bei dem rohen Lobe,
Da aus der Eichen Dämmrung tritt hervor
Der strenge Vater, zum erstaunten Chor,
Und schnell verstummt das lärmende Getobe.

Sein Auge glänzt voll Huld, doch feierlich,
Und mit gerührtem Laut spricht er zum Sohne,
»Von Zweigen rings umhüllt belauscht ich dich,
Und dir gebührt, ich zeug' es laut, die Krone,
Dein Mut war männlich, und des Ritters wert,
Drum sei dir das ersehnte Ritterschwert,
Sobald auf's neu der Mond sich füllt, zum Lohne.«

Jetzt bricht der Mannen Jubel laut hervor,
Ihr heisres Jauchzen füllt die dunkle Heide,
In finstrer Nacht ein glänzend Meteor
Steht Walther, hochverklärt vom Strahl der Freude,
Der tränenschwere Blick schaut niederwärts,
Dem zarten Sinne ward noch Lust zu Schmerz,
Und Tränen zollt der Lust er, wie dem Leide.

Die Hörner klingen, Jagdgeschrei erschallt,
Auf's neu durchzieht den Forst die rüst'ge Horde,
Das hohle Hussa tönt, die Lanze hallt,
Und trifft das ferne Wild mit sicherm Morde,
Von braunen Angesichtern rinnt der Schweiß,
Die Rosse schnauben, schaumbedeckt und heiß,
So fliehn hervor sie an des Waldes Borde.

Da schnell zurück reißt im gestreckten Lauf
Den Schimmel Walther, mit entsetzter Miene,
Gewaltsam rückwärts prallt der Mannen Hauf,
Vom harten Stoße pocht die Brust, die kühne,
Und niederwärts gebeugt schaut Walthers Mut,
Denn, dicht vor seines Rosses Hufen, ruht
Ein zartes Mägdlein, schlummernd in der Grüne.

Wie wenn die Knosp' ihr enges Haus durchbricht,
Halb Kindes-Unschuld, halb der Jungfrau Blüte,
In jungen Reizen glänzt ihr Angesicht,
Das freundlich in des Schlafes Armen glühte,
Indes der Jüngling sorgsam ob sie neigt, 145
Still hinter ihm ein Schütz vom Rosse steigt,
Des Auge ungeduldge Flammen sprühte.

Und mit der rauhen Hand ergreift er hart
Den kleinen Arm »Was machst du hier am Wege?«
Mit klarem Schrei erwacht sie, wie erstarrt 150
Schaut an ihr Blick der Züge Mordgepräge,
»Hinweg«, ertönt die Stimme fürchterlich,
»Sonst stampfen unsre Rosse über dich,
Was willst du, lockres Wild, hier im Gehege?«

Ein brüllendes Gelächter bricht hervor 155
Im wilden Zug, das derbe Wort zu krönen,
Da rafft das bleiche Mägdlein sich empor,
Und zitternd flieht sie, mit des Schluchzens Tönen,
Doch kaum sieht Walther mit bewegtem Geist,
Wie vom verletzten Arm das Blut ihr fleußt, 160
So folgt er spornstreichs der entsetzten Schönen.

Und jenseits sieht er sie, am Quellenrand,
Aus blauen Augen blanke Tropfen dringen,
Und um die Wunde sucht ein seidnes Band
Mühselig ihre linke Hand zu schlingen, 165
Doch kaum erhorcht sie seines Hufes Klang,
So flieht sie aufgeschreckt das Tal entlang,
Dann sieht er sie durch Blütenhecken dringen.

In Zweifeln hebt sein Busen sich empor,
Ob er ihr folge durch die klaren Wellen? 170
Da dringt des Vaters Stimme an sein Ohr,
Sein laut, «Hallo!« schallt in der Rüden Bellen,
Er lenkt den Zügel, mit behendem Tritt

     Trägt ihn des leichten Schimmels rascher Schritt,
175 Zum Forste und den harrenden Gesellen.

     Die Hörner klingen, Jagdgeschrei erschallt,
     Nicht kann die schnelle Flucht dem Wilde nützen,
     Das Dickicht birgt's umsonst, der Felsenspalt,
     Vergebens sucht es des Gesteines Spitzen,
180 Der Docken kliff klaff tönt mit grausem Klang
     In seines Sterberöchelns Klaggesang,
     So durch die Wälder ziehn die wilden Schützen.

     Da steigt ein hocherglühend Feuermeer
     Das Abendrot empor am blauen Himmel,
185 Ein heller Ruf vereint der Rüden Heer,
     Es stäubt herbei im freundlichen Gewimmel,
     Nur mühsam trägt den unwillkommnen Gast
     Das müde Roß, der reichen Beute Last,
     So ziehn sie heim im lärmenden Getümmel.

190 Es schweigt die Burg, im finstern Schlafgemach
     Wacht Walther nur, im bunten Zauberkleide
     Der Phantasie strahlt der vergangne Tag,
     Des Ebers Tod, des ernsten Vaters Freude,
     Wohl schimmert das ersehnte Ritterschwert,
195 Doch glänzt vor allem andern lieb und wert,
     Das holde Mägdlein auf der Blumenweide.

     Er ist entschlummert, doch ein süßer Traum
     Umzieht sein Haupt mit lieblichen Gesichten,
     Mit goldnen Blumen prangt des Tales Raum,
200 Und fern hin sieht er weiße Hinden flüchten,
     Schon eilt er nach, mit pfeilgeschwindem Lauf,
     Da baut vor ihm ein Blütenwald sich auf,
     Von dessen Glanz er muß die Augen richten.

     Und aus dem lichten Farbenwechsel schwebt
205 Ein Engelchor auf leuchtendem Gefieder,

Wenn es den diamantnen Fittich hebt,
Dann träufeln funkelnd helle Tropfen nieder,
Mit immer höherm Glanze flimmt die Luft,
Und bald verschwimmt's in reinen Strahlenduft,
Bald flirrt's in buntem Farbenspiele wieder. 210

Und es umschlingt ein Engel glänzend mild
Den Freudestummen mit den Strahlenarmen,
Er schaut ihn an, ein wohlbekanntes Bild
Fühlt er an der beklemmten Brust erwarmen,
Doch da aufs neu ins Strahlenaug' er blickt, 215
Da sind die süßen Züge all verrückt,
Ein fremdes Antlitz lächelt auf den Armen.

Doch plötzlich scheint das ganze Engelchor
Mit den geliebten Zügen sich zu schmücken,
Hier bebt's aus seinen Armen licht empor, 220
Dort scheints ihn freundlich an die Brust zu drücken,
So spielt die Phantasie ihr launicht Spiel
Mit seines Herzens innerstem Gefühl
Und spendet Trauer bald und bald Entzücken.

Schon graut der Tag am fernen Himmelsrand, 225
Und weckt den Jüngling aus den Zauberträumen,
Er fährt empor, schon deckt ihn das Gewand
Und durch das Burgtor eilt er sonder Säumen,
Denn wem gelacht solch' süßer Liebestraum,
Dem scheint ein Grab der Mauern öder Raum, 230
Ihm ist nur wohl in freien Himmelsräumen.

Sein Auge sinnt, durch stille Schwärmerei
Nährt arglos er die unbekannten Wunden,
Wie ist es ihm so selig und so frei,
Als hätt' er ein unendlich Glück gefunden, 235
Und als er heimkehrt aus der Träume Land,
Da steht er an der Blumenwiese Rand,
Wo ihm die liebliche Gestalt verschwunden.

Er schauert freudig auf, doch schnell gefaßt
240 Zerteilt sein rüstger Arm die Blütenhecken,
Da sieht er, daß mit ihrer hellen Last,
Sie einen wohlverborgnen Pfad verstecken,
Er folgt ihm nach, durch dunkler Buchen Grün
Sieht er in raschen Krümmungen ihn fliehn,
245 Nun stockt sein Fuß, ihn faßt ein freudger Schrecken.

Denn vor ihm hebt am kleinen Quellenbach
Ein Hüttchen sich, umstrickt von Weingeranken,
Ein Rebennetz verbirgt das niedre Dach,
Und ringsum blühnde Jasminstauden wanken,
250 Da dicht vor ihm, im duft'gen Schatten sitzt,
Das blonde Köpfchen in die Hand gestützt,
Das süße Kind in sinnigen Gedanken.

Ein leiser Zug verhaltnen Weinens fliegt
Um seinen Mund, wie nach versagter Bitte,
255 Die schwarze kräuterreiche Binde liegt
Um ihres Armes blendendweiße Mitte,
Nun »Alba!« tönt es durch den Rebenwall,
Nun wieder, »Alba!« mit verstärktem Schall,
Dann tritt ein Greis bedächtig aus der Hütte,

260 Ein seltsam Antlitz, wie aus fernem Land,
In langen Locken um den Nacken prangen
Sieht man das graue Haar, ein fremd Gewand
Nachlässig um die breiten Schultern hangen,
Doch kaum tritt er aus niedrer Tür hervor,
265 So fährt die scheue Taube rasch empor,
Und birgt an seiner Brust die glühnden Wangen.

Sein Arm umschlingt sie warm und inniglich,
Und von der Lippe quillt ein frommer Segen,
Da plötzlich bietet seinen Blicken sich
270 Der stumme Jüngling in den Buschgehegen,
Sein Aug' hängt an der seltnen Gruppe fest,

Ein Lächeln deutet des Bewußtseins Rest,
Sonst steht er lautlos ohne sich zu regen.

Nun spricht er, doch nicht sonder blöde Scheu
Die Rede von den schönen Lippen gleitet, 275
»Das Feld durchziehnd in stiller Träumerei,
Hat mich der irre Fuß hieher geleitet,
Doch mach' du edler Fremdling mir bekannt,
Was aus der fernen Heimat dich verbannt?
Und was dein seltsam Wesen all bedeutet?« 280

Der Alte lächelt, leise winkt die Hand,
Und zögernd schlüpft das Mägdlein in die Klause,
»Dich täuscht, o Jüngling!« spricht er, »das Gewand,
Als sei aus fernen Zonen ich zu Hause,
Doch wisse wie's die Phantasie erdacht, 285
Umhüllt den welken Leib die wilde Tracht,
Seit ich verarmt entfloh dem Weltgebrause,

Mein Nam' ist Balduin, wo prangend sich
Die Kaiserstadt erhebt, bin ich geboren,
Die mir das Leben gaben, hatte ich 290
In meiner frühen Kindheit schon verloren,
Viel blanken Goldes ließen sie zurück,
Für manchen Andern ein ersehntes Glück,
Ich hatte höhern Fahnen zugeschworen.

O Kreis der Alten! Flamme in der Nacht! 295
Du reine in sich selbst entglühte Leuchte!
Du warst es, deren stolzer Geistespracht
Sich demutsvoll mein schwaches Sinnen neigte,
Wie oft hast du von deinem Strahlenthron
Mit Kraft gerüstet deinen armen Sohn, 300
Den all sein Erdenglück darnieder beugte.

Denn täglich zieht ein Freundesheer heran,
In Zärtlichkeit von meinem Gut zu prassen,

Indes die teure Muße mir entrann,
Und bald begann ich mein Geschick zu hassen,
›O Himmel!‹ rief ich, ›mir so wenig hold!
Was gabst du mir das unglückselge Gold!
Nun will man mich nicht unbeachtet lassen!‹

Das Schicksal war mir günstig, als ich spät
Entschlummert einst, bei'm kargen Lampenflimmer,
Da plötzlich es so glühend um mich weht,
Und weckt mich brausend mit gewaltgem Schimmer,
Und sieh! von meiner Lampe kleiner Macht
War rings ein greulich Feuer angefacht,
Drum war so heller Glanz in meinem Zimmer!

Vom Lager spring ich durch die heiße Glut,
Schon Trommeln wirbeln, Feuerglocken schallen,
Viel wagt das Volk mit aufgeregtem Mut,
Doch kann es nicht den Flammensee durchwallen,
Und als Aurora wieder neu erwacht,
Da ist des ganzen Hauses stolze Pracht
In dunkel glühnden Feuerschutt zerfallen.

Ein Diamant den ich am Finger trug,
War alles was mir blieb von großen Schätzen,
Doch war er dem bescheidnen Sinn genug,
Die langgehegten Pläne durchzusetzen,
Nicht reich, doch sorglos, herrschend nicht, doch frei,
Nur der Natur und ihrem Zepter treu,
Am klaren Born der Alten mich zu letzen.

Erfüllt sind meine Wünsche, seh ich nicht
Ein kleines Eden rings um mich erblühen?
Und drinnen glänzt ein holdes Liebeslicht,
Mein einzig Kind, in frischer Jugend Glühen,
Ihr spend' ich gern der Stunden kostbar Gut,
Den Geist zu bilden, und in sichrer Hut
Sie recht nach meinem Herzen zu erziehen.«

Hier schweigt der Greis, in Sinnen eingewiegt,
Dann wankt er fort mit träumerischem Schritte,
Und eh das Wort von Walthers Lippen fliegt,
Schließt sich die Tür der grünen Liebeshütte,
Der harrt umsonst, die schnelle Stunde flieht,
Und als die Sonne hoch am Himmel zieht,
Da lenkt er zögernd heimwärts seine Tritte.

Doch ganz verändert fühlt er sein Gemüt,
In neues Glück die alte Lust verloren,
Ein helles Blümlein ihm im Busen blüht,
Das hat er sich zum Abgott auserkoren,
Vor seinen Blicken schwebt es lieb und traut,
Und als er auf aus süßen Träumen schaut,
Da steht sein Fuß vor Burnecks hohen Toren.

VIERTER GESANG

Cecilia

Geschäftig schwärmt hervor der Diener Troß,
Und Lichter flimmen auf den breiten Stufen,
Es knarrt das Tor, die Kutsche rollt aufs Schloß,
Und Funken sprühen unter Rosses Hufen,
Verwundert hebt vom reichbesetzten Mahl
Sich Ritter Alhard, und verläßt den Saal,
Vom ungewohnten Lärm herbei gerufen.

In warme Vliese eingehüllt, entsteigt
Ein alter Ritter mühsam seinem Sitze,
Er wankt hinauf die Stufen, krumm gebeugt,
Sein Haupt bedeckt die dichtverbrämte Mütze,
Ihm folgt ein Weib voll hoher Majestät,
Und neben ihr mit leichtem Trippeln geht
Die kleine Zofe ihres Armes Stütze.

15 Fast scheints als hätt ein halb verlegner Zug
In Alhards festem Antlitz Platz genommen,
Wie tief er auch das scharfe Auge trug,
Nichts mag es bei dem Dichtverhüllten frommen,
Doch als die wohlbekannte Stimme spricht:
20 »Erkennst du Alhard deinen Ebbo nicht?«
Da ruft er ein erfreutes, »o willkommen!«

Und in den Saal führt er den lieben Gast,
»Ihr Knappen spendet warmer Speisen Labe!«
Dann hat er Walthers Rechte schnell erfaßt,
25 »Sieh Ebbo!« spricht er, »meine einz'ge Habe,«
Ernst schaut empor der fremde Rittersmann,
Mit unterdrücktem Seufzer spricht er dann,
»O Alhard welche köstlich reiche Gabe!

Ach! all die Meinen deckt ein stilles Grab,
30 Mein treues Weib, und meine wackren Jungen,«
Hier rollt die langgehaltne Zähr herab,
Er schweigt von namenlosen Schmerz durchdrungen,
Dann fährt er fort, doch leise und gepreßt,
»Ach, wen sein Liebes all und all verläßt,
35 Was der empfindet, sprechen keine Zungen.«

Nun auf die Dame deutet seine Hand,
»Sieh! meine Tochter, zwar nicht mir geboren,
Doch war sie durch Luberta mir verwandt,
Drum hat sie dies verwaiste Herz erkoren,
40 Auf sie beruht mein Hoffen und mein Glück,
Der armen Tage letzter Sonnenblick,
Seit ich die lieben Meinen all verloren.«

Jetzt auf das Fräulein jedes Auge wallt,
Sie trägt's mit Gleichmut und gesetzter Würde,
45 Ihr schwarzes Auge funkelt hell und kalt,
Im schwarzen Haar strahlt heller Steine Zierde,
Die Waffen musternd an der schlichten Wand,

Löst sie am Pelz der Schleife rauschend Band,
Und reicht der Zofe Arm die läst'ge Bürde.

Indes besetzt der Knappen flinke Schar 50
Den Tafelrund mit dampfenden Gerichten,
Burgunder perlet in Kristallen klar,
Auch fehlt des Rheines kräft'ger Sohn mit nichten,
Mit selt'ner Muntre Alhard sich befleißt,
Des alten Grafen angegriffnen Geist, 55
Und mit der Traube Labsal aufzurichten.

Am fernen End' des Mahles siehst du stumm
Der Schönen gegenüber Walther sitzen,
Mit kühnem Stolze schweift ihr Blick herum,
Der Seine senkt sich vor den scharfen Blitzen, 60
Doch nicht sein Schweigen, seine Unschuld nicht,
Und nicht die Scham im blöden Angesicht,
Kann vor dem grellen Funkeln ihn beschützen.

Geendet ist das Mahl, schon steht bereit,
Im Vorgemach die Gäste zu empfangen 65
Der Diener Schar, zur lieben Einsamkeit
Treibt Walthers Brust ein drückendes Verlangen,
Schon ist er rasch dem Vorgemach entschlüpft,
Als nach ein blondgelockter Knabe hüpft,
Der schnell zum Vater führt den Ahndungsbangen. 70

Mit langen Schritten wandernd auf und ab,
Hat Alhard kaum den Jüngling wahrgenommen,
Zwar ernst doch freundlich schaut sein Blick herab,
Im Antlitz ist ein sanfter Zug entglommen,
Auf samtnen Polstern lagert er sich dann, 75
Sein Finger winkt, und Walther fliegt heran,
Erwartungsvoll der Dinge die da kommen.

Nun sprichts, »mein Sohn, zwei Heldenstämme kühn
Siehst du in dir allein zusammen fließen,

80 Du weißt wie ihrer wert dich zu erziehn,
    Dein Vater keine Müh sich ließ verdrießen,
    Und wie der deutschen Ritter tapfrer Kreis
    Erwartend schaut welch hohes Zederreis
    Solch herrlich hohem Samen mag entsprießen.

85 Dein Los ist hehr, doch schwererkämpft dein Ruhm,
    Aus niederm Dunkel glänzend sich zu heben,
    Ist leichter als der Ahnen Heiligtum
    Mit neuen Heldenstrahlen zu beleben,
    Denn jede Tat, so herrlich sie auch sei,
90 Wohl ist sie schön, doch ist sie nimmer neu,
    Nur gleich zu sein den Vätern kannst du streben.«

    Die ernste Lippe schweigt, doch unverwandt
    Ruht lang sein Blick auf Walthers tiefen Zügen,
    Dann ruft er: »Teures, letztes Heldenpfand!
95 Dein klarer Blick, er kann nicht Größe lügen,
    Frisch auf! dir spendet günst'ger Sterne Glanz,
    Zu grauer Taten schwer erworbnem Kranz,
    Ein überstrahlend Lorbeerreis zu fügen.

    Durch ganz Europa zieht, Magneten gleich
100 Ein leuchtend Kreuz, ihm folgt in großen Scharen
    Der Christen Macht, ein König stark und reich,
    Weiß wohl mit Kraft den Feldherrnstab zu wahren,
    Sieh her! welch schöne Gabe sich dir beut,
    Mit den Verdiensten heil'ger Frömmigkeit
105 Des Ruhmes süße Erdenfrucht zu paaren.

    Der seltne Preis hält zauberisch sogar
    Des alten Ebbo tapfres Herz umfangen,
    Nicht hält ihn ferner sein verblichen Haar,
    Des Körpers Morschheit, und des Fräuleins Bangen,
110 Er zieht, wir ziehn, dort mag in Heidenblut
    Dein Arm beweisen, daß aus meiner Hut
    Du nicht umsonst dies gute Schwert empfangen.

Vielleicht,« so fügt er lächelnd dann hinzu,
»Hat dir das Glück noch schönern Preis beschieden,
Daß dir aus Unruh selbst entkeime Ruh,
Dem Schlachtgewühl ein süßer Liebesfrieden,«
Hier droht des Ritters Hand mit leichtem Hohn,
»Der Alte ist dir günstig, o mein Sohn,
Wie goldne Früchte reifen dir hienieden.«

Aufs neue schreitend durch des Saales Rund,
Ist manches Bild dem Ritter neu entglommen,
Nicht wird des Jünglings starrer Blick ihm kund,
Nicht hat sein forschend Auge wahrgenommen,
Wie auf der Freude Glut im Antlitz ging,
Ihn dann als lichte Flamme hell umfing,
Und nun in blassen Leichenduft verschwommen.

Indes geteilt in Gram und Lust das Herz,
Vermählend heitrer Zukunft freud'gem Streben
Schon längst entschlaf'ner Freuden süßen Schmerz,
Was Zukunft und Vergangenheit ihm geben,
Um Lust als Leid, sich Alhards Seele rankt,
Ist Walther leise dem Gemach entwankt,
Vernichtet und bewegt im tiefsten Leben.

Den Träumenden nimmt in den weichen Schoß
Sich selber unbewußt des Lagers Milde,
Noch windet sich der wirre Geist nicht los,
Ein Meteor mit rotem Flammenschilde,
Erscheint ein unheilbringend Zauberlicht,
Das fremde Weib, zum düstern Nachtgesicht
Entstellt sich jeder Zug im hehren Bilde.

Und wie ein freundlich Sternlein blinkt ihm tief
Ins Herz, und wieder aus des Herzens Gründen,
Ein klares blaues Aug, als ob es rief,
»Noch leucht ich dir, doch muß ich bald entschwinden,«
Und wie zum Opfer drängt sich's dann in ihm,

Als gäb er alles für das Eine hin,
Um Fried und Lust in seinem Licht zu finden.

Ein mattes Wetterleuchten drüber her
Ziehn still, Giganten gleich, des Ruhms Gestalten,
Doch übt dies nicht den alten Zauber mehr,
Vor einem Flämmchen muß die Sonn erkalten,
So irrt in Phantasien er trüb und wild,
Nicht ahndend, daß sein armes blödes Bild
Ein furchtbar funkelnd Auge wach gehalten.

In weiße Nachtgewande eingehüllt,
Das dunkle Haupt der schönen Hand vertrauend,
Siehst du Cecilia, doch Ernst erfüllt,
Unwillig horcht sie, stumm zur Erde schauend,
Der lockern Zofe, tändelnd hier und dort
Von manchem Ritter, manch ein loses Wort,
Sie sinnt viel bunte luftge Schlösser bauend.

Und wo ein Ritter durch die Hallen zieht,
Magst ein befreundet Antlitz du erkennen;
Ein zartes Regen ist der Brust entglüht,
Sie fühlt es wohl, doch wagt es nicht zu nennen,
Doch was sie sich ihm zu entgehn mag mühn,
Wie bunte Szenen ihr vorüberziehn,
Nichts kann sie von dem holden Bilde trennen.

Die Zofe ist entsandt, doch noch verweilt,
Sich stützend in des Fensters hohen Bogen,
Cecilia, ein Plan ihr mitgeteilt
Vom Grafen, wird bedacht und reif erwogen,
Entscheidend soll hier richten der Verstand,
Nicht fühlt sie, daß gelegt ein ros'ges Band,
Ihn um sein Urteil schon das Herz betrogen.

Und wie sie schaut, vom Monde matt beglänzt,
Der alten Veste kolossale Zinnen,

Vom riesenhaften Widerschein bekränzt,
Wo tief des Rheines finstre Fluten rinnen,
Da wird es schauerlich und öde ihr,
»O,« ruft sie, »hohe Blume! also hier
Soll deine stolze Blütenzeit verrinnen.«

Erkältend fährt der Nachtwind um sie her,
Und löst des Mieders leichtgeschürzte Bande;
Da senkt vom Busen sich ein Kleinod her,
Ein ehmals teures, aus dem Heimatlande;
Ein Zeichen einst der Treu, und Liebeslust,
Jetzt, ein bedeutungsloser Schmuck der Brust,
So spielt ihr Herz mit manchem Liebespfande.

Und wie bedachtlos es ihr Finger faßt,
Da spielt ein nächt'ger Strahl in edlen Steinen,
Kaum trägt die Hand der farb'gen Funken Last,
Um jeden schwebt ein Traumbild von vereinen,
Um jeden Reif schlingt ein gebroch'ner Schwur,
All' Liebesperlen aus entfernter Flur,
All' blut'ge Tränen, einstens zum verweinen.

Da färbt ein seltnes Rot das Antlitz ihr,
Und weich und schamhaft fährt's durch ihre Sinnen,
Ein drückend Leid wie eigner Unwert schier,
Das rächende Gewissen will beginnen;
Ihm, aller Schrecken ärgstem zu entfliehn,
Wirft sie sich rasch aufs weiche Lager hin,
Doch spät erst naht der Schlaf den trüben Sinnen.

Aus dünner Wolke morgenrotem Blühn
Zuckt scheu ein flimmernd Streiflicht durch die Spitzen
Bewegter Äste auf das feuchte Grün,
Hier kniet, umflattert von den zarten Blitzen,
Die trübgedankenvolle Stirn geneigt,
Der stille Jüngling, stumm, doch innig steigt,
Ein heißes Flehen zu den Wolkensitzen.

Noch ruht die Burg, die Halle weit und leer,
Erdröhnt noch nicht vom Nachhall dumpfer Tritte,
Doch schon im Hofraum schwärmt es hin und her,
Am Zügel lenkend seines Rosses Schritte,
Summt dort ein rauher Mund den Feldgesang,
Ein Jüngling, hämmernd dort, im Schwertesklang,
Ein lockres Lied, voll frecher Liebesbitte.

Und wie es treibt, und durch einander rennt,
Da ist's ein irdisch Schaffen nur und Meinen,
Dem Herrn ein einig Opferlämpchen brennt,
Im Dunkel jener Buchen siehst du's scheinen,
Schon schwand der Ernst, schon ist ein Lächeln da,
In Trübsal ist der Herr dem Seinen nah,
Und in der Prüfung wird er ihm erscheinen.

Und wie es still in ihm geworden ist,
Und freundlich irrt sein Blick im duft'gen Garten,
Die Rose bebt vom Taue wach geküßt,
Die Nachtviole schließt den Kelch, den zarten,
Und wie ein Meer voll farb'ger Gluten stehn,
Die feuchten Stirnen bietend Zephirs Wehn,
Der Tulipanen goldbestäubte Arten.

Allein die schönste Blume fern und nah,
Sie senkt das Haupt, ihr will der Tau nicht frommen,
Am bunten Beete weilt Cecilia,
Zwar königlich doch unmutsvoll beklommen,
Gewaltsam spielend hat ihr Finger jetzt
Ein arm bewußtlos Blumenherz verletzt,
In trüben Nebel ist ihr Blick verschwommen.

Kaum hat sie Walthers scheues Aug' erfaßt
Wie's durch die Blüten wogt in mildem Sinnen,
Da drückend kehrt des Mißmuts finstre Last,
Und leise treibt's ihn, rascher stets, von hinnen,
Noch sieht er, wie sie spähend um sich blickt,

Zusammenfährt, sich schnell zur Erde bückt,
Nun hebt sie sich, wird ihren Weg beginnen.

Wie dürres Laub vor der Orkane Macht,
So flieht der Ritter vor dem schwachen Weibe,
Er wähnt in törichter Verwirrung Nacht,
Daß ihn verfolgend, nah die Dame bleibe,
Erst als dem Armen, noch zur Flucht bereit,
Starr ihre kalte Stirn die Mauer beut,
Gönnt er verzweifelnd Ruh dem müden Leibe.

Und als er voll Entsetzen um sich schaut,
Da flattert, in der Halle fernsten Räumen,
Das schimmernde Gewand der furchtbar'n Braut,
Jetzt faßt die Burg die Hehre sonder Säumen;
Bestürzt, verwirrt, gedankenlos, und scheu,
Als längst schon die Erscheinung schwand vorbei,
Starrt Walther wie aus irren Fieberträumen.

Und als ihm kund sein töricht Wesen wird,
O menschlich Herz, wie schwach bist du befunden!
Da macht die Scham ihn mutlos und verwirrt,
Und statt Erleicht'rung, hat er Schmerz gefunden,
Sie flieht, dies ists, was sich ihm kränkend beut,
Und fast hat die empörte Eitelkeit
Ein selbstgeflochtnes Netz um ihn gewunden.

Und wie er ruht, und wie er grübelnd sucht
Des eignen Herzens Knoten aufzulösen,
Da schwirrt es wie des Westes leise Flucht,
Da schlingt sich's um ihn, wie ein geistig Wesen,
Die Zaub'rin ist es, die ein seidnes Band,
Dem Arm umwunden, spähend vor ihm stand,
Im überraschten Herzen tief zu lesen.

Und als er schweigt, in namenloser Scheu,
Da spricht es wie ein Königswort von oben,

»Nehmt dies, und dient der Fahne Christi treu,
Daß Welt und Himmel drob euch möge loben,
Und grüßt ihr einstens dort das Morgenrot,
So denkt der Schwesterhand die es euch bot,
Viel gute Wünsche sind hineingewoben.«

Noch hat sie manch' bedeutend Wort bereit,
Da hat Erinn'rung rächend sie umfangen,
Dies Band, sie wirkt' es vor geraumer Zeit
Für eines treuen Jünglings still Verlangen,
Das edle hartgetäuschte Herz, es brach,
In diesem Band, o Schand, o dunkle Schmach!
Will sie aufs neu ein arglos Leben fangen.

Den Feuerspiegel hält die Schuld ihr vor,
Und wie ein finst'res Schicksal hört sie's drohen,
Wo das Verbrechen säet, keimt Fluch empor,
Und schnell ist ihr der freche Mut entflohen,
Noch bleibt so viel Besinnung ihr zurück,
Daß sie sich rasch entzieht des Jünglings Blick,
Eh ihm Bestürzung ihren Flor entzohen.

Jetzt blickt er auf, doch die Erscheinung schwand,
Wie eine Wolkenstadt im Abendwinde;
Noch liegt um seinen Arm, der Wahrheit Pfand,
Die farbicht schimmernd schöngewirkte Binde;
Hier rankt sich eine weiche Rosenglut,
Die blauen Sternlein dort der Silberflut,
Ein lächelnd Kind vereinigt das Gewinde.

Ob's wohl der Freundschaft freundlich Sinnbild ist?
Vielleicht der Gott der süßen Liebesbitte!
Und grübelnd sein behender Fuß durchmißt
Der gold'gen Aun, der dunklen Haine Mitte,
In eitles Wähnen ist sein Geist verstrickt,
Da wie das warnende Gewissen blickt
Ins Aug' ihm Balduin und die Rebenhütte.

Und wie er grüßt und wie er stockend spricht,
»Dem Dienste Gottes muß die Freundschaft weichen,« 310
Und manches Wort vom Zug und Christenpflicht,
Da sieht das falt'ge Antlitz er erbleichen,
Rauh tönt der graue Mund mit herbem Spott,
Den Finger legend auf den kleinen Gott,
»Glaubt mir's, dies ist der Euren Fahnenzeichen.« 315

Nun von der schon vergeß'nen Binde hebt
Ein wirr' Gemisch der Jüngling an zu einen,
Von Schwesterhand und Schwesterhuld, er bebt,
Denn seinem Ohre naht ein leises Weinen,
Dicht am geschwellten Rasensitze kniet, 320
Ein Blumenheer zu ordnen still bemüht,
Das klare Ätherbild der süßen Kleinen.

Da wie Sirocko heiß es ihn umfliegt,
Er wankt nicht mehr ob seiner Rührung waltend,
Da hat sie weinend sich an ihn geschmiegt, 325
In zarter Hand ein Efeuränkchen haltend,
Sie reichts ihm dar mit dämmerndem Gesicht,
Indes die teure Lippe zu ihm spricht
Ein schmerzlich Wort die tiefste Seele spaltend:

»Die Kunst der Nadel ist mir nicht geschenkt, 330
Auch kann ich euch kein goldig Kleinod reichen,
Ob ihr beim schlechten Zweiglein mein gedenkt?
Es war doch stets der Treu und Freundschaft Zeichen!
Denkt an das arme Hüttenränklein traut,
Das ihr vielleicht zum letztenmale schaut, 335
Denn fern von euch muß ja mein Stern erbleichen.«

Laut schluchzend sucht sie nun der Hütte Schutz,
Nicht kann der Greis die Tränen ferner bannen,
Der Stoa fließen sie zum argen Trutz,
»Lebt wohl!« so spricht er kurz und eilt von dannen, 340
Doch sinnlos, tappend, wie bei finstrer Nacht,

Von seinem Engel vor Gefahr bewacht,
Naht Walther Burnecks himmelhohen Tannen.

Viel grause Tat gebiert der blut'ge Krieg,
345 Viel große Tat, kaum faßt sie der Gedanke,
Doch wo ein Ritter kämpft, da ist der Sieg,
Der Ruf verkündet daß er nimmer wanke,
Ists Ruhm? ists Gold? das sich ihm lockend beut?
Ein Zauber ist es, was ihm Kraft verleiht,
350 Sein Talisman ist eine Efeuranke.

FÜNFTER GESANG

Alba

Ermüdend senkt ihr flammendes Geschoß
Die Sonne vom kristall'nen Mittagshimmel,
Doch labt Erquickung nicht das müde Roß,
Und vorwärts treibt's in wogendem Gewimmel,
5 Um eines Hügels dürren Fuß hervor
Trabt rasch ein schweißbedecktes Kriegerchor,
Voran ein Ritter auf bestäubtem Schimmel.

Begierig spähend schweift der Blick umher,
Da leuchten wo die tiefen Fluten rinnen,
10 Im Mittagstrahl ein goldig Funkenmeer,
Die wohlbekannten heißersehnten Zinnen,
Ein allgemeines lautes Jauchzen grüßt
Den teuren Ort, ein Teil den Boden küßt,
Ein andrer hüpft und jubelt wie von Sinnen.

15 Dort knieet Walther, sendend zu den Höhn
Des Herzens heißes Dankgebet, des reinen,
Seltsam ergriffen von der Rührung Weh'n,
Sucht Alhard andachtsvoll sich ihm zu einen,
Dort stimmt ein Mund ein zitternd Loblied an,

In Schluchzen bricht die heis're Stimme dann,
Der ganze Lärm verschwimmt in lautes Weinen.

Da zieht sich's von der Burg in leichtem Schein,
Gleich duft'ger Flocken funkelnden Gestirnen,
Im schneeichten Gewand, verschämt, und rein,
Ein jungfräulicher Zug geschmückter Dirnen,
In jeder Hand ein Eichenkränzchen schwebt,
So Aug als Wangen brennen lustbelebt,
Und Blumen flattern um die klaren Stirnen.

Schon glaubt in jeder dämmernden Gestalt
Sein Liebstes jeder Krieger zu erkennen,
Und vorwärts, vorwärts treibts ihn mit Gewalt,
Noch will der Ritter nicht den Aufbruch gönnen,
Und immer näher ziehts mit süßem Klang,
Und immer heller grüßt sie der Gesang,
Schon kann der Horcher jede Silbe nennen.

»Seid uns gesegnet, Christi Degen,
Ihr Wandrer auf des Himmels Wegen,
Wir ziehn euch demutsvoll entgegen,
Mit blödem Gruß, und frommer Scheu,
Die Monde flohn, die Jahre schwanden,
Ihr rächtet Christi Schmach und Banden,
Wir saßen still daheim und wanden
Euch Kränze zarter Lieb und Treu.

Nicht Menschenmacht vermag zu lohnen,
Was nur auf diamantnen Thronen,
Ein König spendend Himmelskronen,
Vergilt mit ew'ger Wonne Trank.
Muß gleich die Macht dem Wunsche weichen,
Doch wagen wir's den Kranz zu reichen,
Verschmäht nicht frommer Liebe Zeichen,
Das Herz ist arm, nur nicht an Dank.«

Auf teure Stirnen wird der Kranz gedrückt,
Die Liebe feiert ihre Sabbatsweihe,
Ein Bräut'gam wird, ein Bruder dort geschmückt,
Und dort ein Vater, von des Kindes Treue,
Wem statt der Lust ein Totenlämpchen glimmt,
Die wen'gen Tränen werden überstimmt,
Und durch das Burgtor zieht's mit Jubelschreie.

Die alten Säle grüßt mit stiller Lust
Der Blick der Wandrer aus den Morgenlanden,
Voran geht Walther, tiefbewegt die Brust,
Gefesselt steht er wie von Zauberbanden,
In lange schwarze Schleier eingehüllt,
Steht blaß Cecilia, und schmerzerfüllt,
Hehr wie die Nacht, in ihren Sterngewanden.

Wie eingewurzelt staunt das Ritterpaar,
Da hat ihr Mund ein zitternd Wort gefunden,
»Gern hätt' ich mit der holden Frauenschar
Zu demutsvollem Gruße mich verbunden,
Doch ach! der Armen tiefgebeugt vom Leid,
Ziemt nicht Gesang, nicht hellgeschmücktes Kleid,
Mein Glück es floh aus Ebbo's Todeswunden.

Kaum kündete ein schwarzes Banner laut
Des grauen Helden gottgeweiht Erbleichen,
Da naht der feige Räuber Kunz von Kraut,
Ein schnöder Geier über Heldenleichen,
Was frommt es daß des Grafen milde Hand
Mir schriftlich zugesichert Hab und Land,
Das schwache hartbedrängte Weib muß weichen.«

Sie stockt, ein dunkles Feuer überfliegt
Mit namenlosem Reiz die blassen Wangen,
»O Ritter!« ruft sie, »wenn mein Glaube trügt,
Wenn euch umsonst mein glühendes Verlangen
Ein kummervolles Jahr entgegen sah!

Die ganze Welt verläßt Cecilia!
O Ritter! fühlt ihr meiner Seele Bangen?«

Erheiternd stillt durch manch ein tröstend Wort
Alhard des tiefgebeugten Fräuleins Klagen:
»Mein Arm euch Schirm, mein Dach ein sicherer Hort,
Viel edle Jungfrau, wollet nicht verzagen!
Glaubt mirs, nicht minder als am eignen Heil
Nehm ich an eures Schicksals Wendung Teil,
Die Zeit soll euch noch gold'ne Blumen tragen.«

Schon hebt, für den Bedrängten stets bereit,
Stark wie der Seraph ob den Höllengründen,
Ihr lodernd Rach'schwert die Gerechtigkeit
In Walthers Brust, doch schnell erstickt, verschwinden
Die heil'gen Gluten, als ihn tief versteckt,
Der Sinn aus seines Vaters Rede schreckt,
Ists nur erkämpft, der Lohn wird sich schon finden.

Noch ist des Himmels Aug' nicht eingenickt,
Da sucht er wohlbekannte teure Stege,
Die Freude macht ihn wundersam verrückt,
Und wie ein Zweifeln wird es in ihm rege,
Ob nicht dies Bild so zart, so lieb und treu,
Nur ein phantastisch Fieberwähnen sei,
Das er umsonst im wunden Herzen hege.

Da plötzlich wie ein freud'ger Schrecken nah,
Steht die fast aufgegebne teure Zelle,
Rasch fliegt herein, erstarrt steht Walther da,
Kaum mehr erkennend die geliebte Stelle,
Die kahlen Mauern blicken kalt und öd',
Verschwunden ist das zierliche Gerät',
Und dicker Staub liegt auf der Kammerschwelle.

Entkörpert nächtigen Phantomen gleich,
Wankt er heraus, da beut des Ritters Blicken

Ein frisches Grab die Felsenstirne bleich,
Und »Balduin« trägts auf seinem kalten Rücken,
Entsetzt als ob ein Gott ihn eilen hieß,
Flieht Walther sein zerstörtes Paradies,
Gespenstisch scheint ihm jeder Baum zu nicken.

Bewußt- fast sinnlos hat der irre Fuß
Des Gartens prangendes Revier betreten,
Da faßt's ihn freudig daß er weilen muß,
Ihm ists als säh er bei den Blumenbeeten,
Gehüllt in dienende Gewande zwar,
Doch unnennbar verherrlicht, mild und klar,
Den Abgott seiner Seele emsig jäten.

Er schleicht hinzu, kaum atmend steht er da,
Mit niederm Dienst ein stolzes Herz versöhnend
Bückt eine schlanke Jungfrau lieblich nah,
Sein altes Lieb mit neuen Reizen höhnend,
Aus dichtgewund'nen Flechten weich und schwer
Wallt um die Stirn ein blondes Lockenheer
Das stille heil'ge Antlitz zart verschönend.

In Walthers Busen Furcht und Lust sich paart,
Und trüb und wunderbar wird's ihm zu Sinne,
Ist sie's, der er das treue Herz bewahrt?
Glüht er in alter oder neuer Minne?
Fast wähnt er sie geformt aus Blumenduft,
Starr steht er, fürchtend, daß vom Druck der Luft
Das feingesponnene Geweb' zerrinne.

Ermüdend hebt sie sich, das schöne Haupt,
Voll heil'ger Duldung still zur Seite wendend,
Sie bebt, dem Herzen wird das Blut geraubt,
Der Wange seinen höchsten Purpur spendend,
»Wie heißt du?« stößt der Jüngling rasch hervor,
Und »Alba!« schwirrt's an das betäubte Ohr,
Ein Blitz, nicht unerwartet zwar, doch blendend.

Und wie er glüht, und wie er stammelnd heischt
Daß sie ihr seltsam Schicksal ihm berichte,
Da spricht sie: »Wie ein menschlich Hoffen täuscht
Dies lehre euch die traurige Geschichte.
In schweren Wahnsinn lag der Vater krank,
Er starb, ein scheidend greller Vorhang sank
Vor die Vergangenheit die teure, lichte.

Und als schon nah der Todesengel stand,
Da ward ein Strahl von Oben ihm gegeben,
Mit heiterm Lächeln faßt' er meine Hand,
Die freudig zuckt', in tör'ger Hoffnung Beben,
Dann sprach er schwer, und düster ward sein Blick,
›Mein Kind! wie hülflos laß ich dich zurück,
Du arm, für diese Welt verdorb'nes Leben.‹

Gott weiß, woher die Stärke ich gewann,
In dieser einsam grauenvollen Stunde,
Ich war gefaßt, ›mein Vater!‹ sprach ich dann,
›Gabt ihr von dieser Welt mir wenig Kunde,
So habt ihr für die andre mich geweiht,‹
›Ja!‹ rief er und ein Hauch der Seligkeit,
Des Friedens schwebt' auf dem entfärbten Munde.

Ich sah den Tod auf seinen Lippen kaum,
So war der Stärke letzter Rest entflogen,
Gern berg' ich meines Lebens bängsten Raum,
Worin so Leid als Mangel mich umzogen;
Jetzt leuchtet mir auf's neu ein milder Stern,
Süß ist die Mühe für geliebte Herrn,
Nicht ganz hat mich das falsche Glück betrogen.«

Die frommen Augen schaun den Ritter an,
Dem Luft und Bäume farbig tanzend beben,
»O laßt das!« spricht sie, »was ist Armut dann?
Daß wir so heiß ihr zu entfliehen streben,
War doch Maria, Himmelskönigin,

Nur eine gnadenvolle Dienerin,
Den Armen ist das Himmelreich gegeben.«

Sie senkt das liebe Antlitz, still verklärt,
Ergebung hat den Kummer eingesungen,
Durch Walthers Seele fährt ein schneidend Schwert,
In seinem Innern hat sich's losgerungen,
Das was er seinen Willen sonst genannt,
Wofür als Pflicht, als Neigung, er entbrannt,
Ein Wollen, eine Liebe hat's verschlungen.

Entschloss'nen Ernst im männlichen Gesicht,
Hat er sich zu der Jungfrau hin gewendet,
»O senke deine reinen Blicke nicht!
Gottlob das lange Kämpfen ist geendet,
Du starke Sieg'rin in der Prüfungsglut,
Ich reiche dir die Hand mit festem Mut,
Verschmähst du was dies treue Herz dir spendet?«

Ein leises Zucken macht Gefühle kund,
Die ihres Herzens tiefste Adern suchen,
Doch schnell, und unerschüttert spricht ihr Mund,
»O Herre mein! was wollt ihr mich versuchen?
Wollt ihr euch werben eures Vaters Fluch?
Und einst, wenn schwand des Glückes kurzer Trug,
Dem armen schuldlos schuld'gem Weibe fluchen?«

Kaum sieht sie wie ihn reißt Bewegung fort,
An seiner Wangen flammendem Erröten,
So ruft sie angstvoll, »Ritter nie ein Wort,
Kein einz'ges Wort mehr, wollt ihr mich nicht töten,«
Verhüllend ihrer Augen klaren Born,
Eilt sie hinweg, und läßt den scharfen Dorn
In Walthers Herzen, bei den Blumenbeeten.

Es flieht der Tag, ihm folgt die strenge Nacht,
Und Morgenrosen neu dem Meer entsteigen,

Da hat er es zum festen Schluß gebracht,
Und keine Macht auf Erden soll ihn beugen,
Erzeugt im Tau auf nachtumhüllter Flur,
Der Äther hörte seinen Feierschwur,
Und die Gestirne waren seine Zeugen.

Gebeugt ruht Alba an der dunklen Flut,
Und Wellchen spielen in den blonden Haaren,
Das bleiche Antlitz färbt Aurorens Glut,
Die Woge trinkt den Tränentau, den klaren,
Da hat ein Knabe zitternd und verscheucht,
Ein hell gesiegelt Blatt ihr überreicht,
Die Jungfrau liest, im Schreiben wohlerfahren.

»Umsonst versuchst du meines Willens Macht
Mit edlem Widerstande zu bezwingen,
Mich schreckt nicht drohender Gefahren Nacht,
Doch einem kleinen Worte mag's gelingen,
Liebst du mich nicht, so ist mein Plan zerstört,
Dann hat mich treulos Doppelsinn betört,
Und hingescheucht in der Verzweiflung Schlingen.

Trifft dich der ersten Stunde nächt'ger Schlag
Am Rasensitz der dichtbemoosten Eiche?«
Verengend senkt sich ihr des Himmels Dach,
Die blutlos starrt, gleich einer Marmorleiche,
Entsetzen zeigt ihr Walthers blutend Haupt,
Mit einer Nadel dem Gelock geraubt,
Gräbt sie, »ich komme,« in des Blattes Weiche.

Kaum hat mit scheuem unheilsvollen Blick,
Das bange Kind auf's neu sich fortgeschlichen,
Da kehrt Besinnung quälend ihr zurück,
Sie folternd mit der Reue Schlangenstichen,
Jetzt fühlt sie sich verarmt, ihr letztes Gut,
Des tröstenden Bewußtseins hoher Mut,
Er ist verscherzt, er ist von ihr gewichen.

Wohl zeigt sich ihr die Absicht hell und klar,
Durch Flehen sein empörtes Herz zu rühren,
Vergebens beut kein andrer Weg sich dar,
Aus diesem Labyrinthe sie zu führen,
Wie mancher Grund die Schuld versöhnend deckt,
Umsonst die weiße Rose bleibt befleckt,
Und keinen Trost kann ihre Seele spüren.

Indes ein rein Gemüt sich angstvoll quält,
Im harten ungerechten Selbstverdammen,
Hat schon das Grab sein Opfer sich erwählt,
Schon geben Lieb und Haß in heißen Flammen
Sich den zerstörenden Vereinungskuß,
Und fester zieht zum unheilvollen Schluß
Das Schicksal sein verborgnes Netz zusammen.

Die seidenen Gardinen rauschen los,
Dem Strahle muß die graue Dämmrung weichen,
Cecilia entsteigt des Lagers Schoß,
Schon wallt sie an des Ufers hellen Reichen;
Da wie ein Nebelspiel im Abendwind,
Sieht sie ein furchtsam um sich blickend Kind
Dicht an des Rheins beblümten Borde schleichen.

Sie folgt ihm wie's durch Krümmungen sie neckt,
Im Busen arge Zweifel sich gestalten,
Auch hat sie bald ein Blättlein schlau entdeckt
Verborgen in des Kleides dicken Falten,
Und wie's behend an ihr vorüberstreicht,
Da hat am Arme sie, gewandt und leicht,
Das lautaufschreiende Geschöpf gehalten.

Und wie's erbleicht vom Schrecken überrascht,
Und wie Besinnung treulos es verlassen,
Da hat sie schnell das Unglücksblatt erhascht,
Sie liest, was kaum die irren Sinne fassen,
Indes der arme Kleine trostlos weint,

Hat sies der alten Stelle schon vereint,
Und freundlich das betrübte Kind entlassen.

Kaum eilt es fort, die Blicke niederwärts,
So scheint ihr Luft und Horizont zu wanken,
Wild lodernd bricht ein längst verdorb'nes Herz 285
Der Menschlichkeit und Tugend letzte Schranken,
Die Rache wird zur schaudervollen Lust,
Und furchtbar steigt in eines Weibes Brust
Der gräßlichste von allen Mordgedanken.

Sie fliegt zur Burg, vom dunklen Geist erfüllt, 290
Der Untat grausigen Gefährten suchend,
Schon hat sie Alles Alhards Zorn enthüllt,
Er schäumt, und tobt, dem einz'gen Sohne fluchend,
Zur Grausamkeit verhärtet sich die Wut,
Die Zwei besprechen sich mit finsterm Mut, 295
Der Rache blut'ge Wege untersuchend.

Was wandelt durch die Nacht so ernst und schwer?
Um dunkle Mäntel weiße Nebel rollen,
Ein trüber Strahl flirrt um die Schwerter her,
Dem Höllenreiche scheint die Schar zu zollen, 300
Sinds Geister? deren ewig flücht'ger Fuß,
Die längst verlosch'nen Sünden büßen muß?
So eben ist die Mitternacht verschollen.

Den Zug beherrscht ein riesig Ritterbild,
Zur düstern Larve all' verstellt die Züge, 305
Ein unterirdisch Wesen folgt ihm wild,
Der Menschen Schönheit schauerlichste Lüge,
Schau! wies zur Eiche schreitet dicht umbuscht,
Behende dann in das Gesträuche huscht,
Gespenstisch leicht als ob die Luft es trüge. 310

Jetzt schweigt die Nacht, von ferner Kelche Blühn
Zieht ein geheimes Düften still herüber,

Kalt tropft der Nebel von der Bäume Grün,
Mit schwerem Fittich flattert es vorüber,
Ein finst'rer Uhu teilt die feuchte Luft,
Scheu fährt ein Sternlein durch den dicken Duft,
Und lauter wird die Tropfmusik und trüber.

Da rauschts wie Schritte durch den grünen Rain,
Undeutlich schwebts im dichten Nebelschleier,
Ists noch ein Bürger aus dem Schauerhain?
Zur ernst geheimnisvollen Geisterfeier?
Bei Moorentflammtem Licht ein stummer Gast,
Der Eiche naht er sich in flücht'ger Hast,
Er atmet tief und hebt die Stirne freier.

Wie eine schlanke Säule in der Nacht,
Schaut regungslos er durch die dunklen Auen.
Was fesselt deinen Blick mit solcher Macht?
Ists jenes Bild, das durch des Nebels Grauen
Wie eine weiße klagende Gestalt
Im feuchten molkichthellen Meere wallt,
Im langen Lockennetze zart zu schauen?

Oft siehst du wie in namenlosen Wehn
Die hochgerung'nen Hände sie erheben,
Oft scheint von blassen Lippen zu den Höhn
Ein angsterfülltes Flehn empor zu schweben,
Nun naht sie rasch, und aus dem duft'gen Flor
Hebt eine bleiche Jungfrau sich hervor,
Ob schon verloschnes, ob noch warmes Leben? –

Und als sie furchtsam sich dem Jüngling naht,
Der ihr die Arme stumm entgegen breitet,
Da braust hervor, zur unheilsvollen Tat,
Die Rotte von der Hölle Macht geleitet,
Noch hat den Schrecken Walther nicht gefaßt,
Da fühlt er schon der Ketten schmäh'nde Last,
Ihm von der Bosheit arger Hand bereitet.

Die Todesangst um der Geliebten Los
Verschlingt die eig'ne Not, die mannigfache,
Starr blickt er hin, da senkt mit starkem Stoß
In ihre reine Brust das Schwert die Rache,
Besinnungslos schleppt man zur Burg ihn hin, 350
Und nach ihm sendet aus zerstörtem Sinn
Cecilia die grause Höllenlache.

SECHSTER GESANG

Verenus

Wie hast du süßes Licht den Weg erspürt,
In diese öden pilzbewachs'nen Mauren?
Hat das Erbarmen leitend dich geführt,
Zu dieser Grüfte unterirdschem Trauren?
Du weilst ja lindernd gern wo Leiden sind, 5
Nicht grausam bist du wie der Menschen Kind!
Dein Flammenherz nicht fühllos dem Bedauren!

Bringst du ihm Trost von oben? der ihn leis,
Den Dulder dort im Schlafe soll umfangen?
O! drücke deine Küsse nicht so heiß 10
Auf seine farblos abgehärmten Wangen,
Gönn ihm des Traumes kurze Linderung,
Bald naht ihm quälend die Erinnerung,
Bald ist das Luft gebaute Schloß zergangen.

Umsonst er regt sich, langsam öffnen dann 15
Die großen schweren Augen sich dem Lichte,
Vom jungen einst so kräft'gen Rittersmann
Erkennst du keinen Zug in dem Gesichte,
Doch ob ihm Kummer gleich die Blüte nahm,
Erhaben ist er noch in seinem Gram, 20
Wie eine hohe Sturmgeknickte Fichte.

Auf dünner Streu rückt er ein wenig fort,
Nur wenig will die Fessel ihm gestatten,
Zum Fensterlein ihm mehr als Goldeshort,
Lenkt er den Blick, zwar wehren breite Latten
Dem Licht, doch durch die weiten Spalten schlüpft
Der Strahl, und wenn ein Knapp vorüber hüpft,
So malt sich an die Wand der lange Schatten.

»Wie hat sie mich erquickt die Sonne gut,
Sie muß schon hoch am heit'ren Himmel stehen,«
Er sprichts und sein gerührtes Auge ruht
Am Boden wo sich lichte Kugeln drehen,
Zuweilen ihm ein heimlich Wort entflieht,
Sein Blick je mehr und mehr zum Stern entglüht,
Verkündet überirdscher Tröstung Wehen.

Jetzt tönts vernehmlich flüsternd zu mir her,
Wie Harfenlaut im Widerhall verschwinden,
»O hebe von ihm deine Rechte schwer!
Laß mich für ihn den Todesschmerz empfinden!
Doch wenn es also nicht dein Wille ist,
Vergönn zur Reu ihm eine kurze Frist,
Nur nimm ihn nicht hinweg in seinen Sünden.«

Indes erhebt ein dumpf Gebrause sich,
Wie Wettersturm nach heißer Tage Glühen,
Und tobend scheints zum fernen Burghof sich
Mit tausend Stimmen regellos zu ziehen,
Seltsam zerstückelt durch der Latten Band,
Siehst du vorüber an der Kerkerwand
Manch riesenhafte Schattenbildung fliehen.

Und immer näher scheint das wüste Schrein
Der Mauren ungeheurem Bau zu dringen,
Als wolle sie's den finst'ren Mächten weihn,
Scheint nun die Erde schnell es einzuschlingen,
Erneuert dann, mit ungestümer Macht,

Rollt's hohl und dumpf durch der Gewölbe Nacht, 55
Der Eisenpforte schwere Riegel klingen.

»Ermannt euch Herr! die alte Sünd ist tot!«
Brüllt eine Stimme Walthern roh entgegen,
Und jubelnd stürmt es wie auf ein Gebot,
»Dem Alten Fluch, dem jungen Ritter Segen,« 60
Und klirrend löst die Fessel sich vom Arm,
Doch stumm und ernst, im Blick nicht Lust nicht Harm,
Liegt er, du siehst ihn keine Wimper regen.

Stumm steht er da ein ritterlich Phantom,
Und um ihn wehn des Moders feuchte Düfte, 65
Entsetzt verstummt der Lärm im weiten Dom,
Nur Echo schleicht noch flüsternd durch die Klüfte,
Er schreitet fort bis sich die Dämmrung bricht,
Ein scheues Zucken grüßt das junge Licht,
Ein langer Atemzug die freien Lüfte. 70

Doch weiter scheint das langentbehrte Glück,
Der Freiheit süßes Gut ihn nicht zu rühren,
Im schweren Antlitz, im gesenkten Blick,
Vermagst du keine Regung auszuspüren,
»Wo ist er?« tönt ein tiefes mattes Wort, 75
Und langsam zieht sich's durch die Säle fort,
Bis zu des Schlafgemachs bekannten Türen.

Noch ruht im hohen Bette schauerlich
Die Riesenleiche des entseelten Alten,
Die dunkle Majestät der Bildung wich 80
Des Todes ruhig lösenden Gestalten;
Ein stiller Mönch kniet an des Bettes Rand,
Und kärglich glimmt der Lampe schwacher Brand,
Kaum von der Diener träger Hand erhalten.

Und als zum Toten tritt der bleiche Sohn, 85
Da scheint der starre Trübsinn sich zu brechen,

Er winkt und spricht mit ungewissem Ton,
»Laßt mich ein Wort mit meinem Vater sprechen!«
Entsetzt drängt sich die Schar zu ihm hinan,
»Ich bin nicht toll,« spricht er und sieht sie an,
»Ein paar Minuten, soll mein Herz nicht brechen!«

Verwirrt entschleicht der Troß und alles schweigt,
Den Mönch nur hört man leise betend walten,
An Alhards zornlos Antlitz still geneigt,
Scheut Walther nicht den Todeshauch den kalten,
Oft hebt er die erblaßte Hand empor,
Dann sanft sich beugend an des Toten Ohr,
Scheint er ein heimlich Zwiegespräch zu halten.

Nun richtet er sich auf und rings er schaut,
Wie ein vom Traum gequälter beim Erwachen,
»O!« ruft er denn mit froh gerührtem Laut,
Im Antlitz Lebenssonnen sich entfachen,
»Seid ihr Verenus der Mann Gottes nicht?«
Tief senkt der Mönch das Haupt bevor er spricht
»Ich bin Veren, der Schwächste aller Schwachen.«

»Du Tröster in der Not, so sag mir's treu,
Ward ihm ein Strahl der Gnade noch beschieden?
Nannt er mich nicht? vergab er? fühlt er Reu?
O sprecht, entsandt er seinen Geist in Frieden?«
»Herr« spricht Verenus, »fern ist meine Zell,
Ich fand ihn lebend, denn ich eilte schnell,
Allein er sprach kein Wort eh er verschieden.

Doch kündete sein Blick was er empfand,
Und fromm und reuig waren die Gedanken,
In mißverstandnen Zeichen sprach die Hand,
Drum lieber Sohn! laßt nicht die Hoffnung wanken,
Ach mächtig ein gebrochner Seufzer fleht,
Und kräftig ist der Gläubigen Gebet,
Und Gottes Güte sonder Maß und Schranken.«

Der nächste Morgen sieht auf tau'gem Grund
Manch flücht'ge Sohle lichte Spuren drücken,
Die Sonne kann auf tief gebräuntem Rund
Manch helles Bild mit Wasserperlen sticken,
Kein Kloster ist in ferner Meilen Kreis,
Kein armes Zellchen wo bedeckt mit Schweiß,
Ein Bot nicht ließ die reichen Spenden blicken.

Und jedem wird ein kleines Blatt gereicht,
Von Walthers Hand, »so mag das Herz sich beugen,
Wie euer Knie sich vor dem Höchsten beugt,
Wollt euch zu eures Sohnes Flehen neigen,
Schließt auf der Andacht Born im Herzen rein,
So möge Gott der Herr euch gnädig sein,
Wie eure Bitten heiß gen Himmel steigen.«

Und als sich hob der lange Leichenzug,
Da sah man Fackeln glühn doch Herzen frieren,
Gelöst schien allen ein verjährter Fluch,
Wen kann der Tod des Missetäters rühren!
Weint Tränen man, weil floh das Mißgeschick?
Ach ja! denn eines Sohnes frommer Blick
Sah ich der Liebe Zeugen zahllos zieren.

Auf immer ist der dunkle Sarg versenkt,
Und schweigend kehrt der Zug zum Schlosse wieder,
Das Aug hinab, das Herz hinauf gelenkt,
Hört Walther nicht der Hirten muntre Lieder,
Ein Körblein flechtend bei den Rindern steht
Ein Kind, und wie er achtlos vorwärts geht,
Stößt unbedachtsam er die Kleine nieder.

Das arme Kind das nur vor Schrecken weint,
Hebt Walther auf mit stillend sanfter Bitte,
Da faßt es ihn daß er zu sinken meint,
An schmutz'gem Bande um des Halses Mitte
Hängt, nur in schwarzes Ebenholz gefaßt,

Ein köstlich Kleinod, eine teure Last,
Dareinst die Zier der grünberankten Hütte.

»Wie kömmt dies Bild zu dir?« fragt er gepreßt,
Als der Betäubung erste Macht verschwunden,
»Du,« spricht das Kind und hält sein Spielzeug fest,
»Du nimm mirs nicht, ich hab es selbst gefunden,
Schon lange, lange, vor dem großen Tor,«
Und hält die beiden Hände schützend vor,
Aufs neue reizend unheilbare Wunden.

»Nimm dies und kauf dir andre Spielerein,«
Kaum hörbar würdest du die Worte nennen,
Ein Goldstück beut er, doch ein blödes »Nein!«
Liebkosend sucht er jetzt die Schnur zu trennen,
»Sieh hin wie blank die Sonne drinnen scheint,«
Die Kleine sieht, er flieht, indes sie weint,
Doch furchtsam nicht es wagt ihm nach zu rennen.

»Mein größter Schatz, das einz'ge was mir blieb,
So ganz verworfen, ganz und gar verachtet,
Sind denn nur mir die Züge schön und lieb,
Daß keiner sie des Wahrens wert geachtet,
O liebste Liebe, o du armes Herz!«
So ruft er, und ein ungeheurer Schmerz
Hält fast zerstörend sein Gemüt umnachtet.

Der Eintritt eines Knappen schreckt ihn auf,
Ihm folgt ein Mann, mit hagrer Wang und bleichen,
Die Stirne ziehen Furchen hoch hinauf,
Der Seele schmerzhaft eingedrückte Zeichen,
Sein Gang ist fest, die Haltung hoch zu schaun,
Und minder scheint der Locken glänzend Braun,
Der Jahre wie des Kummers Last zu weichen.

»Herr!« spricht er, »nimmer soll man ohne Not
Der Eltern Fehl den Kindern offenbaren,

Allein mich treibt des Hungers streng Gebot, 185
So mögt die grimme Unbill denn erfahren,«
Nun hebt er an wie all sein kleines Hab
Alhard geraubt, ihn Preis dem Mangel gab,
Nun schon seit achtzehn hingeschleppten Jahren.

»Nehmt hin, nehmt hin! was ich vermag und kann, 190
Ich sühn es gern, mit allen meinen Schätzen,
Verkündets laut, o sagt es jedermann,
Daß schweigt des Fluches gräßliches Ergötzen,«
Und bald erschallt der Ruf durchs weite Land,
»Das Unrecht wägend mit gerechter Hand, 195
Will Alhards Raub der fromme Sohn ersetzen.«

Von allen Seiten zieht es nun heran,
Wie Schwärme nach dem Süden ziehn dem Warmen,
Im weiten Burghof stehn sie Mann an Mann,
Gerechtigkeit schreit alles und Erbarmen, 200
Hier lärmt ein trotzig Paar, hier kniet ein Greis,
Dort hebt, weil ihre Stimme viel zu leis,
Das Weib den Säugling hoch in ihren Armen.

Die langgehäuften Summen sind verteilt,
Fast froh sieht Walther die Kleinode schwinden, 205
Doch wer bei grassen Schilderein verweilt,
Läßt ihn der Erde höchste Qual empfinden,
Doch täglich wächst der ungestüme Schwarm,
An grausen Mären reich, an Golde arm,
Kann keinen Ausweg der Bedrängte finden. 210

Zum fünften mal hat er es jetzt vollbracht,
Sein qualvoll Tagewerk für heut beendet,
Verenus Züge leihend hat die Nacht
Ein freundlich Traumgebilde ihm gesendet,
Er fährt empor beim kalten Sternenlicht, 215
»Ob mir aus seinem Friedensschatze nicht
Der Gottgeliebte eine Gabe spendet?«

Noch schläft das Morgenrot im grauen See,
Da streift er wandernd durch der Zweige Frische,
Erschreckt vom Lager springt das schlanke Reh,
Die Vögel flattern auf in dem Gebüsche,
Da zeigt sich ihm umspielt vom Mondenlicht,
Das in der Quelle glattem Stahl sich bricht,
Der Klausnerwohnung kleine Felsennische.

Leis tritt er ein, im tiefern Dunkel kann
Sein Aug noch keinen Gegenstand gewinnen,
Doch spürt er bald daß fern der Gottesmann,
Treibt ihn schon jetzt des Tages Last von hinnen?
Führt ihn der Geist? der Ahndung Himmelsblitz?
Erschöpft sinkt Walther auf gehaunem Sitz,
Und überläßt sich träumerischem Sinnen.

Stumm ist die Nacht, kein Rabe krächzt sie wach,
Noch weckt der Frühduft nicht die fleißge Biene,
Dem Strahl des Mondes wehrt das Felsendach
Und rings der Zweige flatternde Gardine,
Nur seitwärts durch den engen Eingang fällt
Ein schmaler schräger Streifen und erhellt
Des Kruzifixes hohe Leidensmiene.

Bedachtlos folgt des Jünglings Blick dem Licht,
Und unwillkürlich sich die Knie beugen,
Ihm ist als ob das heilge Antlitz spricht
Zu seiner Liebe Gegenstand und Zeugen,
In ihm gehts auf, in ihm wirds licht und still,
Und aus des Elends dunkler Sündflut will
Die weiße Friedenstaube sich erzeugen.

Da sieht er durch des Eingangs niedres Tor
Verenus nahn, gebeugt von Reis gebunden,
Ihn nicht zu schrecken tritt er langsam vor,
Der Alte stutzt, und ist alsbald verschwunden,
Jetzt naht er wieder frei von seiner Last,

Und ruft indem ins Aug er Walthern faßt,
»Wie habt ihr doch zu Nacht den Weg gefunden?«

»Mein Vater, wen der Höchste führen will,
Der mag sich wohl durch Labyrinthe finden,
Laßt mich euch sagen,« »still! mein Sohn, noch still!
Laßt mich zu vor ein Feuerlein entzünden,«
Die Flamme flackert, knisternd steigt der Rauch,
Und zitternd sucht dem heißen Todeshauch
Das junge Blatt umsonst sich zu entwinden.

»Mein Vater« hebt aufs neu der Jüngling an,
»Viel und Gewichtges hab ich euch zu sagen,«
Nun meldet er wie ihm der Mut zerrann,
Und wie er kam ihm seine Not zu klagen,
»Und als ich harrte« sprach er »so allein,
Da hat des Kruzifixes milder Schein
Mir einen Ölzweig in die Brust getragen.

Mein Lieben ist versenkt, die Welt ist leer,
Ich habe keinen Wunsch als den nach oben,
Bald binden mich Gelübde, mir nicht schwer,
In stiller Klause schweigt des Busens Toben,
O lieber Vater steht mir Armen bei!
Helft stillen diese Tränen! dies Geschrei!
O wär ich dem Gewühle schon enthoben.«

»Mein teures Kind,« versetzt Verenus drauf,
»Wohl wunderbare Wege geht die Gnade,
Doch blühend tut sich euch die Zukunft auf,
Drum wählt nicht also hart und rauhe Pfade,
Schlagt nicht in Fesseln dieses heiße Herz,
Sonst fürcht ich weint ihr einst mit herbem Schmerz
Der Welt zu lieblich lockende Gestade.«

Allein vergebens muß an Walthers Sinn
Das wohlbedachte Wort vorüber gleiten,

»Was ich geliebt,« spricht er, »ist all dahin
Und mag mich nun als Engel schützend leiten,
Mein Vater! eure Rede dünkt mich Spott,«
»Nun wohl,« versetzt der Greis »und gebe Gott,
Ihr möget eure Stimmung nicht mißdeuten.«

»Noch eins« spricht Walther, mit gesenktem Ton,
»Wißt ihr wohin Cecilia entschwunden?«
»Ist euch ihr Schicksal unbekannt, mein Sohn?
Gar bald hat sie des Rächers Arm gefunden,
Gefoltert floh sie da die Tat vollbracht,
Und leblos lag sie als der Tag erwacht,
Die Brust durchbohrt mit mörderischen Wunden.

Wars Kunzens List? geschahs durch Räuberschar?
Vor Gottes Richterspruch ist sie gefallen,«
»Daß dieses Weib mein böses Schicksal war,«
Seufzt Walther, »sagte mir ein schaurig Wallen,
Auch wars, als hörte in dem Augenblick,
Der schonungslos zertrat mein Erdenglück,
Ich ihre grausenvolle Lache schallen.

Für sie soll von der Buße Tränen naß
Mein flehnder Blick sich in die Wolken tunken,
Zerstäubt in meinem Busen ist der Haß,
Viel Lieb bedarf sie, weil sie tief gesunken,
Allein, mein Vater, laßt zur Burg uns ziehn,
Schon seh ich durch der Bäume winkend Grün
Der Morgenröte erste Ätherfunken.«

Bald kann von allem, was ihm einst gehört,
Nichts als sein Schwert der Ritter eigen nennen,
Von langer Klagerede unbetört
Weiß klug Veren von Wahrheit Trug zu trennen,
Doch bleibt nur des Bewußtseins reiner Zoll,
Selbst Burnecks alte stolze Veste soll
Jetzt einen andern fremden Herrn erkennen.

Indes der Greis sich emsig teilend müht,
Streift Walther in des Forsts verborgnen Schlüften,
Ob nicht ein heimlich schweigend Plätzlein blüht,
Geschickt sein einsam Zellchen dort zu stiften,
Ein kleiner Quell führt ihn zum Born zurück, 320
Und eine Grotte liegt vor seinem Blick,
Vom Hagedorn geschmückt mit Blüt und Düften.

Der nächste Morgen grüßt das frische Land,
Schon klingt der Meißel in den fleißgen Händen,
Die Mittagssonne sendet dürren Brand, 325
Doch kann sie nicht den regen Eifer wenden,
Es formt sich der Altar, der Eingang steigt,
Und als der achte Tag sich heimwärts neigt,
Sieht den geheimnisvollen Bau er enden.

Zum letztenmal im Ritterschmucke steht 330
Der teure Herr und um ihn her die Seinen,
Der Panzer fällt und durch die Kirche geht
Ein leises Schluchzen, ein verhaltnes Weinen,
Du willst ihn täuschen? der dein Innres sah?
Wohl ist die Kutte deinem Busen nah, 335
Doch näher noch das Bild der einzig Einen.

Er nimmt den Dämon in die Wüste mit,
Ihm ewig flechtend der Versuchung Schlingen,
Das todesmatte Aug', der schwache Schritt,
Bezeugen sein unglaublich hartes Ringen, 340
Und oft wenn er die Rüstung angeblickt,
Die zum Gedächtnis seine Zelle schmückt,
So hört er es wie Zauberlieder klingen.

's ist nicht die Welt die ihn herüber zieht,
Doch sinds auch nicht der Andacht reine Wellen, 345
Es ist ein furchtbar Etwas das sich müht,
Sich zwischen ihm und seinen Gott zu stellen,
Vergebens schlingt um ihn ein Jahr den Lauf,

Manch' heitrer Tag steigt wie ein Bräutgam auf,
Doch keiner kann der Seele Dunkel hellen.

Gelöst hab ich dir mein gegebnes Wort,
Geendet sind die traurigen Geschichten,
Du selber sahst ihn in des Traumes Hort,
Und des Erwachens rügenden Gerichten,
Doch laß uns wandern! sieh! der Morgen taut,
Schon schweigt das Käuzlein, und neugierig schaut
Der Dämmrung graues Auge durch die Fichten.

ANHANG ZU
DAS HOSPIZ AUF DEM GROSSEN ST. BERNHARD

BARRY DER HUND VOM ST BERNHARD

DRITTER GESANG

Savoyen! Land beschneiter Höhn!
Wer hat dein kräftig' Bild gesehn!
Wer trat in deiner Wälder Nacht!
Sah auf zu deiner Gipfel Pracht!
Wer stand an deinem Wasserfall!
Wer lauschte deiner Ströme Hall!
Und nannte dich nicht schön! –
Du Land des Volks, dem Reiche weihen
Ruhmvoll den Namen des Getreuen,
Bist herrlich! wenn der Frühlingssturm
Die Berggewässer schäumend führt,
Und deiner Fichte schlanker Turm
Sich mit der jungen Nadel ziert, –
Bist reizend! wenn die Sommerglut
Erzittert um den Mandelbaum –
Doch in des Herbstes goldner Flut
Du ruhst gleich dunklen Auges Traum,
Dann treibt der Wind kein rasselnd Laub
Durch brauner Heiden Wirbelstaub,
Wie halbbezwungne Seufzer wallen
Nur leis' die zarten Nadeln fallen,
Als wagten sie zu lispeln kaum, –

Der Tag bricht an, noch einsam steigt
Das Sonnenrund am Firmament,

Am Strahl, der auf und nieder streicht,
Gemach der Erdbeerbaum entbrennt,
Noch will das Genzian nicht wagen
Die dunklen Wimper aufzuschlagen,
Noch schläft die Luft, im Nebel dicht, –
Welch' greller Schrei die Stille bricht!
Der Auerhahn begrüßt das Licht,
Er schüttelt – wiegt sich – macht sich breit –
Er putzt sein stattlich Federkleid –
Und langsam streckt ihr stumpf' Gesicht
Marmotte, aus hohlen Baumes Nacht,
Das Leben – Leben – ist erwacht!
Die Geier pfeifen, Birkhahn ruft,
Schneehühner flattern aus der Kluft,
Die Fichten selbst, das Keiner säume,
Erzählen flüsternd sich die Träume,
Und durch Remi geht überall
Ein dumpf Gemurr von Stall zu Stall. –
Schau! drunten an des Weilers Ende,
Wie öffnet sich das Glas behende!
Und in dem Rahmen, vorgebeugt,
Ein bräunlich frisches Weib sich zeigt,
So jung noch, unter zwanzig Jahren,
Bezeugt doch, in den schwarzen Haaren,
Das Mützchen und bescheidne Band
Den ehrenhaften Frauenstand,
Halb schläfrig scheint sie aufgewacht,
Sie blinzelt – hebt die Hand hinauf –
Zur Uhr am Turm – zum Nußbaum auf –
Wo schon der klare Sonnenstrahl
Schattiert die Blätter allzumal,
Dann, halb gewendet, tritt zur Schau
Des Nackens kräftig voller Bau,
Sie wiegt das Haupt – sie nickt – sie grüßt –
Und wieder sich das Fenster schließt. –
In Saint Remi der Tag beginnt,
Die aufgestoßnen Laden winken,

Bald hier bald drüben Riegel klinken,
Im Bette weint das kranke Kind,
Ein Mütterchen, gebückt genug,
Zum Borne schleppt den Wasserkrug, 65
Horch! Glockenklang von St Oyen!
Nur mit dem Winde – ganz von Weiten
Nun in der Schlucht beginnts zu läuten –
Nun drunten an des Berges Fuß –
Nun stimmt mit seinem Glöckchen klein 70
Pantaleons Kapellchen ein –
Welch Tongewirr! welch Schwirren! Singen!
Die Klüfte, Felsennadeln, klingen,
St Bernhard, mit gewicht'gem Ton,
Gibt Antwort aus der Wolke schon, 75
Und drüben, an der Raine Sitze,
Die Nestchen sind erwacht vom Schall,
An Fenstern fahren schwache Blitze,
Und hier, und dort, und überall,
Aus der zerstreuten Hütten Türen, 80
Hervor die kleinen Gruppen gleiten,
Und wie die Pfade schlängelnd führen,
Verschlungen vom Gestrippe schnell,
Beschattet halb, dann wieder hell,
Ein Farbenspiel von allen Seiten, 85
Blau, Grün und brennend Rot genung,
Wem nur das Auge scharf und jung,
Der sieht schon, an der Frauen Mieder,
Das Goldkreuz, die Granaten flimmern,
Geflitter wehn vom breiten Hut, 90
Und aus des Senners Jacke schimmern,
Den feuerfarbnen Brustlatz gut, –
Ei! wie, zum Brunnentrog' gekehrt,
Das Mütterchen zusammen fährt!
Ihr überm Haupt beginnt im Turm 95
Des Glockenrufs gewalt'ger Sturm,
Eins – zwei – drei – Schläge, dann im Takt,
Wie der Orkan die Felsen packt,

Herbei, herbei, zur Jahrmarktsfrüh!
Nach St Remi! nach St Remi! –
Welch Treiben! welch Gewimmel! auf
Im Weiler alle Türen fahren,
Draus hastig die Bewohner gleiten
Hervor, mit Rosenkranz und Buch,
Die Mädchen streichen an den Haaren,
Und zupfen noch am Busentuch,
Und in das Dorf von allen Seiten,
Geschwister, Freunde, und Bekannten,
Aus Tievero Gignard die Verwandten,
Sich stellen ein zur Jahrmarktsfeier,
Der steife Greis, der flinke Freier,
Mathieu, Savoyens bester Schütze,
Charlot der Ringer, Pierre im Lauf
Der Gemse gleich, des Berges Blitze,
Der Säumer mit gewirkter Mütze,
»Macht Platz dem Pfarrer!« Alles rückt –
Und langsam tritt der würd'ge Mann
In das Gewühl, den Nacken drückt
Schier ein Jahrhundert, was entrann
Nicht sparsam ist sein Haar, doch weiß,
Weiß wie der mächtge Alpengreis,
Der ihn mit seinem Anblick klar,
Gestärkt durch sechs- und neunzig Jahr,
Er schreitet fort – was mag er sinnen?
Wie Grab an Grab vorüber rinnen –
»Dich sah ich einst so froh und wach,
So trotzig Dich am Jahrmarktstag,
Dein Leid hab' ich mit dir getragen,
Gestillt im Tode dein Verzagen,
Auf eure Gruft der Enkel tritt,
Und Ich! – noch einmal tret' ich mit!«
Nun Glockenklang verhallt, – Gedränge
Verrinnt – zum letzten Male fallen
Der Kirche Türen, in den Hallen
Ersteht die Feier der Gesänge,

Erst schwach – verstärkt – ein voller Chor
In strenger Einfalt steigt empor,
Er hebt sich – schwillt – er ist verstummt –
Nur leise, wie die Biene summt,
Ganz leise scheint die Luft zu beten, 140
Am eingesunknen Leichenstein
Lehnt feiernd sich der Sonnenschein,
Und, mit entblößten Häuptern, treten
Die Alpen aus dem Duft hervor,
So fromm sie stehn, so ehrfurchtshehr, 145
Fürwahr! es wird dem Menschen schwer,
Daß er bewußtlos glauben soll,
Wem so gewaltge Stimme eigen,
Wenn flüsternd bald, bald donnernd, steigen
Die Laute zu der Alpe Sohn, 150
Er kennt ihr Antlitz, ihren Ton,
Was je durchzittert seine Brust,
Der Berg hat Antwort ihm gegeben,
Und manche Blicke, schuldbewußt,
Vor Alpenbrauen Zürnen beben, 155
Kein Schatten seinen grauen Schimmel,
Streut auf den frischen Sonntagshimmel,
Nur an der Jungfrau Stirne rein,
Gleich aufgelöster Tränen Schein,
Ein flockicht' Wölkchen webt, und flimmt, 160
Es schmilzt – es gleitet – es verschwimmt –
Und wieder stützt die hohe Frau,
Mit ihrer Stirn des Himmels Bau.
Sieh dort! ein weißer Strich – am Rain –
Ists ein entfallnes Tuch? – doch nein, 165
Es regt sich – ists ein irres Lamm?
Ein Vogel? – von des Hügels Kamm
Steigts abwärts – immer näher – ha!
Du gutes Mönchlein kommst gewiß
Zum Gottesdienst, ein Hindernis, 170
Hielt Dich so lang' – der Pater tritt
Gewaltig zu – doch zeigt sein Schritt

Sein Antlitz minder Eil als Trauer, –
Wie reibt er, mit dem Tüchlein weiß,
Sich von der Stirn den herben Schweiß! –
Naht nun der Kirche – nein – er geht
Vorüber, – um die Kirchhofsmauer,
Wo dicht am Born die Hütte steht,
Pocht an die Tür – ans Fensterlein –
Umsonst – ans zweite – dritte Haus –
Da endlich streckt ein Mädchen klein
Sein sonnenbraun Gesichtchen aus,
Es deutet nach des Dorfes Rand,
Der Pater lächelt, legt die Hand
Ihm segnend auf das dunkle Köpfchen,
Bereits geziert mit Band und Zöpfchen,
Und zieht fürbaß, – bis schwachbelaubt
Der Nußbaum weht, das Bärenhaupt
Geehrten Schützens Wohnung kündet –
Noch nicht? – er zieht den Fuß zurück,
Nun pocht er – tritt nun unters Dach,
Verwundert sieht das Kind ihm nach. –
Und horch! – im selben Augenblick
Ertönts vom Turm in dumpfen Schlägen,
Der Priester gibt den heilgen Segen,
Und dann das aufgerißne Tor
Die ganze Menge läßt hervor,
Wies strömt! wies wogt! – mit Gruß und Nicken
Die Mütter zu den Kleinen eilen,
Und hastig durchs Gedränge drücken
Sich flinke Krämer, sonder Weilen,
Ihr luftig' Zelthaus aufzuschlagen,
Zum Anger, wo die Stangen ragen,
Schiebt sich ein Trupp, man will doch sehn,
Welch Ziel dem Schützen? – ob gegeben
Die Laufbahn frei, der Ringplatz eben?
Des Mathieu Büchse wird besehn,
Charlot reckt seine senn'gen Glieder,
Pierre Luçe blickt lächelnd und verschmitzt

Auf seine schlanken Knie, und wieder
Wies drüben an der Kirche blitzt,
Von Kreuz und Halsband, Strauß und Mieder,
Die Männer hell, die Weiber fein,
In kosendem Geplapper schrein,
Viel blaue grüne Röckchen wehn
Gleich bunten Rädern sieht mans drehn,
Und, Schleifen an den Hüten, stehn,
Hand in die Hüfte, Strauß am Latz –
Die Bursche keck und stämmig, alten
Gesetzten Leuten wird es schwer
Zu keuchen durch den Strom umher,
All überall Getändel, Funken
Aus schwarzen Augen jahrmarktstrunken,
Und wie beweglich gehn die Glieder
Wie wehn die Bänder, wahrlich! wieder,
Nach kaum verklungner Hymne Ton,
Pfeifts dort ein Schelmenliedchen schon,
»Gianetta vieut tu bieaux habits«
O südlich Blut! o St Remi!
Du wunderbare Christenheit!
So fromm und doch so schnell zerstreut! –
»Hier Rose Rose hier!« allein
Geschäftig schlüpft die junge Frau
Durch das Gewühl, sie lächelt schlau,
Und zeigt der Zähne weiße Reihn,
»Nachher René! Marion nachher!
Ich muß zu Haus, es ist mir leid«
So eben kam ihr der Bescheid,
Ein Bruder aus St Bernhards Zellen
Begehre Botschaft zu bestellen,
Da geht sie hin! so fest und drall,
Fürwahr nicht schlechten Mannes Weib!
Die Falten drehn in üppgem Fall,
Ein seidnes Mieder schmückt den Leib,
Im Gehen sinnt sie, »was der Pater
Mir will? Botschaft vielleicht vom Vater!

Nicht zum Termin ists an der Zeit,
Gottlob! die Spende liegt bereit,«
Nachdenklich an den Fingern zählend
Tritt sie ins Haus, sie rechnet fort,
Und dann – »gelobt sei Jesus Christ!«
»In Ewigkeiten! Frau la Borte,«
»Bleibt still am Feuer Herr, es ist
Ein saurer Weg den ihr gemacht«
»Ja, Frau la Borte ein saurer Weg!«
»Man sagt, verschüttet sei der Steg
Bei Vacherie, in letzter Nacht
Hat die Tormenta arg gewütet«
»Der Herr hat Vacherie behütet!
Nur in des Pain de Sucre Paß
Hat sich ein Eisblock abgelöst,
Doch sonder Schaden« – »Vater was –
Doch wartet!« – und, durch eine Tür,
Schlüpft rasch sie in der Stallung Reihn,
Wo, schüttelnd schlanker Hörner Zier,
Die Rinder schnaubend wiederkäun,
»Etienne! da drüben vom Hospiz
Hat sich der Bruder eingefunden,
Geh schnell – die Wolle ist gebunden,
Das Kleid liegt unten tief im Schrein,
Pierre Luçe ist hier, auch Manons Sohn,
Mathieu besah die Preise schon,
Und Alles ist ihm nachgerannt,
Man meint der Heiland komm' ins Land«
»Hm!« spricht der Senn', und schüttelt sich,
»Der Mathieu denkt er kanns allein!
Doch gibts noch Andre sicherlich,«
Verschlagen lächelnd steigt er fort,
Von Trog zu Trog, ein hübscher Mann!
In scharfen Zügen Witz entfaltend,
Um Lipp' und Wang' ein wenig Hohn,
Savoyens echtgeborner Sohn!
Er wirft das Haupt, und murmelt fort,

Klatscht kosend den gewalt'gen Stier,
Ein Schrei ein Ächzen! – hin zur Tür!
Sein Weib auf einen Stuhl gebeugt,
Ficht mit der Luft wie angstverloren
»Was ist dir Rose! Rose! sprich!« –
Umsonst sie wimmert, windet sich,
»Etienne! mein Vater ist erfroren!«
Und mit dem ersten Worte schnell
Entstürzt der bittre bittre Quell,
Und wie der Wind die Espe rüttelt,
Den ganzen Leib ein Schauder schüttelt,
Vergebens mahnt der Mönch, kein Heil,
Die Rede strömt in wirrer Eil,
Folgt ihr der Sinn? man weiß es kaum –
Die Worte schwimmen wie im Traum,
Doch wer Savoyens wilde Kraft,
Gesehn im Sturm der Leidenschaft,
Darf hoffen daß die Senne nicht
Den überspannten Bogen bricht,
Doch leiser wird, und immer leiser,
Der Atem, abgestumpft und heiser
Die Stimme schwindet – sie wird schwach –
Ums Auge läßt die Spannung nach –
Ihr Mann in seinen Armen, lind
Sie trägt wie ein ermattet Kind,
Und wie, nach dem verstörten Paar,
Die Tür sich schließt, der Mönch steht auf,
Und wandelt sinnend ab und auf,
»Welch' herber Kampf! in dieser Zeit
Wie schwach das Bild der Ewigkeit!
Doch sie ist jung – ihr Blut noch warm,
Bin ich denn mehr? – daß Gott erbarm!
Mein Vater starb – ich war noch klein –
Kaum ahndets mich – doch muß es sein,
Nicht herb'res Weh die Seele leidet,
Als wenn sich Blut vom Blute scheidet,
Deshalb« – aus seines Ärmels Schrein,

Zieht er ein Rosenkränzchen klein,
Und betet für das arme Weib,
Wie für des Abgeschiednen Ruh',
Nimmt einen Bissen auch dazu,
Denn ganz ermattet ist sein Leib,
Er hat in Eil, und unbedacht,
Sich nüchtern auf den Weg gemacht –
Und seinen schmerzgewöhnten Sinn,
Nahm nicht so ganz die Szene hin,
Daß er nicht denkt, in seinem Mut,
Das Brod sei frisch, die Butter gut. –
Dann meldet er des Hauses Wirt,
Der wieder naht und forscht nach Kunden,
Wie sich der alte Mann verirrt,
Und wie der Hund das Kind gefunden,
»Ja!« spricht der Senn', und blickt zurück,
»Bei allem Unglück noch ein Glück,«
Doch kündet Alles in dem Mann
Die schwerbezwung'ne Regung an,
Verstohlen stützt er an die Wand
Den Körper, bleich ist sein Gesicht,
»Jetzt holen wir den Vater, – nicht?«
Und bald mit Nachbarn, die in Hast
Verlassen Tisch und Jahrmarktsgast,
Ist wieder Etienne zur Stelle.
Nachdenklich schaut der Mönch den Trupp,
Geschmückt mit Bändern, Strauß, und Flittern,
Wie die gebrannten Züge zittern,
Wie rollen ihrer Augen Kohlen,
Sie Leichentuch und Bahre holen,
Und nun von Lachen, Spiel, und Schmaus,
Die Reise geht ins Totenhaus. –
O stummer Rede Allgewalt! –
Man schreitet an, »halt« ruft es, »halt
Ich komme schon« und Rose tritt
Mit ihrem Strohhut in das Tor,
Verwundert blickt der Mönch empor,

– Ein andres Wesen wie zuvor, –
Der gute Mann begreift es nicht,
Savoyens Tochter wird, allein,
Von ihrem Volk verstanden sein.
Vom Dorfe drunten Jubelschrein
Der Armen schrillt durch Mark und Bein,
»Ha! nouschran Prince de Savoye!«
Doch bald verschwindet St Remi –
Um den bejahrten Fichtenwald,
Der schützend übers Tal sich streckt,
Die Nebel füllen jeden Spalt,
Wie Nadeln in den Schleier steckt
Ein schönes Weib, o Waldesruh!
Bist du nicht schön? o Wildnis du!
Wenn nickend schaust, im Sonnenduft,
Der Drançe muntern Sprüngen zu,
Wie dort im kleinen Wasserfall,
Sich Zweig' und Gräser plätschernd bücken,
Der fromme Morgen scheint das All,
Sehnsüchtig an die Brust zu drücken,
Aus dem Gestrippe Fingerhut
Bedächtig streckt die roten Glocken,
Der Steinbrech hält sich fest und gut,
Das Geißblatt windet sich erschrocken,
Und dort, zur Rechten, übern Rain,
Zeitlosen, mit erneuter Kraft,
Verhauchten Lilas Schimmer streun,
Und drüber hebt den Purpurschaft
Die Orchis, wie ein schlanker Knabe
Zur Herde schaut von seinem Stabe, –
Steil wird der Pfad, die Wandrer glühn,
Quarzhelle Blöcke reihn sich dichter,
Mit jedem Schritt' das Leben weicht,
Im Walde lichter wirds und lichter,
Bis nun, verkrüppelt und gebeugt,
Am braunen Grund die Fichte kreucht,
Ha! Vacherie! – hier weilt der Zug –

395	Auf einen Schemel Rose sinkt,
	Des Bechers Labe kreist, sie trinkt
	Zwei Tropfen nur, es ist genug,
	Vor ihren Blicken schwimmt der Steg,
	Wie seltsam blendet sie das Licht!
400	Nicht weinen will sie vor den Leuten, –
	Drum meint sie auch sie weine nicht, –
	Einsam und traurig wird der Weg,
	Nur halbverdorrte Stämme deuten,
	Mit Spitzen, karg und frostgepreßt,
405	Des matten Lebens Überrest,
	Und drüber Nichts als Hänge wüst –
	Baumlose Steppe – heidicht' Moor –
	Kein Vogel der das Blau begrüßt –
	Kein Kraut aus Klippenspalt hervor,
410	Ein Schweigen dem erliegt das Ohr,
	Stumm keucht der Zug und mühsam dort,
	Etienne zu Rose spricht ein Wort,
	Sie nickt betäubt und wandelt fort,
	Des ewgen Schnees Region
415	Man naht sich ihr, man fühlt sie schon,
	Ein Ton! ein Lebenszeichen! seht:
	Um jene Klippe krächzend dreht
	Der Rabe sich, viel besser doch
	Als solcher Ruf die Stille noch!
420	Ein Felsenriß! – doch nein die Bahn
	Erweitert sich, schon ist erreicht
	Des Donnergottes kleiner Plan,
	Hier rastet man, und atmet leicht,
	Und an den Pfahl, der buntbekleidet
425	Sardinien und Wallis scheidet,
	Lehnt sich die Frau – tief unten zeigt
	Sich Ferrets Tal – und riesig beugt
	Montblanc den grauen Nacken vor, –
	Ringsum nur totes Chaos starrt.
430	Wie eine Welt, die ausgewettert
	Den neuen Schöpfungstag erharrt,

Ja, ward, wie zeugt des Römers Mund,
Die Wildnis dem Karthager kund,
Fürwahr! manch' punisches Gebein
Bedeckt so wüster Leichenstein!
Vom Herde fern, welch trostlos Grab!
Wo Tau noch Regen kömmt herab.
Schlaft wohl! zum letzten Mal für Heut'
Sehn sie den Grund, die Steppe beut
Nur fürder Schnee wohin man blickt,
Von schwarzer Trümmer Wust gedrückt,
Und ruckweis, durch des Felsen Glieder,
Der Wind pfeift seine wilden Lieder,
Auch eine Wolke träumt mitunter
Am kalten Horizont hinunter,
Und leichter wird das Blut bewegt,
Da Etwas außer ihm sich regt,
Nur nicht gesäumt, was Jeder kann
Den Fuß beeilt, voran, voran –
Schon weicht das letzte Felsen Mal
Schon langsam öffnet sich das Tal
Und drüben liegt das Hospital.

Wie freudlos! an des Sees Strand,
Dem linde Wellen nicht allein,
Nein dem erzürnten Gottes Hand,
Versagt des Gletschers toten Schein,
Der ein versteinerter Cocyt,
Und doch, wie milder Frieden blüht
Dem Mann, der keinen Spiegel kennt,
Als sein verdüstert Element,
Man klinkt ans Tor »bleib Rose da
Bleib Kind« sie lehnt sich an die Wand,
Und starrt nur immer über Land,
Man meint, wo, unter Felsenhängen,
Sich schwärzlich kleine Flächen drängen,
Verweil' ihr Blick, sie sieht es nicht,
Sie fährt empor, – wer rührt sie an!

Was keucht da so, was will ihr Mann,
»Der Vater lebt,« – sie taumelt, sinkt!
Urplötzlich glühend Rot bedeckt
Ihr ganz Gesicht – die Arme streckt
Sie aus – und fliegt am Senn' vorbei
Mit wildem ungemessnem Schrei,
Ihr nach, ihr nach, was frommt die Eil,
Sie ist ein Blitz, ein Sturm, ein Pfeil,
Dort läuft sie an den Zellen rüttelnd –
Mit irrer Hand die Riegel schüttelnd –
O still wer kündete wie fand
Den Druck sie von der liebsten Hand.
Wie auch die schönste Stunde flieht,
So unvermerkt der Morgen zieht,
Und mählich, zum gewohnten Gang,
Zurücke kehrt des Blutes Drang,
Und endlich, endlich ward erzählt,
Wie Eleuthere, halbstündlich, treu
Ins Leichenhaus gewandelt sei,
Den heimlich Überzeugung stählt,
Daß Ohnmacht auf dem Sennen liege,
Doch – unverändert stets die Züge –
Das Auge starr – fast läßt er nach –
Wars nicht als ward ein Schimmer wach,
Ein Fleckchen an der Braue – ja –
Gewiß auch an der Wange heben
Sich schwache Schatten – hier und da –
Ins Hospital der Bruder rennt.
»Geschwind herbei, herbei zumal,
Mit Bürst' und Tuch, ich spüre Leben!«
Die Mönche drängen in den Saal,
Schon unter ihren Händen beben
Die Fiebern rötlich, Fleck an Flecken
Allmählich jedes Glied bedecken,
Das Glas sich trübt – die Feder weht –
Es zuckt die Lippe – langsam dreht
Das Auge sich, und rollt im Kreis –

»So ward ich zu des Höchsten Preis 505
Gerettet,« »aber Vater« spricht
Rosette »ihr verhehlt mirs nicht
Mein Schwager krank seit Wochen war,
Wie stehts um ihn,« »mein liebes Kind,
Er war ein Christ und guter Mann« 510
Der Alte schweigt betrübt, und dann –
»Als mich von hier Susette nahm
Da riet man mir wohin ich kam
Den Garten soll ich baun und Hagen
Die tausend Grillen zu verjagen, 515
So alte Schwiegerväter plagen,
Allein – ich segn' ihn in der Gruft
Den François – die fremde Luft
Ward mir nicht eng', doch immer blieb
Dem Pfleger seine Schöpfung lieb 520
Ja, schöne Rosen standen drin!
Gestreifte Nelken, und Jasmin,
Levkojenstöck an allen Wegen
Susette half sie oft mir pflegen,
Vergänglich ist ein Rosenstamm, 525
Doch wandelbar wir allzusamm,
Der erste Stock den sie gepflegt,
Ich hab ihn auf ihr Grab gelegt,
Da mag sie ruhn, das fromme Lamm
Den Strauß an ihrer Brust, und an 530
Der Hand den Ring von ihrem Mann,
Den Trauring, den, in allen Tagen,
So ehrenvoll sie hat getragen,
Fürwahr – doch Rose weine nicht,
Es ist vorbei – auch François 535
War tief betrübt, und öfters sah
Ich ihn vor ihrem Schranke walten,
Die Lätzchen, Mieder, all entfalten,
So gings – allein wir lebten still,
Ertrugens wie der Himmel will, 540
François bestieg der Alpen Höh',

Ich sah zum Kind, mir tats nicht weh,
Daß ich, in meinen alten Tagen,
Die Küchenschürze sollte tragen,
Ja! meiner ungeschickten Hand
Ist oft die Suppe angebrannt!
Wohl! wars wie sonst!« – hier bebt ein Strahl
Durch sein verwittertes Gesicht,
»Ja! wars wie sonst, im ganzen Tal
Von St Remi ein Schütze nicht
Mir vorging, galts die First erklettern,
Wo, unter Sturm und Stöberwettern,
Die Gemse durch den Nebel strich,
Und mancher Steinbock, sicherlich,
Des Abends überm Hange stand,
Am nächsten Morgen war er fort,
Getäuscht der Jäger maß die Wand,
Wo blieb er? in der Hütte dort
Zu St Remi, muß sein Geweih
Noch ragen von der Decke frei,
Ich und trouvez, mein Hund, wir Zwei
Wir machten keinen Gang vergebens,
Allein, was rühm' ich mich des Lebens
So längst dahin! – die Zeit! die Zeit!
Chaumonys Gletscher rücken kann,
Das Ureis löst sie am Mont noir,
Sie schont auch nicht den besten Mann,
Wer könnte bleiben was er war!«
Hier streicht er seinen Scheitel bar,
Ein Blick auf seine Hände dürr,
Er richtet sich – streift das Gewirr
Unwillig vom betörten Haupt –
»Ja, Kinder, besser als ihr glaubt
Fand ich mich in mein seltsam Amt,
Mir von der Mutter angestammt,
Und sah nun wie ein alter Mann
Zum alten Weibe werden kann,
Ja, wärs nur immer so geblieben!

Nicht froh wir lebten, finster nicht,
Allein die Staublawine bricht 580
Gewaltsam fort hat nur ein Hauch
Die ersten Flocken angetrieben,
So mit dem Schicksal geht es auch,
Ein Unfall selten kömmt allein,
Stets holt ihn der Gefährte ein, 585
An einem Tag – François war früh
In seinem Weidwerk ausgegangen,
Ich kochte, dacht' an St Remi,
Und sah die Nebelwolken hangen,
Zu Mittag blieb er öfters aus, 590
Der Abend kam – mir wurde bange –
Mich hielt das Kind im öden Haus –
In St Pierre die Glocke schlug,
Sechs – sieben – acht – nun wars genug!
Ich dämpft' das Feuer, sperrt' den Schrein, 595
Schloß Henry in die Kammer ein,
Und vorwärts nun, in Gottes Hut,
Mein Ohr ist scharf, mein Auge gut,
Nicht suchen durft' ich überall!
Sein Hund, der heulend glitt herbei 600
Vom Gletschereis der Valsorey,
Gab mir die Spur zum Drançefall
Dort fand ich ihn – ich dachte tot,
Mit einem Gemsbock unterm Arm,
Ich lag zu Ihm, in meiner Not, 605
Griff in die Brust, sie war noch warm,
Dann lud ich auf die Schultern ihn
Schwer ward er mir bis in sein Haus
Lief dann, beinah' verrückt, hinaus
Nach St Pierre, das Leben schien 610
Entflohen, endlich kams zurück,
Doch nur auf einen Augenblick
Der Sinn, bis deutlich er erzählt,
Wie ihn das Mißgeschick betroffen
Was frommt das Grübeln – alles Hoffen 615

War hin, so sieben Wochen lag
Er ganz verstandlos, Nacht und Tag«
Der Alte schweigt, und Rose spricht,
Ders heimlich auf der Seele brennt,
»Doch, Vater! Eins erwähnt ihr nicht,
Nahm er das heilge Sakrament?«
»Mein Kind, er wußte Nichts von sich,
Gott ist gerecht, das tröstet mich,
Wo menschlich hat mein Sohn gefehlt,
Er ließ den Eisblock auf ihn fallen,
Ein Tor wer sich mit Zweifeln quält,
Ich glaub' an meines Schöpfers Treu' –
Ja! manche Stunde schlich vorbei,
Manch' harte Stunde, einstens früh,
– Es war ein milder Tag wie heut, –
Ich hatte fast die ganze Nacht
Bei meinem armen Sohn verwacht,
Der still, wie seit dem Unfall nie,
Zu schlummern schien, die Nachbarn waren
An ihre Arbeit heimgekehrt,
Ich war allein, und unverwahrt
Ließ weit ich die Gedanken fahren,
Da regt es sich ›mich dürstet‹ spricht
Der Kranke, wie ein blendend Licht
Durchzuckt' es mich – schier faßte Mut
Ich alter Tor, und sah doch schon
Den Tod, und hörte Sterbeton,
›Mich dürstet‹ freudezitternd, schnell
Lauf ich zum nahen Klippenquell,
– Nein nicht zu nah, daß er so weit
Bracht öfters Unbequemlichkeit –
Schöpfe dann hastig, aus dem Glas
Entschlüpft mir immerfort das Naß,
Jetzt faß ichs, kehre keuchend wieder,
Was duckt dort unterm Baume nieder?
Ein weißer Klumpen – mir wirds Nacht!
Es war mein Sohn, o Himmelsmacht!

Gekrümmt, am alten Fichtenstamm,
Du magst für seine Seele beten,
Komm her!« er nimmt sie in den Arm,
Streicht liebreich ihre Wange warm,
Wägt in der Hand ihr Zöpfepaar,
Fährt dann hinab die Stirne klar,
»Du braunes frommes Angesicht!
Dein kann ich nimmer mich entwöhnen,
Wie oft hab' ich an dich gedacht,
In St Pierre, bei Tag und Nacht, –
Dort war mir Alles nun verhaßt,
Was sollt' ich noch im öden Haus'?
Nach wenig Tagen zog ich aus,
Robert, dem Nachbar, wie das Grab
Getreu, ich alle Schlüssel gab,
Nahm Henry, dem ich erst zuvor
Sein gutes Kleidchen angelegt,
Und trat dann in der Scheune Tor,
Und noch es mir das Herz bewegt,
Daß Nebelgrau, an jenem Tag',
Verbarg die Stelle wo *sie* lag,
Nun fort – das Wagnis schien mir klein,
Zwar vorgerückt die Jahrszeit war,
Den Berg bestieg ich oft allein,
Das sind nun freilich zwanzig Jahr,
Doch Jahre sind wie Nebelschein,
Turmhoch, endlos, eh mans erreicht,
Ists da ein Dunst – ein Nichts? vielleicht! –
Doch leider sind die Kräfte wert,
Vom giftgen Dunste dann verzehrt,
Ich glaubte mich was ich nicht war,
Mein frühres Selbst, und offenbar
Mir allzu spät die Täuschung ward, –
Den guten Vätern dank ichs noch
Daß ich soll in den Totenschrein
Gelegt von Euren Händen sein,
Denn Sterben – bitter ist es doch

Und einsam sterben doppelt hart!«
Hier endet den Bericht der Greis.
Nachdenklich Schweigen herrscht im Kreis,
Sich Rose auf den Knaben bückt,
Des Vaters Rechte sachte drückt
Etienne, und weil, an diesem Tag',
Ein Jeder kämpft, wie ers vermag,
Des Herzens Schrei zu unterdrücken,
So muß es endlich Allen glücken,
Und Barry, das getreue Tier,
Wies gähnend aufsteigt vom Kamin,
Das hülfbereite, muß auch hier
Aus Grübeln alle Sinne ziehn,
Von Rosens Schoße Henry schlüpfend,
An seinen zott'gen Freund sich macht,
So furchtbar ihm in letzter Nacht,
Und rasch auf seinen Rücken hüpfend,
Er stapft im Saale hin und her,
»Ei, Tante Rose« schmeichelt er,
»Darf ich, an Sonn- und Feiertagen,
Zuweilen deine Kappe tragen?«
»Gewiß, mein Bub'« »so gib den Hut
Mir gleich« »nun wohl! doch wahr ihn gut,
Laß nicht die schönen Bänder streifen«
Der Knabe schielt auf Strauß und Schleifen,
Und rasch sein Köpfchen fährt hinein,
Bis übers Ohr »er ist zu klein!«
Die Tante ruft mit mildem Spott,
Als nun der zarte Don Quixote,
Ein Nachen fein, mit Segeln breit,
Fährt übern Estrich, »sei gescheit!
Trab' her! ich rück' Dirs in die Höh'«
Zum Mahle lädt der Clavendier. –

    Und bei des nächsten Morgens Früh'
Zwei Mönche stehn in Duftes Weben,
Sie schaun herab nach Vacherie,

Von einer Felsenplatte eben,
So zierlich, daß des Meißels Spur
Du suchst im Spiele der Natur,
Ihr Auge folgt der kleinen Gruppe,
Die niedersteigt von jener Kuppe, 730
Dem Greise, an des Zuges Spitze,
Der rüstig seinen Alpstock regt,
Dem Sennen der das Körbchen trägt,
Dem Weib' mit der italschen Mütze,
Dem Knäbchen noch, das für und für 735
Kost sein geliebtes Murmeltier,
Mitunter in sein Pfeifchen stößt,
Das Pater Koch vom Ast gelöst,
Kunstreich der Infirmier gebaut,
Herüber schrillt der dünne Laut, 740
Wie fliehend zirpt ein Vögelein,
Dort schwimmen sie, im Sonnenschein,
Undeutlich schon – wie Punkte dann
Sich drehn auf einer Linie krumm –
Die guten Brüder wenden um, 745
Und treten ihren Rückweg an –
So ziehn auf immer sie geschieden,
Zum Glücke die, und die zum Frieden,
Ach Glück ist Frieden Frieden Glück,
Der Tau die Schimmer wirft zurück, 750
Und tausend Farben zeigt der Schein,
Doch einen Strahl sie hüllen ein.

DRAMATISCHE VERSUCHE

BERTHA

ODER

DIE ALPEN

TRAUERSPIEL IN DREI AUFZÜGEN

⟨Die rechte Spalte des Personenverzeichnisses ist vom Editor zusammengestellt. Die Handschrift des nachgelassenen, fragmentarischen Jugendwerks weist ein Personenverzeichnis (linke Spalte) auf, das nur die Personen der ersten, während der Arbeit geänderten Konzeption nennt.⟩

PERSONEN

ANTONIO MARQUIS VON MONTEBELLO *Reichsgraf*
CASSANDRA VON MONTEBELLO *Reichsgräfin*
  seine Gemahlin
DON GIOVANNIH,
DONNA CORDELIA, *Cordelia* ⎱ *ihre*
DONNA LAURA, *Bertha* ⎰ *Töchter*
GUILELMO *reisender Musikus* *Edward Felsberg*
ALFONSO MARQUIS VON ROCCASSANA *Hippolitos, Minister,*
  Bruder des MARQUIS *Bruder des*
    Reichsgrafen
ELEONORE VON ROCCASSANA *Ministerin*
  seine Gemahlin
DONNA ELMIRE *ihre Tochter* *Laurette, ihre Tochter*
CLAUDINE *Kammermädchen der*
  DONNA LAURA
THERESINE *Kammermädchen der*
  DONNA CORDELIA,
LELIA *Kammermädchen der*
  DONNA ELMIRE,
ROGER *Kammerdiener des*
  DON GIOVANNI

  Ferdinand,
    Sohn des Reichs-
    grafen
  Graf Reihersdorf
  Graf Hellbronn
  Marco Godowesi
  Katherine,
    Berthas Amme
  Bauernmädchen
  Kammerjungfern
  Bediente

ERSTER AUFZUG

Gespräch zwischen Cordelia und Bertha. Cordelia sucht Bertha von ihrer Liebe zu Edward zu heilen auf eine sehr undelikate Art.

ERSTER AUFTRITT

Cordelia stickt an einem Schirme,
Bertha singt bei einer Harfe.

BERTHA
    Am hellen Gewässer, der spiegelnden Flut
Da steht eine freundliche Hütte
Draus tritt bei des Morgens erneuerter Glut
Ein Mädchen mit wankenden Schritte
    Sie schauet mit trauernden Blicken umher
Und nieder zum Anger sich bücket
Maßliebchen und Veilchen und Blümelein mehr
Mit zitternden Händen sie pflücket
    Sie windet ein duftendes Kränzchen daraus
Wirfts in die kristallene Helle
Schaut dann in die bläuliche Ferne hinaus
Und dann in die silberne Welle
    Wie ist mir so weh was durchbebt mir die Brust
Mit unbekannten Verlangen
Es füllt mir die Seele mit inniger Lust
Und doch mit unendlichem Bangen
    Ich blühte so frisch wie die Rose im Mai
Wie das Kränzchen das ich gewunden
Es flohen in rosichten Schimmer vorbei
Die leichten ätherischen Stunden
    O wehe verbleicht sind die Wangen nun
Verwandelt das Lächeln in Tränen
Es läßt mich nicht weilen es läßt mich nicht ruhn

Mich treibt unbegreifliches Sehnen
Die wenigen übrigen Blümelein dann
Ergreift sie mit tränendem Blicke
Drückt feste dem klopfenden Busen sie an
Und wankt in die Hütte zurücke –
Sie bleibt nachdenkend auf ihre Harfe gelehnt.
CORDELIA Geliebte Schwester sieh den Schirm doch an
Ob er nicht hübsch wird, vom altare schlägt
Die rote Flamme lodernd in die Höh
Und in die Wolken dringt der dicke Rauch
Ein Vogelheer durchflattert ängstlich dort
Vom Dampf umnebelt die getrübte Luft
Und sucht der heißen Wolke zu entfliehn
Am Fuße Des Altares kniet still
Und demutsvoll die junge Priesterin
Viel Ausdruck hat ihr heiliges Gesicht
Sieh nur die sanften Augen an gewiß
Ich habe recht natürlich es gemacht
Meinst du nicht? doch du hörst mich wieder nicht
Bist ganz zerstreut ich bitte dich sieh her
Sieh meine schönen bunten Bilder an
Das zart Gebilde meiner fleißgen Hand
Bertha!
BERTHA Was sagst du, sagtest du etwas?
CORDELIA O sieh mich nicht mit diesem Blicke an
Dem stillen trüben der das Herz mir engt
Zwar nimmer war so heiter dein Gemüt
Wie meins das keine bange Sorge kennt
Und nur im Kreise holder Häuslichkeit
Für sich und seine stillen Pflichten lebt
Doch wie seit eingen Wochen ernst und düster
So sah ich nimmer deinen scharfen Blick
Im Winkel trauert einsam dein Geweb
Nicht mehr gefördert von der fleißgen Hand
Und stundenlang wallst einsam du umher
Im sonngen Garten setzest dann dich nieder
Schaust unbeweglich auf den Boden hin

Als wolltest du die Körner Sandes zählen
60 Und spielest mit den Fingern seufzest tief
Auch rinnt oft unbemerkt vom Auge dir
Die Trän herab auf den beblümten Rasen
So hab ich oftmals traurend dich gesehn
Wenn deine Tränen rings den Boden netzten
65 Und trübe Schwermut im Gesicht dir lag
Allein du sahst die bange Schwester nicht
Sahst nur dein eignes innres tiefes Leid
Und blicktest starrend in die blaue Ferne
Und auf den bunten blumenreichen Rasen
70 Dann schlich ich traurig unbemerkt von dannen
Wohl wissend es vergrößre nur dein Leiden
Und mach noch stiller dich zurückgezogner
Wollt ich dich mit vorwitzgen Fragen quälen
Und schloß mich traurend dann in meine Kammer
75 Und weinte bittre heiße Schwestertränen
Allein du hörst nicht
BERTHA   Ja ich höre, Liebe
Allein du irrst dich ja gewiß du irrst dich
Vom Rahmen etwas, ja gewiß vom Rahmen
CORDELIA Ich irre? nein gewiß ich irre nicht,
80 Auch sagst dus meinen Fragen auszuweichen
Und willst dem treuen Schwesterherzen nicht
Vertrauen was die Seele schwer dir drückt
Das kommt von deinem allzuvielen Denken
Und langen Wachen und alleine Sein
85 Doch wenn du wolltest an dir gleiche Seelen
Dich schließen eine traute Freundin wählen
Wenn auch Cordelia nicht deine Schwester
Denn nimmer kann mein stilles muntres Wesen
Wohl deinem hohen ernsten Geist Genügen
90 Doch willig übertrag ich meine Rechte
Für deine werte Ruh an eine andre
BERTHA Du bist mir lieb und wert vor allen andern
Mein Cordchen teure Schwester meiner Seele
Durch gleiches Blut mir nicht allein so teuer

Auch durch dies Herz so sanft so liebevoll 95
Wenn stille Trauer meine Seele drückte
Und ich es einem Wesen könnte klagen
Wie sollt ich von der Schwester mich entfremden
Vom selben Schoß geboren mir verbunden
Durch alle heilge Bande der Natur 100
Und fremden kalten Herzen es vertrauen
O Teure oft seh ich dein ruhges Leben
Dein frommes unschuldvolles stilles Wandeln
Mit trüben Blicken an und möchte gerne
Dir gleichtun aber ach ich kann es nimmer 105
Mein Geist ist unstet und hinweggezogen
Wird er gewaltsam wie von Meereswogen
CORDELIA Zu männlich ist dein Geist strebt viel zu hoch
  Hinauf wo dir kein Weiberauge folgt
  Das ists was ängstlich dir den Busen engt 110
  Und dir die jugendliche Wange bleicht
  Wenn Weiber über ihre Sphäre steigen
  Entfliehn sie ihrem eignen bessern ⟨Selb⟩st
  Sie möchten aufwärts sich zur Sonne schwingen
  Und mit dem Aar durch duftge Wolken dringen 115
  Und stehn allein im nebelichten Tal
  Wenn Weiber wollen sich mit Männern messen
  So sind sie Zwitter und nicht Weiber mehr
  Zwar bist du Bertha klüger viel wie ich
  Denkst tiefer viel bist älter auch an Jahren 120
  Doch glaube diesesmal nur meinen Worten
  Das gute Weib ist Weiblich aller Orten
BERTHA Ich glaube dir du gutes Mädchen gern
  Doch ist es das nicht was die Seel umdüstert
  Es ist ein weiches trauriges Gefühl 125
  Was von dem bangen Auge Tränen heischt
  Es hebt mich nicht auf Schwingen mehr empor
  Es drückt mich nieder macht mich mutlos krank
  Sei ruhig, Kind, es wird schon bald sich geben
  Ich glaub s tut viel die schwüle Sommerluft 130
  Die ungewohnte Hitze dieses Jahrs

CORDELIA Gib nicht der heitern Sommerluft die Schuld
  Das Träumen trägt sie das einsame Wandeln
  Laß deine Hand die feine Nadel führen
135 Und unter ihr entblüh ein schönes Bild
  Wenn gleich im Anfang dir es widerstrebt
  Und dich hinweggreißt von dem Blanken Rahmen
  Du förderst ja wohl eher solches Werk
  Und fertigst manches reiches schön Gewand
140 Mit kunstgeübter Hand Eh noch der Gram
  Die wange dir umschattet und den Blick
  Wenn ich bei meinen zarten Bildern sitze
  Betrachtend sie mit inniglicher Lu⟨st⟩
  Die schönen Schirm und flatternden Gewänder
145 Die ich verfertigte mit eigner Hand
  Dann strahlt die Freude von dem Auge mir
  Und es beflügelt sich die leichte Nadel
  Um mehr zu schaffen noch der schönen Arbeit
  O süße Bertha, herzensliebe Bertha
150 Du würdest sicher dessen dich erfreuen
  BERTHA Sind deine seidnen Fäden stark genug
  Um aus dem finstern Bergschacht die Versunkene
  Hinauf ins helle Tageslicht zu ziehn
  O Cordchen was dem einem wohltut senkt
155 Den andern tiefer in die Schwermut hin
  Bei deinem farbigen Gewebe kann
  Ich keine Ruhe finden ganz allein
  In meinem stillen Träumen liegt mein Glück
  Ich hab auch meine schönen zarten Bilder
160 Doch trag ich in dem vollen Herzen sie
  Und nicht auf Schirme und buntfarbge Kleider
  Bei meiner harfe leisen süßen Tönen
  Dann ziehen sie in langer Reih vorüber
  Und laben mir das Aug des innern Sinns
165 CORDELIA O deine Harfe o die mordet dich
  Und tönt mit ihren silberhellen Saiten
  Dir diese Träume in dein banges Herz
  Wenn oftmals traulich wir ein Weilchen kosen

Und muntrer du dann scheinst die Stirne heller
Dann greifst du plötzlich in der Harfe Saiten
Und trüber wird dein Blick dann singst das Lied
Vom Hüttenmägdlein singst es immer wieder
Und lullest dich in finstre Schwermut ein
BERTHA Laß mir die übrigen die wengen Blümlein
Aus meines Lebens früh gewelkten Kranz
Es sind die einzgen wengen die mir blieben
Drum schließ ich fest sie an die wunde Brust
Wir lieben stets und suchen ja am meisten
Des Frühlings erste Kinder und die letzten
Die uns der Herbst beut denn es sind die einzgen
Die uns noch übrig bleiben darum suchen
Wir emsig auf und pflegen sorgsam sie
Und trauren wenn sie welken ihnen nach
Ich bitte Cordchen laß mir mein⟨e⟩ ⟨Fre⟩ud
CORDELIA O diese Blümlein hauchen süßes Gift
Und bleichen deine frischen Rosenwangen
BERTHA Ja hingebleicht sind meine Rosenwangen
Und hingewelket meines Lebens Rosen
Um nimmer nimmer wieder aufzublühn
Und ließen nur den Stachel mir zurück,
CORDELIA Was sagtest du da?
BERTHA   Nichts, ich bitte dich
Laß deinen Schirm mich sehn ich find ihn schön
Und möcht auch wohl solch kunstreich Werk beginnen
CORDELIA
Und willst der Schwester deinen Kummer bergen
BERTHA Wüßt ich es was mir fehlt Cordelia
Ich würd es deinem treuen Blick enthüllen
Und Trost mir suchen an der Schwester Brust
Allein gewiß ich weiß es nicht Geliebte
Doch rührt es sicherlich von Krankheit her
Denn glaub es mir ich bin nicht recht gesund
Zerstreuung nur Cordelia Zerstreuung
Die würd mir wohltun du hast wirklich Recht
Ich bitte laß uns von was anderm reden
Was scheint dir von Lauretten der Kusine

205 CORDELIA Recht artig scheint sie mir recht wohlerzogen
Und auch recht lieb und hold im Anfang zwar
Schien zu verschlossen mir ihr Blick nicht gnugsam offen
Die Miene und zu überdacht die Worte
Allein ich tat ihr Unrecht sanft und gut
210 Ist ihr Gemüt und ohne Trug die Worte
Im Sinne wohnt kein Falsch wie ich es wähnte
Und gut bin ich dem Mädchen schon von Herzen
Kömmt sie nicht arglos jedem gleich entgegen
Wie wir es gerne sehn und selbst es tuen
215 So denk sie ist am Hofe aufgerzogen
Wo Mißtraun kalte Vorsicht Sitte ist
Und still und fern wie wir vom Stadtgeräusche
So lebten wohl nur wenig Grafentöchter
Darum verzeih ich ihr den Schleier gern
220 In den die eiserne Notwendigkeit sie hüllte
Und den sie willig ablegt bei der Freundin
Allein du schweigst scheint dir nicht also Bertha
BERTHA Ich habe wenig sie bis jetzt beachtet
Auch scheint mir das was dir im Anfang schien
225 Doch tu ich ihr gewißlich Unrecht will
Mich ferner fester an sie schließen sehn
Ob sie die glatte Hülle von sich streifte
Und sich als meines teuren Oheims Tochter
Als unsre nahe Blutsverwandtin zeigt
230 Es widersteht mir wirklich ihr Gesicht
Doch sag ichs noch ich tu ihr sicher Unrecht
CORDELIA Du tust es sicherlich und zwar recht großes
BERTHA Ja nimmer kann des teuren Onkels Tochter
Das einzge Kind von unsrer gütgen Tante
235 Das mindste Falsch in ihren Herzen hegen
Wenn nur die kleinste Ähnlichkeit der Eltern
Dem Kinde eigen o wie freut er sich
Und wir uns als so plötzlich unvermutet
Er in den Saal trat Bruder liebe Schwester
240 So riefs und in den Armen lagen sie
Einander weinten dann vor Freude

CORDELIA Ja und selbst des Bruders ernstes Auge heitert
  Sich auf und strahlte ungewohnte Freude
  Als nun mein Ferdinand mein guter Junge
  Ihn nannt der Onkel und dann schm⟨uck⟩ und edel   245
BERTHA Und Laura
CORDELIA   O die war noch fremd
BERTHA   Und stand
  So kalt so freudlos da als käme sie
  Von Ungefähr hinzu bei diesem Jubel
  Und wünschte nur sie könnte sich entfernen
  Mit guter Art doch Sieh da kommt sie selbst   250

ZWEITE SZENE

Laurette. Die Vorigen.

LAURETTE Ei sieh doch guten Morgen lieben Kinder
  So früh schon auf schon fleißig bei ⟨der⟩ Ar⟨beit⟩
  Ich wähnte euch noch schlafend wollt euch wecken
  Und schlich mich leise hin in eur Gemach
  Da fand ich leer die Betten öd die Zimmer   255
  Und ausgeflogen schon die Vögelein
  Dann sucht ich lang vergeblich euch im Garten
  Und find euch endlich hier in diese⟨m⟩ Zim⟨mer⟩
  's ist unverzeihlich so den schönen Morgen
  Im dumpfen öden Zimmer zu vertr⟨äumen⟩   260
  Es ist so heiter ist so hell da draußen
  Und auf dem Grase perlt so fr⟨isch⟩ der Tau
  Ich bitt euch kommt mit mir hinaus ins Freie
BERTHA Kaum hätt ich es gedacht daß unsre Laura
  So früh sich an des Morgens Kühle wagte   265
  Ich glaubte ihr vom Hofe kenntet nimmer
  Des Morgens stille Reize und des Abends
  Und achtet auch nicht unsre stillen Freuden
  So wenig wie die euren wir beneiden
LAURETTE Da irrst du teure Bertha, in der Stadt   270
  An Höfen in Palästen und in Hütten

Und überall wo gute Herzen schlagen
Da wohnt auch unvergänglich noch der Sinn
Für der Natur geheime reine Freuden
275 Glaubst du wir könnten gänzlich von ihr scheiden
Und jeder Keim erstürb in unsrer Brust
Doch weil wir nicht ihr süßes wirken kennen
So können wir uns auch nach ihr nicht sehnen
Allein wenn sie sich unsern Blicken zeigt
280 Dann wacht der mächtge Trieb in unserm Busen
Und liebend sinken wir ans Mutter Herz
Und weilen selig an dem Mutterherzen
Und höher höher hebt sich unsre Brust
Im Vollgenuß der ungewohnten Lust
285 Komm Liebe Bertha komm Cordelia
CORDELIA Will meine Schwester Bertha dich begleiten
So will ich willig sie dir überlassen
Allein ich kann gewiß nicht sieh mein Schirm
Wird gar nicht fertig
LAURETTE   O Hausmütterlein
290 Das viele Sitzen schadet der Gesundheit
Und frische Luft ist ihr zuträglich komm
CORDELIA Sieh Bertha ist viel klüger und erfahrner
Wie ich weiß besser viel zu reden ist
Auch älter angemeßner deinen Jahren
295 Wie wärs so lieblich mit der holden Bertha
Die dorten sitzt mit dieser Bertha mein ich
Der sinnenden
LAURETTE   hörst du wie sie dich lobt
BERTHA O ja ich höre habe auch nicht nötig
Mich zu verteidgen denk ich S glaubt doch niemand
300 CORDELIA Ich mein es müßt besonders lieblich sein
In der Gesellschaft dieser holden Bertha
Den blumenreichen Garten zu durchwandeln
LAURETTE Ich seh du willst nicht mit doch sage mir
Was hast du denn so eiliges im Werke
305 Und seit wie früh blinkt in der Hand die Nadel
CORDELIA Ich sticke einen Schirm von weißen Atlas

Und seit der frühen Lerche ersten Ton
Führt meine Hand die blanke Nadel schon
LAURETTE 's ist wohl dein Lieblingsvögelein die Lerche
Weil sie so hold und heiter ist wie du
O wärst du doch so sorglos auch wie sie
Und glichest ganz lieblich heitrem Bilde
Dann ducktest du nicht bei dem Rahmen hier
Und sorgtest ängstlich wie den Schirm du endest
Du würdest schnell die dumpfe Stube meiden
Und eilen hin durch die beblümten Weiden
CORDELIA Doch sieh nur viel noch viel der Arbeit fehlt
Und staubicht wird der Schirm mir in den Händen
LAURETTE Laß sehn o nein welch wundersam Gebild
Wie können Weiberhände solches schaffen
Ich bin doch auch des Rahmens nicht unkundig
Und fertigt manches blendende Gewand
Mit fleißiger und kunstgeübter Hand
Daß höchlich all der ganze Hof es lobte
Und selbst der Fürstin scharfes Kennerauge
Mein kunstreich Werk bewunderte und ich
Mich stolz der Nadel Meisterin schon glaubte
Allein solch ein lebendges zartes Bild
Das so das Auge anspricht und das Herz
Vollendet nimmer ich in Jahresfrist
Mit aller Müh und aller Sorgsamkeit
CORDELIA Es ist für eine liebevolle Mutter
Darum begann ich es mit Liebe fördre
Mit Liebe es Und so gelingt es mir
LAURETTE Und liebevoll wird sies mit Liebe lohnen
Das fromme Pfand des stillen Danks
Es sind des Dankes Tränen deines Dankes
Die hier dem Aug der jungen Priesterin
Entgleiten und den hellen Schleier netzen
Und diese Flamme die so rein und hell
Von dem Altare in die höhe lodert
Das ist dein heiliges Gebet zu Gott
Dein stilles für der Mutter teure Wohlfahrt

Nicht eitle Kunst erschuf dies schöne Bild
Es schuf ein kindlich Herz für eine Mutter
Doch sage mir es an wer lehrte dich
Dein volles Herz im holden Bild ergießen
CORDELIA Im Kloster zu Trient wo ich erzogen
Da lehrte die Äbtissin mich die Kunst
Auf weichen Atlas aus vielfarbger Seide
Ein Leben gießen zart und wunderhold
Befeuernd dann mit solchem Wort die Arbeit
Seid fleißig Gräfin laßt den Mut nicht sinken
Wenn auch im Anfang eurem tätgen Fleiß
Nicht euer Werk entspricht in kurzer Zeit
Seid anders emsig ihr wird der Erfolg
Die Mühe lohnen und ein zartes Bild
Und Wald und Flur und glänzendes Gefild
Ja was nur immer hold im Sinn euch schwebt
Und tief in euren vollen Herzen lebt
Wird unter eurer tätgen Hand entblühn
Dann strahlte froh mein Auge schneller flog
Die Nadel unermüdet weilt ich dann
Wenn früh die Sonne aus dem Meer sich hob
Bis spät das Abendrot am Himmel glüht
Am Rahmen so erlernt ich diese Kunst
LAURETTE Und herrlich lohnte deine Mühe sich
Doch unsre liebe Schwärmerin die Bertha
Sie ist ja wieder ganz vertieft und lehnt
Auf ihre Harfe sich Nun Bertha ich
Sah ja von dir noch nie ein solch Gebild
Warst du nicht auch im Kloster zu Trient
BERTHA Von meiner Kindheit bis zu dieser Stunde
War ich von diesem Wohnort nie entfernt
Denn meiner Mutter bange Sorgfalt möchte
Die Pflege meiner schwächlichen Gesundheit
Nicht einem fremdem Wesen anvertraun
Doch fehlt es nimmer mir am Unterricht
Sie lehrte mich mit liebevollem Sinn
Die Kunst des Rahmens und das Reich der Töne

Durch sie ward mir der Harfe süßer Trost
Die leise Sprache meiner Silbersaiten
Die bald mit ihrer sanften Harmonie
Mich ganz entfremdete vom hellen Rahmen
Mit süßen Zauber meinen Geist entführend
Der kalten Wirklichkeit beengten Schranken
Ins helle Reich der goldnen Phantasie
Und dorthin wo uns ewger Lichtglanz glühet
LAURETTE Und also in den Wolken war dein Geist
Wenn du so sinnend in die Ferne blicktest
Das hätt ich nicht gedacht daß meine Bertha
Schon über unsere Welt aus hin sich sehnte
Wo hell die Sterne strahlen Monde glühn
Vielleicht schon höher in dem Himmel nicht?
Mein heilges Kind, Das ist gewiß recht fromm
BERTHA Da wo der Sturm der wilden Leidenschaft
Im bangen Herzen schweigt und goldne Ruh
Und heilger Friede in die Brust sich senkt
Da ists der Seele wohler doch wie hier
Wo sie dem Schifflein gleich auf wilden Meer
Von ihrer eigenen Begierden Wogen
Umhergeworfen schwankend hin und her
Vom mächtgen Arm des Schicksals fortgezogen
Bald schwindelnd zu des Glückes Thron sich hebt
Bald nieder in des Elends Abgrund sinkt
Von Freud und Leide gleich erschüttert bebt
Und Gift nur aus dem Freudenbecher trinkt
Von Lieb und Haß und Rach und Eifersucht
Und wie sich alle die Dämonen nennen
Die unsers Lebens spiegelhelle Flut
Wie wilde Stürme trüben gleich gequält
Da ists dem armen dem gebrochnen Herzen
Doch wohl vergönnet nach der dunklen Nacht
Als seiner letzten Freistatt hinzublicken
Er sehnt sich fort aus diesen Tal der Leiden
Zum stillen Frieden seines Ruhesitzes
Und ist darum kein Gegenstand des Witzes

LAURETTE Und wehe dem der nicht das Heiligtum
  Des kranken leidenvollen Herzens ehrt
420 In stillem Schweigen frech entweihend es
  Durch seines bittren Spottes giftge Pfeile
  Und weh mir daß die Freundin meiner Seele
  Mich solchen schwarzen Frevels fähig glaubt
  Im argen Sinne deutend meine Worte
425 Nein Bertha grad und bieder ist mein Sinn
  Und von den Lippen fließt ohn Arg das Wort
  Allein nicht wähnt ich dich so kummervoll
  Daß nur des Grabes finstrer Trost dir bliebe
  Des Unglückskindes grauenvolle Hoffnung
430 Und hin sich sehnt dein sanfter Geist voll Liebe
  Hinab zur letzten Ruhstatt der Verzweiflung
  Noch blühn dir ja viel holde Lebensblumen
  Mit süßem Duft den Lebensweg dir füllend
  Wie Vatertreue zarte Mutterliebe
435 Und Schwesterseufzer treue Freundeshand
  All Herzen die dir heiß entgegen schlagen
  Und liebend hören deiner *x-x* Klagen
BERTHA Auch war nicht also meiner Rede Sinn
  Noch tobt Verzweiflung nicht in meinem Busen
440 Und viele teure Bande fesseln mich
  Ans Leben mit der Liebe Zauberkraft
  Und viele sanfte liebevolle Blicke
  Erhellen meinen düstern Lebenspfad
  Daß grell und dunkel mir das Grab sich zeigt
445 Und gern ich noch ein wenig droben bleibe
  Ich rede von der süßen innern Wehmut
  Die oftmals uns so wundersam ergreift
  Wenn hell am Himmel glüht das Abendrot
  Und Schweigen in der öden Gegend herrscht
450 Auch wenn die Sternlein freundlich niederblinken
  Und hoch am Äther der gehörnte Mond
  Im blauen Meere schwimmt dann wirds so weh
  So bange mir und mitempfindbar nur
  Dem dem dies süße Leben schon die Brust

Durchsäuselte wie lindes Zephirwehen
Wers nie empfand der wird es nie verstehen
LAURETTE Wohl kenn ich es dies wundersame Regen
Wenns oft so enge uns im Busen wird
Und hin sich sehnt nach unbekannten Wesen
Uns fremd und doch verschwistert unsrer Seele
Wie eingewoben unserm innern Sein
Die stillen Träume deiner goldnen Harfe
BERTHA Ja meine Harfe ist mir jetzt mein Alles
In Lust und Trauer treue Freundin mir
Wenn dann der Schmerz die Seele mir durchzittert
Dann spielt mein Finger in der Harfe Saiten
Und ihr entschwebt ein klagender Gesang
In Tränen löst sich auf der tiefe Schmerz
Und lispelnd hallt ihr silberheller Klang
Mir sanften Frieden in das kranke Herz
Wenn hoher Freude voll mein Busen bebt
Daß nicht ihr Übermaß die Seele faßt
Und möchte hin sich in das All ergießen
Erliegend unter seiner süßen Last
Dann rauscht der Jubel in der Harf Akkorden
Und Hochgesang tönt ihre Harmonie
Hat dann das volle Herz sich ausgeströmt
So flieht der wilde Rausch und sanft Entzücken
Gießt in die Brust sich malt sich in den Blicken
Man hört Flötentöne in der Ferne.
LAURETTE Was ist das? welcher wundersüße Ton
Fließt durch die Lüfte in mein trunknes Ohr
CORDELIA Ein Jüngling von Helvetiens Alpenhöhen
Bewandert in der Töne weitem Reich
Durchstreifte Welschlands blühende Gefilde
Das Land ⟨der⟩ Bildnerkunst und des Gesangs
Und dann im Fluge unser edles Teutschland
So kam er jüngst da wild der Regen schoß
Und Stürme durch die dichten Wälder brausten
Durchnäßt und müde hin in dieses Schloß
Um Obdach flehend vor der grausen Wut

    Der Elemente, da schon finstre Nacht
    Die Täler deckte, gern wards ihm gewährt
    Und weil er viele wundersame Dinge
    Erzählt mit süßen Redenkünsten ganz
495 Das Ohr bezaubernd und ⟨den⟩ Sinn wie auch
    Durch seiner Flöte liebliches Gelispel
    So baten wir ihn sämtlich länger doch
    Bei uns zu weilen wenn es etwa nicht
    Das ziel der Reise zögert willig ward
500 Uns dieser Wunsch gewährt, seit dreimal sich
    Des Mondes Scheibe füllt verweilt er hier
    Und füllt still wandelnd durch des Gartens Düfte
    Mit süßer Harmonie die reinen Lüfte
LAURETTE Wie ist sein Name
CORDELIA   Edward Felsberg
505 LAURETTE Wie doch jener schöne edle Mann nicht
    Den gestern ich an deines Bruders Seite
    Bewundernd sah sein hoher stolzer Wuchs
    Und seine freie offne Miene ließ
    Mich einen Krieger nur vermuten einen Helden
510 Und nicht den Künstler nicht den weichen Sänger
CORDELIA Zwar edel ist sein Geist und männlich stark
    Und so auch seine Bildung groß und edel
    Doch inniger Empfindung voll und leicht
    Rührt der Natur verborgnes Wirken es
515 Oft wenn er kühn die majestätschen Reize
    Der stolzen Alpen seines Vaterlandes
    Mit der Begeistrung dichterischen Pinsel
    Uns malte, schimmert hell in seinem Auge
    Der hohen Rührung Träne zitternd stockt
520 In ihrem Lauf die Rede und er schwieg
    Das volle Übermaß nicht länger tragend
BERTHA Und
    Wenn voll der stillen Unschuld seines Volks
    Er redet von dem starken Freiheits Sinn
525 Der unvergänglich sie beseelt dann blitzt
    Ihm aus den Auge Feuer keck und stolz

So steht er Ares hoher Macht vergleichbar
Als möchte er das geliebte Vaterland
Mit einem starken Arme decken es
Verteidgen mit dem andren Freiheit tönts 530
Mit starker herzerschütternder Gewalt
Daß laut es Freiheit Freiheit widerhallt
In seiner Hörer tiefbewegten Herzen
LAURETTE O edler Jüngling deines Landes Zier
So stolz und doch zugleich so sanft und weich 535
Wie wünsch ich näher ihn zu sehn den Mann
Den also zwei so holde Mägdlein loben
CORDELIA Ja spotte nicht du wärst ihm selber gut
LAURETTE Meinst du mein liebes Kind? das könnte sein
O horch die süßen Töne kommen näher 540
Bertha steht auf und tritt ans Fenster.
Mich dünkt gewaltig still ist unsre Bertha
Drückt etwa ihr ein stiller Gram die Brust
CORDELIA Nein liebe Laura nichts so viel ich weiß
LAURETTE Vielleicht der Tod von einer teuren Freundin
Die ihrem Herzen nah vor allen andern 545
Und was uns sonst wohl unerwartet trifft
In unsers Leben jungen Blumenlenze
Wenn solch ein Unfall sie betraf ists recht
Der liebevollen Freundin es zu bergen
CORDELIA Kein Unfall traf sie Liebe nein gewiß nicht 550
Auch hat sie keinen Kummer den ich weiß
Und nie verhehlte sie mir ihren Schmerz
Und keine Freude die ihr lächelte
Genoß sie ungeteilt getrennt von mir
Denn liebevoll und hold ist ihr Gemüt 555
Sich innig an die einzge Schwester schmiegend
Allein auch ernst und still gedankenvoll
Und höher wie mein blödes Auge reicht
Darum befrag ich nimmer sie wohl wissend
Ich faßte nicht der Worte tiefen Sinn 560
Doch hüllte Trauer ihren Blick so ein
Ich brauchte nicht sie ängstlich zu befragen
Sie würde an das Schwesterherz es tragen

LAURETTE Allein sie war doch gestern noch so froh
565 Mit lieblichen Gespräch uns all erheiternd
Und süß wie Honig lebend wie ein Quell
Floß von den Lippen die Suada ihr
Und
Bertha sieht sich um.
    horch wie leise wie so sehnsuchtsvoll
Nun wieder stärker nun allmählich schwindend
570 Als möcht es die entzückte Seele hauchen
Ins weite All Siehst du ihn liebe Bertha
Die Flötentöne entfernen sich immer mehr und verlieren sich zuletzt.
BERTHA *wendet sich wieder zurück:*
Da drüben wandelt still er zwischen Blumen
Sich jetzund wendend nach des Parks Alleen
LAURETTE Wie ist nun so verändert ihr Gemüt
575 So geschwunden diese heitre Miene
CORDELIA Die Freude gestern über eure Ankunft
Die unerwartet überraschende
Gab ihren Blicken diese Heiterkeit
Und ihrer Rede ungewöhnten Scherz
580 Jetzt da der Freude erster Sturm verrauscht
Wird wieder stiller sie in sich gekehrter
Doch engte stiller Kummer ihre Brust
Verstimmend ihrer Seele Harmonie
Laurette sie verhehlte mir es nie
LAURETTE
585 Es gibt der Freuden gibt der *süßen* Schmerzen
Die wir voll Sorgfalt jedem Aug entziehn
Und selbst dem treusten dem geprüftesten
Sieht sich wieder ⟨Text fehlt⟩.
Ist unser schöner Flötenspieler fort?
BERTHA Er schwand so eben in des Parkes Dunkel
590 Und seine Töne hör ich auch nicht mehr
Sie kömmt zurück und setzt sich.
LAURETTE Dein Blick ist wie begeistert sicher hallt
In deinem innern noch der Flötenton

BERTHA *für sich:*
 O Gott es hallt und wird wohl ewig hallen
LAURETTE Der gute Jüngling wär ein schlechter Hofmann
BERTHA Warum
LAURETTE Weil er zu offen ist zu kühn zu bieder
 Für den verkehrten Sinn der Höflinge
CORDELIA Schon oft hört ich vom Hofe reden von
 Dem Glanz der ihn umstrahlt der üppgen Pracht
 Doch blieb mir nicht davon ein deutlich Bild
 Da war vor eingen Wochen noch ein Mann
 Ein junger Reichsgraf hier hieß Sommerfeld
 Der sprach von nichts als lauter großen Leuten
 Ministern und Hofmarschälln Kammerherren
 Und wie sie alle heißen ferner noch
 Von ihren Röcken Dienern Equipagen
 Und das den ganzen lieben Tag
 Daß oft mir Zeit und Weile lang ward und
 Ich kaum den Schlaf den müden Auge wehrte
 Allein so viele Langeweile mir
 Das Hören oftmals machte schien mir doch
 Für kurze Zeit wärs wohl ein lustig Leben
LAURETTE Da sprach er wohl von den Dämonen nicht
 Die still im Finstern schleichend jedem Schritt
 Des treu bewährten Mannes Schlingen legend
 Der giftigen Kabale schlingend sich
 Mit tausend Banden um den sichern Fuß
 Der wilden Eifersucht die gleich Hyänen
 Mit toller Raserei hervor sich stürzt
 Mit grimmgen Zahn zerfleischend ihren Raub
 Des dürren Neids des rote Fackel hell
 Im Dunkel glänzt Beim Tageslicht erlischt
 Und seiner schlangen sprützend tödlich Gift
 Bis zu dem Günstling an des Fürsten Seite
 Der Wollust die ein Skorpion in Blumen
 Die Hand verletzet die ihn freundlich streichelt
 Und all der Teufel die dort herrschen still
 Mir sinkt der Pinsel aus den starren Händen
 Ich kann das grause Schreckbild nicht vollenden

630 CORDELIA So malte auch mein Vater mir den Hof
So schwarz und gräßlich mit so greller Farbe
Allein wie kann denn mein edler Oheim
So hoch sich schwingen durch die Ungeheuer
Die ihn umflattern hemmend seinen Flug
635 Und immer noch so fest stehn auf der Höhe
Sich sonnend in dem Strahl der Fürstengunst
LAURETTE Darum weil offen stets er handelte
Nicht krumme Wege ging und keinen neidete
Drum durft es keiner dieser Kriecher wagen
640 Ihn zu verleumden denn Hippolitus
Reichsgraf von Löwenstein war ohne Flecken
Und selbst des Argwohns schärfstes Auge konnte
Ihn keines Fehlers zeihn des kleinsten nicht
Nur einmal wagt ein niedrer Schmeichler es
645 Mit lästernd frecher Zunge ihn zu schmähn
Allein des Fürsten heller Blick durchschaut
Der Bosheit fein Gewebe und entlarvt
Ward der Verräter schöner blühte nun
Mein Vater in der Gnade Sonnenschein
650 Und zu der Rechten seines Fürsten strahlt
Wie in der Krone hell der Diamant
Er Glück und Frieden auf das frohe Land
BERTHA So glänzt die Sonne heller nach dem Wetter
Wenn eilend nun die schwarzen Wolken fliehn
655 Und dankend dann der Huld der großen Götter
Die Hirten wieder in die Felder ziehn
Sie tritt hervor dann aus finsterm Wolkenschoße
Mit neuem Glanz erleuchtend ihre Bahn
Und jeder staunt bewundrungsvoll das große
660 Beglückende Gestirn des Tages an
Und dieser Sonne strahlend heller Wandel
Wollt eines niedren Schmeichlers Lippe schmähn
Sie mußte durch die dichte Hülle brechen
Zerstreuend finstrer Lästerung Gewölk
665 Und färben schamrot der Verleumder Wangen
Ein Brandmal drücken auf die freche Stirn

Wenn Treu und Glauben noch auf Erden wohnt
Und noch ein Gott in seinem Himmel droben
O Pfui doch versank der Lügner nicht
Im trüben Schlamme seiner eignen Schande 670
LAURETTE Man merkts daß noch die giftge Hofluft nicht
Dein unschuldsvolles Wesen angehaucht
Noch kann dein arglos Herz es nicht begreifen
Wie einem Mann der jedem Gutes tut
Und jeden liebt So bittrer Haß verfolgt 675
Bei uns am Hofe ist nur ein Gewebe
Von Trug und gleißender Intrige schlau verstrickt
Das heilige Gefühl der Dankbarkeit
Das so natürlich unsern Herzen schwand
Schon längst vor diesen schwarzen Höllengeistern 680
Und das Gebilde will die edle Hand
Der Es das Dasein dankt voll Neides meistern
Der Genius der Liebe ist entflohn
Es herrscht die kalte Selbstsucht nur die bleiche
Als Staffel zu der Ehre goldnen Thron 685
Betritt der Sohn des Vaters blutge Leiche
Die fernere Beschreibung bitt ich euch
Erlaßt mir besser wär es viel für mich
Davon nicht reden denn ich muß ja doch
Zurück in dieses ewge Sündenleben 690
Und wenn den Abscheu der so innig mir
Im Busen wohnt mit worten auf ich rege
Ertrüge wohl die Rückkehr nimmer ich.
CORDELIA Doch sage mir warum verlaßt ihr nicht
Den Hof dies grause Schreckensbild der Hölle 695
Den faulen Sumpf verworfner Lüste flieht
In der Natur stets offne Mutterarme
BERTHA Und rauben Tausenden Bedrängten so
Die einzge Stütze ihre letzte Hoffnung
Verlieren tausend süße Freudentränen 700
Und laden tausend bittre auf sein Haupt
Daß all die Blicke die ihm segnend folgten
Bang weinend jetzt ihm trostlos nachsehn preis-

Gegeben hündscher Kriecher feilen Händen
Und ungerührt soll er das Auge wenden
Und laben sich am hellen Freudenquell
Der liebenden Natur die keinen haßt
Der von sich nicht die treue Mutter stößt
Er müßte schamrot ja zu Boden sinken
Vor dieser frommen Mutterliebe Bild
Nein dulden muß er standhaft diese Leiden
Für seines teuren Vaterlandes Glück
Und stehen fest auf seiner Höhe Frieden
Heruntertauend auf des Landes Kinder
Wenn anderst er mein edler Oheim noch
Der würdge Graf von Löwenstein noch ist
LAURETTE Du nahmst vom Munde mir das Wort so denkt
Mein edler Vater dein geliebter Oheim
Und nie wird seine eigne Lebensruh
Er mit des Vaterlandes Wohl erkaufen
CORDELIA Nicht überdacht war meiner Rede Sinn
Sonst hätt ich nie solch albern Wort geredet
LAURETTE Und sieh dem frommen redlichen Gemüt
Das gern der Tugend heilgen Keim bewahrt
Dem Laster willig nicht die Arme öffnet
Den kann sein falscher Glanz nicht reizen denn
Dort lauscht das Laster unter Blumen nicht
Es zeigt sich nackt in aller Häßlichkeit
In seinen Folgen deutlich liest man es
Auf jedes Höflings totenbleichen Antlitz
An ihren Blick voll Mißtraun abwärts schielend
Ob gleich die Worte freundlich und nur Glück
Sie zu beseelen scheint so sieht doch tief
Aus ihrem hohlen Aug der blasse Neid
Die finstre Schwermut und Gewissensangst
Und nur ein Jüngling wie Graf Sommerfeld
So leer von Kopf so feist und rund von Körper
Der keinem Menschen schadet keinem nützt
Auch keinen neidet wenn es etwa nicht
Um einen schön gestickten Samtrock ist

Mit jedem Monat die Livreen ändert
Und das auch seine einzge Sorge sein läßt
Kann sich des Hofes freun ja des Hofes
Wo man so schön sein Geld vertun kann und
Auskramen seines Reichtums glänzend Glück. 745
CORDELIA O wohl mir daß ich nie den Hof gesehn
Zwar sehnt ich nimmer mich nach seinen Freuden
Doch jetzt erst seh ich seine Häßlichkeit
In ihrer eigentümlichen Gestalt
Zwar früher schon gehässig dargestellt 750
Oft sagte die Äbtissin meines Klosters
Wenn euch vielleicht das Schicksal an den Hof
Einst führt nehmt diese goldne Lebensregel
Strebt höher nicht wie euer Stand euch stellt
Sonst erntet ihr nur Mühe und Gefahren 755
Und wenns gelingt noch Neid und bittern Haß
Seid klug und vorsichtsvoll in euren Worten
Zwängt ungewohntes Mißtraun auf der Seele
Hier liegt ein Fallstrick eine Schlinge dorten
Und eifrig späht man jede kleinste Fehle 760
Ein Wort das oft im Scherz der Lipp entflohn
Stürzt eure Ruh des Glückes holden Schimmer
Und nieder lacht auf euch mit bitterm Hohn
Der falsche Freund von eures Sturzes Trümmer
Doch rede anders nie der wahre Mund 765
Wie euer Herz ohn Trug sei euer Sinn
Wenn Recht es heischt tut laut die Wahrheit kund
Und gebt der Unschuld euer Zeugnis hin
Und somit wandelt redlich eure Wege
Ohn hohe Lustpaläste euch zu türmen 770
So wird auf diesem dornenvollen Stege
Euch Gott und seine heilge Jungfrau schirmen
LAURETTE 's muß eine kluge Frau sein die Äbtissin
Und kaum kann mein Verstand begreifen wie
In ihren stillen Klostermauern sie 775
Den Hof so kennen lernte war vielleicht
Sie in der Jugend dort

CORDELIA   Ja liebe Laura
  In Frankreichs großer Sündenstadt geboren
  Ward sie in ihrem zwölften Jahr bereits
780 An Karl des Achten üppgen Hof gebracht
  Als Tochter Louis Marquis de Valouse
  Doch konnte nimmer sie der Hof vergnügen
  Denn still und fromm war ihr Gemüt und schon
  Dem heiligen Berufe zugewandt
785 Den später sie ergriff und bessern Welten
  Drum bat als zwanzig Jahr sie zählte dringend
  Den Vater sie die Bitte zu gewähren
  Die gütige Erlaubnis nicht versagend
  Dem heilgen Ruf zu folgen und versteckt
790 Dem Aug der Welt im stillen Kloster nur
  Für Gott zu leben und für ihre Seele
  BERTHA Wohl ihr sie hat den besten Teil erwählt
  Die Leidenschaften fliehn in dieser Stille
  Und alles was den armen Menschen quält
795 Das fühlt sie nicht im sicheren Asyle
  Doch manchen wird so wohl es nicht daß er
  Zurückziehn Sich ins stille Dunkel kann
  Nur wenige sind ihres Schicksals Herr
  Das Weib wohl nie und selten nur der Mann
800 LAURETTE Auch der Beruf ist selten teure Bertha
  Zu solchem strengen eingezognen Leben
  Und selten nur der Andacht reines Opfer
  O glaub es manche Klosterjungfrau weint
  In ihrer Zelle blaß und Trauervoll
805 Der Tod geliebter Eltern oder Schmerz
  Getäuschter Liebe führt betäubend sie
  In diese Mauern dort will sie ihr Leid
  Ihr süßes Lieben ewig fest umfangen
  Und ewig an dem teuren Bilde hangen
810 Verlieren sich in süßer Schwärmerei
  Doch lindernd gießt die Zeit den Balsam in
  Die Wunden und das teure Bild erlischt
  Verwundernd sieht sie ihre Wunden harschen

Und wieder aufblühn ihre Jugendkraft
Der trübe Blick der Trauer ist verschwunden
Und Sehnsucht fühlt sie nach vergangnen Stunden
Möcht wieder in das rege Leben kehren
Doch bindet sie des Eides Heiligkeit
Sie Sieht durch ihres Gitters enge Räume
Die Lebensfreuden schnell vorüberziehn
Es schmückt verschönernd sie die Macht der Träume
Und täuschend mit der Morgenröte Glühn
Und höher schwillt das Herz es fühlt die Arme
Verlassen einsam sich im All der Welt
Verschwunden ist vor den enthüllten Blicken
Die stille Freistatt nun ein Kerker ihr
Verloschen ist der Andacht hohes Feuer
Und Tränen rinnen auf den hellen Schleier
Kleine Pause. Zwei Bediente bringen Kaffee.
CORDELIA Wem sich der ernste Geist zur Stille neigt
Tut besser erst der Jugend flüchtge Jahre
Geduldig abzuwarten kein Gelübd
Sich ladend auf die Seele daß nicht schnell
Und unverhofft der Funke lodre auf
Zur lichten Flamme sengend ihm die Brust
Mut und edle Freiheit ziert den Mann
Allein dem Weibe ziemet Sittsamkeit
So sagte oftmals die hochwürdge Frau
Beim wilden Hofgetümmel König Carls
Da baut ich meine eigne kleine Welt
In meinem Zimmer achtend nicht den Sturm
Der draußen brauste wenns nur ruhig war
In meinen Reiche ich bei meinem Rahmen
Und so erhielt ich meine Seelenruh
Doch seht da kommen schon die andern all

DRITTE SZENE

Bertha. Cordelia. Laurette. Der Reichsgraf. Die Reichsgräfin.
Der Minister. Seine Gemahlin.
Sie stehen auf und bewillkommnen die Ankommenden.

MINISTER Ich find hier viel verändert lieber Bruder
Dies war der Bildersaal?
REICHSGRAF   Doch auch verschönert
MINISTER Ja freilich und vorzüglich wohl die Gärten
Doch ist so nichts vom Alten mehr und auch
So gar nichts mehr
REICHSGRAF   Das neuere ist besser
Warum am alten hangen und was scheint dir denn
Von meinen Büsten
MINISTER   Das sind Meisterstücke
Die alten Kaiser der Vespasian
Das ist ein Kopf und Titus, Adelbert
Den Titus halte mir in Ehren, Herz
Und Geist erhebend ists ihn anzuschaun
Die königliche Stirn der sanfte Mund
Um den der Güte süßes Lächeln schwebt
Des Auges Flammenblick
MINISTERIN   Die Büsten sind
Ja ohne Augen
MINISTER   Dann wär
Des Meißels Werk nur tote Kunst
Der delphische Apoll dies kühne Bild
Des Menschengeists erhabenster Triumph
Wär nur ein Stein ein leblos kalter Stein
Und nicht so heißes Leben auch zugleich
Wenn nicht in ihm der Geist des Auges lebte
Die Büsten sind nur ohne Augenfarbe
MINISTERIN So hab ichs auch gemeint sie haben zwar
Wohl Augen aber ohne Farbe doch
Und ohne Ausdruck
MINISTER   Ohne Ausdruck nicht

Du kennst ihn den Antikensaal des Fürsten? 870
Und seine ernsten schweigenden Bewohner
Du findest sie doch ausdrucksvoll
MINISTERIN   Nun ja
MINISTER Und sag wo wohnt des Bildes hohe Seele
Und wo das alldurchdringend heiße Leben
Wenn nicht im Aug 875
MINISTERIN   Auf einer freien Stirn
Aus jedem kleinsten Zuge Jeder Miene
Des herrlichen Gesichts blickt seine Größe
REICHSGRÄFIN Liegt hoher Ausdruck im Gesicht nicht auch
Des schlummernden nein nicht des schlummernden
Des Blinden denn in jenem wohnet Ruh 880
Die tiefste Ruhe kalte Größe nur
Die schönen Formen nur nicht ihr Geist
Doch schnell und zart malt in des Blinden Antlitz
Sich seiner Seele leiseste Bewegung
Fast schneller reiner noch weil unbemerkt 885
Zu sein er wähnt, und nicht der Neugier Blick
Und nicht des Menschenkenners scharfes Auge sieht
Das seines Herzens tiefste Regung liest
Im unbewachten Antlitz dargestellt
REICHSGRAF
Du kömmst vom Text, Das paßt nicht hier hinein 890
Dies innre Sein was sich so reich entfaltet
Dies paßt nur auf des Blinden Bild allein
Weil nicht die Welt von außen ihn beherrscht
So auf Homeros Bild des alten Sängers
MINISTER Und, liebe Schwägerin, ob Ausdruck auch 895
Im ganzen liegt im Auge wohnt doch nur
Des Geistes Sonne und was schönes noch
Umschwebt das ganze das ist nur der Strahl
Der Widerschein von dieser Sonne Glanz
Zum Reichsgrafen:
Gibts einen schönern Kopf wohl als den Titus? 900
Verbinde ihm die Augen binde so
Daß nicht die Stirne leidet und dann sieh
Ob noch so groß er ist so königlich

Die Ministerin entfernt sich die Reichsgräfin folgt ihr.
　　Doch sage warum steht er so versteckt
905　Auf diesem düstern unbesuchten Fleck
　　In diesen düstern Winkel möcht ich sagen
　　REICHSGRAF Die andern alle sind besetzt da steht
　　Am Rosenhügel Venus Medicis
　　MINISTER Die steht da gut sehr gut, die Rosen schmiegen
910　Sich schmeichelnd an und huldigen ihrem Reiz
　　Und sie schaut lieblich gleich als höbe sie
　　Nur eben sich vom frischen Rosenlager
　　Doch weiter
　　REICHSGRAF Der Apoll von Delphos steht
　　MINISTER Darf nicht herunter steht da herrlich weiter
915　REICHSGRAF Am Rand des Sees steht dicht gegenüber
　　Dem Pavillon
　　MINISTER　　　Der Cæsar, Adelbert
　　Dem Cæsar nimm von diesem holden Ort
　　Und setz ihn ⟨in⟩ des Gartens fernsten Winkel
　　Wo nicht die Sonne hin scheint, daß gesehn
920　Von Menschen die gleich ihm des Scheins nicht wert
　　Das Dunkel suchen
　　REICHSGRAF　　　Wie den Cæsar ihn
　　Den kühnen Helden, ihn den großen Geist?
　　MINISTER Der Cæsar war ein großer Mann, wenn gleich
　　Ein Unruhstifter besser nie geboren
925　War dennoch groß doch also nicht sein Antlitz
　　Im Garten jenes nicht denn sicher war
　　Im Leben anders anders ganz sein Bild
　　REICHSGRAF Dies Bildnis ist mir lieb vor allen andern
　　Ist meiner Augen meines Geistes Weide
930　MINISTER Er ist dir lieb, nun wohl ich mag ihn nicht
　　Doch weiter nicht davon ein Wort
　　REICHSGRAF　　　　　　　Der Cæsar
　　Das war ein Held wie keiner je gelebt
　　Und keiner wohl der Nachwelt je entsproßt
　　Der sich aus einem dunklen stillen Leben
935　Empor zur hohen Kaiserwürde schwang

Auf eines freien Volkes starken Nacken
Den Fuß mit stolzer Herrscherallmacht
Ein Mann in dessen Innern Welten lebten
Und Welten schauen mir aus seinem Bilde
Ein Mann ein Mann   940
Er besinnt sich plötzlich und schweigt erschrocken still.
MINISTER   Und o das findest groß
Das findest edel du mein Bruder?
O Gott die schönen herrlich großen Gaben
Die zum Beglücken ihm der Himmel lieh
Mißbraucht er schrecklich eines edlen Volkes
Das ihm vertraut, der Bürger die ihn ehren   945
So lang bewahrte Freiheit zu zerstören
Und sollte sie beschützen sie erhalten
REICHSGRAF
Du siehst so schwarz mein Bruder gräßlich schwarz
Er wollte herrschen wollte nicht zerstören
Er folgte seines Busens mächtgem Drang   950
Der stets ihn höher trieb und immer höher
Zur Sonne sah sein Adlerblick er schwang
Sich ihren Strahlen immer näher näher
Was wunder, daß vor dem berauschten Blick
Das Sein der niedern Würmerseelen schwand   955
Und daß umstrahlt vom eignen Glanz und Glück
Er sich allein auf seiner Höhe fand
Doch billige ich nicht die Tat sie ist
Die Augen niederschlagend.
Mir bös wie dir ist ewig mir verhaßt
Doch sieht man, glücklich, in des Menschen Antlitz   960
Nur seinen Geist nicht seines Geistes Tat
Und Cæsars Geist war groß und darum ists
Mir eine Wonne ists ein süßes Grauen
Solch ein allmächtges Antlitz anzuschauen
MINISTER Ein Grauen ists nur, doch ein süßes nicht   965
Ein finstres, das die Nerven bang durchzittert
Schau ich in diesem Bild den wilden Geist
Der Tausende dem Abgott seines Ruhmes

Geschlachtet, O! wenn jeder kühne Held
Der nur in Schlachten seine Ruhe findet
Bedächte was es heißt, ein Leben opfern
Wie wärs so ruhger besser auf der Welt
O Gott ist der Gedanke eines Mords
Doch jedem gräßlich! nur der Räuber hat
Der Mörder, nur den schrecklich grausen Mut
Ins Herz des Mannes der ihn nie gekränkt
Mit kaltem Blut den Dolch hinabzustoßen
Und oft auch der nicht einmal, und ein Fürst
Ein Fürst den edel sonst und gut man nennt
Schaut frohen Blicks herab aufs Schlachtgefild
Wo seine Krieger blitzen und bedenkt
Nicht daß von dieser treu ergebnen Schar
Er tausende zu morden denkt
REICHSGRAF   Halt ein
Sie sterben ja nicht wie von Räuberhand
So wehrlos hülflos denn in ihrer Hand
Blinkt hell die tüchtge Waffe und ist lieb
Das Leben ihnen mögen sies verteidgen
MINISTER Nun sterben sie nicht müssen andre sie
Ermorden und der armen Gegner Tod
Fällt schwer aufs Haupt des Herrn der sie gesendet
REICHSGRAF Du zählest mehr der Tode wie der Toten
Denn sieh nach deiner Ansicht fiel die Schuld
Von beiden Heeren auch auf jedes Fürsten
MINISTER Ja, und daß Mörder beide Heere wurden
Auch das noch vierfach fällt die Schuld auf ihn
Zu morden zwang er seinen Untertanen
Den Fremdling war ihn lieb sein Leben auch
Ich bin ein Mann, mein Bruder und nicht weich
Doch heiße Tränen weint ich als der Hof
Den Krieg erklärte, heiße Tränen ich
Nach jeder Schlacht
REICHSGRAF   Die waren blutig wohl
MINISTER O blutig, schrecklich
Da fiel sie unsres Landes Blüte

Der Jüngling Waldstein diese schöne Knospe
Die kaum im Jugendstrahl sich öffn⟨et⟩ 1005
Bei jener alten Festung an der Grenze
Sie haben sich ⟨Lücke im Manuskript⟩
Reichsgräfin und Ministerin treten ein bißchen vor.
REICHSGRÄFIN Seid ruhig liebe Schwägerin so leicht
  Erkälten sich die jungen Leute nicht
  Das junge Blut ist warm
MINISTERIN   Ja grade darum
  Sie lief soviel herum wollt alles sehn 1010
  Dann hierhin dorthin, endlich sich gesetzt
  Ich glaube gar auf eine Rasenbank
LAURETTE Nein liebe Mutter s war ein grüner Sitz
MINISTERIN Nun wenn auch s lag doch sicher Tau darauf
  Mir wurde bange schon als diesen Morgen 1015
  So schnell ich dich im Garten hüpfen sah
  Ich hätte gern dir zugerufen halt
  Laurette du verdirbst dich doch ich wagte
  Das Fenster nicht zu öffnen weil so kühl
  Die Luft war 1020
REICHSGRÄFIN *lächelnd:*
          Ich bedaure euch, Frau Schwester
  Daß ihr die Frühluft nicht ertragen könnt
  Der kennt sie nicht die Reize der Natur
  Der nicht sie in des Frühlichts Strahle sah
  Der morgenrötlich die Gefilde malt
  Der Braut gleich wenn aus ihrer Kammer nun 1025
  Hervortritt ihre liebliche Gestalt
  Umschwebt der Unschuld holde Röte doch
  Sie lächelt freundlich einem jeden zu
  Und freundlich lächelt alles ihr entgegen
  Ihr habt noch unsern Garten nicht gesehn 1030
MINISTERIN Ach nein auch wirds mir viele Freude sein
  Wenn ihr hernach die Güte habt mir ihn
  Zu zeigen, doch jetzt bin ich zu besorgt
  Sie war so leicht gekleidet auch nicht einmal
  Ein Hut auf, gelb zigeunergelb so wirst 1035

Du werden und noch krank dazu du bist
Doch sonst so eitel, warum heute nicht
Und setzest der Gefahr mich aus mein Kind
Den einzgen teuren Liebling zu verlieren?
LAURETTE *verlegen:*
Es war so kühl nicht und ich hatte ja
Den Schwahl um
MINISTERIN   Welchen?
LAURETTE   meinen liebe Mutter
MINISTERIN Der ist zu dünn bei kalter Morgenluft
Sie dringt verachtend durch den schwachen Flor
LAURETTE Ach liebe Mutter s war so warm da draußen
Er ward mir viel zu schwer ich mußt ihn lüften
MINISTERIN Da haben wirs du unglückskind was mußt
Du auch den Schwahl dir lüften sicher hast du schon
Ein Fieber dir geholt
REICHSGRÄFIN   Wenn sie sich nicht
Zuvor erhitzte schadets sicher nicht
Wenn auch die freie Luft sie mal berührte
Das gibt nur reines Leben ihr
LAURETTE   Und warm
Schien ja die Sonne
MINISTERIN   gelb zigeunergelb
LAURETTE
Was machts ich scheu die Sonnenstrahlen nicht
MINISTERIN Das tust du doch du bist so eitel ja
Wie sonst am Hofe keine weißt dich nicht
Den ganzen langen Tag genug zu putzen
Und wenn du deinen teint so wenig schonst
So wirst so gelb du wie die Gräfin ⟨*Lücke im Manuskript*⟩
Die wegen ihrer Häßlichkeit so oft
Von dir verspottet wurd so häßlich ⟨*Lücke im Manuskript*⟩
LAURETTE *verlegen und erzürnt:*
Ich hab die Gräfin Flora nie verspottet
Obgleich ich einst gesagt sie sei sehr häßlich
Und das sagt jeder wohl der sie gesehn
Doch

MINISTERIN
  Du sie nicht verspottet?
LAURETTE *ohne darauf zu merken:*
       Um zu zeigen
Daß äußre Schönheit nicht so teuer mir
Wie meine gute Mutter leider glaubt
So sollt ihr sehn ⟨wie⟩ wenig ich die Glut
Der Sonne achte wie so kühn ich ihr
Entgegenbieten mein Gesicht will wenn
Gleich etwas braun sies färbt das ist ja nur
Die Farbe der Gesundheit und auch liegt
Mir wenig dran obs braun ist oder weiß
MINISTERIN Doch sage warum wolltest du das tun
LAURETTE *gelassener scheinend:*
Weil ich die Eitelkeit so innig hasse
Daß auch ihr kleinster Schein mich tödlich kränkt
MINISTERIN Nun gut wenn du nicht eitel bist allein
Darum brauchst du den Teint nicht zu verderben
Du bist so zart, so weiß und rot ich dachte
Dich als des Hofes Königin zu schauen
Mit deiner Schönheit alle überstrahlend
Und nun meine Freude du vereiteln
Willst meines Herzens einzgen Wunsch zerstören?
Die Reichsgräfin sieht sie scharf an, sie bemerkt es und fährt verlegen fort.
Zwar ists nicht ziemlich daß die Schönheit man
Der eignen Kinder rühmt auch ists nicht gut
In ihrem Beisein sie zu sehr zu loben
Allein ich weiß du bist nicht eitel Kind
Bescheidner oft wie es die Tugend fodert
Drum kann ich kühn es wagen deinem Blick
Die eignen Reize zu enthüllen denn
Du bist oft gar zu blöde, anspruchslos
Kleine Pause.
Allein jetzt fällt mir wieder ein nimm doch
Die Tropfen für Verkühlung die ich mitnahm
Fast wär es ganz mir aus dem Sinn gekommen

Vor lauter Angst daß deine roten Wangen
Sie freundlich an die Wangen klopfend.
Dir braun du beizest daß du dich verkühlt
So wie vorhin im freundlichen Gespräch
Sehr höflich gegen die Reichsgräfin.
Mit meiner teuren Schwester ichs vergaß
Zu Lauretten: Nu geh doch
LAURETTE ach es ist gewiß nicht nötig
Doch wenn ihrs wünscht
MINISTERIN Ach ja ich bitte Kind
Nimm doch die Tropfen ein
LAURETTE O ja recht gern
Zuträglich sind sie der Gesundheit immer
Geschieht damit euch ein Gefallen Mutter
So kann ich ja die Tropfen leicht versluken
Sie sagt dies letztere sehr freundlich und geht ab.
REICHSGRÄFIN
Ihr seid auch gar zu sorglich liebe Schwester
MINISTERIN Es ist wohl wahr, auch seh ichs selber ein
Allein bedenkt sie ist doch auch mein letztes
Mein einges Kind auf sie beruht mein Glück
Mein ganzes Hoffen was die Zukunft mir
Noch Schönes was sie mir noch freudges beut
Erwart ich all aus meiner Laura Hand,
Bewegt: Und täuscht mich meine Mutterhoffnung nicht
So wird sie mir noch manche Freude pflegen
Darum verzeiht wenn für ein einzges Kind
Soviel der süßen Freuden mir gewährend
Noch mehr verheißend in der Zukunft Bild
Ich oft zu übertriebne Sorgfalt trage
Auch dieser letzte Stern noch möchte schwinden
Und weh dann meiner armen Lebensfahrt
REICHSGRÄFIN *bewegt:*
Beruhigt euch geliebte, hell und freudig
Glüht noch aus ihrem jugendlichen Antlitz
Des Lebens frohe Farbe der Gesundheit
Wo die so frisch noch auf den Wangen glüht

Da frommet keine andere Arznei
Wie der Genuß der freundlichen Natur
MINISTER *herzukommend:*
Da habt ihr völlig recht und wohl mir wenn
Es euch gelingt mein Weib zu überzeugen
Daß dieses was verderblich nur sie wähnt
Die einzge Quelle der Gesundheit sei
Doch wenn in düstern Mauern nur man lebt
Die Nacht im Tag verwandelnd Tag in Nacht
Zerstörend so die Ordnung der Natur
Das ist verderblich das zerstört des Lebens
Geheimste Kraft und führt zum frühen Grabe
Gespenstisch bleich, gleich abgelebten Schatten
So schleichen in den schönsten Blütenjahren
Des Hofes Weiber, gelb und abgewelkt
Wenn nicht mit ekler Tünche den Verlust
Der heißbeweinten Jugend sie verbergen
Willst unsre Laura du so sehn
Er sieht sich um.
                                        allein wo ist sie?
MINISTERIN *verlegen:*
Es war so kühl – – sie war so leicht gekleidet – – –
Im Garten – und da dacht ich von den Tropfen
Ihr wißt, die uns des Königs Leibarzt gab
Würd einige zu nehmen ihr nicht schaden
MINISTER Ich bitt euch, dieses einzge bitt ich euch
Verschont das Arme Kind mit euren Tropfen
MINISTERIN Mein Gott, ihr werdet heftig mein Gemahl und
Ich tats aus Sorgfalt nur für unsre Laura
MINISTER Ich bin nicht heftig liebes Kind, allein
Ich bat so oft euch schon dies böse Gift
MINSTERIN Es sind die Tropfen von des Königs Leibarzt
Die edlen jede Kraft belebenden
MINISTER Was für den Kranken heilend Labsal ist
Ist oft für den Gesunden tödlich Gift
Und wenn auch nicht so ist doch nimmer heilsam
Ist immer schädlich tötets langsam nur
So schadet doch der häufige Gebrauch

MINISTERIN Ihr habt drum eure eigne Ansicht wohl
Doch habt ihr viele Gegner mancher Arzt
Gegraut in seinem ehrenden Berufe
Und rings geachtet seiner Kenntnis wegen
Versichert mich, daß bei dem kleinsten Schein
Der Krankheit schnelle Hilfe dann geleistet
Oft mehr bewirke wie nach eingen Stunden
Wenn man gesäumt die wochenlange Cour
Und die Erfahrung dieser Männer die
Ein halbes Menschenleben zugebracht
Des Körpers ganzen innern Bau erforschend
Erspähend jeder Krankheit ersten Keim
Schien mir, verzeihet, doch wohl wert daß ihr
Sie in Betracht bei eurer Ansicht zöget
MINISTER So ist denn Laura krank?
MINISTERIN   Das eben nicht
Doch hat sie sich erhitzt wie ich befürchte
Und drauf erkältet ist herumgelaufen
Im Tau sich drauf gelagert und ihr wißt
MINISTER Ja wohl wenn das ist, das ist ja der Wurm
Der an so manchen Blütenleben nagt
REICHSGRÄFIN Beruhigt euch, es hat nichts zu bedeuten
Nur bange Muttersorge hat die Gefahr
Geschaffen meine Töchter schwärmen ja
Den ganzen Tag herum in freier Luft
Und die Gesundheit glüht von ihren Wangen
MINISTER So hat sie sich doch nicht erkältet
REICHSGRÄFIN   Nein.
Seid ohne Sorgen,
MINISTER   Seht bald hättet ihr
Mich angesteckt mit eurer läppschen Furcht

VIERTER AUFTRITT

Minister. Ministerin. Reichsgraf. Reichsgräfin. Ferdinand.
Bertha. Cordelia hernach Laura.
⟨*am Rand:*⟩ Hier ist eine Lücke der Minister fragt
Laura wie ihr sein Geburtsort ⟨*Text fehlt*⟩

MINISTER Ei sieh da lieber Ferdinand 1185
Er umarmt ihn.
FERDINAND   Mein Onkel
  Wie hat mich eure Güte überrascht,
MINISTER Dich überrascht? das ist nicht fein so hat
  Mein Ferdinand denn meiner nie gedacht?
FERDINAND Ich nicht? wie sollt ich dessen nicht gedenken
  An den das ganze Land mit Segen denkt 1190
MINISTER Woher kam denn der böse Argwohn dir
  Daß ich der fernen Lieben könn vergessen
FERDINAND O daß nicht, nein daß gar nicht, denn ich weiß
  Daß teuer euch auch ferne Freunde sieh
  Wie sollte solch ein edel groß Gemüt 1195
  Der Heimat je vergessen und des Tals
  Wo rosig noch und hell des Knaben Sinn
  Das Leben lachte nein nicht eure Güte
  Nicht eure liebevolle Güte, das Geschenk
  Und seine Größe hat mich überrascht 1200
REICHSGRAF Was ist das?
FERDINAND   Seht dies helle blanke Schwert
  Seht nur die prächtge Klinge und den Griff
  Von klarem Golde und das hat er mir
  Geschenkt der Onkel heut am Morgen wie
  Ich aufstand fand an meinem Bette ichs 1205
  Ein seidnes Band umschlangs mit meinem Namen
  Froh will ich zu ihm eilen meinen Dank
  Ihm freudig bringen, doch ermüdet von
  Der weiten Reise ruht' der teure noch
  Gezwungen meine Freude zu verschließen 1210
  Denn niemand wachte noch will einen Ritt

Ich in der Frühe machen lege an
Den prächtgen Säbel da herein nun tritt
Mein Reitknecht mit den Worten Schwerenot
Das ist en Gaul Voll Ehrerbietung dann
Eur Erlaucht schon gesattelt ist das Pferd
Ich dreh mich, denk er soll den Säbel sehn
Ums ihm doch wenigstens noch zu erzählen
Allein nicht zu bemerken schien er ihn
Und brummte immer hinter drein der Teufel
Das ist en Tier zum Reiten über Gräben
Zwölf fuß breit setzt der Gaul gar wohl über
Die See wenn die so breit ist, lauter dann
Das nenn ich ein Präsent vom gnädgen Onkel
Ja wohl versetz ich, denk er meint das Schwert
Doch wie hinaus ich trete denkt euch mein
Erstaunen, wiehert hell entgegen mir
Ein andalusisch Roß die Farbe braun
Und weiße Mähnen schüttelt freudig es
Am stolzen Haupt Ein herrlich mutig Tier
Zum Vater: Dagegen Vater ist eur Fahler nichts
Denn ihr vor allen achtet nehmts nicht übel
Allein wahrhaftig nichts

REICHSGRAF   Mein Fahler? nun
Das wär doch stark, allein wie weißt du denn
Daß dirs bestimmt ward

FERDINAND   Hoch am Kopfschmuck trugs
Auf goldner Platte meinen Namen und
Der Reitknecht sprach *verlegen:* ists vielleicht auch nicht
Für mich mein Onkel dann verzeiht daß ich
Er schweigt ängstlich und sieht den Minister an,
dieser antwortet nicht und betrachtet ihn lächelnd.
O Gott verzeiht mein Onkel daß ich schnell
Die törge Hoffnung aufgriff daß bestimmt
Für mich dies edle Roß sei leicht ja wohl
Hätt ich es denken können solch ein Ding
Sei nicht für einen Jüngling kaum entwachsen
Dem Knabenalter dem gereiften Mann

Dem langverdienten tätgen zieme nur
Daß solch ein Prachtgebilde er beherrsche
Vielleicht auch ist das Schwert wohl aus Versehn – –
MINISTER Nein beides ist das deine beides war
Für dich bestimmt, du lieber kräftger Junge
Zu edel wär dir solch ein Roß es ist
Dir grade recht um dran den jungen Mut
Zu stählen deine Jugendkraft zu üben
Es paßt nicht für den alten Graukopf mehr
Zwar ist die Hand noch fest mit Mut die Feder
Zu führen und so Gott will für das Recht
Doch solch ein wildes Tier zu bändgen, da
Versagt sie zitternd mir den Dienst
CORDELIA   Es ist doch wohl
Nicht gar zu wild
FERDINAND *unwillig:*
                 Ach nein da kommt sie schon
Mit ihrer Furcht heran, ein rechtes Roß
Das macht den rechten Reuter Solch ein Roß
Und dann ein tüchtges Schwert noch an der Seite
Hussa dann freudig in die weite Welt
Und hör legst du ⟨die⟩ Angst nicht baldig ab
So soll es unter deinem Fenster hoch
Sich bäumen daß du recht in Nöte kommst
REICHSGRÄFIN Das ist nicht eben hübsch daß du sie willst
So ängstgen weil sie dich so zärtlich liebt
FERDINAND Ach je es ist mir auch ne solche Schande
Daß meine Schwester sich ob jedem nichts
Entsetzt
CORDELIA
       Das ist kein Nichts das ist wohl viel
Sehr viel wenn du den Hals brichst
FERDINAND *freundlich:*   Meinst es gut
Bist doch so übel nicht wenngleich zu furchtsam
Das ist nun zwar sehr häßlich doch das wird
Sich auch schon ändern wenn ich älter bin
Und du recht viel von meinen Taten hörst

BERTHA Gott gebe daß du Wort hälst, und daß nicht
Der letzte Zweig des Hauses Löwenstein
Durch Feigheit sich entehre stolz und hoch
So blühten stets die Ahnen unsers Hauses
Zu Zeiten Kaiser Karls des Mächtigen
Des großen wo an tapfren Männern gleich
Nicht einer ihnen seines ganzen Heeres
So sagen die Chroniken jener Zeit,
FERDINAND *zum Vater:*
Ists wahr mein Vater waren damals sie
Die tapfersten
REICHSGRAF   Ja freilich wohl mein Sohn
Doch warens schlechte Reuterbuben nur
Als um zu rächen seiner Tochter Schmach
Der Langobarden König mit ihm kämpfte
Da schwur der wilde Desiderius
Nach Rache schnaubend nicht soll ruhn die Hand
Und ungeschoren soll mein Haar das Haupt
Umwehn bis ich den stolzen Kaiser Karl
Mann gegen Mann und Aug in Aug bestanden
Das tücksche Herz ihm ausgerissen hoch
Es im Triumph der Tochter dargereicht
Ha wenn er röchelnd dann zu Boden sinkt
Dann will dem Sterbenden ich rufen sieh
Den Lohn der Untreu so lohnt Tücke sich
So schwur er und als im Gefechte Karl
Voran dem Heer und siegverbreitend kämpfte
Da stürzt gleich einem grimmgen Tiger er
Hervor das Schwert hoch ob dem Kaiser schwingend
Da warf ein mutger Reutersknecht der stets
Dem Kaiser gleich voranfocht schnell sich vor
Ihn fing mit seinem Schilde auf den Hieb
Gespalten in der Mitte ward der Schild
Allein gerettet ward der Kaiser den
Schon strömt herbei sein treues Volk und drängt
Zurück den Schwarm der Langobarden und
Es ward gefangen Desiderius

Der wilde und voll Schrecken floh sein Heer
Und als gefesselt ward der Langobarde
Von Römerhand da brüllte schäumend er
Dich hat gerettet dieser junge Löwe
Feigherzger Ehrenräuber nicht dein Mut 1315
Da gab dem Retter seines Lebens Karl
Die feste Burg und diese Grafschaft die
Sie rings umgibt zum Erb und Eigentum
Im Wappen einen goldnen Löwen nannt
Ihn Löwenstein aus solchem edlen Stamm 1320
Bist du mein Sohn entsprossen sieh so hat
Dein Ahne sich hinaufgeschwungen war
Ein Knappe nur des Kaiserknechtes Knecht
Und ward ein mächtger Ritter drum nur kühn
Mit Mut hinan Zum Ziel mit fester Hand 1325
Gelenkt des Schicksals Zügel denn es folgt
Dem willig der mit Kühnheit es ergreift
Ein hoher Sinn beherrscht der Menschen Geister
Ihm folgt der Ruhm er ist des Glückes Meister
Er gerät während der Rede immer mehr in Affekt, wie er aus
geredet hat geht er in ein Fenster.
FERDINAND *ihm nachfolgend:*
Ich bitt euch Vater flehend bitt ich euch 1330
Laßt mich hinaus mir wird die Burg zu enge
Und draußen lockt das Leben und der Ruhm
Laßt mich zum Heer des Kaisers lieber Vater
Ihn drohet keck und stolz der Feinde Macht
Ich will ihn ehren eures Hauses Ruhm 1335
Durch Taten ehren seine Größe nicht
Soll die Gefahr mich schrecken fest und kühn
Will ich die jugendliche Brust ihr bieten will
Erneuern unsers Hauses alten Ruhm
O wollt ihr, lieber Vater laßt mich fort 1340
CORDELIA Ach lieber Vater gebt es doch nicht zu
Dem Kaiser dienen viel der tapfren Männer
Ob einer mehr ob minder das wohl wird
Ihm wenig Nutzen wenig Schaden bringen

Und sagt ihr einmal nur dem Bruder ja
So mahnt er täglich euch an euer Wort
Bedenkt er ist der letzte
FERDINAND Sprößling willst
Du sagen und nun schweig ein wenig auch
Davon wirst viel du wissen ob es auch
Dem Kaiser nutzt wenn einen tüchtgen Ritter
Er mehr ob minder hat bei seinem Heer
Wie wärs dem Kaiser Karl doch wohl ergangen
Wär nicht zu Seit ihm unser Ahn gewesen
Getötet wär er und sein Heer geschlagen
Da siehst du was ein tüchtger Mann vermag
Nicht wahr mein Vater hin zum Heer des Kaisers
Da will ich stets mich ihm zur Seite halten
Beschirmen in der Schlacht sein heilig Haupt
Mich mutig wagen in die Feinde wenn
Nun flattern die Helme die Fähnlein wehn
Hurra Hurra drauf und dran
In der Feldschlacht bewährt sich der teutsche Mann
Das Schwert in der Rechten hinein in den Schwarm
Da wird das Herz ihm so weit und so warm
REICHSGRAF *mürrisch:*
Du bist ein freier Mann was willst du sein
Ein Knecht des Kaisers
FERDINAND O das sind wir all
MINISTER Und sage warum willst du ohne Not
Dein blühend Leben in der wütgen Schlacht
Preisgeben nicht dem tapferen Schwerthieb nur
Auch jedem Wurfspieß jedem Pfeil den oft
Ein Feiger fern im Hinterhalte schnellt
Daß dir ein feurig Herz im Busen schlägt
Daß dichs hinaus treibt in die weite Welt
Das faß ich wohl auch freuts mich denn es deutet
Auf tätges Wirken im gereiften Mann
Allein was zieht so mächtig denn dich hin
Zur Feldschlacht wenn bedrängt der Kaiser ruft
Des Reichs Vasallen wenn dem Vaterland

Von Feindeshand ein Sturm droht ja dann ist
Es Pflicht und heilge Pflicht dem teutschen Mann 1380
Zu schirmen, muß es sein, mit seinem Blut
Des Reiches Grenzen, doch so bloß zur Lust
Allein nur weil das heiße Blut ihn drängt
Ein freudig Leben morden ha noch sahst
Du nie des Schlachtfelds Greuel hörtest nie 1385
Wie röchelnd sich verhaucht das junge Leben
Was stark und kraftvoll noch den Morgen sah
wehmütig: Wenn du es sähst du würdest schaudernd dann
Verabscheun die so viel gerühmte Tat
Und doch noch faßtest dus zur Hälfte nicht 1390
Das namenlose Elend das der Krieg
Hineinschwemmt in ein still beglücktes Land
Siehst nicht der Mutter blasses starres Antlitz
Siehst nicht das Weib in Kummer und in Schmach
Gestürzt durch seinen Tod der sie ernährt 1395
O Ferdinand, denk ich des Unglücks all
Das schon der Krieg dem armen Land gebracht
Gott weiß daß mein die Schuld nicht ist es war
Mein heißes Sehnen stets der Frieden und
Das tröstet mich 1400
Er ist in großer Bewegung.
FERDINAND *Kleinlaut:*
              Allein wo zu mir denn
Die junge Kraft der kühne feurge Mut
Wenn ichs denn Gifte gleich verschließen muß.
MINISTER Wozu die Kraft gebrauchen o mein Sohn
Mein Sohn wie lacht so hell die Zukunft dir
Du wähnst so leicht so nichtig dir die Last 1405
Des Lebens und sie liegt so drückend schwer
Auf manchen Menschen wos dein Blick nich ahndet
Und wär auch glücklicher dein Los wie je ichs noch
Bei einem Menschen sah so fehlts doch nimmer
An Prüfungsstunden dir wo deine K⟨raft⟩ 1410
Zerrinnt, verlischt gleich einer Lampe Schimmer
Wild angehaucht vom Sturm der Leidenschaf⟨*Lücke im Manuskript*⟩

Das ist ein seltner Geist vielleicht auch nie
Geboren den nicht eine stunde fand
Wo treulos seine Stärke ihn verließ
Und einsam, er der Schicksals Streichen stand
Auf solche Stunden magst den festen Sinn
Du sparen, nur zu gerne wähnt
Der wilde Jüngling daß in blinder Wut
Und tollem Wagen sich der Mut bewähre
Denn leicht verachtet die Gefahr ein Herz
Das noch von Jugendfeuer kocht den innern Feind
Die Macht der Leidenschaften läßt empor
Er furchtbar schossen ahndend nicht das einst
Ein Sklav er dienen wird dem strengen Herrn
Sieh daran übe dir die junge Kraft
Besieg ihn diesen Feind daß nicht er einst
Dein Herrscher werde deines Lebens Glück
Zerstörend und *freundlich:* das kannst du ja auch hier
Glaub mirs aus einem gärenden Gehirn
Aus einem wilden kochenden Gemüt
Ging nie das Große Schöne noch hervor
Doch wo ein fester Sinn mit Ruhe wirkt
Da unter seinen Händen keimt empor
Der Menschheit Glück doch jenem nur entschwebt
Laut rauschend und in nichtge Blasen sich
Gestaltend nur ein eitler Duft der Ruhm
Ferdinand spielt schweigend mit seinem Degen.
O möge nimmer drängen dich die Not
Daß aus der Scheide du dies gute Schwert
Mußt reißen für des Reichs Erhaltung und
Des eignen Lebens freudig blinke es
Dir an der Seit ein Ritterschmuck doch nie
Beflecke eines Menschen Blut es drum
Umwand ich es mit seidnem Bande daß
Es spreche meines Herzens Wunsch

CORDELIA   Laß sehn
Ein Band?
Er gibt ihr den Degen.
          ein gelbes Band.

MINISTER   Die Gattin gab
Es mir am besten zu dem goldgen Glanz
Das sprach sie x-x die Farbe
BERTHA   O das ist
Unseliger Bedeutung des Verrats
Der Falschheit Unglücksfarbe trägt dies Band
Dem lichten Golde gleich doch war der Welt
Auch treulos unglückbringend stets das Gold
Ein gelbes Band am Degen deutet Mord
Des Freundes
FERDINAND   wieder schaut dein trüber Blick
Nur Schreckgestalten in der Zukunft Bild
Und wittert unglückahnend Blut und Mord
Solch ein Unglücksraben, einen Leichenvogel
Wie du bist trägt der Erdrund ferner nicht
Wenn glühend dein Gehirn Phantome dir
Vorüberführt in gräßlichem Gemisch
Und du mit tiefem Blick und leisem Ton
Es aussprichst einem körperlosen Geist
Vergleichbar wunderbar dann wird
Es mir im Busen, säh ich nicht zugleich
An dir die holde liebliche Gestalt
Du wärst mir oftmals recht zum Grausen
MINISTER   Weil
Dein Geist nicht fähig ist zu fassen ihn
Den tiefen ernsten Sinn der sie beseelt
Du bist ein guter braver Junge doch
Den Schwestern freundlich hold wie sichs geziemt
Das bist du gar nicht und sie sind dir doch
So lieb und gut so emsig stets besorgt
Dir zu erfüllen jeden kleinsten Wunsch
Allein so ist des Knaben wild Gemüt
Gemächlich nimmts die kleinen Freuden hin
Die ihm ein weiblich zarter Sinn bereitet
Doch nimmer schaut er dankbar hin zur Hand
Die sie ihm reicht und sieh so machst dus mit
Den Schwestern auch

FERDINAND Ich denk sie nehmens mir
Nicht übel bin ein wenig rauh ich auch
Sie wissens doch daß sie mir herzlich lieb
Nicht wahr Cordelia, allein du siehst
Mich gar nicht an, du bist doch nicht erzürnt?
CORDELIA Ach je warum nicht gar
FERDINAND So reich die Hand
Mir her *Sie reicht sie.* und gib mir einen Kuß *Sie tut es.*
Leise: Willst du mein Pferd auch sehn
CORDELIA *leise:*
Hernach, jetzt darf ich nicht hinaus
FERDINAND o weh
REICHSGRAF *der bis jetzt im Fenster gestanden hat kömmt:*
Was wird geheimes da verhandelt darf
Ichs wissen?
FERDINAND O ich möcht der Schwester gern
Das edle Roß das mir der Onkel heut
REICHSGRAF Schon gut geh schnell voran und führ es vor
Ich bin begierig es zu sehn
Ferdinand geht schnell hinaus die andern bereiten sich ihm zu folgen.
REICHSGRÄFIN *die bis jetzt mit der Ministerin geredet hat:*
Wohin
Ihr Herrn
REICHSGRAF Das Pferd sehn das mein Bruder heut
Dem Ferdinand geschenkt dem weit noch soll
An Schönheit nachstehn mein Arabisch Roß
REICHSGRÄFIN und MINISTERIN
Wir gehen mit *Sie gehen alle bis auf Bertha heraus.*

FÜNFTER AUFTRITT

Bertha allein hernach die Reichsgräfin.

BERTHA *die sich anfangs bereitet hat mitzugehen bleibt zurück:*
Auch das nicht mehr es kann
Mich meiner Teuren Glück nicht mehr erfreun
Und war doch sonst so weich dies arme Herz
Sonst Ha mit Schaudern schau die schwarze Kluft
Ich zwischen diesem sonst und jetzt ja sonst
Da freut ich mich des Apfels und der Nuß
Den liebenden Geschwistern dargereicht
Und jetzt wie gleitet alles kalt *x-x*
Vorüber dem erstorbnen Sinn getrennt
Von allem was dies Herz einst warm umfing
Verlassen Gott sie sind so innig ⟨*Lücke im Manuskript*⟩
Und möchten gern mit heißer Liebesglut
Dies kalte Herz erwärmen Ha es brennt
So heiß dies Herz allein ihr ahndets nicht
Denn eine eisge Wand hat trennend sich
Durch unsers Lebens fernen Raum gezogen
Auf ewig scheidend unser Freud und Leid
Ich fühl ihr Starren wenn oft liebend ihr
Euch an mein Herz zu drängen müht es lispeln hell
Und zart der Liebe Töne mir doch nie
Der ferne Hauch erreicht mein Ohr und so
Steh einsam ich und doch verlassen doch
Verlassen
Sie lehnt den Kopf nachdenk⟨*Text fehlt*⟩ *in ihre Hand.*

REICHSGRÄFIN *kömmt zurück sie bleibt einige Augenblicke stehn und betrachtet Bertha, für sich:*
Schaut ein Bild des Todes nicht
Dies junge Leben unglückselig Kind
Ich sehe deines Geistes innre Tiefen
Seh was vielleicht dem eignen Blick noch nicht
Sich klar entfaltet und es zittert bang
Für deine Ruh die Mutter ach und kann

Die schwache Weiberhand vorüber nicht
1525 Das Wetter führen was dir nahend droht
BERTHA *für sich:* Das ist es das nur einzig
REICHSGRÄFIN   und was ist
Es denn
BERTHA *fährt erschrocken auf und sieht um:*
     Seid ihr es Mutter
REICHSGRÄFIN   und was ist
Es einzig nur
BERTHA   O gar nichts liebe Mutter
Nur daß nicht wohl mir ist
REICHSGRÄFIN   Sag warum gingst
1530 Du nicht hinaus zu sehn das schöne Roß
Des Bruders ist nichts wert dir seine Freude
BERTHA Ach nein gewißlich nicht doch glaubt es mir
Mir ist nicht wohl, fühlt wie die Stirn mir brennt
REICHSGRÄFIN *für sich:*
Und auch das Herz und auch die ganze Seele
1535 *laut:* Das ⟨kommt⟩ vom vielen Sitzen in die Luft
Hinaus und dann gehüpft durch Wies und Tal
Das gibt dir leichtes Blut und frohen Sinn
Doch so allein in deiner Kammer nur
Von Bildern deiner wilden Phantasie
1540 Umschwebt und denen die du etwa dir
Gesogen aus den düsteren Legenden
Der alten Fabelzeiten sieh das zieht
Hinweg dich aus des Lebens stillen Kreise
In wilder Schwärmerei den trunknen Geist
1545 Nur Bilder malend einer fremden Welt
Der alle Reize schauerlicher Größe
Und holder Anmut deine Phantasie
Verschönernd leiht, doch ihrer Mängel Blöße
Die schaut in schönern Wahn das Auge nie
1550 O wohl dir könnte dieser süße Traum
Begleiten durch des Lebens Mühen dich
Doch kalt und schaurig wird die Wirklichkeit
Ihn einst verscheuchen

BERTHA	O so laßt mir ihn

Bis ihn das ernste Leben einst zerstört
Warum die kurzen Stunden meines Glücks
Mir rauben wer das finstre Leben sich
Gesellt der schafft wohl manches in der Welt
Doch süße Ruhe im zufriednen Geist
Die schafft er nicht denn ruhlos ist das Leben
Doch wer des Glückes Liebling sich vermählt
Der Dichtung hellen Flor der schauet fern
Und dunkel nur der Menschheit Kummer
Mit goldgem Glanze schmückt sich ihm die Lust
Des Daseins *feurig:* und was wär die Welt wenn nicht
Der Odem der Begeistrung sie durchwehte
Was Großes Schönes nur der Erdrund hält
Geht aus von ihr ist der Begeistrung Kind
Sie hob der Freiheit heiliges Panier
Ließ nicht des Gegners stolze Macht sich blenden
Und was der Musen seliges Revier
Uns beut das ist ein Werk aus ihren Händen
Der kalte Marmor das verworrne ⟨*Lücke im Manuskript*⟩
Der Töne lebt berührt von ihren Hauch
Und gießt den süßen Tod der Sehnsucht in
Das wunde treue Herz

REICHSGRÄFIN	Wohl beut sie uns

Der süßen Freuden viel die Phantasie
Und ihre Tochter die Begeistrung doch
Zu der verzehrend wilden Flamme die
Am innern Mark des Lebens zehret wächst
Die sanfte Wärme die das Herz belebt
Wenn nicht ein starker Geist sie treu bewacht
In ernste Schranken zwängend ihre Macht
Sie wirkt verschönernd in des Mannes Hand
Und wirkend bringt das Große sie hervor
Denn sieh nicht zu vergleichen ist dem Sinn
Des zarten Weibes wohl des Mannes Geist
Der zwiefach in sich selbst geteilt so auch
Im Lauf der Dinge herrschend zwiefach wirkt

Ein innrer Drang treibt mächtig ihn und heiß
1590 Zu großen Taten, zu der Helden Preis
Wie zu des Bildes Glanz des Liedes Kraft
Indes ein ernster Genius ihn stark
Zurückreißt droht dem Schwindelnden Gefahr
Und eisig einschließt seine Flammenglut
1595 So siehst du oft ihn feurig hochentflammt
Ob edlen Taten und des Sängers Lied
Daß mühsam nur dein Geist dem Schwärmer folgt
Doch plötzlich weilt er in der Rede Strom
Ruft zum Geschäft das ernste Leben ihn
1600 Und kalt als hätte höhres nie gedacht
Verliert er in der Erde Sorgen dann
Sich ängstlich treibend des Geschäftes Gang
Und achtet ferner nicht des Worts was groß
Nur eben seinem Blick erschien indes
1605 Vom bloßen Nachhall seiner Kraft du glühst
BERTHA O Mutter eure Farben sind zu stark
Denn wären so die Männer all, es stürb
Die Liebe aus auf dieser Welt
REICHSGRÄFIN   So sind
Sie alle fast und also muß es sein
1610 Denn dieses ist es was die Staaten hält
Und was gewebt der Ordnung heilges Band
Und der Gesetze Weisheit dies nur hob
Der Freiheit helle Fahnen nicht die Glut
Des Schwärmers taugt zu führen solch ein Werk
1615 Vernahmst du was dein edler Oheim sprach
Nicht aus des Schwärmers gärenden Gehirn
Und seiner wilden Glut gestalte sich
Das Große Schöne doch wo tätig wirkt
Mit festem Sinn und hohem Geist ein Mann
1620 Da keime unter seiner Hand das Glück
Der Menschheit und des Ruhmes eitler Dunst
Entsteige jenem
BERTHA *schmerzlich:*
           O des weisen Mannes

Der also ordnet seines Lebens Gang
Wie steht er doch so traurig einsam da
Ein hoher Stamm beschattend rings das Land 1625
In seinen Ästen freut das Vöglein sich
Und unter ihm entsprießt der Blumen Volk
Doch kein Gesträuch kein Bäumlein schaut er rings
Er ist allein
REICHSGRÄFIN
    So hebt das stolze Haupt
Ein mächtger Herrscher doch vergleichbar nicht 1630
Ist es der ruhigen Vasallen Sinn
Vergleiche sie der schattenden Allee
Wo wohlgeordnet prangt der Bäume Heer
Also daß jeder einen Nachbar schaut
Verbunden durch des gleichen Wirkens Band 1635
BERTHA *bitter:* Und keiner doch den nachbarlichen Ast
Berührt so hat die Vorsicht sie gestellt
Daß stets ein Raum sie trenne fern nur sich
Die äußern Spitzen winken naht vertraut
Ein Ast dem andern schnell mit emsger Hand 1640
Wird dann gekürzt der edle Sproß daß nicht
Der Ordnung Band zerreiße, o sie sind
Nicht alle so die Männer nein gewiß
Nicht alle mancher faßt in voller Brust
Sie noch die heilgen Freuden der Natur 1645
Und gibt mit ganzer Seele sich der Lust
Die aus dem Schönen ihm entsprießt nicht wahr
Es gibt noch deren Mutter, saget ja
Ich bitt euch sonst, ich kann nicht anders, muß
Ich dies Geschlecht verachten. 1650
REICHSGRÄFIN *unwillig:*   töricht Kind
Wohl gibts bestrahlt von feindlichem Gestirn
Der Unglückssöhne denen Weibersinn
Gab die Natur und das Geschlecht versagt
Der unstet wankend in des Schicksals Hauch
Nicht der Empfindung raschen Strom besiegt 1655
Daß hin er reißt die schwache Beute sie
Zerschellt am nächsten Felsen

BERTHA   Also nie
Verbände ein empfindend zart Gemüt
Mit stolzer Kraft sich in des Mannes Brust?
O Mutter ihr seid ungerecht wohl sah
Ich selbst im kurzen Lebenslaufe schon
Der Männer manche denen weibisch nie
Das Herz genannt ein Mund und nie die Tat
Und doch so glühend doch so weich dies Herz
Dem Leben jedes zarteren Gefühls
So innig schwärmerisch sich gebend hin
Der Regung der es seine Glut geweiht
So ganz versenkend sich mit Geist und Sinn
Im Jedem Schönen was sich dar ihm beut
Daß nimmer ob den wechselnden Gestalten
Des Lebens es im Busen mag erkalten
REICHSGRÄFIN *die sie während dieser Rede scharf betrachtet hat, für sich:*
Wie ganz verloren in dem teuren Bild
Schwärmt sie im Feuer süßer Raserei
Wo sie dem Edlen nur zu huldgen glaubt
Beugt sie sich glühend vor dem teuren Bilde
Und bebend zeigt die fieberhafte Hand
Auf ihre Wunden armes Kind und o
Unselig Weib die dich gebar
BERTHA   Ihr schweigt? –
Ihr sinnt? o sicher fühlt das Unrecht ihr
Das ihr den Männern tatet
REICHSGRÄFIN   Also nicht
Nur stellte sich dem Sinne dar wie doch
Nur dunkel stets der Jugend Auge blickt
Und oft sie nicht die eigne Rede faßt
Für eine still verständge Jungfrau hielt
Ich dich und dennoch spricht solch töricht Wort
Dein Mund und fühlst es nicht daß du den heiß
Geliebten Oheim schmähst?
BERTHA   Ich Ihn?
REICHSGRÄFIN   So ists

Sein ist das Bild das ich entwarf so ist
Sein Wirken ohne Leidenschaft und doch
Voll innger Tätigkeit und Wahrheit warm
Verehrst du ihn und voll Verachtung schaust
Du seines Geistes Abdruck also ist
Voll Widerspruch und Unverstand was du
Geredet, denn du schmähst den starken Mann
Doch jener ist ein Schwächling edel zwar
Sein Herz und hoher Flamme voll sein Geist
Doch fehlet ihm die innre Kraft die fest
Verschwinden sieht des letzten Schimmers Rest
Und dennoch mächtig dasteht und die Wunden
Der Brust in neuen Taten kann gesunden
So lang die Glut der Leidenschaft ihn hebt
Treibt unaufhaltsam er dem Sturm entgegen
Doch wo nicht sie die Adern ihm durchbebt
Da sinkt er von des Zephirs leisem Regen
Und matt

BERTHA *bewegt:*
   Mutter Mutter
REICHSGRÄFIN   Wie
BERTHA   Ich sehs
Ihr faßt mich nimmer nimmer wird euch klar
Mein liebliches Idol vielleicht auch soll
Es nicht
REICHSGRÄFIN
  Was sagst du?
BERTHA *sehr bewegt:*   Mutter ach verzeiht
Doch schonet mein ihr wißt es nicht wie weh
O Gott wie bang mir ist und wüßtet ihr gewiß
Ihr quältet mich nicht so allein es ist
Sie ist etwas zur Besinnung gekommen und sehr verwirrt sie steht auf und begibt sich in einen andern Winkel des Zimmers wo sie einge Augenblicke bleibt.
REICHSGRÄFIN *für sich:*
Nein länger duld ichs nicht aus ihrer Brust
Lösch ich das teuere Phantom vor ihr

Eröffne das Geheimnis seinen Mund
laut: Geh meine Tochter in mein Zimmer hol
Den Schwahl mir her im Parke gehn wir dann
Ein wenig mild und heiter ist die Luft
Und in dem Freien öffnet sich das Herz
Der Ruhe und ich spräche gern mit dir
Ein ernstes Wort
Bertha geht hinaus die Hand vor der Stirn.

SECHSTER AUFTRITT

REICHSGRÄFIN *allein:*
      Gleich einem Schatten wankt
Sie hin und weh ich Ärmste soll ihr Leid
Vergrößern noch? *sich ermutend:* Die Mutterpflicht gebeut
Und willig folgt ihr das gebrochne Herz
Vor Unglück hüten dieses teure Pfand
Gebeut sie mir und unheilbringend flammt
In ihrer Brust ein rötlich Meteor
Die Liebe nimm des Teuren Gegenwart
Die Hoffnung ihr stell ihr die Pflicht entgegen
Und sie verlischt es strahlt das Luftgebild
So lange nicht der Brennstoff fehlt doch ist
Verglommen dieser sinkts zu Boden hin
Und schnell erstirbts berührt vom feuchten Grund
schaudernd: Ha meine grause Ahndung ausgebrannt
Das Herz und nur im feuchten Grunde Ruh
Sinnt einge Augenblicke mit starrem Blick dann schlägt sie sich plötzlich vor die Stirn.
Ich schwärme viel erträgt ein junges Herz
Und Weib zu sein des edlen Mannes *erschüttert:* Ha
Des edlen Mannes? weh dem Bösewicht
Muß ich dich opfern du mein Herzenskind
In des Verbrechens Arme liefern Gott
Was sag' ich wessen zeih ich ihn mit Recht?
Des Blickes feine schlauheit und der schmuck

Der Rede ist entfremdet mir die lang
Nur finstern Blick und offne Stirnen sah
Was schmäh ich um des Hofes Sitte ihn
Und doch *nachdenkend:* du bist mir schrecklich Reihersdorf
Entsetzlich unerklärbar schaudernd senkt
Mein Auge vor dem schönen Antlitz sich
Wenn lieblich lächelt deine Lippe schlau
Dein Blick und spähend schaut dem Weihen gleich
Wenn er nach Beute wittert schrecklich ist
Nicht also mir das wilde Angesicht das schwarze
Des Räubers dem brandmarkend die Natur
Des Mordes Stempel aufgedrückt
Aus scheußlich wütger Form die Hölle schaut
Wie in dem holden Antlitz tief versteckt
Der Bosheit Spuren bang und laut klagt an
Die mühsam nur zerrüttete Natur
Den Menschen der ihr schönstes Werk zerstörte
Den stets hat edler Sinn in edler Form
Gewohnt dereinst und all die Kämpfe die
Er kämpfte bis er Tugend niedertrat
Schau zitternd ich und solchem Schreckenbild
Soll hin ich geben diese Unschuld
Mein Kind Mein liebstes Kind? o Adelbert
Nur bittre Stunden gabst du mir du hast
Den Leidenskelch gefüllt mir dargereicht
Und ohne Murren trank ich ihn doch schon
O schone meines zarten Kindes Ha
Es ist auch dein Kind dein Blut doch ach ist
Nicht jegliches Gefühl in dir erstorben kann
Noch Vaterliebe in dir wohnen?
Die süßen Bande bricht er nicht das hat
Noch nie gekonnt ein Vaterherz doch *wild:* weh
Zum wütgen Tiger habt ihr mich gesellt
Ihr die ich Eltern nannte kein Erbarmen
In eurer Brust endloser Marter gabt
Ihr kalt mich hin o hätt ich lieber doch
Den Tod erduldet ach kein schuldlos Kind

Beklagte dann daß es ihn Vater nannte
1780 Hart drücken ihre Tränen eure Gruft
Und zeihen euch der Grausamkeit, *matt:* wie ist
Mir meine Sinne wirren sich
Sie lehnt sich einge Augenblicke an einen Pfeiler und erhebt sich dann weinend.

verzeiht

Verzeiht ihr meine armen Eltern ach
Ihr wart betrogen wart getäuscht, ihr wähntet
1785 Nur in des Glückes Arme mich zu führen
Und euer Undankbares Kind häuft Fluch
Auf eure Grube Heilge fromme nehmt
niederkniend: Der Reue Träne von der blassen Wange
Mein langes Leiden sühne diesen Fehl
1790 Verzeihung o Erbarmen mir
Sie betet eine Weile still.

SIEBENTER AUFTRITT

Reichsgräfin. Bertha.
BERTHA *kommt zurück wie sie ihre Mutter sieht bleibt sie stehen:*

sie betet

nach einer Pause, bewegt:
Du betest für dein ungeratnes Kind
Du meine Mutter selger reiner Geist
Ein süßer Duft ist dein Gebet dem Herrn
Vielleicht erbetest du die Ruhe mir
1795 Die Ruhe? o im Grabe ruht sichs wohl
Pause: Verwirrt ist meine Seele und erschlafft
Ist die Empfindung nicht zum Himmel dringt
Mein reines Flehen mehr es dringt getrübt
Von wilder Glut verbrecherischem Wahn
1800 Sich ein unwürdges Opfer hin zu Gott
Wenn nun ich rufe wenn die Erde mich
Nicht ferner hält ob heiß und lauter wohl
Sich meine Seele zu ihm drängt getrennt

Von dem was sie auf Erden nimmer läßt?
Und ob er wohl der Sünderin verzeiht? 1805
Ich traue deiner Güte Herr denn noch
Beseelt ein heißer Durst nach Tugend mich
Und nur die Kraft gebricht der Armen
Pause, die Reichsgräfin erhebt ihr Haupt zum Himmel.
                                   Ha
Sie weint sie weint um mich *ausbrechend:* o meine Mutter
REICHSGRÄFIN *sieht um und streckt ihr die Arme entgegen:*
Du meine Tochter 1810
BERTHA *auf sie zueilend:*
                  Mutter Mutter o
Sie liegt in ihrer Mutter Armen.
BERTHA *nach einer stummen Pause, an ihren Herzen:*
Vergebung glühen eure Küsse ja
Ich fühls ihr grollet meinem Wahnsinn nicht
O drückt noch einmal fest mich an euch daß
Mich eure Liebe warm durchdringe kühn
Mein Herz sich vor euch öffne 1815
REICHSGRÄFIN *sich beruhigend:* Heißen Dank
Dem Himmel daß er dich mir wiedergab
Doch trockne deine Augen nein komm mit
Hinaus die andern warten lange wohl
Vermissend ungern dich bei ihrer Lust
Komm 1820
BERTHA Nein zuvor laßt ganz vor eurem Blick
Enthüllen mich mein Herz wie Gott es sieht
Euch zeige sich sein namenloses Weh
Dem Richteraug zur Prüfung dargelegt
Und eurem Urteil folg ich unbedingt 1825
Und führt es mich zum Tode
REICHSGRÄFIN   Fasse dich
Nicht taugt es jetzt zu schärfen deinen Schmerz
Eindringend in sein Tiefstes wenn gefaßt
Sich deine Seele deine Sinne ruhn
Dann reich ich dir des Trostes Balsam wenn 1830
Dein Herz sich ausgießt in der Mutter Brust

BERTHA Ich bitt euch hört mich ich vergehe sonst
   Denn zu zersprengen droht die Glut mein Herz
   Wollt ihr nicht hören euer reuig Kind
   Nicht eure Tochter?
   REICHSGRÄFIN *beiseite:*
                    Gott was soll ich tun
BERTHA O stoßt mich nicht zurück jetzt liegt vor euch
   Mein Innres und auf meiner Lippe schwebt
   Das schmerzliche Geheimnis hat erst kalt
   Der Hauch der Erde wieder mich berührt
   So sinkt es traurend in die Brust zurück
   Und trostlos muß mein Leid ich tragen
   Ein Bedienter kommt herein.
   REICHSGRÄFIN   Still
   Ein Domestik
BEDIENTE   Die alte Katharine
   Vom Altenberge harrt seit Stunden schon
   Auf ihro Erlaucht die Comtesse Bertha
   REICHSGRÄFIN *Zum Bedienten:*
   Laßt sie herein
   Der Bediente geht.
                 Du siehst mein Kind du darfst
   Das gute Weib nicht länger harren lassen
   Bertha schweigt.
   Nun auf ein andermal Erheitre dich
   Zeig ihr ein froh Gesicht sonst grämt sie sich
   Die treue Seele
   Sie bleibt noch einge Augenblicke stehn.
   Bertha antwortet nicht und die Reichsgräfin entfernt sich traurig,
   Bertha sinkt auf einen Stuhl und legt das Haupt auf einen Tisch.

ACHTE SZENE

BERTHA *allein, nach einer Weile sich aufrichtend:*
Und auch sie
Verläßt mich meinem Schmerz zur Beute? sie 1850
Die Liebevolle? von mir selbst verlassen
Von ihr, du warst in diesem Sturme mir
Der letzte Anker Mutterliebe, und
Verschlossen meinem Kummer nun ihr Herz?
Sie wollte mich nicht hören ja 1855
nach einigen Nachdenken:
                        Doch wie!
Wenn sie es ahndete – nein, zu beklommen war
Ihr Busen tröstend meinen Gram zu hören
Nur darum wich sie dem Vertrauen aus
O hätt sie mich gehört es wär vielleicht
Ein Strahl von Ruhe in dies Herz gekommen 1860
Doch nun nun ists vorbei
KATHARINE *auf sie zueilend:* o meine Gräfin
Sie meine liebe Bertha
BERTHA *aufblickend:*   Ach du bist
Es gute Katharine seh ich dich
Denn endlich einmal wieder? dacht ich doch
Du hättest mich vergessen 1865
KATHARINE   Du mein Gott
Wie könnt ihr das nur denken, hab ich ja
So lieb euch wie mein eignes Kind doch hört
Das Spulrad mußt ich drehen daß das Garn
Zum Weben nimmer fehle meinem Sohn
Doch nun da viele feine Leinwand er 1870
Gefertigt biet ich aus sie zum Verkauf
In dieser Gegend und da dacht ich will
Ich meine Gräfin Bertha doch besuchen
BERTHA Du Gute
Reicht ihr einen Stuhl.
              setze dich, wie geht es denn
Zu Hause? 1875

KATHARINE O ganz schön ganz gut ihr könnt
Nicht denken wie vergnügt wir sind seit uns
Der gnädge Graf das neue Haus geschenkt
Denn mit dem alten wars auch gar nichts mehr
Es regnet auf den Kopf uns und der Rauch
Es war kein Schorstein dran hat mir verderbt
Die Augen daß ich immer schlecht noch sehe
BERTHA Das tun auch wohl die Jahre doch erzähl
Von deinen Kindern mir
KATHARINE   Der jüngste ist
Jetzt aus dem Hause in der Lemker Heide
Bewacht er eine Herde Rinder so
Verdient er etwas 's ist ein gutes Kind
Auch ziemlich wohlgestaltet Schade nur daß er
Ein wenig schielt sonst ist er fleißig und
Hält strenge Ordnung in der Herde denn
Noch klagte niemand über Schaden und
Das freut mich herzlich für den Knaben
BERTHA   Dank
Dem Himmel daß nur Rinder er beherrscht
Denn sonst und wär er auch die Güte selbst
Sprächst du doch schwerlich wohl ein solches Wort
KATHARINE Was meint ihr?
BERTHA   Nichts ich bitte rede weiter
Es ist so wohl mir wenn dein redlich Herz
Von deinen Lippen fleußt gewiß es wird
Mir leicht wenn ich dich höre nun dein Sohn
Der hütet jetzt die Rinder
KATHARINE .   Freilich wohl
Der ältre nun das hab ich schon gesagt
Der webt das ist euch gar ein wackrer Bursch
Ist so verständig ordentlich nur fürcht ich oft
Daß ers zu eifrig mit der Arbeit treibt
Er ist erst sechzehn Jahr und schon ernährt
Er seine alte Mutter und sich selbst
BERTHA Der brave Junge!
KATHARINE   Und da denk ich oft

Es wird ihm schaden daß so heftig er
Die jungen Glieder anstrengt schafft er doch
Schon mehr als mancher Mann
nach kurzem Nachdenken:
       ja hätt ich noch
Den ältsten Gräfin der zugleich mit euch
An meiner Brust lag, *wehmütig:* o das liebe Kind
Und starb so elend in den Blattern
BERTHA   Sei
Nicht traurig gute Mutter vielem Schmerz
Ist er entgangen und eine karge Lust
O ruhte in der Gruft ich oder auch
An deiner Brust ein zart unmündig Kind
Des eignen Tuns mir unbewußt da wär
Ich vielem Leid entflohn
KATHARINE   Da müßt ich ja
Zum zweitenmal für euer Leben zittern
Nein Gott sei Dank daß ich euch vor mir seh
Ein großes und gesundes Fräulein hab
Ich doch um euch Angst und sorgen viel
Gehabt da kaum das Leben man in euch
Gewahrte
BERTHA Ach ein schwach kaum atmend Kind
Sah ich das Licht und nur voll Trauer schauten
Die Freunde mich denn nicht so wähnten sie
Sei für das Leben ich geboren nur
Durch schnellen Tod der Eltern kurze Lust
Zu stören o ein bang weissagend Bild
Des künftgen Lebens Schmerz verbreiten und
Erdulden ist mein Los hienieden
KATHARINE   Gott
Was ist euch? seid zufrieden doch ihr habt
Ja alles was das Herz verlangt und nun
Sprecht ihr so traurig gleich als wär der Tod
Am besten euch zu wünschen, Still davon
Denn oftmals straft der Himmel solchen Spott
Durch schleunige Erfüllung und das wär

Ein großes Herzleid allen uns und auch
Nicht gut für eure Seele
BERTHA   Du hast recht.
Das ist es auch was aufrecht mich erhält
In meinem Kummer daß ihr all mich liebt
Und meine Trauer eure Herzen engt
Verzeihe wenn ich dich erzürnt du liebst
Mich doch nicht wahr du bist mir gut du Treue
O mög es nimmer dich gereun daß du
Das zarte Leben mir erhalten
KATHARINE   Du
Mein Gott wie sollt es mich gereun ihr seid
So fromm ja seid so engelgut und auch
Schreibt all mein Glück zudem sich von der Stunde da
Man meiner Pflege euch vertraute denn
Zuvor da war es elend kümmerlich
Denn nichts konnt ich dem Manne bringen er
Mir nur ein ärmlich Obdach bieten voll
Der Schulden stets sich häufende verjährt
Wir mußten uns behelfen doch es ging
Noch leidlich bis der Himmel mir den Sohn
Bescherte ach da lebt ich bange Tage
Die Arbeit lag es stockte der Erwerb
Mit naher Klage droht der Schuldherr da
Da sank der Mut mir ohne Rettung schien
Mir unsre Lage doch da trat herein
Der Pfarrer Frau, so rief er euer Glück
Könnt ihr jetzt machen und er legt es mir
Jetzt aus einander wie für euch gesucht
Würd eine Amme und wie großes Heil
Dies unsrer Armut bringen könne doch
Ich sollte mich von meinem Kinde trennen
Es Fremden Anvertrauen nein das kann
Ich nicht so rief ich doch wenn mit dem Kinde
Man auch mich nimmt so bin ich gern bereit
Der Pfarrer sagt dies dem Boten ich
Ging hin zur Kirche betete daß Gott

Mein Schicksal möge lenken wie es ihm
Zur Ehre mir zum Heil dann ging still ⟨ich⟩
Getröstet fort vor meiner Hütte hielt 1975
Ein Wagen schon bereit mich abzuholen
Da sah ich Gottes Ratschluß und hinein
Stieg ich getrost mit meinen Kinde doch
Wie war zu Mut mir da ich euch erblickte
So schwach und kaum noch lebend lieber Gott 1980
So dacht' ich wär ich do⟨ch⟩ am Altenberge
Am Leben bleibt das zarte Würmchen nicht
Und mir dann wird die Schuld wohl beigelegt
Doch Gott gab Gnade daß ihr euch erholtet
Und eine große liebe Dame wurdet 1985
Sie schweigt still und Bertha ist nachdenkend.
Doch warum seid so still ihr denn und sagt
Mir gar nichts ist nicht wohl euch?
Man hört während der Zeit unvernehmliche Worte hinter der Szene.
BERTHA *auffahrend:*   Das ist
Der Godowesi, liebe, laß uns gehn
Daß ich vermeid sein widerwärtig Antlitz
Wie Mißton klingt mir seine Stimme schon 1990
KATHARINE Wer ist das
BERTHA   O so komm er naht sich schon
Sie führt Katharine mit sich fort.

NEUNTE SZENE

Marco Godowesi. Edward Felsberg.

EDWARD FELSBERG
Ihr habt erst kurze Zeit dies Land gesehn
Und also faßt ihr seine Schönheit nicht
Denn nicht dem Auge beut sichs freudig dar
In üppger Fülle prangender Natur 1995
Und wer im Feenreich Italiens
Erzeugt und von den aromatschen Duft

Des Blühenden Orangenhains genährt
Dem können Jahre nur auf deutschen Boden
Verlebt der deutschen Schönheit Wunder lehren
MARCO GODOWESI
Ich weiß ihr zürnt dem Fremdling nicht der fern
Von Süden naht wenn er sogleich die Lust
Des Nordens nicht erschaut hab ich doch lang
Ergründet schon des Volkes kräftgen Sinn
Das es bewohnt, und lange kann ein Land
Von solchen edlen Stamm bevölkert nicht
Mir unhold scheinen
EDWARD FELSBERG   O da sprecht ihr recht
Aus meinem Herzen manches Land durchstrich
Ich forschend doch zur Heimat zogs mich stets
In Welschlands Blütenhimmel wie im Reich
Des Briten
MARCO GODOWESI
              Süße Regung der Natur
Wann rührtest du mit größerm Recht ein Herz
Als da zur Heimat diesem Jüngling du
Die Sehnsucht gabst
EDWARD FELSBERG *unwillig:*
                  Die lebt in jeder Brust
Und stets mit vollem Recht denn jedes Land
Hat seinen Vorzug den das Fremde nie
Uns bieten kann so ist das Meine mir
Auch wert vor allen andern und wer nicht
Ein gleich Gefühl im Busen trägt und mehr
Den Fremdling rühmt wie seines Landes Sohn
Der scheint ein Unding und ein Bastard mir
MARCO GODOWESI *Betretung verlegen:*
Da habt ihr recht nie kann ein fühlend Herz
Dem Vaterlande sich entfremden so
Schwebt vor den Blicken stets die Heimat mir
Beut gleich sich Höhres ihnen dar und so
Gab nicht Ersatz des Tals der Jugend euch
Die Ferne

EDWARD FELSBERG
   Doch in diesen Wäldern wurd
Mir wohl und fast wie heimatliche Luft
Umweht es mich Ist gleich das Klima ganz
Verschieden ist doch sein Bewohner gleich
An Unschuld Freiheitssinn dem frommen Hirten
Auf unsern Alpen
MARCO GODOWESI Wie ihr seid kein Deutscher?
EDWARD FELSBERG Helvetien hat mich geboren wo
Die Aar um Berns beglückte Mauern rauschet
Ergötzten mich der Kindheit Spiele so
Ist von Parteisucht frei mein Urteil wenn
Germanien ich rühme
MARCO GODOWESI   ach ihr seid
Ein Schweizer meiner Heimat nachbarlich
Das klingt wie Zauberton dem Ohre mir
Wie ists erfreulich in der Ferne wo
Befremdend jedes Antlitz jeder Laut
Selbst die Natur uns kalt und unverwandt
Den fernsten Laut der Heimat zu vernehmen
Ihn umarmend.
Kommt an ein Herz es weiht sich liebend euch
Laßt euer Freund mich sein es drängt mich hin
An eure Busen
EDWARD FELSBERG *kalt, ihn umarmend:*
    Herzens Einheit knüpft
Der Freundschaft Bande wenn ein gleicher Sinn
Belebt uns beide willig öffn ich dann
Die Arme
MARCO GODOWESI *in seinen Armen:*
    Ewig hat verbunden mir
Ein gleicher Sinn und sympathetisch klopft
An eurer Brust die Meine o nun soll
Ein Eden mir entblühn auf ödem Grund
Der moosgen Heide
EDWARD FELSBERG   Also tut Verzicht
Darauf ihr daß anschaulich einst und klar

2055 Euch werde dieses Landes Sinn da tut
Ihr wohl daran denn nimmer paart sich wohl
Mit welscher Feinheit grader plumper Sinn
MARCO GODOWESI
Ich schmähe nicht des Landes Sitte nicht
Den Geist des Manns der ihn bewohnt Zwar wird
2060 Ihm nimmer blühn des Ruhmes Prachtgebild
Doch für den Mittelstand schuf tüchtger ihn kein Reich
Wie blüht in Wohlstand sonst dies Land so arm
Von der Natur begabt wenn Fleiß
Und eiserne Beharrlichkeit ihr nicht
2065 Die Gaben abzwang die sie karg versagt
EDWARD FELSBERG *lächelnd:*
Wie ward euch da aus Welschlands Himmel ihr
Euch ferntet und euch deutsche Luft berührte?
MARCO GODOWESI *fein lächelnd:*
Ein wenig bang das könnt ihr denken denn
Welch hohe Reize auch dies Land besitzt
2070 Noch faß ich nicht wo ich sie suchen soll
Der Sonnenbrand der Heide möchte denn
Begeistern mir das kochende Gehirn
Daß ich mir ihre Blümlein pflückte sie
Zergliedernd in der Schönheit Quell mich tauchte
2075 O solch ein Land wo man im Schnee versenkt
Des Jahres Hälfte künstlich vor dem Frost
Das Leben schützen muß und hat sich trüb
Und feucht die Sonne wieder nun genaht
So kann man vor den armen Strahlen sich
2080 Nicht einmal schützen Ha wo ihren Strahl
Sie glühend hinsenkt auf Italien
Und der Zitrone Goldfrucht reift da schützt
Der Pomeranzenwälder Grün den Sohn
Des Landes doch hier sengt er das Gehirn
2085 Auf öder Heide Hier wo kaum die Saat
Er reift des Nordens und des Südes Weh
Hat die erzürnte Gottheit auf dies Land
Gehäuft

EDWARD FELSBERG
       Doch wie ertragt ihr es denn hier
Zu weilen wie in kalter Totengruft
Muß euch das Leben scheinen ist euch gleich
Den Worten der Gedanke
MARCO GODOWESI   Nur die Huld
Des Grafen hält an diesen Boden mich
Auch lab ich oft mich an dem klaren Born
Der Künstler unsers Landes die mich her
Begleitet auf der Reise glühend stellt
Sich dar der Phantasie das ferne Bild
Schau auf der Leinwand ich es
EDWARD FELSBERG   O wie seid
Ihr glücklich daß ihr eigen solch ein Werk
Könnt nennen Welschlands Meisterstücke muß
Ich schaun verlangend gleich dem Tantalus
Und nicht der kleinste Abdruck war mein eigen
Wie wünsch ich oft daß statt der Harmonie
Des Pinsels Gabe mir beschieden
MARCO GODOWESI *seine Brieftasche öffnend und verschiedene Papiere herauslegend:*
                         Seht
Ein kleines Pröbchen
während Felsberg es betrachtet, für sich:
                      wie er trunken schaut
Du meinst wohl deinem kalten Spotte sei
Ich dargestellt zum Ziel doch hüte dich
Daß nicht die Rache dich ereilt *laut:* wollt mehr
Ihr schauen folgt mir in mein Zimmer viel auch
Noch viel der großen Geisteswerke nenn
Ich mein
Er steckt seine Sachen wieder in die Brieftasche sie gehen heraus, Laurette begegnet ihnen in der Tür sie machen ihr eine stumme Verbeugung.

ZEHNTE SZENE

LAURETTE *allein:*
              Er würdigt mich nicht eines Blicks
Der Stolze und so trunken hing noch gestern
Sein Aug an Berthas dämmernder Gestalt
Ihr wähnt euch unbemerkt ihr sichern ha
Ihr kennt nicht mein durchdringend helles Schaun
Wer rühmt sich daß er Stunden nur verbarg
Sein innres vor Laurettens scharfen Blick
Und da sein arglos Lob von Cordchens Lippen
Ich preßte; Wie da lodernd flammte auf
Dein ganzes Ich, da senkt den tiefen Blick
In deine Brust ich sah darin sein Bild
Begnüge dich mit deinen Phantasien
Verrückte Schwärmerin und überlaß
Gescheitern Leuten dieses Mannes Liebe,
Was red ich, lieb ich ihn *nachsinnend:* nein wahrlich nicht
Ich fühl es klar ich lieb ihn nicht doch ists
Verdrießlich mir, daß solch ein stolz Gemüt
Sich fesseln läßt von solcher schwachen Hand
Was zieht ihn zu der Träumerin? doch nicht
Das Bißchen Larve oder auch der Ton
Der wilden Schwermut und ihr Geisterblick?
Ich denk vorüber sei die Zeit wo man
An intressanten Totenköpfen sich
Ergötzte und ein blühend frisch Gesicht
Ein schlaues Auge ist den Männern mehr
Als alle Psychen und Uranien
spöttisch: Gib willig auf es, du empfindsam Kind
Mir Nebenbuhlerin zu sein denn hold
Entführ ich dir den Trauten und du klagst
Ein einsam girrend Täublein
Sie hat während dieser Zeit heftig auf dem Tisch herumgekramt.
                           Ei ein Brief
An Marco Godowesi ach das ist

Der hagre Welsche der so eben fortging
Laßt sehn
Sie öffnet ihn und liest.

     Du weißt wie große Pflichten dir
Obliegen gegen mich errettet hab
Ich dich aus drohender Gefahr da floß
Von dank dein Busen über nimmer könntest   2145
Du solchen Dienst vergelten wähntest du
Da deutet ahndend ich auf ferne Zeiten
Wo deiner ich bedürfte und du schwurst
Dein Dasein mir zu weihn ob treu der Schwur
Das will ich nun erproben sprachst du wahr   2150
So laß die Heimat eile her zu mir
Laß kein Geschäft so dringend es auch sei
Verzögern dich denn größer dringender
Ists was dich herruft und ein hoher Lohn
Erwartet dich am Ziele Adelbert   2155
Von Löwenstein mein Onkel? Wie? er will
Zu hoher Tat ihn brauchen nun das scheint
Ein saubrer Handel mir hab ich es längst
Geahndet eine feine Larve sei
Sein niedres Amt daß nicht die Scheelsucht ihn   2160
Erreiche da des Grafen Herz er lenkt
Denn wie zum Phoebus schaut die Sonnenblume
So hängt an ihm der Blick des Grafen auch
Dem jungen Schweizer scheint er Freund das ist
Wohl das Orakel dem ich spähend mich   2165
Muß nahen
heftig nach einer Pause:
          lieben muß der Stolze mich
An meinen Busen will ich sanft ihn ziehen
An meine Wange blühend jugendlich
Doch wehe ist vergeblich mein Bemühen
Noch nie verschmähte Männerliebe mich   2170
Der Rachegötter Fackeln wehn und glühen
In Nattern wandeln meine Augen sich
Und könntest Weltenherrscher du bezwingen

Entgingst doch nimmer der Rache Schlingen
Allein wer naht
Sie faltet eilends den Brief zusammen und wirft ihn auf den Tisch worauf sie sich etwas zu tun macht.

EILFTER AUFTRITT

Laurette. Marco Godowesi.

MARCO GODOWESI *hereinkommend vor sich:*
Welch böser Dämon trieb mich auch
Das Portefeuille zu öffnen Marco oft
Bist du so vorsichtsvoll wo nicht es not
Und oft
Er schlägt sich vor die Stirn.
 Find ich es hier nicht so
Er eilt mit schnellen Schritten zum Tische und bebt zurück wie er Lauren sieht.
LAURETTE *sich schnell fassend unbefangen:*
 Es freut
Mich daß ich euch erblicke dürft ich euch
Bemühen aus des Hauses Bücherschatz
Ein Werk des Genius mir zu vertraun
Mit Sorgfalt werd ich es bewahren
MARCO GODOWESI *der den Brief schnell beigesteckt hat gefaßt:*
 Ich
Gehorche freudig euch wie könnte auch
So schöne Hand Verderben bringen doch
Womit kann ich euch dienen?
LAURETTE Dieses sei
Zu eigner Wahl euch überlassen was
Des Schönen nur der Menschengeist erzeugt
Die scherzende die ernste Muse ihm
Geflüstert sei willkommen mir
MARCO GODOWESI Doch wie
Soll ich es wagen zarten Frauensinn
Zu deuten was genehm ihm zu ergründen

Nicht kennt die rauhe Männerbrust die Wahl
Des Weibes sie die feine zarte und
Zur Schande wär es mir böt ich euch dar 2195
Was euch empörte
LAURETTE　　　　Dafür bürgen mir
Eur Amt und euer geistvoll Aug
MARCO GODOWESI　　　　　　　Ihr werdet
Hochmütig euren Diener machen denn
Man trägt wohl leichter Mannes Tadel wie
Das Lob von schönen Lippen 2200
LAURETTE *nach einem Augenblick:* Nun ich will
Das von der besten Seite nehmen
MARCO GODOWESI　　　　　　　　Wie
Auch könntet ihr es anders wahrlich nicht
War zwiefach mein Gedanke da ich fühlte
Des Lobes süße Last
LAURETTE　　　　Es sei doch darf
Ich meine Bitte wiederholen 2205
MARCO GODOWESI　　　　　　Wohl
Liebt ihr die Alten, Gräfin?
LAURETTE　　　　　　o wer kann
Daß ihren Schwung er je erreicht sich rühmen
MARCO GODOWESI *ein Buch hervorziehend:*
So schaut hier des Homeros schönsten Sieg
LAURETTE *hastig:* Die Odyssee wahrhaftig wohl habt ihr
Ergründet meinen Sinn mein Liebstes mir 2210
Erwählend,
Sie legt das Buch auf den Tisch.
　　　　Viel Beschäftigung wohl gibt
Euch euer Amt
MARCO GODOWESI
　　　　　Ich steh am reichen Quell
Beschäftigung und Lust zu schöpfen und
Ich labe stündlich mich aus ihm doch, was
Mein eigentliches Amt betrifft da hab 2215
Der Muße ich genugsam nur der Graf
Bedient sich meiner und wenn etwa ihn

Besucht ein Freund doch selten nur wird mir
So wohl daß von schönen Lippen ich
2220 Empfang Befehle
LAURETTE   Gräfin Bertha liest
Doch gern und viel wie man mir sagte
MARCO GODOWESI   Viel
Und mit Empfindung dieser Dame ist
Das Höchste nicht zu hoch und geistvoll schaut
Der Dichtung Zartheit wie den ernsten Geist
2225 Des Philosophen und des Helden Kraft
Mit gleicher Klarheit sie doch hab ich nie
Das Glück von ihrem Munde den Befehl
Zu hören Felsberg überbringt ihn stets
LAURETTE Schon gestern sah ich diesen Felsberg und
2230 Ein enger Freund des Hauses scheint er mir
Sah ich hier recht?
MARCO GODOWESI *kalt:*
o ja man ist ihm gut
LAURETTE Er weilt wohl nur zur Lust hier oder hält
Vielleicht ein Amt an diesem Ort ihn *lächelnd:* ihr
Schaut mich verwundert an daß also viel
2235 Ob diesem fremden Manne ich erfrage
Doch wißt er sei ein Künstler so vernahm
Ich und ein Herrscher in des Klanges Reich
Auch ich bin eine Schülerin der Kunst
Und ehrfurchtsvoll schau zu dem Wesen ich
2240 Das sie beherrscht und große Pläne hab
Der Lust auf seine Flöte ich gebaut
Doch eigennützig nur die süße Lust
Sich selber gönnend sind nur gar zu oft
Die Herren Virtuosen also frag
2245 Ich euch ob man es kühnlich wagen darf
Mit Bitten ihm zu nahen
MARCO GODOWESI   O er wird
Sie freudig euch gewähren das Gebot
Des holden Mundes einer Dame ist
So lieblich und den Damen ist er doch

Vorzüglich angenehm ihm hat was nur
Wenigen verliehen das Geschick
Die Gabe zu gefallen und den Kranz
Der Musen doch das ist Dasselbe denn
Getrennt besteht es nicht *lächelnd:* wie reichlich doch
Die Musen ihren Diener lohnen Lust
Und Ruhm und sorgenfreis Gemüt und Gunst
Des lieblichen Geschlechtes ist sein Preis
Wie stehn wir andern Adamssöhne doch
So niedrig gegen diese Lieblingskinder
Fortunens
LAURETTE Wenn der Künstler uns ergötzt
Und wir ihn suchen mag er sich darob
Nicht blähn denn oftmals lieben wir in ihn
Das Werkzeug seines Instrumentes nur
Und ohne dieses scheint er nichtig uns
Doch ein erfahrner Geist ein fester Sinn
Dem zollen wir der Achtung Opfer nicht
Vergleichbar jenem was dem Künstler wird
Zu Teil
MARCO GODOWESI *lächelnd, halb für sich:*
  Nun freilich, Achtung dem Verdienst
Und dem Talente Zutraun Liebe das
Ist wohl geteilt doch allzu ehrlich nicht
LAURETTE
Doch zweifl ich nicht daß schlecht auf euren Freund
Ein solches paßt wär einzig nur sein Geist
In seinem Instrumente und nicht auch
Im eignen Ich es wär so traulich wohl
Nicht eur Benehmen gegen ihn
MARCO GODOWESI   Ein Mann
Von feiner Bildung und ein schöner Geist
Ein Philosoph ein Musikus und Dichter
Das alles ist in einem dieser Jüngling
Und böt ihm die Gelegenheit sich dar
Ein Held noch obendrein ein Astrolog
Ein Mathematikus das ist er auch

So daß es scheint als wohnte all der Geist
Der jenen Künstlern fehlt vereint in ihm
LAURETTE Mein Gott das ist unmöglich nimmer reicht
Um alles dieses gründlich zu erlernen
Das längste Menschenleben hin
MARCO GODOWESI *begeistert:* Nicht doch
Einst hegte gleiche Meinung ich doch jetzt
Hab ich gesehn den Talisman der mich
Geheilt von meiner Blindheit ihn das Wunder
Der Welt den vierundzwanzigjährgen Jüngling
Der Platos Weisheit Archimedes Kunst
Und Scipios Kühnheit eint ungläubig starrte
Mein Aug ihn an doch da ward sichtbar mir
In geistger Klarheit seine Schöne und
Ich senkte demutsvoll vor ihm das Haupt
LAURETTE *etwas verlegen und zweifelhaft:*
Ihr seid ja ganz begeistert, aber sagt wie lohnt
Man also groß Verdienst
MARCO GODOWESI Er wird geliebt
Geehrt wie keiner das Orakel ist
Des ganzen Hauses er bei ihm erholt
Sich Rats die Gräfin den Komtessen liest
Er vor ergötzt durch Spiel sie und Gesang
Welch schönres Los kann ihm beschieden sein
Als dieses was den edlen Frauen ihn
Empfiehlt
LAURETTE *vor sich:*
Ich merk es deine Furie ist
Die Eifersucht *laut:* leicht folgt den Künsten wohl
Ein unverdient Geschenk der Menschen Gunst
Die doch beschieden einzig dem Verdienst
Dem wahren reinen sollte sein
MARCO GODOWESI *vor sich:* willst du
Mich fahn *laut:* Wohl ist die Billigkeit nicht stets
Der Menschenhandlung Richter und er neigt
Zum holden Schönen leichter sich das Herz
Wie zum bescheidnen Nutzen sonder Prunk

Doch nur ein schwach Gemüt folgt also leicht
Dem leeren Scheine doch wo freudig sich
Mit tiefen Sinn die holde Muse paart
Da reißt unwiderstehlich und mit Recht
Sie jedes Herz an sich wie meinen Freund
Wer kann ihm widerstehn
LAURETTE *verdrießlich:* Ihr seid sein Freund?
Ein innger? warmer?
MARCO GODOWESI *herzlich:*
                Ich bewundere
Und liebe ihn so sehr daß ich den Preis
Der gräflichen Familie streitig mache
Und das heißt viel
LAURETTE   Er ist ein großer Liebling
Das wußt ich früher denn schon heute hat
Sein Lob aus Berthas Munde mir getönt
Auch diese teilet die Bewunderung
Des ganzen Hauses
MARCO GODOWESI   O wer sollte nicht
Kaum das Jahrhundert zeuget einen Geist
Wie diesen kraftvoll innig, tief und rein
Nur gar zu oft paart des Verstandes Hut
Mit losen Sitten, böser Arglist sich
Doch arglos engelrein und doch so hehr
Wie dieses sah ich nimmer noch ein Herz
Der Reichsgraf kömmt herein.
REICHSGRAF *zu Lauretten:*
Da seid ihr eilt zu eurer Mutter sie
Sucht angstvoll euch
MARCO GODOWESI   Wohl hat die gnädge Gräfin
Vollkommen recht wenn um solch holdes Kind
Sie stets in Sorgen ist
LAURETTE *vor sich, indem sie auf dem Tische ihr Schnupftuch sucht:*
                Mir ist zum Weinen
Ergründet hab ich nichts und ob er mich
Nicht gar ergründet der verdammte Mensch
Zu Tode müßt ich mich ja schämen
Sie geht mit ihrem Schnupftuch fort.

ZWÖLFTER AUFTRITT

Reichsgraf. Marco Godowesi.

REICHSGRAF Nun
Was lachst du?
MARCO GODOWESI Ists zum Lachen nicht wenn uns
Ein Weib zu überlisten denkt und sich
Gefangen sieht in eigner Schlinge
REICHSGRAF Was
Bedeutet deine Rede?
MARCO GODOWESI Ach es ist
Nicht wert des Redens wenn so wichtges man
Hat zu besprechen Doch wenn ihr befehlt
REICHSGRAF So rede
MARCO GODOWESI Denkt die Gräfin Laura hat
Versucht mich zu erforschen denkt euch das
Mich zu erforschen wie die Weiber doch
Voll Eitelkeit und Hochmut stecken doch
Erfahren hat sie nichts ich speiste sie
Mit glatten Worten sie war außer sich
Vor Ärger
Nach der Odyssee greifend.
Ach da liegt das gute Buch
Ja noch mit dem sie das Gespräch begann
Wo ist denn die Begeistrung hin entflohn
Mit der sie es ergriff ich dachte schon
Sie würde eilen mit dem teuren Schatz
Sich zu verschließen ja so sind die Weiber
Voll Lug und Trug die schlimmsten Männer sind
Nur die Kopie vor ihrer Falschheit hätte
Der Himmel ihnen mehr Verstand verliehn
Sie kehrten um das Weltall
REICHSGRAF Aber sprich
Was wollte sie erforschen
MARCO GODOWESI Ach es brennt

Ihr junges Herz in lichterlohe Flammen
Für Edward Felsberg schon zum mindsten scheint
Es also mir 2365
REICHSGRAF *verächtlich:*
    Verliebte Grillen Pah
MARCO GODOWESI
  Nun quält sie Eifersucht um Gräfin Bertha
Sie hat bemerkt wie oft des Jünglings Blick
An Berthas Reizen hängt das alles hat sie gern
Recht haarklein denn von mir erfahren
REICHSGRAF   So
Auch du hast es bemerkt, so ist es wahr 2370
Mit Berthan mein ich Hör das hat mir oft
Der Unruh viel gemacht
MARCO GODOWESI   Daß er sie liebt?
Die Gräfin nun das ist wohl klar zu sehn
Allein was kümmerts mich die Flamme muß
Erlöschen oder ihn verzehren nicht 2375
Verdient auch beßres wen der Hochmut treibt
Daß er vergißt des eignen Standes zu
Der Herrin hebt das frevelhafte Aug
Drum laßt ihn immer seine Strafe wird
Aus eignem Herzen ihm entsprießen *vor sich:* schnell 2380
Enteilt die zeit und er er tändelt
REICHSGRAF   Doch
Erschien es oftmals mir als kehrte ihm
Zurück ein holder scheuer Liebesblick
Wenn er ihr glühend Herz sich zugewandt
Durch seiner Flöte süße Tändeleien 2385
Durch seine hohe Miene, Marco wenn
Sie ihn zu lieben wagte
MARCO GODOWESI   Denkt so tief
Von eurem edlen Fräulein nicht Herr Graf
In ihren Adern rollt das edle Blut
Der Löwensteine, und erhabnen Geist 2390
Gabt ihr zum Erbteil ihr und eher schaut
Nach Königskronen wie nach niedern Herd
Ihr glühendes Verlangen

REICHSGRAF Ja sie ist
Mein liebstes ist die Krone meines Hauses
Sie ist die einzge die mir ähnlich ist
Durch sie wollt ich den neuerrungnen Thron
Befestigen doch nun erfüllt mich Sorge
Um sie hält Liebe erst ihr Herz befangen
Wie Schattendunst entflieht der hohe Sinn
In kleinlich banges schmachtendes Verlangen
Stirbt ihrer Größe schöne Blüte hin
Nein wahrlich nein so soll mein Kind nicht sinken
Fort muß der Kecke
MARCO GODOWESI Mir ists eben recht
Ich haß ihn lange doch mir war er nicht
Im Wege darum ließ den seinen ⟨ich⟩
Ihn ruhig wandeln, doch da heute ich
Erholen mich von schweren Sorgen will
Und ein Gespräch mit ihm beginne da
Mit spitzen Worten höhnt er mich der Freche
Ob er für also sinnlos mich geachtet
Daß nicht verständlich seine Weisheit mir
Vielleicht auch schien ich so verächtlich ihn
Daß nicht der Müh es lohnt ein freundlich Wort
Mir zu vergönnen denn was kann es wohl
Dem schaden der der Herrschaft Herzen lenkt
Wenn ihm der Diener grollt doch diesmal hat
Er sich versehn mit seinem Regiment
Gehts auf die Neige
REICHSGRAF Wohl doch sprich wie kann
Mit guter Art man ihn entfernen
MARCO GODOWESI Was
Mit guter Art man heißt ihn gehn das ist
Die beste Art hat er nicht lang genug
Auf fremde Kosten sich gepflegt
REICHSGRAF Gemach
Wie bist du doch so heftig ist das auch
Gemäß der Vorsicht die du stets empfiehlst
Mich dünkt wo andre nur es Schmerzen kostet

Da bist du mit der Vorsicht stets zur Hand
Doch sollst du nur die kleinste Regung dir
Versagen wär es zum Verderben dir
Und deinen Freunden dennoch zähmst du nicht
Den wilden Hang

MARCO GODOWESI Ihr tut mir Unrecht Herr
Wann gab ich euch Beweise daß ich nicht
Beherrsche meine Leidenschaften hab
Ich der Verstellung schwere Kunst nicht schon
Sechs Monden lang geübt in diesem Schlosse
Und wer wohl ahndet, daß ich wichtigers
Zu hüten hab als Bücher, selbst da mich
Verhöhnte dieser Bube war so sehr
Ich meines Zornes Meister daß nur hold
Und freundlich meine Worte klangen da
Im Busen mir der finstre Grimm entbrannte
Allein was kann uns dieser Knabe schaden
Der Abenteurer in dem fernen Lande
Warum die teure Zeit damit verderben
Daß man ersinnt wie man solch lästgen Gast
Sich fortschafft heißt ihn gehn das ist mein Rat
Das beugt ihm auch den stolzen Hochmut wohl
Was doch ihm Not von Herzen

REICHSGRAF *sich plötzlich besinnend:*
                                Doch wie wird
Beleidgen es mein Weib und meine Töchter
Wenn also schnöd ihr Liebling wird behandelt
Erwäg es nicht die Gräfin Löwenstein
Nein deine künftge Fürstin wird gekränkt
In ihr und wer mein Weib nicht ehrt der ehrt
Mich auch nicht
Geht mit majestätschem Anstande auf und ab.

MARCO GODOWESI *vor sich:*
                    Gott wie sich das Männlein bläht
Wie wird ihm seine Herrscherwürde schon
So schwer zu tragen eh er sie erlangt
Du Zwerg der Größe heuchelt was wohl hast

Begonnen du was ich nicht billigte
Du bist das Werkzeug meiner Pläne hätte
Auf gleicher Höhe mich Geburt gestellt
Wie würd ich armer Schwächling dich verachten
Aufstehend und auf den Grafen zugehend.
Allein die Stunden eilen wollt ihr nicht
Vernehmen wie ich euere Befehle
Verrichtet?
REICHSGRAF Schnell, um kleines haben wir
Versäumt das Wichtige schon wird man lang
Bei der Gesellschaft mich vermissen
MARCO GODOWESI In
Der Hauptstadt fand ich alles gut gestimmt
Für uns so mein ich und dem Fürsten Gram
Ein neu Edikt daß man die kleinen Kinder
Nicht ferner vor den Häusern setzen soll
Um sich zu sonnen ohne alle Aufsicht
Hat die Gemüter aller aufgereizt
Mir haben viele vorgejammert wie
Unmöglich sie das Leben fristen können
Da den Erwerb sie lassen und die Zeit
Verschwenden müssen mit den Kindern so
Ist töricht sinnlos ganz des Pöbels Sinn
Daß sie das Neue hassen ist es gleich
Sie zu beglücken nur ersonnen doch
Dem neuen Herrscher sehn sie stets Mit Jubel
Entgegen ist er gleich ein Teufel selbst
Ein Engel der den er verdrängt
REICHSGRAF Das ist
Das wenigste eh sich der Pöbel regt
Nach der geschehnen Tat eh senkt die Last
Des Firmaments auf uns sich nieder und
Nicht muß er wissen daß ein neuer Herr
Ihm ward bevor der alte aus geatmet
Den staunt er denn mit offnem Munde an
Und zieht schon nach wie vor im Joch doch hast
Du Reihersdorfen auch gesehn wie denkt
Am Hofe man?

MARCO GODOWESI
                    Die alten Freunde lassen
Euch grüßen ihre Namen seht ihr hier
Ihm eine Liste reichend.
Graf Reihersdorf den seht in kurzem ihr
Auf diesem Schlosse Gräfin Bertha ist
Der Preis den er verlangt
REICHSGRAF *nachdem er in die Liste gesehn:*
                              Ich wollt ich könnt
Um andern ihn gewinnen denn es scheint   2495
Sie liebt ihn nicht und ungern zwing ich sie
MARCO GODOWESI Vier Jahre sinds daß sie ihn nicht gesehn
Indessen ändert sich die Neigung oft
Auch glaub ich nimmer daß dem schönen Mann
Im Ernst ein Körbchen reicht die Gräfin tun   2500
Doch oft die Weiber spröde wenn die Glut
Der Liebe sie durchflammt so will es ja
Die Sittsamkeit auch einen andern Herrn
Bringt mit sich her der Graf von Hellbronn ist
Sein Name   2505
REICHSGRAF still auf fernen Gütern lebte
Sein Vater Sollte etwa sich der Sohn
Emporgeschwungen haben ist mir doch
Durch meine Forscher nichts davon berichtet
Auf die Liste sehend.
Auch auf der Liste steht er nicht was soll
Er denn?   2510
MARCO GODOWESI
              Er ist ein heller feurger Kopf
Und könnten wir in unsern Bund ihn ziehn
So sei er meint der Graf von Nutzen uns
Und mehr als er sein Geld noch denn er ist
Von allen Edlen dieses Landes wohl
Der Reichste   2515
REICHSGRAF Nun wir wollen sehn wie wir
Gewinnen ihn
Nach einer Pause.

                    Ich stehe an der Pforte
            Die Herrscherthron und Kerkerdunkel trennt
            Ob das Geschick zum finstern Schreckensorte
            Ob zu des Thrones Glanz es mich ernennt
            Wer wird verkünden mir die ernsten Worte
            Wer ists der seine dunklen Wege kennt
            Umsonst kein Götterspruch erhellt ihr Grauen
            Der eignen Kraft muß ich vertrauen
Er faltet die Liste zusammen, und geht in den Hintergrund, der Vorhang fällt.
Ende des ersten Akts.

ZWEITER AKT

ERSTE SZENE

Das Theater stellt einen illuminierten Garten vor, die Gesellschaft nimmt Erfrischungen ein in einem Pavillon Gegenüber steht die Büste des Julius Cæsar.

Der Reichsgraf. Die Reichsgräfin. Der Minister. Die Ministerin. Graf Reihersdorf. Graf Hellbronn. Bertha. Cordelia. Ferdinand. Marco Godowesi doch nur im Hintergrunde als Zuschauer.

REICHSGRAF *zu Hellbronn:*
Verzeiht daß diesen frohen Tag ich nicht
Verherrliche durch Gäste sonder Zahl 2525
Wie es in Städten Sitte abgesondert
Liegt dieses Schloß, von aller Nachbarschaft
Und Hütten nur umringen es drum müßt
Vorlieb ihr mit dem guten Willen nehmen
HELLBRONN Ich dank dem gütgen Zufall daß er mich 2530
Vom Zwange fremder Gegenwart befreit
Die ersten Sonnenblicke meines Glücks
Genießen läßt
Zutraulich und leiser Zu Cordelien:
              Wie meinst du, Teure wär
Dir wohl wenn statt dem trauten Kreis der Freunde
Dich rings umlagerte mit Späherblick 2535
Ein bunter Haufe
CORDELIA   Himmel ich verginge
Ist mir doch jetzt so ängstlich schon so bang
Ich wollt ich könnte fort doch grade jetzt
Da ich es sehnlich wünsche grade jetzt
Hält man mich fest umlagert und beachtet 2540

Die kleinste Regung und sonst geh ich frei
Und ungehindert wenn ich will das ist
Doch grausam
HELLBRONN   Holdes Cordchen trage ihn
Den einen bangen Tag ich hoff es wird
Der einzge sein den meine Liebe dir
Soll kosten
CORDELIA *seufzend:*
                    ach
MINISTER *der ihr gegenüber sitzt:*
                    Das liebe Bräutchen ist
So still, sei munter Cordchen liebes Kind
Nicht ziemt es sich solch wackern Mann empfahn
Mit Seufzern trüben Antlitz
Cordelia fährt sich mit dem Tuch über das Gesicht.
                              So, nun laß
Die finstre Laune mit dem Tuche all
Und sieh mich freundlich an sei wie zuvor
Das holde heitre Mädchen wieder,
Nach einer kleinen Pause während dem er sie betrachtet hat.
                                    Nicht?
Noch immer traurig nun das wird sich geben
Weiß ich doch selbst daß nicht am Trauungsaltar
Oft so beklommen klopft der Busen wie
Am Tage wo des Herzens süße Wahl
Nicht mehr das stille heilige Geheimnis
Dem Ohre aller kund wird
REICHSGRAF   Laß sie nur
So schauen alle Bräute trüb und ernst
Die Augen nieder und betränten Blicks
Doch tief im Herzen wohnt die süße Lust
Und litt die liebe Sitte es wir sähn
Wohl andres Antlitz
REICHSGRÄFIN *leise zum Reichsgrafen und Minister:*
                    Schont sie mein Gemahl
Und lieber Bruder ehrt die leise Scham
Der zarten Jungfrau

Minister lehnt sich wieder stillschweigend in seinen Sessel.
REICHSGRAF *zur Reichsgräfin:*
     Lieblich steht die Röte
Und blöde Schüchternheit dem Mägdlein doch
Nicht also mehr der edlen Frau drum muß
Bei Zeiten man sie des entwöhnen daß
Wenn in der Residenz sie anlangt man
Nicht wittere an ihr die Landluft 2570
REICHSGRÄFIN   Gott
So hätte dazu ihre scheue Unschuld
Und fromme Schüchternheit so sorgsam ich
Gepflegt daß man gewaltsam diesen Schmuck
Durch schnöde Reden ihr entreiße doch
Wer wird es wagen vor dem züchtgen Ohr 2575
Der edlen Frauen ein empörend Wort
Zu reden
REICHSGRAF
   O in großen Städten denkt
Man nicht so delikat
FERDINAND *mit einem vollen Glase sich dem Vater nahend:*
      Seht nicht so ernst
Mein Vater seht wie goldig uns der Wein
In heller Flasche schimmert 2580
REICHSGRAF   Geh du bist
Berauscht *Zum Minister:*
Gib doch dem Knaben nicht so viel
Hippolytus ihm netzt nicht oft der Wein
Die Lippen und so möcht es übel ihm
Bekommen
MINISTER Nicht doch Bruder überschreiten
Werd ich das rechte Maß nicht aber gönne 2585
Ihm einmal einen frohen Lebenstag
Der Bruder hat das erste Recht zur Freude
Sieht er das zarte Schwesterlein als Braut
Am Arm des wackren Jünglings denn ihm wird
Ein treuer Bruder des er länger sich 2590
Kann zu erfreuen hoffen wie des Sohns
Des neuerworbenen der graue Vater

REICHSGRAF Tust dus mich zu erfreuen daß du mir
  Des Todes grauses Bild vor Augen stellst
2595 Ich bin noch kräftig wie vor zwanzig Jahren
  Kein Alter schont das ernste Schicksal auch
  So ists noch unentschieden wer von uns
  Am längsten sich des Lebens freut ob ich
  Ob auch mein Sohn
  MINISTER *scharf:* Doch kannst mit Grunde du
2600 Erwarten daß dein Sohn es sei dies ist
  Dem Vaterherzen süße Hoffnung ja
  REICHSGRAF Mit nichten, lang und freudig sei sein Leben
  So wünscht das Vaterherz doch mir auch seis
  Vergönnt sein Glück zu schaun und das Glück
2605 Der Enkel und des fernen Stammes
  MINISTER So ist
  Ein endlos Leben dein Begehren?
  REICHSGRAF Ach
  Was nützt ein töricht unerfüllbar Wünschen
  Sonst Bruder für die fernen Freuden
  Der künftgen Ewigkeit geb ich die Lust
2610 Nicht hin von einer Stunde
  MINISTER Adelbert!
  REICHSGRAF Wer bürgt mir für das dunkle Jenseits wer
  Hat seine Freuden je gekostet
  MINISTER bürgt
  Dir für die Wahrheit nicht dein eignes Herz
  Aus dunklen Schlüssen wird dirs nimmer klar
2615 Doch zu bedauren bist du denn es fehlt
  Des Leidens süßer Trost dir ohne den
  Das Leben nur zur Bürde würde
  REICHSGRAF *mit verstellter Heiterkeit:*
          Pah
  Noch trag ich ziemlich leicht daran doch laß
  Uns nicht um solches hadern besser ists
2620 Ein jeder denkt das Seine ohne daß
  Von Nachbarn gleichen Grundsatz er verlangt
  Nach einer kleinen Pause.

Du siehst so ernst? nun wohl dein Himmel ist
Mir recht gelegen soll nach meinem Tode
Ein neues freudenreiches Dasein mir
Entblühen nehm ichs gern vorlieb
MINISTER *leiser doch heftig:* Dich hat
Zur Bessrung nicht die Einsamkeit geregt
Wie ich gehofft der starre finstre Mensch
Wie ehmals doch so ists wem aus der Brust
Die Tugend floh dem wird ein jedes wird
Die edle Handlung selbst zur Sünde
REICHSGRAF *sieht ihn wild an.*
MINISTERIN Ei
Warum so finster ihr entweiht den Tag
Der Freude nimmer sah ich solch ein Fest
Denn jeglichem ist die Verbindung recht
Und angenehm und dennoch seh ich nicht
Als trübe finstre ängstliche Gesichter
MINISTER
Wohl hast du recht auch ich weiß wahrlich nicht
Welch banger Dämon dieses Fest beherrscht
Doch still davon
Er hebt sein Glas gegen die Gesellschaft.
Hoch lebe unsre Braut
ALLE Sie lebe hoch
MINISTER und ihr Verlobter
ALLE hoch
Die Brautleute danken bei jeder Gesundheit.
REICHSGRAF *der sich indessen gefaßt:* Ein stolzer Stamm
Entsprosse diesem edlen Paar der fern
Die mächtgen Äste durch das Reich erstreckt
Es möge Heldenruhm die Söhne schmücken
Und Kronen eure Töchter
Alle stoßen an.
REICHSGRÄFIN *gerührt zum Reichsgrafen:*
immer noch?
REICHSGRAF Das Wünschen steht ja frei und träf es ein
Ihr würdet drob euch nicht entsetzen

REIHERSDORF *Zu Berthan:* Seht
Wie traulich euer holdes Schwesterlein
Sich an den Bräutgam schmiegt voll Ahndung daß
Von ihm sie künftig all ihr Leid und Freud
Wird nennen gleich wie auch aus ihrer Hand
Er seines Schicksals Becher den der Lust
Wie den des Grams empfangen wird o wohl
Dem Manne dem die ernsten Faten hold
In des geliebten Weibes zartem Sinn
Dem Spruch den streng entscheidenden gelegt
Wem Ehrsucht füllt die Brust und Ruhmbegier
Der muß wohl manchen harten Strauß bestehen
Denn argen Fron begehren Ares und
Athene doch wem Eros hold der darf
Mit einer Brust voll Liebe nahn und nicht
Erröten ob der Gabe sonder Müh
Errungen
Nach einer kleinen Pause.
  denkt ihr gleich mir oder heischt
Ihr Größres? Gräfin, über Unbild nicht
Kann jener klagen den ihr einst beglückt
Führt ihr durch strenge Proben ihn denn nicht
Vergleichbar sind an Wert euch andre Weiber
Doch leichtlich müßte dann ein treues Herz
Entsagen euch weil äußrer Hoheit Glanz
Das Glück ihm nicht vergönnt und euch entsagen
Heißt sterben
BERTHA *zerstreut:*
  ach was ist der Hoheit Glanz
Mit ihr erkauft man keinen Funken Liebe
REIHERSDORF Ihr denkt mir gleich? o welche Wollust ists
Euch gleich zu denken meinem eignen Sinn
Mißtrau ich leicht ich fühle seine Schwäche
Doch billigt meine Red ihr kann ich kühn
Vertraun dem eignem Worte denn wie kann
Ein Irrtum diesen hellen Geist betören
Und wie dies reine Herz bestechen Gott

Wie selig überselig ist der Mann
Der einst sein Weib euch nennt das Unglück hat 2680
Für ihn die Kraft verloren welcher Gram
Kann seinem Leben drohen den ein Blick
Ein leiser Händedruck von euch nicht tilgte
BERTHA *sehr unruhig:*
Herr Graf
REIHERSDORF
   Ihr seid erzürnt? nein wahrlich nicht
Ihr könnt nicht zürnen ists Verbrechen euch 2685
Zu lieben so verschließt in Klostermauern
Der Schönheit zartes Licht doch nimmer heischt
Daß ohne Liebe euch ein jüngling schaue
BERTHA Gewidmet ist der Freude dieser Tag
Laßt mich in Frieden ihn genießen stört 2690
Durch solche Reden meine Ruh nicht.
REIHERSDORF Ihr fodert Ruhe und ihr nehmt sie mir
Verschließen soll dies glühende Gefühl
Ich ach ich kann nur euch gehorchen
Doch redet wann wann darf dies bange Schweigen 2695
Ich brechen wollt ihr ewig mir den Trost
Versagen meine Leiden euch zu klagen
BERTHA *steht sehr bewegt auf und begibt sich zu ihrer Mutter:*
Schont meiner
REIHERSDORF *sieht ihr betroffen nach und schüttelt heftig den Kopf.*
MINISTER *zu Bertha, etwas berauscht:*
     Bist du da mein Kind du schaust
Ja recht trübselig ist nicht recht dir daß
Die jüngre Schwester dir vorangeht, Wie? 2700
BERTHA Ach lieber Onkel
MINISTER *nachäffend:* ach mein liebes Mühmchen
Hab auf den Kopf den Nagel ich getroffen
Sei ruhig Kind solch wackres Mädchen wird
Nicht übrig bleiben, und mich ahndets wart
Ein wenig nur vielleicht am selben Tag 2705
Vermählt ein Priester beide Schwestern

BERTHA *ernst:* Ihr
　Verkennt mich Oheim
MINISTER　　　　　　Nun nun nimms nicht übel
　Es ist nur Scherz beim Weine redet man
　Zuweilen wohl ein unbedachtes Wort
　Der Wein erfreut das Herz und löst die Zunge
FERDINAND *zu ihr kommend:*
　Ja wohl ein Schurke der beim Wein das Wort
　Nach Regeln messen kann ihm trau ich nicht
　Und scheint sonst gleich er schuldlos wie ein Kind
　Denn wahrlich wüßt ich ein Geheimnis jetzt
　Hätt ich ein Leid ich müßt es jedem sagen
　Doch weiß ich wohl s ist sonst nicht eben recht
　So gar vertraulich gegen jeden
MINISTER　　　　　　　　　　　Hör
　Einmal ich bin so recht von Herzen froh
　Da stört mich immer nur in meiner Lust
　Das große Schreckensbild das grade gegenüber
　Zum Possen mir da steht
FERDINAND　　　　　Der Cæsar
MINISTER　　　　　　　　　Freilich
　Der eben
FERDINAND
　　　Ei den nehm ich fort das ist
　Ein leichtes
MINISTER　　Nun das wär mir lieb
Ferdinand geht hin nimmt die Büste von ihrem Postament und setzt sie hinter dasselbe.
　　　　　　　　　Nun ist
　Mir erst recht wohl wenn ich recht heiter bin
　Und stellt sich dann solch eine Larve mir
　Entgegen ists mir gleich als gösse man
　Mir Wasser in den Wein doch doppelt froh
　Macht mich ein liebes offnes Auge wie
　Das Eure
Man hört einen leichten Knall und sieht einige Raketen steigen im selben Augenblick öffnet sich ein Vorhang und man sieht eine prächtige Erleuchtung in der Ferne.

MINISTER Ha was ist das
*Die Gesellschaft erhebt sich und drückt durch Zeichen und leises
Reden ihre Bewunderung aus.*
FERDINAND *freudig:* Ists nicht schön
Das ist zum Teil von mir erfunden doch 2730
Das größre Lob gebühret Felsberg
CORDELIA *die mit Hellbronn und dem Reichsgrafen vorkömmt:*
                              Ach
Wie herrlich
REICHSGRAF Weil du schönres nie gesehn
Doch komm nur In die Residenz da wirst
Du andres noch erblicken
CORDELIA *zu Hellbronn:* ach so ists
Gewiß denn? Muß ich in die Residenz? 2735
HELLBRONN *erstaunt:*
Ihr fürchtet was die Sehnsucht andrer Weiber
So heiß verlangt? nein wahrlich müßt ihr nicht
Wenn ihrs nicht wünscht Viel schöne Burgen sind
Mein Eigentum Ihr könnt den Wohnort selber
Euch wählen denn ich folg nur überall 2740
Zum stillen Landsitz wie zum Stadtgewimmel
Wo Cordchen wohnt da ist für mich der Himmel
Die ganze Gesellschaft geht nach der Gegend der Illumination ab.

ZWEITE SZENE

EDWARD FELSBERG *tritt hastig herein und sieht sich überall um.
Er geht einigemal auf und ab alsdann bleibt er mit dem Gesicht
gegen die Seite gekehrt stehen, wo die Erleuchtung ist, man sieht in
der ersten Zeit die so eben fortgegangenen Personen sowohl wie eine
große Menge von Domestiken bei der Beleuchtung in betrachtender
Stellung endlich verlieren sie sich:*
Recht wohl gelungen wahrlich
Er setzt sich auf einen Sitz.
                              ach wie ist
Der Kopf mir schwer hat doch seit eingen Tagen

Die Arbeit zur Beleuchtung mir den Schlaf
Benommen doch es ist vortrefflich auch
Gelungen
Nach einigen Augenblicken kopfschüttelnd.
        Edward was erfüllt dein Herz
Mit dieser schmerzlich süßen Regung wars
Der süße leise Dank den dir ihr Mund
Gelispelt? und was trieb so eifrig dich
Zu dieser Arbeit? füllte dein Gemüt
Mit dieser stillen Freude? wenn ein Bild
Gelang und wohlgeordnet ein Prospekt
Dem Auge lachte? wars die Hoffnung nicht
Daß die Erfüllung ihres Wunsches sie
Mit einem holden Dankesworte lohne?
Gesteh es dir zu lange nur entzog
Dein pochend Herz sich schon der Rechenschaft
Bewundrung Freundschaft nannt ich diese Glut
Bewundrung! Freundschaft! ach ihr deckt so viel
Und habt so manches Arme Herz getäuscht
Was sich euch sorglos überließ wer nur
Die Holde sah der fühlt Bewunderung
Doch wer ihr innres Sein erkannte wer
Im Spiegel dieser reinen Seele schaute
Der kann nicht kalt bewundern mehr er muß
Sein ganzes Ich ihr weihn sein Dasein nur
Aus ihren Blicken trinken die Natur
Sie selbst die treue reine Mutter hat
In uns den heißen Trieb gelegt und ist
Der Himmelsfunke den wir Tugend nennen
Ists nicht der Trieb dem Schönen uns zu nahn
Und ganz dem Hohen reinen uns zu widmen?
Daß unseren Sinn es läutre von den Schlacken
Der Welt und leite unsern irren Schritt
Kein Gott kann tadeln mein Gefühl es fließt
Nur aus der Tugend reiner Silberquelle
Sie ists die diesen Drang mir eingeflößt
Nur ihrem Wunsch zu leben voll Vertraun

Zu ihrer hohen Reinheit aufzuschauen
In heiße fromme Liebe aufgelöst
In Liebe? ja das Wort ist ausgesprochen
Was ich so lang und gern mir selbst verborgen
Und meine Größe stürzt es in den Staub
O weg Philosophie mit deinen Gründen
Der innre Richter höhnt der falschen Zeugen
Du kannst nicht decken meine schwere Schuld
Doch warum nenn ich schwer sie ist es Sünde
Das schöne lieben sich dem Hohen nahn?
Mit freier Stirne darf ich selbst mir sagen
Ich liebe Bertha sie die reine süße
Dies Götterbild in weiblicher Gestalt
Ich liebe sie wie Gott und meine Seele
Und nicht erröten darf ich ob dem Wort
Ich müßt es wär nicht frei von Eigendünkel
Und kalter Selbstsucht meine Leidenschaft
Doch klar und lauter naht der Klaren sie
Und keine Wünsche trüben ihre Reine
wehmütig: Ich will ja nur sie lieben nur sie sehn
In ihrem Strahl mich sonnen und vergehn
Wer kann mein süßes Leiden mir mißgönnen
Ich hoffe nicht ich wünsche keinen Blick
Der Liebe ahndet nur ein freundlich Wort
Für ihren Freund ein fühlen für den Schmerz
Der Wunde die in meinen Herzen brennt
Ich darf der Tugend nicht mein Leiden bergen
Es ist so still von jedem Wunsche frei
Nach einer kleinen Pause bitter lachend.
Ha wie der Mensch so gern sich selbst betrügt
Und sollt er auch entweihn der Gottheit Namen
Unglücklicher du wünschest nicht? du hast
Nicht Stunden oft auf ihren Blick gelauscht
Ob nicht ein sanfter Liebesschimmer drin
Sich male? Ha Verbrecher jauchzte nicht
Dein Herz daß sie in banger Schwermut welkt?
Voll Hoffnung diese Blume schmacht' gesengt

Vom wilden Hauch der Gluten deiner Brust
Und sprich was willst du? wenn die Flamme nun
Ihr Herz ergriff wenn ihre Ruh entflohn
Was kannst du bieten dann der Grafentochter
Du hast ja nichts als deine arme Liebe
Nicht einen kleinen Ruhpunkt eine Hütte
Ein Halmendach wo Liebe glücklich wäre
Was willst du dann? zerstören? Ha das ist
Das törichte der Leidenschaft daß sie
So zwecklos kann vernichten wie das Glück
Mich in die Welt hinausstieß wie so leicht
Schien da das Leben und wie reich und hold
Denn schuldlos war mein Sinn und Jugendkraft
Und frischer Mut und meine Kunst mein Reichtum
Gelähmt ist meine Jugendkraft mein Mut
Entschwunden nur ein Schatten bin ich mehr
Des Kräftgen Jünglings o mein Jugendtraum
Er lehnt sich nachdenkend und traurig an seinen Sitz, Ein junges Bauermädchen kömmt mit einem Körbchen voll Blumen aufs Theater.

BAUERMÄDCHEN Wo mag sie sein im Garten bin ich nicht
Der Wege kundig dort der junge Herr
Den könnt ich fragen doch ich fürchte mich
Sie sieht sich überall auf dem Theater um.
Ich muß es doch wohl wagen
Furchtsam sich Felsberg nähernd.
         Lieber Herr
Er hört nicht, lieber Herr könnt ihr mir sagen
Wo sich die Gräfin Braut befindet?
EDWARD FELSBERG *zerstreut:*   dort
Da drüben
BAUERMÄDCHEN
   Wo?
EDWARD FELSBERG *sich fassend:*
      Was willst du ihr mein Kind
BAUERMÄDCHEN Ja seht weil sie so gut und freundlich ist
So haben wir aus unserm Garten ihr

Die schönsten Blumen abgepflückt die soll
Ich ihr nun bringen zum Verlobungsfest
Seht her Reseda, Rosen, und Levkojen
Ein wenig Goldlack auch, sind sie nicht schön 2845
EDWARD FELSBERG
  Ei freilich herrlich
BAUERMÄDCHEN   Nicht? so denk ich auch
  Der Vater hat auch immer seine Freude
  Gehabt an ihnen doch da sprach er heut
  Sie sind wohl schlecht bedenkt er sagte schlecht
  Sonst sagt er stets sie sein im ganzen Dorf 2850
  Die schönsten, nun er sprach sie sind wohl schlecht
  Doch weiß ich auf die Gabe nicht allein
  Sie sieht auch auf das redliche Gemüt
  Das willig ihr sein Liebes opfert
EDWARD FELSBERG *bewegt:*   Geh
  Sie wird dir dein Geschenk mit Danke lohnen 2855
  Sie hat des Stolzes Gift nicht angesteckt
  Der oft verachtend schaut auf niedre Gaben
  Die ihm der Arme beut und fühlt es nicht
  Daß es sein All sein ganzer Reichtum ihr
  Habt ihr die junge Gräfin denn so lieb 2860
BAUERMÄDCHEN Ach ja vor Herzen alle beide sie
  Sind wie die Engel sagt die Mutter und
  Im vorgen Jahre lag sie schwer danieder
  Wohl sieben Wochen täglich kamen da
  Die jungen Fräulein trösteten die Mutter 2865
  Und schickten Brod und Wein und warme Suppe
  Und wie sie nun gesund war haben sie
  Den Arzt bezahlt *nach einigen x-x:* wir haben sie so lieb
  So lieb als alle Heilge und sie sind
  Auch heilig wenn sie sterben sagt die Mutter 2870
  Habt ihr sie denn nicht lieb?
EDWARD FELSBERG *Vor sich:* o Gott
laut nach einen kleinen Zögern:
                              Doch weißt
  Du auch daß nun die Gräfin Cordchen fort
  Von hier zieht mit dem fremden Herrn

BAUERMÄDCHEN Die Gräfin?
Ach nein gewiß nicht davon hat mir ja
Die Mutter nichts gesagt
EDWARD FELSBERG Doch ist es so
Viel Meilen weit von hier
BAUERMÄDCHEN *weinend:* Ach warum bleibt
Sie nicht bei uns es liebt der fremde Herr
Sie doch gewiß so herzlich nicht als wir
EDWARD FELSBERG *gutmütig:*
Gib dich zufrieden Kind und weine nicht
Sie bleibt noch lange noch wohl sieben Monat
Und sieh nur deine Blumen welken schon
Lauf hin und bring sie ihr wie wird sie sich
Nicht freun wenn sie dich sieht
Er führt sie gegen den Hintergrund des Theaters.
Da geht sie, sieh!
Lauf schnell daß du sie einholst
Das Mädchen läuft fort nachdem sie sich die Augen abgetrocknet.
EDWARD FELSBERG *ihr nachsehend:* Wie sie hüpft
Getrocknet sind die Tränen und verschwunden
Das Leid aus ihrem Sinn nun steht sie still
Der Bogen Glanz bewundernd glücklich Kind
Des Festes freust du dich und weißt es nicht
Daß es auf Trennung von der Teuren deutet
Das ist es ja das hochgerühmte Glück
Der Kinderwelt so wie des niedern Standes
Daß ganz die nahe Freude sie genießen
Dem fernen Leid das Auge schließen und
Mit Jubelton der Welle Chortanz schaun
Der langsam ihren Glücksbau untergräbt
Auch ists fürwahr zu rühmen denn das Leid
Und wärs auch noch so drückend noch so schwer
In ein Geschick bestimmt und hoffnungslos
Fügt still und wehrlos sich der Mensch und die
Geduld erleichtert seine Leiden doch
Dies Beben Ringen dies vergebne Kämpfen
Mit seiner Macht die stumme Todesangst

Sehn wir es nahn und können nicht entfliehen
Dies ist des Unglücks höchster Grad dies ist
Das wahre Leid der innre Wurm der still
Am Mark des Lebens zehrt Glückselig wer
Die Freude rein und ungetrübt genießt
Und nicht am warmen Sommertag die Wolke
Die schwarze wetterschwangre ahndet die
Des Tages Hitze sammelt

Ein Trupp Domestiken eilt aufs Theater um die Beleuchtung zu sehen einer geht ein wenig voraus.

DER VORDERE *der in den Prospekt der Beleuchtung tritt:*
      Kommt geschwind
Hier kann mans recht bemerken
ALLE *herzu strömend durcheinander:*
        o wie Herrlich
EINE KAMMERJUNGFER *zu einer andern:*
Was sind das dort für hohe Dingern?
DIE ZWEITE   Wart
Ich kanns nicht sehn
EIN BEDIENTE   Das sind so Säulen fast
Wie an dem Bogengang an unserm Schlosse
Die haben wir recht prächtig ausstaffiert
Ich und Herr Felsberg
EIN ANDERER   Nun du hast wohl nicht
Das meiste dran getan
ERSTER BEDIENTE   Je nun wir beide
DER ANDERE BEDIENTE
Du dünkst dich wieder was und hast doch wohl
Das Öl nur in die Lam⟨pe⟩ eingegossen
EIN MÄDCHEN Ach je wie kann der Herr das doch das hat
Er in den fremden Lande wohl gelernt
zu einem andern Mädchen:
Hast du schon wohl gehört wenn er des Abends
So schön auf seiner Flöte bläst?
ANDERES MÄDCHEN   Ja freilich
Der gute Herr
nach einer Pause leiser:
    ich glaube gar da sitzt er

DIE ANDERN MÄDCHEN *sehen hin:*
Wahrhaftig
Sie laufen kichernd fort in einen Gang des Gartens die Männer folgen ihnen.
EDWARD FELSBERG *lächelnd:*
        Wahrlich eitel sollte mich
Das Lob so vieler Lippen machen und
Zumal so hübscher Kinder *kopfschüttelnd:* Edward wie
Du willst noch scherzen und es ist dir doch
Als wühlte scharfe Dolch in deiner Brust?
Du hast dich selbst zum Besten armer Narr
Ein alter Bediente kömmt nach.
Wo sind die andern denn
EDWARD FELSBERG   wen sucht ihr alter
DER ALTE *nimmt seinen Hut ab:*
Ich wollte mit dem jungen Volk hinaus
Ihr Gnaden, Die Beleuchtung zu besehn
Allein sie sind voraus geschwärmt, mich freuts
Daß euer Gnaden ich so einsam treffe
Ich hätte ein Begehren wohl an euch
Auch weiß ich ihr erfüllt es sicherlich
Der Herr Papa
EDWARD FELSBERG
           Ihr irrt euch Alter Mann
Wahrscheinlich haltet ihr mich für den Grafen
DER ALTE Ach je verzeiht, Herr Felsberg, wahrlich ich
Hielt euch für unsern Grafen Ferdinand
Ich bin schon zwei und achtzig Jahr und bald
Ists aus mit meinen Augen
Felsberg seufzt in Gedanken.
                 Wie ihr seufzt
An dem Verlobungstage unsrer Gräfin
Ach Gott ich kann mich auch so herzlich nicht
Erfreuen wie die andern ich bin alt
Gezählt sind meine Tage, ist sie fort
Ich seh sie schwerlich wieder
EDWARD FELSBERG *gerührt seine Hand ergreifend:*
                 Guter Mann

DER ALTE
  Je nun man ⟨kann⟩ nicht stets zusammen bleiben
  Zudem der Herr ist gut und brav der sie
  Hinweg führt x-x sie doch x-x
  So gönn ich diesem sie am liebsten doch
  Der Andre Herr Graf Reihersdorf das scheint
  Ein schlimmer Kamerad
EDWARD FELSBERG   mißfällt er euch
DER ALTE Es sieht ihm aus den Augen ja
EDWARD FELSBERG   was denn?
DER ALTE Das kann ich selbst nicht sagen doch gewiß
  Nichts Gutes doch was geht der Herr mich an
  So dacht ich immer doch da schwänzelt er
  Um unsre Gräfin Bertha stets Ach Herr
  in Tränen ausbrechend:
  Ich möchte mit den Händen wohl ein Grab
  Mir kratzen um das Leid nicht zu erleben
  Daß diesen lieben Engel er
EDWARD FELSBERG *erschrocken:*
                    ihr glaubt
DER ALTE Ja freilich glaub ich und ich sollt es nur
  So laut nicht rufen daß er mir mißfällt
  Das ist ein Leben mit dem gnädgen Herrn
  Fast unzertrennlich lieber Reihersdorf
  Mein lieber Freund und neulich gar mein Sohn – – –
  Ich meint ich sollte in die Erde sinken
  Vor Kummer und Bestürzung
  Er geht traurig ab.
EDWARD FELSBERG *Der eine Zeitlang voll Bestürzung ihm nach-*
  gesehen hat: Wie? er glaubt
  Wie sprach er doch mir schwindelt das Gehirn
  O weh nun wird mirs klar des Grafen Weib?
  So sprach er Wie des falschen listgen schurken
  Die Teure reine wahrlich nicht er soll
  Sie nicht besitzen mit den Händen will
  Ich ihn ermorden, Tor was faselst du
  Sie ist sein eigen sahst du nicht den ⟨Blick⟩

Des Grafen seine Huld er nannt ihn Sohn
Sie ist sein ewig Eigentum und dir
Bleibt nur der Hölle Schrecken
Er legt den Kopf auf den Tisch.

DRITTE SZENE

Edward Felsberg. Laurette.

LAURETTE *sich nahend vor sich:* Wo er sein mag
Vergebens hab ich schon den Park durchstrichen
Es birgt dem Auge sich das holde Bild
Sie nähert sich etwas.
Wer schlummert dort
Sie sieht scharf hin.
　　　　　　　　　　Er ists er ist es selbst
Ja schlummre nur indessen tändelt süß
Ein andrer um dein Liebchen
Felsberg regt sich.
　　　　　　　　　　nein er wacht
Er hebt das Haupt o wär der Lichter Glanz
Doch all versammelt um dies edle Antlitz
Daß seine Schöne sich mir zeigte Ha
Nun fällt ein Lichtstrahl in sein Auge wie
Es schimmert eine Träne drin wem weinst
Du diese Träne schöner Jüngling ist
Der lieben blassen Bertha sie geweiht
So seis die letzte diesen Todesengel
Ersetze dir ein reizvoll blühend Weib
Sie naht sich ihm, laut.
Auf allen Pfaden schwärmt die laute Freude
Und euer Werk bewundert jeder Mund
Doch ihr nur scheint versenkt in stillem Leide
Und euer Auge macht nur Kummer kund
Was macht euch freudlos an dem Jubeltage
Erfreut das Werk den eignen Meister nicht?
EDWARD FELSBERG *verwirrt aufstehend:*

Nicht Sorge trieb mich aus dem muntern Kreise 3000
Gewiß nicht doch ich bin ermüdet
LAURETTE   wie
Ermüdet
EDWARD FELSBERG
            gnädge Frau dieser Tag
Hat mich den Schlummer mancher Nacht gekostet
Darum verzeiht
Er macht eine Verbeugung und will sich entfernen.
LAURETTE   Was soll das sein ihr flieht
Wenn Frauen eure Unterhaltung wünschen 3005
Mit nichten sei es also bleibt, doch geht
Wenn ihr nicht anders wollt
EDWARD FELSBERG   Ich müßte schlecht
Die Ehre eurer Unterhaltung schätzen
Böt ich mich jetzt ihr dar den Müden flieht
Die Folge der Gedanken 3010
Er will sich wieder entfernen.
LAURETTE   Weilet noch
Nicht steht es wohl dem Mann wenn er sich
Ermüdet klagt wie ein unmündig Kind
Zumal in holder Frauen Gegenwart
So weilt nun und vernehmet meine Bitte
Darf ich Gewährung hoffen? 3015
EDWARD FELSBERG   Edler Frauen
Begehrend Wort ist mir Befehl
LAURETTE   Ihr seid
Der Tonkunst Meister dies vernahm ich so
Durch Andre wie mein eignes Ohr obgleich
Nur ferne Laute es erreichten doch
Lag mir in den Tönen hohe Zauberkraft 3020
Drum zürnt der unbescheidnen Bitte nicht
Die oft schon auf der Lippe lag bereit
Ihr zu entschlüpfen, laßt ein Lied mich hören
Auf eurer Flöte
EDWARD FELSBERG
            Grollt dem Kühnen nicht

Der euch um Ändrung eures Willens fleht
Was ich nicht leisten kann begehrt ihr nicht
Und nähmt mit Schlechtern wohl vorlieb allein
Der Flöte Ton durchhallt den ganzen Park
Und bald versammelt säh ich wohl um mich
Ein zahlreich Auditorium wo nicht
Ein jeder eure Nachsicht fühlte schlecht
Bestände ich und mit Schande offenbar
Würd meine Unkund meine Schwäche
LAURETTE *nach einigem Bedenken:* Wohl
Seis Schüchternheit seis Widerwillen auch
Durch freundliche Gewährung des Verlangten
Mich zu verbinden
EDWARD FELSBERG Gräfin!
LAURETTE Dennoch seid
Entbunden eures Worts ihr aber mir
Seis vorbehalten zu gelegner Zeit
Wenn fremde Augen nicht uns rings umgaffen
Euch dran zu mahnen
EDWARD FELSBERG Und ihr werdet stets
Gehorsam eurem Wort mich finden
LAURETTE stets?
EDWARD FELSBERG *betroffen:*
Wie meint ihr
LAURETTE Folgsam sagt ihr werd ich stets
Euch jedem meiner Winke finden darf
Erfüllung jegliches Verlangens heischen
Nicht also?
EDWARD FELSBERG *verlegen:*
Also sprach ich doch es scheint
Daß meiner Rede ihr mißtraut wer darf
Dem schuldigen Gehorsam sich entziehn
Den edlen Frauen willig das Geschlecht
Der Männer leistet
LAURETTE *sich neben ihn setzend:*
Nun so sagt mir frei
Und unverhohlen warum seh ich oft

In euren Zügen tiefen Harm es drückt
Euch eine schwere Last ihr tragt sie still
Und stark wies Männern ziemt doch nimmer könnt
Ihr ganz es bergen
EDWARD FELSBERG *angstvoll:*
                    Fräulein, euer Mitleid
Und euer weiches Herz hat euch getäuscht
Ich bin zufrieden mit Fortunens Gaben
Sie gab Gesundheit mir und frohen Sinn
Der Töne weiten Himmel schloß sie auf
Und lehrt mich ihre Zauberkraft üben
Was frommte Größres mir und Undank wärs
Wollt all die leisen Freuden meines Lebens
Ich achtlos übersehn in Harm versenkt
Den kleinen überstandnen Leiden frönen
LAURETTE *mit Wärme und Empfindung:*
Ihr wollt mir nicht vertraun? ich tadl euch nicht
Daß ihr dem Fremden Weibe euch verbergt
Wer bürgt euch ob nicht niedre Neugier mich
Des Mitleids Larve borgen hieß Doch wißt
Ich bin euch eine Fremde unbeachtet
Und ungekannt allein dies seid ihr nicht
Für mich ich sah euch leiden sah wie oft
Wenn ihr im heiter wechselndem Gespräch
So ruhig schient wie dann wenn sich der Blick
Des Sprechers wandte gleich dem Wetterstrahl
Am helleren Tage sich ein düstres Feuer schnell
Wie lang verhaltner Schmerz das Antlitz euch
Umflammte und entschwand ich sah mit ⟨*Text fehlt*⟩
Was still euch quälte und ihr wart mir nicht
Ein fremder mehr *schwärmerisch:* wer selbst auf Dornen lag
Der hält sie auch bei andern ⟨*Text fehlt*⟩ für Rosen
Und gleiches Unglück bindet fester uns
An Andre wie der Brudername Drum
Verschmäht der Freundschaft kleine Gabe nicht
Die anspruchlos und sonder Arglist sich
Euch bietet

EDWARD FELSBERG *bewegt:*
           O ihr seid so freundlich Gräfin
3085 So mild und eure Güte sollte ich
Vergelten durch vergebne Klagen die
Nur eure edle Seele trüben laßt
Allein mich tragen
     LAURETTE   Redet also nicht
Der Wunde Balsam ist die laute Klage
3090 Durch sie verhaucht des Schmerzens innste Kraft
Allein der Unglückselge kennt sie nicht
Er dient in stummer Trauer seinem Leide
Und baut in eigner Brust ihm einen Thron
Mit tausend Jubelstimmen ruft die Freude
3095 Das Schweigen ist des Unglücks starrer Sohn
Verlaßt dies bange Schweigen nährt nicht mehr
Freiwillig euern Gram vertraut euch mir
Vielleicht weiß ich ein Wort des Trostes
     EDWARD FELSBERG   Ha
Ein Wort des Trostes ach ja dann wär ich nicht
3100 So mutlos so zerdrückt wenn es für mich
Ein Wort des Trostes gäbe
     LAURETTE   Armer Jüngling
Ließ selbst die Hoffnung keinen Schimmer dir
     EDWARD FELSBERG *schüttelt langsam mit dem Kopf:*
Auf ewig unersetzlich
     LAURETTE   unersetzlich?
Bedenket eure Worte
     EDWARD FELSBERG *auffahrend:*
                O es ist
3105 Schon Sünde nur Ersatz zu denken
Er lehnt sich wieder ruhend auf den Sitz.
     LAURETTE *vor sich:*   Wie?
So hat dir das Gespenst den Sinn verrückt
Ich muß ihn zum Geständnis bringen dann
Klagt täglich mir er seine Leiden vor
Bis aus der Freundin die Geliebte wird
seine Hand ergreifend und traulich, laut:
3110 Ihr liebt?

EDWARD FELSBERG *Erblaßt und sieht sie starr an.*
LAURETTE Unglücklicher ihr liebt dies kündet
　Die Blässe eurer Wangen *laut:* ihr liebt
EDWARD FELSBERG *sehr gefaßt:*
　Ihr habt ergründet Gräfin was ich still
　Im Busen hegte ja ich sag es frei
　Ich liebe liebe hoffnungslos denn sie
　Die ich verehrte ist nicht mehr
LAURETTE *für sich voll Ingrimm:* Du willst
　Mich täuschen falsche Schlange
EDWARD FELSBERG 　　　　　　　Gräfin nun
　Kennt meinen Gram ihr und ihr seht daß hier
　Ein jedes Wort des Trostes Spott nur schiene
LAURETTE *aufstehend:* Ich seh es und bereue daß ich euch
　Belästigte mit unbescheidnen Fragen
　Doch schreibts nicht frecher Neugier zu und gönnt
　Mir euer Zutraun für die Zukunft auch
　Lebt wohl
　Sie geht gegen die Mitte der Szene und bleibt stehen.
　　　　　　　Dort naht Graf Reihersdorf mit Berthan,
　Ein schönes Pärchen meint ihr nicht ich hoffe
　Bald feiern wir ein neu Verlobungsfest
　Dann sorgt ihr doch für die Erleuchtung auch
　Wie heute
EDWARD FELSBERG *mit dumpfer Stimme:*
　　　　　　　Ist die Gräfin Bertha Braut?
LAURETTE Noch nicht wie ich vermute doch gewiß
　In wenig Tagen seht da sind sie schon
　Wie zärtlich sich umschlingend *boshaft:* bannet nur
　Die Trauer innen denn ein liebend Paar
　Haßt solche Dinge
　Sie geht den Ankommenden entgegen.

VIERTE SZENE

Edward Felsberg. Reihersdorf. Laurette. Bertha.
LAURETTE *die den Ankommenden sich genähert hat, lächelnd:*
nun da sieht mans ja
Herr Graf ihr seid auf gutem Wege
REIHERSDORF *verdrießlich doch es verbergend:*
Ach
Ich wollt ihr sprächet wahr doch scheint es fast
3135 Als wäre dieses Geistes Feuerquell
Der in so üppger Fülle sich ergießt
Für mich allein versiegt denn ich vernehme
Auf viele Fragen kaum ein dürftig Wort
zu Felsberg der Anfangs hat fortgehen wollen bei den letzten Worten aber stehen geblieben ist und sich sichtlich erheitert:
Verlaßt uns nicht vielleicht vermag die Kunst
3140 Die Himmelstochter was ich Erdensohn
Umsonst versuchte dieses geistge Bild
Mit Leben zu durchströmen habt ihr nicht
Die Flöte hier
EDWARD FELSBERG *erheitert:*
Es ist mir leid
REIHERSDORF   Ihr seid
Auch im Gesang vollkommen wie ich hörte
3145 Obgleich durch andre nur doch lüstet mich
Es selber zu vernehmen
Er reicht ihm die Laute.
somit seid
Gebeten
BERTHA *vor sich:*
Wie gering er nicht den Mann
Behandelt dessen Schatten er zu sein
Sich glücklich preisen sollte
sehr freundlich zu Felsberg:
Wollt ihr uns
3150 Ein Körbchen geben?

EDWARD FELSBERG *errötend:*
>Kann ich anders als
Gehorchen?
Er spielt das Ritornell auf der Laute.
LAURETTE *vor sich:*
>Weh das sollst du schwer mir büßen
EDWARD FELSBERG *singt:*
>Eh am Himmel der Nachtstern blinkt
>Wenn in die schäumende Flut
>Hernieder die glühende Sonne sinkt
>Und auf den Gebirgen das Abendrot ruht
>Dann legt sich das Wirken der regen Natur
>Es schweigen die Vöglein es feiert die Flur
>Die Dämmrung senkt ihr graues Gefieder
>Leis in die dampfenden Täler nieder

>Wenn am Himmel der Vollmond glüht
>Wenn durch die ruhige Au
>Der weiße wogende Nebel zieht
>Und leis sich senkt der nächtliche Tau
>Dann hallts aus der Ferne mit klagendem Laut
>Als weinte den Jüngling die liebende Braut
>Und tönt mit bangen heißen Gefühlen
>Und kann nur der Nacht seine Trauer enthüllen

>Was scheust du Vöglein des Tages Pracht
>Wo jeglicher fördert sein Tun
>Was klagt dein Liedlein in dumpfer Nacht
>Wenn alle die andern Vögelein ruhn
>Ich töne den Sternen mein süßes Leiden
>Der Liebe Schmerzen der Liebe Freuden
>Und bei der Nächte verborgenen Schweigen
>Vernehmen es traurend die stummen Zeugen

>Wenn die Sonne strahlenumkränzt
>Sich hebt aus dem brausenden Meer
>Schimmernd dann das Gebirg erglänzt

Und der Wald und die Täler rings umher
Dann erwachen die Vöglein wieder
Singen jubelnd die lieblichen Lieder
Des heiteren Tages fröhliche Söhne
Doch ach verhallt sind die süßen Töne

Was sitzest so stumm du Vögelein
Was verhallte dein süßer Gesang
Mich scheuchet das muntere fröhliche Sein
Und der Freude lauter jubelnder Klang
Mag nicht mit den Sängern des Tages mich messen
Ich möchte mein süßes Leid dann vergessen
Mag nicht des Tages freudiges Rauschen
Um meine teuren Leiden mir tauschen

O Liebe seliger Morgentraum
In der Jugend rosichten Stunden
Es fühlt die zitternde Seele dich kaum
Und hegt schon die teuren Wunden
Und bei dem Jubel der mächtigen Freude
Da flieht sie zu ihrem süßen Leide
Denn nur was der Geist im Verborgenen schafft
Das bewahrt seine heilige innere Kraft

Drum bergen so tief wir das bange Glück
In unsrer pochenden Brust
Und hütens vor jeglichen fremden Blick
Es pflegend mit süßer mit traurger Lust
Und fühlen tief die glühenden Wunden
Und Sehnsucht nach vergangenen Stunden
Und doch so tief so heiß im Herzen
Was wären wir ohne die süßen Schmerzen

REIHERSDORF *nickt vornehm mit dem Kopfe als dann wendet er sich gegen Bertha:*
Was scheint von diesem Lied euch Gräfin Bertha
BERTHA *vor sich:*
Der Übermütge

laut zu Felsberg:
Nehmt den schuldgen Dank
Für eure Güte
zum Grafen der sich in die Lippen beißt:
Was beliebte euch
Herr Graf
REIHERSDORF *einige Augenblicke stockend dann gefaßt:*
Was euch von diesem Liede scheint
Begehrte ich zu wissen
BERTHA *zerstreut:* Dieses Lied?
Es ist ein banges schmerzlich heißes Lied,
Es tut nicht wohl,
REIHERSDORF Mißfällt es euch
BERTHA Nicht doch
Allein *Sie schweigt.*
REIHERSDORF *ergänzend:*
Allein es schmerzt euch daß dem Traum
Der Morgendämmrung nur dem leichten schnell
Entfliehenden es der Liebe Glück vergleicht
So schwärmt in der Gefühle Vorhof keck
Gar mancher Sänger dem ihr Heiligtum
Verschlossen blieb die Menge jauchzt ihm zu
Und nennt den Eingeweihten ihn ein tief
Und rein Gemüt nur sieht in ihm den Schüler
Und den profanen doch ich rede so
Beleidigend unbewußt geliebte Namen
zu Felsberg: Vielleicht kennt ihr den Dichter
EDWARD FELSBERG nein
REIHERSDORF *verwundert ausbrechend:* So seid
Ihr nicht es selber
EDWARD FELSBERG *scharf:*
glaubtet ihrs?
REIHERSDORF Ihr dichtet
Zuweilen doch nicht wahr mein Freundchen
EDWARD FELSBERG nein
REIHERSDORF So seid ihr aller sieben schönen Künste
Geweihter Priester nicht wie ich geglaubt?

Felsberg antwortet ihm nicht.
Ihr seid so stumm ja kann euch dieser
Denn gar nicht reizen habt ihr nie geliebt?
EDWARD FELSBERG
 Hätt ich es jemals würd ich schwerlich doch
 Zur Schau es tragen
REIHERSDORF   Wenn ihr hättet also
 Ihr habt es nie
EDWARD FELSBERG
               Ich trüg es ja zur Schau
 Gäb ich euch Antwort
REIHERSDORF   also liebt ihr
EDWARD FELSBERG *verdrießlich:*   ach!
Er steht auf und will fortgehn.
REIHERSDORF Wohin
EDWARD FELSBERG *im Abgehen:*
               Ich hab Geschäfte
REIHERSDORF *ihm spottend nachrufend:*   Wie so trägt
 Der Musensohn der Erde Lasten auch?
Er sieht ihm lachend nach.
BERTHA *zu Lauretten:*
 Ich bitte dich, ich kann die Albernheit
 Nicht mehr ertragen laß uns gehn
LAURETTE *boshaft:*   Ich bins
Zufrieden
Sie stehen schnell auf und gehen nach einer andern Seite ab.
REIHERSDORF
           sehr empfindlich und gar leicht
 Zu reizen scheint dies Herrlein mir
Er sieht sich um.
                      wo sind
 Sie denn geblieben, fort? wahrhaftig fort!
 Das ist zu arg
Er staunt ein Weile nach dem Gebüsch hin indem kommt der Reichsgraf.

FÜNFTE SZENE

Reihersdorf. Der Reichsgraf. Marco Godowesi.
DER REICHSGRAF *mit Godowesi hervorkommend:*
  Herr Graf so in Gedanken? hört ihr nicht?
  Ich muß wohl reden wie ihrs gerne hört! 3245
  ihm lächelnd von hinten auf die Schulter pochend:
  Herr Sohn!
REIHERSDORF *spöttisch lächelnd:*
    So? wahrlich? So?
REICHSGRAF   Das lautet ja
  Beinah als wär der Name euch nicht lieb
  zutraulich: Tut doch so spröde nicht man weiß ja wohl
  betrachtet ihn, hitzig:
  Ihr braucht so höhnisch nicht zu schaun mein Kind
  Ist euer wert und größern Stammes wohl 3250
  Was ist an ihr zu tadeln?
REIHERSDORF *höhnisch:* Wahrlich nichts
  Doch ich bin ungenügsam und ein Herz
  Für meine Liebe fodr ich nicht die Hand
  Allein es war nicht freundlich daß ihr mich
  Nicht warntet 3255
REICHSGRAF *ängstlich doch es unter einer freundlichen Miene verbergend:*   Ach nun merk ichs macht euch doch
  Nicht solche Grillen glaubt mir glaubt mir nur
  Sie ist euch wahrlich gut!
REIHERSDORF *einfallend:* Wo schon das Herz
  Sich einen Götzen schaffte ists vielleicht
  Auch nur ein Krippenreuter ein Fortunens Ritter
  Der nimmt ihn nicht ein Tor mitleidig auf 3260
  laut lachend: Am Hungertuche nagt und sich sein Brod
  Von Tür zur Tür zusammen pfeift
MARCO GODOWESI   Herr Graf
REIHERSDORF Ich dränge mich nicht gerne auf!
MARCO GODOWESI *boshaft zum Reichsgrafen:* Herr Graf
  Da haben wirs

REICHSGRAF o schweig *vor sich:* welch Unheil stiftet
Der eine Mensch in diesem Hause doch
Es sei das letzte Pröbchen seiner Kunst
MARCO GODOWESI *auf ihn zugehend:*
Ihr seid erzürnet Graf, wie möget nun
Vom Falschen ihr das Wahre sondern
REIHERSDORF   Ich
Erzürnt? gewiß das lohnte sich der Müh
Um eines Weibes willen
REICHSGRAF   Nun so sagt
Was war denn was geschah ich hoffe nicht
Daß meine Tochter
REIHERSDORF   Mir nicht wohl begegnet?
O nein sie war so höflich daß sie Stunden
Mich sonder Antwort reden ließ
da ihn der Graf unterbrechen ließ:
                     nur still
Ihr werdet doch ob ihrer Artigkeit
Sie nicht entschuldgen? nun da sieht mans doch
Ihr seid kein Weltmann gröblich hieß es ja
Am feinen Tone sich versündgen den
Erzähler unterbrechen und daß mir
Nicht Antwort ward das war der Liebe Glut
Die ihre Zunge band mit holder Scham
heftig: Und daß sie plötzlich mich verließ der gleich
Dem ausgezichten Bühnenhelden ich
Da stand verachtet und beschämt das war
Wohl Sittsamkeit o redet doch ihr könnt
So schön ja alles deuten redet doch
REICHSGRAF *verlegen:*
Mein lieber Sohn
noch verlegner, er hustet:
              Herr Graf ich weiß nicht – seht
Es quält die Liebe gern sich selbst gewiß
Sinds wieder Grillen, Ich kann es euch
Nicht so erklären
Reihersdorf lacht.

                    denn ihr würdet mir
Nicht glauben doch ich seh recht wohl es ein
Gewiß recht wohl, – das ist ein sonderbares
Mädchen Bertha –
REIHERSDORF   still ihr werdet albern,
REICHSGRAF *auffahrend:*
Wie? *sanfter:* ihr seid mein Freund
Und einst auch noch mehr als das drum duld ich jetzt
Was sonst mir ungestraft kein König böte
sich erhebend: Fürwahr nicht doch als hab ichs nicht gehört
So will ichs richten *verlegen:* daß ihr Unrecht sie
Beurteilt seht ihr bald wohl ein nicht leicht
Verrät sie was ihr Innres fühlt und schwer
Eröffnet dem Vertrauen sie die Brust,
REIHERSDORF
Nun desto schlimmer welch ein glühnder Haß
Muß sie beseelen daß ein jeder Blick
So unverhohlen mir ihn kündet
REICHSGRAF *nach einer kleinen Pause:*
                                Hört!
Seid ihr zufrieden wenn in wenig Tagen
In eurem Arm sie eure Gattin ruht
REIHERSDORF *nach einer Pause Nachdenken:*
Das bin ich, ja *heftig:* doch sonder Zwang und List
Und sonder Überredung freudgen Sinns
Ein willig Opfer eigner Leidenschaft
Könnt ihr das halten
REICHSGRAF *ernst:*   Ja ich kanns und wills
REIHERSDORF Ihr könnt es *nicht*
MARCO GODOWESI   Das ist ein wahres Wort
Des Zirkels Rundung gleicht der Weiber Sinn
In tausend kleine Winkel teilt er sich
Doch mag das schärfste Auge sie nicht erkunden
Wie wolltet ihr es?
REICHSGRAF *zu Reihersdorf:*
              O ich kenne sie
Und ihren hohen Geist sie wird euch lieben
Sie liebt euch schon

MARCO GODOWESI *fortfahrend:*
                    Und wer ihr künftges Tun
Vorhersehn will der gleicht dem Wetterkundgen
Der aus dem heitern Morgen im April
Den Abend kündgen will
REICHSGRAF *verdrießlich:*   Spart euren Witz
Zu eifrig trachtet ihr ihn anzubringen
Mit Gutem ist man so verschwendrisch nicht
sehr gefaßt zum Reihersdorf:
Jetzt laßt mich offen zu euch reden Graf
REIHERSDORF Das wünscht ich lange
MARCO GODOWESI *spottend für sich:*   offen? Ei das bin
Begierig ich zu hören
REICHSGRAF *zutraulich Reihersdorfs hand fassend:*
                    Lieber Freund
Ihr saht verwirrt mich stockend in der Rede
Und glaubtet es ein Zeichen meiner Schuld
Als hab ich euch getäuscht mit falschen Worten
Und Liebe euch verheißen welche schon
Ein anderer sein Eigentum, besitzt
So ist es nicht doch fürchtete ich euch
Zu kränken und des Argwohns bösen Samen
Das Größre Übel ließ ich unklug keimen
Um kleinres zu vermeiden aber nun
einen Augenblick stockend:
Doch wollt ihr mich gelassen hören
REIHERSDORF   Was
Es immer sei ich wills
REICHSGRAF   Ihr seid ein Mann
Erfahren Weiberherzen zu bekriegen
Und manches stolze kecke Fräulein gab
Errötend eures Sieges Zeugnis euch
Doch mit des Hofes Cyprien vergleicht
Des Landes zarte Psyche nicht denn was
Den Adler freut verscheucht die zarte Taube
Das wilde Feuer eures Auges schreckt
Des Mägdleins Schüchternheit und eures Witzes

Oft allzu freies Spiel, nicht kann das Weib 3345
Zum Geist des Mannes sich erheben darum
Muß er zu ihr sich neigen auch daß ihr
So ohne Scheu so dringend eure Liebe
Gesteht beleidiget ihr Zartgefühl
Ihr kennt das törichte Geschlecht das öfters 3350
Die Sache minder wie der Namen rührt
Versteckt in Achtung euch und das Kapitel
Der Liebe führ der Freundschaft Überschrift
nach einer kurzen Pause:
Ihr sinnt?
REIHERSDORF
    Doch wenn ein andrer schon zuvor
Durch dies Arcanum ihrer Neigung sich 3355
Bemächtiget *schneller:* und daß ich klar es sage
Der Flötenspieler Felsberg scheint mit ihr
Sich herrlich zu verstehen
MARCO GODOWESI *auf und ab gehend bleibt stehn:*
    hört doch hört
REICHSGRAF *ernst:* Bedenket was ihr sagt herr Graf sie ist
Vom Stamme Löwenstein 3360
REIHERSDORF   In Gottes Namen
Vom Kaiserstamm glaubt ihr dies schütze
Vor gleichem Eindruck sie *heftig:* und kurz, bevor
Ich diesen Sänger und Romanhelden
Nicht viele Meilen weiß von diesem Schloß
Gibts keine Ruh für mich 3365
MARCO GODOWESI *zum Reichsgrafen bleibt stehen:*
    Seht ihr es Herr
Das ist ein Unglücksvogel für uns alle
Drum rat ich treulich machts wie ich gesagt
REIHERSDORF *aufmerksam:*
Wie sagtet ihr denn
REICHSGRAF *zu Godowesi:*
    Weil er deinem Stolz
Nicht frönen konnte bist du feindlich ihm
Und opferst deiner Eigenrache gern 3370
Und unbesonnen stets das Ganze auf

MARCO GODOWESI *bleibt eine Weile stehn:*
  Das Ganze ei was soll das hier er stört
  Die Ruhe eures Freundes darum muß
  Er fort sonst ists ein unbedeutend Bürschlein
3375 Der weder hier noch andrer Orten uns
  Kann Schaden tun am Ganzen mein ich doch
  Da dieses Herren rascher Feuersinn
  In Liebesbanden Gräfin Bertha hält
  Und der Gesell uns Unruh macht so wärs
3380 Genehm so dachte ich vom Halse sich
  Den unbequemen Gast zu schaffen weils
  Ein schweres Leid soll sein dem Liebenden,
  Sich andre vorgezogen wähnen denn
  Ich selber hab gottlob es nie erfahren
REICHSGRAF *spottend:*
3385 Vermutlich weil noch keine deinem Reiz
  Zu widerstehn vermochte
MARCO GODOWESI   Lacht nur lacht
  Ich weiß es daß die holde Göttin mich
  Gar schlecht versehn mit ihren Gaben und
  Ich schwerlich eines Weibes Lieb erränge
3390 Jedoch verlangt michs nicht darnach wenn nur
  Sich Männer zutrauvoll mir nahn und freue
  Mich täglich meiner häßlichen Gestalt
  Denn wär ich schön und reizend käme mir
  Der Liebe Sieg so überall entgegen
3395 Wer weiß ob ich mich nicht verlocken ließe
  Und meine teure Zeit vertändelte
  Mit den verliebten Dingen doch nun schützt
  Vor jedem Angriff meine Larve mich
  Und ich behalte meine Zeit und Ruh
REIHERSDORF *der etwas ungeduldig zugehört hat:*
3400 Doch was zuvor ihr sagtet, davon seid
  Ihr gänzlich abgewichen wie man sich
  Befreien könne von dem Lästgen
MARCO GODOWESI   Gut
  Daß ihr mich dran erinnert nun ich meine
  Man heißt ihn gehn

REICHSGRAF *kleinlaut:*
                Das ist nicht ratsam
REIHERSDORF   Nein
  Das darf nicht sein das ist zu hart wenn ihr
  Nichts bessers wißt so gut hätt ich es mir
  Wohl selber ausgedacht
MARCO GODOWESI   Und warum solls
  Nicht sein
REIHERSDORF
         Es bringt die Gräfin auf es macht
  Uns tausend böse Händel und entfremdet
  Wohl gar die Liebe Süße gänzlich mir
MARCO GODOWESI
  Warum nicht gar sie muß es nicht erfahren
  Daß ihr es seid der ihn vertreibt ich will
  Es auf mich nehmen wenn ihrs wünscht da wirds
  Zwar reichlich mürrsche Blicke setzen doch
  Was kümmerts mich der Liebe hab ich längst
  Entsagt und Weiberfreundschaft acht ich nicht
  da er eine Weile geschwiegen hat und niemand redet:
  Zudem, ich wills nicht leugnen wär es mir
  Wohl eine kleine Freude säh ich ihn
  Mit langem Antlitz abziehn denn mir wars
  Nicht so bequem in meiner Jugendzeit
  Wo ich mit Schreiben Zeichnen und noch sonst
  Mit allerhand erlaubten freien Künsten
  Das Leben fristete drum wirds mir stets
  So warm wenn so ein Bürschchen sonder Müh
  Mit baren schönen Worten eitlen Wind
  Sich einschleicht weiche Seelen rührt und
  Auf andrer Kosten lebt und sie beherrscht
  Er geht wieder auf und ab.
REIHERSDORF *Zum Reichsgrafen:*
  Vielleicht doch – wenn mans klug begänn – und schonend
  nachdenkend: Zwar für euch selber will sichs nicht
                                          geziemen
  Allein ein dritter – ein Offiziant –

Zum Godowesi: Zum Beispiel ihr wenn ihr es übernähmet
– Und redetet von häufigen Besuchen
Von schweren Kosten bösen Zeiten doch
Nicht also daß ers merkt – ist sein Gefühl
So zart und fein denn wirklich wird er bald
Euch zu belästgen wähnen – und sich gar
Aus freier Wahl entfernen –
schnell zum Reichsgrafen:
                              Meint ihr nicht?
REICHSGRAF *besorgt:* Er ist mir all zu schlau zu delikat
Gar fein begonnen müßt es werden gar
Unendlich fein und Marco ist nicht eben
Hiezu der Rechte
MARCO GODOWESI *phlegmatisch, von Weitem:*
                        Warum nicht ich kann
Recht fein sehr fein zuweilen sein wenn die
Gelegenheit es fodert
REIHERSDORF *lächelnd, zum Grafen:*
                                Ei davon
Gibt dieses Selbstlob den Beweis nicht
REICHSGRAF *leiser zum Reihersdorf wie Marco unten ist:*
                                          Doch
Daß er es kann bedarf nicht des Beweises
Ich habe davon manche wie ihr auch
Erfahren sollt drum übergeh ich auch
So manches Wort was nicht dem Diener ziemt
Dieweil ich schwer ihn mißte aber seht ihm
Gebricht anjetzt der gute Wille
MARCO GODOWESI *der wieder bei ihnen ist:*
                                        Herr
Wie könnt ihr das behaupten
REICHSGRAF *lauter:*   Wer dich nur
Ein wenig kennt der sieht wohl klar daß du
Dich schwerlich drängen würdest dem Gehaßten
Mit schonend sanften Worten dich zu nahn
Allein daß töricht deiner Hand das Werkzeug
Wir reichten ihn recht tief zu kränken und

Verwunden wos am tiefsten schmerzt das wär
Dir eben recht
MARCO GODOWESI
             Mich drängen? nein das war
Nicht meine Absicht scheint euch tauglicher
Hiezu ein andrer immerhin ich bin
Erfreut solch lästgen Auftrag los zu sein
REICHSGRAF *verlegen:*
An Schlauheit fehlt dirs nicht wär ich nur fest
— Von deinem guten Willen überzeugt
MARCO GODOWESI *geht wieder auf und ab:*
Ihr seid es nicht? Das ist nicht meine Schuld
Denn an Beweisen ließ ich nimmer es
Ermangeln
REICHSGRAF *mit ihm gehend:*
          Nun so gib mir diesen noch
Du weißt wie wichtig dieser Auftrag ist
Und daß er zart behandelt werde denn
leiser: Durch Berthas Liebe Reihersdorfs Besitz
Dies ist das Ziel erworben und verscherzt
Durch ihn
MARCO GODOWESI
       Schon gut ihr sollt euch nicht beklagen
Zum Reihersdorf: In wenig Tagen ist der Bube fort
Und sonder großen Lärm, seid ihr zufrieden?
REIHERSDORF Ich bins
REICHSGRAF   So laß dich nun umarmen Sohn
Nun erst mein Sohn da heiteren Gesichts
Du dich mir nahst und
auf seine stirn die Hand legend:
               keine Grillen uns
Zu trennen ferner drohn wärs nicht ne Schande
Zwei Männer beide edel hohen Geistes
Und mächtgen Armes denen nicht ein Thron
Zu hoch schien ihn durch Selbstkraft zu erringen
Getrennt durch eines Buben Hand getrennt
Um eines Mägdleins Willen

MARCO GODOWESI *vor sich:* 's wär doch nur
'ne Schande ganz im Stillen
REIHERSDORF *nachdem er den Reichsgrafen errötend umarmt hat:*
                    Ob ichs gleich
   Für keine Schande halten kann so wär
   Es doch ein Übel
REICHSGRAF   Auch ne Schande Freund
   Gereifte Männer sollte nicht entzwein
   Die Laune eines Mägdleins ihren Plan
   Den hohen herrlichen den sie nicht scheun
   Zu folgen durch den engen Raum wo sich
   Das Grab zu ihren Füßen dehnt den darf
   Nicht eines spröden Auges stolzer Blick
   Zertrümmern nein ein solches darf nicht mehr
   Ein böses Wort uns kosten
REIHERSDORF   Nun ich denke
   Ihr werdet dafür sorgen
MARCO GODOWESI *ungeduldig doch phlegmatisch:*
                    Gott sei Dank
   Daß ihr vereinigt seid nun kann man doch
   Auch anderes zur Sprache bringen darf
   Man fragen was das Schreiben denn das euch
   Der Unterhändler Nesselkraut gereicht
   Enthält
REICHSGRAF
       Hast dus bemerkt?
MARCO GODOWESI   Wie sollt ich nicht
   Er stand verkleidet in den dichten Haufen
   Des Landvolks und hätt ich noch vieles gern
   Mit ihn geredet doch da euch den Brief
   Er eingehändigt war er schnell verschwunden
REICHSGRAF Er fürchtete die Blicke meines Bruders
REIHERSDORF Kennt der Minister ihn
REICHSGRAF   Ein paarmal ist
   In den Gefängnissen des Staates schon
   Ein Plätzchen als Spion ihm eingeräumt
MARCO GODOWESI Das muß ein fixer Kerl sein daß er nicht

Schon längst am Galgen modert doch was hat
Er überbracht
REICHSGRAF   Vom Marschall ein Billett
Noch hat bisher die lästge Gegenwart
Der übrigen Gesellschaft mir die Zeit
Versagt zum Lesen
Er hat in den Taschen gesucht.
               ei wo ist es denn
REIHERSDORF Ihr zittert ihr erblaßt was soll das sein!
Ihr habt es doch nicht gar verloren
REICHSGRAF *sich erholend und ein Papier herauslangend:*
                              Nein
Den Himmel dank hier ist es habe ich mich
Doch recht entsetzt *sich setzend:* o wär ich doch am Ziel
Und wär es auch statt Fürstenthron der Schoß
Der kalten Gruft denn diese ewge Angst
Dies Zittern daß die Mauern nicht an uns
Die blauen Lüfte nicht Verräter werden
Das ist des Todes Schauer zwiefach *zu Marco:* nehmt
Und öffnet
MARCO GODOWESI *den Brief öffnend vor sich:*
             Armer Wurm wie du dich krümmst
Vor Todesangst – und dennoch möcht er gern
Den Löwen spielen
laut, nach einer kleinen Pause:
                 soll ich lesen?
REICHSGRAF   ja
Es ist doch niemand in der Nähe
REIHERSDORF   Nein
Doch ists nicht ratsam solch ein tief Geheimnis
Dem Schalle anvertraun wenn ihr den Brief
Durchsehn so reicht ihn uns
MARCO GODOWESI *lesend:*   Das ist nicht gut
REICHSGRAF *auffahrend:*
O Himmel
REIHERSDORF *hastig:*
         Was enthält das Schreiben

MARCO GODOWESI *dem Grafen den Brief reichend:*
                              Nehmt
So geht es wenn man guten Rat verschmäht
Wie oft wie dringend bat ich euch doch nicht
In solche Hände euer Glück zu legen
Und euch des Pöbels Hefe zu vertraun
REICHSGRAF *zerstört:* Gefangen Rulsen, er der alles weiß
Durch dessen Hände alles ging
die Hände ringend:
Wir sind verloren er verrät uns
REIHERSDORF *das Gesicht verhüllend:*
                              Gott
MARCO GODOWESI
Wie ihr verliert den Mut o schämt euch doch
So lest doch lest weshalb er eingezogen
lesend: »Als Vagabund verschiedner Räuberein
Bezichtigt«, von verdächtigen Papieren
Steht nicht ein Wörtchen hier als Vagabunden
Als ganz gemeinen Dieb betrachtet man
Ihn vor Gericht was wird es nutzen noch
Die Liste seiner eignen Sünden zu
Vergrößern
REIHERSDORF
        O er wird die Freiheit sich
Erkaufen durch Verrat
MARCO GODOWESI *nachdenkend:*
                      O nimmermehr
Er weiß zu gut daß das Gefängnis wir
Ihm zehnfach zahlen mit gewichtgem Golde
Schon drei mal hat, so schreibt der Marschall, das
Verhör er überstanden doch noch nie
Entschlüpfte ihm ein Wort was mit Gefahr
Uns drohte, und das kann es wahrlich auch
In seiner Lage dem Verrückten nur
Auch ist ein solches Werk wie wir beginnen
Von solchen kleinen Unglück nimmer frei
Wo so viel Menschen wirken sollte da

Beschieden jedem gleiche Klugheit sein
Allein in solchen Fällen zeigt es sich
Ob wahre Größe wohnt im Geiste der 3560
Das Ganze lenkt ob er mit kluger Hand
Zerrißne Fäden wieder knüpft und schlau
An der Gefahr vorüberschlüpft und ob
Er zitternd seine Kleinheit offenbart
Ein Held im Glück ein Weichling in Gefahr 3565
REICHSGRAF *sich erhebend:*
Ich zittre nicht
MARCO GODOWESI *fährt fort ohne es zu bemerken:*
                  Durchschaut der Zeiten Raum
Die Reiche der Geschichte ward wohl je
Ein Thron errungen ohn Gefahr und Müh
Und euer Vorbild Cæsar mußt er nicht
Durch Blut und Tod durch Schwerter und Gefahr 3570
Zur Weltbeherrschung bahnen sich den Pfad
Doch wer nicht Kraft im Busen fühlt der mag
Nicht solche hohe Dinge unternehmen
Er lebe ruhig baue seinen Acker
Ein stiller Landmann 3575
REICHSGRAF *aufspringend:*
                  Du beleidigst mich
Noch hab ich keinen Kleinmut dir gezeigt
Und sollst auch nimmer ihn an mir erproben
Thron oder Grab und was dazwischen liegt
Das kennen meine Wünsche nicht du sollst
Mich stärken Cæsar Held an dich will ich 3580
Gedenken wenn auf meinen Mut es stürmt
Dein Name sei mein Talisman
Er wendet sich gegen die Seite wo der Cæsar steht und bleibt erschrocken stehn.
REIHERSDORF *hinschauend verwundert:*
                  Wo ist
Die Büste hingekommen
MARCO GODOWESI *lacht:*   Seht der machts
Wie alle Geister wenn man sie zitiert

3585   Er macht sich unsichtbar
Der Reichsgraf kehrt sehr blaß wieder zurück und lehnt sich auf den Tisch.
MARCO GODOWESI *ihn genau betrachtend:*
                      Ihr seid doch nicht –
Ich glaube gar das Nichts hat euch erschreckt
Ists möglich eine Büste
REICHSGRAF *gefaßter:*   Nicht erschreckt
Doch rasch kann ein Moment im Leben uns
Ergreifen dem ein Zufall unbedeutend
3590 Und klein im andrer Augen wichtig uns
Erscheinen läßt wie daß die Büste die
Seit Jahren ihren Platz behauptet daß
Im Augenblick da ich zum Zeugen ihn
Zum Schutzgeist meiner Taten rief daß sie
3595 Verschwunden ich begreife nicht wohin
Es hat mich tief ergriffen und noch weiß
Ichs nicht zu deuten ist es ein Gesicht
Ists Wahrheit
MARCO GODOWESI
               Seht ihr Geister? Ei Herr Graf
Seid doch nicht so phantastisch S ist ein Scherz
3600 Ein loser Spaß vermutlich dem von der
Gesellschaft jemand sich erlaubt es ist
Ja heut ein Freudentag vermutlich ist
Die Büste in der Nähe
Er steht auf und geht zum Postament wohinter er den Cæsar hervor nimmt.
                       Seht da steht
Sie auf dem Boden demutsvoll
Er setzt sie auf ihre Stelle.
                            es ist
3605 Auch gar kein Festtagsantlitz So – da steht
Sie schon an vorger Stelle

SECHSTE SZENE

Reichsgraf. Marco Godowesi. Reihersdorf.
MINISTER *herankommend:*
       Setzt ihr wieder
Den alten Herrn in seine Rechte ein?
REICHSGRAF *verdrießlich:*
Hast du das Späßchen ausgedacht?
MINISTER   So sieh
Mich drob nicht mit so mürrschen Augen an
jovialisch: Es war mir mal ne Lust den großen Tiger 3610
Den blutigen Tyrannen wenn auch nur
Im Bild ein wenig zu entthronen
REICHSGRAF   Kannst
Du sonder Schmähung keinen großen Geist
In deiner Nähe dulden
MINISTER   Großen Geist?
In jeden Falle ist es nur ein Bild 3615
Nicht wert daß Brüder drob ein böses Wort
Sich raunen laß den großen Geist doch selbst
Sein Recht verfechten übel muß es mit
Dem Weltbeherrscher stehn tut es ihm Not
Daß sein des kleinen Grafen schwacher Arm 3620
Sich annimmt
REICHSGRAF *auffahrend:*
     Kamst du mich zu kränken nur?
Den Mangel einer fürstlichen Geburt
Mir vorzuhalten
MINISTER   Adalbert du bist
Von Sinnen
REICHSGRAF Könnte deine Kleinlichkeit
Die tiefen meiner Seele fassen ja 3625
Du würdest staunend sehn wie königlich
Wie stolz und eines Szepters würdig sie
Von der Natur gebildet doch das magst
Du nicht ergründen längst an Knechtschaft und

An niedern Staub gewöhnt ein Höfling der
Im tiefer Demut eines eitlen Fürsten
Durchlauchtge Füße küßt
MINISTER   Halt ein nicht länger
Kann deine Frechheit ich ertragen wie?
Ist das der Lohn daß dreißig Jahre ich
Des Landes Last ein zweiter Atlas trug
Daß diese Locken zwanzig Jahr zu früh
Des Alters Reif beschlich
REIHERSDORF *beruhigend:*   Nehmts nicht so hoch
MINISTER Das tu ich nicht da wär ich wohl ein Narr
Wollt ich um jedes Wort mich grämen das
Ein Lästerer von frecher Zunge schnellt
Mich wird es wenig kränken was von mir
Solch ein vertrocknet ausgestorben Herz
REIHERSDORF Ich bitt euch
MINISTER   Rinnt mir dankbar eine Träne
Vom Aug des niedrigsten im Volke fleht
Für mich nur eine fromme Stimme täglich
Im stillen Dankgebet so will ich groß
Mich schätzen reich und glücklich und nicht soll
Mir den Triumph der schwer erfüllten Pflicht
Die Zunge des Verleumders rauben ob
Er einen Knecht und Toren mich mag achten
Mich kümmerts nicht ich kann ihn nur verachten
Er geht in den Hintergrund des Theaters wo Marco auch steht
Reichsgraf, geht voll Zorn in ein Nebenzimmer.
REIHERSDORF *ihm nachfolgend:*
Wie nehmt ihr doch so hoch von Bruderlippen
Ein loses Wort wollt ihr den Frieden selbst
Den oft, gesteht es, schwererhaltnen brechen
Auf eures Hierseins kurze Tage nur
Des Zankes und der Zwietracht Stempel drücken
Nicht also Graf
MINISTER   Ihr wißt nicht wie es tut
Für gute Dienste Hohn und giftgen Spott
Zu ernten

REIHERSDORF
    Schwerlich habt ihr ihn beleidigt
MINISTER Weiß er die freche Zunge nicht im Zaum
Zu halten darf er sich nicht wundern wenn
Zum Lohn die Wahrheit oft recht derb und hart
Vor seinen Ohren schallt gerechte Rüge
Für giftge Lügen ist doch nur halb
Und sehr gelind bezahlt
MARCO GODOWESI   Er nannt euch Höfling
Ihr einen Lügner und Verleumder ihn
Auf wessen Seite ist die größre Schuld?
MINISTER Ein Höfling der gebeugt des eitlen Fürsten
Durchlauchtge Füße küßt
REIHERSDORF   Nicht doch das hat
Er nicht gesagt
MINISTER   Das hat er nicht gesagt?
REIHERSDORF Gewiß ich hab es nicht gehört euch hielt
Der Zorn umnebelt daß ihr nicht den Sinn
Der Worte unterschiedet und was nie
Aus eures Bruders Munde kam gehört
Und zu vernehmen glaubtet
MINISTER   O ich war
Noch gar nicht aufgebracht wie er begann
Und habs recht wohl Vernommen längst an Staub
Gewöhnt und niedre Knechtschaft Still ich darf
Daran nicht denken
REIHERSDORF   Das ist noch ein Wort
Wies sich geziemt denkt ferner nicht daran
Dem Zürnenden steht immer zu Gebot
Die Zunge ungebändigt zügellos
Ergießt sie sich in schnöden Reden die
Das Herz nicht kennt und die der Redner nie
Das er sie ausgesprochen zugesteht
Und selber glaubt drum achtet nimmer ich
Was in des Eifers Glut ein Freund noch sprach
Schien mir beleidgend seine Rede ruhig
Ließ ich den Tag verstreichen stellte dann

3690 Mich bei des nächsten Morgens Glühn vor ihn
Und fodert Rechenschaft doch nimmer ward
Mit kaltem Blut die Rede wiederholt
Nie sei davon ihm ein Gedanke in
Den Sinn gekommen hieß es aber hielt
3695 Ihm selbst sein allzu treu Gedächtnis vor
Was er gesprochen sanft und freundlich dann
Sucht er sich zu entschuldgen und nicht war
Verschlossen seinem Liebeswort mein Ohr
Und keiner war in Zukunft also treu
3700 Zu jedem Freundesdienste fertig wie
Den ich mit der Verzeihung süßer Schuld
Belud

MARCO GODOWESI
    Was wendet ihr euch von uns gönnt
Uns keine Antwort weil ihr selber seht
Wie wahr Graf Reihersdorf geredet doch
3705 Euch nimmer überwinden könnt es zu
Gestehn?

MINISTER Des hab ich nimmer mich gescheut
Und freudig eil ich ihm entgegen reicht
Er liebend mir die brüderliche Hand
Doch daß ich schmeichelnd untertänig soll
3710 Ertragen seine Härte nein das kann
Kein Billger fodern Unrecht wär es auch
In Demut seinen Launen frönen denn
Das macht ihn täglich unverträglicher
Er möge freundlich sich mir nahen ihm
3715 Gebührt das erste Wort denn er begann
Den Streit, laßt sehn ob sich dazu sein Stolz
Bequemen wird

MARCO GODOWESI
    Das ist der leidge Stein
Des Ärgernisses dran sich jeder stößt
Gar leicht bereut den Zorn ein edles Herz
3720 Und folgt der alten Liebe schönen Trieb
Allein allein das erste Wort dazu

Kann keiner sich entschließen gleich als hing
Die Last der Welten an dem leichten Hauch
REIHERSDORF
Wohl wahr schon sah ich manchen blutgen Streit
Entglommen durch ein unbedachtsam Wort
Wo Freund und Freund im wilden Zweikampf sich
Begegneten mit tränenvollem Blick
Zerrißnem Herzen willig hätt sein Leben
Ein jeder für den andern hingegeben
Doch der Versöhnung erstes holdes Wort
Zu sprechen dieses Opfer schien zu groß
Den Stolzgeblendeten – Ich hab mich nie
Geschämt zuerst mein Unrecht einzusehn
Vielleicht sonst trüg ich längst im Herzen schon
Der Reue und Verzweiflung schwarze Wunde
Läg selbst vielleicht auch mit gespaltnem Schädel
In feuchter Gruft
MINISTER *lächelnd:* Das wär das Schlimmste wohl
Und ist auch eurer Sanftmut wahrer Grund
MARCO GODOWESI *lachend:*
Das lautet ja nicht gut Herr Graf
REIHERSDORF *nach einigen Augenblicken:*
                                  Ich könnt
Es übel deuten, wenn ich wollte doch
Ich fühl es eure Galle gilt viel mehr
Dem kleinen Wortstreit der vorhin begann
Sonst lauten eure Reden sehr verdächtig
MARCO GODOWESI Beinah als fehlt es euch an Mute
REIHERSDORF   Still
Ich wollt es nicht erörtert haben – nehmt
An mir ein Beispiel lieber Graf wie man
Beleidigungen trägt von denen man
Vorhersehn kann sie werden bald bereut
Und kommen nicht vom Herzen niemand würd
Es mir verargen säh man tobend jetzt
Und schäumend mich vor Wut denn was ist wohl
Entehrender für einen Rittersmann

  Als zeiht man ihn der Feigheit und der Schwäche
  Auch würd es sicher höchlich mir zum Schimpf
3755 Gerechnet säh ein Vierter daß ich still
  Ertrüge solche Unbild – aber da
  Gottlob kein Fremder hier zugegen ist
  Riskier ich meine Ehre einmal dran
  Und scheu sogar nicht wie ihr selber seht
3760 Das böse vielbesprochne erste Wort
MARCO GODOWESI
  Das ist noch brav gedacht doch hoff ich auch
  Daß nicht vergebens mit so schönen Beispiel
  Ihr vorgegangen seid
REIHERSDORF   Gewiß nicht ists
  Nicht also lieber Graf schickt diese Stunde
3765 Mit bösem Zwist beladen nicht hinab
  Zu ihren Schwestern gebt ihr auf den Weg
  Noch der Versöhnung Götterseim mit
MINISTER Fast könntet ihr mich überreden
REIHERSDORF   Geht
  Zu eurem Bruder bietet ihm die Hand
3770 Vergeltet durch die Nachsicht seiner Schwächen
  Die Liebe die er zu euch hegt
MINISTER   Herr Graf
  Sucht andre Gründe dieser geht nicht mit
REIHERSDORF An seiner Liebe zweifelt ihr, wie seid
  Ihr ungerecht
MINISTER   Das bin ich nicht fürwahr
3775 Glaubt mir der Freundschaft liebend Vorurteil
  Kann mit so blendend hellem Lichte nicht
  Umgeben des Geliebten Tugend mit
  So dichtem Flor verhüllen seine Schwächen
  Wie Bruderliebe doch die kennt er nicht
3780 Die süßen kleinen häuslich stillen Freuden
  Verachtet er sucht ängstlich sie zu meiden
  Drängt sich gewaltsam die Natur ihm auf
  Wie sollt es sich für solchen Mann geziemen
  Sich sanften Trieben hinzugeben weich

Dahinzuschmelzen pfui doch das ist
Für niedre Seelen die noch viel zu knechtisch
Gesinnt um sich der Herrschaft der Natur
Gewaltsam zu entreißen,
REIHERSDORF   Fast doch scheints
 Als hättet ihr der süßen Knechtschaft selbst
 Euch ganz und gar entzogen
MINISTER   Nimmer wird
 Er fühlen es und zugestehn daß nur
 Mich Liebe zu ihn trieb daß ich es nicht
 Ertragen könnte zürnend ihn zu denken
 Und mir entfremdet angeborne Schwäche
 Und innere Gemeinheit die stellt sich
 Ihr innre Hoheit dar sich unwillkürlich
 Vor ihr als ihrem Herrn und Meister beugt
 So wird ihm meine Güte scheinen bald
 Wenn nur ein Wort den leicht gereizten kränkt
 Schallt mir aus seinem Mund als Vorwurf dann
 Die Rüge meiner Nachsicht
REIHERSDORF   Sucht ihr nicht
 Mit Absicht eure Galle aufzuregen
 Daß euer Herz den Ton der Liebe nicht
 Vernehme? Setzt den Fall ihr hättet recht
 Ists besser nicht die kleine Kränkung tragen
 Wie in der Brust den Vorwurf daß ihr selbst
 Der Zwietracht Fackel nährtet und aus Stolz
 Verzeiht, ich kanns nicht anders nennen selbst
 Des eignen Herzens Stimme überhörtet
MINISTER Das glaubt ihr wirklich? Stolz hat euren Bitten
 Zu widerstehen mich verleitet
REIHERSDORF   Kann
 Ich anders Seht ich folge treu dem Bild
 Was ihr von eurer Lage selbst entwarft
 Und eure selbstgewählten Gründe kann
 Ich zeugen lassen gegen euch
MARCO GODOWESI   Und wißt
 Ihr wer von eurem Zwist den wahren Schaden

Muß tragen? Ihr nicht euer Bruder nicht
Trotz euren Ärger die Komtessen und
Der junge Graf die Gräfin allermeist
Das sind die ewgen Opferlämmer die
Des ganzen Volkes Schulden tragen und
Der üblen Laune Erstlinge genießen
MINISTER Wahrhaftig? o die armen Tauben die
Des Geiers Hut im Grimm ein Gott vertraut
Mir hat es längst geschienen doch er hält
In meine Gegenwart in Schranken noch
Der Härte wild Beginnen o die armen
Geliebten Wesen wie verletzend muß
Den zarten Seelen seine Rauheit sein
Doch still ich wollte ja nicht grollen
REIHERSDORF   Laßt
Ein freundlich Bild den teuren Freunden von
Den kurzen Stunden eures Aufenthalts
Wollt ihr daß sie der Ruhe Tage von
Der Stunde zählen da ihr sie verlassen
MINISTER *gerührt:*
Ich kanns mir denken – endlich ist er fort
Der Unruhstifter nun ist Fried und man
Kann doch ein wenig freier atmen nein
Wahrhaftig ich ertrüg es nicht
REIHERSDORF   Es ist
Ein schrecklicher Gedanke auf zerrißne
Und schon gedrückte Herzen neue Lasten
Zu wälzen meidet diesen Vorwurf Graf
Verhärtet nicht durch Strenge eures Bruders
Gemüt erweichts durch sanfte Freundlichkeit
Ihr könnt es seid ein holder Friedensbote
Seid ihrs von dem er ruhgen Gleichmut lerne
Von eurem Hiersein rede man entzückt
Ein sanfter Genius in lichter Ferne
Werd euer Bild mit lieb und Dank erblickt
Wollt ihr so schönen Preis verscherzen
MINISTER   Graf
Wo ist mein Bruder

REIHERSDORF　　　　Kommt wir wollen ihn
Schon wiederfinden
Er führt ihn schnell ab.
MINISTER　　　　　Fänd ich doch sein Herz
Das alte langverlorne wieder
MARCO GODOWESI *allein:*　　　Geh
Da kannst du lange suchen frommes Schaf
Eh fändest du ein Sandkorn tausend Klafter
Versteckt im Schnee der Alpen als ein Herz　　　3855
Wo keines ist in jedem Sinn des Worts
Zu bessern denkt er ihn – wahrhaftig nein
So töricht hätt' ich nimmer ihn geglaubt
Muß sich der alte Fuchs nicht schämen Er
Der dreißig Jahr das Steuerruder führte　　　3860
Und kann von seinem eignem Bruder nicht
Ein richtig Urteil fällen weiß noch nicht
Daß eh des Rheines Wogen all zum Quell
Zurück sich leiten lassen wie ein Sünder
Ein alter achtundfünfzigjährger Wicht　　　3865
Zur Unschuld seiner Kinderzeit so gehts
Wer an den Hof mit Maulwurfssinnen kreucht
Dem kann selbst diese hohe Schule nicht
Des Falken Auge geben denn ihm fehlt
Der Sonne Sehkraft Drum die Bildung will　　　3870
Den klugen Mann nicht machen schade wärs
Auch um so manches herrliche Talent

⟨*nicht vollendet*⟩

PERDU!

ODER

DICHTER, VERLEGER, UND BLAUSTRÜMPFE

LUSTSPIEL IN EINEM AKTE

PERSONEN

HERR SPETH, *Buchhändler in einer Stadt am Rhein*
SEINE FRAU
IDA, *seine Tochter*
SONDERRATH, *poeta laureatus*
WILLIBALD, *Dichter minimi moduli, und nebenbei Rezensent*
SEYBOLD, *Rezensent, und nebenbei Dichter*
FRAU VON THIELEN, *Blaustrumpf von Stande*
CLAUDINE BRIESEN, *naiv-gefühlvoller Blaustrumpf*
JOHANNA VON AUSTEN, *Blaustrumpf du bon vieux temps*

ERSTE SZENE

Ein Buchladen; im Vordergrunde ein Fenster mit halbgeschlossenen Vorhängen, das auf den Rhein geht; alle Stühle mit Papieren, Ballen, et cet beladen.

SPETH *Ein kleines magres Männchen mit rotem Gesichte, graulichtem Haare, einer Brille; sitzt vor einem mit Papieren und Paketen bedecktem Tische, und hält einen offenen Brief in der Hand; – lesend:* »Und kurz, Herr Speth, ich kann nicht; durchaus nicht. – die Rebe blüht, Alles liebt und paart sich, da wird mir der Pegasus auch kollrig, und rennt Gott weiß welcher Ixionswolke nach. – Indessen kann es sein daß wir uns bald sehn; mich hat geträumt, ich würde nächstens Lust bekommen an den Rhein zu gehn, respektive fahren, schwimmen – obs dazu kömmt? nescio; und somit Gott befohlen. Ihr ergebener Friederich Sonderrath« *Er läßt das Blatt sinken.* ja wohl, Sonderrath! – i c h bin sonder Rat! – Windbeutel und kein Ende! – und ob er nun hieher kommt, das steht auch noch sehr dahin – nachdem er mich vier Wochen lang hat auf sich warten lassen! *Er wirft den Brief auf den Tisch; heftig:* nein, nein, nein! ich will mich auch gar nicht mehr mit dem Dichtervolk einlassen; wer liest denn noch Gedichte? – eine Kammerjungfer die in den Sekretär verliebt ist? – aber ich bin zu fromm, viel viel zu fromm; – Ein alter Kerl! zwanzig mal angeführt, und doch noch nicht klug! – ich sage es immer, sie werden mich noch aus Rock und Kamisol schreiben. – Na! weiter! *Er ergreift ein Paket.* das Dickste zuerst. *Er öffnet es.* Hu! Krebse! – das Echo im Felstale, von Claudine Briesen – *Zählt.* zehn – zwanzig – dreißig – vierzig – fünfzig. – wie? – *Er nimmt das letzte Bündel nochmals.* zwei – vier – sechs – acht – zehn – o Jammer, Jammer! auch nicht ein einziges Exemplar verkauft! *ärgerlich:* du alte Schachtel! komm du mir mal wieder, mit deinen Pavodetten-Augen und deinen weißen Schwungfedern! doch – 's ist meine eigne Schuld, warum bin ich ein Esel. *Er nimmt ein zweites Paket, freudig:* Ha Seybold; und ein gutes Bündel! *Er wiegt es auf der Hand.* das ist delikat, da steckt noch manches Gläschen Wein darin! *Öffnet es.* wenn das lauter Rezensionen sind, dann können sie mir das Loch im Geldbeutel schon so ziemlich wieder zuziehn. *Er schlägt die Blätter auseinander.* o weh! Gedichte! lauter lauter Gedichte! *seufzend:* wenn mir der gute Mann doch nicht immer so viele schlechte Gedichte zu seinen guten Rezensionen einakkordierte! *Er betrachtet das Paket.* Ein dicker saurer Apfel! – und ich muß doch hinein beißen, sonst geht er mir *mit den Fingern schnellend:* Pft! Hm! auch ein Brief. *Er öffnet ihn.* Was? was ist das? – Gedichte von Anna Freiin von Thielen? – und die soll i c h ihm verlegen? i c h ? – hab ich nicht genug an seinem eignen Misere? *Er legt den Finger an die Nase.* wart, wart, wo hab ich denn von der Frau gehört – oder gesehn; – richtig! die Balladen im Abendblatte »Anna Freiin von Thielen« richtig! Hm! die waren so übel nicht, – die Frau hat Talent genug, wenn sie sich nur an einige Ordnung gewöhnen wollte; mich dünkt die Verse rannten gegen einander wie scheu gewordene Pferde – und dann – so ein gewisses aristokratisches Heimweh nach der Feudalzeit, so ein weiblicher Bendemann! *lächelnd:* »an den Wasserflüssen Babylons saßen wir, und weinten um Jerusalem« – hähä! – nun – man muß sehen, den Seybold darf ich nicht recht vor den Kopf stoßen, der ist meine beste Milchkuh – er und Sonderrath *seufzend:* o Sonderrath, du Verräter! soll ich denn wirklich von deinen Reminiszenzen vom Rhein nichts haben, als die Reminiszenz an meinen leeren Geldbeutel? *Er nimmt die Feder vom Ohre und rechnet.* 50 Stahlstiche – für 2800 Exemplare Papier, und – *Rechnet leise weiter.* – zusammen 5000 Taler – macht jeden Monat – 16 Taler 8 Groschen Zinsen *mit Nachdruck:* 16 Taler 8 Groschen – perdu!

ZWEITE SZENE

*Herr Speth, Frau Speth, eine noch rüstige Frau,
mit lebhaftem jovialem Gesichte, tritt herein und legt ihm die
Hand auf die Schulter.*

FRAU SPETH Was ist perdu?
SPETH *wendet sich freundlich um, und nimmt die Brille ab:* Sieh, Frenzchen, bist du es? was willst du, Kind?
FRAU SPETH Geld, lieber Freund, Geld!
SPETH Geld? – ja wie viel denn? *Er zieht den Beutel.*
FRAU SPETH Gib mir ein bißchen Vorrat, daß ich dich nicht immer überlaufen muß, so eine zwanzig Taler!
SPETH *erschrocken:* Zwanzig Taler? Kind! die wüßte ich dir doch jetzt aus allen Nähten nicht zusammen zu klopfen. *Er hält den Beutel in die Höhe.* siehst du mein Beutelchen? was dünkt dich? verdammt dünnleibig.
FRAU SPETH Wenn keine Louisdore darin sind.
SPETH Ja Louisdore! die schüttelt man auch so von den Bäumen! *wehmütig:* kennst du wohl Kassemännchen und Silbergroschen?
FRAU SPETH Laß sehn! *Sie zupft ihm den Beutel aus der Hand, und greift rasch hinein.* was hab ich erwischt? *Sie öffnet ein Papier.* grade recht; zwei Doppellouisdore – ich bedanke mich. *Will gehn.*
SPETH *hält sie am Ärmel:* Frenzchen, Frenzchen, was fällt dir ein? – wahrhaftig, sie nimmt mir Alles!
FRAU SPETH Bewahre! es klingelt noch recht schön. *Sie schüttelt den Beutel.*
SPETH Ach Gott, was klingelt denn? vier preußische Taler und zwölf einzelne Silbergroschen, auf Ehre! kein Heller mehr, – nein, sei doch vernünftig.
FRAU SPETH *befühlt den Beutel:* – Eins – zwei – drei – vier – und da noch ein dickes Stück, – das ist ein Krontaler.
SPETH *halblachend:* Bewahre! das ist der Deckel von meiner alten Tabaksdose, den ich gestern zerbrochen habe. *ängstlich:* gib her! – komm! – soll ich denn gar nichts behalten?

FRAU SPETH Du hast noch genug.

SPETH Es ist ja der Deckel. – der Deckel sag ich dir; was in aller Welt soll ich denn mit vier Talern zwölf Silbergroschen anfangen? ich kann ja nicht mal eine Flasche Wein für einen guten Freund bezahlen.

FRAU SPETH *mit dem Finger drohend:* Speth, Speth! sind wir wieder auf dem terrain? denk an deine Gesundheit und an deine Frau!

SPETH *komisch seufzend:* Ich denke ganz viel an meine Frau.

FRAU SPETH Weißt du noch, – neulich der Schwindel in Albers Garten? – und um Weihnachten beim Onkel?

SPETH *hastig:* Ja, da hatte ich auch beide Male – *Er stockt.*

FRAU SPETH Nun? – *lachend:* nein, du hattest k e i n e n Spitz, du hattest nur drei Gläser getrunken, – ich habe sie genau gezählt; aber – ich sage es dir ungern – du mußt dich s e h r in Acht nehmen, du bist s e h r vollblütig.

SPETH *ungläubig:* I, behüte! ich bin ja der magerste Mann in der ganzen Stadt!

FRAU SPETH Korpulent bist du freilich nicht, aber sieh mal in den Spiegel, – dein Gesicht?

SPETH Hm! ganz nett, ganz manierlich!

FRAU SPETH Ja wohl! rot um den Kopf wie ein Puter! – nun, gib dich zufrieden *Sie küßt ihn.* mir bist du schön genug und bist auch überhaupt ganz wacker, wenn du dich ordentlich gekämmt und rasiert hast; aber das Geld laß mir, das ist bei mir besser aufgehoben wie bei dir.

SPETH *läßt sie los:* Nun, in Gottes Namen! – nur – ich bitte dich, Frenzchen, halt gut Haus; – knapp zusammen, sage ich immer, knapp zusammen! du weißt nicht wie bitterlich sauer es mir wird *seufzend:* der Teufel weiß, man hat Verluste an allen Ecken.

FRAU SPETH Ganz richtig. »perdu!« was ist denn wieder perdu?

SPETH Ach nichts – meine Brille;

FRAU SPETH *lachend:* Was Brille! nichts Brille! meinst du ich wüßte nicht, daß dein perdu immer so viel heißt, als: »da bin ich mal wieder untern Zopf gespuckt«? nur frisch heraus, mich führst du doch nicht an.

SPETH *nimmt einen Federputzer vom Tische und spielt damit:* Ach! – nun – sieh, der Sonderrath, der Schlingel –
FRAU SPETH Der ist ja dein lieb Kindchen?
SPETH *mit Nachdruck:* Gewesen. – du weißt doch daß ich sein Werk über die Rheingegenden verlegen soll.
FRAU SPETH Ja, was dich schon das horrende Geld gekostet hat, an Stahlstichen und Papier.
SPETH *nach und nach heftig werdend:* Nun sieh! – der will mit einem male nicht schreiben – aber gar nichts! – keine Reminiszenzen und keine Gedichte! – nichts, sage ich dir, – was ich hier auf der flachen Hand habe. – *Er streckt die Hand vor.*
FRAU SPETH *lächelnd:* Das ist nun freilich für dieses mal ein Federputzer; *ernsthaft:* aber warum nicht?
SPETH *heftig:* Warum nicht? warum nicht? weil die Rebe blüht, und sich Alles liebt und paart –
FRAU SPETH *zornig:* Ist der Kerl denn ein Kater oder ein Kuckuck? – aber ich würde ihn schon kriegen! tausend noch mal, hat denn jeder Flandus das Recht einen ehrlichen Mann an den Bettelstab zu bringen? verklag' ihn, Speth, verklag' ihn!
SPETH *beklemmt:* Kind! das weißt du nicht, da wird er mir erst ganz sperrig, – nein, ich muß nur so sachtchen lavieren, Simulieren, bis ich ihn so ganz piano wieder in den Gang gebracht habe.
FRAU SPETH Ei was! bei dem wirst du doch deine Lebtage keine Seide spinnen. Laß dir deinen Schaden ersetzen, und dann mag er laufen.
SPETH Ja, Schaden ersetzen! da kömmst du recht! meinst du wenn ich den ganzen Sonderrath bis aufs Hemd auszöge, daß ich etwas Anderes fing, als allenfalls ein paar Flöhe und das Porträt seiner Geliebten? – das sind mir die Rechten!
FRAU SPETH *spottend:* Habe ich das nicht immer gesagt? – hättest du dich an Gott und die Religion gehalten, den Katechismus verlegt und die Bibel, dann hättest du dein honettes Brod; die muß Jeder kaufen, und sind auch

längst fertig geschrieben; oder was dir die Professoren so zuschicken; das sind solide Leute, die den Pelz nicht verkaufen, bis sie den Fuchs gefangen haben.

SPETH *seufzend:* Das ist wohl wahr!

FRAU SPETH Ich halte besonders viel auf Leute die Perücken tragen und Jabots, je breiter je besser. – aber statt dessen ziehst du dich mit dem Dichtervolk herum. – »lustig gelebt und selig gestorben, das heißt dem Teufel die Rechnung verdorben!« – den Hut auf einem Ohr, das Glas in der Hand, und dann: »Rosen auf den Weg gestreut!« – wahrhaftig, es fehlt wenig, daß ich vor Ärger anfange zu singen wie eine Eule.

SPETH *besänftigend:* Stille, stille, ärgere dich nicht.

FRAU SPETH *mit humoristischem Zorne und rasch redend:* Laß sehn! was hast du denn Rechtes an der Hand! – vorerst dieser – na! – wie heißt er denn, der Windbeutel? – Sonderrath. – das soll ein großes Genie sein! – ja wohl! Genie in deine Tasche!

SPETH Piano!

FRAU SPETH Oder ist der Willibald besser? – freilich, der liefert seine Sachen ab, daß man nachher das ganze Jahr von den Krebsen Suppe kochen kann, – Hans Narr! mit seinen gescheitelten Haaren, wie ein Hund der durchs Wasser gejagt ist!

SPETH *lachend:* Ich kann ihr nicht steuern;

FRAU SPETH Sag selbst, sieht der Kerl nicht complet aus wie ne verregnete Krähe? *nachäffend:* »meine werteste Frau Speth!« – ja ich will dich!

SPETH *seufzend:* Der erwischt mich auch nicht wieder.

FRAU SPETH Doch, doch! wenn er dich so gut kennt wie ich – noch zehnmal. und nun gar dein Weibervolk

SPETH *lachend:* Die Damen, willst du sagen.

FRAU SPETH *halb lachend:* Ja wohl deine Blaustrümpfe, – die Briesen zum Beispiel – *geziert:* »der reizende Morgen hat mich hinaus gelockt«. *natürlich:* und sieht dann so erfroren aus wie ein gerupftes Huhn – ich glaube die Person friert den ganzen Tag.

SPETH Du hast es gut vor!

FRAU SPETH *lebhaft:* Aber sag selbst sieht die Person nicht genau aus wie ne erfrorne Kartoffel? und dann die Austen mit ihren siebenzig Jahren, Rosa-band, und an jedem Finger einen Ring mit Souvenir oder nem Haarschwänzchen, und das ganze Zimmer voll Porträts von ihren alten Schätzen – der mit 'nem Haarbeutel, – der mit 'nem langen Zopf – der mit 'ner runden Perücke –

SPETH Du hältst ja so besonders viel auf Leute die Perücken tragen?

FRAU SPETH In meinem Leben habe ich nicht so schmutzige verknutschte Wäsche gesehn, wie die beiden Weiber immer an sich haben – ich bin allzeit in Versuchung ihnen ein paar Ellen Leinwand zu schenken damit sie doch nicht so zum Spektakel herum laufen.

SPETH Nun ists aber auch gut, nun hast du ihnen den Text tüchtig gelesen.

FRAU SPETH *gutlaunig:* Ei was, du nimmst immer ihre Partei, weil du selbst so ein halber Pegasusreiter bist.

SPETH *erstaunt:* Ich?

FRAU SPETH Ja du! singst du keine Lieder?

SPETH Mein Lebtage nicht anders als mit der Christlichen Gemeinde.

FRAU SPETH Was? willst du leugnen, daß du vor zwanzig Jahren ein Gedicht auf mich gemacht hast? »Ach, ach, ach! Meine werte Clara Zach, Ich verbleibe, früh und spät, Ihr getreuer Wilhelm Speth« und das willst du leugnen? – war es nicht an einem Stachelbeerbusch? und hast du dir nicht das mal ein großes Dreieck in deinen neuen Frack gerissen? – Verräter!

SPETH *küßt ihr die Hand:* Dummes Ding!

FRAU SPETH *zieht die Hand fort:* Nein, geh mir! ich bin tief gekränkt.

SPETH Ja du bist mir die Rechte!

FRAU SPETH *freundlich:* Bin ich die Rechte? nun das ist doch noch brav von dir; du bist mir auch der Rechte *Sie drückt seinen Kopf zwischen ihren Händen.* mein rechter, guter, alter, frommer Hals – adio *im Abgehn:* und NB. laß der Ida nicht so viele Bücher zukommen, sie hat mir gestern Abend einen Hemdärmel unten an den Saum gesetzt. –

DRITTE SZENE

SPETH *ihr nachsehend:* Die Frau hat den Teufel im Leibe, ein kapitales Weib! – Alles lebt und kribbelt an ihr. – einen Verstand! einen Witz! und eine Darstellungsgabe! Hui! – wenn d i e schreiben wollte, die würde was Anderes an den Tag bringen, als meine Blaustrümpfe *leiser:* sie hat nicht ganz Unrecht, es sind ein paar abgetakelte Fregatten. – *lauter:* indessen was tut man nicht *seufzend:* das heißt was m u ß man nicht tun für die Damen. – es ist ein schreckliches Wort, »eine Dame« und vollends eine Dame die es darauf anlegt, dir das Geld aus der Tasche zu holen; da magst du dich nur so geduldig schinden lassen wie ein toter Hase. – *gähnend:* Ach Gott, ich wollte daß ich mir eine Rhinozeroshaut anschaffen könnte, oder eine von Gummi elasticum, die sich ellenlang ziehn ließ und dann immer wieder auf meinen eigenen Corpus zurück spränge. – das Echo im Felstal! – ich mag nicht daran denken – das Stückchen kostet auch wieder – wart! *Er tunkt die Feder ein und wirft sie dann hin.* ich will nicht rechnen, was hab ich denn anders davon als den Ärger! *verdrießlich:* ich weiß auch nicht warum grade nur die Langweiligen schreiben, es gibt doch mitunter welche, zum Beispiel meine Frau, wo sich Geld daraus pressen ließ wie Heu, – so ists! das beste Stück Geld steckt immer in Dingen wo man es nicht heraus bringen kann, – zum Beispiel in meinen Krebsen – *nachdenkend:* ja, wenn d i e wollte – vielleicht wenn ich ihr so ein wenig Hönig um den Mund strich' – und so ein bißchen zusammen lög', was andre Leute sollten gesagt haben von ihrem Talente; – ja hüte dich! da würd' ich schön ankommen. – »Speth, wenn du durchaus eine Närrin zur Frau haben willst, so laß dich von mir scheiden, und nimm die Briesen« – Ha, pfui! ein gräßlicher Gedanke! *Er schüttelt sich.* dafür will ich doch lieber mein Leben lang ihre Gedichte verlegen, – für die wär ich noch über und über zu gut: – *jovial:* ich bin überhaupt gar so'n übler Kerl nicht, ich habe eigentlich wohl hübsche Augen – dunkle Augen – und auch sprechende Augen – *Er steht auf.* ein bißchen klein von Natur – Hm! klein und wacker! *Er tritt vor den Spiegel.* rot wie ein Puter, sagt meine Frau? ich weiß nicht was die will? ich bin nirgends rot, als wo es hin gehört *Er streicht sich wohlgefällig über die Wange.* zwar *Er beugt näher.* so ein klein Tippelchen auf der Nase – Speth, Speth! deine heimlichen Tröpfchen Wein schlagen durch, und die Frau hat es schon weg – *Er beugt noch näher.* Nicht viel graue Haare – sie ließen sich noch wohl auszupfen, wenns nicht so infam weh tät – ich bin kein Freund davon, mein eignes Fleisch und Bein zu kreuzigen – *Er faßt ein graues Haar und zieht es, unter Gesichterschneiden, aus.* Hä! Hoffart will Pein leiden! *Willibald tritt ein.*

VIERTE SZENE

Speth, Willibald.

WILLIBALD *bleibt in der Tür stehn:* Pardon, Herr Speth, ich störe, –

SPETH *verlegen:* O gar nicht, gar nicht, treten sie gefälligst näher.

WILLIBALD Sie wollen ausgehn?

SPETH Ja, – doch keineswegs, – nachher.

WILLIBALD Aber sie machen toilette?

SPETH Verzeihen Sie, – doch nicht.

WILLIBALD Ich habe nicht angepocht; unter so guten Freunden –

SPETH Versteht sich, versteht sich – nehmen Sie Platz. was ist gefällig?

WILLIBALD Lieber Freund das läßt sich so schnell nicht abmachen, wenn Sie ausgehn müssen, will ich am Abende wiederkommen.

SPETH Am Abende? *bedenklich:* ja, lieber Herr Willibald, da möchte ich wohl verhindert sein.

WILLIBALD So sagen Sie mir wann? aber bald und daß wir ordentlich Zeit vor uns haben.

SPETH *verlegen:* Meine Zeit ist sehr beschränkt, sehr – Sie denken sichs gar so nicht, ich bin oft des Abends so abgehetzt wie ein armer Windhund; indessen – jetzt hätte ich wohl etwas Muße eben jetzt; bitte, sprechen Sie.

IDA *tritt leise herein, und setzt sich, mit einer Handarbeit in die Fensternische, so daß der Vorhang sie halb verdeckt.*

WILLIBALD *rückt den Stuhl auf dem Speth gesessen seitwärts, und wirft sich darauf; Speth packt einen andern Stuhl ab, und setzt sich neben Willibald:* Hören Sie Herr Speth, Sie sind ein solider Mann, warum befassen Sie Sich mit solch einem Schandblatte wie das Abendblatt?

SPETH *zurückfahrend:* Ei! Herr, Herr! das sind starke Ausdrücke! da sind sie doch der Erste –

WILLIBALD Schlechte Spekulation!

SPETH *erstaunt:* Ich wollte daß alle meine Spekulationen nicht schlechter wären; wissen Sie wie viele Abonnenten das Blatt hat?

WILLIBALD *nachlässig:* Ich weiß nicht, ich bekümmere mich nicht darum!

SPETH Dreitausend. *langsam:* sage d r e i t a u s e n d, *rasch:* und lauter gute Zahler.

WILLIBALD Dreitausend Narren!

SPETH Sie habens gut vor! indessen Narren oder nicht, wer mich bezahlt ist in meinen Augen niemals ein Narr.

WILLIBALD Schöne Maxime! also nur wer Ihnen nichts abkauft verdient diesen Titel!

SPETH *mit leisem Spotte:* Das will ich gerade nicht behaupten, ich habe leider Manches verlegt, wo ich es vielmehr sehr vernünftig finden mußte, daß man es mir auf dem Halse ließ.

WILLIBALD Kann ein Blatt gut sein, in dem Leute ohne den mindesten Geschmack das große Wort führen?

SPETH Herr! wie kommen Sie mir heute vor? hat Sonderrath keinen Geschmack?

WILLIBALD Hm! Sonderrath! das ist eben auch ne Eintagsfliege, der wird sich bald ausgeschnurrt haben!
SPETH Das wollen wir nicht hoffen.
WILLIBALD Etwas verbrannte Phantasie, etwas Stil! und dann, als Draperie, ganze Herden von – *verdrießlich:* allerlei Ungeziefer, Schlangen – Kamele.
SPETH *lacht.*
WILLIBALD Hm! selbst Kamel! *rasch:* so etwas schüttle ich Ihnen alle Tage aus dem Ärmel wenn ich will. *Er steht auf, geht die Bühne auf und ab, und bleibt zuweilen vor Speth stehn.*
SPETH *fängt an Federn zu schneiden.*
WILLIBALD *erbittert:* Nun, was ists denn weiter? – ich studiere sechs Wochen lang den Koran und die persischen Dichter, und dann lasse ich einen ganzen Stall voll wilder Bestien los, die sich durch einander beißen, was ists denn weiter? *heftig:* der Mensch verdirbt die ganze Literatur!
SPETH *sieht vor sich nieder und spielt mit der Feder.*
WILLIBALD Aber warten Sie! warten Sie noch ein Paar Wochen! dann ist er kaputt.
SPETH Ich denke das werden wohl die Jahrwochen Daniels sein.
WILLIBALD Ich zweifle nicht, daß sich schon eine vernünftige Feder finden wird –
SPETH *sieht auf und neigt die Feder gegen ihn.*
WILLIBALD Was ist? was meinen Sie? – nein das nicht *Er räuspert.* übrigens wollt ich von den Dichtern jetzt nicht reden, aber was für Schund von Rezensionen nehmen Sie auf? zum Beispiel von dem Seybold. –
SPETH *lachend:* Herr! ich weiß nicht was Sie wollen, der Seybold macht ja jetzt Regen und Sonnenschein in der Literatur.
WILLIBALD Das sei Gott geklagt! *rasch:* übrigens so schlimm ists auch nicht, es gibt noch eine Partei – eine sehr große Partei, sage ich Ihnen, – die recht gut weiß, was sie an Ihrem Seybold hat. – A propos! lesen Sie denn seine Rezensionen?
SPETH Ich? – o doch! – allerdings! – und zwar mit vielem Vergnügen.

WILLIBALD Auch die in Numero 43?
SPETH Sie sind Alle schön, scharf, und doch billig.
WILLIBALD Auch die in Numero 43?
SPETH Ja, Herr, ich kann Ihnen nicht so genau sagen wo jedes Einzelne steht, – was ist denn mit der? was enthält die?
WILLIBALD Was? den erbärmlichsten Unsinn, Verleumdungen, was die elendeste Oberflächlichkeit und Unkraft nur ersinnen können!
SPETH Gott steh uns bei! wer kriegt denn so erbärmlich die Rute?
WILLIBALD Sie sind nicht sehr glücklich in Ihren Ausdrükken, Herr Speth. – übrigens können Sie wohl denken, daß es Einen trifft, der nicht nach seiner Pfeife tanzen will *Er steht vor Spethen, seine Hand auf die Lehne des nebenstehenden Stuhls gelegt.*
SPETH *seine Hand auf Willibalds legend:* In Vertrauen, Herr Willibald; ich denke mir, wer die Schläge bekommen hat, der hat sie auch verdient.
WILLIBALD *zieht die Hand zurück:* Ich bedanke mich.
SPETH *erstaunt:* Wie? – nein, das ist nicht möglich!
WILLIBALD *bitter:* Es ist möglich, denn es ist. – Herr Seybold kühlt sein Mütchen an meinem deutschen Eichenhaine.
SPETH *hastig:* Den ich verlegt habe?
WILLIBALD Ja wohl!
SPETH *erzürnt:* Das gefällt mir aber in der Tat sehr schlecht, was Henker! sollen mich denn die Krebse auffressen? das ist ein perfider Streich!
WILLIBALD Ja sehn sie, so macht er's!
SPETH *zornig:* Und ich bin immer so fromm gewesen, und habe ihm Alles ungelesen aufgenommen – und so honett bezahlt *heftig:* wissen Sie was der Mensch für jede Rezension bekömmt? acht Louisdors – sage acht Louisdors! *schnell:* und die hat er auch hiefür gekriegt. – nein, das ist schlecht!
WILLIBALD Und dabei die unerlaubtesten Injurien – nennt mich – ich mag es gar nicht mal sagen!

SPETH *erzürnt:* Ja! er kann strohgrob sein!
WILLIBALD *heftig:* Er sagt – kurz, lesen sie das Ding nach.
SPETH Strohgrob!
WILLIBALD Dann werden Sie sehn, daß er ein Mensch ist mit dem Sie Sich honetter Weise gar nicht befassen können.
SPETH Ungeheuer grob!
WILLIBALD Ich habe Ihnen ja noch gar keine Details gesagt?
SPETH Macht nichts, ich kenne den Seybold ohne dieses.
WILLIBALD Dann wunderts mich, daß Sie Sich so lange mit ihm eingelassen haben; – seine Kritiken sind reine Injurien.
SPETH 's ist unerlaubt!
WILLIBALD Wenn ich wirklich ein flüsternder Wasserquell im Eichenhaine bin –
SPETH *hastig:* So hat er doch kein Recht es Ihnen ins Gesicht zu sagen;
WILLIBALD Nein! so mag ers mir ins Gesicht sagen!
SPETH *zornig:* Keineswegs! das grenzt an Injurie und ein ehrlicher Mann soll den Andern nicht zerdrücken, wenn er auch kann!
WILLIBALD Zum Henker Herr Speth, Sie sind ja noch viel gröber wie der Seybold?
SPETH *sich fassend:* Mißverstehn Sie mich nicht lieber Freund, – sehn Sie, der Seybold ist nun eben en vogue, und hat, für den Augenblick, allerdings einen bedeutenden Einfluß aufs Publikum – ob mit Recht oder Unrecht, das wollen wir nicht untersuchen, genug er h a t ihn; und solange das währt kann er den Besten niederhalten. – aber verlassen Sie Sich auf mich, verlassen Sie Sich auf mich! dieses soll ihm nicht so hingehn!
WILLIBALD Brechen Sie mit ihm, Herr Speth, brechen Sie ungescheut, es gibt noch Männer genug, die Ihr Blatt halten können, wir sind nicht so arm an guten Federn!
SPETH *bei Seite:* O weh! *laut:* gänzlich mit ihm zu brechen, das möchte nicht wohl angehn – schon des Skandals we-

gen. *rascher:* indessen Sie sollen Satisfaktion haben, vollkommene Satisfaktion! verlassen Sie Sich auf mich. *Eine Pendule schlägt Eins.* sehn Sie Herr Willibald, daß wir unser Geschäft noch ganz gut vor Essenszeit abgemacht haben? es schlägt eben Eins.

WILLIBALD *stellt sich an ein Bücher-Gestelle, und zieht ein Buch nach dem andern heraus:* Das Echo im Felstal, – anonym – ist das hübsch?

SPETH Nehmen Sie es mit, ich mache mir ein Vergnügen daraus es Ihnen zu schenken.

WILLIBALD Wer ist der Verfasser?

SPETH Ein Fräulein Briesen.

WILLIBALD Ach, die da! mit den weißen Kapitulationsfahnen auf dem Kopfe! – also Weiberarbeit, – pah! da wird mir schon ganz miserabel! die sollen bei ihrem Strickstrumpfe bleiben. – Überhaupt wen der echte Genius nicht treibt, der werde lieber ein ehrlicher Jurist, oder meinetwegen Schuster und Schneider – immer besser!

SPETH *mit leisem Spotte:* Das sage ich auch. *bei Seite:* er geht nicht, – er hat noch etwas im petto, ich muß sehn ob ich ihn ennuyieren kann *laut:* erlauben Sie, daß ich in Ihrer Gegenwart einige notwendige Zeilen schreibe?

WILLIBALD Genieren Sie Sich nicht!

SPETH *vor sich:* In meinem eigenen Hause!

WILLIBALD *hingeworfen:* NB. ich habe auch noch ein kleines Manuskript bei mir, wollen Sie das gelegentlich mal ansehen?

SPETH *beklemmt:* Ansehn? ja, gern, wenn sie es wünschen, aber etwas zu verlegen – dazu bin ich in diesem Augenblicke durchaus nicht im Stande. – ich habe wirklich bereits schon zu viel übernommen. – *Er schreibt.*

WILLIBALD *nimmt ein Buch, leise trällernd:* La la la la la la. Sie haben doch wahrlich eine sehr reiche Auswahl, Herr Speth.

SPETH *zerstreut:* Es freut mich daß Sie zufrieden sind.

WILLIBALD *trällernd:* La la la la, – das Manuskriptchen, wovon ich Ihnen sagte, ist ein Trauerspiel – Herrmann und Thusnelde.

SPETH *schreibend:* Richtig! ja wohl!
WILLIBALD Ich habe darin versucht den Herrmann, der als Krieger schon so oft dargestellt ist, auch einmal von der Seite des Gemüts zu beleuchten.
SPETH *schreibt:* Schön! sehr schön!
WILLIBALD Seine Heldentaten sind ein wenig abgenutzt, aber dies ist etwas ganz Neues – so ein kräftiges altdeutsches Herz offen zu legen! –
SPETH Freilich! freilich!
WILLIBALD *tritt an den Tisch:* Wollen Sie das Werkchen übernehmen?
SPETH *fährt auf:* Wie?
WILLIBALD Ich meine ob Sie das kleine Trauerspiel verlegen wollen?
SPETH Lieber Herr, ich habe Ihnen schon gesagt, es ist mir unmöglich! – und vollends ein Trauerspiel! das ist ja ganz dem herrschenden Geschmacke entgegen!
WILLIBALD *verächtlich:* Wer fragt nach dem erbärmlichen herrschenden Geschmacke!
SPETH Ich, lieber Herr, ich muß danach fragen, sonst mache ich banquerout.
EIN DIENER *tritt ein:* Herr Speth, in ihrem Kabinette ist ein Herr, der Sie zu sprechen wünscht.
SPETH Ach! ich weiß schon – Herr Willibald, es ist mir leid, aber Sie sehn, daß ich Sie verlassen muß.
WILLIBALD Kommen Sie bald zurück?
SPETH Dafür kann ich Ihnen in der Tat nicht stehn.
WILLIBALD Hm! ich hätte doch noch Einiges – ich will warten.
SPETH Sie werden sich ennuyieren.
WILLIBALD *hingeworfen:* Ich ennuyiere mich nie *auf die Bücher zeigend:* am wenigsten in so guter Gesellschaft.
SPETH *zögernd:* Nun wie Sie wollen! – aber wenn ich aus bleiben sollte, dann entschuldigen Sie mich – es ist möglich – es ist sogar sehr wahrscheinlich daß ich mit dem Herrn im Kabinette ausgehn muß.
WILLIBALD *nachlässig:* Das macht nichts, ich kann ja gehn

wenn es mir zu lange währt *Speth verbeugt sich leicht, und geht nach der Tür.* NB. Das Manuskriptchen lasse ich Ihnen jedenfalls hier – zur Durchsicht.
SPETH *wendet sich um:* O bitte, bitte nein – nehmen Sie es mit, ich kann mich wirklich nicht –
WILLIBALD Ich verlange ja vorläufig nichts weiter als Ihr Urteil.
SPETH *steht einen Augenblick unentschlossen:* Ja, dann – adieu! *Er rafft einen Stoß Papier vom Tische; bei Seite.* ich muß nur drüben schreiben. *Er verbeugt sich nochmals leicht und geht ab. –*

FÜNFTE SZENE

Willibald am Büchergestelle, Ida hinter dem Fenstervorhange.
WILLIBALD *nimmt ein Buch nach dem andren, trällernd:* La la la la la la – Es wird schon gehn, er fängt schon an zu lavieren! – la la la *Er schlägt ein Buch auf.* Hm! Sonderraths Gedichte, Preis drei Taler, – ne Schande! – la la la la *Schlägt ein andres auf.* deutscher Eichenhain, Preis zehn Silbergroschen, – und zweimal so dick – ne Affenschande!
IDA *schlägt die eine Seite des Vorhangs zurück:* Was für eine schöne Stimme haben Sie doch Herr Willibald!
WILLIBALD *sieht verwundert auf:* Ach, Fräulein Ida! – ich hatte Sie wirklich nicht bemerkt! *Er fängt wieder an zu blättern.*
IDA Ich habe da hinter dem Vorhange gesteckt, und mich so ganz im Stillen an ihrem Gesange gefreut.
WILLIBALD O bitte! ein schlechtes Vergnügen. *etwas leiser:* la la la la. –
IDA Was das für ein reines klares Steigen ist! Sie erinnern mich an Gerstäcker.
WILLIBALD *blätternd:* Ich wäre wohl nicht ganz ohne musikalische Anlage – wenigstens wollen meine Freunde das behaupten – aber Alles wilder Schlag! verwahrlost! – es geht manches so zu Grunde.
IDA Aber warum pflegen Sie ein so schönes Talent nicht?

WILLIBALD *blätternd:* Heinrich der Vierte – Heinrich der Fünfte – Heinrich der Sechste – *lauter:* ich bin vielfach darum angegangen worden, meine Stimme auszubilden; indessen – *sich halb gegen sie wendend:* ich mache mir nicht viel aus Musik – ein Klang! – eine vorübergehende Aufregung! – ich stelle die Musik gar nicht hoch – ungefähr wie einen Regenbogen, oder ein Meteor – *wieder abgewendet und blätternd:* erster – zweiter – dritter Band – *lauter:* – nein – wenn ich mich nicht mit Leib und Seele der Poesie verschrieben hätte, – da wäre ich eher ein Maler geworden.

IDA Aber zur Musik haben sie nun einmal dieses enorme Talent.

WILLIBALD *wie halb vor sich:* O! – zur bildenden Kunst wäre meine Anlage weit ausgesprochener! *nachlässig:* ja! – darin hätte ich wohl etwas leisten können – besonders wenn ich mich der altdeutschen Schule zugewendet hätte, diese alten knorrigen Heiligen, mit ihren Eisengesichtern, das wäre recht was für mich gewesen! *Ida, sieht ihn verwundert an, er legt das Buch fort, und nähert sich ihr lächelnd.* wundert Sie das, liebes Fräulein?

IDA Mein Gott, man sollte ja vor Demut in ein Mauseloch kriechen, wenn man von so vielen Talenten hört, und hat selbst so gar keins!

WILLIBALD *lächelnd:* Was ists denn weiter! das ist ja nichts besonderes!

IDA *verwundert:* Nicht?

WILLIBALD *nimmt ihre Schere vom Fenster, und betrachtet sie:* Meinen Sie daß ein Talent so allein stehn könne? Poesie, Musik, bildende Kunst, – Alles Brechungen desselben Strahls! nur durch Zufälligkeiten – Erziehung – Gelegenheit – bedingt. – so bin ich Poet geworden, und wäre vielleicht ein viel besserer Maler; – doch – ich bin nun mal in diese Richtung geraten, und meine, daß man nur Eins mit ganzer Kraft erfassen soll, um etwas Tüchtiges zu leisten; – sonst Maler – ja, Maler wär ich gern geworden; – kein Bildhauer, – der Stein ist tot, die Farbe hat Leben, und ich liebe das Lebendige, Kräftige!

IDA Und Ihre Gedichte sind doch so weich!
WILLIBALD *lächelnd:* Hm! ein weicher Eichenhain! kurios!
IDA *hat indessen in ihrem Arbeitskörbchen gesucht, und langt eine Börse hervor, die sie Willibald reicht:* Guten Morgen, Vielliebchen!
WILLIBALD *verwundert:* Was ist? was meinen Sie? *Er öffnet die Börse und sieht hinein.*
IDA Guten Morgen, Vielliebchen! habe ich gesagt; – denken Sie nicht mehr an unser Dinée im Schloßgarten?
WILLIBALD Ach so! richtig! – verzeihen Sie ich hätte in der Tat – es geht mir so Vieles durch den Kopf, – aber habe ich denn gewonnen? ich weiß es wahrhaftig nicht mehr.
IDA *etwas pikiert:* Freilich haben Sie gewonnen.
WILLIBALD *betrachtet die Börse:* Eine Leier in einem Lorbeerkranze, *geschmeichelt:* sehr hübsch! sehr verbindlich! *Er drückt ihr die Hand.* ich danke Ihnen herzlich!
IDA Danken Sie nicht zu früh, ich habe auch meine Tücke!
WILLIBALD *freundlich:* Sollte es möglich sein?
IDA Einen Hinterhalt, eine Bitte – *Willibald sieht sie fragend an.*
IDA *schüchtern:* Nur ein kleines Gedichtchen! nur ein paar ganz kleine Verschen! zum Geburtstage meiner guten ehemaligen Gouvernante –
WILLIBALD *verlegen:* Fräulein, ich bitte um Gotteswillen – damit verschonen Sie mich!
IDA *schmeichelnd:* Sie schlagens mir nicht ab.
WILLIBALD *beklemmt:* Sehn Sie Fräulein, wenn ich sterben sollte, ich könnte es nicht – Hm! Hm! Wiegenfestliedchen! Hochzeitscarmen! Hm! *rascher:* wissen Sie was? sagen Sie es dem Werning, dessen Sache ist das so recht, und der tuts gern.
IDA *verdrießlich:* Nein, d e r Mensch hat kein Gemüt!
WILLIBALD I, nun!
IDA Dessen holprichte Verse die will ich nicht! die passen gar nicht! sie müssen ganz anders sein, so wie die Ihrigen – so als wenn sie allenfalls von einem Frauenzimmer herrühren könnten.

WILLIBALD *nimmt wieder die Schere:* Sehr gütig! sehr verbunden – Hm – kurios, – das Kompliment hat mir doch noch Niemand gemacht!
IDA Nun so mach' ich es Ihnen!
WILLIBALD *beugt sich über die Schere, wie halb vor sich:* Hören sie Fräulein, – ich glaube um die Gedichte so recht – ich meine so in tiefstem Grunde aufzufassen, muß man doch wohl – ein Mann sein. *Ida sieht beleidigt auf.* das dürfen Sie nicht übel nehmen, Fräulein, sie sind nun eben für Männer geschrieben, und die Frauen haben auch ihr Departement, wo wir mit unserm Urteile zu kurz kommen.
IDA *gereizt:* Nun! ich mache keine Ansprüche auf literarisches Urteil ich spreche nur nach was ich von Andern gehört habe, aber Männer urteilen eben so wie ich.
WILLIBALD *schüttelt den Kopf.*
IDA Doch, und Männer vom Fach!
WILLIBALD Gott behüte!
IDA Warten Sie *Sie steht auf und geht an ein Büchergestelle, Willibald folgt ihr, Sie steigt auf die Bücherleiter und faßt einen Haufen Journale.*
WILLIBALD *hastig:* Was suchen Sie, Fräulein? ich bitte, machen Sie sich keine Mühe meinetwegen.
IDA Nein Sie sollen glauben! sie starrer Thomas! ich will nicht in meiner Behauptung stecken bleiben. *Sie legt noch einzelne Blätter zurecht.*
WILLIBALD *vor sich:* Was will Sie? Journale? eine Vignette? ein Genius der die Fackel entzündet? um Gotteswillen! die Person hat das Abendblatt! *laut:* lassen Sie! ermüden Sie sich nicht! ich glaube Alles!
IDA *hat die Journale auf den Tisch gelegt, und blättert darin:* Wo stehts denn? »dieser flüsternde Wasserquell im Eichenhaine« –
WILLIBALD *außer sich:* Liebes Fräulein! ich weiß schon – kommen Sie nur, – ach Jesus! *Man hört draußen eine Stimme.* Ist Herr Speth zu Hause?
IDA *steigt schnell von der Leiter und legt die Journale auf den Tisch:* Die Briesen! *Sie setzt sich ans Fenster und schließt den*

Vorhang wieder halb, – rasches Klopfen an der Tür, und herein tritt –

SECHSTE SZENE

Die Vorigen, Claudine Briesen, etwas phantastisch gekleidet, einen Hut mit weißen Schwungfedern und langem Schleier, tritt rasch herein, und sagt noch halb in der Tür –

CLAUDINE Herr Speth ist ja nicht hier? *Sie verbeugt sich gegen Willibald, fixiert ihn scharf, dann stellt sie sich ebenfalls an das Büchergestelle und zieht Bücher heraus, ihn immer von der Seite betrachtend.*

WILLIBALD *blätternd:* La la la la,

CLAUDINE *halblaut:* Ach! mein Echo! schön! *Sie stellt sich in eine Theatralische Attitüde und liest.*

WILLIBALD *blätternd:* La la la la –

CLAUDINE *halblaut lesend:* »Als des Morgens rötlicher Schimmer, Durch das feuchte Dunkel sich brach« – das feuchte Dunkel –

WILLIBALD La la la la –

CLAUDINE »Da brauste der Sturmwind noch immer, Es rauschte der Regen herab« – Man hört es ordentlich rauschen!

WILLIBALD *setzt ein Buch fort:* Schlechtes Zeug!

CLAUDINE »Es flogen die Wolken, es wälzte der Nord, Durch der Burg hochwölbende Hallen sich fort«

WILLIBALD La la la –

CLAUDINE »Und spielte sanft um die bleiche, Geliebte heilige Leiche.« *mit Pathos:* »um die bleiche, geliebte heilige Leiche!« und das soll matt sein?

IDA *kommt hinter dem Vorhange hervor, und setzt einen Schemel vor Claudinen:* Gnädiges Fräulein, ich will es Ihnen etwas bequemer machen.

CLAUDINE Ach sieh! Idachen! wie gehts Kind?

IDA Ich danke Ihnen, – so leidlich.

CLAUDINE Immer so leidlich! was ist das? mit sechzehn

Jahren da muß man den ganzen Tag flattern und singen, wie ein Vogel auf dem Ast – aber es gibt keine Jugend mehr *Sie zieht sich mit Idan zum Fenster.*
WILLIBALD *ihr nachsehend, vor sich:* Wenigstens nicht bei d i r, lieber Schatz.
CLAUDINE *leise:* Wer ist der Herr?
IDA Herr Willibald.
CLAUDINE Der Dichter?
IDA Ja wohl.
CLAUDINE *erfreut:* So! *Sie tritt wieder an das Büchergestelle, ganz dicht neben Willibald, und nimmt immer die Bücher, wie er sie fortlegt.*
CLAUDINE Sonderraths Gedichte, großes Talent!
WILLIBALD *sieht sie quer von der Seite an:* La la la la
IDA *vor sich:* Er will noch nicht anbeißen.
CLAUDINE Deutscher Eichenhain; – Ach, mein lieber deutscher Eichenhain! – köstlich!
WILLIBALD *aufmerksam werdend:* Man spricht verschieden darüber;
CLAUDINE *sich rasch zu ihm wendend:* Unmöglich! ich habe nur e i n e Stimme gehört – eine Stimme der höchsten Anerkennung.
WILLIBALD Hm! es gibt doch hier und dort allerlei Leute, –
CLAUDINE Ach! was gibts nicht Alles für Leute! es gibt auch Hottentotten und Pescherähs, aber sie gehn uns nichts an.
WILLIBALD *nickt beifällig:* Gut gesagt!
CLAUDINE Wenn man den Beifall derjenigen hat, für die man eigentlich schreibt, was bekümmert man sich um Schuster, und Schneider, oder solche die es besser wären!
WILLIBALD *lachend:* Recht gut!
CLAUDINE Die wenigsten Menschen stecken doch in den rechten Röcken; – Der Hase und der Löwe tragen ihren Pelz wie die Natur es ihnen zugeteilt hat, und ihre innere Kraft es heraus zu treiben vermag –
WILLIBALD Gut!
CLAUDINE Aber unter uns Menschen trägt zuweilen der

geborene Bettler eine Krone, und der König aus innrer Kraft den geflickten Rock.

WILLIBALD *wirft einen verstohlenen Blick auf die innere Seite seines Ärmels.*

CLAUDINE Sie glauben nicht welche Empfänglichkeit für Poesie sich oft gerade in den niedern Klassen vorfindet. *hastig:* Wissen Sie Wem ich Gedichte vorlese? – meiner Magd.

WILLIBALD *lächelnd:* Nicht übel! a la Rousseau!

CLAUDINE Und was für ein Geschöpf! Sie können sichs nicht vorstellen! plump, schläfrig, wie aus Lehm und Stroh zusammen geknetet, – das heißt so scheinbar, aber von einer Gemütsfülle! einer Auffassungsgabe! – einzig! *schneller:* sehn Sie, zuerst sitzt sie da, – noch sehr geniert wie Sie denken können, – ganz feuerrot, und blinzelt mit den Augen wie ein Uhu bei Tage, – aber je länger ich lese, je ernster wird die Physiognomie *langsam:* immer ernster – immer nachdenklicher, – zuletzt schließt sie die Augen halb, und sieht dann aus wie eine vom heiligen Dunste betäubte Pythia, *schneller:* es ist wirklich köstlich zu beobachten!

WILLIBALD *ironisch:* Ja – nun – man müßte das selber ansehn, um es nach seinem Werte zu beurteilen;

CLAUDINE *sehr schnell:* Wissen Sie was? – kommen Sie morgen früh zu mir, – oder heute Abend zum Tee – *schlägt sich vor die Stirn, wie sich plötzlich besinnend:* Was bin ich doch für ein duseliges Kind! ein verquertes Geschöpf! die Phantasie läuft immer mit mir Karriere! *lachend:* Wir kennen uns ja gar nicht! was weiß ich denn weiter von Ihnen, als daß Sie ein Mann von Geschmack sind, und meinen lieben deutschen Eichenhain auch lieb haben? *Sie sieht Willibalden fragend an.*

WILLIBALD *verbeugt sich.*

CLAUDINE Nun, wie ists? wie machen wir, daß wir darüber in's Reine kommen?

WILLIBALD *nachlässig geziert:* Ach so! – Sie wollen wissen wer ich bin. – Ach Gott, ein armer Teufel! ein ordinäres Subjekt! und nebenbei – der deutsche Eichenhain.

CLAUDINE Ists möglich! nein! das ist Geld wert! *kindlich in die Hände klatschend:* das ist himmlisch! – nun, eine Offenheit verdient die andere, ich bin – das Echo im Felstale.
WILLIBALD *verbeugt sich:* Fräulein Briesen.
CLAUDINE Welch ein seltsames Zusammentreffen! und so lange mit einander zu reden, ohne zu ahnden mit wem man spricht, das ist köstlich!
IDA *vor sich:* Hat man je so etwas gehört?
CLAUDINE *Willibald die Hand reichend die er schüttelt:* Nun, ich denke wohl, es muß ein eigner sympathetischer Stern sein, der uns hier in Speths Laden – *Sie sieht umher.* hat zusammen führen müssen *schneller:* NB. wissen Sie wohl daß man unsre Gedichte häufig verwechselt?
WILLIBALD *räuspernd:* Hm! nein Fräulein, das habe ich nicht gewußt!
CLAUDINE O! hundertmal! unzählige Mal! noch gestern Abend ihren weißen – *sie stockt, und sieht Willibald an; lachend:* Herr Jesus! ich glaube es ist ihm nicht recht! ich glaube er will mir nicht gleichen!
WILLIBALD *verstimmt:* Gnädiges Fräulein das ist ein unwürdiger Argwohn.
CLAUDINE *immer lachend:* Gehn Sie mir, ich sehe es Ihnen an den Augen an!
WILLIBALD *verwirrt:* Gnädiges Fräulein –
CLAUDINE *freundlich:* I! es ist mir ja nur Scherz! das wird mir ja nicht einfallen. *Sie reicht ihm die Hand die er etwas zögernd nimmt.* wir müssen einander anerkennen. wir sind gleichsam prädestiniert – ich denke so ungefähr von gleichem Alter –
WILLIBALD *überrascht:* So? *sich fassend:* ich bin gewiß der Ältere!
CLAUDINE *ihn argwöhnisch ansehend:* Hm! das mag so ungefähr zu Einem auskommen – sie mögen sogar noch etwas blühender aussehn, ich habe viel gelitten – viel – viel! – *nachdenklich:* ja! meine Gedichte tragen auch die Spuren davon! *schwermütig:* »Wie ein Schiff das hergezogen,

Kämpfend gegen Sturm und Wogen, Seine stolzen Segel schwellend, An dem Riffe dröhnt zerschellend« *seufzt:* ich darf nicht daran denken!

WILLIBALD *fährt mit dem Finger über die Nase:* Das ist noch ein glückliches Schiff, das mit stolzen Segeln untergehn kann!

CLAUDINE *großartig:* Ja, ich habe Kraft – Kraft! wenn ich die nicht hätte, wo wäre ich denn längst? *seufzend:* sechs Bretter und zwei Brettchen!

WILLIBALD *lächelnd:* Oh! oh! gnädiges Fräulein, nicht gleich so desperat.

CLAUDINE *mit Nachdruck:* Was ist aufreibender als innere Öde! und die habe ich empfunden, wie sie mir kein Herz so leicht nachempfinden kann.

WILLIBALD *gähnt.*

CLAUDINE Ich habe sehr sehr einsam gestanden, und lange lange Zeit, ach! *Sie versinkt in Träumerei.*

WILLIBALD *faßt leise nach einem Buche und fängt an zu blättern.*

CLAUDINE *hastig:* Aber ich mag nicht mehr, ich will nicht mehr! *rasch zu Willibald gewendet:* was meinen Sie? wir haben uns hier so seltsam gefunden – wollten wir es versuchen einander aufzurichten? wollen wir Freunde sein? *ihm die Hand bietend:* Schlagen Sie ein! man muß dem Glücke die Tür öffnen, sonst kommt man seine Lebtage zu nichts, lassen Sie uns Freunde sein!

WILLIBALD *legt verlegen das Buch fort und faßt ihre Hand.*

CLAUDINE Nun! resolut!

WILLIBALD *schüttelt ihre Hand ein wenig.*

CLAUDINE Sie kommen zu mir, so oft Sie wollen, so selten Sie wollen – bleiben aus wann Sie wollen – wir plaudern, nehmen eine Tasse Tee, und nachher ein bescheidnes Abendbrod – *Willibalds Gesicht erheitert sich.*

CLAUDINE *fortfahrend:* So ganz einfach, – Poetenkost, – eine Suppe, – ein Salat, – ein Hühnchen, – Sie teilen mir Ihre neuesten Produkte mit, nun? – ists so recht? sollen wir es versuchen?

WILLIBALD *ihre Hand kräftig schüttelnd:* Herzlich gern! und möge der Himmel geben, daß ich Ihnen von einigem Troste und Nutzen sein kann.

CLAUDINE *kindlich:* Nein, das ist himmlisch! nein, wie freue ich mich darauf! nein das wird köstlich werden! – und wissen Sie was? – gleich heute soll meine Franziska vor Ihnen debutieren, – das ist ein psychologisches Experiment was Sie Sich nicht dürfen entgehn lassen – ich lese ihr mein letztes größeres Gedicht vor –

WILLIBALD *einfallend:* Erlauben Sie, ich werde meinen Herrmann und Thusnelde mitbringen, da können wir sehn welchen Eindruck die Hexameter auf sie machen; das muß sie ungeheuer anregen! dies Steigen – und Wogen

CLAUDINE *einfallend:* O gewiß, herrlich, einzig! – zuerst lese ich einige kleine Gedichte aus dem Echo, –

WILLIBALD *einfallend:* Ja, einige kleine, – und dann mein Trauerspiel;

CLAUDINE Ja – ja – so mags sein. *lachend umhersehend:* wie seltsam! hier in diesem trocknen Geschäftsbureau, wo Einem die Rechnungen gleichsam andunsten, müssen zwei poetische Naturen sich sehen, finden, und an einander schließen, zum Schutz und Trutz. – wissen Sie was? ich gehöre gar nicht zu den Frauen die sich vor Freundschaften mit Männern fürchten.

WILLIBALD *lacht.*

CLAUDINE Das ist nur Torheit, Mangel an innerer Reinheit! was geht es mich an, ob meine Schwesterseele einen Bart trägt oder nicht? O! ich habe Sie doch gleich erkannt! ich bin eine gute Physiognomin!

WILLIBALD Sie wußten wer ich bin?

CLAUDINE I! bewahre! Ihren Geist meine ich, Ihre Seele, *auf seine Stirn deutend:* in diesen kleinen Fältchen da habe ich gleich gelesen!

WILLIBALD *fährt sich über die Stirn, und wirft einen verstohlenen Blick in den Spiegel.*

CLAUDINE *lachend, und mit dem Finger drohend:* Ja streichen Sie nur! ich habe Sie nun doch mal weg! *seufzend:* ach Gott!

es ist nicht zum Lachen, man bekömmt die Falten nicht
von Vergnüglichkeit! – ich weiß auch was es heißt, sich
auf Leben und Tod mit dem Schicksale herum schlagen! –
hastig: NB. haben Sie – die Rezension im Abendblatte
gelesen?

WILLIBALD *verlegen:* Welche?

CLAUDINE I nun! die von dem kleinen Pferdchen mit den
langen Ohren, – dem Seybold.

WILLIBALD *verdrießlich:* Nein, ich habe keine Zeit schlech-
tes Zeug zu lesen.

CLAUDINE *verächtlich:* Hm! ich auch nicht! aber dieses ist
was Infames!

WILLIBALD *bitter:* Warum lesen Sie was Infames?

CLAUDINE Ach! – man hat mich so dazu gebracht, – durch
einen anonymen Brief – von irgendeiner dummen Seele,
die das Ding nicht kapiert hatte – hören Sie – doch nein, –
es ist eine lange einfältige Geschichte; – kurz, ich habe es
gelesen, – aber ich lache nur darüber!

WILLIBALD Es verdient auch nichts Anderes.

CLAUDINE Hm! meine Gedichte sind wohl so gut als Alles
was der Herr Seybold schreibt! die braucht er keinen auf-
gespreizten Reifrock zu nennen, wo nichts darunter steckt
als Haut und Knochen! – Mensch ohne die geringste
Delikatesse! – er sollte noch einen preußischen Taler dar-
um geben, wenn er so schreiben könnte!

WILLIBALD *erleichtert:* Ich habe die Rezension in der Tat
nicht gelesen.

CLAUDINE *heftig:* Lesen Sie sie, ich bitte lesen Sie sie und
dann geben Sie ihm tüchtig Eins drum!

WILLIBALD Ich?

CLAUDINE Hauen Sie ihn, mir zu gefallen, daß er bittere
Angst kriegt, und in demselben Blatte.

WILLIBALD Fräulein –

CLAUDINE *immer heftiger:* Sie könnens nicht zu arg machen,
ich wollte er müßte springen wie ein Seiltänzer, vor
Angst, der Lumpus!

WILLIBALD Aber ich schreibe fast nie Rezensionen;

CLAUDINE So machen Sie dieses mal eine Ausnahme, mir zu Liebe, und in demselben Blatte, daß der Mensch sich nicht anstellen kann, als hätte er es nicht gelesen; der Schlingel!
EINE STIMME DRAUSSEN Ach so! – ich will warten.
CLAUDINE Gott! das ist die Austen!
WILLIBALD Wer?
CLAUDINE Frau von Austen, ein fataler Blaustrumpf du bon vieux temps, Vergißmeinnicht, – Klopstock, – es ist schauderhaft! – vielleicht erkennt sie mich nicht, sie ist etwas blind. *Es wird angeklopft, Claudine wendet sich gegen das Büchergestelle, und kramt darin umher, Willibald, setzt sich an den Tisch, und mustert die Journale die er auf den noch unbepackten zweiten Stuhl neben sich legt.*

SIEBENTE SZENE

Die Vorigen, Frau von Austen, sie ist sehr klein und dürr, gebückt vor Altersschwäche, aber lebendig in ihren Bewegungen.
FRAU VON AUSTEN *tritt herein, sieht neugierig umher, nimmt ihren Hut ab, unter dem ein Häubchen mit Rosaband zum Vorschein kömmt, zieht die Handschuh ab, und schwankt dann an das Büchergestelle, vor dem Claudine steht, wo sie Hut, Handschuh, und einen schweren Strickbeutel in ein halb leeres Fach schiebt, Claudinen bemerkend:* Ach! sieh da! meine liebe Briesen!
CLAUDINE *wendet sich um:* Guten Tag, meine gute Frau von Austen, wie gehts? was haben Sie gemacht seit dem letzten Donnerstag?
FRAU VON AUSTEN Nicht wahr, das war ein himmlischer Abend! unser Kränzchen war so recht en verve.
CLAUDINE Freilich, und weshalb eigentlich wohl? es war doch im Grunde ein miserabler Tag, – ein Wetter zum Verzweifeln; aber mir war grade, als wenn ich eine halbe Flasche Champagner getrunken hätte.
FRAU VON AUSTEN *lachend:* Vous avez toujours le bon mot pour rire! – aber wirklich, ich habe mich an keinem Aben-

de so weh getrennt, die Luft zitterte ordentlich von Geist und Witzfunken; sogar der *leiser, mit vorgehaltner Hand:* langweilige Werning –

CLAUDINE Gewiß! der Mensch war geradezu poetisch ein paar Stunden lang, der mußte ein vierblättriges Kleeblatt gefunden haben.

FRAU VON AUSTEN *lacht, und droht ihr mit dem Fächer.*

CLAUDINE Aber nun sagen Sie mir, warum sind wir nicht immer so? warum können wir zuweilen so unausstehlich ledern sein? zum Beispiel am Sonntage, – es war doch zum Übel-werden! hätte man nicht denken sollen, wir wären im Grunde Alle die langweiligsten Personagen von der Welt?

FRAU VON AUSTEN Ja! ist der Mensch nicht Stimmungen unterworfen? – die Psyche schlummert zuweilen, besonders *schalkhaft leise:* wenn Amor sie nicht mehr weckt.

CLAUDINE *pikiert:* O, meine liebe Frau von Austen, es ist nicht nötig daß man immer einen Liebhaber auf der Ferse hat, um erträglich zu sein!

FRAU VON AUSTEN Gott bewahre! dann wäre ich seit lange eine unerträgliche Person, denn was habe ich andres als Erinnerungen! *Sie seufzt, und wirft einen Blick auf ihre Ringe.*

CLAUDINE *mit leiser Bosheit:* Da haben Sie das Beste, die pflegen gewöhnlich viel schöner und idealer zu sein, als die Gegenwart gewesen ist.

FRAU VON AUSTEN Ja wohl! das Grab hat eine läuternde Kraft; obwohl – es ist doch furchtbar! – *Sie schüttelt sich.* »das Grab ist tief und stille, Und schauderhaft sein Rand.« *Sie sieht suchend umher.*

CLAUDINE Sie suchen einen Stuhl; ich habe selbst keinen, sonst würde ich mir ein Vergnügen daraus machen ihn Ihnen anzubieten. *Sie wirft einen strafenden Blick auf Ida, die erschrocken auffährt.*

FRAU VON AUSTEN *sieht ängstlich umher:* Es ist hier Alles so zugepackt; sonst – dort sitzt ein Herr, so breit wie ein chinesischer Mandarin. *da sie bemerkt daß Ida ihren Stuhl aufhebt:* nein lassen Sie, lassen Sie Kind! – aber wenn Sie

Ihr Plätzchen am Fenster einer alten Frau abtreten wollten, das wäre allerdings sehr lobenswert, sehr außer der jetzigen Mode. *Sie rutscht zu Ida's Stuhle.* Ich sitze gern am Fenster, man kann da so allerlei Beobachtungen machen; – a la Scarron. *Sie setzt sich, Ida schlägt die Vorhänge mehr zurück, doch so, daß für die dahinter Sitzenden noch immer ein Ansehn von halbem Lauschen bleibt, und stellt sich stickend an die gegenüberstehende Wand der Fensternische; Claudine ist indessen zu Willibald an den Tisch getreten, hat ein Manuskript aus ihrem Strickbeutel gezogen, es Willibald überreicht, und redet nun, während er es durchsieht, leise und angelegentlich zu ihm.*

FRAU VON AUSTEN Welch eine herrliche Aussicht! – der alte Vater Rhein mit seinen blauen Wogen und grünen Berghäuptern! – und sechs – sieben – acht Schiffe, – ich kenne nur die Flaggen nicht. *Sie sieht neugierig heraus, dann Idas Hand fassend.* Ja! warum ich eigentlich gekommen bin – wissen Sie nicht, liebes Kind, ob der Papa gute, vollständige Ausgaben von den Dichtern hat, die man jetzt, leider, nirgends mehr antrifft? ich meine von den guten ältern Dichtern, Opiz, König, Gellert, Lessing –

IDA Lessing habe ich doch schon nennen gehört, aber –

FRAU VON AUSTEN Die andern nicht, – nun – dann werde ich sie auch wohl hier vergeblich suchen, wie überall. Ich dachte in einem so vollständigen Laden – indessen die Zeiten haben sich geändert.

IDA Ich will nachsehn, vielleicht doch! *Sie steigt auf die Bücherleiter Frau von Austen sieht indessen neugierig nach Claudine und Willibald hinüber.*

CLAUDINE *halblaut:* »Es flogen die Wolken, es wälzte der Nord, Durch der Burg hochwölbende Hallen sich fort« ist das matt? ist das Haut und Knochen?

WILLIBALD *eben so:* Gewiß nicht! obgleich – »hochwölbende«

CLAUDINE *rasch:* Nun! ist das nicht gut? ist das nicht ein edles Bild?

WILLIBALD Ich habe nichts dagegen, aber die Halle w i r d gewölbt, sie w ö l b t nicht.

CLAUDINE Ei freilich! »der Himmel wölbt sich, die Grotte wölbt sich« das liest man ja hundert mal!

WILLIBALD »Sich wölbende« das ging an, aber »hochwölbende!«

CLAUDINE *ungeduldig:* O! man muß auch etwas wagen! Jedermann versteht es und –

WILLIBALD *fällt ein:* Zu kühn!

CLAUDINE Ich will aber kühn sein!

WILLIBALD *zuckt die Achseln.*

FRAU VON AUSTEN Kommen Sie Kind, kommen Sie her! Sie finden es doch nicht.

IDA *steigt von der Leiter:* Es muß darüben in dem großen Laden sein.

FRAU VON AUSTEN *kopfschüttelnd:* Nein, es ist gar nicht da – ich wette; *Ida stellt sich wieder zu ihr.* aber den Klopstock haben Sie doch? das ist doch noch Einer von den Neueren.

IDA O ja! den Klopstock haben wir. – indessen – ich will versuchen ob ich ihn finden kann – er wird selten verlangt.

FRAU VON AUSTEN *hält sie an der Hand:* Nein, bleiben Sie, bleiben Sie, schwätzen Sie lieber ein wenig mit mir, – alte Leute sprechen gern. *Ida lehnt sich wieder an die Mauer.* daß ich so lange habe leben müssen, um das Schöne untergehn zu sehn! die himmlischen Gesänge an Cidly! – und Selmar! – »Den Schmerz soll Selmar nicht fühlen, daß er sterbend mich sieht, Selmar, wie liebe ich dich!« Sie sind doch jung, mein Kind, macht das gar keinen Eindruck auf Sie? *Ida flüstert verlegen etwas.* o; Sie brauchen nicht rot zu werden; wenn Sie den Göthe lesen, oder den Gutzkow, den Ihnen der Papa aber hoffentlich nicht in die Hände geben wird, dann mögen Sie rot werden.

IDA *neugierig:* Gutzkow?

FRAU VON AUSTEN Aber so reine Gefühle veredeln die Seele.

WILLIBALD Wie ists, Fräulein? soll ich es streichen?

CLAUDINE Nein, das müssen wir noch besser überlegen,

WILLIBALD Nein, es ist ausgemacht; – soll ich es streichen?

CLAUDINE *mürrisch:* Meinetwegen! aber dieses Eine Mal, und nie wieder.

WILIBALD Gut! *Er tunkt die Feder ein und streicht.*

FRAU VON AUSTEN Wer ist der Herr, der mit dem Fräulein Briesen so bekannt scheint?

IDA Der Dichter Willibald.

FRAU VON AUSTEN *fixiert ihn:* Ein hübscher Mann! – wohl eine alte Freundschaft?

IDA Nein, sie haben sich vor einer halben Stunde hier zum ersten Male getroffen.

FRAU VON AUSTEN Das sollte man nicht meinen!

IDA Fräulein Briesen ist sehr lebhaft.

FRAU VON AUSTEN *gibt ihr einen Schlag mit dem Fächer:* Spitzbube! *Sie spricht leise mit Ida, und sieht dabei immer nach den beiden Andern hinüber.*

CLAUDINE *zu Willibald, der fortwährend streicht:* Halt! Halt! holla! Sie lassen ja nichts stehn!

WILLIBALD Ich merke mir nur Einiges an, um mit Ihnen darüber zu reden. *Er streicht immer fort.*

CLAUDINE *lebhaft:* Aber nun auch eine ordentliche Rezension, sage ich Ihnen, eine Rezension aus dem Salz und Pfeffer!

WILLIBALD Glauben sie mir, ich bin selbst sehr geneigt mein Bestes zu tun an dem – Schlingel.

CLAUDINE Aber eine Rezension auf meine Gedichte!

WILLIBALD Vorerst eine auf die seinigen, das Andre findet sich.

CLAUDINE Aber Sie sollen ihn nicht herunterreißen, und mich dann neben ihm im Kote liegen lassen, das stünde mir schlecht an!

WILLIBALD *sieht auf:* Hören Sie, Fräulein, ich darf das nicht so unmittelbar neben einander stellen, sehen Sie nicht, daß ich dann mein Ansehn von Unparteiischkeit verlieren würde?

CLAUDINE *sehr schnell:* Das haben Sie doch nicht, er hat Sie ja miserabel mitgenommen!

WILLIBALD *räuspert:* Ja – nun – so arg nicht.

CLAUDINE Ungefähr wie mich, wir können uns nur die
Hände reichen!
WILLIBALD Jedenfalls ist es besser wenn ich anonym schreibe, schon seiner Schwester wegen, die meinen Vetter
geheiratet hat.
CLAUDINE Richtig! so reißen Sie ihn anonym herunter, und
mich rezensieren Sie dann mit Ihres Namens Unterschrift.
WILLIBALD *räuspert:* Das pflege ich sonst nicht zu tun –
mich dünkt ein W. sei genug, – da weiß es doch ein Jeder.
CLAUDINE *heftig:* Weiß es ein Jeder? – weiß es keine Katze!
– Herr Jesus, das ist ja die Chiffre des langweiligen Werning! da will ich doch lieber –
WILLIBALD *ihre beiden Hände fassend:* Hören Sie! hören Sie!
Er spricht leise zu ihr.
FRAU VON AUSTEN *zu Ida:* Nicht wahr, Sie machen auch
Ihre Bemerkungen?
IDA *verstimmt:* Ja, aber sie ennuyieren mich.
STIMMEN DRAUSSEN Hier? links? gut. *Es wird angeklopft und
dann rasch die Tür geöffnet.*

ACHTE SZENE

*Die Vorigen, Sonderrath, tritt herein, den Hut in der Hand, er
streicht sich ungestüm durchs Haar, sieht umher, und nähert sich
dann dem Tische; zu Willibald.*

SONDERRATH Habe ich die Ehre Herrn Speth zu sehn?
WILLIBALD *trocken:* Verzeihen Sie.
SONDERRATH Oder Einen seiner Commis?
WILLIBALD Auch nicht. *Er steht auf, nimmt die Abendblätter,
und ordnet sie, mit Hülfe der Bücherleiter, in das gehörige Fach
Claudine reicht sie ihm, und redet leise dazwischen.*
IDA *sich nähernd:* Wollen sie gefälligst einen Augenblick
verziehen, mein Vater wird hoffentlich sogleich kommen.
SONDERRATH Wie bald? wann meinen sie wohl?
IDA *zuckt die Achseln:* Mich wundert daß er nicht hier ist, er

pflegt sonst um diese Zeit nicht auszugehn. *Sonderrath, zupft an seinem Schnurrbarte, fährt sich durchs Haar, sieht umher und gibt alle Zeichen der höchsten Ungeduld, Ida zieht sich etwas pikiert wieder zurück, die Austen betrachtet den neuen Ankömmling neugierig.*

CLAUDINE *zu Willibald, halblaut:* Aber wann denn?
WILLIBALD Bald! nur nicht so unmittelbar.
CLAUDINE Ich sehe schon, wo das auf hinaus soll. aber ich will mein Recht, nichts mehr als mein Recht!
SONDERRATH *zu Ida gewendet:* Wissen Sie nicht, wohin Herr Speth gegangen ist?
IDA Ich weiß es nicht, aber um zwei kömmt er jedenfalls zu Hause.
SONDERRATH *zieht seine Uhr:* Erst halb! – erlauben Sie! *Er legt seinen Hut auf einen Bücherballen, rückt den Stuhl vom Tische zur Seite, setzt sich darauf, nimmt ein Lineal vom Tische, und balanciert es auf der Hand.*
WILLIBALD *hat die Blätter geordnet:* Da liege du Lork! und steh nicht wieder auf! – ich hoffe das Paket soll nicht um Vieles dicker werden wenn es nach meinem Sinne geht.
SONDERRATH *läßt das Lineal fallen:* Plautsch! da liegen wir. *Er hebt es auf, etwas kleinlaut.* es ist nicht zersprungen.
IDA O, das wäre auch kein großer Schaden!
CLAUDINE *halblaut zu Willibald:* Gehn Sie! Sie können gut reden, ich kann nicht dagegen aufkommen, und es steckt doch Falschheit darunter.
WILLIBALD Fräulein! Sie sind die argwöhnischste Person von der Welt!
FRAU VON AUSTEN *zu Ida:* Was ist das?
IDA Man sollte denken eine Liebeserklärung; aber es wird wohl ihre Schreibereien angehn.
SONDERRATH *springt auf, und zieht eine Klingel.*
IDA *zur Frau von Austen:* Schaun Sie mal an! der meint er sei in seinem Schlafzimmer. *Ein Diener kommt.*
SONDERRATH Wo ist denn eigentlich Herr Speth?
DIENER Ich will nachsehn –
SONDERRATH Ist er denn zu Hause oder nicht?

DIENER Ich will –

SONDERRATH Aber wissen Sie es denn nicht?

DIENER *verblüfft:* Vor einem Weilchen war er in seinem Kabinette;

SONDERRATH *verwundert:* So! also zu Hause! ja, dann gehn Sie schnell zu ihm – ich sei hier, und zwar sehr eilig. er möge gefälligst sogleich kommen.

DIENER Darf ich um ihren wertesten Namen –

SONDERRATH Ich – ich! – ach wie heiße ich denn? Sonderrath. – und ich sei sehr eilig, vergessen Sie das nicht. *Diener geht, Willibald und Claudine wenden sich verwundert um, Frau von Austen fängt an auf ihrem Stuhle hin und her zu rutschen, Sonderrath steht auf, und geht einmal die Bühne auf und nieder, als er an Willibald kömmt tritt dieser vor.*

WILLIBALD Herr Sonderrath! verzeihen Sie einem Bruder in Apoll und den Musen *Sonderrath bleibt stehn.* daß er, in Ermanglung eines Wortführers, es wagt sich selbst vorzustellen, ich bin der Theofried Willibald.

SONDERRATH *macht eine flüchtige Verbeugung:* Ah!

WILLIBALD Es ist eben Niemand hier, der mir diese Gunst erweisen kann, so muß ich es machen wie der Kuckuck und rufen meinen eigenen Namen.

SONDERRATH *zerstreut:* Sie wohnen hier in der Stadt? das habe ich nicht gewußt.

WILLIBALD Allerdings! meine Werke erscheinen hier beim Herrn Speth; *selbstgefällig umher schauend:* ja! diese sind die vier Wände wo sie zuerst das Licht anschreien, *da Sonderrath nicht antwortet:* NB. wo speisen Sie?

SONDERRATH Ich weiß noch nicht; NB. gibt es hier denn überall himmelblaue Schokolade?

WILLIBALD *lachend:* Wer hat Ihnen die vorgesetzt, da ist ja eine Schande für unsre Stadt!

SONDERRATH Der Mann im Monde.

WILLIBALD Ach, der Mondwirt! das ist ja aber eine Kneipe wie sind sie denn dahin geraten?

SONDERRATH Mit Gott und meinem Schürgen, der immer vor mir her gerollt ist, wie eine Billardkugel.

WILLIBALD Das sind Schelme, die – *Sonderrath wendet rasch den Kopf.* wünschen Sie etwas?
SONDERRATH Mich dünkt es ging Jemand über den Flur.
WILLIBALD Hier rennts den ganzen Tag wie in L'loyds Kaffeehause, Herr Speth hat ein enormes Geschäft.
SONDERRATH Wenigstens ein sehr solides
WILLIBALD Nun solide muß ein Haus wohl sein das sich durchaus nur mit dem Ausgezeichnetesten befaßt.
SONDERRATH Mich dünkt – *zu dem eintretenden Diener:* wie ists? kömmt er?
DIENER Herr Speth sind in der Tat ausgegangen.
SONDERRATH *heftig:* Nun, dann werde ich aber auch ausgehn, und vielleicht nicht wiederkommen. *Er ergreift seinen Hut.* empfehlen Sie mich Herrn Speth, und – ich sei hier gewesen.
IDA *sich nähernd:* Herr Sonderrath, ich weiß daß mein Vater Sie dringend zu sprechen wünscht; dürfte ich Sie bitten, Sich noch ein Geringes zu gedulden? es kann nicht weit mehr von Zwei sein, dann kömmt er unfehlbar zu Hause.
SONDERRATH Fräulein – ich weiß – ich fürchte das Dampfboot zu versäumen.
IDA Stromauf?
SONDERRATH Nein, stromab, nach Cöln.
IDA Das geht erst um Sechs, – bitte machen Sie mir nicht den Kummer meinem Vater sagen zu müssen, daß er Sie verfehlt hat – wahrscheinlich ist er eben jetzt Ihretwegen an die Schiffbrücke gegangen, da er Sie seit vier Wochen täglich erwartet.
SONDERRATH O! wirklich? das ist mir leid! der gute Herr Speth! – freilich, ich habe mal etwas dergleichen geschrieben, aber – aufrichtig gesagt, Fräulein – ich bin zuweilen ein wenig konfus in meinen Plänen – nun, ich will warten. *Er legt den Hut wieder auf den Ballen; Frau von Austen hat sich indessen Claudinen genähert, diese dem Willibald gewinkt, der nun mit beiden Damen zu Sonderrath tritt.*
WILLIBALD *halbironisch:* Herr Sonderrath, es ist heute ein Tag der Überraschung für Sie, – ein Tag albo notanda

lapide, – sehn Sie keine Lorbeeren an diesen beiden Stirnen?

SONDERRATH *zerstreut lächelnd:* Lorbeeren?

WILLIBALD *vorstellend:* Frau Johanna von Austen – Fräulein Claudine Briesen.

SONDERRATH *verbeugt sich:* Ah!

WILLIBALD Oder – um die Mauer der Anonimität zu brechen – *auf Frau von Austen deutend:* Verfasserin vieler geschätzten Poesien, unter dem schlichten Namen »Johanna« und *auf Claudinen deutend:* des Echos im Felstale.

SONDERRATH *verblüfft:* Ah! das Echo im Felstale!

CLAUDINE Nicht wahr? ein glücklich erfundener Titel. – so etwas Träumerisches, Verhauchendes – ich möchte wünschen daß die Gedichte ihm entsprächen.

SONDERRATH *zerstreut:* Zweifeln Sie daran?

CLAUDINE *lebhaft:* So haben sie ihren Beifall? – o, wie freut mich das! *in die Hände klatschend:* o, nun bin ich geborgen! nun habe ich eine gute Stütze! *mit dem Finger drohend:* warten Sie! auf Sie werde ich mich noch manches mal berufen. – *sehr schnell:* aber welches – doch das ist eine unbescheidene Frage – sagen Sie uns lieber wie lange bleiben Sie?

SONDERRATH Hier? ich warte auf Herrn Speth.

CLAUDINE Tun Sie nicht so borniert! in unsrer Stadt, meine ich.

SONDERRATH Nicht lange, bis das Cölner Dampfboot fährt.

CLAUDINE Lassen Sie es fahren! es kömmt eben so gut über Weg ohne Sie, nein, fort kommen Sie nicht, daran ist nicht zu denken! wann kömmt ein solcher Kreis wieder zusammen! das muß besser ausgebeutet werden.

FRAU VON AUSTEN *knixend:* Unmöglich! Sie wollen uns schon fliehn?

CLAUDINE Geduld! ich will Ordnung machen; wir sehen alle aus, als wenn wir so davon laufen wollten. *Sie fängt an Stühle abzupacken, zu Willibald.* helfen Sie mir! *Beide packen drei Stühle ab, und stellen sie zu dem Vierten auf dem Sonderrath gesessen, Sonderrath fährt zu, und nimmt Claudinen einen Stuhl ab.* so! – hier Herr Sonderrath – hier Herr Willibald – und hier Frau von Austen und meine kleine Person. *Sie setzen sich.*

SONDERRATH Verzeihen Sie wenn ich vorziehe zu stehn, ich habe mich steif und müde gesessen im Schnellwagen.

CLAUDINE *lebhaft:* Gut! stehn Sie! stehn Sie! wie der Beklagte vor seinem Tribunal; sie sollen auch auf Leben und Tod angeklagt werden, – erstlich auf bösliche Flucht. –

WILLIBALD Aufruhr gegen die angeborne Fahne der Frauenmacht –

FRAU VON AUSTEN *zuckend:* Felonie, wie Wallenstein –

WILLIBALD Verleumdung des vielbedrängten Mannes im Monde –

CLAUDINE *springt rasch auf und tritt vor Sonderrath –:* Wissen Sie was? wir müssen doch überlegen wie wir zusammen sein können – also vorerst – *Alle drängen sich dicht um Sonderrath.* kommen Sie morgen früh zu mir, – doch nein – lieber diesen Abend, – Herr Willibald kömmt auch, und Frau von Austen; da sind wir ganz unter uns *in die Hände klatschend:* O Gott! das wird köstlich werden! himmlisch die ganze Luft wie elektrisirt!

FRAU VON AUSTEN Ein Verein wie Klopstock, Gieseke, Schmidt. –

SONDERRATH Sie überschütten mich mit Güte, aber bedenken Sie –

CLAUDINE *einfallend:* Ich bedenke nichts! ich will nichts hören!

SONDERRATH *ungeduldig:* Ich werde aber gehen – mit dem Dampfboot.

CLAUDINE *pikiert:* Hm! warum nicht lieber mit dem Andern, dem Studentenboot!

SONDERRATH *gereizt:* Meinetwegen! – aber Studentenboot? – *zu Willibald:* gibts ein Boot auf dem vorzugsweise Studenten fahren? keine Da – keine andern Passagiere?

CLAUDINE *wendet sich beleidigt ab, und lorgniert umher.*

WILLIBALD Das Fräulein spielen auf eine lustige Fahrt an,

die ein Trupp flotter Gesellen, zumeist Studenten heute, um halb drei, antreten werden

SONDERRATH *aufmerksam:* So?

WILLIBALD Ha! das ist eine brillante Geschichte! sie haben das neue Dampfboot Lätitia auf vier Wochen dazu gemietet. *Sonderrath stemmt den Arm in die Seite, und nickt unternehmend.* bei jedem berühmten Weinwachs wollen sie anhalten, und dort, mit Reben bekränzt, – unter Gesang und Hörnerklang, – Abends mit Fackeln – was weiß ich Alles – an Ort und Stelle über das beste Gewächs entscheiden.

SONDERRATH *nickt:* Das gefällt mir, das ist echt anakreontisch!

WILLIBALD An jeder Station soll einer der Gesellschaft ein Weinlied vortragen; – es heißt ein selbst gemachtes – nun! die Mehrsten haben sichs eben machen lassen!

SONDERRATH Kennen Sie einige von der Gesellschaft?

WILLIBALD Ein Paar – *nachsinnend:* den Kaufmann Werth aus Andernach – den Referendar Klinger –

SONDERRATH *rasch:* Aus Elberfeld?

WILLIBALD Ja wohl! kennen Sie den?

SONDERRATH Gott, mit dem habe ich in Bonn studirt! ein prächtiger Junge!

WILLIBALD Dann den Auskultator Bernstedt

SONDERRATH *rasch:* Aus Crefeld?

WILLIBALD Kennen Sie den auch?

SONDERRATH *immer sehr schnell:* Mein Stubenbursche! mein guter langbeiniger Pylades! trägt er noch immer so sentimentale blonde Schmachtlocken?

WILLIBALD Mich dünkt ich habe ihn kurz-schopfig gesehn.

SONDERRATH Schade! schade! nun kann ich ihn also nicht mehr den weißen Pudel nennen, jammerschade. – ei, ei! die beiden sind in der Stadt, – Klinger und Bernstedt, – und ich weiß es nicht, – und ziehn grade ab wie ich komme, das ist Pech! – *rasch:* wie spät ist es? *Er sieht nach seiner Uhr.*

EINE STIMME DRAUSSEN Wie? Herr Sonderrath hier? *Die Tür wird schnell aufgemacht und herein tritt –*

NEUNTE SZENE

Seybold, die Vorigen.

SEYBOLD Sonderrath!
SONDERRATH Seybold! schwarzer Ibis. wo kömmst du her! *Er faßt ihn an den Schultern und schüttelt ihn.* du alter Kerl!
SEYBOLD Sachte, sachte! du karessierst Einen noch immer wie eine Schmiedezange, sag mir lieber wo kömmst du her?
SONDERRATH Ich? ja, da frag mich nicht, du weißt ich lebe wie ein Schirrmeister, immer auf dem Postwagen.
SEYBOLD Das sei Gott geklagt! NB. ich war bei dir.
SONDERRATH Davon habe ich nichts gemerkt;
SEYBOLD Das heißt, ich war in Mülheim, du warst aber nicht dort.
SONDERRATH Das wundert mich nicht, ich ziehe wieder seit vier Wochen a la bonne fortune umher. *Seybold schüttelt den Kopf und sieht Sonderrath an, der komisch verlegen aussieht. Willibald und Claudine haben sich gleich nach Seybolds Eintritt entfernt.*
FRAU VON AUSTEN *bleibt noch einige Sekunden länger, und rutscht hin und her, dann, indem sie ihren Hut aufsetzt:* Ja Idachen, ich muß gehn, fragen Sie den Papa doch wegen des bewußten – *Ida begleitet sie, – dieses muß alles während Seybolds und Sonderraths Begrüßung geschehn – die Worte der Austen, während Seybold den Sonderrath kopfschüttelnd ansieht.*

ZEHNTE SZENE

Sonderrath, Seybold.

SEYBOLD Hör, Sonderrath, du bist doch ein unbeschreiblich leichtsinniger Mensch!
SONDERRATH Hör, Seybold, das brauchst du mir nicht mehr zu sagen, das weiß ich nun längst auswendig.
SEYBOLD Der faulste Schlingel in ganz Deutschland! was wird denn nun aus deinen Reminiszenzen vom Rhein?

SONDERRATH O Gott! o Gott!

SEYBOLD Ich habe pränumeriert, aber ich kann nicht spüren, daß ich für mein Geld etwas bekäme;

SONDERRATH Wenn du mich lieb hast, so schweig mir still hiervon, es wird mir schwarz vor den Augen wenn ich nur daran denke.

SEYBOLD *ernsthaft:* Es ist schändlich! ich mag dich nicht gleich ausschelten, aber du verdientest, daß ich dich herunter machte wie einen Lumpen, du handelst unverantwortlich an dem frommen Mann, dem Speth.

SONDERRATH Ach! ich habe so viel Anderes zu tun – du meinst wohl ich hätte Zeit genug, ich habe g a r keine Zeit!

SEYBOLD Was hast du denn für Geschäfte? die Weine probieren?

SONDERRATH *hastig:* Richtig! wie spät ists? *Er sieht wieder nach der Uhr.*

SEYBOLD Gehn dir noch immer die Uhren nicht schnell genug? ich wollte sie doch lieber gleich voran stellen. – aber ich frage was hast du denn für Geschäfte?

SONDERRATH Sieh! – erstlich muß ich ungeheuer viele Briefe schreiben –

SEYBOLD Von denen bekomme i c h wenigstens keinen mit.

SONDERRATH *schnell:* Ja ich bin dir auch nichts schuldig –

SEYBOLD *lacht:* Nur weiter!

SONDERRATH Dann muß ich mir viel Bewegung machen, ich werde zu dick. –

SEYBOLD Schaff du dir eine unglückliche Liebe an, dann wirst du schon mager werden.

SONDERRATH *ihn bei der Hand fassend:* Seybold! ich kenne jetzt ein Mädchen! –

SEYBOLD Ich weiß schon – deine Schwanenjungfrau.

SONDERRATH Nein die nicht!

SEYBOLD Auch schon entthront? *deklamierend:* »eine Erscheinung, so großartig, rein, und glühend zugleich wie die Stirn der Alpen, wenn das Abendrot den Schnee zu entzünden scheint« – o Sonne wo bist du geblieben!

SONDERRATH *kleinlaut:* Ach, an der habe ich mich eben

auch getäuscht, denk dir, die hat einen elenden ledernen gelben Grafen geheuratet, einen Kerl wie einen Habicht, der schon zehn Jahre am Scheuntore trocknet, *lebhaft:* aber das Bärbchen, d a s ist so quick wie Pulver! das solltest du sehn, wenn es Sonntags seine roten Zwickelstrümpfchen –

SEYBOLD *einfallend:* Gott verzeih mir! der Sonderrath ist ins Idyll geraten!

SONDERRATH Nun! nun! die überbildeten Damen stehn mir doch auch ellenlang zum Halse hinaus!

SEYBOLD Frisch zu! Thirsis und Daphne – wenn in den roten Zwickelstrümpfen auch ein Paar breite Gänseplatschen stecken, das macht nichts!

SONDERRATH *impertinent:* Hm!

SEYBOLD Nur frisch zu! ein Gedicht nach dem Andern! – Eins auf ihr Spinnrädchen – Eins auf ihr Fürtüchelchen – die läßt du dann drucken und trinkst ein Gläschen Wein dafür.

SONDERRATH Jude!

SEYBOLD Bist du böse?

SONDERRATH *unbehaglich:* Ach nein, – aber du hast deine Freude daran, mir alle meine Illusionen tot zu schlagen *kleinlaut:* woran soll man sich denn erfrischen? an der nüchternen Wirklichkeit, das ist doch nicht möglich.

SEYBOLD *lächelnd:* Mitunter doch.

SONDERRATH *unmutig:* Nein, es ist nicht möglich; ich habe mein Bestes versucht. – ja wohl! glänzende seidne Locken! bei der Einen glänzen sie von Schmutz, bei der Andern von Pomade die sie hinein schmiert – puh! *Er schüttelt sich.*

SEYBOLD *spöttisch:* Du bist mir ein schöner Liebhaber! wenn ich eine Dame wäre, ich ließ dich durch den Bedienten zum Hause hinauswerfen.

SONDERRATH *lachend:* Meine Dame hat aber keinen Bedienten unter ihrem Kommando; *komisch:* nur so'n kleines Hänschen, in zerrissenen blauen Höschen, das dem Papa die Schweinchen mit der Schwippe zusammen knallt.

SEYBOLD Charmant!

SONDERRATH Nun, laß es gut sein! wir wollen nicht mehr davon reden – aber du wirst mich noch um alle Poesie schwätzen.

SEYBOLD Dann wär ich ein zweiter Herostrat! – Zwar was an deiner Poesie bisher von Damen ausgegangen ist –

SONDERRATH *lebhaft einfallend:* Ad vocem »Poesie von Damen ausgegangen« du weißt noch gar nicht aus welcher elenden Lage du mich gerettet hast, denke dir um Gotteswillen, die Blaustrümpfe hatten mich unter!

SONDERRATH Hier in diesem Zimmer, – hast du sie nicht zur Tür hinaus rutschen gesehn?

SEYBOLD Wann?

SONDERRATH Eben wie du kamst, – zwei Mann hoch! – Eine mit so unternehmenden weißen Schwungfedern auf dem Kopfe, so eine blaßblaue, als wenn sie sieben Jahr im Mondschein auf der Bleiche gelegen hätte; die Person hat mir doch zugesetzt, ich wußte meines Leibes keinen Rat. – heute Abend sollte ich zu ihr kommen und morgen früh himmelblaue Schokolade trinken. *Seybold lacht.* und wie ich fortgehn wollte hat sie mir förmlich Gewalt angetan, – das ist ein Satan von einem Weibe!

SEYBOLD Wie heißt sie denn?

SONDERRATH Ach, ich weiß nicht – Biesen – Birsen – Biestern – sie hat auch irgend was zusammen geschmiert, irgend ein Echo –

SEYBOLD Claudine Briesen! das Echo im Felstale! *hastig:* war die da?

SONDERRATH Das bin ich gewahr geworden!

SEYBOLD *lachend:* Ha ha ha! O Jesus, die war da! hat sie mich gesehn?

SONDERRATH Das mußte sie wohl, wenn sie nicht blind war.

SEYBOLD Und wußte sie meinen Namen?

SONDERRATH Ich glaube ich habe dich genannt.

SEYBOLD Ha ha ha! ja richtig! da habe ich dich gerettet, die ist vor mir gelaufen. – O! das Echo im Felstal! *Er wirft sich vor Lachen auf einen Stuhl.*

SONDERRATH Und noch Eine, so eine alte wacklige Karkasse, die immer auf dem Stuhle hin und her rutschte, als wenn sie auf einer siedenden Teemaschine säße, – die hatte aber blutwenig zu Kaufe; sie räusperte und hustete genug, aber so wie sie den Mund auftat, Hui! war die Andre her und riß ihr den Bissen von der Gabel.

SEYBOLD *lacht.*

SONDERRATH Und wer hat sie mir auf den Hals gehetzt? kennst du wohl den deutschen Eichenhain? Monsieur Willibald?

SEYBOLD *hastig:* Der war doch nicht auch hier?

SONDERRATH Sicherlich! und tat so fidel als wenn wir zusammen die Schweine gehütet hätten, er ist aber auch abgefahren, mit seinen Damen zugleich, eben wie du kamst.

SEYBOLD *lachend:* O das ist prächtig! das ist mir zwei Louisdors wert! nur daß ich sie nicht gesehn habe, das kränkt mich. *sich fassend:* aber ich möchte jetzt wohl selbst nach der Uhr sehn, Herr Speth bleibt wirklich lange aus.

SONDERRATH Was suchst du denn eigentlich bei ihm?

SEYBOLD *räuspert verlegen:* Ich bitte dich, wenn er kömmt sprich vernünftig mit ihm, du bringst den Mann in großen Schaden

SONDERRATH Ach! – Hör! es ist mir selbst ganz fatal aber – unmöglich! – bei so schönem Wetter, wer kann da in der muffigen Stube sitzen und –

SEYBOLD So schreib im Freien! – du bist doch ein kurioser Kerl, daß du zu deiner Begeisterung durchaus schlechtes Wetter haben mußt.

SONDERRATH Das nicht – verrückter Einfall! aber –

SEYBOLD Nein, fasse einen kräftigen Entschluß!

SONDERRATH *mit halb versticktem Humor:* Ich war eben daran einen Entschluß zu fassen wie du kamst;

SEYBOLD Nun, dann frisch voran! pack ihn fest!

SONDERRATH *nachdem er ihn einige Augenblicke mit unterdrücktem Lachen angesehn:* Ich habe ihn fest gepackt.

SEYBOLD Das ist brav. aber nun führ ihn auch aus!

SONDERRATH Ganz gewiß, ich will noch heute daran.
SEYBOLD Dann will ich dich auch einmal loben.
SONDERRATH Bemühe dich nicht; und sage mir lieber was du bei Speth suchst?
SEYBOLD O nichts! – Gedichte!
SONDERRATH Du suchst Gedichte?
SEYBOLD Nein – es ist wegen einer Herausgabe von Gedichten.
SONDERRATH Wieder ein Bändchen schlechtes Zeug zusammen geschmiert?
SEYBOLD Nein, von einer andern Person – einer Frau von Thielen.
SONDERRATH Und was geht dich die an?
SEYBOLD Ich bin ihr sehr befreundet, und habe ihr auch viele Verbindlichkeiten.
SONDERRATH *ihm die Hand auf die Schultern legend mit Nachdruck:* Hör! dann tu ihr den Dienst, und mache die Sache rückgängig, – sage ihr du wärst bei Speth gewesen, und er könnte nicht, und so weiter, und so weiter –
SEYBOLD Unmöglich! sie ist ja hier!
SONDERRATH *rasch:* Doch nicht mit dir gekommen?
SEYBOLD I, behüte! – zwar auf demselben Dampfboote – allerdings.
SONDERRATH *die Hände zusammen schlagend, und Seybold mit komischer Verwunderung anstarrend:* Seybold! Seybold! – o Himmel; Seybold hat sich einen Blaustrumpf angeschnallt! eine literarische Freundin!
SEYBOLD *verlegen:* Du kennst die Frau nicht.
SONDERRATH O Gott! o Gott! ich kenne Blaustrümpfe genug! ich mag diesen nicht noch dazu kennen.
SEYBOLD Sonderrath, es ist eine Frau – eine Frau wie du in deinem Leben noch keine gesehen hast.
SONDERRATH O weh! o weh!
SEYBOLD *allmählich heftig werdend:* Eine Frau, sage ich dir, die mehr Talent hat als wir Beide zusammen genommen.
SONDERRATH Jammer, Jammer! o Patroklos, bist du gefallen!

SEYBOLD Du machst mich wirklich ungeduldig, –
SONDERRATH *deklamierend:* Durch zehn Lustern im Mondscheine gebleicht!
SEYBOLD *heftig:* Da kömmst du recht! sie ist eine bildschöne Frau!
SONDERRATH *sieht ihn verdutzt an.*
SEYBOLD Eine Frau wie eine Juno, nur viel anmutiger, – überaus anmutig!
SONDERRATH *in ganz verändertem halbleisem Tone:* Seybold, du bist so verliebt wie ne Nachtigall.
SEYBOLD Das ist nun mal wieder ein Einfall!
SONDERRATH *im selben Tone:* Seybold, du wirst so rot wie ein Krebs.
SEYBOLD *schnell:* Das ist nicht wahr!
SONDERRATH Seybold, du wirst so stachlicht wie ein Igel, und das ist noch das schlimmste Zeichen.
SEYBOLD *verwirrt und heftig:* Soll ich mich nicht ärgern, daß du deine trivialen Späße – eine Frau die so hoch in meiner Achtung steht –
SONDERRATH *geht die Bühne entlang und pfeift.*
SEYBOLD Was soll das?
SONDERRATH *wendet sich halb um:* Ist der Pantoffel von Samt oder von Rindleder?
SEYBOLD *an sich haltend:* Es ist mir nicht der Mühe wert –
SONDERRATH Hat er einen spitzen Absatz?
SEYBOLD Nun ists genug! *Er geht zu Sonderrath und stellt sich vor ihn; sehr ernst.* Hör, Sonderrath! denk von mir was du willst und nicht lassen kannst, aber wegen der Frau bescheide dich, daß du sie nicht kennst, und daß mir ihre Ehre viel höher steht als meine eigne. – vergiß das nicht – du hast ein loses Maul!
SONDERRATH *verdutzt:* Teufel auch! *Er reicht ihm die Hand.* du weißt wohl daß ich dich nicht verletzen wollte
SEYBOLD *faßt sie herzlich:* Von mir ist hier nicht die Rede.

ELFTE SZENE

Die Vorigen, Herr Speth, tritt keuchend und glührot herein. Ida mit ihm, und setzt sich mit ihrer Stickerei an ihren frühern Platz, nachdem sie die Vorhänge völlig zurückgeschlagen.

SPETH *nachdem er Seybold flüchtig gegrüßt, zu Sonderrath gewendet:* Gottlob daß Sie da sind! – und Herr Seybold auch! schön, schön! – *zu Sonderrath:* und Sie sind eilig? ich hoffe das wird doch nicht so arg sein!

SONDERRATH Ich bin schon seit einer halben Stunde hier, Herr Speth.

SPETH Wirklich? das ist mir leid, das ist mir leid! ei, ei! – nun, Sie haben mich auch hübsch warten lassen, – setzen Sie Sich. *Er will einen Stuhl rücken und stolpert über die Ballen.* wer Henker hat denn hier so wunderlich aufgeräumt?

IDA *kömmt heran und räumt die Ballen weg:* Fräulein Briesen. *Sie zieht sich wieder in die Fensternische zurück.*

SPETH Recht so Fräulein Briesen! *Er hat die Stühle gerückt.* setzen wir uns.

SEYBOLD Sie sind ja ganz außer Atem, Herr Speth?

SPETH Ich bin so gelaufen! ich bin so gelaufen! – meine Frau hat mir den Bedienten nachgeschickt. – a propos, Sie speisen doch bei mir?

SEYBOLD Ich kann nicht, ich bin anderwärts versagt.

SONDERRATH Ich auch nicht, ich muß sogleich fort.

SPETH Nun, – dann wollen wir es auf den Abend setzen.

SONDERRATH Dann bin ich längst über die Berge.

SPETH Was? Sie wollen ganz fort?

SONDERRATH Mit dem Dampfboote.

SPETH Unmöglich! – das ist nicht möglich! wir haben ja noch tausenderlei mit einander zu bereden!

SONDERRATH Herr Speth, dann muß ich bitten, daß sie keine Zeit verlieren, denn ich muß, auf Ehre, sogleich fort.

SPETH Nun dann, wenns nicht anders ist – zur Sache. *Sie setzen sich, außer Seybold, der am Tische stehn bleibt, und in den darauf liegenden Journalen blättert.* haben Sie nun das Manuskript bei sich?

SONDERRATH Was meinen Sie?
SPETH Ich meine, ob Sie das Manuskript mitgebracht haben?
SONDERRATH *kleinlaut:* Das zwar nicht –
SPETH *faltet die Hände, und läßt sie sinken:* Um Gotteswillen!
SONDERRATH *schnell:* Aber ein ganzes Paket Gedichte – von einem guten Freunde.
SPETH *entrüstet:* Herr! was geht mich Ihr guter Freund an? ich will meine Reminiszenzen vom Rhein drucken lassen.
SONDERRATH *erfreut:* Ach! Sie haben Sich selbst daran gemacht. gottlob! da fällt mir ein Stein vom Herzen.
SPETH Herr, was fällt Ihnen ein? bin ich ein Schriftsteller? **Ihre** Reminiszenzen will ich, die nenne ich die **meinigen**, weil sie längst mir gehören.
SONDERRATH Herr Speth, Sie haben vollkommen Recht, aber es nutzt Ihnen zu nichts, ich habe sie nun mal nicht vorrätig.
SPETH Wo sind sie denn?
SONDERRATH *stockend:* In der Feder;
SPETH Alle?
SONDERRATH Alle
SPETH Nicht ein einziges Heft fertig?
SONDERRATH *schüttelt den Kopf.*
SPETH Nein, das ist zu arg! das ist ärger wie ichs mir habe vorstellen können!
SONDERRATH Herr Speth, ich will sagen wie der Knecht im Evangelio: »Herr habe Geduld mit mir, und ich will dir Alles bezahlen«.
SPETH Geduld? ich habe Geduld gehabt wie ein Mülleresel; zwei Jahre lang. – Nehmen Sies mir nicht übel, Herr Sonderrath, aber Sie handeln unverantwortlich an mir.
SONDERRATH *räuspert verlegen.*
SPETH Ich muß mich schämen wie ein begossener Hund, wenn mir Einer der Pränumeranten auf der Straße begegnet, – nicht mal ins Kasino kann ich kommen, die Leute ziehen mich ordentlich auf mit Ihnen. – bin **ich** Schuld? bin **ich** es?

SONDERRATH Sie sollen nächstens befriedigt werden; ganz gewiß!

SPETH Ja wohl! »die Reben blühn, Alles liebt und paart sich!«

SONDERRATH *lacht.*

SPETH In aller Welt! sind das Gründe und Redensarten für einen gesetzten Mann, der einen Schnurrbart trägt wie ein Husar?

SONDERRATH *zupft lachend an seinem Schnurrbarte.*

SPETH Wahrhaftig, Herr Sonderrath, man kömmt in Versuchung mit Ihnen zu reden wie mit einem Kinde, – ich bin gewiß nicht der Mann, der Jemanden gern etwas Unangenehmes sagt, –

SONDERRATH *gutmütig:* Nein, der sind Sie nicht!

SPETH Aber bedenken Sie, daß ich mein Brod sauer verdienen muß, ich bin zuweilen so herunter, daß ich vor Müdigkeit nicht mal essen mag; *Er wischt sich die Stirn.*

SONDERRATH Sie dauern mich wirklich!

SPETH Nun, wenn ich Sie dauere, so bringen Sie mich wenigstens nicht um meine paar Groschen. 5000 Taler perdu, das ist kein Spaß!

SONDERRATH 5000 Taler? *betreten:* unmöglich!

SPETH Leider möglich genug! *ihm ein Papier reichend:* da haben Sie die Berechnung.

SONDERRATH *sieht gedankenlos hinein.*

SPETH *halb lachend:* Ist es nicht betrübt, daß ein Mann wie Sie, ein gekröntes, belorbeertes Haupt, vor einem ordinären Buchhändler da sitzen muß, wie Butter an der Sonne?

SONDERRATH *sieht zu Seybold hinüber.*

SEYBOLD Ja, hilf dir selbst! du hast es reichlich verdient; ich würde dich noch ganz anders herunter reißen.

SONDERRATH Herr Speth, ich habe es schon einmal gesagt: »mea culpa!« aber sie müssen Nachsicht mit einer Poetennatur haben, die hat nun mal etwas vom Irrwische an sich.

SPETH *halb besänftigt:* Mich dünkt ich habe Nachsicht genug gehabt, – zwei Jahre lang. –

SONDERRATH Sehn Sie, jetzt nehme ich mir's fest vor, – in diesem Augenblicke. Sie sollen ganz nächstens befriedigt werden.

SPETH Wann?

SONDERRATH *nachsinnend:* Ja – *rasch:* in 14 Tagen; – das heißt: dann erscheint das erste Heft, und so die andern, in billigen Zwischenräumen.

SPETH Es kömmt darauf an, was Sie billige Zwischenräume nennen; jeden Monat wenigstens muß Ein Heft erscheinen können.

SONDERRATH *rasch:* O, das geht auch ganz gut an! Gott, so einen Wisch schreibe ich in drei Tagen!

SPETH *halb lachend:* Desto schlimmer, daß Sie in zwei Jahren nicht haben damit fertig werden können.

SONDERRATH Sie sollen sehn, Sie sollen sehn, ich werde meinen guten Ruf glänzend – *Man hört hinter der Szene läuten.* was bedeutet das?

SPETH Das Dampfboot fährt ab.

SONDERRATH *hastig:* Auf der Stelle?

SPETH Nein, in zehn Minuten.

SONDERRATH Gott im Himmel! *Er greift nach seinem Hute.* adio, – Seybold, komm nach Mülheim! Herr Speth, ich schreibe Ihnen! –

IDA Es ist ja gar nicht ihr Dampfboot, es ist das andre, das Studentenboot!

SEYBOLD *ihn am Arme haltend:* So renne doch nicht gleich wieder wie ein Postpferd, deins fährt ja erst um Sechs!

SONDERRATH Ich weiß; ich weiß, – aber ich muß doch fort, laß mich! *Er sucht sich loszumachen.*

SPETH Wohin denn?

SONDERRATH O Jesus, laß mich! hörst du?

SPETH Sehe ich Sie noch?

SONDERRATH Vielleicht – es kann wohl sein – *Er hat sich losgemacht.*

SPETH Nein, versprechen Sie mir, daß ich Sie noch sehn solle

SONDERRATH *lachend:* Wenn Sie selbst wollen, es wird ganz von Ihnen abhängen,

SPETH Wieso?
SONDERRATH Fragen Sie Seybold – der ist mein anderes Ich – der weiß Alles, adio! *Er geht hastig ab.*

ZWÖLFTE SZENE

Speth, Seybold, Ida, am Fenster stickend.
SPETH *steht auf und wendet sich zu Seybold:* Nun?
SEYBOLD *zuckt die Achseln:* Ich weiß nichts!
SPETH Aber er sagte ja –
SEYBOLD *verdrießlich:* Er ist ein Windbeutel.
SPETH *seufzend:* Gott, er hält mir gewiß nicht Wort! – was meinen Sie, wird er Wort halten?
SEYBOLD O – ich hoffe es.
SPETH Sie scheinen mir sehr im Zweifel!
SEYBOLD Doch eigentlich nicht – Sonderrath ist, wie gesagt, ein bißchen, sehr – sehr leichtsinnig – nun dafür ist er ein Genie! aber eine grundehrliche Haut.
SPETH *beklemmt:* Ich kenne das, »der Geist ist willig, und das Fleisch ist schwach« mit Solchen läuft man aber oft grade am Schlimmsten an.
SEYBOLD Nein, nein, – Sie sollen sehn, die 5000 Taler brennen ihm jetzt auf der Seele, bis er sie herunter geschrieben hat. – wenigstens hoffe ich das.
SPETH Sie sind Ihrer Sache keineswegs gewiß!
SEYBOLD Lieber Herr Speth, ich bin keiner Sache ganz gewiß, außer daß der Himmel heute nicht einfallen wird.
SPETH *ängstlich:* Es wäre doch ein perfider Streich! – bedenken Sie, 5000 Taler – ich will Ihnen die Berechnung machen. – erstlich für die Stahlstiche –
SEYBOLD Tun Sie das nicht, Herr Speth, das ist mir nur verdrießlich anzuhören, und ärgert Sie selber.
SPETH O, es ärgert mich alle Tage!
SEYBOLD *nachdenkend:* Dieses mal hoffe ich – ja, ich hoffe Ihnen doch für Sonderrath stehn zu können. *rascher:* denn ich will selbst mein Bestes dazu tun.

SPETH Haben Sie Sich denn schon in dem Fache versucht?
SEYBOLD Das nicht – so meine ich's nicht – aber ich will direkt von hier nach Mülheim, und dann werde ich doch sehn ob er mir schreiben soll! wenns nicht anders ist sperre ich ihn in seine eigene Stube ein.
SPETH Das wär gewiß sehr gütig von Ihnen! *Kleine Pause.*
SEYBOLD Ja – ich will sehn, was zu machen ist. – Und nun zu unserm Geschäft! Sie haben doch meine letzte Sendung erhalten?
SPETH Ja wohl, – freilich, die Gedichte von der Dame.
SEYBOLD Es ist mir sehr daran gelegen, daß die Herausgabe keine Schwierigkeiten findet, ich habe der Frau von Thielen manche Verbindlichkeit, und sie hat sich schwer zur Veröffentlichung entschlossen.
SPETH *beklemmt:* Ja, lieber Herr Seybold! da hätten Sie vielleicht besser getan, ihr den Willen zu lassen.
SEYBOLD *erstaunt:* Wie?
SPETH Gedichte sind jetzt ein schlimmer Artikel, und vollends Frauenzimmer-Gedichte – sehn Sie! *Er zeigt auf ein Paket.* eine ganze Legion Krebse, – das Echo im Felstale, von Claudine Briesen!
SEYBOLD Das ist ja aber auch eine Närrin, ohne das geringste Talent!
SPETH Sagen Sie das nicht, es klingt und schäumt doch mitunter recht gut. *Kleine Pause.*
SEYBOLD Haben Sie etwas von der Frau von Thielen gelesen?
SPETH *nickt:* Konfus! konfus!
SEYBOLD *erstaunt:* Ists möglich, daß ein Mann wie Sie, der den ganzen Tag sich mit der Literatur beschäftigt, das Talent so verkennen kann? diese Originalität! diese genialen Bilder! diese –
SPETH *bedenklich:* Mein lieber Herr Seybold, was ich denke darauf kömmt es gar nicht an, sondern lediglich aufs Publikum.
SEYBOLD *wegwerfend:* Was nennen Sie Publikum!
SPETH *gelassen:* Was mir die Bücher abkauft und bezahlt. *Pause.*

SEYBOLD Glauben Sie das Unternehmen werde sich nicht rentieren?
SPETH Ich fürchte es.
SEYBOLD *nach augenblicklichem Nachdenken:* Nein – so Etwas Bedeutendes w i r d durch dringen, m u ß durch dringen!
SPETH Nach meinem Tode vielleicht, das glaube ich selbst.
SEYBOLD *schweigt verstimmt.*
SPETH Sehn Sie, ich spreche der Frau einiges Talent gar nicht ab –
SEYBOLD *verbeugt sich:* Das danke Ihnen der Kuckuck!
SPETH Ein bedeutendes Talent, wenn Sie wollen, aber es scheint ihr auch so g a r nichts daran gelegen, ob Sie verstanden wird oder nicht: mit ein paar Worten, mit einer Zeile könnte sie zuweilen das Ganze klar machen, und sie tuts nicht;
SEYBOLD *schweigt.*
SPETH Ists nicht so?
SEYBOLD Das habe ich ihr auch schon gesagt.
SPETH Und sie tuts doch nicht! – was ist das? Eigensinn? – ich wette die Frau ist reich, und in glänzenden aristokratischen Verhältnissen.
SEYBOLD Das haben Sie getroffen.
SPETH Sehn Sie? – sehn Sie? – die schreibt für ihre Kaste, und wenn wir andern es nicht lesen wollen, so können wir es lassen, aber damit ist m i r nicht geholfen. *Kleine Pause.* wenn Sie es will auf eigne Kosten drucken lassen, –
SEYBOLD *schnell:* Das geht nicht, das ist schimpflich!
SPETH Oder wenn sie sich zu einer Umarbeitung herbei ließe –
SEYBOLD O Jesus! damit darf ich ihr gar nicht kommen!
SPETH Ja! was ist dann zu machen!
EIN DIENER *kömmt.* Draußen ist eine Dame, mit einem Bedienten, die nach Herrn Seybold frägt.
SEYBOLD *hastig:* Gott das ist sie! Herr Speth, ich bitte, nehmen Sie die Gedichte wie sie sind, ich will es Ihnen auf irgend eine Weise kompensieren –
SPETH Ich will es mir überlegen.

SEYBOLD Nein, Sie müssen sich auf der Stelle entschließen, was wollen Sie? Gedichte? Rezensionen?
SPETH Nun denn – Rezensionen.
SEYBOLD Wie Viele?
SPETH Vierzig.
SEYBOLD Das ist enorm! *Es wird angepocht.* nun ja, in Gottes Namen! aber halten Sie Wort.

DREIZEHNTE SZENE

Die Vorigen, Anna von Thielen, eine große schöne Frau, von sehr vornehmen Anstande, sie ist einfach aber reich gekleidet.
SPETH *vor sich:* Da mache ich doch noch heute ein gutes Geschäftchen.
FRAU VON THIELEN *bleibt in der offenen Tür stehn:* Herr Seybold sind sie fertig?
SEYBOLD Ja, meine gnädige Frau, *Greift nach seinem Hute.*
FRAU VON THIELEN *heftet ihre Augen auf ein hochstehendes Buch:* Herr Seybold, Sie sehen schärfer als ich, stehn dort die Schriften der Jane Baillie?
SPETH *vortretend:* Ja wohl, meine gnädige Frau; zu ihrem Befehle. *Er steigt auf die Bücherleiter und reicht sie ihr.* zwei Bände.
FRAU VON THIELEN Wie teuer?
SPETH Drei Taler.
FRAU VON THIELEN *nimmt von dem hinter ihr stehenden Livreebedienten ein zierliches Körbchen, langt ihre Börse hervor, und legt das Geld auf den Tisch.*
SPETH *das Geld einstreichend:* Eine ausgezeichnete Schriftstellerin!
FRAU VON THIELEN Ja wohl.
SPETH Es wundert mich nicht, daß Ihro Gnaden von einem Ihnen so ähnlichen Geiste angesprochen werden.
FRAU VON THIELEN *sieht ihn befremdet an.*
SPETH Herr Seybold hat mir die angenehme Aussicht gegeben Ihre Gedichte verlegen zu dürfen –

SEYBOLD *unruhig:* Das ist ja nun abgemacht, Herr Speth.
SPETH Ja wohl, allerdings, und ich freue mich der Ehre –
FRAU VON THIELEN *nickt mit dem Kopfe, und lächelt höflich.*
SPETH Ich hätte freilich gern noch Einiges beredet –
FRAU VON THIELEN *unbehaglich:* Ich dachte Herr Seybold habe Ihnen alles Nötige mitgeteilt.
SPETH Allerdings, – Alles nach Wunsch, – die Poesien sind großartig, lebendig, genial –
FRAU VON THIELEN *sieht Seybold an.*
SEYBOLD Herr Speth!
SPETH *fortfahrend:* Einige kleine Abänderungen, gleichsam Erläuterungen, wären mir wohl wünschenswert gewesen *schneller:* doch es ist auch s o vortrefflich, – überaus –
FRAU VON THIELEN Haben Sie das Herrn Seybold gesagt?
SPETH *verwirrt werdend:* O nein, nicht im Geringsten! – ich dacht nur wenn Sie mir in Zukunft die Ehre gönnen wollten –
FRAU VON THIELEN Sie fürchten daß das Buch keinen Absatz finden wird?
SPETH Doch nicht, – nein!
FRAU VON THIELEN Sie fürchten Schaden bei dem Unternehmen?
SPETH *ganz verwirrt:* O der könnte doch nur gering sein! es ist ja nur ein kleines Bändchen, – gleichsam eine Bagatelle –
FRAU VON THIELEN *feuerrot:* Darauf darf ich es doch nicht ankommen lassen. – Herr Seybold, wollen Sie die Güte haben sich das Manuskript wieder auszubitten?
SPETH *erschrocken:* Gnädige Frau, bitte sehr! – ich bin ja ganz bereit; ganz bereit.
FRAU VON THIELEN *sieht über den Tisch her, und nimmt das vor ihr liegende Manuskript:* Sie sind sehr gütig, aber Güte soll man nicht mißbrauchen *freundlich:* guten Morgen! *Sie reicht Körbchen und Manuskript dem in der Tür stehenden Bedienten, und geht ab mit Seybold, der Spethen einen wütenden Blick zuwirft.*

VIERZEHNTE UND LETZTE SZENE

Speth, Ida am Fenster.

SPETH *nachdem er ihnen eine Weile wie versteinert nachgesehn:* Das muß ich gestehn! – da fällt mir doch die Butter vom Brode! hochmütige Kreatur! – behalt deine Gedichte und lies sie dir selber vor, dann hast du ein Publikum das dich anbetet! – ich meine Wunder wie gut ich meine Sachen mache, und nun gehts mir so? *nachäffend doch vor Allem nicht karikiert:* »guten Morgen!« – und der Seybold hätte mich auch lieber lebendig gespießt mit seinen Augen, – ich habe mich doch wahrhaftig vor Höflichkeit zusammen geschlagen wie ein Taschenmesser, es ärgert mich noch hintennach. *Er setzt sich an den Tisch.* schöne Geschäfte heute! – die Rezensionen – da bin ich nun mal drum, – wenn er mir nur nicht für die Zukunft ganz rappelköpfig wird, – mich dünkt, er ist bis über die Ohren verliebt in die stolze Pagelune! *nachsinnend:* Hm! was frag ich nach ihren Gedichten! die kann sie ihrer Kammerjungfer vorlesen, aber die Rezensionen! die Rezensionen! *seufzend:* Speth! Speth! das ist ein Schnitt vom Brode! *Er tunkt eine Feder ein, Läuten hinter der Szene.*

IDA *hastig:* Vater! Vater! das Dampfboot fährt ab!

SPETH Meinetwegen! *Er rechnet.* sechs und fünf macht elf –

IDA Alles voll Festons! oben und unten – und drei Flaggen! blau, weiß, und rot. *Lautes Hurra, noch ziemlich entfernt.*

SPETH Schreit euch den Hals wund, ihr Narren! – und sechzehn macht sieben und zwanzig, *Marsch von Blasinstrumenten.* und sechs macht dreißig, nein, drei und dreißig; – man kann nicht mal mehr addieren vor dem Gedudel da draußen.

IDA Hu! welch eine Menge von jungen Leuten! – sie stehn alle auf dem Verdeck, Kopf an Kopf, und alle mit Rebenlaub bekränzt!

SPETH Gut daß sie stehn, so lange sie noch können; – und sieben macht vierzig *Er rechnet leise weiter und läßt dann die*

Feder sinken. hundert und zwanzig Louisdor Schaden! – o weh! o weh! – nun, wenn mir nur der Sonderrath Stich hält, wenn mir nur die Reminiszenzen nicht echappieren! – 5000 Taler perdu, das wäre noch ein anderes Leiden.

IDA Da zieht Einer von den jungen Leuten dem Andern den Kranz vom Kopfe, und steckt ihn an die weiße Flagge, *hastig:* Gott – Vater – das ist Herr Sonderrath!

SPETH Um Gotteswillen, nein. *Er läuft ans Fenster.* wo ist meine Brille? Ida, meine Brille!

IDA *hastig deutend:* Sieh Vater! der – der – der sich eben das Glas Wein einschenkt!

SPETH Der ist ja blau, und – und Sonderrath war grün –

IDA Er hat den Mantel umgeschlagen. –

SPETH *keuchend:* Meine Brille! – geschwind – meine Brille! gleich sind sie hier unter dem Fenster.

IDA *greift die Brille vom Tische, Speth setzt sie hastig auf, Marsch und zweites Hurra ganz nah.*

IDA Sieh! – sieh! – er hebt das Glas auf – er nickt uns zu –

SPETH *nimmt die Brille ab, und läßt die Hände sinken:* perdu!

Der Vorhang sinkt, während des Marsches.

HEDWIG UND SOPHIE

ODER

VERZWEIFLUNG UND RACHE

PERSONEN

SOPHIE VON ELLHEIM, *Witwe*
HEDWIG VON HOLDENTHAL *ihre Schwester,*
RUDOLF GRAF ZU HOLMSTEIN,
ALBERT VELDEN, *Rudolphs vertrauter,*
LUISE BERGTHAL, *Alberts Geliebte,*
FREIFRAU VON GEL ⟨*Lücke im Manuskript*⟩
FRÄULEIN ⟨*Lücke im Manuskript*⟩
BARON USWICH, *dessen Gemahlin,*
GRÄFIN VON LÁ FAUX,
KAMMERJUNKER *von den Herren und Damen,*
ALBERTINE *Hedwigs Kammermädchen.*

ERSTER AKT

Ein Ballsaal, Sophie hat Hedwig, auf ihr dringendes Bitten, auf den Ball ⟨Lücke im Manuskript⟩ Hedwig ist ganz außer sich, Sophie hält sie zurück, Rudolf sieht sie, sie ⟨Lücke im Manuskript⟩ Entzücken, das Teezimmer, Sein Gespräch mit Albert, dessen Vorschlag

Erster Auftritt

Ballsaal
Hedwig, Sophie, buntes Gemisch von Tänzern.

SOPHIE Setz dich hieher Hedwig das Gedränge ist zu stark

HEDWIG Ach Sophie, nur noch einen Augenblick, bleib Hier haben wir die freie Übersicht des ganzen Saals, *nach einer kleinen Pause:* Sieh das bunte Gemisch, dort schwebt ein Paar durch die Reihen Und dort, sieh, sieh, wie sich die Reihen verschlingen, ach dürft ich doch auch so schweben auf den spiegelnden Marmor, es schlägt schon zwölfe, ach Sophie, bleibt dieser süße Taumel immer neu, so ist es ein realisierter Traum einer schönen Feenwelt

SOPHIE Gutes Mädchen, Deine Jugend und Unschuld zeigt dir das Vergnügen im rosigsten Schimmer, aber die Gefahren verhüllt sie dir

HEDWIG Gefahren? auf dem Ball Gefahren? Es mag bei den Tänzern sein, obschon ichs nicht wüßte, denn dein helles geübtes Auge, sieht freilich weiter wie das meine, aber beim Zusehn beim bloßen Zusehn, o liebe Sophie da können uns doch unmöglich Gefahren drohn.

SOPHIE Freilich nicht soviel wie beim Tanzen, wo so manches Mädchen ihr geraubtes Herz und ihre verlorne Gesundheit beweinte, und doch entfremdet es von häuslichen Leben, füllt die reine unschuldsvolle Seele des

Mädchens ⟨*Text fehlt*⟩ flatternden Bildern, und das weiche Herz vergißt lange den Eindruck nicht, denn der fremde Anblick bewirkte

HEDWIG ⟨*Lücke im Manuskript*⟩ und ⟨*Lücke im Manuskript*⟩

⟨*mehr nicht erhalten*⟩

DAS RÄTSEL

ODER

WIE VIELE PFUND FREIER GEHN AUF
1 PFUND NEHMER
ANTWORT:
KEINS DENN SIE FLIEGEN ALLE DAVON.

PERSONEN

MADAME PAULIONAS
JUNGFER PAULIONAS
JUNKER NADELKÜSSEN
RITTER KAKADU
Verkappter Ritter trägt als Devise:

Glück tummel dich, schlag
um dich und triff mich.

ERSTE SZENE

Im Zimmer.
JUNGFER PAULIONAS *mit fliegenden Haaren:*
Ach wohin soll ich mich retten,
Vor der Liebenswürdigkeit,
Hält sie mich doch wie in Ketten
Und umfangen wie ein Kleid,
Strahlt mein Blick, ob süß ob bitter
Sei es offen, sei es verkappt
Triffts auf einen armen Ritter
Der den letzten Atem schnappt
Ach ich armes Frauenzimmer,
Wohin flieh ich vor der Pein
Stößt sich doch der Esel nimmer
Zwei mal an denselben Stein.
Und ich arme, die an Körben
Schon versetzt mein halbes Gut
Muß nun endlich selbst verderben
In der fremden liebes Glut.
Aber tue dich wohl bedenken,
Edelstes, Paulionen Blut
Sollst du dir dein Leben kränken
Übel ist's wer solches tut
Greulich ist, sich zu erhenken,
Hals abschneiden auch nicht gut
Herze mein tue dich bedenken,
Ehe die Hand zu einen schwenken.

ZWEITE SZENE

MADAME PAULIONAS *zum Publikum:*
>Liebe Leut laßt mich erzählen
>Als ich just den Kaffe nahm
>Und ein jammervolles jrölen
>Bis zu meinen Ohren kam,
>Und zu meiner Herzens Kammer
>Drang es kalt wie Nordenwind
>Weib erkennst du dies gejammer,
>Weh es ist dein einzig Kind.
>So weit die Historia
>Für die lieben Leute da,
>Da nun meine Tochter Runde
>Sei wahrhaftig und nicht faul,
>Und erzähle mir zur Stunde
>Was bedeutet dies Gejaul?

JUNGFER PAULIONAS
>Ja Mama, ich muß dir klagen
>Wie sie also plagen mir
>Muß Euch endlich selber sagen
>Schweigen macht mir kein Pläsier
>Nur du weißt, wie schon seit lange
>Das *Rappier* mir nach getracht
>Das ich war in großen Drange
>Vor so großer Liebesmacht
>Sucht er öfters zwar zu brechen
>Meiner Ketten dicke Pein
>Bleibt doch heimlich, so zu sprechen
>Immer sein Magneten Stein.
>Noch da ich zum Festtag Bissen
>Jüngst zum Nachbar hin gestubt
>Hat der Junker Nadelküssen
>Gänzlich sich in mir verkuckt
>Kann auch nicht genugsam loben
>Wie er also flink getappt

    Mir mein Schnupftuch aufgehoben
    Und mir bei die Hand geschnappt
    Auch ein Oberamtmann Kleine
    So vortrefflich gut bei Speck
    Schoß sich selber an beim Weine
    Wurde ganz abscheulich keck,
    Tat mir bei der Hand auch kriegen
    Und auch ziehen bei die Haar
    Und so auf den Nacken liegen
    Daß es ganz elendig war.

MADAME PAULIONAS
    Tochter! sei nicht so verdrossen
    Und verdirb nicht mein Pläsier
    Sind sie heftig angeschossen
    Desto besser ist vor dir.
    Ob ich gleich vor alten Zeiten
    Das Rapier dir zugedacht
    Da ich sahe wie von weiten
    Dir schon heftig nach gelacht
    Rat ich doch *nimm* Nadelküssen
    Und ich wette du wirst nett
    Baldigst avancieren müssen
    Ziemlich auch an Fleisch und Fett.
    Das Rapier das laß du laufen
    Weil es mal nicht wieder kömmt
    Mach es auch den Rock versaufen
    Und vor Speiigkeit das Hemd.

JUNGFER PAULIONAS
    Ja Mama, du mußt nicht glauben
    Das Rapier mir aufgesagt
    Damals hab ichs auch der einen
    Von den Töchtern noch geklagt,
    Wie er so schalu gewesen
    Und wie er mir hat geplagt
    Und wie er mich mit dem Besen
    Um die Beine hat gejagt
    Und hat auch an Nadelküssen

Lautere Schaluhigkeit gesagt
Daß ich deutlich konnte wissen
Wie er mir hat nach getracht
Ach! man muß sich tüchtig plagen
Um die Jungens ihren Sinn
aufstehend:
Doch Mama nun will ich sagen
Spring ich zu die Kodden hin,
Ob der eine dicke Prügel
Noch so weiß wie Gestern ist,
Oder ob er voller Klüngel
Von den groben Schweinemist.
Sie geht ans Fenster.
O Mamionas was für Schrecken
Nadelküssen – – –

MADAME PAULIONAS   geh mich zu –
Geht ans Fenster.
Ja wahrhaftig auf den Schecken
Wie ein Schneider auf die Kuh
Sieh da ist er abgestiegen

JUNGFER PAULIONAS
Nein, nur erst mit einen Bein
Und das andere tut noch liegen
Auf den Schecken ganz allein

MADAME PAULIONAS
Sieh da tut er nieder springen
Wie ne Katze von den Schrank
Trudel! Tu die Gläser schwingen
Präsentier ihm einen Trank. –

DRITTE SZENE

Frau Paulionas, Jungfer Paulionas, Nadelküssen

NADELKÜSSEN
          Mit Ihrer gütigen Erlaubnis
          Bin ich so frei – – –
TRUDEL PAULIONAS *sich neigend:*   Ist gern geschehen
*Sie nimmt ein bestaubtes Glas aus dem Wandschrank wischt erst
den Staub mit dem Finger heraus speit auf ihr Schnupftuch und
geht mit dem selben Glas heraus.*
MADAME PAULIONAS
          O schweigen Sie von Erlaubnis
          Darum es völlig gern geschehn –
NADELKÜSSEN
          Wie gehts?
MADAME PAULIONAS Auf der alten Hecke,
          Man sieht uns –
NADELKÜSSEN   Die Gesundheit an
MADAME PAULIONAS
          Ich laß mich keine Krankheit packen
          Man muß sich sparteln was man kann
          Gibt man sich, so muß man liegen
          Gibt man sich zu so ist man Tod
          Allein die Dokters zu betrügen
          Wenns uns mißdeucht das geht zu Not
          Ich kenne viele hier zu lande
          Die unserm Herrgott angeführt
          Und von den Toten aufgestanden
          Und sich noch lang herum Strumpiert
NADELKÜSSEN
          Madam das ist kein schönes Wort
          Den Himmel täuschen – – –
MADAME PAULIONAS   Geht mich fort
          Wo sichs drauf ankömmt zu xerieren
          Bin ich auch mit, wenns recht soll sein
          Die beste Bas mit anzuführen
          Das ist die Dickkopf ganz allein

NADELKÜSSEN
>> Wie!!!! – – –

MADAME PAULIONAS
>> O das ist mir all vor Spaßen
>> Ist meine Tochter vor Pläsier
>> Weil ihr so rot die Backen lassen
>> Das kommt von all den Alten Bier

NADELKÜSSEN
>> Dies ist gesund – – –

MADAME PAULIONAS
>> Ja wohl das Trinken
>> Den Schnaps den trinken sie allein
>> Um das elendige Fuselstinken
>> Sonst ist er glaubhaft für die Gicht

NADELKÜSSEN
>> Wie! von der Gicht geplagt Mamsel?

MADAME PAULIONAS
>> O Nein sie ist Gottlob ganz frisch
>> Akkerat so wie ein Wasserfisch
>> Allein auf ihr elendig Fell
>> Das tut ihr von einander springen
>> Grade wie ein ledern Schuh
>> *lachend:*
>> Das kommt ihr lieben Jünglinge
>> Sie ist so zärtlich als dazu

NADELKÜSSEN
>> Gewiß Madam sie ist sehr zart

MADAME PAULIONAS
>> Ja wohl und von der besten Art
>> Je nein, ihr Fell kann sie nicht klagen
>> Es ist akkrat wie Milch und Blut
>> Wer weiß von wem sies haben tut

NADELKÜSSEN
>> Man darf doch wohl zu raten wagen

MADAME PAULIONAS
>> Ich schäme mir, ich sag es nicht

NADELKÜSSEN
>> Madam wer wird noch lange fragen
>> Es ist die Ähnlichkeit die spricht

MADAME PAULIONAS
>Schweig still ich halt die Ohren zu

NADELKÜSSEN
>Madam – – –

MADAME PAULIONAS
Sticht die Finger in die Ohren und sagt unaufhörlich:
>bru! bru! bru! *Nadelküssen will mehr-*

mal reden kann nicht dazu kommen.

MADAME PAULIONAS *nimmt die Finger aus den Ohren:*
>Hat er nun endlich still geschwiegen
>Laßt mir die Witfrau doch in Ruh
>Mich soll kein Reichsgraf mehr kriegen
>Ich bin mich viel zu schlau dazu
>Dort wart mal ich will mal sehen
>Wo das dicke Mädchen bleibt.
>Ich ließ sie in den Keller gehen
>Es ist grad so als ob sie säuft
>*Sie steht auf.*
>Ich muß mal in die Küche springen
>Selber ist der Rechte Mann
>Ich will mich einen Kuchen bringen
>Ich dachte schon vorhin daran
>Ich will ihn auf den Teller stellen
>Der Unart soll ihn bringen gleich
>Wißt ihr wohl wer der Unart ist?
>*Sie beugt sich zu ihm.*
>Hört zu
>*Sie fährt zurück.*
>>Sie müssen mich nicht beißen
>Der Unart ist so wie man spricht
>Der, der mein Schwiegersohn soll heißen
>Wenn er den dicken Apfel kriegt
>*Geht lachend fort.*

VIERTE SZENE

NADELKÜSSEN *nach einer Pause der Bestürzung:*
  O Wär ich doch getreu geblieben
  Damals wie Mama befahl
  Allein da wurde ich getrieben
  Vom bösen Geist zu meiner Qual
  Mal den verschwornen Ort zu sehen
  Pause.
  Ich armes blut was fang ich an
  Es wird mir ganz erbärmlich gehen
  Sie spricht mich selber noch zum Mann! –
  Pause.
  Ich mag nicht schimpfen und nicht fluchen
  Doch ists ne jammervolle Zeit
  Ich kann hier keinen Ausweg suchen
  Die Rückweg sind hier viel zu breit
  Sie wird so lange drehn und wenden
  Bis sie *was* von mir erpreßt
  Mein einziger Trost es muß bald enden
  Der Kummer gibt mir bald den Rest
  Pause.
  Ein jeder Esel wird sich henken
  Wenn er so tief im Elend ist
  Doch ich muß das Leben schenken
  O Jammer volle Galgenfrist
  Pause.
  O fasse Mut du banges Herz
  Nur einen Satz und mach dich fort
  Pause.
  Umsonst es naht o herber Schmerz
  Schon Elefanten Tritte dort

SZENEN AUS HÜLSHOFF

Nette

liegt auf einem scharmanten Zimmer in einem wohlkonditionierten Bett; auf dem Tisch zeigt sich die Figur eines Hasen der sich im Spiegel betrachtet. Sie schlägt ein Paar große matte unbedeutende Augen auf wozu sie sich in Ermangelung anderer ihrer eigenen bedient.

NETTE *reckt sich sehr graziös:*

    Ach wie ist die Nacht verschwunden,
    Doch für mich ist sie noch da,
    Denn vor zwei geschlagnen Stunden
    Stand erst auf die Frau Mama.

Sie legt sich wieder.

    Will mich noch ein wenig hegen 5
    Und mein jammerndes Gebein
    Noch in Ruh ein wenig pflegen
    Denn die Glocke schlug erst neun
    Ist doch heute nichts zu machen,
    Ich bin reine ausgespannt 10
    Ganz konträr stehn meine Sachen
    Und ich sitz' auf drügem Sand.

Man sieht sich die Tür öffnen, eine Nase erscheint bald nachher Jenny, ihre aufgelösten Haare flattern einzeln um den Kopf.

JENNY

    Nette spring empor vom Lager,
    Denn sie nahn und bringen Trost
    Amelunxen, Böselager 15
    Wernerchen und August Drost
    Daß du völlig wach magst werden
    Kömmt sogar das kleinste Ding
    Und das größte Glück auf Erden,
    Engelbertchen Kerkering. 20

NETTE *fährt bei den letzten Worten auf:*

  O geschwind ich muß mich schmücken
   Alles dreht sich um mich her,
  Dunkel wirds vor meinen Blicken –
   Reich mir kölnisch Wasser her –
  Himmel, ach was wird er sagen
   Wegen meiner langen Ruh, –
  Gib mir meinen besten Kragen
   Wirf mir reine Strümpfe zu –
  Sag – und sollte er dich fragen,
   Kaum kann ichs vor Wonne sagen
  Wo ich bin, so sprich mir frei,
   Was ich dir jetzt sage treu:
  Wenn der hohe Geist sie treibt,
   So studiert sie tief und schreibt,
  Ob der Dichtung Morgenrot
   Denkt sie nicht ans Morgenbrod
  Aber bald wird sie mit Pracht
   Der Begeistrung See entsteigen
  Und von der durchwachten Nacht
   Ihre roten Augen zeigen.
  Eile, fleug mein liebes Kind
   Sag dem Holden dies geschwind,
  Daß du sanft sein Herz betörst,
   Eh er einen andern hört.

Jenny geht ab. Nette kleidet sich mit möglichster Eile sehr langsam an; während dem öffnet sich ein Vorhang; man sieht das Kapellenzimmer, auf dem Tische Brod und Butter und blauen Zwirn.

JENNY
  Guten Morgen, denn, mein Bester!

WERNER
  Guten Morgen, liebes Kind.

ENGELBERT
  Wo ist Ihre Fräulein Schwester?

JENNY
  Sie bemüht sich ganz geschwind

SZENEN AUS HÜLSHOFF

      Aus der Dichtkunst See zu steigen.
      Drinnen sie herumlaviert
      für sich: Das heißt pfiffig angeführt!   50

BÖSELAGER
      Ich weiß ein scharmant Histörchen:
      Da sprang Waldmann übern Steg ...

AMELUNXEN
      Ach du bist ein albern Närrchen
      Bleib mit deinen Kötern weg
      für sich: Ich will intressanter sprechen,   55
      Kann den Jungen leicht ausstechen
Er will Jenny die Hand küssen.
      Liebe Jenny darf ichs wagen?

JENNY
      Nein das will ich just nicht sagen.

AMELUNXEN
      Sie ist schrecklich malitiös.

AUGUST DROSTE
      Bist ihr wohl von Herzen bös?   60

AMELUNXEN
      Ach mich faßt ein tödlich Schrecken,
      Kann ihr nicht mein Herz entdecken,
      Wegen meiner Kranschen Sünden
      Sank das Herz mir Ellen tief –
      Kann es gar nicht wiederfinden.   65

BÖSELAGER
      Drost?

WERNER
      Bin ich es den man rief?

BÖSELAGER *auf Amelunxen zeigend:*
      Sprich, was hat der da zu suchen?

AMELUNXEN
      Ist mirs völlig echappiert?
      Nein, dem Himmel Dank, im Stiefel
      Hab' ich es noch attrapiert.   70
Zieht sein Herz aus dem Stiefel.

JENNY
>Waren Sie wohl recht in Sorgen?
AMELUNXEN *mit einer Miene, als ob er eine Galanterie sagte:*
>Nein ich war nicht drum bemüht
>Denn ich wußt' es war geborgen,
>Denn so oft von hier es flieht,
>Flieht es nur stracks zu den *Kranen*
>Und da brauchts nicht vieles Mahnen
>Krieg' es stets umsonst zurück
ENGELBERT
>Himmel, welch ein sorglos Leben!
WERNER
>Davon ward er auch so dick.
AUGUST DROSTE *zu Engelbert:*
>Will sichs noch mit dir nicht geben?
AUTOR *auf Engelbert zeigend:*
>Tritt bescheidentlich zurück!
Man hört in der Ferne ungeheure Passagen.
BÖSELAGER *zu Werner:*
>Lustig, hörst du wohl die Bracken?
WERNER
>Dummer Schöps, 's ist ja ma sœur.
AMELUNXEN *pfiffig zu Böselager:*
>Da hast du was aufzuknacken!
BÖSELAGER
>O verrat mich nicht, mon cœur!
AMELUNXEN *ihm die Hand schüttelnd:*
>Weißt wohl bestes Kamerädchen –
>Sag wann hab' ich je geschwätzt?
Die Tür öffnet sich; Nette kommt singend herein.
NETTE *singt:*
>Jüngling, schau, es kommt dein Mädchen
>Die dein ganzes Herz ergötzt.
Die Herren machen Verbeugungen.
AMELUNXEN *ihr zutraulich die Hand küssend:*
>Guten Morgen, liebe Nette,
>Kommen Sie erst aus dem Bette?

NETTE
> Gott bewahre, dummes Tier!

AMELUNXEN *vertraulich:*
> Eben war ein Späßchen hier –
> Ja, Sie dürfen es nicht wissen –

NETTE
> O Sie sagen's mir nachher –

AMELUNXEN
> Nein, ich habs versprechen müssen
> Und bin meiner Zunge Herr.
> Das ist Ihnen doch bekannt,
> Nicht?

NETTE
> O ja, im ganzen Land.

Sie verbeugt sich gegen die Gesellschaft.
> Guten Morgen – guten Morgen –
> Guten Morgen, Herr von Drost.
> *für sich:* Ach wo hat er sich verborgen,
> Meines Herzens süßer Trost?

WERNER und FERDINAND
ziehen Engelbert hinter einer Gardine her:
> Engelbert, wer ist der größte?
> Nette, komm geschwinde her.

NETTE *für sich:*
> Ach sein Herz schlägt an die Weste,
> Und das meine ist so schwer.

Engelbert spartelt; Nette weinend:
> Ach ihr felsenharte Brüder,
> Setzet mir zu Qual und Hohn
> Seine zart gebauten Glieder
> In so arge Motion.

AMELUNXEN *am Fenster:*
> Nette, hören Sie nur her,
> Hab' ein Späßchen zu erzählen, –
> Als vorlängst Sie kamen her, –

NETTE *durchs Fenster schauend:*
> Himmel, kannst du mich so quälen?

                Wohin wenden soll ich mich?
              Seht, da kommen meine Gäste,
                's ist der *Schade* sicherlich,
              Deken und der Allerbeste
                Fürstenberger nahen sich.
              für sich: Ha mich brennt ein doppelt Feuer
                Und die Lust wird zum Gericht
              Wie verwalt ich diese Feier?
                Mich zerteilen kann ich nicht
              Wohl manch freundliches Moncœurchen
                War dem Herzen lieb und wert,
              Keiner doch wie Theodörchen
                Und der zarte Engelbert.
Die Tür öffnet sich, herein tritt Max von Schade, den Schnurwix
wohl gekämmt Deken auf langen Beinen, Fürstenberg auf kurzen
– Sie begrüßen sich Jenny reicht etwas in Likörgläsern herum.
JENNY
              Nehmen Sie ein wenig Vetter!
                's wärmt das Herz und stärkts Gehirn
AUGUST DROSTE *nimmt:*
              Nun, weil Sie's befehlen – *für sich:* Götter
                's ist infamer blauer Zwirn
WERNER und BÖSELAGER *bringen Engelbert:*
              Engelbertchen trink!
ENGELBERT   Mit nichten!
WERNER
              Sparteln oder trinken, wähl!
NETTE
              Gott mit deinen Strafgerichten
                Kannst du zaudern noch?
STIMMEN *in der Ferne rufen:*
                                        Fidel!
NETTE
              Gott da sind die Tielekinder!
JENNY
              Heut ist dir das Glück nicht karg.

NETTE
> Gott verzeih mir armen Sünder!

DEKEN
> Heut gehts mit Visiten arg.

Herr Niehoff mit den Kindern tritt ein, angetan mit einem Maulkorbe wegen des Zahnwehs.

NETTE *eilig zu Jenny:*
> Setz die Butter aus dem Zimmer,
> Bring den Fusel in den Schrank,
> Er verachtet Alles immer,
> Und es ist ihm nichts zum Dank

Die ganze Gesellschaft gähnend. Nette zu Jenny:
> Sprich was sollen wir nun machen
> Mit dem ennuyanten Corps?

JENNY *leise:*
> Nun so reit den Braunen vor.
> *laut:* Sollen wir Musik nicht machen?

AUGUST DROSTE
> Wenn Sie wollen, herzlich gern
> *für sich:* Das ist doch ein Unglücksstern!

AMELUNXEN
> Darf ich bitten, liebe Nette?

FÜRSTENBERG *mit einer höflichen Verbeugung:*
> Ach! – *für sich:* Ich wollt' ich läg zu Bette!

Es erhebt sich ein Vorhang, man sieht Nette am Flügel im Kabinett, die Herrschaften im Kanapee, Amelunxen vor dem Loche. Es liegen viele Bücher auf dem Tische. Niehoff stellt sich langweilig ans Fenster und nimmt den 24ten Februar in die Hand, Nette singt, mit vielen Seufzern und zärtlichen Blicken auf Engelbert das Lied:
> O du, nach dem sich alle Blicke lenken –

ENGELBERT *für sich:*
> Du lieber Gott, was soll ich davon denken?

BÖSELAGER *zu Engelbert:*
> Paß auf, paß auf, da meint die Nette dich –

ENGELBERT
> O jeden andern sicher eh als mich –

>   Allein Respekt apart für die Kusine,
>   Was Kurioses liegt in ihrer Miene –
>   Zwar ich versteh mich schlecht in solchen Fällen
>   Sonst scheints aus allem klärlich zu erhellen
>   Allein ich will als Vetter es nicht hoffen
>   Gott Amor habe sie ins Herz getroffen
>
> *Nette hat aufgehört zu singen.*
>
> FÜRSTENBERG
>   Gnäd'ges Fräulein sah'n Sie je
>   Wohl das Fräulein Charpantier
>
> NETTE
>   Ja, sie ist ein liebes Wesen
>
> NIEHOFF *liest laut vor aus dem 24ten Februar:*
>   Beide sahen wir uns gern
>   Und ihr Vater ist gewesen
>   Pfarrer im Kanton zu Bern.
>
> AMELUNXEN *fällt von hinten in das Loch, rufend:*
>   Droste, das ist deine Schuld!
>
> WERNER *lachend:*
>   O du großer Schlacks, mit Huld,
>   Schlag mit deinen langen Beinen
>   Doch mein Schwesterlein nicht tot.
>
> AMELUNXEN *zieht die Beine hastig zurück.*
>
> AUGUST DROSTE
>   Das war' mal 'ne rechte Not.
>
> AMELUNXEN
>   Lieber Gott das wollt' ich meinen!
>   *freundlich zu Jenny:* Liebe Jenny, traf ich Sie
>
> JENNY
>   Wie? mit Ihren Füßen? – nie!
>
> AMELUNXEN
>   Mit den Füßen? Gott bewahre!
>   So respektlos sprach ich nicht
>   Ich will nur zu fragen wagen,
>   Ob ich an Ihr zart Gesicht
>   Mit dem Stiefel nicht geschlagen?

NETTE
          Singen Sie doch, altes Weib!
FÜRSTENBERG
     Singt er?
NETTE
             Nun so gut wie Einer.
NIEHOFF
     Kennen Sie den Schreckensteiner?
NETTE
        So ein wenig von Gesicht. 185
AMELUNXEN *singt aus der Entführung:*
     Solche hergelaufne Laffen,
     Die nach allen Weibern gaffen
     Mag ich für den Teufel nicht
NETTE
     Nein, ich bin das Spielen müde –
       Singt im Chore, liebe Herrn. 190
Sie stellt sich an den Tisch und nimmt das Zeitungsblatt in die Hände.
AMELUNXEN und DEKEN
     I nun ja, von Herzen gern.
NETTE *für sich:*
     Nun so hab' ich endlich Friede!
AMELUNXEN *zärtlich:*
     Kleine Nette!
NETTE
            Dummer Junge!
WERNER *zu Amelunxen:*
     Mäßige doch deine Zunge –
     Zwar sie läßt sich vieles sagen, 195
       Aber dies darfst du nicht wagen,
     Nenn' sie Hexe und Kokette,
       Aber nur nicht kleine Nette.
MAX
     Nun die allerkleinsten Leute
     Haben oft den größten Kopf, 200

　　　　　Und der Neckerei zur Beute
　　　　　　Wird noch mancher lange Tropf.
　　　　　Wahrlich, dem Geschmack zum Ärger
　　　　　　Achtet man sie drob gering,
　　　　　Sehen Sie den Fürstenberger
　　　　　　Und den Herrn von Kerkering

NETTE

　　　　　Vetter, ich bin überwunden,
　　　　　　Die Beweise sind zu klar,
　　　　　Dieses hat mein Herz gefunden
　　　　　　Es ist gar zu offenbar –
für sich, leise, auf Engelbert sehend:
　　　　　Fühltest du mit gleichen Trieben
　　　　　　Alle wären wir kontent,
　　　　　Und das malheureuse Lieben
　　　　　　Nähm ein gar scharmantes End'
　　　　zu Werner: Sieh, was macht der Niehoff drüben
　　　　　　　　⟨*Lücke im Manuskript*⟩
　　　　　Er scheint ziemlich malkontent,
　　　　　Hält den Kopf mit beiden Händen
　　　　　　Und mag nicht die Augen wenden –

WERNER

　　　　　Ist wohl Zahnweh was ihn quält?

JENNY

　　　　　Oder Groll den er verhehlt?

DEKEN *singt mit dem Pastor:*

　　　　　Am Rhein, am Rhein da wachsen unsre Reben

NETTE *zu ihm:*

　　　　　Haben Sie in dieser Zeit
　　　　　　Von dem Schüler nicht gehört?

DEKEN *leise:*

　　　　　Ach seit einer Ewigkeit
　　　　　　Nicht ein einzig Sterbenswort
　　Die andern werden aufmerksamer.

NETTE

　Nun so singen Sie doch fort

DEKEN *singt:*
>Aus Leipzig ein Student hat
>Jüngst nach Haus geschrieben –

LIBRETTI

BABILON

PERSONEN

JOSEPH, *ein alter Christ*
THIRZA, *seine Frau*
HANNAH, *ihre Tochter*
MARIA und SUSANNA, *Freundinnen der Hannah*
ELI, *ein junger Christ*
RITTER BALDUIN
WEHRMANN, *sein Knappe*
SEMIRAMIS, *Königin von Babilon*
Frauen und Sklaven der Semiramis
Ein junger Hirt
Andre Hirten und Hirtinnen

ERSTER AUFZUG

ERSTER AUFTRITT

Man sieht im Hintergrunde ein Dorf. — mehr vorwärts einen kleinen Teil der Ruinen von Babilon, und eine dicht daran gebaute Hütte, Eli und eine Menge Männer kommen vom Felde zurück, Thirza zeigt sich während des Gesanges in der halbgeöffneten Tür der Hütte, —

CHOR
>Wir helfen dir die Hütte bauen,
>Schon steht sie dort im Sonnenlicht,
>O faß ein gläubiges Vertrauen
>Bau auf den Herrn, er läßt dich nicht,

ELI
>Wie seid ihr gut ihr lieben Brüder,
>Doch arm die Trift die Herde klein —

CHOR
>Fleiß und Gebet mehrt dir sie wieder

ELI
>Ach was vermag ich Armer allein

CHOR
>O fasse Mut

ELI
>Euch will ich trauen
>Euch und dem Herrn ihr laßt mich nicht

CHOR
>Wir helfen dir die Hütte bauen
>Schon steht sie dort im Sonnenlicht.

Sie verlieren sich in dem Hintergrund.

ELI *bleibt allein:*
>O könnt ich Mut nur könnt ich Mut nur fassen
>Zur Arbeit Mut zum Blick zur Rede Mut
>Denn eine süße Ahndung ruft mir zu

Umsonst sind deine Tränen nicht geflossen,
Und nicht des Zornes Röte war es jüngst
Was ihr das liebe Antlitz übergoß,
Als ich am Brunnen leise und verstohlen
20 Der Liebe erstes scheues Wort gewagt
Wie wenn das Morgenrot aufsteigt am Meere
So stieg die Glut in ihre Wangen auf
Rasch mischt sie sich in der Gespielen Haufen
Die schwüle Luft, des Liedes lustge Näh
25 Muß schonend das verräterische Zeugnis,
Das ihre Wange meiner Kühnheit gab,
Entschuldigen – seitdem, wir treffen uns
Doch flüchtig grüßend rüstig vorwärts schreitend
Auf ganz verschiednen Wegen; wie es scheint
30 Führt uns in Kurzem doch die nächste Palme
Die nächste Quelle den vereinten Pfad
– O Hannah wärst du arm wie ich es bin!
THIRZA *die sich während dieses Selbstgesprächs ihm unbemerkt genähert hat:*
Wem gilt der gute Wunsch
ELI   wie Thirza, du?!
THIRZA O Hannah wärst du arm wie ich es bin
35 Gilt's meinem Kind, so dank ich ihrentwegen
Warum mißgönnst du ihr das kleine Glück
Was ihr die öde Wüste geben kann?
ELI Mißgönnen? liebe Mutter.
THIRZA   Eli, Hör
Darum erfreut es mich daß ich gespart
40 Die Wolle webend und in feuchter Nacht
Die Kräuter sammelnd für des Viehs Gedeihn
Und daß mein Joseph Arbeit in der Glut
Und wachen in dem Nachttau nicht gescheut
Weißt du warum? daß unser liebes Kind
45 Nach Lust und nach des Herzens freiem Sinn
Dem Gatten wird daß nicht herbe Not
Zu schnöder Wahl die Arme treibt, – Sag an
Du siehst sie oft, wenn ihr die Herden treibt

Auch auf der Trift mit anderm jungen Volk
Kannst du vielleicht mir sagen, ob ihr Herz
ELI O Mutter, frag sie selbst, sie ist so gut
  Und nimmer spricht sie anderst als sie denkt
THIRZA Was scheint von Jakob Dir.
ELI   Jakob?
THIRZA   du staunst,
  Du wendest dein Gesicht,? ist Böses dir
  Von ihm bekannt so sprich!
ELI   nein wahrlich nicht,
  Ein wenig wild, er könnte stiller sein
  Doch das ist Alles Nichts wenn sie ihn liebt
  Leb wohl, ich muß zu Haus,
THIRZA   so warte doch,
ELI Ich kann nicht kann – lebt wohl
*Er entfernt sich einige Schritte, Thirza sieht ihm nachdenkend
nach.*
THIRZA
  Ruf ich ihn wieder, *Eli wendet sich um.* still was will er wohl,
  Eli was ist, fiel dir noch etwas ein
  Etwa von Jakob.
ELI   Liebe Thirza ja,
  Ich nannt ihn wild, doch er ist nur beherzt
  Stets sah ich kühn ihn nimmer frevelhaft
  Ich sprach nicht wahr doch tat ichs unbewußt
  Ein herb Gefühl verwirrte Trug und Wahrheit,
  Ich will nicht lügen kann nicht mag nicht lügen
  Und nun lebt wohl
THIRZA *hält ihn zurück:*
                              Bleib hier du guter Junge
  So wisse denn, daß, weil es unser Los
  Von andrer Menschen Zielen ausgeschlossen
  Arm, still auf wenig Stadien nur geschränkt
  Zu leben und zu sterben hab ich mir
  Statt eines Jünglings dem das Tal zu eng,
  Der in der Palme höchstem Wipfel schaukelt
  Den Staub der Karavanen zu erspähn

Statt dessen haben wir, was meinst du wohl?
ELI Was willst du, Gott!
THIRZA   für unser einzig Kind
　Uns einen stillen frommen Jüngling merk dies wohl
　Nach ihrem eignen Wunsche ausersehn,
80 Er heißt, nun ist der Nam mir gar entfallen,
　Wie heißt er denn mich dünkt, – ich glaube – Eli. –
　Eli fährt zusammen.
　Er ist nicht reich doch fleißig und geschickt
　Und wird sich bald er eine Hütte bauen
　Die Nachbarn sind ihm alle gut und helfen
ELI *ihre Hand ergreifend:*
85 Thirza ists wahr um Gottes willen ist sie mein
　Ach Gott ich will sie durch das Leben tragen
　Und euch dazu, und tun all was ihr wünscht –
　Den Mais bestellen und die Herde hüten,
　Die Datteln sammeln, Alles was ihr wollt
90 Doch Hannah weiß –
THIRZA   Wart ungeduldger Knabe
　Ich rufe Hannah, daß sie selbst dir sage
　Sie habe vor der Mutter Nichts geheim.
　Sie geht in die Hütte.

ZWEITER AUFTRITT

ELI *allein:* So bin ich dir denn nah mein schönstes Glück
　Und was ich scheu geahndet ist erfüllt
95 O du der Wangen liebes zartes Rot
　So warst du wirklich meine Morgenröte
　Die meinem Leben Sonnenschein verkündet – *Pause.*
　Ich habe meine Eltern früh verloren
　Den teuren Brudernamen hört ich nie,
100 Die Seuche fraß die Herd, ob meinem Haupt
　Senkt sich der Hütte morscher Bau zusammen. –
　Doch Himmel hast du mir Geduld verliehn
　Und das Vertrauen hast du mir nicht entzogen

Gott trägt an seinem Herzen all Geschöpf,
O teurer Wahlspruch meines Vaters Erbe
Der bleichen starren Lippen letztes Wort
Wie treu wie herrlich hast du dich bewährt. –

    Als ich ein Knabe sorglos unbewußt
    Nur kannte meiner Jugend reine Freuden
    Da legte still in meine zarte Brust
    Mein Vater früh die Stütze künftger Leiden
    Mein Kind, was auch dein Leben schlägt
    Gedenke stets in Lust und Schmerzen
    Dein Gott und Herr der all' die Welten trägt
    Er trägt auch dich an seinem Herzen

    Und als die Seuch' in meine Herde kam
    Und mit dem Schwinden meiner kleinen Habe
    Auch immer mehr die Hoffnung Abschied nahm
    Von meiner Liebe schmerzlich süßer Gabe
    Da sann ich zweifelnd aufgeregt
    Versenkt in trüber Ahndung Schmerzen
    Mein Gott und Herr der all' die Welten trägt
    Trägt er auch dich an seinem Herzen?

    Doch zitternd heb' ich dankerfüllt den Blick
    Denn wie die Sonne aus des Nebels Wiegen
    Ist meines Lebens allerschönstes Glück
    Mir aus der dunklen Zukunft aufgestiegen
    Und jubelnd, sprech ich, tief bewegt
    Nur Wonne kennend keine Schmerzen
    Mein Gott und Herr der all' die Welten trägt
    Er trägt auch mich an seinem Herzen!

THIRZA *an ihrer Hand, Hannah:*
So recht mein Sohn, blick dankend auf den Himmel
Dann schaut er wieder schützend auf dich nieder
So seh ichs gern doch also nicht wer trüb
Das Auge aufschlägt nicht zu Gottes Huld

Nein zu der Sterne rätselhaftem Lauf
Es tuens viele gute Christen sonst
ELI *auf Hannah zueilend:*
O meine Hannah!
THIRZA *ihm nachfolgend, und seine Hand fassend:*
    Eli, hör mich wohl
Soll ich die Tochter dir vertraun gelobe
140 Des Sternenlaufes töricht Wissen ab.
ELI Ich treib es nimmer, liebe Mutter –
THIRZA   sage,
Es ruht noch still in meiner jungen Brust
In Schlaf gewiegt, von andern holden Bildern
– Allein dir ward die unnütz trübe Gabe
145 Ich weiß es, durch des alten Paulus Gunst
Doch wenn das Alter uns der Jugend Freuden
Unschmackhaft macht, der Jugend Wünsche klein
Dann regt sich langsam auf was tief verborgen
Und andre Lust erwächst aus andrem Boden
Eli hat indessen stumm mit seiner Braut geredet.
150 Eli hörst du nicht
ELI   Ach geliebte Mutter
Ich habe sicher alles wohl beachtet
Und gern entsag ich dieser eiteln Kunst
Was Gott beschloß kann ja der Mensch nicht wenden
Warum erforschen was ihm nimmer frommt
155 Glaubt mir in meines Lebens Trübsal sucht
Ich stets beim Himmel Trost doch nie am Himmel
Ein frei Gewissen, und ein fest Vertraun
Das sind zwei Sterne
THIRZA   Nun so nimm mein Kind. –
Sie legt ihre Hände ineinander.
Und möge dir der reinen Liebe Sterne
160 Als drittes Zeichen durch das Leben leuchten
Dann seid ihr wohl bewacht
Hannah und Eli umarmen sich.
         Dein Vater hat
Vor langer Zeit auch einmal diese Kunst

Dies falsche Spiel, zum Zeitvertreib erlernt
Ein schöner Zeitvertreib, doch aufgeschreckt
Durch jenes Thomas Ende vielerzählt 165
Und viel verfälscht doch schauderhaft genug
Kurz, – längst entwohnt beklagt er dennoch oft
Wie er gewaltsam muß die Augen wenden
Des Sternenhimmels süße Pracht entbehren
Daß nicht, was andern hold, ihr stiller Gang 170
Ihn sinnverwirrend reißt zum längst entsagtem
Verbotnem Tun
ELI   Nun Mutter da
 Bin ich gesichert, denn ich sag es froh
 Rühmt ich mich dieser Kunst 's wär eitles Prahlen
 Der Not Gedanke und die herbe Sorge 175
 Hat ihre wirren Regeln, nie geübt,
 Dem treulosen Gedächtnis längst entwandt,
 Ich müßt aufs Neu es lernen –
THIRZA   Gott sei dank
 Denk nimmer dran, laß es nun ganz entfliehen. –
HANNAH Doch Mutter mit dem Thomas 180
 Ein schaurig Märchen wahn ich es bereits
 Hat das Gespenst sich wirklich ihm genaht,?
THIRZA Mein Kind, der Mann ist tot so laß ihn ruhn
 Doch wiss' daß er ein warnend Beispiel ließ
 Und trüglich arger Zaubermacht verfiel 185
 Dort in den Trümmern,
HANNAH   wo sich Eli anbaut?
THIRZA Ganz recht, daher kam nun die Sage auf
 Ruinen jener ungeheuren Stadt
 Jetzt nur betreten von der Hirten Fuß
 Sie hat ein ruchlos stolzes Weib gegründet 190
 Mit Erdharz fügend wie für ewge Zeiten
 Der Mauern unerhörten Wunder Bau so spricht
 Die Sage und es ist gewiß daß oft
 Vor allem in des Frühlings lauen Nächten
 Ein seltsam Tönen durch die Trümmer schleicht 195
 Und blaue Flämmchen um die Säule irren

Ich sah es nimmer, doch mein Gatte oft
Denn wer den Zauber dienstbar macht der wird
Ihm selber dienstbar zum gerechten Tausch
Doch seh ich recht so naht mein Gatte, *Da sie mit ihr gehn.*
                                                             bleibt
Ich künd' ihm erst wie Alles schon beredet
Was wir beschlossen,
Man sieht Joseph erscheinen und wieder in den Kulissen verschwinden, jenseits der Hütte, Thirza geht in die Hütte.

FÜNFTER AUFTRITT

Eli, Hannah.

ELI   Hannah, Lieb
So sags zum ersten Mal, bist du mir gut?
HANNAH O Eli wußtest du das nicht bis jetzt?
Da Eli sie in seine Arme schließt.
Du loser Frager,
ELI   Doch du sollst mir's sagen
Nach so viel Schmerz nach so viel trüben Stunden
Will ich den süßen Augenblick nicht missen
Wo deine liebe Lippe sagt so stumm
So trostleer oft den allerliebsten Laut
Den süßesten mir schenkt – o Liebchen sprich
Bist du mir gut
HANNAH *freundlich:*
              Du hast auch viel gelitten
Wenn nicht durch mich doch überall recht viel
So hör denn ich bin Dir herzlich gut
Ach all zu gut, soll ich dir Alles sagen
Das Höchste dir, du böser teurer Mann
Die Eltern lieb ich, und du weißt wie sehr
Dich liebe ich nicht minder und ob mehr? –
Ach laß mich schweigen
ELI   *süßes süßes Kind!*
HANNAH Doch du hast mich nicht lieb? –

ELI   ach über Alles.
Sie umarmen sich.

QUINTETT

ELI
> Nimm hin der Lippen treuen Schwur
> Mein Mädchen dich dich lieb ich nur
> O gib den Schwur zurück

HANNAH
> An deiner treuen Brust allein
> Will ich mich meines Lebens freuen
> Du meines Lebens Glück

ELI   So liebst du mich

HANNAH
> Allein nur dich

ELI   allein nur dich,

HANNAH
> So liebst du mich?

BEIDE   *Allein* nur *dich.*

HANNAH
> Das niedre Dach der Palmenhain
> Soll mir mit dir weit lieber sein
> Als jener Trümmer einstge Größe
> Von deren Gold und Prachtgetöse
> Man oft erzählt beim Lampenschein
> Doch liebst du mich?

ELI   liebst du mich?

BEIDE
> Allein nur dich

JOSEPH und THIRZA
>   o liebend Paar
> Der Gott der Größe, er segne dich

HANNAH und ELI
> Nun so wollen mit frohem Gemüte
> An die Sorgen des Lebens wir gehn
> Ob die Sonne wohl flammend erglühte
> Wird die Liebe Erquickungen wehn

JOSEPH und THIRZA
Ach sie welkt wohl die duftende Blüte
Doch die Frucht ist nicht weniger schön
MARIAH *die während dem herzu gekommen ist:*
Was sie stets zu verhehlen sich mühte
Endlich ist es am Tage zu sehn
MARIAH *herzutretend und Hannah neckend bei der Hand ergreifend:*
Zur Hochzeit nur vergiß mich nicht zu laden
HANNAH *hastig:*
Du hast gelauscht?
MARIAH gelauscht nicht doch gehört
So sprich
THIRZA Mein Kind bestürm sie jetzt noch nicht
Zu den Beiden.
Da ist der Vater
Die Beiden gehen zu dem Alten und reden mit ihm, er legt seine Hände auf sie und scheint sie zu segnen.
sieh mein liebes Kind,
Der Vater hat doch gar das erste Recht
Ein ernst und segnend Wort darum zu reden
Er sieht sie als Verlobte jetzt zuerst
Doch mich frag' was du willst, ich sprach sie schon
Da Mariah schweigt.
Du schweigst, doch nicht weil ich dich unterbrochen
Sei Drum nicht scheu es war ja kein Verweis
Daß sie den Vater nicht begrüßt das konntest
Du gar nicht wissen, darum sagt ichs auch
Da Mariah sich an sie schmiegt.
So Kind
MARIAH Wann ist die Hochzeit denn
THIRZA Erst wird
Das Haus gebaut dann ist die Hochzeit
MARIAH bleibt
Denn Hannah nicht in eurer Hütte
THIRZA Nein
Nein sag ich dir ein junges Ehpaar ist

Im Arm der Eltern gar zu wohl bewahrt 260
In Kraft und Jugend muß es sich befreunden
Der Sorg' und mit ihr der Entschlossenheit
Daß nicht wenn Elternsorge einst zerrinnt
Im tiefen letzten Schlaf sie ängstlich stehn
Gleich irren Wandrern doch das ist für dich 265
Noch Nichts
MARIAH   Ach wie wird Hannah trauern wenn
Sie das geliebte Dach zum Fremdling soll
Verlassen
THIRZA   Fremdling?
MARIAH   's ist doch immer weit
Man sieht ja seine Hütte kaum vom Dorf
THIRZA Gleich viel 270
MARIAH   Doch da sie erst sich anbaun will
So würd ich dort seht dort am Hügel wo
Die Dattel zittert in der Quelle Schein
Mein Hüttchen baun, 's ist gute Weide dort
Und Schatten und Gewässer und sie bleibt
In eurer Nähe 275
THIRZA   Wohl, das soll sie auch
Doch jener Anger hat gar viele Herren
MARIAH Ach jeder wird
THIRZA   Auch freundliches Geschenk
Wird nimmer, was ein selbsterworbnes Gut
MARIAH Wo aber denn?
HANNAH *die indes mit den Übrigen näher gekommen:*
                Mariah, dort!
MARIAH   was dort?
Im Trümmerhaufen? 280
HANNAH   In dem Palmengrund
MARIAH Der Geister Sitz
ELI   Sie fliehn wo Leben weilt
MARIAH
Mit goldnen Schätzen lockend Üppigkeit und Pracht
HANNAH Genügsamkeit und Liebe macht uns reich
Nur eitles Wünschen gibt den Geistern Macht

285 MARIAH Und das kannst du beschließen sonder Furcht?
HANNAH
   Ich kanns,
                       REZITATIV
         denn Furcht darf Schwäche nie begleiten
   Und wen des Herren Hand deckt der ist stark

                         ARIE

      O laßt mir meiner Seele stillen Mut
      Er wird schützen wird mich leiten durch das Leben
290   Was immerhin uns mag die Zukunft geben
      Ein froh Bewußtsein bleibt das höchste Gut
      Seht wie der Quelle dunkle Wellen
      Im Abendlichte glänzend schwellen
      Vom Abendrote schimmernd das Gebirge selig ruht
295   So wird die Liebe meines Lebens Dunkel hellen
      Und jedes Leiden schmelzen in der reinen Glut
      O laßt mir et cet –

      Was ist die Furcht ein leerer Schatten nur
      Ein Nebel undurchdringlich in der Ferne
300   Doch nahe dich und freundlich schaun die Sterne
      Durch zarte Dünste auf betaute Flur
      Der Abend sinkt, bald ruft ihr Flimmern
      Mit holdem Schimmern
      So halte fest an Glauben und Vertraun
305   Denn selbst auf Babilons verwaisten öden Trümmern
      Darf fromm die Unschuld ihre arme Hütten bauen
      O laßt et cet.

   JOSEPH *Hannahs Hand ergreifend:*
   Mein Kind, der Himmel wird dich ja beschützen
   THIRZA *dazu tretend:* Laß sie; die eigne Ruhe ist ihr Schutz
310 Sie hat gar Recht daß selbst auf Babels Trümmern
   Die Unschuld fahrlos ihre Hütte baut
   So laß sie doch

MARIAH   Doch Hannah sag mir recht
Wo wirst du wohnen in den Trümmern bin
Ich gar nicht sehr zu Hause
ELI   fürchtest dich?
MARIAH Das eben nicht
HANNAH   doch etwas in der Art
MARIAH Ich eben nicht doch die Gespielen alle
Keines wagt sich gern ins Labyrinth von Trümmern
Wo uns die Säule anstarrt mit dem Haupt
Dem hart verletzten, und des Baues Hang
Zusammenprasselnd in der stillen Nacht
Den Hirten schreckt der bei der Herde wacht
Drum meid' ich's auch, denn einsam wandeln ist
Ihr wißt es meine Sache nicht
ELI   Gewiß
Wir wissens alle und Johannes auch
Ja wie du rot wirst
HANNAH   Eli quäl sie nicht
Sieh her Mariah wie der Abendhimmel
Ein goldnes Meer der roten Glut entschmolzen
An den Gebirgen auf und nieder wogt
Komm laß uns wandeln
MARIAH   Gern geliebtes Kind
Nicht wahr du zeigst den Ort mir wo ich künftig
Mir Hannah suchen muß will ich sie finden
HANNAH
Recht gern wenn dir nicht graust
THIRZA *die während der Zeit mit Joseph gesprochen:*
                              Wohin ihr Mädchen
MARIAH Zu den Ruinen mir ist auch nicht bange
JOSEPH Bleibt nicht zu lang und geht nicht all zu weit
Ein fränkisch Schiff soll angekommen sein
Am Ufer des Euphrat
HANNAH   Eli, schlaf wohl
ELI Darf ich nicht mitgehn
THIRZA   nein bleib hier mein Sohn.
ELI So ruhe sanft

Er reicht Hannah die Hand zum Abschied, die Mädchen gehn fort.

     Auch ich muß wohl von hier
Schon naht die Nacht und meiner harrt die Herde
340 THIRZA *drohend:* Eli!
ELI   zum ersten Male heut versäumt
THIRZA Am Brauttag muß mans so genau nicht nehmen,
Doch geh,
ELI *ihnen die Hand reichend:*
   der Himmel geb euch sanfte Ruh *Er geht ab.*
THIRZA Du bist so still mein Joseph!
JOSEPH   wunderliche Träume
Verworrne Ahndungen
THIRZA   o laß sie ruhn
345 Stör ja der Kinder arglos frommen Sinn
Durch deine trüben Worte nicht und komm
Komm mit zur Hütte lieber armer Mann
JOSEPH Jawohl, Gott wende Unheil.
THIRZA   Amen! komm.

Finale

ZUM VIERTEN AUFZUG

Später Abend. Hannah. Maria. Susanna.

HANNAH
 Nun da sind wir,
SUSANNA
    Hannah wie und hier,
Hannah hier soll eure Hütte stehen
Auf den Trümmern die der Spuk umkreist, –
HANNAH
 Gott ist bei uns, warum soll uns graun
MARIA
5 Hannah weiß, du kömmst und bannst den Geist,

SUSANNA
    O wer weiß, du sprichst wohl sonder Zagen,
    Doch die Tat,
MARIA   ich hoffe nichts zu sehen,
    Dieses ist mein Mut ich möchte fragen,
Sie fährt zusammen.
HANNAH
    Sprich was ist dir?
MARIA   hast du nichts gesehen?
HANNAH
    Wo?
MARIA
     sind dort
HANNAH   es sind der Palme Zweige
    Wogend ob der Säule dicht umlaubt
SUSANNA *lachend:*
    O du Heldin der ich tief mich beuge
    Du wankst früher als ich es geglaubt
MARIA
    Spotte nur und – Hannah sei mein Zeuge
    Obs nicht hernickt wie ein dunkles Haupt
SUSANNA
    Das ist Nichts, doch wenn in tiefer Nacht
    pathetisch: feurige Gebilde,
    In den Lüften schweben,
    Und zu Sturmes Wilde
    Leise Donner beben
    Dann kömmt, gib acht, ein großer schwarzer Greif,
    Erst schwebt er dunkel in der Lüfte Mitte,
    Dann immer tiefer tiefer zu der Hütte
    Und
Sie fährt Marien mit der Hand über die Wange.
       fährt dir durchs Gesicht mit seinem glühnd
                               Schweif,
    Hu, *Sie läuft fort.*
MARIA
     Susanna bleib doch

SUSANNA *im Laufen:*
>   Gott behüte
HANNAH
> Laß sie gehn, sie tut mir heut nicht gut,
> Mir ist seltsam nur zu deiner Güte
> Möcht ich flüchten wie in treue Hut

MARIA
> Liebste Hannah
HANNAH
>   ja es ist kein Spiel
> Tief und Ernstes hab ich heut begonnen,
> Mir gesteckt des ganzen Lebens Ziel,
> Und ein teures Zweites Selbst gewonnen

MARIA
> Du denkst tiefer als ich eine sah,
> Aller die in unsern Hütten wohnen,

HANNAH
> Unsre Hütte liegt nicht all zu nah,
> Oft muß ich der Einsamkeit gewohnen

MARIA
> Aber sprich wie magst du sonder Graus,
> Hier dich anbaun in den wüsten Trümmern

HANNAH
> Diesen Wohnplatz sah der Vater aus,
> Joseph billigt ihn, was solls mich kümmern,
> Wenig Schritt nur und ich seh das Haus
> Und der Eltern stille Lampe schimmern,
> Und zudem seit Joseph mein sich nennt,
> Ists als ob mein Herz kein Übel kennt: –

BEIDE
> Ja der reinen frommen Liebe Segen,
> Ist in Graus und Not ein sichrer Stab
> Sünd und Unheil flieht von ihren Wegen,
> Und die Engel blicken still herab.

HANNAH
> Laß uns gehn, die Eltern möchten warten,

CHOR DER MÄDCHEN *was sich indes leise genaht:*
> Heil dir heil gegrüßt du junge Braut,

HANNAH
    Gott was ist dies,
SUSANNA *lachend:*   laß dich's nicht befremden,
HANNAH
    Als Geheimnis hatt ich's dir vertraut,
CHOR
            Es bleibt nicht verhehlt,
            Was still im Herzen brennt,
            Was dich entzückt und quält
            Und was kein Name nennt,
            Still wächst die Pflanze auf,
            Doch endlich kömmt die Blume
            Die Sonne scheint darauf
            Die steht in Glanz und Ruhme,
HANNAH
  Wie soll ich euch danken ihr Lieben hold und traut
CHOR
            Heil dir Heil gegrüßt du junge Braut,
Sie umarmt Eine nach der Andern.
THIRZA *ruft hinter der Szene:*
        Hannah, Hannah,
Sie tritt auf nebst Eli der gedankenvoll scheint die Begrüßung der Mädchen nur flüchtig beantwortet und sich an eine Trümmer stützend nach den Sternen blickt.
THIRZA   Meine Hannah so umringt?
HANNAH
        Ja die Lieben sind gekommen...
THIRZA
            Nun ich weiß schon was ihr bringt,
            Eure Wünsche werden frommen,
            Wie ein Duft zu Himmelshöhn
            Dringt der Unschuld frommes Flehn,
            Aber geht die Nacht ist dunkel,
            Nicht der Sterne klar Gefunkel,
            Leuchte auf der Jungfrau Pfad,
            Wenn sie einsam ihn betrat,
            In der Sonne muß sie wallen,

    Sichtbar und gesehn von allen,
75   Nun ihr guten gute Nacht,
CHOR nebst HANNAH und MARIA *im Abgehn:*
    Gute Nacht gute Nacht,
THIRZA *sich zu Eli wendend:*
    Schau so bang nicht nach den Sternen,
    Trauter Gatte, schlaf in Ruh
    Kennst den übern Sternen du
80   Was von Ihnen willst du lernen –
ELI

    Wahres Wort und doch aus Fernen
    Wunderlicher Ahndung winken
    Sie mit rätselhaftem Blinken
    So gewaltig auf uns her
85   Daß man fragen darf ach wer
    Sehnt sich nicht ihr Licht zu trinken
    Wem nicht bangt vor ihrer Warnung
    Heut mit zaubrischer Umgarnung
    Naht der Tod sich einer Schwelle
90   Friedlich hat des Lebens Welle
    Sie bis hierher nur bespült
    Heute muß den Sturm sie lernen
    Dieses las ich aus den Sternen
    Ob mein Herz nun Unruh fühlt?
THIRZA
95   Das steht in den Sternen nicht
    Nicht im ganzen Buch der Wesen
    Das hat einer nur erlesen
    Den wir ahnen den wir kennen
    Dem ja unsre Herzen brennen
100   Mitten in ungläubger Welt
    Hat er nicht uns treu bewahrt
    Nah an jenen Trümmersteinen
    Wo sich Graus und Zauber paart
    Und just die sind wie geschart
105   Um die Heiden fortzuschrecken
    Friedlich still uns hier zu decken
    Laß uns beten. –

BEIDE *kniend:*   Herr vor Kummer
        Wahre hold der Unschuld Schlummer
        Um sie morgen froh zu wecken!

Die Musik währt fort, sie knien noch ein Augenblick; dann gehn sie langsam unter der Musik, nach der Seite der Hütte, der Vorhang fällt.

⟨DER BLAUE CHERUB⟩

PERSONEN

ULLA
ERINNERUNG } *Diskant*
BARMHERZIGKEIT

HANNAH
LEICHTSINN } *Alt*
AMOR

DER KÖNIG
GUSTAV
ERICH
SCHWEDISCHER OFFIZIER } *Tenoristen*
BACHUS
DIE GELEGENHEIT

BERG
TIDSELMANN
TORDENSKIOLD
OBERFALKNIER } *Bassisten*
MEERMANN
WILDER

Chor von Arbeitern, Falknieren, Matrosen Soldaten Masken

ERSTER AKT

TIDSELMANN
    So kann ich also sicher bauen
    Auf euer väterliches Ja

BERG
    Was ich gesagt dem könnt ihr trauen

TIDSELMANN
    Umarmt als Schwiegersohn mich da

BERG
    Mich hemmt eur Bauch

TIDSELMANN
                  Mich Eurer auch
    Verzeiht daß ich euch nicht umfange

BERG — TIDSELMANN
    Ist ohnehin ein bloßer Brauch
    Nach dem ich eben nicht verlange

BERG
    Ihr habt ein Gut

TIDSELMANN
                  Mit Hof und Scheunen

BERG
    Neu aufgebaut

TIDSELMANN
              Das will ich meinen

BERG
    Viel Küh und Schafe

TIDSELMANN
                Das blökt und brüllt

BERG
    Die Vorratskammern

TIDSELMANN
                Sind wohl gefüllt

BERG
    Sechs 1000 Kronen noch dabei
TIDSELMANN
    Mit König Gustavs Konterfei
    Wie er im Leben ging und stand
BERG
    Ihr seid mein Sohn, da meine Hand
TIDSELMANN
    Ich danke schön
BERG
                 Ist nicht vonnöten
    Ihr seid ja reich
TIDSELMANN
                   Macht mich erröten
BERG
    Ein Gut habt ihr
TIDSELMANN
                 Mit Hof und Scheunen
BERG
    Neu aufgebaut
TIDSELMANN
                 Das will ich meinen
BERG
    Viel liebes Vieh
TIDSELMANN
                 Ich bin kein Prahler
BERG
    Und bares Geld
TIDSELMANN
               6000 Taler
BERG
    Ihr seid mein Sohn doch eins noch hört
    Ihr schaut ins Gläschen allzu tief
    Ihr trinkt
TIDSELMANN
               Nur wenn mich Durst verzehrt,
    Doch nie wenn ich berauscht entschlief

BERG
>Ihr habt mein väterliches Ja
TIDSELMANN
>Umarmt als Schwiegersohn mich da
BERG
>Mich hemmt eur Bauch
TIDSELMANN
>>Mich eurer auch
BEIDE
>Verzeiht es will mir nicht gelingen
>Ist ohnehin ein bloßer Brauch
>Und kann uns keinen Nutzen bringen.

ULLA *kömmt singend:*
>>Der Vater und die Mutter
>>Sie litten große Not
>>Verkauften ihre Tochter
>>Wohl um ein Stückchen Brod
>>Doch nimmer will ich leben
>>Im heidnisch wilden Land
>>– O Bruder mein Bruder
>>Wie lieb bist du mir
>>Verkauftest dein Schiffchen
>>Und lösest mich dafür
>>Nun werd ich nimmer leben
>>Im heidnisch wilden Land

TIDSELMANN
Alles wird glücken, die ich mir erwähle
Spielt zwar die Spröde, und läßt mich allein
Lustig, Freund Bachus, feucht an meine Kehle
Bald wird das niedliche Schätzchen doch mein
Ihr Mädchen ins Grüne, du Wein, ins grüne Glas
Heisa, Vater Jörgen, streich deinen Baß! –
Dreht euch, ihr Dirnen, im lustigen Reihen
Munter, ihr Bursche darauf und daran
Rührt eure Beine, zum Klang der Schalmeien
Trinkt euch ein Räuschchen, so ziemts ja dem Mann
Ihr Mädchen et cet. –

GUSTAV

> Bald wird Gustav blau sich kleiden
> Und im muntern Waffentanz
> Strebt er nach des Ruhmes Glanz
> In dem Kampf fürs Vaterland

ULLA

> Ulla weint, sieht sie dich scheiden
> Jammert, wenn du ihr enteilt
> Und sie nun verlassen weilt
> An dem heimatlichen Strand,

GUSTAV

> Schnell ereilt mein Mut das Glück
> Bald kehr ich zu dir zurück
> Auf der Liebe mächtgen Schwingen
> Will ich Ruhm und Ehr erringen
> Beute, aus der Feinde Mitte
> Bring ich dann in deine Hütte

ULLA

> Dann steigt Freude zu mir nieder
> In der gramerfüllten Brust
> Regt sich neue Lebenslust
> Sprießt des Glückes Blume wieder

BEIDE

> O Seligkeit, o Wiedersehn
> Wie wirst du unser Glück erhöhn

GUSTAV

> Wenn auch Todesschrecken dräuen
> Wird sich Gustav nimmer scheuen
> Pfeilschnell stürzt er wie der Blitz
> Auf das feindliche Geschütz
> Ob es furchtbar, donnernd kracht
> Und – sinkt er in Todesnacht – *Hält inne.*

ULLA

> Dann folgt Ulla dem Getreuen
> Wird mit ihm des Ruhms sich freuen
> In dem fernen selgen Land
> Wo die ewge Sonne scheint

⟨DER BLAUE CHERUB⟩

    Wo des Himmels Macht vereint
    Was die Liebe hier umwand
BEIDE
    Du der Liebe Göttin, wende
    Huldvoll auf uns deinen Blick
    Und von deinem Throne sende
    Uns der Erde höchstes Glück *Beide ab.*
Man hört eine Glocke läuten.
CHOR DER ARBEITER
    Hört die Mittagsglocken schallen
    Durch die grün umlaubten Hallen
    Lieblich lieblich tönt ihr Klang
    Frühe mit metallenem Munde
    Weckt sie uns zur Arbeitsstunde
    Gleich der Vögel Morgensang
    Dann den Spaten in den Händen
    Wir uns rasch zur Arbeit wenden
    Schaufeln, graben, frisch drauf los
    Müde lenken wir die Schritte
    Rückwärts nun zur Waldesmitte
    Ruhen aus in seinem Schoß –
Die Falkeniere kommen.
    Ja die Jagd ist die herrlichste Lust auf der Welt
    Und kein fürstlicher Jägersmann
    Uns Falkniere entbehren kann
    Will er Wildprett zum reichen Gewinn
    Was wär die Jagd ohne Falken, ihn hält
    Mächtig die Hand
    Mit Kappe und Band
    Steht gleich nach Beute sein gieriger Sinn
    Doch losgelassen steigt er hinauf
    Durch Luft und Wolken nicht endend den Lauf
    Bis er hoch über Waldeslaub
    Sich erjagt den Kühnen Raub
    Trara Trara Trara
    Wie so froh ist der Jägersmann da

CHOR

>Trara Trara Trara
>Wie so froh ist der Jägersmann da –

KÖNIG

>Einst zog michs nach Südlands Aun
>Von dem eisgen nordschen Strand
>Dorthin, wo nur Lust zu schauen,
>Wo der Freude Heimatland
>Wo, wenn sich die Sonne senkt
>Zwiefach goldne Sterne glänzen
>Wo das Herz nur Liebe denkt
>Wonneschauer es umkränzen. –

>Ach es prägten Welschlands Freuden
>In des Jünglings Brust sich tief
>Da mußt er von dannen scheiden
>Weil das Vaterland ihn rief
>Er gehorcht der ernsten Stimme
>Doch selbst mitten in der Schlacht
>Wild umtobt vom Kriegesgrimme
>Hat des Südens er gedacht. –

>Meine Rosen sind geschwunden
>Meine Veilchen längst dahin
>Doch gibts auch noch frohe Stunden
>Für den männlich ernsten Sinn
>Ist gleich Jugendglanz zerronnen
>Werd ich hier im Blütenhain
>Mich oft der Erinnerungswonnen
>Meines frohen Lenzes freun – *Hurraruf.*

TORDENSKIOLD und MATROSEN

>Hoch soll unser König leben
>Kummer soll ihn nicht umfahn
>Seine Feinde sollen beben
>Wagen sies sich ihm zu nahn
>Will auch der Schwede nicht weichen
>Zieht er zu Lande einher

    Muß er die Segel doch streichen
    Zeigt er sich uns auf dem Meer

CHOR DER MATROSEN

    Hoch leb der Seemann, wenn Sieg er errungen
    Sucht er die Lust sich im Hafen, am Land
    Eng hält den Bürger die Heimat umschlungen
    All überall ist der Seemann bekannt
    Frei zieht der Vogel aus nordischen Wäldern
    Fröhlichen Mutes nach Afrika hin
    So auch der Seemann, zu fernsten Feldern
    Schifft er mit jubelndem heitrem Sinn
    Forthin nach Schweden gehts auf gut Glück
    Dunkelt der Abend sind wir zurück

ZWEITER AKT

Bauernstube.

GUSTAV

    Falsche Hoffnung bist entschwunden
    Hier ist meines Lebens Glück
    Heißer Liebe Wonnestunden
    Kehrt nun nimmermehr zurück
    Keine Abendsonne winket
    Fortan mich zur Teuren hin
    Wo des Todes Sense blinket
    Dorthin nur verlangt mein Sinn. –
    Doch selbst bei den starren Leichen
    Auf dem blutgen Schlachtgefild
    Wird vor meinem Blick nicht weichen
    Holde dein geliebtes Bild
    Wird im Kampfe vor mir schweben
    Zeigt zum Siege mir die Spur
    Laß ich auch im Streit mein Leben
    Fall ich doch aus Liebe nur. –

TORDENSKIOLD *stößt in die Pfeife. Matrosen eilen herbei:*
    Greift ihn ihr Bursche, nehmt ihn gefangen

GUSTAV
    Ha falscher Graubart betrogst du mein Herz
TORDENSKIOLD
    Seufzender Schäfer, was soll dein Bangen
    Ist unser Ernst nicht ist ja nur Scherz
MATROSEN
    Solln wir ihn halten, soll er gebunden
    Mit uns zum nahen dänischen Strand
TORDENSKIOLD
    Andere Kette schon hält ihn umwunden
    Führt ihn zur Jolle, laßt frei ihm die Hand
GUSTAV
    Grausames Schicksal konnt ich es wähnen
    Mädchen und Freiheit beraubt mich zu sehn
    Harte Barbaren
MATROSEN
                 nein wir sind Dänen
    Törichter sollst nur als Gast mit uns gehn
GUSTAV
    Ulla, ach Ulla, nie werd ich dich schauen
    Denk an den Freund der auf immer verschwand
TORDENSKIOLD und MATROSEN
    Möglich, er findet auf feindlichen Auen
    Was er im Vaterlande nicht fand
GUSTAV
            Grausames Schicksal et cet
MATROSEN
Nein wir sind Dänen – et cet – *Sie führen ihn fort.*
Zimmer in Bergs Hause.
BERG
    Hast du Mitgift, Kind bedenke
    Tische Stühle, Eichenschränke
    Angefüllt mit weißem Leinen
    Zinn und Kupfer in den Schreinen
    Teller Schüsseln, von Fayence
    Bringst mich aus der Contenance
    Nennst du einen Heller dein?

ULLA

    Die Verlaßne braucht nicht viel
    Bald ist sie am Leidensziel
    Hier im Hause eine Kammer
    Auszuweinen meinen Jammer
    Etwas Brod, das eure Hände
    Reichen mir als Mitleidsspende
    So laßt mir mein Leben sein

BERG

    Das wär schön, das Gott bewahre
    Töchterchen sei doch gescheit
    Zählst schon volle zwanzig Jahre
    Eilig fliegt die Jugendzeit
    Darum sollst, auch wider Willen
    Du des Vaters Wunsch erfüllen
    Denk ein Küster wird dein Mann

ULLA

    Höre deine Tochter an

HANNAH

    Er ihr Mann das wäre was
    Schaut er ewig doch ins Glas

BERG

    Zwar trinkt er ein wenig viel
    Kennt im Trunk nicht Maß und Ziel
    Hat er sich gelabt am Wein
    Schlummert er ganz ruhig ein
    Tut Nichts! wie das Sprichwort sagt
    Wer da schläft nicht Leute plagt

ULLA

    Gönnt mir, Vater, einge Tage
    Mich zu fügen in mein Leid

HANNAH

    Gönnt der Armen doch zur Klage
    Und zur Fassung etwas Zeit

BERG

    Nein ihr sollt mich nicht verführen
    Lasse mich nicht von euch rühren

        Mit Herrn Tidselmann vereint
        Bist du, eh die Nacht erscheint

ULLA

        Vater, ihr raubt mir das Leben

BERG

        Nur Geduld, wird sich schon geben

ULLA

            Ein tödlicher Schmerz
            Erfüllet mein Herz
            Doch ehe mir Armen
            Solch Leid widerfährt
            Wird Gott sich erbarmen
            Den stets ich verehrt

HANNAH

            Wie peinvoll ihr Schmerz
            Erfüllet mein Herz
            Doch ehe der Armen
            Solch Leid widerfährt
            Wird Gott sich erbarmen
            Den stets sie verehrt

BERG

            Gefaßt bleibt beim Schmerz
            Der Närrin mein Herz
            Kein töricht Erbarmen
            Bewegt mir den Sinn
            In Tidselmanns Armen
            Nur blüht ihr Gewinn. –

ULLA

        Lenz erschien, des Ufers Rand
        Schmückt er mit dem Blumenband
        Mit der schönsten Rose
        Doch die Frühlingspracht entwich
        Und der Rose Glanz verblich
        In dem schwarzen Moose
        Kehrst nicht bald zu uns zurück
        Farbenreicher Sonnenblick

HANNAH

    Es verstummt der Quelle Ton
    Buchenlaub wird bräunlich schon
    Gräschen senkt sich nieder
    Vogel schwieg, durch Flur und Wald
    Heult der grause Sturmwind kalt
    Seine Totenlieder
    Und die Wehmut sah sich stumm
    Nach entblühter Rose um

BEIDE

    Frühling, mit der Blumen Pracht
    Bist ein Bild der Liebe, lacht
    Ihr des Glückes Sonne
    Doch der Freudensommer fleucht
    Wenn die grüne Hoffnung weicht
    Schwindet jede Wonne
    Unter eisger Decke nur
    Rauscht der Quelle Lebensspur. –

Vater Berg – Tidselmann und Erich kommen.

TIDSELMANN

    Heil dir, o glückselger Tag
    Meine Zunge nicht vermag
    Auszusprechen Dir mein Glück
    Du der Schöpfung bestes Stück,

ERICH *leise:*

    Meisterstück, müßt ihr ja sagen
    Muß euch doch der Henker plagen
    Gebt auf eure Worte Acht

TIDSELMANN

    Ist nun einmal vorgebracht
    Dummkopf, ich den Hals dir breche
    Warnst du mich nicht eh ich spreche

BERG

    Herzlich mir willkommen dann
    Wertester Herr Tidselmann
    zu Ulla: Stell dich doch nicht närrisch an

ULLA
>Tod mich nur befreien kann

TIDSELMANN
>Halbe Trauer, halbe Freude
>Kündigt meine Bräutgamspracht
>Herrlich zum scharlachnen Kleide
>Steht die schwarze Untertracht
>So, ein Bild vom Menschenleben
>Will ich mich Dir ganz ergeben

BERG
>Mädchen, wie wird euch zu Sinne
>Hört ihr, wie die Rede fließt

ERICH *leise:*
>Wie wenn aus des Daches Rinne
>Sich der Regenstrom ergießt
>Schwarz und rot so geht der Teufel
>Nimmt er menschliche Gestalt
>Nur das Horn fehlt, ohne Zweifel
>Schmückts ihm auch die Stirne bald

BERG
>Der Verlobung festes Band
>Schließen auf der Stelle wir
>*zu Ulla:* Was ich will ist dir bekannt
>Tritt geschwinde her zu mir
>Reich den Ring dem Freiersmann

TIDSELMANN
>Wenn ich ihn nur tragen kann –
>Komm, mein Schätzchen, sperr dich nicht
>Bald uns Hymens Band umflicht
>Hier den Ring, von Golde fein
>Steck ich an dein Fingerlein
>Doch zum Henker, was ist das

BERG HANNAH ERICH
>Nun, was gibts, vermißt ihr was?

TIDSELMANN
>Bin ich denn ganz wie besessen
>Hab daheim den Ring vergessen

⟨DER BLAUE CHERUB⟩

zu Erich: Spring nach Haus, das Ding zu holen
Wenn er mir nur nicht gestohlen
Schnell hinweg, und schnell zurück
Sonst verzögerst du mein Glück

ULLA *kniet:*

Du der sich im Traum mir zeigte
Engel in dem blauen Erz
Der sich schützend zu mir neigte
Cherub komm, sonst bricht mein Herz
Laß in deinem Glanz dich sehen
Soll ich nicht in Schmerz vergehen

Die Tür wird plötzlich aufgestoßen, Tordenskiold und Matrosen drängen herein.

TORDENSKIOLD

Als Retter du Arme
Erscheine ich dir
Entreißt sie dem Harme
Führt fort sie von hier
Nur hurtig und flink
Gehorcht meinem Wink

MATROSEN

Komm folg uns

ULLA

Ich folge

TORDENSKIOLD

Macht fort nun Gesellen

MATROSEN

Schnell fort, zu den rauschenden Baltischen Wellen

TIDSELMANN BERG ERICH

Seeräuberhaufe, Mädchen zu stehlen

MATROSEN *lustig:*

Ja wir sind Türken, wollens nicht hehlen
Doch haben wir gern auch christliche Leute
Rechnen, Herr Küster euch mit zu der Beute
zu Ulla: Bald stellt nach Regen die Sonne sich ein
Ängste dich nicht

ULLA

Mich ängsten? ach nein

MATROSEN
>Fort denn von hinnen, rüstge Gesellen
>Fort, zu den rauschenden baltischen Wellen –

Ab mit den Gefangenen.
Tordenskiold tritt sorglos auf, die Soldaten schließen einen Kreis um ihn.

CHOR
>Steht, wir nehmen euch gefangen
>Sollt nicht fort von hier gelangen
>Wollt ihr gleich die Waffe strecken

TORDENSKIOLD
>Schweden hinter diesen Hecken?

Zieht mit der einen Hand den Degen, mit der andern ergreift er ein Pistol.

OFFIZIER
>Streckt die Waff', ihr seid am Ziel

TORDENSKIOLD *nach kurzem Bedenken:*
>Bin allein, und ihr seid viel *Wirft das Pistol fort.*

OFFIZIER
>Euren Degen reicht mir nun

TORDENSKIOLD
>Laßt zuerst die Büchsen ruhn

Auf einen Wink des Offiziers, setzen die Soldaten ab.

TORDENSKIOLD *schielt nach dem Strand, und besieht seinen Degen:*
>Wie viel glaubt ihr, daß dies Schwert
>Unter Königen wohl wert
>Oft ertönte laut sein Klang

OFFIZIER *verächtlich:*
>Nun erschallt sein Schwanensang
>Reicht mirs her, an Zeit gebricht
>Mirs zum Plaudern

TORDENSKIOLD *tut als ob er ihm das Schwert reichen wollte, haut ihm plötzlich über die Hand:*
>Diesmal nicht

Wirft ein paar Soldaten über den Haufen, eilt zum Strande, und springt in die Wellen, die Schweden feuern ihm nach, ein lautes Hurra, von den dänischen Booten, zeigt an, daß er glücklich entkommen ist.

⟨DER BLAUE CHERUB⟩

CHOR DER SCHWEDEN
>   Ist entkommen ist entflohn
>   Jubel schallet uns zum Hohn
>   O, wie ist das Glück so hold
>   Dem verwegnen Tordenskiold
Unter dem Getümmel fällt der Vorhang. –

DRITTER AKT

Musik, dann kommt:

GUSTAV
>   Gleich ists mir, wo ich wandle, wo ich träume
>   Ob hier in Seeland, ob im Vaterland
>   Geknickt sind meiner Hoffnung süße Träume
>   Gelöst ist meiner Liebe zartes Band
>   – Sie liebt mich nicht, sie trieb mit meinem Herzen
>   Nur schonungslos ein eitles schnödes Spiel
>   Sie ließ mich ziehn, die Brust erfüllt mit Schmerzen
>   – Doch bleibt sie ewig meiner Sehnsucht Ziel

Sanfte Violoncelltöne.

ERINNERUNG *kömmt:*
>   Ich komm, zu heilen deines Herzens Wunden
>   Erinnerung tritt vor deinen Dulderblick
>   Die selgen Augenblicke längst entschwunden
>   Führt dir ihr Zauberspiegel hier zurück

Sie hält ihm einen Spiegel vor.
>   Schau nur hinein, die frohen Wonnetage
>   Die du an Ullas Seite einst verlebt
>   Ruf nur zurück, dann schwindet jede Klage
>   Und ahndungsvoll dein Herz sich neu erhebt

GUSTAV
>   Gott was bedeuten diese Zaubereien
>   Der Lampenglanz her durch die grünen Hecken
>   Ertönen mir so sanfte Melodeien
>   Die in der Brust mir heitre Hoffnung wecken

ERINNERUNG
>   Komm mit mir, folge diesen Zaubertönen
>   Mit deinem Schicksal will ich dich versöhnen
> *Sie gehn ab – ernste Fagottöne.*

ULLA *kömmt:*
>   Was soll hier, auf dem Tummelplatz der Freude
>   Die arme Ulla, Einsamkeit allein
>   Kann ihr mit ihrem schweren Herzensleide
>   Der Wermut bittersüßen Trost verleihn
>   – Ich trieb ihn fort, ich seh ihn nimmer wieder
>   Er nahm die Waffen, eilte in die Schlacht
>   Und auf des Krieges blutigem Gefieder
>   Sinkt er vielleicht bald hin in Todesnacht
> *Muntre Töne von Flöten und Hoboin, die Hoffnung tritt auf.*

HOFFNUNG
>   Ich bin die Hoffnung, mach' den Kummer schwinden
>   Des Grames Zähre trocknet meine Hand
>   Wer mir vertraut, der wird auch Tröstung finden
>   Ich löse aller Dulder Schmerzensband
>   Folge mir

ULLA
>   Wohin

HOFFNUNG
>   Dort wo mein Tempel thront
>   Wo Glück dir lacht und man die Liebe lohnt *Sie gehn ab.*
> *Die Musik geht ins Burleske über Klarinettöne.*

TIDSELMANN *kömmt:*
>   Noch nimmer hat, mich soll der Teufel holen
>   Ein Küster je solch Abenteur erlebt
>   Wo ich auch stehe, steh ich wie auf Kohlen
>   Und unterm Fett fühl' ich, wies Herz mir bebt
>   Schon glaubt' ich mich, in meinem Brautgamsrocke
>   Als überselger Ehemann zu sehn
>   Da tönte dumpf der Schall der Leidensglocke
>   Und nun möcht ich vor Gram und Angst vergehn
> *Phantastische Posaunentöne.*
> *Ein Meermann kömmt.*

MEERMANN
>   Nun bist du da?
TIDSELMANN
>   Hilf Himmel, welch ein Graus
>   Die Angst preßt mir die hellen Tränen aus
>   Mit wem hab ich die Ehre, Herr verzeiht 410
MEERMANN
>   Ein Meermann bin ich, wie ihr Küster seid
>   Fort fort mit dir, in der kristallnen Klause
>   Dienst, Dickwanst, du mir bald zum leckren Schmause

Er will ihn ergreifen, Tidselmann fällt mit gefalteten Händen auf die Knie.
Lustige Geigentöne.

BACHUS *kömmt:*
>   Wie Ungeheuer, daß dich Zeus verdamme
>   Du drohst dem Freund mir, den mein Schutz beglückt 415
>   Der sich mit meiner kupferroten Flamme
>   Tagtäglich Wange, Kinn, und Nase schmückt

Der Meermann entflieht.

TIDSELMANN *steht auf:*
>   Ich seh das Glück sich wenden
>   Den kenn ich, sah im Weinhaus oft sein Bild
>   Ein blankes Glas hält er in seinen Händen 420
>   Die Flasche auch, mit Rebensaft gefüllt

BACHUS *schenkt Tidselmann ein Glas ein:*
>   Nun fürcht dich nicht, laß jeden Kummer sinken
>   Nicht Speise sollst du für den Meermann sein
>   Sollst dich ins Grab, nach deiner Willkür trinken
>   Doch mußt du meinem Dienste dich nur weihn 425
>   Komm folge mir

TIDSELMANN
>   Ich folge unverweilt
>   Bin von der Lieb' auf immerdar geheilt

Er folgt Bachus unter muntern Tönen, die dann ins Schwermütige übergehn.
Vater Berg kommt.

BERG

    Soll Vatersorge solchen Lohn empfangen
    Durch zwanzig Jahre war sie meine Lust
    O könnt, die Tochter wieder ich erlangen
    Noch einmal drücken sie an meine Brust! –
    Ach Ulla Ulla, meine bittren Klagen
    Verhallen in dem schattenreichen Wald
    Wer kann mir was von meiner Ulla sagen
    Wer nennt mir meiner Tochter Aufenthalt

Starke Musik mit Becken und Trommeln.
Ein Wilder kömmt.

WILDER

    Ein Späher bist du, willst dich ein hier drängen
    Der Tochter Namen schützest du nur vor
    Ich bin die Strenge, Alter, du mußt hängen
    Eh's Morgen wird, schwebst du am Baum empor

BERG

    Kannst du zurück mir nicht die Tochter geben
    Betrachte ich den Tod nur als Gewinn
    Denn ohne sie verachte ich das Leben
    Was soll der Stamm, sank seine Frucht dahin

Schmelzende Waldhorntöne.
Die Barmherzigkeit tritt auf.

BARMHERZIGKEIT

    Weiß angetan, das Kreuz in meinen Armen
    Erschein ich, banne Gram und Herzeleid
    Dem Sünder schenk ich gnadenvoll Erbarmen
    Und darum nennt man mich Barmherzigkeit
    Du ernste Strenge weiche schnell von hinnen

Der Wilde entfernt sich.

    Du aber hebe deinen Trauerblick
    Aufs Neue sollst du Seelenruh gewinnen
    Zu deiner Tochter führ ich dich zurück

Sie gehn ab.
Hannah tritt auf.

HANNAH

    Wo find ich Ulla, seit sie mir entrissen

⟨DER BLAUE CHERUB⟩

  Füllt meine Brust nur namenloser Schmerz
  Zu lange schon mußt ich die Freundin missen
  Nach ihr verlangt mein sehnsuchtsvolles Herz   455
Sanfte Harfentöne.
Die Freundschaft tritt auf.
FREUNDSCHAFT
  Mit weißen Rosen, himmelblauem Schleier
  Erscheine ich, der Freundschaft Göttin dir
  Gefühle, wie die Deinen sind mir teuer
  Zu deiner Ulla willst du? folge mir
Sie gehn ab.
Flöten und Triangeln Der Leichtsinn führt Ulla herbei, die Gelegenheit Gustav, beide tragen einen Domino, und eine halbe Maske.
LEICHTSINN *zu Ulla:*
  Des Leichtsinns Schmetterling hemm deine Qualen   460
  Erbebe nicht weil schwarz mein Angesicht
  Sieh nur wie meine bunten Flügel strahlen
  Wie Glanz verbreitet ihrer Farben Licht
GELEGENHEIT *zu Gustav:*
  Gar oft beschützt Gelegenheit die Diebe
  Verschafft dem Helden Ruhm, dem Kaufmann Gold   465
  Doch ist vor Allem sie der treuen Liebe
  Und denen, die sich ihr ergeben, hold
GUSTAV und ULLA *ohne sich zu erkennen:*
    Ewig wird mein Herz vermissen
    Meiner Liebe Gegenstand
    Er der grausam mir entrissen   470
    Der auf ewig mir entschwand
LEICHTSINN
    Sieh des schönen Jünglings Blicke
    Dort verscheuchen deinen Gram
    Eil zu ihm, zum Liebesglücke
    Öffnet er dir seinen Arm   475
GELEGENHEIT
    Blick doch nach dem schönen Kinde
    Welch ein Wuchs, der Fuß, die Brust

>   Hin zu ihr, zu ihr, geschwinde
>   Dort erblüht die Lebenslust
>
> GUSTAV und ULLA
>   Ach so wohnt in meinem Herzen
>   Meiner Ulla (Gustavs) Bild allein
>   Seiner (ihrer) denk ich oft mit Schmerzen
>   Nur dies Bild kann mich erfreun
>
> LEICHTSINN und GELEGENHEIT
>   So winken wir beide
>   Cupido herbei
>   Auf daß ihrem Leide
>   Ein Ende sei
>
>   Herein komm gezogen
>   Gott Amor in Eil
>   Mit sichtlichem Bogen
>   Unsichtbarem Pfeil
>
>   Erscheine du kleiner
>   Verräter geschwind
>   Du Herzensvereiner
>   Du liebliches Kind

Amor kommt.

AMOR
>   Wenn soll ich treffen, wen soll ich schießen

LEICHTSINN und GELEGENHEIT
>   Hier, Amor, hier diese albernen Zwei
>   Die da so kummervoll Tränen vergießen
>   Mach, daß des Jammers ein Ende nun sei

AMOR
>   Ei das ist leicht, denn schnell ist dem Bogen
>   Spann ich die Sehne der Pfeil auch entflogen
>   Und mit ihm senk ich, süß brennende Lust
>   In die zum Ziel mir erkorene Brust

Er schießt, man nimmt Ulla und Gustav die Masken ab, sie sinken einander in die Arme.

⟨DER BLAUE CHERUB⟩

GUSTAV und ULLA
>   O Seligkeit, o himmlisches Entzücken
>   O du des Glückes lichtes Morgenrot
>   Trau ich den Sinnen? Glaub ich meinen Blicken
>   Von nun an trennt uns Teure nur der Tod

Die Masken kommen mit den Übrigen. Die Spielleute stellen sich.

CHOR
>   Lustig nun alle
>   Fröhlich zum Tanz
>   Jubel erschalle
>   Reicht ihm den Kranz
>   Heil ihm dem Helden, der Feinde bezwang
>   Der den unsterblichen Ruhm sich errang

Tanz – ein Mädchen hat Tordenskiold den Kranz gereicht, er küßt ihr die Hand und Stirn die Gefangenen werden herbeigeführt, eine Maske tritt aus der Menge, und entblößt ihr Gesicht, man erkennt den König, der Tanz hört auf.
Der König entfernt sich, der Tanz hebt an.

CHOR
>   Heil unserm König, mit segnender Hand
>   Schützt und regiert er das dänische Land
>   Heil ihm, an Milde und Kraft ist er reich
>   Vater und König ist er zugleich
>   Heil ihm, und ihm, dem das Glück immer hold
>   Heil unserem wackern Tordenskiold

Tanz der Vorhang fällt.

DER GALEERENSKLAVE

PERSONEN

HENRI ST MAILLE
LOUIS, *sein Sohn, unter dem Namen* ROLLIN
CHARLOTTE, *seine Frau*
Der Forstmeister, DE BRINSAUT
EMILIE, *seine Tochter*
ANNETTE, *ihre Zofe*
DER KÖNIG
LE TEMPS, *Aufseher der Galeerensklaven*
ROBERT, *ein alter Jäger*
ZWEITER JÄGER
GALEERENSKLAVEN
JÄGER
HOFLEUTE
DER BARON VON ROSCOURT, *Emiliens Bewerber*

ERSTER AKT

ERSTE SZENE

die See, im Hintergrunde, Marseille, vor der Stadt ein großes Gefängnis für die Sklaven, noch mehr im Vorgrunde ein kleines Haus – vor demselben sitzt Charlotte mit einer Näherei beschäftigt, neben ihr ein zugedeckter Korb, – sie singt eine kleine Arie, dann spricht sie mit sich selbst, sie drückt ihre Erwartung aus auf das Ankommen der Galeeren, – spricht über ihre Arbeit, ihr Unvermögen Geld zum Anschaffen besserer Materialien z. b. zum Sticken, Hautelis, et cet zu erschwingen, von ihrem Unglück, der Unschuld ihres Mannes, von ihrer Absicht, ihm die Lebensmittel im Korbe zu bringen et cet, dann gedenkt sie ihres Sohns, – und wie die Wehmut sie übermannt, nimmt sie ihre Zuflucht zum Gebet – sie arbeitet und betet zugleich still für sich, aus einem Buche, was sie von der Bank neben sich nimmt. – sobald sie anfängt zu beten, beginnt eine leise Musik das Ganze dauert ein Weilchen, dann geht die Musik sehr ins Schwermütige über und man hört zuletzt einen entfernten traurigen Chor, er nähert sich und –

ZWEITE SZENE

– die Galeerensklaven unter ihnen Henri kommen mit ihren Ketten beladen der Aufseher begleitet sie und ziehen singend, seitwärts über die Bühne auf das Große Gebäude zu, sobald die ersten vorüber sind, steht Charlotte auf trägt ihre Arbeit ins Haus, verschließt es, nimmt den Korb an den Arm, und folgt dem Zuge bis das Ganze verschwindet und die Bühne ein kleines Weilchen leer bleibt, dann –

DRITTE SZENE

– tritt Robert auf – er trägt ebenfalls verschiedenes – scheint ermüdet, – er spricht mit sich selbst, wie unleidlich ihm die Stadt ist, – und er würde es noch mehr bereuen hingegangen zu sein, wenn es nicht die Vorbereitungen zu einer tüchtigen Jagd beträfe, – er gerät in Eifer, und singt eine Baßarie, die sich auf die vorhabende Jagd, und das Glück den König in ihrem Forsthause zu bewirten, bezieht, – die Arie darf nicht durchaus jagdmäßig sein, sondern es müssen Stellen darin vorkommen, wo er davon spricht, was er dem König zu Ehren tu, und was er antworten will, falls er ihn anreden sollte, dieses muß auf komische Art mit den Stellen die sich auf die Jagd beziehen, abwechseln, wenn er geendet hat kommt –

VIERTE SZENE

– Charlotte zurück, sie sieht den Jäger erst nicht, der unter ihrem Baume vor der Hütte sitzt, sie spricht mit sich selbst, daß der Aufseher einen Vorwand gefunden habe ihren Mann ohne daß die Mitgefangenen es bemerkten, einen Augenblick zu ihr hinaus zu schicken, – und sie ihn also bald erwarte, sie holt ihre Arbeit aus der Hütte – und setzt sich damit endlich sie sieht plötzlich den Jäger, der aufsteht und sie um einen Trunk bittet, etwas unwillig vielleicht behorcht zu sein, fragt Charlotte warum er so nah bei der Stadt nicht bis dahin gehe, der Jäger will unwillig fortgehen, sie besänftigt ihn, sagt, daß sie Nichts für den Trunk nehme, aber ihn gern gebe, und er erzählt dagegen, wie sie eine große Jagd in petto hätten, wozu der König kömmt, er gerät in Feuer, wie er vom Waldleben spricht, wie er einen unüberwindlichen Abscheu gegen die Stadt habe, und besonders seit sein Herr durch Verhältnisse genötigt, sich fast einen ganzen Winter darin aufgehalten habe, er sich verschworen habe, ohne Not nie wieder darin, weder zu schlafen noch etwas zu nehmen, diese Verhältnisse bestehen in einem Prozesse, wegen einer Schuldforderung die sein Herr, de Brinsaut, an den Marquis von Roscourt hat, der fürchtet sie nicht beweisen zu können, obwohl sie ihm sicher zukommt, und ist deshalb nicht ganz abgeneigt, in die Vorschläge des Roscourt einzugehen, der seine Tochter heuraten will. Robert flucht darüber, daß sein guter Herr sich so von Geld und Titel betören lasse – beschreibt Roscourt als einen zwar feinen aber doch fatalen und schon ziemlich alten Mann, und sagt daß das Fräulein den jungen Oberförster Rollin lieber habe, der zwar nicht von Adel sei, aber desto braver, und gelehrt dazu – er habe schon früherhin mal den Forstmeister aus dem Wasser gerettet, und deshalb würde sich derselbe doch wohl endlich, bei den guten Aussichten des jungen Menschen, über die Vorurteile weggesetzt haben, aber der Antrag des Roscourt habe ihm wieder ganz den Kopf verdreht, sonderlich da er, diesen Winter, gesehn, wie hoch derselbe beim König stehe, – beim Namen Rollin wird Charlotte aufmerksam, sie fragt nach, und erfährt, daß ein, früherhin in Lion wohnender Jurist, der als Geschäftsführer späterhin auf den Gütern eines Duc's in der Nähe der Forstwohnung gestorben sei, ihn als seinen Sohn mitgebracht habe, – man halte ihn für ein unehliches Kind, da nie von einer verstorbenen Frau dieses Mannes die Rede gewesen, – Charlotte gerät in die größte Bewegung, dieser Mann, der wirklich nie verheuratet war, ist derselbe, der sich ihres Kindes angenommen, als ihr Mann auf die Galeere kam, und sie ihm nach Marseille folgte, damals hatte dieser treue Freund versprochen ihn für seinen Sohn auszugeben und ihn, auf Verlangen der Eltern selber, nie wissen zu lassen, wer er eigentlich sei, – der Freund sollte ihnen nichts über das Kind schreiben, und sie selbst hatten sich einander das Wort gegeben, sich nie danach zu erkundigen damit es, unbeladen von Schande und Sorge, vielleicht sein Glück in der Welt machen könne, – Charlotte ist also sehr erschüttert, sagt aber den Grund nicht, sondern bittet den Jäger nur ein paar Zeilen an Rollin mitzunehmen, während sie schreibt, singt sie ein Duett mit Robert, ihre Stimme muß die höchste Eil, und die Furcht durch ihren Mann unterbrochen zu werden, ausdrücken, das Duett enthält die Bitte, das Blatt gut und heimlich zu besorgen, und des Andern Versprechen, gegen das Ende hört man in der Ferne die Stimme ihres Mannes, so daß es zum Terzett wird, und er tritt ein, eh sie viel geschrieben hat, so daß sie das Blatt unvollendet an Robert gibt, der sich damit entfernt. – dann –

FÜNFTE SZENE

– kömmt Henri Saint Maille, er ist sehr ermattet, seine Frau macht es ihm so bequem wie möglich, – er fragt wer da fortgegangen ist, sie antwortet ausweichend, er sieht daß sie heftig erschüttert ist und weint, sie entschuldigt sich damit, daß sein Schicksal ja wohl danach sei, darüber zu weinen, bei dieser Gelegenheit führt sie den Grund an, daß sie ja die Ursache seines Unglücks sei, daß der Roscourt ihr früher nachgestellt habe und deshalb alle Zeugen zu ihren Gunsten unterschlagen habe, der Mann hilft ihr sein Schicksal so erträglich als möglich vorzustellen, – spricht von seiner Unschuld, der Gewohnheit der Güte des Aufsehers – und singt über diesen Text ein Lied von drei Versen. – er bemerkt indes bald, daß Charlotte noch etwas mehr auf dem Herzen hat, er dringt in sie, und als sie sieht, wie er ihr absichtliches Verhehlen bemerkt, drückt sie der Gedanke, daß er glauben könne, sein letztes Gut, ihre Liebe und ihr Zutraun verloren zu haben, und sie sagt ihm Alles, – er wird selbst sehr bewegt, bleibt aber fest, und macht ihr Vorwürfe, die sich selbst gesteckten Grenzen überschritten zu haben, und als er sieht, daß sie dieses so wichtig nicht nimmt, schildert er ihr mit grellen Farben, die Gefühle eines jungen Mannes in seiner, im Ganzen doch hoffnungsvollen Lage, wenn er sich einst einmal als das Kind eines entehrten

Verbrechers, der obendrein zu seiner Schande und Belästigung noch lebt, erkennt, – sagt, wie der junge Mensch entweder, aus Kummer, oder in den ohnmächtigen Versuchen ihre Ehre wiederherzustellen zu Grunde gehen, oder sich gewaltsam über die natürlichen Gefühle hinaussetzen, und endlich schlecht werden müsse, – sie sagt, daß sie fast noch Nichts geschrieben, sie habe erst die ersten Worte geschrieben, er sei in Lyon geboren, – und weiter noch gar Nichts, nicht seinen Namen, nicht ihren Aufenthalt. – St Maille läßt sich von ihr versprechen, daß sie auch nichts weiter tun will. – dann kommt, –

SECHSTE SZENE

– der Aufseher, – er schilt, daß St Maille über die erlaubte Zeit weggeblieben, – die Stunde nahe, wo die Gefangenen schlafen müßten, – es folgt ein Terzett, wo Charlotte klagt daß er gehe, St Maille sie tröstet, und der Aufseher zum Fortgehn treibt, – sie gehen Charlotte sagt noch einige Worte und tritt mit ihrer Arbeit ins Haus, der Vorhang fällt.

ZWEITER AKT

ERSTE SZENE

Eine Waldgegend, in der Ferne Zelte, worin in diesen Tagen die Gesellschaft sich erfrischt, man sieht davor umher gehn, viel erlegtes Wild liegt vor den Zelten, *x-x*. – im Vordergrunde treten Roscourt und Robert auf, sie sprechen von der Jagd, die schon drei ganze Morgen gedauert hat, Robert spricht von einem kleinen Jagen, was gestern zur Probe ein paar junge Hofleute mit ihm gemacht, spricht von einem jungen Herrn, dem Marquis St Cyr, der durch eine Seitenlinie mit dem Fürsten verwandt, und deshalb, da er sich mit Gewalt auf das Jagdwesen halte, schon Oberförsters Rang habe, obschon er Nichts davon verstehe, und gestern beinah Jemanden erschossen habe, – Roscourt erzählt, wie bei Tische die Sache ausgekommen und der König ihm einen ernsten Verweis darüber gegeben, wobei erwähnt wird, daß der Marquis nie sein Unrecht einsehe, darauf erkundigt sich Roscourt, da Robert die Liste der Treiber vom Forstmeister bekommen, wo der Marquis zu stehen komme – Robert zeigt ihm einen Punkt in der Nähe, und etwas weiter nach einer Stelle in den Kulissen, wo Rollin sich stellen werde, – Roscourt bittet sich darauf, unter allerlei Vorwand, die Stelle unter dem Baume ganz vorn am Theater aus, so daß er, hinter dem Marquis, und dieser wieder hinter Rollin zu stehn kömmt, Robert geht darauf ein, und Roscourt verfügt sich zu den Zelten, – dann –

ZWEITE SZENE

Robert allein, er traut dem Roscourt nicht, denkt, er könnte wohl die Stelle so nah bei Rollin verlangt haben, um ihm zu schaden, und nimmt sich vor die Stellung zu verändern ohne es zu sagen, – er singt ein Lied von zwei Versen, worin er diese Gesinnung ausdrückt auch will er selbst nebst einem andren getreuen Mann sich so stellen daß sie sehn was er macht, gegen das Ende hört man einzelne Hörnerakkorde aus den Zelten, – Robert eilt dorthin sich dem Jagdchor anzuschließen, – nach und nach entwickelt sich ein prächtiger Jägerzug aus den Zelten, sie singen einen Jägerchor, unterbrochen von einzelnen Stimmen die der König der Forstmeister, singen, zuletzt redet der Forstmeister im Rezitativ sowohl *Jäger* als *Treiber* an zu ihrer Pflicht zu gehn, ein sehr starker Chor von beiden antwortet erst abwechselnd, dann vereint, – unter den Treibern sind Frauenstimmen, der Zug zieht in den Wald und verteilt sich. – Robert kömmt, noch während der Gesang gehört wird, zurück, und *stummes Spiel*, stellt Roscourt an die

Eiche, nicht weit davon ein Mann in Oberförstertracht, – Roscourt sieht vom Anfange an scharf in die Kulissen, nach der Stelle hin wo der Marquis stehn soll, –

DRITTE SZENE

Roscourt allein auf dem Anstande, er spricht abgebrochen, und äußert seine Hoffnung daß der Marquis wenn, wie wahrscheinlich, ein Wild über den Paß der quer vor ihm her läuft kommen sollte, sich nicht werde halten können und feuern, dann schieße er dicht neben Rollin vorbei und vielleicht sei der Augenblick günstig Rollin selbst aus dem Wege zu schaffen, da gewiß in dem Augenblicke auch auf andern Pässen gefeuert werde da es ja doch gefährlich scheint, daß St Maille einen Sohn hat, nur beunruhigt ihn die Nähe des Königs, der gar nicht weit von dort steht – Zwischen diesen Selbstgesprächen geht unaufhörlich Musik, oft näher oft ferner, man hört das Gebell der Hunde, und zwischendurch grell abstechend, die Signale der Hörner, und das Geschrei der Treiber plötzlich mehrere Schüsse, ein heller Schrei von mehreren Stimmen, in dem Augenblicke ergreift Roscourt sein Gewehr und legt es gegen die Kulissen an, der Mann unter dem anderen Baum aber wirft das Seinige plötzlich weg, zieht das Jagdmesser, und stürzt in die Kulissen, den Augenblick ruft Robert aus der andern Seite der Kulissen, – Herr Baron, – Roscourt läßt die Büchse schnell sinken, und Robert sagt ihm ganz unbefangen, daß er glaube es müsse etwas Besonderes vorgefallen sein, in dem Augenblick kömmt von der Seite wohin der Baron gezielt hat der zweite Mann in Oberförsterstracht, sagt schnell im Vorübergehn, daß dem König etwas zugestoßen, wie ihm ein vorüberlaufender Forstbursche berichtet, er selbst gehet dann schnell fort, und man sieht daß es der Marquis de St Cyr ist, – wer stand an jenem Baum spricht Roscourt und Robert sagt gelassen Rollin. – dann

VIERTE SZENE

– Kömmt der König von den Jägern begleitet alles drängt sich noch tumultarisch durch einander, man erfährt, daß ein angeschoßner Eber den König angegriffen habe, Rollin ist ihm zu Hülfe geeilt, und obgleich der König, der auf seine eigne Kraft traute, und viel Hülfe in der Nähe hatte, dieses nicht geradezu als eine Lebensrettung ansieht so freut ihn doch der Mut und die Gewandtheit des jungen Mannes er spricht überaus gnädig mit ihm, und trägt dem Forstmeister auf ihn bei der nächsten passenden Gelegenheit wieder an ihn zu erinnern. – da er den noch immer vorherrschenden Schrecken seiner Umgebung bemerkt, so ermuntert er sie, da es doch schon spät, nach Hause zu kehren, aber nicht wie ein Leichenzug, sondern wie es eine fröhliche Jagdlust, der die kleine überstandene Gefahr nur einen doppelten Reiz gegeben habe, mit sich bringe. – das Halali wird angestimmt und der Chor zieht mit einem fröhlichen Liede ab, Robert ist etwas zurück und sagt zu einem Jagdgesellen, – behalte wohl was da gesehen wir, Rollin will abgehen, aber Robert winkt ihm zurückzubleiben und übergibt ihm das Schreiben, sagt ein altes Weib in Marseille das er nicht kenne, habe es ihm zugestellt auf der Straße er sagt dieses aus Zerstreutheit so undeutlich er läuft auch rasch voraus Rollin liest die Worte, Teures so schmerzlich geliebtes Kind, – du ahndest wohl nicht, daß die Hand derjenigen diese Zeilen schrieb, der die Natur das vollste Recht gab, dich so zu nennen, aber wisse, du bist nicht für den du dich bisher gehalten, – und Rollin hat nur die Rechte der reinsten Dankbarkeit auf dich, nicht die der Natur, du bist in Lyon geboren –

hier bricht das Blatt ab, – Rollin gerät darüber in die heftigste Bewegung, – die entgegen gesetztesten Empfindungen betäuben, er trauert daß Rollin nicht sein Vater, er freut sich seine Mutter wiederzufinden er glaubt aus Roberts Antworten abzunehmen, daß Robert die Frau in Marseille auf der Straße gefunden, und sie also schwerlich aufzufinden sei, er will also nach Lyon, und dort die Verwandten Rollins aufsuchen und befragen, er singt hierüber eine rasche Arie und geht ab, die Szene wechselt und –

FÜNFTE SZENE

– man sieht ein Zimmer in dem Brinsauts Jagd Schlosse, – dieses muß ein wirkliches königliches Jagdschloß in der Nähe von Marseille sein, – Annette sitzt an einem Stickrahmen und spricht mit sich selbst darüber, daß jetzt die Festivitäten für die Herren jetzt draußen recht los sind, und die Frauenzimmer trübselig im Hause sitzen müssen, sie fängt endlich, sich zu erheitern, an zu singen, – der Vater und die Mutter. – gegen das Ende kömmt Emilie herein, sie hat in der Tür stehend des Mädchens Gesang behorcht, und spricht jetzt darüber, daß es ja von jeher so gewesen, daß Vater und Mutter ihre Töchter um ein Stücklein Brod verkauften – und dieses sei noch zu verzeihn, denn Brod sei etwas Unentbehrliches, aber Gold sei Überfluß, und doch würden die meisten darum verkauft, sie schmückt sich indessen und x-x – sie schickt Annette heraus, und singt eine Arie, worin sie ihr Leid beklagt, gegen das Ende der Arie hört man Hörnerakkorde in der Ferne – sie singt dazwischen abgebrochene Rezitative, die Musik naht und man hört von Außen einen Jagdchor mit Frauenstimmen darunter, als er geendet hat, tritt ihr Vater mit Roscourt herein der Vater erzählt Rollins Benehmen, und ist ganz begeistert von der Gnade des Königs gegen ihn, Roscourt sagt etwas gegen ihn, der Vater antwortet etwas heftig, sonderlich da er bemerkt hat daß Roscourt doch nicht all so hoch angeschrieben steht als er es wohl gemeint, Roscourt scheint sich zu besinnen, und entdeckt ihm dann, unter dem Siegel der Verschwiegenheit, daß Rollin nicht seinen wahren Namen führe er heiße Saint Maille, sein Vater habe auf den Galeeren gesessen, er erzählt eine grelle Geschichte wie

Saint Maille ein Forstbeamter auf einem Treibjagen nach dem verstorbenen König geschossen, der Schuß habe gefehlt, aber Saint Maille sei, seiner vielen Verwandten wegen, nur freilich auf Lebenszeit auf die Galeeren geschickt, und Rollin, ein Mann der früherhin große Verbindlichkeiten gegen Saint Maille gehabt, und unverheuratet gewesen, habe sich deren dadurch entledigt daß er das Kind an Sohnes Statt angenommen, aber versprochen ihm seine Herkunft zu verbergen, so daß er nicht anders wisse, als er sei Rollins Sohn. – Roscourt fordert den Forstmeister und Emilie nochmals auf, es zu verschweigen, er – Roscourt – wolle dem jungen Menschen auf keine Weise schaden nur halte er es für seine Pflicht, dem Oberforstmeister es wissen zu lassen, wessen Kind er beherberge. – et cet. – die Rede macht auf den loyalen Vater einen übeln Eindruck, auf Emilie gerade den entgegen gesetzten, sie durchschaut Roscourts Bosheit, und behandelt ihn so schnöde, daß er das Zimmer verläßt, doch mit vieler Klugheit und auf eine feine Art, –

SECHSTE SZENE

– der Vater will ihr Vorwürfe machen, aber sie bringt das Gespräch gleich auf Rollin und bittet den Vater ihn seine Geburt nicht in seiner so wohl verdienten Achtung herabsetzen zu lassen. – Duett zwischen Vater und Tochter – der Vater entfernt sich, Emilie ist ein wenig allein, und spricht noch einige Worte über die Sache, sie ruft Annette aus einem Seitenzimmer um noch die letzte Hand an ihren Schmuck zu legen, da der Vater ihr befohlen, sogleich zu erscheinen, es klopft Jemand, Annette geht um nachzusehn, und berichtet ganz erschrocken, daß Rollin das Fräulein zu sprechen wünsche, – Emilie ist bestürzt, befiehlt ihn aber herein zu lassen, er kömmt ganz verstört – entschuldigt sich mit der Güte die sie ihm so oft gezeigt, erzählt ihr daß er ganz sicher wisse, er sei nicht der Sohn Rollins,

Emilie erstaunt, er sagt ferner er wisse, daß seine Mutter in
Lyon noch lebe, – Emilie ruft, wie Madame Saint Maille
lebt noch, jetzt erstaunt Louis seinerseits, frägt woher sie
dieses wisse, und sie merkt, daß sie etwas gesagt, was er
noch nicht wisse, sie ist jetzt verschwiegen will jedoch nicht
geradezu leugnen, daß sie den Namen seiner Eltern ge-
nannt, um so mehr, da sie es, im Grunde durchaus für ihre
Pflicht hält, so viel möglich dazu zu tun, daß er, selbst auf
Kosten seines Glücks, seine kindlichen Pflichten erfüllt, –
sie will nicht gestehn woher sie dieses weiß, rät ihm aber
selbst dann nach Lyon zu gehn und dort eifrig nachzufor-
schen, der Akt schließt mit einem Terzett zwischen Louis,
Emilie und Annette, worin sie Abschied nehmen vielleicht
für immer, – denn Emilie hat ihn schon im Gespräch mer-
ken lassen, daß das Wiederfinden seiner Eltern ihn viel-
leicht über die Zerstörung eines ganzen zeitlichen Glücks
trösten muß – NB im Gespräch kömmt vor daß der König
noch am Abend nach Marseille zurückkehren will, und er in
der Nacht abreisen will, auch daß er sich auf einen Freund in
Marseille verläßt, der Advokat ist. –

DRITTER AKT

ERSTE SZENE

das Meerufer, Charlotte sitzt daneben, wieder mit Lebens-
mitteln, sie singt ein trauriges Lied, – dann spricht sie einige
Worte, und sitzt dann ein Weilchen ganz still,

ZWEITE SZENE

– Rollin und sein Freund treten auf, sie tragen Mantelsäcke
unterm Arm, treten etwas abwärts ans Ufer der Freund
spricht etwas, woraus man seine Bereitwilligkeit, Rollin
nach Lyon zu begleiten sieht, sie sprechen rasch und kurz

etwas, von einigen Notizen, wo des verstorbenen Rollin nächste Verwandten zu finden sind, Rollin dankt dem Freund für seine Güte, – der Freund sagt, er habe sie noch nicht beweisen können und bittet ihn, sich in dieser dunkeln Sache nicht allzu große Hoffnungen zu machen, – Rollin sagt, daß er auf Alles gefaßt ist, und äußert seine Hoffnung, daß das Fräulein Emilie endlich, wenn alle andern Versuche fehlschlagen, wohl nicht fest darauf bestehn werde, einem Sohn den Aufenthalt seiner Mutter, oder was sie sonst davon wisse, vorzuenthalten – dann entfernt der Freund sich eilig um noch irgend etwas auszurichten, Rollin bleibt einen Augenblick stehn,

DRITTE SZENE

man hört das Rauschen des Meeres und eine Glocke, die in Marseille neun schlägt, – er spricht ungeduldig mit sich selbst, daß die Galeere ja schon um acht habe abgehn sollen – er geht zu Charlotten und fragt sie, ob die Galeere wohl bald abgehn werde, sie antwortet traurig, ein vornehmer Herr vom Hofe habe sich erst davon nach einer andern Seite der Stadt bringen lassen, – die armen Ruderer müßtens entgelten, die demohngeachtet heute noch denselben Weg nehmen müssen – er frägt ob sie vielleicht mitfahren wolle, sie sagt nein, ob sie die Lebensmittel Jemanden bringen wolle, sie sagt ja, er äußert die Vermutung, ihr Mann oder Sohn, sei wohl auf dem Schiffe zur Überfahrt, sie sagt, nein, er führe das Schiff, er hält ihn für einen der Matrosen, und sie sagt ihm endlich unter hervorbrechenden Tränen, er sei ein Galeerensklave, Louis wird sehr bestürzt darüber, daß er die Frau zu einem so peinlichen Geständnisse gezwungen, er sucht sie zu beruhigen, und sie singen ein Duett, dann bietet Rollin ihr Geld an, – sie scheint es erst nicht nehmen zu wollen, sie nimmt es jedoch plötzlich, da sie sieht, daß ihre Lage ihr jetzt dergleichen Bedenklichkeiten verbiete, ihre Lage sei schlimmer als je, da ihr Mann sich sehr unwohl fühle, und doch die Reise antreten müsse, Louis antwortet tröstend, sie sagt ihr Mann verdiene sein Mitleid um so mehr da er unschuldig sei, Louis scheint das nicht völlig zu glauben, doch will er ihr nicht grade widersprechen, er sagt, mancher Schuldigere gehe gewiß frei umher, sie sagt ihr Mann sei ganz unschuldig – schon vor achtzehn Jahren, habe ihn eine durch einen unglücklichen Zufall in der Nähe des verstorbenen Königs losgegangene Flinte, grade zu einer Zeit, wo Faktionen das Reich zerrütteten, in den Verdacht eines aus Anstiftung der Übelgesinnten beabsichtigten Frevels gebracht, ihr Mann sei zwar durch die losgegangene Büchse selbst etwas verletzt doch habe man dieses nicht beachtet, die Zeugen sein teils nicht zugelassen, teils verschwunden, und so ihr Mann durch die schändlichste Kabale zur lebenslänglichen Galeere verdammt – Heinrich zeigt sein Erstaunen über diese Funde, sie scheint nicht geneigt auf nähere Erläuterungen einzugehn. Sodann sagt, die Zeiten seien so lang vorüber und sie alte Frau werde ihm doch nicht begreiflich machen können, daß sie jung gewesen, – überhaupt muß in diesem Gespräch eine augenblickliche Aufregung um die Ehre ihres Mannes zu verteidigen, immer wieder mit der höchsten Unlust auch mit Wut über die Niedergeschlagenheit abwechseln dann,

VIERTE SZENE

die Galeere kommt den Strom herunter, die Gefangenen rudern sie, und singen einen Chor, erst aus der Ferne, dann ganz nah, der Chor schweigt, die Galeere legt an, es erscheinen von verschiedenen Seiten Träger die Gepäck heran tragen, auch Passagiere finden sich ein – in dem Augenblick wo Louis das Brett was hinüberführt besteigen will wird St Maille vor Schwäche auf seinem Sitz ohnmächtig, Charlotte schreckt auf und läuft in die Galeere man richtet ihn auf, schließt die Ketten los und legt ihn in das Boot er ist ganz erschöpft, Louis will nicht leiden, daß der Gefangene rudert Charlotte kniet vor dem Aufseher er will jedoch nicht nachgeben, weil die übrigen Galeerensklaven sich schon gedroht haben bei dem nächsten Besuche des Oberaufsehers zu beklagen, über den Vorzug den er dem St Maille gibt, er hat noch am vorigen Abend den Arzt rufen lassen, der ihn aber für nicht krank erklärt hat, nur angegriffen, wie fast alle Übrigen, – Terzett worin Louis Fürbitte tut, Charlotte kniet und der Aufseher abschlägt, – nach geendigtem Terzett, erholt sich St Maille, der Aufseher gibt ihm erst einen Schluck Rum, und verlangt dann, daß er wieder einsteigen soll, einer von den Galeerensklaven ruft, – so – er bekömmt Rum, und ich die Peitsche als ich neulich ohnmächtig wurde, aber es ist gut, endlich wird meine Zeit auch kommen – der Aufseher sagt, er wisse wohl selbst, daß er damals sich habe heimlich Branntwein zu verschaffen gewußt, und besoffen gewesen, – jedoch wird er durch diesen Vorwurf ärgerlich und treibt um so mehr, daß St Maille wieder einsteigen soll, Charlotte ruft, er würde es nicht überstehn, sie würden den alten Mann umbringen, und nennt in der Bewegung seinen Namen, Louis fährt zusammen, frägt nach, ob ihr Mann so heiße, ob sie aus Lyon sei, ob sie einen Sohn habe, und als sie auf diese Fragen bewegt wird, ob sie ihm geschrieben. – Kurz sie erkennen sich, Louis ist fast wie von Sinnen, Charlotte gibt sich ganz ihren Gefühlen hin, St Maille, der indessen ganz wieder zu sich gekommen, spricht auch etwas abgebrochen, und so, daß man nicht weiß ob mehr der Kummer oder die Freude vorherrscht, indessen sammeln sich nun mehr Menschen, dann folgt Quartett mit Chor der Umstehenden Louis kniet vor dem Aufseher und bittet ihn für seinen Vater eintreten zu lassen, der Aufseher ist zweifelhaft, der Alte singt nur in abgebrochenen Sätzen und widerspricht, Charlotte ist zu sehr bewegt um selbst recht zu wissen was sie will, der Chor spricht zu Gunsten des Sohnes, am Ende gibt der Aufseher nach doch läßt er einen Knecht zurück Louis steigt noch unter dem Gesang auf die Galeere, – die Fesseln werden ihm angelegt, der Aufseher

und die Passagiere besteigen sie, und sie fährt ab, – in dem
Augenblick erscheint der Freund, – er sieht Louis und ist
entsetzt ihn zwischen den Sklaven zu sehn, Louis ruft ihm
noch zu, es sind meine Eltern, verlaß sie nicht, ich lege Alles
in deine Hände, und die Galeere segelt vorüber, – die Umstehenden zerstreuen sich, der Freund wendet sich an
Einige, die ihn aber an St Maille und seine Frau verweisen,
– er wendet sich zu diesen und erfährt in kurzen Worten den
Vorgang – der Knecht erinnert an das Fortgehn. Charlotte
sagt, Gott also doch in deinen Kerker, – der Knecht sagt, zu
dem Freund, da ich höre daß ihr ein Dekan seid, und euch
der Sache St Maille annehmen wollt, so will ich euch sagen,
daß ich oben in meinem Häuschen ein Kämmerchen zu
vermieten pflege, was schon seit zwei Jahren ein einzelner
Mann bewohnt, ein wüster Geselle, der aber zuerst gut
bezahlte, er hatte sich von Anfang an, zuweilen auf sonderbare Weise nach St Maille erkundigt, jetzt sei er krank,
nenne seinen Namen oft, und scheine darüber was auf dem
Herzen zu haben, er habe ihm schon geraten einen Geistlichen kommen zu lassen, aber er glaube nicht an Dergleichen, und habe ihm ins Gesicht gelacht, – er wolle aber den
Juristen zu ihm führen, Charlotte und St Maille werden
aufmerksam, – plötzlich erscheint hinten auf dem Meere die
Galeere, und man hört ihren Chor aus der Ferne, Louis
rudert, Charlotte ruft mein Sohn, und breitet die Arme
gegen ihn, St Maille faltet bewegt die Hände, der Freund
sieht ernst und starr hinüber, während der Gesang zu Ende
geht und die Galeere verschwindet fällt der Vorhang

VIERTER AKT

ERSTE SZENE

Ein großer Majestätischer Baumgang, der am Ende zu dem Jagdschlosse führt, eine Menge Landleute schmücken unter Roberts Aufsicht das Ganze mit Blumengirlanden, sie singen dazu einen Chor wozwischen Robert eine einzelne Stimme hat er feuert sie an fleißig zu sein, und ihre Sachen gut zu machen, weil der König wieder hierher komme, – nach geendigtem Chor fragen einige der Mädchen Robert was denn eigentlich vorsei, x-x nun, sagt er, daß ihr euch hübsch benehmen, und tanzen sollt, und nebenbei hier und dort, einem jungen galonierten Herrn, oder was noch besser für euch ist, seinem flinken Läufer oder Leibdiener das Herz warm machen, die Mädchen fragen ernstlich nach, bekommen aber nur immer Scherze zur Antwort, – endlich sehn sie das Fräulein und Annette kommen und entfernen sich,

ZWEITE SZENE

Emilie und Annette kommen aus dem Hause die Allee entlang, Emilie ist sehr geschmückt sie sieht unruhig den Weg entlang, und sagt Annetten, wie ängstlich sie sei, – sie singen ein Duett, worin sie ihre Beklemmung ausdrückt, und Annette sie zu erheitern sucht, plötzlich bemerkt Annette, daß ihr ja noch der Myrtenkranz fehle, sie wird rot und behauptet ihn nicht tragen zu müssen, Annette verteidigt das Gegenteil – der König habe befohlen, daß sie ihm im bräutlichen Schmucke entgegen treten solle, und dazu gehöre offenbar ein Myrtenkranz, Annette läuft fort, um noch geschwinde einen zu binden, indessen –

DRITTE SZENE

setzt sich Emilie auf eine Bank an der Seite der Allee, sie
pflückt Grashalme, und knüpft Kränze, um ihr Glück zu
versuchen, – ob er sie immer lieben wird et cet – dabei singt
sie eine Arie die sich auf das Binden bezieht plötzlich sieht
sie von Weitem in einem Seitenwege einige Reuter und hört
einige entfernte Töne, sie wird unruhig, sagt der König
kommt, tröstet sich jedoch, daß niemand sie hört, in den
Nebengebäuden an der Seite der Allee x-x sie ruft eilig,
geht ein St⟨*Lücke im Manuskript*⟩ sagt, ach sie kann es ja
nicht hören, muß nun zu ihr gehn, als Annette eilig die
Schloßtreppe hinunter laufen kömmt, sie läuft schnell
durch die Allee, und kommt mit einem Myrtenkranz in den
Händen zu Emilien die mit einem Knie, auf die Bank kniet,
wo ihr Annette schnell den Kranz aufsetzt, und kaum damit
fertig ist, als

VIERTE SZENE

aus dem Seitengange, unter einem Marsche und Chor, der
König mit einem großen Gefolge heraustritt – als der Chor
geendigt ist, naht sich ihr der König sagt ihr sehr verbind-
liche Worte, und sagt, er sehe wohl, daß sie seinem Wunsche
völlig nachgekommen, wobei er nach der Myrtenkrone
sieht, sie wird verlegen erschrocken er fragt, ob die Alten
schon angekommen, auf ihre Bejahende Antwort sagt er
wie es ihn freue, nach dem so sehr unangenehmen Schreck
der Bestrafung sich auch einmal in einer soviel angeneh-
meren Pflicht seiner Stelle erholen zu können, – dann setzt
er sich mit Emilie in Bewegung nach dem Schlosse, der Zug
folgt, mit dem Marsche. – dann

FÜNFTE SZENE

nachdem der Schauplatz einen Augenblick leergeblieben, und sich nun einige gaffende Bauern und neugierige Mädchen, die nach dem Schlosse hinter dem Zuge hersehen eingefunden, und etwa ein einzelnes Wort gesprochen, eingefunden haben – treten Louis und der Freund auf

SECHSTE SZENE

der Freund sendet sogleich einen Diener der sie begleitet ab, und aus dem Wagen die Fesseln zu holen, Louis fragt, was Alles dieses bedeute, warum er ihn hierher gebracht, warum er ihn zuweilen unter Wegs gefesselt, und ihn dann wieder los geschlossen, warum er ihn für einen Gefangenen so gut bewirtet – der Freund sagt, gefesselt habe ich dich wenn es unsre Begleiter sahen, weil mein ausdrücklicher Befehl lautete, dich gefesselt herzubringen – ich schloß dich los, wenn es Niemand sah, – Louis frägt nochmals warum er ihn so gut verpflegt, der Freund sagt, auf Befehl des Königs, – und da Louis sich wundert, die Großen hätten sonderbare Launen, und wenig Begriffe davon, wieviel ein Mensch an Freud und Leid ertragen könne, darum falle auch an den Fällen, wo das Ganze für Jemanden günstig ausfalle, gewöhnlich irgendein königlicher Spaß dabei vor, der den König nicht inkommodiere, aber wohl denjenigen den er treffe. – Louis fragt, ob er denn Grund habe, eine günstige Wendung seines Geschicks zu hoffen – der andre sagt, das müsse der heutige Tag entscheiden, da der König selbst die Sache untersuchen wolle, – Louis fragt was er verbrochen, der Freund sagt, ob er nicht den Aufseher zu eigenmächtiger Umwechselung der Gefangenen veranlaßt habe, ob nicht, in Folge dessen, sein Vater entwischt sei, so daß man Nichts von ihm erfahren könne und ob er nicht glaube daß diese Mitwirkung zur Flucht eines Gefangenen, der mit einer Strafe belegt sei, die der Todesstrafe gleich sei, sehr harte Ahndung nach sich ziehn könne?, Louis ist sehr aufgerichtet durch den Gedanken, daß ihn möge treffen, was da wolle, er es für seinen Vater leide, und während der Bediente zurück kömmt, und ihm die Fesseln angelegt werden singt er eine Arie über diesen Text. – während dessen hat man hinten im Schlosse, Annette zum Fenster hinaus schaun und den Kopf schnell zurückziehn sehn, – und bald sieht man von der Treppe des Schlosses herunter, den König, mit dem Oberforstmeister, Emilie, und überhaupt einem großen Gefolge kommen, sie kommen wie im Gespräch die Allee herunter, der Freund zieht Louis bei Seite, und sagt ihm nach einiger Unentschlossenheit, als der Zug nahe ist, Louis, mach dich auf Alles gefaßt, ich habe alle Vermutung daß es gut abläuft, sehr gut. – dann sagt er bei Seite, ein König bedenkt nicht was eines Menschen Nerven tragen können, sonderlich wem ungewohnte Müh und Leiden so zugesetzt haben, Louis hat sein Auge auf Emilien gerichtet, die zitternd neben dem König geht. – als der König ihnen nah ist, tritt der Freund mit Louis vor, und sagt, dieses sei der Delinquent den man ihm befohlen, herzubringen, der König tut wie überrascht, bleibt aber stehn, und Louis tritt vor ihn, er fragt ihn mit einer strengen vorwurfsvollen Miene aus, wie er es gewagt, eigenmächtig in die Stelle des Galeerensklaven einzutreten – er fragt ihn ob er um die Flucht des Gefangenen gewußt, Louis verneint es, – dann ob es ihm leid sei, Louis sagt, das sei nicht wohl möglich, dann fragt der König, ob er, falls er anwesend gewesen, die Flucht des Galeerensklaven verhindert haben würde – Louis schweigt, und als der König dringend wird, sagt er, er bitte seinen König ihn zu schonen, und ihm nicht Fragen vorzulegen, deren Beantwortung er doch wohl voraus sehn könne, sein Vergehen gegen die Gesetze sei, wie er fürchten müsse, doch schon schwer genug. – der Monarch besinnt sich und sagt, er habe recht, und Gedanken seien zollfrei: auch hege er Achtung für die kindlichen Gefühle, und so möchte die Sache sich auch wohl beilegen lassen, wenn er nur sichre Zeugen auftreiben könne, daß er nicht um die Sache gewußt, der Louis verstummt, auf einen Wink des Königs werden ihm die Fesseln abgenommen der König fährt nachsinnend fort, Einen weiß ich wohl, der sich dafür verbürgen will, daß ihr nicht um die Sache gewußt, und ich denke seine Bürgschaft ist unbescholten genug um angenommen zu werden, – er heißt – hier nennt er seinen eigenen Namen z. b. Heinrich von Navarra König von Frankreich. – und auch noch zwei Andre, von denen man aber fürchten muß, daß sie nicht ganz unparteiisch sind, tretet vor ruft er, und Louis Eltern, treten aus dem Gefolge und fallen ihrem Sohn in die Arme, nach dem ersten Rausch sagt der König – übrigens zur Strafe eures Ungehorsams beraube ich euch eures Namens, des wahren sowohl als des usurpierten und gebe euch statt dessen den des Marquis von Roscourt ich verweise euch aus Marseille, auf die Güter die mit diesem Namen verbunden sind, und als ewiges Andenken, – mit ganz veränderter Stimme – daß der beste Sohn, der je gelebt ein Kind Frankreichs ist, soll es in Zukunft eine angesehene Familie Frankreichs geben, die eine zerbrochene Fessel im Wappen trägt, – und, hier faßt er Emiliens Hand, um zu zeigen, wie sehr mir das Fortblühen eines so edlen Geschlechts am Herzen liegt, wage ich es, dem Ersten desselben seine Braut zuzuführen, Louis kann vor Bewegung nicht sprechen auch Emilie nicht, die beiden Eltern hingegen und der Forstmeister drücken ihren Dank aus, da der König die Bewegung der beiden Liebenden sieht, wendet er sich zum Volke, und mahnt sie lustig zu sein, er selbst zieht sich während ein Schlußchor anhebt, in den Hintergrund der Allee zurück, wo man die Gesellschaft sich auf Bänken und aus dem Schloß gebrachten Stühlen lagern sieht, um, aus der Ferne, dem Ballett zuzuschaun womit das Stück schließt.

ÜBERSETZUNGEN, ÜBERTRAGUNGEN

1. AUS DEM LATEINISCHEN

Des Publius Virgilius Maro Bucolica

ERSTE EKLOGE

Titirus, Meliboeus

MELIBOEUS
Tityrus, unter dem Dach gelehnt der verbreiteten Buche
Sinnst du ein ländliches Lied, auf zartem Rohre zu singen,
Ach! wir lassen des Vaterlands Grenz und die süßen
                                                  Gefilde,
Wir fliehn das Vaterland, du, Tityrus, geruhig im Schatten
Lehrst die Wälder den Widerhall Amarillis, der Schönen. 5
TITYRUS
O Meliboeus! ein Gott hat uns diese Ruhe gegeben,
Denn mir wird er immer ein Gott sein, er, dessen Altäre
Oft aus unseren Hürden zartes Lamm wird benetzen,
Dieser hat, wie du siehst, vergönnt den Stieren zu irren,
Und mir selber auf ländlichem Rohre beliebges zu spielen; 10
MELIBOEUS
Nicht beneid ich dich drum, vielmehr mich wunderts,
                                            zerstört ward
Bis hierhin überall, in allen Feldern, ich selber
Treibe, siehe, die Ziegen voll Mißmut weiter, auch diese
Führ ich, Tityrus, kaum, im dichten Haselgestäude,
Ließ so eben nur hier sie Zwillingszicklein, der Herde 15
Hoffnung, ach, auf nacktem Kiesel gebärend zurücke.
Oft, entsinn ich mich, daß vorhergesaget dies Übel
Uns, wär nicht der Sinn dem Heile verschlossen gewesen,
Von dem Himmel berührte Eichen, oft uns geweissagt
Von gehöhleter Steineich die unglückbringende Krähe 20
Doch, wer sei dieser Gott, dies sag, o Tityrus, an uns.

TITYRUS
  Jene Stadt welche Rom man nennt, Meliboeus, sie wähnt ich
  Tor der unsrigen gleich, wohin wir Hirten oft pflegen
  Unserer Herden Zucht, die zarten Lämmer, zu treiben,
25 Also gleichen den Hunden die Hündlein der Mutter die Zicklein
  Dacht ich, und pflegte das Kleine dem Großen so zu vergleichen,
  Aber so hebt sie ihr Haupt empor vor den anderen Städten,
  Wie die Zypressen, die schlanken, umragt vom Mehlbeergestäude.

MELIBOEUS
  Und welche Ursache war so wichtig dir Roma zu sehen?

TITYRUS
30 Freiheit, sie welche endlich doch spät auf den Trägen zurücksah,
  Denn als weißer der Bart schon fiel dem scherendem, dennoch
  Sah sie zurück, und kam, nach langem Zeitraum nachdem mich
  Amarillis schon hielt, und Galatea mich losließ
  Denn, ich bekenne es nur, da gefesselt mich hielt Galatea
35 War nicht Hoffnung der Freiheit, und war nicht Sorge des Viehes,
  Ob manch Opfer hervorging aus meinen Hürden, ob fetter
  Käse gepreßt ward der Stadt, der undankbaren, so kehrt doch
  Nimmer mit Gelde beschwert zurück zur Heimat die Rechte.

MELIBOEUS
  Und ich wunderte mich, was oft du traurig die Götter
40 Riefst, Amarillis, für wen am Baum du hängen die Äpfel
  Ließest, Tityrus fehlt! dich riefen selber die Tannen
  Dich die Quellen und dich, o Tityrus rief das Gestäude.

TITYRUS
Was nun tun? nicht war mir vergönnt zu entgehen der Knechtschaft
Anderst nicht zu erkennen die allgegenwärtigen Götter,
Und ich hab ihn gesehn, Meliboeus, den Jüngling, dem jährlich
Zweimal sechs der Tage sie dampfen unsre Altäre,
Und hier gab er zuerst meinem Flehen die Antwort: wie vormals
Weidet die Farren, ihr Knaben, und spannet ins Joch ein die Stiere!

MELIBOEUS
Glücklicher Alter! Es bleiben dir also deine Gefilde!
Zur Genüge dir groß, obgleich nur nacktes Gesteine,
Alles bedeckt, und der Sumpf mit leimichtem Schilf deine Triften
Wird doch nicht schädliches Futter die trächtigen Tiere berühren,
Noch des benachbarten Rindviehs verderbliche Seuche sie schädgen.
Glücklicher Alter! hier wirst du zwischen befreundeten Strömen
Und geheiligten Quellen die schattige Kühle genießen,
Da wird der Weidendamm dich, mit ausgesogener Blüte
Von den hibläischen Bienen der nahgelegenen Grenzen
Oft mit leisen Gesumme zum sanften Entschlummeren laden.
Hier, unter ragendem Felsen, singt froh in die Lüfte der Winzer,
Und nicht säumet indes deine Sorgfalt, die heißere Holztaub,
Und nicht von luftiger Ulme das Turteltäublein zu seufzen.

TITYRUS
Drum so weiden auch eh auf der Meeresfläche die Hirsche,
Und es spein unbedeckt die Fluten ans Ufer die Fische
Ehe er trinket verbannt, und beider Grenzen durchirrend,

Den Araris der Parther, Germania trinket den Tigris,
Ehe des Jünglinges Bild aus meinem Busen entglitten.
MELIBOEUS
Aber wir wandern von hinnen, zum durstenden Afriker einge,
Kommen nach Sithien teils, und zu Oetas flüchtgen Oaxes,
Und zum Briten, dem fast auf dem ganzen Erdrund zerstreuten,
Werd nach verflossener Zeit die vaterländischen Grenzen,
Und der ärmlichen Hütte von Rasen errichtete Decke,
Werd ich einstens sie sehn? und meine Besitzungen schauend,
Ob der Ähren erstaunen? So wird der feindselige Krieger
Diese geackerten Felder besitzen? Der Barbar die Saaten?
Sehet! wohin der Zwist sie geführt hat, die elenden Bürger!
Seht, wem die Äcker wir bauten! So pflanze nun Birnengestämme,
Meliboeus, und lege, die Weinstöcke lege in Reihen,
Gehe mein Vieh, du, einst so beglückt, o gehet ihr Ziegen
Nicht werde ferner ich nun in grüner Höhle gelagert
Hängen ferne am dornbewachsenen Felsen euch sehen,
Keine Lieder mehr singen, nicht werdet von mir ihr geweidet
Ferner des Cytisus Blüten und bittere Weiden euch pflücken.
TITYRUS
Doch kannst die Nacht du mit mir auf grünem Laube du ruhen,
Zarte Äpfel sind mir, es sind mir weiche Kastanien,
Auch ein Vorrat der Milch, der ausgepreßten, von ferne
Rauchen die äußersten Spitzen der Städte schon, und es fallen
Von den erhabenen Bergen herab die verlängerten Schatten.

ZWEITE EKLOGE

Alexis

Es entbrannte der Hirt, Corydon, für den schönen Alexis
Ihn, die Wonne des Herrn, und nicht ward ihm zu Teil was
    er wünschte,
Zwischen den dichten Buchen, mit schattigen Wipfeln nur
    kam er
Stets und dort warf er einsam, und ungeordnet den
    Hainen,
Und den Gebirgen es hin, dies Lied, mit vergebner
    Bemühung.

O, Grausamer Alexis! du achtest für nichts meine Lieder
Nicht erbarmst du dich mein, wirst endlich zu sterben
    mich zwingen,
Siehe nun suchet die Kühle, das Vieh, und den Schatten zu
    haschen,
Und der Dornbusch verbirgt nun auch seine grünlichen
    Arme,
Für die von glühender Hitze ermatteten Schnitter
    zerhacket
Thestylis Knoblauch, den Kümmel des Feldes und
    duftende Kräuter,
Und es hallt das Gebüsch, da deinen Tritten ich lausche,
Unter der glühenden Sonne von heiseren Grillengezirpe,
War nicht traurig genug mir zu dulden der Zorn
    Amaryllis?
Und ihre stolze Verachtung, Menalcas nicht? ob gleich
    schwärzlich,
Er ob gleich blendend du bist, o traue, lieblicher Knabe,
Nicht dem Scheine zu sehr sie fallen ab des Ligusters
Weiße Blüten, sie werden gesammelt die schwärzlichen
    Beeren,
Dir verächtet bin ich, nicht frägst wer ich sei, du, Alexis,
Wie an schneeigem Vieh, wie überfließend an Milch reich,

Tausend irren der Lämmer mir in den sikulischen Bergen,
Nie mangelt frische Milch bei der Hitze mir, nimmer beim Froste,

Und ich singe gleichwie, wenn sonst er die Tiere herbeirief
Amphion der Dircaer im attischen Aracynthus.
25 Auch bin so häßlich ich nicht, ich sah mich jüngst am Gestade,
Da geruhig das Meer von Winden stand, nicht den Daphnis
Fürcht ich, vor deiner Entscheidung, wenn nimmer täuschet das Bildnis.
O! es gefall zu bewohnen mit mir, die verachteten Felder
Und die niedrige Hütte dir nur, zu durchbohren die Hirsche,
30 Und die Herde der Geißen mit grünendem Eibisch zu treiben,
Nachzuahmen im Lied dem Pan mit mir in den Wäldern.
Pan erfand es zuerst durch Wachs das Rohr zu vereingen,
Sorge trägt Pan für die Schafe, und sorgt für die Hirten der Schafe,
Nicht mißfalle es dir mit dem Rohre zu streifen die Lippe,
35 Daß er alles dies könnte, was täte darum nicht Amyntas!
Eine Flöte noch hab ich, von sieben verschiedenen Pfeifen,
Ist sie zusammengesetzt, Damoetas gab zum Geschenk sie
Einst mir, sagte dann sterbend, »Den zweiten hat sie an dir nun«,
Also sagte Damoetas, es neidet Amyntas, der Tor, mich.
40 Zwei der Zicklein zudem, im sichern Tale verborgen,
Jetzt noch weiß mit gesprenkeltem Felle, zweimal im Tage
Trockenen sie die Euter des Schafes, die hebe ich dir auf,
Thestylis bittet schon längst von mir, hinweg sie zu führen,
Und sie wird es noch tun, weil meine Geschenke dich eckeln.
45 Komm! o lieblicher Knabe, es tragen, siehe, die Nymphen

Lilien dir in gefüllten Körben, die schneeigte Naïs
Pflückend die blasse Viol' und die volle Blume des
                              Mohnes,
Einiget die Narziß' und des Dinkels duftende Blüte,
Dann sie durchflechtend mit Zimt und andern
                              süßhauchenden Kräutern
Färbt sie die weiche Beer' mit der Ringelblume, der   50
                              goldnen;
Grauliche Äpfel, mit zarter Wolle, will selbst ich dir lesen,
Und Kastaniennüsse, die Amaryllis, einst liebte
Wächserne Pflaumen dazu, auch diesem Obst wird die
                              Ehre,
Dich werd ich pflücken, o Lorbeer, und dich, du
                              benachbarte Myrte,
Weil ihr also gelegt vermischt die süßen Gerüche.   55
Bäurisch, o Coridon, bist du! nicht achtet die Gaben
                              Alexis,
Nicht überläßt ihn Jolas, wenn auch mit Geschenken du
                              eiferst,
Wehe! wehe! was wollt ich? mir Elenden! ach ich
                              Verlorner
Habe den Süd in die Blumen, und in die fließenden
                              Brunnen
Hab ich die Eber gelassen, wen fliehst du? Unsinniger,   60
                              wohnten
Götter doch einst in Hainen, und der dardanische Paris,
Pallas, welche die Burgen erbaute, bewohne sie selber,
Und uns mögen gefallen vor allem andern die Haine.
Es verfolget die grimmige Löwin den Wolf, und der Wolf
                              selbst
Folget der Ziege, es folgt die ausgelassene Ziege   65
Dem beblümeten Cithysus, dir Corydon, o Alexis,
Jeden zieht seine Lust. Es tragen, siehe, die Stiere
An dem Joche zurück die aufgelichteten Pflüge,
Und die scheidende Sonne verdoppelt die wachsenden
                              Schatten,
Doch mich brennet die Lieb', denn welches Maß ist der   70
                              Liebe?

O Corydon! Corydon! welcher Unsinn hat dich ergriffen!
Halbbeschnitten ist noch an belaubter Ulme der
                                                Weinstock!
Warum schickst nicht vielmehr, aus weichen Binsen und
                                                Reisern,
Was bedarf dein Gebrauch du wenigstens an dich zu
                                                flechten?
75 Einen andern Alexis wohl findst du, verschmähet dich
                                                dieser.

DRITTE EKLOGE

Menalcas, Damoetas, Palaemon

MENALCAS
Sage mir an, wessen Vieh? o Damoetas, vielleicht
                                                Meliboeus?

DAMOETAS
Nein sondern Aegons, es hat sie mir Aegon jüngst
                                                übergeben

MENALCAS
O, du für immer nun unglückseliges Vieh! o, ihr Schafe,
Während er selbst der Neara geneigt ist, besorgend, daß
                                                nicht ihm
5 Vorziehn möge sie mich, so melkt dieser Hüter, der
                                                fremde
Nun in jeglicher Stunde zu zweien Malen die Schafe
Und der Saft wird dem Vieh, und die Milch wird den
                                                Lämmern entzogen

DAMOETAS
Sparsamer, warn ich dich doch, solches vorzuwerfen den
                                                Männern,
Dich auch sahen wir ja .... wie rückwärts schauten die
                                                Böcke,
10 Und bei welcher Kapelle ... Doch lachten die gütigen
                                                Nymphen

MENALCAS
Damals, glaub ich, da du mich sahst die Stämme des Micon,
Und die Weinstöck die jungen einschneiden mit tückischen Messer?

DAMOETAS
Oder auch hier, bei den alternden Buchen, da du des Daphnis
Bogen zerbrachst, und die Pfeil', die, o verkehrter Menalcas!
Da geschenkt du sie sahst dem Knaben, Kummer dir machten,
Und gestorben wohl wärst du, wenn nicht du irgend geschadet.

MENALCAS
Was soll'n beginnen die Herrn? da solches wagen die Diebe,
Hab ich dich nicht gesehn, du Schändlicher, wie du des Damons
Bock entwandtest mit List? da heftig bellte Licisca,
Und da ich schrie: »wohin rennt jener? Tityrus treibe
Deine Herde zusammen!« du bargst dich hinter das Riedgras.

DAMOETAS
Also sollt' er mir nicht, er, der Besiegte im Liede
Ihn nicht geben den Bock? den meine Flöte erworben
Im Gesange? mein war, wenn du's nicht weißt jener Geißbock,
Damon gestand es mir selbst, doch sagt er, er könn ihn nicht geben.

MENALCAS
Du im Singen ihn? – war auch je mit Wachse verbunden
Eine Flöte dir? pflegtest auf Scheidewegen, du Stümper,
Nicht dein erbärmlich Gedicht, auf schnarrendem Halm zu verhunzen?

DAMOETAS
Willst du deshalb, daß wir prüfen, was jeglicher von uns vermöge

Diese Kuh (daß nicht etwa du weigern dich mögest, zur Melke
Kömmt sie zweimal, nährt zwei mit ihrem Euter der Kälber)
Setz ich, du sage nun auch, um welches Pfand du denn kämpfest.

MENALCAS
Von der Herde nicht wag ich zum Pfand mit dir etwas zu setzen,
Denn es ist in der Heimat der Vater, es ist mir die unge-
Rechte Stiefmutter, sie zählen an jeglichen Tage mir beide
Zweimal das Vieh, es zählt auch einer von beiden die Ziegen.
Aber dieses, was selbst weit größer zu sein, du gestehn wirst
Weil dir zu rasen gelüstet, sie setze die buchenen Becher
Das geschnitzelte Werk des göttlichen Alcimedon, ich
Die der geschmeidige Weinstock, mit leichten Meißel, umschlingend
Die zerstreueten Trauben mit bläßlichen Eppich bekleidet,
Und in der Mitte zwei Bilder, der Conon und – wer war der andre?
Mit dem Meßstab teilt ein er den ganzen Erdkreis den Völkern
Und die Zeiten des Schnitters, und die des gebeugeten Pflügers,
Noch berührt mit der Lipp ich sie nicht, sondern hebe sie wohl auf

DAMOETAS
Mir auch hat Alcimedon, dieser selbe, zwei Becher verfertigt,
Und die Henkel ringsum mit weichem Acanthus umschlungen,
Orpheus hat in die Mitt er gesetzt und die folgenden Wälder,

Noch berührt mit der Lipp ich sie nicht, sondern hebe sie
    wohl auf,
Doch wenn die Kuh du verlangst, so wirst du die Becher 50
    nicht loben.
MENALCAS
Nimmer entfliehst du mir heut, wohin du auch rufest ich
    komm
Möchte nur jemand es hören, der eben kömmt, sieh,
    Palaemon,
Nun werd ich machen, daß ferner mit Worten du keinen
    mehr reizest
DAMOETAS
Schnell nur, wenn du was hast, in mir ist keine
    Verzögrung,
Auch flieh ich keinen, allein, du nachbarlicher Palaemon, 55
Präge im innersten Sinn es dir ein, denn nicht klein ist die
    Sache.
PALAEMON
Singt denn, nachdem wir im weichen Gras uns gelagert, es
    zeuget
Nun ein jeglicher Acker, ein jeglicher Baum, es belauben
Sich die Wälder, es ist des Jahres lieblichste Zeit nun.
Du beginn, o Damoetas, du folge dann, o Menalkas, 60
Sprechet im Wechselgesang, die Kamönen sie lieben den
    Wechsel.
DAMOETAS
Musen, vom Jovis beginnt, es erfüllt ja Jupiter alles,
Er beherrschet die Länder, er achtet auf meine Gedichte
MENALCAS
Mich liebt Phoebus, es sind dem Phoebus seine
    Geschenke
Stets bei mir, Lorbeer, und der süßduftende Hyacynthus. 65
DAMOETAS
Mit einem Apfel warf Galatea mich, das schäkernde
    Mädchen,
Und entfloh zu den Weiden, und wünscht vorher sich
    gesehen.

MENALCAS
Was ich vermochte, das schickt ich, vom wilden Baume der goldnen
Äpfel zehne dem Knaben, will morgen andere schicken
DAMOETAS
70 O wie oftmal, und was, hat Galatea zu mir geredet
Winde! tragt einen Teil davon zu den Ohren der Götter
MENALCAS
Daß im Geist du mich nicht verachtest, was nutzt mirs Amyntas?
Wenn du die Eber verfolgst, derweil ich die Netze bewache.
DAMOETAS
Schicke die Phillis zu mir, es ist heut mein Geburtstag Jolas,
75 Wenn ich opfre ein Kalb für die Saaten, so komme du selber.
MENALCAS
Phillis lieb ich vor andern, denn weinend sah sie mich fortgehn
Sprach ein langes, lebwohl, lebwohl, du schöner Jolas.
DAMOETAS
Schrecklich ist Hürden der Wolf, der Regenschauer, den reifen
Saaten, den Bäumen der Sturmwind, und mir dein Zorn Amaryllis.
MENALCAS
80 Süß ist den Saaten die Feuchte, entwöhneten Böcklein der Weißdorn,
Trächtigem Viehe die schlanke Weide, mir einzig Amyntas.
DAMOETAS
Pollio liebt, ist gleich sie bäurisch nur, meine Muse
Weidet, Pieriden, ihm, der zu lesen euch liebt, eine Sterke
MENALCAS
Neue Lieder macht selbst nun Pollio, weidet ein Stierkalb.
85 Das mit den Hörnern schon zielt, und den Sand mit den Füßen umhersprengt.

I. AUS DEM LATEINISCHEN

DAMOETAS
Wer dich, Pollio, liebt der komme wo, du dich erfreuest,
Honig fließ ihm, es trag die wilde Brombeer ihm
                                                Trauben.

MENALCAS
Wer nicht den Bavius haßt, der lieb auch deine
                                                Gedichte,
Maevus, er spanne ins Joch die Füchse, und melke die
                                                Böcke.

DAMOETAS
Die ihr Blumen euch lest, und am Boden sprossende   90
                                                Erdbeern,
Flieht, ihr Knaben, es laurt die kalte Natter im Grase.

MENALCAS
Laßt zu weit nicht voran die Schafe, nicht wohl ist zu
                                                trauen
Dem Gestade, schon trocknet der Widder selbst seine
                                                Wolle.

DAMOETAS
Tityrus! wirf zurück von dem Flusse die grasenden
                                                Ziegen,
Ich will selber, wenn Zeit es ist, in der Quelle sie   95
                                                waschen.

MENALCAS
Knaben, treibet nach Haus, wenn die Milch die Hitze
                                                benommen
Werden, wie neulich umsonst mit den Händen die Euter
                                                wir drücken

DAMOETAS
Wehe! wie mager ist mir der Stier im fetten Gefilde,
Untergang ist dem Viehe die Lieb', und dem Hirten des
                                                Viehes.

MENALCAS
Diesen ist Liebe nicht Schuld, in den Knochen hängen sie   100
                                                kaum noch,
Wer mit den Augen mir wohl die zarten Lämmer
                                                bezaubert?

DAMOETAS
Sage in welchen Ländern, und du seist mir ein großer
Apollo,
Drei der Ellen, nicht mehr des Raums, sich dehnet der
Himmel.
MENALCAS
Sage in welchen Ländern, mit Königesnamen bezeichnet
105 Blumen entsprossen, und dann behalte die Phillis allein
nur
PALAEMON
Nicht geziemt es mir euch solch großen Wettstreit
entscheiden,
Du bist würdig der Sterk', und jener auch doch ein jeder,
Meide die Süße der Liebe, wo nicht so erfahr er ihr bittres,
Schließet die Röhren, ihr Knaben, genug ja schon tranken
die Wiesen.

VIERTE EKLOGE

Pollio

Laßt, ihr sikulischen Musen, uns etwas erhabneres singen,
Jeden ergötzen nicht Stauden, und niedrige Tamariske,
Singen wir Wälder, so sein die Wälder auch würdig des
Konsuls.
Schon naht heran der Cumaischen Sage entferntester
Zeitpunkt,
5 Und der Jahrhunderte große Reihe beginnet von neuen
Schon kehrt Astraea zurück, es kehrt die saturnische
Freiheit
Schon wird ein neues Geschlecht vom hohen Himmel
entsendet.
Du sei dem werdenden Knaben, bei dem das eiserne Alter
Aufhört zuerst und das goldne im ganzen Erdkreise
anhebt
10 Sei, o keusche Lucina, ihm günstig, schon herrscht dein
Apollo.

Also wird diese Zierde der Menschenzeit, da du Konsul,
Pollio, bist, entstehn, und die großen Monde hervorgehn.
Deiner Gewalt, wenn noch Spuren geblieben, unsers
       Verbrechens,
Werden sie nichtig von steter Besorgnis die Erde befreien.
Aber er wird empfahn das Leben der Götter, wird sehn die 15
Helden mit Göttern vermischt, wird selber gesehen mit
       ihnen,
Und den friedlichen Erdkreis mit Vatertugend
       beherrschen.
Aber kunstlos wird dir, o Knabe, die
       Erstlingsgeschenkchen,
Haselwurzblüte und irrenden Eppich der Boden
       hervor dann,
Auch Coetasien, vermischt mit lachendem Bärenklau 20
       sprießen.
Strotzend von Milch wird die Ziege nach Hause tragen die
       Euter,
Und den gewaltigen Löwen, das Rind nun ferner nicht
       fürchten
Streuen werden die Blumen dir selber schmeichelnde
       Wiegen,
Und die Schlange wird sterben, vergehn das trügende
       Giftkraut.
Aller Arten wird dann die assyrische Balsamstaud 25
       sprießen,
Aber dann kannst du die Preise der Helden zugleich und
       des Vaters
Taten schon lesen, was sei die Tugend, alsdann schon
       erkennen,
Sieh! es gilbet allmählich mit reicher Ähre das Kornfeld,
Und am verwilderten Hagdorn wird hängen die rötliche
       Traube,
Schwitzend träufeln die Eichen, die harten den tauigen 30
       Honig.
Wenig Spuren nur sind noch übrig des alten Betrugs dann,
Welcher gebot, zu versuchen mit Schiffen die Thetis, mit
       Mauern

Städte zu gürten, und mit der Pflugschar den Boden zu spalten
Sein wird ein anderer Tiphis, und eine andere Argo,
35 Welche die Helden fährt, die auserwählten, auch sind dann
Andere Kriege, es wird von neuem der große Achilles
Hingesendet gen Troja, hat dann ein festeres Alter
Schon zum Mann dich gereift, so weicht dir selber der Bootsmann
Und nicht tauschet hinfort die segelnde Fichte sich Waren.
40 Jedes trägt jeglicher Boden, nicht duldet die Karsten das Erdreich,
Nicht das Messer der Weinstock, der stämmige Pflüger auch löset
Schon den Farren das Joch, es lügt die Wolle nicht ferner
Mancherlei Farbe, es tauscht der Widder vielmehr schon die Wolle
Mit süßrötendem Purpur, und safranfarbigem Lutum,
45 Es bekleidet von selbst der Mennig die weidenden Lämmer.
Solche Jahrhunderte, eilt, so riefen den Spindeln die Parzen,
Die einstimmigen stets, durch des Schicksals bestehenden Ausspruch
Schreit zu erhabenen Ehren, schon ist vorhanden der Zeitpunkt,
Teure Sprosse der Götter, des Jupiters mächtiger Zuwachs,
50 Schaue das Erdrund an, wie es wankt mit gewölbeter Schwere,
Und die Länder, die Dehnung des Meers, und die Höhe des Himmels,
Schaue wie alles sich nun erfreuet des nahenden Jahrhunderts
O! mir bleibe der Geist den äußersten Teil des so langen
Lebens nur noch, das genug es sei, deine Taten zu singen!
55 Nicht soll im Lied mich besiegen der tracische Orpheus, nicht Linus,

Ob gleich Calliopeja dem Orpheus Mutter, ob Linus
Vater der schöne Apoll, wenn selber Pan mit mir kämpfte,
Vor Arcadien, so nennt auch besiegt vor Arcadien Pan
                                                    sich,
Kleiner Knabe! beginn zu erkennen mit Lächeln die
                                                  Mutter,
Zehn der Monate gaben der Mutter langes Beschwernis, 60
Kleiner Knabe! beginn, dem nicht gelächelt die Eltern,
Würdigte nimmer ein Gott des Tisches, die Göttin des
                                                  Lagers.

FÜNFTE EKLOGE

Menalcas, Mopsus

MENALCAS
Warum, Mopsus, da kundge nun beide zusammen wir
                                                treffen,
Du ins leichte Rohr zu hauchen, ich Lieder zu singen,
Lagern wir zwischen den Ulmen uns nicht, mit Haseln
                                            durchwachsen?
MOPSUS
Du bist der Ältre, Menalcas, es ist mir Pflicht dir
                                            gehorchen,
Sollen unter die Schatten wir, unstet vom Zephir sich   5
                                                  regend
Oder zur Höhle vielmehr hinwandeln? o schau! wie die
                                                    Höhle
Mit vereinzelten Zweiglein die wilde Weinrank bekleidet!
MENALCAS
Einzig möcht' kämpfen mit dir in unsern Bergen Amintas!
MOPSUS
Was! da Phoebus selbst im Lied zu bekämpfen er ringet?
MENALCAS
Mopsus! beginn du zuerst wenn irgend die Gluten der   10
                                                  Phillis
Oder Alcons Lob du hast oder Codrus Gezänke,
So beginn, Tityrus wird bewachen die weidenden Böcke

MOPSUS
>   Wohl! die jüngst in grüner Rinde der Buche ich aufschrieb
>   Jene Lieder, und messend im Wechselgesange mir merkte,
> 15 Werd ich versuchen alsdann, befiehl, und es streitet
>   Amintas
MENALCAS
>   Gleichwie die schlanke Weide nachsteht der hellen Olive,
>   Gleichwie den punischen Rosenhainen die niedere
>   Erdweid'
>   Also stehet nach dir nach meinem Urteil Amyntas
MOPSUS
>   Schweige das mehrere Knab' und laß in die Höhle uns
>   eingehn.
> 20 Daphnis im grausamen Tode erloschen beweinten die
>   Nymphen,
>   Zeugen seid den Nymphen ihr, Quellen und
>   Haselgesträuche!
>   Da den bejammernswürdigen Körper des Sohnes
>   umfassend
>   Grausam die Götter nannte und die Gestirne, die Mutter.
>   Nimmer wandelten die gesättigten Stiere in diesen
> 25 Tagen hin zu den kalten Strömen es kostet' o Daphnis!
>   Keines der Tiere den Quell' noch berühret es die Pflanze
>   des Grases,
>   Daphnis! ob deinem Tod erseufzten die pönischen Löwen,
>   Und die wilden Gebirg und Haine redeten, Daphnis
>   Auch begann vor den Wagen zu spannen armenische
>   Tiger,
> 30 Daphnis aufzuführen dem Bachus den Festschmaus, und
>   schlanke
>   Stäbe mit weichen Laub zu umflechten, Gleichwie der
>   Weinstock
>   Ist eine Zierde den Bäumen und wie dem Weinstock die
>   Traube,
>   Gleichwie die Stiere den Herden den üppgen Gefilden die
>   Saaten
>   So bist all du die Zierde der Deinen, da das Geschick dich

Weggerafft ließen die Äcker selbst Pallas und selber Apollo. 35
Furchen denen wir oft den dicken Weizen vertrauten
Treiben nur Lolch den Bösen hervor und fruchtlosen Hafer
Statt der zarten Viole der purpurfarbgen Narzisse
Hob sich die Distel empor mit spitzigem Dorn und die Stechpalm
Streuet mit Laub den Boden umgebet mit Schatten die Quellen 40
Daß ihm geschehe ein solches befahl, ihr Hirten der Daphnis
Auch ein Grabmal macht und über dem Grabmale schreibet
»Daphnis ich allhier in den Wäldern bis zu den Gestirnen
Ruhmvoll Hirt des lieblichen Viehes doch lieblicher selber«

MENALCAS

Also ist mir dein Lied, du göttlicher Sänger gleichwie dem 45
Matten der Schlummer im Gras gleichwie im hüpfenden Bache
Süßen Gewässers den Durst in der Hitze zu löschen, nicht einzig
Nur mit dem Rohr bist du mit der Stimm auch vergleichbar dem Lehrer
Glücklicher Knabe du wirst nach ihm der andre, doch ich auch
Will nun irgender Weis das Meine im Wechselgesang dir 50
Sagen und zu den Sternen will hin deinen Daphnis ich tragen
Daphnis zu den Gestirnen erheben auch mich liebte Daphnis

MOPSUS

Was ist wichtger mir wohl als dieses Geschäft, des Gesangs ist
Würdig der Knab und es lobt' dies Lied schon Stimicon jüngst mir.

MENALCAS

55 Ob des Olimpos unkundiger Schwelle erstaunet der schneege
Daphnis und schaut die Gestirn und Wolken unter den Füßen
Darum hält nun die Hain und übrigen Felder die heitre
Lust den Pan, und die Hirten und die Driaden, die Mägdlein
Nicht Nachstellung ersinnt der Wolf dem Vieh noch den Hirschen
60 List die Netze es liebt der gütige Daphnis die Ruhe
Selbst unbeschornen Gebirg sie schwingen vor Jubel die Stimmen
Zu den Sternen es klingen schon selber die Felsen Gesänge
Und das Gesträuch selbst, »Gott jener Gott o Menalcas« o gütig
Sei den Deinen und gunstvoll Schau hier vier der Altäre
65 Zwei dir Daphnis und zwei der Opferherde dem Phoebus
Schäumend von Milch der frischen, will ich zwei Becher dir jährlich
Und zwei Schalen der fetten Olive bestimmen das Gastmahl
Dann vor allem mit häufigen Wein erfreuend will vor dem
Herd wenn es kalt zur Zeit der Ernt im Schatten den neuen
70 Nektar ariusischen Wein in Becher ich gießen.
Singen dann werden Damöt mir und der licktische Aegon
Alphiseboeus ahmt nach die tanzenden Satyrn Es sei dir
Immerdar dieses und wenn wir feierlich unser Gelübde
Weihn den Nymphen und wenn das Saatfeld rings wir umziehen
75 Während der Eber sie liebt die Steilen der Berg und der Fisch die
Flüss' und während die Bien sich am Thymian weidet am Tau die
Feldgrill immer wird Ehr und Preis und dein Name bestehen,

Gleich dem Bachus der Ceres so werden Gelübde dir
jährlich
Opfern die Ackersleut du auch wirst dann Gelübde
gewähren.

MOPSUS
Was soll ich dir welch ein Geschenk für solchen Gesang   80
dir
Geben? des nahenden Südes Gesäusel ergötzet so sehr
nicht
Mich noch also der Strand von der Woge gepeitscht noch
also
Bergström welche vorüber entrauschen durch felsichte
Täler.

MENALCAS
Dich auch beschenk ich zuvor mit dieser zerbrechlichen
Flöte
Sie hat mich »es entbrannt Corydon für den schönen   85
Alexis«
Selbige auch mich gelehrt »wessen Vieh vielleicht
Meliboeus?«

MOPSUS
Doch Du aber nimm hier den Stab den da er oft ihn
erflehte,
Antigenes nicht erhielt (und da war wert er geliebt zu
Werden) verschönt durch gleiches Geknote und Erz o
Menalcas

SECHSTE EKLOGE

Silenus

Sie, die Erste, hat im sirakusischen Versmaß zu tändln
Wert geachtet und nicht die Hain zu bewohnen, errötet
Meine Thalia, indem ich Schlachten, sang, und
Beherrscher,
Zupft das Ohr mir Cynthius und »dem Hirten« so mahnt
er,

»Ziemt, o Tityrus, es die feisten Schafe zu weiden,
Niederes Lied zu singen« nunmehr (denn welcher, dein Lob, o
Varus zu singen begehrt, und die traurigen Kriege zu künden
Mög noch über dir sein) ersinn auf schmächtigem Halme
Ich ein ländliches Lied, nicht Ungebotenes sing ich,
Wenn auch dieses dereinst doch jemand, wenn es befangen
Von der Liebe einst irgend jemand läse, dich singen
Unsere Myrten, o Varus, dich all der Wald, und nicht lieber
Ist dem Phoebus ein Blatt, als das Varus Namen sich vorschrieb.
Pieriden, fahrt fort Chromyus und Mnasylus, die Knaben,
Sahn in der Höhle Silen im Schlummer liegen, die Adern
Aufgedunsen wie stets vom gestrigen Moste, es lagen
Fern nur eben entglitten dem Haupt, die Kränze, und hing mit
Abgenutzeten Henkel gewichtig der Schlauch, die Genahten,
(Denn es täuschte schon oft der Greis die Beiden durch Hoffnung
Eines Lied's) umwarfen mit Banden ihn aus den Kränzen
Selber es fügt sich hinzu als Gefährtin und überkam sie,
Die Furchtsamen Aegle, Aegle, die schönste Najade
Und sie malte die Stirn und Schläfe mit blutiger Maulbeer
Dem schon Sehenden, er, nun sprach belächelnd die Arglist,
Weshalb knüpft ihr die Band'?, so löst mich, Knaben, genug ists
Daß man, ihr konntets, ersah, das Lied vernehmt, was ihr wünschtet,
Euch das Lied, doch ein andrer Lohn wird jener noch werden,
Selber begann er zu gleich. Da aber hättst du gesehen
Tanzen im Takt das Gewild und Faunen da Eichen die starren

Gipfel regen, nicht freut sich also des Phoebus, Parnassos 30
Fels sosehr nicht bewundern Rhodop' und Ismarus
                              Orpheus.
Denn er sang wie versammelt durch's weite Leere, der
                              Länder
Sam', und der Luft, und des Meers, des lodernden Feuers
                              zugleich auch,
Wie dem Grundstoff nun all der Anfang, und selber der
                              zarte
Kreis der Erde zusammen geballt sich, da zu erharten 35
Nun der Boden begonnen und abzusondern vom Meer die
Nereis und allmählich die Form der Dinge zu nehmen,
Und schon stutzt ob dem Leuchten der neuen Sonne die
                              Erde
Und den entfernten Gewölken entstürzt nun höher der
                              Regen,
Da die Wälder zuerst sich zu heben begannen und da nur 40
Sparsam die Tiere durch die unkundgen Berge noch
                              irrten.
Nun die geschleuderten Steine der Pyrrha, Saturnus
                              Regierung
Trug er vor, die kaukasischen Vögel, den Diebstahl
                              Prometheus
Hier nun fügt er hinzu den Quell an welchem das
                              Schiffsvolk
Rief den verlassenen Hylas daß Hylas Hylas erhallte 45
All das Gestade, und gab darauf Trost durch die Liebe des
                              schneeigen
Stiers der Pasiphae der beglückten wenn nimmer es
                              Rinder
Hätte gegeben! Ach unglückselige Jungfrau welch
                              Wahnsinn
Hat dich ergriffen, es füllen das Feld mit falschen Gebrülle
Die Proetiden doch ist so schändlicher Liebe der Tiere 50
Keine gefolgt ob gleich sie den Pflug im Nacken
                              befürchtet
Und auf der Stirne der glatten, die Hörner suchte, ach
                              Jungfrau

Unglückselige du nun irrst in den Bergen umher, er
Lehnend die schneeige Seite auf Hyacinthen die weichen
55 Käut das gelbliche Kraut unter dunkeler Steineiche wieder,
Oder verfolgt eine andre der großen Herden, Ihr Nymphen
Schließt, ihr dicktäischen Nymphen schon schließt die Forsten der Wälder
Wenn der Stier unsern Blicken entgegen die irrenden Schritte
Trüge vielleicht: Doch ihn vom grünenden Kraute berücket
60 Oder den Rindern folgend ihn leiten wohl irgend die Kühe
Zu den gortynischen Ställen vielleicht dann das Mägdlein
Ob den Äpfeln der Hesperiden erstaunet besang er
Dann umgab mit dem Moos der bitteren Rind und vom Boden
Hob er die Phaetontiden empor als schwindelnde Erlen.
65 Dann den Gallus auch sang er, bei des Permessus Gewässer
Irrend daß in die Gebirg Aoniens eine der Schwestern
Hin er geleite und wie nun des Phoebus sämtlicher Chorus
Vor dem Mann sich erhob und wie mit Blumen und herbem
Eppich geschmückt das Haar in göttlichen Liedern ihm Linus
70 Sagte, der Hirt, es reichen die Musen, nimm hin sie, die Federn
Dir die vormals dem Greise von Askra waren womit er
Von dem Gebirg die starrenden Ornen zu führen wohl pflegte
Dichtend. mit diesen gesungen sei dir des gruneischen Haines
Ursprung daß nicht Apoll sich mehr rühm anderen Haines
75 Was soll sagen ich wie daß Scilla des Nisus verfolgt von

Rufe, den blendenden Schoß mit bellenden Scheusaln
umgeben
Hab die Dulichischen Schiffe gequält und im sinkenden
Schiffe
Ach das zagende Schiffsvolk mit Hunden des Meeres
zerfleischet

2. AUS DEM ENGLISCHEN

⟨WALTER SCOTT: PIBROCH OF DONUIL DHU⟩

Pibrach von Donnuil Dhu,
Pibrach von Donnuil!
Weck die wilde Stimme du,
Rufe Clan Donnuil!
Kommt herbei, kommt herbei,
Kommt zum Vereine,
Kommt in der Wehr herbei,
Hoh' und Gemeine!

Laßt das Tier, laßt den Stier,
Laßt Netz und Barken,
Kommt in der Schlachtenzier,
Breitschwert und Tarken.
Scharrt nicht die Toten ein
Still auf der Bahre,
Lasset die Herd' allein,
Braut am Altare

Kommt wie der Wind kommt wenn
Wälder sich fällen,
Kommt wie die Well' kommt wenn
Schiffe zerschellen.
Schneller kommt, schneller kommt,
Schneller und schneller,
Graf, Vasall, Pagen, prompt
Diener und Meister!

⟨SAMUEL ROGERS: AUS DEM VERSEPOS »JACQUELINE«⟩

    Der Sonne Demantstrahl kaum drang
    Durchs Fenster auf den roten Flur,
    Sang seine Lieder sie und sang,
    Bis dunkel die Natur;
    Und jeden Tag, all' Tage lang 5
    Träumt er und schlummert bei dem Sang.
    Doch sie ist tot für ihn und alle,
    Die Laut' hängt schweigend an der Wand.
    Und von der Stieg', der Türe her
    Ihr Feentritt wird gehört nicht mehr, 10
    Ein leerer Stuhl bei jedem Mahle
    Sagt ihm, sie weile nicht im Saale.

⟨ROBERT SOUTHEY: AUS DEM VERSEPOS »RODERICK,
    THE LAST OF THE GOTHS«⟩

            Seitwärts floh
    Er dem Gedräng, zu schwach für diese Last
    Des allgemeinen Wehes; Mauern nicht,
    Nicht Türme, nicht Bergfesten sucht er auf,
    Sein Geist verlangte einen fest'ren Halt 5
    Und Felsen großer Kraft; unwissend wo,
    Zog durch die Wildnis er den ganzen Tag
    Und mit gleich großer Eile, wenn rundum
    Es dunkelte. So reist er sieben Tage
    Von früh bis in die Nacht. Der Eichenwald, 10
    Die Feigengärten, preisgegeben vom
    Furchtsamen Landmann und der Weinberg, wo
    Jetzt Fuchs und Hund zusammen Lese hielten,
    Ernährten ihn; es war des Himmels Hand
    Mit ihm: die Seelenangst, so innerlich 15
    Ihn quälte, lieh ihm über die Natur
    Des Menschen Kräfte.

3. AUS DEM FRANZÖSISCHEN

ROSEN SO BLEICH

Durch eigne Schöne reich
Liebliches Bild der Huld vor allen
Fesselst das Auge
Mußt wohl gefallen
Der Liebe gleich –

Mutter hub an
Von einem Talisman
Nannte die Weiße Ros am Stabe
Oft der Natur lieblichste Gabe
Dem teuren Mann! –

Ich nahm dies Wort
Mit mir im Herzen fort –
Pflanzt einem Rosenstock im Freien
Daß er mir einst Rosen mag leihen
Zauberischen Hort!

Zum Lorbeer! schön
Wird er dem Ritter stehen
Wenn ich dem Teuren einst umwinde
Fest mit dem Talisman umbinde
Zum Lorbeer schön.

Doch schnell verblüht
Und in sich selbst verglüht
Wenn einst mein Ritter sonder Reue
Liefe von Mir, Blume der Treue
Wie schnell Verblüht!

Ach und wenn gleich
Mein armes Herz zu weich
Muß brechen in der Liebe Schmerzen
Pflanzt auf mein Grab liebende Herzen
Rosen so bleich.

4. AUS DEM NIEDERDEUTSCHEN

DIE ERSCHEINUNG

Nun scheint die Sonne so hell und so klar,
Ist Himmel so tief und so wunderblau,
Kein Wölkchen will gehen den weiten Weg,
Will lieber sich sonnen im Sonnenlicht.
Nun singet kein Vöglein im Himmelsschein,
Wo das Bächlein licht blinket, da schlummert es ein,
Das Land liegt schweigend im Sonnenschein,
Als wollt' es ganz Leben, ganz Sonnenglanz sein.
Sacht knattert das Holz, leis wegt sich das Blatt,
Still rauschend läuft Bächlein seinen silbernen Pfad.
Wie'n See so schimmert das Korn in Gold,
Und saugt voller Freude die Strahlen so hold,
Und voll von Segen, voll seligem Sinn
Über Ähre die Ähre so freundlich sieht hin.
Doch über das weite, das glimmernde Feld
Sieht Waldes einsame, düstere Welt,
Und ragen zum Himmel die Äste mit Macht;
Da drinnen ist schweigende, schaurige Nacht.
Aus der Tiefe kommt stille der einsame Weg,
Graualternde Eichen umragen den Steg,
Als wollt nun der Wald aus sich heraus,
Als wollt' er nun geben den eigenen Lauf.
O, auf dem Stege, welch Himmelsgesicht
Läßt braun-gold'ne Locken ringeln im Licht!
O das Auge, wie licht, o das Auge, wie klar,
Wie das Wasser so tief, wie der Himmel so blau,
Die weißen Glieder so schimmernd und fein,
Wie das bebende Licht in dem sonnigen Schein,
So freundlich und kindlich im fröhlichen Sinn,

Es mag wohl ein luftiglich Rehelein sein.
Und horch, in dem Walde da steigt ein Gelaut!
Und der Wind beginnt regen die Ähren so laut,
Und das Glöckchen von ferne gibt leiseren Klang.
O weg ist nun Alles! hab' ich wacht oder träumt?
Das Abendrot drunten die Wolken schon säumt.

DIE VORGESCHICHTE

Was schau'n uns die Sternchen so freundlich an,
O Mutter, was hab' ich dich lieb!
O sieh! wie sie spielen und lachen uns an,
O Mutter, wie hab' ich dich lieb!
Was möcht' ich gern spielen mit ihnen,
Mutter, könnt' ich nur kommen zu ihnen. –

Die Mutter küßt schweigend das liebe Kind.
»Wären Sternchen dir immer so gut« –
Nun schließt sie's düstere Häuschen auf,
Die Tür in die Klinke nun fällt.

O Mutter, wie riecht unser Haus so fein,
Was ist unsere Küche so groß.
Mutter, was mögen das für Lichterchen sein,
Die wehen und scheinen so rot;
Von lauter Flämmchen so'n kleiner Kreis,
Der spielt wohl auf unserm Herd?
Was muß das schön im Himmel sein
Bei Sternchen und Engelchen fein.

Die Mutter küßt schweigend das liebe Kind,
»Mein Engel, Gott lasse mir dich!«

O, Morgenrot weiße Händchen bescheint,
Die Mutter sitzt schweigend und weint.

KOMMENTAR

PROSA

Das Prosawerk der Droste, besonders die zu Lebzeiten erschienenen Texte *Die Judenbuche* und *Westphälische Schilderungen aus einer westphälischen Feder*, erfuhr erst am Ende des 19. Jahrhunderts eine größere rezeptionsgeschichtliche Bedeutung. Obwohl die Publikation der *Judenbuche* 1842 im ›Morgenblatt‹ der Droste den Weg in die überregionale literarische Öffentlichkeit bahnte, wurde die Prosa erst mit der Aufnahme der *Judenbuche* in den von Paul Heyse und Hermann Kurz herausgegebenen *Deutschen Novellenschatz* (1876) von der Literaturkritik angemessen beachtet (vgl. etwa die Urteile von Iwan Turgenjew oder Theodor Fontane, Droste-Rezeption, Nr. 382, S. 903f.; Nr. 521, S. 986f.). Auch die anonyme Veröffentlichung der *Westphälischen Schilderungen* war ein Rezeptionshindernis und konnte erst dadurch überwunden werden, daß diese Skizzen mit den anderen, im Nachlaß verbliebenen Prosatexten postum publiziert wurden. Heute gilt die Prosa als zentraler Teil des Droste-Werkes, der wegen seiner wirklichkeitsnahen Schilderung von historischen, volkskundlichen und sozialen Phänomenen trotz der Standesgebundenheit der Autorin, ihrer subjektiven, lokal geprägten, aber oftmals auch humoristischen Perspektive als genuiner Beitrag zur Prosa der Restaurationsepoche geschätzt wird.

Nach dem Erscheinen der *Judenbuche* hatte die Droste selbst ihre reichen Möglichkeiten als Prosaschriftstellerin erkannt, die sie allerdings in den späteren Jahren nur begrenzt nutzte. An Levin Schücking schrieb sie am 5. 5. 1842:

> Ich finde daß sich meine gedruckte Prosa *recht gut* macht, besser und origineller wie die Poesie, aber *anders* wie ich mir gedacht, und dein früheres Urtheil hat sich, im Ge-

gensatz zu dem meinigen, bestätigt. – der *Dialog* (dem ich jetzt einsehe durch Betonung beym Vorlesen sehr nachgeholfen zu haben) ist gut, aber doch unter meiner Erwartung und keineswegs außerordentlich – dagegen meine *eignen Gedanken und Wendungen*, im erzählenden Style, weit origineller und frappanter als ich sie früher angeschlagen, und ich hoffe darin, mit einiger Uebung bald den Besten gleich zu stehn –

Dennoch bilden programmatische Selbstaussagen der Droste über ihre Prosatexte eher eine Ausnahme, die poetologische Standortbestimmung, besonders was Gattungsfragen anging, orientierte sich durchgängig an der Lyrik.

Klammert man einmal das frühe, stark autobiographische Romanfragment *Ledwina* mit seinen Anknüpfungen an den empfindsamen Roman sowie die fragmentarische Kriminalerzählung *Joseph* aus, dann verdanken die *Judenbuche*, die *Westphälischen Schilderungen* und *Bei uns zu Lande auf dem Lande* ihre Entstehung der Realisierung eines umfassend geplanten, doch letztlich gescheiterten Werks über Westfalen. Der enge konzeptionelle und entstehungsgeschichtliche Zusammenhang dieser drei Texte macht trotz des Scheiterns des Gesamtvorhabens die Intentionen und Tendenzen der landes- und volkskundlichen Bemühungen um Westfalen deutlich. Im Brief an Christoph Bernhard Schlüter vom 17.(?) 12. 1838 betonte die Droste, daß sie sich nur in Westfalen und nur bei der Behandlung von »Sitten, Charakter, Volksglauben, und jetzt verloren gegangene⟨n⟩ Zustände⟨n⟩« sicher genug in den ihr notwendig erscheinenden realen Grundlagen fühle, die ein Werk dieser Art ihrer Meinung nach erforderte. Dennoch blieben die Zweifel an der formalen Gestaltung (vgl. etwa die Diskussion um das Für und Wider einer genrebildhaften Reiseform oder die Bevorzugung einer Rahmenhandlung mit eingestreuten selbständigen Erzählungen) und die Sorge, sie könne mit ihrer Prosa in den Schatten von Karl Leberecht Immermanns (1796-1840) *Münchhausen* (1838/39) geraten.

Beim Fragment *Joseph* griff die Droste auf die bei der

Abfassung der *Judenbuche* bereits erprobte Form der Kriminalerzählung zurück. Ihr ging es dabei aber nicht nur um das analytische Lösen eines rätselhaften Kriminalfalls, sondern auch um die Darstellung eines tatsächlichen Falles und seines Hergangs – obwohl für den *Joseph* aufgrund seines fragmentarischen Charakters nur ungenaue Aussagen darüber gemacht werden können, inwieweit die Droste das Kriminalschema auszufüllen gedachte.

DIE JUDENBUCHE
Ein Sittengemälde aus dem gebirgichten Westphalen
(S. 11)

Textgrundlage

Erstdruck: *Die Judenbuche. Ein Sittengemälde aus dem gebirgigten Westphalen*. Von Annette E. Freiin von Droste-Hülshoff, in: Morgenblatt für gebildete Leser (Stuttgart und Tübingen), Nr. 96-111, 22. 4.-10. 5. 1842.

Zur Textgestaltung, insbesondere zur Korrektur fehlerhafter Stellen, s. die Ausführungen von Walter Huge in HKA, Bd. 5, S. 196-199.

Entstehung und Textüberlieferung

Der genaue Zeitpunkt, an dem Annette von Droste-Hülshoff die Arbeit an der *Judenbuche* aufgenommen hat, läßt sich nicht ermitteln. Das Tagebuch der Schwester Jenny erwähnt unter dem Datum des 4. 8. 1805 zum ersten Mal einen Aufenthalt der jungen Droste in Bökendorf, in unmittelbarer Nähe des historischen Schauplatzes der *Judenbuche*. Weitere Besuche fallen in die Jahre 1813, 1818 und 1819/20. Es ist davon auszugehen, daß die Droste in dieser Zeit mit den tatsächlichen Ereignissen des Judenmords bekannt wurde; so berichtet etwa August von Haxthausen

(1792-1866): »Die Dichterin hatte in ihrer Kindheit, wenn sie bei ihren Großeltern im Paderbornschen war, von ihrem Großvater, dem Drosten Freiherrn von Haxthausen oft die Geschichte eines Selbstmörders aus jener Gegend erzählen hören« (Kreiten, *Droste-Werkausgabe* [1884-87], Bd. 4, S. 17). Obwohl August von Haxthausen später das Gegenteil behauptete, kannte die Droste auch dessen Darstellung dieser historischen Begebenheit, die 1818 in der ›Wünschelruthe‹ unter dem Titel *Geschichte eines Algierer-Sklaven* (Nr. 11-15, 5.-19. 2. 1818) erschienen war.

Zum ersten Mal findet die *Judenbuche* als »Criminalgeschichte, *Friedrich Mergel*« Erwähnung in einem Brief an Wilhelm Junkmann (1811-1886) vom 4. 8. 1837:
so steht auch jetzt mein Sinn ich weiß nicht *wo* hin, aber nach Etwas *neu zu Beginnendem* – und doch liegen noch so gute Sachen in meinem Schreibtische! – Lachen Sie nicht darüber, es ist gewiß wahr, es sind Dinge darunter die es nicht verdienen so schmählich zu verkommen: da sind vorhanden (Alles aus den spätern Jahren) 1. ein Roman, *Ledwina* etwa bis zu Einem Bändchen gediehn, 2 eine Criminalgeschichte, *Friedrich Mergel,* ist im Paderbornischen vorgefallen, rein national, und sehr merkwürdig, diese habe ich mitunter große Lust zu vollenden ⟨. . .⟩.
Aber erst zwei Jahre später, am 24. 8. 1839, kommt die Droste in einem Brief an Christoph Bernhard Schlüter auf ihre angefangene Erzählung zurück:
Hierbey fällt mir meine Erzählung ein – ich habe jetzt wieder den Auszug aus den Ackten gelesen, den mein Onkel August schon vor vielen Jahren in ein Journal rücken ließ, und dessen ich mich nur den Hauptumständen nach erinnerte – es ist schade, daß ich nicht früher drüber kam – er enthält eine Menge höchst merkwürdiger Umstände und Aeußerungen, die ich jetzt nur zum Theil benutzen kann, wenn ich die Geschichte nicht ganz von Neuem schreiben will – vor Allem ist der Charackter des Mörders ein ganz anderer, was zwar an und für sich nicht schadet, aber mich nöthigt mitunter das Frappan-

teste zu übergehen, weil es durchaus nicht zu *meinem* Mergel passen will ⟨...⟩.

Einen vorläufigen Abschluß hat die Arbeit an der Erzählung offenbar Anfang 1840 gefunden. Am 14. 1. 1840 teilt sie Henriette von Hohenhausen mit: »geschrieben habe ich eine Erzählung, in der mir Manches gelungen, aber das Ganze doch nicht der Herausgabe würdig scheint – es ist mein erster Versuch in Prosa, und mit Versuchen soll man nicht auftreten«. Die Beendigung der Arbeit erwähnt sie dann am 12. 3. 1840 in einem Brief an die Schwester Jenny von Laßberg: »ich habe jetzt eine Erzählung fertig, von dem Burschen im Paderbörnischen, der den Juden erschlug, von der Junkmann aber sagt, die Paderbörner würden mich auch todtschlagen, wenn ich sie heraus gäbe«. Zu dieser Zeit hat die Droste auch Levin Schücking aus ihrer Erzählung vorgelesen. Hierauf weist eine Bemerkung Luise von Bornstedts im Brief an die Droste vom 25. 3. 1840 hin: »Schücking ist sehr glücklich wiedergekommen ⟨...⟩ von Ihrer Novelle sprach er mit Auszeichnung.«

Die langwierige und mühselige Arbeit an der *Judenbuche* spiegelt sich auch in den erhaltenen Arbeitsmanuskripten wider. Die erste Arbeitsphase wird von dem Entwurf H[1] repräsentiert, ihm folgt der längste Entwurf H[2], der den ersten Teil der späteren *Judenbuche* umfaßt, und ein kleinerer Entwurf H[3]. Zu Ende geführt wurde der Entwurf H[2] in den Vorfassungen H[6] und H[7]. Der Entwurf H[8] behandelt die gesamte Erzählung und lag vermutlich der später angefertigten, allerdings nicht mehr erhaltenen Druckvorlage zugrunde. H[4] und H[5] enthalten Notizen und Motive. Aufbewahrungsorte der Handschriften: H[1], H[2], H[4], H[6], H[8]: Universitätsbibliothek Bonn, S 1504; H[3], H[5], H[7]: Staatsbibliothek zu Berlin, Preußischer Kulturbesitz, MA IX 5, MA II 32, MA VIII 10. Zur Beschreibung der Handschriften s. HKA, Bd. 5, S. 191-194. Die Motive, Entwürfe und Notizen sind mit ihren Lesarten vollständig abgedruckt in HKA, Bd. 5, S. 249-497.

Der ursprünglich geplante enge Bezug auf das historische Geschehen wurde im Verlauf der Arbeit zurückgedrängt. Der Entwurf H² hatte als Geburtsort Friedrich Mergels noch »Bellersen« angegeben, später wurde daraus »das Dorf B.«. Diese Anlehnung an die Realität ist im Entwurf H² auch bei der Beschreibung des Mergelschen Hauses feststellbar: »das Haus seiner Mutter lag am Ende des Dorfes, ein wenig seitab«. Das Haus der Winkelhagen liegt noch heute am südlichen Ortsausgang von Bellersen. Der Entwurf H⁸ datiert die Geburt Mergels zunächst in das Jahr 1763. Diese Angabe kommt dem Geburtsdatum des historischen Judenmörders (22. 8. 1764) sehr nahe.

Die erhaltenen Entwürfe und Notizen machen deutlich, daß die Entstehung der *Judenbuche* in zwei größeren Arbeitsphasen erfolgt ist. Die erste Phase lag in den zwanziger Jahren. Die zweite Arbeitsphase ist in die erste Hälfte der dreißiger Jahre zu datieren; in diese Zeit fallen die meisten der von der Droste angelegten Materialsammlungen und einige kurze Notizen. Vermutlich ist die Arbeit der 1837 noch unvollendeten Erzählung (vgl. Brief an Junkmann, 4. 8. 1837) erst nach dem Abschluß der *Gedichte 1838* und im Zusammenhang mit verschiedenen Überlegungen, ein Buch über Westfalen zu schreiben, wieder aufgenommen worden. Einfluß auf die Arbeit hatten sicherlich auch die Aufenthalte der Droste in Abbenburg in den Jahren 1837, 1838 und 1839.

Die Erzählung sollte als *Sittengemälde* – so der spätere Titel – in das Westfalenprojekt einbezogen werden. Schlüter schrieb sie dazu am 23. 3. 1841: »Wissen sie wohl, Professorchen, daß ich jetzt ernstlichen willens bin ein ellenlanges Buch im Geschmacke von Bracebridge-hall, auf Westphalen angewendet, zu schreiben, wo auch die bewußte Erzählung von dem erschlagenen Juden hinein kömmt?« Möglicherweise diente der Entwurf H⁸ zur Integration der *Judenbuche* in das geplante Westfalenwerk.

Es war Levin Schücking, der die Droste zu einer Veröffentlichung der *Judenbuche* außerhalb des geplanten Westfalenbuches im ›Morgenblatt für gebildete Leser‹ bewog. Die von der Droste erstellte Druckvorlage nahm er am 2. 4. 1842 mit auf seine Reise von Meersburg nach Stuttgart, wo er die Erzählung dem Redakteur der Zeitung, Hermann Hauff (1800-1865), zur Verfügung stellte. Hauff war es, der für den Abdruck im ›Morgenblatt‹ den Titel *Die Judenbuche* erfand. In einem Brief vom 4. 4. 1842 dankte er Schücking für die Überlassung der Erzählung und akzeptierte sie für den Abdruck im ›Morgenblatt‹, ergänzte jedoch in einer Nachschrift: »Der Erzählung wird ein Titel zu schöpfen seyn, Vielleicht fällt Ihnen einer ein und Sie hinterlassen mir denselben schriftlich. Wo nicht, so übernehme ich das Geschäft. Daß die jetzige Ueberschrift daneben stehen bleibt, versteht sich« (Familienarchiv Haus Stapel, Havixbeck). Mit der »jetzigen Ueberschrift« ist offensichtlich der spätere Untertitel »Ein Sittengemälde aus dem gebirgichten Westphalen« gemeint. Schücking hat Hauff keinen Titel vorgeschlagen, vielmehr schrieb er der Droste am 13. 4. 1842: »Ihre Erzählung gnädiges Fräulein habe ich Hauff gelassen ⟨...⟩. Ich hatte nicht die Zeit einen Titel zu erfinden und habe es ihm überlassen müssen.« Hauff wählte nach dem dreimal im Text vorkommenden Begriff den Titel *Die Judenbuche*, den die Droste offensichtlich akzeptieren konnte, wie ein Brief an Schücking vom 5. 5. 1842 zeigt, in dem sie noch während des Erscheinens der Erzählung schrieb: »und dann füttert es ⟨das ›Morgenblatt‹⟩ seit 10-12 Tagen sein Publikum so unbarmherzig mit meiner *Erzählung* (von Hauff *»die Judenbuche«* getauft) ⟨...⟩.« Obwohl die Druckvorlage nicht mehr erhalten ist, hat die Droste den Druck im ›Morgenblatt‹ als ihrem Willen entsprechend betrachtet und auch erfolgte Eingriffe der Redaktion nur Schücking gegenüber beanstandet:

> Im Museum war ich seit einigen Tagen *nicht*, bis dahin war meine Judenbuche beendigt, von der ich nur das im vorigen Briefe Gesagte wiederholen kann, nämlich: daß ich den Effekt fand wo ich ihn nicht suchte, und umgekehrt, das Ganze aber sich gut macht, – es ist mir eine

Lehre für die Zukunft, und mir viel werth die Wirkung des *Drucks* kennen gelernt zu haben. – *gestrichen* hat man mir nur einmahl ein paar Zeilen, nämlich das zweyte Verhör ein wenig abgekürzt (wenn du es nicht etwa schon gethan hattest, worüber ich ungewiß bin) – zuerst war ich zürnig-grimmig wie eine wilde Katze – und braußte im Sturmschritt nach Deisendorf, auf dem Rückwege war ich aber schon abgekühlt, und gab dem Operateur (Hauff, dir, oder gar mir selbst) Recht. – sonst ist Wort für Wort abgedruckt. (Brief an Schücking, 27. 5. 1842 unter dem Datum des 26. 5.)

Der Abdruck der *Judenbuche* im ›Morgenblatt‹ erfolgte in 16 Teilen. Zu dem Aufsatz von Johann Georg Kohl (1808 bis 1878) *Die Judenstadt in Prag*, der dem Abdruck der einzelnen Fortsetzungen der *Judenbuche* beigegeben war, äußerte sich die Droste ebenfalls im Brief an Schücking vom 27. 5. 1842 unter dem Datum des 26. 5.:

unmittelbar hinterdrein erschien »*Die Judenstadt in Prag*, von *Kohl*« – ich erschrack und dachte, es sey eine gute Erzählung, mit der man die Leser für meine schlechte entschädigen wolle, – statt dessen war es aber ein, meiner Geschichte gleichsam angereihter, Aufsatz über die Stellung der Juden überall, und namentlich in Prag, – jetzt schien mir eher etwas Günstiges darin zu liegen, als ob man das Interesse der Leser durch meine Judenbuche für diesen Gegenstand angeregt glaube – ⟨...⟩.

Wirkung

Obwohl das Echo auf die Erstveröffentlichung der *Judenbuche* in der literarischen Kritik gering war, brachte die Publikation der Erzählung im ›Morgenblatt‹ der Droste doch einige überregionale Anerkennung. Schücking äußerte etwa in einem Brief an Ferdinand Freiligrath vom 11. 1. 1844 aus der Rückschau: »Die wenigen kleinen Proben, die ich der Droste im Winter 41/42 fürs Morgenblatt entriß, haben ihr überall einen merkwürdigen Namen gemacht« (Deutsches Literaturarchiv/Schiller-Nationalmuseum, Marbach). Über die ihr bekannt gewordene Resonanz auf die Veröffentlichung der *Judenbuche* berichtet die Droste Schücking im Brief vom 12. 9. 1842:

> *Ruf* (oder, wie du es lieber nennst, *Ruhm*) bekomme ich doch, dessen bin ich jetzt sicher, denn ich habe ihn schon zum Theil (Dank dem von mir so verachteten Morgenblatt!) und es ist mir, seit deiner Abreise, in dieser Hinsicht viel Angenehmes passirt. – Daß *Wessenberg* nach Meersburg gekommen ist, eigens meinet wegen, wie er selbst an Laßberg schrieb, habe ich Dir schon früher gesagt, aber auch *Bothe*, der bekannte Herausgeber der Classiker, hat einen förmlich exaltirten Brief an Laßberg geschrieben, worin es fortwährend heißt »diese objective Anschaulichkeit, diese Naivitæt und Innigkeit, diese Kraft der Sprache, diese Lebendigkeit der Darstellung, fern von aller Manier,« et cet – (doch ich fürchte dir auch dieses schon einmahl abgeschrieben zu haben) – Was du aber sicher noch nicht weißt, da ich Dir seitdem nicht geschrieben, ist, daß, wie ich in Münster gehört, eine Kritik über meine »*Judenbuche*« in der »revue« stehn soll, wo sie dem Besten, was Immermann in seinem Münchhausen geleistet, an die Seite gestellt wird. – selber gelesen habe ich sie nicht.

Außer der von der Droste hier erwähnten Besprechung in der »Revue« – gemeint ist die »Zeitschriften-Musterung«, ein Beiblatt der Dresdener ›Abend-Zeitung‹ – sind bislang keine weiteren Rezensionen bekannt geworden, die sich auf den Erstdruck beziehen. In der ›Abend-Zeitung‹ hieß es am 31. 5. 1842 (Nr. 11, Sp. 77): »Annette E. Freiin v. Droste zu Hülshoff giebt ein Sittengemälde aus dem gebirgigten Westphalen, unter der Ueberschrift: ›Die Judenbuche‹, das dem Immermann'schen verwandten an die Seite gesetzt zu werden verdient« (Droste-Rezeption, Nr. 26, S. 35). Später, am 15. 6. 1842 (Nr. 11, Sp. 85), wurde die Erzählung dann so charakterisiert: »»Die Judenbuche‹ ist eine düstere aber spannende und mit psychologischer Wahrheit geschriebene Erzählung« (Droste-Rezeption, Nr. 26, S. 35).

Im bereits erwähnten Brief der Droste an Schücking vom 12. 9. 1842 berichtete die Autorin auch über das während eines Besuchs auf der Meersburg gefällte Urteil Karl Simrocks (1802-1876):

> als auf meine *»Judenbuche«* die Rede kam, und ich sagte, sie sey nur ein Bruchstück eines größeren Werks, dessen Inhalt ich andeutete, äußerte ⟨Simrock⟩, (wie es schien mit großem Ernste) er sey überzeugt, daß ich in diesem Genre das Beste leisten würde, was sich nur leisten ließ. – *(Ich muß dich aber ernstlich bitten, nichts hierüber an Freiligrath zu schreiben,* du würdest mich doch ungern lächerlich machen? und dies Ausposaunen einzelner Schmeycheleyen, müßte mir nothwendig einen miserabeln kleinlichen Anstrich bey ihm geben, und könnte auch Simrock verdrießen, und seine alte Aversion wieder herbey führen.)

Von Freiligrath ist dagegen kein Urteil zur *Judenbuche* überliefert, obwohl Schücking ihn in einem Brief vom 22. 9. 1842 direkt nach seiner Meinung gefragt hatte.

Im ›Westfälischen Anzeiger‹ erschien zwischen dem 1. 6. und dem 13. 7. 1842 ein wahrscheinlich nicht autorisierter Nachdruck der *Judenbuche* (1. Jg., Nr. 18-30). Allerdings sorgte dieser Nachdruck für eine Verbreitung der Erzählung in Westfalen, so daß die Autorin Schücking am 17. 11. 1842 berichten konnte:

> die »Judenbuche« hat endlich auch *hier* das Eis gebrochen, und meine sämmtlichen Gegner zum Uebertritt bewogen, so daß ich des Andrängens fast keinen Rath weiß, und meine Mama anfängt ganz stolz auf mich zu werden. – o tempora! o mores! – bin ich denn wirklich jetzt besser oder klüger wie vorher?

Im Brief vom 17. 11. 1842 (unter dem Datum des 16. 11.) konnte die Droste dann Schücking das durch Adele Schopenhauer übermittelte Urteil von Oskar Ludwig Bernhard Wolff (1799-1851), einem der bekanntesten zeitgenössischen Literaturwissenschaftler und Anthologisten, zur Kenntnis geben: »⟨...⟩ indessen seyen sowohl ihre Gedichte wie ihre Novelle ›die Judenbuche‹ mit so großem Beyfalle aufgenommen worden, daß er Ihnen *ganz entschieden* rathe Cotta den Verlag zu geben.«

Adele Schopenhauer (1797-1849) selbst machte bei der Beurteilung der *Judenbuche* Einwände, doch war auch ihre Kritik aufs Ganze gesehen zustimmend: »ihre Judenbuche ist überaus schön, Sie haben eine himmlische Wahrheit in ihrer Darstellung, blos etwas massenhafter gearbeitet wünschte ich die Geschichte, die Hauptmomente treten, dünkt mich, nicht scharf genug vor, – die Details sind wunderbar wahr und schön gegeben« (Zitat im Brief der Droste an Schücking, 17. 11. 1842 unter dem Datum des 16. 11.).

Auch Hermann Hauff wandte sich in seiner Eigenschaft als ›Morgenblatt‹-Redakteur mit der Bitte um weitere Beiträge an die Droste und bemerkte über den Erfolg der *Judenbuche* am 23. 12. 1843: »Die Erzählung ›die Judenbuche‹ hat in ihrer Eigenthümlichkeit auf die Besten unserer Leser den größten Eindruck gemacht« (Zitat der Droste im Brief an Elise Rüdiger, 5. 1. 1844 unter dem Datum des 2. 1.).

Außer den beiden Zeitschriftendrucken erschien die *Judenbuche* zu Lebzeiten der Droste weder in einem weiteren Periodikum noch in einer Werkausgabe. Nach einer kurzen Periode der Anerkennung geriet die Erzählung bald wieder in Vergessenheit. Erst der erneute Abdruck in der von Levin Schücking herausgegebenen Werksammlung *Letzte Gaben. Nachgelassene Blätter von Annette Freiin von Droste-Hülshoff* (Hannover 1860) ermöglichte eine kontinuierliche Rezeption. Größere Verbreitung und Wirkung erzielte die *Judenbuche* jedoch erst nach der auch von Theodor Storm befürworteten Aufnahme in den von Paul Heyse und Hermann Kurz herausgegebenen *Deutschen Novellenschatz* (Serie 4, Bd. 6 ⟨= Bd. 24⟩, München 1876, S. 51-128). Hieran schloß sich eine Flut von Einzelausgaben an, von denen heute mindestens 115 ermittelt sind (s. HKA, Bd. 14,

S. 104-136). Allein von der Ausgabe der *Judenbuche* im Reclam-Verlag wurden in der Zeit von April 1884 bis Dezember 1968 5 190 000 Exemplare verkauft, und im Zeitraum von 1949 bis 1976 betrug die Auflage 1 791 000 Exemplare. Die *Judenbuche* ist ins Englische, Holländische, Dänische, Norwegische, Französische, Italienische, Polnische, Ungarische und Japanische übersetzt worden.

Quellen

Wie bereits oben erwähnt, bildet eine historische Begebenheit, die sich im heutigen Landkreis Höxter nördlich von Brakel zugetragen hatte, den Kern der *Judenbuche*. Allerdings ist das tatsächliche Geschehen nur noch aus spärlich überlieferten Dokumenten zu rekonstruieren; die Gerichtsakten sind nicht mehr erhalten. Zur Zeit des Judenmordes am 10. 2. 1783, als der aus Bellersen stammende Hermann Georg Winkelhagen den Schutzjuden Soestmann-Behrens, genannt Pinnes, wegen eines zurückgeforderten Schuldbetrages erschlagen hatte, hatte der Urgroßvater der Droste, Caspar Moritz von Haxthausen zu Abbenburg, die Patrimonialgerichtsbarkeit in Bökendorf, Altenbergen, Bellersen und Großenbreden inne. Der Täter war zur Zeit des Mordes Knecht auf dem Hof eines Bauernvogts in Ovenhausen, einem Nachbarort von Bökendorf. Nach der Aussage eines Großneffen des erschlagenen Juden lag der Tatort im Bollkasten-Wald nordöstlich von Bellersen. Neuere Quellenfunde vermuten den Tatort im Ostertal, durch das der direkte Weg von Bökendorf nach Ovenhausen verläuft (vgl. Horst-D. Krus, *Mordsache Soistmann Berend*. Zum historischen Hintergrund der Novelle »Die Judenbuche« von Annette von Droste-Hülshoff, Münster 1990, S. 48-53). Der Mörder geriet auf seiner Flucht in algerische Gefangenschaft und wurde erst 1805 gemeinsam mit 231 anderen Gefangenen von Jérôme, dem Bruder Napoleons I., befreit. Winkelhagen kehrte im April 1806 nach

Bellersen zurück. Das Sterbebuch der Gemeinde Bellersen verzeichnet unter dem Datum des 18. 9. 1806 seine Bestattung. Todesursache war Selbstmord, den Winkelhagen im Kleinen Kiel, einer Waldung in der Nähe von Bellersen, durch Erhängen verübt hatte.

August von Haxthausen veröffentlichte die Geschichte des Judenmörders und späteren Selbstmörders in der Göttinger Zeitschrift ›Die Wünschelruthe‹ (Nr. 11-15, 5. bis 19. 2. 1818) auf der Grundlage der zu diesem Zeitpunkt wahrscheinlich noch vorhandenen Akten. Doch Haxthausen nahm verschiedene Änderungen im Ablauf des tatsächlichen Geschehens vor. Aufgrund historisch-quellenkundlicher Untersuchungen von Michael Werner (*Dichtung oder Wahrheit? Empirie und Fiktion in A. von Haxthausens* »Geschichte eines Algierer-Sklaven«, der Hauptquelle zur »Judenbuche«, in: ZfdPh 99 [1979], Sonderheft, S. 21-31, hier S. 30) ergibt sich, daß es sich bei dem Bericht Haxthausens, soweit er in Nordafrika spielt, nicht um einen Auszug aus den Gerichtsakten, sondern daß es sich hier um eine eigenständige literarische Gestaltung eines allerdings historischen Stoffs handelt. Die in Nordafrika spielenden Ereignisse kann der spätere Held der *Judenbuche* nicht erlebt haben. Zur Verarbeitung dieser Quelle durch die Droste vgl. Winfried Woesler, *Die Literarisierung eines Kriminalfalles,* in: ZfdPh 99 [1979], Sonderheft, S. 5-21.

Geschichte eines Algierer-Sklaven*
Von A. Freiherrn Haxthausen

Der Bauernvogt von *Ovenhausen* hatte im Herbst 1782 einen Knecht *Hermann Winkelhannes*, mit dem er, weil es ein tüchtiger frischer Bursche, wohl zufrieden war. Dieser hatte bei

---

* Die hier niedergeschriebene Geschichte ist wörtlich wahr; viele hundert Leute in der Gegend, wo der Unglückliche lebte, können das bezeugen.

dem Schutzjuden *Pinnes* in *Vörden* Tuch zum Foerhemd (Camisol) ausgenommen, und als er wohl schon einige Zeit damit umhergegangen und der Jude ihn nun an die Bezahlung mahnt, so läugnet er, verdrießlich, das schon etwas abgetragene, und auch nicht einmal gut ausgefallene Tuch noch theuer bezahlen zu müssen, jenem keck ab, so hoch mit ihm übereingekommen zu seyn, vielmehr habe er die Elle zwei gute Groschen wohlfeiler accordirt, und nach manchem Hin- und Herreden sagt er zulezt: »du verflogte Schinnerteven von Jauden, du wust mi man bedreigen, eh ek di den halven Daler in den Rachen smite, well ek mi leiver den kleinen Finger med den Tännen afbiten, un wann de mi noch mal kümmst, so schla ik di de Jacken so vull, dat du de Dage dines Levens an mi gedenken sast.« Dem Juden bleibt also nichts anders übrig, als ihn beim H..schen Gericht, der Gutsherrschaft *Hermanns*, zu verklagen. In der Zwischenzeit bis zum Gerichtstag hat sich dieser mit mehreren besprochen, und ist ihm von den Bauern, da es gegen einen Juden ging, gerathen worden, es darauf ankommen zu lassen; wie denn sein eigener Brodherr sich später ein Gewissen daraus gemacht hat, daß er ihm damals gesagt habe: »Ei wat wust du denn dat bethalen, eck schlöge ja leiver den Jauden vörm Kopp, dat hei den Himmel vor'n Dudelsack anseihe, et is ja man 'n Jaude!«

Aber am Morgen des Gerichtstages beschwor der Jude sein Annotirbuch, und da er außerdem unbescholten war, ward ihm der volle Preiß zugesprochen; da wollen Leute, die die Treppe herauf gingen, als Hermann von der Gerichtsstube herunter kam, gehört haben, daß er gesagt: »Töf, ek will di kalt maken!« von welchen Worten ihnen das Verständniß erst nach dem Morde geworden.

Es war Abend geworden, als der Förster *Schmidts* quer übers Feld auf's Dorf zugehend, den Hermann an der Ricke herauf nach dem Heilgen Geist Holz zugehen sieht, und, glaubend jener wolle noch spät Holz stehlen, ihm behutsam auf dem Fuß nachfolgt. Als er ihn aber nur einen Knüppel sich abschneiden sieht, und die Zackäste davon abschlagen, so sagt er halb ärgerlich bei sich: »I wenn du wieder nix wult häddest, ase dat, so häddest du mi auk nich bruken dahenup to jagen«; und die Flinte, die er auf den schlimmsten Fall zu schneller Bereitschaft unter den Arm genommen, wieder auf die Schulter hockend, geht er langsam die Schlucht herunter nach dem Dorf zu. Nahe davor zwischen den Gärten begegnet ihm der Jude Pinnes und bittet für seine Pfeife um etwas Feuer, welches man auch keinem Juden abschlagen darf, und weil der Zunder nicht gleich fangen will, so reden sie vom Handel, und ob der Jud seine Fuchsfelle haben wolle, der aber: er könne jetzt nicht wieder umkehren und sie besehen, er müsse nach Hause; »ja«, sagte der Förster ihm das Feuer auf die Pfeife legend, »wenn du noch na Huse wust, so mak dat du vor der Dunkelheit dörch 't Holt kümmst, de Nacht meint et nich gut med den Minschen«.

Zwei Tage drauf des Nachmittags kommt die Frau des Schutzjuden Pinnes den Höxterschen Weg herunter ins Dorf, schreiend und heulend: ihr Mann läge oben erschlagen im Heilgen Geist Holze; und während die Leute zusammenstehn und es besprechen und einige den Weg heraufgehen, dem Holze zu, giebt sie es bei dem Gerichte an, und erzählt unter Schluchzen, als vorgestern ihr Mann nicht gekommen, gestern nicht, und auch heute Morgen nicht, habe sie sich aufgemacht, um hier im Dorf zu fragen welchen Weg er genommen, und als sie durchs Holz gekommen, sei auf einem Fleck viel Blut gelegen, und eine Spur davon habe ins nahe Gebüsch gewiesen, da sei sie neugierig gefolgt, meinend ein todwundes Wild sei da vielleicht hineingekrochen, da sei es ein Mensch gewesen, und ihr Mann, und todt!

Man bringt ihn auf einer Tragbahre ins Dorf. Er hatte siebzehn sichtbare Schläge mit einem Knüppel erhalten, aber keiner von sechsen, auf den Hirnschädel gefallenen, hatte diesen zersprengt, ohngeachtet sie so vollwichtig gewesen, daß die Haut jedesmal abgequetscht war. Nur einer ins Genick und ein Paar in die Rippen waren ihm tödtlich geworden. Die Haut in beiden Händen war abgeschält; (er hatte, wie sich später erwieß, mehrmals krampfhaft den zackichten Prügel ergriffen, der Mörder ihm aber denselben mit aller Gewalt durch die Hände gerissen daß die Haut daran geblieben).

Der Förster Schmidts war mit unter denen gewesen, die hinauf gegangen, und fand kaum 100 Schritt vor der Leiche auf dem Wege nach Ovenhausen rechts am Graben den blutigen Knüppel der seine Gedanken auf Hermann leitete; dann kam beim Gericht die Erinnerung an den Prozeß, und bald die Aussage jener die gehört, daß Hermann unten an der Treppe gesagt: ek will di kalt maken.

Da gab das Gericht Befehl ihn zu arretiren, und weil man hörte, er sei seit ein paar Tagen nicht mehr beim Voigt in Ovenhausen, sondern bei seinem Vater in Bellersen, so setzte sich der Drost Freiherr H..n selbst mit einem Reitknechte zu Pferde, und ritt von der einen Seite ins Dorf, während von der andern Seite die Gerichtsdiener auf das Haus des alten Winkelhannes zukamen. Der aber erzählte, als man niemanden fand, sein Sohn sei schon seit voriger Nacht fort, er wisse nicht wohin. Das war aber unwahr, denn Hermann erzählte später selbst: er habe die Gerichtsdiener aufs Haus zukommen sehen, da sei er durchs Fenster in den Garten gesprungen und habe sich in die Vicebohnen versteckt, und habe das Suchen alles gehört, wie es dann still geworden, dann ein Paar am Gartenzaun sich begegnet, und der eine gesagt: da häwwet se en! worauf der andere: ach wat willt se'n häwwen, de is längest öwer alle Berge! wo sull he denn wal hen lopen sin? Ach wat weit eck, na Ueßen, na Prüßen, na Duderstat hen!

Der Jude lag indeß auf der Todtenbahre und seine Wunden öffneten sich nicht mehr, um bei Vorführung des Mörders zu bluten. Da kamen die Verwandten und Glaubensgenossen, ihn zum ehrlichen Begräbniß abzuholen, und während der Rabbiner ihn in den Sarg legen und auf den Wagen laden läßt, stehen der Bruder und ein paar andre Juden beim Drosten H..n und bitten ihn nach einiger Einleitung, »se hatten 'ne grause Bitte an er Gnoden.« – Nun und worin besteht die? wendete der Drost ein. »Er Gnoden müssen's uns aber nich vor übel nehmen, da is der Baum wo unser Bruder bei erschlagen, da wöllten mer se bitten, ob se uns erlauben wollten in den Baum unsre Zeichen 'nein zu schneiden, wir wollens gerne bezohlen, fordern er Gnoden nur was se da vor haben wollen«. – »O das thut in Gottesnahmen so viel ihr nur wollt!« – »Nu mer wollen allen Schaden ersetzen, verkaufen se uns den Baum«. – »Ach was, schreibt daran was ihr Lust habt, das thut dem Baum weiter nichts. Aber was wollt ihr denn drein schneiden, dürft ihr das nicht sagen?« frägt der Drost zurück. »Ach wenn er Gnoden es nich vor übel nehmen wollten, da ist unser Rabbiner der soll da unsere Hebräischen Zeichen nein schneiden, daß der Mörder, den unser Gott finden werd, keines rechten Daudes sterben soll«.

Nach fast 6 Jahren, im Frühjahr 1788, wird dem Fürstbischof von Paderborn, während gerade in der Zeit des Landtags Mehrere von der Ritterschaft, worunter auch der Drost H..n, bei ihm an der Mittagstafel sitzen, ein Brief gebracht, welchen er, nachdem er ihn gelesen, dem Drosten giebt, »das betreffe jemand aus einem seiner Dörfer und wie sich das verhalte, ob man etwas dafür thun solle?« Der Drost, nach aufmerksamer Lesung, giebt ihn dem Fürsten zurück: »Er überlasse das der Einsicht ihrer Fürstlichen Gnaden, der Mensch sei übrigens im stärksten Verdacht eines begangenen Mordes, und man würde ihn dort nur befreien, um ihn hier den Händen der Gerechtigkeit zu überliefern«. –

Der Brief aber lautet wörtlich so:

Ihro Hochfürstlich Gnaden durchleichtigster Printz.

Mein allergnädigster Herr herr etc.

Ich armer bitte Unterthänigst. zu vergeben daß ich mein Schreiben. an ihro durchleichtigsten Printzen Ergehen laße. in deme ich nach Gott Einzig und allein meine Zuflucht zu ihro Gnaden meinen allergnädigsten Landesherren suche, hoffe meine Bitte erhöret zu werden.

Ich Johannes Winkelhannes von den Paderpormschen

auß Pelersen deß fürstenthum von Neuhaus gebürtig, von der Dioces Churfürstenthum Cöllen. Mein Vatter hermanns und meine Muetter Maria Elisabetta Abgentz, deßen Ehlich Erzeigte Sohn stunde in spanischen Dienste untter dem löbl. Regiment Provante gerieth Sclavische Gefangenschaft worinnen ich schon über zwei Jahre lang in diesem so erbermlichen Leben bin, Wenn man sollte sprechen das Ellend der Christen unde wie sie von diessen Barbaren dractieret werden, ist mir unmöglich zu schreiben, und die teglichen Nahrung bei so schwerer Arbeit miserable Kleidung sollte ein steinernes Herze zum Mitleiden bewegen. Doch meiner seits Gott sei Dank habe ich einen guetten Patron bekhomen, welcher der erste Minister nach dem Bei ist, und wird Casnätzi genannt, wo ich an Unterhalt undt Kleidung keinen Mangel leidte doch in bedenkung ein Sklave den Christenthum Entzogen, und meiner Schuldigkeit als ein Christ nit nachkommen kann. Keinen Trost. Undt zuflucht bei keinem Menschen mich dieses Jemerlichen Standes zu entziehen, so setze ich nun mein Vertrauen und Zuflucht zu ihro hochfürstliche gnaden Kniefehlich mit bitteren Thränen bittend durch das bittere Leidten und Sterben Jesu Christi sich meine zu erbarmen, mich dieses Ellenden Sclaven-Stande Loß zu machen und mir wiederum in mein liebes Vatterlandt zu verhelfen es ist in Wahrheit es ist Villes Gelt nachendt bei Dreihundert Ducaten, doch wird solches Gott der Allmechtige solches an ihrer hoch fürstlichen Gnaden reichlich vergelten bittend anbey dieses mein Schreiben an meine libe Eltern und befreunde wissen zu thun, so sie annoch bei Leben seyen mochten laße sie ebenfalls freundlich grüssen und bitten, sie mochten ebenfalls bei ihro hochfürstlichen Landesherren vor mich bitten und in ihren Gebett bei Gott vor meine Guet Detter und Erlöser dieses Elendes ingedenk sein. Schliesse mit bitteren Thränen und verharre an ihro Hchfürstliche Gnaden

Ein aller unterthänigster Unterthan
und Diener
Johannes Winkelhannes Sclav de Minister
Casnaczi in Algier.

So ein Schreiben an mich überschickt werden sollte, ist solches an Monsieur Walther Consul de Schvede zu attressiren und muß solches bis nach Marseilo frangieret werden.

Signt. Algier in Barbaria
den 8ten November an. 1787.

Im April 1807 wird dem Drosten H..n in dem Augenblick, als er auf der Haustreppe steht, um in den Wagen zu steigen, der ihn nach Paderborn bringen soll, von dem Felddiener und Gerichtsboten *Malchus* die Anzeige gemacht: in Bellersen sei vor einigen Tagen der Hermann Winkelhannes, der seit 25 Jahren verschollen, und damals des Mordes beschuldigt, eingetroffen, ob man da vielleicht von Gerichtswegen ihn arretiren oder sonst verfahren solle. Worauf der Drost in den Gedanken der Abreise durch plötzliche Verwunderung über die seltsame Nachricht gestört, und die Schwere der Worte nicht gleich erwägend, zum Gerichtsdiener gesagt: allerdings, er müße gleich arretirt werden; aber eingestiegen und kaum vom Hof gefahren läßt er halten, und ruft den Gerichtsdiener an den Kutschenschlag, ihm befehlend: er solle noch mit der ganzen Sache ruhen, und schweigen, er wolle erst in Paderborn anfragen, die Sache sei so lange her, die Zeugen meist todt oder fort, die ganze Untersuchung also schwer und unklar, auch schon längst Gras darüber gewachsen.

Dort angekommen geht er nach dem noch von Preußischer Seite angestellten Regierungspräsidenten *von Coninx*, und frägt ihn um Rath, der aber sagt gleich, er möge den Hermann W. ganz ungekränkt lassen, 24jährige Sklaverei wäre nach dem Gesetze dem Tode gleich gesetzt. Und so fährt er wieder nach Haus und läßt dem Hermann W. sagen, daß er ganz frei und unbestraft leben dürfe, und er möge bei Gelegenheit einmal zu ihm kommen.

Da meldet einen Nachmittag, als die Familie beim Kaffee sitzt, der Bediente: der Algierer sei da und wolle gern den gnädigen Herrn sprechen. Auf den Befehl, er solle ihn nur herein weisen, tritt ein kleiner krüpplicht bucklichter Kerl herein, ganz kümmerlich aussehend, der auf die Frage, ob er der Hermann Winkelhanns sey und wie es ihm ergangen, dieß erst nach mehrmaliger Wiederholung versteht, und dann in einer Sprache antwortet, deren Zusammenhang wieder niemand im Zimmer versteht, und die ein Gemisch scheint von wenig Deutsch und Holländisch, mehr Französisch und Italiänisch und Türkisch, wie sie die Sclaven in der Barbarei unter einander sprechen.

Erst nach mehreren Monaten, als er unter seinen Verwandten wieder gebrochen Deutsch gelernt und mehrmals und oft wieder gekommen, hat er sich dem Drosten ganz verständlich machen können, der ihm nach und nach seine Geschichte abgefragt.

Da hat ihn einsmals auch der Drost gefragt: »nu seg mal Hermen, du brukst ja jetz doch nix mer to förchten, wi is dat kumen med den Jauden dat du den vor de Blesse schlahen hest?« »Ach dat well ek er Gnaden seggen, ek wull' en nich daut schlahen, sunnern men düet dörchprügeln, wi ek en averst sau an den Kragen fatte da ritt he sik loß, un gav mi einen med sinen dören Stock, dei mi höllisch wei deihe, da schlog ek en in der Bosheit med minen Knüppel glik övern Kopp dat he flugs tosammen stört asse 'n Taskenmest. Da dacht ek: nu is et doch verbi, nu sust 'n auck ganz daut schlahen.«

Wie er ihn nun todt vor sich liegen gesehen, da wäre die Angst über ihn gekommen, und wäre nicht wieder zu seinem Herrn nach Ovenhausen gegangen sondern nach Hause, und da sein Vater darüber verwundert, habe er ihm gesagt er hätte Streit mit seinem Brodherrn bekommen und sei aus dem Dienst gegangen. Da sei denn aber auf einmal die Nachricht von dem Morde gekommen, und sein Vater um jenen Prozeß wissend habe ihn scharf angesehen: »Hermen Hermen med di is et nich richtig, du hest wat up de Seele, give Gott dat et nich Unglück un Schanne is.« Nun hätte er am Mittag in der Hausthür gestanden, als er die Gerichtsdiener von der einen Seite und den gnädigen Herrn von der andern im Dorf herauf kommen gesehen. Da hätte er wohl gemerkt daß es auf ihn abgesehen, und sei in die Stube gesprungen und hätte seinem Vater gesagt; er solle ihn nicht verrathen; und da der Gerichtsdiener schon vor dem Hause, sei er zum Fenster hinaus in den Garten in die Vicebohnen gesprungen.

Da hätte er denn hören können wie sie nach ihm gefragt, und sei in der größten Angst gewesen weil das Fenster noch offen, und wenn sie da recht zugesehen so würden sie die Fußtapfen im umgegrabenen Lande haben sehen können, wo er heraus gesprungen, bis in die Vicebohnen, einmahl habe der gnädige Herr zum Fenster heraus gesehen, da habe er in höchster Angst das Gelübde gethan, baarfuß nach Werl zu wallfahrten wenn ihn niemand sähe. Da hätte ihn die Mutter Gottes erhört und ihn niemand entdeckt, als es aber Nacht geworden da sei er leise über den Zaun gestiegen und queer durch den Garten zum Dorf hinaus. Auf der Höhe nach dem kleinen Kiel zu habe er sich noch einmal umgesehen, da hätte er die Lichter im Dorfe gesehen und die Hunde hätten gebellt, damahls habe er gemeint er kriegt es nun wohl sein Lebtage nicht wieder zu sehen. Und er hätte Schuh und Strümpfe ausgezogen, und wäre, den Rosenkranz betend, über die Hölzer ins Lippische hinein gegangen, und den zweiten Abend sei er in Werl angelangt. Ganz früh am andern Morgen habe er gebeichtet und communicirt, und er habe noch einen halben Gulden gehabt, den habe er der Mutter Gottes als Opferpfennig gegeben, da sei ihm ganz frisch zu Sinne geworden, und wie er aus der Kirche getreten, da sei die Sonne eben durch die Bäume aufgegangen, die auf dem Kirchhof stehen, und die Schatten davon wären alle nach Holland gelaufen, da hätte er gedacht: ich muß auch wohl dahin, und wäre munter zugeschritten.

In Holland half er sich bis zum Frühjahr mit Taglohn durch, dann ließ er sich zum Matrosen anwerben, worauf er nach einigen Reisen in Englische Häfen, nach Genua kam und sich dort während einer Ruhe von mehreren Monaten, durch höheren Lohn gereizt, auf einen Genuesischen Kauffahrer dingen ließ, der in die Levante schiffte, obgleich seine holländischen Cammeraden eifrig abriethen, ihm die Gefahr, von Piraten gefaßt zu werden, vorstellend. Es ging auch glücklich das erstemal, da ließ er seinen Contract noch einmal verlängern; als er aber das drittemal dieselbe Reise machte, ward das Schiff im Sicilischen Meer von Seeräubern genommen, und in den Hafen von Algier gebracht.

Auf dem Sklavenmarkt kaufte ihn der Vezir des Dei, ein Renegat, mit Namen Casnatzi, und da er ein wackerer tüchtiger Bursch war, hatte er es gut bei ihm, ja er machte ihn, da er etwas schreiben und ein wenig Italienisch und Französisch konnte, zu seinem Haushofmeister. Aus dieser Zeit rührt jener Brief her, den er an den Fürstbischof geschrieben. Aber die Herrlichkeit dauerte nicht lang; der Vezir fiel plötzlich in Ungnade und ward strangulirt, sein Vermögen verfiel dem Dei, und seine Sklaven wurden öffentliche Sklaven. Da fing sein eigentliches Elend an, und dauerte 17 Jahre hindurch bis zu seiner Befreiung. Die Sklaven mußten große Steine auf Schleifen aus dem Lande nach dem Molo ziehen, oft 20 vor einen Stein gekuppelt, in schärfster Hitze durch den glühenden Sand, und dazu nichts als 1 Pfund Brod, und ein kleines Maaß mit Oehl und Weinessig. Dabei hätten die Aufseher auch nicht gespaßt und wie einer niedergesunken aus Mattigkeit, hätten sie darauf geschlagen bis er wieder munter. Da sei einmal eines Tags, als einer der Aufseher grad frisch darauf geschlagen, ein Derwisch in der Ferne vorüber gegangen; der wäre, es ansehend, still gestanden, und ihn zu sich winkend, hätten sie an den Geberden gesehen, daß er ihm ins Herz geredet, oft mit der Hand nach dem Himmel zeigend, da hätte der Aufseher die Erde geküßt und dem Derwisch die Hand, und als er wieder zu ihnen gekomen, sei er ganz verändert gewesen, und 2 Wochen ganz mild. Alle Jahr ein paarmal wäre der Dei auf einem Spazierritt bei ihnen vorbei gekommen, und wie sie ihn auf ihren Knieen um Gnade gebeten, habe er eine Hand voll Zechinen ausgeworfen welche sie gesammelt und dem Schwedischen Consul gebracht hätten. Der hätte sie dann insgesammt an gewissen Tagen losgekauft, und ihnen einmal satt und gut zu essen gegeben.

Ein Paar Jahre hielt der kräftige Körper Hermanns dieß Leben aus, als er aber einstmals einen Sack mit vielen Brodten tragend darunter niedergestürzt ist, dergestalt daß er mehrere Knochen im Rücken gebrochen, haben sie ihn in ein Loch geworfen da er dann so lang gelegen bis er heil gewesen, und weil er nicht verbunden, so ist er ganz krumm in einander gewachsen.

Doch hätte sie das Volk mit einigem Mitleiden betrachtet, ja als die Revolution gegen die Juden ausgebrochen und diese mit dem sie begünstigenden Dei alle ermordet wurden, hätten sie gedacht die Reihe würde nun an sie kommen und viele von ihnen hätten es wohl gewünscht, aber sie wären unberührt unter der wogenden Menge umher gegangen.

Oft hatte ihn, als er noch bei dem Vezir gewesen, dieser bereden wollen auch Renegat zu werden und ihm dann groß Glück und Ehre versprochen, er hat aber nicht gewollt.

Endlich als 1806 Hieronymus Bonaparte den Dei gezwungen die Christen-Sklaven frei zu geben, ist auch Hermann befreit worden, und an der italienischen Küste ausgesetzt, mit 8 Kronen beschenkt, ist er nach seiner Heimath gewandert.

Das war der Inhalt seiner Erzählung, die der Drost so nach und nach ihm abfrug. Zu Hause ging es ihm aber traurig, sein Bruder sah ihn nur ungern, arbeiten konnte er nur wenig, dabei klagte er über unausstehliche Kälte.

Während der Curzeit ging er oft nach dem Driburger Brunnen, bettelnd und wer sie hören wollte, seine Geschichte erzählend.

Im Spätherbst kam er noch einmal zu dem Drost H..n, und auf dessen Frage, da er nach erhaltenem Almosen noch stehen bleibt, »ob er noch was besonders wolle?« klagt er erst nochmals seine Noth und bittet zuletzt flehentlich ob ihn der Drost nicht könne ganz zu sich nehmen, er wolle ja gern all die kleine Arbeit eines Hausknechts thun; das schlug dieser ihm aber rund ab, aus dem unangenehmen Gefühl einen vorsetzlichen Mörder unter dem Dache zu haben.

Als zwei Tage darauf der Domherr Carl H..n früh auf die Jagd ging, kommt er über die Stoppeln an dem Pflüger Kerkhoff aus Bellersen vorbei, der ihm erzählt, sie hätten vor einer Stunde den Algierer im Kiel an einem Baum hangen gefunden. Da hat der Drost die Gemeindevorsteher zu sich kommen lassen und sie gebeten, dem Menschen, über dem ein ungeheueres Unglück am Himmel gestanden, nun auch ein ehrliches Begräbniß zu geben, und ihn nicht wie sonst Selbstmördern geschieht in der Dachtraufe oder hinter der Kirchhofs-Mauer einzuscharren, welches sie auch versprochen und gehalten haben.

Erst nach 8 Tagen führten die einzelnen Fäden über seine letzte Geschichte und seinen Tod zu einem Knoten, der wie sein Schicksal selbst, das ihn überall an den unsichtbaren Fäden hielt, in seinem Tod gelößt ward.

Spät Abends an dem Tage als er von dem Droste jene abschlägige Antwort erhalten, pocht er in Holzhausen, 2 Stunden weiter, heftig an die Thüre des ersten Hauses am Wege rechts, und als ihm aufgemacht und er gefragt wird, was er wolle, stürzt er leichenblaß und in furchtbarer Angst ins Haus, und bittet um Gottes und aller Heiligen Willen, ihn die Nacht bei sich zu behalten; und auf die Frage, was ihm denn in aller Welt wiederfahren, erzählt er, wie er übers Holz gekommen habe ihn eine große lange Frau eingeholt und ihn gezwungen ein schweres Bund Dörner zu tragen und ihn angetrieben wenn er still gestanden, da hätten sich die Dörner ihm alle ins Fleisch gedrückt, und er hätte an zu laufen gefangen, und sei so keuchend in großer Angst vor's Dorf gekommen, da sei die Frau fort gewesen, und sie möchten ihn nur die Nacht behalten, er wolle den andern Tag wieder nach Hause. Früh fortgegangen, ist er gegen Mittag auf die Glaserhütte zur Emde gekommen, wo er oft

Almosen erhalten, und hat um ein Glas Branntewein gebeten, und als er getrunken, um noch eins, da ist ihm auch das dritte gegeben worden, worauf er gesagt, nun wolle er nach Hause. Wie er aber an den Kiel gekomen, nicht weit von der Stelle, wo er vor 24 Jahren die Schuhe zur Wallfahrt ausgezogen, da hat er eine Leine von einem nahen Pflug genommen, und sich damit an einen Baum gehenkt und zwar so niedrig, daß er mit den Füßen das Herbstlaub unter sich weggescharret hat.

Als ihm einst der Drost die Geschichte mit dem Baum und den Zeichen die die Juden darein geschnitten erzählt, und wie sie bedeuteten, daß er keines rechten Todes sterben solle, hat er geantwortet: O dat sull ek doch nich denken, ek häwwe doch so lange davör Buße daen un häwwe vaste an minen Gloven halen, asse se meck överreen wullen, en abtoschwören.

So hat der Mensch 17 Jahre ungebeugt und ohne Verzweifelung die härteste Sklaverei des Leibes und Geistes ertragen, aber die Freiheit und volle Straflosigkeit hat er nicht ertragen dürfen. Er mußte sein Schicksal erfüllen, und weil Blut für Blut, Leben für Leben eingesetzt ist, ihn aber menschliches Gesetz nicht mehr erreichte, hat er, nachdem er lange Jahre fern umher geschweift, wieder durch des Geschicks geheimnißvolle Gewalt zu dem Kreis, Ort und Boden des Verbrechens zurückgebannt, dort *sich selbst* Gerechtigkeit geübt.

Zwei Jahre nach seinem Tode ist jener Baum, worein die Juden ihre dunklen Zeichen geschnitten, umgehauen worden. Die Rinde aber hatte diese in den langen Jahren herausgewachsen, daß man ihre Form und Gestaltung nicht mehr erkennen konnte.

Dem ersten Teil der *Judenbuche*, in der die Kindheit Friedrich Mergels in einer dörflichen Umgebung geschildert wird, in der – so die Aussage in der *Judenbuche* – »die Begriffe ⟨...⟩ von Recht und Unrecht einigermaßen in Verwirrung« (S. 11,30-12,1) geraten sind, liegen historische Auseinandersetzungen zwischen den Dorfbewohnern und der gutsherrlichen Autorität um das Recht des Holzschlagens in den um Bredenborn liegenden Wäldern zugrunde (vgl. Anton Keck, »*Holzfrevel« in den um Bredenborn liegenden Waldungen im 18. Jahrhundert,* in: Heimatbuch des Kreises Höxter 1 [1925], S. 90-95). Die Familie von Haxthausen hatte 1401 Stadt und Amt Bredenborn sowie dazugehörige Wälder erworben. In diesen Wäldern besaßen jedoch die Bredenborner Bewohner das Recht des Les- und Fallholzsammelns. Die Gerichtsakten bezeugen zahlreiche Urteile, in denen die Einsprüche der Haxthausens gegen diese traditionellen Rechte zurückgewiesen wurden. Gegen den Widerstand des Gutsherrn setzten die Bredenborner 1827 auch ihr verbrieftes Recht auf Holzfällen (Eichen ausgenommen) im Masterholz und Bollkasten gerichtlich durch. Neue Streitigkeiten entstanden, als 1839 im Rahmen des preußischen Ablösungsdekretes für Westfalen (13. 7. 1829 bzw. 18. 8. 1809) eine Ablösung der Holz- und Hudegerechtsame erfolgte, die eine neuerliche Benachteiligung der unterbäuerlichen Schichten bedeutete. Erst 1848-50 kam es zu einer endgültigen Lösung.

Stellenkommentar

11,3-14 *Wo* ⟨...⟩ *Haupt! –*] Joh 8,7: »Wer von euch ohne Sünde ist, werfe als erster einen Stein auf sie«, oder Mt 7,1f.: »Richtet nicht, damit ihr nicht gerichtet werdet! Denn wie ihr richtet, so werdet ihr gerichtet werden, und nach dem Maß, mit dem ihr meßt und zuteilt, wird euch zugeteilt werden.« Vgl. auch *Geistliches Jahr*: »Da liegt der Stein, den meine sündge Hand | In Schwung zu setzen, ach, nur zu gewandt« (*Am siebenten Sonntage nach Pfingsten,* Bd. 1, S. 440,47f.). Im *Geistlichen Jahr* findet sich auch mehrfach die Waagschale als Symbol des Richtens, z. B.: »Soll ich es wagen, | Gegen die Wagschal' schwer | Zu legen meiner Reue späte Triebe?« (*Am vierten Sonntage nach h. drei Könige,*

Bd. 1, S. 368,43-45). Ähnlich auch das Gedicht ⟨*An einem Tag wo feucht der Wind*⟩: »Wer ist so rein daß nicht bewußt | Ein Bild ihm in der Seele Grund, | Daß er muß schlagen an die Brust | Und fühlen sich verzagt und wund | So hart wer daß ihn nie erreicht | Ein Wort, daß er nicht mag vernehmen | Wo ihm das Blut zur Stirne steigt | In heißem bangem tiefem Schämen« (Bd. 1, S. 635,57-64).

11,16 *Halbmeiers*] Meier, ein zur Abführung eines bestimmten Zinses an den Grundherrn verpflichteter Bauer.

11,20f. *merkwürdigen Gebirges*] Gemeint ist der Teutoburger Wald. Die Bemerkung »geschichtlich merkwürdig« bedeutet eine Reminiszenz an die Varusschlacht (9 n. Chr.), die man seit dem Humanismus im heutigen Teutoburger Wald (der alte, bis ins 19. Jahrhundert gültige Name war Osning) lokalisierte. In den *Westphälischen Schilderungen* bezeichnet die Droste ihn als den »klassische⟨n⟩ Teutoburger Wald« (S. 68,19f.). Vgl. auch Heinrich Heine im Caput XI von *Deutschland. Ein Wintermärchen*: »Das ist der Teutoburger Wald, | Den Tacitus beschrieben, | Das ist der klassische Morast, | Wo Varus stecken geblieben« (v. 1-4).

12,6 *niedere Gerichtsbarkeit*] Vgl. Anm. 85,7.

12,11-25 *Es* ⟨...⟩ *Umständen*] Diese Passage ist in den letzten erhaltenen Entwurf (H⁸) erst nach dessen Niederschrift eingefügt worden. Die mildernden Sätze erhalten vor dem Hintergrund einer sonst durchgehenden Verurteilung des Holz- und Jagdfrevels aus moralischen Gründen eine besondere Bedeutung.

12,25 *Holz- und Jagdfrevel*] Vgl. *Westphälische Schilderungen* (S. 76,37-77,32).

12,34 *Fürstentums*] Nach der Säkularisation 1803 kam das Hochstift Paderborn als Erbfürstentum in den Besitz Preußens und wurde 1807 während der napoleonischen Besetzung Bestandteil des Königreichs Westfalen. Nach 1815 wurde es in die preußische Provinz eingegliedert.

12,37 *eines Flusses*] Die topographische Anregung zu dieser Formulierung gab wohl die 15 km entfernte Weser.

14,11 *blutrünstig]* Blutend, blutig.

15,30 *Fest ⟨...⟩ Könige]* Der Dreikönigstag (Epiphanias) ist der letzte in der Reihe der dreizehn Tage bzw. zwölf Nächte von Weihnachten bis zum 6. Januar. Diesen Nächten kommt im volkstümlichen Aberglauben besondere Bedeutung zu. Die Nacht zum Dreikönigstag gilt als »die gefährlichste der zwölf Nächte« (*Handwörterbuch des deutschen Aberglaubens,* Bd. 2, Sp. 455). Die unheimliche, dämonische Atmosphäre bei der nächtlichen Unterhaltung zwischen Friedrich und seiner Mutter paßt daher in diese Zeit.

16,12 *Mutter ⟨...⟩ draußen]* Das Bild des Vorschauers, an das Friedrich hier erinnert, kehrt in den *Westphälischen Schilderungen* (S. 98,28-99,4) wieder.

17,33-35 *wir ⟨...⟩ Werl]* Üblich ist, daß für einen Verstorbenen drei Totenmessen (am Begräbnistage, nach sechs Wochen und ein Jahr nach dem Todestag) gelesen werden. Im westfälischen Wallfahrtsort Werl (Kreis Soest) wird seit 1661 ein aus dem 12./13. Jahrhundert stammendes Marienbild (Madonna mit Kind) verehrt. Der *Geschichte eines Algierer-Sklaven* zufolge unternahm der tatsächliche Judenmörder ebenfalls eine Bußwallfahrt nach Werl, um sein Verbrechen zu sühnen (S. 795,13f.).

18,6 *schwarzen Bändern]* Gemeint sind die Bänder, die zur schwarzen Mütze der Beerdigungstracht gehören.

18,16 *Schelme]* Betrüger.

18,19-22 *Höre ⟨...⟩ angehören]* Vgl. *Westphälische Schilderungen* (S. 77,2f.).

18,23 *Schoppen]* Schuppen, Scheuer.

18,36-19,10 *Es ist ⟨...⟩ sehen]* Dem Volksglauben zufolge wird jemand zum Wiedergänger, wenn er ohne Buße und Absolution eines »schlechten« oder vorzeitigen Todes« stirbt (*Handwörterbuch des deutschen Aberglaubens,* Bd. 9, Sp. 571f.). Seine ruhelose Seele erscheint häufig in feuriger Gestalt. Daher ist Hermanns Gespenst mit glühenden Augen (S. 46,1) ausgestattet und führt als Irrlicht einen Wanderer »bei einem Haar in den Zellerkolk« (S. 19,2f.). Zum Erscheinungsbild des Wiedergängers gehören auch die Worte:

»O weh, meine arme Seele« (S. 45,37), die zwei Knechte zur Zeit des Judenmordes gehört haben wollen und die sie mit Hermann Mergels Geist in Verbindung bringen. Im Entwurf H⁶ heißt es: »Ein Gespenst ruft, o weh meyne arme Seele! oder o wär ich nicht geboren!« (HKA, Bd. 5, S. 383, 17f.) Vgl. auch im Gedicht *Der Knabe im Moor* den Ruf der verdammten Margreth (Bd. 1, S. 67,36).

19,22f. *vor ⟨...⟩ Hecht*] Das Bild des Hechtes dient ebenfalls zur Andeutung eines dämonischen und verbrecherischen Charakters, hier für den Simons. Die Übertragung der Eigenschaften des Hechtes auf einen Menschen unterstreicht dessen raubsüchtiges Wesen (Grimm, *Deutsches Wörterbuch*, Bd. 4,2, Sp. 740). Als Sagenmotiv sind außerdem dämonische Fische mit Augen aus Edelsteinen, Krone, Horn u. a. bekannt (*Handwörterbuch des deutschen Aberglaubens*, Bd. 2, Sp. 1543). Das Bild des Hechtes wird später auch auf Friedrich angewandt (S. 43,5).

19,27 *fatalen*] Fatal (lat.): vom Schicksal gesandt; hier im Sinne von: widerwärtig, zuwider.

20,2-4 *zu spät ⟨...⟩ kein Löschen*] Folgende Sprichwörter sind in Simons Rede enthalten: »zu spät gefreit, hat immer gereut« ist vermutlich eine Abwandlung des Sprichworts »Früh gefreit, hat nie gereut«; »Jedes Ding hat seine Zeit« erinnert an Koh 3,1 (vgl. Wander, *Deutsches Sprichwörter-Lexikon*, Bd. 1, Sp. 639). »Aber wenn ein altes Haus brennt, dann hilft kein Löschen« ist belegt als »Wann ne olle Schüer brennt, is nix te redden« (Felix Heitmann, *Annette von Droste-Hülshoff als Erzählerin. Realismus und Objektivität in der »Judenbuche«*, Münster 1914, S. 41). Die Sprichwörter gehören zur Konzeption der Erzählung als eines »Sittengemäldes«, vgl. auch den Brief der Droste an Schlüter vom 28. 4. 1840: »das Landvolk ⟨...⟩ mit seinen duseligen Begriffen, seltsamen Ansichten, lächerlichen Schlußfolgen«.

20,9f. *'s hat ⟨...⟩ Fromm*] Vgl. Wander, *Deutsches Sprichwörter-Lexikon*, Bd. 1, Sp. 1221: »Fromm hat eine Kuh gestohlen. Dies Sprichwort enthält den geschichtlichen

Grund zu dem vorstehenden ⟨Fromm aus Zwang währt nicht lang⟩ und sagt, dass man denen, die äussere Frömmigkeit zur Schau tragen, nicht trauen darf.«

21,30-34 *Simon* ⟨...⟩ *büßt]* Nachdem Simon bereits mit einem Hecht verglichen wurde (S. 19,23), erhält er nun das »Ansehen eines feurigen Mannes«. Im Entwurf H² hatte die Autorin dies noch deutlicher gestaltet: »Simon voran mit vorgestrecktem Halse so daß sein scharfes Gesicht die Luft zu durchschneiden schien, die Züge durch den Druck der auf dem Kopf getragenen Last im Monde noch Gespenster und unheimlicher als gewöhnlich so hatte er viel von einem Gränzrücker an sich« (HKA, Bd. 5, S. 271,38-272,2). Im Aberglauben erscheinen Wiedergänger häufig als Grenzrücker und Irrwische und tragen feurige Gegenstände als Symbol ihrer Schuld mit sich herum. Hierdurch wird auch ein Hinweis auf die bereits erfolgte und im Aberglauben übliche Verdammung Simons gegeben: »die mit den Menschen in Berührung kommenden *Verdammten*« sind »meistens an ihrer feurigen Natur erkenntlich« (*Handwörterbuch des deutschen Aberglaubens*, Bd. 2, Sp. 1444).

22,7 *Zauberspiegel]* Gemeint ist ein »wissender« Spiegel zur Deutung der Zukunft oder zur Aufdeckung von Verborgenem (*Handwörterbuch des deutschen Aberglaubens*, Bd. 11, Sp. 551f.). Der Begriff wird hier in übertragenem Sinne von einem Menschen gebraucht.

23,16 *verpönte]* Bei Strafe verbotene (vgl. lat.: poena, Strafe).

23,27-32 *Friedrich* ⟨...⟩ *war]* Vgl. Entwurf H²: »Friedrich geht über das Grab seines Vaters« (HKA, Bd. 5, S. 335, Lesarten zu S. 274,15-26).

25,8 *Spiegelbild]* Nach der Begegnung mit Ohm Simon ist Friedrich seinem ursprünglichen »verkümmerten« Zustand entwachsen. Wie in der Gestalt des Ohm Simon seine Zukunft gespiegelt wurde (S. 22,7f.), so wird nun hier seine zurückbleibende Vergangenheit gespiegelt. Sogar Margreth wird von der Ähnlichkeit des an dieser Stelle eingeführten Doppelgängers getäuscht. Eine Unterscheidung wird nur aufgrund der »bewußte⟨n⟩ Würde und Selbständigkeit« (S. 25,9) möglich, mit der Friedrich jetzt auftritt. Die Droste greift hier das in der Romantik häufig verwendete Motiv auf, allerdings insofern variierend, als Friedrich selbst vorgibt, nicht er selbst zu sein. Vgl. auch die ältesten Notizen H[1]: »Ein Hirtenjunge wird von den Juden zugesetzt zu zeugen, er hat früher oft Freundliches von dem Mörder genossen, und entläuft, um dem Zeugniß zu entgehn nach vieler GewissensAngst, dieses ist derjenige für den der Mörder sich nachher ausgiebt, es ist ein armes Kind, oder gar Findling und in der Nacht spricht er mit Jemandem Unbekannten eh er entflieht« (HKA, Bd. 5, S. 257,23-28).

26,35f. *falscher Eid*] Margreth vermutet, daß Johannes Niemand ein uneheliches Kind ihres Bruders Simon sei, der dies offensichtlich aber abgeschworen hat. Vgl. auch die deutlichere Formulierung im Entwurf H[2]: »ja wohl, ein falscher Eid ist eine schwere Sünde, und das arme Mädchen ist auch im Elend verkommen, – Ein Eid, rief Margreth, mit dem Ton des Entsetzens, zum Eid ist es nicht gekommen, Annemarie nein, Ihr armes Weib, seufzte die Alte, so behandeln Euch die Eurigen, daß ihr nicht mahl erfahrt, was in aller Leute Munde ist sie hielt inne um noch einigen mitleidvollen Seufzern Luft zu machen, ja wohl ists so Euer Bruder hat lange allerley Ausflüchte gesucht und dem jungen verlockten Dinge auch ein paar Thaler geboten, aber da ihn die Gerichte drängten, hat er endlich doch die Hand aufgehoben ›das Kind ist nicht mein, so wahr mir Gott helfe und sein heiliges Evangelium Ach wir sind schwache Menschen‹ –« (HKA, Bd. 5, S. 284,11-22).

27,31 *Hechelkrämer*] Hausierer.

31,35f. *Herr ⟨...⟩ Mutter*] Im Entwurf H[2] ist diese Warnung Friedrichs umfangreicher gestaltet gewesen: »Herr Brandis denkt an meine Mutter bringt sie nicht ins Elend um einen Erlenzweig« (HKA, Bd. 5, S. 292,11f.). Friedrich gibt hier vor, daß die Erregung des Försters seinem Verstoß gegen die Hüte-Ordnung gelte, weil die von ihm zu beaufsichtigenden Kühe die frischen Triebe abgefressen hätten.

32,18 *wie Kristallkugeln*] Der glasartige Glanz seiner Augen steht hier leitmotivisch für das übersteigerte Selbstbewußtsein Friedrichs (vgl. auch S. 25,27-32 und S. 30,26 bis 28). Diese Beschreibung betont Friedrichs Ähnlichkeit mit Ohm Simon (vgl. S. 19,21-27). Bereits in den ältesten Notizen (H[1]) ist das Motiv der hervortretenden Augen zur Kennzeichnung der Hauptfigur vorhanden: »blondes langes Haar, weitausstehende trübe blaue Augen hat der Mörder | wie ein Paar carambolirende Billardkugeln« (HKA, Bd. 5, S. 256,29-257,1). Weitere Beispiele finden sich im Entwurf H[2]: »hier nahm das Auge des Knaben eine gewisse Schärfe an« (HKA, Bd. 5, S. 273,14f.) und »das Gebüsch entzog ihn sogleich den Augen desselben, die ihm nachstarrten wie ein paar matt geschliffene Gläser« (HKA, Bd. 5, S. 379, Lesarten zu S. 295,13-16). Auch die Vorschauer-Gestalt, die in den *Westphälischen Schilderungen* beschrieben wird, ist durch den glasartigen Glanz der Augen charakterisiert (S. 98,29f.). Vgl. ferner die Beschreibung des Vorschauers in der Ballade *Vorgeschichte (Second sight)* (Bd. 1, S. 217).

33,1 *Buche*] Es bleibt unentschieden, ob hier zum erstenmal der als Judenbuche bezeichnete Baum gemeint ist.

34,18 *Kapp*] Im Tagebuch der Schwester Jenny von Droste-Hülshoff wird unter dem Datum des 23. 12. 1804 ein Bökendorfer Rentmeister mit Namen Kappelhoff erwähnt; möglicherweise liegt hier eine Reminiszenz vor.

36,17f. *wenn ⟨...⟩ Herz*] Heinz Rölleke (*Miszelle zur Judenbuche,* in: Kleine Beiträge zur Droste-Forschung 2 [1972/73], S. 139f.) hat im Nachlaß der Brüder Grimm eine nicht namentlich gekennzeichnete Aufzeichnung der westfälischen Form dieses Sprichwortes nachgewiesen: »wenn de Kinner klein sind tredet se ein in en Schoot, un sind se grot so tredet se eine int Herte«.

36,21 *Anzeigen*] Lat. indicium: die Sache, die etwas anzeigt, Merkmal. Hier verwendet als kriminalistischer Terminus, vergleichbar dem heutigen Indiz.

39,18f. *Aber ⟨...⟩ tun*] Dtn 4,2: »Ihr sollt dem Wortlaut

dessen, worauf ich euch verpflichte, nichts hinzufügen und nichts davon wegnehmen; ihr sollt auf die Gebote des Herrn, eures Gottes, achten, auf die ich euch verpflichte.«

39,21 *Mariä Himmelfahrt]* 15. August; ehemals hoher kirchlicher Feiertag der bäuerlichen Bevölkerung in Westfalen, der oft am darauffolgenden Sonntag gefeiert wurde.

40,12 *Feuertopf]* Topfähnlicher Ofen zum Wärmen der Füße.

42,17 *Pfandställen]* Ställe für gepfändetes Vieh (Grimm, *Deutsches Wörterbuch*, Bd. 7, Sp. 1612).

42,36f. *Papen van Istrup]* Pape: Pfaffe. Istrup: Ort in der Nähe von Bad Driburg. Zu diesem Hochzeitstanz vgl. *Westphälische Schilderungen* (S. 79,34-36).

43,25 *Wischhader]* Scheuertuch (Grimm, *Deutsches Wörterbuch*, Bd. 14,2, Sp. 725).

44,11 *Brautmenuet]* Zu diesem Hochzeitstanz sowie zu den übrigen westfälischen Hochzeitsbräuchen vgl. *Westphälische Schilderungen* (S. 93,13-96,34 und die entsprechenden Anm.).

44,31f. *des hohen Liedes]* Vgl. die Beschreibung des Bräutigams im »Hohen Lied«, Ps 19,5f.: »Dort hat er der Sonne ein Zelt gebaut. Sie tritt aus ihrem Gemach hervor wie ein Bräutigam.«

45,17 *Schwein]* Das Aufwiegen gegen ein nach dem mosaischen Gesetz unreines Schwein bedeutet eine Gleichsetzung und im Ergebnis eine besondere Erniedrigung des Juden Aaron.

45,33-46,3 *Zuerst ⟨...⟩ vermochten]* Vgl. Anm. 21,30-34.

46,8-10 *nach ⟨...⟩ gilt]* Ein Pferdehaupt, das auf eine Stange oder auf den Gartenzaun gesteckt wird, sollte Unheil abwehren (*Handwörterbuch des deutschen Aberglaubens*, Bd. 8, Sp. 848).

46,22 *Evangelium Johannis]* Joh 1,1-14 spielt »eine große Rolle im Wetterzauber als Abwehrmittel gegen Gewitter« (*Handwörterbuch des deutschen Aberglaubens*, Bd. 4, Sp. 731f.).

47,28-30 *Nicht ⟨...⟩ gefunden]* Wahrscheinlich handelt es sich bei diesem Satz um eine Einfügung Levin Schückings oder der Redaktion des ›Morgenblattes‹ (vgl. Brief an Schücking, 27. 5, 1842 unter dem Datum des 26. 5. und HKA, Bd. 5, S. 209).

47,33f. *Aug ⟨...⟩ Zahn]* Ex 21,23f.: »Leben für Leben, Auge für Auge, Zahn für Zahn, Hand für Hand, Fuß für Fuß⟨...⟩.«

48,25 *Koffer]* Hier: Kiste, Truhe (Grimm, *Deutsches Wörterbuch,* Bd. 5, Sp. 1576).

49,26-50,2 *Da ⟨...⟩ gewesen]* Als Märchenmotiv begegnet der unbewußte Aufenthalt auch in *Schneeweißchen und Rosenrot*: »Einmal, als sie im Walde übernachtet hatten und das Morgenrot sie aufweckte, da sahen sie ein schönes Kind in einem weißen glänzenden Kleidchen neben ihrem Lager sitzen. Es stand auf und blickte sie ganz freundlich an, sprach aber nichts und ging in den Wald hinein. Und als sie sich umsahen, so hatten sie ganz nahe bei einem Abgrunde geschlafen, und wären gewiß hineingefallen, wenn sie in der Dunkelheit noch ein paar Schritte weitergegangen wären. Die Mutter aber sagte ihnen, das müßte der Engel gewesen sein, der gute Kinder bewache« (*Kinder- und Hausmärchen gesammelt durch die Brüder Grimm,* Darmstadt 1972, S. 676).

50,15f. *ohne ⟨...⟩ beweisend]* Dem Grundsatz des alten deutschen Strafrechts zufolge war ein Geständnis des Täters Voraussetzung für eine Verurteilung.

51,5 *Aufschlag]* Junger Holzaufwuchs.

51,17 אִם תַּעֲבוֹר בְּמָקוֹם הַזֶה יִפְגַע בְּךָ כַּאֲשֶׁר אַתָּה עָשִׂיתָ לִי: *]* Der *Geschichte eines Algierer-Sklaven* zufolge versahen die Juden den Baum, unter dem der Judenmord geschah, mit »Hebräischen Zeichen«. Diese Zeichen hatten die Bedeutung, »daß der Mörder, den unser Gott finden werd, keines rechten Daudes sterben soll« (S. 791,14f.). Am Schluß der Erzählung August von Haxthausens heißt es darüber hinaus: »Zwei Jahre nach seinem Tode ist jener Baum, worein die Juden ihre dunklen Zeichen geschnitten, umgehauen worden. Die Rinde aber hatte diese in den langen Jahren herausgewachsen, daß man ihre Form nicht mehr erkennen konnte« (S. 799,27-31).

Die Droste erfand nun den deutschen Spruch, der am Ende der *Judenbuche* genannt wird (S. 62,10f.). Die hebräische Übersetzung dürfte von dem Münsteraner Arzt Alexander Haindorf (1782-1862) stammen.

51,28f. *Le vrai* ⟨...⟩ *vraisemblable]* Vgl. Nicolas Boileau (1636-1711), *L'Art poétique* (1674; Chant III, v. 47f.): »Jamais au Spectateur n'offrez rien d'incroyable. Le Vrai peut quelquefois n'estre pas vraisemblable.« (»Bieten Sie dem Zuschauer niemals etwas Unglaubwürdiges an. Das Wahre kann manchmal unwahrscheinlich sein.«)

51,34 *Schlemmingschen Bande]* Diese Bande ist im Land Hessen für die Jahre um 1780 aktenmäßig bezeugt.

52,24 *hektische]* Mediz.: fieberhaft, insbesondere schwindsüchtig.

53,8-17 *Ein* ⟨...⟩ *Hölle!]* Dieses weitverbreitete Lied, das vermutlich aus dem 15. Jahrhundert stammt, ist in verschiedenen Gesangbüchern des frühen 19. Jahrhunderts für das Bistum Münster überliefert, z. B. *Gesänge beym Römisch katholischen Gottesdienste neben angehängtem Gebethbuche*, hg. v. C. B. Verspoell, Münster 1810. Neu durchges., ⟨...⟩ verm. Ausgabe, Münster 1850, S. 14f., Nr. 21:

> Ein Kindelein so löbelich
> Ist uns geboren heute
> Von einer Jungfrau säuberlich,
> Zu tröst'n uns arme Leute.
> Wär' uns das Kindlein nicht gebor'n, 5
> So wär'n wir allzumal verlor'n;
> Das Heil ist unser aller.
> Ei, du süßer Jesu Christ,
> Der du Mensch geboren bist,
> Behüt' uns vor der Hölle! 10
>
> Wie freudenreich ist diese Zeit,
> Da Jesus ist gekommen
> Vom Throne seiner Herrlichkeit,
> Und Fleisch hat angenommen.

Uns drückte Adams schwere Schuld,
Und wir verdienten keine Huld,
Doch ist er Mensch geworden,
Ganz, doch ohne Sünd', uns gleich;
Daß wir würden ewig reich,
Trug er all' unsre Sünden.

Wohl dem, der dieses wohl bedenkt,
Und fest auf ihn vertrauet;
Der ihm sein Herz aufrichtig schenkt,
Und auf den Glauben bauet;
Daß unser Heiland Jesus Christ
Der Eingebor'ne Gottes ist,
Gott, wie sein ew'ger Vater;
Der von uns die Missethat
Gnädig weggenommen hat,
Und aufgemacht den Himmel.

O dank' ihm, ganze Christenheit,
Für diese große Güte;
Und flehe zur Barmherzigkeit,
Daß sie uns stets behüte
Vor falscher Lehr' und Zweifelsucht,
Vor böser Lust und ihrer Frucht,
Und was uns könnte schaden!
Gott, führ' Irrende zurück,
Daß sie dich zu ihrem Glück
Recht kennen, lieben, preisen!

Die Droste schreibt August von Haxthausen am 29. 8. 1840 von der »*Verspoelschen* Liederfluth«, die weit verbreitet sei.

57,13f. *Der ⟨...⟩ auf]* Der Fluchtversuch des Heimkehrers erscheint dem Gutsherrn unglaubwürdig. Vgl. die ausführlichere Schilderung des Fluchtversuchs im Entwurf H7: »so habe er Nachts gearbeitet das Gitter zu erbrechen und Tags die Fesseln wieder angelegt, endlich habe er eine Stange hinaus gebracht, – er habe ein Christliches Schiff können im Hafen liegen sehn, und seine Gefühle dabey, wie er gefürchtet das Schiff möge absegeln ehe er frey werde, wie er sich durch geklemmt und in das Meer gesprungen, in der Hoffnung durchzuschwimmen, wie ihn aber ein zufällig ganz nahes Boot aufgefischt, und er im ersten Bewußtseyn sich wieder habe hinaus stürzen wollen, weil er gemeint es seyen Türken, es seyen aber Holländer gewesen« (HKA, Bd. 5, S. 391,16-24).

57,37-58,17 *Herr von S.* ⟨...⟩ *gütig]* Winfried Woesler (*Die Literarisierung eines Kriminalfalles,* in: ZfdPh 99 [1979], Sonderheft, S. 5-21, hier S. 13-16) weist darauf hin, daß die Droste im Gegensatz zur *Geschichte eines Algierer-Sklaven* eine bewußte Entlastung der Gutsherrschaft, die am Schicksal des Heimgekehrten Anteil nimmt, gestaltet. Offenbar war der Droste daran gelegen, ihre Vorfahren als christlich-gütige Herrschaft darzustellen. Nach dem Verlust der politischen Bedeutung des Adels im 19. Jahrhundert lag ihr an dessen ethischer Vorbildlichkeit.

59,6 *Äquinoktiums]* Tag- und Nachtgleiche, jeweils um den 23. September und 21. März.

60,31-33 *die Raben* ⟨...⟩ *entgegen]* Vgl. die westfälische Redensart: »Et waß so heet, dat de Kreihe up'n Thaon satt un gapede« (Nachweis durch Felix Heitmann, *Annette von Droste-Hülshoff als Erzählerin. Realismus und Objektivität in der »Judenbuche«,* Münster 1914, S. 41).

61,2-4 *Die Kühle* ⟨...⟩ *schloß]* Vgl. *Ledwina* (S. 105,15f.).

61,35 *Eine breite Narbe]* Seit dem ältesten Entwurf H[1] gilt die Narbe, die an dieser Stelle zum erstenmal erwähnt wird, als Mittel zur Identifizierung der Leiche: »Er hat eine Narbe auf der Brust, woran nachher sein Leichnam wiedererkannt wird« (HKA, Bd. 5, S. 257,17f.). Die Narbe, ein verbreitetes literarisches Motiv, galt wie ein Körper- oder Muttermal als Erkennungszeichen zur Identifikation eines Menschen, im Kriminalroman wird es auch als Indiz oder Scheinindiz verwandt. Bereits im Johannes-Evangelium erkennt der ›ungläubige‹ Thomas den auferstandenen Christus an seinen Wundmalen (Joh 20,24-29).

62,8 *September des Jahrs 1788]* Im Erstdruck des ›Morgenblattes‹ findet sich an dieser Stelle die Jahreszahl 1788. Da Mergel jedoch am Vorabend des Weihnachtsfestes 1788 (S. 52,26) zurückkehrt, kann er sich nicht im Herbst des Jahres 1788 erhängen. Die Historisch-kritische Ausgabe erläutert diesen Widerspruch folgendermaßen (Bd. 5, S. 246-248):

Neuere Ausgaben korrigieren deshalb meist in 1789. Daneben ist der Vorschlag gemacht worden, das Jahr der Heimkehr Mergels in 1787 zu ändern (Heinz Rölleke, *Annette von Droste-Hülshoff: Die Judenbuche,* Bad Homburg v. d. H., Berlin u. Zürich 1970, S. 176f.). Trotzdem kann nicht ausgeschlossen werden, daß auch in der dem Erstdruck zugrundeliegenden Reinschrift der Droste an beiden Stellen 1788 stand.

Im Entwurf H[8] war das Verbrechen nicht nur durch den Ort und den gezeichneten Baum mit seiner Sühne verbunden, sondern überdies auch durch die Zeit. Während im Erstdruck die Jahreszeit beider Ereignisse nicht mehr völlig übereinstimmt, sind in dem älteren Entwurf Judenmord und Selbstmord auf den 28. Oktober datiert. Am 28. Oktober ereignet sich nach dem Volksglauben von jeher allerhand Unerklärliches. Er ist der Tag der heiligen Simon und Judas (Thaddäus) und gilt im allgemeinen als Unglückstag, vgl. auch Schillers *Wilhelm Tell* I,1: ». . . 's ist heut Simons und Judä, | Da rast der See und will sein Opfer haben.«

Möglicherweise kommt der Zahl 28 in der *Judenbuche* nicht nur als Datum in einer Vorfassung eine besondere Bedeutung zu, denn im Erstdruck wird der Zeitraum von 28 Jahren an drei Stellen ausdrücklich genannt. Unmittelbar vor der Rückkehr Mergels am 24. Dezember 1788 heißt es: »Eine schöne, lange Zeit war verflossen, acht-und-zwanzig Jahre, fast die Hälfte eines Menschenlebens« (S. 52,18f.), den gealterten Gutsherrn charakterisiert die Dichterin mit den Worten: »noch immer mit den hellen Augen und dem roten Käppchen auf dem

Kopfe wie vor acht-und-zwanzig Jahren« (S. 55,31-33), und schließlich kommentiert sie die Suche nach dem erneut verschwundenen Friedrich Mergel mit den Worten: »ihn lebend wieder zu sehen, dazu war wenig Hoffnung, und jedenfalls nach acht-und-zwanzig Jahren gewiß nicht« (S. 60,26f.). Nicht nur die Heraushebung eines Jahrestages als Schicksalszeit, zu der alle wichtigen Ereignisse geschehen, sondern auch die Betonung eines schicksalhaften Zeitraumes, in dem sich die Handlung abspielt, ist aus den romantischen und nachromantischen Schicksalsdichtungen bekannt. In der Tragödie *Der vierundzwanzigste Februar* (1815) von Zacharias Werner (1768-1823), einem Werk, das die Droste nachweislich gut gekannt hat, sind die verhängnisvollen Taten in einem zeitlichen Rahmen von 28 Jahren eingegrenzt. Kuntz, die Hauptperson der Tragödie, verübte vor 28 Jahren am 24. Februar um Mitternacht einen Mordanschlag auf seinen Vater. Nach sieben Jahren (am 24. Februar) ermordete der siebenjährige Sohn Kurt seine zweijährige Schwester. Kurt stirbt durch die Hand seines Vaters nach 28 Jahren, selbstverständlich am 24. Februar um Mitternacht: »Einst – heut sind es akkurat | Achtundzwanzig volle Jahr, | Seit die fluchbeladne Tat | Sich begab – Glock zwölf es war.« Heinz Rölleke (*Annette von Droste-Hülshoff, Die Judenbuche. 1842,* in: Paul Michael Lützeler, *Romane und Erzählungen zwischen Romantik und Realismus* 〈...〉, Stuttgart 1983, S. 335-353, hier S. 350, Anm. 59) weist darauf hin, daß sich die Zeitspanne von 28 Jahren auch für die Abwesenheit eines Verschollenen angeboten hatte und als Untertitel in dem von der Droste gelesenen Roman von Daniel Defoe (ca. 1660-1731) *Robinson Crusoe* (1719) wiederkehrt: »Who lived Eight and Twenty Years, all alone in an uninhabited Island.«

Es ist möglich, daß auch die Droste für Mord und Selbstmord unter der Judenbuche einen bestimmten zeitlichen Rahmen schaffen wollte und daß sie darum gegen Ende ihrer Erzählung den Zeitraum von 28 Jahren besonders hervorhebt. So ließe sich auch die aus der Chronologie der Ereignisse herausfallende Jahreszahl 1788 am Schluß des Erstdruckes erklären. Friedrich Mergel war am 24. Dezember des Jahres 1788, 28 Jahre nach dem Judenmord im Oktober 1760, heimgekehrt. Im Widerspruch zu diesem vorausgehenden Datum gibt der Erstdruck für den Selbstmord die Zeit des Septembers 1788 an. Folgt man aber der letzten Zeitangabe, so sind Verbrechen und Sühne durch 28 Jahre voneinander getrennt, was nach der ausdrücklichen mehrfachen Erwähnung dieses Zeitraumes geradezu als beabsichtigt erscheinen muß. Die Droste hat vermutlich die sich ergebende chronologische Inkonsequenz nicht bemerkt. Es ist nicht Aufgabe des Editors, diesen erzähltechnischen ›Fehler‹ zu korrigieren.

WESTPHÄLISCHE SCHILDERUNGEN
AUS EINER WESTPHÄLISCHEN FEDER
(S. 63)

Textüberlieferung und Textgrundlage

Grundlage der Edition ist der Erstdruck: *Westphälische Schilderungen aus einer westphälischen Feder,* in: Historisch-politische Blätter für das katholische Deutschland, hg. v. G. Philipps und G. Görres (München), Bd. 16 (1845), S. 463-472, 505-520, 587-600.

Der Text erschien anonym. Die Redaktion versah die einzelnen Teile der *Westphälischen Schilderungen* mit einem Vorspann, S. 463: I. Die Physiognomie des Landes Paderborn, Münster, die Grafschaft Mark und das Herzogthum Westphalen.; S. 505: II. Handelsgeist im Sauerland. – Wilde Poesie in Paderborn. – Die Barackenbewohner. – Ihre Ehen. – Die Branntweinpest. – Sittenverderbniß. – Alte Gebräuche. – Aberglauben. – Besprechungen. – Rauflust. – Eine Gerichtsscene.; S. 587: III. Die Gränze. – Münsterländisches Stilleben. – Patriarchalisches Wesen. – Brautwerbung und Hochzeitsgebräuche. – Frömmigkeit und harmloser Aberglaube. – Die Vorgesichte. – Duldender Muth und Herzensgüte.

Außerdem versah die Redaktion der ›Historisch-politischen Blätter‹ die erste Fortsetzung des Aufsatzes (vor II.) mit einer Anmerkung (vgl. hierzu S. 822f.).

Da die Druckvorlage verloren ist, kann nicht geklärt werden, ob der Titel des Aufsatzes, insbesondere der Zusatz »aus einer westphälischen Feder«, auf die Droste zurückgeht oder nur der anonymen Veröffentlichung des Textes Rechnung trägt. Möglicherweise hatte die Droste noch keinen Titel gewählt und eine Entscheidung dem Herausgeber Görres überlassen. Der seit dem Wiederabdruck in den *Letzten Gaben* (1860) in der Literatur immer wieder zu findende Titel *Bilder aus Westfalen* ist eine Erfindung Schückings.

Auch die Kennzeichnung der drei Abschnitte mit römischen Ziffern, die jeweils als Fortsetzung in einem Heft der Zeitschrift erschienen, geht wahrscheinlich nicht auf die Droste zurück.

Zur Textgestaltung im einzelnen vgl. HKA, Bd. 5, S. 502-504.

Entstehung

Die Entstehung der *Westphälischen Schilderungen*, d. h. auch die Herauslösung des Textes aus dem geplanten Westfalenwerk, ist ursprünglich einer Bitte Levin Schückings zu verdanken, die Droste möge ihn bei seinem Beitrag über Westfalen für das von Ludwig Amandus Bauer (1803-1846) geplante Sammelwerk *Deutschland im 19. Jahrhundert* unterstützen. Am 13. 4. 1842, elf Tage nach seiner Abreise von der Meersburg am 2. 4., schrieb Schücking der Droste: »für sein Unternehmen: Deutschland im 19. Jahrh. scheint es mir, fehlt ihm ⟨Bauer⟩ wohl die nöthige Redakteur-Energie. (Auch Reuchlin hat ihm eine Beschreibung des Bodensees dazu geliefert). Ich habe ihm meinen Beitrag ›Westphalen‹ zugesagt und außer einigen Freiexemplaren 33 Gulden Honorar verlangt und zugesichert erhalten. – Den Plan, den ich ihm mittheilte und den Sie kennen werde ich beibehalten.«

Schücking hatte die Droste bereits früher, als er am *Malerischen und romantischen Westphalen* (1842 ⟨1841⟩) gearbeitet hatte, um Mithilfe gebeten. Damals wie auch jetzt sagte sie ihm ihre Unterstützung zu:

habe aber heute, mit deinem Briefe zugleich, einen von der Mama bekommen, der mich bestimmt Alles Andre bey Seite zu legen, um unverzüglich meinen Antheil an deinen Beyträgen fürs »Deutschland im 19ten Jahrhundert« auszuarbeiten. ⟨...⟩ vielleicht schicke ich Dir das zweyte Manuscript (die Gedichte) noch von hier, vielleicht erst von Rüschhaus, – das erste (Deutschland) schicke ich jedenfalls von hier ab, sobald es fertig ist. ⟨...⟩ weiß der Henker was du für eine inspirirende Macht über mich hast, seit ich bey diesem Briefe sitze brennts mir ordentlich in den Fingern, sobald das Siegel darauf ist, wie eine hungrige Löwinn über die (mir zugewiesenen) Stoffe (Deutschland 19 Jahrhundert) herzufallen, ⟨...⟩ ich bin wieder in der fruchtbaren Stimmung, wo die Gedanken und Bilder mir ordentlich gegen den Hirnschädel pochen, und mit Gewalt ans Licht wollen – und denke dir die Beyträge sehr bald schicken zu können, obwohl gewiß der Psalm wieder um zwey Drittel zu lang werden wird, den du dann mit wahrer Chirurgenkälte amputirst. (Brief an Schücking, 5. 5. 1842.)

Seit 1838 plante die Droste ein Werk über Westfalen. Dies sollte ein Genrebild mit eingestreuten Erzählungen (z. B. die *Judenbuche*) nach dem Vorbild des amerikanischen Schriftstellers Washington Irving (1783-1859) werden (zu diesen Überlegungen vgl. die Entstehung von *Bei uns zu Lande auf dem Lande*, S. 845, 847, 850). Aus dem für dieses Projekt bereits gesammelten Material konnte die Droste

Schücking zügig einen Beitrag konzipieren. Am 26. 5. 1842 bereits kündigte sie ihm den unmittelbar bevorstehenden Abschluß ihrer Arbeit an. Das Manuskript lag am 13. 6. 1842 vor, so daß sie am 7. 7. 1842 Schücking eine eigenhändige Abschrift senden konnte:

Unter welchen Schmerzen und in wie einzelnen Zeilen ich die beykommende Abschrift zusammen gestoppelt habe, kannst du sonach wohl denken, und wirst mir deshalb nicht nur die Verzögerung sondern auch die vielen Correcturen verzeihn, da ich oft kaum wußte was ich schrieb, und jedenfalls nicht wagen durfte das Geschriebene nachzulesen, oder gar darüber nachzudenken. Da ich nun den ersten Aufsatz nur flüchtig hingeworfen, und mich, hinsichtlich der feineren Ausführung, sowohl was den Styl als die Folgereihe betrifft, hauptsächlich auf den freyeren Ueberblick während des Abschreibens verlassen hatte, so weiß Gott aber ich nicht wie es damit aussehn mag, und du mußt dir den Rummel arrangiren so gut du kannst – vielleicht rundet es sich auch schon so ziemlich – im Einzelnen ist wenigstens wahrscheinlich (soviel ich im halben Dusel darüber urtheilen kann) das Meiste zu gebrauchen, wenn auch vielleicht erst anders zusammengestellt, und mit Stylverbeserungen – ich habe übrigens keineswegs, wie du mir riethest »hübsch zusammen gedichtet« was mir doch für ein geschichtliches Werk zu gewagt schien, sondern mich streng an Thatsachen gehalten, und, wo ich mich selbst als Augenzeugin anführe, sie auch wirklich miterlebt. – dieses brockenhafte Niederschreiben hat eine Menge Verschreibungen und Auslassungen zur Folge gehabt, und diese vieles Durchstreichen und Bekreuzen, so daß du dich erst ordentlich herein oder vielmehr heraus lesen mußt, ehe du selbst wissen kannst was daran ist. – wäre es etwas Anderes gewesen, so hätte mir Jenny die Abschrift machen können, so aber durfte ich meine Colleegenschaft mit dir doch nicht kund werden lassen.

Schücking beklagte sich im folgenden Monat jedoch weiterhin über den Mangel an Material und bat die Droste, auch Wilhelm Junkmann, Karl Ferdinand Rüdiger, den Verleger Johann Hermann Hüffer und August von Haxthausen um Beiträge für den geplanten Westfalenband zu bitten:

> Ich werde wegen meines Westfalens gedrängt und habe gar kein Material; könnten Sie mir nicht den Junkmann breit schlagen, daß er den Brief von Ihnen worin Sie die Romantik eines Vorwerkslebens (glaub' ich) so schön geschildert haben, mir zur Benutzung überläßt? Ferner denk ich mir, wenn Sie einmal Rüdiger sprächen, daß er vielleicht manche Quelle für die Abtheilungen: »Industrielle Verhältnisse: Statistisches: Verdienste und Fehler der jetzigen Regierung,« mir angeben, oder für mich erhalten könnte: Der alte Hüffer hat auch gewiß manches, was er Rüdiger gern mittheilte. Junkmann würde mir Materialien wegen der Eisenbahnen geben können; Wirksamkeit der Landstände und Gesezgebung sind Punkte die ich auch berühren mögte, wenn ich die Quellen hätte. Ich mögte in dieser Beziehung wohl Ihren Herrn Onkel August um Materialien bitten, – was meinen Sie dazu? Bitte, erkundigen Sie sich einmal, und wenn einer oder der andre etwas taugliches hat, so würde es mich sehr glücklich machen, wenn es mit den in M⟨ünster⟩ liegenden Büchern von irgend einer mitleidigen Seele eingepackt und mir baldmöglich direkt hierhin geschickt würde. (Brief an die Droste, 29. 8. 1842.)

Am 10. 9. 1842 fragte die Droste zunächst bei Elise Rüdiger an und erläuterte ihr gleichzeitig, warum Schücking ihre bereits übersandten Materialien ohne einen Dank vereinnahmt hatte:

> Sie wissen doch wozu das Alles soll? – zu dem Werke *»Deutschland im 19ten Jahrhundert«* was der Professor Bauer in Stuttgart herausgiebt, und worin *Reuchlin* die Gegend des Bodensees, und *Schücking* Westphalen übernommen haben. – Daß Sch⟨ücking⟩ behauptet *gar kein Material* zu haben, ist mir etwas empfindlich, es scheint

beynahe er hat meinen letzten Brief mit der langen sauren
Ausarbeitung nicht bekommen, denn wenn er diese auch
unbrauchbar gefunden hätte (was, nebenbey gesagt,
nicht möglich ist, da sie wenigstens eine große Menge
Material und Angaben enthält, über Gebräuche et cet die
er nicht entbehren kann) so hätte er ihrer doch wohl mit
einem Worte erwähnt. – oder schweigt er über diese
fremden Federn in der Voraussetzung, daß der Brief ge-
zeigt wird? – ich werde ihn darum befragen, und, falls sie
verloren gegangen ist, ihm eine neue Abschrift schicken,
da ich das concept zum Glück bewahrt habe.

Die Droste »befragte« Schücking dann im Brief vom
12. 9. 1842 unter dem Datum des 11. 9.:

und NB. was stellt das für, daß Du behauptest gar kein
Material zu haben? – wo sind denn diejenigten glänzen-
den, poetischen, gediegenen, mit (Gesichts-)Schmerzen
gebornen »jüngsten Kinder meiner Laune« die ich dir in
meinem letzten Briefe von Meersburg gesendet? – heißt
es hier wirklich: parturiunt montes, nascetur ridiculus
mus? – zu Deutsch: kannst Du wirklich ganz und gar
nichts davon gebrauchen? – mich dünkt es kamen doch
eine Masse schöner Gebräuche darin vor, die es nicht
verdienten so ganz für die Hunde zu gehn. – wirklich,
konntest Du nicht wenigstens Einiges umarbeiten? –
Sag' es mir nur frey heraus, du weißt, ich hülle mich dann
in meine Größe, und tröste mich mit deinem schlechten
Geschmacke.

Auch die Bemühungen der Droste, August von Haxthau-
sen um Material für Schücking anzugehen, verliefen im
Sande. Sie versuchte zwar, den Onkel über ihre Tante So-
phie von Haxthausen zu erreichen (Brief vom 24. 9. 1842),
allerdings mußte der Brief August von Haxthausen nach-
geschickt werden und erreichte ihn erst nach mehreren
Umwegen. Als er den Brief schließlich erhielt, sah er sich
allerdings nicht in der Lage, etwas beizusteuern (vgl. die
Briefe der Droste an Schücking, 15. 11. 1842 und 11. 5.
1843). Junkmann und Rüdiger überließen dagegen Schü-

cking Material (vgl. den Brief der Droste an Schücking, 10. 10. 1842).

Im Januar 1843 zerschlug sich das gesamte Vorhaben Bauers (vgl. den Brief Bauers an Schücking, 28. 1. 1843; Westf. Landesmuseum, Münster, Schücking-Deposit). Als die Droste davon erfuhr, mahnte sie Schücking am 16. 2. 1843, ihre Aufzeichnungen auf gar keinen Fall anderweitig zu verwenden oder gar zu veröffentlichen:

Das Schicksal des »*19ten Jahrhunderts*« ist schwer zu beklagen, ich meine aber die Skizzen dürfen anderwärts nicht erscheinen, – sie sind zu scharf, und mir war ohnedies schon bange dabey, doch ists ein himmelweiter Unterschied, ob in einem gewichtigen Geschichtswerke, was strenge Wahrheit bedingt, nur von ernsten Männern gelesen wird, obendrein wahrscheinlich nie nach Westphalen gekommen wäre, und wo sich endlich ein einzelner Aufsatz zwischen so vielen Andern halbwege versteckt, oder in einem Journale, wo alle Laffen und Weiber drüber kommen, und der Aufsatz sich, nach meinem eignen Gefühle, als eine tacktlose Impertinenz machen würde, die unser Beyder hiesige Stellung gänzlich verderben, und mir wenigstens tausend Feinde und Verdruß zuziehn würde, da, selbst wenn *Sie* den Sündenbock machen wollten, meine Mitwirkung *hier zu Lande* gar nicht bezweifelt werden könnte, der vielen Anekdoten wegen, die grade nur mir und den Meinigen passirt sind, – es thut mir leid um Ihren gewiß schönen Kragen, aber er muß in der That zerrissen werden, wenn Sie ihn nicht anderwärts brauchen können, Unverschuldeter Verdruß ließ sich noch allenfalls tragen, aber hier würde er uns mit Recht treffen, denn wer giebt uns die Erlaubniß, Leute die uns nie beleidigt haben in ihrem eignen Lande zu höhnen, außer etwa unter der Aegide eines tiefernsten wissenschaftlichen Zweckes; – In meinem Westphalen kann ich allerdings mit Auswahl manches von den Skizzen brauchen, aber Sie trauen mir wohl zu, daß dieses nicht den geringsten Einfluß auf meine Ansicht hat, da ich überreich an Material bin, und Ihnen von Herzen gern noch Mehreres abgäbe, wenn Sie es irgend brauchen könnten.

Erneut insistierte die Droste am 26. 4. 1843 darauf, ihre westfälischen »Skizzen« nicht zum Druck zu geben, und am 11. 5. 1843 fragte sie Schücking erneut: »Lieber Levin, Sie schreiben mir nichts von dem Schicksale des Aufsatzes über Westphalen, ist er in ein Journal gekommen? – Gott gebe ›nein‹! – jedenfalls aber muß ich um die Wahrheit wissen.« Schücking befolgte die Wünsche der Droste, den Aufsatz nicht zu veröffentlichen.

Die Droste selbst aber hat dieses Publikationsverbot unterlaufen. Es gelang Guido Görres, der sich vom 4. bis 17. 9. 1844 mit seiner Frau Marie auf der Meersburg zu einem Besuch aufhielt, das im Besitz der Droste verbliebene Manuskript oder – wahrscheinlicher – eine Abschrift davon zu erhalten, um es in den von ihm mitherausgegebenen ›Historisch-politischen Blätter für das katholische Deutschland‹ ohne Angabe des Verfassernamens zu veröffentlichen. Dort erschien der Aufsatz am 1. und 16. 10. sowie am 1. 11. 1845. Nach wie vor hatte die Droste Bedenken wegen der Veröffentlichung, und ihr Versuch, den Druck des Aufsatzes doch noch zu unterbrechen, kam letztlich zu spät.

Die Sache mit dem bewusten Aufsatze in dem Görresschen Blatte liegt mir auch schwer auf dem Herzen. – wie oft erscheint das Blatt? – vielleicht nur vierteljährig? oder monatlich? – Wenn dann noch nicht der *ganze* Aufsatz erschienen ist, wäre es vielleicht noch Zeit die Fortsetzung zu unterdrücken! – was mir sehr erwünscht wäre. – Wolltest Du in diesem Falle dann wohl einige Zeilen an Guido Görres schreiben und ihn darum bitten? – Ich würde es selbst thun, verstehe aber nicht mich so kurz und diplomatisch zu fassen, wie du, und zudem wäre es dann wohl die höchste Zeit, und vielleicht zu spät wenn ich erst deine Antwort abwarten wollte, – Du müßtest dann des Aufsatzes und der durch ihn erregten fatalen Sensation, die mich zu diesem Schritte bewegt, zwar

Görres verständlich, aber sonst nicht zu bezeichnend erwähnen, thätest auch am besten den Brief nicht mit unserm Wappen zu siegeln, die Unterschrift geflissentlich undeutlich zu machen, nicht von Hülshoff zu datiren, vielleicht auch den Brief an Heinrich, zur sofortigen Bestellung, einzuschließen, kurz alles zu thun, daß ein *fremdes Auge* sich nicht daraus zurecht finden könnte, denn Görres kömmt mir ganz danach vor, daß er seine Briefe umher liegen läßt. (Brief der Droste an Werner von Droste-Hülshoff, 25. 11. 1845.)

Wirkung

Die Droste hatte richtig vorausgesehen, daß eine Publikation ihres Aufsatzes in Westfalen Aufsehen und Widerspruch erregen würden. Weniger die literarische Gestaltung stand dabei zur Debatte – nur Schücking erwähnte die *Westphälischen Schilderungen* in der ›Kölnischen Zeitung‹ (Nr. 316, 12. 11. 1845) als »höchst anziehende Charakteristiken der Sitten des westfälischen Landvolkes, die eine werthvolle Ergänzung der Bilder im Münchhausen Immermann's sind« (Droste-Rezeption, Nr. 48, S. 55) –, sondern die politische Tendenz war Gegenstand von Kritik. Noch während des Drucks versah die Redaktion der ›Historisch-politischen Blätter‹ die erste Fortsetzung mit einer Anmerkung, in der besonders die Geistlichkeit zu einer Stellungnahme aufgefordert wurde:

Da wir mit den Zuständen der untern Klassen im *Sauerlande* und *Paderborn* gänzlich unbekannt sind, so müssen wir die Richtigkeit der folgenden Schilderungen der berichterstattenden Feder anheim geben; sehr erwünscht aber wäre es uns, wenn auch andere, des Landes kundige Beobachter uns auch erfreulichere Seiten des dortigen Volkslebens mittheilen könnten. Diese Worte richten sich vorzüglich an die ehrenwerthe Geistlichkeit des Landes, die im Kampfe mit den Uebelständen gewiß auch am ersten Gelegenheit hat, die Tugenden in der Hütte des Armen kennen zu lernen. Sind übrigens die Farben des Gemäldes düster, so müssen wir doch gestehen, daß es eine große Ungerechtigkeit wäre, den einzelnen Volksstamm darum härter zu beurtheilen, und ihn zum Sündenbock unserer Zeit zu machen; denn sie passen nur zu sehr auf die untern Klassen in gar manchen Provinzen unseres Vaterlandes, die von ihrer Vortrefflichkeit voll sind; es spricht sich darin eine Verwilderung aus, deren schauderhafte Verbrechen wir täglich in den öffentlichen Blättern des Nordens und des Südens, aus den verschiedensten Gegenden Deutschlands, auf eine erschreckende Weise vernehmen, und die in Verbindung mit dem Communismus uns noch eine unheilschwangere Zukunft heraufzubeschwören droht, wenn die Religion in neuer Belebung uns nicht zum Stern des Heiles wird.

Nach dieser Aufforderung veröffentlichte die Redaktion der ›Historisch-politischen Blätter‹ drei ausführliche Zuschriften, die Reaktionen, Berichtigungen und Gegendarstellungen enthielten: 1. Anon., *Berichtigungen eines Westphalen*. (Die Westphälischen Schilderungen aus einer westphälischen Feder betreffend.), in: Historisch-politische Blätter für das katholische Deutschland, Bd. 17 (15. 5. 1846), S. 657-687; 2. Anon., *Das Herzogthum Westphalen*. Kaspar, Dietrich, Wilhelm und Ferdinand von Fürstenberg. Veranlaßt durch die Westphälischen Schilderungen, in: Historisch-politische Blätter für das katholische Deutschland, Bd. 18 (1846), S. 396-406; 3. Anon., *Zu den Schilderungen aus einer westphälischen Feder*. (Eingesandt.), in: Historisch-politische Blätter für das katholische Deutschland, Bd. 18 (1846), S. 494-502. Diese Texte sind abgedruckt in HKA, Bd. 5, S. 513-549, und Droste-Rezeption, Nr. 55-57, S. 63 bis 94.

Der Jesuitenpater Wilhelm Kreiten berichtet in seiner Droste-Ausgabe von mündlichen Äußerungen der Herausgeber Guido Görres und G. Philips: »Phillips erzählte später, wie viel Unannehmlichkeiten er wegen des Artikels gehabt, wie sehr angesehene Persönlichkeiten der Provinz sich in äußerst scharfer und verletzender Form über die Arbeit sowohl als den muthmaßlichen Verfasser geäußert u.s.w. Guido Görres sprach von ähnlichen Erfahrungen, fügte aber hinzu, daß Annette ihn von vornherein gewarnt habe, den Artikel nicht zu veröffentlichen, weil sie Unannehmlichkeiten davon gefürchtet; erst gegen das förmliche Versprechen strengster Verschwiegenheit betreffs der Urheberschaft, habe sie endlich das Manuskript zum Druck gegeben« (Kreiten, *Droste-Werkausgabe* [1884-87], Bd. 4, S. 12).

Noch nach dem Tode der Droste sprach sich Jenny von Laßberg in einem Brief an ihren Bruder Werner von Droste-Hülshoff vom 15. 12. 1849 im Zusammenhang mit einer Edition der nachgelassenen Werke der Droste gegen eine erneute Publikation der *Westphälischen Schilderungen* aus: »Was aber den Aufsatz in den ›Historisch-politischen Blättern‹ angeht, so bin ich ganz dagegen, und es darf davon keine Rede sein, um keinen Preis könnte ich das zugeben; das würde sie noch im Grabe kränken.« Drei Jahre später, als sie den Aufsatz endlich gelesen hatte, änderte sie allerdings ihre Meinung und schrieb dem Bruder am 25. 3. 1851:

Du wirst mir kaum glauben, daß ich diesen Morgen erst den Aufsatz über Westphalen gelesen habe; es war mir nicht möglich, hier den 162. Band zu bekommen, ⟨...⟩ ich schrieb also an Görres, aber keine Antwort, woraus ich schließe, daß sie krank sind; ⟨...⟩ Es gereut mich, daß ich ihn nicht eher gelesen, es wäre der armen Nette gewiß ein Trost gewesen, wenn ich ihr gesagt, daß ich nichts Tadelnswerthes darin finde. Ich begreife nicht, wie er solchen Spektakel erregen konnte, besonders im Münsterlande, das ja wunderschön, fast mit zu großer Vorliebe geschildert ist. Dies sagte mir Onkel August schon. Was sie von Paderborn sagt, ist wohl scharf, aber nicht unwahr, und lange nicht so arg, als ich erwartete; dabei sagt sie ja über den Adel und die höheren Klassen ei-

gentlich nichts ausdrücklich. Ich habe also gegen den nochmaligen Abdruck an und für sich nichts, nur müssen zwei Stellen gestrichen werden, die an dem Ganzen gar nichts ändern, aber worin Ausdrücke sind, die es mir unangenehm machen würden, meinen Kindern das Buch in die Hand zu geben. Dann glaube ich, daß es mit verändertem Titel, etwa: Westphalen vor 50 Jahren – Erinnerungen aus meiner Kindheit; mein Heimathland; oder was ihr sonst für einen Titel passend glaubt, viel besser aufgenommen werden wird, weil Wenige es aus eigener Ansicht, sondern nur von Hörensagen kannten und tadelten. Dann ist noch Mama zu berücksichtigen; sie weiß, glaube ich, daß Nette Verdruß hatte, wegen eines Aufsatzes, ohne ihn zu kennen. Solltest Du ihr vor dem Druck nicht etwas darüber sagen, damit man weiß, daß es auch ihr recht ist? Du kannst ihr schon die Sache annehmlich machen, da vieles von dem, was über Paderborn gesagt ist, aus ihren eigenen Erzählungen herrührt. Du wirst auch am besten wissen, lieber Werner, wer die ärgsten Schreier waren, ob sie noch leben, oder vielleicht ihre Ansicht geändert haben, und ob Dir selbst es Unangenehmes bereiten kann, wenn bekannt wird, daß es von Nette ist. Dies Alles kann ich von hier nicht beurtheilen, was mich betrifft, so gebe ich meine Einwilligung (Kreiten, *Droste-Werkausgabe* [1884-87], Bd. 4, S. 13f.).
Der Inhalt dieses Briefes läßt vermuten, daß die Droste die Gegendarstellungen auf ihre *Westphälischen Schilderungen* kannte. Dies wird auch dadurch bestätigt, daß die ›Historisch-politischen Blätter‹ in Hülshoff gehalten wurden und noch heute in der dortigen Bibliothek vorhanden sind.

Stellenkommentar

64,5f. *Grafschaft Mark*] Durch die Bildung einer Nebenlinie der Grafen von Berg entstand 1160/61 die Grafschaft Mark und wurde seit 1461 gemeinsam mit der Grafschaft Kleve (später Herzogtum) verwaltet. Von 1511 bis 1521 war es in Personalunion mit Jülich, Berg und Ravensburg verbunden. Im Jülich-Kleveschen Erbfolgestreit (1609-14) wurden die Landesteile wieder getrennt, wobei Kleve-Mark an Brandenburg-Preußen fiel.

64,6 *Bistum Paderborn*] Das Bistum Paderborn ist eine Gründung Karls des Großen. 805 erhielt es einen eigenen Bischof, 1180 wurde dem Erzbischof von Köln die Herzogsgewalt zugestanden. In den nachfolgenden Jahrhunderten war das Bistum immer wieder Gegenstand machtpolitischer Auseinandersetzungen. Nach der Säkularisation 1802/03 fiel das Fürstbistum an Preußen als Ersatz für die im Frieden von Lunéville (1801) an Frankreich abgetretenen linksrheinischen Gebiete, 1807 wurde es dem Königreich Westfalen unter Jérôme und 1815 endgültig Preußen zugeschlagen. Die Diözese wurde 1821 neu gestaltet und beträchtlich erweitert.

64,8 *Herzogtum Westphalen*] Das Herzogtum Westfalen war im 12. Jahrhundert durch die Zerschlagung des Herzogtums Sachsen als dessen westlicher Teil entstanden und fiel an das Erzstift Köln. 1803 kam das kurkölnische Westfalen an Hessen-Darmstadt, nach dem Ende der napoleonischen Besatzung wurde es Bestandteil der preußischen Provinz.

64,18 *Herzogtum Cleve*] Vgl. Anm. 64,5f.

64,22 *seltenen Hütten*] Für die Besiedelung des Münsterlandes sind verstreute Einzelhöfe charakteristisch.

64,25 *Bistums Münster*] Das Bistum Münster wurde 805 gegründet, geht aber schon auf die Anlage eines Monasteriums durch den friesischen Missionar Liudger im Jahre 793 zurück. Im Reichsdeputationshauptschluß (1803) wurde das Bistum als Entschädigung für die an Frankreich verlorenen Besitzungen unter den Reichsfürsten aufgeteilt. Preußen erhielt neben der Hauptstadt Münster den östlichen Teil des Münsterlandes.

65,2 *»oculo torvo sinistroque«*] Lat.: »mit durchbohrendem, Unheil verkündendem Blick«. Es handelt sich nicht um das wörtliche Zitat eines antiken Autors.

65,11 *versteinerten* 〈...〉 *Seeigel]* Versteinerungen lassen sich im westlichen Münsterland, etwa in den Baumbergen, finden. Die Droste besaß eine Sammlung von Versteinerungen, von der Teile noch heute im Rüschhaus verwahrt werden.

65,18-66,7 *Allmählich* 〈...〉 *nähren]* Vgl. *Bei uns zu Lande auf dem Lande* (S. 162,9-22).

66,4 *Nymphäen]* Seerosen.

66,21 *Almenden]* »Grundstücke, die der Gemeinde gehören, im Ggstz derer, die Einzelnen gehören« (Daniel Sanders, *Wörterbuch der deutschen Sprache* 〈...〉, 3 Bde., Leipzig 1860-65, Bd. 1, S. 22).

67,14f. *ein* 〈...〉 *Heiligenschein]* Im Münsterland sind die Bauernhöfe häufig von Eichen umstanden, so daß deren Dächer durch die Baumkronen hindurchschimmern.

67,25 *Heiden* 〈...〉 *geteilt]* Die preußische Gemeinheitsteilungsordnung vom 7. 6. 1821 ermöglichte die Privatisierung der ehemals genossenschaftlich genutzten, häufig unkultivierten Viehweiden. Mit dieser Agrarreform wurde auch eine Vergrößerung der Ackerfläche in Westfalen erreicht.

67,25-27 *Kultur* 〈...〉 *sichern]* Durch eine extensive Holzwirtschaft und dadurch entstehende Windverwehungen war ein Teil des Ackerbodens im Münsterland kaum mehr nutzbar. Auch im Sauerland war der Holzmangel durch die Produktion von Holzkohle spürbar geworden (S. 71,33f.). Eine Aufforstung mit schnell wachsenden Nadelhölzern (z. B. Fichten) sollte einerseits diese Tendenz aufhalten, andererseits die Nachfrage nach Nutzholz für den Bergbau im Ruhrgebiet befriedigen.

68,28 *»Stein, Gras und Grein«]* Die vollständige Formel der Feme oder heimlichen Gerichte lautet: »Strick, Stein, Gras, Grein« (Grimm, *Deutsches Wörterbuch,* Bd. 4,1,6, Sp. 52f.). Bei diesen Gerichten handelte es sich ursprünglich um mittelalterliche Landgerichte, später um eine Art Bauerngerichte, die erst im 19. Jahrhundert beseitigt wurden. Vgl. auch die Schilderung der Feme in Immermanns Roman *Münchhausen* (»Oberhof«-Teil, 3. Buch, 9. Kapitel).

69,12 *Fürstentum Corvey*] Das in der Nähe von Höxter an der Weser gelegene Corvey ist die älteste Klostergründung im Sachsenland (815-22). Das Fürstentum besteht seit 1792, kam 1802/03 an den Erbprinzen Wilhelm Friedrich von Oranien-Nassau, 1807 an das Königreich Westfalen und schließlich 1815 an Preußen.

69,31 *Strombord*] Rand eines Gewässers (vgl. Grimm, *Deutsches Wörterbuch*, Bd. 2, Sp. 241).

70,5 *Türkenruine*] Burgsitz in der Nähe von Wehrden (Wehren) an der Weser, der seit 1689 nach seinem Besitzer, dem Oberwachtmeister Hans Carl von Barretig, genannt Türk, als »Türkengut« bezeichnet wurde. Vgl. auch die Erwähnung der »Türkenruine« in Ferdinand Freiligraths und Levin Schückings *Das malerische und romantische Westphalen* (Barmen u. Leipzig 1842 ⟨1841⟩, S. 85).

70,5 *Wildberg*] Berg (ebenso wie der Cathagenberg) in der Nähe von Wehren.

70,18 *Schlosse Herstelle*] Ursprünglich Winterlager Karls des Großen am linken Weserufer. 1826-32 wurde an der Stelle der bischöflich-paderbornischen Burg das Schloß erbaut.

70,35f. *»Felsenmeer«*] Felsenmeer in der Nähe von Hemer im Sauerland, das durch Einsturz unterirdischer Massenkalk-Höhlen entstanden ist. Auf ihrer Reise ins Sauerland (Mitte September-Anfang Oktober 1824) hatte die Droste neben dem unweit gelegenen Klusenstein, dem Höllental, vermutlich auch das Felsenmeer besucht.

71,1f. *Tropfsteinhöhle Klusenstein*] Gemeint ist wohl die Feldhofhöhle, die am Fuße des Klusensteins im Hönnetal unweit von Hemer liegt.

71,6-9 *oben* ⟨...⟩ *dämmert*] Vgl. Carl Schlickums Stich vom Klusenstein im *Malerischen und romantischen Westphalen* (Barmen u. Leipzig 1842 ⟨1841⟩, nach S. 200).

71,10 *Spies*] Christian Heinrich Spieß (1755-1799), Verfasser von Geister-, Ritter-, Räuber- und Schauerromanen.

71,11f. *Teufelsmühle im Höllental*] Die hier beschriebene Szenerie entspricht allerdings keinem Titel von Spieß, aber sie taucht in ähnlicher Form mehrfach in dessen Romanen auf (vgl. Kortländer 1979, S. 123).

72,10 *hohen Öfen*] Hochofen zum Schmelzen von Erzen, aber auch hoher Ofen (Grimm, *Deutsches Wörterbuch,* Bd. 6,2, Sp. 1629).

72,19 *»Winterberge«*] Gegend um Winterberg am Fuße des Kahlen Asten im Sauerland. Die Bewohner waren unter dem Namen »Winterberger« oder »Winterberger Landjungen« als fliegende Händler oder reisende Kaufleute bekannt.

73,29f. *der* ⟨...⟩ *ausbietet*] Jemand, der mit Lumpen handelt. Lumpen wurden zur Papierherstellung verwandt.

73,31 *Eisenhämmer*] Eisenhammerwerke, die unter Verwendung von Holzkohle Roheisen verarbeiteten. Gemeint sind möglicherweise auch Drahtziehereien oder Eisenhütten.

74,9-14 *Daß* ⟨...⟩ *wohl*] Frauen- und Kinderarbeit war aufgrund von Niedrigstlöhnen in der eisenverarbeitenden Industrie für viele Familien eine existenzsichernde Notwendigkeit.

75,31 *Koben*] Stall, Verschlag, Hütte (Grimm, *Deutsches Wörterbuch,* Bd. 5, Sp. 1542).

77,2f. *unser* ⟨...⟩ *wechselt*] Vgl. Judenbuche (S. 18,19-22).

77,33-78,13 *Daß* ⟨...⟩ *melden*] Im Brief an Christoph Bernhard Schlüter vom 24. 8. 1839 aus Abbenburg schildert die Droste ebenfalls den Schleichhandel:

Neulich passirte hier ein lächerlicher Vorfall, der hiesige Rentmeister gieng Abends mit der Haushälterinn (Frau Schröder) spatzieren, plötzlich hört er einen Schuß im Gebüsch, springt hinein, und findet den Wilddieb mit noch rauchendem Gewehre, was er ihm sogleich abfordert, Jener setzt sich zur Wehr, nun ruft der Rentmeister »Frau Schröder! Frau Schröder!« der Dieb wird blaß, und giebt sogleich sein Gewehr ab; nachher sagte er »ja! ick hedde my nich so geschwind gievwen, ober es he reip

›Arquebusseur! Arquebusseur‹ do merkte ik wull, dat he de Gens d'armen by Sick hadde« das Wilddieben und Holzstehlen geht überhaubt noch seinen alten Gang, noch ärger das Contrebandiren über die Lippische und Braunschweigische Gränze – man kann nach Sonnenuntergang nicht spatzieren gehn, ohne Banditengesichtern mit Säcken zu begegnen, die Einem scheu ansehn, und dann voran traben, was die Beine vermögen – vorgestern in der Nacht hörten wir Geschrey und Schießen vor unsrer Pforte, am Morgen waren überall Wege durchs Korn getreten, wo die Schleichhändler geflüchtet, auch niedergestampfte Flecke hier und dort, als ob Zwey gekämpft, weiter haben Wir nichts erfahren, getödtet ist somit wohl Niemand, verwundet wahrscheinlich Einer oder der Andre, aber das bleibt still, Niemand bekümmert sich darum, grade wie vor sechzig Jahren. – man muß gestehn, daß Volk und Gegend hier unendlich romantischer sind als bey Uns, doch wollen wir lieber behalten, was wir haben.

78,28 *Herrnhuter*] Die aus dem Pietismus hervorgegangene Herrnhuter Brüdergemeine wurde 1722 von Nikolaus Ludwig Graf von Zinzendorf (1700-1760) in Herrnhut (Oberlausitz) gegründet.

79,24 *markierten*] Auffällig, charakteristisch.

79,30f. *Schlüssel- und Brod-Überreichen*] Der Braut wird beim Empfang auf dem Hof des Bräutigams zum Zeichen ihrer neuen Rechte ein Brot gereicht, in das sie hineinbeißt (»Brautbiß«).

79,34 *»Papen von Istrup«*] Es handelt sich hier um den zweiten Teil des »Brökelschen Schüttendanßes« (Brakelschen Schützentanzes). Vgl. auch die *Judenbuche* (S. 42,36f.).

80,12 *esto mihi*] Letzter Sonntag der Fastenzeit, benannt nach dem Anfang der Messe: »Esto mihi in Deum protectorem, et in locum refugii, ut salvum me facias.« (Ps 30,3: »Herr, mein Gott, ich habe zu dir geschrien, und du hast mich geheilt.«)

80,12f. *auf ⟨...⟩ Hahn*] Apfel und Hahn gelten als Symbole der Fruchtbarkeit. Die in einen aus Teig geformten Hahn gesteckten Federn etwa sollen von besonderer Zauberkraft sein.

80,25 *Sandreuter*] Ein aus dem Sattel Geworfener (Daniel Sanders, *Wörterbuch der deutschen Sprache* ⟨...⟩, 3 Bde., Leipzig 1860-65, Bd. 2,1, S. 730).

81,6f. *den Säbel* ⟨...⟩ *Dukaten*] Die bis 1767 in Kremnitz geprägten Dukaten zeigen auf der einen Seite das Bildnis der österreichischen Kaiserin Maria Theresia (1717-1780) in Ornat mit Reichsapfel, Zepter und Schwert und auf der anderen Seite die Madonna mit dem Jesuskind.

81,10f. *Evolutionen*] Hier: Heeresschwenkungen (Daniel Sanders, *Wörterbuch der deutschen Sprache* ⟨...⟩, 3 Bde., Leipzig 1860-65, Bd. 1, S. 381).

82,6 *Raufens*] Auszupfen, zupfend entfernen (Grimm, *Deutsches Wörterbuch*, Bd. 8, Sp. 258). Gemeint ist der Vorgang bei der Flachsbearbeitung.

82,18f. *wie* ⟨...⟩ *Polizei*] Der polizeilich gesuchte Verbrecher Eugène François Vidocq (1775-1857) war bis zu seiner Entlassung 1827 Chef der Geheim- bzw. Sicherheitspolizei.

83,16 *»Waffensalbe«*] Mittel zur sympathetischen Heilung einer Wunde (vgl. Grimm, *Deutsches Wörterbuch*, Bd. 13, Sp. 316).

84,7 *magnetische Gewalt*] Anspielung auf die von Franz Anton Mesmer (1734-1815) begründete Lehre des »tierischen Magnetismus«. Vgl. auch Anm. zu *Ledwina* (S. 836f.).

85,7 *niedere Gerichtsbarkeit*] Die Gutsherren besaßen in ihren Gutsbezirken in der fürstbischöflichen Zeit die Patrimonialgerichtsbarkeit, die neben den landesherrlichen Obergerichten bestand.

86,27 *Hundeloch*] Schlechtes Gefängnis, vgl. auch die *Judenbuche* (S. 32,16).

88,5 *Abrahams-Widder*] Vgl. Gen 22,13: »Als Abraham aufschaute, sah er: Ein Widder hatte sich hinter ihm mit seinen Hörnern im Dickicht verfangen. Abraham ging hin, nahm den Widder und brachte ihn statt seines Sohnes als Brandopfer dar.«

88,16 *Kamisölern]* Kamisol (frz.): (Vor-)Hemd.

89,5 *Wirtlichkeit]* Haushaltsführung, Kunst der Bewirtschaftung (Grimm, *Deutsches Wörterbuch,* Bd. 14,2, Sp. 660).

89,21 *Demarkationslinie]* Zwischen Frankreich und Preußen wurde im Separatfrieden von Basel (1795) zur Abgrenzung der jeweiligen Interessengebiete eine Demarkationslinie vereinbart, die Norddeutschland zu einer neutralen Zone erklärte.

89,30f. *Regierung* ⟨...⟩ *anregen]* Vermutlich sind hier preußische Maßnahmen gemeint, um in Westfalen einen Anstieg der Bevölkerung und damit eine größere Wirtschaftskraft zu erreichen. Vorgesehen war z. B. die Befreiung von bestimmten Abgaben und vom Militärdienst, um auch Nichtwestfalen einen Anreiz zur Neuansiedlung in Westfalen zu schaffen.

91,14 *des Batavers]* Batavi, germanisches Volk im Rheindelta; im 19. Jahrhundert noch Bezeichnung für Holländer.

91,35 *blöden]* Scheu, unerfahren, furchtsam (Grimm, *Deutsches Wörterbuch,* Bd. 2, Sp. 138f.).

92,16f. *Kopulation]* Kopulieren: trauen, sich vermählen (Grimm, *Deutsches Wörterbuch,* Bd. 2, Sp. 636).

92,17f. *unter* ⟨...⟩ *Regierung]* Das ehemalige Fürstbistum Münster gehörte von 1810-15 zum Kaiserreich Frankreich.

93,5-12 *Jetzt* ⟨...⟩ *geschlossen]* Nachdem zunächst Freunde oder Verwandte den ersten Kontakt zwischen Braut und Bräutigam geknüpft haben, wird die Brautwerbung von einem offiziellen Freier besorgt. Die Riten der Werbung und die dabei angebotenen Speisen wechseln, Speckschnitzel und Eier waren weit verbreitet (Rosemarie Weber, *Westfälisches Volkstum im Leben und Werk der Dichterin Annette von Droste-Hülshoff,* Münster 1966, S. 65).

94,6 *weint auf's jämmerlichste]* Das Weinen der Braut bei der Abfahrt vom Elternhaus und während der Hochzeitsfeier gehört zu den traditionellen Trennungsriten (Rosemarie Weber, *Westfälisches Volkstum im Leben und Werk der Dichterin Annette von Droste-Hülshoff,* Münster 1966, S. 67).

94,33 *alt hergebrachten Tänze*] Gemeint ist der bei Hochzeiten übliche Kehraus.

95,2 *Kornschwinge*] Wanne (Schwinge) zum Reinigen des Korns (Grimm, *Deutsches Wörterbuch,* Bd. 5, Sp. 1830).

95,22-96,8 *Sobald* ⟨...⟩ *wird*] Der Schneckentanz, das Frauenmenuett und das Spiel um die sog. Haubung der Braut gehören zu den rituellen Aufnahmehandlungen (Rosemarie Weber, *Westfälisches Volkstum im Leben und Werk der Dichterin Annette von Droste-Hülshoff,* Münster 1966, S. 68).

96,15 *Brynhildis*] Brunhild, Gemahlin König Gunthers im *Nibelungenlied*. Sie erlegte Freiern Kraft- und Mutproben auf, die niemand außer Siegfried, der mit Hilfe der Tarnkappe für Gunther eintrat, bestehen konnte.

97,19-27 *Die* ⟨...⟩ *scheint*] Vgl. *Der Knabe im Moor* (Bd. 1, S. 66,13,22; 67,31).

98,2 *»Timphüte«*] (Niederdt.) Timpen: Zipfel. Gemeint ist der Dreispitz, der zur westfälischen Feiertagstracht gehört.

98,21 *»Vorgesicht«*] Vgl. Anm. zur Ballade *Vorgeschichte (Second sight)* (Bd. 1, S. 217).

98,26 *notorisch*] Lat.: allgemein bekannt.

98,28 *Vorschauer*] Vgl. zur Erscheinung des »Spökenkiekers« die Anm. zur Ballade *Vorgeschichte (Second sight)* (Bd. 1, S. 217).

99,19 *Brienne*] Napoleon besuchte von 1779-84 die Kriegsschule in der Stadt Brienne (Champagne).

99,27 *Ein* ⟨...⟩ *Gutsbesitzer*] Der Vater der Droste, Clemens August von Droste-Hülshoff (1760-1826), hatte in seinem »Liber mirabilis« eine Sammlung westfälischer Vorgeschichten angelegt, von denen sich zahlreiche mit den Wirren der Napoleonzeit beschäftigen. Vgl. auch Anm. 169,16.

99,32 *Sargdeckel* ⟨...⟩ *Leichenwagens*] Der Leichenzug und der Totensarg spielen in münsterländischen Vorgeschichten immer wieder eine Rolle. Häufig soll sich der Vorschauer selbst oder einen Mitmenschen als Sargtoten gesehen haben.

100,25 *Unter ⟨...⟩ Regierung]* Vgl. Anm. 92,17f.
101,4-7 *Mut ⟨...⟩ abgeht]* Vgl. Heinrich Heine, *Deutschland. Ein Wintermärchen* (Caput X):

> Ich habe sie immer so lieb gehabt,
> Die lieben, guten Westfalen,
> Ein Volk, so fest, so sicher, so treu
> Ganz ohne Gleißen und Prahlen.
> ⟨...⟩
> Sie fechten gut, sie trinken gut,
> Und wenn sie die Hand dir reichen
> Zum Freundschaftsbündnis, dann weinen sie;
> Sind sentimentale Eichen.

PROSA. AUS DEM NACHLASS

LEDWINA
(S. 105)

Textgrundlage und Textüberlieferung

Das Prosafragment *Ledwina* ist als Reinschrift mit zahlreichen Spuren einer Überarbeitung überliefert. Sie umfaßt 12 Doppelblätter mit 40 eigenhändig beschriebenen Seiten. Die Handschrift befindet sich noch heute in Familienbesitz. Zum ersten Mal veröffentlicht wurde *Ledwina* von Joseph Kreiten im vierten Band seiner *Droste-Werkausgabe* (1884 bis 1887, S. 489-538).

Der Text folgt der Historisch-kritischen Ausgabe, zur Textgestaltung vgl. HKA, Bd. 5, S. 634-637.

Überliefert ist außerdem ein Doppelblatt mit der Niederschrift einer stichpunktartigen Fortsetzung der *Ledwina*. Das Manuskript enthält ferner die eigenhändige Niederschrift der Widmung ⟨*Nicht wie vergangner Tage heitres Singen*⟩ für Sibylle Mertens-Schaaffhausen (Bd. 1, S. 602), das dem Epos *Des Arztes Vermächtnis* vorangestellt war, sowie einen Brieftext von fremder Hand mit der Datumsangabe »Hülshoff den 24. Juli 1826«. Diese Fortsetzung ist zum ersten Mal in der Historisch-kritischen Ausgabe veröffentlicht worden (Bd. 5, S. 173-177).

Entstehung

Die erhaltene Handschrift der *Ledwina* entstand in der Zeit vom Spätherbst 1820 bis zum Winter 1825/26, erste nicht mehr vorhandene Vorstufen sind wohl in das Jahr 1820 zu datieren. Der Entwurf einer Fortsetzung ist erst nach dem Sommer 1826 entstanden.

Erstmals im Februar 1819 erwähnte die Droste im Brief an Anton Mathias Sprickmann (1749-1833) ihre Absicht, sich »jetzt auch wohl einmahl in Prosa ⟨zu⟩ versuchen«. Zu diesem Zeitpunkt schien sie bereits eine genauere Vorstellung von der Konzeption zu haben, als sie feststellen mußte, daß sie in Gefahr geriet, einen bereits mehrfach bearbeiteten Stoff zu kopieren:

ich möchte mich jetzt auch wohl einmahl in Prosa versuchen; und zwar, da ich mich nicht gleich anfangs übernehmen mag, in einer Novelle oder kleinen Geschichte, vorerst, aber, du lieber Gott, wo soll ich einen Stoff finden, der nicht schon ⟨...⟩ hundertfach bearbeitet und zerarbeitet wäre, »Denn ihr Name ist Legion« ich hatte seit 1½ bis 2 Jahren nicht viel von diesen Dingern gelesen, wußte also nicht recht, wie die commercien standen, und hatte mir also schon einen recht hübschen Stoff fast ganz durchgearbeitet, so, daß außer dem Niederschreiben nicht viel mehr fehlte, da der ganze Gedanke der Geschichte sich zum Traurigen neigte, und ich doch keine große Freundinn von plötzlichen Todesfällen bin, so trat meine Heldinn gleich anfangs mit einer innerlich schon ganz zerstörten, und auch äußerlich sehr zarten und schwächlichen Constitution auf, ich hatte die Idee mit Liebe und Wärme überdacht und ich glaube und hoffe daß es nicht mißlungen seyn würde, da lassen wir uns in die Lesebibliothek einschreiben, und fodern, weil wir sie in vielen Jahren schon ganz durchgelesen haben, blos die neusten Sachen, gleich zu anfang »3 Novellen« wo in Zweyen die Heldinn auf denselben Füßen stand, wie die Meinige, das frappirte mich, in den folgenden Wochen, ebenso, kurz, ich merke bald, daß ich, anstatt etwas Neues zu erfinden, an den Lieblingsstoff unserer Zeiten gerathen bin, nur mit dem Unterschiede, daß meine Heldinn weder magnetisirte noch magnetisirt wurde, weil ich zu wenig vom Magnetismus kenne, um darüber zu schreiben, da hingegen den Heldinnen der Lesebibliothek, eben dazu oder deswegen ihre Zartheit und Schwächlichkeit ertheilt war, denn diesem großen unbegreiflichen, wenigstens mir unbegreiflichen Gegenstande geht es wie dem Löwen in der Fabel, der sogar den Esel schlug, jedes junge Rind muß seine ersten Hörner daran ablaufen, es ist mir aber nun unmöglich, meine Novelle fertig zu machen, da sie schon so viele Schwestern hat, die ihr zwar in der Haupttendenz gänzlich unähnlich, in der Form aber desto ähnlicher sind, schelten Sie nicht, mein geliebter Freund, wenn ich wüßte, daß meine Unbeständigkeit Sie verdrösse, so wollte ich viel lieber meine Novelle niederschreiben, ich würde sie überhaubt nicht liegen lassen, wenn ich schon angefangen hätte zu schreiben, aber da das ganze Ding nur noch eine Idee ist, so dünkt mich, es ist besser, ich gehe weiter, und suche mir einen andern Stoff, wenn ich nur einen finden kann, der nicht so ganz und gar ausgedroschen ist. (Brief an Anton Mathias Sprickmann, 8. 2. 1819.)

Es ist davon auszugehen, daß die Droste mit dem geschilderten Vorhaben die *Ledwina* meinte. Besonders die Ähnlichkeit zwischen der im Brief geschilderten schwindsüchtigen Heldin und der Figur der *Ledwina* sprechen dafür. Ähnlich ausführlich hatte sich die Droste kurz zuvor in einem Brief an Anna von Haxthausen vom 4. 2. 1819 geäußert:

Ich wollte neulich eine Novelle schreiben, und hatte den Plan schon ganz fertig, meine Heldin trug schon zu Anfang der Geschichte den Tod und die Schwindsucht in sich, und löschte so nach und nach aus, dies ist eine gute Art die Leute todt zu kriegen, ohne daß sie brauchen den Hals zu brechen, oder an unglücklicher Liebe umzukommen, aber da bringt mir das Unglück aus der Lesebibliothek 4 Geschichten nach der Reihe in die Hand, wo in jeder die Heldin eine solche zarte überspannte Zehrungsperson ist, das ist zu viel, ich habe in meinem Leben nicht gern das Dutzend voll gemacht, in keiner Hinsicht, also habe ich meinen lieben, schön durchgearbeiteten Plan aufgegeben, mit großem Leid, und muß nun einen neuen machen, von dem ich noch nicht weiß wo her ich ihn kriegen soll, ⟨...⟩.

Die Arbeit an dem Stoff dürfte aber zu diesem Zeitpunkt über eine Konzeptionsphase nicht hinausgegangen sein, die Entdeckung zahlreicher ähnlicher Stoffe in der zeitgenössischen Trivialliteratur hatte dann eine konkrete Arbeit offenbar zunächst verhindert. Ob und inwieweit die ursprüngliche Konzeption später geändert wurde, ist nicht zu sagen.

Der Titel *Ledwina* taucht im heute erhaltenen Briefwechsel erstmals im Herbst 1821 auf, wiederum Anna von Haxthausen teilt die Droste mit: »Ich schreibe jetzt zuweilen an der *Ledwina*, die gut werden wird, aber so düster, daß mich das Abschreiben daran jedesmal sehr angreift; starkes Arbeiten ist mir überhaupt sonst sehr erleichternd.« Die Droste meinte hier die Anfertigung jener Reinschrift, die heute die Grundlage der Textkonstitution darstellt.

Erst am 18. 10. 1825 erwähnt die Droste in einem Brief an ihre Mutter, Therese von Droste-Hülshoff, erneut die *Ledwina*. Sie hielt sich zu dieser Zeit in Köln bei ihrem Onkel Werner von Haxthausen auf und bat die Mutter um die Zusendung des Manuskripts, weil sie »in diesem Winter ein gutes Stück zu schreiben gedenke«. Aus dem Brief geht weiter hervor, daß sie offenbar an die Fortsetzung des bislang Geschriebenen dachte: »mit der Ledwina weiß ich ja, wie weit ich bin und könnte auch wohl so fortfahren«. Es ist allerdings nur noch schwer zu entscheiden, was zu diesem Zeitpunkt bereits geschrieben war und was die Droste später hinzugefügt hatte. Es kann jedoch als sicher gelten, daß der ›Schluß‹ der *Ledwina* (nach S. 151,14) erst 1825 in Köln oder später niedergeschrieben wurde (vgl. hierzu im einzelnen HKA, Bd. 5, S. 584).

Die stichpunktartige Fortsetzung der *Ledwina*, die nach dem 4. 7. 1826, dem Datum des Brieftextes von fremder

Hand auf der Rückseite des Manuskriptes, entstanden sein muß, läßt sich ebenfalls nicht genauer datieren. Auch das Widmungsgedicht für Sibylle Mertens-Schaaffhausen zu *Des Arztes Vermächtnis*, das möglicherweise im Februar 1831 über den Brieftext geschrieben wurde, gibt keinen sinnvollen Hinweis auf eine mögliche Datierung der Fortsetzung.

Noch einmal, am 4. 8. 1837, erwähnt die Droste die *Ledwina* in einer Aufstellung über angefangene bzw. projektierte Werke, »die es nicht verdienen so schmählich zu verkommen: da sind vorhanden (Alles aus den spätern Jahren) 1. ein Roman, *Ledwina* etwa bis zu Einem Bändchen gediehn ⟨...⟩«. (Brief an Wilhelm Junkmann.)

Stellenkommentar

Zum Nachweis der sprichwörtlichen Redensarten: Geld regiert die Welt (107,34f.), Kinderohren sind bekanntlich die schärfsten (110,24f.), der Hochmut legt doch seine Eier in alle Nester (116,21f.), das Regieren tut überall keinem Weibe gut (117,7), chacun a son gout (119,24f.), es gibt keinen so schlechten Topf, daß sich nicht ein Deckel dazu fände (123,36-124,1), die Liebe macht die Leute dumm (124,19f.), das Glück ist gar zu kugelrund (124,34f.), vgl. Wolfgang Mieder, *Das Sprichwort in den Prosawerken Annette von Droste-Hülshoffs*, in: Rheinisches Jahrbuch für Volkskunde 21 (1973), S. 329-346.

105,1 *Ledwina*] Der Name der Romanheldin erinnert an die hl. Lidwina (1380-1433). Lidwina, die wegen ihrer Schönheit bewundert wurde, bat Gott, ihr diese Schönheit zu nehmen. Darauf brach sie sich bei einem Sturz auf dem Eis eine Rippe und mußte ein 38jähriges Krankenlager erdulden. Sie nahm nur die hl. Kommunion zu sich und war durch Ekstasen und Visionen begnadet. Die hl. Lidwina ist die Schutzpatronin der Kranken (Namensfest: 14. 4.) und wird mit Rosen im Haar oder Rosenzweigen in den Händen dargestellt.

105,21-106,2 *trat* ⟨...⟩ *fortreiße*] Vgl. die Beschreibung des Todes der Ophelia durch die Königin Gertrude in Shakespeares *Hamlet* (IV,7).

106,17 *Palatin*] Frz.: palatine, Halsumhang aus Pelz oder Stoff.

106,25f. *ein Sphinx*] Ursprünglich Maskulinum (Grimm, *Deutsches Wörterbuch,* Bd. 10,1, Sp. 2211).

106,37 *Rocken*] Spinngerät.

110,12 *den Sopha*] Das Maskulinum war das zeitgenössisch gebräuchlichere Genus (Grimm, *Deutsches Wörterbuch,* Bd. 10,1, Sp. 1401).

110,32 *Römfeld*] Vgl. Anm. 133,21.

111,8 *regalieren*] Frz.: reichlich bewirten, bedienen.

112,6f. *Domestikeninventarium*] Gemeint sind die zum Hause gehörenden Dienstboten.

112,11 *Fideikommiß*] Lat.: fideicommissum, Stammgut einer Familie, das nicht veräußert werden darf.

112,16 *geimpft*] Von lat. imputare: einsetzen.

113,20 *Fatalen*] Lat.: vom Schicksal Gesandten; hier im Sinne von Widerwärtigen, Zuwideren.

113,29f. *antediluvianischen*] Lat.: diluvium, Überschwemmung, Sintflut; hier: vorsintflutliche.

113,36f. *ob* ⟨...⟩ *soll*] Der Ursprung der Vorstellung von Demokrit (ca. 470-380 v. Chr.) als dem lachenden Philosophen ist ungeklärt. Sie findet sich bei Horaz (Epist. II 1, 194) und Cicero (De orat. II, 235).

114,16-18 *es* ⟨...⟩ *Naturgesetz*] Vgl. das Gedicht *Alte und neue Kinderzucht* (Bd. 1, S. 30).

115,8 *Kinderfreunde*] ›Der Kinderfreund‹, Zeitschrift von Christian Felix Weiße (1720-1804).

116,12 *Diogenes*] Diogenes von Sinope (gest. 323 v. Chr.).

119,28 *goldnen Berge*] Gemeint sind Sandberge, vgl. auch *Westphälische Schilderungen* (S. 64,29-32).

119,33-35 *sie* ⟨...⟩ *gebleicht*] Vgl. S. 129,12f., hier werden die gesträubten Haare als Metapher für Weidenzweige gebraucht.

120,10 *du rappelst*] Rappeln: »den rappel haben, nicht recht im kopfe sein« (Grimm, *Deutsches Wörterbuch,* Bd. 8, Sp. 118).

120,19 *Blumen* ⟨...⟩ *Schlangen*] Vgl. *Am Feste der h. drei Könige*: »Wenn die Staublawine kracht, | Wenn mit grausig schönen Flecken | Sich der Wüste Blumen strecken« (Bd. 1, S. 361,35-37).

122,34f. *wie* ⟨...⟩ *Erbse*] Vgl. die sprichwörtliche Redewendung »Ein blindt Hun findt auch wol ein Korn« (Wander, *Deutsches Sprichwörter-Lexikon,* Bd. 2, Sp. 801). Vgl. auch *Bei uns zu Lande auf dem Lande* (S. 191,20f.).

124,28f. *peinlich*] »innerlich quälend und ängstigend, von innerlicher qual und unruhe erfüllt« (Grimm, *Deutsches Wörterbuch,* Bd. 7, Sp. 1528).

126,29-128,28 *Es war* ⟨...⟩ *Zimmer umher*] In dieser Szene, dem sog. Kirchhofstraum, finden sich verschiedene Todesdarstellungen, die sowohl antiker (Knabe mit Blumen) als auch christlicher (Tod als Gerippe) Tradition entstammen. Außerdem hat Renate Böschenstein-Schäfer darauf aufmerksam gemacht, daß dem Traum der Ledwina auch Kindheitsträume der Droste zugrunde liegen können (*Die Struktur des Idyllischen im Werk der Annette von Droste-Hülshoff,* in: Kleine Beiträge zur Droste-Forschung 3 [1974/75], S. 25-49, hier S. 46-48).

128,34 *Ondine*] Undine: weiblicher Wassergeist, Wassernixe.

130,1 *Besprecher*] Vgl. *Westphälische Schilderungen* (S. 83,3).

130,8 *Arcanum*] Lat.: Geheimnis, Geheimmittel, Wissenschaft.

132,13f. *es* ⟨...⟩ *gehabt*] Hier spielen möglicherweise volkstümliche Vorstellungen von einem früher praktizierten Brunnenopfer mit (vgl. Rosemarie Weber, *Westfälisches Volkstum im Leben und Werk der Dichterin Annette von Droste-Hülshoff,* Münster 1966, S. 90).

132,25 *Beding*] Veraltet für Bedingung.

133,21 *Hollberg]* In der Literatur wird angenommen, daß Römfeld mit dem später ankommenden Hollberg identisch ist (vgl. Hermann Hüffer, *Annette von Droste-Hülshoff und ihre Werke* ⟨...⟩, 3. Ausgabe, bearb. v. Hermann Cardauns, Gotha 1911, S. 51; Clemens Heselhaus, *Annette von Droste-Hülshoff*. Werk und Leben, Düsseldorf 1971, S. 348, Anm. 9). Gegen diese Vermutung spricht jedoch, daß Hollberg nicht die Familie von Brenkfeld besuchen will, als der Unfall (S. 130,33-132,37) seine Reise unterbricht, sondern seine in der Nähe wohnende Schwester (S. 135,24-27).

133,26f. *Federmesser]* Ein Messer zum Schneiden von Schreibfedern.

134,28f. *mancher* ⟨...⟩ *wieder]* Wander (*Deutsches Sprichwörter-Lexikon,* Bd. 4, Sp. 147) gibt als Herkunft dieser Redensart den *Don Quixote* an: »Tal suele venir por sarna que vuelve tresquilado.«

135,1f. *Namensfest* ⟨...⟩ *November]* Die Droste, die die Vornamen Anna Elisabeth hatte, feierte ihren Namenstag am 19. November.

135,10f. *diesen milden Öl]* Der maskuline Gebrauch ist in Norddeutschland durch den Einfluß des Niederdeutschen möglich (vgl. Grimm, *Deutsches Wörterbuch,* Bd. 7, Sp. 1269f.).

136,5 *Ulrichs Garten]* Der »Ulrich« war ein von Göttinger Studenten gern besuchter Biergarten; Heinrich Heine, der dort 1824 selbst oft zu Gast war, erwähnt ihn in der *Harzreise*.

136,9 *Widerstoß]* »volksname für pflanzen, namentlich für nelkengewächse« (Grimm, *Deutsches Wörterbuch,* Bd. 14,1,2, Sp. 1295).

137,20 *Vorstellungen]* Vorstellungen als »eine darlegung, durch die auf haltung, wille, entschlusz, meinung, gesinnung, eines andern gewirkt werden soll« (Grimm, *Deutsches Wörterbuch,* Bd. 12, Sp. 1692).

137,26 *Suitier]* Frz.: lustiger Bursche, Schürzenjäger.

140,30 *geschraubt]* Schrauben: »einen plagen, drücken, quälen« (Grimm, *Deutsches Wörterbuch,* Bd. 9, Sp. 1655).

141,11 *Buffonen]* Buffo, Buffone (ital.): Sänger komischer Rollen in der italienischen Oper.

144,11 *Freite]* Brautwerbung (Grimm, *Deutsches Wörterbuch*, Bd. 4,1,1, Sp. 122).

144,34 *präbendiert]* Mit einer Pfründe, Leibrente, kirchlichen Versorgung versehen.

147,21 *Laterna magica]* Projektionsapparat, ursprünglich zur vergrößernden Projektion von kleinen, auf Glas gemalten Figuren.

148,27 *korrupte]* Lat., hier: verschrobene, verdrehte. Vgl. auch *Joseph* (S. 197,31).

150,31 *Heulen und Zähneklappern]* Vgl. Mt 8,12: »die aber, für die das Reich bestimmt war, werden hinausgeworfen in die äußerste Finsternis; dort werden sie heulen und mit den Zähnen knirschen«.

150,36 *banquerout]* Zahlungsunfähigkeit, Zusammenbruch.

151,16 *Piket]* Kartenspiel für zwei Personen mit 32 Blättern. Vgl. auch *Bei uns zu Lande auf dem Lande* (S. 169,12).

154,9f. *Silbenstechens]* »in weiterm Verstande, unnütze und thörichte Aufsuchung des Wortverstandes« (Johann Christoph Adelung, *Grammatisch-kritisches Wörterbuch* ⟨...⟩, 4 Bde., Leipzig 1793-1801, Bd. 4, Sp. 508).

154,19 *die* ⟨...⟩ *muß]* Dieses Sprichwort geht auf Martin Luther zurück: »Die Kunst gehet itzt nach Brot, aber Brot wird ihr wieder nachlaufen und nicht finden.« Vgl. auch Lessings *Emilia Galotti*: »PRINZ: ⟨...⟩ Was macht die Kunst? CONTI: Prinz, die Kunst geht nach Brodt« (I,2).

156,4f. *blühenden Schneeballe]* Zierstrauch mit weißen, häufig duftenden Blüten, die in der Art eines Schneeballes zusammenstehen. Hier scheint jedoch die Wildform (Viburnum opulus) gemeint zu sein, deren Trugdolden am Rande im Gegensatz zum Zentrum von Blüten mit Blütenblättern umgeben sind.

159,6 *heimliche]* Hier: verschlossene, der Erforschung undurchdringliche; auch im Sinne von unheimlich (Grimm, *Deutsches Wörterbuch*, Bd. 4,2, Sp. 878f.).

BEI UNS ZU LANDE AUF DEM LANDE
nach der Handschrift eines Edelmannes aus der Lausitz
Erster Band
(S. 161)

Textüberlieferung

Zu *Bei uns zu Lande auf dem Lande* sind drei Entwürfe überliefert (H[1]: Universitätsbibliothek Bonn, S 1505; H[2], H[3]: Staatsbibliothek zu Berlin, Preußischer Kulturbesitz, MA VIII 7 und MA VIII 8). Außerdem berichtet Kreiten (*Droste-Werkausgabe* [1884-87], Bd. 4, S. 565) von einem weiteren, heute jedoch verschollenen Entwurf. Gedruckt sind die Entwürfe in der Historisch-kritischen Ausgabe (Bd. 5, S. 695-711). Im Nachlaß Levin Schückings (Privatbesitz, Deposit im Westf. Landesmuseum, Münster) hat sich eine Abschrift erhalten, die von Louise Grisebach angefertigt wurde und Korrekturen von Jenny von Laßberg enthält (h). Diese Abschrift geht auf eine verlorene Handschrift der Droste (vermutlich eine Reinschrift oder Zwischenreinschrift) zurück.

Den postumen Erstdruck eines Teils des *Bei uns zu Lande auf dem Lande* besorgte Levin Schücking, *Annette von Droste. Ein Lebensbild*, in: Illustrirtes Familienbuch zur Unterhaltung und Belehrung häuslicher Kreise 10 (1860), S. 192 bis 201, 223-237, Textabdruck S. 197-201 (d[1]). Weitere Drucke Schückings: *Annette von Droste. Ein Lebensbild*, Hannover 1862, S. 39-68; Schücking, *Droste-Werkausgabe* (1878/79), Bd. 2, S. 315-338. Den ersten, fast vollständigen Druck besorgte Wilhelm Kreiten, *Droste-Werkausgabe* (1884-87), Bd. 4, S. 23-58 (d[2]).

Textgrundlage

Der Text dieser Ausgabe folgt der Textkonstitution in der Historisch-kritischen Ausgabe. Textgrundlage ist die Abschrift der Louise von Grisebach (h); ergänzt bzw. verändert wurde der Text nach bestimmten Kriterien der Textgestaltung mit Hilfe des Druckes von Kreiten (d2). Zu den Einzelheiten der Textgestaltung s. HKA, Bd. 5, S. 649, 671-676.

Entstehung

Nach dem Erscheinen der *Gedichte 1838* erhielt die Droste erste Anregungen, ein Werk über Westfalen zu schreiben. Besonders die Freundin Amalie Hassenpflug (1800-1871) versuchte sie von der Verwirklichung eines solchen Vorhabens zu überzeugen, wie die Droste Christoph Bernhard Schlüter im Brief vom 17.(?) 12. 1838 unter dem Datum des 13. 12. mitteilte: »die vielfachen, ich möchte fast sagen ungestümen, Bitten Malchen Hassenpflugs haben mich bestimmt, den Zustand unseres Vaterlands, wie ich ihn noch in frühster Jugend gekannt, und die Sitten und Eigenthümlichkeiten seiner Bewohner zum Stoff meiner nächsten Arbeit zu wählen –«. Doch über die Form dieses Werkes hatte die Droste noch keine Entscheidung getroffen. In dem Brief an Schlüter führte sie nur aus, daß sie keine Landschaftsbeschreibungen in der Nachfolge des Nordamerikaners Washington Irving (1783-1859) oder des französischen Genremalers Victor Joseph de Jouy (1764-1846) schreiben wolle. Vielmehr favorisiere sie eine »Reihenfolge von kleinen Begebenheiten und eignen Meditationen, die durch einen losen leichten Faden, etwa einen Sommeraufenthalt auf dem Lande, verbunden sind«. Auch die Aneinanderreihung einzelner, »in sich geschlossener Erzählungen«, die in Westfalen spielen sollten, konnte sie sich für

eine Realisierung vorstellen. Sie ging aber davon aus, daß
ein solches Werk nur in Westfalen spielen könnte. Ein
Grund mag auch darin gelegen haben, daß sie sich bei einem Werk über Westfalen sicher genug in den notwendigen
realen Grundlagen war, die ein solches Werk ihrer Meinung
nach erforderten. Dagegen sprach sie sich gegen eine romantische Verklärung aus, wie sie ihr offenbar von Amalie
Hassenpflug vorgeschlagen worden war:
> leider bin ich mit Malchen in Allem was Kunst und Poe
> sie betrifft nicht einer Meinung, da sie einer gewissen
> romantischen Schule auf sehr geistvolle aber etwas ein
> seitige Weise zugethan ist, dennoch ist jedes ihrer Worte
> tiefgedacht, und sehr beherzigenswerth, sie wird mich
> aber nie in ihre Manier hinein ziehn, die ich nicht nur
> wenig liebe, sondern auch gänzlich ohne Talent dafür
> bin, was sie, verstockter Weise, nicht einsehn will. – Sie
> wissen selbst, lieber Freund, daß ich nur im Naturge
> treuen, durch Poesie veredelt, etwas leisten kann, –
> Malchen hingegen ist ganz Traum und Romantick, und
> ihr spucken unaufhörlich die Götter der Alten, die Hel
> den Calderons, und die krausen Mährchenbilder Arnims
> und Brentanos im Kopfe – so haben wohl nur die vie
> len Vor- und Gespenstergeschichten, der mannigfache
> Volksaberglaube et cet unsers Vaterlandes sie dahin ge
> bracht, bey meiner Halsstarrigkeit, faute de mieux, die
> sen Stoff in Vorschlag zu bringen, und ist das Buch fertig,
> d. h. wenn Sie mir dazu rathen, – so wird es ihr schwer
> lich genügen –

Trotz dieser Überlegungen kam es vorerst nicht zu einer
Ausführung des Plans. Es blieb zunächst bei der Unentschiedenheit, welche literarische Form zu wählen sei. Diese
Diskussion um die Form griff die Droste erneut in einem
Brief an Jenny von Laßberg vom 29. 1. 1839 auf:
> Thunlicher scheint es mir, eine Reihe Erzählungen zu
> schreiben, die Alle in Westphalen spielen, und so Alles
> Verlangte in sich schließen, ohne daß man grade zu sagen
> braucht, dies soll ein Bild von Westphalen seyn, und der

Westphale ist *so und so* – dann, meine ich, wird Keiner (wie hier die Leute mahl etwas schweren Begriffs sind) es auf sich beziehn, sondern nur auf die Personen der Erzählung, auch kann ich dann von dem gewöhnlichen Gange der Dinge abgehn, kann *Vorgeschichten* und dergleichen, mit einem Tone der Wahrheit erzählen, während ich sie, in der andern Form, nur als *Volksglauben* erwähnen darf – doch ist die Form von Braçebridge (eigentlich dieselbe, die Jouy in seinen vielen Hermiten (de Londres, de Guyane, de la Chaussée d'Antin, de Paris, et cet) braucht) bey Weitem die Angenehmste, sowohl zum Lesen als zum Schreiben, weil sie so mannigfaltig ist, und auch eigne Beobachtungen und Meditationen, *kleine lächerliche Vorfälle,* et cet zuläst, was sehr amusirt, man *öfter* lesen kann, und auch mehr eignen Geist voraus setzt, als Erzählungen, die, sie mögen so gut und charakteristisch seyn, als sie wollen, doch selten Jemand zwey mahl liest, weil der Abstich vom ersten Mahle zu groß ist, wenn die Spannung auf den Ausgang fehlt, dagegen finden die Leute zwischen so *kurzer Waare* immer allerley, was sie selbst schon gedacht und beobachtet haben, und deshalb zwanzig mahl lesen können, weil es ihnen den angenehmen Eindruck macht, als hätten sie es halb selbst geschrieben. so hat jede Ansicht ihre günstige Seite, und Jeder meiner unberufenen Præceptoren Recht – aber mag ich nun thun was ich will, so stelle ich Einige zufrieden, und stoße die Uebrigen vor den Kopf –

1839 arbeitete die Droste wieder am *Geistlichen Jahr* und auch an der *Judenbuche*, die sie beide im Januar 1840 fürs erste abschließen konnte. Etwa zur Zeit der Beendigung dieser Werke tauchte der Plan zu einem Lustspiel auf. Obwohl noch ein Stoff fehlte, wollte die Droste auch hier auf Westfalen und westfälische Charaktere zurückgreifen. Zur Diskussion stand ein Lustspiel im Bauernmilieu, doch letztlich führten die Überlegungen zur Einsicht, daß zur Behandlung jener Volksklassen die Art und Form des *Bracebridge Hall* von Irving besonders geeignet seien (vgl. Brief an Christoph Bernhard Schlüter, 28. 4. 1840).

Die Diskussion um die literarische Form des Westfalenwerks setzte die Droste offenbar mit Adele Schopenhauer fort, die sie im Brief vom 1. 2. 1840 auf die Konkurrenz Immermanns und dessen 1838/39 erschienenen *Münchhausen* aufmerksam gemacht hatte:

> Ich möchte *keine Reiseform*, ich möchte entweder die dramatische, aber nicht zur Aufführung geeignete Form oder die erzählende. Wäre aber mein Gegenstand, den Lichtpunkt desselben meine ich, der Art, daß er mich *poetisch* faßte, so gäbe ich ihn in Versen. Um Ihren Humor ist es *sehr* schade, indessen haben Sie unbedingt recht. Aber Kind, Sie haben ja einen fürchterlichen Rival am Immermann, der eben im Münchhausen Westphalen schildert und Furore macht. Also glaube ich, dem berühmten Feind sehen Sie erst in's Auge, und lesen gleich seinen Münchhausen, aber *gleich*. Vielleicht wirft Sie das in die rechte Bahn, vielleicht, und fast glaube ich's, in die dramatische, versifizierte, mit Prosa vermengte, die am Ende Alles möglich macht. Um Gespenster und Second sight bitte sehr.

Immermanns *Münchhausen* hatte die Droste gelesen, doch konnte sie auch dies nicht überzeugen, sich der von Adele Schopenhauer favorisierten literarischen Form zuzuwenden. Sie entschied sich für das Vorbild Washington Irving, kombiniert mit eingestreuten Erzählungen wie z. B. der inzwischen im Entwurf vorliegenden *Judenbuche*. Wiederum in einem Brief an Christoph Bernhard Schlüter faßte sie ihre neuerlichen Überlegungen zusammen:

> Wissen Sie wohl, Professorchen, daß ich jetzt ernstlich willens bin ein ellenlanges Buch im Geschmacke von Bracebridge-hall, auf Westphalen angewendet, zu schreiben, wo auch die bewußte Erzählung von dem erschlagenen Juden hinein kömmt? – das Schema zum ersten Theile, Münsterland betreffend, habe ich schon gemacht, und das ist für mich ein großer Schritt, denn eben dies Ordnen und Feststellen der wie Ameishaufen durcheinander wimmelnden Materialien macht mir immer zu-

meist zu schaffen, und habe ich das überwunden, gehts in der Regel sehr schnell – ⟨...⟩ es wird drey Abtheilungen enthalten, und den verbindenden Faden giebt der Aufenthalt eines Edelmanns aus der Lausitz bey einem Lehnsvetter im Münsterlande, (erste und stärkste Abtheilung) der dann mit dieser Familie ihre Verwandten im Paderbörnischen besucht, (zweyte Abtheilung) und durchs Sauerland zurückkehrt, wo sie auf einige Zeit bey Freunden und entfernteren Verwandten verweilen. (dritte und kleinste Abtheilung) – diese sind die drey hervorstechendsten Provinzen Westphalens, und zudem die Einzigen, wo ich hinlänglich eingebürgert bin, um festen Grund unter mir zu fühlen, es werden alle normale Characktere, Sitten, Institute, (z. b. Damenstifter, Klöster) Sagen und Aberglauben dieser Gegenden darin vorkommen, theils gradezu in die Scene gebracht, theils in den häufig eingestreuten Erzählungen ⟨...⟩. (Brief an Schlüter, 23. 3. 1841.)

Das von der Droste erwähnte Schema zum ersten Teil (Münsterland) ist in drei Entwürfen (H^1, H^2, H^3) erhalten. Diese Entwürfe sind zwischen Juli 1840 und 23. 3. 1841 (Brief an Schlüter) entstanden. Im Juli 1841 geriet die Arbeit jedoch ins Stocken. Im Brief an August von Haxthausen teilte die Droste am 20. 7. 1841 die Gründe mit:

Ich habe mein Buch über Westphalen, (was den Titel »Bey Uns zu Lande auf dem Lande« führen soll) bereits angefangen, und ein ziemliches Stück hinein geschrieben – es schien mir gut, und doch verlor ich auf einmahl den Muth, da ich meine lieben Eltern so deutlich darin erkannte, daß man mit Fingern darauf zeigen konnte, – das war eigentlich nicht meine Absicht, ich wollte nur einzelne Züge entlehnen, und übrigens mich an die allgemeinen Charackterzüge des Landes halten, – nun, fürchte ich, wird es Jedermann gradezu für Portrait nehmen, und jede kleine Schwäche, jede komische Seite die ich dem Publikum preis gebe, mir als eine scheusliche Impietæt anrechnen, – eben jetzt heute bin ich zu dem

Entschlusse gekommen es meiner Mutter vorzulesen, und ist sie es zufrieden so schreibe ich weiter, wo nicht gebe ich es auf, und schreibe etwas Anderes –

Das *Bei uns zu Lande auf dem Lande* blieb Fragment, von den ursprünglich geplanten 24 Kapiteln des ersten Teils wurden nur die drei ersten Kapitel sowie die Einleitung eines fiktiven Herausgebers und die Vorrede des Edelmannes ausgearbeitet. Auch der während des Meersburg-Aufenthalts (1841/42) gefaßte Vorsatz, das angefangene Projekt fortzusetzen, wurde nur zögerlich in die Tat umgesetzt. Im September 1842, nach dem Erscheinen der *Judenbuche*, überlegte die Droste, das Buch im Cotta-Verlag herauszubringen, und arbeitete erneut – nun im Rüschhaus – an der Fertigstellung. Auch Adele Schopenhauer riet ihr, das Westfalenbuch gemeinsam mit den in Meersburg entstandenen Gedichten bei Cotta herauszubringen (vgl. Brief der Droste an Levin Schücking, 17. 11. 1842). Teile ihres Materials hatte die Droste 1842 Schücking für seine geplante Arbeit über Westfalen in dem Sammelwerk *Deutschland im 19. Jahrhundert* zur Verfügung gestellt (vgl. *Westphälische Schilderungen*, S. 816, 820).

Gründe für das Scheitern des Westfalenwerks scheinen aber letztlich doch in der Abwendung von dem Vorbild Washington Irving begründet zu sein. Schücking hatte sich in seinem Brief an die Droste vom 13. 5. 1842 deutlich gegen Irving ausgesprochen: »Er ist doch ein angenehmes Talent, aber gar kein bedeutendes. Sein Bracebridge ist höchst gemüthlich aufgefaßt, aber auch höchst arm an Erfindung. Irving ist ein weiblich empfänglicher aber gar kein schaffender Geist.« Schließlich schien auch der Droste die Irvingsche Schreibart »verbraucht« zu sein: »keine Manier hält vor, – ist sie nach einigen Jahren verbraucht, so wird sie vorläufig um so viel widriger als die eigentlich veraltete Schreibart, wie altmodig widriger ist als altfränkisch, und jeder dem damals ein Plan stecken geblieben ist, freut sich hintennach, daß er den Purzelbaum nicht hat mitmachen müssen« (Brief an Schücking, 7. 2. 1844).

Stellenkommentar

Zum Nachweis der sprichwörtlichen Redensarten: eine Krähe für einen Raben muß gelten lassen (164,3f.), irren ist kein Schade (165,6f.), besser ein halbes Ei als eine leere Schale (165,12f.), Hoffart will Not leiden (182,19f.), vgl. Wolfgang Mieder, *Das Sprichwort in den Prosawerken Annette von Droste-Hülshoff,* in: Rheinisches Jahrbuch für Volkskunde 21 (1973), S. 329-346.

161,4-167,31*]* Bei der Abfassung dieser Einleitung griff die Droste auf eine ursprünglich für die *Judenbuche* geplante Einleitung zurück. In dieser Einleitung (Entwurf H²) zur *Judenbuche* hatte sie ausgeführt: »es giebt eine Erzählung aus der Zeit des siebenjährigen Krieges, die mir je länger je interessanter geworden ist, und mich jedes Mahl in einem tiefen Nachdenken zurück läßt – ich will sie wiederzugeben versuchen, getreu wie ein Kindergedächtniß jeden Umstand festzuhalten pflegt« (HKA, Bd. 5, S. 261,39 bis 262,3).

161,11f. *seit ⟨...⟩ umzublasen]* Die erste kontinentale Dampfbahn zur Personenbeförderung verkehrte 1835 von Brüssel nach Mechelen. In Deutschland begann das Eisenbahnzeitalter am 7. 12. 1835 mit der Aufnahme des Verkehrs zwischen Nürnberg und Fürth. Westfalen erhielt erst 1847 mit der Eröffnung der Köln-Mindener Eisenbahn den Anschluß an das deutsche Eisenbahnnetz.

161,14 *alma mater]* Lat.: hohe, ehrwürdige Mutter; Ehrenname für Hochschulen.

161,22f. *vazierenden Musikanten]* Dienstlose Musikanten.

162,2 *nullius judicii]* Lat.: von keiner Entscheidungs-, Urteilskraft.

162,4 *Rigi]* Berg in der Schweiz zwischen Vierwaldstättersee und Zuger See.

162,15f. *gelb ⟨...⟩ Augusts]* Möglicherweise Anspielung auf die Mode der römischen Kaiserzeit, sich die Haare zu färben oder mit Goldstaub einzupudern (vgl. Iul. Capit. Verus 10,7).

162,31 *Rentmeister*] Verwalter, Zahlmeister eines Gutes.

163,10 *van der Veldes Roman*] Gemeint ist der 1821 erschienene Roman *Die Wiedertäufer* von Carl Franz van der Velde (1779-1824). Dieser Roman spielt während der Wiedertäuferzeit in Münster (1534/35).

163,11 *lion*] Eigentl. (frz.) Löwe; hier in übertragenem Sinne eine Merkwürdigkeit oder ein sich auszeichnender, berühmter Mann.

163,13-15 *in 〈...〉 umherwimmeln*] 1838/39 erschien etwa Karl Leberecht Immermanns *Münchhausen*; 1841 *Das malerische und romantische Westphalen* von Ferdinand Freiligrath und Levin Schücking, zu dem die Droste Balladen sowie einige Prosaskizzen über verschiedene westfälische Landschaften beisteuerte.

163,17 *Kalmucken*] Mongolischer Volksstamm.

163,20-164,8 *Mir 〈...〉 worden*] Vgl. den Brief an Schlüter vom 17.(?) 12. 1838 unter dem Datum des 13. 12., in dem die Droste erste Überlegungen für ein Westfalenbuch anstellte: »ich gestehe daß ich mich aus freyen Stücken nicht dahin entschlossen hätte, denn fürerst ist es immer schwer Leuten vom Fache zu genügen, und in dieser Sache ist jeder Münsterländer Mann vom Fache – ich erinnere mich daß einst ein sehr natürlich geschriebenes Buch in einer Gesellschaft vorgelesen wurde, die einen Soldaten, einen Forstmann, einen Gelehrten, und einen Diplomaten in sich schloß, Jeder war entzückt über Alles, mit Ausnahme der Stellen die jedes Fach betrafen, der Soldat fand Schnitzer in den Schlachtscenen, der Forstmann in den Jagdabentheuern, der Gelehrte in den philosophischen Tiraden, und der Hofmann in dem Auftreten und Benehmen der gekrönten Häupter, wie soll es mir nun gehn, der jeder Gassenbube im Lande die geringsten Verstöße nachweisen kann? mein Trost ist, daß ich selbst hier aufgewachsen, und somit so sehr Herrinn meines Stoffes bin wie keines Andern 〈...〉.«

163,21 *honetten*] Honnête (frz.): ehrbar, rechtschaffen, ehrlich.

163,22 *Walter Scotts Romane*] Die Droste war mit den Romanen Walter Scotts (1771-1832) vertraut, die im Familienkreis sehr geschätzt wurden. Vgl. auch den Brief an Schlüter vom 24. 8. 1839 unter dem Datum des 22. 8.: »ich lese auch zuweilen, oder durchblättere vielmehr, und was? – die alten Romane von Walter Scott – freylich ists verlorne Zeit – aber sie haben für mich einen individuellen Reiz, fünfzehn Jahre sind es nun hin, als diese Bücher, zwey Winter nach einander, in unserm, nun so gesprengtem, Familienkreise täglich Abends vorgelesen wurden, und seitdem habe ich sie nicht wieder angesehn – wie viel wurde nicht darüber gesprochen, disputirt – Jeder hatte seine Lieblinge, Hunde und Vögel wurden nach den Helden benannt. – ich begreife nun sehr wohl wie Manche, mit so scheinbar schlechtem Geschmacke, an den Schriftstellern ihrer Jugend hängen können, die Ihnen Unwiderbringliches in der Erinnerung wieder geben. – es liegt etwas sehr Herbes im Vergehn, in der Unmöglichkeit Vergangenes, auch nur für Augenblicke, wieder ganz herzustellen«.

164,15-24 *ich 〈...〉 geziemt*] Gemeint ist die Fronleichnamsprozession.

164,18 *Sodalitätsfahne*] Fahne einer geistlichen Bruderschaft, eines Männer- oder Schützenvereins in der Kirchengemeinde. Die Sodalitätsfahne der Schützenbrüder der Pantaleonsgemeinde in Roxel soll von Jenny und Annette von Droste-Hülshoff gestickt worden sein.

164,32 *responsorien*] Liturgische Wechselgesänge.

165,7 *non omnia possumus omnes*] Lat.: »Nicht alles können wir alle«. Das Zitat geht auf den Satirendichter Gaius Lucillus (um 180-102 v. Chr.) zurück, wird aber nach ihm von anderen antiken Autoren verwendet (z. B. Vergil in den *Eclogen* 8,63).

165,8 *blöder*] Blöd, hier: dünn, schwach, gebrechlich (vgl. Grimm, *Deutsches Wörterbuch*, Bd. 2, S. 138f.).

165,12f. *besser 〈...〉 Schale*] In Westfalen gebräuchliches Sprichwort: »Een halb Ey is beter, as ên leddigen Dopp (Schale)« (Wander, *Deutsches Sprichwörter-Lexikon*, Bd. 1, Sp. 753).

166,4-11 *Der ⟨...⟩ Napoleon]* Die Familie Droste-Hülshoff hatte tatsächlich verwandtschaftliche Beziehungen zur Lausitz.

166,5 *Lausitz]* Land um die Görlitzer Neiße und die obere Spree.

166,5 *Lehnsvetter]* Vetter als Erbe eines Lehens, eines vom Landes- oder Oberherrn zu bestimmten Bedingungen verliehenen Grundbesitzes.

166,7 *Allodium]* Vererbbarer, nicht als Lehen erhaltener Besitz.

166,10f. *Aufhebung ⟨...⟩ Napoleon]* Bis zur Abdankung des deutschen Kaisers Franz II. (1806) und der Gründung des Rheinbundes unter Führung von Napoleon war das Deutsche Reich formell ein Lehnsstaat.

169,4 *Dachse]* Kleine Jagdhunde (Dackel, Teckel) zur Dachsjagd.

169,12 *Piquetpartie]* Pikett ist ein Kartenspiel für zwei Personen mit 32 Blättern, vgl. *Ledwina* (S. 151,16).

169,13f. *Hochbergs adliges Landleben]* Wolfgang Helmhard Freiherr von Hohberg (auch Hochberg, 1612-1688), landwirtschaftlicher Schriftsteller, Mitglied der »Fruchtbringenden Gesellschaft«, Verfasser des Werkes: *Georgica curiosa, das ist ⟨...⟩ Bericht- und ⟨...⟩ Unterricht von dem Adelichen Land- und Feld-Leben, auf alle in Teutschland ⟨...⟩ Wirthschafften gerichtet*, 2 Theile, Nürnberg 1682.

169,14f. *Kerssenbroks ⟨...⟩ Wiedertäufer]* Hermann von Kerssenbrock (gest. 1585) war von 1550-78 Direktor des Gymnasiums Paulinum in Münster und schrieb seit ca. 1567 an einer Geschichte der Wiedertäufer. In der Bibliothek von Haus Hülshoff befindet sich folgende deutsche Ausgabe dieses Werks: *Geschichte der Wiedertäufer zu Münster in Westphalen. Nebst einer Beschreibung der Hauptstadt dieses Landes. Aus einer lateinischen Handschrift Hermann von Kerssenbroick übersetzt*, Frankfurt/Main 1771.

169,15 *Werner ⟨...⟩ Westphalorum]* Werner Rolevinck (1425-1502), theologischer und historischer Schriftsteller, seit 1447 Karthäusermönch im Kloster St. Barbara in Köln.

Die Erstausgabe des ›Westfalenlobs‹ erschien 1474 in Köln. In der Bibliothek von Haus Hülshoff befindet sich folgende Ausgabe: *De Westphalorum sive antiquorum Saxonum situ, moribus, virtutibus et laudibus libri III*. Opus ⟨...⟩ vitiis repurgatum, nunc in lucem denuo editum, Köln 1602.

169,16 *Liber mirabilis*] Es handelt sich um eine handschriftliche Sammlung von Weissagungen und Vorgeschichten unter dem Titel *liber mirabilis, sive collectio prognosticorum, visionum, revelationum et vaticiniorum*, die Clemens August von Droste-Hülshoff, der Vater der Dichterin, angelegt hat.

169,17f. *wie* ⟨...⟩ *sehnten*] Vgl. Ex 16,3: »Die Israeliten sagten zu ihnen: ›Wären wir doch in Ägypten durch die Hand des Herrn gestorben, als wir an den Fleischtöpfen saßen und Brot genug zu essen hatten.‹«

169,18f. *Dresdener* ⟨...⟩ *Postreiter*] Möglicherweise Anspielung auf die in Dresden erscheinende ›Abend-Zeitung. Intelligenzblatt für Literatur und Kunst‹ (1805/06) bzw. ›Abendzeitung‹ (1817-50) und auf die ›Frankfurter Ober-Postamts-Zeitung‹.

69,22 *Münsterschen Intelligenzblattes*] Das ›Münstersche Intelligenzblatt‹ erschien von 1763-1849 im Verlag Aschendorff in Münster.

169,28f. *O angulus* ⟨...⟩ *etc.*] Lat.: »O lachender Erdenwinkel! O Wiesen und Bäche voller Gemurmel.« Möglicherweise zitiert die Droste an dieser Stelle und auch S. 174,7f. aus einer ihr tatsächlich vorliegenden Handschrift ihres Vorfahren Everwin von Droste (ca. 1540 bis 1604), der seit 1567 Dechant an St. Martini in Münster war. Das Zitat erinnert an Horaz, *Oden* II, 6, 13f.: »ille terrarum mihi praeter omnis angulus ridet.«

169,37-170,1 *Gefahren* ⟨...⟩ *Lande*] Dieser Ausspruch ist seit der Antike gebräuchlich. Vielleicht liegt auch eine Anspielung auf Christian Reuters (1665-nach 1712) Roman *Schelmuffskys Warhafftige Curiöse und sehr gefährliche Reisebeschreibung Zu Wasser und Lande* (1696/97) vor.

170,19 *spartelte*] Niederdt.: »sperrende, sträubende bewegungen machen« (Grimm, *Deutsches Wörterbuch,* Bd. 10,1, Sp. 1957), vgl. auch *Das Rätsel* (S. 651,122) und *Szenen aus Hülshoff* (S. 661, nach 107; 662,134).

170,21f. *bei ⟨...⟩ Philister]* Musikstück, das unter freiem Himmel aufgeführt wird und als unter einem Fenster gesungener Werbegesang dient.

171,16 *belferten]* Bellten (Daniel Sanders, *Wörterbuch der deutschen Sprache* ⟨...⟩, 3 Bde., Leipzig 1860-65; Bd. 1, S. 113).

171,18 *»Teckel«]* Dachshund, vgl. auch Anm. 169,4.

171,24f. *Kamisöler]* Kamisol, vgl. Anm. 88,16.

171,27 *Stübern]* Niederl. Kleinmünze.

171,27 *Matieren]* Mattier, Matthier, Matthiasgroschen: Goslar-Braunschweigische Kleinmünze.

171,32 *Krabat]* Ältere Form für Kroate (Grimm, *Deutsches Wörterbuch,* Bd. 5, Sp. 1908).

172,24 *Dobbritz]* Stadt am Südwestrand des Fläming bei Zerbst.

173,2 *Tüntelpott]* Abgeleitet von dem niederdeutschen Verb tünden: zünden, anstecken, in Brand setzen; Pott: Topf.

173,11 *Lasbeck]* Bauernschaft bei Havixbeck im westlichen Münsterland.

173,23 *coquins]* Frz.: Schelm, Schurke.

174,6 *den ⟨...⟩ Hunde]* An einem Turm der Burg Hülshoff befindet sich ein heute nur noch als Nachbildung erhaltenes Außenrelief, das Heinrich I. von Droste-Hülshoff (1500-1570) darstellt. Die Everwin von Droste-Hülshoff zugeschriebene lateinische Beschreibung lautet übersetzt: »Ein Reiter, die Kreuzesfahne aufnehmend, mit einem nach Wasser lechzenden Jagdhund.« Vgl. auch die Ballade *Der Schloßelf* (Bd. 1, S. 266,9-16):

> Am Tore schwenkt, ein Steinkoloß,
> Der Pannerherr die Kreuzesfahn,
> Und kurbettierend schnaubt sein Roß
> Jahrhunderte schon himmelan;

Und neben ihm, ein Tantalus,
Lechzt seit Jahrhunderten sein Docke
Gesenkten Halses nach dem Fluß,
Im dürren Schlunde Mooses Flocke.

174,15 *Wappenbuch]* Ursprünglich konnte der Nachweis eines Wappens nur durch ein Siegel, seit 1250 zunächst durch handschriftliche, dann seit 1550 durch gedruckte Wappenbücher erbracht werden.

174,24 *Spione]* Hühnerhunde, auch Spionhunde (Grimm, *Deutsches Wörterbuch*, Bd. 10,1, Sp. 2553).

175,2 *galonierte]* Frz.: mit Tressen versetzt, verbrämt.

175,11 *Notschüsse]* Signalschüsse.

175,13 *Gefälle und Zehnten]* Abgaben der zinspflichtigen Bauern; Gefälle: fälliger Zins, Zehnt: der zehnte Teil abgabepflichtiger Erzeugnisse.

176,26f. *Wundern ⟨...⟩ Gewölbes]* Sammlung kunstgewerblicher Gegenstände aus verschiedenen Jahrhunderten in einem grün gestrichenen Raum des Dresdner Schlosses. Nach der Zerstörung des Schlosses im Zweiten Weltkrieg befindet sich die Sammlung jetzt im Albertinum.

177,21f. *nach Düsseldorf landtagen]* Es ist unverständlich, daß der im Fürstbistum Münster ansässige Freiherr die Ständeversammlung in Düsseldorf besucht, weil Düsseldorf zum Territorium von Jülich-Berg gehörte.

178,13 *Tröstern]* Ironische Bezeichnung für alte Bücher (Grimm, *Deutsches Wörterbuch*, Bd. 11,1,2, Sp. 987f.).

178,19 *embonpoint]* Frz.: Wohlbeleibtheit, Körperfülle.

179,29 *Methusalems Alter]* Der Bibel (Gen 5,21-27) zufolge wurde Methusalem 969 Jahre alt.

181,17 *Fürtuch]* Vor die Kleidung gebundenes Tuch, Schürze. Vgl. auch die Ballade *Die Schwestern*: »Das Fürtuch reißt, dann flattert es los« (Bd. 1, S. 244,87).

181,24f. *Heinriche von Reuß]* Die männlichen Mitglieder der ostthüringischen Fürstenfamilie von Reuß führten seit ihrem Aufstieg unter Heinrich VI. (1165-1197) den Vornamen Heinrich.

182,6 *Viotti*] Giovanni Battista Viotti (1755-1824), italienischer Violonist und Komponist.

182,32 *Dohnenstrich*] Bezeichnet eine Reihe von Schlingen aus gedrehtem Pferdehaar zum Vogelfang, vgl. auch *Der Geierpfiff* (Bd. 1, S. 236,1).

182,35 *Josephsscheu*] Vgl. die Geschichte des Alten Testaments (Gen 39,7-12) von Joseph und der Frau des Potifar, die ihn verführen wollte.

182,37 *Münstersche Schilling*] Seit dem 15. Jahrhundert in Westfalen und dem Münsterland gebräuchliche Kleinmünze, die seit dem 17. Jahrhundert jedoch von anderen Münzen verdrängt wurde.

183,6 *Warte*] Verfallener Turm, alte Burg, Ruine (Grimm, *Deutsches Wörterbuch*, Bd. 13, Sp. 2117).

183,21-184,6 *Fräulein ⟨...⟩ geschieht*] Levin Schücking weist in seiner Droste-Biographie (*Annette von Droste. Ein Lebensbild*, Hannover ²1871, S. 39) auf die »*unverkennbar vollständige Portraitähnlichkeit*« zwischen dem Fräulein Sophie und der Droste hin: »es ist die Dichterin selbst, die hier mit einer fast schonungslosen Klarheit über sich ihr treues Spiegelbild zeichnet«.

183,30f. *Ausdruck einer Seherin*] Vgl. Levin Schücking, *Annette von Droste. Ein Lebensbild*, Hannover ²1871, S. 25: Sie konnte »in die höchste Bewegung, in einen inneren Jubel gerathen, Selbstgespräche beginnen und, die Welt um sich her vergessend, wie eine Verzückte alle Symptome der unglaublichsten Aufregung an den Tag legen«. Zum Phänomen des Zweiten Gesichts vgl. auch *Westphälische Schilderungen* (S. 98,20-99,4).

185,4 *Wasserorgel*] In der Antike eine Orgel, deren Winddruck durch Wasserdruck erzeugt wurde.

185,13 *fatal*] Lat.: vom Schicksal gesandt; hier: zuwider, unausstehlich.

185,15f. *sie ⟨...⟩ Jagd*] Vgl. die sprichwörtliche Redewendung, man müsse Vögeln oder Hasen Salz auf den Schwanz streuen, um sie zu fangen (Grimm, *Deutsches Wörterbuch*, Bd. 8, Sp. 1707).

185,19 *Hadern]* Lumpen, alte Wäsche.

185,35 *Gellert]* Christian Fürchtegott Gellert (1715 bis 1769) repräsentierte für die Droste einen überkommenen literarischen Stil. In diesem Sinne ist auch der literarische Geschmack des Fräuleins Anna Anlaß von Kritik. Eine ähnlich negative Einschätzung Gellerts findet sich auch im Lustspiel *Perdu!* (S. 613,20), in dem er als einer der Lieblingsautoren der altmodischen Frau von Austen genannt wird.

186,4 *Souffredouleur]* Frz.: Schmerzleider; ein Ding, das zu allem herhalten muß.

187,3 *Leonidas bei Thermopilae]* Leonidas, König von Sparta, fand in der Schlacht bei den Thermopylen (480 v. Chr.) in aussichtslosem Kampf gegen eine persische Übermacht den Tod.

187,5 *Eugen]* Prinz Eugen von Savoyen-Carignan (1663-1736), siegreicher Oberbefehlshaber der kaiserlichen Truppen im Türkenkrieg (1696/97).

187,5 *Marlborough]* John Churchil, Herzog von Marlborough (1650-1722), englischer Feldherr und Staatsmann.

187,36 *ewigen Juden]* Der sagenhafte Jude Ahasver wurde zur ewigen Wanderung verdammt, weil er sich weigerte, Christus auf dem Weg nach Golgatha Ruhe zu gewähren.

188,9 *Thomsons Jahreszeiten]* James Thomsons (1700 bis 1748) Gedicht *The Seasons* bestand aus *Spring* (1728), *Summer* (1727), *Autum* (1730) und *Winter* (1726). Die Gedichte wurden als Zyklus in erweiterter Fassung 1730 und nach endgültiger Überarbeitung 1746 veröffentlicht. Der Zyklus bildet den Höhepunkt der pastoralen Dichtung Englands. Deutsche Übersetzungen veröffentlichten u. a. Barthold Heinrich Brockes (1745), Christian Friedrich Daniel Schubart (1789), D. W. Soltau (1803, 1824).

188,23f. *Weidenklippen und Leimstangen]* Geräte zum Vogelfang; eine Weidenklippe (oder -kluppe) ist ein gespaltener Weidenstock.

188,32 *echappieren]* Frz.: davonlaufen, entrinnen.

189,6f. *Prometheusansehen]* Der griechischen Mythologie

zufolge brachte Prometheus den Menschen das Feuer, nachdem er es den Göttern entwendet hatte. Auch soll er Menschen aus Ton und Wasser geformt und ihnen durch das himmlische Feuer Leben und Bewegung gegeben haben.

189,26 *Vorkieker*] Zum Phänomen des Zweiten Gesichts und zu den westfälischen Vorschauern vgl. *Westphälische Schilderungen* (S. 98,20-99,4).

189,30 *Swedenborg*] Emanuel von Swedenborg (1688 bis 1772), schwedischer Naturforscher und Erfinder.

190,4 *Meßmer*] Franz Anton Mesmer (1734-1815), Theologe und Mediziner, begründete den »Mesmerismus«, eine Lehre vom Lebensmagnetismus, dem zufolge eine geheimnisvolle Kraft (»Fluidum«) durch den menschlichen Körper fließt und therapeutisch nutzbar gemacht werden kann (z. B. Hypnose). Vgl. auch Anm. zu *Ledwina* (S. 836f.).

190,6f. *scholastischem*] Scholastisch, hier: schulmäßig, sachgerecht, spitzfindig, geklügelt.

191,5 *beauté du diable*] Frz.: teuflische Schönheit.

191,37 *das Mädchen am Bache*] Möglicherweise Anspielung auf das Gedicht *Junge Liebe* (Bd. 1, S. 98).

192,4 *der ⟨...⟩ Rohr*] Anspielung auf das Gedicht *Der Knabe im Moor* (Bd. 1, S. 66).

192,10f. *die ⟨...⟩ Erkenntnis*] Vgl. Gen 3,1-7.

192,22 *Harpagonähnlicheres Gesicht*] Harpagon (griech.): Geizhals; Name des Geizigen in Molières Komödie *L'avare* (1668).

193,1 *nitimur in vetitum*] Lat.: »Wir neigen zum Verbotenen«, vgl. Ovid (am. III,4,17): »nitimur in vetitum semper cupimusque negata«.

193,13 *Federmesser*] Vgl. Anm. 133,26f.

193,17 *Knöchelchen ⟨...⟩ Drechsler*] Zur Herstellung von Drechsel- oder Schnitzwaren wurde nicht nur Holz, sondern auch Horn, Elfenbein, Bernstein, Schildpatt oder Knochen verwandt.

193,18 *Nadelbriefe*] Zum Verkauf auf ein Stück Papier aufgesteckte Nadeln.

JOSEPH
Eine Kriminalgeschichte
(S. 195)

Textüberlieferung und Textgrundlage

Die Originalhandschrift ist verloren, nur eine Seite der Handschrift ist als Faksimile (Kreiten, *Droste-Werkausgabe* [1884-87], Bd. 1,1, nach S. 483) erhalten. Kreiten publizierte den Text zum ersten Mal (*Droste-Werkausgabe* [1884-87], Bd. 4, S. 539-556).

Textgrundlage für die verlorenen Teile der Handschrift ist der Erstdruck; das Faksimile dient als Textgrundlage für S. 203,4-206,18. Zur Textgestaltung s. HKA, Bd. 5, S. 721f.

Entstehung

Im Brief an Wilhelm Junkmann vom 4. 8. 1837 wird zum ersten Mal der Stoff zu einer »*Criminalgeschichte*« genannt. Weiter führte die Droste aus: »ist wirklich in Braband passirt, und mir von einer nahbetheiligten Person mitgetheilt, die einen furchtbaren und durchaus nicht zu erwischenden Räuber fast 20 Jahre lang als Knecht in ihrem Hause hatte«. Es bleibt aber umstritten, ob es sich bei dieser Erwähnung um die spätere Kriminalgeschichte *Joseph* handelt. Der Text selbst gibt nur wenige Anhaltspunkte, die auf einen Zusammenhang mit der Brieferwähnung hindeuten: Der Kassierer Steenwick dient zwanzig Jahre lang im Hause der Erzählerin Mevrouw van Ginkel (S. 211,36f.), seine zahlreichen Diebstähle aus der Kasse des Herrn bleiben die ganze Zeit unentdeckt.

Die Entstehung des heute vorliegenden Fragments *Joseph* geht auf einen Plan der Droste, gemeinsam mit Elise Rüdiger sechs Erzählungen im Cotta-Verlag herauszubringen, zurück. Im Brief vom 3. 4. 1844 schrieb sie der Freundin unter dem Datum des 2. 4.: »sollen wir zusammen, unter eigenen Namen, einen Band von sechs Erzählungen heraus geben - drey Sie, drey Ich?« Der *Joseph* ist wohl die erste in Angriff genommene Erzählung gewesen. Doch schon am 31. 10. 1844 mußte die Droste Levin Schücking mitteilen, daß ihre Arbeit ins Stocken gekommen war:

> Mit den Erzählungen will es nicht recht voran, ich bin noch an der ersten, - recht schöner Stoff, aber nicht auf westphälischem Boden, und nun fehlen mir alle Quellen, Bücher wie Menschen, um mich wegen der Localitæten Raths zu erholen, so fällt mir alle Augenblicke der Schlagbaum vor der Nase zu; - wär ich in Hülshoff! - aber hier kucken mich meine kahlen Wände an und sagen kein Wort, und von Schlütern ist nichts zu haben 〈...〉. Hätte ich diese Erzählungen nicht versprochen - und bald - ich ließ sie wenigstens vorläufig ruhn, nun aber quäle ich mich umsonst ab, wie ein im Traum Laufender.

Eigene Beobachtungen und Erfahrungen, die die Droste 1834 während einer Reise in die Niederlande gesammelt hatte, bildeten den realistischen Hintergrund (vgl. Brief an Elise Rüdiger, 16. oder 17. 1. 1845), vermutlich hat sie aber auch im Verlauf der Arbeit literarische oder lexikalische Quellen konsultiert. Mit Sicherheit hat sie für die Arbeit am *Joseph* - insbesondere für den historischen Hintergrund Belgiens - folgendes Werk benutzt: M. A. Thiers, *Histoire de la Révolution française,* 10 Bde., Brüssel 1823-30 (vgl. Brief an Elise Rüdiger, 12. 12. 1844; s. auch HKA, Bd. 5, S. 725f.). Im Brief vom 16. oder 17. 1. 1845 konnte sie Elise Rüdiger dann schreiben, daß sie »wohl auszukommen hoffe, - ohne Verstöße«. Im Frühjahr 1845 traf die Droste dann die Entscheidung, die *Judenbuche* als erste Erzählung in den geplanten Band aufzunehmen und den *Joseph* auf den zweiten Platz zu schieben, da sich erneut der Abschluß der Erzählung aufgrund von Materialmangel verzögert hatte: »Ich brüte jetzt über einem Stoff zur dritten Erzählung für unser Buch, um doch ans Werk zu kommen, bis ich der nöthigen Notizen über Belgien für die zweyte (als erste soll ja die

›Judenbuche‹ gelten) habhaft geworden bin« (Brief an Elise Rüdiger, 20. 2. 1845).

Verschiedentlich erwähnt die Droste den Plan, Erzählungen zu schreiben, im Briefwechsel, zu einer Ausführung ist es jedoch nicht gekommen. Allerdings heißt es im Tagebuch Jenny von Laßbergs unter dem Datum des 25. 10. 1847 noch einmal: »Nette las uns den Anfang einer Novelle vor.« Vermutlich ist damit das *Joseph*-Fragment gemeint.

Stellenkommentar

Zum Nachweis der sprichwörtlichen Redensarten: Die Zeit schreitet fort (195,6), »Bleib im Lande und nähre Dich redlich« (195,10f.), Es geht Nichts über Deutlichkeit und Ordnung in allen Dingen (200,4f.), Man nimmt sich vor Kindern nicht in Acht, bis es zu spät ist (202,11f.), daß Schweigen besser sei, als Verdruß machen (202,15f.), Kinder tun, wie sie weise sind (202,19f.), der Ertrinkende hält sich an einem Strohhalm (204,14), der Wille ist doch so gut wie die Tat (205,3), Aber die Leute denken gern immer das Schlimmste (211,29), So quälen wir uns oft umsonst, und unser Herrgott lacht dazu (212,26f.), vgl. Wolfgang Mieder, *Das Sprichwort in den Prosawerken Annette von Droste-Hülshoffs,* in: Rheinisches Jahrbuch für Volkskunde 21 (1973), S. 329-346.

195,4 *Moortopf*] Kreiten (*Droste-Werkausgabe* [1884-87], Bd. 4, S. 581) führt hierzu aus, »daß man im Limburgischen und wohl auch tiefer nach Holland hinein unter diesem Namen oder vielmehr unter der Bezeichnung Moor jene Art fast kugelförmiger, mit einer engen Abflußröhre und einem kleinen Deckel versehenen gußeisernen Wasserkessel versteht, welche dortzulande fast den ganzen Tag über dem Herdfeuer hangen, daher schwarz wie ein Mohrenkopf sind und stets Wasser zu einer Tasse Thee oder Kaffee bieten. Die humoristische Anspielung auf den Schreiber ergibt sich hiernach von selbst.«

195,21 *Die 〈...〉 aufgehört]* Gemeint ist wohl die Säkularisation der geistlichen Fürstentümer (1803) und die Vergrößerung der deutschen Mittelstaaten auf dem Wiener Kongreß (1814/15).

196,3 *Marqueurs]* Frz.: Aufwärter, Kellner in Wirtshäusern.

196,6 *Heller]* Im 19. Jahrhundert kleine Kupfermünze, benannt nach der schwäbischen Stadt Hall.

196,7 *Batzen]* Süddeutsche Silbermünze, bis in die Mitte des 19. Jahrhunderts noch in der Schweiz in Umlauf.

196,32f. *Unwissenheit 〈...〉 Erde]* William Shakespeare, *Hamlet* (I,5): »There are more things in heaven and earth, Horatio | Than are dreamt of in your philosophy.«

197,3 *neuern Ereignisse]* Vermutlich Anspielung auf die Trennung der südlichen Niederlande als Königreich Belgien von dem seit 1815 bestehenden Königreich der Vereinigten Niederlande als Folge der Septemberrevolution 1830 und der Konferenz der Großmächte 1831.

197,11 *Wynants]* Jan Wijnants (1630-1684), niederländischer Landschaftsmaler.

197,12 *Wouvermanns]* Philipp Wouvermann (1619-1668), niederländischer Landschaftsmaler.

197,14 *Tuinbaas]* Niederl.: Gartenaufseher.

197,15 *Kasteel]* Niederl.: Schloß, Festung.

197,22 *Pagodenaufsatz]* Pagoden bezeichnen ostasiatische Tempelbauten oder, wie hier, kleine Porzellanfiguren mit nickendem Kopf. Vgl. auch *Der Teetisch* (Bd. 1, S. 160,50).

197,26 *faselhänsigen]* Adjektiv zu Faselhans, Faseler (Grimm, *Deutsches Wörterbuch,* Bd. 3, Sp. 1337).

197,27f. *auf 〈...〉 gehn]* Auf die Pirsch gehen; Schnepfenstrich: »das streichen oder ziehen der schnepfen im frühlinge und herbste, auch morgens und abends« (Grimm, *Deutsches Wörterbuch,* Bd. 9, Sp. 1315).

197,31 *korrupte]* Lat., hier: verschrobene, verdrehte, vgl. auch *Ledwina* (S. 148,27).

198,1 *Aurikeln]* Füher verbreiteter Name für Gartenprimeln.

198,31 *holländischen Garten]* Vgl. *Encyklopädisches Wörterbuch der Wissenschaften, Künste und Gewerbe* ⟨...⟩, hg. v. H. A. Pierer, Altenburg 1824-36, Bd. 8, S. 85: »In Holland hat ⟨...⟩ die Gartenkunst durch Cultur einzelner Pflanzen, besonders von Blumen, eine bedeutende Höhe erreicht, obgleich der französische steife Geschmack hier noch greller in kleinlichem Bemühen sich darlegt, eine, allen Einwirkungen der Witterung und des Jahreswechsels trotzende Reinlichkeit und Sauberkeit auch in Gärten zur Schau zu legen.«

198,31 *Ziegelbeeten]* Gemeint sind mit in die Erde gesteckten Ziegeln eingefaßte Beete.

198,34 *Kaisertees]* Grüne Teesorte, auch als Blumentee bezeichnet.

198,35f. *Gerhard Dow]* Gerard Douw (1613-1675), niederländischer Maler, Schüler Rembrandts.

199,11 *Konservationsbrillen]* Brillen mit grünen oder blauen Vorsatzgläsern, die das Licht nicht in voller Stärke einfallen ließen und die mit Hilfe der so beeinflußten Brennweite die Augen zwangen, sich langsam zu schärfen.

200,16 *Löwenhündchen]* Abart der Pudel, kurzhaarig, mit Mähne und Haarbüschel am Schwanz.

200,23f. *Comptoir]* Geschäfts- oder Schreibzimmer der Kaufleute.

200,28f. *Kommis]* Handlungsgehilfe.

201,6 *kontrakt]* Lat.: verkrümmt, gelähmt.

203,7 *Saardam]* Gemeint ist die nordholländische Stadt Zaandam.

203,13 *Tragbänder]* Mundartlich für Hosenträger in Norddeutschland (vgl. Grimm, *Deutsches Wörterbuch*, Bd. 11,1,1, Sp. 1030).

204,15f. *vom Himmel zur Erde]* Bezeichnung für einen langen Zeitraum, vgl. die Redensart »Vom Himmel bis zur Erde« (Wander, *Deutsches Sprichwörter-Lexikon*, Bd. 2, Sp. 657).

205,26 *Thomas a Kempis]* Thomas von Kempen (lat.: a Kempis, 1379/80-1471), Mystiker und geistlicher Schriftsteller. Sein mystisches Werk *De imitatione Christi* (1470) wurde das nach der Bibel meistverbreitete Erbauungswerk.

210,31 *Roeremonde]* Heute Roermond, niederländische Stadt in der Provinz Limburg.

211,23 *Stuyvern]* Niederl.: Stüber, Kleinmünze. 20 Stüber entsprechen einem Gulden.

VERSEPEN

Es ist schwierig, die Versepen der Droste in die die Gattung konstituierenden inhaltlichen und formalen Schemata einzuordnen. Für die Autorin spielten bei der Arbeit an den Versepen weder zeitgenössische Poetiken noch sonstige literaturtheoretische Fragen eine Rolle. Sie scheint sich nur für die praktische Realisation ihres Vorhabens interessiert zu haben, wobei das Epos für sie offensichtlich nur ein längeres erzählendes Gedicht in Versen war. Dadurch nehmen die Epen der Droste in der Ependiskussion der Restaurationsepoche, die eine Wiederbelebung dieser Gattung erlebt hatte, eine Sonderstellung ein. Die Ausbildung starker feudaler und klerikaler Strömungen in Deutschland seit 1815 trug dazu bei, dem Versepos als traditionell vornehmster Dichtungsweise zu einer neuen Blüte zu verhelfen (vgl. Friedrich Sengle, *Biedermeierzeit*. Deutsche Literatur im Spannungsfeld zwischen Restauration und Revolution 1815-1848, Bd. 2, Stuttgart 1972, S. 626-742, hier S. 630). Außerdem bewirkten poetologische Voraussetzungen und der nach wie vor gültige Primat des Versepos über die Erzählprosa eine deutlichere Ausprägung des lyrischen Versepos und damit auch eine Entfernung von der traditionellen Gattungsgeschichte. Doch nicht nur Vertreter einer ›restaurativen‹ Tradition wandten sich dem Versepos zu, sondern auch Autoren wie Heinrich Heine diente es dazu, seine Popularität durch die beiden Versepen *Deutschland. Ein Wintermärchen* (1844) und *Atta Troll. Ein Sommernachtstraum* (1843/46) zurückzugewinnen und zu vergrößern.

Nachdem ihre ersten literarischen Versuche sowohl im Drama *(Bertha oder die Alpen)* als auch in der Prosa *(Ledwina)* gescheitert waren, wandte sich die Droste dem Versepos zu, zumal ihr Ritterepos *Walther* zwischendurch erfolgreich beendet werden konnte. Sicherlich entsprach diese Hinwendung zur Versepik auch dem standesgebundenen Familiengeschmack. Die Mutter der Droste, Therese von Droste-Hülshoff, favorisierte Klopstock und Wieland, doch zur Lektüre in Hülshoff gehörten auch Friedrich de la Motte-Fouqué, Gottfried August Bürger, Lord Byron und Walter Scott, von denen nicht unerhebliche Einflüsse auf die Epen der Droste ausgingen. Auch der literarische Einfluß, den bis 1838 wechselnd Anton Mathias Sprickmann, Christoph Bernhard Schlüter oder Wilhelm Junkmann auf die Droste ausübten, hat auf deren Epenproduktion gewirkt.

Seit den ersten, 1834 nachweisbaren Überlegungen zu einer Gedichtausgabe gehörten die beiden Epen *Das Hospiz auf dem großen St. Bernhard* und *Des Arztes Vermächtnis* zum Grundstock dieses Publikationsplans und bildeten auch in den *Gedichten 1838* den Mittelpunkt der Sammlung, nachdem 1838 noch als weiteres Epos *Die Schlacht im Loener Bruch* hinzugekommen war. Im Gegensatz zur 1842 erstveröffentlichten *Judenbuche* nahm die Droste die drei Epen in ihre zweite Ausgabe, die *Gedichte 1844*, erneut auf. Parallel zu den Versepen verstärkte sich kontinuierlich das Interesse für Lyrik und verdrängte damit teilweise das nach wie vor stark ausgeprägte an der Versepik. Eine ähnliche Entwicklung vollzog sich in thematischer Hinsicht mit *Die Schlacht im Loener Bruch*. Die hier von der Droste erstmals gewagte Gestaltung eines ›vaterländischen‹ Stoffes wird in den nächsten Jahren durch ihre Prosa-Arbeiten abgelöst werden; Motive dieses Epos kehren später auch in den *Heidebildern* wieder.

DAS HOSPIZ AUF DEM GROSSEN ST. BERNHARD
(S. 217)

Textüberlieferung und Textgrundlage

Neben zahlreichen Exzerpten, Notizen und Motiven sind zum *Hospiz auf dem großen St. Bernhard* eine Reihe von Entwürfen (H[1]: MA III 15, 16; H[2]: MA IX 1; H[4]: MA III 20; H[5]: MA III 19; H[9]: MA III 18, sämtlich im Meersburger Nachlaß, Staatsbibliothek zu Berlin, Preußischer Kulturbesitz) und Reinschriften (H[3]: »Fuchsiges Buch«, Familienarchiv Haus Hülshoff, Havixbeck; H[7]: MA III 14; H[8]: MA III 17) erhalten, die die langwierige Arbeit an diesem Epos dokumentieren. Diese Materialien wurden von Lothar Jordan in HKA, Bd. 3, S. 320-605, veröffentlicht.

Das Epos erschien zum erstenmal in den *Gedichten 1838* (S. 1-60; D[1]). Die Droste übernahm *Das Hospiz auf dem großen St. Bernhard* auch in die *Gedichte 1844* (S. 397-455). Dieser erneute Abdruck (D[2]) diente der HKA ebenso wie der vorliegenden Ausgabe als Textgrundlage.

Entstehung

Die Entstehungszeit des *Hospiz auf dem großen St. Bernhard* umfaßt etwa zehn Jahre: 1825-35. Erste Pläne für dieses Epos sind wohl auf ein grundsätzliches Interesse der Droste an der Schweiz zurückzuführen; ihr Bruder Werner von Droste-Hülshoff war z. B. im September 1819 zu einer Schweizreise aufgebrochen, außerdem hatte sie Beschreibungen von Reisen in die Schweiz von Goethe, Friedrich Leopold Graf zu Stolberg (1750-1819), Friedrich von Matthisson (1761-1831) und Friederike Brun (1765-1835) gelesen. Bereits in der *Ledwina* und in den Notizen zu einer Fortsetzung dieses Romans aus dem Jahre 1826 spielen die Schweiz und Schweiz-Motive eine Rolle. Auf diese griff die

Droste wohl für das *Hospiz* zurück, als sie den Roman als endgültig gescheitert ansehen mußte.

1824 erschien das Gedicht *Barri. Eine romantische Erzählung* von Christian Samuel Schier (1791-1824) in dessen Sammlung *Gedichte. Neueste Gabe* (Köln 1824, S. 91-99). Die Droste lernte die hier erzählte Geschichte des Hundes Barry kennen, der einen im Schnee Verunglückten rettet, und es ist anzunehmen, daß diese Lektüre ausschlaggebend für die Inangriffnahme des *Hospiz* war (vgl. hierzu im einzelnen HKA, Bd. 3, S. 613-621). Möglicherweise haben Zeitungsberichte über den harten und schneereichen Winter sowie über Rettungsaktionen nach Lawinenunglücken zu Beginn des Jahres 1827 das Interesse der Droste für die Gegend um den Großen St. Bernhard verstärkt. Eine weitere nachhaltige Beeinflussung dürfte von einer Erzählung von Georg Döring (1789-1833) ausgegangen sein, die zwischen dem 31. 3. und 21. 4. 1827 im »Unterhaltungsblatt« des ›Westfälischen Merkur‹ unter dem Titel *Seppi's Reise zur Hochzeit. Eine schweizerische Erzählung* in Fortsetzungen erschien und ebenfalls das Motiv des Rettungshundes aufgriff.

Spätestens 1828 war die Arbeit am *Hospiz* im Gang, wie ein Brief der Droste vom 12. 11. 1828 an Wilhelmine von Thielmann belegt: »du weißt, daß ich ein Gedicht unter der Feder habe, welches auf dem *Sankt Bernhard* spielt, und deine liebe Julie war schon in Godesberg so gütig mir einige Notizen über jene Gegend und das Kloster mitzutheilen«. Im weiteren Briefverlauf skizziert die Droste detailliert das Handlungsgerüst des zweiten Gesanges, um damit deutlich zu machen, wie unbedingt notwendig ihr ausführliche Informationen über den Schauplatz für den Fortgang ihrer Arbeit sind: »ich bin zufrieden, wenn Julie nur ganz kurz bemerkt – z.b. *die Kirche ist groß und länglich, der Hochaltar mit gedrehter Säule, und Vergüldung,* an einem *Nebenaltar* ein altes *schwärzliches Marienbild mit dem Kinde* et cet du siehst wohl, liebes Herz, wie ich es meine, nicht viel, aber doch die *Hauptpunkte* – doch werde ich jede genauere Angabe mit größtem Danke annehmen«.

Aus dem Zeitraum zwischen November 1828 und November 1831 findet sich nur im Brief Jenny von Droste-Hülshoffs an Ludowine von Haxthausen vom 10. 1. 1829 ein Beleg über die Arbeit am *Hospiz*: »Nette macht ein langes Gedicht was sehr gut wird.« (Familienarchiv Haus Stapel, Havixbeck.) Eine Augenerkrankung der Droste, der Tod ihres Bruders Ferdinand von Droste-Hülshoff (15. 6. 1829), die Reise nach Bonn vom Herbst 1830 bis Sommer 1831 und der Mangel an Informationen über die Gegend und das Lokalkolorit sind verantwortlich für eine Unterbrechung oder Verzögerung der Arbeit am *Hospiz*. Für die Topographie konnte sie auf die gut informierende Schilderung *Reisen durch die Alpen, nebst einem Versuche über die Naturgeschichte der Gegenden von Genf* von Horatius Benedictus von Saussure (Aus dem Französischen übersetzt und mit Anmerkungen bereichert. Vierter Theil, Leipzig 1788) zurückgreifen (vgl. hierzu im einzelnen HKA, Bd. 3, S. 621-631). Für die bereits im Brief an Wilhelmine von Thielmann genannten Detailinformationen mußte sie allerdings nach anderen Quellen suchen. Sie beschaffte sich aus der Theissingschen Leihbibliothek in Münster das Buch *Reise durch die Schweiz* von John Carne (Aus dem Englischen übersetzt von Wilhelm Adolf Lindau, Dresden u. Leipzig 1828) und fertigte ausführliche Exzerpte an (MA VII 15). Erkundigungen zu volkskundlichen Fragen, auf die Julie von Thielmann offenbar gar nicht oder nur ungenügend geantwortet hatte, zog sie bei Joseph von Laßberg ein (vgl. den Brief Jenny von Droste-Hülshoffs an Joseph von Laßberg, 18. 11. 1831). Laßbergs Antworten sind abgedruckt in HKA, Bd. 3, S. 996-1004.

Erst am 24. 11. 1832 gibt es durch einen Hinweis im Brief Jenny von Droste-Hülshoffs an Ludowine von Haxthausen wieder Informationen, daß die Arbeit am *Hospiz* fortgeschritten war: »Nette ist wieder fleißig am *St Bernhard* zu schreiben, Laßberg hat ihr viel ausführliche Notizen geschickt, so daß sie jetzt wohl fertig werden kann.« (Familienarchiv Haus Stapel, Havixbeck.) Laßberg hatte der

Droste vielleicht im Januar 1832 eingehend auf sechs Fragen zu Land und Leuten, Klima usw. geantwortet. Diese Informationen arbeitete sie in den dritten Gesang des Epos ein. Am 17. 12. 1832 konnte Jenny von Droste-Hülshoff erneut Ludowine von Haxthausen berichten, daß die Beendigung des Epos unmittelbar bevorstehen müsse, und am 24. 2. 1833 erfuhr Sophie von Haxthausen durch Therese von Droste-Hülshoff: »ihren St. Bernhard hat sie nun auch fertig, auch schon ins Reine geschrieben, er ist sehr schön geworden, sie hat aber tüchtig gestrichen, denn es war stellenweise zu lang. Jetzt ist er gut und würde dir gefallen.« (Familienarchiv Haus Stapel, Havixbeck.) Bei dieser Reinschrift handelt es sich offenbar um jene (H³), die im »Fuchsigen Buch« überliefert ist.

Die Droste setzte die Arbeit am *Hospiz* nach der Niederschrift im »Fuchsigen Buch« jedoch fort und überarbeitete diese Fassung insbesondere mit Blick auf eine mögliche Veröffentlichung. Auch empfand sie inzwischen den dritten, das Idyllische stark betonenden Gesang als nicht mehr passend im Vergleich mit den beiden anderen Gesängen und entschloß sich, ihn auch gegen das ausdrückliche Votum Schlüters (vgl. die Briefe Schlüters an die Droste, 11. 1. 1835, 8. 2. 1836 und 3. 11. 1837) auszuschließen: »Nach meiner Ansicht wär es dem einfachen ruhigen Gange des Gedichts am angemessensten hier zu schließen. – doch giebts noch einen dritten Gesang, den die Meisten meiner Freunde sehr in Schutz nehmen, – Abwechselung und Leben würde er allerdings in das Ganze bringen, aber den Eindruck der beyden ersten Gesänge fast gänzlich aufheben« (Anmerkung der Droste in den sog. Epenauszügen H⁷, HKA, Bd. 3, S. 562f.; vgl. auch S. 911f.).

Im Zusammenhang mit den Vorbereitungen für die *Gedichte 1838* wandte sich die Droste erneut dem Epos zu, u. a. legte sie nun den endgültigen Titel fest, nachdem zehn Jahre lang ein anderer, in den Manuskripten nur leicht variierender, gültig war: *Barry der Hund vom St Bernhard*. Die Droste verlegt damit den Schwerpunkt der Handlung weg von der Figur des legendären Bernhardinerhundes hin zum Hospiz und dem karitativen Handeln der Mönche. Lothar Jordan zufolge (HKA, Bd. 3, S. 302f.) ist diese intentionale Verschiebung möglicherweise mit den von der Droste sehr genau verfolgten und kommentierten Auseinandersetzungen im Kölner Kirchenstreit 1837 zu sehen, die sie schließlich veranlaßten, die katholische Position auch im *Hospiz* stärker zu betonen.

Wirkung

Während Christoph Bernhard Schlüter zu den bewundernden Verfechtern des *Hospiz* gehörte (vgl. seinen Brief an die Droste, 13. 11. 1834), äußerten sich die Bonner Freunde der Droste (Sibylle Mertens-Schaaffhausen, Johanna und Adele Schopenhauer, Eduard d'Alton), denen sie eine Abschrift des *Hospiz* und *Des Arztes Vermächtnis* im Herbst 1834 zur Beurteilung für eine ins Auge gefaßte Publikation zugesandt hatte, durchweg distanziert. Von Eduard d'Alton hat sich ein Gutachten erhalten, das trotz anerkennender Worte zu dem Schluß kommt, beide Epen könne er nicht zum Druck empfehlen. Er erkennt zwar das Talent der Autorin an, lobt auch die Naturschilderungen im *Hospiz*, kritisiert aber gleichzeitig die Langatmigkeit und Breite der Erzählung sowie die »Härte der Sprache und des Versbaues« (HKA, Bd. 3, S. 246).

Nach dem Erscheinen der *Gedichte 1838* behandeln die Rezensionen, sofern sie von Freunden oder Bekannten stammen, das *Hospiz* durchweg nachsichtig, während unabhängige Besprechungen auch Schwächen des Epos tadeln. Levin Schücking z. B. schreibt im ›Telegraph für Deutschland‹ (Oktober 1838), das *Hospiz* »gibt uns ein Bild von jenem Heroismus der Humanität, wie er nur dem Christenthume angehören kann«, und betont: »Obwohl nun die Erzählung im hohen Grade spannend ist, liegt doch der Hauptreiz in jener meisterhaften Schilderung der Natur und des Hospizes mit seinen Märtyrern der Selbstverläugnung« (Droste-Rezeption, Nr. 4, S. 14). Auch Gustav Kühne lobt in der Berliner Zeitschrift ›Der Gesellschafter‹ (19. 8. 1840) die Naturschilderungen: »Die Natur in ihrer grandiosesten, schauerlichsten Kraft und Schönheit in Gebirg und Wald tritt vor uns hin, derb und klar, von dem Größten bis zum Kleinsten; dazwischen einzelne Menschen, geheimnißvoll, mit ahnungsreichem Hintergrunde – aber ich wüßte keine rechten Worte, um diese Gedichte näher zu bezeichnen« (Droste-Rezeption, Nr. 11, S. 25 f.).

Dagegen urteilt ein anonymer Rezensent im »Literatur- und Kunstblatt« der Leipziger Zeitschrift ›Die Eisenbahn‹ (25. 1. 1840) vernichtend. Das *Hospiz* »ist ein gar holpriger Knüppeldamm, auf welchem die Verfasserin mit adeliger Breite lyrisch dahinfährt und 60 Octavseiten mit einer Pfennigmagazinshistorie anfüllt, die höchstens zu zweien hätte Veranlassung geben sollen. Von einer poetischen Auffassung kann noch weniger als nur von sprachlicher Schönheit dabei die Rede sein« (Droste-Rezeption, Nr. 10A, S. 1669).

Im Zusammenhang mit dem Wiederabdruck des *Hospiz* in den *Gedichten 1844*, zu denen zahlreiche und positive Reaktionen erschienen, wird das *Hospiz* aber nur noch einmal in den ›Blättern für literarische Unterhaltung‹ (8. 6. 1845) erwähnt. Im Gegensatz zum lobenden Urteil über die Lyrik tadelt der anonyme Kritiker an den Epen, die »bei allen schönen, lyrischen und descriptiven Stellen dennoch gänzlich verunglückt« seien, erneut die Langatmigkeit: »So zieht sich das Stück ›Das Hospiz auf dem großen St.-Bernhard‹ ⟨...⟩ in endloser, ermüdender Breite dahin« (Droste-Rezeption, Nr. 44, S. 52).

Stellenkommentar

Erster Gesang

218,31-33 *Doch* ⟨...⟩ *nur]* Tacitus berichtet in der *Germania* (Kap. 40) vom heiligen Hain der Erdgöttin Hertha (irrtümliche Lesung für Nerthus). In diesem Hain stand ein ihr geweihter Wagen, der mit einem Tuch bedeckt war und nur von einem Priester gesehen werden durfte. Bei kultischen Umfahrten wurden Wagen, Tuch und das Bildnis der Hertha mit Wasser übergossen, dabei anwesende Sklaven wurden ertränkt, weil sie das Bild der Göttin gesehen hatten.

218,38 *besennte]* Sehnige; vgl. »sennen«: Nebenform zu »sehnen«, im Sinne von »mit einer sehne beziehen« (Grimm, *Deutsches Wörterbuch,* Bd. 10,1, Sp. 154).

218,52 *Vlieses]* Schaffell.

220,96 *Kühnen]* Kühen (D^2), Druckfehler; dagegen »Kühnen« in H^8, D^1.

220,120f. *Und* ⟨...⟩ *mit]* Vgl. Byrons Verserzählung *Mazeppa* (1819), in der es v. 544f. heißt: »The skies spun like a mighty wheel; | I saw the trees like drunkards reel« (*The Works,* Bd. 4, London 1821, S. 261).

221,145 *laß]* Eigentl. »lasch« in der Bedeutung von »schlaff, matt, träge« (Grimm, *Deutsches Wörterbuch,* Bd. 6, Sp. 210).

222,173 *Geschiebe]* Festlagerndes Geröll (Grimm, *Deutsches Wörterbuch,* Bd. 4,1, Sp. 3884); vgl. auch *Der Geierpfiff* (Bd. 1, S. 239,82).

223,219 *Meteor]* Gemeint ist hier: Lichterscheinung; vgl. auch *Des Arztes Vermächtnis* (S. 275,419).

224,268 *Strand]* Gemeint ist das Flußufer der Drance.

226,308 *ein* ⟨...⟩ *Gau]* Das Totengewölbe liegt im südschweizerischen Kanton Wallis, der den oberen Abschnitt des Rhônetals bis zur Mündung des Flusses in den Genfer See mit der steilen Süd-Abdachung der Berner Alpen nördlich und den Walliser Alpen südlich der Rhône umfaßt. Das Wallis wurde 1798 von den Franzosen besetzt, 1802 zur Republik erhoben und 1810 dem französischen Staatsgebiet einverleibt. 1814 kam es als Kanton an die Eidgenossenschaft.

229,422 *Tobel]* Enge Waldschlucht (Grimm, *Deutsches Wörterbuch,* Bd. 2, Sp. 1197f.).

232,538 *gelbe]* große (D²), dagegen aber »gelbe« in H⁸, D¹.

232,550f. *Als 〈...〉 sah]* Vgl. 3. Gesang, S. 428,204-207.

233,598 *Pfarr]* Nebenform zu »Pfarrer« (Grimm, *Deutsches Wörterbuch,* Bd. 7, Sp. 1618f.).

235,650 *Rispeln]* »ein leises, schnell vorübergehendes geräusch machen« (Grimm, *Deutsches Wörterbuch,* Bd. 8, Sp. 1043); vgl. auch *Die Jagd* (Bd. 1, S. 36,3).

236,703 *Duft]* Gemeint ist sehr feiner Schnee und der feine Flaum auf einer frischen Schneeoberfläche; vgl. auch S. 237,715 und 2. Gesang, S. 251,400.

237,719 *Kommt 〈...〉 verirrt]* Mt 11,28: »Kommt alle zu mir, die ihr euch plagt und schwere Lasten zu tragen habt.«

237,727 *einer Trümmer]* Femininum Singular, zeitgenössisch häufig so gebraucht (Grimm, *Deutsches Wörterbuch,* Bd. 11,1,2, Sp. 1343); vgl. auch *Am sechs und zwanzigsten Sonntage nach Pfingsten* (Bd. 1, S. 486,42).

237,742 *Steg]* Sieg (D²), dagegen »Steg« H⁸, D¹.

238,759 *Bogen]* Wölbung.

239,796 *Schlucht]* Gemeint ist die Schlucht der Drance.

239,807 *klaffend]* Ältere Form von »kläffend« (Grimm, *Deutsches Wörterbuch,* Bd. 5, Sp. 896).

239,813 *Reifen]* Hier im übertragenen Sinne von kreisförmiger Bewegung gemeint (Grimm, *Deutsches Wörterbuch,* Bd. 8, Sp. 621); vgl. auch *Die Jagd* (Bd. 1, S. 39,92).

Zweiter Gesang

241,38 *verklommten*] Verklommen: »vor kälte erstarren, steif werden« (Grimm, *Deutsches Wörterbuch*, Bd. 12,1, Sp. 667).

242,60 *Bimmeln*] Bommeln (D²), dagegen »Bimmeln« in H⁸, D¹.

244,166 *der Dogge*] Im maskulinen Artikel klingt noch die englische Herkunft des Wortes nach (vgl. Grimm, *Deutsches Wörterbuch*, Bd. 2, Sp. 1219).

246,219 *ungefähr*] Zufällig (Grimm, *Deutsches Wörterbuch*, Bd. 11,3, Sp. 653).

247,254; 253,483; 257,607 *Leilach*] Bettuch.

248,288 *Wachtelhund*] Mittelgroßer, langhaariger Jagdhund für die Niederjagd.

249,324 *Riffe*] »felsenklippen im hochgebirge« (Grimm, *Deutsches Wörterbuch*, Bd. 8, Sp. 955).

249,332 *Um*] Und (D²), dagegen »Um« in H⁸, D¹.

251,400 *Duft*] Vgl. Anm. 236,703.

252,446 *drüben*] trüben (D²), Druckfehler; dagegen »drüben« in H⁸, D¹.

252,452 *schüttern*] »heftig bewegt werden« (Grimm, *Deutsches Wörterbuch*, Bd. 9, Sp. 2116f.).

253,482 *Elias' fromme Raben*] Als Gott Israel eine Dürre schickte, ließ er den Propheten Elias auf wunderbare Weise durch Raben ernähren (1 Kön 17,6).

254,521 *Ich 〈...〉 Reich*] Vgl. Lk 22,29: »Darum vermache ich euch das Reich, wie es mein Vater mir vermacht hat.«

254,522 *Meinen 〈...〉 euch*] Vgl. Ex 23,20: »Ich werde einen Engel schicken, der dir vorausgeht. Er soll dich auf dem Weg schützen und dich an den Ort bringen, den ich bestimmt habe.«

256,595-597 *Voran 〈...〉 Voran*] Vgl. *Der Knabe im Moor* (Bd. 1, S. 66,25f.).

258,660 *verzählt*] Gemeint ist hier »eine geschichte zur

unterhaltung erzählen« (Grimm, *Deutsches Wörterbuch*, Bd. 12,1, Sp. 2435).

258,667 *Ätti]* Schweizerisch: Vater.

259,679 *mählich]* mächtig (D[1], D[2]), dagegen »mählig« in H[8].

DES ARZTES VERMÄCHTNIS
(S. 264)

Textüberlieferung und Textgrundlage

Die frühesten Textstufen zu *Des Arztes Vermächtnis* repräsentieren die verlorene Handschrift zu *Des Arztes Tod* sowie die Entwürfe H[1] (MA III 16, hier noch mit dem abweichenden Titel *Theodora*) und H[2] (MA III 21; beide Entwürfe im Meersburger Nachlaß, Staatsbibliothek zu Berlin, Preußischer Kulturbesitz). Unter den zahlreichen Reinschriften haben sich die im »Fuchsigen Buch« (H[3], Familienarchiv Haus Hülshoff, Havixbeck), H[5] (MA III 14) und 64 Verse von H[6] (Faksimile in Gabriele Reuter, *Annette von Droste-Hülshoff*, Berlin ⟨1905⟩, nach S. 78, und Hermann Hüffer, *Annette v. Droste-Hülshoff und ihre Werke*. Vornehmlich nach dem litterarischen Naßlaß und ungedruckten Briefen der Dichterin, Gotha ²1890, zwischen S. 148 und 149) erhalten. Diese handschriftlichen Materialien sind in HKA, Bd. 3, S. 662-741, veröffentlicht.

Das Epos wurde zum erstenmal in den *Gedichten 1838* (S. 61-90) veröffentlicht (D[1]). Die Droste übernahm *Des Arztes Vermächtnis* auch in die *Gedichte 1844* (S. 457-487). Dieser erneute Abdruck (D[2]) diente der HKA ebenso wie der vorliegenden Ausgabe als Textgrundlage.

Entstehung

Der Beginn der Entstehungsgeschichte von *Des Arztes Vermächtnis* liegt im dunkeln, auch ihre späteren Abschnitte sind aufgrund fehlenden Materials nur annähernd zu rekonstruieren. Vor der Niederschrift des ersten Entwurfs (H[1]) entstand das nicht sicher datierte, vielleicht 1826 entstandene Gedicht *Des Arztes Tod* (Bd. 1, S. 636), das als eine selbständige Vorstufe zu *Des Arztes Vermächtnis* zu sehen ist. Zum erstenmal wird das Epos bereits mit seinem endgültigen Titel im Brief der Droste an Jenny von Laßberg vom 23. 10. 1834 erwähnt. Dieser Brief steht im Zusammenhang mit ersten Publikationsabsichten, die sich jedoch sämtlich zerschlugen. Aber es wird hier schon deutlich, daß *Des Arztes Vermächtnis* stets im Zusammenhang mit dem *Hospiz* genannt wird, wobei *Des Arztes Vermächtnis* an zweiter Stelle steht und sich auch in den Handschriften immer an das *Hospiz* anschließt.

Der erste Entwurf (H[1]) dürfte wohl im Februar 1833 begonnen worden sein, spätestens im Oktober 1834 übertrug die Droste diese Fassung reinschriftlich in das »Fuchsige Buch«. Der Entwurf enthält nur noch wenige Elemente aus *Des Arztes Tod*. Die Verlagerung des Handlungsschwerpunktes auf die Darstellung der geistigen Verwirrung des Arztes und ihrer Ursachen muß auch im Zusammenhang mit dem schlechten physischen und psychischen Zustand der Droste seit dem Herbst 1827 gesehen werden. 1829 begab sie sich in die Behandlung des Homöopathen Clemens Maria von Bönninghausen (1785-1864), dessen Aufzeichnungen sowie die eigenen Selbstbeobachtungen der Droste das Krankheitsbild schildern. Diese biographische Situation klingt auch im Widmungsgedicht ⟨*Nicht wie vergangner Jahre heitres Singen*⟩ an Sibylle Mertens-Schaaffhausen aus dem Herbst 1834 an (Bd. 1, S. 602,4) und wird außerdem in einem Brief Schlüters an Wilhelm Junkmann vom 8. 11. 1834 angesprochen: »Wie sehr war ich überrascht, als ich Ihre Vermutung, die Sie mir wiederholt und dringend äußerten, bestätigt fand und die Belege dafür nun buchstäblich in Händen habe, daß St. Bernhard und Des Arztes Vermächtnis auf vulkanischem Boden aufstieg und Auctor operis, ein edleres Gegenstück zu Lord Byron, wohl selbst eines Arztes bedürfe, wenn anders ein gewöhnlicher Arzt so tiefe Wunden heilen kann« (*Christoph Bernhard Schlüter an Wilhelm Junkmann*. Briefe aus dem deutschen Biedermeier 1834-1883. Mit Erläuterungen hg. v. Josefine Nettesheim, Münster 1976, S. 16).

Nach der Reinschrift im »Fuchsigen Buch« fertigte die Droste noch weitere vollständige bzw. auszügliche Niederschriften an, die als Vorlagen für mögliche Publikationen dienen sollten, die ihr Joseph von Laßberg (Oktober 1834) bzw. Johann Joseph Wilhelm Braun (Winter 1835/36) vermitteln wollten. Zwischenzeitlich hatte sie noch eine weitere, heute verschollene Reinschrift sowohl vom *Hospiz* als auch von *Des Arztes Vermächtnis* angefertigt, die sie über Sibylle Mertens-Schaaffhausen den Bonner Freunden (Adele und Johanna Schopenhauer, Eduard d'Alton) zur Begutachtung sandte.

Erst im Zusammenhang mit den Druckvorbereitungen der *Gedichte 1838*, in denen das Versepos erstmals veröffentlicht wurde, findet *Des Arztes Vermächtnis* wieder Erwähnung im Briefwechsel der Autorin.

Wirkung

Des Arztes Vermächtnis wird im Briefwechsel der Droste nur selten erwähnt. Die wenigen überlieferten Urteile von Bekannten und Freunden (Schlüter, Junkmann, Adele Schopenhauer, Eduard d'Alton) kommen bei ihrer Beurteilung von *Des Arztes Vermächtnis* übereinstimmend zu dem Schluß, daß das Versepos eine starke Ähnlichkeit mit Werken Byrons aufweise.

Die Rezensenten der *Gedichte 1838* betonen besonders die

schauerlichen und phantastischen Elemente. Aber insgesamt wird *Des Arztes Vermächtnis* weniger ausführlich besprochen und gewürdigt als das *Hospiz* oder *Die Schlacht im Loener Bruch*.

Auch in den Rezensionen zu den *Gedichten 1844* findet *Des Arztes Vermächtnis* kein neues Interesse, auch hier muß das Versepos hinter die Lyrik zurücktreten. Eine ausführliche, allerdings negative Erwähnung findet sich in den ›Blättern für literarische Unterhaltung‹ (8. 6. 1845). In dieser Rezension wird das Epos von einem anonymen Kritiker als »gänzlich verunglückt« bewertet, wobei die Autorin, »eine redselige Schwätzerin«, keine Vorstellung von »epische⟨r⟩ Kürze« zu haben scheint (Droste-Rezeption, Nr. 44, S. 51).

Quellen und Anregungen

Des Arztes Vermächtnis steht in der Tradition der europäischen Schauerromantik, wie sie in vollendeter Form durch das Werk Byrons repräsentiert wird. Die Droste knüpft mit diesem Interesse, grauenhafte Ereignisse und Wahrnehmungen wiederzugeben, zwar unmittelbar an das *Hospiz* an, gelangt in *Des Arztes Vermächtnis* aber insgesamt zu einer intensiveren Gestaltung. Auch in der Theissingschen Leihbibliothek in Münster, aus der die Droste häufig Titel ausgeliehen hat, finden sich neben einer Vielzahl trivialer Schauerliteratur auch Titel mit höherem literarischen Niveau wie z. B. die Räuberromane Christian August Vulpius' *Rinaldo Rinaldini* (1799) oder Heinrich Zschokkes *Aballino der große Bandit* (1794), denen Schillers *Die Räuber* (1781) vorausgegangen war.

Als unmittelbare Anregung für *Des Arztes Vermächtnis* kommt Friedrich Wilhelm Joseph Schellings kurze Verserzählung *Die letzten Worte des Pfarrers zu Drottning auf Seeland* in Frage, die im ›Musen-Almanach für das Jahr 1802‹ (hg. v. A. W. Schlegel und L. Tieck, Tübingen 1802, S. 118-128) unter dem Pseudonym Bonaventura erschienen war. Schellings Text bietet inhaltliche Anknüpfungspunkte zu *Des Arztes Vermächtnis*.

Es existiert eine Reihe weiterer Werke, die ebenfalls die Tradition des Stoffes fortgesetzt und mögliche Anregungen für die Droste gegeben haben, z. B.: Benedicte Nauberts *Rosalba* (2 Bde., Leipzig 1818), H. Stahls (d. i. Jodocus Deodatus Hubertus Temme) *Geschichte des Pfarrers von Drontheim* (in: Allgemeine Unterhaltungsblätter 1828), oder Emil Jacobs *Der Totenschein. Eine Erzählung* (in: Westfälischer Merkur, Unterhaltungsblatt, 18. 7., 25. 7. u. 1. 8. 1833).

Stellenkommentar

264,1 *kühn]* Hier in der Bedeutung von »lebhaft von farbe«, »kräftig, frisch« (Grimm, *Deutsches Wörterbuch,* Bd. 5, Sp. 2575).

264,4 *Soldanella]* Alpentroddelblume oder Echtes Alpenglöckchen (Soldanella alpina).

264,9-11 *Wo ⟨...⟩ schweift]* Vgl. *Die Steppe* (Bd. 1, S. 50).

264,10 *Äther]* Hier: Himmel, vgl. auch Anm. 275,402.

264,15 *Rolle]* Urkundenrolle.

264,22 *linden]* Im Sinne von »leicht, im gegensatz zu schwer« (Grimm, *Deutsches Wörterbuch,* Bd. 6, Sp. 1028).

265,38 *Wasserreis]* Schnellwachsender Seitensproß bei Laubbäumen, der der Baumkrone Licht und Nahrung entzieht.

265,54,63 *Am zwölften Mai]* Der 12. 5. ist der Feiertag einer hl. Theodora (der Entwurf H[1] des Epos trug noch den Titel *Theodora*), einer römischen Jungfrau und Märtyrerin, die wegen ihres Glaubens zusammen mit der hl. Domitilla und der hl. Euphrosina im 1. Jahrhundert zu Terracina verbrannt wurde.

266,65 *im]* ein (D[1], D[2]), korrigiert nach den »Berichtigungen« in D[1].

267,112 *schwül*] Hier »auf seelische eindrücke, innere stimmungen bezogen, dumpf, beklemmend, bedrückend, ängstlich, beklommen« (Grimm, *Deutsches Wörterbuch*, Bd. 9, Sp. 2749).

267,127 *meinen*] meinem (D^1, D^2), korrigiert nach den »Berichtigungen« in D^1.

269,186 *flirrten*] Im Sinne von »schwirrten« (Grimm, *Deutsches Wörterbuch*, Bd. 3, Sp. 1803).

269,192 *Wölbung*] Gemeint ist der »bogen eines steinbaues« (Grimm, *Deutsches Wörterbuch*, Bd. 14,2, Sp. 1241).

270,241 *laß*] Matt, träge, vgl. *Hospiz* (1. Gesang, S. 221,145).

271,272 *ist's*] ist (D^1, D^2), dagegen »ists« in H^7.

272,280 *Atome*] Zur Zeit der Droste definierte man »Atome« als die »in allem Materiellen kleinsten und nach Voraussetzung weiter nicht trennbaren, dagegen eine bestimmte Figur und sonstige Eigenheiten behauptenden Theile« (*Encyclopädisches Wörterbuch der Wissenschaften, Künste und Gewerbe.* ⟨...⟩, 26 Bde., Altenburg 1824-36, Bd. 2, S. 315).

272,282 *Ach* ⟨...⟩ *Duft*] Vgl. *Am Montage in der Karwoche* (Bd. 1, S. 395,47-50).

272,295,302 *Naphta*] Ältere Bezeichnung für Äther, vgl. auch Anm. zu *An die Schriftstellerinnen in Deutschland und Frankreich* (Bd. 1, S. 24,42).

273,316-319 *Ein* ⟨...⟩ *Hand*] Vgl. *Hospiz* (1. Gesang, S. 225,292-296).

273,317 *Roßkamms*] Roßtäuscher, Pferdehändler.

273,320 *Damaszierung*] Verzierung von Waffen, wenn dem Metall »durch ätzmittel ein wolkiges, flammiges ansehen« gegeben wurde (Grimm, *Deutsches Wörterbuch*, Bd. 2, Sp. 701).

273,320 *falb*] Fahl, von matter Farbe.

273,325 *ausgeziert*] Verziert, geschmückt (Grimm, *Deutsches Wörterbuch*, Bd. 4,1,4, Sp. 7133).

273,335 *gelichtet*] Angehoben.

273,350 *Bronnen*] Brunnen.

275,402 *Äthers*] Hier verwendet als medizinisches Stimulans.

275,414 *Gerüll*] Nebenform von »Geröll« (Grimm, *Deutsches Wörterbuch,* Bd. 4,1,2, Sp. 3770).

275,419 *lischt*] Erlischt.

276,433 *meine Scheitel*] Zur Zeit der Droste hatte sich schon das Maskulinum durchgesetzt (vgl. Grimm, *Deutsches Wörterbuch,* Bd. 8, Sp. 2476).

276,458 *Hag*] Eingegrenztes Garten-, Wiesen- oder Waldgrundstück; hier ganz allgemein als »Grenze« oder »Begrenzung« (Grimm, *Deutsches Wörterbuch,* Bd. 4,2, S. 137f.).

277,471 *heiser*] heißer (D²), dagegen »heiser« in D¹.

279,532 *peinlich*] Im Sinne von »innerlich quälend und ängstigend, von innerlicher qual und unruhe erfüllt« (Grimm, *Deutsches Wörterbuch,* Bd. 7, Sp. 1528).

279,533-538 *Ich ⟨...⟩ Schrecken*] Vgl. *Der Knabe im Moor* (Bd. 1, S. 66).

279,534 *rispeln*] Vgl. Anm. 235,650.

280,595 *Hange*] Haage (D¹, D²), korrigiert nach den »Berichtigungen« in D¹.

281,610 *schütterten*] »iterativbildung zu ›schütten‹ ⟨...⟩, in der bedeutung an das älter bezeugte ›schütteln‹ rührend, aber doch gegen dieses im allgemeinen stärkeren sinnes« (Grimm, *Deutsches Wörterbuch,* Bd. 9, Sp. 2115).

282,640 *dämmerte*] Ging »müszig, in behaglicher abspannung« (Grimm, *Deutsches Wörterbuch,* Bd. 2, Sp. 710).

282,653 *Gestrippe*] Nebenform von »Gestrüpp« (Grimm, *Deutsches Wörterbuch,* Bd. 4,1,2, Sp. 4258), vgl. auch *Die Jagd* (Bd. 1, S. 38,50).

282,663 *Gekrimmel*] Hier in der Bedeutung von »wirres Durcheinander«, vgl. auch *Die Lerche* (Bd. 1, S. 35,44).

282,665 *mir*] wie (D²), dagegen »mir« in H⁶ und D¹.

283,692 *doch*] da (D¹, D²), korrigiert nach den »Berichtigungen« in D¹.

284,745 *vor*] von (D¹, D²), korrigiert nach den »Berichtigungen« in D¹.

285,762 *geizend*] Im Sinne von »verlangend« (Grimm, *Deutsches Wörterbuch,* Bd. 4,1,2, Sp. 2817).

287,824 *jetzt! –]* jetzt (D¹, D²), korrigiert nach den »Berichtigungen« in D¹.

287,825 *er ⟨...⟩ er – kömmt!«]* Korrigiert nach den »Berichtigungen« in D¹.

287,836 *O ⟨...⟩ Traum]* Möglicherweise Anspielung auf den Titel des Dramas *Das Leben ein Traum* (*La vida es sueño,* Madrid 1636) von Pedro Calderón de la Barca (1600 bis 1681). Die Droste kannte das Drama in der deutschen Übersetzung aus Melchior von Diepenbrocks Sammlung *Geistlicher Blumenstrauß aus spanischen und deutschen Dichter-Gärten, den Freunden der christlichen Poesie dargeboten* (Sulzbach 1829, S. 1-119).

DIE SCHLACHT IM LOENER BRUCH. 1623
(S. 288)

Textüberlieferung und Textgrundlage

Neben den Exzerpten aus den historischen Quellen (A¹: MA IX 4; A²: MA IX 2; A³: MA IX 8) sind fünf Entwürfe (MA IX 3-5, MA III 25-27) sowie einige Notizen (MA IX 6, MA IX 7, MA I 71) zur *Schlacht im Loener Bruch* überliefert (sämtlich im Meersburger Nachlaß, Staatsbibliothek zu Berlin, Preußischer Kulturbesitz). Diese handschriftlichen Materialien sind in HKA, Bd. 3, S. 783-890, abgedruckt.

Das Epos wurde zum erstenmal in den *Gedichten 1838* (S. 91-178) veröffentlicht (D¹). Die Droste übernahm *Die Schlacht im Loener Bruch* auch in die *Gedichte 1844* (S. 489 bis 575). Dieser erneute Abdruck (D²) diente der HKA ebenso wie der vorliegenden Ausgabe als Textgrundlage.

Entstehung

Die Arbeit an der *Schlacht im Loener Bruch* begann im Winter 1834/35, nachdem die Droste *Das Hospiz auf dem großen St.*

Bernhard und *Des Arztes Vermächtnis* vorläufig abgeschlossen hatte. Am 20. 3. 1835 berichtete Christoph Bernhard Schlüter in einem Brief an Wilhelm Junkmann: »Das Fräulein, muß ich noch erzählen, hat gegenwärtig einen ähnlichen martialischen Stoff zu bearbeiten unternommen als Sie früher vorhatten« (*Christoph Bernhard Schlüter an Wilhelm Junkmann.* Briefe aus dem deutschen Biedermeier 1834 bis 1883. Mit Erläuterungen hg. v. Josefine Nettesheim, Münster 1976, S. 22). Der Plan zu der *Schlacht im Loener Bruch* dürfte jedoch älter sein und ist wohl initiiert worden durch das vom Bruder der Droste, Werner von Droste-Hülshoff, subskribierte ›Taschenbuch für vaterländische Geschichte‹ (1. Jg., Münster 1833, anonym hg. v. Friedrich Arnold Steinmann [1801-1875]), in dem gleich im ersten, nicht gezeichneten Aufsatz die Auswirkungen des Dreißigjährigen Krieges (1618-48) auf das Hochstift Münster behandelt werden. Weiterhin wird in diesem Band auch die Schlacht bei Stadtlohn skizziert; von diesem ebenfalls anonymen Aufsatz mit dem Titel *Die Schlacht bei Stadtlohn am 4., 5. und 6. August 1623* (S. 251-270) hat sich die Droste Exzerpte (A[1]) angefertigt.

Doch es blieb zunächst bei dieser ersten Materialsammlung. Erst nach der Rückkehr von der Reise in die Schweiz scheint sich die Droste im Sommer 1837 wieder intensiv der *Schlacht im Loener Bruch* zugewandt zu haben. Im Brief an Junkmann vom 4. 8. 1837 heißt es im Anschluß an die Ankündigung, das *Hospiz* und *Des Arztes Vermächtnis* nun endgültig abzuschließen: »was ich dann zunächst vornehme? darüber habe ich vorerst noch Zeit nachzudenken, indessen – da wir grade drüber zu reden kommen – ich habe den Fehler Nichts zu vollenden – ⟨...⟩ so steht auch jetzt mein Sinn ich weiß nicht *wo* hin, aber nach Etwas *neu zu Beginnendem* – und doch liegen noch so gute Sachen in meinem Schreibtische! ⟨...⟩ 6 das vielbesprochene Gedicht, *Christian von Braunschweig,* was freylich fast allein nur in meinem Kopfe existirt, – indessen ist doch ein flüchtiger aber ziemlich vollständiger Entwurf bereits zu Papier gebracht«. In den Spätsommer 1837 ist wohl die Entscheidung zu datieren, die *Schlacht im Loener Bruch* ebenfalls für die projektierten *Gedichte 1838* aufzunehmen. Am 3. 11. 1837 mahnte Schlüter die Droste in einem scherzhaften Schreiben zur Eile: »Neben dem Flügel gebückt sie sitzt beim Christian von Braunschweig | Oder dem Bernhard, zu dichten an *dem*, und an *diesem* zu bessern. | ⟨...⟩ | Auf, o Nettchen und schreib und tunk in die Dinte die Feder | Wohlgeschnitten, und gut und eilend gefertigt die Abschrift! | Denn wir werden gedruckt, der Tag der Vollendung er nahet.« In ihrer Antwort vom 18. 11. 1837 konnte die Droste Schlüter den Abschluß des ersten Gesangs mitteilen. Nach dessen Abschluß kamen der Droste offenbar Zweifel, ob sie die Fakten zu diesem historischen Stoff genügend berücksichtigt habe, und sie begann erneut zu recherchieren. Folgende Quellen, aus denen sie sich wiederum Exzerpte (A², A³) anfertigte, zog sie heran: Franz Christoph von Khevenhiller, *Annales Ferdinandei Oder Wahrhaffte Beschreibung, Kaysers Ferdinandi Des Andern* ⟨...⟩ (Th. 9 und 10, Leipzig 1724), und Michael Ignaz Schmidt, *Geschichte der Deutschen* (Th. 9, Ulm 1789).

Aber das Material schien ihr immer noch nicht auszureichen, wie sie Schlüter am 1. 1. 1838 schrieb:

Mit dem Braunschweig geht es lustig voran, oder ging es vielmehr bis jetzt, wo ich erfahren habe, daß mehrere ältere Werke eine genaue Beschreibung dieser Schlacht nebst beygefügtem Schlachtplan enthalten, somit meiner Phantasie keines Wegs das große Feld zu Gebote steht, was ich ihr bereits geöffnet hatte, ich muß also warten, bis ich mir die Einsicht dieser Schriften verschafft, Eine derselben, theatrum Europæum wird mir mein Bruder wahrscheinlich jetzt vom Bischofe mitbringen, zwey andere: *Bellus Heldenbuch* und *Bellus österreichischer Lorbeerkranz* weiß ich noch nicht aufzufinden, doch hoffe ich auf die Universitætsbibliothek, sind sie Ihnen bekannt? ⟨...⟩ der zweyte Gesang wird übrigens, meine ich, auch schon gut ⟨...⟩.

Folgende Werke hat die Droste offenbar ganz oder teilweise eingesehen: Johann Philipp Abelin, *Theatrum Europæum, Oder | Außführliche und Warhafftige Beschreibung* ⟨...⟩ (Frankfurt/Main 1662), Nicolaus Bellus (d. i. Michael Caspar Londorp), *Östreichischer Lorberkrantz Oder Kayserl. Victori.* ⟨...⟩ (Frankfurt/Main 1627) und Nicolaus Bellus, *Helden Buch | Oder Beschreibung der vornembsten Potentaten | ⟨...⟩* (Frankfurt/Main 1629).

Schon einen Tag später, im Brief vom 4. 1. 1838 unter dem Datum des 2. 1., versuchte Schlüter, die Bedenken der Droste zu zerstreuen: »Die älteren Werke von denen Sie Kunde erhalten und die eine genauere Beschreibung der Schlacht, worin Christian erlag, enthalten sollen, dürfen Sie nicht irre machen; wer kennt sie, wer hat sie gelesen? – Erwägen Sie wie es Schiller mit Wallenstein, Maria Stuart etc. gemacht in Welt-historischen Ereignißen und mit Personen, welche auf der Bühne der Geschichte die ersten Rollen spielten, Sie werden auch ohne ihn als Muster gelten zu lassen gewiß minder ängstlich sein. Meiner Meinung nach können Sie jener Werke entbehren.«

Am 6. 2. 1838 konnte die Droste aber schon Sophie von Haxthausen berichten: »ich bin hier recht fleißig gewesen, und habe ein größeres Gedicht in zwey Gesängen geschrieben, die *Schlacht im Loener Bruch*, es kömmt aber nicht viel Schlachterey darin vor, sondern das Ganze ist mehr ein vaterländisches Stück«. Eine ähnliche Mitteilung machte sie am 11. 2. 1838 Therese von Droste-Hülshoff, die sich zu dieser Zeit in Eppishausen aufhielt. Im März war dann die gesamte Niederschrift abgeschlossen, und die Droste konnte aus dem beendeten Werk Schlüter und dem Verleger Eduard Hüffer einer Tagebuchnotiz Schlüters zufolge Mitte März 1838 vorlesen.

In die Zeit der endgültigen Fertigstellung fällt offenbar auch eine neue Titelwahl. Der ursprüngliche Titel »Christian von Braunschweig« behielt bis kurz vor Druckbeginn seine Gültigkeit. Möglicherweise ist die Titeländerung, wie sie erstmals im oben zitierten Brief an Sophie von Haxthausen vom 6. 2. 1838 auftaucht, mit Bedenken des Bruders Werner von Droste-Hülshoff zu erklären, der im Kontext der politisch-religiösen Auseinandersetzungen des Kölner Kirchenstreits 1837 seine Schwester vor unvorsichtigen tendenziösen Äußerungen gewarnt hatte: »die Zeitumstände erlaubten nicht, grade jetzt mit einem Gedichte aufzutreten, was die Religionsspaltung zum Gegenstande habe, und so offenbar eine katholische Hand verrathe, es sehe aus wie absichtliche Aufregung der Gemüther« (Brief an Schlüter, 1. 1. 1838). Vor diesem Hintergrund war der neutrale, die historischen Geschehnisse stärker in den Mittelpunkt rückende Titel *Die Schlacht im Loener Bruch. 1623* sicherlich ein Kompromiß.

Wirkung

Die Schlacht im Loener Bruch fand bei Schlüter und Junkmann von Anfang an eine äußerst positive Aufnahme. Schlüter bemühte sich sogar, die Bedenken Werner von Droste-Hülshoffs, das Versepos tangiere zu sehr die Zeitumstände im Zusammenhang mit dem Kölner Kirchenstreit 1837 (s. o.), auszuräumen, wie dem Brief vom 4. 1. 1838 an die Droste zu entnehmen ist: »Ich glaube für Sie zu fühlen, wie für mich; allein wenn man gleich eine katholische Hand in der Feder dieses Gedichts erkennen wird; eine Controverse-Predigerin oder Revolutionärin etc. wird man darin schwerlich herauswittern, weil sie nicht dahinter steckt; so etwas läge einem Gedichte, das bestimmte Farbe und Ton hat, doch wohl zu fern: so überfeiner Witz und Vermuthungsgabe oder vielmehr Argwohn ist doch Gottlob noch nicht an der Tagesordnung; hierüber können wir gewiß durchaus ohne Sorge sein.«

Nach der Veröffentlichung in den *Gedichten 1838* lobt auch Adele Schopenhauer *Die Schlacht im Loener Bruch* am 16. 12. 1838 als »eine Perlenschnur vollkommen allerliebster Einzelheiten, von einem einzigen warmen wahren

Gefühl aneinandergehalten und gereiht«. Elise von Hohenhausen betont im Mindener ›Sonntagsblatt‹ (16. 9. 1838) den ›vaterländischen‹ Aspekt (Droste-Rezeption, Nr. 2, S. 12), während Levin Schücking sich im ›Telegraph für Deutschland‹ (Oktober 1838) durchaus kritisch zur Konzeption des zweiten Gesanges äußert: »Doch ist hier eine Störung in der Harmonie des Ganzen gegen das Ende hin auffallend; die Schilderung der Schlacht selbst ist im Verhältniß zu den übrigen Theilen der ausführlichen Erzählung zu kurz abgebrochen, die Niederlage Christians nicht genügsam motivirt, und wenn er der Übermacht erliegt, so hätte uns dieses Unterliegen nicht allein gesagt, sondern gezeigt werden müssen. Der weiblich fühlende Genius der Dichterin scheint sich gescheut zu haben, ein wie männliches Gepräge er auch in seiner Kraft und Originalität trägt, tiefer in die Metzelei eines so blutigen Kampfes einzudringen« (Droste-Rezeption, Nr. 4, S. 15).

Eine vermutlich von Karl Ferdinand Dräxler-Manfred verfaßte Rezension in der ›Kölnischen Zeitung‹ (29. 10. 1839) sieht die *Schlacht im Loener Bruch* als Beleg für den »vorzugsweise⟨n⟩ Beruf der Dichterin zu epischen Schilderungen« (Droste-Rezeption, Nr. 8, S. 21), und Gustav Kühne hebt die ›Männlichkeit‹ der Phantasie im Berliner ›Gesellschafter‹ (19. 8. 1840, Beil. »Literarische Blätter«) hervor: »Wir hielten es für unmöglich, daß eine weibliche Feder diese Zeilen geschrieben, eine weibliche Phantasie diese schauerlichen Bilder, vor denen des Mannes Sinn erbebt, geschaffen haben könne, wenn wir es nicht genau wüßten, daß es so wäre« (Droste-Rezeption, Nr. 11, S. 26).

In den Rezensionen zu den *Gedichten 1844* tritt die *Schlacht im Loener Bruch* ebenso wie die beiden anderen Epen hinter die Lyrik zurück; im Kontext der Diskussion um die Gattung Epos erwähnenswert ist Joseph Wilhelm Eduard Brauns Rezension im ›Neuen Europa‹ (Bd. 1, 1845): »Wenn Jemand in heutigen Tagen das Epos wieder zu Ehren bringen kann, so ist es Annette von Droste. ⟨...⟩ die vier größeren epischen Gedichte am Schluß des Bandes, besonders die Schlacht am Loener Bruch, fordern zur Anlegung eigenthümlicher Maßstäbe heraus, mag auch ihre Sprache und ihr Rhythmus häufiger gar zu spröde, jeden leichten Reiz, jede Koketterei verspottend seyn« (Droste-Rezeption, Nr. 50, S. 56).

Stellenkommentar

288, vor 1 *Loener Bruch]* Der bzw. das Loener Bruch (mit niederdeutschem Dehnungs-e wie in Soest oder Coesfeld) war zur Zeit des Dreißigjährigen Krieges eine erst teilweise urbar gemachte Heide- und Sumpffläche nördlich von Stadtlohn.

Erster Gesang

288,1-16 *'s ist ⟨...⟩ Schein]* Vgl. den Eingang zum *Hospiz* (S. 217).

289,37 *Meeresborden]* Meeresufern; vgl. in ähnlicher Verwendung *Lebt wohl* (Bd. 1, S. 304,9) und ⟨*An einem Tag wo feucht der Wind*⟩ (Bd. 1, S. 634,9).

290,69 *tolle]* »unsinnig, wahnsinnig, tobsüchtig ⟨...⟩, wütend, rasend, unbändig, ausgelassen, leidenschaftlich, zornig, heftig, thöricht, närrisch, unvernünftig, verrückt, stumpfsinnig, wirre, dumm, wunderlich« (Grimm, *Deutsches Wörterbuch,* Bd. 11,1,1, Sp. 632).

290,69 *Herzog]* Herzog Christian von Braunschweig-Lüneburg-Wolfenbüttel (1599-1626), Bischof von Halberstadt.

290,69 *Anholts Graf]* Johann Jakob Graf von Bronckhorst zu Anholt (um 1580-1630), Feldmarschall der Liga.

290,70 *Erntemond]* August.

291,101 *Tilly]* Johann Tscherklaes Graf von Tilly (1559 bis 1632), einer der bekanntesten Heerführer der Liga.

291,106 *Pharus]* Der von Ptolemaios II. Philadelphos

erbaute, 280/279 v. Chr. vollendete Leuchtturm auf der Halbinsel Pharos vor Alexandria galt in der Antike als eines der Sieben Weltwunder. Vgl. auch *Das Bild* (Bd. 1, S. 325,61).

291,116 »*Tout* ⟨...⟩ *Elle!*«] Frz.: »Alles für Gott und für sie«. Gemeint ist die »Pfalzgräfin Elisabeth«, Elisabeth Stuart (1596-1662), Tochter Jakobs I. von England, Kurfürstin von der Pfalz, Königin von Böhmen (vgl. auch S. 295,282; S. 297,335, 347, 354; S. 353, Anm. 1; S. 354, Anm. 5 u. 6 zum 1. Gesang).

291,133 *Hora*] Vorgeschriebene Gebetsstunden.

292,159 *Phalänen*] Gruppe der Nachtfalter (Phalaena); vgl. auch *Die Jagd* (Bd. 1, S. 37,32), *Der Heidemann* (Bd. 1, S. 62,9) und *Mondesaufgang* (Bd. 1, S. 332,11).

293,175 *schartig*] Adjektiv zu Scharte: »durch schneiden, hauen, brechen entstandene verletzung, lücke, vertiefung, öffnung (Grimm, *Deutsches Wörterbuch,* Bd. 8, Sp. 2222, 2227); vgl. auch *Die Taxuswand* (Bd. 1, S. 140,3).

293,190 *Reiherbusche*] Kostbarer Hutschmuck aus Reiherfedern.

295,247 *Bistum*] Gemeint ist das Bistum Halberstadt.

295,264 *Inful*] Bischofsmütze, Mitra.

296,300 *hoch*] Gemeint ist hier »stolz«, »prächtig«.

296,305f. *seit* ⟨...⟩ *Wahl*] Friedrich V. (1596-1632), Kurfürst von der Pfalz und König von Böhmen.

296,306 *Böhmens Ständen*] Die vereinigten protestantischen Stände der böhmischen Kronländer (Böhmen, Mähren, Schlesien, Ober- und Niederlausitz) wählten im August 1619 Friedrich V. (1596-1632) zu ihrem König.

297,342f. *Das* ⟨...⟩ *lag*] Gemeint ist die Schlacht am Weißen Berge 1620.

298,364 *Fortunens*] Die römische Göttin des Glücks (Fortuna) wurde von den Soldaten des Dreißigjährigen Kriegs zu ihrer Schutzheiligen erkoren.

298,372 *traf*] träf' (D¹, D²), korrigiert nach den »Berichtigungen« in D¹.

298,372 *des Reiches Acht*] Bei Land- und Religionsfriedensbruch konnten Kaiser und Reichsstände diese Strafe verhängen, wodurch der Geächtete Land, Güter und Privilegien verlor.

298,373 *Mansfeld]* Peter Ernst Graf von Mansfeld (um 1580-1626), Söldnerführer katholischer Konfession.

299,425 *Kaisers]* Ferdinand II. von Habsburg (1619 bis 1637).

300,431-436 *Zu neuem ⟨...⟩ General]* Christian stand 1623 als Kreisobrist in Diensten des niedersächsischen Reichskreises.

300,440 *Platow]* Plato(w), Brandmeister im Heer Christians von Braunschweig.

301,482-484 *Daß Gott ⟨...⟩ weilen]* Das Volk Israel ließ sich gegen Gottes Weisung auf ein Bündnis mit den heidnischen Bewohnern von Kanaan, den Gibeonitern, ein. Gott kam seinem Volk jedoch zu Hilfe, als andere kanaanitische Stämme Gibeon angriffen, und verzögerte sogar den Lauf der Sonne, damit alle Angreifer vernichtet werden konnten (Jos 9f.).

302,505f. *Des ⟨...⟩ Schein]* Der in Syrakus lebende griechische Mathematiker und Physiker Archimedes (287-212 v. Chr.) erfand u. a. den Brennspiegel, mit dessen Hilfe angeblich feindliche Schiffe, die Syrakus belagerten, in Brand gesetzt wurden.

302,510 *Renegat]* (Glaubens-)Abtrünniger.

302,525 *Obrist Spar]* Ernst Georg Graf von Sparr (um 1602-1666) führte als Oberst im Heer Christians von Braunschweig ein Infanterieregiment.

303,543 *Leichenstein]* Grabstein.

303,551 *Sankt Michael]* Der Erzengel Michael gilt als Anführer der himmlischen Heerscharen beim Kampf mit dem Teufel. Ikonographisch wird er mit Schwert und Lanze als Bekämpfer des höllischen Drachen dargestellt.

304,572 *Sturmhaube]* Lederne Kopfbedeckung mit Federbusch, Roßschweif oder Roßmähne, die seit dem Mittelalter von der Infanterie getragen wurde.

304,574 *Kollern]* Lederner Harnisch zum Schutz von Brust und Rücken.

304,586 *Partisane*] Hieb- und Stichwaffe der Infanterie.

304,597 *Risch*] Nebenform von »rasch« (Grimm, *Deutsches Wörterbuch*, Bd. 8, Sp. 1039).

309,787 *Kirchenbann*] Der Kirchenbann (Exkommunikation) bedeutet den Ausschluß aus der kirchlichen Gemeinschaft und die Verweigerung der Sakramente einschließlich eines christlichen Begräbnisses.

310,810 *Styrum*] Hermann Otto Graf von Styrum (um 1592-1644), Generalleutnant der braunschweigischen Reiterei.

310,813 *das Stäbchen brach*] Traditionelle Rechtssitte, wonach der Richter seinen Gerichtsstab über dem Haupt eines zum Tode Verurteilten als Zeichen für die Unwiderruflichkeit des Urteils zerbrach.

312,868f. *Ist* ⟨...⟩ *legen*] Im frühen Mittelalter wurde der im Alten Testament mehrfach erwähnte Basilisk als Wesen, halb Hahn, halb Drache, das aus einem Hahnenei erbrütet wurde, aufgefaßt. In der theologischen Literatur gilt der Basilisk als Symbol für den Tod, den Teufel und den Antichrist.

313,914-917 *Gedenkt* ⟨...⟩ *Grab*] Kyros II. (gest. 529 v. Chr.) entließ die Juden 538 v. Chr. aus der babylonischen Gefangenschaft und gestattete ihnen, das von Babyloniern zerstörte Jerusalem wieder aufzubauen sowie die entführten Kultgegenstände in den Tempel zurückzubringen. Serubbabel (Zorobabel) führte die Juden nach Palästina zurück und begann 520 v. Chr. mit dem Bau des zweiten Tempels in Jerusalem.

313,918,923 *Julian der Apostat*] Der römische Kaiser Flavius Claudius Julianus (331-363) trug den Beinamen »Apostata« (der Abtrünnige), weil er – obwohl christlich erzogen – unter neuplatonischem Einfluß eine Verschmelzung christlicher Formen mit der neuplatonischen Philosophie beabsichtigte.

314,963-315,991 *'s ist* ⟨...⟩ *er an*] In dieser Passage sind zahlreiche Motive vorgeprägt, die sich in folgenden Gedichten wiederfinden lassen: *Der Knabe im Moor, Das*

Hirtenfeuer, Die Steppe, Der Heidemann, Im Grase (Bd. 1, S. 66, 60, 50, 62, 306).

316,1015 *Nothelfern*] Heilige, die in bestimmten Nöten um Fürbitten angerufen werden (14 Nothelfer).

316,1016 *Antonius*] Gemeint ist hier Antonius »der Einsiedler« (251/52-356); vgl. *Volksglauben in den Pyrenäen. Maisegen* (Bd. 1, S. 318, 291, 299).

317,1072 *des Rautenschilds Panier*] Feldzeichen der Bayern.

Zweiter Gesang

318,6 *Höhenrauch*] Entstand durch das in Norddeutschland und in Holland übliche Moorbrennen.

320,74 *Albrecht Tilly*] Bei dieser Figur handelt es sich um eine fiktive Gestalt.

320,81 *Schönberg*] Otto Schönberg Graf von Schönberg (?-1631), Oberst im Heer der Liga.

320,84 *Holsteins Herzog*] Herzog Adolf zu Schleswig-Holstein-Gottorp (1600-1651) führte seit 1623 ein selbst angeworbenes Reiterregiment unter Johann von Tilly und Wallenstein.

320,87 *Graf Fürstenberg*] Jakob Ludwig Graf von Fürstenberg (1592-1627), General der Liga.

320,88 *Erwitte's*] Dietrich Otmar von Erwitte (?-1631) führte als Oberst ein Reiterregiment der Liga.

320,89 *Lindler*] Timon von Lindlo (1568-1650), Kavallerieoberst im Heer der Liga.

320,99 *à la Reine*] Mit diesem Kommando startete man im Schach einen Angriff auf die Königin.

321,103 *Gabor*] Gabriel Bethlen gen. Bethlen Gabor (1580-1629), Fürst von Siebenbürgen.

322,153-157 *Wer so ⟨...⟩ kehren*] Friedrich Ulrich von Braunschweig (1591-1634) vertrieb im Herbst 1621 die von seinem Bruder Christian angeworbenen Söldner.

323,179 *»Au roi!«*] Mit diesem Kommando startete man

im Schach einen Angriff auf den König (»Schach dem König!«).

323,181 *Schönberg]* Schönborn (D¹, D²), korrigiert nach den »Berichtigungen« in D¹.

326,306 *Kartaunenweite]* Kartaune: schweres Geschütz; gemeint ist hier die Schußweite.

327,337 *»Ventus Altissimi!«]* Lat.: »Der Wind (d. i. die Gunst) des Höchsten (sei mit uns)!« Dieser Sinnspruch wird durch die Darstellung eines Löwen und eines vom Wind bewegten Baumes auf den Fahnen des Herzogs Christian verbildlicht.

327,340 *Wilhelm von Weimar]* Herzog Wilhelm IV. von Sachsen-Weimar (1598-1662), protestantischer Heerführer mit eigenen Truppen.

327,354 *ruckt]* rückt (D¹, D²), korrigiert nach den »Berichtigungen« in D¹.

328,359 *der Weihe]* Der Weihe oder die Weihe (Milvus): mittelgroßer Greifvogel.

328,360 *der Hürde Reif]* Hürden sind »Wände aus reisiggeflecht ⟨...⟩ mit denen die hirten des nachts ihre hutstatt umstellen«, während Reif hier ein »kreisförmig gestaltete⟨r⟩« Ring bedeutet (Grimm, *Deutsches Wörterbuch,* Bd. 4,2, Sp. 1957, und Bd. 8, Sp. 621).

328,382 *Karabiner]* Kurze Gewehre ohne Bajonett.

328,387-329,394; 329,413-420; 329,424-330,431 *»Unser ⟨...⟩ Rechten.« | »Die Reiter ⟨...⟩ fällen.« | »Und ⟨...⟩ Garten]* Für dieses Landsknechtslied kompilierte die Droste zwei Kriegslieder aus der Zeit des Schmalkaldischen Krieges (1546/47): *Von der Schlacht vor Bremen | welche geschehen den 22. Maij | Anno 1547* (Str. 5 und 8) und *Ein Nev Lied von der Belägerung der Fürstlichen Stadt Leipzig | von dem Churfürsten zu Sachsen | sc. wie er es berennen und beschiessen hat lassen | und die Stadt zu erobern für genommen auff den 5. Tag des Jenners 1547* (Str. 41). Textabdruck: Friderich Hortleder, *Der Römischen Kayser- Vnd Königlichen Maiesteten Auch deß Heiligen Römischen Reichs Geistlicher vnd weltlicher Stände ⟨...⟩ Handlungen vnd Außschreiben ⟨...⟩,* Gotha 1645, S. 577f., 527-530.

330,447 *nun*] ein (D¹, D²), korrigiert nach den »Berichtigungen« in D¹.

331,490-492 *Petrus ⟨...⟩ gekräht*] Vgl. die Verleugnung des Petrus (Mt 26,69-75, Lk 22,54-62).

334,605 *Sodomsäpfel*] Poma Sodomitica, wachsen in der Gegend des Roten Meers, »welche, wenn sie auf dem stamm stehen bleiben und vertrocknen, hernach innen voll staub sind« (Grimm, *Deutsches Wörterbuch,* Bd. 10,1, Sp. 1400).

336,649f.; 357, Anm. 12 *Es ⟨...⟩ Haar*] Joachim Andreas Graf von Schlick, Freiherr von Holejtsch, Graf von Bassano und Elbogen (1569-1621), böhmischer Oberlandrichter, Landvogt und Oberkammerherr.

336,676 *Hesperus*] Antike Bezeichnung für den Planeten Venus als Abendstern, hier ist die Venus als »Morgenstern« (v. 657) gemeint.

336,681 *am siebenten August*] Das Datum der Schlacht ist für den 6. 8. 1623 belegt.

337,693 *Skolopender*] Tausendfüßler.

337,697f. *Es ⟨...⟩ mag*] Vgl. *Des alten Pfarrers Woche* (Bd. 1, S. 171,1f.).

337,719 *Marodieren*] Plündern.

337,720 *Schricken*] Gemeint ist ein Oberst im Heer Christians von Braunschweig.

338,724f. *Herzog ⟨...⟩ Altenburg*] Herzog Friedrich von Sachsen-Altenburg (1599-1625), Oberst im Heer Herzog Christians von Braunschweig.

338,729f. *Ihm ⟨...⟩ Held*] Bernhard Graf von Thurn, Oberst im Heer Christians von Braunschweig, ein Sohn des Grafen Heinrich Matthias von Thurn, der zu den Anführern des böhmischen Aufstandes von 1618 gehörte (vgl. 2. Gesang, S. 338,731f.).

338,729 *Tolle*] Oberst im Heer Christians von Braunschweig.

338,732 *Martinitz*] Jaroslaus Borzita Graf von Martinitz (1582-1649), Oberburggraf des Königreiches Böhmen.

339,778 *Plotonen*] Peloton, auch Ploton: Unterabteilung eines Bataillons.

339,790-340,796 *Und ⟨...⟩ hoben sich*] Vgl. *Die Krähen* (Bd. 1, S. 54).

340,805 *Schwadron*] Eine Schwadron (Escardon) umfaßte als Truppenteil der Kavallerie etwa hundert Reiter, vgl. auch *Die Krähen* (Bd. 1, S. 57,88).

341,857 *Ächter*] Gemeint ist ein Geächteter, der durch Gerichtsurteil aus der Gemeinschaft ausgestoßen und für ehrlos und rechtlos erklärt wurde (vgl. Grimm, *Deutsches Wörterbuch*, Bd. 1, Sp. 170).

341,866 *Schmid*] Valentin Schmidt von Wellenstein, Oberst im Heer der Liga.

341,866 *Mortaigny*] Levin von Mortaigne, Infanterieoberst im Heer der Liga.

341,867 *Kroaten*] Aufgrund ihrer Eigenschaften häufig eingesetzt als leichtbewaffnete Reiter in den europäischen Heeren der Frühen Neuzeit.

342,876 *Basiliskenblick*] Vgl. Anm. 312,868f.

342,885 *Granat und Wachtel*] Im Dreißigjährigen Krieg gebräuchliche Geschoßarten; vgl. auch *Die Krähen* (Bd. 1, S. 56,69).

342,897f. *Doch ⟨...⟩ Paß*] Anspielung auf die Schlacht bei den Thermopylen (480 v. Chr.), die der Spartanerkönig Leonidas gegen eine persische Übermacht verteidigte und dadurch dem griechischen Heer einen geordneten Rückzug ermöglichte.

344,941 *Hut des Fortunat*] Fortunatus, der Held eines deutschen Volksbuches (1509), besaß einen sich nie leerenden Geldbeutel und einen Wunschhut, mit dem er sich an jeden beliebigen Ort wünschen konnte.

344,969 *Herberstorfsche*] Adam Freiherr von Herbersdorf (1584-1629), kaiserlicher Generalmajor im Heer der Liga.

344,976 *faltend*] falten (D¹, D²), korrigiert nach den »Berichtigungen« in D¹.

347,1057 *Bedächtlich*] bedächtlich (D¹), Bedächtig (D²), korrigiert nach den »Berichtigungen« in D¹.

347,1076f. *Von ⟨...⟩ Gleichen*] Vgl. den Anfang des *Nibelungenliedes*.

348,1106 *Skapulier*] Tuchstreifen als Teil der Ordenskleidung.

348,1114 *Anger*] »grasbewachsenes land« (Grimm, *Deutsches Wörterbuch*, Bd. 1, Sp. 348).

349,1130 *Wie ⟨...⟩ Schmach*] Simson (Samson) war einer von zwölf Richtern, die das Volk Israel über 200 Jahre lang regierten (bis um 1070 v. Chr.). Simson war wegen seiner Körperkraft gefürchtet, mußte aber seinen Sieg über die Philister mit dem Leben bezahlen (Ri 15f.).

350,1193 *wilde Jagd*] Dem Volksglauben zufolge führt in der Zeit zwischen Weihnachten und dem Dreikönigstag der »wilde Jäger« ein Geisterheer durch die Lüfte.

351,1226 *Krieger*] Krieger (D^1), Brüder (D^2).

351,1231 *»Multhäufe«*] Im Volksmund haben diese Erdhügel folgende Bedeutung: Nach einem Kampf zwischen den Riesen und ihren übermächtigen Feinden beerdigte man die Toten auf dem Schlachtfeld und legte zu deren Schutz große Erdhügel darauf an.

Anmerkungen zum 1. Gesang

354, Anm. 3 *Kurfürsten Maximilian von Bayern*] Maximilian I., Herzog von Bayern (1573-1651).

354, Anm. 7 *Erzherzoge Leopold*] Erzherzog Leopold von Österreich (1586-1632), Landesfürst von Tirol, Bischof von Passau und Straßburg, ein Bruder Kaiser Ferdinands II.

354f., Anm. 8 *Leo septentrionalis*] Dieses Motto, das ergänzt wird durch die Darstellung von zwei nach der Kaiserkrone greifenden Löwen, bezieht sich auf die Sternbilder des Großen und Kleinen Löwen am nördlichen (septentrionalis) Sternenhimmel.

Anmerkungen zum 2. Gesang

356, Überschrift: *Gesange]* Gesange. (D¹), Gesang. (D²).
356, Anm. 1 *Clemens August von Bayern]* Herzog von Bayern (1700-1761), Kurfürst-Erzbischof von Köln, Fürstbischof u. a. von Münster.

VERSEPEN. AUS DEM NACHLASS

WALTHER
(S. 361)

Textüberlieferung und Textgrundlage

Zum Versepos *Walther* haben sich neben ersten eigenhändigen Entwürfen (MA III 22) sowie zwei von Therese von Droste-Hülshoff (h^4; Stadt- und Landesbibliothek Dortmund, Atg. Nr. 4401-4403) und von Jenny von Droste-Hülshoff (h^5; Staatsbibliothek zu Berlin, Preußischer Kulturbesitz, MA X 7) angefertigte Abschriften erhalten. Außerdem ist eine Reinschrift der Droste (H^6) der ersten drei Gesänge erhalten, die Gesänge 4-6 wurden von fremder Hand hinzugefügt (h^6; Annette von Droste-Gesellschaft, Münster). Diese Fassung bildet die Textgrundlage der HKA ebenso wie der vorliegenden Ausgabe (zur Textgestaltung vgl. im einzelnen HKA, Bd. 3, S. 948-955). Außerdem trug die Droste zehn Verse aus dem zweiten Gesang (S. 370,102-111) in ein heute verschollenes Album ihrer Cousine zweiten Grades Sophie von Dücker ein. Dieser Eintrag ist durch ein Faksimile überliefert (Maximilian Kraß, *Ein Album aus der Zeit um Annette von Droste. Ein unbekanntes Droste-Gedicht*, in: Jb. der Droste-Gesellschaft 1 [1947], S. 199-202).

Walther ist zu Lebzeiten der Droste nicht veröffentlicht worden, obwohl sie – wie die Verzeichnisse für die *Gedichte 1844* nahelegen – offenbar kurz mit dem Gedanken einer Publikation gespielt hat. Ein erster postumer Teildruck erschien in Levin Schücking, *Annette von Droste. Ein Lebensbild* (in: Illustrirtes Familienbuch zur Unterhaltung und Belehrung häuslicher Kreise 10 [1860], S. 192-201, 223-237,

Textabdruck S. 196). Der erste vollständige Druck erfolgte 1878 in Schücking, *Droste-Werkausgabe* (1878/79), Bd. 2, S. 191-257.

Entstehung

Das Versepos *Walther* ist das erste größere Werk, das die Droste abgeschlossen hat. Eine erste Erwähnung findet sich im Brief der Droste an Anton Mathias Sprickmann vom 26.(?) 10. 1818:

> ich habe in diesem Jahre ein Gedicht in sechs Gesängen geschrieben, dem eine nicht zu wohl ausgesonnene Rittergeschichte zum Grunde liegt, das mir aber in der Ausführung ziemlich gelungen scheint, dies wollt ich Ihnen nun schicken, sobald es fertig wär, konnte aber nicht sobald damit zu Stande kommen, weil ich im vorigen Jahre sehr an einem Kopfschmerz gelitten habe, der äußerst nachtheilig auf die Augen wirkte, und habe ich mich hiebey, wie die Aerzte behaupten, sehr vor Rückfällen zu hüthen, ich habe auch wirklich nie einen halben Gesang ununterbrochen schreiben können, ohne einen kleinen Anfall zu spüren; obschon die Gesänge nicht sehr lang sind, und ich im Ganzen auch nicht so sehr langsam arbeite, so hat dies kleine Werk doch so oft und lange Feyertag gehalten, daß mir beynahe das ganze Jahr darüber hingegangen ist, und je näher ich zum Ziel kam, je weniger konnte ich mich entschließen, Ihnen einen Brief ohne diese Einlage zu schicken, das ist aber alles nur ein optisches Blendwerk, wodurch meine Trägheit niederträchtiger Weise meine bessere Ueberzeugung um ihr gutes Gewissen gebracht hat, denn es mußte mir nach den ersten Gesängen schon deutlich seyn, daß das Ding in meiner damaligen Lage so schnell nicht gieng ⟨...⟩.

Doch erst zum 24. 2. 1819 konnte die Droste ihrem literarischen Mentor eine von ihrer Schwester Jenny von Droste-Hülshoff angefertigte Abschrift (h5) zum Geschenk machen. Im Brief vom 8. 2. 1819 hatte sie Sprickmann wie schon zuvor im Brief vom 26.(?) 10. 1818 um seine kritische Meinung zum *Walther* gebeten:

nun bitte ich sie noch einmahl, recht von Herzen, lieber Sprickmann, schreiben Sie mir doch recht deutlich und aufrichtig über das kleine Werk, nicht allein über offenbare Fehler, sondern was Ihnen nur immer unbehaglich daran auffällt, und noch verbesserungswerth scheint, ich habe zwar schon soviel darüber reden hören, und jeder klug seyn wollende, sitzt zu Gericht (denn meine Mutter, die das erste Exemplar bekommen hat, wie sie aus der Zueignung sehen, ließt es zuweilen zu meinem großen Leide, ihren Bekannten vor, und sehr oft Menschen, von denen ich voraus weiß, daß sie recht viel Ungeschicktes darüber sagen werden,) und hat ein neues Lob und einen neuen Tadel dafür, und ich weiß oft nicht, worüber ich mich am meisten ärgere, was das Lob anbelangt, so habe ich schon recht an mich halten müssen, um manche unbedeutende und eben passable Stellen nicht auszustreichen, die mir durch unpassendes Lob ganz und gar zuwider geworden sind, so kam z.B. ein gewisser Herr, dem mein Gedicht auch *nicht durch mich* zur Beurtheilung vorgelegt worden war, immer darauf zurück, die schönste Stelle im ganzen Gedicht sey (2ten Gesang 3te Strophe 3te Zeile) »Es rauscht der Speer, es stampfte wild das Roß« und erst durch sein vieles Reden, wurde mir offenbar, wie dieser Ausdruck so gewöhnlich und oft gebraucht, und beynahe die schlechteste Stelle im ganzen Buche ist, dieser Herr hörte auch gar nicht davon auf sondern sagte während des Tages mehrmahl, wie in Entzückung verlohren »Es rauscht der Speer, es et cet.« wozu er auch wohl leise mit dem Fuße stampfte, ich mußte endlich aus dem Zimmer gehn, wie ich vor einer Woche in Münster bin, begegnet mir der Unglücksvogel auf der Straße, hält mich sogleich an, und sagt sehr freundlich »Nun, Fräulein Nettchen, wie gehts? was macht die Muse? giebt sie Ihnen noch bisweilen so hübsche Sächelchen in die Gedanken, wie das Gedichtchen von neulich? ja, das muß ich Ihnen sagen, das ist 'n niedlich Ding, was für ne Kraft bisweilen »Es rauscht der Speer, es stampfte wild das Roß« ich machte mich so bald wie möglich los, und lachte ganz unmäßig, ich hätte aber eben so gut weinen können, sehn Sie, mein Freund, und so gehts mir oft, von der andern Seite, würde ich mir wenig daraus machen, mein Gedicht oft auf die albernste und verkehrteste Weise tadeln zu hören wenn ich nicht dabey gezwungen wär, zu thun, als ob ich ihre Bemerkungen ganz richtig fände, ein freundliches Gesicht zu machen, und ihnen vielleicht noch für ihre Aufrichtigkeit danken, aber wenn ich oft Stellen, von denen ich überzeugt bin, daß sie zu den Bessern gehören als dunkel, unverständlich et cet schelten höre und dagegen von schlechteren und seichtesten, eben weil nur jeder gut, und klug genug ist, um sie ganz zu verstehn und empfinden, loben höre, und soll alsdann noch die oben benannten freundlichen Grimassen dazu schneiden, das ist zu arg, und mit Stillschweigen oder einer Verbeugung kann ich es nicht abmachen, dann bin ich hochmüthig, (daß die ungeschickten Lober und Tadler die nämlichen Personen sind, versteht sich von selbst, nur einige wenige genügsame Seelen halten sich ausschließlich zu den Erstern) nur zwey oder dreymahl bin ich zu meiner Freude mit einem bloßen »recht schön« abgefertigt worden, sonst ist jedesmahl, wenn ich das Gedicht in die Stube schicke (denn ich hebe es selbst auf, obschon es meiner Mutter gehört, und bin also gezwungen, mein liebes Kind jedesmahl selbst in die Hände seiner Feinde zu liefern) so gut, als ob ich auf ein Dutzend Kritiken pränumerirte, denn fast niemand kann der Versuchung widerstehn, sich durch irgend eine Verbesserung als einen denkenden feinen Kopf zu charakterisiren.

Mein lieber geliebter Freund, ich weiß, daß ich Ihnen dies alles schreiben kann, ohne daß Sie deshalb auf den

Argwohn gerathen, als könne ich keinen Tadel vertragen, Sie wissen, wie sehr nachsichtig ich sonst hierin war, fast zu nachsichtig, denn aller und jeder Tadel war mir lieb, wenn auch von den albernsten Menschen, ich hatte den Grundsatz, daß ein fremdes Auge immer und jedesmahl schärfer sehe, wie Eins, was durch Eigenliebe bestochen, und durch das öftere Ueberdenken und Ueberlesen des Geschriebenen, gegen die Härten und Unrichtigkeiten darin gleichsam abgestumpft worden wäre, und nicht selten opferte ich meine bessere Ueberzeugung, noch jetzt ist mir ein vernünftiger wohlmeinender Tadel sehr werth, aber auch *nur der*, von meinem Sprickmann, z.b. würde es mich *sehr sehr* kränken, wenn er mir einen seiner Gedanken über meine Arbeit verschwieg oder bemäntelte. ach, Sie wissen nicht, mein Freund, wie süß und lieb mir jedes ihrer Worte ist, ich könnte, und möchte mich Ihrem Urtheil blindlings unterwerfen, und würde es für die größte Grausamkeit halten, wenn Sie mich aus übergroßer Güte verleiteten, etwas stehn zu lassen, was Ihnen mißfiel, und mich nachher gereute, sonderbar ist es, daß selbst von denen, deren Urtheil ich selber wünschte und mir ausbath, keiner dem andern gleich geurtheilt hat, ich will Ihnen einige Proben davon hersetzen, damit Sie mich darüber berichtigen können, wenn Sie so gut seyn wollen. Einer sagte z.B. »der erste Gesang sey zu gedehnt« Ein anderer »Der erste Gesang habe viel Aehnlichkeit mit den Templern von Werner (das kann seyn, aber ich bin unschuldig daran, ich kenne die Templer nicht) wieder ein Andrer »der zweyte Gesang sey zu duftig und zauberisch, und habe durchaus das Gediegene der Uebrigen nicht« (Ich muß Ihnen auch sagen, daß Anfangs, im zweyten Gesange, der alte Ritter sich selber vergiftet nachdem er seinen Pflichten durch Versorgung seiner Tochter glaubt genug gethan zu haben, meine Mutter fand das anstößig, ich mußte also zwey Strophen herausnehmen, und zwey andere dafür einflicken, ich will Ihnen jedoch die beyden ausgesetzten

Kinder copiren, und über die eingeflickten Strophen stecken, dann schreiben Sie mir wohl, ob Ihnen das Alte oder das Neue besser gefällt) Ein Anderer sagte »wenn der Alte sich vergifte, so könne er nicht feyerlich begraben werden, wenigstens in damaligen Zeiten nicht« wieder ein Andrer »der dritte Gesang treibe sich zuviel in den Jagdgeschichten herum« wieder »der Alte im dritten Gesang (Vater der Alba) sey zu phantastisch gerathen« Ueber die drey letzten Gesänge ist mir weniger gesagt worden, diese trifft gewöhnlich nur ein Tadel mit, der das Ganze trifft, z.B. die Uebergänge seyen zu grell, es scheine als habe ich mich zu sehr in ein Bild vertieft, nicht davon loskommen können, und deshalb oft plötzlich abgebrochen« et cet Dies sind ohngefähr die Urtheile, die ich von vernünftigen Leuten habe zu hören bekommen, ist es aber nicht sonderbar, daß ein Jeder nur Eins von allem Diesen gesagt hat, und wenn ich Ihm die übrigen Urtheile vorlegte, keins davon begreifen konnte und wollte, und es waren doch Alle fünf denkende geschmackvolle Leute, daß ich von diesen Urtheilen, das Eine mehr das Andere weniger richtig finde, versteht sich von selbst, aber ich möchte Ihnen nicht gern vorgreifen, und verlasse mich auf Ihr Gefühl weit mehr wie auf das Meinige, da ich doch noch immer der Meinung bin, daß man sich an seinen eigenen Werken endlich dumm ließt und corrigirt so, daß man nicht mehr schwarz und weiß untereinander kennt.

Sprickmann bedankte sich am 1. 3. 1819 für die *Walther*-Abschrift und kündigte der Droste eine eingehende Stellungnahme zu ihrem Versepos an. Diese Stellungnahme, die heute in der Universitätsbibliothek Bonn (Signatur 1973a; Abdruck in HKA, Bd. 3, S. 966-968) aufbewahrt wird, hat die Droste jedoch nie zu Gesicht bekommen, zumal nach Sprickmanns Brief vom 1. 3. 1819 die gemeinsame Korrespondenz aus unbekannten Gründen zum Erliegen gekommen war.

Vor dem Namenstagsgeschenk für Sprickmann hat die

Droste auch ihrer Mutter Therese von Droste-Hülshoff eine eigenhändige, allerdings heute verschollene Reinschrift mit dem Widmungsgedicht *An meine liebe Mutter* zu deren Namenstag am 15. 10. 1818 angefertigt (vgl. den Brief an Sprickmann, 8. 2. 1819). Von dieser Reinschrift ließ nun Therese von Droste-Hülshoff eine Abschrift für ihre Schwestern Anna, Caroline, Ludowine und Sophie von Haxthausen in Bökendorf machen. Für diese, vielleicht als Geschenk zum Weihnachtsfest 1818 gedachte Abschrift verfaßte die Droste das Widmungsgedicht ⟨*Ich hab ein frommes Ritterkind erzogen*⟩ (Bd. 1, S. 640; vgl. die entsprechende Erwähnung wiederum im Brief an Sprickmann, 8. 2. 1819).

Vielleicht im Winter 1819/20 (möglicherweise auch später) fertigte die Droste die einzige, heute erhaltene eigenhändig ins Reine geschriebene Fassung (H⁶) an, die die ersten drei Gesänge sowie das Widmungsgedicht an die Mutter umfaßt. Dieses Exemplar war für Wilhelmine von Thielmann bestimmt.

Stellenkommentar

Erster Gesang

362,10 *Irrlicht*] Lichterscheinung, die im Volksglauben als Totengeister von ungetauften Kindern, auch von Selbstmördern oder Ertrunkenen, diejenigen in die Irre führt, die ihnen nachgehen (*Handwörterbuch des deutschen Aberglaubens,* Bd. 4, Sp. 782f.). Vgl. auch *Der Heidemann* (Bd. 1, S. 64,46).

362,24 *Flor*] Dünnes, zartes Gewebe.

362,32 *Heumonds*] Juli, Monat der Heuernte; hier ist wohl der Mond im Juli gemeint.

363,44 *Mutterperle*] Gemeint ist Perlmutter (Perlmutt), die schimmernde Innenschicht von Muscheln.

363,66 *blankes Stahl*] Zur Zeit der Droste hatte sich eigentlich schon das maskuline Genus durchgesetzt (Grimm, *Deutsches Wörterbuch,* Bd. 10,2,1, Sp. 541).

364,73 *Ave's Gruß*] Vgl. Lk 1,28, Gruß des Erzengels Gabriel an Maria bei der Verkündigung der Geburt Jesu.

365,113f. *Den ⟨...⟩ Wort*] Vgl. Ps 127,2: »der Herr gibt es den Seinen im Schlaf«.

365,132 *minniglich*] Hier »schön, anmutig« (Grimm, *Deutsches Wörterbuch*, Bd. 6, Sp. 2245).

366,136 *Zähre*] Träne.

366,158 *fodert*] Fodern: »fordern« (Grimm, *Deutsches Wörterbuch*, Bd. 3, Sp. 1866).

366,166 *Hort*] Hier im Sinne von »Schutz« (Grimm, *Deutsches Wörterbuch*, Bd. 4,2, Sp. 1836).

Zweiter Gesang

367,1 *flimmt*] Leuchtet.

368,47f. *So ⟨...⟩ versinkt*] Vergißmeinnicht, hier Sumpfvergißmeinnicht.

369,64 *Maßliebchen*] Gänseblümchen.

370,107 *Alkyone*] Eisvogel. Der griechische Mythos kennt die Verwandlung eines Paares, Keyx und Halkyone, nach dem Tod des ersteren in Eisvögel; der Mythos ist besonders durch die Darstellung von Ovids *Metamorphosen* (11,410ff.) bekannt geworden.

371,123 *sittig*] »gesittet«, »sittsam« (Grimm, *Deutsches Wörterbuch*, Bd. 10,1, Sp. 1261).

374,236 *Kämpe*] Niederdeutsch für »Kämpfer« (Grimm, *Deutsches Wörterbuch*, Bd. 5, Sp. 139).

375,253 *Phönix*] Dem antiken Mythos zufolge stürzt sich der Phönix, ein den Sonnengott verkörpernder Vogel, in gewissen Abständen ins Feuer, um danach aus der Asche neu aufzusteigen. Seit dem 2. Jahrhundert n. Chr. wird das Bild des Phönix auch auf Christus übertragen. Vgl. auch *Katharine Schücking* (Bd. 1, S. 94,38).

376,304 *falb*] Fahl, von matter Farbe.

376,314 *blödem*] Im Sinne von »scheu« (Grimm, *Deutsches Wörterbuch*, Bd. 2, Sp. 139).

377,329 *Hat ⟨...⟩ gewollt?*] Vgl. die sprichwörtliche Redensart: »Der Weihe verfolgt die Tauben, den Raben thut er nichts« (Wander, *Deutsches Sprichwörter-Lexikon,* Bd. 5, Sp. 81).

Dritter Gesang

379,36-381,105 *Ihm nach ⟨...⟩ Länge*] Vgl. das spätere Gedicht *Die Jagd* (Bd. 1, S. 36).

380,54 *Docken*] Doggen (Grimm, *Deutsches Wörterbuch,* Bd. 2, Sp. 1219).

381,86 *Hochgerichten*] Gemeint sind Richtstätten, Galgen (Grimm, *Deutsches Wörterbuch,* Bd. 4,2, Sp. 1619).

381,107 *grassen*] Graß: grauenvoll, gräßlich, abscheulich (Grimm, *Deutsches Wörterbuch,* Bd. 4,1,5, Sp. 2017).

382,122 *Meteor*] Lichterscheinung; vgl. Anm. 223,219.

382,133 *Borde*] Bord: Rand, Ufer.

382,140 *Grüne*] Vgl. Anm. zu *Am Weiher* (Bd. 1, S. 85,14), auch *Katharine Schücking* (Bd. 1, S. 93,6).

387,277 *irre*] Im Sinne von »verirrt« (vgl. Grimm, *Deutsches Wörterbuch,* Bd. 4,2, Sp. 2160).

Vierter Gesang

389,8 *Vliese*] Schaffelle.

392,103 *beut*] Bietet.

395,210 *Wolkensitzen*] Gemeint sind die Wolken »als sitz gottes, der götter« (Grimm, *Deutsches Wörterbuch,* Bd. 14,2, Sp. 1308).

396,220 *einig*] Einzig (Grimm, *Deutsches Wörterbuch,* Bd. 3, Sp. 207).

396,227 *vom ⟨...⟩ geküßt*] Vgl. *Durchwachte Nacht* (Bd. 1, S. 330,23).

396,228 *Nachtviole*] Hesperis matronalis: Gartenzierpflanze mit rötlichen, besonders abends und nachts stark duftenden Blüten.

396,230 *Zephirs*] Zephir (griech., lat.): kühler, milder Westwind; häufig aus der antiken Dichtung übernommen.

397,269 *des Westes*] Des Westwindes.

398,308 *Balduin*] Aus metrischen Gründen ist der Name Balduin hier zweisilbig zu sprechen (ebenso 5. Gesang, S. 404,118, dagegen dreisilbig 3. Gesang, S. 387,288).

399,322 *Ätherbild*] Äther hier im Sinne von »Luftraum«, vgl. Anm. 264,10.

399,323 *Sirocko*] Schirokko: warmer, aus dem Süden kommender Mittelmeerwind, dem eine nervenanregende und entspannende Wirkung nachgesagt wird.

399,339 *Stoa*] Auf Zenon von Kition zurückgehende griechische Philosophenschule (gegründet um 300 v. Chr.). Die Unerschütterlichkeit gilt als Grundtugend des stoischen Weisen.

Fünfter Gesang

401,36 *Degen*] Im 18./19. Jahrhundert neubelebtes Wort für »Held«, »Krieger« (Grimm, *Deutsches Wörterbuch*, Bd. 2, Sp. 895f.).

403,95 *Seraph*] Sechsflügeliges himmlisches Wesen am Thron Gottes, das Gott preist (Jes 6,2f.). Hier liegt möglicherweise eine Verwechselung mit Cherub, dem Engel mit dem Flammenschwert, der das Paradies bewacht, vor (Gen 3,24).

407,240 *Weiche*] Weichheit (Grimm, *Deutsches Wörterbuch*, Bd. 14,1,1, Sp. 480).

409,305 *Larve*] Maske, Gespenst, Schreckgestalt, auch Antlitz (Grimm, *Deutsches Wörterbuch*, Bd. 6, Sp. 207-209).

410,322 *Moorentflammtem Licht*] Irrlicht; vgl. Anm. 362,10.

Sechster Gesang

416,164 *beut*] Bietet.
418,247 *Reis*] Reisig (Grimm, *Deutsches Wörterbuch*, Bd. 8, Sp. 715).
420,298 *Wallen*] Ein zur Zeit der Droste gern verwendetes Verb zur Bezeichnung von inneren Gemütszuständen (vgl. Grimm, *Deutsches Wörterbuch*, Bd. 13, Sp. 1277).
421,317 *Schlüften*] Schluft: Schlucht; vgl. Anm. zu *Das öde Haus* (Bd. 1, S. 76,34).
421,319 *Geschickt*] Geeignet (Grimm, *Deutsches Wörterbuch*, Bd. 4,1,2, Sp. 3881).
421,322 *Hagedorn*] Weißdorn (bot.: Crataegus).

ANHANG ZU
DAS HOSPIZ AUF DEM GROSSEN ST. BERNHARD

BARRY DER HUND VOM ST BERNHARD
DRITTER GESANG
(S. 423)

Textüberlieferung und Textgrundlage

Vgl. auch Überlieferung zu *Das Hospiz auf dem großen St. Bernhard* (S. 869).

Die Droste hat sich im Zusammenhang mit den Druckvorbereitungen der *Gedichte 1838* gegen eine Veröffentlichung des dritten Gesangs zu *Das Hospiz auf dem großen St. Bernhard* entschieden (zu den Gründen vgl. S. 872). Sie hatte nur eine heute verschollene Teilabschrift am 19. 7. 1838 an Schlüter mit der Bemerkung geschickt: »Hierbey kömmt ›Savoyen‹, machen Sie damit was Sie wollen, lassen Sie es drucken, oder behalten Sie es zu Ihrer eignen Ergötzung, und, im ersten Falle, verkürzen Sie es, wie es Ihnen beliebt.« Schlüter veröffentlichte nur die ersten 42 Verse unter dem

Titel *Fragment* in den *Gedichten 1838* (D¹; S. 197f.), die Droste nahm den Text auch in die *Gedichte 1844* (D²; S. 111f.) auf.

Einen umfangreicheren Teildruck (v. 1-452) brachte Levin Schücking in *Annette von Droste. Ein Lebensbild* (in: Illustrirtes Familienbuch zur Unterhaltung und Belehrung häuslicher Kreise 10 [1860], S. 192-201, 223-237; Textabdruck S. 225-228). Der erste vollständige Druck des dritten Gesangs zum *Hospiz* findet sich bei Kreiten, *Droste-Werkausgabe* (1884-87), Bd. 2, S. 170-205.

Als Grundlage der HKA ebenso wie der hier vorliegenden Ausgabe dient die Reinschrift des *Hospiz* im »Fuchsigen Buch« (H³; Familienarchiv Haus Hülshoff, Havixbeck). Zu den Prinzipien der Textgestaltung s. HKA, Bd. 3, S. 992-994.

Entstehung

Vgl. »Entstehung« zu *Das Hospiz auf dem großen St. Bernhard* (S. 872).

Stellenkommentar

423,1 *Savoyen*] Historische Landschaft in den französischen Alpen zwischen Genfer See, Rhône und der Mont-Cenis-Gruppe.

424,26 *Erdbeerbaum*] Arbutus unedo: immergrüner, im Mittelmeerraum beheimateter Baum mit maiglöckchenähnlichen Blüten und erdbeerartigen Früchten.

424,27 *Genzian*] Enzian (lat.: gentiana).

424,35 *Marmotte*] Frz.: Murmeltier.

425,71 *Pantaleons*] Der hl. Pantaleon, Sohn eines heidnischen Vaters und einer christlichen Mutter, erkennt als Kind seine Heilkräfte. In der Arzneikunst ausgebildet, zum christlichen Glauben bekehrt und getauft, wird er zum

Leibarzt Kaiser Maximians berufen. Nachdem er von neidischen Kollegen verleumdet wurde, wird er nach einem Martyrium wegen seines Bekenntnisses zum christlichen Glauben getötet.

426,115 *Säumer*] Lasttiertreiber; hier derjenige, der die Saumpfade benützt.

428,203 *Anger*] Vgl. Anm. 348,1114.

429,219 *Bursche*] Plural, zur Zeit der Droste war diese Form noch gebräuchlich.

429,228 *»Gianetta ⟨...⟩ habits«*] Frz.: »Gianetta, möchtest du schöne Kleider« (Gianetta: ital. Form von Jeannette). Variierte Anfangszeile einer Nummer aus der Operette *Les deux petits savoyards* (1789) von Nicolas Dalayrac (1753-1809; Libretto von Benoît-Joseph Marsollier): »Escuto, d'Jeanetto, | Veux-tu d'biaux habits, | Laridetto, | Pour aller à Paris?« (vgl. Edgar Piguet, *Zu »Zwei savoyardische Volkslieder bei Annette v. Droste«*, in: Schweizer Volkskunde 21 [1931], H. 8, S. 127).

430,258 *Tormenta*] Südwind.

431,293 *Espe*] Zitterpappel (Papulus tremula).

432,333 *Kunden*] Nachrichten.

433,364 *»Ha! ⟨...⟩ Savoye!«*] Frz.-savoyardisch: »Ha! Unser Prinz von Savoyen!« Es handelt sich um ein mehrfach variiertes satirisches Tanzlied (ronde) auf die mißglückte Militärexpedition eines Savoyerherzogs gegen den König Louis-le Grand.

433,369f. *Wie ⟨...⟩ Waldesruh!*] Vgl. *Die Vogelhütte* (Bd. 1, S. 43,90f.).

434,424 *an ⟨...⟩ buntbekleidet*] Der Pfahl trug die Staatswappen.

434,425 *Wallis*] Vgl. Anm. 326,308.

434,430 *ausgewettert*] Korrodiert, im Lauf der Zeiten aufgelöst (Grimm, *Deutsches Wörterbuch*, Bd. 1, Sp. 1020).

435,432-434 *zeugt ⟨...⟩ Gebein*] Gemeint ist Plinius' Angabe über Hannibals Alpenüberquerung im Jahre 218 v. Chr. Die Route über den Großen St. Bernhard galt lange als die von Hannibal benutzte.

435,444f. *Auch* ⟨...⟩ *hinunter*] Vgl. *Die Jagd* (Bd. 1, S. 36,5f.).

435,457 *Cocyt*] Cocytus (lat.): Fluß der Unterwelt, Nebenarm des Styx in der griechischen Mythologie.

435,461 *klinkt*] Klinken, auf die Klinke drücken.

438,551 *die First*] Gebirgskamm.

438,552 *Stöberwettern*] Stöberwetter: Wetter, bei dem Schneeflocken im Wind wirbelnd umhertreiben (Grimm, *Deutsches Wörterbuch,* Bd. 10,3, Sp. 6).

438,569 *bar*] Bloß, unbedeckt.

442,722 *Clavendier*] Vgl. die Anm. der Droste zu v. 817 des zweiten Gesangs von *Das Hospiz auf dem großen St. Bernhard* (S. 263).

443,739 *Infirmier*] Vgl. die Anm. der Droste zu v. 189 des zweiten Gesangs von *Das Hospiz auf dem großen St. Bernhard* (S. 245).

DRAMATISCHE VERSUCHE

Die Bemühungen Annette von Droste-Hülshoffs, sich im Dramatischen zu versuchen, müssen insgesamt als gescheitert angesehen werden. Abgesehen von Texten wie *Das Rätsel* oder *Szenen aus Hülshoff*, die offensichtlich auf im Familien- und Verwandtenkreis beliebte Stegreifspiele zurückgehen, sind aus der Sicht der Autorin eher das unvollendete Trauerspiel *Bertha oder die Alpen* und die literarische Satire *Perdu! oder Dichter, Verleger, und Blaustrümpfe* ernstzunehmende dramatische Versuche. *Bertha* ist dabei allenfalls interessant vor dem Hintergrund der Klassikrezeption der jungen Droste; *Perdu!* hat eine gewisse Bedeutung als Studie über den zeitgenössischen Literaturbetrieb, wobei der Droste die Umstände im Zusammenhang mit der Publikation von Ferdinand Freiligraths und Levin Schückings *Das malerische und romantische Westphalen* (1842 ⟨1841⟩) als Folie dienten.

Insgesamt ist das Verhältnis der Droste zum Theater und zur dramatischen Literatur aufgrund fehlenden Materials nur ungenügend zu beschreiben. Doch das wenige Material scheint darauf hinzudeuten, daß die dramatische Literatur nur eine untergeordnete Bedeutung für die Autorin hatte (vgl. Kortländer 1979, S. 232-237).

Theaterbesuche waren für die Droste wohl eine wichtige Quelle, sich mit dramatischer Literatur auseinanderzusetzen. Dem Theater in Münster galten hin und wieder, manchmal im Tagebuch Jenny von Droste-Hülshoffs festgehaltene Besuche der Familie Droste-Hülshoff, und auch die Aufenthalte in Köln, Bonn oder Meersburg nutzte die Autorin zum Besuch von Theateraufführungen, die zumeist von wandernden Theatergruppen präsentiert wurden.

Daneben ist auf das im Familien- und Verwandtenkreis übliche und beliebte Laientheater hinzuweisen. Die Droste selbst wirkte 1810 im Stift Hohenholte bei Münster an einer der dort regelmäßig stattfindenden Laienaufführungen mit. Dieses schauspielerische ›Debut‹ hatte allerdings eine Nachwirkung: Am 25. 3. 1810 warnte Leopold von Stolberg (1750-1819) mit strenger Moralität die Mutter der Droste, Therese von Droste-Hülshoff, vor den Gefahren für »Fräulein Nette«, von der ihm berichtet wurde, daß sie »in gesellschaftlichen Kreisen Komödie spiele«. Stolberg fuhr fort: »Ich setze voraus, daß die Stücke, in welchen sie spielt – wiewohl mir fast keine solche bekannt sind – nichts von der weltlichen Moral enthalten, die der Moral des Evangeliums geradezu entgegengesetzt ist.«

Doch das Interesse der Droste am Theater war insgesamt gering, so schreibt sie beispielsweise im Juli 1830 an ihre Schwester Jenny von Droste-Hülshoff über die Möglichkeit von Theaterbesuchen: »aber du weißt selbst, daß ich etwas geizig mit Theatergeld bin, und blos wenn ich Etwas *ganz Besonderes* könnte zu sehn bekommen, wie z.B. in *Mailand, Florenz, Wien, Paris* et cet, würde ich mein Geld daran zuweilen wenden, aber für ein Theater wie das *Casseler* oder *Mannheimer* gewiß nicht öfter wie 2-3 Mahl im ganzen Jahr«. Mit dem »Besonderen« meinte sie vermutlich Aufführungen des Musiktheaters, das sie im Gegensatz zum Sprechtheater bevorzugte. Diese Vorliebe unterstreicht auch eine Notiz im Tagebuch Jenny von Droste-Hülshoffs unter dem Datum des 17. 10. 1815; danach waren die Droste und einige Freunde enttäuscht, »weil sie auf eine Oper hofften, es wurde aber ›Hamlet‹ gespielt.«

Im Briefwechsel finden Theaterbesuche auch in den 30er und 40er Jahren kaum Niederschlag. Aus Meersburg berichtete die Droste über die dortige Laienbühne und gelegentlich gastierende Wanderbühnen (vgl. *Das Liebhabertheater,* Bd. 1, S. 139). Nur einmal, im Brief an Louise Schücking vom 4. 3. 1844, findet sich über die Wanderbühne eines Herrn Wurschbauer unter dem Datum des 29. 2.

folgendes enthusiastische Urteil: »Meersburg fängt übrigens seit Kurzem an sich heraus zu machen, wir haben ein Theater, und – denken Sie! – ein *sehr gutes*.«

BERTHA ODER DIE ALPEN
(S. 447)

Textüberlieferung und Textgrundlage

Das fragmentarische Trauerspiel *Bertha* ist als Fragment im Meersburger Nachlaß überliefert (Staatsbibliothek zu Berlin, Preußischer Kulturbesitz, MA III 9-11), das als Textgrundlage für die vorliegende Edition dient. Zu Einzelheiten der Textgestaltung und zu den Lesarten s. später HKA, Bd. 6.

Der postume Erstdruck erfolgte durch Kreiten, *Droste-Werkausgabe* (1884-87), Bd. 4, S. 381-488.

Entstehung

Im Tagebuch Jenny von Droste-Hülshoffs findet sich unter dem Datum des 5. 3. 1813 der erste Hinweis über die Arbeit der Droste an dem Trauerspiel *Bertha*: »Nette schreibt ein Trauerspiel aus meinem Dintenfaß, und jetzt ist nur noch der Bodensatz drin, ich muß Wasser zugießen.« Am 11. 3. 1813 heißt es wiederum: »Nette ⟨...⟩ schrieb den ganzen Tag an ihrem Trauerspiel«, und ebenso am 13. 3. 1813: »Nette hielt das Abendgebet und schrieb den ganzen Abend an ihrem Trauerspiel.« Doch erst mit ihrem Brief an Anton Mathias Sprickmann (1749-1833) vom 20. 12. 1814, also fast zwei Jahre später, berichtete sie über den Fortgang der Arbeit:

an meinem Trauerspiele habe ich bis vor zwey Wochen noch immer fortgeschrieben, und werde auch jetzt wieder dabey anfangen, es geht etwas langsam, aber doch hoffe ich es gegen den Frühling fertig zu bekommen, ich wollte es stände sogleich auf dem Papiere wie ich es denke, denn hell und glänzend steht es vor mir, in seinem ganzen Leben, und oft fallen mir die Strophen in großer Menge bey, aber bis ich sie alle geordnet und aufgeschrieben habe, ist ein großer Theil meiner Begeisterung verraucht, und das Aufschreiben ist mir bey weitem das Mühsamste bey der Sache, doch kömmt es mir vor, als ob sich meine Schreibart besserte, dies sagen mir auch alle, denen ich es auf Verlangen meiner Mutter vorlaß, aber ich fürchte immer, daß diese Menschen gar wenig davon verstehen, denn es sind meistens Frauenzimmer, von denen ich im Ganzen nur wenig Proben eines reinen und soliden Geschmacks gesehn habe, und so fürcht ich sie täuschen sich und mich, ach, mein Freund, wie sehn ich mich dann oft nach ihren lehrreichen Gesprächen, unbefangenem Urtheile, und sanften Tadel, denn was soll mir das Lob von Menschen, welche nicht tadeln können?

Es kann als gesichert gelten, und diese Briefstelle deutet auch darauf hin, daß das fragmentarische Trauerspiel *Bertha* das Ergebnis einer verstärkten Klassikerrezeption der jungen Droste in den Jahren 1813/14 ist. Für diese Hinwendung zur Literatur der Klassik ist in erster Linie wohl Sprickmann als literarischer Mentor dieser Zeit verantwortlich. Doch bleiben die Gründe ungewiß, warum zwischen den Belegen für eine intensive Arbeitsphase im Tagebuch der Schwester und dem Brief an Sprickmann 20. 12. 1814 soviel Zeit vergangen ist, ohne daß das Trauerspiel zu Ende geführt werden konnte. Offensichtlich hat in dieser Zeit ein Konzeptionswechsel stattgefunden, der sich auch im Manuskript der Droste widerspiegelt. Anfänglich verfolgte die Droste wohl den Plan, ihr zuerst mit »Laura ⟨bzw.⟩ Blanca oder die Alpen« betiteltes Trauerspiel in Italien anzusiedeln (vgl. Personenverzeichnis, Szenenanweisungen). Dann verlegte sie aber den Schauplatz nach Westfalen, veränderte die Personennamen und ergänzte die ursprüngliche Konzeption einer vermut-

lich tragisch endenden Liebesgeschichte zwischen Laura/
Blanka bzw. Bertha mit dem »reisende⟨n⟩ Musikus« Gui-
lelmo bzw. Edward Felsberg um eine politische Verschwö-
rung, bei der Graf Reihersdorf und sein Kammerdiener
Marco Godowesi wichtige Rollen spielen (vgl. Kortländer
1979, S. 129).

Der Droste gelang es nicht, das Trauerspiel zu beenden.
Am 8. 2. 1819 kommt sie in einem Brief an Sprickmann
noch einmal auf *Bertha* zurück:

> Was mein damals angefangenes Trauerspiel anbelangt, so
> habe ich es noch fortgesetzt bis zum dritten Akt, dann
> blieb es liegen, und jetzt wird es auch wohl ferner liegen
> bleiben, Es enthält zwar mitunter ganz gute Stellen, aber
> der Stoff ist übel gewählt, hätte ich es in damaliger Zeit
> fertig gemacht, wo ich dieses noch nicht einsah, sondern
> mir im Gegentheil diese Idee sehr lieb und begeisternd
> war, so wär es wohl so übel nicht geworden, aber es ist
> ein entsetzlicher Gedanke einen Stoff zu bearbeiten, für
> den ich nicht die mindeste Liebe mehr habe, es ist mir
> leid, ich wollte, daß ich es damahls fertiggemacht hätte
> ⟨...⟩.

Am Ende des erhaltenen Manuskriptes hat die Droste sich
auf einem separaten Blatt (MA III 12) stichwortartige No-
tizen über den Fortgang der Handlung und über die noch
ausstehenden Szenen gemacht:

Zweiter Akt

5te

Marco Godowesi der Reichsgraf Reihersdorf

6te

Marko Godowesi Reichsgraf Reihersdorf Minister Her-
nach Marko und Reihersdorf allein

7te

Cordelia Hellbronn

8te

Reichsgraf Ferdinand

Neunte

Reichsgraf allein dann Reichsgraf Bertha

10te
Bertha allein dann Bertha, Reichsgräfin
11te
Reichsgraf Marco
12.
Marco anfangs allein dann?

Dritter Akt
1te
Bertha allein
2ter
Bertha Ferdinand
3te
Bertha erst allein Felsberg
4ter
Bertha Felsberg Laurette horchend
5ter
Bertha Felsberg dann Laurette Ferdinand horchend, dann öffentlich
6ter
Ferdinand Reichsgräfin Felsberg sterbend Bertha wird fortgetragen
7ter
Bertha ohnmächtig Katharine Reihersdorf
8ter.
Bertha Katharina
9ter
Bertha Katharine Reichsgräfin Cordelia (Reichsgraf einen Augenblick)
10ter
Nacht Kapitän Soldaten
11te
Bertha Catherine

Stellenkommentar

450,6 *Anger*] Vgl. Anm. 348,1114.
450,7 *Maßliebchen*] Gänseblümchen.
455,180 *beut*] Bietet.
456,211,235 *Falsch*] Hier: Unwahrheit, Lüge (Grimm, *Deutsches Wörterbuch*, Bd. 3, Sp. 1293).
462,451 *Äther*] Himmel.
463,455; 501,1704 *Zephirwehen/Zephirs*] Zephir (griech., lat.): kühler, milder Westwind; häufig in der antikisierenden Dichtung.
465,527; 536,2658 *Ares*] Gott des Krieges.
466,567 *Suada*] Beredsamkeit, Redefluß.
467,606 *Equipagen*] Gemeint ist die gesamte standesmäßige Ausstattung mit Dienern, Pferden, Kutschen, Kleidern oder Waffen.
467,616 *Kabale*] Intrige.
468,641 *ohne Flecken*] Hier: makellos. Die Flecken der Schlange bedeuten Sünden, wobei die Schlange als Ursymbol der Verführung steht; vgl. *Am Feste der h. drei Könige* (Bd. 1, S. 361,36) u. ö. im *Geistlichen Jahr*.
471,741 *Livreen*] Uniformartige Dienerkleidung.
471,751 *Äbtissin meines Klosters*] Die Droste war mit dem Leben eines adeligen Damenstifts (hier als »Kloster« bezeichnet) durch Besuche und Erzählungen vertraut. Ihre Mutter, Therese von Droste-Hülshoff (1772-1853), lebte von 1785 bis zu ihrer Hochzeit am 20. 8. 1793 im Stift Freckenhorst in der Nähe von Warendorf. Wilhelmine von Haxthausen, eine Großtante der Droste, war dort Stiftsdame, und Felicitas von Böselager (1773-1840), eine Freundin der Mutter aus deren Stiftstagen, lebte auch nach der Säkularisation (1811) im Stift Freckenhorst (vgl. ⟨*Felitz die war die gute*⟩, Bd. 1, S. 598).
471,754 *Strebt* ⟨...⟩ *stellt*] Vgl. die sprichwörtliche Redewendung: »Ein jeder bleib' in seinem Stand, den ihm verordnet Gottes Hand« (Wander, *Deutsches Sprichwörter-Lexikon*, Bd. 4, Sp. 772).

472,778 *Frankreichs* ⟨...⟩ *Sündenstadt]* Gemeint ist Paris.

472,780; 473,838 *An* ⟨...⟩ *Hof/Beim* ⟨...⟩ *Carls]* Der französische König Karl VIII. (1470-1498) gilt als lebensfroher, aber auch als milder und großzügiger König. Seine Ausschweifungen sollen seinen frühen Tod verursacht haben.

472,781 *Als* ⟨...⟩ *Valouse]* Mit »Valouse« ist das Haus Valois gemeint. Karl VIII. stammte aus dem Haus Valois; mit ihm endete diese Linie, und die französische Krone ging auf das Haus Orléans über. Eine historische Person, die die Droste hier gemeint haben könnte, ließ sich nicht ermitteln.

472,811; 552,3089 *Balsam]* Dickflüssiger, wohlriechender Saft aus bestimmten Holzpflanzen (Terebinthales), auch als Heilmittel verwandt. Vgl. auch *Nach dem Angelus Silesius* (Bd. 1, S. 96,55).

474,852 *Vespasian]* Titus Flavius Vespasianus (9-79 n. Chr.) bekämpfte seit 66 n. Chr. den Aufstand der Juden und wurde 69 n. Chr. in Alexandria zum römischen Kaiser ausgerufen.

474,853; 475,900 *ein Kopf/Gibts* ⟨...⟩ *Titus]* Johann Joachim Winckelmann (1717-1768) bezeichnet in seiner *Geschichte der Kunst des Alterthums* (Dresden 1764) Vater und Sohn Vespasian als Freunde der Künstler und erwähnt den »kolossalisch schönen Kopf« des Titus in der Villa Albani.

474,858f.,866 *Des* ⟨...⟩ *Augen/Die* ⟨...⟩ *Augenfarbe]* Winckelmann geht in seiner *Geschichte der Kunst des Alterthums* davon aus, daß die antiken Statuen unbemalt waren.

474,861; 476,913 *delphische Apoll/Der* ⟨...⟩ *Delphos]* Gemeint ist wohl der in den Vatikanischen Museen befindliche Apollo von Belvedere, die römische Marmorkopie eines griechischen Bronzeoriginals aus der zweiten Hälfte des 4. Jahrhunderts v. Chr.

475,894 *So* ⟨...⟩ *Sängers]* Der Überlieferung zufolge war Homer blind und wurde so auch auf antiken Porträt-Büsten dargestellt. Die Legende geht wohl auf den blinden Sänger Demodokos in Homers *Odyssee* zurück.

STELLENKOMMENTAR ZU S. 472-488 923

475,900 *Titus]* Titus Flavius Vespasianus (39-81 n. Chr.), Sohn des in v. 852 erwähnten Vespasian, eroberte 70 n. Chr. Jerusalem und folgte seinem Vater 79 n. Chr. als römischer Kaiser nach.

476,908 *Venus Medicis]* Die Mediceische Venus, die römische Replik eines hellenistischen Originals (etwa 200 v. Chr.), wird heute in den Uffizien von Florenz aufbewahrt und galt im 18. und frühen 19. Jahrhundert als Inbegriff weiblicher Schönheit.

476,916 *Cæsar]* Gaius Julius Caesar (100-44 v. Chr.), römischer Feldherr und Staatsmann. Im Trauerspiel der Droste wird Caesar mit Napoleon gleichgesetzt (vgl. S. 476,931-478,1001).

479,1035; 480,1052 *zigeunergelb]* Grimm (*Deutsches Wörterbuch,* Bd. 15, Sp. 1263f.) belegt die Farben schwarz, braun und gelb als Gesichtsfarben der Zigeuner, häufig in pejorativer Bedeutung.

480,1041,1047; 502,1716 *Schwahl]* Die Droste meint hier Shawl.

480,1043; 497,1561; 578,3778 *Flor]* Dünnes, zartes Gewebe.

481,1090 *blöde]* Vgl. Anm. 376,314.

486,1231,1233 *Fahler]* »fahl gilt vornemlich von bart und haar, dann von pferden« (Grimm, *Deutsches Wörterbuch,* Bd. 3, Sp. 1240).

488,1280 *Zu ⟨...⟩ Mächtigen]* Gemeint ist Karl der Große (768-814).

488,1287f. *Als um ⟨...⟩ kämpfte]* Karl der Große war seit 770 in zweiter Ehe mit Desiderata, der Tochter des Langobardenherrschers Desiderius, verheiratet, verstieß diese jedoch bereits 771. Die kriegerische Auseinandersetzung zwischen Karl und Desiderius (773-774) entzündete sich nicht daran, daß Karl seine zweite Ehefrau verstoßen hatte, sondern hatte ihren Grund darin, daß Desiderius den Kirchenstaat besetzte und den Papst Hadrian I. bedrohte.

488,1299-1307 *als im ⟨...⟩ Kaiser]* Dieser Zweikampf zwischen Karl und Desiderius ist historisch nicht belegt.

Historisch bezeugt ist jedoch die Niederlage von Desiderius, nachdem Karl der Große die von ihm belagerte Stadt Pavia 774 einnahm. Karl ließ Desiderius gefangennehmen und in ein Kloster bringen.

490,1378 *Des Reichs Vasallen]* Lehnsmänner, die durch einen besonderen Treueschwur an den Kaiser gebunden sind.

493,1450 *Der Falschheit Unglücksfarbe]* Die Farbe gelb gilt »als zeichen des todes oder siechthums, des kummers ⟨...⟩, auch des neides, der bosheit« (Grimm, *Deutsches Wörterbuch,* Bd. 4,1,2, Sp. 2881).

493,1459; 502,1713 *Phantome/Phantom]* Trugbild, Gespenst, Geistererscheinung.

497,1568 *Panier]* Banner, Fahne, aber auch Wahlspruch.

497,1579; 545,2906 *innern Mark des Lebens/Am Mark des Lebens]* Vgl. *Katharine Schücking* (Bd. 1, S. 93,23), *Nach dem Angelus Silesius* (Bd. 1, S. 96,44), ⟨*Der Morgenstrahl bahnt flimmernd sich den Weg*⟩ (Bd. 1, S. 575,55).

501,1707 *Idol]* Götzenbild, Abgott, (falsches) Ideal; vgl. auch *Das erste Gedicht* (Bd. 1, S. 328,80).

502,1726 *Meteor]* Vgl. Anm. 223,219.

503,1749 *Weihen]* Der oder die Weih(e) (Milvus), vgl. Anm. 328,359.

503,1766f. *Den* ⟨...⟩ *schon]* Vgl. Lk 22,42: »Vater, wenn du willst, nimm diesen Kelch von mir! Aber nicht mein, sondern dein Wille soll geschehen.«

504,1789 *Fehl]* Dichterisch für: Fehler (Grimm, *Deutsches Wörterbuch,* Bd. 3, Sp. 1421); vgl. auch *Am dritten Sonntage nach h. drei Könige* (Bd. 1, S. 367,46).

506,1842f. *Die alte* ⟨...⟩ *Altenberge]* Die Droste spielt hier auf ihre Amme Maria Katharina Plettenberg (1765 bis 1845) aus Altenberge an; vgl. auch *Was bleibt* (Bd. 1, S. 155,36) und *Grüße* (Bd. 1, S. 306,42).

507,1868 *Spulrad]* »rad zum wickeln des garns auf die spule« (Grimm, *Deutsches Wörterbuch,* Bd. 10,2,1, Sp. 229).

508,1880 *Schorstein]* Nebenform zu Schornstein (Grimm, *Deutsches Wörterbuch,* Bd. 9, Sp. 1579).

509,1912 *Blattern]* Infektionskrankheit, die Pocken wurden auch »schwarze Blattern« genannt.

509,1924f. *Ach ⟨...⟩ Licht]* Möglicherweise handelt es sich hier um einen autobiographischen Hinweis, denn die Droste war ebenfalls eine Frühgeburt. Vgl. auch *Der zu früh geborene Dichter* (Bd. 1, S. 112).

511,1996-512,1998; 514,2080-2083 *Und wer ⟨...⟩ genährt/ Ha ⟨...⟩ Sohn]* Diese Verherrlichung italienischer Landschaft enthält Anklänge an die Mignon-Ballade aus Goethes *Wilhelm Meisters Lehrjahre* (1795/96): »Kennst du das Land, wo die Zitronen blühen.«

515,2100 *Tantalus]* Figur der griechischen Mythologie, die durch Mißachtung der Götter furchtbar bestraft wurde (sog. Tantalusqualen). Tantalus stand hungrig und durstig in der Unterwelt im Wasser, konnte aber weder das Wasser noch die über ihm hängenden Früchte erreichen. Vgl. auch *Der Schloßelf* (Bd. 1, S. 266,13).

516,2129 *Larve]* Maske, Gespenst, Schreckgestalt, auch Antlitz (Grimm, *Deutsches Wörterbuch*, Bd. 6, Sp. 207-209).

516,2131-2133 *Ich denk ⟨...⟩ Ergötzte]* Gemeint ist hier wohl die Dichtung der Empfindsamkeit, die als Strömung innerhalb der Aufklärung von etwa 1730 bis zum Ende des 18. Jahrhunderts äußerst populär war.

516,2135 *Psychen und Uranien]* Psyche ist in der griechischen Mythologie die Gemahlin des Eros und gilt als Personifikation der menschlichen Seele. Urania ist die Muse der Astronomie.

517,2160 *Scheelsucht]* Ausdruck des Neides, der Mißgunst (Grimm, *Deutsches Wörterbuch*, Bd. 8, Sp. 2521).

517,2162 *Phoebus]* Apollo trug als Sonnengott den Beinamen »Phoebus« (»der Leuchtende«).

517,2171 *Der Rachegötter Fackeln]* Die Erinnyen der griechischen Mythologie (lat.: Furien) werden häufig mit verzerrten Gesichtszügen, Schlangenhaar und drohend geschwungenen Fackeln dargestellt.

518,2176 *Dämon]* Der Dämon ist eine nicht näher zu bestimmende Gottheit des Einzelnen, deren Wesen zum

Guten und zum Bösen wirken und das persönliche Schicksal bestimmen kann.

518,2177 *Portefeuille*] Frz.: Brieftasche, Akten-, Dokumentenmappe.

518,2189 *Die* ⟨...⟩ *Muse*] Gemeint sind wohl Thalia, die Muse der Komödie, und Polyhymnia, die Muse des ernsten, instrumentell begleiteten Gesangs, die stets in ernster und sinnender Haltung dargestellt werden.

521,2260 *Fortunens*] Fortuna: in der römischen Mythologie Göttin des Glücks und des Schicksals im guten wie im schlechten Sinne.

522,2291 *Der* ⟨...⟩ *Kunst*] Platon (427-347 v. Chr.), griechischer Philosoph. Archimedes (um 287-212 v. Chr.), griechischer Mathematiker und Physiker.

522,2292 *Scipios Kühnheit*] Gemeint ist Publius Cornelius Scipio Aemilianus (185-129 v. Chr.), der als römischer Konsul Karthago eroberte und 146 v. Chr. zerstörte.

522,2304 *Furie*] Vgl. Anm. 517,2171.

531,2536 *Haufe*] »eine zusammengeschichtete menge von gegenständen irgend welcher art« (Grimm, *Deutsches Wörterbuch*, Bd. 4,2, Sp. 583).

536,2653 *die ernsten Faten*] Fatum (lat.: »Spruch«) meint das unabwendbare Schicksal, das gelegentlich auch in der Personifikation der Schicksalsgöttin dargestellt wird.

536,2659 *Athene/Eros*] Athene, die Tochter des Zeus, ist in der griechischen Mythologie die Göttin der Künste und des Friedens sowie der Weisheit. Eros, ein Sohn des Götterboten Hermes und der Aphrodite, ist der Gott der Liebe.

543,2844 *Reseda/Levkojen*] Die Garten-Reseda (Reseda odorata) hat grünliche Blüten mit herb-angenehmem Duft; vgl. auch *Ein Sommertagstraum* (Bd. 1, S. 128,21). Levkojen gehören zu den Kreuzblütlern und werden wegen ihrer wohlriechenden Blüten in vielen Sorten in Gärten gezogen.

543,2845 *Goldlack*] Bot.: Cheiranthus, eine aus dem Mittelmeergebiet stammende Gartenblume mit gelben, braunen, roten oder violetten Blüten und einem angenehmen Veilchenduft.

551,3062 *Harm]* »leid, kränkung, verletzung«, »kummer, gram« (Grimm, *Deutsches Wörterbuch*, Bd. 4,2, Sp. 480f.).

555,3151 *Ritornell]* Instrumentale Vor-, Zwischen- und Nachspiele in Vokalkompositionen.

557,3228 *sieben schönen Künste]* Zu den sieben, aus dem hellenistischen Bildungsgut seit dem 7./8. Jahrhundert v. Chr. hervorgegangenen »artes liberales« gehören Grammatik, Rhetorik, Arithmetik, Geometrie, Musik und Astronomie.

559,3259 *Krippenreuter]* »ein umherschmarotzender Adliger ⟨...⟩, der von Hof zu Hof, von Krippe zu Krippe reitet und sich überall als Gast gut versorgen läßt, der aber selber keinen Besitz hat und die erwiesene Gastfreundschaft nicht erwidern kann« (Lutz Röhrich, *Das große Lexikon der sprichwörtlichen Redensarten,* Bd. 2, Freiburg, Basel u. Wien 1992, S. 892).

559,3261 *Am Hungertuche nagt]* Sprichwörtliche Redewendung (Wander, *Deutsches Sprichwörter-Lexikon,* Bd. 2, Sp. 921).

560,3283 *ausgezichten]* Zichten: anklagen, beschuldigen, bezichtigen (Grimm, *Deutsches Wörterbuch,* Bd. 15, Sp. 879).

562,3319f. *Der aus* ⟨...⟩ *will]* Vielleicht Anlehnung an die sprichwörtliche Redewendung »Niemand kann am Morgen sehen, was vor Abend wird geschehen« (Wander, *Deutsches Sprichwörter-Lexikon,* Bd. 3, Sp. 725).

562,3340 *des Hofes Cyprien]* Die Liebesgöttin Aphrodite, die den Beinamen Cypria trägt, soll bei Zypern dem Meer entstiegen sein.

563,3355 *Arcanum]* Lat.: Geheimnis, Geheimmittel; das Arcanum ist eine äußerst wirkungsvolle Arznei, deren Zubereitung geheim ist.

563,3361 *Vom Kaiserstamm]* Vgl. die Rückführung des Hauses Löwenstein auf Karl den Großen, S. 488,1279 bis 489,1329.

565,3430 *Offiziant]* Veraltet für Unterbeamter, Bediensteter.

568,3498 *Nesselkraut]* Brennessel (Grimm, *Deutsches Wörterbuch,* Bd. 7, Sp. 618, 620).

574,3635 *Atlas]* Der griechischen Mythologie zufolge steht Atlas im Westen der Erde und trägt den Himmel auf seinen Schultern.

578,3767 *Götterseim]* Seim: »dickflüssiger saft, honig« (Grimm, *Deutsches Wörterbuch,* Bd. 10,1, Sp. 226). Hier ist wohl »Nektar« als Göttertrank gemeint.

581,3854f. *Eh fändest ⟨...⟩ Herz]* Vgl. die sprichwörtliche Redensart »Sandkörner gibt es mehr in der Welt als Goldkörner« (Wander, *Deutsches Sprichwörter-Lexikon,* Bd. 3, Sp. 1863).

PERDU! ODER
DICHTER, VERLEGER, UND BLAUSTRÜMPFE
(S. 583)

Textüberlieferung und Textgrundlage

Perdu! ist in einem Entwurf (MA III 1, MA III 2) und einer korrigierten Reinschrift (MA III 3-8) überliefert (sämtlich im Meersburger Nachlaß, Staatsbibliothek zu Berlin, Preußischer Kulturbesitz). Im Nachlaß von Levin Schücking hat sich eine Abschrift des Lustspiels von fremder Hand mit eigenhändigen Korrekturen der Droste erhalten (Privatbesitz, Depositum im Westf. Landesmuseum, Münster), das im Vergleich mit den Reinschriften des Meersburger Nachlasses eine Weiterentwicklung des Textes darstellt. Diese Abschrift dient der vorliegenden Ausgabe als Textgrundlage. Zu Einzelheiten der Textgestaltung s. später HKA, Bd. 6.

Ein Auszug der ersten Szene wurde erstmals von Levin Schücking publiziert (*Annette von Droste. Ein Lebensbild,* in: Illustrirtes Familienbuch zur Unterhaltung und Belehrung häuslicher Kreise 10 [1860], S. 192-201, 223-237, Textabdruck S. 235). Eine vollständige Erstpublikation von *Per-*

du! nahm Wilhelm Kreiten (*Droste-Werkausgabe* [1884-87], Bd. 4, S. 176-252) vor, die erste kritische Edition lieferte Gustav Eschmann, *Annette von Droste-Hülshoff. Ergänzungen und Berichtigungen zu den Ausgaben ihrer Werke*, Münster 1909, S. 103-168.

Entstehung

Im Briefwechsel der Droste finden sich zahlreiche Stellen, in denen sie sich darüber beklagt, daß sie besonders von den Abbenburger Verwandten gedrängt werde, ihr Talent für die Erfassung und Schilderung komischer Szenen stärker zu nutzen. So heißt es etwa im Brief an Wilhelm Junkmann vom 26. 8. 1839 während eines Aufenthaltes in Abbenburg:

> man spannt hier wieder alle Stricke an, mich zum Humoristischen zu ziehen, spricht von »Verkennen des eigentlichen Talents« et cet – das ist die ewige alte Leyer hier, die mich denn doch jedesmahl halb verdrießlich halb unschlüssig macht, – ich meine der Humor steht nur Wenigen, und am seltensten einer weiblichen Feder, der fast zu engen Beschränkung durch die (gesellschaftliche) Sitte wegen – und Nichts kläglicher als Humor in engen Schuhen –

In erster Linie war es damals die Arbeit am zweiten Teil des *Geistlichen Jahrs*, weshalb die Droste auf die Vorschläge der Verwandten nicht einzugehen gewillt war: »Heute eine Schnurre, und Morgen wieder ein geistliches Lied! das wäre was Schönes! – solche Stimmungen ziehen sich nicht an und aus wie Kleider, obwohl Manche das zu glauben scheinen« (Brief an Junkmann, 26. 8. 1839). Doch nachdem sie im Winter 1839/40 das *Geistliche Jahr* vorerst abgeschlossen hatte, konnte sich die Droste nun wieder neuen, auch dramatischen Projekten zuwenden. Henriette von Hohenhausen, der sie am 14. 1. 1840 den Abschluß des *Geistlichen Jahrs* mitgeteilt hatte, berichtete sie, daß sie einem dramatischen

Versuch nicht abgeneigt gegenüberstehe, allerdings zwischen Tragödie und Komödie schwanke: »was ich nun zuerst vornehmen werde weiß ich noch nicht, – wahrscheinlich wieder einen *Versuch* für die Bühne – ob tragisch? ob humoristisch? – soviel habe ich noch nicht darüber nachgedacht«.

Im Brief an Christoph Bernhard Schlüter vom 28. 4. 1840 stellte die Droste dann unter dem Datum des 26. 4. eine grundsätzliche Reflexion über ihr Verhältnis zu Komik und Humor auch mit Blick auf ihre eigenen Fähigkeiten an: ich thue gar nichts – seit Beendigung des geistlichen Jahrs, also seit drey Monathen, sind zwey Balladen das Einzige was ich geschrieben. – doch liegt dies wohl zum Theil daran, daß ich, des seit zwanzig Jahren bis zum Ekel wiederholten Redens, über Miskennung des eignen Talents, müde, mich zu Etwas entschlossen habe, was mir im Grunde widersteht, nämlich einen Versuch im Komischen zu unternehmen, – so dränge ich dann jeden Trieb zu Anderm gewaltsam zurück, und scheue mich doch vor jener gleichsam bestellten Arbeit wie das Kind vor der Ruthe, – nicht daß ich meine sie werde völlig mislingen, – es fehlt mir allerdings nicht an einer humoristischen Ader, aber sie ist meiner gewöhnlichen und natürlichsten Stimmung nicht angemessen, sondern wird nur hervor gerufen durch den lustigen Halbrausch, der Uns in zahlreicher und lebhafter Gesellschaft überfällt, wenn die ganze Atmosphäre von Witzfunken sprüht, und Alles sich in Erzählung ähnlicher Stückchen überbietet – bin ich allein, so fühle ich, wie dieses meiner eigentlichen Natur fremd ist, und nur als reines Product der Beobachtung, unter besonders aufregenden Umständen, in mir aufsteigen kann. – Zwar – wenn ich einmahl im Zuge wäre, würde meine Gesellschaft auf dem Papiere mir vielleicht die Gegenwart wirklicher, und die bereits nieder geschriebenen Scherze die Anregung fremder ersetzen, aber eben zum Anfange kann ich nicht kommen, und fühle die gröste Lust zum Gähnen wenn ich nur daran denke. – zudem will mir noch der Stoff nicht recht kommen, – einzelne Scenen, Situationen, lächerliche Charaktere in Ueberfluß, aber zur Erfindung der Intrigue des Stücks, die diesen bunten Kobolden festen Boden geben muß, fehlt mir bis hin, ich weiß nicht ob die Lust oder das Geschick – wenn ich darüber nachdenken will, so überschwemmt mich eine Fluth von tollen Scenen, die an sich gut genug wären, auch nützlich seyn könnten, aber sich unter einander reimen, wie »ich heiße Hildebrand, und setze meinen Stock wohl an die Müüre« muß ich nun daraus schließen, daß es mir an »Schanie« fehlt? – so schlecht will ich doch nicht gleich mit mir umgehn, ⟨...⟩ ich fühle mich doch heute weit aufgelegter als seit lange, und es kann treffen, daß ich mich, nach Beendigung dieses Briefes, flink weg an die Arbeit mache –

Den Hintergrund für einen bislang vermißten Stoff zu einem Lustspiel erhielt die Droste durch Ereignisse im Zusammenhang mit der Realisation des *Malerischen und romantischen Westphalen*. Der Barmer Verleger Wilhelm Langewiesche (1807-1884) hatte im März 1839 Ferdinand Freiligrath (1810-1876) dafür gewinnen können, den Text für den geplanten Band über *Das malerische und romantische Westphalen* zu übernehmen, die Illustrationen sollte der Maler und Zeichner Carl Schlickum (1808-1869) beisteuern. Freiligrath und Schlickum machten im Früh- und Hochsommer 1839 auf Kosten des Verlegers eine Fußwanderung durch Westfalen, die ihnen Anschauungsmaterial für das Westfalen-Buch geben sollte. Auf Drängen Langewiesches kam zwar Ende 1839 die erste Lieferung von einem Bogen heraus, doch danach geriet das gesamte Unternehmen ins Stocken. Freiligrath lieferte keine Texte mehr, nur Schlickum vollendete die vorgesehenen Vorlagen für den Stahlstecher. Nach zahllosen Querelen zwischen Freiligrath und Langewiesche übernahm Levin Schücking im September 1840 das Unternehmen, das er dann – auch mit Unterstützung durch die Droste – zügig zu Ende führte.

Diese Ereignisse nahm die Droste zum Anlaß für ihr Lustspiel. Die Details und die Hintergründe hatte sie wohl im wesentlichen durch Schücking erhalten, dessen Freundschaft mit Freiligrath zu dieser Zeit begann. Schücking hatte Freiligrath auf einem Teil der Westfalenwanderung begleitet, stand in regem Briefwechsel mit ihm und besuchte ihn schließlich im Herbst 1840 in seinem neuen Domizil in Unkel am Rhein. Aus Schückings Schilderungen gewann die Droste von Freiligrath offenbar das Bild eines genialischen, sorglosen, aber letztlich doch sympathischen Dichters, den sie im Lustspiel in der Figur des Sonderrath porträtiert.

Über den Vorsatz, ein Lustspiel zu schreiben (Brief an Schlüter, 26. 4. 1840), hinaus finden sich im Briefwechsel keine Hinweise, daß die Droste sich tatsächlich an die Arbeit gemacht hätte. Erst Schücking erwähnte in seinem Brief an die Droste vom 12. 9. 1840 aus Unkel, wo er sich zu Besuch bei Freiligrath aufhielt, nun ein offenbar fast vollendetes Lustspiel: »ich freue mich auf die Dichter, Verleger und Blaustrümpfe!« Schon am 12. 11. 1840 teilte er Freiligrath den Abschluß der Arbeit an *Perdu!* mit: »Sie hat ein Lustspiel geschrieben ⟨...⟩ ›Dichter, Verleger und Blaustrümpfe‹; darin kannst Du die Geschichte zwischen Dir und Langewiesche, die Charaktere der Herren ›Sonder‹rath, und des jungen Menschen Seibold, der ganz exquisite Recensionen schreibt, aber einmal die Marotte hat, nur ganz miserable Verse zu fabriziren, dann der hiesigen Damen der haute voleé, die im Rufe der Blaustrumpfigkeit stehen, sehr hübsch beschrieben lesen« (Goethe- und Schiller-Archiv, Weimar).

Das Lustspiel wurde im Zirkel Elise Rüdigers offenbar eingehend besprochen. Dies war schon deshalb selbstverständlich, weil dieser Kreis weitgehend selbst eine unmittelbare Vorlage für *Perdu!* bildete. Am 20. 7. 1841 schrieb die Droste darüber an August von Haxthausen: »mein Lustspiel, worin höchstens *Einer* Persönlichkeit (der Bornstedt) zu nahe getreten seyn konnte, ist auch von meinem

Kreise förmlich gesteiniget, und für ein vollständiges Pasquill auf sie Alle erklärt worden, und doch weiß Gott wie wenig ich an die guten Leute gedacht habe – Schücking und die Rüdiger waren die Einzigen die nichts Anstößiges darin fanden, obwohl Beiden auch ihre Rollen zugetheilt wurden, und zwar Letzterer eine höchst fatale«. Trotz dieser Einschränkungen, die die Droste hier im Hinblick auf die Figurenporträts macht, lassen sich dennoch in den Figuren des Lustspiels deutliche Porträts ihrer Bekannten erkennen. Bei der Figur des Verlegers Speth hat wohl Langewiesche Pate gestanden, ebenso unschwer zu erkennen sind Ferdinand Freiligrath (Sonderrath), Levin Schücking (Seybold), Wilhelm Junkmann (Willibald) und Luise von Bornstedt (Claudine Briesen). Die Droste hat sich in der Frau von Thielen wohl ein ironisierendes Selbstporträt geschaffen, die Figur der Ida weist Parallelen zu Elise Rüdiger auf und Johanna von Austen läßt sich als Henriette von Hohenhausen identifizieren (vgl. Kortländer 1979, S. 53).

Stellenkommentar

584 *poeta laureatus*] Dichter, der als Anerkennung für seine Kunst einen Lorbeerkranz bzw. eine Auszeichnung erhalten hat.

584 *minimi moduli*] Lat.: »sehr geringen Maßes«.

584 *du bon vieux temps*] Frz.: »aus der guten alten Zeit«.

585,9f. *die Rebe ⟨...⟩ sich*] Dieser hier im Verlauf von *Perdu!* häufiger zitierte Satz aus dem Entschuldigungsbrief Sonderraths an den Verleger Speth ist der Anfang eines beliebten Liedes mit dem Titel »Frühlingsempfindung« von Wilhelm Gottlieb Becker (1753-1813): »Alles liebt und paart sich wieder« (Erstdruck 1783).

585,10; 591,19 *Pegasus/Pegasusreiter*] Aus dem Rumpf der Medusa entsprungenes Flügelroß, das Bellerophon einfing und zähmte. Als er sich mit ihm zum Himmel schwingen wollte, wurde er abgeworfen und Pegasus als Sternbild an den Himmel versetzt. Später erscheint Pegasus als Musen- oder Dichterroß. Vgl. auch *Der Spekulant* (Bd. 1, S. 663,106).

585,10 *kollrig*] Kollerig, kollericht: leicht aufbrausend, hitzig (Grimm, *Deutsches Wörterbuch,* Bd. 5, Sp. 1617).

585,11 *Ixionswolke*] Ixion, der König von Capithen, wurde durch Zeus vom Mord an seinem Schwiegervater Eioneus gereinigt. Ixion begehrte jedoch Hera und rühmte sich ihrer Gunst. Zeus schiebt ihm aber die Nephele (Wolke) unter, mit der Ixion den Kentauren erzeugt. Später wird Ixion von Zeus zur Strafe an ein glühendes, sich immer drehendes Rad gefesselt.

585,14 *nescio*] Lat.: »ich weiß nicht«.

585,26 *Kamisol*] Vgl. Anm. 88,16.

585,28 *Krebse*] Als Krebse werden die unverkauften Exemplare einer Auflage bezeichnet, die der Verleger zurückerhält.

586,1f. *Pavodetten-Augen*] Pavo (lat.): Pfau, gemeint sind hier die Augen auf dem Pfauenschwanz.

586,11f. *einakkordierte*] Akkordieren: mit jemandem übereinkommen.

586,19f.; 594,15 *Abendblatte*] Vielleicht Anspielung auf Cottas ›Morgenblatt für gebildete Leser‹.

586,25-27 *ein weiblicher* ⟨...⟩ *Jerusalem*] Der Historienmaler Eduard Julius Friedrich Bendemann (1811-1889) hatte 1832/33 das Ölgemälde »Die trauernden Juden im Exile« in Köln ausgestellt.

587,16 *Louisdore*] Frz. Goldmünze, seit Ludwig XIII. (1640) im Umlauf.

587,18 *Kassemännchen*] Münze von geringem Wert.

587,29 *Heller*] Kleinste Kupfermünze in Deutschland bis zur Einführung der Mark (1873).

587,32 *Krontaler*] Kronentaler, süddeutsche Talerwährung, vor allem in Baden verbreitet.

588,22 *rot* ⟨...⟩ *Puter*] Vgl. die sprichwörtliche Redewendung »Er (sie) ist roth wie ein Truthahnskopf« (Wander, *Deutsches Sprichwörter-Lexikon,* Bd. 3, Sp. 1742).

590,6 *Jabots*] Brustkrause am Herrenhemd im 18. und frühen 19. Jahrhundert.

591,7 *Haarbeutel*] »beutel in den die hinterhaare des kopfes gesteckt werden« (Grimm, *Deutsches Wörterbuch,* Bd. 4,2, Sp. 24), seit etwa 1720 Bestandteil der Herrentoilette.

591,14 *Ellen*] Elle: Längenmaß unterschiedlicher Länge, abgeleitet von der Länge des Unterarms.

591,22f. *Christlichen Gemeinde*] Das Wuppertal galt bis zum Ende des 19. Jahrhunderts wegen seiner rigorosen calvinistischen Religiosität als kulturfeindlich. Friedrich Engels etwa attackierte in den im März und April 1839 im ›Telegraph für Deutschland‹ erschienenen *Briefen aus dem Wuppertal* den pietistischen Charakter des Wuppertals und seiner reformierten und lutherischen Geistlichen, Gymnasiallehrer und Schriftsteller als »Zion des Obscurantismus«.

592,17f. *Gummi elasticum*] Bezeichnung für Kautschuk.

593,18 *Hoffart* ⟨...⟩ *leiden*] Sprichwörtliche Redensart (Wander, *Deutsches Sprichwörter-Lexikon,* Bd. 2, Sp. 715), vgl. *Bei uns zu Lande auf dem Lande* (S. 182,19f.).

595,4-6 *Etwas* ⟨...⟩ *Kamele*] Hinter dieser Bemerkung verbirgt sich eine Anspielung auf die zeitgenössische Exotismus-Mode, zu deren prominentesten Vertretern in Deutschland Ferdinand Freiligrath gehörte. Im Brief an Jenny von Laßberg vom 7. 7. 1839 bezeichnet die Droste Freiligraths Gedichte als »*schön*« und »*wüst*«.

595,20 *Jahrwochen Daniels*] Gemeint ist die Weissagung von den 70 Jahrwochen (Dan 9,24).

596,29 *perfider*] Perfide (lat., frz.): treulos, hinterlistig, tückisch.

596,32 *honett*] Vgl. Anm. 163,21.

596,37 *Injurien*] Injurie (lat.): Unrecht, Beleidigung.

597,26 *en vogue*] Frz.: beliebt, in Mode, im Schwange.

598,1 *Satisfaktion*] Lat.: Genugtuung, besonders durch eine Ehrenerklärung oder durch einen Zweikampf (Duell).

598,3 *Pendule*] Pendule oder Pendüle: Pendel- oder Stutzuhr.

598,20 *im petto*] Ital.: »in der Brust«, beabsichtigt, geplant, etwas im Sinn haben.

598,21 *ennuyieren*] Langweilen, ärgern, lästig werden.

598,37f. *Herrmann und Thusnelde*] Seit Ulrich von Hutten (1488-1523) gibt es in der deutschen Literatur unzählige Bearbeitungen, in denen der Cherusker Arminius, der 9 n. Chr. die Römer in der sog. Varusschlacht im Teutoburger Wald besiegt hat, und seine Ehefrau Thusnelda als Figuren auftreten (u. a. Daniel Casper von Lohenstein, Johan Elias Schlegel, Justus Möser, Christoph Martin Wieland, Friedrich Gottlieb Klopstock, Heinrich von Kleist, Christian Dietrich Grabbe).

599,21 *banquerout*] Frz.: häufiger Bankerott (nach dem ital. banca rotta: »zerbrochene Wechselbank«), Zahlungsunfähigkeit, Zusammenbruch; vgl. auch *Ledwina* (S. 150,36).

599,22 *Kabinette*] Kleines Gemach, Nebenzimmer.

600,29 *Gerstäcker*] Gemeint ist der berühmte Tenorsänger Samuel Friedrich Gerstäcker (1790-1825).

601,7 *Meteor*] Vgl. Anm. 223,219.

601,17 *altdeutschen Schule*] Malerei und Plastik der Spätgotik, der Dürerzeit usw.

602,9 *Dinée*] Diner (frz.): Mittagessen, Festmahl.

602,13 *pikiert*] Beleidigt, gereizt, verletzt.

602,29 *Hochzeitscarmen*] Karmen: Fest- und Gelegenheitsgedicht.

603,23 *starrer Thomas*] Gemeint ist der »ungläubige« Thomas, einer der zwölf Jünger Jesu, der zunächst an der Auferstehung Jesu zweifelte (Joh 20,24-29).

603,26 *Vignette*] In der Buchkunst ornamentale Verzierung, meist am Anfang eines Buches oder einer Seite.

603,27 *Genius*] Die Römer sahen im Genius einen unsichtbaren, persönlichen Schutzgott des Einzelnen, der als Personifikation der Zeugungskraft und Kreativität galt.

604,15f. *Als 〈...〉 brach*] Die Droste zitiert hier aus ihrem Jugendgedicht *Emma und Edgar* (Bd. 1, S. 615,129f.).

604,19f. *Da 〈...〉 herab*] Zitat aus *Emma und Edgar* (Bd. 1, S. 615,131f.).

604,23f.; 613,29f. *Es 〈...〉 fort*] Zitat aus *Emma und Edgar* (Bd. 1, S. 615,133f.).

605,25 *Hottentotten und Pescherähs*] Hottentotten: Volksstamm in Südafrika, der seinen Namen »Stotterer« von den Holländern wegen der Schnalzlaute in ihrer Sprache erhielt. Peschärähs: Bezeichnung für die Bewohner von Feuerland.

606,9 *a la Rousseau*] Der französische Schriftsteller und Philosoph Jean Jacques Rousseau (1712-1778) betonte einen glücklichen, naturhaften Urzustand der Menschheit, aus dem diese durch die Vergesellschaftung ins Verderben gefallen sei.

606,14 *geniert*] Genieren (frz.): gehemmt sein, sich unsicher fühlen.

606,20 *Pythia*] Priesterin, die im Apollotempel zu Delphi das Orakel befragte und die geheimnisvollen Ratschläge des Gottes verkündete.

607,11 *sympathetischer Stern*] Hier im Sinne von geheimkräftiges, geheimnisvolles Schicksal.

607,29 *prädestiniert*] Lat.: vorherbestimmt, wie geschaffen für etwas.

607,35-37 *ich habe ⟨...⟩ davon*] Kortländer (1979, S. 316) vermutet hier eine direkte Anspielung an die auch im Briefwechsel häufig thematisierten Exaltationen Luise von Bornstedts.

609,6 *debutieren*] Zum ersten Mal öffentlich auftreten.

609,29 *Physiognomin*] Deuterin der äußeren Erscheinung eines Menschen.

611,28 *en verve*] Frz.: im Schwung.

611,33f. *Vous avez ⟨...⟩ rire*] Frz.: »Sie sind immer zum Scherzen aufgelegt.«

612,15f. *die Psyche ⟨...⟩ weckt*] In der griechischen Mythologie verliebt sich Eros (Amor) in die außergewöhnlich schöne Königstochter Psyche und entführt sie. Als sie ihren Liebhaber, der sie nur in der Nacht besuchen und von ihr nicht gesehen werden darf, im Schlaf aus Neugierde überrascht, wird sie von Eros verlassen.

612,26-28 *Ja wohl ⟨...⟩ Rand*] Anspielung auf den ersten Vers des weit verbreiteten und mehrfach vertonten Gedichts *Das Grab* von Johann Gaudenz von Salis-Seewis (1762-1834).

613,5 *a la Scarron*] Der französische Schriftsteller Paul Scarron (1610-1660) ist durch seinen Roman *Le roman comique* (1651-57) bekannt geworden, der wegen seiner Milieuschilderung zu den bedeutendsten frühen realistischen Romanen der französischen Literatur zählt.

613,19f. *ich meine 〈...〉 Lessing*] Kortländer (1979, S. 53) bemerkt zu dieser Zusammenstellung von Autoren (Martin Opitz, 1597-1639; Johann Ulrich König, 1688-1744; Christian Fürchtegott Gellert, 1715-1769; Gotthold Ephraim Lessing, 1729-1781) vom Barock bis etwa zur Zeit Klopstocks, daß die Droste diesen Zeitraum kaum literaturgeschichtlich unterteilt hat und ihr deren literarische Vertreter insgesamt als »gänzlich veraltet« erscheinen.

614,24 *die himmlischen 〈...〉 Cidly*] Friedrich Gottlieb Klopstock (1724-1803) hat unter dem Namen Cidli seine spätere Frau Margarethe (Meta) Moller in verschiedenen Oden *(Gesänge an Cidli)* besungen.

614,25f. *Dem Schmerz 〈...〉 dich*] Gemeint ist hier Klopstocks Ode »Selma und Selmar«, die ebenfalls auf das Verhältnis zu seiner späteren Frau Margarethe Moller zu beziehen ist.

614,29 *Gutzkow*] Karl Gutzkow (1811-1878), wichtiger Vertreter der jungdeutschen Literaturbewegung.

616,27 *Commis*] Frz.: Handlungsgehilfe.

617,18 *Lork*] Niederdt. für Lurch (Grimm, *Deutsches Wörterbuch*, Bd. 6, Sp. 1151).

618,15f. *Bruder 〈...〉 Musen*] Gemeint ist hier eine Anrede von Dichter zu Dichter. Vgl. auch die Briefanrede »Mein Bruder in Apoll«, die Anna Louise Karsch (1722 bis 1791) in ihren Briefen an Wilhelm Ludwig Gleim (1719 bis 1803) benutzte.

618,36 *Schürgen*] Schürge: ein (Kölner) Packträger (vgl. Grimm, *Deutsches Wörterbuch*, Bd. 9, Sp. 2044); vgl. auch *Meister Gerhard von Cöln* (Bd. 1, S. 248,8).

619,4f. *L'loyds Kaffeehause*] Edward Lloyds Londoner

Kaffeehaus war seit Ende des 17. Jahrhunderts Zentrum der Schiffsinteressenten und Seeversicherer, aus dem sich die Versicherungsgesellschaft Lloyd's entwickelte.

619,37-620,1 *albo notanda lapide]* Ein Tag, der mit einem weißen Steinchen bezeichnet werden muß, also ein glücklicher Tag (vgl. Horaz).

621,12 *Felonie, wie Wallenstein]* Felonie: Verrat, Treubruch. Das militärische Taktieren des kaiserlichen Generals Albrecht Eusebius Wenzel Wallenstein (1583-1634) während des Dreißigjährigen Krieges und seine Kontakte zu den feindlichen Schweden und Franzosen führten dazu, daß Kaiser Ferdinand II. auf Druck der Reichsstände Wallenstein am 22. 2. 1634 des Hochverrats bezichtigte und befahl, ihn tot oder lebendig zu fangen. Daraufhin fiel Wallensteins Armee von ihm ab, und er wurde ermordet (vgl. auch Schillers Trauerspiel *Wallenstein,* 1798/99).

621,23f. *Ein Verein 〈...〉 Schmidt]* Nikolaus Giseke (1724-1765) gehörte zu den engsten Freunden Friedrich Gottlieb Klopstocks (1724-1803) aus dem Autorenkreis der ›Bremer Beiträge‹, die dieser während seiner Studentenzeit in Leipzig (1746/47) kennengelernt hatte. Durch Giseke lernte Klopstock auch dessen Vetter Johann Christoph Schmidt (1727-1807) kennen.

622,24 *Auskultator]* Gerichtsreferendar.

622,28 *Pylades]* Freund des Orest.

622,29 *Schmachtlocken]* »haarlocken, die bei den damen zu beiden seiten des gesichtes herunterhängen und diesem einen schmachtenden ausdruck verleihen sollen« (Grimm, *Deutsches Wörterbuch,* Bd. 9, Sp. 892).

623,6 *karessierst]* Liebkosen, schmeicheln.

623,10 *Schirrmeister]* »auf gütern derjenige, dem das 〈pferde〉geschirr zur aufsicht und rechenschaft anvertraut ist« (Grimm, *Deutsches Wörterbuch,* Bd. 9, Sp. 226).

623,16 *a la bonne fortune]* Frz.: »auf gut Glück«.

624,2; 631,34 *pränumeriert/Pränumeranten]* Ein Pränumerant zahlt für eine zu erwartende Ware im voraus.

624,31 *Schwanenjungfrau]* »übernatürliches weibliches

wesen der sage, das sich durch überwerfen eines schwanenhemdes ⟨...⟩ in einen schwan verwandeln kann, besonders von den walküren« (Grimm, *Deutsches Wörterbuch,* Bd. 9, Sp. 2217).

625,5f.,12 *Zwickelstrümpfchen/Zwickelstrümpfen]* Zwickel: keilförmiger Einsatz zur besseren Bewegungsmöglichkeit in Kleidungsstücken, hier in Strümpfen. Vgl. auch *Das Liebhabertheater* (Bd. 1, S. 140,24).

625,11 *Thirsis und Daphne]* Die Droste meint hier wohl Thyrsis und Daphnis, die in der antiken Literatur zweimal vorkommen: in der ersten *Idylle* des Theokrit singt der Hirt Thyrsis das Loblied auf Daphnis, in der siebten *Ekloge* des Vergil wird ein Sängerwettstreit zwischen Thyrsis und Corydon geschildert, während Daphnis schweigend zuhört.

625,16 *Fürtüchelchen]* Fürtuch: vorgebundenes Tuch, Schürze (Grimm, *Deutsches Wörterbuch,* Bd. 4,1,1, Sp. 920); vgl. auch *Die Schwestern* (Bd. 1, S. 244,87).

625,36 *Schwippe]* »geiszel, peitsche, flagellum« (Grimm, *Deutsches Wörterbuch,* Bd. 9, Sp. 2713).

626,4 *Herostrat]* Griechischer Brandstifter, der 356 v. Chr. aus Geltungssucht den Artemistempel in Ephesos anzündete.

626,6 *Ad vocem]* Lat.: »dazu wäre zu bemerken«.

626,16 *auf der Bleiche]* Platz oder Rasenstück, wo Wäsche gebleicht wird (Grimm, *Deutsches Wörterbuch,* Bd. 2, Sp. 97).

627,1f. *Karkasse]* Drahtgestell für Frauenhüte.

627,24 *fatal]* Lat.: »vom Schicksal bestimmt«.

628,36f. *Patroklos* ⟨...⟩ *gefallen]* Freund des Achill, mit dem er am Trojanischen Krieg teilnahm und der von Hektor getötet wurde.

629,2 *Lustern]* Lat.: lustrum, Zeitraum von fünf Jahren; vgl. auch *Nach fünfzehn Jahren* (Bd. 1, S. 143,51).

629,7 *Juno]* Bedeutendste Göttin im antiken Rom, entspricht der Hera in der griechischen Mythologie.

630,21 *a propos]* Frz.: nebenbei bemerkt, übrigens.

631,35 *Kasino]* Gesellschaftshaus, Speiseraum.

632,34 *Irrwische*] Irrlicht: Flämmchen in Mooren, die als Zeugen von Geistern oder als brennende Seelen oft von ungetauft verstorbenen Kindern angesehen werden. Vgl. auch *Der Heidemann* (Bd. 1, S. 64,46).

634,17f. *der Geist ⟨...⟩ schwach*] Mt 16,41.

636,23 *Kaste*] Urtümliche Form gesellschaftlicher Ordnung, Rasse, Stamm, Stand.

637,18 *Jane Baillie*] Joanna Baillie (1762-1851), englische Schriftstellerin.

637,24f. *Livreebedienten*] Bediener in uniformartiger Bekleidung.

638,24f. *Bagatelle*] Unbedeutende Kleinigkeit.

639,15 *rappelköpfig*] Jemand, der einen »rappelkopf« hat, aufgeregt und in großer Bewegung ist (Grimm, *Deutsches Wörterbuch*, Bd. 8, Sp. 117).

639,17 *Pagelune*] Pfau.

639,24 *Festons*] Girlanden aus Blumen, Blättern oder Früchten.

640,3 *echappieren*] Entweichen, entwischen.

HEDWIG UND SOPHIE ODER VERZWEIFLUNG UND RACHE
(S. 641)

Textüberlieferung und Textgrundlage

Dieses Fragment ist nur in einem Entwurf überliefert (Annette von Droste-Gesellschaft, Münster), der der vorliegenden Ausgabe als Textgrundlage dient. Es wurde erstmals von Karl Schulte Kemminghausen (*Neue Droste-Funde*, in: Westfalen 17 [1932], H. 5, S. 151-173, Textabdruck S. 161f.) veröffentlicht.

Entstehung

Ein sicheres Entstehungsdatum ist nicht anzugeben. Es ist aber davon auszugehen, daß das Fragment *Hedwig und Sophie* sowohl vom Papier des Arbeitsmanuskriptes, von den Schriftzügen und von der Konzeption her gesehen in die Zeit nach dem Trauerspiel *Bertha* fällt.

DAS RÄTSEL
(S. 645)

Textüberlieferung und Textgrundlage

Das Rätsel ist gemeinsam mit *Szenen aus Hülshoff* in einem Album der Anna von Arnswaldt (geb. von Haxthausen, 1801-1877) in einer Abschrift von fremder Hand überliefert (Universitätsbibliothek Münster, Nachlaß Schulte Kemminghausen). Diese Abschrift dient in der vorliegenden Ausgabe als Textgrundlage. *Das Rätsel* wurde erstmals veröffentlicht in *Annette von Droste-Hülshoff. Sämtliche Werke (in zwei Bänden)*, hg. v. Günther Weydt und Winfried Woesler, Bd. 2, München 1978, S. 645-653.

Entstehung

Eine gesicherte Datierung dieses dramatischen Scherzes ist nicht möglich; Kortländer (1979, S. 200) schwankt zwischen 1813 und 1819.

Stellenkommentar

645 *Wie ⟨...⟩ davon]* Im Meersburger Nachlaß der Droste findet sich ein Blatt (MA VII 3) mit Rätseln und

Scherzfragen von ähnlichem Muster wie der Untertitel zu *Das Rätsel*: »Wenn zwölf Vögel auf einem Baum sitzen, und man schießt drei herunter, wieviel bleiben sitzen? – Keiner, sie fliegen alle fort.«

646 *Personen]* Es ist anzunehmen, daß den Figuren dieses dramatischen Scherzes wirkliche Personen aus der Umgebung der Droste (möglicherweise in Bökendorf) zugrunde liegen.

647,11f. *Stößt ⟨...⟩ Stein]* Vgl. »Ein Esel stösst sich nicht zweimal an denselben Stein« (Wander, *Deutsches Sprichwörter-Lexikon*, Bd. 1, Sp. 862).

648,44; 649,72,79,84 *Rappier/Rapier]* Fechtwaffe, Degen.

650,98 *die Kodden]* Gemeint sind Kotten, Bauernhäuser (Grimm, *Deutsches Wörterbuch*, Bd. 5, Sp. 1883f.).

650,105,110 *Schecken]* Hier: Pferd, dessen Fell pigmentarme Flecken enthält.

651,122 *sparteln]* Vgl. Anm. 170,19.

651,135 *Bas]* Base, Cousine.

652,144 *Fuselstinken]* Fusel: Bezeichnung für minderwertigen Branntwein.

652,148,157 *Akkerat/akkrat]* Akkurat (lat.): sorgfältig, genau.

653,166 *Witfrau]* Witwe (Grimm, *Deutsches Wörterbuch*, Bd. 14,2, Sp. 812).

654,203 *Galgenfrist]* Ursprünglich die Frist, die einem Verurteilten zwischen der Verkündigung des Todesurteils und der Hinrichtung gewährt wurde (Grimm, *Deutsches Wörterbuch*, Bd. 4,1,1, Sp. 1174).

SZENEN AUS HÜLSHOFF
(S. 655)

Textüberlieferung und Textgrundlage

Szenen aus Hülshoff ist gemeinsam mit *Das Rätsel* in einem Album der Anna von Arnswaldt (geb. von Haxthausen, 1801-1877) in einer Abschrift von fremder Hand überliefert (Universitätsbibliothek Münster, Nachlaß Schulte Kemminghausen). Diese Abschrift dient in der vorliegenden Ausgabe als Textgrundlage. Der Text wurde erstveröffentlicht in *Nachlese. Ungedruckte Verse und Briefe der Droste nebst einem Beitrag zur Drosteforschung*. In Gemeinschaft mit Ed⟨uard⟩ Arens und Erich Schulz hg. v. K⟨arl⟩ Schulte Kemminghausen, Bochum 1934, S. 13-24.

Entstehung

Die Entstehung der *Szenen aus Hülshoff* ist unsicher. Ein terminus post quem ist durch den Hinweis auf Zacharias Werners Drama *Der vierundzwanzigste Februar* gegeben, das 1815 erschien. Da mehrere Personen der *Szenen aus Hülshoff* im Tagebuch Jenny von Droste-Hülshoffs erwähnt werden (Oktober/November 1817: Amelunxen, Fritz Böselager, Engelbert und Max Kerkerinck; August, Anfang Oktober 1817: Fräulein Carpentier) liegt es nahe, die Entstehung der *Szenen aus Hülshoff* in den Herbst 1817 zu legen.

In einem Brief an Elise Rüdiger vom 5. 1. 1844 spielen die *Szenen aus Hülshoff* noch einmal eine Rolle. Anlaß für die hier ausgebreitete Rechtfertigung war eine Äußerung von Johanna Hassenpflug (1792-1860) gegenüber Elise Rüdiger, die der Droste wohl in einem nicht mehr erhaltenen Brief mitgeteilt wurde. Johanna Hassenpflug hatte der Droste einen Hang zur Koketterie vorgeworfen, die sie sich seit ihrer Jugendzeit bewahrt habe. Als Beleg für ihre Behauptung scheint sie jene Stelle aus den *Szenen aus Hülshoff* (S. 665,194-198) zitiert zu haben, in der ihr Bruder Werner sie vor dem Spott Amelunxens in Schutz nimmt:

> Mäßige doch deine Zunge –
> Zwar sie läßt sich vieles sagen,
> Aber dies darfst du nicht wagen,
> Nenn' sie Hexe und Kokette,
> Aber nur nicht kleine Nette.

Die Rechtfertigung im Brief an Elise Rüdiger vom 5. 1. 1844 lautet folgendermaßen:

Was kommen Sie mir denn mit meiner steinalten, seit 25 Jahren begrabenen, Koketterie? – ich habe Ihnen ja schon früher erzählt, wie wir sämmtlichen Cousinen Haxthausischer branche durch die bittere Noth gezwungen wurden, uns um den Beyfall der Löwen zu bemühn, die die Oncles von Zeit zu Zeit mitbrachten, um ihr Urtheil danach zu reguliren, wo wir dann nachher einen Himmel oder eine Hölle im Hause hatten, nachdem diese uns hoch oder niedrig gestellt. – Glauben Sie mir, wir waren arme Thiere, die ums liebe Leben kämpften, und namentlich Wilhelm Grimm hat mir durch sein Misfallen jahrelang den bittersten Hohn und jede Art von Zurücksetzung bereitet, so daß ich mir tausendmahl den Tod gewünscht habe. – ich war damals sehr jung, sehr trotzig, und sehr unglücklich, und that was ich konnte um mich durchzuschlagen, – das sind (den *nächsten* Zeitpunkt angenommen) 25 Jahre hin, und Sie, mein Liebchen, sollten diejenige nicht seyn, die dem Paulus den Saulus vorwirft. – Sie sind ja mit uns gereißt, und haben leider Selbst gesehn, welchen Einfluß noch jetzt dergleichen Aeußerlichkeiten auf eine sonst so vortreffliche und verehrte Person haben, und wie ich in Nichts zusammen geschrumpft bin, als wir uns Meersburg näherten – leider gelten ihr litterarische Erfolge gar nichts, aber das Urtheil und die Ehrenbezeugungen der nächsten Umgebung haben sie ganz in ihrer Gewalt. – *bitte, verbrennen Sie diesen Brief.* – ich möchte um Alles nicht, daß diese letzten Worte in der Welt blieben. – Daß ich aber *jetzt* noch kokett seyn sollte, ist einer von den Gedanken wo man nicht weiß ob man darüber lachen oder weinen soll – aber ich habe mein Aeußeres so gänzlich verkommen lassen, daß ich mich, so wie ich gewöhnlich bin, gar nicht kann sehn lassen, und mit der ungewohnten Kleidung ziehn bey mir gleich einige Reminiscenzen von feinerem Benehmen und Gesellschaftston ein, so daß ich selbst merke, wie ich im blauen Kleide gleich eine ganz andre Person bin wie im dicken schwarzen Rocke. – Der »Hexe und Kokette« wegen, bin ich mir doch selbst schuldig Ihnen einige Erläuterung zu geben, – ich habe dergleichen nie gesagt, aber einmahl *des Reims wegen*, bey einem dummen Spaße meinem Bruder in den Mund gelegt. – ich war damals etwa 17 Jahr, und passionirt darauf in Knittelversen zu improvisiren, je dummer je besser. – so forderte einmahl, als ich mit *meinen Eltern und Geschwistern ganz allein war*, und einige am vorigen Tage in unsrer gewöhnlichen Gesellschaft vorgekommenen komischen Vorfälle besprochen wurden, meine Mutter mich auf, dies in Reime zu bringen, ich stellte mich gleich vor sie hin, und erregte durch meinen besonders geglückten Vortrag eine solche Lustigkeit, daß ich inne halten, Jenny Schreibzeug holen, und ich ihr in die Feder diktiren mußte, – es wurde, wie Sie denken können, miserabel, amusirte aber, da es lauter bekannte Gegenstände betraf, doch Alle sehr. – Ein gewisser langer Amelunxen (Clementinens Bruder und Jenny's seufzender Courmacher) glaubte mir sehr zu schmeicheln wenn er mich »kleine Nette« nannte, was mich immer spinnengiftig machte, weshalb die Andern ihn immer dazu reizten. – dies brachte ich auch an, – die Stelle heißt »*Amelunxen* (süßlich) kleine Nette!« *Nette* »dummer Junge!« *Werner,* (lachend) »Schweig, und mäßge deine Zunge, Zwar du kannst ihr Manches sagen, Aber dies darfst du nicht wagen, Nenn sie Hexe und Kokette, Aber nur nicht kleine Nette.« – (Zweifeln Sie daran, daß, *unter diesen Umständen,* mich etwas Anderes wie der Reim verleitet hat?) – Des Lachens war kein Ende, Jenny mußte den Wisch »Scenen aus Hülshoff« überschreiben, und er sollte, der vielen Angegriffenen wegen, sehr geheim gehalten werden. Mama hatte aber so große Freude daran, daß sie ihn Einer ihrer Schwestern lieh, aus deren Händen wir ihn nie zurück bekommen, und bald ganz vergessen haben. – so muß auch Hanne *Hassenpflug* mahl ihre Nase hinein gesteckt haben, – Das ist das Kurze und Lange von der Sache, –

Stellenkommentar

657, vor 1 *Nette]* Annette von Droste-Hülshoff.

657, vor 1 *scharmanten]* Anmutig, liebenswürdig, reizend.

657, vor 1 *wohlkonditionierten]* Wohl beschaffen, in gutem Zustand sein.

657, vor 1 *Sie ⟨...⟩ bedient]* Gemeint ist hier, daß Nette ihre Brille nicht zur Hand hat.

657,4 *Mama]* Therese von Droste-Hülshoff (geb. von Haxthausen, 1772-1853), Mutter der Autorin.

657,12 *drügen]* Niederdt.: trocken.

657, nach 12 *Jenny]* Jenny von Droste-Hülshoff (1795 bis 1859), Schwester der Autorin.

657,15 *Amelunxen]* Ernst Maximilian August Maria Anton von Amelunxen (geb. 1798), Amtmann in Wolbeck bei Münster.

657,15 *Böselager]* Fritz von Böselager auf Eggermühlen (1799-1858).

657,16 *Wernerchen]* Werner Konstantin von Droste-Hülshoff (1798-1867), Bruder der Autorin.

657,16 *August Droste]* August von Droste zu Vischering (1788-1854).

657,20 *Engelbertchen Kerkering]* Engelbert Karl Hubert von Kerckerinck-Borg (1796-1870).

659,49 *herumlaviert]* Lavieren, d. h. im Zickzack gegen den Wind segeln.

659,59 *malitiös]* Boshaft, hämisch.

659,68 *echappiert]* Entweichen, entwischen.

659,70 *attrapiert]* Erwischen, ertappen.

660, nach 71 *eine Galanterie]* Höfliches, zuvorkommendes Verhalten gegenüber Frauen.

660, nach 81 *Passagen]* Hier: aus melodierten Figuren zusammengesetzter Lauf, z. B. auf einem Klavier.

660,82 *Bracken]* Jagdhunde, vgl. *Die Jagd* (Bd. 1, S. 38,49).

660,83 *Schöps]* Von tschech. »skopec«, Hammel.

661, nach 103 *Ferdinand]* Vielleicht Ferdinand von Droste-Hülshoff (1800-1829), Bruder der Autorin.

661, nach 107; 662,134 *spartelt/sparteln]* Vgl. Anm. 170,19.

662,118 *der Schade]* Maximilian Schade von Grevenstein-Ahausen.

662,119 *Deken]* Vielleicht Adolf (geb. 1799) oder Wilhelm (geb. 1795) von der Decken.

662,120 *Fürstenberger]* Vielleicht Franz Egon von Fürstenberg (1789-1832) oder Egon von Fürstenberg-Stammheim (1797-1859).

662,137 *Tielekinder]* Vielleicht Julie (1772-1842) und Friedrich von Thielmann.

663, nach 140; 666,215 *Herr Niehoff]* Nicht ermittelt.

663,142 *Fusel]* Bezeichnung für minderwertigen Branntwein.

663,146 *ennuyanten Corps]* Im Sinne von »langweilige Gesellschaft«.

663, nach 152 *Kabinett]* Kleines Gemach, Nebenzimmer.

663, nach 152 *24ten Februar]* Gemeint ist das Schauerdrama *Der vierundzwanzigste Februar* (1815) von Zacharias Werner (1768-1823). Vgl. auch Anm. S. 62,8.

664,164 *Fräulein Charpantier]* Vielleicht eine Schwester von Wilhelmine von Thielmann (geb. von Charpentier, 1772-1842), Ehefrau Adolf von Thielmanns (1765-1824), der zwischen 1815 und 1820 das VIII. bzw. VII. Armeekorps in Münster kommandierte.

664,166-168 *Beide ⟨...⟩ Bern]* Zitat aus Zacharias Werners Drama *Der vierundzwanzigste Februar*.

665,186-188 *Solche ⟨...⟩ nicht]* Arie des Osmin in Mozarts 1782 uraufgeführtem Singspiel *Die Entführung aus dem Serail* (I,3, Arie Nr. 3): »Solche hergelauf'ne Laffen, | Die nur nach den Weibern gaffen, | Mag ich vor den Teufel nicht.«

666,213 *malheureuse Lieben]* Das unglückliche Lieben.

666,216 *malkontent]* Unzufrieden, mißvergnügt.

LIBRETTI

Die Familie Droste-Hülshoff nahm am zeitgenössischen Musikleben regen Anteil und bestimmte dadurch das musikalische Interesse der heranwachsenden Annette. Besuche von Opernaufführungen oder von Konzerten, die Beherrschung von Instrumenten, die Pflege von Musik und Gesang im Familienkreis und der Einfluß des als Komponisten erfolgreich hervorgetretenen Onkels der Dichterin, Maximilian von Droste-Hülshoff (1764-1840), motivierten und schufen Grundlagen für eine ausgeprägte Kompositionstätigkeit der Droste. Im Nachlaß der Droste haben sich zahlreiche Liedvertonungen, mehr oder weniger ausgeführte Libretti und Musikpartituren für Opernprojekte erhalten, die einerseits ihr großes Interesse an der Musik dokumentieren und andererseits unter Beweis stellen, daß ihre kompositorischen Fähigkeiten über ein bloßes Dilettieren hinausreichten.

1821 hatte ihr Maximilian von Droste-Hülshoff eine Schrift mit dem Titel *Eine Erklärung über den General-Baß und die Tonsetzkunst überhaupt – in der Kürze Zusammengefaßt* geschenkt, die neben grundsätzlichen Fragen zur Harmonielehre und Satztechnik auch die »Opernmusik« behandelte. Maximilian von Droste-Hülshoff, der zu diesem Zeitpunkt offenbar um das Interesse seiner Nichte an dieser Musikgattung wußte, teilte die Oper in folgende Abteilungen ein: »1. die große ernsthafte Oper 2. Die romantische Oper 3. Die komische Oper«. Die überlieferten kompositorischen Versuche der Droste zeigen durchaus eine solide Ausbildung und eine gewisse Originalität, wobei die textgebundene Musik deutlich vorherrscht, was sich auch darin zeigt, daß sie sich neben ihren Opernplänen verstärkt Liedkompositionen zugewandt hat.

Das Scheitern der Opernprojekte war aber eng verbunden mit dem offenbar für die Droste nur schwer in Einklang zu bringenden Verhältnis von Text und Musik. Das Libretto zur ersten Oper *Babilon* konnte sie noch zügig vollenden, ohne dabei Bedenken zu haben, eigenen mit fremdem Text zu mischen. Auch das Libretto zu ⟨*Der blaue Cherub*⟩ wird zügig abgeschlossen, obwohl hier ein eigener Anteil an der Bearbeitung nicht mehr zu erkennen ist. Für die dritte Oper *Der Galeerensklave* gelangte sie über einen konzeptionellen Entwurf nach einer französischen Vorlage nicht mehr hinaus. Parallel zu diesen erkennbaren Schwierigkeiten, ein Libretto als Kompositionsgrundlage zu erarbeiten, nimmt der musikalische Anteil deutlich ab, obwohl das Interesse an der Gattung Oper offenbar nach wie vor deutlich ausgeprägt war. Einen Hinweis auf die offenbar unlösbare Grundsatzfrage, wie das Verhältnis zwischen Librettist und Komponist auszugleichen sei, findet sich in einem Brief der Droste an ihren Bruder Werner von Droste-Hülshoff vom 5. 7. 1845. Sie nimmt darin Bezug auf eine Anfrage Clara Schumanns (1819-1896) vom 17. 6. 1845, ob sich die Droste nicht zum Schreiben eines Librettos für ihren Mann Robert Schumann (1810-1856) entschließen könne:

Ich habe wieder einen wunderlichen Brief bekommen, von einer jetzt sehr berühmten Klavierspielerin ⟨...⟩, Clara Wieck, die an einen Componisten Robert Schumann verheirathet ist, der seit Kurzem durch eine Oper »das Paradies und die Peri« Aufsehen gemacht hat. – Sie schreibt etwas ängstlich und sehr complimentös; Ihr Mann wünsche eine neue Oper zu componiren, sei aber mit den vorhandenen Texten und Schriftstellern nicht zufrieden und habe so oft geäußert, wie glücklich es ihn machen würde von mir eine Dichtung zu diesem Zwecke erhalten zu können, ⟨...⟩. – Ich kann mich nicht dazu entschließen, das Operntextschreiben ist etwas gar zu Klägliches und Handwerksmäßiges ⟨...⟩.

BABILON
(S. 671)

Textüberlieferung und Textgrundlage

Im Meersburger Nachlaß (Staatsbibliothek zu Berlin, Preußischer Kulturbesitz, MA V 30) haben sich zwei Manuskripte mit der eigenhändigen Niederschrift der von der Droste verfaßten Teile des Librettos (1. und 4. Aufzug) erhalten, die für die Historisch-kritische Ausgabe (HKA, Bd. 13) ebenso wie für die vorliegende Ausgabe als Textgrundlage dienen. Außerdem ist ein Konzept (MA I 33) zum Text der Arie ⟨*Als ich ein Knabe sorglos unbewußt*⟩ (1. Aufzug, 2. Auftritt) überliefert.

Kreiten (*Droste-Werkausgabe* [1884-87], Bd. 4, S. 378) veröffentlichte erstmals den Text der Arie ⟨*Als ich ein Knabe sorglos unbewußt*⟩. Der Erstdruck der von der Droste bearbeiteten Teile des Librettos erfolgte in *Annette von Droste-Hülshoff. Sämtliche Werke (in zwei Bänden)*, hg. v. Günther Weydt und Winfried Woesler, Bd. 2, München 1978, S. 621 bis 644. Zur Textgestaltung und zu den Lesarten s. HKA, Bd. 13, S. 628-633, 706f.

Zu sechs Textpassagen ist von der Droste komponierte Musik überliefert (MA V 2-4, 6, 7, 9, 12-14, ⟨39⟩): ⟨*Wir helfen dir die Hütte bauen*⟩, Szene des Eli mit Chor, I,1, zwei Fassungen; ⟨*Als ich ein Knabe sorglos unbewußt*⟩, Arie des Eli, I,2; ⟨*Nimm hin der Lippen treuen Schwur*⟩, Duett Eli, Hannah, I,2, Klavierfassung; ⟨*Denn Furcht kann Schwäche nie geleiten*⟩, Rezitativ und Arie der Hannah, I,2; ⟨*Schön und lieb wars ja auf Wiesenmatten*⟩, Arie des Balduin, II, Orchester- und Klavierfassung, Text von Fouqué; ⟨*Nun da sind wir!*⟩, Rezitativ und Terzett Hannah, Susanna, Maria, IV. Die Partitur ist in HKA, Bd. 13, S. 231-311 und 319-322 wiedergegeben. Die Klavierfassung der Arie ⟨*Schön und lieb wars ja auf Wiesenmatten*⟩ wurde erstmals veröffentlicht in *Annette von Droste-Hülshoff. Lieder und Gesänge,* hg., ausgewählt und erläutert v. Karl Gustav Fellerer, Münster 1954, S. 32-38.

Entstehung

Dem Libretto der Droste liegen drei Idyllen mit dem Titel *Babylon* von Friedrich de la Motte Fouqué (1777-1843) aus dem ›Frauentaschenbuch für das Jahr 1820‹ (S. 1-38) zugrunde. Wann sie die Arbeit an Libretto und Komposition begonnen hat, läßt sich nur schwer bestimmen. Das Erscheinungsjahr des ›Frauentaschenbuchs‹ ist terminus post quem für den Beginn der Arbeit am Libretto. Eine Notiz im Tagebuch Friedrich Benekes bestätigt diesen Entstehungszeitraum. Beneke, der 1820 mit der Droste in Bökendorf zusammengetroffen war, berichtet, sie habe in diesem Jahr an einer Oper gearbeitet: »Was ich von ihr ⟨der Droste⟩ wußte, ehe ich sie kannte, war folgendes: Minette (Annette) ist überaus gescheut, talentvoll ⟨...⟩ und arbeitet an einer Oper« (Anon., *Begegnungen mit Annette von Droste-Hülshoff im Jahr 1820* ⟨...⟩, in: Mindener Heimatblätter 9, Januar 1931, Nr. 2). Allerdings ist nicht ganz sicher, ob Beneke hier die Arbeit an *Babilon* oder an *Der Galeerensklave* meint. Erst am 4. 8. 1837 wird *Babilon* wieder erwähnt; in einem Brief an Wilhelm Junkmann schreibt die Droste: »Was ich nun außerdem noch unter Händen habe, z.B. zwey Opern, Babilon und die seidenen Schuhe (d.h. blos den musikalischen Theil zu besorgen, die Texte sind von Andern) davon will ich nur gar nicht reden ⟨...⟩ – ich denke für die *nächste* und zwar eine *geraume* Zeit die musikalischen Arbeiten den poetischen nachzusetzen«. Offenbar war zu diesem Zeitpunkt das Libretto bereits vollendet, und die Droste wollte sich nur noch der Komposition zuwenden. Nach dieser Angabe im Brief an Junkmann läßt sich eine Beschäftigung der Droste mit *Babilon* nicht mehr nachweisen.

Quelle

Bei *Babilon* handelt es sich um die ausgestaltende Bearbeitung eines Werkes von de la Motte Fouqué (s. o.) mit dem Ziel, sich auf diese Weise ein Libretto für eine Opernkomposition zu schaffen. Bei dieser Bearbeitung hatte die Droste neben eigenen Veränderungen und Erweiterungen offenbar vorgesehen, teilweise Text aus den Fouquéschen Idyllen direkt zu übernehmen. Die Vorlage Fouqués enthält folgende, grob umrissene Handlung: Der Ritter Baldwin ist, begleitet von seinem Knappen Wehrmann, in die Welt gezogen, um die von ihm verehrte engelsreine Elisabeth durch Heldentaten zu gewinnen. Elisabeth hatte ihn wegen seines übergroßen Stolzes immer wieder abgewiesen. In Babylon gelangt Baldwin durch die Zauberkünste der Semiramis unter deren Einfluß. Auch Wehrmann kann seinem Herrn nicht helfen, da er in eine Ohnmacht versetzt wurde. Baldwin vollbringt im Dienste Semiramis' einige ›Heldentaten‹, ohne daß ihn der erwachte Wehrmann zur Umkehr bewegen könnte. Erst in der dritten Idylle gelingt es dem Knappen durch ein Lied, in dem er den Ritter an den »Gott der Gnaden« und die »Frau Elisabeth« erinnert, diesen von seinen Irrwegen abzubringen, noch rechtzeitig, bevor dieser auf Geheiß von Semiramis die Hütte des frommen Christenehepaars Eli und Thirza zerstören kann. Die Idyllen-Trilogie Fouqués endet mit dem Tode der Semiramis und dem Aufbruch Baldwins in seine Heimat.

Die Droste ergänzt diese Handlung um eine Vorgeschichte, in der es zum einen um das Leben der von den Zauberkünsten der Semiramis bedrohten Christengemeinschaft und zum anderen um die Liebe zwischen den jungen Christen Hannah, der Tochter von Thirza und Joseph, und Eli geht. Auf Eli hat sie den Namen übertragen, den in der dritten Fouquéschen Idylle der Mann Thirzas trug und der im Libretto nun Joseph heißt. Dieser neue Handlungsstrang wird im ersten Aufzug des Librettos dargestellt. Für den zweiten und dritten Aufzug hatte die Droste wohl vorgesehen, die erste und zweite Idylle mit der Baldwin-Geschichte aus der Fouquéschen Vorlage zu übernehmen. Für den vierten Aufzug liegt dann wieder eine eigenständige Bearbeitung der Droste vor. Sie greift wiederum auf die Geschichte der Christengemeinschaft zurück, insbesondere auf die von Hannah und Eli. Eine besondere Rolle spielen dabei die bevorstehende Hochzeit von Hannah und Eli sowie die Hütte, die beide bauen wollen. An diesen Handlungsstrang wollte die Droste offensichtlich die dritte Idylle Fouqués anschließen, um auf diese Weise wieder an die Geschichte Baldwins anzuknüpfen.

Stellenkommentar

Erster Aufzug

673,6 *Trift*] Weide, Terminus aus der Schäferdichtung.

679,196 *blaue Flämmchen*] Ein blaues Licht verweist auf ein gespenstisches Phänomen; vgl. *Das Fräulein von Rodenschild* (Bd. 1, S. 234,48f.; 235,59), *Der Schloßelf* (Bd. 1, S. 268,70) und *Der Nachtwandler* (Bd. 1, S. 547,59).

683,276 *Anger*] Vgl. Anm. 348,1114.

684,310 *Babels*] Babel ist die biblische Bezeichnung für die Stadt Babylon am Euphrat.

⟨DER BLAUE CHERUB⟩
(S. 693)

Textüberlieferung und Textgrundlage

Die Textauszüge aus Adam Oehlenschlägers Singspiel (Staatsbibliothek zu Berlin, Preußischer Kulturbesitz, MA V 29, ⟨36⟩, ⟨37⟩; Textgrundlage) und die Komposition von ⟨*Einst zogs mich nach Südlands Auen*⟩ (MA V 19) sind im Meersburger Nachlaß der Droste überliefert.

Der Text des ersten Aktes und der Arie ⟨*Einst zogs mich nach Südlands Auen*⟩ wurde zuerst von Karl Schulte Kemminghausen veröffentlicht (*Annette von Droste-Hülshoff und die nordische Literatur*. Gleichzeitig ein Beitrag zu dem Thema »Die Droste als Komponistin«, in: *Beiträge zur deutschen und nordischen Literatur*. Festgabe für Leopold Magon zum 70. Geburtstag ⟨...⟩, hg. v. Hans Werner Seiffert, Berlin 1958, S. 329-339). Eine vollständige Veröffentlichung der Textauszüge erfolgte in HKA, Bd. 13, S. 325-350; vgl. hier auch S. 715-717 Hinweise zur Textgestaltung sowie die Lesarten.

Entstehung und Quelle

Im Brief an Wilhelm Junkmann vom 4. 8. 1837 berichtete die Droste neben der Oper *Babilon* noch von einem weiteren Opernprojekt, »die seidenen Schuhe«, das ebenso wie *Babilon* auf eine fremde Textvorlage zurückgreift. Im Nachlaß der Droste findet sich aber kein Beleg, der auf ein Libretto mit diesem Titel hinweisen würde. Allerdings existiert ein fragmentarischer Schauspieltext, der sich als ein Auszug aus Adam Oehlenschlägers Singspiel *Tordenskiold* (Kopenhagen 1821) herausgestellt hat. Da die Droste an keiner anderen Stelle von weiteren Opernplänen berichtet, dürfte ein Zusammenhang zwischen den Auszügen aus *Tordenskiold* und dem im Brief an Junkmann genannten Operntitel (vielleicht liegt eine Verwechslung von Titeln vor) bestehen.

Oehlenschlägers Singspiel ist zweimal ins Deutsche übersetzt worden: 1. *Tordenskiold*. Drama mit Gesängen nach Oehlenschläger von Georg Lotz, Cassel 1823 (²1828); 2. *Der blaue Cherub. Lustspiel*, in: *Adam Oehlenschläger's Schriften*. Zum ersten Male gesammelt als Ausgabe letzter Hand. Vierzehntes Bändchen, Breslau 1830, S. 109-187.

Den Auszügen, die sich die Droste aus dem Singspiel machte, liegt die Übersetzung von Georg Lotz entweder in der ersten (1823) oder in der zweiten Auflage (1828) zugrunde. Ihren Auszügen hat sie lediglich Anmerkungen für die geplante Komposition und ein Verzeichnis der Stimmlagen für die handelnden Personen hinzugefügt. Den Text ⟨*Einst zogs mich nach Südlands Auen*⟩ hat sie als Arie für eine Singstimme und Klavier komponiert (HKA, Bd. 13, S. 351 f.).

Die Beschäftigung mit dieser Oper ist vom Textbuch her gesehen ab 1823, dem ersten Erscheinen der deutschen Übersetzung des Singspiels von Oehlenschläger möglich. Die Textauszüge sind aber in jedem Fall vor der Niederschrift des Librettos zu *Der Galeerensklave* erfolgt, denn das Lied der Ulla, »Der Vater und die Mutter | Sie litten große Not | Verkauften ihre Tochter | Wohl um ein Stückchen Brod« (Erster Akt, S. 697,33-36) taucht als Lied und Motiv im *Galeerensklaven* (S. 727,15-17) wieder auf.

Der für diese Textauszüge gewählte Titel ⟨*Der blaue Cherub*⟩ geht nicht auf die Droste zurück. Aber nicht nur, weil er in der Droste-Forschung geläufig ist, sondern weil er möglicherweise auch der Intention der Droste entsprochen hat, wird er dem Originaltitel *Tordenskiold* vorgezogen.

DER GALEERENSKLAVE
(S. 717)

Textüberlieferung und Textgrundlage

Im Meersburger Nachlaß ist ein Entwurf mit dem Titel *Der Galeerensklave* (Staatsbibliothek zu Berlin, Preußischer Kulturbesitz, MA V 29; Textgrundlage) überliefert.

Der Erstdruck erfolgte durch Karl Schulte Kemminghausen (*Droste-Werkausgabe* [1925-30], Bd. 4, S. 331-349). Zu Einzelheiten der Textgestaltung und zu den Lesarten s. HKA, Bd. 13, S. 726-729.

Entstehung

Die Entstehungszeit dieses Librettos ist unsicher, vermutlich fällt es wie die anderen Opernprojekte in die 1820er Jahre. Im Brief an Wilhelm Junkmann vom 4. 8. 1837 wird der Stoff unabhängig von den anderen in diesem Brief genannten Opernprojekten, aber im Zusammenhang mit »gute⟨n⟩ Sachen in meinem Schreibtische« erwähnt: »5 ein Schauspiel, der *Galeerensklave*, sehr ansprechender Stoff, nur einzelne Stellen ausgeführt, aber Alles, Scene für Scene, aufs Genaueste entworfen«. Diese Angabe entspricht genau dem heute überlieferten Manuskript, bei dem es sich nur um einen ersten Prosa-Entwurf handelt, zu dem weder ausgeführter Text für ein Libretto noch Musik überliefert sind.

Quelle

Dem Text der Droste liegt folgende Vorlage zugrunde: *Der Galeeren-Sklav. Ein rührendes Lustspiel in fünf Aufzügen. Aus dem Französischen des Herrn von Falbaire.* Neue Auflage, Münster 1777. Das Schauspiel erschien zuerst unter dem Originaltitel: *L'honnête Criminel. Drame en cinq Actes et en Vers. Par M. Fenouillot de Falbaire*, Yverdon 1767. Die in Münster erschienene Übersetzung geht zurück auf: *Die Belohnung der kindlichen Liebe. Ein rührendes Lustspiel in fünf Aufzügen von dem Herrn Fenouillot von Falbaire*, Leipzig 1773.

Die Droste hat sich in ihrem Entwurf nicht sehr eng an die Vorlage gehalten. Das Personenverzeichnis orientiert sich nicht an der Vorlage, die Aktzahl wird auf vier reduziert und der Schauplatz des Geschehens von Toulon nach Marseille verlegt. In ihren Entwurf fügt die Droste zahlreiche Hinweise für eine geplante Vertonung ein. Kernpunkt von Vorlage und Bearbeitung durch die Droste ist die Tatsache, daß ein Sohn für seinen unschuldig verurteilten Vater auf die Galeere verbannt wird und er gleichzeitig die Liebe zu einer jungen Frau opfert. Dadurch lassen sich eine Vielzahl von Berührungspunkten zu dem Drama Falbaires feststellen, so daß aufs Ganze gesehen kaum von einer eigenen Konzeption der Droste gesprochen werden kann. Allerdings erweitert sie wie im Falle von *Babilon* die Vorlage durch einen neuen Handlungsstrang. Dieser enthält den Plan, die Vorbereitung und die Vereitelung eines Anschlags, mit dem während einer Jagd der reiche Liebhaber den Geliebten des Mädchens aus dem Wege räumen wollte. Die Droste fügt ihrem Entwurf damit mehr Handlung und Dramatik hinzu und reduziert die langatmigen Reden über Mißgeschick und Aufopferungsbereitschaft in der Vorlage. Die Dramatik wird noch gesteigert, indem die Heldentat des Sohnes, für den Vater auf die Galeere zu gehen, erst im dritten Akt auf der Bühne vollzogen wird, während sie bei Falbaire schon mehrere Jahre zurückliegt. Fallengelassen hat die Droste allerdings das Motiv der Protestantenverfolgung in der Vorlage, das in Frankreich bis zur Französischen Revolution ein häufig literarisch gestaltetes Thema war und bei Falbaire den Hintergrund für die unschuldige Verurteilung und Verbannung auf die Galeere bildete. Die Droste dagegen macht dafür eine persönliche Intrige am Hof des Königs verantwortlich.

ÜBERSETZUNGEN, ÜBERTRAGUNGEN

1. AUS DEM LATEINISCHEN DES PUBLIUS VIRGILIUS MARO BUCOLICA
(S. 741)

Textüberlieferung und Textgrundlage

Die Übersetzungen der *Eklogen* des Vergil sind im Meersburger Nachlaß in einem Konzept (Staatsbibliothek zu Berlin, Preußischer Kulturbesitz, MA VII 2) und in einer Reinschrift mit Korrekturen (MA VII 1, Textgrundlage) überliefert.

Erstmals veröffentlicht wurde die Übersetzung der zweiten Ekloge, v. 6-24, von Karl Schulte Kemminghausen (*Neues von Annette v. Droste-Hülshoff,* in: Rheinisch-westfälische Zeitung, Nr. 437, 4. 6. 1924, Beilage »Kunst, Wissen und Leben«). Ein erster vollständiger Druck erfolgte in Schulte Kemminghausen, *Droste-Werkausgabe* (1925-30), Bd. 4, S. 99-120.

Entstehung

Aufgrund des Handschriftenbefundes muß die Übersetzung der Eklogen vor dem 15. Mai 1815 entstanden sein. Die Droste hatte, nachdem sie die dritte (ab v. 84) bis sechste Ekloge (bis v. 78) im Arbeitsmanuskript (MA VII 2) niedergeschrieben hatte, auf der letzten, noch unbeschriebenen Seite das Gedicht ⟨*Elise sieh, es schimmert rings die Luft*⟩ aufgezeichnet. Dieses Gedicht ist etwa am 15. Mai 1815 entstanden (vgl. Bd. 1, S. 964).

Quelle

Die junge Droste übersetzte nur knapp sechs der insgesamt zehn Eklogen des Vergil (70-19 v. Chr.), die während des römischen Bürgerkriegs entstanden und zum Frühwerk des Dichters gezählt werden. Die lateinische Vorlage läßt sich nicht mit Sicherheit bestimmen. Auszuschließen ist aber, daß als Vorlage eine der im Schulunterricht gebräuchlichen Chrestomathien benutzt wurde, da diese die lateinischen Dichter nur in Auszügen boten und die Übersetzung der Droste mehr als die Hälfte des Werks umfaßt. Als Vorlage in Frage kommen die erste Auflage der bedeutenden Vergil-Ausgabe von Christian Gottlob Heyne (1729-1812) aus dem Jahr 1767 (*P. Virgilii Maronis | Opera | Varietate Lectionis | Et | Perpetva Adnotatione | Illvstrata* ⟨...⟩, Bd. 1, Leipzig 1767) oder eine durch diese Ausgabe beeinflußte andere Ausgabe (im einzelnen vgl. hierzu die entsprechenden Erläuterungen in HKA, Bd. 2; Elisabeth Blakert stellte freundlicherweise schon vorab ihre Untersuchungen zu diesem Komplex zur Verfügung). Um einen Eindruck von der Qualität der Übersetzung der jungen Droste zu ermöglichen, sei an dieser Stelle die erste Ekloge Vergils ganz nach der oben erwähnten Edition Heynes abgedruckt:

Meliboevs. Tityrvs.

M. Tityre, tu patulae recubans sub tegmine fagi
 Siluestrem tenui Musam meditaris auena:
 Nos patriae fines, et dulcia linquimus arua;
 Nos patriam fugimus: tu, Tityre, lentus in vmbra
 Formosam resonare doces Amaryllida siluas.
T. O Meliboee, Deus nobis haec otia fecit.
 Namque erit ille mihi semper deus: illius aram
 Saepe tener nostris ab ouilibus imbuet agnus.
 Ille meas errare boues, vt cernis, et ipsum
 Ludere, quae vellem, calamo permisit agresti.

M. Non equidem inuideo: miror magis. vndique totis
   Vsque adeo turbatur agris. en, ipse capellas
   Protenus aeger ago: hanc etiam vix, Tityre, duco.
   Hic inter densas corulos modo namque gemellos,
   Spem gregis, ah! silice in nuda connixa reliquit.
   Saepe malum hoc nobis, si mens non laeua fuisset,
   De caelo tactas memini praedicere quercus:
   [Saepe sinistra caua praedixit ab ilice cornix.]
   Sed tamen, iste deus qui sit, da, Tityre, nobis.
T. Vrbem, quam dicunt Romam, Meliboee, putaui
   Stultus ego huic nostrae similem, quo saepe solemus
   Pastores ouium teneros depellere foetus.
   Sic canibus catulos similis, sic matribus haedos
   Noram: sic paruis componere magna solebam.
   Verum haec tantum alias inter caput extulit vrbis,
   Quantum lenta solent inter viburna cupressi.
M. Et quae tanta fuit Romam tibi caussa videndi?
T. Libertas: quae, sera, tamen respexit inertem;
   Candidior postquam tondenti barba cadebat;
   Respexit tamen, et longo post tempore venit,
   Postquam nos Amaryllis habet, Galatea reliquit.
   Namque (fatebor enim) dum me Galatea tenebat,
   Nec spes libertatis erat, nec cura peculî:
   Quamuis multa meis exiret victima saeptis,
   Pinguis et ingratae premeretur caseus vrbi,
   Non vmquam grauis aere domum mihi dextra redibat.
M. Mirabar, quid moesta deos, Amarylli, vocares:
   Cui pendere sua patereris in arbore poma.
   Tityrus hinc aberat. ipsae te, Tityre, pinus,
   Ipsi te fontes, ipsa haec arbusta, vocabant.
T. Quid facerem? neque seruitio me exire licebat,
   Nec tam praesentis alibi cognoscere diuos.
   Hic illum vidi iuuenem, Meliboee, quotannis
   Bis senos cui nostra dies altaria fumant.
   Hic mihi responsum primus dedit ille petenti:
   Pascite, vt ante, boues, pueri: submittite tauros.
M. Fortunate senex, ergo tua rura manebunt?

Et tibi magna satis? quamuis lapis omnia nudus,
Limosoque palus obducat pascua iunco:
Non insueta grauis tentabunt pabula foetas:
Nec mala vicini pecoris contagia laedent?
Fortunate senex, hic inter flumina nota,
Et fontis sacros, frigus captabis opacum.
Hinc tibi, quae semper vicino ab limite saepes,
Hyblaeis apibus florem depasta salicti,
Saepe leui somnum suadebit inire susurro.
Hinc alta sub rupe canet frondator ad auras.
Nec tamen interea raucae, tua cura, palumbes,
Nec gemere aeria cessabit turtur ab vlmo.

T. Ante leues ergo pascentur in aethere cerui,
Et freta destituent nudos in litore piscis:
Ante, pererratis amborum finibus, exsul,
Aut Ararim Parthus bibet, aut Germania Tigrim,
Quam nostro illius labatur pectore vultus.

M. At nos hinc alii sitientis ibimus Afros:
Pars Scythiam, et rapidum Cretae veniemus Oaxem,
Et penitus toto diuisos orbe Britannos.
En, vmquam patrios longo post tempore finis,
Pauperis et tugurî congestum cespite culmen,
Post aliquot, mea regna videns, mirabor aristas?
Impius haec tam culta noualia miles habebit?
Barbarus has segetes? en, quo discordia ciuis
Produxit miseros! en, quîs conseuimus agros!
Insere nunc, Meliboee, piros, pone ordine vitis.
Ite meae, felix quondam pecus, ite capellae.
Non ego vos posthac, viridi proiectus in antro,
Dumosa pendere procul de rupe videbo:
Carmina nulla canam: non, me pascente, capellae,
Florentem cytisum, et salices carpetis amaras.

T. Hic tamen hanc mecum poteras requiescere noctem
Fronde super viridi: sunt nobis mitia poma,
Castaneae molles, et pressi copia lactis.
Et iam summa procul villarum culmina fumant,
Maioresque cadunt altis de montibus vmbrae.

Stellenkommentar

In zwei Entwürfen zur *Judenbuche* (H7, H8) tauchen Verse aus den Eklogen des Vergil noch einmal auf. Im Entwurf H8 zitiert die Droste den Anfang der ersten Ekloge, greift allerdings nicht auf ihre Übersetzung zurück, sondern zitiert eine andere. Den Gerichtsschreiber Kapp charakterisiert sie in diesem Zusammenhang folgendermaßen: »er war eben daran eine Uebersetzung der ersten Ecloge des Virgil in Versen zu versuchen, da eine Verdeutschung des ganzen Dichters in Prosa, von der H. Kapp unsterblichen Ruhm erwartet hatte keinen Verleger fand« (HKA, Bd. 5, S. 416,10-14). Eine Reminiszenz an diese, im *Judenbuche*-Entwurf zitierten Vergil-Verse findet sich auch im Gedicht *Dichters Naturgefühl* (Bd. 1, S. 156,13-15).

Erste Ekloge

743,51 *Triften*] Weiden, Terminus aus der Schäferdichtung.

744,68 *Sithien*] Versehen der Droste aus »Scythiam«; Gegend nördlich des Schwarzen Meeres.

744,68 *Oetas*] Die Droste verliest hier »Cretae« zu »Oetae«.

Zweite Ekloge

747,48 *Dinkels*] Möglicherweise verwechselt die Droste das Gartenkraut Dill, das die korrekte Übersetzung für »anethum« gewesen wäre, mit der Weizenart Dinkel.

Dritte Ekloge

748,4 *Neara*] Versehen der Droste, gemeint ist der Name eines Hirtenmädchens: »Neaera«.

751,67] Nach v. 67 fehlen in der Übersetzung vier Verse der lateinischen Vorlage.

752,80 *Weißdorn*] Die Droste übersetzt möglicherweise deshalb »arbutus« mit Weißdorn, weil ihr der »Erdbeerbaum« als korrekte Übersetzung für diese nichtheimische Pflanze noch unbekannt war. Später taucht der »Erdbeerbaum« im 3. Gesang vom *Hospiz auf dem großen St. Bernhard* auf, vgl. Anm. 424,26.

753,89 *Maevus*] Die Vokativform »Maevi« der lateinischen Vorlage wird hier fälschlich auf den Nominativ »Maevus« statt auf »Maevius« zurückgeführt.

Vierte Ekloge

754,6 *Astraea*] Göttin der Gerechtigkeit.

755,20 *Coetasien*] Die Droste verliest hier das ihr offensichtlich unbekannte »colocasia« (Bezeichnung für ägyptische Wasserrosen) der lateinischen Vorlage.

755,29 *Hagdorn*] Weißdorn.

Fünfte Ekloge

758,17 *Erdweid'*] Das »saliunca« der lateinischen Vorlage wird im allgemeinen als »keltische Narde«, eine wohlriechende Pflanze, verstanden. Die Droste schließt »saliunca« wohl an »salix« (Weide) an.

759,35 *Pallas*] Versehen der Droste, Vergil meint »Pales«, eine italische Landgottheit.

Sechste Ekloge

762,14 *Chromyus]* Im lateinischen Original ist ein Hirtenjunge mit dem Namen »Chromis« gemeint.

763,37 *Nereis]* Nereus, Meergott, Vater der Nereiden (Nereis).

763,46-48 *gab ⟨...⟩ gegeben]* Gemeint ist hier die Geschichte der Pasiphaë. Um den Ungehorsam ihres Mannes Minos zu bestrafen, entzündet Poseidon in Pasiphaë die Leidenschaft für einen weißen Stier. Aus dieser Verbindung geht der Minotaurus hervor.

2. AUS DEM ENGLISCHEN
(S. 766)

Textüberlieferung und Textgrundlage

Wilhelm Kreiten (*Droste-Werkausgabe* [1884-87], Bd. 1,1, S. 149) berichtet von einem 14seitigen Exzerpt aus der deutschen Übersetzung der englischen Literaturgeschichte von Allan Cunningham, *Biographical and Critical History of British Literature of the Last Fifty Years,* Paris 1834 (*Biographische und kritische Geschichte der englischen Literatur von Samuel Johnson's bis zu W. Scott's Tode*. Aus dem Englischen übersetzt v. A. Kaiser, Leipzig 1834). Auf diese Literaturgeschichte hatte Schlüter die Droste in seinem Brief vom 13. 11. 1834 aufmerksam gemacht. Von diesen Exzerpten haben sich nur noch einzelne Blätter erhalten: Staatsbibliothek zu Berlin, Preußischer Kulturbesitz, MA II 9; Stadt- und Landesbibliothek Dortmund, Atg. Nr. 1531; Archiv der Norddeutschen Provinz SJ, Köln, Kreiten Nachlaß. Diese Exzerpte werden in Bd. 7 (Verschiedenes) der Historisch-kritischen Ausgabe veröffentlicht, der z. Zt. von Ortrun Niethammer erarbeitet wird. In dem ursprünglich vollständigen Manuskript, das Kreiten für seine *Droste-Werkausgabe*

(1884-87) vorgelegen haben muß, waren auch sechs Gedichte aus der deutschen Fassung der Cunninghamschen Literaturgeschichte von der Droste abgeschrieben worden. Drei dieser Gedichte hat sie wörtlich übernommen (William Wordsworth, *The Excursion;* Georg Crabbe, aus *The Village*; Samuel Taylor Coleridge, aus *Remorse*). Zu drei weiteren Gedichten (Samuel Rogers, aus *Jacqueline*; Walter Scott, aus *Pibroch of Donuil Dhu*; Robert Southey, aus *Roderick, the Last of the Goths*) hat sie mit Hilfe des ebenfalls abgedruckten englischen Originals die Übersetzungen Kaisers leicht verändert. Diese Bearbeitungen der Droste wurden erstmals von Kreiten (*Droste-Werkausgabe* [1884-87], Bd. 1,1, S. 151 bis 153) veröffentlicht. Der Erstdruck dient in der vorliegenden Ausgabe als Textgrundlage.

Entstehung

Christoph Bernhard Schlüter hatte der Droste am 13. 11. 1834 die deutsche Übersetzung der Cunninghamschen Literaturgeschichte übersandt. Hieran schloß sich offenbar eine intensive Lektüre des Buches durch die Droste an, wie aus ihrem Antwortbrief vom 5. 12. 1834 hervorgeht, in dem sie sich dafür entschuldigt, die Rückgabe des geliehenen Buches übermäßig lange herausgezögert zu haben: »doch, ernstlich, lieber Schlüter, ich hatte es mir einmahl in den Kopf gesetzt, das Buch nicht nur recht aufmerksam durchzulesen, sondern sogar, zu meiner eignen Erbauung, Auszüge daraus zu machen«. In diese Zeit sind auch die Übersetzungen der Droste zu datieren.

Quelle

Aus dem Brief der Droste an Schlüter vom 5. 12. 1834 geht hervor, daß sie die Cunninghamsche Literaturgeschichte trotz aller Exzerpte, die sie sich gemacht hatte, nur wenig schätzte:

was nun das oft angeführte Buch selbst betrifft, so hat es mich sehr interessirt, weil ich sehr selten Gelegenheit habe kritische Schriften zu lesen, somit eine Menge Bemerkungen darin standen, die mir von Nutzen seyn konnten, übrigens glaube ich kaum daß es einen sehr bedeutenden Platz unter den Schriften seiner Art einnehmen wird, es ist zu lang und zu kurz zugleich, *zu lang* um mit ein paar kühnen genialen Strichen den ganzen Mann im Umriß vor Augen zu bringen, führt statt dessen eine Menge einzelner Eigenschaften an, die sich mitunter widersprechen, und das Bild undeutlich machen, wie eine halbschattirte Zeichnung, während sie bey Weitem nicht hinreichen, es zu einem deutlichen Miniaturbilde zu machen, es hat etwas von einem Passe an sich, wo eine gewisse Quantität Eigenschaften angegeben sind, und nun blos daneben geschrieben wird: auf einem »mittelmäßig« dem zweyten »mehr« dem dritten »in bedeutendem Grade« et cet. es ist mitunter schwer, ja unmöglich gewesen, sein eigentliches allgemeines Urtheil zu erkennen, hat er Jemanden noch so sehr gelobt, so kommen fast immer hinterher die jämmerlichsten Eigenschaften, z.b. häufig matt, mitunter affectirt, Menschen geschildert wie sie gar nicht existiren, et cet, und dieses von Dichtern, denen er so eben ihrer *Kraft, Natur* und *Menschenkenntniß,* wegen eine bedeutende Stelle angewiesen, und eben so umgekehrt, von Solchen die erst eben zu den verdrehtesten tatenlosesten Lumpen gemacht, heißt es häufig am Schluße »doch mitunter große Kraft, antiker Styl, ergreifende Tiefe und Wahrheit« so daß sie, in Bausch und Bogen, alle über einen Leisten geschlagen scheinen. – um Ihnen nun zu zeigen, daß ich von seinem Style profitirt, füge ich hinzu: *bey* Allen dem enthält das Buch sehr viel Scharfsinniges, manches Witzige, sehr viel Gründliches und kann nur von einem ausgezeichneten Geiste ausgegangen seyn, – sie sehn ich lese nicht ohne Nutzen –

Zum Vergleich mit den Übertragungen der Droste sollen an

dieser Stelle die von Kaiser in seiner deutschen Übersetzung der Cunninghamschen Literaturgeschichte gebotenen Textpassagen sowohl im englischen Original als auch in der Übersetzung als Vergleich zur Übertragung der Droste zitiert werden.

1. Walter Scott (1771-1831), *Pibroch of Donuil Dhu,* Str. I, III und IV (S. 44f.):

> Pibroch of Donuil Dhu,
>   Pibroch of Donuil,
> Wake the wild voice anew,
>   Summon Clan Conuil.
> Come away, come away,
>   Hark to the summons;
> Come in your war array,
>   Gentles and commons.
>
> Leave the deer, leave the steer.
>   Leave nets and barges;
> Come in your fighting gear,
>   Broad-swords and targes.
> Leave untended the herd,
>   The flock without shelter;
> Leave the corse uninterr'd,
>   And the bride at the altar.
>
> Come as the winds come when
>   Forests are rended;
> Come as the waves come when
>   Navies are stranded.
> Faster come, faster come,
>   Faster and faster;
> Chief, vassal, page and groom,
>   Tenant and master.

> Pibroch von Donuil Dhu,
>   Pibroch von Donuil,
> Wieder entbiete Du,
>   Rufe Clan Conuil.
> Kommet her, kommet her,
>   Kommt im Vereine,
> Kommet mit blanker Wehr,
>   Hoh' und Gemeine.
>
> Laßt heim das Netz, den Stier,
>   Freiheit dem Wilde,
> Kommet mit Waffenzier,
>   Schlachtschwert und Schilde.
> Todte scharrt nicht erst ein,
>   Laßt auf der Haide
> Hutlos die Herd' allein,
>   Am Altar Bräute.
>
> Kommt wie die Winde, wenn
>   Wälder sie fällen,
> Kommt wie die Wogen, wenn
>   Schiffe zerschellen.
> Schneller kommt, schneller kommt,
>   Schneller noch eilet,
> Chef, Vasall, Diener, prompt
>   Naht unverweilet.

2. Samuel Rogers (1763-1855), aus dem Versepos *Jacqueline* (S. 33):

> Soon as the sun the glittering pane
> On the red floor in diamonts threw,
> His songs she sung, and sung again,
> Till the last light withdrew.
> Every day, and all day long,
> He mused or slumbered to a song.
> But she is dead to him, to all!

Her lute hangs silent on the wall;
And on the stairs and at the door
Her fairy foot is heard no more!
At every meal an empty chair
Tells him that she is not there.

Der Sonne Demantstrahl kaum drang
Durch's Fenster auf den rothen Flur,
Sang seine Lieder sie und sang,
Bis dunkel die Natur.
Tag'aus und ein, die Gott beschied,
Träumt' er und schlummerte beim Lied.
Sie starb für ihn, für Alle! still
Hängt an der Wand ihr Saitenspiel,
Und von der Stieg' und Thüre her
Erklingt ihr Feentritt nicht mehr!
Ein leerer Stuhl bei jedem Mahl
Sagt ihm, sie weile nicht im Saal.

3. Robert Southey (1774-1843), aus dem Blankversepos *Roderick, the Last of the Goths* (S. 55f.):

> From the throng
> He turned aside, unable to endure
> His burthen of the general woe: nor walls,
> Nor towers, nor mountain fastnesses he sought:
> A firmer hold his spirit yearn'd to find,
> A rock of surer strength. Unknowing where,
> Straight through the wild he hastened all the day,
> And with unslackened speed was travelling still,
> When evening gathered round. Seven days from morn
> Till night he travelled thus: the forest oaks,
> The fig-grove, by the fearful husbandman
> Forsaken to the spoiler, and the vines,
> Fed on the vintage, gave him food: the hand
> Of heaven was on him, and the agony
> Which wrought within, supplied a strength beyond
> The natural force of man.

                            Seitwärts floh
Er den Gedrang, zu schwach für diese Last
Des allgemeinen Elends; Mauern nicht,
Bergfesten oder Thürme sucht' er auf,
Sein Geist verlangte einen sich'ren Hort,
Und zuverläß'gern Schutz. Aufs Gradewohl
Zog er durch Wüstenei'n den ganzen Tag
Und mit gleich großer Eile, wenn rund um
Es dunkelte⟨.⟩ So reis' er sieben Tage
Von früh bis in die Nacht: der Eichenwald,
Die Feigengärten, Preis gegeben vom
Furchtsamen Landmann, und die Rebe, wo
Sich Fuchs und Haushund jetzt zusammen labten,
Ernährten ihn. Es war des Himmels Hand
Mit ihm; die Seelenangst, die innerlich
Ihn quälte, lieh ihm über die Natur
Des Menschen Kräfte.

3. AUS DEM FRANZÖSISCHEN
ROSEN SO BLEICH
(S. 768)

Textüberlieferung und Textgrundlage

Diese Übersetzung ist in ein Album der Dorothea von Wolff-Metternich (geb. von Haxthausen, 1776-1854) eingetragen (Archiv des Freiherrn von Boeselager-Höllinghofen, F 407). Sie wurde erstmals von Horst Conrad (*Eine zeitgenössische unbekannte Gedichtüberlieferung der Droste im Nachlaß der Dorothea von Wolff-Metternich, geb. von Haxthausen,* in: Droste-Jahrbuch 2 [1988-90], S. 74-82, Textabdruck S. 76f.) veröffentlicht. Das Album trägt den Titel *Blumenlese* und enthält 139 Gedichte sowie einen Nachruf auf die Droste. Die Eintragungen sind zwischen dem 26. 9. 1805 und dem 30. 4. 1851 erfolgt. Auf den Seiten 69 bis 72 finden sich die Verse mit dem Titel *Rose d'amour* und deren Übersetzung

Rosen so bleich, welche Dorothea von Wolff-Metternich der Droste zugeschrieben hat. Die gleichen Verse finden sich noch einmal unter den Musikalien der Droste im Meersburger Nachlaß (MA V 25), wobei davon auszugehen ist, daß es sich dabei nicht um eine Handschrift der Droste handelt (vgl. HKA, Bd. 13, S. 420).

Quelle

Eine Quelle für diese Übersetzung konnte bislang nicht ermittelt werden. Der französische Originaltext ist aber ebenfalls in das Album Dorothea von Wolff-Metternichs eingetragen und lautet in fehlerhaftem Französisch:

Rose d'amour

Par son brilliant contour
de la beauté charmante Image
plait a tout Oeil
ravit toute age
come l'amour

un jour maman
parla de talisman
mommoit la rose blanche et pure
le plus beau don de la nature
pour un amant!

je pris a coeur
Ce mot avec ardeur
je cultive un rosier rustique
qu'il me porteroit rose magique
pour mon bonheur.

A son laurier
Mon loyal chevalier

>   un jour l'aura pour tendre gage
>   du plus fidele et tendre homage
>   a Son laurier
>
>   mais flétrira
>   et bientot perira
>   si mon chevallier infidele
>   ne m'aima plus, rose si belle
>   bientot moura
>
>   aux meuax d'amour
>   par ce perfide detour
>   s'il faut helas que je sucombe
>   Coeurs aimants
>   plante sur ma tombe
>
>   rose d'amour.

4. AUS DEM NIEDERDEUTSCHEN
(S. 770)

Textüberlieferung und Textgrundlage

Zu dieser wörtlichen Übertragung ins Hochdeutsche liegt kein handschriftliches Material der Droste mehr vor. Der Text der vorliegenden Ausgabe folgt dem Erstdruck: *Briefe der Freiin Annette von Droste-Hülshoff,* ⟨hg. v. Christoph Bernhard Schlüter⟩, 2., vermehrte Aufl., Münster 1880, S. 227-229.

Entstehung und Quelle

Wilhelm Junkmann (1811-1886) schickte Christoph Bernhard Schlüter von Berlin aus, wohin er Ostern 1834 zur Promotion gegangen war, eine Reihe von Gedichten zur

Begutachtung, unter ihnen zwei im November 1834 entstandene Gedichte in niederdeutschem Dialekt, die er später unter dem Titel *Münsterland* zusammengefaßt hat. Schlüter gab diese Texte, wie aus seinem Brief an Junkmann vom 19. 3. 1835 hervorgeht, an die Droste weiter: »Ihre zwei plattdeutschen Gedichte sind ausgezeichnet schön und haben mir sehr gefallen. Ich verstand nicht alles, aber das Fräulein hat sie erklärt. Sie behauptet, jene gehörten zu den schönsten, was Ihnen gelungen; sie seien aber aus gutem Hochdeutsch in schlechtes Plattdeutsch, welches gar keines sei, gewaltsam übertragen, und man müsse Sie ersuchen, Sie aufs eiligste wieder umzuübersetzen« (*Christoph Bernhard Schlüter an Wilhelm Junkmann*. Briefe aus dem deutschen Biedermeier 1834-1883, mit Erläuterungen hg. v. Josefine Nettesheim, Münster 1976, S. 19). Offenbar hat die Droste die Gedichte Junkmanns ins Hochdeutsche zurückübertragen und mit einer grundsätzlichen Kritik versehen an Schlüter zurückgeschickt. Ihre kritischen Äußerungen finden sich aber erst im Brief an Schlüter vom 27. 3. 1835:

Am meisten werden sie *Jungmanns* zwey Gedichte entbehrt haben, um so mehr, da Sie den Inhalt noch nicht heraus gebracht hatten, – dieses ist auch schwierig genug, wegen der häufigen Mittellaute, die Jungmann durch gehäufte Vokale zu geben sucht, – mich dünkt *nicht* glücklich, wenn gleich nicht unrichtig, – die Idee, soviel Buchstaben auf einander zu packen, bis alle die Anklänge da sind, die der Mittellaut enthält, gefällt mir nicht, der beste Münsterländer erräth das Wort kaum, und einem Fremden, selbst einem Kenner des alten Niederdeutschen ists reines chinesisch – würden Sie z.b. verstehn: was jäöwer und weäörn heist? – es heist *über* und *wären* – freylich wüste ich es auch, mit *unserm* Alphabet, wie *wir* die Buchstaben betonen, so wenig zu schreiben als das Englische und Französische, drum müste es auch, wie diese Sprachen seine eignen Regeln haben – was würde das geben wenn wir das englische W. nach deutscher

Sprachweise schreiben sollten! – ich habe indessen beyde Gedichte ganz heraus gebracht, sie sind hübsch, besonders das Letztere – obgleich das Erste einen schönen Stoff hat, aber einen allzu verbrauchten, mich dünkt ich habe wohl 50 derartige Gedichte gelesen, die gewöhnlich endigen »das Kindlein (oder Mägdlein) das lag todt« dennoch ists, was das ganze Bild anbelangt, Eins der Besten *der* Art, – Im zweyten erkenne ich Jungmann, an dem, was seinen Gedichten Werth giebt, seiner reichen und milden Phantasie, seinen naiven Bildern, seiner Empfänglichkeit für Naturschönheit, und einen Hauch nachdenklicher Schwermuth, der sich, höchst reizend, über das Ganze legt, – seine bekannte schwache Seite, die Bilder und Farben neben einander zu schichten, statt sie, gleichsam wie von selbst, sich aus einander entwickeln zu lassen, wird auch hier einmahl sichtbar, doch vielleicht Niemand merklich als Uns, die wir es an ihm kennen, – da ich Thereschen, dem guten Herzchen! nicht gönnen mag, sich so an den Gedichten abzuplagen, wie ich es gethan, so lege ich, zur Erleichterung des Verständnisses, eine ganz wörtliche Verhochdeutschung bey – ich kann mich des Gedankens nicht erwehren, daß Jungmann die Lieder in hochdeutscher Sprache geschrieben, und ihnen erst nachher die plattdeutschen Daumenschrauben angelegt hat, – mich soll wundern, was *Sie* sagen werden, – das beygelegte Blatt soll keine Restitutio in Integri seyn, sondern eine trockne Verfolgung des Originals, Wort von Wort, um, bey jeder unverständlichen Stelle, grade am selben Fleck das entsprechende Wort finden zu können, – Ihnen wird übrigens häufig von selbst einfallen, zu ergänzen, was früherhin gewiß da war, und Ihnen so nah zur Hand liegt – Jenes Blatt ist *mit* Jungmanns Gedichten zusammen gefaltet. –

Am 29. 3. 1835 bestätigte Schlüter den Empfang des Droste-Briefs: »Noch danke ich für die Verhochdeutschung der zwei Gedichte; ich habe sie um meinem fernen, einsamen Freunde eine Freude zu machen, abschreiben und dann nach Berlin wandern lassen.«

Junkmanns *Münsterland*-Zyklus erschien in seiner ersten Gedichtsammlung *Elegische Gedichte* (Münster 1836, S. 69 bis 74). Vielleicht unter dem Eindruck der Drosteschen Kritik ergänzte er die beiden niederdeutschen Texte um ein drittes, in Hochdeutsch verfaßtes Gedicht. In der »zweiten sehr vermehrte⟨n⟩« Auflage seiner *Gedichte* (Münster 1844, S. 72-74) sind diese drei Gedichte unter dem Zyklustitel *Münsterland* nun mit folgenden Überschriften versehen: *1. Die Erscheinung, 2. Die Vorgeschichte, 3. Die Kinder.* Dieser zweiten Ausgabe sind die im folgenden zitierten plattdeutschen Gedichte Junkmanns entnommen, wobei darauf hinzuweisen ist, daß die von der Droste im Brief an Schlüter monierten Beispiele »jäöwer« und »weäörn« entweder nicht mehr so im Text stehen (Junkmann schreibt »iöver« für »über«) oder überhaupt fehlen.

Münsterland

1. Die Erscheinung

Nu schint de Sunne so hell un so klaor,
Is Hiemel so daip un so wunderblao.
Kin Wölksken will gaoen den widen Weg,
Will laiver sick sünnen in Sunnenlecht.
Nu singet kin Vüglin in Hiemelsschin,
Wao de Biecke lecht blenket, dao slumert et in.

Dat Land süht swigend in Hiemelsschin,
Äs wull et ganz Liäwen, ganz Sunnenglanz sin.
Sacht knaket dat Holt, lihs wiägt sick dat Blad,
Still ruskend läop Biecklin sin'n sülvernen Pad.
Wu en See so schiemert dat Kaoren in Gold
Un süg vuller Fraide de Straolen so hold.
Un vull von Siägen, vull siäligen Sinn
Jöver Äohre de Äohre so fröndlick süht hin.

Daoch iöver dat wide, dat gliemernde Feld
Süht Waoldes ensame, düstere Welt;
Un streckt sick to'r Sunne de Äste met Macht,
Dao innen is swigende, aisige Nacht.
Ut der Daipe kümmt stille de ensame Weg,
Grao aollernde Eken ümraget dat Steg,
Äs wull nu de Waold ut sik herut,
Äs wull he nu giewen sin egen Gelut.

O up dem Stege welk Hiemelsgesicht
Läot brungoldne Locken waihen in Licht;
O dat Auge wu lecht, o dat Auge wu klaor,
Äs dat Water so daip, äs de Hiemel so blao!
De witten Glieder so schiemernd un fin,
Äs de biewende Lucht in den sunnigen Schin,
So fröndlick un kindlick in frölicken Sinn,
Et mög' wull en lustiglik Rehelin sin.

Un häor, in dem Waolde daor stig en Gelut,
Un de Wind beginnt wiägen de Äohren so lut;
Un dat Klöcksken von fären giv liseren Klank,
Un de Vuegel upstigend sinkt luten Gesank.
O wäg is nu alles! häv ick wakt, odder dräumt?
Dat Aowentraut nieden de Wolken all säumt.

2. Die Vorgeschichte

Wat kikt us de Stärnkes so fröndlik an;
   O Moder, wat häv ick di laiv!
O saih, wu se spielet un lachet us an,
   O Moder, wat häv ick di laiv!
Wat möcht' ick gärn spielen met är,
Moder, könn' ick men kuemen to är! –
   De Moder küßt swigend dat laive Kind.
   »Wäorn Stärnkes di immer so guet!«
     Nu slutet se't düstere Hüesken up,
    De Diör in de Klinke nu fäolt.

O Moder, wat rück uesse Hus so fin,
  Wat is uesse Kiücke so graut!
Moder, wat müegt dat för Lüchtkes sin,
  De waihet un schinet so raut?
Von luter Flämmkes so'n klainen Krink,
  De spielt wull up uessem Härd;
Wat mot dat schön in'n Hiemel sin
Bi Stärnkes un Engelkes fin!
    De Moder küßt swigend dat laive Kind:
    »Min Engel, Got laote mi di!«
        O Maorgenraut witte Händkes beschint,
        De Moder sit swigend un grint.

3. Die Kinder

Unter hohen, grünen Lindenbäumen
Liegt verhüllt die Schule klein und weiß.
Der Lehrer sprach in Andacht das Gebet:
Hinaus springt nun, im Jubel dichtgedrängt,
Der Kinder bunte ungeduld'ge Schaar.
Noch einmal prüfen sie der Arme Kraft,
Noch einmal rufen sich die Freunde zu,
Und neckend zur Gespielin noch das Mädchen spricht.
Dann schnell verläuft sich der lebend'ge See
In lauten Bächlein durch das waldesdunkle Land.
Zum fernen Elternhause geht ihr Weg,
Dort hin durch braune Heidesweiten,
Hier durch die dunkelgrünen Wälder,
Dort mitten durch das kleine, goldne Aehrenfeld.

Zwei bleiben friedlich bei einander,
Ein Knabe und ein Mädchen jung;
Sie spielen mit den Sommermücken,
Die fröhlich tanzen in der klaren Luft.
Sie kommen in den tiefen, hoch umwallten Weg:
Da blühen Blumen einsam an dem Wall

Im stillen Sonnenlicht, da wimmelt kleiner Käfer Reich.
Horch! es fliegt empor klagend ein Waldvögelein.
Es saß still brütend auf dem braunen Nest.
»O sieh die Kleinen, o wie wachsen sie! –
Nur nicht zu nah! die Alte flieht für immer sonst.«
So sprechen sie besorgt einander zu.

Nun treten sie auf die Heide weit.
Die Sonne scheint so warm und klar;
Die Schatten langsam über die Eb'ne zieh'n;
Der Kibitz schreit, die Schwalbe fliegt,
Wachholderstrauch rauscht leis' im Wind.
Da stehen sie am Bächlein fast versiegt
Vor großer Hitze, murmelnd kaum.

Die klare Fluth, der weiße Sand,
Sie seh'n so still und freundlich auf.
Die Fischlein zieh'n so munter hin:
Sie möchten gern bei ihnen sein.
Sie seh'n und schau'n sich voll und froh,
Und netzen nun den kleinen Fuß.
Sie geh'n hindurch: es spielt der klare Bach
Leis' murmelnd um die Füßchen klein und weiß;
Der weiche Sand trägt gern die süße Last.

Nun scheidet sich ihr Weg,
Sie seh'n sich freundlich an:
Gute Nacht! und hin der Knabe springt
Weit über die braune Heide,
Um mit den Schatten hinzuflieh'n,
Zu eilen mit dem Vögelein.

Zum fernen Walde lenkt das Mädchen seinen Schritt,
Ganz einsam ist ihr Weg, ganz einsam ist ihr Herz.
Schon längst gestorben ist der Vater,
Im Grab die Mutter ruht.
Es blickt schon aus der Ferne Vaters Haus,

Am Wald der Mutter Gottes Bild.
Die Sonne scheint so klar am Himmel,
Nur ob dem Walde silberhelle Wolken zieh'n.
Sie blickt, sie sinnt, es wollen Thränen rinnen,
Ihr Auge sieht hinauf:
Und auf der Wolken Silbergrund
Erscheint das Bild der Himmels-Königin,
Im lichten Haar die goldne Kron.
Sie schwebt mildlächelnd, hehr im Silberglanz,
Umringt von lichter Engel Schaar.
Ihr zu den Füßen sitzt die Mutter:
Sie hebt andächtig Aug' und Hand,
In Ringeln aufgelöst das lange, dunkle Haar.

SIGLEN UND ABKÜRZUNGEN

[ ] In der Handschrift Getilgtes erscheint stets in eckigen Klammern, z. B. [Leben].
⟨ ⟩ Spitze Klammern kennzeichnen Ergänzungen oder Auslassungen des Herausgebers.
(1) (2) Eingeklammerte Ziffern kennzeichnen verschiedene Ansätze und Stufen der Textentwicklung, z. B.
    (1) überm stolzen Banner fort
    (2) als Panier im Schlachtenfeld
(a) (b) Eingeklammerte Buchstaben kennzeichnen innerhalb einer Textstufe die weitere Aufgabelung, die der Übersichtlichkeit halber in Fußnoten angegeben wird, z. B.
    (1) Wenn nun gebohrt die Woge hat
    (2) Wenn sacht entschlüpft der falsche Sand[1]
    [1](a) Sand (b) Strand
Beachtet werden muß, daß (2) nur (1), (b) nur (a) aufhebt, wenn [ ] erscheinen.
x-x Unleserliches.

D Druck.
H Eigenhändige Handschrift oder autorisierte Abschrift.
h Nicht autorisierte Abschrift einer – zumeist verlorenen – Handschrift.
MA Meersburger Nachlaß. Staatsbibliothek zu Berlin, Preußischer Kulturbesitz, Depositum in der Universitätsbibliothek Münster.

Droste-Rezeption   Winfried Woesler, *Modellfall der Rezeptionsforschung.* Droste-Rezeption im 19. Jahrhundert. Do-

	kumentation, Analysen, Bibliographie. Erstellt in Zusammenarbeit mit Aloys Haverbusch und Lothar Jordan, Bd. 1-2 in 3, Frankfurt/Main, Bern u. Cirencester/U.K. 1980.
Gedichte 1838	*Gedichte von Annette Elisabeth v. D.... H....*, Münster 1838 (Faksimile-Nachdruck, Münster 1978).
Gedichte 1844	*Gedichte von Annette Freiin von Droste-Hülshof*, Stuttgart u. Tübingen 1844.
Grimm, *Deutsches Wörterbuch*	Jacob und Wilhelm Grimm, *Deutsches Wörterbuch*, hg. v. der Deutschen Akademie der Wissenschaften zu Berlin, Bd. 1-16, Leipzig 1854-1956 (Unveränderter Nachdruck 1952-70).
Handwörterbuch des deutschen Aberglaubens	*Handwörterbuch des deutschen Aberglaubens*, hg. v. Hanns Bächtold-Stäubli, Bd. 1-10, Berlin 1927-42.
HKA	*Annette von Droste-Hülshoff. Historisch-kritische Ausgabe. Werke, Briefwechsel*, hg. v. Winfried Woesler, Tübingen 1978ff.
Kortländer 1979	Bernd Kortländer, *Annette von Droste-Hülshoff und die deutsche Literatur. Kenntnis – Beurteilung – Beeinflussung*, Münster 1979.
Kreiten, *Droste-Werkausgabe*	*Der Freiin Annette von Droste-Hülshoff Gesammelte Werke*, hg. v. Elisabeth Freiin von Droste-Hülshoff. Nach dem handschriftlichen Nachlaß verglichen und ergänzt, mit Biographie, Einleitungen und Anmerkungen verse-

	hen von Wilhelm Kreiten, Bd. 1-4 in 5, Münster u. Paderborn ⟨Bd. 1, 2 und 2: Münster⟩ 1884-87. 2. (veränderte) Aufl. ⟨Bd. 1,1, 1,2 und 2⟩, Paderborn 1900-06.
Letzte Gaben	*Letzte Gaben.* Nachgelassene Blätter von Annette Freiin von Droste-Hülshoff, ⟨hg. v. Levin Schücking⟩, Hannover 1860, ²1871.
Schücking, *Droste-Werkausgabe*	*Gesammelte Schriften von Annette Freiin von Droste-Hülshoff,* hg. v. Levin Schücking, Bd. 1-3, Stuttgart 1878-79.
Schulte Kemminghausen, *Droste-Werkausgabe*	*Annette von Droste-Hülshoff. Sämtliche Werke.* In Verbindung mit Bertha Badt und Kurt Pinthus hg. v. Karl Schulte Kemminghausen, Bd. 1-4 in 6, München 1925-30.
Schwering, *Droste-Werkausgabe*	*Annette von Droste-Hülshoff. Sämtliche Werke,* T. 1-6 in 2 Bänden, hg., mit Einleitungen und Anmerkungen versehen von Julius Schwering. Mit dem Bildnis der Dichterin in Gravüre und einer Faksimilebeilage, Berlin, Leipzig u. Stuttgart ⟨1912⟩.
Wander, *Deutsches Sprichwörter-Lexikon*	Karl Friedrich Wilhelm Wander, *Deutsches Sprichwörter-Lexikon.* Ein Hausschatz für das deutsche Volk, Bd. 1-5, Leipzig 1867-80.

LITERATURVERZEICHNIS

Das nachfolgende Literaturverzeichnis enthält eine Auswahl von Primär- und Sekundärliteratur. Innerhalb des Kommentars wird auf mehrfach zitierte Titel der Sekundärliteratur mit Verfassernamen und Jahreszahl Bezug genommen (z. B.: Kortländer 1979), vgl. hierzu auch das Verzeichnis von Siglen und Abkürzungen. Grundsätzlich sei auf die *Droste-Bibliographie* von Aloys Haverbusch innerhalb der *Historisch-kritischen Droste-Ausgabe* verwiesen (HKA, Bd. 14).

WERK- UND BRIEFAUSGABEN

Gedichte von Annette Elisabeth v. D .... H ...., Münster: Aschendorff'sche Buchhandlung 1838. (Faksimile-Nachdruck, Münster: Aschendorff 1978.)
Gedichte von Annette Freiin von Droste-Hülshof, Stuttgart u. Tübingen: J. G. Cotta'scher Verlag 1844.
Ferdinand Freiligrath und Levin Schücking, *Das malerische und romantische Westphalen,* Barmen: W. Langewiesche, u. Leipzig: Friedr. Volckmar 1841.
Das geistliche Jahr. Nebst einem Anhang religiöser Gedichte von Annette von Droste-Hülshoff, ⟨hg. v. Christoph Bernhard Schlüter in Zusammenarbeit mit Wilhelm Junkmann⟩, Stuttgart u. Tübingen: J. G. Cotta'scher Verlag 1851. – 2., verb. Aufl. 1857 (Textfeststellung von Gustav Eschmann). – ³1876.
Letzte Gaben. Nachgelassene Blätter von Annette Freiin von Droste-Hülshoff, ⟨hg. v. Levin Schücking⟩, Hannover: Carl Rümpler 1860. – ²1871.
Lieder mit Pianoforte-Begleitung componirt von Annette von Dro-

ste-Hülshoff, ⟨hg. v. Christoph Bernhard Schlüter⟩, Münster: Adolph Russell's Verlag ⟨1877⟩.

Gesammelte Schriften von Annette Freiin von Droste-Hülshoff, hg. v. Levin Schücking, Bd. 1-3, Stuttgart: Verlag der J. G. Cotta'schen Buchhandlung 1878-79.

Der Freiin Annette Elisabeth von Droste-Hülshoff Gesammelte Werke, hg. v. Elisabeth Freiin von Droste-Hülshoff. Nach dem handschriftlichen Nachlaß verglichen und ergänzt, mit Biographie, Einleitungen und Anmerkungen versehen von Wilhelm Kreiten, Bd. 1-4 in 5, Münster u. Paderborn: Ferdinand Schöningh ⟨Bd. 1,2 und 2, Münster: Nasse'sche Verlagshandlung (Ferdinand Schöningh Sohn)⟩ 1884-87. – 2. ⟨veränd.⟩ Aufl. ⟨Bd. 1,1, 1,2 und 2⟩, Paderborn 1900-06.

Annette von Droste-Hülshoff. *Sämtliche Werke.* In Verbindung mit Bertha Badt und Kurt Pinthus hg. v. Karl Schulte Kemminghausen, Bd. 1-4 in 6, München: Georg Müller 1925-30.

Ungedrucktes von Annette von Droste-Hülshoff, hg. v. Karl Schulte Kemminghausen, Münster: Regensberg 1925.

Nachlese. Ungedruckte Verse und Briefe der Droste nebst einem Beitrag zur Drosteforschung. In Gemeinschaft mit Ed⟨uard⟩ Arens und Erich Schulz hg. v. K⟨arl⟩ Schulte Kemminghausen, Bochum: Kamp 1934.

Annette von Droste-Hülshoff. *Sämtliche Werke,* hg., in zeitlicher Folge geordnet und mit Nachwort und Erläuterungen versehen v. Clemens Heselhaus, München: Hanser 1952. – ^{7}1974.

Annette von Droste-Hülshoff. *Sämtliche Werke.* Nach dem Text der Originaldrucke und der Handschriften, hg. v. Günther Weydt und Winfried Woesler, Bd. 1-2, München: Winkler 1973-78. – Bd. 1: 3. rev. Aufl. 1989; Bd. 2: 2. rev. und erw. Aufl. 1989.

Annette von Droste-Hülshoff. *Werke in einem Band,* hg. v. Clemens Heselhaus, München: Hanser 1984. – ^{3}1986.

Annette von Droste-Hülshoff. *Historisch-kritische Ausgabe.* Werke, Briefwechsel, hg. v. Winfried Woesler, Tübin-

gen: Niemeyer 1978ff. – Bisher sind folgende Bände erschienen:
Bd. 1,1: *Gedichte zu Lebzeiten*, Text. Bearb. v. Winfried Theiß. 1985.
Bd. 2,1: *Gedichte aus dem Nachlaß*, Text. Bearb. v. Bernd Kortländer. 1994.
Bd. 3,1/2: *Epen*, Text/Dokumentation. Bearb. v. Lothar Jordan. 1980/91.
Bd. 4,1/2: *Geistliche Dichtung*, Text/Dokumentation. Bearb. v. Winfried Woesler. 1980/92.
Bd. 5,1/2: *Prosa*, Text/Dokumentation. Bearb. v. Walter Huge. 1978/84.
Bd. 6,1: *Dramatische Versuche*, Text. Bearb. v. Stephan Berning. 1982.
Bd. 7: *Verschiedenes*. Bearb. v. Ortrun Niethammer. 1995.
Bd. 8,1: *Briefe 1805-1838*, Text. Bearb. v. Walter Gödden. 1987.
Bd. 9,1: *Briefe 1839-1842*, Text. Bearb. v. Ilse-Marie Barth und Walter Gödden. 1993.
Bd. 10,1: *Briefe 1843-1848*, Text. Bearb. v. Winfried Woesler. 1992.
Bd. 11,1: *Briefe an die Droste, 1809-1840*, Text. Bearb. v. Bodo Plachta. 1994.
Bd. 13,1/2: *Musikalien*, Text/Dokumentation. Bearb. v. Armin Kansteiner. 1986/88.
Bd. 14,1/2: *Bibliographie*. Bearb. v. Aloys Haverbusch. 1983/85.

*

Briefe der Freiin Annette von Droste-Hülshoff, ⟨hg. v. Christoph Bernhard Schlüter⟩, Münster: Adolph Russell's Verlag 1877. – 2., verm. Aufl. 1880.
Briefe von Annette von Droste-Hülshoff und Levin Schücking, hg. v. Reinhold Conrad Muschler, Leipzig: Fr. Wilh. Grunow ³1928.
Die Briefe der Annette von Droste-Hülshoff. Gesamtausgabe,

hg. v. Karl Schulte Kemminghausen. Bd. 1-2, Jena: Eugen Diederichs 1944. (Reprografischer Nachdruck, Darmstadt: Wissenschaftliche Buchgesellschaft 1968.)

PERIODIKA

Jahrbuch der Droste-Gesellschaft, hg. v. Clemens Heselhaus. Bd. 1: 1947, Bd. 2: 1948/50 (1950), Bd. 3: 1959, Bd. 4: 1962, Bd. 5: 1972. Münster 1947-72.
Kleine Beiträge zur Droste-Forschung ⟨ab Nr. 4: Beiträge zur Droste-Forschung⟩, hg. v. Winfried Woesler. Nr. 1: 1971 (Münster 1970), Nr. 2: 1972/73 (Dülmen 1973), Nr. 3: 1974/75 (Dülmen 1974), Nr. 4: 1976/77 (Dülmen 1977), Nr. 5: 1978-82 (Osnabrück 1982).
Droste-Jahrbuch. Bd. 1: 1986/87, hg. v. Clemens Heselhaus und Winfried Woesler. Münster 1987. Bd. 2: 1988-90, hg. v. Winfried Woesler. Paderborn 1990.

HANDSCHRIFTENVERZEICHNIS

Bodo Plachta, *Der handschriftliche Nachlaß der Annette von Droste-Hülshoff,* Bern, Frankfurt/Main, New York u. Paris 1988.

FORSCHUNGSBERICHTE

Günter Häntzschel, *Annette von Droste-Hülshoff,* in: *Zur Literatur der Restaurationsepoche 1815-1848.* Forschungsreferate und Aufsätze, hg. v. Jost Hermand und Manfred Windfuhr, Stuttgart 1970, S. 151-201.
Bernd Kortländer und Winfried Woesler, *Der Briefwechsel der Droste.* Forschungsbericht 1944-1976, in: Beiträge zur Droste-Forschung 4 (1976/77), S. 176-188.
Walter Gödden, *Ergänzungen des Forschungsberichtes von Kort-*

länder/Woesler zum Briefwechsel der Droste (1976/77), in: Beiträge zur Droste-Forschung 5 (1978-82), S. 105-111.

WIRKUNGSGESCHICHTE

Clemens Heselhaus, *Statt einer Wirkungsgeschichte*. Die Aufnahme der postumen Werke der Droste, in: Jb. der Droste-Gesellschaft 5 (1972), S. 123-140.
Walter Huge, *Die Prosa der Droste im Urteil des 19. Jahrhunderts*, in: Kleine Beiträge zur Droste-Forschung 3 (1974/75), S. 50-71.
Lothar Jordan, *Droste-Rezeption und Katholizismus im Kulturkampf,* in: Beiträge zur Droste-Forschung 4 (1976/77), S. 79-108.
Gerd Oberembt, *Schülerlektüre und frühe Droste-Rezeption*. Ein Beitrag zur literarischen Sozialisation im 19. Jahrhundert, in: Beiträge zur Droste-Forschung 4 (1976/77), S. 109-128.
Winfried Woesler, *Droste-Rezeption im 19. Jahrhundert,* in: *Akten des V. Internationalen Germanisten-Kongresses Cambridge 1975,* hg. v. Leonard Forster und Hans-Gert Roloff, Bern u. Frankfurt/Main 1976, S. 94-103.
Winfried Woesler, *Modellfall der Rezeptionsforschung*. Droste-Rezeption im 19. Jahrhundert. Dokumentation, Analysen, Bibliographie. Erstellt in Zusammenarbeit mit Aloys Haverbusch und Lothar Jordan, Bd. 1-2 in 3, Frankfurt/Main, Bern u. Cirencester/U. K. 1980.

GESAMTDARSTELLUNGEN UND EINZELTHEMEN

Bruna Bianchi, *Annette Droste-Hülshoff: Il testo poetico,* Udine 1990.
Artur Brall, *Vergangenheit und Vergänglichkeit*. Zur Zeiterfahrung und Zeitdeutung im Werk Annettes von Droste-Hülshoff, Marburg 1975.

Gustav Eschmann, *Annette von Droste-Hülshoff*. Ergänzungen und Berichtigungen zu den Ausgaben ihrer Werke, Münster 1909.

Walter Gödden, *Annette von Droste-Hülshoff. Leben und Werk*. Eine Dichterchronik, Bern, Berlin, Frankfurt/Main, New York, Paris u. Wien 1994.

Wilhelm Gössmann, *Annette von Droste-Hülshoff*. Ich und Spiegelbild. Zum Verständnis der Dichterin und ihres Werkes, Düsseldorf 1985.

John Guthrie, *Annette von Droste-Hülshoff*. A German Poet between Romanticism and Realism, Oxford, New York, Munich 1989.

Clemens Heselhaus, *Annette von Droste-Hülshoff*. Werk und Leben, Düsseldorf 1971.

Hermann Hüffer, *Annette v. Droste-Hülshoff und ihre Werke*. Vornehmlich nach dem litterarischen Nachlaß und ungedruckten Briefen der Dichterin, Gotha 1887. – 3. Ausgabe, bearb. von Hermann Cardauns, 1911.

Bernd Kortländer, *Annette von Droste-Hülshoff und die deutsche Literatur*. Kenntnis – Beurteilung – Beeinflussung, Münster 1979.

Bernd Kortländer, *Annette von Droste-Hülshoff*, in: *Deutsche Dichter*. Leben und Werk deutschsprachiger Autoren, hg. v. Gunter E. Grimm und Frank Rainer Max, Bd. 5: *Romantik, Biedermeier und Vormärz*, Stuttgart 1989, S. 378-389.

Herbert Kraft, *»Mein Indien liegt in Rüschhaus«*, Münster 1987.

Doris Maurer, *Annette von Droste-Hülshoff*. Ein Leben zwischen Auflehnung und Gehorsam. Biographie, Bonn 1982.

Mary E. Morgan, *Annette von Droste-Hülshoff*. A Biography, Bern usw. 1984.

Monika Salmen, *Das Autorbewußtsein Annette von Droste-Hülshoffs*. Eine Voraussetzung für Verständnis und Vermittlung ihres literarischen Werks, Frankfurt/Main, Bern u. New York 1985.

Otmar Scheiwiller, *Annette von Droste-Hülshoff in ihren Beziehungen zur Schweiz,* Teil 1 und 2, Einsiedeln 1922/23.
Otmar Scheiwiller, *Annette von Droste-Hülshoff in der Schweiz,* Einsiedeln ⟨1926⟩.
Ronald Schneider, *Realismus und Restauration.* Untersuchungen zu Poetik und epischem Werk der Annette von Droste-Hülshoff, Kronberg/Ts. 1976.
Ronald Schneider, *Annette von Droste-Hülshoff,* Stuttgart 1977.
Levin Schücking, *Annette von Droste.* Ein Lebensbild, Hannover 1862. – ²1871.
Karl Schulte Kemminghausen und Winfried Woesler, *Annette von Droste-Hülshoff.* 4., in Text und Bild völlig veränd. Aufl., München 1981.
Friedrich Sengle, *Biedermeierzeit.* Deutsche Literatur im Spannungsfeld zwischen Restauration und Revolution 1815-1848, Bd. 1-3, Stuttgart 1971-80.

*

Renate Böschenstein-Schäfer, *Die Struktur des Idyllischen im Werk der Annette von Droste-Hülshoff,* in: Kleine Beiträge zur Droste-Forschung 3 (1974/75), S. 25-49.
Beate Frakele, *»Deine gehorsame Tochter Nette«.* Leben und Lyrik der Annette Droste, in: *Über Frauenleben, Männerwelt und Wissenschaft.* Österreichische Texte zur Frauenforschung, hg. v. Beate Frakele, Elisabeth List, Gertrude Pauritsch, Wien 1987, S. 143-153.
Walter Gödden, *Stationen der Droste-Biographik,* in: Droste-Jahrbuch 2 (1988-90), S. 118-152.
Wilhelm Gössmann, *Trunkenheit und Desillusion.* Das poetische Ich der Droste, in: ZfdPh 101 (1982), H. 4, S. 506 bis 527.
W⟨ilhelm⟩ Kreiten, *Annette von Droste-Hülshoff's literarischer Entwicklungsgang.* (Unter Benutzung des handschriftlichen Nachlasses.), in: Stimmen aus Maria Laach 24 (1883), S. 270-288, 401-415; 25 (1883), S. 54-74, 169 bis 185, 423-438.

Gertrud Bauer Pickar, *Annette von Droste-Hülshoff's »Reich der goldnen Phantasie«*, in: *Gestaltet und Gestaltend*. Frauen in der deutschen Literatur, hg. v. Marianne Burkhard, Amsterdam 1980, S. 109-123.

Bodo Plachta, *»Besser rein altadlig Blut als alles Geld und Gut«*. Zu den Einkünften der Annette von Droste-Hülshoff, in: Beiträge zur Droste-Forschung 5 (1978-82), S. 129 bis 143.

Bodo Plachta, *Der Vorabend der Revolution von 1848 aus der Sicht der Droste,* in: Droste-Jahrbuch 1 (1986/87), S. 173 bis 185.

Wolfgang Preisendanz, *». . . und jede Lust, so Schauer nur gewähren mag«*. Die Poesie der Wahrnehmung in der Dichtung Annette von Droste-Hülshoffs, in: Beiträge zur Droste-Forschung 4 (1976/77), S. 9-21.

Lewin⟨!⟩ Schücking, *Annette von Droste*. Ein Lebensbild, in: Illustrirtes Familienbuch zur Unterhaltung und Belehrung häuslicher Kreise 10 (1860), S. 192-201, 223-237.

Friedrich Franz von Unruh, *Annette von Droste-Hülshoff,* in: Ders., *Wie Adler den Gewittern voraus*. Deutsche Dichter als Mahner und Helfer, Berg/Starnberger See 1985, S. 171-207.

Ludwig Völker, *Dichtung aus Melancholie*. Spiegelungen eines literarischen Topos' im Werk der Droste, in: Beiträge zur Droste-Forschung 5 (1978-82), S. 9-30.

Winfried Woesler, *Zu Geschichte, Wirkung und Wirkungslosigkeit einer Erstpublikation,* in: *Gedichte von Annette von D . . . . H . . . .* 2. Faksimile-Nachdruck der Ausgabe von 1838. Zum 50jährigen Bestehen der Annette von Droste-Gesellschaft und zur Erinnerung an den 130. Todestag der Dichterin, Münster 1978, Nachwort: S. 1-65.

ZUR PROSA

Silvia Bonati Richner, *Der Feuermensch*. Studien über das Verhältnis von Mensch und Landschaft in den erzählenden Werken der Annette von Droste-Hülshoff, Bern 1972.

Zu »Die Judenbuche«

Rolf Allerdissen, *»Judenbuche« und »Patriarch«: Der Baum des Gerichts bei Annette von Droste-Hülshoff und Charles Sealsfield,* in: *Herkommen und Erneuerung.* Essays für Oskar Seidlin, hg. v. Gerald Gillespie und Edgar Lohner, Tübingen 1976, S. 201-224.

Doris Brett, *Friedrich, the Beech, and Margreth in Droste-Hülshoff's »Judenbuche«,* in: Journal of English and Germanic Philology 84 (1985), S. 157-165.

Jane K. Brown, *The Real Mystery in Droste-Hülshoff's »Die Judenbuche«,* in: Modern Language Review 73 (1978), S. 835-846.

Inge Diersen, *›... ein arm verkümmert Sein‹. Annette von Droste-Hülshoff's »Die Judenbuche«,* in: Zeitschrift für Germanistik 4 (1983), S. 299-313.

Winfried Freund, *Die deutsche Kriminalnovelle von Schiller bis Hauptmann.* Einzelanalysen unter sozialgeschichtlichen und didaktischen Aspekten, Paderborn 1975, S. 63-73, 113-115.

Rolf Geißler, *Arbeit am literarischen Kanon.* Perspektiven der Bürgerlichkeit, Paderborn, München, Wien u. Zürich 1982, S. 93-106.

Walter Huge, *Annette von Droste-Hülshoff. Die Judenbuche. Ein Sittengemälde aus dem gebirgigten Westphalen,* Diss. masch. Münster 1977.

Walter Huge (Hg.), *Annette von Droste-Hülshoff. Die Judenbuche.* Erläuterungen und Dokumente, Stuttgart 1979.

⟨Hubert Ivo⟩, *Unterrichtsplanung als Gegenstand von Unterricht.* Lektüreauswahl: »Die Judenbuche«, in: *Rahmenrichtlinien,* hg. v. Hessischen Kultusminister. Sekundarstufe I. 7./8. Jahrgangsstufe, Deutsch, Frankfurt/Main 1974, S. 67-87.

Gesine Jaugey, *Stundenblätter »Schimmelreiter« und »Judenbuche« im Vergleich,* Stuttgart 1978.

Janet K. King, *Conscience and Conviction in »Die Judenbuche«*, in: Monatshefte für deutschen Unterricht, deutsche Sprache und Literatur 64 (1972), S. 349-355.

Werner Klose, *Annette von Droste-Hülshoff: Die Judenbuche*, in: *Deutsche Novellen von Goethe bis Walser*. Interpretationen für den Deutschunterricht, Bd. 1, Königstein/Ts. 1980, S. 189-202.

Rudolf Kreis, *Annette von Droste-Hülshoffs »Judenbuche«. Versuch einer sozialkritischen Betrachtung*, in: *Projekt Deutschunterricht. 6: Kritischer Literaturunterricht – Dichtung und Politik*, hg. v. Heinz Ide und Bodo Lecke in Verbindung mit dem Bremer Kollektiv, Stuttgart 1974, S. 93-126, Materialteil S. 43-57.

Horst-D. Krus, *Mordsache Soistmann Berend. Zum historischen Hintergrund der Novelle »Die Judenbuche« von Annette von Droste-Hülshoff*, Münster 1990.

Peter von Matt, *Die Opus-Phantasie. Das phantasierte Werk als Metaphantasie im kreativen Prozeß*, in: Psyche 33 (1979), S. 193-212, bes. S. 197-199.

Karl Philipp Moritz, *Annette von Droste-Hülshoff. Die Judenbuche. Sittengemälde und Kriminalnovelle*, Paderborn, München, Wien u. Zürich 1980.

Gerard Oppermann, *Die Narbe des Friedrich Mergel. Zur Aufklärung eines literarischen Motivs in Annette von Droste-Hülshoffs »Die Judenbuche«*, in: Deutsche Vierteljahrsschrift 50 (1976), S. 449-464.

Heinz Rölleke, *Kann man das Wesen gewöhnlich aus dem Namen lesen? Zur Bedeutung der Namen in der »Judenbuche« der Annette von Droste-Hülshoff*, in: Euphorion 70 (1976), S. 409-414.

Heinz Rölleke, *Annette von Droste-Hülshoff: Die Judenbuche (1842)*, in: *Romane und Erzählungen zwischen Romantik und Realismus. Neue Interpretationen*, hg. v. Paul Michael Lützeler, Stuttgart 1983, S. 335-353.

Heinz Rölleke, *Theodor Storms »Ein Doppelgänger« und Annette von Droste-Hülshoffs »Die Judenbuche«. Produktive Rezeption in der Novellistik des Poetischen Realismus*, in: ZfdPh 111 (1992), S. 247-255.

Wolfgang Schemme, *Annette von Droste-Hülshoff. Die Judenbuche*, in: Klett Lesehefte, Lehrerheft. 3, Stuttgart ²1978, S. 1-16.

Ronald Schneider, *Möglichkeiten und Grenzen des Frührealismus im »Biedermeier«.* »Die Judenbuche« der Annette von Droste-Hülshoff, in: Der Deutschunterricht (Stuttgart) 31 (1979), H. 2, S. 85-94.

Betty Nance Weber, *Droste's »Judenbuche«*. Westphalia in International Context, in: Germanic Review 50 (1975), S. 203-212.

Larry D. Wells, *Annette von Droste-Hülshoffs Johannes Niemand: much ado about nobody,* in: Germanic Review 52 (1977), S. 109-121.

Raleigh Whitinger, *From Confusion to Clarity*. Further Reflections on the Revelatory Function of Narrative Technique and Symbolism in Annette von Droste-Hülshoff's »Die Judenbuche«, in: Deutsche Vierteljahrsschrift 54 (1980), S. 259-283.

Wolfgang Wittkowski, *Das Rätsel der »Judenbuche« und seine Lösung*. Religiöse Geheimsignale in Zeitangaben der Literatur um 1840, in: Sprachkunst 16 (1985), S. 175-192.

Wolfgang Wittkowski, *»Die Judenbuche«: Das Ärgernis des Rätsels und der Auflösung,* in: Droste-Jahrbuch 1 (1986/87), S. 107-128.

Zeitschrift für deutsche Philologie 99 (1980), Sonderheft: *Annette von Droste-Hülshoff, »Die Judenbuche«*. Neue Studien und Interpretationen, hg. v. Walter Huge und Winfried Woesler. Darin: W. Freund, Der Außenseiter »Friedrich Mergel«. Eine sozialpsychologische Studie 〈...〉; W. Gössmann, »Die Judenbuche« – eine Geschichte der Nicht-Heimkehr; C. Heselhaus, »Die Judenbuche« – Die Sprache der Frau in der Literatur; W. Huge, »Die Judenbuche« als Kriminalgeschichte; H. Koopmann, Die Wirklichkeit des Bösen in der »Judenbuche« der Droste; B. Kortländer, Wahrheit und Wahrscheinlichkeit. Zu einer Schreibstrategie in der »Judenbuche« der Droste; M. Lietina-Ray, Das Recht der öffentlichen

Meinung. Über das Vorurteil in der »Judenbuche«; R. Schneider, »Laß ruhn den Stein . . «. Sozialpsychologische und psychoanalytische Aspekte zur Interpretation der »Judenbuche«; M. Werner, Dichtung oder Wahrheit? Empirie und Fiktion in A. von Haxthausens »Geschichte eines Algierer-Sklaven« ⟨. . .⟩; B. von Wiese, Porträt eines Mörders. Zur »Judenbuche« der Annette von Droste; W. Woesler, Die Literarisierung eines Kriminalfalles.

Hans Zeller, *Die Bedeutung der Varianten für die Interpretation. Am Beispiel der »Judenbuche« der Droste*, in: *Edition und Interpretation*. Edition et Interprétation des Manuscrits Littéraires. Akten des ⟨. . .⟩ deutsch-französischen Editorenkolloquiums Berlin 1979, hg. v. Louis Hay und Winfried Woesler, Bern, Frankfurt/Main u. Las Vegas 1981, S. 119-132.

Hans Zeller, *Zur Deutungsproblematik der »Judenbuche« – semiotisch gesehen,* in: Beiträge zur Droste-Forschung 5 (1978-82), S. 95-104.

Zu »Westphälische Schilderungen«

Lothar Bluhm, *Er ist ihr zu dick, er hat kein Geschick*. Zu einem Spruch in Annette von Droste-Hülshoffs »Westphälischen Schilderungen aus einer westphälischen Feder« und den »Kinder- und Hausmärchen« der Brüder Grimm, in: Wirkendes Wort 37 (1987), S. 181-183.

Zu »Ledwina«

Maximilian Kraß, *Ledwina*. Ein Beitrag zur Droste-Forschung, in: Westfalen 26 (1941), S. 224-230.

Zu »Bei uns zu Lande auf dem Lande«

Annette von Droste-Hülshoff: Bei uns zu Lande auf dem Lande. Mit einem Nachwort von Clemens Heselhaus, Krefeld 1948. Darin S. 47-62: Nachwort.

Walter Huge, *Bei uns zu Lande auf dem Lande*. Studien zur Arbeitsweise der Droste am Beispiel eines unbekannten Entwurfes, in: Kleine Beiträge zur Droste-Forschung 2 (1972/73), S. 119-138.

Bodo Plachta, *Das fragmentarische Westfalenwerk der Annette von Droste-Hülshoff,* in: *Edition et Manuscrits.* Probleme der Prosa-Edition. Akten des ⟨...⟩ französisch-deutschen Editorenkolloquiums Paris 1983, hg. v. Michael Werner und Winfried Woesler, Bern, Frankfurt/Main, New York u. Paris 1987, S. 252-257.

Walter A. Reichart, *Washington Irving's Influence in German Literature,* in: The Modern Language Review 52 (1957), S. 537-553, bes. S. 543-547.

Zu »Joseph«

Annette von Droste-Hülshoff: *Mevrouw van Ginkel.* Eine Kriminalgeschichte. Mit einem Nachwort hg. v. Josefine Nettesheim. Holzschnitte von Hans Pape, Münster 1951. Darin S. 45-65: Ein Vermächtnis christlicher Lebensweisheit.

M. Euphemia Görsch, *Ein Beitrag zur Erzählungskunst der Annette von Droste-Hülshoff.* Das novellistische Fragment »Joseph« kritisch und ästhetisch beleuchtet, Herrnsheim bei Worms ⟨1923⟩.

ZU DEN VERSEPEN

Lothar Jordan, *Titel literarischer Werke, historisch-kritisch betrachtet.* Das Beispiel der Epen Annette von Droste-Hülshoffs, in: *Edition als Wissenschaft.* Festschrift für Hans Zeller, hg. v. Gunter Martens und Winfried Woesler, Tübingen 1991, S. 142-149.

Zu »Des Arztes Vermächtnis«

Ingrid Lotze, *Annette von Droste-Hülshoffs Epos »Das Vermächtnis des Arztes«:* Eine mystische Interpretation, in: German Quaterly 46 (1973), S. 345-367.

Zu »Die Schlacht im Loener Bruch«
Annette von Droste-Hülshoff: *Die Schlacht im Loener Bruch 1623*. Mit Einleitung und Kommentar hg. v. Lothar Jordan, Opladen 1986.

ZU DEN DRAMATISCHEN VERSUCHEN

Martin Kniepen, *Annettens von Droste-Hülshoff dramatische Tätigkeit,* Diss., Münster 1910.

Zu »Bertha oder die Alpen«
Anna Freund, *Annette von Droste-Hülshoff in ihren Beziehungen zu Goethe und Schiller und in der poetischen Eigenart ihrer gereiften Kunst,* Diss., München 1915.

Zu »Perdu!«
Gertrud Bauer Pickar, *»Perdu« Reclaimed: A Reappraisal of Droste's Comedy,* in: Monatshefte für deutschen Unterricht, deutsche Sprache und Literatur 76 (1984), S. 409 bis 421.
Clemens Heselhaus, *Die Autoren des »Malerischen und romantischen Westphalen«,* in: *Das malerische und romantische Westfalen.* Aspekte eines Buches, Münster 1974 (Katalog der Ausstellung im Westfälischen Landesmuseum für Kunst und Kulturgeschichte Münster), S. 143-197.
Karl Schulte Kemminghausen, *»Perdu« das Lustspiel der Droste,* in: Auf Roter Erde 17 (November 1961), N. F. Nr. 33, S. 2f.

ZU DEN LIBRETTI

Armin Kansteiner, *Der »Musiktheoretiker« Max von Droste-Hülshoff und seine Schülerin Annette.* Ein Beitrag zur Grundlage des kompositorischen Schaffens der Dichterin, in: Kleine Beiträge zur Droste-Forschung 3 (1974/75), S. 107-123.

Armin Kansteiner, ». . . *wenn ich auch nichts herausdrechseln könnte, als einen Opernstoff«*. Zu den Libretti der Annette von Droste-Hülshoff, in: Beiträge zur Droste-Forschung 4 (1976/77), S. 67-78.

INHALTSVERZEICHNIS

Prosa 9
  Die Judenbuche. Ein Sittengemälde aus dem
    gebirgichten Westphalen 11
  Westphälische Schilderungen aus einer
    westphälischen Feder 63
Prosa. Aus dem Nachlaß 103
  Ledwina 105
  Bei uns zu Lande auf dem Lande nach der
    Handschrift eines Edelmannes aus der Lausitz.
    Erster Band 161
  Joseph. Eine Kriminalgeschichte 195
Versepen 215
  Das Hospiz auf dem großen St. Bernhard 217
  Des Arztes Vermächtnis 264
  Die Schlacht im Loener Bruch. 1623 288
Versepen. Aus dem Nachlaß 359
  Walther ein Gedicht in sechs Gesängen 361
  Anhang zu »Das Hospiz auf dem großen
    St. Bernhard«: Barry der Hund vom St Bernhard.
    Dritter Gesang 423
Dramatische Versuche 445
  Bertha oder die Alpen.
    Trauerspiel in drei Aufzügen 447
  Perdu! oder Dichter, Verleger, und Blaustrümpfe.
    Lustspiel in einem Akte 583
  Hedwig und Sophie oder
    Verzweiflung und Rache 641
  Das Rätsel 645
  Szenen aus Hülshoff 655
Libretti 669
  Babilon 671

⟨Der blaue Cherub⟩ 693
Der Galeerensklave 717
Übersetzungen, Übertragungen 739
  1. Aus dem Lateinischen
    Des Publius Virgilius Maro Bucolica 741
  2. Aus dem Englischen
    ⟨Walter Scott: Pibroch of Donuil Dhu⟩ 766
    ⟨Samuel Rogers: Aus dem Versepos
    »Jacqueline«⟩ 767
    ⟨Robert Sothey: Aus dem Versepos »Roderick,
    the last of the Goths⟩ 767
  3. Aus dem Französischen
    Rosen so bleich 768
  4. Aus dem Niederdeutschen
    Die Erscheinung 770
    Die Vorgeschichte 771

Kommentar 773
  Prosa 775
    Die Judenbuche. Ein Sittengemälde aus dem
      gebirgichten Westphalen 777
      Textgrundlage 777
      Entstehung und Textüberlieferung 777
      Wirkung 782
      Quellen 786
      Stellenkommentar 800
    Westphälische Schilderungen aus einer
      westphälischen Feder 814
      Textüberlieferung und Textgrundlage 814
      Entstehung 815
      Wirkung 822
      Stellenkommentar 825
  Prosa. Aus dem Nachlaß 835
    Ledwina 835
      Textgrundlage und Textüberlieferung 835
      Entstehung 835
      Stellenkommentar 839

Bei uns zu Lande auf dem Lande nach der
Handschrift eines Edelmannes aus der
Lausitz 844
   Textüberlieferung 844
   Textgrundlage 845
   Entstehung 845
   Stellenkommentar 851
Joseph. Eine Kriminalgeschichte 861
   Textüberlieferung und Textgrundlage 861
   Entstehung 861
   Stellenkommentar 863
Versepen 867
   Das Hospiz auf dem großen St. Bernhard 869
      Textüberlieferung und Textgrundlage 869
      Entstehung 869
      Wirkung 873
      Stellenkommentar 875
   Des Arztes Vermächtnis 878
      Textüberlieferung und Textgrundlage 878
      Entstehung 879
      Wirkung 880
      Quellen und Anregungen 881
      Stellenkommentar 882
   Die Schlacht im Loener Bruch. 1623 885
      Textüberlieferung und Textgrundlage 885
      Entstehung 885
      Wirkung 889
      Stellenkommentar 891
Versepen. Aus dem Nachlaß 901
   Walther 901
      Textüberlieferung und Textgrundlage 901
      Entstehung 902
      Stellenkommentar 907
   Anhang zu »Das Hospiz auf dem großen
   St. Bernhard«: Barry der Hund vom
   St Bernhard. Dritter Gesang 911
      Textüberlieferung und Textgrundlage 911

Entstehung	912
Stellenkommentar	912
Dramatische Versuche	915
Bertha oder die Alpen	917
Textüberlieferung und Textgrundlage	917
Entstehung	917
Stellenkommentar	921
Perdu! oder Dichter, Verleger, und Blaustrümpfe	928
Textüberlieferung und Textgrundlage	928
Entstehung	929
Stellenkommentar	933
Hedwig und Sophie oder Verzweiflung und Rache	941
Textüberlieferung und Textgrundlage	941
Entstehung	942
Das Rätsel	942
Textüberlieferung und Textgrundlage	942
Entstehung	942
Stellenkommentar	942
Szenen aus Hülshoff	944
Textüberlieferung und Textgrundlage	944
Entstehung	944
Stellenkommentar	947
Libretti	950
Babilon	952
Textüberlieferung und Textgrundlage	952
Entstehung	953
Quelle	954
Stellenkommentar	955
⟨Der blaue Cherub⟩	955
Textüberlieferung und Textgrundlage	955
Entstehung und Quelle	956
Der Galeerensklave	957
Textüberlieferung und Textgrundlage	957
Entstehung	958
Quelle	958

Übersetzungen, Übertragungen 960
  1. Aus dem Lateinischen
  Des Publius Virgilius Maro Bucolica 960
    Textüberlieferung und Textgrundlage 960
    Entstehung 960
    Quelle 961
    Stellenkommentar 964
  2. Aus dem Englischen 966
    Textüberlieferung und Textgrundlage 966
    Entstehung 967
    Quelle 967
  3. Aus dem Französischen
  Rosen so bleich 972
    Textüberlieferung und Textgrundlage 972
    Quelle 973
  4. Aus dem Niederdeutschen 974
    Textüberlieferung und Textgrundlage 974
    Entstehung und Quelle 974
Siglen und Abkürzungen 982
Literaturverzeichnis 985

ANNETTE VON DROSTE-HÜLSHOFF
SÄMTLICHE WERKE

Band 1
Gedichte

Band 2
Prosa / Versepen / Dramatische Versuche / Übersetzungen

Zu dieser Ausgabe

Diese Ausgabe folgt der im Deutschen Klassiker Verlag erschienenen Ausgabe Annette von Droste-Hülshoff, *Sämtliche Werke in zwei Bänden*. Herausgegeben von Bodo Plachta und Winfried Woesler, Frankfurt am Main 1994.